»Der Krieg hat uns geprägt«

Margarete Dörr, geboren 1928, war Gymnasiallehrerin und Fachleiterin für Geschichte am Seminar für Studienreferendare in Stuttgart und Heilbronn. Zusätzlich hatte sie einen Lehrauftrag für Fachdidaktik an der Universität Stuttgart. Bei Campus erschien von ihr 1998 *»Wer die Zeit nicht miterlebt hat ...« Frauenerfahrungen im Zweiten Weltkrieg und in den Jahren danach.*

Margarete Dörr

»Der Krieg hat uns geprägt«

Wie Kinder den Zweiten Weltkrieg erlebten

Band 1

Campus Verlag
Frankfurt/New York

Bibliografische Information der Deutschen Nationalbibliothek
Die Deutsche Nationalbibliothek verzeichnet diese Publikation in der Deutschen Nationalbibliografie; detaillierte bibliografische Daten sind im Internet unter http://dnb.d-nb.de abrufbar.
ISBN 978-3-593-38447-4

Umschlaggestaltung: Guido Klütsch, Köln
Umschlagmotiv: Maria M. im Soldatenrock ihres Vaters. Aus Privatbesitz mit freundlicher Genehmigung.
Satz: Publikations Atelier, Dreieich
Druck und Bindung: Druckhaus »Thomas Müntzer«, Bad Langensalza
Gedruckt auf säurefreiem und chlorfrei gebleichtem Papier.
Printed in Germany

Besuchen Sie uns im Internet: www.campus.de

Inhalt Band 1

Einleitung ... 7

Kapitel 1
Der Krieg – ein fernes Erdbeben? ... 26

Kapitel 2
Kriegsspiele – Kriegshelden ... 47

Kapitel 3
Fasziniert, indoktriniert. Im Zwiespalt? ... 69

Kapitel 4
Keller, Bunker, Bomben ... 103

Kapitel 5
Tiefflieger, Einsatz unter Bomben und Beschuss, Nachwirkungen des Luftkriegs ... 156

Kapitel 6
Verschickt ... 190

Kapitel 7
Kindersoldaten ... 243

Kapitel 8
Kriegsende und Besatzer ... 287

Kapitel 9
Auf der Flucht ... 344

Kapitel 10
Als Fremde in der Heimat, in Internierungslagern ... 394

Kapitel 11
Verwaist – verloren – verschleppt – vertrieben ... 440

Kapitel 12
Ankommen – »Flüchtlingskind« – Heimat ... 491

Anmerkungen zu Band 1 ... 533

INHALT BAND 2

Kapitel 13
Donauschwaben, Russlanddeutsche 7

Kapitel 14
Trümmerkinder und Überlebenshelfer 59

Kapitel 15
Wer und wo ist mein Vater? 108

Kapitel 16
Von der braunen in die rote Diktatur. Grenzgänger in Deutschland ... 158

Kapitel 17
Meine Mutter 206

Kapitel 18
»Die Nazis – das waren die anderen«? – »Täter-Kinder« 234

Kapitel 19
»Volksschädlinge«, Kriegsgefangene, Zwangsarbeiter 297

Kapitel 20
Verfolgt 352

Kapitel 21
Rückschau nach 60 Jahren 397

Kapitel 22
Gelebte Versöhnung 444

Anmerkungen zu Band 2 475

Literaturverzeichnis 502

Wortlaut des Fragebriefes an die Zeitzeugen 522

Einleitung

Als ich im Jahre 1998 nach zehnjähriger Arbeit seit meiner Pensionierung die dreibändige Dokumentation über Frauenerfahrungen im Zweiten Weltkrieg abgeschlossen hatte[1], glaubte ich, meine Lebensarbeit erfüllt zu haben. Viele, auch ich selbst, meinten, es müsse mir ein Stein vom Herzen gefallen sein. Aber der Stein war immer noch da. Zunächst war ich einfach erschöpft, aber dann meldete sich immer deutlicher, schließlich unüberhörbar, eine Stimme, die schon die Arbeit über die Frauen begleitet und dort mehrfach gesprochen hatte: es müsste eine ähnliche **Fortsetzungsdokumentation über die Kindererfahrungen** geschrieben werden, über die Jungen und Mädchen ab etwa Jahrgang 1930, die von diesem Krieg betroffen waren. Ich hatte sie fast nur mit den Augen ihrer Mütter sehen können. Wie aber haben sie selbst diese Zeit erlebt, was hat der Krieg mit und aus diesen Kindern gemacht? Dazu musste man sie selbst fragen. Ich konnte kaum mehr verstehen, dass ich mich während meiner Tätigkeit als Lehrerin für Deutsch und Geschichte an Gymnasien niemals für das Kriegsschicksal der vor mir sitzenden Schüler und Schülerinnen interessiert hatte. Meine Einfühlung galt literarischen Figuren und historischen Größen, aber nicht den vor mir sitzenden jungen Menschen. Das war nicht mehr nachzuholen. Immerhin hatte ich es ja für die Frauen spät, aber noch nicht zu spät, getan. Ich hoffte nun, dass sich ein Vertreter der Geschichtswissenschaft oder – noch besser – ein Historikerteam des Themas annehmen würde, aber das geschah nicht. Und so musste ich das Projekt in Angriff nehmen. Zwar erwachte das Interesse an den Kriegskindern seit den späten 80er und den 90er Jahren immer mehr. Aber es war nicht die Geschichtswissenschaft, die sich da hervortat, sondern es waren zunächst die Psychotherapie und die Gerontologie, welche die Beschädigungen, die Traumatisierungen dieser Generation entdeckten, weil psychosomatische Beschwerden, sogenannte posttraumatische Belastungsstörungen, diese altgewordenen Kinder in ihre Praxen trieben. Die Medien wurden aufmerksam, Tagungen und Kongresse wurden abgehalten.[2] Man konnte den Eindruck gewinnen, dass nun tatsächlich eine »vergessene Generation« endlich ihr Schweigen brach.[3] Manche Hüter der politisch statthaften Erinnerungen fürchteten schon, hier werde eine neue deutsche Opfergruppe kreiert.

Dabei hatten sie doch gar nicht geschwiegen. Bis 1990 verzeichnet meine Literaturübersicht, die mit Sicherheit nicht vollständig ist, schon 60 Autobiographien oder autobiographische Texte, abgesehen von den zahlreichen Sammelwerken mit Zeitzeugenberichten von damaligen Kindern. Allein zehn Gesamtdarstellungen gab es schon vor 1990.[4] Nur hatten sie keine breite öffentliche Resonanz gefunden, sie wurden einfach überhört. Auch die Literatur hatte das Thema keineswegs ignoriert. Entgegen der irrigen Meinung, die im Zusammenhang mit der Rezeption von Jörg Friedrichs Buch »Der Brand« häufig geäußert wurde, der Luftkrieg habe keinen oder kaum einen literarischen Niederschlag gefunden, belegt die Studie von Volker Hage, dass fast alle namhaften deutschen Schriftsteller sich mehr oder weniger ausgiebig mit ihm befasst haben.[5] Dasselbe gilt auch für viele andere Aspekte der Kriegskindererfahrungen. Man denke nur an das Lebenswerk von Wolfgang Borchert oder das Frühwerk von Heinrich Böll, Günther Grass und Uwe Johnson. Von der »schweigenden Generation« zu reden, scheint mir deshalb unangebracht. Eher könnte man von einem Gedächtnisverlust des Publikums sprechen.

Das hat sich jetzt geändert, und man kann den Einfluss der öffentlichen Medien auf die Gedächtniskultur am Beispiel des Kriegskinderthemas besonders gut studieren: Das **Thema** hat seit den 90er Jahren und besonders mit der Jahrtausendwende **Hochkonjunktur**, unterstützt durch die Gedenkjahre 1999 zum 60-jährigen Beginn und 2005 zum 60-jährigen Ende des Zweiten Weltkriegs. Hinzu kommt – und das wird von vielen betont –, dass mit dem Alter die Kindheit immer lebendiger wird, warum, das ist noch nicht erforscht, und dass das Rentenalter Zeit und Gedanken für den Rückblick lässt. Einige sagen, dass es ihnen erst nach diesem langen Abstand möglich geworden ist, an die furchtbaren Erinnerungen zu rühren, sich ihnen zu stellen. Viele werden heute noch von ihnen bedrängt und heimgesucht.

Inzwischen gibt es einige neuere zusammenfassende **Darstellungen** von Journalisten, gut geschriebene, auch zu Herzen gehende Bücher auf der Grundlage von Interviews.[6]

Besonders hervorzuheben ist das 2000 zuerst in Englisch erschienene Werk von Emmy E. Werner, Jahrgang 1939, die selbst den Krieg als deutsches Kind in Deutschland erlebte, später in die USA auswanderte, Psychologie studierte und als Professorin an der University of California lehrt. Sie hat zahlreiche Kinder aus zwölf kriegführenden Ländern entweder persönlich befragt oder ihre Briefe, Tagebücher und andere persönliche Aufzeichnungen ausgewertet.[7]

Mit Emmy E. Werner wollte und konnte ich nicht konkurrieren. So gerne ich mich auch mit den Kindern der Kriegsgegner befasst hätte, so hoffnungslos hätte das meine Arbeitskraft überfordert. Ich bedaure das besonders deshalb, weil ich gerade zu russischen Kindern guten Kontakt hätte finden können, zumal ich Russisch spreche. Ich musste mich notgedrungen auf die genauere Erforschung der Erfahrung deutscher Kinder beschränken. Dabei wollte ich nicht nur die bekannten Leiden dokumentieren, also vor allem Bomben- Flucht- und Verlusterfahrungen, auf die sich das derzeitige Interesse konzentriert, sondern ein möglichst umfassendes Bild der verschiedenen Aspekte ihres damaligen Lebens gewinnen. Die Grenze zwischen Kindheit und Jugend ist nicht scharf zu ziehen. So zitiere ich gelegentlich die Jahrgänge 1928 und 1929, ganz selten gehe ich bis 1927 zurück, denn ich meine, dass die Erfahrungen der Jugendlichen sich stark von denen der Kinder unterscheiden. Von ihnen konnte man eine bessere Einsicht in das Geschehen und nach 1945 eine Auseinandersetzung mit der eigenen Rolle im Dritten Reich erwarten.[8]

Wiederum wollte ich kein Buch *über* die Kriegskinder schreiben, sondern eine Dokumentation, in der sie selbst zu Wort kommen, **mit ihrer eigenen Stimme** sprechen. Ich ging als Historikerin und als Zeitzeugin an mein Vorhaben heran und brachte drei Voraussetzungen mit: Einmal die lebenslange Beschäftigung mit der Zeitgeschichte in Studium, Beruf und während meiner späteren Forschungen, zum anderen meine Zeitgenossenschaft als ein 1928 geborenes, also bei Kriegsbeginn 11-jähriges, bei Kriegsende knapp 17-jähriges deutsches Mädchen und nicht zuletzt die langjährige Praxis in Gesprächen mit Zeitzeugen.

Die **Themenschwerpunkte** ergaben sich aus meinem historischen Interesse und den Erzählungen meiner Gesprächspartner. Alle an einem Gespräch oder an schriftlicher Mitwirkung Interessierten bekamen einen allgemeinen Informations- und Fragebrief[9], der nicht abfragen oder gar gängeln, sondern Anregungen für die Erinnerungsarbeit geben wollte und von sehr vielen dankbar begrüßt wurde. Wie weit gespannt und wie vielfältig die Erfahrungen waren, wie vieles bisher gänzlich unbeachtet oder unterbelichtet geblieben ist, und wie manche kühne Theorie über »die Kriegskinder« kritisch zu beleuchten ist, lässt sich schon an den Überschriften der 22 Kapitel ablesen:

Kapitel 1, »Der Krieg – ein fernes Erdbeben?«, fragt nach der Intensität der Kriegserfahrungen für verschiedene Gruppen. Wie viele Kinder waren wie schwer von den Kriegseinwirkungen betroffen? Wie stellte sich diese Zeit für die weniger betroffenen dar?

Wie verhielten sich Kinder allgemein zu »Krieg und Kriegsgeschrei«? In welche militärische Tradition wuchsen sie hinein, wie standen die Eltern zu ihren »Kriegsspielen und Kriegshelden«? (Kapitel 2)

Die Jahrgänge 1930 bis 1934 waren noch fest eingebunden in die Hitlerjugend, sie waren Pimpfe und Jungmädel. Sie waren »fasziniert und indoktriniert« durch die nationalsozialistische Ideologie und Praxis, auch die jüngeren atmeten diese Luft. Wie stark wirkte dies alles gerade im Krieg? Wie stark waren andere, vielleicht gegenläufige Sozialisierungsinstanzen? (Kapitel 3)

Keller-, Bunker- und Bombenerfahrungen waren nichts Einmaliges oder Punktuelles, sondern begleiteten das halbe oder ganze damalige Kinderleben, für viele waren sie der »Normalzustand«. (Kapitel 4)

Die Tiefflieger waren gegen Ende des Krieges allgegenwärtig, auch in den bislang kriegsverschonten, ländlichen Gegenden. Und schon Kinder wurden eingesetzt, im Chaos der Zerstörung Hilfe zu leisten. Wie haben sich diese Schrecken in ihrem späteren Leben ausgewirkt? (Kapitel 5)

Die Verschickungs- und Evakuierungsmaßnahmen wurden als humanitärer Akt des Regimes dargestellt, um Kinder vor den Bomben zu retten. Wie empfanden die Kinder selbst das erste längerfristige Getrenntsein von der Familie? Wie erlebten sie die Kinderlandverschickung? (Kapitel 6)

Wie Hitler und das nationalsozialistische Regime ganz am Ende des Krieges die Begeisterungsfähigkeit und Opferwilligkeit von Kindern ausnützten und sie skrupellos in den aussichtslosen Kampf und den sicheren Tod schickten, dokumentiert das Kapitel »Kindersoldaten«. (Kapitel 7) Es geht dabei nicht um die Luftwaffenhelfer, also die Jahrgänge 1927–1929, die keine Kinder mehr waren, als sie 1943, 1944 eingezogen wurden, sondern um die noch Jüngeren, die Zwölf-, Dreizehn-, Vierzehnjährigen und die etwas Älteren, die nicht zur Flak, sondern von der Lehre weg zur Wehrmacht einberufen wurden.

Mit den Besatzern, den Franzosen, Amerikanern, Engländern und Russen, machten Kinder ihre ganz eigenen Erfahrungen, die sich z. T. stark von denen der Mütter und der Erwachsenen unterschieden. Aber sie durchlitten auch die ganze Hilflosigkeit und Angst zusammen mit ihren Müttern. (Kapitel 8)

Für viele begann der Krieg erst, als er für andere schon zu Ende war. Sie mussten vor der Roten Armee fliehen. Die Fluchtgeschichten nehmen einen großen Raum in den Erzählungen ein. Wiederum sind sie nicht identisch mit den Erzählungen der Erwachsenen. (Kapitel 9)

Wenig Aufmerksamkeit fand bisher das Schicksal derjenigen Kinder, die nach ganz oder halb geglückter Flucht wieder zurückkehrten in ihre Heimat und sich dort unter der Herrschaft der neuen Herren, der Polen, Tschechen und Russen, wiederfanden. Sie mussten als Fremde in der Heimat existieren, wurden gequält und z. T. in Internierungslager gesperrt, auch Kinder. Wie haben sie das durchgestanden? (Kapitel 10)

Meist werden Flucht und Vertreibung als ein zusammenhängender Prozess gesehen und behandelt. Dabei fehlt nicht nur die Zeit des Interims, über die Kapitel 9 berichtet, sondern es fehlt auch die Beachtung der Kinder, die »unterwegs« einfach verloren gingen, d. h. die Eltern verloren, oder sich ganz allein irgendwo und irgendwie durchschlagen mussten. In letzter Zeit ist durch die populäre ZDF-Sendung »Kinder der Flucht« auf die »Wolfskinder« aufmerksam gemacht worden, wenn auch in einer verkürzten und z. T. verkitschten Weise. Was aber wissen wir über die Kinder, die in russischen Waisenhäusern landeten und russifiziert wurden? Über die verschleppten Deutschen aus der sowjetisch besetzten Zone sickerte in jüngster Zeit einiges durch; dass aber schon Kinder verschleppt wurden, wissen wohl die wenigsten. (Kapitel 11)

Und wie war dann das »Ankommen« als Flüchtlingskind oder als »Umsiedlerkind«, wie es in der »Ostzone« hieß? Was sagen die Kinder zur »erfolgreichen Integration der Flüchtlinge«, auf die wir so stolz sind? Bedeutet »Heimat« für sie mehr als eine nostalgische, folkloristische Floskel, eine »leicht weinerliche Verlustanzeige«, wie ein Teilnehmer eines Internet-Diskussionsforums zum Thema meinte? (Kapitel 12)

Ich musste mich auf deutsche Kinder konzentrieren, aber ich habe mich dabei nicht auf die deutschen Reichsgrenzen von 1937 oder 1939 beschränkt, sondern die donauschwäbischen und russlanddeutschen Kinder einbezogen. Um sie hat sich in der historischen Erinnerung bisher niemand gekümmert, mit Ausnahme der Heimatverbände. Diese Kinder wurden Opfer von Drangsalierung und Verfolgung – nur, weil sie Deutsche waren. Heute leben Hunderttausende von ihnen und ihren Nachkommen unter uns. Wir sollten mehr von ihrem Schicksal wissen. (Kapitel 13)

Die unmittelbare Nachkriegszeit hängt eng zusammen mit der Kriegszeit, weshalb auch diese Dokumentation die Nachkriegsjahre mit einbezieht. In meiner Frauendokumentation habe ich die große Überlebensleistung der Frauen gewürdigt. Erst durch die Gespräche mit den Kindern weiß ich, welch großen Anteil die Kinder an dieser Überlebensarbeit hatten. Sie lebten ihr Kinderleben inmitten von Trümmern, sie spielten in den Trümmern, sie schufteten inmitten der Trümmer und haben so einen entscheidenden Anteil am Wiederaufbau Deutschlands. (Kapitel 14)

Jedes vierte bis fünfte Kind musste ohne Vater aufwachsen. Welche Rolle spielte der abwesende und der dann vielleicht heimgekehrte Vater für sie?

Welche Bedeutung hatte der Verlust des Vaters für ihr Leben? »Wer und wo ist mein Vater?« wird im 15. Kapitel gefragt.

Der politische Umbruch vollzog sich in der von der Sowjetarmee besetzten östlichen Zone anders als in den Westzonen. Wie haben Kinder, die eben noch möglicherweise begeisterte Jungmädel und Pimpfe waren, diesen Umbruch erfahren? Wie erlebten sie den Wechsel von der braunen in die rote Diktatur? Was geschah mit denen, die sich den neuen Herren nicht anpassten? (Kapitel 16)

Die Mutter war zweifellos die wichtigste Bezugsperson. Zu fragen ist nach der Bedeutung der Mutter für diese Kinder in der Kriegs- und Nachkriegszeit. Wie beurteilen die Kinder aus der Rückschau die Lebensleistung ihrer Mütter? (Kapitel 17)

Der Krieg ist nicht abtrennbar vom nationalsozialistischen Regime, das auf die Unterstützung durch die »Volksgenossen« angewiesen war. Wie erlebten die Kinder dieser »Volksgenossen«, d. h. die Kinder der Mehrheit der Deutschen, das Eingebundensein ihrer Eltern in dieses Regime? In diesem Zusammenhang haben wir uns auch auseinander zu setzen mit der von Harald Welzer aufgestellten These, die Kriegskinder und deren Kinder neigten dazu, im Familiengedächtnis die Eltern bzw. Großeltern zu viktimisieren, d. h. sie als (unschuldige) Opfer zu sehen, und zu heroisieren, d. h. sie zu Helden bzw. Widerstandskämpfern hochzustilisieren. Stimmt das wirklich? (Kapitel 18)

Die Einstellung der Eltern war auch ablesbar an ihrem Verhalten gegenüber den Ausgegrenzten und Verfolgten, den »Volksschädlingen«, Kriegsgefangenen und Zwangsarbeitern. Welche Eindrücke gewannen die Kinder, was sahen und hörten sie, wie verhielten sie sich selbst? (Kapitel 19)

Diese Verfolgten fühlten sich selbst ja auch als Deutsche. Es ist zu fragen, wie diese Hunderttausende von deutschen Kindern ihre Verfolgung erlebten, die Kinder jüdischen Glaubens, die Sinti- und Roma-Kinder, die Kinder der Zeugen Jehovas und der politisch Verfolgten. (Kapitel 20) Das Ausmaß des Leidens jüdischer Kinder, das vor allem die Bewohner der besetzten Gebiete, insbesondere in Polen, traf, kann mit dieser Untersuchung nicht entfernt dargestellt werden. Es ist aber schon anderweitig eindrücklich dokumentiert.[10]

Einer der Vorzüge von Oral History, mündlich erfragter Geschichte, liegt in der Möglichkeit, den Langzeitfolgen erlebter und erlittener Geschichte nachzugehen. Die damaligen Kinder können heute selbst Rechenschaft ablegen, welche Nachwirkungen diese Kriegs- und Nachkriegserlebnisse für sie gehabt haben. In Kapitel 21 wird eine zusammenfassende Rückschau durch sie selbst versucht. Sie werden sich darüber klar, in welcher Weise sie vom Krieg geprägt wurden. Diese Prägung unterscheidet die Kriegskinder fundamental von denen, die ab etwa Mitte der fünfziger Jahre geboren wurden und kaum mehr unter seinen Nachwirkungen zu leiden hatten. Was Krieg bedeutet und anrichtet, lässt sich nirgends deutlicher zeigen als an den Kindern. Dabei wird zu überprüfen sein, wieweit sie sich selbst als geschädigt oder traumatisiert betrachten, was sie überwinden konnten und was nicht, was ihnen dabei geholfen hat. Kann Erinnerung befreien? Oder gibt es vielleicht so etwas wie die »Gnade des Vergessens«? Und sie sprechen davon, was sie den Nachwachsenden gerne weitergeben würden, so man denn auf sie hörte.

Das Schlusskapitel dokumentiert Beispiele »gelebter Versöhnung«. Es handelt sich dabei nicht um offizielle politische oder öffentlich organisierte Akte der Völkerverständigung, sondern um von einzelnen Kriegskindern selbst gewagte Schritte über die Grenzen des Hasses und der Gewalt zu friedlicher und freundlicher Nachbarschaft mit ehemaligen Kriegsgegnern und deren Nachkommen.

Damit sind aber immer noch nicht alle Themen und Gruppen berücksichtigt. Wieder muss ich auf **Lücken** hinweisen, die ich nicht füllen konnte. Es gibt noch keine umfassende Untersuchung über die eigene Sicht der Besatzungskinder, und zwar in doppelter Bedeutung: Kinder, die von deutschen Soldaten in den besetzten Ländern gezeugt wurden, und Kinder aus Beziehungen deutscher Frauen zu den alliierten Besatzungssoldaten. Trotz vieler Bemühungen gelang es mir nicht, Kontakte zu solchen Kindern herzustellen. Auch Kinder von deutschen Männern mit Zwangsarbeiterinnen und von deutschen Frauen mit Zwangsarbeitern konnte ich nicht befragen, ebenso wenig Kinder, die in Lebensbornheimen[11] geboren wurden. Zu den Kindern der verbliebenen deutschen Minderheit in den polnisch und sowjetisch besetzten ehemaligen deutschen Ostgebieten hatte ich Verbindungen, aber die Zahl reichte nicht aus. Es gab auch polnische und tschechische Kinder, die zwangsweise eingedeutscht wurden. Sie mussten außer Betracht bleiben. Unter den Verfolgten fehlen die Kinder von Homosexuellen und sogenannten »Asozialen« oder auch »schwer erziehbare« Kinder, die in Erziehungsheime eingewiesen wurden. Eine Vorstellung davon, wie es in solchen Erziehungsheimen zuging, vermittelt der Bericht von Simone Arnold Liebster, die zu Jehovas Zeugen gehörte.[12] Von Kindern, die im Zuge des Krankenmordes in die Heilanstalten, besonders berüchtigt Hadamar, eingeliefert wurden, um dort getötet zu werden, kann man nur etwas aus Krankengeschichten erfahren. In den Akten sind auch spärliche Briefe zu finden. Von den betreffenden Kindern selbst gibt es naturgemäß keine Berichte. Deshalb habe ich sie ausgespart.[13] Die Bezeichnung der Lücken ist zugleich eine Aufforderung für künftige Forschungen.[14] Ihnen soll auch überlassen bleiben herauszufinden, wie sich die Erinnerung an die Kriegserlebnisse in der dritten und vierten Generation fortsetzt, wie die Enkel und nun bald die Urenkel ihre Großväter und Großmütter sehen. Diese intergenerationelle Tradierung historischer Erinnerung ist in der Sozialpsychologie und in der Psychotherapie bereits Thema geworden.[15]

Die von mir gewählte Methode der **Oral History** braucht nicht mehr gerechtfertigt zu werden. Sie hat sich als eine seriöse Form historischer Forschung längst etabliert und wird allenthalben mit Erfolg praktiziert. Gigantische Projekte, wie Stephen Spielbergs Sammlung von Video-Interviews mit 50.000 Überlebenden der Shoah in 57 Ländern oder die jüngst in den USA lancierte Umfrage unter 5.000 Afrikanern zu ihrer Alltagsgeschichte sind nur besonders spektakuläre Beispiele.[16] Über Nutzen und Grenzen habe ich in der Einleitung zu meiner Frauendokumentation schon Wichtiges gesagt.[17]

Doch muss angesichts neuerer Forschungen zu **Erinnerung und Gedächtnis**[18] einiges Grundsätzliche hinzugefügt werden. Mit Recht wird mancher die Frage stellen: Wie sicher kann sich ein Mensch noch erinnern an Erlebnisse und Ereignisse, die 60 und mehr Jahre zurückliegen? Die damaligen Kinder sind heute zwischen 60 und 75 Jahre alt. Die Gedächtnisforschung hat herausgefunden, dass alles, was im Langzeitgedächtnis gespeichert ist, dort gespeichert bleibt. Es geht also nichts verloren, außer bei Gehirnerkrankungen, aber es kann nicht alles jederzeit wieder abgerufen werden, manches überhaupt nicht mehr, jedenfalls mit den jetzigen Methoden. Vieles aber kann wieder aktiviert werden, nicht immer »auf Befehl«, aber durch die Erinnerungsarbeit selbst und durch bestimmte »erweckende« Impulse. Das bestätigten mir zahlreiche meiner Gesprächspartner unaufgefordert. Die Kriegserlebnisse wurden immer zahlreicher und lebendiger im Verlaufe der Beschäftigung mit dem Fragebrief, während des Aufschreibens der Erinnerungen, bei Gesprächen, auch in Therapien und Analysen[19], durch entsprechende Sendungen im Fernsehen, durch Bilder über jüngste Kriege, z. B. auf dem Balkan oder im Irak, beim Lesen alter Briefe und Tagebücher, beim Besuch der alten Heimat oder anderer Orte der Kindheit. Darüber hinaus besteht unter den Gedächtnisforschern Übereinstimmung, dass sich eine Erinnerung umso tiefer in das Gedächtnis eingräbt, je emotionsgeladener und bedeutsamer sie für das Individuum ist. Das trifft auf die Kriegserlebnisse in besonderem Maße zu. Sehr oft ging es um Leben und Tod, um existenzielle Bedrohungen und Ängste, um Grenzsituationen aller Art. Die Wucht dieser Eindrücke bleibt ein Leben lang erhalten, oder – wie sich manche ausdrückten – sind wie in einem Film jederzeit abrufbar, auch wenn der Film an manchen Stellen gerissen oder nicht belichtet ist. Man kann diesen Erinnerungen also trauen. Manche der Kriegskinder sind selbst kritisch an ihre Erinnerungsarbeit herangegangen, haben sich bemüht, nur Selbsterlebtes zu erzählen und nicht später Gehörtes. Sie kennen die Fallstricke sehr gut.

Schließlich heben die Gedächtnisforscher die Plastizität, die Netzwerkartigkeit und die Aktivität des Gedächtnisses hervor, das heißt es werden mit dem Erinnern und mit dem Erzählen der Erinnerungen immer neue Verknüpfungen hergestellt, die alte Erinnerung wird gleichsam immer neu überschrieben, überformt und dann jeweils als neue Erinnerung wieder abgespeichert. Wir haben es also mit einer fortwährenden Ummodelung der ursprünglichen Erinnerung zu tun. Das scheint der ersten These zu widersprechen, in der von der Eingravierung bestimmter einschneidender Erlebnisse die Rede war. Der Widerspruch ist aber nur scheinbar. Was kaum angetastet wird, höchstens vielleicht durch zusätzliche Dramatisierung, ist der Kern, also die Episode (man spricht ja auch vom episodischen Gedächtnis), die bestimmte Situation, das bestimmte Ereignis, die als Schlüsselerlebnisse gelten können. Ganz kleine Kinder erinnern zwar nicht bewusst, aber sie sind besonders aufnahmefähig und sensibel im psychischen Bereich. Ihre Erinnerungen sind sinnenhaft an bestimmte Gerüche, Bilder, Szenen, Gesprächsbruchstücke gebunden, die sie behalten haben, obwohl sie die Zusammenhänge nicht verstanden. So sagt Hannlore R. (1938): »Flucht – fliehen – Flüchtling – Krieg – Ostfront – Feldpost – Vertreibung – Verdunklung – Gasmaske – Fliegeralarm – Löschsand. Worte, die ein Kind nicht alle verstand, die ihm aber doch Angst machten, weil die Erwachsenen mit sorgenvollen Mienen und hektischem Treiben Dinge tun, die neu und für das Kind unerklärlich sind«. Die damals siebenjährige Lieselotte M. reiht Szene an Szene, eine davon: »Die Frau vom NSDAP-Schuldirektor Heidelmeier stürmt im Februar 1945 in unsere Küche und schreit: ›Sofort heiße Milch und Tee! Die Leute liegen vor Troppau.‹ Meine Mutter ließ im Waschkessel Lindenblütentee kochen. Heißer Tee und Milch wurden in Milchkannen gefüllt und im Schlitten die zwei oder drei Kilometer vor Troppau gefahren, wo ein Flüchtlingstreck im Straßengraben kampierte, im Schnee. Viele Kinder waren schon tot. Die polnischen Knechte kamen zurück in die Küche und brachten eine kleine Brücke mit, die eine Frau ihnen wohl aus Dankbarkeit gegeben hatte. Wir Kinder schlugen darauf Purzelbäume, als die Frau Heidelmeier in die Küche kam und schrie: ›Wo ist der Teppich, wo ist der Teppich?‹ Sie riss die kleine, wahrscheinlich wertvolle Brücke an sich und verschwand. In mein Gedächtnis hat sich eingegraben: Brücke – Purzelbäume – Heidelmeier – Piltscher (*in Piltsch war Lieselotte zu Hause*) Küche – Milchkannen – Flüchtlinge im Schnee. Die Liste könnte ich fortsetzen. Ich muss hinzufügen, dass ich noch niemals über diese Dinge gesprochen habe.« »Erinnerungen tauchen schlagartig aus dem Nebel auf«, sagte einer. All das hat sich offenbar im Gedächtnis festgehakt. Ebenso fanden Kinder nach Jahrzehnten die Orte ihrer Kindheit mit schlafwandlerischer Sicherheit wieder, obwohl so vieles fast unkenntlich geworden war. Sie konnten ihre Fremdenführer und Taxifahrer dirigieren. Was sich im Laufe des Lebens fortwährend verändert, ist die Lebens*geschichte*, also die zusammenhängende Struktur dieser verschiedenen Erinnerungen, der Stellenwert, den man einer Erinnerung einräumt, die Bedeutung im Kontext des eigenen Lebens. Kinder aber konstruieren noch keine Geschichte, sie erinnern eben hauptsächlich Episoden, Situationen, Szenen, und so erzählen sie auch. Und diese Erfahrungen sind höchst real. Sie sind eben keine »Konstrukte«, wie manche Sozialpsychologen anzunehmen scheinen, sondern sehr harte Fakten, leider, würden die Kriegskinder sagen. Wenn das Haus über einem zusammenbrach, wenn man verschüttet auf Rettung wartete, wenn die Mutter vor den eigenen Augen vergewaltigt oder der Bruder erschossen wurde, dann war das wirklich so – wer wollte das bezweifeln? Wenn Hans Markowitsch sagt, das Gedächtnis sei ein Interpret und kein Chronist, so meine ich, es sei beides, was der Historiker allerdings sorgfältig auseinanderhalten muss. Im Übrigen müssen Gedächtnisforscher zugeben, dass wir noch kaum etwas Genaues darüber wissen, wie sich unsere autobiographische Erinnerung im Einzelnen formt. Die Geschichtswissenschaft darf ihren Anspruch nicht aufgeben, erforschen zu wollen, »wie es wirklich war«, auch wenn dieser Anspruch immer nur annähernd erfüllt werden kann, und die Zeugnisse der Zeitzeugen sind ein wichtiger Baustein dazu. Es ist ziemlich einfach, den Zeitzeugen Irrtümer nachzuweisen. Sie irren sich vielfach bei Daten, Personen, Orten usw., das muss mit anderen Quellen und Methoden der Geschichtswissenschaft überprüft und zurechtgerückt werden, aber die Kernaussagen, über die sie allein verfügen, sind »richtig« und wesentlich für das Gesamtbild. Dafür nur ein Beispiel aus einer neuerlichen Debatte. Es ging um den Angriff auf Dresden am 13. Februar 1945. Bei einer öffentlichen Diskussion behaupteten viele anwesende Zeitzeugen, sie seien nach den Angriffen noch durch alliierte Tiefflieger beschossen worden. Dem hielten Militärhistoriker entgegen, das könne gar nicht sein, denn unter den Luftverhältnissen, die durch den Angriff geherrscht hätten, hätten Tiefflieger gar nicht operieren können. Man sehe also, wie sich – auch viele! – Zeitzeugen irrten. Ich besitze einen Augenzeugenbericht über den Angriff. Ein Kriegskind stellte mir den Brief seines Vaters zur Verfügung, den dieser einige Tage nach dem Angriff an seinen eigenen Vater geschrieben hat. Darin ist nachzulesen, dass es tatsächlich einen Tieffliegerbeschuss gegeben habe, wenige Tage nach dem Angriff, aber eben auf die ganz hilflosen Menschen, die da auf den Elbwiesen kampierten. Der Kern ist: Die Brutalität des Angriffs wurde noch überboten durch die Beschießung der davongekommenen Menschen durch Tiefflieger. Dieser Kern ist »richtig«. Ich habe eine Reihe von Geschwistererzählungen über ein und dasselbe Ereignis, die sich unterscheiden, in denen sich aber sehr deutlich die unterschiedliche Bedeutung, die dieses Ereignis für das einzelne Kind hatte, widerspiegelt. Jede dieser Erzählungen ist »richtig«.

So tragen die einzelnen Erzählungen zusammen viel zu einer stimmigen Vorstellung über die Geschichte bei. Und daran muss nicht nur der Wissenschaft gelegen sein, sondern jeder Mensch hat das legitime Bedürfnis, über die Vergangenheit Verlässliches zu erfahren. Deshalb ist mir die **große Zahl** sehr wichtig. Ich habe auch diesmal – wie schon bei der Frauendokumentation – mehr als 500 Berichte gesammelt. Dies war gar nicht schwierig. Das Echo auf einen einzigen Artikel von Hilke Lorenz in einer im südwestdeutschen Raum verbreiteten Zeitung[20], dem mein Auftritt in der Landesschau des SWR folgte, war überwältigend. Es kamen Meldungen aus allen Gegenden Deutschlands, aus Frankreich und Amerika. Schon vorher hatte ich im Zusammenhang mit vielen Vorträgen und durch Mundpropaganda genügend Anschriften und Angebote bekommen. Ich hätte noch lange weiter sammeln und noch fast unbegrenzt Gespräche führen können. So musste ich mir eine Grenze setzen. Auch nach Abschluss des Manuskripts erreichen mich weitere Lebensberichte, die ich lediglich archivieren kann. In meiner Kartei finden sich noch 45 Meldungen, bei denen ein Besuch vorgesehen war. Ich muss mich bei allen entschuldigen, die vergeblich gewartet haben. Meine Liste umfasst 474 ausgewertete Lebensgeschichten, die mir mündlich und schriftlich mitgeteilt wurden. Über 100 Gespräche habe ich selber geführt. Die meisten Berichte gingen mir in schriftlicher Form zu, von knappen Antworten auf meinen Fragebrief bis zu vollständigen Erinnerungen auf einigen hundert Seiten, einige davon in Buchform, zum Teil im Selbstverlag oder über verschiedene im Internet erreichbare Agenturen gedruckt. Immer habe ich persönlichen Kontakt zu den Verfassern aufgenommen; wir haben uns brieflich oder telefonisch über das Geschriebene ausgetauscht, Fragen konnten beantwortet und geklärt werden. Dazu kommen noch 40 nicht in der Liste geführte Ausführungen von Flakhelfern, die allgemein von ihrem Kinderleben im Krieg handeln. So habe ich die mir als Ziel gesteckte, schon in der Frauendokumentation erreichte magische Zahl von 500 Lebensgeschichten nicht nur erreicht, sondern sogar übertroffen. Jungen und Mädchen sind etwa gleich stark vertreten. Geschrieben und erzählt haben nicht nur Vertreter des Bildungsbürgertums, sondern Menschen aus allen sozialen Schichten. In der Zahl der mir mündlich und schriftlich zugetragenen Lebensgeschichten sind publizierte Bücher von Kindern und über Kinder nicht enthalten. Nach 1990 sind mehr als 100 von ihnen und über sie erschienen. Laufend kommen neue hinzu.[21] Wo mein eigenes Material nicht ausreichte oder ich in diesen Veröffentlichungen besonders eindrückliche Zeugnisse fand, habe ich sie mit Einverständnis der Verfasser und mit Nachweis der Quelle zitiert.

Ich kann also auch für die Kindererfahrungen eine »**empirische Sättigung**« der Befunde feststellen: Jeder zusätzliche Bericht fügt interessante Nuancen hinzu, beleuchtet den einen oder anderen Aspekt besonders scharf, aber er bringt nichts grundstürzend Neues.

Die vielen Erzählungen ergänzen und kontrollieren einander und fügen sich so zu einem Gesamtbild, das wir sonst nicht hätten.[22] Über die Erfahrungen der Kinder aus ihrer eigenen Perspektive gibt es sonst überhaupt keine Quellen. In vielen Archiven suchte man sie vergebens, allenfalls kann man in Schularchiven oder Kinderheimarchiven fündig werden. Wenn man Glück hat, findet man da und dort auch Erinnerungszeugnisse von Kindern, die sich qualitativ nicht von meinen gesammelten Quellen unterscheiden; es sind dann eben zusätzliche, schriftlich festgehaltene Erinnerungen. Als hilfreich erwies sich das Deutsche Tagebucharchiv in Emmendingen.[23] Da man die Tagebücher immer in den Lebenszusammenhang stellen muss, um sie richtig interpretieren zu können, nahm ich Kontakt zu den Verfassern auf. Es wurden auch Passagen aus Tagebüchern oder Briefen von Eltern eingefügt, die authentisch von den Kindern, ihrem Verhalten und ihren Aussprüchen berichten. Die Kinder wissen davon nichts mehr, weil sie damals noch zu klein waren.

Die große Zahl verhindert, dass auf sehr schmaler empirischer Basis weitreichende Schlüsse gezogen oder Hypothesen aufgestellt werden, die eben nicht schlüssig, sondern äußerst brüchig sind. An den entsprechenden Stellen setze ich mich damit auseinander. Dennoch kann auch ich nicht beanspruchen, für alle Kriegskinder zu sprechen, für die 15 Millionen deutschen Kinder, die zwischen 1930 und 1945 geboren sind! Die über 60-Jährigen machten 2005 noch ein Drittel der erwachsenen Bevölkerung in Deutschland aus.[24] Der größte Teil von ihnen zählt zu den Kriegskindern. Es gab auch Absagen; es gab Stimmen, die »von den alten Geschichten« nichts mehr hören wollten. Von den über 500 allein von mir verschickten oder ausgeteilten Fragebriefen[25] kam auf 200 entweder keine Antwort oder eine Absichtserklärung mitzumachen, die aber dann nicht eingelöst wurde. Einige fanden keine Zeit, wurden krank, oder es fiel ihnen immer noch zu schwer, sich wieder auf die Erinnerungen einzulassen. Eine Frau telefonierte: »Die Erinnerung ist hinter mir her wie eine Flut, ich ertrinke darin. Ich konnte drei Jahre nichts schreiben. Auf dem Nachttisch liegt ein Kästchen mit Zetteln, auf denen ich immer wieder etwas aufgeschrieben habe.« Manche hatten vor, ihre Erinnerungen selber zu publizieren. Insgesamt wurden die Absagen aber reichlich kompensiert durch spontane Zusendungen und Gesprächsangebote von anderen, die keinen Fragebrief erhalten hatten. So sind die vielen, die gesprochen haben, begrenzt repräsentativ für sehr viele Kriegskinder. Statistische Angaben zu den einzelnen Ergebnissen sind kaum möglich, sie können nur ganz allgemeine Anhaltspunkte geben, etwa in der Art: So ging es vielen, den meisten, wenigen. Überhaupt ist bei allen Zahlenangaben Skepsis angebracht, sei es bei der Anzahl der Kinder, die schwer, mittelmäßig oder kaum vom Krieg betroffen waren, sei es bei der Abschätzung der Anzahl der traumatisierten Kinder. Ich selbst muss mich – wo ich Zahlen nenne – auf die zitierten Quellen verlassen, nachprüfen auf Grund von eigenem Quellenstudium konnte ich sie nicht. Altersspezifische Unterschiede in den Erinnerungen berücksichtige ich an den einschlägigen Stellen. Dabei sagen die Geburtsjahrgänge nur bedingt etwas über den Reifegrad und die geistige Wachheit eines Kindes aus.

Den Zweifeln, auch in meiner eigenen Brust, an der Erinnerungsfähigkeit nach so vielen Jahren, begegnete ich noch durch eine weitere methodische Absicherung: In weit größerem Umfang als bei der Frauendokumentation habe ich **persönliche Dokumente aus der damaligen Zeit** herangezogen. So oft wie möglich zitiere ich aus Tagebüchern oder unmittelbar unter dem Eindruck des Erlebten abgefassten Aufzeichnungen, ebenso Briefen, Schulaufsätzen[26], benütze und interpretiere Fotos usw. Bei den Fotos ist zu bedenken, dass damals viel seltener fotografiert wurde als heute, wo die Bilderflut uns zu überschwemmen droht. Nicht viele besaßen einen Fotoapparat, und Bilder wurden nur zu besonderen, meist erfreulichen Gelegenheiten gemacht. Die Qualität entspricht meist nicht unseren Ansprüchen. Die Katastrophen wurden kaum festgehalten. So spiegeln die erhaltenen Fotos selten die Schrecken des Krieges wider – dies blieb den Kriegsberichterstattern vorbehalten. Auf Archivbilder wurde nur ganz selten zurückgegriffen und nur da, wo sie in unmittelbarem Zusammenhang mit den Erzählungen der Kriegskinder stehen. Die eigenen Bilder waren und sind für die damaligen Kinder von großem emotionalen Wert. Auch unscheinbare Gegenstände, zum Beispiel ein Buch, eine kleine Puppe, ein paar Notizzettelchen und ein gerettetes Bügeleisen, können – in den Zusammenhang gestellt – viel Bedeutsames aussagen. Wo immer es möglich war, leite ich die einzelnen Kapitel mit Tagebuchaufzeichnungen ein, die ich dann interpretiere und durch andere Zeugnisse ergänze. Dabei machte ich die mich selbst frappierende Entdeckung, dass diese authentischen Berichte sich weithin mit dem später Erzählten decken. Ein weiterer Beweis für den »Engramm-Charakter« dieser tiefgreifenden Erlebnisse. Gleichzeitig war ich höchst erstaunt über die Aufzeichnungsfreudigkeit und -fähigkeit der Kinder. Man kann es kaum glauben, was ein Achtjähriger oder eine Zwölfjährige zu Papier brachten. Man hält es kaum für möglich, dass eine Vierzehnjährige ein genaues Fluchttagebuch führte! Das sind unschätzbare authentische Quellen. Sie entkräften übrigens die Behauptung, die »Leidensgeschichten« würden ihre Bilder den Bildern aus dem »Holocaust« entnehmen, sie gleichsam in ihren »Wechselrahmen« einfügen.[27] Als die dreizehnjährige Gisela C. (1931) ihren Bericht über den Luftangriff auf Dessau in ihr Tagebuch schrieb, hatte sie noch keine Ahnung vom Holocaust, sie hatte auch noch keinen einzigen publizierten Bericht über diesen Angriff lesen können. Als Gabi K. (1930) ihren Fluchtbericht verfasste, konnte sie noch kaum etwas von den deutschen Gräueltaten gehört haben. Selbstverständlich verfügen die Kinder nur über einen begrenzten Wortschatz. Selbstverständlich haben sie nur eingeschränkte, kulturell vorgeformte Wahrnehmungsmöglichkeiten und sind beeinflusst von der Sprache der Zeit. Nur Genies sehen die Welt mit ganz eigenen Augen und finden ganz eigene Worte für ihre persönlichen Erfahrungen. Viele bedauerten es und bedauern es noch heute, dass ihnen die Worte fehlten und fehlen für das, was sie gerne ausdrücken möchten. Sie bedauern, dass sie die Emotionen nicht »herüberbringen«, ihren Kindern und Enkeln nicht vermitteln können. Die Sprache versagt vor dem Grauen, durch das diese Kinder gegangen sind. Trotzdem wird dem Leser einiges zugemutet in dieser Dokumentation. Wenn man das Kapitel 4 »Bomben« gelesen hat, meint man, es könne nicht schlimmer kommen, aber es kommt schlimmer. Man muss immer tiefer steigen bis zu der letzten Notiz des wolgadeutschen Kindes, das alles und alle verloren hatte und dies in Kinderschrift in zwei Sätzen festhält. Die Notiz fand sich ganz zufällig, eingelegt in ein altes Gebetbuch. Es ist das einzige erhaltene authentische Zeugnis eines Kindes aus dieser Volksgruppe.[28] Wie die zwölfjährige Gertrud Damm inmitten einer feindlichen Umwelt so allein weiterleben konnte oder wie sie gestorben ist, wissen wir nicht. Und das Fürchterliche setzt sich fort bei den Geschichten der Verfolgten in Kapitel 18, 19 und 20. In allen persönlichen Dokumenten wurde die Diktion und die Orthographie des Originals nicht verändert. Nicht nur der Bildungsstand der Verfasser wird erkennbar, sondern häufig auch die seelische Verfassung, in der sie ihre Aufzeichnungen machten. In den Erzählungen wurden Dialektanklänge beibehalten.

»Kinder der Opfer – Kinder der Täter« war das Thema einer Tagung des Frauenverbandes im Bund der Vertriebenen, die im April 2001 in Travemünde stattfand. Es trafen sich Kinder aus Deutschland, jüdische Kinder, Kinder aus der Ukraine, aus Polen, den baltischen Staaten. Das Fazit war – und es wurde von allen bejaht[29]: »**Kinder sind *immer* Opfer**«, ob sie zu den Siegern oder zu den Besiegten, ob sie zu den »Volksgenossen« oder den Verfolgten gehören. Sie sind Opfer von Ereignissen, an denen sie nicht mitwirkten, oder von Manipulation, gegen die sie sich nicht wehren konnten. Deshalb sind die Kinder auch von der Diskussion um die deutsche Opferrolle nicht tangiert. Wohl aber fühlen sie sich in der Verantwortung für die Geschichte ihrer Eltern und Großeltern, für ihre deutsche Geschichte, und sie stellen sich ihr in Worten und Taten.

Dass in der **Führung eines Interviews** das teilnehmende Zuhören, kritische Aufmerksamkeit und historische Kenntnisse unabdingbar sind, versteht sich fast von selbst. Deshalb kann man z. B. nicht einfach Schüler oder auch historisch ungebildete Sozialwissenschaftler umstandslos auf Zeitzeugen »loslassen«. Der Zeitzeuge kann dann tatsächlich zum Feind des Historikers werden, wenn er im Brustton der Überzeugung seine subjektive Sicht zur allein gültigen erklärt: »Ich war ja dabei, ich muss es wissen!« Wer von der Geschichte zu wenig weiß, kann auch keine Fragen stellen, Unklarheiten beseitigen, offensichtlich Falsches zurechtrücken. Der Interviewer sitzt womöglich einem Text auf oder interpretiert etwas in ihn hinein, was so gar nicht gemeint war und was er leicht hätte richtig stellen können. Der Befrager muss mehr wissen als der Zeitzeuge. Er muss nachfragen, auf Beweisen bestehen, darf kein »leeres« Gerede zulassen. Er kann versuchen, auch hinter das Gesagte zu leuchten, hinter manche Deutungen, die der Befragte bewusst oder unbewusst verschweigt oder meidet, weil sie zu schmerzlich oder zu peinlich für ihn wären. Die Kinder haben für sich selbst kaum etwas zu verheimlichen, möglicherweise verheimlichen sie etwas über ihre Eltern? Der Historiker muss umgekehrt auch bereit sein, vom Zeitzeugen zu lernen, ihn aufmerksam anzuhören und Neues aufzunehmen. Abzulehnen ist die Degradierung von Zeitzeugen zu »Rohmaterial«[30] oder zu Lieferanten »bewegender Worte zu bewegten Bildern.«[31] Meine Gespräche (ich spreche nicht gerne von »Interviews«) mit den Kriegskindern waren getragen von Vertrauen und Respekt für die ganze Lebensgeschichte dieser Menschen. Ein Grundverständnis war auch durch meine eigene Zeitzeugenschaft von vornherein gegeben. Die Gespräche wurden oft in Briefen und Telefongesprächen fortgeführt. Mindestens zwei bis drei Briefe gingen täglich hin und her. Der Austausch lief handschriftlich, per Computer, mehr und mehr auch über E-Mails. Der Zuhörer, der Befrager, der mit Zeitzeugen arbeitet, muss eine schwierige Balance halten zwischen Mitgefühl und Distanz. Ohne Mitgefühl, Empathie, kann er das Vertrauen des Gegenübers nicht gewinnen, ohne Distanz ist eine kritische Interpretation des Erzählten nicht möglich. Die Erzählungen der Kriegskinder sollten in der Darstellung nicht zu kleinen Bruchstücken zerhackt werden, sondern werden in gebührender Ausführlichkeit zitiert. Eine gewisse Redundanz muss dabei in Kauf genommen werden. Es wird nicht jedes Mal ausdrücklich erwähnt, ob der Text aus einem Gespräch oder einer schriftlichen Aufzeichnung stammt. Meist geht das aber aus dem Zusammenhang hervor. Die Auswahl der Textstellen mag manchen willkürlich erscheinen. Der eine oder andere wird sich fragen, ob nicht seine Geschichte treffender und aussagekräftiger gewesen wäre, mancher wird seinen eigenen Beitrag ganz vermissen. Ich hätte gut und gern den zehnfachen Umfang füllen können, hätte ich alle berücksichtigen wollen. Alle, die mehr lesen wollen, kann ich auf mein großes Archiv verweisen, in dem die Beiträge gut aufbewahrt sind. Mit Einwilligung der Verfasser könnten sie eingesehen werden. Dort finden sich auch die zusammenhängenden Lebensgeschichten. Viele sind inzwischen auch gedruckt. Die Namen sind – wo nichts anderes gewünscht wurde – anonymisiert. Einige wollten die Umschrift des Gesprächs lesen und waren entsetzt über ihr »Gestammel«. Mit ihnen konnte vereinbart werden, dass auch ihre nicht druckreifen Formulierungen authentische Zeugnisse sind, dass aber nichts davon ohne ihre Einwilligung gedruckt würde. Ein besonderes Nachspiel hatte das Interview, das eine meiner Mitarbeiterinnen mit einer Frau führte, die Unbeschreibliches erlebt hatte. Diese Frau rief mich nach diesem Interview an und bat um Entschuldigung. Sie sei verzweifelt, weil sie so »schlecht« gesprochen habe, sie habe doch auch nur 4½ Jahre Schulbildung durch den Krieg. Sie bot mir an, alles noch einmal besser aufzuschreiben. Aber dazu brauche sie Zeit für sich allein. Sie wollte die Zeit abwarten, bis ihr Mann und ihre Tochter zu Verwandten gereist seien, denn ihre Angehörigen sagten immer: »Lass das doch ruhen, du regst dich viel zu sehr auf dabei.« Sie schrieb auf, war aber auch unglücklich über das, was sie zu Papier gebracht hatte. Inzwischen waren Mann und Tochter zurückgekehrt; sie klagte ihrer Tochter ihr Leid. Die Tochter bot an, für sie auf dem Computer zu schreiben, aber immer nur eine halbe Stunde. Länger hielten es beide nicht aus. Die Tochter hatte zwar als Kind manches von dem Schicksal gehört, es aber damals gar nicht richtig ermessen können. Jetzt war es für beide sehr schwer, aber der gemeinsame Schmerz verband sie und führte zu tieferem Verstehen. Ein Beispiel für viele, die Hilfe bei ihrer allein nicht zu bewältigenden Erinnerungsarbeit brauchen. Gleichzeitig ein Beispiel, wie wichtig auch für die Nachwachsenden diese Erinnerungsarbeit ist und wie fruchtbar, wenn sie in den Familien gemeinsam geleistet werden kann. Inhaltliche Veränderungen wurden nirgends vorgenommen. Die Verfasser der Tagebuchaufzeichnungen werden mit ihrer Fotografie vorgestellt. Im Abschlusskapitel werden diejenigen, die ausführlicher zu Wort kommen, mit zwei Fotos dokumentiert, einem aus ihrer Kinderzeit und einem aus jüngerer Zeit. Sie zeigen, was aus den damaligen Kindern geworden ist. Wo immer sich originale Erinnerungsstücke erhalten haben, finden sie im **Dokumententeil**, der den einzelnen Kapiteln zugeordnet ist, ihren Platz. So werden die Geschichten noch anschaulicher und lebendiger. Es sind nicht die Bilder, die aus Ausstellungen, Filmberichten oder Büchern geläufig sind, sondern ganz persönliche Bilder von Menschen und Gegenständen, die eine besondere Bedeutung und damit einen wichtigen Platz in den Erinnerungen haben.

Aber die Dokumentation besteht **nicht** aus einer **bloßen Aneinanderreihung von Erinnerungen**. Vielmehr werden diese nicht nur in den einzelnen Lebensgeschichten verankert, sie werden vor allem kritisch beleuchtet, kommentiert und nach den übergeordneten Fragestellungen der einzelnen Kapitel strukturiert.[32]

Es wird heute von einer Art **Paradigmenwechsel in der Geschichtsbetrachtung** gesprochen.[33] Man interessiere sich nicht mehr primär für das Gewesene, sondern dafür, wie das Gewesene erinnert und die Erinnerung tradiert wird. Die Art der Tradierung des Geschichtswissens sei wichtiger als dieses selbst. Die allgemeine Geschichte löse sich auf in eine Vielzahl von gleichberechtigten Einzelgeschichten. Dem vermag ich nicht zuzustimmen. So sehr ich dafür bin, die Einzelgeschichten wichtig und ernst zu nehmen, so sehr plädiere ich für eine Allgemeingeschichte. So aufschlussreich die Erforschung der Art des Erinnerns und ihrer Weitergabe ist, so wichtig ist der Inhalt der Erinnerungen, die zusammenzuführen sind. Auch wenn Verallgemeinerungen immer nur begrenzt möglich sind, sie sollten versucht werden, sonst wird Geschichte zu einem undurchschaubaren und letztlich uninteressanten Konglomerat von völlig heterogenen Bestandteilen, das nichts erklären und nichts bewirken kann. So etwas wie ein gemeinsames Geschichtsbewusstsein, eine kollektive Erinnerungskultur[34], kann sich nur vor dem Hintergrund eines in den Grundzügen übereinstimmenden **Bildes von der Geschichte** entwickeln. Ein wesentlicher Bestandteil dieses Bildes ist dabei natürlich die eigene Geschichte, welche die Mitlebenden dieser Geschichte in sich tragen. Sie muss zur Kenntnis genommen werden. Mit Blick auf den Zweiten Weltkrieg und seine Folgen sind die damaligen Kinder die letzten, die noch Zeugnis davon ablegen können, allerdings haben die jüngeren von ihnen noch eine beträchtliche Lebensspanne vor sich. Manche Historiker mögen das Aussterben der Zeitzeugen begrüßen, weil sie dann ihre Geschichtsschreibung nicht mehr stören können, weil man dann endlich von »gefühlter Geschichte« zu »gewusster Geschichte« übergehen könne. Ihnen möchte ich einen Satz von Saul Friedländer zu bedenken geben, der in seinem vorbildlichen Werk über »Das Dritte Reich und die Juden« die Darstellung des Historikers mit den Stimmen der Opfer und Überlebenden des Holocaust durchsetzt und dazu sagt: »Die einzige konkrete Geschichte, die sich bewahren lässt, bleibt diejenige, die auf persönlichen Erzählungen beruht.«[35] Immer mehr zeitgeschichtliche Untersuchungen beziehen Zeugnisse von Zeitzeugen ein; allerdings kommen bevorzugt Opfer der nationalsozialistischen Verfolgung zu Wort.[36]

Seriöse Zeitgeschichtsforschung und Erinnerungsforschung sind aufeinander angewiesen.

In fast zehnjähriger Arbeit habe ich versucht, private und offizielle, »gewusste« und »gefühlte« Geschichte der Kriegskinder zusammenzubringen. Ich habe auch wieder den Spagat zwischen wissenschaftlichem Anspruch und Lesbarkeit für den interessierten Laien versucht, d. h. ich bemühe mich um eine klare und verständliche Sprache und überfrachte den Text nicht durch einen riesigen Fußnotenapparat. Die Geburtsjahrgänge werden bei den Zitaten genannt, Orte nur, wenn sie relevant sind und nicht aus dem Zusammenhang erschlossen werden können. Die notwendigen Anmerkungen finden sich im Anhang.

Unter der Überfülle des mir zugetragenen Materials, dem Reichtum der Aspekte, drohte ich zuweilen begraben zu werden. Dass ich das Werk zu Ende bringen konnte, **verdanke** ich auch Menschen, die mich bei der Arbeit unterstützten. Einige Helfer, selbst Kriegskinder, erklärten sich bereit, Gespräche für mich zu führen, sie auf Kassetten aufzuzeichnen und zu transkribieren oder von mir aufgenommene Kassetten zu verschriftlichen und Korrektur zu lesen. Die Aufzählung ihrer Namen soll keine Prioritäten setzen, sondern folgt einfach dem Alphabet: Brigid Ammerschlaeger, Ingrid Baier, Irmgard Baldewein, Margit Baumann, Ruth Buntzen, Rosemarie Fritz, Renate Grimm, Annemarie Kügler, Brigitte Lehrer, Marga Nerz, Peter Rose, Reinhard Schur, Georgia Stokowski, Siegfried Streubel, Ursula Strobel, Gerda Wirth. Zusammengenommen führten sie 36 Interviews, die sie auch aufschrieben. Dazu transkribierten sie 60 Gespräche, die ich geführt hatte. Sie ersparten mir damit viel Arbeit, herzlichen Dank ihnen allen.

Zu danken habe ich meiner Schwester, Ruth-Adelheid Schmidt, die unermüdlich die Erstkorrektur aller Kapitel übernahm und nicht nur die Sprache, sondern auch Inhalt und Form aufmerksam und kritisch prüfte.

Mein Mann hat sich von der Notwendigkeit dieses Projekts überzeugen lassen und mir als Fachkollege wertvolle Hinweise gegeben, Telefonate geduldig entgegengenommen, manche Post besorgt. Ich hoffe, dass ich ihn und die Familie während dieser Zeit nicht allzu sehr vernachlässigt habe.

Der größte Dank aber gebührt den vielen Kriegskindern, die mir ihre Geschichte erzählt, sie für mich aufgeschrieben oder mir zur Verfügung gestellt haben. Alle sind stets bereitwillig auf meine Nachfragen eingegangen, haben mir wertvolle Dokumente überlassen, kostbare Fotos aus alten Familienalben getrennt und zugeschickt. Vor allem aber haben mich ihre guten Wünsche, ihr ermutigender Zuspruch über die Jahre begleitet und gestützt. So soll das Werk ihnen gewidmet sein. Mögen sie sich in ihm wiederfinden, ihre Geschichte mit der anderer Kriegskinder vergleichen und mögen die Botschaften, die sie den Nachwachsenden weitergeben wollen, von diesen gehört und beherzigt werden.

Kapitel 1

Der Krieg – ein fernes Erdbeben?

Aus dem Tagebuch von Ilse J. (1930):

»30. März 1945: **Meine Konfirmation**

Endlich war der 18. März 1945, und damit der Tag meiner Konfirmation, herbeigekommen. Es war ein strahlender Sonntagmorgen, aber das war ein wenig gefährlich, wegen den Fliegern. Um ¾ 8 Uhr sollten wir Konfirmanden bei Gärtner B., der gegenüber der Auferstehungskirche wohnt, sein, denn dort wurden uns die Sträußchen angesteckt. Wir waren 11 Jungen und 10 Mädchen … Kaum waren alle versammelt, kam auch schon öffentliche Luftwarnung. Aber das kümmerte uns nicht weiter. Frau Stadtpfarrer F. kam nun auch und brachte die Sträußchen mit: Maiglöckchen für die Mädchen und Schneeglöckchen für die Jungen. Als dann die Glocke läutete, setzte sich der ganze Zug in Bewegung zur Kirche. Es sah sehr feierlich aus, wir Mädel alle in schwarzen Kleidern, trotz des Krieges, und die meisten Jungen in dunklen Anzügen. Ich hatte ein schwarzes Taftkleid an mit kleinen weißen Ecken als Krägelchen. Mama und Traudel sowie Oma, Opa und Erika M. waren in die Kirche gekommen. Dann saßen wir bald alle auf unseren Plätzen. Die Jungen auf der rechten Seite bei der

1a. Ilse J. (zweite von l.) als Konfirmandin

1b. Das Jungmädel Ilse J.

Orgel, wir waren auf der linken Seite. Und nun begann die Feier. Zuerst sangen Gemeinde und Konfirmanden ein Lied, dann der Kirchenchor. Nach dem kamen sogleich unsere Fragen, denn drei musste jedes hersagen. Zum Glück blieb keines stecken. Nun sang wieder der Chor, und dann kam das Schönste und Feierlichste: die Einsegnung. Immer zwei und zwei gingen wir zum Altar hinaus, zuerst die Jungen, dann wir … Wie klopfte mir das Herz, als ich die Stufen zum Altar hinaufschritt. Der Pfarrer verlas die Namen. Jedes gab ihm die Hand, dann knieten wir nieder, und er legte uns die Hand auf den Kopf und segnete uns. Nachdem wir aufgestanden waren, las er Hildes Denkspruch, dann meinen. Er heißt: Gott der Herr ist Sonne und Schild; der Herr gibt Gnade und Ehre. Er wird kein Gutes mangeln lassen den Frommen (Psalm 84, Vers 12). ›Er ist dein Schatz, dein Erb und Teil, dein Glanz und Freudenlicht, dein Schirm und Schild, dein Hilf und Heil, schafft Rat und lässt dich nicht.‹ Das gefällt mir sehr gut, und der Spruch passt für mich. Denn so denke ich mir Gott, wie es in dem Liedervers heißt.

Bald darauf war die Kirche zu Ende, und unter den Orgelklängen gingen wir zur Kirche hinaus und warteten draußen auf unsere Angehörigen. Um ¾ 10 waren wir zu Hause. Frau M., Erikas Mutter, hatte inzwischen schon die Kartoffeln zum Salat und den Braten hingestellt. Wir sahen uns einstweilen den Gabentisch an, auf dem hauptsächlich Blumen, aber doch auch andere Dinge standen. Um ½ 1 Uhr aßen wir zu Mittag: Waffelsuppe, Schlachtbraten, Spätzle und gemischten Salat, zum Nachtisch Tuttifrutti. Nach dem Essen kam Frau F., um mich zu fotografieren (*vgl. die Aufnahme. Dann beschreibt sie einen Spaziergang. Es folgte das Kaffeetrinken*). Es gab sogar Bohnenkaffee, den Oma gestiftet hatte und den ich sehr gerne trinke. Er schmeckte wundervoll. Erika machte nachher noch einige Aufnahmen, dann aber war es Zeit geworden, zum Abendmahl zu gehen, das um 6 Uhr stattfinden sollte. Oma, Opa und Erika gingen mit in die Kirche, die anderen verabschiedeten sich von uns. Oma und Opa blieben über Nacht bei uns. Zu Hause aßen wir erst mal zu Nacht und um ½ 11 gingen wir zu Bett. Da dachte ich noch einmal über den ganzen Tag nach und fand, dass es doch sehr schön gewesen war. So lange hatte ich mich auf die Konfirmation gefreut, und nun ist sie schon vorbei. Ich wollte, sie käme noch einmal.

Die Verpflichtung (*Eintrag unter demselben Datum:*) Acht Tage nach der Konfirmation fand die Verpflichtung der Jugend statt. Das war also am Sonntag, den 25. März. Ich musste dazu zur Ortsgruppe Ost …

Alle Jungen und Mädel, die zur Verpflichtung kamen, sollten am Mittwoch, den 21.3. im Rathaushof antreten. Aber das fiel wegen Alarm aus. Ebenso ging es auch am Donnerstag. Endlich am Samstag Abend war bloß öffentliche Luftwarnung, und so konnten die Mädel von Gruppe 4 und die Jungen vom Fähnlein um 5 Uhr antreten. Die Feier sollte am Sonntagmorgen um 8 Uhr im Trausaal des Rathauses für unsere Ortsgruppe sein. Und jetzt wollten wir sie also durchproben. Alle mussten sich dem Alphabet nach aufstellen, und dann gingen wir hintereinander in den Saal und stellten uns an den zwei Längswänden auf. Dann sang die BDM- und HJ-Spielschar das Lied ›Nichts kann uns rauben …‹[1]. Zwischendurch lasen einige Mädel und Jungen

Aussprüche des Führers usw. vor. Nachdem sollte die Ansprache des Ortsgruppenleiters und dann die Verpflichtung kommen. Nach den Nationalliedern wäre die Feierstunde beendet.

Jetzt muss ich etwas schreiben, das eigentlich gar nicht zu diesem Thema gehört. Während der ganzen Stunde stand mir gegenüber Peter K. … Ich hatte ihn schon öfters gesehen, aber mir nichts aus ihm gemacht. Doch jetzt auf einmal kam es ganz heiß über mich: ich bin in ihn verliebt. Ich kann ihn nicht mehr aus meinem Kopf hinausbringen, immer muss ich an ihn denken. Ich habe ihn so lieb, fast glaube ich, lieber als meine Schwester.

Am Sonntagmorgen waren alle pünktlich da, natürlich in Uniform. Es war auch schon Voralarm gekommen, doch trotzdem war der Saal ganz mit Menschen gefüllt. Die Feier verlief planmäßig, doch wurden wir einige Male durch Tiefflieger, die auch Bomben warfen, gestört. Zur Verpflichtung musste jedes einzeln vor den Ortsguppenleiter treten, ihm die rechte Hand reichen und mit der linken die Fahne berühren. Danach bekamen wir die Gedenkblätter. Zum Schluss wurde ›Deutschland, Deutschland, über alles‹ und ›Die Fahne hoch‹ gesungen. Dann strömte alles nach Hause, denn die Flieger warfen von neuem Bomben. Von nun an gehöre ich also zum BDM. Dienst hatten wir noch keinen, auch die Schule ist geschlossen, denn die Amerikaner können ja jeden Tag zu uns kommen.«

Kaum einen Monat später rückten die Franzosen in die Stadt ein.

Wenn man heute diese Einträge einer knapp 15-Jährigen in ihr Tagebuch liest, glaubt man in ein absurdes Theaterstück geraten zu sein. Der nationalsozialistische Krieg steht vor seinem katastrophalen Ende, und dieses junge Mädchen lebt sein eigenes Leben, in dem dieser Krieg nur als Randerscheinung vermerkt wird: Öffentliche Luftwarnung, Tiefflieger, Alarme, selbst einzelne Bombenabwürfe kommen vor, aber sie stören die Feierlichkeiten nicht ernstlich. Die Besatzer stehen ante portas, die Schulen sind geschlossen, BDM-Dienst, zu dem sie sich gerade verpflichtet hat, findet gar nicht mehr statt. Wichtig sind ihr die Feierlichkeiten an sich, die religiösen und die nationalsozialistischen. Ob Konfirmation und Verpflichtung überhaupt vereinbar sind, ist für sie keine Frage. Ilse J. ist kein oberflächliches Mädchen. Es sind nicht nur Äußerlichkeiten, die sie beschäftigen, nicht nur Kleider, Geschenke, Essen, sondern sie macht sich Gedanken über den Inhalt ihres Konfirmationsspruchs. Dass sie überhaupt so ausführlich Tagebuch schreibt, zeugt von Nachdenklichkeit. Freilich, am meisten beschäftigt sie, wie auch ihre folgenden Tagebucheintragungen zeigen, das erste, heftige Verliebtsein. Sie hat schwere Angriffe erlebt, Angst, Schrecken und Trauer, davon sprechen frühere Tagebuchnotizen, aber daneben besteht die »heile« private Mädchenwelt mit Spielen, Freibad, Eisdiele, Freundinnen, Singen und Märchenspielen bei den Jungmädeln, Pflichten und Familienereignissen. Ilse J. ist ein heranwachsendes Mädchen. Für die jüngeren Kinder ist dieses Nebeneinander von Kinderwelt und Krieg noch ausgeprägter.

Das Museum für Kommunikation in Frankfurt veranstaltete im Jahr 2000 eine Ausstellung mit Auszügen aus Kinderbriefen an ihre Väter »im Krieg«. Eine Besprechung dieser Ausstellung war betitelt: »Der Krieg – ein kaum wahrnehmbares Erdbeben«. Ich zitiere aus einem Brief von Edith (1932) vom 30.9.44:

»Donnerstag sind wir dann nach Dortmund gefahren. Wir waren 6mal an einem Tage im Bunker, aber es war trotzdem schön. Herbert Böttcher ist auch gefallen. Nun will ich schließen. Es grüßt und küsst Dich 1.000.000mal Dein Turteltäubchen.«

Edith war mit Mutter und Großeltern 1943 wegen der Bombengefahr aufs Land nach Verne gezogen.[2] Den »schönen« Tag in Dortmund ließ sie sich nicht verderben, obwohl das Erdbeben bedrohlich nahe war. Der Gefallene wird ganz nebenbei erwähnt, als gehöre das einfach zum Leben. Sie kehrte ja auch gleich wieder in das relativ sichere Verne zurück.

Die weitaus meisten Kinder lebten während des Krieges auf dem Lande. Etwa zwei Drittel der deutschen Bevölkerung wohnten damals ohnehin in ländlichen Gegenden oder in Klein- und Mittelstädten. Mehrere Millionen Menschen wurden während des Krieges aus den Großstädten evakuiert.[3] Mütter mit ihren kleinen Kindern quartierten sich entweder bei Verwandten oder Bekannten ein oder wurden bei Fremden eingewiesen. Die größeren Kinder wurden mit ihren Schulklassen im Rahmen der Kinderlandverschickung aufs Land evakuiert.[4] Kindheitserinnerungen an diese Zeit sind also zu einem überwiegenden Teil Erinnerungen an ein **Kinderleben auf dem Lande,** und es sind zu allermeist Erinnerungen an eine glückliche Kindheit. Wer mit dem Thema »Deutsche Kinder im Zweiten Weltkrieg« nur Leiden verbindet, zeichnet ein sehr einseitiges Bild. Es ist notwendig, das *ganze* Bild zu sehen, denn erst vor dem Hintergrund einer heilen Kinderwelt ist zu ermessen, was es für die Kinder bedeutet hat, aus ihr herausgerissen zu werden durch den Verlust von Heim, Heimat und manchmal auch der Eltern. Und weil dieser Verlust so schmerzlich war, wird in der Rückerinnerung die Zeit davor gewiss gerne verklärt.[5] Auch für die Kinder, die das Glück hatten, den Verlust nicht erleben zu müssen, ist der Rückblick nicht frei von nostalgischer Idylle, denn es ist ein Blick zurück in eine untergegangene vorindustrielle, ländliche Welt, die es heute nicht mehr gibt. Man kann sehr wohl Zweifel haben, ob sie für die Kinder wirklich so paradiesisch war, aber die Erzählungen sind so plastisch und bis in die Einzelheiten individuell und konkret, dass sie unbezweifelbar so erlebt worden sind, gerade wenn und weil sie von Menschen verfasst wurden, die keine Dichter sind, die sich aber Mühe gegeben haben, ihre Kinder und Enkel so genau wie möglich an ihrem Leben teilhaben zu lassen. Aus den mehr als vierzig Manuskripten, in denen mir Menschen von ihrem glücklichen Kinderleben auf dem Lande erzählen, kann ich nur wenige Ausschnitte zitieren.[6]

Susanne M. (1939) aus Berlin war mit Mutter und Schwester bei einer Großtante, die ein Kinderheim leitete, in einem kleinen Dorf in Süddeutschland untergekommen.

»In Urbach konnte ich durch Haus und großen Garten streifen, lernte in der Nähstube stricken, häkeln und sticken und war stolz auf meine kindlichen Produkte. Im Bügelzimmer durfte ich mit Stahlbügeleisen, die mit einem heißen Kern bestückt wurden, Taschentücher bügeln. Auch die Backstube war erlaubtes Terrain für mich. Es gab Stall und Landwirtschaft – gelegentlich durfte ich mit dem Ochsenwagen mit aufs Feld und auf dem Heuwagen oben mit nach Hause fahren. Die wunderbare Rückfahrt auf einem Güllefass löste bei der Großtante mir nicht ganz verständlichen Zorn auf die Erwachsenen und eine Großreinigung, was mich betraf, aus.«

Gerda M. (31), in einem Dorf in Süddeutschland zu Hause:

»Erinnerungen an die Kindheit sind bei mir besonders mit dem Geruchssinn verknüpft. Welche Gerüche zogen doch im Lauf des Jahres durchs Haus. Wie anders roch es, wenn gedroschen wurde und der Staub von Stroh und Korn durch alle Ritzen kam, als wenn geschlachtet wurde und der Geruch von Metzelsuppe, Sauerkraut mit Eisbein und heißem Schmalz mit Grieben schon außerhalb des Hauses zu riechen war. Grieben war das, was von den Speckwürfeln übrig blieb und im heißen Schmalz oben schwamm. Die Gerüche zogen sich durch das ganze Jahr: Der Geruch von heißem Fett und Fastnachtsküchle. Man roch, was aus Kirschen, Beeren, Pfirsichen, Zwetschgen, Äpfeln und Birnen gemacht wurde, man roch den frisch gepressten Apfelsaft und den Übergang in die Gärung. Man roch die Gurken, die Bohnen, das Sauerkraut. Ging man nach dem sonntäglichen Kirchgang durchs Dorf, so roch man, welche Bratensorte es in den verschiedenen Häusern zum Mittagessen gab, man roch den Kartoffel-, Rettich- oder Gurkensalat. Am Samstag war überall der Geruch von Badewasser und frisch gebackenem Kuchen. Man roch die Erde, wenn nach langer Trockenheit Regen fiel, man roch das Heu, das Stroh, die Misthaufen und die Jauche, wenn sie auf die Stoppelfelder ausgebracht wurde. Man roch die Trester in der Kelter, den frischgepressten und den ›räsen‹ (in Gärung übergehenden) Traubensaft. Man roch die Lebkuchen, das Schnitzbrot, Kerzen und Tannenduft zur Weihnachtszeit. Diese Gerüche, verbunden mit den dazugehörenden Erlebnissen, bilden einen Schatz, der für mich tragend war im Leben. Damit verbunden war das Gefühl von Geborgenheit, Fülle und Heimat ... Ich war ein Dorfkind, das nackte Mäuschen und junge Katzen in den Puppenwagen bettete, das auf Strohballen herumrutschte, mit Steinen, Erde, Blumen und Blättern spielte.«

Aber auch Kinder, die in der Stadt aufwuchsen, erinnern sich vor allem an die schönen **Spiele im Freien**, in den Gärten, auf den Straßen, wo noch wenig Verkehr herrschte. Hans-Peter D. (1934) verlebte seine Kinderzeit in Königsberg:

»Mittelpunkt (*des Gartens*) im wahrsten Sinne bildete die Sandkiste, in der ich wohl den größten Teil meiner Zeit in Königsberg zubrachte, teils allein, teils gemeinsam mit Kindern aus der Nachbarschaft und wo sicher Grundlagen gelegt wurden für den späteren Entschluss, Architekt zu werden. En miniature wurde hier nachgebildet, was mich beeindruckte und bewegte: das Berliner Olympia-Stadion, das Brandenburger Tor, Fliehburgen der Pruzzen, Gutshöfe mit ostpreußischen Vorlaubenhäusern, Hafenanlagen, ein zoologischer Garten (eine richtige Kröte war die Attraktion – sie riß allerdings bald aus), der Atlantik-Wall, Splittergräben, Schulhäuser … Oft spielte ich noch beim ersten Schnee in der Sandkiste. In einem mit Schnee besonders gesegneten Winter hatten wir im Garten ein System von Schützengräben angelegt, aus denen heraus wir uns erbitterte Schneeballschlachten lieferten …«

Die sechs Geschwister V., geboren zwischen 1929 und 1943, lebten in Worms und haben zu Beginn dieses Jahrhunderts ihre Kindheitserinnerungen aus ihrer jeweiligen Sicht aufgeschrieben. Sie unterscheiden sich selbstverständlich nach dem Alter der Schreibenden, aber der Grundton ist, dass bis auf die letzten Kriegsjahre ihr Leben ziemlich unbeschwert war.

Mechthild (1936): »Als der Krieg begann, war ich drei Jahre alt, als er endete, war ich knapp neun. In einem Kinderleben sind sechs Jahre eine große Zeitspanne. Ein dreijähriges Kind hat kaum eine Vorstellung davon, was das Wort ›Krieg‹ bedeutet. Die Neunjährige ahnte sehr wohl, was für eine Katastrophe da über uns hereingebrochen war. In meinen frühesten Erinnerungen sehe ich unseren Garten im Frühling. Die Birnbäume blühen, Helmut und ich spielen am halbrunden Springbrunnen. Wir haben tränende Herzen gepflückt und lassen sie als Püppchen auf Blätterschiffchen übers ›Meer‹ fahren. Der Garten in der Lortzingstraße war das Paradies unserer Kinderwelt, in dem wir geborgen und behütet spielten. Auf dem Rasenplatz, der den größten Teil des kleinen Gartens ausmachte, spielte die ganze Familie an Sommersonntagen Krockett. In einer Ecke stand das Gartenhäuschen, eher eine Laube aus Holzlatten … Manchmal hörte man einen Pirol in diesen Birnbäumen flöten, ich höre noch deutlich seine Melodie … Von Mutters Blumenrabatten bekamen auch wir Kinder ein Eckchen abgeteilt, wo wir Kresse säen konnten und erste botanische Kenntnisse erwarben … Unser Turnreck regte uns zu gewagten Turnübungen an. Niemand hatte uns gezeigt, wie man die Sitzwelle vorwärts und rückwärts macht, oder ›Knierädchen‹ so oft, bis man blaue Flecken in den Kniekehlen hatte. Mit der Schaukel konnte man bis fast in den Himmel fliegen, auf jeden Fall erhaschte man im Schwung einen Blick in den stillen Nachbargarten. Im Hof stand die große Linde, unser Kletterbaum. Ich liebte es, mich mit einem Buch in ihre höchsten Äste zurückzuziehen und es mir dort gemütlich zu machen … Im Sandhaufen unter der Linde bauten wir vor Ostern eine kunstvolle ›Osterburg‹ mit vielen Gängen und Durchbrüchen. Immer versteckte der Osterhase etwas in diesem Labyrinth, genauso, wie er immer oben auf der Kletterstange ein Ei deponierte. Wie ist er da wohl mit seinen Pfoten raufgekommen?«

Natürlich haben die Kinder nicht nur gespielt. Sie mussten, besonders auf dem Lande, schon kräftig mithelfen. Kinderarbeit auf dem Lande gab es seit jeher. Von den Kindern, die mir berichteten, hat sich keines dadurch überfordert gefühlt. Es wurde durchaus auf das Lebensalter Rücksicht genommen. Hildegard R. (1931), deren Vater auf dem Lande Lehrer war, erzählt zunächst von ihren einfachen Spielen:

»Wir spielten … oft auf dem Kreuzweg ganz nah bei uns zu Hause. Wir hatten Tanzknöpfe, machten ›Strickhupfen, Fangerles, Sucherles‹, und die Buben hatten einen alten Reifen, dem sie mit einem Prügel nachrannten. Roller und Dreirädchen gab es kaum im Dorf. Auch Fahrräder hatten nur ganz wenig Kinder. Die Kinder liefen meist barfuß, es gab ja immer weniger Schuhe zu kaufen … Ein Schwimmbad gab es in Epfenbach nicht. Es floss jedoch ein Bach durchs Dorf. So machten die Buben weit außerhalb am Schlägwald, wo der Bach etwas tiefer war, einen Stau, und wir Kinder versuchten dort zu baden und wollten schwimmen lernen. (*Und dann folgen die kurzen Sätze:*) Leonie und Lioba waren nie dabei. Die Bauernkinder mussten immer viel auf dem Feld mithelfen.«

Aber auch Bauernkinder durften spielen und erinnern sich gerne an ihre Kindheit. Von Kinderpflichten erzählt Peter R. (1933): Er war mit Mutter und zwei jüngeren Geschwistern von Berlin zu den Großeltern auf den Julienhof bei Berlin gezogen. Der Vater war im Feld. Der Großvater war Verwalter eines 30 Morgen großen Grundstücks. Er beschreibt ausführlich das freie, aber auch anstrengende ländliche Leben mit der Großfamilie:

»Fast alles spielte sich auf dem Grundstück ab. Großmutter kümmerte sich um den Nachwuchs, dort war ein Sandkasten entstanden, dort stand der Laufstall, alles Leben spielte sich soweit wie möglich im Freien ab. Dort gab es auch immer etwas zur Beruhigung der Magennerven. Dazu kam der Umgang mit den vielen Tieren, die der Großvater hielt. Hund, Katzen, Gänse, Enten, Hühner, Perlhühner, Ziegen, Schweine, eine Kuh, Kaninchen, die Bienen. Dazu betrieb er etwas Ackerbau, damit er seine Tiere versorgen konnte. Wiese, Bach, Gemüse- und Obstgarten boten viele Gelegenheiten zum Spielen, Lernen und Erfahrungen sammeln. Der Großvater besaß ein Jagdgewehr, hauptsächlich gegen Fuchs und Habicht … Neben dem Grundstück gab es eine Kiesgrube und eine Lehmgrube der Langerwischer Bauern, auch das waren Betätigungsfelder für uns Kinder. Und dann die Modderpampe: In heißen Sommern trocknete der Bach fast aus, zurück blieb reiner Modder, in dem wir uns mit Lust wälzten und mit der Pampe spielten. Allerdings nur, wenn Waschtag war. Anschließend wurden wir im Waschfass auf dem Hof abgeschrubbt, bis wir wieder als Menschen kenntlich waren … Allerdings waren die Freuden der Kindheit nicht völlig umsonst zu genießen. Je älter wir wurden, desto mehr waren wir angehalten zu helfen. Im Sommer war es tägliche Pflicht, einen Korb mit Knackholz für die Küche zum Kochen und einen Korb Kaninchenfutter zu sammeln. Am Wochenende und zu Feiertagen mussten die Wege geharkt und die Steine vor dem Julienhof gefegt werden. Ebenso musste beim Großvater der Hof sauber sein. Kohlen und Holz waren zu stapeln und aus dem Schuppen für den täglichen Bedarf hereinzuholen. Jedes Jahr wurden auf dem Grundstück Bäume geschlagen, in Meterstücke zersägt, zum Haus transportiert – meistens mit dem Handwagen – und zum Trocknen gestapelt. Der Stapel vom Vorjahr wurde zu Brennholz verarbeitet. Wenn viel Holz zu verarbeiten war, kam auch mal die fahrbare Kreissäge und schnitt das Holz zusammen. Dann waren anschließend aber wahre Holzberge zu bewältigen. Holz wärmt ja mehrmals: Zuerst beim Baumfällen, dann beim Transport, beim Aufsetzen, beim Sägen, beim Hacken und dann noch beim Stapeln!«

2. Fröhliches Landleben von Peter R.

So wirken die Erinnerungen an die ersten Kriegsjahre relativ unbeschwert. Helmut V. (1939) schreibt in der Nachbetrachtung zu seinen Erinnerungen gleichsam als Fazit:

»Ich habe mich nicht bedrückt gefühlt oder war besonders betroffen. Mir selbst ging es gut, und ich habe rückblickend nicht das Gefühl, jemals unter Hunger oder sonstigen Entbehrungen gelitten zu haben.«

Ich kann nicht sagen, wie viele damalige Kinder ähnlich empfanden wie Helmut. Unter den von mir befragten waren es die meisten, zumindest in den ersten Kriegsjahren. Aus den Schilderungen lassen sich geradezu idealtypisch die Bedingungen für eine glückliche Kindheit ablesen: Spielen in einer Umgebung, welche die Phantasie anregt, Leben in und mit der Natur, mit Tieren, mit Spielkameraden, Geborgenheit im Elternhaus. Sie erzählen, wie Ilse J., von Festen, besonders Weihnachten, Geburtstagen und gemeinsamen Unternehmungen. Viele sprechen von einer »behüteten Kindheit«. Für einen Großteil von ihnen war und blieb der Krieg »ein kaum wahrnehmbares Erdbeben«. Jochen B. (1936) sagte: »Auf dem Lande fand der Krieg nur in der Zeitung und im Radio statt.« Kinder nahmen davon kaum Notiz.

Doch auch auf dem Lande und in den lange Zeit sicheren Gebieten verspürten die älteren, zuweilen aber auch die ganz kleinen, mehr oder weniger heftige, **bedrohliche Erschütterungen**, die sie manchmal noch nicht deuten konnten. Zum Teil empfanden sie diese in der Situation selber gar nicht als bedrohlich, sie blieben lediglich als etwas »Besonderes«, nicht »Normales« in der Erinnerung haften und wurden erst im Rückblick als Vorboten kommenden Unheils erkannt. Manche Ereignisse aber erfüllten die Kinder gleich mit Angst. Dazu gehört die Stimmung der Erwachsenen bei **Kriegsbeginn**, die viele Kinder seismographisch registrierten. Auffallend ist, dass mir weit mehr Mädchen davon berichtet haben als Jungen. Sie scheinen dafür eine feinere Antenne gehabt zu haben. Ausnahmen gibt es:

Otto-Ludwig F. (1933): »Ich ging bei Kriegsausbruch in die Volksschule. Ich glaube, es war sogar der 1.9.1939. Ich kann mich nur daran erinnern, dass ich als Sechsjähriger, der noch nie was vom Krieg gehört hatte, richtiggehend geweint habe. Im Unterbewusstsein schlummert etwas, das auch Kindern Angst macht.«

Ähnlich Rudolf G., der im Ostsudetenland lebte und für dessen Familie die schlimme Zeit erst mit der Kapitulation begann:

»An den Kriegsbeginn erinnere ich mich aber noch sehr gut. Bei uns fing das neue Schuljahr am 1. September an. An diesem Tag im Jahr 1939, als der Unterricht wieder begann, hörten wir auf dem Schulweg aus der Ferne den grollenden Kanonendonner vom Angriff der deutschen Soldaten auf Polen. Diesen Schicksalstag, den Beginn des Zweiten Weltkriegs, habe ich noch in sehr eigenartiger Erinnerung. Ich fühlte eine undefinierbare Angst, obzwar man damals noch nicht wissen konnte, was dieser Tag in der Zukunft für schlimme Folgen für uns und die ganze Welt haben würde.«

Manchmal spielen die Männer ihre Empfindungen herunter, verraten sich aber dann doch. Peter B. (1931) betonte während des ganzen Gesprächs, er habe eben alles so hingenommen, wie es war, auch später, Kellergehen, Flüchten usw. »So war es eben«, wiederholte er fast zu oft. Und dann scheint das Unheimliche doch durch, wenn er sagt: »Mutter, als der Krieg kam, hat mich morgens weinend geweckt: ›Es ist Krieg.‹« Das hätte sich ihm nicht eingeprägt, wenn es ihn nicht berührt hätte. Und im Verlaufe unseres Gesprächs: »Als ich Ihre Unterlagen in der Hand hatte (*er meint den Informations- und Fragebrief*), hatte ich plötzlich Tränen in den Augen.« Die gleichaltrige Hildegard W. (1934) schreibt:

»Der Ausbruch des 2. Weltkrieges ist eine meiner eindrücklichsten Kindheitserinnerungen: Tante Lissi stürzte aufgeregt in die Küche: ›Es ist Krieg!‹ Ich hatte damals bestimmt keine Ahnung von den bestehenden politischen Verhältnissen und schon gar nicht, was das im Einzelnen für uns bedeutete. Aber die plötzliche Gewissheit von etwas ganz Schrecklichem ließ mich in Tränen ausbrechen. Da stand ich in unserer dämmrigen Küche unseres Hauses an der Horsterstraße in Bottrop, und meine Mutter und meine Tante hatten alle Mühe, mich wieder zu beruhigen und zu trösten.«

Edith K. (1934): »Ich kann damals erst knapp fünf Jahre gewesen sein, da sagte sie (*die Mutter*), es gibt Krieg, das war so eine unheimliche Stimmung, sie waren aufgeregt, es ist Krieg, und es wurde Verdunklung organisiert. Das ist für mich das Erlebnis des Kriegsbeginns ... Wir sind dann ja ins Fichtelgebirge gefahren, und unterwegs habe ich immer Ausschau gehalten nach Feuer, ich dachte, Krieg muss Feuer sein. Ich hab aus dem Fenster gesehen voller Angst und Schrecken, ich könnte irgendwo Feuer sehen.«

Gerda M. (1931): »Dann kam der Tag, an dem man im Radio hörte, dass die Wehrmacht in Polen einmarschiert sei. Den Menschen im Dorf war das Entsetzen in die Augen geschrieben ... Die Menschen auf dem Dorf nahmen das Unheil, das durch diesen Hitler heraufgekommen war, in der Weise hin, wie man Hagelschlag und anderes Unwetter hinnahm als etwas Unabänderliches. Hagel schlägt in kürzester Zeit alle Mühe und Arbeit, die erwartete Ernte, zusammen, man steht machtlos da und kann nichts dagegen tun. Man muss warten, bis es vorüber ist, und dann retten, was noch zu retten ist, und hoffen, dass zu anderer Zeit wieder Frucht wächst. So hoffte man auch, dass diese Schreckenszeit einmal zu Ende sein wird.«

Elisabeth Deter-Labudde (1928) erzählt, dass der Kurier den Einberufungsbefehl für den Vater gebracht hatte:

»Nun kam ... der Vater aus seinem Arbeitszimmer in den Flur, und der Blick in sein ernstes Gesicht sagte der Mutter alles. Den Ausdruck blanken Entsetzens in ihren Augen habe ich nicht vergessen. Die ersten Tage des Krieges waren für mich, ohne dass ich es jetzt schon wusste, die letzten meiner Kindheit. Was ich jedoch recht deutlich erkannte, war, dass von nun an nichts mehr so sein würde, wie es bisher gewesen.«[7]

Hannelore Z. (1932): »Da habe ich gehört, dass sich meine Eltern mit Freunden und Verwandten unterhielten, es könnte ... es sieht aus, als ob es Krieg geben würde ... Und die wussten das nicht, dass ich das auch höre. Und ich war im Nebenzimmer und, also ich habe so richtig Angst bekommen. Weil meine Großmutter mir schon erzählt hat von einem Krieg vorher (*sie meint den Ersten Weltkrieg*), da waren die Russen auch in Ostpreußen ... und es war mir also schrecklich unheimlich.
I: Sie waren ein kleines Kind, vier Jahre.
Z: Ja, richtig. Und als der Krieg ausbrach, da haben also wiederum meine Eltern eben ihren Schrecken ausgedrückt, und wir Kinder wurden dann ins Kino geschickt, damit

die Großen sich unterhalten konnten. Aber man hat gemerkt, dass es da um einen Krieg ging, es waren alle sehr aufgeregt, es war schlimm.«

Esther S. (1932): »Im Sommer 1939 kamen mein Bruder und ich aus der Schule und alberten herum, da sagte die Mutter, das wird euch noch vergehen, es gibt bald Krieg. Sie nahm uns in die Arme. In der Nacht zum 1. September erhielt der Vater den Gestellungsbefehl. Als wir aufstanden, saß die Mutter am Tisch und weinte.«

Brigid A. (1934): »Das allgemeine Lebensgefühl habe ich geschildert als spannende Ereignisse; das erlebte ich vor allem im Alter von zehn bis zwölf Jahren. Darunter lag aber noch ein anderes Gefühl, das mehr ein unterbewusstes Ahnen oder Registrieren der Gefühle in der Umgebung war und das schon früher, etwa ab sieben Jahren auftauchte: Es war, als ob man auf schwankendem Boden oder dünnem Eis ginge, aber an der Hand der Mutter brauchte ich keine Angst zu haben.«

Dass das deutsche Volk nicht kriegsbegeistert war, ist mittlerweile Stand der Forschung. Die Reaktionen der Kinder bestätigen diesen Befund. Es gibt bei ihnen so gut wie keine positiven Erinnerungen an das Verhalten der Eltern oder Großeltern bei Kriegsbeginn. Wohl aber gibt es spontane, ahnungslose Reaktionen von Kindern, die den Krieg nur aus Abenteuerbüchern, heroischen Geschichten aus dem Lesebuch oder Heldenerzählungen der Väter und Großväter aus dem Ersten Weltkrieg kannten. Aus heutiger Sicht denken sie nur mit befremdeter Belustigung daran zurück:

Armin S. (1930): »Und dann kam der 1. September 1939! Unvergessbar! Die jüngere meiner beiden Schwestern, damals 13 Jahre alt, kommt mich wecken mit einem bedeutungsvoll ernsten Gesichtsausdruck: ›Du brauchst heute nicht zur Schule!‹ Ich: ›Au prima!‹ ›Nein!‹ antwortet sie mit dem immer noch so bedeutungsvollen Gesichtsausdruck, ›heute ist der Krieg ausgebrochen!‹ Pflichtschuldigst mache ich ein betroffenes Gesicht, dachte aber wieder ›Au, prima! Da erlebe ich endlich einmal, was so immer vom Krieg erzählt wurde – mit Bomben und so!‹«[8]

Mit Kriegsbeginn gab es natürlich **reale Veränderungen**, die Aufregung verursachten oder Angst machen konnten, aber das gewohnte Leben nicht tiefgreifend berührten.

Irene R. (1932): »Es musste alles verdunkelt werden, unser Logierherr wurde eingezogen und unser Haus, damals noch strahlend weiß, bekam eine scheußliche braungrüne Tarnfarbe. Die ganze Siedlung sah jetzt dunkel aus. Selbst die Grabkapelle auf dem Rotenberg wurde mit künstlichen Tannen getarnt. Schlimm wirkten sich für mich die Plakate wie ›Feind hört mit‹ und ›Kohlenklau‹ aus. Es gibt noch Stellen, wenn ich dort bei Dunkelheit vorübergehen muss, bekomme ich heute noch Angstgefühle. Zwischen Untertürkheim und der Gartenstadt lag viel unbebautes Gelände mit Gärten, Büschen und Baumwiesen. Man konnte sich gut verstecken. Viele von den größeren Schulbuben machten sich oft einen Spaß daraus, uns Kleinere aus einer Hecke heraus von hinten her anzuspringen und mit dem Ruf ›Feind hört mit‹ oder ›Du Kohlenklau‹ zu erschrecken.«

Die Verdunkelung weckte Beklemmung, schon bei sehr kleinen Kindern, wie bei Erika R. (1942), die als ganz frühes Erinnerungsbruchstück gespeichert hat, wie die Verdunkelung »als große schwarze Hand nach ihr griff und fast die Atmung lähmte«. Unachtsamkeit beim Verdunkeln, deren Folgen ein Kind ja noch gar nicht ermessen konnte, und entsprechende törichte Kommentare durch Erwachsene, konnten schwere Schuldgefühle auslösen und zu bleibenden Unsicherheiten im Verhalten führen:

Herta S. (1932): »Wir hatten ein Haus mit einem großen Treppenhaus und Verdunkelungsrollos, die für mich als Kind schwer zu bedienen waren. Und ich bin halt im Treppenhaus gewesen und hab das Licht angemacht. Und dann wurde gesagt: ›Ja willst du, dass die ganze Stadt bombardiert wird?‹ Also das war sofort ganz was Schlimmes. Dann ganz am Ende des Krieges wurden Männer für den Volkssturm gesucht. Und mein Vater hat gesagt: ›Es bleiben alle Rollos zur Straßenseite geschlossen.‹ Neugierig wie ich war, hab ich dann unten das Rollo weggemacht und geguckt, ob eventuell schon was passiert. Und da ging jemand rum und hat geklopft und hat gesagt: ›Hol deinen Vater, der muss zum Volkssturm.‹ Und dann war die Aussage: ›Ja, wenn der Vater nicht wiederkommt, das ist die Konsequenz von deiner Neugier.‹«

Helga P. (1932): »Krieg war für mich als Kind mit ›Steckrübenwinter‹ aus Erzählungen meiner Eltern und Großeltern vom Ersten Weltkrieg ein bekanntes Wort. Die Vorbereitungen für den Zweiten Weltkrieg begannen schon 1937/38, als in Bremen Gasmasken verteilt und Verdunkelungsübungen abgehalten wurden. Mein Vater kaufte Rollos, die an der Außenseite schwarz, an der Innenseite grün waren. Die erste Gasmaske fand ich im Alter von fünf Jahren scheußlich und beklemmend. Später gab es eine etwas leichtere Ausführung, die wir auch in die Schule mitbringen mussten.«

Johanna F. (1934): »Am Sonntag vor Kriegsbeginn 1939 verteilte ein Nachbar die Lebensmittelkarten – meine Eltern und Großeltern hatten Angst. Sie kannten das vom Ersten Weltkrieg. Dann wurden Gasmasken ausgegeben, was mich sehr ängstigte.«

Die Gasmasken, die einem die Luft wegnahmen, wurden als viel bedrückender empfunden als die Lebensmittelmarken. Kinder haben die Rationierung als nicht so schlimm empfunden. Sie wurden offenbar während des Krieges immer satt[9], waren Sparsamkeit und Einfachheit gewöhnt. Vieles, was uns heute zu einem normalen Lebensstandard zu gehören scheint, wie z. B. Südfrüchte und Süßigkeiten, war damals schon in Friedenszeiten ein sehr seltener Luxus und wurde nicht entbehrt. Vor allem aber waren es die Mütter, denen es gelang, den Mangel für die Kinder nicht spürbarer werden zu lassen.[10] Auf dem Lande, oder wenn Mütter und Kinder beim Bauern halfen, war das Essen ohnehin kein Problem. Ingrid R. (1936) wurde bei Kriegsbeginn in die Eifel evakuiert:

»Weil man in der Ernte geholfen hat, sind wir Kinder nachmittags mit großen Kaffeekannen und frisch gebackenen Buchweizenwaffeln aufs Feld, und dann haben wir uns so viel Butter draufschmieren müssen oder dürfen, dass die Waffel ganz zugedeckt war, also wir waren alles Kinder, Kriegskinder, mit dicken, runden Backen.«

Wie bescheiden die Ansprüche der Kinder bei Spielsachen und Geschenken waren, zeigen die Wunschzettel, die drei Geschwister dem Christkind zum Weihnachtsfest 1944 schrieben. Die Wünsche von Christina und Eva bezogen sich auf Puppensachen, welche die Mutter selbst nähte. Jochen schrieb: »Liebes Christkind – Ich bitte Dich um ein Spiel Und wenn Du kannst ein Malbuch.« Aufwühlender war der **Abschied** von lieben Menschen, meist nahen Verwandten, besonders vom Vater.

Helmut H. (1937): »Ich merkte zum ersten Mal, dass Krieg ist, als ich dabei war, wie die Truppen mit Musik zum Bahnhof zogen. Ich war traurig. Mein Vater war dabei … Und dann war immer wieder dieser Abschied. Da sind die Soldaten rausmarschiert vom Rathaus zum Bahnhof, in Reihen marschiert, und sind mit Musik verabschiedet worden. Da sind wir an der Brücke gestanden, dann haben die Frauen Blumen geschmissen und wir auch. Dann war das schon der Abschiedsschmerz. Wir haben schon gemerkt, dass das nicht so einfach ist. Als Dreijähriger, meine ich, habe ich das damals schon so mitbekommen.«

Elisabeth H. (1931) kam bei Kriegsbeginn mit vier Geschwistern aus den Ferien am Timmendorfer Strand zurück. Die Mutter war dort krank geworden:

»Der Vater sollte uns in Wuppertal abholen. Wir kamen in Wuppertal an – und der Vater war nicht da, der war da schon weg. Das hat mir wahnsinnig Angst gemacht, es ist Krieg und der Vater ist nicht mehr da. Da hab ich zum ersten Mal gedacht: au Gott, jetzt wird's schlimm!«

Erstaunlich ist aber, dass die meisten Kinder sich ziemlich schnell damit abgefunden haben, in Frauengemeinschaften, allenfalls noch mit dem Großvater, heimisch zu sein. Sie entbehrten die Männer, auch den Vater, nicht allzu sehr, zumal er ja immer wieder in Urlaub kam.[11]

Die immer häufiger werdenden **Nachrichten** von Gefallenen und Vermissten ließen die Kinder nicht unberührt, auch wenn die eigene Familie noch verschont blieb. Der Tod blieb etwas Abstraktes, das die Erwachsenen traurig machte, besonders die Mutter. Helmut H. (1937) fährt in seiner Erzählung fort:

»Dann eben 44, da war mein Vater dann vermisst gemeldet. Das hab ich mitbekommen, dass meine Mutter da ziemlich am Ende war. Und es muss so 43/44 gewesen sein, da war in der Nachbarschaft ein junger Mann, der war beim U-Boot, und dann kam die Nachricht (*dass er gefallen war*). Da hat die Frau dann geweint, ganz laut, stundenlang.«

Marlene I. (1931): »Der jüngste Bruder meiner Mutter, mein Onkel Erwin, kam aus der Ostfront auf Urlaub. Unvergesslich ist mir, wie sich meine Oma von ihrem jüngsten Kind verabschiedet hat. Als er wieder einrücken musste, drehte er sich viele Male zur auf dem Balkon winkenden Mutter um. Oma weinte: ›I seh mein Erwin nemme (nicht mehr)!‹ Sie hatte Recht. Er fiel mit 22 Jahren in Russland, bei Orel.«

Sieglinde L. (1937): »Wir lebten in einer Kleinstadt in Thüringen, da war für mich als Kind nichts zu spüren. Eine Bombe ist in den letzten Kriegsmonaten gefallen, die ist dann allerdings auf ein Haus gefallen, in der eine Schulkameradin lebte. Das hat uns schwer erschüttert, weil die tot war. Aber sonst haben wir unser Leben wie immer geführt. Ich hab ›ne schöne Kindheit gehabt.«

Brigitte R. (1932): »Gelitten habe ich nur, wenn Todesnachrichten lieber Menschen meine Lebensfreude durchstießen, die Frau meines Lieblingsonkels und deren siebenjähriges Kind … oder Väter meiner Freundinnen oder durch Bomben getötete Freunde. Das Elend von Stalingrad, das in der Familie erörtert wurde, brachte mich zum Weinen. Ich war immer schon ein mitleidiger und dünnhäutiger Mensch.«

Klaus L. (1929): »Vom Krieg merkten wir bis 1941 eigentlich nur, dass es nicht mehr alles gab, alles war rationiert. Aber bald schon wurde das anders. Am 18.1.41 fiel mein Onkel Max, der jüngste Bruder meiner Mutter, in Russland. Er hinterließ seine Frau und zwei Kinder. Am 5.3.42 fiel mein Onkel Paul, ein jüngerer Bruder meines Vaters, auch in Russland, auch er hinterließ die Frau mit vier Kindern. Jetzt, nach zwei Trauergottesdiensten für meine beiden Onkel, so kurz hintereinander, sah ich plötzlich den Krieg mit anderen Augen.«

Gisela T. (1937): »Eine Erinnerung ist tief eingegraben. Als ein Offizier kam und mitteilte, dass mein 20jähriger Bruder gefallen ist, da lief Mutti stundenlang um den runden Esstisch und blieb versteinert.«

Wie eine Vierjährige auf Todesnachrichten reagierte, hat die Mutter von Gerte S. (1940) in ihrem Tagebuch festgehalten:

»23. Januar 1944. Es galt, Gerte mit der Nachricht bekannt zu machen, dass ihr Patenonkel, der liebe Onkel Erhardt, in Russland gefallen sei. Anhand der Bilder erinnerte Mutti das Kind an den Onkel, der oft die kleine Gerte lieb gehabt und zu Bett gebracht hat. Wenn Onkel Erhardt abends da war, hatte Gerte sich stets geweigert, sich von jemand anderen betten zu lassen. Das alles erzählte ich ihr, um die Erinnerung zu wecken; denn Erhardt ist im August zum letzten Mal bei uns gewesen. Und dann machte ich ihr verständlich, dass der Onkel nun tot sei und nie mehr zu Gerte kommen werde. Das Kind sah abwechselnd auf das Bild und in mein tränenfeuchtes Gesicht und fragte dann mit ernster Miene: ›Wer hat ihn tot gemacht?‹ ›Die Russen‹, antwortete ich wahrheitsgemäß. Später wiederholte sie mir dann ungefragt alles, was sie nun wusste. Es ist merkwürdig, wenn solch ein kleines Wesen vom Tode spricht. Es ahnt offensichtlich, dass es etwas sehr Ernstes und Trauriges sein müsse.«

Der damals knapp dreijährige Helmut V. (1939) zählt dieses Bild zu seinen frühesten Erinnerungen:

»Es taucht nicht so klar auf. Es ist mit einer Wehrmachtsuniform verbunden. Mein Vetter, ebenfalls mein Pate, lässt mich auf seinen Knien reiten, wirft mich hoch, fängt mich auf. Ich mag ihn. Ich erfahre, dass er tot ist. Er war als Soldat in Russland im Einsatz. Seine Einheit stand kurz vor Moskau, das er ›mit dem Fernglas sehen konnte‹. Ein Scharfschütze hätte ihn, als er auf vorgeschobenem Posten Erkundigungen einzog, von einem Dach herunter erschossen‹. Damals begreife ich noch nicht richtig, warum er nicht wiederkommt, um mit mir zu spielen. Ich vermisse ihn.«

Viele Kinder sind im Verlauf des Krieges dem Tod in vielerlei Gestalt unmittelbar begegnet. Was das für sie bedeutet hat und wie sie damit umgegangen sind, wird uns noch beschäftigen. Für die glimpflich Davongekommenen blieb er eine kurze, heftige Erschütterung, über die das Kinderleben hinweggehen konnte.

Ebenso war es mit dem »**Treib- und Strandgut des Krieges**«, das in die vorerst oder ganz vom Krieg verschonten Gegenden gespült wurde. Die Kinder erlebten Verwundete, Evakuierte, Ausgebombte, schließlich die Flüchtlinge. Sie waren von Einschränkungen im Wohnraum oder überfüllten Schulklassen betroffen. Dennoch konnten sie vieles ohne nachhaltige Störung in ihr gewohntes Leben integrieren.

Gerhard K. (33): »In der Stadt (Zittau, Kreisstadt mit damals 38.000 Einwohnern) waren mehrere öffentliche Gebäude und der größte Teil des Städtischen Krankenhauses in Reservelazaretts umgewandelt. In Reservelazaretts wurden die Verwundeten nach der Erstversorgung im Feldlazarett zur Weiterbehandlung verlegt. Sie waren spezialisiert. So waren im städtischen Krankenhaus hauptsächlich Soldaten, denen Gliedmaßen fehlten, und in einem anderen Lazarett Verwundete mit Augenverletzungen untergebracht. Da das Krankenhaus unweit unserer Wohnung lag, wurde ich schon bald mit der anderen Seite des Krieges konfrontiert. Auf meinem Schulweg musste ich am Zaun des Krankenhauses vorbeigehen und konnte sehen, wie mühsam die Verletzten das Leben ohne Arm und Bein üben mussten.«

Für Landkinder brachten die Jungen und Mädchen, die aus den Großstädten kamen, neue Erfahrungen:

Hannelore R. (1938): »Günther. Er war während der Sommerferien bei uns. Er stammte aus dem Ruhrgebiet. Um mal den vielen Fliegeralarmen zu entkommen, hatte sein Vater, der selbst aus dem oberschlesischen Industriegebiet stammte, eine Familie gesucht, die seinen ältesten Sohn aufnehmen würde. So kam der 14-Jährige zu uns. Wir bewunderten ihn. Er konnte so vieles, was für uns noch nicht erreichbar war. Zum Beispiel durch die Oder schwimmen, die nur zweihundert Meter von unserem Haus entfernt vorbeifloss, Fußballspielen, Kunststücke, die an Zauberei grenzten.«

Sieglinde P. (1934) lebte mit fünf Geschwistern auf einem Hof im Sudetenland: »Es kamen immer wieder Flüchtlinge durch. Ich erinnere mich, dass da einmal eine Frau kam, die wohl verweint aussah und Kindersachen bei sich hatte, und meine Mutter hat sie gefragt, warum sie Kindersachen bei sich hatte, und dann hat sie erzählt, dass sie ein Kind unterwegs verloren hat und das zweite wäre gestorben. Das war natürlich etwas, was uns doch sehr beschäftigt hat.«

Manfred M. (1930), damals in Niederschlesien: »Und richtig gemerkt, dass Krieg ist, haben wir erst im Januar 45, als die ersten Flüchtlinge aus dem Osten kamen. Das war ja der besagte Januar 45, der so lausig eiskalt war. Und dann kamen ganze Kolonnen, kilometerlang im Schneetreiben bei eisiger Kälte bei uns durchs Dorf gezogen. Und nachts haben sie Halt gemacht, und da haben sie Unterschlupf gesucht, überall in den Häusern, und ich weiß auch noch bei uns im Haus in der Küche. Da hat man Stroh hingelegt, dass die Leute nachts in den Räumen liegen konnten. Und sich aufwärmen konnten, das waren so die ersten Eindrücke, die man bekommen hat vom Krieg.«

Dass die Kinder wenig von der *politischen* Seite des Krieges mitbekommen haben, verwundert nicht. *Wie* nichtsahnend und naiv viele waren, mögen zwei Zeugnisse belegen. Das erste stammt vom Kriegsbeginn, das zweite vom Kriegsende. Beide Mädchen waren zu diesem Zeitpunkt neun Jahre alt:

Ruth L. (1930), Tagebucheintrag vom 30.1.1940: »Heute ist der 30. Januar. Ein (*sic!*) Tag der Machtergreifung Adolf Hitlers. Weil es jetzt Krieg ist, darum wird in ganz Deutschland, auch im neuen Deutschland (*sie spricht vom Warthegau, der eben von den Deutschen besetzten ehemaligen Provinz Posen, in die sie aus dem Baltikum umgesiedelt worden war*), der Tag nicht so gefeiert wie früher, und es wird auch nicht geflaggt. Darum haben wir in unserer Schule eine kleine Feier gehabt. Wir haben gesungen, und manche Kinder haben Gedichte aufgesagt. Und zum Schluss haben wir das Lied der Deutschen und das Horst Wessellied gesungen. Es war sehr schön.«

Und den Bericht vom 12.2.1940, in dem sie über den Umzug vom Wartheland nach Württemberg berichtet, beendet sie in farbigen Lettern mit der Liedzeile: »Wir fahren gegen Engelland.«

Eva-Maria K. (1936): »Da hat die Mutti gesagt: ›Die Russen kommen‹. Ich wusste ja gar nicht, wer die Russen sind … Und dann hat sie gesagt: ›Die ersten Trecks kommen‹, und dann hat sie das Wohnzimmer und das Speisezimmer ausgeräumt für fremde Leute, für die Trecks, und da wusste ich aber auch noch nicht, was Krieg ist. Ich wusste nur, die Trecks kommen.«

Kinder, die den Frieden niemals oder nur kurz bewusst erlebt hattenn also etwa ab Jahrgang 1934/35, kannten eben nur den Krieg. Sie empfanden ihn nicht als fernes Erdbeben, sondern als **Normalzustand**. Für sie war »Friede« ein inhaltsleeres Wort..

Rosemarie S. (1938): »Weil ich nichts anderes kannte, war der Krieg bzw. was er mit sich brachte mein ›normales‹ Leben. Das Verhalten war so automatisiert, dass ich z. B., wenn Tiefflieger aufkreuzten, unter die nächste Hecke flüchtete. Ich erinnere mich, dass ich auch nach Kriegsende beim Auftauchen von Flugzeugen noch lange Zeit unter Hecken flüchtete. Es war wie ein Reflex, und ich konnte es nicht verstehen, wenn die Erwachsenen sagten; ›Das ist jetzt nicht mehr nötig.‹«

Wir erinnern uns an den eingangs zitierten Brief von Edith (1932), in dem sie dem Vater von ihrem Besuch in Dortmund berichtet: »Wir waren 6mal im Bunker, aber es war trotzdem schön.«[12] Ähnlich und auf den Punkt gebracht sagt Lisa R. (1934): »Man war Kind – trotz allem. Kindheit war trotzdem, wenn wir nicht im Keller waren.« Oder auch, wie es Anni S. ausdrückt: »Es war eine glückliche Kindheit in einer unglückseligen Zeit.« In diese Kindheit konnten Kriegserlebnisse sogar als **Abenteuer** eingebaut werden. Armin S., den wir zum Kriegsbeginn zitierten, freut sich förmlich auf die Abenteuer, die er jetzt zu erleben hofft.

Elke K. (1937) schrieb 2004 in einem Brief:

»Subjektiv empfand ich meine Kindheit durch den Krieg nicht drastisch bedroht. Nächtliche Bombenangriffe auf Hamburg und Flüchten in den Luftschutzkeller, später das Spielen in Ruinen empfand ich nicht als Bedrohung, eher als Abenteuer.«

Brigitte R. (1932): »Angriffe und Luftschutzkeller waren in der frühen Zeit Erlebnisse, die vor allem interessant waren. Ich hatte damals schon einen sehr leichten Schlaf und erwachte lange vor dem Alarm am Fliegergeräusch. Ich weckte die Familie und war hellwach und bereit, erwartungsvoll die anderen Kinder im Luftschutzkeller zu treffen. Kein Gedanke an Schlaf wie zum Beispiel bei meinem Bruder. Bomben und brennende Häuser, der rotgefärbte Himmel über Stuttgart, das alles war einfach interessant.«

Brigid A. (1934): »Das allgemeine Lebensgefühl war Abenteuer! Die ›Reisen‹ (*sie meint Evakuierungen und Flucht*), das Unerwartete, die vielen neuen Menschen und Schulen, alles war ein herrliches Abenteuer mit einer Spitze von Gefahr. Das lag natürlich an meinem Alter. Mit 10 bis 12 Jahren ist man kein kleines Kind mehr, aber auch noch nicht vernünftig genug, um die Gefahr zu sehen. Heute brauchen die Kinder in diesem Alter Abenteuerspielplätze, wir hatten das Abenteuer hautnah.«

Besonders für Jungen, und nicht nur für sie, hatte **das Technische** des Krieges neben aller Bedrohlichkeit etwas **Faszinierendes.**[13] Uwe L. (1938), der in Emden wohnte:

»Ich erinnere mich auch noch daran, dass auf dem Sportplatz, der nicht allzu weit von uns entfernt war, sogenannte Fesselballons aufstiegen. Das sind ganz große Ballons mit so Fäden, die herunterhingen. In denen sollten sich dann Tiefflieger verheddern. Meine Mutter hat denn immer gelacht, wenn ich als Kind, wenn ich die beobachtete, so mit geschwankt habe. Als kleiner Bub stand ich da drunter und hab die so in ihren Luftbewegungen verfolgt. Ich kann mich auch noch an die Riesenscheinwerfer erinnern, die nachts den Himmel abgetastet haben, Flakscheinwerfer. Wenn sich die Kegel oben kreuzten, dann war das ein Punkt. Und wenn sie ein Flugzeug da mal erwischt hatten, dann versuchten sie zu schießen. Habe aber nie erlebt, dass sie eines abgeschossen haben. Man hat auch die ersten Düsenschweife am Himmel gesehen. Da hieß es immer, das wäre 'ne V2. Die sogenannten Wunderwaffen. Ja, da standen die Leute und haben gesagt: ›Ha, da geht was ... Die sollen mal sehen!‹«

Und selbst als dann Bomben fielen, war es zunächst ein verbreiteter Sport, Flak- und Granatsplitter zu sammeln und zu tauschen, die »Christbäume«[14] am Himmel staunend zu beobachten, die ersten Bombentrichter oder gar das Wrack eines abgeschossenen Flugzeuges zu besichtigen.

Renate R. (1935): »Für uns Kinder war Krieg zunächst ein großes Abenteuer, wir konnten die Sorgen der Eltern nicht begreifen. So spielten wir einmal nach einem Bombenangriff mit den Nachbarskindern Fangen, obwohl der Hof mit Glasscherben übersät war. Was nicht ausbleiben konnte, kam und erwischte mich. Ich landete unsanft in den Scherben, die Verletzung war entsprechend und die anschließende Jodbehandlung auch.«

Der vorhin schon zitierte Helmut V. (1939): »Dies Ereignis muss im Spätsommer 1943 gewesen sein. Ich sehe ein Flugzeug, das eine lange schwarze Rauchfahne hinter sich herzieht, nicht allzu weit entfernt steil abwärts fliegen. Am nächsten Tag fragt mich mein Vater, ob wir uns zusammen das Wrack ansehen wollten, das auf einem Acker, nahe bei einem Vorort, liegen solle. Natürlich wollte ich, zumal ich gerne in dem khakibraunen Mercedes-Benz mit Heckmotor mitfuhr (*als Arzt durfte der Vater sein Auto im Krieg benutzen*). Auf dem ›Stoppelacker‹ lag ein Blechkasten, groß wie eine Hütte, die Scheiben waren teils noch heil, ein Teil des Cockpits mit einem Stück der Tragfläche. Irgendwo dabei auch eine Art Maschinengewehr mit Munitionsgurt. Wir waren vor Ort die Einzigen, die sich die Trümmer ansahen. An irgendwelche Kommentare meines Vaters kann ich mich leider nicht mehr erinnern, außer, dass dies wahrscheinlich das abgeschossene feindliche Flugzeug war, das ich tags zuvor abstürzen gesehen hatte.«

Willy B. (1934): »Dann ist in der Zeit bei uns ein Flugzeug abgestürzt, ein großes amerikanisches, und das war am helllichten Tage. Das ist auseinandergebrochen und hat gebrannt und flog so auf den Ort zu. Ich weiß, wir sind schnell in den Keller gerannt. Ich glaubte, der macht die ganze Dorfstraße nieder. Hat sich aber in der Luft noch gefangen und ist neben dem Dorf heruntergekommen. Das war interessant, der Schwanz ist abgebrochen und hat nicht gebrannt, der war einen Kilometer weiter weg. Der Bordschütze tot. Alles ist dorthin gewallfahrtet, und ich hab mich gewundert: So ein Wohlgenährter. Solche Leute hat man bei uns nicht gesehen. Der war dick und hatte eine Binde an der linken Hand, und die ist dann runtergerollt, wie er tot war. Hatte eine Verletzung an der Hand, wahrscheinlich durch die Bordwaffen der Jäger. Interessant, die Mannschaft ist abgesprungen, und einer war tot, da ging der Fallschirm nicht auf. Und da gab's zwei Verletzte, und die haben sie mit dem LKW durchs Dorf ins Hospital nach Winnenden gebracht. Eine, die Frau S., das hab ich gehört: ›Schlagt ihn tot, schlagt ihn tot‹, hat die geschrien. Und dann weiter unten, bei der Mutter des Kraftfahrers, da hat der angehalten, und die Verletzten lagen ja hinten auf der Pritsche, die sagt: ›Mit der Gabel muss man die erstechen.‹«

Auch für diesen Jungen, und das hält sich bis in die Erzählung des heute alten Mannes durch, sind »die Feinde« als Menschen nicht so interessant (außer, dass er sich über ihre »Wohlgenährtheit« wundert) wie die technischen Einzelheiten des Absturzes. Wie das Kind auf die propagierte Lynchjustiz der beiden erwähnten Frauen reagiert hat, bleibt offen.

Dass im Krieg Menschen getötet wurden, getötet werden mussten, war fest verankert im damaligen Weltbild der Kinder. Die **Begeisterung für alles Militärische** ist durchgehend, vor allem bei den Jungen. Marschmusik, marschierende Kolonnen und Soldatenlieder, Pferde, Offiziere und Uniformen imponierten auch den Mädchen. Pferde, die oft erwähnt werden, ließen noch nichts von den kalten Gräueln eines hoch technisierten Krieges ahnen, sondern entsprachen dem Bild eines ritterlichen Ringens, wie die Kinder es aus den Büchern kannten. Und die Marschmusik hat sich auch schon ganz Kleinen tief eingeprägt.

Edith G. (1932): »Am Anfang war die Sache sogar sehr spannend, denn nun zogen lange Kolonnen per Auto oder Pferdewagen vorbei und mit Liedern wie ›O du schöner Westerwald‹ oder ›Rosemarie‹ marschierten sie singend durch unser Dorf. Wir standen am Straßenrand und winkten und warfen ihnen Blumen zu.«

Elisabeth W. (1937): »Das Ende unserer Straße bildete ein für mich riesiges Gebäude – die Kaserne. An unserem Haus vorbei zur Kaserne bewegten sich immer wieder Soldatenmärsche, die mich ganz besonders durch manchmal laute Musik beeindruckten. Ich konnte das gut vom kleinen Balkon vom 4. Stock aus beobachten und miterleben. An der Spitze solchen Zuges marschierte der Tambourin, den Taktstock mit großer Quaste auf und ab bewegend, er selbst mit blinkenden Goldknöpfen an seiner Uniform. Dagegen wirkten Soldatenmärsche ohne die Musik und das Drumherum eher bedrückend, einfach als graue und unheimliche Masse.«

Barbara M. (1940): »Meine früheste Erinnerung, da muss ich so vier Jahre gewesen sein: Bei uns führte vorne eine Straße vorbei, die zu den Kasernen ging. Da erinnere ich mich ganz konkret, wie wir als Kinder auf der Straße spielten, und da näherte sich ein Zug mit Soldaten. Vorneweg Musik, ja und dahinter in diesen hellgrauen schönen Uniformen Soldaten, die da also zu den Kasernen hinaus marschierten. Das war für uns Kinder, wie wenn der Zirkus einzieht. Da sind wir dann nebenher gelaufen, und die Soldaten haben uns freundlich zugewinkt, und da durften wir eine ganze Strecke mitlaufen. Das war also wie ein feierliches Fest, dass da also Soldaten einziehen, einmarschieren. Das ist meine allerfrüheste Erinnerung an den Krieg.«

Manfred K. (1932): »Wir wohnten in einer Villa gegenüber dem Konzerthaus in meiner Heimatstadt, und vom ersten Stock aus sah man ausgezeichnet, was sich in der langen Adolf-Hitler-Straße (heute heißt sie natürlich Hauptstraße) bewegte. Alle damaligen großen Veranstaltungen begannen oder endeten am oder im Konzerthaus. Da wurde marschiert, gesungen, geblasen, getrommelt, und Ansprachen ertönten über die Lautsprecher eines Sonderfahrzeuges. Wurden Polizeischüler nach ihrer Ausbildung entlassen, gab es eine Parade, und sie zeigten sich in entsprechenden Uniformen. Ich konnte kaum bis drei zählen, als ich das rechte Füßle bei Marschmusik mitbewegte und sich meine Oma köstlich darüber amüsierte. Marschmusik, schmissig von einer Militärkapelle gespielt, riss einen einfach mit, und das nicht erst ab 1933.«

Willy B. (1934): »Also ich hab die erste große Erinnerung von der Pferdemusterung 1939 vom ganzen hinteren Amt, also vom Wieslauftal, von Winnenden bis Schorndorf. Da standen 300 Pferde, ich hab das jetzt erst zufällig wieder nachgelesen in der Gemeindechronik, der Bürgermeister hat das notiert damals, da standen 300 Pferde. Ich war 5 Jahre alt, und mein Vater hat auch Gäule gehabt. Und unser Pferd hat natürlich auch zur Musterung müssen. Jetzt sind die alle da, 300 Stück, die ganze damalige Adolf-Hitler-Straße runter gestanden. Für uns Jungen war das ganz toll, und die vielen Offiziere mit ihren Stiefeln, also das ist mein erster ganz bewusster Eindruck vom Krieg.«

Hans-Georg O.: (1933): »Im Jahr 1939, da war ich sechs, ist mein Vater abkommandiert worden nach Polen. Er war bei der schweren Artillerie. Und die ganze Artillerie, die ganzen Kanonen und was sie alles so hatten, und die Geschütze, die wurden damals in L. auf dem Rangierbahnhof verladen. Und da kann ich mich noch entsinnen, wie mein Vater, der damals wohl Hauptfeldwebel war, von den Soldaten sehr oft gegrüßt wurde, und er gab seine Anweisungen … Die mussten noch Pferde verladen. Sie hatten Reitpferde dabei und Zugpferde. Als großer Pferdefreund hat mich das schon damals als Kind sehr interessiert, was das für Tiere waren. Die meisten waren Kaltblüter, ein schwerer Schlag. Und dann natürlich für die Offiziere die leichteren Reitpferde. Und das war gar nicht so einfach. Die auf die Eisenbahnwagen, die schweren Geschütze hatten enormes Gewicht, hochzukriegen. Wie sie die hochgekriegt haben, ich glaub mit Seilwinden haben sie die hochgezogen. Die hatten ja keinen Kran. Das gab's damals noch nicht. Das hat mich sehr beeindruckt. Mein Vater hat mich auf den Arm genommen und hat mir dann noch einmal alles mögliche gezeigt.«

Nur von einem Mädchen wurde mir berichtet, dass singende und marschierende Soldaten sie traurig machten:

Brigid A. (1934): »Durch unsere Straße in Aschaffenburg zogen oft Marschkolonnen, und wir liefen auf den Balkon, um sie anzusehen. 1941 waren es deutsche Soldaten, die singend marschierten. Die Lieder machten mich traurig. Warum? Wie soll ein siebenjähriges Kind das wissen? Ich erzählte das meiner Mutter, und sie hielt es in ihrem Tagebuch fest, sonst wüsste ich nichts mehr davon.«

Sehr häufig wird berichtet, dass der Frontverlauf mit Fähnchen auf großen Karten an der Wand verfolgt wurde, besonders der Krieg im Osten. Die Sondermeldungen wurden gehört, den musikalischen Kindern haben sich Soldatenlieder und die Anfangstakte aus Franz Liszts »Les Préludes«, mit denen die Sondermeldungen eingeleitet wurden, bis heute eingeprägt – sie können sie noch nachsingen.[15]

Dieter H. (1935): »Im wesentlichen fand der Krieg im Volksempfänger statt. Er war eine Art musikalische Veranstaltung. Erst lange nach dem Krieg habe ich begriffen, was da vor sich gegangen war.«

Der Krieg schien – zumindest in den ersten Jahren – weit weg, kein Erdbeben, sondern ein faszinierendes, erhebendes Spiel zu sein. Und er wurde von den Kindern nachgespielt. Besonders die Jungen begeisterten sich für die mit Ritterkreuzen ausgezeichneten Kriegshelden. Vielen waren sie Vorbilder.[16] Nicht wenige unter den größeren Jungen konnten kaum erwarten, selbst eine Uniform zu tragen.

Dann aber kam für viele der Moment, da die trotz aller Erschütterungen behütete oder als Abenteuer und Spiel empfundene Kinderwelt zerbrach und die Kindheit zu Ende war, obwohl sie noch Kinder waren. Davon wird in den folgenden Kapiteln zu reden sein.

Kapitel 2

Kriegsspiele – Kriegshelden

Aus dem Feldpostbriefwechsel der Eltern von Wilfried (1936) und Hermann (1937) L.[1]:

Mechtild an Alfons am 3.11.39: »Den Buben habe ich Deine Grüße bestellt ... Hättest die Freude sehen sollen, und Wilfried will gleich Soldat werden. Wie ich's ihm erzählt habe, ist er gleich auf den Tisch gestanden und hat aus voller Brust gesungen: ›So marschieren die Soldaten‹, und hat gar keine Angst mehr gehabt. Und heute Abend habe ich ihn gefragt, nun bist du Papas und Mamas kleiner Soldat und weinst gar nimmer, wenn Du im Dunklen schlafen musst, und denk nur, er hat es fertig gebracht.«

30.5.40: »Auch von den Buben kann ich Gutes berichten ... Wilfried sieht gut aus und ist schön rund und mollig. Auch unser Hermann hat sich wieder gemacht. So groß wird er und ein allerliebstes goldiges Kerlchen wird er und ist so ein Schelm ... Und ›Mamale‹, heißt's den ganzen Tag und ›gell Mama, dr Papa kommt bald in Urlaub, dr Papa hot en Sebel und droße Stiefel, dia ziah i net a, do fall i au.‹ Wilfried will Dir mit seinem Zug Bomben bringen, dass Du ›au Bomba schmeißa kascht‹, sagt er. Wenn die Kinder was wüssten, sie sind noch so ahnungslos, und das ist ja auch gut so.«

Alfons an Mechtild am 23.6.40: »Für die Buben habe ich einen englischen Stahlhelm und eine blaue französische Mütze (*Soldatenmütze*) beiseite gelegt.«

Mechtild an Alfons am 17.7.40: »Am liebsten fahren sie (*die Buben*) nach England und schmeißen Bomben. Wilfried singt immer das Engelandlied dazu.«

30.7.40: »Die Buben freuen sich an ihren Mützen sehr. Gestern hat jeder seine Mütze aufgesetzt, einen Kochlöffel auf die Schulter genommen

1. Wilfried und Hermann L. mit französischen Soldatenmützen

und so sind sie losmarschiert. Wilfried singt das Frankreich- und das Englandlied, das musst du einmal hören, wie er schneidig singt. Und Hermann möchte auch schon mitgrölen und es geht noch nicht recht, da muss man oft lachen.«

2.11.40: »Von Wilfried aus soll ich dem Papa schreiben, dass er jetzt das Lied könne, ›Ich hatt' einen Kameraden‹. Ich muss es nämlich schon tagelang mit ihm singen und nun kann er es ganz flott und freut sich riesig darüber. Immer sagt er: ›O Mama, sing's amol mit, des is so schön.‹

24.12.40 berichtet Mechtild Alfons von der Weihnachtsbescherung: »Wilfried hat's wieder gut gemacht, schon während dem Singen nach jeder Strophe rief er: ›Mama, dia Kanon' (*Kanone*), guck Mama, dia Kanon', oder ›Mama, dia Kanon' kriag i!‹ Dann rief Hermann dazwischen: ›noi (*nein*), dia ghert (*gehört*) miar.‹ Hermann brachte das Christkind einen Unterstand mit Soldaten.

Mechtild an Alfons am 4.2.41: »Den Kindern geht's besser. Die Buben waren heute den ganzen Tag auf, haben Festungen gebaut und nach England geschossen.«

16.4.41: »... ›wenn der Papa in Urlaub kommt, dann hola mer sei G'wehr und dann därf i wieder schießa.‹ Wie oft sagt Hermann: ›Mama, i will a Luftg'wehrle!‹«

24.4. 41: »Gestern habe ich mich gefreut. Wilfried hatte eine französische Münze von Dir im Hosensack, und als er sie mir zeigte, sagte ich, die darfst Du aber nicht verlieren. Da meinte er: ›Noi, noi, wenn i amol en da Kriag gang (*gehe*), no (*dann*) kann i ebbes (*etwas*) französisch kaufe.‹ Jetzt fragen sie immer, ob der Krieg jetzt aus sei und ob der Papa dann für ganz heimkomme. Das kommt daher, weil sie hörten, dass der Krieg mit Jugoslawien aus sei.«

16.7.41: »Heute morgen hat es arg geregnet, und wie ich Wilfried aus dem Bett holte, meinte er: ›Bei dem Wetter muaß dr Papa schießa, do trifft er jo d'Englender und d'Franzose it (*nicht*).‹ Was denen immer so im Köpfle spukt.«

21.7.41: »Wilfried sagte gestern: ›Gell, Mama, wenn dr Papa da ist, dann darf i wieder mit seim G'wehr schießa.‹«

12.8.41: »Hermann hatte wieder mal zwei Nächte Fieber, und als ich ihn zur Kinderschule schicken wollte, meinte Wilfried energisch: ›Lass en (*ihn*) no dahoim, sonst könnt er no da Heldentod sterba.‹«

1.11.1942: »Die Kinder werden größer und verständiger und so Gott will, werden sie auch manche Freude dran erleben. Es ist oft so beglückend für mich, wenn ich sehe, wie sie Fortschritte machen. Gestern kam Wilfried strahlend heim, er hat wieder ein Abzeichen vom Herrn Hauptlehrer bekommen. Er hat mit Elisabeth zusammen das Liedchen singen müssen: ›Ein Männlein steht im Walde.‹ Elisabeth hat kaum mitgesungen, dafür scheint's der Bub umso kräftiger. Heute hat er schon wieder für's schöne Schreiben ein Abzeichen gekriegt, das spornt ihn mächtig an. Singen tut Wilfried so schrecklich gern. Er singt schon wieder ein neues Lied: ›Ich bin Adolf Hitlers kleiner Soldat, juchei‹ usw.«

Spiel-Räume und Spiel-Sachen werden den kleineren Kindern, wie hier den Buben Wilfried und Hermann, von den Erwachsenen, von den Eltern weithin vorgegeben. Die Kinder nehmen alles in ihre Spielwelt auf, besonders gerne, wenn es ihrem Bewegungsdrang, dem Kräftemessen, ihrem Imitationstrieb entgegenkommt. Wenn es von den Erwachsenen auch noch positiv bewertet und gefördert, durch die öffentliche Stimmung getragen und von bewunderten Figuren, besonders vom eigenen Vater, vorgelebt wird, sind Kinder bei diesen Spielen restlos glücklich. Sie können nicht durchschauen, welche Wirklichkeit sie da nachspielen. Die Eltern L. stellen den Krieg nicht in Frage, im Gegenteil, der Vater, Ende 30, möchte so schnell wie möglich selbst in den Kampf an die vorderste Front; bis zum Ende glaubt er an den Sieg. Die Mutter ist zwar ganz zum Schluss etwas skeptischer, leidet unter der Trennung und wünscht das Ende des Krieges herbei, aber sie ist – wie ihr Mann – überzeugt von der Notwendigkeit dieses »Schicksalskampfes« und voll Bewunderung für die tapferen Soldaten. Das übertragen die Eltern selbstverständlich auf ihre Buben. »Du bist jetzt Papas und Mamas kleiner Soldat«, sagt die Mutter zu Wilfried, der Angst hat, im Dunkeln zu schlafen, und das wirkt. Wilfried will genau so tapfer sein wie sein Vater. Die Mutter setzt das sehr geschickt als pädagogisches Mittel ein. Beide Brüder spielen »Bomben schmeißen«, sie marschieren stolz mit den Soldatenmützen, die ihnen der Vater geschickt hat (auch noch französische), wenn auch vorerst nur mit Kochlöffeln bewaffnet, aber die Kanone steht ja schon unterm Weihnachtsbaum und wird zum Zankapfel. Schießen dürfen mit Papas Gewehr, das wäre das Höchste, wenn er in Urlaub kommt. Dem Hermann bringt das Christkind (ausgerechnet das *Christ*kind!) einen Unterstand mit Soldaten. Kriegsspielzeug gehörte zu den bevorzugten Wünschen der Kinder damals. Das beliebte Weihnachtslied »Morgen kommt der Weihnachtsmann« drückt das unmissverständlich aus:

Morgen kommt der Weihnachtsmann,
kommt mit seinen Gaben:
Trommeln, Pfeifen und Gewehr,
Fahn' und Säbel und noch mehr,
ja ein ganzes Kriegesheer
möcht' ich gerne haben.

Bring uns, lieber Weihnachtsmann,
bring auch morgen, bringe:
Musketier und Grenadier,
Zottelbär und Panthertier,
Ross und Esel, Schaf und Stier,
lauter schöne Dinge!

(Heinrich Hoffmann von Fallersleben, 1798–1874)[2]

2. Kleine Soldaten (Gustav B.) im Kindergarten

Am Weihnachtsbaum hingen (in dieser Familie allerdings nicht) imitierte Waffen oder Teile davon. Vor allem die Lieder haben es dem musikalischen Wilfried angetan. Er singt, was er häufig hört: Das Engelandlied, den Guten Kameraden mit der gleichen Begeisterung wie »Ein Männlein steht im Walde«. Die Mutter übt mit ihm. Und was soll sich ein Sechsjähriger auch unter »Heldentod« vorstellen? Die Erwachsenen lachen über die witzigen Aussprüche der Kinder, in Frage stellen sie diese nicht. Kinder wurden stolz präsentiert, wenn sie schon als Knirpse Kriegslieder singen konnten, obwohl sie deren Inhalt nicht verstanden.

3. Aus dem Kindergartenmalheft von Margot S., 5 1/2 Jahre alt

Jürgen B. (1939): »Das Radio wurde gelegentlich angemacht. Dann kam natürlich entsprechende Musik. Und was war damals der große Song: Lili Marleen. Und jetzt hab ich als Drei- oder Vierjähriger Lili Marleen singen können, auswendig: ›Vor der Kaserne, vor dem großen Tor … da wolln wir uns wieder sehn, vor der Kaserne wolln wir stehn, wie einst Lili Marleen.‹ Und das war natürlich immer eine Attraktion, wenn so ein Knirps mit drei, dreieinhalb oder vier Lili Marleen singt, also ich wurde vorgeführt. Ja, das sind so die ersten Erinnerungen, die ich da hab.«

Elisabeth Deter-Labudde (1927) schreibt am 15. August 1941 in ihrem Feldpostbrief, den der Vater aufbewahrt hat, was ihr kleiner Bruder Krischan (so nannten sie Christian, 1933) sang:

»Neulich, als Mutti und ich gerade Wäsche legten, hörten wir zu, wie Krischan mit den Soldaten spielte, wir hätten uns fast totgelacht. Zuerst sang er: ›So leben wir, so leben wir.‹ Dann spielte er, dass die Soldaten ins Feld müssten und sang dazu: ›Rosemarie‹. Als die Soldaten dann von den Mädchen Abschied genommen hatten und er seine Eisenbahn fahren ließ, schien ein Mädchen keinen Soldaten gefunden zu haben, denn er sang: ›Nun wein man nicht mehr, du kleines Mägdelein, du wirst auch schon noch einen finden, höre auf zu weinen, du kleines, süßes Arschloch!‹ Da konnten Mutti und ich uns nicht mehr halten, wir fingen furchtbar an zu lachen, und Krischan lachte mit.«[3]

So wurden die Kinder fast unmerklich auf den Krieg eingestellt, ja **für den Krieg konditioniert**. Dabei wirkten neben den Eltern alle Sozialisationsinstanzen mit: Vom Kindergarten, wo schon kleine Kinder »Soldaten« spielten, über die Schule, die Hitlerjugend, Bücher, Kinofilme, Wochenschauen, Radio (sofern man eines besaß), bis zur Wehrmacht selbst. Dass Spielzeug, Kriegsspielen und Liedern dabei eine bevorzugte Rolle zukam, wird von vielen Jungen bezeugt. Manfred K., der schon als Dreijähriger seine Füßchen im Rhythmus der marschierenden Soldaten bewegte, besaß als Kind

4. Kriegsspielzeug von Manfred K.

eine Sammlung von über 150 Soldaten, Fahrzeugen und Geschützen. Er besitzt sie heute noch.

Horst Schmid (1929): »Das Christkind (sic!) brachte (*dem Zehnjährigen*) circa sechs Zentimeter hohe Elastolinsoldaten und eine richtige Burg, die im Grunde nicht zu den Soldaten passte, aber trotzdem eine willkommene Kulisse für allerlei Spielvarianten abgab. Bei den Soldaten handelte es sich teilweise um ganz biedere Musikanten mit Schellenbaum, Pauken und Trompeten. Aber auch die Marschierer waren da, die stehenden und liegenden Schützen und andere kämpferische Figuren. Ein feuerspeiender Tank, uhrwerkangetrieben und mit Gummiraupenketten ausgestattet, rundete das Bild ab. Damit konnte ich mich allein oder zusammen mit einem Freund stundenlang beschäftigen.«[4]

Helmut V. (1939) bekam noch zu Weihnachten 1944/45 ein hölzernes Schwert, einen Spielzeuglastwagen aus Blech und eine Figur des ›Führers‹ im grauen Mantel. Hans-Peter F. (1933) mochte Großveranstaltungen mit Fahnen und Aufmärschen eigentlich nicht, aber:

»[…] andererseits hatte ich alle möglichen Soldaten, nicht Bleisoldaten, sondern aus irgendwelchen anderen Materialien, und habe dann eben aus diesen Aufmärschen, die ich beobachtet habe, das auf diese Soldaten übertragen und hab dann selber da Reden an meine Soldaten gehalten in der Zeit, wo ich die aufmarschieren ließ.«

5. Kriegszeichnung von Peter K.

Der achtjährige Hans-Peter W. (1935) schenkte seiner Großmutter zum Geburtstag Kinderzeichnungen mit Bombern, Kriegsschiffen, abgeschossenen Flugzeugen und an Fallschirmen abspringenden Piloten. In sehr vielen Kinderzeichnungen von damals spiegelt sich die Faszination, die das Kriegsgeschehen besonders auf die Jungen ausübte, aber auch ihre ziemlich genaue Kenntnis der verschiedenen Waffen. Einer (Peter Ch., 1936), der den Krieg in der Evakuierung im Odenwald erlebte, sagte bei unserer gemeinsamen Betrachtung seiner Zeichnungen: »Da ist entweder Idylle (Tiere, Landschaft) oder Kriegsgerät.« Bevorzugt wurden Flugzeuge, Panzer und Kriegsschiffe gezeichnet. Die Größeren befassten sich intensiv mit den realen Soldaten, mit allem, was mit der Wehrmacht zusammenhing. Aber auch schon Kindergarten- und Grundschulkinder waren stolz, wenn sie mit »richtigen Soldaten« zusammenkamen und etwas für sie tun konnten. Daran beteiligten sich auch Mädchen gern; es fiel dabei zuweilen auch etwas für sie ab.

Gustav B. (1934): »Wenn anfangs des Krieges Soldaten ins Dorf marschierten, ging ich öfters mit einer kleinen Hakenkreuzfahne voraus, bis die Truppe schnell angefertigte, mit Girlanden geschmückte Tore an den Eingangsstellen zum Dorf durchschritten hatte. Wir bewunderten ihre Waffen und durften gelegentlich auf ihren Pferden reiten. Als später einmal ein Militäreisenbahnzug, auf dem Truppen von Westen nach Osten verlagert wurden, am Ortsrand hielt, brachten wir den gerührten Soldaten Most, Äpfel, Kuchen und was sonst gerade aufzutreiben war, so dass sie immer wieder äußerten, sie möchten mal längere Zeit in unserem Dorf … verbringen.«

Maria R. (1932): »In unserer Straße wurde eine Ausbildungskaserne eingerichtet, wo dann auch schon recht bald viele junge Soldaten ausgebildet wurden. Von unserem Schlafzimmerfenster konnte man auf den Kasernenhof schauen, was natürlich für uns Kinder interessant war. Überhaupt brachte die Kaserne reges Leben in die Straße. Die jungen Soldaten, die keinen Ausgang hatten, baten uns Kinder von den Fenstern aus um Botengänge, z. B. Briefe in die Postkästen zu versorgen, am Anfang Zigaretten zu besorgen (was ja später nicht mehr möglich war) usw. Manchmal durften wir Kinder in die Kaserne, um übriggebliebene Suppe aus der Gulaschkanone zu erhalten. Das waren Köstlichkeiten, wie Erbsen- oder Bohneneintopf mit viel Fleischeinlagen. Alle Kinder liefen dann mit Töpfen und kamen dorthin. Ich hatte immer zwei Milchkannen, eine für uns und eine für Oma. Ich erinnere mich noch heute daran, an das stolze Gefühl, für die Familie mit sorgen zu können.«

Wie schon in Kapitel 1 angedeutet wurde, verschmolz das Interesse für das Militärische mit dem Interesse für das Technische des Kriegswesens. Dies alles sprach vor allem die Jungen an. Deshalb stehen sie in diesem Kapitel im Mittelpunkt.

Wolfgang B. (1933): »Wir wussten in der Heeresorganisation Bescheid und kannten die Dienstgrade, die Waffensysteme und Flugzeug- und Schiffstypen. Wir lasen Berichte über den Krieg, hielten die »Kriegsbücherei der deutschen Jugend … [5]«

Adrian G. Schickler (1931): »Der Krieg war schon ein wenig in unser junges Bewusstsein eingedrungen. Man musste wissen, wie die über den Himmel sausenden Flugzeuge der Luftwaffe hießen, die Messerschmitts, Heinkels, Dorniers und Junkers und auch, was sie von einer Spitfire, Thunderbolt oder Hurricane unterschied.«[6]

Hans B. (1930): »Wir Kinder erkundeten spielerisch den Kriegsverlauf mit Sieges- und Sondermeldungen im Radio, wir verfolgten den Weg der Soldaten … Wir bauten in der Hitlerjugend Modelle aller Kriegsgeräte, Schiffe, Flugzeuge und Panzer in Holz. Auch zu Hause war das Jugendzimmer voll Nachbauten von Schlachtschiffen und Fliegern, wie Ju 52, He 111, Stuka Ju 87 und auch Modellen der uns feindlichen Flugzeuge … Wir Kinder hatten längst fachmännisch herausgefunden, welche Flugzeugtypen nach Berlin einflogen. Während 1941 noch ›Moskitos‹ leise und sehr hoch unverhofft in der Nacht über Berlin flogen, kamen jetzt die ›Wellingtons, Stirlings und Lancasterbomber‹ bald jede Nacht und warfen Brand- und Sprengbomben. Westlich unseres Wohngebietes lag das große Hofgut Stolpe-Dorf und hier standen drei Flakbatterien 8.8, die bei den Luftangriffen langanhaltend in den Himmel schossen. Der Geschützlärm war unerträglich laut, für uns aber wieder beruhigend, da die Geschütze uns ja schützen sollten. Die Flak-Scheinwerfer suchten mit langen Fingern den Himmel nach feindlichen Flugzeugen ab. Wenn die Strahlen einen Bomber gefasst hatten, kam dieser nicht mehr frei und wurde oft abgeschossen. Oft sah ich aus einem geschützten Kellerabgang diesem Schauspiel zu. Die Flugzeuge zerbrachen oder explodierten in der Luft, kleine weiße Bällchen fielen vom Himmel, und daran baumelten dann die an den Fallschirmen hängenden Piloten … Auch kann ich mich an die Sonntagsbesuche der Kommandanten und Offiziere der in Stolpe stationierten Flakbatterien erinnern, die beim Sonntagskaffee im Garten scherzend und lustig von den Nachteinsätzen berichteten.«[7]

Bei den größeren Jungen verband sich die Lust am Kriegspielen mit technischem Interesse und Geschick zu erstaunlichen Inszenierungen:

Horst Schmid (1929): »Der Höhepunkt unserer Spiele im Grünen war dann ein regelrechter Kriegsschauplatz, den wir auf einer Grasfläche aufbauen durften. Dazu benutzten wir kleine Modelle von Kriegsflugzeugen aus dünnem Karton. Wir hatten sie in mühevoller Kleinarbeit aus Ausschneidebögen ausgeschnitten und mit List und Tücke zusammengeklebt. So verfügten wir über eine Me 109, eine Spitfire, einen Vickers Wellington und eine Macchi C 200. Mit größeren Steinplatten, die wir mit Erde bedeckten und zur Tarnung mit Gras versahen, bauten wir unterirdische Flugzeugschuppen für unsere Modelle. Wie in jedem Krieg gab es Freund und Feind. Es wurden mit den handgehaltenen Flugzeugen Aufklärungs- und Angriffsflüge durchgeführt. Dabei gingen wir so weit, richtige Brandbomben abzuwerfen. Kleine

6. Kriegschronik von Josef P.

Schwarzpulverpäckchen, vom Helmut, dem Ältesten von uns, fachgerecht zusammengemixt und mit einer kurzen Zündschnur versehen.«[8]

Johannes S. (1927): »Für uns das Interessanteste in der Stadt: Es gab an einem der großen Plätze ein großes Geschäft, ein sogenannter Brauner Laden. Die Braunen Läden gab es zu Zeiten Hitlers in fast allen Städten, das waren also Fachgeschäfte, wo alles zu haben war, was Uniformen und Uniformteile anbelangt. Da standen in einem Schaufenster alle möglichen Hitlerbüsten aus Gips, aus Bronze, in allen Größen, und Fahnen. In einem anderen Schaufenster war immer eine riesengroße Karte. Da wurde täglich der Frontverlauf der kämpfenden Truppen in Russland neu eingezeichnet mit bunten Nadeln. Und was uns als Jungs wahnsinnig interessierte: in einem der Fenster waren die bekanntesten Orden der deutschen Wehrmacht ausgestellt. Also da lagen die verschiedenen Kampforden, wir kannten die allesamt auswendig, wir wussten, wofür es die gab, wer sie bekam und wie viele es da schon gab. Vor allem hatte ich einen Onkel aus meines Vaters Seite, der hatte das Ritterkreuz bekommen.«

Dass Schule und Hitlerjugend entscheidenden Anteil an der »Kriegserziehung« hatten, versteht sich von selbst und wird uns im folgenden Kapitel noch beschäftigen. Zwei besonders eindringliche Beispiele seien schon hier vorweggenommen. Viele Lehrer hielten ihre Schüler dazu an, fortlaufende Kriegschroniken zu führen. Als Beispiel diene ein Blatt aus dem sorgfältig ausgestalteten Buch von Josef P. (1928). Systematisch wurden Aufzeichnungen gemacht von verliehenen Auszeichnungen und Orden, von Kriegserfolgen. Selbst das Musische Gymnasium in Frankfurt, das sich in einer Art ideologischen Schutzzone gegenüber der Partei halten konnte, bekannte sich in seinen Wochen- und Fahnensprüchen ohne Einschränkung zum Pathos von Kampf und Heldentum, zum Krieg und zum Führer. Die anfeuernden Sprüche und Gedichte reichen von Theodor Körner, Ernst Moritz Arndt, Clausewitz bis zu Stefan George und dem NS-Dichter Brockmeyer. Hier ein Beispiel[9]:

»Ich glaube nicht an alter Zeiten Glück,
ich breche durch und schaue nicht zurück.
Hinüber retten wir die neue Zeit
Und edle Form den Hort der Frömmigkeit.
Wir ziehn!
Die Trommel schlägt, die Fahne weht,
nicht weiß ich, welchen Weg die Heerfahrt geht.
Genug, dass ihn der Herr des Krieges weiß-
Sein Plan und Lohnung –
Unser Kampf und Schweiß. (C. F. Meyer)

Die in hoher Auflage erscheinenden »Kriegshefte« wurden von vielen gelesen. Manfred K. (1932) besitzt heute noch viele davon. Filme über historische Helden und Heldentaten der Wehrmacht hinterließen einen unauslöschlichen Eindruck, so »Kadetten«, »Der Große König«, »Kolberg«, »Stukas«, »U-Boote westwärts« und viele andere.[10]

Manfred J. (1933): »Ich erinnere mich noch an den Film ›Stukas‹. Damals bin ich bald ausgeflippt über unsere Helden. Diesen Todesmutigen sollten wir dann irgendwie nacheifern. Man versuchte damals, uns so richtig auf den bösen Feind einzustimmen.«

Die in einem solchen Geist, mit diesen Sprüchen und Liedern, mit den Wehrmachtsberichten und Siegesmeldungen, Kriegsheften und Kriegsfilmen aufwachsenden Kinder spielten nicht nur mit Spielzeugsoldaten und waren staunende und ergriffene Beobachter, sie waren selbst als Kinder in ihren **Spielen** schon Soldaten und **spielten den Krieg** nach. In seinem autobiographischen Roman »Jokehnen«[11] beschreibt Arno Surminski (1934) sehr anschaulich, wie

Buben fern vom realen Krieg im fiktiven kleinen Dorf Jokehnen in Ostpreußen Krieg spielten:

»Der Feuerlöschteich war ein vortreffliches Zielgebiet für Hermanns Schießübungen. Hermann lag mit Peter in den Weidenbüschen und warf Steine, Lehmkluten, Grassoden. Jeder Einschlag im Feuerlöschteich vernichtete einen polnischen Bunker oder sonst etwas Wertvolles. Peters Idee war es, die Zielübungen zu verfeinern. Die Frösche, die behaglich quakend ihre Köpfe aus dem Tümpel steckten, mussten die Rolle der polnischen Infanterie übernehmen, die von der deutschen Artillerie aus den Weiden unter schweren Beschuss genommen wurde. Nach jeder Kanonade zählten sie die getroffenen Feinde, die mit weißen Bäuchen nach oben im Entenkraut schwammen. Peter spießte sie auf einen Stock und beförderte die toten Frösche aufs Trockene. Dort hatten sie Zeit, langsam zu verwesen, bis allein die dürre Froschhaut übrigblieb.«

Gustav B. (1934): »Kriegerische Gedanken setzten wir Jungen so um, dass wir uns mit biegsamen Haselnussstecken Bögen machten und dazu Pfeile schnitzten. Wir hatten damit das Oberdorf (oberhalb der Bahnlinie) gegen das Unterdorf zu schützen. Als weitere Waffe stellten wir mit einer Holzgabel von kleinen Bäumen oder Büschen Steinschleudern her, mit denen wir auch (natürlich vergeblich) nach Vögeln schossen. Das Dorf wurde gegen Marbacher verteidigt, indem Kameraden von mir, meist aber auch ältere Jungen, die große Neckarbrücke besetzten und die Eindringlinge von Marbach ›verschlugen‹. Trotzdem gelang es den Marbachern öfters, ein Mädchen aus Benningen für sich zu gewinnen. Allerdings ging es gelegentlich auch andersherum. Die Rivalität setzte sich später im Fußball fort.«

Uwe J. (1935): »Der Nachbarjunge (*der schon bei den Pimpfen war*) fand in uns dankbare Mitspieler, die begierig darauf hörten, was er heute mit uns machen wollte. Die eine Hälfte waren dann die deutschen Soldaten, die andere der Feind. Keiner wollte gerne Feind sein, sondern lieber bei den Gewinnern, bei den deutschen Soldaten, bei den Helden. Er bestimmte, wer bei welcher Hälfte sein durfte. Klar doch, die Schwachen waren halt immer die Feinde … Der bewusste ältere Spielkamerad von der Hitlerjugend brachte so eine Art Comics mit. Das waren Bildergeschichten, wo die deutschen Soldaten immer die Helden waren und die Russen, immer als Bolschewiken bezeichnet, ganz furchtbar hässlich aussahen, dumm und mordlüstern dargestellt waren. Die Deutschen, egal ob Flieger, Fußsoldaten oder Seeleute, sahen alle blendend aus, waren ungeheuer tapfer und starben, wenn überhaupt, einen heldenhaften Tod. Abends lag ich so manchmal ganz verdreht in meinem Bett und stellte mir vor, durch einen feindlichen Angriff ums Leben gekommen zu sein.«

Roland E. (1932): »Wir begannen in diesem Jahr (*1942*), statt Räuber und Gendarm und Fangerles zu spielen, mit Kriegsspielen. Wir bewaffneten uns mit schussunfähigen Beutegewehren und stülpten auf unsere viel zu kleinen Kinderköpfe französische und britische Stahlhelme. Ein größerer Junge, etwa fünf Jahre älter, spielte den Hauptmann oder Major … Diese Spiele ödeten mich bald an, und ich trennte mich von diesem Haufen und schloss mich einer anderen Gruppe bzw. Straßenbande an. Ich machte mir ein EK I aus Pappe, das ich auf meinen Pullover heftete. Bei einer Straßenschlacht wurde ich schwer verletzt und wurde in einen Hinterhof getragen und dort auf eine Pritsche gelegt. Hanna Sch., die Schwester von Richard Sch., untersuchte mich. Sie knöpfte die Hose auf, zog die Unterhose herunter und wieder herauf: ›Alles in Ordnung, nicht lebensgefährlich.‹«[12]

Helmut B. (1934): »Wir spielten fast nur noch ›Soldäteles‹. In flotter Formation und im Gleichschritt hintereinander zogen wir durchs Quartier, immer mit dem Lied ›Schwarzbraun ist die Haselnuss …‹, ›Denn wir fahren gegen Engeland …‹. Unser Lieblingslied freilich sangen wir nur, wenn keine Gefahr durch Erwachsene drohte: ›Parademarsch, Parademarsch, der Hauptmann hat ein Loch im Arsch …‹. Den Wohlklang unserer Gesänge kommentierte Pfarrer Scharnberger aus dem offenen Fenster seiner Amtsstube: ›Wenn ihr Buben nur auch in der Kirche so laut singen würdet!‹ Manchmal hüpften wir auch im Paradeschritt der italienischen Bersaglieri, im Laufschritt also, von uns als Parodie empfunden, durch die Straßen. ›Und so rennen die Itaker vor den Abessiniern davon‹, kommentierte Wolfgang trocken und außer Atem. Er war mittlerweile zehn Jahre alt und bei den ›Pimpfen‹, der Vorstufe der Hitlerjugend.

Unerhörtes Aufsehen erregte ich ›bei de Buwe uff de Gass‹ durch Karl, einen der letzten Lehrlinge von Großvater im Krieg. Er schnitt mir, aus purer Freundschaft, aus einem dicken Stück Walzblei ein Ritterkreuz, Maßstab 1:1, malte es naturgetreu schwarz und weiß aus und hängte es mir an einer schwarzen Kordel um den Hals. Sofort bettelten alle Buben, es auch tragen zu dürfen. Der salomonische Wolfgang erfand ein Spiel: ›Ritterkreuzverleihung‹. Jeden Nachmittag durfte sich ein anderer Held das Kreuz – welches im übrigen mit einem beträchtlichen Gewicht am Halse hing – verleihen lassen. Dazu zogen wir in den Schlossgarten, und einer der barocken Bögen des westlichen Schlossturmes war unsere ›Reichskanzlei‹. Natürlich war Wolfgang der ›Führer‹, er verlieh dienstags Herrn Guderian, alias Schmeckebecher, mittwochs Herrn Mölders, alias Christoffel und schließlich donnerstags Herrn Galland, alias Büchler, das Ritterkreuz mit beträchtlichem rituellem Aufwand, den wir aus den Wochenschauen kannten und so gut wir konnten nachspielten.«

Recht harmlos war daneben das unter Jungen und Mädchen weit verbreitete Spiel: »Deutschland erklärt den Krieg …«, das in verschiedenen Variationen gespielt wurde. Hier nur eine davon:

Hannelore R. (1938) sieht zu, wie die Jungen es spielen: »Ein Kreis wird in den Boden geritzt oder mit Kreide aufgemalt. Segmente werden abgeteilt, mit Ländernamen gekennzeichnet (England, Polen, Norwegen etc.), die jeweils einem Jungen zugeordnet werden. Einer sagt: ›Deutschland erklärt den Krieg gegen z. B. England‹, dabei wirft er sein Taschenmesser geschickt in das englische Segment. Er schneidet das Stück Englands ab, das durch den Messerwurf markiert war, und schreibt ein ›D‹ drauf. Jetzt ist England dran, den Krieg zu erklären gegen ein beliebiges Land. So ist jedes Land mal der Angreifer, und ein Land nach dem anderen wird ›angegriffen‹. Wer kein Land mehr hat, scheidet aus. Gewonnen hat, wer zuletzt die größte Landfläche hat.«

Sieglinde D. (1930): »Überall waren wir – die Deutschen – Sieger! Die Größten! So glaubten wir als Kinder. Ich spielte mit meinen Brüdern mit der Burg und Pappmachésoldaten Krieg gegen die ›Tommies‹, ohne eine Vorstellung von ihnen zu haben. In unserem Spiel waren sie dumm und verloren immer. Bernhard (*ihr ein Jahr jüngerer Bruder*) und ich bauten uns im Vorgarten ein Zelt aus der einzigen Zeltbahn von Papa und Decken. Mit den Jungen, die sich auf der Straße einfanden, machten wir Geländespiele, spielten ebenfalls Krieg. Wir wünschten uns schließlich Uniformen und bekamen sie auch. Die Hausschneiderin nähte uns Jacken aus den alten Schonbezügen von Papas Auto (*er durfte als Arzt ein Auto im Krieg benützen*). Ich hörte mit solchen Spielen erst 1941 auf, als meine Mutter mich während des Russlandkrieges ein ›Flintenweib‹ nannte. Diese Bezeichnung war sehr ehrenrührig, denn die Soldatinnen in der sowjetischen Armee wurden in unseren Zeitungen und im Radio als Flintenweiber diffamiert: So verkommen seien die Russen, dass sie Frauen als Soldaten einsetzten! Dazu wurden entsprechende Darstellungen gezeigt. Ich wollte kein Flintenweib sein.«

Auf der Grenze von Spiel zu Ernst stand das Sammeln und Tauschen von Granat- und Bombensplittern, von dem mir fast alle Kinder berichteten, Jungen und Mädchen, ein wahrhaft makabres Hobby, denn es wurde mitten im Bombenkrieg betrieben.[13] In der Rückschau wundert sich ein damals in Berlin lebender Junge darüber:

Hans-Peter F. (1933): »Wir haben damals natürlich Granatsplitter gesammelt und solche Dinge, das war einfach, denn tagsüber ging es eigentlich normal zu in Berlin. Wir spielten und waren zwar, glaub ich, alle ein bisschen nervös, aber im Grunde war von diesen nächtlichen Erlebnissen auf das Leben am Tag nicht so wahnsinnig viel übertragen, hab ich zumindest in Erinnerung.«[14]

Ingeborg B. (1935): »Wir spielten mit dem, was wir nach einer schlimmen Bombennacht – schlimmen Bombennächten – auf unseren Straßen vor den Häusern gefunden haben. Sehr beliebt war das Tauschen z. B. von Splittern. Zwei kleine, nicht so schöne Sprengbombensplitter für einen großen imposanten Splitter. Eine leere Brandbombenhülse gegen fünf ›Hauchbildchen‹. Sie waren herrlich farbig und meist rechteckig. Wenn man sie auf die Hand legte, fingen sie an, sich in der Wärme zu bewegen, zu wölben und sich zu kringeln. Wir waren fasziniert.«

Jochen B. (1936): »Wir Kinder haben dann am nächsten Tag (*nach einem Bombenangriff*) natürlich Granatsplitter gesucht. Und dann hatte jeder schon einen Schuhkarton gekriegt, und besonders begehrt waren natürlich Kupferstücke oder Bronzestücke, und da gab's also welche, die waren so groß (*zeigt die Größe an*) zerrissen, und dann hat man also damit gespielt, auf der Straße als Schlachtschiffe oder so. Aber man musste die ja ganz vorsichtig anfassen, weil sie sehr scharfkantig waren, aber man hat als Kind überhaupt nicht daran gedacht, dass so ein Granatsplitter den Arm abhauen kann.«[15]

Das reine Sammeln und Tauschen, auch das Spielen mit den Splittern wurde dann aber allmählich langweilig, weil die Splitter nach den Angriffen haufenweise auf den Straßen herumlagen. Prickelnder, aber gefährlich konnte es werden, wenn mit Munition und Platzpatronen und Waffen gespielt wurde:

Siegfried W. (1937): »Wir fanden einmal eine Holzkiste mit Signalmunition, also eine Pistole drin und grün, rot, blau, diese Farbmunition, für Notrufe auf See zum Beispiel. Wenn sie ›rot‹ schießen, das bedeutet immer Notruf. Durch unseren Cousin, der schon vier, fünf Jahre älter war, fingen wir an, mitten in Königsberg rot zu schießen, grün zu schießen. Da ging dann so ein grüner Feuerball hoch (*lacht*), bis dann wieder mal, ich sag extra, wieder mal die Obrigkeit kam und sehen wollte, wer da verrückt spielt.«

Prot K. (1930): »Eines Tages fuhr ich mit einem Freund per Fahrrad nach Döberitz auf den Truppenübungsplatz. Dort sammelten wir die Messingpatronenhülsen ein, um sie später an einen Altmetallwarenhändler zu verkaufen. Manchmal fanden wir auch noch Blindgänger, d.h. komplette Platzpatronen, mit denen wir noch Unfug anstellen konnten ... Als einmal auf Baumgarts Grundstück Gartenrückstände verbrannt wurden, warfen wir einige von diesen Platzpatronen ins Feuer, nahmen dann aber hinter einem Bretterzaun Deckung. Das war auch gut so. Mit lautem Knall explodierten die kleinen Sprengköper, und anschließend war der Bretterzaun mit zahlreichen Messingsplittern gespickt. Aber auch noch auf andere Weise brachten wir die Munition zur Explosion und wollten damit andere spielende Nachbarskinder erschrecken. Eine Patrone wurde mit dem Zündhütchen nach oben standfest auf einen Stein gestellt. Auf dem Zündhütchen wurde ein Nagel ebenfalls standfest postiert. Darüber schwebte an einer langen, über eine Astgabel geleiteten Schnur ein Stein. Wir gingen in einiger Entfernung in Deckung und ließen dann plötzlich die Schnur los. Der Stein sauste auf den Nagel, der Nagel schlug auf das Zündhütchen, und mit einem Knall explodierte die Platzpatrone ... Schließlich gingen wir noch in den Wald auf der Suche nach Blindgängern. Wir fanden einige nicht explodierte Stabbrandbomben und auch eine Phosphorbombe. Unter dem Entsetzen der Einwohner und der freiwilligen Feuerwehr brachten wir diese Blindgänger, die wir im Wald ausgegraben hatten, zu dem großen Bombentrichter und warfen unsere Funde dort hinein. Was hätte in unserem jugendlichen Leichtsinn mit diesen Blindgängern nicht alles passieren können! Von einem Kampfmittelräumdienst hatten wir damals noch nichts gehört.«

Manche hatten sogar eigene Gewehre oder kamen an echte Munition:

Walter D. (1931): »Mit zwölf Jahren hatte ich ein eigenes KK-Gewehr, für das ich die Munition immer von meinem Onkel, der bei der DwM in Karlsruhe beschäftigt war, erhalten habe. Am Sonntag, 1. April, war Ostern. Hinter unserer Scheune auf den

Wiesen wurde das Osterfest der Kinderschule gefeiert, wo auch die Kinder ihre Ostereier warfen. Ich holte zum letzten Mal mein KK aus dem Schrank, stellte dort an der Mauer zum Pfarrgarten meine Eier auf und habe diese auf ca. 10 m Abstand abgeschossen, und die Kinder hatten einen großen Spaß dabei. Ich musste ihnen den Wunsch erfüllen, auch ihre Eier abzuschießen. Nach heutigem Verständnis unvorstellbar. Damals hat sich darüber niemand aufgeregt oder einen Einspruch gemacht, worüber ich mich heute sehr wundere ... Ein großes Munitionslager war in unserem Wald untergebracht, in dem alle Sorten Munition von der KK-Patrone bis zu 15 cm Kalibern sowie Handfeuerwaffen gelagert waren. Die dort als Wache tätigen Soldaten, mehrfach verwundet, die nicht kriegsverwendungsfähig waren, sind im Ort einquartiert gewesen, auch in unserer Familie. Ich durfte sie in dem Lager besuchen und auch mit zwölf Jahren schon mit ihnen und dem K 98 schießen, was für mich immer ein begeisterndes Erlebnis war. Es ging so weit, dass zu Hause einer gesagt hat: ›Da, Walter, da ist die Knarre, du kannst mit deinen Freunden in den Steinbruch (mit 300 Schuss Munition), aber um 2 Uhr habe ich Wache. Bis dahin seid ihr wieder da. Wir haben dieses Angebot natürlich immer angenommen, und es ist auch nichts passiert. Für heutige Verhältnisse einfach nicht vorzustellen.«

Was stand hinter diesen Kriegsspielen und Spielen mit nachgemachtem und echtem Kriegsmaterial, das besonders die Jungen so sehr faszinierte? Neben dem ausgeprägten technischen Interesse, der Verlockung des Gefährlichen, des »Spiels mit dem Feuer«, der natürlichen Rauflust und alten »Bandenrivalitäten«, die schon immer mit brachialer Gewalt und List ausgetragen wurden und die es auch in Friedenszeiten gab? Alles, was schon von jeher zu einem normalen Jungenleben gehörte, erfuhr eine Überhöhung auf das soldatische Heldentum hin, dem diese Jungen nacheiferten. Sie identifizierten sich mit den erwachsenen Vorbildern, wollten es ihnen gleichtun. Viele kleinere Jungen wollten am liebsten und schnell Soldaten werden.

7. Vater von Jürgen B.. Dazu schrieb er am 06.11.2006: »Die Spielsachen passen dazu. Dabei handelt es sich um mein erstes Spielzeug, einen kleinen Schildkröt-Reiter aus Zelluloid, in den ich nach Aussage meiner Mutter ein Loch mit meinem ersten Zahn gebissen habe. Der Teddy gehört meiner Frau, den sie schon als Baby bekommen hat und der die Vertreibung aus Südmähren mitgemacht hat.«

Robert L. (1933): »Ein wichtiges Ereignis war der Bau einer Flakstation, ca. 500 m vom Elternhaus entfernt, mitten im freien Feld. In einer riesigen Grube standen merkwürdige Geräte. Als mein Vater einmal frei hatte, nahm er mich mit und erklärte mir: ›Die riesige Schüssel auf dem Gestänge ist ein Horchgerät. Damit kann man Flugzeuge orten, die über den Wolken fliegen. Der dicke runde Topf mit der Glaswand davor ist ein Scheinwerfer. Sein Lichtstrahl geht 3.000 Meter weit in den Himmel. Die seltsamen Geschütze mit vier Spinnenfingern sind Schnellfeuerkanonen gegen Tiefflieger und die Kanonen mit den langen Rohren sind die berühmten Acht-Acht-Geschütze, die Granaten von 8,8 cm Durchmesser 6.000 Meter hoch in den Himmel jagen können.‹ Obwohl ich nichts verstand, war alles sehr eindrucksvoll, insbesondere wenn die Mannschaft daran übte und die Geschütze sich auf und ab bewegten oder im Kreis herumfuhren. Die Mannschaft waren meistens junge Kerle, fünf Jahre älter als ich, sogenannte Flakhelfer. Ich beneidete sie und bedauerte, nicht älter zu sein. In der schicken blauen Uniform, die aussah wie ein Ski-Anzug, so tolle Maschinen bedienen zu können, das war doch schöner als Schule.«

Herausragende Identifikationsfiguren damaliger Jungen waren die Ritterkreuzträger, die hochdekorierten Offiziere der Wehrmacht, vergleichbar den Fußball- und Popstars heutiger Heranwachsender. Die erste und wichtigste Identifikationsfigur für die kleineren Jungen, aber auch die meisten Mädchen, war jedoch der eigene Vater. Gerade seine Abwesenheit machte ihn fast zu einer Ikone. Das Bild des Vaters stand im Wohnzimmer oder hing an der Wand, natürlich zeigte es ihn in Uniform. Die Mutter sprach mit Liebe und Hochachtung von ihm, stellte ihn als Vorbild hin; sie hielt die Kinder an, für ihn zu beten. Er konnte die Kinder kaum enttäuschen, weil er dem Alltag entrückt war. In den kurzen Urlaubszeiten zeigte er sich von seiner besten Seite, hatte Zeit für sie, spielte mit ihnen, Auseinandersetzungen erübrigten sich. Uniform und Gewehr des Vaters imponierten ungemein. Bei der hohen Wertschätzung der Wehrmacht in der Bevölkerung war das Kind stolz, wenn es an der Hand des Vaters spazieren ging und der Vater – wenn er gar Offizier war – stramm gegrüßt wurde.

8. Karte aus dem Feld für Maria M.

Robert L. (1933): »Zur Beerdigung (*des Großvaters, 1944*) erhielt mein Vater Sonderurlaub. Er war der einzige Uniformierte in der Kirche und auf dem Friedhof. Wegen seiner Größe, dem vielen Silber auf der Uniform und den hohen Schaftstiefeln fiel er natürlich auf und war danach Mittelpunkt des Interesses aller Kameraden. Ich sonnte mich im Glanze des Vielbewunderten und gab gnädig Auskunft über seine Heldentaten.«

Erwin K. (1937) war mit Mutter und vier Brüdern aufs Land evakuiert worden: »1944 kam der Vater in Urlaub. Das hat unsere Reputation im Dorf Ofterdingen auch stark gehoben. Mein Vater war nur Gefreiter, aber er hat eine Uniform angehabt. Das war nicht nur die Frau, die fünf Buben hatte, sondern auch noch einen Mann in Uniform. Er war ja auch noch verwundet. In Uniform und mit Gipsfuß.«

Dienststelle
Feldpostnummer 42 853
Pers. Ordonnanzoffizier
des Oberbefehlshabers

O.U., den 20. Januar 1943.

Lieber Wolfgang!

Im Auftrage des Oberbefehlshabers bestätige ich den Eingang Deines Schreibens vom 8.1.43.

Generaloberst D i e t l dankt Dir für Deine guten Wünsche. Er ist gerne bereit, Deiner Bitte zu entsprechen.

Beiliegend sende ich Dir Dein Bild mit der erbetenen Unterschrift zurück.

Mit besten Grüßen und

Heil Hitler!

Oberleutnant.

9. Aus der Sammlung von Ritterkreuzträgern von Wolfgang Bollacher: Generaloberst Dietl (Gebirgsjäger) mit Autogramm und Begleitschreiben

Vom Vater fühlte man sich beschützt. Das Gewehr des Vaters in der Hand zu halten, mit ihm spielen zu dürfen, war eine Auszeichnung und zugleich ein Versprechen, es einmal selbst tragen zu dürfen.

Gustav B. (1934): »Gern entwendete ich gelegentlich das Seitengewehr meines Vaters, wenn er im Urlaub war, legte es mit einem Gürtel an, zog einen Kittel oder Pullover darüber und gab bei meinen Freunden damit an, indem ich es kurz zeigte. Das ›Seitengewehr‹ war eine Art Dolch, den man auf das Gewehr pflanzte. Schon damals konnte ich mir nicht vorstellen, wie man mit so einer veralteten Waffe noch kämpfen konnte.«

So zu werden wie der Vater, ist schon in einer normalen Vater-Kind-Beziehung ein natürlicher Wunsch des Kindes, vor allem des Sohnes; die Lichtgestalt des Soldatenvaters war Leitbild. In seinen Briefen und Postkarten festigte der Vater dieses Bild. Für die Kinder waren sie Kostbarkeiten. Wie schon die Spiele der Jungen zeigten, waren Uniformen und Orden begehrte und bewunderte Requisiten. Wer auch nur Imitationen vorzuweisen hatte, stieg in der Achtung der Altersgenossen. Die leibhaftigen Träger solcher Auszeichnungen waren Idole. Wo immer sie auftraten, ob in Wochenschauen oder sogar »live«, begeisterten sie die Kinder, zumal sie immer nur Positives aus ihrem »Heldenleben« erzählten oder vor ihren Augen irgendwelche Husarenstückchen oder Bravourleistungen vollbrachten:

Hans-Peter R. (1933): »Während meiner Schulzeit in Langerwisch stand eines Tages ein Fliegeroffizier in der Schulstube und fragte Lehrer K., wo er hier sei. Er war mit einem ›Fieseler Storch‹ schräg gegenüber der Schmiede auf dem Acker gelandet. Nachdem er sich ortskundig gemacht hatte, durften wir mit zu der Maschine gehen und beim Start zusehen. Das war ein tolles Erlebnis für uns!«

Richard W. (1936): »Ich hab einmal einen Luftkampf beobachtet. Da hat ein einzelnes deutsches Jagdflugzeug einen ganzen Verband angegriffen und hat die Spitzenmaschine rausgeschossen. Das war schon toll.«

Willy B. (1934): »Mein großes Idol war der Major Rudel, und wissen Sie, warum? Der war ja Stukaflieger und hat die höchste deutsche Auszeichnung gehabt, das Ritterkreuz mit Eichenlaub oder war es das goldene? Das weiß ich nicht mehr genau. Er hat in Russland einen Kameraden, der abgeschossen wurde, hat den geholt. Ist mit seinem Stuka gelandet, hat den eingeladen und ist mit dem raus. Das war so faszinierend, hat der den Kumpel rausgeholt! Er hätt' auch heimfliegen können und sagen, gut, jetzt bist halt bei den Russen.«

Wie ein ganzes Städtchen im Banne eines einzigen Ritterkreuzträgers stehen konnte, erzählt Adrian G. Schickler (1931) aus Heidenheim:

»Drei Häuser unterhalb von Schöning befand sich das ›Weiße Rössle‹, ein unscheinbares, bescheidenes Gasthaus. Das rückte etwa 1941 oder 42 in den Mittelpunkt des Interesses. Es war nämlich das Haus des ersten Ritterkreuzträgers der Stadt. Wenn der aus der Türe trat, in schmucker Uniform, das Ritterkreuz am Hals und andere Ehrenzeichen und Orden an Brust und Schulter, staunte ganz Heidenheim und machte dem Helden den Weg frei.«[16]

Manfred K. (1932), der die schon erwähnte große Sammlung von Spielzeugsoldaten besaß (vgl. Abb. 4, S. 51), hatte einen befreundeten »Onkel«:

»Ich bin der Neffe vom ersten U-Bootkommandanten der Welt, der ein U-Boot befehligte mit Dieselantrieb. Er war bereits bei der Kaiserlichen Marine U-Boot-Kommodore, und dann im Ersten Weltkrieg erneut, und dann bei der Kriegsmarine. Sein U-Boot wurde durch einen britischen Zerstörer beschädigt, ein großes Loch entstand dann im Bug von seinem Boot. Er schaffte es aber trotzdem noch, in seinen Heimathafen nach Kiel zurückzukommen. Und daraufhin hat er das EK I verliehen bekommen … Und wenn er dann im Krieg bei uns zu Besuch war, er kam mit seinem Wagen, und da hat er mich mitgenommen in die Stadt. Irgendwie sind wir in ein Cafe gegangen, und alle Soldaten mussten ihn grüßen, weil er Korvettenkapitän war, und ich daneben als Kleiner, das war natürlich irgendwie ein Erlebnis, das man nicht so schnell vergisst.«

Zusammen mit seinem Freund bereitet er sich gedanklich auf seine militärische Zukunft vor:

»Er wollte zur Luftwaffe und ich zu den Panzern. Mein Berufsziel war, Berufsoffizier bei den Panzern mit dem Ziel, eines Tages Divisionskommandeur zu sein von einer Panzereinheit. Er hat mir versprochen, bei einem Fronteinsatz würde er mich dann aus seiner Jagdmaschine heraus unterstützen. Das waren damals die Ideen. Man hat ja damit gerechnet, wenn der Krieg noch ein paar Jahre dauert, sind wir dran.«

Fast alle Jungen, aber auch viele Mädchen, sammelten Bildpostkarten berühmter Offiziere. In der Schule konnte es »Fleißbildchen« von ihnen geben. Wer gar ein Autogramm eines dieser verehrten Heroen ergattern konnte, wurde beneidet und fühlte sich selbst hoch geehrt.[17] Es waren alles Siegertypen, und welcher Junge wollte nicht zu den Siegertypen gehören, so stark, kühn und tapfer sein wie sie! Ganz besonders sprachen diese Ideale gerade die an, die von Natur eher schwach und bescheiden ausgestattet waren oder selbst drangsaliert wurden. Sicher trugen auch die gewalttätigen Erziehungsmethoden mancher Eltern und vieler Lehrer dazu bei, Aggressionen zu erzeugen und den Wunsch zu nähren, einmal selbst kommandieren und sich an Schwächeren schadlos halten zu können.

Die Identifikation mit den Starken und den Siegreichen wertete das Selbstgefühl auf, war auch eine Kompensation. Auch Mädchen schwärmten – und schwärmen bisweilen heute noch – von ihren Helden. Bei ihnen regten sich auch die ersten, schüchternen erotischen Gefühle.

Gisela C. (1931): »Wir hatten eine schöne Tradition (*zu Ostern*): Jedes Jahr bemalten wir ausgeblasene Eier und die schönsten wurden um die Lampe über dem Esstisch aufgehängt … Jeder Gast, der zu Ostern bei uns eingeladen war, musste eines bemalen. So wurde die Krone der aufgehängten Eier zu einer Art lebendigem Andenken. 1944 kam ein besonderer Gast zu uns: ein junger Soldat, der Bruder meines Vaters, Onkel Jochen, der in Nordafrika unter dem beliebten Feldmarschall Rommel kämpfte. Er verbrachte einige Urlaubstage bei uns. Wir waren entzückt, denn jung wie er war (*etwa 20 Jahre alt*), spielte er die meiste Zeit mit uns. Ich war sehr beeindruckt von seiner Uniform. Das war ein richtiger Soldat, dazu war er schön und lustig. Seine Eier, sehr fein und schön, tanzten viele Jahre über unserem Ostertisch, während er schon lange in den Kämpfen um Afrika gefallen war, gestorben für nichts. Ich habe ihn nicht vergessen. Ich war ein sehr junges Mädchen von 13 Jahren. Zwei Zöpfe hingen auf meine Schultern herab. Ich benahm mich ein bisschen linkisch vor diesem jungen Soldaten, dem ersten Mann, der mein Herz heimlich pochen machte. Meine Eltern haben mir nach seinem Abschied lächelnd erzählt, dass er am Schluss, als er sich für den schönen Aufenthalt bedankte, gesagt habe: ›Vielleicht komme ich eines Tages wieder, nach dem Krieg und wenn Ihre Tochter etwas größer geworden ist. Denn sie gefällt mir sehr gut.‹ Seine Augen hatten in mir die Frau gesehen, die ich einmal werden sollte. Ich habe ihn nie vergessen, weder ihn selbst noch seine Worte.«[18]

Eva-Maria Z. (1931): »Ich werde wohl lebenslanger Fan von Prien und Mölders und ganz gewiss von General Rommel bleiben, von dessen Grab in Herrlingen mich ein Stückchen Efeu begleitet.«

Selten versuchten Mütter, ihren Kindern etwas von der Schrecklichkeit des Krieges zu vermitteln. Manchmal sahen Kinder ihre Mütter weinen um die abschiednehmenden, um die gefallenen Väter. Kinder sahen und erlebten, was Waffen anrichten konnten. Es scheint sie nicht von der Lust an martialischen Spielen abgebracht zu haben. Inmitten von Trümmern und noch nach dem verlorenen Krieg spielten sie weiter mit Patronen, Munition und Granaten.[19] Die Kriegsspiele haben den Krieg überlebt, so wie es sie schon vor diesem Krieg gab. Die Bedeutung des erlebten Todes oder Vermisst-Seins von Brüdern oder Vätern konnten die kleinen Kinder noch gar nicht ermessen. Was sie traurig machte, war die Trauer der Mütter. Erst nach und nach und je nach Alter und Bindung an den verlorenen Menschen wurden der Verlust von Brüdern und die Vaterlosigkeit schmerzlich empfunden.[20]

Wir müssen nochmals fragen: Sind nicht Kriegsspiele in fast allen Gesellschaften und zu allen Zeiten typische Freizeitbeschäftigungen von Jungen und gehören nicht Identifikationen mit Kriegshelden schon immer zu ihren Träumen? Leben sich hier nicht einfach angeborene Aggressionstriebe und Streben nach echter Männlichkeit aus, nur jeweils in verschiedenen Verkleidungen: als Indianerspiele, Wild-West-Spiele, Ritterspiele oder eben Soldatenspiele? Die Frage nach dem Anteil von genetischer Ausstattung und Sozialisationseinflüssen ist hier nicht zu entscheiden. Wohl aber ist in unserem Zusammenhang festzustellen, dass die Kriegskinder nicht erst durch das Verhalten der Eltern und die Sozialisationsinstanzen der NS-Zeit »kriegstüchtig« gemacht wurden, sondern dass die Hochschätzung des Militärischen ihnen schon von den vorangegangenen Generationen vermittelt wurde. Gut zurückverfolgen lässt sich das bis zu den Großeltern. Wibke Bruhns hat in ihrem Buch »Meines Vaters Land« die militärische Tradition in ihrer Familie eindringlich nachgezeichnet.[21] Manche haben in ihrer Familiengeschichte noch viel ältere Einflüsse aufgespürt. Orden, Auszeichnungen und Ehrenurkunden aus dem Ersten Weltkrieg, teilweise noch aus dem Krieg von 1870/71 wurden als Familienschatz gehütet. Liederbücher aus dem Kaiserreich wurden in manchen Familien noch benützt. Dass im Geschichtsunterricht der Schule die Beispielsammlung für nachahmenswertes soldatisches Heldentum bis in die griechisch-römische Antike zurückreichte, ist bekannt. Eine genauere Analyse der »Militarisierung« von Kindern im Zweiten Weltkrieg müsste alle diese Einflüsse berücksichtigen.[22] Ich möchte hier nur einen Aspekt besonders herausgreifen, der von den Kindern selbst angesprochen wurde: Die Großväter haben ihren Enkeln und bei den Älteren die Väter ihren Kindern immer wieder vom Krieg erzählt, vom Ersten Weltkrieg. Aber so wie die Väter in ihren Urlaubszeiten nichts vom wirklichen grausamen und schrecklichen Krieg ihren Kinder gegenüber verlauten ließen, haben es auch die Großväter und Väter, die den zermürbenden Stellungskrieg und die Materialschlachten des Krieges überlebt hatten, nicht getan. Sie sprachen von ihren Erlebnissen wie von spannenden Bewährungsproben.[23] Selbst wenn sie die Spuren dieses Krieges am eigenen Leibe trugen, von Verletzungen und von Folgekrankheiten geplagt, haben sie in verharmlosender oder heroisierender Weise davon gesprochen. Nicht wenige meldeten sich, wenn sie nicht zu alt waren, wieder freiwillig. Ein frappierendes Beispiel erzählt Helga W. (1928):

»Mein Vater wurde 1941 zu Beginn des Russlandfeldzuges eingezogen. Er war bereits im Ersten Weltkrieg, 1898 geboren, hat 1916 Abitur gemacht und ist sofort, damals gehörten wir ja noch zu Österreich, zu den Kaiserjägern eingezogen worden und wurde am Monte Rosa schwer am Unterschenkel verwundet. Es waren nur noch Knochen und ein riesiges Loch da. Er hat dann Strümpfe angezogen und die Socken ausgestopft, damit man ihn bei der Musterung zum Zweiten Weltkrieg wieder nahm.«

Er geriet 1944 in Gefangenschaft und starb dort. Walter K. (1927), schon etwas älter, sehr belesen, stellt die Verbindung zwischen dem Erlebnis des verlorenen Krieges von 1918, dem Aufstieg der NSDAP und der Kriegsbereitschaft von 1939 her:

»Mein Vater hat sich im Ersten Weltkrieg freiwillig gemeldet, da wurde er schwer verwundet. Und diese Soldaten aus dem Ersten Weltkrieg, das waren eigentlich diejenigen, die das Fundament gebildet haben für das Dritte Reich. Das waren dann die Männer, die bei der SA, die bei der SS waren. Das waren hauptsächlich die Männer aus dem Ersten Weltkrieg, die das nicht verwinden konnten, dass sie an der Front unbesiegt waren, aber von der Heimat – sagen sie – verraten worden sind … (*Als Walter Mitte August 1939 von einem Wehrertüchtigungslager nach Hause zurückkehrt, fand er seinen Vater in erneuter Kriegsbereitschaft vor.*) Ich glaube, es war sogar zwei Tage vor Kriegsbeginn, da hat er uns schon mit Kommissbrot empfangen, und da hatte er eine Uniformjacke an, also er wollte wieder Soldat werden. Obwohl er einen Oberschenkeldurchschuss hatte, er hinkte sehr stark, er wollte Soldat werden.«

Die Mütter und Großmütter machten sich wenig Illusionen über den Krieg, aber sie taten auch nichts gegen die Kriegspropaganda, besorgten das Kriegsspielzeug, schickten martialische Geburtstagskarten und sahen den Kriegsspielen teils belustigt zu. Sie litten, wenn sie Männer und Söhne hergeben mussten, aber sie waren auch stolz auf sie.[24] Viele Großmütter hatten im Ersten und Zweiten Weltkrieg Opfer bringen müssen. Trotzdem blieben sie bei dieser ambivalenten Haltung. Die Enkelkinder erlebten ganz unterschiedliche Verhaltensweisen. Dafür wenigstens zwei Beispiele:

Gertraude B. (1931): »Großmutter war bei Kriegsbeginn sehr bedrückt. Ihr jüngster Sohn, ein junger Arzt, wurde nach der Mobilmachung eingezogen ... Oma war besorgt, denn bereits im Ersten Weltkrieg hat sie einen ihrer Söhne verloren, der sich 1914 als junger Lehrling freiwillig für Kaiser und Vaterland in den Krieg gegen Frankreich hat schicken lassen. Im August 1915 ist er dort 19-jährig an seiner Verwundung verstorben und in St. Quentin auf einem Soldatenfriedhof beerdigt worden. Diesen Verlust hat sie bis ins hohe Alter – sie ist mit 85 Jahren verstorben – nie ganz bewältigt. Von ihm hat sie oft gesprochen.«

Die Großeltern von Hans-Peter W. (1935) dagegen schenkten ihrem Enkel 1943 zu Weihnachten einen Jahrgang der Zeitschrift »Hans Kunterbunt«, in dem sich u. a. eine Anleitung zum Basteln eines Bombers fand. Er schickte ihnen seine Kinderzeichnungen, z. B. auch Flakgeschütze, die einen feindlichen Bomber beschießen. Der Vater, der in einem kriegswichtigen Betrieb arbeitete, kam im Januar 1945 durch einen Bombenangriff ums Leben, die geliebte Chemnitzer Oma am 8. Februar 1945, ebenfalls durch Bomben.

Auch die Männer, die bedrückten Herzens in den Krieg zogen, wollten keine Drückeberger sein. So sind schon die Väter der Kriegskinder des Zweiten Weltkriegs von ihren Vätern nicht über die grausame Brutalität des Krieges aufgeklärt worden oder sie haben sie erfolgreich verdrängt. Und dies setzte sich wiederum bei deren Kindern fort. Die Kinder spielten unter den Augen der Erwachsenen, die die Schrecknisse doch kannten, ihre Kriegsspiele. Sie konnten gar nicht wissen, was sie taten.[25]

Was aber geschah, als diese bewunderte, stolze Wehrmacht nicht mehr siegte, als die Kinder mit ansehen mussten, wie die gefeierten Helden schließlich als geschlagene und zermürbte Jammergestalten zurückkehrten oder in die Gefangenschaft abgeführt wurden? Da brach für viele von ihnen eine ganze Welt zusammen.[26] Dennoch starb der Heldenmythos nicht so schnell.[27]

Kapitel 3

Fasziniert, indoktriniert. Im Zwiespalt?

Aus dem Tagebuch von Ruth B. (1930):[1]

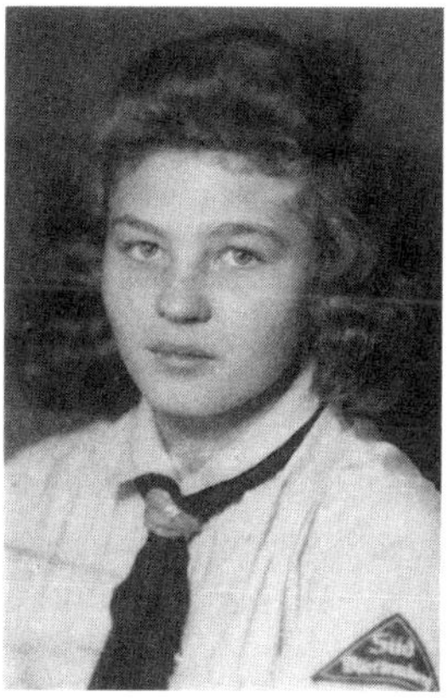

1. Ruth B.

»1944

30.1.: Vor 11 Jahren wurde Adolf Hitler Reichskanzler! Auf dem Marktplatz ist eine große Kundgebung. Ich muss Spalier stehen. Alle Jungmädel. Der Führer hat um 12 Uhr gesprochen.

19.4.: Aufnahme der Zehnjährigen in die Hitlerjugend. Ich habe Dienst.

20.4.: Heute ist unser geliebter Führer 55 Jahre alt. Wenn wir ihn nicht hätten, wie würde es jetzt in unserem schönen Deutschland aussehen? Alle Häuser sind beflaggt. Es gibt ein feierliches und eindrucksvolles Bild. Auch unsere Fahne, die schon viel miterlebt hat in der Kampfzeit[2], als diese verboten wurde, haben wir hinausgehängt. Um ½12 Uhr gestern haben die besten deutschen Jugendchöre ein Singen zu des Führers Geburtstag durchgeführt.

19.6.: Die deutsche Vergeltung hat begonnen. Nun wird es diesen Mördern endlich heimgezahlt. Seit vorgestern liegen Südengland und London unter den Explosionen der neuen deutschen Sprengkörper. Diese sind ferngesteuert. Mit schwersten Zerstörungen ist zu rechnen. Nun heißt es, diese Geschosse seien nur eines der deutschen Vergeltungsmittel. Aber bei uns befürchtet man, es würde Gas kommen.

20.7.: Vom Dienst (Wanderung, Singen und Spiele) um ½8 Uhr daheim. Auf den Führer ist ein Bombenattentat verübt worden. Der Führer hatte nur leichte Brandwunden. Ein deutscher Offizier, Oberst Graf von Stauffenberg, löste die Bombe aus. Oberst Brandt, Fuchshofstraße, Offiziershaus, schwer verletzt. Die Rädelsführer wurden erschossen.

22.7.: Oberst Brandt ist nun gestorben.

26.8.: Große Ferien zu Ende. Gewaltige Einschränkungen sind jetzt: Theater, Varietés, Orchester, Akademien, Hochschulen, Musikschulen, Schauspiel-Film-Nachwuchsschule, Berufs- und Handelsschulen werden geschlossen. 60 Stunden Arbeitszeit. Alles zur Rüstung. Rumänische Truppen stellen sich unseren entgegen! Bei Toulon und Marseille rücken andere Truppen vor. In Paris heftige Kämpfe. Alles gedrückt!

31.8.: Metz und Straßburg müssen geräumt werden. Die Lage ist furchtbar ernst.

1945

7. April: Wir haben immer noch Hoffnung, dass es gut gehen könnte. Dreiviertel von unserem lieben Vaterland hat der Feind in seinem Besitz. Die Stimmung bei uns im Schwabenland ist noch ganz recht. Wir müssen stark sein. Durchhalten.

19.4.: Heute, am Vorabend von Führers Geburtstag, spricht Dr. Goebbels. Wir alle bekommen neue Zuversicht.

20.4.: Ein selten schöner Tag, extra zu unseres Führers Geburtstag. Auf ihn allein hoffen und vertrauen wir.

21.4.: Wir sind besetzt! Es war gegen 3 Uhr, wir wollten in die Stadt, plötzlich standen Leute auf der Straße, es heißt, ein Spähtrupp wäre eingedrungen! Plötzlich sehen wir in der Schorndorferstraße braungekleidete Gestalten auftauchen mit Gewehren. In Abständen fahren sie mit geraubten Fahrrädern Ossweil zu. Dann kamen Polizeiautos mit freigelassenen Ausländern die Allee herauf; im Frauengefängnis musste Herr W. die Frauen herauslassen. Alle öffentlichen Gebäude sind besetzt. Ab und zu hört man einen Schuss fallen. Wo sind die deutschen Soldaten, wo ist der Volkssturm? Ich kann es nicht glauben, dass nun Franzosen in der Stadt sind und uns beherrschen. Eben fallen Schüsse. Ich habe Angst.

24.4.: Wir Deutsche müssen mit ansehen, dass deutsche Gefangene durch die Stadt marschieren. Von morgens 6 Uhr bis 7 Uhr abends haben wir Ausgang. Man meint, es müsse nun alles aufhören, keiner hat mehr Hoffnung. Vor einem Anschlag standen ein paar Leute, zwei davon waren freigelassene politische Gefangene. Sie beschimpften den Führer und sagten unglaubliche Sachen. Sie redeten von Lagern. Adolf Hitler wäre ein Massenmörder!

28.4.: Die meisten Leute sind froh, dass alles ohne Kampf gegangen ist. Jeder echte Deutsche muss sich schämen, dass kein Widerstand war hier!

13.5.: Ausgehverbot ab 7 Uhr abends. Die hiesigen Frauen und Mädchen sind ehrlos, sie geben sich mit den Negern ab. Wenn ich an Fremden vorbeikomme, gehe ich so stolz wie möglich vorbei. Ich bin und bleibe ein echtes deutsches Mädel.«

2. Gisela F.

Gisela F. (1928) wuchs in Berlin auf. Ihre Mutter war Tschechin, hatte 1927 einen Deutschen geheiratet. Um der Bombengefahr zu entgehen, zog sie mit ihrer Mutter zu deren tschechischen Verwandten nach Böhmen. Am 6. Mai 1945 wurden sie ausgewiesen. Die fünf tschechischen Geschwister der Mutter konnten sie nicht vor der Ausweisung bewahren. Gisela ließ ihr Tagebuch bei ihrem tschechischen Onkel zurück und bekam es wieder bei ihrem ersten Besuch lange nach dem Krieg, 1968.

»19.4.45: Seit dem 17.4. tobt die entscheidende Schlacht um Berlin. Alle Augen sind auf die Verteidiger der Reichshauptstadt gerichtet. Ein paar Tage später erreicht uns die Nachricht: Der Führer ist in Berlin! Dieser Kampf wird einmalig in der Geschichte bleiben. Dass der Führer unter seinen Soldaten weilt, gibt dem Kampf um Berlin ein schicksalhaftes Gepräge. Gott erhalte uns unseren geliebten Führer!

20.4.56. Geburtstag unseres Führers Adolf Hitler. Das ganze deutsche Volk sieht zu Dir empor mit gläubigem Herzen und dem einzigen Gedanken: Mit dir gehen wir zum Sieg oder in den Tod!

26.–30.4.: Die Front rückt auch bei uns in Blovice näher. Wir hören schon das Grollen der Geschütze.

Montag, den 1.5.: Abends 22.00 Uhr! Nie im Leben werde ich diese Stunde vergessen. Durch den Äther hörten wir: Unser Führer Adolf Hitler ist im Generalstab seiner Reichskanzlei in Berlin gefallen! Das, was erst als Gerücht herumschwirrte, war grauenvolle Wirklichkeit geworden. Unser Hitler ist nicht mehr! Unfassbar ist mir das alles. Tief gebeugt steht das deutsche Volk vor seinem großen toten Helden, Adolf Hitler.

Dein Leben war nur Kampf. Dein ganzes Denken und Handeln war deinem Volk gewidmet. Ohne Dich wären wir nicht das, was wir heute sind: ein geeinigtes nationalsozialistisches Deutschland! Mitten aus deinem Lebenswerk wurdest du allzu früh aus unseren Reihen gerissen. Der Kampf geht weiter in deinem Geist für deine Idee! Gehe nun ein in Walhall, du toter Held, größter Sohn Deutschlands! Unter uns bleibst du unser Hitler, unauslöschbar im Herzen deiner stolzen Jugend, die deinen Namen trägt. Es wird die Stunde kommen, in der wir Jungen deinen Tod rächen werden. Mit jedem Schlag, den wir deinem und unserem Todfeind versetzen, wird uns leichter ums Herz werden. Ist der Feind am Boden, so werden wir die Siegesfahne stolz im Winde flattern lassen. Dann bist du, Adolf Hitler, gerächt! Für dieses Ziel kämpfen wir weiter, denn die Knechtschaft dauert nur noch kurze Zeit! Es lebe Deutschland, es lebe die Idee Adolf Hitler.«

Michael F. (1931) wurde als Pimpf vom 5. bis 10. Oktober 1944 in das Führernachwuchslager auf der Schwäbischen Alb einberufen. Der Lehrgangsleiter war Oberscharführer Rudi G.[3] Aus Michael F.'s Tagebuch:

»7.10. Losung: ›Wer sich unsrer Fahne verschreibt/ muss ihr folgen, wohin sie auch treibt/ Wer sich unsrer Fahne verschwört/ hat nichts mehr, was ihm selbst gehört.‹ Der Vormittag verging mit Fahnenhissung, Frühstück, Revierreinigen und etwas

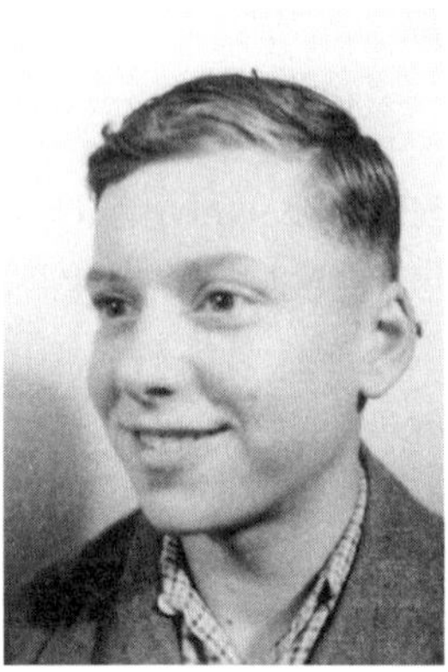

3a. Michael F.

Ordnungsübungen. Vor dem Mittagessen taten wir mit unserem Rudi noch einen ›Blick in die Welt.‹ Nach dem wie immer sehr guten Mittagessen und der darauf folgenden Lagerruhe fertigte jeder seinen Lebenslauf an. Da ich dies noch nie getan hatte, war es für mich eine sehr interessante Beschäftigung. Der übrige Nachmittag brachte uns eine Überraschung in Gestalt des KLV-Lagers[4] Otto-Hofmeister-Haus, gegen das wir ein spannendes Fußballspiel bestritten. In der 1. Halbzeit war unsere Mannschaft, die sich noch nicht eingespielt hatte, im Nachteil, und mit 2:0 gingen die Gegner als Halbzeitsieger hervor. In der zweiten Halbzeit holten wir jedoch auf, so dass es, als der Schlusspfiff des Schiedsrichters erklang, 2:2, also unentschieden stand. Unsere junge Mannschaft hatte gegen die gut eingespielten des Otto-Hofmeister-Hauses bestanden. Nach der Fahneneinholung und dem Abendessen wurde der Erzählabend bis zum Zapfenstreich um 21.30 Uhr fortgesetzt.

Sonntag, den 8.10.: Nach Aufstehen, Flaggenparade und einem prima Frühstück erzählte uns unser Rudi vom ewigen deutschen Soldatentum. Er erklärte uns, dass nicht nur die Soldaten an der Front und die Offiziere mit Orden und Ehrenzeichen Helden sind, und bewies uns mit zwei kleinen Geschichten von der deutschen Heimatfront das stille Heldentum auch der deutschen Mutter und Jugend …

9.10.: Am Vormittag standen um 9 Uhr Tischsitten und Gesundheitsdienst auf dem Dienstplan. Rudi erklärte uns einige Grundregeln des Benehmens bei Tisch und klärte uns darüber auf, dass nur durch größte Sauberkeit ansteckende Krankheiten zu verhüten sind. Danach wurde im freien Melden und Grüßen geübt, etwas, das ich noch nicht so gut beherrschte. In die Zeit bis zum Mittagessen wurde noch eine kleine Singstunde eingelegt, in welcher wir zwei Lieder lernten, die ich noch nicht kannte: ›Es grüßen uns die freien Wogen …‹ und ›Liegt unser Schifflein …‹ Das Tummeln im Gelände, das am Nachmittag nach der Arbeitszeit angesetzt war, fiel wegen des Regens leider aus. Statt dessen wurde eine gemütliche Lesestunde eingelegt, was besonders etwas für mich war. Die am Abend folgende welt-

3b. Michael F. im Führernachwuchslager mit Lagerführer Rudi

anschauliche Schulung gestaltete unser Rudi zu einem interessanten und lehrreichen Abend, so dass ich nur sagen kann: WIE IST RUDI IN FORM? – ENORM!

10.10.: … Zum Glück machte uns diesmal das Wetter keinen Strich durch die geplante Wanderung zum Römerstein, auf die wir uns alle schon riesig gefreut hatten. So verbrachten wir einen herrlichen Nachmittag mit Wandern und hatten einen prima Rundblick vom Aussichtsturm. Als wir nach einigem Verirren wieder heimgefunden hatten, hielt unser Rudi noch einen pfundigen Heimabend von seiner Heimat Düsseldorf, bei dem wir uns alle bogen vor Lachen bei der Beschreibung einer Familienszene in einer Mietskaserne.

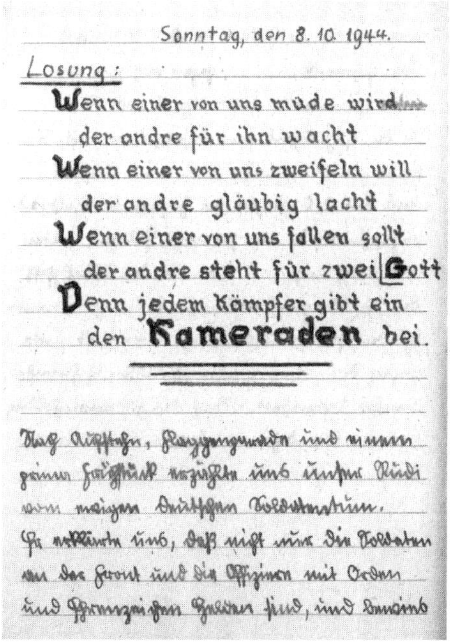
Sonntag, den 8. 10. 1944.
Losung:
Wenn einer von uns müde wird
der andre für ihn wacht
Wenn einer von uns zweifeln will
der andre gläubig lacht
Wenn einer von uns fallen sollt
der andre steht für zwei Gott
Denn jedem Kämpfer gibt ein
den Kameraden bei.

4. Aus dem Tagebuch von Michael F.

11.10.: Losung: ›Alles Große auf der Welt ist durch die Treue geworden.‹ … Anschließend an die Lagerruhe stand Werken und Basteln auf dem Dienstplan …

12.10.: Heute morgen stand etwas Besonderes auf dem Dienstplan: Erziehungsmaßnahmen.[5] Anschließend hatten wir Marschieren – Melden – Singen vor dem Haus. Dabei lernten wir das Lied ›In der Heimat ist es schön …‹ Der Nachmittag war besonders pfundig. Wir machten nämlich auf einer entfernteren Wiese mir zum Teil noch unbekannte Spiele, bei denen wir alle viel Spaß hatten. Ehe wir zum Abendessen heimgingen, hielten wir noch Kriegsrat über das Nachtgeländespiel, das wir noch vorhatten. Ich gehörte zur Polizei, die ein Schmugglernest Titos ausnehmen sollte. Wir marschierten dann auch nach dem Abendessen fort zum Reussenstein, sahen aber dort ein, dass es lebensgefährlich sei, dort auf den Felsen ein Geländespiel bei Nacht machen zu wollen. So zündeten wir nur in den Ruinen ein Lagerfeuer an und erzählten uns einige Geistergeschichten. Spät um ¼ nach 11 Uhr kamen wir nach Hause, und bis um 12 Uhr lag alles in den Fallen.

13.10.: Wir wunderten uns alle, als wir auf dem Dienstplan lasen: ›Die Morgenfeier‹ (Unterricht). Aber dann lernten wir doch wirklich, wie man eine Morgenfeier gestaltet und stellten gleich ein Programm auf für die Morgenfeier, die wir für Sonntag vorhatten.

14.10.: In der weltanschaulichen Schulung las unser Rudi uns einige Stellen aus ›Mein Kampf‹ und einige Punkte des Parteiprogramms vor und erklärte uns dann die Bedeutung und den Sinn.

15.10.: Das Programm für die Morgenfeier:
Thema: ›Was du für die andern tust, bestimmt den Wert deines Lebens.‹
Vortragsfolge: Einleitung durch Lied: ›Und die Morgenfrühe …‹
3 Sprecher
Lied: ›Nichts kann uns rauben …‹
Ansprache und Lesung
Lied: ›Von allen blauen Hügeln …‹
Gedicht: ›Kameradschaft‹
Ausklang durch Lied: ›Es rufen uns die freien Wogen …‹
Ich hatte dabei den ersten Sprecher, der krank geworden war, zu vertreten und musste die beiden Gedichte: ›Ein Herz für unser Volk‹ und ›Kameradschaft‹ vortragen.[6] …

Am Nachmittag hatten wir Ausgang, und ich ging mit einigen Kameraden nach Schopfloch, wo wir uns alle ein ›Dunkles‹ hinter die Binde gossen. Dann übten wir noch etwas für den Singwettstreit, der für abends angesetzt war, aber leider ausfiel. Dafür bekamen wir einige interessante Ufa-Monatsschauen zu sehen mit Bildern vom harten Kampf unserer Soldaten zu Lande, zu Wasser und in der Luft.

Montag, 16.10.: Losung: ›Generalfeldmarschall Rommel tot.‹ (*Vormittags Putzarbeiten, nachmittags Wanderung zur Gutenberger Höhle, die sich aber als vollkommen verschlammt erwies.*) So kamen wir schon um 5 Uhr wieder heim. Und nun endlich stieg der langerwartete Singwettstreit. Alle möglichen und unmöglichen Lieder wurden gesungen, von denen mir die meisten ganz gut gefielen. Ich sang mit meinem Stubenkameraden Hugo ›Lobet der Berge leuchtende Firne‹ zweistimmig. Schließlich stieg die Spannung aufs höchste, bis Rudi die Preise verkündete. Wir hatten den 1. Preis bekommen und konnten uns ein schönes Kriegsheft aussuchen. Uns allen hatte der Abend prima gefallen.

17.10.: (*Es wurden Holunderbeeren im Wettstreit gesammelt und abgeliefert.*) Am Nachmittag begannen wir mit Schießen. Jeder durfte 5 Schuss tun; davon 2 Probeschüsse. Der beste Schütze sollte dann der Schützenkönig sein. Ich hatte leider Pech und schoss nur 19 Ringe mit meinen 3 Schuss, während der Beste von gestern 25 schoss.

18.10.: (*Am Vormittag Unterricht über die Gestaltung einer Sportstunde. Das Schießen musste am Nachmittag wegen Regen ausfallen.*) Die für den Abend geplanten Heimspiele fielen leider auch aus, denn Rudi erklärte uns noch mal den Inhalt und die Bedeutung der Rede des Reichsführers Himmler und der Proklamation des Führers. Der Schwere der Lage unseres Vaterlandes bewusst, gingen wir zu Bett.

19.10.: (*Es fand ein Stubenwettkampf statt.*) Und ich will es gleich kurz machen: Unsere Stube (8) war – nun? Die beste, und jeder von uns bekam als Belohnung irgendein Heftchen. In der folgenden Unterrichtsstunde ›Der Unterführer‹ fasste Rudi noch einmal alles Wichtige in der Führung eines Lagers und überhaupt von Pimpfen zusammen … Ein netter lustiger Abend krönte den letzten Tag im Lager. Aber das Allerschönste kam noch zuletzt: Rudi rief uns alle auf Stube 10 zusammen und spielte uns auf der Mandoline vor. Diesen Lagerabschluss werde ich in meinem ganzen Leben nicht vergessen.«

Reni H. leitete 1942, 13-jährig, eine Jungmädelschaft[7] in Mainz-Zaybach, das heißt, eine Gruppe von etwa zehn Jungmädeln im Alter von zehn oder elf Jahren. Im Folgenden werden einige Ausschnitte aus ihrem Schaftberichtbuch zitiert. Das Berichtbuch wurde freiwillig von verschiedenen Jungmädeln gestaltet und mit hübschen Zeichnungen versehen, wie das Original zeigt. Berichtet wird von den unterschiedlichen Aktivitäten im Jungmädeldienst. Die Mädchen basteln z. B. für Soldatenkinder. Reni H. schreibt:

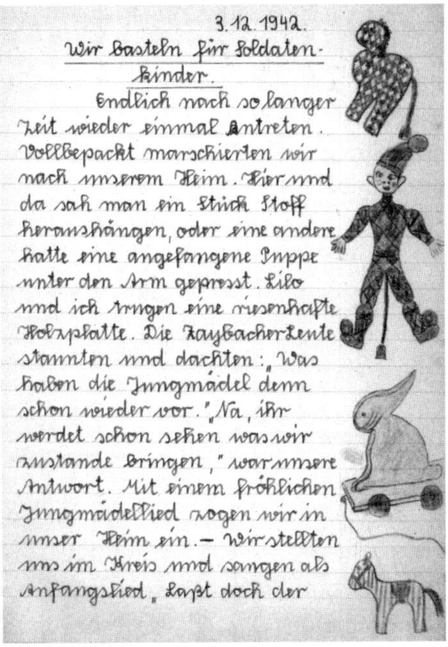
3.12.1942.
Wir basteln für Soldaten-
kinder.
Endlich nach so langer
Zeit wieder einmal Antreten.
Vollbepackt marschierten wir
nach unserem Heim. Hier und
da sah man ein Stück Stoff
heraushängen, oder eine andere
hatte eine angefangene Puppe
unter den Arm gepresst. Lilo
und ich trugen eine riesenhafte
Holzplatte. Die Zaybacher Leute
staunten und dachten: „Was
haben die Jungmädel denn
schon wieder vor.“ „Na, ihr
werdet schon sehen was wir
zustande bringen,“ war unsere
Antwort. Mit einem fröhlichen
Jungmädellied zogen wir in
unser Heim ein. – Wir stellten
uns im Kreis und sangen als
Anfangslied „Lasst doch der

5. Aus dem Schaftberichtbuch

»3.12.: Endlich nach so langer Zeit wieder einmal Antreten. Vollbepackt marschierten wir nach unserem Heim. Hier und da sah man ein Stück Stoff heraushängen, oder eine andere hatte eine angefangene Puppe unter den Arm gepresst. Lilo und ich trugen eine riesenhafte Holzplatte. Die Zaybacher Leute staunten und dachten: ›Was haben die Jungmädel denn schon wieder vor?‹ ›Na, ihr werdet schon sehen, was wir zustande bringen‹, war unsere Antwort. Mit einem fröhlichen Jungmädellied zogen wir in unser Heim ein. – Wir stellten uns im Kreis und sangen als Anfangslied ›Lasst doch der Jugend ihren Lauf …‹ Jeder hatte jetzt endlich etwas zum Arbeiten. Sie machten es recht ordentlich, denn sie wussten, wir arbeiten Weihnachtsgeschenke für Kinder, deren Väter gefallen sind, und die draußen an allen Fronten stehn, um die Heimat zu beschützen. Ruth las uns aus einem lustigen Jungmädelbuch vor, und die Jungmädel baten immer wieder: ›Bitte, liebe Ruth, lies uns nur noch eine einzige Geschichte vor.‹ Aus der einen aber wurden vier Geschichten. ›Nun Schluss, es ist gleich fünf Uhr. Jeder bekommt noch etwas mit nach Hause. Am nächsten Mal wird es fertig wieder mitgebracht. Jetzt noch schnell ein Schlusslied.‹ Auf den Wunsch der Jungmädel sangen wir ›Nun kommen die lustigen Tage‹. Mit einem Sieg-Heil auf den Führer und seine siegreiche Wehrmacht schlossen wir den Heimabend.«

Das Jungmädel Lieselotte M. schreibt über »Unsere Weihnachtsfeier im Kriegsjahr 1942«, am 18.12.1942, Wilma S. über »Unser erster Lazaretteinsatz im Jahre 1943«:

»Gestern ging unsere JM-Gruppe ins Lazarett. Wir hatten uns einiges zusammengespart, um den verwundeten Soldaten eine kleine Freude zu bereiten. Es war allerhand zusammengekommen, Äpfel, Nüsse, Plätzchen, Wein, Fruchtmännchen und Zigaretten. Auch hatten wir einige Lieder einstudiert, damit die Sache einen schöneren Verlauf nehmen solle. Als wir uns kurz vorher trafen, waren wir alle sehr gespannt. Nachdem wir uns angemeldet hatten, betraten wir den Bau. Da jedoch sehr viele Krankensäle nebeneinander und gegenüber lagen, so stellten wir uns in den Gang. Die Schwestern machten die Türen auf und wir begannen mit dem Lied ›Horch, was kommt von draußen rein‹. Als wir das Lied beendet hatten, gingen einige Jungmädel in die Säle und verteilten die von uns mitgebrachten Liebesgaben. Nach dem Absingen schöner Lieder verabschiedeten wir uns. An den glänzenden Augen und den frohen Gesichtern sahen wir, dass sie sich sehr über uns gefreut hatten. Den Heimweg betraten wir mit dem sicheren Gefühl, unseren kranken und verwundeten Soldaten eine kleine Freude und Abwechslung bereitet zu haben.«

Es folgen weitere Berichte von Jungmädeln zu den Themen »Ein lustiger Heimabend«, »Liedernachmittag«, »Schnitzeljagd«, »Reichsjugendwettkampf«. Politische Heimabende sind relativ selten wie z. B. über Herbert Norkus oder Horst Wessel. Im Februar 1943 berichtet Brigitte R. von einem Heimnachmittag über das Thema »Die zehnjährige Aufbauarbeit des Führers«, der nur für die größeren, also die zwölf- bis 13-jährigen Jungmädel gestaltet wurde:

»Als wir am letzten Mittwoch angetreten waren, gingen wir in den ersten Stock der Zahlbacherschule. Die Kleinen waren dieses Mal im Erdgeschoss untergebracht. Zuerst sangen wir das Lied ›Nur der Freiheit gehört unser Leben‹. Diesmal sprachen wir darüber, was der Führer alles fertiggebracht hat von 1933 bis zum Anfang des Krieges, was die WHW-Sammlungen bedeuten und die für das Rote Kreuz. Was der Führer für Länder wieder ins Reich heimgerufen hat und vom Versailler Diktat. Wir lauschten gespannt, und immer mussten wir denken, was so ein Mann wie unser Führer alles fertiggebracht hat. Auch hörten wir am Anfang einen Bericht von Dr. Goebbels von der Machtübernahme. Zum Schluss sagte Ilse, die Führerin der JM-Schar 1, dass wir alle das gut behalten sollten, da wir das gewiß bei späteren Prüfungen immer gut brauchen könnten. Wir sangen noch als Schlusslied ›Auf hebt unsere Fahnen‹. Wir grüßten den Führer und seine Soldaten und der Dienst war beendet.«

Den Rest des Buches (es umfasst 33 Seiten) füllen Berichte von Reni H. mit den Themen: »Ich werde JM-Scharführerin und Gruppensportwartin«, »Das Lager in Ffm-Sportfeld«, »Wir gehen zu unseren verwundeten Soldaten«, »Die Sommersonnenwende in Oppenheim«, »Eine zehntägige Fahrt durch den Odenwald«. Der Besuch bei den verwundeten Soldaten zu Weihnachten 1943 sei im Wortlaut wiedergegeben:

»Jede Woche besuchen wir B.D.M.-Mädel unsere Soldaten im Lazarett. Alle drei Monate kommt die gleiche Gruppe an die Reihe. An besonderen Tagen, z. B. Weihnachten, Ostern, Muttertag, besorgen die Führerinnen diesen Einsatz. Ich will den Weihnachtseinsatz herausgreifen und ihn schildern: Am Heiligen Abend trafen wir uns am städtischen Krankenhaus. Gegen Abend hatte es zu schneien aufgehört, und ein Stern nach dem anderen begann zu funkeln. Jede von uns hatte Fruchtmännchen, Gebäck und Äpfel mitgebracht. Dann hatten wir noch Julbäumchen[8] und Kerzenständer ausgesägt. Alles war mit vieler Mühe und großer Liebe angefertigt. Ganz leise, wie die Heinzelmännchen, betraten wir die Vorhalle. Dort warteten wir auf Dr. Roth, der uns durch die Klinik führen sollte, denn zu den Soldaten, die ansteckende Krankheiten hatten, durften wir nicht. Nun ging es von Bau zu Bau. Im Bau II für innere Krankheiten fing es an. Ganz sachte traten wir auf, denn die Soldaten sollten nicht schon vorher wissen, dass die JM-Führerinnen noch in der Weihnacht zu ihnen kamen. Jede von uns zündete nun ihre Kerze an, und dann stellten wir uns im Halbkreis vor die Tür. Leise wurde das Lied: ›Stille Nacht, Heilige Nacht‹ angestimmt und die Tür geöffnet. Still lagen sie da in ihren Betten. Jeder von ihnen müsste sicher an zu Hause gedacht haben. Und es machte uns solch eine Freude, in diese Stille die alten deutschen Weihnachtslieder zu singen. Alle hatten wir Tränen in den Augen; wie mussten doch unsere Lieder voll Andacht geklungen haben.«

Die Kinder der Jahrgänge ab 1930 waren längstens neun Jahre in der Schule unter dem nationalsozialistischen Regime, aber höchstens knappe fünf Jahre in den Organisationen der Hitlerjugend, bei den Jungmädeln und Pimpfen; dies waren Kriegsjahre. Einige gingen schon vor ihrem zehnten Lebensjahr in die sogenannten NS-Kükengruppen. Der Jahrgang 1930 wurde 1945 gerade noch in den BDM und in die Hitlerjugend übernommen, aber »Dienst« fand dort nicht mehr statt.[9] Wie stark wurden diese Jungen und Mädchen zwischen sechs und 15 Jahren von der gleichgeschalteten Schule und die Kinder zwischen zehn und 15 Jahren von der nach Hitler benannten, auf ihn eingeschworenen Organisation und ihren Führerinnen und Führern geprägt?

In meiner Frauendokumentation habe ich die Prägung der heranwachsenden weiblichen Jugendlichen genauer untersucht und bin zu dem Ergebnis gekommen, dass man bei ihnen nicht von einer »Hitlerjugendgeneration« sprechen kann, wenn man damit die vollständige Durchdringung dieser Mädchen mit nationalsozialistischem Geist meint.[10] Gewiss waren die meisten begeistert. Aber weder war die Schule völlig gleichgeschaltet noch gelang es der Hitlerjugend alle Einflüsse auszuschalten, die der NS-Ideologie entgegenstanden. Es ließ sich zeigen, dass Elternhaus und Kirche zwar selten in offener Opposition zu der »braunen Ideologie« standen, dass aber ihre Werte oftmals einen latenten und wirksamen Widerpart dazu bildeten. Die jungen Mädchen gerieten häufig in einen inneren Zwiespalt. Die Tagebücher von Ilse J. in

Kapitel 1 zeigen dies sehr deutlich, wiewohl der Schreiberin die Unvereinbarkeit von Konfirmation und Vereidigung auf den Führer nicht bewusst war. Die zwei Jahre ältere Gertraud L. spricht ihn in ihren Tagebüchern schon deutlich aus.[11] Sie war damals aber schon 16 Jahre alt.

Wie war es aber nun bei den Kindern, die zwar eine kürzere Zeit, aber in jüngerem Alter der Beeinflussung durch Schule und Hitlerjugend ausgesetzt waren? Die zitierten einführenden Quellen – sie repräsentieren nicht ausgewählte Einzelne, sondern die große Mehrheit – scheinen eine eindeutige Sprache zu sprechen: Diese Kinder sind dem Nationalsozialismus und ihrem Führer treu ergeben, wenn nicht gar mit Haut und Haar verfallen. Gisela F. schrieb mir am 15.1.2002 zu ihren Aufzeichnungen: »Gott, was waren wir pathetisch!« und begleitend zu ihren Aufzeichnungen zu Hitlers Tod am 27.3.2004: »Beim Abschreiben meiner nationalsozialistischen ›Ergüsse‹ über Hitlers Tod – wir erfuhren erst in Bayern nach unserer Flucht von seinem *Selbstmord!* – rannte mir eine Gänsehaut über den Körper! Was waren wir verbohrt! Aber so kann man eben wohl nur die Jugend verführen.« Und Irene S. geht heute mit ihrem Schaftberichtbuch in die Schulen, um den Schülern begreiflich zu machen, wie man Kinder manipulieren kann. Ruth B. forscht in ihren Tagebüchern nach, um herauszufinden »wie ich als Kind wirklich gedacht *habe*, nicht gedacht haben *könnte*.« Michael F. erzählte mir:

»Ich hab ein Luftgewehr besessen. Dann musste man alle Waffen abgeben 45, das hab ich aber nicht gemacht, das hab ich versteckt irgendwo, unterm Bett oder so. Wir haben in S. ganz am Ortsrand gewohnt, an unserm Haus vorbei ging ein Weg dann ins Freie zum Waldrand. Und da ging eines Tages auch ein GI, ein amerikanischer Soldat ging da spazieren auf diesem Weg zum Wald. Und da wusste ich ganz genau, eigentlich, als guter deutscher Junge müsste ich jetzt dem nachschleichen und den erschießen, ja, mit meinem Luftgewehr. Das wäre ja gar nicht möglich gewesen, 'ne Amsel hab ich mal erschossen, das hat mir gereicht für mein ganzes Leben, wo ich die Amsel getroffen hab, und die ist da auf den Boden runtergeflattert. Aber den Gedanken hatte ich da noch, als der Krieg vorbei war, ja. Ich hab diese Geschichte oft im Konfirmandenunterricht erzählt (*er ist später Pfarrer geworden*), wo wir übers Gewissen gesprochen haben. Die Leute sagen ja immer, das Gewissen sei die Stimme Gottes. Und ich hab gesagt, so einfach kann man sich's nicht machen. Das kommt darauf an, womit das Gewissen gefüttert wird oder wie es programmiert wird, würden wir heute sagen. Und bei mir war das so programmiert, das war mein Gewissen, das hat mir gesagt, ich müsste den eigentlich töten. Ich war bloß zu feig dazu, aber eigentlich war mir ganz klar, dass das angesagt wäre. Da war ich noch nicht vierzehn.«

Über die Hitlerjugend und über die Schule im »Dritten Reich« ist schon sehr viel geschrieben worden.[12] In unserem Zusammenhang interessieren vor allem die Fragen: Was ist den alt gewordenen Kriegskindern in Erinnerung geblieben aus Hitlerjugend und Schule, die auch im Krieg einen wesentlichen Teil ihrer Zeit ausfüllten? Woran erinnern sie sich am besten? Was empfanden sie als eindrucksvoll, bewundernswert oder abstoßend? Und wie verhielten sich Elternhaus und Kirche – die meisten waren noch kirchlich gebunden – zu diesen Einflüssen? Wir beziehen uns auf die vorangestellten Quellen und lassen ergänzend einige Zeitzeugen selbst sprechen.

Die meisten Mädchen waren sehr gern bei den **Jungmädeln.** Sie erinnern sich heute fast gar nicht mehr an »das Politische«; viele sagen dezidiert: »Da war nichts Politisches.« Ein erneuter Beweis für die Unzuverlässigkeit des Gedächtnisses? Ganz sicher ist da Verdrängung mit im Spiel, denn alle Originalzeugnisse belegen, wie stark die politische Beeinflussung war, sei es in der Thematik der Heimabende, in der Auswahl der Lieder, im »Sieg-Heil auf den Führer und seine siegreiche Wehrmacht« am Ende des »Dienstes«. Und dennoch war nicht dies der Grund, weshalb sie gerne dazugehörten. Es war der selbstverständliche Rahmen für das, was wirklich Spaß machte. Der Krieg, die siegreiche Wehrmacht, ja selbst der Führer waren im Grunde weit weg und das Gedenken an sie war gleichsam Pflichtprogramm, das absolviert wurde, bevor man zum »Eigentlichen« kommen durfte. Dafür noch ein kleiner zusätzlicher Beleg aus dem Schaftberichtbuch von Reni H.:

Brigitte H. schreibt über den 10.12.42: »Hoffentlich hält unsere Scharführerin heute einen lustigen Heimabend … Da vorne kommt auch schon Ruth angelaufen. Sie hatte eine große Tasche unterm Arm. ›Heil Hitler‹, begrüßten wir Ruth und gaben ihr der Reihe nach die Hand. ›Vielleicht hat sie ein lustiges Jungmädelbuch in der Tasche‹, tuschelten Erika und Käthe noch zusammen. Kaum waren wir im Saal, so bestürmten wir sie: ›Machen wir heute einen lustigen Heimabend?‹ ›Zuerst einmal Ruhe, und dann wollen wir sehen, was wir anfangen. Wir singen zuerst ein Lied.‹ Wie enttäuscht waren wir, als sie mit der Pflichterfassung anfing. Sie frug uns noch ein wenig ab vom Führer usw. Wir gaben uns Mühe, denn wir wollten bald davon befreit sein. Dann spielten wir endlich noch ein paar Spiele: Pfänderspiel, Koffer auspacken, Blinde Kuh usw. Es wurde noch manches fröhliche Jungmädellied gesungen, und unser Wunsch war erfüllt: wir hatten einen schönen und lustigen Heimabend gehabt.«

Das war es, woran sich die meisten gerne erinnern: Spielen, Singen (»lustige Lieder«![13]), Basteln, wobei viel Praktisches gelernt wurde, Vorlesen, Feste feiern, Sport, auch Aufgaben übernehmen, mit denen man Freude machen kann, wie z. B. Sammeln oder Singen für verwundete Soldaten im Lazarett. Auch die gute Kameradschaft und nette Führerinnen werden von vielen positiv erwähnt. Wie eine »ideale Jungmädelführerin« aussah (sie musste nicht

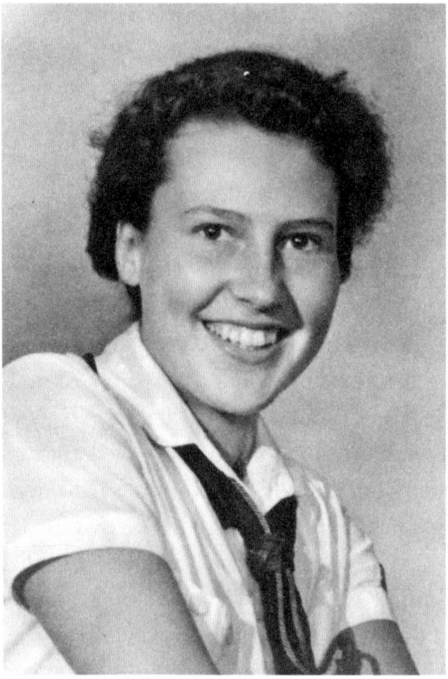

6. Eine ideale Jungmädelführerin (Original aus dem Schaftberichtbuch)

unbedingt blond und blauäugig sein), zeigt Abbildung 6. Viele wollten gerne Führerin werden, waren es teilweise auch schon mit 13, 14 oder 15 Jahren, wie etwa Reni H. Sie waren kaum älter als ihre Jungmädel. Helga W. (1928) war schon mit 15 Jahren Gruppenführerin, sie hatte etwa 150 Jungmädel unter sich. Ruth B. freute sich, dass sie in die Schar für Führerinnen-Anwärterinnen aufgenommen wurde. Auch Mädchen waren stolz auf ihre Uniform und traurig, wenn sie nur eine behelfsmäßige oder gar keine bekamen, weil die Eltern sie nicht besorgen konnten oder wollten.

Maria R. (1932): »Ich erhielt einen dunkelblauen Rock, eine weiße Bluse, ein schwarzes Dreiecktuch, das mit einem Lederknoten zusammengehalten wurde, und eine braune Jacke, die man ›Kletterweste‹ nannte. So ausgestattet wurde ich dann feierlich bei den Jungmädeln aufgenommen, was als große Ehre anzusehen war.«[14]

Irene R. (1932): »Die Führerinnen waren … nette Mädchen. Sie brachten uns bei, wie Strümpfe repariert oder Löcher im Pullover gestopft werden. Wir lernten auch, wie Socken und Kniestrümpfe gestrickt werden. Es wurde viel gesungen, es gab Spielnachmittage im Freien und im Dienstraum. Der Dienst war für mich ein Ort der Geborgenheit und der Zusammengehörigkeit.«

Brigitte R. (1932) schreibt: »Ich habe sehr gute Erinnerungen an die Jungmädelzeit und wollte später auch Führerin werden. Was mich begeisterte, war ein immenser Liederschatz, der mich durchs ganze Leben begleitete und an viele Schülergenerationen weitergegeben wurde (ich gab viel Musikunterricht), Spiele in der Gruppe (ich war immer kontaktfreudig), Geschichten (spannend), Basteln, Wandern.«

Wenn man sich die Zeugnisse der kleinen Minderheit ansieht, die nicht gern bei den Jungmädeln waren, dann sind es immer wieder ähnliche Gründe: Sie waren leistungsschwach im Sport, fanden die Führerinnen »blöd« oder langweilig oder waren ausgesprochene Einzelgängerinnen. Manchen missfiel auch das Marschieren im Gleichschritt. Es mag in wenigen Fällen auch eine Rolle gespielt haben, dass die Eltern dagegen waren. Selbst, wo sie es in der Tat waren, hielten sie schon aus politischer Vorsicht die Kinder nicht ab. Einige machen sich über die geistige Unbedarftheit mancher Führerinnen lustig, obwohl die Jungmädelführerinnen damals meistens Oberschülerinnen waren.

Wie den Jungmädeln, die den Schaftbericht geschrieben haben, wird den meisten manches mehr und anderes weniger gefallen haben. Beklemmend und strapaziös empfanden viele die großen Aufmärsche mit zahlreichen Reden und Zeremonien, die sie gar nicht verstanden.

Maria R (1932): »Ich erinnere mich an einen Vorfall, wo wir stundenlang in praller Sonne den Reden von hohen Parteimitgliedern ausgesetzt waren. Mit ausgestrecktem Arm musste man dort ausharren, bis alle Strophen des Deutschlandliedes verklungen waren. Dieser Anstrengung waren viele Kinder nicht gewachsen und sie fielen einfach vor Erschöpfung um.«

Ganz anders war es bei den Jungen, auf die gerade die Aufmärsche eine große Faszination ausübten und die es gar nicht erwarten konnten, endlich zu den **Pimpfen** zu gehören. Wir haben schon in den beiden vorangegangenen Kapiteln über die Anziehungskraft des Militärs gesprochen, für das die Hitlerjugend eine Vorstufe war. Die Uniform war das ersehnte äußere Zeichen, dass man dazugehörte.

Helmut H. (1937): »Begeistert war ich als Achtjähriger von den Aufmärschen der Hitlerjugend. Ich wollte gerne Trommler werden und konnte es kaum erwarten, zehn Jahre alt zu werden. Das war eine tolle Sache.«

Gustav B. (1934): »Wir erlebten die Hitlerjugend des Ortes nur von der romantischen Seite, und ich sehnte mich nach der Zeit, wo ich endlich auch das Alter zum Beitritt haben würde. Mit zehn Jahren wurde mein Jahrgang noch registriert, nachdem im Aufnahmeformular eindeutig eingetragen worden war, dass wir ›arisch‹ sind, ein Begriff, mit dem ich damals noch nichts anfangen konnte … Eine Uniform zu tragen möglichst mit einem Fahrtenmesser am Gürtel, war mir nicht mehr gegönnt. Dabei war es doch so bewegend gewesen, wenn die Hitlerjungen auf den Weinberghöhen marschierten und laut u. a. ›Unsre Fahne flattert uns voran‹ sangen. Und wie feierlich saßen die Jungen am Lagerfeuer und durften in Zelten schlafen.«

Aber auch auf die Mädchen verfehlten die schneidigen Hitlerjungen ihre Wirkung nicht. Hätten sie sonst die Bilder ihrer männlichen Idealfiguren mit den entsprechenden Sprüchen in ihr Schaftberichtbuch geklebt? Auch für die Mädchen, die selbst noch zu klein waren, konnten HJ-Aufmärsche etwas Mitreißendes haben:

7. Ein idealer Hitlerjunge
(Original aus dem Schaftberichtbuch)

Mechthild V. (1936): »Sehr beeindruckt war ich einmal von einer Truppe von HJ Jungen, die durch die Röderstraße marschierten und dabei die schwarz-weiß-geflammten Landsknechtstrommeln schlugen: Wumm – WummWummWumm – am liebsten wäre ich wohl mitmarschiert.«

Aber die Hitlerjugend hatte den Pimpfen wesentlich mehr zu bieten als Aufmärsche. Einiges davon lässt sich aus dem Tagebuch von Klaus M. F. entnehmen, der gerade 13 war, als er in das Führernachwuchslager einberufen wurde. In diesem Lager lernten die angehenden Hitlerjugendführer, wie sie später mit ihren Pimpfen umgehen und den Dienst gestalten sollten. Auch bei ihm nehmen die Lieder einen großen Raum ein, sie sind keineswegs überwiegend nationalsozialistischen Inhalts. Viele Aktivitäten im Freien stehen auf dem Programm, selbstverständlich Wandern, Wettspiele und Geländespiele im Stile von »Indianern« oder von »Schmugglern und Polizei«, romantisches Lagerfeuer am Reussenstein. Aber auch Heimspiele, Märchen-, Erzähl- und Lesestunden, Werken und Basteln sind eingeplant und ein lustiger Abend zum Abschluss. Praktisches und lebenskundlich Nützliches werden vermittelt, Gesundheitslehre, Benimm-Regeln, Verfassen eines Lebenslaufs. Ordnungsaufgaben sind zu erledigen. Es gibt auch Ausgang, wobei es den Buben im Vorgriff auf ihre Männlichkeit erlaubt ist, sich »ein Dunkles hinter die Binde zu kippen.« Das alles könnte auch in einem Pfadfinderlager stattgefunden haben. Aber wir befinden uns im Kriegsjahr 1944, geleitet von einem SS-Oberscharführer. »Weltanschauliche Schulung« findet täglich statt. Sie wird von den Pimpfen als lehrreich und spannend empfunden. Es geht um Lageberichte, um Heldentum, auch das stille der Mütter, um »Mein Kampf«, um Punkte des Parteiprogramms, um eine Rede Himmlers und eine Proklamation Hitlers. Die Jungen empfinden »die Schwere der Lage unseres Vaterlandes«.[15] Sie sollen ihren Beitrag dazu leisten, die schwierige Lage zu wenden. Fast alle Aktivitäten spornten zum Einsatz an, sie hatten fast immer Wettkampfcharakter, auf sportlichem, auf musischem Gebiet bis hin zur »besten Stube«, den besten Sammlern von Holunderblüten und dem besten Schützen. Dazu dient auch die gemeinsam gestaltete Morgenfeier, die ganz unter dem Motto »Dienst und Einsatz für Volk und Vaterland« steht. Alle Losungen bereiten auf Kampf und Einsatz vor, aber nicht plump und brutal, sondern so, dass sie in ein Männlichkeitsideal passten, das für die Jungen nichts Verwerfliches haben konnte. Wie sollten sie wissen, dass der verehrte Generalfeldmarschall Rommel von Hitler zum Selbstmord gezwungen worden war, weil er im Verdacht stand, mit den Männern des Widerstands vom 20. Juli 1944 in Verbindung gestanden zu haben? Was konnten sie von den Verbrechen des Regimes ahnen? Wahrscheinlich glaubte auch ihr Lehrgangsführer an das, was er sagte. Er war ein charismatischer Führer, von den Pimpfen geliebt. Er war überdies ein musischer Mensch (sein Mandolinenspiel wird der ebenfalls musikalische Klaus M. nie vergessen), was man keineswegs von allen HJ-Führern sagen konnte. Marschierende Hitlerjungen wurden allzu oft von den Passanten als »grölender Haufen« wahrgenommen.

Alles, was in diesem Führernachwuchslager in konzentrierter Form getrieben und erlebt wurde, war auch Inhalt der normalen Dienstveranstaltungen bei den Pimpfen. Die Zeitzeugenberichte bestätigen, dass es genau diese Inhalte und Formen waren, welche die Hitlerjugend für die meisten von ihnen so anziehend machte. Allerdings erlebten viele den vormilitärischen Drill doch erheblich härter. Manche empfanden ihre Hitlerjugendführer als sadistische und brutale Schinder.[16]

Reinhard R. (1932): »Vor den Jungzugführern mussten wir uns sehr in Acht nehmen. Mit Ohrfeigen waren sie schnell bei der Hand, z. B. wenn wir nicht schnell genug angetreten waren, nicht ›wie die Heringe aufeinandergepresst‹. Ich bekam z. B. bei meiner Grundausbildung einen saftigen Schlag auf die Hand, weil ich bei ›Stillgestanden!‹ nicht den Mittelfinger ordnungsgemäß an die Hosennaht gelegt hatte. Nichtgrüßen war ein schlimmes Verbrechen. Die Strafe dafür war bei uns in Trier dreißigmal im Schulhof rumlaufen und alle Bäume grüßen, im zackigen Schritt natürlich.«

Viele betonen aber auch, wie viele nützliche Kenntnisse auf den verschiedensten Gebieten ihnen vermittelt wurden. Einige wenige Zeugnisse müssen genügen.

Konrad S. (1931): »Es gab auch regelrechten Unterricht in Dingen, von denen wir in der Schule nichts hörten und die uns doch sehr interessierten. Dass sie samt und sonders eine Art vormilitärische Ausbildung darstellten, war uns eher lieb als lästig, schließlich sah es ja fast so aus, als ob Deutschland diesen Krieg noch ohne uns gewinnen wollte, und das wäre doch schade gewesen! Also waren wir auch bei den Geländespielen voll dabei, die immer mit Erfolgserlebnissen verbunden waren und allenfalls Verwundungen simulierten, die dank unserer Grundkenntnisse in Erster Hilfe leicht zu versorgen waren … Anschleichen, Beobachten, Tarnen und dergleichen Übungen gehörten zu den beliebten Geländespielen, die mir sogar mehr Spaß machten als der Sport. Jedes Jahr fanden Wettkämpfe statt, bei denen eine Siegernadel zu erringen war (*allerdings konnte er den Disziplinen Laufen, Werfen und Springen wenig abgewinnen*) … Anders war das mit dem Schwimmen, besonders mit dem Rettungsschwimmen – da habe ich keinen Kurs freiwillig versäumt. Sehr angetan war ich von der Nachrichtenübermittlung: das Morsealphabet lernte ich im Nu, dazu noch Verschlüsselungstechniken. So etwas reizt einfach jeden Jungen und verliert seinen Nutzen nie. So waren die Dienste eigentlich nie langweilig … Die ideologische Beeinflussung lief die ganze Zeit bei allen Veranstaltungen mit. Es gab regelrechte ›Schulungen‹, in denen man über den Nationalsozialismus belehrt wurde, aber das hat kaum jemand verstanden. Anders war das mit Merksätzen und Sprüchen, die wir auswendig zu lernen und bei diversen Gelegenheiten einzeln oder im Sprechchor aufzusagen hatten, z. B. die ›Schwertworte‹: ›Jungvolkjungen sind hart, schweigsam und treu, Jungvolkjungen sind Kameraden. Des Jungvolkjungen Höchstes ist die Ehre.‹ … Noch plagten uns keine Zweifel.«

Wenn auch die »körperliche Ertüchtigung« stark im Vordergrund stand, so sollte der Dienstplan wenigstens der Intention nach durchaus nicht einseitig sein. Das belegt zusätzlich ein Dokument, das Michael F. in sein Tagebuch eingelegt hat. Es handelt sich um einen Beurteilungsbogen für die Führernachwuchsauslese. Darin werden neben der Eignung zum Führer und besonderer sportlicher Veranlagung auch Begabungen auf kulturellem, geistigem, handwerklichem Gebiet als Kriterien genannt. Entsprechend sollte der Pimpfendienst vielfältig sein. Die Attraktion der Hitlerjugend für die 14- bis 18-Jährigen lag nicht zuletzt in den verschiedenen Sondereinheiten[17], die sie anbot. Die befragten Kriegskinder waren noch zu jung dazu. Wie bei ihnen in der Praxis der Dienst aussah, hing vom jeweiligen Führer ab. Michael F. hatte im Lager mit Rudi B. Glück. Längst nicht alle entsprachen diesem Ideal, aber relativ viele erinnern sich an eindrucksvolle Führer, die ihnen Vorbild waren. Meist waren sie »ganze Kerle« und selbstverständlich soldatisch:

Hermann S. (1932): »Ein Junge in unserer Straße – Rolf war in der Hitlerjugend schon Jungzugführer – war für uns das große Vorbild. Es war in den Sommerferien des Jahres 1944, und er war damals vermutlich erst 16 Jahre alt. Er hatte sich freiwillig zur Waffen-SS gemeldet und ging jeden Vormittag zur Post, weil er dort seinen Stellungsbefehl erwartete und abholen wollte. Und eines Tages – wir spielten gerade an der Enz – kam er jubelnd angerannt und schwenkte einen Brief. Er durfte jetzt einrücken. Wir haben ihn bewundert und beneidet.«[18]

Wir sehen von heute aus überdeutlich die Ausrichtung der Jungen auf Wehrertüchtigung. Damals entsprach das Angebot den altersgemäßen Interessen und Idealen der Buben, die schon von klein auf militärisch geprägt waren, wie wir in Kapitel 2 gesehen haben. Die eigentlichen Wehrertüchtigungslager betrafen die etwas Älteren. Wir werden im Kapitel »Kindersoldaten« nochmals darauf zurückkommen. Aber auch schon bei den Pimpfen wurden grausame Geländespiele ausgetragen:

Hermann S. (1932): »Es war vermutlich im Jahr 1943, als zwischen den beiden Fähnlein der Stadt eine Fehde ausgetragen werden sollte. Im Grunde war damit ein großes Geländespiel im Wald geplant. Dabei ging es darum, dass bei diesem ›Kampf‹ die Fahne verteidigt und die feindliche Fahne ›erobert‹ werden sollte. Ich weiß den Ausgang dieses Spiels nicht mehr so richtig. Was ich aber noch genau weiß, waren die zum Teil brutalen Handgreiflichkeiten und Kämpfe, die Tage zuvor schon in den Straßen der Stadt ausgeführt wurden. Die Angehörigen des Fähnleins 12 … wagten es nicht mehr, in die ›Stadt‹ zu gehen, wurden sie doch dort auf der Straße brutal von den 13ern zusammengeschlagen, auch umgekehrt war dies der Fall. Ich entsinne mich, dass diese Ereignisse zu einem Gesprächsthema unter der Bevölkerung wurden. Kopfschüttelnd standen die Erwachsenen dabei und sahen zu.«

Am deutlichsten in Erinnerung sind bis heute die Lieder, vorwiegend solche, die zum Marschieren gesungen werden konnten, dazu gehörten auch alte Landsknechtslieder, Lieder, die aus der Jugendbewegung stammten, Piratenlieder, Volkslieder, wie sie auch im Führernachwuchslager von Michael F. gesungen wurden. Aber wer sich die Texte heute genauer ansieht, ist betroffen, wie deutlich sich darin die Vorbereitung auf den Krieg und auf den »Tod fürs Vaterland« ausdrückt, bis hin zum »Lied der Hitlerjugend« mit dem Refrain: »Unsre Fahne flattert uns voran, unsre Fahne ist die neue Zeit, unsre Fahne führt uns in die Ewigkeit, ja die Fahne ist mehr als der Tod.« Wenige erinnern sich an ausgesprochen antisemitische Lieder, unter denen sich die Jungen gar nichts Konkretes vorstellen konnten:

Hermann S. (1932): »Wir sangen ›Haut se, haut se, haut se auf die Schnauze, haut se, haut se, haut se an Ballon. Haut se mit vergnügtem Sinn, immer in die Fresse rin, haut se …‹ Mit einem solchen Lied auf den Lippen marschierten wir durch die Straßen; mir selbst wurde erst nach dem Krieg bewusst, dass damit die Juden gemeint waren. Damals fühlte ich mich einfach als Kämpfer, der die Feinde des Vaterlandes bekämpfte.«

Wolfgang H. (1934): »Wir haben in der Kinderlandverschickung schreckliche Judenlieder gesungen, die ich hier gar nicht zitieren möchte. Sie haben mir das Herz gewärmt. Ich habe gar nicht gewusst, wovon das handelt. Was ist denn das, ein Jude?«

Neben Liedern, Marschieren, Sport und Geländespielen werden am häufigsten die verschiedenen »Einsätze« erwähnt, wie schon unseren einführenden Quellen zu entnehmen war: An erster Stelle stand das Sammeln von allem nur erdenklich Verwertbarem: Heilkräuter, Knochen, Altpapier, Altmetall. Darüber hinaus Basteln und Werken für Spielzeug; Lazarettsingen, Ernteeinsätze, Sammeln für das Winterhilfswerk und vieles andere.

Wenn man wissen will, wer nicht gerne bei den Pimpfen war, dann stößt man selten auf prinzipielle, politische Gegnerschaft, sondern eher auf ähnliche Gründe, wie wir sie schon bei den Mädchen fanden: langweilige »Heimabende«, Abneigung gegen Gruppenzwang, Unsportlichkeit. Der militärische Drill wurde von manchen als zu hart, manche »Mutproben« als gefährlich und brutal empfunden, so z. B. wenn Nichtschwimmer einfach ins Wasser geworfen oder gezwungen wurden, vom Fünf-Meter-Brett zu springen, oder wenn es bei Geländespielen zu wüsten Schlägereien kam. Einigen wenigen gelang es, sich vor dem »rüden Verein« (wie sie sagen) zu drücken[19], aber so stark war bei den Kindern die eigene Persönlichkeit noch nicht, dass sie es ausgehalten hätten, abseits zu stehen, nicht dazuzugehören und als »Muttersöhnchen«, »Flasche« oder »Memme« zu gelten. Das allgemein gültige Ideal der »deutschen Jungen«, die nach Hitlers bekannten Worten »zäh wie Leder, hart wie Kruppstahl und flink wie Windhunde« sein sollten, hatten auch die meisten derjenigen verinnerlicht, die so nicht waren. Dass das Ziel dieses Ideals die »Wehrtüchtigkeit« war, wurde schon damals nicht verheimlicht und von der großen Mehrheit der Kinder und Eltern bejaht.

Es mussten schon sehr starke Gegenkräfte wirksam sein, wenn ein Kind aus innerer Überzeugung die Hitlerjugend und den »Dienst« ablehnte. Woher konnten diese kommen? Am ehesten aus dem Elternhaus, denn weder Schule noch Kirche, die beiden anderen Sozialisationsinstanzen, boten als Institutionen eine andere Orientierung, im Gegenteil. Mochten sie oder manche ihrer Vertreter auch gegen die Rassenideologie, den Führerstaat und manches andere, was die braune Herrschaft mit sich brachte, eingestellt sein, die Erziehung der Jungen zur Wehrhaftigkeit, zum Soldatentum, stellten weder Schule noch Kirche in Frage, sie unterstützten sie sogar.

Wodurch trug die **Schule** zur Kriegserziehung bei? Wir wissen heute, dass der Krieg das erklärte Ziel Hitlers war und dass die Hauptaufgabe der Schule sein sollte, die deutsche Jugend schon von früh auf darauf vorzubereiten. Ein Blick in die Schulbücher, die Lehrpläne, die Verordnungen und Erlasse der Schulbehörden und in Schulchroniken genügt, um das zu erkennen, zahlreiche Darstellungen haben es deutlich herausgearbeitet.[20]

Uns interessiert, wie sich die damaligen Schulkinder durch ihre Lehrer, das Schulklima und den Erziehungsstil auf den nationalsozialistischen Krieg hin beeinflusst fühlten. Dabei berücksichtigen wir auch die Vorkriegsjahre, die unsere Jahrgänge in der Schule verbrachten. Nach so langer Zeit hat sich besonders das Verhalten von Lehrern eingeprägt. Von jeher haben Schüler häufig negative Erinnerungen an Lehrer. Lehrer sind in der Rückschau schon immer bevorzugt unsympathische Personen oder Witzfiguren. Natürlich hat es auch in dieser Zeit wie immer gute und schlechte Lehrer gegeben. Allerdings ist zu berücksichtigen, dass die meisten jungen Lehrer eingezogen waren, dass deshalb viele alte, schon pensionierte einspringen mussten und mit den sehr großen Klassen schwer fertig wurden. In den mir zugänglich gemachten Zeugnissen fällt auf, dass die am schlechtesten Beurteilten als »Nazis« charakterisiert werden, während die Eindrucksvollen und Geachteten meistens »keine Nazis« waren. Es mag sein, dass hier Bewertungen von heute das Bild verzerren, aber die überzeugten Nationalsozialisten unter den Lehrern im Dritten Reich haben wohl insgesamt nicht vermocht, bei den Kindern durch ihr persönliches Vorbild und Beispiel besondere Begeisterung für die Sache Hitlers und seiner Partei zu wecken. Die Lehrinhalte allerdings wirkten durchaus im gewünschten Sinn. Umgekehrt erinnern sich manche Kinder besonders deshalb dankbar an ihre »schöne Schulzeit« selbst während des Krieges, weil sie so gut wie keine »Nazis«, sondern für sie erkennbar christliche Lehrer hatten oder einfach Lehrer, die feine Menschen waren. Mag auch der Einfluss der fanatisch braunen Lehrer nicht allzu stark gewesen sein, so haben sie es doch vermocht, Feindbilder zu erzeugen. Lehrbücherer und öffentliche Medien, besonders das Radio, wirkten dabei mit. So schreibt Karl Heinz Mehler (1929) in seinem Erinnerungsbuch:[21]

»Die Diffamierung fast aller Ausländer war ungeheuerlich. Presse und Rundfunk (*und die Schule, wenn auch in seiner Schule nicht ausgeprägt, wie er ausdrücklich betont*) schufen Bilder, die ich, wie die meisten meiner Generation, in Ermangelung anderer Informationen glaubte. Alle Südländer waren Faulenzer. Das galt auch für die Franzosen, die außerdem als Dreckschweine bezeichnet wurden. Die Italiener waren Feiglinge. Die Polen und Russen wurden wie die Franzosen eingestuft. Die Engländer waren eitle, machtgierige, gefühllose Menschen. Wer uns den Krieg erklärte, der hatte es darauf abgesehen, uns, die edlen Deutschen, zu vernichten. Einfache Bilder, die ich für wahr hielt. Die Beurteilung der Juden durch die Nationalsozialisten ist hinreichend bekannt. Sie waren an allem schuld.«[22]

Günter B. (1934) erinnert sich an eine Wochenschau: »Und dann hat man gefangene Russen gezeigt, und dann hat man gedacht: ›Mensch, das sind aber brutale Kerle‹, die sahen auch nicht gerade fein aus, und so hat man eben das Gefühl gekriegt, Russen, das sind so Wilde, und Juden sind auch was, was man nicht so mag.«

Mechthild V. (1936): »Im Sommer 1942 kam ich in die Schule ... In meiner Klasse saßen schätzungsweise 50 Kinder, die von Fräulein B. gebändigt wurden. Fräulein B. war eine überzeugte Parteigenossin. Wenn sie zur Tür hereinkam, mussten wir aufspritzen und skandierten im Chor den Deutschen Gruß: ›Heil – Hit – ler‹. Das Führerbild schaute ernst und imponierend auf uns herab ... Fräulein B. ermahnte uns, ja recht fleißig Altstoffe zu sammeln; damit würden wir unseren Teil zum Endsieg beitragen. Und der müsse erkämpft werden, denn wenn die Russen siegen würden, würden sie Frauen und Kinder auf ihren Panzern nach Russland verschleppen und niemand würde je zurückkehren.«

Roland E. (1932) erinnert sich an Aussprüche seines Volkschulrektors: »Der Führer braucht Kinder. Wir müssen in 15 Jahren ein Hundertmillionenvolk sein, dass wir den Osten besiedeln können (Ich konnte mir nichts vorstellen darunter).« »Wisst ihr, was Churchill auf deutsch heißt? Das heißt Kirchberg. Das ist ein Jude. Dem werden wir es noch zeigen.« Und Armin fügt hinzu: »Täglich waren wir solchen Sprüchen schutzlos ausgeliefert.«

Irmtraut V. (1933): »Ich weiß nicht mehr, was uns alles erzählt wurde, aber offensichtlich wurden wir auch schon gegen die Juden aufgehetzt. Wie anders ist es sonst zu erklären, dass ich beim Anblick eines Juden zu Tode erschrak. Ich war auf dem Weg zu einer Freundin. Da kam mir auf der anderen Seite der unbelebten Straße ein Jude mit dem gelben Stern auf der Brust entgegen. Er schlich, mehr als dass er ging, im Schatten der Häuser. Noch heute spüre ich den eisigen Schreck, den mir dieser arme Mensch einjagte. Es war die Furcht vor etwas Unheimlichem.«

Wie die antisemitische Propaganda das eigene Nachdenken erstickte, zeigt das folgende Beispiel:

Ulrich L. (1931): »Mein ältester Bruder und ich unterhielten uns über die ›Saujuden‹, die an allem schuld seien. Unsere Tante Else kam dazu, schüttelte fassungslos den Kopf und fragte uns: ›Wisst ihr eigentlich nicht, dass unser Heiland ein Jude ist?‹ Mir blieb mal wieder das Maul offen ... Wir *wussten* es natürlich, wir lasen ja täglich in der Bibel, aber wir *realisierten* diesen Tatbestand nicht.«

Dass nicht nur viele Pfarrer, sondern auch amtliche kirchliche Stellen den Antisemitismus schürten, wird nicht mehr bestritten.[23] Von solchen Tönen konnten auch die Kinder nicht unberührt bleiben. Und die Schulrituale erzeugten ein Klima, denen sich die Kinder kaum entziehen konnten. Das begann schon im Kindergarten:

Marlene I. (1931): »In den Kindergarten ging ich in St. Elisabeth zu Schwestern aus Obermarchtal. Das Morgengebet bei Tante Hanna, einer jungen Frau, die den Schwestern half, begann so: »Händchen falten, Köpfchen senken und an Adolf Hitler denken.«

Hannelore R. (1938): »Tagelang wurde im Kindergarten gebastelt, geübt und geschmückt auf den 20. April (1943), Führers Geburtstag. Wir wurden eindringlich ermahnt, an diesem Tag anwesend zu sein. Auf einem hohen Podest stand ein riesiges Bild von Hitler, bekränzt und mit Blumen geschmückt, alle Fensterläden wurden zugemacht, so dass es im Raum total finster war. Jetzt wurden am Bild Kerzen angezündet. Die Kindergartenleiterin sagte irgendwie, wie wichtig und groß der Führer sei und was man ihm alles zu verdanken hätte, es wurde auch gesungen. Und zur Feier des Tages gab es Apfelsinen, jedes Kind ein paar Schnitze. Das war für viele Jahre die erste und letzte Begegnung mit Orangen. Man musste aber Apfelsine sagen, das gehörte sich für deutsche Kinder.«

»Der Führer« rückte fast in die Nähe des »lieben Gottes«, den man verehren sollte, der aber eher Furcht einflößte. Wenn er im Radio sprach, mussten die Kinder still sein, das berichteten viele. Ein damaliger Erstklässler erinnert sich noch mit Schrecken an eine demütigende Erfahrung mit dem Hitlergruß vor den versammelten 40 Schülern der Einklassenschule.

Rudi W. (1936): »Der Gruß musste richtig geübt werden. Ich habe ihn x-mal wiederholen müssen, denn einmal hatte ich einen Handschuh in der gehobenen Hand, dann einen Gegenstand, dann die Hand zu hoch oder nicht hoch genug. Es waren vielleicht 15-mal, bis ich in der Bank Platz nehmen durfte. Das war sehr deprimierend, vor der ganzen Schule diesen Gruß zu üben.«

Der selbstverständliche Heil-Hitler-Gruß zu Beginn jeder Stunde, Flaggenhissung, Fahnenappelle, Absingen der Nationalhymne zu bestimmten Zeiten und Anlässen, gehörten einfach dazu und unterwarfen die jungen Schüler einer fortgesetzten Indoktrination. Maria M., die im polnischen Ostoberschlesien als Deutsche wohnte, erinnert sich, wie nach dem deutschen Einmarsch die Schule umgestellt wurde:

»Immer vor Unterrichtsbeginn wurde das Vaterunser gebetet. Auch hing ein Kruzifix im Klassenzimmer. Nach kurzer Zeit wurde es abgeschafft. Statt dessen beteten wir jetzt: ›Schütze Herr mit starker Hand unser liebes Vaterland, lass auf unsres Führers Pfaden leuchten Deine Huld und Gnade. Und so woll'n wir immer rein Deine deutschen Kinder sein.‹«

Günther M. (1937): »Die ausgeprägtesten nationalsozialistischen Veranstaltungen bekam ich in der Schule mit. Ich erinnere mich nicht mehr an die Anlässe, wohl aber daran, dass die männlichen Lehrer SA-Uniform trugen und dass Reden gehalten wurden, bei denen wir immer wieder ›Sieg-Heil‹ rufen mussten.«

Mechthild V. (1936): »Am Ende des ersten Schuljahres stellten sich alle Klassen der Westendschule zwei und zwei im Schulhof auf, die Hakenkreuzfahne wurde gehisst, und wir sangen mit zum Hitlergruß erhobenem Arm das Deutschlandlied und das

Horst-Wessel-Lied. Ich muss gestehen, dass ich von der Feierlichkeit der Zeremonie ergriffen war – es durchrieselte mich förmlich, und ich bin nicht sicher, ob ich mich beim Älterwerden der Ideologie hätte entziehen können oder wollen.«

Manche Kinder erzählten aber auch, dass sie darunter litten, den Arm nicht so lange gestreckt halten zu können. Bei den zahlreichen Sammelaktionen und Einsätzen wetteiferte die Schule mit der Hitlerjugend. Daran erinnern sich viele noch sehr plastisch:

Maria M. (1931): »Wir sammelten für das WHW (*Winterhilfswerk*). Wer etwas in die Büchse warf, bekam, je nachdem, was es gerade war, eine phosphoreszierende Anstecknadel, meistens Märchenfiguren, die ja im Dunklen leuchteten ... Wenn wir mit der Sammelbüchse klapperten, sagten wir dazu: ›Eine Spende, eine Spende, für das große WHW, ach so bitten viele Hände, lasst uns nicht vorübergeh'n. Seht der Führer gab uns Arbeit, half uns aus unsrer Not, darum opfern wir auch, freudig geben wir den Armen Brot.‹ Wir sammelten Eisen, Lumpen und Papier, alle Buntmetalle. Sogar in den Wohnungen wurden Messing- oder Kupferbeschläge ausgewechselt, Leuchter gesammelt usw. Auch besuchten wir Kinder verwundete Soldaten im Lazarett, spielten Theater oder tanzten Volkstänze. Wenn die Verwundung es zuließ, machten wir auch Gesellschaftsspiele, z. B. ›Ich zwicke dich und du lachst nicht.‹«

Helga P. (1932): »Wir sammelten Heilkräuter: Schafgarbe, Kamille, Blüten der Taubnessel, Hirtentäschelkraut und lieferten sie ab bei Sammelstellen. Zeitweilig diente auch der Dachboden des Schulgebäudes zum Trocknen. Es war eine große Ehre, wenn man als fleißigste Sammlerin die Biologielehrerin auf den Dachboden begleiten durfte.«

Volker M. (1936): »Da es noch keine Spritzmittel gab, waren die Kartoffelstauden übervoll vom Ungeziefer befallen.[24] Jeder von uns hatte eine alte Blechdose oder ein Glas, wo hinein wir die Viecher sammeln mussten. Die Käfer mit ihrem gestreiften Panzer gingen ja noch – sie schissen uns nur die Finger braun –, aber die Larven, diese hellroten, nackten, kalten Biester waren schon eklig anzufassen, vor allem, da man sie beim Festhalten fast immer zerdrückte.«

8. Erntehilfe

In den Sommer- und Herbstferien ging es zur Erntehilfe aufs

Land. Die Arbeit war oft schwer und anstrengend. Die etwas Älteren arbeiteten auch freiwillig in kriegswichtigen Betrieben. Viele spendeten, strickten und nähten für die Soldaten in Russland, trennten sich von ihren Skiern oder sogar von ihren Rodelschlitten.

Klaus B. (1929): »Mein Rodelschlitten wurde nach den Winteroffensiven in Russland ›freiwillig‹ abgegeben, wofür ich fünf Reichsmark erhielt. Rodeln war nach diesem Zeitpunkt mit einem Makel behaftet, war man doch aufgefordert worden, der heldenhaft kämpfenden Truppe diese Vehikel zur Verfügung zu stellen.«

Die Schule arbeitete auch direkt mit der Wehrmacht zusammen. Die Wehrmacht warb bei den Schülern für die verschiedenen Waffengattungen, hochdekorierte Frontoffiziere sprachen zu den Schülern. Wehrmachtsberichte wurden abgefragt, Kriegschroniken angefertigt[25], entsprechende Aufsatzthemen[26] und Aufgaben im Zeichnen wurden gestellt, dieselben Lieder wie in der Hitlerjugend gesungen. An den Wänden hingen Fahnen- und Wochensprüche.[27] Die deutschen Siege wurden enthusiastisch gefeiert.

Aufsatz des zehnjährigen Horst Schmid (1929): »Stuttgart, den 28. Februar 1939. Wir helfen mit beim W. H. W. Wir können beim W. H. W. mithelfen, indem wir die Kleider und Schuhe schonen, dass wir sie, wenn sie uns zu klein sind, dem W. H. W. geben können. Auch von unseren gut erhaltenen Spielsachen können wir abgeben. Wir können beschädigtes Spielzeug ausbessern oder sogar Neues basteln. Unsere Eltern können wir an die Pfundspende erinnern. Wenn wir gerne den Eintopf essen, so helfen wir auch dem W. H. W. Wenn wir kein Geld vernaschen, so können wir es in die W. H. W.-Sammelbüchse werfen. Auch mit den Briefmarken können wir dem W. H. W. helfen, indem wir nur W. H. W.-Marken kleben. Wir können von unsrem Taschengeld ein Abzeichen kaufen. Wir können auf ein Vergnügen verzichten und dafür etwas dem W. H. W. geben. Mit diesem allem können wir dem W. H. W. helfen, darum: Wir helfen mit!«

Lore F. (1931): »Der Frankreichfeldzug war zu Ende, und da war ich in der Schule, und da kam der Lehrer aus der Nachbarklasse zu uns gerannt ins Zimmer und hat zu unserer Lehrerin gesagt: ›Fräulein S., Paris ist gefallen!‹ Und da durften wir alle heim, haben eine Freude gehabt, Paris ist gefallen, mein Gott, da hat man sich ja überhaupt nichts drunter vorstellen können. Da haben wir gejubelt, dass jetzt keine Fliegerangriffe mehr kämen. Da war der Krieg für uns aus. Dann in der Nacht ist die Sirene wieder gegangen.«

Auch für die Niederlagen war die offizielle Sprachregelung zu beachten:

Reinhard R. (1932): »Ich erinnere mich, dass wir im 4. Schuljahr einen Aufsatz über den ›Heldenkampf von Stalingrad‹, der damals zu Ende gegangen war, schreiben mussten. Ich schrieb also ganz sachgemäß, dass unsere Soldaten eingeschlossen waren und einen erbitterten Widerstand leisteten, dass jedoch die Übermacht der Feinde zu groß war und sich schließlich die letzten Truppen ergeben mussten. Als ich den Aufsatz wiedersah, war er durchgestrichen (ich dachte zuerst wegen der schauderhaft schlechten Schrift, doch es war eindeutig wegen des ›defätistischen‹ Inhalts), und der Satz ›Sie mussten sich ergeben‹ war noch in sich durchgestrichen. Ich getraute mich nicht, den Lehrer zu fragen: ›weshalb haben Sie meinen Aufsatz durchgestrichen?‹, denn man musste immer mit Prügel rechnen. Wahrscheinlich hatte die Lehrerschaft von parteiamtlicher Stelle eine Anweisung bekommen, wie man die Niederlage von Stalingrad beurteilen muss.[28]

Gertrud R. (1928): »Unser Rektor, Herr S., war wohl der schlimmste. Er errichtete ein Heiligtum in einer Nische im Gang: die Wände waren bemalt mit den nordischen Göttern (besonders an Baldur erinnere ich mich noch!), und in der Mitte lag ein Denkmal mit einem toten Soldaten. In einer Feierstunde wurde das Ganze eingeweiht, und uns wurde folgende Auflage gemacht: wer immer daran vorbeiging, musste die Hand zum Führergruß erheben! Viele von uns vermieden es und benützten lieber ein Stockwerk darüber oder darunter.«

Auch Lehrer, von denen bekannt war, dass sie dem Regime eher kritisch gegenüberstanden, waren »vaterländisch« gesinnt und trennten das Regime von dem Krieg fürs Vaterland, in dem alle Deutschen, auch schon die Jugend, von ganzem Herzen und mit allen Kräften mitkämpfen müssten.[29]

Hermann S. (1932): »Im Jahre 1943 kam Studienrat L. an unsere Schule; er war Offizier in der Wehrmacht gewesen und wurde wegen Krankheit entlassen. Später hat er als Schulleiter die Schule geleitet. In ihm erlebten wir einen vorbildlichen, integren Lehrer, einfach eine Persönlichkeit, die uns ungeheuren Respekt einflößte und zu der wir aufblickten. Am ersten Schultag kam er in Offiziersuniform und mit Degen an der Seite in die Klasse und ging durch die Bankreihen. Jeder Einzelne musste aufstehen und wurde von ihm mit Handschlag begrüßt. Wir waren ungemein stolz auf diese Begrüßung. Und Margret G. (1927) erinnert sich, dass unter diesem Schulleiter die ganze Schule zu einer Feier versammelt wurde, wenn ein ehemaliger Schüler das Ritterkreuz erhalten hatte.

Bei Beginn des Russlandfeldzugs war Ursula L. (1926) in der Kinderlandverschickung in der Slowakei. Die Geschichtslehrerin, eine Frau Dr. H., kommentierte den Kriegsbeginn mit den Worten: »Dies ist jetzt ein heiliger Krieg.«

Klaus B. (1929): »Ein Studienrat H. verstieg sich vor unserer Klasse zu der Äußerung: ›Wenn ich noch mal eine Tochter hätte, ich würde sie Stahlhelmine nennen.‹«

Schulkinder schrieben Briefe an bekannte und »unbekannte« Soldaten und packten Päckchen für sie. Ganz selbstverständlich und fast beiläufig werden die Gefallenen des Schulortes erwähnt.

Erika-Marie Z. (1931): »Begeistert half ich, für den Onkel, der im eisigen Russland stand, und für fremde Landser, von denen ich die Adressen erbeten hatte, 50-Gramm-Päckchen mit Keksen, Nüssen, Spitzwegerich und Trockenpflaumen, manchmal auch mit Schokolade und was wir nur auftreiben oder entbehren konnten, zu füllen, in langen Reihen aneinanderzubinden und mit schönster Schrift Namen und Feldpostnummer aufzupinseln. Schlimm war, wenn Mama dann die Freude trübte, indem sie meinte: ›Wenn sie nur auch ankommen!‹ Dass sie in den russischen Sümpfen oder auf dem Meeresgrund enden sollten, war mir unerträglich.«

Der Glaube an den »Endsieg« schließlich wurde von vielen Lehrern bis zum Ende hochgehalten.

Gustav B. (1934): »Auch als die deutschen Niederlagen sich häuften, lobte sie (*die Lehrerin*) stets die ›heldenhaft kämpfenden deutschen Truppen‹, die durch ihr langes Aushalten in Afrika z. B. ermöglichten, dass in Italien ausgiebig Befestigungsanlagen gebaut werden konnten. Die Lehrerin machte mit uns Kriegsspiele und übte mit uns unter anderem, wie man mit Handgranaten über einen Graben springt. Mein Bruder musste durch sie leiden, denn er bekam ›Hosenspannes‹, weil er den bei uns wohnenden Lehrer nicht mit ›Heil Hitler‹ gegrüßt hatte.«

Hannes H.(1932): »Man sagte uns: ›Wenn wir den Krieg verlieren, werden wir ausgelöscht.‹ Wir haben das geglaubt.«

Im Bericht von Gustav B. wird auf eine Erziehungsmethode hingewiesen, die damals nicht nur in der Schule gängig war: die Prügelstrafe. Der NS-Staat hatte sie weder eingeführt noch verordnet.[30] Letztlich geht sie auf die Bibel zurück.[31] Aber in der Erinnerung der damals davon betroffenen Schüler werden diese barbarischen Methoden fast nur den »Nazis« unter den Lehrern zugeschrieben. Das war aber keineswegs so. Paul K. (1933) war mit 60 Jungen in der ersten Volksschulklasse. Er erzählt von seinem Lehrer J.:

»Man lebte in ständiger Angst, dass man als nächster drankommt und verprügelt wird. Dieser Satan pflegte jeden Freitag ein Diktat zu schreiben mit der Schiefertafel und dem Griffel, der immer gleich abgebrochen ist, ja, und er hat so schnell diktiert, dass keiner mitkam, dann hatte er einen Grund zuzuschlagen, und ich saß da zitternd in meiner Bank und konnte nicht so schnell schreiben, wie ich wollte … Er war ein großer Katholik und er war ein großer Nazi …«

Wenn er sich zu Hause beklagte, fand er bei der Mutter dann kein Gehör: »Hab dich nicht so!« hieß es.

Waltraud F. (1934): »1940, das zweite Kriegsjahr, war das Jahr meiner Einschulung. Unser Lehrer hieß Herr Vögele … Mit dem Meerrohr in der Hand ging er durch die

Bankreihen und brachte uns, die wir noch nicht ruhig sitzen konnten, vor allem Disziplin bei. Am Anfang der Stunde wurde ein Gebet gesprochen.«

Von besonders sadistischen Lehrern erzählt Manfred K. (1932). Nur ein Beispiel:

»Da war ein Sportlehrer in der Oberschule, den hatten wir als Klassenlehrer in der ersten und zweiten Klasse, ein Hüne, ein Germane, der ging im Winter in den Fluss. Wenn der zugefroren war, hat er ihn aufgehauen und ist jeden Tag geschwommen. Der war abgehärtet. Der hat uns Kopfnüsse gegeben oder uns verprügelt ... Und der Verprügelte musste sich noch bedanken ... Wir waren froh, wie wir endlich Pimpfe waren und Uniformen anziehen durften. Ein Hitlerjunge durfte nicht geschlagen werden.«

Auch in den Elternhäusern und schon im Kindergarten waren körperliche Züchtigung und andere rigorose Erziehungsmethoden durchaus kein Tabu. Dass solche Erfahrungen unweigerlich Aggressionen auslösen müssen, liegt für uns heute auf der Hand, und dass diese in der Kindheit erlittene Gewalt sich in kriegerische Gewaltbereitschaft umsetzen ließ, kann ebenso wenig bezweifelt werden.

Wie aber standen die **Eltern** zu der massiven Indoktrinierung ihrer Kinder in Hitlerjugend und Schule? Das Verhältnis der Eltern zum Nationalsozialismus in der Wahrnehmung der Kinder wird uns in verschiedenen Zusammen-

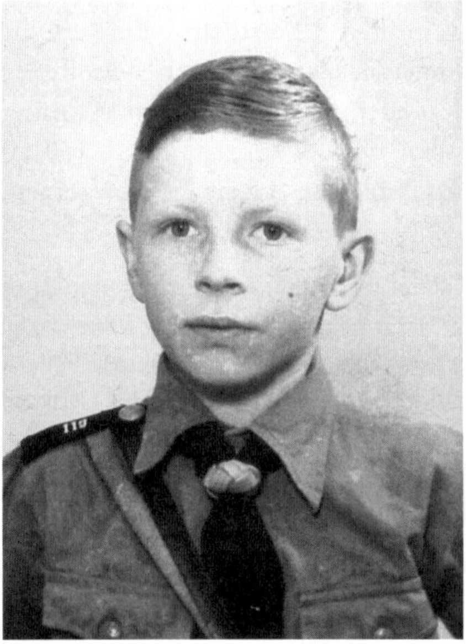

9a. Gerhard R.

9b. Vater von Gerhard R.

hängen noch beschäftigen.[32] Hier geht es zunächst einmal um die Frage, ob sie der Einschwörung ihrer Kinder auf Hitler und seinen Krieg etwas entgegensetzten.

Das deutsche Volk, und das heißt auch die Elternhäuser, zerfielen unter Hitler in drei Gruppen: die begeisterten, ja fanatischen Nationalsozialisten; die zwischen Begeisterung, Anpassung und teilweiser Kritik schwankenden »Mitläufer« und die dezidierten Regimegegner. Wie wir aus der Forschung wissen, war die mittlere Gruppe die bei weitem größte, die kleinste waren die Regimegegner, die aktiv das Regime stürzen wollten. Genaue quantitative Angaben sind nicht möglich. Die Befragungen der Kinder bestätigen und spiegeln diesen allgemeinen Befund. Allerdings bezeichnen nur wenige Kinder ihre Eltern als fanatische Nazis, die womöglich an irgendwelchen Verbrechen beteiligt waren. Auch darauf werden wir später noch eingehen.[33] Unkritische Zustimmung bis zum Ende des Krieges wird öfter bezeugt. Als Beispiele betrachten wir die beiden Bilder. Gerhard R. (1932) weiß sich mit seinem Vater eins in der politischen Einstellung: Der Vater, Parteigenosse und SA-Mann, und der Rottenführer, beide in Uniform, haben den gleichen gläubigen und entschlossenen Blick, der Junge nicht ganz so fanatisch wie der Vater. Gerhard R. sagt dazu:

»Mein Vater und ich haben immer an den Endsieg geglaubt. So wie viele Millionen auch. Die vielen Sondermeldungen, die ich damals schon verstand, V1- und V2-Erfolge, Freude über Siege über Polen, Frankreich, Belgien, Holland, Siege in Russland und Afrika, so wie es bis 1942 lief.«

10. Familie H.

Das Familienbild zeigt eine nationalsozialistische Musterfamilie. Der Vater (er war ein beliebter und guter Arzt) in Uniform, die Mutter und zehn Kinder. Die Mutter bekam das goldene Mutterkreuz, beim neunten Kind war Hitler selbst Taufpate. Die älteren Schwestern tragen ihre JM-Führerinnenschnur – die älteste war Gruppenführerin –, die älteren Brüder ihre Pimpfenuniform. Es war eine musische Familie. Jedes Kind musste ein Instrument spielen. Die Mutter führte über alle Kinder humorvoll und einfühlsam Tagebuch. Sie war übrigens die Schwägerin eines bekannten Widerstandskämpfers, zu dem aber die Verbindung während des Krieges völlig abriss. Elisabeth H. (1931) erzählt, dass sie öfter bei ihren Großeltern in Bayreuth in Ferien war und dort ein besonderes Erlebnis hatte:

»Meine Großeltern wohnten an der Opernstraße, wo der Führer immer zum Festspielhaus vorbeifuhr. Mein Großvater hat immer behauptet, dass der zu seinem Balkon raufguckte, weil er so schöne Blumen hatte, und der war eben auch Nazi. Dann war es dort immer üblich, dass 10 Kinder, die einen Blumenstrauß hatten, in der Pause hin durften und Hitler die Hand geben … (*Der Großvater kaufte ihr einen kleinen Blumenstrauß und sagte, sie solle sehen, wie sie da durchkäme.*) Da standen die SS-Leute zur Absperrung so breitbeinig da, und da bin ich einem zwischen den Beinen durchgekrochen … und die haben nicht mehr nachgezählt, und da standen wir dann da zu elft. In der Pause, da musste dann jeder sagen, wie alt er ist, und da hat mich der Hitler hier (*sie zeigt, wie der sie unter dem Kinn fasst*) noch mal angefasst und gesagt: ›Na, du kleine Siebenjährige.‹ Da waren alle begeistert. Jedes Kind bekam eine Schachtel Pralinen, und da fiel es erst auf, dass eine zu wenig war. Da sind sie einfach gegangen und haben noch eine geholt, war nicht so schlimm. Als ich in die Schule zurückkam, war meine Lehrerin auch ganz begeistert. Ich bin durch alle Klassen der Grundschule gegangen und musste diese Geschichte erzählen. Die Pralinen hab ich auch nicht aufessen wollen, die hab ich immer verwahrt, bis meine Brüder gesagt haben, da kommen Würmer rein, dann hab ich's aufgegessen. Meine älteren Geschwister, die müssen noch so ein Bild haben, wie ich da stehe, aber das hab ich nie gekriegt, das geben sie nicht her. Die waren stolz darauf, dass die Schwester dem Hitler die Hand gegeben hat.«

Die Mutter fürchtete sich vor dem Krieg. Elisabeth H. erinnert sich an den Kriegsbeginn:

»Da hab ich noch so in Erinnerung, wie immer Radio gehört wurde, weil es hieß, es gibt vielleicht Krieg und ich gefragt habe, was ist denn Krieg. Dann hat die Mutter erzählt, wie schlimm das im Ersten Weltkrieg war und wie sie gehungert haben und wie sie und der Vater einen Bruder im Krieg verloren haben, und wir sollen beten, dass Frieden bleibt.«

Die beiden ältesten Brüder, die sich sofort freiwillig gemeldet haben, der älteste zur Waffen-SS, sind gefallen. Da ist Elisabeth erschrocken:

»Der Hermann ist gleich zur Infanterie gegangen, der kam auch gleich nach Russland. Da gibt's dann Briefe, wie er begeistert schreibt, er hat heute einen Iwan erschossen, und ich denk', irgendwann hat ein Iwan ihn erschossen, denn er ist ja nicht wiedergekommen. Wie man in so einem Alter so schreiben kann!«

Und sie kann die Eltern in ihrer Reaktion nicht verstehen:

»Dass die Eltern daran nie Anstoß genommen haben, versteh ich auch nicht. Genauso, als die Nachricht kam, dass er gefallen ist, der ist im Oktober 44 gefallen. Ich hab nie die leiseste Andeutung von Trauer bei meinen Eltern gesehen, also ich weiß, dass ich einmal geweint hab, und die Mutter hat gesagt: Du musst stolz sein, dass er ein Opfer für das Vaterland gebracht hat, und ich konnte den Stolz eigentlich gar nicht empfinden. Er kam ja nie wieder, und er war tot.«

Die Mutter schrieb Elisabeth ins Poesiealbum in Sütterlinschrift: »Wir wollen ein hartes Geschlecht heranziehen, das stark ist, zuverlässig, treu, gehorsam und anständig, so dass wir uns unseres Volkes vor der Geschichte nicht zu schämen brauchen.« (Adolf Hitler)

Bei der Mehrzahl der »Mitläuferfamilien« gab es zwar keine solchen enthusiastischen Treuebekundungen zum »Führer«, aber das Hitlerbild hing doch in den meisten Wohnzimmern[34], die Führerreden wurden ehrfürchtig angehört – die Kinder mussten still sein – und die Sondermeldungen freudig und stolz begrüßt.

Die große Mehrheit der Eltern hat sich bedeckt gehalten, sich »neutral« gegeben, wie es die Kinder formulieren. Man musste – auch vor den Kindern – vorsichtig sein, denn sie konnten sich ja in der Öffentlichkeit »verplappern«. Manche riskierten auch ein offenes Wort innerhalb der Familie. Die Kinder wussten dann, dass davon nichts nach außen dringen durfte. Von Denunziation der Eltern durch ihre Kinder hat mir niemand erzählt. Kinder konnten aber durch das ihnen unverständliche Verhalten der Eltern völlig durcheinander kommen. Die Eltern wiederum konnten, ohne sich und die Familie zu gefährden, keine näheren Erklärungen abgeben.

Lise B. (1930) : »In der Schule wurde Hitler verehrt, zuhause als Monster verteufelt. Zum Muttertag 1937 mussten wir Hitlerbilder ausschneiden, die der Mutter, zusammengebunden, geschenkt werden sollten. Als meine Mutter dieses Werk ihrer Tochter in die Hände bekam, gab es nur Entsetzen. Bei mir darüber, dass ich statt Dank nur Schimpfe bekam, bei meiner Mutter wahrscheinlich über die Manipulation ihrer Tochter. Fortan beherrschte Angst und Unsicherheit mein Leben.«[35]

Eine dramatische kleine Geschichte erzählt Ulrich L. (1931). Er war damals vier oder fünf Jahre alt, der Vater war bekennender Christ:

»Meine Schwester Ursel drückte mir eine rote Sammelbüchse in die Hand: ›Jetzt sammle mal fürs WHW (*Winterhilfswerk*).‹ Ich stolperte auf die Leute … zu und sagte: ›Sammellen Sie auch für den WHW!‹ Die Leute meinten: ›Das heißt sammeln und nicht sammellen und *das* WHW; und überhaupt musst du sagen: ›Spenden Sie fürs WHW!‹ Ich blieb beim Sammeln und bekam nicht nur 10 Pfennig-Münzen, sonder auch Ein- und Fünfmarkstücke und – des rührenden Kindes wegen – sogar Zehn- und Zwanzigmarkscheine, die in ein eigens dafür vorgesehenes Loch in der Sammelbüchse eingebracht werden konnten. Als mein Vater hörte, dass sein kleiner Uli die größte WHW-Ausbeute errungen hatte, reagierte er – nicht gerade sehr einfühlsam – derart, dass er mir rechts und links eine Ohrfeige verabreichte. Ich fiel aus dem Himmel in die Hölle …«

Roland E. (1932): »Eine Nachbarin kam am 20. Juli 1944 außer Atem und entsetzt in die Wohnung gestürzt: ›Auf den Führer ist ein Anschlag verübt worden, aber er hat überlebt!‹ Kaum war sie wieder weg, zischt meine Mutter – und ihr kurzer Satz prägte sich mir unauslöschlich ein: ›Warum hat das Schwein schon wieder überlebt?‹ Ich habe sie nicht angezeigt, aber ich war betroffen und fühlte mich schlecht. Der Führer war schließlich mein Idol – ich konnte meine Mutter nicht verstehen.«

Immer wieder wurde mir auch von Großeltern berichtet, die »kein Blatt vor den Mund nahmen«:

Wolfgang B. (1933): »Die Großeltern genossen auf Grund ihres Alters und ihrer Lebensweisheit Respekt und verstanden, uns die Augen für Dinge zu öffnen, die nichts mit Krieg und Hitlerismus zu tun hatten, so für Literatur, Heimatgeschichte und Religion. Wie Tante Anni, die Schwester unserer Mutter, die häufig zu Besuch kam, hielt auch der Großvater von der Führung des Reichs und von der nationalsozialistischen Bewegung nichts. Er nahm kein Blatt vor den Mund und tat Äußerungen, die ihn in große Gefahr hätten bringen können. ›Gehst du wieder zu deinen Hitlerjodeln?‹ fragte er mich, wenn ich in Uniform zum Dienst ins Jungvolk eilte. Das Wort ›Hitlerjodel‹ war seine eigene Sprachschöpfung und hatte einen recht verächtlichen Klang.«[36]

Aber nur ganz selten wurden Kinder von Nicht-Verfolgten durch das Verhalten von Eltern oder Großeltern gegen die NS-Ideologie immunisiert – und wenn, dann waren es ältere, die nicht mehr zu meiner Befragungsgruppe gehörten.

Manche Frauen – die Männer waren ja zumeist »im Krieg« – haben sich auch gegen die völlige Vereinnahmung ihrer Kinder durch Staat und Partei erfolgreich zur Wehr gesetzt. Von manchen wurde mir erzählt, dass sie (und mit ihnen auch die Väter) ihre Söhne nicht in eine Napola gehen ließen.[37] Sie hielten ihre Kinder unter Vorwänden vom Dienst ab, vor allem, wenn dieser Dienst mit kirchlichen Veranstaltungen kollidierte. Die kirchlichen und betont gläubigen Mütter haben bewusst christliche Werte vermittelt, mit ihren Kindern gebetet, sie in den Gottesdienst geschickt und sie konfirmieren bzw. zur Kommunion gehen lassen. Das war ein eingebauter Sprengsatz gegen die antikirchliche und rassisch-völkische Ideologie des Nationalsozialismus. In manchen Elternhäusern war der Hitlergruß verpönt.

Dass Kinder sich aus eigenem Antrieb oder unter dem Einfluss der Eltern gegen die Ideologie von Lehrern oder HJ-Führern auflehnten, kam sehr selten vor. Und wenn – dann eher aus Aufmüpfigkeit gegen eine unliebsame Person als aus grundsätzlicher Opposition. Bei den Älteren, die aus meiner Befragungsgruppe herausfallen, kam das schon vor. Witze und subversive Gedichte kursierten. Zeichen, die manche Lehrer bei äußerer Angepasstheit setzten, wurden von diesen älteren Schülern verstanden und deshalb auch erinnert, aber sie stellten die Einstellung im Ganzen nicht in Frage.[38]

Und die Einstellung zum Krieg war bei Müttern, Vätern und Kindern ähnlich. Auch die Mütter haben den Krieg zwar beklagt, ihn aber nicht grundsätzlich abgelehnt, sie haben ebenso wie ihre Männer – wie schon das Kapitel 2 zeigte – ihre Kinder nicht vom Kriegsspielzeug und vom Kriegspielen abgehalten. Hier folgten sie der Linie der **Kirche.**[39] In beiden Kirchen wurde für den Sieg der deutschen Waffen, für Führer und Vaterland gebetet, läuteten die Glocken nach den großen deutschen Siegen, zuweilen waren es Kinder, welche die handbetriebenen Glocken läuten durften. Sie wurden nicht vor die Entscheidung gestellt, entweder Hitlerjugendführer oder Mitglieder in kirchlichen Jugendgruppen zu sein. In den Jugendkreisen der Kirchen wurden Kriegstagebücher geführt und »Waffen des Worts« geschrieben, in denen die Kinder und Heranwachsenden die Soldaten mit Bibelsprüchen und frommen Versen in ihrem, so wurden sie unterwiesen, tapferen und gerechten Kampf unterstützen wollten. Die Kriegskinder bestätigen die Befunde meiner Frauendokumentation: Man konnte beides sein, kirchengläubig und hitlergläubig.[40] Man konnte Ministrant und Jungvolkführer sein, in die Kinderkirche gehen und in den Dienst bei der Hitlerjugend. Wir erinnern uns an den Tagebucheintrag von Ilse J. (1930), in dem sie an ein und demselben Tag ihre Konfirmation und ihre Vereidigung auf die Hitlerjugend beschreibt.[41] So empfanden die Kinder auch kaum einen Zwiespalt zwischen beiden Welten. Manche sprechen aus der Rückschau von »Doppelgleisigkeit«. Nur da, wo sie verstörende Erlebnisse hatten, die sie mit beiden Welten nicht in Einklang bringen konnten, wo die Großeltern womöglich anders dachten und reagierten als die Eltern oder wo sie spürten, dass ihre Eltern bedroht oder gar verfolgt waren, wurden sie verunsichert und empfanden Angst und Ratlosigkeit. Darüber wird noch zu reden sein. Hier nur zwei harmlose Beispiele, die zeigen, wie wenig die kleineren Kinder von dieser ganzen Problematik berührt waren und wie der Seelenfrieden eines Schulkindes durch die Autorität der Mutter wiederhergestellt werden konnte:

Elisabeth B. (1936): »Unser Lehrer war überzeugter Nationalsozialist. Die amtliche Anordnung, mit dem Hitlergruß den Schultag zu beginnen, entsprach genau seiner Einstellung. Das Kruzifix, das seit eh und je im Schulzimmer des katholischen Dorfes hing, wurde hinter die große Schultafel verbannt, so dass man es nicht mehr sah. Es ganz zu entfernen, war am erbitterten Widerstand der Schülereltern gescheitert. Geprägt im Sinne des Nationalsozialismus hat uns dieser Lehrer nicht, dem stand die christliche Erziehung im Elternhaus entgegen. Natürlich war uns der Name ›Hitler‹ bekannt. So sang ich mit Inbrunst in der Kirche im Adventslied statt ›einst den Mittler selbst zu sehen‹, ›einst den Hitler selbst zu sehen‹. Mittler, wer war das denn? Hitler kannte ich sogar vom Foto – es hing ja schließlich bei meiner Oma im Wohnzimmer!«

Roland E. (1932): »Ich gerate in der Schule an einen Rektor mit goldenem Parteiabzeichen. Er demütigte mich unaufhörlich, weil ich nicht ›weltanschaulich‹, sondern immer noch evangelisch gewesen bin. Da christlich erzogen, antwortete ich auf die Frage: ›Gibt es Engel, Roland?‹ ›Ja‹. Allgemeines Hohngelächter der ganzen Klasse. Nach Schulschluss kehre ich benommen nach Hause zurück und erzähle alles meiner Mutter, einer starken und unbeirrbaren Frau. Sie sagte: ›Glaube daran. Es gibt Engel.‹ Damit war für mich alles klargestellt.«

So lebten manche Kinder, wie es ein Mädchen, Jahrgang 1931, ausdrückte, einfach weiter in den »zwei Welten«, ohne dass es zu einer inneren Zerreißprobe kam. Auch die feindlichen Flugblätter, die Schüler und Pimpfe einzusammeln und ungelesen abzuliefern hatten, prallten an diesen Kindern ab. Das las man nicht einmal, das war nichts als »Gräuelpropaganda«.

Es ist klar, dass auch die Lektüre, Kinderbücher, Zeitschriften, Hausbücher, »braun« eingefärbt waren. Diese Mittel der Indoktrination sollen aber hier nicht behandelt werden.[42] Im Besitz der damaligen Kinder, die ich gesprochen habe, befinden sich nur noch wenige, weil die meisten am Kriegsende vernichtet wurden. Eine Ausnahme ist Roswitha L. (1935):

»Ich erinnere mich jetzt plötzlich an ein schauerliches Bilderbuch, was auf dem Boden oben in der Gaststube lag. Das hab ich mir mehrmals mit Grausen angeguckt. Zwar war das ein reiner Judenhetzer, aber als Kinderbilderbuch gemacht. Da war, das könnt ich noch malen, ich konnte es gar nicht glauben, wie scheußlich es war, das Entsetzen zieht einen eben auch an. Da war ein Ungeheuer, also heute würde das so comicmäßig gemacht, gezeichnet, ein feuerrotes, zottiges, übermenschlich großes Ding, was aus dem Meer kroch, ein Teufel mit Hörnen, und der fing an, an Land alles kaputtzumachen, und aus dessen Pelz sprangen lauter kleine Flöhe. Das waren dann auf den nächsten Seiten die Juden, die man unbedingt mit allen Mitteln ausrotten musste. Das ging dann seitenweise, aber die erste Seite mit diesem Ungeheuer, das werde ich nie vergessen.«

Zu beachten ist bei allen Einflüssen, denen die Kinder ausgesetzt waren, dass viele von ihnen oft mehrere Jahre gar nicht zu Hause waren. Wegen der Bombenangriffe wurden fast alle Kinder aus Großstädten mit der sogenannten Kinderlandverschickung evakuiert. Dort waren Lehrer und Hitlerjugendführer ihre Erzieher, und es kam sehr auf die jeweiligen Lehrer an, wie stark sie der NS-Ideologie ausgeliefert waren.[43]

Welche Erziehungsinhalte und Erziehungsstile wirkten – neben den schon in Kapitel 2 herausgearbeiteten – bei der Erziehung zum Krieg zusammen? Und welche Werte wurden vermittelt, ohne dass die Kinder sie damals präzise hätten benennen können? Wir beziehen uns bei dieser Zusammenfassung nochmals auf die Einleitungsquellen und die Dokumente:

Der höchste Wert war *Deutschland*, der Stolz auf alles, was deutsch war und darauf, dass man selbst deutsch war. Man konnte und sollte sich allen anderen Völkern überlegen fühlen. Ruth B. ist und bleibt noch nach der Niederlage »ein echtes deutsches Mädel«. In den zahlreichen Poesiealben, die ich gelesen habe, kommt am häufigsten der Spruch vor: »Sei immer treu und edel, ein echtes deutsches Mädel.«

Die Kehrseite dieses Stolzes war die Geringachtung oder sogar die Verachtung alles Fremden bis hin zum Hass auf alles, was das Deutsch-Sein und Deutschland bedroht, *Hass auf die Feinde*. Ruth B. freute sich über die deutsche Vergeltung, die es »den Mördern endlich heimzahlt«. Der Hauptfeind war »der Jude«, für die Kinder ein abstrakter, mit der Aura der Unheimlichkeit und Bedrohlichkeit umgebener Begriff. Damit zusammen hing die absolute *Führergläubigkeit.* Ruth B. setzte in ihrem Tagebuch noch am 20. April 1945 ihre ganze Hoffnung auf den Führer: »Auf ihn allein hoffen und vertrauen wir.« Das Attentat vom 20. Juli 1944 wird einhellig verabscheut. Ruth B. billigt die Hinrichtung der »Rädelsführer«. Andere sprachen von einem »ungeheuren Frevel«. Gisela F. wollte sogar nach der Niederlage den Kampf noch weiterführen und schließt mit den Worten: »Es lebe Deutschland, es lebe die Idee Adolf Hitler.« Diese unerschütterliche *Siegesgewissheit* überlebte bei den meisten die Niederlage nicht, aber sie hielt sich bei sehr vielen noch bis mindestens fünf Minuten vor zwölf Uhr. Die Pimpfe im Führernachwuchslager auf der Schwäbischen Alb erkannten zwar den »Ernst der Lage«, aber zweifelten nicht am »Endsieg« und sangen in ihrer Morgenfeier: »Nichts kann uns rauben Liebe und Glauben zu unserm Land« mit der Schlusszeile: »Deutschland stirbt nicht!«

Das Volk zählte mehr als jeder Einzelne. Die Morgenfeier im Führernachwuchslager stand unter dem Motto: »Was du für die andern tust, bestimmt den Wert deines Lebens.« Und Michael trug die Gedichte vor: »Ein Herz für unser Volk« und »Kameradschaft«. *Volksgemeinschaft und Kameradschaft* sollten unverbrüchlich sein. Um dem eigenen Volk dienen und alle Feinde besiegen zu können, bedurfte es der *Härte und Selbstdisziplin.* Nicht nur die körperliche Tüchtigkeit zählte, sondern auch die Anstrengung, sich immer und überall zu bewähren, möglichst »der Beste« zu sein. Deshalb die vielen Wettkämpfe und Wettspiele auf allen Gebieten. Die Kehrseite dieser Maxime war die *Verachtung des Schwachen*, das als minderwertig angesehen und bekämpft werden sollte, ohne Rücksicht auf natürliche Mitleidsgefühle. Hierzu noch ein besonders krasses Beispiel: Die damals 13-jährige Gabriele S. (1931) konnte mit Bruder und Mutter in einem Bus übers Riesengebirge vor den Russen fliehen:

»Und da sehe ich mich dann im Bus sitzen und so runterschauen auf einen Zug von Leuten in gestreiften Anzügen, ausgemergelt, mit diesen runden Dingern auf dem Kopf, also furchtbar sahen die aus. So furchtbar, dass ich mich bis heute genauestens daran erinnern kann und an mein zwiespältiges Gefühl von jähem Erbarmen und gleichzeitig denke: das sind ja gar keine richtigen Menschen. Also das muss irgendwie so ein Todesmarsch gewesen sein. Ich weiß noch, dass ich es fast nicht aushalten konnte, und mir so geholfen habe: das sind ja gar keine richtigen Menschen. Stellen Sie sich das vor. So sind wir indoktriniert gewesen.«

Wie lange wirkten die Spuren der NS-Prägung nach? Das wird zu verfolgen sein.[44]

Die vielen »Einsätze«, von denen wir gehört haben, beweisen den Willen, dem eigenen Volk zu dienen.[45] Und darauf zielte letztlich die gesamte Erziehung. Im Verlauf des Krieges nahm die Mobilisierung der Kinder für alle nur möglichen Zwecke ständig zu. Nicht nur Sammeln, Basteln, Lazarettsingen und dergleichen »friedliche« Einsätze wurden gefordert, sondern gefährliche und lebensbedrohliche bei und nach Bombenangriffen, beim Ausheben von Panzergräben. Nicht wenige der Kinder wurden »Kindersoldaten«. Selbst manche Mädchen wurden noch mit Panzerfäusten ausgerüstet und zu Werwolf-Aktionen aufgerufen. Sie sollten und mussten mit dem Einsatz ihres eigenen Lebens bezeugen und bezahlen, was sie so oft gedankenlos, aber mit gläubigem Herzen gesungen haben: »Ja die Fahne ist mehr als der Tod.«

Kapitel 4

Keller, Bunker, Bomben

Der Bombenkrieg scheint inzwischen ausreichend und umfassend dokumentiert zu sein. Zahlreiche Ortschroniken und Stadtgeschichten, Vorläufer von Jörg Friedrichs Zusammenfassung in seinem großen Buch »Der Brand«[1] und dem dazugehörigen Bildband »Brandstätten«,[2] schildern die grauenhaften Zerstörungen von Wohnhäusern, Kulturdenkmälern und menschlichem Leben in allen Einzelheiten. In den letzten Jahren häufen sich bebilderte Zeitungsberichte und Fernsehsendungen, die an die 60-jährige Wiederkehr der »dunkelsten Stunden« der Heimatstädte erinnern. Zeitzeugen kommen mehr und mehr zu Wort. Wachsame Historiker befürchten bereits, dass die Deutschen sich aus der Rolle der Täter stehlen und sich in der Rolle der Opfer der Verantwortung für das Geschehene endlich entledigen wollen.

In meiner Frauendokumentation[3] habe ich schon 1998 den von den Bomben betroffenen Frauen und ihren Leiden ein großes Kapitel gewidmet. Bei meinen Gesprächen mit den Kriegskindern wurde mir am ausführlichsten über zwei Themen berichtet: über die Luftangriffe und über Flucht und Vertreibung. Auch die in letzter Zeit veröffentlichten Bücher über die Kindergeneration[4] befassen sich schwerpunktmäßig damit.

Kann ich darüber hinaus noch etwas schreiben und dokumentieren, was nicht schon sattsam bekannt ist?

Anders als in der erwähnten Literatur geht es in diesem und dem nächsten Kapitel, die dem Luftkrieg gewidmet sind, nicht nur um erschütternde Kinderschicksale, um Schreckensbilder, Tod und Verderben, sondern auch um das »alltägliche Leben« unter und mit der Bombengefahr. Denn der Bombenkrieg war nicht ein einmaliger oder mehrmaliger Terrorakt, er zog sich über Jahre hin. Für die größeren Kinder, die ihn erleben mussten, umfasste er beinahe ihr halbes Kinderleben, für die kleineren das ganze. Deshalb wird er von ihnen so gut erinnert. Aber auch in den Köpfen derer, die keine bewussten Erinnerungen mehr an ihn haben, hat er seine Spuren hinterlassen. Ich habe schon in den ersten beiden Kapiteln angedeutet und betrachte in diesem Kapitel genauer, wie Kinder mit Bomben und Tieffliegerbeschuss lebten, wie sie sich in Kellern und Bunkern eingerichtet haben, wie sie zwischen den Angriffen inmitten von Scherben und Trümmern spielten und ihre Abenteuerspielplätze fanden. Wir werden in diesen beiden Kapiteln wieder einer enormen Anpassungsfähigkeit von Kindern begegnen, einer erstaunlichen Zähigkeit und Lebenskraft, die sie das Keller- und Bunkerleben bestehen ließen. Wir werden sehen, wer und was ihnen dabei half, mit Todesangst und Lebensbedrohung fertig zu werden, was sie an den Erwachsenen beobachteten und mit ihnen erlebten, wie sie das »Ausgebombtsein« empfanden. Kinder waren aber nicht nur Erduldende; es wurde ihnen einiges abverlangt, sie halfen und wurden teils rücksichtslos eingesetzt. Aber wir werden auch erfahren, womit sie nicht fertig werden konnten, damals nicht, manchmal bis heute nicht. Wir werden Geschehnisse und Beschädigungen kennen lernen, die – wie sie selbst sagen – ihre Kindheit mit einem Schlage beendeten.

In den meisten Darstellungen wird *über* die Kinder geschrieben. Nur gelegentlich werden sie selbst zitiert. Hier werden wir ihre eigenen Stimmen hören, aus der Erinnerung, die zu diesem Thema so dicht und intensiv ist, »als sei es gestern gewesen«, wie sie wieder und wieder versichern. Auch hier sollen wieder Kindertagebücher sprechen. Leider habe ich keine Aufzeichnungen von Jungen zu diesem Kapitel, Mädchen sind offenbar überhaupt eifrigere Tagebuchschreiberinnen; ohnehin kommen dafür nur die älteren in Betracht. Natürlich haben 14- und 15-Jährige nicht die Ausdruckskraft von Literaten. Wenn Dieter Forte, Wolf Biermann, Walter Kempowski und andere anerkannte Autoren von ihren Erfahrungen als Kinder im Luftkrieg berichten[5], ist das sicher ungleich eindrucksvoller als das, was die Mädchen damals zu Papier bringen konnten. Selbst diese Schriftsteller müssen eingestehen, dass es eigentlich keine Worte für das Grauen eines Großangriffs gibt. Wie viel weniger konnten Kinder damals einen adäquaten Ausdruck dafür finden. Dennoch sind ihre Aufzeichnungen von unschätzbarem Wert, weil sie gerade in ihrer Hilflosigkeit und Unzulänglichkeit etwas ahnen lassen von der durchgestandenen Erschütterung, der Lähmung und dem Schock. Manche der Schilderungen sind von erschütternder Eindringlichkeit, wenn man bedenkt, dass sie von 13- oder knapp 14-Jährigen unmittelbar unter dem Eindruck des Erlebten abgefasst wurden ohne literarische Vorbilder[6], ohne dass sie sich etwas angelesen haben konnten. Aber auch die andere, schon erwähnte Seite wird nur durch die Tagebuchaufzeichnungen richtig greifbar, nämlich die Art und Weise, wie der Bombenalltag zum Lebensalltag wurde, wie er in das Leben eingefügt wurde, ohne es zu zerbrechen, wie das Leben weiterging – trotz allem.[7]

Persönliche Bilddokumente zu Luftschutzkellern, Bunkern, zu Zerstörungen haben sich nur sehr spärlich erhalten. Sie könnten ohnehin nicht mit

Archivmaterial, mit Bildbänden und den bewegten Fernsehbildern von Angriffen und Feuerstürmen konkurrieren. Trotzdem sind einige im Dokumententeil zu finden. Sie zeigen das *eigene* Haus, die *eigene* Schule eines Berichterstatters oder einen einzelnen, zufällig geretteten Gegenstand – all dies stellvertretend für eine Unzahl anderer. Auch Dokumente, die man in Publikationen kaum findet, wurden mir zur Verfügung gestellt: Zeichnungen, Kinderbriefe, feindliche Flugblätter, bunte Bilderbögen. Sie können mithelfen, Keller, Bunker, Bomben mit den Augen der Kinder zu sehen.

Der Luftkrieg warf seine Schatten voraus. In unliebsamer Erinnerung sind die **Gasmasken** und die **Luftschutzübungen**:

Erwin K. (1937): »Im Sommer 43, da mussten wir als Kinder auch Luftschutzübungen machen, mit Gasmaske. Wir wurden auch gedrillt, dass hier Sand und Wasser sein musste und die Handpumpe zu bedienen war. Im Treppenhaus auf jedem Absatz musste so was sein, die Sandsäcke, die Wassereimer und die Spritze. Und eine Luftschutzübung im Hochsommer mit Gasmaske ist sehr anstrengend. Da war ich sechs Jahre alt, und es beschlägt alles, man schwitzt, aber es war für uns selbstverständlich.«

Durch alle Erzählungen zieht sich wie ein roter Faden die Erinnerung an das **Rennen in den Keller oder in den Bunker,** bei Nacht und mehr und mehr auch bei Tag. Wie oft selbst in einer schwäbischen Kleinstadt, in der verhältnismäßig wenig Bomben fielen, die Sirenen heulten, wie viele Stunden Alarm war und welche Schäden angerichtet wurden, hat die Mutter von Manfred K. (1932) genau registriert.

»Meine Mutter, die hat vom ersten Fliegeralarm, das war am 4. November 1939 nachts von 3 Uhr bis 3.15, alles aufgeschrieben. Und bis die Amerikaner bei uns eingezogen sind in die Stadt, am 15. April 1945, hatten wir 690 Luftalarme überlebt … An Weihnachten 1944 hatten wir sechs Mal Fliegeralarm.«

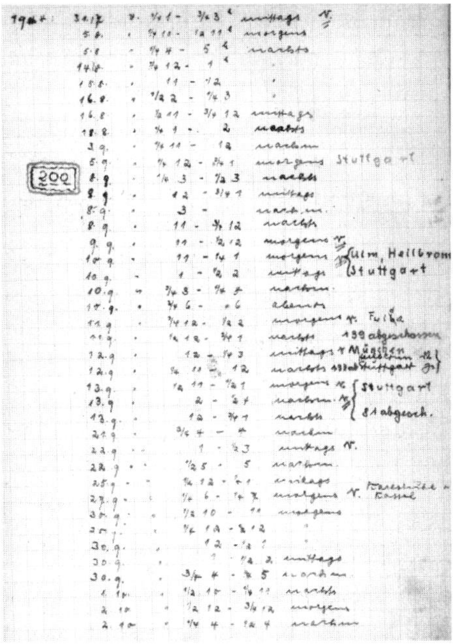
1a. Anzahl der Luftalarme in Heidenheim

Manfred K. hat zusammengezählt, dass die Heidenheimer 36 Tage, 22 Stunden und 26 Minuten im Keller sitzen mussten, auch wenn

1b. Zeichnung eines Luftangriffs von Manfred K.

sie es wohl nicht immer von Anfang bis Ende jedes Alarms taten. Bei Tag konnte man Luftnachrichten oder Drahtfunk[8] hören, sofern man ein Rundfunkgerät besaß (längst nicht alle hatten eines). Daraus war die Nähe der Luftgefahr zu entnehmen. Ältere Jungen erinnern sich genau:

Klaus B. (1929): »L 10 und L 15 bedeuteten, dass mit der Ankunft der Bomberverbände in zehn Minuten oder in 15 Minuten zu rechnen sei. Während der Schulstunden wurde bei L 15 der Unterricht abgebrochen, und wir konnten nach Hause gehen.«

Solange die Kinder noch keine Angriffe erlebt hatten, empfanden sie diese Unterbrechung des Schulunterrichts als angenehme Abwechslung, und sie freuten sich auch, wenn nach nächtlichem Alarm am nächsten Morgen der Unterricht erst später begann oder bei Tagesalarm eine Klassenarbeit ausfiel. Und solange sie nicht selbst bedroht waren, konnten sie dem Anblick der Bomber sogar eine ästhetische Qualität abgewinnen. Heinrich S. (1932) aus Groß-Strehlitz in Oberschlesien über den Heimweg von der Schule:

»Anstatt nach Hause zu gehen, haben wir im Park oder in der Stadt noch etwas gespielt und sind rumgelaufen … Meistens sind wir aber am Gemüsekiosk gestanden und haben geguckt, wie viel Flugzeuge da angeflogen kamen. Einmal … wir haben ja meistens gezählt, aber einmal, da kann ich mich noch erinnern, da waren es 660 Flugzeuge, die in einem Quadratformat angeflogen kamen. Also die waren solche kleinen silbernen Punkte am Himmel. Das war ganz schön, weil die Sonne geschienen hat, und man konnte sie richtig ansehen.«

Wie sollten sich diese Kinder – noch weit weg von aller Gefahr – vorstellen können, was diese »schönen Bomberflotten« anrichten würden? Es wurde ja auch alles getan, Luftschutz und Luftkrieg den Kindern als das Normalste und zum Leben Gehörende darzustellen, als eine vorübergehende Störung, leicht zu meistern mit entsprechender Vorbeugung und diszipliniertem Ver-

2. Bilderbogen für Kinder

halten. Wie konnten die Kinder ahnen, wie lächerlich und unwirksam diese Bilderbogen-Anweisungen im Ernstfall sein würden?

Je mehr aus den nichtsahnenden Kindern »gebrannte Kinder« wurden, desto mehr erschreckte sie der auf- und abschwellende Heulton der **Sirene.** Er verschmolz schließlich so untrennbar mit tödlicher Bedrohung, dass er den damaligen Kindern bis heute buchstäblich in den Knochen sitzt. Schon damals gab es Kinder, die weder die Sirene noch den Drahtfunk abwarteten, sondern schon vorher ganz alleine in den Keller gingen.

Irmgard B. (1936): »Dann seh ich mich immer noch im Traum tagsüber oder nachts mit einer Puppe spielend in unserem Keller sitzen. Es war ja schon sehr schnell so, dass ich gar nicht mehr in meinem eigenen Zimmer zu Bett gehen konnte, sondern gleich mein Bett im Keller aufzusuchen hatte. Und dann hatten meine Eltern immer noch irgendwie so viel zu tun, wahrscheinlich um das Haus zu verdunkeln und was weiß ich noch … so dass ich dann da im Keller Stunden alleine war. Alleine …, wann kommen die Bomben? Dann kam sehr schnell die Zeit, wo ich nicht mehr schon abends in den Keller zum Schlafen ging, sondern praktisch den ganzen Tag über mit kurzen Unterbrechungen im Keller gespielt hab, alleine gespielt hab.«

Wenn einige Kinder heute sagen, sie hätten die Verbände schon vorher gehört, dann mag das bei manchen eine Angstprojektion gewesen sein. Es wurde mir aber mehrmals berichtet. Hunde mit ihrem ausgezeichneten Gehör reagierten sehr früh:

Peter R. (1933): »Unser Hund Schnuff hörte die Sirenen schon immer aus weiter Ferne – er saß oft auf einem Fenstersims und fing schauerlich an zu heulen. So wussten wir, dass es Alarm geben würde. Er war immer der Erste vor der Kellertür.«

Bei besonders dünnhäutigen Kindern stellten sich körperliche Beschwerden oder Schlafstörungen ein. Die meisten hatten große Angst.

Ruth S. (1931): »Beim ersten Sirenenton bekam ich schon große Magenschmerzen, so dass ich oft am nächsten Tag nicht zur Schule gehen konnte. Die Magenschmerzen begleiten mich noch heute bei Stress und Aufregung.«

Renate S. (1937): »Wenn Hauptalarm kam, mussten wir sofort in den Bunker. Da durften aber erst nur die Frauen mit Kinderwagen herein, und dann kamen wir. Da konnten wir schon sehen, wie die Bomben ausgeklinkt wurden. Wir hatten immer sehr große Angst. In dem Bunker saßen wir zunächst in einem großen Raum mit mehreren Leuten zusammen. Aber da ich immer brechen musste oder Nasenbluten bekam, wurde uns das Bad zugewiesen.«[9]

Eveline F. (1932): »Ich hatte dann als Zwölfjährige auch ganz große Schlafstörungen, weil wir ja jede Nacht aufgeweckt wurden durch Sirenen, und ich bin vor eins, zwei, wenn dann mal kein Alarm war, überhaupt nicht eingeschlafen.«

Dorothea D. (1936): »Wir wurden von der Sirene, die kaum ein paar Meter von unserer Dachkammer entfernt auf dem Rathausdach angebracht war, aufs Übelste aus dem Schlaf gerissen. Manchmal zitterte ich so vor Schrecken und Müdigkeit, dass ich mich gar nicht anziehen konnte. Tante Maria kam herauf, sah nach uns und half mir in die Kleider.«

Hanne R. (1930): »Als unser Haus brannte, bin ich mit dem Vater x-mal ins Haus reingerast und habe noch Sachen gerettet. Ich hatte dann eine ganz scheußliche

Rauchvergiftung und konnte eine ganze Woche lang nichts mehr sprechen. Das war auch der Schock.«

Irmgard B. (1927), Hannover: »Eigentlich habe ich seit 1941 wohl keine Nacht durchschlafen können, manchmal mussten wir drei- oder viermal raus. Zum Schluss haben wir uns nicht mehr ausgezogen, Köfferchen unter das Bett gelegt, bis zum nächsten Angriff. Immer in Angst, das war am schlimmsten, immer Angst. Ich hab jeden Abend im Luftschutzkeller so ›ne Flasche Baldrian ausgetrunken. Ich hab die ganze Zeit gezittert, als einzige, meine Geschwister haben nicht gezittert, aber ich hab nur gezittert. War für meine Mutter auch schlimm.«

Die notwendigen Kleider und das Luftschutzgepäck, meist ein kleiner Rucksack oder Koffer, lagen immer griffbereit. Manche hatten besondere Vorkehrungen für die Kinder getroffen:

Peter M. (1937): »Unsere Großmutter, die bei uns im Haus wohnte, nähte für alle Kinder dicke Mützen, die mit Lumpen ausgestopft waren, um Kopfverletzungen vorzubeugen. Wir alle trugen um den Hals an einem Band ein kleines Täschchen, in dem eine runde Metallscheibe aufbewahrt war. Darin waren unsere Namen und Adresse – vielleicht auch noch sonstige Angaben – eingestanzt. Ich hatte damals die Meinung, dies sei Vorschrift und alle Leute hätten so etwas. Wie die vielen Suchmeldungen zeigen, war das aber offenbar nicht so.«

Ein erneuter Beweis für die Unterschätzung der Wucht alliierter Bombenangriffe durch die deutsche Regierung oder auch für den Mangel an Fürsorge gegenüber der eigenen Bevölkerung.

Hertha L. (1935): »Wenn Fliegeralarm war und wir in den Keller mussten, habe ich immer zwei kleine Kissen mitgenommen, eins für das linke Ohr und eins für das rechte Ohr. Die habe ich fest an mich gepresst. Ich habe mir die Ohren zugehalten, damit ich die Bomben, die in unserer Nähe abgestürzt sind, nicht hören konnte. Ich kann heute noch nicht einschlafen, wenn ich mir die Decke nicht über den Kopf gezogen habe.«

Um rechtzeitig einen Luftschutzkeller oder einen Bunker zu erreichen, musste es meist sehr schnell gehen. Und das machte mit sehr kleinen Kindern, Alten, Kranken und Behinderten große Mühe, wobei die etwas Älteren schon stark beansprucht wurden. Die ganz Kleinen haben daran – wenn überhaupt – vor allem die Erinnerung, dass sie unsanft aus dem Schlaf gerissen wurden. Wenn kein Angriff kam, konnten sie im Keller oder Bunker weiterschlafen. Vielen wird es dabei ähnlich ergangen sein wie Vera Gröhl, damals fünf Jahre alt:

»Meine Mutter hatte bisher bei jedem Luftalarm als erstes mich aus dem Schlaf gerissen und entsprechend schlaftrunken in den tiefen Gewölbekeller mehr getragen als gebracht. Oberbetten, Kopfkissen und Decken flogen anschließend die Kellertreppe hinunter. Zuletzt kam sie mit dem schwarz-blauen Milchtopf selbst, von mir sehnsüchtig erwartet, um mich fürsorglich in einen Liegestuhl zu betten, sich neben mich zu setzen und meine Hand zu halten. Der Milchtopf, der mich meine ganzen Kinderjahre über begleitete, war kein gewöhnlicher Topf; er hatte in seinem zu einer Glocke geformten Deckel mit einem kleinen gebogenen Handgriff, am unteren Rand daumenstarke Löcher, die bewirkten, dass die Milch beim Kochen nicht überlaufen konnte, sondern durch diese Löcher wieder in den Topf zurückfloss. Im Keller sollte er bei einem eventuellen Verschüttetwerden meinem Überleben dienen, bis wir von Luftschutzhelfern ausgegraben werden würden. Das Bettenzubehör sollte uns vor Kälte, Staub und Trümmerbrocken schützen.«[10]

Elly K. (1937): »Bei Fliegeralarm musste ich meist den Jüngsten auf dem Sofa anziehen. Sein Leibchen schaffte ich gerade noch, aber wenn es an die wollenen, selbstgestrickten Strümpfe ging, fing er an zu plärren, stampfte mit den Füßen auf dem Sofa herum und schrie: ›Die zieh i net an, die beißen, die beißen!‹ Trotz seines Widerstandes und seiner Tränen musste ich es schaffen, ihn von Kopf bis Fuß in seine Kleider zu stecken.«

Erwin K. (1937): »Dann wurden die Angriffe häufiger und schlimmer, und mich hat es wahnsinnig gestört, nachts aufstehen zu müssen. Ich wollte nicht aufwachen. Mein Vater musste mich mit Gewalt wecken – und dann ab in den Keller!«

Renate C. (1937): »Und wir sind dann bei Nacht losgerannt in den Bunker. Und da weiß ich ... da war's ja ganz Nacht ... es war ja alles ganz dunkel. Und ... und meine Mutter war meistens nicht fertig, weil meine jüngere Schwester, die hat dann ihre Strümpfe nicht gefunden, die Kleine sowieso nicht. Und ich in meiner Todesangst bin dann losgerannt alleine.«

Sigrid B. (1929): »Bei uns gab es eine gelähmte Oma, die wir auf einer Zeltplane in den Keller zogen, da unser starker Vater Soldat war.«

Dorothea S. (1934): »Ich musste einer Frau helfen, die drei Kinder hatte, in den Stollen in Riedenberg zu kommen. Ich musste rennen, habe gezittert. ›Du musst helfen!‹ sagte meine Mutter. Es war eine harte Aufgabe für ein zehnjähriges Kind.«

Aus dem sicheren Abstand des Überstandenen werden auch komische Episoden und Witze erinnert:

Hildegard W. (1934): »Es gab kaum noch eine Nacht, in der wir durchschlafen konnten. Sich richtig ausziehen zur Nachtruhe war viel zu zeitraubend. Gab es Fliegeralarm, fuhr man hoch, warf Kleid und Mantel über, knotete das Bettzeug in die darunter liegende Wolldecke, warf es die Kellertreppe hinunter und hastete zum nahe gelegenen Bunker. Jeder hatte ein Gepäckstück mit dem wertvollsten Familieneigentum bei sich, Opa hatte immer das Köfferchen mit dem Tafelsilber. Einmal sprang das Schloss daran auf und der gesamte Inhalt landete auf dem Weg. Dabei büßten wir einige Teile des Silberbestecks ein, außerdem wurde einer mit eingepackten Madonnenfigur der Kopf abgeschlagen, der zum Glück aber wiedergefunden wurde. Ein andermal blieb ein Ziegelstein, der zum Füßewärmen diente, in einem Bettpacken liegen und wurde mit diesem die Kellertreppe heruntergefeuert, was einen höllischen Lärm und ebensolchen Schrecken verursachte. Trotz aller Ängste bleiben solche komischen Erlebnisse am Rande einer Erinnerung sehr lebendig, wie man die ganze Zeit sowieso nur mit einer guten Portion Abgebrühtsein und Galgenhumor überstehen konnte, zum Beispiel die Geschichte vom immerwährenden Weihnachtsfest: Die Flugzeuge werfen die brennenden Christbäume[11] herunter, die Flak schießt die Kugeln dran und im Keller sitzt das Volk und wartet auf die Bescherung! Und die kam regelmäßig. Immer wenn man nach der Entwarnung aus dem Bunker nach Hause zurückkehrte, gab's wieder viele ›Bombenbekloppte‹. Ein noch nicht getroffener Stadtteil wurde von den Emdenern ›Wartegau‹ genannt.«

Es waren makabre und verzweifelte Witze und Redensarten, die nicht wirklich entlasten konnten. Jedes Kind wusste, dass es bei diesem Rennen in den Keller oder Bunker um das nackte Leben ging. Und dass man vor den Bomben dort sein musste. Der kleine Klaus R. (1938) bezog nach der Ausbombung in Mannheim 1943 eine Unterkunft bei seiner Tante in Heidelberg. Dort ging man nicht in den Keller, weil die Heidelberger glaubten, ihre Stadt würde nicht bombardiert. Klaus bekam im Kindergarten einen Tobsuchtsanfall, als Alarm war und niemand Anstalten machte, in den Keller zu gehen. Er bezeichnet dieses Ereignis als sein erstes traumatisches Kriegserlebnis. Wie tief die Angst saß, ja nicht zu spät zu kommen, zeigt sich nicht nur daran, dass man sich nachts gar nicht mehr richtig auszog, sondern auch im Verhalten mancher Kinder, die sich ganz selbständig noch vor den Erwachsenen mit Rucksack und Puppe auf den Weg in den Keller oder Bunker machten. Und als die Angriffe, besonders in den großen Städten, immer häufiger und heftiger wurden, lebten viele tage- und nächteweise nur noch im Keller oder im Bunker. Fürchterlich war es, wenn die Zeit nicht mehr reichte, wenn der Alarm zu spät oder gar nicht kam oder schon auf dem Weg Bomben fielen.

Robert L. (1933): »Wir (*Robert und seine drei jüngeren Geschwister*) schliefen mit meiner Mutter in Kleidern auf der Pritsche im Keller. Kam die Vorwarnung, weckte sie uns, trug die beiden Jüngsten nach oben und packte sie in den Kinderwagen, der vorbereitet mit einigen Utensilien im Flur stand. Bis sie in den Keller zurückkam, waren wir wieder eingeschlafen. Manchmal musste sie uns einzeln hochtragen. Dann setzte sie Bruder und Schwester auf die Seitenkanten des Kinderwagens, gab mir den Rucksack mit den sogenannten Fressalien und rief: ›Renn hinter mir her!‹ Draußen bot sich ein unvergessliches Schauspiel. Am Himmel hingen Christbäume. Es waren farbige Zielmarkierungen an Fallschirmen. Sie erleuchteten die Nacht gespenstisch hell. Von allen Seiten tasteten die Leuchtfinger der Scheinwerfer den Himmel ab. Die

Acht-acht (*Flakgeschütze*) donnerten in ununterbrochenem Stakkato. Dazwischen bellte die Vierlingsflak in kurzen Stößen und verschoss Leuchtmunition, die sich als zuckender Strahl in den Himmel bohrte. Schon hörte man das Pfeifen der ersten Bomben und die Detonationen. Auch die ersten hochschießenden Flammen von explodierenden Phosphorbomben waren zu sehen. In diesem Inferno rannten Menschen mit Kinderwägen, Handwägen und Rucksäcken in Richtung Bunker. Kinder schrien vor Angst, alte Leute jammerten, weil sie nicht schnell genug mitkamen, dazwischen laute Zurufe, um sich nicht zu verlieren. Solche chaotischen Nächte wurden langsam zur Normalität.«

Ursula H. (1937): »Im Herbst 1944 wurde in unserer Nachbarschaft ein Haus von einer Sprengbombe getroffen, und auch unser Haus wurde beschädigt. Fenster waren zersprungen, der Putz von den Decken gefallen. Es geschah in der Nacht, und wir konnten den Luftschutzkeller nicht mehr erreichen, sondern wurden im Treppenhaus von den Detonationen überrascht. Meine kleine Schwester, damals vier Jahre alt, weinte und sagte: ›Mama, jetzt bin ich tot.‹«

Anneliese L. (1929): »Die Nacht vom 13. März 1945 werde ich nie vergessen. Wir schliefen ja schon fast völlig angezogen in den Betten, um sofort in unseren Nacht-Bunker in der Parkhöhle rennen zu können, aber diesmal waren die Flugzeuge zusammen mit den Sirenen da. Es waren schon sogenannte Christbäume gesetzt, das waren Beleuchtungskörper, die nach unten sanken und alles von oben gut sichtbar machten. Vorausfliegende Flugzeuge hatten sie geworfen, dann kamen die Geschwader und hatten Sicht und Orientierung. Die deutsche Flak schoss wie wild, und als wir die Haustür öffneten, da war schon alles gleißend und fahlgelb beleuchtet, die Splitter der geplatzten Flakgranaten klatschten massenhaft zu Boden. Wir mussten im Haus bleiben. Aber diesmal kam alles anders. Wir hörten ein überlautes Brummen und Knistern, explosionsähnliche Geräusche, konnten nicht mehr fassen, was los war. Wir beschlossen, bei uns in den Hauskeller zu gehen, bekamen jedoch die Türen innerhalb des Hauses nicht mehr auf, irgendein schrecklicher Sog verhinderte es. Ich habe nie wieder eine solche Todesangst ausgestanden! Muttel, Traute und ich kauerten uns dicht zusammengedrängt wie Tiere in eine Küchenecke, völlig verstört, und wussten nicht, was draußen vor sich ging! Ich kann mich nicht erinnern, wie lange das dauerte.«[12]

Keller und Bunker, die oft mit Mühe und manchmal gar nicht erreichten Zufluchtsorte! Aber waren sie es wirklich? Nicht alle suchten dort Schutz. Besonders auf dem Lande, wo es gar nicht genügend Schutzräume gab, gingen viele in den Wald. Manche flüchteten in Panzergräben oder in Tunnels, Hausgemeinschaften und Nachbarschaften bauten sich in eigener Arbeit einen Stollen. Doch war für die meisten der Hauskeller der bevorzugte und oft auch der einzige Ort, in dem man sich zumindest sicherer fühlen konnte als in der Wohnung.

Wie erlebten Kinder den **Luftschutzkeller**? Meist war er ein sehr ungemütlicher Ort, wo man normalerweise Vorräte lagerte, Eingemachtes, Kartoffeln, Kohlen. Er war düster, höchstens durch eine schwache Funzel, durch eine Karbidlampe oder durch eine Kerze erleuchtet. Es roch muffig und modrig, die Luft war sehr schnell verbraucht, und er war kalt. Wie ein vorschriftsmäßiger Luftschutzkeller ausgestattet sein sollte, beschreibt Karl Heinz Mehler (1929):

»Dieser Keller sollte besonders massiv gebaut sein. In manchen Häusern wurden Kellerdecken verstärkt oder zusätzlich abgestützt. Die Kellerfenster wurden erst mit Sandsäcken, später mit Betonklötzen geschützt. Feuersichere Stahltüren wurden eingebaut. Außerdem wurden Mauerdurchbrüche zu den Nachbarhäusern geschaffen, damit die Möglichkeit bestand, über eines dieser Häuser ins Freie zu gelangen, falls der Zugang zum eigenen Keller verschüttet sein sollte. Im Luftschutzkeller wurden Holzpritschen aufgestellt, gefüllte Wassereimer und Sand mussten in jedem Haus zum Löschen kleinerer Brände bereitstehen.«[13]

Aber so sahen längst nicht alle Luftschutzkeller aus. Häufig befanden sie sich knapp unter dem Boden ohne die genannten Absicherungen. Die besonders tiefen, gewölbten Keller waren meist überfüllt, was sich noch verschärfte, nachdem viele Hauskeller zerstört waren. Luftschutzräume mussten deutlich sichtbar mit LSR gekennzeichnet sein.

Helmut B. (1934): »Unser Keller war überfüllt. Wir schlüpften in unseren kleinen Mieterkeller mit der Lattentüre. Zwischen den Brikettbeugen, den Einmachgläsern, dem Bohnentopf saßen wir in drangvoller Enge auf kleinen Hockern und Holzkistchen. Das Sauerkrautfass diente als Tisch für die vorsorglich angezündete Kerze, falls das Licht, diese trübe Glühbirne, verlöschen würde.«

Doch es gab auch recht komfortable Keller, in die man alte Möbel gestellt oder Holzpritschen mit Strohsäcken versehen hatte, damit die Kinder gleich weiterschlafen konnten. Sogar richtige Betten gab es:

Ilse V. (1931): »Alarm gab es im Lauf der Jahre immer mehr, vor allem nachts, so wurde der Keller mit Betten bestückt, und wir Kinder schliefen dann einfach im Keller. Mutter und Lila (*Hausgehilfin*) kamen dann mit ›den Kleinen‹ bei Alarm runter, wir merkten oft gar nichts davon und waren wohl am nächsten Tag im Gegensatz zu unseren Klassenkameradinnen recht ausgeschlafen.«

Solange sie noch keine allzu schlimmen Bombenerfahrungen gemacht hatten, konnten Kinder den Aufenthalt im Keller sogar als eine interessante Abwechslung empfinden.

Sigrid R. (1938): »Als die Luftangriffe (ca. 1941) auf Stuttgart begannen, war das für mich anfangs eine lustige Abwechslung. Von der Gefahr merkte ich als kleines Mädchen nichts. Die vielen Leute (fünf Familien) im Luftschutzkeller waren eine unterhaltende und aufregende Abwechslung. Es gab ältere Kinder im Haus, zwei oder drei Buben, die sich bemühten, mich bei guter Laune zu halten und allerhand Blödsinn in den zweistöckigen Luftschutzbetten veranstalteten.«

Es wurde gespielt, gesungen, vorgelesen. Für manche gab es besondere Attraktionen. Uwe J. spielte im Keller mit seinem gleichaltrigen Freund Kurti:

»Hier gab es nämlich ein ganz bemerkenswertes Spielzeug. Eine Mühlenlandschaft mit Wasserrad und Schmiedehammer, einer Wassermühle und Kanälen. Das Ganze aus Blech geformt und schön bunt angemalt. Aus einem Behälter floss Wasser auf eine kleine Turbine, diese drehte sich und trieb über Achsen und Riemen bewegliche Spielzeuge an.«

Für die meisten Kinder jedoch wurde der Keller zunehmend zu einem Ort der Angst.

Renate R. (1935): »In den folgenden Jahren wurden wir oft dreimal in einer Nacht vom Fliegeralarm aus dem Schlaf gerissen, um vom dritten Stock in den Luftschutzkeller zu eilen. Dies geschah manchmal Hals über Kopf, und einmal glückte es gar nicht, da meine Schwester bei der Suche ihrer Hausschuhe am Bettrost hängen blieb und meine Mutter sie einfach nicht befreien konnte. Nie war man sicher, ob man nicht durch eine Sprengbombe zerfetzt werden würde oder im Keller verschüttet und nicht gefunden würde. Ich saß dann grundsätzlich zähneklappernd im Keller, dem Geschehen hilflos ausgeliefert. Meine Mutter hatte neben wichtigen Schriftstücken – Lebensmittelkarten gehörten auch dazu – stets Baldriantropfen und Würfelzucker im Notgepäck, welche meine Not etwas linderten.«

Die Weingärtnerstochter aus Heilbronn, Susanne S. (1941): »Meine Erinnerungen an den Krieg sind so lebendig, dass ich heute noch bei jedem großen Knall erschrecke und Angst in mich fährt. Ich erinnere mich an die Holzpritschen, die in unserem Gewölbekeller standen, auf denen wir saßen und Angst hatten. Es gab ja nur Kerzenlicht, und hinter den Fässern, die mehrere Tausend Liter fassten, vermutete ich immer Soldaten, die hervorkommen und auf uns schießen würden. Meine Großtante und der Großonkel, die immer bei uns im Keller waren, haben uns liebevoll auf die Pritschen zum Schlafen gebettet. Wir besaßen ein ganzes Kellerlabyrinth, was für mich besonders unheimlich war.«

Die Mütter, Verwandte und Erwachsene konnten manches abfangen, konnten ein Gefühl von Sicherheit vermitteln, aber wenn es wirklich ernst wurde, waren auch sie hilflos, und die Kinder spürten das:

Elisabeth W. (1937): »Meine Eindrücke aus den Aufenthalten im Luftschutzkeller sind nur als nebliges Gefühl präsent: Halbdunkel, viele Menschen im Keller eng zusammensitzend, sehr ernste, ängstliche Gesichter – nichts Fröhliches.«

Wie fein die symbiotische Beziehung zwischen Kindern und Müttern war, bestätigt der Schriftsteller Gerhard Roth im Gespräch mit Volker Hage:

»In dem Augenblick, als ich den Schrecken im Gesicht meiner Mutter gesehen habe, habe ich selber Panik empfunden. Wenn ich den Eindruck gehabt habe, im Gesicht meiner Mutter ist alles in Ordnung, dann habe ich es wie ein Schauspiel betrachtet. Es war direkt abhängig von der Schreckensverarbeitung meiner Mutter.«[14]

Weil die Hauskeller keinen sicheren Schutz boten, bauten in hügeligen Städten Hausgemeinschaften oder Nachbarschaften in eigener Initiative **Luftschutzstollen.** Rolf K. (1937) schreibt dazu:

»Wir hatten normales elektrisches Licht und als Notbeleuchtung eine Autobatterie mit 4 Birnchen. Der Stollen selbst hatte keinen Aufenthaltsraum, er war durchgehend ein Gang, auf einer Seite mit Sitzbrettern, unter welche Wasser und Lebensmittel gelagert wurden. Aus Stollenholz wurden vor jedem Eingang zwei Türen eingebaut, die auf dem Holz der Stollenverbauung auflagen, damit ein Luftdruck oder Erdrutsch abgefangen werden konnte ... Der Stollen wurde 1944 fertiggestellt. Er bot Platz für die ca. 65 Personen aus den beiden Häusern. Darunter waren drei Männer: mein zu 80 % kriegsversehrter Vater, dessen über 70 Jahre alter Bruder und ein kriegsverletzter beinamputierter Mann aus dem Nachbarhaus. Rest: Kinder, Mütter und Omas.«

Im Verlauf des Krieges wurden mehr und mehr öffentliche Stollen und **Bunker** gebaut. Sie wurden entweder tief in die Erde getrieben oder als kegelförmige Hochbunker mit meterdicken Betonmauern errichtet. Sie haben vielen Menschen das Leben gerettet. Kinder haben sehr unterschiedliche Erinnerungen an die Ausstattung und an ihr Bunkerleben.

Rosemarie S. (1939): »Auch ich gehöre zu der Generation, die in ihrem Leben vom 6. Monat bis zum 6. Lebensjahr im Bunker war, also gewissermaßen die frühe Kindheit im Bunker verbrachte. Unser Bunker stand in der Schönau, einem Stadtteil von Mannheim ... Den Bunker registrierte ich erst mit drei Jahren, das war dann schon 1942, als die Luftangriffe zunahmen. Wir Kleinkinder bekamen nur mit, dass die Eltern uns eilig aufrafften und in Richtung Bunker gingen, der, wie wir später merkten, aus einem grauen Gebäude mit vielen Zellen, drei oberen Stockwerken und einem Tiefgeschoss bestand. In den Zellen standen sechsstöckige Betten übereinander. Es war also sehr eng. Außen war er mit metallenen Widerhaken gespickt gegen die Phosphorbomben Außerdem existierten auch Warnsysteme (Sirenen). Es kam öfters vor, dass wir Kinder von Läusen und Hunger geplagt waren.«

Helga P. (1932), deren Familie in Emden total ausgebombt war: »Inzwischen waren in Emden die Bunker fertig geworden. Es gab verschiedene Modelle: kleine flache für etwa 600 Personen, mit Räumen, die etwa 10 Personen fassten, und Hochbunker für 2.000 Menschen, die in saalartigen Räumen saßen. Die Unterteile der Bänke bestanden aus Kisten. Jeder durfte unter seinem Sitzplatz persönliche Habe in der Kiste unterbringen und sie mit einem Vorhängeschloss sichern. In den letzten Kriegstagen wurden viele Kisten aufgebrochen und ausgeraubt.

Während Frauen im Bunker plauderten oder strickten, versammelten die Singscharfreundin und ich die kleineren Kinder im Keller des Bunkers. Wir lasen ihnen vor, sangen mit ihnen, spielten Ratespiele, ließen das ›Ringlein wandern‹ und bemühten uns, sie abzulenken. Manchmal ging das Licht aus, wenn die Bomben eine Leitung getroffen hatten, aber es gab ein Notaggregat. Der Aufenthalt im Bunker war ein Teil des täglichen Lebens.«

Dass es auch im Bunker eine Klassengesellschaft gab, erlebte Ingeborg B. (1935):

»Hier (*im Bunker unter dem Kurparkgelände in Stuttgart-Bad Cannstatt*) gab es drei Kategorien von Menschen: Die Blockwarte, Ortsgruppenleiter und andere Höhergestellte verschwanden im Bunker in Nebenräumen, die durch Türen von uns getrennt waren. Hier – so hörte man – gab es warmes Essen, heißen Kaffee, Musik und Liegen mit Decken zum Ausruhen. Die zweite Gruppe waren wir. Wir saßen an den uns zugeteilten Plätzen auf Holzbänken oder auf unseren Koffern und harrten stundenlang auf Entwarnung – ein langgezogenes Sirenenzeichen, das wir aber hier nicht hören konnten, sondern über Lautsprecher mitgeteilt bekamen. Und die dritte Gruppe, das waren die Gefangenen.[15] Sie kauerten und saßen ganz hinten in den vielen verzweigten Stollengängen. Und jetzt kommt's: Ich sah mit ungläubigem Entsetzen, dass ein Teil der Gefangenen arbeiten musste. Sie mussten – während der Angriffe – in dem Stollen weiter graben in den Berg hinein, um den Bunker zu erweitern und zu vergrößern. Dieses Bild hat mich sehr nachhaltig beschäftigt.«

Aus Angst, zu spät zu kommen, verbrachten viele Kinder mit ihren Müttern halbe Tage und ganze Nächte im Bunker, besonders dann am Kriegsende. Der Vater von Susanne M. (1939), der in einem kriegswichtigen Betrieb in Berlin beschäftigt war, schrieb am 16.3.1945:

»Wir haben jetzt bald seit 25 Nächten immer Bunkersitzungen und besonders am Heimweg können einem die vielen Kinder so zwischen zwei und fünf Jahren leid tun, die dann in den dunklen Straßen zwischen den Schutthaufen herumstolpern und eben heulen, weil sie's noch dürfen. Im Bunker ist immer so eine Dreijährige, wie so ein kleiner Teddybär, der ich immer den Bleistift spitze und etwas in ihr Schmierbuch malen muss.«

Immer wieder sprechen besonders damals kleinere Kinder von ihren Gefühlen des Eingesperrtseins:

Doris H. (1939): »Das Schlimmste war für mich immer, wenn der Luftschutzwart die Stollentüre endgültig schloss. Dann konnte niemand mehr hinein oder heraus. Ich fühlte mich eingeschlossen und bekam häufig Asthmaanfälle.«

Renate P. (1934): »Der Bunker, das war so ein langer Gang mit lauter Kojen. Und da überkommt einen die Angst: ›Ich komm da nimmer raus!‹ Und wie die Leute gerannt sind, die Ellenbogen gebraucht, gar keine Rücksicht genommen! Da haben sich Szenen abgespielt!«

In der abgerissenen Art, wie Werner K. (1934) heute noch davon erzählt, spürt man seine Angst. Er erlebte den Großangriff in Ludwigshafen vom 5./6. September 1944:

»Da waren wir im Bunker, da konnte man nicht raus, wo dann alles brannte. Den (*den Angriff*) hab ich mitgekriegt, wir konnten ja nicht raus dann, weil es überall brannte und alles zerstört war. Den hab ich noch vor Augen, da konnte man kaum atmen, so war die Luft. Das hab ich noch in guter Erinnerung, das hab ich mitgekriegt, denn raus konnte man nicht. Da kamen dann so Horrormeldungen, dass da welche verbrannt sind. Das hat man als Kind mitgekriegt, natürlich.«

Auch der Bunker konnte eine Todesfalle werden. Kinder mussten das erleben. Schon was sie aus der Nachbarschaft hörten, war beklemmend genug.

Irmgard B. (1936) aus Duisburg: »Mein Vater hat es immer abgelehnt in die großen Bunker in Duisburg-Meiderich zu gehen. Sie waren ihm alle zu unsicher … An diesen Bunker, in den fast alle Nachbarn gingen, hab ich schlimme Erinnerungen. Ich war ja nur praktisch sechs Wochen in der Grundschule, hab dort gleich eine Freundin gefunden, Marlene, die erste gute Freundin. Und da hab ich dann als Kind erfahren müssen, sehr schnell, dass diese Familie immer in diesen Bunker ging, und dort eines Tages nach einem schweren Bombenangriff etwa 200 Menschen in diesem Bunker praktisch erstickt sind, nicht mehr herauskamen, weil sich durch die Hitze die Eisentüren nicht mehr öffnen ließen … Es war für mich der erste traumatische Verlust eines für mich sehr wichtigen Menschen.«

Günther U.'s (1928) Mutter kam in Mannheim im Bunker um. Er beginnt das Gespräch:

»Und das war ja dann so, dass die Mutter nimmer da war, die ist tot gedrückt worden. Das waren 39 Menschen, die tot gedrückt wurden. Da war ein Fliegeralarm, aber da war überhaupt nichts. Die Christbäume haben sie geschmissen, es ist aber nichts passiert. Und da hat sich im Bunker eine Panik ergeben.«

Und dann waren die **Angriffe** zu überstehen. Wie lange sich die Menschen und mit ihnen die Kinder immer noch und in manchen Orten bis zum Ende mit den Bomben abfanden und vor und nach Alarmen und Angriffen, so gut es ging, ihr »normales« Leben weiterführten, haben wir schon aus den Tagebuchaufzeichnungen von Ilse J. in Kapitel 1 und von Ruth B. in Kapitel 3 gesehen.[16]

3. Gertrud R.

Konfirmation und feierliche Vereidigung, Ostern und Feste wurden gefeiert, Schule und Unterricht fanden statt, die Gedanken kreisten um Kleidung, Essen, Veranstaltungen, Freunde und erste Liebschaften. In allen Tagebüchern, die ich gelesen habe, frappiert dieses Neben- und Durcheinander von Todesbedrohung und banalen Alltagsverrichtungen, normalen Freuden und Sorgen. Dafür noch eine Tagebuchnotiz: Gertrud R. (1928) betitelt ihr kleines Tagebuch: »Ereignisse und Erlebnisse, Geschichtchen und Anekdoten aus dem 6. Kriegsjahr, 1944–1945«. Unter dem Datum »September 1944« findet sich der Eintrag:

»Der Alarm ist zur Zeit höllisch ungemütlich. Früher haben wir halt die Flugzeuge von der Kanalküste beobachten und bekämpfen können – jetzt gibt's nur noch ›überraschenden Einflug‹. Mit anderen Worten, die Flieger sind sofort nach dem Alarm da. Heute nacht gab's gleich nach dem Voralarm ein Gedonner und Gebrumme, dass die gesamte Pforzheimer Bevölkerung im Nachthemd in die Keller stürzte. Bei Tageslicht musste ich dann doch lachen, dass ich trotz der höchsten Eile nicht vergaß, mein Spitzwegbildle von der Wand zu reißen. Mutti dagegen hat in der Aufregung als erstes Kleidungsstück ihre Uhr angezogen!!! In Karlsruhe sollen die Bomben gefallen sein, bevor es alarmierte. Na, das wird heiter, wenn das so weiter geht! …

Die Hochzeit (*eines Verwandten*) ist unter ständigem Alarm vor sich gegangen. Während der standesamtlichen Trauung war es ganz dick. Während Hermann unterschrieb, brüllte die junge Frau: ›Achtung! Luftgefahr für die Stadt! Ihr müsst jetzt runter!‹ Die kirchliche Trauung war um 3 … In der Kirche war Voralarm. Zum Schluss hat dann noch unsere Flak höchst feierlich dazwischen geböllert. Die Fahrt in der Pferde-Kutsche war unbeschreiblich schön. Ilse hat gestrahlt …«

Das alles klingt noch recht harmlos. Ihre etwas burschikose Art zu schreiben, erklärt eine andere Tagebuchschreiberin, Maria B. (1925), aus der Rückschau so: »Auffällig ist, dass Gefühle der Angst, der Trauer, der Verunsicherung, die da gewesen sein müssen, meist nur indirekt zu erschließen sind. Sie konnte man sich damals einfach nicht leisten. Das Schreiben entsprach vermutlich dem Bedürfnis, mich meiner selbst im Chaos der sich überstürzenden Ereignisse zu vergewissern.« Sie erlebte am 26.10.44 den schwersten Angriff auf

Braunschweig und schrieb in ihr Tagebuch:

4. Maria B.

»In der Nacht gegen 2 Uhr kam Alarm. Wir hier in der Südstadt merkten wenig vom Angriff und ahnten nicht, dass es der schrecklichste sein würde. Erst anderthalb bis zwei Stunden später hatte das Feuer so stark um sich gegriffen. Die ganze Innenstadt brannte lichterloh. Am Sonntag konnte ich noch keinen Einsatz machen, so kam ich erst am Montag in die Stadt. Es sah so entsetzlich aus. Ich kann es gar nicht sagen, wie fürchterlich es war! Von der Kuhstraße konnte man bequem zum Schloss sehen, Kuhstraße selbst! Am Waisenhaus, Hutfiltern, Münzstraße, Steinweg – überall Schutthaufen. Es war entsetzlich! Am Montag löschten wir noch in der Schule, und ich ging dann zur Augusttor-Schule, um Brote zu streichen und Essen auszuteilen. Aber darüber kann man gar nicht schreiben. Abends war ich völlig fertig und sank ohne Abendbrot ins Bett. Am nächsten Morgen ging es wieder los. Ilschen und ich strichen zusammen Brote. Für die Verpflegung wird wirklich alles getan. Aus allen umliegenden Dörfern und Städten wurde Hilfe geschickt, auch der Hilfszug Göbbels erschien. Es sind 80.000 Ausgebombte! Die Stadt sieht verwüstet aus. So viele Menschen sind verbrannt oder erstickt!«

Gertrud R. schildert einige Bombenabwürfe auf Pforzheim mit verheerender Wirkung, aber vor dem Großangriff am 23. Februar 1945 brechen ihre Aufzeichnungen ab. Auch sie sucht rückblickend nach einer Erklärung dafür: »Darüber lässt sich nur spekulieren, denn ich weiß es nicht mehr. Vielleicht weil der Stress auf allen Gebieten jetzt einfach zu groß war – oder weil es auf die Dauer nicht mehr möglich gewesen wäre, auf diese heiter/sachliche Art die furchtbaren Ereignisse zu kommentieren?« Dennoch haben es einige Mädchen versucht. Die folgenden drei Aufzeichnungen führen mitten in die Angriffe hinein. Ilse J. (1930)[17] besuchte im Juli 1944 ihre Großmutter in Stuttgart/Botnang. Im Juli erlebte die Stadt drei schwere Angriffe. Sie geriet in die beiden ersten und schrieb im Januar 1945 aus der noch sehr nahen Erinnerung in ihr Tagebuch:

»Am Montag, den 24. Juli reiste ich nachmittags nach Botnang ab. Oma freute sich sehr, als ich kam. Und dann kam gleich in der Nacht, etwa um 12 Uhr, Fliegeralarm. Ich dachte: Na, es wird nun nicht gleich ein Angriff kommen und zog mich deshalb ein bisschen langsamer an als sonst. Doch plötzlich fing die Flak laut zu schießen an.

Schnell schlüpfte ich in meine Trainingshose, zog Pullover und Mantel an, und dann rannte ich in den Stollen, der ja gleich neben Omas Haus ist. Es war sehr voll. Kaum waren alle Leute da, so fing auch schon ein Sausen an, das nicht mehr enden wollte. Großangriff auf Stuttgart! Die Luft war von einem Brausen, Krachen und Toben erfüllt, wie ich es noch nie in meinem Leben gehört hatte. Ununterbrochen fielen die Bomben. Eine furchtbare Angst kam über mich und auch über die vielen, vielen anderen Menschen, die da saßen. Das ist die Angst vor dem Tode, die wir Menschen haben, die Angst, vor das Gericht Gottes zu kommen. Nach etwa dreiviertel Stunden, die mir vorkamen, als wären es mindestens drei gewesen, hörte das Getöse auf. Nur vereinzelt schoss noch die Flak. Die Männer, welche im Stollen waren, gingen sofort ins Freie, um zu sehen, was geschehen war. In Botnang brannte es an vielen Stellen, auch zahlreiche Sprengbomben waren gefallen. Bei Oma waren auch manche Fenster kaputt, die Läden aufgerissen, Türschlösser weg, das Dach fast ganz abgedeckt usw. Ich stand gleich morgens um 6 Uhr auf und half Onkel Kurt und Irma das Dach zu decken. Über Stuttgart war eine große Fläche des Himmels glutrot. Bei den Großeltern an der Kirche war fast nichts kaputt, jedoch bei den späteren Angriffen im September und Oktober wurde das Haus schwer beschädigt. Es gab nun kein Gas, Licht und das Schlimmste, kein Wasser mehr! Ja, auch fast kein Brot konnte gebacken werden, die Milch, Butter usw. fehlten … In der nächsten Nacht kam der zweite Angriff. Ich glaube, der war noch schrecklicher als der erste. Und als er vorbei war, hörte ich, wie die Männer riefen: ›Die Kirche brennt!‹ Ich meinte, das Herz würde mir zerspringen vor Schmerz. Nach der Entwarnung lief ich zu meinem geliebten Kirchlein und sah, wie es als eine brennende Fackel dastand. Überall schlugen die Flammen heraus und der Turm war schon eingestürzt. Oma und Opa schleppten noch Wasser, doch alles hatte keinen Wert mehr. Ich starrte in das Flammenmeer und Tränen liefen mir über die Wangen.«

Erika Z. (1931) erlebt einen Doppelangriff im November 1944 in Untertürkheim. Sie schrieb in ihr Tagebuch:

»Die Sirenen heulen Alarm, als ich eben mit den neuen Lebensmittelkarten aus der Lindenschule trete. Wie ein Blitz rase ich mit meinem Rad die bereits leergefegten Straßen entlang, die Großglocknerstraße hinauf bis zum Waldhorn. Ich erschnappe es kaum, aber wie ich in die Kehrewaldstraße einbiege, fängt schon die Flak zu ballern an. Keuchend erreiche ich den Stolleneingang, jemand lässt mich noch ein; als ich zu Mama stoße, die inmitten der Nachbarn auf unserer Kiste sitzt, sagt sie nur: ›Gottlob, du bist da!‹

Alles ist still, die Nerven zum Zerreißen gespannt. Draußen ist die Hölle los. Höchste Gefahr. Da schwankt das Licht, man spürt eine Druckwelle. Erschütterung und … Volltreffer! Eine Mine – direkt auf den Stollen. Können wir es glauben? Hat er gehalten? Wir leben! Niemand ist verletzt! Und es hat keine Panik gegeben!

Was uns draußen erwartet, ist unbeschreiblich. Es übertrifft alles bisher Gesehene: Die Gehrenwaldstraße mit Balken und Trümmern haushoch übersät, umgestürzte Masten, hängende Lichtleitungen, die riesigen Bäume des Friedhofs liegen quer, das

Gräberfeld ist umgepflügt, Landschaft und Gärten gleichen einer Unterwelt. Das Haus der Nachbarn Laub nur noch eine Ruine; eine Hauswand der schönen Neumann-Villa fehlt ganz. Dichter Staub überall, der in die Lungen dringt. Hustend tasten wir uns über Scherben und Dreck vorwärts. Mein Rad, zur Unkenntlichkeit verbogen, schleppe ich mit, hinter mir Mama mit Papas Geige und dem Kasten mit den Wertsachen, die wir nie aus der Hand lassen über Jahre, Tage, Nacht, Winter und Sommer … Der Weg durch Neumanns Grundstück und unseren Garten, den wir schon im Schlaf kennen, ist hoffnungslos verschüttet. Dort liegen die braven Gänse am Beckenrand, tot. Die halsbrecherische Stiege ist geborsten, wie kommen wir weiter? Oben sehe ich Großvater stehen wie einen Felsen. Er trägt noch seinen Königlich-Württembergischen Schutzhelm. ›Seid ihr verletzt?‹ schreie ich und stürze über alle Hindernisse ihm entgegen.

Wo ist Großmama? Ich finde sie zusammengesunken, starr vor Entsetzen und zitternd noch im Keller. Ich presse sie an mich. Arme kleine, kranke Großmama, du tust mir am allermeisten leid! Wir können einige Augenblicke nichts als weinen, weinen und dann danken, dass wir uns wiederhaben. Dass Großvater und sie das Inferno im Keller überlebten, ist ein Wunder, aber bei der Schnelligkeit, mit der die Angriffe sich folgen, können sie nicht mehr in den Stollen. Wie viele Angriffe werden sie noch erleben müssen?

Dann gewahre ich das volle Ausmaß der Verwüstung: Glassplitter, zerfetzte Türen, Balken, herausgebrochene Wände, alles liegt über- und durcheinander. Unser Haus steht – ich wage es kaum zu glauben! Aber nur seine vier Außenwände. Innerlich ist es eingefallen und offen vom Dach bis zum Keller.

Ein Ausweis, den wir bekommen, sagt es deutlich: ›OHNE WOHNUNG‹.«

Am ausführlichsten hat Gisela C. (1931) die Zerstörung ihrer Heimatstadt Dessau rückblickend in ihrem Tagebuch am 28. 12. 1945 festgehalten:

»Es ist alles so anders geworden, so anders. Noch in den letzten Worten, die ich hier hereinschrieb, sind fester Glaube und Hoffnung ausgedrückt. Damals war ich so voller Erwartung und Spannung, was wird werden? Wie wird es nächstes Jahr sein? Jetzt weiß ich es. Dieses letzte Jahr war das schrecklichste des ganzen Krieges. Überall ist Elend, Jammer, Verzweiflung, Krankheit, Trauer, Angst und Sorge vor dem kommenden Winter. Was man hört, ist furchtbar. Ein unfassbares Leid ist über unser Vaterland gekommen. Noch kurz vor dem Zusammenbruch hat ein geradezu wahnsinniger Terrorangriff auch unsere Heimatstadt in Schutt und Asche gelegt. Dessau ist ein riesiges Trümmerfeld. 80 % sind zertrümmert. Es war eine furchtbare Nacht, diese Nacht vom 7./8. März 1945.

Schon seit längerer Zeit schlafen wir Kinder im Luftschutzkeller. Denn es war Nacht für Nacht ein, zwei und drei Mal Alarm, und wir kamen kaum zum Schlafen. – An einem Abend saß Mutti noch unten bei uns im Keller und erzählte von einem Kinostück, in dem sie seit ewiger Zeit endlich mal wieder war. Es war ein lustiges Stück. Wir schliefen befriedigt ein, denn verwunderlicher Weise war immer noch

5. Gisela C.

kein Alarm, der sonst regelmäßig zwischen 9 und 10 Uhr kam. Aber nach kurzer Zeit ertönte die Sirene und weckte uns wieder auf. Wir blieben ruhig im Bett liegen, es war scheinbar nichts. Schrecklich müde waren wir und gähnten um die Wette. Durch das Radio hörten wir, dass drei große Bombengeschwader im Anflug auf Dessau seien, dann aber nach Osten abdrehten. – Vati war seit einigen Wochen dienstlich verreist, nach Zollenroda. Nadja (*ihr ukrainisches Mädchen*) und Mutti hatten den Rundfunk und die wichtigsten Sachen in den Keller gebracht. Wir waren schon ein bisschen eingenickt, plötzlich! krachten ganz in der Nähe ein paar Bomben ein. Wir fuhren aus unseren Betten und wollten uns gleich anziehen. Trotz der dicken Luftschutztüren hörten wir, wie Tausende von Bombern über uns flogen. Eine Bombe nach der anderen krachte nieder. Wir zitterten am ganzen Leibe und konnten uns kaum anziehen, so aufgeregt waren wir. Nadja setzte sich alleine unter die Treppe und wir drängten uns ganz nah an unsere Mutti. Es war schrecklich, einfach furchtbar. Ich kann es gar nicht sagen, *wie* wahnsinnig diese Nacht war. Mutti hatte uns ganz nah zu sich gezogen. Und so warteten wir, ja das Warten war sehr schwer. Eine Sekunde wurde es unheimlich still, aber schon kam die zweite Welle. Es pfiff wie huuii durch die Luft, wir hörten angespannt und dachten, wird diese Bombe uns treffen oder bleiben wir verschont? Wir schwebten alle in Todesangst und wussten nicht, ob es nicht unsere letzte Stunde ist. Dieser Wahnsinn hielt 50 Minuten an. Also beinah eine Stunde fielen unaufhörlich Bomben und zerstörten die ganze Stadt. In unserer Angst beteten wir leise. Bei jeder Bombe, die heruntersauste und jeden Augenblick einschlagen konnte, dachten wir, jetzt trifft sie uns, jetzt stürzt der Kel-

6. Das zerstörte Dessau

ler über uns zusammen und wir liegen verschüttet darunter. Uns rasten die schrecklichsten Gedanken durch den Kopf, und es konnte ja auch so gekommen sein. Endlich nach krampfhaftem Warten wurde es *etwas* ruhiger. Mutti wollte unbedingt hoch und sehen, ob bei uns etwas passiert ist. Sie ging aber nur in die Waschküche, denn noch immer fielen Bomben. Wir waren heilfroh, als sie wiederkam, denn noch immer konnten wir getroffen werden. Sie sagte uns nur ganz schnell, dass es sehr brennen muss, denn ein großer roter Schein fällt in die Waschküche herein. Wir denken natürlich alle, dass unser Haus in Flammen steht. Mutti hatte im Nu ihre Trainingshose an und sagte, wir sollten ganz ruhig dableiben, bis sie wiederkommt. Wir hörten mit ein bisschen Herzklopfen, wie Mutti hochging. In der Zeit machten wir vorsichtig den Luftschutznotausgang auf und wollten mal gucken. Ich kann *das* Gefühl nicht beschreiben, das uns überkam, als wir heraussahen. Wir konnten noch nicht mal viel durch das kleine Loch sehen, nur die Bäume. Glühend rot war der Himmel, und die Kiefern ragten wie Silhouetten in das Rot hinein. Bald kam Mutti wieder, sie brauchte uns nichts mehr zu sagen. Hansel und ich gingen mit ihr hoch. Die Kellertreppe war ganz mit Schutt bedeckt, und als wir oben waren, ja – da konnten wir nichts mehr sagen. Es sah im Hause selbst wüst aus. Der Wind pfiff durch die ganze Wohnung. Die Fenster waren mit Rahmen und Rollokästen in die Zimmer gefallen, die Türen gespalten und rausgebrochen. Man trat nur auf Schutt, Geschirr und Glasscherben. Die Haustüre war sperrangelweit auf, die Vorhänge flatterten im Wind.

Wir traten aus der Tür – diesen Anblick werde ich niemals in meinem Leben vergessen –, es war erschütternd. Rings um unser Haus stand alles in Flammen, fast jedes Haus brannte lichterloh. Das Feuer wütete und toste in unserer Stadt. Immerzu krachten die riesigen brennenden Balken herunter, die Häuser stürzten in sich zusammen oder brachen auseinander, die Menschen schrien und rasten auf der Straße hin und her, sie retteten, was sie vermochten, sie löschten und bargen. Überall flogen und sprühten die Funken umher, ein lautes, unheimliches Knistern und Krachen erfüllte die Luft. Mutti drückte uns an sich. Wir freuten uns soo unendlich, dass wir noch unversehrt beisammen waren und unser liebes Haus nicht brannte. Es stand in dem Flammenmeer wie eine Oase. Wir dachten an Vati und Peter. Mutti war schon gleich wieder im Nachbarhaus und löschte mit Nadja dort, Hansel und Binlein (*die Geschwister*) haben sich dann auf ihre Luftschutzbetten gelegt und schliefen gleich ein, sie waren ja so schrecklich müde, die beiden Kleinen. Ich ging dann allein noch mal raus und hatte mir die Luftschutzbrille aufgesetzt, denn es war sehr gefährlich, die Funken stoben rings um einen herum. Ich bin dann bis zu Hagemanns gegangen, deren Haus war beinahe schon ganz niedergebrannt. Es war wie ein Traum, alles – war es denn wirklich Wahrheit, bittere Wahrheit? O, ich konnte es gar nicht fassen, jetzt noch nicht. Nach einer Weile ging ich wieder rein und wollte mal sehen, wie es bei uns aussieht. Wohn- und Esszimmer waren vollkommen verwüstet, der Putz von Wänden und Decken lag zwischen Scherben und Schutt. Manche Türen bekam ich nicht auf, sie waren ganz zerborsten. Als ich ins Schlafzimmer kam, sah ich, dass es auch bei uns gebrannt hatte. Die Vorhänge waren verbrannt, Binleins Bett, Laken und das Fenster waren verkohlt. Der Brand ging von selbst wieder aus. Wir hatten riesiges Glück, dass es nicht weiter gebrannt hat. Alles war durchs Feuer so erhellt, dass ich alles erkannte. Die Zimmer waren sämtlich gleich verwüstet. Es zog so furchtbar, dass man manchmal die Augen gar nicht aufmachen konnte. Es hatte sich durch die Feuersbrunst ein richtiger Orkan aufgemacht und fegte durch alle Zimmer, dass die leeren Fensterrahmen und die zerschmetterten Jalousien dauernd hin und her geschleudert wurden. Durch den mächtigen Sturm wuchs der Funkenregen, und das Feuer wurde immer mehr angefacht.«

Die späteren und heutigen Erinnerungen decken sich vollständig mit den Tagebuchaufzeichnungen und fügen ihnen noch weitere charakteristische Züge hinzu:

Otto F. (1933), damals in Köln: »Die Erinnerung ist ganz gegenwärtig und nie vergangen. Was meine Kinder im Fernsehen sehen, habe ich selbst erlebt, den heißen Luftzug nach dem Einschlag der Bombe, vorher das Grollen und Pfeifen. Wir wussten, wenn wir das hören, bleiben wir am Leben. Wir wussten, wenn es uns trifft, ist der Tod schneller als der Schall ... Wie erlebte ich die Erwachsenen? Mein Großvater war cool, würden meine Enkel heute sagen. Er war Berufssoldat gewesen und schon in China beim Boxeraufstand dabei. Ihn konnte nichts schrecken. Meine Großmutter verehrte Hitler und verstand die Welt nicht mehr. Meine Mutter hatte Angst und war sehr unbedacht. Panik und Hysterie habe ich nicht erlebt. Man war wie ein Tier, zog sich in sich zurück, und wenn alles vorbei war, streckte man sich und packte die Probleme an. Wo bekomme ich Ziegel, wo gibt es Glas für die Fenster, wer hat Holz, um die Tür zu reparieren? Es hat mich zu dieser Zeit keiner erzogen. Entweder war ich ein Musterkind, was ich nicht glaube, oder wir waren uns bewusst, dass wir zum Überleben funktionieren mussten und uns keine Dummheiten leisten konnten. Bedeutsam waren für mich mein Großvater und meine Mutter, wobei ich glaubte, ich müsste ihr helfen, was aber im Nachhinein eine Fehleinschätzung war.«

Detlev N. (1928) erlebte den ersten der vier schweren Angriffe auf Rostock, 1942, also 14-jährig:

»Im ersten Augenblick dominierte das instinkthafte Bestreben: Nur raus! Doch Vaters Autorität zwang uns, unten zu bleiben. Er war kurz nach oben geeilt und hatte festgestellt, dass das Haus noch stand und auch nicht brannte, und somit der Keller den immer noch besten Schutz gewährte. Doch meine erste innere Panik war grenzenlos. Der Tod schien mir nahe zu sein, nein, er war da. So tat ich instinktiv etwas, was eigentlich durchaus sinnvoll erschien, nämlich vor dem letzten Atemzug noch genießen, was genießbar war. Ich griff mit allen Fingern in meine Geburtstagstorte, die im kühlen Keller stand, und begann zu essen. Es währte nur Sekunden, bis ich das Unsinnige meiner Handlung begriff und versuchte, die Spuren meiner Finger zu verwischen. Es ist nie herausgekommen, dass ich der Übeltäter war. Ich schämte mich wohl zu sehr, es einzugestehen.

Etwa 20 Minuten dauerte der Angriff, dann trat Ruhe ein. Unheimliche Ruhe nach dem Krachen der Bombeneinschläge und der Flakgeschütze. Langsam und benommen stiegen wir über Scherben und Schutt nach oben, und nicht der Zustand des Hauses war uns wichtig, nein, zuerst gingen wir auf die Straße, um Menschen, andere, lebende Menschen zu sehen und zu sprechen.«

Karl-Heinz R. (1935) aus Erfurt wollte am 26.10. 1944 (in den Herbstferien) seinen Vater besuchen, der in Fallingbostel stationiert war. Der couragierte Neunjährige war ganz allein unterwegs. In Hannover musste er umsteigen:

»Es gab gerade Vollalarm. Die Rot-Kreuz-Schwester führte mich in den Bahnhofsbunker. Es dauerte nicht lange, und man spürte die Erschütterungen. Das Licht fiel aus, aber die Notbeleuchtung ermöglichte noch eine Orientierung. Aus einem mir unerfindlichen Grund strömten die Massen auf einmal zu den Ausgängen. In dem Gedränge wurde ich von der Schwester getrennt. Ich war fast zum Erdrücken in die Menschenmassen eingekeilt. Nur nicht fallen – ein Aufstehen wäre wohl ein vergeblicher Versuch geworden. In dieser Situation bin ich in panischer Angst einem Landser auf den Rücken gesprungen und habe mich wie eine Katze an ihn angekrallt. Nach dem ersten Schreck hat er seinen neuen »Tornister« wohlbehalten durch die Menge bugsiert und mich in der Rot-Kreuz-Station abgeliefert. Bei diesem Angriff auf die Stadt hatte die US Air-Force ›nur‹ 776 t Bomben, darunter auch Phosphorbomben, abgeworfen. Später, als wir uns auf den Weg vom Hauptbahnhof zu einem Nebenbahnhof machten, kamen wir durch Gebiete, in denen es fürchterlich nach verbranntem Fleisch stank. Vor den noch brennenden Häusern lagen entsetzlich entstellte Menschen, nicht alle tot. Wieder geriet ich in Panik. Nur weg! Die Schwester hatte Mühe, mich zu halten. Irgendwann erreichten wir unser Ziel, irgendwann ging es auch weiter. In Walsrode musste ich wieder umsteigen und erreichte mein Ziel mit reichlicher Verspätung. Inzwischen war mein Vater mehrmals voller Sorgen zum Bahnhof gerannt. Er hatte ja im Radio von dem Bombenangriff auf Hannover gehört und wusste, dass ich zu dieser Zeit dort sein musste. Als ich dann endlich in Fallingbostel ankam, fiel ihm ein Findlingsblock vom Herzen, und ich erleichterte mich auch: Ich heulte wie ein Schlosshund. Es dauerte einige Zeit, ehe ich berichten konnte … Die Rückfahrt verlief ohne Zwischenfälle. Bei aller sonstigen Großspurigkeit war ich nach meiner Rückkehr nicht in der Lage, Schul- und Spielkameraden über Hannover zu berichten. Schon der Gedanke daran schnürte mir fast die Kehle zu.«

Maria R. (1932) in Köln: »Dann kam der 14. Oktober 1944, ein Sonntag. Wir hatten die Tage und Nächte davor hauptsächlich im Luftschutzkeller verbracht. Am frühen Sonntagmorgen gab es dann endlich Entwarnung. Erleichtert zogen wir die Kleider, die wir seit Tagen nicht mehr gewechselt hatten, aus, badeten endlich einmal wieder und legten uns mit Nachtwäsche bekleidet ins Bett. Was für ein herrliches Gefühl, das wir genossen. Man war allgemein der Ansicht, dass es jetzt erst einmal Ruhe gäbe nach den vielen Angriffen der vergangenen Tage und Nächte. Doch was für ein schrecklicher Irrtum! Es muss so circa 10 Uhr gewesen sein, ohne Fliegeralarm tobte und krachte es überall. Ohne uns anziehen zu können, eilten wir in den Keller. Jeder packte die Sachen, die immer bereitstanden (ich das Akkordeon von Onkel Paul (*sie hatte ihrem geliebten Onkel, der im Krieg war, versprochen, es zu hüten*). Im Treppenhaus herrschte Chaos. Es wurde geschrien, und einige Leute fielen hin. Mein Vater, der wegen seiner Verwundung aus dem Krieg entlassen war, ging nie in den Luftschutzraum, was mir große Angst machte. Es befanden sich im Schutzraum 56 Menschen, meist Frauen mit Kindern und ein paar alte Männer. Plötzlich ein Donnern und Krachen, das Licht ging aus, es staubte entsetzlich, und wir wussten, dass unser Haus getroffen worden war. In der Dunkelheit entsetzten sich die Menschen noch mehr. Endlich wurde es ein wenig hell durch ein paar Kerzen, die irgend jemand angezündet hatte. Eine Panik entstand, als festgestellt wurde, dass alle Ausgänge, auch der Notausgang, verschüttet waren. Es wurden nach außen Klopfzeichen gegeben. Jeder klopfte mit irgendeinem Gegenstand an die Wände, doch es gab von außen keine Antwort. Ich weiß nicht mehr, wie viel Zeit so verging. Die Menschen drängten sich eng aneinander. Es wurde laut gebetet, einige weinten laut. Die Luft wurde immer dünner, die Kerzen verlöschten. Zwei ältere Frauen erstickten. Ich kauerte zwischen den Knien meiner Mutter. Sie hatte ein nasses Tuch um meinen Kopf geschlungen. Es wurde immer stiller. Dann hörten wir ein Schlagen und Klopfen an einer Kellerwand, und nach einiger Zeit wurde ein Loch in der Wand sichtbar. Aus diesem konnten dann alle nach außen befreit werden. Hinterher stellte sich heraus, dass mein Vater, der außerhalb des Kellers überlebt hatte, die Rettungsaktion eingeleitet hatte … In letzter Minute, denn das Haus, in das zwei Sprengbomben gefallen waren, brannte auch noch lichterloh, und kurz nach Verlassen des Luftschutzkellers brach die Kellerdecke zusammen und begrub die beiden Leichen der Frauen, die bereits erstickt waren, unter sich. Unser Leben war gerettet. Sonst hatten wir nur noch das, was wir anhatten und die paar Sachen, die man als Handgepäck mitnehmen konnte. Ich hatte das Akkordeon fest in der Hand.«

Unter meinen Gesprächspartnern waren mehrere, die den verheerenden Angriff auf Dresden vom 13. zum 14. Februar 1945 erlebt haben. Der Bericht von Elfe von Sass (1931) wurde 1999 in der amerikanischen Zeitschrift »Newsweek« veröffentlicht. Sie wohnte am Rande der Stadt:

»Das schauderhafte Dröhnen und Donnern der Bombeneinschläge dauerte ca. 30 Minuten. Aus Angst blieben wir zunächst in unseren Kellern hocken. Während Mama und mein sechs Monate alter Bruder noch im Keller waren, stieg ich langsam die Kellertreppe hoch und ging nach draußen. ›Mein Gott‹, schrie ich, ›der ganze Himmel ist blutrot!‹ Ein Nachbar schrie: ›Dresden brennt!‹ Wie versteinert standen wir da. In unseren Mänteln saßen wir in der kalten Küche und rührten uns kaum. Wir hatten Angst, uns schlafen zu legen. Wenige Stunden später heulten die Sirenen schon wieder. Wir rannten zurück in den Keller, denn die singenden Flugzeugmotoren hörten wir bereits über uns. Und schon dröhnte es laut. Unheimlich. Diesmal waren es Sprengbomben schwersten Kalibers. Ich glaube, niemals hat jemand zuvor so intensiv gebetet wie wir in dieser Situation: ›Lieber Gott, lass uns bitte am Leben‹, beteten wir. Unser kleines Haus vibrierte, es klirrte, blieb aber stehen. Und schon kamen die ersten Menschen aus der brennenden Innenstadt. Sie schleppten sich die Königsbrücker Straße entlang. Manche waren nur mit feuchten Decken, die man ihnen gegen die Flammen übergeworfen hatte, bekleidet. Die Gesichter schwarz vom Ruß. Ihre Kleider zerfetzt. Manche barfuß, obwohl es kalt war. Wir sahen eine junge Frau, die unter ihrer feuchten Decke ein kleines Bündel an sich drückte. Ihre Haare zeigten, dass sie durch die Flammen gerannt war. Wir holten sie in unser Haus. Sie konnte nicht sprechen, war völlig verstört. Immer noch drückte sie das kleine Bündel fest an sich. Es war ihr totes, zehn Monate altes Baby.

Wir lebten ungefähr 45 Minuten zu Fuß vom Zentrum. Zwei Tage nach dem Angriff machten Mama und ich uns auf den Weg in die Innenstadt, wo unsere Freunde wohnten. Zu Fuß, denn es fuhren keine Straßenbahnen mehr. Je näher wir dem Zentrum kamen, um so beißender wurde die Luft. Wir hielten uns feuchte Tücher vor Mund und Nase. Plötzlich sahen wir vor uns total verkohlte Leichen. Mein Gott, überall Leichen. Ich klammerte mich an Mama. Mir war ganz schlecht. Es stand kein einziges Haus mehr, keine Straßen, nur noch Berge von rauchenden Trümmern. Es war dunkel und gespenstisch. Wir sahen, dass viele Leichen auf Karren weggefahren wurden, auf den ›Altmarkt‹, und dort zu einem hohen Berg gestapelt, wo sie, mit Benzin übergossen, verbrannt wurden; so sagte man uns später. Zwei Männer kamen auf uns zu und sagten, dass wir nicht weitergehen dürften, denn immer noch gab es Explosionen und Einstürze. Die Straße unserer Freunde war total zerstört. Unsere Freunde waren alle tot.«

Und sie fügt hinzu: »Nach einer Totalvernichtung dieser Stadt gab es weder Verkehrsmittel noch andere Möglichkeiten, an Nahrungsmittel heranzukommen. Die für Notzeiten bis dahin noch gefüllten Arsenale waren durch Bomben zerstört. Es begann eine unbeschreibliche Hungerperiode. Auf Lebensmittelkarten konnte man nur grammweise einkaufen. Als Dreizehnjährige musste ich auf alle notwendigen Nähr- und Aufbaustoffe verzichten. Ich war so sehr abgemagert, dass ich nicht mehr zur Schule gehen konnte. Der Kinderarzt gab mir hin und wieder eine Traubenzuckerspritze, bis eines Tages auch diese ausgegangen waren. Ab und zu kam er vorbei, um zu sehen, ob ich noch am Leben war. Ich lag vollkommen apathisch auf dem Bett, konnte mich nicht mehr aufrichten, erkannte schließlich meine Mutter nicht mehr.«

Gertrud R. (1928), aus deren Tagebucheintragungen wir schon zitiert haben[18], schreibt aus der Erinnerung (zwischen 2000 und 2002), wie sie den Angriff auf Pforzheim und die Zeit danach erlebte.[19] Auch sie wohnten nicht im Stadtzentrum:

»Wir saßen also – wie so oft – zusammen im Keller. Die Verbände brummten über uns, und dann ging es los! Schlag auf Schlag folgte – und wir sagten zueinander: ›Toll, sich so beschützt zu fühlen‹, denn wir hielten es für unsere Flak. Dann kam ein furchtbarer Schlag – die Holzverschalung unseres Kellerfensters (gleichzeitig der ›Ausstieg‹) wurde mit rasender Wucht in den Keller geschleudert, fegte die Petroleumlampe vom Tisch – und wir wussten, was los war! Wussten, dass das nicht unsere Flak war!

Papa kniete die ganze Zeit auf dem Tisch und drückte mit aller Gewalt die Verschalung vor das Fenster, um uns vor hereinfliegenden Splittern zu bewahren. Zunächst war es dunkel – die Lampe war ja zerschmettert. Aber dann wurden alle Türen aufgerissen, und wir sahen den Flammenschein. In unserer Waschküche hingen alle unsere Kleider an Kleiderbügeln an den Wäscheleinen (niemand ließ seine Kleider mehr in den oberen Stockwerken!). Durch die Erschütterungen und den Luftdruck führten sie groteske Tänze auf, und dazwischen sah man das Inferno der brennenden Stadt. Mutti, Hilde und ich kauerten zusammen um das Bett unseres Kleinen. Während er sonst, wenn Bomben fielen, entsetzlich schrie, lag er jetzt wie versteinert mit übergroßen, offenen Augen da und rührte sich nicht. Man saß da und konnte nichts machen als warten auf den Moment, wo es einen erschlagen würde oder – wo es aufhörte.

Einmal schrie ich laut in das Getöse: ›Jetzt sind wir ganz gleich bei der Mama!‹[20] – Niemand antwortete. Dann fing Mutti an, das Vaterunser zu beten. Wir beteten mit – und dann … brachten wir es nicht mehr zu Ende. Es war ein schrecklicher Moment! Nicht einmal das Vaterunser können wir mehr! Ein Zeitgefühl habe ich nicht in der Rückschau. Laut Statistik soll der Angriff 22 Minuten gedauert haben … Ob wir damals im Keller auch geschrien und geweint haben? Ich weiß es nicht mehr. Mir ist, als hätte uns damals das Entsetzen versteinert.

Wir sind nicht gleich am nächsten Morgen an den Stadtrand gelaufen. Ich habe sie nicht gesehen, die Menschen, die sich wegen Luftmangel aus den Kellern gerettet hatten und dann in den Feuersturm hineingerissen wurden und nun überall herumlagen als verkohlte Leichen – klein wie Kinder. Ich hab auch nicht die Leichen auf der Enz treiben sehen. Diese Menschen hatten sich aufs Enz-Vorland gerettet, weil es da noch Sauerstoff zum Atmen gab. Dann wurde das Wehr getroffen, und sie wurden mitgerissen und ertranken …

Die Zahl der Toten wurde auf 17-20tausend geschätzt. Feststellbar ist sie nicht, weil alle Unterlagen, z. B. vom Einwohnermeldeamt verbrannt sind. Auch waren viele Mütter mit kleinen Kindern vorher ›zur Sicherheit‹ nach dem Osten evakuiert worden. Viele waren auch schon vorher zu Verwandten aufs Land gezogen und kamen dann nach der Zerstörung ihrer Häuser nicht mehr zurück. Noch jahrelang sah man auf den Ruinen in der Stadt Mitteilungen: ›Wir sind in …‹ oder ›Wer hat unseren … gesehen?‹

Einer der ersten Sätze, die unser kleiner Bruder sprechen konnte (indem er auf ein zerstörtes Haus deutete): ›Do hat's au noch Leiche drin!‹ Noch jahrelang kam an heißen Sommertagen der süßliche Leichengeruch zu uns herauf.

Später, als wir wieder elektrisches Licht hatten, lag nachts auf den Anhöhen rings um die Stadt ein schwacher Lichterkranz. Und die Stadt im Kessel war absolut dunkel! Es war so, als wohnten wir an einem großen See.«

Gertrud R. und Elfe von S. wohnten in den Randbezirken der zerbombten Städte Pforzheim und Dresden. Deshalb noch zwei Schilderungen von Kindern, die das Schlimmste durchmachen mussten: **Durch-das-Feuer-Rennen** und **Verschüttet-Sein**:[21] Jan G. (1939) über den Angriff auf Freiburg am 27. November 1944. Er war also damals fünf Jahre alt und spricht in seiner Niederschrift in der zeitlichen Distanz von sich als »dem Kind«:

»Der Stadtteil Wiehre gehörte nicht zu den Schwerpunkten der Bombardierung, und trotzdem wurden auch in der unmittelbaren Umgebung des Kindes zahlreiche Menschen getötet und nicht wenige Häuser zerstört. Über dem Kind, seiner Mutter und den Bewohnern seines Hauses muss ein Schutzengel gewaltet haben, denn nur wenige Meter neben dem Haus, in dem Garten, der so oft Spielplatz auch der Nachbarskinder war, ging ein zentnerschwerer Blindgänger nieder, der das Haus bis in seine Grundmauern zerstört hätte, wenn er genau eingeschlagen oder nachträglich explodiert wäre.

Sofort nach Beendigung des Angriffs, dessen wahre Ausmaße zu dieser nächtlichen Stunde kein Mensch erfassen konnte, mussten die völlig verängstigten Kellerinsassen das Haus verlassen, was nicht ungefährlich war, denn es wusste ja niemand, ob dem Angriff nicht gleich der nächste folgen würde. Und außerdem: Wer konnte in solche einer Stunde, wo die Angst um das nackte Leben alles beherrschte, schon die Gefahren richtig einschätzen, die von umliegenden brennenden und einstürzenden Häusern oder möglichen explodierenden Blindgängern ausgingen? Man hastete, rannte, blieb stehen oder wurde aufgehalten, wieder weiter getrieben, den anderen nach, ohne Ziel, beklemmend, zwischen Dutzenden von Brandsäulen, die meterhoch aus den bombardierten Häusern in den stockdunklen Nachthimmel fackelten und die Straßen taghell erleuchteten und mit Hunderttausenden von glühend heißen Funken die vorbei eilenden Menschen bedrohten. Das war ja für das Kind, und nicht nur für dieses, das eigentliche schaurige Schauspiel dieser Todesnacht: Der Fluchtweg an der Hand der Mutter, die zu diesem Zeitpunkt auch noch hochschwanger war, führte zu einem Luftschutzkeller durch eine Straße, in der – wie auch in den angrenzenden Straßen – Häuser einstürzten, Menschen schrien, Flammenberge unberechenbare Wege nahmen, viele Ausgebombte herumirrten, nach Angehörigen suchten und mit ein paar Habseligkeiten in der Hand oder auf dem Rücken einem zunächst unbestimmten Ziel zueilten. Dem Bub prägten sich alle diese Bilder unauslöschlich wie auf einem Film ein, der bis heute – und sicher auch ein Leben lang – jederzeit und immer abrufbar bleibt. Was in jener Nacht geschah, konnte das Kind nicht erfassen, das erfolgte erst Jahre später – wie auch die Frage, warum es mit seinen Eltern überleben durfte, während in allernächster Nähe Tausende sterben mussten. Eine Antwort wird es niemals geben.«

Die Familie S., Vater (der wegen seiner Stellung in einem kriegswichtigen Betrieb nicht einrücken musste), Mutter und die beiden Söhne, Wolfgang

(1938) und Reinhard (1942), hatte die ersten beiden Angriffswellen auf Dresden am 13. Februar im Keller ihres Hauses überlebt. Dann drohte das Haus über ihnen zusammenzustürzen, und es war ungewiss, ob die Kellerdecke halten würde. Man entschied sich, das Haus zu verlassen. Wolfgang berichtet aus der Erinnerung, aufgeschrieben 1983:

»In meiner Erinnerung fehlen einige Minuten; sie setzt mit aller Brutalität in dem Moment wieder ein, in dem wir vier die Straße betreten, ein kleines flaches vierrädriges Wägelchen mit drei Koffern und Reinhard ziehend. Die Eltern wollten zum Großen Garten; doch was die Bomben angerichtet hatten, hatten auch die Eltern nicht erwartet. Die lichterloh brennenden Häuser, der Luftsog der Flammen, der Sturm, der rasende Lärm, der Schrecken der Eltern, die Überlegung, ob es überhaupt möglich ist, den Großen Garten zu erreichen, ich weiß es noch, als wäre es gestern; einer der Eltern zog das Wägelchen, an der Hand mich führend, einer hielt Reinhard auf dem Wagen fest, damit uns der Sturm nicht wegbläst. Doch plötzlich war ein Koffer weg. Es muss wohl ein wichtiger Koffer gewesen sein, denn Vati ließ uns einen Augenblick allein, fand ihn, kam zurück.

Wir gingen die Heubnerstraße nach links, nur ca. 50 Meter bis zu einer Querstraße, wir wollten nach links, doch was wir da sahen, war mehr als furchtbar. Entlang der Straße standen beidseitig Wohnhäuser, links viergeschossige Etagenhäuser, rechts einzelne Herrschaftshäuser. Alle brannten lichterloh, aus allen Dächern, aus allen Fenstern jagten die Feuer, trafen sich in der Straßenmitte, ein ohrenbetäubender Lärm, der eine Verständigung mit Worten nicht zuließ – diese Augenblicke, sie stehen vor mir, als wären sie eben erst geschehen; sie gehören auch heute noch zu dem Schrecklichsten, was ich je erlebt habe. Es muss ein Übermaß an Kräften und überlegtem Handeln der Eltern gewesen sein, dass wir unversehrt den Großen Garten erreichten. Die Eltern waren offensichtlich, wie viele andere auch, davon ausgegangen, dass bei einem Luftangriff der Park, der »Große Garten«, nicht bombardiert werden würde, weil er außer Bäumen keine Ziele bot; deswegen flüchteten sie dorthin. Meine Erinnerung setzt wieder ein, wie Vati Bretter von einem Erdloch entfernte, und wir alle in dieses winzige Erdloch hineinkriechen mussten, das Vati von innen wieder zudeckte. Er fürchtete einen dritten Angriff – und dieser kam. Wir waren geschützt, als die Bomben kamen, auch gegen umherfliegende Splitter.«

Die dritte Angriffswelle tötete noch viele Menschen im »Großen Garten«.[22]

Ute S. (1937) erlebte als Sechsjährige den schweren Angriff auf Peenemünde am 23. August 1943. Sie kam mit ihren Angehörigen in den Bunker, als schon die ersten Bomben fielen:

»Durch unser Zuspätkommen haben wir allerdings unser Leben gerettet. An der Wand des Bunkers war nämlich kein Platz mehr gewesen. Wir (Mutter, drei Schwestern und der Bruder, noch ein Säugling) mussten um die Mutter herum in der Mitte des Bunkers im Sand hocken. Hier bekamen wir dann auch die Atmungsbefehle für die unterschiedlichen Luftdruckverhältnisse, die bei den Detonationen der Bomben entstanden und die zum Überleben notwendig waren. Dann wurde es gefährlich in dem Bunker, denn der brennende Phosphor, der im Bombardement enthalten war, lief in den Bunker. Am Eingang des Bunkers wurde um unser aller Leben gekämpft, denn der Sauerstoff begann durch das Verbrennen des Phosphors knapp zu werden. Der Ausgang war von innen nicht freizubekommen, da die abgeknickten, brennenden riesigen Kiefern den Weg versperrten. Wir waren wie in einem Siedekessel gefangen, und ich spürte mit meinen sechs Jahren die Todesgefahr. All die Szenen sind mir noch so nah! Es wurde dann ein Luftschacht am Ende des Bunkers freigemacht, die letzte lebensrettende Maßnahme. Alle an der Wand sitzenden Bunkerinsassen blieben still sitzen, während doch alles in Aufruhr war … Erst 10 Jahre später kam mir diese Erinnerung nochmals hoch und auf eine entsprechende Frage an meine Mutter erhielt ich die Antwort, dass sie nicht mehr aufstehen konnten. Sie waren alle tot. Lungenriss. So habe ich diese furchtbare Bombennacht mit Toten verbracht. Seite an Seite … Als wir morgens von Soldaten aus unserem verschütteten Bunker ausgegraben und befreit wurden, muss vor dem Bunkereingang ein Bild des Grauens zu sehen gewesen sein. Wir Kinder bekamen noch im Bunker die Augen verbunden, und ich wurde auf dem Arm eines fremden Soldaten aus diesem Inferno getragen. Aber meine Neugierde war größer als mein Gehorsam. Ich zog die Augenbinde herunter und wollte unser Haus sehen. Es gab keines mehr. Nur noch Reste der unteren Etage standen als Mauerfragmente zwischen immer noch brennenden Trümmern.«

Jürgen B. (1939) nahm Fliegeralarm nicht schwer. Es war immer alles glimpflich abgegangen. Eine Nachbarin pflegte ihm im Keller Märchen vorzulesen. Es war eine ganz gemütliche Kellergemeinschaft. Am 6. Oktober kam dann der große Angriff auf Stralsund, einen Tag nach seinem fünften Geburtstag:

»Es war ein kalter Oktober, und meine Mutter war sehr erkältet, sie ist sonst nie erkältet. Im Keller war es natürlich auch kalt, ist ja klar. Dann ist man runter. Wir hatten alle unsere Stammplätze, und als wir runterkommen, waren alle unsere Plätze besetzt, weil jemand von den Leuten im Haus Besuch hatte, und die saßen da. War ja egal, es gab genug Platz, es war ein großer Keller. Wir kamen runter, und auf einmal war etwas anders. Denn man hörte jetzt Bomben fallen. Meine Mutter nahm mich dann auf den Schoß, wir saßen auf so Klappstühlen, wie man sie hat in den Gartenwirtschaften, und wir saßen also nicht vorne, wo wir sonst immer gesessen sind, sondern wir saßen hinten, und dann fallen diese Bomben runter mit so einem Pfeifgeräusch. Und wenn die dann auf den Boden aufprallen, dann gibt's so eine Art Donner. Und ich weiß nicht, ob ich mir das bloß einbilde, dass sich die Stimmung in diesem Keller schlagartig verändert hat, ist ja ganz klar. Glauben Sie, dass die Leute vor Angst gestunken haben? Ich behaupte, ich kann riechen, wenn jemand Angst hat. Man spricht ja von Angstschweiß, Todesangst. Dann ging es natürlich los, und dann kam das immer näher, und dann fing das Haus an ein bissle zu wackeln. Und dann, der letzte Eindruck, den ich noch hab, es war so eine trübe Beleuchtung, ein paar Birnen in der

Fassung und ein großes Kabel, über der Türe war eine größere Birne, die so geglimmt hat, dass man wenigstens ein bissle was gesehen hat. Und auf einmal geht die Tür auf, der Lehrer Westphal kommt herein, und in dem Moment gibt's einen furchtbaren Schlag. Ich glaube, die Lampe ist noch einmal aufgeflammt, und ich glaube heute noch, gesehen zu haben, wie es die Türe raushaut und auf den Westphal drauf. Und in dem Moment war alles dunkel und alles staubig und irgend was war los, und dann waren wir verschüttet. Etwa so um viertel eins war das. Jetzt war's erst mal totenstill, dann diese Last, die man da drauf hat..

I: Sie haben das auch gespürt?

B: Ja, sicher, man kann sich nicht drehen, man ist also eingegraben. Dann hört man also die Leute rufen ... und der Lehrer Westphal hat immer geschrien: ›Mutter, ich bin hier!‹ Er wollte seiner Frau, die da hinten saß, sagen, dass er ... und das tönt dann so (*mit erstickter Stimme*) ... und jetzt fingen die Leute an zu brüllen, und ich hab auch gebrüllt. Aber komischerweise, ich hatte keine Angst, das Gefühl Angst hab ich net gehabt, Mama war ja dabei – es kann nix passieren!

Dann sagte meine Mutter: ›Jürgen, wenn du nicht aufhörst, dann musst du sterben.‹ Dann hab ich natürlich aufgehört, und jetzt hat sie geglaubt ... ich hab mich nimmer gerührt, na gut. Sie hat natürlich auch sehr viel dazu getan, sie hat mich als überaus folgsames Kind erzogen, und wenn sie gesagt hat, ich soll ruhig sein, dann war ich auch ruhig, das war ich dann auch. Und dann lagen wir da drin, und immer das Geschrei der Leute, und der Geruch, der Staub und das Ganze ... Sie hatte mich auf dem Schoß, und dann sind diese Stühle zusammengeklappt, und irgendwo hat's uns hoch in diesem Keller, und unter uns brach also das ganze Zeugs zusammen, das ist physikalisch gar net erklärbar, dass über uns vielleicht bloß ein halber Meter Dreck lag, und unter uns das meiste. Wenn es anders gewesen wäre, dann wären wir tot. Jetzt lagen wir also da, und irgendwann mal hörten wir über uns, daran kann ich mich noch gut erinnern, dass da Leute gingen, und dann hat man auch Stimmen gehört, dann hab ich meine Mutter gehört, wie sie redet. Und dann war es so: in diesem Haus hier nebendran wohnte eine Familie von Kobbe, die hatten Besuch aus der Tschechoslowakei. Da war eine junge Tschechin, die Christa, die hat ab und zu auf mich aufgepasst, und die hat mich mit den Händen ausgegraben. Meine Mutter konnte nimmer laufen, da war ihr so ein großer Findling aufs Bein gefallen, und da konnte sie net raus. An das kann ich mich noch sehr gut erinnern: Ich hab den Kopf hoch und hab nach draußen gesehen. Das heißt, es war also offensichtlich eine Bombe hier auf den Gehweg gefallen und hatte dieses Haus in der Mitte auseinandergerissen, und jetzt konnte man also vom Keller aus den blauen Himmel sehen. Und jetzt hingen die Fußböden so halb runter, und da fielen auch Möbelstücke runter. Dann waren also 15-, 16-jährige Kerle, offensichtlich von der Hitlerjugend, die haben dann ... und da waren auch Männer da, und die Männer haben Angst gehabt, die standen draußen und haben nix gemacht, und die jungen Kerle, die sind rein und haben gegraben. Dann haben sie meine Mutter raus, und sie konnte nimmer gehen, sie hat geblutet. Dann hat man sie auf eine Trage ... und in der Stadt war natürlich der Teu-

fel los. Es hat etwa 900 Tote gegeben, die hatten also einen Bombenteppich so durchgelegt. Auch die Häuser gegenüber vom Kurhof, grad da, wo die Bekannten gewohnt haben, die waren weg … Na ja, dann haben diese Kerle meine Mutter getragen, und das ist auch so eine Sache: auf das Kind hat niemand geguckt …
I: Die Tschechin war aber bei Ihnen …
B: Die war dann auch weg, weil sie dann gesehen hat, dass meine Mutter wegkommt, hat sie mich bei meiner Mutter gelassen, aber die jungen Buben haben net auf mich aufgepasst (*sehr aufgeregt*). Jetzt hab ich immer geguckt, wo meine Mutter … also über den Leuten schwebt, weil sie sie auf der Schulter getragen haben. Dann musste ich ab und zu stehen bleiben, sehen Sie, das ist auch so ein Erlebnis: da kriegt man schon Mitleid mit Kindern. Also net mit mir, ich hab das überstanden, aber es gibt immer Szenen, wo man damit noch lebt. Ich musste also stehen bleiben, weil ich nix mehr gesehen hab – das war so, mir hat dieser Dreck die ganze Haut aus dem Gesicht gescharrt, es war das rohe Fleisch, und jetzt blutete das, und ich hab nix mehr gesehen. Und jetzt hab ich mich immer hingestellt, die Gehwege dort, so sind sie übrigens heute noch, bestanden aus großen Granitplatten, und dann hat man gesehen, wie diese Blutstropfen auf diesen Granitplatten zerplatzten (*sehr bewegt*) … Na gut, in der Innenstadt gab's ja ein Krankenhaus, und da kam sie dann hin, und ich bin hinterdrein gerannt, und sie haben sie dann reingetragen, und ich mit rein. Dann kam wohl jemand und hat gesagt: wo willst du denn hin? Aber das war ja so ein Durcheinander! Und ich hab gesagt: meine Mutti ist da drin, dann haben sie mich so lange rumgeführt …
I: Sie selber wurden gar nicht versorgt?
B: Doch, wissen Sie, was die gemacht haben? Meine Mutter saß daneben. Man hat das mit Jod bepinselt, aber ich hab nichts gespürt, überhaupt nichts! Das war der Schock!«

Viele, die verschüttet waren, konnte man nicht mehr ausgraben.[23] An der Geschichte von Jürgen B. ist manches bemerkenswert, das auch für andere Kinder gilt. Für das Kind ist das allerwichtigste, dass die Mutter Schutz gibt. Ganz verloren fühlt er sich mit seinen fünf Jahren, als niemand mehr nach ihm schaut. Reinhard S., der als Dreijähriger keine bewussten Erinnerungen mehr daran hat, wie seine Eltern sich mit dem Bruder und ihm durch den Feuersturm in Dresden in den »Großen Garten« durchzuschlagen versuchten, erlebte, wie er später sagte, unbewusst die Ohnmacht, auch der eigenen Eltern. Das habe in ihm ein Stück Urvertrauen zerstört. Jürgen B. erlebte aber auch die Feigheit der herumstehenden Männer, die nichts zu ihrer Rettung unternahmen. Hitlerjungen haben sie ausgegraben, und eine Tschechin, eigentlich eine »Feindin«, hat ihn selbst mit den Händen ausgebuddelt. Diesen Hitlerjungen, auch Kindern, wurde fast Übermenschliches zugemutet. Davon wird noch zu reden sein. Alle diese Kinder sind dem Tod ganz nahe gewesen. Jürgen B. sagt, sie hätten einen Schutzengel gehabt, denn die Leute, die auf ihren angestammten Plätzen im Keller saßen, waren alle tot. Fast alle, die diese schweren Angriffe überlebten, können sich ihr Überleben nur als Wunder erklären. Und sie erzählen wirklich wunderbare Geschichten darüber. Je nach Lebensauffassung sprechen sie von Schutzengeln, Glück, Zufall, Vorahnungen, »Sechstem Sinn«, Bewahrung. Alle fünf Geschwister V. erzählen die Geschichte von der wunderbaren Errettung ihres kleinen Bruders Gerhard (1943). Hier der Bericht von Helmut (1939):

»Bei einem dieser Angriffe ist fast wie durch ein Wunder mein kleiner Bruder verschont geblieben. Er war zum Mittagsschlaf in sein Bett bei meiner Tante gelegt worden. Wie sie wiederholt später erzählte, empfand sie, kurz bevor die Flieger zu hören waren, eine schreckliche Unruhe. Sie nahm den Kleinen auf und trug ihn zu uns, zu ihrer Schwester. Kaum war sie angekommen, hörte man das unheimliche monotone Brummen der Bombenflugzeuge und mehrere Detonationen. Wir legten uns auf den Boden. Ich sehe noch heute vor mir, dass sich an einer Wand der flackernde Widerschein eines Brandes spiegelte. Als der Angriff vorbei war, gingen wir nachsehen, wo es eingeschlagen hatte. Irgendwo brannte ein Heuhaufen. Zum Glück waren die Bomben auf der anderen Seite des Wäldchens in einen Acker eingeschlagen. Als wir aber das Haus meiner Tante betraten, sahen wir schon im überdachten Eingangsbereich, dass das Dach durchschlagen war. Auf dem Boden lag ein › Blindgänger‹, eine nicht explodierte Brandbombe. Im Zimmer hatte ein Splitter die Wand und das dahinterstehende Kopfende des Bettes genau in der Höhe durchschlagen, wo kurz zuvor mein Bruder geschlafen hatte.«

Buchstäblich dem Tod von der Schippe gesprungen ist Robert L. (1933):

»In einer Nacht hatte meine Mutter die Trinkflasche vergessen, und mein kleiner Bruder schrie aus vollem Hals, weil er Durst hatte. Inzwischen lief schon der Angriff, und meine Mutter wollte in ihrer Not zum Haus laufen und die Flasche holen. Ich ließ das nicht zu und rannte selbst los. Beim letzten Sprung zur Haustreppe hinauf bekam ich einen starken Schlag auf den rechten Fuß, dass ich rückwärts hinfiel. Ich hatte den Schuh verloren. Als ich ihn wiederfand, hatte er keinen Absatz mehr. Neben der Treppe lag ein Granatsplitter, wie sie zu Hunderten in der Umgebung zu finden waren. Er war handtellergroß und hatte scharfe gezackte Ränder. Ich wollte ihn anfassen und verbrannte mir die Finger. Ohne Schuh, aber mit Trinkflasche rannte ich zurück in den Bunker. Dort wurde mir erst bewusst, was geschehen war, als meine Mutter mich nach dem fehlenden Schuh fragte. Der Splitter einer Flakgranate hatte den Absatz meines rechten Schuhs getroffen, den Schuh vom Fuß gerissen und mich stürzen lassen. Während ich dies meiner Mutter erzählte, überfiel mich so etwas wie Todesangst und ich verfiel in einen Schreikrampf.«

Gerald A. (1935): »Als Achtjähriger hab ich begriffen, was Wunder sind. Wir waren ja in Bethel in den Anstalten. Wir gingen zu einem Nachbarn in den Keller. Es war ein Bombenangriff, wohl im Oktober 43. Fliegeralarm kam, wir hörten das Summen der Flieger, und plötzlich höre ich dieses iiiiiiih (*macht das Geräusch nach*)! Und dann hab ich schon als Achtjähriger gewusst, jetzt kommt 'ne Sprengbombe. Und wohin fällt die? Und da dachte ich: Lieber Gott, jetzt kannst du gleich tot sein. Die Fenster fingen an zu zittern. Plötzlich tut's 'nen fürchterlichen Schlag, das Haus blieb stehen, und keinem ist was passiert, und die Bombe ist gefallen genau zwischen Häuser. Wir waren etwa 25 Personen in dem Keller, und daneben war ein Krankenhaus mit etwa 250 Patienten, und die Bombe ist genau mittenrein gefallen. Niemandem ist ein Haar gekrümmt worden. Und da haben wir uns hingestellt und haben gesungen. Da ist mir als Achtjährigem klar geworden, dass das ein Wunder war. Wenn der Pilot eine Sekunde früher gezogen hätte, wären wir tot gewesen, eine Sekunde später wären die Patienten in dem Krankenhaus tot gewesen. Aber nein, er zog in dem Augenblick, wo er wirklich niemanden traf.«

Eine überaus tragische Familiengeschichte erlebte Hans W. (1935):

»Stark eingeprägt hat sich mir die Erinnerung an den 28. Januar 1945, weil das Geschehen an diesem Datum eine bleibende Veränderung in unsere Familie brachte. Spät abends wurden wir nach einem Fliegeralarm von den Eltern wieder geweckt und hastig angezogen. Es waren starke Bomberverbände angekündigt worden. Meine Mutter zog uns für draußen warm an und wollte mit uns zum Adler-Stollen gehen. Es entbrannte ein heftiger, ja zorniger Streit zwischen meinen Eltern, der mir besonders im Gedächtnis geblieben ist, weil ich vorher so etwas nie zwischen ihnen erlebt hatte. Mein Vater wollte, dass wir im Luftschutzkeller des Hauses bleiben sollten, es habe das sicherste Kellergewölbe im ganzen Ort (Neubau 1937). Wenigstens ich sollte wegen meines Asthmas nicht bei der Winterkälte von minus 20 Grad mitgehen. Ich selbst fühlte mich in dieser Situation buchstäblich zwischen den Eltern hin- und hergerissen. Meine Mutter setzte sich durch und zog uns Buben resolut mit sich. Mein Vater blieb mit anderen Hausbewohnern und Nachbarn zurück und wollte notfalls Brandbomben löschen können. So stapften wir in etwa zehn Minuten durch hohen Schnee zum Erdstollen im Unterdorf bei der Gastwirtschaft Adler. Wir erreichten die offene Panzertüre des Stollens noch in letzter Minute vor Beginn der Bombardierung.

Bei diesem Angriff wurden große Teile Weilimdorfs zerstört, auch das Haus Solitudestr. 228, in dem wir gewohnt haben. Eine Sprengbombe hat den Keller direkt getroffen. Es kamen mehrere Nachbarn und ihre Kinder darin um. Meine Mutter hat uns nach der Entwarnung zuerst bei anderen Leuten mit Keller abgegeben und ist durch die teilweise brennenden und verschütteten Straßen zu unserem Wohnhaus gerannt. Zusammen mit einem Nachbarn, dem Schmied Aspacher, konnte sie dort ihren schwer verletzten und eingeklemmten Mann aus dem Keller befreien. Sie legte ihren Pelzmantel über ihn und blieb bei ihm, bis er von einem Krankenwagen abgeholt wurde. Dann sorgte sie sich wieder um uns Kinder. Ich fand kurzzeitig am nächsten Tag eine Unterkunft im Haus der Bauernfamilie Hörnle gegenüber unserem zerstörten Haus. Dort saß ich am Fenster zur Straße und bekam von der Hausfrau einen Becher heißer Milch und ein Honigbrot …

Ich saß da ziemlich lange und blickte wohl ungläubig auf den Trümmerhaufen auf der anderen Straßenseite, der einmal unser Wohnhaus und das Postamt des Ortes gewesen war. Es muss einen Brand gegeben haben, denn die Fensterkreuze in der noch stehen gebliebenen Haus-Rückwand brannten oder rauchten noch. Vor dem Haus waren Männer mit Pickeln und Schaufeln. Sie hielten von der Straßenseite her eine Öffnung in den Keller offen. Ein geborgener Toter lag mit zugedecktem Gesicht auf einer Trage. Nur seine Füße mit genagelten Schuhen waren zu sehen. Sie waren seltsam gegeneinander verdreht. Ich erinnere mich auch genau an die lederne Aktentasche, die auf dem Leichnam lag. An meine Gefühle kann ich mich nicht erinnern. Immerhin hatte ich ja erfahren, dass der Papi nur ins Krankenhaus musste und nicht unter den Toten sei. Mein Vater starb am 4. Februar im Robert-Bosch-Krankenhaus an seinen Verletzungen. Ich konnte ihn dort vorher noch einmal sehen. Sein Gesicht war bis auf die Augen und die Nase ganz durch Binden verdeckt. Er konnte nicht mehr sprechen. Eine Woche danach erhielten wir die Nachricht, dass am 6. Februar auch der vielgeliebte Thörner-Opa in Chemnitz durch Bomben umgekommen ist.«

Die **Begegnung mit Toten, Verstümmelten und Verletzten** wurde alltäglich. Rolf R. (1931) erlebte den Großangriff auf Heilbronn am 4. Dezember 1944 vom etwa 15 Kilometer entfernten Neckarwestheim aus:

»Es war so hell, dass man auf der Straße noch lesen konnte … (*Am nächsten Tag machten sie sich auf den Weg nach Heilbronn, wo die Eltern ihr Geschäft hatten.*) Die ganze Stadt war ein Trümmerhaufen. Auf der Allee beim Schillerdenkmal wunderte ich mich über die vielen Figuren, die da rumlagen, bis ich bemerkte, dass es sich dabei um verkohlte Leichen handelte. Es war furchtbar. Das Elternhaus war zerstört, überall Brände und Trümmer sowie Leichen, Leichen, Leichen. Auch die Wohnung meiner Großeltern brannte. Das schlimmste Bild hatte ich im Garten des Krankenhauses vor mir. Hier sammelte man die Leichen. Ich glaube, es waren Hunderte. Für mich ein Anblick, den ich nie in meinem Leben vergaß. Wochenlang wachte ich nachts immer wieder auf und hatte diese Bilder vor mir, die mich in Angst und Schrecken versetzten.«

Dietlind S. (1937) hatte mit ihrer Mutter die Flucht aus Breslau hinter sich und erlebte in Bad Kitzingen ihren ersten großen Bombenangriff:

»Ich weiß nicht, was meine Mutter bewogen hat, am nächsten Tag mit mir durch die zerstörte Stadt zu laufen. Sicherlich war es auch Neugier, schließlich hatte sie noch nie eine Stadt nach einem Großangriff gesehen … Wir kamen also an jenem nächsten Morgen nach Kitzingen hinein, und ich erinnere mich nicht an einen schrecklichen Gesamteindruck, ich sehe nur einzelne Bilder vor mir: Das Café, in das meine Mutter hatte gehen wollen, gab es nicht mehr, es war, wie der gesamte Stadtkern, nur noch ein Trümmerhaufen. Wir standen lange davor, und meine Mutter machte sich wohl so ihre Gedanken. In der Bahnhofsgegend brannten immer noch einige Häuser, und vor einem dieser brennenden Häuser stand, in einigem Abstand, mitten auf der

Straße, ein unversehrt gebliebenes Klavier! In der Nähe unserer Flüchtlingsmeldestelle hatte es ein Notlazarett in einer Schule gegeben, es war zur Zeit des Angriffs voll belegt mit verwundeten Soldaten. Das Lazarett war einfach nicht mehr da, und auf der Straße davor lagen tote Soldaten. Das ist das schrecklichste Bild meiner Erinnerung an diesen Tag: Wir mussten nicht nur über Trümmer, sondern auch über Leichen steigen, um weiterzukommen. Für diese Toten hatte noch niemand Zeit gefunden.«

Gisela S. (1928), Hannover 1943: »Wir liefen in der Nacht Richtung Bunker, die Zeit war wieder zu kurz bei Vollalarm, der Bunker war einige hundert Meter entfernt, die Bomber schon über uns, die Tannenbäume von ihnen am Himmel gesetzt zur taghellen Beleuchtung der Stadt, und wir sahen von weitem, dass Menschenmassen oben auf dem unterirdischen Bunker standen. Sie drängten und schoben, zerdrückten Menschen und Kinder auf der Treppe nach unten, während wir schnellstens in das Haus vis-à-vis in den Luftschutzkeller liefen, das bald auch nicht mehr stand. Nach der Entwarnung zum Bunker rüber laufend, sahen wir die Leichen zugedeckt auf dem Bunker liegen. Die Schwester einer Schulkameradin, ca. 3 Jahre, war zu Tode getreten! Kein Bild, keine Schilderung kann das grausige Erlebnis ersetzen. Wir hatten Angst, Angst, Angst, wir waren doch auch noch Kinder!«

Ruth Worzalla (1932) erzählt von ihrer Schwester, die Helferin in einem Kindergarten in Berlin war:

»Nach einem heftigen Luftangriff kam meine Schwester abends aus dem Kindergarten. Sie erzählte bestürzt. ›Heute kam der kleine Kurt in den Kindergarten. Er hatte etwas in der Hand und sagte; ›Kiek mal, Tante, wat ick jefunden habe: een Schuh mit nem Been drin.‹ Er hatte wirklich einen Schuh mit etwas drin in der Hand. Mutti schüttelte den Kopf und murmelte vor sich hin: ›Die armen Kinder.‹«[24]

Ingeborg B. (1935): »Bonbons (zwei oder drei Stück), Hauchbildchen, ›Esspapier‹ oder Lakritze kauften wir in der Nebenstraße bei Frau Schmid. Eines Morgens stellte sich heraus, dass das ganze Haus von Frau Schmid eingestürzt war bei den Angriffen der vergangenen Nacht. Alle im Luftschutzkeller waren tot. Eine Sprengbombe, Brandbomben, geplatzte Wasserrohre. Und jetzt berührte uns der Tod auf ganz nahe und makabre Weise: Von Frau Schmid hatte man nur einen einzelnen Finger mit Ehering gefunden. Frau Schmid war tot, aber nicht als ganzer Mensch, der tot daliegt. Das wäre normal gewesen. Der Krieg hatte sie zerfetzt, ihre Identität ausgelöscht. Und der Finger? Konnte man ihn begraben? Darüber diskutierten wir Kinder heftig und lange. Und die Vorstellung des einzelnen Fingers verfolgt mich eigentlich bis heute immer wieder einmal … Der Tod kommt ohne Vorwarnung, grausam, endgültig. Er macht Menschen zu wimmernden Kreaturen – und sie können keinen Abschied nehmen, sich nicht mehr berühren und sich nichts mehr sagen. – So ist mir der Tod begegnet.«

Ganz nahe rückte der Tod, wenn er in die eigene Familie hineingriff. Nur schwer und oft stockend und mit Umwegen erzählen die damaligen Kinder

7. Irgendwo (vielleicht vom Quadrat bezeichnet) befand sich das Haus von Erika A. im zerstörten Heilbronn

und Heranwachsenden davon, auch wenn sie selbst nicht dabei waren: Erika A. (1926) musste damals in Heilbronn schon arbeiten. Ihre Stiefmutter war mit ihren beiden Brüdern, dem zwölfjährigen Rolf und dem zehnjährigen Heinz vor den Bomben zu Verwandten aufs Land ausgewichen. Sie selbst verbrachte, um vor den Angriffen ein wenig Ruhe zu haben, das Wochenende des großen Angriffs auf Heilbronn bei ihrer leiblichen Mutter in Esslingen.

8. Erika A. mit Stiefmutter und den beiden Brüdern. Die Stiefmutter und die beiden Brüder kamen um

»Sie hat aber dann doch keine Ruhe gehabt, meine Stiefmutter, und ist nach Heilbronn mit meinen Brüdern. Sie waren um 7 Uhr in Heilbronn, und um halb 8 Uhr waren sie im Angriff. Und mein Bruder – ich hab mir's noch erklären lassen von den Leuten (*unter Tränen*) – mein Bruder hat noch bis um 4 Uhr morgens geschrien: ›Erika, hol uns raus!‹ – und es hat nicht geklappt. Und ich hab gar nichts gewusst, gell, und meine Mutter hat mir dann auch nichts gesagt, dass Heilbronn bombardiert worden ist. Und die Schwester von meiner Stiefmutter, die ist gegangen, und die hat sie gesehen. Meine Brüder waren so (*zeigt mit den Händen eine Größe von ca. 50 cm*) groß.
I: Und keiner hat überlebt?
A: Nein – *in dieser halben Stunde* – sind von meiner Großfamilie 27 Personen getötet worden.
I: Da wurde die Familie fast ausgelöscht?
A: Ja, hier, das sind die Bilder, die sind gleich nach dem Angriff gemacht worden.
I: Und wo hat Ihr Haus mal gestanden?
A: Irgendwo, irgendwo, es war ein sehr stabiles Haus dadurch, dass wir die Schmiede gehabt haben, die Wehrmachtsschmiede, gell. Wir haben jeden Tag Pferde da gehabt. Das war direkt hinter dem Rathaus. Und ich hab noch erfahren, dass alles kaputt ist, nichts mehr hab ich gehabt, kein Bett, nichts, nichts!
I: Die 27 Personen, ...
A: Das waren Cousinen, die Kinder. Und mein Onkel, der hat da noch überlebt, der hat acht Häuser weiter unten gelebt. Und der kam aus dem Keller raus mit seiner Frau, aber der Sog – plötzlich hat er seine Frau nicht mehr gehabt. Die kamen raus – aber sie ist verbrannt. Und wir waren so dicht am Neckar, gell, das waren 100 Meter zum Neckar.«

Frau A. hat später ihren Söhnen die Namen ihrer getöteten Brüder gegeben: Rolf und Heinz.

Marianne U. (1932) sucht nach dem Großangriff auf Pforzheim mit ihrer Großmutter das zerstörte Haus ihrer Verwandten:

»Die Innenstadt war völlig zerstört. An den Ruinen klebten Kartons und Zettel mit Aufschriften: Wo seid ihr? Meldet euch bei ... Wisst ihr etwas über den Verbleib von ... ? usw. Wir stiegen über rauchende Trümmer und suchten das Anwesen unserer Verwandten, das dem Erdboden gleich gemacht war. Alle im Haus waren umgekommen bis auf die Hausangestellte, die durch oder mit dem Hund ›Flott‹ (mein Lieblingshund) gerettet wurde, tagelang in der Stadt herumirrte und dann bis zu ihrem Tod in einer Psychiatrischen Klinik untergebracht werden musste.«

Dorothea D. (1936) hatte einen Bruder, mit dem sie ein Herz und eine Seele war; er starb getrennt von ihr:

»Das ist der Bruder und er hieß Hermann. Ich heiße Dorothea, und wir waren ›Hermann und Dorothea‹, und alle sagten sie, nicht nur wir, sondern auch die Eltern, alle Verwandten und Bekannten sagten – das Brüderle und Schwesterle – also wir waren

9. Dorothea und Hermann D. Der Bruder wurde durch Bomben getötet

eine Einheit, wie Zwillinge.
I: Wie groß war der Altersunterschied?
D: Drei Jahre, er war immer mein großer Freund. Wir haben alles miteinander gemacht, und er hat immer auf mich aufgepasst … Ich weiß auch, dass wir viele Geheimnisse miteinander gehabt haben, eine Geheimschrift, und wir haben immer überlegt, wie das sein kann, wo Gott herkommt und solche Sachen. Das Schlimmste, was mir passiert war, ist der Tod meines Bruders.

Ich hab ja als Kind Angriffe erlebt, die waren halt so. Richtig aufgewacht bin ich erst, als er tot war. Also er kam in diesem Haus ums Leben in Altdorf bei Böblingen. Da war ein Angriff, der hat wahrscheinlich Stuttgart gegolten, man weiß es bis heute nicht. Stuttgart war in dieser Nacht so vernebelt, es war vom 7. auf den 8. Oktober 1943. Wir saßen da in Stuttgart in unserem Haus im Keller, und wir dachten noch, jetzt ist er bei den Tanten in dem Haus, und da wird ihm nichts passieren. Er war nur eine Nacht dort, denn wir hatten dort einen Acker von unserem Großvater, und der hat noch geholfen, Obst zu ernten. Da war er da, und in dieser Nacht ist da eine Bombe rein und hat auch das Dorf sehr verwüstet, und er hätte heimkommen sollen an diesem Abend. Er ist halt eine Nacht länger geblieben, und da war es … Ich habe Hannelore (*die ältere Schwester*) gefragt, ob sie Erinnerungen habe an ihre und meine Reaktion auf die Todesnachricht; sie hatte keine. Bei einem späteren Besuch kamen wir wieder auf dieses Thema. Da berichtete sie mir, sie habe lange Zeit, also noch Monate lang, nicht an den Tod Hermanns geglaubt, sie habe gedacht, er hätte sich irgendwo im Schönbuch versteckt und habe immer gedacht, er würde wieder kommen. Sie habe mit niemandem darüber gesprochen, es war ihre Möglichkeit, ihr Trost, die Trauer zu bewältigen, sie konnte es nicht glauben, sie wollte es nicht wahrhaben, es war zu ungeheuerlich, der kleine Bruder tot, es konnte, es durfte nicht sein …
I: Sie haben es aber geglaubt?
D: Ich hab es sofort geglaubt. Als es passierte, war mein Vater in Colmar auf einer Besprechung, geschäftlich, und meine Mutter hat es am Telefon erfahren, dass das Brüderle tot ist, und muss es dann gesagt haben … Als ich erfahren hatte, dass das Brüderle tot ist, brach ich auf der Treppe im Albuchweg, es ist unsere Wohnung, zusammen. Ich weiß heute noch, wie ich da saß und auf welcher Stufe. Ich sehe mich heute noch da sitzen, liegen, hängen und höre mich schreien: Dann seh ich

den nie mehr, nie mehr, nie, nie, nie, das bedeutete Totsein für mich. Ich brüllte und schrie, bis Mutter dagegen anschrie, ich solle aufhören mit meinem Geschrei. Ich war total verzweifelt, verdrückte mich ins Kinderzimmer, hockte mich in eine Ecke und wimmerte. Geholfen hat mir niemand. Meine Mutter konnte mich offensichtlich gar nicht trösten, sie konnte auch nicht, sie war ja selber geschockt. Damals fing ich an zu blinzeln, was alle um mich herum aufgeregt hat. Sie ermahnten mich immer, blinzel doch nicht so, aber mir brannten die Augen, ich musste einfach blinzeln.

Dann kam mein Vater zurück. Er war ein sehr lieber und einfühlsamer Mensch mit sehr viel innerem Halt. Er hat uns dann schon auch geholfen … (*Sie wurde dann aus Stuttgart evakuiert zu Bekannten nach Ötlingen bei Kirchheim/Teck.*) Das war ein Stundenhaus[25], die waren sehr ernst und gesetzt, aber lieb, und wir mussten dreimal die Woche in die Stund, Sonntags zweimal und Mittwochs auch noch mal … Da habe ich meinem Bruder Briefe in den Himmel geschrieben.«

Sie hat ihn gebeten, ihr doch wenigstens einmal im Traum zu erscheinen. Und er ist ihr tatsächlich erschienen. Sie träumte, sie läge unter einem Busch, und da sei er hinter dem Busch hervorgekommen.

»Und dann hat er gesagt: ›Du brauchst überhaupt nicht traurig zu sein.‹ Das hat mich mein Leben lang getröstet. Du brauchst überhaupt nicht traurig sein, ich bin immer bei Dir. Du musst nur ein Blatt oder eine Blume berühren (›hinlangen‹ hat er sicher gesagt), dann weiß ich's, dann komm ich zu dir, dann bin ich einfach bei dir. An diesen Traum hab ich so oft gedacht, der muss mich unsagbar getröstet haben.«

Viele (wie viele?) mussten erleben, wie Angehörige neben ihnen starben.

Heinz S. (1934), damals in Stuttgart-Vaihingen: »Und dann kam der Angriff vom 15./16. März 1944. Meine Mutter hat keine Angst gehabt, auch bei diesem Angriff saßen wir noch in der Küche, und meine Mutter hat noch einen Tee gemacht. Und dann hat meine Großmutter raufgerufen: Kommet schnell, da hängt schon alles voll mit Christbäumen. Von der Küche ist man bei uns direkt in den Keller gegangen, und meine Großeltern haben ein Haus daneben gehabt, so sechs, acht Meter daneben. So langsam sind wir dann in den Keller. Wir waren: meine Mutter und ich und die Hausfrau und ein zweijähriges Kind und ein sechsjähriger Bub und mein Großvater und meine Großmutter. Meine Tante, die jüngste Schwester von meinem Vater, die war am Bahnhof beim Rotkreuzdienst der Wehrmacht. Mein Vater war in Brest und hat auf den Amerikaner gewartet. Und um uns rum sind ziemlich Luftminen herein. Dann sind wir auf den Boden gelegen. Meine Mutter ist, so viel ich weiß, nicht hingelegen, mein Großvater sowieso nicht. Die Mutter hat's aber gewusst, die hat meinem Vater geschrieben, dass sie nicht mehr lang lebt, und wenn sie nicht mehr lebt, soll er ihre Cousine heiraten. Und das hat er dann später auch gemacht. Auch den Nachbarn hat sie's erzählt, die haben uns das nachher gesagt.
I: Wie alt war Ihre Mutter damals?

S: Die war 33.
I: Hatten Sie große Angst als Kind?
S: Schon ein bissle. Ich war damals noch nicht ganz zehn Jahre alt. Aber es war eigentlich ziemlich ruhig bei uns, trotz alledem. Das war ein Holzhaus, und dann haben wir gewartet bis Entwarnung kam. Das Haus hat lichterloh gebrannt. Und dann haben wir gesagt: Jetzt gehen wir so langsam raus. Circa 20 Meter vom Haus weg, da waren Felder. Und da standen wir dann. Großvater und Großmutter sind dann noch mal rein und wollten noch was rausholen. Und dann hör ich plötzlich ein Flugzeug, und dann haben die vom Flughafen immer drei weiße Leuchtkugeln heraufgeschossen, weil sie dachten, das ist ein deutsches Flugzeug, dass der wieder zurückfindet. Und jetzt ist plötzlich wieder eine Bombe heruntergekommen, das war kein deutsches Flugzeug, aber das war schon nach der Entwarnung. Und wie ich das gehört habe, wir standen hier so (*er zeigt das mit den Händen*), da standen wir: die Hausfrau mit dem Kind auf dem Arm und meine Mutter und der Fünfjährige, der war auf dem Boden am Zaun. Und wo ich das gehört hab, bin ich hingelegen. Ich weiß nicht, ob das meine Mutter mitgekriegt hat. Wenn ich nicht hingelegen wäre, wäre ich auch tot gewesen. Dann kam die Bombe runter, und es hat einen Schlag getan, und dann stand ich auf, und da lag meine Mutter schon tot da. Ich hab sie dann bloß noch angesprochen, aber sie hat keinen Muckser mehr gemacht. Die Hausfrau lag auch da, und die hat geschrien, und das Kind auch. Als ich gemerkt habe, dass meine Mutter nicht mehr lebt, bin ich weggerannt. Etwa 500 Meter, da waren dann wieder Häuser nach den Feldern, und da bin ich in den Keller runter. Und dann hat's geheißen, da ist ein Blindgänger, dann mussten wir von dem Keller wieder raus, 200 Meter weiter oben sind wir dann in ein Haus, und da war ich dann so nachts um zwei rum … Ich war dann bei Tante und Onkel, bis mein Vater wieder zurückkam. Mein Vater war in Brest, und dann haben wir ein Telegramm geschickt. Und dann hat's geheißen, er darf nicht kommen, weil zu der Zeit Alarmstufe I war. Dann haben wir noch mal ein Telegramm geschickt, dass die Frau tot ist, und die Eltern tot sind, dann hat er drei Tage Urlaub bekommen. Großvater und Großmutter sind ja noch mal rein ins Haus, und wo die Luftmine runter ist, da ist das Haus übereinandergeflogen, und die Großmutter, die war im Keller drin und ist zugedeckt worden und verbrannt, und der Großvater war grad zwischen den zwei Häusern, der ist auch zugedeckt worden, da hat man fast nichts mehr gefunden … Am Samstag war Beerdigung, der Angriff war so Dienstag oder Mittwoch, und mein Vater kam Samstag morgens. Wie er kam, sagte er: Was machen wir? Sollen wir uns erschießen? Und auf dem Bahnhof, da kam so einer von der Bahnpolizei, wohl von der SS. Und den hat er nicht gegrüßt. Der hat ihn angehalten, und da hat mein Vater gesagt: Da hat nicht viel gefehlt, dass er den erschossen hätte. Nach drei Tagen hat er wieder gehen müssen.«

Der Vater geriet in amerikanische Gefangenschaft. Zusammen mit seinem Sohn baute er später die beiden zerstörten Häuser in harter Arbeit wieder auf. Wieder geheiratet hat er erst lange danach.

Furchtbar war es für die Kinder, die als einzige von der Familie überlebten.

Dorothee H. (1936): »Im Dezember 1944 war meine Kindheit zu Ende. Bei einem Bombenangriff auf Ludwigsburg wurde unser Haus zerstört. Meine Mutter, meine beiden Schwestern starben. Ich war die einzige, die überlebte. (*Ihr Vater, den sie sehr liebte, hatte als Soldat an der Front Selbstmord begangen; die näheren Umstände kennt sie nicht.*) Die Schwester meiner Mutter, die nur zwei Häuser weiter wohnte, nahm mich auf … Eine Trauerarbeit fand nicht statt. Man sagte mir, Gott hätte mir meine Mutter genommen, weil sie mich hätte nicht erziehen können.«

Am Telefon erzählte mir Dorothee H. nur ganz knapp, wie sie alle von dem Bombeneinschlag in eine Ecke geschleudert worden waren. Später schrieb sie mir:

»Erst im Erwachsenenalter musste ich meine Vergangenheit in Alpträumen aufarbeiten. Ein sich ständig wiederholender Traum war, dass etwas auf mich fiel und mir bewusst war, ich habe noch eine Minute zu leben. Das war ungefähr die Zeit, in der ich meine Schwester noch atmen hörte, bevor dann alles ruhig war.«

Alle diese Geschichten stehen für unzählige ähnliche. Etwa 600.000 Menschen sind in Deutschland durch den Bombenkrieg umgekommen. Die meisten Erwachsenen von ihnen hinterließen Kinder als Halbwaisen oder als Waisen, als Enkel und Verwandte. 75.000 Kinder sind getötet worden, 45.000 Jungen, 30.000 Mädchen; 116.000 wurden verletzt. 15 Prozent der gesamten Todesopfer waren Kinder.[26] Diese Kinder haben keine Stimme mehr.

Viele Kinder wurden auch **selbst verletzt**. Willi L. (1932) berichtet sehr distanziert in einem Brief:

»Die Erinnerungen an den Krieg sind mir total entglitten. Das heißt, dass ich nie Gedanken darüber habe. Die Bombennächte und meine Verletzung sind, wenn ich mal daran erinnert werde, als ob es in einem anderen Leben gewesen wäre. Es berührt mich nicht mehr … Im August 1943 wurde ich durch eine Luftmine, als Zeitzünder zwei Tage nach einem Angriff explodierten, nachmittags verletzt. Es gab damals 93 Tote. (*Auf Nachfrage erläutert er:*) Ich hatte ein ziemlich großes Hämatom im Rückenbereich, und mein linkes Knie war total dick geschwollen. Es musste täglich punktiert werden … Nach drei Wochen Behandlung ging es wieder, und ich konnte einigermaßen gehen. Ein bis zwei Monate habe ich noch etwas gehumpelt, aber dann war alles vorbei. Auch später hatte ich nie mehr Schwierigkeiten damit … Im Krankenhaus war ich bis September, da war wieder ein Angriff, und das Krankenhaus wurde zerstört. Wir sind dann aus dem Keller in die Stadt geflüchtet. Dort haben mich Leute in einen Keller gezogen, denn es brannte überall. Als es Tag wurde, ließ man mich wieder weg, und nach einigen Stunden war ich wieder zu Hause. Wir waren nicht ausgebombt, das war ein großes Glück.«

Alles nicht so schlimm? Aber man muss sich einmal vorzustellen versuchen, was es bedeutete, noch angeschlagen aus dem brennenden Krankenhaus zu flüchten, durch die brennende Stadt zu fliehen, von fremden Leuten in einen Keller gezogen zu werden, nicht zu wissen, was mit den Eltern und dem Elternhaus geschehen ist. Willi L. hat es vermocht, diese Erinnerungen ganz tief in sich zu vergraben, sie nicht an sich heranzulassen. »Ich selbst bin der Meinung: lasst die Toten ruhen. Man ändert nichts daran«, schrieb er mir abschließend. Ganz anders Gretel Z. (1932):

»Sobald ich eine Sirene höre, ist der Krieg wieder da. Das einzige Kriegserlebnis, was mich noch wirklich plagt und innerlich trifft, ist die dann aufkommende Erinnerung an Fliegeralarm und Angriff ... Meine Großeltern wohnten am anderen Ende der Stadt, und ich besuchte sie am 23.2.1945. Es war ein strahlend klarer und kalter Tag. Es gab Alarm, und wir wollten in den Bunker gehen. Ich sah noch die silbern blitzenden Flugzeuge und meinen Großvater neben mir. Dann kam ich erst wieder zu mir, als Männerstimmen fluchten, dass sie fast mit mir in einen Bombentrichter gefallen seien. Dann gab es Tieffliegerangriff, und ich lag allein mit meiner Großmutter unter einem Baum. Erneute Bewusstlosigkeit. Krankenhaus. Ich war schwer verletzt (schwere innere Verletzungen, mehrere Knochen- und Rippenbrüche) und lag vier Monate im Krankenhaus. Meine Großmutter lag noch länger, mein Großvater und meine Patin waren tot. Was mich immer noch verletzt und auch ärgert, dass niemand mich im Krankenhaus besuchen durfte und dass niemand mit mir über den Verlust je sprach. Dadurch sind die beiden wichtigsten Menschen meiner Kindheit einfach von der Bildfläche verschwunden, ich fühle mich heute noch um die Trauer betrogen. Und auch darum, dass mich in der traumatischsten Situation meines Lebens jemand getröstet und geliebt hätte. Schließlich haben sie mir den Dekan ans Bett geschickt, aber auch er stotterte nur hilflos ... Im Krankenhaus lag ich zusammen mit 13 Kindern in einem Zimmer, fast alle schwerstkrank oder kriegsverletzt. Ich bekam öfters ein Baby in den Arm gelegt, dessen Arm abgeschossen war und dessen Mutter dabei getötet worden war. Es war ein ganz schmächtiges Kind, und als es plötzlich aus seinem Bettchen verschwunden war, wussten wir alle, dass es gestorben war, obwohl niemand es uns sagte.«

Gemessen an den Verlusten naher und nächster Menschen und eigenen körperlichen Verletzungen, sind **Zerstörungen** und der **Verlust von Haus und Wohnung** leichter zu verkraften gewesen. Dennoch ist das Erschrecken darüber bis heute spürbar. Kinder konnten kaum ermessen, was es für die Eltern bedeutete, wenn Wohnung oder Geschäft in Trümmer fielen, was es bedeutete, mehrmals ausgebombt zu werden und buchstäblich nichts mehr zu haben. Kinder, besonders die größeren, mussten aber schon beim Bergen und Aufräumen helfen. Ihnen wurde bewusst, dass es die »heile Kinderwelt« nicht mehr geben würde. Paul K. (1933), in dessen Hauskeller Verschüttete lagen,

10. Gerettete Gegenstände: Waschkorb, Bettflasche, »Faust«, Bunkerstühlchen

während er und seine Familie im Bunker überlebt hatten, was das Kind durchgesetzt hatte, schreibt:[27]

»Was ich empfand, mag ich wohl verdrängt haben. Ich erinnere mich weder an Triumphgefühle über die Rettung meiner Familie noch Erleichterung, davongekommen zu sein, noch Kummer über den Verlust des Heims. Soldaten und Mitglieder des Technischen Notdienstes begannen sofort nach den Verschütteten zu graben. Vati hatte angeordnet, dass ich in der Nähe bleiben solle, um Sachen von uns, die etwa ausgegraben würden, sofort sicherzustellen. Als an mir Decken vorbeigetragen wurden, aus der zwei Beine baumelten, schauderte es mich und ich wendete mich ab. Ich wollte keine zerstückelten Leichen sehen.«

Irmgard B. (1927) erhält Ende November 1944 im Arbeitsdienst die Nachricht, dass ihr Elternhaus in Hannover kaputt ist. Sie bekommt drei Tage Urlaub, Bruder und Schwester waren verschickt an verschiedene Orte:

»Meine Mutter stand da ganz alleine mit dem kaputten Haus und den paar Sachen, es war wie eine Puppenstube, mitten durchgeschnitten, und da hingen so die Zimmer, und oben standen auch noch die Möbel. Wir hatten Jungs aus unserer Nachbarschaft, die haben gesagt: Frau P., das holen wir runter. Meine Mutter hat gesagt:

Kinder, da geht ihr nicht rauf, denn das stürzt ein, nein, das bleibt da oben nicht stehen. Da haben die Jungens meiner Mutter, was noch rausholbar war, rausgeholt … Ich sagte, ich versuch noch in den paar Tagen, was ich aus dem Schutt rausholen kann. Meine Mutter hatte einen Bücherschrank, der hatte Gardinchen vor, und da hatten sich die Gardinchen um die Bücher geschlungen. Der Novemberregen ist zwar schon drüber gegangen, aber ich hab ihr auf diese Weise noch viele von ihren Büchern retten können. Ja, da war sie sehr froh. Wie ich da so gucke, da kommt eine Mauer auf mich zu, da bin ich aber gesprungen. Ein Kaffeekännchen war noch heil in der Küche. Das hab ich auch rausgeholt. Überlebt hat es unser Kater, der kam ganz verstaubt aus dem Schutt herausgekrochen. Ja, von da an war eigentlich die relativ heile Welt total kaputt. Da war alles kaputt.«[28]

Das Kaffeekännchen und die geretteten Bücher gehören zum Bestand von Gegenständen, die bis heute ihre »Bombengeschichten« erzählen könnten. Einige wenige Beispiele von Fotos, die mir zugesandt wurden, sind auf der vorigen Seite zusammengestellt.

Am ausführlichsten und plastischsten schildert Gertrud R. (1928) die Zustände und den Beitrag der 16-Jährigen zum Überleben nach dem Bombenangriff auf Pforzheim am 23. Februar 1945:[29]

»Nach dem Bombenangriff. Kein Wasser, kein Strom, kein Gas, keine Bäckerei und kein Dach! Das war der Stand am 24. Februar 1945.

Kein Dach. Dicke Regenwolken waren am Himmel aufgezogen – also zunächst auf den Speicher! Wir deckten den Boden notdürftig ab mit den Zeltbahnen von Papas Zelt. Natürlich reichten sie längst nicht aus. Aber etwas anderes hatten wir nicht. Und dann entdeckten wir, dass viele Dachziegel einfach hinuntergerutscht und in der Dachrinne hängengeblieben waren. Papa sägte nun ein paar Stücke aus dem Dachstuhl heraus, da konnten wir uns hinauslehnen, die Ziegel fassen (Vorsicht, dass keiner runterfällt – jeder ist kostbar!) und wieder an den richtigen Platz setzen. Natürlich blieben große Teile des Daches ungedeckt, und es war klar, dass jeder kleine Windstoß das Dach erneut abdecken würde. So gingen wir auf Ziegelsuche. Mit dem Leiterwagen fuhren wir über das Feld vor unserem Garten. Dort gab es ein leerstehendes kleines Haus. Dieses Haus stand ein paar hundert Meter näher an der ›Bombengrenze‹, das Dach war total abgedeckt, und die Ziegel lagen weit verstreut auf dem Boden. Wir wurden fündig! Diese Ziegel hatten die Form und die Größe, die wir brauchten! Natürlich waren die meisten in Scherben – oder sie sahen heil aus, und wenn man sie anfasste, zerfielen sie zu Staub – ausgeglüht. Aber wir fanden so viele, dass wir unser Dach decken konnten …

Kein Wasser. Ohne fließendes Wasser zu sein – daran mussten wir uns gewöhnen. Es geht aber nicht ohne Wasser. Natürlich funktionierte auch die Spüle im WC nicht. Also Eimer bereitgestellt und Loch im Garten gegraben! Aber wo gab es frisches Wasser? Das Gerücht ging um und flog auch zu uns ins Haus: Unten an der Enz, am

Posthof, gibt es Wasser! … Und schon zogen wir in langen Reihen – soweit vorhanden mit Leiterwagen – zum Posthof hinunter. Und dabei immer in Angst vor den Jabos. Denn Alarm konnte ja nicht mehr gegeben werden, weil wir keinen Strom hatten und also die Sirenen nicht funktionierten. Und die Front war ja auch schon so nah da. Es war sozusagen immer Alarm! Zum Posthof sind es etwa 2 ½ bis 3 Kilometer. Wir füllten unsere Eimer und machten uns auf den Rückweg. Der ging steil den Berg hinauf – und da bekanntlich der Wasserspiegel immer in der Waagrechten bleibt, waren unsere Eimer, als wir oben waren, zur Hälfte leer! Künftig nahmen wir dann immer den alten Sterilisier-Apparat, der hatte einen Deckel! Und die Arbeitsverteilung war dann so: einer zog den Wagen und einer drückte den Deckel zu! Ich habe keinerlei Erinnerung daran, ob und wie wir uns in der Zeit des Wassermangels gewaschen haben, ob und wie wir Wäsche gewaschen haben (und man hatte doch so wenig Wäsche!), wie wir den besagten Eimer säuberten (Papier gab es ja auch nicht) und ob und wie wir unser Haus säuberten. Es lag ja voll Staub und Mörtel, Kalk und Gips und Brocken und Scherben. Nur an eines erinnere ich mich: Wenn wir abends Kartoffeln gekocht hatten, wurde das Wasser anschließend in die Wärmflasche unseres Kleinen gefüllt, wenn er wieder in sein Bettchen im kalten Keller musste! … (*Nach etwa drei Monaten floss das Wasser wieder bis zu einem acht Minuten entfernten Haus. Dort musste man in langen Reihen anstehen.*)

Kein Gas – was nun? Wie soll man für eine sechsköpfige Familie kochen ohne Herd? Wir hatten Glück! Eine bekannte Familie ging – der Sicherheit wegen – aufs Land und hat uns ihren Herd überlassen. Ein kleiner Kohlenherd aus Großmutters Zeiten – aber für uns die Rettung. (*Die warme Herdplatte benützten sie auch für das Trocknen von ausgewaschenem Viehsalz, denn Salz gab es lange nicht.*)

Kein Strom. Nun, das Stromkontingent, das jeder Familie zustand (und das nicht überschritten werden durfte – sonst wurde der Strom gesperrt), war knapp genug. Aber man konnte doch, wenn es im Keller zu kalt war, für eine kurze Zeit das elektrische Öfchen anmachen. Aber vor allem: der Strom gab Licht! Zwar immer nur Schummerbeleuchtung, denn die beste Verdunkelung garantierte doch nicht ganz sicher, dass kein Lichtstrahl durchkam. So waren wir es also schon lange gewöhnt, im Halbdunkel zu leben. Aber jetzt? Ich habe keine Erinnerung daran, wie wir die langen Abende im Dunkel ohne Licht verbrachten – und das im Winter und Vorfrühling! Wir hatten sicher keinen endlosen Kerzenvorrat. Vielleicht hatten wir noch ein paar Hindenburglichter. Die sehen aus wie Teelichter – nur brannten sie viel länger. Ich weiß es nicht mehr. Ich weiß nur, dass ich keine Kerze wegwerfen kann, solange noch irgend etwas von ihr übrig ist. Kerzen sind für mich etwas Heiliges.

Wovon sollten wir leben? Große Vorräte hatten wir ja nicht, und in den ersten Tagen nach dem Angriff wurden Feldküchen aufgefahren. Man stand in langen Schlangen, hielt seinen Topf hin und kriegte einen Schöpfer voll warmem Eintopf. Und Läden zum Einkaufen? Die gab es nicht mehr. Zwar stand in unserer Nähe noch ein – zwar auch beschädigtes – Lebensmittelgeschäft. Es war aber immer geschlossen. Wahrscheinlich waren die Besitzer ums Leben gekommen, oder sie waren aufs Land geflüchtet … Unser Milchmann galt als großer Nazi, und vielleicht war er es auch. Aber jetzt bewährte er sich sehr und hat uns entscheidend geholfen. Seine Wohnung und sein Geschäft am Stadtrand waren auch zerstört. Da machte er in dem »Garaschenhaus« einen Milchausschank auf. Die Bauern aus der Umgebung, die bisher ihre Milch jeden Morgen zur Milchzentrale gefahren hatten, luden jetzt ihre Milchkannen bei ihm ab, und wir holten die Milch dort ab in großen Krügen und Kannen. Das hat uns enorm geholfen. Es war ja richtige Milch, keine entrahmte ›blaue‹ Milch. Zum Einkaufen mussten wir in eines der umliegenden Dörfer gehen.«

Dort wurden die ausgebombten Stadtbewohner bald lästig, und auf dem Wege wurden sie von Tieffliegern beschossen.

Wenn man bei Nachbarn Unterschlupf fand, zu Bekannten oder Verwandten aufs Land ziehen konnte oder irgendwo zwangseinquartiert wurde, litten vor allem die Mütter unter den beengten Verhältnissen.[30] Kinder freuten sich über zusätzliche Spielgefährten und verlegten ihre Spiele ins Freie, wo es ging. Erst aus heutiger Sicht ist manchen von ihnen aufgegangen, was das für die Erwachsenen damals bedeutete: Uwe J. (1935) lebte in Elmshorn bei Hamburg. Nach den Großangriffen auf Hamburg im Juli 1943 flüchteten viele Verwandte zu ihnen:

»Welch ein trauriges Wiedersehen in Elmshorn. Nur mit dem, was sie auf dem Leib trugen, hatten sie sich aus den Trümmern gerettet … Plötzlich war unser Haus voll. Oma und Opa, Tante Wilma mit meinen beiden Cousins Hans Werner und Jürgen. So weit ich mich erinnern kann, waren da mindestens noch zwei weitere Verwandte aus Hamburg, die bei uns unterkamen. Aufgrund der Ausbombung unserer Großeltern bekam unser Vater Fronturlaub, so dass neben Opa wenigstens noch ein Mann im Hause war. Papa war damals dreiunddreißig Jahre alt und meine Großeltern ganz sicher viel jünger als ich heute. Wenn ich mir überlege, was es für diese Menschen bedeutete, ein weiteres Mal vor dem Nichts zu stehen. Denn diese beiden Generationen hatten ja bereits 1914–1918 und in der Zeit danach vor dem Aus gestanden. Furchtbar! … Das alles konnte mein kleines Hirn gar nicht erfassen.«[31]

Reinhard S. (1942), hatte als Kleinkind den Angriff auf Dresden zwar nicht bewusst erlebt, trägt aber die Spuren der unbewussten Erinnerung immer noch in sich.[32] In seinen schriftlichen Erinnerungen versetzt er sich in die Lage seiner Eltern:

»Vati musste ganz von vorne anfangen. Dass er bereits einen Betrieb von 4.500 Menschen geleitet hatte, war einfach Vergangenheit, es hatte nichts mehr zu sagen, es galt einfach nicht mehr, es war ausgestrichen, als wäre es nie gewesen. Auch dass er studiert und seinen Doktor gemacht hatte, hatte einfach keine Bedeutung mehr. Nicht nur unser Haus, alle Habe, ganz Dresden waren weg, sondern auch all dies. Er musste wieder anfangen auf einer Stufe, die niedriger war als die, auf der er jemals stand: als

Waldarbeiter, als Holzfäller, als Aushilfskraft beim Bauern, als Demontage-Hilfsarbeiter, als Schlosser.«[33]

Die damaligen Kinder betrauern in der Erinnerung kaum verlorenes Spielzeug, sie halfen sich mit Erfindungsreichtum mit selbst gebasteltem aus, aber sie hatten auch ihre ganz eigenen schmerzlichen Verluste. Paul K. (1933) erlebte, dass das Geschäft des Vaters dreimal getroffen und fast gänzlich zerstört wurde, dass auch das eigene Haus unbewohnbar geworden war und man sich in Behelfsbehausungen einrichten musste. Er lebte in dauernder Todesangst, zog sich abends nicht mehr aus und konnte nur mit Mühe dazu gebracht werden, wenigstens die Schuhe auszuziehen. Er erzählt:

»Schließlich ließ mich meine Angst auch Onkel Edis Bunker nicht mehr trauen, und wir gingen in einen der öffentlichen Hochbunker, von denen man schon erfahren hatte, dass sie auch den schwersten Sprengbomben standgehalten hatten … Hunde durfte man natürlich nicht mitnehmen, und so war auch dieses kleine Hundeleben, an das ich mehr als an alles andere meine Liebe gehängt hatte, zu Ende, als wir dann zum dritten Male vor den Trümmern unseres Heimes standen. Ich hatte das Gefühl, er habe mich dieses Mal besonders traurig angeschaut, als ich ihn beim Alarm allein in der Wohnung zurückgelassen hatte. Viel Schlimmeres ist geschehen in diesem Kriege und geschieht noch alle Tage auf der Welt, und viel Leid wird Kindern angetan. Dennoch ist mir der Schmerz des Kindes noch gegenwärtig. Und Onkel Edis Bunker hatte standgehalten.«

Natürlich wurden auch Schulen getroffen – der Traum aller Schüler. Aber das zog die Kinderlandverschickung nach sich, die ihre besonderen Erfahrungen mit sich brachte, von denen wir noch hören werden.[34]

In der Forschung über den Bombenkrieg, zuletzt in der Diskussion über Jörg Friedrichs Buch,[35] wird nahezu übereinstimmend festgestellt, dass die Angriffe die »Moral der Zivilbevölkerung« nicht gebrochen, sondern ihren Durchhalte- und Vergeltungswillen im Sinne der nationalsozialistischen Führung eher noch gestärkt haben. Dies spiegelt sich auf makabre Weise auch in Reaktionen von Kindern, und zwar besonders in ihrem Interesse für **abgeschossene Flugzeuge**, ohne Rücksicht auf das Schicksal der Piloten.[36] Dass das Kriegshandwerk trotz aller Lebensbedrohung und Todesangst seine Faszination nicht verlor, beweist erneut, wie selbstverständlich es, besonders bei den Jungen, zu ihrem Leben gehörte. Walter D. (1931), lebte in Singen, zwischen Karlsruhe und Pforzheim:

»An einem Pfingstsamstag wurde Karlsruhe angegriffen. Die Verbände flogen über unser Dorf von Osten in Richtung Karlsruhe, als zwei unserer Jäger den Verband angegriffen haben und unter dem Beifall der Bevölkerung fünf der Bomber in wenigen Minuten abgeschossen haben. Wir Jungens sind am Sonntag gleich zu den Abschussstellen, um die Trümmer und die dabei umgekommenen Amerikaner zu besichtigen. Die Leichen waren z.T. sehr zerfetzt und wurden von Bauern mit Gabeln auf Wagen aufgeladen. Für uns war es ein grandioser Sieg über unsere Feinde. Das Grauen, das sich uns bot, haben wir damals nicht als solches gesehen ... In einem kleinen Tal nur wenige Kilometer vom Ort entfernt war ein englischer Bomber abgestürzt, der von einem Nachtjäger noch mit seinen Brandbomben an Bord abgeschossen worden war. Der Bomber war völlig ausgebrannt und der Pilot total verbrannt im Rest seiner Kanzel. Weitere Tote mit abgerissenen Extremitäten lagen z.T. mit offenem Schädel um den Bomber herum. Nur einer konnte sich mit dem Fallschirm retten, den wir gefunden hatten. Im Rückblick betrachtet waren wir sehr kaltblütig, denn es waren ja unsere Feinde, welche uns mit ihren Bomben ständig bombardiert haben.«

So »kaltblütig« konnten Mädchen nicht sein, besonders die kleinen. Helga S. (1939), Heilbronn, wird von einer nicht genau datierbaren Erinnerung gequält:

»Das war also eines abends, da saßen wir alle in dem Stollen, und plötzlich hat es geheißen, alle müssen auf die Bänke steigen, also da kommt ein Verwundeter durch, wird durchgetragen. Hinten in dem Stollen, ganz hinten, da war so eine Sanitätsstation, da war ein Sanitäter da, da wurde erste Hilfe geleistet. Dann sind wir da alle auf die Bänke gestiegen, da ist ein englischer Flieger abgestürzt im Wald und über diesem Gelände, wo der Stollen drunter war. Dem sein Flugzeug hat Feuer gefangen, der ist brennend abgestürzt und den haben sie dann irgendwie gefunden und haben ihn in den Stollen reingetragen, und da mussten wir alle , alle da auf die Bänke steigen, damit die mit der Trage da durchgekommen sind. Der war so verbrannt, das weiß ich noch, das war eigentlich nur so ein Bündel von rotem Fleisch, und der hat furchtbar geschrien, und den haben sie dann rein, nach hinten getragen, da haben sie dann gemerkt, dass sie gar nichts machen können, und dann war er still, und dann ist er wohl auch gestorben, dann haben sie ihn gleich wieder vorgetragen. Zweimal haben sie ihn da an uns vorbeigetragen, und das war auch – hart.«

Brigitte U. (1930). »Jeder Wanne-Eickeler, jeder Röhlinghauser wenigstens, weiß noch, dass am 7. September 1941 ein über Wanne-Eickel abgeschossenes Flugzeug an der Bochumer Straße in Höhe der Barbarastraße herunterkam. Ein Motor fiel durch ein Dach in ein Haus, der andere ins Feld des Bauern Röhlinghaus. Aber nicht das kümmerte uns. Wir, die Kinder der Görresschule haben das Blut eines der englischen Flieger an der Schulhofmauer und auf dem Bürgersteig gesehen! Einen Augenblick standen wir starr. Dann reckte sich einer von den Pimpfen betont forsch und schnarrte: ›Toll, wie sie den runtergeholt haben.‹ Da geschah es. Ich sah, wie die Faust bei Karl, unserem Allerweltskerl, langsam aus der Hosentasche kam. Dann schlenderte er an dem Pimpf vorbei, stolperte kunstgerecht und stieß ihn brutal in die blutige

Lache. ›Pass doch auf!‹ rief der, ›nun muss ich mich wahrhaftig noch waschen.‹ Und rieb sich sorgfältig die Flecken ab. Ich wollte ihn dafür hassen. Und vergaß es nach Art der Kinder doch bald. Das Erlebnis aber blieb so furchtbar, dass ich später manches Widerwärtige im Leben daran gemessen milde fand.«

Die natürliche erste Reaktion der Kinder, Mädchen wie Jungen, ist völlige Lähmung (»einen Augenblick standen wir starr«). Dann zeigt der Pimpf die Haltung, die wir bei den Jungen der obigen Beispiele immer wieder bezeugt fanden (»Toll, wie sie den runtergeholt haben!«), aber nicht alle Jungen reagierten so, das beweist Karl, der in jungenhafter Manier antwortet. Brigitte, wie wohl auch die anderen Schulkameradinnen, steht auf der Seite von Karl. Sie findet das Benehmen des Pimpfen (den sie nicht mit Namen nennt) »widerwärtig«; sie findet das ganze Erlebnis widerwärtig. Freude über den Tod eines Feindes, und wenn es auch ein Bomberpilot war, kann sie nicht empfinden.

Reagierten Jungen und Mädchen unterschiedlich auf die blutige Wirklichkeit des Bombenkrieges? Generell gilt das sicher nicht. Nicht bei allen ließ sich das natürliche menschliche Mitgefühl abtöten durch ein brutales Freund-Feind-Denken. Die allermeisten Jungen hatten dieselbe Todesangst vor den Bomben wie die Mädchen. Dennoch fiel mir bei den Erzählungen der Männer auf, dass manche von ihnen ihre Angst von damals herunterspielen, sie womöglich heute gar nicht mehr wahrhaben wollen, sich tapferer und heldischer gerieren als sie wahrscheinlich waren, sich sogar verächtlich über das hysterische Verhalten mancher Erwachsener äußern. Ein besonders hevorstechendes, mir schwer erklärliches Beispiel ist Günter B. (1934), der in Köln viele schreckliche Angriffe erlebte und trotzdem während des gesamten Gesprächs immer wieder betonte, er habe nie Angst gehabt, im Gegenteil, es sei doch für einen Jungen eine »tolle Zeit« gewesen. Dafür nur einige Belege aus dem Interview:

»I: Hatten Sie nie Angst bei Alarm?
B: Ich Angst? Nee, überhaupt nicht, ach was! Für mich als Kind … das war meine Kindheit, ich habe also nie, nie Probleme gehabt, während des Krieges oder nach dem Krieg. Nur eben, dass mein Vater gefallen ist, das war natürlich ein Riesenproblem … Angst, nee! Ich hatte einen Freund … und wir haben dann irgendwo so französische Stahlhelme gefunden in so einem Trümmerloch. Überall waren ja Löcher, weiß nicht, wo die herkamen, die Stahlhelme. Auf jeden Fall haben wir uns die aufgesetzt und sind durch die ganzen Kellerlöcher da durch, die waren vielleicht 80 x 80, so ein Durchschlupf durch die ganzen Häuser durch. Da haben die Frauen drin gesessen, die haben geheult und gejammert, und wir haben gesagt: ›Was, braucht doch keine Angst haben!‹ Also wir hatten keine Angst, nicht, dass wir das nicht erfasst hätten, das

haben wir ja mitgekriegt: Bomben, kein Licht mehr. Wenn man hoch kam, waren Fenster kaputt ...
I: Sie haben es wahrgenommen, aber Sie sind der Erste, der sagt, Sie hatten keine Angst.
B: Ja, nee, ich hatte keine Angst, also wirklich nicht! Wir zwei waren Freunde, wir hatten keine Angst ... Also für mich war das eigentlich eine tolle Zeit (*lacht*) als Junge ... Mein Vater war eine Zeit lang u. k. gestellt, so 1943. Wenn dann Fliegeralarm war, haben wir zwei Männer zum Fenster rausgeguckt, wie da die Bomben fielen, das haben wir uns schon angeguckt, und meine Mutter war unten im Keller, hat gesagt: ›Ich werde noch verrückt vor Angst, jetzt kommt ihr runter!‹ Hinten war ein offenes Karree, da lag Pappe und so was, Teppichstange und Leinen für die Wäsche. Da haben wir geguckt, wie die Brandbomben reinfielen, und irgendwann sind wir dann in den Keller runter. Also für ›nen Jungen und auch für ein Mädchen, je nachdem, wie es veranlagt war, eigentlich ›ne tolle Sache ... Dann kam also ein Angriff – der 31. Mai, da ist Köln weitgehend zerstört worden, das war ganz, ganz schlimm. Da ist es drei Tage nicht mehr hell geworden, kann man sich gar nicht vorstellen. Da ist das Fensterglas an den Hauswänden runtergelaufen, geschmolzen, nicht mehr hell geworden ist es vor lauter Brand und Dampf (*Stimme sehr erregt*) ... Und nach diesem Angriff hat mein Vater das Fahrrad genommen, hat mich vorne drauf gesetzt (*lacht*) in so einem Sitzchen, und dann sind wir den ganzen Tag durch Köln gefahren, bis in die Vororte und haben also da geguckt. Wo die Schrebergärten waren, lagen tote Pferde rum und Kaninchen, so was, das weiß ich noch. Und meine Mutter hat dann abends fürchterlich geschimpft (*lacht*) und sagte zu meinem Vater: ›Wie kannst du nur ...‹ Und wir hatten ganz rote Augen, ist ja klar, von dem Qualm, das war schlimm, aber mir hat das Spaß gemacht.«

Trügt hier die Erinnerung, oder welche psychischen Dispositionen haben es ihm ermöglicht, so zu reagieren? Ich muss die Fragen offen lassen.

Sehr glaubwürdig sind Berichte von anderen. So erzählt Helga S. aus Heilbronn (1939) von ihrem drei Jahre älteren Bruder:

»Das war 43, da sind Bomberverbände über die Stadt geflogen, und da war so ein klarer Himmel, und für meinen Bruder war das immer eine Sensation, der war ganz anders. Wir beiden Kinder waren total unterschiedlich. Für meinen Bruder war das immer eine große Sache, wenn die drüber geflogen sind. Da hat der sich aus der Tür gehängt und hat gezählt, wie viele das sind und hat dann gemeldet. Mein Großvater war immer sehr begeistert von seinem Enkel. Und meine Mutter hat uns immer in den Keller getrieben. Alle sind wir dann runter in den Keller, bloß mein Bruder nicht, der war noch an der Tür, der wollte sehen, wo sie hinfliegen. Und er wollte immer sehen, wenn die ausklinken, wenn die Bomben runterfallen, das muss er sehen. Meine Mutter, die war dann fix und fertig, hat ihn genommen und hat ihn mehr oder weniger die Kellertreppe runtergeprügelt. Und dann war Vollalarm, und wir alle runter, und dann kam mein Großvater rein, hat diese Luftschutztür hinter sich zugeschlagen und dann ein Riesenkrach, ein Riesenkrach, ein Knall, und ich hab angefangen zu schreien und bin an meiner Mutter hochgesprungen und hab geschrien: ›Ich will den Krach nicht mehr hören, nicht mehr hören!‹, und dann hat 'ne Sprengbombe unser Haus getroffen, hat eine Ecke vom Haus abgerissen, und es ging aber als Blindgänger in den Garten. Kam schräg, hat die Ecke abgerissen und lag im Garten. Die seh ich heute noch. Da kam ja dann Entwarnung, und da ist man dann hoch, und mein Bruder als Erster, oh da liegt die Bombe, geht da hin, da war er sieben Jahre alt ... Die sind ja so erzogen gewesen, das ganze Umfeld war ja so kriegerisch. Und der rennt da hinten hin und da ist die Bombe drin, meine Mutter hinterher und hat ihn wieder genommen und wieder verhauen und war dann aber ganz weg. In dem Moment hatte meine Mutter einen Nervenzusammenbruch.«

Sicher gab es Kinder, die in kritischen Situationen mutiger und besonnener waren als ihre Mütter[37], die instinktsicher das Richtige taten, sich wahrhaft menschlich verhielten. So blieb Roland E. während eines Angriffs bei seiner Mutter, als sie wegen Krankheit nicht in den Keller konnte. Aber in den allermeisten Fällen war es umgekehrt: Es waren die Mütter oder die Eltern, die Schutz und Geborgenheit vermittelten, und das Schlimmste für die Kinder war, wenn sie sich alleingelassen fühlten. Dafür sprechen viele der zitierten Zeugnisse. Sie könnten vermehrt werden. Dennoch sollten die kleinen und großen Heldentaten von Kindern nicht gering eingeschätzt werden. Von einer solchen Heldentat berichtet auch Brigitte U. (1930):

»Ich erinnere mich, dass wir im Laufschritt zum Bunker einmal folgende Episode mitbekamen: Da warf sich ein Nachbarsjunge, der vor uns auf dem Weg zum Bunker war, neben einen von Splittern getroffenen Mann an der Bochumer Straße auf die Erde, bettelnd: ›Still, still, ich bleibe ja bei Ihnen‹ – als wenn er gewusst hätte, dass die Nähe eines anderen Menschen das Sterben leichter macht.«

Und vielen Jungen, eben den Pimpfen, wurde beim Einsatz unter Bomben und Beschuss abverlangt, was man keinem Soldaten an der Front abverlangt hätte. Davon wird im folgenden Kapitel zu reden sein. Auch diese Einsätze waren voller Angst und Schrecken. »Angst« ist das Wort, das in fast allen Erzählungen am häufigsten vorkommt. Und sie mussten mit dieser Angst weiter leben, sich irgendwie mit ihr arrangieren. Kinder spielten mit und in den Trümmern weiter, blieben weiter Kinder[38], obwohl die normale Kinderwelt nicht mehr existierte. Kritischer sieht es Reinhard S., der drei Jahre alt war, als er den Angriff auf Dresden mit Eltern und älterem Bruder durchleben musste.[39]

»Die Welt hatte sich von heute auf morgen radikal gewandelt: es gab ja keine Straßen, keine Gärten, ja nicht mal mehr ein Zimmer, in dem wir hätten spielen können, nur noch Verwüstung weit und breit. Und es gab ja auch keine Spielkameraden mehr, sie

11. Lore L. mit ihrem kleinen Bruder auf dem Trümmergrundstück ihres Hauses in Stuttgart

waren umgekommen oder hatten die Stadt verlassen – wir waren über Nacht aus dem warmen Nest herausgefallen, in dem wir bis dahin saßen. Und dann dazu noch der Umstand, dass die Eltern kaum Zeit hatten für uns und dass sie auch kaum die seelische Kraft hatten, unsere inneren Nöte nachzuempfinden und mit einem ›Mehr‹ an Liebe und Zuwendung aufzufangen, was ja bitter nötig gewesen wäre.«

Heranwachsende ließen sich die kleinen Freiheiten der Ausnahmesituation nicht nehmen:

Roland E. (1932), Stuttgart, 1944: »Meine ehemalige Volksschule ist in diesem Jahr abgebrannt. Oft versammelten wir Kinder uns in den halbzerstörten, mit Schutt überhäuften Kellern und rauchten geklaute Zigaretten (Marke ›Sondermischung‹), die wir aus den Handschuhfächern offener Kübelwagen entwendet hatten.«

Gisela S. (1928): »Unser Leben bekam einen anderen Sinn, nämlich zu überleben, und trotzdem blieben die Gefühle, unsere Gefühle aufkeimender Pubertät nicht aus, und wir standen in unserem jugendlichen, fast noch kindlichen Leichtsinn, gern mit gleichaltrigen Jungen und Mädchen oben auf dem unterirdischen Bunker und alberten und flirteten herum, wenn die Bomber nicht direkt über uns waren, aber schon sehr nahe.«

Die Berlinerin Vera M. (1933) fasst zusammen, was für die meisten Kinder in den bombenbedrohten Städten gilt:

»1943 begannen auch die Zerstörungen in unserer Nachbarschaft im Westen Berlins. Die Fliegerangriffe nahmen zu, auch am Tage, und Nachtangriffe gab es oft mehrmals in derselben Nacht. Rein und raus aus dem Bett; ich konnte mir keinen Schlaf ohne Unterbrechung vorstellen, auch kein Leben ohne Angst. Im Luftschutzkeller versuchten die Erwachsenen wegen uns Kindern unbeteiligt zu wirken, aber es gelang ihnen nicht recht. Jeder war allein mit der Todesangst, wenn man das Brummen der Flugzeuge hörte, die immer näher einschlagenden Bomben oder gar den Krach eines einstürzenden Hauses.

Während des Tages waren wir Kinder und redeten nie über die schlimmen Stunden im Keller. Wir spielten Versteck, Hopsa, Ballspiele, Murmeln und Fußball, denn der Damm gehörte uns. Privatautos gab es nicht mehr. Im Winter teilten wir uns die Schlitten zum Schlittenfahren, und genügend Schnee für Schneeballschlachten gab es im Winter allemal und im Mai viele, viele Maikäfer für den Zigarrenkasten.«

Kinder konnten sogar in ihre Abzählreime den Luftkrieg mit einbauen. Gertrud R. (1928) hat einen gehört: »Achtung! Achtung! Ende, Ende/ Überm Kuhstall stehn Verbände/ Überm Kuhstall kräht der Hahn/ Achtung! Achtung! Vollalarm!«

Erwin K. (1937): »Es war schlimm, aber es war alles selbstverständlich. Krieg und Luftkrieg, das war so ein Dauerzustand, und es war ganz normal. Nach einem Fliegerangriff waren bei uns die Scheiben alle kaputt, da war mein Bett voller Glasscherben, und ich hab die so ausgeschüttelt und dann eben weitergeschlafen.«

Was sollten sie auch anderes tun? Und doch waren sie tief verstört und verwundet, gequält von Bildern und Eindrücken, die sie bis heute nicht vergessen können. Viele hatten ein Stück Urvertrauen in die Erwachsenen und in die Welt verloren. Diesen Spuren soll ebenfalls im folgenden Kapitel noch genauer nachgegangen werden. Denn die Angst vor den Bomben wurde noch verstärkt durch die Angst vor den Tieffliegern, als die Alliierten am Ende des Krieges ihre Luftüberlegenheit über Deutschland gnadenlos ausnützten, auch und besonders auf Kinder zielten, die täglich draußen waren, auf dem Schulweg, beim Einkaufen, beim Spielen.

Kapitel 5

Tiefflieger, Einsatz unter Bomben und Beschuss, Nachwirkungen des Luftkriegs

Die Bomberpiloten blieben unsichtbar, auch sie sahen ihre Opfer nicht. Die Tiefflieger aber sahen und jagten sie, auch die Kinder, gezielt und häufig mit Blickkontakt. Sie konnten töten oder gnädig sein und das Leben schenken. Vor den Luftangriffen konnte man in Kellern und Bunkern Schutz suchen, die Jabos kamen überraschend und ließen kaum Zeit, um eine Deckung zu suchen. Im Freien waren Gräben, Böschungen, Büsche und Bäume meist die einzige Zuflucht. Die Tieffliegerangriffe, die gegen Ende des Krieges ständig zunahmen und das ganze Land überzogen, gehören zu den nachhaltigsten Erinnerungen der Kriegskinder.

Gisela F. blickt in ihrem Tagebucheintrag vom 12.3.45 auf das Kriegsende zurück:

»Mit dem Näherrücken der Front werden die Tieffliegerangriffe auch in Böhmen, besonders auf Bahnstrecken, häufiger. Als ich mit Spatz (*ihrer kleinen Schwester*) auf dem Fahrrad eines Tages in einem nahen Ort ein KLV-Lager (*Lager der Kinderlandverschickung, vgl. Kapitel 6*) besuchen wollte und auf dem Rückweg war, flogen plötzlich über uns amerikanische Tiefflieger, die einen Bauern auf seinem Leiterwagen angriffen. Ich riss Spatz, die ein rotes Mäntelchen trug, vom Rad, das ich in den Graben schmiss, rannte mit dem Kind in den Wald und warf mich auf sie, um den roten Mantel zu verdecken. Als die Flieger weg waren – sie hatten die nahe Bahnlinie Pilsen-Budweis angegriffen – fuhr ich wie eine Wahnsinnige heim. Diese Fahrt, bergauf – bergab und die Angst lösten dann eine ›Herzmuskelschwäche nach Diphtherie‹ erst richtig aus. Ich wurde von meinem geliebten Sport in der Schule suspendiert.«

Wieder bestätigen die folgenden Erzählungen die Tagebuchnotizen in allen Punkten: Bevorzugt wurden Züge beschossen, Bauern bei der Feldarbeit, aber auch einfach alles, was sich bewegte. Allen Erzählungen gemeinsam ist die verzweifelte Suche nach Deckung und Schutz, die Todesangst, die Nachwirkungen, obwohl sie nicht immer physisch so manifest wurden wie bei Gisela F. Sie musste nicht erleben, wie Menschen neben ihr getötet wurden, sie hat auch den Piloten nicht in die Augen gesehen. Davon erzählen andere:

Anneliese L. (1929): »Hörten wir ein Brummen in der Luft (an deutsche Flugzeuge war ja nicht mehr zu denken), dann mussten wir unter die nächsten Bäume sausen, um von oben nicht mehr gesehen zu werden … Ich habe selbst von unserem Haus an der Parkhohle gesehen (mehrfach!!), wie die relativ niedrig fliegenden Maschinen plötzlich im Sturzflug herunterkamen und auf Leute schossen. So pflügte ein Bauer mit zwei Pferden auf dem Acker ein paar hundert Meter entfernt, dabei wurden er und beide Pferde von Maschinenpistolen erschossen. Wir waren empört, es machte den Amis also direkt Freude, ›auf die Jagd zu gehen‹, denn was da Friedliches geschah, war bestimmt gut zu sehen gewesen.«

Maria N. (1931) erzählt von ihrem Mann:

»Er ist in Halle an der Saale aufgewachsen. Er erlebte einen amerikanischen Tieffliegerangriff, während er mit anderen Kindern auf freiem Feld spielte. Sie warfen sich instinktiv in die Furchen. Noch heute erinnert er sich an das Lachen im Gesicht des Bordschützen, als der seine Feuerstöße auf die Buben abgab.«

Dorothea E. (1934): »Ein sehr schlimmes Erlebnis, an das ich noch heute denke, und ich sehe das Gesicht des Piloten noch heute immer vor mir. Ich war oben und wollte den Koffer holen, wir hatten immer noch einen Koffer mit wichtigen Sachen, den wir in den Keller nahmen. Und ich habe das Fenster aufgerissen (*das tat man, damit die Fensterscheiben durch den Luftdruck nicht zersprangen*), Mutter hatte die anderen aufgemacht. Und in dem Augenblick kommt ein Tiefflieger auf mich zu. Ich dachte, er fliegt ins Zimmer rein mit angelegter Bordwaffe. Das Gesicht sah ich, sah die Kappe des Piloten, und da, da bin ich durchgedreht, habe geschrien, den Koffer aber genommen, die Treppe runtergezerrt und unten weitergeschrien. Ich habe mich aufs Bett geworfen, die Finger in die Ohren und die Decke über den Kopf. Da hatte ich einen richtigen Schock, weil, da war auf einmal das Erlebnis, da war der Feind sichtbar für mich geworden, ja, der war nicht irgendwo da oben, der brummte nicht da oben und kam nicht in Geschwadern an – in wunderschönen Dreiecksgeschwadern – das war der Feind – er hatte ein Gesicht. Es ist nichts passiert, es hatte gerattert und geknattert. Wo es hingegangen ist, weiß ich nicht – nicht auf mich, aber ich sehe das Gesicht noch vor mir.«

Gertrud R. (1928): »Der widerlichste Jabo-Angriff geschah am 24. Februar 1945 – am Tag nach dem Terror-Angriff (*auf Pforzheim*).[1] An einigen Stellen am Stadtrand (die Stadt selbst konnte ja nicht betreten werden) wurde heiße Suppe ausgeschöpft. Und man stand Schlange, bis man dran war. Und da kam ein Jabo im Sturzflug und schoss in diese Schlange. Menschen, die vor ein paar Stunden dem nächtlichen Inferno entkommen waren und das nackte Leben gerettet hatten, kamen um. Unter den Toten war auch die einzige Tochter eines uns befreundeten Ehepaars, das schon zwei Söhne an der Front verloren hatten.«

Christine S. (1932): »Es hatte Voralarm gegeben, und meine Klassenkameradin, die Evelyn, und ich beschlossen, da kein Zug dastand (wir gingen damals in die Sexta), heimzurennen. Das klappte manchmal ganz gut. Aber diesmal, wir waren kurz vor Lehnitz – es war freies Gebiet, Wiesen und so mit Büschen und Gestrüpp und wohl einigen kleinen Kiefern –, als wir gerade auf offener Fläche waren, kamen ganz plötzlich Tiefflieger – ganz weit herunter. Ich habe mich gleich in einen Busch geworfen, aber bei Evelyn war keiner, und sie rannte, so schnell sie konnte, nach einem Schutz. Die Flieger – Riesenungetüme – kamen bis fast über die Erde, stiegen wieder hoch, und neue, oder die gleichen, kamen im Bogen zurück und jagten Evelyn über die offene Fläche, und dann blitzte und krachte es vorn heraus, sie schossen – es war ein fürchterlicher Lärm –, Evelyn lag plötzlich still auf der Erde, auf dem Bauch. Die Flieger gingen in die Höhe und verschwanden. Mein Herz aber klopfte noch so laut wie der Lärm der Flugzeuge. Zuerst dachte ich, sie kommen zurück, mich zu suchen, und bin ganz still hocken geblieben. Evelyn aber rührte sich nicht mehr.« [2]

Otto-Ludwig F. (1933): »Aber es gibt auch die Momente, wenn eine Sirene aufheult, die einem das Blut in den Adern stocken lässt. Oder der Gedanke an den Tiefflieger, der mich und meine Mutter wie einen Hasen jagte, und wir uns nur durch einen Sprung in Nachbars Haus retten konnten. Oder auf unserem Weg nach Marienbad, als unser Zug unter Tieffliegerbeschuß geriet und wir uns befehlsgemäß in den Graben schmissen, nur dass der Graben nichts nützte, weil die Flieger nicht quer, sondern längs der Straße flogen, und wir so keine Deckung hatten. Oder dass vier Flieger im Looping flogen, sodass einer immer in Schussposition war und du keine Chance hattest, das nächste Haus zu erreichen. Und der Geruch der aufgeplatzten Bäuche der getroffenen Soldaten, die versucht hatten, mit ihrem Maschinengewehr die Flieger abzuschießen, wird mir nie mehr aus dem Gedächtnis gehen.«

Der Schrecken, die Panik und das Gefühl, nur knapp dem Tod entronnen zu sein, zittern noch heute in den Erzählungen:

Ingeborg B. (1935): »Im Sommer oder Herbst 1944 erlebte ich in einer kleinen Tankstelle meinen ersten Tieffliegerangriff. Wir Kinder waren gut informiert über die Terminologie des Krieges: ›Jabos‹ waren Jagdbomber, ›Stukas‹ waren Sturzkampfbomber. Tiefflieger griffen den Güterbahnhof und die Tankstelle an. Meine Mutter und ich standen hilflos und in Todesangst an die hintere Wand des kleinen Raumes gepresst, und die Geschosse knallten und prasselten an die Tankstelle und die Zapfsäulen. ›Wenn das Benzin Feuer fängt, ist es aus!‹ stammelte meine Mutter immer wieder.

Und die Tiefflieger überraschten auch eine kleine Gruppe von uns Kindern, als wir Brombeeren sammelten (Es war mein zweiter Evakuierungsort im Zabergäu im Herbst 44). Absolut schutzlos standen wir da, und die Jabos stürzten schräg herunter auf uns zu. Es waren Engländer – wir Kinder kannten genau die Hoheitsabzeichen auf den Flugzeugen: Runde Ringe, blau, weiß, rot, das waren die Engländer. Weiße Sterne bzw. ein weißer Stern auf braun/grünem Grund, das waren die Amerikaner. Und als der erste Jabo auf uns zustürzte, sah ich hinter der Scheibe der Kanzel die Gesichter der zwei Piloten und ihre Lederkappen. Oder war es nur *ein* Gesicht? Ich weiß es nicht mehr. Aber: Ich sah einen echten Menschen da sitzen, nicht wie bisher nur eine Maschine. Er hätte uns erschießen können, aber er schenkte uns – mir – das Leben.«

Helga P. (1932): »Der zweite Tieffliegerangriff, den ich erlebte, geschah kurz vor Kriegsende auf der Insel Baltrum, auf die Emder Frauen und Kinder evakuiert worden waren, weil Emden bis zum letzten Stein verteidigt werden sollte. Baltrum war unbewaffnet und galt als sicher. Ich streifte mit der Musikscharfreundin durch die Dünen. Wir hatten gerade eine Vorliebe für Polyphonie und sangen im Kanon. Plötzlich erschien ein Flugzeug im Tiefflug und schoss. Der Sand spritzte hoch, der Angriff konnte nur uns gelten. Wir warfen uns zu Boden und murmelten ein Stoßgebet (wir wussten, dass Menschen uns nicht helfen konnten). Wir wurden nicht getroffen, das Flugzeug drehte ab. Dieses Erlebnis und die Dankbarkeit, überlebt zu haben, haben uns für alle Zeit verbunden. Wir haben in den 60 Jahren unserer Freundschaft nur einmal, vor etwa 20 Jahren, darüber gesprochen. Heute würden Kinder psychologische Betreuung erhalten. Wir mussten, jeder auf seine Art, allein damit fertig werden und haben es auch irgendwie geschafft. Ich glaube, dass es die Dankbarkeit war, ›mal wieder‹ entronnen zu sein.«

Manfred K. (1932) schrieb Notizen für mich auf: »Ein Tag wie jeder andere? Plötzlich Fliegeralarm. Ich raste das Treppenhaus hinunter, schwang mich auf das Fahrrad. Mein Ziel war der Felsenbunker in der Verlängerung der Adolf-Hitler-Straße. Da hörte ich das Motorengeräusch eines feindlichen Jagdbomberverbandes (zweimotorige Marauderflugzeuge) sich nähern. Fuhr mit dem Fahrrad, so schnell es ging. Links der Straße keine Häuser, auf der rechten Seite Einfamilienhäuser mit Vorgärten. Im Notfall keine Fliegerdeckung. Sah zum Himmel: Nein, das gibt es nicht: ein ganzer Jaboverband unter der Nebeldecke im Formationsflug, und das von Norden nach Süden. Ich konnte bei diesem Tiefflug die Piloten ohne Fernglas gut sehen. Trat noch kräftiger in die Pedale, und dann ... rutschte die Kette aus der Führung. Aus, Schluss. Nun bin ich zum Freiwild geworden ... Nun hat meine letzte Sekunde geschlagen, es ist aus. Der Verband wird gleich die große Weltfirma unter sich dem Erdboden gleichmachen und so nebenher den Fahrradfahrer gnadenlos abknallen. Nicht möglich, es fiel keine Bombe und kein Schuss peitschte zur Erde. Erst mal durchatmen und ›danke, lieber Schutzengel‹, der mich bis heute nicht verlassen hat. Trotzdem, ab und zu träume ich auch heute noch von Bombenangriffen – immer sind es Amis.«

Wie mag wohl ein ganz kleines, schon verletztes Kind die wiederholte Bedrohung durch Tiefflieger überstanden haben? Davon berichtet Gerhard K. (1933), am Ende des Krieges in Zittau. Die Mutter hatte schon alles für die Flucht vor der Roten Armee gepackt:

»Eines Tages (es muss wohl Ende April gewesen sein) kam eine Frau zu uns. Meine Mutter kannte die Frau, denn sie war aus ihrem Heimatort. Sie fragte nach, ob wir ihr nicht einen Handwagen leihen könnten, denn ihr Kind (ungefähr drei bis vier Jahre alt) läge mit Verletzungen im Krankenhaus, weil es von Tieffliegern beim Spielen im

Sandkasten vor dem Haus angeschossen worden sei. Nun habe sie die Nachricht erhalten, sie solle das Kind in Anbetracht der heranrückenden Front nach Hause abholen. Das Kind war wegen Beinverletzungen nicht gehfähig und außerdem hatte sie ein Bett ins Krankenhaus mitgeben müssen, was nun alles zum Bahnhof transportiert werden musste. – Unser Handwagen war gepackt und stand im Hausflur. Da das meiste in einen großen Wäschekorb verpackt war, war er auch leicht zu entladen. In Anbetracht der großen Not dieser verzweifelten Frau, entschloss sich meine Mutter, den Handwagen zu entladen. Ich bekam den Auftrag, mit der Frau ins Krankenhaus zu gehen, sie dann zum Bahnhof zu begleiten und anschließend den Wagen wieder heimzubringen. Das hat zunächst gut geklappt. Im Krankenhaus war schon alles vorbereitet. Wir haben den Wagen mit dem Gepäck des Kindes beladen und den kleinen Jungen obendrauf gesetzt. Er hatte beide Beine verbunden. Auf dem Weg zum Bahnhof gerieten wir wieder in einen Tieffliegerangriff, wobei zwei Jagdflugzeuge von hinten auf uns zu und über uns hinwegflogen. Unweit von uns eröffneten sie das Feuer. Es galt wohl dem bereits sehr nahen Bahnhof. Wir haben alles stehen gelassen und im Straßengraben Schutz gesucht. Unvergesslich sind mir die ängstlichen Schreie des Kindes, das ja durch seine Verletzungen bereits durch solche Angriffe traumatisiert war. Wir kamen dann auf dem Bahnhof an, und ich habe die beiden mit dem Gepäck abgeliefert.«

Dass Tiefflieger selbst KZ-Häftlinge, unter denen auch Kinder waren, auf ihren Todesmärschen beschossen, davon berichtet Ruth Klüger in ihrem autobiographischen Buch.[3] Wie Flüchtlingstrecks angegriffen wurden, werden wir von den Flüchtlingskindern erfahren.[4]

Aber Kinder waren nicht nur passiv den Bomben und dem Tieffliegerbeschuss ausgeliefert, sie waren nicht nur zu Beschützende, sie waren auch aktive **Helfer** und Beschützer. Wir haben in diesem und dem vorigen Kapitel schon davon gehört, wie die etwas Älteren eingespannt wurden: sie mussten die kleineren Geschwister anziehen, sie in den Keller bringen, älteren und behinderten Menschen helfen, in den Keller oder Bunker zu kommen. Sie schleppten Koffer und Rucksäcke, halfen nach Angriffen Fliegerschäden zu reparieren, Wasser und Lebensmittel zu besorgen und Verletzte ins Krankenhaus zu begleiten. Unter Bomben und Beschuss und nach den Angriffen waren viele von ihnen offiziell im Einsatz. Maria B. berichtete im vorigen Kapitel in ihrem Tagebuch, wie sie nach dem Angriff auf ihre Heimatstadt Braunschweig beim Löschen der Schule und dann beim Austeilen von Broten und Essen half.[5] Der verschüttete Jürgen B. wurde von Hitlerjungen ausgegraben. Von Hitlerjungen und BDM-Mädeln, also den über 14-Jährigen, wurde dieser Einsatz ganz selbstverständlich erwartet; darauf waren sie »im Dienst« vorbereitet, ja geradezu konditioniert worden.[6] Aber schon kleinen Pimpfen wurden Aufgaben zugemutet, denen sie noch gar nicht gewachsen suchen konnte. Das Zimmer sollte sich im Anbau befinden. Kurz entschlossen stürmte ich die Treppe zum Anbau hinauf. Rauch und Hitze schlugen mir entgegen. Ich hörte das Rufen der Frau und rannte erst noch in ein falsches Zimmer, bis ich im Feuerschein die Frau auf einem Stuhl sitzen sah. Die Gefahr war noch nicht allzu groß. Ich raffte ein paar Sachen zusammen, von denen sich die Frau nicht trennen wollte, und legte sie ihr auf den Schoß. Dann packte ich den Stuhl mit der Frau und begab mich ins Treppenhaus, wo ich mich im Rauch nur vorsichtig bewegen konnte. Nun hörte ich auch wieder das Brummen der Feindflieger und das Schießen der Flak. Plötzlich gab es einen Knall, und die Treppe schwankte förmlich hin und her von einem Einschlag in der Nähe. Ich kam aber gut mit meiner Last auf die Straße. Dort nahm man mir die Frau ab und brachte sie in einen Schutzraum. Inzwischen hatten sich auch einige Männer eingefunden. Zusammen mit den Frauen und Jungen des brennenden Hauses gingen sie ans Löschen. Jeder erhielt seinen Platz, die Eimer wanderten von Hand zu Hand. Als die Sonne aufging, waren wir Herr über das Feuer geworden.

Ein Bericht aus Norddeutschland:
Auch die Mädel halfen ...

Die Führerinnen und älteren Mädel des BDM. begaben sich zu den Einsatzstellen und halfen beim Räumen der Wohnungen. Sie fegten Scherben und Trümmer zusammen und trugen sie auf den Hof. Sie bargen Gardinen, Teppiche und Wäsche. Morgens gegen 3 Uhr fanden sich die Mädel in der Sammelstelle für die Bombengeschädigten ein und halfen bei der Verpflegung und Unterbringung dieser Volksgenossen. Sie halfen in der Küche, schälten Kartoffeln, mahlten Kaffee; sie kümmerten sich besonders um die Kinder der Bombengeschädigten. Gegen Morgen wurden die Mädel nach Hause geschickt. Als sie durch die Moltkestraße kamen, sahen sie, daß dort dringend Hilfe nötig war. Durch den Luftdruck waren Fenster und Türen aus den Häusern gerissen. Möbel und andere Gegenstände lagen wirr durcheinander. Zuerst einmal halfen die Mädel den alleinstehenden Frauen. Mit schweren Eimern und Wannen liefen sie treppauf und treppab, um Scherben, Trümmer und Schutt wegzuschaffen. Gegen 11 Uhr gingen sie mit den Geschädigten in die Ostschule. Dort wartete neue Arbeit auf sie: 200 Bombengeschädigten galt es, Mittagessen zu bringen. Nachdem die Geschädigten mit Omnibussen in einen Nachbarort gebracht worden waren, begaben sich die Mädel zur Unglücksstelle zurück und halfen hier weiter bis 6 Uhr abends.

Jungen retten ein Menschenleben

In der Angriffsnacht hatte ich Dienst beim Schnellkommando im Gymnasium. Sofort nach Auslösung des Fliegeralarms machten wir uns auf Befehl des Schnellkommandoführers einsatzbereit. Kurze Zeit später hör-

Zeichnungen: Grazioli.

ten wir, wie durch den Luftdruck gefallener Sprengbomben die Fensterscheiben des Gymnasiums eingedrückt wurden. Unser Führer lief zum Beobachtungsstand und meldete uns, daß in der Nachbarschaft und auch im Gymnasium Brandbomben gefallen seien. Hans Erwin und ich liefen sofort mit unserem Löschgerät auf den Boden, wo überall Stab-Brandbomben brennend lagen. Während wir mit dem Löschen beschäftigt waren, durchschlugen mehrere Brandbomben Dach und Boden und kamen in den unteren Räumen zur Entzündung. Wir begaben uns hinunter und bemühten uns, die hier neu entstehenden Brände zu löschen. Wir halfen auch bei der Ausräumung der Zimmer. Schließlich mußten wir das brennende Gebäude verlassen. Auf der Straße sagte mir ein Kamerad, daß im Keller des lichterloh brennenden Gymnasiums noch die Frau des Direktors liege. Wir beide liefen zum Gymnasium. Da hier bereits alle Eingänge brannten, mußten wir einen verschütteten Notausgang freimachen, um in den Keller zu gelangen. Mit aufgesetzter Gasmaske gingen wir nun durch die rauchgefüllten, erhitzten Kellerräume, um die Frau zu suchen. Wir fanden sie in der Waschküche besinnungslos auf dem Rücken liegend. Wir trugen die Frau in den Garten und von da aus in den nächsten öffentlichen Luftschutzraum. Dort hat sie sich wieder erholt.

Wo und wie Schulbücher?

Ihr wißt alle, wie wichtig es in diesem Kriege ist, daß alle kriegswichtigen Rohstoffe kriegsrichtig verwendet werden. Auch Papier ist kriegswichtiger Rohstoff. Kein Bogen Papier darf unnütz bedruckt werden. Also dürfen auch nur so viele Schulbücher hergestellt werden, als tatsächlich benötigt werden. Der Herr Reichsminister für Wissenschaft, Erziehung und Volksbildung hat darum folgende Anordnungen getroffen:

Ihr schreibt für die Schulbücher, die ihr braucht, unter Anleitung eures Klassenlehrers den genauen Titel auf einen Bestellzettel. Euer Klassenlehrer stempelt diesen Bestellschein ab oder unterzeichnet ihn. Den abgestempelten Bestellschein bringt ihr in das Geschäft, wo ihr eure Schulbücher kaufen wollt. Selbstverständlich schafft ihr nur die Bücher neu an, die gebraucht nicht mehr vorhanden sind.

7

1. Pimpfe und Jungmädel im Einsatz. Aus *Deutsche Jugendburg*, Jahrgang 1942/43, Nr. 6/7, im Besitz von Peter C.

sein konnten. In den Jugendzeitschriften, die mir zur Verfügung gestellt wurden, erzählen Kinder oder Jugendliche (das Alter wird nicht angegeben) unter der Überschrift »Die jüngsten Helden« von ihren Heldentaten beim Retten von Sachen und Menschen unter Lebensgefahr, Versorgung von Ausgebombten und Kranken. In diesem Aufsatz sind die »Helden« alle in Uniform. Orden werden in Aussicht gestellt.[7] Unter meinen Gesprächspartnern waren keine Ordensträger, aber sie erzählen von vielfältigen freiwilligen und verordneten Einsätzen, die sie oft überforderten.

Zu den harmlosen Aufgaben gehörte das **Einsammeln von Flugblättern**, die von den feindlichen Flugzeugen abgeworfen wurden. Das machten Schüler, Pimpfe und Jungmädel recht häufig. Sie mussten diese Flugblätter ungelesen sofort abliefern. Sehr viele haben mir von solchen Aktionen berichtet. Fast alle haben die strengen Anweisungen befolgt. Über den Inhalt konnte mir so gut wie niemand Auskunft geben.[8] Offenbar haben alle fraglos geglaubt, dass es sich lediglich um feindliche »Lügenpropaganda« handelte, die ein deutscher Junge und ein deutsches Mädel nicht einmal eines Blickes würdigte. Gerhard S. aber hat eines aufgehoben, auf dem es heißt: »Denk bei jeder Bombe dran, das fing Adolf Hitler an.«[9]

Schon 13-Jährige und Jüngere mussten beim **Bau eines Luftschutzstollens** mithelfen. Sehr genau erinnert sich Rolf G., er berichtet aus Stuttgart:

»Es war ja fast niemand mehr da, der hätte graben können, und es hat halt noch ältere Männer gegeben, die haben tagsüber ins Geschäft müssen. Die haben abends Stollenbau gemacht, und tagsüber haben die Frauen Stollenbau gemacht mit uns Kindern … Ja, und dann hab ich geholfen Stollen bauen als Kerle mit zehn Jahren. Ich war schon immer relativ groß und kräftig, trotzdem … Wir sind immer zwei Buben gewesen und immer zwei, drei Frauen, und wir haben nachmittags so viel rausgehackt, wie wir konnten. Es war grüner Knollenmergel, hart und schwer. Aber mit der Spitzhacke ist es gegangen. Und dann haben wir immer die 40 cm Rahmenschenkel oder Bohlen gehabt, Bodenbrett, Oberbrett und die zwei Seiten mit Zapfen. Die sind frisch hergefahren worden aus dem Schwarzwald, und dann musste man sie gleich verschaffen, sonst haben sie sich verzogen, und dann hat man sie nicht mehr reingebracht. Dann war's so, wir haben es immer geschafft, bis die Männer abends gekommen sind, haben wir doch die 40 cm immer weggebracht, und das waren immerhin 10 Loren, vielleicht drei Kubikmeter.«

Heinz H. (1932): »Man fühlte sich als Zehnjähriger schon groß. Wir wussten, wie man eine Brandbombe löscht und wie man die Feuerpatsche betätigt und was es da so alles gibt … Ich arbeitete dann mit beim Bunkerbau, beim Stollenbau, also ich weiß noch, wie das ist. Also die Rahmen, das war so ganz rohes Holz, die wurden eingebaut … Das musst ich nicht machen, aber die Bretter, die Balken, die waren ja auch nicht leicht, herbeischaffen, nach vorne schaffen. Und ich war doch erst 12, 13 Jahre alt.«[10]

15- und 16-jährige Schüler und Schülerinnen wurden zu **Nacht- und Brandwachen** in den Schulen eingeteilt. Vielfach betrachteten sie das als Gelegenheit, mit Mitschülern und Lehrern einmal außerhalb der Schule zusammenzusein, vielleicht auch etwas Besonderes zu erleben.[11] Den Ernst der Lage realisierten sie in ihrer jugendlichen Unbekümmertheit nicht. Mir wurde von niemandem berichtet, der in der Schule in einen Nachtangriff hineingeraten wäre.

Kinder hatten verschiedene **Aufgaben in den Kellern und Bunkern** zu übernehmen:

Eleonore K. (1930): »Ich hatte eine ›wichtige Aufgabe‹ in dieser Zeit zu erfüllen. Man sagte mir, dass in jedem Luftschutzkeller, auch schon zu Friedenszeiten, eine Karaffe mit Wasser stehen müsse. Da wir im Erdgeschoss wohnten und ich ein Kind war, bekam ich den Auftrag, täglich dafür zu sorgen, dass frisches Wasser in unserem Luftschutzraum war. Jeden Tag überlegte ich: Was sollen wir bloß mit so einer kleinen wassergefüllten Karaffe im Krieg anfangen? Aber es hieß nur, dass dies die Notration sei für den Fall, dass wir verschüttet würden. Mir war damals schon klar, dass die paar Tropfen Wasser kaum für alle ausreichen würden.«

Manfred K. (1932): »Nachdem ich beim Reichsluftschutzbund Beobachter war, hatte ich speziell während der letzten Kriegsjahre die Aufgabe übernommen, nach dem Rechten zu sehen, was einen ganz bestimmten öffentlichen Bunker anbetrifft. Ich war immer einer der schnellsten, die dort waren, obwohl wir ein paar hundert Meter entfernt waren von dem Bunker. Aber meine Kleider waren immer zu Hause ordentlich hingerichtet, ich habe alles gefunden, mich angezogen und dann im Laufschritt zum Bunker. Und dort bekam ich also dann den Schlüssel, und die Erwachsenen – ich hatte das Recht, Erwachsene in den Bunker zu schicken.
I.: Obwohl Sie noch ein Kind waren? Waren Sie Melder?
K: Nein, in dem Moment war ich Beobachter. Melder waren einige von meinen Schulkameraden.«

Für **Melde- und Kurierdienste** wurden Pimpfe und Hitlerjungen sehr häufig eingesetzt. Dazu schreibt Jörg Friedrich im Zusammenhang mit Feuerwehreinsätzen nach einem Großangriff: »An der Einfallstraße wird der auswärtige Löschzug von Lotsen in Empfang genommen. Zumeist ist es der Hitlerjunge, die ständige Reserve des Regimes. Der kennt sein Revier, auch nachts, hat Wegschäden und Umwege geprüft, kann lotsen und melden. Alle Fernkommunikation basiert auf Läufern, Krad- und Radfahrern.«[12] Eine genaue Beschreibung von Aufgaben und Tätigkeit der Melder gibt Armin Ziegler in seinem zeitgeschichtlichen Beitrag über die Stadt Crailsheim. Die Luftschutzwarte in den Luftschutzbezirken sollten die Schäden in ihren Bereichen an die Zentrale Einsatzstelle melden. Diese wiederum sollte dann die Feuerwehreinsätze in Verbindung mit der Zentralen Stelle der Feuerwehr koordinieren. Diese Stellen waren telefonisch miteinander verbunden. Im Ernstfall war die Telefonverbindung natürlich nicht gewährleistet. Deshalb sollten die Melder zur Meldung der Schäden und zur Weiterleitung der Befehle an die Einsatzkräfte eingesetzt werden. »Diese Melder fanden sich in Schülern bzw. Hitlerjungen, darunter auch Mädchen. Ihr Alter war 1944 um 14 Jahre. Und sie taten diesen Dienst recht einsatzfreudig. Verbunden war damit, dass sie bereits bei Luftgefahr 15 schnellstens zu den ihnen von der Luftschutzleitung zugewiesenen Standorten kommen mussten. Das war ab Herbst 1944 in schnell steigender Häufigkeit der Fall. Die Belastungen waren für diese Jugendlichen körperlich und psychisch enorm, ihre Gefährdung war hoch.«[13] Ein Crailsheimer Oberschüler kam dabei ums Leben. Darüber berichtet Fritz Halbritter in einem an Armin Ziegler gerichteten Brief:

»Bei dem Angriff am Freitag, dem 23. Februar 1945, vormittags, – es war ein sonniger Tag – wurde auch das Gaswerk von Bomben getroffen. Dort verlor Reiner Baumann, Jahrgang 1929, sein Leben. Er war ein Freund aus der Kinderschulzeit und den ersten Klassen der Grundschule. Er wechselte aber auf Grund seiner guten Zeugnisse bereits nach der 3. Klasse Grundschule in die Oberschule. Außerdem fanden noch acht weitere Personen im Gaswerk den Tod: Den Berichten aus der damaligen Zeit nach hat die Luftdruckwelle der Bomben, die im Bereich der Kronprinzenstraße fielen, den Tod verursacht. – Ich hätte am nächsten Tag, Samstag, Dienst im Gaswerk als Melder gehabt.«[14]

Es gab aber auch Melder in einzelnen Berufszweigen.Gerhard S. (1929) war Lehrling in einem Feinkostgeschäft in Stuttgart:

»Am 4.4.1944 war mein erster Arbeitstag und am 26. Juli 1944 war meine Firma kaputt. Da hat es noch vier Wochen lang geraucht. Meine ganze Arbeitskleidung war weg. Also hatte ich keine Firma mehr, stand als Lehrling auf der Straße. Ich musste trotzdem zur Firma, verschiedene Sachen wurden aus den Trümmern noch gerettet. Konserven usw. Aber das hatte ja mit Lernen nichts mehr zu tun. Der Betriebsführer hat mich als Melder bei der Wirtschaftsgruppe Einzelhandel vorgeschlagen. Es fuhren ja keine Straßenbahnen mehr, in der Innenstadt war fast kein Durchkommen mehr, und man brauchte jemanden, der sich auskennt und immer den kürzesten Weg findet. Ich hatte eine Tasche um wie ein Briefträger und eine Armbinde ›Melder‹ und einen kleinen Ausweis, dass ich im Auftrag der Wirtschaftsgruppe Einzelhandel unterwegs bin, damit ich überall durchkam, auch dort, wo abgesperrt war. Manchmal war das auch gefährlich. Dann kamen die gravierenden Sachen, über die ich mit niemandem gesprochen habe. Ich habe also meine Butterbrote gehabt. Und musste vom Wilhelmsbau zur Klopstockstraße/Ecke Hölderlinstraße. Ich kam bis zum alten Bosch-Areal im berühmten Westen, der war ja total kaputt, und dann ging es los. Über Trümmer und Hinterhöfe, den Weg, die Richtung kannte ich, aber der eigentliche Weg war nicht begehbar. Da hatte ich das Erlebnis: Es war ein großer Hinterhof. Da standen Uniformierte, aber keine Soldaten, sondern wohl von der Organisation Todt, also Helfer. Die standen vor einem Kellereingang bzw. Kellerloch. Mich hat das interessiert, es wollte auch niemand etwas von mir. Zeit hatte ich, mir war keine Zeit vorgeschrieben. Dort wurden Tote geborgen. In einer Zeltplane wurden von den Leuten, die unten waren, die Leichen gesammelt und dann hinaufgezogen. Das waren nur noch verkohlte, zusammengeschrumpfte Menschen. Man hatte oben primitive Holzsärge, in die Leichen umgebettet wurden. Ein Mann mit weißem Mantel, wohl ein Arzt, beschäftigte sich damit. Da habe ich gesehen, wie der Arzt wohl einer Frau, an der er sich am längsten aufgehalten hatte, mit einer Schere den Ringfinger abgeschnitten hat. Wegen des Ringes. Den Ring tat er in einen kleinen Beutel. Der Goldring war nicht geschmolzen. So etwas hatte ich noch nie gesehen, mit 14 Jahren!! Da habe ich mit niemandem darüber gesprochen.«

Detlev N. (1928): »Ich wurde als Melder eingesetzt. Meine Aufgabe war es, bei Fliegeralarm sofort zur Ortsgruppe am Parkbahnhof, die dort in einer unterkellerten Baracke ihre Kommandostelle hatte, zu eilen und von dort, bei Ausfall des Telefons, Meldungen über Bombenschäden, Feuerstellen oder Ähnliches zu überbringen … Wenn ich mich auch jedes Mal im Höchsttempo anziehen und auf den Weg machen musste, so war es mir eigentlich doch lieber, mit vier Freunden eine echte Aufgabe zu haben, als nur tatenlos mit Mutter und Vater im eigenen Keller zu hocken. Besonders ab Juli, als Achim ›Luftwaffenhelfer‹ wurde und nicht mehr zu Hause schlief. Ich holte mir dann Jochen P., einen Nachbarjungen, um den Weg nicht allein machen zu müssen. Während eines Angriffes brauchte ich glücklicherweise nur einmal eine Meldung zu überbringen, und mir reichte dieses eine Mal. Alle pubertäre Kriegsromantik war hin, ich hatte einfach nur Angst, als ich mit Stahlhelm auf dem Kopf zwischen brennenden Häusern und detonierenden Bomben zum Schröderplatz laufen musste, um einen ›Blindgänger‹ zu melden. Den Rückweg durfte ich nach dem Angriff antreten, und das war mir sehr lieb. Nein! Ein Held war ich keineswegs und trotzdem gab es nie ein Zögern, die Aufgabe, die ›Pflicht‹ zu erfüllen.«

Noch gefährlicher wurde es, wenn die Jungen zum Bekämpfen von Brandbomben und zum **Löschen von Bränden** eingesetzt wurden:

Paul K. (1930): »In der Schule wurden wir jetzt auch klassenweise in der Bekämpfung von Brandbomben geschult. Dazu wurden in einem Wellblechschuppen einige Magnesium um sich sprühende Stabbrandbombenblindgänger gezündet. Mit einer Gasmaske vor dem Gesicht und einem Stahlhelm auf dem Kopf wurden wir dann mit ein oder zwei Eimern Sand bewaffnet in den Schuppen hineingelassen und mussten mit dem Sand die um sich sprühenden Brandbomben ersticken. Da hätte ich mir beinahe eine Rauchvergiftung zugezogen, denn meine Gasmaske war mir etwas zu groß und lag nicht fest auf den Wangen auf. Doch die Bomben sprühten nicht mehr. Die hatte ich gelöscht.«

Den Pflichtgedanken hatten die Pimpfe so verinnerlicht, dass sie auch ohne ausdrückliche Abordnung freiwillig löschten und halfen, wo sie konnten. Horst Schmid (1929) macht sich nach einem schweren Angriff auf Stuttgart (am 8. Oktober 1943), bei dem das elterliche Haus verschont geblieben ist, auf, »um gegebenenfalls irgendwo in der Nachbarschaft zu helfen«:

»Die Gelegenheit bot sich bereits am Hölderlinplatz, wo der Dachstock eines sechsstöckigen Wohnhauses lichterloh in Flammen stand. Auf der anderen Straßenseite stand eine Gruppe von Leuten, zu denen ich mich gesellte. Nachdem wir einige Augenblicke lang starr von gegenüber das gespenstische Schauspiel beobachtet hatten, entschlossen wir uns spontan, in das Haus hineinzugehen. In den oberen Stockwerken war man gerade dabei, eine Eimerkette zu formieren, in die wir uns eingliederten. Ein Eimer Wasser nach dem anderen wurde im Treppenhaus von Hand zu Hand weitergereicht und im obersten Stock, wo die Mädchenkammern lagen, in die Flammen gekippt. Es war der Tropfen auf den berühmten heißen Stein … Mittlerweile war klar geworden, dass das Haus keinesfalls zu retten war. Jetzt wurden mit Nachdruck alles Mobiliar und die wichtigste Habe von den Bewohnern und ihren freiwilligen Helfern auf die Straße geschafft, um wenigstens so viel zu retten. Eine Weile half ich dabei mit, dann ergab sich wieder ein Bedarf an Löscharbeit. Mein Stockwerk war nun bereits auch ein Opfer der Flammen geworden. Die darunter liegende Wohnung war leergeräumt, und in der hinteren Ecke eines Zimmers fing die Decke langsam an zu glühen. Ein junger Infanterieleutnant in Uniform und ich übernahmen es, mit einer Luftschutzspritze diese Ecke zu besprühen. Einmal pumpte er eine Weile aus dem Eimer, und ich spritzte nach oben, und dann wieder umgekehrt. Die glühende Fläche in der Ecke wurde immer größer, und so blies mein militärischer Löschkamerad, der zu dem Zeitpunkt gerade am Pumpen war, zum gemeinsamen Rückzug. Wir nahmen unser primitives Gerät aus dem Raum und setzten unser vergebliches Bemühen unter dem Türrahmen stehend fort. Plötzlich hob ein Rumoren über uns an, und die Decke mitsamt dem darüber brennenden und glühenden Gebälk und dem Schutt der ausgebrannten zwei Stockwerke stürzte mit lautem Getöse, eine staubgeschwängerte Druckwelle produzierend, vor unseren Augen in den leeren Raum. Vor wenigen Minuten waren wir noch dort drin gestanden. ›Mensch, da haben wir aber Schwein gehabt‹, bemerkte der vermutlich bereits schlachterprobte Leutnant lakonisch, aber trotzdem nicht unbeeindruckt. Mir zitterten jedoch für eine Weile die Knie … Inzwischen war es gegen 5 Uhr morgens geworden. Eingerußt schlich ich mich nach Hause und ließ mich todmüde in das schneeweiße Bett fallen. Meine Mutter hatte Verständnis für meinen nächtlichen Ausflug. Dass sie mich damals 14-jährigen Jungen ohne weiteres nach dem Angriff aus dem Haus ließ und während meiner stundenlangen Abwesenheit nicht Todesängste ausstand, lässt sich wohl nur mit der besonderen Atmosphäre der Kriegszeit erklären. Sie war natürlich froh, dass mir nichts passiert war. So überzog sie am nächsten Tag ohne Murren das Bett frisch, während ich mich einer Generalreinigung unterziehen musste … Der Pimpf in mir hatte wieder einmal einen Beweis seines Pflichtbewusstseins liefern wollen. Obwohl es niemand registriert hat und ich auch keinen Dank bekam, war ich doch vollauf zufrieden.«[15]

Kaum glaublich erscheint, was der damals 15 ½-jährige Karl-Heinz G. (1929) von der Nacht des Bombenangriffs auf Dresden am 13. Februar 1945 erzählt: Auch er war begeisterter Hitlerjunge bei der Reiter-HJ und hatte sich schon als aktiver Offiziersbewerber bei der Wehrmacht gemeldet:

»Das große mehrstöckige Flachdachgebäude nur etwa 200 Meter Luftlinie von unserem Wohnhaus entfernt, brannte lichterloh. Immer wieder lief ich hinein, um zu retten, was noch zu retten war. Im dritten Stock stand ein älterer Mann in Schlafanzug, Mantel, Hut und Filzpantoffeln im Flur seiner Wohnung mit einer Stehlampe in der Hand. Die Decke über ihm glühte rot. Ich riss ihn raus. Sekunden später stürzte die Decke ein. Meine Mutter, die mit meinen drei jüngeren Brüdern auf der anderen Straßenseite stand, erzählte mir später, dass unmittelbar, nachdem ich wieder in das Haus gerannt war, ein großer brennender Dachbalken genau vor den Hauseingang gefallen war. Die Fischhausstraße ist die Ausfallstraße Richtung Radeberg. An der Einmündung der Heideparkstraße entwickelte sich eine Sammelstelle. Der Menschenstrom aus der brennenden Stadt riss nicht ab. Lastwagen um Lastwagen voll mit Menschen fuhr stadtauswärts. Eine kleine alte Frau, auch nur mit Nachthemd, Mantel und Pantinen bekleidet, der ich wie vielen anderen auf die LKW-Pritsche half, ist mir noch gut in Erinnerung. Wie lange wir geschlafen hatten, bis wieder die Sirenen heulten, weiß ich nicht. Die Sachen hatten wir jedenfalls noch an. Runter in den Keller! Es war ein vierstöckiges Wohnhaus, in der Mitte die Treppe, rechts und links die Wohnungen. Wir wohnten Erdgeschoss links. Diesmal waren die Motorengeräusche der Flugzeuge verdächtig nah. Mit meinen 15½ Jahren war ich der älteste ›Mann‹ im Hause und fühlte mich irgendwie verantwortlich für die Frauen und Kinder. Deshalb ging ich zur Haustür und schaute hinaus: Der Himmel über mir voll mit ›Christbäumen‹, diesen in Formation abgeworfenen Leuchtbomben. Wo ist denn Frau Sch.? Beim Zurückkommen hatte ich sofort das Fehlen der älteren Dame bemerkt: Sie holt noch schnell ihren Pelzmantel. In diesem Moment krachte es. Alle wussten: Das Haus ist getroffen. Wieder ging ich die Kellertreppe hoch. Zwischen einem Schuttberg und dem Rahmen der aufgesprungenen Haustür sah ich einen kleinen Streifen Himmel. Mir fiel ein Stein vom Herzen: Sollte es aus den Kellerfenstern kein Hinauskommen mehr geben, da gibt es eine Möglichkeit. Aber wo ist Frau Sch.? Über Schutt kroch ich ins Erdgeschoss. Zwischen den Gittern eines Fensters ragte ein Bein heraus, aber ohne Fuß. Der hing abgetrennt in dem grauen Strumpf. Ich arbeitete mich zu der Frau durch. Gottlob, sie lebte noch. Sie war gerade in ihrer Wohnung im obersten Stock rechts, als die Bombe traf. So hatte sie nur ein paar Dachziegel auf ihrem Körper, die schnell beiseite geräumt waren. Nach einer Operation konnte Frau Sch. einige Monate später wieder beschwerdefrei laufen. Inzwischen waren einige Kameraden der Reitergefolgschaft gekommen und halfen uns nun doch durch ein Kellerfenster

2. Karl-Heinz G. 1940

aus der misslichen Lage. Jetzt sahen wir, was passiert war: Eine Sprengbombe hatte die rechte Seite des Hauses wie mit einem Messer abgeschnitten. Das Treppenhaus und die linke Hälfte, also auch unsre Wohnung, waren unbeschädigt. Doch wohnen konnten wir nicht mehr darin.«[16]

Ganz anders fühlte sich hingegen ein fast Gleichaltriger, ebenfalls Dresdener. Er erlebte den ersten Angriff auf Dresden, der Ende Januar 1944 stattfand. Herbert N. (1929):

»Ich habe ihn erlebt in einer Schule, einem sehr großen und ›festen‹ Gebäude. Ich war eingeteilt als Hilfskraft für den Fall eines Angriffs. Es war kein flächendeckender Angriff, sondern eher nur ein ›Vorgeplänkel‹. Aber die Schule wurde getroffen und fiel wie ein Kartenhaus in sich zusammen. Da sah ich das erste Mal in meinem Leben Tote, zerdrückte, verstümmelte Menschen und hörte die Entsetzensschreie und das Stöhnen der Verwundeten. Das war für mich sehr schlimm. Das Schlimmste aber war, dass ich gar nicht richtig helfen konnte, da ich für diesen Ernstfall doch gar nicht vorbereitet war, geschweige denn richtig als Helfer und Mediziner ausgebildet – ich war also eigentlich, genau wie die Verunglückten, völlig hilflos.«

Nach Angriffen waren die Schüler, Pimpfe und Jungmädel zum **Bergen, Aufräumen und Reparieren** verpflichtet. Viele halfen auch einfach in der eigenen Familie:[17]

Bernd H. (1929): »Beim Deutschen Jungvolk gab es jetzt Schulungen über Heimschutz, Luftschutz, Bekämpfung von Brandbomben, Retten von Verletzten. Wir wurden eingesetzt zur Hilfe beim Bau von Luftschutzkellern und Notausstiegen, zum Anbringen von Tarnfarben an Privathäusern … Nach einem Tagesangriff (*auf Stuttgart*) mussten wir sofort mit den Aufräumungsarbeiten beginnen, Fenster provisorisch mit Drahtglas ausbessern, dann Dächer ausbessern. Für mich waren es die ersten Toten, die aus den Trümmern geborgen wurden. Sie lagen in einer Toreinfahrt, darunter eine Tante mit Sohn; der Mann und Vater war in Russland an der Front … Unser Jungzugführer, Jahrgang 1928, kam beim Retten von Verschütteten ums Leben.«

Johanna F. (1934): »Wir hatten Stabbrandbomben ums Haus herum. Meine Mutter und ich löschten und deckten später von innen das Dach wieder, einfach mit den verbliebenen Ziegeln. Mein Vater war in Dänemark und die Oma zu alt. Und ich selbst war noch keine zehn Jahre alt.«

Lore F. (1931): »1943 im August, September waren in Mannheim große Angriffe. Da war die Stadt so zerstört, dass wir sechs Wochen lang im Keller haben leben müssen, obwohl unser Haus noch stand, aber es war kein Strom mehr da, da war kein Gas, und alle Fensterscheiben waren kaputt und die Dächer waren durchgeschlagen usw. … Man konnte nicht in der Wohnung leben, man konnte auch nicht mehr kochen. Und da gab's so Ortsgruppen, so Sprengel in der Stadt. Ortsgruppenweise sind wir mit so Art Gulaschkanonen versorgt worden. In Gaststätten, in Wirtschaften ist, glaube ich, gekocht worden. Ich weiß heute noch den Weg, aber ich weiß nicht mehr wie sie geheißen hat, die Straße. Da musste man zwei- bis dreimal am Tag hingehen und Essen fassen. Wir sind mit Milchkannen und Taschen durch die brennenden Straßen, durch Rauch und über Schutt und Trümmer hin und haben da unsere Essen geholt: Tee und Wurst, Brot und so Gulaschkanonen-Suppen, was man so gekriegt hat. Wir haben da lange darunter zu leiden gehabt, meine Mama auch, wir haben uns da unsere Augen verdorben von den Phosphordämpfen. Bei meiner Mama war es am allerschlimmsten, und ich war da zwölf Jahre alt, und ich konnte es mir nur vorstellen, wie ich Kinder gehabt hab in dem Alter, wie selbständig man da schon war, in so Notzeiten. Ich bin durch halb Mannheim gesaust, von einem Sanitätsposten zum anderen, um ein Fläschchen Borwasser aufzutreiben für meine Mama, da erinnere ich mich noch gut dran. Wir haben dann noch jahrelang, sowohl die Oma als auch ich, jahrelang daran gelitten. Immer wieder haben sich unsere Augen entzündet und waren vereitert. Wenn man aufgewacht ist, waren sie ganz zugeklebt. Das muss wohl von dieser Zeit sein, noch in den fünfziger Jahren.«

Bei den Aktionen der Hitlerjugend mussten sie nicht nur die grauenhaftesten Schreckensbilder sehen, sondern sollten noch selbst helfen.[18] Marga R. (1931) schreibt über die Zeit nach dem Angriff auf Heilbronn am 4. Dezember 1944:

»Die Jungen, einschließlich Peter (*ihr 15-jähriger Bruder*) hatten die Aufgabe, in der großen bombardierten Stadt zu helfen. Da die große Hitze die geteerten Straßen aufgeweicht hatte, war es für alle entsetzlich, die verkohlten Leichen zu sehen. Die Jungen mussten sich häufig abwenden, denn es sah unvorstellbar grausam aus. Es loderten die Schwelbrände und das Feuer glomm aus den Trümmern der Häuser. Die Jugendlichen mussten die Trümmer wegräumen, denn überall hoffte man noch Überlebende zu finden. Blass und mit den Nerven fertig kamen Peter und seine 14- und 15jährigen Freunde am Abend heim. Ob des Grauens, der Toten und Schicksale konnten sie Wochen nicht mehr schlafen. Sie hatten ein unvorstellbares Leid und so viele Tote ansehen müssen, das es kaum zu verkraften war. Die Eltern mussten trösten, miteinander den Horror teilen und selbst erkennen, dass es ihnen nicht möglich war tröstende Worte zu geben und auszusprechen.«[19]

Die **Versorgung der Ausgebombten** war vor allem Sache der Mädchen.[20] Die Scharführerin Lilo H. (1930) schreibt in das Schaftberichtbuch:

»Mainz, den 6.3.44: Wieder hatte der Feind über unserer Stadt und der Gauhauptstadt Ffm (*Frankfurt am Main*) Bomben geworfen. Wann wird das ein Ende haben? Jeden Tag kostet es Tausende Menschen durch die Terrorangriffe. Wie schon so oft wird sich aufs Rad geschwungen und nach Fort Gansenheim geradelt. Dort hat die Hitler-Jugend ihre Einsatzküche. Unsere Bannmädelführerin war schon dort, als wir mit Hilde, Eleonore, Liesel und Ruth ankamen. Bald waren eine Menge da. Es waren hauptsächlich Führerinnen, die da waren. Ja, auf die Mainzer Führerinnenschaft konnte man sich verlassen. Schnell wurden die Kartoffeln geschält, und bald war die Suppe am Kochen. Ruth und ich mussten zusammen einen Kessel betreuen. Mit dem großen Ruder musste man eifrig rühren, damit die Suppe nicht überläuft. Wir zwei Zappelphilippe hatten natürlich nicht aufgepasst, und die gute Soße lief über. Das gibt nachher eine schöne Putzerei, der Kessel musste blitzblank sein. Als die Suppe in den Termophoren war, kam auch schon das Auto. Drei Mädel sollten noch mit nach Frankfurt fahren. Jeder meldete sich natürlich freiwillig. Reni, Hans-Bernd und ich durften mit. Ich musste Anneliese's Trainingshose anziehen, weil ich Kniestrümpfe anhatte, dann setzten wir uns auf die warmen Termophoren. Auf halber Fahrt fing es auch noch an zu regnen. Der nette Fahrer gab uns einen riesiggroßen Regenmantel, da hatten wir Platz und blieben trocken. In Ffm musste aber der Mantel weg, denn wir wollten auch etwas sehen. Durch brennende Straßen und Trümmer fuhren wir durch, viel Elend mussten wir sehen. Auf dem Einsatzplatz gaben wir gleich die Suppe aus, denn es war schon ziemlich spät. So ungefähr um 19 Uhr fuhren wir heimwärts. Zähneklappernd saßen wir auf dem Wagen und der Wind pfiff uns um die Ohren. So machten wir manchen Einsatz mit Freude und Einsatzbereitschaft.«

Der Bericht ist ganz im Sinne der offiziellen Sprachregelung abgefasst: Die Terrorangriffe verursachen Elend, Tod und Trümmer, das wird ziemlich emotionslos registriert und geht fraglos allein auf das Konto des Feindes. Es ist anzunehmen, dass die Verfasserin viel stärker getroffen war, aber in einem Einsatzbericht schreibt man das einfach nicht. Hier schildert man nur kleine Pannen und Unannehmlichkeiten, vor allem aber die eigene freudige Einsatzbereitschaft. Dabei gehen die Führerinnen mit gutem Beispiel voran. Auf sie ist Verlass. Etwas kritischer ist rückblickend Gertrud R. (1928), Pforzheim. Sie machte noch eine besondere Erfahrung:

»1944 kam man auf die Idee, dass man uns 15-jährige Schülerinnen zu Luftschutz-Helferinnen ausbilden könnte! Zunächst mussten wir einen Erste-Hilfe-Kurs absolvieren … Nach Beendigung des Kurses bekamen wir den Auftrag, nach jedem Fliegerangriff sofort in die Adolf-Hitler-Schule zu gehen und auf weitere Befehle zu warten … Ich kann mich nur an zwei Einsätze erinnern. Beim ersten hatte es einen Angriff mitten in der Nacht gegeben. Die Bomben waren bei uns in der Nordstadt gefallen. Anschließend musste ich mich in der Dunkelheit auf den Weg machen. Und dann saß ich mit den anderen ›Luftschutz-Helferinnen‹ in einem Kellerraum der A.H.-Schule, todmüde, frierend, den Schrecken des Angriffs noch in den Gliedern – und soo hungrig! – und wartete. Die Fliegergeschädigten und Ausgebombten trafen nun auch ein und wurden in einem anderen, größeren Raum des Kellers eingewiesen und untergebracht. Ein ganz schmaler Gang führte von unserem Raum zu ihnen hinüber, aber das wussten wir da noch nicht. Endlich gab es Arbeit für uns: Körbe mit herrlichem, duftenden Weißbrot wurden geliefert, dazu Butter und Schinkenwurst. Wir mussten das Brot schneiden, streichen und belegen. Es war qualvoll! Denn natürlich war es strengstens verboten, auch nur das geringste davon zu essen! Dann wurden die fertigen Brote auf Tabletts aufgetürmt, und wir sollten sie durch den langen Gang hinübertragen und unter den Ausgebombten verteilen. Als ich mit dem vollen Tablett hinausging, sah ich, dass den ganzen Gang entlang rechts und links SA-Leute in Uniform standen. Und schamlos griff jeder zu, nahm sich ein Brot von meinem Tablett und biss kräftig zu. Viel hatte ich nicht mehr drauf, als ich in dem Raum ankam, wo die Menschen saßen, die gerade Hab und Gut verloren und nur das Leben gerettet hatten … Meine Empörung war riesig groß! Als ich wieder bei den anderen war, ließ ich meiner Wut freien Lauf. Ich schimpfte und schrie: ›Das ist eine Unverschämtheit! Wenn ich wieder hinausgehe und einer wagt, ein Brot zu stehlen, dann werde ich … In diesem Moment wurde ich von hinten gepackt und ganz fest gepresst. Es war meine BDM-Führerin (ein Jahr älter als ich), sie hielt mir den Mund zu und zischte: ›Gar nichts wirst du! Sei still! Du redest dich um Kopf und Kragen. Sei still!!‹ Da kam ich wieder zur Vernunft. Das hätte schief gehen können!«

Am Kriegsende wurden viele Pimpfe zum Schanzen abkommandiert. Mädchen versahen dabei Küchendienst. Sie wurden auch als Helferinnen im Bahnhofsdienst und zur Flüchtlingsbetreuung verpflichtet. Schließlich wurden nacheinander die Jungen der Jahrgänge 1927 bis 1929 zur Heimatflak und teilweise noch zur Wehrmacht eingezogen. Sie waren »Hitlers letztes Aufgebot«. Aber wir haben gesehen, wie Kinder schon vor diesen letzten Kampfeinsätzen für den Krieg rücksichtslos gebraucht und verbraucht wurden.

Alle Kinder, die über Jahre dem Luftkrieg Tag und Nacht ausgesetzt waren und sich darin behaupten mussten, haben Wunden davongetragen. Das konnte gar nicht anders sein. Es ist wichtig, von ihnen selbst zu erfahren, wie sie die **Nachwirkungen** beschreiben und einschätzen und wie sie sich damit auseinandergesetzt haben. Wie sich das NS-Regime die Reaktion der Kinder wünschte, zeigt ein Schulaufsatz einer damals 14-Jährigen zum 1. Mai 1944:

Erne H. (1930): »Wie furchtbar empfindet man die Schreckensbilder der durch den feigen Bombenterror zerstörten Städte und das harte Schicksal der bombengeschädigten Menschen im Gegensatz zu der in voller Maienpracht stehenden Natur! Was wird der Mai 1944 bringen? Wird der Gegner seine Invasionspläne in die Wirklichkeit verwandeln? Wie werden die Kämpfe im Osten, Westen und Süden verlaufen? Solche und andere Gedanken mögen wohl manchen Deutschen beschäftigen. Dass die Terrorangriffe im Mai an Heftigkeit nicht nachlassen, sondern zunehmen werden, und dass wieder viel Leid und Sorge in viele deutsche Familien einkehren werden, ist uns vollauf bewusst. Der Gegner aber wird auf immer stärkeren Widerstand in der deutschen Heimatfront stoßen.«

Das sind die in den offiziellen Verlautbarungen ständig wiederholten Phrasen, die das brave Schulmädchen so wiedergibt, wie sie ihr täglich begegneten und wie der Lehrer sie wohl erwartete. Sie selbst stand damals als überzeugtes Jungmädel völlig dahinter. Die Sätze flossen ihr auch leicht aus der Feder, weil sie selbst keinen einzigen Terrorangriff erleben musste in dem kleinen schwäbischen Dorf, in dem sie wohnte. Auch von Tieffliegern war sie weitgehend verschont. Von diesen begünstigten Kindern soll hier nicht die Rede sein. Das Lebensgefühl der ständig Gefährdeten an der »Heimatfront« beschreibt rückblickend ziemlich zutreffend die etwas jüngere Helga P. (1932) aus Emden:

»Todesangst ist sozusagen demokratisch. Jammern war nicht üblich (und war auch politisch nicht erwünscht). Alle waren in Sorge um Angehörige an der Front. Nach dem Eintritt Russlands und Amerikas in den Krieg gab es eine Art ingrimmigen Ausharrens, die täglichen Schwierigkeiten konnten den ›Seemann nicht erschüttern‹.[21] An den ›Endsieg‹ glaubte man nicht mehr. Unsere Handarbeitslehrerin pflegte zu sagen: ›Kinderchen, der Führer wird's schon machen‹. Die Klasse schwieg. Wir wussten, dass auch der leisest geäußerte Zweifel unsere Eltern in Schwierigkeiten gebracht hätte.«

Allerdings unterschätzt sie die Gläubigkeit der durch die nationalsozialistische Erziehung in Hitlerjugend und Schule indoktrinierten Jungen und Mädchen. Viele von ihnen blieben »gläubig« bis zum bitteren Ende. Die meisten allerdings, besonders die kleineren Kinder, begriffen gar nicht, was geschah und warum das geschah. »Das konnte mein kleines Hirn damals gar nicht fassen«, haben mir viele gesagt. Sie legten sich wohl für sich selbst einige kindgemäße Erklärungen zurecht. Hier ein Beispiel:

Gerda M. (1932): »Obwohl gesagt wurde, die bösen Feinde seien es, die Bomben werfen und damit Häuser zerstören, ahnte man, dass hier von Erwachsenen, die die Befehle gaben, etwas Übles ausgetragen wurde. Da dachte ich manchmal an die verwischte Tafel in der ersten Klasse (*bei Abwesenheit des Lehrers hatten die Kinder herumgetobt und dabei das auf der Schiefertafel Geschriebene verwischt. Der Lehrer reagierte überzogen*). Da war auch eine beklommene Stimmung, weil der Lehrer diese Sache so aufgeplustert hatte und mit Drohen und Schlägen lösen wollte. Wieder ging mir durch den Kopf, dass es Männer gibt, die schwierige Sachen mit Zuschlagen lösen wollen. Damals saßen wir im Klassenzimmer, waren eingeschlossen, und über uns ›schwebten‹ die angedrohten ›Tatzen‹. Jetzt saßen wir hier im Keller, und über uns schwebten die Flugzeuge mit Bomben.«

Es gibt Kinder, die von sich behaupten, sie hätten damals vor Bomben und Tieffliegern keine Angst gehabt. In Kapitel 4 haben wir ein Beispiel kennen gelernt[22] und mussten auf eine Erklärung verzichten. Herta F. (1936) beschreibt ihre damalige »Angstlosigkeit« und versucht, aus den Nachwirkungen eine Erklärung abzuleiten.

»Was mir sehr stark in Erinnerung ist, das ist, dass ich im Keller gesessen hab. Also wir hatten unten im Haus einen Luftschutzkeller. Und ich saß da als siebenjähriges Mädchen, ein feuchtes Tuch vor dem Mund, gebückt, wir haben die Bomben gehört, und ich hab überhaupt keine Angst gehabt. Und ich hab meine Mutter heut morgen noch mal angerufen und hab gefragt, und sie hat mir das bestätigt. ›Du warst ganz ruhig. Deine Schwester hat da gesessen und hat gesagt: Lieber Gott, ich kann nicht beten, weil ich Handschuhe in dem kalten Keller anhab, aber bitte hör mich trotzdem, beschütze uns doch.‹ Und ich hab's einfach so hingenommen. Und sie sagt: ›Wir waren froh, dass du so ruhig warst.‹ Und ich bin raufgekommen in die Wohnung, da war 'ne Bombe gefallen, die ganzen Fensterscheiben waren kaputt durch den Luftdruck, die Fenster nach innen gefallen. Und das hat mich irgendwie nicht berührt ... Wir sind später auch mal mit dem Zug ins Schwimmbad gefahren, das war ein bisschen weiter weg. Und als wir zurückkamen, da kam Fliegeralarm. Das ist ja im Zug gefährlich gewesen, weil die Züge oft bombardiert wurden. Hieß es: Sofort raus aus dem Zug, in den Straßengraben rein! Und die gingen auch im Tiefflug über uns weg. Ich hab gar keine Angst gespürt, das war fast ein Abenteuer für mich. Da frag ich mich jetzt: Was ist da los gewesen, dass ich die Angst nicht gespürt hab? Und ich merke jetzt bei mir, dass es oft so ist, dass ich Situationen hinnehme, Situationen, die belastend sind und die ich eigentlich ändern müsste. Hab ich mich jetzt gefragt: Hängt das damit zusammen, mit diesem Ausgeliefertsein, nichts machen zu können. Und dann einfach: gut, es ist so. Die Frage ist neu aufgetaucht, ich weiß da nicht weiter.«

Vielleicht könnte ein Psychotherapeut eine Antwort finden. Die Historikerin kann nur konstatieren, dass wohl bei einzelnen Kindern eine anhaltende Gefühlserstarrung eingetreten ist. Vielleicht handelt es sich um ein Sich-Tot-Stellen oder eine instinktiv vernünftige Reaktion, weil Aufregung und Angst die lebensbedrohliche Situation nur verschlimmert hätten.[23] Freilich lässt sich das nicht verallgemeinern. Die allermeisten Kinder, mit denen ich gesprochen habe, haben sich zwar fast immer ziemlich diszipliniert verhalten, aber sie hatten Angst und haben sie auch gezeigt, manche haben geweint und geschrien, und die Nachwirkungen dieser **Angst** begleiteten sie lange, manche bis heute. Das zeigt sich in einem relativ harmlosen, vorübergehenden Erschrecken vor Sirenengeheul[24], Flugzeuggeräuschen, Feuer, Krachen von Feuerwerkskörpern oder in Angstgefühlen bei bestimmten Bildern und Gerüchen, besonders Brandgerüchen, in Angstträumen, bis zu einer tief sitzenden, existenziellen Angst. Sie vermeiden alles, was sie an diese Kriegserlebnisse erinnert. Sie geraten in Panik, wenn sie in ähnliche Situationen kommen. Und sie sind entsetzt über neue Kriege und Kriegsbilder, welche die alten Erinnerungen wieder aufwecken.[25] Renate R. (1935), die viele Angriffe in Stuttgart erleben musste, schrieb mir in einem Brief am 31.03.03:

»Unverdaute ›Kellererlebnisse‹ könnten im Zusammenhang damit stehen, dass mir der Gedanke, einen Erstickungstod zu erleiden oder mich in einem geschlossenen Sarg zu befinden, Unbehagen bereitet ... Tornados, die viele Jahre zu Übungszwecken im Tiefflug über die Gegend düsten, versetzten mich manchmal in einen Schockzustand. Einmal konnte ich mich nicht mehr von der Stelle rühren – im Krieg rannten wir Kinder um unser Leben vor den Tieffliegern. Als sensibles Kind zog ich mich oft in mich selbst zurück, um alleine mit meinen Nöten fertig zu werden, was nicht ganz ohne innere Verkrampfung möglich war. Dieser Zustand ließ mich nie ganz los, er begleitete mich durch das Leben.«

Marianne U. (1935):[26] »Es plagten mich oft schreckliche Träume von Feuerflammen, zerstörten Häusern, in denen ich herumirrte, und Flugzeugen, die ihre Bomben direkt auf mich abwarfen. Bis heute habe ich Angst vor Gewittern – besonders Blitz – und gehe zu keinen Schlossbeleuchtungen oder Feuerwerken.«

Sieglinde D. (1939): »Es gab sehr viele Fliegerangriffe. Nachts mussten wir raus, ich habe mich schon gar nicht mehr ausgezogen bei Nacht – der Notkoffer stand immer am Bett ... Ich hatte so viel Angst. Ich habe auch eine sehr große Nervosität dadurch entwickelt, die mir eigentlich in meinem ganzen Leben geblieben ist ... Wenn ich ein Flugzeug mit einem bestimmten Sound höre, dann flippe ich aus ... Ich habe mir als Kind geschworen, sollte es noch einmal Krieg geben, nehme ich mir das Leben. Das habe ich schon als kleines Kind gesagt.«

Hans B. (1940) hat noch Erinnerungen an den Großangriff auf Hamburg, an den Feuersturm und an das Schreien. Bis zu seinem 16. Lebensjahr konnte er überhaupt kein Feuer sehen und aushalten. Dann brannte das Nachbarhaus, sein Onkel nahm ihn mit zum Löschen. Nur mit Hilfe des Onkels ist er dann in das brennende Haus, um noch zu retten, was zu retten war. Bis heute bewahrt er ein kleines, abgegriffenes Foto auf. Es zeigt den kleinen Hans mit seiner Mutter und Schwester. Man fand es in der Brieftasche des Großvaters, der unter den Leichenbergen Hamburgs lag. So konnte man ihn identifizieren und beerdigen; er musste nicht in ein Massengrab. Wie mächtig die vergessen geglaubten Ängste sein

3. Der kleine Hans B. mit Mutter und Schwester

können, zeigt ein Abschnitt aus einem Interview mit Lothar R. (1938), der den Angriff auf Dresden überlebt hat:

»I: Damals die Bombennacht in Dresden. Haben Sie da manchmal noch Alpträume, kommt das manchmal noch hoch?
R: Nein.
I: Gar nicht?
R: Nein. Ich entsinne mich aber …
I: Haben Sie das so gut verarbeitet?
R: Ah, ah, ja … Als in den 50er Jahren der Kalte Krieg herrschte, da hat man gesagt, jetzt müssen auf die Dächer überall Sirenen drauf, dass, wenn irgendwas wäre … und da ging es um den ABC-Alarm usw., dass man also die Bevölkerung warnen könnte … Und jetzt kommt etwas: Da kamen die Sirenenproben, und ich hab nicht daran gedacht. Als die erste Sirenenprobe war, da bin ich an meinem Schraubstock gestanden, da bin ich schier zusammengebrochen.
I: Weil da die Erinnerung wieder kam?
R: Da war's … also, da war's bei mir ganz … da war ich fertig. Die haben alle in der Werkstatt gesagt, was ist mit dem los? Der Meister, neben dem ich gearbeitet hab, der hat rumgeguckt. Das war ein Kloß im Hals. Ich konnte nichts mehr sagen. So schlimm war … so schlimm war diese erste … diese erste … diese erste Sirene. Das … ich werde das nie vergessen, so schlimm war das.«

Bestimmte Angewohnheiten, die heute seltsam erscheinen mögen, haben die Kinder von damals beibehalten, gleichsam als Abwehr- und Schutzmechanismen: Der eben erwähnte Hans B. (1940) zieht sich heute noch immer im Dunkeln aus und legt seine Kleider so auf den Stuhl, dass er sie im Dunkeln wieder findet und anziehen kann. Johanna F. (1934) fand die Verdunkelung aller Fenster mit schwarzen Stoffvorhängen, Dachpappe an den Klappläden und die Dunkelheit so unheimlich. »Noch heute ziehe ich die Rollläden hoch vor dem Einschlafen und schlafe keinesfalls im Dunkeln. Ich habe eine Aversion gegen brennende Kerzen. Es macht mir Angst.« Herta L. (1935), die immer zwei kleine Kissen in den Keller mitgenommen hatte, eines für das rechte und eines für das linke Ohr, sagt: »Ich kann heute noch nicht einschlafen, wenn ich mir die Decke nicht über den Kopf gezogen habe.«

Ute Sch. (1937): »Wir mussten schon als kleine Kinder sehr schnell lernen, in Minuten eine Deckung zu finden, um nicht gesehen zu werden. Dieses Trauma verfolgt mich bis in meine alten Tage hinein, denn ich habe immer noch Schwierigkeiten bei Spaziergängen durch die Felder, hier, wo ich nun schon zehn Jahre lebe und die weite Fritzlaer Ebene kaum Sträucher und Bäume hat.«

Ähnlich Erwin K. (1937): »Wir wurden immer angehalten, Deckung zu suchen und nie im ungedeckten Freien zu gehen, immer entlang von Bäumen, am Waldrand. Das

war schon 1942, da waren wir auf der Alb, das weiß ich noch genau, da haben wir uns immer so am Waldrand bewegt, obwohl es damals noch keine Tiefflieger gab, aber die Fliegergefahr war eben allgegenwärtig. Und dann 20 Jahre nach dem Krieg, 1965, habe ich wieder eine Albwanderung gemacht, da kam so eine Hochfläche. Auf einmal merke ich, ich zögere und habe so ein instinktives, dummes Gefühl und will nicht rausgehen, sondern außen herum am Wald bleiben …
I: 20 Jahre später!
K: Ja, 20 Jahre später, da hat das immer noch nachgewirkt.«

Angst- und Alpträume verfolgten viele sehr lange:

Doris H. (1939): »Was ich noch erwähnenswert finde, war der schreckliche Traum, den ich bis in die siebziger Jahre hinein hatte, als ich längst verheiratet und Mutter war. Es war immer derselbe Traum: Ich spürte eine Bedrohung und versuchte, mich zu verstecken. Nie kam mir das Versteck sicher vor, und ich suchte schnell nach einem besseren, bis ich irgendwann schweißgebadet und schreiend aufwachte, weil ›ES‹ mich gefunden hatte. In den ersten Jahren nach dem Krieg hatte ich diesen Traum sehr häufig. Je weiter der Krieg wegrückte, desto seltener wurde er.«

Marlene I. (1931): »Drei Töchtern durfte ich das Leben schenken. Während der ersten Schwangerschaft träumte ich oft von Luftangriffen. Ich glaubte, das sei vergessen und vorbei. Aber im Traum waren wieder die Luftangriffe da, Nächte im Keller und ein Baby im Waschkorb. Oft sagte mein Mann, ich hätte geschrien.«

Körperliche und psychosomatische Beschwerden und psychische Belastungen konnten vorübergehend sein oder sich über den Krieg hinaus hartnäckig halten oder danach erst ausbrechen. Von Magenschmerzen, Nervosität und Zittern, Schlafstörungen vor und während der Angriffe war schon die Rede.[27] In ihrem Tagebuch, mit dem wir dieses Kapitel einleiteten, schreibt Gisela F. von Herzmuskelschwäche durch den Stress bei einem Tieffliegerangriff. Andere berichten von Sprachstörungen, Bettnässen, Schlafwandeln, Asthma, Depressionen:

Gerald A. (1933): »Wir Kinder hatten alle einen kleinen Sprachfehler früher. Wir sind ja auch aus dem Bett gerissen worden, nachts, wenn schon die Kugeln um unsere Ohren pfiffen. Auf diese Anstalten in Bethel sind ja auch Angriffe geflogen worden, und das hat dann kräftig gezischt. Ich denke, dass da auch schon gewisse Ängste da waren. Wir kriegten nicht raus, wenn wir schnell was sagen wollten, waren zu aufgeregt. Das sind wohl Kriegsfolgen, Spannungsfolgen, Angstfolgen, die noch heute hie und da mal durchkommen.«

Erwin K. (1937): »Ich war nach dem Krieg Schlafwandler. Ich war also wirklich gestört, vielleicht hat schon dieses häufige Nachts-aufstehen-Müssen, Aus-dem-Schlaf-gerissen-Werden, störend gewirkt oder auch die Angst und die Umstände. Mein

Schlafwandeln war immer ganz komisch. Ich bin also nachts aufgestanden, wollte einen Lichtschalter oder den Lichtschalter im Kinderzimmer suchen, habe ihn nie gefunden, sondern bin dann auf einen hohen Kleiderschrank gesessen und nicht mehr runtergekommen, bis mein Vater dann gemerkt hat, jetzt ist er wieder schlafwandeln, und mich runtergeholt hat. Das ging sicher über ein Jahr, und die Träume, die haben mich noch jahrzehntelang verfolgt, Luftangriffe. Ich hab Stuttgart mehrmals im Traum zerstört gesehen, hab auch schon von Atombombenangriffen geträumt und eben immer wieder von Stuttgart. Und ich bin allein in der Stadt, und da kommen schon die Flugzeuge, und ich suche noch, wo kann ich Unterschlupf finden in einem Keller? Das Haus meiner Eltern, das zehn Jahre nach dem Krieg gebaut wurde, da hab ich oft geträumt, wie es zerstört war, ja.«

Irmgard B. (1936) schrieb auf meine Anfrage im Brief vom 13. März 2005:

»Die asthmatische Bronchitis (Gott sei Dank noch kein chronisches Asthma), die ich als Kind entwickelt habe, ist sicher auf mein Kellerdasein und ganz entscheidend auf die damit verbundenen Ängste vor den Bomben zurückzuführen. (*Sie saß stundenlang allein im Keller, um sich sicherer zu fühlen.*) Ich hab da unten ja auch meine Zeit damit ausgefüllt (aus Angst) herauszufinden, welche Geräusche Flugzeuge machten, bevor sie Bomben abwarfen. Ich muss diesbezüglich, wie meine Eltern mir immer wieder sagten, ein enormes Gehör entwickelt haben. Außerdem wurde ich dann auch immer wieder bestätigt, dass dann tatsächlich Bomben in unmittelbarer Nähe des Hauses abfielen, wenn ich dies vorher an den Fluggeräuschen herausgehört hatte, und das verstärkte meine Angst auch noch. Ich war damals vier und fünf Jahre alt. Und vermutlich habe ich den ›Husten‹ auch unbewusst gepflegt, um meine Mutter häufiger um mich zu haben. Das hat ja dann auch funktioniert.«

Gretel Z. (1932) wurde bei einem Angriff auf Schwäbisch Hall 1945 schwer verletzt:

»Ich wurde ins Krankenhaus gebracht und sah so aus, dass meine Mutter mich nicht mehr erkannte. Neben meinem Schragen ist sie zusammengebrochen, das hab ich gerade noch gesehen. Dann war ich drei Tage bewusstlos, und der Arzt hat mir später gesagt, er hätte mich aufgegeben. Aber eine Diakonisse saß Tag und Nacht an meinem Bett, die hat mich quasi durch die Tage durchgetragen. Ich war aber dann vier Monate im Krankenhaus. Meine Eltern durften mich nicht ein einziges Mal besuchen. Selbst als ich sterbenskrank war, als jeder glaubte, die wird sterben; es war nicht erlaubt. Mein Vater geriet in Schwäbisch Hall in Gefangenschaft. Vorher stand er vor dem Direktor des Krankenhauses und hat die Schwester angefleht, er wisse ja nicht, ob er wiederkommt, er will sein Kind noch einmal sehen. Es wurde nicht erlaubt. Und im Krankenhaus hat mir kein Mensch gesagt, was eigentlich passiert war. Mein Großvater ist neben mir gestorben, das hat mir auch niemand gesagt. Eine Patin, die ich sehr geliebt habe, war tot, hat mir auch niemand gesagt. Ich hab nur erfahren, dass meine Großmutter schwerst verletzt auch hier liegt … Das war ein Zimmer mit

13 Kindern. Man hat mir ein schwer verletztes Baby in den Arm gelegt, dem hat man den Arm weggeschossen gehabt, das war an der Brust der Mutter gewesen, die Mutter war tot. Ich sollte mich darum kümmern ... Aber dann war der Krieg zu Ende, und wir wurden auf den Balkon gefahren. Und es war Frühling, und da war die frische Luft, und ich habe plötzlich das Gefühl gehabt: Du bist noch mal davongekommen. Meine Großmutter hat's nie im Leben verwunden und ist eine ganz bittere alte Frau geworden.

Wenn mich heute eine Sirene unvermutet trifft, klappe ich fast zusammen. Habe viel später eine Therapie gemacht, hab alles noch mal durchleben müssen. Dann ging's mir erheblich besser. Aber ich bin dünnhäutig, schreckhaft. Ich habe immer so das Gefühl: Ich hab im Leben gar nicht so recht Platz genommen, war immer so auf Abruf. Das Gefühl kriege ich wohl nimmer los.«

Dass der Verlust von nahen Angehörigen durch Luftangriffe gravierende Auswirkungen auf das Leben der Kinder hatte, steht außer Frage. Wir haben Beispiele kennen gelernt und werden in anderen Zusammenhängen das Schicksal der Halbwaisen und Waisen noch bedenken müssen, denn viele verloren Vater oder Mutter oder beide Eltern durch Kriegshandlungen, auf der Flucht, durch Verschleppung oder in Internierungslagern.

Wie viele der 116.000 durch Bomben verletzten Kinder sind ihren Verletzungen erlegen? Ich kenne unter meinen Gesprächspartnerinnen nur eine Frau, deren jüngere Schwester an einer unbehandelbaren Krankheit, die sie sich durch die Bombenangriffe zugezogen hatte, nach dem Krieg im Alter von 20 Jahren starb. Wie viele Kinder blieben ihr Leben lang gezeichnet? In meiner Frauendokumentation zitiere ich einen Brief, den ich von Gertraud B. (1938) am 6.4.1990 erhalten habe.[28] Er verdient es, hier noch einmal zitiert zu werden:

»Ich war viereinhalb Jahre alt, als eine Bombe unser Haus traf und mein Gesicht teilweise zerstörte. Erst als ich 16 war, konnte die erste kosmetische Operation erfolgen. Ich habe buchstäblich den Krieg in meinem Gesicht getragen, und ich habe erlebt, wie ich die Erwachsenen gehindert habe zu verdrängen. Sie wollten alle so schnell wie möglich vergessen, und dann stand ich da. ›Woher hast du das?‹ – ›Vom Krieg.‹ Ich habe ihre Wut gespürt, ihre Sprachlosigkeit erfahren, aber als Kind konnte ich das nicht richtig einordnen und habe es als gegen mich gerichtet erlebt. *Ich* war nicht in Ordnung, *ich* war nicht so, wie ich sein sollte. Sie können sich kaum vorstellen, wie viele Jahre ich versucht habe, ›normal‹ zu werden, so wie die anderen, nicht etwas ›Besonderes‹. Jetzt bin ich 51, und langsam kann ich analysieren, was abgelaufen ist. Im Augenblick läuft meine Klage auf Berufsschadensausgleich, und da wird mir deutlich, wie wenig die Erwachsenen der Nachkriegsjahre auf die Klagen eines Kindes gehört haben; weder meine Eltern noch die Ärzte haben meine Schmerzen ernst genommen. Ich denke heute, es war eine zu große psychische Belastung für sie. Die

Erkenntnis steht wohl noch aus, dass ein Krieg mehrere Generationen gestörter Menschen hinterlässt. Denn auch meine Kinder haben sich mit meinem zerstörten Gesicht auseinander setzen müssen.«

Der Kampf mit den Nachwirkungen des Luftkriegs zieht sich bei vielen fast durch das ganze Leben und in die nächsten Generationen hinein. Hinzu kamen noch viele weitere Kriegserfahrungen, die wir in den folgenden Kapiteln kennen lernen werden. Erst dann kann das Thema »Nachwirkungen« umfassend betrachtet werden.

Doch sollen gleichsam im Vorgriff hier schon einige Aspekte und Fragen angesprochen werden, die weiter zu beachten sein werden. Nicht alle Kinder fühlen sich durch die Erfahrungen von Bomben und Tieffliegern tiefgreifend und anhaltend gestört. So betont der eben zitierte Erwin K., dass er bei seinen Geschwistern, dem drei Jahre älteren Bruder und den drei kleinen, keine Störungen beobachtet habe. Hatten sie wirklich keine oder erinnern sie sich nicht mehr daran? Was verhalf ihnen dazu, alles unbeschadet zu überstehen? Einige Hilfen und Stützen wurden immer wieder angeführt.[29] Die Nähe und Ruhe der Mütter konnte Geborgenheit vermitteln und Kraft geben.[30]

Elisabeth W. (1937): »Ich erlebte … eine beschützte und geborgene Kindheit. Unsere liebevolle Mutter versorgte uns vier Kinder zusammen mit einem sogenannten Pflichtjahrmädchen. Angstgefühle bei Fliegeralarm und beim Heulen der Sirenen waren natürlich da, aber Angst hat meine Kindheit nicht bestimmt … Bei meiner Mutter fühlte ich mich sicher.«

Elfriede B. (1939) ist auf dem Land in den Krieg hineingeboren. Sie erinnert sich an die große, tiefe Gläubigkeit ihrer Mutter: »Meine Mutter ging nicht in den Bunker, sie hatte ein großes Gottvertrauen. Es kamen dann auch oft Tiefflieger, wenn wir auf dem Feld waren, und wir haben uns niedergeworfen. Aber wenn die Mutter in der Nähe war, hab ich keine Angst gehabt.«

Lore W. (1931): »Als während eines großen Angriffs, bei welchem die Bomben laufend und in unmittelbarer Nähe einschlugen, meine Tante und ich vor Angst weinten und zitterten, nahm meine Mutter unsere Hände in die ihren und gab uns von ihrer Kraft. Diese Ruhe hat sich auf uns spürbar übertragen, und ich habe es niemals vergessen.«

Kinder erlebten allerdings auch hysterisches und panisches Verhalten von Erwachsenen.[31] Vor allem ließen sie sich nichts vormachen und glaubten keiner gespielten Sicherheit. Sie erlebten auch die Hilflosigkeit von Erwachsenen, selbst der eigenen Eltern. Wir haben schon Reinhard S. zitiert, der sagte: »Da ging ein Stück Urvertrauen verloren.« Er hat Verständnis dafür, dass Eltern nicht die Kraft hatten, die Nöte der Kinder durch die notwendige vermehrte Zuwendung aufzufangen.

Kinder machten damals aber auch die Erfahrung einer besonderen Solidarität unter Menschen, die sie in ihr späteres Leben mitnahmen. Elisabeth Deter-Labudde (1930) hatte mit ihrer Mutter und ihrem kleinen Bruder den großen Juli-Angriff 1943 auf Hamburg überlebt, eine Erfahrung, die bei ihr zu einer vorübergehenden Persönlichkeitsspaltung geführt hatte. Sie weiß auch nicht mehr, wie lange sie unterwegs waren, um aus der Stadt heraus und nach Uelzen zu kommen, und wo und wie sie die darauffolgende Nacht verbrachten:

»Vorher aber, im Lauf des Nachmittags war ich um eine Erfahrung reicher geworden, deren Erinnerung ich als einzige dieses Tages nicht missen möchte. Als wir die zerstörte Stadt hinter uns ließen, frische Luft frei atmen konnten und den sonnigen Tag sahen, schlug uns eine unendliche Welle des Mitgefühls und der Hilfsbereitschaft entgegen. Nicht allein das Rote Kreuz hatte am Straßenrand Verpflegungsstellen für Tausende flüchtender Hamburger eingerichtet, auch Bauersfrauen und Kinder in den kleinen Heidedörfern versorgten uns mit Butterbroten, Äpfeln und Kuchen; wildfremde Menschen wetteiferten, uns Gutes zu tun. Das überwältigende Zeugnis der Mitmenschlichkeit begleitete uns bis weit hinter Lüneburg.«[32]

Jobst Sch. (1935) in einem Brief vom 18.04.03: »Zu den Frauen im Krieg kann ich berichten, dass in unserer Nachbarschaft die eine oder andere nach einer Bombennacht das Heulen kriegte. Die wurde dann in die Arme genommen. Wir Kinder schauten verwundert zu, bis wir weggeschickt wurden.«

Die Kinder konnten noch nicht begreifen, was da vor sich ging, aber der kleine Jobst hat die Bilder behalten und weiß jetzt, was sie bedeuteten: »Es waren Frauen da, die Ähnliches erlebt hatten und einen in den Arm nahmen. Man durfte heulen, bis keine Tränen mehr kamen. Dann kam alles heraus. Diese psychische Erstversorgung der Narben hat mit ziemlicher Gewissheit zu einer sanfteren Heilung derselben beigetragen und deren Verhärtung unterbunden.«

Kinder entwickelten aber auch starke Kräfte der Selbstbehauptung. Sie lernten früh, sich anzupassen, sich zu wehren, Verantwortung zu übernehmen, standhaft zu sein. Sie wurden vor der Zeit erwachsen.[33] Man denke nur an die zahlreichen Einsätze, die sie zu Hause oder im Auftrag der Hitlerjugend leisteten. Auch diejenigen, die im Keller lange und oft sich selbst überlassen blieben, konnten daraus eine besondere Eigenständigkeit entwickeln:

Herta F. (1935): »Ich hatte ein sehr feines Gehör. Ich hörte die Verbände schon, bevor sie über Drahtfunk gemeldet waren, und bin aufgestanden, hab mich angezogen und bin alleine in den Keller gegangen. Und ich kriegte den Keller nicht auf. Dann hat der Vater mir einen Nagel gegeben. Der war dann in meinem Mäntelchen, und so konnte ich die Tür aufmachen. Und ich saß da allein da unten und wusste, ich habe Recht, ihr anderen kommt nach. Und das ist auch bis auf ein einziges Mal der Fall gewesen, dass alle nachkamen. Und ich denke, das hat mich geprägt. Das ist mir geblieben, dieses sich selber um Informationen zu bemühen. Das ist weiter gewachsen, dieses Verhalten, in größtmöglicher Unabhängigkeit zu sein.«

Ganz ähnlich und noch grundsätzlicher die vorhin zitierte Irmgard B. (1936), die stundenlang allein mit ihren Puppen im Keller saß, in Angst vor den Flugzeugen und Bomben, die sie ja schon im voraus wahrnahm:

»Ich war sehr schnell von meiner ganzen Biografie her gefordert, mich alleine zu beschäftigen, und habe dann auch in dieser Zeit entsprechende Fähigkeiten dazu entwickelt. Und ich denke, das hat auch was damit zu tun, dass ich später, als ich Freude an meinem Beruf fand, gut mit mir alleine zurecht kam.«

Kinder entwickelten ihre ganz eigenen Strategien, mit ihrer Angst und ihrer Trauer umzugehen. Von Dorothea D., ihrem Brief an den getöteten Bruder und seiner herbeigesehnten trostvollen Erscheinung im Traum haben wir schon gehört.[34] Sie besitzt diese Gabe, in Träumen Trost und Weisung zu bekommen, bis heute. Nach unserem Gespräch vom 21. Mai 2005 schrieb sie mir am 2. Juni 2005:

»Damals hatte ich mich bei der gedanklichen Vorbereitung auf den Besuch bei Ihnen so sehr in meine Erinnerungen vertieft, dass ich sie hinterher richtig abschütteln musste. Am liebsten hätte ich Sie gleich am Morgen danach angerufen und Ihnen meinen Traum erzählt: Ich war mit meinem Mann unterwegs auf der Suche nach einem Ort, und zusammen schauten wir in der Mitte eines Dorfes verschiedene Wegzeiger an und überlegten uns die Richtung, in die wir gehen wollten. Ein deutlicher Wegzeiger mit schwarzer Schrift auf gelbem Hintergrund wies uns nach NACHTLOHE. Da waren wir uns sofort einig: Dahin gehen wir nicht! Ja, diese Nachtlohe verfolgt einen. Und man weiß doch, dass viele Menschen viel Schlimmeres erlitten haben und noch immer erleiden. Das mitfühlende Herz werde ich immer behalten.«

4. Dorles Tagebuch

Sie hat aber nach diesem schweren Verlust und während ihrer Evakuierung in Ötlingen auch noch andere kreative Formen gefunden, mit den Kriegsbelastungen und ihrem Heimweh fertig zu werden. Sie schrieb an alle ihre lieben Verwandten und an ihre Eltern schöne Briefe, verzierte sie mit Blumen und Zeichnungen, fertigte eine Sonntagszeitung für die Eltern an mit Geschichtchen und Versen. So schuf sie sich selber eine »Gegenwelt«. Aber auf ihrer Zeichnung (Abbildung 4 auf der vorigen Seite) sehen die Vögel aus wie Bombenflugzeuge – oder die Bombenflugzeuge wie Vögel?[35] Doris S. (1938) half sich auf andere Weise:

»Angst habe ich viel gehabt – das tiefe Brummen der anfliegenden Bomberverbände hab ich noch heute im Ohr. Es jagt mir immer noch Schauer des Schreckens über den Rücken. Ich weiß, dass ich damals oft Unmengen gegessen habe, z. B. konnte ich ohne weiteres bis zu acht Kartoffelklöße verdrücken – war es eine Art Angst-Sublimierung oder hatte ich Sorge, dass es nach einem Angriff nichts mehr zu essen geben würde, weil alles kaputt war und wir verhungern müssten, so dass ich gewissermaßen vorbaute?« Wirkungsvoller war die Hilfe der Eltern: »Um aller Aufregung, vor allem den Bombenangriffen zu entgehen, fuhr unsere Familie möglichst oft mit den Fahrrädern in den Wald. Dort konnten wir ungestört und nach Herzenslust spielen. Das war sehr schön – wie eine Erlösung! Diese Zeit haben meine Schwester und ich sehr genossen – der Wald als Ort der Zuflucht und des Friedens, nicht als romantisches Idyll, sondern sozusagen als Kontrast zu dem, was wir bisher an Unruhe, Bedrohung und Angst haben erleben müssen. Etwas davon ist immer noch in meinem Gefühl bis heute haften geblieben.«

Seine ganz besondere Methode, die nachwirkende Todesangst in sich zu überwinden, erzählte mir Paul K. (1933): Er besaß schön silbrig glänzende Bleisoldaten:

»Ich habe dann mit Steinen, ist ja Sandsteingebirge, mit Steinen habe ich Bunker gebaut, und hab die Soldaten reingestellt und hab diese Bunker dann anschließend bombardiert. Immer wieder und wieder und wieder und habe mich gefreut, dass mein Bunker meinem eigenen Bombardement standgehalten hat. Ich glaube, das habe ich den ganzen Sommer 45 als Zwölfjähriger gespielt.
I: Ach, da haben Sie sich einfach abreagiert?
K: Und das würde ich gerne mal einem richtigen Therapeuten erzählen. Manchmal hilft sich die Natur selbst. Und darum würde ich auch jetzt sagen, auch zu einer Ihrer Fragen: Ich betrachte mich nicht als Dauergeschädigter. Nein, das würde ich nicht sagen. Mein Leben hat mir genug andere Probleme gebracht.«

Manche haben kurz danach oder später, teils viel später, versucht, sich durch Schreiben zu befreien. Gisela C., die in ihrem Tagebuch den Angriff auf Dessau festgehalten hat, gibt darauf eine klare Antwort: »Nein, Schreiben befreit nicht.« Wir müssen noch offen lassen, wie repräsentativ sie mit ihrer Antwort ist. Dieter Forte (1935 in Düsseldorf geboren), der von sich sagt, dass die Bomben seine Kindheit zerstört hätten, hat sein weiteres Leben dem Schreiben über dieses schlechthin Zerstörende gewidmet. Auch ihn hat das nicht befreit.[36] Und Wolf Biermann, der den Angriff auf Hamburg im Juli 1943 erlebt hat und mit seiner Mutter durch das Feuer gerannt ist, schreibt in einem Gedicht: »Genau auf sechseinhalb (*so alt war er da*) blieb meine Lebensuhr da stehen.«[37] Dieter Forte gibt folgende Erklärung dafür, dass darüber nicht gesprochen wurde: »Die es erlebt hatten, mussten nicht mehr darüber reden. Die wussten, was geschehen war. Die es nicht erlebt hatten, glaubten einem nicht.«[38]

Meine Gesprächspartner haben das nicht so gesehen. Viele bedauern, dass sie nicht darüber reden konnten, auch nicht mit den Eltern oder der Mutter. Es wurde wenig über die Ängste, Fragen, Sorgen und Nöte der Kinder gesprochen. Es wurde ihnen wenig erklärt. Nicht nur ihre Erfahrungen im Luftkrieg, sondern alle ihre Kriegserfahrungen mussten sie weithin mit sich selbst abmachen. Dieses Erzähltabu müssen wir deshalb in einem späteren Kapitel nochmals aufgreifen.

Hätten Therapien helfen können, wie sie heute bei vergleichsweise kleinen Katastrophen üblich sind? Gab es überhaupt verständnisvolle Therapeuten für sie? Für die meisten der Kriegskinder gab es sie nicht. Aber auch die kleine Minderheit, die es mit verschiedenen therapeutischen Methoden versucht hat, hat ganz unterschiedliche Erfahrungen damit gemacht.

Vielen half einfach die Freude darüber, davongekommen zu sein[39], mit den Belastungen schließlich fertig zu werden. Die Dankbarkeit für ein neu geschenktes Leben frei von Bombenangst, dafür, wieder schlafen und durchschlafen zu können, war stärker als die Last der schrecklichen Erinnerungen. Man konnte sie nicht einfach abschütteln, aber sie drückten nicht völlig nieder und zerstörten das Leben nicht. Ute Sch. (1937) möge für alle diese sich befreit Fühlenden sprechen:

»Dieser erste Frühling nach dem Krieg bekam für mich eine Intensität, die er nie mehr verloren hat. Ich erinnere mich noch an die Unfassbarkeit für mich, dass aus der Luft keine Gefahr mehr kam, kein Fliegeralarm, keine Bombenangriffe, keine Tiefflieger, die so schnell da waren, dass man gerade noch in Deckung gehen konnte.«[40]

Gerald A. (1935), der seine wunderbare Errettungsgeschichte in Bethel erzählt hat[41], sagt dazu:

»Das hat mich in späteren Jahren beeindruckt, dass ich sagte: Meine Güte, weißt du eigentlich, dass es ein Wunder gewesen ist, dass es dich noch heute gibt? Du bist verschont worden. Ich war damals ein Kind, das nicht so reflektiert hat. Später habe ich tiefe Dankbarkeit empfunden.«

Werner P. (1934) hat auch Bombenangriffe in Hamburg erlebt, allerdings nicht den ganz schweren vom Juli 1943:

»Wir waren uns während des ganzen Krieges stets bewusst, dass wir unser Leben und unsere Gesundheit jederzeit verlieren konnten. Dass die ganze Familie die Zeit unversehrt überstanden hat, dass uns das Leid und das Elend, das so viele andere betroffen hat, erspart geblieben ist, haben wir als unverdiente Gnade empfunden. Durch mein ganzes weiteres Leben, bis heute, habe ich jeden Tag, den ich lebe, als ein Geschenk entgegengenommen.«[42]

Gerald A. und Werner P. sind bekennende Christen. Hat der christliche Glaube geholfen, dass Kinder nicht traumatisiert wurden? Gab es in der Lebensgeschichte noch andere wichtige Hilfen? Oder heilte einfach die Zeit? Oder tauchen verdrängte Traumata erst nach Jahrzehnten wieder auf? Alle diese Fragen sind später nochmals zu stellen. Nach meinen Unterlagen kann ich jetzt schon sagen: Die Mehrheit der Kriegskinder, mit denen ich gesprochen habe, wurde nicht irreparabel geschädigt. Diese Mehrheit hat auch Lehren aus dem Durchlittenen gezogen, darunter die für alle wichtigste: Das darf nie wieder sein!

Wir haben bisher nur über die Kinder gesprochen, die noch bewusste Erinnerungen an den Luftkrieg haben. Wie aber wirkte er auf die ganz kleinen, die in den 40er Jahren geborenen? Gibt es auch ein Erinnern unterhalb der Schwelle des Bewusstseins? Wir wissen, dass mitten in Bombenangriffen Kinder geboren wurden. In manchen Krankenhäusern durften die Babys nicht zusammen mit ihren Müttern in den Keller. Was mag in diesen Säuglingen vorgegangen sein? Hanna Z. war bei der Geburt ihrer Tochter Christiane im Februar 1943 in der Klinik in Königsberg. Sie schreibt:

»Diesmal war der Aufenthalt in der Klinik nicht so angenehm, denn gerade in dieser Woche gab es auf Königsberg die ersten kleinen russischen Fliegerangriffe. Da eine Bombe in der Nähe der Klinik eingeschlagen war, mussten wir nun bei jedem Alarm in den Keller, und zwar wurden die Babys getrennt von den Müttern runtergebracht, was man heute niemals mehr tun würde; und ich könnte mir vorstellen (nach allem, was ich heute weiß), dass Christianes tiefgehende Angst, die wir uns nie erklären konnten, darin ihre Wurzeln hat. Die ganze Zeit, die ich noch in Königsberg war, mussten wir fast jede Nacht in den Keller.«

Hier ist die Geschichtswissenschaft auf die Mithilfe der Psychotherapie angewiesen. Es gibt Studien zu pränatalen Schock-und Traumaerfahrungen, die nahe legen, dass ein Kind schon im Mutterleib die Belastungen und Ängste der Mutter spürt. Ich muss hier auf die umfassende Literatur der von Psychotherapeuten und Ärzten geleiteten Forschungsgruppen verweisen.[43] Als Historikerin kann ich nur die mitgeteilten Erinnerungen auswerten. Ursula K. (1943) hat keine Erinnerungen mehr an den Krieg, aber die Umstände ihrer Geburt und die Folgen bestimmten ihr Leben fundamental:

»Ich bin am 23.03.1943 in Tilsit/Ostpreußen geboren, habe als Baby natürlich nichts in Erinnerung an diese schlimme Zeit. Meine Mutter war mit mir zur Entbindung im Krankenhaus in Tilsit, als die Bomben fielen. Sie war danach halb gelähmt, und mein Vater brachte uns da raus und zu meiner Großmutter und den beiden Schwestern meiner Mutter aufs Land.«

Am Kriegsende musste die Familie fliehen – und dies mit einer halbgelähmten Mutter!

Heike H. (1944): »Die ersten Geräusche, die ich als Neugeborenes erlebte, waren Flieger-Alarmsirenen und Flugzeuge und Bomben. Von diesem frühkindlichen Schock habe ich mich wohl nie richtig erholt … Was mir als Kindheitstrauma blieb, ist mein Verhalten, wenn ich Sirenen höre. Als Kind verkroch ich mich immer, wenn ich eine Sirene hörte, und weinte. Ich wurde als hysterisch abgetan. Später, als es den monatlichen Probealarm mittwochs um 10 Uhr vormittags gab, hatte ich als erwachsene Frau die gleichen Probleme. Die wuchsen, als ich berufstätig wurde. Ich unterrichtete Englisch an der Volkshochschule mittwochs vormittags. Kurz vor zehn habe ich dann immer eine Gruppenarbeit gegeben und habe mich in der Toilette eingeschlossen, um ungestört weinen zu können. Nun gibt es diese Alarme nicht mehr. Aber Szenen von Fliegeralarmen in Filmen oder Fernsehsendungen, vor allem, wenn sie unvorbereitet kommen, führen noch heute bei mir zu einem dicken Kloß im Hals und Tränen in den Augen. Wenn jemand sagt: ›Du bist 1944 geboren, vom Krieg hast du doch nichts mitgekriegt‹, dann protestiere ich lautstark, denn ich glaube, dass sich Kriegserlebnisse noch durch Generationen ziehen … Dieses wissend, kann ich nur als Pazifistin weiterleben.«

Das ist »Wissen« unterhalb oder jenseits des Bewusstseins. Wie weit das bewusste Erinnerungsvermögen zurückreicht, wie stark es entwickelt ist und heute noch funktioniert, ist sehr unterschiedlich. Es lassen sich immerhin bestimmte Bilder, Erinnerungsfetzen, kleine Sequenzen gesichert abrufen. Einzelnes haben die Eltern notiert. Das vorherrschende Gefühl ist auch bei diesen Erinnerungen Angst, verbunden mit völligem Unverständnis und Fassungslosigkeit. Diese kleinen Kinder wussten gar nicht, wie ihnen geschah. Ein diffuses Angstgefühl verfolgt manche von ihnen bis heute. Es wird aber auch deutlich, was ihnen geholfen hat und was sie vermissten.

Susanne M. (1939), geboren in Berlin-Karlshorst, lebte später in Schorndorf bei einer Großtante, die Hausmutter und Hebamme in einem Fürsorgeerziehungsheim war:

5. Gerte in Danzig, 1944

»Bei Alarm hatte jeder der Einrichtung seinen genau zugewiesenen Platz in unterschiedlichen Kellerräumen. Wir waren in der Backstube, und ich erinnere mich an eine Strohliege, auf der ich schlafen konnte oder auch nicht. Ich erinnere mich gut an erregte Berichte von Erwachsenen, man würde den Feuerschein von Stuttgart sehen. Auch Zittern und Beben des Untergrundes sind in meiner Erinnerung. Die Sirenen haben irgendwann begonnen, mir Angst zu machen. Das Geräusch von Tieffliegern kurz vor Kriegsende klingt mir noch im Ohr; ich hatte das Bedürfnis, mich irgendwo anzuklammern, am liebsten an meine Mutter, und mich zu ducken.«

Gudrun T. (1940), geboren in Berlin: »Zehn Wochen nach meiner Geburt erfolgte am 22.6.40 der dritte ›echte‹ Alarm (*laut Tagebuch des Vaters*). Viel Normalität ist mir also nicht mehr vergönnt. Laut meiner Mutter liege ich während der Alarme oft lange wach im Keller und gucke mit ernsten ›fragenden‹ Augen aus dem Körbchen, später aus dem Bunkerbett … Am 2.6.1941 notiert mein Vater den 68., am 16.1.1942 den 89. Alarm, manchmal zwei- oder dreimal in einer Nacht. Das steigerte sich natürlich im weiteren Kriegsverlauf, wovor wir dann aber ab Mitte 1943 durch die Evakuierung geschützt sind.

Mit etwa drei Jahren sage ich: ›Die Sternlein hat der liebe Gott gemacht, aber die Scheinwerfer (der Flakabwehr, die mich ängstigten) nicht.‹ Jedes Mal, wenn die Sirene geht, fange ich an zu weinen (*laut Erinnerungsbuch*).«

Cordula S. (1911) aus Danzig hat für ihre 1940 geborene Tochter Gerte ein Tagebuch geführt. Darin berichtet sie, wie das Kind und sein noch kleineres Brüderchen auf die Bomben reagierten.

»Sonntag, den 27. August 1944: Vier Jahre wird unser Mädel heute alt. Der Geburtstag begann zeitgemäß um ½ 1 Uhr mit Fliegeralarm. Ein feindlicher Kampfverband flog von Westen an und hat wohl wieder einmal vermint, um den Russen unter die Arme zu greifen und den Seetransport zu stören. Gerte saß mit Brüderchen in unserem Keller, während wir anderen im Kellerflur standen, der stark von dem künstlichen Nebel von draußen durchzogen war. Gerte passte genau auf, wenn es im Radio, das in unserem Keller stand, hieß: ›Achtung, Achtung, wir geben eine Luftlagemeldung!‹ Dann rief sie nach der Mutti.

Gerte ist außerordentlich verständig. Als wir wieder nach oben gehen konnten, sagte sie: ›Na, das Haus steht noch.‹ Brüderchen dagegen ist sehr ängstlich und heult entsetzt, wenn die Sirene ertönt. Nachts hören die Kinder ja nur die Entwarnung, denn von der Alarmsirene werden sie nicht wach. Gerte spricht sehr vernünftig von Fliegergefahr, Alarm und Bomben. Gottlob sind ihr die Bomben noch kein Begriff geworden, den sie aus der Erfahrung kennt.

Dienstag, den 13. März 1945 (*inzwischen haben sie aus Danzig fliehen müssen und sind in Klausdorf bei Kiel untergekommen*): Gegen Mittag erlebten wir einen Bombenangriff auf Kiel, von dem Klausdorf ein gut Teil abbekommen hat. Es sind allein in dieser Gemeinde 150 Obdachlose. Die Kinder haben sich dabei mal wieder fabelhaft benommen. Die Erwachsenen, die ja nun, was man ihrer Angst zugute halten muss, schon oft und oft solche und schlimmere Angriffe erlebt haben, und das seit Jahren, staunten über meine ruhigen, furchtlosen Kleinen, die brav auf dem Koffer saßen und aufmerksam nach draußen lauschten, um altkluge Fragen zu stellen … Gerte fragte, als wir uns nach dem Angriff zum wohlverdienten Mittagsschlaf legten, noch eine Ewigkeit lang nach Flak, Bomben und dergleichen Dingen.

Dienstag, den 27. März 1945: »Neuerdings legt Gerte ihren Stolz darein, sich bei Alarm allein an- und auszuziehen. Auf diese Weise habe ich nun endlich die Hände frei für Gero.

Donnerstag, den 5. April 1945: am 3. April hatte Kiel nachmittags von 4 bis ½6 Uhr einen schweren Bombenangriff … Die Scheiben und Türen flogen alle raus, der Keller wackelte. Gero fand das höchst amüsant, während Gerte weinerlich wurde und Angst empfand …

Sonnabend, den 7. April 1945: ›Meine Gute, was schimpfst du bloß?‹ entrüstete sich meine Tochter, als ich ihr langsames Zubettgehen beanstande. Dabei habe ich doch allen Grund zu pressieren, damit das kleine Gör bei dem vielen Alarm gelegentlich zum Ausschlafen kommt. ›Ich bin Flak und du bist Bombe‹, das ist das neueste Spiel meiner Kinder, wobei sich Gero und Gerte dann ellenlang streiten können, wer nun Flak, wer Bombe sei. Dieses neue Spiel ist mit viel Lärm verbunden, wie sich denken lässt.

Die Wiederherstellung der rundum ramponierten Häuser beschäftigt Gerte lebhaft. Sie hat sogar mitgeholfen, den Schutt wegzukarren.«

Lieselotte P. (1941): »Mit drei Jahren erinnere ich mich ganz genau an den Fliegeralarm, an Geschrei der Hausbewohner und eine aufregende Situation: Man packte mich in den Kinderwagen, alles rein, etwas Essen und Wäsche, und ab in den Luftschutzbunker. Den üblen, feuchten, modernden Geruch habe ich heute noch in Erinnerung … Einmal war Fliegeralarm. Da war Mutter unterwegs, sie riss mich aus dem Kinderwagen und warf mich in einen Straßengraben und legte sich über mich zum Schutz.«

Margit B. (1942): »Ab Herbst 1944 wurde es unruhig. Meine Mutter packte Köfferchen, die sie immer bereit gestellt hielt. Ab und zu brummte es über unsere Köpfe hinweg. Luftschutzsirenen begannen zu heulen. Sie jagten mir Angst ein, vielleicht auch deswegen, weil meine Mutter und Großmutter ängstlich wurden. Wir verkrochen uns in unseren Keller, der in den Berghang hinein gebaut war. Nicht weit von uns entfernt gab es einen Eisenbahntunnel und eine Brücke über die Tauber. In diesen hinein sind wir später dann mit Köfferchen und harrten dicht an der Tunnelwand gemeinsam mit einem Zug, der auch warten musste, bis Entwarnung kam. Seltsamerweise imponierten mir die Riesenräder, das ganze Fahrgestänge der Lokomotive, so dicht vor mir ... Im Spätwinter wurden die Alarme noch häufiger. Ich wurde in den Kinderwagen gepackt, viele Matratzen drauf gelegt, und wir flohen aus dem Städtchen hinaus in den Wald, wo Verwandte ein Gartenhaus besaßen. Hier hausten wir dann eine ganze Weile. Ich habe fürchterlich geschrien, als ich die vielen Matratzen über mir hatte und kaum Licht sehen konnte.«

Reinhard S. (1942) überlebte zusammen mit seinem vier Jahre älteren Bruder Wolfgang und seinen Eltern den Bombenangriff auf Dresden.[44] Diese Erfahrung und ihre Nachwirkungen haben ihn zutiefst geprägt. In einem Brief zum 23. Geburtstag seines Sohnes, den er seinem Buchgeschenk beilegt[45], schreibt er:

»In meinem Leben gab es Dinge, die ich zwar mitgemacht habe, aber die ich gar nicht richtig erfahren habe, sie sind über mich hereingebrochen, ich konnte sie aber gar nicht richtig nachvollziehen, einmal, weil ich noch viel zu klein war, zum anderen, weil in meinem Elternhaus nie weiter darüber gesprochen worden ist – Dinge, die so schrecklich waren, dass sie mit einem ›Gesprächsverbot‹, mit einem Tabu, belegt worden sind. War das Widerfahrnis schon sehr schlimm, so war dieses Tabu fast noch schlimmer, denn es hat verhindert, dass ich sie in meine Persönlichkeit integrieren konnte und hat bewirkt, dass ich sie verdrängt habe.«

Er verweist dann auf die Schilderung seines Bruders und seines Großvaters über den Angriff und den Versuch, sich durch den Feuersturm zum ›Großen Garten‹ durchzuschlagen. Er, der Dreijährige, wurde angebunden auf einem Wägelchen, damit ihn der Feuersturm nicht wegriss. Dann fährt er in seinem Brief fort:

»Da war kein Durchkommen. Man kann sich die Verzweiflung schon vorstellen, mit der wir weiter suchten nach einer Straße, die uns aus diesem Inferno retten konnte. Da muss ich als sehr kleines Kind schon so etwas erlebt haben wie ›Todesangst‹ und was es bedeutet, ›um sein Leben zu rennen‹. Ich brauchte zwar nicht zu rennen, weil ich gezogen wurde – aber ein Kind dieses Alters empfindet ja sehr feinfühlig und genau die Angst der Eltern mit, bzw. diese Angst überträgt sich unweigerlich auf das Kind ... Das Leid war natürlich mit dieser Nacht und dem Ende der Bombenangriffe nicht vorbei ...«

In einem Antrag auf Psychotherapie zählt er die Ängste auf, die er auf dieses Erleben zurückführt:

»Angst vor engen Räumen, die mich erinnern an den Keller von damals, aus dem ich nicht raus durfte – ich brauche wohl deswegen immer viel Luft und freien Raum um mich herum. – Angst davor, ganz schnell weg zu müssen, noch nicht einmal das Wichtigste (z. B. den Lieblingsteddy damals) mitnehmen zu können ..., denn wir mussten ja dann, als das Haus brannte, heraus aus dem Keller, und am nächsten Tag, als wir zurückkehrten, war ja nichts mehr da – nur noch Trümmer – meine Spielsachen, mein Bett, unser Kinderzimmer, die ganze Wohnung, das ganze Haus, alles war weg, von einem Tag zum anderen, in einer einzigen Nacht – kann es sein, dass ich das bis heute noch nicht überwunden und verwunden habe und dass ich immer noch Angst habe, alles zu verlieren, mit einem Male auf unerklärliche und mir völlig willkürlich erscheinende Art und Weise? – Dann die nackte Existenzangst, als wir durch die brennenden Straßen hetzten, weg vom brennenden Haus ..., die Feuerglut dicht neben uns, brennende Häuserteile waren ja auch bereits auf die Straße gestürzt, mit versengten Haaren und angebrannten Kleidern und durch die enorme Hitze verquollene Augen etc. Damals ist vielleicht die schöne vertrauensselige Kinderwelt in mir untergegangen in diesem Inferno, denn in einer Welt, wo so etwas Schreckliches passiert, wie kann man zu dieser Welt noch Vertrauen haben? Auch die Eltern habe ich da sicher angstvoll und hilflos erlebt – und ich hätte doch so gerne immer ganz starke Eltern gehabt – aber wer konnte ganz stark sein in dieser Situation? Nach dem Angriff kam eine ganz unruhige Zeit für unsere Familie, weil wir ja immer nur notdürftig unterkommen konnten bei Bekannten, die uns mal für kürzere oder auch mal längere Zeit aufnehmen konnten – ein ewiges Umziehen war angesagt, von Wurzeln-Schlagen konnte keine Rede sein.«

Reinhard S. spricht nicht nur für die ganz kleinen Kinder, sondern auch für sehr viele größere, die extreme Bombenerfahrungen machten und sehr sensibel waren. Er beklagt – ebenso stellvertretend für viele Altersgenossen – das Erzähltabu. Aber auch er ist nicht an diesen furchtbaren Erfahrungen zerbrochen oder in seiner Menschlichkeit zerstört worden, sondern sein Leben hat – wie er selbst es ausdrückt – »an Tiefendimension gewonnen«. Das teilt er mit vielen Kindern, die in diesem Krieg noch durch andere, ähnliche »Feuer« gehen mussten. Wir werden auf die Möglichkeiten, ihre Nachwirkungen zu überwinden, zurückkommen, wenn wir sie kennen gelernt haben.

Kapitel 6

Verschickt

In Friedenszeiten ist das Zuhause für fast alle Kinder ein sicherer und vertrauter Ort, ein »Nest«, in dem sie sich mit Eltern und Geschwistern geborgen fühlen können. Im Zweiten Weltkrieg war für sehr viele Kinder dieses selbstverständliche Zuhause beeinträchtigt, mitunter wurde es ihnen ganz genommen. Die Väter waren meist abwesend, die Familien waren unvollständig. »Abends, wenn wir essen, fehlt uns immer einer« ist der Titel einer Sammlung von Kinderbriefen an die fernen Väter.[1] Auch die älteren Brüder wurden oft noch eingezogen oder kamen zum Arbeitsdienst, Bomben zerstörten die Wohnung mit den liebgewordenen Dingen, töteten und verletzten Angehörige und Verwandte. Durch verschiedene Verschickungsmaßnahmen wurden die Familien noch weiter auseinandergerissen.

Als die Bombenangriffe in der zweiten Kriegshälfte an Heftigkeit zunahmen, wurden mehr als zwei Millionen Kinder für Monate oder auch Jahre in vermeintlich sichere Gebiete evakuiert. In der NS-Terminologie hieß diese Aktion »Erweiterte Kinderlandverschickung«, abgekürzt KLV.[2] Die Nationalsozialistische Volkswohlfahrt (NSV) kümmerte sich um die Kleinkinder bis zu sechs Jahren, die zusammen mit ihren Müttern bei ländlichen Familien einquartiert wurden. Schulpflichtige Kinder bis zu zehn Jahren konnten auch alleine in Pflegefamilien vermittelt werden. Sie sollten die örtlichen Schulen besuchen. Für die Kinder von zehn Jahren bis zum Schulabschluss war die Hitlerjugend zusammen mit der NSV zuständig. Sie wurden klassenweise oder sogar mit der ganzen Schule und ihren Lehrern verschickt und entweder in Privatquartieren untergebracht mit gemeinsamem Unterricht oder – das war erwünscht – in Lagern zusammengefasst. Mütter oder Eltern schickten aber auch schon vorher oder parallel zur offiziellen KLV ihre Kinder auf eigene Initiative zu Verwandten oder Bekannten aufs Land.[3] Zuweilen gingen die Mütter mit, öfter fuhren die Kinder allein, vielfach wurden die Geschwister auf mehrere Orte verteilt. Wie viele Kinder insgesamt von diesen verschiedenen Formen der Verschickung betroffen waren, lässt sich nicht exakt berechnen, weil sich die privaten, auch fluktuierenden »Wanderungen«

zahlenmäßig kaum erfassen lassen. Sicher handelt es sich um eine der größten Binnenwanderungen der Geschichte.[4]

Die Kinder wurden nicht gefragt, ob sie verschickt werden wollten. Wir müssen sie selbst fragen, was es für sie bedeutete, erstmals in ihrem Leben für längere Zeit von daheim fort zu sein, »verschickt« in eine zunächst fremde Umgebung, vielfach ganz auf sich gestellt. Wieder sind wir nicht allein auf ihre Erinnerungen von heute angewiesen, sondern verfügen über Zeugnisse aus der Zeit. Ich habe 16 Tagebücher ausgewertet und sehr viele Briefe gelesen. Keineswegs unterlagen sie immer der Zensur.[5] Für die Kinder machte es keinen gravierenden Unterschied, ob sie von den Eltern oder von der KLV verschickt wurden, wohl aber, ob sie zu nahestehenden und liebevollen Menschen kamen, ob die Mutter dabei war oder nicht. Wir gliedern also nach dem Grad der »Fremdheit«, den die Kinder empfanden und mit dem sie zurechtkommen mussten. Am einfachsten war es für sie, mit der Mutter zusammen an einem fremden Ort zu sein, schon schwieriger war es allein bei Verwandten oder bei fremden Menschen an einem fremden Ort, am schwierigsten in einem Lager, wo sie zwar die Klassengemeinschaft und vielleicht auch die Lehrer gewohnt waren, wo sie aber Tag und Nacht nach einer strengen Tageseinteilung zusammen leben mussten.

Wer **zusammen mit der Mutter** und womöglich noch mit den Geschwistern aus Bombenchaos und Todesangst in eine ländliche Gegend kam, fühlte sich in eine Oase des Friedens versetzt. Die Kinder genossen das Leben in der Natur. Für sie wurde der Krieg zu einem »fernen Erdbeben«, wie wir es in Kapitel 1 aus den Schilderungen der begünstigten Kinder kennen gelernt haben. Ganz ähnlich beschreiben die jetzt evakuierten Stadtkinder ihr Leben.[6] Wenn sie Erinnerungen aufgeschrieben haben, schildern sie ausführlich ihre Spiele in der freien Natur, die Beschäftigung mit den Tieren. Dabei fällt auf, dass in fast allen Schilderungen besonders eingegangen wird auf das Schlachten und auf die Praktiken der Fortpflanzung, z. B. das Decken der Kühe. Das waren für die Stadtkinder, die sexuell völlig unaufgeklärt waren und Fleisch erst in den Metzgerläden zu Gesicht bekamen, faszinierende Erfahrungen. Sie wurden mit bäuerlichen Arbeiten im Jahreslauf vertraut, mussten auch kräftig mithelfen. Buben schildern vor allem ihre manchmal tollkühnen Unternehmungen und ihre Streiche. Es seien nur zwei Zeugen herausgegriffen: Helmut B. (1934) kam 1944 mit Mutter und jüngerer Schwester (1937) aus dem verwüsteten Mannheim über verschiedene Stationen auf einen Bauernhof bei Mauerberg zu den Mühlhausers. Der Vater war an der Ostfront: »Als wir einbogen in den Weg zum Wohnhaus hin, klopfte mir mein Herz bis zum Hals hinauf, wieder eine Begegnung mit Unbekannten, wieder eine Wendung in unserem von Fluchten gekennzeichneten Leben ...« Sie wurden freundlich aufgenommen und durchlebten den Jahreslauf mit allen anfallenden Arbeiten, bei denen sie fleißig mithelfen mussten: Ernte, Kartoffelernte, Dreschen usw. Neben Schule und Hausaufgaben blieb wenig Zeit zum Spielen. Er bekam noch eine besondere Aufgabe, er musste Kühe hüten:

»Nach kurzer Lehrzeit trabte meine mir anvertraute Herde und ich zu den empfohlenen Wiesen. Es waren meistens 12 bis 15 Kühe. Ein friedlicher Zug, dessen Tempo von der Leitkuh bestimmt wurde, keineswegs von mir. Da zog ich dann in Richtung Brandstätt oder hinab in die Mirn, meistens aber hinunter auf die Wiesen, die sich neben dem Bahndamm hinzogen. Zwei Sommer und zwei Herbste trieb ich die Kühe, eine Arbeit, die mir Spaß machte, mich befriedigte, nicht immer, gewiss. Aber die ungestörte Selbständigkeit und der begehrte Platz am Tisch der Bäuerin trugen das ihrige dazu bei. Manche Tage trocknete mir die Kehle aus unter der heißen Sonne jener September, aber es gab auch Tage zum Novemberanfang, an denen sich früher Novemberschnee wie ein weißes Grabtuch über die Wiesen legte. Da fror ich an den Füßen, ich trug beim Hüten keine Schuhe, weil ich nur ein Paar Schuhe besaß, in ramponiertem Zustand und zu eng. Dann stellte ich mich in einen frisch gefallenen Kuhfladen, der wärmte mir Zehen und Füße eine Viertelstunde. Solche kalten Nachmittage verflossen langsam. Wenn aus dem dunklen, glanzlosen Himmel herab der Schnee vermischt mit Regen fiel, hatten auch meine Kühe keine rechte Lust zum Fressen. Doch die meisten Nachmittage habe ich verträumt auf den warmen Wiesen, gestützt auf meinen Hütestock. Dann zitterte die Landschaft unter dem Feuer der Sonne, die braunen Bänder der Felder verwischten sich mit dem ausgeblichenen Teppich der Wiesen, darüber die Weite des oberbayerischen Himmels. Im Abendlicht zogen wir heim, meine Kühe und ich. Hübsch langsam, wie von Marie befohlen.«

Jobst Schöner (1935) wurde mit Mutter und vier jüngeren Geschwistern aus Bremen auf das Gut Vimfow bei Mestlin in Mecklenburg evakuiert. Auf vielen Seiten schildert er eingehend das Landleben, die vielen Tiere und was sie alles anstellten. Eine Probe:

1. Familie Schöner, Sommer 1943

»In der großen Scheune, die rechter Hand lag, wenn wir den Hof auf dem Weg zur Schule verließen, lag noch auf der halben Scheunenlänge das Stroh bis unter das Dach. In dem leeren Teil standen die Balken wie ein großes Gitterwerk frei im Raum: ein Gitterrahmen über dem anderen, gestützt von senkrechten Pfeilern. Der Abstand mag an die vier bis fünf Meter betragen haben. Im hinteren Teil der Scheune hielt dieses Gitterwerk aus Balken das Stroh zusammen, so dass es nicht herunterfallen konnte. Wir hatten, was auch verboten war, einige Strohballen aufgeschnitten und in einem Fach nach unten fallen lassen. Dort, wo immer das Stroh heruntergeworfen wurde, um es in den Kuh- oder Pferdestall zu schaffen, und wo schon einige geplatzte Ballen lagen. Zuerst waren wir nur ein Gefach hoch hinunter ins Stroh gesprungen, dann zwei Gefache hoch und zuletzt immer öfter von oben unter dem Dach. Das dürfte über zehn Meter hoch gewesen sein. Der Luftzug pfiff um die Ohren, die Balken sausten an einem vorbei. Dann versank man rauschend im Stroh, aus dem man wieder wie ein Käfer herauskrabbeln musste. Bauchlandungen waren am sanftesten, weil man das meiste Stroh unter sich hatte. Senkrecht mit den Füßen voran sauste man fast bis auf den Boden durch das Stroh. Überschlag von ganz oben machte nur Hans (*ein Freund*). Da konnte man unterwegs leicht aus der Richtung kommen … Mein kleiner Bruder Jochen sprang fast nur aus einer Gefachhöhe. Er war ja noch nicht in der Schule. Aber er kletterte auch bis unter das Dach. Von da hatten wir eine wunderbare Sicht nach unten und auch das besondere Gefühl des Mutigen im Bauch, wenn wir so über die letzten Balken in die Tiefe sahen.«[7]

Das alles klingt fast wie Werbung für »Ferien auf dem Bauernhof«, nur dass diese Kinder in den Städten, aus denen sie kamen, kein Zuhause mehr hatten, sie waren »ausgebombt«. Und an ihren Evakuierungsorten konnten sie nicht immer bleiben. Oft mussten sie weiter wandern, immer wieder hieß es Abschied nehmen. Helmut B. (1935) hatte schon mehrere Stationen hinter sich, bevor er nach dem erwähnten Mauerberg kam. Er sagt:

»Wieder riss man uns Kinder heraus aus unserer Vertrautheit, ich fühlte mich völlig entwurzelt, ohne Heimat. Alle meine Freunde: Evi, Peter, Xaverl, Schorschi und meinen Schulbankspezi Lucki, alle verlor ich … Schwarze Trauer zog in meine Seele, begleitet von jener seltsamen Melancholie, die immer zugegen ist, wenn gute Zeiten zu Ende gehen.«

Er zählt insgesamt »zehn Elternhäuser« auf, bevor er 1946 wieder nach Mannheim zurückkehren kann.

Die Familie von Jobst Schöner holte der Krieg in Vimfow ein. Sie konnten nicht rechtzeitig fliehen und erlebten den Einmarsch der Russen. Helmut B. durfte seinen Vater behalten, Jobst Schöner verlor ihn noch 1945. Die Sorge um die Väter im Krieg begleitete die Mütter. Die Kinder belastete sie noch kaum; sie hatten sich an ihre Abwesenheit gewöhnt. Den Kindern machten auch die Einschränkungen im äußeren Leben, die relativ primitiven und beengten Unterkünfte, fehlender Komfort und Reibungen mit den Quartierleuten nicht so viel aus, zumal sie auf dem Lande meist keinen Hunger leiden mussten. Sie fanden vieles Ungewohnte interessant, schlossen meist schnell Freundschaft mit den örtlichen Kindern, gewannen neue Spielgefährten und genossen die größere Freiheit. So die fünfjährige Sigrid R. (1938), die 1943 mit der Mutter und dem kleinen Bruder von Stuttgart auf die Schwäbische Alb evakuiert wurde. Der Vater war 1942 gefallen:

»In Undingen fand ich es herrlich. Wir hatten dort zwei Zimmer mit einem Ofen und eine Küche mit kaltem fließendem Wasser und Holz- und Kohleherd und gegen den Garten ein Klo. Das war etwas ganz Neues. Da konnte man zugucken, wie die Sachen, die man (ich) runterwarf, unten in die Brühe klatschten. Durch die Röhre konnten wir uns auch etwas zuschreien. Unter uns wohnte die Bauersfamilie, eine Bäuerin mit drei Kindern, zwei Töchtern und einem Sohn in meinem Alter. Außerdem gehörte zum Haus ein französischer Fremdarbeiter. Den fand ich so faszinierend, denn der hatte seine Zähne meist in der Hosentasche.«

Elisabeth B. (1936) flüchtete 1943 nach der Zerstörung ihrer Wohnung in Stuttgart mit der Mutter zu ihrem Onkel in ein kleines Dorf in der Nähe von Schwäbisch Gmünd. Der Onkel hatte 13 Kinder:

»Ein großes Glück war es für mich als Stadtkind, als Einzelkind, dass ich in ein Dorf kam, in eine große Familie mit vielen Kindern. Meine Mutter war nicht mehr so allgegenwärtig. Ich hatte plötzlich eine Freiheit, die ich sehr genoss. Wir Kinder konnten stundenlang draußen spielen, gingen einfach alleine auf entfernt gelegene Wiesen oder in den Wald, und keine Mutter redete drein. Ich schwamm in der Masse mit, wurde behandelt wie die anderen auch in der Familie meines Onkels, ebenso in der Schule, und gab sogar einmal im Dorf auf die Frage, wem ich gehöre, die Familie meines Onkels an, weil ich einfach dazugehören wollte.«

Manche merkten es schon damals der Mutter an, andere können sich erst in der Rückerinnerung vorstellen, wie entbehrungsreich das alles für sie war.[8] Hans F. (1933), der in Berlin schreckliche Angriffe mitgemacht hatte und auch verschüttet worden war:

»Wir wurden dann 1943 verschickt, meine Mutter mit uns drei Kindern, nach Klein-Kulins über Groß-Kulins bei Uszklöknen im Kreis Heydekrug, also weit weg, wirklich in die Pampa. Für uns Kinder wunderschön, für meine Mutter entsetzlichst. Das war ein großes Dreieck mitten in urwaldartigen Wäldern, und in jeder Ecke war ein Bauernhof, primitivst in der Art, aber sehr schön hab ich es in Erinnerung ... Ich konnte innerhalb einer halben Stunde einen Korb voll mit Pilzen füllen, musste allerdings eine Stunde zur Schule gehen, und das war also durch den Wald, und da begegnete ich gelegentlich Elchen, was zwar einerseits schön war, aber für einen kleinen Jungen doch beängstigend ... Wir mussten keine Angst um den Vater haben in der

Zeit, er war u. k. gestellt ... Meine Mutter trug das Ganze mit großer Gefasstheit, es war ihr nichts anzumerken. Es ist mehr, dass ich heute das Gefühl habe, dass sie damals sehr, sehr gelitten hat unter den Verhältnissen, denn sie kam aus guten Verhältnissen in Berlin, und nun da in diese Einsamkeit auf dem Land, das war schon schwierig. Die Menschen dort waren freundlich, wir wurden also in dem Bauernhof sehr nett aufgenommen, und von daher also keine dramatischen Dinge ...«

Nicht immer war die Aufnahme freundlich. Die Kinder erlebten auch Fremdheit, ja Feindseligkeit in der Schule. Sie waren die ersten Eindringlinge, ein Vorspiel für die Flüchtlinge, die später in Scharen kamen. Als Helga P. (1932) mit ihrer Mutter aus Emden nach Nossen in Sachsen kam, wurden sie als »Bombenweib mit Splitterkind« begrüßt. Das mag noch scherzhaft gemeint gewesen sein. Viele aber mussten sich wirklich unerwünscht fühlen. In den folgenden Schilderungen wird auch die Unzulänglichkeit der offiziellen Evakuierungsmaßnahmen deutlich. Elisabeth W. (1937), ihre Wohnung in Augsburg war durch Fliegerschaden 1944 unbewohnbar geworden:

»Am folgenden Tag nach dieser Schreckensnacht holte uns der Bruder meines Vaters in seine Familie nach Fischach. Hier konnten wir wegen Raummangel nur kurz bleiben, d. h. jetzt begann für uns die Zeit der Evakuierung. Wir lebten nacheinander auf drei verschiedenen Dörfern, Zeitraum insgesamt fünfeinhalb Jahre. Unsere erste Station war ein unbenutzter Schulraum der Dorfschule in Willmatshofen. Dort lebten wir einige Monate. Ich war damals im ersten Schuljahr und erinnere mich noch gut an das tröstliche Gefühl, in der Pause nur über den Flur gehen zu müssen, um daheim zu sein. Ich nutzte das öfter mal zwischendurch aus unter dem Vorwand, zur Toilette gehen zu müssen, da ich mir in der Schule ausgegrenzt vorkam und mich eigentlich nur bei meiner Mutter sicher fühlte. Im Anschluss an das Schulhaus in Willmatshofen wurden wir im Sommer 1944 nach Mickhausen weiterevakuiert, in eine kleine Wohnung im Nebengebäude des Mickhausener Schlosses. Unsere Nachbarin auf demselben Stock war nicht kinderfreundlich und hat uns überall weggetrieben und beschimpft. Sie selbst hatte nur zwei kleine Hunde, aber keine Kinder. Mein eindrucksvollstes Erlebnis in diesem Zusammenhang – und das sehe ich noch heute vor mir – war eine Wäscheleine, vollgehängt mit lauter kleinen Schuhen, die den Hunden gehörten. Ich konnte das nicht begreifen, dass Hunde Hausschuhe haben und wir Kinder hatten keine! Wir wurden von dieser Frau oft lautstark geschimpft, wenn wir mit Schuhen die Treppe hinaufgingen, statt sie schon unten – leise – auszuziehen. Der Unmut der Einheimischen und ihre Ablehnung gegenüber uns ›Städtern‹ war unentwegt zu spüren. Das empfand ich ziemlich stark. Wir wurden nicht integriert und hatten keine Freunde ...«

Robert L. (1933), damals in Mannheim: »Im Frühjahr 1943 kam der ›Befehl‹, alle Familien mit Kindern müssen die Stadt verlassen. Der Luftschutzwart brachte meiner Mutter ein Papier als Fahrschein nach einem Ort im Odenwald, dort sollte sie sich beim Bürgermeister zwecks Unterkunft melden. Mein Vater (*er war Polizeimeister und nicht im Krieg*) erhielt keine Genehmigung, uns zu begleiten. Der Bürgermeister dort wusste natürlich von nichts und quartierte uns zunächst in einem Gasthof ein. Mutter und fünf Kinder schliefen in zwei Betten. Die ›freundliche‹ Wirtin verweigerte uns einen Tisch in der Gastwirtschaft, wir mussten im Zimmer auf dem Boden sitzen, um zu essen. Meine Mutter rannte eine Woche lang durch mehrere Orte auf der Suche nach einer Wohnung. Nirgendwo waren wir erwünscht. In der Abwesenheit der Mutter musste ich meine Geschwister unterhalten und beruhigen. Nach einer Woche war meine Mutter völlig mit den Nerven fertig. Sie ging zur Post, rief meinen Vater an und schilderte ihm unter herzzerreißendem Weinen die Lage. Wir standen mit Taschen und Tüten um sie herum und weinten laut mit. Auf der Gegenseite hörte der Vorgesetzte meines Vaters zufällig mit. Er gab ihm sofort die Erlaubnis, uns mit einem Polizeifahrzeug abzuholen. Wir waren noch nicht richtig zu Hause, kam der Ortsgruppenleiter gelaufen und brüllte meinen Vater an, was ihm wohl einfalle, den ›Befehl‹ zu missachten. Mein Vater brüllte zurück, er, der Goldfasan habe durch seine miserable Organisation eine kinderreiche Familie, Zukunft des Staates, ins Elend geschickt und so den ›Befehl‹ überhaupt undurchführbar gemacht. Nach einigem Hin und Her bekamen wir eine Zelle im Bunker zugewiesen. Wir bezogen sie jeden Abend und gingen am Morgen wieder ins Haus zurück.«

Als die Stadt sich leerte und kaum noch Unterricht stattfand, entschloss sich die Mutter, mit den Kindern zu ihrem Vater in ein kleines Dorf im oberen Eichsfeld zu gehen. Er lebte in äußerst ärmlichen Verhältnissen, seine Frau war fünf Jahre zuvor gestorben.

»Wir standen am Ende eines langen Reisetages am Bahnhof in Heyerode. Niemand erwartete uns. Meine Mutter marschierte zum ca. zwei Kilometer entfernten Elternhaus, ich las in einem illustrierten Heftchen, wie deutsche Soldaten die bösen Tommies bekämpften, und meine Geschwister spielten in den Pfützen vor dem Bahnhof. Nach einer Stunde kam Mutter mit Großvater und Handwagen zurück. Ich sah den Großvater zum ersten Mal, er uns auch. Er schlug die Hände über dem Kopf zusammen. Da standen fünf Kinder wie die Orgelpfeifen, vier davon von oben bis unten verdreckt, mit verschmierten Gesichtern. Dazu die vielen Koffer und Taschen. Auch der spätere Empfang im Haus konnte nicht als freundlich bezeichnet werden. Tante Lene, eine etwas füllige Frau mit dichtem grauem Haar, das zu einem Zopf geflochten war, schaute jeden einzeln an. ›So, euch hat man also aus der Stadt gejagt, und jetzt wollt ihr euch hier verkriechen.‹ Diesen ›freundlichen‹ Ton behielt sie bei bis zu unserer Abreise, und er war der Grund für oft heftigen Streit zwischen Mutter und Tante.«

Der Großvater war der quirligen Kinderschar nicht mehr gewachsen. Einmal sagte er zu Robert: »Du bist ja ein lieber Bub, aber fünfmal ist doch zu viel.« Über die Schule erzählt Robert:

2. Robert L. mit seiner Mutter

»In Heyerode gab es eine weiterführende Hauptschule, in der Englisch zusätzlich und einige naturwissenschaftliche Fächer verstärkt gelehrt wurden. Nach einer Woche wurde ich dort aufgenommen. In meiner Klasse war noch ein Mädchen aus Oberhausen. Wir waren die einzigen Fremden im Ort und die Parias. Wir dachten und redeten schneller als die Mitschüler, sprachen für sie seltsame Dialekte und waren anders gekleidet. In einer solch abgeschlossenen Inzuchtgesellschaft, wo jeder jeden kannte und mit ihm verwandt war, waren wir Außenseiter, an denen man sich zwangsläufig reiben musste. Jede Woche einmal musste meine Mutter in die Schule eilen und sich beim Rektor beschweren. Bis es diesem zu viel wurde und er den größten Raufbold, einen dicken, dummen Bauernsohn, vor den Schülern im Schulhof gehörig abwatschte. Der lief mit hochrotem Kopf und heulend unter dem Gelächter der Kameraden davon.«

Robert verschaffte sich Respekt, indem er einen eingebildeten Nachbarjungen, der dauernd seine jüngeren Geschwister ärgerte und mit Steinen bewarf, gehörig verdrosch. Wenn die Kinder keine Mutter bei sich hatten, die sich beschweren konnte, waren sie den Lehrern ausgeliefert. Ein Bericht eines Bremer Kindes, das mit mehreren anderen Bremer Kindern in den Odenwald evakuiert worden war, sei hier vorweggenommen: Ingrid R. (1930) erzählt von einem Lehrer in der Dorfschule:

»Der war so ekelhaft zu uns … der ging immer nach hinten durch die Reihe, es waren vier Klassen ja zusammen, und dann nahm er seinen Schlüsselbund und ging immer so hinten rum, und wenn er am Bremer Kind war, dann hat er mal kräftig zugeschlagen am Hinterkopf … Und er hat sich gefreut, wenn wieder mal ein Angriff war in Bremen …«

Auch sonst wurde sie gequält. Endlich half ihr aber doch der Schuldirektor. Eine gute und prägende Phase ihrer Kindheit erlebten die Kinder in der Evakuierung, wenn es der Mutter gelang, auch unter widrigen Umständen ein Stück Heimat in der »Fremde« zu bewahren und für die Kinder da zu sein. Davon erzählen von den sechs Geschwistern V. fünf, die sich daran erinnern können. Der Vater war Arzt in Worms. Im Juni 1944 bezogen sie zunächst ein sehr einfaches Wochenendhaus von Mutters Schwager in Schannenbach im Odenwald. Als diese Familie aber in Darmstadt ausgebombt wurde und das Haus selbst benötigte, wurden sie vom Ortsbürgermeister in die Hütte des »Griesepeter« eingewiesen. Dazu schreibt Mechthild (1936), damals acht Jahre alt:

»Der Griesepeter war der ortsbekannte Trunkenbold gewesen, der in einer Winternacht im Suff im Freien liegengeblieben und erfroren war. Seine Hütte bestand aus zwei Räumen und einem schmalen Flur, in dem es eine Wasserstelle gab. Das eine Zimmer war mit Gerümpel und Möbeln vollgestellt, im anderen wohnten wir nun zu siebt. Diese Zeit im ›Griesepeter‹ muss der absolute Tiefpunkt der Schannenbacher Zeit gewesen sein, und es ist mir ein Rätsel, wie unsere Mutter den Alltag dort bewältigt hat. Es gab Ratten in der alten Hütte, und sie hat erzählt, dass sie immer Angst hatte, der kleine Gerhard könne nachts angenagt werden … Es war klar, dass wir den Winter nicht im ›Griesepeter‹ verbringen konnten. Deshalb wurden wir in den Saal des Schulhauses von Unterschannenbach eingewiesen. Dieser ›Saal‹ war nicht größer als ein normaler Wohnraum. Zwei Holzwände wurden eingezogen, es entstanden eine Schlafkammer, ein Wohnzimmer und eine Küche. Die nötigsten Möbel – die Elternbetten, das Luftschutzbett, Großmutters Vertiko und einer unserer Küchenschränke – wurden aus Worms herbeigeschafft, und nun konnte man es in dieser Wohnung ganz gut aushalten. (*Dann erzählt sie von ihren Spielen, ihrem Mithelfen beim Bauern, dem mühsamen Beschaffen von Nahrungsmitteln und fasst zusammen:*) Sicher war die Not damals groß und das Leben für unsere Mutter sehr schwer. Aus meiner Kindersicht habe ich trotzdem nichts entbehrt. Unsere Mutter war ja bei uns und gab uns Wärme, Liebe und Geborgenheit. Trotz aller Plackerei ums tägliche Brot verstand sie es, auch in dem elenden Notquartier eine gemütliche Atmosphäre zu schaffen. Den großen Schwestern hat sie abends beim Stopfen und Stricken vorgelesen …«[9]

Auch wenn die Kinder auf dem Lande vor den Großangriffen geschützt waren, sicher waren sie dort nicht. So ist auch die Familie V., in deren Erzählungen von Gefahr nichts zu merken ist, bei einem vorzeitigen Bombenabwurf fast ums Leben gekommen. Um ein Haar ist der kleine Bruder Gerhard von Splittern getroffen worden.[10]

Die Sorge um die nicht eingezogenen Väter, die in den Städten zurückbleiben mussten, belastete schwer, häufig gab schreckliche Nachrichten aus der unmittelbaren Nachbarschaft und aus den Städten, und die Tiefflieger waren überall. Noch einmal Helmut V. (1939), damals fünf Jahre alt:

»Und betroffen war ich ja auch nicht so, wie die Familie, die Wand an Wand mit uns wohnte. Ich sehe den Boten (Briefträger?) noch durch den Hof aufs Haus zugehen. Kurz nach seinem Eintreffen ein heulendes Schreien: ›N E I I N!‹ Die Mutter hatte mit ihren beiden Buben gerade erfahren, dass der Vater ›gefallen‹ sei.«.

Susanne W. (1932) wurde mit Mutter und kleinerem Bruder nach schweren Angriffen auf Ulm und Neu-Ulm Anfang 1945 vom Vater in die Nähe aufs Land gebracht:

»Auf dem Land begann für uns ein neues Leben. Der Krieg war zwar noch nicht zu Ende, aber wir fühlten uns nicht mehr so hilflos ausgeliefert und bedroht. Obwohl massenhaft Flugzeugstaffeln über unseren Köpfen im Tiefflug dröhnten, empfanden wir keine direkte Bedrohung mehr, obwohl wir wussten, dass die Angriffe unseren Verwandten und Freunden in der Stadt galten. In dieser Zeit musste hauptsächlich ich die Lebensmittel von den Geschäften beschaffen, d. h. ich musste mit dem Fahrrad eine Strecke von 28 km zurücklegen, und da hatte ich ein schlimmes Erlebnis: Als ich am Waldrand kurz vor der Einkaufsstadt Weissenhorn auf abschüssiger Strecke radelte, kam mir ein Nachbar aus meiner Heimatstadt per Fahrrad entgegen. ›Mädchen, du kannst jetzt nicht in die Stadt reinfahren, es ist Fliegeralarm‹, sagte er. Auf weiter Strecke konnte ich den natürlich nicht hören. Er hatte kaum ausgesprochen, wurden wir auch schon von Tieffliegern beschossen. Wir warfen uns in den Straßengraben neben dem Wald und wurden minutenlang von denen beschossen. Mein Schutzengel und ich kamen mit dem Schrecken davon. Als 13-Jährige habe ich das als eine Tat des Feindes hingenommen …

Am 4. März fand der zweite Großangriff auf unsere Stadt Neu-Ulm statt. Vom Land aus machte sich Vater sogleich mit dem Fahrrad auf den Weg Richtung Neu-Ulm. 25 Kilometer waren zu fahren. Er verbrachte den ganzen Tag dort, kam und kam nicht zurück. Wir dachten schon an ein Unglück. Doch dann – spät in der Nacht – Vater kam zurück. Diesen Anblick vergesse ich nie: aschfahles Gesicht, um Jahre gealtert. Dann sein stockender Bericht: Sie sind alle tot … Eine Luftmine hatte das Haus meiner besten Freundin getroffen, hinterher taten die Brandbomben das Übrige … ›Sie sind verbrannt und passen in eine Zigarrenkiste‹, sagte Vater. Der verzweifelte Vater meiner Freundin habe überlebt und irrte auf dem Schutthaufen umher. Ich konnte es nicht fassen: Meine beste Freundin, mit der ich Tag für Tag zusammen war, die Mutter, ihre Schwester und vier Kleinkinder von deren Freunden, alle im Alter von eins bis fünf Jahren, sind umgekommen. Sie, meine Freundin, die sich vor zwei Tagen so nett von mir verabschiedet hat, ist nicht mehr. Ich war geschockt.«

Auch in der Evakuierung konnten die Kinder dem Krieg nicht entrinnen.

Allein wurden Kinder entweder von den Eltern zu Verwandten oder Bekannten ausquartiert, zuweilen auch in ein Kinderheim, oder sie kamen mit der KLV in ein Heim oder in Pflegefamilien. So ganz auf sich gestellt, fühlten sie sich erst wirklich »verschickt«. Auch wenn sie mit einem jüngeren Geschwister weg waren, fühlten sie sich verantwortlich für das kleinere, kamen sich dabei »wichtig und überfordert« vor, wie einer sagte. Ein anderer, der seinem Brüderchen vorlesen musste, weil der sonst nicht einschlafen konnte, gesteht: »Dabei war es mir doch auch ein bisschen mulmig.«

Was spricht aus ihren (unzensierten!) Briefen? Für Dieter D. (1935) suchten die Mutter und der Stiefvater einen sicheren Ort weit weg von dem äußerst gefährdeten Berlin. Mit Hilfe einer Ärztin fanden sie ein Kinderheim in Gerswalde, Ostpreußen, von Anthroposophen geleitet, aber mit vielen schwer erziehbaren Kindern: Er kam im Sommer 1944 dorthin.

»(*Ohne Datum, wohl Dezember 1944:*) Liebe Mammi! Ich habe hier in Gerswalde noch ein paar Weihnachtssachen für Dich gemacht. Ich wünsche Dir ein recht frohes und gesundes Weihnachtsfest. Es wäre schön, wenn ich zu Weihnachten zu Hause sein könnte. Hole mich doch schon im Februar ab, damit ich zu Deinem Geburtstag schon wieder in Berlin bin. In Berlin ist es viel besser als hier. Am 21. Dezember haben wir Ferien. Viele Weihnachtsgrüße sendet Dir Dein Dieter.

25.2.45: Liebe Mammi! Ich gratuliere Dir recht herzlich und wünsche Dir alles gute zum neuen Lebensjahr und wünsche Dir viel Glück zum neuen Lebensjahr, und wir wollen hoffen das wir uns bald einmal wieder sehen. Mir geht es gut. Es grüßt Dich und küsst dich 1.000.000mal Dein Dieter.

5.4.1945: Liebe Mammi! Ich habe Deine beiden Briefe erhalten, und ich danke Dir sehr. Ich habe Dir schon einmal geschrieben, dass ich die Fleischmarke erhalten habe, der Brief ist sicher verloren gegangen. Ich habe auch in dem Brief über meinen Geburtstag erzählt. Weil Du den Brief nicht erhalten hast, will ich Dir jetzt über meinen Geburtstag erzählen. Ich habe Frau R. und Fräulein W. eingeladen. Fräulein H. und die anderen Jungens haben einen ganz großen Karton mit Holzwolle einge-

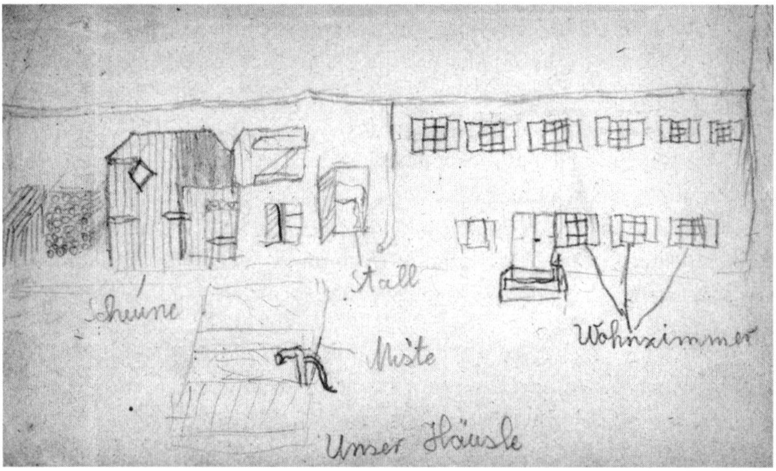

3. So zeichnete Lore R. das Bauernhaus, in dem sie untergebracht war

packt, und wie ich bis in die Mitte kam lag ein Würfel darin. Ich habe von Fräulein von L. ein schönes Taschenbuch bekommen und habe mich sehr gefreut. Ich habe schon zwei Beete, ich habe Spinat, Morüben, Salat und Petersieljenwurzel gesät. Es grüßt Dich 1.000.000mal und küsst dich 100.000mal Dein Dieter.«

Lore R.'s (1930) Stuttgarter Schule wurde 1942 ins Allgäu verlegt. Sie konnte nicht mit, weil sie eine Knieverletzung hatte und die Schule nur mit den Skiern erreichbar war. Über eine Nachbarin kam sie zu einer Bauernfamilie mit fünf Kindern nach Undingen auf die Schwäbische Alb. Der Bauer war im Krieg. Sie blieb dort bis zum Kriegsende und schrieb zahlreiche Briefe nach Hause. Einem fügte sie eine Zeichnung des Bauernhauses bei.

»24.3.44: Meine lieben Eltern! Jetzt habe ich das große Paket erhalten. Vielen, vielen Dank dafür. Gerade war Fliegeralarm. Jetzt tutet die Entwarnung in der Ferne. Man sagt nur ›Drunten‹. Das heißt Reutlingen. Jetzt habe ich eine Frage an Euch. Am 6. April (Donnerstag vor Ostern) ist der letzte Schultag. Dann haben wir 14 Tage Osterferien. Darf ich über die *Feiertage* hinunterkommen? 14 Tage lang will Tante Luise (*so nannte sie die Bäuerin*) mich nicht hinunterlassen. Das würdet Ihr ja sicher auch nicht erlauben. Denn dass ich so schnell für ganz wieder nach Stuttgart komme glaube ich nicht. – Jetzt haben wir einen pfundigen Keller. In einer Ecke ist ganz dick Stroh, dass man ohne zu frieren schlafen kann. Dann ist noch eine Bank drunten. Emil (*der französische Kriegsgefangene*) hat das Kellerloch ein bisschen größer gemacht und eine Leiter dazu, so haben wir einen Notausstieg. Er ist tief und gewölbt, der Keller.
Wir haben ein kleines Ferkelchen zum Aufziehen …
Für Vater habe ich eine Briefmarke erwischt. Sie liegt diesem Brief bei …
So, jetzt wisst Ihr aber viel. Schreibt mir bitte gleich Antwort wegen den Osterferien. Vielen Dank auch für das Büchlein. Es ist sehr nett. Seid lieb geküsst von Eurer Lolo.

1.8.44: … Frau W. sagte mir gestern, dass ich Stuttgart nicht mehr erkennen würde. Wir haben ja selbst etwas davon verspürt und demnach muss es furchtbar gewesen sein. Nach dem 2. Angriff sahen wir hier oben um *fünf* Uhr morgens noch die Rauchwolken und Flammen … Letzten Samstag mussten wir unsere alte Gret (*die Kuh*) notschlachten. Sie fraß 4 Tage überhaupt nichts mehr und magerte zusehends ab. Milch gab sie natürlich auch keine mehr. Als der Tierarzt sie sah, sagte er gleich, dass sie so schnell wie möglich geschlachtet werden muss … Die Schlachterei gab natürlich eine große Sauerei in der Scheuer. Da mussten wir die Kutteln waschen, die Blutlappen auswaschen, Därme helfen zu waschen, den Magen zu leeren u. s. w. Einmal musste ich verschwinden, sonst hätte ich mich übergeben. Das Schönste war aber, dass Hedl die Dreck- und Blutarbeiten nicht machen konnte und immer mir zuschob.
Vorhin ging Tantes Bruder vom Urlaub jetzt auf die Station.
Tante, Emil und Thures (*Arthur, der älteste Bauernsohn*) führen Gülle auf den Kohlra-

benacker. Hansle (*der kleinste Sohn, auf den sie aufpassen muss*) *soll* schlafen. Heute morgen war ich mit Hansle und Willi bei der Diphtherie-Schutzimpfung.
Seid nun lieb gegrüßt von Eurem Gschmeiß (*einer ihrer Spitznamen*).«

Erika Zwicker-Emmel (1931) kam mit ihrer Schulklasse und einigen Lehrern im Oktober 1943 von Stuttgart nach Reutlingen. Sie wurden in Familien einquartiert[11], nahmen zunächst die Mahlzeiten in einer Gastwirtschaft ein und sollten gemeinsam Unterricht haben.[12]

20.10.43 an ihren Onkel Friedrich im Feld: »Gelt, da staunst Du. Ich habe Deinen großen Brief vom 10.10. noch daheim bekommen. Aber jetzt bin ich verschickt, wie alle Kinder, oder jedenfalls die meisten. Wir wohnen jetzt in wildfremden Gegenden bei wildfremden Leuten. Und ich habe bollenmäßig Heimweh. Aber ich denk trotzdem immer an Dich und dass Du es noch schlechter hast …«

16.10.43 an die Eltern und Großeltern: »Es hilft mir gar nichts. Ich habe Bauchweh, mir ist schlecht und ich bin traurig und krank, weil man mich von Euch fort hat. Ich halte es bestimmt nicht aus und möchte nach Esslingen in die Schule. Bitte schreibt mir per Eilbrief, ob das geht. Wir wollen nämlich *alle* heim, weil das Frühstück so ein scheußliches Gefräß war. Schwarze Brühe mit Süßstoff, dann ein leeres Brotstück, total babbig. Uns ist angst auf das nächste Essen. Deshalb fahren wir heim. Wegen dem Quartier wär es ja gar nicht.«

21.10.43: »Liebe Eltern und Großeltern! Danke für Papas Brief. Also ist es nichts mit dem Privatunterricht und Heimkommen, weil nur Kinder, die hautkrank sind oder bettnässen in eine Notschule gehen können. Mama meint, das Essen sei doch nicht so wichtig, der Mensch lebe nicht vom Brot allein. Aber im B-Hof ist es ungenießbar! … Ich solle mich zusammennehmen und kein schwarzes Schaf sein. Solch eine Tochter möchte sie nicht. Ich hab Euch eben so lieb und ich brauche Euch.«

23.10.43: »… Lieber Opa, Du hast recht, es ist jetzt harter Krieg und kein Platz für Heimweh. Ich weiß, dass Du immer sehr streng gegen Dich bist und dass Du Dich immer musterhaft verhältst und deswegen ein brauchbares Glied in der Kette der Menschen geworden bist, aber ich kann eben nicht immer nur an die denken, denen es schlechter geht …«

17.11.43: »M. ist heimlich weg. Man hat mir überhaupt nichts gesagt. Ist das freundlich? Nun sind wir noch 27 Leute in der Klasse – und ich bin dabei. Da staune ich selber. Eure guten Ratschläge waren eben doch nicht ganz umsonst. Ich bleibe nun bei dem traurigen Rest bis Weihnachten. Ich habe geschwollene Drüsen. Eben geht wieder die Sirene.«

25.11.43: »Liebe Eltern und Großeltern! Ich bin aufgestanden, hab mich angezogen und mich sehr gefürchtet, denn es hat geschossen und geblitzt in Richtung Stuttgart und war taghell. Dann hab ich mich mit den Kleidern aufs Bett gelegt und bin eingeschlafen und erst bei der Entwarnung wieder aufgewacht. Ihr seid wohl froh, dass ich nicht in Untertürkheim bin, aber ich wäre es gern, denn ich hab Angst um Euch …«

26.11.: »Also sind Bomben bei Euch eingeschlagen! Eben habe ich es erfahren und bin furchtbar aufgeregt, dass ich kaum schreiben kann. Wenn ich doch helfen könnte! Es ist viel schwerer, nicht dabei zu sein. Macht Euch jetzt um mich keine Sorgen. Sobald unsere Urlaubssperre aufgehoben ist, komme ich, falls Züge fahren, was im Moment auch nicht geht.«

29.11.43: »... Unsere Lehrerinnen sind zum größten Teil fort, weil sie in Stuttgart und Cannstatt ausgebombt sind. Deshalb hatten wir statt fünf nur vier Stunden Schule. Aber mit dem Rest, und das ist Frl. Fischer, schrieben wir eine Englischklatze (*Klassenarbeit*).«

1.12.43: »... Du hast schon recht, hundert Jahre früher hätten wir auf die Welt kommen sollen, als die Menschen noch nicht aus den Städten fliehen mussten und ein ruhigeres Leben hatten und die Eltern und Kinder einen Feierabend hatten und einen Sonntag und ein schönes Weihnachten. Jeden Tag schwindet ein Stück davon hin. Schade, gell.«

20.1.44: »Wenn Papa aufs Ministerium könnte, soll er sagen, dass sich nun fast alle, außer mir, wieder in Stuttgart eingefunden haben. Papa soll sich nicht abwimmeln lassen, auch wenn es heißt, ganze Berge von Gesuchen würden auf dem Gesundheitsamt liegen. Nein, ich bin nicht einverstanden, nach Giengen zu Herrn R. oder nach Owen zur Tante zu gehen; ich will nichts als heim zu Euch. Und der Krieg kommt schließlich doch überall hin ...«

31.1.44: »... Papa holt mich ab. Und dann geht es los. Und ich schreie ganz laut H U R R R R R A!«

Dorothea D. (1936) wurde von freundlichen, aber strengen Christen in Ötlingen bei Kirchheim/Teck aufgenommen, nachdem ihr Bruder Hermann in Altdorf von Bomben getötet worden war.[13] Sie schrieb Verse und Gedichte nach Hause, ganze kleine Büchlein mit Gedichten und kindlichen Geschichten und Sprüchen, und verzierte sie mit Zeichnungen. Eine Probe:

»Zum 7. August 1944: Das einsame Biberlein. Bis ich ein Biberlein hab, brauch ich Geduld. Wenn es ist in meiner Hand, ist es voll Ungeduld. Ach Biberlein, Du bist ja noch so dumm, ich will Dir ja gar nichts tun. Ich will Dich ja nur retten, von dem argen Schrecken. Deine Mutter ist fort, Deine Geschwister sind fort. Ich will Dich ja tragen bis an den Ort. Dem lieben Vater zum Geburtstag von seinem Dorle.«

Was können wir dieser kleinen Auswahl von Briefen entnehmen? Zunächst: In der Sicht der Kinder machte es keinen Unterschied, ob sie im Rahmen der KLV oder privat von ihren Eltern verschickt wurden. Der Grundton ist Heimweh. Auch wenn es sich nicht immer so vehement äußert wie bei Erika Z. und die Zeit auch manches Positive bietet – Kinder können ja fast jeder Lebenslage noch etwas Positives abgewinnen –, am liebsten wären sie doch zu Hause, bei der Mammi, bei den Eltern, das ist unüberhörbar. Bei unserem Gespräch über ihre hübschen kleinen Berichte nach Hause sagte Dorothea

D.: »Ich schrieb an meine Eltern, Großmütter und Tante Frida und verzierte alles, versuchte mein Heimweh, meine Trauer und auch meine Angst in kreativen kleinen Aktionen zu verarbeiten. Ich habe das Landleben kennen gelernt und das einsame Biberlein bin vielleicht auch ich … Meine Eltern und meine Geschwister waren ja fort, man war ja als Familie auseinandergerissen. Ich hab meinen Bruder verloren und war noch weg von der Familie. Man wusste ja nie, ob man sich wieder sieht und wann, und da hab ich sicher auch meine Schrecken ein bisschen verarbeitet.« Auch Lore R., die es ausnehmend gut getroffen hat bei der liebevollen »Tante Luise«, kann die Osterferien kaum erwarten und bittet gleich zweimal in ihrem Brief um baldigen Bescheid, ob sie heimfahren darf. Dieter D., der nicht klagt, grüßt und küsst seine Mammi in jedem Brief eine Million Mal und findet es doch in »Berlin viel besser als hier«. Jungen, welche die Freiheit liebten, wollten sich das Heimweh meist nicht eingestehen, geben es aber aus der Rückschau schon zu:

Michael F. (1930): »Ich muss elf, zwölf Jahre alt gewesen sein. Und als man da so in die Fremde kam, da nach Göppingen, und kam aus der Familie raus, war das ein euphorisches Gefühl zuerst, also wie Kinder in dem Alter ja auch eben mal gern ihr Zuhause hinter sich lassen. Also daran erinnere ich mich noch, dass das auch ein Glücksgefühl war. Bloß mit den Kameraden zusammen, man konnte da rumschwänzen und so weiter. Das hat sich dann aber geändert, als mich meine Mutter das erste Mal besucht hatte und dann wieder abgefahren ist. Von da ab hatte ich denn doch Heimweh. Also es waren dann gemischte Gefühle.«

Wo es sich machen ließ und die Eltern nicht so streng waren wie bei Erika Zwicker, »verschwanden« die Kinder einfach nach Hause, wie die meisten Klassenkameradinnen von Erika Zwicker, oder sie fuhren einfach übers Wochenende nach Hause. Immer wieder wurde berichtet, dass die Eltern die Kinder heimholten oder – wenn es nicht zu weit war – die Kinder sich selbständig auf den Weg machten. Dennoch sollten wir nicht übersehen, dass es fast aussichtslos war, eine offizielle Genehmigung dafür zu erhalten, außer es lagen ernste Krankheiten vor (wozu auch Bettnässen zählte, was gerade wegen des Heimwehs relativ häufig war). Die Kinder wurden, wenn sie bei Bauern waren, zur Hilfe herangezogen. Davon schreibt Lore R. häufig. Sie war auch deshalb bei der Tante Luise so willkommen, weil sie die kleineren Kinder hüten konnte, während die Erwachsenen und größeren Kinder auf dem Feld waren. Wie wichtig diese Hilfskräfte waren, zeigt der Bericht von Irene R. (1932), der hier ergänzend eingeschoben werden soll.[14] Sie kam im Herbst 1943 mit 150 anderen Kindern in Giengen an der Brenz am Hauptbahnhof an: Es war schon dunkel:

»Trotz der ziemlichen Finsternis auf dem Bahnsteig war eine große Menschenansammlung zu erkennen … Wir luden unsere Habseligkeiten aus und gruppierten uns um unseren Klassenlehrer und warteten, was nun passieren würde. Viele der ›Pflegeeltern‹ gingen einfach zu den einzelnen Mädchen hin (dies waren die älteren unter uns) und sagten dann dem Ortsgruppenleiter, die oder die will ich. Die ist kräftig genug und kann auch ›mit hinlangen‹. So allmählich lichtete sich die Ansammlung von Pflegeeltern und ›Bombenkindern‹. Nur von den Kleinen, also die aus meiner Klasse … standen noch eine ganze Anzahl herum. Die Verteilung dieser Kinder erfolgte nun durch den Ortsgruppenleiter. Ich wurde der Familie W., einer Schuhmachersfamilie, zugeteilt … Das erste , was ich zu hören bekam war: ›Ha, dui isch aber mager, dui ka jo nix helfa. Aber etz probiere mr's halt amol.‹ (*jetzt probieren wir's halt einmal*)« Sie hatte es aber dann doch verhältnismäßig gut bei der freundlichen Familie. [15]

Lore R. musste auch unangenehme Tätigkeiten verrichten, wie zum Beispiel die »Drecksarbeit« beim Schlachten. Dabei lernte sie zuzupacken und nicht zimperlich zu sein. Das bäuerliche Leben war hart, weil fast alles noch mit der Hand gemacht werden musste. Da wurden die »Fräuleins«, aber auch die Jungen aus der Stadt, schon gefordert, zugleich jedoch abgehärtet und gestärkt, zumal sie reichlich verpflegt wurden, im Gegensatz etwa zu dem miserablen Essen in Reutlingen, über das sich Erika beklagt. Die Tante Luise wollte z. B. gar keine Brotmarken, dadurch konnte Lore ihren Eltern einiges zukommen lassen. Aus den Briefen der beiden Stuttgarterinnen spricht aber auch die Angst um die Angehörigen, die weiter mitten in den Angriffen leben mussten und Bombenschäden erlitten, ohne dass die Töchter helfen konnten. Deutlich wird aber ebenso, dass die Evakuierung auf die Schwäbische Alb und nach Reutlingen im Grunde keine Sicherheit bot. Sie waren dort ebenfalls gefährdet. Der Keller in Undingen musste hergerichtet werden, und in vielen Briefen erzählt Lore von Luftkämpfen und Bombengeschwadern, die über sie wegzogen, aber auch Bomben fallen ließen. Reutlingen wurde 1945 noch ganz schwer getroffen. Auch Dorothea D. erlebte in Ötlingen heftige Angriffe. Sie sagte: »Im Gewölbekeller saßen wir dann und hörten die Bomber über uns weg donnern. Wir hatten Angst um uns und um unsere Familie in Stuttgart.« Michael F. (1930) machte sich nach den schweren Angriffen im Juli 1944 ohne Urlaubsschein auf den gefährlichen und umständlichen Weg nach Stuttgart, um zu sehen, ob das Haus noch stand und wie es seinen Eltern ergangen war. Es gab am Ende des Krieges fast keine Gegend mehr, in der die Kinder sicher waren.

Einiges wenige lässt sich auch über »Schule in der Evakuierung« aus den Briefen erschließen. Obwohl man bestrebt war, den Unterricht aufrechtzuerhalten, war das vielfach gar nicht möglich, weil bei den Klassenverschickungen die Lehrer nicht ausreichten oder es keine Möglichkeit gab, eine geeignete Schule zu besuchen. Auf den Dörfern gab es fast ausschließlich Einklassenschulen, d.h. alle Kinder von Klasse 1 bis 8 mussten in einem Raum und gleichzeitig (oder auch in zwei Schichten) von einem Lehrer unterrichtet werden. Lore war auch der obersten Klasse weit voraus, so dass der Lehrer sie zum Korrigieren von Heften einsetzte. Sie wollte fort, weil sie »nicht verdoofen« wolle, wie sie in einem Brief schreibt. In ihrer Schulbildung hat die Evakuierung die Kinder kaum gefördert. Dass manche Lehrer sich große Mühe gaben, wird von einigen heute noch dankbar vermerkt. Wo ganze Schulklassen in der Evakuierung zusammenblieben, wurde auch Hitlerjugend-Dienst anberaumt mit allen dazugehörigen Einsätzen.[16] Der Klassenverband konnte, auch wenn man in Privatquartieren untergebracht war, einen gewissen Halt geben. »Es war wie eine Jungkolonie von Jungtieren, man hatte immer jemand«, sagte eine von ihnen.

Wiederum bestätigen und ergänzen die Erzählungen, was wir aus den Briefen herauslesen konnten. Allgemein ist festzustellen, dass Aufenthalte bei Verwandten nicht immer besser waren als bei zunächst fremden Leuten. Das bloße Verwandtsein bedeutete noch nicht Vertrautsein, wenn der Konktakt nicht schon vorher eng gewesen war. Auch war das Heim nicht immer schlechter als ein Privatquartier. Es kam auf die Bezugspersonen an – eine banale Tatsache, aber für die Kinder in ihrer abhängigen und wehrlosen Situation von entscheidender Bedeutung.

Im anthroposophischen Kinderheim in Gerswalde/Ostpreußen fühlte sich Dieter D. trotz des Heimwehs, das ihn »wellenartig überfiel«, wie er sagte, im ganzen wohl. Leitung und Personal waren ihm wohlgesonnen. Trotz der vielen schwer erziehbaren Kinder und obwohl er einer der Kleinsten war, wurde er nicht gemobbt; es wurde viel Fröhliches und Lehrreiches unternommen. Insgesamt aber schneiden die Heime nicht gut ab; es herrschte ein strenges Regime, das heute kaum noch nachvollziehbar ist. In solche Heime wurden meist Kinder geschickt, die besonders erholungsbedürftig bzw. krank waren oder deren Eltern sich nicht kümmern konnten oder wollten. Aber das hatte nicht unmittelbar mit dem Krieg zu tun und braucht uns in unserem Zusammenhang nicht zu beschäftigen.

Wenn Kinder in wirklich friedliche Gegenden kamen, wo es nicht einmal Fliegeralarme gab, bangten sie zwar immer noch um ihre Angehörigen, aber sie konnten doch die Ruhe genießen. So sagt Helmut H. (1937), der mehrmals von Deggendorf nach Mittelfranken zu Geschwistern seines Vaters verschickt wurde, weil er schwach und asthmatisch war: »Das waren immer Kontrasterlebnisse. Man kam von einer Welt in die andere. Deggendorf war die Stadt, wo

Krieg war; auf dem Land war's ruhig, da war Friede.« Das fette Essen, mit dem ihn die Verwandten aufpäppeln wollten, hat er allerdings nicht vertragen.

Aus den zahlreichen Berichten von Kindern, die allein verschickt wurden, soll auszugsweise aus zweien zitiert werden, welche die Spannweite der Erfahrungen zeigen. Hildegard W. (1934) hat ihrer Evakuierung in ihren Erinnerungen (aufgeschrieben 1987 für ihre Familie) ein ganzes Kapitel gewidmet, Lore H. (ebenfalls 1934) erzählte an einem ganzen Nachmittag hauptsächlich und etwas sprunghaft davon und kehrte immer wieder zu diesem Thema zurück.

Hildegard W. (1934) aus Bottrop: »Mich brachte meine Mutter im Frühjahr 1943 nach einer schrecklichen Bombennacht nach Wildberg im Allgäu zu Tante Lina und Onkel Hans. Das war eine weite Reise, wir waren fast anderthalb Tage unterwegs. An der Bahnstation Oy-Mittelberg wurden wir von Tante Lina liebevoll in Empfang genommen. Sie brachte für den anschließenden anderthalbstündigen Fußmarsch nach Wildberg eine gute Wegzehrung mit, unter anderem mehrere hartgekochte Eier! Ich war sehr beeindruckt.

Eigentlich erst im letzten Moment, als Mutter sich wieder verabschieden musste, begriff ich, dass ich nun ganz weit weg von zu Hause war, und wollte Mutter gar nicht weglassen. Auch ihr fiel die Trennung so schwer, dass sie mich wohl wieder mitgenommen hätte, wenn ich darauf bestanden hätte. Aber dann packte mich so eine Art Stolz, und ich merkte, dass ich es Mutter nicht noch schwerer machen durfte.

Bei Tante Lina und Onkel Hans habe ich es immer gut gehabt. Sie waren kinderlos. Ich konnte es wohl spüren, mit welcher Geduld, Freundlichkeit und Güte sie mir

4. Hildegard W. im Heu

entgegengekommen sind, aber ich war anfänglich doch sehr scheu, und es hat einige Zeit gedauert, bis ich zu den beiden Tante und Onkel sagen konnte.

Mein Aufenthalt in Wildberg war für mich ein solch einschneidendes Erlebnis, dass für mich praktisch eine neue Zeitrechnung begann. Der Krieg, wie ich ihn bisher erlebt hatte, war für mich vorbei. Keine Bombenangriffe mehr, keine einschneidende Lebensmittelrationierung, keine Tante Lissi, die Tag für Tag unheimliche Mengen ›Bruttoregistertonnen‹ im Meer versenkte, wenn sie für Opa, der ja schwerhörig war, Nachrichten im Radio hören musste, es oft vergaß und dann willkürlich etwas aufschrieb. Stattdessen erlebte ich, dass man Obst selbst von Bäumen pflücken konnte und nicht stundenlang deshalb im Laden Schlange stehen musste ... Zwei Jahre lang besuchte ich die einklassige Volksschule in Wildberg. Mein Zusammensein mit den Kindern im Dorfe war einigermaßen problematisch. Die anderen Kinder mussten alle schon früh mitarbeiten, was ich nicht brauchte und deshalb wohl beneidet wurde und eine Außenseiterstellung einnahm. Außerdem fiel es mir schwer, mich anderen anzuschließen. So war ich manchmal etwas einsam, aber im großen und ganzen konnte ich es ertragen. Ich kann auch nicht behaupten, dass ich in Wildberg sehr unter Heimweh gelitten hätte. Dazu waren Tante Lina und Onkel Hans viel zu liebevoll mit mir. Aber nach einiger Zeit träumte ich oft nachts immer wieder dasselbe: ich kam zurück nach Hause und stand vor der Haustür. Aber bevor ich hineingehen konnte, war der Traum zu Ende, und ich wachte in Wildberg wieder auf ...

Direkte Kriegserlebnisse hatte ich in Wildberg nicht, bis auf eine Ausnahme, aber das muss schon im Sommer 1944 gewesen sein. Ich ging eines frühen Morgens in der Ferienzeit spazieren, auf den ›Hohen Wildberg‹, einem Hügel außerhalb des Dorfes. Da gab es plötzlich einen furchtbaren, lauten Knall. Ich wäre vor Schreck fast die kleine Anhöhe hinuntergekollert. Dann war wieder alles still. Später erfuhr ich dann den Grund: ein amerikanisches Flugzeug war in der Nähe von Kempten abgeschossen worden. Der Pilot wurde beim Absturz buchstäblich in den Boden gerammt und war auf der Stelle tot, das Flugzeug stürzte auf ein Bauernhaus in der Nähe von Buchenberg. Das Haus ging in Flammen auf. Und in diesem Hause hatte sich noch eine halbe Stunde vorher meine älteste Schwester Bernette aufgehalten, die gerade bei Verwandten zu Besuch war!

Am Karfreitag 1945, es war ein grauer, düsterer Regentag, kamen ostpreußische Flüchtlinge nach Wildberg ...«

»Der Krieg kommt doch überall hin« – Erika Zwicker behielt recht. Im vermeintlich sicheren Allgäu hat Hildegard W. beinahe ihre Schwester verloren, die Familie blieb getrennt, der Vater musste zurück nach Russland, Anfang 1945 kamen Flüchtlinge aus Ostpreußen in das kleine Dorf. Die kleine Hildegard verbietet sich das Heimweh, weil sie es den Eltern nicht noch schwerer machen will; sie gestattet es sich nur im Traum – und der Traum bleibt unerfüllt.

In eine ganz fremde und zudem für sie kalte Welt kam Lore H. (1934), die genauso alt war wie Hildegard W. Sie kam 1944 zu entfernten Verwandten aus Mannheim nach Oberschwaben auf einen kleinen Bauernhof. Das sollte zunächst nur für vier Wochen Ferien sein und sie sollte das Vieh hüten. Von den fünf Söhnen des Bauern waren vier an der Front. Mit dem ältesten sprach die Familie nicht, weil er ein Verhältnis mit einer Polin hatte, aber das erfuhr sie erst viel später. Lore war erst neun Jahre alt und eher schmächtig und unterentwickelt. Sie hatte zugestimmt, weil sie sich gar nicht vorstellen konnte, was dort auf sie wartete. Es wurden anderthalb Jahre daraus.

»Ja, und die haben halt erwartet, dass ich voll einsteige von der Arbeit her … Die sind weg aufs Feld und haben so mit Selbstverständlichkeit erwartet, dass ich das Geschirr spüle. Das hab ich immer gemacht, ich wollte ja ein gutes Kind sein, verstehen Sie, akzeptiert sein … Und mit den Nachbarskindern durfte ich nicht spielen … und die haben Dankbarkeit von mir erwartet und über mich geschimpft … und ich hab doch eigentlich für die gearbeitet, so weit ich konnte. Ich habe alle Bauernarbeiten gemacht.
I: Auch mit aufs Feld gegangen?
H: Na klar. Auch Kartoffellegen, Kartoffel einsammeln, die schweren Zäune auf den Wagen heben. Heute denke ich, mein Problem mit der Halswirbelsäule könnte damals schon begonnen haben, weil ich mich am nächsten Tag nicht mehr bewegen konnte. Ich war stolz, dass ich das konnte – dass die Respekt vor mir kriegen. So einen halben Zentner, glaube ich, habe ich dann hochgeschafft. Aber kein Wort wurde darüber verloren … Meine Verpflichtungen – wenn ich nicht in der Schule war – waren alle Arbeiten. Da fällt mir ein: Einmal, als es so ganz besonders heiß war zum Garbenbinden – wissen Sie, da muss man ja da Stricke legen, hat man mir so einen Bündel Stricke um den Hals gehängt, und da war ein Hölzchen dran, und da musste ich das legen. Und da leg ich und leg, und das dauerte sehr lang und war sehr anstrengend … Und da habe ich ja Vieh gehütet. Wahrscheinlich nur mittags oder ganztägig, ich kann mich nicht erinnern. Es war jedenfalls, sehr, sehr, sehr langweilig, verstehen Sie, bis da für ein Kind die Stunden umgehen, also das war schon schlimm. Oder als ich im Oktober, da war schon Reif auf den Feldern gewesen, da haben sie mich noch rausgeschickt mit dem Vieh und barfuss. Barfuss auf der Wiese, barfuss auf dem Stoppelacker, also auf der gemähten Wiese, das tut noch mehr weh. Und da haben sie mich rausgeschickt mit dem Vieh, da ist kein Kind im Ort mehr raus, und mich haben sie rausgeschickt mit dem Vieh, auch sonntags … Beim Gänsehüten ist mir zweimal ein junges Gänschen eingegangen aus Unwissenheit. Vom Hof aus musste ich die auf ein Wiesenstück treiben und dort laufen lassen. Und weil ich da möglichst schnell hinkommen wollte, da konnte ich spielen, da hab ich die getrieben, aber nicht schnell, aber es war für die schwächsten Gänslein doch zu schnell. Und da ist mir eins liegen geblieben, dem ist wohl die Puste aus, oder was weiß ich. Ich wusste ja gar nicht warum, verstehen Sie, ich war zehn Jahre. Und ich hab mich hingekniet und hab gesagt: ›Lieber Gott, lass es nicht sterben‹, weil ich gewusst habe, das gibt Terror … Und am nächsten Tag dasselbe noch einmal. Ich war total verzweifelt … Vor allen Dingen, das Schlimmste ist wahr-

scheinlich gewesen, das Gefühl zu haben, ich gehöre niemandem … Ich habe eigentlich gar nicht dazugehört, die haben mich gehalten, ein zehnjähriges Kind.«

Auf meine Frage, warum sie sich denn nicht früher von der Mutter habe holen lassen, sagte sie, diese Frage habe sie sich bis heute nicht gestellt. Sie wollte der Mutter sicher keine zusätzlichen Probleme machen. Der Vater war inzwischen vermisst, die Bombenangriffe häuften sich, dann kam die Besetzung. Sie wollte eben sein und war es auch: ein braves Kind.

Zwischen diesen beiden Polen, die Hildegard W. und Lore H. beschreiben, bewegen sich alle Berichte und Erzählungen der Kinder, welche die Evakuierung allein bestehen mussten. Nicht wenige Kinder wurden durch ähnliche Lieblosigkeit und Überforderung, wie sie Lore H. erleiden musste, dauerhaft aus der Balance gebracht. Die Art, wie Lore H. sprach, zeigte, wie anhaltend negativ sich diese Erfahrungen in ihrem Leben bis heute ausgewirkt haben. Besonders schlimm war es für die Kinder, die immer wieder an andere Orte kamen und von ihren Eltern bei schlechter Behandlung keine Unterstützung bekamen. Es gab auch damals im Krieg Rabeneltern. Unter solchen mussten und müssen Kinder zu allen Zeiten leiden, und wir brauchen hier nicht näher darauf einzugehen.[17] Nicht alle Kinder kamen am Kriegsende auf geordnetem Wege in ihre Heimat zurück. Dabei erging es den allein verschickten Kindern kaum anders als den Kindern in den KLV-Lagern. Deshalb werden wir ihre teils abenteuerlichen Geschichten am Ende dieses Kapitels zusammenfassend betrachten.

Wir kommen zum zweiten Hauptteil unseres Kapitels, zur **Verschickung in KLV-Lager.**

Erst in den letzten Jahren hat die historische Forschung sich intensiver mit diesem wichtigen Thema des Zweiten Weltkriegs beschäftigt.[18] Lokale und regionale Studien verbinden Archivarbeit und zeitgenössische Quellen und Zeugnisse von Betroffenen[19]. Die jüngste zusammenfassende wissenschaftliche Darstellung hat Gerhard Kock vorgelegt.[20] Er verzichtet aber weitgehend auf die persönlichen Erfahrungen der Kinder.[21] Auch den Briefen und Tagebüchern misst er einen geringen Quellenwert bei, da sie seiner Meinung nach der Zensur unterlagen. Das trifft aber nur für einen Teil dieser Quellen zu. Es gibt genügend Zeugnisse, aus denen die tatsächliche damalige Befindlichkeit der verschickten Kinder zu erschließen ist. Bei allen Schilderungen, die nicht politische, persönliche und emotional aufgeladene Dinge berühren, ist eine Verfälschung durch die zu erwartende Zensur ohnehin nicht zu befürchten. Die heutigen Erinnerungen können die Aufzeichnungen von damals vervollständigen; sie widersprechen ihnen nicht.

Im Folgenden versuchen wir, diese Erfahrungen nach allgemeineren Gesichtspunkten zu strukturieren und zu einer Gesamtbeurteilung aus der Sicht der Kinder zu kommen.[22] Dabei stellen wir eine knappe Auswahl von Originalquellen nicht gesammelt voran, sondern ordnen sie den einzelnen Gesichtspunkten zu. Es gab schätzungsweise 6.000 bis 9.000 KLV-Lager – in Deutschland, Österreich, in den besetzten Gebieten, in befreundeten und abhängigen Ländern – mit etwa 850.000 Kindern im Alter von 10 bis 14 Jahren.[23] Der Aufenthalt sollte auf sechs Monate begrenzt sein. In der Praxis konnte er mehrere Jahre dauern. Fahrt und Unterbringung waren kostenlos. Sicher gab es große Unterschiede zwischen den einzelnen Lagern. Aus den Zeugnissen und Erzählungen lassen sich aber ähnliche Grundzüge und Ursachen für starke Abweichungen erschließen.

Einen großen Raum nehmen in den Briefen und Tagebüchern die *Unterbringung* und das *Essen* ein.

Gerhard G. (1930) aus Mannheim in St. Pilt im Elsass: »Die ersten Lagertage (*Oktober 1943*): Unsere Klasse bekommt einen Schlafsaal für 20 Mann. Ich habe Glück und Pech. Nämlich, dass ich einen Spind bekomme, und dann aber einen Strohsack. Da wir am Anfang viel Hunger und keinen Ausgang haben, gehen wir unerlaubt Trauben sammeln, werden aber erwischt. Mit einer Verwarnung geht es noch ab.«

Marianne K. (1930) kam im Oktober 1943 aus Mannheim ins Kurhaus auf dem Plättig bei Bühl im Schwarzwald:

»Um ½8 Uhr hielt der Omnibus vorm Kurhaus Plättig an. Wie stiegen aus und suchten unsere Koffer und Schachteln. Dann ging es unter Führung der schon vorher angekommenen Mädels in den Speisesaal, wo schon die Tische gedeckt waren. Jetzt konnten wir schon mit dem Essen beginnen; es gab Pellkartoffel, Salat mit Leberwursttunke. Wir hatten natürlich alle tüchtigen Hunger und langten fest zu. Dann bekam ich mit Ingetraud H. ein Zimmer, wo wir uns gleich ins Bett legten und schliefen, bis uns morgens die Ziehharmonika weckte.

Am nächsten Tag kamen wir in ein anderes Zimmer. Nun waren wir sechs Mädels (*sie zählt sie namentlich auf*). Wir hatten drei Doppelbetten, einen Schrank, eine Waschkommode und einen Tisch. Nun machten wir es uns erst einmal gemütlich im Zimmer. Wir holten uns sechs Stühle, Matratzen, Bettücher, Decken, Kissen für die Betten. Einige Bilder machten wir uns aus schönen Postkarten. Dann schrieben wir noch heim um Tischdecken, Blumenvasen und andere hübsche Dinge. Jetzt sieht unser Zimmer schon ganz hübsch aus.«

Heinz G. (1929), erster Eintrag ohne Datum: »Wie aber war das Essen in unserm Lager? Mit einem Wort gesagt: saumäßig. Wie hatte man uns in Mannheim die KLV-Lager ausgemalt, und was sahen wir hier? Als nach 14 Tagen Aufenthalt in Landser unser Lager eine Gruppe zum Kartoffelausmachen nach Hegenheim schicken musste und wir etwas von ›Schwerstarbeiterzulage‹ vorgeschwafelt bekamen, war es kein Wunder, dass sich fast die gesamte Lagermannschaft meldete. Doch wir kamen aus dem Regen in die Traufe. Mit Omnibussen wurden wir nach Hegenheim an der Schweizer Grenze geschafft. Hier sollten wir 8 Tage Kartoffel buddeln. Wie war schon der Empfang durch Bannführer Weber und den Leiter der Arbeitsgruppen Müller! Von Schwerstarbeiterzulage sahen wir nichts und von unseren zustehenden Portionen nicht alles. Während wir abnahmen, lebte der Parasit Müller herrlich und in Freuden. Als wir uns weigerten, die Arbeit wieder aufzunehmen, drohte uns Müller mit vorgehaltener Pistole und schrie: ›Ihr Nazibolschawista, ihr Bolschawistasönche, an die Arbeit oda ich werda euch über da Haufa knalla wie a dolla Hund.‹ In den nun folgenden Nächten ging 2/3 unserer Gruppe stiften … Wie begrüßten wir den Tag, an dem wir unser demoliertes Lager verlassen konnten.«

Zuweilen wird auch die mangelnde Hygiene beklagt, besonders beim Essen und wenn große Gruppen versorgt werden mussten. Erika W. (1930) in Bad Heilbrunn schreibt am 4.8.43 in ihr Tagebuch:

»Wir aßen im Gasthof zur Post. Das Essen war dort schlecht. Auch die Essgeräte waren eklig. Teller und Becher haben einen widerlichen Geruch. Es gab viel Angebranntes … 10.8.43: Beim Küchendienst muss man für 125 Personen Kartoffeln schälen und Gemüse putzen … Die Steckrüben und Kohlraben sind fast alle holzig. Der Salat, den es auch oft gibt, muss man in einem Basseng (*Bassin*) waschen, in welchem sich vorher die Russinnen die Füße waschen. Ein Hund schleicht immer herum und beleckt Gemüse und Kartoffeln. Direkt neben der Küche ist ein Schlachthof. Wenn man Küchendienst hat, hat man keinen Appetit, wenn man sieht wie das Essen zubereitet wird.«

Die KLV-Lager wurden in Jugendherbergen, Hotels und Gaststätten, Erholungsheimen, Schlössern, aber auch in kirchlichen Gebäuden, Klöstern oder Internatsschulen untergebracht. Die Gebäude wurden zu diesem Zweck beschlagnahmt. Nicht immer waren die Kirchen mit der Zweckentfremdung einverstanden, und die Kinder wussten oft nichts davon, weil der Kontakt zu noch vorhandenen Ordensleuten selten bestand. Gelegentlich gab es ihn. Sie haben auch kaum nach früheren Eigentümern oder Bewohnern gefragt.

Alice S. (1930): »Mitte April 1945 wurde das Lager (*sie waren inzwischen wegen Heranrückens der Front von Mähren nach Königssaal, heute Zbraslav, südlich von Prag verlegt worden*) geräumt. Beim Entfernen der großen HJ-Fahne von der Empore des Esssaales kam ein Marienbild zum Vorschein. Wir waren also in einem früheren Kloster untergebracht.«

Für alle, die von den Invasionen landverschickter Kinder betroffen waren, zum Beispiel die Gasthäuser, Kurorte, aber auch Privatpersonen, brachte die KLV erhebliche Einschränkungen mit sich, die hier außer Betracht bleiben müssen.

5. Mädchengemeinschaft

Die Ausstattung, besonders die sanitären Einrichtungen, Möblierung, Beheizung, war sehr unterschiedlich. Natürlich waren ehemalige Kurhäuser oder Hotels komfortabler als Klöster oder Jugendherbergen. Dort musste die entsprechende Einrichtung oft erst besorgt werden. Anfangsschwierigkeiten waren vorprogrammiert. Auch die Aufteilung der Kinder in Stuben oder Säle war verschieden. Wer Glück hatte, konnte eine Mehrbettstube mit sechs oder acht Stockbetten beziehen, andere mussten in Sälen zusammen mit 20 oder gar 30 anderen schlafen. Dort gab es dann kaum eine Privatsphäre. Die Stuben trugen oft Namen. Bei den Jungen waren Kriegshelden sehr beliebt. Viele Jungen und Mädchen statteten ihre Zimmer gemütlicher aus, denn auch hier gab es Wettkämpfe um die beste Stube.[24]

Saubermachen mussten die Kinder selbst, »Revierreinigen« stand oft auf dem Plan und wurde genau kontrolliert, Betten und Spinde mussten militärisch exakt gemacht und aufgeräumt werden. Die Hygiene, einschließlich Kontrolle der Fingernägel, wurde sehr genau genommen. Zwar wurde in der Regel nur einmal in der Woche warm gebadet (auch auswärts in Badeanstalten) oder geduscht. Duschräume gab es nicht überall, meist gab es Waschräume mit Trögen und Wasserhähnen, natürlich nur mit kaltem Wasser. Waschbecken waren nicht in jedem Zimmer vorhanden. In den Stuben entwickelten sich enge »Budengemeinschaften«.

Aus den Dokumenten und Erzählungen geht übereinstimmend hervor, dass das Essen in den ersten Jahren im großen Ganzen ausreichend bis gut war. In besonders begünstigten Gebieten, wie z. B. in Mähren, war es sogar sehr gut und überreichlich. Die Stadtkinder wurden in Abständen gewogen,

6. Stubenkameraden

sie sollten möglichst zunehmen, was auch vielfach erreicht wurde. Dennoch waren Päckchen von zu Hause immer willkommen und wurden redlich geteilt. Gegen Ende des Krieges, ab Herbst 1944, wurde die Verpflegung zunehmend schlechter. Besonders die Jungen, die im Entwicklungsalter waren, hungerten. Dazu erzählt Karl Heinz Mehler:

»Als ich mit zwei Mitschülern eines Tages zum Brotholen nach Titisee geschickt wurde, beschlossen wir, wenn irgendwie möglich, Brot zu stehlen. Ich erinnere mich noch gut an diesen Diebstahl und die Ängste, die ich dabei ausstand. Als der Bäcker den Laden verließ, um den für das Lager bereitgestellten Brotsack zu holen, da stand ich am günstigsten für die Ausführung unseres Mundraubs. Obgleich außer uns noch einige Kundinnen im Laden standen, griff ich beherzt in ein Brotfach und ließ einige Brötchen unbemerkt unter meiner Windbluse verschwinden. Ich war sehr nervös bei dieser Tat, nahm jedoch das danach folgende Lob meiner Kameraden mit einigem Stolz entgegen. Ich fasste diesen Diebstahl als eine Art Mutprobe auf. Die Beute verzehrten wir gemeinsam mit Heißhunger auf dem Weg zurück ins Lager.«[25]

Günther H. (1932):[26] »Der ›Rosenkohl‹Winter 1944/45: Unsere Verpflegung wurde immer eintöniger. Zum Frühstück gab es einen Löffel Kunsthonig mit einem Würfelchen Margarine. Schwarzes Brot war noch genügend vorhanden. Wie viel Scheiben Brot jedem zustanden, kann nicht mehr genau gesagt werden. Wir hatten uns einen netten Brotaufstrich ausgedacht. Nicht die Margarine als Unterlage aufs Brot und darauf eine dünne Schicht Kunsthonig schmieren, das war zu einfach. Wir nahmen unsere Messer und mischten die Margarine mit dem Kunsthonig zu einer klebrigen

Masse. Das war dann ein wohlschmeckender Aufstrich, mit viel Handarbeit entstanden. Nicht so wohlschmeckend war das Mittagessen und das Abendbrot. Eine Riesenladung ›Rosenkohl‹ wurde von den Bauern angeliefert und im großen Keller gelagert, er war das Hauptgemüse und wurde über den Winter in allen Variationen fast täglich aufgetischt. Wir hatten immer Hunger und aßen alles auf! Jedoch mit der Zeit konnten wir den ›Rosenkohl‹ nicht mehr sehen, er ließ unseren Appetit immer weiter schwinden. Eine ganz andere Ladung von Ackerfrüchten wurde im Kreuzgang des Klosters aufgeschichtet. Es waren Riesenmengen von ›Gelben Rüben‹, wuchtige Karotten. Die lagen da und langsam begannen einige von innen zu faulen. Was war zu tun? Man musste die faulen von den guten trennen und auf den Komposthaufen werfen. Wer sollte das tun? Wer war wohl freiwillig bereit, diese Drecksarbeit zu leisten? Die Lagerleitung hatte eine glänzende Idee! Vergehen gegen die Lagerordnung mussten ja bestraft werden, welche Strafen wären da sinnvoll? Die beste Strafe: die fauligen Karotten aus dem riesigen Haufen herauszulesen und gesondert lagern. Die Strafwürdigen wurden zu diesem Zweck in den Kreuzgang eingesperrt und mussten eine bestimmte Menge der fauligen Karotten ausgelesen haben, um wieder frei zu kommen. Damit niemand entkommen konnte, wurde der Kreuzgang fest verschlossen. Nach kurzer Zeit war die Drecksarbeit ermüdend und eklig. Die matschigen gelben Rüben waren saftig und rochen unangenehm. Meist war eine kleine Gruppe zusammen verdonnert, die Auslesearbeit zu erledigen. Statt den Matsch auf die Seite zu lagern, bewarfen sie sich gegenseitig. Die Brocken klatschten auf den Boden und auch auf die Kleider. Schmutzflecken überall! Sie hatten eine doppelte Strafe: Auslesen und Kleider reinigen! (*Mit Kartoffeln machten sie es ähnlich, es gab Kartoffelschlachten.*)«

Ob tatsächlich KLV-Personal Lebensmittel verschob und sich selbst auf Kosten der Kinder gütlich tat, wie es Heinz G. bei Arbeitsgruppenführer Müller beobachtet haben will, vor allem, ob das öfter vorkam, muss offen bleiben.

Der **Tageslauf** war in allen KLV-Lagern ziemlich einheitlich festgelegt. Sehr genau und lebendig beschreibt ihn Renate Bandur (1930), damals elfjährig, in einem Brief an die Eltern aus Heinrichswalde, Ostpreußen, nach Berlin-Steglitz am 3.4.1941:[27]

»Also, um 7.00 Uhr ist Wecken. Da singt Frau Hellwig ein schönes Morgenlied.[28] Dann springen wir flink aus den Betten. Da bedarf es keiner großen Weckerei. Wir müssen raus. Und wer nicht raus geht, bekommt einen Waschlappen ins Gesicht. Dann waschen wir uns gründlich den Oberkörper, Gesicht, Hände mit Bürste und putzen uns die Zähne, aber *gründlich*. Wir kämmen uns und machen die Betten. Aber *sauber*, sonst wird alles wieder abgerissen. *Oh Weh*! Dann machen wir Stubendienst. Alles bis 8.10 Uhr. Da müssen wir eilen. Um 8.10 ist Parole.[29] Da sagt der Lagerleiter, Herr Zadow, ein paar Worte. Entweder von Hitler, oder Fritz Wächtler und anderen großen Männern. Das nennt Herr Zadow Geleitworte. Um ½9 Uhr gibt es Frühstück. Das besteht aus zwei Schrippen und einer Marmeladestulle. Dann putzen wir unsere Schuhe. *Aber jeden Tag!* Dienstags und Donnerstags fängt die Schule um 9.00 an. Sonst erst um ½ 10. Um 9.00 gehen wir in die Schule.[30] In der großen Pause bekommen wir jeder eine Stulle. Die Schule ist um 12.40 Uhr aus. Dann gehen wir geschlossen nach dem Heim. Dort packen wir unsere Mappen und sonstige Sachen in den Schrank und dann geht es zum Mittagessen. Da sagt Illa immer: ›Wir haben alle einen guten *Hunger.*‹ Das Hunger schreien wir immer. Nach dem Essen ist Ruhezeit. Da müssen wir alle unsere Oberkleider ausziehen und uns in unser Bett legen.[31] Von 2.00 bis 3.00 ist die Ruhezeit. Von 3.00–4.00 ist Freizeit. Da schreiben wir Briefe. Um 4.00 gibt es Kaffee. Das ist Stehkaffee. Da gehen wir zur Küche und stellen uns an. Dann bekommen wir unsere Tassen gefüllt mit Milch und kriegen ein Brot in die Hand gedrückt. Das schmeckt sehr lecker. Dann bekommen wir meistens Ausgang bis 17.30. Um 18.00 gibt's Abendbrot. Dann haben wir meistens Dienst, Singen, Bastelstunde und sonstiges. Um 19.30 gehen wir in die Waschräume und duschen uns ab. Natürlich kalt. Wir haben hier kein warmes Wasser. Aber gerade mit kaltem Wasser macht es Spaß. Um 20.00 ist Zapfenstreich. Danach wird kein Wort mehr gesprochen. Aber sprechen tun wir leider nur zu oft. Unter einem Donnerwetter schlafen wir dann ein. Und am anderen Morgen fängt es wieder von vorne an.«

Es gab Abweichungen: Bei den Älteren war erst um 19.00 Uhr Abendbrot und um 21.00 Uhr oder sogar erst um 21.30 Uhr Zapfenstreich. Statt Ausgang konnten Schularbeiten angesetzt werden, »Studium« genannt und ironisch kommentiert: »Das Studium ist das Brot des Geistes.« Oder es fanden gemeinsame Unternehmungen statt. Abends wurde vielfach noch gespielt oder vorgelesen. Auch die Woche hatte ihren Rhythmus. Es gab regelmäßige Putz- und Flickstunden, in denen die Kinder ihre Kleidung und die Räumlichkeiten in Ordnung zu bringen hatten.

Unterbrochen wurde der normale Ablauf durch zahlreiche gemeinsame Aktivitäten, Veranstaltungen, Ausflüge und Fahrten, Geländespiele, Aufführungen, Feiern und Einsätze aller Art, von denen wir noch hören werden. Bei den Mädchen gab es ein »Mädel vom Dienst«, bei den Jungen einen »Führer vom Dienst«, die den Dienstplan gongen (Mädchen) oder pfeifen (Jungen) und zum Morgenappell antreten lassen und melden mussten. Abwechselnd mussten Stuben-, Tisch- und Küchendienst und andere Dienste verrichtet werden. Es gab auch spezielle Aufträge, z. B. Schuhe zur Reparatur bringen und abholen, Lebensmittel abholen, Schnee schippen. Die freie Zeit, die jeder nach eigener Neigung nutzen konnte, war – je nach dem Eifer der Lehrer und der Lagermannschaftsführer – verschieden bemessen, aber nicht zu karg. Es wurde gerne gesehen, wenn die Kinder sich im Freien bewegten und sportlich betätigten. Wenn die kleine Renate Bandur in ihren Briefen an die Eltern sich fortgesetzt über »wenig Zeit« beklagt, so lag das sicher hauptsächlich daran, dass sie sich für so vieles interessierte und immer dabei sein wollte. Sicher aber konnte man selten ganz für sich allein sein.

So wichtig die Rahmenbedingungen, wie Unterbringung und Verpflegung, und das Reglement des Tages- und Wochenablaufs für die verschickten Kinder waren, entscheidend dafür, wie sie ihre Lagerzeit erlebten, war die **Lagerleitung**. Das war in erster Linie der **Lagerleiter**, ein Lehrer, der die letzte Verantwortung für das Lager trug.[32] Zusammen mit den Fachlehrern war er für den Unterricht zuständig. Ihm zur Seite gestellt wurde der **Lagermannschaftsführer bzw. die Lagermädelführerin**. Das waren junge Hitlerjugendführer bzw. BDM-Führerinnen, durchschnittlich 17 Jahre alt, meist Schüler von Höheren Schulen. Im Laufe des Krieges wurden die Führer immer jünger, weil die älteren Jahrgänge zu den Luftwaffenhelfern oder zur Wehrmacht einberufen wurden.[33] Sie gestalteten alle außerschulischen Unternehmungen. Die Lehrer wurden vom NS-Lehrerbund vorgeschlagen und abgeordnet, sicher nicht immer freiwillig.

Wie erlebten die Schüler ihren Lagerleiter, ihre Lehrer und den Unterricht im Lager? Grundsätzlich nicht anders als auch in der Schule zu Hause.[34] Aus den Tagebüchern und Briefen, die sporadisch auf einzelne Lehrer eingehen, sprechen die üblichen Schülerbeurteilungen von »doof«, »todlangweilig«, »zu alt für die Jugend und schon verkalkt«, bis zu »Pfundskerl« bei den Jungen und schwärmerischer Verehrung bei den Mädchen. Gegenüber den älteren Schülern, die Ende des Krieges in der schwierigen Phase der Pubertät waren, setzten sich viele Lehrer nicht mehr durch. Es kam zu offenen Widersetzlich-

7. Lagermannschaften mit Direktor und Lagermannschaftsführer

keiten. Ein Beispiel von vielen, die in den Tagebüchern genüsslich erzählt werden:

Alfons S. (1930) im Lager Titisee, Mittwoch, den 29.11.44: »Im Unterricht sagt L. ein falsches Wort gegen ›unseren Schiffer‹[35]. Dieser hört es gerade und lässt ihn vor die Klasse treten, wo er ihm eine Ohrfeige verabreicht. L. lässt sich das auch nicht gerade so gefallen, und als ihn der blöde ›Gaga‹ etwas fragt, blickt er ihn nur feindlich an und antwortet nicht. Da wird der ›Gaga‹ so von Wut ergriffen, dass er aufspringt, um L. zu verdreschen. Als er jedoch bei ihm ankommt, hat ihn scheinbar die Angst gepackt, denn er beginnt nur auf ihn einzuschimpfen. L. hat sich jedoch gleich gefasst und haut einfach in seinen Schlafsaal ab. Als dann ›Kip‹ in unsere Klasse kommt, prahlt dieser Angsthase noch groß, soeben habe er wieder einen ›dieser Schweine‹ rausgeworfen, dabei ist ihm L. abgehauen. Da konnten wir uns auch nicht mehr halten, ihn einmal gründlich auszulachen.«

Dazu Karl Heinz Mehler (1929), der im gleichen Lager war: »Den Lagerleiter nahm inzwischen niemand mehr ernst. Er war ein unverbesserlicher Parteibonze, der jedoch im Gegensatz zu früher keine Autorität mehr besaß. Über einen Lehrer, der sich darum bemühte, die Ordnung im Lager einigermaßen aufrechtzuerhalten, ärgerten wir uns zwar ständig, aber ihm gelang es immer wieder, sich Autorität zu verschaffen. Das war gut so, denn ohne ein gewisses Maß an Disziplin wäre das Zusammenleben unter den schwierigen Verhältnissen auf die Dauer nicht möglich gewesen.«[36]

Geradezu subversive Aktivitäten entwickelten die Kameraden von Prot K. (1930) im KLV-Lager Bielohrad in Böhmen. Im Herbst 1944:

»Es war ja strikt verboten, die Feindsender abzuhören. Einige von uns hatten sich aber sogenannte Detektorapparate gebaut, Drahtantennen in benachbarte Bäume verlegt und konnten über ihre Kopfhörer den amerikanischen Sender ›Freies Europa‹ empfangen. Da hörten wir dann, was wirklich los war an den Fronten. Aber es wurde auch Musik gebracht. Tolle, flotte Musik, die uns Goebbels so lange vorenthalten hatte. Glenn Miller stand gerade auf dem Höhepunkt seiner Karriere als Major einer US-Air-Force Band und bescherte uns den Chattanooga choo choo, In the mood, Pensilvania 6–5.000 und vieles andere mehr. Louis Armstrongs Jazz-Trompete ließ uns dann bald nacheifern, und mit den neuen Musikinstrumenten versuchten dann auch wir eine Art Jazzmusik zu fabrizieren.«

Sie gingen sogar noch weiter: »Unser bisheriger Lagermannschaftsführer wurde ›zu den Waffen gerufen‹, ein neuer kam zuerst nicht, und als dieser kam, wurde er ausgepfiffen, weil wir inzwischen aus unseren eigenen Reihen Lothar S. (aus Finkenkrug) zum Lagermannschaftsführer gewählt hatten. Der Neue musste unverrichteter Dinge abziehen, was uns allerdings einigen Ärger mit der KLV-Zentrale in Bad Podiebrad einbrachte.«

Ähnliches erzählt Wilfried M. (1931): »Den Wechsel des Lagermannschaftsführers haben wir übrigens initiiert. Thaler hieß er. Sehr autoritär, sehr von oben herab. Das störte uns. Aber das nahmen wir hin. Als er dann aber, heute würde ich sagen, Frühlingsgefühle bekam und über Nacht wegblieb, war für uns der Ofen aus. Wir bastelten eine Puppe und zogen sie morgens statt der Flagge am Fahnenmast auf. Thaler packte und verließ noch am gleichen Tag das Haus.

Auch eine Köchin haben wir vertrieben. Das Essen wurde immer schlechter. Beschwerden halfen nicht. Keiner hörte uns an. Ich nehme an, die Köchin hat geschoben. Jedenfalls, so konnte es nicht weitergehen. Nun unterstanden alle KLV-Lager der Gebietsführung in Hannover, die Schule war nur für den Unterricht zuständig. Also beschlossen wir, einen Brief an das Gebiet zu schreiben. Er wurde gemeinsam formuliert. Zur Post hatten wir kein Vertrauen. Beim nächsten Urlaub hat einer unserer Mitschüler diesen Brief beim Gebiet abgegeben. Drei Tage später war eine Kommission da. Wir wurden alle einzeln befragt. Mittags packte unsere Köchin ihre Sachen.«

Diese durchaus nicht singulären Schilderungen sprechen gegen die Auffassung, in den KLV-Lagern hätte fortgesetzt ein geradezu militärisch-straffer Drill geherrscht, dem die Schüler gnadenlos unterworfen waren. Die heranwachsenden Jungen ließen sich nicht mehr alles gefallen. Auf zunehmende Auflösungserscheinungen werden wir bei der Rückführung der Evakuierten am Kriegsende noch stoßen. Durchgehend wird von vielen, meist harmlosen Streichen berichtet. Einigen Lehrern und Lagerleitern bewahren die Kinder eine lebenslange Dankbarkeit für ihren selbstlosen Einsatz und ihre väterliche Fürsorge rund um die Uhr.[37]

Von konkreten **Unterricht**sinhalten ist wenig die Rede, wenn sie nicht besonderen Eindruck gemacht haben, so z. B. die germanischen Heldensagen, aber auch selbst angelegte botanische Beobachtungshefte. Der Unterrichtsbetrieb wurde immer wieder durch Einsätze oder außerschulische Tätigkeiten unterbrochen. Das hing auch vom jeweiligen Lagermannschaftsführer ab. Der Unterricht konnte auch dadurch leiden, dass nur wenige Lehrer die verschiedenen Fächer abdecken mussten. Singen und Musik spielten eine große Rolle. Religionsunterricht wurde in den Lagern selbst kaum erteilt, obwohl er theoretisch gestattet war. Es gab manchmal die Möglichkeit, einen von der Kirche organisierten Religionsunterricht außerhalb des Lagers zu besuchen. Aufs Ganze gesehen wurde davon aber wenig Gebrauch gemacht. Hingegen wird von Vorbereitungen zur Kommunion und Konfirmation und von Beurlaubung zu diesen Feiern berichtet. Auch vom Kirchgang wurden die Kinder nicht abgehalten[38], wenn eine Kirche erreichbar war und sie es wollten. Aber der Eifer scheint nicht groß gewesen zu sein, wenn nicht auch Lehrer dahinter standen und sich die örtlichen Geistlichen nicht besonders bemühten. Häufig schrieben die Jungen und Mädchen in ihren Briefen über Klassenarbeiten und vor allem über ihre Zensuren, worauf die Eltern sicherlich besonderen Wert legten. Immer wieder wird gefragt: »Seid ihr mit mir zufrieden?«

Theoretisch stand neben dem Lagerleiter der **Lagermannschaftsführer** bzw. die **Lagermädelführerin**. Sie waren für den »Dienst« und für die meisten Freizeitaktivitäten verantwortlich. Es waren bewährte Hitlerjugendführer, die für einige Zeit von der Hitlerjugend abgeordnet wurden, Oberschüler, nur wenige Jahre älter als die evakuierten Kinder. So waren sie es ja auch von zu Hause gewöhnt, und diese Führer genossen denselben Respekt wie die HJ-Führer daheim. Sie waren auch mehr oder weniger beliebt, meist beliebt, denn es waren ja in der Jugendführung besonders fähige Jungen und Mädchen. In meinem Belegmaterial war das Verhältnis zwischen den HJ-Führern und den Lagerleitern unproblematisch, von gelegentlichen Spannungen abgesehen. Die letzte Verantwortung trug der Lagerleiter. Lehrer und Lagerleiter sollten im Einvernehmen mit der Partei ausgewählt werden. Das ließ sich in der Praxis nicht durchhalten, denn man war auf die vorhandenen Lehrer angewiesen. Wenn auch angenommen werden kann, dass die meisten linientreu waren, so gab es durchaus NS-kritische Lehrer, die sich zwar bedeckt halten mussten, aber in den Lagern Einfluss auf die Schüler hatten. Nicht alle trugen das Parteiabzeichen.

Die Lagermannschaftsführer führten meist ein strenges Regiment. Vormilitärischer Drill war angesagt. Manche mögen wohl im Vollgefühl der ihnen in so jungen Jahren zugefallenen umfassenden Befehlsgewalt zuweilen den Bogen überspannt haben. Gegen Ende wurden diese Führer immer jünger, denn die etwas älteren wurden zu den Luftwaffenhelfern, in den Arbeitsdienst oder schon zur Wehrmacht einberufen. In manchen Lagern gab es dann gar keinen Lagermannschaftsführer mehr. Als besonders hart empfanden die Schüler die Führer der Waffen-SS, die nach einer Verwundung frontuntauglich waren und für die KLV-Lager abgestellt wurden.

Aus dem Erinnerungsbuch von Günther H. (1932), KLV-Lager bei Schopfloch auf der Schwäbischen Alb: »Im November 1943 erschien ein drahtiger Typ in der Uniform des Jungvolks, Fähnleinführer Kurte.[39] Wir mussten sofort auf dem Hof antreten. Das klappte überhaupt nicht, und wir standen vor ihm wie ein Haufen Trottel. Kommandos und die exakte Ausführung dieser war uns nicht mehr geläufig ... Sicher fasste er schon in diesem Augenblick den festen Entschluss, aus diesem ›Haufen‹ eine Mustermannschaft zu bilden. Mit welchen Mitteln er das zu erreichen gedachte, durften wir in den nächsten Wochen und Monaten erleben ... Während dem Frühstück wurde uns die ›Tageslosung‹ und der markige ›Tagesspruch‹ vorgetragen ... Einige Beispiele aus Tagebüchern: ›Das Banner muss stehen, wenn der Mann auch fällt‹, ›Deutschlands Fahne kann nur sein die Fahne der Deutschen Ehre‹, ›Deutschland ist da, wo starke Herzen sind‹, ›Über uns allen steht der große Befehl: Du musst im Dienst deines Volkes deine Pflicht tun.‹ … Was sollten wir Elfjährigen damit anfangen? Darüber nachzudenken, ist uns nie eingefallen … Noch ein Beispiel für Befehlsausführung, Stichwort Fliegeralarm: Kurte stand am Rande eines großen Feldes oder einer Wiese, am anderen Ende stand Dieter (*der zweite Lagermannschaftsführer*). Es kam der Befehl ›Fliegeralarm!‹ Wir mussten robben, Kopf am Boden, mit den Ellenbogen und Knien rasch bewegen. Kurte befahl: ›Auf, auf zu mir, der letzte noch mal!‹ Das war ein Jagen auf dem flachen Boden, ein Igel-Rennen. Kaum war der Erste beim Kurte angelangt, da kam ein weiterer Befehl: Dieter kommandierte: ›Alles hört auf mein Kommando! Auf, auf, zu mir, der letzte noch mal!‹ Es war ein hartes Training für den Kriegsfall.«

Die Zielrichtung dieser Exerzitien ist eindeutig: Wehrertüchtigung. Wie mögen die Schwächeren und weniger Sportlichen gelitten haben! Diese Beeinflussung trug Früchte:

Günther H.: »An den langen Winterabenden fanden auch Treffen in unserem Lager mit den älteren Jungen aus Schopfloch und Ochsenwang statt. Hierbei wurde viel über die Kriegslage diskutiert und auch für SS-Freiwillige ist geworben worden, was selbst viele von uns nicht abhielt, sich ebenfalls zu bewerben, mit elf Jahren!«

Aber Kurte war trotz seiner spartanischen Erziehungsmethoden hoch angesehen; er unternahm auch viel Schönes mit den Jungen. Aus ihrem Erinnerungsbuch werden wir noch zitieren.

Bei den Mädchen gab es auch Spindappelle, Stubenappelle, Gesundheitsappelle[40] und eine straffe Lagerordnung, aber keinen vormilitärischen Drill. Die BDM-Führerinnen zeichneten sich meist durch viel Phantasie in der Gestaltung der Freizeit aus.[41] Der Dienst war viel lockerer. Beim Abschied von besonders umschwärmten Führerinnen konnte es Tränen geben. Selbstverständlich standen nicht allein die Dienstveranstaltungen, sondern alle von den Mannschafts- und Mädelführerinnen geleiteten Freizeitaktivitäten im Einklang mit den NS-Erziehungszielen; die Infiltration mit NS-Gedankengut war allgegenwärtig. Weil dies so selbstverständlich akzeptiert war, finden sich auch wenig ausgesprochen **»politische« Kommentare** in den Tagebüchern, abgesehen von eingestreuten Gedichten, Sprüchen und Berichten über Feierstunden. Immerhin gibt es charakteristische Anmerkungen bei den ganz Begeisterten:

Karl Heinz Mehler (1929) am 6. 6.44: »Die Invasion hat begonnen. In den Morgenstunden des Tages griff der Feind mit starken Einheiten die Westküste Frankreichs an. Harte Kämpfe. Große Verluste des Gegners. *Der Endkampf um Europa hat begonnen.* Es lebe Deutschland … So wie es jetzt aussieht kann man mit einer langen Dauer des ganzen Unternehmens rechnen. Denn der Gegner setzt alles daran. In Italien sieht es auch nicht rosig aus. Ebenso in Russland. Deswegen aber verlieren wir noch lange nicht. Wir müssen und werden siegen, und ich glaube durch irgend eine neue Waffe.«

20.7.44: »Mordanschlag auf den Führer. Eine feige Verräterclique hatte es gewagt, einen Anschlag auf den Führer zu machen. Diese kleine Gruppe bestand aus Offizieren, die zumeist wegen Feigheit und Befehlsverweigerung aus dem Heer ausgewiesen worden waren. Aber durch ein gütiges Geschick war der Führer errettet worden … Der eigentliche Täter war der Graf von Staufenberg (*sic!*), der eine Höllenmaschine in einer Aktentasche vor die Füße des Führers schob. Nach dem Misslingen des Attentats hat er sich selbst erschossen. Seine Befehlsgeber aber waren: (*es folgt die Aufzählung von acht Namen*) … Diese Schweinehunde wurden aus der Wehrmacht ausgestoßen und dem Volksgerichtshof übergeben. Das Urteil lautet: Tod durch Erhängen. Das war das rechte Urteil für solche Kerle.«

Letzter Eintrag am 13.4.45: »Mittags ging es wie ein Lauffeuer durchs Haus: ›Roosevelt, der amerikanische Präsident ist gestorben.‹ Gott sei Dank, ein Schweinehund weniger auf der Welt.[42] Die Amerikaner sind jetzt schon in Hannover. An der Elbe. In Baden-Baden.«

Trotz gelegentlich geäußerter leiser Zweifel hält Karl Heinz an seinem Glauben an den »Endsieg« fest. Er wurde noch im März 1945 in ein Führernachwuchslager geschickt und schnitt als Bester ab.[43] Er hatte sich freiwillig zur Marine gemeldet; die meisten Mitschüler seiner Stube freiwillig zur Luftwaffe. Am 17. April 1945 wurde er zum Militärdienst einberufen. Die Einheit nannte sich HJ-Panzervernichtungsregiment 21-Baden. Bald darauf geriet er in französische Kriegsgefangenschaft. Diese begeisterten Jungen vollzogen nahtlos den Übergang von der Kinderlandverschickung zu den »Kindersoldaten«, auch wenn einige skeptischer waren als Karl Heinz Mehler. In seinem Tagebuch vermerkt er selbst am 2.4.45: »Es ist doch eigentlich paradox von der Kinderlandverschickung zur Wehrmacht.« Einige wurden aber auch von der SS angeworben und zur Unterschrift gezwungen. Sie waren erst 16 Jahre alt. In ihrer Freizeit im Lager hatten sie unentwegt Flugzeug- und Schiffsmodelle gebaut, ihre Stuben waren nach Kriegshelden benannt. Einige aber brachen am Ende aus dem Lager aus.

Bei den Mädchen steht in den Tagebüchern und Briefen explizit »Politisches« ganz im Hintergrund. Wenn es überhaupt vorkommt, dann ebenfalls in der üblichen, konformen Sprachgebung, in feierlichen Sprüchen und in der Erwähnung von Feierstunden, etwa zu Führers Geburtstag, zum Heldengedenktag, zum Muttertag. Aber auch die Mädchen kamen manchmal aus der KLV direkt zum Kriegseinsatz:

Anneliese N. (1930) in Bad Heilbrunn: »Anfang 1945 mussten einige von uns zum Einsatz im Lazarett nach Bad Tölz. Bevor wir im Lazarett eingesetzt wurden, kam ein hoher Offizier, der uns begrüßte, eine kleine Rede hielt, die darin gipfelte, dass wir nun der Wehrmacht unterstellt seien. Andere sollten dort das Funken lernen … Das Lazarett war ein schönes, großes Hotel. Ich wurde auf einer Station eingesetzt, wo es fast nur amputierte Soldaten gab. Mehreren fehlten beide Beine. Dort habe ich das Essen herumgereicht, Schwerverwundete gefüttert, Handreichungen gemacht, saubere Wäsche verteilt und Staub gewischt. Morgens, als ich durch die Hotelhalle ging, lagen dort so viele verwundete Soldaten auf dem Boden, dass ich mir einen Weg hindurch bahnen musste. Das kann ich nie vergessen, dass mich einer am Rock zog. Ich beugte mich hinunter, und da stammelte er immer nur ›Wasser‹. Ich versprach ihm welches zu bringen und fragte eine Rote-Kreuz-Schwester, ob ich das dürfe. Aber der Soldat durfte nicht trinken. Mehrere Verwundete starben. Es war schrecklich, und ich war erschüttert. Da wurde mir gesagt: ›Hier geht es noch, aber im Viethaus ist es viel schlimmer, da sterben sie wie die Fliegen.‹«

Die Lagerleiterin holte aber die Mädchen wieder zurück, da sie die alleinige Verantwortung für sie hatte und nicht die Wehrmacht.

Ursula S. (1931), ebenfalls in Bad Heilbrunn: »Kurz vor Kriegsschluss musste ich ca. 14 Tage nach Bad Tölz, um an einem Lehrgang in Funken und Feldfernsprechen teilzunehmen. Ziel war ein evtl. Einsatz im Bedarfsfall. Der Lehrgang endete mit einer Prüfung, die ich auch bestand. Zwei Tage bevor die Amerikaner in Heilbrunn einzogen, war ich wieder zurück.«

Am ausführlichsten sprechen die Tagebücher und Briefe von den zahlreichen **Unternehmungen und Veranstaltungen**, die außerhalb des Unterrichts stattfanden, teils von den Lehrern, teils von den Lagerführern geleitet. Auch in den Erinnerungen haben sie den bleibendsten Eindruck hinterlassen. Neben sportlichen und anderen Wettkämpfen werden Ausflüge, Wanderungen, Fahrten, Geländespiele, Wasserschlachten[44], Nachtwanderungen, bunte Abende, Aufführungen, Konzerte, Kino- und Theaterbesuche, aber auch Einsätze der verschiedensten Art geschildert. Werkarbeit und Basteln gehörten ebenso dazu. Wolfgang L. (1930) hat hauptsächlich diese angenehmen Seiten des Lagerlebens in seinem Tagebuch zeichnerisch festgehalten. Vieles war ganz ähnlich wie im normalen »Dienst« bei den Jungmädeln und Pimpfen und braucht hier nicht wiederholt zu werden.[45] Gegen Ende des Krieges mussten die Kinder vielfach Beeren, Kräuter, Tannenzapfen und Holz sammeln, auch eigene Gärten anlegen, weil Verpflegung und Heizung immer knapper wurden. In den Bastelstunden entstanden viele richtige Meisterwerke, z. B. Puppenstuben, Holzarbeiten, Stoffpuppen oder Märchenbücher bei den Mädchen, Flugzeug- und Schiffsmodelle bei den Buben. Für viele Stadtkinder waren die intensiven Landschafts- und Natureindrücke etwas ganz Neues. Die kulturellen und musikalischen Darbietungen hatten zum Teil ein erstaun-

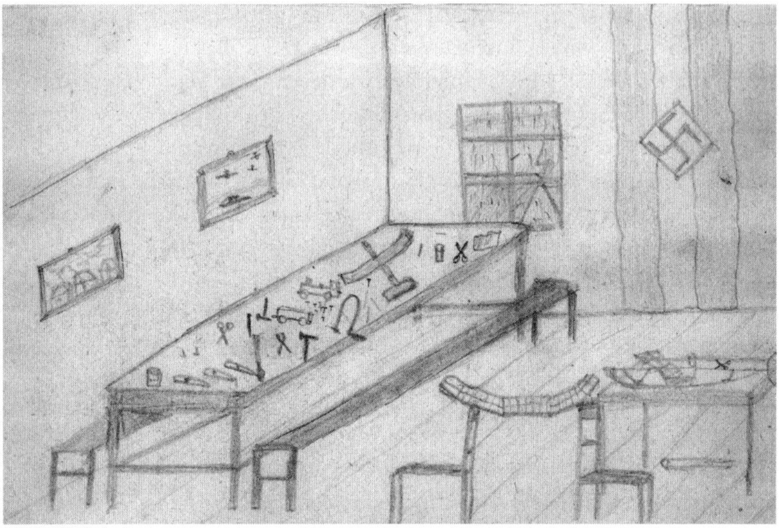

8. Lagerleben: Bastelstube

lich hohes Niveau. So wurden Szenen aus klassischen Dramen gespielt, etwa aus »Maria Stuart« oder »Wallensteins Lager«, und es wurde anspruchsvolle Chor- und Orchestermusik gemacht. Bei den Bunten Abenden wurden auch die Lagermannschaftsführer, seltener die Lehrer, aufs Korn genommen. Die Darbietungen konnten für Dorfbewohner oder für Verwundete in Lazaretten wiederholt werden. Zeltlager und Skilager besuchen zu dürfen, war eine besondere Auszeichnung. In bergigen Gegenden lernten die Jungen und Mädchen mit geringer oder gar keiner Anleitung das Skifahren. Auch der Frei- und Fahrtenschwimmerschein konnte gemacht werden. Die mehrtätigen Fahrten in die nähere und weitere Umgebung fanden meist unter Führung des Lagerleiters statt und sind in den Tagebüchern und Briefen, zum Teil mit entsprechenden Fotos oder Postkarten, liebevoll dokumentiert. Für Kinder, die in den Ferien nicht nach Hause konnten oder wollten, wurden gemeinsame Ferienaufenthalte in reizvoller Natur organisiert. Geburtstage, Weihnachten und Ostern wurden meist festlich begangen, wobei es immer ganz auf die Lagerführung ankam.

Wir müssen uns auf einige wenige besondere Erlebnisse beschränken, die aber keineswegs außergewöhnlich oder einmalig waren.

Renate Bandur (1930) aus Frain, Kreis Znaim, Niederdonau, an die Eltern in Berlin am 7.10.1941: »Neulich haben wir eine Mondscheinwanderung gemacht. Wir gingen zur Staumauer. Um 20.00 traten wir an, und dann gingen wir los. Unter fröhlichem Erzählen liefen wir. An manchen Stellen, wo der Mond so schön schien, blieben wir stehen und sangen ein Abendlied. Es war sehr schön. An der Staumauer setzten wir uns auf eine Bank und sangen. Als wir nach Hause gingen, stürzten aus einer Hausnische Gespenster. Sie hatten Laken über dem Kopf und Taschenlampen dahinter. Wir haben uns erschrocken. Dann stellte sich heraus, dass es Mädels von uns waren, die sich so verkleidet hatten. Dann gingen wir ins Heim.«

Günther H. (1932) beschreibt ein Erlebnis im Erinnerungsbuch aus dem Lager bei Schopfloch auf der Schwäbischen Alb. Der strenge Lagermannschaftsführer Kurte, von dem wir schon gehört haben, gab am späten Nachmittag des Heiligen Abends 1943 den Befehl zum Nachtmarsch:

»Da wir zum Gehorsam erzogen waren, gab es kein Murren oder unliebsame Worte. Wir stiefelten durch den tiefen Schnee, er reichte schon bis zu den Knien, auf ein Tannenwäldchen zu. Es wurde immer dunkler, und am Himmel hingen graue Wolken. Im Tannenwald war es fast stockdunkel, so dass man nur mit Mühe die Bäume erkennen konnte. Doch auf einmal, was war das? Irgendwoher kam ein leichtes Glitzern, ein winziger Lichtschein. Recht aufgemuntert stapften wir auf das Glitzern zu, es wurde immer heller und leuchtender. Was war geschehen, ein Christbaum mitten im Tannenwald! Wir waren bewegt und staunten nur. Was war das für ein Wunder? Wie war das möglich geworden? Jetzt war Heiliger Abend, es war unser Christbaum. Wir standen tief bewegt um den Baum herum und konnten anfangs kaum den Mund öffnen. Kurte aber ermunterte uns zum Singen trotz der Kälte in der Nacht. Das Lied drang sicherlich tief in alle Herzen ein. Der Text und die Melodie[46] ließen alle Heimwehgefühle verschwinden, und wir waren nur noch glückliche Kinder, die eine echte Weihnachtsüberraschung geschenkt bekamen.«[47]

Alice S. (1930) in Malenowitz in Mähren schildert am 27.1.1944 den Abend der Feier zur Silberhochzeit des »Chefs« (Lagerleiter), dessen Frau auch mit im Lager war:

»Der Abend war ja ganz fabelhaft. Die 2. Klasse machte einen Volkstanz. Als zweites führte die 3. Klasse das Märchen ›Der Schweinehirt‹ auf. Es folgte die 5. Klasse als ›Tillergirls‹. Jede hatte ein Schild mit ein paar Buchstaben auf der Brust. Die Buchstaben ergaben: ›Wir gratulieren Ihnen herzlich!‹ Es folgten ›Die heilige Johanna‹, von der 6 b fabelhaft dargestellt. Danach kam ein Volkstanz der 3. Klasse. Dahinter erfreute uns die 6 a durch einen Berliner Schwank. Hinter diesem stellte die Klasse 4 ihr Können im ›Max und Moritz‹ auf die Probe. Beim Schweinehirten hat Gerti am besten gespielt. Allinchen sprach die Zwischenverse, die sie auswendig gelernt hatte. Es war sehr viel, was sie zu sagen hatte. Nach dem ›Max und Moritz‹ überreichten Inge S. und ich dem Jubiläumspaar einen Blumentopf.«

Wenn auch die Tage ziemlich verplant waren, gab es doch Freiräume für nicht organisierte Freizeit. Beliebte Freizeitaktivitäten waren: Spielen in kleiner Runde (Kartenspiele und Schach werden erwähnt, bei den kleineren z. B. das

Mikado-Spiel), Spaziergänge, sportliche Betätigungen, Einkäufe, natürlich auch Briefe- und Tagebuchschreiben.

Eine Privatsphäre gab es so gut wie nicht. Tag und Nacht war man fast immer mit Kameraden oder Kameradinnen zusammen. Deshalb spielt das **Verhältnis untereinander** für die Befindlichkeit der Kinder und daher auch in den Tagebüchern und Briefen eine sehr wichtige Rolle. Die meisten kamen gut miteinander aus, war doch »Kameradschaftlichkeit« in der Erziehung, auch in der NS-Erziehung, ein hoher Wert. Sie wurde ständig in Hitlerjugend und Schule eingeübt und gefordert. Dennoch blieben Spannungen nicht aus; Cliquenbildungen, Freundschaften, aber auch ausgelebte Antipathien und »Mobbing« gehörten zum Lageralltag. Besonders bei den Jungen gab es häufig alle möglichen Streiche, Rangeleien, Kissen- und Stubenschlachten, bei denen Sportsgeist und Aggressionen ausagiert wurden. Bei Verfehlungen gegen die »Kameradschaftlichkeit« kam es zuweilen zu barbarischen Strafaktionen der Schüler untereinander:

Bruno K. (1930) in St. Pilt/Elsass am 25.4.44: »B. hat gestohlen 10 RM, eine Hose, Hefte usw. Er wird erst im Bett verhauen, dann haben wir ihn herausgezerrt. Einer nahm seinen Kopf zwischen die Beine, die anderen nahmen Rolladengurte, und dann hinten drauf, danach10 auf die Fußsohlen. Nun wurde er an einen Pfahl gebunden, wir machten das Licht aus und legten uns schlafen. Durch den Lärm kam Herr L. (*der Lagerleiter*). Er sah herein, sagte: ›Losbinden!‹ und verschwand wieder. Wir machten ihn los und banden ihn im Bett aufrecht fest. Morgens banden wir ihn wieder los. Wir machten Propaganda. Beim Kaffee wird er von jedem Tisch fortgejagt, musste sich an einen freien Tisch ganz allein setzen. Beim Mittagessen wieder das gleiche.«

Einigen war aber schon damals bei dieser Prozedur nicht wohl. Sie war zudem eine Ausnahme. Dass sadistische Praktiken das Lagerleben prägten, lässt sich nicht behaupten.[48] Diebstähle kamen allerdings häufiger vor, auch in den Mädchenlagern. Bei den Mädchen gab es eher kleine Sticheleien, Eifersüchteleien, Ärger und Spott über Einzelne, die sich nicht einfügten, auch zeitweise Ausgrenzungen, aber auf der anderen Seite viel Hilfeleistung, Fürsorglichkeit für die Kleineren, wenn ganze Schulen ausgelagert waren. Bei Jungen und Mädchen entwickelten sich Freundschaften über die Lagerzeit hinaus. Über ein bestürzendes Erlebnis berichtete mir Gisela F. (1928) in einem Brief vom 16. Juli 2005. Sie schickte mir ein Foto und schrieb dazu:

»Das Foto zeigt mich (im Rock) bei einem von mir inszenierten Volkstanz, den ich mit einer Klassenkameradin vollführte. Dieses Mädchen hieß Rosemarie Krämer und war eine Halbjüdin, allerdings im evangelischen Glauben erzogen (ihre verstorbene Mutter war Christin). Kurz nach dieser Aufnahme wurde Rosemarie von ihrer Tante

(Schwester ihrer Mutter) abgeholt auf Befehl der NSDAP, sprich Hitler. Sie bedurfte wohl nach deren Meinung keines Schutzes und musste nicht nur zurück nach Berlin, sondern auch von unserer Schule. Ich bin 1942 mit ihr konfirmiert worden. Ihr jüdischer Vater soll im KZ umgekommen sein, und Rosemarie wurde von ihrer Stiefschwester (aus der ersten Ehe ihres Vaters) nach Amerika geholt. Wir haben nie mehr was von ihr gehört. Natürlich waren wir Mädel damals in Linderode erschüttert und entsetzt, als man Rosemarie holte. Wir haben alle geweint.«

9. Volkstanz

Die Mädchen konnten ihr nicht helfen. Kameradschaft und Freundschaft galten nur für Kinder von »Volksgenossen«.

Die Gemeinschaft, aber auch manche Lehrer waren für alle verschickten Kinder ein starker Halt. Sie konnten vor unerträglichem **Heimweh** schützen. Wohl keines der betroffenen Kinder war gänzlich frei davon, auch wenn manche es sich nicht eingestehen wollten. Wenn man die Briefe und Tagebücher aufmerksam liest, kommt es in leisen Andeutungen zum Ausdruck, oft zwischen den Zeilen. Bei der schon öfter zitierten vernünftigen, gar nicht weinerlichen, sehr kontaktfreudigen und anpassungsfähigen Renate Bandur (1930), damals elf Jahre alt, lässt sich das besonders gut verfolgen: Sie hat ein sehr enges Verhältnis zu den Eltern, schreibt sehr viel und ausführlich über das Lagerleben, das ihr gut gefällt.

»Aber zu Hause ist es am schönsten«, ist ein Grundton in den Briefen. Sehr verräterisch ist, dass sie immer wieder um ihre Babypuppe bittet. 9.4.41: »Schickt mir doch bitte meine süße kleine Babypuppe Julklapp. Wickelt sie schön ein, und Ihr macht mir mehr Freude damit, wie mit anderen Sachen. Ihr könnt mir das glauben.« 18.4.41: »Schicke mir doch bitte, bitte meine Julklapp mit allen Sächelchen, die sie hat, denn ich will sie doch auch anziehen. Ich habe alles überdacht. Auch, dass ich sie in mein Bett legen will. Schick' sie mir doch.«

Und als zur Wahl steht, ob die Eltern die Kinder nach sechs Monaten nach Hause holen wollen und die Einverständniserklärung lange ausbleibt, schreibt sie am 1.9.41: »Schreibt doch, dass ich nach Hause kommen darf. Ich freue mich ja so.« Die Grüße und Küsse am Ende der Briefe tragen hinter der 1 unzählige Nullen!

Der ebenso häufig erwähnte positiv eingestellte und gemeinschaftsfähige Karl Heinz Mehler (1930) schreibt zunächst, er habe im Gegensatz zu anderen kein Heimweh. Aber sein Tagebuch ist voll von Gedanken an zu Hause, von Warten auf Post, besonders zu Weihnachten. Später dann gesteht er sich das Heimweh ein, ein Gefühl, »das ich bisher nicht kannte«. Er wurde auch krank, wahrscheinlich eine Folge.

Alfons S. (1930) in seinem Tagebuch: »18.11.43: Meine Mutter ist heute 43 Jahre alt. 8.12.: Meine Schwester Maria ist 9 Jahre alt. 24.12.43: 5. Kriegsweihnacht. Ich verbringe das erste Weihnachtsfest ohne meine lieben Eltern. 12.1.44: Mein Vater ist 43 Jahre alt. 19.3.44: Meine Schwester Hildegard ist 4 Jahre alt. 9.6.44: Mein Bruder Walter ist 2 Jahre alt.«

Elternbesuche oder Besuche zu Hause waren selten.[49] Grundsätzlich sollten Eltern überhaupt keine Besuche im Lager machen, aber dieses Verbot wurde sehr häufig umgangen. Die Elternbesuche sind ein Hauptthema: die Freude darauf, die Suche nach einer passenden Unterbringung für den Besuch, die Trauer über den Abschied. Päckchen, nicht nur mit Essbarem, wurden sehnlichst erwartet. Zu den Geburtstagen oder zum Muttertag wurden liebevolle Briefe geschrieben. Sonderurlaube zu besonderen Gelegenheiten oder in den Schulferien waren für die Kinder Festzeiten, die endgültige Heimkehr konnte kaum erwartet werden. Manche hielten das Lagerleben überhaupt nicht aus; sie wurden krank oder zu Bettnässern. Die gar nicht so seltenen Bettnässer mussten unbarmherzigen Spott ertragen, bis sie entlassen wurden.

Die allermeisten Kinder wollten am liebsten zu Hause sein, trotz oder gerade wegen der Bombengefahr. Sie lebten in Angst um die Angehörigen. Auch das zieht sich wie ein roter Faden durch die Briefe und Aufzeichnungen. Sie erlebten selbst oder mussten miterleben, wie Mitschüler die Nachricht erhielten, dass sie ausgebombt waren oder Angehörige verloren hatten. Die Tagebücher und Briefe sind voll banger Sorge, Bitten um sofortige Nachrichten. Die Eltern wollten die Abwesenden möglichst schonen. Aber sie konnten natürlich nicht alles verschweigen, zumal die Kinder ohnehin aus dem Rundfunk von den Angriffen erfuhren. Die größeren bekamen Heimaturlaub. Einen Brief, aus dem die ganze Angst und Verwirrung eines neunjährigen Kindes spricht, erhielt Gisela C. (1931) in Sandersleben von ihrem kleinen Bruder Hansel (1936), der mit der jüngsten Schwester (1941) bei den Eltern in Dessau geblieben war, während ihr älterer Bruder mit der KLV in Travemünde war:

»D. (*Dessau*) d. 16.1. Liebe Gise heute war wieder ein Angriff auf Dessau wir wissen es nicht genau. Junkers ist wieder getroffen und Güterbahnhof 2–3 und Teater und PaketPost in der Stadt Volltreffer von Franzstr. – Heidestraße und im Georgium sind viele Brandbomben und Onesorge und da bei Eva. aber uns nichts passirt es war seeeeehhr schlimm und noch viel anderes. Wiedersehn Dein Hansel.«

Alice S. (1930) im Lager Malenowitz in Mähren am 8.3.45: »Ein kleines Mädel ist heute hier eingetroffen. Sie ist erst 10 Jahre alt. In Dresden hat sie beide Eltern verloren und auf der Reise ist ihr noch ein Koffer gestohlen worden, so dass sie jetzt fast gar keine Sachen mehr hat. Wir suchen alles zusammen, was wir finden und entbehren können. Ich gebe 4 Paar Strümpfe, damit die kleine Marie was hat.«

Hildegard B. (1927) aus Hannover in Treseburg im Harz, Tagebucheintrag vom 5.12.44: »Eben bekam ich die Nachricht: Ausgebombt!! Oh, wie werde ich es zu Hause wieder sehen. Oh, lieber Gott, ich danke dir, dass du meine lieben Eltern behütet hast. Gib mir bitte Kraft, dass ich nicht zu verzweifeln brauche. Gib mir Kraft.«

Die zwölfjährigen Stuttgarter Jungen, die auf der Schwäbischen Alb ausquartiert waren, heckten einen Fluchtplan aus, als sie nach den schweren Angriffen im Juli 1944 den roten Feuerschein über der Stadt sehen konnten und den Rauch nach einem Tagesangriff im September:

Günther H. (1932): »Der Fluchttag war der 14.9.1944. Mitten in der Nacht machten sich die Jungen aus dem Jahnsaal auf und schlichen davon. Im Abstand sollten die beiden oberen Stuben folgen, denn alle waren zur Flucht bereit. Die mittlere Stube schlich sich als nächste davon, sie kamen leichter weg, weil sie nur eine Treppe hatten. Die obere Stube musste ihren Versuch abbrechen, weil die Treppe so laut knarrte und jemand wach wurde. Was war das für eine Aufregung am nächsten Morgen!«

Es folgte ein furchtbares Strafgericht, zu dem zahlreiche Parteibonzen samt Kultminister erschienen. Es wurde gedroht, man könne sie in ein »KZ-Lager« tun. Es blieb bei verbalen Drohungen. Sie wurden in ein weiter entfernt liegendes Lager verlegt. Die Ausreißer kamen nach und nach wieder, einige blieben ganz weg, sie sind dann bei Verwandten auf dem Lande untergekommen.

Niemand konnte gezwungen werden, an der Verschickung teilzunehmen. Da aber nach und nach alle Schulen in den größeren Städten geschlossen wurden und die Schüler ihrer Schulpflicht genügen mussten, blieb nur die Verlagerung, privat oder mit der Klasse. Nicht nur die fernen Kinder mussten Angst haben um ihre Eltern, sondern mit **wachsender Luftgefahr** die Eltern auch um ihre Kinder. Wir wissen, dass die Tiefflieger keine Gegend aussparten, und selbst in recht ländlichen Gebieten fielen Bomben. Davon berichten viele Kinder nach Hause und in ihren Tagebüchern. Der zeichnerisch begabte

Wilhelm H. (1930) hat in seinem Tagebuch einige Skizzen über Angriffe auf den Schwarzwaldort Titisee festgehalten. In allen Tagebüchern aus diesem Lager wird ein Luftkampf, den sie beobachteten, ausführlich beschrieben. Einer aus der Lagermannschaft nimmt den abgesprungenen Piloten gefangen, eine Sensation!

Gisela C. (1931) in einem Brief an mich vom 28.7.2005: »Wir wurden dort (*in Sanderleben*) in einem riesigen Haus untergebracht, denn auch dort fielen Bomben, und wir lebten mehr im Keller als oben (*penible Erinnerungen!*). Wir waren dort mindestens ein Jahr lang. Wir wurden im Januar '45 zurück zu unseren Eltern geschickt. Die Russen näherten sich von Osten, die Amerikaner von Westen. Dann kam am 7. März 45 der große Angriff auf Dessau.«[50]

Gegen Ende der Lagerzeit wurden viele, die in Frontnähe untergebracht waren, noch zum Schanzen abkommandiert. Auch Splittergräben zum Schutz vor Tieffliegern mussten ausgehoben werden. Der Krieg ereilte auch die KLV-Lager. Bis zum Schluss versuchte die SS, in den Lagern Freiwillige zu werben. In den besetzten Gebieten wuchs die Feindseligkeit der einheimischen Bevölkerung.

Der Glaube an den Endsieg, der bei den Verantwortlichen wider alle Vernunft aufrechterhalten wurde, selbst als die Front nur noch wenige Kilometer von einem Lager entfernt verlief und die Heimatstädte zum Teil schon besetzt waren, verhinderte eine rechtzeitige geordnete Rückführung vieler Kinder. Lagerführer oder Lehrer, die ohne »Marschbefehl« eigenmächtig handelten, riskierten, verhaftet zu werden.[51] Aber auch für Kinder, die zusammen mit ihren Müttern evakuiert waren, gestaltete sich die Heimkehr oft schwierig. Sie gerieten in die große Flucht hinein, und wir werden in diesem Zusammenhang von ihnen sprechen. Bei Kindern, die allein irgendwo untergebracht waren, war die Rückkehr manchmal auch nur mit Hindernissen zu bewerkstelligen, weil sie abgeschnitten waren von allen Nachrichten oder niemand mehr da war, der sich um sie kümmern konnte. Ein furchtbarer Schicksalsschlag traf Gerhard L. aus Berlin (1929). Er hatte sich aus dem Lager im Bayerischen Wald allein aus dem Staube gemacht, weil es da kaum mehr etwas zum Essen gab:

»Dann bin ich zum Bauern gegangen, alleine. Das war nicht einfach, als Preuße, Berliner, ich hab die nicht verstanden und die mich nicht. Die Jungen waren alle im Krieg oder in der Gefangenschaft, ja, und da eben so ein Saupreuß, und mir blieb nichts anderes übrig als das Niederbayrisch zu lernen, und anpacken konnte ich gut. Nach einem halben Jahr, da war ich anerkannt.
I: Und Sie wussten gar nichts von Ihren Eltern?

L: Nein. Ich stieg dann hoch, vom Ochsen- zum Pferdknecht sogar, das war eine harte Zeit.«

Am 20.11.45 bekam er einen Brief von der Freundin seiner Schwester, dass die Eltern und die Schwester sich nach dem Einmarsch der Russen erschossen hatten. Er stand nun ganz allein.

Die älteren Jahrgänge wurden, wie wir schon gehört haben, noch zur Wehrmacht eingezogen oder auf dem Heimweg von der SS geschnappt. **Wie aber kamen die, welche bis zum Ende im Lager waren, nach Hause?** Es gab verschiedene Varianten: Es kam vor, dass die Lehrer sich einfach absetzten und die Kinder sich selbst überließen. Davon wird in dem kleinen Fernsehspiel »Sieben Brüder« vom 6.12.2004 im ZDF erzählt: »Wolfgang kam verdreckt, verlaust, verkommen aus der Kinderlandverschickung.« Die Lehrer, die kurz vorher noch Durchhalteparolen von sich gegeben hatten, waren auf einmal alle weg, die Zehnjährigen waren allein. Wie sie sich nach Hause durchschlugen, wird nicht weiter berichtet. Wie oft verhielten sich Lehrer so? Es kann nicht sehr oft gewesen sein, denn unter meinen zahlreichen Gesprächspartnern hat das niemand erlebt. Nach Kriegsende hatten formal die Besatzungsmächte, meist die Amerikaner, die Verantwortung für die Rückführung übernommen. Von dieser Hilfe wird erzählt, aber nicht allzu häufig. Selten gelang es einem Elternteil, die Kinder rechtzeitig selbst abzuholen oder ihre vorzeitige Entlassung zu erwirken. Häufiger schon wartete der Lagerleiter die Besetzung ab und schickte die älteren Schüler dann einfach zu Bauern der Umgebung. Wie sie von da nach Hause kamen, lag bei ihnen. Die ausführlichsten Berichte, auch in Tagebüchern festgehalten, schildern zwei Haupterfahrungen: Die Lehrer, an ihrer Spitze der Lagerleiter, übernahmen die Organisation in eigener Regie, eine große Leistung dieser verantwortungsbewussten Menschen. Die letzte Strecke bewältigten die Schüler dann aber meist allein oder in einer kleineren Gruppe. Oder – das betraf die älteren Schüler – eine Gruppe machte sich ohne offizielle Abmeldung selbst auf den Weg. In beiden Fällen waren oft große Entfernungen zu überwinden, mitten in den Wirren des Kriegsendes. Lassen wir eine Schülerin und einen Schüler sprechen, die ihre Odyssee im Lagerverband bzw. auf eigene Faust noch unterwegs oder kurz nach der glücklichen Heimkunft in ihren Tagebüchern dokumentiert haben: Alice S. (1930) von Königssaal in Böhmen auf dem Weg nach Berlin. Sie selbst hatte aber Hamburg als Treffpunkt mit der Familie in Aussicht genommen. Auf 20 Seiten erzählt sie die ganze umständliche Geschichte. Hier nur Auszüge: Dem Lagerleiter war es gelungen, zwei Güterwagen für die sieben Klassen des Lagers zu organisieren.

»19.4.45: Zum Glück bekam ich einen Stuhl direkt neben der Tür. Ich kann zwar nicht liegen, aber mir ist der Platz sehr sympathisch. Da ich mich schön zudeckte, konnte ich es ohne Schwierigkeiten aushalten. Um 11.00 nachts ging es endlich los, die Lok kam vor den Zug, und es dauerte nicht lange, da fuhr der Zug, ohne noch lange herumzurangieren, ab. Wir hielten mehrere Male an, um andere Züge vorbeizulassen. Freitag, den 20.4.1945: Den Geburtstag des Führers können wir unter diesen veränderten Umständen nicht so begehen wie sonst. So grüßten wir am Nachmittag den Führer, und mit einer Ansprache des Lagerleiters war die Feier beendet. – Am Morgen hielt der Zug mehrere Male. Einmal kamen Tiefflieger, wir verkrochen uns, so gut es ging. Als alles vorbei war, töffelten wir in den Wald. Ich war bei denen, die mit Frl. Sch. und Frau J. (*Lehrerin und Küchenchefin*) und deren Katze gingen. Ich bin aus dem Lachen nicht herausgekommen. Wir Mädel haben uns köstlich über die J. amüsiert. Schließlich gingen wir wieder zum Zug, mit dem wir bald weiterfuhren, immer nach Süden … Es war herrlicher Sonnenschein. Am Abend trafen wir in Schüttenhofen, der Grenzstadt, ein. Auf dem Bahnhof waren viele Jungen, die in ihren Klamotten herumwühlten. Wir freuten uns alle, denn wir sollten über die Grenze gefahren werden. Doch zunächst zog man uns vom Bahnhof weg auf ein besonderes Gleis, wo wir in der Nacht stehen bleiben sollten. Als es schon dunkel war, sagte der Chef uns, dass wir uns einzelne Sachen für die Nacht parat legen sollten. Nun kam ein Flieger, der recht deutsch aussah. Doch plötzlich ließ er eine Brandbombe fallen, die irgendwo im Wald einen Brand hervorrief. Nun töfften wir in aller Eile los. Ich griff jedoch noch meine wichtigsten Sachen. Die anderen aus meiner Klasse zogen einfach so los. Wir gingen im Gänsemarsch am Bahndamm entlang, bis wir auf die Straße kamen. Im Versicherungsgebäude fanden wir ein Unterkommen. In der Halle mussten wir eine Weile warten, bis wir in die als Schlafraum durch Zusammenstellen von Stühlen und Tischen eingerichtete Werksküche hineingehen konnten. Unsere Klasse kam ziemlich weit nach hinten in die Nähe der Küche, wo wir es uns auf dem Fußboden, den Tischen und Stühlen bequem (!) machen konnten. Ich lag auf Stühlen, an meinen Füßen Frl. B. (*Lehrerin, für die sie schwärmt*). 21.4.: In dieser Nacht habe ich ziemlich schlecht geschlafen. Ich hatte immer Angst, dass ich Frl. B. mit meinen Schuhen traktieren würde. So drehte ich mich nicht um, wachte aber auch am Morgen wie gerädert auf. Im Waschraum konnten wir uns waschen und kämmen und dann zogen wir mit unserem Gepäck in die Halle. Im Laufe des Vormittags teilte der Chef uns mit, dass wir mit der Eisenbahn nicht weiterfahren könnten …«

Sie mussten die Waggons ausladen, der größte Teil musste zurückgelassen werden.

»Als wir schon einiges draußen hatten, kamen plötzlich ein paar Flieger in etwa 500 m Höhe. Alles wetzte sofort in den Bahnhof. Wir hörten die Flugzeuge immer über den Bahnhof fliegen … Wir verzogen uns auf das Bordwaffengeknatter hin schleunigst in Deckung. Ein paar Mal tackte es so, und dann war der Spuk vorbei. Der Chef schickte uns nun in den Wald, aber es kam nichts mehr. Bärbel, Christl und ich lagen in einer Kuhle und führten Gespräche über Kinderkriegen usw. Und in der Nähe lagen der Chef und die Pauker! ... Wir haben erzählt, dass wir jetzt alle unsere Tage haben. Sehr praktisch! Gegessen haben wir im Werk. Dort ist eine fabelhafte Küche ... Am Abend ging unsere Klasse zum Bahnhof, um die Sachen umzupacken. Es goss in Strömen, und Säcke, Koffer, Kisten und Pakete bekamen eine ordentliche Dusche. Die Klamotten waren einfach in die Gegend geworfen worden. Als wir auf dem Bahnhof eine Weile in unseren Sachen herumgewühlt und viel weggeworfen hatten (Schulbücher usw.), kamen Frl. B. und Frl. Sch. Beide halfen uns beim Zusammenpacken der Sachen.«

Sie bekamen Abendessen, schliefen dann auf dem Fußboden. Es wurde viel umgepackt, ein Gepäckstück für jede sollte nachgefahren werden. Lebensmittel kamen ins Quartier. Die Mädchen halfen beim Einräumen, eine schwere Arbeit in dem verdreckten Depot. Der Lagerleiter wartete auf den Marschbefehl.

»25.4.: Als wieder Alarm kam, töfften wir in den Wald. Dort wurde Hanne schlecht, sodass wir sie hinlegen mussten. Hoffentlich braucht sie nicht ins Revier, das dem Dr. B. untersteht. Der hat sich übrigens aus dem Staube gemacht. Die Schwestern und der ganze Stab hat sich ins Auto verfrachtet und ist abgehauen. Vorher haben uns die Herrschaften noch unsere drei Gläser mit Kirschen aufgefressen. B. soll am Tage vorher noch große Bogen gespuckt haben ... (*Dann kam der Marschbefehl.*) Wir sollten getrennt durch den Ort marschieren. Als wir uns auf der Chaussee sammelten, kamen Flieger, und wir mussten in Deckung gehen. Ich lief einen kleinen Abhang hinunter, flog der Länge nach hin, dabei krachte mein Rucksack. Schließlich gingen wir zur Grenze. Wir liefen den ganzen Tag und den ganzen Abend, bis unsere Klasse, die ziemlich am Schluss war, das Gasthaus auf der Ebene erreichte. An diesem Tage waren wir etwa 25 km mit dem ziemlich schweren Gepäck gelaufen. Der Gastwirt schüttete uns Stroh in die Gaststube, und dann konnten wir schlafen ... 26.4.: In dieser Nacht habe ich nicht gut geschlafen. Ich diente Fr. B. als Kopfkissen und noch anderen Leuten als Fußbank.! Prima! ... Das Essen wird von den Turnlehrerinnen gekocht und teilweise von Frl. G. ausgeteilt. Den Nachmittag verbrachten wir mit Schlafen und Erzählen. Die Sonne scheint und wir sitzen draußen vor dem Haus in der Sonne, müssen aber vor jedem Flieger in Deckung gehen.«

Die folgenden Ereignisse hier kurz zusammengefasst: 27.4.: Die Kinder wurden losgeschickt, um Lebensmittel zu organisieren oder einzutauschen. Es kam aber dann doch ein Verpflegungswagen der KLV. 28.4.: Der Chef organisierte zwei Wagen der Wehrmacht, die Kinder und Gepäck nach Markt Eisenstein brachten. Sie wurden in der Schule untergebracht, 75 Mädel in einem Raum. Um 22.00 Uhr gab es angebrannte Grünkernsuppe; geschlafen wurde auf der Erde. 29.4.: Es ging weiter, ohne Koffer, die sollten nachgeschickt werden. Zu Fuß nach Rabenstein. Die einzelnen Klassen kamen in verschiedene Quartiere (Scheune, Gasthaus, Schloss, KLV-Lager). Schliefen wieder auf dem Boden. Es ging weiter zu Fuß nach Zwiesel, wo schon viele Amerikaner waren. Die Überquerung der Besatzungslinie wird nicht erwähnt.[52] Mit Mühe fanden alle Quartier bei verschiedenen Bauern, konnten aber dort nicht länger bleiben, weil alles mit Amerikanern voll besetzt war. Nach einem Tagesmarsch wurden sie auf drei Orte verteilt, wo sie einige Tage bei netten Bauern verbrachten. In Haid kamen sie einzeln zu Bauern, wo sie arbeiten mussten. Alice wurde sehr ausgenützt. Am 1.6. kamen die Koffer aus Eisenstein wirklich an, waren aber von den Tschechen geplündert worden; immerhin konnte sie einiges wieder finden. Am 4.6. kniffen sie zu dritt aus und machten sich allein auf den Weg. Nach vielen Abenteuern landete Alice schließlich am 16.6., nach mehr als zwei Wochen, in Hamburg, ihrem Zielort. Ihre Schuhe waren total kaputt.

An diesem sehr gekürzten Bericht ist Verschiedenes bemerkenswert: Allein die logistische Leistung des »Chefs«, die fast 100 Kinder sicher über die Grenze und zu den Amerikanern zu bringen, verdient Respekt. Für die vielen immer Unterkunft und Essen aufzutreiben, war schon ein Meisterstück. Eine offizielle Auflösung des Lagers fand nicht statt. Den älteren Schülerinnen konnte er es zutrauen, alleine weiterzukommen, was aber geschah wohl mit den jüngeren? Die Lehrerinnen zeigten sich aufmerksam und hilfsbereit im Gegensatz zum Arzt und den Schwestern, die einfach »abhauten«. Dass niemand von Tieffliegern getroffen wurde, ist fast ein Wunder. Auch darin war der Direktor umsichtig, indem sie, wo es möglich war, im Wald Deckung suchen mussten. Dass der Krieg am 8. Mai zu Ende war, ist der Schreiberin im Tagebuch keine Notiz wert. Als der Amerikaner in Zwiesel zur Saaltür hereinguckt, wird ihnen das Ende leibhaftig vor Augen geführt. Besonders bewegt hat es sie nicht. Fast makaber ist es, dass sie noch am 20. April des Führers gedenken! Erstaunlich ist aber auch die Durchhaltekraft dieser Mädchen. Sie bewältigten große Strecken zu Fuß, oft mit schwerem Gepäck, begnügten sich mit wenig oder schlechter Verpflegung, gingen selbst auf Beschaffungstour, schliefen fast immer auf dem Boden. Fast niemand scheint ernstlich krank geworden zu sein. Zum Glück war die Jahreszeit günstig, obwohl es im Mai auch noch schneite. Sie hatten die Unbekümmertheit der Jugend, die Verfasserin hatte viel Tatkraft, einen unverwüstlichen Humor, bisweilen Galgenhumor – und, was für ein Mädchen in der Pubertät für das Lebensgefühl so wichtig ist, sie schwärmte für Frl. B., deren Nähe sie auf der ganzen Fahrt genoss. Sie brachte es in der ganzen Ungemütlichkeit und Beschwernis fertig, noch Tagebuch zu schreiben bis zum 16. Mai. Den Rest des Berichtes verfasste sie dann in Hamburg am 22.6.[53] Die in Bayern verbliebenen Schülerinnen kamen in ein ehemaliges Kloster/Alumnat in Pielenhofen bei Regensburg. Unterricht fand dort nicht statt. Nachdem sich die Verhältnisse einigermaßen normalisiert hatten, haben einige beherzte Eltern ihre Kinder auf eigene Faust und über die grüne Grenze nach Berlin zurückgeholt. Die Rückkehr der dann noch verbliebenen Lehrerinnen und Schülerinnen erfolgte erst im Herbst 1946.

Nicht ganz so weit hatte es Heinz G. (1929) vom Lager Sulzburg im Schwarzwald zurück nach seinem Heimatort Mannheim:

»29.3.45 (*Mannheim ist schon besetzt*): Wieder eine, diesmal schöne Wanderung auf das Gabler Eck. Hier hat man eine wunderbare Fernsicht auf Staufen, Bad Krozingen und den Kaiserstuhl. Herr F. macht Noten für das Abschlusszeugnis. Auch Singen wurde benotet. Jeder musste das ›Deutschlandlied‹ singen … 1.4.45: Ostersonntag. Heute ist die doofste Osterfeier meines Lebens. Am Morgen bekam jeder ein Osterei … 2.4.: Ostermontag. Heute ist prima Osterwetter, aber sonst ein ganz langweiliger Tag. Heute morgen kam Herr R. zu uns und erzählte uns, wie die ›Wehrmacht‹, sprich Volkssturm, Mannheim ›heldenhaft‹ verteidigte. Front: Amerikaner bis Bruchsal vorgestoßen. Wertheim besetzt.«

So geht es weiter mit genauen Frontberichten, Abordnungen zu Gartenarbeit und Schafehüten, wofür dann zusätzliches Essen abfiel.

»13.4.: Die Sensation des Tages ist der plötzliche Tod Roosefelds (*sic!*). Wird nun Amerika seinen bisherigen Kurs fortsetzen? 17.4.: Heute ist ein heiterer Tag für uns. Es geht nach Badenweiler ins Schwimmbad … Es war einfach prima. Unterwegs becherten wir in der ›Sonne‹ einen halben Wein. Heute Abend sprach der Führer. Scheinbar will er dem deutschen Volk in seiner Todesstunde, denn dass sie es ist, ist wohl jedem klar, Trost zusprechen. Front: südlich Freudenstadt, über Offenburg nach Süden, Kämpfe bei Halle und Leipzig. 18.4.: Schon oft ist die Frage aufgetaucht. Was geschieht mit uns? Um sich Gewissheit zu verschaffen, radelte L. (*der Lagerleiter*) nach Neuenweg. Die tollsten Gerüchte schwirren hier herum. Jahrgang 28 und 29 soll noch in den Einsatz kommen. Aber, wann, wo, mit was, alles ist ein großes ?«

Die Front rückte immer näher, sie hörten schon Kanonendonner, ein Lehrer wurde zum Volkssturm eingezogen.

»22.4.: … Eben gerade, es ist ¾ 8 Uhr und wir sind alle im Zimmer, prasselten vor unserem Haus MG-Garben in die Luft. Die Franzosen sind da. Zwei Autos mit einem anmontierten MG. Die Kerle waren nicht übel, denn sie sagten: ›Die Franzosen machen Euch nichts.‹ Die Zukunft jedoch sollte uns eines besseren belehren … .Das war mein erstes Zusammentreffen mit den Alliierten. 24.4.: Heute morgen hatten wir Gartenarbeit. Herr L. eröffnete uns, dass wir ab jetzt unser Brot selbst verdienen müssen. Herr F. riet uns daher, fortzugehen. Kübler, Blesch, Kaufmann, Wurz und ich beschlossen, nach Lenzkirch und von da nach Mannheim zu tippeln. Gleich nach dem Mittagessen gingen wir los. Verpflegung hatten wir (*von benachbarten Bauern*) in

Form von Brot, Speck, Wurst und einer Dose Fleisch. Wir marschierten über das Rummelsbacher Eck und warfen einen letzten Blick auf den Belchen. Auf dem Haldenhof wurde uns Wurz, Kübler und Kaufmann von der SS weggeschnappt. Wir, d.h. Werner und ich, kamen mit knapper Not davon. Vom Haldenhof ging es mit einem Fuhrwerk über Heubronn nach Neuenheim, wo wir bei einer guten Frau ein Nachtlager fanden. Alles war in heller Aufregung. Es hieß, die Franzosen kommen, denn dieses Gebiet war noch nicht besetzt. 25.4.: Heute morgen ging es von Neuenheim über Wembach, Schönau, Gschwend nach Bernau. Unterwegs wurden wir ein Stück von einem Soldatenauto mitgenommen. Wir legten heute rund 40 km zurück. Ich schreibe diese Zeilen hier in unserem ›Zimmer‹ bei einer herzensguten Frau in einem blitzsauberen Schwarzwälderhaus. Die Frau wollte uns unbedingt totfüttern, und wir versprachen, ihr bestimmt zu schreiben. 26.4.: Wieder auf der Walz. Nach einem herzlichen Abschied ging es von Bernau über Berg und Tal nach Menzenschwandt. Hier sahen wir überall schon die Kapitulationsflagge an den Häusern. Von hier geht es über Eule nach Altglashütte. Das Örtchen wird gerade von den Franzosen eingenommen. Die benehmen sich nicht gerade so anständig wie die in Sulzburg. Es gibt unter den Hühnern von hier schwerste Verluste. Nach langem Warten werden wir schließlich von einer Frau aufgenommen und dürfen auf dem Heu schlafen. Nun gehen wir zum französischen Kommandeur und wollen einen Ausweis zum Durchwandern des besetzten Gebietes. (*Am 28. 4. bekamen sie den Passierschein, aber nur bis Lenzkirch.*) Um 2 Uhr marschieren wir über das von Marokkanern besetzte Falkau und Saig nach Lenzkirch. Hier werden wir von Frau Volz und Frau Abogast gastlich aufgenommen. 29.4.: Sonntag. Heute Nacht haben wir herrlich geschlafen. Frau Abogast hat furchtbar Angst um ihren Hans.«

Der Schuhmacher reparierte seine Schuhe, nachdem Frau Volz das Sohlenleder stellen konnte. Sie bekamen auch Lebensmittelmarken für 14 Tage. Sie machten sich nützlich, sammelten Säcke voll Tannenzapfen. Am 4.5. marschierten sie weiter:

»Wir gehen mit einem Mann, welcher bis Hinterzarten viele Abkürzungswege kennt … Von dort geht es über Hirschsprung durch das Höllental über Himmelreich, wo wir rasteten, und Zabern nach Ebnet. Wir kommen patschnass hier an und finden eine schäbige Unterkunft. 5.5.: Um 9 Uhr geht es weiter. Fast ist es mir unmöglich aufzustehen. Es schüttelte mich eiskalt und meine Zähne klapperten, aber es ging. Wir marschierten über Freiburg, Zähringen, Gundelfingen, Denzlingen und Emmendingen nach Köndringen. Hier bekommen wir ein 1 a Quartier. Die ganze Wohnung und die Ehebetten von einer Kreisfrauenschaftsleiterin wurden uns zur Verfügung gestellt. (*Am nächsten Tag wurden sie auf dem Weg nach Friesingen 16 km von einem Franzosen mitgenommen:*) … (trotz Sträuben). Mit Hurra rasen wir an dem ›Alten Herrn‹ vorbei. Kurz vor Friesenheim werden wir abgeladen. Frau K. nimmt uns mit Freuden auf, und hier erwartet uns das große Wunder. Hans ist auch da. Er war 7 Tage gefangen und ist in Emmendingen mit Helmut ausgekniffen. Werner und ich sind ziemlich malträtiert und machen einen Tag Rast. Frau K. weiß nicht, was sie uns alles tun soll. 7.5. Ruhetag. Wir bringen unsere Füße in Ordnung.«

Es ging dann weiter über Offenbach, Achern, Brühl, Sinsheim. Dazwischen bekamen sie Quartier und in Offenburg ein Mittagessen von einem fremden Herrn bezahlt. Erst am 11. Mai erreichten sie nach weiteren Abenteuern die Heimatstadt Mannheim, und Heinz G. war glücklich, dass »ihr Häusel« noch stand.

Auch in diesem Bericht ist manches aufschlussreich. Wie die meisten anderen Lager wurde auch das in Sulzburg nicht rechtzeitig aufgelöst, sondern der Schein des Normalen bis zuletzt aufrechterhalten, bis das Lager besetzt war. Diese Schüler machten sich keine Illusionen mehr über den Kriegsausgang. Von Hitler erwarteten sie nichts mehr. Sie wollten einfach heim und ihre Haut retten. Der Lagerleiter erklärte sich für das weitere Schicksal der ihm anvertrauten Jugendlichen nicht mehr verantwortlich. Ein Lehrer riet ihnen, den Heimweg selbständig anzutreten. Sie gerieten mitten in die Fronten hinein, zum Glück nicht mehr in Kampfhandlungen. Aber zwei Kameraden wurden noch von der SS geschnappt. Was aus ihnen wurde, wissen wir nicht. Mit den Besatzern machten sie im allgemeinen gute Erfahrungen. Auf ihrem langen Marsch, weithin zu Fuß, erfuhren sie viel Freundlichkeit von ihnen ganz unbekannten Menschen. Vor allem gastfreundliche Frauen werden erwähnt, die alles ihnen Mögliche für die jungen Leute taten, dachten sie doch an ihre eigenen Soldaten. Dennoch mussten sie große Strapazen auf sich nehmen, Heinz wurde krank, aber überwand die Krankheit; das Heimweh trieb ihn weiter. In seinem geliebten Mannheim sieht er nicht die Zerstörungen, sondern ist glücklich, das eigene Häusel wieder zu erblicken. Es war unzerstört geblieben. Manche aber standen vor einem Trümmerhaufen.

Viele könnten ähnliche und noch dramatischere Geschichten erzählen.[54] Ausführlich erzählt etwa der schon erwähnte Prot K. (1931) von seiner Flucht aus dem KLV Bielohrad in Böhmen nach Berlin, die vom 10. April bis zum Weihnachtsfest 1945 dauerte. Hunderte von Kindern aus den dortigen Lagern waren unterwegs. Seine Erzählung, die sich auch auf Tagebucheintragungen stützt, würde ein ganzes Buch füllen. Auch er hatte sich mit einigen Klassenkameraden vom Rücktransport, der sie unter tausend Gefahren und Mühsalen bis zu Bauern im Bayerischen Wald geführt hatte, abgesetzt. Quer durch Deutschland und durch die verschiedenen Besatzungszonen suchte er seine Angehörigen. Von Hamburg, wo er seine Mutter vermutete, kehrte er wieder in den Bayerischen Wald zurück. Dort erfuhr er, dass ein Restbestand

10. Prot K.

von 20 Schülern mit einigen Lehrern vom Bayerischen Roten Kreuz in Ramsau bei Berchtesgaden untergekommen war. Im November erhielt er auf Umwegen die erste Post von der Mutter, die nicht vor den Russen geflüchtet war. Zusammen mit einem Kameraden und dessen Vater konnte er die wiederum langwierige und beschwerliche Fahrt nach Berlin antreten und kehrte am zweiten Weihnachtstag nach Hause (Waldheim bei Spandau) zurück:[55]

»Dann stand ich vor unserem schmiedeeisernen Gartentor. Hinten auf dem Hof sah ich meine beiden jüngeren Brüder Claus und Bernd beim Holzhacken. Klingeln brauchte ich nicht. Denn gerade öffnete sich die Haustür, und meine Mutter stand mit einem Korb unter dem Arm in der Tür. Sie stieß einen Freudenschrei aus, als sie mich sah, und rief ins Treppenhaus: ›Mutti, der Prot ist wieder da!‹ Im Eilschritt kam nun auch die Kleine Omi die Treppe hinunter. Und dann kamen sie alle zum Gartentor gelaufen, wo wir uns über den spitzen schmiedeeisernen Stäben in den Armen lagen. In der ganzen freudigen Aufregung hatte keiner den Schlüssel zum Gartentor mitgebracht. Nun war ich wieder zu Hause!

Aber in welcher Aufmachung: Auf dem Kopf trug ich ein altes Wehrmachtskäppi. Der Wollmantel, der Pullover und ein kariertes Hemd stammten aus einer Spende des Bayerischen Roten Kreuzes. Unter dem Mantel trug ich noch die Luftwaffenfeldbluse, mit der ich vor über zwei Jahren nach Krynica (*KLV-Lager in Galizien*) gefahren war. Meine Beine steckten in einer Gebirgsjägerhose. Die Schuhe stammten auch noch aus der KLV-Zeit und waren in Ramsau letztmalig neu besohlt worden. Meine Wollstrümpfe hatten weder einen Zehenbereich noch eine Ferse. Wegen der vielen Löcher waren die Strümpfe in diesem Bereich abgeschnitten worden. So hatten sie den Charakter von Gamaschen, und die Zehen und Fersen steckten nackt in den Stiefeln. Mein sonstiges Hab und Gut steckte in einer Sturmgepäcktasche aus US-Army-Beständen, und auf diese hatte ich meine Decke aufgebunden. Ich unterschied mich also keineswegs von anderen Heimkehrern.

Doch über Vaters Schicksal lag noch immer keine Nachricht vor.«

Die von den Nationalsozialisten so gepriesene »Erweiterte Kinderlandverschickung« endete für viele chaotisch. Der Spruch »Wen der Führer verschickt, den bringt er auch wieder gut zurück« fügt den Propagandalügen eine weitere hinzu.

Beurteilen die Schülerinnen und Schüler nun ihre Zeit im KLV-Lager insgesamt negativ?[56] Die Kinderlandverschickung war für die Kinder eine Mischung aus Ferienlager, Schullandheimaufenthalt, Internatschule und, für die Jungen, Wehrertüchtigungslager, wobei die Gewichtung der Komponenten von Lager zu Lager stark variierte. Was sie aber von allen genannten Einrichtungen unterschied, war die Sorge um die Angehörigen in den Bombenstädten, waren die Kriegseinwirkungen, die auch die verschickten Kinder immer bedrohlicher zu spüren bekamen, und die teilweise chaotische und langwierige Heimkehr. Berücksichtigt man die übrigen Erfahrungen, so sind sie sehr unterschiedlich. Alle Kinder litten mehr oder weniger an Heimweh, auch wenn sie es nicht zeigten, nicht zeigen durften, vor allem ein »Pimpf« durfte das nicht. Er war sonst dem gnadenlosen Spott der Kameraden ausgesetzt. Die Briefe und Tagebücher aber verraten es unmissverständlich, und der allgemeine Schluss ist erlaubt: Wenn die Familie einigermaßen intakt ist, sind Kinder am liebsten zu Hause, von kürzeren Ferienaufenthalten einmal abgesehen.

Worunter litten Kinder in den KLV-Lagern? Am konzentriertesten hat Paul K. (1933) so ziemlich alle negativen Seiten erlebt. Er war mit seiner Schule aus Ludwigshafen in das lothringische Aulne evakuiert worden. Er er-

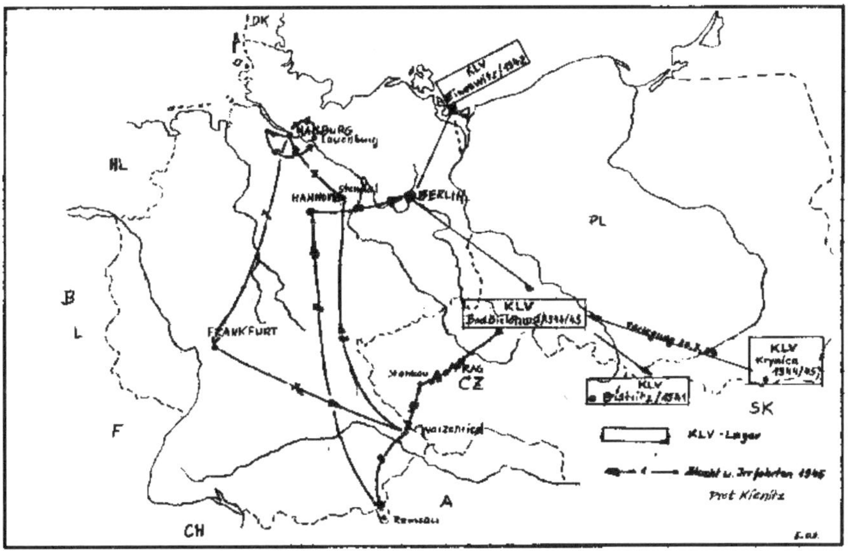

11. Flucht und Irrfahrten von Prot K. Er war zuvor schon in verschiedenen Lagern: in Bistritz in Mähren (1941), Zinnowitz auf Usedom (1942), Krynica in Südpolen (1944/45) und wegen des Näherrückens der Front schließlich in Bad Bielohrad in Nordböhmen (1944/45)

zählt von primitivsten Unterkünften in leerstehenden Bauernhäusern[57], völlig unzulänglichen hygienischen Verhältnissen (für 40 Buben eine einzige Latrine!), von teils ungenießbarem Essen, von ständigem Hunger, Frieren und vor allem von einem sadistischen Lagermannschaftsführer, der offenbar das Sagen hatte:

»Ich weiß, ich hab so richtig Pech gehabt. Es war so weit, dass ich jede Nacht geträumt hab, ich bin zu Hause. Es war alles wunderschön, und dann hab ich angefangen, den Tag über mich zu freuen auf die Nacht und mich darauf zu konzentrieren. Ich hab mir gesagt, ja gut, der Tag geht rum, das ist der Albtraum, und nachts bist du zu Hause, das ist dann das Leben, das wahre Leben.«

Mit Hilfe eines vorher vereinbarten Codewortes, »Was macht mein Hansel«, denn die Briefe wurden ja zensiert, signalisiert er in fast jedem seiner Briefe: Holt mich heim! Das gelingt der couragierten Mutter schließlich.

Bei diesen Erfahrungen lässt sich gut nachvollziehen, dass Kinder von der »Kinderlandverschleppung« sprechen. Und dass in vielerlei Variationen immer wieder der Sprechchor erklingt: »Nie wieder KLV!« und die Heimkehr enthusiastisch begrüßt wird. Und doch darf man sich von solchen Sprüchen nicht irreführen lassen, denn oft haben sich dieselben Kinder dann doch wieder freiwillig gemeldet oder sie haben vieles an der Zeit schön gefunden. Manche Gründe, die von den Kindern heute gegen die KLV angeführt werden, sollte man mit Misstrauen betrachten. Wer heute angibt, unter der politischen Indoktrination gelitten zu haben, der musste entweder aus einem kritischen Elternhaus kommen oder er spricht post festum, unterlegt den damaligen Erfahrungen eine später gewonnene Einsicht. Den meisten Kindern fiel die Indoktrinierung gar nicht auf, denn sie waren das ja von der gesamten Erziehung in Schule und Hitlerjugend gewohnt. Dass die Nationalsozialisten den totalen Zugriff auf die Kinder, wie er in der KLV möglich wurde, genutzt haben, so gut sie konnten, ist unbestritten. Dass dies sogar das primäre Ziel der ganzen Aktion gewesen sein soll, kann nicht bewiesen werden. Die Rettung der Kinder vor den Luftangriffen erscheint mir mindestens gleichrangig.

Sicher hatten es besonders empfindsame, individualistische, wohl auch schwächliche, unsportliche, möglicherweise etwas verwöhnte Kinder im Lagerverband schwerer als robustere, gemeinschaftsorientierte, gesellige, durchsetzungsfähige. Dieselben Lager werden von verschiedenen Schülern verschieden erlebt und bewertet. Das gleiche gilt ja auch für Jugendlager, Internatschulen, Schulen überhaupt. Interessant ist aber auch, dass sich die älteren Schüler mit Erfolg zur Wehr setzen konnten gegen unfähige oder unzumutbare Lagermannschaftsführer und Lehrer.

Dass die Zeit auch bei denen, die »Nie wieder KLV!« riefen und schrieben, in der Erinnerung nicht völlig negativ besetzt ist, beweisen nicht zuletzt die vielen Treffen, die z.T. bis heute von ehemaligen KLV-Klassen oder Gruppen veranstaltet werden. Manche besuchen gemeinsam die Orte ihrer Lagerzeit, jetzt als alte Männer und Frauen. Vielleicht wird in der Erinnerung manches verklärt, ist manches Schlimme vergessen oder verblasst. Sorgfältig ausgestattete Erinnerungsbücher werden verfasst, Rundbriefe geschrieben. Was darin und auch in den Erzählungen meiner vielen Zeitzeugen als besonders schön erinnert wird, lässt sich knapp zusammenfassen. An erster Stelle steht das lebendig empfundene und entwickelte Gemeinschaftsgefühl, eine Kameradschaft, aus der echte und haltbare Freundschaften entstanden. An zweiter Stelle – im Grunde entscheidend für das ganze Lager – stehen eindrucksvolle, fürsorgliche und verantwortungsbewusste Lehrer, die das Klima prägten.

Dazu heißt es in einem Grußwort der Goldenen Abiturientinnen anlässlich der Entlassungsfeier des Abiturjahrgangs 1995 der Sophienschule in Hannover über die KLV-Zeit in Treseburg im Ostharz:

»Viele von uns sind seit dem Fall der Mauer dort gewesen. Heute kann man es sich kaum vorstellen, dass wir es dort ein Jahr lang in einem kleinen Hotelzimmer mit nur einem Waschbecken zu acht Schülerinnen ausgehalten haben. Diese Enge brachte naturgemäß menschliche Schwierigkeiten, aber auch Vertrautheit und die Notwendigkeit des ›Sich-aufeinander-Einstellens‹. Auch viele frohe Ereignisse verbinden sich in unserer Erinnerung mit ›Treseburg und dem Hotel Forelle‹. Den größten Respekt aber haben wir im Rückblick auf die Lehrer und Lehrerinnen, die uns dorthin begleiteten. Sie lebten in unmittelbarer Zimmernachbarschaft zu den Schülerinnen, mussten an jeder Mahlzeit teilnehmen, waren den ganzen Tag gefordert und hatten somit kein Privatleben. Auch hatten wir nie das Gefühl, dass wir durch Indoktrination beeinflusst wurden, sondern, trotz aller Vorgaben, bemühten sich die Lehrkräfte, uns zu freien und denkenden Menschen zu erziehen.«

Eine Ausnahmeschule? Gewiss nicht, wenn es sich auch hier empfiehlt, gegenüber der »fehlenden Indoktrination« skeptisch zu sein, denn die Tagebücher belegen eine selbstverständliche Angepasstheit, aber das Verhältnis zueinander und zu den Lehrern wird oft ähnlich beschrieben. Bei Mädchen scheint beides im Ganzen noch besser gewesen zu sein als bei den Jungen, wo zuweilen rücksichtslose Lagermannschaftsführer ihre Befehlsgewalt missbrauchten. Die »frohen Ereignisse« werden immer wieder benannt: kulturelle, selbst inszenierte Veranstaltungen, Wanderungen, Fahrten, Lehrgänge. All dies konnten auch Kinder genießen, denen das zu Hause nicht geboten wurde. Siegfried H. schreibt im Erinnerungsbuch, auch im Sinne seiner Kameraden:

»Niemals haben wir eine Zeit so intensiv erlebt wie diese acht Monate in Oberkochen und Essingen.«

Einen zusätzlichen, nicht unwesentlichen Gesichtspunkt sollte man nicht unterschlagen: Die Kinder schätzten auch ein Stück Freiheit von der elterlichen Gewalt. Sie unterstanden nicht der ständigen, oft noch lästigeren Aufsicht der Eltern oder der Mutter. Dass man dafür vieles allein machen musste, einschließlich z. B. Flicken und Stopfen, nahm man in Kauf. Man wurde auch selbständiger, das vermerken viele positiv.

Und der Hauptzweck der KLV, die Sicherheit vor Bomben? Wurde er von den Kindern überhaupt wahrgenommen und gewürdigt? Hier sind die Gefühle nicht eindeutig. Einerseits registrieren Briefe und Tagebücher die relative Sicherheit dankbar, andererseits waren ja die Eltern und u. U. die Geschwister eben nicht in Sicherheit, und man wollte doch gerade in der Gefahr beieinander sein. Dass schließlich für beide Teile alle Sicherheit verloren ging, haben wir gesehen.

Versucht man, ein Fazit für die Bewertung der KLV-Zeit durch die Kinder zu ziehen, so ist der Begriff »zwiespältig« der angemessenste, wobei die Mischung von negativen und positiven Erfahrungen individuell sehr verschieden ist, abhängig von all den Faktoren, die wir aufgezeigt haben. Es gibt sicher nicht sehr viele, die diese Zeit am liebsten ganz aus ihrem Leben streichen wollen; die allermeisten möchten zumindest manche der Erfahrungen nicht missen.

Kapitel 7

Kindersoldaten

Wer heute von Kindersoldaten spricht, hat dabei afrikanische Jungen vor Augen, die von den dortigen War-Lords in ihren privaten Kriegen ohne Bedenken eingesetzt und verheizt werden, weil sie kostengünstig, leicht rekrutierbar, effizient einsetzbar und ohne größere Probleme zu kontrollieren sind. Die Kleinwaffen, geeignet für Kinderhände, sind überall auf der Welt leicht zu beschaffen. Ähnliches lässt sich aber auch für Deutschland am Ende des Zweiten Weltkriegs sagen, abgesehen von den Waffen, die weder leicht zu beschaffen noch für Kinderhände geeignet waren. Und in Deutschland war es die Staatsführung, die sich nicht scheute, in der letzten Phase eines aussichtslosen Kampfes die »Blutreserven« von Kindern zu opfern, um den eigenen Untergang um ein paar Tage hinauszuzögern und diese Kinder dann in den Untergang mitzunehmen. Die letzten bekannten Filmaufnahmen von Hitler zeigen einen gebückten Greis mit hochgeschlagenem Mantelkragen, der vor der Reichskanzlei kleine Hitlerjungen mit dem Eisernen Kreuz dekorierte und ihnen die Wangen tätschelte.[1] Am 19. März 1945 empfing Hitler in seinem Hauptquartier 20 Hitlerjungen im Alter von 15 bis 17 Jahren, die an Nahkämpfen um Pommern und Schlesien teilgenommen hatten, um sie ebenfalls auszuzeichnen. Darüber schrieb der *Niederdeutsche Beobachter* am 20.3.1945:

1. Hitler im Gespräch mit Hitlerjungen im Garten der Reichskanzlei in Berlin. Dritter von rechts: Alfred Czech (zwölf Jahre alt), rechts daneben Wilhelm Hübner

»Der jüngste der angetretenen Gefolgschaft war der zwölfjährige, mit dem EK II ausgezeichnete Hitlerjunge Alfred Czech, der im Raum Oppeln im feindlichen Artillerie- und MG-Feuer zwölf verwundete Soldaten geborgen und einen sowjetischen Spion gestellt hatte. Manche der 15-, 16- und 17-jährigen Jungen waren tagelang eingeschlossen. Sie alle halfen der Truppe und dem Volkssturm, wo immer sie konnten, vernichteten feindliche Barackenlager mit der Panzerfaust, übermittelten wichtige Meldungen von der Truppe zu vorübergehend abgeschnittenen Einheiten, brachten Beute und Gefangene ein und trugen verwundete deutsche Soldaten aus der Kampfzone.

Zwei von ihnen trugen das EK I, alle übrigen das EK II, einige das Infanteriesturmabzeichen und die meisten schon das Verwundetenabzeichen.

Der Führer begrüßte jeden Einzelnen der Hitlerjungen durch Handschlag und ließ sich von ihnen ihre Erlebnisse schildern. ›Ihr kennt den Kampf jetzt schon aus eigener Erfahrung‹, so rief der Führer am Schluss den angetretenen Jungen zu, ›und wisst, dass wir in einem Ringen um Sein oder Nichtsein des deutschen Volkes stehen. Ich bin trotz aller Schwere der Zeit fest davon überzeugt, dass wir in diesem Kampf den Sieg erringen werden, vor allem auch im Hinblick auf die deutsche Jugend und besonders auf Euch, meine Jungen!‹ Mit einem leidenschaftlichen ›Heil, mein Führer‹ beantworteten die Jungen wie aus einem Munde den Gruß des Führers.«[2]

Das war der Ton, den diese Jungen ihr ganzes bewusstes Leben lang gehört hatten. Alle bisherigen Kapitel haben gezeigt, wie sie in den Krieg hineinwuchsen und wie die gesamte nationalsozialistische Erziehung, einschließlich der Kinderlandverschickung, darauf ausgerichtet war, sie kriegstüchtig und kriegsbegeistert zu machen. Sie waren darauf vorbereitet, und viele konnten es kaum erwarten, den Ernstfall zu erleben und die letzte und schwerste Bewährungsprobe zu bestehen; sie waren darauf eingestellt, zu töten und zu sterben. »Die Hemmschwelle zum Töten lag extrem niedrig«, sagte Karl-Heinz R. (1935), der heute dankbar dafür ist, dass er noch zu jung war, um zu töten.

Schon 1943 begann das Regime damit, Oberschüler der Jahrgänge 1926 und 1927, später auch Lehrlinge, als Luftwaffenhelfer einzuziehen, also Minderjährige zu rekrutieren. 1944 wurde dann auch noch der Jahrgang 1928 und teilweise 1929 an die Flakbatterien gerufen, um Soldaten für den Fronteinsatz freizustellen. Die jüngsten sogenannten Flakhelfer waren damals gerade 15 Jahre alt. Auch sie gehören eigentlich zu den Kindersoldaten; viele wurden am Ende auch noch für den Bodenkampf umgerüstet. Dennoch möchte ich sie in dieser Dokumentation aussparen. Sie sind eine fest umrissene, soziologisch weithin homogene Gruppe an der Schwelle zum Jugendalter, fühlten sich nicht mehr als Kinder, sondern wollten vollwertige Soldaten sein. Sie verdienen eine gesonderte Untersuchung, welche die fast uferlose Memoirenliteratur bündelt, auswertet und zusammenfasst. Auch die Luftwaffenhelferinnen, die sogenannten Blitzmädel, hätten da ihren Platz. Das alles würde den Rahmen eines Kapitels bei weitem sprengen.

Ich beschränke mich also auf die Jahrgänge ab 1929, die keine Luftwaffenhelfer waren, aber in verschiedener Weise in der Endphase des Krieges Dienst tun mussten bis hin zum Kampfeinsatz, wobei ich mir klar darüber bin, dass die Jahreszahl keine scharfe Grenze zwischen Kindheit und Jugend markiert. Gelegentlich kommen deshalb auch Vertreter des Jahrgangs 1928 zu Wort. Naturgemäß stehen in diesem Kapitel die Jungen im Vordergrund. Dass auch Mädchen fortgesetzt für alle möglichen Aktionen eingespannt wurden, haben wir schon mehrfach hervorgehoben.[3]

»**Einsatz**« war eines der Schlüsselwörter im Vokabular der Hitlerjugend: Ein Jungmädel oder ein Pimpf sollte eigentlich immer »im Einsatz« sein, beim Sammeln von Heilkräutern und Altmaterial, von Spenden für das Winterhilfswerk, beim Lazarettsingen oder beim Betreuen von Kindern überlasteter Mütter, beim Sportwettkampf wie bei der Hilfe in der Ernte. Im Bombenkrieg waren die Einsätze oft schon lebensgefährlich, wie wir in Kapitel 5 gesehen haben. Gegen Ende des Krieges nahmen die Kriegsverpflichtungen zu und wurden immer risikoreicher. Die Flüchtlingsbetreuung auf den Bahnhöfen rund um die Uhr war eine kräftezehrende Aufgabe.[4]

Im Sommer 1944 begann die Abkommandierung ungefähr einer halben Million Pimpfe und Hitlerjungen ab 14 Jahren zu **Schanzarbeiten.** Mit welch naiver Gläubigkeit diese Jungen ausrückten und mit welch unbegreiflicher Harmlosigkeit die Mädchen sie begleiteten, mitten im Bombeneinsatz, zeigt ein zeitgenössisches Dokument: Die Scharführerin Lilo H. (1929) schreibt in das Berichtbuch ihrer Schar, wie die Jungmädelführerinnen die Jungen aus Mainz zum Schanzeinsatz verabschieden wie zu einer Lagerfahrt. Vorher und nachher hatten sie Einsatz nach Bombenangriffen zu leisten.

»September 1944: »Um ½6 Uhr war auf dem Schlossplatz antreten. Heute sollten die Jungens von 15–18 Jahren nach dem Westen schanzen. Die Führerinnenschaft von Mainz-Stadt sollte den Jungen noch eine Freude bereiten. Um 6 Uhr marschierten wir vollbepackt mit Blumen zum Güterbahnhof. Jeder sollte ein Sträußchen als Gruß der Heimat mit nach dem Westen nehmen. Keine von uns Führerinnen fehlte, trotzdem am Morgen ein Terrorangriff war. Abgehetzt kamen wir auf dem Schlossplatz an, noch dreckig vom Einsatz in den getroffenen Stadtteilen. Unsere Jungens waren noch nicht auf dem Bahnhof. Mit Windeseile banden wir die Sträußchen. ›Siebenhundertfünfzig müssen es sein‹, sagte Bimbim. ›Oh, je, da werden aber die Sträußchen klein‹, meinte Ilse. Aber daran war nichts zu ändern, denn jeder sollte doch etwas bekommen. Von Ferne hörten wir schon den Fanfarenzug, der sie begleitete. Wir stellten uns schnell auf, die Blumen hielten wir hinter dem Rücken. Ganz erstaunte Gesichter sah man, als sie die JM-Führerinnen auf dem Bahnsteig sahen, das hatten sie sich sicher nicht gedacht. Im Zug bekamen sie erst ihr Sträußchen angesteckt. An ihren strahlenden Augen konnte

2a. Eugen B. etwa 1942/43 mit seinem älteren Bruder

man sehen, dass sie sich freuten. Jedes Abteil bekam noch ein paar Lieder gesungen. Fröhlich sangen die Buben mit ›Hoch auf dem gelben Wagen‹. Jeder sang das Lied mit, wer würde auch das schöne Lied nicht kennen mit dem Ende ›Zieh die Brems‹. Als wir unserem Bannführer ein Lied sangen, kamen sie alle aus dem Zug gesprungen und sangen mit. So wurde noch manches schöne Lied gesungen. Alle standen wir im Kreis und unsere Lieder fing der Abendwind auf. Das war noch ein schönes Beisammensein. Um ½11 Uhr war das letzte Lied, ›Kameraden wir marschieren‹, erklungen. Die Jungen stiegen in ihren Zug und wir winkten ihnen zu. Hoffentlich kommen sie gesund wieder, so dachte jeder von uns. Wir mussten auch nach Hause, denn morgen um 6 Uhr war wieder Einsatz.«

Wie es bei diesen Schanzeinsätzen und den Volkssturmlehrgängen zuging, schildert Eugen B. (1928), der nach zwei Wehrertüchtigungslagern im September 1944 noch zum Westwall an den Kaiserstuhl abkommandiert wurde:

»Wir bauten dort Schützengräben von morgens sechs bis abends sechs. Wir waren ein ganzer Sonderzug mit 1.600 Mann, alles HJ-Jugendliche. Ungefähr um zehn Uhr kamen die ersten Tiefflieger und bearbeiteten uns mit ihren Bordwaffen und Bomben. Anschließend waren wir noch 14 Tage in Bolschweil und bauten Panzergräben … Als wir die Schützengräben bauten, arbeiteten wir am Vormittag sehr schnell, damit wir ein Loch ca. 60–80 cm tief hatten, und wenn die Flieger kamen, deckten wir uns mit dem Spaten den Kopf ab. Das Essen in der Gemeinschaftsküche war grauenhaft. Wenn ich an die Graupensuppe denke, in der die Würmer herumgeschwommen sind, könnte ich mich heute noch übergeben …«

Schon elfjährige Pimpfe und auch Mädchen mussten tagelang schippen und Panzersperren bauen. Es wird erzählt, dass einige bei diesen Einsätzen durch Tiefflieger ums Leben kamen oder schwer krank wurden. Am 17. Januar 1945 notiert der Pfarrer Rudolf Hauser in Bad Heilbrunn in sein Kriegstagebuch: »20 Grad Kälte in der Früh um 8 Uhr. Heute hier Volksopfersammlung. Ich gebe meinen Hauskittel, den ich bis heute getragen habe. Mädchen des KLV-Lagers führen die Sachen in Wägelchen ab. Nun haben auch schon die zwölfjährigen Knaben Befehlszettel zur örtlichen Wehrertüchtigung bekommen.«[5]

2b. Eugen B. 1946, nach der Gefangenschaft

Wolfgang B. (1933), in der Evakuierung in Mundelsheim, einem württembergischen Dorf: »Am Rathaus erschien (*Anfang 1945*) ein Oberfeldwebel. Er trug eine Hose, deren Lederbesatz halb abgerissen war, und führte einen mit Maschinenpistolen bewaffneten Zug Soldaten an. Seine Aufgabe war es, die vierzehnjährigen Buben zu sammeln und in ›Sicherheit‹ zu bringen. Martin kam aufgeregt nach Hause und berichtete, Adolf Hitler sei gekommen und hole den Walter, den Max und viele andere. Mütter und Väter versuchten, die Halbwüchsigen in den Weinbergen und anderswo zu verstecken, um sie der Rekrutierung zu entziehen. Um nichts anderes ging es ja. Es hatte keinen Zweck, die Buben wurden weggebracht.«[6]

Aus Bönnigheim, Württemberg, berichtet Erne Häusser (1930): »Am Morgen des 6. April (*1945*) wurden die Jungen des Jahrgangs 1930, soweit sie noch nicht kriegsdienstverpflichtet waren, zum Sammeln an den Postplatz bestellt. Seit Wochen schon hatten sie Wache schieben oder Schanzarbeiten leisten müssen. Vom Postplatz aus marschierten sie nun zum Rathaus in die Innenstadt. Dort sollten sie die Stellungsbefehle erhalten und diese auch sofort unterschreiben. In den Wehrertüchtigungslagern waren sie ja schon jahrelang militärisch gedrillt worden. Es würde also jetzt ohne weitere Ausbildung direkt an die Front gehen.

Im oberen Sitzungszimmer des Rathauses (es brannte einen Tag später ab) empfingen der Ortsgruppenleiter und weitere Parteimitglieder die Jungen. Hinter ihnen wurde der Schlüssel in der Türe gedreht, die Türe abgeschlossen. Die Jungen waren eingesperrt.

Keinem der jugendlichen Helden war es wohl zumute. In der Not sagte einer, er müsse dringend aufs Klo. Man schloss auf und ließ ihn heraus. In diesem Augenblick drang von draußen lautes Geschrei herein. Die Rathausgasse herunter bewegte sich ein Trupp Mütter, voraus der Andreas Mann, der ›Boddamann‹ (*Bote*), mit einem Prügel bewaffnet. ›Gebed onsre Kender raus!‹ riefen sie aufgebracht im Chor, ›nur über unserer Leichen kommen die an die Front!‹ Es gab einen heillosen Tumult, und im allgemeinen Durcheinander rannten die Buben schleunigst die Wendeltreppe des alten Rathauses herunter. Die Mütter schnappten sich ihre Helden, und ›nex wie weg!‹ Der drohende Kanonendonner machte sie zu allem fähig, denn dies, das wussten alle, war Fahnenflucht! Und darauf stand der Tod.

Die Jungen versteckten sich in der Umgebung, in Wengerthäuschen und im Wald, bis die Luft wieder rein war; das heißt, dass das Einrücken zur deutschen Wehrmacht durch den Vormarsch der feindlichen Truppen überholt war.«[7]

Wie sinnlos, ja lächerlich, diese letzten Verteidigungsanstrengungen waren, zeigt der folgende Bericht von Robert L. (1933), der mit seiner Mutter aus Mannheim nach Thüringen evakuiert war:

»Im Februar (*1945*) kamen zur Hitlerjugendversammlung zwei alte Männer mit umgehängten Karabinern und der Volkssturmbinde am Arm. Alle Hitlerjungen werden ab sofort zum Bau von Panzersperren eingesetzt, verkündeten sie. Die Schule fällt aus, im Spritzenhaus (Feuerwehr) stehen Werkzeuge bereit. Wir waren begeistert. Aktiver Dienst fürs Vaterland und dabei die Schule schwänzen. Also zogen wir los. In der Straße zur Kreisstadt sollten mehrere zwei Meter breite und ein Meter tiefe Gräben ausgehoben werden.

Die älteren Jungen arbeiteten mit der Spitzhacke, die jüngeren schippten den Dreck zur Seite. Es war nasskaltes Wetter, und es regnete häufig. Die Arbeit ging zäh voran. Die beiden Volkssturmmänner benahmen sich wie Gefangenenaufseher. Die größeren Jungen, das waren Vierzehnjährige, drohten ihnen, sie würden ihnen einen Pickel ins Kreuz hauen bei nächster Gelegenheit. Einer nahm sein Gewehr von der Schulter und lud durch. Obwohl wir wussten, dass er keine Munition drin hatte, ließen wir alles liegen und stehen und stoben in alle Richtungen auseinander. Am nächsten Morgen waren die beiden verschwunden.

Gegen Ende März hörten wir Geschützfeuer und sahen amerikanische Jabos am Himmel kreisen. Der Büttel ging durchs Dorf, Zeitung gab's schon lange nicht mehr, und vermeldete, dass am Werraübergang in ca. 12 km Entfernung eine Schlacht stattfindet. Die Bürger sollten ihre Häuser nicht mehr verlassen, bis die Truppen vorbeigezogen wären. Inzwischen sprach es sich herum, dass der Ortsgruppenleiter und einige braune Bonzen über Nacht verschwunden waren.

Tags darauf kamen die ersten Fahrzeuge der Wehrmacht durchs Dorf. Sie mussten anhalten wegen der blödsinnigen Panzergräben. In aller Eile wurden Bäume gefällt und hineingeworfen. Aus dem Baulager der Gemeinde wurden Bohlen angeschleppt und darüber gelegt. In wenigen Stunden war die Straße wieder befahrbar. Die wenigen Lastwagen mit angebauten Holzvergasern waren überladen mit Soldaten. Auf der Pritsche standen sie dichtgedrängt. Auf den Kotflügeln, der Motorhaube, den Trittbrettern saßen, lagen und standen Soldaten. Die Dorfbewohner standen dicht gedrängt entlang der Durchzugstraße. Diejenigen, die auf den Fahrzeugen keinen Platz gefunden hatten und sich zu Fuß weiterschleppen mussten, bettelten die schweigend dastehende Menge förmlich an ...«

Sie wurden mit allem versorgt, was die Menschen hatten. »Am Abend waren sie vorbeigezogen.« Eigentlich war der Kampf zu Ende. Aber Robert erlebte noch ein Nachspiel mit der SS, von dem wir hören werden.

Wie ungebrochen der Einsatzwille gerade der ganz Jungen war, erzählt knapp, aber aufschlussreich Hans B. (1932):

»Zu Hause in Berlin gingen die Luftangriffe weiter. Wir wurden zum ›Volkssturm‹ abgestellt (*offiziell wurden erst Jungen ab 16 einberufen, aber es waren sehr viel Jüngere schon dabei!*) und an der Panzerfaust und MG 42 ausgebildet. Da der Krieg … immer näher kam, wurden wir zu Panzerwachen nachts abgestellt und ein Teil unserer Freunde nach Küstrin zum Schanzen von Panzergräben geschickt. Die HJ-Führer brachten uns bei, dass wir Jungen nun Berlin verteidigen müssen, und so waren wir jede Nacht im Einsatz. Zudem meldete ich mich auch zum Schanzen nach Küstrin. Meine Eltern waren anderer Meinung und beabsichtigten, mit dem nötigsten Hab und Gut in den Schwarzwald zu den Großeltern zu flüchten … Ich ging nur widerwillig mit und hatte fest vor, wieder zurückzufahren, wenn die Familie in Sicherheit war.«

Bei Dienstverpflichtungen von Schülern **in Rüstungsbetrieben** in den letzten Kriegsmonaten wurde den Jugendlichen der traurige Stand der Rüstungsindustrie vor Augen geführt. Klaus B. (1929) wurde von der Altenburger Oberschule mit seiner Klasse in die REIMAG-Werke nach Kahla geschickt, zur Endmontage des zweistrahligen Düsenjägers Me 262:

»Wir wurden in einem Seitental bei Kahla, in einem grundlos verschlammten Seitental, in einstöckige, halbfertige Baracken eingewiesen, zunächst ohne jegliches Mobiliar. Einzig nasse Holzwolle bedeckte die Zimmerböden. Außentemperatur ca. 2 Grad Celsius. Die hygienischen Verhältnisse waren katastrophal. Eine ca. 1,50 m über dem Boden verlegte Wasserleitung mit Wasserhähnen in ca. 5 m Abständen durfte wegen der Gefahr des Einfrierens nicht abgestellt werden. Entsprechend grundlos war die gesamte Umgebung. Als Heizung für unsere Räume standen neue Kanonenöfen im Schlamm und wurden von uns in die Zimmer bugsiert. Mit Spitzhacken stellten wir eine Verbindung mit Tonröhren zwischen Ofen und Kamin her, die wir ebenfalls im Freien fanden. Die feuchte Holzwolle wurde verbrannt, nachfolgend auch die Fußbodenbretter, soweit sie im Eingangsbereich nicht unbedingt gebraucht wurden … Das Essen war äußerst bescheiden. Ich erinnere mich im Wesentlichen an Erbsensuppen und Kommissbrot. Der Tagesablauf bestand in einem 45-minütigen Marsch durch die Bergstollen. Der Berg selbst war mit 272 Eingängen versehen. Die Bergkuppe war abgetragen und mit einem provisorischen Rollfeld versehen. Die fertigen Maschinen wurden mit einem Spezialaufzug am Berghang nach oben gezogen, wo sie zum raschen Start warm liefen. In dieser Zeit kamen meist, wie bestellt, die Jagdbomber und ruinierten entweder das Flugzeug oder das Rollfeld. Zu diesem Zweck saßen wir am Rande des Rollfeldes in Einmannlöchern in Deckung und hatten den Auftrag, nach dem Angriff das ramponierte Rollfeld möglichst schnell mit heißem Bitumen wieder auszuflicken. Viel Positives haben wir dabei nicht bewirkt. Ansonsten standen wir mit Schaufeln herum, um irgendwelche sinnlosen Sandbewegungen zu bewerkstelligen.«

Wie bei Fliegeralarmen und Luftangriffen wurden schon 13- und 14-Jährige bei Kampfhandlungen als **Melder und Kuriere** eingesetzt. Selbst zu Kurierdiensten an den russischen Linien vorbei wurden 14-jährige Jungen geschickt.[8] Manche wurden ernüchtert durch das, was sie zu sehen und zu hören bekamen:

Otto T. (1932), in einem Dorf bei Schwedt an der Oder in der Uckermark: »Der Artilleriestab hatte sich im Keller unseres Hauses einquartiert. Solange bei Hohenkränig, Grabow, Hanseberg gekämpft wurde, hat Vater unsern Einspännerwagen zur Verfügung gestellt, mit dem ein Soldat jede Nacht Gefallene aus dem Brückenkopf bei Kränig abholte. Da auf unserem Gehöft eine Kompanie Soldaten einquartiert lag, blieb das Fuhrwerk mit den Toten tagsüber auf einem Nachbarhof abgestellt. Abends, nach Einbruch der Dunkelheit, fuhr der Kutscher die Leichen zum Soldatenfriedhof nach Schwedt. Von dort ging es aufs neue nach Kränig, und die Totenüberführung wiederholte sich.

Als 13-Jähriger musste ich einige Male Melder spielen. Ich sollte im Schutze der Kastanienallee nach Schwedt fahren. Da die Stadt Sperrgebiet war, erhielt ich einen Passierschein. Man schickte mich mit dem Fahrrad zum Stab Skorzeny, der sich im Keller des rechten Schlossflügels eingerichtet hatte. Habe Skorzeny zweimal zu sehen gekriegt. Von dort überbrachte ich an den Artilleriestab, der in unserem Hauskeller lag, beispielsweise einen Befehl, der da lautete, dass jedes Geschütz pro Tag nur eine Granate verschießen darf.

Vom Treck bis Schwerin zurückgekehrt, wurde Vater im Mai und Juni zur Leichen- und Kadaverbeseitigung eingeteilt. Er erkrankte an Typhus und starb daran im Juli 1945.«

Johannes K. (1932), ebenfalls auf dem Lande bei Schwedt: »Wir durften Schwedt bis zum Inkrafttreten des Evakuierungsbefehls nicht verlassen. Ich wurde als 13-jähriger Pimpf mit anderen Altersgefährten zum Melderdienst beim Sonderstab im Neuen Rathaus kommandiert. Diese Meldereinsätze waren rund um die Uhr organisiert, im Achtstundenzyklus. Da waren Meldungen zum sogenannten Kampfstab in den linken Schlosskeller oder zur NSDAP-Ortsgruppe (Ortsgruppenleiter der NSDAP i.V. Ebbinghaus) in die Berliner Straße zu bringen. Ansonsten hielt man uns mehr als ›Hofpagen‹ der im Sonderstab residierenden städtischen Obrigkeiten, für den Führer des Hitlerjugendbannes 64 sowie für einen gewissen SA-Führer Schepke. Als Melder kamen wir folglich etwas herum, und da und dort erhaschten wir auch einen Blick hinter die Kulissen der ›Stabskultur‹ zwischen täglichem Brüllen zwecks Disziplinierung der Untergebenen und nächtlichem Saufen und Huren. Dabei durften wir Kartons voller Zigaretten, Zigarren und Schnapsflaschen (durchweg kontingentierte, also lebensmittelkartenpflichtige Waren) die Treppen hinaufwuchten bzw. die Kellertreppen hinunterschleppen. Aus heutiger Sicht meine ich, dort damals infernalische Zustände erlebt zu haben. Hinrichtungen kriegsmüder Soldaten und Volkssturmmänner nahmen zu. Hinter der Gasanstalt wurde im Stengerhain ein junger Soldat gehängt, weil ein SS-Richter namens Nürnberg nach durchzechter Nacht in seinem ›Frontstab‹ in Heinersdorf das Todesurteil ungeprüft unterzeichnet hatte. In den Bögen der Meglitzer Brücke sah ich schon Wochen vorher die Leichname (sprich: die stinkenden Kadaver) erhängter Soldaten. Am 16. April kam ich morgens aus dem Melderdienst. Auf dem Hof traf ich den belgischen Kriegsgefangenen Alex, den der Leiter eines Rüstungsbetriebes in der Berliner Allee dem Herrn Hamann zur Pferdepflege ausgeliehen hatte. Dafür war dem Firmenchef vom Pferdehändler Hamann ein Treckwagen für die Flucht zugesagt worden. Alex fuhr mit einem Karren voller Heu zu den Stallungen bei Busse, um die Pferde zu füttern. Ich half ihm, indem ich den Karren mit einem Strick zog. Kurz vor dem Stall detonierte eine Granate in einem etwa zehn Meter entfernten Haufen Pflastersteine. Ein Metallsplitter flog in meine linke Kniekehle, ein anderer blieb am rechten Unterkiefer nahe der Halsschlagader stecken. Der Melderdienst hatte sich damit erledigt. Glück im Unglück! Die Melder-Frühschicht am 20. April, zu der ich gehört hätte, verendete im Granathagel am Neuen Rathaus.«

In diesen Zusammenhang gehört auch die Geschichte von Wilhelm Hübner (1928), dessen Bilder in den letzten deutschen Wochenschauen zu sehen waren und später um die Welt gingen. 1987 hat eine ostdeutsche Regisseurin, Gitta Nickel, einen Film über ihn und den anderen deutschen Jungen gedreht, dessen Foto als Anklage des Krieges ebenso weltbekannt wurde. Ich habe Kontakt zu Wilhelm Hübner aufgenommen; er hat sein Einverständnis erklärt, die Geschichte, wie er sie im Film erzählt, etwas abgekürzt, zusammen mit den Bildern in diese Dokumentation aufzunehmen. Ausnahmsweise wird hier ein Vorspann über seine Herkunft und ein Ausblick auf seinen weiteren Lebensweg hinzugefügt:

Über seine Herkunft und seine Familie berichtet er nur kurz: Sie waren vier Geschwister, ein Bruder ist schon sehr klein gestorben. Der Vater war sehr streng und ohne Verständnis für die Kinder. Sie lebten sehr einfach. Die Mutter hatte es nicht leicht, war aber für die Kinder der ruhende Pol. Sie lebten in Lauban/Niederschlesien als Katholiken in der Diaspora und wurden als »Knierutscher« verspottet. Wilhelm Hübner (1928) spricht in dem Film »Zwei Deutsche«[9]:

»Ab dem zehnten Lebensjahr mussten wir ja zum Jungvolk, im Volksmund Pimpfe, und da ging das Exerzieren los, zuerst mal marschieren, und später dann wurde es interessant, wie dann die Zeltlager und die Geländespiele und die Sachen losgingen.

Ich wurde dann als Hitlerjunge-Volkssturmsoldat (*er betont, dass er sich nicht als Kindersoldat fühlte*) bei der Rückeroberung meiner Heimatstadt Lauban (heute polnisch: Luban) als Melder eingesetzt. Die Uniform hab ich mir in der Kaserne selber besorgt, ich musste ja wie ein Soldat aussehen, und da war in der Kaserne irgend so eine Zeugkammer, da habe ich mir Klamotten rausgesucht, die kleinsten, die da drin waren, die waren für mich immer noch zu groß. Man sieht es ja auf verschiedenen Bildern noch, wie die Schultern runterhängen, und der Gedanke ist tatsächlich dagewesen, dass ich mir vorgestellt habe, was werden jetzt deine Verwandten sagen, wenn es heißt, der Wilhelm ist in Lauben für uns gefallen, also diese Vorstellung, die ist schon dagewesen. Dort gab es 1945 härteste Kämpfe, 50 % der ganzen Stadt wurden zerstört. Es war der SS gelungen, die Russen um zehn Kilometer zurückzuschlagen und die Stadt zu befreien. Die feindlichen Linien lagen im Stadtzentrum nur 200

Meter auseinander. Es wurde fast Auge in Auge gekämpft. Haus um Haus wurde gekämpft. Im Ganzen wurden 48 russische Panzer zerstört, das ist schon viel für so eine kleine Stadt. Und was dabei an Häusern usw. kaputtgegangen ist und an Menschen, das kann man sich vorstellen. Ich habe ja unter anderem auch bei Nacht und Nebel durch das Gelände Meldungen gebracht, und weil ich eben das Gelände so gekannt hab, ist mir das Gott sei Dank verhältnismäßig leicht gefallen. Genau dahinter ist das Wäldchen, wo wir als Kinder gespielt haben. Es war das ideale Kinderspielgelände. Wir haben Krieg gespielt und abends haben wir uns Geschichten erzählt, wie es sein könnte, wenn da Waffen rumliegen usw. Und 1945 ist es grausame Wahrheit gewesen. Da war das hier ein furchtbares Kampfgebiet. Der Meldestab mit dem Kommandeur war mit seinem Stab im Keller der Pestalozzi-Schule einquartiert. Und da wurden nachher Feldbetten aufgestellt. Und wenn da Alarm war und ich eine Meldung wegbringen musste, musste ich mir 'nen guten Weg aussuchen, und dann musste ich wissen, wo momentan die Front verläuft, und bei solchen Straßenschlachten, wie es damals hier war, da wusste ja von einer Stunde zur anderen niemand mehr, in welchen Häuserblocks wer drin ist, die eigenen Leute oder der Gegner, und ich bin direkt am Kartentisch, ich kleiner Kerl damals, bin ich dabei gewesen. Zum Beispiel wurde gefragt, da ist 'ne Brücke, da können Panzer rüberkommen. Dann habe ich sagen können, nee, das ist da unten bloß 'ne kleine Holzbrücke, die hält einen Panzer nicht aus, das waren alles solche Situationen. Ohne Glück kommt man in solchen Situationen nicht aus. Es hätte mir nichts geholfen in der Nacht, wenn ich mich auch auskannte in der Gegend, wenn 'ne Granate genau bei mir eingeschlagen wäre. Ich habe auch insofern Glück gehabt: Maschinengewehrgarben von durchgebrochenen Panzern sind einen Meter über meinem Kopf in den Zaun reingerast, das war Glück. Auf dem Schulhof sind vier oder fünf Stalinorgel-Granaten eingeschlagen. Ich war mitten in dem Feuerzauber dringelegen – kein Kratzer. Ich weiß, dass auf unserer Seite ein Schnapsladen war. Da hab ich mir ›ne Flasche Eierlikör geholt oder Kakao mit Nuss, glaub ich, war es, und dann hab ich mich mit meiner Flinte hinter diesen Fenstern (*er bezieht sich in seiner Erklärung auf die Lokalitäten, die im Film gezeigt werden*) hinpraktiziert und habe mich erst mal vollaufen lassen, wie man so schön sagt, und dann ab und zu bloß mal einen Schuss rausgegeben und wieder hinter der Mauer versteckt. Ich war immer einer der Kleinsten, und vielleicht hat das was mit ausgemacht, dass die Kugeln alle über mich drübergegangen sind. Da waren die alten Soldaten, die die ganzen Feldzüge mitgemacht haben und in meinem Übereifer haben sie mich halt mal 'n bisschen gebremst und haben gesagt: ›Bubi‹, so haben sie mich damals genannt, ›Bubi halt dich zurück, viel können wir nicht mehr machen, wir müssen bloß schauen, dass die restlichen Frauen und Kinder, die noch unterwegs sind als Flüchtlinge, dass die noch in Sicherheit kommen.‹

Am Schluss der Kämpfe, bevor ich zur Hitlerjugend zurückgeholt worden bin, habe ich von dem Kampfkommandanten im Hof der Pestalozzischule in Lauban vor angetretener Melderkompanie das Eiserne Kreuz angeheftet gekriegt, habe die Front abgeschritten.

Als Lauban befreit war, kam extra Goebbels und das wurde in der Wochenschau groß gebracht. Ich bin dann zurückgeholt worden zum HJ-Stab. Und dann kam die Einladung vom Reichsjugendführer Axmann ins Gästehaus am Gatow-See in Berlin. Dort waren wir eine Woche Gäste und haben die besten Speisen und Getränke gekriegt. Dort bekam ich einen Füllhalter mit Goldfeder und eine Mundharmonika geschenkt. Den Fotoapparat, den ich mir gewünscht hatte, gab es zu dieser Zeit nicht mehr, ich sollte ihn nach dem Endsieg bekommen. Dann wurden wir zur Reichskanzlei gebracht, der Führer empfängt uns 20 Jungen. Da war an der Rückseite ein Hof. Hitler ist gekommen, hat jeden begrüßt, jeder hat Meldung gemacht und sagen müssen, wo er war im Einsatz. (*Im Originalton der Wochenschau erstattet Wilhelm Hübner die folgende Meldung: ›Als der Russe näher an Lauban heranrückte, habe ich mich dem Kampfkommandanten von Lauban freiwillig als Melder zur Verfügung gestellt. Meine Aufgabe bestand darin, Meldungen zu den einzelnen Kompaniegefechtsständen zu bringen. Außerdem habe ich oftmals Panzerfäuste und Verpflegung in die Hauptkampflinien geschafft. Die Panzerfäuste habe ich auf Leiterwagen oder auf Karren unter feindlichem Beschuss in die Linien geschafft.‹*) Da hat er mir so die Wange gestreichelt und hat so ungefähr gesagt, ich kann es jetzt nicht mehr genau wiederholen: ›Brav, mein Junge.‹ Er hat 'ne kurze Ansprache gehalten und ist wieder gegangen mit seinem Schäferhund, seinem Stab. Und wir sind wieder ins Gästehaus. Natürlich waren wir alle furchtbar aufgeregt – ich meine, als Hitlerjunge mal dem Führer gegenüberstehen und die Hand geben, das war einfach das höchste, was es überhaupt gegeben hat in der damaligen Zeit, und momentan vor Aufregung hat man da gar nichts denken können. Nur im Nachhinein, viel später dann, habe ich im Innern so ungefähr denken müssen, unser Adolf ist ein alter Mann geworden; man hat gesehen, dass er ein gebrochener Mann war …

Kurz nach den Kämpfen, als der Goebbels da war und als ich wieder in meiner HJ-Einheit war, haben wir dann für längere Zeit in Lauban Brücken bewacht, weil das jetzt auch hinter der Front lag, auch Kameraden von mir. Dann kam der 7. Mai, uns wurde gesagt: Alles zurück – aus.

Ich bin dann noch zum Kampfkommandanten, wollte mit ihm mitmarschieren mit seinen Soldaten. Hat er gesagt: ›Nein Bubi, ich kann dich jetzt nicht mehr mitnehmen, jetzt ist es aus‹ …«

Ausnahmsweise sollen hier schon einige Anmerkungen zu seinem späteren Lebensweg vorweggenommen werden. »Wir sind nicht freiwillig aus Lauban weggegangen. Wir sind ausgewiesen worden. Wir sind dann letztendlich auf langen Irrwegen im Braunkohlenrevier bei Leipzig gelandet, mein älterer Bruder und ich.« Sie wussten zuerst nicht, was sie mit dem kleinen Kerl anfangen sollten. Vier Wochen hat er Kohlenstaub geschaufelt, dann war er noch ein Vierteljahr mit älteren Schlossern bei schwerer Arbeit als Pressenschlosser. Die Eltern waren in Bayern. Für ihn wurde ein Vormund bestellt. Der sorgte dafür, dass er seine Lehre beenden konnte: »Ich hätte normal Mitte April die

Lehre beendet gehabt, und im Februar gingen die Kämpfe los.« Er musste nochmals ein Jahr nachlernen an der Drehbank, aber er schaffte die Prüfung.

»1948 bin ich mit meinem Freund zur Volkspolizei, wir wollten Polizeidienst machen, und dann haben wir in die Kaserne müssen und haben uns auf zwei Jahre verpflichten müssen. Und da ist der alte Barras-Schliff wieder losgegangen, da habe ich gemeutert. Dann hat man mich entlassen. Im Werk wollte man mich an der Drehbank auch nicht mehr aufnehmen. Und da bin ich dann zu meinen Eltern – Vater, Mutter und der jüngere Bruder – nach Landshut in Bayern. Da hab ich in Pfettrach erst mal beim Bauern bis 1950 arbeiten müssen, um ein paar Mark und ums Essen, bis ich dann in einem Öllager einen ersten Arbeitsplatz gekriegt habe, dann war ich Büromaschinenmechaniker, dann habe ich zwei Wohnanlagen betreut, schließlich wurde ich Motorenschlosser.«

Er wurde ein sehr tüchtiger Motorenschlosser, voll auf dem Stand der modernen Technik.

Eine Beurteilung seiner damaligen Gefühle will er gar nicht versuchen. Das Bild und andere Bilder und Andenken hat er aufbewahrt: »Das sind meine persönlichen Erinnerungen. Die Geschichte ist für mich abgeschlossen.« Und er fügt hinzu:

»Ja, über folgendes bin ich sehr froh, dass ich während der vier Wochen Straßenkampf, wo ich als Melder in Lauban gewesen bin, dass ich nicht sagen kann, oder zumindest mit Sicherheit sagen kann, dass ich irgendjemand tödlich getroffen habe. Und das Eiserne Kreuz, das habe ich eigentlich, wie mir nachträglich dann gesagt wurde, dafür gekriegt, dass ich eben Meldegänge gemacht habe unter feindlichem Beschuss, die ich durchgebracht habe zu meinem Glück.«

Er beendet seine Ausführungen mit den Worten: »Alles, was ich bis jetzt ausgesagt habe, lässt das ja anklingen, das ist für mich so selbstverständlich, dass ich das gar nicht mehr erwähnen brauche, dass ich sage, es darf keinen Krieg mehr geben, es darf keinen Krieg mehr geben.« Und es ist ihm heute wichtig hinzuzufügen: »Von den Verbrechen der Nationalsozialisten habe ich erst in der Nachkriegszeit erfahren.«

Eugen B. erwähnte schon das **Wehrertüchtigungslager**, in das er kurz vor seiner Einberufung zur Wehrmacht geschickt wurde. Himmler als Oberbefehlshaber des Ersatzheeres hatte am 1. Oktober 1944 verfügt, dass die 16-Jährigen, also Jahrgang 1928, aber auch schon die 15-Jährigen, innerhalb von sechs bzw. vier Wochen für das 3. Aufgebot des Volkssturms ausgebildet werden sollten. »Wehrertüchtigung«, das heißt vormilitärischer Drill, war schon vorher ein zentraler Teil des HJ-Dienstes, des Sportunterrichts in der Schule und in der Kinderlandverschickung gewesen.[10] Diese 15-Jährigen kamen also schon gut trainiert in die Lager. Wie es dort zuging und wie er von einem Lehrgang zum anderen geschickt wurde, schildert wieder der Berufsschüler Eugen B. (1928):

»Im Jahr 44, im Februar machte ich meinen ersten Lehrgang, vormilitärische Skiausbildung in Oberstaufen im Allgäu, gerade 15½ Jahre alt. Der Lehrgang ging von der HJ aus. Wir wurden dort schon vormilitärisch ausgebildet von Unteroffizieren, bei wenig Essen.

Im gleichen Jahr war ich von der HJ aus in einem Wehrertüchtigungslager. Man lernte dort alles kennen, was man brauchte zu einem Infanteristen: Anschleichen, Tarnen, Meldungen schreiben, Schießen, Handgranaten werfen. Alles was für den Krieg notwendig war, mussten wir dort lernen, auch bei Nacht. Wir hatten so manche Nacht keine Ruhe, weil wir durch die Gegend gehetzt wurden, kreuz und quer. Das dauerte vier Wochen. In diesem Lager musste alles im Laufschritt gemacht werden, dafür wurden wir dann am Abend mit dem Gartenschlauch mit kaltem Wasser abgespritzt. Das Essen war nicht besonders gut und roch immer nach Soda. Der erste Lehrgang war Ende August aus.

Gleich darauf musste ich nochmals fort. Ich hätte normalerweise an den Westwall gesollt, aber dieser Lehrgang kam nicht weg, und so kam ich das zweite Mal zum Wehrertüchtigungslager, wurde allerdings schon zwei Tage vor Ende nach Hause entlassen.«

Zwischendurch war er dann beim Schanzen und Ausheben von Panzergräben unter Fliegerbeschuss, wie wir gehört haben.[11]

»Als wir vom Westwall nach Hause kamen, dauerte es nicht lange, da musste ich noch einen Volkssturmlehrgang mitmachen, in der Präparandenanstalt in Backnang, der dauerte auch 14 Tage. Dort lernten wir Pistolen, Maschinenpistolen, MG und alles, was man so brauchte, bedienen. Wir waren da z. B. zwischen dem Viadukt und der Firma Kälble auf den Äckern mit dem Gewehr, auf den Ellbogen, so dass wir voller Dreck waren. Um die Sachen wieder in Ordnung zu bringen, weil anschließend gleich wieder Appell war, warfen wir unsere Uniformen kurzerhand in die Murr, haben sie ausgewrungen und zogen sie nass wieder an. Es war Dezember!«

Er war 16 Jahre alt, als er zur regulären Wehrmacht eingezogen wurde. Von seinem weiteren Schicksal werden wir noch hören.

Bernd H. (1929): »Im Frühjahr 1944 kam ich nach Hirschegg/Kleinwalsertal zur Wehrertüchtigung. Hier wurden wir von Gebirgsjägern zum Skifahren mit Ausrüstung unterrichtet. Wir bekamen auch Unterricht im Nahkampf mit Dokumentationsfilmen … Bei der Vorführung des Dokumentarfilmes gab es Erläuterungen eines Wehrmachtsoffiziers. Der Sinn war, dass Russland die größte Gefahr für Deutschland sei. Die Russen und Partisanen müssten gnadenlos besiegt werden. Die Nahkampfszenen konnten an Brutalitäten und Scheußlichkeiten nicht schlimmer gezeigt werden. Wir mussten es ohne Wenn und Aber ansehen …«

Bei der Entlassung bekamen wir eine Armbinde ›Deutsche Wehrmacht‹. Diese ist im Ernstfall zu tragen und verpflichtet, den Anordnungen der Wehrmacht oder dem Werwolf Folge zu leisten.«

Er hatte sich freiwillig zur Luftwaffe gemeldet und war als tauglich (Bordfunker und Fallschirmjäger) befunden worden.[12] Er war 15 Jahre alt. Einigen der damals eingesetzten Jungen sind diese Lager in schönster Erinnerung geblieben, wie Ferienlager. Karlheinz G. (1929), der begeisterter Reiter und bei der Reiter-HJ war: »Im Sommer 1944 durfte ich mit ins Reiter-Wehrertüchtigungslager nach Wermsdorf. In den ersten Tagen biss mich ›Flint‹ beim Hinterhandputzen in den Rücken. Die Narbe ist heute noch sichtbar. Trotzdem waren es drei herrliche Wochen mit viel Einzelerlebnissen, die zu berichten hier zu weit führen würde.« Der 15-Jährige hatte sich schon als Aktiver Offiziersbewerber bei der Wehrmacht gemeldet. Die Wirklichkeit des Krieges und der Kriegslage war in der Vorstellung dieses Jungen noch nicht angekommen. Er war nicht der einzige.

Als Mischung zwischen Ernst und Spaß werden die meisten dieser Hitlerjungen diese Zeit empfunden haben, denn sie waren dergleichen ja von Kind an gewöhnt. Anschaulich fasst Horst Schmid (1929) noch einmal zusammen, wie die HJ-Erziehung nahtlos in die Wehrerziehung überging und wie raffiniert Spiel und militärisches Schleifen samt politischer Indoktrination verbunden wurden:

»Gerade 15 Jahre alt geworden, wurden wir nun in Drillichuniformen gesteckt und drei Wochen nicht nur gründlich vormilitärisch ausgebildet, sondern auch politisch gehörig durch die Mangel gedreht. Aber auch hier zeigte sich wieder einmal das Phänomen der Kameradschaft: In der Gruppe von ›Schicksalsgenossen‹ ließ sich das alles recht gut ertragen, ja es machte uns meist sogar großen Spaß. Auf der ›Speisekarte‹ für unsere Ausbildung standen Dinge wie Schießlehre, Waffenlehre und praktisches Schießen mit dem Kleinkalibergewehr. Des weiteren Geländeausbildung mit Geländebeschreiben, Kartenkunde, Meldung, Tarnung, Sicherung, Geländebenutzen und Spähtruppaufgabe. Entsprechend abwechslungsreich war unser Tagesablauf. Bei schönem Wetter fast immer draußen. Zur Unterweisung standen oder saßen wir um unseren Unteroffizier herum; es wurde viel marschiert und dabei zünftig gesungen; das Gelände lernten wir meist aus der Froschperspektive kriechend oder robbend kennen, auf unsere Bekleidung mussten wir zum Glück keinerlei Rücksicht nehmen …

Wir waren in Baracken untergebracht. Des Nachts wurde es oft unruhig, weil auch hier ein ›Kasernengeist‹ am Werke war. Da gab es Rivalitäten zwischen den einzelnen Stuben, oder aber bekam ein Außenseiter seine ›verdiente Abreibung‹, der im Verdacht stand, andere verpetzt zu haben.

Im Speisesaal fanden die gemeinsamen Mahlzeiten statt, wobei die Ausbilder und der Lagerleiter Bergdold am Vorstandstisch saßen. Der Lagerführer war gewissermaßen ein Zwitter: Er war Militär und ›Politkommissar‹. Manchmal trat er in der Uniform eines Leutnants der Infanterie, dann wieder als HJ-Gefolgschaftsführer gekleidet auf. So oder so angezogen, war er der einzige aus der Führungsriege, den wir duzen durften. Im Speisesaal fanden auch die politischen Schulungen statt, die er selbstverständlich in der für diesen Zweck angezeigten braunen Aufmachung hielt. Es war immerhin Spätsommer 1944, und wir hörten viel von der Überlegenheit der nationalsozialistischen Lehre, vom zu bekämpfenden Bolschewismus und schließlich vom Endsieg, der uns bei entsprechendem Einsatz sicher sei. Dazu würde auch der Jahrgang 1929 gebraucht.«[13]

Der Jahrgang 1929 und zum Teil noch der Jahrgang 1930 wurden **regulär zur Wehrmacht eingezogen.** Hierzu gab es zwei sich scheinbar widersprechende Anweisungen. Martin Bormann ordnete am 27.2.1945 an, den Jahrgang 1929 dem Volkssturm einzugliedern. Generalfeldmarschall Keitel verfügte am 5.3., mit der Dienstverpflichtung des Jahrgangs 1929 zu beginnen. Der scheinbare Widerspruch löst sich, wenn man mit Karl Heinz Jahnke annimmt, dass Bormann diejenigen im Blick hatte, die wegen der Nähe der Front gar keine reguläre Ausbildung mehr bekommen konnten oder zum Militärdienst ungeeignet waren.[14] Sie sollten, so wie sie waren, dem Volkssturm einverleibt werden. Schon im Januar 1945 war die Entscheidung gefallen, in einer zentralen Aktion 60.000 15-jährige Jungen für den Dienst bei den RAD(*Reichsarbeitsdienst*)-Flakbatterien einzuberufen. In der Anweisung hieß es: »Im Gegensatz zur Aktion der Luftwaffenhelfer werden die Jugendlichen nicht notdienstverpflichtet, sondern als RAD-Männer gemustert und einbe-

3. Kindersoldaten: Horst Schmid und Kameraden

rufen, auch wenn das 16. Lebensjahr noch nicht erreicht sein sollte.« Wie sie auf den Kampf eingestimmt wurden, zeigt der Aufruf des Reichsjugendführers Arthur Axmann: »Ich weiß, dass der Jahrgang 1929 dem Jahrgang 1928 in seiner Entschlossenheit, für die Freiheit und eine glückliche Zukunft zu kämpfen, in nichts nachstehen wird. Der Feind steht in unserer Heimat und bedroht unmittelbar unser Leben. Bevor wir uns vernichten oder knechten lassen, wollen wir zäh und beharrlich bis zum endlichen Siege kämpfen.«[15] Dass es um »Sein oder Nichtsein« gehe und dass der Endsieg gewiss sei, hatten die meisten dieser Jungen schon lange verinnerlicht.

Aus dem Tagebuch von Reinhard Gröper (1929), der mit seiner Klasse von Stuttgart nach Rottweil in die Kinderlandverschickung gekommen war:

»April. (*1945*) Die Kriegslage: Im Westen: Der Feind steht überall am Rhein. Kämpfe im Rothaargebirge. Feindliche Panzerspitzen vor Kassel. Der Feind aus Aschaffenburg geworfen. Kämpfe im Odenwald und am unteren Neckar.

Im Osten: Kampf in Ostpreußen. Kampf um Danzig, Stettin, Küstrin, Glogau und Breslau. Schlacht im Raum Strehlen und von Ratibor. Kämpfe im slowakischen Erzgebirge bei Neusohl. Russen teilweise an der Grenze der Ostmark. –

Die Lage ist nicht gerade rosig, aber es ist kein Grund da, den Kopf hängen zu lassen oder gar am deutschen Sieg zu zweifeln.«

Aus dem Tagebuch von Karl Heinz Mehler (1929), im KLV-Lager Titisee im Schwarzwald:[16]

»2. IV. 45, Montag. Mittags tummelten wir uns im Gelände herum. Warfen am Bach auf kleine Schiffchen und trieben lauter so Zeug. Das Wetter geht so. Die Sonne verschwindet nur alle Augenblicke hinter den Wolken. Das Essen ist zur Zeit nicht gerade reichlich. Ja, wir sind halt alle im Wachsen, und da könnte man essen wie ein Drescher. Aber ich glaube, wir müssen uns dies Jahr noch auf kleinere Rationen umstellen, denn mit der Ernährungslage sieht es jetzt nicht mehr so gut aus. Es fehlt überhaupt an vielem. Doch man würde alles gerne ertragen, wenn man ein gutes Ende voraussehen könnte, aber zur Zeit trüben für uns dunkle Wolken den Himmel. Aber nur Mut, es muss gelingen. Ich weiß, dass wir noch an die Front kommen, und ich habe eigentlich keine Angst davor. Wenn ich nur wüsste, dass meine Eltern in Sicherheit wären.«

Er schildert dann seine Einberufung, Einkleidung, Ausbildung und den Einsatz:[17]

»Am 17. April 1945 war es dann für uns Schüler des Jahrgangs 1929 so weit. Auch wir wurden zum Militärdienst eingezogen. Zuvor fand in Titisee eine ärztliche Untersuchung statt, bei der nur einige etwas schwächliche Schüler ausgesondert wurden. Von einem, Werner Brehm, habe ich später erfahren, dass er bitterlich geweint hat, denn er wollte unbedingt mit seinen Kameraden in den Krieg ziehen. Der Lagerleiter verabschiedete uns mit den salbungsvollen Worten: ›Nun ziehet dahin und lebet wohl. Kämpfet tapfer für das Vaterland und kehret gesund wieder.‹ … Als wir in Triberg ankamen, standen die französischen Truppen nicht mehr weit davon entfernt. Wir wurden in aller Eile eingekleidet, und zwar erhielten wir eine ungewöhnliche olivfarbene Uniform. Vermutlich wurden Restbestände der ›Organisation Todt‹ für unsere Einkleidung verwendet. Eine kurze Ausbildung am Karabiner und an der Panzerfaust folgte in Schonach am 20. April 1945, also zu Hitlers Geburtstag, unsere Vereidigung und danach der sofortige Abmarsch in Richtung Bodensee. Die Einheit, zu der wir zählten, nannte sich HJ-Panzervernichtungsregiment 21-Baden. Sie bestand ausschließlich aus Jugendlichen unseres Jahrgangs. Außer uns Mittelschülern gehörten auch viele Jugendliche aus dem Schwarzwald zu diesem ›letzten Aufgebot‹. Die Unteroffiziere und Offiziere waren Wehrmachtsangehörige, von denen wir nicht wussten, woher sie kamen. Wir folgten ihren Befehlen, so wie wir das gelernt hatten.

Wenn ich heute über diese Tage nachdenke, kommt mir all dies wie ein Traum vor. Die Ereignisse überschlugen sich. Ich sehe die Aushändigung der Uniformen und der Waffen vor mir, ich höre noch das Gebrüll bei der Ausbildung. Auch die Aufstellung zur Vereidigung in einem Schulhof ist mir gegenwärtig. Die Ansprache eines Hauptmanns, der wahrscheinlich unser Kompaniechef war, ist nicht lang gewesen. Was hätte er auch Besonderes sagen sollen? Er sprach von dem Siegeswillen der deutschen Jugend, vom bevorstehenden Einsatz neuer Waffen und wie üblich vom Endsieg, der gewiss sei. Natürlich habe ich mit erhobener Schwurhand laut und feierlich gelobt, mich für ›Führer, Volk und Vaterland‹ bis zum Letzten einzusetzen. Der Glaube an Hitler und an den Sieg bestand bei mir noch immer.«

Der »Militärdienst« bestand dann im Requirieren von Fahrrädern, und am 29. April wurden sie bei Immenstadt tatsächlich auf einer Anhöhe postiert, von wo aus sie angebliche französische Fahrzeuge beschießen sollten. Dabei töteten sie vermutlich einen deutschen Arbeitsdienstmann. Französische Fahrzeuge tauchten nicht auf.

»Zum Glück kam keine französische Einheit in der Nacht und am folgenden Tag in den Ort Blaichach. Wir hatten Wachen aufgestellt, und wir hätten das Dorf ganz bestimmt verteidigt … Am nächsten Morgen vergnügten wir uns damit, dass wir mit unseren Karabinern auf anfliegende Jagdbomber einige Schüsse abgaben. Das waren ›Kinderspiele‹, die wir da mitten im Kriegsgeschehen der letzten Tage betrieben.«

In Blaichach sahen sie auch freigelassene Häftlinge in ihren gestreiften Anzügen. Dass dort ein KZ gewesen war, erfuhr Karl Heinz erst lange nach dem Krieg.

»Gegen 17 Uhr fuhren französische Panzerspähwagen in Blaichach ein und begannen, mit Maschinengewehren das Feuer auf das Gebäude zu eröffnen, in dem wir uns befanden. Wahrscheinlich waren sie von den Häftlingen auf diesen Standort aufmerksam gemacht worden. Ich sah, wie ein Offizier durch ein Hinterfenster hechtete und folgte ihm in Panik. Der Spurt über die hinter dem Haus liegende Wiese in den nahegelegenen Wald brachte mich in Sicherheit.«

Dort traf er noch auf drei seiner Kameraden. »Wir waren wahrscheinlich alle dem ›Heldentod‹ sehr nahe gewesen, viel näher, als wir es wahrgenommen haben.« Am 1. Mai gerieten sie bei Steibis dann ganz undramatisch in französische Kriegsgefangenschaft, aus der er erst im Frühjahr 1947 zurückkehrte.

Werner Nemitz (1929), Stettin, wartete ungeduldig auf seinen 16. Geburtstag (am 8.6.) und auf den dann fälligen Einberufungsbefehl. Er schaffte es, mit 15 Jahren und neun Monaten als Kriegsfreiwilliger genommen zu werden. Die Mutter war mit dem jüngsten Bruder evakuiert, der jüngere Bruder in der KLV. Der Stahlhelm war ihm zu groß, er musste das Innenband mit Zeitungspapier auspolstern. Der Geschützdonner der Russen war schon zu hören. Es war noch unsicher, ob sie als Werwölfe schon hinter den feindlichen Linien eingesetzt oder als »Volkssturmmänner« noch gegen die sowjetischen Panzer geschickt werden sollten. Er erinnert sich an ein Lied, das sie damals gerne und lautstark sangen:

»›Rot ist die Klinge
vom Bolschewikenblut,
hell unser Lachen
und froh unser Mut.
Wenn wir marschieren,
erzittert die Welt;
und wir marschieren,
wohin's uns gefällt.
Kameraden, an die Gewehre!
Wohin wir auch kommen,
erkennt man uns schon,
uns Panzergrenadiere
der HJ-Division.‹
Mit diesem Lied identifizierten wir uns.«[18]

Sie wurden im Kampf um Stettin eingesetzt, wie wir hören werden.

Aber längst nicht alle waren begeistert, als sie einrücken mussten. Die Zeichen der Auflösung waren unübersehbar. Klaus L. (1929), der zuvor in einem sehr anstrengenden Fabrikeinsatz gewesen war und mit großer Freude erfahren hatte, dass er am 1. April 1945 seine Lehre als Bankkaufmann beginnen könne, schreibt:

»Doch die Freude währte nicht lange. Am 12. März erhielt ich den Einberufungsbefehl vom Wehrmeldeamt Ludwigsburg, einrücken am 29. März 1945. An diesem Tag war ich gerade mal 15 Jahre und 4 Monate alt.

So um den 10. bis 22. März hörte man gerüchteweise, dass die amerikanischen Truppen bei Mannheim stehen sollten. Ich überlegte jetzt hin und her, was ich machen sollte, aber meine Tante Maria sagte zu mir, wenn du nicht gehst, ist das Fahnenflucht, und das wird hart bestraft. Meine Mutter sagte, geh aufs Rathaus und frage, was du machen sollst. Das tat ich dann auch. Hätte ich es lieber nicht gemacht, denn dort wollte ich dem Polizeioberleutnant Christian H. klarmachen, dass es doch nichts mehr nütze, wenn ich jetzt noch meinem Einberufungsbefehl Folge leiste. Der aber schrie mich an, hieß mich einen Feigling und Vaterlandsverräter, ich wäre am liebsten in den Boden versunken. Ich konnte froh sein, dass er mich nicht gleich einsperrte. So blieb mir nichts anderes übrig, als mich auf meine Abreise vorzubereiten … Im Flur beim Wehrmeldeamt in Ludwigsburg lief mir ein Wehrmachtsunteroffizier über den Weg, und ich frage ihn nach der RAD-Dienststelle. Er sagte mir, dass die meisten von denen schon getürmt sind und die noch da waren, wären alle besoffen. Er sagte mir noch, da ist in den nächsten paar Stunden nichts zu machen, die müssten zuerst ihre Räusche ausschlafen.

Was sollte ich nun machen? Im Treppenhaus traf ich dann noch einen älteren Nachbarn aus Bietigheim. Er wurde auch noch einberufen. Er war in Wehrmachtsuniform und fragte mich, was um Himmels willen ich da mache. Ich erklärte ihm alles, und er schüttelte nur den Kopf und meinte, am besten wäre es, wenn ich mit dem nächsten Zug wieder nach Hause fahre.«

Klaus aber hatte Angst vor der Polizei und versuchte, zu Fuß nach Hause zu kommen. Er traf unterwegs noch andere Jungen, sie waren zu sieben. Ein Wehrmachtsauto sammelte sie ein und fuhr sie direkt vor die Türe des RAD-Lagers in Sulzbach.

»Es war kurz vor 17 Uhr. Wir drückten neben der Tür den Klingelknopf. Nichts rührte sich. Wir mussten noch zweimal klingeln, bis endlich die Türe aufging und ein RAD-Vormann erschien und fragte: ›Was wollt ihr?‹ Wir zeigten ihm unsere Einberufungsbefehle und waren erstaunt, dass er uns nicht gleich reinholte. Dann sagte er leise zu uns: ›Oh, ihr dummen Buben, wärt ihr doch zu Hause geblieben, hier weiß niemand, dass ihr euch heute bei uns melden sollt. Aber wenn ihr jetzt schon da seid, auf geht's, kommt rein.‹«

Sie wurden tatsächlich ausgerüstet und noch in den Kampf geschickt, in dem sie beinahe umkamen. Schließlich kamen sie in amerikanische Gefangenschaft. Wir werden Klaus L. wieder begegnen.

Es hing sehr von den örtlichen Parteifunktionären und den einzelnen Kommandeuren ab, wie ernst sie die Befehle und Anordnungen »von oben« noch nahmen und welches Verantwortungsgefühl sie diesen Kindern gegenüber hatten. Viele von ihnen waren ja selbst Väter und schöpften im allgemeinen Durcheinander ihren Handlungsspielraum zugunsten dieser Kinder voll aus. Am gefürchtetsten war bis zum Ende die SS. Die meisten Jungen versuchten mit allen Mitteln, der **Waffen-SS** zu entkommen. Diese wiederum bot alles auf, um möglichst viele noch zu rekrutieren, machte regelrecht Jagd auf sie, sammelte sie von der Straße ein. SS-Werber erschienen in den Schulen und in der Kinderlandverschickung und übten massiven Druck auf die Jungen aus. Es gab eine sichere Möglichkeit, der SS zu entgehen, wenn man sich freiwillig rechtzeitig zur Wehrmacht – dabei konnte man die Gattung meist noch selbst wählen – oder als Bewerber für die Offizierslaufbahn meldete. Schon 14-Jährige konnten unterschreiben, ohne die Eltern fragen zu müssen. Aus dem Tagebuch von Heinz G. (1929), damals in der KLV in Titisee im Schwarzwald: »12.II.45. Heute kam ein Generalmajor; Eichenlaubträger der Waffen-SS. Er wollte mit aller Gewalt seine ›Kameraden‹, d. h. uns, zur SS befördern. Doch die meisten blieben hart und vereitelten sein Vorhaben.« Horst Schmid (29), Stuttgart, wurde mehrmals dieser »Werbung« durch die SS unterzogen. Hier der erste Bericht:

»Wir wurden im März 1945 in Uniform, mit dem Turndress darunter, zu einer Reihen-Röntgen-Untersuchung in die Turnhalle des Schulkomplexes bestellt. Dort mussten wir in Reih und Glied antreten und unsere Kleidung ebenso fein geordnet auf dem Hallenboden ablegen. Die SS-Mannschaften an den Geräten fielen uns gleich auf, etwas später auch deren rauer Umgangston. Nach der Untersuchung, die, wie sich herausstellte, nur ein Vorwand war, kam dann die eigentliche Überraschung. Wir durften nicht, wie erwartet, unsere Kleider wieder anlegen und gehen. Nein, wir wurden über den großen Hof in das 100 Meter entfernte Schulgebäude geschickt, wo man uns zunächst in einem Klassenzimmer schmoren ließ. Hier geschah ein physikalisches Wunder. Wir schmorten in der Ungewissheit und trotzdem kroch uns in dem ungeheizten Raum die Kälte immer stärker den Rücken herauf. Es war ein kühler Tag, den wir bereits bei unserem Gang in den Hof in unserer leichten Bekleidung unangenehm zu spüren bekamen. Wir harrten also der Dinge, die da auf uns zukommen sollten. Etwas Angenehmes konnten wir unter diesen Umständen wohl kaum erwarten.

Dann betrat schließlich nach langer Wartezeit eine Delegation von SS- und HJ-Größen das Zimmer. ›Aufstehen!‹ Zackiger Hitlergruß. Dann ging es gleich zur Sache: In einer engagierten, lautstarken Werberede wurde uns klargemacht, wie sehr uns das Vaterland brauchte und wie wichtig es war, jetzt Farbe zu bekennen. Wir wurden nach allen Regeln der Rhetorik ›weichgeklopft‹, uns hier und jetzt zur Waffen-SS freiwillig zu melden …

Es gab nur einen Weg aus dieser gemeinen Falle, und der hieß bluffen. Also gaben wir zu Protokoll, wir hätten uns alle bereits zu einer der regulären Waffengattungen,

Heer, Luftwaffe oder Marine freiwillig gemeldet. Mit einer solchen Aussage, ganz gleich ob zutreffend oder nicht, hatten wir eine Chance uns hier ›freizukaufen.‹«[19]

Später verlangte die SS Bescheinigungen. Es wird auch berichtet, dass in manchen Fällen den Jungen eine Flucht über das Klofenster gelang.

Karlheinz G. (1929): »Spätherbst 1944. ›Warum hast du mir das nicht gleich gesagt?!‹ Wütend sprang der SS-Offizier hinter seinem großen Schreibtisch vom Sessel, als ich ihm ein Papier vorlegte, das mich als AOB (= Aktiver Offiziersbewerber der Wehrmacht) auswies und mich von allen, aber auch allen Dienstverpflichtungen freistellte. Der SS-Offizier (seinen Rang weiß ich nicht mehr) hatte vorher in dem wohl mit allen Fahnen des Dritten Reiches geschmückten Raum über eine halbe Stunde auf mich eingeredet, um mir die Vorzüge der Waffen-SS vor Augen zu führen und mich zum Beitritt zu bewegen.«

Warum war die Waffen-SS bei den meisten so gefürchtet und verhasst? Manche, obwohl selbst gläubig und kampfbereit, hielten die SS für »politische Spinner«, wie sich einer ausdrückte. Sie galt als rabiat und rücksichtslos. Der Hauptgrund war wohl, dass sie die höchsten Verluste hatte. Zur SS zu kommen, bedeutete fast ein Selbstmordkommando. Gerade das zog die ganz Fanatischen an. Dazu zitiere ich Kurt Meyer, der einige Stimmen gesammelt hat:

»Peter Petersen wollte im Krieg zur SS, ›weil es die Elite war, die besten Soldaten, die die schicksten Uniformen trugen‹. ›Bei der Waffen-SS hatten wir dieses Bewusstsein, Elite zu sein. Ich kam ja gleich zur Kampftruppe, zum Politisieren war gar keine Zeit‹, erinnert sich Rudolf Würster. Pater Basilius Streithofen meldet sich mit siebzehn Jahren freiwillig zur Waffen-SS und führt zur Begründung an: ›Mit 17 Jahren war ich ja noch ein Kind. Wir wollten halt nicht zu einer gewöhnlichen Einheit gehören. So ist das nun mal bei jungen Leuten, da waren keine politischen Reflexionen dabei, sondern Abenteuerlust, und man übersah ja gar nicht, was da lief.‹ Als Albert Bastian sechzehn Jahre alt war, sagte man ihm bei der Musterung, dass er kerngesund sei und dass ein so großer und starker Junge wie er eigentlich zur Waffen-SS gehöre. Und so erinnert er sich: ›Ob ich nicht Lust dazu hätte. Mir wurde ganz warm ums Herz. Ich zur Waffen-SS. Zur Elite-Truppe. Das wa-

4. Der 14-jährige Karl Burkhof mit Eltern

ren eben die besten von Deutschlands Jugend. Und dieser Gattung sollte ich angehören dürfen. Ich habe daher nicht lange gezögert und mein Einverständnis erklärt.‹«[20]

Unter meinen Gewährsleuten waren nur sehr wenige, die so dachten. Aber es gab sie. Karl Burkhof (1929), damals im KLV-Lager Bielohrad bei Prag:

»Fast täglich kamen verwundete SS-Offiziere, mit einem Bein oder Arm oder mit einem Auge, aber mit dem Ritterkreuz um den Hals und warben um freiwillige SS-Offiziersanwärter in unserer Schule.

Als SS-Hauptsturmführer Skorzeny auf dem Monte Casino den Duce Benito Mussolini befreite, wollten alle zu den SS-Fallschirmjägern. Auch ich unterschrieb und wurde damit Freiwilliger der Waffen-SS. (*Er kam zur SS-Reiterdivision Florian Geyer.*) Im Schnellspurt wurden aus uns Kindern Kavalleristen gemacht. In der Nacht vom 1. zum 2. Mai (*1945*) musste die Division mit den Pferden zum Appell antreten. Wir befanden uns auf einem großen, von alten Häusern umgebenen Platz; um uns herum brannten Lagerfeuer. Kommandos ertönten. Sehen konnten wir nicht viel.

Jemand meldete dem Divisions-Kommandeur: ›SS-Division Florian Geyer zum Appell angetreten.‹ In kurzen Sätzen teilte uns der Divisionskommandeur, ein Südtiroler SS-General, mit, dass im Kampf um die Reichshauptstadt Berlin unser geliebter Führer, Adolf Hitler, gefallen sei. Da wir noch nicht vereidigt waren, leisteten wir noch nach seinem Heldentod in der Reichskanzlei unseren Eid auf Führer und Vaterland ... Unser Kampf im Mai 1945 ging weiter bis zum ›Endsieg‹. Wir sangen noch das Deutschlandlied und das Horst-Wessel-Lied ... Wenige Tage später erfuhren wir, dass der Krieg zu Ende war. Wir hatten kapituliert. Ohne Ritterkreuz mit Eichenlaub und Schwertern und Brillanten und ohne unseren Endsieg. Wir waren traurig, dass wir nicht mehr gebraucht wurden. Wenn es nach uns, den jüngsten deutschen Soldaten, gegangen wäre, hätte Deutschland nicht kapituliert. Doch wir sind nicht gefragt worden.«[21]

Er geriet in sowjetische Gefangenschaft. Die Sowjets übergaben sie den Tschechen. Dort erlebte er Furchtbares, wie wir noch hören werden.

Mit Glück, aber auch dank eigener Courage gelang es einigen, davonzukommen, ehe sie in den Kampf geworfen wurden. Gerhard W. (1929) hatte schon Schanzarbeiten und Kradmeldertätigkeit hinter sich:

»Ich musste mich im März 1945 zur Musterung in Lörrach einfinden. Da ich im Jahre 1935 als sechsjähriger Junge einen komplizierten Schädelbruch erlitt, konnte ich wegen des Fehlens eines großen Stückes der Schädeldecke keinen Stahlhelm tragen. Trotz dieses Umstandes hat man mich ›Bedingt KV Ersatzreserve I‹ geschrieben und zur Waffen-SS gezogen. Hier wurde nicht mehr gefragt, zu welcher Einheit man wollte. Am 24. März wurde mir der Wehrpass ausgehändigt. Einige Tage später mussten wir frisch gebackene Rekruten, man bedenke gut 15-jährig, uns in Bernau im Gasthaus zum Adler melden.«

Sie bekamen keine Uniformen mehr, sondern wurden in der HJ-Uniform nach allen Regeln geschliffen. In Bernau musste Gerhard mit einem Kameraden eine Frau K. besuchen, um ihr Grüße von ihren Brüdern auszurichten. »In der Zwischenzeit machte das Gerücht die Runde, dass die Franzosen schon in Müllheim und Umgebung einmarschiert seien. Das war für einige Leute von uns das Zeichen zum Abhauen.« Sieben Mann gelang es, sich abzusetzen, und trotz schärfster Bewachung durch SS-Leute schafften es auch Karl und sein Müllheimer Freund zu entkommen. Sie fanden Unterschlupf bei Frau K. und gelangten auf Schleichwegen nach Hause.[22]

Robert L. (1933) in Heyerode im Eichsfeld erlebte den Durchzug der geschlagenen deutschen Wehrmacht durch das Dorf.

»Am Abend waren sie vorbeigezogen. Ein Offizier hatte den Bürgermeister aufgesucht und ihm berichtet, dass SS auf einem Hügel in drei Kilometer Entfernung ca. 100 vierzehn- und fünfzehnjährige Jungen zusammengezogen und bewaffnet hatte. Sie sollten die vorrückenden Amerikaner aufhalten. Die Jungen kamen von der Napola in Eisenach und von den umliegenden Dörfern, auch aus dem unsrigen. Es war ein reines Selbstmordkommando. Sie hätten gegen Panzer und Flugzeuge überhaupt keine Chance gehabt. Der Bürgermeister, ein alter Mann, rannte zum schwer verwundeten Apotheker, von dem er wusste, dass er Englisch gelernt hatte, und bat ihn, den Amerikanern entgegenzugehen und um Gnade für die Kinder zu bitten. Der Apotheker Nikolai, ein Mann, der eine Tapferkeitsmedaille verdient hätte, klemmte sich einen Besenstiel mit einem daran befestigten weißen Tuch unter den Arm, setzte sich auf sein Fahrrad und fuhr los. Wie durch ein Wunder erreichte er unverletzt die Vorhut der Amerikaner. Nachdem ein Aufklärer die Sachlage überprüft und bestätigt hatte, nahmen sie ihn und sein Fahrrad ins Führungsfahrzeug, und Herr Nikolai führte sie über eine Umgehung zu unserem Dorf. Das alles erfuhren wir natürlich erst später.«

Walter G. (1929) in Schwedt an der Oder: »Ich wurde am 9. Februar 1945 gleichsam von der Straße weggefangen. Soldaten einer Streife griffen zu. Kettenhunde, wie der Volksmund damals sagte. Sie brachten mich in die Schwedter Kasernen. Ich wurde zum Dienst in der Wehrmacht verpflichtet und bekam einen Wehrpass mit dem Eintrag, ich sei am 9. Februar 1945 SS-Panzergrenadier des Bataillons Nr. 9. Schon drei Tage später erlebte ich ohne Ausbildung im deutschen Brückenkopf ostwärts der Oder in Grabow meinen ersten Kriegseinsatz. Am 22. Februar stand ich dort hinter einem Stall, und die T-34 (*sowjetische Panzer*) kamen. Sie schossen mit den Kanonen. Ich erhielt Granatsplitter in die Hüfte. Lebensgefährlich war ich nicht verletzt, aber der Vorgesetzte schickte mich nach hinten. Ich wurde ins Wehrmachtshilfslazarett Niederlandin befördert, das in einer Baracke eingerichtet war. Kaum ausgeheilt, kommandierte man mich am 20. März 1945 nach Pinnow zur Bewachung des dortigen Munitionslagers. Am 28. März musste ich meinen Wehrpass abgeben. Ich erhielt ihn zurück mit der zusätzlichen Bemerkung: Abkommandiert zur Ableistung des Reichsarbeitsdienstes. Obwohl bereits in feldgrauer Uniform, hatte ich mich in Hanau in der zuständigen Dienststelle (Arbeitsdienst) einzufinden. Am 21. April befahlen unsere Vorgesetzten Gewaltmärsche in Richtung Dänemark. Am 4. Mai marschierten wir in Neumünster ein, um zu verhindern, dass die Verwaltungsorgane die Stadt an die Engländer übergeben. Als uns im Ort britische Panzer entgegenfuhren, war alles vorbei.«

Klas Everwyn (1930), begeisterter Jungvolkführer in Köln: »Es war nur folgerichtig, dass ich mich 1944 freiwillig als Brandschutzwache meldete und meine Nächte fortan mit gleichaltrigen Kameraden in Luftschutzbunkern verbrachte … und ich fand nichts dabei, den Aufruf ernst zu nehmen, auch ich, ein Junge von vierzehn, sei durchaus in der Lage, das bedrohte Vaterland mit der Waffe in der Hand zu verteidigen. So landete ich auf dem Umweg über ein Westwallschanzlager bei dem Haufen, der sich zunächst HJ-S-Stamm, dann aber, etwas großspuriger, 1. leichte Fronthelfer-Flakbatterie nannte.

Wir waren keine Luftwaffenhelfer und trugen deshalb auch nicht deren taubenblaue Uniform. Uns steckte man in alle möglichen Uniformteile der deutschen Armee, sogar das Khaki des Afrikakorps war darunter. Uns verband ein Kombattantenausweis, der uns zu Soldaten der deutschen Wehrmacht ernannte, und eine gelbe Armbinde mit entsprechender Aufschrift. Für alle anderen aber, die uns marschierend und singend und Gewehre tragend daherkommen sahen, hießen wir nur ›Deutschlands letzte Hoffnung‹ und boten Grund für Gelächter. Bei diesem Haufen lernte ich einiges: auf Stroh und in jeder Lage zu schlafen, zu Drillingen gebündelte 2-cm-Kanonen und doppelläufige Maschinengewehre auf feindliche Jagdbomber zu richten und damit zu schießen, mich an irgendeinem Bach oder überhaupt nicht zu waschen, auf Befehl zu kriechen und wieder aufzuspringen, Wache zu schieben, Erdlöcher auszuheben und mich vor alldem auch zu drücken. Und ich lernte, tote Kameraden zu begraben, Ehrensalut eingeschlossen … Es war Mitte April 1945, als ein Feldwebel der Luftwaffe, Träger des Deutschen Kreuzes in Gold und anderer Auszeichnungen, im Dorf Balkhausen bei Solingen auf mich zukam und sagte. ›Sieh zu, dass du nach Hause kommst, bevor hier die Scheiße richtig losgeht.‹«[23]

Klas kam dann auch tatsächlich nach Hause.

Eine klare Unterscheidung zwischen regulärer Wehrmacht und Volkssturm war in den letzten Kriegswochen nicht mehr möglich. Auch innerhalb der Wehrmacht war der Überblick offensichtlich verloren gegangen. Neue Einheiten wurden improvisiert, die HJ gab sich eigene Namen für die Verbände, die sie aus Freiwilligen zusammenstellte. Bezeichnenderweise gibt Werner Nemitz (1929) seinem Erlebnisbericht die Überschrift: »Kriegsende eines HJ-Volkssturmsoldaten.« Er war Hitlerjunge, Soldat und Angehöriger des Volkssturms in einer Person. Erstaunlich ist, mit welcher Disziplin sich die Jungen an ihre Einberufungs- und Marschbefehle hielten. Sie waren das

Gehorchen gewöhnt; die meisten glaubten bis zum Schluss an den Sinn ihres Einsatzes. Auch konnte es immer noch gefährlich sein, eigenmächtig auszubrechen. Trotzdem wagten es einige.

Zum **Volkssturm** wurden laut Führererlass vom 25. September 1944 alle bisher nicht eingezogenen Männer zwischen 16 und 60 Jahren einberufen. Er stand unter der Leitung der Partei (Martin Bormann) und des Oberbefehlshabers des Ersatzheeres Reichsführer SS Heinrich Himmler. Schon in seiner berüchtigten Geheimrede in Posen auf einer SS-Gruppenführertagung am 4.10.1943 hatte Himmler erklärt: »Russland steht meines Erachtens, wenn die nächsten großen Offensiven vorbei sind, am Ende seines Menschenpotentials. Man kann selbstverständlich Sechzehnjährige einziehen, man kann sogar einen Vorgriff auf Fünfzehnjährige machen, – ich bin absolut dafür, dass wir das auch bei uns tun, wenn es das Schicksal der Nation einmal fordert, denn besser es sterben die fünfzehnjährigen Jungens, als dass die Nation stirbt.«[24] Nach einem Erlass von Himmler vom 1. Oktober 1944 sollten die Jugendlichen der Jahrgänge 1928 und 1929 das **3. Aufgebot des Volkssturms** bilden. Auf diese Weise schätzte man, noch 6 Millionen Alte und Jugendliche mobilisieren zu können, etwa die Hälfte davon Jugendliche, besser Kinder, denn die meisten waren erst 15, manche noch keine 15 Jahre alt. Wir wissen, dass auch der Jahrgang 1930 im Rahmen der Hitlerjugend noch für den Panzernahkampf eingesetzt werden sollte und auch teilweise eingesetzt wurde. So lautete z. B. ein Befehl der HJ-Gebietsführung Ost-Hannover vom 25. März 1945: »Die Panzernahkampftrupps werden aus Jungen des Heimatortes aufgestellt. Diese haben Stellungen an besonders übersichtlichen oder panzergefährdeten Punkten auszubauen und im Alarmfall zu verteidigen. Verlassen des festgelegten Ortes ist verboten.« Die Hauptausrüstung bestand jeweils aus zwei Panzerfäusten und einem Spaten. Neben den Panzernahkampftrupps wurden Panzerwarndienste aus Jungen des Jahrgangs 1930 gebildet.[25] Die meisten Jungen dieses Jahrgangs waren im Frühjahr 1945 noch keine 15 Jahre alt. Es waren noch jüngere dabei.

Karl Gronau (1930 oder 1931) aus Rüdersdorf bei Berlin wurde zuerst mit anderen 13- bis 15-Jährigen als Melder eingesetzt. Danach mussten sie an der Panzersperre auf der Peter-Lübkes-Brücke Wache stehen.

»Wir machten den gewohnten Dienst, als es plötzlich ›Antreten!‹ hieß. In strammer Formation wurde uns dann von unserem ›Chef‹ (ein Oberleutnant, dekoriert mit dem ›Deutschen Kreuz in Gold‹ und anderen Auszeichnungen) erklärt, dass wir nun nach Berlin marschieren müssten, um die Reichshauptstadt vor den ›Bolschewisten‹ zu verteidigen. Wir marschierten dann über die Rieselfelder in Richtung Grüne-Linde und waren etwa in Höhe der ehemaligen NETTO-Kaufhalle, als plötzlich meine Mutter neben mir auftauchte und mich mit den Worten aus der Reihe zog: ›Du kommst sofort mit nach Hause! Was soll ich dem Vater sagen, wenn er aus dem Krieg kommt?‹ Mein Schulfreund, der ebenfalls mitmarschierte, muckte auf, bekam aber von meiner Mutter postwendend eine Ohrfeige und stand neben mir. Verständlich, dass der Oberleutnant sich den Auftritt meiner Mutter nicht gefallen lassen wollte. Das darauffolgende Wortgefecht verlor er jedenfalls und ließ uns ziehen! Das war vielleicht meine Rettung.«[26]

Klaus B. (1929): »Im März 1945 erreichte uns dann der Stellungsbefehl zum Volkssturm, dem wir nicht ausweichen konnten. Wir wurden im 12 km entfernten Schmölln auf dem Pfefferberg kaserniert und im Eilverfahren mit Kleinkalibergewehren ausgebildet. Einige Panzerfäuste, sowie MG 42 und russische Beute-Kalaschnikows bildeten unser Waffenarsenal. Circa um den 10. April erreichte uns der ›Feindalarm‹ (dreimalige Alarmsirenen). Eine Gruppe von uns beschloss nach Hause zu gehen. Wir sagten unserem Wachposten: ›Du hast gehört, der Krieg ist aus, und wir gehen jetzt heim!‹ Darauf bekamen wir ernsthafte Vorhaltungen ob unserer Pflichten gegenüber Führer, Volk und Vaterland. Dies imponierte uns wenig. Da der Wachposten keine Einsicht zeigte, wurde er von einem unserer Kräftigsten mit einem k.o. vorübergehend ins Nirwana geschickt, und wir konnten ungeschoren den Heimweg antreten. An der Stadtgrenze in Altenburg trafen wir in der Zwickauer Straße auf unsere Verteidigungstruppen. Wir wurden recht unfreundlich unter dem Verdacht der Fahnenflucht empfangen und verhört. Ich hatte aus Rückversicherungsgründen mir einen Urlaubsschein zum Augenarzt beschafft, den ich vorweisen konnte, so dass ich mich wenig später bei der Mutter zurückmelden konnte.«

Aber es wäre falsch anzunehmen, die meisten hätten rechtzeitig eingesehen, dass der Krieg zu Ende und verloren war und sich so vernünftig verhalten wie die eben Zitierten. Viele, allzu viele, blieben gläubig und einsatzbereit, ohne sich doch vorstellen zu können, was das für sie bedeutete.

Viele dieser 14- bis 16-Jährigen gerieten mitten ins **Kampfgeschehen** hinein, wie die bisherigen Berichte schon andeuteten. Viele wurden verwundet, viele getötet. Wieder wissen wir nicht, wie viele es waren, denn die verlässlichen Berechnungen von Rüdiger Overmans verzeichnen keine Zahlen für den Jahrgang 1929. Für den Jahrgang 1930 führt er 1.000 Tote an, wobei mit ziemlicher Sicherheit nicht mehr alle erfasst werden konnten.[27]

Wie sinnlos, ja aberwitzig, diese Verteidigung war, wird vielen Lesern durch den Film »Die Brücke« von Bernhard Wicki anschaulich vor Augen stehen. Ähnliches haben nicht wenige erlebt. Gisela J. (1935), damals auf einem Dorf bei Dessau: Ihr mittlerer Bruder war Luftwaffenhelfer und musste noch Soldat werden. Der jüngste Bruder kam von der Kinderlandverschickung in Böhmen noch einmal auf Urlaub. Die Mutter ließ ihn gegen seinen erbitterten Widerstand nicht mehr weg.

»Inzwischen wurden auf Anweisung Palisaden aus Holzstämmen auf die Einfahrten zur Dorf- und Bahnhofsstraße gebaut. Dort wurde noch eine Truppe von etwa 16-jährigen Soldaten bei uns stationiert, die den nahenden Amerikaner aufhalten sollten! Viele von ihnen fielen, als die Amerikaner anrückten und das Dorf beschossen. Meine Mutter half dem Bürgermeister, ihre Erkennungsmarken zu registrieren. Sie weinte oft, denn wir hatten von meinem Vater und zwei meiner Brüder keine Nachricht mehr. Die Amerikaner rückten mit ihren Panzern vor, sie ließen sich nicht von den Palisaden behindern, sondern fuhren einfach von hinten über die Ställe, dann über die Höfe, durch die Tore, die natürlich zu schmal waren, aber nachgaben, und waren dann auf der Dorfstraße.«

Heinz S. (1934): »Kurz vor Kriegsende ist uns die Panzerfaust noch erklärt worden.
I: Aber gehabt haben Sie keine?
S: Nein, Gott sei Dank, aber es ist nicht weit weg davon gewesen. Dann hat es geheißen, da muss jeder an einen bestimmten Straßenpunkt, und wenn dann Panzer kommen, dann darf jeder einen Panzer abschießen (*lacht*).
I: Hätten Sie das damals gemacht, wenn Sie eine Panzerfaust gehabt hätten?
S: Ja, wahrscheinlich. Aber die Jungen heute haben gar kein Recht, darüber zu urteilen. Erstens war es fast unmöglich, da etwas dagegen zu machen, und zweitens war die Propaganda so aufgebaut, dass uns gesagt worden ist, wir müssen uns wehren. Wenn die kommen, da guckt einmal, wie die unsere Städte kaputtgemacht haben, die werden alles kaputtmachen, und wenn die ganz über uns die Macht haben, dann haben wir keine Chance. Da hat sich jeder bis zum Letzten eingesetzt.«

Es konnte auch gut ausgehen. Hans-Georg O. (1933), damals in Obernzell. Die Amerikaner hatten den Ort schon besetzt, da musste der ganze Ort zusammenkommen: »Und da haben sie die Jungen, ein paar Jahre älter als ich, in der Hauptstraße zusammengetrieben. Die hatten sich ergeben.« Die SS hätte offenbar zuvor diese Jungen zur Verteidigung des Ortes angetrieben; einer der Jungen habe aber den SS-Offizier von hinten erschossen, so dass sie mit weißer Fahne den Amerikanern entgegengehen konnten. Das habe er später erfahren.

»Es wurde ein Exempel statuiert. In der Mitte standen diese jungen Soldaten. Sie haben Angst gehabt und gezittert und waren gefesselt an Armen und Beinen. In dem Zustand haben sie die Amerikaner einmal hin und einmal zurück durch diesen langen Ort getrieben. Dann haben sie ihnen die Fesseln abgenommen und haben gesagt: ›Geh zu Mama.‹ Weiß ich heute noch, wie sie das gesagt haben: ›Geh zu Mama.‹ Und dann haben sie sie laufen lassen, alle. Der Ort hat gejubelt.«

Klaus Wiborg (1929): »Ich wurde noch zum Volkssturm eingezogen und war zu jener Zeit als Hitlerjunge (der Vater war im Krieg) noch fanatisch indoktriniert. Als wir in Nordwestdeutschland in den letzten Kriegstagen als ›Panzerjagdkommando‹ zum

Einsatz sollten mit Stahlhelm, geschultertem Karabiner und je zwei Panzerfäusten vorne am Fahrrad, kam auf halbem Weg zur Front der Befehl zum Umkehren. Wir sind also dank eines einsichtigen Vorgesetzten nicht in den selbstgegrabenen Schützengräben verblutet wie etliche Gleichaltrige in unserer Region. Damals habe ich vor Enttäuschung fast geweint, weil wir vor dem Einsatz umkehren mussten.«[28]

Eugen B. (1928) wurde Ende Dezember 1944 zu einer Batterie der schweren Flak zur Verteidigung der Leunawerke einberufen. Dort erlebte er schwerste Angriffe. Er war am Funkmessgerät ausgebildet.

»Das haben wir dann nicht mehr gebraucht, weil die Batterie zum Erdeinsatz kam nach Frankfurt/Oder. Ich musste mit einer schweren Angina zu Hause bleiben. (*Das war sein Glück.*) Meine Kameraden wurden von einem Infanterieangriff der Russen überrascht. Viele sind gefallen, und die anderen sind in Gefangenschaft geraten. So blieben von uns 25 zwei übrig (*Pause*).

Wir zwei Zurückgebliebenen wurden kurzerhand in einer neuen Batterie zusammengestellt. Als Panzervernichtungstrupps. Wir waren zu dritt in einem Trupp. Einer hatte die Panzerfaust und die anderen zwei hatten Schnellfeuergewehre. Wir sollten uns eingraben an der Autobahn bei Weißenfels, weil mit einem Angriff von 180 Panzern zu rechnen war. Da waren wir an der Autobahn bei Weißenfels und wurden von den Bauern vertrieben. Die hatten Angst, ihr Hof wird zusammengeschossen. Wir sollten uns dann melden in Leipzig in der Flakkaserne-Ost. Dort saß aber schon der Russe, und so trieben wir uns etwas unplanmäßig in der Gegend des Bahnhofs herum. Dort waren aber die Kettenhunde, das war die deutsche Militärpolizei, die hatte uns erkannt. Da macht ich mich ganz klein und ging zwischen den Soldaten und den Zivilisten in gebückter Haltung auf und davon und machte Meldung bei meinen Kameraden. Wir beschlossen dann, in die nächste Straßenbahn einzusteigen, egal, wo sie hinfährt, so landeten wir in Taucha am Schwarzen Berg, das ist ein Vorort von Leipzig. Dort sollten wir uns umziehen und Zivilkleider anziehen. Das machten wir aber nicht, denn unsere Uniform war wärmer. Wir mussten ja die ganze Zeit im Freien übernachten. Doch als wir auf ein kleines Waldstück zumarschierten, um dort zu übernachten, sind wir kurzerhand von einer amerikanischen Panzerspitze abgefangen worden und kamen dann in Gefangenschaft.

I: Wie viele Kameraden waren Sie da?

B: So ungefähr 12.

I: Alle in Ihrem Alter?

B: Ja, alles 16-Jährige. Am 7.12. hab ich den Stellungsbefehl gekriegt und am 9.12. bin ich 16 geworden.«

In seiner Gefangenschaft hat er Tagebuch geführt, aus dem wir zitieren werden.

Klaus L. (1929), der im RAD-Lager, wohin er einrücken sollte, gar nicht mehr erwartet wurde[29], beschreibt genau seinen fast 200 km langen Marsch von Sulzbach an der Murr bis ins Allgäu und dann wieder zurück bis Illertissen, wo er schließlich in Gefangenschaft kam. Ohne jede Ausbildung wurden sie auf den Weg geschickt. Tagsüber war es wegen der Tiefflieger zu gefährlich, deshalb marschierten sie fast immer nachts. Irgendwo zwischendurch wurden sie vereidigt. »Wir mussten unserem Führer, unserem Volk und Vaterland die Treue bis in den Tod geloben.« Wie lächerlich mangelhaft und wie unübersichtlich, plan- und zwecklos diese letzten Marschbefehle waren und der Einsatzort gar nicht aufzufinden war, wird daraus ersichtlich. Einige Auszüge aus seinem Manuskript:

»In der Kleiderkammer bekamen wir Unterwäsche, zwei Paar Fußlappen, eine Ausgehuniform, Drillichzeug, ein Paar Schnürstiefel, ein Paar Knobelbecher, einen dicken schweren Mantel, der einst einem tschechischen Soldaten gehört hatte, eine Mütze, das man Schiffchen nannte, einen Hut mit Schild, den nannten wir Arsch mit Griff, den Stahlhelm, Gasmaske, Brotbeutel, Essgeschirr, Tornister, eine Decke und eine Dreieckszeltplane. Was nicht passte, musste untereinander ausgetauscht werden. Zum Schluss erhielten wir noch jeder einen Karabiner. Es waren alte erbeutete Waffen aus Belgien. Der Karabiner war beinahe so lang wie ich groß war ... Bei Kellmünz an der Iller sollten wir mit noch zwei RAD-Abteilungen einen Brückenkopf bilden. Wie wir das anstellen sollten, war uns schleierhaft. Unsere Bewaffnung bestand nur aus alten erbeuteten Karabinern und ein paar Dutzend Panzerfäusten mit der Reichweite 30 und 100 Meter. Die Karabiner reichten noch nicht einmal für alle. Ein par Kameraden waren mit Luftdruckgewehren ausgerüstet. Auch die Munition war knapp, es gab für jeden Mann nur 12 Patronen. Und so sollten wir einen mit schweren Waffen, Panzern und Flugzeugen bestens ausgerüsteten und ausgebildeten Gegner aufhalten. Das war einfach lachhaft.«

Als sie einmal auf einer Wiese rasteten, spielten einige Kameraden mit einer Panzerfaust. Einer bekam den Feuerstrahl ins Gesicht und verlor sein Augenlicht. Am Illerdamm mussten sie sich eingraben und gerieten unter Beschuss der Amerikaner und sollten ihre Stellung flussabwärts verlegen:

»Aber das war gar nicht so einfach, denn die Amis deckten uns mit Geschossen so ein, dass an einen geordneten Stellungswechsel nicht zu denken war. Alles ging drunter und drüber. Jeder rannte in verschiedene Richtungen weg, und ich war plötzlich allein auf weiter Flur. Die Granaten schlugen jetzt überall ein, Leuchtspurmunition zischte über mich hinweg. Ich robbte am Uferdamm entlang und sah plötzlich eine tiefe Erdmulde, in der zwei Offiziere von uns hockten. Von der anderen Seite robbten noch ein paar Kameraden auf die Mulde zu. Ich dachte nur noch, nichts wie runter in das Loch, genauso machten es auch meine Kameraden. Aber unser Oberstfeldmeister scheuchte uns sofort wieder nach oben an den Illerdamm. Das Feuer der Amis wurde immer stärker. Wir konnten unsere Köpfe keine 50 cm hochheben, denn außer den Panzergranaten, die überall einschlugen, zischten Leuchtspurgeschosse von schweren MG über uns hinweg. Ein Vorteil dieser Geschosse war, dass man sie sah, denn sie kamen immer in so ziemlich gleicher Höhe an. Es war das erste Mal seit langer Zeit, dass ich wieder betete. ›Oh, Gott, lass mich aus dieser Hölle heil herauskommen!‹ Es war wirklich ein Inferno; man kann dies überhaupt nicht beschreiben …«

Unter Lebensgefahr und auf die Gefahr hin, vom Oberstfeldmeister wegen Fahnenflucht erschossen zu werden, gelang ihm mit einigen Kameraden der Ausbruch über die Iller. Beim Überqueren der Iller über einen Betonsteg wurden sie beinahe noch von Panzergeschützen getroffen. Mit einem Kameraden, der auch aus Bietigheim stammte, wollten sie sich auf den Heimweg machen, wurden aber von den Amerikanern abgefangen, und er musste, auf der Kühlerhaube eines amerikanischen Jeeps sitzend, die Fahrt in einen kleinen Ort bei Memmingen durchstehen. Dort wurden sie mit anderen deutschen Soldaten, die angeblich aus den Häusern geschossen hatten, an eine Scheunenwand gestellt:

»Nun standen wir, so ungefähr 15 Mann an der Scheunenwand mit erhobenen Händen und durften uns nicht umdrehen. Zwei Amis mit Gewehren im Anschlag standen so ca. 10 Meter hinter uns. Ich weiß nicht mehr, wie lange wir so standen, da schrie plötzlich einer der beiden irgendwas und schoss mit seinem Gewehr eine Salve einige Zentimeter über unseren Köpfen in die Holzwand. Ich bekam nun eine Todesangst und flüsterte meinem Kameraden Fritz zu, jetzt erschießen sie uns … Die Amis schossen noch ein paar Mal in die Wand und lachten dabei. Sie hatten sichtlich Freunde an unserer Angst.«

Es folgte der Abtransport in die Gefangenenlager. Auch seine Gefangenschaft schildert er ausführlich. Nach vielen Lagern, zum größten Teil in Südfrankreich, kehrte er im September 1945 heim. Am 17.11.1945 feierte er seinen 16. Geburtstag.

Erna B. (1930) erzählt von ihrem Mann (1929), der eingesetzt war, Chemnitz zu verteidigen. »Er fuhr mit dem Fahrrad zum Einsatz. Sie wurden beschossen, der Volkssturmmann neben ihm war tot. Er kam blutüberströmt nach Hause und sah erbärmlich aus. Die Mutter sagte nur: ›Als erstes gibst du mir mal deinen Revolver.‹ Und er hat sich von seiner Mutter entwaffnen lassen.«

Am blutigsten und auch für die Kindersoldaten verlustreichsten waren die Kämpfe um die **Städte, die zu Festungen erklärt** wurden, und um die **Reichshauptstadt.** Als Beispiele sollen Augenzeugen aus Königsberg und Berlin zitiert werden:

Erich G. (1930) in Königsberg: »Ich war ja die ganze Zeit in Königsberg, es gab dann keine Schule mehr. Am 31. Januar 1945 wurden wir Festung in Königsberg. Diese

Zeit dauerte bis zum 6./7. April. Am 31. Januar hatte ich auf dem Bahnhof noch Hilfsdienst. Wir vom Jungvolk mussten da hin, Frauen mit Kindern in den Zug helfen. Da sind schon sehr viele gefahren. Da hat man abends schon den Donner gehört, den Kanonendonner. Der Vater war ja dienstverpflichtet, zuerst im Hafen. Da sind wir nicht rausgefahren, wir haben Königsberg nicht verlassen. Die vier Brüder waren alle im Krieg. Die älteste Schwester ist mit ihrer Freundin in den Westen geflohen mit dem Schiff. Nur die jüngere Schwester, die fünfte, war noch da und die Mutter. Da begann eigentlich der Ernst des Lebens für uns Jungen. Wir waren ja erst 14½ Jahre alt. Als wir dann Festung waren, mussten wir jeden Tag Panzerbarrikaden bauen, mussten Munition ausladen, und wenn Lazarettzüge kamen, Sachen ranholen. Die Jugend war vorbei. Während der Festungszeit lebten wir die meiste Zeit im Bunker … Als dann der Russe kam, wurden wir aus dem Bunker herausgetrieben, einfach raus, ›Dawai‹, egal wohin. Das war am 7. April. Vorne im Bunker im Vorraum waren noch deutsche Soldaten, auch zwei Verletzte. Hinten haben die Russen den Notausstieg aufgesprengt. Einer der Russen hatte sich irgendwo eine Aktentasche geschnappt und Uhren eingesammelt, und vorne waren noch die deutschen Soldaten. Das war ein schlimmes Durcheinander. Uns hat man dann die Gleise entlang getrieben. Ich weiß dann noch, dass ich in so einem Verließ drin saß, vor mir meinen Rucksack und neben mir saßen zwei Polen. Die waren ca. 18, 19 Jahre alt.
I: Waren das Zwangsarbeiter?
G: Das waren Zwangsarbeiter. Dann gab es einen Disput mit den Russen. Man muss sich vorstellen, das geschah alles, während noch gekämpft wurde. Man kann das gar nicht mehr schildern, das läuft ab wie ein Film. Da schoss die deutsche Artillerie hinein, die wussten ja nicht, dass wir rausgetrieben wurden. Die meinten ja, die Innenstadt gehörte ihnen noch. Ein Russe hat die zwei Polen neben mir erschossen. Die saßen rechts neben mir.
I: Die dachten vielleicht, das sind deutsche Soldaten?
G: Ich konnte das nicht verstehen. Vielleicht konnten sie sich nicht verständigen. Dann hielt der Russe mir die Pistole an den Kopf und hat meinen Rucksack umgekippt. Ich habe immer nur gedacht: Jetzt knallt's. Ich habe ja gesehen, dass er die zwei erschossen hat. Mein ältester Bruder hatte mir mal Krad-Lederhandschuhe mitgebracht, die hat er sich genommen, und dann ging er. Man ist da starr vor Schreck.«

Der Arzt Hans Deichelmann, Königsberg, in seinem Tagebuch vom 9. April 1945: »Die Kellerräume des großen Gebäudes, in dem die 200 Verwundeten, der Operationssaal, das Sanitätspersonal, die Küche, kurz alles Lebenswichtige untergebracht sind, füllen sich immer mehr mit Frauen und Kindern. Ein Volkssturmmann wird von meinen Leuten auf einer Trage aus üblem Beschuss von der Straße hereingeholt. Linke Wade total zerfetzt. Er entpuppt sich als ein bekannter Königsberger Rechtsanwalt. Mit Mühe entwinden wir ihm die Pistole, mit der er jetzt, wo der erste Schock vorüber ist, mit seinem Leben Schluss machen will. Alle mitgebrachten Waren und Verwundeten werden in einen besonderen Raum gebracht, von der Pistole bis zum MG und der Panzerfaust türmen sie sich dort zu einem beträchtlichen Berg. Ein

Trupp Verwundeter empört sich über unsere weißen Flaggen an den beiden Kellereingängen. Es bedeute Verrat, wenn dicht hinter dem Rücken der kämpfenden Truppe an Übergabe gedacht werde. Das Sanitätspersonal arbeitet und arbeitet. Die Ärzte und das Operationspersonal halten sich nur noch mit unheimlich viel Tassen unheimlich starken Kaffees und mit maßlos vielen Zigaretten auf den Beinen … Im Operationssaal stickiger Dunst von Blut, Äther, unzähligen Menschen und den Ausdünstungen des grellen Spiritus-Glühlichtbrenners, der hier als Operationslampe dient. Überall leise murmelnde Geschäftigkeit, und in den Räumen, in denen die Verwundeten untergebracht sind, trübe Dämmerung, kaum erhellt durch kleine Hindenburglichter. Jetzt kommt ein 16-jähriger Volkssturmjunge mit zerfetztem Arm, der laut nach seiner Mutter ruft, geführt von einem 17-jährigen Leichtverwundeten, der nur darauf drängt, verbunden zu werden, um nur schnell den Russenpanzer ›fertigzumachen‹, mit dem er sich schon eine halbe Stunde herumgeschlagen hat.«[30]

Im Kampf um Berlin sind mehrere tausend Hitlerjungen gefallen.

»In der Hauptstadt waren sogar 12-jährige Pimpfe im Einsatz … Am Flughafen Tempelhof traten den sowjetischen Panzern ca. 400 15-Jährige, lediglich mit Panzerfäusten bewaffnet, entgegen. Auch bei den schweren Kämpfen um das Olympiastadion spielten Kampftrupps der HJ eine maßgebliche Rolle. Hauptmann Gerhard Boldt, der bis zum 29. April 1. Ordonanzoffizier beim Chef des Generalstabs, General Hans Krebs, war, berichtet über den Einsatz der Hitlerjungen: ›Die Jüngsten jedoch, die 14-, 15- und 16-Jährigen, schlugen sich mit einer Passion und Todesverachtung, wie sie unsere Soldaten in den Feldzügen dieses Krieges bewiesen hatten …‹

Zu den letzten ›Amtshandlungen‹ Adolf Hitlers zählte am 27. April die Verleihung eines EK I an einen kleinen übernächtigten Jungen, der mit der Panzerfaust einen sowjetischen Panzer zerstört hatte.«[31]

Arno K. (1934) berichtet von seinen Erlebnissen in Berlin-Prenzlau. Die Russen hatten ihren Bunker schon eingenommen, da trieb es die Elfjährigen aus Neugierde hinaus auf die Straße:

»Uns bot sich ein chaotisches Bild dar. Zerschossene Panzer, zerstörte Flakbatterien, gesprengte Panzersperren. Gefangene deutsche Soldaten und Offiziere. Sie wurden von sowjetischen Soldaten vernommen. Verwundete beider Seiten ringsherum, darunter blutjunge Hitlerjungen, die fürchterlich heulten. (*Später schlichen sie nochmals nach draußen.*) Vor dem Bunker stand ein Lautsprecherwagen der Sowjets. Aus den Lautsprechern ertönte in Richtung Ostseestraße eine Aufforderung in gebrochenem Deutsch, mit dem Schießen aufzuhören und sich zu ergeben. Die Antwort seitens des Gegners war eine Kanonade von MP-, Gewehr- und Pistolensalven auf die Sowjetsoldaten. Diese gingen zum Angriff über … Nach relativ kurzer Zeit sahen wir Gestalten auf den Dächern der Häuser in der Ostseestraße, die mit Gewehren und MP um sich schossen und keinen Ausweg sahen zu entkommen. Der Lautsprecherwagen nahm wieder seine Tätigkeit auf. ›Hitler kaputt, Krieg aus, nicht schießen, Hände hoch.‹ Wie wir aus unserem Versteck sehen konnten, waren es junge Hitlerjungen, die diese Aufforderung missachteten. Sie starben alle einen sinnlosen Tod. Es wäre zu brutal zu schildern, wie sie starben.«

Der Vater von Hans B. (1930) war im Rüstungsministerium Speer in der Abteilung Waffen und Munition als Spezialist für Arbeitsforschung angestellt:

»Wir Hitlerjungen waren sehr nazistisch eingestellt, allein durch die dauernde Schulung. Wir glaubten an die Sprüche, wie ›Volk ohne Raum. Untermenschen. Germanische Heldenmenschen, an die Vorsehung des Führers‹. Aber diese Sprüche hörte ich nie von meinen Eltern. Im Gegenteil, als wir 1945 flüchteten, war ich beim Volkssturm. Ich wollte nicht mit der Familie flüchten und sagte meinem Vater, dass ich Berlin gegen die Russen verteidigen müsse und an der Panzerfaust ausgebildet war. Da bekam ich als Antwort eine Tracht Prügel. Ich dachte in diesem Augenblick an die Aufforderung unserer Führer, auch unsere Eltern bei defätistischen Äußerungen anzuzeigen. Doch ich gab mich dann folgsam und überlebte, während viele meiner Freunde starben.«

Nicht alle hatten solche vernünftigen Väter. Das Regime schreckte nicht davor zurück, selbst nach der Besetzung zu Kampf- und Sabotageaktionen hinter den feindlichen Linien aufzurufen und Kinder als **Werwölfe** anzuwerben. Dazu heißt es in einem Aufruf an die HJ in Niedersachsen vom April 1945: »Mit Hammer, Zange, Messer, Schraubenschlüssel und Geschick kann die feindliche Kriegsmaschine erheblich gestört werden. Sie werden sich an uns die Zähne ausbeißen, die Söldlinge der Plutokratie und des jüdischen Kapitalismus. Jeder Pimpf im feindbesetzten Raum hat seinen Auftrag – und der heißt: dem Gegner schaden, wo man ihn trifft.«[32] Eine Altersgrenze wurde nicht mehr gezogen, auch Mädchen waren aufgerufen. Das Echo ist begrenzt gewesen, aber ganz fanatisierte Jungen ließen sich zu Werwolfaktionen verpflichten, ohne eine rechte Vorstellung davon zu haben, was da auf sie wartete[33]:

Detlev N. (1929): »Im Februar (*1945*) wurde ich wieder zur Banndienststelle befohlen. Freunde sitzen dort und warten. Sonderbar! Einzeln werden wir ins ›Allerheiligste‹, das Zimmer des Bannführers, zitiert. Die Herauskommenden schweigen befehlsgemäß. Nun bin ich dran. Ein kurzer Vortrag über den Sinn und die Aufgaben des ›Werwolfs‹, nämlich Sabotageakte aus sicheren Stützpunkten durchzuführen, um den ›Feind‹ zu schwächen, bekomme ich zu hören und werde dann gefragt, ob ich bereit sei, an dieser Aktion mitzuwirken. Ich war bereit, wenngleich der Sinn mir etwas dubios vorkam, so realistisch schätzte ich die Kriegslage nun doch ein. Sollten wir etwa auch *nach* dem (verlorenen) Krieg weiter zerstören und vernichten? Die angesprochenen Stützpunkte waren in der Planung faszinierend (unterirdische Kleinbunker für fünf Mann mit Material und Verpflegung für fünf Jahre), doch ist im Raume Rostock meines Wissens nie einer gebaut worden.«

Ein Zeugnis habe ich auch von einem Mädchen, Sieglinde D. (1930):

»Die Eroberung durch die Amerikaner machte mir viele Gedanken, und ich wollte sie mir nicht gefallen lassen. Das durfte doch nicht so sang- und klanglos vor sich gehen. Ich dachte daran, den ›Werwolf‹ im Wald zu suchen und für mein Land zu kämpfen. Denn wenn ich mich für etwas entschieden hätte – nämlich Jungmädel zu sein und für Deutschlands Zukunft zu arbeiten –, wäre das nicht vorbei, wenn andere gesiegt hatten. Aber wen konnte ich fragen, wo die Werwölfe zu finden wären? Mir fiel nur Onkel Helmut ein. Ob der in seiner Zeit als Amtsrichter etwas erfahren hatte? Ich wagte nicht, ihn zu fragen, ich fürchtete, mich lächerlich zu machen.«

Die Propaganda, die Goebbels um den »Werwolf« verbreitete, und Befehle, die tatsächlich gegeben wurden[34], gerieten den meisten Jugendlichen der Jahrgänge 1928–30 in der sowjetisch besetzten Zone zum Verhängnis. Sie wurden vom sowjetischen NKWD unter Anklage gestellt, »Werwölfe« gewesen zu sein und zu mehreren Jahren Haft verurteilt, obwohl sie nur »auf dem Papier« etwas damit zu tun gehabt hatten.[35] Die Sowjets hielten es aber für möglich, dass sie Waffen und Munition versteckt hatten und als »Schläfer« auf ihre Stunde warteten.

Es gab auch 16- und 17-Jährige, die sich zwischen den Linien der französischen und amerikanischen Besatzer zur »Alpenfestung« durchschlagen wollten, um von dort aus den Kampf weiterzuführen.[36] Wer verantwortungsvolle Vorgesetzte hatte, sich absetzen konnte und am Leben geblieben war, hatte Glück. Einer großen Zahl aber stand noch eine kürzere oder längere **Gefangenschaft** bevor, bei den westlichen Alliierten oder im schlimmsten Fall bei den Sowjets. Wie wir gesehen haben, hat es amerikanische Offiziere gegeben, die diese Kindersoldaten nach einer mehr symbolischen Bestrafung heimschickten zu Mama.[37] Aber das waren Ausnahmen.

Hans B. (1930) aus Forbach in Württemberg hatte Glück. Unter Lebensgefahr, mitten im Beschuss, hatten die Volkssturm-Hitlerjungen einem Offizier sein Soldbuch und seine Uniform aus einem Stollen gerettet, wo er sie versteckt hatte.

»Mein Großvater aber verdrosch mich und verlangte, dass ich endlich meine Uniform verschwinden lassen sollte, da die Franzosen kurz vor dem Einmarsch standen. So war es denn auch. Es kamen Panzer, Kamele, Fremdenlegionäre, dunkle und fremde Soldaten. Sie plünderten, trieben das Kleingetier zusammen, um es zu braten, verhafteten Nazis und andere Würdenträger. Ich hatte wieder Glück und wurde nicht auf dem Heuberg zur Umerziehung festgesetzt, da ich verspätet zum Abmarsch erschien. Meine geichaltrigen Freunde erlebten Schlimmes: Hunger und Prügel, wochenlang … Ich warf meine HJ-Uniform mit allen Abzeichen, Sterne und Führerschnur in die Abortgrube am Haus meiner Großeltern in Forbach.«

Eugen B. (1928), der vom Schanzen über mehrere Wehrertüchtigungslager noch vor seinem 16. Geburtstag eingezogen worden war und in amerikanische Gefangenschaft geriet, hat in einem Oktavheft ein Tagebuch geführt, aus dem wir zitieren. Das mit Bleistift geschriebene Originaltagebuch ist sehr zerschlissen, verblasst und kaum leserlich, mit vielen Schreibfehlern, die ich nicht verbessert habe, denn sie sind ein Beleg für seinen desolaten Gesamtzustand. Im März 2004 hat er das Tagebuch abgeschrieben und den knappen Notizen noch einige Erinnerungen hinzugefügt, die ich in eckige Klammern setze.

»18. April, abends 7 Uhr kommen wir bei Taucha, Vorort nordöstlich von Leipzig in Gefangenschaft. Schlafen in einer Scheune! [Es war die einzige Nacht in meiner mehr als dreimonatigen Gefangenschaft mit einem Dach über dem Kopf.]
19. mit Auto u. ohne Gepäck u. ohne etwas zu Essen und trinken weg nach Bad-Lausick (Lager). [Unterwegs schießen sie immer wieder mit dem MG vom hinteren Jeep über unsere Köpfe, um uns einzuschüchtern. Morgens werden wir mit Gewehrkolben und Fausthieben auf Lastwagen verladen. Von Kopf bis Fuß, in den Haaren, unter den Armen, ja selbst im Genitalbereich werden wir nach Waffen durchsucht.]
20. abends 1 Becher suppe warm! Kein Wasser, becher v. Feldflasche. [Es ist ja Hitlers Geburtstag.]
21. bad-Lausick weg, nach Heiligenstadt, süd-östlich v. Göttingen, kein Essen, kein Wasser. [Die Fahrt der großen Kolonne führt wegen zerstörter Brücken oft durch staubige Waldsträßchen, welche von vielen auch gleich zum Abspringen genutzt werden. Die MG sind laufend am Rattern. Wie viele kommen wohl durch? … Als wir ankommen, steigen die Amis seitlich noch auf den Lastwagen und schlagen, bis sie selbst müde sind, mit Koppelschlössern und Stecken auf uns ein. Es macht ihnen Spaß, die blutigen Köpfe und Gesichter zu sehen. Danach wird der Kipper betätigt zum Abladen, und wir rutschen alle auf einen Haufen, ob Fuß oder Arm oder sonst etwas gebrochen ist, das spielt keine Rolle. Wir hatten Mühe, einander zu erkennen. Der Staub und am Abend der leichte Regen leisteten ganze Arbeit, wir sahen aus wie getarnte ›Neger‹. Nach solch schöner Fahrt braucht man kein Essen und auch nichts zu trinken – basta, fertig.]
22. Nachmittags weg, nach Welda bei Kassel, kein Essen, k. Wasser. Schön Wetter. [Wir werden mit Stangen und Pfählen hineingetrieben, so eng aufeinander, dass wir nicht mehr sitzen können. Es sind etwa 10.000 Mann. Manche hatten Glück und konnten ihren Rucksack, Brotbeutel und Feldflasche mitbringen, somit haben sie noch etwas zu essen und zu trinken bei sich. Aber wie lange? Jetzt beginnt nämlich die große Klauerei und somit auch das Totschlagen. Das gehört zum Alltag wie das

Amen in der Kirche. Hunger und Durst sind so schlimm, dass es uns zu Tieren macht. Wir sind am Verdursten!!]
23. Welda, abends 5 Uhr ein kleines Päckchen verpflegung. Kein Wasser.
24. Welda, kein Essen, kein Wasser. Nachtfrost. Hände leichte erfrierungen. (Ackerland alles eine Soße!) [Etwas Zeitungspapier, das noch einer bei sich hat, schieben wir uns gegenseitig unter das nasse Hemd. Jetzt kann man auf unseren nackten Körpern Zeitung lesen, die Druckerschwärze hat abgefärbt … Meine paar Zigaretten, die ich noch bei mir habe, tausche ich bei einem alten Soldaten gegen etwas Essen ein. Bei ihm bekomme ich auch ein paar Tage Unterschlupf unter seinem Mantel. Immer wieder werde ich gefragt, ob wir Vater und Sohn seien.]
25. Welda, kein Essen, ganz wenig wasser. Wir sind am Verdursten. Die Ausreißer hängen erschossen in zwei meter Höhe im Stacheldraht.
26. Welda. Es gibt Schokolade in der Größe einer Zigarettenschachtel und etwas mehr Wasser.
27. Welda, Schokolade und wenig Wasser.
28. Welda, Schokolade u. wenig Wasser. (am 30.4.45 helfen wir uns gegenseitig mit Streichhölzern den Kot aus dem Darm zu entfernen.)
29. Welda, ein paar Kekse u. eine Tube Käse, wenig Wasser. Wir sind am verdursten.
30. Welda, 5 Mann, 1 Stück Käse u. 4 Kekse, wenig Wasser.«

So geht es weiter bis zum 2. Mai, als sie aus diesem Lager in das Lager bei Bad-Kreuznach befördert werden, wo sie am 4. Mai ankommen.

»4. Mai, auf freier Strecke auf Dielen über die Nahe, in das große Lager 500.000 Mann zwischen 14–18, 12.000 Jugendliche kein Essen, kein Wasser. [Auf den Brücken und Bahnhöfen standen die heimkehrenden Franzosen, die uns mit Schottersteinen und Scheißdreck bewarfen.]
5. Bad-Kreuznach regen (Ackersumpf) [Eine lange Menschenkette zeigt uns, wo das Klo ist. Es darf nur einzeln der offene Wassergraben benützt werden, damit recht viele ihre Hosen vollscheißen. Als einer etwas aus der Reihe tanzt, wird er sofort von einer MP-Garbe niedergestreckt. Er bleibt volle 8 Tage aufgedunsen zur Abschreckung am Scheißgraben liegen. Ein Stück weiter treffe ich ein paar 14-Jährige in kurzen Hosen, total durchnässt und frierend. Daneben sind Verletzte direkt aus einem Lazarett kommend, nur im Schlafanzug, Fußamputierte auf Krücken, Verletzte mit durchbluteten weißen Binden an Köpfen, Armen und Beinen.]

10 Mann 2 Karton Essen (vergiß es) ein Karton ist so groß wie eine Zigarrenschachtel, viel Regen..
6. Wir sammeln Regenwasser zum trinken. Beginn der Läuse …
7. Alles eine Soße, Matsch.
8. 10 Mann 1 Karton. Wir probieren zu kochen, Grassuppe u. Trinkwasser
9. ganz wenig Essen, es ist sehr heis. Wir planen Überfall auf Wasserwagen. [Er wird von Negern mit aufgepflanzten Bajonetten zu stark bewacht, so dass wir aufgeben. Der Tag wird genützt, um Läuse zu fangen, es werden 318 bis zum Abend.]

10. ganz wenig Essen, erstes mal gewaschen, mit Wasser aus der Nahe, ohne abgekocht nicht zu trinken (Ruhr). [Heute wird zum ersten Mal aus einem Wasserhahn Wasser entnommen, das von der Nahe zu uns hoch gepumpt wird. Viele der Soldaten können sich wegen des großen Durstes nicht zurückhalten und trinken das Wasser ohne abzukochen. Jetzt bricht ein Chaos aus: die Ruhr!]
11. ganz wenig Essen, viele fallen um u. sind tot, sie verrecken jemmerlich im Dreck. [Seit zwei Tagen beginnt das große Sterben. Wir werden beim Ami vorstellig und sagen, dass es so nicht weitergehen kann. Doch wir bekommen zur Antwort: je mehr von euch verrecken, desto besser. Niedergeschlagen und ohne Hoffnung auf etwas Besserung kehren wir zurück. Das Sterben ist teilweise ganz einfach. Du stehst auf, es haut dich um, dann strampelst du noch ein paar Mal, und schon ist es vorbei. Die Toten werden abgefahren und in Massengräbern verscharrt. Die Großen erwischt es fast immer zuerst. Wenn der Ami einen bestrafen will, so muss er in eine Grube steigen und die Erde von einer Seite auf die andere tragen. Ist dort voll, wieder zurück, und das den ganzen Tag ohne Essen und Trinken. Ein Stück weiter oben hört man geschrei. ›Haut ihn, haut ihn!‹ Es hat wieder einer etwas gestohlen und wird zusammengeschlagen. Bei uns ist es Sitte, wenn einer erwischt wird, bekommt er ein Pappkartonschild umgehängt, auf dem steht: ›Ich habe meine Kameraden bestohlen, Kameraden haut mich!‹ Diesen Satz muss er auch laut sagen und durch die reihen gehen, bis er totgeschlagen wird. Mein Hemd ist verfault am Körper und heruntergefallen. Jetzt habe ich nur noch den leichten Luftwaffenpullover, in dem fühlen sich die Läuse auch wohl. So ist es auch bei den Socken. Nur noch die obere Hälfte ist zu vermieten, die untere fehlt.
12. ein Becher warme Suppe, eine angefaulte Kartoffel (Feldflaschenbecher = ¼ l). Wir werden entlaust. Regen.«

So protokolliert Eugen weitere 15 Oktavseiten über die Hauptthemen Verpflegung und Wetter. Wir greifen noch einige Eintragungen heraus:

»22. Mai: Es regnet die ganze Nacht, 3 Tage und Nächte stehend im Regen ohne schlaf, w. (*wir*) s. (*sind*) fertig. [Wir stützen uns gegenseitig, damit wir nicht vor Müdigkeit schlapp machen.]
26. Uns wackeln alle Zähne (Skorbut, Vitaminmangel).«

Unter dem 14. Juni fügt Egen B. in seine Erinnerungen ein: »Schon vom ersten Tag an wandern meine Augen den Stacheldraht entlang, mit dem wohl verrücktesten Gedanken, den es je gab: ob nicht doch meine Mutter auftaucht und mich hier rausholt! Ich kann nichts dafür, das machen meine Augen täglich, ob ich will oder nicht.« Sein Tagebuch bricht am 1. Juli ab, weil sie da die Entlassungsscheine bekamen und glaubten, es ginge nach Hause. Aber sie mussten noch bis Ende Juli warten, bis sie entlassen wurden. Der heißen Sommersonne waren sie völlig schutzlos ausgesetzt. Die Verpflegung besserte sich minimal, war aber immer noch völlig unzureichend. Ende Juni erst konnten sie sich Zelte bauen. Seinen Bericht beendet Eugen B. mit der Nachgeschichte der Entlassung:

»In Heilbronn sind wir abgehauen, bevor der Ami uns nochmals, wie so viele andere, 6–8 Wochen einsperrte ... So kam ich unverletzt, doch voller Dreck und Läuse mit 35 kg Gewicht zu Hause an. Nach meiner Genesung holte mich der Dank des Vaterlandes ein, indem ich von der Stadt Backnang einen Brief erhielt mit den Worten: ›Zur Strafe, weil Sie Soldat waren, müssen Sie 6 Wochen im Wald arbeiten!‹ Mein Lehrmeister ... und der stellvertretende Bürgermeister brachten es fertig, dass ich nicht in den Wald musste.«

Offenbar waren die Amerikaner mit der Versorgung so vieler Gefangener überfordert. Sie haben sich wohl auch nicht besonders angestrengt damit. Ob sie die deutschen Jungen absichtlich verhungern lassen wollten, wird wohl schwer zu entscheiden sein.

Besonders hart traf es die Kindersoldaten, die von den Amerikanern zu den Sowjets abgeschoben wurden, weil sie in deren Besatzungszone zu Hause waren.

Klaus B. (1929) berichtet über einen seiner Klassenkameraden, der zudem noch unglücklicherweise von der SS mit den üblichen »fiesen Methoden«, wie er sagt, angeworben worden war:

»Als gezwungener Freiwilliger geriet dieser drei Tage später (*nach der Anwerbung*) in Waffen-SS-Uniform in amerikanische Gefangenschaft, durchlitt das Lager in Kreuznach, wurde dann an die Sowjets überstellt, da aus der SBZ (*sowjetisch besetzten Zone*) stammend, und wurde dort für drei Jahre im weiter betriebenen KZ Buchenwald gefangen gehalten.«

Karl Heinz Mehler (1929), der von der Kinderlandverschickung direkt zur Wehrmacht gekommen war[38], musste zwei Jahre in französischer Kriegsgefangenschaft verbringen. Es waren zunächst sieben Mannheimer, die alle zusammen in der Kinderlandverschickung in Titisee gewesen waren. Keiner fragte nach ihrem Alter; sie wurden wie alle anderen Gefangenen behandelt. Dazu sagt er: »Ich vertrete auch heute noch die Auffassung, dass wir zu Recht als Gefangene behandelt wurden, denn wir waren bewaffnet, und wir waren auf Grund unserer Erziehung auch bereit zu schießen.«[39] Vom Lager Tuttlingen wurden sie in offenen Waggons quer durch Frankreich gefahren, von den Brücken herab von der Bevölkerung mit Steinen beworfen, angepinkelt und beschimpft, an Haltestellen geschlagen. Sie litten Hunger und Durst.

»Am 20. Mai 1945 kam unser Transport in Tulle an, der Hauptstadt des Departements Corrèze. Ich glaube, dass wir drei Tage ohne jede Verpflegung unterwegs gewesen sind. Die Ankunft dort wird keiner von uns je vergessen. Es war bereits dunkel, als wir den Befehl erhielten, die Waggons zu verlassen und uns auf dem Bahnsteig in Fünferreihen aufzustellen. Die Kolonne setzte sich in Marsch und wurde über einen Bahnübergang in eine Straße geleitet. Erst jetzt war eine schwarze Wand vor uns zu erkennen. Es war eine riesige Menschenansammlung, die da vor uns stand und unseren Transport erwartet hatte.

Zunächst herrschte eine geradezu beängstigende Stille. Aber dann ging ein markerschütterndes Gebrüll los, und die Menge fiel über uns her. Die Wachposten hatten keine Chance, die Bevölkerung der Stadt davon abzuhalten, uns mit Schlägen zu traktieren. Auch sie bekamen Schläge ab. Sie schossen in die Luft und trieben uns zur Eile an, damit wir und auch sie möglichst schnell aus der Stadt kamen. Jeder von uns Gejagten war zunächst darum bemüht, sich möglichst in der Mitte der Kolonne zu halten, denn vor allem die außen Laufenden bekamen die Schläge zu spüren. Nur jetzt nicht hinfallen, dachte jeder und dem Beispiel einiger Landser folgend, hakten wir uns bei den Nebenmännern unter. Das Gebrüll kam auch aus den Häusern, an denen wir vorbeirannten. Aus den Fenstern höhergelegener Wohnungen wurden Wasser und auch Urin auf uns herab geschüttet. In panischer Angst rannten wir eine stark ansteigende Straße hoch. Es war ein wahres Inferno. Von uns sieben hatte jedoch zum Glück keiner Schaden genommen.«[40]

Die Rationen im Lager reichten eben gerade zum Überleben. Unterbringung und sanitäre Verhältnisse waren für die abgehärteten Jungen auszuhalten.

»Aus den im Lager angeschlagenen Zeitungen erfuhren wir nach und nach einiges über die Zustände in Deutschland … Erste Bilder aus den Konzentrationslagern und Berichte über die Greuel von Oradour[41] vermittelten uns Geschehnisse, die immer noch unvorstellbar waren. Wir hatten jahrelang immer nur eine Seite der Medaille gesehen. Die Propaganda der vergangenen Jahre hatte uns nur über die Greueltaten der anderen unterrichtet. Was Deutsche während des Krieges in ganz Europa angerichtet hatten, das erfuhren wir erst jetzt in aller Deutlichkeit.«[42]

Anfang Juni wurden alle Jugendlichen unter 17 Jahren an die Bauern der Umgebung als Arbeiter vermietet. Das war für die Bauern deshalb attraktiv, weil sie dafür nur ein Viertel des normalen Tagessatzes für einen deutschen Kriegsgefangenen bezahlen mussten. Die drei Schmächtigsten blieben bei der Auswahl durch die Bauern in dem Ort Pompadour übrig, darunter auch Karl Heinz. Schließlich nahm ihn Roger Soirat, ein Obst- und Gemüsehändler. Damit hatte er fast unwahrscheinliches Glück, denn er wurde von Anfang an human, ja freundlich behandelt. Er wurde gleich gut verpflegt, bekam Zivilkleidung und durfte auf einem Sofa im Wohnzimmer schlafen.

»Für mich vergingen die folgenden Tage bei den Soirats wie im Traum. Nach Wochen extremer physischer und psychischer Belastungen befand ich mich plötzlich in einer ganz anderen Welt, fast wie zu Hause, so schien es mir. Ich lebte in einer Umgebung, die so ganz anders war als die Jahre zuvor mit den ständigen Zwängen des Lagerbetriebes, die ich sowohl in der Kinderlandverschickung als auch in der Gefangenschaft erlebt hatte. Der Alltag war plötzlich so einfach zu bewältigen. Ich fand mich versorgt und behütet in einer Familie wieder, deren Wohlwollen ich sofort spürte. Noch heute bin ich den beiden Soirats dankbar für die Wärme, die sie mir vermittelten und für ihre Menschlichkeit. Hier tat ich den ersten Schritt in ein neues Leben.«[43]

Leider sind die beiden Soirats früh gestorben, so dass sie Karl Heinz bei seinen späteren Besuchen in Pompadour nicht mehr antraf. Er kam dann noch zu verschiedenen anderen Patrons, wo er es nicht immer so gut hatte und auch hart arbeiten musste, konnte einmal im Monat ein paar Zeilen nach Hause schreiben und von zu Hause Post erhalten, gelegentlich auf Nachbarhöfen andere deutsche Gefangene besuchen. Nach einigen Umwegen kam Karl Heinz 1947 wieder nach Hause, nach Neckarau.

»Am 21. Februar 1947 gegen elf Uhr nahmen mich meine Eltern stürmisch in Empfang. Ihr geliebter Sohn war endlich wieder da. Sie waren überglücklich und konnten es kaum fassen, dass da ein Erwachsener vor ihnen stand, den sie zuletzt im Juni 1944 als Kind verabschiedet hatten.[44]

(*Sein Fazit:*) Unter Hitler war mir weder die Indoktrination noch die eingeschränkte Freiheit bewusst. In der Gefangenschaft spürte ich jedoch die Einschränkung meiner persönlichen Freiheit sehr deutlich. Ich war der Willkür anderer ausgesetzt. Und was das heißt, kann nur der ermessen, der es erlebt hat. Frei fühlte ich mich erst, als ich nach der annähernd zwei Jahre dauernden Kriegsgefangenschaft wieder zu Hause war. Erst dann ist für mich die Kriegszeit zu Ende gewesen.«[45]

Das schlimmste Los hatten diejenigen, die von den Sowjets den Tschechen oder Polen überlassen wurden. Dafür noch Auszüge aus den Berichten von zwei Zeugen: Karl Burkhof (1929), der sich von der Kinderlandverschickung in Bielohrad bei Prag freiwillig zur SS-Reiterdivision Florian Geyer gemeldet hatte, geriet – ohne überhaupt zum Einsatz gekommen zu sein – in sowjetische Gefangenschaft.[46]

»Alle 14- und 15-Jährigen wurden herausgerufen und mussten in einer Reihe, der Größe nach, antreten. Ein Offizier schritt die Reihe ab und sah sich dabei jeden Jungen an. Ich merkte, dass er die größeren von den kleineren und die kräftigeren von den schwächeren mit einer laschen Handbewegung trennte.

Bevor er an mir vorbeikam, machte ich mich kleiner und schiefer. Ich hatte Glück, Sibirien war vergessen. Ich blieb bei den kleinsten. Wir wurden zu einem eingezäunten Fußballfeld gebracht, wo wir zwei Stunden später, hinkend und stolpernd, eintrafen.

Die Sowjets hatten uns den Tschechen überlassen. Bis heute kann ich nicht sagen, ob ich Glück oder Pech hatte; denn brutaler als die Tschechen hätten die Russen uns auch nicht behandeln können ... Nach einigen Tagen des absoluten Hungerns wurden wir fast ohnmächtig von Zivilisten einzeln herausgepickt. Es waren Landwirte, jeder bekam einen Gefangenen zugeteilt.«[47]

Bei seinem Bauern musste er hart arbeiten; es ging ihm aber nicht schlecht.

»Nach einem knappen Vierteljahr wurde ich eines Tages vor der Haustür abgeholt. Polizisten mit Armbinden über ihren verlumpten Uniformen schrien: ›Du SS!‹ Ich hätte leugnen können, doch ich trug noch immer meine SS-Uniform, und sie wussten, dass ich unter meiner linken Achsel mit meiner Blutgruppe tätowiert war. Eine Null, die ich mir gleich am Anfang von Kameraden habe herausbrennen lassen. Geblieben war eine Narbe, in Form einer Null. Aber ich war viel zu stolz, um zu leugnen, dass ich bei der Waffen-SS gewesen war, und wenn ich schon den Krieg verpasst hatte, so konnte ich wenigstens als Kriegsgefangener einen guten Eindruck hinterlassen, auch wenn es nur drei Wochen gewesen waren, die ich bei der Waffen-SS gedient hatte. Die Männer fragten mich, ob ich jemanden erschossen hätte. Ich antwortete, ja, viele, und sie lachten mich aus.«[48]

In einem oberschlesischen Kohlebergwerk mussten sie unter unmenschlichen Bedingungen fast ein ganzes Jahr schuften. Das Barackenlager, in dem sie untergebracht waren, hatte den Deutschen zuvor als Lager für tschechische Zwangsarbeiter gedient.

»Die Anwohner weideten sich an den deutschen Gefangenen, um sie entsprechend zu misshandeln. Ich war erfreulicherweise nicht ernsthaft verletzt ... Es gab hier keinen Arzt, keinen Sanitäter und auch keine Medikamente oder Verbandmaterial. Ich bin, im Verhältnis zu den meisten, glimpflich aus dem Schlamassel herausgekommen. Ich habe insgesamt, über dem Körper verteilt, sechsunddreißig kleine blaue Narben und eine große am linken Mittelfinger. Hier hat mir ein heruntergefallener Stein den Knochen durchschlagen. Die Hand wurde nicht verbunden. Ich musste, trotz Schmerzen, weiterackern.«[49]

Ende Mai 1945 besserten sich durch einen Besuch des Roten Kreuzes der ČSSR die Lagerverhältnisse etwas.

»Inzwischen waren von den rund eintausendzweihundert Gefangenen mehr als die Hälfte, in der Mehrzahl an Unterernährung, gestorben. Sie wurden durch neue Gefangene ersetzt, die die Tschechen irgendwo im Land aufgetrieben hatten, wieder nur die ältesten und jüngsten, während alle anderen vermutlich von den sowjetischen Besatzungstruppen nach Sibirien verschleppt worden waren. Wir sahen es unseren Kameraden an der Nasenspitze an, bevor sie starben, auch wenn jemand noch neben mir arbeitete, drei Tage später war er tot. Die Leichen wurden von uns in den Versatz gezerrt, nur wenige Meter von unserem Arbeitsplatz entfernt, dort blieben sie unbedeckt liegen, bis der herunterbrechende Schiefer sie in alle Ewigkeit bedeckte. Die anderen starben in ihren Betten. Wenn sie trotz Hieben mit dem Gummiknüppel sich nicht mehr regten, wussten wir, dass sie tot waren. Wir mussten die Leichen aus der Baracke hinaustragen und in eine Grube werfen. Auch wir, die Überlebenden, waren abgestumpft und fühlten weder Schmerz noch Trauer. Wir dachten noch nicht einmal darüber nach, dass wir selbst am nächsten Tag an der Reihe sein konnten. Wir empfanden auch keine Freude, noch zu leben. Wir verrichteten alle Dinge rein mechanisch. Ein Jahr später, in Freiheit, holte mich das Trauma dieser Jahre ein. Doch die Welt gehört den Lebenden, und die Jugend hat die Kraft, die Vergangenheit zu bewältigen und zu vergessen.«[50]

Dass Vergessen nicht so einfach war, wie es sich hier anhört, merkt der Leser der Erinnerungen, wenn Karl Burkhof einige Seiten später weitere Grausamkeiten schildert:

»Inzwischen fiel mir die Arbeit im Steinkohlebergwerk leichter als die Freizeit im Lager. Die Tschechen hatten die gemeinsten und brutalsten Typen zu unserer Bewachung eingesetzt. Sie kamen mit ihren Frauen nachts in unsere Baracken, ließen uns vor unseren Betten nackt antreten und schikanierten uns. Sie traten uns mit den Stiefeln in den Unterleib, bis wir vor Schmerzen erbrachen, und die Frauen quietschten vor Vergnügen. Ich erinnere mich an den 15. März 1947, dem Jahrestag der Besetzung Prags durch die deutschen Truppen 1939. Wieder kamen unsere Bewacher mit ihren Frauen in die Baracken. Wir mussten bei schneidender Kälte nackt und barfuß zum Waschraum laufen und uns dort in die mit kaltem Wasser gefüllten Wannen legen. Als Sechzehnjähriger überlebte ich, ältere Kameraden erlitten einen Herzschlag und starben …

Als uns die Tschechen 1945 beschimpften, begriff ich nichts. Dann verstand ich einige Worte, die ich nicht glauben wollte. Wir, die Deutschen, die edle Rasse, hatten Konzentrationslager gebaut und alle Juden und Zigeuner darin eingesperrt und ermordet. Ich habe zwei Jahre gebraucht, um einzusehen, dass es sich um keine Verleumdungen, sondern um die Wahrheit handelte.

Ich war in meiner Jugend so stolz auf mein Volk und mein Vaterland gewesen, dass ich nicht fassen konnte, dass die Deutschen Verbrechen begangen hatten wie noch nie ein Volk in der Geschichte zuvor.

Für mich brach eine Welt zusammen, und ich brauchte lange Zeit, um darüber hinwegzukommen. Ich verstand meine Mutter, als sie am Tag des Kriegsbeginns ausgerufen hatte: Hat es dieser Verbrecher endlich geschafft! Ich verstand auch meinen Vater, weshalb er nicht Mitglied der Partei geworden war, und dass er mit mir, dummen Jungen, nicht über Politik gesprochen hat.«[51]

Im Frühjahr 1947 gelang Karl Burkhof die Flucht. Als 17-Jähriger kam er bei seinen Eltern in Berlin-Spandau an.

Johannes S. (1929) aus Beuthen, Oberschlesien, war schon als 13-Jähriger begeistert bei der Flieger-HJ gewesen. Er machte in der Reichsfliegerschule noch die C-Prüfung und errang den Rang eines Segelflugbaumeisters (den –

nach seinen Worten – nur neun Hitlerjungen hatten). Mit knapp 15 Jahren war er wohl der jüngste Pilot in Deutschland. In knappen Sätzen, fast Stichworten, berichtet er über seine Einberufung, seine Gefangennahme, seine unerwartet schnelle Entlassung und seinen abenteuerlichen Weg, der ihn nicht nach Hause, sondern in die Heimatlosigkeit führte:

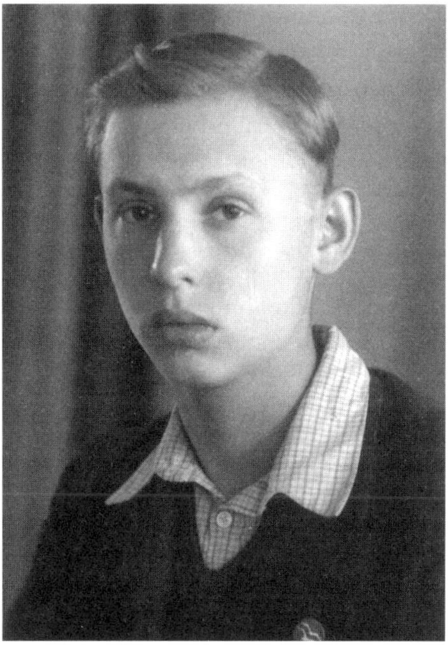

5. Johannes S.

»Im Januar 1945 Evakuierung mit Mutter und Schwester nach Mittelsteine in der Grafschaft Glatz. Von dort bald zum Wehrertüchtigungslager in Friedland eingezogen. In den letzten Kriegstagen, es war schon Mai 1945, wurden wir der Truppe der 8. Armee (Generalfeldmarschall Schörner) zugeschlagen. Nach der Kapitulation (*ohne jede Feindberührung*) sollten wir uns mit dem Truppenteil in Richtung Westen durchschlagen, da jenseits der Moldau hinter Prag der Amerikaner sein sollte. Tatsächlich hatten diese sich einen Tag zuvor im Rahmen einer Grenzbegradigung zurückgezogen und das Lager den Russen übergeben. Dort (in Bistritz, südlich Prag) gab es unbeschreibliche Zustände. Das Lager bestand zum größeren Teil aus Tausenden von Flüchtlingen – meist Frauen und Kinder. Hunger und Massenvergewaltigungen waren an der Tagesordnung, vor aller Augen! Ich hatte ein letztes Personal-Dokument in Regenwasser aufgeweicht und bis zur Unkenntlichkeit der Zahlen zerknittert und das Geburtsjahr 1929 mit einem Kopierstift verändert, weil ich erfuhr, dass alle Leute ab 1930 als Kinder galten und dann leichter entlassen werden konnten. Ich wurde tatsächlich, mehr durch Zufall, von einer russischen Armee-Ärztin entlassen.

Danach tagelanges Durchschlagen auf Eisenbahnwaggons, Öltankwagen, Kohlewagen, Kohlewaggons in Richtung Südost. Wir wurden oft von tschechischen Milizen angehalten, durchsucht, verprügelt, haben von Abfall gelebt und gehungert. Häufiges Umsteigen auf leere Waggons der Bahn, geduckt, um nicht irgendwie gesehen zu werden, verwahrlost im Äußeren, oft ›Umsteigen‹ auf andere Züge, da die Strecken nur kurz intakt waren wegen vieler gesprengter Brücken, immer in Sorge vor feindlich gesinnten Tschechen und Milizen … In Bielitz wurde ich verhört und eingesperrt im großen Keller mit etwa 300 Männern, die reihenweise am Betonboden zusammengekauert lagen. Vor Angst und Entsetzen konnte ich kaum sprechen, verstand niemanden und musste mich dazulegen.«

Dort wurden sie oft geprügelt, mussten polnische Lieder lernen. Was er dort alles erlebt hat, kann und will er nicht in Einzelheiten schildern. Nach einigen Wochen wurde er von einem Offizier der UNRRA[52] entlassen, da offenbar keine Akten über ihn existierten. Geschwächt und ausgehungert machte er sich auf den mühseligen Weg nach Beuthen. Unterwegs erlebte er auch Freundlichkeit von Polen. Einmal nahm ihn einer mit nach Hause mit den Worten: »Ich bin Pole, du bist Deutscher, dafür können wir beide nichts, lass es dabei bleiben.« Er nähte ihm über Nacht aus einem alten Sack eine Art Rucksack, füllte ihn mit ein paar Broten und einer Flasche Kaffee. Dank seines guten Orientierungssinns und mit viel Glück schaffte er es bis in seine Heimatstadt.

»In Beuthen angekommen war ich schockiert: alle mir bekannten Geschäfte hatten andere (polnische) Schilder, alle Straßennamen waren weg und hießen anders, mein Gymnasium war nun als Konservatorium ausgeschildert, einige Denkmäler waren verwüstet bzw. ohne Standbilder. Kein deutscher Laut war zu hören, ich kam in eine fremde Welt! An der Wohnungstür meiner Eltern war noch das Namensschild, aber daneben ein Schild aus Papier mit dem Wort ›Schreiber‹. Ich schellte, eine junge Frau machte mir auf, sah mich ziemlich unfreundlich an und warf die Tür wieder zu.

Ich setzte mich total entgeistert auf die Treppe und heulte los. Zum Glück kam eine Nachbarin vorbei, sah mich an und fiel wie aus allen Wolken. ›Um Gottes willen Hans, wo kommst du her, wie siehst du aus!‹«

Seine Mutter und Schwester waren nicht mehr da, seinen Vater hatten die Russen mitgenommen. Er fand schließlich Mutter und Schwester im alten Evakuierungsort in Mittelsteine/Grafschaft Glatz, wo er im Januar 1945 eingezogen worden war. Im Herbst 1946 wurden sie vertrieben. Aber Mutter und Schwester entschlossen sich im letzten Moment, doch dazubleiben; offenbar hatten sie für Polen optiert. Er selbst hatte Angst, wieder von den Russen geschnappt zu werden und floh in den Westen zu einem Onkel. Erst 1957 kamen die Eltern und die Schwester – der Vater hatte überlebt – im Rahmen der von Polen geförderten Umsiedlung auch im Westen an. 1958, also 13 Jahre nach Kriegsende, trafen sie sich wieder, aber es waren völlig veränderte Menschen, zu denen er keinen Kontakt mehr finden konnte.

So mussten diese Kindersoldaten teuer bezahlen für einen Krieg, den sie nicht zu verantworten hatten, auf den hin sie aber vom Regime von Anfang an ausgerichtet worden waren. Selten in der Geschichte wurden Kinder so schamlos missbraucht wie im nationalsozialistischen Deutschland.

Kapitel 8

Kriegsende und Besatzer

Kaum ein deutsches Kind hat vor Kriegsende einen Amerikaner, Engländer, Franzosen oder »Russen«[1] persönlich gekannt. Auch der Begriff »Alliierte« war ihnen weitgehend fremd. Aus ihrer Sicht führte Deutschland Krieg, musste Krieg führen gegen böse Feinde, die es bedrohten. Diese Bedrohung bekamen sie täglich zu spüren, denn ihretwegen musste man in Kellern und Bunkern sitzen, Bombenangriffe durchstehen und sich aufs Land verschicken lassen. Auch die Erwachsenen redeten nicht anders als von »Feinden«, die NS-Propaganda sprach von Verbrechern und Terroristen. Nur die Verfolgten warteten auf Befreiung; die meisten Deutschen ersehnten das Ende des Mordens, aber nicht die Niederlage des Vaterlandes.[2]

Was dachten und wünschten die Kinder? Über ihre Gedanken und Gefühle in den letzten Kriegswochen gaben schon die Tagebücher von Ilse J. und Ruth B. in der Einleitung zu Kapitel 1 und 3 Auskunft: Die allermeisten hofften bis zum Ende auf einen Sieg und setzten ihr Vertrauen auf den Führer und die Wunderwaffen, die bis zuletzt versprochen worden waren. Von den Feinden erwarteten sie nichts Gutes. Sie waren noch gläubiger als die meisten Erwachsenen. Wir haben aber auch festgestellt, wie sich in den Tagebüchern bis zum Ende ganz Privates und Persönliches mit dem Hochpolitischen mischt.

1a. Theodor Wild

Wie erlebten die Kinder den »Umbruch«? Dazu zitieren wir aus drei Tagebüchern, zunächst aus dem von Theodor Wild (1937):

»**1945** (*ohne nähere Datierungen*)

Als die deutschen Soldaten weg waren waren wir sehr traurig, weil die besser waren als die Feinde. Vielleicht ist Hitler gar nicht

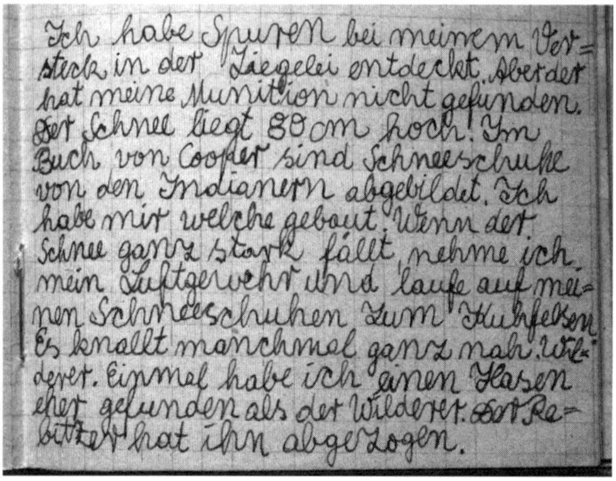
Ich habe Spuren bei meinem Ver=
steck in der Ziegelei entdeckt. Aber der
hat meine Munition nicht gefunden.
Der Schnee liegt 80 cm hoch. Im
Buch von Cooper sind Schneeschuhe
von den Indianern abgebildet. Ich
habe mir welche gebaut. Wenn der
Schnee ganz stark fällt, nehme ich
mein Luftgewehr und laufe auf mei=
nen Schneeschuhen zum Huhfelsen
Es knallt manchmal ganz nah. Wil=
derer. Einmal habe ich einen Hasen
eher gefunden als der Wilderer. Der Re=
bitter hat ihn abgezogen.

1b. Aus dem Tagebuch von Theodor Wild

tot sagen viele Leute. Um Gottes Willen sagt meine Mutter. Wer Hitler sagt flüstert dabei. Ich höre immer Radio. Wir sind keine Nazis sagt meine Mutter, aber die Amis sagen zu uns auch Nazis. Ich habe keine Angst vor den Amerikanern, weil ich ja englisch kann.[3] Den Russen traue ich nicht. Die kann man riechen wenn ich sie noch gar nicht sehe … Die Mädchen gehen nur mit den Amerikanern. Bei den Russen laufen sie weg … Kiss me belami singen die Amischiksen. Ich habe noch ein Hitlerbild versteckt. Früher haben alle heil Hitler gerufen und die Hand gehoben und jetzt darf man Hitler nicht laut sagen. Ich weis wer ein Nazi in der Gabelsbergerstraße ist. Oder in (*der*) Marienstraße oder in den anderen Straßen.

Ich bin unehelich, deshalb darf ich nicht ministrieren. Im Amt (*gemeint ist hier Behörde. Wegen der Kriegsereignisse heirateten die Eltern erst danach*) muss ich an der Tür stehen, damit ich nicht hören kann, wenn meine Mutter flüstert der Junge ist unehelich. Der Schöne hat keinen Vater mehr, der ist gefallen. Die Mutter hat einen Mann, deshalb ist der Schöne nicht unehelich. Aber mein Vater kommt doch manchmal zu uns. Dann erzählt er mir Geschichten von Afrika. Unehelich ist eine Schande. Ich sage immer mein Vater ist verreist.

Ich bin viel allein. Ich möchte noch einen Bruder haben. Ich möchte ein Neger sein oder ein Indianer … Im Wald rumschleichen oder kämpfen oder was ausdenken. Messe spielen. Ich will Priester werden. Pater Voit hat gesagt: ›Armer Junge.‹ Vielleicht darf ich nicht Priester werden, weil ich unehelich bin. Niemand sagt mir die Wahrheit. Ich muss immer luern (*lauern, die Ohren spitzen*). Ich will mal was besonderes machen, aber nicht in Amberg, aber in Afrika.

The Americans say to us bayrischdeutsch, becose they do not understand ouer Dialekt. Bei der Tante Heide musste ich in Berlin englisch lernen … How are you? Oh, very well! My name is Theodor. Oh, like our president Rosewelth, sagte ein Ami zu mir.

Razzia. Immerfort machen die Amis Razzia.[4] Ich renn hin, weil das spannend ist. Dann kommen sie mit den Jeeps an und springen raus und stürmen rein. Manchmal kommen sie mit nackerten Weibern raus. Die haben eine Decke umhängen. Oder Männer mit geklauten Zigaretten. Manchmal klauen die Amis auch was. Meine Mutter sagt die dürfen das, weil sie die Sieger sind. Wenn ich zu nah bei der Razzia stehe, schreit einer: Hau ab, you facken (*fucking*) boy. Meine Mutter sagt das ist was unanständiges …

Meine Mutter hat nur 40.- Mark. Ich schacher mit den Amis. Dann kaufen wir uns am Sonntag ein Goldhähnchen. In meiner Kasse sind nur Schuldscheine, weil meine Mutter alles braucht sonst haben wir nichts zu essen. Ich spare auch heimlich auf das was ich will. I have learned: it is secret…

Die Röbsteck hat Hängebrüste, die Annuschka[5] hat keine Hängebrüste, ihre sind dick und rund und stehen ab. Wie auf dem Plakat vom Zirkus. Das sind unsere Zielscheiben. Wer mit dem Pfeil eine Brust trifft hat gewonnen.

Tante Heide hat geschrieben, dass Aimée sehr traurig ist, weil der Toto (das bin ich) nicht mehr da ist. Wir haben vier Jahre zusammengelebt, seit sie in Berlin geboren wurde.[6] Jetzt kam Onkel Urban von der Ostfront zurück und ist jetzt in Rendsburg der Chefarzt vom Martinshaus. Die Engländer haben ihn eingesetzt, weil er kein Nazi war. Tante Heide hat gesagt, eine Frau gehört zu ihrem Mann und darum ist sie mit Aimée hingefahren. Ich bin auch sehr traurig. Rendsburg liegt in der britischen Zone, wir sind in der amerikanischen Zone. Da haben wir aber Glück gehabt, sagt meine Mutter. Mein Vater[7] hat endlich mal geschrieben. Die Engländer passen jetzt auf, dass ihn die Russen nicht nach Sibirien verschleppen. ›Li, du musst aufpassen, dass sie nicht womöglich den Jungen mitnehmen. Ich traue den Russen nicht. Du weißt was der Urban gesagt hat‹ sagt Tante Heide zu meiner Mutter. Mein Vater hat auch einen 2-Markschein in den Brief gelegt. Er will uns besuchen. Meine Mutter hat nur geseufzt. Ich freue mich schon, wenn mein Vater kommt. Vielleicht ist er dann streng. Ich habe ihn nicht streng in Erinnerung. ›Du bist der ganze Abklatsch vom alten Theo‹ sagen die Tanten zu mir, der war auch so ein Abenteuerer.

Jetzt haben wir nur ein Zimmer. Der Kleiderschrank steht im Treppenhaus. Da muss man aufpassen, dass nichts gestohlen wird …

Jetzt ärgert sich die Frau Lieret[8] dass wir alle silbernen und goldenen Papierhackenkreuze vernichtet haben bevor die Amerikaner kamen, denn jetzt könnte man ein gutes Geschäft machen hat sie gesagt. Weil die Amis so was als Andenken mitnehmen. Sie sagen sie erschießen einen, wenn sie was finden, weil man ein Nazi ist. Ich habe aber welche heimlich weggenommen und versteckt. Ich sage immer ich habe das Zeug gefunden wenn ich mit den Amis schacher. Sie wollen immer wissen wo mein Vater ist, aber ich sage ihnen nicht, dass er im OKW (*Oberkommando der Wehrmacht*) war, weil sie sonst denken er war auch Nazi, aber wir waren keine weil wir unter Hausarrest waren und die SS meinen Vater erschießen wollte. Jetzt haben ihn die Russen erschießen wollen, aber er hat sich in Berlin versteckt. Meine Mutter hat auf der Kommandantur gleich eine Bescheinigung bekommen, dass wir keine Nazi waren, aber das wissen die Russen nicht.

Ein kleines Mädchen auf dem Sebastiansberge[9] hat so lange Nigger geschrien bis der Neger es umgebracht hat. Dann haben sie ihn abgeführt und nach Amerika ins Gefängnis gebracht.

Man darf niemals Nigger sagen. Dann werden sie wütend. In Amberg gibt es eine Negerkaserne. Wenn eine Frau vorbeigeht und dann machen sie die Hose auf und zeigen den Frauen den ›Hampelmann‹. So sagt nämlich der Karl. Das hat er auch in der Schule gesagt. Da hat er vom Freulein eine Ohrfeige bekommen. Aber die Mädchen sagen immer zu uns, zeig mal deinen Hampelmann und bekommen keine Ohrfeige.

Weihnachten 1945

Meine Mutter sagt wir sind arm. Ich weis das nicht. Ich habe immer ein Essen. Nur keine guten Schuhe. Meine Füße tun mir oft weh. Ich laufe immer barfuß rum. Meine Mutter ist traurig weil wir evakuiert sind. Die Russen sind jetzt in Berlin in unserer Wohnung. Sie haben alles weggenommen oder kaputt gemacht, hat Annuschka geschrieben. Ich spiele mit meiner Elektrischen Eisenbahn. Siemens. Am heiligen Abend muss ich zuhause bleiben hat meine Mutter gesagt. Am 1.und 2. Feiertag darf ich zu Gerdi und Mausi gehen in das Goldene Lamm.

Unsere Papierkrippe ist schön. Aber ich bin auch ein bisschen traurig. Lieber will ich jetzt in unserer Wohnung in Berlin sein mit meiner Mutter, mit meinem Vater, mit Annuschka, Tante Heide und Aimée und Großvater …

Die rennen immer noch in den Straßen rum und suchen Nazis. Den Bachmann haben die Amis gleich am nächsten Tag geholt wo sie einmarschiert waren. Welche haben sich aber versteckt und die wollen sie auch noch kriegen. Meine Mutter sagt da: ›Gottes Mühlen mahlen langsam.‹ Sie ärgert sich nur immer manchmal, weil die Amis so tun wie wenn wir auch Nazis sind. Zuerst waren die gegen uns und jetzt die. Ich mache mir nichts draus, denn ich kann englisch und rede mit ihnen. Das erste Wort von den Amis war moneymaking. Ich weiß gar nicht was die wollen. Aber jetzt mache ich auch moneymaking mit allem was die Amis kaufen wollen, z. B. Orden, Hitlerkram. Weil wir so was nicht haben muss ich es überall organisieren. So sagen die Leute aber das ist alles auch klauen oder drum raufen oder bei den Juden auf dem Schwarzmarkt. Die Juden bei der Synagoge verkaufen auch Hitlersachen für Zigaretten oder Butter.[10] Ich kann viel organisieren aber das sage ich niemand sonst sagt meine Mutter dass ich noch ganz verdorben werde.-.-.«

Ein erstaunliches Tagebuch eines noch nicht ganz Achtjährigen. Theo ist ein frühreifer, neugieriger Junge mit einer überaus wachen, unbestechlichen Beobachtungsgabe und großer Findigkeit, aber feinfühlig und verantwortungsvoll, und doch noch ein Kind mit seinen ganz kindlichen, auch schon vorpubertären Sorgen und Nöten, die er nicht einmal mit seiner Mutter besprechen kann. Aber ist dieses außergewöhnliche Dokument überhaupt repräsentativ für Erfahrungen von Kindern seines Alters am Kriegsende? Nicht typisch ist, dass sein Vater »kein Nazi« war, sondern im Widerstand. Das Schicksal des Vaters ist ungewiss. Er scheint in der Obhut der Engländer zu sein. Nicht typisch ist ferner, dass Theo gleichzeitig Erfahrungen mit Amerikanern und Russen macht, weil es in seinem Evakuierungsort Amberg ein Internierungslager für Russen gab. Nicht klar ist, ob es sich dabei um ehemalige Zwangsarbeiter bzw. Kriegsgefangene oder um Hilfstruppen der deutschen Wehrmacht handelt. Er erlebt sie nicht als Angehörige der siegreichen Roten Armee. Doch die Familie musste erfahren, dass die Russen ihre Wohnung in Berlin geplündert und ruiniert haben. Das mussten viele Familien erleben. Repräsentativ ist das Tagebuch für viele Kinder aus Familien, die durch den Krieg und das Kriegsende auseinandergerissen wurden. Für ihn ist nicht nur die Abwesenheit des Vaters schmerzlich, sondern auch, dass die geplante Hochzeit der Eltern nicht stattfinden kann und er als uneheliches Kind gilt. Auch darin ist er kein Einzelfall. Es ging vielen Kindern so – die enge Sozialmoral der Gesellschaft, besonders der katholischen Kirche, wird daran erschreckend deutlich. Ein uneheliches Kind zu sein oder eines zu haben, war eine Schande. Das traf übrigens auch die Kinder, die aus freiwilligen oder erzwungenen nichtehelichen Beziehungen mit Besatzungssoldaten hervorgingen. Sie trugen das doppelte Stigma: unehelich und Kinder von ehemaligen Feinden zu sein. Besatzungszonen trennten auch die Verwandten, Deutschland wurde ein geteiltes Land. Das Schicksal von vielen war ungewiss. Die Abwesenheit des Vaters brachte die Mutter in finanzielle Schwierigkeiten, die Theo nach Kräften lindern half.

Besonders aufschlussreich und repräsentativ ist das Tagebuch für den Umgang der Kinder mit den Besatzern, hier mit den »Amis«, und die Beobachtungen, die sie – völlig vorurteilsfrei – dabei machten. Umgekehrt sehen und kommentieren sie, wie die Amerikaner mit den Deutschen und deren »Nazi-Vergangenheit« umgehen und wie die Deutschen selbst auf den Zusammenbruch der NS-Herrschaft reagieren. Damit haben wir schon einige wichtige Stichworte gefunden, die in diesem Kapitel zu beachten sind. Die beiden folgenden Tagebücher machen auf weitere aufmerksam.

Maria B. (1929) (siehe Abb. 4 in Kapitel 4, S. 119) war Mitte April 1945 mit ihrer Mutter aus Braunschweig aufs Land geflüchtet, in das sogenannte Torfhaus[11] bei Goslar im Harz. Der Vater, in einem kriegswichtigen Betrieb beschäftigt, blieb in Braunschweig. Der sehr ausführliche Bericht kann nur auszugsweise wiedergegeben werden.

»12.4.: Heute morgen fing der Tanz schon *sehr* angenehm an. Ein 2 cm Geschütz steht direkt vor unserm Haus. Sehr nette und anständige Soldaten sind dabei, bloß es ist natürlich zweierlei scheußlich: 1. Tiefflieger, 2. ein Kampf wird dann hier unvermeidlich sein, so dass Papi uns nicht davor entfernt hat, sondern dass wir da gerade reingelaufen sind! Wir können es aber nicht ändern, wir müssen alles in Ruhe abwarten. Sie sägen uns hier den Zaun ab, um freie Schusslinie zu haben. Die Hauptkampflinie ist erst 6 km von hier, dort wird alles mit Panzern gehalten. Also wird es noch

verschiedene Zeit dauern, bis wir wirklich überrollt sind. Der Harz ist völlig abgeschnitten. Harzburg ist besetzt, so bekommen wir gar keine Lebensmittel.
13.4.: Also, wir sind schon wieder auf der Flucht. Entsetzlich! Gestern Abend kam Schwester Elisabeth und sagte, dass die Amerikaner um 10 Uhr aufs Torfhaus kommen wollten! Dazu sind auch noch Schwarze dabei! Was wollten wir da machen! Wir holten dann Walter Bäse und Lotti, und wir wollten in Schwester Elisabeths Keller gehen, denn man erwartet, dass sie den Kaiserweg raufkommen würden. Da wären wir direkt die ersten gewesen und herrlich in der Schusslinie. Wir legten uns noch zurecht, wie wir es machen wollten, und gingen dann ins Bett. Um 2 Uhr kamen Tante Lies und Frau Andreas angestürzt! Sie kommen! Die Leute riefen: ›Wie lange bleibt ihr noch?‹ sich gegenseitig zu. Und ein Rumoren und Gerassel. Panzer und alles tobte draußen. Wir hörten dann, wie der eine sagte: ›Wecken Sie mich um ½5 Uhr.‹ Da legten wir uns wieder hin. Viel geschlafen haben wir gerade nicht! Um kurz nach 7 Uhr kam Schwester Elisabeth und sagte: Jedes Haus würde hier verteidigt. Das hätte der Offizier gesagt. Da konnten wir ja natürlich nicht da bleiben, denn vor unserem Haus stehen 2 Panzer und zwei Geschütze. Da sagte Schwester Elisabeth, wir sollten doch zu der Hütte gehen, wo Jordans und Raabes sind. Also packten wir in Null komma nichts unsere Sachen und einen Rucksack mit einem Brot und Wurst! Wir zogen dann mit Sack und Pack an den Soldaten, Panzern etc. vorbei …«

Da der Proviant nicht ausreichte, beschlossen sie am 14.4. im Torfhaus etwas zum Essen zu holen. Auf dem Rückweg gerieten sie in eine wüste Schießerei hinein und kamen nicht durch.

»Da kam hinter uns ein Wagen. Ein Personenwagen mit 2 freien Plätzen. Ich schubste die beiden rein (Mams und Frau Andreas) und setzte mich auf den Kotflügel. Ein Soldat zurrte mir die Beine fest und sagte, wo ich mich halten sollte, und dann ging die Partie los. Es war ganz schneidig, ich lag wie ein Klammeraffe über dem Kühler. An der Brücke wurden wir abgesetzt und unter Geknalle und Geschieße zogen wir zur Hütte! Da haben wir wenigstens was zu essen. (*Sie verbrachten die Nacht in der Hütte:*) Es wurde feste geknallt! Ari schoss, Maschinengewehre und Gewehre. Ein toller Tumult! Herr Jordan und Herr Raabe sind schrecklich ängstlich, ebenfalls ihre Frauen. Wir haben Witze gerissen! Hihi! Es knallte bald die ganze Nacht durch! Heute morgen blieben wir bis 10 Uhr liegen. Deren Fimmel ging jetzt so weit, dass sie nicht einmal die Klappen aufmachen wollten! Da saßen wir im Finstern und im Kalten! Dann haben wir aber gestreikt. Was zu viel ist, ist zu viel! Wir holten heute morgen Wasser. Die Männer waren zu feige mitzugehen und so verliefen wir uns. Endlich fanden wir zurück und einer der Helden sicherte uns. Hihi, grinsen die Scheusale!«

Inzwischen bekamen sie Nachricht vom Vater, dass es ihm gut gehe und dass ihr Haus von Amerikanern beschlagnahmt sei.

»22.4.: Nur schnell das Wichtigste in Stichworten, denn wir stecken wieder mitten in der Packerei. Sowie mehr Zeit ist, will ich alles weiter ausführen. Am 20. sind Schwester Elisabeth und noch verschiedene Andere zum Torfhaus gegangen, um die toten deutschen Soldaten zu beerdigen. Sie haben das sehr schön gemacht! Am nächsten Tag gingen wir von der Malepartushütte[12] zum Torfhaus, um dort Ordnung zu schaffen. Denn die Amerikaner waren weg. Unser Haus in einem unbeschreiblichen Zustand zurückgelassen! Geklaut! Lebensmittel, Wäsche, Pelze weg! Als wir uns am Abend durch die Wüstenei durchgekämpft hatten, man kann es nicht beschreiben! Man *muss* es gesehen haben, waren das kleine Zimmer und 3 Schlafzimmer fertig. Sauber natürlich nicht. Bilder kaputt, Koffer aufgeschlitzt und umgeschmissen. Dazwischen und darüber zerbrochene Flaschen, Heidelbeeren, Marmelade, Bücher, Schlüssel, Wäsche, Kleider! Ein unbeschreiblicher Wirrwarr. Dazu *kein* Licht, *kein* Wasser – nichts! Jeden Tropfen Wasser müssen wir aus dem Keller holen, Trinkwasser nur Spenglers Rohr! Nachmittags ging ich organisieren. Was hatten die Amerikaner alles zurückgelassen! 2 Sack Kümmelkekse, Dosen, Apfelsinen, eine große Büchse Milch und eine Büchse Milchpulver haben wir auch gefunden. Den ganzen Tag bekamen wir kein Bein auf die Erde. Meine Koffer – leer! Unter den Kohlen lag ein wenig Wäsche, das war alles! Jemand fand ein Paar Schuhe von mir im Wald.«

Dem Vater, der inzwischen in der Fabrik gelebt hatte, gelang es schließlich, sie mit einem Wagen nach Braunschweig abzuholen. Eine Freundin vom Nebenhaus und sie versuchen, in eines der beiden beschlagnahmten Häuser hineinzukommen, um noch einige Sachen zu holen.

»Zuerst war eine Einquartierung drin, jetzt sind beide Häuser von einem General beschlagnahmt. Er wohnt in 43, um beide Häuser sind Stacheldrähte gezogen, und vorne am Zaun, wo ich sonst die Flanke über den Zaun übte, sitzt die Wache. Na, wir sprechen eifrig Englisch, einer schielte zum anderen und endlich durften wir rein! Hurra, es war geschafft! Ich holte Mami und dann schleppten wir raus was wir irgend schleppen konnten! Säcke mit Konserven, Körbe mit Wäsche … Die Soldaten waren ganz nett, besonders ein kleiner Jugoslawe war todanständig und half uns, was er konnte. Natürlich war er gegen den einen unangenehmen Soldaten machtlos. Wenn man bedenkt, man muss betteln und bitten, um in sein eigenes Haus zu kommen.
25.4.: Heute morgen tobten wir um 9 Uhr zur Wohnung, um noch was zu holen, sie ließen uns aber nicht rein. Der Captain hätte es verboten! Pech, aber das wichtigste haben wir!
Donnerstag, 3. Mai: Von gestern Nachmittag bis heute morgen hat sich so viel ereignet, dass ich es schnell schreiben muss um nicht die Hälfte zu vergessen. Also, der Führer ist tot und zwar auf welche Weise ist nicht erfindlich. Die Einen behaupten, er hätte Gehirnblutungen gehabt, die anderen, im Befehlsstand in der Reichskanzlei gefallen, und Fritsche soll nur gesagt haben, laut Radio Luxemburg er hätte sich mit Goebbels erschossen. Göring hat bei sich ein schweres Herzleiden entdeckt und Mussolini ist erschossen worden von italienischen Patrioten und irgendwo zur Schau ge-

stellt worden! Dönitz ist Hitlers Nachfolger. Himmler hat durch den Vizepräsidenten des Roten Kreuz, Graf Bernadotte England und Amerika die bedingungslose Kapitulation angeboten. Das wurde zurückgewiesen, weil es Russland nicht angeboten ist. Soweit die Hohe Politik.

Also, oben im Torfhaus sind tolle Dinge passiert, ein ganzer Roman. Wehrwölfe in der Schubensteinhütte hätten zwei Amerikaner umgebracht. Dann ist ein amerikanischer Panzer gekommen und hat Herrn Hildebrandt vorne draufgesetzt und ist darunter gefahren. Herr H. hat eine weiße Fahne in die Hand gedrückt gekriegt und hat nachsehen müssen, ob da noch Wehrwölfe wären. Darauf haben sie das Haus angesteckt und Handgranaten reingeworfen. Am nächsten Tag kamen sie wieder und haben Spengler, Walhall Jordan angesteckt. Frau Jordan saß im Schweizer Häuschen, als die mit den Benzinkanistern vorbeizogen, und als sie vor die Tür kommt, schmeißen sie gerade Handgranaten ins Haus. Bei Faustmanns hatten sie schon das Benzin rausgekippt und haben dann gesagt: Nur Frauen und Kinder? Dableiben. Sie haben es nicht angesteckt. Tante Lies ist ihr ganzes Silber los, Schmucksachen, Teppiche, die sie unter der Treppe stehen hatte. Sonst Garage weg und alles weg. Die Wilhelmsburg steht aber noch!

Im Moment sind wir auf Suche nach einem Lehrer (in). Und zwar damit diese unfreiwilligen Ferien ausgenützt werden. Wer weiß wozu wir es noch brauchen und ob wir noch mal in die Schule gehen können. Schon aus pekuniären Gründen! In Meine soll es toll aussehen, alles voll mit Amerikanern, die Ausländer beherrschen das Feld!

Mittwoch 9. Mai: Am 7. Mai wurde die bedingungslose Kapitulation unterzeichnet. Deutschland hat sich auf Gnade oder Ungnade dem »conquerer« ergeben. Überall streifen Neger herum, englische oder amerikanische Wachen und an jeder Ecke steht unsichtbar ein Vae victis geschrieben. Wehe den Besiegten. Und dann wieder deutsche Gefangene, eng zusammengepfercht auf einem Lastwagen. Dann die amerikanischen Flitzer, auf denen sich frische guternährte Amerikaner räkeln. Und die von ihrer Habe Vertriebenen, ohne Wohnung, nach nur einer bescheidenen Bleibe suchend. Ausländer mit geplünderten Kleidern und Anzügen. Frech, herausfordernd mit geklauten Wagen durch die Stadt rasend. Und bei Börner: Lenins und Stalins Bilder mit der Roten Fahne. Vae victis!«

Sie richteten sich dann provisorisch in einer beschädigten Wohnung ein.

»Gestern Abend war Herr Sch. da. Mit einem Mal klingelt es, ich stürze hin, da reißt mir Papi die Tür aus der Hand und zischt mich an: ›Mach, dass du wegkommst – Neger!‹ Hätte ich die Tür aufgemacht, ich glaube, ich hätte mich zu Tode erschrocken! Sie wollten was zu trinken haben. Na, Papi hat ihnen eine Flasche Wein gegeben. 5 Neger!! Ich danke! Bei uns in 43 haben sie 18 Flaschen über den Zaun geschmissen. Siegesfeier! Churchill hat um 3 Uhr das Ende des Krieges bekannt gegeben. King George von England hat an seine Völker eine Rede gehalten.
23.5. Jetzt gehen schon wieder verschiedene Rundfunksender, und ich denke oft an meinen letzten Aufsatz: Was ersetzt uns das Radio? Das war noch im 3. Reich. Lange

her! Berlin und Hamburg sind die ersten beiden Sender. Nun, Berlin ist in Russischer Hand, in ihrem Programm ist alles wie früher! Propaganda und nochmals Propaganda. Sonst aber ganz leidliche Musik. Hamburg ist an England angeschlossen. Zumeist hören wir Droitwich und lassen uns über die neuesten Ereignisse unterrichten. Der bringt aber beinahe nur Nachrichten. Dafür aber alle Sprachen: Deutsch, Englisch, Franz usw. Es fehlt nur noch botokudisch!

Es fand sich ein Kreis zusammen, der unter Anleitung eines Professors Geschichte und Literatur betrieb. Anfang Juni besetzten die Engländer Braunschweig und ihr Haus.

»10.6.: Nun was Tolles: Die Russen sollen Magdeburg, Anhalt, Mecklenburg, Sachsen und Thüringen besetzen. Da wären die russischen Grenzen 3 km hinter Helmstedt!! Entsetzlicher Gedanke!
9.9 … Am Sonnabend hatte Evi Geburtstagsfeier. Als ich am Abend vorbei ging um auch meinerseits zu gratulieren, forderten sie mich auf, mit zum Orgelkonzert in die Michaeliskirche zu gehen. Es war so wunderbar, wie ich es gar nicht schildern kann, wir waren alle tief erschüttert! Bach natürlich, und Evi hat ganz recht, da wird man ganz fromm.« …

Am 25.12. fasst Maria zunächst die persönlichen Ereignisse des Jahres zusammen:

»Geht man aber hinaus, so geht man unter in all dem Jammer und Elend. Unsere geschlagene Wehrmacht in Rheinsberg und wie die Lager alle heißen, am Boden kampierend, hungernd. Die den Russen in die Hände fielen oder ihnen ausgeliefert wurden, als Greise, totenelend, gebrochen, zeitlebens krank, als Krüppel, ohne Heimat. Das entsetzliche Flüchtlingselend, das gar nicht zu beschreiben ist. Millionen, die von Haus und Hof ›human‹ ausgewiesen wurden! Hunde, die gemeinen! Das Elend ist so groß wie man es gar nicht schildern kann. Hat man ein warmes Zimmer, fühlt man sich wie ein König. Die meisten Menschen essen nur noch aus der Gemeinschaftsküche – so weit kommt man herunter. Das Volk ist dermaßen demoralisiert, wie es nicht zu beschreiben ist. Stolz auf sich selbst, darauf, dass sie einfach Deutsche sind, gibt es kaum noch. Vollständige Stumpfheit und nicht Nachdenkenwollen herrschen vor. Wie war es bei der Rheinlandbesetzung: da wurden den Mädchen die Haare abgeschnitten, und jetzt reißen sich die Mädchen um die Engländer, die Eltern fühlen sich womöglich noch geehrt. Aber so nach und nach geht noch selbst den einfachsten Menschen auf, was und wie ›die Befreier‹ eigentlich sind und langsam fängt man an sie zu hassen und man merkt, ach wie langsam, dass der Unterschied zwischen Diktatur und Militärdiktatur ›der Befreier‹ sich nur in Sprache und Titel unterscheiden. Früher saß Lauterbacher, das Schwein, in Hannover, der offen abkehlte, weil er ein ordinäres Schwein war, während Herr Montgomery allmählich und versteckt sozusagen gentlemanlike die Luft abschnürt. Wo sind wir nur hingekommen? Weinen!

31.12.: Also heute ist der letzte Tag im Jahr, wohl das für Deutschland und uns alle seit langem schlimmste. Wolle Gott, es wird im nächsten Jahr nicht schlimmer, sondern vielleicht ein leises, langsames Bergaufkrabbeln, wenigstens, dass es nicht mehr abwärts geht und der Tiefpunkt überwunden wird!«

Aus dem Tagebuch von Edelgard B., Siegen (1930):[13] »Sonntag, den 29.4.45: Am Freitag ist Mutter erzählt worden (am Rosterberg ist ja Strom und folglich auch Radio), dass im deutschen Wehrmachtsbericht der Führer selbst gesprochen habe, nur kurz, aber es war genug. Er sei von allen seinen Getreuen verlassen worden und kämpfe jetzt mit nur noch seinen Hitlerjungen. Als ich das hörte, da war für mich alles aus. Ich hatte bis dahin immer noch geglaubt, sie könnten uns doch nicht so belügen, es käme doch noch die Geheimwaffe, aber jetzt ist alles aus. Ich musste alleine ins Esszimmer gehen, dort habe ich mich aufs Sofa geworfen und bitterlich geweint. Sollte denn so alles vorbei sein? Der Traum ausgeträumt, alles zerschlagen, was glücklich wieder aufgebaut war, sollte das das Ende sein, auf das wir 5 volle Kriegsjahre hingearbeitet und entbehrt hatten, wo so viel blühende Jugend gefallen ist im Kampf für eine närrische Idee – nicht im Kampf fürs Vaterland, das war frei und einig. So viele Witwen und Waisen haben wir jetzt, so viele haben ihre gesunden Glieder verloren, viele haben Hab und Gut verloren, fünf Jahre lang haben wir fest an den Sieg geglaubt, und jetzt soll dies das Ende sein! Orden und Ehrenzeichen sind verliehen worden. Wofür? Jetzt begeht einer nach dem anderen von der Regierung Selbstmord. Zuerst konnte ich keinen Groll gegen den Führer empfinden. Ich sah ihn immer noch als den Mann, dem das Volk zujubelt, den die Kinder anstrahlen, aber jetzt, jetzt habe ich mich zu der Meinung durchgerungen, dass der Führer es nicht wert ist, dass man ihn bedauert. Sein anfängliches Kriegsglück ist ihm zu Kopf gestiegen, und er wollte mehr und immer mehr. Der Ruhm hat ihn so gierig gemacht. Jetzt hat er ein 90-Mill.-Volk auf dem Gewissen, das er ins tiefste Elend gestürzt hat, jetzt können wir uns nicht mehr erheben, es ist schlimmer als 1918. 6 Mill. Soldaten hat er auf dem Gewissen und 3 Mill. Zivilisten durch Bombenterror. Jetzt werden wir immer unter der Knute leben, ein Volk, das eines der kulturreichsten Völker der Welt war, ein Volk, aus dem so viele große Männer hervorgegangen sind wie Goethe, Schiller, Beethoven, Bismarck. usw. Solch ein Volk soll zerrissen werden! Himmelschreiend ist es, und das alles haben wir *dem einen Mann* zu verdanken. Was haben wir, die Jugend, die doch schließlich auch einen Anspruch auf Lebensglück und -Erfüllung hat, denn noch vom Leben zu erwarten? Verschickung nach Sibirien oder Ähnliches? Oder noch Schlimmeres? Wenn ich daran denke, dass ich mal in einen BDM gegangen bin, geglaubt habe, dass dieser Mann der rechte Führer Deutschlands sei und ihm voll und ganz vertraut habe! Dass sich Männer von ihm haben betrügen lassen wie kleine unvernünftige Kinder. Wie war man damals über die Verräter des 20. Juli empört! Ja, Herr A. hatte recht, der damals gesagt hatte, jetzt ist auch die letzte Chance futsch. Und den ich ob seiner Worte so verachtet hatte. Die Männer vom 20. Juli hatten erkannt, dass des Führers Tod für Deutschland die einzige Rettung sei. Diesem Mann, der besinnungslos deutsche Menschen hinmorden ließ, muss Einhalt geboten werden. ›Wir kapitulieren nie‹, hat Adolf Hitler gesagt, und als er sah, dass alles verloren war, hat er gedacht ›Jetzt kann das deutsche Volk auch mit mir sterben!‹ Wir Narren haben geglaubt, da Gott den Führer am 20. Juli bewahrt hat, habe er ihn dazu bestimmt, Deutschland doch noch siegen zu lassen. Uns ist nicht der Gedanke gekommen, dass Gott den Führer vielleicht nur deshalb am Leben ließ, damit der Deutschland in noch tieferes Elend stürzen solle. Jetzt müssen wir uns ergeben in Gottes Willen, und wir alle müssen die Strafe mittragen für alle, die dachten, ohne Gott fertig zu werden. Jetzt können wir nur noch beten, uns vor allem persönlich Entsetzlichem zu bewahren.«

Die Auszüge aus dem Tagebuch der 15-jährigen Maria B. schildern letzte Kriegsereignisse, Erfahrungen mit Amerikanern, vor allem aber enthalten sie Beobachtungen und Reflexionen über das Kriegsende und die allgemeinen Zustände am Ende des Jahres 1945. Ihre eigene Familie ist glimpflich davongekommen. Die knapp 15-jährige Edelgard B. reagiert völlig anders auf die Niederlage als Maria B. Theodor Wild macht seine ganz eigenen Beobachtungen und Erfahrungen, Gisela F. die ihren.[14] Welche Einschätzung entspricht am besten dem Lebensgefühl der meisten Kinder, oder sind die Unterschiede altersspezifisch und abhängig von der Einstellung der Eltern zum NS-Regime? Diese Frage muss uns am Ende des Kapitels beschäftigen. Zuvor aber greifen wir die in den Texten vorgegebenen Stichworte auf, ergänzen sie und gliedern in folgende Teilabschnitte: Sich in Sicherheit bringen in den letzten Kriegswochen, Auflösungserscheinungen[15], Hineingeraten ins Kampfgeschehen, Einsätze, erste Begegnungen und Erfahrungen mit den Feinden: Amerikanern, Engländern, Franzosen und Russen, »Der Krieg ist aus« – ein Fazit. Den weitaus größten Raum nehmen in den Erzählungen die Erlebnisse mit Amerikanern und Russen[16] ein. Sie werden deshalb am ausführlichsten behandelt.

In den letzten Monaten des Krieges konnte man nicht mehr zwischen »Front« und »Heimat« trennen. Die Heimat wurde mehr und mehr zur Front. Schon im September 1944 erreichten im Westen amerikanische Truppen die Reichsgrenze, am 21. Oktober wurde Aachen erobert. Nach Einbrüchen in Ostpreußen im Herbst 1944 stießen sowjetische Truppen ab Januar 1945 unaufhaltsam nach Westen vor. Es gab in Deutschland von da an eine Gleichzeitigkeit des Ungleichzeitigen. Während in den Randgebieten die Kampfhandlungen schon zu Ende waren und das Besatzungsregime herrschte, wurde in den Kerngebieten noch gekämpft bis zum offiziellen Waffenstillstand vom 8./9. Mai, als überall die Waffen schwiegen. Deshalb sind auch die Erlebnisse nicht chronologisch zu ordnen, sondern müssen in diese »Kriegslandkarte« eingefügt werden.

Da Braunschweig zur Festung erklärt werden sollte, versuchte der Vater von Maria B., sie in ihrem Ferienhaus Torfhaus auf dem Lande **in Sicherheit** zu **bringen.** Das erwies sich als doppelter Irrtum: Braunschweig wurde fast kampflos übergeben, das Torfhaus hingegen wurde beschossen, Mutter und Tochter gerieten mitten in das Kampfgeschehen hinein. Nicht allzu viele verließen den Wohnort, den Evakuierungsanordnungen wurde kaum Folge geleistet. Hingegen haben viele nach einem Versteck vor den heranrückenden Feinden gesucht, meist im Keller, im Bunker oder im Wald. An das Keller- und Bunkerleben hatten die Kinder sich ja gewöhnt, aber jetzt lag eine besondere, ängstliche Spannung in der Luft, vor allem in den Gegenden, in denen man nicht abschätzen konnte, ob die Amerikaner und Engländer oder die Russen schneller sein würden. Das Kampieren in Erdlöchern oder im Wald war beschwerlich.

Peter M. (1937): »Einige Wochen vor Ende des Krieges liefen wir bei Gefahr von Fliegeralarm durch einen Wald zu einem Steinbruch. Dort hatte mein Vater (allein oder mit Helfern?) eine Höhle in die Erde gegraben, anscheinend dachten meine Eltern, dass wir außerhalb des bewohnten Bereichs sicherer seien. Während wir dort waren, erweiterte mein Vater nach und nach diese Höhle. Wir waren dort manchmal ganze Tage oder Nächte, weil wir gegen Kriegsende überhaupt nicht mehr wussten, ob nun Alarm war oder nicht. Auf dem Weg dorthin mussten wir uns einige Male in Deckung begeben, weil Tiefflieger kamen … Auch andere Leute hatten daneben solche Höhlen.«

Susanne S. (1941), die aus Heilbronn in ein kleines Dorf im Schwäbischen Wald zu ihrer Großmutter ausquartiert worden war:

»Im Frühjahr 1945 kam die Front nach Kurzach, und wir konnten nicht mehr im Haus bleiben. Mit dem Viehfuhrwerk wurde Stroh und ein Teil der Habe (Bettzeug) in den Appelwald geschafft und unter einem Felsen, wo es trocken war, haben wir unser Lager aufgeschlagen. Tag und Nacht wohnten wir im Wald und mussten uns ruhig verhalten. Überwiegend hatten wir Angst, weil es gewaltig knallte. Meine Großmutter, die Tante und andere Leute, die bei uns wohnten, mussten immer wieder auf den Hof, um die Tiere zu versorgen und wenn es möglich war, auf den Wiesen und Feldern arbeiten. Wir wurden von Herrn A., er war schon um die Siebzig, beschützt, und seine Tochter Gretel hat für uns gekocht und uns betreut. Wir sammelten trockenes Holz, denn unser Feuer durfte nicht rauchen, sonst wäre auf uns geschossen worden. Eines Tages kamen deutsche Soldaten den Appelwaldbach herauf und eröffneten uns, dass heute Kurzach beschossen werden sollte. Wir Kinder haben furchtbar geweint, ihnen unser Schicksal von Heilbronn erzählt (*sie waren ausgebombt*). Alle sind wir um die Soldaten gestanden und haben sie angefleht, sie sollen die Amerikaner durch den Ort lassen, weil wir sonst nichts, aber auch gar nichts mehr hätten. Sie ließen sich erweichen und haben Kurzach verschont. (*Ob sie sich wirklich von den Kindern haben erweichen lassen?*) Im Wald zwischen Kurzach und Nassach kam es zu einem schweren Gefecht mit einigen Toten.«

Helmut H. (1937) aus Deggendorf war asthmakrank geworden durch Unterernährung, Nervenanspannung wegen dauerndem Tieffliegerbeschuss und der Angst:

»Die letzten Tage waren wir da in einer Schlucht, haben so Erdhöhlen gebaut, da waren wir 14 Tage drin. Die ganze Siedlung. Das war Ende April. Da haben die von den Höhen reingeschossen in die Stadt. Einige hatten die weiße Fahne gehisst, da hat die SS runtergeschossen, dann haben die Amerikaner natürlich wieder reingeschossen. Und wir sind genau zwischendrin gelegen, und die haben immer drübergeballert.«

Man hat ihn dann zu Bauern gebracht, niemand hat geglaubt, dass er überlebt.

»Irgendwie hab ich überlebt. Dann kamen die Amerikaner mit den Panzern, da hat aber die SS vorher noch die Straßen gesprengt gehabt. Wir haben das alles mitbekommen, denn wir standen tagsüber vor dem Erdloch. Dann wurde noch die Eisenbahnbrücke gesprengt. Unsere Siedlung war am Anfang von Deggendorf. Da sind die Amerikaner dann mit den Panzern gekommen. Wir hatten tagelang Panzersperren gebaut, und die Amis rollten einfach drüber. Besonders denke ich auch daran, wie meine Oma und ich mit einem weißen Taschentuch an einem Ast vor unserem Erdloch standen und die ersten Amerikaner mit Gewehr im Anschlag kamen. Sie haben dann unser Haus beschlagnahmt und wir wurden ausquartiert.«

Kinder erzählen von den **Auflösungserscheinungen**, davon, wie man NS-verdächtige Sachen vernichtet und Wertvolles und Waffen im Garten vergraben hat. Sie erzählen auch von letzten sinnlosen Verteidigungsanstrengungen, dem Anblick der geschlagenen Wehrmacht und Exekutionen[17]:

Heinz S. (1934) in Stuttgart: »Ich weiß noch, donnerstags, freitags (*21./22. April 1945*), da ging's mit Handwagen los, das waren wahrscheinlich gefangene Polen (*Kriegsgefangene oder Zwangsarbeiter?*), die haben alle ihre Habseligkeiten von Vaihingen nach Möhringen gebracht. Und am Freitag ist die deutsche Wehrmacht von Vaihingen nach Möhringen, auch mit Fuhrwerken, mit Ochsenkarren, mit Holzvergaser-Panzern und Lastwagen. Meine Tante hat dann zu einem Feldwebel gesagt: ›Wo wollt ihr denn hin? Überall ist doch der Feind.‹ Sagt der; ›Wir haben Befehl.‹ Die sind dann gekommen bis zwischen Möhringen und Plieningen. Samstag um die Mittagszeit hat man plötzlich ein Geräusch gehört. Und da bin ich noch auf die Straße raus und hab nach Möhringen rübergeschaut. Und da sah ich einen Panzer kommen, da bin ich aber schnell weg. Und dann sind wir bei den Nachbarn in den Keller … Wie ich gemerkt hab, jetzt kommen sie, ich hab noch einen Stahlhelm gehabt, da war kurz vorher noch die SS in Vaihingen, da hab ich einen Stahlhelm von denen gekriegt und bin ganz stolz damit rumgelaufen und dachte, mir könnte nichts passieren. Und dann hat man so Patronenhülsen gesammelt und Bücher von der Hitlerjugend und so. Und das hat man dann alles hinten raus im Garten vergraben.«

Auf welche abstruse Weise die NS-Vergangenheit »entsorgt« wurde, zeigt ein Dokument von L. R. und A. R.: Im Familienalbum wurden Hakenkreuze an den Uniformen mit einem blauen Stift übermalt.[18]

Esther S. (1932) in Gütenbach, Kreis Donaueschingen: »Es waren immer Militärfahrzeuge, die Angriffe provozierten. Mehrere Gebäude in der Gegend wurden in Brand geschossen. Der Vater, die kleine Schwester und ich gerieten in einen Angriff, kamen mit viel Glück davon, ein Mehrfamilienhaus wurde in Brand geschossen, ein Wehrmachtsangehöriger wurde hinter der Haustür tödlich getroffen. Ins Dorf kam der ›Volkssturm‹ – halbe Kinder, das letzte Aufgebot. Sie kampierten im Heu der umliegenden Höfe und hatten eine zentrale Küche im sogenannten Felsenkeller. Auf dem Weg zu ihrer Unterkunft kamen sie bei uns vorbei. Sie hatten ein Kochgeschirr voll Wein bekommen und schmissen mit den Pellkartoffeln wie bei einer Schneeballschlacht. Der Vater war empört. ›Die werden absichtlich besoffen gemacht‹ – er nahm einem der Buben den Wein ab und probierte ihn – gräulich! An diesem Abend nahm der Vater das Hitlerbild von der Wand, das uns mehrere Jahre streng begleitet hatte. Es hieß, der Führer gucke immer ins Objektiv, dann sieht es aus, als ob er einem in die Augen gucke. Mein jüngerer Bruder hatte ein Zigarettenalbum bekommen, mit schönen Bildern von Paraden und Kundgebungen. Das Hitlerbild und das Album versanken in den Flammen, wir saßen so um den Ofen und plötzlich sagte die Mutter: ›Heute ist ja Hitlers Geburtstag – was er wohl machen wird?‹«

Brigitte E. (1928) in Forst Lausitz: »Und dann wurden meine Mutter und ich beauftragt, zu einer Sammelstelle zu kommen, mit Spaten und in einfacher Kleidung. Wir sollten einen Panzergraben mit Brustwehr ausheben. Und ich meine, wenn ich das heute so höre, also das entbehrt nicht einer gewissen Komik, dass man an dem Tag, an dem man nun wirklich sah, also jetzt, jetzt geht's einfach nicht weiter, dass man da noch versucht hat, russische Panzer mit einem Panzergraben mit Brustwehr aufzuhalten. Vorher waren Soldaten in großen Mengen durch Forst gegangen, und es kamen dann Lazarettwagen. Und meine Mutter sagte: ›Da sind sicher irgendwelche Verwundeten drin. Wir müssen hingehen, wir müssen denen helfen. Und wenn sie noch fähig sind, irgendwo selbständig zu wohnen, dann müssen wir die aufnehmen.‹ Und dann wurden die Lazarettwagen geöffnet, und heraus kamen Schinken und halbe Schweine und Speckseiten, die man da an Stelle von Verwundeten mitgenommen hatte. Es waren wohl irgendwelche Offiziere, und man hatte vorher schon Autos gesehen, die durch die Stadt fuhren. Männer mit dunklen Brillen, die nicht erkannt werden wollten. Die fuhren durch die Stadt und verließen sie. Uns war es ja verboten, wir durften die Stadt nicht verlassen. Ja, und die Menge der einfachen Soldaten, die liefen zum Teil in Strümpfen, zum Teil in Filzpantoffeln. Ein ganz jämmerlicher Haufen, und man sagte dann: ›Ja, die Soldaten, die gehen alle zurück. Die werden gesammelt und dann, wenn sie gesammelt sind, dann kommt der Rückschlag.‹ Mit diesen Soldaten, das war natürlich ganz offensichtlich, dass da kein Rückschlag erfolgen konnte. Und dann am 14. Februar, ja am 14. Februar 45, da war es eigentlich ein Chaos. Es gab plötzlich Schnapsrationen, es gab Kaffeerationen, und die Leute standen vor den Geschäften. Über uns flogen Flugzeuge und beschossen sich, also wer was war, war nicht auszumachen. Und mein Vater hatte eine Beerdigung (*er war Pfarrer*) und kam nach Hause und sagte: ›Auf der anderen Seite der Neiße stehen russische Panzer.‹«

Manfred H. (1932) flüchtete mit seiner Familie nach den beiden Angriffen vom 3. und 4. Mai 1945, die seine Heimatstadt Nordheim zu fast 80% zerstörte, mit vielen anderen in Panik aus der Stadt:

»Als wir an das Pulverhäuschen kamen, bot sich uns ein erschütternder Anblick. Drei Menschenschlangen drängten auf die Leimbacherstraße, und am Rossmannsbach waren sie dann vereinigt, und der Heerwurm, teils fünf Personen nebeneinander, zog gen Leimbach. Plötzlich ein wüstes Geschrei vor uns. Ein englischer Jagdbomber kam in nur 60 – 80 Meter Höhe entlang der Straße und schoss in die ahnungslose Menschenmenge. In den Gräben rechts und links der Straße wälzten sich die schreienden Menschen übereinander. Mutter mit Hannelore fand ich neben mir hinter einem Misthaufen, das Gesicht hineingepresst. Zurück kam er nicht wieder, denn er hatte genug Ziele. Vor Leimbach mussten wir alle über einen tief aufgeweichten Acker, auf der Straße waren zwei tiefe Bombentrichter, daneben ein aufgeplatzter Blindgänger. In Leimbach am Ortseingang standen Kettenhunde, das ist Militärpolizei. Sie siebten flüchtende Ausländer heraus und desertierte Soldaten. An einer Pappel hingen zwei blutjunge Soldaten. Standrechtlich erschossen und zur Abschreckung aufgehängt. Wir haben dies alles gar nicht richtig wahrgenommen. Unser Ziel war Urbach, um dort Schutz zu suchen.«

Dorothea E. (1934) in Cosel, Oberschlesien: »Und wir hatten auch ein Erlebnis gehabt, das werde ich auch nicht vergessen … es war zwei Tage, bevor wir flüchteten. Da kam auf einmal ein Treck an. Wir Kinder gingen runter. Wir sahen fassungslos, wir standen an der Straße, wir haben es nicht begreifen können. Dass Krieg war, wussten wir ja, aber dass unsere Soldaten in Fußlappen daher kamen, bei 25 Grad Kälte keine Stiefel anhatten, das hat uns innerlich so bewegt – da fanden wir innerlich das ganze Elend und das ganze Drama dieses Krieges auf einmal, und wir haben geweint an der Straße. Ich denke einfach, dass wenn man das so spürt, wir haben gewusst, dass da irgend was auf uns zukommt, was nie mehr reparabel ist.«

Brigitte R. (1935), Berlin-Spandau: »Bei Kriegsende war ich 10 Jahre alt. Der Gefangenenzug von vielen Kilometern zog durch die Heerstraße in Spandau. Wir Kinder standen am Straßenrand und hörten die Rufe ›Wasser, Wasser!‹ Erwachsene stellten

Eimer an den Straßenrand. Die Bewacher stießen die Eimer um. Wir konnten nichts tun. Wer von den Gefangenen vor Erschöpfung zusammenbrach, wurde erschossen und blieb auf dem angrenzenden Reitweg liegen. Es gab viele, viele Tote. Wir Kinder wurden beauftragt, in den Stahlhelmen nach einer Erkennung zu suchen, um die Angehörigen zu verständigen. Der stundenlange Zug war vorbei. Für die Toten wurden Massengräber ausgehoben. Ca. 10 Menschen kamen in ein ›Grab‹. Wir Kinder haben Wiesenblumen auf die Gräber gestellt.«

In umkämpften Orten waren die Bewohner besonders hart von den **Kampfhandlungen** betroffen. Auch Kinder, die bislang davor verschont geblieben waren, sahen Zerstörungen durch Artilleriebeschuss und durch Bomben, Tote und Verwundete und erlitten noch persönliche Verluste:

Reinhard B. (1940) in Beelitz: »Kurz nach dem Einmarsch der Russen gab es nochmals Kämpfe um die Stadt, und wir mussten sie verlassen. Meine Mutter schob den Kinderwagen mit meinem anderthalbjährigen Bruder. Mein Vetter und ich liefen nebenher. Wir liefen planlos über die sandigen Wege durch die Spargelfelder. Zu essen hatten wir außer einem Pfund Zucker nichts. So aßen wir unreifen Mais von den Feldern, was bei mir zu Durchfall führte. Wir übernachteten mit vielen anderen Flüchtlingen in einer überfüllten Feldhütte, die zur Aufbewahrung von Geräten diente. Die Nacht war durch Leuchtspurmunition hell erleuchtet. Über uns tobte ein Luftkampf. Mehrere Flugzeuge stürzten brennend ab. Am Morgen gingen wir weiter. Am Wegrand lag ein toter Soldat auf dem Rücken. Beide Arme waren seitlich ausgestreckt. Ein Stück von seiner rechten Hand lag sein Gewehr, ein Stück von seiner linken ein Kommissbrot. Das nahmen wir mit. Beim Weitergehen drehte ich mich nochmals zu ihm um und sah, dass er einen Einschuss über der Nasenwurzel unterhalb des Stahlhelmrandes hatte. Als wir Schüsse hörten, versteckten wir uns in den Resten einer Rübenmiete. Nach drei Tagen konnten wir wieder in die Stadt. Die untere Wohnung unseres Hauses war von einer Granate getroffen, es fehlte ein großes Stück der Fassade. Wir wussten nicht, ob das Haus einstürzen würde, zogen aber trotzdem ein.«[19]

Edeltraud K. (1938) in Köln-Dünnwald, die Amerikaner hatten den Ort schon eingenommen: »Den 13. April werde ich nie vergessen können. Zu Mittag gab es Kartoffelsalat. Nach dem Essen spülte meine Mutter, und mein Bruder und ich trockneten das Geschirr ab. Dann ging mein Bruder hinaus zu seinen Freunden. Kurze Zeit später – meine Mutter und ich waren gerade im Treppenhaus – krachte es plötzlich gewaltig. Auf der Straße vor dem Haus war eine Granate eingeschlagen. Meine Mutter rief nur noch ›Schnell hinlegen!‹ und wir stürzten in eine sichere Ecke der Küche. Als dann meine Tante rief: ›Kommt doch endlich in den Keller!‹ antwortete meine Mutter nur noch: ›Ich kann nicht mehr. Oh, meine Kinder, meine Kinder!‹ Dann war unsere Mutter tot. Ein Granatsplitter hatte ihr Herz durchbohrt. Es war eine deutsche Granate, die im Raum Schlebusch von einer noch Widerstand leistenden deutschen Einheit abgefeuert wurde. Durch diesen letzten Beschuss der Wehrmacht oder Waffen-SS, wie auch erzählt wurde, kamen in Dünnwald mehr Zivilisten ums Leben als durch die gesamten Luftangriffe der Alliierten.«

Gertraud M. (1937), Bietigheim: »Also die letzten Kriegstage waren wir ja dann 14 Tage im Keller, in diesem Keller im Haus. Und da wurde in einer Nacht … – das ist also ein bis heute nicht verarbeitetes, beängstigendes Erlebnis – eine Frau, eine Nachbarsfrau, die wir aber nicht sehr gut kannten, die war schwer verletzt. Die hatte einen Bauchschuss durch Geschosse. Die wurde bei uns in den Keller gebracht und ist da verblutet. Wurde noch – und das werde ich nie vergessen – auf so einem Pferdefuhrwerk so einen Tag später abtransportiert. Der Geruch von diesem Blut, die Frau, der Mann, der immer gesagt hat, sei leise, die Kinder! Das sind Bilder und Worte, die sind, die sind einfach … da.«

Hans G. (1936) aus Bochum, evakuiert in St. Kreuz (St. Croix) im Elsass: »Wir waren plötzlich mit der Hausmeisterfamilie im Kellergeschoss des Hauses. Ich glaube, hier fingen wir an, im Schoße der Mutter zu begreifen, dass etwas Schlimmes sich oberhalb von uns abspielte. Immer wieder Einschläge, Geräusche, Explosionen, die der Hausmeister als Granateneinschlag, Maschinengewehrschüsse betitelte. Plötzlich mein erstes großes Kindheitstrauma. Eindeutig ein deutscher Soldatenjunge rief: ›Mama, Mama, mein Schädel‹ und dies mehrmals. Die vier anwesenden Kinder weinten und suchten noch mehr Schutz bei ihrer Mutter. Ich glaube, diese Schreie haben mich sehr tief berührt, denn auch heute noch fühle ich Schmerz, wenn ich daran zurückdenke.«

Renate R. (1935) hatte mit Eltern und Schwester auf dem Hof der Großmutter in der Nähe von Stuttgart vor den Bomben Schutz gesucht:

»Der 19. April 1945 war zunächst ein Tag wie alle anderen. Am Nachmittag spielte ich erst bei meiner Freundin und dann noch im Garten zu Hause. Gegen 19 Uhr rief die Mutter zum Abendbrot ins Haus … Kaum waren wir in der Küche angekommen, als es fürchterlich krachte. Die ganze Familie rannte auf einmal die Treppe hinunter … Als wir vor die Haustüre traten, bot sich uns ein Bild der Verwüstung. Telefonmasten aus Holz und die dazugehörigen Drähte lagen in wirrem Durcheinander im Hof und auf der Straße. Fenster waren eingedrückt, das Dach teilweise abgedeckt, Wände hatten Löcher und die ganze Luft war mit Staub und Dreck angefüllt. Meine Schwester und ich stolperten kopflos über Drähte, Steine, Ziegel und Holz auf die andere Straßenseite. Als wir zurückkamen, sahen wir unsere schwerverletzte Tante und ihren toten Sohn im Hof liegen. Auch unser Onkel hatte Splitter in die Beine bekommen. Der Grund war eine Artilleriegranate, die mit verheerender Wirkung auf der Straße explodiert war …

Für unsere Eltern gab es nun keine Zeit zu verlieren. Sie brachten die Verletzten in den Keller, wo wir uns nun alle einfanden. Mutter lief so schnell sie konnte zum Rathaus, wo eine Sanitätsstelle eingerichtet war. Zurück kam sie unverrichteter

Dinge wieder – es war niemand dort. Kaum war sie die Kellertreppe herabgestiegen und stand nun neben unserem Vater, als eine zweite Granate ihren Weg durch eine Hauswand nahm, den Fußboden zum Stall durchschlug, ein Pferd tötete, um dann an einem Splitterschutz aus Holz vor der Kellertüre zu explodieren, wodurch Teile des Kellergewölbes herabstürzten. Sicher war es dem Schock von uns allen zuzuschreiben, dass wir zwischen fliegenden Steinen, Hölzern, Funken und sehr viel Staub eine ganze Zeit in absoluter Stille verharrten. Jeder dachte, dass er der einzige Überlebende sei.

Plötzlich hörten wir jemand um Hilfe rufen. Als wir nachschauten, entdeckten wir eine Frau, die unbemerkt in den Keller gekommen war und einen Lungensplitter abbekommen hatte. Bald darauf starb sie. Meine Tante war vom Luftdruck der zweiten Granate zur Erde gefallen und kurze Zeit später verstarb auch sie ... Damals war ich zehn Jahre alt, kniete alleine vor meiner toten Tante und dachte dabei, wie es wohl wäre, wenn man tot ist.«

Wie ein sechseinhalbjähriges Kind in einem Dorf die letzten Kämpfe, schon nach der Besetzung, erlebte, schildert Erika D. (1938). Es war im April 1945 in Struth, Kreis Mühlhausen in Thüringen. Die Menschen wurden in den Wald getrieben, und das Kind erinnert sich:

»Zwischen Dorf und Wald mussten wir über eine große Wiese und auf der kam plötzlich aus dem Dorf eine fürchterlich brüllende Kuh mit hocherhobenem Schwanz auf uns zu; sie war am Hinterteil furchtbar verbrannt. Ich kann mich erinnern, dass ich zu dem Zeitpunkt vor Angst geschrien habe ... Mindestens zwei Nächte lagen wir im Wald auf dem kalten Boden auf Bergen von Laub ... Irgendwann kam jemand und sagte uns, dass wir wieder heim können. Auf dem Weg dorthin sahen wir nur Rauch und nochmals Rauch, als wir näher kamen, auch Feuer. Da kann ich mich erinnern, dass meine Mutter zu weinen anfing und nicht wieder aufhörte und immer wieder sagte, wo sollen wir bloß hin, wir haben nichts mehr, alles ist verbrannt. Und da kam Angst auf, Angst hauptsächlich um mein Bett. Das habe ich sehr vermisst. An irgendwelches Spielzeug kann ich mich nicht erinnern. Aber – das Schulgebäude stand noch. Der Kindergarten und einige Häuser auf der anderen Straßenseite waren eingestürzt und brannten und rauchten. Die Schule hatten sie verschont, da die Soldaten ja dort wohnten. Aber unsere Wohnung war total verwüstet, Berge von Büchern auf dem Boden, dazwischen zerschlagenes Porzellan und ausgeschüttetes Obst aus Gläsern, Federn aus zerschnittenen Kissen. In der Schranktür steckte ein größeres Stück Eisen. Als meine Mutter die zwei wertvollen Geigen meines Vaters zertrümmert fand, fing sie wieder an zu weinen. Und das hat mir mehr Angst gemacht als all die kaputten Dinge.«

Auf besonders tragische Weise verlor Hildegard S. (1933) ihre Mutter. Sie hatten die Flucht aus Ostpreußen überstanden, der Vater war im Oktober 1944 gefallen. Sie waren bei Verwandten in Wanne-Eickel untergekommen:

»Als der Krieg dem Ende zuging, haben sich hier blutige Straßenkämpfe abgespielt. Die Verwundeten wurden durch die Straße getragen. Ich sehe die Bilder heute noch vor mir. Dann wurden noch alle Brücken gesprengt. Wir wohnten direkt am Rhein-Herne-Kanal. Als der Krieg dann zu Ende war, bekamen wir eine eigene Wohnung. Es war nur eine Baracke, aber wir waren glücklich, es waren Möbel drin und alles neu und sauber. Meine Mutter und meine Großmutter gingen, den Wäschekorb zwischen sich, über die Straße, um Wäsche aufzuhängen. Zu diesem Zeitpunkt wurden die Brücken erneut gesprengt, um den Kanal für die Schifffahrt wieder flott zu machen. Meine Großmutter spürte plötzlich, dass ihr irgend etwas am Gesicht vorbei flog. Sie drehte sich zu meiner Mutter um und wollte ihr das sagen. Da merkte sie, dass meine Mutter, von einem Splitter in die Halsschlagader getroffen, zusammensackte und sofort tot war. Meine Mutter wurde nur 30 Jahre alt. Jetzt standen meine Großeltern mit fünf kleinen Kindern alleine da. Ich war mit 12 Jahren die älteste.«

Am schwersten traf es die Bewohner von Berlin, das ja am Kriegsende nicht nur fast ununterbrochen bombardiert wurde, sondern seit dem 21. April 1945 unter russischem Beschuss stand und dann mehr als zwei Wochen Straße um Straße umkämpft war.

Hannelore G. (1934): »Wir mussten von Hohen Neuendorf zurücklaufen nach Neukölln. Und was ich da gesehen hab, werd ich nie vergessen. Die Leute haben sich in die Bunker zurückgezogen, und da haben sie mit Handgranaten reingeschossen. Vor den Bunkern lagen verbrannte Leiber, und da mussten wir zum Teil drübersteigen. Aber das Schlimmste war: Da muss eine Entbindungsklinik gewesen sein, da waren alles verbrannte Säuglinge. Und da war so ein kleines Baby, das wollte ich retten, und da hat mein Vater mich am Arm gerissen und gesagt: ›Komm weiter! Da kannst du nichts mehr machen.‹ So was darf nicht kommen. Also, an Gerechtigkeit glaub ich nicht mehr! Die gibt's auch nicht. Ich war zehn Jahre alt. Ich war zur falschen Zeit am falschen Ort.«

Das Verhalten der Väter, die bis dahin nicht im Krieg waren, weil sie zu alt, krank oder »u.k.« (unabkömmlich) gestellt waren, und nun noch zum Volkssturm eingezogen wurden, war sehr unterschiedlich. Die Kinder merkten, dass die Väter dies für sinnlos hielten, aber doch hingingen. Sie erlebten aber auch, dass Väter sinnlose Verteidigung verhinderten.[20]

Maria R. (1932): »Man sah auf der entfernten Dorfstraße die ersten amerikanischen Panzer, die auf die Häuser schossen, auf denen keine weiße Fahne zu sehen war. Mein Vater zimmerte mit flinken Händen ein weißes Bettlaken auf eine Latte und befestigte diese auf dem Dach des Haupthauses. Es kamen immer noch einzelne deutsche Soldaten über den Feldweg hinter der Scheune. Wir standen alle auf dem Hof, es waren viele Leute, mein Onkel mit seiner Frau, beide schon hochbetagt, zwei Mägde, Peta der Russe, Martin der Pole mit seiner Frau, vier Italiener, die sich von der deutschen Wehrmacht abgesetzt hatten und bei uns aufgenommen worden waren, meine Eltern und ich. Plötzlich kam ein junger deutscher Offizier auf meinen Onkel zu, hielt ihm eine Pistole auf die Brust und verlangte die Abnahme der weißen Flagge vom Dach des Hauses. Andernfalls würde er den alten Mann erschießen. Mein Vater schlug dem Offizier die Pistole aus der Hand, der schnappte sich ein herumstehendes Fahrrad, und weg war er! Das war noch einmal gut gegangen!«

Witze über das letzte Aufgebot haben sich im Gedächtnis der Kinder erhalten:

Paul K. (1933): »Vati war im November 57 Jahre alt geworden. So wurden er und Onkel Edi im Januar für den Volkssturm gemustert. Volkssturm, das hieß, sich mit einer Armbinde als Uniform in den Panzergraben stellen und sein ganzes Waffenarsenal, nämlich die zwei oder drei Panzerfäuste, auf anrollende Panzer abzufeuern. ›Was ist der Unterschied zwischen China und dem Volkssturm?‹ Antwort: ›China ist das Land des Lächelns (nach einer damals beliebten Operette) und der Volkssturm ist das Lächeln des Landes.‹ So ein Witz konnte seinen Erzähler wegen ›Wehrkraftzersetzung‹ unters Fallbeil bringen. Noch einer gefällig? ›Alle Einmachgläser sind abzuliefern. Warum? Um den Endsieg einzumachen, damit er nicht verdirbt.‹ Nach dem Krieg erschienen dann Sammlungen mit Hunderten solcher Witze. Ich will nichts daraus zitieren. Die genannten habe ich damals tatsächlich gehört. Zum Glück war das Wehrbezirkskommando, die Einberufungsbehörde, langsamer als die Alliierten in ihrem Vormarsch. Vati und Onkel Edi blieben verschont.

Manche Kinder jedoch erlebten auch bei den Erwachsenen noch ungebrochene Zuversicht auf den Sieg, fast über das Ende hinaus. Wieder andere wurden hin- und hergerissen zwischen den verschiedenen Eindrücken und Gefühlen:

Rudolf S. (1934) in Grunbach im Remstal: »Meinen letzten Schultag vor Kriegsende werde ich nicht vergessen. Ein Mitschüler, dessen Vater auf dem Bahnhof Grunbach beschäftigt war, sagte morgens bei Schulbeginn, sein Vater wisse, dass die Amerikaner, von Aalen kommend, in der Nacht bis Schwäbisch Gmünd vorgestoßen seien. In ungläubiger Wut forderte uns unser Klassenlehrer auf, stehend demonstrativ das Horst-Wessel-Lied zu singen: ›SA marschiert mit ruhig festem Schritt …‹«

Roland E. (1933) in Stuttgart: »Jeder hatte inzwischen begriffen, dass dieser Krieg verloren ist. Selbst wir Zwölfjährigen. Und wir sprachen offen und ohne Scheu darüber. Durch die Marktstraße Cannstatts zog eine geschlagene Truppe. Niedergeschlagen, zerlumpte Uniformen, gesenkten Hauptes. Waren das die siegreichen Soldaten von damals? Niemals. Auf Leiterwagen zogen sie Maschinengewehre und Fourage hinter sich her. Kein Jubelchor der wenigen Passanten. Stille herrschte und Bedrücktheit. Ganz anders das Kommando, das die Cannstatter Brücken zur Sprengung vorbereitete. Das waren noch Soldaten, ein Hauptmann in Ledermantel, das

Ritterkreuz blitzte hervor, die anderen Unteroffiziere, Feldwebel, die emsig die Sprengladungen unter den Brücken angebracht haben. Dumm wie ich war, war ich begeistert. Die Sprengungen fanden einige Tage später, Ende April, statt. Wir schreckten im Schlaf auf.«

Es gab also in Deutschland in den letzten Kriegsmonaten die Gleichzeitigkeit des Ungleichzeitigen: Während die einen schon unter der Herrschaft der Sieger lebten, wurde anderswo noch heftig gekämpft und für den Sieg gearbeitet. Nicht das Datum der Kapitulation, also der 8./9. Mai, 1945, markierte für die deutschen Kinder den Übergang vom Krieg zum Frieden, sondern der Tag des Einmarsches der »Feinde« in ihre Stadt, in ihr Dorf, oder – wenn sie auf der Flucht waren – in den Ort, an dem sie sich gerade befanden. Wie sie diesen neuen Zustand erlebten, ob sie ihn als »Frieden« erlebten, wie ihnen die neuen Herren begegneten, haben sie in deutlicher Erinnerung. In den Tagebüchern, aus denen wir am Anfang des Kapitels zitiert haben, werden ganz verschiedene Befürchtungen und Erfahrungen ausgesprochen: Bei dem kleinen Theodor Wild wird im ersten Satz ein eher von den Erwachsenen nahegelegtes Bedauern über den Abzug der deutschen Soldaten und das Einrücken der »Feinde« geäußert, dann werden aber sofort Angstfreiheit und Erwartung signalisiert; die Fremdheit kann durch Englischkenntnisse schnell überbrückt werden, Kontakte werden rasch geknüpft. Das Bewusstsein, »keine Nazis« gewesen zu sein, obwohl die »Amis« das von allen vermuten, verleiht zusätzliche Sicherheit. Im Hintergrund steht sicher auch die Hoffnung, dass der Vater von den westlichen Besatzern vor den Russen gerettet und rehabilitiert wird und die Familie wieder zusammenfindet, so dass Theodor nicht mehr »unehelich« sein muss. Vor »Negern« empfindet er keine Angst, im Gegenteil, er möchte sogar ein »Neger« sein oder ein Indianer. Sein weltläufiger Vater hatte ihm viel von Afrika erzählt. Ganz anders bei der schon fast 16-jährigen Maria B., die zwar aus keinem hitlerbegeisterten Elternhaus stammt, aber stark national geprägt ist und die Niederlage als Demütigung, keineswegs als Befreiung empfindet, zumal die Familie die Wohnung für die amerikanischen Besatzer räumen musste. Besonders große Angst hat sie vor den »Negern«. Scharf kritisiert sie das würdelose Verhalten deutscher Mädchen, die sich den Feinden an den Hals werfen, während der kleine Theo ziemlich neutral von den »Amischicksen« schreibt. In diesen Aufzeichnungen deutet sich schon die Spannweite des von den Kindern Erlebten an, vor allem mit den Westalliierten. Franzosen kommen in den beiden Tagebüchern nicht vor, Engländer nur am Rande; die Erfahrungen mit den Engländern sind aber ähnlich wie die mit den Amerikanern. Die Franzosen spielen eine besondere Rolle, besonders die

»Schwarzen« unter ihnen, müssen also zusätzlich beachtet werden. Die Russen tauchen als bedrohlich bei Theodor Wild und bei Maria B. im Hintergrund auf, bei Theo als gefährlich für das Schicksal seines Vaters, bei Maria als Schreckgespenst, das Braunschweig bedroht.

Von meinen über 100 Zeugnissen über die **Amerikaner** ist die weit überwiegende Mehrzahl freundlich, über die **Engländer** fast ausschließlich. Sie werden fast immer als »Gentlemen« erinnert. Wenn nicht heftige Kämpfe vorangegangen waren, von denen wir gehört haben, vollzog sich der Einmarsch, wenn auch nicht frei von tragischen Vorfällen, so doch überraschend friedlich und harmlos. Das widersprach allen von der Propaganda verbreiteten Schreckgespenstern, denen die Kinder ja keine eigenen Erfahrungen entgegensetzen konnten, außer denen, dass diese Feinde eben noch die schrecklichen Bombenangriffe geflogen hatten. Farbige hatten sie nie gesehen; in der Rassenlehre waren sie Minderwertige.[21] Die ganz Kleinen kannten den »Sarotti-Mohr« oder den Mohren auf den Missionskassen, der jedes Mal nickte, wenn man etwas in die Büchse warf.

Der erste Eindruck ist besonders haften geblieben. Das Misstrauen steckte auf beiden Seiten noch tief, denn die Amerikaner hielten zunächst alle Deutschen für »Nazis« (vgl. Tagebuch von Theo Wild) und zu allem fähig. Aus den Tagebüchern war schon zu entnehmen, dass sie Deutsche als Geiseln nahmen und die »Nazis jagten«. Und sie waren so anders als die gewohnten deutschen Soldaten und die Vorstellungen, die man sich von ihnen gemacht hatte.

Kurt H. (1931) erlebte den Einmarsch der Amerikaner im Sudetenland, sie hatten sich vor der Schießerei der herannahenden Front im Keller versteckt :

»Nachdem es ruhig geworden war, wagten wir uns aus unserem Versteck wieder nach oben. Da sahen wir die ersten Amerikaner in Schützenreihe die Straße entlang schleichen. Plötzlich kam einer ins Haus und fragte mich auf Englisch, ob er Feuer für seine Zigarette haben könne (sie setzten voraus, dass sogar schon Schulkinder ihre Sprache sprechen). Ich gab ihm Feuer aus dem Herd, fragte ihn, ob er einen Stuhl zum Hinsetzen wolle. Das wollte er nicht. Aber er wollte wissen, ob wir Tschechen seien. Da habe ich ihm ganz stolz gesagt, wir seien ›Germans‹. Laut NS-Propaganda musste jetzt irgendwas ganz Schlimmes passieren, denn die Sieger übten an jedem Deutschen grausame Rache. Zu meinem Erstaunen lächelte mir der GI zu und hockte sich auf den Fußboden im Hauseingang … Das fürchterlichste Erlebnis des gesamten Jahres 1945 sollte dann nur wenig später auf mich zukommen. Nachdem die kämpfende Truppe der ersten Linie durch war (für mich etwas ganz Besonderes, dass die Panzer so laute Motoren hatten, denn in unserer Wochenschau waren fahrende Panzer stets von lauter Marschmusik untermalt!), kehrte wieder Ruhe ein. Irgendwer kam auf die Idee, man sollte doch mal nach den Volkssturmleuten hinter den Holzbündeln schauen, sicher hätten die doch Hunger. Da ich sowieso die Panzerspuren untersuchen wollte, ging ich in Richtung dieser Brennholzstapel ... die Nase immer nach unten, voll Staunen über die breiten Spuren der Panzerketten. Bis da etwas Blutiges lag, unerwartet. Ich schaute hoch – ein schrecklicher Anblick direkt vor mir: Teile von menschlichen Köpfen, Gehirn, Blut ... ich habe wohl fürchterlich geschrien und bin gelaufen, was ich konnte, zurück ins Haus1 Wie sich später herausstellte, waren die alten Männer so in ihr Skatspiel vertieft gewesen, dass sie die Panzerwagen, die etwa 100 Meter entfernt von ihnen um die Kurve kamen, gar nicht bemerkten. Die Amerikaner aber sahen Köpfe der Soldaten über den Kieferbündeln, keine weiße Flagge dabei: ein Grund, sofort scharf zu schießen. Man muss wohl die ganze Grausamkeit, Intoleranz und Verbissenheit dieser letzten Kriegstage berücksichtigen, wenn man so etwas verstehen will.«

Die sechsjährige Helga S. (1939) beobachtet die Reaktion der Murrhardter Bevölkerung und erlebt einen großen Schreck:

»Die Amerikaner sind, nachdem Murrhardt übergeben worden war, über die Panzersperren einfach drübergefahren. Die saßen da auf ihren Panzern und haben da die Füße hoch gelegt, haben Zigaretten geraucht und haben überhaupt nicht den Eindruck gemacht von strammen Soldaten, wie die Deutschen das gewöhnt waren. Dann hat man gesagt, ja, das sind doch keine Soldaten, was sind denn das für Soldaten, ja, die hat man sehr verachtet. Uns Kindern hat man eingeschärft, dass wir uns von denen nix geben lassen sollen, da geht man nicht hin, da dreht man um. Dann bin ich mit meinem Bruder so das Häusergässle runtergelaufen, das ist so ein enges Gässle. Da kam auch so ein Panzerwagen, das war so ein kleinerer, und da saß so ein Neger drauf, und das waren die ersten Schwarzen, die ich in meinem Leben gesehen hab. Das war wie eine Erscheinung. Ich weiß noch, dass ich da gestanden bin und einfach nur geguckt und gestaunt, so ein schwarzer Mensch. Und dann passiert das Allerschrecklichste überhaupt: Dann hat der gelacht übers ganze Gesicht, als der mich gesehen hat, und ich war ja knapp 6 Jahre alt und ich habe so einen ganz hellen, hellblonden, ganz dichten Lockenkopf gehabt und ich war so eigentlich ein nettes kleines Mädchen. Ich bin da gestanden und hab da geguckt und war völlig weg, und dann ist der da oben runtergekommen und hat gelacht, und dann hat der da unheimlich weiße Zähne gehabt, und dann ist der auf mich zu und dann wollte der mich hochheben, und dann hab ich gedacht: jetzt ist das das Ende. Dann hab ich gebrüllt wie am Spieß, dass alles zusammengelaufen ist, und der hat sich dann schnellstens verzogen.«

Christa L. (1942) erlebte die Besetzung in Effelder. Schießereien zwischen Deutschen und Amerikanern waren vorausgegangen:

»Dies alles spielte sich bei uns ›nur‹ an einem Tag ab. Aber es hinterließ seine Spuren bei uns Kindern. Während die Brüder weniger unter Ängsten zu leiden hatten, war der ›schwarze Mann‹, der farbige Amerikaner, für mich ein Schock. Ich wusste ja nicht, dass die farbigen Amerikaner ›gutmütige Kinder‹ waren, die auch als besonders kinderfreundlich galten. Mich hat ihr Anblick auf jeden Fall zu Tode erschrocken. Ausgeschlossen ist nicht, dass die Soldaten ihren Spaß gehabt haben, wenn ich voller Angst weglief, und dass sie mich verfolgt haben einfach zu ihrer Freude. Ich war 3½ Jahre alt, ein nettes Mädchen mit schulterlangen blonden Locken und habe halt schreckliche Angst gehabt und später nachts vom ›Schwarzen Mann‹ geträumt.«

Auf seine Weise kommentierte der damals anderthalbjährige Gerhard V. (1943) den ersten Besatzer, den er zu Gesicht bekam. Er selbst erinnert sich zwar nicht mehr daran, aber alle fünf Geschwister berichten davon. Sie saßen im Keller in ihrem Evakuierungsort Schannenbach im Odenwald. Hier die Version von Ilse (1931):

»Und dann kamen sie wirklich, die Amis. Mit Taschenlampen leuchteten sie den ganzen Keller aus, sie vermuteten wohl versteckte Soldaten. Mit erhobenen Händen mussten wir den Keller verlassen, oben stand noch ein Soldat mit Gewehr im Anschlag. Die Helme hatten sie mit Netzen überzogen, in denen grünes Zeug zur Tarnung steckte. Das fand Gerhard doch sehr komisch, so dass er ganz laut sagte: ›Date binnt‹ = der Soldat spinnt. Aber das haben die Soldaten sicher nicht verstanden.«

Dieser Ausspruch wurde in der Familie zum geflügelten Wort, und Gerhard selbst beschließt die Erinnerungen mit der Bemerkung: »Daher soll mein viel zitierter Satz als Einschätzung aller Kriegsaktivitäten, als Resümee, am Schluss der gemeinsamen Rückschau stehen.«

Gisela C. (1931): »Unvergesslich ist mir der Moment, als ich meine beiden Eimer mit Wasser an den ›Sieben Säulen‹ gefüllt hatte (*die normale Wasserversorgung war wegen des großen Angriffs auf Dessau ausgefallen*) und sie eben nach Hause schleppen wollte: aus dem Park trat plötzlich ein ganz junger Amerikaner, der mich beobachtet hatte, und trat auf mich zu. Wie er mein erschrockenes Gesicht sah, griff er in seine Tasche, zog einige Bonbons heraus und reichte sie mir mit freundlichen Worten, halb auf englisch, halb auf deutsch. Ich war überaus erstaunt. Er flößte mir Vertrauen ein, und ich nahm die kostbare Gabe an (wir hungerten ja so!). Dann trottete ich mit konfusen Gedanken im Kopf nach Hause. Wie konnte es sein, dass ein solcher Soldat, der in der Tat den unseren fast aufs Haar glich (nur war er besser gekleidet und keineswegs erschöpft), mit Vergewaltigungen (es gingen angsterregende Gerüchte herum) und Terrorangriffen auf die Zivilbevölkerung der Städte (voller Flüchtlinge) etwas zu tun hatte?«

Ulrich L. (1931): »Ich stand in der damaligen Schillerstraße in Metzingen, wo ich vorgestern noch Militärlastwagen voll traurigen, ausgemergelten Figuren – deutschen Landsern – auf dem Rückzug durchfahren sah, und da kommen mir vorsintflutliche, total unsportlich erscheinende Fahrzeuge (die ersten Jeeps meines Lebens) entgegen. Ich glotze offenen Maules: Diese ›Soldaten‹ haben Schnürstiefel (!) an, dick gerundete

Pobacken, der neben dem Fahrer hat eine MP lässig umgehängt. Während ich noch staunend glotze, kommt mein Schulfreund K. H.: ›Des send d'Ami.‹ Ich: ›Was?‹ Er: ›Jetzt hoisset (heißen) die Amis und unsere Vorherige Nazis.‹ Als mein Kinnladen fast aufs Trottoir runterfiel, meinte er: ›Wir haben immer demokratisch gewählt.‹ Auf meine aufgerissenen Augen: ›Natürlich vor 1933, immer Deutsche Volkspartei. Ihr, deine Verwandte, habet damals nationalliberal gewählt, also nicht demokratisch.‹«

Auf die politische Neuformierung der deutschen Bevölkerung nach dem verlorenen Krieg, die sich in der Erzählung von Ulrich L. andeutet, kommen wir am Ende des Kapitels zurück. Sie äußert sich schon in den ersten Reaktionen auf die freundlichen Gesten der Amerikaner, die wohl – aus den vielen Berichten darüber zu schließen – Tonnen von Schokolade, Bonbons und Kaugummi[22] an die deutschen Kinder verteilt haben müssen. Besonders die Farbigen zeigten sich sehr kinderlieb. Es gab die stolze Ablehnung, teilweise von den Eltern unterstützt: Ein deutsches Mädel, ein deutscher Junge nimmt nichts vom Feind. Es gab die Angst, teils von den Eltern geschürt, diese »Köder« könnten vergiftet sein, es gab die zögerliche Annahme mit Skrupeln, weil man ja hungerte (vgl. Gisela C.), und es gab die freudige und dankbare Annahme der willkommenen, teilweise ganz unbekannten Gaben. Schließlich war es gar nicht so selten, dass Kinder um Süßigkeiten und Kaugummi bettelten oder versuchten, aus amerikanischen Beständen dies und anderes zu klauen. Aus den zahlreichen Zeugnissen seien nur wenige Belege angeführt. Umgekehrt haben auch die Amerikaner einiges aus den Wohnungen mitgenommen.

Lore L. (1937): »Dann kamen die Amerikaner, und da weiß ich noch ganz genau, da mussten alle Hausbewohner vor der Tür stehen, und die sind dann rauf in jede Wohnung, haben überall nach Fotoapparaten geguckt, und man musste alles vor die Tür legen, Fotos und Bücher und sonst was. Und da hat mein kleiner Bruder, der war 5, der hat sich da ein Buch geschnappt und hat es so verkehrt herum gehalten und ist die Straße auf und ab marschiert, da kam so ein amerikanischer Soldat, und der hat ausgerechnet das Lied aufgeschlagen gehabt: ›Auch ich bin Adolf Hitlers kleiner Soldat.‹ War aber nicht schlimm, der hat es ja nicht verstanden und nicht lesen können. Dann gingen die alle rauf. Meine kleine Schwester lag oben in ihrem Bettchen. Und da ging ein Schwarzer rauf. Der war ganz arg schwarz. Der ging allein hoch, und wir sind fast verbobbert (*umgekommen vor Aufregung*), das kleine Kindle allein da oben. Unsere Wohnung war dann die einzige, die nicht durchgestiert (*durchwühlt*) war, tatsächlich. Meine Mutter, die eine begeisterte Fotografin war, hat ihren Foto und alles wieder gefunden. Und auf dem Bettle von der Kleinen war alles voll mit Schokolade, Kaugummi, Keksen und so was.«

Irene R. (1932), deren Wohnung beschlagnahmt wurde: »Unser Wohnzimmer war von Sergeant Jarry Stiegel in Beschlag genommen worden. Wir waren noch nicht aus dem Haus gegangen. Meiner Mutter und mir bot er so kleine Täfelchen Hershey-Schokolade an, die wir aber nicht annahmen. Wir hatten ja so jämmerlich Angst, denn es wurde uns ja immer wieder vorgemacht, alles, was vom ›Feind‹ käme, sei vergiftet. Damals hatte ich anderthalbjährige Englischkenntnisse, und ich sprach Jarry Stiegel von ›poison‹. Ich erinnere mich noch an sein schallendes Gelächter. Auch die anderen Soldaten, die das elterliche Schlafzimmer eingenommen hatten, kamen dazu. Einer nahm ein Täfelchen, zerbrach es und aß selbst ein Stück davon zum Zeichen, dass nichts drin sei. Dann war eigentlich das Eis zwischen uns gebrochen. An eine wohlriechende zarte, weiße Seife namens Sweetheart kann ich mich auch noch erinnern. Wir hatten ja seit Jahren nur die groben, stinkenden Kriegsseifen gekannt. Alle ›unsere‹ Soldaten waren anständig zu uns. Es war den Hausbesitzern erlaubt, ihr Gemüse und Obst in den Gärten zu pflücken.«

Eleonore H. (1937): »Ein amerikanischer Soldat warf mir eines Tages von einem fahrenden LKW eine Orange zu. Ich hatte nie zuvor eine solche gesehen und dachte, es sei ein Ball.«

Amerikaner und Engländer haben auch Weihnachtsfeiern für Kinder veranstaltet, bei denen es allerlei Geschenke gab. Von den lebensrettenden Schulspeisungen, die der amerikanische Präsident Hoover in die Wege leitete, erzählen viele Kinder dankbar.[23] Nicht nur diese materiellen Zuwendungen werden dankbar erinnert, sondern auch besondere, unerwartete Erlebnisse und Hilfeleistungen, auch noch in der Nachkriegszeit: Die ganze Straße, in der Peter W. (1936) wohnte, war bis zu ihrem Haus von einem amerikanischen Sanitätszug belegt worden:

»Der Krieg war aber da noch nicht ganz zu Ende. Man durfte heim, aber es ging noch eine Woche lang. Man hat nachts Geschosse gehört und das Pfeifen von der Artillerie. Der Amerikaner im Nebenhaus hat ungefähr so zu meiner Mutter gesagt: ›Frau, nicht schlimm, wenn hüjjj, erst schlimm, wenn bumm.‹ ... Im Nebenhaus hat der Prof. Schenk gewohnt, der Musiklehrer war am Seminar. Der musste auch raus aus dem Haus, und die Musikinstrumente waren ja da. Und da hat der Amerikaner dann während dem Überschießen, hat der das Fenster offen gehabt in der Nacht und hat wunderbar Geige gespielt.«

Von dem tragischen Tod der Mutter von Edeltraut K. durch eine deutsche Granate haben wir gehört. Der Ort war schon durch die Amerikaner eingenommen:

»Mein älterer Bruder kam trotz seiner geringen englischen Schulkenntnisse mit den Amerikanern über das furchtbare Geschehen ins Gespräch, und sie weinten mit uns. Um mich zu trösten, spielten sie mit mir Mutter und Kind. Sie brachten uns Essen, große Dosen mit Erbsen, Möhren und Bohnen. In meiner Erinnerung sind die Amerikaner die ersehnten Befreier gewesen, die zu uns sehr gut und freundlich waren.«

Ute S. (1937): »Die Jungen hatten ein Feuer gemacht, das sie zur Zündstation für echte Patronen machten, indem sie diese ins Feuer warfen und sich an dem Knallen erfreuten. Ein solch explodierendes Geschoss landete als Querschläger im Knie meiner kleinen fünfjährigen Schwester Anke, die natürlich sofort markerschütternd schrie. So wurde ein beherzter amerikanischer Soldat auf uns aufmerksam, zumal wir Kinder schreiend vor Angst und Grauen fortliefen. Ich sehe diesen Soldaten noch heute vor mir, wie er mit einem Satz über den Zaun sprang, sich das Hemd vom Leibe riss und das blutende Bein meiner Schwester zuband, sie anschließend auf den Arm nahm und in fliegender Eile in Richtung Lazarett rannte.«

Anneliese L. (1929): »Am dritten oder vierten Abend nach Einmarsch saßen Muttel und ich mit Stopf- und Flickarbeiten in der Küche, als es heftig und andauernd klingelte. Es war ein einzelner amerikanischer Soldat, der da hartnäckig zwischen unserer und Engelkes Tür hin und her lief und rumorte, klopfte, klingelte. Der Ami gab keine Ruhe, schließlich machte ich ihm auf. Ich setzte mich wieder an den Küchentisch, Füße auf der Fußbank, und wir beide taten so, als wären wir allein und der Ami nicht vorhanden. Der lief misstrauisch durch alle Zimmer mit der Frage: ›Mann, deutscher Soldat?‹ Von seiner Seite durchaus zu verstehen, schließlich war ja noch Krieg und wir Feindesland. Er blieb noch eine Weile stehen, sah uns zu, dann holte er noch einen Stuhl heran, setzte sich zu uns und stellte seine Füße ebenfalls auf die Fußbank. Das war nun unser erster Kontakt mit einem Feind, einem Amerikaner. Beide Seiten beäugten sich misstrauisch. Ich musste wieder mal meine Englischkenntnisse hervorkramen, aber neugierig waren wir natürlich auch. Ich erinnere mich noch sehr gut an diesen Soldaten. Er hieß Lee Roy, war irgendwann in seiner Ahnenreihe mit deutschen Vorfahren gesegnet. Er war sehr jung, sympathisch, wollte zu Hause von Deutschland und deutschen Menschen erzählen, nicht nur vom Krieg. Es sei streng verboten, Kontakt zu Deutschen aufzunehmen (no fraternization), aber er wolle doch und würde ja in diesem alleinstehenden Haus nicht so beobachtet. Er fragte viel und erzählte auch von seinen Kriegserlebnissen. So sehr beschäftigte ihn innerlich das Grauen der Landung in der Normandie, die schrecklichen Verluste auf beiden Seiten, wie viele seiner Kameraden neben ihm erschossen worden seien – er musste es loswerden, immer wieder. Wir hörten das nun auch erstmals so richtig. In den deutschen Wehrmachtsberichten wurden diese Dinge höchstens mit ›heftigen Abwehrkämpfen‹ und ›siegreichem Rückzug‹ oder ›Frontbegradigung‹ umschrieben.

Lee Roy blieb etwa zwei Stunden, tauchte dann nach zwei Tagen nochmals kurz mittags auf und berichtete, dass seine Truppe nun weiterziehe.«

Eine ganze Serie von ungewöhnlichen Erlebnissen mit einem amerikanischen Offizier, der Deutsch konnte, erzählt Ingrid R. (1930):

»Meine Mutter stand so (*macht die Geste mit erhobenen Händen*), und ich hab ihr die Hände runtergezogen, und dann kamen sie rein. Und ich hatte so lange Zöpfe. ›Ach‹, sagt er, ›meine Tochter hat auch Zöpfe … Ist doch was Schlimmes, dieser Krieg …‹

Der war richtig angenehm. Was er noch im einzelnen gesagt hat, weiß ich nicht mehr, ich weiß nur, dass er mir so über die Zöpfe gestrichen hat … Und dann haben sie das Haus nebenan geräumt. Und dann haben sie gesagt, ganz komisch, in ganz Deutschland gibt's keine Nazis. Wir haben noch nicht einen gefunden. ›Och‹, hat meine Mutter gesagt, ›wir waren Nazis. Ich war bei der Frauenschaft‹, und ich hab gesagt: ›Und ich war bei den Jungmädeln.‹ ›Ach‹, hat er gesagt, ›Ihr seid die einzigsten Nazis in Deutschland.‹«

Sie durften in ihrem Haus bleiben und Ingrid durfte sogar von der amerikanischen Küche Essensreste holen, was aber niemand sehen durfte. »Sie mussten ja die ganzen Reste wegwerfen. Weggeben durften sie's auch nicht … und wenn ich dann rüberkam, drehten sich alle um und kuckten in ›ne andere Richtung, dann konnt' ich mir meinen Eimer mit Fleisch oder Brot oder so was füllen … und das hat uns eigentlich das Leben gerettet.« Mutter und Tochter haben dann für die Amerikaner gebügelt.

Für Kontakte waren aber in den allermeisten Fällen Englischkenntnisse, wenn auch minimale, nötig. Theo Wild vermerkt in seinem Tagebuch gleich am Anfang, dass er keine Angst vor den Amis habe, er könne ja Englisch. Für seine »geschäftlichen Beziehungen« sind sie unentbehrlich – und er ist offenbar besonders geschäftstüchtig. Erstaunlich für einen Achtjährigen, rechtzeitig ein Hitlerbild vor der Vernichtung zu retten und verschwinden zu lassen, in der Voraussicht, dieses und anderen »Hitlerkram« verschachern zu können. Die schulfreie Zeit im Sommer 1945 ließ viel Freiheit, gute Beziehungen anzuknüpfen.

Helmut B. (1934): »Den ganzen Vormittag trieben wir uns auf dem Gelände unserer Schule herum. Dort hatten die Kampftruppen des 47. Panzerbataillons der 7. amerikanischen Armee, die Mühldorf am 2. Mai einnahmen, Quartier bezogen. Bald hatte jeder von uns Buben mit einem GI Freundschaft geschlossen. Dann durften wir den ›best friends‹ die Stube wischen und kehren, die Lager herrichten, die Stiefel putzen und andere niedere Arbeiten verrichten. Dafür wurden wir aber fürstlich belohnt, mit Tabak, Zigarren oder Zigaretten von den Nichtrauchern, mit Schokolade und Candys von den Rauchern. Manchmal erbeuteten wir auch eine C-Ration oder eine Büchse mit einem Fertiggericht, doch solche Ware ließ sich schlecht in der Clique teilen. Wir zogen einen schwunghaften Handel mit frischen Zwiebeln und grünen Tomaten auf, die wir in den reichlich vorhandenen Gärten stahlen. Für 5–6 Tomaten verlangten wir eine Packung Chesterfield im Tausch, eine horrende Summe nach den Gesetzen des Schwarzmarkts. Aber den Südstaatlern, die Truppen stammten alle aus dem Bundesstaat Mississippi, war dieser Preis nicht zu teuer, die Hauptsache, die Tomaten waren schön grün. Um grüne Tomaten nach Südstaatenart zuzubereiten, mussten sie zerschnitten, in Maismehl gewälzt und schön in Fett braun gebraten werden.«

Vom Tauschen, Organisieren, was ja kaum etwas anderes war als Klauen (wie Theo Wild freimütig schreibt, so dass seine Muter meint, er werde noch »ganz verdorben«), erzählen viele der damaligen Kinder mit pfiffigem Stolz:

Siegfried S. (1936): »Da war bei uns eine ganz große Feldscheune so als Reservelager angelegt, da waren so Büsche und unten so Luken für die Katzen. Da kannten wir uns natürlich aus. Die Alten haben uns dann auf einen Zettel geschrieben (die konnten Englisch), wonach wir gucken sollten, Zigaretten und Fisch und Käse. Ich hab das immer alleine gemacht. Ich war schon immer ein bisschen ein Einzelgänger. Hatte so einen Beutel. Die hatten so Dosen mit Käse drin, sah so orangefarben aus. Konnte man Bratkartoffeln machen. Zigaretten sowieso, das konnte man tauschen, und dann das Corned Beef und Schokolade. Manchmal war es schon ein bissle riskant.
I: Sie sind nie erwischt worden?
S: Nein, nee, nee. Da war auch so eine Wachmannschaft, auch Neger, die wollten immer Eier haben. Da haben wir bei den Bauern auch Eier geklaut, und da hat man für drei, vier Eier eine Menge Zeug gekriegt. Die Amis waren dann bis zum Herbst bei uns. Da bin ich mit nach Hildesheim gefahren, da war ja der Nachschub. In LKW mit den Negern. Bis zum Flughafen, das sind so knapp 20 km, sind wir im Führerhaus mitgefahren und zurück waren wir hinten. Und haben immer geguckt, was da ist, und haben alles mögliche herausgeholt. Über eine kleine Brücke mussten wir langsam fahren. Da haben wir was in die Büsche geschmissen. Und dann haben wir das wieder geholt. Das waren außer mir noch zwei, auf die man sich verlassen konnte … Weil mein Vater weg war, hab ich zu Hause nicht direkt, aber so'n bisschen indirekt die Position vom Vater gehabt, man konnte da ja was organisieren.«

So wurden die Kriegskinder in der Nachkriegszeit zu Überlebenshelfern.[24]

Dass die Amerikaner ihrerseits sich an deutschem Gut bereichert haben, konstatiert schon Theo Wild in seinem Tagebuch, und seine Mutter belehrt ihn, sie dürften das, denn sie seien die Sieger. Neben vielen, die sich korrekt und anständig benommen haben, stehen aber auch solche, die in den beschlagnahmten Wohnungen nicht nur sinnlos zerstört und übel gehaust haben, sondern auch mitnahmen, was ihnen gefiel. Das gehört zu den weniger freundlichen Erinnerungen, die wir nicht unterschlagen können. Maria B. beschrieb in ihrem Tagebuch die Verwüstungen im »Torfhaus«. Dabei ist zu berücksichtigen, dass dort noch gekämpft wurde. Aufgeschlitzte Federbetten werden oft erwähnt und damit erklärt, dass die Besatzer solche ja gar nicht kannten und vielleicht nur sehen wollten, ob darin nicht irgend etwas versteckt war.

Manfred K. (1932): »Also meine Oma, die musste ihre Wohnung räumen. Zu der Zeit wurde ja allgemein gehungert. Wir haben also, so gut es ging, unsere Taschen vollgestopft mit Einweckgläsern, mit Gurken, Obst usw. Damals hieß es: American

Soldier nimmt nichts. Meine Oma konnte einen Raum behalten und abschließen. In diesem Raum haben wir die Wertgegenstände untergebracht. Bis wir dann nach einer bestimmten Zeit wieder zurückkamen, waren die Fronttruppen abgerückt. Und was die hinterlassen haben, war für uns auch interessant. Es war noch kalt in den April- und Maitagen. Die hatten im Wohnzimmer ein Campingfeuer auf dem Parkettboden entfacht. Ein alter wertvoller Schrank aus dem 18. Jahrhundert wurde dabei angekohlt. Der ursprünglich abgeschlossene Raum war dann auch nicht mehr abgeschlossen, und eine alte Uhrensammlung meines Opas war weg. Sämtlicher Schmuck war weg mit Ausnahme von billigem Schmuck. Da waren Fachleute an der Arbeit.«

Manfred K. hatte keine Hemmungen, seinerseits die Amerikaner zu beklauen, wo immer er konnte:

»Im Dezember 1945 fing der Unterricht in den einzelnen Schulen wieder an. Und in der Zwischenzeit hatten wir Jungs natürlich Gelegenheit, die Besatzungstruppen besser kennen zu lernen. Es existierten in der Stadt mehrere kleinere Gruppen (*von Kindern und Jugendlichen*), die dann loszogen und die Schätze aus amerikanischen Militärfahrzeugen und besetzten Wohnungen wieder herausholten.«

Die Villa eines seiner Onkel war von einem amerikanischen Oberst besetzt. Dort holten sie ganze Kanister Benzin für einen anderen Onkel, der Veterinärarzt war.

»Und wir hatten jede Menge Zigaretten, im Gegensatz zu manchen leitenden Angestellten. Das war für uns Jungs ein trauriges Bild, wenn ein Prokurist, ein deutscher Prokurist, sich vor Amerikanern bückt und die Kippe, die der nach drei Zügen weggeschnalzt hatte, aufhebt und dabei von anderen Amerikanern fotografiert wird. Die Schande war groß ... Unvergesslich bleibt mir auch das Schreien von Fräuleins, die nach der Sperrstunde nicht mehr auf die Straße durften, und in Gebäuden und Schulen die Nacht verbringen mussten, und die dort vergewaltigt wurden ... Also die Schreie, die höre ich heute noch.«

Dass es auch von Amerikanern Vergewaltigungen gegeben hat, ist sicher. Dies wird auch von einigen Kriegskindern bezeugt, ist aber bis heute noch wenig erforscht. Viel bekannter ist und verächtlich kommentiert wird das Verhalten der deutschen »Fräuleins«, die sehr schnell mit den Besatzern »anbändelten«. Die Kinder und die Heranwachsenden übernahmen dabei voll und ganz die Auffassungen ihrer Mütter, was die Sexualmoral betraf [25], wie schon aus den Tagebüchern zu entnehmen war, wobei Theodor Wild bemerkenswert tolerant ist.[26] Dagegen – und er spricht für viele – Roland E. (1932):

»Für uns Kerle, wir fühlten uns als solche, waren solche Mädchen oder Frauen Huren, die sich mit dem Feind gemein machten. Am meisten verachteten wir die Kriegerfrauen, deren Männer sich in Gefangenschaft befanden und die sich dennoch mit den fremden Soldaten eingelassen haben.«

Erst aus der Rückschau und in Erinnerung an ihre eigenen Beobachtungen und Gefühle kam mancher von ihnen zu einer nachsichtigeren Beurteilung. Helmut B. (1934) erzählt von seinem Hunger und fährt dann fort:

»Da kamen die ›Fräulein‹ mit den großen braunen Tüten aus dem PX (*Läden für Besatzungspersonal*), die abends kurz vor der Sperrstunde ihre Schätze heim trugen, doch besser weg. Sie litten, hatten sie sich erst einmal einen Ami als Freund genommen, keine Not mehr. ›Das ist auch so eine Amischickse!‹ schimpfte manche rechtschaffene Frau hinter den Mädchen her. Aber ich glaube nicht, dass alle diese Frauen und Mädchen Huren gewesen sind. Diese Frauen ergaben sich halt mit ihren Mitteln, weil sie Hunger litten. Und wenn wir Lausbuben die Pärchen bei ihren intimen Verrichtungen in den Innauen (*bei Mühldorf*) hin und wieder beobachteten, dann schien es uns, als machten diese leidenschaftlichen Verrenkungen den Beteiligten großen Spaß. So deuteten wir das Stöhnen, die Lustschreie und die wilden Umarmungen der Paare im Nachhinein durchaus richtig.«

Die deutschen Mädchen, die nicht nur durch die in sexuellen Dingen überaus rigide elterliche Erziehung, sondern durch die Schule der Hitlerjugend gegangen waren, wiesen jede auch nur andeutungsweise intime Beziehung weit von sich und verurteilten wie Maria B. aus nationalem und weiblichem Stolz jedes derartige Gebaren aufs schärfste.[27] Eine nähere Beziehung zu einem »Neger« war für sie alle immer noch Rassenschande.[28]

Es fiel besonders den eben noch überzeugten Hitlerjungen, Pimpfen, Mädeln und Jungmädeln schwer, von ihren erlernten Feindbildern und Vorurteilen loszukommen, auch wenn sie gute Erfahrungen mit diesen Siegern machten. Schon in der allgemein verwendeten Bezeichnung »Ami« steckt nicht nur eine bequeme Abkürzung, sondern auch eine gewisse Herablassung diesen lässigen, lockeren Typen gegenüber, die so gar nicht dem Bild ihrer deutschen Kriegshelden entsprachen. Dass sie selbst nun zu einer besiegten Nation gehörten, bekamen sie von Anfang an zu spüren, nicht nur an der Knappheit der Nahrungsmittel, an Ausgangssperren, Ausquartierungen, an mancherlei Übergriffen, die sich die Sieger erlaubten. Sie erlebten auch Internierungen von Verwandten und Bekannten, die Jagd auf »Nazis«, sie hörten von Verbrechen.[29] Davon erzählen allerdings nur wenige. Am Ende des Kapitels wird darauf zurückzukommen sein.

Amerikaner und Engländer luden im Rahmen ihres »Umerziehungsprogramms« oder auf Initiative Einzelner Kinder und Jugendliche nicht nur zu den schon erwähnten Weihnachtsfeiern ein, sondern auch zu verschiedenen kulturellen Veranstaltungen. Aber nur relativ wenige wurden davon erreicht.

Manfred K. (1932): »Eines Tages kam ein amerikanischer Offizier, ein Feldgeistlicher, zur Oberschule zum Rektorat, und das war zu einer Zeit, als Fraternisierung mit dem deutschen Volk noch verboten war. Er hat das aber trotzdem gemacht, und das hat bei mir einen positiven Eindruck hinterlassen. Auf alle Fälle, es kam dann zu einer Einigung, dass Schüler und Schülerinnen ab der vierten Oberschulklasse (*heute Klasse 8*) von diesem Geistlichen eingeladen worden sind, zunächst ins Kino, dann in einen großen Saal des Christlichen Hospizes, und die Gottesdienste, die waren total anders als das, was wir jemals in Deutschland erlebt haben. Da traten dann Sängerinnen auf, und es war immer so interessant, dass es uns sehr gut gefallen hat ... Dann wurden unsere Adressen eingesammelt, nach USA geschickt. Plötzlich kamen von irgendeiner dortigen Gemeinde Briefe an uns Mädchen und Jungs, die mit uns korrespondieren wollten. Schließlich war auch in Deutschland gestattet, dass wir Care-Pakete empfangen durften.«

Hans-Georg O. (1933): »Mit den Amerikanern haben wir dann viel erlebt ... Die amerikanische Musik hat mir ja immer sehr gut gefallen, wenn ich die gehört habe. Und die flotte Musik von denen ... Und dann haben sie uns eingeladen, so Jugendabende veranstaltet. Das war super, was die da gemacht haben. Da gab's auch schön zu essen und alles ... Und wer Zigaretten haben wollte, der konnte Zigaretten haben. Wir haben natürlich noch nie geraucht. Wussten ja gar nicht, wie das geht in dem Alter.«

Amerikanische Jazz- und Swingmusik, amerikanische Filme begeisterten. Aber damit sind wir schon in der Nachkriegszeit, in der sich der amerikanische kulturelle Einfluss in den westlichen Besatzungszonen immer stärker geltend machte.

Mit den **Franzosen** machten die Kinder ähnliche Erfahrungen wie mit den Amerikanern, doch überwiegen die angstmachenden, negativen. Die Marokkaner waren weit weniger harmlos als die farbigen Amerikaner. Plünderungen, Zerstörungen, Vergewaltigungen waren an der Tagesordnung, besonders seitens der ersten Fronttruppen; hilfreiches, nobles Verhalten erlebten die Kinder eher selten und vorwiegend von Offizieren. Es werden sehr bedrohliche, verwirrende, aber auch komische und seltsame Vorkommnisse erinnert, meistens im Zusammenhang mit den »Schwarzen«. Eine kleine Auswahl aus den Erzählungen muss genügen. Eine längere Geschichte, welche die verschiedensten Erfahrungen bündelt, erzählt Waltraud F. (1934) in Bittelbrunn bei Radolfzell. Das Erlebnis brachte ihr kindliches Weltbild völlig durcheinander:

»28. April 1945: Unser Hund bellte unaufhörlich. Plötzlich rollten in der Nacht französische Panzer ins Dorf. Ich bekam vor Angst und Schreck meine Kleider kaum an.

Meine Mutter und meine Tante zogen ihre Kleider in diesen Nächten gar nie aus. Die Franzosen durchsuchten unser Haus und das ganze Dorf nach Soldaten und Waffen. Besonders scharf waren sie auf SS-Soldaten. Besondere Angst hatten wir um Götti, er war doch ein Soldat ohne Entlassungspapiere. Seine Uniform haben sie nicht gefunden. Benno (*ihr Bruder*) musste sie das Dach hinunter im Gerstenstock verstecken. In unserem Oberstock stellten sie an den Fenstern Maschinengewehre auf. In dieser Nacht wurde Lore Reiter erschossen. Sie und ihr Mann und Kind haben im Keller geschlafen und hatten die Türe verschlossen. Während sie öffnen wollte, schossen die Soldaten durch die Tür. So verblutete sie hinter der Haustür. Sie war 24 Jahre alt und hatte ein Kind. Ihr Mann war Kriegsinvalide und hatte nur noch ein Bein. Bei Familie Gnirs haben sie eine Kuh erschossen. Ich als Kind war froh, dass sie unseren Hund nicht erschossen, war er doch der Einzige, der noch aggressiven Widerstand bot.

Tags darauf machten die Franzosen Streifzüge durch die Wälder und brachten viele deutsche Soldaten als Kriegsgefangene mit. Nicht das Rathaus war der Mittelpunkt des Dorfes, sondern das ganze Geschehen spielte sich vor dem Gasthaus Krone ab. Die Gefangenen mussten die Hände hinter den Kopf halten, ihnen wurde die Jacke aufgerissen und am linken Oberarm nach den unauslöschlichen SS-Runen[30] gesucht. Was war das nur für ein Kainsmal? Es bedeutete den sofortigen Tod durch Erschießen. Allen Gefangenen wurden die Hosentaschen nach außen gekehrt und die letzten Habseligkeiten, Uhren, Eheringe, Zigaretten, Geldbeutel, Feuerzeuge usw. abgenommen. Auf dem Boden lag das letzte Taschentuch und Bilder von der Frau und Kindern. Abgerissen und ein Bild des Jammers standen sie da und getrauten sich nicht, das letzte Bild der Familie wieder aufzuheben. Die Franzosen hatten abgenommene Armbanduhren vom Handgelenk bis zum Ellenbogen. Nach dieser jämmerlichen Degradierung wurden die Gefangenen bis zum Abmarsch zu Herden zusammengestellt und in die umliegenden Scheunen gesperrt.

Die SS-Soldaten wurden nach einer Tracht Prügel an Rigling Sepps Scheunentor und einer an Drexler Rudolfs Apfelbaum erschossen. Leider habe ich dies als elfjähriges Kind auch gesehen und das Fürchten gelernt. Das Töten durch Bomben nahm ich als Katastrophe hin. Aber nun sah ich, wie Menschen Auge in Auge foltern und töten können. Die neue Erfahrung schockierte mich tief. Mit meiner kindlichen Naivität war es vorbei. Das Grauen und die Angst beschlichen mich. Auch meine Mutter hat die Erschießungen gesehen, grenzte doch Rigling Sepps Scheune gerade an unser Grundstück. Der Franzose, der dies tat, war bei uns einquartiert, und als er zurückkam, hat ihn meine Mutter regelrecht angesprungen. Sie fragte ihn, warum er dies tat und warum so grausam. Er machte ihr klar und belegte es mit Bildern, auch seine Mutter und seine Schwester kamen so um ihr Leben. Heute kann ich nur sagen: Das ist der lange Schatten böser Taten. Hier fand er seine grausame Auswirkung. Die toten Soldaten, die vom Wald gebracht wurden, lagen auf einem Wagen vor Lehns Scheuer. Unser Götti musste sie ohne Sarg und ohne Pfarrer auf dem Friedhof begraben. Die politischen Gefangenen aus dem Dorf, sogenannte Goldfüchse (wegen den goldenen Tressen an der Uniform) wurden im Hagenstall eingesperrt. Ihnen blühten im Wechsel Verhör und Prügel. Rigling Gerhard hörten wir jämmerlich schreien. Doch der ehemals französische Kriegsgefangene Reny setzte sich in verschiedenen Angelegenheiten für uns Deutsche ein. So kam wenigstens niemand zu Tode. Er war während des Krieges bei Karl Stocker als Kriegsgefangener und muss gute Erfahrungen gemacht haben … Radios und Fotoapparate mussten abgegeben werden. Die Radios wurden vernichtet. Sehr gefährlich wurden die ehemaligen russischen und polnischen Kriegsgefangenen … Sie arbeiteten nicht mehr und verübten Racheakte. Die Bevölkerung war laufend Razzien und Plünderungen ausgeliefert. Wir waren durch die Franzosen im Haus einigermaßen geschützt. Der Honstetter Ortsgruppenleiter wurde in einem Racheakt im Wasserburgertal den hohen Felsen heruntergeworfen. Er wurde erst lange später von Holzhauern gefunden. Zum Glück war meine Tante Emma Stocker eine starke, unerschrockene Frau. Mit ihrer Autorität bot sie selbst bewaffneten Franzosen oder plündernden Russen die Stirn …

Benno und ich gingen immer in die Feldküche zum Kartoffelschälen. Dafür bekamen wir Schokolade oder Weißbrot in Dosen. Deshalb waren wir immer auf der Straße, am Brunnen vor der Krone, an den Orten des Geschehens. Wir hielten uns nicht an Gebote oder Verbote. Warum hat uns unsere Mutter nicht eingesperrt? Es hätte so viel passieren können. Was haben wir für einen Schutzengel gehabt! Heute denke ich: Unser Kindsein war auch unser Schutz. Denn weder die Soldaten noch die Franzosen noch bei Razzien die Russen taten uns etwas. Doch die größte Gefahr für uns Kinder war das Sammeln und Ausprobieren der vielen Munition, die überall herumlag.

Die politischen Zusammenhänge und Hintergründe kannte ich als Kind noch nicht. Ich erlebte alles eher aus dem Gefühl von Gut und Böse. Aber auch diese Ordnung war total auf den Kopf gestellt. Welche Soldaten waren denn nun die Bösen und welche die Guten? Mein Gefühl für Recht und Gerechtigkeit, für Gut und Böse, geriet ins Wanken.«[31]

Die »Mohren« beschäftigten die kleineren Kinder sehr:

Sigrid R. (1938): »Wir (Mutter, Tante, Bruder und ich) saßen in der Küche. Irgend jemand rief: Sie kommen! Und wir hörten das Rasseln und Quietschen der Panzer. Dann schnelles Gepolter auf der Treppe, und die Tür flog auf. Wie viele Soldaten es waren, weiß ich nicht mehr. Doch einer hielt die Pistole auf uns gerichtet, und neben ihm stand ein leibhaftiger ›Mohr‹ mit einem Messer quer im Mund. Ich hatte noch nie einen schwarzen Menschen gesehen außer ein schwarzes Püppchen in meinem geliebten Bilderbuch ›Kiboko‹ und im Struwwelpeter. Dann sauste mit einem Riesensatz ein riesiger Schäferhund auf unsere Wasserwanne, trank und spritzte darin herum. Irgendwie machten die Soldaten verständlich, dass sie hier schlafen würden … Meine Mutter nahm ihre Tasche mit den Wertsachen und warf sie durchs Fenster in den Garten, packte meinen Bruder und mich in den Kinderwagen und führte uns auf den Nachbarhof. Dort brachte uns der Nachbar hinter den Mostfässern auf den Kartoffeln unter … Als wir zurückkamen, war die ganze Küche voller Reisig und Holz.

Darüber waren alle Eier zerschlagen und andere Vorräte darüber gekippt. Die Hühner lagen vor dem Haus auf dem Misthaufen. Die Soldaten hatten mit den Stiefeln im großen Bett geschlafen und der Hund im Kinderbett. Unser Grammophon mit den Platten von Lucienne Boyer (›J'attendrai‹) hatten sie unter dem Kohlenhaufen ausgegraben. Es spielte dann bei den Nachfolgern auf dem Panzer, es war zum Aufziehen … Im Nachbarhaus bei Inge Stolz wohnte ein schwarzer Offizier. Inge versprach mir, ich dürfe einmal sehen, wie der sich die Hände wasche. Ich war sehr gespannt, ob das Wasser schwarz würde. Doch der Mann amüsierte sich über die kleinen Mädchen. Er schenkte mir ein Stück Schokolade, brachte mich zur Mutter und fragte, ob er mal meine blonden Locken anfassen dürfe. Er erzählte, dass er Dentist sei und in Marokko auch eine kleine Tochter habe. Diese nachfolgenden Soldaten waren sehr höflich. Sie bezahlten sogar für Dienste (z. B. Hosenbügeln) mit Alliiertengeld.«

Helga S. (1939) in Murrhardt im Schwäbischen Wald, das von den Amerikanern an die Franzosen übergeben wurde:

»Die haben dann gehaust wie die Wahnsinnigen, und vor allem haben sie als allererstes sämtliche Frauen, egal welchen Alters, deren sie habhaft geworden sind, eingesammelt und haben sie ins Schulhaus gebracht und einen Puff aufgemacht. Also die haben die alle vergewaltigt. Und meine Mutter, irgendwie hat die was gerochen. Sie ist mit mir und meinem Bruder, der war ja auch immer schon ein bissle selbständiger, zu unseren Verwandten auf einen Bauernhof, drei Kilometer weg von Murrhardt. Da ist meine Mutter fluchtartig raus aus Murrhardt. Da weiß ich noch, da konnt' ich bald nimmer laufen, da hat sie mich laufend hinter sich hergezerrt und ist gelaufen und gerannt, bis wir dann in Waltersberg waren. Da haben sie dann nimmer die Frauen geholt, aber sie haben dann geplündert. Sie sind in jedes Haus rein und haben alles mitgenommen, was sie da gefunden haben. Da sind die Hühner rumgelaufen auf der Wiese, und dann haben sie ihre Maschinengewehre so unterm Arm gehabt und haben dann ratata, ratata, ratata auf die Hühner geschossen, und zwar auf die Füße, dass die Hühner nicht verletzt waren. Und die haben alle so supertoll getroffen, dass die Hühner nur so umgefallen sind, und dann haben sie die eingesammelt und auf ihre Wagen draufgeschmissen … Und wir sind da in der Stube auf dem Sofa gesessen mit noch zwei verwandten Kindern. Und meine Mutter hat mich auf dem Schoß gehabt, und wir saßen da in Erwartung, dass die jetzt kommen und irgend was mit uns machen, dass das vielleicht unser letztes Stündlein ist oder was weiß ich. Die kamen dann, und in dem Bauernhaus, da war's Telefon vom Ort, da hat ja nur ein Haus damals Telefon gehabt, da sind sie hin, und da war das Telefon an der Wand, und dann haben sie das Telefon aus der Wand gerissen, runtergerissen, und dann hab ich wieder angefangen zu schreien. Und dann stand einer so mit seiner Maschinenpistole vor meiner Mutter, und meine Mutter saß da, und ich hab geschrien und dann, das hör ich auch noch, dann hat er gesagt, du nix pleure, also dann hat er gesagt zu meiner Mutter, wenn ich jetzt nicht sofort aufhöre mit Schreien, dann wird er mich erschießen, denn so hätten es die Deutschen in Frankreich auch gemacht. Dann hat meine Mutter mir den Mund zugehalten und die Nase, dass ich keine Luft mehr gekriegt hab, und dann ist der wieder abgedreht, und dann haben die da nix weiter gefunden in dem Haus, und dann sind sie einfach weitergezogen. Das war eigentlich noch das allerschlimmste Erlebnis, was ich hatte als Kind, denn da hatte ich Todesangst.«

Die meisten Frauen hatten vor Vergewaltigungen Angst. Da gab es furchtbare Erlebnisse, von denen Kinder nicht nur hörten, sondern bei denen sie Augenzeugen sein mussten.

Gertrud R. (1928) in Pforzheim, das zehn Tage lang heftig umkämpft war: »›Die Franzosen haben den Soldaten aus ihren Kolonien (= Marokkanern) als Lohn die deutschen Frauen versprochen!‹ hieß es. Und es ist viel passiert. Über ein Mädchen in meiner Parallelklasse erfuhren wir später: Ihr Vater wollte seine Frau und seine drei Töchter schützen. Da erschossen sie ihn. Dann wurden alle vier vergewaltigt. Und dann hat sich die Mutter mit ihren Kindern vergiftet. Ein anderes Mädchen aus meiner Parallelklasse wurde mit ihren beiden Schwestern (zwischen 14 und 18 Jahren) vergewaltigt, als der Vater beim Wasserholen war ...«[32]

Ihre Schwester und sie versteckten sich, wenn durch Haus-zu-Haus-Mundpropaganda Gefahr gemeldet wurde, in zwei kleinen Speicherräumen unter der Dachschräge, die durch einen Durchgang von 50 mal 50 Zentimeter verbunden waren. Nur knapp entgingen sie dem Entdecktwerden.

Esther S. (1932) in Gütenbach bei Breisach: »Am 25. April kamen die Franzosen, eine marokkanische Reiter-Einheit. Es war so, dass die Soldaten Plünderungsrecht hatten, weil deutsche Stellen am Tag zuvor noch die Straße nach Simonswald sprengen ließen. Die Haustüren mussten ausdrücklich offen bleiben. Die ersten Soldaten, die ich sah, trugen flatternde Hühner am Gürtel. Sie hatten eine ganz feine Metallgerte, damit schlugen sie von der Seite her gegen die Beine der Hühner, so dass sie reihenweise umfielen. Mein älterer Bruder und ich gingen zum Bauern, Milch holen. Als wir heim kamen saß Mutter am Tisch und weinte. Soldaten hatten den Vater mitgenommen. Er kam aber bald wieder, sein Wehrpass war in Ordnung. Sie hatten ihm aber seine Taschenuhr abgenommen. Zum Nachtessen gab es wie immer Saubohnensuppe. Saubohnen sind eigentlich Viehfutter, violett und gräulich bitter. Da kam ein Soldat und verlangte auch Suppe. Als er aber beim Essen war, hörten wir Schritte im Flur. Der Soldat hörte auf zu essen und setzte seinen Helm auf, Fraternisierung war ja verboten. So führten ihn seine Kameraden ab. Was mochten sie mit ihm gemacht haben? Später kamen wieder Soldaten und schossen herum. Der Vater sagte, wir sollten alle die Hände hoch halten, er nahm ein weißes Stück Stoff in die Hände. Ich habe ihn als sehr umsichtig und gefasst in Erinnerung. Erfahrung aus dem Ersten Weltkrieg? War er damals auch als Soldat in fremde Häuser eingedrungen? Er wollte, dass er und die Brüder in der Wohnstube übernachteten, die vor dem

Schlafzimmer lag. Die Mutter und wir Schwestern sollten im Ehebett schlafen. Spätabends kam wieder ein Soldat und kam ins Schlafzimmer. Der Vater vertrat ihm den Weg. Da hob der Soldat den Gewehrkolben und die Mutter flehte: ›Denk an die Kinder!‹ Er zog sich dann zurück, und die Mutter ließ es über sich ergehen. Ich wollte abhauen, aber die Mutter sagte – ja, während der Vergewaltigung –: ›Bleib im Bett, sonst sieht er, wie groß du bist!‹ Ich kroch wieder unter die Decke, der Soldat sagte: ›Ah, Mademoiselle‹, die Mutter: ›Nix Mademoiselle, ecole, ecole!‹ Er ließ mich in Ruhe. Die Eltern heulten miteinander. Vater sagte: ›Wir nehmen uns das Leben‹, die Mutter sagte: ›Denk an die Kinder!‹ Dass er uns nicht beschützen konnte, nagte sehr an ihm. Hielt er sich selber für einen Feigling? Es scheint mir ziemlich sicher. Mein Vater wurde ein sehr verschlossener Mensch.«

Aber auch bei den französischen Besatzern darf man nicht vergessen, dass es durchaus freiwillige »Liebesdienste« gab, von Kindern beobachtet. Rolf G. (1934) erzählt von seiner Siedlung für kinderreiche Familien in Stuttgart, dem sogenannten Eiernest:

»Da hat es natürlich auch viele junge Mädchen gehabt, und es gab Vergewaltigungen. Aber ich muss den französischen Offizieren zugute halten, da hat es auch ein paar Tote gegeben. Die haben auf der Stelle am nächsten Tag drei oder vier Vergewaltiger erschossen, jawohl. Und dann hat das aufgehört. Wissen Sie, im Grunde genommen haben die das auch gar nicht gebraucht, bei uns da unten in der Böblinger Straße, wo Hofbräu gewesen ist und Kellerei Frank, da gab es riesige Keller mit Wein, und da haben sich die Marokkaner bedient, und da hat es sich bei bestimmten Frauen herumgesprochen, dass, wenn man denen gefällig ist, man immer Wein holen kann – so war das dann auch wieder. Bei uns im Haus ist auch eine gewesen. Die Tochter hat sich mit den französischen Offizieren abgegeben und hat ein lustiges Leben geführt. Wir Kinder haben sie immer ›Bischele‹ geheißen, wissen Sie, wir Kinder in der Stadt haben schon gewusst, wo es lang geht.«

»Die **Russen** kommen!« war wohl der erschreckendste und aufwühlendste Satz, den Kinder von den Erwachsenen im Krieg zu hören bekamen. Die Erwachsenen sprachen ihn in Panik aus und reagierten entsprechend.[33] Etwa die Hälfte der Bevölkerung in den bedrohten Gebieten floh vor der Roten Armee nach Westen. Viele wurden auf der Flucht überrollt. Von den Flüchtlingen, ihren Schicksalen und Erfahrungen mit »den Russen«, sollen die folgenden Abschnitte handeln. Sie berichten von den Erlebnissen derer, die nicht mehr rechtzeitig weit genug nach Westen geflohen waren oder überhaupt nicht fliehen wollten. Bei keiner der Besatzungsmächte liegen die Erfahrungen der Kinder so weit auseinander wie bei den Russen. Die Zeugnisse reichen von harmlosen, freundlichen und kuriosen bis zu extrem schrecklichen. Diese Spannweite muss berücksichtigt werden, wenn auch – wie immer – genaue

Zahlenangaben nicht möglich sind.[34] Für viele Kinder in den östlichen Provinzen, die keine oder kaum Bombardierungen erlebt hatten, begann jetzt erst der Krieg, so auch für Ingeborg N. (1938) in Schweidnitz. Die vier kleineren Geschwister waren schon vorher zur Oma etwas weiter westlich, in die Nähe von Görlitz, evakuiert worden. Sie selbst war mit der Mutter und der älteren Schwester noch in Schweidnitz:

»Wir haben – wie immer – in dem kleinen Esszimmerchen zu Mittag gegessen, Mama, Uschi und ich. Es gab – wie immer – zuerst Suppe. Mama und Uschi waren mit ihrer Suppe fertig und sind in die Küche gegangen, um den Rest zu holen. Ich löffelte vor mich hin. Draußen war ein ziemliches Rumoren zu hören, aber das ging ja schon ein paar Tage so. Waren da auch Flieger? Wahrscheinlich. Plötzlich stieß meine Mutter die Tür auf und schrie: ›Inge, die Russen!‹ Mir war blitzartig klar: Jetzt hatten *wir* den Krieg! Jetzt mussten wir rennen! – Und ich rannte! Ich bin nie vorher so schnell die Treppe hinunter gerannt wie an diesem Sonntag, in den Keller! Mama und Uschi auch, aber ich war schneller. Unten saßen schon andere Hausbewohner. Ich glaube nicht, dass es ein Luftschutzkeller war, es war eben ein Keller. Allen konnte man die Angst vom Gesicht ablesen. Gesprochen wurde kaum. Die Spannung war fast unerträglich. Nach etwa zwei Stunden hörte das Rumoren draußen auf. Wir durften den Keller verlassen. Uns war nichts passiert. Wir waren innerlich aufgewühlt, aber wir waren heil. (*Das Haus des Kolonialwarenhändlers war von Fliegern getroffen worden.*) Von jetzt ab war auch für mich Krieg.«

Ingrid K. (1938), Allenstein: »Schrecklich das Klopfen in der Nacht an der Haustür, während wir auf dem Dachboden in einer Kammer uns versteckten. Sie fanden uns. (*Die drei Kinder kamen glimpflich davon, aber:*) … geblieben ist die Angst vor unbekannten Geräuschen in der Nacht … Noch heute suche ich in meiner Wohnung nach einem guten Versteck, immer mit dem Kommentar ›Wenn die Russen kommen.‹«

Die Kinder bekamen auch etwas von den Gerüchten und der Gräuelpropaganda mit, die dem Einmarsch vorausgingen; traurige und beängstigende Nachrichten erreichten sie.

Melanie M. (1935) in Bergen auf Rügen: »Bevor wir die Russen als Personen im Siegesrausch auf der Insel Rügen erlebten (sonst hießen sie verallgemeinernd ›der Iwan‹), hatte ich heimlich bei einer Tante eine Propagandaschrift gelesen, die die Gräueltaten der Russen an Deutschen darstellte, womit man den Durchhaltewillen stärken wollte. Da wurde beschrieben, wie Frauen in Ostpreußen an Scheunentore genagelt und deutschen Offizieren die Hände verbrüht wurden in langsam zum Sieden gebrachtem Wasser.«

Gesine S. (1932), ebenfalls in Bergen auf Rügen: »Dort erwarteten wir das Ende des Krieges. Wir hörten, dass viele befreundete Familien sich das Leben genommen hatten, um den Gräueltaten der Sieger zu entrinnen. Wir hörten auch von Vergewaltigungen einer zehnjährigen früheren Klassenkameradin in Berlin, ihrer kleinen Schwestern, ihrer Mutter, und dass der Vater alle und sich erschossen habe.«

Kinder erlebten, wie die eigenen Väter verzweifelt reagierten. Die eben zitierte Melanie M. (1935) in Bergen auf Rügen, wo sich die Familie (Vater, Mutter und drei Töchter; der älteste Bruder war vermisst) am Kriegsende zusammenfand, schreibt aus der Rückerinnerung mit rationalem Abstand:

»Eines der Erziehungsideale meiner 1891 bzw. 1896 geborenen Eltern war, die Kinder möglichst zu schonen und sie die ganze Härte der Realität nicht erfahren zu lassen. Alle Entscheidungen wurden ohne uns gefällt, die Sorgen möglichst nicht in unserer Gegenwart artikuliert. Die negative Wirkung dieser Schonung war nicht die erwünschte kindliche Geborgenheit, sondern eine große Verunsicherung. Für *eine* Situation gilt diese Aussage allerdings nicht: Als mein Vater am Kriegsende erwog, seine Familie und sich selbst mit seiner Dienstpistole zu erschießen, wie auch andere es taten, wurde das besprochen, und meine nächst ältere Schwester machte vehement deutlich, dass sie leben wollte. Das hat uns allen das Leben gerettet! – Später erfuhren wir von Schulfreundinnen, die von ihrem Vater erschossen worden waren. Ich habe einmal an ihrem Grab gestanden.«

Was mussten dann alle, die sich in den Kellern, Bunkern, in den Wäldern oder sonst irgendwo versteckt hielten, erleben? Eva-Maria S. (1935) in Waldenburg, Niederschlesien, die eben noch bereit gewesen wäre, eine Panzerfaust zu schmeißen, berichtet:

»Am 8. Mai, dem Tage der Kapitulation, zogen die Russen, vorzugsweise mit Panzern, als Sieger in unsere Stadt ein. Ich sehe mich noch am Wohnzimmerfenster stehen und durch die Gardine schauen, wie diese großen, riesig großen Panzer die ach so kleinen Panzersperren, die aus Tonnen und Geäst gebaut waren, einfach zermalmten. Die beiden folgenden Nächte und Tage verbrachte ich mit meiner Mutter und den übrigen Frauen unseres Mietshauses auf einem Dachboden, der nur mit einer Leiter zugänglich war, die mein Vater abnahm und in einen unteren Stock brachte. Ich entsinne mich noch, dass ich die Russen durch unser Haus poltern und ›Frau, Frau!‹ und ›Uri, Uri!‹ schreien hörte. Nur vom Hörensagen weiß ich, dass es in den ersten Tagen in der Stadt zu Vergewaltigungen und sonstigen brutalen Übergriffen und natürlich zu Diebstählen gekommen ist. Danach bekam der Besatzungskommandant der Stadt die Situation wohl einigermaßen in den Griff und es trat recht schnell eine gewisse Ordnung ein.

Sehr schnell konnte ich die Erfahrung machen, dass die russischen Soldaten grundsätzlich zu Kindern sehr freundlich und liebenswürdig waren. Als blondes, blauäugiges zehnjähriges Mädchen mit zwei langen Zöpfen hatte ich besonderen Schlag bei ihnen. Häufiger fuhr mir ein Soldat liebkosend über den Kopf und steckte mir auch manchmal Süßigkeiten zu. Ohne Wissen meiner Eltern stieg ich zur Chefin einer Kindergruppe auf, die mit den Russen einen schwunghaften Handel trieb. In der Stadt hatte es wohl doch noch einige Lebensmittelvorräte gegeben, und meine ach so strenge Frau Mama hatte interessanter Weise nie weiter nachgefragt, wenn ich plötzlich Puddingpulver oder Zucker oder einen anderen kleinen Schatz mit nach Hause brachte. Alle Deutschen, auch die Kinder, mussten in der Öffentlichkeit eine weiße Armbinde tragen und abends ab 20 Uhr herrschte absolutes Ausgehverbot. Eine Abordnung der russischen Besatzung durchstreifte regelmäßig die Häuser und Wohnungen und hielt nach Wertgegenständen Ausschau, die sie entweder sofort mitnahmen oder den Abtransport anordneten. Ich habe noch die Szene vor Augen, als Russen unser Klavier aus der Wohnung abholten. Ich persönlich war ganz und gar nicht böse darüber, denn dann brauchte ich nicht mehr regelmäßig zu üben, was ich gar nicht gerne tat. Aber dann sah ich meinen Vater (*er war als Versehrter des Ersten Weltkriegs nicht im Krieg*) am Fenster stehen, auf die Straße blicken, wo sein Klavier, das er sich wohl als Junglehrer vom Munde abgespart hatte, auf einen Lastwagen verladen wurde, und ich sah, wie ihm die Tränen über das Gesicht liefen. Das hat meine Freude sehr gedämpft.«

Die Kinderfreundlichkeit der Russen wird vielfach bezeugt, »wenn sie nüchtern waren«, fügt einer hinzu. Sie spendierten Essen, leisteten ärztliche Hilfe, schützten sogar vor marodierenden Zwangsarbeitern, ließen Hamsterer ungeschoren passieren, knüpften manchmal gute menschliche Kontakte und entsprachen nicht dem Feindbild, das von ihnen gezeichnet worden war. Eine besondere Freundschaftsgeschichte erzählt Arno K. (1934). Er erlebte, wie die Sowjets durch ihre Straße (in Berlin-Weißensee) mit ihren Panzer einrückten, lernte den Offizier Viktor kennen und verbrachte viel Zeit mit ihm. Viktor holte ihn einmal einfach von der Schule ab zu einer Lastwagenfahrt, spendierte Essen, ging auch mit ihm spazieren. Aus der ganzen Serie der Erlebnisse greifen wir zwei heraus:

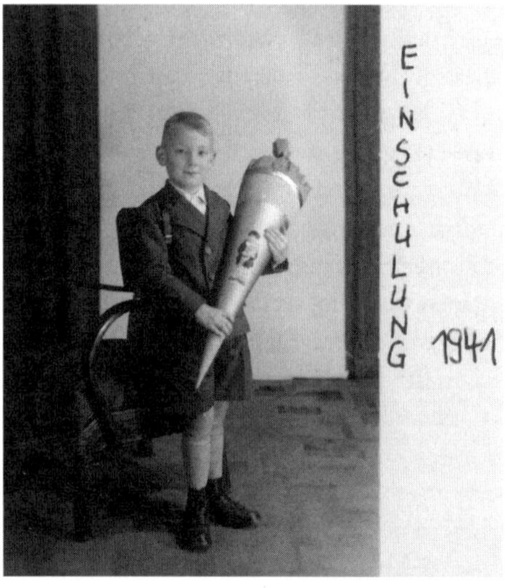

2. Arno K. bei der Einschulung

»Viktor fragte, ob wir spazieren gehen wollten. Ich sollte ihm etwas von Berlin zeigen. Was sollte ich ihm wohl zeigen? Trümmer, zerschossene Häuser oder noch stehengebliebene, unfreundliche Mietskasernen? Da kam mir eine Idee, in der Roelckestraße waren Laubenpiepergärten, es

3. Sowjetischer Sherman Panzer vor dem Haus von Arno K.
Der Mann in der Tür ist sein Nachbar, »Onkel Otto«

war Frühling, Anfang Juni, warm, und die Natur breitete ihre Pracht aus. So gingen wir also dorthin. Dem Viktor gefiel diese Gegend wohl auch, er atmete tief, sog die Düfte auf und begann auf einmal – leise – ein russisches oder ukrainisches Lied zu singen. Er übersetzte mir den Text des Liedes. Natürlich handelte es vom Frühling und von einem wunderschönen Mädchen. Ich sang ihm das Lied ›Alle Vögel sind schon da‹ vor, nachdem er mich fragte, ob ich nicht auch ein Lied singen könnten. Einige Leute, die auf ›Entdeckungsreisen‹ waren, sahen uns verwundert an, wir aber achteten nicht auf sie.«

Einige Zeit später: »Nach dem Unterricht wollte ich sofort zu Viktor. Doch der Eingang zu seiner Unterkunft war zu. Kein Rotarmist war zu sehen. Kein Viktor. Ein Wachhabender der gegenüberliegenden Infanterieeinheit rief mir zu: ›Soldat damoj – nach Hause! Kinder herkommen!‹ Er winkte mich heran. Zögernd ging ich auf ihn zu, und er gab mir einen kleinen Zettel. Dort stand mit ungelenken Buchstaben geschrieben: ›Ich nach Hause – Odessa – Vater und Mutter lieben. Arno, du gut und nicht Schule vergessen. – Viktor.‹ Keine Adresse, wo er in Odessa wohnt. Und ich hatte auch keinen Zunamen von ihm. Überaus traurig ging ich zu Mutter, zeigte ihr den Zettel und begann zu heulen. Mutter tröstete mich, so gut es ging. So endete eine schwere, für mich nicht minder interessante und prägende Zeit meiner Jugend.«

Besonders Offiziere werden für ihr faires Verhalten gelobt. Sie schritten des öfteren gegen gemeines und unmenschliches Verhalten von Soldaten ein. Auch witzige und kuriose Situationen sind im Gedächtnis geblieben. Kinder hatten ein feines Gespür dafür, dass die Eroberer selbst noch Angst hatten oder zermürbt und erbittert waren durch die vorausgehenden harten Kämpfe. Was an deutschen Gewalttaten in der Sowjetunion vorausgegangen war, konnten die Kinder nicht ahnen. Aber sie erfuhren durch die Besatzer Andeutungen davon. Wir können wieder nur wenige Belege zitieren. Elfe von Sass (1931) war nach dem Angriff auf Dresden, als die Lebensmittelversorgung zusammenbrach, am Verhungern. Sie konnte sich nicht mehr aufrichten und erkannte schließlich ihre Mutter nicht mehr:

»Eines Tages kam ein russischer Offizier in unser Haus und machte Quartier für Armeeangehörige. Als dieser Offizier mich da liegen sah, stellte er Fragen. Meine Mutter verstand kein Russisch und deutete nur an, dass wir nichts zu essen haben. Er verstand sofort und schickte seinen Burschen in die Kaserne. Dieser kam bald zurück mit einer großen Schüssel, bis zum Rand gefüllt mit gekochten Graupen und einem großen Stück Schweinefleisch darin. Der Kinderarzt, der gerade gekommen war, starrte ungläubig auf diese Schüssel. Er war schließlich auch hungrig! ›Das ist ja ein Segen‹, sagte er. Ich durfte zunächst nur eine schleimige Suppe davon essen, da mein Magen sich erst wieder an Nahrung gewöhnen musste. Von da an kam dieser Soldat jeden Tag mit dieser wundervollen Schüssel, mit Graupen und Schweinefleisch. Das war so viel, dass das auch für den Kinderarzt und unsere Nachbarn reichte. Später wurde in unsere Wohnung eine russische Zahnärztin mit ihrer kleinen Tochter einquartiert, und damit begann ich meine ersten Schritte in der russischen Sprache zu machen, die in Zukunft mein Schicksal bestimmen sollte. Unsere Frau Doktor war sehr zurückhaltend, irgendwie streng. Sie zeigte auf das Foto meines lieben Vaters, der eine Uniform trug. ›Faschist‹, sagte sie einmal. ›Mein Vater tot, im Hitlerkrieg!‹ Meine Mutter nähte für sie Kleider, und ich kümmerte mich um ihre kleine Tochter. Bald kamen wir ganz gut miteinander aus. Leider musste sie, wie alle anderen Offiziere auch, in die Kaserne umziehen.«

Eveline F. (1932), Berlin: »Und eines Tages kamen da ein paar Russen in unsere Wohnung, die waren nicht sehr betrunken, aber die waren betrunken. Und meine Mutter und meine Tante, die ja nun junge Frauen waren, und ich sollten uns auf dem Balkon verstecken. Also dann durchs Balkonfenster auf den Balkon. Und mein Großvater war ziemlich musikalisch, und in der Wohnung stand ein Klavier, und er wollte, versuchte, die Russen da abzulenken irgendwie, und es fiel ihm ein, ich weiß gar nicht, wo er die Melodie her kannte, er spielte die Internationale. Und die Russen waren happy, ja sangen mit ihm. Klopften ihm auf die Schulter. Das ist dann so die Mentalität, ja. Wir haben da ein, zwei Stunden auf dem Balkon gesessen. Und die sind dann nachher abgezogen und ja, guter Mann, und alles …«

Klaus B. (1929), Altenburg: »Es kam zu mehrfachen Übergriffen auf die Zivilbevölkerung mit Vergewaltigungen und Diebstählen. Sehr bald wurden von der sowjetischen Militäradministration Anweisungen an die Bevölkerung erteilt, sich bei Übergriffen mit einer Flasche Tinte zu verteidigen, da die sowjetischen Soldaten nur eine Uniform hätten und somit gut identifiziert werden können. Ich selbst habe erlebt, wie eine sowjetische Militärpolizei-Streife in der Kanalstraße in Altenburg einen russischen Soldaten auf brutalste Weise festnahm und ihn in einen russischen ›Jeep‹ prügelte. Die unbeschreibliche Rohheit dieser Szene ist mir bis heute in Erinnerung geblieben.«

Der Vater von Renate K. (1932) in Pabstorf (Magdeburger Börde) war als sozialdemokratischer Polizeioberinspektor 1936 vom Dienst suspendiert worden:

»1945 bekamen wir russische Einquartierung. Er war Kapitän der Roten Armee, eine Frau (*ob es seine Frau war, wird nicht klar*) und der Bursche aus Taschkent. Wir hatten guten Kontakt zu allen. Man saß abends wie gewohnt zusammen, nur las Vati nicht mehr vor, sondern unterhielt sich mit dem Kapitän (*offenbar konnte dieser Deutsch*). Es ergab sich, dass das Gespräch auf die Eltern von Frau Raia kam. Sie rannte raus und heulte bitterlich. Der Kapitän schimpfte uns erst aus, und dann kam der Grund. Frau Raia war Partisanin im Raum Kiew gewesen. Sie wurde mit anderen fortgeschickt, um Essen zu organisieren. Am Ende eines Haines angekommen, mussten sie halt machen. Vor ihnen war ein offenes Massengrab, dahinter stand eine Menschenmauer. Gauleiter Kube, dann oberster Herr in der Ukraine, gab Befehl zum Schießen. Ein Maschinengewehr bellte auf, und die Menschenmauer fiel ins Massengrab. Frau Raia sah, dass ihre Eltern dabei waren. Ihre Kameraden haben dann 1944 Kube hingerichtet. Vater rannte wie versteinert in die Küche. Seit diesem Abend waren Frau Raia und mein Vater wie Geschwister. Bis 1947 hat sie uns sehr viel geholfen!«

Eine ganze Reihe unterschiedlichster Erlebnisse schildert Peter R. (1933), der bei den Großeltern auf dem Julienhof bei Berlin das Kriegsende erlebte, in seinen Erinnerungen. Eine Auswahl:

»Wir Kinder machten am nächsten Tag (*nachdem um den 20. April die letzten deutschen Soldaten abgezogen waren*) einen Inspektionsgang in den Ort und sahen, als wir über die Bahnschranke kamen, Panzer auf dem Michendorfer Platz. Vor Kaufmann Krüger stand ebenfalls ein russischer Panzer. Neugierig wie wir waren, mussten wir uns das näher ansehen, und so bekamen wir unseren ersten Kontakt mit den Russen. Sie hockten auf ihrem Fahrzeug und aßen. Als wir so um den Panzer schlichen, bedeutete uns einer der Soldaten, dass wir näher kommen sollen. Dann schnitt er aus einer großen ovalen Weißblechdose für jeden von uns eine dicke Scheibe gekochten Schinken und gab sie uns auf die Hand. Das war ein Schmaus!

Eins Tages standen wir mit einem Küchen-Muschik vor der Haustür, als dieser hinter sich in den Briefkasten griff und eine Postkarte an mich, der ich ja am 26.4. Geburtstag hatte, herausholte. Wir hatten gar nicht bemerkt, wann dieses Karte gekommen war, es musste aber vor dem Eintreffen der Russen gewesen sein. Er besah sich die Briefmarke, einen Hitlerkopf, grinste, zerriss die Marke und bemerkte: ›Gietler kerputt!‹ So einfach war das für ihn …

Durch die direkten Kontakte lernten wir, uns mit den ›Befreiern‹ zu verständigen. Manche konnten ein paar Brocken Deutsch, und wir lernten ein paar Brocken Russisch. Es reichte für den Anfang …

Bei der Wachmannschaft war auch ein großer, hünenhafter Mongole, der saß eines Tages auf einem der Steine vor dem Julienhof und weinte bitterlich. Die Tränen rannen ihm durch die Finger. Wir haben ihn dann gefragt, warum er weine, worauf er uns erklärte, er wolle so gerne nach Hause zu seinen Kindern, die er schon so lange nicht mehr gesehen habe.

Später wurde es ungemütlicher. Nachts waren immer wieder Trupps unterwegs – obwohl es verboten war –, um für sich Beute zu machen und Frauen zu suchen. Von der Kommandantur war empfohlen worden, bei ungebetenem Besuch mit Topfdeckeln zu klappern, dann würde die Militärpolizei ausrücken. Großvater hatte in der ersten Zeit nachts auf seinem Heuboden die Frauen aus der Nachbarschaft versteckt. Liselotte Witzel wurde von einem Offizier kurzerhand erschossen, als sie sich weigerte, mit ihm zu schlafen. Das gab es auch.

Eines Nachts drangen Russen in unser Schlafzimmer ein und leuchteten die Betten ab. In dieser Nacht schliefen auch Hanna und Christa Hofmann bei uns. Hanna schaffte es noch, sich auf die Toilette zu retten, wo sie, auf dem Klodeckel stehend, dem Ende dieses unwillkommenen Besuches entgegenzitterte.

Mutti bekam des öfteren in der Dunkelheit Besuch von einem Russen. Er ließ sich seine Wäsche von ihr waschen und bezahlte dafür mit Brot.

Im Bahnhof Michendorf stand ein Güterzug, von dem sich rumgesprochen hatte, dass man dort einiges ›organisieren‹ könne. Also, nichts wie hin! Über die Bahnböschung nach oben und hinter dem letzten Waggon auf den Bahnsteig gepeilt. Weiter vorne trieben sich einige betrunkene Russen herum, die sich mit Tennisschlägern amüsierten. Wenn man etwas haben wollte, musste man ihnen Schnaps mitbringen. Hatten wir nicht. In einem günstigen Augenblick sind wir in einen Waggon hinein, die Türen standen offen. Drinnen hatte es Eineinhalbzentnersäcke mit geschälten grünen Erbsen. Mit List und Tücke ließen wir einen solchen Sack die Bahnböschung hinabkullern und verstauten ihn dann in einem Luftschutzbunker. Dann heidewitzka nach Hause, den Leiterwagen geholt, den Sack Erbsen aufgeladen und ab zum Julienhof. Wir haben ewig lange Erbsen gegessen, aber als Abwechslung zu den Graupen mit Leberwurstgewürz waren sie ganz brauchbar …«

Jürgen B. (1939), Stralsund: »Die Tante Ilse, die stammte aus dem Ruhrgebiet, die hatte zwei Kinder, der Jürgen war so alt wie ich und den zweiten hab ich vergessen, wie der hieß. Das war eine, die voll hinter dem Führer stand, die war auch beim BDM was gewesen, aber die sah wirklich aus wie die … schlank, groß, blauäugig, drahtig, sehr sportlich. Die war also eine große Verehrerin des Führers, das war die einzige (*aus unserer Familie*), die wirklich Nazi war. Und das war die erste, die aber völlig umgeschwenkt hat: die hatte zwei Russen als Partner, der eine war der Gregorij, an den kann ich mich auch noch gut erinnern, das war so ein Pockennarbiger … und sie, eine schöne Frau und dieser pockennarbige, stumpige … das war kein schöner

Mensch. Meine Mutter hat dann hinterher erzählt, sie hat immer gesagt: ›Ich kann mir von meiner Führerliebe nichts mehr kaufen, ich muss meine zwei Jungs durchbringen.‹ Und der zweite, den sie dann hatte, nachdem der Gregorij weg war, das war der Anatolj, und der war Offizier, das war so ein hübscher Kerl! Und die beiden, das waren ganz liebe Leute. Wenn wir hingekommen sind, die haben uns eingeladen, die waren gastfreundlich und die waren ganz, ganz arg lieb und nett ... Natürlich, das Wort Vergewaltigung spielte schon eine Rolle. Die Tante Trudel, die wurde mal vergewaltigt. Aber dieses Ganze, die Vergewaltigung, hatte irgendwo was Heiteres, wenn sie davon erzählt haben, im Glauben, dass ein Kind nicht weiß, was das ist. Man hat mir bloß erzählt, ach, da wird einem weh getan. Weh getan, das hab ich gekannt. Meine Mutter hatte eine lockere Hand, die hat mich auch mit dem Teppichklopfer ab und zu vermöbelt. Dann hab ich gesagt: so was wird's wohl gewesen sein.«

Die kleinen Kinder konnten gar nicht begreifen, was da so Schlimmes geschah und was es mit den Vergewaltigungen auf sich hatte, zumal manche Frauen das ganze ziemlich locker zu nehmen schienen.[35] Es wurde ihnen auch nicht erklärt. Für viele kam das ganze Freund-Feind-Denken durcheinander. Also, alles gar nicht so schlimm? Die folgenden Zeugnisse sprechen eine andere Sprache:

Rudolf G. (1930), Jansdorf, Kreis Zwittau, Ostsudetenland: »Den Russen war man als Freiwild vollkommen ausgeliefert. Einmal erlebte ich die Vergewaltigung einer Nachbarin. Sie hatte ihr Gesicht etwas geschwärzt und lange Röcke angezogen, um älter auszusehen. Außerdem hatte sie mehrere Schlüpfer übereinander an, die der Russe dann mit einem Messer aufschnitt, weil es ihm nicht schnell genug ging ...

Als mir einmal ein stark betrunkener Russe seine Maschinenpistole zwischen die Schulterblätter drückte, spürte ich zwar, dass er mich nicht erschießen wollte, aber in seinem Zustand hätte er leicht mit dem Finger an den Abzug kommen können. Kurz danach, als mir unsere auswegslose Lage voll bewusst wurde, bekam ich einen Angstanfall, der so stark war, dass ich erbrechen musste.«

Hannelore R. (1938) hatte auf der Flucht von Breslau mit ihrer Mutter, der Großmutter und den Geschwistern auf dem Bauernhof von Bekannten im Sudetenland Station gemacht und erlebte dort den Einmarsch der Russen. Von Mai bis August rissen die Überfälle und Plünderungen nicht ab:

»Das schlimmste Erlebnis war, als eine Horde nachts den Hof stürmte. Wir Kinder schliefen mit Mama, Tante und Oma im vorderen Zimmer, links neben der Haustür. – Danach durften wir umziehen in ein hinteres Zimmer, das noch hinter dem Schlafzimmer der Hofleute lag. Mama und Tante hatten das Haus wie üblich durch das Fenster auf der Rückseite verlassen, wir Kinder, hofften sie, würden weiter schlafen. Oma blieb bei uns. Beim Erwachen sah ich, wie ein russischer Soldat sein Gewehr auf Oma gerichtet hielt. Auch mein älterer Bruder merkte es. Er mischte sich ein. Da zielte das Gewehr auf ihn. Die beiden ›Kleinen‹ schliefen. Oma sagte irgend etwas. Es dauerte so furchtbar lange. Auf einmal drehte sich der Russe um und verschwand. Oma bebte am ganzen Leib. Nachher sagte sie, sie hat die ganze Zeit gebetet.

Aber dann gab's noch eine furchtbare Nacht. Wie eingeübt lief alles am Schnürchen, wenn ein Russenwagen sich näherte: Ab durchs jenseitige Fenster. Als sich nach dem Abzug der Soldaten die Hausgemeinde versammelte, um wieder zur Ruhe zu kommen, fehlte Mama. Betroffenheit und Entsetzen. Alle liefen vors Haus; einige hinters Haus, die Strecke bis zum Versteck. Mama war nicht zu finden. Wir beiden ›Großen‹ (sieben- und achtjährig) frierend und zitternd mit dabei. In alle Richtungen riefen sie mit den Händen als Trichter vor dem Mund: ›Gretel, Gretel, wo bist du?‹ und das ›Mama, Mama!‹ mischte sich dazwischen. Und dann lauschten wieder alle hinaus in die Nacht. Gegen drei Uhr musste es gewesen sein. Als der Morgen dämmerte, antwortete ein dünnes Stimmchen aus einiger Entfernung: ›Ja, hier im Hopfenfeld.‹ Einige liefen so schnell sie konnten in die Richtung des Hopfenfeldes. Wir Kinder liefen ein Stück mit, wurden aber zurückgeschickt. Dann brachten sie Mama, rechts und links gestützt von der Tante und der Bäuerin. Sie schien sehr schwach zu sein. Natürlich wollten wir wissen, wie es ihr ergangen war, ob sie verletzt ist, ob sie geschlagen wurde. Aber Mama sagte nur, es war schrecklich, sie sei auf dem Wagen der Russen gewesen. Es waren viele Russen auf dem Wagen. Mehr erfuhren wir nicht. Wenigstens die nächsten Jahrzehnte nicht, und auch in ihrem Tagebuch hat sie nichts weiter erwähnt. Erst einige Jahre vor ihrem Tod hat sie mir noch einiges mehr berichtet. Aber da sie es allen anderen verschweigen wollte, will ich nicht darüber sprechen.«

Barbara K. (1934), Ratibor, Oberschlesien teilte mir in einem Telefongespräch am 18.02.2004 mit, dass ihre Tante vergewaltigt wurde und das Kind zur Welt brachte. Sie hat das erst kurz vor ihrem Tod zugegeben. Das Mädchen lebt noch, sie hat aber keinen Kontakt zu ihr. Ihre Großmutter, die 65 Jahre alt war, wurde auch vergewaltigt. Alles das habe sie erst vor ein paar Jahren erfahren. »Wir haben darüber nicht gesprochen. Es war eine Schande.«

Liselotte O. (1935), Berlin, schrieb mir in kurzen Stichworten ihren Lebenslauf:

»Ich hatte noch einen Bruder, Jahrgang 1929. Wir waren mit unseren Eltern eine glückliche Familie. Der Vater wurde gleich 1939 eingezogen. Es begann eine Zeit der Unsicherheit und dann der Angst ... Unzählige Tage und Nächte im Luftschutzkeller. 1943 nach einem Luftangriff verloren wir unser Zuhause. Evakuierung nach Grube Ilse bei Senftenberg. Mein Bruder mit seiner Schulklasse lebte nur noch in KLV-Lagern. Meine Mutter wurde zur Arbeit zwangsverpflichtet. Vom Vater keine Nachricht mehr. Dann wurde mein Bruder mit 15 Jahren noch eingezogen. Beim Einmarsch der Russen hat sich meine Mutter nach vielen Vergewaltigungen das Leben genommen. Mein Bruder kam bei letzten Kampfhandlungen um. Ich wurde von einer mir fremden Familie aufgenommen, bis mein Vater im Herbst 1945 aus dem Krieg kam. Wir wollten nach Berlin zurück. Aus Angst vor den Russen wanderten wir nachts.

Dort angekommen, fanden wir ein möbliertes Zimmer für uns. Später bekam mein Vater – von Beruf Bankkaufmann – Arbeit auf dem Bau. Wir hungerten entsetzlich. Ende 1946 heiratete mein Vater, und wir zogen nach Potsdam. Langsam kam so etwas wie Normalität in unser Leben, äußerlich! Doch es war für mich, als hätte meine Kindheit nie stattgefunden.«

Das Schreien der vergewaltigten Frauen haben Kinder heute noch im Ohr. Kinder mussten zusehen, wie Frauen und ihre Mütter misshandelt und vergewaltigt wurden. Selten konnten sie sie schützen – und dann nur, wenn die Russen nicht betrunken waren. Umgekehrt konnten gerade Kinder eine Gefahr sein, weil sie auf junge Mütter schließen ließen.

Manfred M. (1930), Niederschlesien: »Die sind dann überall in die Häuser, die Tage. Nachts haben sie die Frauen herausgeholt, weil die sich im Heu verkrochen haben. Da sind sie aber bald drauf gekommen. Haben die mit langen Stäben ins Heu gestochert, wo sie Frauen gefunden haben. Tagsüber sind dann auch viele auf das Feld raus zum arbeiten. An eine Begegnung kann ich mich noch sehr gut erinnern. Ich war damals auch draußen mit den Nachbarn. Da haben wir Heu gemacht. Meine Mutter war dabei, 'ne Nachbarin mit ihren zwei kleinen Kindern, dann noch 'ne Frau. Dann kamen drei Russen, die hat man schon gesehen, weil die Wiese war hoch am Hang. Da hat man sie schon kommen sehen. Da habe ich schon zu meiner Mutter gesagt: ›Verschwindet, versteckt euch. Die kommen da!‹ Und dann sind die auch hochgekommen. Da haben sie meine Mutter auch gepackt, ich habe dann gezittert, ich hatte die Peitsche in der Hand. Ich wusste nicht, was ich machen sollte. Meine Mutter hatte Glück, weil die eine Nachbarin ihre zwei kleinen Kinder dabeihatte. Das war ein kleiner Junge und das Mädchen. Die Mutter hat sich das kleine Mädchen genommen, und die hat geschrien: ›Mama, Mama!‹ Und der Junge hat sich an seine Mutter geklammert und auch ›Mama‹ geschrien. Da haben sie meine Mutter und die Nachbarin mit dem anderen Kind in Ruhe gelassen. Aber die dritte Frau haben sie ein Stückchen weitergeschleppt, und da haben sie sie vergewaltigt, alle drei (*mit leiser Stimme*) – an diese Begegnung kann ich mich auch noch gut erinnern.«

Am offensten und sich selbst nicht schonend hat Jobst Schöner (1935) aufgeschrieben, was er erleben musste.[36] Sie waren in Vimfow, Mecklenburg, geblieben:

»Als die Russen kamen, war meine Mutter 33 Jahre alt. Ich war zehn, mein Bruder Karl neun, meine Schwester Eke sieben, Jochen fast sechs und meine Schwester Heilwig zwei Jahre alt.[37] An eine Flucht war nicht zu denken. Jochen war an den Beinen gelähmt und hatte große Schmerzen, Heilwig war erst zwei Jahre alt und konnte noch keine größeren Strecken laufen. Die alte Frau wollte auch nicht weiter fliehen. Die drei anderen Frauen mit ihren Kindern waren zu erschöpft, um noch weiterzulaufen und ihre Kinderwagen mit ihrer Habe zu schieben … Die Russen hatten in Mestlin Quartier bezogen. Am späten Nachmittag kamen sie nach Vimfow, weil sie wussten, dass dort eine Frau zu finden sein musste. Im Gutshaus liefen sie herum. Mutter war verschwunden. Ich suchte meine Mutter. Ich lief den Gang entlang. Am Ende des Ganges standen vier oder fünf besoffene Russen, während einer seinen Schwanz präsentierte und eindeutige Bewegungen machte, lachten die anderen. Rechts war unsere Küchentür. Sie war geschlossen. In der Küche war Mutter nicht. Links, ein Stück zurück, befand sich Pralows Wohnzimmer. Die Tür stand offen. Ich quetschte mich an den lachenden Russen vorbei in das Zimmer. Dort standen weitere Russen und lachten. Von dort sah ich durch die offene Tür in der hinter dem Zimmer liegenden Küche meine Mutter nackt mit gespreizten Beinen auf einer dreiteiligen alten Kapokmatratze mit den Füßen zur Tür liegen. Über ihr lag ein nur mit einem Hemd bekleideter Russe, dessen Arsch heftig auf und ab wippte. Als ich zu meiner Mutter wollte, hoben mich die Russen in Pralows Wohnzimmer an den ausgestreckten Armen hoch und ließen mich zappeln. So musste ich zusehen, wie der Russe, der gerade meine Mutter vergewaltigte, den Büstenhalter, das einzige Kleidungsstück meiner Mutter, in die Höhe schob und den rechten Busen meiner Mutter ergriff. Meine Mutter schrie laut. Als er mit meiner Mutter fertig war, erhob er sich, wischte sich seinen Schwanz mit den auf dem Boden herumliegenden Kleidern meiner Mutter ab, zog seine Hose an, um meine Mutter dem Nächsten zu überlassen. Meine Mutter lag nackt mit gespreizten Beinen und verschränkten Armen vor dem Gesicht da. Während der Russe sich die Hosen zurecht zog, erwischte ich den Finger eines der Russen, die mich festhielten, und biss zu. Die Russen warfen mich aus dem Wohnzimmer auf den Flur hinaus, wo ich recht unsanft gegen eine Wand prallte. Alle Russen lachten schallend. Sie waren stockbesoffen.

Ich lief zu meinen Geschwistern ins Wohnzimmer. Auf die Frage, ob ich wüsste, wo Mutter sei, sagte ich: ›Weiß nicht.‹ Von da an kamen die Russen jeden Abend. Wo Kinder waren, musste auch Matka sein. Es waren immer an die zehn Russen, die Matka suchten, um sie zu vergewaltigen. Meine Geschwister wussten auch, was sich abspielte, wenn sie Mutter erwischten. Mutter bekam ein versteinertes Gesicht und redete kaum noch mit uns.«

Es kam dann noch schlimmer. Die Mutter konnte Russisch und wurde deshalb der Spionage verdächtigt und eingesperrt. Die Kinder suchten sie drei Tage lang vergeblich.

»Am nächsten Morgen, dem vierten Morgen, suchten wir erneut. Was hätten wir denn auch machen sollen? Wir brauchten nicht weit zu gehen. Mutter saß am Ortseingang von Vimfow auf einem Stein und starrte geradeaus. Sie antwortete nicht. – Als ich sie am Arm anfasste, fing sie grauenhaft an zu schreien und fiel von dem Stein. Sie schrie noch weiter, als sie auf dem Boden lag, und schlug mit den Armen um sich … Später erfuhr ich, dass meine Mutter mindestens zweimal von zwanzig Russen vergewaltigt worden war. Man hatte sie mehrmals zusammengeschlagen, sie nackt in einen Verschlag gesteckt, in dem sie sich weder ausstrecken noch aufrichten konnte, und sie mit kaltem Wasser übergossen, ihr die Augen zugebunden und Scheinhinrichtungen an ihr vorgenommen, so lange, bis sie den Verstand verlor. Sie war zwei Tage und zwei Nächte ohne Unterbrechung verhört worden. Danach setzte man sie auf die Straße, wo sie einen Tag und eine Nacht orientierungslos herumirrte, bis wir sie fanden. In den folgenden Tagen schwoll meiner Mutter ein Auge ganz zu. Am ganzen Körper zeigten sich Blutergüsse. Die Blutungen aus dem Unterleib wollten nicht aufhören. Es dauerte über eine Woche, bis meine Mutter wieder anfing zu sprechen. Von da an weinte sie häufig, während sie jedes Mal meine jüngste Schwester wie eine Puppe an sich drückte.«

Mit Hilfe wohlgesonnener Polen gelang ihnen schließlich die Flucht. Auch Kinder wurden vergewaltigt und Babys getötet. Ganz sachlich berichtet davon Hannelore Z. (1932) aus Königsberg. Sie erlebte das Kriegsende in Berlin Mitte:

»Wir wohnten nicht weit weg vom Alexanderplatz und haben dort dann den Einmarsch der Russen erlebt, und zwar in dem Bunker, nein Lüftungskeller, der Feuerwehr. Wir hörten ständig erst das Kanonengedröhne, hörten dann die Panzer mit diesen Kappen, die diesen Daumen drauf haben da oben. Wir hatten immer gehofft, es ist nur ein Gewitter. Und als die Russen kamen, haben sie sich sofort auf uns alle gestürzt. Ich war dreizehn Jahre, ich wurde vergewaltigt und viele, viele andere Frauen auch, und wir hörten das Geschrei. Und im Haus unserer Bekannten, in dem wir gewohnt haben, da hat man SA-Uniformen gefunden, und die Frauen wurden aus dem Keller geholt und ein Baby aus dem Kinderwagen genommen und mit dem Kopf gegen die Wand geschlagen, bis das Kind tot war.«

Im Folgenden werden wir von weiteren schrecklichen Übergriffen auf Kinder hören, die auf der Flucht waren. Vorweggenommen sei der Bericht eines Kindes aus Gumbinnen, Ostpreußen, das auf der Flucht mit der Mutter von Russen überrollt wurde:

Irmgard S. (1931): »Mutti wurde weggeholt. Ich war völlig unaufgeklärt, 13 Jahre alt, sehr dünn, wie die Kriegskinder alle, wurde furchtbar vergewaltigt und zerrissen bis hin zu oralem Sex. Bin beinahe erstickt, wusste nicht, was mit mir geschah. Frauen haben mich gerettet, mir die Zöpfe abgeschnitten. Fortan war ich ein Junge … Einmal waren wir zum Erschießen aufgestellt worden. Ich stand wohl in der Mitte der Reihe und fragte: ›Mutti, tut es sehr weh?‹, sie tröstete mich und sagte: ›Du merkst es nicht.‹ In letzter Minute rettete uns ein sowjetischer Offizier.«

Die Angst um die Mütter, die nicht nur vergewaltigt, sondern auch getötet oder verschleppt werden konnten, um die noch vorhandenen Väter, um Angehörige, zu denen die Verbindung abgerissen war, bedrückte die Kinder zusätzlich:

Stefanie A. (1933) in Dirschau, Westpreußen: »Ich war elf Jahre alt. Die Entbehrungen durch den Krieg hatten Spuren an mir hinterlassen, dadurch war ich klein und zerbrechlich. Die Erfahrung, von den Eltern keinen Schutz erhalten zu können, im Gegenteil noch zusätzlich Angst *um* die Eltern haben zu müssen, bedeutete noch mehr Leid und Todesangst. Zum Beispiel musste ich im Keller zusehen, wie die russischen Besatzer von meiner Mutter verlangten, dass sie sich vor ihnen zum Erschießen hinkniete und sie mit dem Maschinengewehr auf meine Mutter zielten. Und dann wurde der Befehl zurückgenommen … Ich musste auch zusehen, wie Frauen blutend aus dem Keller getragen werden. ›Sie sind vergewaltigt worden‹, erhielt ich als Antwort auf meine Fragen. Meine Schwester, die älter war als ich, mussten wir oft verstecken oder ihr Gesicht mit Schwärze verunstalten. Was Vergewaltigung war, wusste ich natürlich nicht, dieses Wort hatte ich noch nie gehört.

Mein Vater wurde von den Besatzern verschleppt. Das Bangen um sein Leben und die Unsicherheit und das Nichtwissen um seinen Aufenthaltsort waren für meine Mutter und uns Kinder sehr schlimm.

Wenn Frauen unterwegs waren mit einem Kind, klein und schmächtig wie ich es damals war, an der Hand, blieben sie vor Belästigungen und Vergewaltigungen durch die Besatzer verschont. Ich wurde also oft ›ausgeliehen‹. Meinen Vater suchte ich mit einem Nachbarsmädchen in dunklen Verliesen und Kellern. Zu unserem großen Glück wurde er nach Wochen wieder freigelassen.«

Der Vater von Brigitte H. (1935) aus Oberschlesien war Eisenbahner und deshalb nicht im Krieg. Die Eltern hatten sich entschlossen, nicht zu fliehen, und erlebten zu Hause den Einmarsch der Russen. Zunächst ist nichts passiert.

»Dann kam in den nächsten Tagen ein Aufruf, dass alle Männer sich stellen müssen, die noch da sind. Deutschen Gehorsam gewöhnt, haben die Männer sich also wirklich dort gestellt und wurden dann abtransportiert. Und die wenigen Frauen und Kinder blieben zurück … Es kam ein nächster Aufruf. Die Frauen müssen Schützengräben ausheben für die Russen … Also mein Vater war dann interniert (*er wurde abtransportiert zur Zwangsarbeit in den Kaukasus*), und dann haben sie mir die Mutter weggeholt. Im Winter also bin ich als neunjähriges Kind in der Wohnung allein zurückgeblieben, in einem Achtfamilienhaus allein, die anderen waren alle geflohen. Ich weiß gar nicht, ob ich Feuer machen konnte … Wie ich da allein diese Wochen gelebt habe, das weiß ich nicht, das habe ich verdrängt.«

Die Russen waren dann aber sehr freundlich zu dem Kind und haben sie aus der Gulaschkanone verpflegt. »Was niemand erwartet hatte, nach ein paar Wochen kam dann doch meine Mutter wieder zurück. Ich hatte ja schon nicht mehr gerechnet, meine Eltern wieder zu sehen. Aber ich habe so abgetrennt von mir gelebt, dass ich also gar nicht, keine Details weiß, wie ich das alles durchgestanden habe.« Erst 1953 war die Familie im Westen wieder vereint.

Jürgen T. (1935) erlebte den Einmarsch der Roten Armee in Rollnau, Kreis Morungen (Ostpreußen). Die Eltern besaßen ein Kolonialwarengeschäft. Der Vater war im letzten Augenblick krankheitshalber aus dem Kessel von Stalingrad abtransportiert und ausgemustert worden; deshalb war er zu Hause. Zunächst geschah ihnen vom russischen Vorauskommando nichts, dann beschlagnahmten Offiziere ihr Haus, und sie quartierten sich in einem sogenannten »Abgebauten«, also einer Art Ausgedinghaus im Wald, ein.

»Dann, am 28. Januar kamen die ersten Russen dort an, und da haben sie meinen Vater gleich mitgenommen. Er hatte sich allerdings im Wald versteckt … die hatten einen Spürhund dabei. Er kannte sich sehr gut aus, so dass sie ihn nicht gefunden hätten trotz der Spur im Schnee, aber die Hunde haben ihn erwischt. Er ist nicht mehr zu uns ins Haus zurück gekommen, er konnte nichts mitnehmen … Mein Vater ist dann nach Russland verschleppt worden, und die haben da noch andere Leute aus den Nachbardörfern mitgenommen … Etwa drei Wochen später, da ist meine Mutter verschleppt worden. Es kamen selten Russen zu uns. Und die haben auch in meinem Beisein meine Mutter vergewaltigt. Ein paar Mal musste sie mit. Da kamen dann so ein paar Soldaten und haben sie mitgenommen, und da hieß es immer, für die Offiziere. Sie ist dann immer wieder gekommen, und die haben sie auch wieder gebracht. (*Tiefes Atmen*) Ich war mit meiner Schwester, die war immer dabei, die war damals vierzehn und ich bin im Mai neun Jahre alt geworden. So war das … Meine Mutter hat das schon geahnt, da sind viele Gerüchte gegangen, und sie hatte einen Koffer gepackt, ihre Sachen und meine Sachen da drinnen, das Notwendigste. Meine Schwester hatte einen eigenen Koffer. Dann kam es eben so, dass sie alleine verschleppt wurde, Kinder wollten sie nicht haben. Sie ist dann nach Russland verschleppt worden mit vielen anderen aus dem Dorf, ich weiß nicht, wie viel, aber es muss ein ganzer Zug zusammengestellt worden sein. Die sind dann nach Schalapinsk im Ural, ist sie dort in ein Lager gekommen. Wir haben dann später in Potsdam eine Frau kennen gelernt, die auch im gleichen Lager war wie meine Mutter. Die ist dann im Herbst 1945 sehr krank geworden, und wahrscheinlich ist sie dann an der Ruhr gestorben. Aber ob sie wirklich gestorben ist, wusste die Frau nicht. Sie konnte nur sagen, sie ist in die sogenannte Todesbaracke gekommen, da kamen die Schwerkranken hin. Die haben da schwer arbeiten müssen, Bäume fällen und schleppen müssen und so was alles. Mein Vater, das hat sich dann erst später herausgestellt, ist gar nicht weit davon entfernt gewesen, vielleicht so 50 Kilometer weg war sein Lager.«

Der Vater verdankte sein Überleben einer jüdischen Ärztin, die ihn nach Hause geschickt hatte, weil er unfähig war zu arbeiten.

Gertrud P. (1932) aus Warschkeiten bei Preußisch Eylau, Ostpreußen, hatte acht Geschwister, zwei Brüder waren an der Front. Die älteste Schwester war schon auswärts verheiratet und hatte selbst fünf Kinder. Der Vater war Gutsarbeiter und schon zu alt für den Krieg:

»Wir waren zu Hause geblieben. Also mein Vater war der Meinung, wir müssten zu Hause bleiben. Er kannte den Russen vom Ersten Weltkrieg, und der Russe wäre ein ganz guter Mensch. Mein Bruder Kurt mit 25, der war schon zu Hause als Kriegsinvalide (*er war bei Stalingrad schwer verwundet worden*), der sagte: ›Vater, ich war schon bis Moskau. Der Russe ist nicht mehr das, wie du ihn vom Ersten Weltkrieg kennst.‹ Nun ja, und dann wollte mein Bruder und mein anderer Bruder Herbert mit 15, die wollten dann mit den (*deutschen*) Soldaten mit, und das hat der Papa nicht erlaubt, der hat gesagt: ›Wir bleiben zusammen.‹ Im Dorf waren vielleicht bloß noch drei Familien. Die anderen waren halt alle mit den Soldaten mitgegangen. Und dann kamen die Russen rein. Zuerst, wo sie kamen, waren sie noch friedlich. Aber wo sie dann anfingen mit Trinken … dann ging's los. Das erste war, sie haben die Mutter vergewaltigt … Da hat der Russe die Mutter mitgenommen, ist mit ihr auf den Boden gegangen … Und ich geh hinterher auf den Boden und mach die Tür auf und sag: ›Mama, komm da runter.‹ Ach (*sie seufzt*), da liegt die Mutter splitternackt im Bett, und der Russe schießt über mich drüber weg, und ich natürlich runter. Ich wusste aber nicht, was passiert ist. Und dann bin ich zu meinem Vater gegangen und sagte: ›Papa, komm ganz schnell, ich glaub, der Russe bringt die Mama um. Die liegt nackich im Bett.‹ Und da habe ich gemerkt, dass Tränen kommen. Und der ist auch nicht hochgegangen.

Und dann wurde das halt immer schlimmer. Je mehr die getrunken haben, umso schlimmer wurden die dann. Und ich hatte eine behinderte Schwester, die war 17, die Liesbeth. Die war auf einem Auge blind und hatte so 'ne Gehbehinderung. Aber geistig war die da. Dann haben sie die genommen, wo sie richtig betrunken waren, dann alle. Und dann haben sie die auf den Fußboden gelegt, ihr 'ne Pudelmütze auf den Kopf, dann waren 16 Mann über sie drüber weg. Da wollte mein Vater dazwischen gehen. Und dann haben sie ihn an die Wand gestellt, mit dem Gewehr, gell, und da haben wir gedacht, jetzt erschießen sie Papa. Und das ging dann die ganze Nacht hindurch. Und die betrunkenen Russen fingen im Vollrausch an, unsere Couch anzuzünden. Da sind wir vor Angst zu den Nachbarn gegangen und haben gedacht, dort ist es besser. Da war genau dasselbe. Und da kam noch eine andere Familie, da war die Mutter gestorben, der Vater im Krieg, die waren 4 Kinder. Und die haben sich oft bei uns angeschlossen. Da war das ganze Zimmer voller Leute, und da wussten die Russen, da sind Frauen und auch junge Mädchen. Also, meine Schwester konnte nicht mehr stehen. Die lag da wie tot, die konnte nicht mehr aufstehen. Weil sie ja auch behindert war. Und dann war aber noch ein junges Mädchen da, die Walli, die war 17, die haben sie nur … und dann kamen sie zurück, paar Minuten später holten sie sie wieder. Und dann haben wir sie versteckt gehabt. Aber die Russen wussten das dann … und dann wollten sie uns Kinder nehmen. Da ist die Mutter dazwischen gegangen. Das ging dann bis morgens früh. Dann waren wir natürlich total durcheinander, wir Kinder. Und dann haben wir mitgekriegt, dass der Vater und der Nachbar, die hatten auch so viel Kinder, dass die gesagt haben: ›Wir müssen irgendwas machen. Das Beste ist, wir gehen auf den See, schlagen ein Loch rein und schmeißen erst die Kinder rein, und dann wir hinterher.‹ Und das hatten wir gehört und haben uns an Papa geklammert: ›Papa, das kannst du doch nicht machen!‹ Sie flüchteten dann in den Wald bei eisiger Kälte. Und unterwegs ist schon vom Nachbar das eine Kind im Kinderwagen erfroren. Die Nacht im Freien, nur durch Tannenzweige geschützt, hätten wir alle fast nicht überlebt. Am nächsten Tag fand mein Vater eine Erdhöhle, von der er einmal gehört hatte. Da hat ein Apotheker aus Preußisch-Eylau sich in so einem großen Fuchsloch ein Zimmer gemacht. Die hatten sich schon vorher, die ganze Apothekerfamilie, das Leben genommen. Da waren schon viele andere Leute, da gab es nur Platz zum Stehen. Am nächsten Morgen entdeckten uns die Russen. Wir mussten uns alle im Wald mit anderen Flüchtlingen sammeln. Kurz darauf kam ein Russe in Zivil auf einem Pferd und sagte auf Deutsch, dass alle erwachsenen Männer mitkommen müssen. Das war mein Vater, mein Bruder Kurt und drei andere Männer. Man hört Schüsse.«

4. Familie P. Hintere Reihe: Otto, Mutter mit Helmut, Vater, Kurt, Willy; vordere Reihe: Lisbeth, Gertrud, Hilde, Herbert. Der Vater und die Brüder Kurt und Herbert wurden 1945 von den Russen erschossen. Das einzige erhaltene Familienfoto

Sie flüchteten von einem Dorf ins andere, überall spielte sich ähnliches ab. Sie konnten dann in einem Aussiedlerhaus den Rest des Winters verbringen. Aber auch da stöberten sie die Russen auf. Wenn die Frauen sich versteckten, drohten sie, die kleinen Mädchen zu vergewaltigen, und so haben sich die Mütter immer wieder für ihre Kinder geopfert.

»Aber da wussten wir noch nicht, wo mein Vater war, ob sie ihn wirklich erschossen hatten, das wussten wir noch nicht.« Sie wurden dann von einem Dorf ins andere getrieben. »Und dann kamen die Russen noch einmal, und haben alles, was männlich war … ich weiß nicht, was sie da gemacht haben, wir wissen es bis heute noch nicht … In dem ganzen Durcheinander kam auf einmal ein Russe auf meinen Bruder Herbert zu und fragte ihn, ob er in der Hitlerjugend gewesen wäre. Herbert sagte ›Ja.‹ Da zog er seine Pistole und schoss zweimal auf ihn. Das war am 8. Juni 1945. Der Herbert war erst 15 Jahre alt. Die erste Kugel traf ihn in den Kopf und die zweite ins Herz. Er brach schreiend neben mir zusammen und starb vor meinen Augen. Und auch Männer, die älteren Männer, die noch nicht erschossen worden waren. Da lag ein alter Opa im Bett, den haben sie halt mit dem Bajonett durchstochen, weil er nicht mehr konnte … Und uns haben sie eine ganze Woche mitgeschleppt, die Russen … Meine Mutter wusste das aber nicht, die war zu Hause, und uns hatten sie unterwegs mitgenommen.« Sie kommen dann nach einiger Zeit wieder zur Mutter zurück. Sie erfuhren, dass der erschossene Herbert im Nachbardorf auf den Misthaufen geworfen worden war. »Meine Mutter hat gesagt: ›Wir müssen den Jungen doch beerdigen.‹ Dann sind wir dort hingefahren in das Dorf, wo das passiert war, und das war grausam. Da waren die ganzen Maden schon im Kopf. Und dann haben sie ihn halt nach Haus. Männer waren keine da, bloß noch Jungens, da hatten wir dann die ganze Nacht, wie man das im Dorf so macht, Totenwache gehalten, und der ganze Kopf hat sich bewegt, voller Maden. Dann haben wir ihn doch in ein kleines Holzgestellchen reingelegt und ein kleines Holzkreuz gemacht und haben ihn beerdigt … Im Juli sind bei uns die Blaubeeren reif. Und da ist eine Familie auch nach Blaubeeren gegangen und hat dort fünf Leichen gefunden. Und das haben sie meiner Mutter beschrieben. Und dann hat sie gesagt: ›Fünf Männer haben sie damals mitgenommen, und das werden sie bestimmt sein. Sie wollte es aber ganz sicher wissen. Mein Bruder Kurt hatte so Lederstiefel angehabt, und die haben die Russen gleich weggenommen. Und da hat er solche Holzpantoffeln angehabt. Das hat sie dann auch gleich erkannt, und das waren sie auch gewesen.«

Die Geschichte von Gertrud P. und ihren Geschwistern geht noch weiter. Wir werden ihr wieder begegnen[38] und dann auch fragen müssen, wie sie damit fertig geworden ist. Am Schluss des Gesprächs sagte sie: »Deshalb kann ich das nicht verstehen, dass die Jungen das nicht hören wollen. Keiner will das hören. Da heißt es, wenn ich was sage: ›Ach ja, das könnten auch Märchen sein‹. Das kommt so, wenn es noch ein paar Jahre geht, da glaubt uns niemand mehr, dass das wahr ist.«

»Der Krieg ist aus!« Das galt am 8. Mai 1945 nicht für die Kinder, die unter den Besatzern litten, unter Fremdherrschaft leben mussten und schließlich vertrieben wurden. Es galt nicht für die, die sich irgendwo auf der Flucht befanden. Auch für die anderen markierte nicht der 8. Mai, der Tag der Kapitulation, das Ende des Krieges, sondern das Datum der Besetzung, das um Monate seit dem Herbst 1944 differieren konnte. Nur die etwas größeren, vor 1935/36 geborenen Kinder, konnten sich noch an die Vorkriegszeit erinnern; die jüngeren kannten »Frieden« nur aus den Erzählungen der Erwachsenen. Sie wussten, zumindest theoretisch, dass es im Frieden wieder Spielzeug geben würde und Dinge zum Essen, die sie nie geschmeckt hatten. Sie lernten dann bald, dass sich die Nachkriegszeit zunächst kaum von der Kriegszeit unterschied, dass es so bald weder genug zu essen noch zu heizen gab und dass man keineswegs kaufen konnte, was man sich wünschte oder brauchte. Bald wurden sie mit eingespannt in den Kampf ums materielle Überleben. Und sie spielten weiter, in den Trümmern, mit gefundenen Waffen und erbeuteter

Munition.[39] Was aber alle Kinder als ungeheure Erleichterung empfanden, war, dass es keine Fliegeralarme und Bombenangriffe mehr gab. Die Gefühle der Erwachsenen, die durchaus nicht eindeutig waren, konnten sie nur zum Teil nachvollziehen:

Inge B. (1934): »Als wir wieder ausgezogen, nur mit Nachthemd, ins Bett durften, fühlte ich mich ganz einfach glücklich, unheimlich glücklich, wie ganz selten im Leben. Für uns war der Krieg vorbei, wenn auch nicht zu Ende.«

Gertrud R. (1928). »Das Wichtigste war: Es ist endlich vorbei und ich lebe noch!«

Paul K. (1933), Mannheim: »Bei Tagesanbruch machte sich Vati allein auf den Weg, das Gaistal hinunter zur Kaiserslauterer Straße, um, wie er sagte, zu versuchen, etwas Essbares aufzutreiben. Nach wenigen Minuten kam er wieder zurück: ›Die Straße ist voll mit amerikanischen Panzern.‹ Ich dachte: ›Heute ist Mittwoch, der 21. März 1945, Frühlingsanfang. Der Krieg ist aus. Es fallen keine Bomben mehr. Du brauchst keine Angst mehr zu haben.‹ Beim Abendessen, irgend etwas hatten wir doch noch, kündigte Mutti mit feuchten Augen an: ›Vati hat euch etwas zu sagen.‹ Es waren nur zwei, drei Sätze darüber, dass wir trotz verlorenen Krieges nicht vergessen sollten, dass wir Deutsche seien … Irgendwann, Wochen später, weckte mich meine Mutter morgens mit den Worten: ›Wir haben den Krieg verloren.‹ Und sie erst jetzt ihren Glauben an die Wunderwaffe und den Endsieg. Ich erwiderte nur: ›Ach, lass mich doch weiterschlafen.‹ Drehte mich herum und tat's dann auch.

Roland E. (1932): »Meine Mutter sagte nach dem misslungenen Attentat vom 20. Juli 1944: ›Warum hat das Schwein schon wieder überlebt?‹ Ich habe sie nicht angezeigt, aber ich war betroffen und fühlte mich schlecht. Der Führer war schließlich mein Idol. Ich konnte meine Mutter nicht verstehen. Andererseits (ein ambivalentes Verhalten) weinte meine Mutter bei der Kapitulation herzerweichend. Ich sagte ihr damals, und ich erinnere mich genau daran: ›Mutter, jetzt ist doch alles vorbei, und wir müssen nicht mehr in den Keller.‹ Meine Mutter sagte nur: ›Ich weine wegen meines Bruders, der jetzt in Gefangenschaft geht.‹ Ich begriff.«

Viele bangten um ihre Väter und Verwandten, von denen sie nicht wussten, ob sie noch lebten. Die Familien waren auseinandergerissen; viele wussten nichts voneinander oder konnten nicht zusammenkommen.

Von den Größeren konnte die Niederlage nicht einfach »weggesteckt« werden.[40] Einen so scharfen Schnitt, wie ihn Edelgard B. in ihrem Tagebuch schon am 29. April 1945 vollzog, konnten die wenigsten machen. Wie die eben noch begeisterten Jungmädel und Pimpfe mit dem Zusammenbruch aller ihrer Ideale, mit der »Umwertung aller Werte« (so drückte sich einer aus) fertig wurden, muss in einem späteren Kapitel behandelt werden.[41] Dass sie als Besiegte nichts Gutes von den Siegern zu erwarten haben würden, glaubten nicht nur diejenigen, die besonders schwer bei der Besetzung gelitten hatten, sondern die meisten. Das »Vae Victis«, das die Lateinschülerin Maria B. gleich zweimal in ihr Tagebuch schrieb, entsprach dem Lebensgefühl der Heranwachsenden. Sie teilten es mit den meisten Erwachsenen. Nur für die von den Nationalsozialisten Verfolgten zählte die Befreiung von der Verfolgung mehr als die Niederlage Deutschlands.[42]

Die Mehrzahl der deutschen Kinder und Jugendlichen gehörte nicht nur zu einer besiegten Nation, sondern bekam sehr schnell zu spüren, dass dieses ihr geliebtes Deutschland, ihre Eltern, Verwandten und sie selbst für Verbrechen verantwortlich gemacht wurden, von denen sie keine Vorstellung, allenfalls vage, verstörende Eindrücke hatten. Selbst Edelgard B. beklagt nur die deutschen Opfer und macht den größenwahnsinnigen Hitler allein dafür verantwortlich. Das ungeheure Ausmaß der Verbrechen und die Teilhabe vieler Deutscher an ihnen ahnt sie nicht. Aber schon bald erlebten die Kinder die ersten Anzeichen dafür:

Hildegard W. (1934): »Kurz nach ihrer Ankunft hängte die amerikanische Besatzung an mehreren Stellen im Dorf (*Wildberg im Allgäu*) Plakate auf, die die Bevölkerung über die KZ in der Nazizeit informieren sollten. Reaktionen von Seiten der Wildberger habe ich nie mitbekommen, wohl aber von einigen ostpreußischen Flüchtlingen, die behaupteten, das mit dem KZ sei eine Lüge; und die gezeigten Bilder stammten aus Katyn.«

Rita W. (1929): »Als erstes und unvergesslich sahen und hörten wir Panzer mit der amerikanischen Fahne durch die Straße fahren. Das Geräusch der Panzerketten ist in manchen Lebenssituationen immer wieder präsent. Auf diesen Panzern saßen junge Soldaten, die immer kauten, und auch junge Frauen. Gleichzeitig sah man, wie vom Berg gegenüber Tausende von Menschen herunterkamen, auf Weimar zu, in blauweiß gestreiften Anzügen! Für uns Kinder, die nichts von Buchenwald wussten, ein unheimliches – unfassliches Bild. Ich erinnere mich an die eigenartige Stimmung: es war Mai, es war Frühsommer, es blühte schon überall, aber es kam keine Freude auf. Die Menschen krochen (ein schreckliches Wort) aus ihren Wohnungen und Häusern heraus! Keiner traute sich so recht – man traute, im wahrsten Sinne des Wortes, dem Frieden nicht so recht … Mein Vater wurde etwa eine Woche nach Kriegsende abgeholt, wie viele andere Männer auch. Sie wurden nach Buchenwald gebracht und mussten sich dort das unfassliche Gräuel anschauen. Sie wurden zu Arbeiten gezwungen, z. B. Leichengruben ausheben.«

Nahestehende und Bekannte wurden plötzlich von den Amerikanern interniert und in Lager verbracht, »Nazis« wurden gejagt, obwohl niemand einer sein wollte, wie Theodor Wild in seinem Tagebuch vermerkt und verwundert feststellt, dass die Leute plötzlich flüstern, wenn sie von Hitler sprechen, während sie vorher laut »Heil Hitler« gerufen und die Hand dabei gehoben haben. Die Kinder selbst hatten keine Schuld, aber sie konnten sich auch nicht einfach von der Rolle der Eltern distanzieren. Was haben sie beobachtet, wie erlebten sie das Verhalten der Eltern zum nationalsozialistischen Regime vor und nach der totalen Niederlage? Wie wurde in den Familien über diese Zeit gesprochen? Gab es eine ernsthafte Auseinandersetzung, an der die Kinder beteiligt wurden? Alle diese Fragen haben sich nicht mit dem Kriegsende erledigt; sie werden uns weiter beschäftigen. Der Krieg war aus, aber er war noch lange nicht zu Ende.

Kapitel 9

Auf der Flucht

Wie viele Menschen freiwillig oder gezwungen aus den von der Roten Armee bedrohten Gebieten und vor der sowjetischen Besetzung flohen[1], wird sich nicht genau ermitteln lassen. Schätzungen sprechen von der Hälfte der dort lebenden Menschen. Sicher ist, dass es in der Mehrzahl Frauen und Kinder waren, denn alle Männer von 16 bis 65 Jahren waren entweder Soldaten oder wurden zum Volkssturm einberufen. Die Fluchtströme setzten sich nicht nur aus der ansässigen Bevölkerung zusammen, sondern umfassten auch die Evakuierten aus dem übrigen Reich.[2] Sie ergossen sich auf abenteuerlichen Wegen und wahren Odysseen in die verschiedensten Gebiete Deutschlands, der Tschechoslowakei und Österreichs. Ein großer Teil wurde von den sowjetischen Besatzern hin- und her- und wieder in die Heimat getrieben oder kehrte aus eigenem Antrieb dorthin zurück. Viele der heimatlos umherirrenden Menschen wussten am 8. Mai 1945 gar nicht, dass der Krieg zu Ende war, viele wussten nichts von ihren Angehörigen, denn die Nachrichtenwege waren unterbrochen. Was aber alle diese Flüchtlinge teilten, war die Hoffnung auf baldige Rückkehr nach Hause. Dass sie aus Flüchtlingen zu endgültig Vertriebenen werden würden, wollte und konnte sich kaum jemand vorstellen. Schließlich wurden alle diese Fremden von den Einheimischen in den Aufnahmegebieten unterschiedslos als »Flüchtlinge« klassifiziert. Dabei waren ihre Schicksale sehr unterschiedlich, auch und gerade die Schicksale der Kinder. Wir teilen deshalb den großen Themenkomplex »Flucht und Vertreibung« in vier Abschnitte auf: Im ersten betrachten wir die Flucht vor den heranrückenden »Russen« bis zur Ankunft an einem Ort, wo man eine wenigstens zeitweilige Heimstatt fand. Der nächste Abschnitt befasst sich mit denen, die nicht geflohen oder wieder zurückgekehrt waren und nun unter der Herrschaft von Russen, Polen und Tschechen leben mussten, teils in Internierungslagern. Auch die Flüchtlinge, die es nach Dänemark verschlagen hatte, wurden hinter Stacheldraht in Lagern eingesperrt. Schließlich wurden sie ausgewiesen. Der dritte Abschnitt fragt nach den Kindern, die auf der Flucht und durch andere Kriegseinwirkungen ihre Eltern und nahe Familienmitglieder verloren und als

Waisen weiterleben mussten oder die selbst verlorengegangen oder verschleppt worden waren. Im vierten Abschnitt schließlich erzählen die damaligen Kinder, wie es war, irgendwo »anzukommen«, wie sie als Flüchtlingskinder lebten und was Heimat für sie damals und heute bedeutet.

Es gibt sehr viele persönliche Flucht- und Vertreibungsberichte.[3] Aber gibt es auch authentische Aufzeichnungen von Kindern aus dieser turbulenten und gerade für Kinder außerordentlich belastenden Zeit? Erstaunlicherweise gibt es sie. Kinder haben, noch unter dem unmittelbaren Eindruck des Erlebten, an einem mindestens vorläufigen Zielort, alles aufgeschrieben. Wir stellen an den Anfang dieses Kapitels zwei Tagebuchauszüge und einen Brief. Der Brief ist von einer jungen Mutter geschrieben, aber er handelt von ihrem Kind und von vielen anderen Kindern.

Siegfried S. (1930) hat die Aufzeichnungen über seine Flucht mit Mutter und Schwester aus Breslau noch auf der Flucht verfasst.

»Als ich zum Weihnachtsfest auf Urlaub von Hirschberg nach Breslau fuhr[4], ahnte ich nicht, wie dieser Urlaub enden sollte. Das Weihnachts- und Neujahrsfest verlebte ich noch glücklich im Kreise meiner Angehörigen. Im Januar begann plötzlich die große Gefahr der Sowjet-Offensive. Schon nach wenigen Tagen war der Feind in der Nähe der Stadt. Am 19. des Monats Januar wurde am Vormittag der Räumungsbefehl für die rechte Oderseite bekannt gegeben. Am Nachmittag ging ich mit meiner Schwester Ursel nach dem Königsplatz. Dabei kamen wir an einer Lautsprechersäule vorbei, die gerade eine Meldung durchgab. Wir dachten, es wäre das Übliche[5], aber wir hörten mit Schrecken, dass der Räumungsbefehl sich nunmehr auf die gesamte Gauhauptstadt erstreckt hatte.

In kurzer Zeit änderte sich das Bild der Stadt. Die Leute, die solches geahnt hatten, waren doch entsetzt. Alles packte in fieberhafter Eile. Viele dachten, der Feind könnte im nächsten Augenblick schon erscheinen. Auch wir rannten nach Haus und

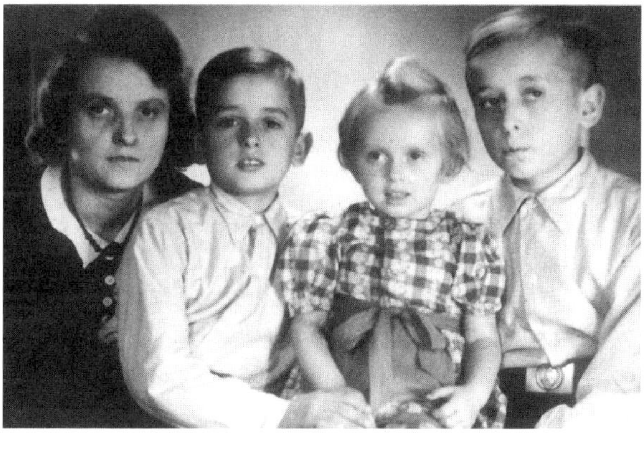

1a. Familie S., Siegfried ganz rechts

1b. Der Vater von Siegfried S.

überbrachten unsere Nachricht. Mutti wusch gerade Wäsche. Diese konnten wir also nicht packen und damit das Wichtigste nicht. Die Nacht war das Schlimmste, denn man vermeinte immerfort schon den Lärm der Schlacht zu hören. Jeder Tag brachte jetzt viele Ereignisse, sodass man am Abend direkt ermattet war. In den nächsten Tagen und Nächten hörte man das Hochgehen von Sprengladungen und die Abschüsse der Artillerie. Eines Tages standen Plakate an allen Haustüren und Anschlagsäulen, in denen zu lesen war, dass Breslau zur Festung erklärt sei. Andere verkündeten den Aufruf zum Volkssturm von 16 bis 60 Jahren …

Ja, die Zeit wurde wirklich schwer. Auf der einen Seite der Straße zog das Militär nach Osten, während auf der anderen die Flüchtlinge nach Westen zogen. Wir versuchten auch, aus der Stadt rauszukommen, aber es gelang uns nicht. Die Landstraßen waren mit den Flüchtlingen und den unheimlichen Mengen des ausgetriebenen Viehes förmlich verstopft. Dazu herrschte eine geradezu grimmige Kälte, sodass viele Kleinkinder, aber auch erwachsene Leute erfroren.[6] Die Züge waren sämtlich gesperrt, und wenn wirklich einer fuhr, dann standen so viele Leute da, dass nur ein kleiner Teil wegkam. Alle Tage gingen wir auf die Ortsgruppe, aber diese konnte uns nichts Genaues sagen. Zuletzt waren wir so verzweifelt, dass wir beschlossen, in der Festung zu bleiben. Die meisten Leute rieten uns auch dazu. Trotzdem gaben wir unsere Bemühungen nicht auf. Nun kam bei uns jeden Tag ein Auto vorbei, das die Leute nach Liegnitz brachte. Wir versuchten unterzukommen, aber als wir auf das Auto warteten, kam es nicht mehr. Man hatte sich jetzt schon an das tägliche Krachen gewöhnt. Eines Tages fuhren wir zu Oma, die auf der anderen Oderseite in der Mathiasstraße wohnte. Als wir mit der Straßenbahn, die in letzter Zeit ohne Schaffnerinnen fuhr, über die Universitätsbrücke kamen, sahen wir, dass dort eine Wache stand. In die Mauer waren Löcher gebohrt, in die später Sprengladungen kommen sollten. Die Mathiasstraße selbst und die Umgebung waren wie ausgestorben, auch unsere Verwandten waren nicht mehr da. Ich kann nicht beschreiben, welche Gefühle ich damals gehabt habe. Als wir weiter im Westend waren, erfuhren wir von einer Frau, dass sie gehört habe, dass heute abends vom Demmingplatz aus ein Transport ginge. Wir beschlossen, alles auf eine Karte zu setzen und auf jeden Fall mitzumachen. Wir wollten gerade gehen, als ein Herr von der Ortsgruppe kam und uns von dem Transport sagte. Er versicherte uns sogar, dass wir alle einen Sitzplatz bekämen. Bevor wir gingen, verteilten wir noch, was wir an eingewecktem Obst und sonstigen Lebensmitteln hatten, an die dableibenden Bewohner des Hauses. Am Sturmführer-Demmingplatz trafen wir, so sehr wir auch suchten, zunächst niemanden, und wir hielten uns für angeführt und waren enttäuscht. Endlich kamen einige Leute zusammen und auch einige Herren von der Ortsgruppe. Mit Schlitten und Kinderwagen zogen wir los. Vor uns zuckte es am Himmel immer rot auf und dazu grollte es wie bei einem Gewitter. Als wir an die Oderbrücke kamen, hielten wir eine leere Straßenbahn an und fuhren mit ihr zum Bahnhof-Odertor. Dort standen unzählige Menschen, so dass wir schon ganz den Mut sinken ließen. Es wurden im Laufe der Zeit immer und immer mehr. Man konnte sich nun kaum noch bewegen. Unter den Leuten war ein verwundeter Volkssturmsoldat, den ein Splitter direkt vor der Stadt getroffen hatte. Daraus erfuhren wir, wie nahe der Feind schon war.

Es war abends ½8 Uhr und um ½4 sollte der Zug kommen. Wir warteten und warteten, aber er kam nicht. Es wurde 10, ½11 und 12 Uhr nachts, und der Zug war immer noch nicht da. Draußen krachte es fortwährend. Ein Teil der Leute ging betrübt nach Haus, und andere kamen wieder. Immer hieß es, in 20 Minuten oder 30 kommt der Zug, aber er kam nicht. Es war eine Nervenbelastung. Im frühen Morgengrauen wurden nun Plakate angeschlagen, auf denen stand, dass der Feind die andere Oderseite erreicht habe und sich nun von dort von Dorf zu Dorf heranpirsche. Nun war es die letzte Gelegenheit fortzukommen (an diesem Sonnabend war es genau eine Woche her, seitdem der Räumungsbefehl bekannt gegeben war). Uns überkam ein tiefer Gleichmut, jetzt wo wir wussten, dass der Feind schon die Oder überschritten hatte.

Endlich um 5 Uhr morgens kam der Zug. Nun begann ein wirres Gedränge. Leute mit Kinderwagen wurden vorgelassen, so auch wir. Am Bahnsteig stand ein Herr von unserer Ortsgruppe, der einen Wagen für unsere Ortsgruppe freihielt. Wir stiegen, nachdem wir das Gepäck reingeschafft hatten, ein. Es war bitterkalt und ziemlich dunkel im Zug. Nun warteten wir, dass der Zug fuhr, aber er fuhr nicht. Endlich wurde es Tag. Plötzlich rollte und krachte es ganz laut. Später erfuhren wir, dass es die ersten Einschläge der Feindartillerie waren. Und endlich fuhr auch der Zug an. Es war Sonntag, der 28. Januar um 8 Uhr. Wir freuten uns sehr. Doch diese Freude währte nicht lange. Es war noch keine Viertelstunde vergangen, als der Zug wieder hielt. Hier standen wir wieder eine Stunde. Es war grausam kalt. Im nächsten Abteil, welches leer war, war eine Scheibe entzwei und der Schnee lag auf den Bänken. Die Fenster waren vereist. Endlich fuhren wir wieder weiter. Nachdem wir den Tag gefahren waren, waren wir noch nicht in Königszelt, welches eine Schnellzugstation hinter Breslau lag.

Wir hatten schon die ersten Kranken. In unserem Wagen war eine Frau, die erst vor zwei Tagen entbunden hatte. Ihr kleines Kind lag im Sterben, sie selbst war sehr krank, und ihre anderen Kinder hatten sämtlich erfrorene Füße. Es war nicht schön. Wir hörten fortwährend das Weinen um das sterbende Kind. In tiefer Nacht kamen wir in Königszelt an. Dort wurde diese Frau mit ihren Kindern ausgeladen. Nun standen wir in K. die ganze Nacht: In Waldenburg-Altwasser bekamen wir Verpflegung, zu der wir aussteigen durften. Plötzlich kam Fliegeralarm und wir mussten wieder einsteigen. Der Zug stand mehr als er fuhr. Vor Hirschberg hörten wir fortwährend Sirenenrufe. Überall war Gefahr, und wir durften nicht raus. Nun fuhren wir in Richtung Görlitz, immer mit stundenlangem Aufenthalt. Aber auch dort ging es nicht zum Aussteigen … Nach 90 Stunden Bahnfahrt kamen wir an einem der ersten Februartage gegen Mittag in Bad Schandau in der Sächsischen Schweiz an.«

Das war aber noch lange nicht das Ende ihrer Flucht und ihres Flüchtlingslebens. In einem kurz nach dem Krieg verfassten Lebenslauf zählt Siegfried S.

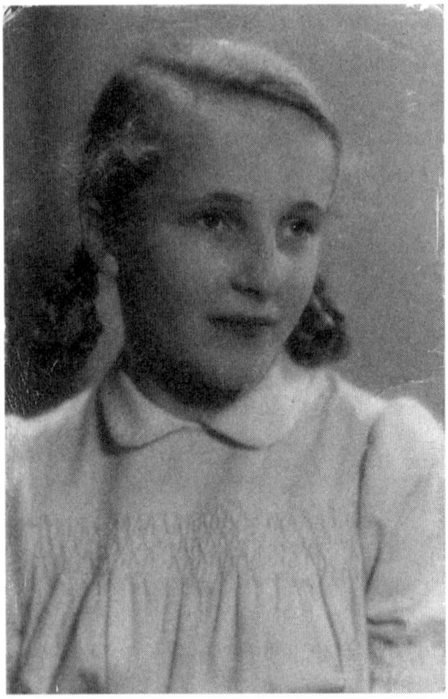
2. Gabi Köpp vor der Flucht

insgesamt zehn Orte innerhalb von acht Monaten auf. Am Ende landete er in der Nähe von Marktheidenfeld:

»Am 27. Oktober erhielten wir ein Zimmer bei dem Gast- und Landwirt Engelhard im Grundstück Nr. 14. Ab November 1945 besuchte ich den Konfirmandenunterricht in Marktheidenfeld, und am 28. 3. 1946 wurde ich um 9 Uhr in der evangelisch-lutherischen Kirche zu Marktheidenfeld, Würzburgerstr. 358 durch Herrn Pfarrer Kollmer konfirmiert. Von Mai bis Oktober half ich bei Engelhardt in der Landwirtschaft.«

Wir werden dem Flüchtlingskind Siegfried S. wieder begegnen.

Gabi Köpp (1930) schickte mir das Manuskript ihres Tagebuchs im März 2005. In der Einführung schreibt sie:

»Das Original des Tagebuchs verfasste ich im Frühsommer 1946 in Hamburg – rückblickend auf die vierzehn ersten Tage meiner Flucht aus meiner ostdeutschen Heimat in der Grenzmark Posen-Westpreußen. Der handschriftliche Bericht überstreicht die Zeit vom 26. Januar bis zum 8. Februar 1945 … dass mein rückblickendes Tagebuch am 8. Februar 1945 abbricht – obwohl meine Flucht insgesamt 1 ¼ Jahre währte –, lag an den Alpträumen, die mich durch das intensive Erinnern überkamen. Doch weiß ich durch mein jahrzehntelanges Bemühen um Aufarbeitung des damals Erlebten, dass diese ersten 14 Tage ein abgeschlossenes Kapitel meiner Flucht sind. Die handschriftlichen Aufzeichnungen lagen Jahrzehnte verschlossen in einem kleinen Tresor; nach einem ersten Versuch, die Notizen noch einmal zu lesen, gelang mir der zweite erst jetzt. 60 Jahre ›danach‹ am 27. Januar 2005. An dem Tag also, an dem ›60 Jahre nach Auschwitz‹ feierlich begangen wurde.«[7]

Gabi lebte mit ihrer Mutter in Schneidemühl. Der Vater war schon vor dem Krieg verstorben. Die Mutter war ganztägig berufstätig. Die vier Jahre ältere Schwester Juliane hatte sich wegen der heranrückenden Front eigenmächtig von ihrem Pflichteinsatz beim Luftwarnkommando in Posen entfernt, die zweitälteste Schwester Barbara war im Kriegseinsatz an der Ostsee. Im Unterschied zur Zwangsevakuierung aus Breslau durfte die Bevölkerung von Schneidemühl die Stadt vorerst nicht verlassen. Nur für die Evakuierten aus dem Westen standen Züge bereit. Dazu gehörte ihre Tante Liselotte mit ihren drei kleinen Söhnen, Christian, Manfred und Volker. Die Tante schrieb ein-

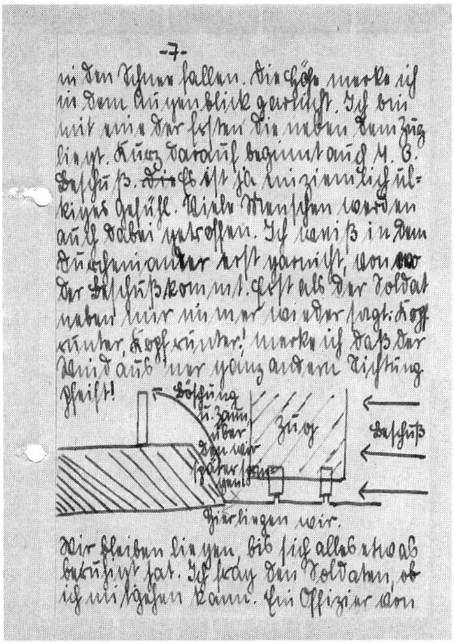

3. Aus dem Tagebuch von Gabi Köpp

fach auf den Berechtigungsschein zur Abfahrt Juliane als ihre Schwester und Gabi als ihre Tochter. So verließ Gabi am 26. Januar 1945 ohne die Mutter die Stadt. Diese wollte nachkommen, so bald das möglich sein würde.

»26. Januar: Der Zug ist eigentlich ein Urlauberzug. Es sind sehr hohe Waggons, und es ist schwer, reinzukommen. Drinnen steht: ›Entlausungswagen‹. Wir legen unser Gepäck an der Wagenwand lang. Darauf setzt sich Tante Liselotte mit den Kindern; Juliane und ich sitzen daneben auf Tante Liselottes Koffer. Der Zug fährt und fährt nicht ab. Ab und an hört man wieder Geschieße. Einmal ist es auch wieder merklich nahe. Man zieht doch unwillkürlich den Kopf ein. Jetzt füllt sich der Zug auch plötzlich sehr. Im letzten Augenblick kommen Flüchtlinge aus einem Dirschauer Zug, der kurz vor Schneidemühl beschossen wurde. Endlich, endlich um ¼ 2 Uhr setzt sich der Zug in Bewegung. Alle paar Minuten hält er aber wieder. Wir fahren *unter* der Sandseebrücke durch; also Richtung Schönlanke. Fast alle denken wohl das gleiche: Wenn wir bloß erst hinter Kreuz wären. Es ist ja bekannt, dass Kreuz schon beschossen wurde. Es ist ein furchtbares Gezuckel. Bald nah, bald fern hört man das Gebumse. In Stieglitz halten wir auch wieder. Es schießt wieder unangenehm nahe. Tante Liselotte sagt: ›Das Geschieße verfolgt uns.‹

Langsam rollt der Zug aus Stieglitz raus. Ganz kurz darauf ein furchtbares Geknalle. Ich sitze am weitesten links von uns allen. Julia rechts neben mir, und wieder daneben die anderen. Irgendeiner ruft: ›Hinlegen!‹ Ich schmeiße mich nach links auf die Erde. Dabei bekomme ich die anderen aus den Augen. Es ist furchtbar staubig im Wagen, als wenn etwas getroffen ist. Der Beschuss wird immer lauter. Der Zug steht gleich. Die Lok scheint sofort getroffen zu sein. Der einzige Gedanke im Augenblick ist, raus aus dem Wagen. Jeder Waggon hat nur 6 kleine, ziemlich hochgelegene Fenster. Ich gehe ganz links an das Fenster. Es muss wohl Gepäck unterm Fenster liegen. Jedenfalls komme ich gut ran. Erst verbiestere ich mich noch mit dem einen Bein. Ein Soldat hilft aber von hinten. Ich lass mich in den Schnee fallen. Die Höhe merke ich in dem Augenblick gar nicht.

Ich bin einer der Ersten, die neben dem Zug liegt. Kurz darauf beginnt auch M.G.-Beschuss. Es ist ja ein ziemlich ulkiges Gefühl. Viele Menschen werden auch dabei getroffen. Ich weiß in dem Durcheinander erst gar nicht, von wo der Beschuss kommt. Erst, als der Soldat neben mir immer wieder sagt: ›Kopf runter, Kopf runter!‹, merke ich, dass der Wind aus 'ner ganz anderen Richtung pfeift!

Wir bleiben liegen, bis sich alles etwas beruhigt hat. Ich frag den Soldaten, ob ich mitgehen kann. Ein Offizier von der SS sagt, wir sollen vor allem erst mal hinter den Zaun, dass wir etwas Deckung haben. Meinen Brotbeutel hab ich noch bei mir. Weil er ziemlich behinderlich ist, schmeiße ich ihn erst vor über den Zaun, und dann ich selber hinterher. Selbst die alten Leute und Kinder kommen in ihrer Angst über den verhältnismäßig hohen Zaun. Viele bleiben am Zug zurück. Meistens, weil sie verwundet sind. Der Soldat kann auch nicht weiter. Wie gut, dass mir nichts passiert ist und ich laufen kann.«

Von ihrer Schwester Juliane hat sie nie wieder etwas gesehen.

»Alle Menschen strömen erst mal auf ein Gehöft zu. Da läuft mir Christian[8] über den Weg. Wie gut, dass wir beide uns wenigstens gefunden haben. Er ist auch heil davongekommen; nur den Mantel wohl beim Springen zerrissen und den Arm etwas abgeschürft. Hinter dem Zaun können wir fast aufrecht laufen. Nur, wenn sich manchmal M.G.-Kugeln verirren, duckt sich alles unwillkürlich. Das Gehöft brennt schon zum Teil. Wir laufen durch. Die Menschen laufen nach allen Richtungen. Ich denke bloß, möglichst weit weg vom Zug und der Bahnstrecke; und wir gehen mit einigen anderen zusammen immer Richtung Westen. Ein Mann fasst Christian an der anderen Seite an, denn bei den zugeschneiten Gräben sinkt Christian immer fast bis zu den Knien ein. Er ist aber sehr tapfer und sagt keinen Ton – nur: ›Wenn Mimi (*Mami*) was passiert ist, dann soll sie doch lieber gleich tot sein.‹

Nach einer Weile kommen wir über ein verlassenes Gehöft. Nach meiner Uhr ist es 10 nach 5 Uhr. Es ist furchtbares Schneetreiben und verteufelt kalt. Gut, dass wir doppelt angezogen sind. Wir kommen wieder auf einen Hof. Der eine Junge bleibt dort und lässt sich verbinden. Die anderen treiben auch alle weiter. Wir sind ungefähr allmählich 10–15 Menschen zusammen. Kurz hinter dem Hof kommt uns ein Mädel mit einem kleinen Kind auf dem Arm entgegen. Die Männer fragen sie nach der Richtung. Sie ist aber furchtbar verängstigt, gibt keine Antwort und rast vorbei; stolpert aber und fällt hin.

Ein Abbau[9] nach dem anderen rund herum fängt an zu brennen. Wieder kommen uns welche entgegen. Wir wollen bloß immer die Richtung nach Westen wissen, an den Ortschaften *vorbei*!! Alle hoffen wir noch fest, durchzukommen. Ich bin auch fest davon überzeugt. In den Schneewehen ist der Weg sehr schwer zu finden. Jetzt kommen wir immer häufiger an Gehöfte. Hier sind die Bauern alle zu Hause. Einer will uns den Weg zeigen, um die Ortschaft herum. Er findet sich aber in der Aufregung selber nicht mehr zurecht. Ein paar Mal schlägt er einen neuen Weg ein, und schließlich kriegt er es mit der Angst zu tun und macht sich aus dem Staub.

Jetzt verteilen sich die Leute wieder nach allen Richtungen. Ich überlegte, ob ich mit Christian weiter querfeldein soll, aber er ist schon müde, und bei der Kälte würde er mir draußen bloß erfrieren. Wir schließen uns wieder einigen Leuten an. Eine Frau, die sich in Ostpreußen auch schon ein paar Tage erfolgreich zwischen russischen Panzern durchgeschlagen hat, rät immer wieder. ›In den Wald, der Wald ist unser Freund!‹ Aber die anderen sind mehr oder weniger alle müde und kaputt, und so gehen wir näher an die Ortschaft ran.

In den ersten Häusern stehen die Bauern zusammen. Sie wollen uns beinahe auslachen, als wir sagen, dass wir noch weiter und durch wollen. Die Russen sind schon durch mit den Panzern, und sie wären sehr freundlich gewesen. Die Bewohner hätten nur vor die Häuser zu treten brauchen. Ich bin ganz erstaunt, dass es auch Russen geben soll, die nicht morden und umbringen!«

Eigentlich will sie mit den Leuten weiter, aber den kleinen Christian wollen sie nicht mitnehmen, und sie will ihn nicht im Stich lassen. Sie kommen dann in Gornitz bei Ascherbude im Netzekreis in einer Bäckerei unter. Dort sind schon einige Polinnen, die aber anständig sind und sie mit frischem Brot versorgen.

»27. Januar: Seit gestern Abend ungefähr 7 Uhr sind wir schon in der Backstube. Etwas haben Christian und ich auch geschlafen. Um 12 Uhr kamen die ersten Russen rein. Erst dachte ich, es wären deutsche Soldaten. Sie leuchteten mit der Taschenlampe rein und sagten ›Rusci!‹ Es wurde einem doch recht komisch zu Mute. Sie leuchteten alles ab und untersuchten den einzigsten Mann, der unter uns war, nach Waffen. Seine goldene Taschenuhr nahmen sie ihm gleich weg … Christian und ich waren inzwischen in den hinteren Raum zu den Frauen gegangen und hatten uns da hingelegt. Die Polenfrauen lagen auch da. Als das zweite Mal die Russen drin waren, fragte mich der eine etwas, was jedenfalls bedeuten sollte, ob ich Deutsche wär. Die eine Polin sagte ›ja‹. Die anderen deutschen Frauen, die auch hinten lagen – sie waren ebenfalls vom Zug – haben sich gleich als Polinnen ausgegeben.

Gegen Morgen knallten die Russen draußen furchtbar viel. Wir waren doch so verängstigt, dass wir während der ganzen Zeit auf der Erde liegen blieben. Wir wären noch so gerne ausgebüxt. Der Mann, der noch bei uns war, überlegte auch immer. Christian sagte immer: ›Gabi, wollen wir doch jetzt‹, aber es ist leider keine Gelegenheit mehr gewesen, weil die ganze Zeit ein russischer Posten vor dem Backhaus stand. Auch jetzt noch.

Seitdem es hell ist, kommen die Russen überhaupt viel rein … Ein Russe schenkt Christian eine kleine Parfümflasche mit Wasser, und Christian will sie für Mimi aufheben. Sie sind zu den Kindern überhaupt sehr freundlich. Die Tochter von dem deutschen Mann bei uns stellt sich krank. Weshalb? Sie ist 17 oder 18 Jahre alt, aber sehr groß und sieht viel älter aus. Sie sitzt immer da und hält den Kopf runter. Ihre Mutter sagt, sie hätte gehört, dass die Russen sonst im Allgemeinen gar nicht so schlimm wären. Sie ›vergewaltigen‹ nur Frauen und Mädchen. Ich weiß zwar nicht ganz genau, was damit gemeint ist, jedenfalls muss es nichts Gutes sein[10] …

Gegen 3 Uhr nachmittags treiben die Russen auf einmal furchtbar viel Leute ins Backhaus rein. Aus dem vorderen Raum müssen die Deutschen alle raus. Jetzt sind wir alle zusammen im hinteren Raum … Wir stehen schon ganz eng zusammen. Die Frauen jammern schon alle und sind der festen Meinung, dass die Russen mit Panzern das Haus zusammenschießen werden. Der Meinung sind wir eigentlich alle, aber ich bin gar nicht so aufgeregt. Christian ist auch ganz ruhig. Er hält mich bloß immer fest, damit wir zusammenbleiben …

Jetzt ist es schon dämmerig, und die Russen kommen immer mit Taschenlampen. Erst haben sie sich einen Mann nach dem anderen rausgeholt. Sie kamen aber alle wieder. Einen jüngeren wollten sie wohl behalten. Er ist weggelaufen. Da haben sie hinter ihm geschossen. Er soll tot sein. An der Tür verhandelt immer ein Russe mit einem großen Mädchen. Sie soll mitgehen. Sie brauche keine Angst zu haben, er tue ihr nichts. Das Mädel weint. Der Russe wird immer ungemütlicher; die Leute sagen schon, sie soll doch gehen. Der Russe zerrt sie dann auch mit.

Jetzt leuchten sie überhaupt mit Taschenlampen nach großen Mädchen. Da kriege ich doch etwas Angst. Was wollen die? Ich ducke mich lieber hin. Christian merkt auch nur, dass sie die Mädel rausholen, und stellt sich ganz breit vor mich hin. Jetzt kommt ein Russe rein und sagt: ›In einer Stunde geht die Front weiter. Alle raus.‹ Christian und ich, wir halten uns ganz fest. In der Angst fange ich an zu weinen und sage, ich bin krank. Er lässt aber nicht los. Christian weint auch und hält mich ganz fest. Wir werden aber gewaltsam auseinandergerissen. Warum lassen sie auch uns beide nicht mehr zusammen? Der Russe sagt, ich soll nicht Angst haben, er tut mir nichts. Die Menschen sind schon alle weg. Ich habe doch große Angst! Was will der bloß mit mir?

Jetzt wird mir immer klarer, was die von uns wollen und worum es geht! Ich bin ja noch so schrecklich dumm! Gegen 7 oder 8 Mann habe ich mich gewehrt. Sie haben mir nichts tun können. Als ich endlich allein bin, versuche ich, hinten aus dem Fenster rauszukommen. Es ist aber zu klein …«

Sie wagt es dann, vorne hinauszugehen, und sucht verzweifelt nach dem kleinen Christian.

»Ich ruf' immer nach Christian. Einen Russen frage ich auch nach ihm. Zu spät merke ich, was für eine Dummheit ich mache. Er sagt, drüben im Zimmer wär Christian, ich sollte mitkommen. Ich will nicht; er zerrt mich aber mit. Im Zimmer ist aber niemand. Es sieht wüst dort aus. Im ersten Augenblick bekomme ich einen Schreck und denke, dass Christian vielleicht etwas geschehen ist und dass er in dem Zimmer liegt. Aber das ist Gott sei Dank nicht so … Wieder wehre ich mich mit allen Kräften; und in der Angst sind sie bestimmt viel größer. Der Russe ist furchtbar wütend und hält mir die Pistole an den Kopf. Ob er schießen soll? Ja! Lieber das, aber ich will mir nichts tun lassen! Er steckt seine Pistole aber wieder weg. In seiner Wut will er mich würgen. Da sieht gerade eine Frau in die Tür, und ich rufe um Hilfe. Da lässt mich der Russe los, und ich will mich schleunigst verdrücken. Da kommt aber schon wieder einer rein. Er will mich nicht gehen lassen. Ich reiß mich aber los – und da lassen sie mich auch. Ich gehe wieder in die Küche – da sind noch alle.«

Sie werden weitergetrieben und kommen auf einen anderen Hof.

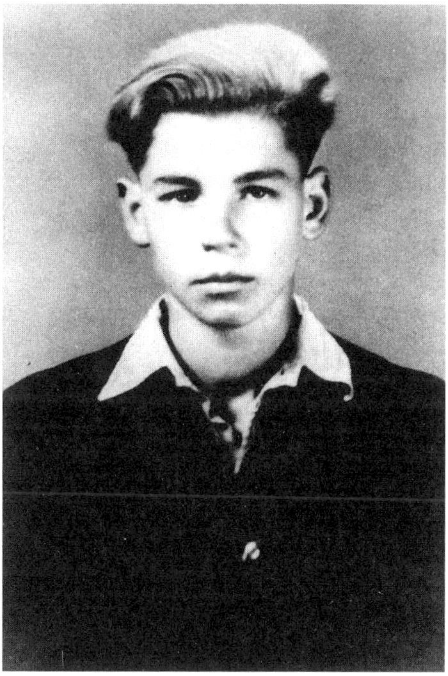

4. Ewald

»Erst stehen wir eine Weile auf dem Hof; dann bringt uns ein Russe in ein Haus, das etwas oberhalb liegt. Im Zimmer ist es dunkel und kalt. Einer steckt eine Petroleumlampe an, und die Frauen heizen. Im Bett liegt eine Frau. Sie ist die Tochter von den Besitzern des Hauses. Sie wollte mit ihrem Vater und Bruder weglaufen und wurde dabei am Bein durchschossen. Sie jammert furchtbar. Sie hat auch noch Kinder bei sich. Auf einmal knallt es furchtbar. Ein betrunkener Russe hat nebenan in der Küche geschossen. Er kommt rein und fuchtelt immer mit der Pistole in der Luft rum. Jeder versucht, sich möglichst hinter den anderen zu verstecken. Die Jungens hocken zum Teil unterm Tisch oder hinter der Tür. Den größten von ihnen holt er vor und hält ihm die Pistole auf die Brust. Er schimpft furchtbar. Er hält den Jungen für einen Soldaten, weil er wohl so groß ist und auch einen Luftwaffenmantel anhat. Der Junge ist Ewald Kuske. Er ist so alt wie ich. Er ist aus der Bromberger Gegend. Er hat den Treck von einer Frau mit mehreren Kindern gefahren. Von seinen Eltern weiß er nichts. (*Auch von seinem Treckwagen wurde er gewaltsam getrennt.*) Er ist auch in Gornitz unfreiwillig hängen geblieben. Ewald ist aber so geistesgegenwärtig und dreht die Pistole um. Da wird der Russe ganz freundlich. In seinem Zustand weiß er selber nicht, was er will … Dann kommen drei andere Russen rein. Sie haben den Krach von draußen gehört und schimpfen sehr mit dem anderen. Sie sind noch viel jünger. Sie drohen ihm sogar auch mit der Waffe und schmeißen ihn endlich raus. Sie sind sehr freundlich, geben jedem die Hand. Die Kinder nehmen sie auf den Arm und küssen sie sogar. Sie beruhigen die Leute. Sie sagen, morgen müssten sie weiter; aber sie würden erst noch einmal kommen …

Wieder kommen Soldaten in die Küche und dann ins Zimmer. Zwei Mann. Sie sehen sich alle an. Einer leuchtet mir ins Gesicht, geht weiter und beleuchtet alle anderen auch. Dann sagen sie, zwei unverheiratete junge Frauen sollen zum Offizier kommen wegen einer Verhandlung. Sie nehmen sich das eine Mädel gleich raus. Sie ist ungefähr 20 Jahre, denke ich … Das Mädel und ich müssen mitgehen. Sie gehen zu einem anderen Haus. Von einem Offizier ist natürlich nichts zu sehen. Im Haus ist alles zerschlagen. Es packt einen fast das Grauen. Licht ist auch keins. Sie schieben uns in ein Zimmer rein. Es sind noch zwei andere Soldaten da. Der eine Russe stößt mich auf ein Bett. Mit meinen ganzen Kräften stoße ich ihn aber immer wieder weg. Ein zweiter will auch immer an mich rankommen. In seiner Wut zerreißt er mir die Sachen. Endlich gelingt es mir, wenigstens hochzukommen. Ich will rauslaufen. Als das der Russe merkt, stößt er mich auf die Erde und schlägt zu. Sind das denn noch Menschen? Jetzt ist es mit meiner Beherrschung doch bald vorbei, und ich kann mir das Weinen nicht mehr verbeißen; aber er *soll* mir nichts tun. Soll er doch schlagen, so doll er kann und will … Ich versuche wieder, rauszulaufen – und wieder will der Russe hinterher. An der Tür stehen zwei andere, noch jüngere. In meiner letzten Angst stelle ich mich hinter sie und bitte sie, dass sie mir doch helfen sollen. Sie stehen mir wirklich bei und lassen den anderen nicht ran. Ich wäre zu klein, sagen sie. Dann gehen die beiden raus und ich gleich hinterher …

Als wir in die Küche kommen, sind schon wieder Soldaten im Zimmer … Ein alter, großer Russe untersucht meinen Brotbeutel, den ich immer noch bei mir habe, schmeißt es auf den Tisch, nimmt mir aber nichts weg … Es ist stockdunkel. Er schiebt mich eine Treppe rauf, dann in ein Bodenzimmer. Hier sieht es auch wieder wüst aus. Alles liegt auf der Erde. Wieder stößt er mich auf ein Bett, und ich wehre mich wieder. Da hält er mir die Pistole an den Kopf, und jetzt habe ich nicht mehr den Mut, ich habe nur Angst; und die Angst, dass er mich erschießt, ist größer. Ich kann einfach nicht mehr. Warum bin ich bloß so allein und nicht zu Haus geblieben? Aber, das muss doch alles noch mal gut werden; diese Schweinehunde können doch noch nicht endgültig die stärkeren sein …«

Endlich kommt sie wieder in das Zimmer, in dem sich fast 30 Menschen befinden.

»Jeder Platz ist ausgefüllt. Es ist ziemlich kalt im Zimmer. Ich friere besonders, weil meine Sachen ja alle kaputt sind. Meine Schihose kann ich gar nicht anziehen. Ich finde endlich eine Decke … Schließlich klemme ich mich unter die Stühle und eine Bank und lege die Decke ganz über mich rüber. Aber ganz auf die Erde legen kann ich mich doch nicht. Es ist zu wenig Platz. Mit dem Rücken sitz ich so etwas an der Ofentür. Schlafen kann ich aber nicht. Ich bin viel zu verängstigt und aufgeregt …«

Und wieder wird sie von einem Soldaten in die furchtbare Bodenkammer gezerrt.

»Wann werden die mich endlich mal in Ruhe lassen?! Ich möchte mich wohl wehren, aber nach einem ersten Versuch geht es einfach immer nicht mehr. Ich kann nicht dafür. Ich habe bisher bestimmt alles versucht und meine ganzen Kräfte zusammengenommen, jetzt kann ich einfach nicht mehr. Auch innerlich nicht. Mir ist schon alles egal. Wenn doch irgendwie Schluss wär …

Wo kann ich mich denn bloß im Zimmer verstecken, wo mich keiner findet. Ich nehme mir wieder die Decke, wickel mich ein und lege mich mit dem Kopf so weit, wie es geht, unter das Babykörbchen – in der Mitte vom Zimmer. Die Jungens liegen auch überall verängstigt auf der Erde. Sie brauchen doch nicht solche Angst zu haben. Warum bin ich bloß ein Mädchen? Meine Zöpfe habe ich unter die Mütze gesteckt. Wenn es auch nicht viel hilft. Die Decke halte ich ganz fest um mich herum, dass sie keiner wegziehen kann. In der Küche müssen wieder welche sein. Einer macht die Tür auf. Dann riecht es auf einmal so sehr nach Gas. Er muss irgendetwas ins Zimmer reingelassen haben. Die Frauen fangen an zu jammern. Sie rechnen alle damit, dass der Russe uns vergiften will. Vielen ist es auch gleichgültig. Sie wollen gar nicht mehr leben. So weit haben die Russen es getrieben. Ich nehme mir die Decke ganz dicht vor den Mund und die Nase. Dann ist es besser. Aber der Russe ist gar nicht mehr in der Küche, und so kann die Tür aufgemacht werden. Gleich wird es besser. Wie spät mag es schon sein? Ich kann mir gar nicht vorstellen, dass es erst 1 ½ Tage her sind, seit wir von zu Hause weg sind. Wo mögen die sein? Noch zu Hause?

28. Januar

Geschlafen haben wir – glaube ich – fast alle nicht. Paar Mal waren die Russen noch drin in der Nacht. Einer hat sogar auf mir draufgestanden, als er wieder ein Mädchen suchte. Mich hat aber keiner gefunden … Die eine Frau wollte mir aus der Küche meinen Brotbeutel mitbringen. Er ist aber weg. Nun habe ich wenigstens gar nichts mehr.

Ich habe mir Ewalds HJ-Mütze geborgt und meine Zöpfe runtergesteckt. Jetzt hat mir die Frau hier auch eine Stiefelhose von ihrem Jungen gegeben. Sie ist mir ja viel zu weit, aber das schadet nichts.« …

Wieder wird sie in die Scheune gezerrt und vergewaltigt.

»Als ich wieder ins Zimmer reinkomme, setze ich mich auf die Bank am Ofen. Es hat ja doch alles keinen Zweck. Finden tun sie einen doch. Viele Russen, die jetzt reinkommen, halten mich auch wirklich für einen Jungen. Etwas hilft es also doch. Ich höre, wie ein Russe das eine jüngere Mädel mitnehmen will. Ihre Mutter sagt immer, sie wäre erst 9 Jahre, aber der Russe glaubt es nicht. Er sagt: Die Deutschen haben es auch so gemacht und noch viel schlimmer. Überhaupt sagen immer alle Russen, die Deutschen hätten ihre Eltern, Geschwister oder Familien umgebracht. Die Kinder hätten sie verbrannt und was nicht alles. Ich glaub das aber nicht. Sie wollen damit ja nur ihr Verhalten entschuldigen und beschönigen.«

Den Tag über ist es dann ziemlich ruhig. Die Frauen können die Kühe melken, die noch im Stall sind. Sie bekommen etwas Milch und noch ein paar Krümel Brot. Die Pumpe ist eingefroren, so dass sie kein Wasser haben. Als es dunkel wird und die Petroleumlampe angemacht wird, kommen schon wieder Russen in die Küche.

»Ich rutsche schnell unter den Tisch. Da liegen auch schon zwei oder drei von den Jungens, Ewald auch. Er legt sich so halb über mich rüber und deckt mich ganz mit seinem großen Militärmantel zu. So kann mich so leicht keiner finden. Ewald ist überhaupt der Einzigste, der mir beisteht und mich – so gut es geht – versteckt. Die anderen denken nur an sich selber. Wir beide halten zusammen, trotzdem wir uns doch auch erst seit gestern Abend kennen. Das kommt wohl daher, dass wir sonst beide allein sind.«

Die Russen suchen wieder Frauen. Ewald versucht, sie zu decken, aber die eine Frau verrät sie an die Russen. So ist sie wieder das Opfer. Das geht auch am nächsten Tag so weiter.

»Warum ist mir nicht lieber im Zug was passiert? Wenn wenigstens Christian noch mit mir zusammen wär.[11] Wenn er mir ja auch nicht helfen könnte, aber wir wären wenigstens zwei … So verzweifelt wie jetzt bin ich noch nicht gewesen. Kann ein *Mensch* denn überhaupt so roh sei? Warum muss mir das auch alles passieren! Ich kann nicht mehr. Jetzt fange ich doch an zu weinen. Das erleichtert doch etwas. Frau Wedlich ist gut zu mir, aber hat sie nicht auch selber etwas Schuld daran: sie hat mich ja doch die letzten zwei Male verraten.

Auf einmal kommen ein deutscher Mann und seine Frau reingelaufen. Sie sind furchtbar aufgeregt. Sie wollten ihr Vieh auf ihrem Hof füttern, wurden auf dem Wege dorthin von Russen angerufen und sind in ihrer Angst nicht stehen geblieben; sind weggelaufen. Nun sind die Russen hinter ihnen her. Es dauert auch nicht lange, da kommt eine ganze Horde Russen rein. Sie sind furchtbar betrunken. Ich hocke auf der Erde vor dem Fenster, und Ewald hat sich vor mich auf einen Stuhl gesetzt. Wir beide sind jetzt immer zusammen. Ich habe auch nicht solche Angst, wenn ich mit Ewald zusammen bin.«

Die Russen finden den Mann, führen ihn hinaus und erschießen ihn. Ewald kann etwas Polnisch, sie nehmen ihn mit ins Nebenzimmer.

»Nach einer Weile kommen sie alle raus und gehen auch mit Ewald auf den Hof. Werden sie ihn auch erschießen? Er hat doch nichts getan. Wieder hört man einen Schuss. Das kann doch nicht sein! Noch einmal kommen die Russen zurück. Ohne Ewald! Die Schwarzmeer-Deutsche versteht, dass der eine Russe den anderen fragt. Ob sie noch mehr aufräumen wollen. Schließlich gehen sie aber doch.

Eine Frau, die eben draußen gewesen ist, sagt, dass beide tot sind. Der Mann und Ewald auch. Soll ich denn gar keinen mehr behalten? Weshalb haben sie Ewald erschossen? Keiner weiß es. Wir denken alle, weil er unter seinem Pullover noch die dunkelblaue HJ-Winterbluse angehabt hat; und schon allein die blanken Knöpfe können die Russen ja reizen; überhaupt, wenn sie betrunken sind. Und Ewald hatte doch solche Hoffnung gehabt. Und seine Eltern werden nie erfahren, wo er geblieben ist. Ich möchte gerne rausgehen; vielleicht lebt er noch. Aber es ist draußen ja noch so unsicher. Wer wird mir nun beistehen? …

Am Nachmittag gehe ich zum ersten Mal auf den Hof. Ewald und der Mann liegen immer noch da. Ich muss einfach zu Ewald hingehen. Es zieht mich richtig, als ob er vielleicht doch nicht gleich tot gewesen ist. Aber das ist natürlich bloß eine falsche Hoffnung. Gestern hatte es noch sehr gefroren, heute dagegen getaut, und so sieht er doch schon ziemlich entstellt aus. Ein Russe hat Ewald auch noch die Stiefel ausgezogen. Beerdigt dürfen die Toten noch nicht werden.«

5. Gabi Köpp nach der Flucht

Zum Schlafen findet sie immer nur einen Platz auf dem Boden, hineingedrängt zwischen die anderen. Die Russen kommen nur noch vereinzelt. Eine Frau findet auch Gabis Brotbeutel wieder, den die Russen mit Inhalt weggeworfen haben und der, nachdem der Schnee geschmolzen ist, wieder aufgetaucht ist. Darin ist auch der kleine Taschenkalender, in den sie während der ganzen Flucht kurze Notizen gemacht hat.

Die Flüchtlinge finden dann, als es im ganzen etwas ruhiger geworden ist, für einige Tage eine Bleibe in einem Haus des Dorfes Gornitz. Dann aber machen sich einige Frauen auf und kehren in ihr heimatliches Dorf zurück. Gabi wird mitgenommen nach Buchwerder-Sophienberg, wo sie über ein Jahr auf einem Bauernhof arbeitet, ohne etwas von ihrer Mutter und ihrer Schwester zu wissen. Erst am 28. April 1946 erreicht sie ihre Mutter und die überlebende Schwester in Hamburg.

Das dritte Dokument stammt von einer Frau aus Breslau, die einen Brief an ihre Mutter schrieb. Sie schreibt über ihr kleines Kind Gabi, das sie mit auf die Flucht nahm.

»Liebe Mutter!
Ich schreibe Dir nun von hier und hoffe, dass Dich dieser Brief, trotz allem, was jetzt geschieht, noch erreicht. Ich liege hier in einem Behelfskrankenhaus auf dem Flur und muss morgen weiter, weil alles überfüllt ist und die Russen auch bis hierher kommen werden. Ich will dann sehen, wie ich mich bis zu Euch durchschlage. Bitte, erschrick nicht, liebe Mutti, aber ich bringe Gabi nicht mit, und ich habe einen erfrorenen Arm. Ich hätte Gabi vielleicht noch weitergetragen. Aber sie hätte auch hier keinen Sarg bekommen, denn Särge gibt es kaum noch, und sie wäre auch hier nur schnell begraben worden.

Ich konnte sie nicht mehr tragen, als sie tot war. Ich konnte es nicht mehr aushalten und habe sie gut eingewickelt und an der Straße hinter Kanth tief in den Schnee gelegt. Da war Gabi nicht allein, denn mit mir waren ein paar tausend Frauen mit ihren Kindern unterwegs, und sie legten auch die Gestorbenen in den Graben, weil dort keine Wagen und keine Autos fahren und ihnen ein Leid antun können. Gabi war auf einmal tot, ich hatte sie gut eingewickelt in zwei Decken. Aber sie war ja erst vier Monate alt. Viele Kinder sind unterwegs gestorben.

Es war schlimm, und ich möchte nicht noch einmal diesen Weg gehen. Sie holten mitten in der Nacht alle Männer zum Volkssturm. Aber ich habe Rudolf noch versprechen müssen, mit Gabi zu Euch zu fahren und nicht in Breslau zu bleiben. Wir sind am 20. Januar am Nachmittag, als es schon fast dunkel war, aufgebrochen.

So habe ich nur Gabi genommen und die Decken, einen Rucksack, die nötigsten Sachen für uns, Trockenmilch und die Flasche, weil ich dachte, irgendwo könnte ich sie schon warm machen. Auf der Straße gingen überall Frauen mit Schlitten und Kinderwagen, und es war schlimm, dass wir keinen Kinderwagen bekommen hatten. Aber viele haben später die Wagen zurücklassen müssen, weil sie damit nicht durch den Schnee kamen.

Der Zug der Frauen wurde immer größer, weil sich uns viele aus den westlichen Vorstädten anschlossen. Wir bildeten Gruppen, um uns gegenseitig helfen zu können und Trost beieinander zu suchen. Es wurde dann dunkel. Jedoch noch immer fuhren Lautsprecherwagen von der Partei herum und forderten die Frauen auf, die Stadt zu verlassen. Es war unheimlich und traurig.

Wir hatten Angst, und viele Kinder weinten. Gabi war ganz still. Wir sind dann durch die Gräbschener Vorstadt gelaufen, auf der Straße nach Kanth. Auf der Landstraße lag der Schnee manchmal sehr hoch. Man sah nur Frauen und Kinder. Manchmal Autos, die vorüberfuhren und auch anhielten und diese oder jene Frau mitnahmen. Ich hatte leider nicht das Glück.

Es fing bald an zu schneien. Und die Frauen, die ihre Kinder im Arm trugen und außerdem noch Betten und kleine Koffer bei sich hatten, begannen Gepäck abzuwerfen, weil sie es nicht mehr tragen konnten. Auch mein Arm wurde da schon steif vom Frost. So sind wir viele Stunden bis Kanth gelaufen. Oft ganz langsam Schritt für Schritt. Und da lagen die ersten toten Kinder in den Gräben und auf dem Marktplatz in dem Ort. Und vor vielen Häusern saßen Frauen, die sich ausruhen wollten, mitten im Schnee. Ich habe auch an ein paar Häuser geklopft, weil ich gern für Gabi etwas Milch warm machen wollte. Aber niemand öffnete mir. Andere Frauen hatten mehr Glück als ich.

Da habe ich auch einen Augenblick im Schnee gesessen. Dabei konnte ich sehen, wie viele Frauen unterwegs waren. Es waren viele, viele tausend, und der Zug nahm kein Ende. Sie ließen immer mehr Sachen zurück, weil sie so nicht mehr weiterkonnten. Ich bin dann weitergegangen bis zum nächsten Ort. Da habe ich wieder versucht, in ein Haus zu kommen. Aber nur Hunde kläfften. So taumelte ich weiter. Und ich habe die Bäume an der Chaussee gezählt und mich von Baum zu Baum geschleppt. Fortgeworfene Sachen lagen auf der Straße.

Viele Frauen saßen auf ihren Schlitten und wollten sich ausruhen. Aber die Kälte trieb sie weiter, bis auf die, die sitzen blieben und mit ihren Kindern erfroren sind. Ich habe viele gesehen, die dasaßen mit dem Rücken gegen einen Baum, und manchmal standen größere Kinder daneben und weinten. Mutterliebe ist sicher die größte Liebe. Aber wie groß alle Liebe auch sein mag, wir sind doch nur schwache Geschöpfe.

Als es anfing, hell zu werden, waren wir schon nahe bei Kanth. Gabi hatte ein paar Stunden geweint, aber was sollte ich denn tun? Ich bin noch in ein paar Dörfern gewesen. Wir haben geklopft und geschrien. Wieder sind welche von uns eingelassen worden, aber ich nicht. Viele Frauen haben vor Wut mit Schneebällen die Fenster eingeworfen. Aber das half uns nichts. Die Strafe werden sie für ihre Hartherzigkeit noch bekommen.

Dann habe ich versucht, Gabi die Brust zu geben, aber sie nahm sie nicht. Und die Milch in der Flasche war wie Eis, obwohl ich sie in der Decke fest an mich gedrückt hatte. Ich habe vor Elend immer vor mich hin geweint, und ein paar Mal war ich auch schon so weit, dass ich mich am liebsten in den Schnee geworfen hätte, um zu sterben. Aber dann habe ich an Rudolf gedacht und an Euch.

So wurde es heller und heller. Und ich sah wieder tote Kinder am Straßenrand. Vielleicht haben manche sogar lebende Kinder zurückgelassen, um sich zu retten. Wir alle torkelten ja nur noch so dahin. Es wehte immer noch ganz kalt, und meine Füße fühlte ich überhaupt nicht mehr. Da kam ich zu einem Herrenhaus. Da wohnten endlich Menschen, denn sie hatten alle Räume aufgemacht, und ein Teil von uns konnte sich wärmen, und es wurde Milch gekocht für die Kinder.

Aber als ich Gabi auspackte und mich freute, dass ich ihr nun etwas Warmes zu trinken geben konnte, da war sie ganz still, und die Frau neben mir sagte: ›Die ist ja tot!‹ Ich weiß nicht, was ich noch schreiben soll, liebe Mutter. Aber es ist jetzt alles so anders, als es früher war, auch mit dem Traurigsein. Ich konnte über Gabi nicht mehr weinen. Aber ich wollte sie auch nicht zurücklassen. Ich bin mit ihr losgelaufen. Man tut so viel Unsinn in solchen Augenblicken. Mein Arm wollte dann nicht mehr. Ich habe es mit dem anderen Arm versucht, aber mit dem schaffte ich es auch nicht lange. Und da ist es dann geschehen. Und dann habe ich endlich ein paar Soldaten gefunden, die Mitleid mit mir hatten und mich in ihrem Auto mitnahmen.

Seid nur nicht böse, liebe Mutter, wegen Gabi. Denkt, Ihr wäret so über die Straßen gezogen und durch den Schnee. Vielleicht versteht Ihr es, und vielleicht versteht Rudolf es auch, wenn er noch aus Breslau herauskommt und wir uns noch einmal wiedersehen. Deine Erika.«[12]

Diese Dokumente stehen beispielhaft für Tausende, ja Millionen von Kinderschicksalen auf der Flucht. Abgesehen von den »Bonzen«, die sich und oft auch ihre Familien schon rechtzeitig und komfortabel in Sicherheit gebracht hatten, haben die Kinder mehr oder weniger gelitten, Grausames durchmachen müssen. Wie viele umgekommen sind, weist die Statistik wiederum nicht aus. Wenn die damaligen Kinder aus der Erinnerung nach 60 Jahren über ihre Flucht sprechen, erzählen sie zumeist keine zusammenhängenden Geschichten, zuweilen bringen sie die zahlreichen Stationen gar nicht mehr korrekt zusammen. Präsent und plastisch sind aber die »Knotenpunkte«, Ereignisse und Erlebnisse, die auch Schwerpunkte in den zitierten Dokumenten sind: der Aufbruch von zu Hause, der oft lange Leidensweg der Flucht, demütigende und lebensbedrohliche Situationen, vor allem Beschuss durch Tiefflieger oder feindliche Artillerie mit Verletzten und Toten, Überrollt-Werden von den Russen mit Erschießungen und Vergewaltigungen, auch von ganz jungen Mädchen, erzwungene oder freiwillige Rückkehr nach Hause und schließlich Ankunft an einem Aufnahmeort, an dem man wenigstens für einige Zeit bleiben konnte.

Für Kinder spielen die Bezugspersonen, vor allem die Mütter, immer eine besonders wichtige Rolle. Wie diese sich verhielten, wie es ihnen erging, war für das Ergehen der Kinder von zentraler Bedeutung. Das Schlimmste war, alle zu verlieren und ganz allein dazustehen, wie es Gabi Köpp erging. Kaum eine Familie aber konnte vollständig beieinander bleiben. Selten konnten Väter mit auf die Flucht gehen. Wenn sie nicht vorher schon eingezogen waren, mussten sie am Schluss noch zum Volkssturm einrücken. Auch von den Verwandten wusste man nichts: Nachrichten und Briefe konnten zunächst so gut wie nicht ausgetauscht werden. »Die quälende Ungewissheit über das Schicksal der Angehörigen war eine besonders große Belastung«, sagt Herbert Schedwill (1927).[13]

Im Oktober 1944 war den Sowjets ein erster Einbruch nach Ostpreußen gelungen.[14] Dieser Stoßkeil konnte zunächst noch abgewehrt werden. Mitte Januar begann dann die sowjetische Großoffensive, die nicht mehr aufzuhalten war. Aber schon seit August 1944 war das Memelland Kriegsgebiet, und die Evakuierung der dortigen Bevölkerung begann. Die Memelländer waren begünstigt, denn sie konnten noch einen Teil ihrer Habe mitnehmen, der sogar verschifft wurde. Sicher haben auch viele Ostpreußen – trotz offiziellen Verbots – für eine notwendig werdende Flucht Vorbereitungen getroffen, indem die Bauern ihre Wagen zu Treckwagen ausbauten.[15] Aber die meisten glaubten der Propaganda, der Feind würde niemals auf Dauer die Grenzen des Reiches überschreiten. Andere hatten Angst, sich trotz Verbots auf den Weg nach Westen zu machen. Die Nachrichten von den Gräueltaten der Roten Armee wurden noch aufgebauscht, um den Durchhaltewillen zu stärken. Die Ausweisungserlaubnis oder der Ausweisungsbefehl kamen dann sehr oft zu spät, sodass die Menschen, meist Frauen und Kinder, in Panik und ohne entsprechende Ausrüstung und Beförderung fliehen mussten, wie Erika Hanisch mit vielen Tausenden Breslauer Frauen.[16] Einen verantwortungsvolleren Ortsgruppenleiter hatte die Ortsgruppe von Siegfried S.: Er organisierte ein Eisenbahnabteil, das, wenn auch ungeheizt und teilweise ohne Fenster, doch etwas Schutz und vor allem eine Beförderung in sicherere Gebiete bot. Züge konnten allerdings zur Todesfalle werden, wenn sie unter Beschuss gerieten, wie Gabi Köpp es erleben musste.

Dem Schreckensruf »Die Russen kommen!« ging oft der Ruf voraus: **»Die Flüchtlinge kommen!«** Dieser Ruf pflanzte sich seit spätestens Januar 1945 bis zum Kriegsende und darüber hinaus[17] von Osten nach Westen fort, denn diejenigen, die heute noch Flüchtlinge betreut und beherbergt hatten, konnten morgen schon selbst auf der Flucht sein. Für die in unbedrohten Gegenden Wohnenden, besonders für die Kinder, waren die Flüchtlinge Wesen aus einer anderen Welt. Sie ahnten das Elend der Heimatlosigkeit.

Roswitha L. (1933) in der Evakuierung im Bayerischen Wald: »Ja, und dann kamen also aufs Kriegsende zu überhaupt nur noch Gerüchte, dann blieb so langsam das Radio weg, Zeitungen gab es auch nicht mehr, dann kamen Horden, ganze Dörfer Flüchtlingsplanwagen, das haben wir wirklich gesehen. Das Haus lag auf dem Berg, und man sah runter auf die Straße, die um den Berg herumführte, und die war also in meiner Erinnerung monatelang voll mit Wagen, die hoffnungslos langsam da ankamen von Furth im Wald. Das waren die Sudetendeutschen, auch die Schlesier. Unsere Großeltern kamen da auch auf der Straße an. Da hat man das ganze Elend als Kind erlebt.«

Abschied und Aufbruch haben die meisten Kinder nicht so schmerzlich empfunden wie die Erwachsenen; wie sollten sie sich auch vorstellen, was ihnen bevorstand? Niemand wollte glauben, dass der Abschied endgültig sein würde; fast alle rechneten mit einer baldigen Wiederkehr. Manchen Müttern gelang es, den Eindruck einer bevorstehenden abenteuerlichen »Reise« zu erwecken. In ihren Fluchtberichten sind die Mütter immer wieder erstaunt, wie Kinder trotz allem das Lachen nicht verlernten, wie sie sich immer wieder freuen und vieles interessant finden konnten. Dennoch spürten die Kinder die Unruhe und die Sorge der Erwachsenen und litten mit. Überdies war der Winter eisig kalt. Sehr wichtig war, was man mitnehmen durfte und was nicht. Mancher Verlust schmerzt bis heute, obwohl es – gemessen am Verlust von Haus, Hof, Habe und Heimat – lächerlich kleine Verluste waren. Für ein kleines Kind gelten eben andere Maßstäbe.

Hilde R. (1939) aus Ostpreußen: »Wir sind geflüchtet am 13. Januar 45, und das war ja kurz nach Weihnachten, also wir sind ja mit Soldaten weggekommen, mit dem Lastwagen, dann haben wir zuerst natürlich mehr Sachen mitgehabt. Federbetten haben die sogar mitgenommen, und dann eben Taschen mit Essen, und man hat sich praktisch doppelt angezogen … also bei der Kälte, und Papiere, und meine Mutter hatte noch etwas Bernsteinschmuck, und alles, wo irgendwie das Herz daran gehangen hat, das wurde halt mitgenommen, und (*sie schluchzt*) nur mein Lebkuchenhaus nicht, das von Weihnachten … Ja, das war sehr schlimm für mich (*unter Tränen*). Jedes Jahr, wenn Weihnachten kommt, denk ich an das Lebkuchenhaus.
I: Wer hat denn das Lebkuchenhaus immer für Sie gemacht?

R: Meine Tante, die war Köchin, ja, meine Patentante. Und das ist die Einzige, die auch noch lebt. Also die Geschwister sind alle gestorben. Die Tante Hilde ist 85 und lebt noch in einem Heim in Hannover.
I: Das Haus stand im Weihnachtszimmer mit dem Weihnachtsbaum?
R: Ja, das blieb alles stehen.«[18]

Ruth Worzalla (1932) aus Hirschberg in Schlesien: »Im Februar (*1945*) erhielten wir ein amtliches Schreiben mit der Mitteilung: Ein letzter Zug für Mutter und Kind verlässt Hirschberg am 22. Februar. ›Jetzt müssen wir unsere Sachen packen‹, sagte Mutti. Sie besuchte noch einige Leute, organisierte einen Leiterwagen, und dann ging's hastig ans Packen. Für Mutti stand ein großer Sack mit Tragriemen bereit, für mich und Ursel je ein kleinerer. Wir füllten sie mit Lebensmitteln, Windeln und dem Nötigsten für uns zum Waschen. Mutti packte zwei Koffer mit Wäsche und Kleidung. Ursel hatte ihre Schildkröt-Puppe Bärbel im Arm, und ich hielt meine Puppe Gilda fest. ›Die Rucksäcke sind schon voll, wo kommen unsere Puppen rein?‹ ›Die bleiben hier.‹ ›Aber meine Gilda muss mit!‹ Ursel weinte, ›und meine Bärbel auch!‹ Mutti zerrte mir Gilda aus dem Arm, dann Ursel ihre Puppe Bärbel. Ursel schrie, ich weinte und flehte: ›Lass mir meine Puppe.‹ Mutti machte wortlos den großen Kasten auf, in dem unsere Bett- und Tischwäsche ordentlich verpackt lag, in die noch unausgefüllten Nischen legte sie Gilda und Bärbel. Wir schrien beide, als sie den Kastendeckel mit einem dumpfen ›Plop‹ schloss. ›Hört auf mit eurer Heulerei, ich habe weiß Gott andere Sorgen als an eure Puppen zu denken.‹ Wir schluchzten weiter, und Mutti bemühte sich nun doch, uns zu beruhigen: ›Es ist nur für kurze Zeit, dann kommen wir zurück.‹«[19]

6. Die Puppe »Gretchen« (Größe: 30 cm) war mit auf der Flucht. Das Kleid war ein Geschenk zum fünften Geburtstag von Erna im April 1945

Gudrun T. (1940), damals in Tormersdorf/Rothenburg, Niederlausitz: »An den Vorabend unserer Flucht aus dem Martinshof kann ich mich nur vage erinnern. Zwei Bilder allerdings gibt es noch in meinem Kopf: Meine Mutter fegt die Ankerbausteine, mit denen mein Bruder Heino eine ganze Stadt auf dem Klappbett aufgebaut hat, in eine Gefäß oder eine Tüte: ›Das brauchen die Russen nicht zu sehen‹, sagt sie. Und dann nimmt sie ein Stück Store oder Schleier

7. Flucht-Nachttopf der Familie T. (Durchmesser: 14 cm, Höhe 8 cm. Vorher Honig-Gefäß)

und geht mit mir zu meinem großen englischen (geerbten) Puppenwagen mit den hohen Rädern. Sie legt den Schleier über das Verdeck, so dass wir meine Puppe nicht mehr sehen – ein astreines Abschiedsritual. An ein Gefühl dabei erinnere ich mich nicht. Später in Hamburg wache ich manchmal aus Träumen auf und weine um mein ›Püppi‹, was, glaube ich, viel weniger dieser Puppe gilt, als vielmehr dem Verlust von Zugehörigkeit und Sicherheit … Am 13. Februar 1945 im Morgengrauen, es sind etwa 20 Grad Celsius Kälte, ziehen wir fünf los – meine Mutter, 46 Jahre, meine drei Brüder, Wolfgang 11,4 Jahre, Heino 9,9 Jahre, Erdmann, fast 8 Jahre und ich, 4,10 Jahre – mit mehreren Garnituren Unterwäsche und Anziehsachen übereinander, damit wir sie nicht zu tragen brauchen, weil es so kalt ist. Im letzten Moment muss Heino noch mal aufs Klo und sich wieder auspellen. Jeder trägt einen Rucksack und mindestens ein Stück Handgepäck, ich einen schwarzen kleinen Puppenkoffer mit Gretchen, einer kleinen Porzellankopfpuppe. Ich sehe uns alle zum Rothenburger Bahnhof laufen. Zwei Tage später wird der Cottbusser Bahnhof bombardiert, und wir wären vielleicht nicht mehr weggekommen. Der Zug ist brechend voll. Meine praktische Mutter hat einen Mini-Nachttopf für uns dabei (ehemals ein mit Honig gefülltes rosa Emaillegefäß mit Henkel aus einem Lebensmittelladen), den sie ab und zu aus einem Fenster schüttet, auch vermutlich andern Müttern zur Verfügung stellt.«

Siegfried W. (1937): »Ich kann mich erinnern, meine Mutter hat mir in Königsberg einen Rucksack verpasst. Da hab ich mein ganzes Leben darunter gelitten, ich konnte Zeit meines Lebens nur ganz ungern einen Rucksack tragen, weil mich als Kind dieser Rucksack so eingeschnürt hat, dass ich keine Luft mehr bekam.«

Heinz V. (1941), damals in Danzig-Langfuhr, ging mit Großmutter, Mutter und einem etwas älteren Bruder auf die Flucht: »Mein eigenes Gepäck war schon leicht genug, aber mit meinen knapp vier Jahren ging auch nicht mehr. Mein Rucksäckchen enthielt neben Muttis Mundharmonika vor allem Wollknäuel, die später noch eine wichtige Rolle spielen sollten. Dann hatte ich mein Kindergartentäschchen um. Ein kleines Ledertäschchen mit einem Drehverschluss. Erst jetzt entdeckte ich meine heißgeliebte Puppe Christa darin, die von Omi früher selbst genäht worden war. Diese Puppe wurde später zur Urmutter einer ganzen dänischen Puppengeneration. (*Sie landeten in einem dänischen Internierungslager.*) Das Geheimnis der Wollknäuel war der Wickelkern in Form von Geldscheinen, ein- oder mehrfach gefaltet. Aus diesen geheimen Gründen traf Omi auch fast der Schlag, als wir mit einem bestimmten Stoffball spielten, den wir ungefragt hervorgekramt hatten. Ihr ganzer Granatschmuck war darin eingenäht.«[20]

Aber nicht nur Puppen, sondern auch Bücher wurden mitgeschleppt. So hatte z. B. Brigid A. immer ihr Lieblingsbuch »Heidi« von Johanna Spyri bei sich. Ganz anderes aber nahm die Mutter von Renate Martin, geb. Reichwein (1934) aus Kreisau mit auf die Flucht:

»Was hatte die Mutter bei ihrer Flucht im Gepäck? Ihre eigenen Tagebücher, über Jahre täglich geführt, außerdem je ein Exemplar der Bücher meines Vaters, die Fotoalben, für jedes Kind eines, und das Tagebuch dazu, für jedes Kind eines. Das war das Hauptgepäck. Und für mich dann die Geige. Kein Spielzeug.«[21]

Fotoalben und Tagebücher wurden von vielen Müttern mitgeschleppt. Oft sind es die einzigen Erinnerungen an die Heimat, die erhalten geblieben sind. Die Kinder interessierten sich damals nicht so dafür. Erst viel später wurde ihnen klar, was für ein tiefer Einschnitt in ihrem Leben der Fluchtbeginn war. Daraus und aus wiederholten späteren Erzählungen erklärt sich wohl, dass die meisten noch das exakte Datum des Exodus im Gedächtnis haben. Wehmütige Rückerinnerungen an die Heimat kommen erst bei den Altgewordenen auf.

Peter H. (1931) aus Breslau: »Während ich das (*die Flucht*) jetzt am Schreibtisch sitzend erinnere, ist es wieder Winter, Dezember 2001, übermorgen ist Weihnachten; ich schaue durch die großen Panoramafenster unseres Hauses in den Terrassengarten, es schneit, es schneit wie damals ... Ich sitze warm, der Wintergarten ist weihnachtlich geschmückt ... es geht mir gut, und dennoch bin ich wehmütig – der Winter ist es, er lässt mich von den Erinnerungen nicht loskommen ... Die Eltern schauen nur noch aus dem Bild herunter, es ist nicht loszukommen von der Heimat meiner Jugend an einem solchen Wintertag.«

Solche Gedanken waren den Kindern damals fremd; auch die Mütter konnten sie sich nicht leisten. Es ging um das Nächstliegende, wie schon den einleitenden Dokumenten zu entnehmen war: Wie kommen wir rechtzeitig weg vor den Russen? Wo werden wir die kommende Nacht bleiben? Wie können wir uns vor der Kälte schützen? Wo bekommen wir etwas Warmes zu essen und zu trinken? Werden die Kinder durchhalten? Die Kinder fühlten sich einigermaßen sicher, solange ihre Mütter durchhielten. Wenn beide Eltern oder Großmutter und Großvater noch dabei waren, vielleicht auch Tanten und Nachbarn, war die Gemeinschaft stützend. Besonders schwer war es, wenn ein nahestehender Mensch zurückbleiben wollte oder musste, zum Verzweifeln, wenn die Mutter krank und weder der Vater noch ein Verwandter da war. Hanna S. (1938) erzählte nach einem Vortrag unter Tränen, dass sie bei der Flucht aus Schlesien die Oma sterbend zurücklassen mussten. »Und der Hund hat so gebellt, der Himmel war ganz rot. Das war das Schlimmste, was ich erlebt habe.« Gabriele S. (1931), Breslau, ihr Vater war zu Weihnachten 1944 von der Ostfront für zehn oder zwölf Tage auf Urlaub zu Hause:

»Erschöpfungsurlaub wurde das genannt. Da musste er von dort zu seiner Einheit in die Eifel, das war am 23. Dezember, und da haben wir das letzte Weihnachten am 23. Dezember in der Familie gefeiert. Ich höre noch die Schritte sich entfernen auf dem Pflaster in der Nacht. Ich habe nie verstanden, warum meine Eltern, mein Vater nicht dafür gesorgt haben, zu besprechen, wo wir hingehen … Am 15. Januar war die Silberhochzeit ihres Bruders in Breslau. Da ist meine Mutter hin und kam mit sehr schlechten Nachrichten und sehr deprimiert zurück. Kurz darauf wurde sie krank, eine schwere Nierenbeckenentzündung, und da stieg so die Angst … Meine Mutter lag schwer danieder, der Arzt kam, es gab zu der Zeit kein Penizillin gegen die Nierenbeckenentzündung, also es ging ihr sehr schlecht. Schule hatten wir schon seit Herbst nicht mehr, die Schulen wurden als Lazarett genutzt. Wir haben dann Strohsäcke gestopft und wir haben am Bahnhof Brote geschmiert und Tee ausgeschenkt und haben also gesehen, was für ein Chaos auf den Bahnsteigen war. Ich weiß, dass ich furchtbar Angst kriegte, was wir machen sollen und wie das weitergehen soll. Hab diese Angst der Mutter einer Freundin gegenüber geäußert, die vier Kinder hatte. Da hab ich gesagt, was ich für Angst hab. Das war wahrscheinlich Ende Januar 1945. Diese Frau hat gesagt, ich soll still sein, und warum ich denn nicht glaube, der Führer wird uns schon weiterhelfen … Ich konnte es ja meiner Mutter nicht sagen, die lag krank. Ich war 13 Jahre alt … Der Hausarzt, der kam dann, wohl Ende Januar, meine Mutter soll trotzdem sehen, irgendwie rauszukommen, denn sonst sei es zu gefährlich. Wenn sie hier bliebe, hätte sie keine Überlebenschance, aber wenn wir uns auf den Weg machen, hätte sie wohl eine Überlebenschance. Der hat sich dann das Leben genommen, da war er das letzte Mal da, hat sich verabschiedet und ist nicht mehr gekommen. Das haben wir gerade noch mitgekriegt, es haben sich viele umgebracht. Die Leute auf den Dörfern, die hatten ja Wagen oder irgendwie die Möglichkeiten wegzukommen, wir hatten das nicht. (*Auch sie übermannt die Erinnerung an den Abschied beim Erzählen:*) Wir mussten unseren Vogel dalassen, wir mussten unser Kaninchen dalassen, es war furchtbar. Ach, im Herrenzimmer war ein Weihnachtskaktus, der blühte. Die Mutter setzte sich an den Flügel und spielt zum letzten Mal was, dann sind wir gegangen (*atmet schwer*).
I: Wissen Sie noch, was Ihre Mutter gespielt hat?
S: Ja (*singt*): ›Alle Tage ist kein Sonntag, alle Tage gibt's kein Wein, aber du sollst alle Tage recht lieb zu mir sein.‹ Das hat sie gespielt und einen Brahmschen Walzer. Jedenfalls waren das Stücke, die ich nie wieder hören konnte, ohne dass … (*bricht ab*). Wir haben den Hausschlüssel mitgenommen und auch abgeschlossen.«

Die Zurückbleibenden erwartete eine Leidenszeit der Fremdherrschaft[22], für die Flüchtenden begann der oft sehr lange **Leidensweg** der Flucht. Während die Erwachsenen, meistens waren es allein die Mütter, und die älteren Kinder die Sorge um den Weg in die Sicherheit, um Unterkünfte und warmes Essen umtrieb, haben sich den Jüngeren besondere Bilder und Geräusche, dramatische Situationen, in denen es um Tod und Leben ging, tief eingeprägt. Große Strapazen, Frieren und Hungern sind immer noch gegenwärtig. Eine geographisch stimmige und zusammenhängende Vorstellung vom Gesamtverlauf haben sie sich erst nachträglich aus den Erzählungen der Erwachsenen bilden können. Ute S. (1937), damals in Peenemünde, ihre Mutter ging mit vier kleinen Kindern auf die Flucht.

»Ich erlebte die Flucht wie in Schockphasen von Hunger, Frieren, Alleingelassensein, träumte nicht mehr, die Sehnsüchte nach Kindsein hatten aufgehört. Ich hörte nur noch auf Kommandos, wie damals, als der Fluchtzug beschossen wurde von Tieffliegern. Sie sind mir immer noch im Ohr: ›Weg aus der Wagenmitte! Los, unter die Fenster!‹ Und schon landeten die ersten Garben der Schnellfeuergewehre unter der Flugzeugkanzel mit ihrem knatternden Tak-Tak-Tak im Abteil. Dann kamen während des Angriffs neue Befehle: ›Alle raus aus dem Zug, die Lok brennt, los, los, bevor die gedreht haben!‹ Damit waren die Tieflieger gemeint, die ja neu anfliegen mussten, um den Zug gezielt beschießen zu können. ›Alles raus an den Bahndamm, alles auf eine Seite, so dass ihr nicht gesehen werdet von den Tieffliegern!‹ Ich bekam die fünfjährige Schwester an die Hand. ›Du lässt sie keine Sekunde los!‹ Das war die Anweisung der Mutter. Ich hätte das auch gar nicht gewagt. Die Mutter hatte die vierjährige Elke und den zweijährigen Holger unter dem Arm. Wir liefen um unser Leben, denn allzu schnell war das Geschwader wieder zurückgekommen zum Einholen dieser traurigen Ernte. Dann ging alles automatisch: die Tieflieger drehten, wir krochen unter den zum Teil brennenden Waggons auf die andere Seite des Bahndamms, bis dann irgendwann Stille war, aber auch Stille in meinen Erinnerungen. Stationen des Trecks gen Westen sind nur in Erinnerungsfetzen vorhanden. Stroh auf Fußböden in irgendwelchen Schulen in Klassenräumen, in denen die Bänke (damals gab es ja noch solche in den Klassen) an den Wänden gestapelt waren, Stroh, das uns die Ruhepausen erträglich machte. Wir waren immer froh, wenn in irgendeinem Quartier uns Kinder keine dicken, fetten Ratten anfielen, die dann immer von der Mutter mit einem Stock fortgeschlagen wurden. Der schönste und erwärmendste Teil dieser furchtbaren Zeit fand auf einem Lastwagen statt, der unter einer dicken Plane lebende Schafe transportierte. Da ich inzwischen auf einem Schaffell in meinem Bett schlafe, muss ich so oft an diesen Teil der Flucht denken. Dann kuschel ich mich noch bewusster in dieser natürlichen Wärme ein und bin dankbar und zufrieden über mein Bett und wünsche mir so oft, dass ich darin warm und geborgen einmal sterben könne … Erinnerungen habe ich auch an erfrorene Menschen am Straßenrand. Als Kind hatte ich gedacht, sie seien erfroren, weil sie barfuß waren … Irgendwann war dann der Schnee geschmolzen. Wir waren in Thüringen gelandet. Von dem letzten Schmuck der Mutter bekamen wir eine Bleibe in einem Bauernhof in Rüdigershagen in der Waschküche.«

Heinz V. (1941) erinnert sich an die Überanstrengung der Fußmärsche. Längst nicht alle konnten mit dem Zug, einem Fuhrwerk oder gar mit einem Auto oder Omnibus befördert werden. Oft waren 10, 20 oder mehr Kilometer an einem Tag zu bewältigen. Für einen Vierjährigen war das kaum zu schaffen. Er erinnert sich an einen 12-Kilometer-Marsch, den sie bei Nacht zurücklegen mussten: »Zuletzt ging es durch Bombentrichter, an toten Pferden und Menschen vorbei. Ich stolperte dauernd vor Müdigkeit über meine eigenen Füße und wurde an den Rucksackträgern gehalten.« Die schwer an Angina erkrankte knapp 13-jährige Maria H. konnte sich nur noch dahinschleppen. Die Mutter schreibt: »Sobald der Wagen aus irgendeinem Grund halten musste, hing sie hinten am Wagen und schlief ein.« Das damals noch nicht wasserdichte Schuhwerk war bald durchweicht. Die nassen und halb erfrorenen Füße wurden kaum trocken. Gisela F. (1928) schleppte ihre kleine Schwester stundenlang auf dem Rücken, der zwölfjährige Gerhard K. musste seine nachtblinde Mutter führen, die Famlie P. brachte es mit vereinten Kräften fertig, den an Schüttellähmung und Herzbeschwerden leidenden und auf den Rollstuhl angewiesenen Vater über die ganze Flucht zu bringen, obwohl der Arzt ihn aufgegeben hatte. Kinder kundschafteten aus, wo es etwas zu essen oder eine Beförderungsmöglichkeit gab. Klaus, der erst siebenjährige Bruder von Heinz V., fand am zweiten Tag im Fischereihafen von Hela in fast aussichtsloser Lage ein Vorpostenboot, das bereit war, noch ein paar Flüchtlinge an Bord zu nehmen. Die 14-jährige Jutta M., die mit ihrer Mutter und zwei kleinen Geschwistern von Heydekrug im Memelland unterwegs war[23] und die Evakuierung als lustige Ferienreise angetreten hatte, begriff in der ersten Nacht im Massenquartier, dass sie von jetzt ab nicht mehr kindlich-unbekümmert sein konnte: »Diese Nacht hat mich um Jahre älter gemacht. Ich begann zu begreifen, was das Leben war. Ich wollte mit aller Kraft versuchen, die große Last, die auf Muttis Schultern lag, ein wenig zu erleichtern. Ich war nun die Älteste, war es nicht meine Pflicht, mich um die beiden Kleinen zu kümmern? Für Inge und Günther bestand das Dasein noch aus Träumen.« Es wurde ihr noch sehr viel abverlangt. Einige kleine Abschnitte aus dem langen Bericht, den sie kurz nach der Flucht aufgeschrieben hat[24], seien im Folgenden zitiert. In größter Eile und in Angst vor den nachrückenden Russen versuchten sie, von Preußisch Holland wenigstens über die Weichsel zu kommen. In Elbing aber hörte die Zugverbindung auf.

»Ich ging auf Suche. Natürlich standen Züge im Bahnhof, aber es fehlten die Lokomotiven. Ich musste aber doch eine Möglichkeit finden. Wir konnten doch hier nicht auf das Verderben warten. Ich bin durch alle Bahnhofsanlagen gelaufen. Auf dem letzten Gleis im Güterbahnhof stand ein Güterzug. Er war vom Bahnhofsgebäude aus nicht sichtbar, deshalb hatte ihn niemand entdeckt. Er sollte tatsächlich nach Dirschau fahren. Einige Soldaten standen davor. Es war ein Militärtransport. Es war verboten, Zivilisten mitzunehmen. Nach Bitten und Betteln wollten sie mich mitnehmen, ich sollte einsteigen. Ich musste aber doch Mutti holen und Günther. Ich konnte sie doch nicht allein lassen.«

Es gelang ihr, einen Soldaten zu überreden, mit ihr zu gehen und die Angehörigen zu holen, ohne dass die vielen, vielen Flüchtlinge, die auch auf einen Transport warteten, etwas merkten.

»Wenn wir nur erst hinter der Weichsel wären, dort wären wir in Sicherheit. Das war unsere Meinung. Doch wir hatten noch eine furchtbare Fahrt vor uns. Die Viehwaggons, in denen wir waren, waren oben offen, und es begann zu schneien und der Schnee durch die Kälte sofort zu Eis zu werden. Wir hatten Gott sei Dank noch jeder eine Wolldecke, um uns einzuwickeln, aber die Kälte war so groß. Ich selbst hatte meine Decke einer Frau gegeben, ihr Baby einzuwickeln, das sonst sicher erfroren wäre. Ein Soldat nahm mich unter seinen großen Mantel, der bis zum Boden reichte, um mich ein bisschen vor der großen Kälte zu schützen. Mutti und Inge hockten zusammengekauert in einer Ecke. Was für Sorgen hatten wir aber mit Günther. Er war noch zu jung, um die große Gefahr zu erkennen, die ihm drohte. Er war müde und konnte nicht gegen den Schlaf ankämpfen. Jedoch durften wir ihn nicht schlafen lassen. Die Kälte war zu groß. Er wäre uns unter den Augen erfroren. Wir mussten ihn immer wecken, und Mutti dauernd seine Glieder reiben. Es hieß, sich bewegen, wenn man nicht wollte, dass die Glieder absterben. Wir mussten auch dauernd den Schnee von uns abschütteln, um nicht zu einem Eisklumpen zu erstarren … In unserem Waggon war auch eine Frau mit ihrer Tochter, die vor Angst und Kälte irre wurde und den Verstand verlor.«

In Dirschau kamen sie mit großer Mühe und mit Gewalt noch in den letzten Zug. Die Fahrt nach Berlin dauerte 14 Tage!

»Uns gehörte ein kleines Fleckchen im Korridor, groß wie eine Tischplatte. Wir hatten nicht einmal genug Platz, um uns alle vier gleichzeitig hinzusetzen auf unser bisschen Gepäck. Wenn zwei von uns saßen, mussten die andern zwei stehen. Da Inge und Günther vor Müdigkeit zusammenbrachen, versuchten wir, sie zwischen die Koffer zu drücken, damit sie wenigstens etwas schlafen konnten. In diesen vierzehn Tagen habe ich gelernt, im Stehen zu schlafen. Und es ist mir gelungen.«

Hunger und Durst wurden unerträglich. Wenn der Zug hielt, holten sie Schnee. Mit ihrer kleinen Schwester Inge rannte sie bei einem etwas längeren Halt in die kleine Stadt und erwischte eine Bäckerei. Obwohl es Sonntag war und sie das Geld vergessen hatten, kamen sie mit zwei Broten in letzter Minute wieder zum Zug zurück. Sie schildert dann das Elend der Mütter, die keine Milch für ihre Kleinkinder hatten und auch nicht mehr stillen konnten.

Auch sie mussten miterleben, dass ein totes Baby neben dem Bahngleis im Schnee begraben wurde. Es war nicht das einzige. In vielen Erzählungen wird davon glaubhaft berichtet. Dies gehört zu den aufwühlendsten Erinnerungen an die Flucht.

Ganz nahe am Tod waren die Kinder, die den Fluchtweg über das Frische Haff wagen mussten, weil es keine Landverbindung nach Westen mehr gab und die Hoffnung bestand, von Pillau aus mit dem Schiff den Russen zu entkommen. Die vorhin erwähnte Maria H. (1932) erzählt davon. Sie hatte elf Geschwister, die älteren waren schon aus dem Haus. Vater, Mutter und sieben Kinder gingen gemeinsam auf die Flucht aus Migehnen im ostpreußischen Ermland. Der Vater, Postbote, war im Ersten Weltkrieg schwer verwundet worden und deshalb nicht eingezogen. Für die Kinder war die Mutter die Starke und Führende. Weil sie zu spät geflohen waren, hatten sie keinen Wagen und mussten zu Fuß gehen.

»Auf den Straßen wie auf den Feldern war der Schlamm mehr als knöcheltief. Es kostete eine gewisse Anstrengung, bei jedem Schritt den Fuß aus dem Schlamm zu ziehen. Wir erreichten endlich das Haff. Dort standen schon viele Treckwagen. Die Sachen wurden von den Bauernwagen heruntergeworfen, dafür die alten Leute und die Kinder draufgesetzt. ›Kettenhunde‹ (*Feldgendarmerie*) von der Wehrmacht haben das gemacht. Die Bauern haben geflucht, aber sie mussten parieren. Die Mutter und die drei Jüngsten durften auf den Wagen. Wir anderen hielten uns in der Nähe des Wagens. Es fing schon an zu tauen, und das Eis begann zu brechen. Bis an die Knöchel im Wasser sind wir den ganzen Tag gelaufen. Die Route über das Eis war mit kleinen Tannenbäumchen ausgesteckt. Die Gendarmerie passte auf, dass zwischen den Wagen ein Abstand von 50 Metern eingehalten wurde. Es klafften schon breite Spalten im Eis, die zum Teil mit zusammengenagelten Brettern überbrückt waren. So wanderte der unübersehbare Zug über die schier endlose Eisfläche. In der Ferne, rechts und links von uns, je ein Treck ... Es war ein sehr klarer Tag. So blieben dann die feindlichen Flieger auch nicht aus. Im Tiefflug schossen sie mit Bordwaffen auf uns. Wir nahmen dann schnell die Kinder vom Wagen und suchten unter dem Wagen Deckung. Sobald die Flieger fort waren, musste weitergefahren werden, denn wenn die Wagen standen, stieg das Wasser ... Die Fußbekleidung war völlig durchnässt. Die Strecke war durch das Blut verwundeter Menschen und Pferde gekennzeichnet. An einer Stelle ragte noch das Dach eines Omnibusses aus dem Wasser. Wir mussten die Nacht auf dem Eis verbringen an einer Uferböschung. Die Mutter konnte mit den beiden Kleinen auf dem Wagen bleiben. Wir anderen konnten bei polnischen Zwangsarbeitern bleiben, die sich dort zusammengefunden und aus Zweigen Hütten um ein Feuer herum erbaut hatten. Es war eine furchtbare Nacht. Es wurde sehr kalt, und ein furchtbarer Schneesturm brach los. Ich kauerte auf dem Wagen und deckte die kleinen Händchen zu, sobald sie unter den Steppdecken hervorkamen. Ich glaubte nicht, dass wir diese Nacht überleben würden. Es war wie in einem Hexenkessel. Die alten Kiefern ächzten, ihre Wipfel bogen sich fast bis zum Boden. Zwischen dem Heulen des Sturmes hörte man Kanonendonner, Flugzeugalarm, Pferdewiehern und Kinderweinen. Diese Nacht vergessen wir wohl nie. Ich bekam Soldatenschuhe von einem toten Soldaten. Wir konnten eine Fahrgelegenheit mit Soldaten bis Pillau finden. Dort schlug eine Granate mitten in die Menschenmenge. Es gab Tote und Verletzte. Wie durch ein Wunder fand die Familie wieder zusammen und alle waren heil. Es war immer irgendwie, wie Bonhoeffer sagt: ›Von guten Mächten wunderbar geborgen.‹ Auf einem Kohlefrachter und nach einer fürchterlichen Fahrt, dicht gedrängt im Schiffsrumpf ohne Toiletten, gelangten wir nach Danzig. Mutter war seekrank. Sie sagte: ›Wenn wir jetzt untergingen, dann wären wir wenigstens alle beieinander.‹«

Das elende Flüchtlingsleben ging aber noch lange weiter.

In einem langen, handgeschriebenen Bericht schildert der damals knapp neunjährige Rudi W. (1936) den dramatischen Aufbruch am 19. Oktober 1944, um 2 Uhr nachts von ihrem großen Bauernhof an der Rominter Heide in Pöwgallen, Kreis Goldap. Zunächst konnten Vater, Mutter und drei Geschwister mit zwei überdachten Wagen und sechs Pferden losziehen, ihr polnischer Fremdarbeiter Tedeus (sie hatten insgesamt fünf) führte einen der Wagen. Nach zwei Wochen hielten sie sich, auch um die Pferde zu pflegen und wegen beschwichtigender Auskünfte eines deutschen Offiziers, zu lange auf einem Bauernhof in Plößen auf. Mitte Februar wurden sie in Plößen von einem russischen Durchbruch überrascht. Sie wurden bedroht, verloren Uhren und Schmuck. Tedeus wurde mitgenommen und wahrscheinlich erschossen, weil er für einen Deutschen gearbeitet hatte. Der Vater musste zum Volkssturm. Mit den Wagen kamen sie nicht weiter, denn bei einem Ausweichmanöver war der Langbaum gebrochen[25], außerdem lag die Straße voller Toter.

»Vor lauter Angst haben wir dann auch die Flucht ergriffen; es hätte sein können, dass noch einmal ein Durchbruch der Russen folgte. Wir haben nicht einmal mehr etwas vom Wagen runtergenommen, vor lauter Angst, nichts wie weg! So sind wir über tote Menschen weiter in Richtung Heilsberg gestiegen. Es waren noch etwa 3 Kilometer auf dieser glatten Straße zu gehen. Meine Mutter bestand darauf, dass wir vier uns immer an den Händen fassten, damit nicht jemand von uns verloren ging.«

Es ging aber kein Zug mehr von dort. Sie fanden wieder einen Treck, dem sie sich anschlossen.

»Meine Schwester Elli (1926) organisierte auch immer wieder etwas zu essen. Mal war es Kommissbrot oder auch aus einer Feldküche der Wehrmacht ... So ging es dann Tag für Tag weiter, bis wir zum Frischen Haff kamen. Da wurden wir auch eingeteilt. Mutter und ich kamen auf einen Wagen, um über das Haff zu kommen, Hans und Elli auf einen anderen Wagen. Das Schlimme daran war, es hatte inzwischen Tauwetter eingesetzt, so dass auf dem Eis knöchelhoch das Wasser stand. Diese Überfahrt dauerte auch sehr lange. Es ging fast der Länge nach über das Haff, und an der einen Seite des Weges waren Gespanne eingebrochen, die ein paar Tage vorher über dem Haff unterwegs waren. Wie sich dann herausstellte, ist der Treck von Tieffliegern angegriffen worden. Es sah schrecklich aus. Drüben an der Nehrung angekommen, mussten wir von den Wagen absteigen. Die Wagen mussten einen Umweg machen, weil das Eis gebrochen war. Wir sind von Eisscholle zu Eisscholle gestiegen, bis wir dann das Ufer erreicht haben.«

Auch seine Fluchtgeschichte ist noch längst nicht zu Ende.

Wer den Übergang über das Frische Haff geschafft hatte, konnte versuchen, sich über die Frische Nehrung auf dem Landweg nach Westen durchzuschlagen oder vom Hafen Pillau aus **per Schiff** weiterzukommen. In Pillau und Danzig drängten sich Abertausende. Es standen längst nicht genügend Schiffe zur Verfügung.[26] Wie aber erging es denen, die es geschafft hatten, endlich eingeschifft zu werden? Günter Grass hat in seiner Novelle »Im Krebsgang«[27] den Untergang der »Gustloff«, die von einem sowjetischen Torpedo getroffen wurde, darzustellen versucht, vielfach gebrochen und verschachtelt, jede Melodramatik vermeidend. Auch einem Literaturnobelpreisträger gelang es – nach seinem eigenen Eingeständnis – nicht, Worte für diese Tragödie zu finden, in der in wenigen Minuten mindestens 5.000 Menschen in der eisigen Ostsee den Tod fanden. Zu den eindrücklichsten Stellen gehört, wie die junge Mutter in ihrem Danziger Dialekt erklärt, auf welche Weise sie zu ihrem weißen Haar gekommen ist: »Das ist passiert, als ech all die Kinderchens koppunter jesehn hab. Die sind alle falsch runterjekommen vom Schiff, mittem Kopp zuerst. Nu hingen se in die dicken Schwimmwülste mitte Beinchen nach oben raus …«[28]

Unter den Kindern, die damals in Pillau waren, haben mir einige erzählt, dass sie beinahe und dann zu ihrem Glück doch nicht auf die »Gustloff« gekommen seien. Und sie erzählen von Bekannten oder Verwandten, die mit anderen Schiffen untergegangen sind.[29] Ursula K. (1943) aus Tilsit, Ostpreußen, die von der Flucht selbst nichts mehr erinnert, kam mit ihrer Familie in einem kleinen Dorf bei Lübeck unter: »In der Lübecker Bucht wurden von der untergegangenen ›Kap Arcona‹ immer noch sterbliche Überreste von Menschen angeschwemmt.« Die mehrfach zitierte Maria H. (1932) erzählt von ihren Nachbarn und Treckgenossen, einer Frau Bludau und ihren vier Kindern, die sich in Heiligenbeil von ihnen trennten, um den Seeweg über das Haff anzutreten: »Sie sind alle untergegangen. Nur ein Sohn, Bruno, wurde gerettet, war aber verwundet. Der Vater entkam nur deshalb, weil er vor der Einschiffung noch zum Volkssturm gezwungen wurde.« Auf meine Frage nach dem weiteren Schicksal des geretteten Bruno, schrieb sie mir am 20.03.04: »Bruno war durch seine Verwundung schwerbehindert. Er hat aber im Metall-Gießwerk Georg Fischer in Singen gearbeitet. Dort war er sehr angesehen, war Mitglied des Betriebsrates … Vor zwei Jahren verstarb er kurz vor seinem 70. Geburtstag ganz plötzlich. Ich wollte seiner Frau für ihre Enkelkinder das Erinnerungsbuch meiner Mutter geben. Das wollte sie aber nicht. Diese ganzen Flüchtlingsgeschichten gingen sie nichts mehr an.«

Auf ihrer langen und verwickelten Flucht-Odyssee von Insterburg bis zur vorläufigen Endstation im Dorf Schildertschlag im Bayerischen Wald ergatterte Sieglinde D. (1930) mit Mutter und zwei Geschwistern in Pillau am 30. Januar 1945, dem Tag, an dem die »Gustloff« unterging, einen Schiffsplatz auf der »Ostmark«:

»Die Ostmark war ein verhältnismäßig kleines Schiff, angeblich ein Minensuchboot … Wir wurden im Schlafraum der Matrosen im Bauch des Schiffes untergebracht. Dicht bei dicht hingen die Hängematten. Jetzt wurden sie mit Flüchtlingen belegt, und der Fußboden auch. Es war eine große Enge. Unsere Mutter saß in einer Nische der Wand, ich legte mein Köfferchen auf die Erde, und das war der Platz, der mir blieb. Über uns lag in der Hängematte eine schwangere Frau. Sie pochte sehr auf ihr Recht als Schwangere, bevorzugt behandelt zu werden … Als wir losfuhren, schien die Sonne. Am Land stand eine dicht gedrängte Menschenmenge, die auch auf einen Platz auf einem Schiff wartete. Eine Kapelle spielte: ›Muss i denn, muss i denn zum Städtele naus.‹ Ich war sehr traurig und fand das unerträglich. Dieser Abschied war für mich der Zusammenbruch meiner Welt. Alles, was uns zu immer neuem Engagieren angetrieben hatte, verlor seine Gültigkeit. Meine Heimat Ostpreußen versank im Meer.

Auf See hatten wir Windstärke sieben. Es war trübe, und die See war grau und bedrohlich. Das Schiff schwankte sehr. Es tauchte mit dem Bug in das Meer, und Wellen schlugen darüber und das Wasser spritzte hoch auf. Nur das hintere Ende war einigermaßen sicher. Dort stand ich und sah in das Meer, nun ein Gleichnis für alles, was darin unterging. Ich selbst war hin- und hergeworfen, hilflos allem ausgeliefert, was kommen würde. Wir konnten auf Minen geraten. Bernhard und ich fragten Matrosen, wie wir uns am besten zu verhalten hätten, wenn das Schiff sank, ob es günstiger sei, warme Unterwäsche zu tragen oder leichtere? Die Matrosen überlegten kurz und meinten dann, warme Unterwäsche sei wohl besser. Wir vermuteten damals, sicherlich helfe nichts zu überleben.

Unter Deck verschlechterte die Lage sich sehr. Fast alle Passagiere wurden seekrank. Die jammernde Frau über uns erbrach von oben und wurde von den unten Sitzenden beschimpft. Die Klos waren verstopft. Der Kloraum hatte eine hohe Schwelle zum Gang. Die ganze Bodenschüssel war mit Wasser und Kotze gefüllt, es war ekelhaft. Alles bewegte sich im Rhythmus der Wellen. Wir waren ziemlich hoffnungslos. Eher dachten wir ans Untergehen.

Da stand ein alter weißhaariger Mann auf, klein und untersetzt von Statur. Er sah aus wie ein Prophet aus dem Alten Testament … Er hielt eine Predigt für uns bedrückte Menschen. Er sprach von Jona, der vor seinem von Gott gegebenen Auftrag flüchtete. Auch wir hätten Gottes Auftrag nicht erfüllt. Jona war wie wir im Sturm auf einem Schiff und wurde in das Meer geschleudert. Dort verschluckte ihn ein Fisch, und Jona rechnete mit seinem Tod ... Der Tenor war: Wir sind hier, im Bauch dieses Schiffes mitten im Meer umgeben von Feinden, in Gottes Hand. Dann sangen alle: ›Harre, meine Seele, harre des Herrn! Alles ihm befehle, hilft er doch so gern. Wenn alles bricht, Gott verlässt uns nicht, größer als der Helfer ist die Not ja nicht.‹ ... Mich hat dieser Gottesdienst sehr getröstet. Dieser alte Mann steht mir immer noch vor Augen. – Zur Nacht rollte ich mich auf meinem Köfferchen zusammen. Als Kopfkissen und als mir Vertrautes hatte ich mein Pelzkäppchen aus schwarzem Indischlamm. Aber das war eigentlich kein Trost ... Am Mittwoch, dem 31. Januar, kamen wir vor Swinemünde an.«

Alsbald wurden sie zur Weiterfahrt auf die »Robert Ley« verladen. Der knapp achtjährige Siegfried W. (1937) aus Königsberg kam mit der Mutter und drei Geschwistern mit der Eisenbahn (in Viehwaggons) in Pillau an. Der Vater war schon vor dem Krieg gestorben.

»Da gab es gleich als erstes einen Fliegeralarm, und da flogen ernsthaft die Fetzen. Die Flugzeuge haben die Eisenbahnwaggons mit MG beschossen, so der Länge nach, und wir haben uns praktisch unter den Eisenbahnwagen verkrochen. Aber am Rande entlang wurden auch Geschossgarben gelegt, und da hat natürlich der Schotter und das Zeug hochgespritzt. Dann rief uns jemand zu, 50 oder 100 Meter weiter sind Luftschutzbunker, das war Pillau. In Pillau kamen vielleicht vier Wochen Wartezeit, bis man Schiffe zur Verfügung gestellt hatte zum Einsteigen ... Dann hieß es eines Tages, dieses Schiff, auf das wir raufgehen sollten, das heißt ›Karlsruhe‹, und wir sollten uns auf diesem Schiff einfinden. Und das war ein uralter Dampfer, der ist 1904 gebaut worden. Jetzt war der schon fast vierzig Jahre alt, wurde verwendet, um die Flüchtlinge zu transportieren. Die Höchstgeschwindigkeit von diesem Schiff betrug sechs Knoten, etwa zwölf Kilometer pro Stunde, da hätte man also auch zu Fuß gehen können, wenn man auf dem Wasser laufen könnte. Jetzt muss ich noch schildern, wie wir auf dieses Schiff überhaupt drauf kamen; es waren ja immerhin 800 bis 1.000 Personen, und es gab im Prinzip nur Laderäume, war nicht für Passagiere eingerichtet. Als meine Mutter das gesehen hat, wie sich die Leute in den Laderäumen drängten, hat sie zu irgendeinem Schiffsführer gesagt, er könne machen, was er will, sie gehe mit ihren Kindern nicht in den Laderaum runter. Dann sagte der wohl, ja eine andere Möglichkeit gibt es nicht: ›Sie sehen ja selber, hier am Oberdeck ist nicht viel Platz‹ usw. Nein, sie bestehe darauf, sie würde schon ein Plätzchen finden. Ich kann mich erinnern, da ist auf dem Oberdeck ein Pkw gestanden, der abgedeckt war. Erst wenn man darunter kroch, hat man gesehen, dass das ein Pkw ist ... Der gehörte (das habe ich mir später sagen lassen) einem Soldaten von den höheren Dienstgraden, und die haben versucht, auf diese Art und Weise sogar noch ihr Auto mitzunehmen, und das wurde da festgelascht. Jetzt hat meine Mutter zwischen Persenning (*Schutzbezug*) und

Pkw die ganzen Betten reingestopft und hat uns da ein Lager gemacht. Durch die Federbetten hatten wir warm, und meine Mutter, die ja von Königsberg her mit Hafen und Schifffahrt auch ein wenig bewandert war und sich dessen bewusst war, dass so ein Schiff auch untergehen kann … ›Wenn das Schiff untergeht, dann schwimmen wir wenigstens gleich oben.‹ Das war genau die richtige Entscheidung, die sie getroffen hat.

Dann ging diese Sache natürlich auch schief, hauptsächlich ging es schief wegen diesem langsamen Schiff. Da wurde auf der Reede von Pillau ein Konvoi zusammengestellt mit zwei Minensuchbooten und Schiffen, und unser Schiff war absolut das langsamste. Jetzt haben wir praktisch den ganzen Konvoi behindert, bis irgendein Verantwortlicher entschieden hat, dass diese ›Karlsruhe‹ zurückbleiben muss. Das hab ich alles hinterher herausgefunden. Das hier ist der internationale Seeweg, da kann jede Größe fahren, aber die ›Karlsruhe‹ ist ja gerade so ein Küstendampfer gewesen. Und jetzt war es natürlich ein leichtes an dem 14. April, das war der Tag des Schiffsuntergangs, die zurückgebliebene, allein fahrende ›Karlsruhe‹ ohne jede Gegenwehr – auf der ›Karlsruhe‹ waren keine Geschütze, gar nichts zur Verteidigung – anzugreifen. Und für unser Schiff war das Todesurteil dann also besiegelt, und wir erwischten ein Torpedo, der vom Flugzeug abgeworfen wurde, ein sogenannter Lufttorpedo, der Pilot konnte ja ziemlich genau anfliegen ohne jede Störung, und dieser Torpedo traf das Schiff genau mittschiffs. Das zerbrach in zwei Teile, und innerhalb von drei Minuten war das ganze Schiff weg. Ich kann mich erinnern, dass ich zweimal durch den Sog nach unten gezogen wurde, aber durch meine Bewegungen, durch mein Strampeln und mein instinktives Sich-nach-oben-Bewegen kam ich zweimal nach oben.

I: Was heißt nach unten und oben? Sie waren schon unter Wasser? Sie haben nicht realisiert, dass dieses Flugzeug kommt, es ging so schnell?

W: Wir haben die Flugzeuge sowieso nicht bemerkt, wir waren ja unter dieser Persenning, sondern, was wir bemerkt haben, war die Riesenexplosion, dass es uns mitsamt dem Auto nach oben geworfen hat. Wir sind dann aufs Wasser geklatscht, und durch diesen Sog, den das Schiff erzeugt hat, hat's mich zum Beispiel erst mal nach unten gezogen, und durch mein energisches Dagegenstrampeln kam ich dann wieder hoch.

I: Sie konnten schwimmen?

W: Nein, nein – nur instinktive Bewegungen machen, und beim zweiten Mal Hochkommen, und das war vermutlich meine Lebensrettung, hat mich eine fremde Frau am Schopf oder wo auch immer gepackt, und da schwamm so ein großes verschnürtes Federbett und Deckbett, schön stabil verpackt, das schwamm oben. Dann kann ich mich erinnern, nahm sie meine Hände und hat die eingeklemmt zwischen Schnur und Federbett … so, jetzt hing ich da wie an einem Rettungsfloß, da war ich immer noch bei Bewusstsein, ich bekam also noch mit, wie die Frau mir die Hände einklemmt, und von da an weiß ich dann nichts mehr. Mein Bewusstsein hab ich dann erst wieder erlangt in einer Kammer mit Marinesoldaten, und hab damals schon auf Anhieb geschnallt: das kann nur ein Kriegsschiff sein, und das können nur deutsche

Matrosen sein, sie sprachen natürlich Deutsch. Ich bin dann zu mir gekommen, hab meine Umgebung betrachtet, die graue Kammer und die Liege, auf der ich lag. Als ich zu Bewusstsein kam, sagte der eine Matrose zu mir: ›Mein lieber Junge, du hast uns ganz schön Kopfzerbrechen gemacht. Wir haben über eine dreiviertel Stunde gebraucht, bis wir dich wieder so weit hatten.‹ Dann hat er noch gesagt: ›Soll ich dir auch erzählen, was wir alles mit dir angestellt haben?‹ Ich hab gar nicht geantwortet und hab bloß zugehört. ›Wir haben dich auf den Kopf gestellt und haben dir erst mal das Wasser rausgedrückt, dann haben wir zwanzig oder dreißig Minuten Wiederbelebungsversuche gemacht – da bist du uns noch was schuldig.‹ So hat er mit mir gesprochen und sagte noch. ›Was machen wir jetzt, hast du am Ende Hunger jetzt?‹ ›Ich hab Hunger wie ein Wolf‹, sag ich. Ja, dann sagt er: ›Junge, ich werde dir gleich was holen, aber wie heißt du noch mal?‹ Ich hab meinen Namen gesagt, und er hatte eine Liste in der Hand, ›Inge W., ist das deine Schwester?‹ ›Ja, wo ist meine Schwester?‹ ›Die ist auch hier!‹ Dann haben sie meine Schwester geholt und haben uns zusammen getan. Er guckt auf seine Liste und sagt: ›Also, mehr haben wir nicht von W. Und mit wem warst du zusammen?‹ Sag ich: ›Mit der Mutter und noch einer jüngeren Schwester und mit meinem Bruder.‹ Sagt er: ›Nee, nur Inge W. ist hier.‹ Und da wurde es langsam ernst.
I: Da waren Sie acht Jahre alt (*betroffenes Schweigen*).
W: Als wir uns langsam wieder erholt hatten ... Mein größtes Vergnügen war dann, als einer von den Matrosen einen großen Teller Erbsen mit Speck brachte, richtige Seemannskost. Den Teller hab ich geleert, schwuppdiwupp war der weg ... ›Willst noch mal einen Teller?‹ ›Ja‹, sag ich, den zweiten Teller gebracht, und dann war die Welt wieder ein bisschen in Ordnung. Und dann war der nächste Anlaufhafen Swinemünde. Und der Kommandant hat beschlossen, von dort nach Kiel zu fahren. Wir haben es dann auf einem privaten Schiff durch den Nord-Ostsee-Kanal bis nach Rendsburg geschafft. Die Schwester war immer bei mir, wir waren immer zusammen.
I: Die Schwester wurde auch auf wunderbare Weise gerettet. Hat sie erzählt, wie sie davongekommen ist?
W: Nein, vielleicht hat sie weniger Erinnerungen dran gehabt oder war vielleicht mehr bewusstlos als ich. Als wir dann in Rendsburg ausstiegen, da sind wir weiter verfrachtet worden nach Hohn, das ist ein Dorf vielleicht 15 Kilometer von Rendsburg. Da wurden alle Kriegskinder in Kinderheimen zusammengelegt. Da waren wir dann im Kinderheim, und als sich immer weniger Angehörige gemeldet haben, wurden Bauern in den umliegenden Dörfern gefragt, ob sie nicht Pflegekinder aufnehmen können. So wurden wir getrennt, meine Schwester kam auf einen Bauernhof, und ich kam auf einen Bauernhof, da lagen so 25–30 Kilometer Entfernung dazwischen.«

Über sein Leben auf dem Bauernhof werden wir noch einiges hören. Dort bekam er über das Rote Kreuz die Nachricht, dass seine Mutter in Dänemark war und nach Baden-Württemberg ausgesiedelt würde. Arno, der älteste Bruder, war auch bei ihr. Die jüngste Schwester konnte nur noch tot aus dem

Wasser gezogen werden. Die Mutter hat es durchgesetzt, dass sie auf einem Friedhof in Kopenhagen beigesetzt wurde.[30]

Die »Karlsruhe« wurde von einem Lufttorpedo getroffen und versenkt. Fast alle Flüchtlinge, ob sie mit dem Schiff, auf Treckwagen, in Zügen und Lastautos oder zu Fuß unterwegs waren, mussten **feindlichen Beschuss** durch Artillerie oder Flugzeuge erdulden, wie die Berichte zeigen. Sie waren ein leichtes und nahezu schutzloses Ziel. Oft aber hat sinnlose Verteidigung den feindlichen Artilleriebeschuss erst heraufbeschworen, und die Flüchtlinge gerieten mitten in das Kampfgeschehen hinein. Pferde scheuten in Todesangst und waren kaum zu bändigen. Es kam zu Panikreaktionen. Das Militär drängte die Fluchtwagen und Flüchtlinge rücksichtslos zur Seite.

Kurt H. (1931) in Greulich bei Bunzlau: Eine große Menschenmenge, zur Flucht bereit, hatte sich am Bahnhof versammelt.

»Da passierte etwas für mich völlig Neues: ein starker, kurzzeitiger Druck in den Ohren, dann ein furchtbarer Knall, Artilleriebeschuss! Was dann kam, war das totale Chaos … Es müssen so ca. zehn Schuss gewesen sein, die Gott sei Dank aber nicht direkt den Bahnhof oder die Gleise mit den vielen Menschen trafen. – Es erhob sich ein grauenhaftes Geschrei!! Erwachsene Menschen schrien wie am Spieß, Mütter riefen nach Kindern, die Kinder ihrerseits nach der Mutter. Ich besann mich meiner Ausbildung im ›Wehrertüchtigungslager‹: ich riss die Mutti am Arm und zerrte sie hinter den Schuppen. ›Hinlegen!‹ habe ich wohl immerzu gerufen. Sie hat es später oft erzählt. Christa und Achim waren sowieso bei ihr, also hinter dem Schuppen am Boden; Oma und Tante Friedel musste ich erst mit vielem Schreien und Stoßen dazu bringen, sich hinzuwerfen. Da die Fremdarbeiter durchgehend bei der Verladearbeit bleiben mussten, setzten sie sich halt hinter den Schuppen und machten da ihr großes Geschäft. Es ist leicht vorstellbar, wie wir ausgesehen haben, als wir in Deckung lagen … Man glaubt es nicht, was man in Todesangst so alles in Kauf nimmt! Als die ganze Familie da endlich ganz flach am Boden lag (sogar die Hacken runter, wie ich es gelernt hatte), drehte ich mich zum ersten Wohnhaus. In diesem Moment war wieder mal solch ein Druck in den Ohren, im gleichen Augenblick war die Haustür weg, gleich danach qualmte es auch schon. Das sind Anblicke, die prägen sich einem Jungen von noch nicht mal vierzehn Jahren fürs ganze Leben ein. Zumal der bisher ›erlebte‹ Krieg per Wochenschau im angenehmen Kinosessel doch so ganz anders und viel, viel schöner war.«

Als ein Zug in den Kleinbahnhof einfuhr, hatte der Beschuss zwar noch nicht aufgehört, ging aber nicht unmittelbar auf die Menschen nieder. Doch die Menschen waren immer noch in heller Aufregung.

»Wir rannten vor der Lok über die Gleise, rein in den ersten Güterwagen, alles ging drunter und drüber. Geschrei, Schimpfen, Fluchen, Stoßen. Als wir unsere Ecke gefunden hatten, war schon ein Teil unserer kleinen Habe zu Bruch gegangen: das Plastikgeschirr, für unterwegs gedacht, war zertrampelt. Aber das Schlimmste spielte sich an der weit geöffneten Schiebetür des geschlossenen Güterwaggons ab! Unsere Nachbarin gab ihrer Schwägerin Kinder und Betten in den Wagen. Und arbeitete und schuftete und schob nach – bis es zum Aufspringen zu spät war! Der Zug musste fahren, es eilte. So hatte die Frau Lange Betten und Kinder ihrer Schwägerin bei sich, plötzlich statt zwei jetzt vier Kinder zu versorgen. Und das Schicksal der armen zurückgebliebenen Mutter wurde uns nie bekannt. Ich stellte mich an die Türöffnung, schaute zurück. Da sah ich, nach mehreren hundert Metern Fahrt, wie ganz hinten plötzlich die Schienen hochflogen. Es konnte wirklich nicht knapper kommen.«

Gerhard K. (1933) in Zittau, Oberlausitz: »Wir verließen Hals über Kopf das Haus (das Abendessen stand noch auf dem Tisch). Meine Mutter und ich gingen in Richtung Bahnhof, normalerweise ein Weg von ca. 20 Minuten. Ich schob den Kinderwagen, meine Mutter zog den Handwagen und ging neben mir. Auf den Straßen war kein Mensch zu sehen. Nur die Panzergeräusche waren zu hören. Dann setzte auch Artilleriefeuer ein. Wir waren dann schon in der Nähe des Bahnhofs, und der war offensichtlich das Ziel des Beschusses. Die Angreifer konnten ja nicht wissen, dass die Stadt nicht mehr verteidigt wird. Das Geräusch der pausenlos heranpfeifenden Granaten und die anschließende Detonation beim Einschlag bleiben mir immer in Erinnerung. Die Splitter der zerberstenden Granaten erzeugten um uns herum auf dem Straßenpflaster bei jedem Einschlag einen Funkenregen. Es war ein absolutes Wunder, dass wir nicht von Splittern getroffen wurden. Als wir noch etwa 150 Meter vom Bahnhofsgebäude entfernt waren, krachte ein Treffer in die Giebelwand des Gebäudes, und der verzierte Giebel fiel in einer riesigen Staubwolke auf den Bahnhofsvorplatz. Nun erreichten wir das Bahnhofsgebäude … Der Bahnhof war wie leergefegt … Inzwischen war es dunkel geworden, und wir entfernten uns vom Bahnhof, um über eine Ausfallstraße die Stadt zu verlassen. Der Beschuss hatte noch nicht nachgelassen, und so gingen wir instinktiv auf der Straßenmitte, um nicht von möglicherweise herabstürzenden Trümmern getroffen zu werden. Inzwischen waren auch aus Richtung der heranrückenden Front immer wieder Leuchtkugelsignale zu sehen. Die Angreifer signalisierten sich wohl damit gegenseitig ihren Standort. Schließlich erreichten wir die den alten Stadtkern umschließende Ringstraße, wo wir auf einen Flüchtlingstreck trafen. Bei allem Chaos um uns herum war dies doch eine Beruhigung, nun nicht mehr ganz allein zu sein. Wir hatten ja noch ein zusätzliches Handicap: Meine Mutter war nachtblind, und ich musste sie führen. Das war ich aber schon gewöhnt, denn die absolute Verdunklung in der Zeit zuvor hatte dies schon immer erfordert. Der Flüchtlingstreck, bestehend aus einer schier endlosen Reihe von Pferdewagen, war wohl am Tag zuvor unter Tieffliegerbeschuss geraten und führte Verwundete mit. Diese sicher schlecht versorgten Verletzten lagen auf den ungefederten Bauernwagen und schrien bei jeder Erschütterung auf dem rauen Pflaster der Stadt. Der Beschuss hielt unvermindert an, wir waren aber offensichtlich nicht mehr im unmittelbaren Zielbereich.«

Christine S. (1930), Borchersdorf, Kreis Königsberg: »Am 26.1.1945 kam der amtliche Befehl: Das ganze Dorf muss geräumt werden!

Es war Ellis (*ihrer Schwester*) elfter Geburtstag, und sie bekam als Geburtstagsgeschenk ihr eigenes Fahrrad – und ist nie damit gefahren. Statt dessen mussten wir in der Dämmerung dieses Tages alles stehen und liegen lassen. In großer Angst und Sorge verließen wir den Kartoffelkeller, in dem wir uns aufs Dableiben eingerichtet hatten, weil seine massive Betondecke eine gewisse Sicherheit darstellte. Doch es half alles nichts, wir mussten uns dennoch auf die Flucht begeben. Schnell wurden noch Lebensmittel auf den Wagen gebracht, die Kühe von den Ketten losgebunden, die Stalltüren geöffnet und die Pferde angespannt. Es war bitterkalt, und der Schnee lag hoch. Die eisenbereiften Wagenräder hätten auf der schneeglatten Straße keinen Halt gefunden, und so wurden vorsorglich noch in Eile Ketten um die Räder gewickelt. Währenddessen musste ich die schon unruhigen Pferde halten. Plötzlich ein Dröhnen, dass die Erde bebte. Ein Panzer ratterte auf den Hof, geradewegs auf uns zu. Vor Angst laut wiehernd stellten sich die Pferde auf die Hinterhufe. Ich konnte sie nicht mehr halten …

Dieser Stahlkoloss versperrte uns nun die Hofausfahrt. Uns blieb nichts anderes übrig, als über die tief verschneite Wiese auf dem Trampelpfad zum Nebengehöft zu fahren. So erreichten wir doch noch die Landstraße. Den großen schweren Fluchtwagen, der von zwei Pferden gezogen wurde, lenkten Mutter und Opa. Sie saßen vorn, nur wenig vom Wagendach geschützt, während Elli, Oma und ich im Innenraum auf irgendwelchen ›Pungeln‹ kauerten. Der einspännige Kastenwagen, mit Futter für die Pferde beladen, wurde von Nikolai, dem Russen, und Lena, der polnischen Magd, kutschiert. Sie fuhren immer dicht hinter uns. Eine schreckliche Fahrt in die Ungewissheit begann, begleitet von krachenden Granaten und beängstigend nahem Kanonendonner. Die Pferde, durch diese Umstände noch nervöser geworden, ließen sich zeitweise vom Wagen aus nicht lenken, so dass Mutter oder Opa – mit seinen 82 Jahren – neben ihnen hergehen mussten, um sie am Zügel zum Weiterziehen zu bewegen. Rechts und links der Straße standen schon mehrere Gebäude in Flammen. Wir kamen nicht weit. Noch vor Borchersdorf mussten wir auf eine Nebenstraße ausweichen, da die Hauptstraße durch den Ort von militärischen Truppen verstopft war. Auf der schmalen verschneiten Chaussee in Richtung Tharau, auf der wir ohnehin nur langsam vorwärts kamen, tauchten unerwartet schwere Militärfahrzeuge auf. Die Pferde scheuten, wichen in den Straßengraben aus, und der Wagen legte sich auf die Seite. Doch – Glück im Unglück – die hohen Schneewehen verhinderten ein totales Umstürzen. Wir schrien alle vor Entsetzen auf, und während ich mich allein aus dem Wagen befreien konnte, waren Oma und Elli teilweise von Gepäckstücken eingeklemmt. Elli blutete die Nase, sonst war uns aber Gott sei Dank nichts passiert. Nun hieß es, den schweren Wagen wieder aufzurichten. Das dritte Pferd wurde zusätzlich eingespannt, und mit vereinten Kräften von Mensch und Tier schafften wir es, nochmals auf die Straße zu kommen.«

Auf einem Bauernhof fanden sie ein Nachtquartier.

»Wir blieben nur diese eine Nacht, am nächsten Tag ging es bei Schnee und Kälte weiter in die Ungewissheit, um uns herum das schreckliche Kriegsgetöse. Auf den Straßen war kaum ein Weiterkommen, überall wimmelte es von Soldaten, Fahrzeugen und Flüchtlingen, mit Fuhrwerk oder zu Fuß. Wir versuchten, über einigermaßen benutzbare Nebenwege zu fahren. Manchmal ging es auch über verschneite Felder, wobei der Wagen schwankte und sogar stecken blieb. Die armen Pferde! Gegen Abend gelangten wir in ein Dorf, dessen Namen ich nicht mehr genau weiß – Ställe und Scheunen waren überfüllt. Es schien aussichtslos, ein Quartier zu finden. Doch schließlich fanden wir in einem Haus mit vielen anderen Menschen zusammen wenigstens einen Platz auf dem Fußboden. Für unsere treuen Pferde jedoch gab es keinen Unterstand, sie mussten bei Schnee und eisiger Kälte draußen bleiben. Sie taten uns so furchtbar leid, doch was tun? Ich weiß es noch genau: Mutter holte unsere Federbetten von dem Wagen, und mit Hilfe von Opa, Nikolai und Lena wurden unsere vierbeinigen Gefährten eingepackt. Abwechselnd wachte jemand bei ihnen, denn allein lassen konnte man sie nicht. Durch die ohrenbetäubenden Feuergefechte wären sie in Panik geraten und durchgebrannt. Wie hätten wir ohne sie weiterkommen sollen?«[31]

Sie kamen nicht mehr weit. Schon in der nächsten Nacht wurden sie **von den Russen eingeholt.** Was das bedeutete, war schon im Tagebuch von Gabi Köpp zu lesen.

Neben den überwiegend schrecklichen Erlebnissen mit den sowjetischen Siegern, die in der Rückschau fast nur als »Bestien« gesehen werden[32], gibt es auch Erinnerungen an menschliche Gesten, die es wert sind, bewahrt zu werden.[33] Gerhard K. (1933), mit seiner Mutter zu spät aus Zittau geflüchtet, wurde ebenfalls von der Front überrollt. Seinem Vater war es gelungen, den Volkssturm zu verlassen und die Angehörigen zu finden. Sie beschlossen, nach Hause zurückzukehren:

»Und so marschierten wir los. Unterwegs trafen wir noch andere Rückkehrer, sodass sich bald kleine Gruppen bildeten. Auf der anderen Straßenseite waren die nachrückenden russischen Truppen ins Stocken geraten, und so gingen wir an einem schier endlosen Stau an Militärfahrzeugen vorbei. Es waren hauptsächlich Pferdewagen und Lastwagen älterer Bauarten, ab und zu auch einmal ein Lastwagen amerikanischer Bauart. An Panzer kann ich mich nicht erinnern. Die Soldaten feierten das Kriegsende, sie waren sehr gut gelaunt, spielten z. T. mit Ziehharmonikas und tanzten sogar. Uns ließen sie unbeachtet. Bis auf einmal ein Soldat quer über die Straße auf mich zu kam (mich erfasste dabei eine ängstliche Unsicherheit), meiner Mutter blieb fast das Herz stehen. Als er vor mir stand, lächelte er, strich mir mehrmals wortlos mit seiner Hand über den Kopf und ging wieder zu seinem Fahrzeug zurück. Wir nehmen an, dass er bei meinem Anblick an seine Kinder zu Hause gedacht hat. Diese Szene, deren Menschlichkeit selbst ich als Kind begriff, habe ich nie vergessen.«

Nach einem Vortrag in Niedernhall am 21.3.2001 erzählte mir Bürgermeister Kalmbach folgende Geschichte, die ich nur sinngemäß zitieren kann: Er war mit seiner Mutter und seinem anderthalbjährigen Bruder auf der Flucht. Sie wurden von Russen eingeholt, konnten aber weiterziehen. Plötzlich stand ein Russe vor der Mutter und nahm ihr das Kind, das sie auf dem Arm trug, weg. Sie war verzweifelt. Als sie am Abend an ihrem Zielort ankamen, erschien der Russe und händigte ihr das Kind wohlbehalten aus. Er hatte es für sie den ganzen Weg getragen.

Krankheiten, Verletzungen und Tod waren auf der Flucht ständige Begleiter.[34] In den einleitenden Quellen, aber auch in den Erzählungen sind das die bedrückendsten und verzweiflungsvollsten Erinnerungen. Dazu noch einige ergänzende Berichte:

Hans-Peter F. (1933), damals in Heiligenbeil, November 1944: »Und dann sind wir mehrere Tage lang auf Leiterwagen, wie man das kennt auf den Bildern, in einer ewig langen Kolonne losgezogen. Ich meine, wir seien einige hundert Menschen gewesen, die teils liefen, teils auf den Wagen saßen, bei eisiger Kälte – diese Bilder, die man im Grunde genommen kennt, Schneesturm … und da sah ich dann auch, nachdem ich allerdings auch schon in Berlin in den Trümmern während der Bombenangriffe verschiedentlich Tote gesehen habe, auf den Straßen liegend, da erlebte ich dann eben auch das erste Mal das Sterben praktisch neben mir, von alten Menschen und leider eben auch von Kindern. Ich erlebte dort zum ersten Mal richtig Hunger und wirkliche Verzweiflung. Verzweiflung meiner Mutter auch. Ich sehe sie noch auf dem Wagen sitzen, meine Schwester im Schoß, bitterlich weinend … Ich meine, wir seien über zwei Wochen mit diesem Treck unterwegs gewesen, erlebten da auch zwei- oder dreimal Tieffliegerangriffe auf diese Trecks, wir waren ja nicht der einzige. Das war ja eine unendliche Karawane, von Hand gezogene, oder von Pferden oder Ponys, oder einige Ochsenkarren oder von Kühen gezogene waren meiner Erinnerung nach auch darunter. Und wie man sich dann darunter verkroch, aber das half nicht allen, denn die kamen dann von der Seite und schossen darunter. Ich erlebte da zum ersten Mal Krieg in dem Sinne, dass wir unmittelbar, nicht anonym durch Bomben, sondern jetzt eben direkt angegriffen wurden, und das waren ja alles unschuldige Menschen.«

Elisabeth B. (1929) aus Döhlao, Kreis Osterode, Ostpreußen ist am 20. Januar 1945 mit einem Ochsengespann auf die Flucht gegangen, zusammen mit der Mutter, dem Großvater, dem Bruder und weiteren Personen aus der Nachbarschaft. Unterwegs wurden sie von Russen eingeschlossen. Sie gerieten in das Kampfgeschehen hinein und suchten in einem Straßengraben Schutz:

»Und ja, dann haben wir uns hingehockt, weil wir gar nicht mehr Platz hatten zum Hinlegen, weil so viele Menschen da waren. Ja, und dann ist es passiert. Da hörte ich nur noch meine Mutti mich rufen: ›Der Kurt blutet!‹ Kurt war mein Bruder, ›den

hat's getroffen!‹ Und in diesem Aufschrei verstummt die Mutti. Und ich wollt ihr noch sagen: ›Ich seh es nicht, ich habe Schnee im Gesicht.‹ Will mir den Schnee wegwischen von den Augen. Da war der Einschuss (*zeigt die Stelle*). Und da raus zum Auge. Und dann habe ich gemerkt, dass da was weh tut. Ich war verletzt. Es müssen, es müssen vermutlich Splitter gewesen sein. Es ist ja nie was festgestellt worden. Und von unserem Wagen waren gleich noch eine Frau mit einer Tochter tot, ein Bub, der war sechs Jahre, der hatte das ganze Kinn weggerissen und ein Stückchen von der Zunge auch weg.
I: Der lebte aber noch?
B: Der lebte noch vier Wochen. Der ist uns verhungert. Wir hatten doch keine Ärzte. Der ist uns verhungert. Und dann war noch einer dabei, der hatte den ganzen Rücken rausgerissen, er war vielleicht zehn oder zwölf, so in dem Alter, der Georg. Und dessen Bruder, der ein, zwei Jahre jünger war, der hatte 'nen Armdurchschuss. Und dann war noch mein Schulkamerad dabei, der hatte 'nen Bauchschuss, und der hat keine Woche gelebt. Ich merkte, dass viele rumgetrampelt und viele hin und her gelaufen sind. Ich hab mich, so lang ich war, auf den Boden gelegt und hab gesagt, jetzt verblutest du. Wenn die beiden tot sind, was sollst dann du noch? Und dann kam nach 'ner gewissen Zeit eine Nachbarin und hat meine Mutti gesucht: ›Die Frau S. hat doch Verbandszeug, wir brauchen Verbandszeug. Die hat das bei sich.‹ Na ja, dann haben sie mich gefunden und mitgenommen. Dann habe ich erfahren, dass also die Russen da sind und was dann so um uns rum passiert. Dann bin ich aber von einer Krankenschwester, die wahrscheinlich unter den Flüchtlingen war, verbunden worden. Da im Gesicht. Und ich weiß nur, dass ich mich fürchterlich übergeben habe. Das muss ja dann die Gehirnerschütterung gewesen sein. Und dann hat's geheißen, wir müssen in unsere Heimatorte zurück. Ja, mit Ochsen haben wir's geschafft, dass wir zurückkamen. Aber wir haben ja nichts mehr auf dem Wagen als nur Verwundete gehabt. Meinen Opa hab ich verloren, der war sehr stark gehbehindert … Und dann war ich bei ganz fremden Leuten.«

Wegen fehlender sachgemäßer Behandlung ist sie erblindet. Es konnte ihr nicht mehr geholfen werden. Sie erzählt dann weiter von ihrem Leben unter Russen und Polen, als sie »Freiwild« waren, wie sie sagt. Wir werden davon noch hören.

Anni B. (1932) aus Klein-Mertinsdorf, Kreis Allenstein. Am 22. Januar 1945 gingen sie zu neunt auf die Flucht (Anni, die Älteste mit 13 Jahren, fünf Brüder, der jüngste drei Jahre, die Mutter mit 42, eine Schwester der Mutter mit 33 und die alte Oma mit 75 Jahren. Der Vater war beim Volkssturm. Von ihren vielen entsetzlichen Fluchterlebnissen belastet sie eines bis heute am meisten:

»Mit Oma ging es immer schlechter. Sie hatte alles aufgescheuert, konnte nicht mehr auf diesem Wagen sitzen. So ließen wir ihn stehen und wollten, so gut es ging, weiter. Diese mutige Frau, die uns allen Vorbild war, hatte nun auf einmal resigniert und meinte: ›Ich bin alt und krank, ich kann nicht mehr, lasst mich hier irgendwo zurück. Franziska, rette du deine Kinder und geht weiter.‹ Doch wir baten einen Soldaten um Hilfe. Der hielt darauf einen Planwagen an, auf dem eine Frau mit ihrem Begleiter ganz alleine saß. Die Frau weigerte sich, doch der Soldat sagte: ›Ich spanne Ihnen die Pferde aus‹, und so gab sie doch nach. Es war eine Mordsarbeit, Oma auf den Wagen zu bekommen, aber endlich saß sie. Wir hielten uns am Wagen fest und zogen mit, wir passten auf, um sie ja nicht zu verlieren. Und trotzdem geschah das, was wir vermeiden wollten, wir können es bis heute nicht begreifen. Es herrschte auch ein Chaos. Man musste oft ausweichen, und so muss das wohl passiert sein. Es wurde etwas dunkel, wir mussten langsam ans Übernachten denken, und so schauten wir auf den Wagen und meinten: ›So, Oma, jetzt machen wir Halt.‹ Was für ein Schreck, von Oma keine Spur, wir waren fassungslos.«

Trotz verzweifelten Suchens blieb die Oma verschwunden. Die Familie vermutet, die Frau habe sie vom Wagen gestoßen. Es ist aber nicht auszuschließen, dass sie selbst ihren Sturz herbeigeführt hat, um den anderen nicht mehr zur Last zu fallen. Die Familie gelangte nach weiteren Strapazen in ein dänisches Internierungslager. Der Vater erlag als Volkssturmmann noch im Juli 1945 seinen schweren Verletzungen.

Sehr hart hat es auch die Familie von Edith G. (1932) aus Liebenort, Kreis Labiau, Ostpreußen, getroffen. Statt ihres Fluchtberichtes hier nur das traurige Fazit: Sie war die jüngste von fünf Geschwistern. Der einzige Bruder (1925) fiel in Kurland. Eine Schwester (1924) war schon 1944 an einer Blinddarm-Operation in einem Königsberger Krankenhaus gestorben. Der Vater war im Krieg. Edith begleitete die älteste Schwester Gerda (1920) mit ihren beiden kleinen Kindern. Die Mutter und die Schwester Magda (1930) fuhren mit dem Treck. Alle wollten sich in Königsberg treffen. Aber sie fanden sich nicht. Erst Jahre später erfuhr die Familie, dass die Mutter nach Sibirien verschleppt worden war. Über die Großeltern schreibt Edith:

»Die Großeltern sind nicht auf die Flucht gegangen, und beide sind von russischen Soldaten erschossen worden. Als man die Großmutter vergewaltigen wollte, hat der Opa sich vor sie gestellt. Die Oma hat tagelang mit einem Bauchschuss im Haus gelegen, bis sie sterben konnte. Die andere Großmutter, die Mutter des Vaters, starb auf der Flucht an Schwäche und Hunger … Der Mann meiner ältesten Schwester blieb in Russland verschollen. Vater landete nach der Gefangenschaft in Osnabrück, und Mutter kam nach zweieinhalb Jahren im Lager in Sibirien krank und ohne Haare zurück nach Deutschland. Sie wurde dort auch nur entlassen, weil sie nicht mehr arbeitsfähig war. Sie war in der Mitte ihres Lebens, 48 Jahre alt … Diese Jahre voller Durcheinander, die Familie zerrissen und verstreut, nichts als das nackte Leben gerettet, die Heimat verloren. Ich konnte gar nicht glauben, dass danach noch einmal etwas Normales kommen könnte.«

Etwas Normales konnte erst kommen, wenn endlich irgendwo ein Ort erreicht wurde, an dem man nicht mehr weitergejagt wurde, an dem man Aussicht hatte, bleiben zu können, solange man selbst wollte. Dieses Ende kam nicht schon nach Tagen oder Wochen, wie es manche Filmdokumentationen nahe zu legen scheinen, das **unstete Flüchtlingsleben** konnte Monate, bisweilen Jahre dauern.

Zu den Flüchtlingen im engeren Sinne, die ihre Heimat verließen, weil sie den Sowjets nicht in die Hände fallen wollten, muss man, wie schon eingangs vermerkt, auch die Evakuierten aus dem Reichsgebiet zählen, die ihre Evakuierungsorte nach dem Krieg verlassen mussten. Auch die Flüchtlinge, die es nach Österreich oder ins Sudetenland verschlagen hatte, mussten nach Deutschland zurück. Sie hatten zwar das ungleich glimpflichere Los, unbehelligt in Zügen oder Lastautos »reisen« zu können, aber ihre Erzählungen zeigen, was Reisen damals in Deutschland bedeutete. Ein Beispiel für viele: Jobst Schöner (1935) wurde mit Mutter und fünf jüngeren Geschwistern im Herbst 1945 aus Parchim, Mecklenburg in ihren Heimatort Bremen ausgewiesen. Sie waren in mehreren Etappen über Ludwigslust, Wittenberge, Stendal, Magdeburg, Aschersleben, Erfurt, Eisenach, Bebra, Kassel, Hannover vier Wochen unterwegs, mussten in elenden Flüchtlingsquartieren, in denen vordem Kriegsgefangene und Fremdarbeiter untergebracht waren, übernachten, bekamen nur spärlich zu essen und Fahrkarten meist nur für die nächsten 40 bis 60 Kilometer bis zum nächsten Flüchtlingslager. In den Viehwaggons war es bitterkalt.

»Der Zug fuhr wegen der vielen ausgiebigen Stopps im Schnitt höchstens zehn Kilometer pro Stunde. Auf diese Weise waren wir für 60 Kilometer den ganzen Tag von Sonnenaufgang bis in die Dunkelheit unterwegs … Von Stendal fuhren wir nach Magdeburg. Weil circa 10 bis 20 Russen in dem Zug saßen, waren sämtliche Personenwagen ausschließlich für die Russen reserviert … Viehwaggons oder offene Waggons gab es nicht. So mussten wir uns auf den halbrund gewölbten Dächern der Personenwagen einrichten. Die Personenwaggons hatten seitliche Türen und hinten eine Leiter. Dort mussten wir hinauf. Man musste sich ziemlich in die Mitte des Daches zwischen die Lüftungsrohre setzen, sonst drohte man abzustürzen. Jochen (*sechs Jahre alt und gelähmt*) wurde hinaufgehoben und mit einem Wäscheseil an den Lüftungsrohren festgebunden. Unser Gepäck wurde ebenfalls festgezurrt. Rundum wie ein Wall, gegen den Fahrtwind etwas höher. Wir hielten uns am Gepäck und den Lüftern fest … Wenn eine Brücke über die Gleise in Sicht kam, gab die Lokomotive einen kurzen Pfeifton von sich. Alle auf dem Dach mussten sich flach hinlegen. Das geschah in größeren zeitlichen Abständen. Zu allem Überfluss setzte zu der erbärmlichen Kälte noch ein Schneetreiben ein. Da wir keine Mäntel hatten, packten wir unsere Schlafsäcke und unser Bettzeug aus und wickelten uns darin ein, um nicht zu erfrieren … Als wir in Magdeburg ankamen, waren wir so steifgefroren, dass wir nur mit fremder Hilfe von den Dächern herunterklettern konnten. Im Lager brauchten wir Stunden zum Aufwärmen. Die Helfer bemühten sich rührend um uns. Wir bekamen so viel heiße Suppe und Kornkaffee, wie wir wollten.«

In Aschersleben wurde Jobst krank, so mussten sie über eine Woche dort bleiben.

»Ich hatte ein Geschwür so groß wie ein Furunkel am Nabel. Die Ränder meiner Ohren wurden schwarz. Die Ränder waren beim Schneesturm zwischen Stendal und Magdeburg erfroren. Der schwarze Grind biss entsetzlich. Ich durfte nicht daran ›herumgrubben‹. Über Nacht wurden meine Arme deshalb in lange Pappröhren gesteckt, aus denen nur meine Fingerspitzen herausschauten.«

In Bebra wurden sie entlaust.

»Dann mussten wir unser Gepäck öffnen. Dort wurde weißer Staub mit großen Luftpumpen hineingeblasen. Dann mussten wir unsere Hosen oben öffnen und unsere Ärmel. Dort wurde ebenfalls weißer Staub hineingeblasen. Auch unsere Haare wurden gepudert. Erst dann durften wir in das andere Lager … Überall Krankenschwestern und Soldaten, Amerikaner, Engländer und einige Franzosen. Alles sehr, sehr sauber. Keine Strohsäcke, richtige Betten mit weißen Laken. Unser schmuddeliges Bettzeug und unsere Schlafsäcke durften wir nicht benutzen. Sogar nachts war es warm in den Schlafbaracken. In diesem Lager schliefen wir so wunderbar, dass wir gar nicht merkten, dass uns keine Flöhe und Läuse mehr piesackten … Der Transport nach Kassel fand bei Nacht statt. Er war deshalb furchtbar, weil der Zug so voll war, dass wir nur im Stehen schlafen konnten. Wir konnten nicht einmal umfallen, so waren wir eingezwängt.«

Ihr Haus in Bremen stand noch. Der Mieter hatte zwei Zimmer im Obergeschoss für sie freihalten können. »Möbel hatten wir keine. Die nächsten Tage schliefen und wohnten wir ohne Heizung auf dem nackten Fußboden.«[35]

Die Beschreibungen der nicht enden wollenden **Odysseen**, die mir vorliegen, würden allein ganze Bücher füllen. Der Bericht von Kurt H. (1931) umfasst auf 41 Seiten den Zeitraum seiner Flucht vom Januar bis zum Dezember 1945. Er war mit Mutter, Schwester Christa (damals neun Jahre) und Bruder Achim (damals vier Jahre), Großmutter und einer sehr schwierigen Tante, deren geistige Verwirrung sich schon abzeichnete, fast ein ganzes Jahr unterwegs von Greulich in Schlesien zu einer vorläufigen »Zwischenheimat« im Egerland auf einem Bauernhof. Dort erlebten sie die Besetzung durch die Amerikaner. Ende Mai beschlossen sie, wieder in die Heimat zurückzukehren. Sie machten sich mit einem Kinderwagen zu Fuß auf den Weg, kamen bis Aue, dann mit einem Zug bis Riese und von dort per Schiff in das zerstörte Dresden. Dort erfuhren sie, dass die Grenze über die Neiße geschlossen sei und es keine Möglichkeit mehr gebe, nach Schlesien zu gelangen. Die Mutter erinnerte sich an einen Großonkel in Berlin. Lassen wir Kurt H. an dieser Stelle selbst zu Wort kommen:

»Es hört sich heutzutage so einfach an: Man fährt mit der Bahn von Dresden nach Berlin. Nicht nur, dass viele Gleisanlagen zerstört waren und man ständig umsteigen musste. Nicht nur, dass die Abfahrtszeiten nicht – wie heute – nach Stunden und Minuten, sondern nach Wochentagen angegeben wurden. Und nicht nur, dass man schauen musste, wie das Gepäck zu verstauen war, ob man lieber auf den Trittbrettern oder auf dem Dach oder gar auf der Lok mitfährt bzw. überhaupt Platz bekam … nein, wenn das wirklich nun alles geklappt hatte und man den Platz fand und der Tag der Abfahrt stimmte, dann kam sehr, sehr oft ein sowjetischer Offizier und beschlagnahmte die Lok. Und alles begann von vorn … Irgendwie erwischten wir einen Platz auf einem offenen Güterwagen ohne Seitenwände, irgendwann fuhr der Zug dann auch ab. Plötzlich kam ein Wolkenbruch; der muss sehr schlimm gewesen sein, so schlimm, dass ich ihn noch heute sehr gut im Gedächtnis habe. Alles war nass, aber auch alles. Als der Zug in Jüterbog ankommt, ›besetzen‹ wir ein Bahnwärterhaus. Und da finde ich eine Menge Karabiner 98l der Wehrmacht. Diese Gewehrkolben brennen wunderbar: in einem Kanonenofen schüren wir ein und trocknen uns und viele andere Leute. Es gibt Essen! Alles marschiert natürlich dahin … als wir zurückkommen, hat der Russe das Häuschen abgeschlossen, natürlich mit all unserer Habe. Ich habe dann ein Fenster eingeworfen und unser Gepäck rausgeholt; ich denke, die anderen nach uns dann auch.

Nun haben wir die Möglichkeit, nach Berlin weiterzufahren. Ich mache das, was ich langsam schon gewöhnt bin: Oma und Tante Friedel und Mutti und Christa und Achim in das Wageninnere (diesmal sogar ein Personenwagen!), ich mit dem Gepäck nach oben. So verstaue ich den Kinderwagen mal wieder an der Waggonstirnwand, ich selber krieche aufs Dach. Das ist mir deswegen so gut im Gedächtnis, weil ich auf dieser Fahrt ein furchtbares Erlebnis haben werde … Auf dem Dach möchte ich es mir einigermaßen ›gemütlich‹ machen. Da kommt plötzlich von unten ein dicker, in Zivil gekleideter Mann und jagt mich weg. Dies sei sein Platz, er sei nur mal kurz weg gewesen. Ein ehemaliger Soldat sagt zu mir: ›Komm zu mir, Junge, lass den Fettsack dort sitzen!‹ Dann fährt der Zug los. Wir kommen in die Gegend von Nauen, das ist die frühere Funkstation gewesen. Es gibt da viele Sendemasten, aber noch viel mehr Starkstromleitungen … Plötzlich – man kann ja auf Zugdächern weit nach vorn schauen – kann man erkennen, wie etwas auf den Wagendächern zu hüpfen scheint. Und ein immer näher kommendes Schreien ist ein Zeichen für etwas Schreckliches. Eine Hochspannungsleitung hat sich irgendwie gelöst und hängt so stark durch, dass sie immer auf die Wagendächer aufschlägt, hochspringt, wieder aufschlägt … Immer näher kommt das alles – es ist ein furchtbares Gefühl, wenn man so hilflos diesem Geschehen ausgeliefert ist, nicht ausweichen kann!! Ich ducke mich hinter den dicken

Mann, der mich von meinem Platz vertrieben hat, höre, wie das Kabel pfeift, wie es in ihn hineinschlägt – wie es über mich hinwegspringt!!! Wir kommen an irgendeiner Station an, nach etwa einer Viertelstunde. Man weiß da noch nichts von dem, was uns unterwegs passiert ist. Aber es scheint sich doch ziemlich schnell herumzusprechen, denn bald kommen Rote-Kreuz-Leute. Sie kümmern sich auch um den dicken Mann vor mir – ich sehe, wie sie ihn herunterziehen, wie einen nassen Sack, behandelt man so einen Verletzten? Aber er ist nicht verletzt, er ist bereits tot: quer über die linke Halsseite zieht sich eine dicke, rote Vertiefung, blau verfärbt am Rand, alles ist voller Blut!! Das Kabel hat ihm die Halsschlagader zerschlagen – und vorher hatte ich auf seinem Platz gesessen …«

Der Großonkel in Berlin nimmt sie freundlich auf, seine Frau hat er auswärts in Sicherheit gebracht und daher etwas Platz für die Familie. Der vierzehnjährige Kurt macht sich mit Wissen der Mutter allein auf, um zu erkunden, ob es wirklich keinen Weg nach Hause mehr gibt. In Dresden wird ihm sein Rucksack von einem Kameraden gestohlen, so muss er wieder zurück nach Berlin. Dort kommt er Mitte Juli wieder an. Aber sie können nicht bei dem Großonkel bleiben, weil der seine Frau wieder zurückholen möchte und dann die Wohnung für alle wirklich zu klein würde. So ziehen sie wieder los ins Ungewisse.

»Das hat unsere Mutti schwer getroffen: nun wussten wir wirklich gar nicht mehr, wohin, nun war auch der letzte Halt weggebrochen. Sie meinte – und das habe ich nicht vergessen, darum kann ich es wörtlich wiedergeben – Ende Juli, als das nächste Kapitel der Flucht begann: ›Jetzt gehen wir nach Norden, immer weiter. Und wenn es dann gar nicht anders geht, dann gehen wir ins Wasser‹ …«

Und so ging es dann wieder weiter, zu Fuß, wenn es ging, per Bahn, so wie vorher auch schon.

»Die Kochtechnik war die gleiche wie seit Erreichen der Sowjetzone im Juni: zwei Ziegelsteine, irgendein Blech darüber, Feuer drunter. Die Mahlzeit bestand oft aus möglichst fein zerkleinerten Kartoffeln, die man roh auf das Blech legte oder strich und dann als Super-Kartoffelpuffer essen konnte. Und wo und wie hat man geschlafen? Oft auf der Landstraße, in irgendeiner stillen Ecke; es war ja Sommer, man war ja müde. Einmal schlief ich in einem Schulzimmer (natürlich ohne Fensterscheiben) auf der Tafel … die Ausbeute von Muttis Bemühungen um Aufnahme in irgendeine Wohnung war niederschmetternd. Sie ging in jedem Dorf, das wir erreichten, sofort zum Bürgermeister. Stets ohne Erfolg: ›Alles voll!‹ Diese Bürgermeister gaben ihr aber immer eine Art Bescheinigung mit, dass wir Anspruch auf Wohnraum haben; damit solle sie zum Bürgermeister des nächsten Ortes gehen. Aber der sagte ihr immer, dass der andere Gemeindechef ihm gar nichts zu sagen habe. Und gab ihr eine neue Bescheinigung für den nächsten Ort … Ich stand derweil draußen mit dem Kinderwagen. Es ist mir noch so, als sei das alles erst gestern geschehen: die weite und auch etwas schwermütige Landschaft in Mecklenburg, lange Pappelalleen – ich habe mich so einsam und so schlecht gefühlt, das ich das noch heute genau weiß!«

Die Mutter wandte sich schließlich an den Landrat von Perleberg und bekam eine Einweisung in das winzige Dörfchen Guhlsdorf. Das musste der Bürgermeister dort akzeptieren. Sie kamen auf einen Bauernhof. Seine Mutter und er mussten schwer arbeiten. Erst im Oktober erreichte sie das erste Lebenszeichen vom Vater aus Hessen. Nach einer wieder sehr beschwerlichen Fahrt, diesmal mussten sie die Grenze zwischen der sowjetischen und der britischen Besatzungszone überqueren[36], erreichten sie Lauterbach.

»Am 5. Dezember 1945 gegen 17 Uhr sind wir in Lauterbach als allererste Flüchtlinge im leichten Schneegestöber mit unserem Kinderwagen die Bahnhofstraße entlang in Richtung Obergasse gezogen. Und haben – ungewollt – unserem Vati einen Riesenschreck eingejagt: Mutti, Christa und Achim sind in die Metzgerei Greb marschiert und haben mit dem Familienoberhaupt die Familienzusammenführung vorschriftsmäßig vollzogen. Der aber hat mich sofort vermisst und gemeint, da sei etwas Schlimmes passiert, weil ich nicht dabei bin. Aber ich musste doch (wie immer) auf der Straße bleiben und aufpassen, dass nicht zu guter Letzt noch der Kinderwagen geklaut wird!«

Länger als 16 Monate war die Familie von Sieglinde D. (1930) unterwegs, die Mutter mit acht Kindern. Sieglinde war mit ihren 14 Jahren die Älteste. Der Vater war im Feld. An das Ende ihrer Fluchterinnerungen stellt sie eine Übersicht mit Zeittafel und Landkarte zu den einzelnen Stationen. Wollte man auch nur einen kleinen Teil der alles andere als gradlinig nach Westen verlaufenden Fluchtwege in eine Karte einzeichnen, so würde ein unübersehbares Netz von Linien kreuz und quer durch Deutschland diese Karte überziehen. Es gab zwei prinzipiell unterschiedliche Endpunkte der Flucht. Die einen fanden in einer der vier Besatzungszonen eine Bleibe, die anderen kehrten – gewollt oder ungewollt – in die alte Heimat zurück. Ihr weiteres Leben war sehr unterschiedlich, wie wir sehen werden.[37]

Alle Erzählungen der Kinder sprechen nicht einfach von schicksalhaften Geschehnissen, sondern sie sprechen von **Menschen**, die gelitten und gehandelt haben. Kinder haben **in den Grenzsituationen der Flucht** frühzeitig erfahren, wozu Menschen fähig sind, im Bösen wie im Guten. Sie haben rücksichtsloses, rohes und gemeines Verhalten kennen gelernt, und dies nicht nur von den Feinden. Dass der Krieg kein ritterlicher Kampf ist, sondern dass sich in ihm Grausamkeit und Barbarei austoben, haben sie am eigenen Leibe erleben müssen. Die Bomberpiloten waren anonym, Teil einer Kriegsmaschinerie. Der Blickkontakt mit den Jabo-Fliegern war eine beängstigende Augenblickserfahrung. Bei der Besetzung der Heimat waren die meisten noch in ihren eigenen Häusern oder in geschützten Kellern und Bunkern in vertrauter Umgebung. Auf der Flucht begegnete der Feind völlig schutzlosen, der Kälte und den Unbilden der Natur erbarmungslos preisgegebenen Menschen, ohne Sicherheit, ein bergendes Ziel zu erreichen, in quälender Ungewissheit, was die nächste Stunde bringen würde. Sie waren der Gnade oder Ungnade der Sieger ausgeliefert. Ihre Lage war noch dadurch erschwert, dass die Kämpfe teils noch in vollem Gange waren, dass die Angreifer gegen erbitterten Widerstand vorrückten, dass sie die deutsche Wehrmacht und Kollaborateure immer noch fürchten mussten und die Flüchtlingszüge sich auf den Straßen mit deutschen Militärfahrzeugen mischten. Die meisten Sowjetsoldaten hatten Jahre eines mörderischen Einsatzes hinter sich, in dem sie die Zerstörungswut und den Vernichtungskampf der Deutschen in ihrer Heimat kennen gelernt hatten. Sie waren zusätzlich aufgehetzt, in jedem Deutschen einen Nazi-Verbrecher zu sehen. In ihren Augen lebten die Deutschen immer noch in wohlhabenden, ja paradiesischen Verhältnissen im Vergleich zu der verbrannten Erde ihrer Heimat.[38] Die Menschen aber, die ihre Rache nun hautnah zu spüren bekamen, konnten die Zusammenhänge nicht verstehen, die Kinder waren unschuldige Opfer. Sie erlebten gezielte Beschießungen von Trecks und Menschen, die klar als Zivilisten zu erkennen waren. Sie erlebten Saufgelage und blindwütige Zerstörung, Lust am Quälen, so an fortgesetzten brutalen Vergewaltigungen unter Todesdrohung mit an die Schläfe gehaltener Pistole. Sie erlebten Lust am Morden, an willkürlichen Erschießungen, an kaltherziger Trennung von Nahestehenden. Die Feinde entsprachen dem Bild, das die Propaganda von ihnen gezeichnet hatte, sie schienen »Untermenschen« zu sein. »Sind das denn noch Menschen?«, fragt Gabi Köpp in ihrem Tagebuch. Dennoch gab es Zeichen der Menschlichkeit, wie wir gesehen haben, und auch die Tagebuchschreiberin Gabi Köpp ist erstaunlich fair, wenn sie nicht nur die Untaten schildert, sondern sogar vermerkt: »Sie sind zu den Kindern überhaupt sehr freundlich.« Sich selbst, die ja auch noch ein halbes Kind war, kann sie allerdings nicht dazu rechnen. Dass Russen sich menschlich zeigten, haben wir schon gehört. Aber auch von Tschechen und Polen erfuhren Flüchtlinge Hilfe.

Ursula B. (1939) war mit ihrer Großmutter und der kleinen Schwester auf dem Rückweg nach ihrem Heimatdorf Klein-Oels bei Brieg in Schlesien durch die Tschechoslowakei. Die Mutter hatten sie unterwegs verloren. Die drei schleppten sich allein dahin, sie konnten das Tempo der anderen nicht mithalten.

»Natürlich waren wir nun auch ganz auf uns allein gestellt, was die Verpflegung betraf. Immer wieder fanden wir Menschen, die uns weitererhalfen, und das in einer Zeit, wo in den Städten der Tschechei Flüchtlinge auf den Straßen aus Hass totgeschlagen wurden. ›Die Rache der Tschechen war grenzenlos‹, heißt es in den heutigen Geschichtsbüchern.«

Sie aber setzt sich in ihren Erlebnissen davon ab:

»Einmal überholte uns eine Frau mit dem Fahrrad und fragte, ob wir Hunger hätten, und wies dann auf ein etwas entferntes Getreidefeld am Straßenrand. Dort fanden wir eine halbe Stunde später einen Topf mit Suppe, drei Löffel und ein Brot. Wir aßen mit Heißhunger, kratzten den letzten Rest aus und wischten mit Brot den Topf fast sauber. Meiner Oma war es sehr peinlich, dass sie ihn nicht auswaschen konnte. In der Stadt Zwittau fanden wir spät abends ein Quartier bei einem tschechischen Schulrat. Dort blieben wir mehrere Wochen. Wir schliefen in einem hohen Raum auf der Erde und konnten uns tagsüber in einer großen Küche ungestört aufhalten. Ich wurde immer wieder zum Essen eingeladen. Es kann ein Pfarrhaus oder ein Kindergarten gewesen sein. Meine Schwester sollte ich auch mitbringen, aber sie weinte so, dass ich das nächste Mal wieder alleine ging. Viele Kinder saßen mit mir zusammen an niedrigen Tischen, und es gab gute Sachen, und vor allem Nachtisch, z. B. eine Handvoll Rosinen. Ich bekam oft ein Brot mit nach Hause, in das ein Loch geschnitten war, in welches Butter gefüllt wurde.«

Später mussten sie betteln gehen.

»Mit einem kleinen weißen Säckchen machten wir uns auf. Ich muss schon einige Routine darin gehabt haben, denn ich wurde immer vorgeschickt. Ich klopfte an die Türen und erhielt fast immer etwas. Nur einmal hetzte man einen großen Hund auf mich, und ich rannte davon. Aber mein Säckchen war meist gefüllt. So auch diesmal. Ich habe an diesem Abend 16 Brote und Broteckchen gegessen. Die Zahl stimmt, denn sie wurde später in unserer Familie immer wieder erwähnt.«

Ebenso wichtig waren für die Kinder die Erfahrungen, die sie mit den eigenen Leuten, den Mitflüchtlingen, den Volksgenossen machten. Gerade in dieser langen Ausnahmesituation – nichts anderes war die Flucht – fiel alles Vorgespielte, Unechte weg. Jetzt war mehr gefordert als eine in normalen Zeiten oft nur äußerliche und billige Anständigkeit. Die Menschen zeigten, wer sie wirklich waren.

An vorderster Stelle stehen die Mütter und Großmütter. Die Kinder, die inzwischen selbst Eltern und Großeltern sind, gedenken ihrer mit Dankbarkeit und Bewunderung. Ingrid R. (1936) verlor unterwegs ihre Mutter. Die damals 61-jährige Großmutter nahm alles in die Hand. Nur eine kleine Episode vom Anfang der langwierigen Fluchtgeschichte:

»Wir sind ja dann in Güterwagen verladen worden, und das erste Schlimme war, dass eine Bombe einschlug mitten im freien Feld bei einer Brücke, und es kollidierten zwei Lokomotiven. Und da sagte meine Großmutter: ›Also, hier nix wie raus!‹ Und meine Großmutter mütterlicherseits, das war eine ganz kleine, aber so eine couragierte Frau, und die hatte sich sofort etwas Tolles organisiert, und zwar hatte sie sich einen Anhänger organisiert mit Reifen, wo Luft drin gewesen ist, und dann – ich sehe sie heute noch – wie sie dann den Abhang runtergerutscht ist auf dem Hintern, aber den Wagen nicht losgelassen hat in diesem ganzen Getümmel. Und ich sag Ihnen heute, die Großmutter ist eigentlich die Frau, die uns das Leben gerettet hat.«

Die beherzte Großmutter fand immer einen Ausweg, und schließlich war die Familie wieder zusammen. Nur der Vater blieb in Stalingrad vermisst.

Ein geradezu verklärtes Bild zeichnet Ingrid A. (1936), die mit ihrer Mutter allein auf der allerdings relativ kurzen und relativ glimpflichen Flucht war, von Neustrelitz nach Schwerin, ohne Russen:

»Für mich fängt ›Der Krieg‹ erst 1945 im März an. Da meine Mutter ihre Ängste *nie* vor mir zeigte, war der Aufbruch von uns beiden zur Flucht – genannt ›Reise, auf der Mami als Rotkreuzschwester Verwundete begleiten muss und Du darfst mit, weil Oma nicht hier ist‹ – sehr spannend. Ich zog meinen Teddy und meine Babypuppe warm an und füllte Haferflocken und Zucker in kleine Tüten als Proviant für meine Kinder. Ich selber musste alles doppelt anziehen, ›weil wir nicht so viel Gepäck mitnehmen dürfen‹. Da ich meinen dicken Mantel drüber trug, hoffte ich, dass es niemand sieht … Als wir dann am Haus meiner Freundin vorbeikamen, rief ich ›Ätsch, Marianne, wir flüchten!‹ Meine Mutter sagte mir sehr streng – daran erinnere ich mich besonders gut –, ich dürfe das nie wieder sagen! Zum Glück haben es keine ›braunen Ohren‹ gehört … Von einem Tieffliegerangriff, weiß ich noch, dass sie sagte, ›jetzt liegen wir auf der Wiese wie Papi im Schützengraben und dürfen uns nicht bewegen, weil die Flieger uns dann nicht sehen können und nicht schießen!‹ Von einem getroffenen Treck sah ich nur ›ein umgekipptes Pferd, das wohl schlief‹, und einen niedlichen Kanarienvogel in einem Vogelbauer mitten auf der Straße. Ringsherum lagen tote Menschen und Pferde, wie meine Mutter mir viel später erzählte … Auf dem Schiff war es herrlich für mich, denn ich trug eine Rotkreuzarmbinde, holte mittels einer am Bindfaden hängenden Büchse Waschwasser für die Verwundeten und uns und brachte als ›Schwester Ingrid‹ den Leichtverwundeten was zu essen oder dergleichen. Mit einem Soldaten machte ich immer ›Quatschgedichte‹. Man muss bedenken, ich hatte eine nie klagende Mutter, die Soldaten waren tapfer, und ich war ein Soldatenkind und daher auch tapfer, so war halt die Erziehung … Als wir dann alle aus den Kähnen rausmussten, zog ich den Bollerwagen mit etwas Gepäck, und meine Mutter schob das Fahrrad und rief immer: ›To Schwerin? Where to Schwerin?‹, und lachende Amerikaner und ein Schwarzer mit MG deuteten immer in eine Richtung. Ich fand den Feind, von dem ich ganz andere Vorstellungen hatte, sehr nett. Dann erinnere ich viele Menschen in ›Schlafanzügen‹

(befreite Kz'ler), bei deren Erscheinen meine Mutter immer wieder ›Red Cross, Red Cross‹ sagte und mir befahl: ›Mach Dich klein, mach Dich ganz klein!‹ Ich gehorchte, fand es aber äußerst doof, weil ich ja eine ›große Krankenschwester‹ auf dem Schiff gewesen war!«

Wie hart das Flüchtlingsdasein für die Mutter war, geht nicht nur aus ihren aufgezeichneten Erinnerungen, sondern vor allem aus ihren Briefen an den Vater hervor, der 1947 aus amerikanischer Kriegsgefangenschaft zurückkehrte. Diese Mutter hat es vermocht, das Schreckliche für das Kind durch ihr Verhalten einfach »wegzunehmen«.

Wie aber eine Mutter mit mehreren Kindern die Flucht »organisierte«, wie sie immer wieder einen Weg fand, Unterkunft und Essen auftrieb, kranke Angehörige versorgte, Mut machte, auch wenn es ihr selbst nicht gut ging oder sie schwanger war, ist ausgesprochen oder stillschweigend Inhalt fast aller Fluchtberichte der Kinder und muss nicht weiter belegt werden. Aber Kinder haben auch Verzweiflung ihrer und anderer Mütter gesehen und mit gelitten. Und sie haben gesehen, wie Mütter ihren Kindern nicht helfen konnten, wie sie ihre toten, erfrorenen oder verhungerten Säuglinge am Straßenrand begraben oder liegen lassen mussten. »Mutterliebe ist sicher die größte Liebe. Aber wir sind doch nur schwache Geschöpfe«, schreibt Erika Hanisch, die ihre kleine Gabi »ablegen« musste, weil sie das tote Kind auf ihrem erfrorenen Arm nicht länger tragen konnte – und sie entschuldigt sich noch dafür! Die kleine Gabi musste sterben, weil sie keine Hilfe fanden. Sie hat die Hartherzigkeit der Menschen erlebt, die ihre Haustüren nicht öffneten, Hartherzigkeit von Soldaten, die andere Frauen mitnahmen, aber sie nicht.

In dem Brief von Erika Hanisch und in den beiden Tagebüchern von Siegfried S. und Gabi Köpp, die am Anfang dieses Kapitels stehen, finden wir Beispiele für ganz unterschiedliches Verhalten der Mitmenschen: Wir erfahren von den »Bonzen«, die sich beizeiten davongemacht haben. In Breslau war der Gauleiter Hanke für die Erklärung Breslaus zur Festung und für die Zwangsevakuierung verantwortlich, für die überhaupt kein Plan und keine ausreichenden Beförderungsmittel vorhanden waren.[39] So kam es ja zu dem Elendszug der Frauen, in den Erika Hanisch sich einreihen musste. Auf der anderen Seite hinderte die Partei Menschen am rechtzeitigen Verlassen der Stadt, sodass sie den Russen in die Hände fielen. Gabi Köpp erlebt, dass Frauen aus ihrer Gruppe sie an die Russen verraten, um sich selbst zu retten. Aber eine dieser Frauen kümmert sich dann nachher um sie und nimmt sie mit. Sie lernt Ewald kennen, kaum älter als sie, der sie unter seinen großen Mantel nimmt und sie beschützt, umso schrecklicher, dass er erschossen wird.

Aus den übrigen Berichten und vielen weiteren meiner Sammlung lässt sich die Reihe der Beispiele fortsetzen: Ein Reisekamerad stiehlt Kurt H. seinen Rucksack, obwohl er sich vorher sehr freundschaftlich gegeben hatte. Da gibt es hilfreiche Soldaten, während doch das Militär meist rücksichtslos die Treckwagen und Menschen auf die Seite und in den Graben drängt. Da rettet ein Minensuchboot den kleinen Siegfried W. und die Matrosen mühen sich um sein Leben, während wir doch heute wissen, dass sich die Seekriegsleitung den Bitten um mehr Schiffe verweigert hat, weil sie mit diesen Schiffen, immer noch Hitler treu, den Krieg gewinnen wollte, anstatt Zivilisten zu retten. Und auf der »Karlsruhe« wäre für mehr Menschen Platz gewesen, wenn nicht ein »höherer Dienstgrad« den Platz für sein Auto reserviert hätte. Da müssen Bauern mit Wagen gezwungen werden, ihr Gepäck dranzugeben, damit erschöpfte Alte und Kinder befördert werden können – und sie fluchen darüber. Eine Frau und ihr Begleiter sitzen allein auf ihrem Planwagen und weigern sich, die Großmutter, die nicht mehr gehen kann, mitzunehmen, bis ein Soldat droht, ihnen die Pferde auszuspannen. Ob sie die alte Frau dann vom Wagen gestoßen haben, weiß man nicht mit Sicherheit. Die Familie hält sie dessen für fähig. Haustüren bleiben geschlossen, so dass Frauen keine Möglichkeit finden, Milch für ihre Säuglinge zu wärmen. Einquartierungen werden widerwillig aufgenommen und entsprechend behandelt; andere wiederum stellen bereitwillig alles, was sie haben, den Flüchtlingen zur Verfügung.

Ein besonders schönes, aber wohl nicht häufiges Beispiel von Mitmenschlichkeit ist die Predigt des alten Mannes auf der »Ostmark«, eines »Propheten wie aus dem alten Testament«, der die bedrückten Menschen mit seinen Worten und den gemeinsamen Liedern aufzurichten vermochte.

Nicht vergessen haben die Kinder aber auch ihre russischen oder polnischen Fremdarbeiter, die auf ihren Höfen fast zu Familienmitgliedern geworden waren und nun bereit waren, einen Treckwagen zu führen und sich um die Pferde zu kümmern. Manche bezahlten das sogar mit ihrem Leben. Viele Fremdarbeiter hatten selbst Angst vor den »Befreiern« – und das nicht ohne Grund.[40]

Was den Kindern damals nicht zum Bewusstsein kam, was sie aber in der Rückerinnerung mit Staunen registrieren, ist die bis zum Schluss einigermaßen funktionierende Betreuung der Flüchtlinge, sei es durch die NSV[41], das Rote Kreuz oder andere Organisationen. Dahinter standen Tausende von anonymen Helfern, die – mag auch ihre Gesinnung politisch fragwürdig gewesen sein – vielen Menschen das Leben gerettet haben.

Die Kinder haben auf der Flucht auch Erfahrungen mit sich selbst gemacht. Sie haben gelernt, sich zu behaupten und durchzuschlagen, sich diszipliniert zu verhalten, zu helfen, wo und wie immer sie konnten. Von wenigen wird berichtet, dass sie daran seelisch zerbrochen sind. Vielleicht aber waren das auch gerade die, die nicht überlebt haben.

Die Kinder haben also – neben Niedertracht, Herzlosigkeit, krassem Egoismus, Brutalität – auch vorgelebt bekommen und sich selber bewiesen, dass es möglich war, äußerste Not durchzustehen, mitfühlend, hilfsbereit und besonnen zu bleiben. Das alles haben sie in ihr Leben mitgenommen. Wunden sind geblieben, und die Narben sind empfindlich, sie schmerzen heute noch.

Kapitel 10

Als Fremde in der Heimat, in Internierungslagern

Für jeden, der den Fortgang der Geschichte kennt, ist schwer zu begreifen, dass Flüchtlinge, die es geschafft hatten, schon weit nach Westen zu gelangen, sich auf den Rückweg in die Heimat machten.[1] Damals aber hofften die Menschen, das Schlimmste überstanden zu haben, sie hofften, dass, wie immer auch der Krieg ausging, nach seinem Ende wieder normale Zeiten kommen würden, in denen man zu Hause besser als in der Fremde leben und alles Zerstörte würde neu aufbauen können. Niemand mochte glauben, dass die Heimat für immer verloren war. Nicht alle freilich kehrten freiwillig zurück; viele wurden von den russischen Besatzern in die Herkunftsgebiete zurückgetrieben.

Diese **Rückkehr** war nicht weniger strapaziös und gefährlich als die Flucht. Nach Tagebuchnotizen aus den Jahren 1947/48 hat Christa Dittmann (1931) ihre Erinnerungen daran aufgeschrieben.[2] Mit Mutter und drei jüngeren Brüdern war sie am 7. Februar 1945 von ihrem Bauernhof in Altfalkenberg, Kreis Pyritz in Pommern, mit dem Treck aufgebrochen. Sie kamen bis über Stralsund hinaus und fanden ein vorläufiges Quartier auf einem Gut bei Damgarten in Mecklenburg. Dort marschierten die Russen ein, und sie wurden von den Besatzern und den befreiten polnischen Zwangsarbeitern ausgeplündert:

1. Christa Dittmann

»Irgendeiner brachte nun die Nachricht, dass sich alle Flüchtlinge auf den Weg in die Heimat begeben müssten. Wir packten also unser Hab und Gut, was uns noch verblieben war, zusammen. Da auch unser Wagen gestohlen worden war und wir nur noch ein Pferd besaßen, mussten wir mit einer Nachbarsfamilie zusammen fahren, die ein Pferd und den Wagen gerettet hatten. Am 19. Mai begann für uns wieder eine unglückselige Fahrt, diesmal Richtung Heimat. An diesem Tag gab es wohl keinen Menschen, der nicht frohgestimmt und beschwingt die Reise antrat; denn jeder Schritt, den wir taten, brachte uns der Heimat näher. Schon in der ersten Nacht sank unser Mut beträchtlich. Wir hielten auf einem Platz am Rande eines Dorfes, nur die Pferde wurden in einer Scheune untergebracht. Wir mussten auf unseren engen Wagen übernachten, es regnete in Strömen. Trotzdem schlichen russische Soldaten zwischen den Wagen hin und her und riefen: ›Wo Magda, wo Magda?‹ Diese Rufe kannten wir ja schon zur Genüge; doch versetzten sie uns immer wieder in Angst und Schrecken … Wir fuhren weiter durch Städte und Dörfer, teils bewohnt, teils verlassen, ausgeplündert und zerschossen. Es waren oft furchtbare Anblicke, je näher wir der Oder kamen, desto wüster wurde das Land. Die Straßengräben, Waldränder und Felder waren mit ausgeplünderten umgekippten Wagen, zerschnittenen Betten, zerrissenen Kleidern, zerbrochenem Geschirr und totem Vieh bedeckt. Die toten Tiere verursachten einen fast unerträglichen Geruch, sodass man oft nicht zu atmen wagte. Schließlich fanden wir auch tote Soldaten, die meisten mit Fliegen bedeckt und viele schon als Skelett. Manche hatten noch ihre Erkennungsmarke, diese nahmen wir mit und schickten sie später den Angehörigen zu. Es dauerte allerdings noch Monate, bis die Post wieder etwas beförderte. Der Anblick dieser toten Menschen und Tiere härtete uns mit der Zeit so ab, dass es uns nichts mehr ausmachte, ganz in der Nähe auf den verlassenen Feldern Möhren, Kartoffeln, Erbsen oder was sonst noch Essbares zu finden war, zu ernten.

An den ersten Abenden unserer Fahrt wurden wir oft von den Russen oder Polen, wenn wir in kleinen Ortschaften rasten wollten, auf abgelegene Wege geführt und dort durchsuchten sie immer wieder unsere Wagen nach Uhren, Ringen und sonstigen Schmucksachen. Sie hatten oft schon fünf oder sechs Uhren am Handgelenk und alle Finger voller Ringe; aber sie konnten nicht genug kriegen. Bald fanden wir heraus, dass diese Plünderungen den Russen so wie den Polen strengstens verboten waren. Wir hielten fortan nur in Ortschaften, wo sich eine Kommandantur befand und nach Möglichkeit so nah wie es ging, an dieser. Mit Vorliebe suchten wir uns große Scheunen als Nachtquartier aus. Vorne auf der Tenne hatten alle Pferde unseres Trecks Platz, es gab für sie genügend Stroh und Heu, in den meisten jedenfalls, und wir fanden hinten in der Scheune genügend Raum, wo wir unsere Betten ausbreiten konnten. Es wurde alles planmäßig gemacht, die Frauen und Kinder schliefen in der hintersten Ecke, die Männer bereiteten ihr Lager in einer Reihe davor, und ganz vorne standen oder lagen die Pferde. So genügten zwei bis drei Männer, die am Eingang Wache hielten und die alle paar Stunden abgelöst wurden. Wagten sich trotz naher Kommandantur ein paar Russen zu uns herein und flüsterten: ›Uri, Uri‹ oder ›wo Magda (russisch ›matka‹)?‹ dann riefen die wachenden Männer ganz laut: ›Aufwachen!‹ und wir fingen wie auf Kommando ganz laut an zu schreien, und die Russen verschwanden und ließen sich nicht mehr sehen. So hatten wir doch wenigstens ein paar Stunden Nachtruhe. Schlimm war auch die Sorge um das tägliche Essen. Kaufen konnte man nirgends etwas. Unsere Vorräte gingen zu Ende, wir suchten uns in verlassenen Kellern und auf Feldern Kartoffeln, und die waren oft unsere einzigste Nahrung. Wir bauten uns am Wegrand mit Steinen eine Feuerstelle, und dann wurde gekocht, was man gefunden hatte. Des öfteren begegneten wir auch einer Herde Kühe, die von Russen Richtung Osten getrieben wurde. Meistens befahlen die Russen uns dann, die Kühe zu melken und stellten eine Reihe leerer Kannen bereit. Unsere Mütter begrüßten das sehr und liefen eifrig mit Eimern los. Sie wussten, dass dann, wenn die Kannen gefüllt waren, oft noch ein halber oder sogar ein ganzer Eimer Milch übrig blieb, den sie behalten durften. Mit etwas Schrot, welches wir auch irgendwo gefunden hatten, wurde dann eine Suppe gekocht, und das war dann unser Festmahl.«

Sie gelangten in die Nähe der Oder, wo sie auf andere Wagen stießen. Die Oderbrücken waren aber gesperrt für Deutsche.[3] Sie blieben zusammen und kampierten mit den anderen im Freien.

»Zum Glück war es Sommer und das Wetter meistens schön. Wir führten ein richtiges Zigeunerleben. Unser Dasein drehte sich nur um das tägliche Brot. In der Scheune fanden wir ungedroschenes Korn, die Ähren steckten wir in einen Sack und auf diesen Sack schlugen wir so lange mit einem Knüppel, bis die Ähren leer waren … Meine Mutter und ich waren oft am Ende unserer Kraft … Wir lebten hier etwa zwei Monate verhältnismäßig ruhig, der russische Kommandant beschützte uns, so gut er konnte. Manchmal bekamen wir ein Essen aus der Gulaschkanone zugeteilt, wenn russische Soldaten durch das Dorf zogen. Das war dann ein Festessen … Jedoch kamen andere russische Soldaten und ordneten an, dass wir auf dem schnellsten Weg nach Tantow ziehen müssten. Das war ein Ort in der Nähe, an der Bahnstrecke gelegen. Von dort hatten wir schon die schlimmsten Nachrichten empfangen und wir sträubten uns sehr. Doch die Russen wurden böse, und wir mussten uns fügen. Dort kaum angekommen, mussten alle arbeitsfähigen Leute, darunter auch meine Mutter, auf die nahegelegene Bahnstrecke und schwerste Arbeit leisten. In Schichten mussten sie Tag und Nacht das eine Bahngleis abbauen und auf Wagen verladen. Die Russen standen als Aufpasser dabei und trieben sie an. Der Lohn für die Arbeitenden und die Kinder war eine geschmacklose Kartoffelsuppe mit Pferdefleisch. Das Leben hier war fast unerträglich, unsere Wagen standen dichtgedrängt auf einem schmutzigen Platz, dazwischen waren die Pferde angebunden. Toiletten gab es keine. Wasser mussten wir vom Bach holen und schlafen konnten wir nur auf oder unter unseren Wagen. Es dauerte nicht lange, bis furchtbare Krankheiten ausbrachen und wir in Angst und Schrecken versetzt wurden. Fast jede Nacht rückten ein paar Familien aus und verschwanden heimlich.«

Auch ihnen glückte der Ausbruch, und die Mutter fand in dem Ort Hohenreinkendorf, ganz in der Nähe ihrer Heimat, ein Quartier.

»Ein Bauer hatte seine Eltern zu sich ins Haus geholt und das Elternhaus stellte er uns zur Verfügung. Wir mussten die Räume erst vom Schutt reinigen … Bald stellten sich durch die einseitige Ernährung bei vielen Menschen Mangelkrankheiten ein. Mein Bruder Manfred (*damals vier Jahre alt*) wurde als erster krank, er bekam die Ruhr. Ein Arzt stellte das fest, konnte aber auch nicht helfen, weil es keine Arzneien gab. Manfred lag völlig apathisch im Bett, wollte nichts essen und schlief fast immer. Wir flößten ihm immer Kamillentee ein. Sein Körper war ganz aufgedunsen, und wenn man ihn anfasste, blieb ein Weilchen eine Delle zurück. Wir hatten große Angst um ihn. Bald erholte er sich wieder und wurde völlig gesund. Auch Eckhard (*neun Jahre*) machte uns Sorgen, denn er wurde immer magerer.«

Sie erlebten die große Freude, dass der Großvater aus Mecklenburg sie ausfindig gemacht hatte und die Großeltern sie besuchen konnten. Zu der Reise, die normalerweise ein paar Stunden dauerte, hatten sie fünf Tage gebraucht. Sie nahmen Eckhard mit, denn sie hatten zu Hause genug zu essen.

»Zuhause angekommen, brachten meine Großeltern ihn gleich zum Arzt, der entsetzt war und sagte, ein so unterernährtes Kind hätte er noch nie gesehen. Sie mussten ihn erst wieder aufpäppeln, er wurde noch sehr krank, weil er an die reichhaltige Nahrung nicht mehr gewöhnt war … Wir hatten Geschwüre an den Beinen und mussten, da nur ein Sanitäter im Ort war, immer zu diesem zur Behandlung. Mit Salbe ging er sehr sparsam um und verbunden wurden die Beine mit Kreppbinden. Bodo (*sechs Jahre*) bekam die Gürtelrose. Es grassierten jetzt immer mehr furchtbare Krankheiten in der ganzen Umgebung. Typhus war eine der schlimmsten, ganze Familien wurden davon befallen und täglich starben Leute …

Der Sommer war sehr heiß, und es herrschte eine schlimme Fliegenplage, wodurch die Krankheiten sicherlich so stark verbreitet wurden. Es fehlte ja auch an allem, Waschpulver oder Schmierseife erhielt man nur, wenn man Glück hatte, in kleinen Mengen und durch Tauschgeschäfte … Anfang September bekam ich Typhus, ich kann mich nur noch an furchtbare Fieberträume erinnern. Ich sah immer nur klares, plätscherndes Wasser, das ich furchtbar begehrte. Wir durften aber gar kein unabgekochtes Wasser mehr trinken. Meine Mutter kochte laufend Kamillentee und wahrscheinlich hat dieser mich auch wieder gesund gemacht … Ich war sehr krank und oft ohne Besinnung. Einmal kam ein Arzt und gab mir eine Flüssigkeit zu trinken, die wie Likör schmeckte. Erst im November ging das Fieber zurück und ich konnte aufstehen. Ich war furchtbar dünn geworden und konnte kaum mehr laufen … Ich bekam nach dem Typhus noch einen schlimmen Hautausschlag. Eine Flechte überzog meinen ganzen Körper vom Gesicht bis zu den Füßen. Der Sanitäter gab uns eine Flüssigkeit, die wir ins Waschwasser tun sollten, aber durch das Waschen breitete sich die Flechte immer mehr aus, und der Juckreiz war kaum noch zu ertragen. Endlich kam mal wieder ein Arzt ins Dorf, und der war entsetzt und sagte, Wasser sei gerade das, was man nicht an so eine Flechte bringen dürfe. Er gab uns ein Töpfchen Schwefelsalbe, die damals eine Kostbarkeit war. Und diese half. Wie durch ein Wunder wurde unsere Mutter nicht krank und sie konnte uns alle gesund pflegen und das war bestimmt nicht einfach, weil ja alles fehlte.«

Zum Glück hatten sie vom Vater schon im Spätsommer Post erhalten. Er hielt sich in der Nähe von Braunschweig auf. Sie kamen nicht in ihr altes Dorf zurück, obwohl dieses nur wenige Kilometer von ihnen entfernt war. Im Mai 1946 konnten sie zu den Großeltern nach Mecklenburg umziehen. Christa Dittmann beendet ihren Fluchtbericht mit den Worten: »Wir gaben noch jahrelang die Hoffnung auf eine Rückkehr in die alte Heimat nicht auf.«

Lydia G. (1936) ist Rumäniendeutsche. Sie wurde mit ihrer Familie 1939 zunächst nach Württemberg und etwa ein halbes Jahr später in den »Warthegau« umgesiedelt, in die Gegend von Lodz, damals Litzmannstadt. Dort wurden sie im Dorf Bedon in einen Hof eingewiesen, aus dem die Polen vorher vertrieben worden waren. Mitte Januar 1945 mussten sie vor den Russen fliehen. Vater und Mutter waren bei der Flucht dabei, ebenso der Bruder (1929)[4], noch eine bekannte Familie und zwei Tanten, die eine mit zwei Kindern, schließlich noch zwei Omas mit 80 Jahren. Auf der Flucht verloren sie ihre Mutter. In Ostrowa sind sie den Russen in die Hände gefallen. Dort wurden sie völlig ausgeplündert, Frauen wurden vergewaltigt:

»Was machen? Wir mussten wieder weg. Da hat sich mein Vater und dieser andere Mann, der auch in Bedon gewesen war[5], entschlossen, wir gehen wieder zurück nach Polen, wo sollen wir denn hin? Dann sind wir alle zusammen halt marschiert, und zwar von einem Ort zum anderen. Übernachtet haben wir in Ställen, die uns die Polen zur Verfügung gestellt haben, ab und zu mal ein bisschen Brot gegeben haben oder Milch. So sind wir gewandert. Manchmal haben wir auch einen Zug erwischt, dann kamen – die Russen wollten uns fahren lassen – dann kamen die Polen und haben uns rausgeschmissen. Direkt, die älteren Leute sind dann gefallen, 'nen Schubser und rausgeschmissen! Dann haben sie uns mal in einer Großstadt, ich weiß nicht mehr, wie die hieß, erwischt, und haben uns untersucht, und haben von meinem jüngeren Bruder ein HJ-Hemd, das er anhatte, gefunden. Daraufhin haben sie meinem Bruder nichts getan, aber meinen Vater mit Kolben geschlagen, auf den Kopf, dass er blutig war. Wir haben ihn notdürftig verbunden und sind wieder weiter. So sind wir also drei Wochen gewandert, mit den alten Leuten und den kleinen Kindern, es war ein Säugling noch dabei.
I: Wie alt waren Sie da?
G: Ich? 9 Jahre, ja. Da sind wir gewandert und kamen in der Nähe von Bedon wieder an in einem Ort. Und am nächsten Tag mussten die Polen alle Waffen wieder abgeben. Und da haben sie sich an diesem Abend noch ausgetobt, haben meinen Vater und den anderen Mann so zusammengeschlagen. Unsere Familien, die Kinder und die Frauen haben sie gehen lassen. Haben ihn sozusagen zusammengeschlagen, also ich hab ihn dann nicht mehr gesehen, ich hab's bloß gehört. Dann sind wir in den Ort Bedon gegangen, ja, die wussten auch nicht, was sie mit uns anfangen sollten,

haben uns auf eine Reihe aufgestellt und haben gesagt, was sollen wir machen, sollen wir euch erschießen? Also wir als Kinder, das hat man gar nicht so aufgenommen, das Erschießen. Es war an und für sich gleichgültig. Den Erwachsenen muss es wahrscheinlich ja schon furchtbar gewesen sein. Sie haben uns dann aber doch laufen lassen. Und da viele geflüchtet sind, sind wir in so Häusern untergekommen, die nicht mehr bewohnbar waren. Und dann hatten wir natürlich nichts zu essen, nichts zum Heizen.«

Von der Mutter bekamen sie 1946 Nachricht. Sie war auf der Flucht verwundet worden, von deutschen Soldaten wurde sie mitgenommen und kam nach Bayern. Über den Suchdienst des Roten Kreuzes erfuhr sie von Lydias Aufenthalt. Der Vater wurde verschleppt und kam erst 1956 als kranker Mann aus Sibirien zurück. Wie es Lydia in Polen weiter erging, werden wir noch hören.

Die Rückkehr war kein »Heimkommen«. Viele kamen überhaupt nicht an oder wurden nicht in ihren Heimatort gelassen. Was sie vorfanden, war Verwüstung ohne Hoffnung auf einen Wiederaufbau. Es fehlte am Nötigsten; Hungern, Frieren, Unbehaust-Sein, Krankheit war das Schicksal der Zurückgekehrten. Der Kampf ums nackte Überleben bestimmte jeden Tag. Und sie waren vogelfrei als Deutsche, abhängig vom Wohlwollen der neuen Herren, die sie misshandeln, verschleppen, töten konnten. Erwähnenswert ist, dass die russischen Besatzer zuweilen noch als Beschützer empfunden wurden, weil sie gegen völlige Willkür einschreiten konnten, was sie da und dort auch taten. Aber die Heimat war zur unwirtlichen Fremde geworden. Die Zurückgekehrten wünschten, nicht zurückgekehrt zu sein, und die Dagebliebenen wünschten, geflohen zu sein. Neben den Alten und Kranken und solchen, die nicht mehr rechtzeitig wegkommen konnten, waren vor allem solche geblieben, die ihre Höfe nicht verlassen wollten, die sich unter Hitler nichts hatten zuschulden kommen lassen, die zum Teil sogar erklärte Hitlergegner gewesen waren und guten Gewissens auf die Befreier gewartet hatten, während die eigentlichen Nazis sich längst aus dem Staube gemacht hatten. Diesen Dagebliebenen erging es nicht anders als den Zurückgekehrten; einfach, weil sie Deutsche waren.[6] Aber auch in diesem Klima von Hass und Rachsucht gab es Gesten der Freundlichkeit, die die damaligen Kinder nicht vergessen haben. Dorothea E. (1934) erzählt von ihrem Rückweg nach Ohlau, Niederschlesien:

»Wir saßen da oben auf dem Güterzug auf so Eisenschwellen und hatten nichts zu essen. Doch schon noch etwas: Unsere Mutter gab uns ein bisschen Mehl und Zucker in die Hand, und sie sagte, das müsst ihr ganz, ganz langsam schlecken, damit der Magen etwas zu tun bekommt … Aber dann irgendwann war das aus, und wir saßen da den ganzen Tag und wirkten dann relativ apathisch – es war Juni, Gott sei Dank, es regnete nicht. Und dann kam so etwas, was einen rein menschlich berührte. Es saßen Polen, die nach Hause fuhren, etwas entfernt von uns, die hatten zu essen, und plötzlich kam jemand zu uns herüber und brachte etwas zu essen. Die hatten wohl beobachtet, dass wir nichts mehr zu essen hatten seit Stunden.«

Ihre alte Waschfrau nahm sie dann auf, denn ihre Wohnung war zerstört.[7]

Die neuen Herren, das waren die Polen in Schlesien, Ostbrandenburg, Danzig, Pommern und im südlichen Ostpreußen, die Russen im nördlichen Ostpreußen und die Tschechen im wieder errichteten Staate Tschechoslowakei mit starken deutschen Minderheiten, besonders im Sudetenland. In allen diesen Gebieten hatte die sowjetische Besatzungsarmee zunächst die Befehlsgewalt, gab sie aber – abgesehen vom nördlichen Ostpreußen, das die Sowjets unter ihre Verwaltung stellten – an die einheimischen Polen und Tschechen ab. Zwar waren endgültige Grenzregelungen einem künftigen Friedensvertrag vorbehalten, aber Polen, Tschechen und Russen schufen sehr schnell vollendete Tatsachen.

Die meisten Zeugnisse der von mir befragten damaligen Kinder erzählen von dem **Leben unter zunächst russischer, dann polnischer Herrschaft**. Willkürliche Verhaftungen und Verpflichtung zur Zwangsarbeit waren an der Tagesordnung. Helga R. (1936) lebte mit dem Großvater und dessen Haushälterin, »Tante Grete«, in Boblin bei Stettin. Die Mutter war gestorben, der Vater im Krieg, aus dem er nicht zurückkehrte:

»Eines Tages kam ein Lastwagen in den Ort. Wir wurden aus dem Haus getrieben und mussten den Lastwagen besteigen. Er war fast voll beladen mit deutschen Frauen und Kindern und ein paar alten Männern. Doch bevor wir den Lastwagen besteigen konnten, geschah etwas ganz Schreckliches. Im Keller (*dort hielten sie sich aus Angst auf*), im Korbsessel saß die kranke Tante Alma. Selbst der russische Soldat sah ein, dass man die alte Frau nicht mitnehmen konnte. Ich weinte und klammerte mich an Tante Alma. Indessen baten die Frauen den jungen Soldaten, er möge doch die Tante erschießen. Ich sah, wie der Soldat den Revolver der Tante Grete in die Hand drückte und ihr somit anzeigte, sie solle doch schießen. Da ich so schrie und mich an der Tante festhielt, gab auch Tante Grete den Revolver dem Russen zurück. Die arme Tante Alma rief nur immer, man solle sie doch nicht allein lassen. Doch schließlich wurden wir mit Gewalt zu dem Lastwagen getrieben. Mit letzter Kraft wurde der Opa auf den Lastwagen verfrachtet, und ab ging es ins Ungewisse. Wohin wir gebracht wurden, weiß ich nicht. In Baracken waren wir untergebracht worden. Tagsüber mussten wir irgendwelche Gräben aufschaufeln. Alle dort anwesenden Personen mussten ausgraben, und die Russen standen mit Gewehr im Anschlag und trieben uns zur Arbeit. Ich hatte auch eine Schaufel, doch konnte ich sie gar nicht von der Stelle bewegen. Der Sand, den ich auflud, erreichte den oberen Rand nie. Er fiel immer wieder auf mich zurück. Es dauerte nicht lange, da waren Tante Grete und ich von dem Schippdienst befreit. Tante Grete musste in der Küche helfen. Ich lernte damals Kartoffel schälen, bis mir die Hände wehtaten und mit Schnittwunden übersät waren. Da wir nichts mitgenommen hatten an Kleidung und anderen Dingen, weiß ich gar nicht, wie alles so verlaufen ist. Vieles ist da im Dunkel meiner Erinnerung …

Ich weiß nur, dass wir eines nachts von dort geflüchtet sind. Mir wurde beigebracht, mich total ruhig zu verhalten. Nicht zu sprechen und nur folgsam zu sein. Oh, das konnte ich. Meine Angst war viel zu groß. Ich konnte kaum schlafen, weil ich befürchtete, so allein gelassen zu werden wie Tante Alma. Daher war ich ganz tapfer und weinte nicht, als wir mitten in der Nacht das Lager verließen. Genaue Einzelheiten weiß ich natürlich nicht mehr. Sicher hat man uns geholfen. Tagsüber konnten wir uns im Wald verstecken. Ich schlief auch vor Erschöpfung ein. Je näher wir jedoch unserem Heimatort kamen, je mehr wuchs die Sorge um Tante Alma. Ich weiß es noch ganz genau. Es war schon heller Tag, als wir in unser Dorf kamen. Das letzte Stückchen lief ich voraus. Obwohl man mich rief zu warten, rannte ich dem Haus entgegen. Ich rief schon: ›Tante Alma, wir kommen!‹ Rannte durchs Haus die Kellertreppe runter. Diese Stille, dieser schreckliche Geruch. Ich rannte, noch immer ahnungslos, auf den Korbstuhl zu. Nein, nein … es ist unfassbar und nicht zu beschreiben. Im Stuhl saß … der Tod. Das war nicht meine Tante Alma. Dieser Anblick! Großvater riss mich fort, raus zum Haus und warf mich im hohen Bogen zum Hof hinaus. Niemand kam und tröstete mich. Ich war so allein und verstand mal wieder gar nichts. Was war nur geschehen? Was hatte ich nun wieder getan? Fragen, Fragen. Meine Erinnerung setzt da wieder ein, als Opa mit einem kleinen weißen Bündelchen im Arm aus dem Haus kam. Man suchte eine Schubkarre. Ich half danach suchen. Bis man sich schließlich entschloss, dieses kleine Häuflein Mensch zum Friedhof zu tragen. An der Friedhofsmauer grub mein Apu (*so nannte sie den Opa*) ein tiefes Loch. Dort hinein legten wir Tante Alma. Nie, nie in meinem Leben konnte ich das Erlebte vergessen. Wann immer ich später dem Tod begegnet bin, hat er mich nie mehr so erschreckt … Ich bin so froh, dass ich diese Begebenheit einmal erzählen konnte. Endlich kann ich darüber richtig weinen.«

Stefanie A. (1933) in Dirschau, Westpreußen: »Alle Deutschen, die noch in dieser Straße lebten wie wir, wurden durch polnische Milizen[8] des nachts zu Beginn der Karwoche 1945 aus den Wohnungen geholt. Mein Vater hatte ihnen nicht schnell genug die Tür geöffnet, dafür wurde er mit dem Gewehrkolben ins Gesicht geschlagen, so dass sein ganzes Gesicht blutunterlaufen war. Wir kamen dann mit den anderen Menschen für eine Woche in eine Art Ghetto in einer Kaserne. Von den Bewachern erhielten wir in dieser Woche nichts zu essen und zu trinken, nur mitleidvolle Menschen, die irgendwie von unserem Schicksal erfahren hatten, brachten ab und zu eine Suppe an den Stacheldrahtzaun. Wir hatten furchtbaren Hunger, waren zusammen mit vielen anderen eingesperrt in kleinen Räumen. Menschen, die in dieser Woche dort starben, wurden einfach in eine Decke gerollt und an die Seite gelegt. Am Karfreitag wurden wir wieder freigelassen. Später erfuhren wir, diese Woche unserer

Inhaftierung war ein Akt der Vergeltung der Polen für ein Verbrechen der Nationalsozialisten.«

Angst vor allem, was demnächst passieren konnte, war ein ständiger Begleiter. Dazu quälten Hunger und Krankheit und forderten ihre Opfer. Gerhard W. (1938) lebte im Dorf Neuhöfen in Pommern. Der Vater war 1944 durch eine Kriegsverletzung erblindet und auf einer Blindenschule, als der Zusammenbruch kam. Die Flucht misslang, Polen trieben sie wieder auf ihren Hof zurück:

»Mein Fifi lag totgeschossen im Hof, unser Haus hatte ein riesiges Loch unter der Dachkante, ein Granateinschlag, sagte man. Im Garten war die Kiste mit den Lebensmitteln ausgegraben, aber die Sachen unter den Kohlen hat man nicht gefunden, unter anderem einen Topf voll Schweineschmalz. Nun lebten wir wohl einige Wochen unter Umständen, die unvorstellbar sind. Wir mussten dauernd Angst haben. Russische und polnische Soldaten überfielen uns. Ein Beispiel: Wir flüchteten vor einer Gruppe grölender russischer Soldaten in ein Backhäuschen. Meine Mutter schob mich in den Ofen hinein, grabschte irgendwoher ein paar Zweige, kroch auch in den Backofen und legte die Zweige von innen an die Tür. Da machte von außen jemand die Tür auf, sah natürlich nichts und schmiss seinen Zigarettenstummel auf das Reisig … Einmal kamen Soldaten und jagten uns auf den Hof. Wir mussten uns alle drei am Scheunentor aufstellen. Gewehre waren auf uns gerichtet. Da kam der Sigmond (*ihr polnischer Fremdarbeiter*) und hat mit den Soldaten gesprochen. Es ging sehr laut her. Sigmond gab uns zu verstehen, dass wir weglaufen sollen. Ein Soldat schlug mit dem Gewehr nach mir und traf mein Ohr. Wir fielen dann in eine ›Miete‹, eine Kartoffelgrube. Ich hörte noch Schüsse …

Ich kann mich an eine Nacht erinnern, wo wir alle bei unserem Nachbarn geschlafen haben. Die Nachbarn hatten eine damals 17jährige Tochter, die für mich wie eine große Schwester war. Meine Mutter und ich lagen in einem Bett, meine Oma saß in einem Sessel, und im Zimmer daneben schliefen die Nachbarn. Plötzlich gab es einen Riesenlärm, die Tür wurde aufgetreten, Soldaten stürmten herein. Einer fiel über meine Mutter her, packte mich und schmiss mich an das Fußende des Bettes. Meine Oma versuchte, den Soldaten von meiner Mutter wegzuzerren, bekam wohl einen Schlag ins Gesicht, fiel in die Ecke und blieb da liegen. Nun hört ein kleiner Junge, wie seine Mutter schreit, er hört das Geschrei aus dem anderen Zimmer, er sieht die Bewegungen des Soldaten. Er sieht, dass hier etwas Furchtbares passiert. Und weiß doch nicht, was. Ich weiß nicht mehr, was in dem Kopf dieses kleinen Jungen vorging. Und was geht wohl in dem Kopf einer Mutter vor, die zusehen muss, was ihrer Tochter passiert? …

Helga T. (1938): »Ich wurde 1938 in Stettin geboren und habe nicht nur die Bombardierung der Stadt, versuchte Flucht, Einmarsch der Russen in Lassan, Fußmarsch zurück nach Stettin erlebt. Von Mai 1945 bis Ende Februar 1946 lebten bzw. vegetierten wir unter Russen bzw. Polen in unserem Haus in Stettin ... Meine Mutter war nach einer Unterleibsoperation an Typhus und anschließend an Ruhr erkrankt und fast gestorben. Als der Winter begann, ging es uns von Tag zu Tag schlechter. Meine Mutter und meine Tante strickten und häkelten aus allen möglichen Wollresten Handschuhe, Strümpfe und Bettschuhe, die meine Schwester und ich dann auf dem Polenmarkt für ein paar Zloty verkaufen mussten. Dafür kauften wir Brot und Graupen. Aus Angst, nach Sibirien verschleppt zu werden, trauten sich die Frauen nicht auf die Straße. Einmal sahen wir einen alten Mann, der einen großen Leiterwagen zog, auf dem viele nackte Leichen übereinander lagen ... Als wir an Weihnachten 1945 nichts mehr zu essen hatten, blieben wir einfach im Bett liegen, da war es wenigstens warm. Plötzlich rief jemand nach uns. Es war unser früherer Schuhmacher, er war Pole und er brachte uns ein Brot. Er war mit einer deutschen Frau verheiratet und wollte immer wieder meine Mutter überreden, in Stettin zu bleiben. Ich werde nie vergessen, dass er uns geholfen hat, ganz im Gegensatz zu dem Polen, der jahrelang bei uns mit Frau und Sohn im Haus gewohnt hatte, dem nie etwas geschehen ist und der uns nicht geholfen hat, als wir um Hilfe baten.«

Sie erzählt noch einige weitere gute und böse Erfahrungen mit Polen. Als sie ausgewiesen wurden, hatten sie Eiterbeulen am ganzen Körper vor Unterernährung.

Katharina P. (1929): »Wir waren in Liegnitz geblieben, obwohl wir als kinderreiche Familie einen Wagen mit Pferd zur Flucht angeboten bekamen. Das mitten im Winter! Außerdem freute sich mein Vater auf die ersehnten Befreier vom Naziregime. Als die Russen ohne große Kämpfe die Stadt in zwei oder drei Tagen eroberten, waren noch Vorräte in den Kellern. Das war für Ratten und anderes Ungeziefer ein guter Ausgangspunkt für eine vermehrte Population. – Hinzu kamen die Leichen in den Wohnungen. Zurückgebliebene Deutsche nahmen sich das Leben, indem sie den Gashahn aufdrehten. Die Russen zwangen deutsche Männer (es waren ältere, die nicht eingezogen waren), in Wohnungen zu gehen und dort nach Leichen zu suchen. Ein Planwagen, von Männern gezogen, fuhr eines Tages auch durch die Schützenstraße, in der wir wohnten. Nur mit Verdunklungspapier knapp bedeckt – die Füße schauten heraus – zogen die Leute vorbei bzw. hielten auch immer wieder, um in Häusern, deren Eingangstüren aufgebrochen waren, nachzusehen. Es waren zwei- und dreistöckige Häuser. Diese Männer erzählten, dass die Leichen von Ratten angefressen waren.«

Jobst Schöner (1935) befand sich mit Mutter und vier jüngeren Geschwistern in Vimfow, Mecklenburg:[9]

»Die Polen hatten ein Großteil unserer Vorräte geplündert. Wir baten die Polen, die sich in der Remise des Pferdestalls einquartiert hatten, um etwas Essbares. Die Polen warfen uns fast hinaus. Wir hatten diesen Leuten früher gelegentlich auch geholfen. Jetzt entdeckten wir, dass sie eifrig mitgeplündert hatten. Auf dem Speicher über dem

Pferdestall entdeckten wir eine große Menge aufgeschütteten Roggen. Auf dem Boden lag überall vertrockneter Rattenkot. Der Roggen war so steinhart, dass man ihn nicht zerbeißen konnte. Der war selbst für die Ratten zu hart. Dann entdeckten wir Schweinekartoffeln. Wir haben einige mitgenommen und gekocht. Trotz des Hungers war uns der Geschmack so zuwider, dass wir uns fast übergeben haben. Essen konnte man sie nicht. Später, als der Hunger noch stärker wurde, aßen wir doch noch davon. Wir versuchten den Roggen mit der Kaffeemühle zu mahlen. Mit großer Mühe ließen sich die Körner halbieren. Über Nacht eingeweichte Körner ließen sich nicht mahlen, da sie die Mühle verklebten. Man musste sie einige Stunden einweichen und dann wieder trocknen lassen, bevor man sie mit der Kaffeemühle schrotete. Aber das fanden wir erst sehr viel später heraus. Und das Mahlen mit der Kaffeemühle, das kostete sehr viel Kraft und noch mehr Zeit. Wir waren sehr abgemagert, und uns fehlte es an Kraft. Eingeweichte Körner konnte man kauen. Satt machte das nicht. Sie schmeckten bitter. Wenn sie zwei Tage eingeweicht waren und man sie sehr lange kochte, wurde eine Art Graupensuppe daraus, die einem im Hals kleben blieb. Auch der Brei und die Suppe machten nicht satt. Der Versuch, Brot zu backen, brachte uns nicht weiter. Ohne Sauerteig gab es nur klebrige Klumpen, die man nur mit Mühe wieder zu einem Brei zerkochen konnte. Wir fanden einen kleinen Sack mit Haferflocken für Pralows Hühner. Dann fanden wir eine kleine Miete mit Steckrüben, die leicht angefault und nicht mehr ganz in Ordnung waren. Die Haferflocken nahmen wir mit. Die Steckrüben würde uns niemand stehlen, weil sie ungenießbar aussahen … Wir Kinder bekamen alle die Ruhr. Wir hatten schon unser Bettzeug auf den Fußboden gelegt, damit wir nicht ins Bett steigen mussten. Das war uns schon zu beschwerlich. Auch den Nachttopf hatten wir ins Zimmer geholt. Beim Sitzen mussten wir uns an einem Stuhl festhalten. So schwach waren wir. Brei oder Kartoffeln kochen brauchten wir unter diesen Umständen nicht mehr. Fast alles, was wir aßen, kam wieder hoch … Steckrüben gab es eines Tages auch nicht mehr. Der Hunger setzte uns nicht mehr so zu. Wir spürten ihn nicht mehr so. Wir waren nur noch müde … Als ich wieder einmal unterwegs war, um vom Dorfteich Wasser zu holen, fand ich einen kleinen, vertrockneten Brotkanten. Ich ging zurück und brachte das Stück Jochen (*der nach einer Kinderlähmung gelähmt war*). Jochen konnte das Stück nicht beißen, so hart war es. Jochen lutschte an dem Brot, bis es alle war. Meine Geschwister schauten hungrig zu. Es war nicht das Hungergefühl. Das hatte sich fast verloren. Es war eher die Gier nach Essbarem. Ich kann die hungrigen Augen meiner Geschwister nicht vergessen … Dass wir am Verhungern waren, wussten wir. Wir hatten davon gesprochen, dass wir vielleicht bald sterben würden, wenn es so weiter ginge. Heilwig mit ihren fast zweieinhalb Jahren fragte unvermittelt, ob wir dann in den Himmel kämen und ob es im Himmel was zu essen gäbe. Sie fing immer wieder davon an, bis meine Schwester Eke es nicht mehr mit anhören konnte. Eke fing plötzlich furchtbar an zu schreien: ›Ich will nicht sterben. Hör endlich auf damit. Ich will nicht sterben!‹ und fügte unter Tränen hinzu, ›sie soll aufhören‹. Danach umarmten sich beide schluchzend und weinten sich aus.«

Aus verkohlten Holzresten rührte Jobst – nach dem Rat der Mutter – einen Brei an, das wirkte gegen die Ruhr. Ein Russe brachte ihnen dann etwas Brot. Die drei älteren konnten wieder auf Nahrungssuche gehen.

»Bevor ich morgens loszog, setzte ich mich still in eine Ecke, wo mich niemand sah und betete still für mich: ›Lieber Gott. Lass mich für meine Geschwister etwas zu essen finden, damit sie nicht verhungern!‹ … Ich betete auch mit einem gewissen Zorn: ›Warum lässt Du uns so hungern? Warum?‹ Das ›Lieber Gott‹ ließ ich oft weg, wenn meine Geschwister wieder fast nichts zu essen hatten. Der Hunger war nicht das Schlimmste. Es war die Müdigkeit. Wir brauchten sehr viel Kraft, um uns morgens aufzuraffen. Oft hätte ich mich am liebsten hinter die Scheune in den Schatten gelegt und wäre eingeschlafen, so müde war ich.«[10]

Gertrud P. (1932) war in Waschkeiten im polnisch besetzten Teil von Ostpreußen, an der Grenze zum russisch besetzten nördlichen Ostpreußen:[11]

»Ich musste in der Küche bei den Polen arbeiten. Das war gut, da hatte ich wenigstens mein Essen. Denn es hat sich ja keiner um uns gekümmert. Kein Russe, kein Pole, kein Deutscher. Wir mussten uns alleine kümmern. 46/47 ging's dann ganz schlecht. Da hatten wir überhaupt nichts zum Essen. Da haben uns die Polen (von der Arbeit) rausgeschmissen, da hatten sie ihre eigenen Leute … Und dann ging ein Elend los. Also, was wir alles gegessen haben, das kann ich Ihnen nicht sagen. Zuerst haben wir die Hunde, die paar die noch lebten … Meine Schwester haben sie ja immer mitgenommen (*sie wurde fortgesetzt von Russen und Polen vergewaltigt*), die hatte fünf Kinder, und wir waren vier Kinder. Meine Mutter musste jetzt für neun Kinder was besorgen, und es gab nichts. Da sagte sie: ›Kinder, jetzt nützt alles nichts, jetzt müssen wir anfangen.‹ Zuerst haben wir die Hunde, dann haben wir die Katzen, dann gab's das nicht mehr im Dorf. Da sind wir auf das Dach geklettert und die Störche, die Storcheier geholt. Also, was es bloß zu essen gab, das haben wir geholt. Da waren wir noch im Dorf, und da hatten die Soldaten ein Pferd vergraben, das gestorben war. Und das haben wir nach Wochen wieder rausgeholt und haben das weiter essen müssen. Und da ist keiner krank geworden. Außer Krätze haben wir nichts gehabt. Das wundert mich. Das wurde dann immer schlimmer. Wir hatten dann gar nichts mehr zu essen. Dann hat der Kleine von meiner Schwester, der hieß Siegfried, der war vier, der wurde fünf Jahre: ›Oma, ich hab doch solchen Hunger. Ich will doch was essen. Hast du nichts mehr zu essen?‹ Und da war meine Mama auch so verzweifelt gewesen. ›Ja‹, hat sie gesagt, ›Siegfriedchen, wo soll ich denn was zu essen haben. Jetzt gibt's keine Katzen, keine Hunde mehr, jetzt muss ich anfangen, euch zu schlachten.‹ Dann hat der Kerl das dann ganz fest, so jung, so klein, hat der schon begriffen und auch nicht mehr Hunger gesagt. Am anderen Tag war er weg. Wir, das ganze Dorf ausgesucht, den Siegfried haben wir nicht gefunden. Dann haben wir gesagt: ›Mein Gott, was wird der Junge gemacht haben?‹ Und am späten Nachmittag kommt er an, total zerkratzt, unterm Arm 'ne Katze. Wo er die gefunden hat, wissen wir nicht. Da hat er gesagt: ›Oma, schlachtest du mich jetzt auch nicht? Ich hab doch noch 'ne Katze gefunden.‹ Also, das war, wissen Sie, das war furchtbar, was wir da erlebt haben. Furchtbar … Wir sind dann betteln gegangen (*bei Polen, die inzwischen aus den polnischen Ostgebieten eingewandert waren*). Wenn Erwachsene dabei waren, dann haben sie nichts gegeben. Ja, manche gaben uns was, und manche: ›Geht bloß weg, ihr Deutschen, ihr Schweine‹, und was sie uns alles geheißen haben.«

Lieselotte M. (1938): »Erst waren nur Russen da, aber im Laufe des Sommers kamen immer mehr Polen.[12] Sie inspizierten die Häuser und suchten sich aus, wo sie wohnen wollten. Zu uns kamen sie im Dezember 1945. Wir sahen zwei junge Ehepaare auf dem Bürgersteig stehen und unser Haus interessiert betrachten. Dann gingen sie wieder, aber als es dunkel war, kamen sie zurück und machten klar, dass das Haus jetzt ihnen gehörte. Wir hatten im kleinen Wohnzimmer seit Kriegsende zwei Betten. In einem schlief meine Mutter mit den zwei Brüdern, im andern schliefen meine Schwester und ich. Das eine Paar bestieg sofort das eine Bett. In das andere zogen wir fünf uns zurück. Es war eine sehr unruhige Nacht. Es war noch finster, als meine Mutter aufstand. Sie ging in die Küche, ich lief hinter ihr her. Sie scheuchte mich weg, aber ich habe es doch gesehen. Der neue Herr des Hauses hatte da, was er nicht lassen konnte, einfach vor der Küchentür erledigt. Die Mutter hatte schon den Aschenkasten in der Hand.«

Hasserfüllten Aktionen waren die Deutschen völlig ausgeliefert. Beschlagnahmungen und Plünderungen rissen nicht ab. Aber die damaligen Kinder sind in ihren Erzählungen sehr fair und verschweigen nicht, wo sie Hilfe erfahren oder Unerwartetes erlebt haben. Elisabeth B. (1929), die auf der Flucht durch Beschuss erblindet war[13], versuchte mit ihrer Tante wieder nach Hause, nach Buchwalde und Döhlao in Ostpreußen zurückzukehren. Auf ihrem beschwerlichen Fußweg kampierten sie, wo es gerade ging:

»Wir waren bei den Russen und nachher bei den Polen Freiwild. Die konnten jederzeit zu uns rein, den Schrank aufmachen, holen, was sie brauchten. Und dann war ja fast nichts mehr da, zum Anziehen auch nicht. Sogar die Federbetten haben sie zum Teil mitgenommen … Ja, dann sind wir vielleicht Anfang Juli (*1945*) ins Haus von meiner Tante. Ja, dann kam das Allerschlimmste für mich: nachts Russen, die haben mich vergewaltigt. Und dann ging diese Sache los. Glücklicherweise hat uns 'ne Bäuerin im Ort aufgenommen, die sich mit einem Russen eingelassen hatte. Da hatten wir Ruhe … Und dann bin ich mit meinem Opa wieder in meinen Heimatort nach Döhlao. Da war 'ne russische Kommandantur. Da hatten die Frauen auch Ruhe. Ein paar hatten einen festen Russen da, und die anderen hatten dann Ruhe … Und da gab's dann, wer gearbeitet hat, auch etwas Mehl und etwas Fleisch. Und dann hat die Frau gesagt, ja, ich bin ihre Tochter … Da hab ich genau so viel gekriegt wie die Arbeitenden, für Verwundete hatten sie ja was übrig. Ich war von Januar bis Ende Juli unterernährt. Und, na ja, das ging, ich hab wieder Milch bekommen, hab mich wieder erholt.«

1947 folgte für sie die Vertreibung, wieder unter unmenschlichen Bedingungen.

Armin S. (1930), Laurahütte, Kreis Kattowitz: »Das Schlimmste kam dann nach 45. Der Bruder meines Vaters, mein Onkel, war zum Gottesdienst unterwegs und kam nicht wieder. Dann fand man ihn tot. Und mein Vetter, der ist auch erschossen worden. Oder es passierte so was: so'n Bengel von 15 Jahren bin ich da ganz allein durch die Stadt zu dem Bäcker morgens um vier. Und auf einmal kamen zehn, zwölf, wie sich nachher herausstellt, polnische Juden, stellten sich um mich herum. Ich musste damit rechnen, dass die mich verprügeln. Da waren die aber ganz komisch und fragten mich, was mein Vater wäre, hab ich gesagt, der ist Pfarrer.
I: Die sprachen Deutsch?
S: Gebrochen, aber verständlich. Da weitete sich der Kreis ein bisschen. Und dann sagte der eine zu mir, das werd ich mein Lebtag nicht vergessen: ›Na, jlebst du denn ooch an Jott?‹ Dann hab ich gesagt, ja. Dann tat sich der Kreis auf, und es ist nichts passiert.«[14]

Das Leben mit dem *Tod* wurde alltäglich: Lieselotte M. (1938), Oberschlesien, war mit ihrer Familie zunächst über die Grenze in die Tschechoslowakei geflohen, von dort wurden sie wieder zurückgejagt und unterwegs ausgeraubt:

»Als wir eine Woche später die kurze Strecke in unser Dorf zurückfuhren, war es menschenleer, es war totenstill und es roch furchtbar. Meine Mutter hielt den Wagen an, ich sprang ab wie immer, genau neben eine Matratze, unter der ein toter alter Mann lag. Ich habe so sehr geschrien, wie nie vorher oder nachher im Leben: Meine Mutter nahm mich in die Arme; sie hatte Mühe, mich zu beruhigen. Diese Szene erwähne ich nur, weil wir kurze Zeit später jede Menge Leichen (Soldaten), Leichenteile und tote Tiere sahen und uns beim Spielen davon nicht weiter stören ließen. Ich erinnere mich, dass ich kurze Zeit später meiner Mutter berichtete, bei, sagen wir Müllers, hinter der Scheune in einem Wassergraben läge ein toter russischer Offizier. Ich frage mich noch heute, warum sie so entsetzt reagierte. Vielleicht wegen der Beiläufigkeit oder auch Gefühllosigkeit, mit der ich kleines Ding davon sprach. Vielleicht hatte sie auch Angst, die Russen könnten die Leiche finden und die Dorfbewohner des Mordes beschuldigen. Lehre aus der Erfahrung: der Mensch verroht schnell.

Es brach Typhus aus. Es gab täglich Beerdigungen. Diese waren die einzige Abwechslung. Es kam eine Abordnung fremder Leute, die Massenimpfungen veranstalteten. Ich nehme an, es war das Internationale Rote Kreuz. Es waren jedenfalls keine Deutschen. Sie waren unfreundlich bis gehässig. Ich habe geimpfte Erwachsene auf der Straße zusammenbrechen sehen.«

Die uns schon bekannte Helga R. (1936), die beim Großvater und seiner Haushälterin »Tante Grete« lebte, weil die Mutter gestorben und der Vater im Krieg war:

»Eines abends saßen Opa und ich vor dem Haus auf einer Bank. Tante Grete wollte das Abendessen zubereiten. Das Herdfeuer hatte sie schon am Nachmittag gerichtet, so dass sie nur noch Feuer entfachen musste. Die Bratpfanne mit den geschnittenen Kartoffeln stellte sie auf den Herd. Plötzlich gab es einen riesigen Krach. Eine Druckwelle schleuderte Großvater und mich von der Bank. Eine schwarze Wolke kam aus der Türöffnung, es flogen Ziegelsteine. Nach wenigen Augenblicken konnten wir uns erheben. Was wir sahen, war schrecklich. Tante Grete lag in der Küche auf dem Boden. Leblos und blutüberströmt. Über dem Herd steckte die Bratpfanne mit dem Stiel in der Decke. Überall lagen die Kartoffelscheiben. Einfach alles verwüstet. Ich rannte weinend die Dorfstraße hinauf zum Haus des Kommandanten und erklärte ihm kurz, was passiert war. Kurze Zeit später kam er mit einem russischen Arzt, der Tante Grete versorgte. Sie sah schlimm aus. Unter ihrem rechten Auge war ein Stück Fleisch herausgerissen. Ihre Hände waren verbrannt. Ich hatte große Angst um sie. Es stellte sich heraus, dass der bewusste Russe, vor dem ich mich immer so fürchtete, Munition in den Herd gelegt hatte. Was mit dem Russen geschah, haben wir nicht erfahren. Wir sahen ihn nicht wieder. Tante Grete erholte sich schwer und sie behielt eine hässliche Narbe im Gesicht.«

Dann musste Helga das Schlimmste erleben:

»Vor der Ortschaft Boblin gab es einen kleinen See … Eines Tages hieß es, wir würden zum Baden gehen. Etwas erstaunt mag ich wohl gewesen sein, denn noch nie war Großvater mit mir baden gegangen. Als wir an den See gelangten, wurden mir die Augen zugebunden, weil wir angeblich ›Blinde Kuh‹ spielen wollten. Sonderbar war vor allem, dass wir unsere Kleider anbehielten. Tante Gertrud hörte ich schon ins Wasser gehen. Opa und Tante Grete nahmen mich in die Mitte und hielten mich an den Händen. Das Wasser war nicht zu kalt. Es war schließlich Sommer. Mir wurde es doch unheimlich, als mir das Wasser bis zur Brust reichte. Ich begann zu weinen und wollte mich befreien, doch je mehr ich zappelte, umso fester wurde ich gehalten. Es muss mir dann doch gelungen sein, mich von Tante Gretes Hand zu lösen. Ich riss mir das Tuch von den Augen und sah nur noch den Kopf von Tante Gertrud aus dem Wasser ragen. Ich begann zu schreien und um Hilfe zu rufen. Ich schluckte schon Wasser, doch Opa hielt mich fest. Plötzlich kamen zwei Reiter daher. Es waren Russen, die mit ihren Pferden ins Wasser sprengten. Der eine riss mich von Großvaters Hand zu sich aufs Pferd, während der andere Tante Grete ergriff. Es gab ein fürchterliches Durcheinander. Ich schrie nur noch und ließ mich von niemandem anfassen. Die beiden Russen schimpften mit drohenden Gebärden auf Opa und Tante Grete ein. Tante Gertrud war nicht mehr zu sehen. Zuhause angelangt, verbot man mir, zum See zu gehen. Dafür gingen Großvater und Tante Grete täglich an den See, bis sie eines Tages wieder in einem weißen Bettuch ein Bündel Mensch anbrachten. Wieder grub Opa ein tiefes Loch, und wir legten, mir war es längst klar geworden, ohne dass jemand mit mir über diese Angelegenheit sprach, Tante Gertrud zur letzten Ruhe. Mein Entsetzen war zu groß, dass ich nicht weinen konnte. In meinen Angstträumen habe ich diese Szenen so oft erlebt. Wie oft bin ich in meinen Träumen ertrunken.«

Wie viele Menschen haben sich und ihren Kindern damals aus Verzweiflung das Leben genommen? Wie viele waren nahe daran? Wie viele wurden noch rechtzeitig gerettet, womöglich von »Feinden«? Unbeantwortbare Fragen.

Das Leben unter **russischen Besatzern im nördlichen Ostpreußen** und unter **Tschechen** in der Tschechoslowakei war dem eben geschilderten unter Polen sehr ähnlich. Die Ausschreitungen waren noch grausamer. Auch hier wurden die deutschen Antifaschisten und sogar die deutschen Juden von der Verfolgung nicht ausgenommen. Unter den Kindern, die mir berichtet haben, war keines, das etwa den »Brünner Todesmarsch« und die organisierten Gewaltakte in Aussig oder Prag miterlebt hat.[15] Deshalb mögen für manche die angeführten Berichte noch zu harmlos klingen. Aber sie erzählen von den alltäglichen Schikanen und Verfolgungen, denen auch Kinder ausgesetzt waren. Sie berühren nur wenige Aspekte, die schwer genug waren, und sie zeugen auch von Menschen, die sich nicht aufhetzen ließen. Kinder konnten die Zusammenhänge nicht durchschauen. Manchmal kommentieren sie von heute aus die Geschehnisse.

Kurt H. (1931): »Es folgte nun eine Zeit, in der wir lernten, was Hunger ist. Dabei muss man der Gerechtigkeit wegen sagen, dass es im amerikanisch besetzten Teil der Tschechoslowakei noch wesentlich humaner zuging als im sowjetisch besetzten. Aber eines war in beiden Besatzungsgebieten wohl gleich: die Deutschen galten nichts, null! Wir bekamen Lebensmittelkarten, auf denen diagonal das tschechische Wort für ›Deutsche‹ in blauer Farbe aufgedruckt war – auf diese Karten gab es nichts! So war man gezwungen zu betteln. So hat uns die Mutti immer wieder gesagt, sie mache uns die schönsten Kartoffelgerichte, wenn wir welche besorgten. Das war ein gewaltiger Ansporn für die Christa und für mich. Oft sind wir mehrere Tage hintereinander über Land gezogen (natürlich immer abends daheim) und haben in dem alten Kinderwagen allerhand Kartoffeln herangekarrt. War mal schlechtes Wetter, so bettelten wir im Dorf bei den Bauern um Roggen: stundenlang saßen wir mit einer alten (geliehenen) Kaffeemühle und machten Schrot davon zur Suppe. Der größte Erfolg war einmal, dass wir im Bäckerladen des Dorfes ein Vierpfundbrot ergatterten! Aber das war frisch gebacken und duftend – so verlockend, dass wir beschlossen, es nicht abzuliefern. Wir aßen davon, soviel gerade in uns reinpasste, schafften natürlich nicht alles. Da kamen wir auf die Idee, den restlichen halben Laib für den nächsten Tag aufzuheben. Wo? In einer kleinen Felsenhöhle neben dem Bach. Und wie groß war unsere Enttäuschung am nächsten Tag – die Mäuse hatten fast alles aufgefressen!!«

Helga W. (1928) aus Karlsbad: »Alle Bewohner mussten eine KZ-Ausstellung besuchen, sonst bekam man keine Lebensmittelmarken. Dort waren Schrumpfköpfe zu sehen und Lampenschirme aus Menschenhaut. Schrecklich!

Alle Erwachsenen mussten arbeiten, sonst gab es keine Marken. Mutti und ich kamen in die Küche des Arbeitsamtes. Dort bekamen wir wenigstens etwas zu essen und konnten für Lisa (*Schwester*, 1932) mit heim nehmen ... Ende Juli (*1945*) pochten morgens um 5 Uhr tschechische Soldaten an die Wohnungstüre ... Drei Soldaten drangen in die Wohnung ein. Wir mussten uns vor ihnen aus- und anziehen und durften nur alles doppelt mitnehmen, Unterwäsche usw. Mit nur einem Rucksack wurden wir auf die Straße getrieben ... Wir wurden zu Fuß zum Bahnhof getrieben. Auf der Bahnhofsbrücke forderte Mutti uns auf, in die Eger zu springen. Ich war bereit, Lisa schrie und hinderte uns daran. So haben wir Lisa unser Leben zu verdanken. In Viehwaggons kamen wir ins Innere der Tschechoslowakei, nach Kladno in ein ehemaliges Arbeitsdienstlager. Dann mussten viele junge Mädchen antreten, die Tschechen kamen und suchten sich Arbeitskräfte raus. Ein Ing. Fritsch in Reitstiefeln ging die Reihe entlang und suchte sich 8 Mädchen raus für eine Ziegelei. Ich war dabei. Als er mich rauswinkte, stürzte Mutti auf ihn zu und bat, mit Lisa auch mit zu dürfen. Nach langem Bitten stimmte er zu. Mutti könne in seinem Haushalt helfen. Wir 8 Mädels und Mutti fuhren auf einem Pferdewagen ca. eine Stunde bis Tuchlovice. Am Rande dieses kleinen Ortes lag die Ziegelei. Schlimme Monate erwarteten uns dort. Am unteren Rand der Abraumhalde lag das ›Herrenhaus‹, am oberen Rand lag eine Kate, eventuell war es mal ein Schafstall. In dem einen Raum war Stroh aufgeschüttet, es stand ein kleiner Herd drin. An den Wänden waren Nägel eingeschlagen, da konnten wir unsere Anziehsachen aufhängen ... Gegenüber der Türe, an der zweiten Schmalseite, war das Fenster. Neben der Hütte war ein kleiner Tümpel, wo wir unser Wasser holten und uns wuschen. Der ›Herr‹ der Ziegelei war der von uns vom ersten Augenblick an gehasste Herr Sochor. Er hatte das Sagen ... Zwei Männer stachen den Lehm und schaufelten ihn in Loren. Wir Mädels mussten die schweren Loren schieben. Der Lehm wurde zu 2- bis 12-Lochziegeln gepresst. Die Ziegel mussten wir dann in die Trockenregale hieven. Die 12-Loch-Ziegel waren sehr schwer. Die kleine zwölfjährige Lisa musste arbeiten wie wir anderen auch ... Wir bekamen jeder in der Woche ein halbes Brot und ein Pfund Zucker, zum Mittagessen eine Suppe oder mal einen Eintopf ... Beim Herrenhaus waren Hasenställe. Mittags bekamen die Hasen warme Pellkartoffeln. Wir passten die Zeit ab, öffneten die Ställe und klauten die warmen Kartoffeln. Die armen Hasen! Wenigstens wurden sie nicht so bald geschlachtet. Ich wurde immer dünner und bekam sogenannte Hungerbeulen an den Beinen. Ich durfte allein zum Arzt in den Ort. Der schnitt die Eiterbeulen auf und versorgte sie. Er gab mir ein Rezept und Geld, ich sollte das in der Apotheke des Ortes (es war eine Drogerie) holen. Als ich hinkam, waren einige Leute dort. Ich wurde nicht bedient, erst als alle weg waren. Dann händigte mir der Drogist Salbe und Verbandszeug aus und fragte, ob ich aus der Ziegelei sei. Dann kam er mit einem Fettenbrot wieder. Ich wanderte die Strecke zur Ziegelei zurück, glücklich das Brot kauend. Aber das Schlimmste war nicht der Hunger und die schwere Arbeit, sondern die Überfälle russischer Soldaten am Abend in unserer Kate. Gottlob gingen die zwei Maries immer freiwillig mit. Sie kamen mit

Essen wieder und boten uns auch schon mal was an, wir nahmen aber nichts von diesem ›Lohn‹. Sie hatten ihn sich verdient. So erhielten uns die Maries unsere Unschuld. Einmal packte mich ein Russe am Handgelenk und wollte mich rausziehen. Mutti stellte sich mit ausgebreiteten Armen vor mich. Da zog der Soldat seine Pistole und zielte auf Mutti. Wir schrien alle wie verrückt, da ließ er mich los und rannte fort. Nie in meinem ganzen Leben werde ich diese Szene vergessen. Zum Glück blieb bei uns allen in der ganzen Zeit die Regel aus. Die ältere Marie hatte eine Fehlgeburt. Sie sagte nichts und arbeitete trotzdem … Als einmal tagelang hintereinander die Russen abends kamen, protestierte Mutti und verlangte eine andere Unterkunft. Wir durften ein paar Tage lang im Herrenhaus auf dem Dachboden schlafen, auf dem nackten Boden. Die Nächte wurden jetzt schon kalt. Ende Oktober kamen wir zurück ins Lager nach Dubi bei Kladno.«

Maria M. (1931): Sie gerieten 1945 auf der Flucht von Ostoberschlesien in die Tschechei: »Wir wurden nach Brandeins, kurz vor Prag, getrieben, von der tschechischen Bevölkerung angerotzt, bespuckt, geschlagen usw. Zu diesem Zeitpunkt zu den Überlebenden zu gehören, war kein Glück. Wir kamen alle in eine große Turnhalle. Meine Mutter bat den Mann, der neben uns mit seiner Familie im Stroh lag, uns doch auch zu töten. Er schnitt seiner Frau, sich und seinen drei Kindern die Puls- und Halsschlagader auf. Es wurde bemerkt und sie sofort isoliert. Als wir am nächsten Tag abtransportiert wurden, sahen wir sie wieder. Wie Gehenkte sahen sie mit ihren Verbänden aus. Das jüngste Kind fehlte. Es hatte den großen Blutverlust nicht überlebt.

Der Transport ging nach Hagiebor, ein Konzentrationslager vor Prag. Die ehemaligen Gefangenen raus mit großem Jubel, und wir rein. Man braucht nicht viel Phantasie, um sich vorzustellen, was mit uns geschah. Der Hass auf alles, was deutsch war, war unvorstellbar. Man zahlte mit barer Münze zurück und einiges mehr. Dies alles zu berichten, fällt sehr schwer und würde viele Seiten füllen. Heute, als Erwachsene, kann ich vieles besser verstehen. Trotzdem find ich: Unrecht kann man nicht mit neuem Unrecht aus der Welt schaffen.«

Maria N. (1931) in einem kleinen, nicht näher bezeichneten Dorf im Sudetenland: »Am 8. Mai 1945 endete für Westdeutschland der Krieg. Am 6. Mai begann er für die Sudetendeutschen. An diesem Sonntag begleitete ich Tante und Cousine auf ihrer Flucht vor den Russen. In einer unzugänglichen Einöde hoch oben am Waldrand verbrachten wir knapp zwei Wochen. Am ersten Abend füllte die Küche des kleinen Hauses sich mit Frauen von unten aus dem Dorf. Sie berichteten Schreckliches, und ich bekam Angst. Gegen Mitternacht stand ein 14-Jähriger mit seiner Mutter unter der Tür. Ein stark betrunkener Russe hatte sie in der Küche überfallen. Beim Versuch, ihn mit dem Messer abzuwehren, wurde sie ebenfalls schwer verletzt. Ihrem Sohn gelang es nur deshalb, sie ungesehen aus dem Haus zu zerren, weil der Rest der Meute sich gerade lärmend über seinen über den Tisch geworfenen Vater hermachte: mit Nadeln formten sie ein Hakenkreuz auf seiner Haut.

Befreundete Tschechen brachten uns, getarnt als Plünderer, auf einem mit Möbeln hoch beladenen Leiterwagen nach Hause zurück, wo ich erfuhr, dass zu den rund 40 Getöteten, Selbstmördern und an eingeschleppten Krankheiten Verstorbenen auch die Mutter meiner Freundin gehörte. Irmgard lebte vier Wochen in einem Erdloch versteckt, bevor ihr Vater sie, den kleinen Bruder und sich selbst erschoss. Sie starb am 6. Juni. Obwohl ich bis dahin täglich Angst und Schrecken durchlitten hatte, drang erst an jenem Tag glasklar in mein Bewusstsein, dass unsere Welt nach Abzug der Russen nie mehr sein würde, was sie vorher gewesen war. Wir bildeten uns ja ein, dass der Spuk einmal vorbeigehen und wir wieder unser vorheriges Leben aufnehmen würden. Noch immer aber jagten wir von einem Versteck zum nächsten, übernachteten außerhalb der Häuser, in Scheunen und Verschlägen. Wenn wir uns mal hinlegten, dann voll angekleidet, stets am Sprung. Das ging ein Vierteljahr lang so. Dann hatten die Russen das Sudetenland ausgeplündert.

Nun kamen die Tschechen zum Zug und nahmen die Immobilien in Besitz. Wir erfuhren, dass wir bis Ende 1946 das Land zu verlassen hatten, unter Hinterlassung unseres gesamten Eigentums, bis auf 70 Kilo Hausrat, Betten, Garderobe und 50 Reichsmark. Mittlerweile waren wir an Hiobsbotschaften schon gewöhnt. Die nächste war sogar geeignet, unser Entsetzen über die Vertreibung zu mildern: Auf einer Postkarte teilte ein Gericht uns mit, dass mein Vater wegen seiner Verbrechen am tschechischen Staat in Abwesenheit zu 20 Jahren Zuchthaus verurteilt worden sei. Wenn wir ihn wiedersehen wollten, mussten wir ganz einfach die Heimat verlassen.[16] Das auffallend höfliche Benehmen der Tschechen meiner Mutter gegenüber beruhte auf ihrem neutralen Verhalten während des Krieges, wie uns offen berichtet wurde. Ein Dorfbewohner tschechischer Abstammung hatte Misse- und Guttaten der Mitbürger aufgelistet und dem Narodny vybor, der neuen Gemeindeverwaltung, gemeldet. Meine Mutter rangierte auf der Positivseite. Im tschechischen Kernland mangelte es an Arbeitskräften, denn die Knechte und Mägde hatten sich zwecks Ergatterung eines sudetendeutschen Anwesens davongemacht. In bester Sklavenhaltermanier – Hitler hatte das ja schon vorgemacht – sammelte man die ohnehin im Wege stehenden Deutschen zwischen 12 und 65 Jahren ein, um sie in die Hanakei und andere arbeiterlose Gegenden zu schicken. Ein emeritierter Professor und seine Frau erhängten sich eine halbe Stunde vor dem Abtransport. Unser letztes Dienstmädchen (20) geriet an einen Sadisten, der sie wie einen Hund hielt. Eines Tages holte er einen streunenden Russen von der Straße weg, um ihm das Mädchen zu offerieren. Nach ihrem anschließenden Selbstmordversuch musste sie krankgeschrieben und heimgeschickt werden. Meine Mutter riss sie zurück, als sie sich vom Hausdach stürzen wollte.«[17]

Ihre Mutter und sie wurden nicht verschickt. Sie selbst bekam ein ärztliches Attest, das ihr Arbeitsunfähigkeit auf Grund ihres Hüftleidens bestätigte. Die Mutter übernahm die Leitung der eigenen Gastwirtschaft, die von Tschechen enteignet worden war, weil die neue tschechische Besitzerin unfähig war, den Betrieb zu führen. Zum Ende dieses Abschnitts noch ein besonderes Erlebnis einer Zwölfjährigen, Emma F. (1933) aus Anischau im Sudetenland. Sudetendeutsche sollten auch als Arbeitskräfte in die Zentraltschechei deportiert werden, aber durch Vermittlung wurden sie als Arbeitskräfte auf einem nunmehr tschechischen Gutshof in der Nähe ihres Dorfes angefordert:

»Wir hatten dort ein Zimmer mit dicken Mauern und vergitterten Fenstern. Ca. 16 Quadratmeter für 4 Personen aus drei Generationen. Nachts krochen uns die Schaben übers Gesicht. Aber wir hatten ein Dach über dem Kopf und fühlten uns geborgen. Oftmals bin ich den Weg von dort nach Anischau gelaufen, um unser Häuschen zu sehen, wo ich so viele schöne Stunden als Kind erlebt hatte. Das Weihnachtsfest kam und damit die Sehnsucht nach meinem Elternhaus. Am Zweiten Weihnachtstag lief ich, so schnell ich konnte (ohne Wissen meiner Mutter, mein Vater war zu dieser Zeit noch irgendwo in Russland), nach Anischau. Als ich zum Dorf reinkam, hörte ich schon unseren Hund bellen. Ich bildete mir ein, er würde mich schon wittern. Zu ihm hatte ich eine sehr gute Beziehung. Alle meine Sorgen und Nöte habe ich ihm immer erzählt. Am Haus angekommen, stellte ich mich vor das Küchenfenster. In der Küche, so halb im Fenster, stand der Christbaum mit unseren Kugeln geschmückt. Die Kerzen brannten. Es sah alles so friedlich aus. Nur ich war traurig. Ich musste daran denken, wie oft ich doch Weihnachten hinter diesen Fenstern verbracht habe. Nun sind fremde Menschen drin, und ich kann nie mehr mit meinen Lieben dort Weihnachten feiern. Schweren Herzens trat ich den Heimweg an. Dort stand auch ein Christbaum, geschmückt mit selbstgebastelten Papiersternen. Sie leuchteten nicht so wie die Glaskugeln in unserem Haus. Für mich war das ein sehr trauriges Weihnachtsfest, welches mir immer in Erinnerung bleiben wird.«

Am härtesten traf es die zurückgebliebenen oder zurückgekehrten Kinder **im russisch besetzen Ostpreußen.** Sie waren völlig abgeschnitten von der übrigen Welt, gleichsam lebendig tot.[18] Erich G. (1930) lebte in Königsberg. Von den sowjetischen Besatzern wurde seine Familie 1945 über den Pregel in den Vorort Ponat getrieben. Beim Überqueren der Brücke verlor er Mutter und Schwester:

»Mein Zeug hatte ich auch nicht mehr, also ich hab nichts, kein Bild habe ich mit rüber bekommen. Der Rucksack war dann auch weg. Dann mussten wir Jungen die Toten abschneiden auf den Dachböden, die sich aufgehängt hatten.
I: Waren das viele?
G: Ja, das waren schon viele.
I: Die sich aus Verzweiflung umgebracht hatten?
G: Die sich aufgehängt hatten oder Erschossene, die mussten wir dann runterholen, die wurden dann irgendwo hingekarrt. Mehr Frauen, aber es waren auch ältere Männer dabei. All solche Sachen mussten wir da machen. Es funktionierte ja nichts mehr. Strom gab es ja nicht, man hat Wasser aus dem Feuerlöschteich getrunken, da bekam man dann Ruhr, denn da waren ja zum Teil Tote drin, die man gar nicht gesehen hat.

In einer Vier-Zimmer-Wohnung wohnten dann vier Familien. Anders ging das ja nicht. Ich habe da bei zwei älteren Damen gewohnt, zwei Schwestern, beide über siebzig Jahre. Ich hatte die Ruhr bekommen, und da hat man schon abends für mich gebetet. Die haben wohl gedacht, dass ich nichts höre, ich lag ja da apathisch, entkräftet, aber irgendwie habe ich es dann doch gepackt. Sie haben mir immer so ein Teewasser mit Kohlestaub gemacht, zum Stopfen … Es gab ja nichts zu kaufen, es gab keine Geschäfte, kein Eigentum, man hatte kein Fahrrad, nichts. Man existierte eigentlich gar nicht. Bis das dann anlief für die, die nicht arbeiten konnten bzw. für die Rentner, da gab es 200 g Brot pro Tag. Sonst nichts. Die Rentner bekamen ja auch keine Rente. Wie man das Brot bezahlen konnte, war denen ja egal. Es gab kein Sozialsystem, es gab keine ärztliche Versorgung. Wenn man nach Brot angestanden hat, vor einem stand dann jemand, da krochen die Läuse dann da herum oder auf dem Kopf, aber das hatten ja alle. Und diese Hungerbäuche, so waren die Kinder bei uns alle. In der ersten Zeit waren wir nur unterwegs, wenn wir nicht gerade eingespannt waren, um zu sehen, ob man in den Kellern etwas findet, ein Weckglas oder so, was noch nicht entdeckt worden war. Oder in den Halbruinen, da sind dann auch Kinder umgekommen. Zwei in unserer Straße. Da ist ein Kamin in einer Ruine eingestürzt. Sie waren im Keller.

Dann wurde ich einmal zum Verhör abgeholt. Da waren polnische Dolmetscher. Wir hatten Tote zum Friedhof gefahren, und der (*von den Russen eingesetzte*) Blockwart sagte zu mir, dass ich heute Abend abgeholt werde. Er war ein Kriegsversehrter, und der musste zusehen, dass die Leute morgens anstanden zur Arbeit, um sieben oder halb acht, dann haben uns die Russen abgeholt, so wie sie Leute brauchten. Er sagte, ich solle gleich etwas essen, wenn ich nach Hause komme. Und dann kamen die auch, und die Männer, die unten standen, hatten Decken dabei. Da habe ich mich noch gewundert, aber danach wusste ich es, die sind gar nicht mehr zurückgekommen von den Verhören. Die wurden irgendwo ins Gefängnis geworfen.[19] Und ich war noch keine 15 Jahre alt, als ich verhört wurde. Die Verhöre fanden ja immer nachts statt. Ich wurde in einen Raum geführt, da waren zwei Scheinwerfer, die auf mich strahlten, und die dahinter konnte ich nur vermuten. Drei saßen da, und der in der Mitte hat immer mit seiner Reitpeitsche auf den Tisch geschlagen, wenn er meinte, ich habe eine falsche Antwort gegeben. Wie viel Russen ich umgebracht habe, wo ich Waffen versteckt habe … Ich durfte dann wieder zurück in meine Behausung zu den zwei Damen.

I: Wie lange hat das gedauert?

G: Ich bin irgendwie nachts zurückgekommen. Uhren hatten wir ja nicht. Das einzigste, was wir damals hatten, das wussten aber die Russen nicht, waren die kleinen Uhren in den Zählern der Wohnungen. Die gingen aber auch nur, wenn Strom da war. Toiletten waren Holzverschläge im Hof, die linke Seite war für die Männer mit einem Donnerbalken und die rechte Seite für die Frauen. Dahinter war eine große Gartenanlage, und da haben die Russen an jeder Ecke einen Wachtturm aufgestellt … Wenn die Russen besoffen waren, haben sie einfach hinein geschossen, in die Toiletten.

Wir lebten ja einzig vom Diebstahl und was wir gefunden haben. Ich kannte mich ein bisschen im Hafen aus und habe einen Freund gefragt, ob wir nicht Getreide klauen gehen wollten. Er fragte, wie das gehen sollte. Ich hatte mir das schon überlegt. Der Pregel war zugefroren, am Rand war er immer zugefroren. Die Schuppen waren ja nachts bewacht. Und die Posten liefen ja mit Filzstiefeln, man hörte sie kaum. Wir sind unter einen Schuppen gekrochen und haben mit dünnen Holzbohrern, die wir in einem Keller gefunden hatten, auch mit Stecknadeln gearbeitet, sind damit durch die Dielen nach oben gestoßen, bis wir merkten, dass ein paar Körner kamen. Dann haben wir einen Beutel darunter gehalten, damit das dann da rein lief. Wir hörten dann den Posten laufen, aber wir hatten in der Nacht Glück, wir hatten jeder einen Beutel voll Roggenkörner.

Eines Tages kam jemand und sagte, er hat meine Mutter und meine Schwester gefunden, in einem ganz anderen Stadtteil. Dort würden sie in einer Gartenkolonie leben. Aber wie dorthin kommen? Zu Fuß, ja. Aber so, dass man unterwegs nicht aufgehalten wird. Ein Mann sagte mir, ich solle einen Spaten über die Schulter nehmen, und wenn gefragt würde, wo ich hin will, antworten, dass ich zum rabotten (*arbeiten*) müsste. Das waren ja Kilometer. Immer wieder wurde ich angehalten und sollte da und da arbeiten, aber ich habe sie endlich gefunden, musste aber wieder zurück, weil ich morgens wieder da sein musste.«

Es gelingt ihm, beide zu sich nach Ponat zu bringen.

»Eines Tages tauchte mein Vater auf, vom Volkssturm. Total krank und kaputt. Er konnte auch nicht mehr arbeiten und ist im November 1945 gestorben. Wir hatten ein schmales Zimmer zu viert, er war noch nicht 48 Jahre alt. Der Boden war schon gefroren. Wir hatten einen Wagen, Pferdewagen, ein Gestell mit Deichsel, der war mit Brettern ausgelegt. Da haben wir die Toten mit rausgefahren. Und weil der Boden schon gefroren war, kamen die immer in einen Bombentrichter hinein. In der Nähe vom Friedhof. Und dann wurde Kalk darüber gestreut. Als wir sechs Tote hinausgefahren hatten, die wurden wie Holz gestapelt und rausgefahren. Als wir zurückkamen, rief einer, der ab und zu einen Sarg machte, dem Blockleiter, der mit bei uns am Wagen schob, zu: Wir haben schon wieder einen Toten, der G. ist gestorben. So erfuhr ich, dass mein Vater gestorben war. Er ist wohl verhungert. Er hatte schon so einen dicken Bauch. Später hat mir das jemand erklärt, ich wusste gar nicht, dass man an Wasser sterben kann. Ab und zu brachte ich mal Kippen mit nach Hause, woraus er sich eine Zigarette drehte und rauchte, aber zum Essen war ja so gut wie nichts da.

Man kann sich das eigentlich gar nicht vorstellen. Wenn ich früher erzählte, woher ich komme, meinten die Leute immer, das war so wie in der Ostzone. Das wurde alles vergessen. Wir waren in der ganzen Stadt Freiwild, und die Stadt war seelenlos. Es gab auch keinen Pfarrer mehr. Wenn ich mich richtig erinnere, war ganz zu Anfang, im Mai, einmal Kirche. Dann hörte man, die Pfarrer wären geflüchtet. Es gab auch keine Schulen. Eigentlich war es ein offenes Lagerleben.

Später konnten die Leute mit Güterzügen nach Litauen fahren. Dort haben sie sich bei den Bauern etwas erbettelt. Nachdem Mutter und Schwester da waren, bin ich nachts immer auf Tour gewesen. Nach Kohlen gucken oder auf dem Bahnhofsgelände nach Kartoffeln, da ist man ein Stück mitgefahren, hat die Kartoffeln rausgeschmissen und ist zurückgelaufen, um sie aufzuheben, aber oft hatten sie schon andere aufgehoben. Mutter hat jede Nacht gebibbert, bis ich zu Hause war.
I: Sie waren praktisch der Ernährer, da Ihr Vater zu schwach war.
G: Ja, da gibt es ja so viel zu erzählen, man weiß gar nicht ... mit Schießen und Schlägen war immer etwas dabei. Im zweiten Jahr waren auch russische Banden da, die sind hinter den Truppen hergezogen. Für das Militär waren sie zu jung. Man meinte, das wären Vollwaisen gewesen. Die rotteten sich zusammen und haben uns überfallen und zusammengeschlagen und nach etwas gesucht, aber wir hatten ja auch nichts. Ich fand mal ein EK I, das hatte ich in meiner Jacke, da bekam ich noch extra Schläge dafür.«

Er erzählt dann, wie er im zweiten Jahr in einer Brauerei arbeiten und mit List und Tücke etwas Braugerste herausschmuggeln konnte.

»Und die Gerste war unsere Rettung. Da habe ich 270 Rubel im Monat verdient ... Ein Kochgeschirr voll Kartoffeln kostete im Winter auf dem Markt bei den Russen ca. 100 bis 120 Rubel, ich weiß nicht mehr, wie viel Kartoffeln da drin waren, so zehn bis zwölf Stück. Brot kostete auch so 120 Rubel. 270 Rubel habe ich bekommen, das war eigentlich so gut wie nichts. Das waren so Höhepunkte im Leben, wenn es mal Kartoffeln gab. Im dritten Jahr gab es ja die sogenannte Produktenkarte. Das war wohl im Oktober 1947. Wir Jungen rauchten alle. Damit wurde der Hunger betäubt. Wir rauchten Machorka ... Zu essen hatte man nichts, aber geraucht hat man. Und die Jungen hatten ja immer Hunger. Meine Mutter und meine Schwester mussten auch arbeiten gehen, Straßen räumen usw. Schon wegen der Brotzuteilung. Ich habe ja Glück gehabt in der Brauerei, die meisten Arbeiten wurden ja nicht bezahlt. Das war selbstverständlich, dass das gemacht wurde.«

Im April 1948 wurden sie vertrieben; für sie war es eine Erlösung.

Christel S. (1930) aus Borchersdorf, Kreis Königsberg: Auf der Flucht mit Mutter und Schwester Elli (1934)[20] wurden sie von den Russen eingeholt und vollständig ausgeraubt, verloren auch ihre Pferde. In dieser aussichtslosen Lage nahmen sich die Großeltern (74 und 82 Jahre alt) das Leben. Wahrscheinlich hatten sie sich irgendwo in den Schnee gelegt, um zu erfrieren. Durch das Kampfgeschehen hindurch schleppten sich Mutter und die beiden Schwestern tagelang zurück nach Hause. Dort fanden sie alles zerstört. Sie wurden dann mit anderen Zivilisten von bewaffneten Russen weitergetrieben:

»Wer nicht mehr wollte oder auch nicht so recht konnte, wurde schonungslos angetrieben, notfalls mit dem Gewehrkolben. So quälten wir uns durch Schnee, Matsch

2. Familie S.

und Kälte über Straßen und Wege. Angst, Durst und Hunger setzten uns außerdem stark zu. Hin und wieder erhielten wir eine dünne Wassersuppe aus einer Gulaschkanone ... Den Durst stillten wir mit Schnee, der nicht immer sauber war. Ja sogar schmutziges Tauwasser, das in Pfützen stand, haben wir unterwegs getrunken. Der Durst war eben stärker! Als Unterkunft für die Nacht, manchmal auch für ein bis zwei Tage, dienten uns in der Hauptsache Scheunen oder Ställe ... Unsere nächste Station war Pregeswalde ... Wir mussten uns alle auf einem großen Platz – oder war es ein Hof – in Reih und Glied aufstellen, und dann wurde ausgemustert. Arbeitsfähige Leute, meist junge Mädchen und Frauen – Männer gab es kaum, sie waren im Krieg – wurden ausgesucht, gewaltsam von den Angehörigen getrennt und gesondert gruppiert. Auch mich hatte ein Russe brutal aus der Reihe gerissen und zu der Gruppe gebracht. Als sich diese nun in Bewegung setzte, rannte Elli mir nach, riss und zerrte an mir, klammerte sich fest, tobte und schrie wie eine Besessene. Die Angst, voneinander getrennt zu werden, verlieh ihr ungeahnte Kräfte. Sie benahm sich wie eine kleine Furie und vollbrachte ein Wunder. Der Russe griff nicht ein, er schlug nicht zu, sondern drehte sich in Marschrichtung und ging weiter, so als hätte er nichts bemerkt. Es gab auch unter den Siegern Menschen mit Herz. Dieser war einer davon! Ich war gerettet. Mutter, Elli und ich weinten vor Glück im Unglück. Aus Sibirien wäre ich sicher nie zurückgekommen. Dorthin sollte es gehen, wie wir später hörten.«

Auch sie sollten ursprünglich nach Russland gebracht werden: der Transport wurde aber kurz vor der Grenze gestoppt. Auf ihrem Wege nächtigten sie in Ställen oder verlassenen Gehöften, blieben auch einmal länger an einem Ort. Alles Essbare musste selbst gesucht werden, immer drohte die Gefahr russischer Vergewaltiger, die – trotz aller ihrer Versuche, sich zu verstecken – auch einmal über sie herfielen, ein schwerer, lebenslanger Schock für sie. »Langsam verbreitete sich auch unter den Deutschen die Nachricht, dass der Krieg zu Ende war. Viel mehr erfuhren wir nicht, denn Zeitung und Radio hatten vielleicht ein paar Russen – vielleicht!« Sie wurden dann registriert und zur Arbeit eingeteilt und wohnten mit vielen anderen in einem verschont gebliebenen Gutshof in einem kleinen Zimmer.

»Doch zunächst musste noch eine Frauenleiche entfernt werden. Bevor diese dann irgendwo vergraben wurde, zog man ihr die brauchbaren Kleider aus, was in solchen Fällen auch anderweitig praktiziert wurde. Es gab viel Arbeit. Die vordringlichste davon war, die noch liegengebliebenen Tierkadaver und Leichen zu begraben, auch Mutter blieb es nicht erspart. Die Feldbestellung war schon mehr als überfällig. Es wurde nur ein geringer Teil der Äcker bearbeitet, jedoch nicht mit PS, sondern mit MS – zehn Frauen vor einem Pflug oder einer Egge und ein Mann dahinter als Antreiber. Ähnlich wurde beim Dreschen verfahren. In den Scheunen lagerte noch das Getreide aus deutscher Ernte ... Bei dieser Arbeit war auch ich kurzfristig dabei, doch auf Dauer zu schwach. Für die schweren Arbeiten gab es weder Lohn noch Verpflegung, allenfalls eine schriftliche Erlaubnis, mit der wir in den umliegenden Orten und Gehöften auf Beutetour gehen durften ... Elli und ich hatten uns mit ein paar Mädchen angefreundet und stromerten oft in der Gegend umher, kamen sogar hin und wieder mit brauchbaren Dingen nach Hause. Essbares Grünzeug wie junge Brennnesseln, Disteln, Sauerampfer konnten nicht so schnell nachwachsen, wie wir sie ernteten ... Es gab auf ›unserem‹ Hof ein paar junge Katzen. Ich begab mich auf den Heuboden, wo sich die süßen Tierchen aufhielten. Zutraulich, wie sie waren, ließen sie sich leicht fangen. Ich spielte zuerst noch mit meinem Opfer und streichelte es – fast hätte ich es nicht übers Herz gebracht – aber da war die Not – es muss sein. Ich fasste das Tier an den Hinterfüßen und schlug es ein paar Mal gegen einen Holzpfeiler, alles Weitere erledigte Mutter.«

Der Versuch, nach Borchersdorf zurückzukehren, schlug fehl. Sie wurden eingefangen und wieder zur Zwangsarbeit eingeteilt. Auch sie musste mitarbeiten, daneben sich durch Sammeln und Klauen weiterhelfen.

»Brennholz zu besorgen war Aufgabe der jungen Leute. Dazu holten wir unsere Wagen aus dem Schuppen und zogen los. Wir fällten Telegrafenmaste, zersägten sie und freuten uns, weil damit der Karren so schnell vollgeladen werden konnte. Außerdem takelten wir auf unbewohnten Gehöften an Scheunen und Heuböden über den Ställen die Bretter ab. Irgendwie machte uns das Ganze auch noch Spaß. In welcher Gefahr wir uns bei diesen oft waghalsigen Abtakelmanövern befanden, war uns gar nicht bewusst. Was zählten schon eingerissene Holzsplitter und Kratzwunden, wenn wir mit einer guten Fuhre Brennholz nach Hause fahren konnten.«

Die Kinder fanden sogar noch Zeit und Lust, sich Skier und Schlittschuhe zu basteln und damit herumzufahren. Zu Weihnachten 1946 führten sie sogar mit primitivsten Mitteln ein Krippenspiel auf, zu dem alle kamen, auch deutsche Gefangene und Russen! Höchst erfinderisch waren Mutter und Kinder in der Herstellung von Kleidung, besonders für den kalten Winter:

»Altes wurde aufgetrennt, Brauchbares davon wiederverwendet und mit anderen Stoffresten kombiniert. Sogar aus Übergardinen und Matratzenteilen – besser gesagt, aus dergleichen Stofffetzen – hat Mutter für uns tragbare Sachen gezaubert. Zum Nähen zogen wir Fäden aus Sackleinen oder ähnlichem Material. Auch Wollsachen, die nicht mehr gestopft werden konnten rebbelten wir auf und strickten aus den aneinander geknoteten Fäden wollene Handschuhe, Mützen und Strümpfe. Als Stricknadeln dienten uns spitzgefeilte Fahrradspeichen. Not macht erfinderisch! Jedenfalls trugen Elli und ich damals stets die neuesten ›Lumpenmodelle.‹«

Abwechselnd erkrankten sie alle schwer, Medikamente gab es nicht.

»Bei den geschwächten Abwehrkräften und der mangelhaften Ernährung stellten sich die verschiedensten Krankheiten ein, besonders eiternde Geschwüre. Sie wurden zu einer Art Dauerzustand, kaum war das eine zugeheilt, erschien an einer anderen Stelle das nächste. Wir konnten die Wunden nur immer wieder säubern und mit Spitzwegerich oder anderen Heilkräuterblättern frisch verbinden. Die Heilung zog sich oft über Wochen hin. Am schlimmsten war für mich ein Karfunkel an der Lendenwirbelsäule, er quälte mich furchtbar, eiterte und eiterte, wurde tiefer und tiefer. Mutter hatte große Sorge, dass das Ganze bis zum Rückenmark wandern könnte. Glücklicherweise kam es nicht dazu. Irgendwann heilte dieser eitrige ›Krater‹ dann doch zu. Eine große Narbe an dieser Stelle so wie einige andere erinnern mich noch heute daran.«

Einmal unternahmen die 13-jährige Elli und Gerhard, ein bekannter zwölfjähriger Bub, ganz alleine, ohne Wissen der Mutter (nur Christel wusste davon) mit dem Zug eine Bettelfahrt nach Litauen. Dank eines gütigen Eisenbahners kamen sie gut hin und zurück und brachten sogar volle Rucksäcke mit. Die Mutter konnte dann für die Russen nähen und sich dadurch etwas Zusatzproviant verdienen.

»Im übrigen lebten wir ziemlich zeitlos dahin – ohne Kalender, ohne Post, ohne Zeitung und – ohne Uhr. Die Tageszeit konnten wir allenfalls an der großen Sonnenuhr ablesen, die auf dem Hof an einer Stallwand angebracht war … Richtig froh oder ausgelassen waren höchstens wir Kinder, wenn unsere unterdrückten Lebensgeister ›ausbrachen‹, was aber ziemlich selten passierte.«[21]

So lebten sie fast drei Jahre, bis die Mutter im Frühjahr 1948 erfuhr, dass man einen Ausreiseantrag nach Deutschland stellen konnte. Damit öffnete sich für sie das Tor zur Freiheit. Nach fast vier Jahren Trennung trafen sie den Vater in Wismar wieder. Die Deutschen im russisch besetzten Teil Ostpreußens lebten wie in einem »offenen Lager«, so wie es Erich G. richtig ausdrückt. Die meisten von ihnen konnten erst 1947 oder 1948 dieses »Lager«, das ihre Heimat gewesen war, verlassen. Sie hatten es kaum erwarten können.

Von den **Internierungslagern** in Dänemark, Polen und der Tschechoslowakei, in die nach dem Krieg viele Deutsche, auch Kinder, gesperrt wurden, waren die **dänischen** die weitaus humansten. Ich zitiere aus zwei Quellen, den

Erzählungen eines Jungen, der 1945 als Vierjähriger nach Dänemark kam, und aus Erinnerungen und Tagebuch einer am Kriegsende 17-Jährigen. Heinz V. (1941) hatte mit Großmutter, Mutter und Bruder Klaus (1938) die Flucht über See von Danzig nach Dänemark geschafft.[22] Er selbst war unterwegs schwer krank. Als die Flüchtlinge am 8. April eintrafen, war Dänemark noch von deutschen Truppen besetzt. Sie wurden in einem Schulgebäude in Ringstedt bei Kopenhagen untergebracht:

»Da die deutsche Wehrmacht in Dänemark noch das Sagen hatte, waren wir natürlich nicht eingesperrt, und es gab sogar ein paar Dänenkronen. So konnte man tagsüber durch das friedliche Ringstedt bummeln und die Schaufenster mit Kuchen, Schokolade und Sonstigem bewundern und sogar manche Kleinigkeit kaufen. Man kam sich wie auf einem anderen Stern vor ... Am 10. Mai am frühen Morgen kam eine Kolonne mit Pfosten und Stacheldraht, und das Schulgebäude wurde umzäunt ... Dänische Wehrpflichtige wurden mit Wachdiensten betraut, und so machten auch solche die Runde um unseren Stacheldraht. Da mein Vati auch Soldat war[23], und ich es nicht so richtig auf die Reihe kriegte, lief ich ›meinem Soldaten‹ immer hinterher. Er lief außen Wache, ich innen. Kleine Geschenke seinerseits und ein Holzgewehr besiegelten die Freundschaft, und ich wollte nicht ins Bett, bevor ich nicht ›meinem‹ Soldaten Gute Nacht gesagt hatte. Nach wenigen Wochen hatte das Spiel ein Ende, mein Soldat wurde versetzt, und die anderen hielten vorschriftsmäßig Distanz.

Mittlerweile war der Stacheldraht nochmals enger um das Schulgebäude gezogen worden, um Wachpersonal einzusparen. Jetzt wurde es eng. Einen Hof gab es kaum noch, und wir Kinder spielten eben auf den Treppen und Gängen. Dazwischen die Erwachsenen mit erheblichem Ruhebedürfnis. Fangen war herrlich, und ich rammte ein Mädchen, welches gerade einen Topf mit heißer Milch in der Hand hatte. Die Milch ging mir über Kopf und Gesicht, und ich war längere Zeit mit Verband und Schmerzen außer Gefecht. Zugegeben, irgend etwas hatte ich immer, sei es Husten, Bindehautentzündung oder sonst was, aber in den Sanitätsstuben gab es immer Bonbons oder Kekse, und so hatte das auch seine guten Seiten.«

Die Mutter, die Lehrerin war, improvisierte für Stunden eine Art Schulunterricht.

»Man versuchte sich in Normalität, wenn da nicht das Problem mit dem Essen gewesen wäre ... Unsere Verpflegung bestand vor allem aus alten Armeebeständen, und darunter befand sich das ›Dörrgemüse‹, unsere Hauptkost dieser Tage. Gedörrte Kohlrabi, Karotten, Erbsen, Weißkohl und Gott weiß, was noch drin war. Die Säcke wurden in Wasser gekippt, Salz war schon drin, und das Ganze über Nacht quellen gelassen und dann gekocht. Wenn es Fisch gab, so waren die ausgenommenen Fische einfach mitsamt den Gräten mitgekocht. Nachdem aber ein rostiger Nagel und die sterblichen Überreste einer Maus auf dem Teller gefunden wurden, musste was geschehen. Die Deutschen durften ab sofort selber kochen.«

Die Großmutter avancierte zur Küchenchefin und die Mutter fand einen Posten in der Lagerverwaltung. So gehörten sie zu den »Oberflüchtlings«, wie es damals hieß. Im Juni 45 wurden die Menschen aus diesem und aus anderen kleineren Lagern zusammengefasst und in die Nähe von Ringstedt in eine landwirtschaftliche Ausstellungsanlage verlegt.

»Das Wetter war warm, die Schweineboxen frei, also konnten gruppenweise in eine Box bis zu vier Personen. Demnach gab es eine Box für uns allein. Das heißt, allein war man nun wirklich nicht mehr, denn viele hundert Menschen in je einer Halle ist der Tod jeder Privatsphäre, und die Boxen waren nur durch eine meterhohe Trennwand voneinander getrennt. Grünflächen zum Spielen gab es jedoch genug drum herum. In diesen Tagen entstand ein Schild über unserer Box, das unser Territorium als ›Villa Jolanteruh‹ auszeichnete und stammte von einem Landschaftsmaler namens Sauer. Dank der Originalität wurde unsere Box zum meist fotografierten Motiv durchreisender fremder Militärs und dänischer Behörden. Dieses Schild ziert heute den Flur meines Hauses.«

Unablässig wurde kontrolliert, registriert; es gab Ausreißer, die sich nach Deutschland durchschlagen wollten.

»Zur Strafe wurde dann unter anderem schon um 21 Uhr Nachtruhe angeordnet, und keiner durfte mehr aus seiner Koje. Wir Kinder tollten dann natürlich weiter drinnen rum, und es flogen Ohrfeigen. Auch die Spannung zwischen den Erwachsenen erreichte oder überschritt manchmal den Siedepunkt – der ›Lagerkoller‹ machte sich breit. Am 14. August hatte Klaus Geburtstag und Japan kapituliert, und es hätte in aller Welt Friede sein sollen, aber in unserem Schweinestall war immer Krach, Neid und Gezänk … Es wurde kalt, der Winter 45/46 kündigte sich an. Die Hallen waren nicht beheizbar und ›Villa Jolanteruh‹ wurde zugemacht. Es ging wieder zurück in die Technische Schule in Ringstedt. Beim Umzug regnete es in Strömen, und alles war nass. Die Heizung funktionierte auch nicht so richtig, und der Kampf gegen Schimmel und Erkältungen begann. Das Wasser lief an Fenstern und Wänden herunter,

3. »Villa Jolanteruth«. Das Schild hängt heute noch im Flur von Heinz V. Es zeigt, wie die Flüchtlinge sich selbst im »Schweinestall« noch mit Humor eingerichtet haben

und es dauerte noch Wochen, bis es per Wischen und Lüften wieder unter unseren alten Pferdedecken einigermaßen kuschelig wurde. Und da gab es noch die braunen Papierdecken – wirklich – so was gab es. Diese Decken waren aus dickem gekräuselten Krepp-Papier gefertigt und mit Zellstoff gefüllt. Außer, dass sie kratzten und auf dem Körper wie ein Brett lagen, wärmten sie kaum und waren auch in nur kurzer Zeit zerrissen. Dieser Notdeckenersatz hatte allerdings einen entscheidenden Vorteil: Wenn Läuse oder Wanzen im Umlauf waren, wurden sie einfach verbrannt, und das kam öfters vor. Aus dem braunen Krepp-Papier konnte man aber auch so manchen nützlichen Gegenstand basteln. So wurde das Papier, in Streifen geschnitten, zu Matten geflochten, und daraus wurden zum Beispiel Sichtschutz, Schreibmappen, Buchhüllen oder Taschen gefertigt … Ab Oktober 45 wurde erneut ein Schulunterricht auf Eigeninitiative eingerichtet, und Mutti war wieder als Lehrerin mit dabei. Überhaupt wurde alles Erdenkliche für die Selbstbeschäftigung getan, um dem ewigen Klatschen, Tratschen, Zetern und Streiten ein wenig Einhalt zu gebieten. Die Kindertheatergruppe und ein Lagerchor wurden gebildet, und da es nach wie vor kaum Bücher und Noten gab, war man auf das Gedächtnis und die künstlerischen Ergüsse einiger Lagerinsassen angewiesen. Weihnachten kam näher, und Omi nähte aus Stofflappen und Resten unter Mithilfe von Zimmerinsassen 27 Puppen, die als Seppl, Dirndl und Prinzen dem Weihnachtsfest entgegenträumten. Am Heiligen Abend gab es dann auch einen kleinen bunten Teller mit geröstetem Weißbrot und gekochten Bonbons, und der Lagerchor sang Weihnachtslieder.«

Sie wurden dann in die riesige Barackenstadt »Cloevemarken« auf der Insel Amagar vor den Toren Kopenhagens verlegt. Dort waren über 10.000 Internierte. Die Mutter bekam eine Stelle in der Lagerverwaltung, das Leben verbesserte sich langsam. Die Großmutter spezialisierte sich aufs Puppenmachen.

4. Heinz V. im Lager mit der ersten Butterblume

»15 dkr (in Worten: fünfzehn Kronen) erhielt Omi pro Puppe – viel Geld, wenn man gar keines hat. Nähnadeln, Knöpfe, kleine Leckereien waren nun erreichbar – wir waren wieder einmal ›Oberflüchtlings‹ … Als Omi einmal mit war, frage ich: ›Warum legen die Leute ihr Brot ins Fenster?‹ Es war ein Bäckerladen – nun denn! Ich hatte noch nie bewusst einen Bäckerladen gesehen, und Omi kamen die Tränen … Einen besonderen Ausflug gab es zum Kloster Farum vor den Toren Kopenhagens. In Farum waren unter anderem von den Nonnen kranke deutsche Kinder aufgenommen worden, und Mutti hatte eine Transportbegleitung durchzuführen, bei der ich sie begleiten durfte. Alles war sehr feierlich. Zum Mittag gab es Spinat mit Kartoffeln und Spiegelei. Ich kannte dies noch nicht, und es schmeckte mir wie an Weihnachten. Eigentlich wollte ich dort bleiben, aber dafür krank werden, wollte ich auch nicht. Aber so besonders gesund waren wir alle nicht. Immer wieder wurden wir Kinder untersucht. ›Rachitis und Unterernährung‹ war die Diagnose. Ich bekam per Rezept wöchentlich 100 Gramm Weißbrot und ein Ei verschrieben …«

Das Verhältnis zwischen Deutschen und Dänen normalisierte sich mehr und mehr.

»Es wurde ein Lagerchor eingerichtet, bestehend aus Alt und Jung. Ich durfte dabei sein und lernte und lernte. Vor allem lernte ich gerne dänische Volkslieder, und das ›I Skovens dybe, still Ro …‹ von H. C. Andersen (In des Waldes stiller Einsamkeit) musste (nicht durfte) ich bei jeder passenden Gelegenheit bei Dänen vorsingen. ›Einfach zu niedlich: Ein deutsches Flüchtlingskind singt ein dänisches Lied!‹ Ich kam mir immer wie ein vorgeführter Affe vor.«

Da die V.s keine Perspektive für sich sahen (der Vater war vermisst und ihre Wohnung lag in Ostberlin), blieben sie freiwillig bis zum allerletzten Transport im Herbst 1949 im Lager.

Der zweite Bericht stammt von Maria P. (1927) aus Heinrikau im Ermland, Ostpreußen. Von den sechs Geschwistern waren die drei älteren Brüder an der Front, die ältere Schwester mit der Tante auf die Flucht gegangen. Die Mutter, der gelähmte Vater, Maria und ihre beiden jüngeren Brüder Schorsch (1929) und Adalbert (1931) hatten die schwere Flucht überstanden und waren zunächst in dem kleinen dänischen Dorf Allesö einquartiert worden, um das nach der Kapitulation ein Stacheldrahtzaun gezogen wurde. Maria äußert sich – rückblickend – sehr verständnisvoll für die Probleme, die für das kleine Dänemark aus den deutschen Flüchtlingsströmen erwuchsen:

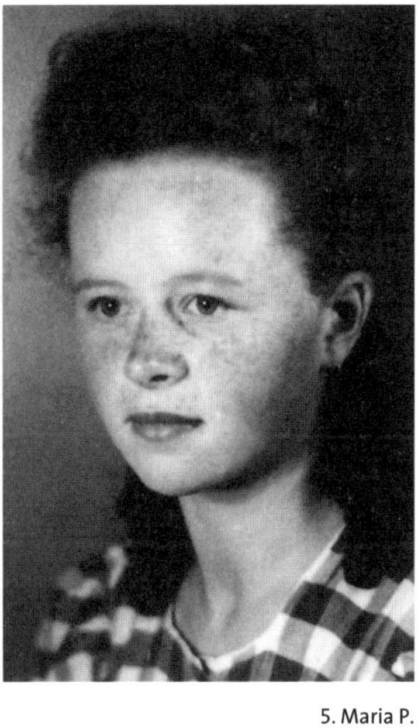

5. Maria P.

»Die Tage und Wochen nach der Kapitulation waren für viele Flüchtlingsunterkünfte schlimm und chaotisch. Es war aber auch für die Dänen schwierig. Gegen ihren Protest waren wir in Massen ins Land geströmt, nahezu sämtliche Gebäude, die nicht Privatwohnungen waren, hatte man mit Flüchtlingen vollgestopft: Schulen, Heime, Turnhallen, Gemeindehäuser, Krankenhäuser ... Völlig unklar war, wie lange wir bleiben sollten. Am liebsten wäre man uns schnellstens losgeworden ... Wer hat für sie zu sorgen? Die ganze Situation war unüberschaubar. Sehr unterschiedlich ging es in den ca. 1.100 Flüchtlingsquartieren zu, je nachdem, ob sich jemand kümmerte oder nicht. Für viele war es eine harte Zeit, in der zahlreiche alte Leute und kleine Kinder starben.«

Im Februar 1947 wurden sie in das Lager Grove in Jütland verlegt.[24] Nach den üblichen Aufnahmeprozeduren wurden sie in einen Barackenraum geführt und bekamen hier eine Ecke zugewiesen, zusammen mit einem Ehepaar und einer Familie mit vier Kindern.

»Unsere Ecke ist fensterlos und sehr eng. Und es sieht darin so ähnlich aus wie auf der Zeichnung, die ein Mädchen aus Grove gemacht hat. Stellen wir uns vor: in dem Stockbett links schläft Mutter unten, oben ich. In dem Doppelbett rechts hat unten das Ehepaar Mielke seine Schlafstätte. Sie ist mit Papierdecken umspannt, um die Intimsphäre ein wenig zu wahren. Über ihnen nächtigen unsere Jungens. Im den Raum zwischen den Betten wird nachts das Feldbett aufgeschlagen, in dem unser Väterchen liegt. Tagsüber sitzt er hier in seinem Autosessel.[25] Den Tisch rücken wir ein wenig vom Bett weg und stellen Stühle dahinter. Wollen Mielkes rechts in ihre Ecke, wo ihr Tischchen am Fenster steht, müssen wir aufstehen. Den Vorhang denken wir uns fort. Vor dem linken Stockbett steht der kleine Spind, in dem Kleider und Esswaren für uns fünfe Platz haben müssen. Hinten an der Wand stehen zwei Munitionskisten mit unserer Habe übereinander, unter dem Bett Koffer und anderer Kram. Der kleine eiserne Ofen steht nahe bei unserem Tisch ... Es kommt noch eine Bäuerin aus dem Ermland mit vier kleinen Kindern in den Raum. So wohnen wir zu 18 Personen in einem Raum von 32, 5 qm ... Das einzige Plätzchen, das man für sich hat, ist das Bett. Und so hocke ich auch am Tage oft da oben, schreibe Briefe

6. So lebten die P.'s im Lager Grove

oder Tagebuch. Und wenn ich mich abends ausziehe, tue ich das unter der Decke, und der 16-jährige von J. linst herüber.«

Aus dem Tagebuch am 15.2.47: »Über eine Woche sind wir von Allesö fort. Vielleicht ist es gut, dass ich nicht eher meine Eintragungen in dieses Heft machte. Denn was wäre es anderes geworden als eine Flut von bitteren Klagen, traurigen Vergleichen, Verzagtheit und Enttäuschungen. Heute sieht es schon ganz anders aus. Wohl haben wir unser Allesö verloren, wohl haben wir unser freundliches Stübchen mit einer kahlen Baracke vertauscht und müssen mit 8 Fremden zusammen leben, wohl werde ich arg von Wanzen und die anderen von der Kälte geplagt, wohl spüren wir alle Unannehmlichkeiten eines großen Lagers; doch ist das ein Grund, trübsinnig zu werden? Man muss sich über die kleinen Unbilden hinwegsetzen können. Man darf nicht daran kleben bleiben wie eine Fliege, die auf den Leim gegangen ist, zappelt und mit den Flügeln schlägt. Wir haben unsere Lebensfreude wieder gewonnen. Wie unglücklich war ich in den ersten Tagen über die dicken, juckenden Wanzenbeulen! Wenn ich jetzt am Morgen erwache und die neuen Bißstellen zähle, so tue ich das mit der Gleichgültigkeit eines Büromenschen, der eine Kartei zu führen hat. Natürlich bekämpfe ich die Plagegeister weiterhin, doch ich trage das kleine Übel mit ziemlicher Gelassenheit. – Fröhlichkeit, Sonne ist wieder in unseren Herzen. Und das kommt wohl daher, dass wir nicht allein sind.«

7. Scherenschnitt aus dem Lager Oksböl

18.3.: »Eine Kältewelle löst die andere ab. Augenblicklich ist es ziemlich milde. Immer fasst man neue Hoffnung, und immer wieder wird sie zerschlagen … Wie schwarz und düster, wie undurchdringbar liegt unsere Zukunft vor uns! Die Menschen werden zwischen Hoffnung und Enttäuschung hin- und hergezerrt. Das ziel- und zwecklose Dahinleben, das Zusammengepferchtsein mit so vielen Menschen, die rastlose Sehnsucht macht ihre Seelen krank. Daher ist es wichtig, diesem schleichenden Leben einen Sinn abzugewinnen. Wenn es wärmer wird, werde ich mir wahrscheinlich eine Arbeit suchen.«

Sie war inzwischen 19 ½ Jahre geworden und kein Kind mehr. Mit der wärmeren Jahreszeit begann wieder Schulunterricht in einigen Fächern – sie sang im Chor mit. Sie veranstalteten Konzerte, auch in anderen Lagern. Erst im August 1947 wurden sie nach zweieinhalb Jahren Internierung aus dem Lager nach Deutschland entlassen. Sie zieht ein Fazit: »Für mich waren die Lagerjahre trotz der Unfreiheit und aller Belastungen eine reiche Zeit mit kostbaren Begegnungen und Erfahrungen. Ich möchte sie aus meinem Leben nicht missen.«

Der vierjährige Klaus V. wächst in das Lagerleben wie in etwas Selbstverständliches hinein. Er hat ja keine Vergleiche, kennt richtige Bäume nur hinter dem Zaun und nicht einmal einen Bäckerladen. Ein Essen wie Spinat mit Kartoffeln und Spiegelei schmeckt so gut, dass er am liebsten immer in dem Kloster geblieben wäre, das er mit seiner Mutter besuchen darf. Dabei ist er, ebenso wie die anderen Kinder, unterernährt und oft krank. Aber das gehört für ihn einfach dazu wie die ständig aufgeschlagenen Knie. Er schafft sich seine eigene Welt, geht auf Entdeckungsreisen, sammelt Schnecken, singt im Kinderchor. Kinder nehmen sich das Recht, zu spielen, herumzutoben und den Erwachsenen auf die Nerven zu gehen trotz äußerst beengter Verhältnisse. Er hat keinerlei »Feindgefühle«, freundet sich mit dem dänischen Wachposten an und sucht auch sonst Kontakt, wo er ihn findet. Er singt gern dänische Lieder und wird vorgeführt, auch in der dänischen Presse, die sich offenbar bemüht, ein freundliches Bild von der Lagerwirklichkeit zu zeichnen. Freilich waren sie privilegiert, »Oberflüchtlings« durch die Arbeit der Mutter in der Lagerverwaltung und das Geschick der Großmutter.

Das junge Mädchen Maria P., an der Grenze zum Erwachsensein, leidet ganz anders unter dem Heimatverlust, dem Eingesperrtsein, aber auch der völligen Ungewissheit. Aber sie ist sehr tapfer und lebensbejahend, auch aus ihrem festen Glauben heraus, von dem das Tagebuch immer wieder spricht.[26] Nicht erst aus der Weisheit des älteren Menschen, als sie ihre Erinnerungen niederschreibt, sondern schon damals zeigt sie großes Verständnis für die Probleme, die das kleine Dänemark durch die vielen deutschen Flüchtlinge zu bewältigen hatte. Obwohl sie die bitteren Seiten des Lagerlebens und die Sehnsucht nach Freiheit nicht unterschlägt, versucht sie, die zweieinhalb Jahre so sinnvoll zu nutzen wie möglich. Erstaunlich ist auch hier, was die Internierten inmitten der primitiven Lebensverhältnisse, geschwächt und deprimiert durch Hunger, Kälte und menschenunwürdige Behausungen, an kulturellen Initiativen entwickelten, an denen sich Maria mit großer Freude beteiligte. Sie möchte die Lagerzeit trotz allem nicht missen, ein glaubwürdiges Zeugnis dafür, dass sinnvolles Leben nicht von äußeren Umständen abhängt. Auch Maria weiß, dass sie in Grove noch nicht am schlechtesten daran waren, sondern dass es unter den 1.100 größeren und kleineren Lagern viel schlimmere gab, so das größte und berüchtigte in Oksböl – wo, wie sie schreibt, »Flüchtlinge in den berüchtigten Pferdeställen kampieren mussten, Baracken, die keine Fenster, sondern nur schwaches Oberlicht hatten. In jeder der 4 Boxen des Stalles hausten 30 Personen.« Trotzdem ließen sich auch dort die noch kindlichen Internierten ihre Lebensfreude nicht nehmen.

Anni B. (1932) aus Neumertinsdorf, Kreis Allenstein, Ostpreußen: »Mir graust es heut noch, wenn ich daran denke. Graupensuppe, sie sah ganz blau aus, so verdünnt. Manchmal auch zerkochtes Fleisch. Durch Bekannte, die in dieser Küche arbeiteten, erfuhren wir, dass es Bisamratten waren, die man mitgekocht hatte. Aber was isst man nicht alles, wenn man Hunger hat. Die Wanzen haben uns zerstochen, viele wurden krank und sind gestorben. Wir Kinder hatten auch oft Infektionen. Ich bekam das Gesicht voller Eitergeschwüre, das ganze Gesicht voller Schorf. Es wurde von einem Arzt jeden Tag entfernt, es war sehr schlimm. Ich hatte Angst, dass mir Narben bleiben, aber es war, Gott sei Dank, nicht der Fall. Auch gab es eine katholische Jugendgruppe und in der Baracke eine katholische und evangelische Kirche, zwei meiner Brüder sind dort zur Erstkommunion gegangen. Wir wurden von zwei Pfarrern betreut. Ich war dann auch in der Jungmädchengruppe. Ach, wir Kinder haben so geschwärmt für den einen Pfarrer. Wir spielten Theater, haben gesungen, für uns Mädchen war es eine wunderschöne Zeit mit diesem besagten Pfarrer. Auch gab es in Oksböl eine Baracke, wo getanzt wurde. Ab 18 Jahren durfte man da rein, ein Kino genau so, ab 18 Jahren, doch irgendwie haben wir es immer wieder geschafft, uns da einzuschmuggeln.«

Sie bewahrt als großen Schatz ein Spruchbüchlein, in das ihre Freundinnen in Oksböl ihre Erinnerungssprüche eingetragen haben.

Zu einem harten Urteil über die dänische Politik gegenüber deutschen Flüchtlingskindern kommt die dänische Ärztin und Hobby-Historikerin Kirsten Lyloff, die eine Dissertation darüber geschrieben hat. »Ihre Behandlung ist die größte menschliche Katastrophe der Neuzeit in Dänemark«, fasst sie ihre Ergebnisse zusammen. Genau 13.495 Flüchtlinge sind laut offiziellen Statistiken allein im Jahr 1945 in Dänemark gestorben, 7.000 davon waren Kinder unter fünf Jahren, kaum einer von 3.000 Säuglingen überlebte. »Man tat nichts, um die deutschen Flüchtlinge umzubringen, aber man wandte den Blick ab und unterließ es, ihnen zu helfen.«[27]

Auch die **polnischen Internierungslager**, die zum Teil in den »befreiten« deutschen Konzentrationslagern eingerichtet wurden, verfolgten nicht das Ziel der Ausrottung wie die Nationalsozialisten vor 1945, aber sie nahmen den Tod der Eingesperrten billigend in Kauf.[28] Aus dem Interview mit Dorothea B. (1931) aus Kattowitz:[29]

»B: Ich stamme also aus Oberschlesien, aus einer schlesischen Familie. Meine ganze Familie hat in friedlicher Koeexistenz mit Polen und Juden gelebt in Kattowitz, es gab

8. Dorothea bei der Erstkommunion – das einzige Foto, das erhalten ist

keine Konflikte ... Dann, 1939, brach der Krieg aus, es kamen die Deutschen, und die meisten Freunde meiner Mutter, die jüdischen Freunde, die verschwanden. Kattowitz ist ja sehr nah an Auschwitz lokalisiert. Wir wussten natürlich, wohin die Leute verschwunden sind. Wir wussten auch, was passiert ist.

I: Gleich von Anfang an?

B: Gleich von Anfang an, ja. Unsere Freunde kamen nicht mehr zurück. Meine Mutter bekam eine Nachricht, wo sie sind. Sie ist oft in der Nacht gegangen und hat Lebensmittel hingebracht ... Meine Mutter hat mich zu meiner Stiefschwester nach Neustadt in Oberschlesien gebracht, damit ich das alles nicht mitbekomme ... 1945 wurde der Bruder meiner Mutter in den Volkssturm einberufen und überlebte dieses Abenteuer nur vier Tage. Dann hat man ihn erschossen, und die Russen kamen. Und 1945 begann für mich dieses tragische Leben mit seinen schrecklichen Folgen. Und eigentlich haben wir die Rollen getauscht. Ich bin dann die Mutter meiner Mutter gewesen. Meine Mutter hat nie im Leben gearbeitet, sie hatte auch keine Ausbildung. Sie hatte so eine Töchterschule besucht, wo man Kochen und Tischdecken gelernt hat und etwas Klavierspielen ... Meine Mutter und ich wurden am 28. Februar 1945 verhaftet.[30] Ich bin das einzige Kind meiner Mutter, und wir hingen sehr aneinander. Dann kamen zuerst die Russen. Die haben uns eigentlich nichts getan, die haben sich sehr korrekt uns gegenüber verhalten.

I: Galten Sie denn als Polen oder als Deutsche?

B: Als Deutsche. Und die Schlesier galten dann, als die Polen kamen, nicht nur als Deutsche, sondern als Faschisten und Hitleranhänger, ja. Die sind gekommen und haben mitgenommen, was ihnen gefiel. Und am 28. Februar sind zwei Herren gekommen, sogenannte Herren, mit polnischen Binden, und haben mich und die Mutter in das Gebäude der früheren Gestapo genommen in Kattowitz. Meine Mutter hatte einen Pelz an, den hat man ihr gleich weggenommen und den ganzen Schmuck. Und wir hatten ein Taschentuch, das hat man in der Mitte zerrissen, und das halbe Taschentuch hat meine Mutter, die andere Hälfte hab ich bekommen. Und man hat uns in den Keller der ehemaligen Gestapo geführt, es waren noch die verschiedenen Notizen der ehemaligen Häftlinge an den Wänden. Und als wir reinkamen, waren zwei große Räume überfüllt mit Frauen, manche von ihnen trugen die Merkmale der Schläge … Es war so voll, dass wir eigentlich im Sitzen dann schliefen, nur mit dem Rücken aneinander gelehnt. Dort habe ich das erste Mal Leichen gesehen, die man erschlagen hat. Und ganz schlimm waren die Nächte. Man hat grundsätzlich die Häftlinge in der Nacht verhört und sie schrecklich, fürchterlich geschlagen … Das Essen war … es ging noch, wir hatten zwar trockenes Brot, aber es war Brot. Es war auch Suppe. Wir hatten natürlich keine Seife und kein Handtuch, aber es war Wasser da. Und es war nicht kalt, die Räume waren … es waren so viel Leute drin. Die Rotation war sehr groß. Immer wieder hat man Häftlinge abgeholt, und immer kamen neue Frauen dazu, übrigens in einem ganz furchtbaren Zustand kamen manche … eine Bekannte kam zurück von einem sogenannten Verhör mit einem Oberschenkelbruch und so schrecklich verprügelt, dass sie eine Zeit lang überhaupt nichts gesehen hat, weil das ganze Gesicht so geschwollen gewesen ist … Und dann hat man uns in das in der Nähe gelegene Staatsgefängnis getrieben. Dort hat sich die Prügelei wiederholt. Uns hat man da noch verschont. Durchs Fenster hab ich gesehen, wie man dort eine Beerdigung inszeniert hat. Da waren Fotos von irgendwelchen Nazigrößen. Die hat man zerrissen, und die Deutschen mussten dann die Beerdigung dieser Bilder machen, mit bloßen Händen mussten die ein Grab schaufeln, und dabei hat man so fürchterlich geprügelt. Da waren auch Deutsche drunter ohne Beine mit Prothesen … Aber die Verhältnisse für uns waren noch menschlich.

I: Was waren denn das für Menschen, die diese Schlägereien gemacht haben? Waren das ganz Fanatische?

B: Nein, nicht mal. Ich denke, das waren ganz einfach Kriminelle … Wissen Sie, solche Sachen zu machen, wenn man das mit Krüppeln macht, mit alten Frauen, das muss kriminell sein, das ist anders nicht möglich[31] … Und wieder weiß ich nicht, wie lange wir in dem Staatsgefängnis waren, man hat uns nicht ein einziges Mal verhört und auch nicht ein einziges Mal gesagt, warum wir dort gewesen sind – und dann wurden wir weiter transportiert in das sogenannte Arbeitslager Zgoda[32], das heißt noch zu aller Ironie auf Deutsch »Eintracht«, mit der Straßenbahn und mit einer ganzen Kolonne Männer und Frauen, und man hat schon in der Straßenbahn angefangen zu prügeln in Anwesenheit anderer Passagiere, und als wir dann in der Kolonne gingen, haben die Leute auf uns Steine geworfen. Und dann sind wir nach Zgoda gekommen (*sie muss schwer Luft holen*), ja, und da hat die Hölle begonnen. Wir mussten mit erhobenen Händen mit dem Gesicht zur Baracke stehen, es war schon heiß, ich weiß nicht, welcher Monat das war, stundenlang mussten wir so stehen, und plötzlich hörte ich Schüsse, und da dachte ich, dass man uns erschießt, wir standen ja mit dem Gesicht zur Baracke. Und da habe ich mich umgedreht, meine Mutter hat mich natürlich an der Hand gefasst und hatte Angst. Und da kam ein junger Mann und hat gesagt, nein, hier wird nicht erschossen, hier werdet ihr selbst krepieren, ihr seid hier, um zu krepieren, das ist zu schade, dass man euch erschießt.

Es war sehr lange, ich weiß nicht, wie lange wir stehen mussten. Das war das Übliche dann, dass die Häftlinge mit dem Gesicht zur Baracke stehen mussten, manchmal zwei Tage … Und dann wurden wir zugeteilt in die Frauenbaracke. In diesem Raum … es waren zwei riesengroße Räume, das war die ganze Baracke. Die Einrichtung drei Betten übereinander, ohne Strohsack, ohne Decke, es gab nur Bretter. Aber es waren nicht genügend Bretter. Wenn man sich dann hingelegt hat, dann sind die Bretter auseinander gerutscht, sind die Menschen aufeinander gefallen, ja … Und wir hatten Läuse, Kopfläuse, Kleiderläuse; alle Arten von Läusen, und noch schlimmer waren die Wanzen … Das ist unvorstellbar. Wissen Sie, man hat die Läuse nicht gesucht, man hat sie so wie Ameisen runtergeschüttet, das war schrecklich, das war für mich wohl das Schlimmste … Die Wanzen sind dann von oben gefallen, ja, man war zerstochen, man war überhaupt kein Mensch mehr … Man hat uns jede Würde genommen … Eigentlich sollten wir jeden Tag Brot bekommen. Aber es gab Tage, wo wir nichts bekommen haben … und dann war eine Suppe, die war aus so gesäuerten Rüben, die man sonst den Schweinen gibt, kalt, aus so einem Fass, aus so einer Tonne … Der Hunger war schrecklich … Und dann war da ein Holländer, er konnte kein Wort Polnisch … man hat ihn so schrecklich geschlagen und gesagt, das schadet nichts, er ist blond und blauäugig, also muss er Deutscher sein, ja, und wenn er Deutscher ist, ist er Faschist und Hitler-Anhänger … und dann sind die Leute des UB[33] gekommen. Das waren die Regierenden damals, ja, die sind gekommen, betrunken, und haben die Leute schrecklich geprügelt, und die Leichen wurden dann aus dem Fenster geworfen, und früh hat man dann nur nachgezählt und dann die Leute übereinander gehäuft, und dann hat sich noch jemand bewegt und gebettelt: ich leb noch, bitte noch nicht, ich leb noch. Das war etwas Normales. Wir … was unsere Lebensbedingungen anbetraf, wir hatten überhaupt keine Schüssel, kein Gefäß, um zu trinken. Wir haben uns vom Müll, von den Bewachern was geholt, ja, das war immer ein Krieg um eine Konservenbüchse. Ich hatte mit der Mutter eine alte Konservenbüchse, und das war alles, was wir hatten. Wir hatten auch nichts zum Anziehen und kein Handtuch und keine Seife … Es waren sehr viele Selbstmorde auch. Die Männer hängten sich im Waschraum auf, die Frauen töteten sich am Elektrozaun … Dann fing der Sommer an, dann kam Flecktyphus … Das Lager war so überfüllt, dass wir wieder auf dem Boden schliefen, auf den nackten Brettern, und eigentlich warteten wir alle auf den Tod … Völlig apathisch. Wir waren so gebrochen, dass, wenn man uns das Tor geöffnet hätte und gesagt, jetzt können Sie fliehen, ich glaube, niemand wäre geflohen, das …, das war ein Häufchen gebrochener Menschen. Als wir das Lager verließen, wog meine Mutter 33 Kilo und ich 32 … Ja, dann fing dieser Typhus an. Kein Mensch hat sich um uns gekümmert. Meine Mutter war erst krank … Wir hatten ja zwei große Räume, in den einen mussten die Fiebernden, in den anderen die noch Gesunden … Und als Kind hatte meine Mutter immer, wenn jemand in der Familie Fieber hatte, Wadenwickel gemacht … und ich hatte ja nichts, dann hab ich meinen Schlüpfer und meinen Büstenhalter ausgezogen, und hab der Mama diese Wadenwickel gemacht … Und wir durften ja nicht zur Toilette gehen, wann wir

wollten, nur, wenn wir zehn Personen waren. Und dann war das auch keine Toilette, da war so ein Loch und so ein Brett drüber … Und vier Leute sind ertrunken in den Fäkalien … Und dann mussten die Häftlinge die Mutter in die andere Hälfte der Baracke tragen, ja, und ich lief natürlich hinter meiner Mutter her. Meine Mutter … wahrscheinlich ist sie zu sich gekommen in der Zeit und sie wollte mir irgendwie … mich trösten, und da fing sie an zu singen, und die haben so gelacht, dass meine Mutter verrückt geworden ist. Die Alte ist verrückt! Ich erinnere den Satz, das sind Worte die irgendwo (*stockt*) in der Seele steckengeblieben sind … Und dann bekam ich auch Typhus. Ich war so schwach, die ganze Krankheit ist für mich vernebelt, es sind nur Momente, an die ich mich erinnern kann. Es war Vollmond, und er schien durchs Fenster, ich weiß nicht, ob Häftlinge mit mir waren, ob ich dort allein war, und plötzlich sah ich, dass Ratten um mich sind, und ich wollte sie wegjagen, und ich (*Stimme wird schwach*) und hatte keine Kraft, die Hand zu heben. Und da hab ich mich erinnert, dass meine Mutter irgendwo noch sein muss. Da habe ich mit ganzer Kraft die Augen aufgemacht, um nicht zu sterben. Ich wusste, die Mama, die Mama ist da, und die Mama hat niemanden außer mir. Und mit ganzer Kraft hab ich die Augen offengehalten, damit ich nicht sterbe. Eine zweite Erinnerung, die ganzen Jahre weiß ich nicht, ob das ein Traum war. Es kam dann eine Kommission, einige Personen, und haben gefragt, wie alt ich bin, und ich sagte, dass ich vierzehn bin. Und da haben sie gesagt, jetzt versuch mal, gesund zu werden, und du wirst rauskommen. Ich dachte immer, das war ein Traum.[34] Wir sprachen nie mit meiner Mutter über das Lager, nie, nie ist das Wort Lager zwischen uns gefallen, ja.
I: Und Ihre Mutter hat überlebt?
B: Ja, sie hat überlebt, mit einem Gehirntumor.[35]

Dieses Lager hieß während des Krieges Auschwitz III. Einerseits verurteilt man das, und andererseits geschieht das Gleiche … Und noch ein großes Erlebnis für mich, ich hab gespürt, dass ich gesund werd und dass ich wieder bei Bewusstsein bin. Und die Baracke war fast leer. Und plötzlich hör ich (*stockend, das Sprechen fällt schwer*) die Stimme meiner Mutter: ›Ist hier mein Kind, mein Kind Dorothea, ist hier mein Kind, ist irgendwo mein Kind Dorothea?‹ Ja, und ich hab die Augen auf, und die Mama kam auf allen vieren rein … Und das Lager war nach dem Typhus plötzlich leer … Und dann hat man mir gesagt, dass ich entlassen werde, ohne die Mutter zu nennen. Und die Mutter hat mich gebeten, doch zu gehen, auch ohne sie. Und vormittags wurde mein Name aufgerufen, und ich wurde entlassen, musste unterschreiben, dass ich schweigen werde über alles, was dort passiert ist … Ich hatte natürlich keine Schuhe, barfuß bin ich rausgegangen in einem furchtbaren Zustand. Es war schon ziemlich spät, also Spätherbst, und draußen standen Menschen mit großen Bildern und fragten, ob wir nicht irgendwas wüssten über den Verbleib der Familienglieder … Ich hab keine große Notiz davon genommen, habe mich hingesetzt auf so einen großen Stein und hab überlegt und bin zur Überzeugung gekommen, dass ich ohne Mutter nicht gehen werde, dass ich dort auf sie warten will. Obwohl die Mutter zu dieser Zeit nicht mehr gehen konnte. Sie war so schwach … Ich weiß nicht, wie viel Stunden ich dort gewartet hab, und plötzlich ging das Tor auf, meine Mutter ging aufgerichtet mit diesem Stoppelhaar, plötzlich ist sie durchs Tor gekommen. Ich bin ihr entgegengelaufen und hab sie noch aufgefangen, sie ist natürlich gleich zusammengebrochen, und ich hab sie an den Stein wieder geschleift, und eigentlich in dem Augenblick wusste ich, dass wir die Rollen getauscht haben, dass sie mein Kind sein wird.«

Ihre Wohnung war belegt, sie wohnten eine Woche mit der Großmutter in der Erdgeschosswohnung, dann kam die polnische Miliz und sie mussten für acht Jahre im Kohlenkeller des eigenen Hauses verschwinden. Die 70-jährige ehemalige deutsche Putzfrau der Großmutter hat sie ernährt. Dorothea hat sich bei Kerzenschein aufs Abitur vorbereitet und es bestanden. 1970 schaffte sie es mit einem gekauften Pass, nach Westdeutschland zu kommen.

Gerhard Gruschka (1930) in Gleiwitz wurde als 14-Jähriger von Polen verhaftet und ebenfalls im Lager Schwientochlowitz/Zgoda interniert.[36]

»Meine Verhaftung kam ebenso unerwartet wie vieles andere damals. Wir hatten ein gutes Gewissen, deswegen war Flucht beim Herannahen der Sowjetarmee kein Thema für uns. Meine Laufbahn beim Deutschen Jungvolk hatte kläglich geendet[37], und mein Vater war zwölf Jahre lang von den Nationalsozialisten drangsaliert worden. Gleich nach dem Machtantritt des angeblich so erfolgreichen Arbeitsbeschaffers Hitler wurde er für fast zwei Jahre arbeitslos, dann Hilfsarbeiter im Tiefbau und in den ersten Kriegsjahren zu Arbeiten außerhalb Schlesiens zwangsverpflichtet.«

Gerhard wurde zunächst in einem Kellerverschlag des sowjetischen NKWD (*sowjetischer Staatssicherheitsdienst*) eingesperrt.

»Schlimm war in diesen ersten Tagen, dass ich keine Möglichkeit bekam, mich zu rechtfertigen, und schlimm war auch die völlige Dunkelheit, die in meinem Verschlag

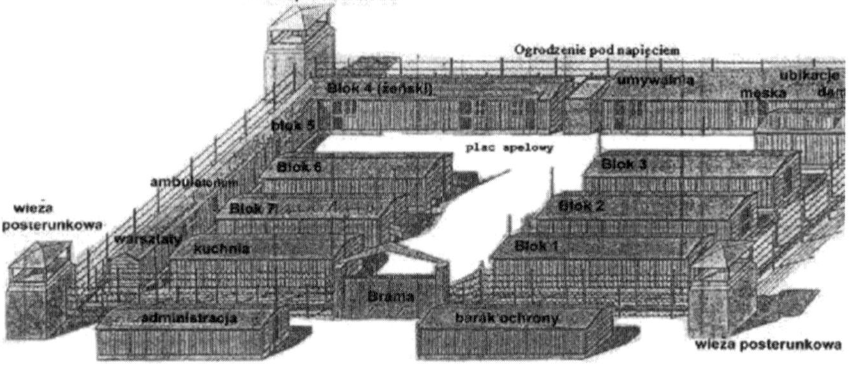

9. Skizze des Lagers Zgoda

herrschte, und die Kälte, die vom feuchten Steinboden und von den Wänden mehr und mehr in mich hineinkroch. Ich verlor jede Zeitorientierung, und wenn ich nicht so ganz und gar von meiner Unschuld überzeugt gewesen wäre, hätte ich wahnsinnig werden können … Als einmal mein Verschlag geöffnet wurde, standen drei junge Soldaten und der an meiner Verhaftung beteiligte Dolmetscher mit Maschinenpistolen vor mir, und der Dolmetscher erklärte mir, dass ich jetzt erschossen würde. Man führte mich in den Heizungskeller, ich musste mich mit dem Gesicht zur Wand hinstellen und anfangen zu zählen. Ich habe das laute Gelächter der Soldaten, das schließlich diesen seltsamen Spaß beendete, nicht vergessen. Vergessen aber habe ich, ob ich damals Angst hatte.«

Nach etwa zwei Wochen wurde er ins Gleiwitzer Polizeipräsidium gebracht.

»Die beiden Sowjets gingen in das Gebäude nicht hinein, sondern übergaben an der Eingangstür einem der Posten in polnischer Uniform einen Umschlag und machten kehrt. Ich wurde unsanft in den Eingang gestoßen und eine Treppe hinaufgetrieben. Oben auf dem Treppenabsatz warteten bereits zwei Uniformierte, sie hatten Gummiknüppel in den Händen, und noch ehe eine Frage gestellt oder ein Wort gesprochen worden war, begannen sie auf mich einzuschlagen. Ich wurde in ein Bürozimmer gezerrt, wo ein anderer Milizsoldat den Umschlag der Sowjets entgegennahm, ich musste meine Jacke und meine Hose ausziehen und wurde gründlich durchsucht. Einer der drei bekam dabei meinen Rosenkranz in die Hand, den mir meine Mutter bei der Verhaftung noch schnell zugesteckt hatte und den mir die Leute vom NKWD gelassen hatten. ›Was hast du für Religion?‹ schrie er mich an. ›Ich bin römisch-katholisch‹, sagte ich. ›Du nix remmisch-kathollisch‹, brüllte er, ›du berlinski-kathollisch!‹ Er warf den Rosenkranz auf den Boden, zertrat ihn und trat mehrmals nach mir. Dann wurde ich aus dem Zimmer über einen langen Gang zu einem anderen Zimmer getrieben. Einer der Milizianten schloss die Tür auf, und ich wurde in einen großen Raum mit vergitterten Fenstern gestoßen, in dem eine größere Anzahl von Männern und einzelne Jugendliche standen oder auf dem Fußboden kauerten. Niemand nahm Notiz von mir, man schien es gewohnt zu sein, dass immer wieder einmal ein Neuer dazukam. Wenn man die Männer näher ansah, hatte man eine weitere Erklärung für ihre Apathie. Die meisten von ihnen hatten blutunterlaufene Stellen im Gesicht, Spuren brutaler Schläge. Ich hockte mich an einem freien Platz hin, und ich spürte jetzt, da ich nach der Aufgeregtheit des Empfanges im neuen Gefängnis zu mir kam, stärker als vorher die Schmerzen der Schläge und Tritte … Von nun an sollte keine Nacht in diesem Raum mehr ruhig für mich sein. Wenn man nicht selbst zu einem Verhör gebracht wurde, irgendein Gefangener wurde immer aus dem Raum geholt, und seine Schreie drangen kurz darauf aus dem Keller zu uns herauf, von den hohen Gängen des Polizeigebäudes seltsam hohl wiedergegeben, und es kam vor, dass der zuvor Herausgeholte nicht wieder zurückgebracht wurde.«

Er wurde dann vom Kommandanten verhört:

»Einer der Milizianten, die hinter mir standen, schlug zwar sofort mit einem Knüppel auf meinen Rücken, aber der Kommandant nahm die Papiere vom Schreibtisch auf und zog tatsächlich den gelben Schein hervor (*die Bescheinigung, die ihn aus dem Jungvolk ausstieß*). Meine ganze Hoffnung hing jetzt an diesem Blatt. Der Kommandant kam um den Schreibtisch herum auf mich zu, bis er dicht vor mir stand. Er hielt den Schein vor meine Augen, dann zerriss er ihn langsam und genüsslich. ›Merk dir, für uns bist du und bleibst du der Hitlerjunge Gruschka‹, sagte er. Er nahm einem der Milizianten den Gummiknüppel ab und schlug auf mich ein. ›Sag, dass du der Hitlerjunge Gruschka bist!‹ schrie er. Ich versuchte, etwas zu stammeln. ›Sag es!‹ Seine Schläge kamen immer schneller und wurden immer schmerzhafter. ›Ich bin der Hitlerjunge Gruschka‹, sagte ich. Dem UB-Kommandanten schien die Demütigung gelungen, er hörte auf zu schlagen und stieß mich an den Schreibtisch. ›Da, unterschreib‹!‹ schrie er. Ich konnte nicht lesen, was ich unterschrieb. Es war polnisch, und ich verstand kein Polnisch. Ich konnte auch nicht lesen, weil vor meinen Augen rote Ringe zu tanzen begannen ... Dem Verhalten bei den Verhören kam eine große Bedeutung zu. Es gab Folterer, die umso mehr und umso brutaler zuschlugen, je weniger man es schaffte, die Schmerzensschreie zu unterdrücken. Andere Prügler wiederum fühlten sich provoziert, wenn man sich die Lippen blutig biss, um nicht zu schreien. Sie hörten erst dann auf zu schlagen, wenn man seine Schmerzen aus sich herausschrie. Wieder andere achteten sehr darauf, dass man am Ende der Tortur vor ihnen strammstand und laut und deutlich ›Dziekuje, panu – Danke, Herr‹ sagte. Es war wichtig, unterscheiden zu lernen.«

Aus dem Gefängnis kam er ins Lager Schwientochlowitz/Zgoda[38]:

»Mich beschäftigte besonders, dass an der Begrüßung (*mit Schlägen*) nicht nur Milizianten beteiligt waren, sondern auch zwei Häftlinge. Das erschien mir unfassbar, Gefangene schlugen Mitgefangene. Einer der beiden trug am linken Arm eine rote Binde, auf der ›Blokowy‹ stand. Er war unser Blockältester und schlug besonders grausam zu ... .Die vorhandenen Pritschenreihen mit je drei Etagen waren zwar schon besetzt, aber für die alten Häftlinge von Block 7 hieß es eben, noch mehr zusammenzurücken. Das bedeutete, dass sich eine einzelne Pritsche drei, teilweise auch vier Mann teilen mussten. Das ging nur , indem man sich so legte, dass sich zwei mit dem Kopf zum tatsächlichen Kopfende und die anderen beiden dazwischen zum Fußende hin auszustrecken versuchten. Ein einigermaßen entspanntes Liegen, wie es vor allem nach Folterungen für den schmerzenden Körper notwenig gewesen wäre, war auf diese Weise unmöglich, zumal längst nirgendwo mehr Strohsäcke vorhanden und die Bettunterlagen in Form von Holzlatten nicht mehr lückenlos waren.«

Er lernte den Kommandanten des Lagers kennen:

»Der beherrschende Mann blieb zunächst im Hintergrund. Er war mittelgroß, breitschultrig und wirkte sehr kräftig. Seine schwarzen Haare waren kurzgeschnitten, auf seiner Uniform prangten die Rangabzeichen eines polnischen Hauptmanns. Er trat jetzt in die Mitte des Barackenraumes und befahl mit seltsam heiserer Stimme auf Polnisch: ›Alle Mann bis auf die Neuen zurück in die Betten!‹ Die Gefangenengruppe, die nun vor ihm stand, war merklich kleiner geworden. Der polnische Hauptmann kam ein paar Schritte auf uns zu und sagte langsam und ruhig: ›Ich heiße Solomon Morel und bin der Kommandant dieses Lagers.‹ Dann aber schrie er: ›Meine Eltern und Geschwister sind in Auschwitz von euch Deutschen vergast worden, und ich werde nicht eher Ruhe geben, bis alle Deutschen ihre gerechte Strafe bekommen haben.‹ Seine Augen und sein ganzes Gesicht waren jetzt hasserfüllt, und ich spürte, dass dieser Mann die eigentliche Gefahr für uns war … Morel stand also in dieser Nacht vor uns Neuen, im Unterschied zu seinen Begleitern ohne einen Knüppel in den Händen. Er griff wahllos den einen oder anderen Gefangenen heraus, und auch seine Frage lautete: ›Kim ty byles? – Was warst du?‹ Die Antworten waren unterschiedlich. ›NSDAP‹, ›NSKK‹, ›SA‹, ›HJ‹. Jedes Mal schlug Morel mit der bloßen Faust ins Gesicht des befragten Gefangenen. Dann trat er wieder ein paar Schritte zurück, und mit seiner heiseren Stimme schrie er auf Deutsch einen Befehl, der mir so unwirklich und so unfassbar vorkam in diesem jetzt polnischen Konzentrationslager, drei Monate nach der Eroberung Oberschlesiens durch die Rote Armee: ›Horst-Wässäl-Lied singän, aber schnjeäll!‹ Noch heut ist diese Szene eine der nachhaltigsten Erinnerungen aus meiner einjährigen Gefangenschaft, gleichermaßen gespenstisch wie damals. Da standen wir, den rechten Arm zum Hitlergruß erhoben, und sangen stockend ›Die Fahne hoch … die Reihen fest geschlossen …‹ ›Lauter!‹ schrie Morel. ›SA marschiert … mit ruhig festem Schritt …‹ ›Weiter!‹ brüllte Morel. ›Kameraden, die Rotfront und Reaktion erschossen … marschier'n im Geist in unsern Reihen mit …‹ … Wir konnten jeden Morgen beim Frühappell sehen, wie viele Tote der vergangene Tag und die vergangene Nacht gefordert hatten, denn kaum war die Zählung bei den einzelnen Blöcken beendet, da machten sich die Totengräber des Lagers an die Arbeit. Ein Pferdewagen wurde an die Leichenbaracke geschoben, und die Toten, die oft schon vor der Baracke lagen, weil innen kein Platz mehr war, wurden auf den Wagen geworfen. Das Geräusch, das entstand, wenn die ausgemergelten Körper auf dem Holz des Wagens oder auf den toten Leibern der Mitgefangenen aufklatschten, wird die meisten der Überlebenden noch lange verfolgt haben. Neben den nächtlichen Folterungen gehörte das allmorgendliche Beladen der Totenfuhre zu den bedrückendsten Vorgängen im Lager, vor allem dann, wenn Regenwolken über dem Lager hingen und der Morgen grau und düster war und wenn das dumpfe Aufklatschen der Leichen sich in das Singen des Morgengebetes mischte. Im Konzentrationslager Zgoda wurde tatsächlich gebetet, öffentlich am Appellplatz, jeden Morgen und jeden Abend … Die krasse Widersprüchlichkeit, die sich hier am Appellplatz jeden Morgen und jeden Abend offenbarte, schien mir völlig unbegreiflich. Ich war sehr katholisch und kirchentreu erzogen worden, und Christentum war für mich bis dahin gleichbedeutend mit gut sein und Gutes tun, wie ich es zum Beispiel bei meiner Mutter überzeugend erlebt hatte. Jetzt aber musste ich mich damit auseinandersetzen, dass Kirchenlieder in einer Hölle gesungen wurden … Die Nacht war Morels Tageszeit. Der bleierne Hunger- und Erschöpfungsschlaf der Häftlinge von Block 7 blieb nur selten ungestört. Ein scharfes

›Bacznosc‹ riss sie aus ihren schweren Träumen, und sie drängten sich aus den Pritschengängen in den freien Raum vor den Bettenetagen. Es musste schnell gehen, denn aufzufallen konnte manchmal tödlich sein. Wieder splitterten bei dem Gedränge und Gehaste Holzlatten der Pritschenunterlagen, wieder gab es die ersten Verletzungen, noch ehe die Gummiknüppel und Holzprügel der Milizsoldaten und Blokowys niederprasselten. Wer wird heute Nacht ›dran‹ sein, wer wird sich wieder in die Pritschen zurückziehen dürfen? Schließlich brauchten Morel und seine Begleiter und mitunter auch Begleiterinnen genügend Platz. Bei seinen nächtlichen Quälereien hatte Morel ganz offensichtlich gern weibliche Zuschauer dabei, konnte er doch auch auf diese Weise seine Männlichkeit zur Schau stellen. Man nahm sich also meist nur eine einzelne Gruppe vor, mal die ›Parteigenossen‹, mal die ›SA‹, mal die ›HJ-cziki‹, für die Morel eine eigenartige Vorliebe zu haben schien. Wer in die Pritschen zurück durfte, konnte für diese Nacht ein wenig aufatmen, auch wenn an Schlaf nicht zu denken war. Denn die Folterungen der Mitgefangenen anhören zu müssen, das stumpfe Klatschen der Knüppelschläge, die Schmerzensschreie der Geschlagenen und das rohe Gebrüll Morels und seiner Begleitung waren eine Qual eigener Art. Morel schlug oft mit den bloßen Fäusten zu, meist gezielt ins Gesicht, er konnte auch brutal mit dem Gummiknüppel zuschlagen. Aber im allgemeinen bevorzugte er zwei andere Methoden. Eine war die sogenannte Pyramide. Morel zog irgendeinen Häftling aus der Reihe und warf ihn in die Mitte des Raumes mit Wucht zu Boden, daneben einen zweiten, einen dritten und vierten. Auf sie wurden weitere vier Häftlinge geworfen, bis mit Hilfe von Morels Begleitern fünf bis sechs Menschenschichten entstanden. Die Gefangenen, die unten zu liegen kamen, mussten danach, wenn Morel und seine Leute sich wieder zurückgezogen hatten, meist mit schweren Verletzungen in die Ambulanzbaracke gebracht werden. Noch schlimmer war Morels zweite Methode. Sie schien seine ureigenste Erfindung zu sein, denn sie war ihm allein vorbehalten. Aus der SS-Zeit des Lagers waren in der Baracke noch ein paar Schemel erhalten geblieben, mit einer dicken Sitzfläche aus Buchen- oder Birkenholz. Wenn Morel sich in eine Art Folterrausch hineingesteigert hatte, nahm er sich einen Gefangenen vor, der ihm auf irgendeine Weise aufgefallen war. Er stieß ihn zu Boden, fasste einen der Schemel an den Beinen und schlug mit der schweren Sitzfläche immer wieder wuchtig zu. Ich kann mich nicht erinnern, dass ein Häftling diese Behandlung je überstanden hat, ohne dass er anschließend schwerverletzt in die Ambulanz hinübergetragen werden musste, mitunter auch gleich in die Leichenbaracke.«

»Warum«, so fragt er am Ende, »kann es für Menschen eine so große Befriedigung bedeuten, Mitmenschen zu erniedrigen und zu demütigen, sie buchstäblich in den Staub zu treten?« Diese Fragen beschäftigten den Jungen und den Erwachsenen nach seiner Freilassung[39] sein weiteres Leben. Er blieb nicht in Hass und Bitterkeit stecken, sondern suchte nach Erklärungen, unter denen auch die Einsicht war, dass hier viele unschuldige Menschen für Verbrechen des NS-Regimes büßen mussten, was freilich die nachfolgenden Verbrechen nicht entschuldigt. Die Rache der Opfer des nationalsozialistischen

Krieges schuf neue Opfer. Später bemühte er sich, das Gedenken wach zu halten und Brücken der Versöhnung zu bauen. Wir werden davon hören.[40]

Dorothea B. will ebenfalls die Erinnerung wach halten, sie überhaupt erst der Öffentlichkeit vermitteln. Sie musste ja bei ihrer Entlassung unterschreiben, dass sie schweigen werde über alles, was sie im Lager erlebt hatte. Genau das konnte und wollte sie nicht. Dazu erzählt sie zwei Schlüsselerlebnisse:

»Da war eine Dame im Lager, eine Fabrikantenwitwe, eine sehr gut aussehende Dame. In einem silbergrauen Kostüm wurde sie verhaftet. Den Pelz hat man ihr natürlich weggenommen. Und dann, als sie im Sterben lag auf dem Fußboden in Zgoda, nahm sie mir einen Schwur ab. Ich hab ihr damals auf dem Fußboden geschworen, dass für den Fall, wenn ich überleben sollte, werd ich darüber sprechen, was man mit uns gemacht hat.«

»Es war eine Klage gegen den Morel, ja und man hat mich hier verhört in der Staatsanwaltschaft in Ludwigsburg.[41] Da fing das so an: Was haben Sie angestellt, dass Sie im Gefängnis gelandet sind? … Und die Dame im Staatsarchiv hier, sie ist Historikerin, sie wusste gar nicht dass diese Lager existierten. Ich konnte gar nicht reden, ich hab gesagt, wissen Sie, was haben Sie gelernt, wo haben Sie denn Ihre Geschichtskenntnisse her?«

Dorothea B. hat es sich zur Lebensaufgabe gemacht, die Wahrheit über die damaligen Lager herauszufinden, und ihr polnischer Mann unterstützt sie dabei. Sie recherchieren vor allem in polnischen Archiven und wollen ihre Ergebnisse auch dokumentieren. Sie suchen die Schuldigen nicht im polnischen Volk, sondern im kommunistischen System. Sie sagte mir am Schluss: »Ich weiß nicht, was Sie schreiben werden, warnen Sie die Welt vor den Kommunisten.« Aber ein System braucht immer Menschen, die seine Vollstrecker sind.[42]

Die **tschechischen** Internierungslager waren den polnischen sehr ähnlich, wenn nicht noch brutaler, in ihnen sind die meisten Todesfälle vorgekommen.[43] Deshalb möge ein einziges Zeugnis genügen, der Bericht von Norbert H. über Advent und Weihnachten 1945, die er als 13-Jähriger mit seiner Mutter und der fünfjährigen Schwester in einem Lager in Prag erlebte. Der Vater war in Kurland vermisst.[44]

»Damals unser traurigster Advent. Eine alte Fabrikhalle bei den Skoda-Werken. Strohlager, dazwischen ein paar Stockbetten für Frauen mit Kindern. Die Mutter Latrinen putzen, die Schwester irrte tagsüber zwischen kranken Soldaten und alten Leuten umher. Ich musste mit einem zackigen Marschlied auf den Lippen und mit versprengten Soldaten zum Schrottplatz marschieren. Mit Lumpen an den Füßen und steifen Fingern mussten wir Alu-Schrott von Eisen trennen. Manchmal narrten uns die Tschechen am Straßenrand und boten uns Äpfel oder Kartoffeln feil. Wohl

10. Martha Kent mit ihren kleineren Geschwistern einen Monat nach der Entlassung aus dem Internierungslager Potulice

wussten sie, dass der Versuch, danach zu greifen, mit Kolbenhieben und Fußtritten der Bewacher bestraft wurde. Ab und zu fanden wir etwas Essbares in den Kabinen und Fächern von Flugzeugen und Panzern. Aber es gab auch Tschechen, vor allem ältere, die uns heimlich was zusteckten. Im Lager gab es hauptsächlich Kohl und Graupensuppe, nicht ganz fleischlos, denn Maden waren drin. Einmal in der Woche gab es eine Scheibe Brot mit einer Scheibe Wurst. Das morgendliche Kommando zum Aufstehen konnten nicht immer alle befolgen. Wenn die Bewacher mit Gewehrkolben nachhalfen, stellten sie fest, dass man Tote nicht mehr wecken kann. Kurz vor Weihnachten mussten wir in ein Stadion marschieren. Dort hatten Gefangene Löcher gegraben, in die sie erschossen hineingefallen waren. Wir mussten sie zuscharren. Die Toten lagen mit dem Gesicht nach unten. Die Schaufeln waren kalt. Dass Weihnachten war, stellten wir daran fest, dass Einheimische nicht ihren Beschäftigungen nachgingen, unsere Bewacher noch mürrischer waren. Einzig die Kälte drang stärker durch unsere Lumpen. Die Läuse hatten es überlebt. Das allabendliche Knacken würde man heute mit Freizeitbeschäftigung umschreiben. Irgendein Weihnachtslied? Die Tränen hatten es weggeschwemmt. Ansätze von Gedichten, Geschichten? Nur Herz mit Schmerz? Nur Liebe mit Hiebe? Oder Not mit Brot? Dann schon aktueller Not mit Tod! Weihnachten 1945 in einem Lager in der goldenen Stadt Prag. Ausgangs des Winters war auch unser Häuflein nicht mehr einsatzfähig. Rheuma in den Knochen, Skorbut ließ die Zähne wackeln, die Mutter konnte kaum laufen – Ruhr. Mit Viehwaggons in den Westen. In Furth im Walde unter eine DDT-Dusche, Ungeziefer! Von Läusen befreit der erste Kontakt mit dem Westen und einer Cola von einem G.I. – Irgendwie besann sich die Welt wieder, dass hier Menschen kamen.«

In meine Frauendokumentation habe ich den Bericht der Ärztin Margarete B. über ihre Zeit in einem tschechischen Internierungslager aufgenommen, den sie kurz nach ihrer Ausweisung niedergeschrieben hat.[45] Darin gedenkt sie, die man den »Engel des Lagers« nannte, auch der Kinder; die Säuglinge starben alle.

»Vergessen werde ich nie den kleinen Jungen aus Köln, der mich täglich beim Rundgang begleitete und meine armselige leere Rotkreuztasche trug! Vergessen werde ich auch nie meinen Lagergeburtstag, als die Kinder mir in ihren mageren Händchen ihre Gaben brachten – einen Knopf, einen Stopffaden, eine Sicherheitsnadel oder ein Stückchen Zucker, Kostbarkeiten für Schenkende und Beschenkte! Vergessen werde ich auch nie die Krippe mit Figuren aus gefundenen und bemalten Holzstückchen, die man mir zur Lagerweihnacht gebastelt hatte.«

Dorothea B., Gerhard Gruschka und Norbert H. waren schon etwas größer, als sie die Lager Zgoda und Prag erlebten. Ein ganz außergewöhnliches Zeugnis eines 1940 geborenen Mädchens, das von März 1945 gefangen und von 1947 bis Anfang Juli 1949 im Lager Potulitz (Potulice) bei Bromberg eingesperrt war, ist inzwischen in einem Buch veröffentlicht.[46] Ich zitiere aus der Einleitung:

Martha Kent: »Im März 1945, zu Beginn unserer Gefangenschaft, war ich fünf Jahre alt. Als das Fuhrwerk am Tor von Potulice anhielt, war ich sieben. Die Unfreiheit war meine Welt, der Ort, von dem ich kam. Alle Erinnerungen meiner Kindheit drehten sich um die Gefangenschaft. Meine Gedanken wanderten so oft zum Tor von Potulice zurück, weil Potulice das Dorf meiner Kindheit, mein Heimatdorf war. Ich kannte keinen besseren Ort. Das Lager war für uns der normale Platz, an dem wir Kinder unser junges Dasein erlebten. Wir existierten in der Gegenwart, waren für das da, was das Leben in Gang hielt – ein wenig Freude und Liebe, ein paar Kieselsteine, Eisblumen an den Fenstern, und flüchtige Blicke auf unsere Mütter, soweit unsere Mütter hier im Lager lebten. Wir besaßen keine Maßstäbe, um Grausamkeiten mit gewöhnlichen Lebensumständen zu vergleichen, um ihre Zerstörungskraft zu beurteilen. Die Gewalttätigkeit, die Wachmannschaften und der Stacheldraht blieben Tag für Tag so gut wie unverändert. Ich kannte den Tod und konnte sein Kommen vorhersehen. Ich konnte die ständige Gegenwart von Bedrohung und Vernichtung spüren, während ich nach etwas Ausschau hielt, was ich inmitten dieser entsetzlichen Umgebung voll Zärtlichkeit lieben konnte. Darauf kam es an, der Rest war grauer Alltag. Die Liebe in unwirtlicher Umgebung machte mir ein Leben erst möglich, ließ es zu, dass ich jemand wurde, der lebensfähig war.«

Sie findet im »Archipel Gulag« von Solschenizyn die Erkenntnis, »dass sich in den Erfahrungen und Wahrnehmungen von Kindern eine andere Realität offenbaren könnte«.[47]

Ist Martha Kent ein Ausnahmekind? Wir haben immer wieder festgestellt, dass sich Kinder fast unbegrenzt an gegebene Verhältnisse anpassen und sie als »normal« empfinden können, wenn ein Rest von Liebe und Geborgenheit für sie spürbar ist.[48] Doch wäre es zynisch, sich mit einer Welt abzufinden, in der Kinder tägliche Grausamkeiten, Folter und Tod als »Naturgewalten« erleben müssen.

Kapitel 11

Verwaist – verloren – verschleppt – vertrieben

Aus dem zeitgenössischen Bericht eines Volksschullehrers:[1]

»Kein Lehrer kann heute übersehen, dass durchschnittlich jedes 5. Kind in seiner Klasse aus Ostdeutschland geflüchtet oder vertrieben ist. Alltäglich stößt er auf die Not dieser Kinder, die materielle, die geistige oder die seelische Not ... In der Anstalt Grünau, einer Einrichtung der Inneren Mission, die früher der Aufnahme von Fürsorgezöglingen, später als Altersheim diente, ist seit dem 1. Februar 1946 ein Heim für Flüchtlingskinder eingerichtet, deren Eltern meistens tot oder vermisst sind. Durch diese Anstalt sind innerhalb eines Jahres mehrere hundert Kinder gegangen, die größtenteils aus dem Johannesstift in Berlin-Spandau in die britische Besatzungszone gebracht werden. Vielfach sind diese Kinder nach dem Zusammenbruch in der russischen Zone von der Inneren Mission, auf der Straße umherlungernd und bettelnd, aufgegriffen oder von fremden Leuten in Waisenhäuser eingeliefert worden. Vom britischen Sektor in Berlin fahren Lazarettzüge mit diesen Kindern in die britische Zone, wo sie auf verschiedene Heime, wie z. B. Bethel und Grünau, verteilt werden ... Es sind Kinder im Alter von drei bis sechzehn Jahren, von denen die jüngeren oft nicht einmal ihren Namen wissen. Alle leiden an irgendwelchen Krankheiten, vor allem an Unterernährung und Krätze. Viele von ihnen sind Bettnässer; auch einige Fälle von Hungertyphus mit tödlichem Ausgang sind vorgekommen.

Die Schicksale dieser Kinder sind schrecklich. Die Schwestern, die sie betreuen, berichten, dass manche nachts im Traum laut schreien. – Viele haben gesehen, wie ihre Eltern gestorben sind. Ein zehnjähriger Junge berichtet, er sei dabei gewesen, wie sein Vater, ein Gutsbesitzer, von Russen totgeprügelt worden sei. Seine Mutter habe vor ihrem Sterben gesagt, dass sie von den fremden Soldaten zu Tode gequält sei. Fälle, dass Eltern vor den Augen der Kinder erschossen wurden, werden öfter berichtet. Zwei Geschwister erzählen, dass polnische Milizsoldaten ihre Mutter nackt ausgezogen hätten; sie selbst seien weggetrieben worden. Ihre Mutter haben sie seither nicht wiedergesehen. – Ein 14-jähriges Mädchen weiß nicht zu sagen, wie oft es vergewaltigt ist; in der ersten Zeit nach ihrer Ankunft im Heim fing es beim Anblick eines Mannes an zu zittern. – Bei der Untersuchung mehrerer Mädchen unter 14 Jahren – darunter zwei elfjährigen – stellt der Arzt fest, dass sie vergewaltigt worden sind ... Häufig haben Kinder schwere psychische Störungen erlitten. Ein sechsjähriger Junge hat das Sprechen verlernt ... Eine andere Tatsache zeugt von den Entsetzlichkeiten, die die Kinder durchgemacht haben. Einige Jungen mussten wegen fortgesetzter Diebstähle einer Fürsorgeanstalt überwiesen werden; wie überhaupt bei den meisten Kindern in der ersten Zeit ihres Aufenthalts im Heim ein Mangel an Sinn für fremdes Eigentum festzustellen ist. Zwei Mädchen, die beim Stehlen einer Tafel Schokolade überrascht werden, erklären, dass sie sich in der Zeit ihres Umherstreifens in Berlin nur auf solche Weise durchgeschlagen haben … Drei Geschwister, die nach dem Tode ihrer Mutter von Schlesien bis nach Berlin gewandert sind, haben auf Märkten Frauen die Lebensmittelkarten entwendet … Manche von den Eltern der Kinder finden sich nach einiger Zeit wieder ein, häufig nur ein Elternteil. Seit dem Spätherbst 1946 verebbt der Strom der Waisenkinder, die aus der russischen Zone kommen. Seitdem werden des öfteren Kinder gebracht, deren Mütter erkrankt sind oder allein stehen und die Familie versorgen müssen. Gleichfalls werden solche eingeliefert, die nur noch den Vater haben, während die Mutter gestorben ist oder vermisst wird … Im allgemeinen, d. h. soweit sie nicht besonders dumm oder ausgesprochen hässlich sind – bleiben die Grünauer Kinder nur so lange im Heim, als sie noch krank sind. Danach werden sie in die Obhut von Pflegeeltern gegeben, die sich an die Anstalt wenden, um ein Pflegekind zu erbitten.«

Waisenkinder, Vollwaisen und Halbwaisen, gibt es auch in Friedenszeiten, ebenso Erziehung in Kinderheimen. Aber die Eltern oder ein Elternteil durch kriegerische Gewaltakte oder kriegsbedingte Krankheiten zu verlieren und dabei hilfloser Zeuge sein zu müssen, hat für das betroffene Kind noch eine andere Dimension. Und unter den Mangelbedingungen der Nachkriegszeit mit anderen psychisch und physisch gestörten Kindern in einem Heim leben zu müssen, in dem – trotz sicher guten Willens der meisten Betreuer – im allgemeinen noch die rigorosen Prinzipien der »schwarzen Pädagogik« galten[2], kann nicht mit der fortgeschrittenen Heim-Pädagogik unserer Zeit verglichen werden. Selbst heute sind die negativen Folgen einer Heimerziehung und ihre Problematik nicht zu übersehen. Die Kriegskinder, von denen Lehrer Rauchschwalbe spricht, hatten offenbar auch keine Verwandten. Sie waren nicht nur verwaist, sondern buchstäblich verloren. Eines der damaligen Heimkinder hat mir geschrieben:

Günter J. (1934): »Unser Vati lebte von 1907 bis 1944/45. Unsere Mutti lebte von 1902 bis 1945. Sie heirateten 1933. Bis zu ihrem Tode waren sie gerade einmal 12 Jahre verheiratet. In dieser Zeit bekamen sie vier Kinder (mich 1934, meine Schwester 1935 und Zwillinge 1939). Da wir als kinderreiche Familie galten, wurden wir nach den schweren Luftangriffen auf Königsberg im September 1944 in den Landkreis evakuiert. Unser Vati musste als Reichsbahnbeamter in Königsberg zurückbleiben. Hier kam er bei einem Angriff auf Königsberg durch russische Truppen ums Leben. Unsere Mutti und wir vier Geschwister flohen zu Fuß vor der heranrückenden russischen Front in Richtung Pommern. Es war irgendwann im März oder April 1945 und irgendwo in Pommern. Wir kamen in ein kleines Dorf. Hier wurde uns ein kleines Zimmer zugewiesen. Bis auf einige Decken war der Raum leer. Er hatte weder Heizung noch fließendes Wasser. Die Frau des Hauses gab uns von ihren bescheidenen Mitteln etwas zu essen. Geschlafen wurde auf dem Fußboden. In diesem traurigen Zustand wurden wir von russischen Panzertruppen eingeholt. Wir hatten Angst. Unbegründet war sie nicht. Frauen wurden vergewaltigt, Menschen wurden erschossen. Nach kurzer Zeit zogen die Fronttruppen wieder ab und es folgten polnische Familien. Sie sollten wohl hier angesiedelt werden. Wir dagegen wurden ausgewiesen und begaben uns wieder auf die Flucht. Es war ein kühler und regnerischer Tag. Wir froren und hatten Hunger. Die Füße taten uns weh. In der Ferne tauchte ein Baum auf. Wir kamen näher. Da hing ein Soldat. Man schaute auf, als wollte man ihm die letzte Ehre erweisen, und zog weiter. Gegen Abend erreichten wir eine Scheune an der Oder. Man beschloss, hier zu übernachten. Zu essen hatten wir nichts und geschlafen wurde auf dem nackten Fußboden. Die Nächte waren noch sehr kühl. Neben uns lag eine Frau. Sie hatte hohes Fieber und fror schrecklich. Sie hatte wohl Typhus. Neben ihr kauerte ein kleines Mädchen. Es war wohl ihre Tochter. Irgendwann schliefen wir ein. Im Morgengrauen wurden wir durch das weinende Mädchen geweckt. Sie lag mit dem Kopf auf ihrer toten Mutter. Der Treck musste weiter. Das Mädchen musste mit. Die tote Mutter blieb zurück. Ich glaube, solche Bilder kann man und wird man nie vergessen.

Wir kamen über Berlin nach Aschersleben in Sachsen-Anhalt. Im Flüchtlingslager erkrankte unsere Mutti, ich und ein Bruder an Typhus. Während mein Bruder und ich wieder gesund wurden, musste unsere Mutti an den Folgen sterben.

P. S.: Hierüber habe ich noch nie gesprochen und geschrieben. Ich hoffe, dass es in die richtigen Hände kommt.«

In einem zweiten Brief schrieb er:

»1945 haben wir alles, einschließlich Eltern und Verwandten, verloren. In jeder Hinsicht fingen wir mit Null an. Ich erinnere mich an den ersten Nachkriegswinter. Wir lebten im Kinderheim. Die Tagestemperaturen lagen um 0 Grad. Die Schuhe reichten nicht für alle Kinder. So mussten einige Kinder barfuß zur Schule gehen. Ich glaube, dass dieses Beispiel einen gewissen symbolischen Wert hat. Barfuß und lernend begannen wir ein neues Leben … In DDR-Zeiten waren Themen aus der Vergangenheit tabu. Sie passten nicht in das Bild über die ›deutsch-sowjetische Freundschaft‹. Deshalb wurden alle Gedanken an die Vergangenheit verdrängt.«

Günter und seine Geschwister haben sich hochgearbeitet, er wurde Berufsfachschullehrer, seine Zwillingsbrüder Grundschullehrer, die Schwester Diplomkosmetikerin. Sie gründeten Familien. Aber die Vergangenheit blieb tief verschlossen. Einem fremden Menschen erzählt er 60 Jahre danach zum ersten Mal davon, knapp und sachlich. Die Bilder sind immer noch da. Was aus dem kleinen Mädchen geworden ist, weiß niemand.

Es gab schätzungsweise 500.000 **Kriegswaisen** und etwa 20 Millionen Kriegshalbwaisen, die meisten von ihnen ohne Vater.[3] Wie die vaterlosen Kinder aufwuchsen, werden wir uns in einem späteren Kapitel ansehen.[4] Sie hatten ja ihren Vater, wenn er Soldat war, schon lange entbehren müssen. So war bei den meisten die Mutter die nächste und wichtigste Bezugsperson. Die Mutter nicht mehr zu haben, allein gelassen zu sein, ist wohl die größte Angst der Kinder gewesen. Schon die zeitweilige Abwesenheit in einer schwierigen Situation ist in beklemmender Erinnerung geblieben. Erika L. (1940) erzählt von der Flucht; da war sie fünf Jahre alt:

»Wir sind dann alle zusammen weggewesen, irgendwie, ich weiß gar nicht mehr, war das im Lager oder sonst irgendwo, zusammen eben. Und die Mutti hat gesagt, sie geht noch mal nach Hause und holt noch Kleidung und Decken. Und jetzt waren wir Kinder allein. Und die Leute, die um uns rum waren, die haben dann gesagt, die hat die Kinder im Stich gelassen, die kommt nimmer. Und das hat uns also sehr geängstigt, vor allen Dingen, weil also auch meine älteste Schwester, die Gertraud, und der Paul (*die Stimme wird ganz leise*) auch nichts mehr gesprochen haben. Die saßen genau so ruhig und ängstlich da wie wir anderen alle. Und dann kam also die Mutter mit all den Sachen, und man hat ihr das dann auch sicher mitgeteilt, dass man gemeint hat, sie käme nie wieder, und dass wir also Angst gehabt hätten, und das hat sie ja auch gesehen beim Wiederkommen, und daraufhin hat sie gesagt, sie werde uns (*Pause*) nie, nie wieder allein lassen (*Frau L. wird von der Erinnerung überwältigt, kann nicht weitersprechen*).«

Waisenkinder, die gute Pflegeeltern bekamen oder von liebevollen Verwandten aufgenommen wurden, hatten großes Glück. Dabei ist zu bedenken, was es für die Frauen – besonders in den schweren Kriegszeiten, in Sorge und Ungewissheit um die eigenen Männer – bedeutete, zusätzlich die Fürsorge für ein weiteres, durch die Erlebnisse verstörtes Kind zu übernehmen. Die Kinder sind dafür bis heute dankbar.[5]

Der Vater von Paul B. (1935) aus Dürr-Kunzendorf, Kreis Neiße, war beim Volkssturm und ist kurz vor Ende des Krieges gefallen. Die Großmutter, die mit auf die Flucht gegangen war, starb im Januar 1946 an Unterernährung, die Mutter an Schwindsucht im März 1946. Die beiden Brüder kamen ebenfalls mit TBC ins Krankenhaus, die drei Schwestern in ein Waisenhaus. Schwestern der Mutter und des Vaters nahmen die Kinder auf. Rückblickend schreibt Paul: »Meine Geschwister und ich haben unseren Verwandten sehr zu danken, denn es war ein Akt der Nächstenliebe und Solidarität. Sie waren ja selbst Mütter mit Kindern. Ihre Ehemänner waren im Krieg geblieben. Das war eine Leistung, die man nicht hoch genug einschätzen kann. Aus uns allen ist etwas geworden.«

Geschwister, die durch den Tod der Eltern voneinander getrennt aufwachsen mussten, haben sehr darunter gelitten. Traute K. (1934) hatte sechs Brüder, die beiden ältesten waren eingezogen. Der Vater wurde – wohl durch ein Versehen – von einer Streife erschossen, die Mutter starb nach der Rückkehr in die Heimat Ostpreußen 1945, angeblich an Lungenentzündung. Die Geschwister wurden getrennt, hatten ein wechselvolles Schicksal, trafen sich immer wieder und bewahren bis heute ein starkes Zusammengehörigkeitsgefühl:

»Ich habe sehr darunter gelitten, und ich denke, meinen Geschwistern erging es ebenso. Keins von uns Kindern wurde jemals gefragt, ob wir getrennt werden wollten; über uns wurde vom Jugendamt bestimmt, wir mussten uns fügen und mit der jeweiligen Situation fertig werden. Es war für uns eine entsetzliche, traurige und harte Zeit. Wie wir mit unserer Traurigkeit, unserem Heimweh nach den Geschwistern, dem Trauern um den Tod unserer Eltern, unseren seelischen Nöten und Kümmernissen fertig wurden, hat niemand gefragt. Wir Geschwister haben auch untereinander nie darüber gesprochen, das hat jeder einzelne von uns mit sich selbst abgemacht … Wenn ich über unser aller Leben nachdenke und mir meine jeweiligen Geschwister vorstelle, so muss ich sagen, wir haben alle unseren Weg gemacht, keins ist auf Abwege geraten, alle haben wir es zu etwas gebracht; unsere Eltern könnten stolz auf uns sein.« (Brief vom 26.05.2003)

Wie schwer es sein konnte, von der Mildtätigkeit gewisser Verwandter abhängig und überhaupt ein Waisen- und dazu noch ein Flüchtlingskind zu sein, erlebte Lieselotte M. (1938). Der Vater war im Krieg geblieben, die Mutter nach dem Krieg gestorben. Am Tag nach der Beerdigung nahm ein Onkel sie und ihren jüngsten Bruder mit. Der älteste Bruder blieb bei einem Bauern.

1. Die Geschwister K. verloren ihre Eltern im Krieg, die beiden ältesten Brüder waren eingezogen, die fünf jüngeren Geschwister wurden nach der Ausweisung auf Pflegefamilien verteilt. Das Foto zeigt sie 1958 bei der Hochzeit eines der Brüder

»Morgens um vier fuhr der Bauer uns nach Fulda zum Bahnhof. Mein ältester Bruder, damals elf Jahre und neun Monate alt, bestand darauf, seine kleinen Geschwister zu verabschieden. Ich sehe ihn noch heute: wie er zwischen den Gleisen des total zerbombten Bahnhofs steht, die Schultern hochgezogen, weil es schon ziemlich kalt war in der Frühe, lang und dünn in seinem viel zu kleinen Mantel, die Hände in den Taschen vergraben, die Ärmel mindestens eine Handbreit zu kurz. Er wollte sich nicht anmerken lassen, dass er weinte. Wir waren schon im Zug, und ich sah durchs Fenster. Der Zug war überfüllt, ich saß auf dem Rucksack, in dem sich unser beider Habe befand. Am frühen Abend kamen wir an, und ich musste zu meiner Tante ›Mutti‹ sagen. Mein Onkel war 41 Jahre alt, meine Tante 39. Sie hatten keine Kinder und wohnten seit 1937 in Westfalen ... In dem kleinen Städtchen waren wir die Sensation: nein, dass es so etwas noch gab! Soviel Opferbereitschaft! ›Kinder, was habt ihr für ein Glück gehabt, dass ihr sooo gute Pflegeeltern gekriegt habt!‹ Ich nehme vorweg, dass das ›Glück‹ neun Jahre später durch das Vormundschaftsgericht beendet wurde. Ich durfte nicht weinen, weil ich ja so ein Glück gehabt hatte. Zweitens bemerkte ich sehr schnell, dass ich nun eine Lebensaufgabe hatte: Ich musste von früh bis spät dankbar sein. Schließlich bekam ich reichlich Brot und Kartoffeln zu essen. Mit elf, zwölf Jahren habe ich mühelos ein Dienstmädchen ersetzt. Etwas anderes habe ich noch bemerkt: Die Leute taten so, als wären wir ganz schlimme Kinder, als hätten wir etwas sehr Böses getan, für das man uns sehr streng behandeln müsste, also hart anfassen müsste, als verdienten wir Strafe. Erst Jahrzehnte später wurde mir klar, warum. In einem Bericht über den Schwarzen Tod 1348 fiel der Satz: ›Was müssen das für große Sünder sein (die Kranken), dass Gott sie so hart straft!‹ Dass wir ein hartes Schicksal hatten, lag auf der Hand, und dass dies eine Strafe Gottes war, war ebenfalls klar. Also mussten wir böse Menschen sein. Ich erinnere mich ganz genau an die mehr oder weniger herablassende, ja verächtliche Art, wenn ich nach meinen Eltern gefragt wurde. Ich erinnere mich auch, dass ich irgendwann anfing zu sagen, ja, ich habe keine Eltern mehr, ich habe aber noch Geschwister. Damit wollte ich nur sagen: Wir waren auch einmal eine richtige Familie, ich bin aus einer richtigen Familie.«

Es kam auch vor, dass sich das älteste der Geschwister für die jüngeren aufopferte. Die Mutter von Hildegard S. (1933) war kurz nach dem Krieg durch die noch kriegsbedingt notwendige Sprengung einer Brücke in Herne ums Leben gekommen.[6] Auch den Vater hatte sie im Krieg verloren:[7]

»Jetzt standen meine Großeltern (*zu denen die Mutter aus Ostpreußen nach Wanne-Eickel geflohen war*) mit fünf kleinen Kindern allein da. Ich war mit zwölf Jahren die älteste. Viele Geschäftsleute wollten uns haben, aber meine Großeltern haben keinen von uns abgegeben. Mein Großvater hat dann die Vormundschaft übernommen, und wir sind alle zusammen geblieben. Als ich 20 Jahre alt war, habe ich geheiratet. Bis dahin musste ich zu Hause alles machen, da es für meine Großmutter zu viel war. Dann wurde meine Großmutter krank. Mein Großvater war schon drei Jahre zuvor verstorben. Auf dem Sterbebett musste ich meiner Großmutter versprechen, für meine Geschwister zu sorgen und sie nicht im Stich zu lassen, bis sie mal selbständig sind. Das habe ich getan, etwas anderes gab es auch für mich nicht. Dadurch ist meine erste Ehe in die Brüche gegangen.«

Kaum nachvollziehbar ist das Schicksal der Bauernfamilie Arendt aus dem Ermland. Es waren elf Geschwister. Der Vater wurde 1945 von den Russen nach Sibirien verschleppt und ist dort verschollen. Zwei Brüder (1923, 1926) starben im Krieg. Drei Schwestern wurden ebenfalls nach Sibirien verschleppt und starben dort. Nur die älteste Schwester (1920) lebte schon selbständig im Westen. Die Mutter war mit den fünf jüngsten Geschwistern auf die Flucht gegangen und wieder in ihr völlig verwüstetes Zuhause zurückgekehrt. Sie starb 1945 unter furchtbaren Schmerzen, wohl an Typhus. Nun mussten sich die fünf Kinder: Theresia (1930), Josef (1931), Dorothea (1933), Elisabeth (1934) und Helena (1936) allein unter den Polen durchschlagen. Die beiden Schwestern Dorothea und Elisabeth haben später auf mehr als 100 Seiten ihre Erlebnisse aufgeschrieben.[8] Hier nur ein kurzer Ausschnitt:

»Im Frühjahr 1946 waren alle Vorräte total erschöpft. Die Polen hatten uns wirklich die letzten Kartoffeln aus dem Haus genommen. Um überhaupt weiter zu leben, sind wir dann bei Deutschen, aber auch bei Polen betteln gegangen. Manchmal bekamen wir zwei oder gar drei Kartoffeln oder eine Schnitte Brot. Alles wurde genau und gerecht zu Hause aufgeteilt … Die gebettelten Kartoffeln haben wir im Frühjahr 1946 noch in die Erde gesetzt. Aber die Polen gingen des Nachts und holten sie wieder heraus. So war es sinnlos, überhaupt etwas anzusetzen. Schließlich hatten wir noch nicht einmal das mehr. Ganz schlimm war es mit Salz bestellt. In der ersten Zeit fanden wir an den Zäunen noch Viehsalz, aber das war auch bald verbraucht. Mit Kunstdünger zu salzen war unser nächster Versuch. Das schmeckte uns gar nicht und war vielleicht auch unserer Gesundheit schädlich. Wir wussten es wohl, aber wer kann es schon verstehen, was das bedeutet, zwei Jahre ohne Salz, Fett und Zucker zu leben? Da versucht man eben alles. Unsere Nahrung war im Sommer hauptsächlich Obst, Sauerampfer, Brennnesseln und Pilze … Oft waren wir verzweifelt und mutlos, wieder neu anzufangen, lebten wir doch in ständiger Angst. Jeder Tag, ja auch fast jede Nacht war mit Aufregung verbunden. Wie oft haben sie uns die Wohnstubentür, die wir doppelt mit Holz verschlagen und mit Heu ausgefüllt hatten, aufgerissen, weil sie glaubten, auch da etwas Brauchbares zu finden. Der Winter war für uns besonders kalt, schon allein, weil wir kaum etwas zu essen und anzuziehen hatten. Wir saßen rund um den Kachelofen, beteten und weinten in unserer Ausweglosigkeit. Vor Langeweile beteten wir meist zwei Rosenkränze am Tag und haben dann viel gesungen, was wir auswendig konnten. Vater sagte immer: ›Singen ist doppeltes Gebet.‹ Geschlafen haben wir viel. Wenn es dunkel wurde, sind wir schlafen gegangen und aufgestanden, wenn es hell wurde. Ich glaube, das hat uns auch hochgehalten, da unsere Nerven so strapaziert waren und wir ständig in Angst lebten, träumten wir oft laut. Die anderen wurden dadurch wach und gaben Antwort oder Fragen zurück. Am besten konnte es unser Josef. Seine Phantasie war so glaubwürdig, dass ich damals alles geglaubt habe. Wir mussten dann so herzlich lachen, dass uns die Tränen kamen. Eine Uhr hatten wir nicht. Mit Licht haben wir uns geholfen, indem wir uns einen Kienspan ins Zimmer gehängt haben, um nicht immer im Dunkel zu sitzen. Wir hatten Angst, etwas zu kochen. Der rauchende Schornstein verriet den umherziehenden Polen unsere Anwesenheit.

Wir konnten uns auch schöne Stunden machen: Wir haben viel gesungen, Gedichte und Balladen aufgesagt, Theater gespielt und vor allen Dingen Luftschlösser gebaut. Dies alles ließ uns wenigstens für einige Stunden die grauenvolle Wirklichkeit vergessen.«

Alle bekamen Krätze, Elisabeth ist beinahe am Typhus gestorben und sagt dazu: »Ich höre es noch heute, dass Lenchen fragte: ›Lebt Elisabeth morgen noch?‹ Da sagte jemand: ›Ich glaube nicht!‹ Mir war es ganz egal, ob ich sterben musste oder nicht ... Ich persönlich habe immer geglaubt, dass wir eines Tages vor Hunger sterben müssten. Das hat wohl jeder gedacht, aber ausgesprochen wurde es von keinem.« Über Umwege bekamen sie die Nachricht, dass die älteste Schwester in Hamburg war. Das machte ihnen wieder Mut. 1947 konnten sie nach Hamburg ausreisen. Dort konnte Therese im Krankenhaus als Helferin arbeiten, Josef bekam eine Lehrstelle in einer Schreinerei, die drei jüngsten kamen in ein Waisenhaus. Was hat diese Kinder gerettet, während rings um sie so viele Kinder starben? Sie hatten untereinander einen ganz festen Zusammenhalt, ein starkes Gottvertrauen von den Eltern her, viel Phantasie und Findigkeit, viel junge Lebenskraft, aber eben auch großes Glück, dass sie schließlich gefunden und rechtzeitig ausgesiedelt werden konnten. Aber sie hatten noch schwere Krankheiten und harte Jahre vor sich. Dazu Elisabeth über die Zeit im Waisenhaus:

»Uns drei Geschwistern wurden Kontaktmöglichkeiten fast gänzlich genommen. Keine Freunde, keine Verwandten, keine Nachbarn! Niemand war da, der Verständnis für uns zeigte. Weihnachten 1947 konnte niemand verstehen, dass wir das ›O du fröhliche‹ nicht mitsingen konnten ... Gefragt wurden wir nie nach unserem Kummer. Es wurde uns ausgelegt als Stolz und Undankbarkeit. Gefragt wurden wir nur: ›Warum seid ihr hier zum Westen gekommen? Warum seid ihr nicht in Ostpreußen geblieben? Bei uns gibt es doch auch nur zerstörte Städte, und zu essen haben wir auch nur wenig.‹ ... Ja, wir standen in unserer Verzweiflung am Rande eines Abgrunds.«[9]

Wenn der Tod den Kindern die Eltern nahm, war dieser Verlust endgültig. Er musste irgendwie verkraftet werden. Wer aber durch die Kriegswirren von den Eltern und vielleicht auch von den Geschwistern getrennt wurde, konnte hoffen, sie eines Tages wiederzufinden. Die Hoffnung, nicht für immer **verlo-**

ren zu sein, schützte vor der vollkommenen Verzweiflung. Viele aber suchten vergeblich; manche wussten nicht einmal, wer sie selbst waren und wohin sie gehörten. »Ohne Namen, ohne Eltern, ohne Heimat« überschreibt Irene Schwarz die Erinnerungen an die Zeit ihres Verloren-Seins.[10] 1945 war mindestens jeder vierte Deutsche auf der Suche nach einem oder mehreren Angehörigen.[11] Wir erinnern uns an die auseinandergerissenen Familien durch Evakuierung, Kinderlandverschickung und Flucht, an die vermissten oder verschollenen Väter, von denen lange keine Nachricht kam. Die Geborgenheit, die einem Einzelkind die nahe Verwandtschaft geben konnte, war für sehr viele auf immer dahin. Das Schlimmste aber war, dass etwa 300.000 Kinder verloren gegangen waren, 33.000 davon waren Findelkinder, bis heute suchen immer noch 300 inzwischen alt gewordene Kinder ihre Familienangehörigen, Eltern ihre Kinder. Von den völlig anonymen Findelkindern konnten alle Fälle bis auf 400 geklärt werden.[12] Mir wurde auch berichtet, zu welch tragischen, das ganze spätere Leben überschattenden absichtlichen oder unabsichtlichen Täuschungen und Lügengespinsten es kam, wenn ein Kind von zwei Müttern als das ihre beansprucht wurde und seine Identität nie zweifelsfrei geklärt werden konnte.

Für uns ist es rückblickend fast unbegreiflich, dass nicht jedes Kind damals einen Brustbeutel mit Namen und Adresse trug wie Joachim O. Zu wenige Mütter kamen auf den Gedanken, in die Kleidung oder das Handgepäck Namensschilder einzunähen. Es gab keine entsprechende Verordnung, ein weiterer Beweis, dass den Verantwortlichen angesichts der bevorstehenden Niederlage völlig gleichgültig war, was mit dem eigenen Volk und seinen Kindern geschah. Kinder erzählen, dass Mütter sie angebunden hätten, dass sie sich an den Händen halten mussten, aber inmitten der chaotischen Verhältnisse auf den Bahnhöfen, in den Zügen, in den Häfen, auf den Schiffen war es unmöglich für sie, ihre Kinder immer im Auge zu behalten. Wenn die Mutter verletzt, verschleppt oder getötet wurde, waren die Kinder sich selbst überlassen, und es war oft niemand da, an den sie sich halten konnten. Welch schreckliche Angst und welch bodenloses Gefühl der Verlassenheit die Kinder auszustehen hatten, kann in nachträglichen Beschreibungen nur schwach wiedergegeben werden, zumal die meisten vom glücklichen Ausgang her erzählen. Wie furchtbar es war, sich auch nur beinahe zu verlieren, steht Brunhilde L. (1937) bis heute vor Augen. Sie war die älteste von fünf Kindern, die mit der Mutter von Brieg bei Breslau flohen. Der Vater war vermisst:

»Meine Erinnerung an den Bahnhof Brieg: Dicht gedrängt warteten alle Leute auf den nächsten Zug. Plötzlich ist der zweitjüngste Bruder weg (er war drei Jahre alt). Mutter sagt mir: ›Pass auf alle auf, ich such ihn.‹ Sie war lange weg bis sie wiederkam – mit ihm. Er war ausgerufen worden. Ich hatte die Verantwortung, auf alle Geschwister aufzupassen. Zwei Nächte sind wir im Zug gesessen mit kaputten Fensterscheiben bei minus 20 Grad. Die jüngste Schwester war vier Monate alt. Mutter hat mit dem Esbitkocher die Flasche gewärmt. Die Züge hielten unterschiedlich lang an den Bahnhöfen. Einmal wollte sie die Flasche auswaschen bei der NSV, als der Zug wegfuhr. Sie rannte zum Zug, rief dem Schaffner zu, er solle sie raufziehen, was der tat. Bei der nächsten Haltestelle, als Mutter kam, hatten die Leute uns schon alle verteilt. Einmal war Mutter schon mit dem Kinderwagen im Zug, wir vier standen noch draußen, als der Zug abfuhr. Ich schrie aus Leibeskräften, der Zug hielt wieder an, was nicht selbstverständlich war. Wir vier anderen Kinder konnten einsteigen.«

Kürzere oder längere Trennungen ohne Wissen voneinander waren häufig. Den achtjährigen Siegfried W. hatten nach dem Untergang der »Karlsruhe« Matrosen aus dem Meer gerettet, zusammen mit der nächst älteren Schwester.[13] Von der Mutter und zwei Geschwistern wusste er nichts. Hier ein Auszug aus einem Gespräch mit Siegfried W.:

»Wir sind verfrachtet worden nach Hohn, das ist ein Dorf, vielleicht 15 Kilometer von Rendsburg, da wurden alle Kriegskinder in Kinderheimen zusammen gelegt.
I: Und da war Ihre Spur verloren …
W: War alles verloren … So, da waren wir dann im Kinderheim, und als sich immer weniger Angehörige gemeldet haben, wurden Bauern in den umliegenden Dörfern gefragt, ob sie nicht Pflegekinder aufnehmen können. So wurden wir getrennt, meine Schwester kam auf einen Bauernhof, und ich kam auf einen Bauernhof, da lagen so 20 bis 30 Kilometer dazwischen. Viele wollten auch nicht zwei aufnehmen, die Bereitschaft war damals nicht gerade groß, selbst auf einem Bauernhof war es absolut nicht üppig. Ich glaub, die hatten gar keine Kühe, aber gut zu essen hatte man, und ich kann mich erinnern, da war auch ein Apfelbaum im Garten, ja, da wurden die Äpfel gezählt, und wehe, es fehlte einer. Es war ganz streng.
I: Und die haben Sie freundlich aufgenommen oder widerwillig?
W: Ich will mal sagen, ohne große Liebe. Ich hatte den Eindruck, dass der Bauer mich hauptsächlich arbeiten lassen wollte. Ich hab das nicht mal unwillig getan, sondern je mehr mir Verantwortung aufgetragen wurde, umso freudiger war ich am Arbeiten. Hab fast schon Dinge gemacht wie ein Erwachsener – Torf stechen und aufbeugen und so.
I: Aber Sie kamen sich dort verloren vor, oder haben Sie Ihre Mutter und alle nicht so sehr vermisst?
W: Ja, verloren in dem Sinne schon, weil alles ohne richtige Liebe geschah. Der Bauer war auch ziemlich jähzornig; wenn ich seinen Unmut erregt hatte, konnte es sein, dass er mir auch mal eins ›übergewischt‹ hat. Und wenn ich meine schönen weißen Strümpfe am Sonntag schmutzig gemacht hatte – da gab es ja diese Moorrinnen, und unser Sport war, wer konnte den größten Satz machen –; konnte er recht jähzornig

werden. Wenn ihn seine Pferde geärgert haben, hat er sich das tagsüber gemerkt und hat abends seine Pferde verschlagen … das Pferd hat abends gar nicht gewusst, warum.
I: Die Bäuerin hat nichts zu melden gehabt?
W: Die hatte nichts zu melden, die stand ebenso unter der Fuchtel und war froh, dass er sich nicht auch noch an ihr vergriff. Ohne Liebe, das war natürlich ein Punkt, der mir schon gefehlt hat, denn ohne Liebe aufzuwachsen – das ist nicht gut.«

Über das Rote Kreuz machte ihn die Mutter, die in Dänemark gelandet war, ausfindig. Annelie B. (1939) war fünfeinhalb Jahre alt, als sie mit Mutter und Großeltern von deren Bauernhof in Forst/Lausitz auf die Flucht ging. Vom Vater, der Soldat war, hatten sie keine Nachricht. Sie hat große Mühe, ihre Geschichte zu rekonstruieren, das meiste weiß sie aus den Erzählungen der Mutter, einzelne Bruchstücke erinnert sie selbst:

»Irgendwann und viel zu spät haben sich die Großeltern endlich entschlossen, den Hof zu verlassen und haben sich einem Treck angeschlossen mit zwei Handwagen. Mein Großvater, der konnte damals schon nicht so gut laufen … Auf dem Weg in Richtung Elbe sind wir dann immer wieder unter Beschuss geraten, weil das die einzige Straße war, die von Osten nach Westen ging, da ging der Treck auch, aber auch gleichzeitig die Soldaten, die an die Front gingen, um noch zu verteidigen. Dann eine Erinnerung, die mir eigentlich heute noch nachgeht und zu schaffen macht, und zwar die Märkische Heide, die sehr viel Sand hat, da waren scheinbar die Handwagen und der ganze Treck steckengeblieben und immer Tieffliegerbeschuss, die wohl die Landser beschießen wollten, und meine Mutter hat mich, entfernt von der Straße, in einem Kiefernwald in einen Bombentrichter gesetzt und hat gesagt, ich soll hier warten, bis sie wieder kommt, denn die Wagen stecken im Sand fest. Und es war starker Tieffliegerbeschuss. Ich sehe immer noch vor mir, wie es immer heller am Himmel wird, und dieses Schießen. Also oben war immer dieses Licht, hell, dunkel, hell, und unten dieses Schießen, und unten war eine Wasserpfütze. Wobei ich mir hinterher überlegt habe, was das für eine Mutter bedeuten muss. Sie musste ja den Handwagen da durchziehen und war da wahrscheinlich festgebunden, ich konnte nicht mehr laufen. Und ein Kind da abzusetzen, sie hätte ja genau so gut getroffen werden können oder was weiß ich? Und ich hab dann gehofft, dass sie wiederkommt. Und sie hat mich natürlich da auch wieder herausgeholt (*krampfhaftes Lachen*).
I: Aber die Angst.
B: Ja (*geht auf die Angst nicht ein*), unterwegs wurde ich dann nachts zum Schlafen immer auf dem Handwagen festgebunden. Mein Großvater konnte fast nicht mehr laufen, es war alles ziemlich mühsam. Meine Mutter hat erzählt, wie schlimm das alles war, ich war dann immer quengelig und müde, und der Großvater kommt schon fast nicht mehr vorwärts. Und irgendwo an einer Stelle waren dann plötzlich Omnibusse da, und es hat geheißen, kleine Kinder und alte Leute, die nicht laufen können, die könnten da mitfahren, und es wurde ein ganz bestimmter Ort an einer Elbbrücke

ausgemacht, wo die dann die Leute wieder ausladen, und man könnte dann über die Elbe weiter, und dann wäre den Leuten ja schon geholfen. Meine Mutter hat dann gesagt, ja gut, mache ich, und hat meinem Großvater gesagt: ›Komm, steig ein!‹ und mich dann mitgegeben. Dann ist der Bus also losgefahren, ich weiß das nicht mehr, weiß es nur von meiner Mutter, und der Bus kam zur Brücke, aber die Brücke war total gesprengt, da war keine Brücke mehr. Der Bus hat nicht gewartet, der ist weitergefahren und hat die Leute irgendwo ausgeladen, wo genau weiß ich auch nicht, ich glaube, irgendwo bei Oschatz/Sachsen. Und als meine Mutter zu dem vereinbarten Treffpunkt kam, dann war da natürlich kein Bus mehr, keine Brücke, kein gar nichts. Der Großmutter hat sie gesagt: ›Du wartest jetzt hier mit den zwei Handwagen, ich gucke nach dem Kind und dem Großvater, und ich komme dann wieder zurück, wir gehen dann gemeinsam weiter.‹ Das hat dann ziemlich lange gedauert, bis sie wieder zurückkam. Da war der Treck weitergezogen, meine Großmutter war auch weitergezogen, weil sie Angst hatte, den Anschluss zu verpassen, und hat nur den Handwagen mit dem Essen mitgenommen, der andere Handwagen mit unseren Wertgegenständen und persönlichen Papieren, der war weg. In dem Moment war unsere Familie getrennt (*sichtliche Erregung*). Mein Großvater und ich, wir wurden dann bei fremden Leuten in Oschatz einquartiert, und ich habe verzweifelt versucht, mich zu erinnern, ich erinnere mich da an nichts. Ich weiß nicht, was das für Leute waren, auch nicht, wo wir gewohnt haben. Der Großvater war wohl ziemlich überfordert mit mir, weil ich wohl immer geweint habe.«

Die Mutter schlug sich wieder nach Hause durch, auch die Großmutter. Die Mutter konnte bei einem russischen Offizier arbeiten, die Großmutter war von den Erlebnissen völlig verstört und nervenkrank. Der Großvater machte sich auf den Weg nach Hause, um vielleicht noch jemand dort anzutreffen.

»Jedenfalls, er hat mich dann auch verlassen, und davon weiß ich auch überhaupt nichts, gar nichts, und man hat mir dann erzählt, dass es wohl ziemlich kritisch war, denn ich habe Typhus gehabt, bei den fremden Leuten. Aber ich weiß nichts davon. Ich bin in der Zeit auch wieder gesund geworden. Denn als mein Großvater dann wieder zurückkam, um mich abzuholen, hatte ich keinen Typhus mehr, da war ich gesund. Die Mutter hat dann noch erzählt, dass es für sie ganz schrecklich gewesen wäre … Also mein Großvater wär' zu dieser großen Gartentür hereingelaufen, ohne Kind. Und da hätte sie nur angefangen zu schreien, zu weinen, hätte nur um sich …, hätte sich überhaupt nicht mehr beruhigen lassen, bis dann der russische Offizier kam, der hat sie wohl geschüttelt und gesagt, sie solle jetzt endlich aufhören, ›in Russland auch viele Kinder tot‹, bis mein Großvater ihr dann beibringen konnte, du, das ist gar nicht so, das Kind lebt. Gut, der Großvater hat mich dann geholt, und meine Mutter ist da geblieben, und er hat mich dann auch wieder nach Hause geholt … Aber wie das Wiedersehen war, das weiß ich nicht, ich war ja auch noch zu klein, und später hat man auch nicht gefragt, weil sie ja immer andere Sorgen hatte. Aber ich kann mir vorstellen, ich muss doch verstört gewesen sein, verstört …«

Helga R. (1934) begann als 50-Jährige in Briefen an ihre verlorene und wiedergefundene Schwester Ursula (1939), ihre Geschichte zu erzählen, eine Geschichte des fortgesetzten Verlassen- und Verlorenseins. 19 Jahre, nachdem sie sich verloren hatten, erreichte sie von Ursula das erste Lebenszeichen. Da die Schwester damals in der DDR lebte, konnten sie sich erst nach 30 Jahren, nach der Wende, wiedersehen. Helga gab den Briefen die Überschrift: »Du wolltest alles wissen« und setzte als Motto voran: »Ich bin ein Leben lang geschlichen durch meine Landschaft mit dem bisschen Leben unter dem Arm, von dem ich meine, es gestohlen zu haben.« Der Vater war Bäcker- und Konditormeister. Helga kam, weil die Mutter lungenkrank war und bei ihr wohl auch der Verdacht auf Tuberkulose bestand, mit vier Jahren in ein Kinderheim:

»Es war schrecklich … Damals empfand ich zum ersten Mal deutlich das Gefühl von Verlassenheit, Ausgeliefert-Sein. In meinem Gedächtnis haften schreckliche Dinge: von angeschnallt werden im Bett, essen müssen, gewogen werden, von Strafen bei Gewichtsverlust. Wieder essen, essen, liegen, angeschnallt werden … Es hieß, ich wäre sehr krank. Meiner Vermutung nach war es eine Lungenheilstätte. Aus späteren Untersuchungen kam ich darauf.«

Die Mutter gebar trotz ihrer Krankheit noch zwei Schwestern, Ursula (1939) und Ingrid (1940). Helga durfte die todkranke Mutter zu Hause noch einmal sehen. Die kleinen Schwestern wurden in ein Kinderheim verbracht, der Vater war eingezogen. Sie durfte bis zur erhofften Genesung der Mutter zu ih-

2. Helga R. mit Großvater und »Tante Grete«

rem Großvater, der mit seiner Haushälterin, die sie Tante Grete nannte, in Boblin bei Stettin lebte. Dort fühlte sie sich wohl und erzählt in ihren Briefen von ihren Unternehmungen mit dem geliebten Opa, Kinderstreichen und Freunden, besonders vom Bauernsohn Peter, den sie eines Tages nicht mehr fand, weil die Familie schon auf die Flucht gegangen war. 1942 kam die Nachricht vom Tod der Mutter. »Tante Grete nahm mich in den Arm und erzählte mir, dass meine Mutti gestorben sei. Ich hätte nun keine Mutti mehr. Mit Sicherheit kann ich sagen, dass ich den Sinn ihrer Worte in dem Moment nicht verstand.« Der Vater kam nach dem Tod der Mutter in Urlaub, und sie konnten zusammen um die Mutter weinen.

»Die wenigen Tage Urlaub nutzte ich aus, mit dem Vati zu schmusen. Ich krabbelte schon frühmorgens zu ihm ins Bett. Er war müde und wollte ausschlafen. Ich kraulte ihm die Arme rauf und runter. Das hatte er zu gerne. Ließ ihm keine Ruhe. Immer wieder musste er mir von meinen kleinen Schwestern erzählen. ›Ursel ist drei Jahre jünger als du, und Inge ist vier Jahre jünger als du‹, sagte er zu mir. Ich solle mir das immer gut merken. Auch seine Feldpostnummer lernte ich auswendig. ›Einsachtundachtzigneunundvierzig‹ (18.849). Es war für uns nur ein Spiel, und ich lernte es freudig. Wie schnell verging diese glückliche Zeit! Vati zog wieder seine Uniform an. Es hieß, ich dürfe ihn ein weites Stück begleiten. Ein Stück Dorfstraße, ein Stück Landstraße bis zur nächsten Biegung. Ein letzter Kuss, Tränen … Winken. Abschied. Ein Abschied für immer. Es schmerzt immer noch und fast spüre ich es körperlich noch einmal … Nie mehr erhielten wir ein Lebenszeichen von ihm. Ich war oft sehr traurig und fühlte mich verlassen.«

Als einzige flohen sie nicht und erlebten den Einmarsch der Russen in Boblin. Von ihren schrecklichen Erlebnissen mit den Russen haben wir schon gehört.[14] Als die Polen kamen, gingen sie auf die Flucht, sie selbst war halb krank.

»Noch hatte ich meinen Apu (*Opa*) dabei. Tante Grete war auch noch für mich da. Wenn ich fror, kuschelte ich mich zu ihr. Wir waren noch zu dritt, und ich war so froh, diese beiden Menschen bei mir zu haben. Ich tat alles, sie nur nicht zu verärgern. Unterdrückte meine Schmerzen, denn die Halsdrüsen waren inzwischen wie Gänseeier groß. Ich hatte ständig Fieber und immer nur Schmerzen. Oft weinte ich nur still, wenn es niemand sah. Opa war mürrisch und manchmal unausstehlich. Er schimpfte, überhaupt geflohen zu sein. Wie oft jammerte er um seine verlorene Heimat. Was er alles zurückgelassen hätte. Er wäre einmal ein reicher Mann gewesen. Nun käme er in fremde Erde. Sein Sterbehemd, sein guter Anzug. Jetzt müsse ich mich um ihn kümmern. Oh, ich versprach alles und versuchte, ihn wieder zu beruhigen … Irgendwann kamen wir in ein Lager. Wie sich später herausstellte, hatten wir es bis nach Mecklenburg geschafft … In einem großen Raum in einer Baracke hatten wir unser Plätzchen im Strohlager erhalten. Endlich gab es eine warme Mahlzeit am Tag. Es gab heißen Kaffee morgens. Was für mich besonders wichtig war, ich wurde endlich ärztlich versorgt. Jeden Morgen musste ich zur Arztbaracke gehen und wurde verbunden. Die Lymphknoten waren inzwischen aufgeplatzt. Es war so furchtbar schmerzhaft. Die Schwestern gaben sich die größte Mühe, die Wunden zu reinigen. Es fehlte an Verbandszeug und Medikamenten. Man sagte mir, ich hätte eine offene Lymphdrüsentuberkulose. Es sei sehr ansteckend. Doch was konnte ich dagegen tun? Die Papierbinden, die man mir um den Hals und über den Kopf band, waren in kürzester Zeit durchgeeitert. Es stank so furchtbar, dass mir selbst ganz schlecht wurde. Die Binden scheuerten so sehr, dass selbst die gesunden Hautpartien nach kurzer Zeit wundgescheuert waren und auch eiterten. Es ging uns allen sehr schlecht … Inzwischen stand das Lager unter Quarantäne. Flecktyphus war ausgebrochen. Täglich starben Menschen … Die Menschen gerieten in Panik. Eines Tages stand auch Tante Grete zum Frühstück nicht mehr auf. In der Nacht hatte sie so sehr gefroren, so dass ich versuchte, sie zu wärmen. Ich stellte mich in die Reihe, um uns das Frühstück zu holen. Als ich mit dem Kaffee zu ihr an das Lager kam, glühte sie. Sie erbrach und hatte das ganze Strohlager beschmutzt. Ich versuchte, alles so gut es ging zu reinigen. Ich wollte es vor den anderen Leuten verheimlichen, weil ich Angst bekam, man würde mir Tante Grete auch wegholen. Ich bat sie so sehr, ganz schnell gesund zu werden. Ich wolle doch immer, immer artig sein und alles für sie tun. Ganz dicht legte ich mich zu ihr. Blieb den ganzen Tag bei ihr. Opa kümmerte sich um nichts. Ihr Zustand verschlechterte sich zusehends. Bald merkten auch die anderen Leute im Raum, wie krank die Frau war … Bald begann sie wirr zu sprechen. Ich hielt sie in meinen Armen. Kühlte ihren heißen Kopf. Versuchte, sie zu waschen. Meine Verzweiflung wuchs. Die Leute wurden immer unverschämter und schimpften laut, dass man die Frau herausholen müsse. Das Kind müsse man fernhalten … Ich lag bei ihr. Sie sprach nicht mehr. Sie bewegte sich nicht mehr. Ich hielt nur ihren Kopf und küsste sie immer wieder. Bis, ja, bis plötzlich, ich weiß nicht woher, Männer in weißen Kitteln kamen, mich wegstießen und Tante Grete auf eine Bahre legten. Ich rief ihren Namen und rannte zu dem Auto, in das man sie schob. Leute standen drum herum und schauten zu. Ich sah sie noch einmal mit geschlossenen Augen liegen. Weinte und weinte. Das Auto fuhr davon, und ich stand da und fühlte mich schutzlos und allein gelassen. Wo Opa war, weiß ich nicht. Die Leute redeten durcheinander, und ich hörte sie sagen, dass die Frau doch schon längst tot gewesen sei. Sie redeten und redeten, und ich rief und schrie zurück: ›Sie war nicht tot, ich weiß es, tot sieht ganz anders aus!‹ … Ich versuchte, das Strohlager zu reinigen, frisches Stroh zu besorgen. Nachts lag nun nur noch der Opa neben mir. Er war auch so schwach … Opa bekam Durchfall. Er war nicht mehr sauber zu halten. Für mich war es unerträglich geworden. Er machte mir Angst, und ich versuchte mir immer vorzustellen, wie er einmal war. So lieb und fürsorglich. Nun musste ich alles für ihn tun. Er wollte nicht mehr essen. Der Gestank um ihn herum war nicht nur für mich fast unerträglich … Es muss Frühling geworden sein. Ich erinnere, dass es ein warmer, sonniger Tag war. Opa nahm mich an die Hand und meinte, dass wir spazieren gehen könnten. Wir durften zwar das Lager nicht verlassen, doch etwas entfernt von den Baracken gab es eine schöne Wiese. Opa setzte sich ins Gras unter einen Baum. Ich lief ein Stückchen weiter und fand die ersten Blümchen, die ich abpflückte. Hatte mich total vergessen und träumte in der Sonne vor mich hin. Nach einiger Zeit fiel mir der Großvater ein. Ich drehte mich um, ging zurück und sah Großvater im Gras liegend. Ich ging näher zu ihm, ich sah hin, traute meinen Augen nicht. Er lag im Gras, hatte die Arme von sich gestreckt, die Jacke ausgezogen und lag mit bloßem Oberkörper da. Aus beiden Unterarmen floss Blut. Im ersten Moment schaute ich nur hin. Ich bekam Angst, ließ die Blumen fallen und lief und schrie, schrie: ›Hilfe, helft mir, mein Opa, mein Opa!‹ Ich lief zur Baracke, schrie nur um Hilfe und zeigte in die Richtung, in der mein Opa lag. Man hielt mich fest, man tat mir weh. Ich riss mir die Papierbinden herunter. Jemand sperrte mich in eine dunkle Besenkammer und schloss hinter mir zu. Alles Schreien und Rufen half nichts. Es wurde nicht geöffnet. Irgendwann muss ich vor Erschöpfung eingeschlafen sein. Eine Reinmachefrau öffnete am anderen Morgen die Tür … Ich war zu schwach, um Fragen zu stellen. Ich wurde in den Krankenwagen gebracht. Mir war auch alles egal. Ich konnte einfach nicht mehr.«

Sie selbst war sterbenskrank. »Nicht nur einmal erwachte ich in einem Waschraum. Erschrocken stellten die Ärzte oder Schwestern fest: ›Die lebt ja immer noch!!‹ Alle Kinder in dem großen Kinderzimmer bekamen Besuch von Eltern, Großeltern, Angehörigen. Ich kroch zu den Besuchszeiten unter die Bettdecke und weinte still.« Nach kurzer Zeit bei einer Pflegefamilie mit einem Mann, der Alkoholiker war und sie schlug, kam sie wieder in ein Kinderheim, dazwischen erneut ins Krankenhaus, weil sie nicht recht gesund wurde. Die Behandlung im Kinderheim war, bis auf eine liebe Schwester, geradezu sadistisch, sie soll nicht weiter beschrieben werden.

»Erwähnen muss ich noch die Besuchstage im Kinderheim. Es kamen, meistens sonntags, Leute, um sich ein Waisenkind auszusuchen. Kinder, die zur Adoption freigegeben waren. Ich gehörte zwar zu ihnen, doch ich hätte nie eine Chance gehabt, aufgrund meines Aussehens angenommen zu werden. Der lange Krankenhausaufenthalt, meine schwere Blutvergiftung, die noch nicht verheilte TBC und die chronische Bindehautentzündung, weshalb ich ständig eine schwarze Augenklappe trug. Die Augen eiterten, ich konnte fast nicht sehen. Täglich wurde die Augenklappe von einem auf das andere Auge gewechselt. Ich war inzwischen elf Jahre alt, doch auf der Entwicklungsstufe einer Neunjährigen, behaupteten die Ärzte … Immer noch hoffte ich, meinen Großvater zu finden. Ich geriet manchmal in Panik, weil ich mir sein Gesicht nicht mehr vorstellen konnte. Sah ich auf der Straße einen alten Mann, so lief ich hinterher, fragte ihn nach seinem Namen oder verfolgte ihn heimlich bis zu seiner Wohnung. Ich bekam einfach keine Ruhe auf der Suche nach dem Opa. So geschah es eines Tages wieder, dass ich einem alten Mann bis zu seiner Wohnung folgte. Mutig klingelte ich und fragte, ob der alte Herr nicht mein Großvater sein könnte. Die Frau

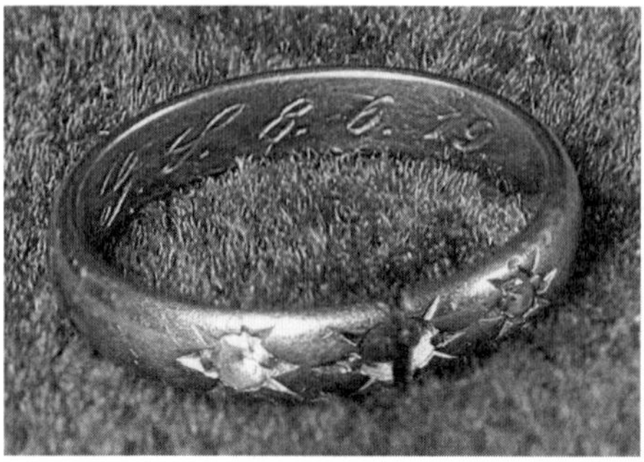

3. Der Ring von Helgas »Tante Grete«

ließ mich in ihre Wohnung, unterhielt sich mit mir und fragte mich, wer ich sei. Es stellte sich bald heraus, dass dieses nicht mein Opa sein konnte. Ich erzählte freimütig über meine Familie. Dass ich auch immer noch nicht wüsste, wohin meine Tante Grete S. gekommen sei. Es stellte sich heraus, dass diese Frau eine Leichenbestatterin war. Nach einem längeren Gespräch und vielen Fragen verschwand die Frau, um etwas zu holen. In einer Schachtel hatte sie Gegenstände, mit Namensschildchen versehen, untergebracht. Zu meiner großen Überraschung überreichte sie mir einen Ehering aus Rotgold mit dem Namen Margarete S. Sie erzählte mir von den unendlich vielen Menschen, die in der damaligen Zeit an Typhus verstarben. Es waren so viele Tote, so dass man sie in Massengräbern bestattet hatte. Diesen Ring besitze ich heute noch. Er war meiner Tante Grete vom Finger gemeißelt worden … Ich muss noch einfügen, dass ich vom Heim aus die Möglichkeit hatte, über das Rote Kreuz den Suchdienst zu beauftragen, nach meinem Vater und meinen kleinen Schwestern zu suchen. Wie gut war es, dass ich immerhin wusste, wie sie hießen und wie alt sie waren. Wo sie zuletzt lebten. Und ich hatte die Feldpostnummer meines Vaters gut im Gedächtnis.«

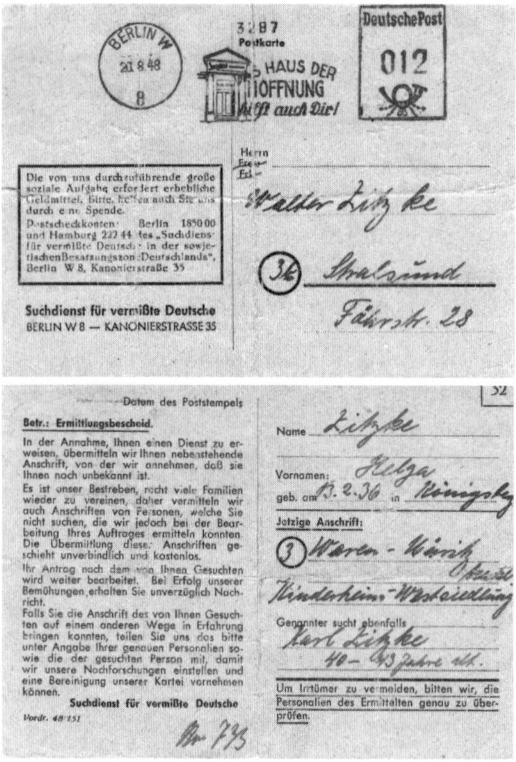

BERLIN W 20.8.48 8

3287
Postkarte

HAUS DER HOFFNUNG hilft auch Dir!

Deutsche Post 012

Die von uns durchzuführende große soziale Aufgabe erfordert erhebliche Geldmittel. Bitte, helfen auch Sie uns durch eine Spende.
Postscheckkonten: Berlin 185000 und Hamburg 22244 des „Suchdienst für vermißte Deutsche in der sowjetischen Besatzungszone Deutschlands", Berlin W 8, Kanonierstraße 35

Suchdienst für vermißte Deutsche
BERLIN W 8 — KANONIERSTRASSE 35

Herrn
Frau
Frl.
Walter Litzke
(3b) Stralsund
Fährstr. 28

Datum des Poststempels

Betr.: Ermittlungsbescheid.

In der Annahme, Ihnen einen Dienst zu erweisen, übermitteln wir Ihnen nebenstehende Anschrift, von der wir annehmen, daß sie Ihnen noch unbekannt ist.

Es ist unser Bestreben, recht viele Familien wieder zu vereinen, daher vermitteln wir auch Anschriften von Personen, welche Sie nicht suchen, die wir jedoch bei der Bearbeitung Ihres Auftrages ermitteln konnten. Die Übermittlung dieser Anschriften geschieht unverbindlich und kostenlos.

Ihr Antrag nach dem von Ihnen Gesuchten wird weiter bearbeitet. Bei Erfolg unserer Bemühungen erhalten Sie unverzüglich Nachricht.

Falls Sie die Anschrift des von Ihnen Gesuchten auf einem anderen Wege in Erfahrung bringen konnten, teilen Sie uns das bitte unter Angabe Ihrer genauen Personalien sowie die der gesuchten Person mit, damit wir unsere Nachforschungen einstellen und eine Bereinigung unserer Kartei vornehmen können.

Suchdienst für vermißte Deutsche

Vordr. 48/151

Name Litzke
Vornamen: Helga
geb. am 13.2.36 in Königsberg
Jetzige Anschrift:
(3) Waren - Müritz
Kinderheim-Westsiedlung
Genannter sucht ebenfalls
Karl Litzke
40–43 Jahre alt.

Um Irrtümer zu vermeiden, bitten wir, die Personalien des Ermittelten genau zu überprüfen.

4. Suchkarte des Roten Kreuzes für Helga R. Ähnliche Suchanzeigen wurden auch privat über Bürgermeister- und Landratsämter und über den kirchlichen Suchdienst verbreitet

Durch Vermittlung lieber Menschen kam sie in eine fürsorgliche, wenn auch strenge Pflegefamilie, für die sie sich entschied, als plötzlich eine leibliche

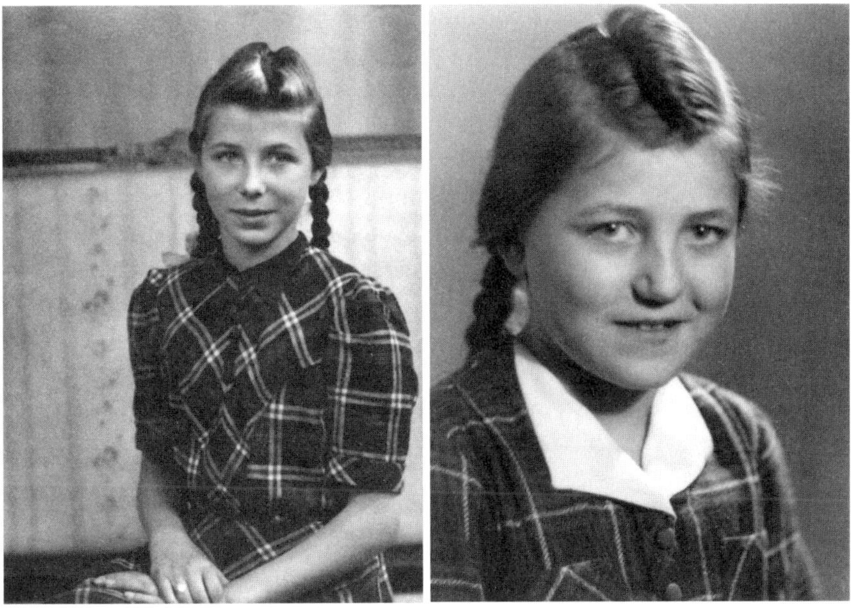

5. Die Schwestern Helga und Ursula

Tante bei ihnen auftauchte. Alle Nachforschungen nach dem Großvater blieben ergebnislos. »Im Mai 1954 erhielten wir nach Heimkehrer-Aussagen die traurige Nachricht vom Tode des Vaters. War es ein tragischer Unglücksfall, wie ein Kriegskamerad berichtete, oder war es Selbstmord, den er verübte, weil er nach Angaben eines anderen Kameraden schwermütig geworden war? Das bleibt im Verborgenen.« Warum sich die leibliche Verwandtschaft nicht um sie gekümmert und sie nicht gesucht hat, erklärt sie so: »Sie waren froh, dass wir untergekommen waren. Sie lebten im damaligen Westen. Hatten sich den Lastenausgleich vom Staat auszahlen lassen. Man war froh, uns bis dahin noch nicht gefunden zu haben, d.h. man hatte uns gar nicht gesucht. Sonst hätte man evtl. einen Teil des Erbes an die beiden Waisen aufteilen müssen.« Erst als sie 40 Jahre alt war, löste sich für sie das Rätsel, warum sie auf dem Hochzeitsbild der Eltern als kleines Kind zu sehen war. Sie war vor der Eheschließung der Eltern gezeugt worden, und man hatte sie der mütterlichen Familie verschwiegen, weil »das« eine Schande war. Die einzige Tante, die davon wusste und die sie später besuchte, sagte zu ihr: »Dich hat es in unserer Familie nie gegeben.« Von der Schwester Ursel, die ja mit der kleinen Schwester Ingrid in einem anderen Kinderheim untergebracht war, erfuhr sie, dass beide auf der Flucht von den Russen, die den Kindertransport beschossen, verletzt wurden, die kleine Ingrid tödlich. Ursel war gerade fünf Jahre alt und Ingrid vier. Ursel wusste bis Ende 1948 nicht einmal, dass sie eine ältere Schwester hatte. 1949 schrieb Helga ihr zum ersten Mal und konnte sie auch kurz besuchen. Erst 1989, nach der Wende, konnten sie sich persönlich für längere Zeit sehen, sie hatten offiziell 34 Jahre keinen Kontakt.

Erika K. (1936) war die Tochter eines Gutsarbeiters in Schlodien/Ostpreußen, das zwölfte Kind von insgesamt 14. Der Vater musste zum Volkssturm. Die Mutter ging 1945 mit vier Kindern auf die Flucht, einer älteren 15-jährigen Schwester, mit Erika, damals acht, und den zwei kleinen Brüdern, sechs und fünf Jahre alt. Auf der dramatischen Flucht, unter anderem über das Frische Haff, wo massenweise die Treckwagen einbrachen, verloren sie die Mutter, als diese die verheiratete Schwester, ebenfalls mit drei kleinen Kindern, suchen wollte. In Danzig trafen sie ihre Tante Martha. Hier ihr eigener schmuckloser Bericht, den sie mir handschriftlich zuschickte:

»Tante Martha nimmt uns wieder mit nach Hause, nach Schlodien. Der Russe ist überall, dann ist es doch gleich, und vielleicht ist Mama auch wieder zu Hause und wartet auf uns. So organisierte sie mit ihren Kindern und ihrem alten Vater einen klapprigen Wagen und ein altes Pferd. Und wir fuhren an einem schönen warmen Maitag über Elbing nach Hause. Daheim sah es schlimm aus. Die meisten Häuser waren zerstört. Alles geplündert. In unserem Haus war ein großes Loch unterhalb vom Wohnzimmerfenster. Das Loch stopften wir mit Lumpen zu. Unsere Mama aber war nicht da. In der Räucherkammer fand ich meine Spielsachen nicht wieder (*dort hatte sie sie vor der Flucht versteckt*). Sie waren gestohlen.

Tante Martha wohnte mit ihrer Familie im 4. Teil vom Insthaus (*Gesindehaus*). Sie konnte sich aber nicht um uns kümmern. Sie hatte selber für ihre Familie zu sorgen. Vereinzelt waren noch in den Vorratsmieten Kartoffel und Rüben gelagert. Daher hatten wir noch etwas zu essen. Schlimm wurde es erst, als es Herbst und Winter wurde. Wir hatten rein gar nichts mehr. Die Äcker waren nicht bestellt worden. Der Russe zog ab. Der Pole kam. Die Polen waren so arm wie wir und auch aus ihrem Heimatland vertrieben. Wir warteten auf die Mama. In den alten Bauernscheunen suchte ich nach Essbarem. Fand Erbsen und Getreidekörner. Diese kaute ich ständig. Vom Komposthaufen suchte ich die gekochten Kartoffelschalen. Als es Winter war, waren die Kartoffelschalen gefroren. Im Mund schmolz das Eis. Meine Brüder, glaube ich, aßen es nicht. An Weihnachten brachten einige Nachbarn für jeden ein Weißbrötchen. Wir hatten Hunger. Und es war kalt. Wir wurden krank. Mein Bruder Günter wurde dick. Richtig aufgequollen. Mein Bruder Rudi ganz, ganz dünn. Ich bekam Ausschlag überall, auf dem Kopf, am Körper. Auf dem Kopf nisteten die Läuse. Es juckte, ich kratzte, dass der Kopf eine einzige Wunde war. Tante Martha schaute schon nach uns, konnte aber nicht viel machen. Rudi lief ein paar Mal zu Tante Martha und sagte, dass er Durst und Hunger habe. Es war Januar 1946. Es war kalt. Wir saßen auf der Ofenbank oder lagen im Bett. Günter, Rudi und ich, wir lagen in einem Bett. Wir träumten den gleichen Traum. Mama ist nach Haus gekommen, endlich, endlich. Wir wachten auf. Die Mama war nicht da. Wir saßen auf der Ofenbank. Günter zeigte mir sein Geschlechtsteil, war auch ganz dick. Ich glaube, er hatte Schmerzen. Aber gejammert haben wir nicht. Wir haben alles so hingenommen. Wir warteten auf Mama. Rudi starb Mitte Januar. Morgens lag er tot neben mir. Günter starb drei Tage später. Auch neben mir im Bett. Mein Vetter Martin zimmerte aus Brettern einen Sarg. Wir begruben sie im Schlosspark. Der Schlosspark war in der Nähe. Der Friedhof war weiter weg.«

Die 15-jährige Elfriede konnte offenbar auch nichts für ihre kleineren Geschwister tun.

Im Frühjahr 1946 erfuhren sie dann, dass die Mutter in Norddeutschland war. Nach langem, vergeblichen Warten wurden sie endlich in einem Transport mitgenommen und trafen in Norddeutschland die Eltern wieder. Frau K. schrieb in ihrem kurzen Begleitbrief vom 20. Mai 2004: »Leider hat es lange gedauert, bis ich meine Geschichte aufgeschrieben habe. Ich konnte nicht wegen meiner seelischen Verfassung.« Bis heute fühlt sie sich schuldig am Tod ihrer kleinen Brüder. Wie kann man mit solchen Erfahrungen und Erinnerungen weiterleben? Das wird uns noch beschäftigen.[15]

Kinder, die als Waisen zurückblieben und niemanden mehr hatten, der sich um sie kümmerte, wurden entweder in Heime eingewiesen, kamen, wenn sie Glück hatten, in Pflegefamilien oder streunten alleine irgendwo herum. In Ostpreußen nannte man sie »**Wolfskinder**«, weil sie in dem waldreichen Grenzgebiet zu Litauen gleichsam wie kleine Tiere instinkthaft nur noch um das Überleben kämpften oder als zeitweilige Grenzgänger Nahrungsmittel für die Familie auftreiben wollten.[16] Ruth Kibelka hat ein grundlegendes Buch über sie geschrieben, in dem nicht nur die historischen und politischen Rahmenbedingungen ausgeführt werden, sondern diese Kinder auch selbst zu Wort kommen, am ausführlichsten in fünf beispielhaften Lebensgeschichten.[17] Ich kann mich deshalb auf eines der mir vorliegenden Zeugnisse beschränken, auf die Geschichte von Erna S. (1936). Am 23. August 1950, also mehr als fünf Jahre nach Kriegsende, schreibt sie an ihren Bruder Martin (1938) nach Düsseldorf in litauischer Sprache. Das Original existiert nicht mehr. Der Brief wurde übersetzt[18]:

»Mein teurer Bruder Martin! Ich habe Dir vergessen zu schreiben in anderer Sprache.[19] Du hast wohl gemeint dass ich nur litauisch spreche. Wie ich kann, so schreibe ich und lese auch. Hier, wo ich bei dem Lehrer bin, habe ich litauisch lesen und schreiben gelernt. Er spricht auch sehr gut deutsch. Er hat mich auch gelehrt deutsch zu lesen und zu schreiben. Wie er mich gelehrt hat litauisch zu sprechen, so hat er mich auch gelehrt litauisch zu lesen und zu schreiben. Anfangs wollte ich nicht litauisch lernen. Oft habe ich deswegen geweint, aber man hat mich deswegen ausgelacht. Den ganzen Winter habe ich lesen und schreiben gelernt. Dann fing ich an, alle Hausarbeiten zu machen. Wenn Du dort im Reich bist, wirst Du manches Wort verstehen. Wenn Du es nicht verstehst, gib diese Zeilen an Inge. Diese wird es besser verstehen. Sie war längere Zeit in Litauen. Sollte Inge auch nicht verstehen, dann gib es einem anderen, der es versteht. Ich möchte gerne wissen, wie es Dir auf der Schule geht. Wenn ich komme, dann werden wir beide zur Schule gehen und Deutsch lernen. Ich möchte auch wissen, ob Du dort gut lebst. Arbeitest Du dort? Oder vertreibst Du Dir so die Zeit? Ich habe hier viel Arbeit. Du weißt, wie das so auf dem Lande ist. Ich bitte Dich, mir selbst zu schreiben. Ich weiß, Du wirst nicht litauisch zu schreiben verstehen, dann schreibe mir deutsch. Jetzt möchte ich von Dir eine Sache bitten. Schicke mir ein Foto von Dir. Sei nicht böse, mein lieber Bruder, wenn ich so kauderwelsch schreibe. Einen solch komischen Brief werde ich nicht mehr schreiben. Jetzt muss ich schließen. Ich küsse Deine roten Lippchen und auch die von Papa und Tante Hilde. Auf Wiedersehen mein lieber Bruder Martin. Von deiner Schwester Erna.«

Die Vor- und Nachgeschichte dieses Briefes erzählte sie mir selbst:

»Meine Eltern hatten einen großen Bauernhof im Kreis Bartenstein (*Ostpreußen*). Ich bin die älteste von vier Geschwistern und hatte drei jüngere Brüder. Mein Vater war bis gegen Kriegsende zu Hause wegen eines Verkehrsunfalls, dann holte man ihn zum Volkssturm. Meine Mutter und wir vier Kinder gingen auf die Flucht. Vorher hatte ich nicht viel vom Krieg gemerkt, nur die Angst der Erwachsenen gespürt. Für mich fing der Krieg erst mit der Flucht an. Ich könnte jetzt nicht sagen, wo wir überall waren, wir haben uns im Kreis bewegt, irgendwo zwischen den Fronten. Schließlich sind wir in dem Dorf Friedland (*in Brandenburg*) gelandet. Hier haben wir uns niedergelassen und uns ein Zimmer geteilt mit einer Nachbarsfamilie, die Nachbarin selbst war inzwischen verstorben, und ihre Schwester hat ihre drei Kinder übernommen. Das ging soweit ganz gut. Im Sommer 45 gab es auf den Speichern und in den Kellern noch Essbares, Weckgläser und Getreide. Meine Mutter konnte nicht arbeiten, weil sie krank war. Der Winter 46/47 war schon bitter. Da hat man uns Kinder, uns beiden größten und den ältesten der Nachbarin (Jahrgang 38) immer mitgenommen, mit Säcken versehen, und nachts ging's los. Die Mieten und das Eingekellerte waren ja bewacht von russischen Soldaten. Aber wir wussten, gegen Morgen schlafen die ein. Dann schlichen wir zum Stehlen. Wir Kinder waren klein und flink, sind in diese Rübenlöcher gekrochen und haben die Rüben einzeln rausgeworfen. Die Erwachsenen haben die Säcke gefüllt, auch unsere. Als es mit der Hungersnot ganz schlimm war, sind wir zu den Russen von Tür zu Tür betteln gegangen. Man bekam wenig, weil viele bettelten. Manchmal war es nur eine Suppe zum Auslöffeln an der Tür. Das hat letztendlich das Leben meines Bruders und meines gerettet. Meine zwei jüngeren Brüder, einer Jahrgang 39 und der andere 42, die sind beide verhungert (*betroffene Pause*). Sogar auf den Misthäufen haben wir bei Frost herumgepult und

nach essbaren Abfällen gesucht. Was wir fanden, nahmen wir mit für unsere restliche Familie. Unsere Mutter musste das mit ansehen, sie konnte nichts machen. Die Brüder sind im April 47 gestorben, der eine am 11., der andere am 24., also innerhalb einer sehr kurzen Zeit. (*Sie kann nicht weitersprechen; das Band wird abgeschaltet.*)
I: Das ist ganz furchtbar. (*Lange Pause. Sie spricht sehr bewegt weiter, zwingt sich, sachlich zu bleiben.*)
S: Ich weiß noch, wo wir meine Brüder begraben haben. Ich habe ihnen auch Kränzchen gebunden, das hab ich in Erinnerung (*stockend*). Wir haben sie in Laken gehüllt und neben der Kirchenmauer zur letzten Ruhe gebettet. Meine Mutter, der älteste Bruder und ich blieben nun alleine zurück.

Ich erinnere mich, dass man im Sommer 47 nach Litauen ging, um sich etwas zu Essen zu besorgen und sich so über Wasser zu halten. Wir waren ja nicht die einzigen in dem Ort, es gab noch andere Deutsche. Manche waren schon in Litauen gewesen. Man wusste, man musste halt sehen, dass man da per Anhalter oder irgendwie nach Litauen kommt, aber dann kriegt man da Arbeit. In der Zeit wurde meine Mutter ins Krankenhaus eingeliefert. Ihr ging es sehr schlecht. Nun machten mein Bruder und ich uns per Anhalter nach Litauen auf, um uns dort Arbeit zu suchen. Unterwegs schlossen wir uns anderen Erwachsenen an. Wir waren also nicht ganz alleine. In Litauen hat man sich dann auf den Weg gemacht, um zu schauen: Wo finde ich irgendwo einen Bauernhof, wo hab ich die Möglichkeit, vielleicht Kühe zu hüten, um da mein Auskommen zu haben? Bei dieser Arbeitssuche trennten wir uns, mein Bruder Martin und ich. Wir taten es beide in dem Glauben, wir finden uns auch wieder, doch dem war nicht so. Wir haben uns verloren. Ich bin dann auf einem kleinen Bauernhof gelandet. Dort hatte ich die wenigen Schafe oder Kühe zu hüten. Ich weiß nicht mehr, war ich sechs Wochen oder acht Wochen dort. Aber was mir noch in schlimmer Erinnerung ist: dieser schrecklich lange Tag. Morgens wurde ich sehr früh geweckt und musste dann auf die Weide. Das Essen bekam ich immer gebracht. So war ich den ganzen Tag alleine bis abends spät. Damals habe ich mich sehr einsam und verlassen gefühlt. Meinen Schlafplatz hatte ich im Wohnraum; in der Ecke hatten sie mir etwas Stroh aufgeschüttet, wie für so'n kleines Haustier.
I: Sie konnten sich gar nicht verständigen?
S: Nein, nein. Da gab es keine Kommunikation. Ich hatte auch gar keine Möglichkeit, viel aufzunehmen, weil ich den ganzen Tag mutterseelenallein auf der Weide war. Das war keine schöne Zeit für mich.
I: Und gar nicht zu wissen, wie es weitergeht!
S: Damals war ich elf Jahre alt. Nachts bin ich ganz plötzlich mit Herzklopfen aufgewacht. Ich hatte meiner Mutter versprochen, ich komm wieder zurück und schaue, ob's ihr gut geht, und dass wir dann zusammen nach Litauen gehen. So war es ursprünglich abgemacht gewesen. In dieser Nacht hatte ich das starke Gefühl, ich muss jetzt zu ihr, ich *muss*. Es hat mich richtig getrieben. Ich glaube, wir hatten so etliche Wochen ausgemacht, der Zeitpunkt war eigentlich noch nicht erreicht. Morgens sagte ich dem Bauern, dass ich zurück will nach Deutschland. Mit Händen und

Füßen und entsprechenden Gesten habe ich geredet; die haben mich natürlich nicht verstanden. Sie nahmen mich aber ernst und gingen mit mir in die Nachbarschaft. Dort lebte eine Frau, die konnte dolmetschen. Die Bauernfamilie ließ mich dann ziehen. Da waren ja viele unterwegs. Ich kam zurück in unsere kleine Stadt, das Zimmer existierte noch. Die Nachbarin lebte alleine darin. Die drei Kinder ihrer Schwester hielten sich in Litauen auf. Mein Bruder ist vorläufig nicht wieder aufgetaucht.

Meine Mutter hat man vom Krankenhaus aus verlegt und irgendwo zur Zwangsarbeit eingeteilt. Das war so: Sie soll im Krankenhaus Gedichte geschrieben haben, in denen die Russen schlecht abschnitten. Diese Gedichte las sie wohl ihren Mitpatientinnen vor. Irgendjemand muss sie angezeigt haben. Und so war das Arbeitslager ihr Schicksal. Ich habe sie nie mehr gesehen.

Die besagte Nachbarin aus unserem Zimmer hatte meiner Mutter versprochen, wenn je Transporte nach Westdeutschland gehen, nimmt sie meinen Bruder und mich mit (*kann nicht mehr weitersprechen, der Apparat wird abgeschaltet*). Ich kann mir das jetzt gar nicht mehr vorstellen, dass ich zurückgegangen bin, wo ich mich dort doch so unglücklich gefühlt habe. In Litauen konnte ich den Bauernhof nicht mehr finden, und das war mein Glück.

Unterwegs sprach mich einmal ein Mann auf Deutsch an; er hätte vom Alter mein Vater sein können. Ich habe ihm alles erzählt. Ob ich denn mit ihm gehen wollte? So schloss ich mich ihm an. Er war ein großer Bauer mit viel Land. Seine Frau war geistig krank. Sie lebte in einer Anstalt. Das habe ich alles später erfahren. Eigene Kinder hatte er nicht. Sein Bruder mit Familie lebte auch in diesem Bauernhaus. Der Bauer hatte ein ständige Arbeitskraft, die kochte, putzte, das Vieh fütterte und im Garten tätig war. Dieser Bauer, das war ein sehr gebildeter Mann. Er war gleichzeitig Lehrer von Beruf und sprach vier Sprachen: Litauisch, Deutsch, Russisch und Polnisch. Der war Lehrer von Beruf und wohl auch in allen möglichen Gremien. Er war viel unterwegs und selten zuhause.

Nun aber zurück zu meiner Ankunft auf seinem Hof. Müde und erschöpft von dem langen Fußmarsch durfte ich mich auf eine Pritsche legen, aber nicht auf Stroh in der Ecke der Ecke (*lacht*). Als ich aufwachte, hatten sich alle Leute aus dem Haus um mich versammelt. Sie schauten mich an wie ein kleines Wunder. So habe ich es damals erlebt. Hier wurde ich auch richtig begrüßt. Das war im Sommer 47. Auf diesem Hof lebte und arbeitete ich bis Sommer 51. Aber da muss ich etwas einflechten. Es war im Spätherbst 48 ... Da kam der Lehrer einmal zurück aus Kaunas. Ja, ich dürfte mal raten, wen er getroffen hat, ich würde die Person gut kennen. Das war die besagte Nachbarin mit diesen drei Kindern, die bei uns im Zimmer wohnte. Sie wusste ungefähr, wo in Litauen wir lebten. Dort hat sie Leute auf der Straße angesprochen, ob sie zufällig wüssten, wo ein deutsches Mädchen, ein deutscher Junge wären, die so und so heißen. Und so spricht sie auch diesen Lehrer an. Und sie erzählt ihm, ja, es gingen Transporte von Ostpreußen nach Westdeutschland, und meinen Bruder hätte sie auch schon gefunden, und ich sollte kommen, dann würde sie uns

mitnehmen. Das war ein großer Lichtblick. Aber ich hab mich da inzwischen so wohl gefühlt, dass ich mich sogar schwer trennte.
I: Sie konnten wahrscheinlich auch die Sprache schon ein bisschen?
S: Ich denke, dass ich schon verhältnismäßig ordentlich gesprochen habe, denn man hat ja viel mit mir geredet.«

Sie machte sich also auf den Weg, gut versorgt mit Lebensmitteln und auch etwas Geld. Sie wurde auch mitgenommen, aber da feierten die Russen gerade die Oktoberrevolution mit viel Schnaps und Lärm in den Orten, und sie musste auf der Straße, als es schon dunkelte, auf Autos warten. Da bekam sie Angst. Deutsche nahmen sie dann mit zum Übernachten. Diese Leute nun redeten ihr ein, dass die ganzen Transporte, die da angeblich nach Westdeutschland gehen sollten, in Wirklichkeit nach Russland, nach Sibirien, gingen. Das hat sie geglaubt und ist dann mit diesen Leuten wieder zurück nach Litauen zu dem Lehrer. »Dadurch bin ich erst 51 rausgekommen. Im Sommer 51, Pfingstsonntag, war ich zuhause, da war ich 15.« Der Vater hatte sich vom Volkssturm absetzen können, war bis Pommern gekommen, hatte von anderen mitbekommen, wo sich seine Familie aufhielt und hat sie tatsächlich brieflich erreicht. Die Anschrift des Vaters von dem Bauernhof in Pommern war der einzige Anhaltspunkt, den sie hatte. Sie trug sie auch in Litauen immer bei sich. »Ich hatte jedenfalls nur die Anschrift, ich hatte keine Verbindung von Litauen, ich durfte nicht schreiben, ich durfte mich nicht als Deutsche zeigen. Ich war ja Kind, ich lief als litauisches Kind mit.« Sie erzählt dann noch von den drei Jahren (1948–1951) auf diesem Bauernhof bei dem Lehrer:

»Im Sommer hab ich viel gearbeitet, auf dem Feld, im Stall, Kochen, Brot backen, Gartenarbeit, alles, was man auf dem Bauernhof zu erledigen hat. Aber wenn ich mich versuche zu erinnern, war das gar nicht schlimm für mich, die anderen haben auch alle gearbeitet, ich kannte ja nichts anderes, und man hat mich nicht anders behandelt als die anderen auch, deswegen habe ich mich auch nicht ungut gefühlt, ich bin ja auch allmählich reingewachsen in dieses ganze Umfeld. Und Hunger musste ich natürlich keineswegs leiden, Essen gab's zur Genüge. Im Winterhalbjahr gab's entsprechend weniger zu tun, dann habe ich gestrickt und solche Sachen gemacht.
I: Aber lernen konnten Sie gar nicht?
S: Doch. Der Bauer hatte irgendwie Interesse an mir, der hat Deutsch und Litauisch mit mir gemacht, er hat mich richtig gefordert, weil er Spaß daran hatte, vermute ich mal. Ich weiß das nur aus dem Brief, den ich meinem Bruder geschrieben habe, dass ich beim Lernen viel geweint habe. In Erinnerung habe ich es nicht behalten. Ich habe viel Glück gehabt, grundsätzlich, muss ich schon sagen.

Im Sommerhalbjahr wurde auf dem Feld gearbeitet, im Herbst dann die Ernte eingefahren. Ich habe viel auf dem Feld und im Garten gearbeitet, selbst Mist ge-

streut, also Schwerstarbeit geleistet. Das ging alles ganz gut. Was mich aber bedrückt hat: Wenn ich aus dem Brunnen gefüllte Wassereimer hochgezogen hab, da hab ich manchmal so gedacht, wenn ich da so runterschaute, weil's so schwer war, wenn ich da abrutsche, wird nie jemand erfahren, wo ich geblieben bin. Es ist ja Gott sei Dank nichts passiert. Was mir in schöner Erinnerung geblieben ist, sind die Erntefeste. Dann ging man so mit einem Sprechapparat von Hof zu Hof, und die ganze Nachbarschaft hat für den Dreschtag Arbeitskräfte gestellt. An so einem Tag hatte ich die Aufgabe, alle zu verköstigen, zu bekochen, richtig große Pötte.
I: Und das konnten Sie alles?
S: Ja, inzwischen hatte ich's ja gelernt, ich war schon 13 Jahre alt. Später habe ich dann das Mädchen in seinem Aufgabenbereich ganz ersetzt.«

Sie erzählt von den Gottesdiensten in der Kirche, die sie besuchen durfte.

»Bei einem dieser Gottesdienste hab ich dann zwei deutsche Mädchen kennen gelernt, die waren beide etwas älter als ich. Es waren Schwestern. Ihre Mutter lebte auch irgendwo auf dem Bauernhof. Ich bin auf sie aufmerksam geworden, weil sie Deutsch sprachen, und dadurch ist dieser Kontakt entstanden. Nun fühlte ich mich nicht mehr so alleine und verlassen. Wir haben uns auch gegenseitig besucht. Auf jeden Fall haben die mir dann erzählt, es gingen Transporte nach Westdeutschland. Sie standen auch mit Verwandten in Briefkontakt. Nun hatte auch ich den Mut, an meinen Vater zu schreiben. Seine Anschrift hatte ich ja bei mir. Allerdings lebte er nicht mehr in Pommern. Von dort wurde mein Brief weitergeleitet nach Westdeutschland in den westfälischen Raum, wohin es meinen Vater verschlagen hatte. Wir standen ein knappes Jahr in regelmäßigem Briefwechsel, bis ich 1951 ausgewiesen wurde. Mein Bruder war inzwischen auch bei ihm. Meine Tante, Vaters Schwester, übernahm bei uns die Mutterrolle. Die andere Schwester des Vaters und seine Mutter sind in Königsberg umgekommen … Nachher, als ich dann schon in Westdeutschland lebte, habe ich mich so geschämt, wie ich schreiben konnte bzw. nicht schreiben konnte, und deshalb hab ich diese ganzen Briefe vernichtet. Heute bedaure ich es natürlich, aber zu dem Zeitpunkt konnte ich es nicht verkraften. Ich habe mich geschämt, denn mein Bruder ging inzwischen aufs Gymnasium, der hatte schon viel gelernt, und ich war schließlich älter und ein kleines Dummchen, das hat mich damals sehr beschäftigt.

Ich hatte dann die Möglichkeit, 1951 mit dem Transport und den anderen drei Frauen, die ich kannte, herauszukommen. Zuerst sind wir in ein Lager nach Fürstenwalde an der Spree gekommen. Meine Familie wusste zu Hause nicht genau, wann ich komme. So habe ich mich am Pfingstsonntag, als ich angekommen bin, kundig gemacht, wo die Straße ist. Da bin ich hingegangen und hab das Haus auch gefunden. Früher war es ja noch üblich, dass Milchwagen am Sonntag ausgefahren sind, und aus dem Haus kam mir also ein Junge entgegen mit einer Kanne in der Hand, und den hab ich angesprochen: Bist du der Martin, so heißt mein Bruder. Der hat sich dann später immer noch einen Spaß daraus gemacht, da hab ich wohl so breit, so richtig breit gesprochen, bist du der Maaartin? Jedenfalls ist ihm das in Erinnerung geblieben. Da war natürlich die Freude groß. Er war es.«

Erna S. ist nicht ganz verlorengegangen, sie ist auch nicht Litauerin geworden, wie es gut hätte geschehen können, denn sie war lange Zeit ganz allein dort. Einzig die Adresse ihres Vaters und die Bekanntschaft mit den deutschen Mädchen in der litauischen Kirche hat sie auf den Weg zu ihrem Vater gebracht. Sie sagt selbst, sie habe Glück gehabt, beim zweiten Mal einen so guten Platz bei dem gebildeten Bauern gefunden zu haben. Sie musste hart arbeiten, aber sie wurde behandelt wie alle anderen auch, und sie konnte die Arbeit leisten. Der Anfang in Deutschland war dann sehr schwer. Trotz der Bemühungen des litauischen Bauern hatte sie sechs Jahre keine richtige Schule besucht. Noch heute kann sie nur schwer über den Tod der Mutter und den Hungertod der beiden kleinen Brüder sprechen. Ihre Gefühle der Verlassenheit in den sechs Jahren des Getrenntseins, immerhin fast die Hälfte ihres Kinderlebens, hat die Erinnerung aufbewahrt, z. B. in dem Bild vor dem tiefen Brunnen, in dem sie ganz und für immer verschwinden könnte, scheint etwas davon auf. Die langen Schatten dieses vollkommenen Ausgesetzt-Seins verfolgten sie in ihrem weiteren Leben. Mit unglaublicher Zähigkeit hat sie sich hochgearbeitet, auch analytische Hilfe in Anspruch genommen. Ganz ist sie wohl diese Schatten nie losgeworden.

Die meisten »Wolfskinder« haben es womöglich noch schwerer gehabt, wie bei Ruth Kibelka nachzulesen ist. Schon die »Reise« nach Litauen in offenen Güterzügen, auf Dächern und Puffern war ungeheuer strapaziös, wenn nicht lebensgefährlich. Sie durften von den Russen nicht erwischt werden, sonst wurden sie rücksichtslos hinausgeworfen.[20] Viele waren vollständig ausgehungert und krank, kamen nie an; sie starben massenhaft und fanden nicht immer ein Grab. Zuweilen wurden Hunde auf die bettelnden Kinder gehetzt, sie wurden beschimpft und davongejagt. Aber im Ganzen bewahren sie an die litauischen Bauern eine dankbare Erinnerung. Obwohl diese oft selbst bitterarm waren, gaben sie den Kindern von dem, was sie besaßen, und retteten ihnen damit das Leben. Die Kinder mussten meist schwer arbeiten, aber – wie Erna S. sagte – alle mussten das. Nicht wenige wurden adoptiert und damit zu Litauern, ohne zu wissen, woher sie kamen und wer sie eigentlich waren.[21]

Ungefähr 5.000 Kinder, die elternlos und ohne Kontaktadressen aufgegriffen wurden, kamen in **sowjetische Heime.** Dies ist ein noch weithin unerforschtes Kapitel der Weltkriegs-Nachgeschichte, da die sowjetischen und jetzt russischen Archive bis vor kurzem unzugänglich waren. Ruth Kibelka hat auf wenigen Seiten zusammengetragen, was bis 2003 für sie herauszufinden war, allerdings ohne ein persönliches Zeugnis eines davon betroffenen Kindes.[22] Obwohl kein Zweifel darüber bestehen kann, dass die Bedingungen für die Kinder in jeder Hinsicht erbärmlich waren, kommt sie zu der Beurteilung, dass unter den Nachkriegsbedingungen die sowjetische Administration sich »nach ihren Maßstäben und Möglichkeiten um die deutschen Waisenkinder bemühte«.[23] Man darf nicht vergessen, dass sich in diesen Waisenhäusern auch russische Kinder befanden, die in den Kriegswirren verwaist oder ebenfalls verloren gegangen waren. Natürlich wurden sie alle sowjetisch indoktriniert; die deutschen Kinder sollten ihre deutsche Identität verlieren. 1947/48 wurden sie in die DDR ausgesiedelt. Manche Kinder flüchteten aus den unerträglichen Zuständen in den Waisenhäusern nach Litauen und wurden zu Litauern, aber mit einer gebrochenen Identität. »Bis vor wenigen Jahren waren die Wolfskinder im offiziellen Bewusstsein der litauischen Gesellschaft nicht existent.«[24] Und im Bewusstsein der deutschen Gesellschaft sind sie immer noch kaum existent. Beim Suchdienst des Roten Kreuzes gehen heute noch Anfragen von ehemaligen »Wolfskindern« ein. Sie wissen bis heute nicht, wer sie sind und woher sie kommen.

Christa Pfeiler-Iwohn, selbst ein solches Waisen- und Heimkind, hat viele Kontakte mit Schicksalsgefährten aufgebaut und Material von ihnen und über sie gesammelt.[25] Über die Zeitung *Heimat*, die größtenteils in russischer Sprache für deutsche Spätaussiedler aus Russland herausgegeben wird, knüpfte ich über E-Mail Kontakt zu Alexander Perschikow, einem russischen Journalisten und Historiker, der das Schicksal der deutschen Kinder im Kaliningrader Oblast, dem Gebiet um Königsberg, untersucht. Er hat sich besonders mit dem Heim in Slawsk (Heinrichswalde) befasst. Dorthin wurden nicht nur im Gebiet selbst aufgegriffene Waisenkinder gebracht, sondern auch Kinder aus der sowjetisch besetzten Zone, die »repatriiert« werden sollten. Über die Gründe kann nur gemutmaßt werden. Ruth Kibelka hält es für möglich, dass dies ein Versuch gewesen sein könnte, einen Teil der großen Bevölkerungsverluste des Krieges auszugleichen.[26] Alexander Perschikow ist besonders der systematischen Russifizierung dieser Kinder nachgegangen[27], hat Treffen ehemaliger Heimkinder organisiert und hilft bei der noch möglichen Familienzusammenführung. Es bestehen immer noch große Forschungslücken, was die genaue Anzahl der Heime, die Zahl, Zusammensetzung und Herkunft ihrer Insassen und das weitere Schicksal der Kinder betrifft.[28]

Dass auch Kinder, die keine Waisen waren, ihren Müttern entrissen wurden, berichtet Erika Morgenstern:

»Da kam ein Aufruf, dass alle Kinder ab dem neunten Lebensjahr mit einem LKW irgendwohin gebracht würden, wo sie Milch bekämen. Meine Mutter wollte auch mich schicken, denn ich war ein sehr großes Mädchen und sah nicht aus wie eine Sechsjährige. Da verweigerte ich gegenüber meiner Mutter erstmals den Gehorsam, und das war schon ungewöhnlich, war man doch erzogen worden, Eltern ohne Widerrede zu gehorchen. Ich beteuerte weinend, bittend und zitternd, dass ich nicht gehen würde. In mir kroch eine unheimliche Angst hoch. Meine Mutter erlebte ich erstmals schimpfend, aber ich ging nicht. Als hätte ich es vorhergesehen, geahnt, war die Angst eine versteckte Warnung gewesen, denn die Kinder kamen nicht mehr zurück. Das Weinen und Schreien der Mütter war groß. Eine Frau, erinnere ich mich, lief immer im Kreis, den Kopf in die Hände genommen, sie hatte ihr einziges Kind verloren.«[29]

Was mit den Kindern geschah, weiß Erika Morgenstern nicht. Zu vermuten ist, dass sie entweder in Kinderheime eingewiesen oder **verschleppt** wurden. Aus den von der Roten Armee besetzten Gebieten wurden über eine Million Deutsche verschleppt[30], Männer, Frauen und Kinder. Man nennt sie »Reparationsverschleppte«, denn sie sollten als billige Arbeitskräfte in der Sowjetunion Aufbauarbeit leisten, das hatten Roosevelt und Churchill auf der Konferenz von Jalta am 11.2.1945 Stalin zugestanden. Mehr als 30 Prozent starben dabei.[31] Wie viele Kinder darunter waren, wissen wir nicht. Es waren die größeren und kräftigeren, die als Arbeitssklaven brauchbar erschienen. Unter den drei verschleppten Schwestern der Familie A.[32] war Josefa (1929), noch keine 15 Jahre alt. Eine Mitgefangene schrieb nach ihrer Heimkehr 1953, nachdem sie über das Rote Kreuz die Adresse der Familie ausfindig gemacht hatte, den folgenden Brief (ein genaues Datum wird nicht angegeben):

»Da ich mit Ihren Schwestern in Russland zusammen gewesen bin, will ich Ihnen darüber berichten …

Wir sind bis Heilsberg zu Fuß gegangen, und von dort aus sind wir verladen worden in Viehwaggons zu 65 bis 80 Personen in einem Wagen. Bis zum Ural sind wir vier Wochen lang gefahren. Tage und Nächte. Die vier Wochen bekamen wir (*täglich*) eine Scheibe geröstetes Brot und etwas kaltes Wasser, nur wer ein Gefäß hatte. Die ganzen vier Wochen nie etwas Warmes. Es war damals eine Hundekälte, wir ungewaschen und voll Ungeziefer. Beim Ausladen sind die meisten umgekippt, vor Schwäche in die Knie gesunken … Ihre Schwestern waren alle zusammen in einem Lager. Regina (1925) ist zuerst gestorben, hat viel Blut erbrochen, ich habe sie oft besucht. Sie hat mir ihre Tagesrationen geben wollen, konnte leider nicht essen. Eines Tages war sie weg. Josefa (1929) und Maria (1927) haben noch gearbeitet. Sie hingen sehr aneinander. Waren schwermütig veranlagt. Es dauerte nicht lange, da folgten sie ihrer Schwester. Josefa hat am längsten ausgehalten, sind alle an Hungertyphus gestorben.

Josefa hatte einen grau-blau-weiß karierten Mantel, den hatte dann gleich eine andere getragen. Als Josefa starb, lag ich auch schon im Lazarett, die konnte ich nicht mehr besuchen … das war das reinste Elend zum Gotterbarmen, was wir dort erlebt und durchgemacht haben.

Ihre Schwestern starben in Kupesk (Ural) 1945. Gez. H.F.«

Etwas später, auch ohne genaues Datum, schrieb Frau F. noch einmal über die Arbeit in Russland, wie die Menschen dort gequält worden sind. Kurz danach ist diese Frau auch gestorben.

Margot R. (1932) aus Königsberg (nach der Ausbombung im Seebad Sorgenau) hat einige Jahre nach ihrer Heimkehr aus Russland Aufzeichnungen verfasst. Im ersten Teil des Interviews hielt sie sich an diese Notizen, im zweiten Teil erzählte sie frei. Das Gespräch führte eine Mitarbeiterin.[33] Sie hatte alle Schrecken der Besetzung, des Lebens unter den russischen Besatzern schon mitgemacht, war als 13- und 14-Jährige zur Schwerstarbeit auf dem Getreidespeicher in Ponart verpflichtet worden:

»Satt gegessen haben wir uns an rohen Getreidekörnern und gefangenen Spatzen, die wir einfach so, also die Federn weggenommen haben und dann gegessen haben. Diese Arbeit führte ich bis zu meiner Verhaftung zwei Jahre durch. Es wurde im August 47 eine Verhaftungswelle durchgeführt. Am Silo wurde ich festgenommen und in einen GPU-Keller[34] geführt. Niemand wusste etwas über meinen Verbleib … Ich war alleine in einem Keller und erhielt einmal täglich etwas Suppe. Ich lag auf einer Pritsche, unten war Wasser, die Ratten liefen über mir, und in den Wänden war ganz viel eingeritzt von Leuten, von Gefangenen, die auch da schon früher waren. Und dann hab ich mir, um nicht verrückt zu werden, vorgenommen, jeden Tag ein kleines Stück von den Eintragungen an der Wand zu lesen, sonst wär' ich da sicher übergeschnappt. Dort saß ich ungefähr einen Monat und wurde immer zu Verhören geführt. Hier habe ich noch eine Narbe (*zeigt die Stelle oberhalb der Brust*), wo man dann die Zigaretten an mir ausgedrückt hat. Ob ich politisch war als Kind? Ich war ein Jungmädel, aber was wollte man da politisch sein! Also hat man mich dann verhaftet wegen ›Bande‹ und dass ich Getreide gestohlen hätte. Gut, man musste doch etwas zum Essen mitnehmen. Und von dort aus kam ich nach den vielen Verhören ins Gefängnis in die General-Litzmann-Straße. Das waren früher Drei-Mann-Zellen. In diesen Zellen waren ungefähr 40 Leute untergebracht. Also, wenn man sitzen konnte, war das schon viel. Tagsüber durfte man auch nicht schlafen, nicht einmal die Augen zumachen, denn ewig war jemand an der Luke, und das konnte gefährlich sein. Der Eimer, wo man seine Notdurft verrichtet hat, stand an der Türe. Jedes Mal, wenn jemand Neues reinkam, der musste dann an der Tür den Platz haben, man rückte dann sozusagen auf, immer wieder. Da wir alle ja an Durchfall litten, wurde diese Person also beschissen von oben bis unten, kann man sich vorstellen … Da war ich ungefähr vier Monate.«

Sie wurde dann von einem Lager ins andere transportiert. Überall musste sie Schwerstarbeit leisten, erkrankte immer wieder, wurde schließlich in der Lubjanka in Moskau weiter verhört, kam in ein Kriminellenlager, zunächst ganz alleine als Deutsche. Im Lager Silanka traf sie wieder auf deutsche Frauen, mit denen sie schon einmal im Lager zusammen gewesen war.

»Da war ich immerhin sechzehn. Da waren wir ungefähr 7.000 Frauen, und darunter vielleicht 30 Deutsche. Und gearbeitet haben wir im Wald, vor allen Dingen, und auf einer Kolchose. Das kann man sich überhaupt nicht vorstellen, diese Weiten, wenn da so 7.000 Frauen Rüben hacken oder die Kartoffeln pflanzen und ernten … Und die Kleidung bekamen wir immer von abgelegten Soldatenkleidern. Und wenn wir Pech hatten, dann bekamen wir Schlosser-Kleider, also die standen voller Teer. Unterwäsche gab's nicht, nichts. Wenn wir Pech hatten, hatten wir zwei linke oder zwei rechte Stiefel. Und da standen wir einmal so herum, redeten Deutsch, und dann kam einer auf uns zu, der aussah wie ein Russe, dann hat er gesagt, ihr sprecht Deutsch, woher kommt ihr? Dann haben wir gesagt, ja wir sind verhaftet worden, aus Ostpreußen. Das war ein deutscher Landser aus dem ersten Weltkrieg, der nicht gewusst hat, dass es einen zweiten gegeben hat. Das ist Russland … Ich will jetzt da gar nicht tiefer gehen von diesen Lagern. Ich hatte mal das Glück, ich durfte mal vielleicht einen Monat in einem Schweinestall arbeiten. Da konnte ich mich wenigstens satt essen. Wenn ich merkte, es war keiner da, dann habe ich von den Schweinen rausgenommen und mir selber in den Mund gesteckt. Es gab nur Kohlsuppe von Karotten- oder Rübenkraut, aber nicht den weißen Kohl, sondern nur diese ganz grünen Blätter, und da schwammen dann manchmal ein paar Fischblasen oben. Und jeden Tag alle einen Esslöffel ›Kascha‹, also einen Hirsebrei, und 400 g Brot. Und in dem Brot, weil ja überall die Russen selber abgestaubt haben, war mehr Sägemehl drin, und die Bleche waren mit Petroleum ausgeschmiert, es war fürchterlich. Und da sind natürlich viele gestorben. Jeden, der starb, haben wir natürlich beneidet, jeden.[35] … 1952 durfte man ein Gesuch einreichen zur Freilassung. Im September wurde ich rausgerufen und musste das Lager verlassen. Ich durfte wählen, entweder weiter rauf nach Sibirien oder nach Weißrussland. Da war man immer noch Gefangene, durfte sich aber 7 km im Umkreis bewegen … Und jetzt stand ich da, ich hatte ja nur das, was ich anhatte … Aber ich muss noch etwas einfügen. Keine von uns hatte die Periode, das war durch das Hungern. Ich bekam sie als erste mit 19, da hat sich mein Körper umgestellt. Ja, und man hatte ja nichts. Also im Sommer war es ja dann einfach, da hat man sich ein paar Blätter reingelegt oder sonst was. Im Winter, da hat man einfach laufen lassen. Waschen konnte man es auch nicht. Wir hatten alle 10 Tage 'ne ›Banja‹, also Baden. Dieses Baden bestand daraus, dass wir eine amerikanische Konservendose von einem Liter bekamen und ein Stückchen Seife, so groß wie ein Sahnebonbon. Da nimmt man dann das ›Sahnebonbon‹, schmiert sich, wenn man noch Haare hatte, viele hatten ja das gar nicht mehr, an den Kopf, nimmt das Wasser, hat das geschlürft und gespuckt und dann hat man sich ein bisschen eingerieben. Und dann, die Kleider

waren inzwischen in der Entlausung, und wenn wir Pech hatten, verbrannten sie, und dann konnte man sehen, wie man nackig wieder ins Lager kam. Und das Schlimme an dieser Sache, das kann ich vielleicht doch noch sagen, wir wurden ja dann geschoren, also unter den Armen und an der Scham. Ja, dann stand man breit, und die russischen Posten machten sich natürlich einen Spaß daraus. Und was sie noch gemacht haben, ich kann Ihnen die Narben zeigen, sie haben medizinische Versuche gemacht, indem wir jeden Monat gespritzt worden sind.
I: Und wissen Sie, womit?
R: Das wissen wir nicht. Sehen Sie da (*zeigt die Narben*). Das wissen wir nicht. Sie haben immer gesagt ›vor Epidemien‹. Aber im Nachhinein ... Wir haben dann auch erfahren, dass Medikamente ausprobiert worden sind. Dann musste ich alles abgeben. Und am nächsten Morgen musste ich das Lager verlassen, ob ich wollte oder nicht. Ich wollte da gar nicht mehr raus. Ich musste ungefähr 40 Kilometer zu Fuß, nur durch Wald. Da musste ich auf die Polizeistation. Da bekam ich einen Ausweis, der ist auf Russisch, da musste ich mich überall melden an allen Stationen, um weiter zu kommen. Und nachdem ich so zwei Tage oder anderthalb gelaufen bin, da war es so lausig kalt, da hab ich gedacht: Jetzt geh ich ins Gefängnis und klopfe da an, ob ich nicht die Nacht in einer Zelle verbringen kann. Da bin ich aber schnellstens wieder raus, denn da war ich jetzt Freiwild für die Russen. Und dann hab ich in so einem Graben die Nacht verbracht, und am nächsten Tag musste ich mich dann bei der Polizei melden, um eine Fahrkarte zu bekommen zum Weiterfahren. Und dann bin ich bis Moskau gekommen. Also, ich hatte mich entschlossen, nach Weißrussland zu gehen. In Sibirien, da wächst ja nichts, in Weißrussland, da wächst wenigstens was. Da in Moskau musste ich mich dann wieder melden. Da hatte ich fast drei Tage Aufenthalt, bis ein Zug nach Weißrussland ging. Und da hab ich gebettelt an der Untergrundbahn. Da habe ich immer wieder mal was bekommen, zumindest, dass ich 50 Kopeken zusammen hatte. Und dann hab ich mich in die Metro rein gesetzt. Da konnte ich immer hin und her fahren, bis sie aufgehört hat. Des Nachts, glaube ich, fuhr sie nicht. Und dann hab ich da wie ein Penner gelegen und hab einfach gebettelt, um Brot gebettelt. Und dann kam ich mit dem Zug nach Weißrussland, bis Tinkovic. Da musste ich wieder weiter nach Kopyl, dort musste ich mich wieder melden zu einer Arbeit. Ich wusste ja nicht, wohin ich komme. Das war dann am Abend. Ich hatte drei Rubel zusammen, und die gab ich dann dem Chauffeur von einer Fuhre, der Ziegel verladen hat. Kopyl wäre ungefähr auch noch mal 40 Kilometer gewesen zu laufen. Und ich war ja auch total erschöpft.
I: Jetzt muss ich noch einmal fragen, in welchem Jahr war denn das?
R: 52, im Herbst.
I: Da waren Sie fast 20 Jahre.
R: Ja, fast 20 Jahre. Und dann kam ich da an, am Abend spät.«

Sie kam dann in eine Ziegelei in der Nähe, wo sie fast zwei Jahre arbeitete. Die Russen waren sehr nett zu ihr, in Abständen musste sie sich in Kopyl melden. Sie erfuhr dann auch, dass sie versuchen könnte zu schreiben. Sie hatte eine Tante und einen Onkel in Heidelberg. Sie wusste aber nur, dass der Onkel 1945 im Lazarett dort gelegen hatte. Tatsächlich kam der Brief an, die Eltern lebten inzwischen auch dort. »Am 6. August 1952 bekamen die von mir das erste Lebenszeichen.« Es dauerte noch anderthalb Jahre.

»Am 1. Juli 1954 bin ich dann nach Deutschland gekommen … Inzwischen kamen dann andere Frauen auch nach Hause. Mit einer hab ich noch Kontakt, die Meta ist 92. Mit der war ich zwei Jahre in dem Lager Silikampsk. Wir telefonieren immer noch. Sie ist geistig total da, und sie sagt dann immer: ›Ach Margotchen, hättest du das gedacht, dass es uns noch mal so gut geht?‹«

6. Dieses Foto von 1944 trug Waltraud W. in der Verschleppung bei sich. Die Flecken sind Wanzenspuren

Beinahe sieben Jahre, zwischen Kindheit und jungem Erwachsensein, war Margot R. zwangsverschleppt. Es war die Zeit, in der andere ihre Berufsausbildung machen und ein selbständiges Leben beginnen. Das alles hatte sie nachzuholen. Tochter aus gutem Hause, geschwächt durch Hunger und Schwerstarbeit, sieben Jahre abgeschnitten von jedem Kontakt mit den Angehörigen, belastet mit entsetzlichen Erinnerungen. Wie hat sie das geschafft? Am Ende des Interviews sagte sie: »Das war nur das Gröbste, also, in die Tiefe zu gehen …«, da bricht sie ab. Auf einige Nachfragen von mir schrieb sie mir am 19. Januar 2006: »Das Gespräch hat mich damals schon nervlich sehr belastet, und als ich die Aufzeichnung nun nochmals las, haben mich die längst im Unterbewusstsein vergrabenen Erlebnisse derart aufgewühlt, so dass ich in Zukunft aus gesundheitlichen Gründen nicht mehr darüber sprechen möchte, was Sie sicher verstehen werden.«

Waltraud W. (1929) aus Arys in Ostpreußen begann ihre Aufzeichnungen im psychiatrischen Landeskrankenhaus in Winnenden im Jahre 1972. Sie war glücklich verheiratet, hatte zwei Kinder, aber die Vergangenheit hatte sie eingeholt. Der behandelnde Arzt riet ihr, die Erinnerungen, die sie tief in sich versenkt hatte, aufzuschreiben. Sie schrieb 30 Seiten im Bett auf den Knien mit Bleistift auf weggeworfenem Briefpapier. Nach der Entlassung blieb das Manuskript in der Schublade. Erst als sie und ihr Mann in Rente gingen, schrieb sie weiter und vollendete es 2005 zu ihrer Goldenen Hochzeit. Sie widmet es ihrem Mann und ihren Kindern.[36]

Noch im Januar 1945 kehrte Waltraud nach den Weihnachtsferien von Arys in ihre Lehrerbildungsanstalt nach Tarnowitz in Oberschlesien zurück, obwohl die Rote Armee schon nahe der Grenze stand: »Es war offensichtlich klar, mit unserer Rückkehr hierher hatten wir alle einen entscheidenden Fehler begangen. Wir hätten uns lieber mit unseren Familien rechtzeitig westwärts in Sicherheit bringen sollen. Ja, aber das Pflichtbewusstsein war größer und stärker, es siegte über unsere Angst.« Die Anstalt sollte dann verlegt werden, Waltraud wollte unbedingt wieder nach Hause. Es begann eine lange Odyssee, weil sie »gegen den Strom« noch nach Südostpreußen zurück wollte, wo doch alles sich schon auf der Flucht nach Westen befand. Sie traf die Eltern tatsächlich, aber diese waren auch schon im Aufbruch. Es war zu spät, sie liefen den Russen in die Hände, vagabundierten mitten unter den Feinden herum, entgingen knapp dem Erschossen-Werden und zunächst der Vergewaltigung nur, weil es ihr gelang, eine Geistesgestörte zu spielen. Später wurde sie dann doch noch vergewaltigt. Der Vater hatte eine Beinprothese und konnte sich nur mühsam fortbewegen. Sie versuchten erneut, nach Hause zurückzukehren. Am 2. März 1945 wurde Waltraud gefangengenommen und von Insterburg aus zusammen mit Tausenden anderer Frauen nach Sibirien verschleppt. Sie war 15 Jahre alt.

»Das Lager Nr. 1.080 lag bei Kopesk in der Nähe der größeren Stadt Tscheljabinsk. Wir erreichten es zu Fuß. Unseren Weg säumten mehrere Fördertürme. Es sah ganz so aus, als seien wir in einem Kohlegrubengebiet. Schon von weitem erkannten wir das Lager mit den hohen Stacheldrahtzäunen, den niederen Hütten und Baracken, am Zaun die halb hohen hölzernen Wachttürme, auf denen die Maschinengewehre standen, die Scheinwerfer und die russischen Soldaten in ihren erdfarbenen Uniformen mit den Pelzmützen. Beim Passieren des großen Tores glaubte ich die Hölle um mich zu sehen. Die Bilder der Umgebung glitten vorbei wie ein fremdes, fernes Leben. Ich versuchte, noch etwas zu empfinden, einen Schmerz zu verspüren, irgend eine Müdigkeit der Glieder, aber alles war Leere, unendliche Leere, weil alles so hässlich wirkte. Ich blickte nur zurück in die Abendsonne, die dort unterging, wo Tausende von Kilometern entfernt die Heimat lag. Es wurde schon richtig dunkel, als wir nach mehrfachem Zählen endlich in die Unterkünfte verteilt wurden. Immer 20 Leute wurden in einen Raum geschoben. Hier fanden wir Doppelpritschen ohne

Strohsäcke vor, und der Ziegelherd mit Kochstelle sollte als Ofen dienen. Nur leider war er noch kalt. Große Steinkohlelstücke lagen davor. Für das Heizen waren wir selber zuständig. Nur leider war niemand zu bewegen, irgend etwas zu tun. Jeder kauerte heulend auf seiner Pritsche nieder, sandte Stoßgebete zum Himmel, fluchte gotterbärmlich oder wollte sterben, gequält von Hunger und schmerzhaftem Bohren in den Eingeweiden. Ich schaute mich kopfschüttelnd um, so konnte das nicht weitergehen. Ich musste beruhigend und gleichzeitig anspornend auf meine Leidensgenossinnen einwirken, musste ihnen Lebensmut vorgaukeln. So habe ich eine um die andere an den Schultern gepackt und sie aufgerichtet, sie getröstet und ihnen gut zugeredet! Ich wollte mich nicht unterkriegen lassen. Ich wollte Stärke und Ruhe ausströmen. Ich wollte etwas vorleben, woran ich selbst nicht glaubte. Aber ich tat so, als glaubte ich und wäre in diesem Glauben stark für die Zukunft. Mich bewegte nur eines: Wenn du da bloß wieder rauskommst, du und deine Kameradinnen. Jedenfalls krochen sie eine nach der anderen aus den Ecken und scharten sich um die Feuerstelle. Mit vereinten Kräften gelang es uns dann auch, ein Feuer zu entfachen … Der Kommandant war ein Unmensch. Er ließ uns die Abfallhaufen, die schneebedeckten und tiefgefrorenen, die vor jeder Baracke lagen, entfernen. Nach dem Prinzip: Wer Brot kriegt, muss auch arbeiten! Die einzigen Arbeitsgeräte, die uns zur Verfügung standen, waren schwere, eiserne, zugespitzte Eisenstangen. Nur wer sollte diese Pickel bei Frost in die Hände nehmen? Nicht jeder besaß Handschuhe. Ich hatte welche, also musste ich mit dem Eisen arbeiten. Schon gleich am ersten Tag im Lager erkannte ich, wie sinnlos unsere Gefangenschaft, wie sinnlos unsere Arbeit war. Hauptsache schikanieren, ausbeuten, quälen, sich rächen, das war der Russen erstes Gebot. Handschuhe hatte auch ich nach dem Arbeitseinsatz keine mehr. Sie waren auf der Handschuhinnenseite vollkommen zerfleddert. Wir wurden zu Grubenarbeiten eingeteilt. Meine Schicht begann am nächsten Tag. Ich wurde zum Steinesammeln ›Unter Tage‹ eingeteilt. In einem kleinen Trupp verließen wir das Lager. Ein Begleitsoldat mit aufgepflanztem Bajonett führte uns an. Rauchend ging er daneben und stachelte uns zum Singen an. Von diesem Haufen Elend dachte niemand ans Singen, aber unter Drohungen mussten wir es schließlich doch tun. Deutsche Marschlieder wollte er immer hören … Der Einstieg in den Schacht verursachte rasendes Herzklopfen! Auf ganz primitiven Leitersprossen mussten wir in ein dunkles Loch steigen, wo kein Ende abzusehen war. Die Grubenlampe war dabei sehr hinderlich, aber überaus wichtig, denn sie war die einzige Lichtquelle, die uns auf dem Weg in die Tiefe begleitete. Es gab auch einen Fahrstuhl, der aber leider nur Waggons beförderte. Wir begaben uns in die Flöze. Kriechend auf allen Vieren erreichten wir die Schüttelrutsche. Mir wurde ein Platz zum Steinesammeln angewiesen. Ewig erschienen mir die 12 Stunden bei den eintönigen Geräuschen der Förderrutsche, die zum Einschlafen animierte. Ich hielt nur immer Ausschau nach meinem wolgadeutschen Hauer[37], der mich nach Schichtschluss wieder ans Tageslicht führen sollte. Das Aufsteigen aus dem Schacht erwies sich als besondere Schwierigkeit. Ca. 300 Meter mussten bewältigt werden. Von Absatz zu Absatz legte ich eine Verschnaufpause ein und wurde dann meist von

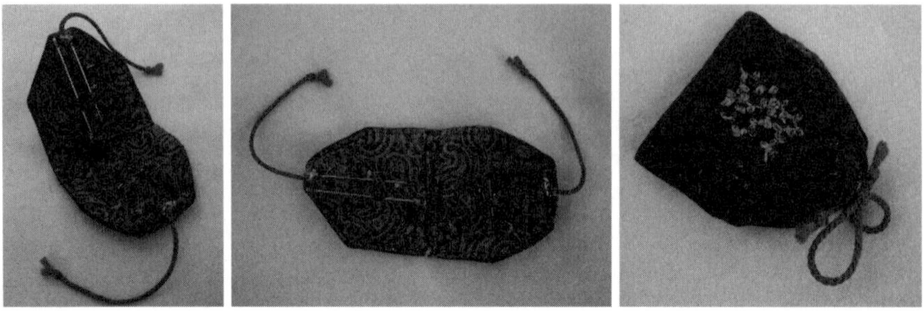

7. Dieses Nadelkissen bekam Waltraud W. zu Weihnachten 1945 in Sibirien von ihrer Freundin. Sie bewahrt es noch heute wie einen Schatz

den geübten Arbeitern überholt. Als ich endlich das Licht sah, war ich wie geblendet. Dann aber tat das Sonnenlicht so gut. Es roch nach Frühling … Die 500 Gramm Brotzuteilung für meine Arbeit als Steinesammler reichte mir nicht, ich wollte mehr. So meldete ich mich freiwillig zu schwereren Arbeiten. Ich beförderte Holz, schleppte es bis in die Flöze auf dem Bauche kriechend oder stieß die Streben mit den Beinen vor mir her bis zu den Hauern. Die empfingen mich fluchend, weil das Holz nicht rasch genug zur Stelle war. Oft, sehr oft, wollte ich aufgeben, wollte liegen bleiben, weil ich zu Tode erschöpft war. Dann aber sah ich im Geiste meine 1 kg Portion Brot vor mir liegen. Neue Energien und ungeahnte Kräfte wurden frei und ließen mich durchhalten bis zum Schichtwechsel. Ein nächstes Mal wurde ich dem Fahrer einer Zugmaschine zugeteilt, der leere Loren zu den Stollen fuhr und von dort wieder vollbeladene Loren zum Fahrstuhl brachte. Meine Aufgabe war es, die Weichen zu stellen und dem Zugführer Einweisungssignale zu geben beim Rangieren. Sehr oft entgleisten volle sowie leere Waggons … Es war gar nicht verwunderlich, dass so viele Unfälle passierten. Auch mich hat es eines Tages erwischt: Ich geriet zwischen Zugmaschine und ein eisernes Rohr. Mein linkes Bein wurde unterhalb des Knies derart gequetscht, dass ich, vom Schmerz betäubt, glaubte, mein Bein verloren zu haben. Auf meinen herzzerreißenden Schrei reagierte der Maschinist sofort, brachte die Maschine zum Stehen und steuerte in die entgegengesetzte Richtung. So wurde mein Bein vor Zertrümmerung bewahrt.«

Da sie aber keine ärztliche Betreuung erhielt, schwoll das Bein an und füllte sich mit Eiter. Nur einer Kameradin, die Spitzwegerich fand und auflegte, verdankte sie es, dass der Eiter herausgezogen wurde und sie mit einem tiefen Loch neben dem Schienbein zum Lagerarzt humpeln konnte. »Er streute nur Puder in die Wunde und ließ mich wieder laufen. Für einen Verband musste ich selber sorgen.« Sie bekam dann vorübergehend etwas leichtere Arbeit in einer Wäscherei. Ab Sommer 45 erhielten sie eine Entlohnung, mussten dafür aber alle Verpflegung selbst bezahlen. Es gab auch stundenweise Ausgang, z. B. zum Basar in Kopesk. Sie wurde immer wieder bestohlen. Mitten im unbarmherzigen sibirischen Winter feierten sie Weihnachten:

»Die Weihnachtsfeier war das ergreifendste Fest der Gefangenschaft. Freundeskreise hatten sich gebildet. Untereinander beschenkte man sich mit Kleinigkeiten, die man auf dem Basar erstanden oder selbst gebastelt hatte. Eva Sommerfeld, die ich sehr ins Herz geschlossen hatte, schenkte mir ein selbstgenähtes Nadelkissen mit zwei Nähnadeln drin. So sehr gefreut hatte ich mich noch nie in meinem Leben über ein Geschenk … Auch heute hat es einen festen Platz in meinem Nähkasten. Wir durchlebten den Winter in seiner ganzen Härte, mit dem wochenlangen Schneien, den erbärmlichen Frösten, den orkanartigen Stürmen. Wohl dem, der jetzt im Schacht arbeiten durfte. Der Schacht bot Schutz, dort war immer eine gleichbleibende Temperatur. Schlimm war nur das Rauskommen aus der Grube. Die nasse Kleidung fror steif am Körper fest.«

Erst im dritten Jahr ihrer Gefangenschaft erhielt sie eine Nachricht von zu Hause aus Arys, auch, dass ihr Bruder Heinz gefallen war.

»Von nun an kreisten meine Gedanken nur noch um meine Eltern, was sie zu leiden hatten und was die Kriege für große Opfer von ihnen gefordert hatten: Vater hatte sein Bein eingebüßt, jetzt hatten sie ihren Sohn verloren. Das Häuschen, das sie sich unter vielen Entbehrungen und im Schweiße ihres Angesichts aufgebaut hatten, war von einer Granate bis auf die Grundmauern zerstört worden. Daheim wurden sie von fremden Mächten unterdrückt. Ich war das Einzige, was ihnen noch geblieben war. Aber drei Jahre hatten sie auf die Nachricht warten müssen, dass ich noch am Leben war. Von nun an schwor ich es mir und schrieb es in den Sand: Ich will leben, ich muss leben, ich lasse mich nicht unterkriegen, nicht durch Hunger, nicht durch Frieren, nicht durch harte Arbeit, nicht durch Strafen! Ich will stark sein und geduldig warten, warten auf die Heimkehr zu meinen geliebten Eltern … Aber es gab Unfälle und Krankheiten am laufenden Band: Zertrümmerungen, Quetschungen, Knochenbrüche, ansteckende Krankheiten, Gelbsucht, Diphtherie, Skorbut und Dystrophie, wie man so schön sagte, wenn einer drauf und dran war, vor Unterernährung zu krepieren. Das Lazarett füllte sich zunehmend. Es gab aber keine Krankenschwestern und keine Medikamente. Es gab nur einen Arzt für eine ganze Baracke mit kranken, verletzten, jammernden, armen hilflosen und dreckigen verlausten deutschen Frauen, der sie alle nur mit Jodtinktur behandelte und sie deutsche Schweine nannte.

Eines Tages landete auch ich im Lazarett. Ich hatte einen Unfall im Stollen. Eine Strebe brach und herunterfallende Kohle begrub mich. Völlige Dunkelheit umgab mich. Erst viel später wurde ich aus weiter Ferne ganz, ganz langsam von einem schweren, wachen Gefühl durchströmt. Plötzlich wehte mir etwas nass und kalt im Gesicht. Auf den Ärmeln meiner Jacke lagen weiße Körner – Schnee! Ich war aus tiefer Bewusstlosigkeit erwacht, spürte einen heißen Schmerz in der Brust, war aber dankbar für das Tageslicht, das ich erblicken durfte. Auf einer Trage liegend brachte man mich ins Lazarett … In einem großen Raum des Lazaretts fand sich eine Pritsche für mich. Wo bin ich da nur hineingeraten? Todgeweihte blickten mit schmalen Gesichtern geradeaus. Es war der Ausdruck seelischer Abwesenheit. Die Knochen der Schädel traten mager hervor, die Wangen waren ausgemergelt. Die Lippen, blass und blutleer, standen leicht geöffnet. Ein Schweigen lag über dem Raum, nur hier und da hörte man aus Lumpenbündeln ein leises Stöhnen, Hilferufe waren vergebens, es kam ja doch keiner. Und ich gehörte jetzt auch zu ihnen, zu diesen aufs ›Abstellgleis‹ gestellten Kranken. Ich wollte mich damit aber nicht abfinden. Obwohl meine geprellten Rippen sehr schmerzten, stellte ich mich auf die Beine. Dann trat ich zu jeder Pritsche, stellte den Kranken Fragen und bot meine Hilfe an. Von nun an wurden sie von mir Tag und Nacht versorgt, gepflegt, behandelt, betreut, angehört, beraten und getröstet. Schon allein meine Anwesenheit zauberte ein mattes Lächeln auf die blassblauen Lippen. Der Lagerarzt hatte das schnell mitbekommen, dass ich freiwillig Krankenschwester spielte und ließ sich mit der Gesundschreibung Zeit ... Da es wieder einmal Winter war und wir kein Grab schaufeln konnten, mussten wir den Leichnam zu einem Erdbunker tragen, wo die Toten gehortet wurden. Mit einem lauten ›dawaj, dawaj‹ trieb uns der Arzt an. Als wir die kleine Holztür, die zum Keller führte, öffneten, bot sich uns ein Bild des Grauens: Die Leichen lagen nicht wie erwartet nebeneinander, sie lagen kreuz und quer durcheinander und übereinander, fast bis zur Decke getürmt. Das Grauen ließ uns erzittern! Wir stellten die Bahre an der Türe ab und wollten davonlaufen. Mit ›njet – nitschewo!‹ wurden wir angeschrien und zurückgehalten. Der Arzt befahl uns, auf die Leichen zu steigen, sie mit bloßen Händen zu fassen und sie in das Hintere des Bunkers zu befördern, um für die nächsten Toten Platz zu schaffen. Und diese Prozedur sollte sich noch mehrfach wiederholen.«

Waltraud bekam selbst Diphtherie, wurde auch schwer am Auge verletzt und erlebte noch viel Schlimmes. Im Dezember 1949 wurde sie aus dem Lager entlassen. Von den 1.200 Gefangenen dieses Lagers sind nur 400 heimgekehrt. Waltraud Wels gehörte zu dem Drittel der Überlebenden dieses Lagers. Obwohl noch ein halbes Kind bei der Festnahme, besaß sie doch eine jugendlich-kraftvolle Konstitution, wie das Foto von 1944 zeigt (siehe Abbildung 6). Sie war widerstandsfähig, nicht nur physisch, sondern auch mental. Sie wollte leben und sich nicht unterkriegen lassen, versuchte auch immer, anderen zu helfen und sie aufzurichten, ließ sich niemals hängen. Die jungen Frauen stützten einander; es entstanden Freundschaften, die Halt gaben. Jede Gelegenheit zur Freude wurde ergriffen, so feierten sie zusammen Weihnachten und beschenkten einander. Im Buch wird noch von weiteren Unternehmungen berichtet, von Singen und Theaterspielen, von Beziehungen zu deutschen Kriegsgefangenen, Waltraud schrieb auch Gedichte. Die Verantwortung und Liebe für ihre Eltern waren sehr stark. Bemerkenswert ist aber auch die faire Beurteilung der Russen. Am Anfang sieht sie nur Hass, bewusste Erniedrigung, aber dann merkte sie, dass es hilfsbereite russische Frauen gab, dass die Russen selbst nicht viel besser dran waren als die Gefangenen.

Waltraud wurde zu Verwandten nach Thüringen entlassen. Dort fasste sie um der Eltern willen den schweren Entschluss, nach Arys, also unter polnische Herrschaft, zurückzukehren. Dort kam sie in ein polnisches Internat. Schon bald zeigten sich die Auswirkungen der langen Gefangenschaft:

»Die lange Gefangenschaft hatte auch an mir erheblich gezerrt und gezehrt. Ich war sprunghaft geworden, sehr vergesslich, leicht erregbar, hatte Schmerzen im Rücken, Sausen in den Ohren, Herzjagen und Todesangst. Was haben diese fünf Jahre nur aus meinem noch so jungen Leben gemacht? Wie würde ich den Aufbau meines neuen Lebens bewältigen? Dieser unheimliche Gedanke brachte manchmal eine Angst vor der Zukunft mit sich. Gewiss waren das nur Augenblicke – aber sie waren da – sie kamen wieder – und es wurde nicht besser, sondern schlimmer. Die Erfahrung von Leid, Schmerz und Tod hatte mich geprägt, hatte eine schwache Stelle in meinem Nervenkostüm zerrissen.«

Erst 1958 bekamen die Eltern und sie, inzwischen mit einem Deutschen verheiratet und Mutter von zwei Kindern, die Ausreiseerlaubnis. Stark belastet durch Familie und Beruf erlitt sie 1972 einen Nervenzusammenbruch. In der psychiatrischen Klinik in Winnenden erst begann sie, sich der Vergangenheit in Ruhe zu stellen und sie bewusst aufzuarbeiten.

Waltraud Wischnewski (1929) war mit Mutter und Schwester nicht auf die Flucht gegangen, sondern in Rastenburg zurückgeblieben. Ihre Schwester Liebgard wurde mit den 18- bis 40-Jährigen zuerst verschleppt, sie – knapp 16-jährig – mit einem späteren Transport. In verschiedenen Lagern Russlands machte sie ganz ähnliche Erfahrungen wie Waltraud Wels. Auch sie hat die Erinnerungen daran aufgeschrieben.[38] Der Schluss des Tatsachenberichts, wie sie die Aufzeichnungen nennt:

»Was nützt mir meine Jugend, wenn ich eine unnormal aufgeschwemmte geistige Analphabetin bin, nichts kann und nichts besitze? … Ich bin eine hässliche aufgeschwemmte Idiotin. – Will ich noch nach Deutschland? – Weiß ich, wie die Menschen mich dort sehen werden? – In Deutschland verloben sie sich, heiraten, kriegen Kinder, haben den Krieg, die Toten und uns längst vergessen. Das ist wohl normal! – Was ist noch an mir normal? – Nichts! – Bei mir stimmt's weder innerlich noch äußerlich. Meine Mutter, mein Vater und die Liebgard werden erschrecken, wenn ich so vor ihnen stehe. Vielleicht werden sie sich meiner schämen. Vielleicht werden sie sich wünschen, ich wäre nie zurückgekommen! – Vielleicht hatten sie sich irgendwann schon mit meinem Tod abgefunden? –

So eine von den Toten Auferstandene wie ich kann keine freudige Überraschung sein. Ich bin ein armer unförmiger Trampel, widerlich aufgeschwemmt, habe keinen Beruf, keinen Schulabschluss, bin unausstehlich. Nicht mal verheiraten kann man so was ! –

Zwei Wochen vor meinem zwanzigsten Geburtstag erfahre ich, dass ich auf der Heimkehrerliste stehe.

Ich habe Angst vor dem mir unbekannten Zuhause!«

Waltraud W. konnte nicht mehr in ihre angestammte Heimat zurückkehren. Dort, wie in allen deutschen Ostgebieten, waren die Deutschen inzwischen **vertrieben** worden. Für die nicht geflüchteten Deutschen kam 1945 die Vertreibung zunächst völlig unerwartet. Sie waren von den sogenannten »wilden Vertreibungen« betroffen, die in Polen und der Tschechoslowakei bis zur Potsdamer Konferenz im August 1945 stattfanden; danach wurde die Ausweisung planmäßig und mit Billigung der Alliierten betrieben. Für die meisten der unter den neuen Herren fast nur noch dahinvegetierenden Deutschen, insbesondere im russisch besetzten nördlichen Ostpreußen, war die Vertreibung eine Erlösung, wenn sie auch teuer bezahlt werden musste mit dem Verlust von Heimat und Vermögen und keineswegs in humaner und ordnungsgemäßer Form vonstatten ging, wie sie das Potsdamer Abkommen vorgesehen hatte.[39] Aus den polnisch besetzten deutschen Ostgebieten wurden sieben Millionen Deutsche vertrieben, aus der Tschechoslowakei drei Millionen. Schätzungsweise waren darunter 30 bis 40 Prozent Kinder unter 14 Jahren. Etwa eine halbe Million kam dabei ums Leben.[40]

Es kann hier nicht darum gehen, die Problematik der »ethnischen Säuberungen«, die Geschichte der Nationalitäten- und Nationalstaatspolitik, der nationalsozialistischen Besatzungsverbrechen und rassistischen Zielsetzungen aufzurollen, die zur Vertreibung geführt haben.[41] Wir fragen wieder nur danach, wie Kinder die Vertreibung erlebt und im Gedächtnis behalten haben. Ob sich die inzwischen alt gewordenen damaligen Kinder diese Zusammenhänge inzwischen klargemacht haben und ihre eigene Vertreibung einordnen können, werden wir später sehen.[42]

Gisela F. (1928) war bei der Vertreibung schon fast 17 Jahre alt, aber sie hatte eine vierjährige Schwester, und sie hat kurz danach die Erlebnisse in ihrem Tagebuch festgehalten. Das Besondere bei ihr war, dass ihre Mutter gebürtige Tschechin war, aber einen Deutschen geheiratet hatte und sich als Deutsche fühlte. Sie lebten in Berlin, hatten aber vor den Bomben Zuflucht bei ihren Verwandten in Blovice, in der Nähe von Prag, gesucht. Nun wurde sie behandelt wie eine Deutsche und musste das Land verlassen, unterwegs erlebten sie das gleiche wie alle anderen Vertriebenen.

»Sonntag, den 6.5.1945: Onkel Vašek geht auf Muttis Bitte zum Bürgermeister, denn wir dürfen nicht aus dem Haus. Auf alle Fälle fängt Mutti schon an, den großen Koffer zu packen. Onkel Vašek, der versucht hatte, dass wir per Bahn ausreisen dürfen, erreichte nichts beim Bürgermeister. Immer wieder hatte Vašek gesagt: ›Meine Schwester ist doch hier geboren, sie ist doch von unserem Blut!‹ Er bekam zur Antwort: ›Sie ist Deutsche und ist in der Partei, vergiss das nicht. Sie ist keine Tschechin mehr, kapier das endlich! Sie muss raus und weg!‹ Als Vašek von dieser Unterredung kam, war er in Tränen aufgelöst und erschüttert. Der Koffer war gepackt. Spatzis Deckbett gebündelt, dazu ein kleiner Koffer, Aktentasche und Strohtasche. Kurz vor 10.45 kam ein Aufständischer, eine weiße Armbinde mit der Bezeichnung ›Narodny vybor‹ (Volksverband) am Arm und ein aufgepflanztes Gewehr in der Hand. Vašek organisierte von einer Nachbarin einen kleinen Handkarren. Er wollte ihn der Frau für viel Geld abkaufen, aber die Frau gab ihn nicht her. Nur als Leihe, denn Vašek wollte ein Stück mit uns gehen und dann umkehren. Er beschwor Mutti, sich immer sofort an den Ortseingängen, wo die Narodny Vybor-Leute warteten, (*an sie*) in tschechischer Sprache zu wenden, mal ihren deutschen Nationalstolz abzulegen. Auch zu mir sagte er, ich soll immer sofort tschechisch sprechen.

Wir reihten uns in den Flüchtlingstreck vor der Schule ein. Im Ort standen alle unsere Verwandten, fassungslos, und weinten, als sie uns sahen. Nur einer fehlte: Muttis Lieblingsbruder Jenda! Bei strömendem Regen ging es los unter Bewachung. Schon am Ortsrand warfen die ersten Leute Sachen weg in den Straßengraben. Mutti hatte das Federbettchen sich auf den Rücken geschnallt. Durch den Koffergriff hatten wir einen dicken Ast gezogen, sodass wir zwei den Koffer tragen konnten. Die übrigen Sachen hatten wir uns umgehängt mit Strippen. Aber vorher war ja alles auf dem kleinen Handwagen. Vašek organisierte Milch und Brot. Er war kilometerweit mitgekommen, sprach immer sofort die Narodny-Vybor-Leute an, die ihn sogar oft kannten, denn er fuhr oft in die Gegend als Friseur zu den Bauern und war bekannt wie ein bunter Hund. Erst als er vor einem Ort sah, dass dort ein Pferdegespann stand und uns einige Sachen abnahm, sprach Vašek noch mal mit den Wachleuten, uns gut zu behandeln. Sie nahmen uns sogar Tasche und kleinen Koffer ab. Dann kam der herzzerreißende Abschied von Vašek.

Nun ging es weiter. Spatz war dem Umsinken nahe. Ihr schwollen die Drüsen an, die Fingerchen waren dick. Sie drohte vor Erschöpfung umzufallen. Mein Rücken war frei dank der zwei Tschechen vom Narodny Vybor. Mutti hatte das Federbett, und so nahm ich das Kind auf den Rücken. Spatz schlief wohl sofort ein, sie ließ die Beinchen hängen, hatte die Arme um meinen Hals gelegt, die mich schier erwürgten. Ich musste mich weit nach vorne bücken, damit sie nicht herunterfiel. Es war schrecklich, denn vorne musste ich ja den Ast halten, der durch den Koffergriff gezogen war. Ich weiß nicht, wie ich es schaffte, bis zum nächsten Ort zu kommen, wo ein oder zwei Wagen warteten, die unser aller Gepäck, z. T. wenigstens, aufnahmen. Dann kommen wir durch den ersten von Amis besetzten Ort. Mir ist komisch zumute. Werden sie uns in Ruhe lassen? Nichts geschieht. Sie kümmern sich gar nicht um uns, aber die Tschechen pöbeln uns an. Wir werden beschimpft.

Todmüde kamen wir in Přestice an. Wir können nicht mehr! Wir übernachten auf einer Wiese vor dem Ort. Es war unser Glück. Wären wir in die kleine Stadt gegangen, wären wir unsere Sachen losgeworden. Wir betteten Spatz auf den Koffer, deckten sie mit ihrem Bettchen zu. Mutti und ich schliefen auf dem blanken Boden, der sogar noch feucht war vom Regen morgens. Was wird der andere Tag uns bringen?

Montag, den 7.5.45: Zu Fuß durch Přestice. Furchtbares Spießrutenlaufen. Amis benehmen sich höchst anständig, es sind Schwarze, die ihre Frühstückspakete für ›kleine Babymädchen‹ runterwerfen vom LKW. Wir lernen, dass ein unbesetzter Ort für uns viel gefährlicher ist. Die Tschechen sind wie wild und werden von den Amis vertrieben. Längst sind wir von den anderen getrennt. Kurz vor dem letzten Dorf vor der Grenze treffen wir wieder auf ein paar unserer Leute. Wir müssen geschlossen durch den Ort mit Bewachung. Es ist das Schlimmste. Die Leute sind wie die Irren. Die tschechischen Frauen versuchen, Steine in die Kinderwagen zu werfen. Eine Flüchtlingsfrau bekam Wehen und musste zurückbleiben im kleinen Krankenhaus. Ihr kleiner Junge (2) lief mit anderen Flüchtlingsfrauen weiter. Ob er jemals seine Mutter wiedersah? Seelisch und körperlich waren wir alle am Boden.

Sechs Fuhrwerke wurden gestellt, was uns sicher machte, dass wir bereits auf sudetendeutschem Boden waren und nicht mehr auf rein tschechischem Gebiet. Das Gepäck und die völlig erschöpften Kinder wurden verladen zum nächsten Dorf. In Stich fanden wir in einem Gasthaus freundliche Aufnahme. Wir bekamen das erste warme Essen.

Dienstag, den 8.5.45: In aufopfernder Liebe stellen die Sticher Bauern Leiterwagen. Schon wehen tschechische Fahnen aus ihren Häusern. Sie *müssen*! Die Tschechen erklären sich als Herren des Landes. Fahrt durch sudetendeutsches Gebiet. Nach öfterem Umladen landen wir in Kostelzen. Wir organisieren für uns beim Bürgermeister eine Scheune. Eine unruhige Nacht folgt, denn es heißt, dass Russen in der Nähe sein sollen, die nachts ihr Unwesen treiben sollen. Aber es bleibt ruhig.

Mittwoch, den 9.5.45: Wir verbrennen unsere Ausweise und Briefe. Mit Wagen weiter von Ort zu Ort. Abends kommen wir in einen von Amis besetzten Ort. Abladen. Da kommt die Weisung: binnen 15 Minuten muss die Straße geräumt sein für Panzer. Wir tragen das Gepäck zum nächsten Ort. Übernachtung in einer Scheune in Wonnetitz.

Sonnabend, 12.5.45: Nach dem Frühstück (Kuchen und Suppe!) mit Leiterwagen weiter. Gestern Abend kam der Befehl für die Einheimischen, am nächsten Tag die tschechische Fahne zu zeigen. Es scheint, als verfolgen uns die Tschechen. Abladen in Pessika. Die Bauern dort machen uns die Köpfe heiß mit wilden Gerüchten, dass in zwei Stunden die Russen kämen. Sie wollen uns wohl loswerden. Zu Fuß weiter. Unterwegs treffen wir einen ackernden Bauern. Nach langem Verhandeln erklärt er sich bereit, am Nachmittag uns ins nächste Dorf zu fahren. Wir setzen uns indessen an den Weg und essen. Am Nachmittag nach Mühlhäusel. Bei Familie Zischka finden wir Aufnahme in der Scheune bei noch zwei Familien, die für die nächste Zeit unsere Begleiter sein sollen. Zischkas haben insgesamt 38 (!) Personen aufgenommen, die zwei Tage beköstigt werden! Es sind die kleinsten Bauern im Ort!

Dann bekommen wir Brot, Milch und Fleisch aus Neudorf geliefert und die Scheune kocht für sich.

Dienstag, d. 15.5.45: Immer noch in Mühlhäusel. Die Grenzen zum ›Altreich‹ sind geschlossen.«

Am 20. Mai wird die Grenze geöffnet. Sie sind aber noch lange nicht am Ziel. Es folgt eine sehr lange Irrfahrt durch Bayern mit freundlichen und unfreundlichen Erfahrungen, Übernachtungen in Scheunen, Zurückgewiesenwerden, längeren Aufenthalten, Keuchhusten von Spatzi. Gisela steckte sich an und bekam dazu noch eine Gallenblasenentzündung, wohl eine Folge der Strapazen. Am 23. Juli 1945 landeten sie in Weichtungen, einem kleinen Dorf in der Nähe von Schweinfurt. Erst am 30.9.1946 (!) erreichten sie ihr Zuhause in Berlin.

Sehr genau erinnert sich die damals 13-jährige Uta M. (1932). Sie lebte mit Mutter und älterer Schwester in Jungbuch, Sudetenland. Der Vater war schon vor dem Krieg verstorben. Aus ihrem langen Bericht einige Ausschnitte:[43]

»Im Spätsommer 1945 klopfte es früh um vier an die Türe, und es war nicht der Milchmann. Es waren Soldaten mit Maschinenpistolen, ein Zivilist dabei, und sie erklärten uns, binnen 30 Minuten müssten wir das Haus verlassen. ›Wenn Sie mitnehmen Schmuck, Gold oder Silber, werden Sie sofort erschossen!‹ Meine Mutter hatte viel zu viel Bange, als einziges hatte sie eine Nadel mit einer Perle in ihren Rockbund innen wie eine Sicherheitsnadel hineingesteckt. Aber sie hat nicht einmal ihren Ehering mitgenommen. Wir nahmen also wieder einmal unser Luftschutzköfferchen. Aus dem Puppenwagen hatten wir ein kleines Rutscherle basteln lassen, also den Wagen entfernt und ein Brett draufmontieren lassen auf die Räder. Da dran einen Strick, und da luden wir unsere Köfferchen drauf, und noch einen Rucksack hatte wohl jeder – nein, ich hatte eine Seitentasche aus den Lederhosen meines Vaters mir schneidern lassen beim Schuhmacher. Da haben wir also mitgenommen zweimal Wäsche, ein Kleid. Ich hatte nur ein einziges Paar Schuhe, das waren ein Paar Riesenskischuhe, die mein Onkel durch ›Vitamin B‹ besorgt hatte, weil ich so furchtbar große Füße hatte.

Wir wurden durchs Dorf geführt und gesammelt in der Schule. Dort wurden wir durchsucht, und meine Mutter musste eine Erklärung unterschreiben, die aber tschechisch verfasst war, und wir wissen von anderen Leuten, dass das eine Erklärung war, dass wir freiwillig das Land verlassen und auf unseren Besitz verzichten. Ich hatte mir im Garten zum Schluss noch eine Rose abgerissen und ins Knopfloch gesteckt. Wir wurden gefilzt von Jüdinnen und von Soldaten, und die Jüdin riss als erstes die Rose aus meinem Knopfloch und schmiss sie in den Dreck. Sie hat wahrscheinlich auch allen Grund dazu gehabt. Meiner Schwester wollte der Soldat die Lupe wegnehmen, und die Regenschirme zerschlugen sie alle an einem Gartenzaun, an dem eisernen vor dem Jahn-Denkmal. Wo der ihr die Lupe wegnehmen will, bin ich wild geworden und habe gesagt: Wie kann man ihr die Lupe wegnehmen, sie hat schlechte Augen … und der hat sich wirklich von mir Fratz einschüchtern lassen und hat die Lupe wieder ins Köfferchen zurückgelegt … Wir marschierten dann nach Altstadt, das war vielleicht 4 Kilometer entfernt, und dort im früheren Jüdinnenlager sind wir in die Baracken geschickt worden. Die Baracken waren aber total verwanzt. Weil es im August auch noch so schönes Wetter war, der Aussiedlungstag war der 3. August, haben wir Türen ausgehängt, und auf diesen ausgehängten Türen haben wir draußen im Hof ganz einfach geschlafen, damit wir nicht verwanzen und verlausen. Wir sind in dem Lager gewesen von dem Freitag, dem 3. August, bis Dienstag, 7. August. Wir haben in der ganzen Zeit von den Tschechen weder einen Tropfen zu trinken noch einen Bissen zu essen bekommen. Es wurde aber erlaubt, dass Deutsche zu bestimmten Zeiten eine Stunde oder eine halbe Stunde lang an den Zaun kommen durften … Es wurde dauernd Reklame gemacht, man soll sich freiwillig melden zu tschechischen Bauern zum Arbeiten … Endlich, am Morgen des Dienstag, 7. August, wurden wir also zum Lager hinausgeschleust. Da stand ein Tscheche rechts und ein Tscheche links, und wer ihm gefiel, den schnappten sie sich, und die Leute mussten ins Tschechische. Davor hatten wir sehr viel Angst. Denn wir konnten kein Wort Tschechisch, und wir wollten unbedingt beieinander bleiben. Wir sind also auch dann gut durchgekommen, aber hinter uns ist eine Frau weggerissen worden, die fünf oder sechs Kinder hatte. Und da haben sich dann die Männer zusammengetan, ihren Mann hat man zusammengeschlagen, weil der sich versucht hat zu wehren, aber es haben sich die anderen Männer zusammengetan und sind gemeinschaftlich noch einmal ans Tor zurück und haben gesagt: ›Das geht nicht, dass ihr diese fünf Kinder ihrem Elend überlasst, die Mutter muss zu ihren Kindern zurück.‹ Da haben die Tschechen tatsächlich nachgegeben. Nun waren wir eine lange Kolonne von vielleicht 5.000 Leuten, und es ging Richtung Trautenau. In Trautenau war der nächste größere Bahnhof. Dort standen Viehwaggons, offene, oder Kohlewaggons, offene, in denen zwei Zentimeter Kohlenstaub war. Da wurden wir nun wie's liebe Vieh hineingepfercht. Ich hatte so wenig Platz, dass ich nur mit einem Fuß im Kohlenstaub stand. Mit dem anderen stand ich auf irgendeinem Gepäckgegenstand. Wir hatten aber gehört, dass man sich unbedingt einen Nachttopf mitnehmen soll, weil die Tschechen diese Züge nicht einmal halten lassen, damit die Leute ihr Bedürfnis machen können. Also hatten wir einen uralten blechernen Nachttopf, der auf dem Dachboden war, mitgenommen, in einem grünkarierten Stoffbeutel, den ich über die Schulter trug. Auch hat uns der Nachttopf in dem Zug gute Dienste geleistet. Er kreiste beständig über den Häuptern der Anwesenden, verschwand dann für ein paar Momente, wurde weitergereicht bis an den Rand des Waggons (*lacht*) und dann wieder hereingenommen. An jeder Ecke des Waggons saß ein Wachposten, und die Männer hielten Ausschau, in welche Richtung man uns bringt. Denn wir hatten tödliche Angst, dass sie uns nach Sibirien schaffen … Wir kamen an in Bodenbach. Nun waren wir der Meinung, von Bodenbach bis an die Grenze sind es noch 20 Kilometer, man würde uns da wieder in Autos verfrachten. Dem war nicht so. Wir mussten marschieren. Wir haben also dieses kleine Wägelchen genommen. Wir haben wieder etwas draufgeladen, aber meine Mutter meinte, 20 Kilometer hält dieses leichte Gefährt nicht aus, und sie hatte immerhin einen etwas größeren Koffer für sich mitgenommen, der nicht schwer war, aber ihn 20 Kilometer zu tragen, war aussichtslos. So meinte sie: ›Ach, lasst doch eure Koffer hier, nehmt nur Rucksack und Seitentasche, wandert mit dem Wägele los. Ich hab so ein schlechtes Herz, mich wird schon der Sanitätswagen mitnehmen.‹ Also wir marschierten die 20 Kilometer. Es ging wieder ein Wahnsinnsgewitter nieder, wir wurden mal wieder pitschpatschpudelnass. Aber es war sehr warm, und es hat uns gar nichts ausgemacht. An der Grenze angekommen, hieß der Ort (*Name unverständlich*), und dort gab es eine Unterführung. Auf alle Fälle ging's Stufen hinunter, und da war die Sache überdacht. Da hinein rettete sich der halbe Treck für die Nacht, denn es war wieder ein Gewitter im Anzug. Vielleicht so um 9 Uhr, es war schon finster, kam das erste Sanitätsauto. Da war eine hochschwangere Frau mit drin und verschiedene andere Leute, die wirklich nicht hätten laufen können. Die erzählten uns: ›Eure Mutter ist mit allen Koffern zur Seite gestoßen worden, sie ist nicht mitgenommen worden.‹ Meine Schwester und ich sind daraufhin mit unserem Rucksack und unserer Seitentasche den Weg zurückgewandert. Das war geradezu gespenstisch. Die Straße führte immer an der Elbe entlang, und zwischen Straße und Elbe, am Uferstreifen, türmten sich bis zu drei Meter hoch leere Koffer, die die Leute bei der Aussiedlung stehengelassen oder abgenommen bekommen hatten. Natürlich waren sie geplündert, waren leer, aufeinandergeschüttet. Dann hat es fern immer noch wettergeleuchtet. Gespenstisch wurde die Szene mal immer wieder erhellt.«

Sie fanden ihre Mutter. Sogar das Gepäck hatte ein Bäcker auf seinen Wagen geladen und brachte es mit. Nur das Köfferchen mit den Lebensmitteln fehlte.

»An dem Tag sind wir also 20, 30, 40 Kilometer marschiert insgesamt … Dort habe ich auch ein ungeheuerliches Erlebnis gehabt, mein erstes Erlebnis mit Behinderten. Die Tschechen hatten eine Anstalt für geistig behinderte Menschen mit Betreuern ganz einfach in den Zug gesetzt. Diese geistig Behinderten irrten umher. Meine Mutter, die ja nun weiß Gott genug selber am Hals hatte, war ununterbrochen besorgt, diese Leute zusammenzuholen und zu ihren Betreuern zurückzubringen … Als anderes ist mir in der Erinnerung, dass Jungen da waren, Hitlerjungen aus Krakau. Die hatten in einer Fabrik arbeiten müssen. Es war ihnen nicht erlaubt worden, Treppen zu benutzen. Sie hatten am Geländer herauf- und herunterklettern müssen, erzählten sie. Sie hatten Gesichter wie die KZ-ler. Sie waren vollkommene Knochengerüste, die Haare geschoren, die Augen ganz tief eingesunken. Also, was der Hitler in 12 Jahren nicht fertiggebracht hat, das konnten die Tschechen von Mai bis August. Diese Kerle waren also wirklich nur Schatten in Menschengestalt. Aber sie sind da ausgesiedelt worden. Nun wartete alles. Kein Mensch glaubte ja, dass es eine endgültige Sache wäre. Die Russen haben sich einen Spaß daraus gemacht und haben zu den Leuten gesagt: ›Da, Schiff nach Tschechoslowakei, alles einsteigen, heimfahren.‹ Und die

Leute glaubten das und gingen auf das Schiff und mussten doch wieder herunter. Das war also fürchterlich.«

In der Nähe der Grenze haben die Tschechen ihr noch ihre Schuhe abgenommen.

»Ich bin barfuß an die deutsche Grenze marschiert, und dort standen ja nun die Russen. Ein Russe mit einer Reitpeitsche in der Hand sortierte die Mädchen und Frauen aus, die hinüber in ein Zelt gehen mussten. Er wollte auch meine Schwester dahin schicken. Da hat meine Mutter gesagt: ›Mädel, renn', da drüben ist doch die Grenze, du wirst doch nicht in dieses Zelt hinübergehen.‹ Und weil ich so geheult hab, war der Russe abgelenkt. Ich hab aber nicht geheult über den Verlust der Schuhe, sondern über die Idiotie meiner Mutter, zur Aussiedlung einen Hut aufzusetzen. Den Hut hatte ich inzwischen in die Schutzhülle hineingeklemmt und gedrückt in einer Wut, ich kann nicht sagen, wie. Aber mir liefen vor Wut die Tränen noch immer über die Wangen, als wir da in Sch. (*Name unverständlich*) ankamen, und der Russe hat mit mir Mitleid gekriegt. Er ging hinein und brachte mir ein Paar Männerschuhe, Schnürschuhe. Die waren allerdings vielleicht Größe 45 (*Uta hatte Größe 40*). Aber diese Schuhe haben mir drei Jahre lang dann im Winter die Füße gerettet, denn mir wären in der Ostzone die Füße abgefroren, solche kalten Winter waren in der Nachkriegszeit …«

Rolf G. (1930) aus Jansdorf, Kreis Zwittau, der nach einer Kinderlähmung schwer gehbehindert war, erlebte ebenfalls die »wilde Vertreibung«:

»Das ganze Dorf war am 29. Juni 1945 morgens von tschechischen Partisanen umstellt, und der Gemeindediener trommelte ohne Angabe von Gründen die Bekanntmachung aus, dass sich alle Einwohner innerhalb einer halben Stunde auf dem Sportplatz einzufinden hätten. Mitnehmen dürften wir nur, was man tragen kann und für sieben Tage Verpflegung. Wir luden alles in unseren alten Kinderwagen. Das traurige Bild in meinem Heimatdorf werde ich nie vergessen. Alle kamen mit ihren Habseligkeiten und ratlosen Gesichtern aus dem Ort herauf. Der Sportplatz war mit bewaffneten Tschechen umstellt. Unser Pfarrer musste die Anwesenheit aller Bewohner feststellen. Nun wurden die Namen der Familien verlesen, die zu Hause bleiben durften.[44] Jetzt mussten alle ihre Rucksäcke öffnen, und die Tschechen nahmen sich, was ihnen gefiel. Am Nachmittag wurde die Kolonne nach Leitomyschl (6 km) zusammengestellt, immer drei nebeneinander. Niemand durfte sprechen. Auf Alte und Kranke nahm man keine Rücksicht. Am Bahnhof stand ein Güterzug bereit. In jeden offenen Kohlewaggon kamen immer so 70 bis 80 Leute. Wenn es nicht schnell genug ging, wurde das Gepäck auf die Menschen hineingeworfen und mit dem Gewehrkolben nachgeholfen. Gegen Abend fuhr der Zug los. Auf jedem Waggon waren zwei schwer bewaffnete Bewacher. Bei der Abfahrt schoss man aus allen Rohren knapp über unsere Köpfe hinweg.

Nachts war es unmöglich zu schlafen. Erstens konnte man aus Platzmangel kaum richtig sitzen, zweitens war es kalt, und dann kamen immer wieder Tschechen und

Russen zum Plündern. Wenn man je mal kurz einschlief, fiel man auf den Nachbarn. Als wir nachts durch Prag fuhren, hatten wir Angst hinaus zu sehen, es war ein Gejohle und Geschrei, und die Tschechen hielten Steine in der Hand.

Am schlimmsten war die Verrichtung der Notdurft. Heraus durften wir nicht. Einer hat einen kleinen Topf geopfert, der dann unter den Leuten herumging.

Wir bekamen auch nichts zu trinken. Manchmal rauften sich die Leute um einen Tropfen Wasser. Nach dem Verlassen der tschechischen Republik wurden wir nicht mehr bewacht. Wenn der Zug hielt, konnten wir aussteigen. Wegen der Enge im Waggon haben wir Jungen uns während der Fahrt dann außen auf die Trittbretter gesetzt.

Am 1. Juli fuhren wir durch Dresden. Die Stadt war ein einziger Trümmerhaufen. Ich kann mich nicht erinnern, auch nur ein einziges ganzes Haus gesehen zu haben.

Damals waren wir der Meinung, dass unser Zug ein bestimmtes Ziel hat. Die Fahrt ging weiter über Cottbus nach Sagan. Dass die Deutschen aus Schlesien vertrieben und das Gebiet schon polnisch war, wussten wir nicht. In Sagan mussten wir unter polnischer Bewachung aussteigen und zu Fuß weitergehen. Zuerst ging es im Wald durch ein enges Tal auf einem Sandweg weiter. Auf beiden Seiten des Hanges brannten Feuer in alten Teerfässern, und polnische Partisanen hatten Maschinengewehre aufgestellt. Es war eine gespenstische Situation, und es sah so aus, als ob sie uns extra dorthin gebracht haben und schon darauf warteten, uns umzubringen. Zum Glück tauchte auf einmal reguläres polnisches Militär auf, das uns in einiger Entfernung begleitete. Trotzdem gab es Überfälle und vielen wurde noch die letzte Habe weggenommen. Auch unsere Aktentasche mit den letzten noch geretteten Papieren kam dort abhanden.

Nun kam die Parole auf, dass wir in Polen interniert werden, wenn wir nicht innerhalb von 24 Stunden die Oder-Neiße-Linie überquert hätten. Um schnell vorwärts zu kommen, warfen viele Leute noch ihre letzten Sachen weg.

Wegen meiner Gehbehinderung konnte ich mit der Kolonne nicht Schritt halten und schloss immer erst auf, wenn sie nach einer Rast wieder weiter marschierten. Zu mir gesellte sich hin und wieder ein Junge, der wegen eiternden Handgranatensplittern im Gesäß auch nicht schnell gehen konnte. Viele alte Leute sind dort wegen Entkräftung auf der Straße geblieben und lagen tot neben der Straße. Damals habe ich mir wohl noch keine großen Gedanken über alles gemacht, aber wenn ich mir heute so überlege, wie sich Mutter gefühlt haben muss, wenn sie sah, dass ich kaum noch hinterher kam. Außerdem finde ich es heute auch nicht mehr so selbstverständlich, dass mich kein Pole angegriffen oder irgendwie belästigt hat, obzwar ich oft nur ganz allein auf der Straße war.

Die erste Nacht schliefen wir vor Sorau auf einer Wiese. In einem angrenzenden Haus hatte sich das uns begleitende polnische Militär einquartiert, das abends noch einige Kleinkinder mit Milch versorgte.

An den Rändern unseres Biwaks kam es immer wieder zu Überfällen. Wenn die Leute schrien, schossen die Soldaten aus dem Haus über unsere Köpfe hinweg in

Richtung ihrer eigenen Landsleute. In dieser Nacht hat eine Frau im Freien entbunden. Für die Wöchnerin wurde ein Wagen zusammengestellt, der von den Leuten gezogen wurde. Auf inständiges Bitten meiner Mutter, die oft noch meine vierjährige Schwester tragen musste, durfte ich hin und wieder ein Stück auf dem Wagen mitfahren. Trotzdem habe ich in dieser Zeit an manchen Tagen 20 Kilometer und mehr gehen müssen. Mein Großvater hatte einen taubstummen Knecht, der wurde in seiner eigenen Familie nicht gut behandelt, deswegen hat er sich bei der Vertreibung an unsere Familie angeschlossen. Den Rucksack mit meinen Sachen hat er mir abgenommen und getragen, sonst wäre ich überhaupt nicht mehr hinterher gekommen.

Die zweite Nacht verbrachten wir in Schützengräben und Unterständen der ehemaligen deutschen Wehrmacht. Hier hatten schwere Kämpfe stattgefunden und der Wald war ganz zerschossen. Am nächsten Tag erreichten wir die Neiße bei Guben. Bevor wir über die Brücke durften, wurden alle noch mal auf Uhren und Wertsachen gefilzt.

Nachdem wir an diesem 5. Juli deutsches Gebiet erreichten, war es der erste Tag ohne Gewalt gegen uns seit dem 29. Juni. Es wurde auch nicht mehr so schnell gelaufen, so dass ich einigermaßen mithalten konnte. Die nächste Nacht schliefen wir in einer Kirche in der Nähe von Forst. Dann ging es weiter nach Cottbus. Hier waren die letzten Lebensmittel von zu Hause aufgebraucht. Wir übernachteten in einer ausgeräumten Fabrik auf dem Betonfußboden. Später erfuhr ich, dass ab diesem Tag viele alte und kranke Landsleute verhungert sind.

Bei der nächsten Übernachtung auf einem alten Gutshof bei Peiz bauten wir uns einen zweirädrigen Karren zusammen. Im Hof fanden wir eine Achse mit einem Rad, das zweite suchten wir dazu. Es war etwas kleiner, aber das störte uns nicht. Dann wurde eine alte Stalltür mit Draht drauf gebunden und eine Stange aus dem Wald als Deichsel daran befestigt. Man hätte nicht für möglich gehalten, was alles darauf Platz hatte. 26 Leute luden ihre Sachen auf und ganz oben durfte ich sitzen. Unser Treck hatte sich jetzt in kleinere Gruppen aufgeteilt, und es war nun leichter, nachts irgendwo unterzukommen.

Ich war damals 15 Jahre alt, und ohne den Hunger hätte ich das alles als großes Abenteuer angesehen. Manchmal stellte ich mir vor, das größte Glück wäre, wenn unser Wagen hoch mit lauter Broten beladen wäre. Etwas Schöneres hätte ich mir damals nicht vorstellen können. Wir buddelten unreife Kartoffeln aus, kochten sie und aßen sie ohne Salz. Geschlafen wurde in Scheunen, Gasthaussälen und in einer Kirche. Einmal bekamen wir kein Quartier und übernachteten im Freien. Als wir morgens aufwachten, erkannte ich Mutter fast nicht wieder. Sie war von Schnaken so zerstochen, dass ihr Gesicht ganz verschwollen war und sie kaum aus den Augen sehen konnte. Damals wunderten wir uns über die vielen Mücken, und erst später habe ich gemerkt, dass wir ja im Spreewald waren.

Weiter ging es über Lübben, Luckau in Richtung Herzberg/Elster. In Wehrhain, einem kleinen Bauerndorf, durften wir bleiben, weil Arbeitskräfte für die Landwirtschaft gebraucht wurden. Wir wurden im Gasthaussaal untergebracht und bekamen auch Lebensmittelkarten. Die Leute, die bei den Bauern arbeiteten, bekamen dort ihr Essen, aber kein Geld, deshalb konnten wir die Lebensmittel nicht kaufen. Wir hatten von zu Hause keinen Pfennig Geld dabei. In dieser schlechten Zeit habe ich mich einmal dazu aufgerafft und versucht, um Geld betteln zu gehen. Das war die schlimmste Erfahrung in meinem Leben. Nach dem ersten Tag habe ich es wieder aufgegeben, und ich konnte mich nicht weiter dazu überwinden. Ich glaube, ich wäre dann lieber verhungert. Erst als mein Großvater Arbeit bei den Russen zur Demontage der Fabriken bekam, konnten wir etwas kaufen.«

Die »ordnungsgemäßen« Vertreibungen nach der Potsdamer Konferenz verliefen überall nicht viel anders als die »wilden Vertreibungen« zuvor.

Stefanie A. (1933) aus Dirschau/Westpreußen: »Unsere endgültige Vertreibung erfolgte im Monat September 1945. Noch einmal ging meine Mutter mit mir die vielen Kilometer zu den Großeltern. Doch die alten Menschen wollten auf ihrem Hof und in ihrer Heimat bleiben, trotz aller Trostlosigkeit, Entbehrungen und Verwüstungen. Irgendwie hatten sie immer noch Hoffnung, dass das Leben für sie dort wieder lebbar und erträglich wird.

Unser Abtransport verlief so, dass wir mit vielen anderen Menschen auf völlig flache, randlose Eisenbahn-Waggons ›verladen‹ wurden. Es gab also absolut keine Möglichkeit, sich irgendwie festhalten oder stützen zu können. Es lagen auch viele schwer Leidende und sterbende Menschen auf diesen Waggons. Ihr Stöhnen und ihre Geräusche waren überall zu hören.

Unser Vertreibungs-Transport war lange unterwegs Richtung Berlin. Eine für mich als Kind ganz schreckliche Erfahrung war die, wenn beim Halten des Zuges nachts in irgendwelchen dunkeln Wäldern aus dem Dunkel russische Besatzer kamen, die uns das Wenige an Gepäck raubten, das wir bis dahin noch retten konnten. Das geschah, indem sie in der einen Hand ein Bajonett hielten und gleich zustachen, wenn Menschen sie daran hindern wollten, Gepäckstücke von dem Eisenbahnwaggon zu rauben. Auch wir gehörten zu den Opfern. Die Hilfeschreie der Menschen in den dunklen Nächten der Wälder dieses Transportes mit den Überfällen haben mich noch viele Jahre nachts in Albträumen verfolgt und geängstigt.«

Die jüngeren Kinder erzählen meist keine ganze Ausweisungsgeschichte, sondern erinnern nur einzelne Bilder und Situationen:

Dorothea E. (1934) aus Schlesien, Nähe Breslau: »Als wir ausgewiesen wurden, auch wieder in Viehwaggons, da hat meine Tante versucht, aus dem fahrenden Zug zu springen. Meine Mutter und ich haben sie zurückhalten müssen. Sie kam dann in Hannover einige Wochen in die Psychiatrie. Aber sie hat es nie überwunden, dass sie aus der Heimat raus kam – vertrieben wurde … Und morgens stieß die Dampflok immer einen ganz grellen Pfiff aus, und diesen Pfiff, ich konnte den nicht hören – da habe ich angefangen zu zittern. Meine Oma wohnte dann in Springe bei Hannover ziemlich nahe am Bahnhof. Und immer, wenn ich nach Hause kam, war das für mich ganz grauselig, fuhren da die Dampfloks, da ging dann ein Pfiff los, wenn sie los fuhr, den Dampf abließ. Das war für mich schlimm. Das habe ich längere Zeit gehabt, dass ich diesen Pfiff nicht hören konnte.«

In der Wohnung der Familie von Evamaria S. (1935) aus Waldenburg, Niederschlesien, war ein polnischer Milizionär einquartiert:

»Er hieß Eugen, und seine Khaki-Uniform, vor allem aber seine große Pistole, die er deutlich sichtbar am Gürtel trug, flößten mir Respekt bis Angst ein. Aber der Schein trog, denn Eugen war ein ganz liebenswürdiger, netter, freundlicher Mann mit wunderschönen braunen Augen, in die ich mich verguckte. Er wurde quasi zu meiner ersten Liebe. Eugen sprach nur wenig Deutsch, aber er versuchte, meine Familie so gut wie möglich zu unterstützen und vor seinen Landsleuten zu schützen.

Ostern 1946 war es dann aber auch für uns soweit. Es klingelte. Vor der Tür stand ein junges polnisches Ehepaar, begleitet von zwei polnischen Polizisten mit Maschinengewehren. Meine Eltern und ich wurden aufgefordert, Schuhe und Mantel anzuziehen, ansonsten nichts mitzunehmen und die Wohnung für immer zu verlassen. Eugens Protest half gar nichts, er flog mit uns aus der Wohnung. Unvergessen als einer der großen Schmerzen meiner Kindheit bleibt mir, dass ich in dieser Situation meine alte Puppe ergriff und mitnehmen wollte. Sie wurde mir von der jungen Frau brutal aus der Hand gerissen und in die Ecke geschleudert. In den folgenden Tagen bin ich, obwohl meine Eltern mir das ausdrücklich verboten hatten, immer wieder in den Hausflur geschlichen und habe durch den Briefschlitz in den Flur unserer Wohnung geschaut in der Hoffnung, ich würde meine Dolli noch einmal sehen. Sie war aber nicht mehr da. Mit den übrigen Hausbewohnern, die ebenfalls ihre Wohnung verloren hatten, zogen wir in einen ehemaligen Lagerschuppen im Hinterhof unseres Hauses. Meine Eltern hatten dort bereits vorsorglich ein paar Sachen untergestellt gehabt. Wir lebten nun in einer Art Massenquartier, und ich gestehe, dass ich das eigentlich ganz interessant fand. Allerdings war ich häufig hungrig, denn wir hatten wenig Geld. Mein Vater wirkte inzwischen als Organist in der katholischen Pfarrkirche und bekam dafür einen kleinen Obolus.

Im Frühsommer 1946 begannen dann die Polen mit der systematischen Vertreibung. Straßenweise wurden alle Deutschen zusammengetrieben, und dann mussten sie in Sammellager marschieren, die in den Vororten, vor allem in den Schulen, eingerichtet worden waren. Ich entsinne mich noch an den langen, langen Marsch vom Stadtzentrum in einen Vorort, wo wir dann in einer Schule ein Strohlager beziehen mussten. Mitnehmen durften wir nur das, was wir tragen konnten, soweit wir überhaupt noch so viel hatten, und vor Betreten der Schule wurden wir auch noch gefilzt, ob wir wohl noch irgendwelche Wertgegenstände besaßen. Das war natürlich nicht mehr der Fall. Das war bei mir wohl so der Zeitpunkt, wo ich keine Abenteuerlust mehr verspürte, sondern Trauer und Angst vor der Ungewissheit der Zukunft. Zwei Tage später marschierte unsere Schlange, begleitet von Polizisten mit Gewehren im Anschlag, zu einem Vorortbahnhof, wo wir in einen langen Zug mit Viehwaggons verladen wurden. Man zählte 40 Leute ab in einen Viehwagen, dann wurde die Tür geschlossen. Familien wurden unter Umständen brutal getrennt. Ich durfte immerhin bei meinen Eltern bleiben, und wir drei kamen mit 37 fremden Menschen in einen Waggon. Irgendwann in der Nacht setzte sich der Zug in Bewegung und rollte, mit zeitweiligen Unterbrechungen, in eine unbekannte Ferne. Die näheren Umstände dieser schrecklichen Fahrt muss ich wohl verdrängt haben, ich entsinne mich nicht mehr, wie wir vierzig Menschen in diesem Waggon hausten. Zu essen und zu trinken hatten wir nichts. Ob und wie wir unsere Notdurft verrichtet haben, ich weiß es nicht. Zusammengekauert habe ich wohl viel geschlafen. Irgendwann stoppte der Zug. Wir hörten deutsche Stimmen und Hundegebell. Die Tür des Waggons wurde geöffnet, und es empfing uns gleißendes Licht. Draußen waren Männer mit Wachhunden an der Leine, die uns bedeuteten, auszusteigen, an langen, hölzernen Wassertrögen zu trinken und uns etwas Wasser ins Gesicht zu werfen. Am Horizont erblickte ich eine große zertrümmerte Stadt. Später habe ich mir gedacht, dass das wohl Dresden gewesen sein könnte. Bald mussten wir wieder einsteigen, wurden erneut eingeschlossen und fuhren dann durch bis in das Lager Marienfelde. Von dort ist mir vor allem die Entlausungs-Zeremonie in Erinnerung geblieben. Weißes, juckendes Pulver wurde mit einer großen Spritze in alle Kleideröffnungen gepustet. Danach aber durften wir uns in einer großen Halle auf sauberem Stroh richtig ausstrecken. Ich weiß, dass ich gerade dieses Ausstrecken genossen habe. Die vielen fremden Menschen um mich herum waren mir egal. Bereits zwei Tage später wurden wir zu einem neuen Zug begleitet, der richtige Personenabteile hatte, und wieder fuhren wir nach Westen. Endstation war Hessisch-Odendorf in Niedersachsen. Nach dem Aussteigen, es war schon dunkel, zogen wir wieder einmal in einer langen Menschenschlange durch die abendliche Stadt. Ich spüre noch deutlich, wie sehnsüchtig ich in erleuchtete Fenster im Erdgeschoss schaute, dort komplett eingerichtete Wohnungen mit Menschen, die friedlich zusammensaßen, erblickte und mir die Frage stellte, ob ich so etwas in meinem Leben auch noch einmal erleben würde. Schließlich landeten wir auf dem Strohlager in einem Gasthaussaal. Von dort aus wurden wir dann am nächsten oder übernächsten Tag auf die umliegenden Dörfer verteilt. Mit anderen Familien wurden meine Eltern und ich Fischbeck an der Weser zugewiesen, einem vom Krieg völlig unbeschädigt gebliebenen reichen Wesermarschdorf mit überwiegend stattlichen Bauernhöfen.«

Im Gegensatz zur Flucht fand die Vertreibung im Sommer und Herbst statt, also zu einer günstigeren Jahreszeit, was vieles leichter machte. Es gab auch keine unmittelbare Lebensgefahr durch Kriegshandlungen, wenn auch Bedrohungen und Gewaltakte ständige Begleiter waren. Für die Kinder hätte es sich wie eine abenteuerliche Reise anlassen können, wenn sie nicht die Unruhe, die Angst und die Traurigkeit der Mütter und der ganzen Umgebung gespürt hätten. Die Endgültigkeit der Vertreibung war wohl auch nicht allen Erwachsenen bewusst. Aber schon bald merkten die Kinder, dass dies weder eine »Reise« noch ein »Abenteuer« war. Die schwer bewaffneten Begleiter, die

Übergriffe und Plünderungen, die wüsten Beschimpfungen und Tätlichkeiten der Bevölkerung verstörten sie.

Dazu kamen bald die Beschwernisse der langen, langen Fußmärsche, das schwere Gepäck, der Hunger, die Sorge um das nächste Quartier. Auch wenn Kinder mehr im Augenblick leben und nicht so sehr zurück, sondern nach vorne schauen, teilte sich ihnen die Stimmung der Erwachsenen mit. Wohin wird man uns bringen? Ging es vielleicht nach Sibirien oder in ein Zwangsarbeitslager in der Tschechei oder in Polen? Wo werden wir das nächste Nachtquartier finden? Krankheiten blieben nicht aus, Leidende und Sterbende mussten am Wege zurückgelassen werden, wurden von den Waggons herunter neben die Gleise gelegt. Beförderungsmittel waren oft reiner Zufall, die Menschen wurden verladen wie das Vieh, in offene Waggons hineingepfercht, oft ohne Rücksicht auf Zusammengehörigkeit. Kinder erinnern aber auch »Kleinigkeiten«: die Schokolade, die ihnen die Amis von ihren Fahrzeugen herunterwarfen, die Bedrängnis, nicht aufs Klo gehen zu können, den kreisenden »Nachttopf«, die erstickende Entlausungsprozedur, den freundlichen polnischen Milizionär, aber auch die Tante, die aus dem Zug springen wollte, weil sie den Verlust der Heimat nicht ertragen konnte, das Pfeifen der Lokomotive, das alle Schrecknisse zurückbringt. Aber gemessen am Alleingelassen- und Verlorensein, an Verschleppung ohne irgendeinen Kontakt zu den Angehörigen war die Vertreibung nicht die schlimmste aller Kindererfahrungen, weil meist die Mutter oder ein anderer vertrauter Mensch bei ihnen war. Haben Kinder den Verlust der Heimat empfunden? Uta M. pflückte sich eine Rose aus dem Garten zum Abschied. Eleonore Schwella (1934) schreibt in ihren Erinnerungen:

»Die Gefühle, die mich damals (*beim Verlassen der Heimatstadt Jägerndorf*) bewegten, kann ich heute noch nachempfinden. In jenem Moment erschien mir meine Geburtsstadt, eingebettet in die umliegenden Hügel, so wunderschön, dass ich einfach nicht glauben wollte, all dies nicht mehr wiedersehen zu dürfen. Oder kommen wir vielleicht nach einer gewissen Zeit doch zurück?«[45]

Dass es ein Abschied war, spürten auch die Kinder, aber dass es ein endgültiger Abschied von ihrer Kinderheimat war, kam ihnen erst nach und nach zum Bewusstsein, den einen früher, den anderen später. Die Erinnerungen, die sie als Altgewordene verfassten und verfassen, sind erfüllt von diesem Gefühl. Wir werden zu fragen haben, was Heimat ihnen heute bedeutet. Alle Vertreibungsberichte enden mit der Ankunft in einer der drei Besatzungszonen.[46] Ein Heimkommen war es nicht, sondern zunächst und noch für lange Zeit eine weitere Etappe des Fremdseins im eigenen Land. Das ist ein neues Kapitel.

Kapitel 12

Ankommen – »Flüchtlingskind« – Heimat

Unter den etwa zwölf Millionen Vertriebenen[1], die in den vier Besatzungszonen aufgenommen werden sollten, waren sicherlich mehrere Millionen Kinder unter 15 Jahren.[2] Die Erfahrung des »Verschickt-Werdens«, in eine völlig fremde Umgebung zu kommen, hatten viele Kinder schon während der Kriegszeit gemacht.[3] Damals war es eine Bewegung von Westen nach Osten, von den Industriestädten in die von Bomben verschonten ländlichen Gebiete, jetzt wälzte sich die überwiegend aus Frauen und Kindern bestehende Bevölkerungslawine in die umgekehrte Richtung, und das Ankommen war kein Heimkommen. Nach den furchtbaren Strapazen von Flucht und Vertreibung landeten oder strandeten die meisten an einem unbekannten, fremdbestimmten Ort, in den sie eingewiesen wurden oder in dem sie auf eigene Faust eine mindestens vorläufige Unterkunft suchten und fanden. Nicht immer konnten Familien zusammen bleiben. Dieses »**Ankommen**« ist den allermeisten Kindern noch in lebhafter, bitterer Erinnerung. Sie wurden nicht erwartet und waren nicht willkommen, im Gegenteil. Anni B. (1932) kam erst 1947 mit Tante, Mutter und sechs Geschwistern aus einem dänischen Internierungslager.

»Wir wären gerne in die englische Zone nach Nordrhein-Westfalen gegangen, weil dort die Brüder meiner Mutter lebten. Doch die englische Zone war total überfüllt, man sagte uns, wir könnten uns in die französische Zone melden, zu einem Bauern zum Arbeiten schicken lassen, weil dort Arbeitskräfte gesucht wurden. Tante hatte viel Erfahrung mit der Landwirtschaft, sie war bis zu ihrer Vertreibung auf einem großen Gut bei Adligen als Wirtschafterin. Sie opferte sich also wieder für uns, und so kamen wir in das Schwabenland. Auf dieser Reise von Dänemark bis ins Schwabenland gab es auch unschöne Dinge. Wir wurden in manchen Städten beim Halt des Zuges angeschrien und beschimpft: ›Ihr verhungerten Wasserköpfe!‹ und alle möglichen Dinge wurden uns zugerufen … Nach endloser Fahrt kamen wir im Durchgangslager Biberach in Schwaben an. Von dort wurden wir in Oberstadion in einem Schloss einquartiert, bis wir eine neue Bleibe gefunden hatten. Das war ein kleines Dorf, Unterstadion bei Ehingen. Es fand sich ein Bauer, der die Tante als Arbeiterin aufnahm. Die Wohnung sollten wir bei einem anderen Bauern bekommen. Der Bürgermeister ging mit uns dort hin, es waren nur die Kinder zu Hause, die den Schlüssel hergaben. Wir betraten die Wohnung mit unseren letzten Habseligkeiten. Mutter und Tante mussten der Formalitäten wegen ins Büro des Bürgermeisters. Wir sind die Treppen hoch, war so eine nette Wohnung, und ich war es gewohnt zu putzen und zu schaffen … Wir Kinder waren alleine, und plötzlich hörten wir Schritte die Treppe herauf kommen. Der Bauer stand vor uns und schimpfte. Wir verstanden kein Wort … Er nahm unsere Sachen und warf sie die Treppen runter. Wir standen auf der Straße und weinten. Mutter und Tante kamen zurück, da ging das Geschimpfe weiter, und ihnen ging es genau so wie uns zuvor, sie verstanden nichts. Und so gingen wir zu dem Bürgermeister zurück und erzählten, was uns geschehen war. Der Bürgermeister machte sich erneut auf die Suche. Der Bauer, der uns rausgeworfen hatte, muss mit Ausgebombten sehr schlechte Erfahrungen gemacht haben, und das hat er auf uns übertragen. Im Nachhinein hat er uns gesagt, es tut ihm alles sehr leid, was er uns angetan hat, aber das hat er zu spät erkannt, dass es auch noch anständige, arbeitsame Menschen gibt. Na ja, aber es war passiert. Eine andere Bäuerin mit ihrer Tochter nahm uns auf in ihr kleines Stüble, schwäbisch ›das Altenteil‹. Es waren zwei winzige Zimmer für acht Personen, doch wir wurden bescheiden nach so einem traurigen Schicksal. Es waren zwei gute Frauen, sie lebten ihren Glauben und zeigten Menschlichkeit. Dort lebten wir von August 1947 bis März 1952. Die Wohnung war baufällig geworden, eines Nachts kam die ganze Decke herunter in mein Bett. Wie eine Fügung legte ich mich an diesem Abend sofort auf die andere Seite ins Bett, und das war mein Glück.«

Dorothea E. (1934) war mit Mutter, Großmutter (75 Jahre alt) und kleinerem Bruder in Springe bei Hannover gelandet. Sie wurden in eine Wohnung eingewiesen:

»Die waren natürlich nicht erfreut, dass sie jemand in die Wohnung bekommen haben … Meine Mutter war irgendwann unterwegs, etwas zu erledigen. Da haben die Leute meine Oma vor die Türe gesetzt. Sie haben meiner Oma den Stuhl vor die Türe gestellt. Sie durfte sich auf den Stuhl setzen, wenigstens, saß da, auf ihrem Stock aufgestützt, ich sehe das heute noch, und wir beiden Kinder standen fassungslos darum herum. Da kam meine Mutter zurück. Wie man das machen könnte, eine so alte Frau vor die Türe setzen. Sie ist umgekehrt und zum Bürgermeisteramt gegangen, und dann mussten sie uns reinlassen. Wir kamen nachher ganz gut mit den Leuten aus, aber es war immer so ein Spannungsverhältnis da.«

Hans F. (1933) kam mit seiner Mutter und zwei Geschwistern schon vor Kriegsende nach längerer Flucht nach Schliekum bei Hannover:

»Das war ein regelrechtes Bauerndorf, und wir wurden dort mit der Polizei in ein Bauernhaus eingewiesen. Die Bauern waren absolut unfreundlich und ließen sich zunächst wirklich nur mit Gewalt ein Zimmer abringen, später kriegten wir noch ein

zweites dazu, für vier Personen, und wir hatten ja nichts! Wir hatten nichts mehr. Einen Kinderwagen hatten wir, glaube ich, vorher noch bekommen.
I: Keinen Koffer mit Kleidern, nichts?
F: Nix. Das war alles auf dieser Flucht verloren gegangen … Also Federbett und alle solche Dinge mussten uns zwangsweise von den Bauern zur Verfügung gestellt werden. Dass das denen keine Freude machte, kann ich also auch verstehen … Jedenfalls dauerte es einige Monate, bis sich ein einigermaßen vernünftiges Verhältnis eingestellt hatte. Ich kann mich nur noch daran erinnern, die Nerven lagen so blank auch bei mir damals schon, dass, als die Bauern meine Mutter wieder mal verbal angriffen in einer unmöglichen Weise, ich weiß nicht mehr wegen was, da sah ich in dem Flur eine Axt liegen, trat neben meine Mutter, wir standen zwei Stufen höher als diese beiden Mathilde und August S., so hießen die Bauern, das vergess' ich nie, und ich trat als Zwölfjähriger, nee, das war ich ja noch nicht mal, neben meine Mutter, nahm die Axt in die Hand und sagte: ›Noch ein Wort, und ich schlag Ihnen die Schädel ein!‹ Das war zwar lächerlich von einem Kind wie mir, aber das schien die einigermaßen beeindruckt zu haben, denn sie wurden dann etwas zahmer und freundlicher. Ich weiß, dass sie ein paar Tage später kamen und sagten: ›Wir haben noch Bratkartoffeln, wollen Sie? Sonst geben wir sie den Schweinen.‹«

Lieselotte M. (1938) war nach der Flucht aus Oberschlesien mit Mutter und drei Geschwistern in Fulda in einem Lager angekommen:

»Früh sahen wir mit Gepäck und Menschen beladene Lastwagen davonfahren in die Dörfer, um die Flüchtlinge zu verteilen. Manche Laster kamen auch beladen zurück, weil die Dörfer sich geweigert hatten, die Leute aufzunehmen. Am 12. Dezember (*1945*) waren auch wir dran. Wir fuhren früh in das ca. zehn Kilometer entfernte Wisselsrod, östlich von Fulda. Im Hof der Bürgermeisterei wurden wir abgeladen plus Gepäck, einem Wäschekorb und mehreren Säcken und Bündeln. Nach und nach kamen Bauern und palaverten in der Bürgermeistersküche und gingen mit den Leuten, die sie brauchen konnten, weg. Mittags waren nur noch wir fünf übrig. Niemand wollte eine Witwe mit vier kleinen Kindern. Sie palaverten weiter. Als es dämmerte, durften wir uns in der Küche aufwärmen, und wir bekamen Kaffee aus einer großen Blechkanne und Brotschnitten mit Sirup. Dann kam ein Bauer mit einem Wagen und einem Pferd. Er warf lässig mit einer Hand unsere Armseligkeiten auf den Wagen und fuhr an. Wir trotteten hinterher. Das Dorf bestand aus zehn Höfen und zwei Einödhöfen. Wir gingen auf einen Einödhof. Das Dorf hatte keine Kirche, keine Schule, nichts außer einer Poststelle. Die Böden sind noch heute arm, die Leute waren auch damals arm, wir verstanden die Welt nicht mehr. Meine Mutter aber schwieg, sie wurde immer stiller.

Wir bekamen ein Zimmer, darin waren zwei Betten und ein Tisch, mehr passte nicht hinein. Wenn wir am Bettrand sitzend aßen, die Teller auf den Knien, stießen wir mit den Knien gegeneinander. Die Mutter schlug Nägel in die Tür, damit wir unsere Kleider aufhängen konnten. Die Küche hatte ein großes Loch im Dach, für den Rauchabzug. Man konnte den Himmel sehen, es war ein Eiskeller.

Im Frühjahr zogen wir ins Dorf auf einen anderen Hof. Der Bauer fuhr bis Gießen aufs Landratsamt, um unseren Einzug zu verhindern. Dort haben sie ihn hinausgeworfen.«

Aus allen Berichten spricht fast völliges Unverständnis der Einheimischen für die Lage der Vertriebenen. Weder hatten sie eine Vorstellung, was diese mitgemacht hatten, noch waren sie gewillt, mit den unerwünschten Eindringlingen zu teilen. Der konfessionelle Gegensatz kam erschwerend hinzu. Von »Volksgemeinschaft« war nichts mehr zu spüren, sollte es sie je gegeben haben. Flüchtlinge waren »Fremde«. Geradezu erschreckend ist die Unkenntnis ihrer Geschichte und ihrer Herkunft und das Desinteresse daran.[4] Sie waren »Zigeuner«, »hergelaufenes Pack«. Nur dort, wo sie als Arbeitskräfte brauchbar waren, wurden sie immerhin als nützlich akzeptiert. Die Kinder mussten erleben, dass sie besonders unerwünscht, da unproduktiv waren; sie mussten sich geradezu als Last für ihre Mütter empfinden. Doch wird auch – wenngleich selten – Freundlichkeit und Großzügigkeit erwähnt und – vielleicht erst von heute aus gesehen – ein gewisses Verständnis für die Bevölkerung der Aufnahmegebiete geäußert. Wie haben die Kinder in den Aufnahmegebieten auf die »Fremden« reagiert? Im allgemeinen und zunächst so, wie es ihnen die Erwachsenen vorlebten. Aber sie machten auch eigene Beobachtungen:

Gerda M. (1931) in einem kleinen württembergischen Dorf: »Mit den Flüchtlingen kam eine fremde Welt in unser Dorf. Obwohl diese Menschen Deutsch sprechen konnten, klang dieses Deutsch fremdartig. Der Akzent des Landes, aus dem sie vertrieben worden waren, klang durch. Für viele alltägliche Dinge hatten sie auch andere Bezeichnungen. Als eine dieser Frauen im Laden (*ihre Eltern betrieben einen Laden*) ›Paradeiser‹ wollte, rätselte ich, kam aber nicht dahinter. Schließlich stellte sich heraus, ›Paradeiser‹ waren Tomaten. Zu Mais sagte diese Frau ›Kukuruz‹ und zu Quark sagte sie ›Topfen‹. Gerne erzählte sie aus ihrer Heimat. Vor etwa 200 Jahren seien ihre Vorfahren ausgewandert, also war dort ihre Heimat. Um die Hüften war die Frau sehr dick. Sie zeigte mir, wie viele Röcke sie übereinander angezogen hatte. Fünf Röcke übereinander, alle sehr weit und in der Hüfte gefasst, das heißt, die ganze Stoff-Fülle zusammengezogen. Sie sagte, das sei bei ihnen ein Zeichen von Wohlstand: dicke Frauen und viele Röcke übereinander.

In den Häusern wurde überprüft, ob ein oder zwei Zimmer für Flüchtlinge abgegeben werden können. Gemeinsame Küchenbenutzung wurde angeordnet. Doch nicht alle Flüchtlinge, die unser Dorf aufnehmen musste, konnten in den Häusern untergebracht werden. So wurden in der Nähe des Bahnhofes Baracken aufgestellt. Das waren vor allem kinderreiche Familien … Mit Fahrrad und Anhänger brachte ich ihnen die eingekaufte Ware. So sah ich, wie sie lebten. Eine Familie hatte sich ziemlich schnell sauber und gemütlich eingerichtet. In einer anderen Baracke herrschte ein Durcheinander, es war unordentlich und unsauber. In dieser Baracke klagte man über

Wanzen, die sich in den Ritzen der Bretterwände verkriechen, nachts aber herauskämen, um die Menschen zu plagen. Ob sie wohl die Wanzen in ihrem Gepäck mitgebracht hatten? Wanzen waren bis dahin bei uns unbekannt.«

Brigid A. (1934): »In Stubebach im Sudetenland lernte ich echte Flüchtlinge kennen; sie kamen wohl aus Schlesien oder Westpreußen. Eine Tochter ging in meine Klasse. Man hatte den Kindern die Köpfe geschoren, weil sie verlaust waren. Eva, die so alt war wie ich, also 11, schämte sich sehr und trug immer eine Art Turban aus blauem Samt. Ich musste lange betteln, ehe sie mir ganz heimlich ihren kahlen Kopf zeigte. Bei ihren Brüdern waren die Haare schon ein bisschen gewachsen, weil sie ihre Köpfe nicht zu verstecken brauchten, aber bei ihr nicht. Ob nur deshalb, oder weil sie Flüchtlinge waren, jedenfalls waren sie im Dorf und in der Schule völlig isoliert. Ich hatte mich mit Eva, die ein feines Kind war, angefreundet und erzählte ihr Märchen und selbst ausgedachte Geschichten. Aber wenn andere aus der Klasse dazukamen, schwieg ich. Noch heute habe ich ein Holzkästchen mit einem Edelweiß darauf, das mir Eva zum Andenken schenkte.«

Helmut H. (1937) in Deggendorf: »In der Schule war ein unwahrscheinlicher Wechsel, wir waren da z. T. 50 oder 60 Leute in einer Klasse. Für die Lehrer muss das ganz schlimm gewesen sein. Wir waren der alte Stamm, und ich weiß, einmal kam ich heim, dann hab ich gesagt: Ich bin noch der einzige Deutsche in der Schule, weil ich der einzige Bayer war … Die Flüchtlinge haben ja den schlesischen Dialekt gesprochen … Und sie waren evangelisch! Evangelische waren so viel wie Zigeuner … Für mich war das kein Thema, und meine Freunde waren Schlesier.«

Brigid A. und Helmut H. ließen sich nicht von der Fremdenfeindlichkeit anstecken; der konfessionelle Gegensatz, der die Feindseligkeit noch vertiefte, war für Helmut keiner, aber die Schlesier hielt er für Polen, Brigid störte sich nicht an Evas kahlem Kopf, aber beide waren sichtlich Ausnahmen. Gerda M. differenzierte zwischen »ordentlichen« und »unordentlichen« Flüchtlingen. Ob sich alle klar waren, dass Läuse und Wanzen nicht natürlicherweise zu den Flüchtlingen gehörten, sondern die Folge der mangelnden Hygiene auf der langen Flucht waren? In den oft unvorstellbar **primitiven Behausungen und Quartieren**, in denen die Flüchtlinge zum Teil über Jahre kampieren mussten, ließ sich das Ungeziefer schwer bekämpfen. Einige der damaligen Kinder schildern, wo und wie sie leben mussten, teils in Privatquartieren, teils in Barackenlagern, und wie **schwierig** die **Lebensverhältnisse** waren:

Lieselotte M. (1938), die mit Mutter und drei Geschwistern bei einem Bauern einquartiert war: »Wir hatten ein Zimmer mit elektrischem Licht, aber ohne Ofenanschluss, und eine Kammer mit Ofenanschluss, aber ohne Elektrizität, so dass der Arzt, der Ende 1947 kommen musste, die Mutter bei dem Schein eines Kerzenstummels untersuchen musste. Wenn wir abends aßen, wurde das Ofentürchen geöffnet, damit wir das Essen auf dem Teller überhaupt sehen konnten. Danach hat unsere Mutter stundenlang mit uns im Dunklen Rosenkranz gebetet, bis wir ins Bett gehen konnten. Zum Frühstück kochte meine Mutter uns Mehlsuppe. Dazu gab es ein Stück trockenes Brot. Um halb sieben zogen wir los in die Frühmesse. Dann ging es zur Schule. Dort bekamen wir in der Pause heiße Suppe mit Rosinen von der Schulspeisung.«

Maria P. (1928) kam nach der Internierung in Dänemark mit Mutter, dem gelähmten Vater und zwei jüngeren Brüdern ins Schwabenland, in die Nähe von Biberach auf einen Bauernhof. Sie wurden in ein winziges Häuschen einquartiert:

»Es ist ein ›Puppenhaus‹. Durch die niedere Tür kommt man sogleich in die Küche (3x3 m), dann nach links in ein Stübchen (3x3 m) und von da in einen längeren Raum (3x6 m), also das ganze Haus 6x6 Meter groß. Von der Küche geht eine Treppe nach oben zu einem Bodenraum und noch einem Kämmerchen. Ein Keller ist nicht vorhanden. Das Plumpsklo ist außen an den oberen Giebel angebaut. In der Küche ist ein Kohlenherd und ein Spülstein mit Wasserhahn. In der kleinen Stube steht ein großer eiserner Ofen und eine kleine wackelige Bank ohne Lehne. Sonst ist das Haus leer, ohne Möbel. Das ist für uns zunächst nicht wichtig. Die Freude, hier für uns allein wohnen zu dürfen, ist überwältigend: ein Flüchtlingsparadies!«

Es waren nicht so sehr die Beengtheit und Unbequemlichkeit, die Kinder quälten, sondern eher der Hunger und das Frieren, der Vergleich mit dem Leben der Bauern[5] und die Erinnerung an früher. Sie bekamen ständig zu hören und zu spüren, dass sie Menschen zweiter Klasse waren. Und sie hatten es ungleich schwerer als die Einheimischen, unter den Mangelbedingungen der Nachkriegszeit allein das physische Überleben zu sichern.[6]

Christine S. (1934) war als Berlin-Evakuierte mit Mutter und jüngerer Schwester ins Allgäu geraten. Der Vater war Offizier gewesen und jetzt interniert:

»In Binswangen, einem Dörfchen bei Sonthofen, wurden uns bei einem Bauern Schlafzimmer und Küche zugewiesen. Meine kleine Schwester konnte gottlob wieder im Kinderheim auf dem Berg sein … Wir froren jämmerlich, denn geheizt wurde die kleine Wohnung durch den Herd (auf zwei Beinen) mit Holz. Nachts im Bett spürten wir auf unseren Gesichtern den Windzug der oberhalb unserer Köpfe hinhuschenden Mäuse. Als eingewiesene ›Preißn‹ und dazu noch evangelisch waren wir vielem Hass und großer Ablehnung ausgesetzt … Meine Mutter wurde bettlägerig. Die herbeigerufene Ärztin war entsetzt und eilte wütend zu der Bauersfrau. Sie erklärte ihr, dass in ihrem Haus unten eine Frau verhungert – bei ihrem Tode würde das sehr unangenehm für sie. Auf einmal bekamen wir jeden Tag einen halben Liter Milch (sie hatten etwa 40 Kühe im Stall) und ab und zu eine Scheibe Brot oder einen Rest

Essen … Ansonsten sammelte ich Holz, Beeren, Knöterich, Pilze, und wir probierten alles mögliche, auch Unbekanntes, zu essen.«

Aus dem Tagebuch von Siegfried S. (1930), der mit Mutter und Schwester aus Breslau fliehen musste[7] und in Frauenstein in der Sächsischen Schweiz noch verhältnismäßig gut untergebracht war. Das Essen spielt in den Sommermonaten 1945 die beherrschende Rolle in seinen Aufzeichnungen. Er hat sie erst kurz nach der Flucht aufgeschrieben, deshalb schreibt er in der Vergangenheit.

»26.4.45: Herbert, Dieter und ich hatten einen Bund abgeschlossen. Wir wollten unseren Feinden (das heißt denen, die uns so herablassend behandelten und uns nichts Gutes gönnten (*gemeint sind die Einheimischen*), so viel wie möglich Schaden zufügen und uns dagegen das Leben so leicht wie möglich machen. Heute gingen wir also in den Wald und suchten Holz. Wir brachten drei Säcke voll zusammen. Dann turnten wir vom Boden aus zur Scheune. Und nahmen (stahlen) uns gutes Holz von dort. Es war in rauer Menge vorhanden. Mutti wusch im Waschhaus. Wir gingen sie öfters besuchen und nahmen (stahlen) uns von den dort liegenden Kartoffeln. Ja, so weit trieb uns der Hunger. Zwischen uns *Flüchtlingen* (was immer besonders betont wurde) und den anderen war ein krasser Unterschied. Während wir wussten, was Hunger ist, lebten die anderen in Saus und Braus und wussten nicht, was Krieg ist. Trotzdem kommen sie sich sehr bemitleidenswert vor.«

Sie konnten im Juni schließlich Pferdefleisch ergattern:

»13.6.45: Es gab nun meistens zu Mittag Pferdefleisch und zum Abend Mehlsuppe. Aber satt war man nie. Es ist nun schlimmer als zu der früheren Zeit (23.3.45 – 5.5.45), trotzdem wir da schon dachten, es ginge nicht schlimmer. Frühstück haben wir schon ganz abgeschafft, und wenn wir das Pferdefleisch nicht hätten, gäbe es auch kein Abendbrot. An dem Geburtstagsgeschenk für Mutti machte ich auch nichts mehr. Man war förmlich zu schwach. Ich lag den ganzen Tag auf dem Bett. Nicht nur mir ging es so, sondern allen. Vor einem Geschäft stand eine Waage: Dort ließen wir uns wiegen … Auf der Tabelle stand, dass eine männliche Person mit 14 Jahren 41 ¾ kg wiegen müsste, und ich wog mit 14 ½ Jahren 28 kg.

27.7.45: Da wir wieder hungrig waren, beschlossen Dieter und ich, uns irgend etwas zu essen zu beschaffen. Wir gingen an ein Weizenfeld und nahmen uns Ähren, deren Körner wir fortwährend förmlich fraßen.«

Aber es war durchaus nicht so, dass diese geschwächten Flüchtlingskinder mit den grausamen Fluchterfahrungen immer nur gelitten oder lamentiert hätten. Sie waren und blieben Kinder, die alles, was sich an Erfreulichem bot, genossen und Gelegenheiten zum Spielen, auch zu spannenden Unternehmungen, suchten und fanden. Das ländliche Leben, den Umgang mit Tieren, auch die zeitweilige Freiheit von der Schule, haben viele sogar als schöne Zeit empfunden. Sie teilen diese Erinnerungen mit den glücklichen Kindern, für die der Krieg von Anfang bis Ende nur ein fernes Erdbeben gewesen war. Einige fühlten sich auf den Bauernhöfen wieder an die heimischen Lebensverhältnisse erinnert und schildern die Erlebnisse ganz ähnlich.[8] Es soll auch nicht unterschlagen werden, dass es gute Beziehungen zwischen Flüchtlingen und Gastgebern gab, gegründet auf gegenseitigem Respekt. Bemerkenswert ist, dass die meisten Flüchtlinge, die mir berichtet haben, von ihrer Ankunft irgendwo in den Westzonen berichten. Zu entscheiden, ob sich die Aufnahme in der sowjetisch besetzten Zone davon grundsätzlich unterschied, dafür reichen meine Unterlagen nicht aus. Es durfte ja – mit Rücksicht auf die »sowjetischen Freunde« – dort keine »Flüchtlinge« geben, sondern nur »Umsiedler« oder später »Neubürger«. Und selbstverständlich – so wollte es die Propaganda – wurden sie freundlich empfangen. Ich kann das weder bestätigen noch widerlegen, allerdings ist schwer vorstellbar, dass die Menschen in West und Ost so unterschiedlich reagiert haben sollen. Öffentlich durfte Ablehnung natürlich nicht gezeigt werden, und auch die Lehrer in der Schule wurden sicher angehalten, die Schüler entsprechend zu beeinflussen. So erklärt sich wohl auch das folgende Zeugnis, das völlig aus dem Rahmen fällt:

Hans B. (1927) in Cottbus: »Es gab Menschen, die uns völlig fremd waren, die aus den Gebieten jenseits der Neiße aus Schlesien vertrieben waren. Sie wurden selbstverständlich freundlich und mit großer Bereitschaft von uns aufgenommen – das kennzeichnete überhaupt die ganze Zeit. Das menschliche Miteinander während dieser Zeit war sehr positiv, sehr wohlwollend, und das ist eine wichtige Feststellung.«[9]

Von einem guten Verhältnis berichtet auch Eleonora Schwella (1934) in Endsee bei Rothenburg o.T.:

»Die ersten Monate, die wir in Endsee verbrachten, waren die erbärmlichsten und ärmsten unseres ganzen Lebens. Täglich zog uns der Küchenduft der Bauernfamilie in die Nase. Zur Vesperzeit saßen alle, Bauern, Knechte und Mägde, um den großen Tisch in der Diele und verzehrten ihr Brot, Schinken und Most. Da der Weg aus dem Haus stets durch diese Diele führte, blieb uns dieser Anblick nicht erspart. Um all die schönen Dinge nicht sehen zu müssen, wandten wir unseren Blick im Vorbeigehen gern nach der anderen Seite. Ich bin überzeugt, dass unsere Bitte nach einem Stück Brot oder Schinken nicht abgelehnt worden wäre, denn wir hatten das Glück, bei besonders verständnisvollen und entgegenkommenden Bauern einquartiert zu sein. Doch es lag uns fern, dieses Wohlwollen uns ›Eindringlingen‹ gegenüber auszunutzen. Wir empfanden dieses gegenseitige Vertrauen als sehr wohltuend. Während all der Zeit, in der wir in diesem Hause lebten, hat es nie Zerwürfnisse irgendwelcher Art zwischen uns gegeben.«[10]

Jobst Schöner (1935) und seine Familie kamen schließlich nach Bietigheim in Württemberg:

»Knapp drei Monate nach unserem Einzug fiel ein Mitschüler meiner Schwester in die Enz. Meine Mutter schnitt alle Blumen im Garten ab und brachte sie zu den trauernden Eltern des Jungen. Von da an bekamen wir Milch im Milchladen, Brot beim Bäcker, und im Krämerladen sagte eine Frau zu meiner Mutter: ›Mir hänn scho gmerkt, dass ihr rächte Leit sind un koine Flichtling!‹ Auf Hochdeutsch: ›Wir haben schon gemerkt, dass ihr rechtschaffene Leute seid und keine Flüchtlinge.‹ Das war unsere Integration.«[11]

Die Privatquartiere reichten für die Millionen von Flüchtlingen längst nicht aus. So wurden sehr viele in schon bestehenden oder neu errichteten **Lagern** untergebracht.[12] Genaue Zahlen über Anzahl und Belegung der Lager fehlen. »Die lückenhafte Statistik in der Bundesrepublik weist noch 1955 3.008 kriegsbedingte Lager aus. Mit 1.907 hatten die Wohnlager den größten Anteil daran. In ihnen lebten fast eine Viertelmillion Flüchtlinge und Vertriebene.«[13] In der sowjetisch besetzten Zone gab es zum Jahresende 1945 625 Lager mit nahezu 500.000 Flüchtlingen.[14] Das Lagerleben zog sich oft über Jahre hin. Noch 1950 hatten nicht mehr als 22 Prozent der Vertriebenenhaushalte eine Wohnung für sich allein.[15] Es gibt inzwischen einige sehr anschauliche, reich bebilderte Publikationen über diese Lager.[16] Was haben die Kinder selbst über ihr Lagerleben zu berichten? Es waren besonders viele Kinder in den Lagern, weil kinderreiche Familien schwer in Privatquartieren unterzubringen waren. Im Vergleich zu dem, was sie auf der Flucht mitgemacht hatten, konnten sie sich im Lager zum mindesten vor feindlichen Gewaltakten sicher fühlen. Sie bekamen einen Schlafplatz und auch etwas zu essen, wenn auch längst nicht immer ausreichend.

Margarete P. war mit Bruder, Mutter, Großeltern und Tante auf Umwegen aus ihrer Heimat in Hinterpommern 1947 nach Schleswig gekommen. Dort wurden sie in der Moltke-Kaserne untergebracht.

»In der Kaserne angekommen, wurden wir auf die Quartiere verteilt. Wir wurden in Block IV/Zimmer 4 untergebracht. Wir waren 14 Personen. Unser Zimmer war etwa 16 Quadratmeter groß. Hier mussten wir uns nun alle einrichten. Uns wurde Stroh zur Verfügung gestellt, Decken wurden wohl auch geliefert, denn wir hatten ja nichts. Nachts wurde das Stroh ausgebreitet, die Decken darüber, und jeder hatte seine Schlafstelle. Am Tage wurde das Stroh dann so weit wie möglich zusammengefegt, Decken drum herum und als Rolle an die Wand gelegt … Wir haben gewiss sehr viel entbehrt. Nur, wir waren in keinerlei Hinsicht verwöhnt. Wir Kinder haben, ich glaube, ich kann das im Namen vieler Betroffener sagen, diese Zeit in der Moltkekaserne mehr als ein Abenteuer bewältigt. Wer wirklich am meisten gelitten hat, das waren unsere Eltern – oft ja nur die Mütter – und die Großeltern.

Der erste Sommer war sehr nass und ungemütlich. Im Winter wurde es noch schlimmer, denn wir hatten zwar einen gusseisernen Ofen im Zimmer, aber keine Feuerung. Mein Großvater ist dann – wie alle anderen auch – zum Holzsammeln und Stubbenroden in den Wald gegangen. Einer musste immer mitgehen, oft war ich es. War das Roden schon eine schwere Arbeit, so war das Nachhausetragen nicht minder schwer. Mein Großvater war ja auch nicht mehr der Jüngste ... Das Holz war mit Eis bedeckt. Lagern konnte man das kostbare Gut nur im Zimmer. Hier fing das Eis dann an abzutauen, und es floss immer ein kleines Bächlein ... Es gab im Keller zwei Toiletten und auf dem oberen Flur zwei, für ca. 120 Personen! Jeder Familie wurde im Laufe der Zeit ein kleines Stückchen Kellerraum zur Verfügung gestellt. In einem der Keller wurde eine Waschmöglichkeit eingerichtet. Wir alle wuschen uns in dem Raum, in dem wir lebten. Vor Block IV standen drei große Betonwaschbecken. Hier hatten sich wohl die Soldaten gewaschen. Sie wurden auch zum Wäschewaschen genutzt ... Die drei anderen Blocks waren wesentlich größer, und dort lebten entsprechend mehr Menschen ... Ich habe keine böse Erinnerung an mein erstes Einleben in Schleswig, wir waren uns ja auch selbst genug in der Kaserne. Wie viele Kinder mag es damals wohl da gegeben haben, lebten doch immerhin mindestens 3000 Menschen in diesem Lager? Ein großer Teil davon waren Kinder, die Väter waren ja meistens noch gar nicht aus dem Krieg zurück.«

Sie erzählt dann noch von allen möglichen Sammelaktionen von Ähren und Bucheckern, Eicheln, Kastanien und Pilzen, vom Kartoffelstoppeln. Im Herbst 1945 begann dann auch die Lagerschule. Auch da waren die Flüchtlingskinder unter sich. Sie zählt die Lehrer namentlich auf und sagt: »Diesen Lehrern verdanken wir alle mehr, als man sich vorstellen kann.« Es gab dann auch Schulspeisung; die Lagerverpflegung hörte auf; die Menschen fingen an, sich selbst zu versorgen und mittels einer »Brennhexe«, hergestellt aus einer riesigen Blechdose, auch für sich selbst zu kochen. Es gab Schulausflüge und Gottesdienste, eine Schulaufführung zu Weihnachten.

»Es wurde manchmal auch Kaspertheater aufgeführt. Das war für uns Kinder mit das Schönste, denn so etwas hatten wir noch nie gesehen ... Zu den Sonderzuteilungen gehörte auch einmal die Zuteilung von Schuhen. Es sollten nur diejenigen drankommen, die wirklich keine mehr hatten. Dazu gehörte auch ich. Da waren viele Schuhe zum Aussuchen, darunter auch ein Paar schwarze Lackschuhe. Wie gerne hätte ich die genommen! Ich wusste jedoch, dass es nicht die richtigen waren. Sie sollten ja auch den Winter überstehen. Also nahm ich ein Paar weniger schöne. Wie die aussahen, weiß ich nicht mehr, aber die schwarzen Lackschuhe sehe ich noch heute.«

Im Laufe der Jahre schrumpfte die Einwohnerzahl der Moltkekaserne allmählich. »Jeder versuchte, irgendwo Arbeit zu bekommen ... Einige der Bewohner machten sich daran, mit Hilfe des Lastenausgleichs ein kleines Häuschen zu bauen.« Ihr Großvater war zu stolz, den Lastenausgleich, den er als Almosen bezeichnete, anzunehmen. Die Mutter konnte es alleine nicht schaffen. Schließlich bekamen sie in der Kaserne ein eigenes Zimmer, das sie mit den Großeltern teilten. Sie musste im selben Zimmer ihre Schulaufgaben machen. Auch Wanzen mussten sie bekämpfen.

»Ich hatte morgens kleine Einstiche, die sich im Laufe des Vormittags zu kleinen oder größeren roten Beulen auswuchsen und erst im Laufe des Tages wieder abschwollen. Am nächsten Tag waren dann neue da. Das war für mich eine schlimme Zeit, denn ich besuchte damals schon die Mittelschule und wurde oft auf diese Beulen angesprochen … In diesem Raum wurde natürlich auch gelebt, gekocht, gewaschen, gespielt und geschlafen. Die Toiletten waren in der Mitte des großen Flures gemcinsam für alle Bewohner dieses Flures … Am 26. Januar 1961 bekamen wir unsere erste eigene Wohnung, mit Bad, in der Stettiner Straße.«[17]

Theresia Mauritz (1934) war mit Schwester, Eltern und Großeltern aus India im ehemaligen Jugoslawien über mehrere Durchgangslager in ein Lager bei Regensburg gekommen, wo der Vater in einer Fabrik Arbeit finden konnte. Sie lebten dort acht Jahre in Baracken. Die Mutter bekam im Lager noch ein Baby:

»In den Baracken waren Zwangsarbeiter aus Litauen untergebracht gewesen, die während des Krieges in der Fabrik arbeiten mussten. Wegen der Bombenangriffe waren die Holzbauten auf einer Waldlichtung und am Waldrand aufgestellt worden. Als dann eine ganze Baracke mit zwei Wohnungen leer war, zogen die Eltern mit den Großeltern und den Kindern in eine Hälfte, und Onkel, Tante und ihr Sohn und eine bekannte Frau mit ihrer Tochter in die andere Hälfte der Baracke ein. Der Winter 1945/46 war sehr streng. In den Baracken hatte man kein trockenes Heizmaterial. Das Holz musste zuerst auf der Herdplatte getrocknet werden, um es anschließend verheizen zu können. Die Außenwände waren auch nicht ganz dicht. Unter dem Fenster waren breite Ritzen, so dass die Sonne in die Stube scheinen oder der Wind hereinblasen konnte.

1a. Die Baracke der Familie M.

Da Vater jeden Tag in die Fabrik ging und die großen Mädchen ab Herbst wieder die Schule besuchten, nor-

1b. Teresia M. mit Schwester im Flüchtlingslager

malisierte sich das Leben verhältnismäßig schnell. Die Mutter hatte mit dem Haushalt und den zwei kleinen Kindern zu tun. Aus Autoreifen wurden Sandalen hergestellt, aus Blechdosen Gebrauchsgegenstände für die Küche … Den Unterhalt für sich und die Familie mit ehrlicher Arbeit zu verdienen, war nicht besonders attraktiv. Leute, die sich nur mit Schwarzhandel befassten, waren meist besser dran. Für eine amerikanische Zigarette wurden fünf Reichsmark verlangt. Das war genau der Lohn, für den ein Arbeiter in der Fabrik einen ganzen Tag arbeiten musste. Der Vater sagte daher oft, er arbeite für nur eine Zigarette im Tag, und das wurmte ihn.«

Er reparierte nebenbei auch Uhren. Als Werkstatt diente der Küchentisch. Da die Baracke auf Pfosten stand, vibrierte der Fußboden mit dem Tisch bei jedem Tritt. Wenn die Kinder in der Küche umhergingen und der Vater gerade mit feinen Reparaturarbeiten beschäftigt war, gingen ihm manchmal auch die Nerven durch und er schrie sie an. Den Wohnraum konnte die Familie schließlich vergrößern, indem sie noch eine kleinere Baracke dazukaufte und neben die große stellte.

»Die Fabrik verkaufte alle Baracken an die Bewohner. Man machte die Behausung wetterfester. Außen wurden Platten und Putz angebracht … Ein Schuppen wurde noch angebaut, in dem man das Brennmaterial unterbringen und im Sommer Schweine halten konnte. Nur ganz frostsicher waren die Baracken immer noch nicht. Wenn man Kartoffeln einkellerte, mussten sie unter den Betten gelagert werden, damit sie nicht erfroren. Im Schlafzimmer bildeten sich im Winter oft Eiskristalle an der Außenwand. Da musste man schon unter die Decke kriechen, um nicht zu frieren. Die sanitären Verhältnisse waren auch nicht gerade befriedigend. Das Wasser musste vom Brunnen herangetragen werden. Im Winter war die Pumpe oft eingefroren, dann musste man das Wasser mit Strick und Eimer heraufziehen. Dabei wurde die Flüssigkeit teilweise verschüttet und fror zu einer Eisfläche. Eine besondere Waschgelegenheit im Sinne eines Bades gab es nicht. Man hatte eine Wanne, in der die Wäsche gewaschen wurde und die auch als Badewanne diente. Das Abwasser wurde neben die Baracke geschüttet. Vom Dorf bis zu den Wohnungen war es ein ganz schönes Stück zu laufen. Nachdem die Fabrik die Baracken verkauft hatte, erlosch ihr Interesse, die Wege instand zu halten. Es war schon ein Kunststück, mit einigermaßen sauberen Schuhen bis ins Dorf zum Einkaufen oder zum Zug zu kommen.«[18]

Die einheimischen Kinder kamen mit den Lagerkindern in Kontakt, die kleineren hatten dabei keine Berührungsängste. Margit B. (1942), die das Haus voller Flüchtlinge hatte:

»Als kleines Kind bekam ich nun viele Spielgefährten, die vorher kaum vorhanden waren. Mir war es völlig gleich, was für Kinder das waren. Oft genug hatten sie nicht passende Schuhe, gestopfte und geflickte Kleidchen. Ihr neues Zuhause war ärmlich genug. Sie lebten erst einmal in Nissenhütten und Baracken, denn unsere Kleinstadt (*Wertheim/Main*) hatte keinen Wohnraum mehr für die vielen Menschen, die nun kamen. Die böhmischen Zwetschgenknödel habe ich heute noch in bester Erinnerung. Die Mütter haben mit Fantasie Puppen aus Wolle und Stroh gebastelt. Wir haben Verstecken und Hasch-mich gespielt, an der Tauber Fische gefangen, Sauerampfer gegessen, wilde Beeren genascht, im Sommer große Margeritensträuße für unsere Mütter gepflückt, auf den winterlichen Eisschollen des Mains balanciert, Schlitten gefahren. Wir waren fröhliche kleine Kinder. Die Erlebnisse der Flucht waren nie Gegenstand, auch nicht bei den Erwachsenen. Wir waren reich an Fantasie und Entdeckerlust.«

Die Flucht brachte für die meisten zunächst einen **sozialen Abstieg**; das bedrückte auch die Kinder, weil sie merkten, dass die Eltern darunter litten. Oft ging die Suche nach einer Arbeitsmöglichkeit mit wirtschaftlicher Sicherheit noch lange weiter. Für die Kinder bedeutete das ein unstetes Leben und häufigen Schulwechsel. Am meisten bekamen die Kinder in der **Schule** zu spüren, dass sie Flüchtlingskinder waren. Sie waren der Ausgrenzung, dem Spott und der Diffamierung durch die Schulkameraden ausgesetzt. Das begann schon im **Kindergarten**. Die einheimischen Kinder waren ja nur die lautstarken Sprachrohre ihrer Eltern. Joachim O. (1941) war schon in Niederbayern nicht gerne in den Kindergarten gegangen, weil er immer »der Flüchtling« war und die Kinder eine andere Sprache sprachen. Sein großer Bruder half ihm. Sie kamen dann nach Göppingen ins Schwabenland:

»In Göppingen war ich wieder der Flüchtling. ›Wo kommsch en her? Wo kommsch en her?‹ Und dann hab ich gesagt: ›Aus Lauban.‹ ›Wo isch denn des? Wo isch denn des?‹ Sag ich: ›Bei Görlitz.‹ Und da hatte ich einen, der war immer sehr frech zu mir. Und dann hab ich gesagt: ›Du, ich hab 'nen großen Bruder.‹ Und der ist mal mitgegangen und hat ihm dann auf der Straße rechts und links eine geknallt. Dann war Ruhe. Aber ich hab eigentlich sehr unter diesem Ganzen gelitten.«

Volker Issmer (1943), aus Schlesien in den Landkreis Osnabrück gekommen: »Ich bin auf der evangelischen Volksschule gewesen, bestehend aus zwei Klassenräumen, in denen jeweils vier Jahrgänge gleichzeitig unterrichtet werden, und zwar von insgesamt zwei Lehrern ... Die katholische Volksschule befindet sich neben der Kirche im alten riesigen Klostergebäude und hat viele Räume und Lehrer und natürlich auch viel mehr Schüler als unsere Schule – es ist die Schule der ›Einheimischen‹, wir ›Evangelischen‹ sind fast ohne Ausnahme Flüchtlingskinder. Zwischen uns herrscht eine starke Abneigung, generell jedenfalls – es gibt Ausnahmen bei den evangelischen oder Flüchtlingskindern, die mitten im Ort wohnen, gut Fußball spielen können und deren Eltern (Väter) etwas darstellen ... Andere dagegen haben es schwer, wie etwa ich: von außerhalb kommend, kaum mal im Ort anwesend (mit Ausnahme des Schulbesuchs am Vormittag), kein guter Fußballspieler, ziemlich armselig, schäbig gekleidet. Eine lange Zeit lauern mir jeden Mittag größere Schüler aus der katholischen Schule auf: eine ganze Gruppe, ... verhöhnen und schlagen mich. Sie stellen mich irgendwo, dann umringen sie mich, dass ich nicht weglaufen kann, und dann stellt sich einer – manchmal machen sie es der Reihe nach – vor mich hin und schlägt mich, meist ins Gesicht, Ohrfeigen. Aber nicht sofort. Erst reden sie nur, zwingen mich anzuerkennen, dass ich die Ohrfeigen, die dann kommen, ›verdient‹ habe. Habe ich mich je zur Wehr gesetzt? Ich meine mich zu erinnern, dass ich wenigstens einmal versucht habe zurückzuschlagen, weiß es aber nicht mehr genau. Ich habe ungeheure Angst vor diesen Jungen, schlafe schlecht, es quält mich den ganzen Tag über, ich überlege, wie ich ihnen entgehen kann und mache die weitesten nur irgend möglichen Umwege, um sie nicht zu treffen. Ich habe auch ganz starke Hassgefühle, stelle es mir vor, wie es wäre, wenn ich sie töten könnte. Irgendwann verliert sich das Verfolgen – die Abneigung gegen die ›katholischen Einheimischen‹ bleibt.«[19]

Hannelore R. (1938): »Es gab viele Dinge des täglichen Gebrauchs, die andere Kinder hatten und wir (*die Flüchtlingskinder*) eben nicht. Damit mussten wir leben. Zopfspangen waren so ein begehrter Gegenstand, der nicht zu bekommen war. Noch viele Jahre trugen wir Kleidung, die uns irgend jemand geschenkt hatte oder die aus alten Sachen angefertigt war. Nur ab und zu gab es einen Bezugschein für Kleidung. Wie glücklich war ich, als für mich ein Kleid dabei heraussprang. Es war so groß, dass man einen 15 cm breiten Saum umnähen musste ... Selbstverständlich liefen wir im Sommer barfuß oder barfuß in ›Holzkläppern‹ ... Spielsachen durften wir von anderen Kindern mit benützen. Oma und Opa Winkler hatten in Schlesien eine Puppenklinik betrieben, da wurden ab und zu auch Puppen zur Reparatur gebracht. Mein sehnlichster Wunsch war eine eigene Puppe. Oma bastelte mir eine aus Einzelteilen zusammen. Ich lernte aus Stoffresten Kleidchen zu nähen ... Irgend jemand besaß auch einen Ball, wir durften mitspielen. Bei den Schulutensilien machte es sich unangenehm bemerkbar, dass wir Mangel hatten. Während die Mitschüler alle noch Schiefertafeln besaßen von vor dem Krieg oder von älteren Geschwistern, musste ich mich mit einem einfach linierten Heft und einem Tinten-Bleistift begnügen, den man nicht ausradieren konnte. Ich hatte zudem sowieso keinen Radiergummi.«

Der Lehrer war eine Schlüsselfigur. Die Lehrer waren entweder sehr jung oder schon recht alt, weil für die vielen Gefallenen Pensionäre eingestellt werden mussten. Die Heimkehrer waren selbst durch den Krieg geschädigt, die meisten durch vorausgehende Kriegserfahrungen belastet. Das machte sie einerseits mitfühlend, andererseits aber auch hart und ihrerseits empfindlich. Die Klassen waren sehr groß: 60 und mehr Kinder in einem Raum waren keine Seltenheit, die Lehrer waren rein disziplinär überfordert und konnten sich schon deshalb nicht besonders um die Kinder kümmern, die große Lücken hatten. Eine seelische Betreuung, die gerade die Flüchtlingskinder gebraucht hätten, war fast ausgeschlossen. Die Prügelstrafe war weiterhin üblich.[20] Unterrichtsmittel gab es so gut wie keine, Hunger und Kälte behinderten zusätzlich einen normalen Unterricht. Die Lehrer teilten oft mit der übrigen Gesellschaft die Vorbehalte und Vorurteile gegenüber den Flüchtlingen. Manche waren ausgesprochene Sadisten. Andere ließen sich durch Naturalien bestechen, aber diese konnten die Flüchtlingskinder natürlich nicht bieten. Einige aber halfen, so gut sie konnten. Ein einziges aufmunterndes und Mut machendes Wort konnte sehr viel bewirken. Mathias Kleinert erinnert sich, dass sein Klassenlehrer zu ihm, dem Flüchtlingskind, einmal sagte: »Aus dir wird schon etwas Rechtes.« Das hat er sein Leben lang nicht vergessen, und es hat ihm Auftrieb gegeben.

Manfred B. (1939) aus Soldin: »Ich hatte in der Schule Probleme in den ersten Jahren, weil ich einfach seelisch belastet war. Ich war kein guter Schüler. Und wir hatten einen Lehrer, der dann Rektor geworden ist, der hat mich gefördert, und ich hatte das Gefühl, ich bin jemand, ich kann was. Da hab ich unbewusst etwas abgelegt, weil ich jemand hatte, der meine Leistung anerkennt. Und im 6. oder 7. Schuljahr war ich Klassenbester … Wir hatten eine neue Schule bekommen, wir hatten einen Werkraum, und dieser Lehrer hat Werkunterricht gegeben. Und ich weiß heute noch das Schlüsselerlebnis: Wir haben gebastelt, einen Traktor, und ich hatte eine Säge, eine uralte Säge, die nicht richtig funktioniert hat, da läuft sie doch so aus dem Ruder. Und wo ich halb durch war, da denk' ich, Mann, das geht nicht. Hab rumgedreht und hab von der anderen Seite gesägt, und jetzt ging das so spitz zu, und das war mein Kühler. Und das hat der Lehrer gesehen und hat gesagt, schaut her, so sieht ein Kühler aus. Und von diesem Tag an habe ich mich in der Werkkunde durchgeschafft. Ich hab später mein Haus selbst gebaut, ich mache alles mitsamt den Enkeln, die bringen ihr Spielzeug, ich mach alles.«

Gudrun T. (1940) hat es aus Schlesien in die Hamburger Gegend verschlagen: »Im März komme ich knapp sechsjährig zur Schule im Dorf Lemsahl … Nach dem ersten Aufatmen nach der Rettung folgt dann die Auseinandersetzung mit dem ›Fremdsein‹. Die Hamburger Einheimischen sind natürlich alles andere als erfreut über uns Flüchtlinge. Genau wie heutzutage fürchten vor allem immer gerade die gut Gestellten, dass ihnen alles abhanden kommt, während die Ärmeren Verständnis haben und teilen können. Rein sprachlich schon unterscheiden wir uns, ich spreche Schlesisch, meine Brüder eher Hochdeutsch. Wir kennen viele Ausdrücke nicht, sagen ›Stulle‹ statt ›Schnitte‹,‹Semmel‹ oder ›Schrippe‹ statt ›Rundstück‹, ›Mohrrüben‹ statt ›Wurzeln‹. Ich werde ausgelacht. Die Mädchen in meiner Klasse tragen im Winter Röcke oder Kleider, darunter Trainingshosen. Ich aber muss grässliche lange braune, kratzende Strümpfe, an Leibchen angeknöpft, anziehen. Trainingshosen besitze ich nicht, und meine Mutter kennt kein Erbarmen. ›Wir müssen uns nicht nach den anderen richten.‹ Wie herrlich ist es im Frühling, wenn wir mit ihr ringen können, ob die Temperatur der Frühlingssonne schon ein Umsteigen auf Kniestrümpfe erlaubt. (*Sie muss in eine neue Schule wechseln.*) Für mich, die ich mich nach den vielen Trennungen in meinen ersten Lebensjahren mühsam in Lemsahl eingelebt habe, ist das ein Problem. Meine Mutter trifft sich mit der Lehrerin, Frl. W., Ende 20, und mir zum Vorgespräch … Wie sich erst später herausstellt, denkt sie, dass ich leistungsmäßig durch die andere Schule im Rückstand und überhaupt ein bisschen blöd bin, nur weil ich geängstigt durch alle Kriegserfahrungen und sehr gehemmt bin. In Wirklichkeit bin ich der neuen Klasse voraus, weil wir schon Schreibschrift gelernt haben, während die andern noch Druckschrift schreiben, so dass ich damit durcheinander gerate … Frl. W. hat durchaus unterschiedliche Seiten. Sie ist sicher äußerst überfordert, denn in der schülerreichen Klasse gibt es viele Flüchtlingskinder[21] und Kinder ausgebombter Familien, die Traumata erlebt hatten und dadurch Probleme, Irritationen und Verhaltensschwierigkeiten aufweisen. Sie greift zu disziplinarischen Lösungen, schlägt des öfteren, besonders einen sehr aggressiven Jungen, und schleudert ein – vermutlich sehr vernachlässigtes – Mädchen wütend und zu meinem Entsetzen über das Pult, hat wenig Einfühlungsvermögen bzw. ist verhärtet. Wie sie später erzählt, musste sie u. a. nach dem großen Hamburger Brand 1943 verkohlte Leichen von Eltern einiger ihrer Schülerinnen identifizieren. Andererseits ist ihr Unterricht sehr lebenspraktisch, wie es mir gut gefällt … Sie hat ein Motivierungs- und Belohnungssystem für gute Mitarbeit eingeführt, nämlich kleine Kärtchen mit einer 1 darauf, sogenannte Pappeinsen. Für zehn Kärtchen gibt es ein kleines Geschenk. Wegen meines so angestrengten Bemühens erhalte ich im Laufe der Zeit etliche Kärtchen und Geschenke, was wohl ihre Einstellung mir gegenüber allmählich verbessert. Eine winzige grüne Vase habe ich noch.«

Gertrud P. (1932), die schon öfter von ihrem und ihrer Familie traurigem Schicksal berichtet hat:[22] »Ende Oktober 47 sind wir dann nach Görlitz, der deutsch-polnischen Grenzstadt an der Neiße, gekommen. Und wir mussten dann alle zusammen in die Schule gehen. Und da war da schon Frost. Mein Bruder war bis dahin noch gar nie in die Schule gegangen und ich nur 4½ Jahre, meine Schwester auch noch nicht weiter, und dann, das werde ich auch nie vergessen, wie wir in die Schule kommen. Da stehen wir so da wie die armen Lazarusse, keine Schuhe, barfuß. Sagt der Lehrer: ›Ja. Wo kommt ihr denn her? Wir haben ja schon viele Flüchtlinge hier in der Klasse, aber so, wie ihr ausseht!‹ Solche hätte er doch noch nicht gesehen. ›Ja, wie alt bist du?‹ Dann hab ich gesagt 15, und er hat gesagt: ›Könnt ihr auch schon rechnen?‹ Wir haben kein

Wort rausgekriegt. ›Wenn euer Vater zehn Schafe hat, und er stellt noch zwei dazu, wie viele hat er denn da?‹ Da haben wir kein Wort rausgekriegt (*sie lacht*). Wir standen alle drei da. Ja, und dann hieß es, der kleine Bruder, der müsse in so eine Klasse und meine Schwester in eine andere Klasse, und ich sollte in dieser Abschlussklasse bleiben. Aber Abschluss haben wir keinen gehabt. Wir sind dann gegangen. Dann hat er zu der Klasse gesagt: ›Kinder, schaut euch mal an, die Kinder, wie die aussehen. Geht ihr mal heut nach Hause und sagt euren Eltern, eurer Mutter, dass ihr da solche Kinder heute in der Klasse gekriegt habt, die im Oktober, Ende Oktober barfuß gehen und kein Kleid haben und so.‹ Am anderen Tag sind die wirklich gekommen mit Schuhen, die waren Nummern zu groß oder manche viel zu klein. Und dann was zum Anziehen. Aber wie man sich da vorkommt! Und wir vom Land! Görlitz ist doch schon eine schöne Stadt gewesen. Und viele Kinder. Die hatten das alles gar nicht erlebt. Aber wie man sich da vorkommt. Kann man gar nicht beschreiben.«

Erika L. (1940): »Wir kamen dann also auch in die Schule. Meine älteste Schwester, die Gertraud, und der Paul, die sind dann nach Buchen ins Gymnasium gefahren. Und Peter und ich waren in der Volksschule. Und der Peter, der hat sehr krasses Pech gehabt mit seinem Lehrer. Sein Lehrer war ein ausgesprochener Flüchtlingshasser und hat also dem Peter wirklich alles Böse, was man nur machen konnte, dem Kind angetan. Der hat ihm die Haare zu Schleifchen gebunden, hat ihn da also vor der ganzen Klasse als Kasper hingestellt, und nicht bloß das, er hat ihm auch die Hausaufgaben ausgelöscht und hat dann gesagt: ›Guckt mal, der Peter, der hat wieder nichts getan‹, und der Peter ist natürlich immer stiller geworden. Dann hat er mich zwischendurch geholt und hat dann der Klasse gesagt: ›Da hat er eine Schwester, und die kann auch nichts, und der Peter kann schon gar nichts. Und jetzt guckt mal die zwei an.‹ Da ist dann meine Mutti zwar in die Schule gegangen, aber das hat alles nicht viel genützt, der Lehrer L. war einfach ein grundböser Mensch. Und dann war's also wieder mal so, dass er dem Peter die Hausaufgaben ausgelöscht hat, und der Alfred, das war der Sohn von unseren Hausleuten, wir haben viel zusammen gespielt, der sagte dann: ›Aber das stimmt nicht, der Peter hat mit mir die Hausaufgaben gemacht, der Peter hat bei uns die Hausaufgaben gemacht.‹ Und da ist der Lehrer dann sehr bös geworden und hat dem Peter die Tafel hingeknallt, aber das hat er dann bleiben lassen. Und die Hausfrau wollte eigentlich, dass der Peter und der Alfred zusammensitzen sollten, aber das hat er nicht gemacht. Und dann war's natürlich auch so, wir haben dann im Winter oft keine Schuhe gehabt, wir konnten nicht in die Schule gehen, weil (*Stimme brüchig*) wir keine Schuhe hatten. Die Schuhe waren beim Schuster, und so lange konnten wir auch nicht nach draußen spielen gehen (*klingt tränenerstickt*). Und der Schuster war auch ein Flüchtling, der hat sie uns auch möglichst schnell immer gemacht. Aber beim Peter hat der Lehrer dann mal Kinder von einer höheren Klasse geschickt und hat ihnen gesagt, sie sollen den Peter holen, weil er wieder nicht in die Schule gekommen sei.«

Martha Kent (1940) hatte mit ihrer Mutter vier Jahre im polnischen Internierungslager Potulice verbracht. Sie kamen 1949 nach Trutzhain in Hessen in ein Flüchtlingslager. Dort musste sie in die Schule. Sie schildert eine ihr völlig unbegreifliche Szene:

»Ich ging nach vorn. Alle Köpfe im Klassenzimmer wandten sich mir zu. Die großen Jungen schauten vom hinteren Teil des Raumes aus zu. Ich trat vor meinen ersten Lehrer in Trutzhain. Seine Augen erschienen mir klein und kalt. ›Die Hand hinhalten‹, lautete sein Befehl. Ich streckte eine offene Hand vor. Der Zeigestock des Lehrers schlug sirrend zu. Der Mann setzte alle Kraft ein, die in seinem Arm steckte. Die ganze Klasse verfolgte den Vorgang, die einzige Klasse der Grundschule von Trutzhain. Ich zuckte bei jedem Schlag. Meine Hand brannte wie Feuer. Während der Gefangenschaft hatten wir stets zusammengehalten. Hatten durchgehalten. Wie konnte es sein, dass der Lehrer nicht zu uns hielt? Sein Arm erschien mir größer als jeder Arm, den ich bislang gesehen hatte. Nun schlug er meine andere Hand. Heiß jagte es mir den Rücken hinauf. ›Dort hinüber!‹, herrschte der Lehrer mich an. Er zeigte zur Fensterseite, wo der Schulhof lag. ›Hinknien und das Gesicht zum Raum.‹ Ich durfte nicht mit dem Gesicht zur Wand blicken. Ich musste mich dem Raum zuwenden. Seine Stimme klang schneidend wie der Zeigestock. Ich durchquerte das Klassenzimmer und kniete mich vor die Klasse. Ich starrte auf die gegenüberliegende Wand, wie es die bestraften Diebe in Potulice getan hatten. Aber ich hatte doch gar nichts getan. Nicht geredet. Ich war nicht unruhig gewesen, hatte nicht herumgezappelt. Nur einen flüchtigen Blick hatte ich auf den Arm des Mädchens neben mir geworfen. ›Nicht umdrehen!‹, hatte der Lehrer mir befohlen. Dabei hatte ich mich gar nicht umgewandt. Mein Gesicht brannte, ich spürte Gluthitze um beide Augen. Die Fugen des Bodens schnitten mir ins Knie. In Potulice war ich nicht geschlagen worden. Ich hatte auch keine Demütigung erfahren. Nur die Wärter hatten in Potulice geprügelt. Sonst hielten alle zusammen. Wie passte der Lehrer in dieses Bild? Draußen vor dem Fenster flatterten die Pappelblätter wie eine Menge grüner Kupfermünzen, die das Fliegen erlernten. Die Pappeln waren so wunderschön, und der Lehrer war so unglaublich gemein.«[23]

Aber die Flüchtlingskinder waren nicht nur Opferlämmer. Sie wussten sich gegen ihre Altersgenossen auch zu wehren, nicht nur mit dem großen Bruder und nicht nur verbal, sondern handfest. Sie lieferten sich ganze Gefechte. Die Mädchen versuchten es auch auf andere Weise. Aber vor allem imponierten und überzeugten viele von ihnen durch Leistung. Sie wussten, dass sie zum mindesten gleich gut sein mussten, wenn nicht besser als die anderen.[24] Dazu wurden sie auch von den Eltern angespornt, die ihre soziale Deklassierung in und mit ihren Kindern überwinden wollten.[25] Zunächst hielten sie untereinander zusammen und halfen sich, allmählich aber schlossen sie Freundschaften mit Nichtflüchtlingen, lernten den fremden Dialekt und passten sich an, auch über Konfessionsgrenzen hinweg. Einige der älteren fühlten sich durch die Erfahrungen, die sie hatten machen und bestehen müssen, den einheimischen

Kindern voraus. Jochen B. (1936) war aus der Tschechei geflohen und schließlich in Mühlhausen bei Arolsen untergekommen:

»Da war ich natürlich ein Flüchtlingskind auf dem Dorf mit vierhundert Einwohnern. Als die Flüchtlinge da waren, waren es achthundertfünfzig, jetzt sind es wieder vierhundert. Und da war ich dann so neun, zehn, ging in die dritte und vierte Klasse und war da eben auch Prügelknabe. Ich war schwächlich und klein, hab da also immer Prügel bezogen. Und das prägt einen auch. Ich habe Telefonleitungen gehabt, hab mir eine abgeschnitten, Draht besorgt, und dann habe ich einmal einen erwischt, den hab ich mit dem Kabel windelweich geschlagen, also richtig schlimm. Natürlich habe ich am nächsten Tag wieder Dresche gekriegt.«

Ute S. (1937), ursprünglich aus Berlin, über ihr Lagerdasein in Kassel: »Ich hatte schon gleich zu Beginn des Lagerlebens, ganze elf Jahre alt, mich und meine Geschwister verteidigen müssen, wenn wir von den einheimischen Kinder der Holländischen Straße auf dem Schulweg ohne Vorwarnung und Grund verprügelt wurden, nur weil wir Flüchtlingskinder waren. Sehr schnell hatte ich begriffen, dass die ersten Schläge von mir sitzen mussten, dass man Respekt vor mir bekam und sie uns von vornherein in Ruhe ließen.«

Ingrid R. (1936) aus Niederschlesien kam mit der Mutter zu westfälischen Bauern:

»Wir wohnten direkt an der Kirche. Und dann sagte meine Mutter: ›Du bist jetzt auch katholisch und du machst alles mit, was die anderen machen.‹ Und dann war da die Kommunionszeit, und da kam der Pfarrer, und der sagte: ›Aber du kannst keine Kommunion haben‹, und dann hab ich gefragt, warum, und dann wurde mir eingetrichtert, dass ich ja evangelisch bin. Und dann hat die Wirtin zu mir gesagt, 'ne ganz dicke war das, und die sagte dann: ›Ich mach dich zum Führungsengel bei der Prozession.‹ Und da hat die der Schneiderin einen alten seidenen Unterrock gegeben, und die hat mir das wunderschönste Führungsengelkleid aus weißer Seide gemacht, und dann diese ganz blonden Haare, durfte ich so als Führungsengel hinter dem Baldachin vom Pfarrer hergehen. Das war natürlich ein Erlebnis! Für ein Flüchtlingskind! Und dann noch 'ne Evangelische, gell, das müssen Sie sich mal vorstellen!«

Peter Hackenberg (1931) aus Breslau: »Nur das Heute zählte. Ein paar Kartoffeln, Holz zum Heizen, Zuckerrüben, Ährenlesen, Fallobst einsammeln – das war unser geistiger Horizont. Die soziale Ordnung war völlig durcheinander, wir waren die Ärmsten im Dorf, die Dahergelaufenen, die letzte Kolonne, weniger als die eingesessenen Landarbeiter, einfach Fremde … Aber auf dem Jauchewagen meines Bauern packte es mich plötzlich wieder, ich muss wieder zur Schule gehen. Das ist der einzige Weg in die Zukunft. Das hier kann doch nicht dein Leben bleiben, ein deutscher ›Zwangsarbeiter‹ in Deutschland … In meinem inzwischen sechzehnten Lebensjahr war ich durch die zeitbedingten Erlebnisse, die hinter mir lagen, ein schon sehr ernst denkender Mensch geworden. Die gleichaltrigen Einheimischen um mich herum kamen mir mehr oder weniger kindisch vor, ich war ihnen, die übersatt zu essen hatten, gut gekleidet waren und vor allem in ihrer Heimat lebten, als sei nichts passiert, an Lebenserfahrungen weit voraus ... Im Spätherbst 1946 wurde ich im Jahn-Gymnasium (Oberschule) in unserer Kreisstadt Salzwedel eingeschult – und es begann mein neues Leben. Aber erst mal hieß das: dreimal in der Woche morgens zwölf Kilometer Fußmarsch zur Schule hin, der Winter 1946/47 war hart wie der Winter 1945, drei, vier Stunden Unterricht im zunehmend eisigen Klassenzimmer und dann zwölf Kilometer Fußmarsch wieder zurück in mein Dorf. Der Wind schnitt eisig, der Magen leer, die Muskeln flau, da summte ich ein altes Lied: ›Wir werden weiter marschieren ...‹. Später wurde es leichter, es fuhren wieder Züge, aber strapaziös blieb es für mich als Fahrschüler immer, ein Quartier in der Stadt, wie für die Einheimischen, kam für mich nicht in Frage. 1951 machte ich mein Abitur.«[26]

Helga W. (1928) war aus Böhmen in ein kleines hessisches Dorf gekommen und in einem Bauernhof gegen heftiges Widerstreben der Bäuerin einquartiert worden. Dort bekamen sie zu dritt ein ganz bescheidenes Zimmer. Als die Bäuerin unter Schimpfen den Raum verlassen hatte, sank die Mutter auf einen Stuhl und sagte:

»›Packt nicht aus, hier bleiben wir nicht.‹ Dann nahm sie unsere Hände und sagte: ›Jetzt sind wir so weit unten, jetzt kann es nur aufwärts gehen.‹ Es sollte für 4½ Jahre unser Zuhause werden ... Rüchenbach war ein winziges Dorf ... Am 2. April war mein erster Schultag in Biedenkopf. Ich musste mit allen anderen eine Aufnahmeprüfung machen. In Mathe, Deutsch und Englisch. Sie fiel sehr gut aus. Mein gutes Gedächtnis kam mir zu Hilfe. Schließlich hatte ich über ein Jahr keinen Unterricht gehabt. (*Sie musste sehr viel in Latein nachlernen.*) Früh um 5 Uhr standen Lisa (*ihre jüngere Schwester*) und ich auf und gingen um 6 Uhr mit Gitta die vier Kilometer durch den Wald, was sich kein Rüchenbacher traute wegen der Amis, besonders der Neger. So bekamen wir immer Aufträge, wenn etwas in Gladenbach zu besorgen war, und bekamen dafür Eier und Speck. Um 7 Uhr fuhr der Bus in Gladenbach los. Wir mussten täglich ein Stück Holz dafür mitbringen. Holzvergaser! Biedenkopf war 18 Kilometer von Gladenbach entfernt und war die Kreisstadt. Bis 13 Uhr hatten wir Schule, dann eine Stunde Bus und eine Stunde Fußweg. Um 15 Uhr waren wir meist zu Hause. Ich hatte meist Lateinstunde im Anschluss an die Schule und kam dann erst gegen 17 Uhr heim.«

Sie war, wie sie sagte, der erste Mensch aus Rüchenbach, der das Abitur machte. Diese Kinder waren besonders begabt und zäh, hatten aber auch Glück und wurden gefördert.

Viele aber konnten ihre Entwicklungsmöglichkeiten nicht ausschöpfen, weil sie eine sehr lückenhafte Schullaufbahn hatten mit vielen Schulwechseln oder körperlich und seelisch so mitgenommen waren, dass sie den Anschluss nicht mehr schafften. In den beengten Wohnverhältnissen fanden sie kaum einen ruhigen Ort, an dem sie lernen und ihre Hausaufgaben machen konnten. Sie besaßen so gut wie keine Bücher und kaum Schulutensilien. In den ländlichen Gebieten, in die sie gekommen waren, waren passende Schulen oft gar nicht erreichbar. Andere mussten frühzeitig verdienen, weil es an Geld fehlte, wenn die Mutter allein geblieben war oder der Vater lange keine Arbeit fand. Auch wenn die Väter als »Nazis« interniert wurden, mussten das die daran unschuldigen Kinder ausbaden. Die verschlungenen, abgeschnittenen und versperrten **Schul- und Ausbildungswege** und die harte Lehrzeit spielen eine große Rolle in den Erzählungen der Kriegskinder, besonders der älteren Flüchtlingskinder. Das gilt auch für die Internierten, Verschleppten[27], die »Volksdeutschen«[28] und die aus der Gefangenschaft zurückkehrenden »Kindersoldaten«.[29] Die Kleinen fanden meist leichter wieder in eine reguläre Schul- und Berufslaufbahn hinein.

Johannes C. (1932): »In den entscheidenden Jahren, in denen Schule und der Erwerb von Lerntechnik beginnt, war meine Schulzeit ein Chaos aus Schulwechseln, Unterbrechungen, Lehrermangel mit permanentem Wechsel. So wurde Schule zum traumatischen Erlebnis ohne Erfolgserlebnis, und so war ich schließlich mit 18 Jahren nach mäßigem Zeugnis der Mittleren Reife nicht mehr bereit zu weiterem Schulbesuch. Irgendeine berufliche Vorstellung bestand nicht und mein Selbstbewusstsein für jegliche Initiative war gleich Null. So nickte ich ergeben mit dem Kopf, als ein sehr weitläufiger Bekannter der Eltern diesen Textilberuf in die Rede brachte. Im Nachhinein empfinde ich diese Entscheidung als ein solch ambivalentes Lebenserlebnis, dass ich darüber ein Buch schreiben könnte.«

Hans F. (1934) hat für sich zwölf Schulen gezählt, die er wegen der »turbulenten Zeiten« besucht hat, teilweise arbeitete er neben der Schule noch auf einem Bauernhof. Peter B. zählt elf und leitet auch ein Stück seines späteren Durchsetzungsvermögens daraus ab, dass er sich überall behaupten musste, fügt aber hinzu: »Ich habe nie das Gefühl gehabt, genug gelernt zu haben.« Mit untergründiger Scham erwähnen manche ihre wenigen Schuljahre: »Ich bin ein einfacher Mann«, begann Erich G. unser Gespräch, »ich habe nur 7 ½ Jahre Schule« und fuhr fort: »Ich bin Jahrgang 30, bin in Königsberg geboren, bin das siebente Kind, also der Jüngste, und meine Jugendzeit endete eigentlich im August 1944, als die großen Angriffe kamen von den Engländern, als die Stadt zerstört wurde. Da hörte auch die Schule auf.« Er organisierte unter russischer Herrschaft von 1945 bis 1948 das Überleben[30] und wurde anschließend ausgewiesen. Da war er dann zu alt für die Schule. Lore H. (1934) schätzt, dass sie so etwa vier Jahre in der Schule war und sagt: »Ich wundere mich, dass ich überhaupt lesen und schreiben kann.« Anni B. (1939), Donauschwäbin aus Jugoslawien, die durch viele Lager gegangen war, erzählt:

»Ich hab so gelitten drunter, dass ich nicht in die Schule konnte. Ich hab gedacht, ich bin furchtbar … ich bin das dümmste Kind auf der Welt, weil ich net lernen kann. Und nachher hat sich das also herausgestellt, dass das Lernen für mich richtig ein Genuss war, ja. Ich hab einen richtigen Lernhunger gehabt. Ich hab wie ein Staubsauger alles aufgefressen, was vor mich gekommen ist. Nachher hab ich viel Deutsch gelesen. Da gab's eine große Bücherei in Vinkovci. Und da hat's kroatische Bücher gehabt, die kaum jemand benutzt hat, weil's kaum noch Leute hatte, die dort Deutsch gesprochen haben. Und ich hab's dann gekriegt, schöne Sachen wie Karl May und Trotzköpfchen und Marlitt und Courths-Mahler, ja so. Das waren lauter Bücher von vorigen Zeiten. Und ich konnte ganz gut Deutsch, als ich nach Deutschland kam. Aber ich konnte net schreiben, wie es sich gehört. Wir hatten Deutsch als Fremdsprache. Und jetzt war es für mich hier nicht möglich, irgendwie ins Gymnasium zu kommen. Ich war zu alt. Ich war 17 Jahre.«

Irmgard S. (1931) hatte nur sechseinhalb Jahre Schule. Sie erzählte, dass sie später mühsam in den Abendstunden in der Volkshochschule nachgelernt hat. Viele haben weiter gelernt und verspüren noch im Alter einen großen Bildungshunger. Maria P. (1927), nach zweieinhalb Jahren erst 1947 aus der dänischen Internierung entlassen: »Ja, was soll ich tun? Zur Schule gehen? Studieren? Die Zeugnisse von Dänemark werden nicht anerkannt, der Unterricht dort war zu lückenhaft. Also bräuchte ich noch mindestens zwei Jahre bis zum Abitur, wäre dann 22 Jahre alt. Wovon leben?« Viele Mütter, Eltern, und – wenn der Vater gefallen war – auch die Großeltern nahmen große Anstrengungen und Entbehrungen auf sich, damit die Kinder lernen konnten. Aber auch die Kinder haben schon in der Schul- und Lehrzeit nebenbei gearbeitet, damit es reichte für die Ausbildung.

Ingrid R. (1936) aus Niederschlesien: »Meine Mutter und meine Großeltern, die haben immer geschafft, dass wir 'ne gute Ausbildung gekriegt haben, und das war in den fünfziger Jahren 'ne Seltenheit, gell. Das war wirklich 'ne Seltenheit. Meine Mutter hat es da wirklich an nichts fehlen lassen, die hat alles in unsere Ausbildung gesteckt. Und meine Großmutter hat gesagt: ›Ihr braucht keine Aussteuer, Aussteuer könnt ihr euch selber schaffen. Und wenn ihr 'ne Ausbildung habt, ist das viel besser für das ganze Leben.‹ Und da bin ich eigentlich immer froh, dass das so gelaufen ist.«

Siegfried W. (1937), der von der untergegangenen »Karlsruhe« gerettet worden war[31] und lange »verloren« auf einem Bauernhof arbeiten musste, kam schließlich nach Württemberg:

»Diese Lehrzeiten, die mein Bruder und ich durchgemacht haben, waren natürlich auch besonders schlimm von der finanziellen Seite her. Man brauchte Arbeitsklamotten, man brauchte Schuhe, aber eines muss ich dazu sagen: Durch meinen Fleiß auf dem Bauernhof … dieser Fleiß ist mir bis zum heutigen Tag nie abhanden gekommen. In Urach hat sich das dann so ausgewirkt, dass ich immer auf dem Sprung war, wo kann ich mir ein bisschen Geld verdienen? Während meiner Schulzeit konnte ich bei einem Automechaniker samstags so Hilfsarbeiten machen. Dann gab es in Urach ein Altersheim, die haben jemand gesucht für ihre Heizung, die hatten eine Koksheizung, und die musste jeden Nachmittag zwischen 16.00 Uhr bis 18.00 Uhr gewartet werden, d. h. die Schlacke entfernen, die neue Koksladung einfüllen, die bis zum nächsten Tag gereicht hat. Dafür suchten sie einen Zuverlässigen, und dafür bekam ich die Woche auch fünf Mark. Nebenbei gab es noch ein drittes Geschäft, einen Milchladen, der hatte die Belieferung des Kreiskrankenhauses Urach mit Milch übernommen. Es wurde durch alle Siedlungen gefahren und die Milch verkauft. Der letzte Gang war mit einem Handwagen und zwei 25- oder 40-Literkannen vom Milchgeschäft ins Krankenhaus. Da hatte ich immer die Gewähr, ich weiß nicht, ob die mich so gut leiden konnten, die Küchenchefin hat immer schon den Tisch gedeckt für mich, so um halb zwölf musste ich dort sein, und da stand immer schon ein Teller, und da hat die mich versorgt. Fast jeden Tag hatte ich da mein Mittagessen.«

Trotz aller Anstrengungen reichte es aber längst nicht bei allen zu der gewünschten oder überhaupt zu einer Ausbildung, vor allem bei kinderreichen Familien und besonderer Bedürftigkeit bei denen, die alles verloren hatten. Einen Lastenausgleich oder so etwas wie BaFöG und Stipendien gab es ja erst in den fünfziger Jahren und noch später. Manche Eltern hatten zu sehr mit sich selbst zu tun. Für Mädchen waren die Chancen noch schlechter als für Jungen. Anni B. (1932) war mit der Mutter und fünf Brüdern aus Ostpreußen geflohen, der Vater war vermisst. Sie bekamen in Munderkingen auf der Schwäbischen Alb eine kleine Wohnung:

»Ich ging noch für ein halbes Jahr in die Schule, dann musste ich in die Fabrik. Es gab keine Lehrstellen für uns Flüchtlinge, schon gar nicht für Mädchen. Die Fabrikarbeit im Akkord war anstrengend. 28 Pfennig in der Stunde gab's 1948, den ganzen Tag von früh sieben Uhr bis abends sechs Uhr stehen an einer Handstrickmaschine für Pulloverteile. Ich musste jeden Tag fünf Kilometer zu Fuß zur Fabrik und abends müde wieder zurück und hatte keine gescheiten Schuhe … Urlaub gab es zur damaligen Zeit zwei Wochen, das diente dazu, der Mutter etwas zu helfen – von wegen Urlaub fahren! … Wenn ich so nachdenke, bestand mein Leben nur aus Arbeit. Fünf Brüder machten viel Wäsche, für Hemden Bügeln war ich zuständig. Mutter kränkelte, Tante ging noch einer Arbeit nach und schaffte den ganzen Haushalt. Sie konnte arbeiten wie ein Mann. Wir haben ihr viel zu danken.«

Stefanie A. (1933): »Nach den Kriegserlebnissen und der Vertreibung arm und nach Orientierung suchend, fehlte meinen Eltern die Kraft, auf meine weitere Entwicklung zu achten. Mehr als ein Jahr wurde meine Schulbildung durch den Krieg unterbrochen, und ich konnte dann in Paderborn auch leider die höhere Schule nicht mehr besuchen. Immer wieder habe ich das in meinem Leben als einen Mangel empfunden. Als Notlösung musste ich ab 1948 bis 1951 eine Ausbildung in der Verwaltung eines Krankenhauses in Nieheim, Kreis Höxter, machen. Meine Eltern waren der Meinung, dort würde gut für mich gesorgt. Das Krankenhaus wurde von Ordensschwestern geleitet, die sehr streng mit mir umgingen. Morgens wurde ich um 5.30 Uhr von einer Ordensschwester geweckt und musste am Gottesdienst teilnehmen. Natürlich war ich – damals als noch fast 15-jähriges Kind mit Zöpfen – sehr müde. Beim zweiten Wecken wurde das Kopfkissen von der Schwester einfach abrupt weggezogen, ich musste aufstehen. Nach dem Gottesdienst, noch vor dem Frühstück, musste ich das große Krankenhausportal putzen. Der Dienst im Büro ging bis abends um 20.30 Uhr. Nur an einem Wochenende im Monat hatte ich frei. Um der Enge des Krankenhauses etwas zu entrinnen, nahm ich zusätzlich an einem Steno-Kurs im Ort teil. Wenn die Kurszeit beendet war, stand die Büro-Schwester schon an der Straße und erwartete mich und unterband dadurch jeglichen Kontakt mit anderen jungen Menschen. Eine Pubertät zu haben in der strengen Atmosphäre dieses Krankenhauses, war nicht möglich für mich. Es blieb mir keine Kraft zum Schwärmen, Suchen, Träumen … Ich war praktisch eingesperrt und musste nur arbeiten. Sehr schmerzlich vermisste ich Musik. Schon damals spürte ich, dass ich gerne tanze. In dieser Zeit meiner Entwicklung habe ich mich sehr allein gefühlt.«

Wann waren die Flüchtlingskinder wirklich angekommen, also voll integriert? Hatten sie Heimweh? Bei diesen Fragen muss man zwischen den jüngeren und den älteren Kindern unterscheiden. Die kleineren, die gar keine bewussten Erinnerungen mehr an ihr erstes Zuhause hatten, also ab etwa Jahrgang 1942, wuchsen ganz selbstverständlich in die neue Umgebung hinein, für die älteren war das schwieriger, wie wir gesehen haben.

Alle aber erlebten täglich, wie die Eltern, die Mutter, die Großeltern und die nahen Verwandten unter dem Heimatverlust litten und damit zurechtkamen oder auch nicht. Das betraf das Familienleben und die Kinder ganz direkt. Viele litten mit, litten auch um den Verlust ihres Spielzeugs und ihrer Bücher, andere konnten die Klagen um das Verlorene schließlich nicht mehr hören. Für die beiden Erlebnisgenerationen, also diejenigen, die Flucht und Vertreibung als junge oder ältere Erwachsene erleben mussten, kann man kaum von einer geglückten Integration reden: Sie blieben Fremde. Wie war es bei den Kindern? Wann waren sie in ihrer eigenen Wahrnehmung und in der Wahrnehmung der anderen keine Fremden mehr? Im Zusammenhang mit der Ausstellung »Flucht, Vertreibung und Integration« hat das Haus der Geschichte der Bundesrepublik Deutschland eine repräsentative Umfrage durchgeführt.[32] Eine der Fragen lautete: »Wie war das in Ihrer Familie: Haben Sie oder Ihre Verwandten sich nach der Vertreibung eigentlich schnell eingelebt, oder hat es längere Zeit Probleme gegeben – ich meine nach allem, was Sie erlebt oder gehört haben?« Von den 60 Jahre alten und älteren waren immerhin noch zwei Drittel der Meinung, es habe längere Zeit Probleme gegeben.[33] Das sind die damaligen Kriegskinder, denn von den damals Erwachsenen dürften nur noch wenige am Leben sein. Wenn 61 Prozent der Flüchtlinge und Vertriebenen sagen, es »sei eine großartige Leistung gewesen, wie es nach dem Zweiten Weltkrieg gelungen sei, so viele Flüchtlinge und Vertriebene zu integrieren«[34], so wissen sie aber auch um den Preis, den sie dafür zu zahlen hatten. Gewiss sind sie dankbar, dass diese Integration gelungen ist[35], aber diese Dankbarkeit empfinden sie nicht so sehr irgendwelchen Regierungsstellen, sondern in erster Linie ihren Eltern, Großeltern und sich selbst gegenüber, dass sie den Neuaufbau geschafft haben. Der Stolz auf die eigene Leistung schwingt in vielen Erzählungen mit und wird auch deutlich ausgesprochen. Stefan M. (1931) aus dem Ostsudetenland schildert den langen und beschwerlichen Aufstieg vom Flüchtlingskind über eine unzumutbare Lehrstelle bei einem Schmied, Bauhilfsarbeiter mit Abendschule nebenher, Besuch der Meisterschule trotz Familie und Kindern:

»Ich drückte also mit 36 Jahren nochmals zweieinhalb Jahre lang zweimal in der Woche abends und jeden Samstag die Schulbank. Nebenher – denn während der Woche war ich 45 Stunden im Einsatz im schweren Beruf als Polier auf Großbaustellen. Die Anforderungen auf der Meisterschule waren erheblich. Von 37 Teilnehmern haben 15 die Meisterprüfung bestanden, darunter ich!«

Familie M. brachte es fertig, 1980 in Eigenarbeit ein Zweifamilienhaus zu erstellen. Die vier Kinder sind alle tüchtige und fleißige Menschen geworden. Stefan M. beschließt seine Erinnerungen mit den Sätzen:

»Wir haben neun Enkelkinder, die wir alle sehr lieb haben. Wir, meine Frau und ich, wünschen allen Enkeln eine hoffnungsvolle Zukunft und dass sie erkennen mögen, dass eigene Leistungsanstrengung am meisten befriedigt und letztlich nur dieses zählt!

Der Wiederaufbau des zerstörten Deutschlands und das Wirtschaftwunder im Westen kamen zustande, weil viele Millionen hierher Vertriebene des Ostens viel arbeiten mussten, um überhaupt ihre Familien durchzubringen. Also war man arbeitswillig, hat, oft in Eigenleistung, Häuser gebaut und es – glücklicherweise, aber verdient –, in der neuen Heimat doch wieder zu Wohlstand gebracht.«

Diese Leistungsbereitschaft und Tüchtigkeit brachte den Vertriebenen Anerkennung. Die heranwachsenden Kriegskinder bewährten sich. Es gab noch andere Wege aus der Fremdheit:

In den weiterführenden Schulen und Ausbildungsstätten wurden sie recht bald Mit-Schüler, Mit-Lehrlinge, Mit-Studenten. Man teilte die Erfahrungen miteinander, glich sich an. Es war in Lebensstil und Sprache kaum mehr zu erkennen, wer woher kam. Selten wurde danach gefragt. Vereine, christliche Jugendkreise und andere gemeinschaftliche Aktivitäten beförderten das Miteinander:

Erika L. (1940) aus Mähren: »Man war damals eigentlich integriert in Walldürn. Mein Vater ist dann auch aus dem Krieg zurückgekommen, er war also unverletzt geblieben und hat etwas später dann wieder in seinem Beruf gearbeitet. Wir hatten dann ein kleines Feld am andern Ende der Stadt, und meine Eltern sind immer Arm in Arm gegangen, und das war für alle Walldürner, also, das war einfach ganz toll. Die haben meine Eltern sehr geachtet und sehr geschätzt. Und meine Schwester und mein ältester Bruder, die waren dann auch im Turn- und Sportverein, die waren im Roten Kreuz, die waren in der Karnevalsgesellschaft. Peter, also mein jüngerer Bruder und meine jüngere Schwester, die waren im Kinderkarneval, wir waren dann auch zusammen im Turnen, wir waren dann auch zusammen im Roten Kreuz, ich im Jugend-Rotkreuz. Und ich muss sagen, danach war es eine unbeschwerte Jugend.«

Maria N. (1931) aus dem Ostsudetenland: »Ganz allgemein gestaltete es sich schwierig, Kontakt zur Bevölkerung zu erhalten. Ich erhielt ihn ohne besondere Probleme, und zwar über die Musik. In Ermangelung eines Klaviers nahm ich Orgelunterricht bei einem Musikprofessor aus Reichenberg, der den Kirchenchor dirigierte und meine Aufnahme dort erreichte, weil ich perfekt vom Blatt sang. Bald begleitete ich Messen. Für die tanzwütige Jugend spielte ich Akkordeon. Bei privaten Einladungen erhielt ich immer etwas zu essen.«

Aber ganz so glatt und unproblematisch war die Anpassung auch in dieser dritten Generation nicht. Viele Kinder empfanden mehr oder weniger stark eine Spannung in ihrer Zugehörigkeit. Zu Hause sprachen die Eltern anders als ihre Schulkameraden, und sie selbst waren gleichsam »zweisprachig« oder ohne richtige Muttersprache. Man pflegte andere Bräuche, es wurde anders gekocht, man lebte lange Zeit ärmlicher als die Mehrzahl der Kameraden und Freunde, konnte vielleicht niemand nach Hause einladen, wurde auch von gewissen Kreisen nicht eingeladen, weil man als nicht »standesgemäß« galt.[36] Für die heranwachsenden Mädchen und Jungen standen die Heiratschancen oftmals schlecht, weniger bei Arbeitern und Handwerkern, am meisten bei Bauern. Auch der konfessionelle Gegensatz wirkte trennend, wenn die Familie zur Minderheit gehörte. Manche wurden lange das Gefühl nicht los, es hafte ihnen noch irgendein Stigma an.

Peter Glotz (1939): »Viele Jahrzehnte habe ich mich, wie viele Flüchtlinge, für mein Herkommen und die böhmische Vergangenheit meiner Familie nicht interessiert. Dazu war keine Zeit; man musste sich durchsetzen. Also passte ich mich an. Das ist der Identitätsverlust, den Flüchtlinge erleiden. Ich war zum Beispiel in keiner Sprache zu Hause. Dem Egerländer Idiom der frühen Jahre (ich war 1945 sechs Jahre alt) folgte das Oberfränkische, später das Hannoversche, dann wieder das Oberbayerische. Von der väterlichen Verwandtschaft war mir der österreichische Singsang geläufig, von der mütterlichen die tschechischen Reibelaute.«[37]

Edith G. (1932) aus Ostpreußen: »Es hat auch viele Jahre in meinem Leben gegeben, da mochte ich niemand sagen, dass ich Flüchtlingskind bin, denn dann hieß es sofort: ›Ach, die kommt auch aus der kalten Heimat.‹ Ich fühlte mich minderwertig und war sehr bemüht, mich schnell der ›westlichen‹ Sprache anzupassen, um meine Herkunft zu verdecken … In der Familie meines Mannes habe ich es über Jahre zu spüren bekommen, nur ein Flüchtlingsmädchen zu sein. Deshalb war ich denen gegenüber immer verunsichert. Mein Mann kam aus einer alteingesessenen Osnabrücker Geschäftsfamilie.«

Magdalena R. (1942), eine Donauschwäbin, erzählte mir noch nach Abschalten des Tonbandes: »Mein Schwiegervater, ein Landwirt, hat mich anfänglich abgelehnt, weil ich ein Flüchtling war. Mein Mann und ich waren sieben Jahre verlobt. Mein Schwiegervater verließ immer das Zimmer, wenn ich da war, oder war abwesend. Das erste Mal, als ich kam, hat er mich vom Hof gejagt. Trotzdem habe ich ihn zur Hochzeit eingeladen. Von da an war alles gut. Als er schwer krank war und es dem Ende zuging und seine Tochter und ich ihn pflegten, wollte er am liebsten immer mich um sich haben.«

Wenn Historiker festgestellt haben, dass der Integrationsprozess drei und mehr Generationen in Anspruch genommen hat, so kann ich das durch meine Recherchen bestätigen.[38] Er ist selbst in der Gegenwart noch nicht ganz abgeschlossen. Es ist daraus zu lernen, dass die von manchen Staatsmännern als Patentlösung für Nationalitätenkonflikte empfohlenen »ethnischen Säuberungen«, die »Verpflanzung von ethnischen Minderheiten« zum Zweck der Herstellung eines reinen Nationalstaats, keine humanen Lösungen sind.[39]

Auch für die damaligen Kinder, die sich um möglichst rasche und vollständige Anpassung bemühten, blieben schwer heilbare Verwundungen zurück und mit ihnen die Sehnsucht nach der verlorenen Heimat. Joachim Otto (1941) las sein Gedicht vor, das im Jahrbuch der Brentano-Gesellschaft in der Sparte »Das neue Gedicht« veröffentlicht wurde[40]:

»… fluchtkindheit …
… als knapp vierjähriger
im schlesischen lauban,
jäh aus geborgenheit gerissen …

… eiskalter februar 45,
sirenen heulen, prallvolle züge rollen

gnadenlos aus deutschem Osten ins
obdachlose nirgendwo verdammt ...

glutroter himmel über dresden.
städte, dörfer in schutt und asche.
zu fuß, mit der bahn, letztes stück flucht
auf einem ochsenkarren ...
hoffnung glimmt, klosterfrauen
aus bayern empfangen die erschöpften
warme milch,
strohsäcke für ersten bleiernen schlaf ...

frühling '45, maiandachten, ähren lesen
auf goldgelben sommerherbstfeldern.
dezemberschnee, weihnachten ohne vati,
ohne spielzeug. mutti, warum weinst du? ...

fluchtkindheitsnarben,
gemeißelt in die Seele wie in Stein
lebenslänglich ...«

Joachim Otto hat in den letzten Jahren ein Buch verfasst, das in deutscher und polnischer Sprache erschienen ist: *Meine Wurzeln in deiner Heimat*, ein Beitrag zur Versöhnung zwischen Deutschen und Polen.[41] Die alte Heimat ist inzwischen für die dort aus Ostpolen Angesiedelten zu ihrer Heimat geworden. Von den deutschen Flüchtlingskindern will fast niemand mehr zurück. Sie wissen, dass sie nach dem Krieg nur in Deutschland eine Zukunft haben konnten. Dennoch hat sie die alte **Heimat** nicht losgelassen. Ich habe alle Vertriebenen unter meinen Gesprächspartnern gefragt: »Was bedeutete der Verlust der Heimat für Sie, was bedeutet Ihnen Heimat heute?«

Das Thema ist im Zusammenhang mit Flucht und Vertreibung vielfach literarisch bearbeitet worden, unter ihnen sind berühmte Flüchtlingskinder.[42] Die Kinder von damals, mit denen ich gesprochen habe, sind keine Dichter. Aber sie haben schon damals für ihre Erfahrungen eine Form gesucht, die über die Alltagssprache hinausgeht. Es sind authentische Dokumente, hier von Bedeutung nicht unter literarischem, sondern historischem Aspekt. Der uns schon bekannte Siegfried S. (1930) aus Breslau nahm 1945, kurz nach seiner Flucht, in sein Tagebuch den Vierzeiler auf, den er irgendwo gefunden hatte:

»Wohl fand ich oft,
was Herz und Auge mir ergötzte.
Doch nie etwas,
was meine Heimat mir ersetzte.«

Und zwei Jahre später als 17-Jähriger schrieb er ein eigenes Gedicht:

»Breslau
Wenn ich im Traum sie vor mir sehe
Das Rathaus und die Liebichshöhe
Den Dom und andre stolze Bauten,
alle Straßen, die vertrauten,
Ja, alles, was ich so gut kannte,
was stolz ich meine Heimat nannte.

Nun denke bitter ich daran,
dass ich nun nie mehr zu dir kann
dass Jahre werden kommen und gehen,
ich soll dich niemals wiedersehen.

Immer werde ich an dich denken
Und an die schöne vergangene Zeit.
Wenn ich den Blick aufs Bild vom Rathaus lenke,
dann bist du mir auch nicht mehr weit,
und ich erlebe zum zweiten Male
die schönste Zeit aus meinem Leben
und hoffe, dass mir alles, alles
noch einmal wieder wird gegeben.«

Gertraud L. (1928) hatte zwar nicht die große Flucht und Vertreibung erlebt, aber sie war schon 1939 aus dem Baltikum in den Warthegau umgesiedelt worden und 1940 nach Württemberg in den Schwarzwald gekommen, wo ihre jüngere Schwester und sie die einzigen »fremden« Kinder unter lauter Schwabenkindern waren. Die Zwölfjährige schrieb am 14. Juli 1940 in ihr Tagebuch:

»Gestern erlebte ich etwas ganz Wunderschönes und doch Tieftrauriges. Ich lag im Bett, es war etwa 10 Uhr, und schaute auf den Abendhimmel hinaus. Vereinzelt zogen Wolken durch die mattblaue Luft. Ich genoss den Anblick. Dabei dachte ich wieder einmal an meine Heimat. Da blieb eine Wolke gerade über meinem Fenster stehen. Ich vertiefte mich in sie hinein, und plötzlich sah ich das Meer in ihr. Groß, majestätisch, wie es ist. Ich sah die turmhohen Wellen, die Molen, die stolz ins Meer hineinragen, und auf der anderen Seite den stillen Hafen. Da zogen allerlei Erinnerungen an mir vorbei. Ich liebe das Meer, unbeschreiblich. Jetzt erst, wo ich es nicht mehr habe, empfinde ich es erst so recht, dass ich eigentlich an die See gehöre. Ich spüre, es regt sich etwas wie Heimweh in meinem Herzen. Ich sage es keinem Menschen. Ich will tapfer sein. Aber gestern, als mich das Meer wieder mit seiner ganzen Größe und Weite lockte, da konnte ich nicht anders. Ich habe geheult, trotzdem ich weiß, wie schrecklich und unbarmherzig die See oft ist … Hier ist es ja auch so wunderschön. Aber so eng. Ringsum überall Berge und wieder Berge. Die Enge bedrückt mich fast …«[43]

Ein ungarndeutsches Mädchen sammelte in einem Schulheft deutsche und ungarische Texte. Unter dem Datum des 28. Dezember 1956 (!) findet sich folgendes Gedicht:

»Ich bin noch fremd in diesem land
Im Osten meine Wiege stand
Wie war ich froh und reich zu Haus
Man trieb uns aus der Heimat aus
Nun wohnen wir in engem Raum,
zu Hause bin ich nur im Traum,
wenn ich erwache bin ich arm
der kleine Ofen gibt nicht warm.
Die Eltern sehn so traurig drein
Es wird wohl kein Brot im Tische sein
Ich habe auch kein Schpilzeug mer
Oh wen ich nur Zuhause wer.«[44]

Eine gefühlige Heimattümelei der Erwachsenen, von den Kindern nachempfunden und nachgesprochen?[45] Nein, diese Dokumente sind Ausdruck von etwas, das die Verfasser tief bewegt und beschäftigt hat: Heimatverlust, der mit Schmerz verbunden war.

Verloren war die heimatliche Landschaft, das geliebte und vertraute Stadtbild, auf das man stolz sein konnte, verloren war das unbeschwerte Kinderleben in auskömmlichen bis wohlhabenden Verhältnissen, noch unberührt von den Bedrohungen und Gefährdungen des Krieges, denn gerade in den Vertreibungsgebieten war der Krieg die längste Zeit kaum zu spüren gewesen. Verloren war dieser Ort der Sicherheit und mit ihm das fraglose Dazugehören zu Nachbarn und Freunden, die im Umkreis lebten.

Die vielen Erinnerungen von Vertriebenen, die ich gelesen habe, beginnen alle mit der Schilderung der heimatlichen Umwelt. Dabei ist erstaunlich, wie genau sich die damaligen Kinder erinnern. Bis in die Einzelheiten werden die Bilder der Landschaft, die Wohnung oder der elterliche Hof beschrieben, auf dem die Vorfahren oft schon seit Generationen lebten und arbeiteten. Pläne, Zeichnungen und Fotos, sofern erhalten, werden beigefügt. Manche forschten in Büchern und Atlanten nach weiteren Auskünften. Detailliert werden die Kinderspiele im Kreislauf der Jahreszeiten erinnert, die Speisen und Getränke, die Feste, vor allem das Weihnachtsfest. Besonders intensiv sind diese frühen Eindrücke bei Kindern, die auf dem Lande aufgewachsen sind, denn hier ist die Kindheit verknüpft mit einer untergegangenen vorindustriellen Welt.[46] Auch die näheren und weiteren Bezugspersonen sind fest verankert im Gedächtnis, denn sie prägten das kindliche Leben stark. Nicht alles wird in ein goldenes Licht getaucht – es gab auch Kummer und Sorgen –, aber alles ist überstrahlt von einem Zauber, den kein anderer Ort der Welt gerade für dieses Kind jemals haben konnte. Helmut A. (1931) sagt in seinen Kindheitserinnerungen an Tiegenhagen, einen Hof im Weichseldelta zwischen Weichsel und Nogat: »Es war ein wunderbares Gefühl, an einem Sommermorgen in den Tag zu treten. Ein neuer Tag war nicht ein Tag, sondern eine neue Welt, die alle möglichen faszinierenden Erlebnisse versprach. Dieses Gefühl ist mir noch sehr gegenwärtig.« Zwei Auszüge aus der Fülle der Erinnerungen müssen genügen. Rudi W. (1936) beginnt seinen Rückblick so:

»Es war einmal ein schöner großer Bauernhof, für mich das wahre Paradies. Der Bauernhof der Familie Emil und Ida W. in Pöwgallen im Kreis Goldap (Ostpreußen). Meine Eltern lebten schon als siebte Generation auf diesem Anwesen. Sie heirateten im Jahr 1919 und gründeten eine zufriedene Familie. Ich war das dritte Kind und wuchs mit meiner Schwester Elli und Bruder Hans bis zum neunten Lebensjahr auf diesem Hof auf. Dieses Anwesen war für mich die ganze Welt, denn der Hof und die Ländereien hatten eine Größe von 280 Morgen, und wir wohnten ca. einen Kilometer von unserem Dorf entfernt (Aussiedlerhof) direkt an der Rominter Heide. Hier war die Welt zu Ende. Das hat man auch im Dorf gemerkt, denn es fehlte an allem. Man hatte versäumt Strom und auch Wasser zu verlegen, unsere Dorfstraße war ein ausgefahrener Sandweg. Aber wir hatten eine Schule …«

1990 besuchte er mit seiner Schwester und seiner Tochter Pöwgallen wieder:

»Der Puls schlug auf einmal derartig stark, wir standen in unserer Hoftoreinfahrt oder was davon übrig war. Ich habe sie aber nur erkannt an unserem wilden Kruschkebom (Birnbaum). Dieser Birnbaum hat als einziger die Zeit überstanden. Dieser Baum war für mich das Erkennungszeichen. Jetzt bist du in dem Paradies, von dem meine Eltern, meine Geschwister und ich flüchten mussten. Dieser wilde Birnbaum hat mich vollkommen hypnotisiert und in meine Kindheit versetzt. Ich sah den Hof vor mir, wie wir ihn verlassen hatten: Zur linken Hand stand der große Stall, angefangen die Werkstatt, dann der Pferdestall, der große Kuhstall, anschließend der Kälberstall und davor der große Misthaufen … Und ganz rechts neben der Hofeinfahrt, in der ich stand, das Wohnhaus. Vor dem Wohnhaus die drei großen Kastanienbäume. Es war aber niemand vor dem Haus zu sehen. Dann nebenan an der Giebelseite vom Wohnhaus die Bank, auf der wir an warmen Sommertagen saßen und über dem Gelände in das Dorf schauen konnten. Dann spricht mich jemand an, es war meine Tochter Anja. In dem Moment erwachte ich aus der Vergangenheit. Ich war wirklich in der Hofeinfahrt oder was davon zu sehen war. Von diesem Hof war nichts mehr, aber auch gar nichts mehr zu finden. Wenn dieser Kruschkebom nicht mehr da gestanden hätte, wäre es, also ob es ihn nie gegeben hätte … Jetzt noch einmal zum Schluss: Es war einmal ein Paradies, der große Bauernhof der Familie W. in Pöwgallen, Kreis Goldap in Ostpreußen.«

Siegfried S. (1930), dessen Gedichte wir zuvor zitiert haben, fertigte zusammen mit seiner Fluchtgeschichte ein Erinnerungsbuch an, eine Art Stadtführer von Breslau, mit Ausführungen zu Stadtanlage, Geschichte und Bauwerken, verziert mit Zeichnungen und Skizzen. Maria P. (1928) schenkte ihrem Vater zum 70. Geburtstag eine Zeichnung der Kirche des Heimatortes Heinrikau im Ermland nach einer kleinen Postkartenaufnahme, und sie zeichnete für sich und ihre Angehörigen mit viel Liebe das elterliche Haus. Sicher haben diejenigen, die über ihre Heimat gedichtet, geschrieben und sie gezeichnet haben, eine besonders kreative Veranlagung und wohl auch eine besonders enge Verbindung zu ihrer Heimat gehabt und haben sie immer noch. Es lässt sich schwer abschätzen, wie groß ihr Anteil an der Gesamtzahl der vertriebenen Kinder ist. Ein weiteres Zeugnis der Verbundenheit sind jedoch die sehr zahlreichen Besuche, als es möglich wurde, in die Herkunftsorte zu fahren. Die Eindrücke und Gefühle bei diesen Reisen waren sehr unterschiedlich. Einige charakteristische Stimmen aus dem vielstimmigen, keineswegs harmonischen Chor, sollen wiedergegeben werden. Auch hier ist das Alter zu

2. Das Elternhaus von Maria P. im Ermland

beachten. Die damals noch sehr jungen Kinder haben naturgemäß einen viel schwächeren Bezug zu den Orten ihrer ganz frühen Jahre als die älteren.

Hildegard S. (1933), Tochter eines Gutsverwalters aus Ostpreußen, beendet ihren Fluchtbericht mit den Sätzen:

»1996 habe ich meine Heimat mal besucht. Es war sehr schön, denn ich kann mich ja noch ganz genau an alles erinnern. Das Traurige war, dass von unserem Haus und dem Gutshaus nur noch ein paar Steine da waren. Wir hatten direkt vor unserem Haus einen kleinen See, der war noch da, aber sehr zugewachsen. Zwei Schwäne waren auf dem See. Und ein Angler saß am Ufer und fischte.«

Armin S. (1930), dessen Familie in Schweidnitz (Schlesien) ein Bürgerhaus als Pfarrhaus bewohnte: »Als wir 1964 Schweidnitz besuchten, war dieses Haus bereits gesperrt wegen Baufälligkeit! Etliche Jahre später wollte ich es meinen Kindern wenigstens als Verfallsruine zeigen, da war es bereits ›vom Erdboden verschwunden!‹ Man hatte es abgerissen. Ob sich unter der nunmehr leeren Grundstücksfläche noch die tiefen Keller befanden, war nicht zu erkennen. – Ein Teil meines Lebens war ›vom Erdboden verschwunden‹!«

Hannelore Z. (1932): »Und ich habe ja gesagt, ich gehe nie, nie, nie wieder in den Osten. Und als ich dann die Inserate las, Flug- oder Busreise, da habe ich meinem Mann gesagt: ›Weißt du, ich möchte doch! Weniger nach Königsberg, ich weiß, da ist alles kaputt, ich möchte nach Lopönen.‹ Und da in Lopönen war unser Wochenendhaus ja inzwischen von den Russen abgerissen worden, das Grundstück war noch da, das Nebenhaus stand, daher erkannte ich das wieder, und drei Kilometer weiter ist ein schon damals sehr bekanntes Seebad Rauschen. Da stehen noch neunzig Prozent. Und wir haben uns von Königsberg mit dem Taxi immer nach Rauschen fahren lassen und sind dann die alten Wege, die ich noch kannte, die inzwischen nicht eingezäunt waren oder nicht mehr betreten werden konnten, gegangen, und das war so schön, das Land. Das Land ist ja geblieben, man konnte alles kaputt machen, was drauf gestanden ist, aber das Land selber, das kann man nicht kaputt machen. Das ist das Schöne … Meine Eltern haben das nie verwunden, und ich habe vor vielleicht zwanzig Jahren gesagt: Mein Gott, die sollen das doch mal hinnehmen, es geht ihnen gut, und die haben keine Sorgen, und wir haben ein gutes Verhältnis, aber je älter ich werde, desto mehr fehlt mir das auch … Ich möchte eine Seebeerdigung in der Ostsee haben, vielleicht schwimme ich dann nach Rauschen.«

Jürgen P. (1937) aus Arys in Masuren: »Wir wohnten gerade gegenüber der Hauptwache. Vorbei am Postgebäude kam man zur Schule – ein Stück weiter grüßte die Kirche zwischen hohen Bäumen. Ich weiß nicht recht, warum diese Kirche in meiner Erinnerung eine so wichtige Rolle spielt. Ich sehe noch die Kanzel über dem Altar. Besonders fasziniert haben mich die Deckenbemalungen – einen großen bunten Hahn an der Decke sehe ich noch heute deutlich vor mir. Als ich viele Jahre später wieder nach Arys kam – meine Frau hatte mir zum 60. Geburtstag eine Reise in die alte Heimat geschenkt – freute ich mich sehr, als ich die alte Kirche sah. Äußerlich, so schien es mir, hatte sie sich kaum verändert. Umso größer war die Enttäuschung, als wir die Kirche betraten – eine kalt metallisch glitzernde Maria über dem Altar, die Deckenbemalung verschwunden. Stärker noch als beim Anblick des Elternhauses wurde mir hier bewusst: Hier gehörst du nicht mehr hin. Heimat, das sind Menschen, mit denen man sich verbunden fühlt – vielleicht noch die Landschaft. Aber Häuser, eben auch eine Kirche, können zum Zeichen werden: Hier gehörst du nicht mehr hin … Mit Erstaunen stellte ich fest, wie sachlich und emotionslos ich das alles sehen konnte. Hier leben fremde Menschen – ich wünsche ihnen, vor allem den vielen Kindern, von Herzen, dass sie glücklich werden.«

Anni B. (1932) aus Neu-Mertensdorf, Kreis Allenstein: »1988 sind wir zum ersten Mal hingefahren. Der Reiseführer hat uns einen Taxifahrer vermittelt, den haben wir uns gemietet für den ganzen Tag und sind nach Neu-Mertensdorf, heute Novo Marzcinkovo. Ich hab ja nicht gewusst, treff ich jemanden an oder nicht. Hab ich gesagt: ›Da vorne das Schild‹, das war noch immer gleich, das ging von dieser Straße runter über eine Brücke, da war der Fluss, die Dümmer, das war ein schöner Fluss und ist bloß noch ein Rinnsal gewesen. Diese Gefühle, die kann man nicht beschreiben, wie es mir zumute war. Unser Haus steht ja noch, bloß schrecklich vergammelt. Jetzt lebt dort nur noch eine deutsche Person in diesem Dorf. Damals, als wir noch zur Schule gingen, gab es einen Lebensmittelladen in unserem Dorf, und da hab ich dann gesagt, da tu ich mal klopfen oder läuten, vielleicht ist die Irmgard doch da. Und wirklich, sie war dort, sie ist mit einem Polen verheiratet. Wir sind nur da gestanden und haben uns angestarrt, da konnte keine reden. Ich bin dann noch mal in ein anderes Haus gegangen, aber da waren nur Polen da. Aber gastfreundlich, das muss ich sagen. Die haben sofort aufgetischt, die hätten einem das letzte Stückchen Streuselkuchen hingestellt. Sie haben aber gewusst, dass man was mitbringt. 10 DM hab ich da gegeben, das war für die ein Vermögen.

Man war zu Hause und doch nicht zu Hause, es waren Gefühle, das kann man nicht beschreiben.«

Anni B. hat ihre Heimat mit der Familie 1995 ein weiteres Mal besucht. Ihre Tante, die bei der ersten Reise 1988 noch lebte, beauftragte sie, ihr eine Handvoll Heimaterde mitzubringen. Als sie zwei Jahre später starb, hat ihr Anni die Erde mit in den Sarg gelegt.

Emma F. (1933) konnte 1993 durch Vermittlung eines Freundes Kontakt zum jetzigen Besitzer ihres Hauses in Anischau im Sudetenland aufnehmen:

»Dieser junge Mann, damals 40 Jahre, alleinstehend, hatte das Haus von seinen Eltern geerbt. Die Eltern hatten das Haus schon vor Jahren vom Staat gekauft. Der junge Mann hat uns freundlich begrüßt und mir mein Elternhaus gezeigt. Es war alles so fremd, eigentlich habe ich in diesem Moment nichts empfunden. Das Haus ist etwas umgebaut und in gutem Zustand. Türen wurden eingesetzt und eine Wand rausgebrochen. Neue Fenster waren eingesetzt.

Nun fragte mich der junge Mann, ob ich noch etwas sehen möchte. Spontan sagte ich: ›Gerne würde ich auf den Dachboden gehen.‹ Er sagte: ›Es ist nicht aufgeräumt, daran habe ich kein Interesse.‹ Das machte mir nichts aus. Langsam stieg ich die Treppe rauf, Stufe um Stufe. Es ist noch die alte Treppe wie vor 50 Jahren. Mit beiden Händen strich ich mir die Spinnen aus dem Gesicht. Kurz vor dem Boden macht die Treppe einen Bogen. Auf einmal war ein Knarren zu hören. Ich hielt die Luft an, mein Herz klopfte. Dieses Geräusch war mir noch sehr vertraut. In diesem Moment war ich wieder das Kind von damals. An das Knarren der Stufe hatte ich nicht mehr gedacht. Es ist unglaublich, was ein Hirn über Jahrzehnte hinweg speichern kann.

Und nun habe ich den Dachboden erreicht. Oh, was finde ich da: alte Schränke, Fahrräder, alte Bettgestelle, leere Konservendosen und noch vieles mehr. Ich steige über den Unrat und schaue zum Fenster raus. Dort sind noch die alten Fenster. Der Wind pfeift durch die Fugen. Durch die Dachziegel sehe ich die Sonnenstrahlen. In Gedanken sehe ich in der einen Ecke ein Bett stehen, das Bett von unserem Sepp, meinem Onkel, eigentlich meinem großen Bruder.

Zu lange wollte ich doch nicht verweilen. Langsam stieg ich die Treppe wieder runter. Ich traute meinen Augen nicht. Auf dem Mauervorsprung steht unser Bügeleisen. An der Stelle, wo es meine Mutter immer hingestellt hatte. Wie in Trance greife ich danach und nehme es mit nach unten. Lachend zeige ich es dem jungen Mann. Er holt einen Lappen und macht das Bügeleisen sauber. Er hat es mir in die Hand gedrückt. Ich war überglücklich. Heute steht das Bügeleisen hergerichtet und poliert bei mir im Wohnzimmer, ein Stück Erinnerung an zu Hause. Ich fragte den jungen Mann, ob er wohl eine Puppe oder Märchenbücher gefunden hätte. Er verneinte. Aber ich sollte doch mal wiederkommen. Bis jetzt war ich nicht wieder dort.«

Ingrid Keller-Domasch (1930): »Dreimal konnte ich nach der Wende meinen Heimatort (*Kuckerneese in Ostpreußen, nahe der Kurischen Nehrung*) besuchen: Ich war auch in dem Haus, in dem ich auf die Welt gekommen bin und mit meinen Eltern lebte, bis wir unseren Heimatort 1944 verlassen mussten. Als ich 1992 dieses Haus aufsuchte, begleitete mich die jetzige Bewohnerin, eine alte russische Frau, in die ehemals obere Wohnung. Wir standen mitten in einem Raum, dessen Fußboden mit Schutt und Geröll bedeckt war. Ich musste mich erst orientieren, denn die Zwischenwände unserer Wohnung waren zum Teil herausgerissen. Wie aus weiter Ferne drangen die Worte der alten Russin in mich hinein: ›Das ist noch die Tapete von früher!‹ Ich wandte mich um, sah diese dunkle, in Fetzen herunterhängende Tapete, und wie ein

3. Emma F. findet im Elternhaus das alte Bügeleisen wieder

Schacht tat es sich plötzlich in mir auf. Jetzt war es nicht mehr dieser leere, öde Raum. Wie aus tiefsten Tiefen stieg das Bild meiner Großmutter herauf. Hier hatte sie in den letzten Jahren gewohnt, hier hatte ich manche Stunde bei ihr verbracht. Dort hatte das Plüschsofa gestanden, das sie in diese kleine Wohnung mitgebracht hatte, nachdem sie den Hof ihrem Sohn übergeben hatte. Auf dem Tisch mit der weinroten Decke lag das dicke Foto-Album mit den Fotografien ihrer Geschwister, aufgenommen um die Jahrhundertwende, vielleicht stammten einige Bilder sogar aus der 2. Hälfte des 19. Jahrhunderts … Wo ist das Buch geblieben? Auf einem Schutthaufen, wie so viele andere Sachen, die weit wertvoller waren?

Tränen stiegen in mir hoch. Ich versuchte mich zu beherrschen. Ich wollte nicht sentimental werden. Ich hatte das Zimmer gesehen, in dem ich auf die Welt gekommen war, die Räume, in denen ich die ersten 14 Jahre meines Lebens verbracht hatte, wenn ich nicht gerade bei meiner Großmutter auf dem Lande gewesen war. Und nun brachte mich ein Stückchen Tapete aus der Fassung! Alle Kraft musste ich zusammennehmen, aber sogar auf der Straße hatte ich meine Selbstbeherrschung noch nicht wiedergefunden. Was war es, das mich in meinen Grundfesten so erschütterte? Ich fühlte mich wie am Grab eines geliebten Menschen. Der Verlust des Gewesenen schmerzte ungeheuer.

Später ging ich noch einmal vorbei und bat die alte Russin um ein Stückchen von dieser Tapete. Andere nahmen Erde oder Sand als Erinnerung an eine glückliche Kindheit mit – ich ein Stückchen Tapete …«[47]

Eva-Maria K. (1936) aus Breslau machte 1997 eine von der Volkshochschule organisierte Reise mit und fand in Breslau einen polnischen Taxifahrer, der perfekt Deutsch sprach, und sie herumführte. Er war immer wieder verblüfft, wie genau sich Frau K. noch an die Lokalitäten erinnerte. Gemeinsam fanden sie das Haus, in dem Frau K. gelebt hatte. Der Taxifahrer klingelte, es wurde geöffnet:

»Und da steht eine Dame, acht Stufen höher und sagt: ›Kommen Sie rein, kommen Sie hoch, gucken Sie sich Ihre Wohnung an.‹ Auf Deutsch! Dann bin ich hoch, habe ihr die Hand gegeben. Die Frau sprach schlecht Deutsch, aber sie hat mich verstanden. Und dann hat sie uns in die gute Stube geführt und hat uns an den Tisch gesetzt. Ich wollte aber nicht die Tischdecke hochheben und habe vermutet, dass das unser Tisch ist. Ich wollte sie nicht kränken. Früher hatte man ein Sideboard. Das war auch noch da. Aber die sind ja selbst als Flüchtlinge aus Ostpolen da hin gekommen. Sie brachte einen Kuchen, es war Zufall, dass sie einen gebacken hatte, deswegen freute sie sich auch. Und dann bin ich ins Wohnzimmer gegangen, da stand unsere Uhr, wissen Sie, mit so einem Pendel, mit Zifferblatt, also da kam die Kindheit so auf. Hab aber auch nichts gesagt … Und dann kommt sie wieder herein und bringt eine große Kristallvase und sagt zu mir: ›Das ist für Sie als Andenken an die Ebereschenallee 13.‹ Ich wollte es nicht annehmen, aber sie hat so gebeten. Dann hab ich es angenommen.«

Mit der Frau und ihrer Tochter blieb Frau K. in losem Kontakt und schickte auch Päckchen.

Was verstehen die Kriegskinder heute unter Heimat? Dichter, Philosophen, Theologen, Psychologen, Soziologen, Kulturwissenschaftler und viele »gewöhnliche Menschen« haben sich seit jeher Gedanken darüber gemacht; viele Lieder besingen Heimat und Fremde. Manches davon haben auch die Kriegskinder im Laufe ihres Lebens aufgenommen und mit ihren eigenen Vorstellungen verschmolzen. Wir wollen einige ihrer eigenen Formulierungen zitieren. Oft knüpfen sie an das Wiedersehen mit der Heimat an, und auch hier muss man das Alter der Sprechenden berücksichtigen. Anneliese P. (1939) hat ein Buch über ihre Flucht aus Westpreußen geschrieben.[48] Ich zitiere aus einem Brief an mich vom Mai 2003:

»Inzwischen bin ich sogar mit einer Reisegruppe in Polen gewesen und sehr freundlich aufgenommen worden. Auch mein einstiges Zuhause habe ich noch einmal sehen dürfen. Sogar die kleine Anlegestelle an der Nogat, wo die kleinen Kähne auf eine Überfahrt warteten, befand sich noch an der gleichen Stelle. Ach, und vieles andere, das mich an meine Kindheit erinnerte, durfte ich sehen. Selbst die Landschaft, die ich um mein Elternhaus beschrieben habe, war haargenau richtig. Ich war einfach gerührt. Wehmut kam auf. Ich glaube, man muss beides zusammen sehen: Den Verlust der Heimat und eines Teils der Kindheit. Zuhause fühle ich mich jetzt hier in Battenberg, in der Ahornstraße. Nirgendwo anders … Keiner wird seine einstige Heimat je vergessen. Auch mein Vater nicht. Da, wo alles begann, bleibt es eine stille Erinnerung und endet erst mit dem Tod.«

Dorothea E. (1934): »Bis zur Öffnung der Grenze, also 1989, war für mich die Heimat nicht mehr existent. Es war ein ganz eigenartiges Gefühl. Ich glaubte, eher auf den Mond zu kommen als nach Schlesien. Ich empfand es so, dass uns die Polen unsere geliebte Heimat weggenommen haben, und deshalb wollte ich auch nicht mehr daran denken. Sie existierte einfach für mich nicht mehr. Es war wie ein Traum für mich. Die Polen mochte ich damals natürlich nicht. Erst 1991 fuhr ich das erste Mal nach Schlesien mit meinem Bruder. Und das war ein sehr trauriges Erlebnis für mich … Aber dann kam der Wunsch in mir auf, dieses mein früheres Heimatland kennen zu lernen. Seitdem habe ich nun schon drei Studienreisen unternommen mit Schlesiern. Dieses Jahr wieder eine. Und immer wieder zieht es mich dorthin, ich glaube, dort sind einfach meine Wurzeln. Gegen die Polen hege ich jetzt keinen Groll mehr, wenngleich ich es jedes Mal bedaure, wenn ich in Schlesien bin, dass dieses schöne Land nicht mehr zu uns gehört. Aber leben kann ich heute mit den bestehenden Tatsachen gut, und dort leben wollte ich jetzt nicht mehr. Das ist für mich ganz klar. Ich wäre sehr glücklich, wenn meine Kinder mir meinen größten Wunsch erfüllen könnten und mit mir eine Reise in meine Heimat machen würden, dieses schöne Stückchen Erde kennen lernen könnten. Einfach die Heimat ihrer Mutter.«

Heinz V. (1941) schenkte seiner Mutter zu ihrem 80. Geburtstag eine gemeinsame Reise in ihre Heimatstadt Danzig:

»Die Fahrt ging nach Danzig-Langfuhr in den Archenholzweg 13. Mutti sollte doch noch einmal ihr Elternhaus sehen. Unseren Dolmetscher hatte ich dann gebeten, in das Haus zu gehen, um zu fragen, ob wir es betreten dürfen. Mutti meinte: ›Warum sollen die was dagegen haben? Wir wollen doch nichts von denen!‹ Na, so selbstverständlich war es ja auch wieder nicht, und wir warteten bange Minuten, bis wir tatsächlich hereingerufen wurden. Es wurde Tee gemacht, und wir saßen in der Wohnstube, in der ich 43 Jahre davor das Radio runtergeschmissen hatte. Ein polnisches Ehepaar mit Sohn und Oma wohnten nun hier. Sie waren selbst Vertriebene und stammten aus der Gegend von Lemberg ... Es gab viel zu fragen, und das ging nur per Übersetzung hin und her, da lediglich der Sohn etwas Englisch konnte. Der Hausherr ließ sich aber nicht blicken, dem war es wohl nicht so recht, aber was soll's. Wir besichtigten das ganze Haus bis auf die Dachkammern, und Mutti meinte mit einem Blick auf die steile Treppe: ›Da käm' ich heute auch nicht mehr rauf!‹ Mutti war überglücklich, und als wir beim Abendessen im Hotel waren, meinte sie: ›So klein und winzig hatte ich das Häuschen doch nicht in Erinnerung, da hab ich es jetzt doch besser.‹ Ja, so ist es: Die Erinnerung verschönt das Vergangene, und die Realität versöhnt mit der Gegenwart. Und so waren wir beide im fernen Danzig erst so richtig im Schwabenland angekommen, ohne Wenn und Aber ...

Heute weiß ich bestimmt, dass meine Wurzeln in Danzig liegen und dass ich diese Gewissheit erst langem Nachdenken zu verdanken habe. Auch das Niederschreiben dieser Erinnerungen haben mir zu dieser Erkenntnis verholfen. Eins weiß ich aber ganz sicher, nämlich, dass ich heute in Schwaben daheim bin und mich hier wohl fühle.« In einem anschließenden Brief vom 28.04.03: »Im Wesentlichen wurde ich durch meine ostpreußische Omi erzogen, und so waren Danzig und Masuren doch bis Ende der fünfziger Jahre für mich prägend. Bei mir stimmt das schon mit dem Wunsch nach Geborgenheit, und die finde ich im Fixpunkt Danzig, denn einen besseren finde ich nicht – obwohl ich lange danach gesucht habe.«[49]

Dorothea S. (1937) aus Breslau, deren Eltern eine Reise in die alte Heimat abgelehnt hatten, weil sie alles so in Erinnerung behalten wollten, wie es einmal war, brach schließlich 1991 mit Tochter und Sohn, damals 20 und 18 Jahre alt, doch auf:

»Es war immer mein großer Wunsch gewesen, zurückzukehren in ein Land, das meine erste und damit eigentliche Heimat war, zu dem ich nie eine richtige Beziehung entwickeln konnte, das trotzdem in meiner Vorstellung durch kleine Erinnerungen, hauptsächlich aber durch Erzählungen meiner Eltern lebendig geblieben war. Aber da war noch etwas: Immer wieder waren sie vor mir aufgetaucht, die Augenblicke der abrupten Trennung von Orten, Menschen und gleichzeitig auch von einer glücklichen und behüteten Kindheit. Immer wieder, durch die vielen Jahrzehnte hindurch, hatten die Gedanken daran in mir den gleichen Schmerz verursacht. Vielleicht würde sich etwas lösen, wenn ich nun an den Orten meiner Kindheit die schönen Erinnerungen aufleben lassen könnte, die schlimmen Ereignisse noch einmal durchleben würde?«

Es wird eine lange Spurensuche mit beglückenden und enttäuschenden Momenten, mit erstaunlichem Wiedererkennen und Wiedererinnern, auch mit Erfahrungen von Misstrauen der jetzt dort lebenden Menschen. Am Ende der Reise steht sie in Bolkenhain, wo die Großmutter gewohnt hatte: »Nun stand ich doch sehr bewegt an genau dieser Stelle. Von hier aus hatte der zweite Teil unserer Flucht begonnen, hier hatte sich die endgültige Trennung vollzogen. Nun war ich zurückgekommen, der Kreis war geschlossen!« Auf meine ausdrückliche Frage, was Heimat für sie bedeutet, schrieb sie in einem Brief vom 20.07.2003:

»Darüber habe ich immer wieder nachgedacht, bin aber nie zu einem ganz befriedigenden Ergebnis gekommen. Ich weiß nur, dass mich damals, bei der Fahrt durch Schlesien oder bei dem Aufenthalt auf dem Breslauer Rathausplatz ein großes Glücksgefühl überkam, wie ich es anderswo nie gespürt habe. Also gibt es doch einen Zusammenhang zwischen ›Heimatgefühl‹ und ›Wurzeln‹? Vielleicht besonders für mich, weil ich mich immer für Familie und Familiengeschichte interessiert habe und von den Erzählungen meiner Eltern in dieser Richtung nie genug bekommen konnte? Außerdem habe ich im Laufe der Zeit alle Bücher verschlungen, alle Bildbände durchgeschaut, die ich zum Thema Schlesien finden konnte. So, denke ich, ist im Nachhinein doch eine große Beziehung zu dem Land entstanden, in dem meine Vorfahren zu Hause waren und das damit auch meine erste und eigentliche Heimat ist. Allerdings bin ich mir nicht sicher, ob der Schmerz über die abrupte Trennung dabei von Bedeutung ist oder auch die allmählich einsetzende Erkenntnis, dass diese Heimat für immer verloren ist. Aber natürlich spielt auch die Erinnerung an die Kindheit eine wichtige Rolle. Dafür spricht, dass ich die kleine unterfränkische Stadt, in der wir nach der Flucht fünf Jahre lebten, als meine zweite Heimat betrachte. Dort erlebte ich den zweiten Teil meiner Kindheit, neue, ganz andere Entdeckungen und Erfahrungen kamen dazu und ergänzten die ersten.«

Einen harten Akzent setzt Peter H. (1931) und erklärt damit, warum er nicht nach Breslau fahren will:

»An die Heimat meiner Jugend denke ich in Wehmut zurück, je älter ich werde, um so mehr, ich will und kann sie nicht vergessen, auch auf die Gefahr hin, dass mich die ›umerzogenen‹ in Unwissenheit gehaltenen Nachgeborenen als ›Ewiggestrigen‹ einordnen ... Breslau, die Stadt, in der ich einst geboren wurde und in der seit Generationen meine Familie gelebt und gearbeitet hatte, ist nicht mehr – dort, wo sie einst war, ist heute Wroclaw. In diesem Punkte unterscheide ich mich von den vielen tränenreichen und von ›Versöhnung‹ getriebenen ›Heimwehschlesiern‹. – Die Familie meiner Kindheit und Jugend ist längst dahin, mein Breslau, die Heimatstadt, starb qualvoll im Osterfeuer 1945, und ihr Leichnam wurde weggegeben in fremde Hand am 6. Mai.«[50]

Maria F. (1930) aus Westungarn: »Ich hab die Heimat immer in der Familie gefunden. Wir waren zwölf Kinder, ich war das zehnte. Die Geborgenheit in der Familie war da; wir waren fast immer beieinander … Wir haben uns integriert; unsere Kinder sind Schwaben geworden. Als ich das erste Mal in der alten Heimat war, das war beklemmend. Ich hab's nicht ausgehalten. Die Erinnerung war ganz anders. Die Atmosphäre hat nicht gestimmt. Das Heimelige war weg. Die Sprache hat schon nicht gestimmt. Die Heimat ist entseelt.«

Stefanie A. (1933): »Heimat, den Ort meiner Zugehörigkeit, habe ich in mir. Heimat ist für mich dort, wo Leben wachsen und sich entfalten kann, wo Menschen sind, die mir nahe stehen.«

Der Dreiklang von Wurzeln, Kindheit, Geborgenheit in einer vertrauten Umgebung und mit vertrauten Menschen ist bestimmend in allen Äußerungen der damaligen Kinder über die Heimat, verbunden mit Bildern von Landschaften und Orten, die in tiefen Schichten des Bewusstseins und des Gefühls aufbewahrt werden. Je länger eine Familie an demselben Ort lebte, desto tiefer ist diese Bindung; es gibt nicht umsonst den Begriff »angestammte Heimat«. Öfter wird auch von »erster und zweiter Heimat« gesprochen, von »alter und neuer Heimat«, von der »Urheimat und dem neuen Zuhause«, nämlich dann, wenn sich neue Geborgenheit und Vertrautheit in anderer Umgebung im Laufe der Zeit einigermaßen, aber verlässlich herstellen ließen. Dabei sind für die Meisten nahe Menschen wichtiger als Orte. Aber es gibt auch solche, die heimatlos geblieben sind. Lieselotte M. (1938), deren Vorfahren seit 1580 auf ihrem Hof in Oberschlesien lebten (Abbildung 4), sagte: »Ich fühle mich noch immer wie ein loses Blatt im Wind.«[51]

Stefan S. (1930): »Die Erinnerung an den Zweiten Weltkrieg ist bei mir ständig gegenwärtig. Er hat mich zum Flüchtling und Heimatvertriebenen gemacht. Täglich werde ich daran erinnert, dass mein Elternhaus, in dem ich meine Kindheit verbracht habe, nicht hier steht, sondern 1.000 Kilometer weiter weg in Slawonien, wo die Gräber der Großeltern und Urgroßeltern sind, meine Urheimat. Meine neue Heimat ist aber hier, wo ich jetzt wohne.«

Am härtesten traf die Heimatlosigkeit die russlanddeutschen Kinder. Sie wurden nach den schon in den dreißiger Jahren einsetzenden Verfolgungen der Stalinzeit im Zweiten Weltkrieg deportiert, nach Sibirien, viele von ihnen später nach Zentralasien, mussten Zwangsarbeit leisten, ihre deutsche Kultur

4. Familie M. und ihr Hof in Oberschlesien

wurde zerstört. Seit den fünfziger Jahren kehren Hunderttausende in die Heimat ihrer Vorfahren, nach Deutschland, zurück. Als sogenannte Spätaussiedler werden sie von den Deutschen als »Russen« tituliert und behandelt, sind nicht willkommen, haben nirgends mehr eine Heimat. Einer von ihnen, Johannes H., dessen Kindheitsgeschichte wir im folgenden Kapitel kennen lernen werden, fährt als inzwischen alter Mann noch so oft er kann an die Wolga zurück. Er schrieb mir auf meine Frage, warum er das tue:[52]

»Doch wohl deswegen, weil ich dort meine Kindheit verbracht habe (es waren insgesamt 13 Jahre), weil ich dort das Licht der Welt erblickt habe, weil ich dort sechs schöne Jahre die Schulbank gedrückt habe, weil dort die schönste Zeit meines Lebens verlief. Ich habe mal irgendwo gelesen, dass der Mensch in den ersten sieben Jahren seines Lebens ein Viertel aller Informationen in sich aufnimmt, die ihm in seinem ganzen Leben beschieden sind. Und diese Informationen, die Ereignisse, die er in diesen ersten Jahren miterlebt, setzen sich so fest ins Gehirn, dass ich mich heute noch gut daran erinnern kann, viel besser als an diejenigen, die ich den weiteren Jahrzehnten aufgenommen habe. Damals, in der Kindheit, kam mir das Leben so schön vor, obwohl es alles andere als schön war, weil ich nichts Besseres gesehen und erlebt hatte. Ich habe später viel schönere Zeiten gehabt, viel wichtigere Ereignisse erlebt. Sogar als ich mit meiner Mutter, die das kleine Schwesterchen auf dem Arm hatte, im Dorf betteln ging (*der Vater war schon in die Trudarmee, die Arbeitsarmee, verschleppt*), fand ich nichts Schöneres auf der Welt als den Geruch der Suppe und den Geschmack des schwarzen Ersatzbrotes, die man uns gab … Wie schön war es, als ich die Schafe oder die Hühner hütete, im Gras der Steppe auf dem Rücken zu liegen und hoch in der Luft die Lerchen schwirren zu sehen und ihr Trillern zu hören. Und wenn ich heute dorthin komme, den alten Dorfteich sehe, die alten Brunnen, die kleinen Hügel der ehemaligen Lehmkaten und die Überbleibsel des alten Friedhofes, da ergreift mich eine so süße Wehmut, dass ich weinen muss. Ich hätte damals, 1996, als ich zum ersten Mal nach 55 Jahren nach langem Suchen die alte Kasachin traf, die mir den Ort zeigte, wo einst mein Dörfchen war, diese Frau am liebsten abgeküsst. Ich beneidete sie, dass sie alle diese Jahre hier sein konnte … Damals dachte ich nicht daran, dass die Frau auch großes Elend und große Not und Armut erleben musste. Aber sie war ZU HAUSE.«

Und ein anderer Russlanddeutscher schreibt: »Vielleicht werden unsere Enkel hier zu Hause sein, in der Heimat. Aber wir werden das bleiben, was wir gewesen sind – Nomaden.«[53]

Die Zeugnisse der Kriegskinder belegen, dass »Nomadentum« für die meisten keine erstrebenswerte Lebensform ist, dass Heimat auch in den Zeiten einer grenzenlosen Mobilität und offener Grenzen ihre identitätsstiftende und -bewahrende Bedeutung behält. Nicht wenige beklagen die nicht enden wollenden Odysseen, das ständige Herausgerissenwerden und Umziehen-Müssen. Bis zu 30 Umzüge werden aufgezählt: Nirgends konnten die Kinder richtig Fuß fassen. Das war schwer zu verkraften und machte die erste Kinderheimat zu einem schmerzlich vermissten, sicheren, aber verlorenen Ort. Ingrid K., 1938 in Allenstein/Ostpreußen geboren, drückt es so aus: »Geblieben ist eine große Verunsicherung in bezug auf meinen Platz in der Welt. Wo bin ich zu Hause, was gehört mir?«

In manchen Familien wird die Erinnerung an die alte Heimat weitergegeben, werden Bräuche gepflegt, wird nach alten Rezepten gekocht. Aber nur ein kleiner Teil hat sich in Vertriebenenverbänden und Landsmannschaften organisiert oder hält Kontakt zu den verstreuten Landsleuten. Viele schreiben ihre Erinnerungen für ihre Kinder und Enkel auf, nur wenige davon werden publiziert und nicht immer interessieren sich die Nachkommen dafür.

In einigen Zeugnissen klang schon an, was die vertriebenen Kinder gegenüber den Polen, Tschechen und Russen empfinden, die jetzt in ihrer Heimat leben. Wie beurteilen sie selbst die Vertreibung und welche politischen Folgerungen ziehen sie daraus? Das wird vertiefend nochmals aufzugreifen sen.[54]

Anmerkungen zu Band 1

Einleitung

1 Dörr: »*Wer die Zeit nich tmiterlebt hat …*«.

2 Der bislang größte internationale und interdisziplinäre Kongress fand vom 14.–16. April 2005 in Frankfurt statt. Internet-Adresse: kriegskinderkongress2005,de. Weitere Projekte über Kriegskinder mit Internetadressen: kriegskinder.de und weltkrieg2kindheiten.de, beide unter Federführung von Hartmut Radebold. Die Evangelische Akademie in Bad Boll veranstaltete zwei Tagungen mit Tagungsberichten. Internet-Adresse: kriegskind.de.

3 So der Titel des Buches von Sabine Bode: *Die vergessene Generation. Die Kriegskinder brechen ihr Schweigen.*

4 Vgl. Literaturverzeichnis, Sparte II: Darstellungen.

5 Hage: *Zeugen der Zerstörung.*

6 Vgl. Literaturverzeichnis, Sparte II: Darstellungen.
Das umfassende Werk von Nicholas Stargardt erschien erst kurz vor Abschluss meines Manuskripts: *»Maikäfer flieg!« Hitlers Krieg und die Kinder.* Es ist anders angelegt und bezieht auch Jugendliche ein (z. B. Lore Walb, Jg. 1919!). Es handelt sich im Grunde um eine Geschichte des Zweiten Weltkriegs und der NS-Rassenpolitik unter besonderer Berücksichtigung von Jugendlichen und Kindern. Dabei werden in Archiven gesammelte Primärquellen wie auch publizierte Erinnerungen und Auszüge aus Sekundärliteratur gleichermaßen zitiert.

7 Werner: *Unschuldige Zeugen* (zuerst: *Through the Eyes of Innocents. Children Witness World War II.* Westview Press 2000).

8 Das belege ich in meiner Frauendokumentation vor allem mit der Lebensgeschichte von Gertraud L. in Band I und in Band III, Teil B, Kapitel 2, in dem ich herausarbeite, dass diese älteren Jahrgänge der nationalsozialistischen Ideologie durchaus nicht blind ausgeliefert waren.

9 Vgl. Anhang.

10 Unter den im Literaturverzeichnis Sparte V: Verfolgte genannten Publikationen ist besonders hervorzuheben: Dwork: *Kinder mit dem gelben Stern* (zuerst: *Children With a Star. Jewish Youth in Nazi Europe.* New Haven und London 1991). Große Beachtung finden diese Kinder auch in Stargardt: *»Maikäfer flieg!«* Friedländer: *Das Dritte Reich und die Juden*, Band 1 und 2.

11 Diese Heime boten in erster Linie schwangeren, nicht verheirateten Frauen die Möglichkeit, in einem Entbindungsheim des Lebensborn das Kind unauffällig zur Welt zu bringen, um eine Abtreibung zu verhindern. Möglicherweise gab es Heime, die zusätzlich oder ausschließlich der Zeugung »erbbiologisch wertvollen« Nachwuchses dienten.

12 Vgl. Kapitel 20, »Verfolgt«, S. 383–388.

13 Was aus den aufgeführten Quellen zu entnehmen ist, referiert Stargardt: *»Maikäfer flieg!«*, Literaturverzeichnis Sparte II: Darstellungen, S. 104–128.

14 Zu allgemeinen Untersuchungen über diese Themen vgl. Literaturverzeichnis, Sparte V: Verfolgte. Zu den Erziehungsheimen, aber vorwiegend über Jugendliche, Stargardt: *»Maikäfer flieg!«*, Literaturverzeichnis Sparte II: Darstellungen, S. 76–102.

15 Vgl. Literaturverzeichnis Sparte VI: Psychologie, Gerontologie. Besonders: Radebold: *Kindheit im Zweiten Weltkrieg.*

16 Stephen Spielberg's »Survivors of the Shoah Visual History Foundation« hatte als Startkapital 10 Millionen Dollar zur Verfügung. Das Projekt zu den Afrikanern wurde 2003 durch Julieanna Richardson, Graduierte aus Harvard, als »History Makers Project« ins Leben gerufen. Es wird schätzungsweise 30 Millionen Dollar kosten. Darüber berichtet die englische Zeitung *The Independent* am 13.1.2003. Dabei stellt sich natürlich die Frage nach der Möglichkeit einer quellenkritischen Auswertung solcher unüberschaubarer Materialien.

17 Dörr: *»Wer die Zeit nicht miterlebt hat«*, Literaturverzeichnis Sparte II.

18 Vgl. Literaturverzeichnis Sparte VII, besonders Markowitsch: *Dem Gedächtnis auf der Spur.*

19 Dies ist eine besonders fruchtbare Art interdisziplinärer Zusammenarbeit. Die Psychoanalyse verhilft dem Zeitzeugen zu einer vollständigeren Erinnerung und zu einem reflektierteren Umgang mit ihr.

20 »Von der Kindheit in den Zeiten des Krieges«, in: *Sonntag Aktuell* vom 12. Januar 2003.

21 Ein neuer Zweig von Memoirenliteratur entstand: Gegen Einsendung von »Rohmaterial« oder nach mündlichen Erzählungen gestalten in sogenannten Medienbüros professionelle Schreiber, sogenannte Biografiker, und Lektoren die Lebensgeschichte in gewünschtem Umfang und in abgestufter Qualität und Ausstattung, z. B. Karin Rohnstock: Medienbüro, Prenzlauer Allee 217, 10405 Berlin. Das billigste Buch kostet 8.000 Euro; sie habe aber schon Bücher für den zehnfachen Preis hergestellt.

22 Was Deborah Dvork über die jüdischen Kinder schreibt, gilt auch für alle anderen Kinder: »Das stillschweigende Übergehen der Kinder schreit zum Himmel. Unser Verhältnis zu Kindern ist das Herzstück unserer Zivilisation. Und es ist nicht gut möglich, unsere Geschichte zu schreiben, ohne den zentralen Platz der Kinder hervorzuheben.« *Kinder mit dem gelben Stern*, S. 257, 58.

23 Ich bin korrespondierendes Mitglied im Wissenschaftlichen Beirat. Es wurde von Frauke von Troschke 1998 als Bürgerinitiative ins Leben gerufen und verfügt inzwischen über 3.500 Einzelstücke von rund 1300 Autoren. Die Anschrift: Marktplatz 1, 79312 Emmendingen. E-Mail: *dta@tagebucharchiv.de.*

24 Diese Angabe bei Radebold: *Die dunklen Schatten unserer Vergangenheit.* Dort S. 21–24 weitere Zahlen.

25 Es waren schätzungsweise viel mehr im Umlauf, da viele von sich aus kopierten und weiterverteilten. Der Brief ist am Ende des zweiten Bandes abgedruckt.

26 Dabei wurden Orthographie und Interpunktion der Originale beibehalten, nur offenkundige Versehen wurden berichtigt.

27 Vgl. Harald Welzer, Literaturverzeichnis Sparte VII.

28 Vgl. Kapitel 13, S. 58.

29 Vgl. auch Emmy E. Werner: Literaturverzeichnis Sparte II.

30 So Ruth Klüger in FAZ, 2.12.1995, Nr. 281, S. B4, weshalb sie sich auch einem Interview mit einer wohlmeinenden Oral Historian verweigerte. Einem Gespräch mit Martin Doerry stellte sie sich indessen zur Verfügung. Doerry: *»Nirgendwo und überall zu Haus«*, S. 98–108.

31 So Guido Knopp zur Rolle der Zeitzeugen in seinen zeitgeschichtlichen Dokumentarfilmen.

32 Darin unterscheide ich mich grundlegend von der Reihe Zeitgut: Geschichten und Berichte von Zeitzeugen, die von Jürgen Kleindienst herausgegeben wird, inzwischen zahlreiche Bände umfasst und fortgesetzt wird (vgl. Literaturverzeichnis Sparte IV). Diese sind reine, recht zufällig zusammengestellte Materialsammlungen ohne Quellenkritik und ohne Auswertung.

33 Vgl. z. B. Patzel-Mattern: *Geschichte im Zeichen der Erinnerung.*

34 Der Begriff »kollektives Gedächtnis« wurde von Jan Assmann in einer Arbeit über die frühen Hochkulturen geprägt: Das kulturelle Gedächtnis. Schriftliche Erinnerung und politische Identität in frühen Hochkulturen. München 1992. Der Begriff ist fast zu einem Modewort geworden. Mir scheint es nichts wesentlich anderes zu bezeichnen als Geschichtsbewusstsein. Es ist zu fragen, ob es in modernen Gesellschaften so etwas wie ein von allen geteiltes Geschichtsbewusstsein gibt.

35 Friedländer: *Das Dritte Reich und die Juden*, Band 1: *Die Jahre der Verfolgung 1933–1939*, S. 137.

36 Zur Bedeutsamkeit der privaten Geschichte der »kleinen Leute« sehr überzeugend auch Haffner: *Geschichte eines Deutschen* (zuerst 2000), S. 170 ff.

Kapitel 1: Der Krieg – ein fernes Erdbeben?

1 Der Wortlaut des Liedes: »1. Nichts kann uns rauben Liebe und Glauben zu unserm Land. Es zu erhalten und zu gestalten, sind wir gesandt. 2. Mögen wir sterben, unsern Erben bleibt dann die Pflicht: Es zu erhalten und zu gestalten: Deutschland stirbt nicht!« Dichtung: Karl Bröger. Weise: Heinrich Spitta, 1935.

2 Lange; Burkard: *»Abends wenn wir essen, fehlt uns immer einer«*, S. 205.

3 Die geschätzten Zahlen schwanken immer noch sehr, zwischen 5 und 10 Millionen.

4 Vgl. Kapitel 6, »Verschickt«.

5 Es kann aber auch sein, dass die Zeit der Angst und Unheimlichkeit rückblickend die heiteren, unbeschwerten Phasen überschattet, verdüstert oder sogar in der Erinnerung auslöscht. Besonders beim Erzählen steuerten viele Gesprächspartner gleich auf diese schrecklichen Erlebnisse zu, und ich musste eigens nach dem »Davor« und »Dazwischen« fragen. Vielleicht glaubten sie auch, mich als Historikerin, die über »Kriegskinder« forscht, interessierten nur diese schlimmen oder extremen Erlebnisse.

6 Verwiesen sei in diesem Zusammenhang auf die zahlreichen Autobiographien, vgl. Literaturverzeichnis. Eine geradezu klassische Schilderung eines »vollen Bubenlebens« in der Evakuierung auf einem Dorf, in dem der Krieg kaum zu spüren ist, bei Bollacher: *Nestinspektion.* Ähnlich: Schickler: *Kindheit und Jugend.*

7 Elisabeth Deter-Labudde: »Solang' du einen Vati hast«, Herstellung »Mein Buch«, Elbdock, Hermann-Blohm Str. 3, 20457 Hamburg, 2003, S. 100.

8 Er fährt dann fort: »Diese Vorfreude verwandelte sich sehr bald in Angst und Schrecken! Aber was hatte ein Neunjähriger zu dieser Zeit für Vorstellungen vom Krieg? Dass ich in der Folge dieses Krieges zweimal beinahe erschossen werden würde, ahnte ich ja nicht! Ganz abgesehen von all dem anderen, was dann – auch in unserer privaten Umwelt – passieren sollte!«

9 Für die Nachkriegszeit waren aber Mangel und Hunger ein Dauerthema bei den Erzählungen.

10 Vgl. dazu Dörr: *»Wer die Zeit nicht miterlebt hat …«*, Band I, Kapitel 1.

11 Zur Beziehung Vater-Kind im Krieg und nach dem Krieg genauer in Kapitel 15.

12 Vgl. S. 29.

13 Von dieser für Jungen so bedeutsamen Seite des Krieges handelt eingehend das folgende Kapitel.

14 Leuchtzeichen zur Markierung der Bombenziele

15 Adrian Schickler (1939): »Als der Krieg ausgebrochen war, läuteten vom Kirchturm gelegentlich die Glocken, und man sagte uns, dass das Heer wieder einen glorreichen Sieg über eines der Feindesländer errungen habe. Anzufangen wussten wir damit allerdings nichts.« (*Kindheit und Jugend*, S. 40).

16 Vgl. das folgende Kapitel.

Kapitel 2: Kriegsspiele – Kriegshelden

1 Die Mutter Mechtild L. lebte während des Krieges mit den drei Kindern (die Tochter Elisabeth war zeitweilig an einem anderen Ort) bei Verwandten in einem kleinen oberschwäbischen Dorf. Der Vater Alfons war während der ganzen Zeit an verschiedenen Fronten.

2 Entnommen aus *Weihnachten: Lieder, Gedichte, Briefe und Erzählungen aus alter Zeit.* Ausgewählt und zusammengestellt von Almut Gaugler. Stuttgart/München 1990. Das Lied findet sich heute noch in manchen Sammlungen, aber in pazifizierten Fassungen. Da heißt es z.B: »Morgen kommt der Weihnachtsmann, kommt mit seinen Gaben. Pferd und Esel und noch mehr, Zotteltier und Kuschelbär, ja ein ganzes Tiereheer möcht' ich gerne haben.« Wenige Eltern, darunter z.B. Kommunisten, schenkten ihren Kindern kein solches Spielzeug, wie Karl-Heinz R. (1935) ausdrücklich feststellt.

3 Deter-Labudde: *»Solang' du einen Vati hast ...«*, S. 114f.

4 Schmid: *Jahrgang '29*, S. 37f.

5 Bollacher: *Nestinspektion*, S. 45

6 Schickler: *Kindheit und Jugend*, S. 41

7 Aus Spiel wurde aber sehr schnell Ernst, auch bei Hans B., wie wir in Kapitel 4 sehen werden.

8 Schmid: *Jahrgang '29*, S. 94f.

9 Heldmann: *Musisches Gymnasium*, S. 898f.

10 Dazu weitere Nachweise in Kapitel 3, »Fasziniert, Indoktriniert. Im Zwiespalt?«

11 Surminski: *Jokehnen*, S. 87f. Zitat mit freundlicher Genehmigung des Verfassers.

12 Manchmal fast lebensgefährlich »zur Sache« ging es dann aber bei den Geländespielen der Hitlerjugend, vgl. folgendes Kapitel.

13 Dazu weiteres in Kapitel 4.

14 Eine weitere Bestätigung für die in Kapitel 1 dargestellte Anpassungsfähigkeit von Kindern an die gegebenen Verhältnisse. Inmitten der Abnormalität richteten sie sich mit ihren Spielen »normal« ein.

15 Es gab bei solchen Spielen tatsächlich Verletzte und sogar Tote. Vgl. dazu Kapitel 14.

16 Schickler: *Kindheit und Jugend*, S. 70.

17 Dazu Bollacher, *Nestinspektion*, S. 56 über das Kriegsende: »Meine Kriegsbücher und alles, was an das ›Dritte Reich‹ erinnerte, warf meine Mutter in den Mühlkanal, was mir die Tränen in die Augen trieb. Nur die mit Autogrammen versehenen Fotos bekannter Ritterkreuzträger, die ich gesammelt hatte, durfte ich behalten.«
Von einem Jungen hörte ich, dass die zuständigen Dienststellen den zahlreichen Bitten um Unterschriften eine Absage erteilten, weil sie nicht mehr nachkamen. Diese Anträge wurden als »wehrkraftzersetzend« abgelehnt.

18 Gisela C. hat ins Ausland geheiratet. Sie schrieb ihre Erinnerung in französischer Sprache. Rückübersetzung M. D.

19 Vgl. Kapitel 14.

20 Vgl. dazu Kapitel 15.

21 Bruhns: *Meines Vaters Land.* Auch Martin Pollack verfolgt die Spur seines Vaters, des SS-Sturmbannführers Dr. Gerhard Bast und die überkommenen militaristischen, deutschnationalen Denkweisen in der Familiengeschichte in seinem Buch: *Der Tote im Bunker.* Wissenschaftlich grundlegend: Wette: *Schule der Gewalt.*

22 Es wäre interessant, dabei nicht nur die deutschen Kinder zu betrachten, sondern auch die Kinder anderer Länder. Gab es bei den Kriegsgegnern ähnliche Tendenzen in der Kindererziehung oder war »Militarismus« im Kinderzimmer eine ausschließlich oder überwiegend deutsche Angelegenheit?

23 Ausnahmen hat es gegeben.

24 Diese widersprüchliche Haltung der Frauen habe ich in meiner Frauendokumentation mehrfach herausgestellt, bes. in Band III, Kapitel 10.

25 Sehr eindrucksvoll zu seinen eigenen Kriegsspielen im und nach dem Ersten Weltkrieg: Haffner: *Geschichte eines Deutschen*, S. 20–25.

26 Vgl. Kapitel 8, »Kriegsende und Besatzer«.

27 Vgl. Kapitel 21, »Rückschau nach 60 Jahren«.

Kapitel 3: Fasziniert, indoktriniert. Im Zwiespalt?

1 Die Auszüge beschränken sich auf Passagen, die mit dem Krieg zu tun haben. Rein familiäre Dinge sind ausgespart.

2 Ruth B's Vater, Jahrgang 1877, nannte sich zuweilen »Alter Kämpfer« aus der Anfangszeit der NSDAP. Er war Kriegsteilnehmer im Ersten Weltkrieg und durch Verwundung Schwerkriegsbeschädigter.

3 Das Tagebuch wurde vom Lehrgangsleiter mit »gut« benotet. Aber Michael F. versicherte bei unserem Gespräch, dass er nichts geschönt habe. Es finden sich so gut wie keine sprachlichen Fehler in den Aufzeichnungen.

4 Lager der Kinderlandverschickung. Darüber Näheres in Kapitel 6.

5 Diese Erziehungsmaßnahmen sollten allgemein in der Hitlerjugend und in der Schule gelten. Die künftigen Führer mussten sie kennen. Bemerkenswert die Maßnahmen, die ausdrücklich verboten sind: 1. Die Anordnung von schweren Arbeiten, die geeignet sind, die Gesundheit des Jugendlichen zu schädigen, 2. Körperliche Züchtigung, auch im Schulunterricht, 3. Unnötige Herabwürdigung in den Augen anderer Jugendlicher oder Verletzung des Ehrgefühls, 4. Strafexerzieren, 5. Nahrungsentziehung.

6 Ein Herz für unser Volk (Ludwig Uhland): An unserer Väter Taten / mit Liebe sich erbaun, / fortpflanzen ihre Saaten, dem alten Grund vertraun; / in solchem Angedenken / des Landes Heil erneu'n; / um unsre Schmach sich kränken, / sich unsrer Ehre freu'n; / sein eignes Ich vergessen / in aller Lust und Schmerz: / das nennt man, wohlermessen, / für unser Volk ein Herz.
Kameradschaft: Ein Helfer in Nöten, ein Helfer der Tat, / selbstlos und willig, das heißt ›Kamerad‹, / nicht nur mit Worten, die hochtönend klingen, / sollst du den andern ein Loblied singen, / schweigend geholfen, zu opfern bereit, / einstehn für alle zur rechten Zeit, / mag deine Kraft gering dir auch scheinen, / einer für alle, alle für einen, / ein Helfer in Nöten, ein Helfer der Tat, / selbstlos und willig, das heißt Kamerad!
Michael F. hat die beiden Gedichte in sorgfältiger Schrift in sein Tagebuch eingelegt.

7 Für die Gliederungen der Hitlerjugend vgl. Hilde Kammer/Elisabeth Barbel: *Nationalsozialismus*, S. 92, 93.

8 So sollten nach nationalsozialistischer, »nordischer« Vorstellung die Weihnachtsbäume genannt werden. Beachtenswert ist, dass auch das christliche Weihnachtslied »Stille Nacht« gesungen wurde und als einziges erwähnt wird.

9 Vgl. den Bericht von Ilse J. in Kapitel 1, S. 28.

10 Vgl. Dörr: *»Wer die Zeit nicht miterlebt hat …«*, Band III, Teil B, Kapitel 2.

11 Ebd., Band I, Lebensgeschichte von Gertraud L.

12 Zuletzt: Klönne: *Jugend im Dritten Reich*. Klose: *Generation im Gleichschritt*. Flessau u. a.: *Erziehung im Nationalsozialismus*. *Schule im Dritten Reich*. Herausgegeben von Geert Platner und Schülern der Gerhart-Hauptmann-Schule in Kassel.

13 In der Tat nahmen gebräuchliche Volkslieder und Lieder aus der Jugendbewegung den größten Raum ein. Ausgesprochene NS-Lieder wurden überwiegend bei NS-Feiern gesungen.

14 Längst nicht alle hatten eine Uniform, sondern mussten sich mit irgendeinem dunkelblauen Rock und einer halbwegs passenden Bluse begnügen. Eine Kletterweste blieb oft ein Wunschtraum.

15 Es handelt sich um die Bekanntgabe des Erlasses Hitlers vom 25. September 1944 über die Bildung des »Deutschen Volkssturms«: »Nach fünfjährigem schwersten Kampf steht infolge des Versagens aller unserer europäischen Verbündeten der Feind an einigen Fronten in der Nähe oder an den deutschen Grenzen.« Der Erlass besagt, dass alle waffenfähigen Männer im Alter von 16 bis 60 Jahren zu diesem Volkssturm einberufen werden. Der Reichsführer SS Himmler ist als Befehlshaber des Ersatzheeres verantwortlich für die militärische Organisation, Ausbildung, Bewaffnung und Ausrüstung des Volkssturms.

16 So z. B. Schunck: *Davongekommen!*, S. 19 ff.

17 Vgl. Klönne: *Jugend im Dritten Reich*, S. 33. Besonders begehrt waren Marine-, Flieger- Motor- und Nachrichten-HJ, aber es gab auch eine Reiter-HJ, Spielscharen und Orchester, die Musik auf hohem Niveau machten, Fanfarenzüge. Man konnte sich im Sanitätswesen ausbilden lassen und Feldscher werden.

18 Erschütternd ist die Fortsetzung, die Hermann S. berichtet: »Meine Mutter erzählte eines Tages, was sie von Rolfs Mutter erfahren hatte. Er war in ein Ausbildungslager der SS gekommen und wurde nach kurzer Zeit an die Ostfront geschickt. Am ersten Kampftag – so schrieb ein Kriegskamerad seiner Mutter – war eine Granate direkt neben ihm krepiert und hatte ihm beide Beine abgerissen. In seiner Todesstunde habe er immer bloß ›Mutter, Mutter‹ gerufen. Wir wurden nachdenklich …«

19 Das war nicht ohne Risiko, denn der Dienst war spätestens seit 1939 Pflicht. Einige erzählen, dass sie abgeholt wurden, wenn sie nicht erschienen, oder dass die Eltern bedroht wurden. Doch war es, besonders in den Wirren der letzten Kriegsjahre oder bei Verschickung in andere Gegenden nicht allzu schwer zu schwänzen.

20 Vgl. Anmerkung 12.

21 Ich muss es mir versagen, das gesamte kulturelle Umfeld der Kinder in die Analyse einzubeziehen. Wie stark Kinderbücher, Filme, Radiosendungen und die verschiedenen öffentlichen Veranstaltungen die Kinder beeinflusst haben, müsste gesondert untersucht werden. Für die älteren unter ihnen gilt wahrscheinlich, was in meiner Frauendokumentation *»Wer die Zeit nicht miterlebt hat …«*, in Band II, Kapitel 7 entfaltet wird.

22 Mehler: *Davongekommen.*

23 Wenigstens noch ein Beleg aus dem Kirchlichen Amtsblatt (*der Evangelischen Landeskirche*) für Mecklenburg vom 24. November 1938 (*also unmittelbar nach der »Reichskristallnacht«*): Auf zwei eng bedruckten DINA 4-Seiten wird ausführlich aus Luthers Schrift »Von den Jüden und ihren Lügen« zustimmend zitiert, in der Luther zur Judenverfolgung aufruft. Weiter heißt es in dem Aufsatz: »Kein im christlichen Glauben stehender Deutscher kann, ohne der guten und sauberen Sache des Freiheitskampfes der deutschen Nation gegen den jüdischen antichristlichen Weltbolschewismus untreu zu werden, die staatlichen Maßnahmen gegen die Juden im Reich bejammern.« Und er schließt mit den Worten: »An unserem deutschen Volk aber, mit dem wir als seine Glieder unlöslich verbunden sind, hat die Barmherzigkeit getan nicht der Jude, sondern Adolf Hitler. Dem Führer gilt daher unsere Liebe als unserem Nächsten, ihm unsere unverbrüchliche Gefolgschaft und Treue auch in dem dem deutschen Volke aufgetragenen Kampf gegen die Juden.« Gezeichnet: Der Oberkirchenrat. Schultz.

24 Es wurde auch die Ansicht verbreitet, die Feinde hätten die Kartoffelkäfer abgeworfen.

25 Vgl. Kapitel 2, Abbildung 6.

26 Z. B. »Heldengedenktag«, »Wir hören eine Sondermeldung«, »Geburtstag des Führers«, »Wir helfen mit!« (Sammlung für das Winterhilfswerk).

27 Vgl. auch Kapitel 2, S. 56.

28 Aus dem Wehrmachtsbericht vom 3. Februar 1943, der die Sprachregelung vorgab: »Der Kampf um Stalingrad ist zu Ende. Ihrem Fahneneid bis zum letzten Atemzug getreu ist die 6. Armee unter der vorbildlichen Führung des Generalfeldmarschalls Paulus der Übermacht des Feindes und der Ungunst der Verhältnisse erlegen ... Unter der Hakenkreuzfahne, die auf der höchsten Ruine von Stalingrad weithin sichtbar gehisst wurde, vollzog sich der letzte Kampf. Generale, Offiziere, Unteroffiziere und Mannschaften fochten Schulter an Schulter bis zur letzten Patrone. Sie starben, damit Deutschland lebe. Ihr Vorbild wird sich auswirken bis in die fernsten Zeiten, aller unwahren bolschewistischen Propaganda zum Trotz.« *Die Wehrmachtsberichte*. Köln 1989. Band 3, S. 435 f.

29 Diese heute schwer verständliche Trennung von »Treue zu Deutschland« und »Treue zu Hitler« habe ich schon in meiner Frauendokumentation, *»Wer die Zeit nicht miterlebt hat ...«*, herausgearbeitet, bes. in Band III, S. 226 ff. Unter den älteren Lehrern gab es viele Teilnehmer am Ersten Weltkrieg. Sie hatten die Niederlage und die »Schmach von Versailles« nicht verwunden.

30 Wir erinnern uns, dass körperliche Züchtigung von Hitlerjungen verboten war. Vgl. S. 94. Manche machten sich dieses Verbot ihren Lehrern gegenüber ausdrücklich zunutze, indem sie in Uniform in der Schule erschienen.

31 Vgl. Sprüche 13, 24: »Wer seine Rute schont, der haßt seinen Sohn; wer ihn aber liebhat, der züchtigt ihn bald.« Die zu Recht gegeißelte »schwarze Pädagogik«, die dem Kind den elterlichen Willen aufzwingen will und dabei keine Mittel scheut, ist keine Erfindung des Nationalsozialismus, wie manchmal unterstellt wird, wenn z. B. immer wieder das Buch von Johanna Haarer: »Die deutsche Mutter und ihr erstes Kind« als Beweis für die »barbarischen Erziehungsmethoden der Nazis« zitiert wird. In Deutschland West wurde die Prügelstrafe erst 1973 unter Strafe gestellt.

32 Für die Mütter verweise ich auf Band III meiner Frauendokumentation *»Wer die Zeit nicht miterlebt hat ...«*. Wie die Kinder dieses Verhalten wahrgenommen und eingeschätzt haben, vgl. Kapitel 18: »Die Nazis – das waren die anderen« und Kapitel 20: »Verfolgt«.

33 Kapitel 18.

34 Manche sagen zwar, man habe das »der Nachbarn wegen« getan, aus Angst vor Denunziation, aber das ist nicht bei allen ganz glaubwürdig.

35 Dieses Ereignis fand vor dem Krieg statt. Der Vater wurde später als Regimegegner eingesperrt. Darüber mehr im Kapitel 20: »Verfolgt«.

36 Bollacher: *Nestinspektion*, S. 49.

37 In diesen Nationalpolitischen Erziehungsanstalten sollte der Nachwuchs für spätere Führungsaufgaben herangezogen werden. Deshalb wurden die nationalsozialistischen Erziehungsmethoden dort ganz besonders konsequent praktiziert. Es gab 40 Napolas in Deutschland. 1941 wurden dort rund 6.000 Schüler unterrichtet. Unter meinen Gesprächspartnern waren nur drei Napola-Schüler, weshalb ich hier nicht näher darauf eingehen kann. Literatur und Zeitzeugen stimmen aber darin überein, dass die im bekannten Film »Napola« dargestellten Zustände nicht üblich waren. Wie stark aber NS-Erziehung auf die Bereitschaft für den Einsatz des Lebens ausgerichtet war, zeigt die Tatsache, dass von den Napola-Schülern jeder zweite gefallen ist, ältere Jahrgänge als die hier untersuchten. Vgl. Leeb: *Wir waren Hitlers Eliteschüler*.

38 Verwiesen sei auf Dörr: *»Wer die Zeit nicht miterlebt hat ...«*, besonders Band III, Kapitel 2. Zum Zwiespalt, in dem sich manche befanden, eben dort.

39 Für die katholische Kirche sei das Gemeinsame Hirtenwort der deutschen Bischöfe vom September 1939 zitiert: »In dieser entscheidungsvollen Stunde ermuntern und ermahnen wir unsere katholischen Soldaten, in Gehorsam gegen den Führer, opferwillig, unter Hingabe ihrer ganzen Persönlichkeit ihre Pflicht zu tun. Das gläubige Volk rufen wir auf zu heißem Gebet, dass Gottes Vorsehung den ausgebrochenen Krieg zu einem für Vaterland und Volk segensreichen Erfolg und Frieden führen möge.« Zitiert nach Johannes Fleischer, Defregger – getreuer Sohn

der Kirche, in: *Weltwoche* vom 28.11.1969. Ähnlich auch die evangelischen Landeskirchen. Vgl. die Dokumentation *Dem Führer gehorsam: Christen an die Front. Die Verstrickung der beiden Kirchen in den NS-Staat und den Zweiten Weltkrieg.* Publik-Forum 2005

40 Siehe die Angaben oben in Anm. 39.

41 Vgl. S. 26ff.

42 Von erschreckend antisemitischen Kinderbüchern und Gesellschaftsspielen berichtet Anja Salewsky: *»Der olle Hitler soll sterben!«*, S. 14ff. Eine umfassende Untersuchung der Lektüre und Spiele von Kindern der damaligen Zeit steht allerdings noch aus.

43 Vgl. Kapitel »Verschickt«.

44 Vgl. Kapitel »Rückschau«.

45 In einer Erwiderung auf Götz Alys Buch *Hitlers Volksstaat* bezeichnet Adam Tooze das »Dritte Reich« als eine Mobilisierungsdiktatur (*Die Zeit*, 28.04.05, S. 51). Das trifft ohne Einschränkung auf die Kinder und Jugendlichen zu.

Kapitel 4: Keller, Bunker, Bomben

1 Friedrich: *Der Brand.*

2 Friedrich: *Brandstätten.*

3 Dörr: *»Wer die Zeit nicht miterlebt hat ...«.*

4 Vgl. Literaturverzeichnis, Sparte II.

5 Hage: *Zeugen der Zerstörung.* Vgl. besonders die Gespräche mit Wolf Biermann, Dieter Forte, Rolf Hochhuth, Walter Kempowski, Alexander Kluge, Monika Maron, Harry Mulisch, Marcel Reich-Ranicki, Gerhard Roth, W.G. Sebald und Kurt Vonnegut, S. 135–286. Zu den zahlreichen literarischen Bearbeitungen der Luftkriegserfahrung vgl. das Literaturverzeichnis, Sparte II. Verwiesen sei besonders auf Ledig: *Die Vergeltung* und die Romantrilogie von Dieter Forte: 1. *Der Junge mit den blutigen Schuhen*, Frankfurt a.M. 1995, 2. *In der Erinnerung*, Frankfurt a.M. 1998, 3. *Schweigen oder sprechen.* Hrsg. von Volker Hage, Frankfurt a.M. 2002.

6 Zu Kinderbriefen vgl. auch die von Martin Doerry herausgegebene Sammlung: *»Mein verwundetes Herz«.* Tagebücher wurden gesammelt und herausgegeben von Breloer: *Mein Tagebuch.* Allerdings sind darunter nur wenige Kindertagebücher; nur vereinzelt wird über das Thema Bombenkrieg berichtet. Für Schulaufsätze von Kindern vgl. Prenzlauer Berg Museum, Annett Gröschner (Hg.): *»Ich schlug meiner Mutter die brennenden Funken ab«.*

7 Schon in Kapitel 1 zeigte das Tagebuch von Ilse J., wie Konfirmation und Vereidigung zwar von vielen Alarmen und auch Bombenabwürfen unterbrochen waren, aber dennoch stattfanden mit allem, was dazugehörte.

8 Dazu schreibt Konrad S. (1931): »Der Drahtfunk war ein Sender, der ständig über die Luftlage informierte. Dazu brauchte man eine Deutschlandkarte, die in Planquadrate eingeteilt war, mit deren Kenntnis man den aktuellen Stand der Luftlage verfolgen konnte. Wenn es dann hieß: ›Feindlicher Kampfverband im Anflug auf Gustav-Heinrich 8‹, war das für uns das Startzeichen, die Wohnung zu verlassen«.

9 In manchen großen Bunkern gab es tatsächlich solche sanitären Einrichtungen.

10 Gröhl: *Bibbeleskäs und Schleck*, S. 2.

11 Leuchtzeichen zur Markierung des Zielgebietes.

12 Sie erzählt weiter: »Am nächsten Tag erfuhren wir, was da passiert war. Die feindlichen Flugzeuge hatten die Flak sozusagen ›unterflogen‹. Die Flak war auf der anderen Seite des Tales stationiert. Flakgeschütze aber konnten nicht beliebig mit den Rohren abgesenkt werden und feuerten auf die Flugzeuge im tiefstmöglichen Winkel über das Tal auf die andere Seite, wo ja oben unser einzelnes Haus stand. Die Flugzeuge flogen nun unter den platzenden Flakgranaten dicht

über das Haus. Die Geräusche waren also die Motoren der Flugzeuge (als ob unser Schornstein mitgerissen würde), die platzenden Granaten und keine Bomben, und der schreckliche Sog damit erklärlich.«

13 Mehler: *Davongekommen*, S. 151.

14 Hage: *Zeugen der Zerstörung*, S. 255.

15 Was für Gefangene das waren: Zwangsarbeiter, Kriegsgefangene oder andere, wird nicht gesagt.

16 Vgl. S. 26ff. und 69ff.

17 Vgl. Foto in Kapitel 1.

18 Vgl. S. 118.

19 Es war der schwerste Angriff des ganzen Zweiten Weltkriegs, wenn man die Zahl der Toten in Beziehung setzt zur Bevölkerungszahl. Jeder dritte Pforzheimer fiel ihm zum Opfer.

20 Die ›Mama‹ war ihre verstorbene leibliche Mutter, die ›Mutti‹ ihre Stiefmutter.

21 Vgl. schon den Bericht von Maria R., S. 125f.

22 Hier lohnt sich ein Vergleich des fast 40 Jahre später verfassten Berichts von Wolfgang mit dem Brief des Vaters an seinen Vater, der kurz nach dem Angriff geschrieben und vom Großvater in die Familienchronik aufgenommen wurde. Ich zitiere nur die Stelle ab dem zweiten Angriff: »Und dann kam der zweite Angriff ohne Warnung, weil die Sirenen zerstört waren. Nur durch Zufall konnten wir rechtzeitig in den Keller stürzen. Der erste Angriff war schlimm gewesen, der zweite war furchtbar. Unser Haus erhielt mehrere Einschläge von Brandbomben. In unmittelbarer Nähe gingen zahlreiche Sprengbomben nieder. Eine Stunde lang bekämpften wir erfolglos bis zur Erschöpfung den Bodenbrand, dann luden wir unser Notgepäck auf zwei Wagen und versuchten, uns über umgestürzte Bäume, durch furchtbaren Rauch nach dem Großen Garten durchzukämpfen. Der Sturm war so furchtbar, dass ein Vorwärtskommen zeitweise unmöglich war. Der Große Garten war vollkommen verqualmt. Es fing an, heftig zu regnen. Auch war es bitterkalt. Vollkommen durchnäßt und durchfroren fanden wir morgens gegen 7 Uhr ein nicht zerstörtes Dach. Den weiteren Tag verbrachten wir bei Dr. Kuntze (ein Direktor des Sachsenwerkes) untätig, da unsere Augen durch den Rauch so entzündet waren, dass wir sie nicht öffnen konnten.« Der gravierendste Unterschied zwischen den beiden Berichten betrifft die »Grube«, von der Wolfgang schreibt, in der sie Zuflucht vor dem dritten Angriff gefunden hätten. Der Vater berichtet nur von einem »nicht zerstörten Dach«, unter das sie sich erst morgens gegen 7 Uhr bergen konnten. Er schreibt nichts von einem dritten Angriff, der den »Großen Garten« traf. Im übrigen ergänzen sich die Schilderungen. Es muss offen bleiben, ob es die »Grube« gegeben hat. Vielleicht drückt sich darin nur das unbedingte Vertrauen Wolfgangs auf den Vater aus, der dafür gesorgt hat, dass die Familie unverletzt blieb. Es zeigt sich aber auch, dass auf spätere Zeitzeugenberichte nicht immer Verlass ist, was die genaue Rekonstruktion des Ablaufs, der Opferzahlen, einzelner Umstände angeht. Verlässlich ist die Erinnerung an das, was als besonders lebensbedrohlich, aber auch als schützend erlebt wurde. Für Wolfgang vor allem die Wucht des Feuersturms, aber auch die Nähe des starken Vaters.

23 Den erschütterndsten Bericht über das Schicksal von Verschütteten fand ich in der von Brigitte Unterberg (1930) sorgfältig recherchierten Zeitungsserie »Nacht über Wanne-Eickel«. Die Serie erschien schon 1962 in der *Westdeutschen Allgemeinen Zeitung*. In dem Nebenstollen unter dem Schlackenberg an der Gelsenkirchener Straße wurden beim Angriff vom 4.11.1944 sechs Frauen und 13 Kinder »lebendig begraben«. 40 Stunden nach dem Angriff wurden die Eingeschlossenen gefunden. Noch 7½ Stunden brauchten die Männer, um die Verschütteten auszugraben. Insgesamt waren bei diesem Angriff im Nebenstollen 17 Menschen gestorben, durchweg Frauen und Kinder.

24 Worzalla: »*... es fehlte die Puppe*«, S. 88.

25 Die Leute gehörten einer strengen christlich-pietistischen Richtung an.

26 Zahlen nach Friedrich: *Der Brand*, S. 511.

27 Vgl. S. 149.
28 Bezeichnenderweise findet sich über diesen Bombenurlaub kaum etwas in ihren Tagebüchern. Vielmehr sind diese voll von Sehnsucht und Trauer um den geliebten Jugendfreund Berti, der im August 1944 19-jährig vor Warschau gefallen ist. Materielle Werte zählen für Kinder und Jugendliche nicht so viel.
29 Vgl. ihre Schilderung des Angriffs selbst, S. 119 f.
30 Vgl. Dörr: *»Wer die Zeit nicht miterlebt hat ...«*, Band II, Kapitel 6. Näheres in Kapitel 6 in diesem Buch.
31 Am 3. August 1943 wurde dann auch Elmshorn schwer bombardiert und nur durch Zufall kam die Familie mit dem Leben davon.
32 Vgl. S. 133.
33 Aber dass der eigene Intellekt und die Ausbildung nicht verloren waren und der Vater sehr schnell wieder eine große Karriere machte, erfüllt Reinhard S. mit Stolz und ist ihm selbst sicher auch Antrieb gewesen.
34 Vgl. Kapitel 6
35 Vgl. Kettenacker: *Ein Volk von Opfern?*
36 Vgl. schon Kapitel 2 sowie S. 149 f. – »Über einhundert Piloten sind im letzten Kriegsjahr gelyncht worden.« Friedrich, *Der Brand*, S. 489.
37 Das betont auch Dieter Forte, der von sich sagte, dass seine Mutter sehr irrational handelte und er als Junge Vaterstelle vertreten musste, in *Schweigen oder Sprechen*, S. 61. Vgl. dazu auch Kapitel 17: »Meine Mutter«.
38 Vgl. dazu auch Kapitel 1. Auch wenn das »Erdbeben« nun nicht mehr fern, sondern erschütternd nahe war. Vgl. dazu auch Kapitel 14: »Trümmerkinder nd Überlebenshelfer«.
39 Vgl. S. 118 u. 153.

Kapitel 5: Tiefflieger, Einsatz unter Bomben und Beschuss, Nachwirkungen des Luftkriegs

1 Vgl. ihren Bericht in Kapitel 4, S. 127 f.
2 Die Familie wurde vollständig ausgelöscht, wie Christine S. weiter erzählt: »Einige Monate vorher war ihr Vater beerdigt worden; er war seinen Kopfverletzungen an der Ostfront erlegen. Es war meine erste Beerdigung. Er war zu Kriegsbeginn mit seiner Familie aus Amerika zurückgekehrt, weil er glaubte, sein Platz wäre, für Deutschland zu kämpfen. Und einige Wochen vor Evelyns Tod wurden ihre Mutter und der kleine Bruder beerdigt. Ihr Haus hatte es bei einem Volltreffer in die Höhe gehoben und auf den Schutzraum geworfen. Evelyn war zu dieser Zeit im Schul-Schutzraum.«
3 Klüger: *Weiter leben*, S. 191.
4 Vgl. Kapitel 9: »Auf der Flucht«.
5 Vgl. Kapitel 4, S. 119 f.
6 Vgl. Kapitel 3.
7 Im einführenden Text von Dokument 1 heißt es: Jungen und Mädel, kaum älter als ihr, haben ihr Leben eingesetzt, um vom englischen Terror betroffene Volksgenossen zu retten und ihnen zu helfen. Die tapfersten der Jungen wurden vom Führer mit dem Eisernen Kreuz ausgezeichnet.
8 Bernd H. (1929) ist einer der wenigen, die sich an einen Text erinnern: »Hitler erklärte Amerika den Krieg – jetzt sind die amerikanischen fliegenden Festungen dran.«
9 Nur von einem Kriegskind hörte ich, dass auch Personenminen abgeworfen wurden. Karl-Heinz R. (1935): »Seit 1943 oder 1944 warfen amerikanische Flieger gelegentlich Füllfederhalter und Püppchen ab. Leider handelte es sich dabei nicht um Gebrauchsgegenstände, sondern um kleine

Personenminen, d. h. diese explodierten beim Abziehen der Kappe des Füllhalters und die Püppchen, wenn man deren Beine in die Strecklage brachte. Die Schwester eines Schulkameraden verlor durch eine solche ›Fundsache‹ im Februar 1945 ihre linke Hand. Und ich zögere heute instinktiv manchmal, einen Füller zu öffnen.«

10 Heinz H.'s Vater war als Widerstandskämpfer hingerichtet worden. Er durfte nicht mit in die Kinderlandverschickung, sondern erlebte alle schweren Angriffe in Stuttgart mit. Über sein und seiner Eltern Schicksal werden wir in Kapitel 20 noch sprechen.

11 Vgl. den Bericht von Gertraud L. in Dörr: *»Wer die Zeit nicht miterlebt hat ...«*, Bd. II, S. 253.

12 Friedrich: *Der Brand*, S. 420.

13 Ziegler: *Crailsheim 1944*, S. 46. Kommentar von Armin Ziegler: »Die Bezeichnung ›Melder‹ hatte damals für die Jungen und Mädchen eine mythische Bedeutung. Das hing sehr eng mit dem propagierten Lebensweg von Adolf Hitler zusammen, den jeder Junge und jedes Mädchen kannte. Hitler war im Ersten Weltkrieg als Soldat auch als Melder eingesetzt und wurde wegen Tapferkeit ausgezeichnet. Die psychologische Wirkung dieses Meldermythos war, dass Melder als tapfer galten und dass man als Melder aus der Anonymität der Gruppe herausragte. An Freiwilligen für die Aufgabe des Melders hat es in Crailsheim und andernorts nie gefehlt.«

14 Armin Ziegler: Crailsheim 1944, a. a .O., S. 47.

15 Schmid: *Jahrgang '29*, S. 103 f.

16 Weitere Beispiele finden sich bei Gröschner: *»Ich schlug meiner Mutter die brennenden Funken ab.«*, besonders S. 50/51, 58/59, 67.

17 Vgl. dazu schon Gertrud R., Kapitel 4, S. 146 f.

18 Eine der eindringlichsten, fast unerträglichen Schilderungen solcher »Einsätze« findet sich bei Ben Witter: »Eine Stadt sollte sterben«, in *»Hamburg 1943«. Literarische Zeugnisse zum Feuersturm*, hrsg. von Volker Hage. Fischertaschenbuch, Band 16036, S. 36–62.

19 Renz: *Das ewige Immer*, S. 15.

21 Vgl. schon denTagebucheintrag von Maria B., Kapitel 4, S. 119.

21 Dazu schrieb sie erläuternd: »Das Lied ›Das kann doch einen Seemann nicht erschüttern‹, wurde nach Luftangriffen und bei anderen Kriegsereignissen spaßhaft geträllert, z. B. im Verlauf eines Gesprächs über Bombenschäden, meistens nur diese Zeile.« (Brief vom 30.5.2003)

22 Vgl. Kapitel 4, S. 131 ff.

23 So interpretiert es auch Wolf Biermann im Gespräch mit Volker Hage über den Großangriff auf Hamburg im Juli 1943: »Keiner wusste wohin. Alle schrien durcheinander – bis auf die Kinder. Das fiel mir auf, schon damals, und das wundert mich noch heute, dass so was einem Kind auffällt, nämlich: Kein Kind hat geschrien. Kein einziges Kind hat geweint. Kein einziges Kind hat gejammert. Ich glaube, es kommt daher, dass man ganz automatisch, wenn das Unglück zu groß ist, die Gefahr zu groß ist, wie ein kleines Tier spürt, dass Schreien keinen Sinn mehr hat. Also vergeudet man keine Kräfte. Ob du da schreist oder nicht schreist, es ist egal.« In: Hage: *Zeugen der Zerstörung*, S. 139.

24 Auch Geräusche, die nur von ferne an Sirenen oder Flugzeuge erinnern, können unerträglich sein, z. B. das Brüllen von Kühen oder Rasenmäher.

25 Dieser Aspekt wurde schon in der Einleitung berührt. Er wird im Kapitel 21: »Rückschau nach 60 Jahren« noch genauer entfaltet.

26 Vgl. ihre Erlebnisse nach dem Angriff auf Pforzheim, Kapitel 4, S. 139.

27 Vgl. Kapitel 4.

28 Dörr: *Wer die Zeit nicht miterlebt hat ...*, Band II, S. 295.

29 Vgl. schon Kapitel 4.

30 Allerdings wird auch von »schwachen« und kopflosen Müttern berichtet, für die sich dann eher die Kinder verantwortlich fühlten, aber das sind doch eher Ausnahmen. Vgl. dazu Kapitel 17: »Meine Mutter«.

31 Vgl. Kapitel 4, S. 118 u. 126.
32 Deter-Labudde: *»Wenn du noch einen Vati hast ...«*, S. 147.
33 Vgl. Dieter Forte in Hage: *Zeugen der Zerstörung*, S. 167 f.: »Es waren schnell alt gewordene Kinder ohne Illusion.« Man muss das aber nicht nur negativ beurteilen, wie wir im Kapitel 14: »Trümmerkinder und Überlebenshelfer« sehen werden.
Deborah Dwork betont in ihrem ergreifenden Buch über jüdische Kinder immer wieder die unglaubliche Befähigung von Kindern, sich den Beschränkungen und Depravationen anzupassen. Obwohl die Lebens- und Überlebenschancen der deutschen Kinder ungleich besser und größer waren als die der jüdischen Kinder, sind die subjektiven Reaktionen der Kinder vergleichbar.
34 Vgl. Kapitel 4, S. 140 f.
35 In dem erwähnten Brief vom 2. Juni 2005 rückt sie die »verkehrte Welt« zurecht: »Wir haben, als wir bei Ihnen zu Besuch waren, von der ›Gegenwelt‹ gesprochen, die ich mir geschaffen habe. Bald darauf dachte ich: War es denn eine Gegenwelt? War es nicht viel eher die Welt eines Kindes? War nicht der KRIEG die GEGENWELT?«
36 In einem Gespräch mit Volker Hage sagt er dazu: »Es war mein Lebensinhalt, das zu berichten, alles Vorherige war nur ein Umweg. Hage: Hat es Ihnen vielleicht auch geholfen, mit den Erinnerungen fertig zu werden? Der Schreibvorgang als eine Art Psychoanalyse? Forte: Es ist einem bewusst geworden, man wird nicht befreit, man wird es nicht los, aber es wird einem bewusst. Es sitzt dann im Kopf. Man kann besser damit umgehen, aber es verlässt einen nicht.« In: Forte: *Schweigen oder sprechen?*, S. 52 f. Obwohl er die dichtesten, detailliertesten und aufwühlendsten Schilderungen geschrieben hat, hält er das Erlebte für unbeschreibbar.
37 Zitiert nach Hage: *Zeugen der Zerstörung*, S. 136.
38 Forte: *Schweigen oder sprechen?*, S. 49.
39 Vgl. schon Helga P., S. 159.
40 Aber sie hat dann noch einen langen Weg der Aufarbeitung, von dem wir noch hören werden.
41 Vgl. Kapitel 4, S. 134 f.
42 Bemerkenswert ist, dass dies ein Mann sagt, den eine böse Krankheit vorzeitig berufsunfähig gemacht und ihm die Sprache genommen hat. Er schickte einen schriftlichen Bericht.
43 Vgl. Literaturverzeichnis, Sparte VI.
44 Vgl. den Bericht von Wolfgang in Kapitel 4, S. 130.
45 Es handelt sich um Nossack: *Der Untergang*.

Kapitel 6: Verschickt

1 Lange / Burkard: *Kinder schreiben an die Väter.*
2 Gesetzliche Grundlage war ein streng vertraulicher Führerbefehl vom 27. September1940, den Martin Bormann allen obersten Reichs- und Parteistellen zur Kenntnis brachte. Formal war die KLV bis zum Ende freiwillig, aber es wurde zunehmend Druck auf die Eltern ausgeübt; die meisten Schulen in Großstädten wurden geschlossen oder in Restschulen zusammengefasst, welche die Kinder nur schwer erreichen konnten.
Das Wort »Evakuierung« wurde bewusst vermieden, um die tatsächliche Gefahr und die Luftüberlegenheit der Alliierten herunterzuspielen. Kinderlandverschickungen zu Erholungszwecken durch die Nationalsozialistische Volkswohlfahrt (NSV) hatte es auch schon vor dem Krieg gegeben. Die ersten Lager wurden im Herbst 1940 eingerichtet.
3 Dies zeigt, wie auch Gerhard Kock betont, dass die KLV vielen Eltern suspekt blieb, nicht nur was Unterbringung und Versorgung der Kinder betraf, sondern auch, weil sie die NS-Indoktrination dort fürchteten. Von den insgesamt zwei Millionen verschickten Kindern wurden min-

destens 50 % privat verschickt. Unter den im Rahmen der KLV verschickten befanden sich etwa 2/3 in Pflegefamilien und nur 1/3 in KLV-Lagern. Zahlen nach Gerhard Kock, *»Der Führer sorgt für unsere Kinder …«*, S. 117. Theoretisch wären etwa 9 Millionen Kinder für die KLV in Frage gekommen (S. 11).

4 Zu Umfang, Organisation, Rahmenbedingungen, Zielsetzung und Durchführung der KLV vgl. besonders Kock: *»Der Führer sorgt für unsere Kinder …«*. Als Regionalstudie Sollbach: *»Heimat ade!«*

5 Dies unterstellt Gerhard Kock und schätzt deshalb ihren Quellenwert gering ein. Ich habe immer nachgefragt. Wer den mir glaubwürdig erscheinenden Auskünften der Autoren misstraut, kann sich selbst überzeugen, denn die Kinder schreiben durchaus nicht immer systemkonform, sondern üben z. T. scharfe und respektlose Kritik an Lehrern und Zuständen. Aber auch wo Kinder sehr positiv und linientreu schreiben, muss das durchaus nicht immer aus Angst vor einer Zensur geschehen sein, sondern es entsprach ihrem damaligen Denken. Wer »eigene Meinung« vermisst, unterschätzt die Prägekraft der Ideologie. Die Kinder schrieben so, wie sie damals tatsächlich dachten und empfanden. Vgl. dazu auch Kapitel 3.
Die Briefe sollten offen abgegeben werden. In einem Brief an die Eltern begründete ein Lagerleiter dies so: Eine aus einer augenblicklichen Stimmung heraus geschriebene Nachricht könnte die Eltern beunruhigen, obwohl sie nicht zu verallgemeinern war. Zudem sollte dem Feind mit negativen Äußerungen kein Propagandamaterial zugespielt werden. Viele Kinder wussten die Zensur zu umgehen, indem sie Briefe unterwegs in einen Briefkasten warfen oder sie anderen mitgaben. Zuweilen wurde die Zensur aber auch aufgehoben, wie z. B. Alfons S. (1930) am 10.11.43 in seinem Tagebuch vermerkt. Ich habe viele, sehr kritische Briefe gelesen.

6 In einem ganzen Büchlein auf 121 Seiten beschreibt das Stadtkind Vera Gröhl ihre Evakuierung in die Ortenau: *Bibbeleskäs und Schleck*. Es sind nostalgische Erinnerungen an eine verlorengegangene Welt, an der sie immer noch hängt: S. 120: »Ich bin noch immer verliebt in das liebliche, friedliche Tal. Und ich fühle mich wie früher entspannt und äußerst wohl dort und denke, dass es ein beruhigendes Fleckchen ist, so richtig zum Ausruhen.«

7 Schöner: *»Und dann kamen die Russen«*, S. 39.

8 Wie die Mütter die Evakuierung erlebten, habe ich in meiner Frauendokumentation in Band II, Kapitel 6 dargestellt. Dörr: *»Wer die Zeit nicht miterlebt hat …«*.

9 Um dem Eindruck der Idylle, der aus diesen Kindererinnerungen entstehen könnte, entgegenzuwirken, sei aus einem Brief der Mutter an den Vater vom 13.9.44 zitiert: »Wir hätten mal wieder so 'ne Sehnsucht nach Gemütlichkeit, nach Musizieren oder Vorlesen. Aber in dieser Polakei ist das ja nicht möglich. Du machst Dir keinen Begriff, wie's hier in dieser Engigkeit zugeht. Du sagst, ›Ihr lebt mal aus Koffern‹. Aber Du kannst ja nicht dran, weil Du über alles Mögliche drüberturnen musst. Gerli macht bei seinem Durchfall eine Hose nach der anderen voll, weil ich ihn ja gar nicht auf den Topf setzen kann vor Engigkeit und Dreck! Na, wenn die Schlaferei mit Matratzen etc. wegfällt, wird's wieder besser. Das Schlimme ist, dass die Kinder keine Möglichkeit haben zu spielen, denn den kleinen Tisch im Griesepeter brauche ich zum Kochen, oder wir essen dran. Bei Regenwetter ist's kaum zu machen.«

10 Von seiner wunderbaren Errettung wurde schon in Kapitel 4, S. 134, berichtet.

11 Die Pflegeeltern bekamen von der NSV einen Unkostenbeitrag für Verpflegung und Unterbringung von 2,– RM pro Tag und Kind.

12 Die Briefe sind veröffentlicht in einer Broschüre: Liebenswerte Erinnerungen an eine böse Zeit 1939–1945. Eine Zeitdokumentation in Briefen von 1939 bis 1945. Zusammenstellung von Eberhard Hahn, Bürgerverein Untertürkheim-Rotenberg. Der Abdruck erfolgt mit freundlicher Genehmigung der Verfasserin.

13 Vgl. Kapitel 4, S. 140 f.

14 Bei den »besseren Leuten« mag auch eine Rolle gespielt haben, dass man lieber ein oder zwei Kinder aufnahm als eine ganze Familie, wenn man schon Wohnraum abtreten musste. Diesen Eindruck hatte eine meiner Gesprächspartnerinnen.

15 Wie fast über ihre Kraft beansprucht Kinder auch bei Verwandten sein konnten, schrieb mir Ruth F. (1929) in einem Brief vom Juli 2005: »Ich wurde evakuiert von Stuttgart aufs Land zu hochbetagten Großeltern. Dort gab es härteste Arbeit zu leisten: Gras mähen, Kühe melken, Stall ausmisten, natürlich neben den Aufgaben der Schule her und sehr oft mit Verzicht verbunden. Während andere Kinder ins Freibad durften, war ich oft unentbehrlich. Ich lernte Großvater zu rasieren (mit Schaum und Messer), schnitt ihm sein Haarkränzchen wenn nötig, badete und pflegte Großmutters arme, geschundene Füße. Vor allem des nachts, wenn die Alarmsirenen ertönten, weckte ich die alten Leutchen und zwang sie, mit mir in den Gewölbekeller zu gehen.«

16 Vgl. schon Kapitel 3.

17 Ein solches »verlorenes Kind« war Manfred J. (1933), der gar nicht begriff, was ihm geschah, wenn er dauernd herumgeschickt wurde. In einem strengen, aber gerechten Bauern findet er schließlich seine »Wunscheltern« und will gar nicht mehr »nach Hause«.

18 Erste Ansätze aus der Perspektive der Mütter und Kinder in Dörr: *»Wer die Zeit nicht miterlebt hat ...«*, Band II, Kapitel 6.

19 Schon 1981 legte der letzte Leiter der Reichsdienststelle KLV Gerhard Dabel eine umfassende Darstellung vor: KLV. Die erweiterte Kinder-Land-Verschickung. KLV-Lager 1940–1945. Freiburg. Sie wird als einseitig kritisiert, weil er die KLV lediglich als Hilfs- und Rettungsaktion darstellt und die damit verbundenen nationalsozialistischen Erziehungsziele ausblendet. Zwei Jahre später erschien Larass: *Der Zug der Kinder*, eine gut lesbare Arbeit, aber ohne ausreichende wissenschaftliche Fundierung.
Von den zahlreichen, gut abgesicherten lokalen und regionalen Studien der letzten Jahre seien erwähnt: Sollbach: *Flucht vor Bomben*; Vonjahr: *Kinderlandverschickung*; Ruther: *»Zu Hause könnten sie es nicht schöner haben!«*; Gießmann/ Marciniak: *»Fast sämtliche Kinder sind jetzt weg«*. Hingewiesen sei auch auf die Dokumentations-Arbeitsgemeinschaft und Freundeskreis KLV/ Erweiterte Kinderlandverschickung, die alles verfügbare Material sammelt und dem Bundesarchiv übergeben will.

20 Kock: *»Der Führer sorgt für unsere Kinder: ...«*.

21 Von den 390 Seiten seines Buches widmet er den Erfahrungen von Schülern, Lehrern und Eltern ganze zehn Seiten.

22 Dabei wird erneut deutlich werden, wie problematisch es ist, einzelne Autobiographien oder autobiographische Zeugnisse zu verallgemeinern, positive oder negative Erfahrungen zu verabsolutieren. Zu den publizierten Erinnerungen vgl. Literaturverzeichnis, Sparte IV.

23 In Ungarn oder Jugoslawien wurden die Kinder in »volksdeutschen« Familien einquartiert.

24 Vgl. Kapitel 3, S. 74f.

25 Mehler: *Davongekommen*, S. 190

26 52 Schüler aus dem Großraum Stuttgart wurden im Oktober 1943 zuerst auf die Schwäbische Alb und von Oktober 1944 bis zum Kriegsende nach Rot an der Rot verschickt. Eine Gruppe von 22 Schülern der Stuttgarter Prag-Hauptschule (Jahrgänge 1932/33) haben zum 60. Jahrestag des Beginns der KLV-Zeit aus Tagebüchern und Erzählungen ein Erinnerungsbuch erstellt, aus dem zitiert wird.

27 Die Briefe von Renate Bandur an die Eltern liegen inzwischen gedruckt vor: *Meine KLV-Lagerzeit 1941.*

28 Berichtet wird auch vom Wecken durch eine Ziehharmonika oder durch »lauten Pfiff« des Lagermannschaftsführers, am häufigsten durch eine Trillerpfeife.

29 Normalerweise hieß das »Morgenappell« und wurde vom Lagermannschaftsführer bzw. der Lagermädelführerin abgehalten.

30 Die KLV-Kinder teilten sich entweder die Schulräume mit den einheimischen Schülern oder sie hatten im eigenen Haus Unterricht.
31 Die Zeit wurde kaum zum Schlafen genützt, sondern meist zum Lesen, Schreiben oder anderen privaten Beschäftigungen.
32 In Mädchenlagern war die Lagerleiterin in der Regel eine Lehrerin. Es konnten aber auch Frauen Jungenlager leiten.
33 Nach Kock: *Die Kinderlandverschickung*, S. 152.
34 Vgl. dazu schon Kapitel 3.
35 Die in einfache Anführungszeichen gesetzten Namen sind Spitznamen von Lehrern. ›Kip‹ ist der Lagerleiter.
36 Mehler: *Davongekommen*, S. 187. Er schildert in seinem Buch die Erfahrungen seiner beiden Verschickungen mit der KLV sehr anschaulich und belegt die Schilderungen mit zahlreichen (unzensierten!) Tagebucheintragungen.
37 Vgl. dazu Dörr: *»Wer die Zeit nicht miterlebt hat …«*, Band II, Kapitel 6.
38 Wohl aber wird von Schikanen berichtet, denen Gottesdienstbesucher ausgesetzt waren, z. B. fanden sie ihre Schränke bei der Rückkehr ausgeräumt und alles durcheinandergeworfen.
39 Er war damals 16 Jahre alt und selbst noch Schüler. Über sein weiteres Schicksal schrieb mir Günther H. am 25.08.05: »Er wurde im Spätjahr 1944 zum Reichsarbeitsdienst eingezogen und kam später zur SS Panzerdivision ›Hitlerjugend‹. Er erzählte uns (*bei einem der Treffen, an denen er regelmäßig teilnahm*), dass er von US-Truppen gefangen wurde und dass sie ihm als ›jüngstem Gefangenen‹ die Hosen zu Shorts abgeschnitten haben und ein alter Sergeant ihm den Hosenboden strammzog und ihn verhaute.«
40 Eine wichtige Person im Lager war das GD-Mädel, das Gesundheitsdienst-Mädel, eine im Sanitätswesen ausgebildete Kraft, ebenfalls von der Hitlerjugend entsandt. Für ernstere Krankheitsfälle standen Ärzte zur Verfügung, im Notfall auch das Krankenhaus. Für ansteckende Krankheiten, z. B. Scharlach, wurden Quarantäne-Stationen eingerichtet. Nach allen meinen Unterlagen war die gesundheitliche Betreuung gut, von Ausnahmen abgesehen. So starb die Schwester eines Mädchens, weil ihre offene Tbc nicht rechtzeitig erkannt wurde.
41 Zahlreiche Materialien zur Gestaltung dieser Freizeitaktivitäten wurden von der Reichsdienststelle KLV zur Verfügung gestellt. Vgl. Kock: *Die Kinderlandverschickung*, S. 160. Viele Anregungen und Vorschläge wurden aber aus der reformpädagogischen Literatur und aus der Landschulheimbewegung übernommen und waren keineswegs genuin nationalsozialistisch. Das gilt auch für das Liedgut.
42 Von einer besonderen Aktion im Zusammenhang mit dem 20. Juli 1944 berichtete mir Günther H. (1932) in einem Brief vom 25.08.05: »Dieser Tag wurde damals mit den entsprechenden Hinweisen kommentiert. Wir waren ja große Verehrer dieser hohen Offiziere und Ritterkreuzträger und hatten viele Postkarten von ihnen. Unsere Reaktion auf dieses Attentat löste bei uns folgendes aus: Alle beteiligten Offiziere, von denen wir Bilder hatten, wurden am Gartenzaun mit Reißnägeln befestigt. Dann erhielten wir unsere Luftgewehre, bildeten ›Erschießungskommandos‹ und alle Bilder wurden standrechtlich von allen erschossen!!!«
43 Vgl. die Tagebuchauszüge von Klaus Michael F. in Kapitel 3. S. 71–75.
44 Alle diese Unternehmungen konnten sehr individuell ausgedacht und aufgezogen werden. Die Geländespiele gingen bei den Jungen zuweilen über das Spielerische hinaus, Märsche konnten zu Gewaltmärschen ausarten. Es kam auch hier sehr auf den jeweiligen Führer an, wie weit er die erwünschte paramilitärische Ausbildung der Kinder trieb.
45 Vgl. dazu Kapitel 3.
46 Es war das Lied von Hans Baumann: »Hohe Nacht der klaren Sterne«, *das* Weihnachtslied der Hitlerjugend. Aber es wurden auch christliche Weihnachtslieder gesungen, wie viele schreiben.

47 Einen ganz anderen offiziellen Weihnachtsabend schildert kritisch Alfons S. (1930) in seinem Tagebuch vom 24.11.44. Da steht: »Es war recht doof bei ›Jean‹ (*dem Lagerleiter*). Weihnachtslieder wurden erst dann gesungen, als ein Aushilfe-GD-Mädel bei uns eintraf. ›Jean‹ dachte wieder nur an die Führerehrung und die Nationalhymne. Zu essen bekamen wir 15 Gutzel, 2 Äpfel und 12 Weihnachtsgutzel. Auch das war recht mager. Auch in unserer Stube hielten wir anschließend noch eine kleine Weihnachtsfeier.«

48 So Jost Hermand in seinem Buch: *Als Pimpf in Polen*. Alle, mit denen ich gesprochen habe und die das Buch kannten, waren empört über die Darstellung.

49 Nur wenn die Kinder nicht weit von zu Hause evakuiert und nicht in Lagern, sondern privat untergebracht waren, konnten sie an den Wochenenden heim, manchmal riskierten sie es auch unerlaubt. Urlaub konnte erteilt werden bei Krankheits-, Unglücks- oder Todesfällen in der Familie (ärztliches Attest erforderlich), bei Fronturlaub des Vaters, wenn er das Kind länger als sechs Monate nicht gesehen hat.

50 Diesen Angriff hat sie in ihrem Tagebuch festgehalten und wir haben ihn zitiert. Vgl. Kapitel 4, S. 122ff.

51 Eine Klassenlehrerin, die, ohne mit dem Schulleiter zu sprechen, weil der es abgelehnt hatte, aber im Einverständnis mit den Eltern und mit einigen Lastwagenfahrern eine private Absprache getroffen hatte, um die Schülerinnen ihrer Klasse von der Schwäbischen Alb nach Friedrichshafen zu bringen, wurde wenige Tage später von einem Gestapo-Mann auf der Straße gestellt und zu einem Verhör beordert. Einen Tag vor diesem Termin rückten die Franzosen ein.

52 Nach brieflicher Auskunft vom 16.09.05 befanden sich »in Zwiesel alle in einem großen Raum, als ein Amerikaner zur Tür hereinguckte. Da wussten wir, dass der Krieg zu Ende war.«

53 Über ihr weiteres Schicksal teilte sie mir am 16.09.05 mit: »In Hamburg lebten Verwandte meiner Mutter, bei denen ich meine Mutter vermutete. Mein Vater befuhr im Bahnpostdienst überwiegend die Strecke Berlin – Hamburg, weshalb ich ihn auch in Hamburg anzutreffen hoffte. Beide Eltern waren nicht in Hamburg; mein Vater war zu der Zeit bereits in russischer Kriegsgefangenschaft verstorben. Ich blieb in Hamburg bis Dezember 1945, kam noch vor Weihnachten mit einem Flüchtlingstransport mit gefälschter Registriernummer (!) zurück nach Berlin.« Alice S. ist ein Beispiel für die vielen auseinandergerissenen und dezimierten Familien.

54 Vgl. dazu Schonig; *Krisenerfahrung und pädagogisches Engagement*. Man schätzt, dass sich allein von den Berliner Kindern 1945 noch 10–20.000 ohne Kontakt zu ihren Angehörigen in mehr oder minder gefährdeten Gebieten ohne ausreichende Nahrung und Bekleidung aufhielten oder sich auf den mühseligen Rückweg – meist große Strecken zu Fuß – nach dem fernen Berlin machten. Wie viele dieses »Abenteuer« nicht überlebten, ist unbekannt.

55 In einem Brief vom 9. Mai 2005 schrieb er (*über den Beginn der Flucht*): »Von einem Tag zum anderen wurden wir mit dem nun beginnenden Kampf ums Dasein konfrontiert. Die Kindheit war zu Ende.«

56 Dies unterstellt Kock: *Die Kinderlandverschickung*, S. 313, ohne die Behauptung belegen zu können, weil er ja weithin auf Zeitzeugenbefragungen verzichtet hat.

57 Die französischen Bauern waren vor der deutschen Besatzung geflohen.

Kapitel 7: Kindersoldaten

1 Es war der Hitlerjunge Wilhelm Hübner, dessen Geschichte wir in diesem Kapitel hören werden.

2 Zitiert nach Jahnke: *Hitlers letztes Aufgebot*, S. 156f.

3 Vgl. besonders Kapitel 3 und Kapitel 5.

4 Siehe Kapitel 9.

5 Dieses Tagebuch wurde mir zusammen mit anderen Materialien aus dem KLV-Lager von Marianne Miera zur Verfügung gestellt.
6 Bollacher: *Nestinspektion*, S. 55.
7 Häusser: *Zeitgenossen – Zeitzeugen*, S. 332 f.
8 Dies bezeugt z. B. Kurt H. (1931) aus Greulich bei Breslau.
9 Eine Produktion des DEFA-Studio für Dokumentarfilme. Produktionsjahr 1988. DVD bei Progress Filmverleih, Best.Nr. 19409. Regie: Gitta Nickel.
10 Vgl. die Kapitel 3 und 6.
11 Siehe S. 246.
12 Wie er sagt, um der Einberufung zur Waffen-SS zu entgehen. Dies kam häufig vor, vgl. S. 262 f.
13 Schmid: *Jahrgang '29*, S. 135–139, gekürzt.
14 Jahnke: *Hitlers letztes Aufgebot*, S. 22 f.
15 Zitiert nach ebd., S. 21.
16 Siehe schon Kapitel 6.
17 Zitiert nach Mehler: *Davongekommen*, S. 196–201 in Auszügen.
18 Nemitz: *Kriegsende eines HJ-Volkssturmsoldaten*, S. 12, 13, 47. Zitiert mit freundlicher Erlaubnis des Verfassers.
19 Schmid: *Jahrgang '29*, S. 142 f.
20 Meyer: *»Geweint wird, wenn der Kopf ab ist«*, S. 108 f. Dort auch die genauen Nachweise der zitierten Sprecher.
21 Burkhof: *Erinnerungen eines Hitler-Jungen*, S. 65–71, in Auszügen.
22 Würmlin: *Meine Erinnerungen an den Krieg*, S. 65–68, in Auszügen.
23 Klas E. Everwyn: Ein Begriff von Freiheit. In: Heinrich Böll (Hrsg.): *Niemands Land. Kindheitserinnerungen an die Jahre 1945 bis 1949*, 2. Aufl. München 1988 (zuerst: Bornheim-Merten 1985), S. 91–93, gekürzt und etwas umgestellt.
24 Internationaler Militärgerichtshof Nürnberg (Hrsg.): *Der Prozess gegen die Hauptkriegsverbrecher vor dem Internationalen Militärgerichtshof Nürnberg*. Nürnberg 1948, Bd. 29, Dokument 1919-PS, S. 134.
25 Zitiert nach Jahnke: *Hitlers letztes Aufgebot*, S. 24.
26 Karl Gronau: »Ihr untersteht der Wehrmacht und habt den Befehlen zu gehorchen!«, in: *Rüdersdorf. Zeitzeugen berichten*. Herausgegeben vom Seniorenbeirat Rüdersdorf, S. 25 f.
27 Overmans: *Deutsche militärische Verluste*, S. 334.
28 In einem Leserbrief an die FAZ vom 12.05.05.
29 Vgl. S. 260 f.
30 Deichelmann: *Ich sah Königsberg sterben*, S. 17 f.
31 Zitiert nach Jahnke: *Hitlers letztes Aufgebot*, S. 26.
32 Zitiert nach ebd., S. 166. Die Initiative ging von Himmler aus: »Mit der Taktik des Untergrundkampfes auf deutschem Boden und durch gezielte Sabotageakte hinter den gegnerischen Linien sollten die eigenen Kampfverbände entlastet, durch Anschläge gegen Deutsche, die mit dem Feind zusammenarbeiteten, eine evtl. Kollaborationsbereitschaft vermindert werden.« *Enzyklopädie des Nationalsozialismus*, hrsg. von Wolfgang Benz, Hermann Graml und Hermann Weiß, S. 802 f.
33 Wie stark die Ideologie nachwirkte, zeigt die Geschichte von Michael F. in Kapitel 3, S. 78, in der er beschreibt, wie er sich eigentlich verpflichtet gefühlt hat, einen GI zu töten.
34 Werner Nemitz (1929), selbst »HJ-Volkssturmsoldat« in Pommern, zitiert in seinen Erinnerungen (*Hitlers allerletzte Reserve*, S. 26 f.) einen solchen Befehl aus dem Bericht seines Kompanieführers Rossdeutscher in dessen 1983/84-Aufzeichnungen: »Am 19. April 1945 wurden Werner Stüwe und ich zu einer Befehlsausgabe beordert, deren Vorsitz der stellvertretende Gau-

leiter Simon hatte. Der war der eigentliche Scharfmacher in Pommern, während der alte Gauleiter (Papa) Schwede-Coburg sich langsam im Wechsel zur Senilität befand. Auf dieser Zusammenkunft gab ein Oberstleutnant die Anweisungen und drückte sich dabei so brutal aus, wie ich es bis dahin nicht einmal von der Waffen-SS gehört hatte. Der russische Angriff über die Oder sei zu erwarten. Wir hätten uns von der Front überrollen zu lassen und hinter den gegnerischen Linien den Werwolf zu gründen sowie Verbindung mit anderen entsprechenden Gruppen aufzunehmen. Wir hätten Sabotageakte durchzuführen und uns aus den Beständen der von uns vernichteten gegnerischen Nachschubeinheiten zu versorgen. Aus Tarnungsgründen dürften keine Gefangenen gemacht, also kein Gegner am Leben gelassen werden. Auch eigene Verwundete und Kranke, die wir nicht wegschaffen könnten, seien von uns, den Kompaniechefs, eigenhändig zu erschießen. Als ich fragte, was denn in solchem Falle mit den Mädchen geschehen sollte, schrie er ekstatisch, für die gelte natürlich das Gleiche. Nach Schluss dieser widerlichen Veranstaltung gaben Werner Stüwe und ich uns draußen zum Abschied kopfschüttelnd die Hände und sagten, wir wüssten ja nun Bescheid. Er meinte das Gleiche wie ich: Spätestens von jetzt an hassten wir alles, was nur nach Goldfasan roch. Wir kannten nur noch ein Ziel: Unsere Mädchen und Jungen möglichst unversehrt heimzubringen ... Auf der geschilderten Befehlsausgabe und Lagebesprechung hatte man uns Ausweise übergeben, die besagten, dass wir berechtigt seien, zurückgehende Truppen, einschließlich Generäle, mit Waffengewalt zur Wiederaufnahme des Kampfes zu zwingen.« Die unveröffentlichten Aufzeichnungen über die Militärdienstzeit 1939–1945 von Karl-Walter Rossdeutscher finden sich im Bundesarchiv Koblenz.

35 Vgl. dazu Kapitel 16, S. 177. Ein erschütterndes Jungenschicksal erzählt Bruni Adler in ihrem Buch: *»Bevor es zu spät ist«* Es ist die Geschichte von Dieter (1929), S. 367–399, den sie interviewte.

36 Ein Beispiel ist Reinhard Gröper: *Nach Venedig*, Leinfelden-Echterdingen 2002. Diese hat niemals existiert, doch kursierten Gerüchte über eine angebliche starke deutsche Verteidigungsstellung im Alpenraum. Hitler hatte zwar an 28.4.1945 den Ausbau dieser »Alpenfestung« befohlen; er selber blieb aber in Berlin, wo er am 30.4. Selbstmord beging.

37 Siehe S. 269.

38 Vgl. S. 222 u. 258f.

39 Der Bericht folgt der Schilderung in seinem Buch: *Davongekommen*. Alle im Folgenden angeführten Seitenzahlen beziehen sich darauf. Hier: S. 206.

40 Im Rückblick zeigt Karl Heinz Verständnis für das Verhalten der Bevölkerung von Tulle. Wie er später erfuhr, hatte dort als Vergeltungsaktion für den Angriff einer Einheit des französischen Maquis, der Widerstandsbewegung, die SS 99 junge Franzosen an Laternenpfählen und Balkonen aufgehängt. Vor der Ankunft der Gefangenen soll in der Stadt verbreitet worden sein, dass ein Transport mit SS-Soldaten eintreffen würde.

41 Am 10.6.1944 wurde die Bevölkerung dieses Ortes von einer Kompanie der SS-Panzerdivision »Das Reich« zusammengetrieben aufgrund von Gerüchten über ein Waffenlager der Widerstandsbewegung. Die Männer wurden erschossen, Frauen und Kinder in der Kirche zusammengetrieben und diese angezündet.

42 S. 215.

43 S. 219.

44 S. 251.

45 S. 253.

46 Ich folge seinem Bericht: *Erinnerungen eines Hitlerjungen*. Die Nachweise beziehen sich auf die Seitenzahlen in diesem Bericht.

47 S. 76f.

48 S. 77, 78.

49 S. 83.
50 S. 85.
51 S. 91, 92.
52 Abkürzung für United Nations Relief and Rehabilitation Administration. Schon 1943 gegründet. Nach Kriegsende von der UNO übernommen. Die Hauptaufgabe war die Unterstützung der Militäradministration bei der Repatriierung der sogenannten Displaced Persons, also von Menschen, die im Krieg ihre Heimat verlassen mussten, z. B. Zwangsarbeiter.

Kapitel 8: Kriegsende und Besatzer

1 Die Angehörigen der Roten Armee wurden allgemein als »Russen« bezeichnet, obwohl sie aus verschiedenen Nationalitäten der Sowjetunion stammten. Allenfalls wird noch von »Asiaten« oder »Mongolen« gesprochen.
2 Aus der Sicht der Frauen dazu ausführlich: Dörr: *»Wer die Zeit nicht miterlebt hat ...«*, Band III, Teil B, Kapitel 10.
3 Auskunft des Verfassers im Brief vom 7.09.05: »Bereits mit drei Jahren begann vor allem meine Tante Heide, mir fast alle Gegenstände, die ich Deutsch lernte, auch in Englisch beizubringen. Als ich dann mit fünf sozusagen in die erste Klasse ging – es handelte sich um einen privaten Unterricht mit sieben Kindern (drei Buben und vier Mädchen) – von einer jungen jüdischen Lehrerin (24) gehalten – sprach diese ebenfalls die simpelsten Dinge mit uns Deutsch und Englisch.«
4 Anmerkung des Verfassers: Amberg hatte vor dem Krieg 20.000 Einwohner. 1945 ca. 85,000. Dazu kamen 3 Kasernen, ein Standortlazarett und vier Behelfslazarette, mehrere Internierungslager mit Polen, Russen, Serben, Kroaten und Franzosen. Alle betrieben Schwarzhandel, deswegen die vielen Razzien.
5 Schwester der Mutter. Die Mutter hatte mit ihren beiden Schwestern in einer Art Wohngemeinschaft in Berlin-Niederschönhausen gelebt.
6 Anmerkung des Verfassers: Seit 1938 lebten meine Mutter und ihre Schwester Heide zusammen in einer Wohnung in Amberg. Die Männer waren im Krieg. Aimée, Heides Tochter wuchs mit mir wie eine Schwester auf.
7 Anmerkung des Verfassers: Als Mitarbeiter von Canaris war mein Vater während des Krieges mehrmals in England gewesen. Canaris war zwischen 1935 und 1944 Chef des Amtes Ausland/Abwehr, der Nachrichtenabteilung des Oberkommandos der Wehrmacht. Kurz nach dem Attentat vom 20. Juli 1944 gegen Hitler wurde Canaris verhaftet und auf Hitlers Befehl am 9. April 1945 in Flossenbürg hingerichtet. Nach dem Krieg wollten die Russen meinen Vater liquidieren. Die Engländer holten ihn zu sich in das Berlin-Center.
8 Anmerkung des Verfassers: Alteingesessene Buchhandlung in Amberg.
9 Anmerkung des Verfassers: Die Pfarrei St. Sebastian liegt in Amberg auf einem Hügel gleich neben einer Kaserne.
10 Anmerkung des Verfassers: Gleich nach Kriegsende tauchten in Amberg mehrere hundert Juden auf, die neben ihrer Synagoge einen schwunghaften Schwarzmarkt betrieben.
11 Das »Torfhaus« war eine Ansammlung kleinerer und größerer Häuser. Die kleineren Häuser waren Ferienhäuser, die verschiedenen Familien gehörten. Ende des Krieges waren dorthin Familien mit Kindern aus der Stadt geflüchtet. Die Firma Büssing hatte dort ein Erholungsheim für ihre Arbeiter und Angestellten.
12 Die Malepartus-Hütte gehörte einem Sportverein und war mitten im Wald, sehr primitiv eingerichtet.
13 Zitiert nach Breloer: *Mein Tagebuch*, S. 234 f.

14 Vgl. Kapitel 3, S. 70 u. 101.

15 Für die letzten Kriegstage der Flüchtenden vor der Flucht vgl. Kapitel 9: »Auf der Flucht«.

16 Was die Flüchtenden mit »Russen erlebten« vgl. in Kapitel 9: »Auf der Flucht«.

17 Das Verhalten der Zwangsarbeiter am Ende und kurz nach dem Krieg wird im Zusammenhang in Kapitel 19 behandelt.

18 Solche Fotos wurden mir von Christa L. zur Verfügung gestellt.

19 Aus den Erinnerungen der Mutter ist hinzuzufügen: »Wir wanderten über die Wiesen, die dauernd unter Beschuss lagen. Viele Tote und Verwundete lagen umher. Reinhard weinte: ›Wenn wir nun aber auch getroffen werden?‹ Ich: ›Dann kommen wir in den Himmel und werden liebe Engelein, das ist auch schön!‹ Er: ›Aber vielleicht werden wir auch bloß in die Beine getroffen, wie die arme Frau dort! Das ist schrecklich!‹ So reif war das 4jährige Kind! Und ging an meiner Hand ohne Murren in viel zu kleinen Schuhen, seine richtigen waren gestohlen. Am Abend war ein Blutfleck darin.«

20 Dass Frauen sich oft einem Endkampf widersetzten, habe ich in meiner Frauendokumentation dargestellt: *»Wer die Zeit nicht miterlebt hat …«*, Band I, Kapitel 8.

21 Der Tagebuchschreiber Theodor Wild war da eine Ausnahme, wie wir gesehen haben. Er kennt von seinem weitgereisten Vater spannende Geschichten von Afrika. Er macht auch in seinen »Geschäften« mit den »Negern« die besten Erfahrungen. Nur »Nigger« durfte man sie nicht nennen. Das kleine Mädchen musste dafür mit dem Leben büßen. Wie hart der »Neger« bestraft wurde, erfahren wir nicht.

22 Mit dem Kaugummi wussten aber manche Kinder überhaupt nichts anzufangen, brachten ihn nicht mehr aus dem Mund heraus oder fanden, das sei die reinste Pappe, die schon bald nach nichts schmeckte.

23 Vgl. dazu Kapitel 14: »Trümmerkinder und Überlebenshelfer«.

24 Vgl. weiter dazu Kapitel 14: »Trümmerkinder und Überlebenshelfer«.

25 Vgl. dazu Dörr: *Wer die Zeit nicht miterlebt hat,* Band II, S. 419–430.

26 Ihn beschäftigen selbst schon sehr stark vorpubertäre sexuelle Probleme.

27 Vgl. dazu auch den Tagebucheintrag von Ruth B. vom 13.5.1945 in Kapitel 3.

28 Das kleine Mädchen im Tagebuch von Theo Wild, die dem Farbigen immer »Nigger« zurief, wusste sicher nicht, wie groß die Kränkung für ihn war.

29 Wie viel die Kinder schon vorher davon mitbekommen, gesehen und erahnt haben, wird in Kapitel 18: »Die Nazis – das waren die anderen« näher beleuchtet.

30 Eintätowiert waren nicht »Runen«, sondern die Blutgruppe.

31 Bezeichnend ist, dass sie anscheinend mit niemandem darüber reden konnte. Vgl. die Kapitel 18 und 21.

32 Sie fügt in ihren Erinnerungen hinzu: »In der ›Geschichte der Stadt Pforzheim‹ steht: Alle Fälle von Vergewaltigungen wurden im Krankenhaus St. Trutpert behandelt und anfänglich auch vermerkt, doch nahm die Zahl einen solchen Umfang an – darunter Mädchen im Kindesalter und Frauen in den siebziger Jahren, dass eine Registrierung nicht mehr möglich war.«

33 Die Kinder selbst, besonders die kleineren, wussten ja gar nicht, wer die Russen waren.

34 Vgl. Prenzlauer Berg Museum, Gröschner: *»Ich schlug meiner Mutter die brennenden Funken ab«*. Hier werden besonders die Kämpfe um Berlin aus der Sicht der Kinder sehr anschaulich und dicht dargestellt. Allerdings erscheinen die sowjetischen Besatzer fast durchgängig in einem freundlichen Licht, sicher eine in der SBZ erwünschte Perspektive, welche die Kinder offenbar schon verinnerlicht hatten. Grundlegend für die sowjetische Besatzungspolitik und Besatzungspraxis: Naimark: *Die Russen in Deutschland.* (Zuerst: *The Russians in Germany*, Harvard 1995.)

35 Wie souverän manche Frauen vermochten, mit der ihnen zugefügten »Kriegsverletzung« umzugehen, wie sie – entgegen der verkehrten männlichen Sexualmoral – die Schande nicht sich,

sondern den Schändern zuschrieben, welche Strategien sie entwickelten, um den Bedrängnissen zu entgehen oder sie zu erleichtern (die Tante Ilse ist nur ein Beispiel), habe ich in meiner Frauendokumentation ausgeführt. Vgl. Dörr: »*Wer die Zeit nicht miterlebt hat*«, Band II, S. 419–431. Dort auch Beispiele, was Mütter ihren Kindern, besonders den Töchtern, von dieser Haltung weitergaben. Freilich, den zu Tode Gequälten nützte auch die tapferste Haltung nichts. Grundsätzliches zum Problem der Vergewaltigung bei Naimark, *Die Russen in Deutschland*, S. 137. In der sowjetisch besetzten Zone gingen die Vergewaltigungen noch jahrelang weiter.

36 Die zitierten Passagen stammen aus einem größeren Manuskript, in dem viele andere, auch positive Erlebnisse mit Russen erzählt werden. Das vollständige Skriptum: »*Und dann kamen die Russen«. Leben und Überleben in Mecklenburg und Bremen 1943–1948*« kann bezogen werden bei Jobst Schöner, Carl-Benz-Str. 28, 69168 Wiesloch, Tel.: 0 62 22-5 04 29.

37 Foto der Familie und des Gutshauses Vimfow vgl. Kapitel 6, »Verschickt«, Abbildung 1.

38 Vgl. Kapitel 10.

39 Vgl. Kapitel 14.

40 Vgl. auch die Tagebuchauszüge von Gisela F. in Kapitel 3.

41 Vgl. Kapitel 21. Beachtet werden muss dabei, dass den Kindern in der sowjetisch besetzten Zone eine ganz andere »Umerziehung« bevorstand als den Kindern der westlichen Besatzungszone. Vgl. Kapitel 16: »Von der braunen in die rote Diktatur«.

42 Diesen Verfolgten werden wir ein eigenes Kapitel widmen, Kapitel 20.

Kapitel 9: Auf der Flucht

1 Die sowjetische Großoffensive begann am 12. Januar 1945, nachdem im Herbst 1944 schon einige Durchbrüche nach Ostpreußen hinein stattgefunden hatten. Ende Januar ist die Oder bei Küstrin erreicht. Am 26. Januar ist Ostpreußen eingekesselt. Oberschlesien ist erobert.

2 Insgesamt lebten 1944/45 in den Oder-Neiße-Gebieten zehn Millionen Menschen, darunter fast vier Millionen Kinder. Diese große Zahl erklärt sich vor allem aus den zahlreichen evakuierten Müttern und Kindern und der hohen Geburtenrate. Vgl. Gafert: Wir Flüchtlingskinder: Krieg, Flucht und Vertreibung als Schicksal der vielen Kinder (geboren 1930–1945), in: »*Kinder und Krieg, aus ›Abenteuer‹ wurde bitterer Ernst*«, Internationale Begegnungstagung des Frauenverbandes im BdV vom 22.–24. April 2005 in der Ostsee-Akademie in Lübeck, Travemünde, S. 23–47.

3 Vgl. Dörr: »*Wer die Zeit nicht miterlebt hat …*«, Band II, S. 448 f.

4 Urlaub von der Kinderlandverschickung.

5 Gemeint ist wohl die übliche Siegespropaganda.

6 Zu dieser Zwangsräumung, die Gauleiter Hanke verfügt hatte, nachdem Breslau zur Festung erklärt worden war, schreibt der Geistliche Rat und Erzpriester Paul Peikert in seinen tagebuchähnlichen Berichten: »Unbeschreibliche Not und unbeschreibliches Elend taten sich nun auf. Die Bahnhöfe waren nun fast zehn Tage lang und noch länger überfüllt von Menschen, die verängstigt das Gefahrengebiet verlassen wollten. Mütter mit kleinen Kindern, Mütter im gesegneten Zustand, alte, abgehärmte Menschen, sich notdürftig fortbewegend an einem Stock, darunter die große Schar von Kindern und jüngeren Frauen – das war das Bild der Bahnhöfe. Viele Stunden, ja einen ganzen Tag bis zwei Tage mussten oft die Flüchtlinge auf den Bahnhöfen warten, mitten in größter Winterskälte, bis sie drankamen, dass sie in einem Flüchtlingszug verladen wurden … Es kam auch vor, dass auf den Bahnhöfen werdende Mütter frühzeitig entbanden infolge des Schreckens und der Aufregung der Flucht. In dem furchtbaren Gedränge und beladen mit dem vielen Gepäck verloren die Mütter oft ihre Kinder, die sie manchmal nicht

mehr wiederfanden … Mir wurde berichtet, dass auf dem Hauptbahnhof allein gegen 60–70 Kinder zu Tode erdrückt oder zertreten wurden. Wohin die Züge die ungeheure Zahl der Flüchtlinge gebracht haben, konnte bis heute nicht festgestellt werden, da eine Postverbindung gar nicht möglich ist … Unbeschreiblich groß war das Elend derer, die auf der Straße flüchten mussten. Unabsehbare Kolonnen von Frauen und Kindern mit Kinderwagen oder kleinen Handwagen marschierten auf der Straße. Die Straßen sind infolge des harten Winters mit Schnee und Eis bedeckt. Die kleinen Wagen, die für die ebenen Straßen der Großstadt sich eignen, gehen aus den Fugen, wenn sie auf die verschneiten, eisbedeckten Straßen außerhalb der Stadt kommen. Die armselige Habe muss dann mit der Hand weitergeschleppt werden, sodass die Kolonnen nur langsam vorankommen. Viele Kinder und Erwachsene sind in der strengen Winterkälte erfroren und blieben im Straßengraben liegen. Suchkommandos für solche Toten konnten auf ihren Lastwagen die Zahl der Toten nicht bergen, so viele fanden sie. Gestern wurde mir berichtet, dass von einem derartigen Suchkommando auf verhältnismäßig kurzer Strecke über 400 Tote geborgen wurden, Kinder und Erwachsene. Wir werden wohl niemals die Zahl der Toten erfahren, die infolge der Flucht im strengen Winter ihr Leben einbüßen mussten.« Peikert: *»Festung Breslau«*, S. 29, 30, 31.

7 Ihre ganze Fluchtgeschichte hat sie später in einem Buch veröffentlicht: *Meine Geschichte*. Da das Buch vergriffen ist, überließ sie mir das Manuskript, nach dessen Seitenzahlen ich zitiere.

8 Der Sohn von Tante Liselotte, zehn Jahre alt, aber klein und zierlich wie ein Sechsjähriger.

9 Kleiner, außerhalb von Ortschaften gelegener Hof.

10 Trotz ihrer 15½ Jahre war Gabi noch völlig unaufgeklärt und auch uninteressiert daran. Die Menstruation hatte sie schon, aber ihre Mutter sagte dazu nur: »Das bekommen alle jungen Mädchen.«

11 Erst, als sie 1¼ Jahre später zu ihrer Mutter nach Hamburg kommt, erfährt sie, dass Christian nach der gewaltsamen Trennung von fremden Menschen mitgenommen wurde, denen noch in jener bösen Nacht gelang, ein Nadelöhr durch die russische Panzerspitze nach Westen zu finden. Schon wenige Wochen danach gelangte er zu seinen Großeltern nach Magdeburg. Dort konnte er erzählen, dass Gabi die Beschießung des Zuges überlebt hatte.

12 Aus »So gingen wir fort«, Lehmanns Verlag München. Abgedruckt zuerst in der Zeitschrift *Kriegsgräberfürsorge* Ausgabe 4/1970 und erneut in *Erzählen ist Erinnern*, hg. vom Volksbund deutscher Kriegsgräberfürsorge, 1999, S. 59–62. Der Abdruck erfolgt mit freundlicher Genehmigung des Volksbundes deutscher Kriegsgräberfürsorge. Der Kontakt zur Autorin bzw. zum Lehmanns Verlag war nicht mehr herzustellen. Deshalb fehlt hier auch ein Foto.

13 Walter und Herbert Schedwill: *Das Überleben einer Familie*, S. III.

14 Bei Nemmersdorf (Kreis Gumbinnen) und Goldap.

15 Von manchen Landbewohnern wird berichtet, dass sie sich fahrbare »Häuser« konstruierten mit Deckplanen, Einrichtung und Ofen. Städter hatten keine Treckwagen und konnten nur mitnehmen, was sie tragen konnten. Auf die Dauer landete das meiste davon in den Straßengräben.

16 Vgl. Fußnote 4.

17 Die Amerikaner räumten den Westen von Mecklenburg, Sachsen-Anhalt, Sachsen und das Land Thüringen gegen Besatzungsrechte der Westmächte in Berlin.

18 Sie fährt in ihrer Erzählung fort: »Ja, ich weiß gar nicht, als Kind hängt das Herz einfach an so was … aber jetzt muss ich auch noch was Positives dazu bemerken. Vor zwei Jahren – unsere Tochter kommt immer mit den Kindern an Weihnachten zu uns, und da haben sie mich doch mit 'nem Lebkuchenhaus überrascht. Können Sie sich das vorstellen?« Von heute aus gesehen, und daher auch ihre starke Bewegung und die Tränen, hängt an dem Lebkuchenhaus ihre ganze Erinnerung an die frühe Kindheit und das Weihnachtszimmer zu Hause.

19 Worzalla: *»… es fehlte die Puppe«*, S. 178.

20 Bettina von Arnim berichtet, dass in ihrem geliebten Teddybär Jumbo ein großer Teil des wertvollen Schmucks der Familie eingefüllt war. Eines Tages war der Teddybär »ganz mager«. Clara und Bettina von Arnim: *Das bunte Band des Lebens.*

21 Dertinger: *Heldentöchter*, S. 175. Zum Vater schreibt Antje Dertinger, S. 7: »Nachdem der fortschrittliche Pädagoge Adolf Reichwein (1898–1944), seine Position als Hochschullehrer verloren hatte, arbeitete er als Dorflehrer, dann als Museumspädagoge in Berlin. Er stand in Verbindung mit den Widerstandskämpfern Julius Leber und Wilhelm Leuschner und gehörte zum Kreisauer Kreis. Seine Kontakte auch zur kommunistischen Opposition führten zu Verhaftung, Verurteilung und Hinrichtung.«

22 Vgl. das folgende Kapitel.

23 Der älteste Bruder war gefallen, der zweitälteste vermisst, der dritte Bruder und der Vater waren eingezogen. Der Vater ist dann auch noch gefallen.

24 In ihrem Begleitbrief vom 23.4.2003 schrieb sie mir: »Ich habe endlich die Kraft gefunden, diese ganze Geschichte zu lesen. Nach so langer Zeit.«

25 Vielfach wurden die Treckwagen von Wehrmachtskolonnen in die Straßengräben abgedrängt und blieben dort liegen. Die Mitte der Straßen musste für Wehrmachtsfahrzeuge freigehalten werden.

26 Die besonders von Hitlers treuem Paladin, dem Großadmiral Dönitz, verbreitete Legende von der heroischen Leistung der Marineführung, zwei Millionen Flüchtlinge per Schiff über das Meer gerettet zu haben, ist von der neuesten Forschung stark relativiert worden. Schiffsraum und Kohlereserven sollten vor allem für Munition und Nachschub der in Ostpreußen, Danzig und Kurland eingekesselten kämpfenden Truppe reserviert werden. Vgl. dazu den konzisen und informativen Aufsatz von Heinrich Schwendemann: »Schickt Schiffe!« in: »Die Zeit«, 13. Januar 2005, S. 84. Er bilanziert: »Nur 800.000 bis 900.000 Flüchtlinge sowie 350.000 Verwundete schafften es, über See den ›rettenden Westen‹ zu erreichen. Es wäre zweifellos möglich gewesen, sowohl die Bevölkerung als auch die Soldaten aus den Kesseln an der Ostsee vollständig zu retten. Die Geretteten verdankten ihre Rettung mutigen Einzelnen, die oft genug gegen die Befehle handelten.«

27 Göttingen 2002.

28 S. 140.

29 Die bekanntesten: die »Goya« mit 6.000 Menschen an Bord, die »Karlsruhe«, der »General von Steuben«, der »Moltkefels«, die »Cap Arcona«. Schätzungsweise 20.000 Menschen auf der Flucht ertranken im Frühjahr 1945 in der Ostsee.

30 Die Geschichte von Siegfried W. hat noch ein besonderes Nachspiel: Durch die Lektüre von spannenden Büchern über die Seefahrt fasziniert, bewarb er sich 1955, als die ersten Einberufungen kamen und er, da im August 1937 geboren, nicht mehr zu den »weißen« Jahrgängen zählte, bei der Marine. Auf Grund späterer Recherchen konnte er nach 14 Jahren das Minensuchboot »Seepferd«, das ihn gerettet hatte, bei der Bundesmarine identifizieren.

31 Christel S. hat ihre Geschichte für ihre Kinder und Enkel aufgeschrieben: »Vertrieben – geschunden – missbraucht. Die Geschichte einer Vertreibung aus Ostpreußen«. Sie wurde veröffentlicht in den *Hochwälder Heften zur Heimatgeschichte*, hrsg. vom Verein für Heimatkunde Nonnweiler e. V., 15. Jahrg., Heft 36, 1995. Hier: S. 61–63.

32 Das heutige Verhältnis der Kriegskinder zu Russen, Polen und Tschechen hat sich bei den meisten gewandelt. Es gibt viel Verständnis und den Willen zur Versöhnung. Vgl. dazu Kapitel 22, »Gelebte Versöhnung«. Übereinstimmend wird bezeugt, dass die Russen besonders gefährlich und unberechenbar waren, wenn sie betrunken waren.

33 Ein herausragendes Beispiel nobler Menschlichkeit ist Lew Kopelew, dem ich auch hier ein ehrendes Gedenken widmen möchte. Er hat als Offizier die Ausschreitungen der Roten Armee, deren Zeuge er in Osptreußen wurde, scharf kritisiert. Deswegen wurde er wegen »Mitleid mit

dem Feind« zu zehn Jahren Zwangsarbeit verurteilt. Seine Erlebnisse in Ostpreußen hat er in dem Buch *Aufbewahren für alle Zeit* festgehalten.

34 Die Zahl der durch Flucht und Vertreibung Umgekommenen schwankt sehr stark: zwischen 500.000 und zwei Millionen, je nach der Ermittlungsmethode. Am wahrscheinlichsten erscheint ein Mittelwert.
Es wird nicht zwischen Flucht und Vertreibung unterschieden, sondern das Ganze als ein Komplex behandelt, weil sich die beiden Abschnitte, was die Zahl der zu Tode Gekommenen angeht, schwer trennen lassen. Nach Bärbel Gafert wurden etwa eine halbe Million Kinder Opfer. »Wir Flüchtlingskinder: Krieg, Flucht und Vertreibung als Schicksal der vielen Kinder (geboren 1930–1945)«, in: *»Kinder und Krieg. Aus ›Abenteuer‹ wurde bitterer Ernst«*, Internationale Begegnungstagung des Frauenverbandes im BdV vom 22.–24. April 2005 in der Ostsee-Akademie in Lübeck-Travemünde, S. 23–47.

35 Schöner: *Und dann kamen die Russen*, S. 141–47, stark gekürzt.

36 Vgl. dazu Kapitel 16, »Von der braunen in die rote Diktatur. Grenzgänger in Deutschland«.

37 Vgl. dazu die Kapitel 10, »Als Fremde in der Heimat, in Internierungslagern, Kapitel 11 »Verwaist, verloren, verschleppt, vertrieben«, Kapitel 12 »Ankommen – ›Flüchtlingskind‹ – Heimat?« und Kapitel 16 »Von der braunen in die rote Diktatur. Grenzgänger in Deutschland«.

38 Vgl. dazu Naimark: *Die Russen in Deutschland.*

39 Der Gauleiter floh schließlich mit einem Fieseler Storch aus Breslau. Immerhin ist bemerkenswert, dass es dem Ortsgruppenleiter der Familie S. gelang, einen Waggon für seine Ortsgruppe zu organisieren. Es gab auch »Nazis«, die sich für die Menschen noch verantwortlich fühlten.

40 Vgl. Kapitel 20: »Verfolgt«.

41 Nationalsozialistische Volkswohlfahrt, der seit 1934 alle freien und kirchlichen Wohlfahrtsverbände unterstellt waren. Die Organisation kümmerte sich um alle Belange der Wohlfahrtspflege, die aber nur »wertvollen Volksgenossen« zuteil wurde. 1939 hatte sie 11,9 Mio. Mitglieder und rund 1,25 Mio. freiwillige Helfer.

Kapitel 10: Als Fremde in der Heimat, in Internierungslagern

1 Etwa die Hälfte der Geflohenen kehrte zurück.

2 Christa Dittmann: *Meine Erinnerungen an Pommern*, S. 29–47 in Auszügen. Im Eigenverlag o. J. Vorwort mit Datum: Mai 1997. Copyright by Christa Bühler und Jürgen Bühler. Zitiert mit freundlicher Genehmigung des Sohnes Jürgen Bühler.

3 Die Polen sperrten die Oderbrücken, weil sie keine deutschen Rückkehrer wollten.

4 Der älteste Bruder (1925) wurde in Württemberg eingezogen, geriet in amerikanische Gefangenschaft. Sie sahen sich 1948 wieder.

5 Einer der beiden Nachbarn, die mit auf der Flucht waren.

6 »Nach Berechnungen deutscher Historiker befanden sich im Sommer 1945 mehr als fünf Millionen Deutsche östlich von Oder und Neiße, also die Hälfte der Einwohner der Vorkriegszeit, allerdings nun überwiegend Alte, Frauen und Kinder. Denn fast alle Männer waren gefallen, befanden sich in Kriegsgefangenschaft oder waren mittlerweile nach Russland deportiert worden.« Urban: *Der Verlust*, S. 119.

7 Es geht aus der Erzählung nicht hervor, ob das eine Polin war. In den von den Polen annektierten Gebieten konnten Deutsche 1945 »optieren«, d. h. sie konnten sich entscheiden, Polen zu werden, besonders dann, wenn sie polnisch klingende Namen und/oder polnische Verwandte hatten.

8 Polizeieinheiten, die nach sowjetischem Vorbild ›Miliz‹ genannt wurden. »Die Milizionäre wurden von Anfang an auch als Kampftruppe der kommunistischen Führung gegen politische Konkurrenten eingesetzt. Wahllos stellten die Milizoffiziere zu Beginn Freiwillige ein, darunter wa-

ren viele ehemalige Zwangsarbeiter ... In den Gebieten, die ... möglichst schnell in Polen eingegliedert werden sollten, bekamen die Milizionäre weitgehend freie Hand gegenüber der einheimischen deutschen Bevölkerung, denen per Dekret sämtliche Rechte genommen wurden.« Urban: *Der Verlust*, S. 113f. Es mischten sich auch Glücksritter und Geschäftemacher unter die Milizionäre.

9 Über die Familie vgl. Kapitel 6, S. 192f. Sie lebten zwar nicht in einem von Russen oder Polen annektierten Gebiet jenseits von Oder und Neiße, aber ihre Lebensverhältnisse waren sehr ähnlich. Russen und befreite polnische Zwangsarbeiter plünderten und überfielen sie.

10 Schöner: »... *Und dann kamen die Russen*«, S. 77, 80, 81, 83.

11 Ihr Schicksal während der Besetzung vgl. Kapitel 8, S. 337–340.

12 Diese Polen waren ihrerseits aus den von der Sowjetunion annektierten ostpolnischen Provinzen zwangsausgesiedelt worden. Nicht alle bedrängten Deutschen durchschauten damals schon diesen Zusammenhang.

13 Vgl. Kapitel 9, S. 380f.

14 Die Frau von Armin S. erzählte im Anschluss noch folgende Begebenheit: »Wir hatten ja in Horka (Armin S. wurde auch Pfarrer und kehrte aus dem Westen nach Oberschlesien zurück) eine alte Wehrkirche, die wir restauriert hatten. Da hatten wir oben im Turm einen Artilleriebeobachter. Die Polen haben da reingeschossen, und dann ist der rausgeflogen und war tot. Und dann war niemand da, der den Deutschen meldete, von wo der Feind kam. Und es war vielleicht so in den 70er Jahren, da klingelte es bei uns. Da steht eine Gruppe vor der Tür, der Anführer der Gruppe sprach Deutsch: ›Ich bin der Offizier, der diesen Melder erschossen hat.‹ Ob er sich das noch einmal ansehen dürfte. Und ein paar Jahre später kommt er noch mal, der konnte einfach nicht damit fertig werden, dass er den erschossen hat. Dass er auf einer Kirche einen erschossen hat. Mein Mann hat gemerkt, dass er Katholik ist, und da hat er gesagt: ›Ego te absolvo.‹«

15 Vgl. Nawratil: *Schwarzbuch der Vertreibung*, S. 58ff. Dazu auch Glotz: *Die Vertreibung*, S. 202–224. *Der »Brünner Todesmarsch« 1945. Die Vertreibung und Misshandlung der Deutschen aus Brünn*. Eine Dokumentation. Zusammengestellt von Hanns Hertl, Erich Pillwein, Helmut Schneider, Karl Walter Ziegler. 3. Aufl. Ludwigsburg 2000.

16 Dazu schrieb mir Frau N. in einem Brief vom 16.12.05: Die Gründe für die Verurteilung ihres Vaters seien für sie nicht aktenkundig geworden. »Da er wegen seiner diversen Aufmüpfigkeiten – 1919 mehrfache und letztendlich erfolgreiche Kriegsdienstverweigerung (*in tschechischen Diensten*), 1938 Tätlichkeit gegenüber zwei Angehörigen der tschechischen Staatspolizei – jeweils einsaß, kann es sich nur um seinen Einsatz im Freikorps gehandelt haben. In den Tagen vor Hitlers Einmarsch in die ČSR (*damals Tschechoslowakei*) waren die schon vorher heimlich von der SA rekrutierten sudetendeutschen Deutschnationalen bewaffnet an die Grenzen geschickt worden, angeblich zu deren Sicherung. In einzelnen Abschnitten gab es Schießereien; in dem meines Vaters blieb es ruhig. Trotzdem wurden, wie ich später irgendwo las, sämtliche Teilnehmer der Aktion quasi als Partisanen bzw. Hochverräter pauschal abgeurteilt. Mein Vater war entsprechend vorgewarnt, weshalb er nach seiner Entlassung aus amerikanischer Gefangenschaft bis zu unserer Ankunft ›im Reich‹ (Juli 1946) in Bayern blieb und auf einem Bauernhof arbeitete.«

17 Sie fügt hinzu: »Die bald Achtzigjährige ist unheilbar traumatisiert.«

18 Vgl. dazu auch Deichelmann: *»Ich sah Königsberg sterben.«* und Morgenstern: *»Überleben war schwerer als Sterben.«* Der erschütternde Bericht eines Kindes Jahrgang 1939, das mit schier unglaublicher Energie und Intelligenz mithilft, die kleine Familie (Mutter und kleine Schwester) über Wasser zu halten. Auch: Keller-Dommasch: *Wir aber mussten es erleben.*

19 Sehr viele wurden zur Zwangsarbeit nach Sibirien verschleppt.

20 Vgl. Kapitel 9, S. 378f.

21 Aus: Christel Soine: Vertrieben – geschunden – missbraucht. Die Geschichte einer Vertreibung aus Ostpreußen. *Hochwälder Hefte zur Heimatgeschichte*, hrsg. vom Verein für Heimatkunde Nonnweiler e. V. 15. Jahrgang, Heft 36, 1995. Der Abdruck der zitierten Passagen erfolgt mit freundlicher Genehmigung der Verfasserin.

22 Der erst siebenjährige Klaus hatte ein Vorpostenboot ausfindig gemacht, das sie mitnahm, vgl. Kapitel 9, S. 367.

23 Er war vermisst.

24 Von der deutschen Luftwaffe 1940 errichteter zentraler Flugplatz. Zu den Mannschaftsbaracken stellten die Dänen viele neue, sodass eine ganze Barackenstadt entstand, in der schließlich etwa 10.000 Flüchtlinge lebten. Der Hauptteil des Lagers lag in einer flachen sandigen Senke mit allen zentralen Einrichtungen: Verwaltung, Schulen, Küchen, Krankenhaus, Kulturbaracke »Forum«.

25 In diesem Autosessel hatten sie ihn auf der ganzen Flucht transportiert.

26 Sie ist gläubige Katholikin, wie ihre ganze Familie. Die einschlägigen Belege habe ich aus Platzgründen ausgespart.

27 Zitiert nach *Stuttgarter Zeitung* vom 29.04.05, Seite 3.

28 »Insgesamt mussten nach einer Schätzung des Bundesarchivs Koblenz nach dem Krieg rund 200.000 Deutsche in polnischen Lagern Zwangsarbeit leisten. 20 bis 50 Prozent seien in den Lagern umgekommen. Die Zahl von 60.000 Todesopfern gelte als wahrscheinlich.« Urban: *Der Verlust*, S. 128. Besonders berüchtigt war das Lager Potulitz bei Bromberg. »Zu den Deutschen, die nach dem Krieg in Potulitz interniert waren, gehörten rund 200 Kinder unter 14 Jahren. Ein Teil von ihnen wurde auch dort später zur Adoption durch polnische Eltern freigegeben, mit der Auflage, dass die Kinder nichts von ihrer deutschen Herkunft erfahren durften.« Urban: *Der Verlust*, S. 128. Vgl. auch Hirsch: *Die Rache der Opfer*. Bärbel Gafert betont: »Das ganze Lagernetz von zeitweise über 1.000 Lagern und Isolierstationen in den Oder-Neiße- und in den altpolnischen Gebieten ist noch wenig erforscht.« Sie spricht von etwa 20.000 Kindern, also etwa 25% der Lagerinsassen. Bärbel Gafert: »Wir Flüchtlingskinder: Krieg, Flucht und Vertreibung als Schicksal der vielen Kinder (geboren 1930–1945)«, in: *Kinder und Krieg*, Internationale Begegnungstagung des Frauenverbandes im BdV (Hg.), S. 38f.
Ulrich Völklein nennt 1.255 Lager und 227 Gefängnisse in Polen und weitere Zahlen über die Todesraten, in: *»Mitleid war von niemand zu erwarten«*, S. 26.

29 Das Gespräch fand am 8.8.2001 in ihrer Wohnung statt. Die Umschrift wurde von ihr geprüft und inhaltlich bestätigt.

30 Die Eltern lebten getrennt. Auch der Vater wurde verhaftet, aber im Folgenden erzählt sie nur über ihr eigenes und das Schicksal ihrer Mutter.

31 Hier irrt Dorothea B. Es waren in der Mehrzahl keine Kriminellen, sondern gewöhnliche Polen.

32 Das Lager Zgoda war eines von 132 Lagern, die es damals in ganz Polen gab, davon vier zentrale Lager. Zgoda war für 1.300 Personen gebaut, aber in dieser Zeit war es weit überbelegt.

33 Urzad bezpieczenstwa, d. h. Sicherheitsdienst.

34 Wie andere Häftlinge ihr später sagten, muss es eine Kommission vom Roten Kreuz gewesen sein.

35 Dazu schrieb Dorothea B. später: Der Gehirntumor sei in Polen nicht operiert worden, obwohl man es gekonnt hätte. Sie hatte all die Jahre entsetzlich Schmerzen, bis sie endlich 1958 mit Hilfe eines gekauften Passes nach Deutschland ausreisen konnte und hier operiert wurde.

36 Die folgenden Auszüge entnehme ich mit freundlicher Genehmigung des Verfassers seinem Buch *Zgoda. Ein Ort des Schreckens*.

37 Er hatte einen sonntäglichen Dienst im Jungvolk geschwänzt, weil er Ministrant im Gottesdienst war. Er bekam ein Blatt ausgehändigt mit der Begründung: »Gerhard Gruschka wird aus

dem Deutschen Jungvolk ausgestoßen, da ihm der Dienst am Altar wichtiger ist als der Dienst fürs Vaterland.« (S. 20)

38 Dort waren ungefähr 3.000 Gefangene untergebracht.

39 Er wurde noch in das Lager Jaworzno, das ebenfalls ein Nebenlager von Auschwitz gewesen war, und dann nach Krakau verlegt. Ein polnischer Rechtsanwalt, den die Eltern aufgetrieben hatten, erwirkte seine Freilassung nach einem Jahr Haft.

40 Vgl. Kapitel 22, »Gelebte Versöhnung«.

41 Es handelt sich um die Ludwigsburger Zentralstelle zur Verfolgung von NS-Verbrechen.

42 Über das erschütternde Schicksal zweier Brüder, die als Kinder in polnische Lager gerieten, berichtet Heinrich von Bentheim: »... und die Angst bleibt. Die verlorenen Kinder Schlesiens«. Gelnhausen 1998. Er selbst wurde durch diese Gefangenschaft zum Krüppel. In die DDR entlassen, wurde ein Treffen der ehemals Internierten von der Stasi verhindert, denn bei einem »sozialistischen Brudervolk« durfte es so etwas wie schuldlose Internierung, dazu noch von Minderjährigen, nicht geben. Bis heute wurde er nicht rehabilitiert.

43 Nawratil: *Schwarzbuch der Vertreibung*, S. 57. »In der Tschechoslowakei bestanden 1.215 Internierungslager, 846 Arbeits-und Straflager sowie 215 Gefängnisse, in denen insgesamt 350.000 Deutsche festgehalten wurden.«, S. 59. Wie viele Kinder darunter waren, weist die Statistik nicht aus.

44 Unter den weiteren Berichten, die mir zugingen, ist besonders eindrücklich: Schwella: *»Mutti, sind Deutsche schlechter als andere Menschen?«* Selbstverlag E. Bolter (geb. Schwella), Bertha-von Suttner-Str. 3, 76139 Karlsruhe.

45 Dörr: *»Wer die Zeit nicht miterlebt hat ...«*, Band II, S. 511–515, hier: S. 515.

46 Kent: *Eine Porzellanscherbe im Graben*. Ich hatte schon 2001 Kontakt und einen Briefwechsel mit ihr. Sie schickte mir ihren Aufsatz »Liebende Verbindungen. Rache und Versöhnung in Potulice (Potulitz), 1945 und 1998«, den sie ursprünglich in englischer Sprache geschrieben und für mich ins Deutsche übersetzt hatte. Zu ihren Bemühungen um Versöhnung vgl. Kapitel 22: »Gelebte Versöhnung«.

47 S. 10f.

48 Das bestätigt auch Deborah Dwork für jüdische Kinder in deutschen Konzentrationslagern: *Kinder mit dem Gelben Stern*.

Kapitel 11: Verwaist – verloren – verschleppt – vertrieben

1 Karl Rauchschwalbe aus Knetterheide verfasste seine Ausführungen »Flüchtlingskinder« nach Beobachtungen an der Volksschule in Schötmar und im Kinderheim der Anstalt Grünau bei Schötmar von Mai bis Dezember 1946. Sie sind im Staatsarchiv Detmold unter D 72 archiviert und wurden mir von einer meiner Gesprächspartnerinnen zur Verfügung gestellt.

2 Selbst der sehr mitfühlende und menschenfreundliche Lehrer Rauchschwalbe spricht von »besonders dummen und ausgesprochen hässlichen« Kindern, für die sich dann auch keine Pflegeeltern fanden. Vgl. dazu Wensierski: *Schläge im Namen des Herrn*.

3 Radebold: *Die dunklen Schatten unserer Vergangenheit*, S. 16.

4 Vgl. Kapitel 15, »Wer und wo ist mein Vater?«

5 Ein solches Kind war auch der Autor Arno Surminski. Vgl. sein Buch *Jokehnen*. In dem kleinen Hermann Steputat schildert er sein eigenes Erleben. Nach der Deportation seiner Eltern 1945 blieb er allein in Ostpreußen zurück. Nach Lageraufenthalten in Brandenburg und Thüringen wurde er 1947 von einer Familie mit sechs Kindern in Schleswig-Holstein aufgenommen. In einem Brief vom 26. November 2004 schrieb er mir: »Vor fünf Jahren erhielt ich vom Suchdienst des Deutschen Roten Kreuzes eine schriftliche Mitteilung, wann und wo meine Eltern 1946/47 in Russland verstorben sind. So lange mahlen die Mühlen in Russland.«

6 Vgl. Kapitel 8, S. 304 f.
7 Dazu schreibt sie: »Im Oktober 1944 kam dann die Nachricht, dass mein Vater in Gumbinnen schwer verwundet wurde. Die Kameraden haben ihn noch zwei Kilometer mitgetragen, mussten ihn aber dann am Straßenrand liegen lassen. Der Russe war schon zu nahe dran. Mein Vater wird dann wohl im Straßengraben verstorben sein.«
8 Dorothea und Elisabeth Arendt: *Wir haben es erlebt.*
9 Ebd., S. 68, 69, 74, 98, 99.
10 Schwarz: *Ohne Namen, ohne Eltern, ohne Heimat.* Selbstverlag Irene Schwarz, geb. Klein, Hochstallstr. 18 c, 70599 Stuttgart. Über den Suchdienst des Roten Kreuzes fand der Vater sie wieder. Ihre Großeltern, Mutter und jüngere Schwester kamen in Ostpreußen oder auf der Flucht um.
11 Am Ende des Zweiten Weltkriegs hatten 7,8 Millionen Deutsche ihr Leben verloren, 11,5 Millionen deutsche Soldaten waren in Gefangenschaft geraten, 800.000 Zivilisten befanden sich in Internierungslagern, 300.000 Kinder waren ihren Eltern entrissen; 30 Millionen Deutsche waren voneinander getrennt. Alle Zahlenangaben nach DRK-Suchdienst, 2005. Internet: *www.drk-suchdienst.org.*
12 Über die jahrzehntelange, akribische Arbeit des Suchdienstes, u. a. über Merkmalkarten, Steckbriefe und Bildplakate, Rundfunkdurchsagen, informiert Mittermaier: *Vermisst wird ...* Auch Kösters: *Die Geschichte des kirchlichen Suchdienstes.*
13 Vgl. Kapitel 8, S. 373 ff.
14 Vgl. Kapitel 10, S. 400 f. u. 407 ff.
15 Vgl. Kapitel 21, »Rückschau nach 60 Jahren«.
16 Der Name wird auch so gedeutet, dass diese Kinder zuweilen in Wäldern übernachten mussten.
17 Kibelka: *Wolfskinder.*
18 Die Interpunktion wurde wohl nachträglich eingefügt.
19 Sie meint wohl, sie habe die deutsche Sprache so weit vergessen, dass sie ihm nicht Deutsch schreiben kann.
20 Es war den Deutschen verboten, nach Litauen zu gehen, ebenso wie den Litauern, deutsche Kinder aufzunehmen. Die Sowjetregierung wollte das verhindern.
21 1991, nach der Befreiung Litauens, gründeten 65 Personen, deutsche Vollwaisen in Litauen, den Verein der Wolfskinder mit dem Namen »Edelweiß«. Er ist beim litauischen Innenministerium registriert. Der Verein macht sich auch zur Aufgabe, Angehörige zu finden und Ausreisen nach Deutschland zu ermöglichen.
22 Kibelka: *Wolfskinder*, S. 99–111.
23 Ebd., S. 104.
24 Ebd., S. 186.
25 Ich lernte sie 2001 auf einer Tagung des BdV in Travemünde kennen.
26 Kibelka, *Wolfskinder*, S. 107. Es wurden auch angebliche »Beutekinder« in die Sowjetunion verschleppt, d. h. deutschen Waisenkindern wurde einfach unterstellt, sie seien gar keine Deutschen, sondern aus den besetzten Gebieten, z. B. aus dem Baltikum, zwangsweise zur Eindeutschung ins Reich befördert worden. Sie wurden gewaltsam nach Russland gebracht, erhielten einen fremden Namen und wurden russifiziert. Über das Schicksal einer bei Kriegsende 15-Jährigen (Ursula Roßmeisel) berichtet Elke Windisch in der Stuttgarter Zeitung vom 08.04.06. Es muss sehr viele ähnliche Schicksale gegeben haben. Auch darüber ist noch fast nichts bekannt.
27 Dazu hat er aus den Akten entnommen, dass den »repatriierten« Kindern aus dem Kinderheim in Brandenburg, die im Oktober 1947 in Kaliningrad eintrafen und in das Lager Slawsk kamen, alles persönliche Eigentum (z. B. Puppen, Schmuck, Spiele, Taschenmesser, auch Neue Testamente) und Papiere mit den Personaldaten abgenommen wurden. Sie bekamen neue bzw. russisch klingende Namen, erfundene Geburtsdaten. Es wurde ihnen verboten, Deutsch zu spre-

chen, außer im Fremdsprachenunterricht. Sie wurden im Sinne der kommunistischen Ideologie erzogen.

28 A. Perschikow schrieb, dass er gerne weiter forschen würde, vor allem in Moskauer Archiven, dass ihm dazu aber die finanziellen Mittel fehlen.

29 Morgenstern: *Überleben war schwerer als sterben*, S. 73f.

30 Diese Zahl nach Stiftung Haus der Geschichte der Bundesrepublik Deutschland: Flucht, Vertreibung, Integration. Bonn 2005, S. 184. Nach Urban: Der Verlust, S. 117 waren es 520.000 Deutsche, davon sind 185.000 gestorben. Urban basiert auf Reichling: *Die deutschen Vertriebenen in Zahlen*. Teil I: *Umsiedler, Verschleppte, Vertriebene, Aussiedler*, S. 28. Das Haus der Geschichte verfügt wohl über neuere Forschungen. Es besteht inzwischen auch ein »Arbeitskreis Deutscher Zwangsarbeiter« (AKDZ) mit einer Zentralen Erfassungsstelle in Hamburg (ZEH), Postfach 74 41 19, 22105 Hamburg, der sich um die Anerkennung und Entschädigung deutscher Zwangsarbeiter bemüht. Ebenso hat der Frauenverband im Bund der Vertriebenen (BdV) eine Fragebogenaktion zu den Themen Flucht/Vertreibung, Verschleppung, Internierung durchgeführt. Die Ergebnisse sind publiziert im Internet unter *www.vertriebene-frauen.de*. Vgl. auch Klier: *Verschleppt ans Ende der Welt*.

31 Die Überlebenden kehrten erst 1949, 1950 und noch später zurück. Die Deportationen betrafen auch die Volksdeutschen, vgl. dazu Kapitel 13, »Donauschwaben, Russlanddeutsche«.

32 Vgl. S. 446.

33 Frau Irmgard Baldewein.

34 GPU = damalige sowjetische Geheimpolizei.

35 An einer anderen Stelle sagt sie aber, was andere Zwangsdeportierte bestätigen, es habe sehr wenige Selbstmorde unter den Deutschen in den Lagern gegeben. Es gab eben immer noch die Hoffnung, eines Tages freizukommen.

36 Waltraud Wels – geb. Hellmann: *Glückskind im Chaos*. Ich zitiere daraus mit freundlicher Erlaubnis der Verfasserin.

37 Viele Wolgadeutsche waren seit 1941 in der sogenannten Trudarmee, also zur Zwangsarbeit verpflichtet. Vgl. dazu Kapitel 13, »Donauschwaben, Russlanddeutsche«.

38 Wischnewski: *Hinter Stacheldraht*. Selbstverlag: Waltraud Wischnewski, Bergstraße 72, 70186 Stuttgart.

39 Der entsprechende Abschnitt XIII des Potsdamer Abkommens zwischen der Sowjetunion, den USA und Großbritannien lautet: »Die Konferenz erzielte folgendes Abkommen über die Ausweisung Deutscher aus Polen, der Tschechoslowakei und Ungarn: Die drei Regierungen haben die Frage unter allen Gesichtspunkten beraten und erkennen an, dass die Überführung der deutschen Bevölkerung oder Bestandteile derselben, die in Polen, Tschechoslowakei und Ungarn zurückgeblieben sind, nach Deutschland durchgeführt werden muss. Sie stimmen darin überein, dass jede derartige Überführung, die stattfinden wird, in ordnungsgemäßer und humaner Weise erfolgen soll.« Zit. nach Benz: *Potsdam 1945*, S. 224f.

40 Bärbel Gafert: Wir Flüchtlingskinder: Krieg, Flucht und Vertreibung als Schicksal der vielen Kinder (geboren 1930–1945). In: *Kinder und Krieg*, Internationale Begegnungstagung des Frauenverbandes im BdV vom 22. bis 24. April 2005 (Hrsg.), S. 26.

41 Dazu gibt es genügend Literatur. Hervorzuheben zuletzt und zusammenfassend: Stiftung Haus der Geschichte der Bundesrepublik Deutschland: *Flucht, Vertreibung, Integration*. Eine vorbildliche Zusammenfassung auf knappem Raum in: Haus der Heimat des Landes Baden-Württemberg (Hrsg.), *Umsiedlung, Flucht und Vertreibung der Deutschen*. Nützlich, wenn auch in manchem kritisch zu betrachten: Nawratil: *Schwarzbuch der Vertreibung*. Für Augenzeugenberichte, wenn auch nicht von Kindern, immer noch am umfassendsten: Bundesministerium für Vertriebene (Hrsg.), bearbeitet von Theodor Schieder u.a.: *Die Vertreibung der Deutschen aus Ost-Mitteleuropa*, 5 Bde., Bonn 1954 (Reprint München 1984).

42 Vgl. Kapitel 21, »Rückschau nach 60 Jahren«.

43 Ich übernehme den Bericht aus meiner Frauendokumentation. »*Wer die Zeit nicht miterlebt hat* ...«, Band II, S. 521–525.

44 Das waren i.a. solche, welche die tschechische Staatsbürgerschaft anzunehmen bereit waren, die sich im Widerstand gegen den Nationalsozialismus betätigt hatten oder die als Fachkräfte zunächst unentbehrlich erschienen.

45 Schwella: *»Mutti; sind Deutsche schlechter als andere Menschen?«*, S. 65.

46 Die französische Zone nahm nur sehr zögerlich Vertriebene auf. Die meisten hatte die Ostzone zu verkraften. Nicht vergessen werden sollte, dass in allen Vertreibungsgebieten Deutsche zurückblieben, sei es, dass sie die polnische oder tschechische Staatsbürgerschaft annahmen, sei es, dass sie von der Vertreibung ausgenommen waren, weil sie gebraucht wurden, sei es, dass sie freiwillig zunächst zurückgekehrt waren, wie Waltraud Wels. Einige kamen in den 50er Jahren im Zuge der Familienzusammenführung nach Deutschland, andere blieben bis heute. Auf ihr hartes Schicksal kann ich nicht eingehen, obwohl ich auch von ihnen Zeugnisse habe.

Kapitel 12: Ankommen – »Flüchtlingskind« – Heimat

1 Die Bevölkerung unterschied nicht zwischen Flüchtlingen und Vertriebenen, und so hat sich das Wort »Flüchtlinge« für beide Gruppen durchgesetzt.

2 Auch in diesem Zusammenhang sind die Zahlen unsicher. Es werden z.T. Zahlen von bis zu 15 Millionen Vertriebenen angegeben. Zu den Vertriebenen aus den deutschen Ostgebieten kamen auch die Volksdeutschen aus der Tschechoslowakei, Polen, Jugoslawien, Ungarn, die ebenfalls ausgewiesen wurden. Eine gute Karte mit detaillierteren Angaben zu Aufnahmegebieten und dem Anteil der Vertriebenen an der Bevölkerung findet sich in Haus der Heimat des Landes Baden-Württemberg (Hg.): *Umsiedlung, Flucht und Vertreibung der Deutschen*, S. 73. Zwei Drittel der Vertriebenen kamen in die Westzonen, ein Drittel in die SBZ bzw. DDR. In der BRD betrug 1950 der Anteil an der Gesamtbevölkerung 16,5 %, in der DDR 24,1 %. Eine exakte Berechnung des Anteils der Kinder ist noch nicht vorgenommen worden.

3 Vgl. Kapitel 6, »Verschickt«.

4 Nur ein besonders krasses Beispiel: Eine Flüchtlingssiedlung in Wangen-Wittwais im Allgäu, in der vorwiegend Donauschwaben lebten, wurde »Partisanensiedlung« genannt, weil einheimische Kriegsheimkehrer ihre Kriegserfahrungen mit Partisanen in Jugoslawien mit den Flüchtlingen in Beziehung brachten.

5 Die Flüchtlinge wurden ja überwiegend ländlichen Gebieten zugewiesen, weil die Städte so stark zerstört waren.

6 Vgl. dazu Kapitel 14: »Trümmerkinder und Überlebenshelfer«.

7 Vgl. seinen Fluchtbericht in Kapitel 9.

8 Vgl. Kapitel 1.

9 Er selbst lernte das Regime bald von seiner anderen Seite kennen. Er wurde 1949 vom KGB als ehemaliger HJ-Gefolgschaftsführer verhaftet und war bis 1954 in Bautzen inhaftiert. Vgl. Kapitel 16: »Von der braunen in die rote Diktatur«.

10 Schwella: *»Mutti, sind Deutsche schlechter als andere Menschen?«*, S. 80, 81. Vgl. auch Otto: *Maiandacht.* Jasmin Eichner Verlag, Gerberstr. 11 – 13, 77652 Offenburg.

11 Schöner: *»... Und dann kamen die Russen«*, S. 152.

12 Es wurden Arbeitsdienst-, Wehrmachts-, auch ehemalige Zwangsarbeiterbaracken oder KZ-Außenstellen, die in keinem guten Zustand mehr waren, mit Flüchtlingen belegt. Nicht winterharte Nissenhütten wurden erstellt, ehemalige Kasernen oder andere größere Gebäude genützt.

Übrigens konnten auch einheimische Evakuierte, die in ihre Heimatstadt zurückkehrten, kürzer oder länger in Massenunterkünften einquartiert werden.

13 Mathias Beer: Flüchtlinge und Vertriebene in den Westzonen und der Bundesrepublik Deutschland, in: Stiftung Haus der Geschichte der Bundesrepublik Deutschland: *Flucht, Vertreibung, Integration*, S. 120.

14 Nach Völklein: *»Mitleid war von niemand zu erwarten«*, S. 56. Etwa zwei Drittel der zwölf Millionen Vertriebenen befanden sich 1950 in der BRD, ein Drittel in der DDR, das entsprach einem Bevölkerungsanteil von 15, 7 bzw. 24,1 %.

15 Nach ebd., S. 66.

16 Hervorzuheben: Autze: *»Treibgut des Krieges«*; Beer/Lutum-Lenger: *Fremde Heimat*; Carstens: *Leben im Flüchtlingslager*. Es gibt einen Dokumentarfilm »Helft helfen« im Auftrag des Internationalen Roten Kreuzes über das Flüchtlingselend in Berlin. Der Film ist von 1948 und zeigt Aufnahmen aus den vergangenen drei Jahren. Nach Autze, *»Treibgut des Krieges«*, S. 87. Er zitiert auf S. 44 das Telegramm, das der politische Berater der amerikanischen Militärregierung in Berlin, Robert Murphy, am 12. Oktober 1945 in die USA schickte: »Allein auf dem Lehrter Bahnhof haben unsere Sanitätsdienststellen täglich im Durchschnitt zehn Menschen gezählt, die an Erschöpfung, Unterernährung und Krankheit gestorben sind. Sieht man das Elend und die Verzweiflung dieser Unglücklichen, spürt man den Gestank des Schmutzes, der sie umgibt, stellt sich sofort die Erinnerung an Dachau und Buchenwald ein. Hier ist Strafe im Übermaß – aber nicht für die Parteibonzen, sondern für Frauen und Kinder, die Armen und die Kranken …«

17 Entnommen in Auszügen mit freundlicher Genehmigung aus Gesprächskreis Erzählte Geschichte: *»Dies hat der Krieg angerichtet …« Schleswig in der Nachkriegszeit. Zeitzeugenberichte* I, Schleswig 1994, c/o Stadtarchiv Schleswig, Plessenstraße 7, 24837 Schleswig, S. 98–112.
Die Wohnverhältnisse waren auch für die Einheimischen nach dem Krieg alles andere als komfortabel, besonders in durch Bomben verwüsteten Städten. Vgl. dazu Dörr: *»Wer die Zeit nicht miterlebt hat …«*, Band II, S. 65–70.

18 Theresia Mauritz: *Vom Balkan bis Baden-Württemberg*. Im Selbstverlag der Verfasserin, Kirchbergstr. 52, 71287 Weissach-Flacht, 1988. Abdruck der Auszüge von Seite 53–65 mit freundlicher Genehmigung der Verfasserin.

19 Issmer: *Als »Mitläufer« (Kategorie IV) entnazifiziert*, S. 387, 88, zitiert mit freundlicher Genehmigung des Verfassers.

20 Sie wurde erst 1970 abgeschafft.

21 Jedes vierte bis fünfte Kind war ein Flüchtlingskind.

22 Vgl. Kapitel 8, S. 337–340, Kapitel 10, S. 405 f.

23 Kent: *Eine Porzellanscherbe im Graben*, S. 105 f. Die Verfasserin hatte mir schon 2001 in einem langen Schreiben von ihrem Leben erzählt.

24 Aber es kam auch zu Leistungsverweigerung. Davon berichtet Gabi Köpp, aus deren Fluchttagebuch wir zitiert haben. Sie flüchtete sich aus innerer Not über das Erlebte in die Magersucht. Ein sehr guter Arzt rettete sie. Dann machte sie ihren Weg bis zur habilitierten Professorin der theoretischen Physik, ohne die Last der Vergangenheit abstreifen zu können.

25 Die Aufsteigermentalität der Flüchtlingskinder und ihrer Eltern hebt auch Heinz Bude hervor. Wenn er allerdings die Aufstiegsorientierung des Flüchtlingskindes Katharina von Gransow und ihr Scheitern auf zwiespältige Delegationen der sozial deklassierten Eltern zurückführt, scheint mir diese psychologisierende Interpretation reichlich überzogen. Bude: *Das Altern einer Generation*, S. 270, 274.

26 Hackenberg: *Erlebte Geschichte(n)*, S. 61.

27 Vgl.Kapitel 11.

28 Vgl. Kapitel 13.

29 Vgl. Kapitel 7.

30 Vgl. Kapitel 10, S. 413–416.
31 Vgl. Kapitel 9, S. 373 ff.
32 Petersen: *Flucht und Vertreibung.*
33 Ebd., S. 24 f.
34 Ebd., S. 45–47.
35 Ebd., S. 47.
36 Für die jungen Frauen vgl. Dörr, »*Wer die Zeit nicht miterlebt hat ...*«, Band III, Teil A, Kapitel 1, S. 55–79.
37 Glotz: *Die Vertreibung*, S. 10.
38 Beer: *Flüchtlinge und Vertriebene*, S. 123.
39 Die Vertreibungen waren völkerrechtswidrig. Nach dem Statut des Internationalen Strafgerichtshofes vom Juli 1998 stellen Vertreibungen »Kriegsverbrechen« (Art. 8) und »Verbrechen gegen die Menschlichkeit« (Art. 7) dar.
40 *Jahrbuch für das neue Gedicht,* Brentano-Gesellschaft Frankfurt/Main. Frankfurter Bibliothek 2004.
41 Wir werden darauf in Kapitel 22, »Gelebte Versöhnung« zurückkommen.
42 Beispielhaft seien nur die Autoren Siegfried Lenz, Leonie Ossowski, Christine Brückner, Horst Bienek, Peter Härtling , Christa Wolf, Uwe Johnson, Walther Kempowski, Arno Surminski genannt. Wolfram Eggeling stellt fest, dass eine Auswahlbibliographie 75 deutschsprachige Titel zwischen 1945 und 2000 umfasst, vgl. Wolfgang Eggeling: Das Thema in der Belletristik, in: Haus der Geschichte: *Flucht, Vertreibung, Integration*, S. 85.
43 Gertraud L. zeichnete 1948 in ihrem Abituraufsatz über das Thema »Heimat – welches Landschaftsbild verbinden Sie mit diesem Begriff?« ein Stimmungsbild vom Ostseestrand.
44 Zitiert nach Mathias Beer: »die helfte hir und tie helfte zuhause«. Die Vertreibung der Deutschen aus Ungarn und ihre Eingliederung im geteilten Deutschland, in: *Deutsche in Ungarn. Ungarn und Deutsche. Interdisziplinäre Zugänge.* Herausgegeben von Frank Almai und Ulrich Fröschle. THELEM 2004, S. 68.
45 »Heimat ist eine leicht weinerliche Verlustanzeige«, spottet Dieter Blumenberg in *Recht auf die Heimat im zusammenwachsenden Europa. Ein Grundrecht für nationale Minderheiten und Volksgruppen.* Frankfurt /M.
46 Vgl. dazu schon Kapitel 1, »Der Krieg – ein fernes Erdbeben?«
47 Keller-Dommasch: »*Wir aber mussten es erleben*«, S. 39 f. Zitiert mit Erlaubnis des Verlags.
48 *»Ich war fünf und hatte das Leben noch vor mir.« Erinnerungen an eine Flucht.* Moers 1999.
49 Interessant ist, was er von seinem älteren Bruder in demselben Brief schreibt: »Die Frage nach meinen Danziger Wurzeln hat mir auch mein vier Jahre älterer Bruder gestellt. Er *ist* Schwabe, hat eine Schwäbin zur Frau und urschwäbische Kinder. Obwohl er selbst eigentlich viel mehr mitbekommen haben sollte, hat er das meiste aus seinem Gedächtnis verdrängt. Meine Aufzeichnungen waren für ihn fast Neuland.«
50 Hackenberg: *Erlebte Geschichte(n)*, S. 65.
51 In einem Telefongespräch am 18.08.04.
52 Brief vom 17.07.04.
53 Zitiert nach Gerhard Wolter: *Die Zone der totalen Ruhe.* Augsburg 2004, S. 504.
54 In Kapitel 21, »Rückschau nach 60 Jahren«, und besonders in Kapitel 22, »Gelebte Versöhnung«.

»Der Krieg hat uns geprägt«

Margarete Dörr, geboren 1928, war Gymnasiallehrerin und Fachleiterin für Geschichte am Seminar für Studienreferendare in Stuttgart und Heilbronn. Zusätzlich hatte sie einen Lehrauftrag für Fachdidaktik an der Universität Stuttgart. Bei Campus erschien von ihr 1998 »›Wer die Zeit nicht miterlebt hat …‹ Frauenerfahrungen im Zweiten Weltkrieg und in den Jahren danach«.

Margarete Dörr

»Der Krieg hat uns geprägt«

Wie Kinder den Zweiten Weltkrieg erlebten

Band 2

Campus Verlag
Frankfurt/New York

Bibliografische Information der Deutschen Nationalbibliothek
Die Deutsche Nationalbibliothek verzeichnet diese Publikation in der Deutschen Nationalbibliografie; detaillierte bibliografische Daten sind im Internet unter http://dnb.d-nb.de abrufbar.
ISBN 978-3-593-38447-4

Umschlaggestaltung: Guido Klütsch, Köln
Umschlagmotiv: Ein Junge im Juni 1945 in den Trümmern von Berlin © akg-images
Satz: Publikations Atelier, Dreieich
Druck und Bindung: Druckhaus »Thomas Müntzer«, Bad Langensalza
Gedruckt auf säurefreiem und chlorfrei gebleichtem Papier.
Printed in Germany

Besuchen Sie uns im Internet: www.campus.de

Inhalt Band 2

Kapitel 13
Donauschwaben, Russlanddeutsche ... 7

Kapitel 14
Trümmerkinder und Überlebenshelfer ... 59

Kapitel 15
Wer und wo ist mein Vater? ... 108

Kapitel 16
Von der braunen in die rote Diktatur. Grenzgänger in Deutschland ... 158

Kapitel 17
Meine Mutter ... 206

Kapitel 18
»Die Nazis – das waren die anderen«? – »Täter-Kinder« ... 234

Kapitel 19
»Volksschädlinge«, Kriegsgefangene, Zwangsarbeiter ... 297

Kapitel 20
Verfolgt ... 352

Kapitel 21
Rückschau nach 60 Jahren ... 397

Kapitel 22
Gelebte Versöhnung ... 444

Anmerkungen zu Band 2 ... 475

Literaturverzeichnis ... 502

Wortlaut des Fragebriefes an die Zeitzeugen ... 522

INHALT BAND 1

Einleitung 7

Kapitel 1
Der Krieg – ein fernes Erdbeben? 26

Kapitel 2
Kriegsspiele – Kriegshelden 47

Kapitel 3
Fasziniert, indoktriniert. Im Zwiespalt? 69

Kapitel 4
Keller, Bunker, Bomben 103

Kapitel 5
Tiefflieger, Einsatz unter Bomben und Beschuss,
Nachwirkungen des Luftkriegs 156

Kapitel 6
Verschickt 190

Kapitel 7
Kindersoldaten 243

Kapitel 8
Kriegsende und Besatzer 287

Kapitel 9
Auf der Flucht 344

Kapitel 10
Als Fremde in der Heimat, in Internierungslagern 394

Kapitel 11
Verwaist – verloren – verschleppt – vertrieben 440

Kapitel 12
Ankommen – »Flüchtlingskind« – Heimat 491

Anmerkungen zu Band 1 533

Kapitel 13

Donauschwaben, Russlanddeutsche

Das traurigste und zugleich das am wenigsten bekannte Schicksal von allen deutschen Kriegskindern hatten diejenigen, die damals außerhalb der deutschen Reichsgrenzen lebten, in Südosteuropa und in Russland. Während Flucht und Vertreibung aus den deutschen Ostgebieten und aus dem Sudetenland durch Fernsehsendungen und Ausstellungen ein breiteres Publikum erreicht und beschäftigt haben, weiß man von den Donauschwaben wenig, und die Russlanddeutschen werden allenfalls als »Spätaussiedler« kritisch wahrgenommen. Was sie durchgemacht haben, interessiert kaum jemanden. Wer könnte sagen, wo die Batschka liegt oder das Banat, Syrmien und Slawonien oder die Baranja? Von den Siebenbürger Sachsen hat man wohl gehört, aber was geschah mit ihnen nach dem Krieg?[1]

In diesem Kapitel kann kein noch so knapper Überblick über die Geschichte dieser Auslandsdeutschen versucht werden. Sie reicht zum Teil zurück bis ins Mittelalter[2], vor allem aber ins 18. Jahrhundert, als die russische Zarin Katharina II. und die österreichische Kaiserin Maria Theresia im Gefolge der Türkenkriege deutsche Siedler ins Land riefen, um verödetes oder unkultiviertes Land zu bebauen, eine Erfolgsgeschichte und eine Geschichte des im ganzen friedlichen Zusammenlebens verschiedener Nationalitäten. Mit dem aufkommenden Nationalismus im 19. Jahrhundert, nach dem Ersten Weltkrieg und der Auflösung Österreich-Ungarns kam es schon zu Reibereien und Unterdrückung der deutschen Minderheiten, aber erst mit dem Zweiten Weltkrieg änderten sich die Verhältnisse radikal. Das nationalsozialistische Deutschland überrannte im Frühjahr 1941 den Balkan und begann am 22. Juni den Vernichtungskrieg gegen die Sowjetunion. Das hatte unmittelbare Auswirkungen auf die Deutschen, die dort lebten. Sie wurden »Volksdeutsche« genannt und hatten sich im deutschen Machtbereich der rassistischen Blut- und Boden-Politik unterzuordnen. In der Sowjetunion, wo Stalin planmäßig einen ethnisch einheitlichen Staat anstrebte und die Deutschen unterdrückte, wurden sie nun zusätzlich der Kollaboration mit dem verhassten Feind bezichtigt und entsprechend verfolgt. Was sich dort und auf dem

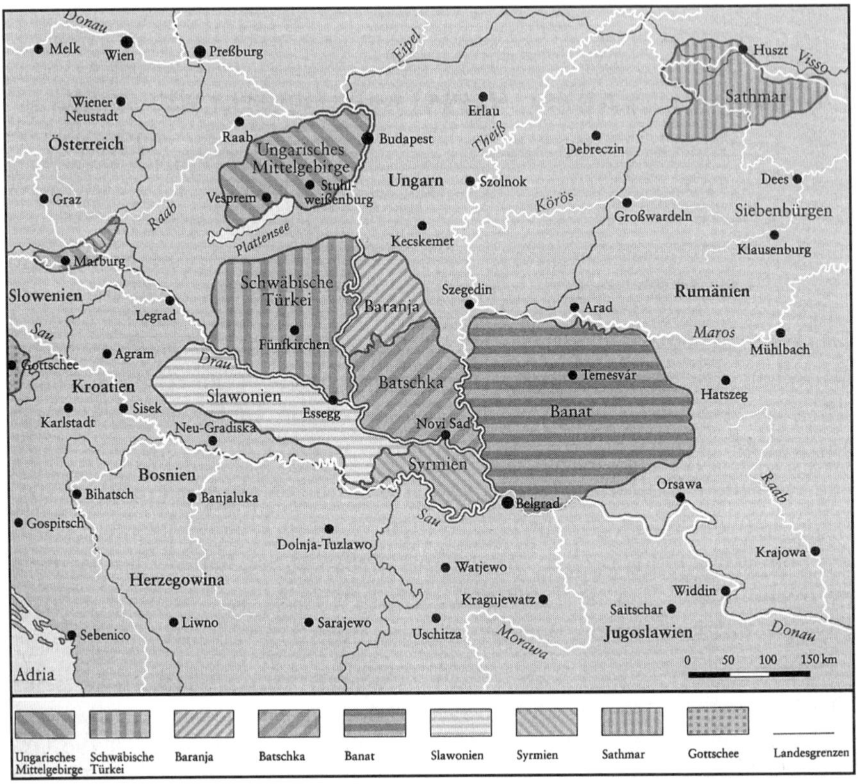

1. Siedlungsgebiete der Donauschwaben. Bis zum Ersten Weltkrieg lagen diese Gebiete alle in Ungarn, gehörten also zur Österreich-Ungarischen Doppelmonarchie. Nach dem Krieg kam der größte Teil zu Jugoslawien und ein Teil zu Rumänien.

Balkan mit den Deutschen abspielte, blieb von der Weltöffentlichkeit unbeachtet. Das Rote Kreuz wurde nicht zugelassen.

Im Mittelpunkt unserer Betrachtung sollen Einzelschicksale von Kindern stehen, und zwar zwei aus dem donauschwäbischen Raum[3] und zwei aus Russland. Um sie aber einordnen zu können, sollen vorab für beide Volksgruppen die räumlichen und zeitlichen Koordinaten skizziert[4] und mit einigen Zeugnissen von Kindern belegt werden. Die Siedlungsgebiete der **Donauschwaben** sind der Karte zu entnehmen. 1940 lebten innerhalb der Grenzen des damaligen Jugoslawien 540.000 Menschen deutscher Muttersprache, ca. 510.000 zählten zu den Donauschwaben. Der deutsche Einmarsch wurde freudig begrüßt. Viele gerieten unter nationalsozialistischen Einfluss, wurden Zeugen von Ausschreitungen gegen Juden, traten freiwillig der Wehrmacht oder der SS bei oder wurden zwangsrekrutiert.[5] Aus einigen Gebieten wurden die Deutschen umgesiedelt, damit die »wertvollen deutschen Volkssplitter« nicht verloren gehen sollten.[6]

Theresia Mauritz (1934) aus India in Syrmien: »Mit dem Einzug des deutschen Militärs setzte eine überschwängliche Begeisterung für das Deutschtum ein. Die Kroaten waren Verbündete der Deutschen und gründeten ihren ›Unabhängigen Staat Kroatien‹, wo ja auch India aufgrund seiner geographischen Lage mit eingeschlossen war. Für die Volksdeutschen zählte aber hauptsächlich deutsches Volksgut. Der Kulturbund wurde mehr aktiviert, und damit konnten alle Altersstufen der deutschen Bevölkerung erfasst und beeinflusst werden. Die Einheimischen ihrerseits ließen sich nun auch gerne führen. Wer irgendwie konnte, kaufte einen Radioapparat. Wenn eine Rede von Hitler angekündigt war, ließen die meisten alles liegen und stehen und versammelten sich vor den Apparaten, um den ›Führer‹ zu hören. Auch die Großeltern hatten so ein Wunderwerk erstanden. Auf der Skala waren zwar verschiedene Sender verzeichnet, aber für India war der Soldatensender aus Belgrad am besten zu hören. Eines Tages wurde das Lied ›Lili-Marlen‹ gesungen. Es wurde von den Volksdeutschen mit großer Begeisterung aufgenommen. Dann kam es so, dass der Sender dieses Lied jeden Tag abends um zehn Uhr ausstrahlte. Wenn die beiden Mädchen mal bei den Großeltern übernachteten, wollten sie nicht früher zu Bett gehen, bis sie ›Lili-Marlen‹ gehört hatten. Der Opa hörte es selber gern und ließ sich daher leicht von den Kindern überreden, den Radioapparat einzuschalten. Fast in jedem Haus waren deutsche Soldaten einquartiert. Man ließ sie in den sogenannten Paradestuben übernachten, weil hier die besten Betten standen. Sonntags lud man sie zum Mittagessen ein. Da wurde das Beste aus Küche und Keller aufgetischt.«[7]

Deutsche Soldaten machten Aufnahmen von Kindern und für die Kinder.

Maria W. (1936) aus Hodschag, Batschka: »Auf der einen Seite neben uns lebte die Familie W. und auf der anderen Seite die M.-Neni (*Neni = Tante*) und die T.-Neni. Eines Tages sagte die T.-Neni zu mir: ›Madili (*Mädchen*), du kommst gar nicht mehr

2. Die Schwestern M., von deutschen Soldaten 1941 aufgenommen

zu uns, du gehst immer nur zu dem stinkigen ›Jud!‹ Ich ging nach Hause und erzählte es brühwarm meiner Mutter, woraufhin meine Mutter mir verbot, das der W.-Neni zu erzählen. Ich war gern bei der W., die mich auch mit Schokolade und Bonbons verwöhnte. Als ich mal wieder bei ihr war, sagte ich: ›W.-Neni, ich würde euch so gerne etwas sagen, aber meine Mami hat gesagt, ich darf euch das nicht sagen.‹ Ich war damals fünf oder sechs Jahre alt. Daraufhin versprach mir die W. alles mögliche, woraufhin ich ihr natürlich erzählte, was die T.-Neni mir gesagt hatte. Dann weinte sich die W.-Neni bei meiner Mutter aus, die Kinder sagen halt die Wahrheit. Die T.-Neni und die W.-Neni haben sich seither nie mehr gegrüßt ... Eines Tages brachte die W. -Neni meiner Mutter Dinge aus dem Haushalt, die meine Mutter auch bezahlte. Kurz darauf verschwand die Familie W. über Nacht, und seither habe ich nie wieder etwas von ihnen gehört.« Dazu im Brief vom 21. März 2004: »In Hodschag lebten ca. 80 % Deutsche, die restlichen 20 % waren Ungarn und Serben. Es gab auch einige Juden, die 1941/42 gefangen genommen und abtransportiert wurden. Man hörte leider nie wieder etwas von ihnen.«

Als sich dann 1944 die deutsche Niederlage abzeichnete und die Rote Armee und Titos Partisanen näherrückten, flüchtete etwa die Hälfte der Deutschen oder konnte rechtzeitig evakuiert werden. Etwa 200.000 blieben zurück oder wurden auf der Flucht von den Truppen zurückgetrieben.

Während die Russen mit der Front weiterzogen, begannen die serbischen Besatzer und die neue jugoslawische Regierung mit der planmäßigen Verfolgung, ja Vernichtung der Deutschen durch vollständige Enteignung, Aberkennung der Bürgerrechte, willkürliche Erschießungen, Verschleppungen der Arbeitsfähigen in die Sowjetunion (etwa 30.000, davon 80 Prozent Frauen) und Einweisung in Lager.[8] Die nicht schon verschleppten Arbeitsfähigen wurden in sogenannte Arbeitslager gesteckt, die anderen, vornehmlich Kinder, Alte und Frauen mit Säuglingen, in Lager, in denen man sie einfach verhungern ließ. Dabei wurden Familien rücksichtslos auseinandergerissen. Ein Drittel der verbliebenen Jugoslawiendeutschen, 64.000, kamen zwischen 1944 und 1948 ums Leben. Waisenkinder und zeitweilig alleinstehende Kinder wurden in Kinderheime verbracht und serbisch-kommunistisch erzogen. Sie verloren ihre deutsche Identität. Nur ganz wenige konnten einen Taufschein oder ein Familienfoto retten und später von ihren Familien wiedergefunden werden.

Manchen gelang die Flucht aus dem Lager nach Ungarn, wo sie dann ausgewiesen wurden.[9] Noch 1951 wurden 40.000 Banater Schwaben in die unwirtliche Baragan-Steppe im Südosten Rumäniens verschleppt. Seit Anfang der 50er Jahre konnten sich die Deutschen frei bewegen und nach Österreich und Deutschland ausreisen. Viele wanderten nach Übersee aus. Überall blieben aber beträchtliche deutsche Minderheiten zurück, deren weiteres Schicksal zu beschreiben über den Rahmen dieser Arbeit hinausginge.

Maria W. (1936) aus Hodschag, Batschka: »Am 26. Oktober 1944, wir waren gerade im Kloster bei einer Anbetung, als die Russen in Hodschag einmarschierten. Sie ließen uns zu Ende beten, bevor sie uns nach Hause schickten. Ein sehr netter Russe, ein Major, wurde bei uns einquartiert, der gerne seine Späßchen mit mir machte. Er wollte nach Deutschland marschieren und dem Hitler den Kopf abhacken, um mich mit nach Russland zu nehmen, was ich gar nicht lustig fand, denn ich wollte bei meinen Eltern in Hodschag bleiben. Am 23. November wurden 183 Männer und eine Frau von Partisanen erschossen. Sie mussten ein großes Loch ausgraben, in das sie dann hinein geschossen wurden. Mein Onkel, Seppi-Batschi (*Batschi = Onkel*), war auch dabei ... Am 26. Dezember wurden viele junge Männer und Frauen nach Russland verschleppt ... Im Februar 1945 kam mein Vater ins Lager in Hodschag. Tagsüber musste er in der Buchdruckerei und Buchbinderei Pfister arbeiten, sein eigenes Geschäft wurde konfisziert. Es war Februar oder März 1945, als es eines Nachts an unser Fenster klopfte. Ich schlief bei meiner Mutter im Bett. Sie ging ans Fenster und fragte, wer da sei. Es hieß, sie solle aufmachen und zur Arbeit kommen. ›Wo soll ich denn mein Kind hin tun?‹ fragte meine Mutter. ›Geben sie es zur Großmutter‹, worauf meine Mutter meinte, sie habe keine Großmutter und ihr Mann sei im Lager. Ich denke, dass es Partisanen waren, bin mir aber nicht sicher. Meine Mutter wurde aufgefordert, endlich zu öffnen und mitzukommen, ansonsten würden sie reinkommen. Das Tor war allerdings verschlossen, doch sie schlugen mit Gewehrkolben an unser Tor, und ich hatte Angst und weinte. Meine Mutter tröstete mich, sie könnten nicht rein, da das Tor abgeschlossen war. Auf einmal war dann Ruhe.

Am 16. Juni kam unsere Nachbarin, die Ilonka-Neni O., und teilte uns mit, dass am kommenden Tag alle Deutschen ins Lager kämen, man solle ihr die Wertsachen doch zur Verwahrung geben. Meine Mutter packte einen Rucksack für uns mit Seife und ein paar Lebensmitteln, der jedoch am darauffolgenden Tag gleich von zwei Partisanen ausgeleert wurde. Wir wurden dann mit vorgehaltenen Gewehren aus unserem Haus getrieben. Draußen auf der Gasse mussten wir mit ansehen, wie unsere Sachen aus dem Fenster geworfen wurden. Wir wurden auf den Sportplatz getrieben, wo ich meine Urgroßmutter Katharina M., 94 Jahre, und meine Lenschi-Tante traf. Meine Urgroßmutter meinte: ›Marischli, komm doch mit mir nach Hause, mich werden sie doch nicht aus meinem Haus treiben!‹ Doch auch auf die Alten wurde keine Rücksicht genommen. Wir wurden ins Nachbardorf Filipowa getrieben. Die Alten und die, die nicht laufen konnten, mussten auf Wagen, wer sich wehrte, wurde geschlagen. Es war wirklich ein schlimmer und schwerer Leidensweg ...«

Josef S. (1935) aus Brestowatz, Banat: »Nach dem Umsturz kamen Einflüsse aus anderen Regionen, serbische Partisanen, und die haben bei den Serben, die bei uns im Ort ansässig waren und absolut keinen Grund hatten, auf Deutsche einen Hass zu haben (*die Beziehungen waren vorher gut*), da haben die Helfer gefunden. Dieser Hass hat sich so gezeigt, dass z. B. im Nachbarort weit über 200 junge Männer von 15 aufwärts an einem Abend erschossen wurden. Sie wurden einfach im ganzen Ort gesammelt und erschossen. In unserem Ort hat es nur starke Folterungen und Misshandlungen gegeben von Personen, die wohlhabend waren, an deren Vermögen wahrscheinlich großes Interesse bestand, oder Amtspersonen. Es wurde nicht verhindert, dass dann die männliche Bevölkerung auch gesammelt wurde (*der Vater von J.S. war Soldat*), in die Kreisstadt abtransportiert und in ein Arbeitslager gebracht. Und dort wurden aus unserem Ort auch massenweise Männer erschossen, die leichte Krankheiten zeigten oder Schwächen in der Arbeit.«

Er erzählt dann vom beengten Leben in einem zum Lager umfunktionierten Dorf bei seiner Großmutter, vom Hunger, von Hausdurchsuchungen und Plünderungen, Bedrohungen durch Erschießen, Transport in das berüchtigte Lager Rudolfsgnad, einem Ort, aus dem die Deutschen schon rechtzeitig geflüchtet waren. 22.000 Menschen wurden in dieses Lager gesperrt. Im ersten Winter sind 6.000 Menschen dort gestorben, darunter einige seiner Verwandten. Das damals zehnjährige Kind hat von allen schrecklichen Erinnerungen vor allem zwei Szenen niemals vergessen können:

»Wieder war eine Hausdurchsuchung fällig. Unser Familienhund war das erste Opfer. Zwei Partisanen waren im Haus und im Hof beim Sammeln und Abführen von Zwangsarbeiterinnen. Dabei hat unser Hund einem Partisan die Hose zerrissen, er wollte uns beschützen. Kurz danach kam dieser Partisan und erschoss den Hund. Das war für uns alle schlimm. Ebenso oder noch schlimmer: Partisanen holten meine Mutter zum Abtransport nach Russland aus unserem Hause und ließen meinen zweijährigen Bruder und mich alleine zurück. Später haben unsere Verwandten uns in ihre Obhut genommen. Im Jahre 1946 wurde ich von meinem knapp vierjährigen Bruder getrennt und in ein Kinderheim gebracht. Mein Bruder wurde unter falschem Namen erst 1950 ausfindig gemacht. Wir sollten von den deutschen Eltern ›befreit‹ und zum besseren Menschen erzogen werden, d. h. zu kommunistischen Serben. Dort wurden teilweise die Folgen unserer extremen Unterernährung gebessert. Alle Folgeschäden jedoch nicht. Ein Rest verbleibt uns für immer. Erst 1951

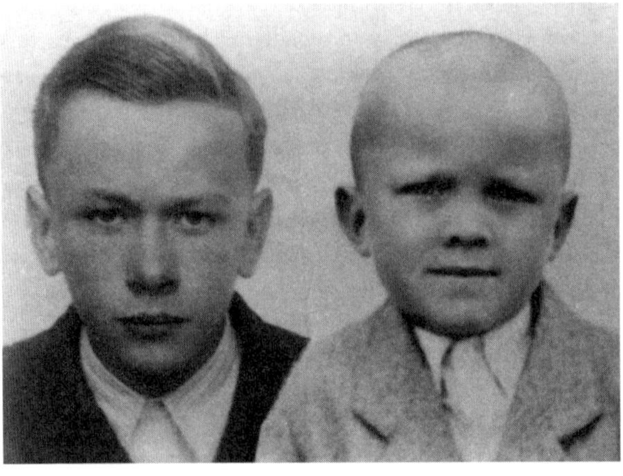

3. Josef S. und sein Bruder nach der Heimkehr in die Bundesrepublik 1951

wurden wir durch das Deutsche Rote Kreuz zu unseren Eltern nach Stuttgart gebracht. Hier im Land meiner Urgroßeltern waren mein Vater nach amerikanischer Gefangenschaft und meine Mutter nach vier Jahren Zwangsarbeit in Russland heimisch geworden.« (Brief vom 14. Januar 2003)

Magdalena R. aus Gajdobra, Batschka (damals Jugoslawien) (1942) war mit Großmutter und Mutter zunächst im Lager Jarek, dann im Lager Gakowa. 1947 entschlossen sie sich zur Flucht über Ungarn nach Österreich. Magdalena hatte gerade den Typhus überstanden:

»Da hat mei Oma g'sagt, so jetzt bleibe ma kei Minut länger … Und es war im Mai. Und da hat es so wüscht g'regnet. Und ich weiß noch, des war so'n Heuhaufen, und da musst mer warten, bis es ganz dunkel war. Und der Mann, der sich da ein bissle auskennt, hat g'sagt, mir müsse da über den Acker laufe. Und es war so was Großes, Dunkles. O Gott, wo gehen mer denn dahin? Des war ein Wald. Ich wusst ja nicht, was ein Wald ist. Und je näher mr komme sind, um so mehr Angst hab ich g'habt, vor dem schwarzen Ding da (*lacht*).
I: Sie waren an der Hand Ihrer Mutter oder Oma?
R: Ja, genau. Und da ham mer dann g'schlafen bis zum nächsten Tag, damit ma e bissle sieht. Und dann sin mir a Stück in dem Wald g'laufe. Aber nit weit. Dann kame schon die Grenzposte, die ungarischen. Wir waren in Ungarn. Und da mussten wir stehen bleiben. Und mei Oma, die hat in der Schule Ungarisch gehabt, und die konnt e bissle rede. Und die Wachposten haben gesagt, wir müsse zurück. Wir müsse zurück und dürfe keinen Schritt weiter, sonst täte sie uns erschieße. Und da hat mei Oma mich g'nomme, und isch mit mir zurückgange und hat g'sagt: ›Komm, mei Kind, ich hab dir doch ein Lied g'lernt, so ein ungarisches, des singscht jetzt dene zwei.‹ Und ich hab mich zwar geniert. Da hat sie mich auf den Arm g'nomme, und dann hab ich ihnen des Kinderlied g'sunge, obwohl ich selber kei Wort verstande hab, hab ich des g'sunge, und da hat einer schon ang'fange zu weine, der hat daheim auch so e kleines Mädle ghabt. Also von ihne aus darf ma weiterlaufe. Mir dürfet des aber nirgends erzähle. Dann musst ich dem ein Küssle geben, ach, und er war richtig g'rührt. Dann sind wir weiter marschiert. Die ersten Tage dann immer nachts und tagsüber ham wir uns versteckt.«

Es schließt sich ihnen ein deutscher Soldat an, der über Jugoslawien abgeschossen wurde. Er trägt Magdalena oftmals auf seinen Schultern. So sind sie tatsächlich nach Österreich gekommen.

»Und da durft ich das erste Mal in einem Bett schlafen. Das war ein Etagenbett, und ich hab mit meiner Oma unten g'schlafen und meine Mutter oben. Da war ich fünf, 47 im Sommer. Und was auch noch so schön war, da war noch ein Kindergarten für Flüchtlinge. Da konnt ich jeden Tag in den Kindergarten gehen und bin zum erstenmal mit Kinder z'sammekomme.

I: Waren denn in dem Lager vorher keine Kinder?
R: Es waren schon auch Kinder da, aber die kleinen, die waren alle weggestorben, also es war ein Wunder, dass ich in meinem Alter überlebt hab. Und die größeren, ja da waren die meisten ja schon zehn, zwölf.
I: Und da haben Sie dann mit Kindern spielen können?
R: Ja, spielen und Lieder singen, war herrlich, war wunderschön. Und samstags hat m'r Kuche gekriegt.«

In einem anschließenden Brief vom 23.02.2004 schrieb sie:

»1947 wurden meine Eltern und ich einem Bauernhof bei Pfarrkirchen/Niederbayern zugeteilt. Wir wurden dort freundlich aufgenommen. Mein Vater arbeitete auf dem Bauernhof, meine Mutter half im Haushalt. Ich konnte mich endlich satt essen und mit den Kindern des Bauern spielen. Es begann für mich ein ganz neues Leben mit freundlichen und lachenden Menschen um mich herum. Ich konnte es kaum begreifen, dass es so etwas Schönes gibt. Meine bisherige Kindheitserinnerung kannte nur Angst, Hunger, Tod, Gewalt, tote alte Menschen, tote Mütter und Kinder, erschlagen, erschossen, verhungert, Massengräber, Flucht, Kälte, kein Zuhause, keine Wohnung, kein Zimmer, kein Bett. Auf dem Bauernhof blieben wir zwei Jahre … Erst im Jahre 1954 war die Familie wieder vereint.«

Es war nicht »die Familie«, sondern, was von der Familie übriggeblieben war. Ihre kleine Schwester Hildegard (1943) ist 1945 im Lager Jarek verhungert, ebenso ihre Urgroßmutter väterlicher- und die Urgroßeltern mütterlicherseits. Die Schwester ihrer Mutter war am Heiligabend 1944 nach Russland verschleppt worden, wo sie in Kohlengruben arbeiten musste. Sie kam 1946 mit einem Krankentransport nach Deutschland, war aber zeitlebens krank.

Unter dem unmittelbaren Eindruck des Erlebten hat Eva Butzschedel (1932) aus Filipowa, Batschka, schon 1947 ihre Aufzeichnungen gemacht, die mitten in das Geschehen hineinführen und eine authentische, exemplarische Vorstellung vermitteln:[10]

»Eine schwere Zeit war über uns hereingebrochen. Mein Vater, inzwischen vom Krieg heimgekehrt, war unser großer Trost. Aber nicht lange. Er musste sich jeden Tag um sieben Uhr beim Kommando der Partisanen melden. Alle, die aus dem Krieg heimkehrten, mussten dies tun. Dort gab es strenge Verhöre, die manchmal in Folterungen ausarteten. Jedesmal, wenn er zurückkam, war er verbittert; das Essen schmeckte ihm nicht mehr.

Meine Schwester Barbara hat man mit einem Transport auf die Robot (Fronarbeit) weggeschleppt. Wir wussten nicht, wo sie sich befand. Als sich mein Vater am achten Tag wieder melden ging, kehrte er nicht mehr zurück, man hatte ihn misshandelt und in den kleinen Arrest im Gemeindehaus eingesperrt …

Ich war damals 13 Jahre alt und musste täglich auf die Robot. Wir mussten unter Aufsicht der Partisanen auf dem Pfarrsallasch (*Sallasch* = *Hof*) Kukuruz (*Mais*) brechen. Als mein Vater am achten Tag, da er sich gemeldet hatte, aus dem Gemeindehaus nicht mehr heimgekehrt war, weinte die Mutter und war sehr beunruhigt.

Ich ging in der Früh – wie jeden Tag – auf die Robot. Wir waren wieder am Pfarrsallasch im Kukuruz. Für uns Kinder war dies eine schwere Arbeit, denn in der Früh war es nass und kalt. Die Angst vor den Partisanen ließ uns auf all dies vergessen, und wir arbeiteten wie Erwachsene. Auf einmal sahen wir ein furchtbares Bild: Zwei berittene Partisanen trieben beim Bahnhof Männer vorbei. Sie waren kaum zu erkennen. Ich sah unter ihnen Wendelin R., Franz E., Matthias T., Franz G., Johann M. und meinen Vater. Als ich Vater erkannte, wollte ich am liebsten aus voller Kehle aufschreien, durfte mich aber nicht rühren, weil der Partisan neben mir herging. Man trieb sie auf der Bahnstrecke nach Hodschag. Sie mussten laufen, und die Partisanen ritten ihnen nach. Dieses Schauspiel mit meinem Vater hat mein Kinderherz tief erschüttert. Was wird nun mit meinem Vater geschehen, und werde ich ihn noch einmal wiedersehen?

Als ich am Abend heimkam und der Mutter den Vorfall mit Vater erzählte, fiel sie vor Schreck in Ohnmacht. Ich hatte viel zu tun, bis ich sie wieder aufgerichtet hatte. Vater kehrte nicht wieder zurück, und großes Leid und Furcht waren unser Los. Mutter, die kleine Monika und ich waren nun allein. Der Vater war fortgetrieben worden, Barbara ebenfalls an einem unbekannten Ort, von Franz aus Frankreich hatten wir schon über zwei Jahre keine Nachricht und von Rosi bereits seit eineinhalb Jahren. Dies alles lastete sehr auf Mutters Herz, und wir beteten, dass doch wenigstens wir noch beisammenbleiben durften. Es kam der Winter, und er brachte uns viele schlaflose Nächte. Täglich gab es erschütternde Nachrichten, und ich musste dauernd auf die Robot.

Am 24. März 1945 um drei Uhr in der Früh trommelte es wieder heftig. Jeder Trommelschlag war wie ein Messerstich ins Herz. Es wurde verlautbart, dass alle Arbeitsfähigen sich sofort im Gemeindehaus melden müssten. Wer sich nicht melden und nachher angetroffen würde, würde standrechtlich erschossen. Was für ein harter und unbarmherziger Befehl!

Mutter raffte sich auf und ging zum Gemeindehaus, Monika und ich blieben allein im Haus zurück. Verzweifelt wollte Mutter uns beruhigen und ihren tiefen Kummer vor uns verbergen. Ich werde ihren mitleidvollen Blick nicht mehr vergessen können, mit dem sie uns verlassen hat. Um halb fünf in der Früh kam sie wieder zurück mit der Nachricht, dass ein großer Transport Arbeitsfähiger wieder fort müsse und sie auch für diesen Transport eingeteilt sei. Es hieß für drei Tage Essen mitnehmen, sonst nichts. Es war für uns ein furchtbarer Schlag, und ich trat sofort vor die Mutter mit der Bitte: ›Mutter, du darfst uns nicht alleine lassen, du musst hier bleiben! Ich werde statt deiner gehen.‹ Es kostete viel Mühe, bis Mutter auf diesen Tausch einging, denn sie konnte doch nicht ihr Leben aufs Spiel setzen. Es gelang mir, dass Mutter daheim blieb und mich für sie gehen ließ. Wir füllten den Rucksack mit Lebensmitteln und einigen Kleidungsstücken, verabschiedeten uns, und ich ging in Gottes Namen zum Gemeindehaus. Wie mir in diesen Stunden zumute war, kann ich gar nicht beschreiben. Mutter und Monika waren nun allein. So ging eins nach dem anderen aus der Familie und kehrte nicht wieder; es kamen auch keine Nachrichten. Auf der Gasse gab es überall nur Abschiedsszenen und große Aufregung. Wo wird es wieder hingehen? fragte man sich gegenseitig ...

Es war dies ein bitterer Abschied von unseren Lieben, von der Heimat und von all dem, was uns Kindern so sehr am Herzen lag. Noch vor kurzem hatte ich die Schule besucht. Ich hing noch mit ganzem Herzen an der Mutter und an meinem kleinen Schwesterchen Monika. Ich war mit ihnen so glücklich. So blutete mir in diesen Stunden das Herz vor lauter Weh nach meiner kurzen Kindheit. Wir gingen die Kirchengasse hinauf. An allen Gassentüren und Fenstern standen die Leute und schauten uns wehmütig nach. Tränen gab es überall, und wir fühlten, dass wir nicht mehr wiederkehren würden und die Heimat für immer verließen.

Zu Fuß ging dieser Marsch bis nach Sombor (30 Kilometer); es war ein schwerer und langer Weg. Unsere Rucksäcke waren für uns zu schwer, doch ohne sie konnten wir nicht bestehen, weil man nichts zu essen bekam. Um acht Uhr abends trafen wir im Lager in Sombor ein. Wir wurden in einen Raum getrieben, der für uns viel zu klein war; wir mussten drinnen bis zum nächsten Tag stehen bleiben. Wir waren also eingesperrt. Für uns Kinder war dies etwas Furchtbares. Als endlich die Nacht gewichen war, wurden wir hinausgelassen, und wir stellten erst dann fest, was sich alles in diesem Lager tat. Alles wimmelte von Militär und zusammengetriebenen Zivilpersonen. Wir hatten große Angst. Man war mit uns sehr roh und grob, und alles sah so hoffnungslos aus. Noch niemals zuvor in meinem Leben habe ich so viel Angst ausgestanden wie hier in diesen Tagen.

Von uns wurden 40 Personen auf die Seite gestellt, auch ich war bei diesen. Wir mussten die Rucksäcke aufnehmen und wurden forttransportiert. Die anderen blieben zurück. Wir wurden zu Fuß nach Tschonopel (Čonoplja) auf einen Gutshof getrieben. Der Hof war sehr schön. Wir mussten in den Stallungen unser Lager aufschlagen. Auf der einen Seite lagen die Kühe, auf der anderen wir. Meine Tante Anna S., Cousine Resi I. und ich legten uns nebeneinander und hielten auch sonst fest zusammen.

Auf dem Hof mussten wir fest arbeiten, zuerst beim Kukuruzbrechen. Jeden Tag mussten wir um vier Uhr aufstehen und antreten, vier und vier in Reih und Glied. Beim Zählen kamen unsere Lagerposten nicht recht mit. Selten stimmte es, oft zählten sie bis sechs Uhr immer wieder, und es stimmte wieder nicht. Wir durften nicht schreiben, und so wusste man daheim nicht, wo wir uns befanden. Wir waren von der Welt hermetisch abgeschlossen – hilflose Zwangsarbeiter. Es vergingen Monate. Immer wieder versprach man uns, dass wir bald wieder heim dürften. Uns Kinder plagte sehr das Heimweh. Wir haben viel gebetet. Wir verbrachten viele Abendstunden mit Rosenkranzgebet hinter der Strohtriste. Das Gebet war unser einziger Trost.

Eines Tages begegneten wir auf dem Felde einer ungarischen Frau, die uns im Vorübergehen zuflüsterte, dass die Einwohner unserer Ortschaft ausgetrieben worden seien, mehr wüsste sie nicht. Diese Nachricht traf uns hart. Wir alle weinten damals, weil jede Hoffnung auf Heimkehr für uns zunichte geworden war. Was war mit unseren Angehörigen daheim geschehen? Wo wird man sie hingetrieben haben? Keiner von uns hat in der folgenden Nacht geschlafen.

Am nächsten Tag kam die Frau wieder an uns vorbei und meldete uns, dass alle nach Gakowa gekommen wären, dort sollte ein großes Lager entstehen. Wir waren also alle auseinandergerissen. Würden wir uns jemals wiedersehen? …

Eines Tages kam unsere Lagerpartie auseinander. Wir kamen mit einer Gruppe auf einen anderen Sallasch … Dort ging es genauso weiter wie auf dem alten Platz: nur fest arbeiten! Anna L. und Magdalena T. wollten einen Fluchtversuch nach Gakowa wagen. Durch mein kindliches Bitten, sie möchten doch auch mich mitnehmen, erbarmten sie sich meiner und nahmen mich mit.

An einem schönen Tag, Anfang Juli 1945, machten wir uns auf den Weg. Um zwei Uhr Nachmittag nahm jede ihre Hacke auf die Schulter, und wir gingen davon. Mit der Hacke gingen wir, damit man uns für Ungarn hielte, und wir so leichter weiterkämen. Als wir eine Stunde marschiert waren, sahen wir von weither auf dem Weg einen Partisanen mit dem Fahrrad auf uns zufahren. Wir bogen in den Kukuruz ein und wollten davoneilen. Als wir am anderen Ende herauskamen, stand der Partisan vor uns. ›Halt! Wo wollt ihr hin?‹ schrie er uns an. ›Nach Gakowa‹, sagten wir, ›zu unseren Angehörigen.‹ ›Kommt nur mit mir!‹ sagte er, und unsere Flucht war zu Ende.

Er ging zum ersten Kommando. Dort wurden wir in ein Zimmer gesperrt und mussten bis zum nächsten Tag am Boden sitzen. In der Früh trieb uns ein Partisan nach Sombor ins Lager. Dort holte man uns in das ›Weiße Haus‹ (Folterkammer des Lagers) zum Kommandanten R. Die übrigen Lagerleute riefen uns nach: ›Von dort kommt ihr nicht mehr lebend zurück.‹ Todesangst überkam uns. Ich zitterte am ganzen Körper wie ein Blatt im Winde. – ›Dreimal Wunderbare Mutter, hilf uns!‹ Diese Worte flüsterte ich dauernd vor Angst. Dann kamen wir vor den gefürchteten Kommandanten R. Er brüllte uns an wie ein Teufel. Zuerst kam das Verhör, dann die Folterungen. Es war furchtbar, was man mit uns Hilflosen getan hat. Wie in einer Hölle war es, man behielt uns drei Tage im ›Weißen Haus‹. Es gab kein Essen, nur Hiebe. In ihren Wohnungen und Baracken mussten wir sämtliche Klosette putzen, die Kaserne reinigen und Wäsche waschen.

Am dritten Tage geschah für mich das Wunderbare. Beim Putzen auf dem Gang begegnete ich einem Partisanen, der mir auffiel. Auch ich fiel ihm auf. Er kam zu mir her und fragte: ›Bist du nicht dem Toni seine Tochter?‹ ›Ja‹, sagte ich, und schon rollten mir dicke Tränen über die Wangen. Es war unser guter Freund Miroslaw aus Lalitsch (Lalič). Er zeigte großes Erbarmen mit mir und fragte mich, ob ich schon wisse, wo mein Vater sei. ›Nein‹, sagte ich. Da rückte er mit der Sprache heraus und sagte: ›Dein Vater war auch hier, er wurde hier schwer misshandelt und kam nach Russland. Ich konnte ihm beim besten Willen nicht helfen. Der Kommandant gab ihn nicht frei. Aber dir, Evi, dir muss ich helfen können.‹«

Tatsächlich bekam er sie frei, brachte ihr zu essen und ließ sie mit einem Wagen mit vier kranken Frauen nach Gakowa transportieren.

»Miroslaw hieß mich auf den Wagen steigen, legte mir das Paket für die Mutter auf den Schoß und sagte: ›So, jetzt gehst du zu deiner Mutter. Sag ihr, dass Miroslaw dich geschickt hat und er ihr alles Gute wünsche und viele Grüße schicke.‹ Es kam ein Partisan auf den Wagen. Eine Stunde später stand ich vor meiner Mutter an der Gakowaer Kirche. Miroslaw hatte einem Kollegen telefoniert, dass er meiner Mutter sagen solle, dass ich käme und sie mich erwarten könne. Das Wiedersehen im Lager Gakowa war für uns beide ein großes Erlebnis. Wir weinten beide wie kleine Kinder, denn ich stand vor der Mutter, total verkommen, voller Läuse und mit offenen Wunden am ganzen Körper ... Mutter führte mich durch das Lager auf ihr Zimmer. Dort fand ich meine Schwester Monika, meine Tante Rosel und Fridolin, Tante Sali mit den Kindern und Seppi, deren Mutter noch in Tschonopel war. Es war ein frohes Wiedersehen mit allen, aber auch ein sehr trauriges, denn der Hunger hier hatte alle schon sehr hergenommen und entstellt. Mutters erste Arbeit war, mich gründlich zu reinigen. Sie scherte mir den Kopf zur Glatze, dann schmierte sie ihn mit Petroleum gut ein, damit ich vor allem mal von den Läusen befreit würde.

Es war Juli 1945. Der Kampf mit dem Hunger und alles andere ging in diesem Lager weiter. Mutter konnte mit dem Nähen so manches Stücklein Brot verdienen, und es ging dann doch ... Im Januar 1946 begann das große Sterben. Im ganzen Lager war Typhus ausgebrochen, und das Verhängnis bestand darin, dass die Menschen, durch den Hunger geschwächt, gegen die Krankheit keine Widerstandskraft mehr hatten und dahinsiechten. Wir Kinder flüchteten ja oft aus dem Lager und gingen betteln, nur um das Leben zu retten. Als wir in das Lager herein wollten, schnappte man uns, nahm uns alles weg, gab uns so harte Ohrfeigen, dass wir umfielen wie kranke Mücken. Man führte uns ins Kommando, öffnete die Kellertür, und ein uns bestens bekannter Junge, Martin Sch., musste uns in den elf Stufen tiefen Keller stoßen. Wir durften nicht hinuntergehen, sondern er musste uns so stoßen, dass wir über alle Stiegen hinunterfielen. Es war für uns fast ein Todesstoß. Der Keller war groß und voll mit Sträflingen. Manche waren schon 14 Tage unten und erlebten täglich ihre Prügelwunder. In diesem Keller war man buchstäblich wie in ein Klo geschmissen. Alle mussten ihre Notdurft unten verrichten, und so gab es nicht einmal ein Plätzchen, wo man sich setzen konnte, geschweige denn legen. Zu essen gab es täglich einmal, und das war sehr wenig. Das Ärgste war, in diesen Keller konnte jeder Partisan nach Belieben gehen und seine Rache an uns Schwaben austoben. Wie oft am Tage geschah dies! Besonders, wenn sie Orgien gefeiert hatten und betrunken waren. Was wir in diesen Tagen in diesem Keller erleben mussten, lässt sich gar nicht beschreiben. Es war fürchterlich. Man glaubte überhaupt nicht mehr daran, dass man von hier noch lebend herauskäme. Nach drei Tagen und Nächten durften Resi und ich heraus und heimgehen. Wir konnten kaum noch gehen. Als wir heimkamen, lagen meine Mutter und schon fast alle im Zimmer todkrank darnieder. Typhus war ins

Zimmer eingekehrt, und bald waren alle von ihm erfasst. Meine Mutter hatte auch Typhus. Für mich und Resi eine furchtbare Begegnung. Wir konnten nichts als schluchzen und weinen. Im Zimmer waren 18 Personen untergebracht, und wir lagen wie Heringe nebeneinander auf dem Boden …

Meine Mutter nahm in ihrer Selbstlosigkeit keine Medikamente. ›Nein‹, sagte sie immer, ›die anderen brauchen sie ja notwendiger. Wenn ihr Kinder krank werdet, brauchen wir sie erst recht.‹ Wir hatten noch welche vom Großvater. Meine Mutter war immer nur auf andere bedacht und niemals auf sich. So war es auch beim Essen. Von dem wenigen, was sie hatte, gab sie immer noch den anderen. Als sie todkrank darniederlag, brachte man ganz unerwartet einen Zettel vom Vater aus Russland, dass er lebe und noch gesund sei. Ein Heimkehrer kam ins Lager, und ein glücklicher Zufall ergab, dass die Mutter mit uns Kindern eben in diesem Lager war. Dies war für Mutter und uns eine große Freude. Mutter lebte dann etwas auf, aber nicht lange. Der Zustand in unserem Zimmer, aber auch der der Mutter, wurde von Tag zu Tag schlimmer. Wir beteten inständig. Mutter hörte überhaupt nicht mehr auf zu beten. Aber der liebe Gott wollte es anders mit ihr. Ihr Zustand verschlimmerte sich, und wir sahen ihren Tod kommen. Im Zimmer lagen alle bereits in hohem Fieber. In diesem Zustand wusste keiner etwas vom anderen. Nur Tante Sali krabbelte noch etwas auf, obwohl sie fast selbst nicht mehr konnte, und half uns Kindern, die Mutter zu pflegen. Monika und ich waren noch gesund. Als Monika merkte, dass Mutter dem Tod entgegenging, da war sie nicht mehr von ihr wegzubringen. Sie rief immer: ›Mutti gel, du schterbsch net, gel Mutti, do losch uns net allo(n)ich!‹ flehte sie. ›Dreimal Wunderbare Mutter, helf der Mutti.‹ Mit ihren Händen tastete sie immer wieder die Mutter ab und sah, dass sie immer schwächer wurde. Da tropften ihre Tränen ununterbrochen auf die Todkranke, als glaubte sie, damit die Mutter vom Tode retten zu können. Ich glaube, es kann auf der Welt einem Kinde nichts Schlimmeres zustoßen, als in einer so schrecklichen Verlassenheit, umringt von Tod und Not, am Todeslager der Mutter zu knien und ihr in ihrer Todesnot nicht helfen zu können und mit ansehen zu müssen, wie der Tod langsam nach ihr greift und sie für immer raubt.

Am 4. Februar 1946 in der Früh um sechs Uhr wurde Mutter immer ruhiger. Ganz plötzlich und unerwartet trat Schwester Aureliana, die von weither gekommen war, in das Zimmer, sah uns bei der Mutter knien und bitter weinen. Blitzschnell riss sie ihre Tasche auf und griff nach der Spritze, um der kranken Mutter noch zu helfen. Als sie am Puls feststellte, dass der Tod bald eintreten werde, sah sie, dass sie zu spät gekommen und der Mutter nicht mehr zu helfen war. Sie kniete sich dann neben Monika und mich und betete mit uns die Sterbegebete, währenddessen unser vielgeliebtes und teures Mutterherz sanft für immer entschlief … Wir falteten der Mutter die Hände und betteten sie, wie es in diesem Lager üblich war, auf ihr schwarzes Wollhalstuch. Wie sie als Kleinkind in das Kinderpolster gebunden worden war, so schlugen wir das untere Ende über die Füße, dann wurde der rechte und linke Teil übereinandergeschlagen und zugenäht. Der obere blieb noch offen. Dieses warme Tuch wurde zum Sarg für die Mutter. Wir trugen sie in die hintere Kammer und legten sie auf den eiskalten Boden. Alles musste ja schnell gehen, und die Toten mussten aus dem Zimmer entfernt werden, damit es wieder für andere Platz gab. Ich ging und verkaufte Mutters letzte Kleidungsstücke, um für sie ein Extragrab zu besorgen. Als ich heimkam, fand ich Monika, das arme Kind, in der dunklen Kammer bei der Mutter knien und sah, wie sie deren Augen immer öffnen wollte und sagte: ›Mutti, schau doch noch amool die Monika oo(n), schau doch bitte!‹ Sie weinte und schluchzte in einem fort. Als ich sie aus dieser kalten Kammer wegbringen wollte, da musste ich fast Gewalt anwenden.

Bevor man die Mutter für den letzten Weg auf den Friedhof vorbereitete, waren wir Kinder alleine um sie, und Monika rief immer wieder: ›Mutti, wach doch uf!‹ Wir zitterten am ganzen Körper vor Angst und Liebe. Wir streichelten und küssten sie noch einmal unter Schluchzen und Weinen, doch die Liebe erweckte die tote Mutter nicht mehr. Da kam Tante Sali, selbst auch noch krank, ihre Mutter, Frau Katharina H. und Frau Anna Sch. und nähten Mutter in das Tuch ganz ein. Man legte sie ganz behutsam auf den Schubkarren und fuhr sie auf den Friedhof. Frau Hoffmann leistete diesen Dienst an der Mutter und tat für uns, was sie nur konnte. Vierzehn Tage später war auch sie tot und lag auf demselben Schubkarren.

Als Mutter im Grab zurechtgelegt war, hieß es, von ihr für immer Abschied nehmen. Erst dann verstanden wir so richtig, was uns geschehen war, wir hatten keine Mutter mehr … Eines Tages wurde im Lager durch die Trommel der Befehl durchgegeben, dass alle Kinder, die keine Eltern mehr hatten, sich sofort melden müssten und fortkämen. Ich war gerade auswärts betteln. Als ich am Abend wieder in das Lager geschlichen war, fand ich meine Tanten in größter Verzweiflung wegen uns beiden. Es hieß: Wer die Kinder nicht freigibt und nachher erwischt wird, wird öffentlich erschossen. Ich konnte meine Tanten nicht in Lebensgefahr bringen, und Monika abgeben wollte ich um keinen Preis. Da riss ich Monika sofort an mich, nahm Mutters Gebetbuch und flüchtete noch am selben Abend aus dem Lager. Sonst hatten wir nichts mehr mitzunehmen.

Ich weiß selbst nicht, wie es uns damals möglich war, aus dem Lager zu flüchten, da man doch eine Flucht mit elternlosen Kindern verhindern wollte und das Lager gut mit Posten umringt hatte. Uns ist diese verzweifelte Flucht gelungen. In Richtung Kruschiwl machten wir den Durchbruch. Dort ging es über den Graben, und wir kamen in einen Rohrteich. Als wir uns durch das Rohr schlichen, da krachten auf einmal Schüsse über uns her. Wir bückten uns ganz auf die Erde und blieben ruhig sitzen. Lange lauschten wir dem Suchen der Partisanen. Als sie uns in der Dunkelheit in dem Schilf nicht gefunden hatten und alles wieder ruhig geworden war, schlichen wir uns behutsam und still aus diesem Rohrteich heraus und gingen in die dunkle Nacht hinein weiter. Wir hatten Glück. Die ganze Nacht marschierten wir über Felder und Kukuruzäcker; an einer Hand hielt ich mein Schwesterchen Monika und in der anderen Hand Mutters Gebetbuch. Überall lauerten Gefahren, doch die Angst trieb uns weiter, nur fort, fort von hier. Wir wollten nach Kernei, dorthin, wo unsere Schwester Barbara war. Ob sie noch dort war, wussten wir nicht. Aber wir wussten ja sonst kein anderes Ziel. Wo aber ist Kernei? Das wussten wir gar nicht. Man hatte uns bloß die Richtung gesagt, in die wir gehen sollten. ›Dreimal Wunderbare Mutter, hilf uns, führ uns!‹ lispelten wir immer wieder. Als dann Monika müde wurde und nicht mehr gehen konnte, da setzte ich mich in einen Kukuruzacker, nahm sie auf meinen Schoß und wir schliefen sanft ein.

Als wir wieder aufwachten, war es halb licht geworden. Jetzt ging's wieder weiter, und da wir nichts zu essen und zu trinken hatten, aßen wir kleine Kukuruzkolben, die gerade zu der Zeit weich ins Laub schossen. Bei Tag ging's zumeist im Kukuruz, bei Nacht dann auf stillen Wegen weiter. Drei Nächte und zwei Tage irrten wir mit großer Furcht in den Feldern umher, bis wir Kernei gefunden hatten. Fragen konnten wir ja niemanden, sonst waren wir gefangen. Bloß einmal geschah es, dass wir um einen Kukuruzacker kamen und vor uns eine Partie Kolonisten gerade Mahlzeit hielt. Wir durften uns nicht schüchtern zeigen, sonst wäre es um uns geschehen gewesen. Im Gegenteil. Wir freundeten uns mit ihnen an und gaben uns als Ungarnkinder aus. Sie gaben uns Suppe und Brot, und wir durften uns bei ihnen satt essen. Sie sagten uns auch die Straßen, wo wir gehen sollten. Am dritten Tag trafen wir in Kernei ein. Wir fragten nach dem Upravnik (Verwalter), bei dem einmal Barbara gewesen war. Vielleicht war sie noch dort. Und wir fanden sie! Es war eine große Freude, dass wir uns alle drei hier wiedergefunden haben. Von Mutters Tod hatte Barbara inzwischen durch Lagerleute etwas erfahren gehabt. Tiefer Schmerz überwältigte uns aufs neue und noch mehr, als wir erfuhren, dass wir hier nicht bleiben durften.«

Obwohl die Ungarn sehr nett zu ihnen waren, konnten sie nirgends länger bleiben, weil es verboten war, Flüchtlinge zu beherbergen. Sie wechselten mehrmals das Versteck:

»Unser neues Ziel war Batsch-Brestowatz (Brestovac). Dort hatten wir Verwandte, die lagerfrei sein sollten. Der gute alte Hüter zeigte uns die Richtung, an die wir uns halten und gehen sollten. Es war Mitte Juli und sehr heiß. Ich hatte wieder an der einen Hand Monika und in der anderen Mutters Gebetbuch. Es war für uns schwer, uns zwischen weiten Kukuruz- und Hanffeldern zu orientieren, wir verirrten uns immer wieder. Wir waren Kinder und kannten uns doch nirgends aus. Auf den Hauptstraßen konnten wir nicht gehen, fragen konnten wir ebenfalls niemand, da hätten wir uns ja selbst verraten. Zumeist gingen wir durch Kukuruzfelder. Dort ruhten wir uns aus, lebten auch nur von Kukuruz. Wenn ich heute an diese Nächte im Kukuruz zurückdenke, bekomme ich Schüttelfrost. Damals konnte ich dies alles bestehen, weil ich musste.

Wir brauchten drei Tage und Nächte, bis wir Brestowatz gefunden hatten. Vor einem Ort – wir glaubten, es könnte Brestowatz sein – guckten wir mal aus dem Kukuruzacker und sahen schwäbische Frauen auf dem Feld arbeiten. Wir gingen zu ihnen und fragten sie, wo wir denn eigentlich seien. Es waren Brestowatzer Frauen, und wir fühlten uns schon gerettet. Zur Familie G. wollten wir, und sie sagten gleich, wie wir die Familie finden würden.

Bald klopften wir an deren Türe an. Freilich, es war ein kühler Empfang, schon einmal, weil wir so ungereinigt und sehr verkommen ausgesehen haben: wieder voller Läuse und am ganzen Körper von Ausschlag bedeckt. Dann durfte die Familie G. keine Lagerleute aufnehmen, dies gefährdete auch ihre Freiheit. Unser Kommen war für sie eine sehr peinliche Angelegenheit. Sie nahmen uns dann doch auf und versteckten uns in einer dunklen Kammer. Von hier durften wir nicht heraus, damit wir ja nicht gesehen würden.

Als wir hier fünf Tage im Versteck gehaust hatten, und die Familie G. sich große Sorgen machte, was sie nun mit uns anfangen sollte, da geschah wieder das Wunderbare. Mein Onkel war im Lager Brestowatz als Balwiir'r (Barbier) angestellt und auf dem Lelbach-Sallasch stationiert. Er konnte sich hier ziemlich frei bewegen und betreute selbst serbische Kunden im Dorf; ebenso auch den Sohn der Familie G. Als er die Familie G. besuchte, erzählten sie ihm von zwei Filipowaer Lagerkindern, die ihre Mutter in Gakowa verloren hätten, von dort, weil man das eine Kind verschleppen wollte, geflüchtet wären, schon sieben Wochen hilflos umherirrten und jetzt zu ihnen gekommen wären. Da fragte mein Onkel nach deren Namen. Es stellte sich heraus, dass er der Onkel von uns Kindern war. Sie führten ihn in unser Versteck, und es gab ein erschütterndes Wiedersehen für uns alle drei.«

Der Onkel nahm die Kinder zu sich. Der Lagerkommandant erlaubte ihm, die Kinder bei sich zu behalten. Sie mussten gemeinsam noch durch die Lager Hodschag und Kruschiwl, trafen die anderen noch lebenden Angehörigen und konnten 1947 nach Ungarn entkommen.

Der zweite ausführliche Bericht stammt von Karl Weber (1934), einem damals zehnjährigen Jungen aus Bulkes, ebenfalls Batschka. Er wurde 1993 verfasst:[11]

»Es braute sich etwas zusammen, das spürte ich schon mit meinen 10 Jahren. Von den Erwachsenen hörte ich, dass vermehrt Partisanen (Militär) in unserem Dorf eingetroffen waren. Man sprach schon länger davon, dass wir von Bulkes in ein Lager kommen sollten. Am anderen Morgen, es war ein Sonntag (15. April 1945), trieben die Partisanen schon früh am Morgen die Leute aus den Häusern; sie begannen am oberen Dorfende. Die Menschen kamen unsere Letztgasse herunter. Es hieß, man solle das nötigste an Kleidung und Lebensmitteln einpacken, wir kämen fort.

Mein älterer Bruder Heinrich, er war 15 Jahre alt, und ich wurden von unserer Mutter schnell geweckt. Mutter und Großmutter richteten unsere Sachen. Wir zogen uns gut an und bekamen Rucksäcke und Taschen. Bis die Leute, die man aus den Häusern trieb, bei uns waren, konnten wir noch essen. Ich erinnere mich, dass für das Mittagessen am Samstag ein Huhn geschlachtet wurde, das stand jetzt bereits auf dem Herd. Ich war sehr aufgeregt und gespannt, was geschehen würde, war aber wie meine Mutter und Großmutter auch bedrückt: sie ahnten nichts Gutes.

Bald hörten wir Stimmen, Geschrei, Hundegebell und Gewehrschüsse immer näher kommen. Ich rannte zum Tor und schaute die Gasse hinauf. Ich sah die Straße voller Menschen, die langsam näher kamen. Meine Mutter hatte Angst und hielt mich zurück. Dann flog die kleine Tür des Hoftors auf und es hieß, wir sollten schnell hinaus auf die Gasse kommen, wir kämen auf die Hutweide (Viehweide). Meine Mutter und Großmutter gaben uns unsere Sachen und packten die ihren. Sie nahmen uns an der Hand und wir gingen zum Tor hinaus auf die Gasse. Ich sah unser Haus nie mehr wieder.

Die Straße war bereits voller Menschen, fast alles Frauen, Kinder und ältere Männer. Die Männer zwischen 16 und 60 Jahren waren bereits im November 1944 in Arbeitslager getrieben worden, mit ihnen mein Vater, Großvater, Onkel und weitere Verwandte. Ich habe meinen Vater nicht mehr gesehen; er, mein Onkel und viele andere kamen um. Mein Vater starb am 4. März 1946 im Lager Mitrowitz im Alter von 37 Jahren an Entkräftung. Die jüngeren Frauen und Mädchen zwischen 18 und 40 Jahren hatte man in zwei Transporten im Dezember 1944 nach Russland verschleppt.

Jetzt wurde die restliche volksdeutsche Bevölkerung unseres Dorfes auf die Hutweide getrieben, die zwischen dem Dorf und dem Bahnhof lag. Dort mussten wir uns aufstellen: alle arbeitsfähigen Leute auf eine Seite, die nicht arbeitsfähigen auf die andere Seite. Das waren die Alten, Kranken und Kinder bis etwa 14 Jahren, auch junge Mütter mit Säuglingen.

Es gab nun ein großes Geschrei und Weinen der Mütter, Großmütter und Kinder, die voneinander getrennt wurden. Die Partisanen brüllten wie wild herum und schossen mit Pistolen und Gewehren in die Luft. Auch ich heulte, als ich von meiner Mutter, meiner Großmutter und meinem Bruder getrennt wurde. Meine Mutter gab mir meine Sachen, küsste mich und sagte, ich solle nur immer beten, dann würde alles wieder gut. Ich sollte sie erst nach zwei Jahren, 1947, wiedersehen. Die allermeisten, die auf meiner Seite standen, sahen ihre Angehörigen nie mehr, weil sie bald darauf in Jarek verhungerten.

Die sogenannten Arbeitsfähigen, darunter meine Mutter, Großmutter und auch mein Bruder, wurden bald nach dieser schmerzlichen Prozedur wieder zurück in unser Dorf getrieben.

Unser Haufen, etwa 930 Personen, wurde zum Bahnhof getrieben. In Bahnhofsnähe befand sich eine große Getreidehalle. Die Wände standen schon, doch das Dach war noch nicht gedeckt. In diese Halle wurden wir gepfercht, hier konnte man uns gut bewachen. Eine ganze Reihe meiner Schulkameraden und Altersgenossen war dabei, aber zunächst sah ich keinen näheren Verwandten. Endlich fand ich (oder sie mich) meine Urgroßmutter Katharina J., die damals 75 Jahre alt war. Sie hatte die beiden Urenkel Fritz (7 Jahre) und Reinhard Röder (4 Jahre) bei sich, die mit ihr im gleichen Haus gelebt hatten. Ihr Vater war bei der ›Prinz-Eugen-Division‹ und kam in Jugoslawien um. Die Mutter war bereits im Dezember nach Russland deportiert worden. Ich war sehr froh, dass ich nun jemanden hatte. (*Sie wurden in das Hungerlager Jarek transportiert.*) Nicht weit vom Bahnhof kamen wir in verschiedene leerstehende ehemalige Bauernhäuser. Die Zimmer waren völlig leer ... Das Essen in Jarek war miserabel und schmeckte uns gar nicht. Es gab Gerstensuppe ohne Salz und Fleisch. Das Brot bestand aus Maisschrot, auch ohne Salz oder etwas darauf. Zudem gab es von allem so wenig, dass man sich nie satt essen konnte. Wir hatten ständig Hunger und waren auf der Suche nach etwas Essbarem.

Die erste Zeit mussten wir immer wieder alle antreten und um den ganzen Ort herum marschieren. Viele der älteren Leute schafften das kaum, denn es war eine Schinderei. Die uns bewachenden Partisanen aßen zudem noch genüsslich die Kirschen von den Bäumen; wir mussten zusehen und durften keine anrühren. Mehrmals mussten wir auf der Gasse das Gras zwischen den Pflastersteinen herausreißen. Die noch kräftigen Erwachsenen mussten bereits morgens in aller Frühe zur Arbeit gehen und kamen abends todmüde zurück. Zusehends schwanden die Kräfte. Unsere Urgroßmutter war sehr bemüht, uns drei – so gut sie konnte – zu versorgen. Sie hat sich von ihrer kärglichen Ration manches abgespart und uns gegeben. Sie betete auch immer wieder mit uns. Ihr habe ich es zu verdanken, dass ich nicht gleich in den ersten Wochen gestorben bin. Ich wurde krank; was ich hatte, weiß ich nicht, es gab ja keinen Arzt und keine Medizin. Ich war sehr, sehr müde und wollte nur noch liegen und schlafen. Da phantasierte ich und träumte von Zuhause, das war schön und angenehm. Doch meine Urgroßmutter weckte mich immer wieder auf und nahm mich an die frische Luft, obwohl ich mich fast nicht auf den Beinen halten konnte. Das fand ich grausam und schrecklich. Später merkte ich bei vielen anderen: Wenn sie erst einmal nur noch lagen und in dieses Schwäche- und Fieberdelirium kamen, dann standen sie nicht mehr auf, sondern schlummerten hinüber.

Bald gab es in ›unserem Haus‹ die ersten Toten. Die erste Zeit hat man die Sterbenden in ein anderes Zimmer gelegt und sie liebevoll betreut. Später lagen wir oft nebeneinander. Ich erinnere mich, wie wir bei der ersten Toten Anteil nahmen. Es wurde geweint, gebetet und ein Vaterunser gesprochen. Am Vormittag kam dann ein Pferdefuhrwerk. Zwei Männer, auch Lagerleute, kamen mit einer Tragbahre herein, legten den Leichnam darauf und trugen ihn hinaus. Wir durften bis ans Tor folgen. Draußen auf dem Leiterwagen lagen bereits einige Leichen, teils mit dem Kopf nach hinten, teils nach vorne; manche lagen auf dem Rücken, andere auf dem Bauch. Die Männer gingen bis an die Seite des Wagens und kippten dann mit einem Ruck die Toten auf die anderen drauf. Mich erinnerte das an unseren Dorfschinder, wenn er die toten Tiere, Schweine oder Hunde abholte und sie mit einem Ruck auf den Wagen warf. Ich war sehr erschüttert. Später war das ein alltäglicher Anblick, und es rührte mich nicht mehr …

Die älteren Leute, besonders die Frauen, bekamen ganz dicke Beine und Füße. Sie waren voll Wasser, und weil es an ärztlicher Hilfe fehlte, brachen sie auf. Es sah schrecklich aus und roch auch schlimm. Sie lagen dann da und jammerten vor Schmerzen, bis sie endlich starben. Übrigens ist der Ausdruck ›sterben‹ viel zu schön und normal, in Jarek war es ein elendes Verenden … Es kümmerte sich mit zunehmender Dauer kaum noch jemand um die Sterbenden. Die Menschen verendeten wie Tiere, oft allein, ohne liebevolle Pflege und Hilfe. Sie starben in Schmerzen und

Qualen, in Kummer und Heimweh. Ja, ich beneidete oft die Toten, die noch daheim hatten sterben können.

Nach einigen Wochen bekam auch unsere liebe Urgroßmutter dicke Beine, die dann aufbrachen. Sie konnte nicht mehr gehen und aufstehen. Wir brachten ihr das miserable Essen und Trinken. Sie war sehr tapfer und jammerte vor uns Kindern nicht. Auch sie ist nach qualvollem Leiden am 4. August 1945 elend gestorben, wurde hinausgetragen und auf den Wagen gekippt. Ich weiß nicht mehr, ob ich geweint habe. Ich war selbst schwach und abgestumpft, das Sterben war ja alltäglich.

Wir wurden dann in eine andere Straße zusammengelegt. Es gab nichts mitzunehmen, wir mussten uns nur selbst hinschleppen. Fritz und Reinhard kamen in ein ›Kinderheim‹. Da war es auch nicht viel besser, aber es waren Frauen da, die sich der Kinder, die niemanden mehr hatten, annahmen.«

Einer seiner Großväter kam dann auch nach Jarek, weil er nicht mehr arbeitsfähig war, aber auch für ihn war es seine letzte Lebensstation. Eine der Großmütter hatte das Glück, zu einem Bauern zum Arbeiten zu kommen. Die Bauern konnten sich solche Arbeitskräfte »herauskaufen«, das heißt der Lohn ging an die Lagerleitung, aber sie hatten dort wenigstens ordentliches Essen. Karl konnte ein paar Mal seine Großmutter besuchen und sich satt essen und auch etwas Essen mitnehmen. Aber die Großmutter musste wieder zurück in ihr Lager nach Neusatz, nachdem es auf den Feldern keine Arbeit mehr gab.

»Von da an begann auch ich mich, wie manche andere, durch die Wachposten hindurch in den Nachbarort Temerin zu schleichen. In Temerin, etwa drei bis vier Kilometer von Jarek entfernt, wohnten neben Serben auch viele Ungarn, die uns Volksdeutschen immer wohlgesonnen waren und uns sehr unterstützten. Ihnen haben ich und noch viele andere das Leben zu verdanken … Bei unserem ersten Bettelgang in Temerin kamen Philipp (*ein Freund in seinem Alter*) und ich im Morgengrauen dort an und klopften an einem der ersten Häuser, in dem bereits Licht war und in dem wir ungarische Leute vermuteten. Die Frau, die uns öffnete, erschrak bei unserem Anblick. Sie ließ uns in die Küche kommen. Von dort konnte ich in die Stube sehen, da lag ein Mann, wohl ihr Vater, krank im Bett, in einem weiß überzogenen Bett. Mich überfiel eine solche Sehnsucht nach diesem Bett, dass ich am liebsten mit diesem Mann getauscht hätte. Ich wollte mich auch so liebevoll pflegen lassen, ich war ja so müde. Es erschien mir wie eine Welt aus längst vergangener Zeit … Die Frau sah unsere erstaunten, hungrigen Blicke und gab uns beiden jeweils eine Tasse warme Milch. Wir tranken sie fast in einem Zug aus. Anschließend wollte sie uns Butterbrot und nochmals Milch geben, aber wir waren von dieser Tasse zum Bersten voll und konnten nichts mehr essen. In der folgenden Nacht kehrten wir ›reich bepackt‹ und wohlbehalten ins Lager zurück. Wir konnten allerdings nicht viel tragen, weil wir schon so schwach waren … Nach einem weiteren Bettelgang brachte ich von Temerin Fleisch mit, wohl von einem Huhn. Der ›Hutnerspat‹ (Peter K.) bat mich inständig, ich solle doch seiner Enkelin die Knochen zum Ablutschen geben, sie hätte solchen Hunger und Gelüste danach. Ich habe mich geschämt, dass ich vor ihr gegessen hatte. Hilde, wohl etwas älter als ich, war bis auf Haut und Knochen abgemagert und – wie wir alle, Kinder, Männer und Frauen – kahlgeschoren. Sie sah aus wie ein Geist und konnte sich nicht mehr auf den Beinen halten. Am 22. Oktober 1945 ist sie gestorben. Das Sterben und Hinausgetragenwerden hat mich nicht mehr berührt. Es war alltäglich geworden und ich war abgestumpft.

Nur als Großvater im Sterben lag, kam er in ein anderes Zimmer, wo er allein war und sein nächtliches Jammern nicht so störte. Als ich dann am nächsten Morgen in der Frühe nach ihm sah, lag er tot und völlig nackt mit dem Rücken auf dem kalten Lehmfußboden. Ich war erschrocken und entsetzt. Schnell rannte ich hinaus und holte Hilfe. Der ›Dunkelspat‹ (Heinrich D.) nahm seine Kleider und zog ihn an. Großvater starb am 22. November 1945 im Alter von 59 Jahren … Großvater wurde dann auch hinausgetragen und mit den anderen Toten weggefahren. Jetzt hatte ich keinen näheren Verwandten mehr.

Wann es genau war, weiß ich nicht mehr, es dürfte bald nach dem Tod meiner Urgroßmutter gewesen sein, dass ich anfing zu beten. Die Urgroßmutter hatte mit uns Urenkeln immer gebetet, jetzt betete ich für mich ein freies Gebet, etwa so: ›Lieber Gott, lass mich doch lebend hier aus Jarek herauskommen zu meiner Mutter, meinem Bruder und meiner Großmutter, ja, lass mich mit ihnen nach Deutschland kommen!‹ Ich betete auch immer wieder bei meinen nächtlichen Bettelgängen nach Temerin. Dass sich diese Bitte jemals erfüllen könnte, schien mir völlig unmöglich zu sein. Ich wurde aber ruhiger und – ich konnte es mir damals nicht erklären – irgendwie gehalten und von einer Hoffnung angetrieben.«

Er kam dann in das »Kinderheim« im Lager, in das vorher Fritz und Reinhard gebracht worden waren. Sie lebten noch.

»Im Kinderheim wurden wir morgens zum ›Frühstück‹ geweckt. Es gab eine Kaffeebrühe und trockenes Maisbrot. Wir mussten aufstehen, obwohl viele nicht wollten und fast nicht mehr konnten. Die meisten standen dann mit dem Kopf gegen die Wand gelehnt da und dösten vor sich hin. Zum Spielen war keine Lust und Kraft mehr vorhanden. (*Einmal konnten sie eine Katze schlachten und von einem verendeten Pferd etwas Fleisch ergattern.*) Weil es im Lager kein Salz gab, hatte man schon bald den da und dort in den Bauernhäusern vorhandenen Kunstdünger abgekocht, gefiltert und als Salz verwendet. Daran sollen einige gestorben sein. Aber auch sonst wurde alles, was in den ehemaligen Gärten und Höfen wild wuchs, genommen, um den kargen Speiseplan aufzubessern: Brennnesseln, Gras und manches andere. Fritzchen war ziemlich schwach geworden. Er (7), sein Brüderchen Reinhard (4) und ich (10) schliefen nebeneinander auf dem mit Stroh bedeckten Fußboden. (*Er ging immer wieder nach Temerin, um zu betteln.*) Ich hatte mich zu einer ›listigen, schlauen Ratte‹ entwickelt, kam gut durch die Wachposten und nachts wieder mit den erbettelten Lebensmitteln zurück. In Temerin kannte ich mich bereits aus und wusste, wo man etwas bekam. Im Kinderheim löste das Freude aus, denn die anderen bekamen auch davon, aber was war das bisschen schon für so viele hungrige Mägen … Mit der Zeit wurde auch ich schwächer. Die rechte Seite meines Gesichts, hauptsächlich um das Auge herum, war voller Krätze und Eiter. Es gab ja keine Medizin, Seife oder ärztliche Hilfe, auch keinerlei Hygiene. Die Bisse der Läuse und Flöhe, auch die Krätze, juckten und veranlassten zum Kratzen. Mit meinem Gesicht wurde es so immer schlimmer. Das rechte Auge war ganz zugeschwollen und vereitert, so dass ich damit nichts mehr sehen konnte. Eines Nachts ging ich wieder nach Temerin und wollte nicht mehr zurückkommen. Ich war bereits vorher schon manchmal zwei, drei und einmal vier Tage dort geblieben. Bei reichen ungarischen Bauern konnte ich im Kuhstall auf Stroh oder in der Futterkrippe übernachten, und sie brachten mir Essen dorthin. Hier war es warm und gegenüber Jarek ein Fortschritt. Weil es aber streng verboten war, einen deutschen Lagerjungen aufzunehmen und zu unterstützen, musste ich am anderen Morgen jeweils weitergehen. Die Leute hatten Angst, dass man sie anzeigen oder erwischen würde. Sie hatten wohl auch Angst vor mir, vor meinem Schmutz und den Läusen und Flöhen und vor einer möglichen Ansteckung. Ich sah wahrscheinlich auch ziemlich entstellt aus. Bei armen Leuten durfte ich in ihrer Wohnstube übernachten und mit am Tisch sitzen. Ich erinnere mich, wie eine ältere Frau, wohl eine Witwe, weinte, als sie mich sah. Sie gab mir in der Küche zu essen und zu trinken und machte auf dem Herd heißes Wasser. Dann holte sie einen Holzzuber, goss das Wasser hinein, badete mich und wusch mich ordentlich mit Seife ab. Anschließend gab sie mir ein Nachthemd, wohl von ihrem Mann, denn es war mir viel zu groß. Sie machte vorsichtig Salbe auf mein Gesicht und verband mir den halben Kopf, dann musste ich mich in ihr weiß überzogenes Bett legen. Ich fühlte mich jetzt sehr wohl und schlief auch gleich ein. Am anderen Morgen sah ich, dass sie sich auf das Sofa gelegt hatte. Sie hatte abends noch meine dreckigen Kleider gewaschen und gab mir zum Teil neue Sachen zum Anziehen. Leider konnte ich auch nicht zu lange bei ihr bleiben und musste wieder weiter. In dieser Zeit saß ich einmal müde und erschöpft auf der Treppe zu einem Hauseingang und döste vor mich hin. Plötzlich stand eine jüngere Frau vor mir und schimpfte wütend auf mich ein. Sie schrie auf Serbisch: ›Du verfluchter Schwabe, ich schlage dich tot!‹ und noch manches mehr. Ich konnte nicht alles verstehen. Sie zog dabei ihren Schuh aus und schlug mit dem Absatz auf mich ein, auf den Kopf und wo sie sonst gerade hintraf. Von ihrem und meinem Geschrei kamen die Leute aus den Häusern und schalten mit ihr, so dass sie aufhörte und weiterging. Wahrscheinlich hätte sie mich sonst totgeschlagen. In diesen ungefähr drei Wochen lernte ich die verschiedensten Leute kennen. Es gab viele freundliche, mitleidsvolle Menschen, aber auch einige andere, die mich fortjagten und mir drohten, ja auch manchmal den Hund auf mich hetzten … Fritzchen war in der Zwischenzeit am 11. Februar 1946 gestorben, wie auch viele andere Kinder. Sie starben ohne Mutter, ohne liebevolle Pflege und ärztliche Hilfe, ohne Anteilnahme. Wir waren so abgestumpft und teilnahmslos, dass wir keinem nachtrauerten. Im Gegenteil, wir waren erleichtert, wenn wieder ein kleiner ›Schreihals‹ und ›Scheißer‹ weg war. Jeder dachte – wenn überhaupt – nur an sich und ans Überleben.«

Zu seinem letzten Bettelgang nach Temerin konnte er sich fast nicht mehr schleppen. Er sagt:

»Bis heute ist es für mich ein Wunder , dass ich unbehelligt durchkam … In Temerin ging ich zu den ungarischen Leuten, mit denen ich gute Erfahrungen gemacht hatte. Ich war dort bereits ein ›Bekannter‹. Sie wunderten sich, dass ich noch immer lebte. Darüber hatte ich mir gar keine Gedanken gemacht. Ich war nur ständig instinktiv dabei, dem Leichenwagen und den Totengräbern zu entkommen und die nächste Stunde, den nächsten Tag zu erleben.«

Wie es mit ihm weiterging, hat er mir in einem zusätzlichen Bericht mitgeteilt:

»Bei verschiedenen ungarischen Familien konnte ich mich verstecken, bis ich mich 1947 zusammen mit meiner Großmutter, die auch überlebt hatte, in das Lager nach Gakowo durchschlug. Dort trafen wir nach zwei Jahren meine Mutter und meinen Bruder (Jg. 1930) wieder. Auch sie hatten überlebt, Gott sei Dank.

Nach einigen Wochen flohen wir bei Nacht und Nebel über die nahe ungarische und später über die österreichische Grenze nach Wien. Von dort wollten wir mit anderen Landsleuten aus der russischen in die amerikanische Zone fliehen, um nach Deutschland zu kommen. Wir wurden jedoch an der Zonengrenze bei Linz geschnappt und nach einigen Tagen Arrest in die Nähe von Melk in der Wachau gebracht. Meine Mutter, Großmutter und mein Bruder arbeiteten bei einem Bauern, um ein wenig Geld für die weitere Flucht zu verdienen. Ich selber durfte im Nachbarort nach drei Jahren zum ersten Mal wieder die Volksschule besuchen. Von meinen drei ersten Schuljahren im Heimatort Bulkes hatte ich alles vergessen. Nach drei Monaten, im Spätsommer 1947, wagten wir erneut einen Fluchtversuch und kamen nach Bayern und in die amerikanische Zone. Nun waren wir endlich frei und hatten nichts mehr zu befürchten.«

Als Folge der Internierung und des Hungers stellte sich bei ihm Tuberkulose heraus, so dass er fast anderthalb Jahre in Sanatorien verbringen musste. Nach verschiedenen beruflichen Zwischenstationen wurde er schließlich Prediger im Evangelischen Verein für innere Mission Augsburgischen Bekenntnisses. Seinen kurzen Lebensbericht im Jahrbuch dieses Vereins überschreibt er mit dem Bibelwort: »Wir sind Gäste und Fremdlinge auf Erden …«.

Die Lagerhäftlinge, zumal die Kinder, konnten keine Fotos von ihrem erbärmlichen Leben machen. Wohl aber haben manche ihre Eindrücke und Bilder später gezeichnet. Einige davon wurden mir zugänglich gemacht. Die Abbildungen 4a bis 4c zeigen eine Auswahl.[12] Gezeichnet wurden sie aus der Erinnerung von dem Künstler Robert Hammerstiel. Er wurde 1933 in Werschetz, Jugoslawien, geboren und musste mit Mutter und jüngerem Bruder mehrere Internierungslager durchleben. Die Zeichnungen sprechen so eindringlich wie die Erzählungen.

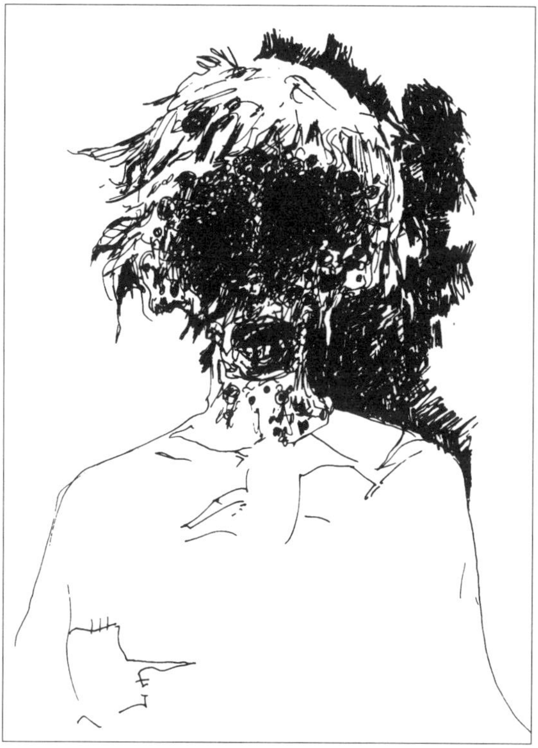

4a. Das zerstörte Gesicht

»Mit seinem Freund Jani schlich er sich nachts aus dem Lager, um Klee zu holen, weil sie am Verhungern waren. Sie werden vom Posten entdeckt und Jani wird erschossen. Robert findet ihn vor dem letzten Haus im Dorf, in dem sie eingesperrt sind: ›Auf dem Erdboden mitten im Kreis liegt eine Gestalt, ihr Gesicht ist zugedeckt, und sie bewegt sich nicht. Ganz ruhig liegt Jani da, als schliefe er. Ich komme nahe an ihn heran und sehe, wie seine Hand das Kleesäckchen umklammert. Jedes Haar auf meinem Kopf sträubt sich, mir ist, als hätte ich tausend Ameisen auf dem Kopf, und das Gesicht wird mir starr. Meine Lippen zucken, ich beginne am ganzen Körper zu zittern und bekomme wieder Schüttelfrost. Ich stehe da und weiß nicht, was ich tun soll, wo ich meine bebenden Hände verstecken soll. Es kommt eine alte Frau daher. Der Kreis bricht auf. Die Frau sinkt langsam in sich zusammen. Es ist Janis Großmutter. Sie wirft sich über den Buben, umklammert seinen starren Körper und schreit laut: ›Jani! Jani! Um Gottes willen, mein Kind, was haben sie mit dir getan?‹ Sie hebt das Tuch von seinem Kopf und schreit röchelnd. ›Nein, nein, um Gottes willen, nein! Ich bin es, deine Großmutter!‹ Ich erkenne Jani nicht, er hat kein Gesicht mehr, es ist nur ein Fleischklumpen, und die Großmutter bedeckt seinen Oberkörper mit ihrer dunklen, bebenden Gestalt. Sie liegt auf dem Boden über Jani, als wenn es Nacht wäre. Aber der Tag ist seit Stunden da, und das Licht des verfluchten Tages zeigt das zerstörte Antlitz meines Freundes. Die Großmutter deckt es zu, legt sich neben ihren Enkel und umklammert ihn. Außerhalb des Dorfes steigt die glutrote Scheibe hinter dem Wachtturm auf, wo sich der verfluchte Posten langweilt.‹«

4b. Im Totenhaus

»Dorthin werden die Sterbenden und die Irren gebracht. ›Jeden Tag gehe ich zu Balata L. (*Frau, die dort Dienst tut, aber es gibt für die Verhungernden und die, die den Verstand verloren haben, keine Hilfe*) und Robert. Ich bin viel mit ihm zusammen und sehe, wie seine Mutter im Zimmer bei den Kranken ist, die nicht mehr wie Menschen aussehen, aber doch welche sein müssen, denn sie sprechen noch und klagen, und sie lachen auch. Ihre Köpfe sehen wie Totenköpfe aus. Aber nicht alle können noch sprechen, sie greifen mit den Händen in der Luft herum, können nicht mehr aufstehen ... Den Toten wird dann nur das Gesicht mit Lumpen verdeckt, und Männer, alte Großväter kommen, die Leichen zu holen. Es werden immer neue Menschen gebracht, die hier sterben sollen.‹«

4c. Die Flucht

»Zwölf Menschen wagen es, vom Lager die Flucht nach Ungarn zu versuchen. Kurz vor Mitternacht brechen sie auf. Alle fünf bis zehn Minuten leuchten Scheinwerfer auf und streifen über die Felder. Sie müssen über einen großen umgepflügten Acker, bevor sie sich zwischen den hohen Maisstauden verstecken können. ›Mutter hält Alfred und mich fest. Ich spüre, wie ihre Hand zittert. Es gibt nur den Gedanken, geradeaus zu laufen und, wenn das Licht kommt, uns flach auf den Boden zu werfen. Die Scheinwerfer leuchten auf das graue Feld, sodass alles eine merkwürdige gelbbraune Farbe bekommt. Es wird wieder dunkel, und die Frau (*die sich etwas auskennt und sie führt*) flüstert: ›Jetzt schnell, so schnell es nur geht!‹ Wir laufen hinter der Frau, den beiden Söhnen und der Großmutter. Die beiden alten Mütter und die Frau mit den Mädchen sind hinter uns. Es ist nicht viel zu sehen, aber die laufenden Schatten sieht man, und denen folgen wir. Das Licht leuchtet auf, und wir sind mitten auf dem nackten Feld. Wir werfen uns auf den Boden. Ich kann vor Entsetzen nichts mehr denken, das grelle Licht leuchtet über uns, und ich höre ›Stoj!‹ rufen und höre die Schüsse. Ich laufe durch den Garten, Jani folgt mir nicht – nein, es sind nicht die Schüsse, die Jani und mir gelten, es sind andere. Kalt und heiß läuft es mir über den Rücken, ich werde wieder das Wechselfieber haben, die Kehle ist mir wie zugeschnürt. Gleich wird alles vorbei sein, die zugeschnürte Kehle, mein großer Durst. Dann werde ich Mischi und Jani sehen, gleich ist alles vorbei. Ich liege, der Atem stockt mir, meine Mutter hält meine Hand fest, sie zittert nicht mehr, sie ist ganz starr. Alles ist gleich vorbei. Ich habe mein Gesicht auf der Erde liegen, ich sehe, dass es wieder dunkler wird. Es ist herrlich, diese Helligkeit verschwinden zu sehen. Jetzt ist wieder alles in Dunkelheit gehüllt, und die Nacht ist unser Engel, der uns beschützt.‹«

Die **Russlanddeutschen** kamen ebenfalls als Kolonisten nach Russland; die meisten wurden – wie schon gesagt – von der Zarin Katharina II. im letzten Drittel des 18. Jahrhunderts ins Land gerufen, um es zu kultivieren. Zu Beginn des Zweiten Weltkriegs lebten etwa eine Million Deutsche in Russland westlich des Ural, hauptsächlich im Schwarzmeergebiet, im Baltikum, in der Ukraine und an der Wolga. Sie bewahrten und lebten ihre deutsche Kultur. Seit 1924 bestand die Wolgarepublik als autonome Republik innerhalb der UdSSR. Von den 605.000 Einwohnern waren 1939 etwa zwei Drittel Deutsche. Die Drangsalierungen begannen schon in der Stalinzeit, als die Deutschen wie alle Bewohner der UdSSR der »Entkulakisierung«[13] und dem Terror unterworfen wurden. Sie wurden nach Sibirien und Mittelasien deportiert. Die systematische Verfolgung begann mit dem Zweiten Weltkrieg. Unter dem Vorwand, die Deutschen konspirierten und kooperierten mit den »Faschisten«, die das Land überfallen hatten, und es befänden sich unter ihnen zahlreiche »Diversanten und Spione«, wurden sie geächtet, und es brach eine entsetzliche Leidenszeit über sie herein.[14] Das Ziel war die Auslöschung des Deutschtums durch physische Dezimierung und Vernichtung der kulturellen Identität, d.h. die Übriggebliebenen sollten sich russifizieren. Die Entrechtung vollzog sich in drei Etappen:[15] Im Herbst 1941 wurden alle Deutschen aus ihren noch unbesetzten Heimatgebieten nach Sibirien und Mittelasien vertrieben[16], dann wurden alle Männer ab 16 Jahren und kurz darauf auch die Frauen im gleichen Alter, die keine Kinder unter drei Jahren hatten[17], von ihren Familien getrennt und als Arbeitskräfte in Lagern interniert.[18] Dabei wurden Mütter von ihren Kindern getrennt. Ein Sonderschicksal hatten zunächst diejenigen, deren Heimatgebiet von deutschen Truppen besetzt wurde. Die Männer wurden in die deutsche Wehrmacht eingezogen, fast ausnahmslos zur Waffen-SS.[19] Die »Volksdeutschen« in den besetzten Gebieten lernten die deutsche Besatzungspolitik kennen und konnten sie nicht verstehen. Dazu schreibt Erika K. (1928), die bei Verwandten in Dnjepopetrowsk, Ukraine, lebte. Der Vater war erschossen worden, die Mutter schon vor dem Krieg gestorben. Erika K. wurde bei einer deutschen Verwaltungsdienststelle angestellt:

»Für mich hat sich ab diesem Zeitpunkt eine neue Welt aufgetan. Ich hatte das Nötigste zum Anziehen, konnte mich satt essen und die Arbeit machte mir großen Spaß, und ich hatte einen wundervollen Chef, einen Schwaben. Ich war damals noch keine 16 Jahre alt, aber vieles war mir in der Handlungsweise der Deutschen aus dem Reich unverständlich. So gab es auf einmal volksdeutsche Mittelstellen, wo die Volksdeutschen in Russland bevorzugt wurden. Sie erhielten Kleider und Gutscheine für alles mögliche. So entstand Neid in der Bevölkerung. In unserer Wohnung waren Verwaltungsoffiziere einquartiert. Ich musste mit ihnen aufs Land fahren, um zu dolmetschen. Die Menschen (*Ukrainer*) mussten Hühner, Eier, Butter, ja sogar Kartoffeln abliefern, und sie bekamen dafür eine vorgefertigte Bescheinigung mit einem Stempel. Ein Stück Papier, welches wertlos war, und ich hatte dieses Betruges wegen ständig ein schlechtes Gewissen. Dann wurden die Wohnungen der Juden enteignet und zu Dienstwohnungen für den Verwaltungstrupp umgestaltet oder ganz einfach zu dem einen oder anderen Liebesnest eingerichtet … Das russische Volk war den Deutschen anfänglich ja so dankbar, dass sie nun endlich von dem verheerenden Stalinregime befreit waren, wir selbst haben ja erlebt, wie jede russische Babuschka, sofern sie es hatte, das letzte Stückchen Brot mit den deutschen Soldaten teilte. Während an der Front ein erbitterter Krieg tobte und täglich unzählige Menschen, egal welcher Nation, ihr Leben lassen mussten, wurden die besetzten Gebiete total umgestaltet und selbst dann, als die deutschen Truppen längst auf dem Rückzug waren, wurden in den weniger zerstörten Städten die Straßenschilder erneuert in Hermann Göring-, Adolf Hitler-, Josef Goebbelsstraße. Als dann die jungen Menschen dort einkassiert wurden, um in Deutschland als Fremdarbeiter eingesetzt zu werden, und sich kaum ein Mensch darum kümmerte, ob das russische Volk im eigenen Land etwas zum Leben hatte, gingen immer mehr Menschen zu den Partisanen, die ihr Leben dafür einsetzten, das Land von den Deutschen zu befreien. Viele, die gerne mit den Deutschen gegen den schrecklichen Stalinismus gekämpft hätten, taten nun das Gegenteil. Russische Frauen boten sich deutschen Offizieren für ein paar kurze Liebesnächte an, um ihnen während des Schlafes, bei dem sie nachgeholfen hatten, Uniform und Soldbuch abzunehmen. So waren diejenigen, welche im Untergrund kämpften, stets sehr gut ausgerüstet.«

Die deutschen Frauen und Kinder wurden von der deutschen Regierung nach Deutschland bzw. in den Warthegau umgesiedelt. Dort wurden sie »eingebürgert«. Wie das geschah, beschreibt Erika K.: Nach einem äußerst strapaziösen Transport mit vielen schlaflosen Nächten in Güterwägen kamen sie nach Litzmannstadt (Lodz):

»Es folgte die Entlausung, Duschen, und endlich konnte man nach mehr als zwei Wochen die Wäsche und Kleider wechseln. Nach einer Nudelsuppe mit Brötchen fühlte man sich wie neu geboren … Die Einwanderungszentrale befand sich in Litzmannstadt. Bei der Einbürgerung musste man auf Grund von Unterlagen oder durch Zeugen nachweisen, ob man 100, 50, 25 oder 12,5 % deutsch war, denn dementsprechend war die Farbe der Urkunde. Ich hüte dieses Stück Papier bis heute noch. Ich wurde am 1.11.43 eingebürgert und als 100 % deutsch anerkannt.«

Als die Gebiete dann wiederum von der Roten Armee zurückerobert wurden, hat man die Deutschen »repatriiert«, d. h. zwangsweise in die Sowjetunion zurückgeführt, wo sie wie alle anderen Russlanddeutschen nach Sibirien oder Mittelasien verschickt wurden.[20] Glück hatten die, die zuvor in den Westen geflohen waren.[21] Nach Kriegsende wurden die Russlanddeutschen in der Sowjetunion »für immer«, so hieß es, in ihren Vertreibungsgebieten angesiedelt, zu »ewigen Verbannten« erklärt und unter die Aufsicht einer Sonderkommandantur und des KGB gestellt. Sie durften den Siedlungsort ohne Genehmigung nicht verlassen und mussten sich einmal im Monat in eine Kontroll-Liste eintragen. Etwa ein Drittel der Russlanddeutschen ist durch die erlittenen Verfolgungen umgekommen. Wolter schätzt ihre Zahl auf eine halbe Million, darunter 100.000 Kinder von drei bis 14 Jahren.[22] 1956 wurde die Kommandanturaufsicht aufgehoben; die Deutschen durften sich jetzt frei bewegen. Aber erst zwölf Jahre nach Stalins Tod (1965) wurden sie formell rehabilitiert; sie wurden freilich niemals entschädigt oder rechtlich völlig gleichgestellt. Ab 1971 wurde ihnen erlaubt, nach Deutschland auszureisen. Von 1950 bis 2005 sind 4.481.882 »Spätaussiedler« in die Heimat ihrer Vorfahren zurückgekehrt, die meisten seit 1988. Seitdem nimmt die Zahl kontinuierlich ab. Die Problematik dieser inzwischen zum Teil russifizierten Immigranten und der Zurückgebliebenen kann hier nicht thematisiert werden. Es muss aber klar festgehalten werden, dass der Krieg gegen die Sowjetunion das Schicksal der Deutschen in der Sowjetunion bzw. in Russland besiegelt hat. Es gibt für sie dort keine Zukunft mehr.

Nelli Kossko (1937), im Dorf Marienheim in einer deutschen Kolonie am Schwarzen Meer geboren, gehört zu den Deutschen, die nach der deutschen Besetzung dieses Gebiets als »Volksdeutsche« »heim ins Reich« geholt wurden. Sie kamen nach Dresden und überlebten dort den schweren Angriff im Februar 1945. Nach Kriegsende wurde sie mit ihrer Mutter wegen »Verrates an der sozialistischen Heimat« zu lebenslänglicher Verbannung und Zwangsarbeit in Sibirien, in den Urwäldern des Kostroma-Gebietes, verurteilt. Das Kind war damals knapp neun Jahre alt. Ihr Vater, ein Lehrer, war 1938 während der Stalinschen Säuberungen umgebracht worden, ebenso wie ihre zahlreichen Verwandten, außer einem Onkel und einem Großvater. Dass der ältere Bruder Eddie sich ebenfalls in der Verbannung in einem der berüchtigten Lager bei Magadan, nördlich des Polarkreises, befand, erfuhren sie erst nach dem Krieg. Nelli Kossko hat ihre Erlebnisse in zwei schmalen Bändchen im Selbstverlag veröffentlicht.[23] Szenen und Situationen, die ihr heute noch ganz lebendig vor Augen stehen, wechseln mit allgemeineren Betrachtungen. Über den befohlenen, beschwerlichen und gefährlichen Treck nach Deutschland berichtet sie kurz:

»Für die Marienheimer schlug die Stunde Null am 17. März 1944, an einem Sonntag. Bevor sie auf die ›Reise‹ gingen, nahmen sie Abschied von der Heimat – von dem Dorf, den Feldern ringsum, so weit das Auge reichte, vom Friedhof, wo ihre Ahnen begraben waren, von jedem Baum, jedem Strauch, jedem vertrauten Gegenstand im Elternhaus. Trotz aller Hektik und Eile, trotz der Angst vor dem Fliegeralarm ließen sich die Menschen Zeit, als hätten sie schon damals geahnt, dass die Trennung von der Heimat endgültig war, dass sie nirgendwo mehr heimisch werden und nie mehr ein Zuhause haben würden. Dann erst setzte sich der Zug der mit Persenningplanen überdachten Pferdewagen in Bewegung. Zurück blieb ein Geisterdorf. Mit dem großen Treck ging es über Tiraspol, Bessarabien, Rumänien und Ungarn nach Polen.

Nicht die schlechten Witterungsverhältnisse, der katastrophale Zustand der Wege, nicht die vielen Krankheiten oder der Mangel an Futter für die Pferde waren das Schlimmste – man hatte sich mit allem abgefunden und war bereit, sein Kreuz zu tragen. Es waren vielmehr die fast regelmäßigen Angriffe der sowjetischen Flieger und der Partisanen.

Die Flugzeuge kamen tagsüber, wenn der Treck Rast machte, und schossen auf alles, was sich bewegte. Sie machten ganze Arbeit – zielsicher, gewissenhaft, gnadenlos. In dem heillosen Durcheinander, das dadurch entstand, verloren sich oft die Menschen, um sich erst nach Jahren, gar Jahrzehnten wieder zu finden. Oder überhaupt nicht mehr. Während eines Angriffs brach der Riesentreck unerwartet seine Zelte ab, als meine Brüder gerade Futter für die Pferde holen wollten. Im entstandenen Chaos konnten sie unseren Wagen nicht mehr finden. Mama suchte sie verzweifelt einige Tage, doch es war aussichtslos – sie waren verschollen. Es dauerte Jahrzehnte, ehe wir sie wieder sahen. Den einen in den weißen Weiten Sibiriens, den anderen in Deutschland …«

Über die zwangsweise »Rückführung« von Dresden nach Russland in Güterwaggons und dann auf Schlitten erzählt sie nichts Näheres, nur über die Ankunft in dem kleinen sibirischen Dorf, weit entfernt von der nächsten Bahnstation:

»Gegen Abend trafen wir in einem kleinen verschneiten Dorf ein, dem Endziel unserer langen Reise. Die Schlitten blieben stehen, ein Milizmann verschwand in einer der Bauernkaten, und im Nu hatte sich eine Menge aus Frauen und Kindern um uns herum geschart. Für einen Augenblick verschlug es mir die Sprache. Die Russen waren gewöhnliche Menschen, ganz, ganz anders, als man uns erzählt hatte. Blonde, blauäugige Frauen und Kinder standen um unseren Schlitten herum, lächelten freundlich, reckten die Hälse, stellten sich auf die Zehenspitzen, um uns besser betrachten zu können, und wiederholten immer wieder das Wort ›Njemzy‹ (*Deutsche*). Auch sie, die zum ersten Mal leibhaftige Deutsche sahen, schienen nicht wenig überrascht zu sein, denn sie redeten aufeinander ein, heftig gestikulierend und mit den Fingern auf uns deutend. Mir wurde unheimlich zumute. Was hatten die eigentlich vor? Und warum sahen sie uns so verwundert an?

Mama konnte ein bisschen Russisch. Sie sagte, die Russen wunderten sich und seien sogar enttäuscht, dass wir so gewöhnlich aussehen, gar nicht wie die Feinde, von denen sie soviel gehört und gelesen hatten.

Mir war kalt, ich hatte schrecklichen Hunger, die Menge jedoch machte keine Anstalten, auseinander zu gehen. Das beiderseitige Mustern und Abschätzen zog sich in die Länge, und uns blieb nichts anderes übrig, als dazusitzen und uns begaffen zu lassen, obwohl wir in unserer dünnen städtischen Bekleidung halb erfroren waren. ›Worauf warten wir denn, Mama?‹ Ich schaute zu meiner Mutter hoch. ›Darauf, mein Kind, dass uns eine dieser Frauen bei sich aufnimmt. Wir können schlecht auf diesem Schlitten hier übernachten.‹ Die Milizmänner redeten auf die Frauen ein, aber nichts geschah. Die vermummten Frauen und Kinder starrten uns stumm an, als hätten sie die beschwichtigenden Worte des Milizmannes nicht gehört. Ich hatte schon jede Hoffnung verloren, doch da trat eine rundliche Bäuerin an unseren Schlitten heran und streckte die Hand nach mir aus, vielmehr nach meinen Zöpfen, einer lästigen Pracht, die mir fast bis zu den Knien reichte. In wilder Panik fuhr ich herum, doch etwas im Blick der Frau beruhigte mich gleich wieder. Sie strich mir sanft über die Haare und murmelte: ›Achtybednyj Frizik, boischsja?‹ – ›Ach du armes Fritzchen, haste Angst?‹ Fragend schaute ich Mama an. ›Sie fragt, ob du Angst hast‹, lächelte Mama, ›nur verstehe ich nicht, warum sie dich Fritzchen genannt hat.‹ Das sollten wir noch früh genug erfahren: ›Fritz‹ als Inbegriff des hässlichen Deutschen aus der Feder des sowjetischen Schriftstellers Ilja Ehrenburg sollte uns auf unserem Weg in Russland unser Leben lang begleiten.

Die Bäuerin schien sich für mich und Mama entschieden zu haben … Die Frau nahm das vor unseren Schlitten gespannte Pferd am Zügel, schnalzte mit der Zunge, und bald hielten wir vor einer Bauernkate an Rande des Dorfes. Ich war begeistert von der Kate! Sie war aus runden, von der Zeit und dem Regen dunkelbraun gewordenen Baumstämmen gebaut, die an den Ecken etwas hervorstanden, und erinnerte an ein Häuschen aus einem Märchen. Die Kate war fast bis zu den kleinen Fenstern im Schnee versunken, und das Strohdach wirkte jetzt im Winter wie eine riesengroße weiße Mütze.

Noch mehr aber war ich erstaunt, als ich durch den nach Vieh und Mist stinkenden Flur in die Küche trat: Fast den ganzen Raum nahm ein riesiger Ofen ein, ein wahres Haus im Haus! Längs des ganzen Ofens war eine Bank angebracht, auf der eine bunte Steppdecke aus Stoffresten lag. Ich setzte mich auf die Ofenbank und wollte mich gerade umsehen, als die Bäuerin in die Küche kam. Sie versuchte mir etwas zu erklären und zeigte immer wieder auf den Ofen. Da ich überhaupt nichts verstand, gab sie's auf und begann mich zu entkleiden. Als sie meine blaugefrorenen Füße sah, stieß sie einen entsetzten Schrei aus, lief hinaus und kam mit einer Schüssel Schnee zurück. Damit begann sie meine Füße, dann auch die Hände und das Gesicht einzureiben, ohne von meinem lauten Brüllen Notiz zu nehmen. Zum Schluss betrachtete sie sichtlich zufrieden das Ergebnis ihrer Arbeit und schubste mich auf den Ofen, was mich veranlasste, noch lauter loszubrüllen, denn ich wollte doch nicht gebraten werden. Woher hätte ich auch wissen sollen, dass dieses ›Schlafzimmer‹ in der rauen Winterzeit für die ganze Familie die einzige Rettung vor der bitteren Kälte war? Zum Glück kam Mama in die Küche, die mir die Vorteile des berühmten ›russischen Ofens‹ erläuterte. Dass er, einmal frühmorgens ordentlich mit Holz geheizt, den ganzen Tag und auch die Nacht über warm blieb, dass man sich oft nur hier oben in der wohligen Wärme vor der bitteren Kälte draußen retten konnte und dass es eigentlich sehr gesund wäre, auf den warmen, bisweilen heißen Ziegelsteinen zu liegen. Nun hatte ich keine Angst mehr und konnte mir alles ansehen. Ich saß auf irgendwelchen alten Decken, auch ein Kissen war da, hart wie Stein. Die Ziegelsteine des Ofens wärmten angenehm, auch die Luft war hier oben viel wärmer.

Sie kamen in einem kleinen Zimmer neben der Küche unter, das sie selbst heizen mussten. Der Hunger und die mörderische Arbeit der Mutter waren die Hauptprobleme:

»Alle Frauen – Männer gab es so gut wie keine in unserem Transport – wurden jeden Tag in den Wald zum Holzfällen getrieben. Im tiefen Schnee, der manchmal bis zum Gürtel reichte, stapften sie zu den etliche Kilometer entfernten Waldparzellen, fällten Bäume, zersägten sie und schleppten die Hölzer zu einem Stapel am Ufer des nahe gelegenen Flusses: von morgens früh bis in die Nacht hinein, tagaus, tagein, auch an Sonn- und Feiertagen, bei jedem Wetter, zu jeder Jahreszeit, Jahr für Jahr ... Manche Frauen wurden, unerfahren und unbeholfen, von fallenden Bäumen zerquetscht. Oder sie brachen während der Holzflößerei im Eis ein und ertranken unter den Baumstämmen. Viele waren von der ihre Kräfte übersteigenden Arbeit so geschwächt, dass sie an Lungenentzündung, Ruhr, Grippe oder anderen Krankheiten starben. Viele erfroren oder waren ganz einfach irgendwo in Eis und Schnee verschollen. Die meisten starben jedoch an Unterernährung – sie verhungerten. Die Zwangsarbeiterinnen bekamen dreihundert Gramm Brot pro Tag – ein undefinierbares, schwarzes, klebriges Etwas, ein kleines Klümpchen. Wir Kinder bekamen gar nichts, denn wer nicht arbeitet, soll auch nichts essen, sagten die großen Humanisten, als welche sich die Kommunisten schon immer verstanden hatten. Unsere Mütter dachten da anders. Welche Mutter hätte nicht beim Anblick der hungrigen Augen ihres Kindes auf die eigene Brotration verzichtet? Wenn es aber zwei oder gar drei Kinder waren?«

Die Mutter tauschte alles, was sie noch an Sachen und Kleidern hatten, gegen Essen. Die russischen Bäuerinnen, auch ihre Hausfrau, die sie Tante Njura nannten, waren nicht unfreundlich, aber sie hatten selbst nicht viel. Der Kommandant war ein polternder aufgehetzter Deutschenhasser, der sie demütigte und beschimpfte, wo er nur konnte. Dann kam der Mann von Tante Njura aus dem Krieg zurück, der die »verhassten Faschisten« aus dem Haus jagen wollte.

»Arbeit gab es viel für mich, und es war gar nicht einfach, sie zu erledigen. Vieles musste noch gelernt werden, zum Beispiel, dass es eine Kleinigkeit war, eine Menge Reisig und Trockenholz im Wald zu sammeln, aber ungeheuer schwer, die weite Strecke zum Dorf mit dem Bündel auf dem Rücken durch den tiefen Schnee zurückzulegen. Oder das Wasserholen mit dem Schulterjoch, einer gebogenen, in der Mitte ausgehobelten Holzstange, an deren beiden Enden je ein Eimer an einem Haken angebracht war. Anfangs pendelten die Eimer bei jedem Schritt, das Wasser schwappte über, und zwar seltsamerweise immer nach innen, so dass ich, am Ziel angelangt, insgesamt vielleicht einen halben Eimer Wasser hatte, meine Kleidung aber jedes Mal eine einzige Eiskruste war! Man musste höllisch aufpassen, dass einem nicht Wangen, Füße und Hände erfroren, das gab hässliche Wunden, die lange nicht heilen wollten. Doch all das war nicht so schlimm wie die Tatsache, dass man lernen musste, sich den Launen der Erwachsenen ringsum anzupassen, Beschimpfungen und Zornesausbrüchen, Demütigungen und Beleidigungen aus dem Wege zu gehen, wie ich es beispielsweise bei Sergej I. (*dem Mann von Tante Njura*) tat, der noch immer darauf bestand, dass die ›Faschisten‹ aus dem Haus verschwanden.«

Eines Tages kamen fremde Männer ins Dorf und verhafteten ihre Mutter. Eine Bekannte hatte sie angezeigt, denn ihr Mann war ja als »deutscher Spion« verhaftet worden.

»Ich weiß nicht, wie lange ich reglos aus dem Fenster starrte, bemüht, die Tür, hinter der meine Mutter verschwunden war, nicht aus den Augen zu lassen, aber es kam mir wie eine Ewigkeit vor. Plötzlich ging die Tür auf, und ein Mann trat ins Freie. Er ging hinter das Haus, kam nach einigen Minuten mit einem Schlitten angefahren und hielt vor dem Eingang. Die Tür ging abermals auf, und heraus kamen die Herren vom Rayon, eine Gruppe von Barackenbewohnern und schließlich meine Mutter.

Ich geriet ganz aus dem Häuschen vor Freude, doch etwas hielt mich weiter am Fenster fest. Die Herren machten es sich auf dem Schlitten bequem. Ohne Mantel stürzte ich hinaus in den Schnee und die Kälte und lief dem Schlitten hinterher. Ich fiel hin, raffte mich auf, fiel wieder und schrie, schrie aus Leibeskräften nach meiner Mutter.

Man hatte mich bemerkt. Mama machte kehrt und lief mir entgegen, einer der Männer ihr nach. Als sie mich erreicht hatte und vom Boden aufheben wollte, stieß er sie grob beiseite und packte mich fest an den Armen. Ein zweiter Mann kam ihm zur Hilfe und schleifte Mama zum Schlitten. Ich wehrte mich nach Kräften, stemmte mich mit den Füßen auf den Boden, schlug wild mit den Armen um mich, doch der Mann war kräftiger. Er steckte mich einfach unter seinen Arm wie einen zappelnden Fisch und ging zum Dorf. Auf seinem Weg kreuzte Sergej I. auf. Vor Schreck hörte ich auf zu schreien und kniff die Augen ganz fest zu. ›Hör mal, Kumpel‹, hörte ich den Fremden sagen, ›sei so gut, bring diese Göre hier ins Dorf. Das kleine Biest ist nicht zu bändigen.‹ ›Pass mal auf, du Bulle‹, entgegnete Sergej I. gefährlich leise, ›ich bin Soldat und kämpfe nicht gegen Kinder, merk dir das, ja?‹ Er ließ den Fremden stehen und ging einfach weg. Dieser fluchte dreckig und schrie Sergej I. irgendwelche Beleidigungen nach, die offensichtlich so schlimm waren, dass der plötzlich kehrtmachte und mit Fäusten auf den verdutzten Milizmann losging. Dann zog er mich unter dem Arm des Bulligen hervor, der auch sofort die Flucht ergriff. Erst jetzt bemerkte ich, wie kalt es war. Ich konnte weder Arme noch Beine bewegen, aber es war mir auch alles egal, denn der Schlitten entfernte sich immer weiter … ›Komm!‹ Sergej I.'s Stimme ließ mich zusammenschrecken. Da ich mich dennoch nicht von der Stelle rührte, kam er näher heran, zog seinen Schafspelz aus, wickelte mich ein wie ein Baby und trug mich nach Hause, wo er mich Tante Njura aushändigte. Sonderbar, ich hatte auf einmal keine Angst mehr vor ihm, überhaupt eigentlich vor nichts und niemandem mehr, und mein einziger Wunsch war zu sterben.

An das, was darauf folgte, konnte ich mich später nur vage erinnern. Ich lag im Bett, Tante Njura und einige Frauen aus den Baracken standen im Zimmer und flüsterten. Dann zogen wieder Nebel vor meinen Augen auf, und ich tauchte in die Bewusstlosigkeit zurück. Manchmal schnappte ich ein paar Gesprächsfetzen auf, in denen es um ein armes Waisenkind ging. Als ich begriff, dass damit ich gemeint war, wollte ich sagen, es wäre nicht wahr, meine Mama würde ganz bestimmt zurückkommen, doch dann überkam mich erneut die Dunkelheit. Wenn ich für eine Zeitlang zu mir kam, suchte ich die Gesichter in der Stube nach dem vertrauten ab, aber es war nicht dabei … Sie kam erst am dritten Tag zurück, mit dunklen Ringen unter den Augen, erfrorenen Wangen und Händen. Mama war müde und abgemagert, obwohl man sich kaum hätte vorstellen können, dass sie noch magerer werden konnte, als sie ohnehin gewesen war …

Das zweite Halbjahr in der Schule begann. Auch wir deutschen Kinder mussten jetzt zur Schule: Schulkinder aus kleineren Dörfern kamen nach Dorofjewo in die Schule, in ein Dorf, das sozusagen das Verwaltungszentrum war. Und von unserem Dorf Gorki bis nach Dorofjewo waren es sechs Kilometer. Als wir in den Schulhof kamen, empfing uns ein vielstimmiger Chor: ›Die Fritzen kommen, die Fritzen kommen!‹ Wie vom Blitz getroffen blieben wir stehen. Unsere Freunde aus Gorki, mit denen wir fabelhaft auskamen und immer zusammen spielten, liefen verlegen weg und ließen uns im Stich, einige gesellten sich sogar zu der Gruppe auf dem Schulhof und stimmten in das Geschrei ein: ›Die Fritzen, die Fritzen!‹ Wir zogen die Köpfe ein, rückten zusammen, und die Beschimpfungen – mit strahlender Miene, in bester Laune, in der Gewissheit des Überlegenseins ausgerufen – prasselten auf uns wie Steine nieder. Es läutete. Die Kinder stürmten in die Klassen und warfen uns im Vorbeilaufen noch die letzten Hänseleien zu. Wir rührten uns nicht vom Fleck, und wäre nicht die Angst vor unseren Müttern gewesen, keiner hätte auch nur einen Augenblick gezögert, nach Hause zu gehen. Eine Lehrerin kam und schickte uns in die erste Klasse, wo uns wieder ein Chor empfing, mit dem selbst die Lehrerin, ein schmächtiges Geschöpf, nicht fertig werden konnte.

Hasserfüllt starrten wir einander an – die Russen grölend, wir schweigend. Ich weiß nicht, wie lange diese erniedrigende Szene noch gedauert hätte, wenn nicht Klara (*eines von den deutschen Mädchen, schon etwas älter*) plötzlich ›Ihr Schweine!‹ gezischt hätte und hocherhobenen Hauptes zu einer der leeren Schulbänke gegangen wäre. Es wirkte, und wir hatten etwas gelernt: Man muss sich wehren, nicht nachgeben, sich behaupten. In aller Ruhe marschierten wir zu den Bänken und setzten uns, den Blick starr geradeaus gerichtet. Der Unterricht konnte beginnen.«

Immer wieder brachen verbale und handgreifliche Feindseligkeiten aus, immer wieder wurden sie gehänselt, gedemütigt und geschlagen, aber allmählich verschafften sich die deutschen Kinder Respekt. Emmi (so nennt sich die Verfasserin in ihrer Erzählung) wurde später Klassenbeste und gewann im Schilaufen für die Schule den ersten Preis. Auch die verständnisvolle Lehrerin half zum Ausgleich, indem sie z. B. darauf verwies, dass Karl Marx ein Deutscher gewesen war.

»Die Brotrationen und die Kartoffeln wurden immer knapper. Der Frühling, auf den wir all unsere Hoffnungen gesetzt hatten, zögerte mit seinem Einzug. Die ersten Hungertoten zogen aus den Baracken auf den kleinen Dorffriedhof, die Hoffnung auf ein Entkommen wurde immer kleiner, ja winzig. Dann ging es wie am laufenden Band. Menschen verhungerten oder erfroren massenweise. Sie erfroren, weil sie nicht mehr die Kraft aufbrachten, Holz aus dem Wald zu holen. Und das mitten im Urwald! Die Dorfbewohner konnten uns nicht helfen. Sie wollten auch keine Kleidung mehr gegen Kartoffeln eintauschen, denn ihre Vorräte gingen ebenfalls zur Neige. Da hörte ich eines Tages, dass im Herbst von einem Feld der Kolchose die Kartoffeln nicht geerntet worden waren.«

Ganze Scharen von Menschen versuchten, dort Kartoffeln aus dem gefrorenen Boden herauszubuddeln. Emmi schaffte es nicht mit bloßen Händen. Kostja, ein russischer Junge, half ihr mit einer Axt. So brachten sie einen Sack nach Hause:

»Doch es waren gar nicht viele. Im Sack war mehr Erde als Früchte. Kostja brachte einen Eimer Wasser. Jede Kartoffel wurde säuberlich gewaschen und zum Auftauen auf die Waschtischdecke gelegt. Die aufgetauten Kartoffeln waren ein einziger Matsch, aus dem man nur Fladen hatte backen können. Die gefrorenen Kartoffeln schmeckten scheußlich. Die Schale reizte die Schleimhäute, aber es war immer noch besser als gar nichts … Nachmittags trieb ich mich in den Viehställen der Kolchose herum, sah den Kühen und Schafen zu, ging zu den niedlichen kleinen Kälbchen und anschließend zu ›meiner‹ Stute Golubka. Man konnte sie streicheln, tätscheln und auch mit ihr sprechen. Einmal, als sie mir wie gewöhnlich zuhören musste, hielt ich plötzlich in meinem Geplauder inne. Golubka hatte gerade ihr Futter bekommen, fast einen ganzen Eimer voll praller, goldener Haferkörner. Wie gebannt verfolgte ich jede Bewegung der Stute: wie sie den Kopf zum Futtertrog senkte, mit den weichen, wulstigen Lippen die Körner aufnahm und zu kauen begann. Unerwartet für mich selber streckte ich blitzschnell meine Hand aus, grub sie tief in den Hafer – und hielt wieder inne: ›Du sollst nicht stehlen!‹ Dass mir ausgerechnet jetzt dieses Gebot einfallen musste! Jedoch der Hunger, der zehrende, jeden anderen Gedanken ausmerzende Hunger half mir, die Angst vor der Sünde zu verdrängen. Hastig stopfte ich eine Handvoll Hafer in den Mund, begann zu kauen, kaute, kaute selbstvergessen mit Genuss und wagte kaum, den Kopf zu heben und Golubka in die Augen zu sehen.

Mir schien, nein ich war ganz sicher, dass sie mich mit ihren großen traurigen Augen vorwurfsvoll anschaute. ›Aber ich habe doch auch Hunger‹, versuchte ich mich vor ihr zu rechtfertigen. Ohne den Blick zu heben, griff ich noch einmal in den Futtertrog, holte eine Handvoll Hafer heraus und steckte sie in meine Manteltasche. Vor lauter Scham verabschiedete ich mich diesmal nicht von meiner Lieblingsstute, aber nichts auf der Welt hätte mich dazu bewegen können, den Hafer freiwillig zurückzugeben! Mit meinem Schatz in der Tasche raste ich nach Hause, schälte jedes Körnchen, tat sie in den Topf mit Wasser, warf noch zwei gefrorene Kartoffeln dazu und setzte das Ganze aufs Feuer. Als Mama abends von der Arbeit kam, freute sie sich sehr über das warme Mahl. Aber schon beim ersten Löffel Suppe wurde sie stutzig. Es gab einen Riesenkrach! Mama versuchte, mir das bewusste Gebot in Erinnerung zu bringen, aber auch ihr Widerstand war schwach. Und die Suppe hat sie schließlich auch gegessen.

Es ist leicht gesagt: Wahre dein Gesicht. In unserem Leben sah es ganz anders aus. Mit meinen neun Jahren hatte ich viele Tote gesehen, und der Sensenmann war unser ständiger Begleiter. Nur war es nie ein würdevoller Tod, sondern ein Eingehen, Verenden, ja Krepieren von Menschen – im Krieg von Bomben und Granaten zerfetzt, erfroren und verhungert im Frieden … Um mich herum ging es immer ums nackte Überleben, und am Ende angelangt, vergaß man Skrupel und manchmal auch Anstand. Was machte schon dieses bisschen Hafer aus? Es passierten viel schlimmere Dinge, über die sich keiner sonderlich aufregte … Menschen starben wie die Fliegen. Unser Friedhof wurde immer größer, viel größer als das Dorf selbst. Wir schwänzten oft die Schule, weil wir den weiten Weg nach Dorofjewo nicht mehr schafften, und weder die Schule noch unsere Mütter nahmen uns das übel … Not macht erfinderisch. Sobald die ersten Brennnesseln zum Vorschein kamen, wurden in allen deutschen Familien Brennnesselsuppen, Brennnesselspinat, sogar Brennnesselpudding gekocht und Brennnesselfladen und Brennnesselbrot gebacken. Schon sehr früh am Morgen gingen wir Kinder auf die ›Jagd‹, denn es gab mehr Anwärter auf etwas Essbares als Brennnesseln. Doch dann entdeckten wir an den Waldwegen ganze Brennnesselstauden. Gewappnet mit Persenningfäustlingen und Körben gingen wir in den Wald, wo es jetzt auch etwas zum Naschen gab: zarte, süßliche Stangen von Rentiermoos, die man geschält essen konnte, leckeren Sauerklee, und wenn wir Glück hatten, auch Sauerampfer. Vollgestopft mit diesem Grasfutter, stellten wir zu Hause unsere Körbe ab und liefen in die Schule. Sonderbar, aber der Magen vertrug diese Kost. Nur wenn wir zu viele ›Kerzen‹ von den jungen Fichten verdrückten, bekamen wir arge Bauchschmerzen.«

Eines Tages nahm die Mutter ihren letzten Schmuck und ging in die Stadt Semjonowskoje in den Basar (*sie bekamen inzwischen einen freien Tag im Monat für die Hausarbeit*). Sie kam mit einer Ziege zurück, die ihnen von da an Milch spendete. Sie nannten sie Musja. »Musja war großzügig – gleich einen ganzen Liter Milch hatte sie uns abgegeben! Doch Mama schien es nicht eilig zu haben. Sie seihte die Milch durch, goss dann langsam zwei Tassen voll, während ich mir die Hand vor den Mund halten und kräftig schlucken musste, damit mir der Speichel nicht über das Kinn lief. Dann ging Mama zum Sack, den sie mitgebracht hatte, bückte sich und kramte darin herum. Als sie sich aufrichtete, begann sich alles um mich herum zu drehen: Wie eine Märchenfee stand Mama in der Mitte unserer Stube und hielt ein Brot in den Händen, einen ganzen Laib Brot! Durch meine hungrigen Tränen starrte ich ungläubig auf dieses Wunder, dann auf Mama, die unsicher lächelte, als ob sie sagen wollte: ›Ich kann's ja auch nicht glauben, aber es scheint wahr zu sein!‹

Endlich gelang es mir, einigermaßen klar zu denken. Ich stand auf und ging unsicher auf das Brot zu, betastete es, roch daran, sah dann wieder zu Mama hoch – nein, es war keine Attrappe, es war richtiges Brot, schwarzes Brot mit Kruste, von dessen Geruch allein man schon verrückt werden konnte. Mama setzte das Messer an, zögerte einen Augenblick, schnitt dann ganz schnell zwei fingerdicke Scheiben ab und legte den Rest in den Spind. Ich konnte mich nicht länger beherrschen, griff, noch bevor sich Mama an den Tisch setzte, nach Milch und Brot, biss hastig in die schwarze klebrige Masse. Mama, die solche Unartigkeiten auch in der Hungerzeit nicht duldete, sah mich vorwurfsvoll an: ›Du musst jetzt langsam essen, mein Kind, lange, lange kauen musst du, dann wirst du auch einigermaßen satt!‹ Doch gerade das war zuviel verlangt, ich hätte ihren Rat um keinen Preis befolgen können, auch wenn man mich auf der Stelle für meine Unsitte erschlagen hätte! So schlang ich blitzschnell alles hinunter. Mama wiegte nur traurig den Kopf, seufzte und schob mir dann den Rest ihres Anteils zu. Ich hatte noch so schlimmen Hunger! Das bisschen Milch und Brot waren wie ein Tropfen Wasser auf den heißen Stein. ›Aber Mama hat doch auch noch Hunger‹, versuchte ich das hungrige Tier in mir zu besänftigen, während meine Hand wie von selbst blitzschnell nach der Tasse und dem Brot griff! Ich verschlang alles gierig und konnte vor lauter Scham den Blick nicht heben. Dann hörte ich Mama weinen. Sie drückte mich an sich, mich, das Ekel, das ihr eben das Stückchen Brot weggegessen hatte, und hörte nicht auf zu weinen. ›Mein Gott, Kleines, was würde ich nicht alles tun, damit wenigstens du nicht zu hungern brauchtest!‹ Sie hob die zum Gebet gefalteten Hände empor, und Tränen überströmten ihr Gesicht: ›Heiliger Jesus Christus, unser Retter und Erlöser!‹ flüsterte sie inständig unter Tränen, das Gesicht gegen die Decke gewandt, ›warum hast du uns so hart bestraft? Was haben wir verschuldet, o Herr, dass wir so schwer an unserem Kreuz tragen müssen? Bitte, o Herr, lass endlich Gnade walten, nicht für uns bitten wir, sondern für unsere Kinder, die doch nichts haben verschulden können!‹ …

Wir waren verwahrloste, kleine, altkluge Greise, die hart zupacken mussten, sei es beim Mähen, Graben, Säen, Dreschen, Kühe melken oder Pferde versorgen. In der Zeit, die uns blieb, waren wir stets auf der Suche nach etwas Essbarem. Alle unsere Wünsche, Gefühle, Träume, all unser Denken, Sinnen und Trachten galten dem Essen. Wir hatten nicht einmal Lust zum Spielen. Nur manchmal wurden wir wieder wir selbst. Irgendwann hatte jemand ein Spiel erfunden, das etwa so hieß: ›Was würdest du machen, wenn du ganz plötzlich einen Laib Brot fändest?‹ Mit glänzenden Augen schrien wir wild durcheinander – unserer Phantasie waren keine Grenzen gesetzt. Doch jedes Mal ging das Spiel traurig aus, denn am Ende waren wir wieder kleine, schutzlose, hungrige Kinder.

Doch schlimmer noch als die Kälte und der Hunger war unser Status als Feinde, Verschmähte, Ausgestoßene und Geächtete. Dass das Wort ›Deutsche‹ wie ein Peitschenhieb, wie eine unerträgliche Folter klingen kann, wird nur ein Betroffener nachempfinden können. Aber es gab noch Steigerungsmöglichkeiten: Fritzen, Faschisten, deutsche Schweine, Nazis – und Worte, die unübersetzbar sind …

Die Hungersnot wollte und wollte nicht enden. Auch den Dorfbewohnern ging es immer schlechter, denn die Kolchose musste fast alles an den Staat abliefern, da das Land nach dem Krieg wieder aufgebaut werden wollte. Wir hatten alle – sowohl die Russen als auch die Deutschen – nur eine Sorge: dem Hungertod zu entrinnen. Mag sein, dass dieser Kampf uns die Feindschaft vergessen ließ, jedenfalls kam es immer seltener zu Hassausbrüchen. Und irgendwie hatten wir uns daran gewöhnt, sie machten uns, wenn sie doch einmal vorkamen, eigentlich fast nichts mehr aus … Um etwas zu erreichen, mussten wir immer zehnfach besser sein als die anderen – erst dann wurde man irgendwie akzeptiert. Aber auch in solchen Ausnahmefällen gab es viele Türen, die für uns bis zu den Jahren der Perestroika (*also bis in die zweite Hälfte der 80er Jahre*) verschlossen blieben – fast fünf Jahrzehnte lang. Es war der berüchtigte ›Punkt 5‹ – die in den Pass eingetragene Nationalität, und da stand bei uns verständlicherweise ›Deutsche‹. Mit diesem Vermerk hatte man keinen Zugang zu manchen Berufen im höheren militärischen oder diplomatischen Dienst, in der Justiz oder Journalistik, aber auch keine Möglichkeit, Reisen ins Ausland zu unternehmen, nicht einmal in die sogenannten ›sozialistischen‹ Länder.«

Die meisten Deutschen verließen das Dorf Gorki, um zu ihren Verwandten zu ziehen in die verschiedenen Verbannungsgebiete in die Wälder Ostsibiriens, in die Minen des Ural und auf die Baumwollplantagen Mittelasiens, wo man dringend Arbeitskräfte brauchte. Schließlich waren ihre Mutter und sie die einzigen Deutschen in Gorki. Unerwartet bekamen sie Post von dem älteren Bruder Eddie, den sie auf dem Treck nach Deutschland verloren hatten. Er war im Magadaner Gebiet, wo er in den Kohlengruben arbeiten musste. Auf dem Foto, um das er sie gebeten hatte und das sie sich unter Mühen hatten anfertigen lassen, erkennen sie sich selbst kaum wieder:

»Wir fanden keine Worte und betrachteten schweigend die beiden geisterhaften Gestalten, die uns da anstarrten: Eine ausgemergelte Frau mit eingefallenen Wangen und übergroßen Augen, sitzend, daneben auf dürren und extrem langen Spatzenbeinchen ein Mädchen. ›Ich bin ja lauter Beine‹, dachte ich erschüttert und starrte auf den schmächtigen Rumpf, auf dem das kleine Köpfchen wie aufgesteckt aussah – eine Vogelscheuche! Eddie wird bestimmt Augen machen, wenn er seine kleine Emmi sieht, dachte ich gequält. Ich konnte mir lebhaft vorstellen, wie er befremdet dieses Bild ansehen und Ähnlichkeit mit dem kleinen putzigen Mädchen von einst suchen und nicht finden würde. Ohne noch lange zu überlegen, schnitt ich ein Drittel des Bildes unten ab – so stimmten zumindest die Proportionen.«

Die kranke Mutter und die inzwischen 14-jährige Emmi machten sich 1952 auf den langen Weg zu Eddie, um nicht mehr alleine zu sein. Sie durften nicht unbewacht fahren, sondern wurden von einem Milizionär begleitet, der sie ziemlich gemein behandelte. Über ihr weiteres Leben schreibt Nelli Kossko im Nachwort und im Vorgriff auf ihr zweites Erinnerungsbuch »Am anderen Ende der Welt«:

»Wir lebten fortan in einer wahren Mondlandschaft mit Hügeln und Bergen, ewigem Frostboden, auf dem nur karge und kleinwüchsige Vegetation gedieh, mit Minustemperaturen bis zu sechzig Grad im Winter, der, wie der Volksmund behauptet, hier zwölf Monate dauert. ›Der Rest des Jahres ist hier Sommer‹, heißt es sarkastisch in einem Lied über den ›Planeten der Gefangenen‹ … Trotz der Strenge und der Rauheit der Natur, trotz unserer Armut brauchten wir nicht mehr so sehr zu hungern. Es gab Brot, soviel man essen konnte, dazu Kartoffeln, Zwiebeln, Weißkohl, freilich nur in Rationen und nur getrocknet. Auch die Angst, ich müsste mit meinen fünfzehn Jahren jetzt arbeiten gehen, erwies sich als unbegründet: man ließ mich weiter in die Schule gehen. Das Wichtigste aber – wir waren nicht mehr die Geächteten, die Verdammten, die Ausgestoßenen. Denn außer der Betriebsleitung und einigen Dutzend Angestellten und Arbeitern, die frei angeworben worden waren und sich hier einen schnellen Rubel verdienen wollten, waren die Bewohner der Siedlung ausschließlich Umsiedler, Verbannte und ehemalige politische Häftlinge, die wie wir keine Hoffnung hatten, diesen Ort irgendwann lebend verlassen zu können. Wir waren die Verdammten und alle gleich in unserem Unglück.«

Emmi war eine ausgezeichnete Schülerin, begann mit 16 Jahren die Ausbildung in der technischen Bergbauschule in Magadan. »Den ersten Versuch, die Sowjetunion zu verlassen, unternahm unsere Familie 1956 … Jahre vergingen. Ich hatte schon mein Studium (Germanistik) abgeschlossen, geheiratet, zwei Töchter geboren und erzogen, bin abermals durch die sowjetische Hölle gegangen wegen des Ausreisewunsches, als es uns 1975, nach 19 Jahren!, gelang, aus der innigen Umarmung des Sowjetlandes auszubrechen.«[24]

Der wolgadeutsche Junge Johannes H. (1927) hat seine Geschichte 1996/97 aufgeschrieben. Sie umfasst 132 eng geschriebene Din-A4-Seiten, geht zurück bis zu den ältesten mündlichen Überlieferungen, die ihm sein Vater noch erzählen konnte, und reicht bis zu seiner Ausreise nach Deutschland im Jahre 1990. Ich referiere die einschneidendsten Ereignisse und dokumentiere mit seinen Worten seine Erlebnisse in der Stalinzeit vor dem Krieg, in der Kriegs- und unmittelbaren Nachkriegszeit. Der breitere Hintergrund ist nötig, weil nur so verständlich wird, dass für die russlanddeutschen Kinder das harte Leben nicht erst mit dem Krieg oder – wie für die meisten Volksdeutschen – nach dem Krieg begann.

Johannes' Mutter, die der Vater 1926 heiratete, war Vollwaise. Ihre Eltern waren in dem schrecklichen Hungerjahr 1921 verhungert. In ihrem Dorf Rohrgraben gab es nur eine etwas wohlhabendere Familie, die »entkulakisiert« wurde, d. h. sie wurde 1930 entweder nach Sibirien oder in den hohen Norden verschickt.[25] Die anderen wurden in einem Kolchos zusammengefasst. Als das Getreide abgegeben werden musste, hatten sie gar nichts mehr, und die Mutter musste mit den beiden Kindern betteln gehen. Im Sommer hütete Johannes die Kolchosschafe, dann die Hühner.

»Im Großen und Ganzen war der Sommer bei den Hühnern für mich viel angenehmer als bei den Schafen. Die Arbeit war leichter, und dank der Eier waren wir immer verhältnismäßig satt. Es war herrlich in der Natur. Ich liebte es, im weichen Gras auf dem Rücken zu liegen und den Lerchen zuzusehen, wie sie hoch oben am Himmel trillerten und an einer Stelle mit den Flügeln schwirrten. Dabei träumte es sich so schön. Schlecht war, dass ich so viel allein bei den Hühnern sein musste: der Vater arbeitete auf der Kolchostenne, und die Mutter hatte zu Hause zu tun. Angst hatte ich nur vor den Habichten, die uns ständig belästigten. Im Handumdrehen hatte sich einer eine abseits spazierende Henne geschnappt und zog ab mit ihr. Aber man konnte damals auch vor herumstreunenden Vagabunden nicht sicher sein. Es war gerade nach dem großen Hungerjahr 1933, und da strichen verschiedene dunkle Gestalten im Land umher.«

Ihre einzige Kuh wurde gestohlen. Sie mussten ihr Häuschen verkaufen (für eine Kuh und einen zweispännigen Wagen Zuckerrüben!) und nach Marxstadt umziehen, wo der Vater in einer kleinen Gießerei Arbeit fand.

»Am 22. Dezember 1934, genau an dem Tag, als ich 7 Jahre alt wurde, wurde frühmorgens ein großer Schlitten mit unserer Habe bepackt, und zwei Kühe – unsere und die der Großmutter – wurden davor gespannt, und Onkel Adolf zuckelte mit diesem Gefährt nach Marxstadt. Unsere schwangere Mutter und wir drei Kinder saßen gut verpackt in Decken und Pelzen auf dem Schlitten. Onkel Adolf führte die Kühe oder lief hinter dem Schlitten her. Es war um die 30 Grad Kälte. Die Euter der Kühe waren mit Leinensäcken verbunden, damit sie nicht anfroren. Diesen meinen siebten Geburtstag werde ich nie vergessen.«

Der Vater arbeitete in einer Gießerei, verdiente aber so wenig, dass sie sich anfangs nur von gekochten Zuckerrüben ernähren mussten, bis die Kantinenfrau der Mutter erlaubte, jeden Mittag Speisereste aus der Kantinenküche zu holen. 1935 kam Johannes in die Schule, wo er eifrig und fleißig lernte. Die Mutter hatte kein Geld und musste die Tinte selber machen, die schmierte und ihm den Spottnamen »Schmierhannes« einbrachte. Er war ein guter Schüler.

1939 kam das fünfte Kind.

»Zu dieser Zeit waren wir auch schon aus der größten Armut heraus. Vater arbeitete jetzt als Dreher und verdiente etwas besser. Wir hatten eine Kuh, stets ein kleines Schwein, ein paar Hühner. Auf der Steppe bei Onkel Adolf und der Großmutter hatten wir stets vier bis fünf Schafe, sodass wir im Winter auch nicht ohne Fleisch waren. Zum Heizen machten wir alljährlich Mistholz (aus Stallmist geformte Briketts) und holten mit der Kuh trockenes Reisig aus dem Wald. Von der Stadtverwaltung hatten wir für eine mäßige Miete eine kleine Wohnung bekommen. Und als sich das Leben so einigermaßen, nach unseren Maßstäben stabilisiert hatte, begann 1941 der Krieg mit Deutschland ... Der Anfang des Krieges ist mir durch die schaurig-feierliche Stimme des Ansagers Lewitan vom Moskauer Rundfunk in Erinnerung geblieben, danach durch die Rede Molotows, des damaligen Außenministers der Sowjetunion, obwohl ich von all dem damals ganz wenig verstand. Die Leute in unserem Marxstadt, einem Kantonzentrum in der Autonomen Republik der Wolgadeutschen, gingen traurig und niedergeschlagen umher. Unter den Erwachsenen (ich war damals 13 Jahre alt) verbreiteten sich die verschiedensten Gerüchte. Die älteren Leute machten beklemmende Voraussagen, das sei wohl jetzt das Ende ... Wir Kinder spürten zwar ein auf uns zukommendes Gewitter, verstanden aber im Allgemeinen ganz wenig von dem, was da ringsum vor sich ging. Ich persönlich war damit beschäftigt, Lehrbücher für die siebte Klasse zu beschaffen, deutsche natürlich, denn ich hatte in jenem Sommer die sechste Klasse der deutschen Mittelschule beendet. Russisch verstand und sprach ich nur sehr wenig, wie auch die meisten anderen deutschen Einwohner der Stadt. Ringsum wurde Deutsch gesprochen, auch in den Betrieben und Anstalten wurden die Geschäfte in deutscher Sprache geführt ...

Wir wurden aus Marxstadt in den ersten Tagen des September ausgesiedelt. Ein paar Tage zuvor gingen Russenleute durch die Häuser der Deutschen und registrierten alles: Bestand der Familie, Häuser und Kühe. Wir besaßen kein eigenes Haus, wohnten in einer Kommunalwohnung. Der Vater arbeitete im Betrieb fast bis zum letzten Tag. Dann lief er zwei Tage dorthin, um den ihm noch zustehenden Lohn zu erhalten, doch vergebens. Wo sollten auch die Betriebe und örtlichen Banken das viele Geld auf einmal hernehmen? Die Zentralbehörden kümmerten sich nicht darum. Am Nachmittag des 6. September kamen Militärs und kündigten an, dass in zwei Stunden die Wagen kämen, wir sollten uns bereithalten. Doch sie waren kaum weg, als die Fuhren schon vor dem Haus hielten. Unsere Familie hätte nach den von oben bestimmten Normen für sieben Personen (Eltern und fünf Kinder) zwei Fuhren bekommen sollen – eine zweispännige und eine einspännige. Doch es gab nur eine zweispännige. Es musste alles schnell umgepackt, und einige Kisten und Bündel mussten zurückgelassen werden.

In der Stadt herrschte ein unbeschreibliches Chaos – auf den Straßen liefen Schweine, Schafe, Ziegen und schrien, Hühner gackerten, die Hunde heulten (sie spürten am stärksten, dass etwas Ungewöhnliches in der Luft lag). Schüler russischer Nationalität aus den Berufsschulen liefen auf den Straßen und Höfen herum und versuchten, die Tiere einzufangen ... Einige unserer Nachbarn, Vaters Arbeitskollegen, luden ihre Sachen nicht auf die Wagen, sie weigerten sich, ohne Geld wegzufahren. Sie fuhren zwei Tage später weg, nachdem sie in den Betrieben vollständig ausbezahlt worden waren. Unser Vater hatte zu große Angst, sich den Behörden zu widersetzen. Er war froh, dass er seine Kinder alle zusammenhalten konnte und in dem Durcheinander nicht verlor und dass er bei seiner Familie bleiben konnte (Angst vor Verhaftung). So fuhren wir los mit fünf kg Zwieback an Bord (den die Mutter noch trocknen konnte), einem Eimer gebratenem Fleisch und 13 Rubel Geld. Unterwegs sahen wir Kinder dann mit Neid auf die anderen, die Geld hatten und Lebensmittel kaufen konnten ... Wir fuhren langsam im Schritt durch die ganze Stadt. Es war ein schauriges Bild, das an die Aussiedlung der Kulaken (Großbauern) Ende der 20er und Anfang der 30er erinnerte, nur um das Hundertfache vergrößert. Der Treck zog sich Dutzende Kilometer dahin, begleitet von den Hunden der Einwohner. Auf den Straßen standen Menschen, russische Nachbarn, Kollegen. Viele weinten, andere winkten mit Tüchern, liefen zu den Wagen, um sich zu verabschieden. Wir fuhren nach Engels zur Eisenbahn. Fuhren sehr langsam, mussten oft und manchmal sehr lange wegen irgendeiner Panne halten. So fuhren wir die ganze Nacht. Wir fuhren durch leere Dörfer, wenn da Deutsche gewohnt hatten, durch schlafende Dörfer, wenn da Russen wohnten. Doch wenn der Treck ankam, erwachten die Leute, liefen auf die Straße, um sich den seltsamen Zug anzusehen. Viele kamen zu den Fuhren und übergaben den Frauen und nicht schlafenden Kindern Milch, Tomaten, Äpfel und anderes. Wussten sie doch zu gut, dass den Leuten ein langer und schwieriger Weg bevorstand.«

In Engels wurden sie in Güterwagen verladen. In ihrem Waggon waren 42 Personen. Sie fuhren 17 Tage.

»Wir fuhren, wenn auch langsam, immer weiter nach Osten. Anfänglich war für uns Kinder diese Reise sehr interessant. Wir wussten ungefähr, dass man uns nach Kasachstan oder Sibirien fuhr. Wir erinnerten uns an die Bilder im Lehrbuch für Geographie, an Kinofilme, und das alles kam uns sehr exotisch vor. Für uns war interessant, jetzt das zu sehen zu bekommen, was früher nur in unserer Phantasie lebte. In jedem Waggon wurde ein Ältester gewählt, der zusammen mit anderen Männern nach warmem Mittagessen und Brot ging, die uns an manchen Eisenbahnstationen zugeteilt wurden ...

Am 18. September kam unser Zug auf der Station Rubzowka (Altai-Region) an.«

Sie wurden dann auf die verschiedenen Kolchosen in der Umgebung verteilt. Die Familie H. kam in das Rayonzentrum Nowo-Jegorjewka. Dort arbeitete der Vater auf dem Kolchos, sie fanden ein leerstehendes Häuschen.

»Wir Kinder halfen im Dorf den alten Frauen und Soldatenwitwen die ungeheuer großen Gärten abzuräumen. Dafür bekamen wir Kartoffeln, Rüben, Kürbisse, Kohl und anderes Gemüse, sodass wir für die erste Zeit genug zu essen hatten. Brot erhielten wir aus dem Kolchos, anfangs gebackenes, dann Mehl (später bekamen wir auch eine Kuh). Doch die Familie war groß, und wir begannen so nach und nach unsere mitgebrachten Kleidungsstücke und andere Sachen gegen Lebensmittel umzutauschen. An eine Schule war vorerst gar nicht zu denken. Ich verstand zwar ein paar Brocken Russisch, aber ich musste arbeiten. Die beiden jüngeren schulpflichtigen Geschwister verstanden überhaupt nichts. So blieb der Bruder (Jahrgang 1933) auch für sein ganzes Leben lese- und schreibunkundig. Solche gibt es unter den Russlanddeutschen heute noch viele.

Anfangs verhielt sich die örtliche russische Bevölkerung ganz friedfertig zu den Aussiedlern, sogar mitleidig. Es wurden Arbeitskräfte gebraucht (die Männer waren alle an der Front), und die Deutschen waren geradezu willkommen mit ihrer Arbeitslust und ihrem kindlichen Gehorsam. Man musste ja manchmal dumme Fragen einstecken, z. B. wie unsere Meinung wäre, wer siegen wird – die Sowjetunion oder ›unser Hitler‹, ob wir wohl ›Nemzy‹ (Deutsche) oder ›Nenzy‹ (ein Volk im Norden der Sowjetunion, am Eismeer) seien. Manche hatten bis dahin ernsthaft geglaubt, dass die Deutschen Hörner an den Köpfen hätten. In den Kinos lief damals der Film ›Alexander Newskij‹. Das war ein mittelalterlicher Nowgoroder Fürst, der im Jahre 1242 den Deutschen Ritterorden auf dem Peipussee besiegt hatte. Die Ritter hatten da oftmals Hörner an ihren Helmen. Dieser Umstand und die bösartige Propaganda der Politkommissare gegen alles Deutsche hatten unter der Bevölkerung ihr Ziel erreicht, hatten den Hass auch gegen die eigenen Deutschen auf die Spitze getrieben. Schlimmer wurde es, als die Totenbriefe von der Front begannen, dutzendweise in die Häuser der russischen Bevölkerung zu flattern. Das Wehklagen erschütterte dann die Luft. Die Frauen und Kinder rauften sich die Haare aus, beschütteten ihre Köpfe mit Asche. Wir Deutschen getrauten uns an solchen Tagen nicht auf die Straße. Schimpfworte wie ›Faschisten‹, ›Hitleristen‹, ›Fritzen‹ – das war das Geringste, was wir über uns ergehen lassen mussten …

Anfang 1942 wurden sämtliche deutsche Männer, auch die Frauen ohne Kinder unter drei Jahren, zur Arbeitsarmee eingezogen. Die übrige deutsche Bevölkerung kam unter Aufsicht der Sonderkommandantur. Alle über 16 Jahre mussten sich zweimal monatlich melden. Es wurde immer strenger. Die Deutschen mussten stets die Arbeit verrichten, vor der sich die Einheimischen scheuten. Die Deutschen konnten sich nicht dagegen sträuben – es wurde sofort mit der Kommandantur gedroht. Man durfte nicht mal ins Nachbardorf gehen und einen Verwandten oder Freund besuchen, auch wenn es nur zwei Kilometer vom eigenen Dorf entfernt war, sich aber in einem anderen Rayon befand. Vor den Städten waren Sperren eingerichtet, damit die Deutschen nicht dorthin konnten. Man konnte nicht mal zum Markt gehen. Wenn es trotzdem jemand wagte, die Grenze des Rayons zu überschreiten und dabei geschnappt wurde, wurde er sofort verhaftet und unter Bewachung zu ›seinem‹ Kommandanten gebracht.

Die Strafe hing dann vom Charakter und der Stimmung des ›Vaters‹ ab. – Es konnten im Winter einige Nächte kalten Karzers, Arrest in der Gefängniszelle, Zwangsarbeit unter Bewachung, Peitschenhiebe oder auch eine einfache Standpauke sein.

Vater kam im März 1942 in die Arbeitsarmee … Wir hatten fünf Tage, um Vater auf diese Reise vorzubereiten. Meine Aufgabe war es, Tabak zum Rauchen so viel wie möglich zu hacken, zu sieben und rauchfertig zu machen. Ich brachte es zu 300 Teegläsern, die später den Vater vor dem sicheren Hungertod retteten. Er tauschte den Tabak, Machorka genannt, gegen Lebensmittel.«

Im Sommer arbeitete Johannes auf dem Kolchos. »Da es fast keine erwachsenen Arbeitskräfte gab, wurden wir Jungen sehr geschätzt und bildeten uns nicht wenig ein. Wir waren ja geradezu unersetzlich. Die Leute in der Brigade hatten genug zu essen, und wenn nicht die Sorgen um den Vater gewesen wären und die Hassausbrüche der Bevölkerung gegen uns ›Faschisten‹, hätte ich mich glücklich fühlen können.« Der Kolchosvorsitzende konnte ihn mehrmals vor dem Abtransport in die Trudarmee (Arbeitsarmee) schützen.

»Aber am 5. Dezember 1942 war es soweit. Der Vorsitzende war gerade abwesend. Der Rayon musste fünf Personen ›liefern‹. Da es im ganzen Rayon keine passenden Deutschen mehr gab, wurde ich Vierzehnjähriger einberufen. Ich verabschiedete mich von der Familie, um die ich sehr bangte, und nahm meinen von der Mutter vorbereiteten Reisesack mit dem letzten Reichtum der Familie – einer über und über geflickten Steppdecke aus Kamelwolle und drei Brotfladen, die mir die Mutter für den Weg gebacken hatte … Im Nachbardorf übernachteten wir und fuhren am nächsten Morgen weiter in die Stadt. Seit dieser Nacht wurde ich ›erwachsen‹. Ich wurde nachts Dutzende Male wach, sah nach der Uhr, um rechtzeitig aufzustehen und auch meine Kameraden zu wecken, obwohl ich der Jüngste unter ihnen war.«

In Rubzowka wurden etwa 800 Jungen und Mädchen, alte, kranke Männer und Frauen in eisige Güterwagen verladen und nach Norden transportiert.

»Fünf Tage waren wir in diesen fast ungeheizten Güterwagen unterwegs. Das kleine Gussöfchen in der Mitte des Waggons spendete Wärme nur in die allernächste Umgebung. Und so wärmten wir 45 Menschen uns der Reihe nach. Von Schlafen konnte in dieser Kälte fast keine Rede sein. Unterwegs träumten wir noch davon, dass man uns höchstens bis zum Frühjahr behalten wird. Wer sollte denn zur Aussaatzeit pflügen und säen?! Doch es stellte sich heraus, dass niemand daran dachte, uns wieder freizulassen. Wir kamen in die Kohlegruben des Kusnezker Kohlenreviers. Die mehr oder weniger Gesunden, darunter auch wir ganz Junge, unter Tage zur Kohlenförderung. Man hatte in diesem Schub wohl die letzten zusammengekehrt, denn es gab hier nur ganz junge und ganz alte und kranke Menschen. Es waren ja auch einige mittleren Alters darunter, die aus der Armee hierher gebracht worden waren, ehemalige Offiziere deutscher Nationalität. Aber die dienten als Natschalniks (Vorgesetzte) und führten über uns das Kommando. Wir wurden in einer Reihe von Baracken untergebracht, 3 km von der Stadt und vom Grubengelände entfernt, auf einer Anhöhe, wo der Wind besonders eisig wehte …

Die Arbeit in der Grube war schwer, zumal für uns Halbwüchsige, die wir noch wenig Kräfte hatten, und unsere erfahrungslose, unrationelle Lebensweise ließ uns auch nicht zu Kräften kommen. Wir erhielten zwar ein Kilo Brot pro Tag, aber das aßen wir gewöhnlich schon in den ersten Stunden auf. Oft wurden wir auch wegen der geringfügigsten Vergehen (wenn es im Zimmer schmutzig war, wenn wir, oft krankheitshalber, aber ohne ärztliche Bescheinigung, die Arbeit versäumten, wenn wir unsere Gruppe mit dem Passierschein verpassten und verspätet ins Lager kamen, wenn wir vom Kohlenstaub, der sich tief in die Gesichtshaut hineinfraß, im Gesicht schwarz waren, und … und … und) bestraft durch Brotentzug, z. B. wurden 200–500 Gramm pro Tag für 10 Tage aus der Brotkarte herausgeschnitten. Ich konnte in der Speisehalle die halb verfaulten Fleischbröckchen, die es gab, mit dem besten Willen nicht hinunterbringen, so lebte ich nur von der Brühe und dem gefrorenen Gemüse, das wir bekamen. Ich magerte bald ab und konnte in der Grube mein Arbeitssoll nicht erfüllen (mit der Schaufel Kohlen schippen oder Holzstämme zum Ausbau des Kohlenflözes schleppen), und da hagelte es noch mehr Strafen. Es kam manchmal zum vollen Essensentzug. In den Baracken schliefen wir auf Pritschen ohne Matratzen oder Strohsäcke und Decken, die gab es erst nach einem Jahr. Natürlich war von Auskleiden vor dem Schlafengehen keine Rede. Wir schliefen in dem, was wir auf dem Leibe hatten, oft war es das Arbeitszeug, das wir in der Grube trugen …

Und trotzdem lebten wir noch in besseren Verhältnissen, als sie in anderen Lagern waren. War es vielleicht deswegen, weil es bei uns keine vollwertigen Arbeiter gab: nur halbe Kinder, Greise und Kranke? War es vielleicht der Kommandant Boos, ein ehemaliger Hauptmann, ein Mann mit starkem Charakter, der es verstand, allmählich eine Art Ordnung in seinem Lager zu schaffen?

Im Frühjahr 1943 erkrankte ich an Lungenentzündung. Ich lag einige Tage, oft besinnungslos, mit hohem Fieber auf meiner Pritsche ohne jegliche ärztliche Hilfe. Im Lager gab es keinen Arzt. Endlich brachte man mich mit einem einspännigen Wagen und einer Schindmähre davor durch die ganze Stadt ins Krankenhaus. Es war ein sonniger, warmer Frühlingstag. Die Kinder meines Alters und auch ältere spielten auf den Straßen Ball und andere Spiele. Ich lag auf dem ratternden Wagen, sah mit halbem Bewusstsein dem lustigen Treiben zu, und zum ersten Mal wurde ich mir meiner hilflosen, sklavenähnlichen Lage als Deutscher so richtig bewusst, und ich vermochte nicht die Tränen zu unterdrücken, die mir über die Wangen rollten. Der Fuhrmann, ein alter Russe, glaubte, ich weine vor Schmerzen, und fuhr langsamer, damit der Wagen nicht so rüttelte. Ja, es waren Schmerzen, aber die konnte ich dem alten Mann damals nicht beschreiben. Es war die Hilflosigkeit, mit der wir dem Schicksal ausgeliefert waren, die Beleidigung über die Ungerechtigkeit, weil wir, noch halbe Kinder, so behandelt wurden, nur weil wir Deutsche waren … Als ich nach zwei Wochen aus dem Krankenhaus zurückkehrte, hatte man mir meine alten Filzstiefel gestohlen. Die wurden wie so vieles andere, was gestohlen wurde, bei der örtlichen Bevölkerung gegen Lebensmittel umgetauscht …

Wir hatten ein paar Monate lang einen Meister mit Namen Danilow (ein Russe natürlich, auch die Kumpel waren alle Russen). Der schrieb uns fünf deutschen Jungen jeden Tag hundertprozentige Planerfüllung an, obwohl wir die Norm niemals erfüllen konnten, und wir erzielten täglich für diese ›Normerfüllung‹ ein zusätzliches warmes Mittagessen. Er tat es angeblich aus rein menschlicher Zuneigung. Der Mann hatte einen Sohn an der Front und zu Hause noch Kinder in unserem Alter und jünger. Als wir stutzig wurden und ihm unsere Bedenken äußerten, erklärte er uns: Wenn man unser Alter und unsere Lage in Betracht zöge, würden wir unsere Arbeitsnorm sogar übererfüllen. Wir dankten ihm, indem wir ihm manchmal eine Portion Brot für seine Kinder zuschoben. Mir kam manchmal der Gedanke, dass der Mann vielleicht gerade damit gerechnet hatte.«

Ein 30-jähriger Schneider aus Marxstadt, der wegen eines Leistenbruchs nicht im Schacht arbeiten konnte, aber durch Nähen zusätzliche Lebensmittel bekommen konnte, gab ihm davon ab.

»Aber das Wichtigste für mich war, dass ich bei ihm stets ein offenes Ohr fand und ihm mein Herz ausschütten konnte und die Träume. Geträumt wurde meistens vom Essen und einem ›freien Leben und freier Arbeit‹ auf den weiten Kolchosfeldern … Früher träumte man von der Wolga und von der Schule. Um diese Träume zu verwirklichen, schmiedete man Pläne, zu zweit, zu dritt, aus der Trudarmee, aus dem verhassten Lager und dem dunklen feuchten Schacht zu fliehen, nach Hause zur Familie, zur Mutter und den Geschwistern. Man war sich bewusst, was dabei herauskommen konnte: ungeheure Schwierigkeiten unterwegs, und, wenn man gefangen wurde, acht bis zehn Jahre Gefängnis oder bestenfalls eine beschämende Rückkehr ins Lager unter noch schwierigeren Bedingungen … Die Normen bei der Kohleförderung waren so hoch, dass erwachsene, starke Männer sie kaum bewältigen konnten. Man hatte uns junge Kerle den alten Kumpeln zugeteilt, die aber jetzt auch eine doppelte Norm erfüllen mussten, was unmöglich war … Mit dem Arbeitsschutz war es damals in der Grube nicht gut bestellt. Wir wurden so manchmal Zeugen von tragischen Grubenunfällen. Diese Unfälle haben sich jedes Mal sehr tief in unser Bewusstsein eingegraben … Einmal war ich Zeuge, wie unser guter alter und erfahrener Schichtmeister über etwas stolperte und auf das Fließband fiel, auf dem mit gewaltiger Geschwindigkeit die Kohle auf die Hauptstrecke hinuntersauste. Der Meister flog mit, das ging so schnell, dass er nicht mal schreien konnte (man hätte das in dem allgemeinen Tosen und Lärm auch gar nicht gehört). Hinter ihm flogen Tonnen von Kohle auf ihn und deckten ihn im Nu völlig zu. Bis er befreit war, war er tot. Der Mann sah aus wie eine große schwarze Puppe … Manche kamen unter die Loren des Elektrozuges, der die Kohle zum Ausgang beförderte, zwei Mann wurden an ihrer Arbeitsstelle tot aufgefunden – an Grubengas erstickt. Keiner wusste mit Sicherheit, wenn er in den Schacht fuhr, ob er noch einmal lebendig herauskam.«

Im Januar 1944 wurden die 25 jüngsten und schwächsten Jungen und Mädchen zur Waldarbeit in einen 15 Kilometer entfernten Ort, einer Siedlung von Waldarbeitern, abkommandiert.

»Wir trauerten jetzt der Kohlengrube nach. Dort war es wenigstens im Winter warm, und im Sommer gab es keine Stechmücken und Schnaken. Aber am meisten trauerten wir um das verlorene Kilo Brot. Hier bekamen wir 600 Gramm Brot pro Tag. Bei Erfüllung der Norm zu 100 Prozent und mehr erhielt man 800 Gramm. Nun, bei uns blieb es bei den 600 Gramm pro Tag, wir bekamen auch entsprechend weniger andere Lebensmittel. Die Kälte erreichte im Winter 55 Grad und mehr und der weiche, über einen Meter tiefe Schnee wurde oft zu einem unüberwindbaren Hindernis. Jetzt lernten wir das Betteln um Almosen. Es begann mit dem Tauschen von Seife, Zwirn, Zündhölzern, die wir auf Karten erhielten, gegen Kartoffeln, Zwiebel und anderes Gemüse. Wir gingen im Dorf von Haus zu Haus und boten unsere Ware an. Manche Leute gaben uns etwas zu essen, ohne die Ware zu nehmen, denn der Hunger schaute uns ja unzweideutig aus den Augen. Manche hetzten aber auch die Hunde auf uns. Manchmal kam es vor, dass wir irgendeine Arbeit fanden (an den wenigen Ruhetagen, die es gab): Holz sägen, helfen, Heu zu holen aus dem Wald mit dem Handschlitten, Garten graben, Heu mähen, die Gärten abernten. Das wurde gewöhnlich gut belohnt mit Naturalien. Außerdem hatte man den ganzen Tag über sein Essen. Solche Tage waren für uns die reinsten Feier- und Schlemmertage. Dann hatte man die ganze Woche über beliebten Gesprächsstoff.«

Nur ganz wenigen gelang die Flucht. Johannes war der anstrengenden Waldarbeit gar nicht gewachsen und hatte es schwer bei einem ganz unfreundlichen Waldarbeiter, dem er zugeteilt war. Er hatte dann großes Glück, einen freundlichen Holzfahrer, einen Moldawier, zu treffen, der ihn als Gehilfen anforderte.

»Der Mann war für mich wie ein leiblicher Vater. Er kümmerte sich darum, dass ich stets warm angezogen war, so gut es ging, dass ich immer gründlich sauber war, verbot mir, allein einen Baumstamm zu heben, der für mich zu schwer war, gab mir auch manchmal noch von seinem Essen etwas ab: er könne das nicht vertragen, und ich sei jung, wachse und brauche mehr Essen. Er unterhielt sich gern mit mir über meine Familie, über die Schule und erzählte viel über seine Familie und seine Heimat Moldawien. Ich konnte mich an ihn mit einem beliebigen Problem wenden, er hatte für mich stets ein offenes Ohr. Er hatte nur ein paar Monate eine Schule besucht, konnte kaum seinen Namen schreiben und sprach sehr schlecht Russisch.«

Johannes war dann noch über ein Jahr als Holzverlader an der Seilbahn tätig, schließlich als Streckenwärter an der Seilbahn. Von den Ereignissen während der Zeit in der Trudarmee ist ihm noch eines besonders im Gedächtnis geblieben:

»Es war im Winter 1946, schon nach Kriegsende. Am späten Abend, so um zwölf Uhr, verließ ich in Unterwäsche und Filzstiefeln die Baracke und wollte die Toilette aufsuchen, die sich ca. 150 m von der Baracke entfernt im Wald befand. Ich war an jenem Tag krank, hatte sogar eine schriftliche ärztliche Befreiung von der Arbeit. Und draußen war es eisig kalt, der Wind trieb mir den Schnee in die Augen. Ich blieb ungefähr 50 Meter von der Baracke entfernt stehen und wollte schnell in die warme Baracke zurücklaufen. Da tauchte plötzlich der Kommandant neben mir auf, packte mich am Kragen und zerrte mich zu seiner Behausung. Er wohnte in einem speziellen Raum vor der Baracke und hatte mich im Mondschein von seiner Tür aus beobachtet. Er öffnete aber die Tür nebenan, die in einen extra für die Deutschen eingerichteten kalten Karzer führte, und stieß mich dort hinein. Ich war anfänglich völlig schockiert, verstand gar nicht richtig, was mit mir passiert war. Aber die schreckliche Kälte brachte mich schnell zur Besinnung. Ich begann in dem Karzer zu tanzen, machte die komischsten Sprünge und Bewegungen, um mich zu erwärmen. Doch bald spürte ich, wie mir die Gliedmaßen in den Gelenken steif wurden und aufhörten zu gehorchen. Die Kniekehlen, die Ellbogen, das Genick – alles wurde steif. Ich bekam Angst und begann zu schreien und mit den Fäusten an Tür und Wände zu trommeln. Der Kommandant nebenan konnte dieses Konzert doch wohl nicht länger aushalten und ging weg. Ich hörte die Tür gehen und zuschlagen. Dann die Stimme des Kommandanten, der seinem Gehilfen (auch ein Deutscher, der krankheitshalber für die Arbeit im Wald nicht tauglich war und den Posten eines Flurdieners versah) die Anweisung gab, mich um sieben Uhr morgens herauszulassen. Ich lärmte noch eine Weile, wurde heiser, die Kräfte wurden weniger, die Bewegungen immer langsamer, und ich erinnerte mich daran, was ich über Erfrierende gelesen und gehört hatte und sah meinen Tod schon vor Augen. Nach kurzer Unterbrechung begann ich wieder zu schreien und zu klopfen. Ich rief Namen meiner Zimmergenossen in der Hoffnung, dass mal jemand herauskäme, um die Toilette aufzusuchen. Aber keiner dachte daran, bei diesem Hundewetter auf den Hof zu gehen. Es waren alles ältere, erfahrenere Männer, die von der Front weggenommen worden waren. Sie bedienten sich einfach eines großen Wassereimers, der im Zimmer stand und den der Stubendiener als Putzeimer gebrauchte. Plötzlich hörte ich Schritte, und der Türriegel rasselte. Der Gehilfe des Kommandanten stand in der Tür und sagte, ich solle schnell in mein Zimmer gehen. Der Kommandant sei in die Siedlung zu einem Freund schlafen gegangen. Ich war im Gesicht und an den Haaren mit Reif bedeckt, die Ohren und die Nasenspitze waren angefroren, ich konnte mich kaum noch bewegen. Der Mann fasste mich unter den Arm und führte mich ins Zimmer. Die Männer wachten auf, machten Licht und setzten sich in den Betten. Der Kommandantengehilfe erzählte ihnen, was vorgefallen war. Ich konnte nicht mehr sprechen – nur noch schluchzen und mit den Zähnen klappern. Es war ein Uhr nachts, also war ich eine knappe Stunde in dem Karzer. Bis sieben Uhr morgens hätte ich es nicht ausgehalten, ich wäre ein Eisklumpen gewesen. Die Jungen legten mich ins Bett, deckten mich mit Decken und Pelzen zu, aber ich konnte bis zum Morgen nicht warm werden. Von den Leuten schlief keiner mehr. Sie waren sehr aufgebracht, dass so etwas auch nach Kriegsende mit uns noch passieren konnte. Ich schlief erst am Morgen etwas ein …

Es gab während der Jahre in der Trudarmee auch glückliche Tage für mich. Einer davon war ein Tag im Sommer 1944, als ich von zu Hause einen Brief bekam mit der Nachricht, dass Vater nach Hause gekommen wäre, ›aus gesundheitlichen Gründen‹, wie es hieß. Was diese lakonischen Worte bedeuteten, erfuhr ich erst später, als ich im Juni 1946 selbst aus der Trudarmee eigenmächtig zurückkehrte. Ich erhielt Urlaub, fuhr zu meiner Familie und kehrte nicht mehr in den Wald zurück. Der Kolchosvorsitzende machte die Sache mit dem Ortskommandanten ab und ließ mich nicht mehr aus dem Kolchos fort, was ganz meinen Wünschen entsprach. Obwohl das Leben im Kolchos noch schwieriger war als im Wald, alle Familienmitglieder abgerissen und vor Hunger geschwollen waren, wollte ich lieber zu Hause bleiben. So konnte ich die Familie vor dem sicheren Hungertod retten, weil ich jetzt arbeitete und man uns vom Kolchos aus unterstützte. Obwohl der Kolchosvorsitzende uns sehr geneigt schien, weil Vater früher ein guter Arbeiter war und ich auch immer mein Bestes tat, galt hier doch der Grundsatz: Wer nicht arbeitet, soll auch nicht essen. Jetzt erfuhr ich erst, unter welchen Umständen der Vater damals, 1944, ›losgelassen‹ wurde. Von der schweren Arbeit und ständigem Hunger war er völlig kraftlos geworden und atrophiert. Er konnte sich nicht mehr selbständig auf den Beinen halten. Die Ärzte konnten solchen Kranken nicht helfen, sie starben aber auch nicht so schnell. Also wurden sie nach Hause geschickt, weil sie völlig nutzlos waren. Ich weiß nicht mehr genau, wie Vater sein Dorf und seine Familie erreichte. Nur eines ist mir bekannt, dass er nach einer Woche Erholung ›arbeiten‹ musste. Er musste Kühe hüten. Morgens hoben ihn die Nachbarn aufs Pferd, den ganzen Tag ritt er hinter der Herde her, und abends nahm man ihn vom Pferd herunter. So ging es zwei Monate lang, bis er lernte, wieder zu gehen und, wenn auch mit fremder Hilfe, selbständig aufs Pferd zu steigen. Doch dann erkrankte er an Lungen- und Herzleiden und wurde kein vollwertiger Arbeiter mehr. Er erlag seinen Leiden im Herbst 1954, gerade in dem Jahr, als wir wieder zum ersten Mal Brot satt zu essen hatten. Die Befreiung von der Sonderkommandantur erlebte er nicht.«

Da war Johannes H. längst kein Kind mehr. Sein weiterer Lebensweg sei knapp skizziert: Die Familie, die in allerärmlichsten Verhältnissen lebte, entkam – dank seiner schweren Arbeit – nur knapp dem Hungertod. Als er 1950 heiratete, weil nur so die kranke Mutter eine Hilfe im Haushalt erhalten konnte, hatten sie nur Kartoffeln zu essen. Der Vater seiner Frau war in der Trudarmee verhungert. Johannes konnte schließlich der Arbeit im Kolchos entgehen, wurde 1952 Arbeiter im Dienstleistungkombinat. Dort arbeitete er im Sommer in der Ziegelei, im Winter in der Walkerei. Neben der Arbeit lernte er in der Abendschule. Obwohl er nur sechs Klassen besucht hatte, schaffte er es gleich in die achte Klasse. Im März 1956 wurden die Deutschen von der Kommandanturaufsicht befreit, sie konnten sich jetzt frei, auch außerhalb des Rayons, bewegen. Nach verschiedenen Zwischenstationen zogen sie nach Kirgisien, weil seine Frau schwer krank war und die Ärzte meinten, sie würde den Winter in Sibirien nicht überleben. In der Abendschule hatte er es bis zum Abitur gebracht. Seinen ersten festen Arbeitsplatz bekam er als Hilfsarbeiter, als Betonierer in der Nähe von Frunse (heute Bischtek). Er musste seine todkranke Frau pflegen, dazu tagsüber schwer arbeiten. Erst 1962 bekamen sie eine Kommunalwohnung mit zwei Zimmern, Küche und Bad. Im gleichen Jahr starb seine Frau nach fünfjährigem Leiden. Sie hinterließ einen kleinen Sohn. 1963 heiratete er zum zweiten Mal. 1967, nach zehnjährigem Abendstudium, erhielt er das Diplom eines Deutschlehrers und wurde Lehrkraft an der Universität Frunse, wo er Deutschlehrer für die Schulen Kirgisiens ausbildete. 1988 ging er in Rente. Nach unglaublichen Scherereien und Schwierigkeiten konnte er 1990 mit Frau und Sohn nach Deutschland ausreisen. Er durfte im Lager bei Lüneburg 14 Tage als Dolmetscher arbeiten. Dazu sagt er: »Die zwei Wochen in der Kaserne waren meine besten Tage in Deutschland. Ich fühlte, dass ich noch gebraucht wurde und war glücklich.« Später hatte er dazu keine Gelegenheit mehr, und er meint:. »Die ältere Generation der Russlanddeutschen wird doch wohl eine gewisse Scheu nicht mehr los. Der Stempel des Krieges, der Trudarmee und der Kommandantur lässt sich so leicht nicht abwaschen.«

Nur durch eine solche außergewöhnliche Kraftanstrengung konnte sich ein Deutscher hocharbeiten. Ein weiteres, sehr eindrückliches Beispiel dafür ist Ilona Walger (1939)[26], die mir einen Auszug aus ihrem Tagebuch zur Verfügung stellte. Sie schrieb es teils in deutscher, überwiegend in russischer Sprache. Ich zitiere aus dem Eintrag vom 6. September 1957, also schon einige Jahre nach der formellen Rehabilitierung der Russlanddeutschen. Obwohl sie da schon 18 Jahre alt ist, zeigt das Tagebuch die unmittelbaren Auswirkungen ihres Kinderschicksals während des Krieges. Hier ihre Übersetzung:

»Der Abschlussball der Schule und der Sommer sind dahin. Ich habe die Mittelschule (10. Klasse) mit guten Noten absolviert. Das Reifezeugnis ist die Eintrittskarte für ein weiteres Studium an der Hochschule. Im Monat August habe ich die Aufnahmeprüfung an der Hochschule in Barnaul (*südlich von Nowosibirsk*) in der Fakultät für fremde Sprachen: Deutsch, Englisch, Französisch und natürlich Russisch mit den Noten ›ausgezeichnet‹ und ›gut‹ bestanden. Die Prüfungen musste man in vier Fächern ablegen: Deutsch, Russische Literatur, Russische Grammatik und die Geschichte der KPdSU. Trotz meiner guten Eingangsnote 18 wurde ich zum Studium nicht zugelassen. Die höchste Quote war 20. Die durchschnittliche Quote für die Aufnahme betrug 16. Besonders viel Mühe habe ich mir gegeben, die Geschichte der KPdSU gut auswendig zu lernen. Ich klebte buchstäblich am Stuhl, um das Material in meinen

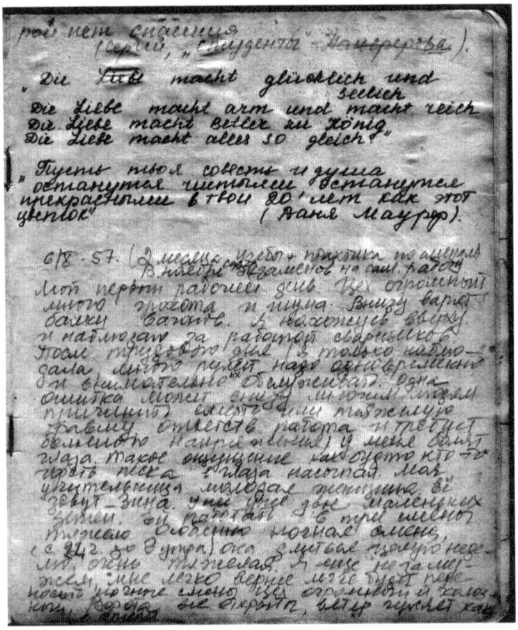
„Die Liebe macht glücklich und selich
Die Liebe macht arm und macht reich
Die Liebe macht Betler zu König
Die Liebe macht alles so gleich!“

„Пусть твоя совесть и душа останутся чистыми, останутся прекрасными в твои 20 лет как этот цветок“ (Ваня Маурер).

5. Aus dem in deutscher und russischer Sprache geschriebenen Tagebuch von Ilona W.

Schädel zu hämmern und es zu begreifen, denn das, was in den Geschichtsbüchern und den Beschlüssen der Parteitage und Kongresse steht und das reale Leben driftet stark auseinander. Das Leben, das ich inzwischen kenne, ist ganz anders, als es in diesen Büchern steht – umso mehr tut es mir weh! Diese Tatsache kränkt mich. Es ärgert mich unglaublich! In der Verfassung der UdSSR steht schwarz auf weiß, dass alle Bürger und Bürgerinnen der Sowjetunion, unabhängig von ihrer Nationalität, gleiche Rechte auf Bildung, Arbeit usw. haben. Und sieh mal an, was mir geschah! Niederlage und große Enttäuschung! Das ist keine kleine Diskriminierung! Die Deutschen haben es schwer. Überall sind Einschränkungen für uns eingeführt worden. Gerechtigkeit gibt es nur auf dem Papier. Im wirklichen Leben gibt es keine Gerechtigkeit.

Nur den Kopf nicht hängen lassen! Kämpfen!! Ich werde nach zwei Berufsjahren wieder einen Versuch machen. Mein sehnlichster Wunsch ist, weiter zu studieren, nämlich Fremdsprachen. Doch ohne Hochschulabschluss bin ich hier in diesem Leben eine Null. Dann wäre ich für mein ganzes Leben zu schwerer, schmutziger Arbeit verdonnert. Nun, Studienbewerber, die bei der Aufnahme zwei Jahre Berufstätigkeit nachweisen können, haben bessere Chancen als Schulabsolventen. Die Zukunft wird mir zeigen, ob es stimmt.

Jetzt bleibt mir nichts weiter übrig als als Kranführerin in der Waggonfabrik, in der auch mein Vater als Buchhalter tätig ist, zu arbeiten. In einem Monat werde ich 18 Jahre alt. Das bedeutet, dass ich jetzt zu den Erwachsenen gehöre und meinen Lebensunterhalt selbst verdienen muss. Meine Eltern sind schon alt und haben viel Schweres durchgemacht. Vater wird das nächste Jahr die Rente antreten. Ich bin beider Stütze und Hoffnung. Ich darf sie nicht enttäuschen. Ich werde es auch nicht wagen, meinen Eltern etwas Schlimmes anzutun.

Heute ist es auch für hiesige Verhältnisse sehr kalt. Es weht ein eisiger Wind. Wir erwarten den sibirischen Schnee und Frost … Heute ist mein erster Arbeitstag. Eintritt in das Berufsleben. Die Montagehalle ist sehr lang und riesig groß, viel Lärm und

Gepolter. Ich sitze oben in der Kabine des Krans und schaue nach unten. Ich beobachte, wie die Schweißer die langen, großen Stahlbalken in Form eines großen Buchstabens ›T‹, das Herzstück der Waggonplattform, zusammenschweißen. Es dauert drei bis vier Stunden, und solange müssen zwei Kräne (jeder an einem Ende) die zwei Stahlbalken im Drahtseil halten. Kranführerin zu sein, ist gar nicht so einfach. Es sind fünf Steuerungen, die man gleichzeitig bewältigen muss. Ein auch nur kleiner Fehler kann für die Arbeiter, die da unten arbeiten, Tod und Verderben bedeuten. Es ist eine verantwortungsvolle und anstrengende Tätigkeit. Sie erfordert viel Aufmerksamkeit. Meine Augen brennen wie Feuer. Ich habe das Gefühl, als hätte mir jemand eine Handvoll Sand in die Augen gestreut ... Die Montagehalle ist groß und kalt und in zwei Teile geteilt. Alle Tore stehen offen. Ein Transportzug fährt ständig herein und heraus. Er bringt Bauelemente, Maschinenteile, Räder, Stahlbaken, die die Kranführerinnen ausladen, sortieren und lagern müssen. Es ist so kalt, dass mir die Hände in den Handschuhen frieren. Der böige, scharfe Wind bläst in freiem Lauf durch die Werkhalle, wie in der Steppe.«

Ilona Walger brachte es zum Doktor der Naturwissenschaften, ein langer und dornenreicher Weg! Die meisten schafften es nicht. Nach dem Willen der Partei sollten sie ja auch auf physische Arbeiten beschränkt bleiben.

In den beiden ausführlichen Lebensgeschichten kommt die schlimmste Erfahrung, die russlanddeutsche Kinder machen mussten, nicht vor: die gewaltsame Trennung von ihren Müttern, als diese, bereits in den Verbannungsgebieten, auch noch in die Arbeitsarmee (genannt Trudarmee) einberufen wurden. Dazu einige Zeugnisse:

Aus einem Brief von Peter D. aus dem Bezirk von Pawlodar (*Sibirien*), den Gerhard Wolter 1992 bekam:[27] »Ich war sechs Jahre alt, als nach dem Vater auch die Mutter in die ›Arbeitsarmee‹ einberufen wurde. Erst als Erwachsener habe ich wirklich den großen Kummer unserer Mütter verstanden, die man auf Ochsenschlitten setzte, um sie zur Eisenbahnstation wie zu einer Hinrichtung zu schicken. Wir liefen lange hinterher und weinten laut, und sie schrien auch vor dem sie erstickenden Unglück. Die Mütter fuhr man fort, und die Kinder blieben ganz ohne Aufsicht. Fünfzehn kleine Jungen im Alter von fünf bis zwölf Jahren trieb man in eine Erdhütte, wo wir auch einige Jahre lebten. Es gab weder Heizung noch Essen. Für eine Woche gab es 200 Gramm Getreideabfälle aus dem Kolchos, damit die ›Fritzen‹ schneller verreckten. Bald zerriss die ganze Kleidung, und wir verblieben völlig nackt. Um die Nacktheit zu bedecken, wurden Lappen umgebunden. Im Winter wurde reihum das getragen, was bei einem von uns übrig geblieben war, und man ging über die Dörfer und bat um Almosen, die dann unter uns aufgeteilt wurden. Viele starben, andere erfroren, und manche wurden von den Steppenwölfen zerrissen. Wie wir in jenen Jahren lebten, kann man sogar jetzt nicht erzählen. Meine Mutter kehrte erst nach 7 Jahren zurück, als ich schon Hilfstraktorist war. Und über den Vater wissen wir bis jetzt nichts.«

Aus einem Brief von Erwin H. aus Tadschikistan an Gerhard Wolter, 1992:[28] »Das Allerschlimmste für unsere Familie begann im Winter 1942, als der Vater zur ›Arbeitsarmee‹ in den Ural einberufen wurde. Wir hatten keine Mittel mehr für unsere Existenz – die Mutter, die hochbetagte Großmutter, das Brüderchen. Und da war noch der Kleinste, der in Kasachstan geboren war. Einen Bruder verscharrte der Vater während der Fahrt vom Nordkaukasus auf irgendeiner Zwischenstation. Das Leben in dem Dörfchen in Kasachstan war schrecklich. Wir schlugen uns damit durch, dass wir Ähren im Feld lasen. Dafür wurden wir grausam geschlagen; man nahm uns die Säcke und Überzüge sowie die Kleidung ab. In der Steppe gruben wir irgendwelche Wurzeln und wilde Zwiebeln aus, fingen Zieselmäuse und kamen so irgendwie über die Runden. 1944 begann eine Typhus-Epidemie, durch welche die Menschen wie die Fliegen starben. Erst kam die Großmutter ums Leben, dann der Kleinste. Auf diesen Moment hatten die ›Organe‹ gleichsam gewartet und schickten sofort die Mutter in die ›Arbeitsarmee‹. Ich blieb mit dem sechsjährigen Bruder völlig allein (ich war zehn Jahre alt). Der Dorfsowjet und die Kolchose brachten uns in ein sogenanntes Kinderheim – in einen Pferdeverschlag an der Stelle des früheren Pferdestalls. Anders als ein Konzentrationslager für die Kinder des ›Volksfeinds‹ kann man diesen unheilvollen Ort nicht nennen. Man nährte uns schlechter als die Hunde, die diesen Platz bewachten. Man schlug uns, verspottete uns auf verschiedene Weise, rief uns mit unmöglichen Worten. Kurz, man tat alles dafür, dass die deutschen Kinder so schnell wie möglich ausstarben. Doch trotz allem überlebten wir.«

Es gibt nur ein einziges authentisches Dokument aus Kinderhand in wenigen Zeilen: Auf dem Titelblatt eines alten Sammelbands deutscher geistlicher Lyrik (herausgegeben 1816) sind in Kinderschrift folgende Sätze notiert:

»1942 am 12. Dezember musste mein Papa in die Arbeitsarmee.
Er kam heim 1943 am 24. Mai. War vier Monate krank danach
starb er am 26. August.
1942 am 9. Dezember holten sie meine Mama in die Arbeitsarmee kam
heim 1944 am 24. Mai dann
erkrankte sie starb 1945
am 7. Januar. Damm Gertrud«[29]

Wir wissen nicht, wer Gertrud Damm war und wie sie weiter zu leben vermochte. In diesen wenigen Zeilen aber liegt alles Leid der Kinder beschlossen, die nicht nur selbst – wie alle Kinder – unschuldig an diesem Krieg waren, sondern deren Eltern auch gar keine »Täter« sein konnten. Sie wurden Opfer, nur weil sie Deutsche waren.

Kapitel 14

Trümmerkinder und Überlebenshelfer

Gemessen an den Schicksalen der donauschwäbischen, der russlanddeutschen, der verschleppten und verlorenen Kinder, der Internierten und der Flüchtlinge in den Lagern, denen wir in den vorangegangenen Kapiteln begegnet sind, hatten es die Kinder in den vier deutschen Besatzungszonen im Großen und Ganzen viel leichter. Doch von einer normalen Friedenszeit konnte auch bei ihnen noch lange nicht die Rede sein. Die ab etwa 1936 Geborenen konnten sich »Frieden« überhaupt nicht vorstellen; sie nahmen die Welt, so wie sie eben war.

Hans Peter W. (1935) in Stuttgart: »Die zunehmende Verschlechterung der Lebensbedingungen wurde von den Eltern empfunden. Als Kind bin ich da eher ›hineingewachsen‹, Entbehrungen zu ertragen oder Dinge nicht zu vermissen, die nur die Eltern kannten. Selbst die zunehmende Zertrümmerung durch die Bombenangriffe schien irgendwie hinzunehmendes ›Schicksal‹, die Ruinen und Schutthaufen waren halt ein neues Spielfeld. Die Unfallgefahr wurde meistens nicht empfunden.«

Dass man nicht mehr in den Keller rennen musste, nicht mehr zu verdunkeln brauchte, Tiefflieger einen nicht mehr jagten, war eine große Erleichterung, dafür aber begannen der große Hunger und das große Frieren: »Mutter, ist Friede, wenn es wieder Butter aufs Brot gibt?« fragte Ingrid K., am Kriegsende sieben Jahre alt.

Neben dem Thema Bomben sind es zwei weitere Themen, über welche die Kriegskinder mir weitaus am meisten erzählt haben: über ihre Spiele mit Beutegut aus dem Krieg und in den Ruinen und über den Mangel und ihre Anstrengungen, das Überleben sichern zu helfen. Das sind die zentralen Gesichtspunkte dieses Kapitels.

Nicht alle Kinder erzählen davon. Es gab viele, die nicht hungern und frieren mussten. Das sind dieselben, für die der Krieg überhaupt ein fernes Erdbeben gewesen war.[1] Sie lebten in den bombenverschonten ländlichen Gegenden, waren Selbstversorger oder hatten gute Beziehungen zu solchen und waren am Ende auch nicht von Flucht und Vertreibung betroffen. Wenn sie zudem keine nahen Angehörigen durch den Krieg verloren hatten, waren sie besonders privilegiert. Ihre Zahl lässt sich schwer abschätzen. Wie leicht sich manche bei den knappen Rationen, die nach dem Krieg bis 1947 immer knapper wurden, behelfen konnten, beschreibt Gerda M. (1931) aus einem kleinen württembergischen Dorf:

»Durch die Rationierung der Lebensmittel gab es manche Sachen nicht mehr in Fülle. Doch Not macht erfinderisch. Fast alle im Dorf hatten einen Garten, Felder und Wiesen. Man pflanzte reichlich Gemüse und Kartoffeln. Als das Öl knapp wurde, säte man Mohn und Raps. In der nächsten Stadt gab es eine Ölmühle. Zuerst mochten wir Mohn- und Rapsöl nicht, aber man gewöhnte sich daran. Als es nicht mehr genug Zucker gab, wurden Zuckerrüben zu Sirup verkocht. Tagelang köchelte die Masse vor sich hin, bis es dickflüssiger Sirup war. Das gab es dann aufs Brot, statt Marmelade, denn zum Marmeladekochen brauchte man Zucker. Auch zum Süßen von Aufläufen und Kuchen wurde Sirup verwendet. Später, als auch das Mehl knapp wurde, denn von dem angepflanzten Weizen musste eine bestimmte Menge abgeliefert werden, nahm man Maisgrieß zum Backen. So haben wir nie Hunger und großen Mangel erlebt, es war immer etwas da, es konnte sogar noch etwas abgegeben werden an Menschen, die kein eigenes Land besaßen. Dafür halfen diese Menschen bei der vielen Arbeit. Ein Teil unserer Verwandten hatte Kühe im Stall. Auch sie mussten eine bestimmte Menge abliefern, trotzdem bekamen wir immer reichlich Milch. Eine Tante holte ihr altes Butterfass hervor und zeigte uns, wie man Butter macht. Wenn wir tüchtig ›Butter gestoßen‹ hatten, schwamm der Butterklumpen auf der Buttermilch und wir bekamen auch ein Stück davon. Pellkartoffeln und ›Buttervögele‹ von dieser Butter, das schmeckte herrlich. Als die evakuierten Leute aus der Grenzstadt zu Frankreich bei uns wohnten, zeigte uns die Frau, wie man aus Dickmilch ›Handkäse‹ macht. Da jedes Jahr ein Schwein gemästet und geschlachtet wurde, gab es auch Fleisch, Wurst und Schmalz.«

Von einem solchen Schlaraffenland haben die hungrigen Kinder der zerbombten Städte nur träumen können. Ihnen aber ist dieses Kapitel gewidmet. Wie es in Deutschland nach der Niederlage aussah, ist in den einschlägigen historischen Darstellungen nachzulesen, ebenso die schreckliche Bilanz der Zerstörungen und Verluste.[2] Wir fragen, wie sich die Kinder inmitten dieser Zerstörung »eingerichtet« haben, wie sie als »**Trümmerkinder**« gelebt und sich gefühlt haben. Höchst erstaunlich ist, dass sie nicht bedrückt und verängstigt herumschlichen, sondern dass viele von ihnen von einem Gefühl der Freiheit berichten. Die Erwachsenen waren zu sehr mit sich selbst und ihrer eigenen Überlebensarbeit beschäftigt, die Mütter mussten vielfach arbeiten, wenn der Ernährer nicht aus dem Krieg zurückkehrte, die Schule hatte noch nicht begonnen.[3] So suchten und fanden sie ihre Abenteuerspielplätze in den Ruinen. Auch die Mädchen machten da mit. Das war nicht ohne Risiko. Doch die gefährlichsten

Dinge machten fast nur die Jungen.[4] Manche wundern sich heute darüber. Trotzdem ist auffällig, wie genau alles erinnert und mit nicht erlahmender Begeisterung erzählt wird. Helmut B. (1934) in Mannheim schildert die Straßenkämpfe mit anderen »Bubenbanden«, wobei die Nähe der Spiele zu den Erfahrungen des vorausgegangenen Kriegen unübersehbar ist:

»Wir hatten keine Chance bei eigenen Angriffen oder Ausfällen. Unsere Festung, in die wir uns zur Verteidigung zurückzogen, war ein stehen gebliebener Treppenhausturm, 6 Stockwerke hoch, ohne Brüstungen und Treppengeländer. Dieser Turm erhob sich aus einem Ruinengrundstück zwischen dem Milchladen K. und dem Großhandel Sch., etwas zurückgebaut von der Straße. Vor dem Grundstück bot sich eine platzartige Erweiterung dar. In diesem Turme blieben wir unbesiegt. Bei Angriffen unserer Widersacher schoben wir mehligen Bauschutt – auf jeder Treppe lag genug davon – mit unseren Füßen lässig ins Treppenauge, und die herabstürzenden Staubfahnen aus dem rötlichgelben Backsteinmehl vertrieben jeden Angreifer, der sich spuckend und hustend zurückzog. Wir führten auch Straßenschlachten, bei denen wir von oben, von der höchsten Plattform, Steine auf den Vorplatz warfen, um die gegnerische Bande gar nicht in den Turm stürmen zu lassen. Einmal entbrannte eine furiose Schlacht, in welcher wir mit Steinschleudern beschossen wurden. Dies ließen wir uns nun wieder nicht gefallen, und wir warfen ganze Backsteine aufs Trottoir, wo sie mit Getöse zerplatzten und die Brocken wie Granatsplitter umherflogen. Dabei geriet ein Straßenbahnzug in unser Sperrfeuer, und die Bahn musste wegen den Steinbrocken, die in und auf den Schienen lagen, halten. Der erboste Wagenführer watschte erst einmal den ersten besten Filzbächler (*einen von der gegnerischen ›Bande‹*) ab, der ihm in die Hände fiel, was wir aus unserer luftigen Festung mit Hohngelächter begleiteten. Erst danach bemerkte der aufgebrachte Straßenbahner, dass er den Falschen erwischt hatte. Aber zu uns hinauf war's ihm dann wohl doch zu weit. Er hob drohend die Faust und brüllte: ›Bagasch elendi, wart norre, wenn isch nuff kumm!‹ Aber es blieb bei der Drohung, und er kickte die Steine von den Schienen und fuhr weiter.«

Eveline F. (1932), Berlin: »Also Spielen in Trümmern fanden wir ganz toll (*lacht*). Das waren die besten Abenteuerspielplätze so in halb ausgebombten Häusern, ja. Da haben wir dann noch Öfen reingeschleppt und Feuer gemacht, und dann brannte das auch mal, das war vielleicht nicht so gut. Dann haben wir Ärger gekriegt (*lacht*).«

Barbara M. (1940): »In der unmittelbaren Umgebung, da waren die Bombentrichter, wo wir dann nach Kriegsende als Kinder gespielt haben. Die haben sich mit Wasser gefüllt. Da haben sich Frösche angesiedelt, und wir hatten im Sommer 45 abends die herrlichsten Froschkonzerte. Das fanden wir schön, und wir fanden das als Spielplatz wunderbar mit dem Wasser, und das war nur ein paar Häuser weiter.«

Arno K. (1934) in Berlin nach der Sprengung eines Flachbunkers: »Diesmal hatten die Sprengmeister ihren Triumph. Nachdem sich die Rauchwolken verzogen hatten, ragten die gesprengten Betonteile in den Himmel. Tief blaugrau mit dem dicken Monierstahl sah alles aus wie ein bizarres Kleingebirge. Natürlich für uns ein noch beliebterer Abenteuerspielplatz. Gefährlich auf jeden Fall, denn wenn jemand von uns beim Klettern abgerutscht und in die Spalten gefallen wäre, wäre er unweigerlich vom Monierstahl aufgespießt worden. Zum Glück passierte so etwas nicht. Doch die Cliquenkämpfe gingen in dem ›Gebirge‹ weiter. Je nachdem, wann die einzelnen Kontrahenten Schulschluss hatten, besetzten diese das ›Bunkergebirge‹. Die jeweils später herannahenden ›Feinde‹ wurden dann mit einem wahren Steinhagel empfangen. Das ging so etliche Wochen, bis wir in der Ostseestraße, auf Sandhügeln stehend, feierlich das Kriegsbeil begruben.«

In den Ruinen war auch einiges zu finden, Brauchbares und Makabres. Oft war das wie eine Schatzsuche.

Erika R. (1942): »Im Schlepptau meiner Geschwister spielten meine Freundin und ich in Ruinen, wo sich oft Obdachlose aufhielten. Wir suchten hier nach Metall-/Eisengegenständen, sammelten Silberpapier, um dies alles beim Schrotthändler gegen Pfennige zu verkaufen, um uns von diesem Erlös einen Dauerlutscher kaufen zu können.«

Arno K. (1934) in Berlin: »Uns Bürschlein hatten es die Ruinen und Trümmer der zerbombten Häuser angetan. Wir wussten natürlich, dass dort viele Läden waren, und so dachten wir uns, irgendwo in den verschütteten Kellern müssten noch ›Reichtümer‹ vergraben sein. Also gingen wir mit den Händen und einigen primitiven Stahlrohren daran, die Trümmer an den vermutlichen Eingängen zu den ›Schatzkammern‹ wegzuräumen. Es dauerte nicht nur Stunden, sondern Tage, da wir uns nicht ausschließlich mit diesen Arbeiten beschäftigten ... Aber ungefähr nach einer Woche hatten wir Erfolg mit unserer Buddelei. Wir fanden den Eingang zu dem Keller der Seifenhandlung. Halb zerstört war dort alles. Doch zu unserer Freude gab es auch etwas zu erbeuten. Kernseife, Seifenpulver, Feuersteine, Ansichtskarten, IMI (*Scheuerpulver*), ATA (*ebenfalls Scheuerpulver*), Lametta, Kerzen, Streichhölzer, Waschbretter, allerhand Mixturen, die wir nicht kannten, Bürsten, Kämme usw. Wir tarnten unseren freigelegten Eingang und gingen nach Hause, um Taschen zu holen. Wieder im Ruinenkeller, verstauten wir so viele Dinge, wie wir tragen konnten, und brachten sie nach Hause. So ging es Tag für Tag, bis wir alles Brauchbare ausgeräumt hatten. Das war eine Freude, niemand bemerkte uns, keiner jagte uns die Kleinode ab, denn wir versteckten sie gut. Jetzt hatten wir Tauschobjekte, und den Wert kannten wir wohlweislich. Einiges brauchten wir selber. Vieles wurde zum Tauschen genutzt. Bei den Rotarmisten bekamen wir für die Feuersteine Brot und Zucker. Bei unseren Leuten erhielten wir für Seifenpulver etwas Margarine oder Öl. Für Kernseife tauschten wir Kartoffeln u. a. Wir waren schon richtige kleine ›Spekulanten‹, aber nicht unehrlich. Wir ließen uns einfach nicht übers Ohr hauen.«

Hansjürgen B. (1932) erzählt von einer Schule, in der zwei Flüchtlingszüge einquartiert waren. Sie war bombardiert worden.

»Da sind Hunderte von Leuten umgekommen. Man weiß nicht genau, wie viele drin gewesen sind. Es sind unheimlich viele Vermisste dort gewesen. Die Schule ist komplett ausgebrannt. Und makaber, wie es so ist, sind die Lausbuben der damaligen Zeit nach dem Krieg in Schwandorf natürlich in den Ruinen rumgeklettert bis nach oben hin. Und oben, das war eine betonierte Decke, das Dach drüber ist abgebrannt, lagen schöne Schädel, gebleicht, gebrannt, also menschliche Skelette und Schädel, und mit denen haben die dann da rumgespielt. Ja, es war recht interessant für die Jungens (*gedrücktes Lachen*).«

Von tollkühnen Spielen mit Munition, bei denen es Tote und Verletzte gab, wird wiederholt berichtet. Die Eltern von Karl-Heinz R. (1935) waren als Kommunisten verfolgt, die Mutter im KZ Ravensbrück getötet worden. Er selbst hatte niemals Kriegsspielzeug bekommen:

»Das für Explosionen notwendige Material beschafften wir uns vorrangig aus Panzergranaten. Dazu wurde die Granate vorsichtig in das Kettenrad eines Panzers gesteckt und das Geschoss von der Kartusche gehebelt. Aus der Kartusche nahmen wir die grauen Zündstäbe und die Pulversäckchen. Dann zogen wir zu einem Bombentrichter. In dessen Vorfeld (ca. 4–5 m vor dem Trichterrand) bauten wir einen Pulverhaufen. In diesen kamen mehrere Eierhandgranaten. Vom Trichterrand bis zum Haufen verlegten wir Zündstäbe. Vom Trichter aus erfolgte dann die Zündung. Wir lagen an der Trichterwand unterhalb des Randes. War der Trichter sehr tief, so beschäftigte sich einer oder auch mehrere nebenbei mit dem Raketenspiel. Dazu wurde ein Zündstab an einem Ende angebrannt und in die Erde gesteckt. Bald darauf zischte er als Feuerstab in die Luft. Im Trichter warteten wir so lange, bis die letzte Handgranate explodiert war. Danach hieß es, in kürzester Zeit gedecktes Gelände finden, in dem man sich ungesehen entfernen konnte. Manchmal verging nur wenig Zeit, bis ein Ami-Jeep sich in der näheren Umgebung zeigte. Der Entdeckung durch die Militär-Polizei konnten wir entgehen, aber nicht uns selbst. Einmal waren alle Handgranaten bis auf eine explodiert. Die Zeit verstrich, wir mussten uns verdrücken. Es kam der Verdacht auf, dass wir uns verzählt hatten. Die ersten krochen vorsichtig aus dem Trichter. Kaum waren sie draußen und hatten sich erhoben, da ging das Teufelsei hoch. Einer verblutete an Ort und Stelle, einem zweiten musste ein Bein amputiert werden, den dritten kostete es ein Auge, der vierte handelte sich den Verlust einiger Zähne ein und war am Mund durch eine kräftige Narbe gezeichnet. Wir anderen verdrückten uns im Eiltempo. Dieser Zwischenfall verleidete uns für die Zukunft dieses unterhaltsame Spiel.«

Walter D. (1931): »Ein sehr tragischer Fall passierte bei einem der Bunker in der Nähe der Geschütze, wo viel Munition dafür in der Nähe lagerte. Vier Jugendliche, zwei davon in meinem Alter, sind zu dem Bunker gegangen, die zwei jüngeren Brüder gingen in den Bunker hinein, um eventuell etwas Brauchbares zu finden. Die beiden älteren standen auf dem Bunker. Sie kamen auf die Idee, dass man eine Granate von oben hinunterfallen lassen könnte zur Explosion. Sie haben kurz nach unten geschaut und festgestellt, dass die beiden Jungs noch im Bunker waren und dann die Granate mit Hülse fallen lassen. Im gleichen Moment sind diese herausgetreten, als die Granate explodierte. Es war deren Tod. Der jüngste war sofort tot, der ältere hatte Splitterverletzungen am Körper. Es hatte ihm an einem Bein ein Grossteil der Muskulatur abgerissen. Er rannte unter Schmerzgebrüll noch ca. 150 Meter und stürzte dann tot zu Boden … Viele Jungs, darunter auch ich, hatten ihr eigenes Waffenlager mit genügend Munition, die sie sich gegenseitig immer wieder geklaut haben. Gelegentlich wurde auch einmal im Steinbruch und anderen geeigneten Plätzen damit geschossen. Die Franzosen haben keinen erwischt.«

Eine ganze Serie von abenteuerlichen kriegerischen Spielen im sowjetischen Sektor von Berlin und Begegnungen mit Sowjetsoldaten erzählt Arno K. (1934). Sie fanden Pistolen und Munition.

»Wie uns ein etwas älterer (mir unbekannter) Junge belehrte, sollten das Mauserpistolen gewesen sein. Wir Jungen von zehn bis zwölf Jahren hatten keine Ahnung, wie Pistolen geladen werden müssen und wie zu schießen sei. Das erklärte uns eben dieser ältere, wohl 16-Jährige. Als wir das alles begriffen hatten, suchten wir uns einen geeigneten Platz in einem halb zerbombten Fabrikkeller und begannen, auf dort befindliche gefüllte Farbbüchsen, die wir auf einen höheren Mauerstreifen stellten, zu schießen. Nur nach Kommando und nach Kontrolle des Sechzehnjährigen durften wir schießen. Ich dachte so bei mir, der weiß, wie man mit Pistolen umgeht, der war bestimmt bei der HJ. So ›ballerten‹ wir die Magazine leer, und die Farben liefen die kurze Mauerwand hinunter bis auf den Erdboden, auf Schutt und Steine. Wir merkten in unserem Eifer gar nicht, wie plötzlich Sowjetsoldaten hinter uns standen, uns überwältigten, uns den Arsch mit dem Koppel versohlten und uns mit den Worten ›Mutter – dawaj, schnell, paschlitje‹ davonjagten. Nur den 16-Jährigen nahmen sie mit. Schlotternd und verheult kam ich zu Hause an und hatte Glück, dass Mutter nicht anwesend war, sonst hätte es vielleicht die nächste ›Tracht‹ gegeben … Nun durchstreiften wir unsere nähere Umgebung in einer anderen Richtung. Die Rennbahn in der Rennbahnstraße war unser Ziel. Unterwegs nur zerstörte Straßenbahnen und Kriegsgerät unterschiedlichster Art, Trümmer in Massen und überall weiße Fahnen. Menschen hasteten und schleppten alles Mögliche mit sich. Wir Knirpse trafen auf dem ehemaligen Rennbahngelände zerstörte Baracken und ein einzelnes halbzerstörtes Haus an. Ehemalige Schützengräben mit MGs und Panzerfäusten, teils noch unversehrt. In dem halbzerstörten Haus fanden wir einen Beutel mit Eierhandgranaten. Plötzlich, wie aus dem Erdboden gewachsen, stand ein älterer Junge von ungefähr 17 bis 18 Jahren vor uns und grinste uns an, als wir ängstlich dastanden und kein Wort herausbrachten. Er würde uns zeigen, wie man mit Handgranaten umgehen müsse, erklärte er ›fachmännisch‹. Er erläuterte uns alles eingehend, und wir suchten uns einen günstigen, geschützten alten Schützengraben, wo wir die Handgranaten zur Explosion brachten. Da weit und breit keine Rotarmisten zu sehen waren, ging das ›Spiel‹ munter weiter. Wir wiegten uns in Sicherheit. Bis, ja bis wir plötzlich wieder (wie damals in der Fabrik) auf dem Rand des Schützengrabens hinter unserem Rücken die schneidend harten Töne ›Ruki werch!‹ (*Hände hoch!*) hörten. Wir schauten uns um, erblassten vor Angst, nahmen die Hände hoch und krochen aus dem Schützengraben. Ab auf ein bereitstehendes Auto und los ging's zu einer Offizierskommandostelle. Dort wurden wir einem Offizier vorgestellt. Ein Hüne schien mir, mit Glatze, aber trotzdem nicht böse aussehend. Dazu gesellte sich ein Dolmetscher. Wir wurden gefragt, wo wir wohnen, ob wir Eltern hätten, wo die Väter seien, warum wir so einen Blödsinn trieben und ob der Krieg nicht vorbei wäre? Wir stotterten nur krumme Entschuldigungen und hatten nur einen Wunsch, nicht eingesperrt zu werden. Der 17- bis 18-Jährige wurde extra verhört und an Ort und stelle festgenommen. Später lud man uns auf einen LKW und brachte uns nach Hause. Wie der ›dumme‹ Zufall es wollte, Mutter stand vor dem Haus und war wieder einmal der Verzweiflung nahe, weil sie mich nicht fand. Wir wurden von dem russischen LKW ›entladen‹. Ein Rotarmist bemerkte wohl, dass meine Mutter mich in Empfang nahm und sagte zu ihr in gebrochenem Deutsch: ›Kinder nicht gut, machen bum, bum, Kinder muss zu Hause, Mutter muss aufpassen.‹ Ja, Mutter verstand sehr gut und schon … na ja, alles klar! Eine Abreibung war fällig. Bum, bum.«

Mit der Munition konnte man aber auch Nützliches anstellen. Jobst Schöner (1935) erzählt von seinen Erlebnissen in Herzberg, wo es ein Schloss gab:

»Unter dem westlichen Dachvorsprung des Schlosses hatten sich verwilderte Bienen ein Nest gebaut. Das wuchs und wuchs. Weil wir wussten, dass in dem Nest Honig sein müsste, unternahmen wir einige Versuche, um an den Honig zu kommen. (*Das misslang zunächst.*) Berti und Hardi wollten jetzt die Bienen mit Pulver herunterholen. Mir war nicht ganz wohl dabei. Trotzdem gruben wir ein Tonrohr hinter dem Schloss schräg in den Boden ein, mit Richtung auf das Nest. Wir füllten es an einem Sonntag in aller Frühe, als die Russen noch schliefen, wohldosiert mit Pulver. Die Flamme zischte schräg nach oben und endete unter dem Dachvorsprung kurz vor dem Bienenstock. Der Druck war so stark, dass ein sehr großes Stück des Bienenstocks abbrach und zu Boden fiel. Das lag nun im kalten, nassen Gebüsch. Wir gossen kaltes Wasser aus dem Eiskeller darüber und wuschen die Bienen mit einem in Eiswasser getauchten Handfeger von den Waben ab. Diesmal hatten wir zwei Wassereimer voll Wabenbröckel erbeutet, und fast alle mit Honig. Das ergab später über drei Liter Honig.

Die nützlichste Verwendung von Pulver gab es in der Küche. Wie alle Tage saßen die Kakerlaken über dem Herd an der Decke. Kam man mit dem Besen, verschwanden die lieben Tierchen blitzschnell, und man erwischte nur wenige. Legte man den Besen beiseite, war der Rest der Familie wieder da. Ich fand bald heraus, dass ich einen gut gestrichenen Esslöffel Pulver auf die heiße Herdplatte direkt unter die Kakerlaken schütten musste, um eine ausreichende Flamme zu erzeugen. Die angerösteten Kakerlaken fielen auf die Herdplatte. Dort brutzelten sie wie heißer Speck in der

Pfanne. Man musste sie nur noch in das offene Herdloch kehren. Nach geraumer Zeit erschienen die nächsten Tierchen an der Decke über dem Herd, um sich zu wärmen. Waren genug beisammen, zündete ich den nächsten Esslöffel Schwarzpulver auf der Herdplatte.«[5]

Daneben gab es auch die üblichen Spiele, die sich die Kinder niemals nehmen ließen, auch nicht in der so entbehrungsreichen Nachkriegszeit. Treffend formuliert Hannelore R. (1938): »Es folgte eine Zeit, die in zweierlei Erlebnisbereiche geteilt war. Einerseits herrschten Enge, notvolle Zeit, Nachkriegswirren, Fremdheit, andererseits konnten wir als Kinder ganz normal kindgerecht und unbeschwert spielen, Freundschaften schließen, die Schule besuchen[6], Winter- und Sommerfreuden genießen.« Spielzeug konnte man noch lange nicht kaufen, vieles war durch Bomben und auf der Flucht verloren gegangen. So improvisierten die Kinder ihre Spielsachen und spielten viele Fantasiespiele. Bälle wurden aus zusammengewickelten Stanniolstreifen hergestellt oder aus zusammengenähten Lederhandschuhen.

Doris H. (1939): «Da die Wohnverhältnisse in keinem Haus mehr als normal bezeichnet werden konnten, war es für uns Kinder ein Vergnügen, den ganzen Tag bis Sonnenuntergang bzw. bis zum Beginn der Ausgangssperre draußen zu spielen und zu toben. Wir malten mit herabgefallenen Putzbrocken ein Himmel-und-Hölle-Spiel auf die Straße, zum Werfen hatten wir bunte Glassplitter, die überall herumlagen. Fangen und Verstecken spielten wir oft, dazu benötigte man kein Spielzeug, und statt im Sand spielten wir in den Ruinen.«

Kinder haben nicht nur in den Ruinen gespielt, sie haben auch darin gearbeitet. Es gab nicht nur die berühmten Trümmerfrauen, sondern im wahrsten Sinne des Wortes auch Trümmerkinder, die den Schutt wegräumten und Steine klopften. Das begann schon gleich nach den Bombenangriffen und wurde in der Nachkriegszeit für viele zum Alltag.

Renate R. (1935): »Überall standen Menschen vor den Trümmern ihrer Häuser und der gesamten Habe. So auch bei uns. Sobald es aufgehört hatte zu rauchen, fing man an aufzuräumen. Das hieß: Man sortierte Stein für Stein mit bloßen Händen, klopfte alten Mörtel ab, siebte Schutt und überlegte, was man von alledem für einen Neubau noch verwenden könnte.«

Dorothea S. (1934): »Ich bin mit meinem Bruder mit dem Kohlenauto nach Stuttgart gefahren und habe dort Steine geklopft. Ich fand das gut, es war ein großer Zusammenhalt.«

Ute S. (1937), Kassel: »Es gab Tage, an denen wir Kinder alle mit an die Schutthalde am Höfer Teich mussten, um Steine zu sammeln, ganze Backsteine, die die großen Laster am Hang abkippten, als man begonnen hatte, die Stadt Kassel ganz langsam, aber kontinuierlich von ihren Trümmerbergen zu befreien. Es wurde begonnen zu bauen, aber es fehlten Backsteine. Und so hatten wir eine neue Einnahmequelle gefunden, denn für 1.000 gesammelte und sauber aufgestapelte Steine gab es immerhin 10,– Mark. Wir hatten also für 2.000 Steine bereits unsere Monatsmiete erarbeitet. Nun gehörte meine Mutter auch zu den unzähligen Trümmerfrauen Deutschlands, und wie durch ein Wunder wurde keines meiner Geschwister von den herunterstürzenden Gesteinsbrocken verletzt. Es waren wirklich alle Engel bei uns.«

Horst S. (1929) schrieb am 20. Dezember 1945 in einem Schulaufsatz:

»Bis zur Wiederaufnahme des Unterrichts vor zwei Monaten waren die Schüler über 15 Jahren größtenteils zu Aufräumungsarbeiten eingesetzt. Unter ihnen war auch ich ... Fast täglich war ich dabei, als in der Stadt (*Stuttgart*) Bombentrichter zugeschüttet,

1. Trümmerkinder

Straßen verbreitert und aufgeräumt wurden. Nach dieser Zeit wurde ich mit 10 Mann unserer Kolonne durch die Polizei an das Städt. Katharinenhospital überwiesen, wo wir als bezahlte Hilfsarbeiter angestellt wurden. Ferner bekamen wir jeden Tag ein reichliches Mittagessen, was mehr wert war als die paar Mark Lohn, die wir am Ende jeden Monats ausbezahlt bekamen.«

Wilfried M. (1931), Hannover: »Im Sommer 1945 wurden wir Schüler der Lutherschule zum Krankenhaus Nordstadt kommandiert. Dort waren die Fenster aller Pavillons durch Splitterschutzwände gesichert worden. Jetzt sollten wieder Luft und Sonne in die Säle. Jedenfalls bekamen wir Spitzhacken und den Auftrag, die Splitterschutzwände abzutragen. Was wir dann auch getan haben. Die Wände waren zwei Ziegel, also 48 cm breit. Und darauf standen wir dann im dritten oder vierten Stock und brachen Ziegel für Ziegel aus dem Mörtel. Zum Glück ist dabei niemand verunglückt. Die Berufsgenossenschaft, wenn es sie damals schon gegeben hätte, wäre sofort eingeschritten.«

Mit dieser Arbeit in den Trümmern wurden die Kinder zu **Überlebenshelfern.** Aber das war nur eine ihrer vielfältigen Aktivitäten in der Nachkriegszeit. Es gab viel anderes zu tun. Einen Lagebericht aus der sowjetischen Besatzungszone gibt Jutta M. (1930) in einer tagebuchartigen Aufzeichnung bald nach Kriegsende. Nach einer ersten Flucht aus Heydekrug im Memelland, der Rückkehr nach Hause und einer zweiten Flucht kamen sie nach Oelsnitz in Sachsen. Der Vater und die beiden ältesten Brüder waren gefallen, der dritte Bruder überlebte als Soldat. Jutta war die älteste der drei Geschwister. Einen Monat nach Kriegsende hatten sie endlich ein Zimmer für sich.

»Das Leben begann langsam wieder, seinen Lauf zu nehmen, und wir fanden uns mit unserem Schicksal ab. Wir glaubten, dass alles doch noch wieder gut werden würde. Eines Nachts hörten wir ununterbrochen Motorengeräusch. Wir glaubten, es wäre Nachschub der Amis. Als wir jedoch am nächsten Morgen in die Stadt gingen, erfuhren wir die Neuigkeit. Die Amis waren in der Nacht abgerückt und hatten die Stadt den Russen überlassen. Es sollte die endgültige Besatzung sein. Konnte es möglich sein? Wir waren vor ihnen geflüchtet, und nun hatten sie uns doch eingeholt. Waren all die Entbehrungen umsonst? Was sollten wir machen! Es blieb uns nichts anderes übrig, als diese Tatsache anzunehmen … Und dann gab es jeden Tag andere Neuigkeiten. Es wurde geplündert, gestohlen und außerhalb der Stadt vergewaltigt. Nach einigen Tagen bekamen wir dann auch neue Lebensmittelkarten, aber es änderte sich trotzdem nichts an unserem Menü. Von der Kartoffel bis zum Salz war alles rationiert. Wann würde endlich dieses Hungern aufhören? Eine Brotrinde war damals mehr für uns als Kuchen heute …

Ich selbst hätte am Tag mehrere Brote essen können. An Butter war natürlich gar nicht zu denken. Wir kannten sie seit langem nicht mehr. Bald würde es aber Sommer werden. Da wollten wir uns dann selbst helfen. Die ganze Bevölkerung hatte aber den gleichen Gedanken. Und eines Tages zogen wir auch los mit Taschen und Scheren, und zwar in Richtung der Kornfelder. Dort sahen wir die Garben aufgestellt. Es gab kein Zögern. Wir zogen die Garben in einen nahen Wald, und dort schnitten wir die Ähren ab, und bald waren unsere Taschen voll. Nun hieß es aber aufpassen. Die Stadt hatte überall Feldwache aufgestellt. Und wehe dem, der erwischt wurde. Was tut man aber nicht gegen Hunger. Wir wussten, dass es Diebstahl war, aber Hunger tut weh. – Heimgekommen ging es nun an die Arbeit. Die Ähren waren in einem Sack, und mit einem Stock wurde darauf geschlagen. Das nannten wir Dreschen. Dann wurden die Körner in eine Schüssel getan und der Staub, der darin war, wurde dann ausgeblasen. Und dann begann die mühsamste Arbeit. Mit der Kaffeemühle wurde das Korn dann gemahlen. Wir saßen am Boden mit einer Wolldecke zwischen den Beinen, und drehten die Mühle, bis uns die Arme steif wurden. Es war eine mühsame Arbeit, denn das Korn war feucht. Als aber genug Mehl für ein Brot da war, begann Mutti, den Teig zu machen, und abends gab es dann das erste selbstgebackene Brot. Wir aßen es warm, wie es aus dem Ofen kam. Nach einigen Tagen war aber kein Mehl mehr da. Es hieß also wieder losziehen. Wie oft wir es getan haben, weiß ich nicht mehr. Aber ich weiß, dass wir uns selbst aus dieser großen Not geholfen haben. Als die Felder leer waren, gingen wir dann auch Ähren lesen wie alle anderen. Nach der Kartoffelernte wurden die Äcker nach vergessenen Kartoffeln abgesucht. Wenn wir abends mit einer Tasche oder einem kleinen Sack heimkamen, war die Freude groß. Natürlich gingen wir in Oelsnitz auch wieder alle zur Schule. Aber am Nachmittag ging ich mit Mutti auf ein Gut zu Neusiedlern arbeiten. Wir haben dort Korn gebunden, Rüben gehackt und Kartoffeln gelesen. Unser Lohn war – ein Stück Brot! Inge versorgte den Haushalt und Günther war mit Jungen in seinem Alter unterwegs, wenn er nicht in der Schule war. Wie stolz war er, wenn er ein Stück Brot heimbringen konnte, das die Russen ihm schenkten. Oder eine Tomate oder einen Apfel, den er in einem Garten gestohlen hatte. Die Not war unendlich groß und das Elend unübersehbar. Wir gingen Zigarettenstummel auf der Straße sammeln, um sie gegen ein paar Brotmarken einzutauschen. Doch wir haben diese Zeit überstanden mit der Hoffnung, dass auch uns wieder einmal die Sonne scheinen würde.«

Es gelang ihrem Bruder, der inzwischen auf einem Bauernhof im Allgäu arbeitete, die Mutter und die drei Geschwister dorthin zu holen. Bei der Schwester Inge war die Unterernährung schon lebensbedrohlich geworden. Von Ursula R. (1932), damals im Ostsektor von Berlin, bekam ich einen Brief:[7]

»Der Hunger war so unbeschreiblich groß. Seuchen breiteten sich aus. Man lag oft krank. Bei den meisten Beerdigungen wurde gesungen, weil fast jeder jeden kannte. Romantisch betteten wir Zwölf-Dreizehnjährigen die Babys auf Rosen. Särge gab es kaum. Wer sollte die so schnell und massenhaft bauen? Die Russen hatten selber nur einen Blechnapf voll Grütze täglich, sonntags Kuheuter. Uns Kindern gaben sie die Reste. Für Kleinkinder völlig ungeeignet. Gelegentlich gab es eine Zuteilung von wenigen Gramm Rapsöl oder Molke. Wer das unbeherrscht sofort schluckte, bekam die Ruhr. Viele Leute hatten Tbc. Der Ponywagen, später ein Auto mit Holzgasmotor, transportierte diese Lebensmittel in offenen Tonnen auf dem Wagen. Unterwegs fand man die gerade Gestorbenen und warf sie ebenfalls auf diesen Wagen. So breiteten sich Typhus und andere Seuchen aus.«

Der *Hunger* war zweifellos das Hauptproblem in der Nachkriegszeit. Wie viele Kinder ihm zum Opfer fielen, hat niemand errechnet. Am schlimmsten war es in der sowjetisch besetzten Zone, nicht viel besser in der französischen, etwas besser in der amerikanischen und englischen, und selbstverständlich litten diejenigen, die keine Selbstversorger waren und keine Beziehungen zu solchen hatten, am meisten.[8] Das waren vor allem die Flüchtlingskinder. Von ihnen haben wir schon gehört.[9] Während des Krieges wurde noch kaum gehungert, auch durch die Tüchtigkeit der Mütter. In meiner Frauendokumentation habe ich die Leistung der Mütter besonders herausgearbeitet.[10] Erst durch die Gespräche und Aufzeichnungen der Kinder wurde mir klar, welch großen Anteil die Kinder und Heranwachsenden an dieser Leistung hatten. In fast allen Erzählungen der Kinder kommt der Hunger vor, über 60 berichten ausführlich darüber. Man muss bedenken, dass die ab 1930 Geborenen jetzt ins Entwicklungsalter kamen und gehaltvolle Nahrung besonders dringend gebraucht hätten. Es können nur wenige Zeugnisse ergänzend zu den zitierten Quellen angeführt werden. Die Kleineren haben ganz konkrete, tiefsitzende Erinnerungsbruchstücke an das Hunger-Leiden, an nicht gerade schmackhafte Gerichte und erträumte oder unerwartete Genüsse; die Größeren verknüpfen damit immer zugleich, was sie gegen den Hunger unternahmen, wie sie zum Überleben beitrugen. Und oft fügen sie an, was sie aus diesen Erfahrungen für ihr ganzes Leben mitgenommen haben. Manche haben mit Dankbarkeit, aber auch Schuldgefühlen registriert, wie die Mütter um der Kinder, um ihretwillen, hungerten und sie doch nicht satt machen konnten oder auch gegen die Moral verstießen. Von heute aus bewundern viele, wie die Mütter es geschafft haben, sich und die Kinder über diese schwere Zeit zu bringen.[11] Wir betrachten zunächst die Schilderungen des Mangels, weil sich hier eine klare Rangfolge zeigt, und fragen dann nach den Bemühungen, den Mangel zu lindern, weil die meisten Kinder dabei auf mehreren Gebieten tätig wurden.

Ursula K. (1943): »Das erste, woran ich mich als Kind erinnern kann, war, als es im Sommer heiß war und man mir das Hemdchen über den Kopf ziehen wollte zum Wechseln, hielt ich einen Kanten Brot in der Hand. Als man mir das Brot wegnehmen wollte, habe ich wie am Spieß gebrüllt. Ich habe als Kind immer Hunger gehabt, habe meiner Mutter ständig Reiskörner, harte Nudeln oder manchmal Rosinen stibitzt. Auch aßen wir Kinder am Strand den weißen Seesand.«

Paul K. (1933): »Ich habe 3 ½ Jahre lang vor Hunger kaum einschlafen können, weshalb ich jetzt noch meine Hauptmahlzeit abends nehme.«

Rosemarie S. (1938): »Zum Bauern ging man, um ihm bei der Kartoffelernte zu helfen. Nach getaner Arbeit gab es dort ein Vesper, Bauernbrot mit Butter und Most. Als die etwas geizige Bäuerin mir einmal das Brot strich, sagte der Bauer: ›Streich dem Kind doch einmal richtig Butter drauf.‹ Als ich daraufhin ins Brot biss, habe ich zum ersten Mal meine Zähnchen im Butterbrot gesehen. Dieser Bauer hat sich bei mir ein bleibendes Andenken geschaffen!«

Heinrich S. (1939): »Ich hatte oft Hunger. Trotzdem sträubte sich in mir vieles, als es zum Frühstück mit schwarzem Malzkaffee ›geröstete‹ Kartoffeln gab. Als gemein empfand ich, dass zur gleichen Zeit die Besatzungssoldaten demonstrativ großzügig mit dem Essen, besonders mit erbeuteten Hühnern und Eiern, umgingen … Schüler mit einem Vesperbrot blieben die Ausnahme.«

Rita E. (1935): »Ich bin privilegiert, weil wir die Gärtnerei hatten; so hatten wir zumindest immer irgend etwas zu essen. Und wenn's erfrorene Kartoffeln waren, die in Stearinkerzen gebraten wurden, oder Unkraut, was zu Suppe verkocht wurde, oder Spinat. Den gab's früh mit Wasser als Suppe und mittags gab's ihn ohne Wasser als Gemüse. Andere haben Brennnesseln und Kartoffelschalen gegessen. Und wenn der Spinat im Garten alle war, musste man den Spinat in Gläsern essen. Was für die Kinder aus dem Ersten Weltkrieg die Steckrüben sind, das ist für mich der Spinat.«

Renate B. (1930): »Hunger hatten wir immer, und es konnte passieren, das war dann vielleicht schon 1947, dass wir schwarz ein Brot kauften, das noch warm war, und es sogleich aufaßen. Wir konnten einfach nicht aufhören. Ein Brot kostete damals 25 Pfennige. Vielleicht wog es 750 Gramm, genau weiß ich das nicht mehr. Gott sei Dank hatte ich einen guten Magen, dass ich das warme, feuchte Brot in dieser Menge vertrug. Auch Kartoffelschalen und Kaffeesatz zusammengemischt oder irgend so ein Mehlpamps mit Beifuß und Majoran als ›Gänseschmalz‹- Ersatz waren vielleicht nicht so ganz leicht zu verdauen. Unsere Mägen durften da nicht so empfindlich sein.«

Elisabeth R. (1926): »Meine Mutter hat uns immer wieder angeguckt, Auge in Auge, und hat gesagt: ›Gell, du bist satt?‹ Und dann hat man gesagt: ›Ja.‹ Und man hat doch Hunger gehabt.«

Dietlind S. (1937): »Einmal stahl meine Mutter in der Bäckerei – wir waren die einzigen Kunden, und die Ladeninhaberin war für einen kurzen Augenblick nach hinten verschwunden – einen großen Laib Brot. Sie steckte ihn schnell in ihre Tasche und kaufte dann noch, als die Frau wieder da war, ein anderes Brot gegen Abgabe des Brotabschnitts von der Lebensmittelkarte. Ich weiß noch, dass ich über den Diebstahl ganz entsetzt war und schnell nach draußen lief; ich wollte nicht dabei sein, wenn meine Mutter zur Rede gestellt wurde, und damit rechnete ich fest. Aber meine Mutter kam mir unbehelligt nach und lächelte mich etwas verlegen an. Wir eilten rasch davon, und ich weiß nicht, ob wir später noch darüber geredet haben.«

Karin R. (1934): Mein schönstes Geburtstagsgeschenk zu meinem 13. Geburtstag war ein Dreipfund-Mischbrot für mich ganz allein. Frau L. (*eine gute Bekannte*) hatte, als sie zu uns in den Laden kam, um etwas zu kaufen, ein Brot in der Tasche, das sie gerade für ihre Familie beim Bäcker ›geschnorrt‹ hatte. Ich war zufällig im Laden, und es ging irgendwie um meinen Geburtstag. Als sie das mitbekam, schenkte sie mir sofort dieses Brot. Meine Freude war so groß, dass ich das nie vergessen habe und ihr heute noch dankbar bin.«

Fast so bitter wie der Hunger war im Winter die *Kälte*. Zwei Schulaufsätze aus den Jahren 1947 und 1948 belegen das:

Ingrid A. (1936): »Der böse Januar. So schlimm wie dieses Jahr war der Januar noch nie für uns. In unserer Stube waren sechs Grad Kälte. Wenn ich die Hexe (*eine primitive elektrische Kochvorrichtung*) anmachte, stieg das Thermometer nach vielen Stunden auf zwei bis vier Grad Wärme. Da musste ich nun Schulaufgaben machen und kochen, denn meine Mutter war fast den ganzen Monat krank. Dann musste ich anstehen und kam mit ganz erfrorenen Händen und Füßen nach Hause, wo ich sie mir nicht einmal aufwärmen konnte. Nur ab und an konnte ich mich mal bei Nachbarn aufwärmen. Ich war dann froh, wenn ich abends im Bett lag und mochte morgens nicht wieder aufstehen. Die einzige Freude, die es für mich in diesem Monat gab war, an nicht so kalten Tagen mit meinen Freundinnen auf der zugefrorenen Ost-See zu schlittern. Denn meinen Rodelschlitten und die Schlittschuhe konnte ich ja bei der Flucht nicht mitnehmen. Nun hoffen wir dass es bald wieder warm wird denn es war wirklich ein böser Januar.«

Diesen Aufsatz schickte Ingrid auch ihrem Vater in die Gefangenschaft und schrieb dazu: »Das ist mein Aufsatz. Finst (*findest*) Du ihn schön? Schlittschuhe hatte ich ja keine aber ich habs einfach geschrieben.«

Christel P. (1932): »Wie werde ich mit der Kälte fertig?

Hui, so pfeift der alte Brausewind um die Straßenecken. Das Thermometer zeigt wieder 15 Grad Kälte. Will es denn wirklich nicht wärmer werden? ›Nein‹, sagte der Pustewind, ›jetzt ergreife ich die Macht.‹ Er pustete mit aller Kraft, um die letzte Wärme der Stube zu rauben. ›Das soll dir nicht gelingen‹, dachte ich, indem ich mir Zeitungspapier suchte und die Ritzen des Fensters verstopfte. Dann nahm ich zwei Decken und hängte sie vors Fenster und vor die Tür, zog mich warm an und setzte mich an den Ofen. Aber hier konnte ich nicht warm werden, denn der Wind nahm noch das letzte Fünkchen Wärme hinweg. ›Wie würde ich dich lieben, wenn du warm wärst‹, sagte ich, den Ofen traurig anblickend. Inzwischen war auch die Stromsperre eingetreten, dass ich mich endlich entschloss, ins Bett zu gehen. O, wie ist es kalt geworden und so traurig öd und leer, raue Winde wehn von Norden und die Sonne scheint nicht mehr.

Aber schon hört man das Zwitschern der Vögel, und ein leises Hoffen sagt uns, es muss doch Frühling werden. Dann brauchen wir uns nicht mehr die Frage zu stellen, wie werde ich mit der Kälte fertig?«

Auch hier genügen wenige ergänzende Zeugnisse:

Gerhard A. (1933): »Mein Vater war in russischer Gefangenschaft, und meine Mutter versuchte, uns drei Kinder durchzubringen. Ich erinnere mich noch, dass wir in der Küche steifgefrorene Vorhänge hatten, die Eisblumen waren im Fenster drin, richtig dickes Eis, der Wasserhahn hatte Zapfen, und das Klo war zugefroren, und im Schlafzimmer hatten wir auf dem Oberbett, wenn wir uns abends zum Schlafen hinlegten, eine feine Eisschicht. Das kann man sich nicht mehr vorstellen. Und Mutter hat dann Ziegelsteine in den Ofen geschoben, den sie früh auch nur schwer zum Brennen brachte, denn wir hatten nur Staubkohle, wir hatten feuchtes Buchenholz und feuchtes Zeitungspapier. Und das zum Brennen zu bringen, war schwierig, das qualmte natürlich wie wild. Und wenn Mutter, die so 'ne Kaninchenfelljacke anhatte, dann das alles zum Brennen gebracht hatte, dann hat sie uns aus dem Schlafzimmer geholt und hat uns dann versorgt. Ich hab noch dieses Bild vor mir: Unsere Küche, eiskalt, gefrorene Vorhänge, Eis am Wasserhahn, Mutter in der Kaninchenfelljacke, und wir gerade mal ein bisschen was zu essen: Hafersuppe mit Spelzen. Das war ja auch so ein Thema, die Spelzen immer rauszuspucken … Ich bin heute so ein bisschen härter an der Stelle. Wir sind nicht verwöhnt worden, können auch verzichten. Ich könnte auch heute verzichten, ich würde auch eine Woche von Haferflocken existieren können. Warum eigentlich nicht? Diese Erinnerungen sind auch sehr, sehr tief.«

Rosemarie K. (1934): »Als ich aus der ungeheizten Schule nach Hause kam, gab lediglich der kleine Beistellherd in der Küche etwas Wärme ab, deshalb spielte sich alles in der Küche ab, kochen, essen, Hausaufgaben machen, Socken flicken, Obst dörren, Wäsche waschen, Flöte üben und vieles mehr. Da der ausgebombte Großvater aus Heilbronn bei uns wohnte, wie auch meine beiden Cousinen, die in Ludwigsburg die Schule besuchten, war die Küche ein sehr ›volkreicher‹ Ort.«

Helga P. (1932): »Wir konnten nur die Küche heizen und waren äußerst sparsam mit Brennmaterial. Wenn auf der Straße ein Stück Holz lag, nahm man es mit nach Hause. Klavier übte ich im Winter in eine Wolldecke gewickelt und mit zwei Pullovern, bis die Hände steif wurden. Geige ließ sich in der Küche üben.«

Irene R. (1932): »Ich erinnere mich noch an einen schrecklich kalten Winter … Ich hatte das Pech, dass meine Füße zu jener Zeit in die Länge gingen, aber die Schuhe zu klein waren. Ich bekam schreckliche Frostbeulen, und meine Füße und Zehen leiden noch heute darunter. Geheizt wurde nur im Beistellherd in der Küche. Es ging sehr eng zu. Alle Wasserleitungen wurden mit Teppichen umwickelt, dass sie nicht einfroren. In unserem Dachzimmer glitzerte bei dieser Eiseskälte sogar die schräge Wand. Es gab dort keine Toilette, und wenn man ein Bedürfnis verspürte, verklemmte man dies, bis es fast nicht mehr zu halten war, erst dann schlüpfte man aus dem warmen Bett und benutzte das ›Häfele‹.«

»Die *Wohnverhältnisse* waren in keinem Haus mehr normal«, sagte Doris H. Im Winter war man wegen des Mangels an Brennmaterial fast immer auf die Küche oder ein einziges Zimmer beschränkt. Dort drängten sich, wie wir gesehen haben, viele Menschen auf engem Raum. Die unzerstörten Wohnungen mussten mit Flüchtlingen geteilt werden, also hieß es zusammenrücken. Wie menschenunwürdig gerade Flüchtlingsfamilien oft kampieren mussten, haben wir schon gehört.[12] Aber auch viele Einheimische mussten noch längere Zeit elend in halbzerstörten Gebäuden oder in Bunkern hausen. Die Hauptleidtragenden waren die Mütter, die unter diesen Bedingungen einen »Haushalt« zu führen hatten. Die kleineren Kinder störte das meist nicht so sehr, außer, dass sie immer leise sein sollten und unter den Reibereien der Erwachsenen litten. Die größeren fühlten sich schon eingeengt; ein eigenes Zimmer war ein unerfüllbarer Traum, nicht jedes Kind hatte ein eigenes Bett. Aber im Sommer konnte man das Leben weithin ins Freie verlegen. Deshalb wird dieser Teil des Nachkriegsmangels nicht allzu sehr beklagt. Man hatte gelernt, sich zu behelfen. Gekocht wurde zuweilen sogar auf dem umgekehrten Bügeleisen, falls Strom da war. Wo allerdings die beschädigten oder primitiven Behausungen zudem keinen ausreichenden Schutz vor der Kälte oder vor Ungeziefer bieten konnten, wurde es auch für die Kinder unerträglich.

Gisela C. (1931), die in Dessau ausgebombt wurde[13], schreibt über die Zustände nach dem Angriff, die sich über die Kriegszeit hinaus für viele nicht wesentlich verbesserten:

»In diesem März 45 zitterten wir vor Kälte. Nach der Bombardierung war das ganze Haus ein seltsames Gebilde geworden, ohne Türen, ohne Fenster; der eisige Wind blies von allen Seiten herein. Draußen der Regen, der feuchte Schnee. Um einen kleinen Ofen, der auf dem Flur außerhalb der Küche aufgestellt worden war, fanden wir ein wenig Wärme. Stücke des Hauses, zusammen mit Bergen von alten Betten und Scherben, lagen auf dem Boden rings um die halbe Ruine verstreut herum. Wir mussten auf die leeren Fensterrahmen Pappe, Bretter und was wir sonst fanden, nageln, um uns etwas gegen die Kälte zu schützen. Das bedeutete Dunkelheit, denn der Strom fiel monatelang aus.«

Neben Hungern und Frieren spielte der Mangel auf anderen Gebieten für die Kinder keine gravierende Rolle. Die *Kleidung* war Sorge und Aufgabe der Mütter, die diese meist bravourös durch Umarbeiten von Vorhandenem lösten.[14] »In jener Zeit reichte ein kleiner Kleiderschrank für fünf Kinder«, sagt

Ute S. (1937) und spricht damit für viele. Da alle annährend gleich bescheiden bis schäbig herumliefen, fiel niemand auf.

Maria M. (1935): »Bei der Kleidung ging es nicht um Schönheit oder Geschmack oder Wohlbefinden, sondern darum, irgend etwas ›auf dem Leibe‹ zu haben. Die Kleiderspenden hatten oft nichts mit unserer Bedürfnislage zu tun, sondern waren eine Art Altkleidersammlung von der Klammerschürze bis zum Taftkleid. Meine Freundin trug eine Bluse mit Maschinenstickerei: ›He loves me, he loves me not, he loves me …‹ Als ersten Büstenhalter sollte ich ein vergilbtes Etwas von meiner verstorbenen Großmutter tragen.«

Nur die Schuhe für jeden Tag waren ein großes Problem. Es gab sehr wenig neue auf die Bezugscheine zu kaufen. Die alten gingen kaputt oder wurden zu klein, die Notbehelfe und selbstgebastelten hielten nicht viel aus oder waren äußerst unbequem. Es kam vor, dass Geschwister sich ein Paar Schuhe teilen mussten, wenn sie Schichtunterricht in der Schule hatten. Auf dem Lande ging man selbstverständlich den ganzen Sommer über barfuß. Hans-Peter W. (1935) hatte keine Schuhe und musste deshalb beim Fußballspielen immer Torwart sein.

Linde B. (1937): »Und da weiß ich noch, da hab ich damals auf diese Bezugscheine ein Paar Stoffschuhe gekriegt, heut würde man Turnschuhe sagen. Das war aber Stoff. Und das hat meine Mutti auch immer erzählt, auf dem Rückweg von Großbottwar nach Beilstein, diese paar Kilometer, da waren die schon kaputt, die Schuhe. Und dann war›s aus, da hat man ja keine neuen Schuhe mehr gekriegt. Es blieb dann nichts anderes übrig, da hat meine Mutter die Schere genommen und vorne ein Loch rausgeschnitten. Da konnten wir dann sagen, das sind jetzt Sandalen.«

Dietlind S. (1937): »Der Winter 1945/46 war schlimm. Was ich da gefroren habe! Außerdem waren mir in der Zwischenzeit alle Schuhe zu klein geworden, und das lange Laufen in die Stadt und zurück wurde zur Qual. Später bekam ich ein Paar Schuhe geschenkt, aber die wiederum waren viel zu groß, so dass ich immer wieder über

2. Klaus mit Windjacke in »feldgrau«, aus einem Uniformteil genäht

meine eigenen Füße stolperte und hinfiel. Die kostbaren Strümpfe waren dann zerrissen, die Knie aufgeschürft. Oft hatte ich über Wochen hinweg eiternde, schlecht heilende Knie. Zum Glück gab es in der Nähe einen freundlichen älteren Arzt, der sie, wenn es ganz schlimme wurde, behandelte und mich auch mit Verbandsmaterial versorgte.«

Knotenpunkte der Erinnerung sind bei vielen die Weihnachtsfeste in der Nachkriegszeit, in denen sich der ganze Mangel, die Trauer um die Kriegstoten, das Warten auf die Vermissten und Gefangenen, spiegeln, aber auch der Wille, trotz allem, so gut es ging, zu feiern, besonders um der Kinder willen. Aber auch große Unterschiede in den Verhältnissen und Fortschritte in den folgenden Jahren lassen sich ablesen.

Arno K. (1934): »Das Jahresende 1945 kündigte sich an, Weihnachten nahte. Wenn ich mich recht erinnere, war dieser Dezember kalt und frostig. In unserer notdürftig reparierten Wohnung pfiff der Wind durch alle Ritzen. Dachte ich da innig an Weihnachten? Wohl eher an eine warme Stube. Geschenke, Tannenbaum, Gänsebraten … Utopien! Aber trotzdem, irgendwie war eine gewisse Vorweihnachtsstimmung vorhanden. Es war kein Krieg mehr. Meine Mutter trieb, wie, ist mir noch heute unklar, ein paar Tannenzweige auf, ein bisschen Lametta und zwei Glöckchen. Sie befestigte alles akkurat auf den Tannenzweigen, und zu guter Letzt kamen auch noch zwei Kerzen zum Vorschein. Da Mutter bei einer sowjetischen Dienststelle, die für die Verwaltung der Kohlengruben in der damaligen SBZ zuständig war, arbeitete, hatten wir immer genügend Briketts im Hause und eine relativ warme ›Bude‹. Wir hüteten die Briketts wie den viel zitierten Augapfel! Meine Schulkameraden erzählten oft, wie sie wohl Weihnachten verbringen würden. In der Schule übten wir ein paar Weihnachtslieder ein. Lange dauerte das Üben nicht, denn die Kälte tat ihr Übriges.

Dann war es so weit. Ein Nachbar hatte sein Akkordeon aus dem Versteck geholt, seine Familie kam zu uns in die Wohnung, das Weihnachtsfest begann. ›Stille Nacht, heilige Nacht‹ und ›Es ist ein Ros entsprungen‹ sangen wir alle andächtig. Mutter legte Holz und Kohlen in den Küchenherd, entzündete das Feuer, kramte etwas Fett und Zucker hervor, gab diese Köstlichkeiten in eine Bratpfanne und fertigte Karamelbonbons an. Welch eine Delikatesse! Diese Weihnacht war unvergesslich. Voller Dankbarkeit für dieses Fest ging ich spät zur Ruh und erwartete den ersten und zweiten Weihnachtsfeiertag. Ich traute am nächsten Morgen meinen Augen nicht, als ich in die halb zerstörte Küche kam und in einem Topf ein Stück Fleisch erblickte, dazu einen kleinen Korb mit Kartoffeln. Es gab doch einen ›Braten‹. Heute würde man das vielleicht als Speiserest betiteln. Mutter war eine gute Köchin. Sie zauberte mit ganz bescheidenen Zutaten für uns gar exotische Speisen. Für mich war Weihnachten 1945 ein Erlebnis.«

Doris H. (1939): »Weihnachten 1945 verbrachten wir zu viert in einem zwanzig Quadratmeter großen Zimmer. Es war Wohn- und Schlafzimmer gleichzeitig und auch noch von zwei Seiten her schräg. Viel Platz zum Spielen blieb nicht für Peter und mich. In der Küche, die eigentlich mehr ein Vorplatz mit einem kleinen Fenster war, gab es einen Zweiplatten-Herd auf einem Gestell und einen Wasseranschluss mit Ausgussbecken. Das war alles. Keiner klagte, denn es ging vielen Menschen noch viel schlechter. Dass meine Mutter es geschafft hat, für mich eine Puppenwiege mit Bettchen als Weihnachtsgeschenk zu ergattern, finde ich noch heute unglaublich. Schreiner Böckle hat wohl die Wiege gezimmert, soviel habe ich erfahren. Von Tante Lina aus Stuttgart bekam ich eine wunderschöne Puppe dazu, für die sie die Kleidchen alle selbst gestrickt und genäht hatte. Sogar einen kleinen Weihnachtsbaum hatten wir, mit den Kerzenstummeln vom letzten Weihnachtsfest. Als Weihnachtsessen hatte Mutter Kartoffelsalat gemacht, und dazu gab es ein kleines Saitenwürstchen. Selten hat mir etwas so gut geschmeckt. In meiner Erinnerung war dies eines der schönsten Weihnachten für mich. Für Mutter und Tante Gretel war es sicher nicht so schön, denn beide warteten noch auf ihre Männer.«

Otto S. (1939): »Es blieb immer noch die Sehnsucht nach etwas ›Richtigem‹ zum Essen. Vor Weihnachten 1948 (*!*) fragten mich, den Neunjährigen, meine Eltern, was ich mir denn wünsche. Wie aus der Pistole geschossen kam die Antwort: ›Einen ganzen Christbaum voller Saitenwürstle!‹ Tatsächlich hingen dann am Heiligen Abend acht Paar Saitenwürstle am Christbaum, und noch am gleichen Abend haben wir alle acht Paar gierig, aber mit Hochgenuss verspeist. Wohlweislich hatte meine Mutter auch Kartoffelsalat dazu gemacht. Dies begründete dann eine lange Tradition in meinem Leben: Viele, viele Jahre lang gab es am Heiligen Abend immer Saitenwürste mit Kartoffelsalat.«

Folgen von Unterernährung und Mangel auf allen Gebieten spürten und spüren die Kinder lange, manche bis heute. Von Seuchen und Krankheiten berichtete schon Ursula R's Brief: die häufigsten waren Typhus, Ruhr, Krätze, Furunkulose, Tuberkulose. Die Läuseplage war lästig, konnte aber von den Müttern mit teils rigorosen Methoden erfolgreich bekämpft werden. Reinhard S. (1942), der aus Briefen seines Vaters schließt, dass sie wohl niemals richtig satt geworden sind in der Nachkriegszeit:

»Es könnte sein, dass von dieser intensiven Erfahrung des Hungerns Probleme kommen, mit denen ich heute noch zu kämpfen habe: auf alle Fälle alles aufessen, auch wenn ich längst keinen Hunger mehr habe und es mir reinzwängen muss, kein Essen wegschmeißen können, auf Vorrat essen, selbst, wenn der Appetit fehlt, aus Angst essen, weil es morgen nichts mehr geben könnte usw.«

Irmgard B. (1936): »Die spätere Tbc, die auch ich hatte, hatten viele Kinder im Ruhrgebiet (*ebenso in anderen Teilen Deutschlands*). Deshalb sind in den Schulen seinerzeit auch die Reihenuntersuchungen von den Gesundheitsämtern mit den Schirmbildaufnahmen durchgeführt worden. Da sind ganz viele Kinder und Jugendliche, die bereits Tbc hatten, und es bis dahin nicht wussten, herausgefunden worden. Ich denke, dass der Bazillus sich so verbreiten konnte, lag sicher ganz entscheidend auch an unserer Unterernährung … Es gab im übrigen damals in den 50er Jahren noch keine Antibiotika; das Streptomyzin kam erst Anfang der Sechziger.«

Christa L. (1942): »Die Läuse machten auch vor uns nicht halt. Meine Mutter, bewaffnet mit dem Läusekamm, schnappte uns am Abend, und, mit den gebeugten Köpfen über dem Kohlenherd, wurde die Läuseplage aus den Haaren direkt ins offene Feuer gekämmt. Jede Laus gab beim Kontakt mit dem Feuertod einen kleinen Knacklaut ab, das sahen wir dann als einen Treffer an. Irgendeine Creme wurde danach ins Haar geschmiert. Doch die Plage war meist nur für die Nacht gebannt. Nach dem Kindergarten oder von sonst wo aus dem Dorf kamen wir regelmäßig abends mit ›neuen Bewohnern‹ nach Hause. Und die Prozedur begann von neuem.«

Reinhard B. (1940): »Wir hatten nicht ausreichend zu essen. Schon vor Ende des Krieges waren die Lebensmittel knapp, was dazu führte, dass ich stark unterernährt war. Dies hatte später zur Folge, dass ich mir auf Grund zu schwach ausgebildeter Muskulatur noch mit 8 Jahren täglich die Hosen voll machte, was mir den Hohn meiner Mitschüler einbrachte. Erst der Arzt Dr. Rosenthal in Ihmert, ein Jude, der auf Grund seiner Tüchtigkeit und Beliebtheit im Dorf die Nazizeit praktizierend überstanden hatte, erkannte die Ursache und verschaffte mir einen sechswöchigen Krankenhausaufenthalt. Dort bekam ich aufgrund der bevorzugten Versorgung der Krankenhäuser zu essen. Danach war ich geheilt.«

Dass die Versorgungslage bei den Stadtkindern nicht zu noch katastrophaleren Auswirkungen führte, war verschiedenen *Hilfsaktionen* zu verdanken, die aus dem Ausland kamen, vor allem der Hoover-Speisung, eine durch den amerikanischen Präsidenten Hoover ab dem 14. April 1947 in der englischen und amerikanischen Besatzungszone eingeführte Schülerspeisung. Daneben gab es die Care-Pakete[15], Sendungen von Quäkern und anderen, auch kirchlichen, Hilfsorganisationen aus verschiedenen Ländern, schließlich noch Erholungsaufenthalte in Kinderheimen, zum Teil auch in der Schweiz.[16] Wer Verwandte in Amerika oder anderen reichen Ländern hatte, war glücklich dran. Während die Kinder an die Heimaufenthalte mit ihren damals noch ganz rigiden Erziehungsmethoden nicht gerne zurückdenken, haben sie die Schülerspeisung meist in dankbarer Erinnerung. Nicht immer waren die Speisen besonders wohlschmeckend zubereitet. Wer wirklich hungerte, hat nicht gemäkelt. Diejenigen, denen es besser ging, wurden schon wählerischer. Manche nahmen in ihren Kochgeschirren noch etwas nach Hause mit und konnten so ihre Eltern unterstützen.

Aufsatz von Christa S. (1932): »Schulspeisung. Vor ein paar Tagen hieß es, dass die Schulen in Charlottenburg Schulspeise bekommen sollten. Wir freuten uns alle sehr darüber und brachten schon am Montag unsere Schüsseln mit. Aber wie enttäuscht waren wir, als uns gesagt wurde, dass es Dienstag oder Mittwoch erst warmes Essen gäbe. Endlich war der Tag da. Voll Erwartung und Spannung gingen wir in den jetzigen Speisesaal, um dort unser Essen in Empfang zu nehmen. Ich will ehrlich sein, mir mundete die Suppe nicht besonders. Aber als ich dann hörte, dass es mehr Medizin als Leckerei sei, sagte ich mir: ›Andere Medizin schmeckt noch schlechter.‹ Fräulein M. erzählte uns dann, wie gut uns allen diese Medizin tun würde und wie nötig wir sie brauchen für den Aufbau des Körpers. Sie soll uns das Fett ersetzen, denn sie enthält Lebertran und andere wichtige Stoffe. Heute schmeckte das Essen köstlich. Immer kann es nicht so süß sein, denn woher sollen wir den Zucker nehmen? Deshalb sollen wir nicht undankbar sein und zum Dank tüchtig Heilkräuter sammeln.«

Vera M. (1933): »Im Herbst begann die Schulspeisung, und endlich hatten meine Eltern mal Beziehungen, nämlich durch mich. Meistens brachte ich das Essen nach Hause für Vater und Mutter. Große Portionen habe ich nie in meinem Leben gegessen.«

Jan G. (1939): »Der Freitag entwickelte sich zum eigentlichen Feier- oder Sonntag, weil es an diesem Tag zusätzlich ein kleines Täfelchen Schokolade gab, die erste Begegnung der Kinder mit dem bis dahin wohl nur als Fremdwort bekannten Begriff ›Schokolade‹. Und da viele von uns Schülern an diesem Tag auch ihren Familien eine kleine Freude bereiten wollten, setzte regelmäßig ein reger Tauschhandel ein, wobei ein Teil der Woche weniger mit dem Erledigen von Hausaufgaben ausgefüllt war, als mit dem Besorgen oder Auftreiben irgendwelcher Gegenstände, für die sich freitags ein weiteres Täfelchen Schokolade eintauschen ließ … Man bedenke, wegen eines kleinen einfachen Täfelchen Schokolade!«

Wie oft der Heranwachsende bei diesem Handel erfolgreich war, weiß er nicht mehr, aber das eine oder andere Mal muss es wohl so gewesen sein, wie heute noch die hochbetagte Mutter erzählt.

Den weitaus wichtigsten Teil der Überlebensarbeit leisteten aber die Mütter und, soweit sie anwesend waren, auch die Väter, *zusammen* mit ihren Kindern. Ihren **vielfältigen Hilfeleistungen** muss daher unsere besondere Aufmerksamkeit gelten. Als Musterbeispiele sollen neben dem Eingangsbericht von Jutta M. zwei Berichte ausgewählt werden, der eine von einem Jungen aus Erfurt, der andere von einem Mädchen, das mit der Mutter und sieben Geschwistern als Flüchtling im Bayerischen Wald lebte und eben nicht zu den Selbstversorgern zählte, sondern Mangel und Überlebenskampf ähnlich wie eingesessene Stadtkinder zu bestehen hatte. Beide haben ein ausgezeichnetes Gedächtnis und schildern sehr genau, was sie alles machten. Karl-Heinz R. (1935) lebte als Halbwaise (der Vater war gefallen, seine leibliche Mutter im KZ Ravensbrück umgekommen) mit der Stiefmutter bei seiner Großmutter und deren Lebensgefährten:

»In einem kleinen Park in unsrer Nähe hatten die Amerikaner ein Zeltlager aufgebaut. In diesem gab es auch zwei Proviantzelte. Mit denen verbanden sich unsere sehnlichsten Phantasien. Da Träumen kein Sättigungsgefühl erzeugt, mussten wir zur Tat schreiten. Wir versuchten es in Rudeltechnik. Eine größere Gruppe versuchte, die GI's in Unterhaltungen zu verwickeln. Ein Kumpel und ich robbten inzwischen an ein Zelt heran, lockerten an der Rückseite die Zeltverspannung und angelten mit den Armen hinein. Es war wirklich ein Vorratszelt. Wir krochen schnell hinein, suchten nach offenen Kartons und fanden auch welche. Ich ergriff eine Büchse unbekannten Inhalts, mein Mitstreiter einen Beutel, der uns auch seinen Inhalt nicht verriet. Wir traten schnell den Rückzug an und wurden von zwei Amerikanern in Empfang genommen. So viel Aufmerksamkeit war mir sehr unangenehm. Auch die Reste unserer Mannschaft wurden festgesetzt. Eine ›Uniform‹ machte uns in Brockendeutsch klar, dass wir mit dem Diebstahlversuch ein schweres Vergehen begangen hätten. Wir wurden verurteilt, vor den Augen unserer Kameraden und der uns umringenden Soldaten unser Raubgut aufzuessen. Man öffnete meine Büchse. Es war ein Pfund Kakaopulver. Ich stellte mir das sehr vergnüglich vor. Aber schon nach den ersten Löffeln merkte ich, wie hundsgemein diese Aufgabe war. Ich war fast am Ersticken – aber ich musste weiter löffeln. Ich habe es schließlich geschafft, das Wie ist mir unbegreiflich (manchmal soll ja Angst wahre Wunder bewirken). Meinem Kumpel erging es mindestens genau so schlecht wie mir: In seinem Beutel befanden sich Nudeln. Auch er musste diese trocken hinunterwürgen ... Mit einer Tafel Schokolade und einem Tritt ins Gesäß verabschiedete man uns aus dem Camp.

Am 24. Juli 1945 wurde der Wiederbeginn des Schulunterrichtes für die Klassen 1 bis 4 angeordnet. Jeder Schüler sollte sich an der Schule wieder melden, die er zuletzt besucht hatte. Dazu hatte ich aber keine Zeit. Schließlich musste Omas Wohnung (*sie war durch Bomben teilzerstört*) so schnell wie möglich bezugsfertig werden. Wir werkelten, solange es das Tageslicht zuließ. Erst wenn die Wohnung als solche gemeldet werden konnte – sie musste in Zugang und Statik einigen Sicherheitsanforderungen genügen – gab es ein Stromkontingent ... Ein Tauchsieder wurde selbst gebastelt.«

Über einen Onkel, der beim Gleisbau arbeitete, konnten sie ein Holzkontingent in Form von Altschwellen kaufen.

»Gemeinsam mit Onkel Paul zersägte ich die Schwellen mit einer Schrotsäge. Das war eine fürchterliche Schinderei, zumal die Steinchen im Holz die Säge immer wieder stumpf machten. Aber ich konnte mich dabei kräftigen, den Umgang mit der Schrotsäge, das Schärfen und Schränken einer Säge von Hand erlernen. Das Zerkleinern der Holzabschnitte war dann meine alleinige Aufgabe. Dafür gab es fünf Mark, die ich meiner Stiefmutter gab (dies änderte sich aber später) ...

Das Anstehen nach den Lebensmittelzuteilungen war die wichtigste Informationsbörse. Nicht immer bekam ich die ersehnten Lebensmittel, da sie für die Menge der Wartenden nicht reichten. Aber nützliche Informationen fielen regelmäßig ab. So u. a.

– dass die Mangelware Essig durch Weinstein kompensiert werde konnte;

- dass junge Brennnesseln mit später zugegebenen Löwenzahnblättern einen genießbaren Blattspinat ergeben;
- dass in Straße X der Trümmerschutt beseitigt wird und die Helfer das geborgene Holz zu gleichen Anteilen erhalten usw …

In tagelangen Bettelmärschen versuchten wir, auf den Dörfern ein paar Kilo Kartoffeln zu ergattern. Vergebens. Die Demütigungen und Beschimpfungen hinterließen in mir eine tiefe Spur. ›Das nicht noch einmal‹ war mein Schwur. Bei einem Dorfschuster, der wirklich selbst nicht viel hatte, gelang es uns, ein paar Rollen des erbeuteten Zwirns gegen Kartoffeln zu tauschen (1 Rolle für 1 kg Kartoffeln). Ein Bauer in Dachwig nahm mich wenigstens als Erntehelfer für die Kartoffel- und die Rübenernte an. Die Verpflegung war morgens eine Scheibe Brot mit Marmelade, mittags eine dünne Suppe, abends eine Pflaumenmusstulle … Ich ›fand‹ ab und zu ein Ei … In einem betont deutlich geflüsterten Gespräch mit einem anderen Helfer regte ich mich künstlich über die Essgewohnheiten unserer Arbeitgeber auf. ›Wie kann man nur gekochte Eier pellen und die wertvollen Schalen wegwerfen! Der Mensch braucht doch Kalk.‹ Diese Reden hatten den gewünschten Erfolg: Der Alte rief mich in die Küche, gab mir ein gekochtes Ei und forderte mich unter Androhung, dass er mich sonst entschädigungslos vom Hof jagen würde, auf, das Ei mit Schlag zu essen. Genüsslich machte ich mich über den seltenen Happen her. Irgendwie hatte ich den Eindruck, dass meine Spender bei jedem Abbeißen zusammenzuckten. Als eine Art Wundertier durfte ich das Schauessen für einen erweiterten Kreis noch zweimal wiederholen. So hatte ich als Nahrungsergänzung rohe Eier (ohne Schalenbeilage) und gekochte (mit Kalkration). Auch in späteren Zeiten gelang es mir, die Magenfüllung durch Schauessen zu erhöhen. Für einen 10-Stunden-Tag gab es 10 kg Kartoffeln. Bei der Zuckerrübenernte entsprechend 10 kg Zuckerrüben. So konnte ich für uns 40 kg Kartoffeln und 50 kg Zuckerrüben erarbeiten und mit Hilfe einer Bescheinigung als Erntehelfer auch auf dem Handwagen nach Hause bringen. Als Geleitschutz hatte ich meine Stiefmutter und meine beiden Mainzer Freunde bestellt. Für mich allein wäre es zu riskant gewesen, mit dieser kostbaren Fracht die 18 km über Land zu ziehen. Natürlich musste ich einen Teil meines Arbeitslohnes meinen Bewachungshelfern abgeben.«

Seine abenteuerlichsten und waghalsigsten »Geschäfte« machte Karl-Heinz mit den Orden, die er bei der Plünderung des Heereshauptverpflegungsamtes am Ende des Krieges erbeutet hatte. Er riskierte mehrmals den illegalen Übergang aus der sowjetischen über die englische in die amerikanische Zone und verkaufte sie in Kassel, Fulda und Bremen an Amerikaner gegen Kaffee und Zigaretten. Er schildert diese Fahrten sehr dramatisch und detailliert.[17] In Bremen erfuhr er die ungefähren »Kurssätze« für seine Orden: »1 Ritterkreuz = 5–7 Schachteln (*Zigaretten*), Ritterkreuz mit ›Gemüse‹ (Eichenlaub bzw. Eichenlaub und Schwertern) 8–12, Eisernes Kreuz 1–2, Verwundetenabzeichen 1–2, Nahkampfspange 2–5; 1 Schachtel Zigaretten = 1 kleine Büchse

Cornedbeef oder 2 Tafeln Schokolade oder 3 Schachteln = 1 große Büchse Nescafé.« Für diese »Währung« ließen sich Lebensmittel und anderes erwerben. Kaum zu glauben, dass ein Zehn- bis Elfjähriger das geschafft hat.[18] In der Schule hatte er schließlich so große Lücken, dass er Nacharbeit machen musste.

»Neben Schulnacharbeit ließ ich mich öfter auf dem Schwarzmarkt sehen. Mit dem ›Kaufen‹ war ich hier sehr vorsichtig … Meist verkaufte ich die Zigaretten stückweise. Der Markt, den ich bevorzugte, befand sich auf dem Glacis der ehemaligen Festung Petersberg. Dieses Gelände bot Deckung vor anrückenden Razzien, Fluchtmöglichkeiten in Kleingartenkolonien und schnelle Rückkehr auf Straßen, wo man sich als braver Biedermann geben konnte. Ab und zu musste ich auch einmal einen ›Stengel‹ opfern, um Erwachsene durch mein Rauchen zu Missfallenskundgebungen mit anschließenden Kaufangeboten zu veranlassen. Als schnellfüßiger Knirps mit ausgezeichneten Geländekenntnissen und katzenartigen Kletterfähigkeiten war ich den meisten Erwachsenen überlegen. Einmal ist es einem gelungen, mir zwei Zigaretten ohne Gegenleistung abzunehmen. Zu einem späteren Zeitpunkt konnte ich ihm dafür meinen ›Dank‹ abstatten. Indem ich mich bei einer Razzia in seiner Nähe hielt und sehr auffällig bewegte, konnte ihn die Streife fassen und um seine Güter erleichtern …«

Später tauschte er keine Lebensmittel ein, sondern Lebensmittelmarken, weil man dabei weniger leicht betrogen werden konnte.

»Der Herbst brachte wieder ein Arbeitspensum, das der schulischen Aufholjagd nicht förderlich war. Karl (*der Lebensgefährte der Großmutter*) hatte mit Hilfe der Glimmstengel einige Zentner Weißkohl und noch mehr Zuckerrüben gehortet. Das sollte verarbeitet werden. Aus dem größten Teil des Weißkohls wurde Sauerkraut. Tagelang standen wir und hobelten auf kleinen Gurkenhobeln die Weißkohlköpfe. Nach einigen Stunden konnte ich fast die Kohlkopfviertel nicht mehr halten, und so erfuhr der Kohl eine Wertsteigerung durch kleine Bluttransfusionen. Die Kohlschnitzel kamen in Holzbadewannen, wurden kräftig gesalzen, und dann hatten wir Kinder nach gründlicher Fußwaschung den Kohl zusammenzutreten. Ach, was jubelten da die Füße hinterher! Da mochte man gar keine Schuhe mehr tragen … Noch schlimmer war die Verarbeitung von Zuckerrüben … Das Umrühren des immer dicker werdenden Saftes war eine langweilige Schwerarbeit. Da ich bisher das Wachsen versäumt hatte, musste ich mich zur Ausführung dieser Arbeit auf den gemauerten Rand des Ofens stellen. Hier lernte ich die Richtigkeit der Aussage kennen ›Kleine Sünden bestraft der liebe Gott sofort‹. Ein Versäumnis und – pflupp spuckte der Kessel wie ein Lama und traf nur zu oft die nackten Beine. So konnte ich mit gutem Recht hinterher behaupten: ›Ich habe mir Blasen an die Beine gerührt‹. Der dicke dunkle Sirup kam dann in kleine Tontöpfe und diente als Brotaufstrich und Süßungsmittel (und gelegentlich zur Befriedigung des Naschbedürfnisses).«

In der sibirischen Kälte des Winters 46/47 montierte er an das Sparöfchen mit einem dreifach geschlängelten Ofenrohr aus Vaters Zeiten noch zwei weitere Windungen an, nachdem er die Rohr- und Nietstücke gegen Zigaretten von zwei Klempnereien erworben hatte. »Wie wir über den Winter gekommen sind, kann ich nicht mehr mit Bestimmtheit sagen. Ich weiß nur, dass wir genügend Gelegenheit hatten, unsere Haltbarkeit als ›Gefrierware‹ zu erhöhen.«

Im Frühjahr 47 erhielten sie ein Stück Pachtland zugeteilt. Dort machte er alle Gartenarbeit zusammen mit seiner Stiefmutter, schleppte das Gießwasser von der 300 Meter entfernten Wasserentnahmestelle und entwickelte sich zu einem Experten im Tabakanbau. »Die geernteten Tabakblätter wurden auf unseren dicken Schusterzwirn aufgefädelt und im Schlafzimmer zum Trocknen aufgehängt. Den gebündelten getrockneten Tabak konnte man dann in Umtauschstellen abgeben.« Dafür bekam man Gutscheine zum Bezug von Zigaretten.

»Ich weiß noch, dass wir in diesem Jahr über 4.000 Zigaretten hatten, dementsprechend über 20 kg Tabak geerntet und im Schlafzimmer getrocknet haben mussten ... Die wenigsten Zigaretten wurden verkauft, sondern in ihrer Mehrzahl gegen Lebensmittel getauscht ... Gegenwerte waren vor allem Mehl, Mohn, Raps, Eier, Speck und Wurst. Die Ölsaaten konnte man in der Ölmühle gegen frisches Öl eintauschen. Beim Mohn bekam man noch Pellets dazu. Diese wurden gebrochen und eingeweicht und zu Mohnkuchen verbacken.«

Er wurde im Umgang mit dem Tabak immer professioneller, weil er »Betriebsgeheimnisse«, die Experten gegenüber Dritten nicht ausplauderten, mitbekam. Das zuhörende Kind wurde nicht als »Lauscher« identifiziert. »Beim Abschluss des Gartenjahres 1948 hatte ich rund 35 kg Rohtabak zum Umtausch in Zigaretten zur Verfügung: Das entsprach 7.000 Zigaretten.«

Sieglinde D. (1930) befand sich nach der Flucht in Schildertschlag im Bayerischen Wald. Sie war die älteste von acht Geschwistern. Der Vater war in russischer Gefangenschaft.

»Ganz praktisch bedeutete die Situation im Augenblick: Wir hatten keine Schule und den Sommer über frei und versuchten, uns über Wasser zu halten. Bernhard und ich arbeiteten bei den Bauern. Bernhard, damals 13 Jahre alt, hackte außerdem für Fremde Holz. Er verdiente 12 Mark für einen Ster Holz (etwas weniger als ein Kubikmeter). Das war der offizielle Preis, den auch Männer erhielten. Ich strickte für uns und für Fremde Pullover und erfand dafür neue Muster. Das war sehr gefragt. Der Verdienst war aber recht mager. Ich wagte nicht, einen angemessenen Preis zu verlangen, und nahm, was ich bekam.

Bernhard und ich brauchten Schuhe für die Arbeit. Die Bauern trugen Schuhe, ganz aus Holz geschnitzt, oder Holzpantinen, nämlich Holzsohlen mit Leder. Wir

3a. Die Familie D. 1943

3b. Die Familie D. 1947

gingen zu dem Mann, der sie herstellte, aber er sagte, er habe kein Leder. Daraufhin sammelten wir weggeworfene Pantinen und schnitten aus den größeren das Leder auf unsere Größe zu, um es auf die Sohlen zu nageln. Die saßen dann nicht gut. Wir hatten immer weiter Probleme mit den Schuhen.

Oft fuhren Amerikaner mit leichten und schwereren Militärfahrzeugen durch das Dorf zur Rehbrücke, um sie dort zu waschen. Sie schossen dort zum Vergnügen auf einen frei stehenden Baum. Sie erschossen auch in Schildertschlag mit ihren Maschinenpistolen Rehe auf den Wiesen, schnitten die besten Stücke, die Hinterläufe, ab und ließen das übrige liegen. Einmal ließen sie sogar das ganze Reh liegen. Das fanden wir barbarisch, holten aber die übrigen Stücke und freuten uns an den Braten. Das ganze Fell zog ich ab, Bernhard und ich spannten es auf ein Brett und rieben es mit Salz ein. So hofften wir, es so weich zu gerben, um daraus Pantinen und Lederhosen herzustellen. Leider war das Leder sehr dünn und nach dieser Behandlung hart und nicht zu gebrauchen.

Es gab kein Waschpulver. Wie sollten wir Wäsche waschen? Elfriede erinnerte sich an ein Verfahren aus früheren Zeiten: Holzaschenlauge. Wir kochten die Asche vom Holzfeuer und gossen den Sud durch ein Küchensieb. Darin wuschen wir die Wäsche. Sie wurde nach unserer Meinung zwar sauberer, aber grau, und wir mussten notgedrungen damit zufrieden sein. Zum Waschen konnten wir uns eine hölzerne Wanne leihen. Wenn sie eine längere Zeit trocken gestanden hatte, war sie undicht. Wir weichten sie dann in dem kleinen Teich auf der Wiese gegenüber zum Aufquellen ein. Danach hielt sie das Wasser …

Die Bauern hatten großen Mangel an Arbeitskräften, weil die Männer noch nicht aus dem Krieg zurück waren. Der katholische Pfarrer von Großarmschlag warnte aber die Gemeinde im Gottesdienst vor den Evangelischen. Die Bauern sollten sich von ihnen nicht helfen lassen, dann ruhe kein Segen auf der Ernte. Sie beschäftigten uns trotzdem … Zum Heuen kamen alle jungen Leute zusammen. Die Männer mähten mit der Sense, und wir gingen mit Holzrechen hinterher und verteilten das Gras. Immer zwei arbeiteten zusammen, und neben diesen beiden die nächsten beiden, so dass wir in einer breiten Reihe im gleichen Tempo vorankamen … Abends rechten wir das Gras auf lange Reihen zusammen, damit es vom Tau nicht zu nass würde, am nächsten Morgen verteilten wir es wieder, bis es trocken genug zum Einfahren war. Wir harkten es auf Haufen zusammen, damit das Heu auf den Leiterwagen gestakt werden konnte …

Beim Bauern H. arbeitete ich oft allein. Er hatte Rheuma. Deshalb war er bei vielen Tätigkeiten behindert. Ich musste mich sehr anstrengen, um mit ihm die Zentnersäcke mit Kartoffeln auf den Wagen zu heben. Bei ihm habe ich versucht, mit den Ochsen zu ackern. Sie werden nicht durch Zügel, sondern an einem Seil durch Zuruf dirigiert. ›Hosta, hosta‹ heißt ›rechts‹ und ›wuista, wuista‹ ›links‹. Die Ochsen gehorchten mir nicht. Die Furche wurde krumm. Sicherlich habe ich für ihre Ohren norddeutsch gesprochen, und sie verstanden mich nicht …

Für Frau H. strickte ich einen Pullover. Den Preis handelte ich wie immer nicht vorher aus. Dazu war ich zu schüchtern, und wir konnten alle nicht handeln. Sie ging in den Garten und gab mir sechs wunderbare, große Kohlrabis mit üppigem Grün. Das hielt ich aber doch für ganz unangemessen als Entgelt für die als wertvoll anerkannte Arbeit, die viele Stunden in Anspruch genommen hatte, aber ich sagte nichts. Meine Familie sagte diesbezüglich auch nichts. Sie freute sich über die Kohlrabis …

In jeder freien Minute waren wir damit beschäftigt, für unser gegenwärtiges Leben und für den Winter zu sorgen. Im Nebenhaus wohnte … eine alte Frau, die vom Verkauf von Beeren und Pilzen aus dem Wald lebte und die wir als Kräuterweiblein bezeichneten. Sie unterrichtete uns, welche Pilze essbar sind. Wir fanden viele. Sie schmeckten nicht alle gleich gut; die Sorten, die wir nicht mochten, brachten wir zur Konservenfabrik Bauch in Grafenau und erhielten für eine bestimmte Menge eine Dose mit Pilzen.

Wenn wir auch immerfort für unsere Ernährung arbeiteten, fehlte es manchmal an allem. Das Essen wurde bei den Mahlzeiten von unserer Mutter zugeteilt, weil es nicht für alle gereicht hätte, wenn sich jede von uns nehmen dürfte …

Zum Heizen für den Winter sammelten wir außer Holz sehr viele Tannenzapfen und legten sie auf unserem oberen Flur zum Trocknen aus. Der Wald in der Nähe war Bauernwald, wir durften dort Holz sammeln, aber nur bis zu etwa armdicken Ästen. Die Magd Resi kontrollierte manchmal unsere Schubkarre, wenn wir sie im Schuppen abgestellt hatten. Einmal wurde das Holz, das neben dem Backofen für das Backen gelagert wurde, gestohlen. Die Magd Resi lief durch alle unsere Zimmer, weil sie es dort vermutete. Das war für uns sehr beleidigend und diskriminierend … Wir nahmen Heimarbeit an. Ein Tscheche in Grafenau mit einem für uns unaussprechlichen Namen war unser Auftraggeber. Wir nagelten Leisten zu Fußabstreifern zusammen. Wir fertigten auch Spielzeug: Mit Brenneisen hatten wir in Holzklötzchen Fenster und Türen einzubrennen, so wurden sie zu Häuschen. Diesen Eisenstempel erhitzten wir im Herdfeuer. Die Schwierigkeit dabei war, das Eisen nicht zu heiß zu machen, weil dann das Holz zu sehr verbrannte. Der Lohn war gering.«

Die beiden Berichte decken fast das ganze Feld ab, auf dem sich Kinder als Überlebenshelfer betätigten. Nicht alle haben alles gleichermaßen gemacht und ganz gewiss ist Karl-Heinz R. ein besonders verwegener und tüchtiger kleiner Bursche gewesen, der manchem Erwachsenen in Pfiffigkeit und Geschick etwas vormachen konnte und sich heute seiner gewagten Transaktionen mit Humor und Stolz erinnert. Durch seine Lebensumstände hatte er früh gelernt, selbständig zu sein und das Leben illusionslos zu betrachten. In seinem Verscherbeln von Orden an die Amis und seiner florierenden Tabakproduktion dürfte er wohl eine Ausnahme gewesen sein.[19] Auch in Schwarzmarktgeschäften war er besonders versiert. Aber alle anderen Aktivitäten werden auch von vielen anderen berichtet. Die Stichworte: Organisieren bis hin zum Klauen, Hamstern, Betteln, Anstehen, Sammeln von Essbarem, Beschaffen von Heizmaterial, Bearbeiten und Verarbeiten von Holz, von Gesammeltem und Geerntetem, Gartenbau, Arbeit beim Bauern und im Wald, Handwerkliches, Arbeit in den Trümmern, Wiederaufbau der zerstörten Häuser. All dies oder manches davon haben die meisten Kinder mehr oder weniger intensiv und mehr oder weniger lange geleistet. Und das waren keine vergnüglichen Freizeitbeschäftigungen, sondern es war schwere, oft für die Kinder zu schwere Arbeit. Aus dem Bericht von Sieglinde D. erfahren wir noch zusätzlich, was besonders den Mädchen oblag oder was sie selbst beitrugen, besonders die etwas älteren: Mit Stricken und Nähen konnten sie zum Unterhalt der Familie beitragen; sie waren fähig, einen Haushalt selbständig zu führen, erfanden und wendeten neue Waschmittel an, versuchten sich, wenn auch nicht immer erfolgreich, im Herstellen von Schuhen, machten Heimarbeit. Von heute aus gesehen ist manches, was besonders die Jungen berichten, jenseits der Legalität gewesen. Dieter F. spricht sogar von einem »teilweise sehr kriminellen Milieu«.[20] Es mag, besonders in den zerstörten Großstädten solche entwurzelten »Kindergangs« gegeben haben, und sicher gab es »verlorene« Kinder, um die sich niemand kümmerte. Für die allermeisten der von mir befragten damaligen Kinder trifft das nicht zu. »Organisieren« betrachteten sie damals als berechtigten »Mundraub«, den ja sogar der Kölner Kardinal Frings gestattet hatte. Und warum sollte man die Besatzer, die ja Feinde gewesen waren, nicht beklauen?[21] Der damals elfjährige Berliner Junge Arno K. trifft den Nagel auf den Kopf, wenn er sagt: »Wir waren schon richtige kleine Spekulanten, aber nicht unehrlich. Wir ließen uns einfach nicht übers Ohr hauen.« Alle meine Gesprächspartner waren zwar damals ziemlich frei, standen aber doch letztlich unter der Aufsicht der Erziehungsberechtigten und bezogen bei grobem Fehlverhalten auch entsprechende Strafen. Dass die Jungen in den Städten für ihr Alter ungemein selbständig und durchsetzungsfähig waren und dass sie das für ihr Leben geprägt hat, steht außer Zweifel. Mädchen, das zeigt das Beispiel von Sieglinde D., ließen sich leichter übers Ohr hauen. Für einen selbstgestrickten Pullover sechs Kohlrabis zu bekommen, hätte sich keiner von den zitierten Jungen bieten lassen.

Unter allen genannten Arbeiten waren die häufigsten das »Organisieren« von Lebensmitteln und Heizmaterial, das Sammeln, die Arbeit auf einem Bauernhof, bei den Kleineren das stundenlange Anstehen. Die folgenden Zeugnisse fügen den schon bekannten einige charakteristische Akzente hinzu: Oft war stundenlanges *Anstehen* vergeblich, weil es nichts mehr gab, wenn man an der Reihe war, oder die Kinder wurden von den Erwachsenen zurückgedrängt, weil sie ja angeblich Zeit hatten. Ein freundliches Erlebnis hatte Reinhard B. (1940), damals in Ihmert bei Iserlohn: »Als Vierjähriger wurde ich von einer Gruppe von Frauen nach hinten gedrängt. Als diese Frauen dann an der Reihe waren, sagte der Kaufmann: ›Erst kommt der da‹, und wog das Mehl reichlich.«

Eveline F. (1932) in Berlin: »Von der Schule bin ich gar nicht erst nach Hause. Da wurde vorher schon gesagt, da in dem und dem Laden gibt's morgen das und das, stell dich an und bring's. Und dann ist man gleich dageblieben und hat sich da angestellt. Und das Anstehen fand ich einesteils stressig, auf der anderen Seite interessant, was die Leute alles erzählt haben (*lacht*). Ich hab mit solchen Ohren da gestanden. Aber es hat mich natürlich ganz viel Zeit gekostet. Man konnte ja da nicht mehr viel spielen oder lesen. Und das war ja auch anstrengend, das Stehen. Man stand da nun wirklich manchmal drei, vier Stunden. Manche haben sich dann so ein Stühlchen mitgebracht, so grad Ältere. Aber für mich als Kind war das nicht drin. Das war also schon wirklich anstrengend. Und dann musste man das Zeug nach Hause schleppen.«

»Organisiert« wurde überall, wo es noch etwas zu holen gab. Von dem Herumstöbern in Trümmern haben wir schon gehört. Was irgendwo irgendwie, auch bei den Besatzern, brauchbar schien, wurde mitgenommen und verwertet. Schachern, Tauschen, aber auch lukrative Freundschaften mit den Besatzern schließen konnten Kinder besonders gut, auch davon war schon die Rede.[22] Vom »Kohlenklauen« berichten, wie schon Karl-Heinz R., viele mit besonderem Stolz, weil dazu sehr viel Mut und Geschicklichkeit gehörte. Das »Ausputzen« von geleerten Waggons war aber ausdrücklich erlaubt.

Eleonore K. (1930), Berlin: »Ich lief auch in die Stettiner Straße in eine zerstörte Fischfabrik und suchte etwas zu essen. Da waren noch winzige Fische, die in einer undefinierbaren Brühe schwammen. Die nahm ich im Napf mit nach Haus, und wir aßen sie. In einer anderen Fabrik, es war die Schokoladenfabrik Hildebrand, gab es schwarzes und weißes Fett. Das schwarze Zeug war wie Teer, aber wir backten damit Kuchen. Man kostete von dem, was man für genießbar hielt, und wenn einem nichts passierte, dann nahm man die Sachen, um überleben zu können. Irgendwo fand ich eine Kiste, darunter wurden meine Rollschuhe montiert. Mit diesem kleinen Wagen holte ich dann auch aus der Grüntaler Straße Holzreste aus einem ausgebrannten Straßenbahnwagen. Das war dann unser Brennholz. Es gab ja sonst nichts, womit wir unseren Herd hätten heizen können.«

Roland E. (1932), Stuttgart: »Für einen französischen Offizier musste ich einmal in einem Milchladen in der Altstadt, nicht weit entfernt, Milch holen. Milch war rationiert. Aber als ich sagte, die Milch sei für den Capitain NN, bekam ich die Aluminiumkanne gefüllt. In der Folgezeit ging ich mit unserer eigenen Milchkanne dorthin und sagte nur ›für den französischen Offizier‹. Wochenlang holte ich auf diese Weise Milch für unsere Familie. (*Dann lösten Amerikaner die Franzosen ab.*) Unsere Schule blieb auch bei den Amerikanern weiterhin Lazarett. Alle um die Schule liegenden Häuser wurden von GI's bewohnt. Wir Buben trieben uns dort herum und klauten wie die Dohlen. In den Häusern, die von amerikanischen Soldaten bewohnt wurden, hingen im Parterre Holzkästen, die mit Gummischutz gefüllt waren (Silver Tex und Golden Rubber). Wenn Appell war, drangen wir in die Häuser ein und versorgten uns mit dem Zeug. Wir füllten die Pariser mit Wasser und schmissen sie auf ahnungslose Passanten. Nachdem wir uns damit kurze Zeit vergnügt hatten, benutzten wir Silver Tex und Golden Rubber als Tauschobjekt gegen Butter, Mehl und Fleisch. Einmal erwischt, wurden wir den angetretenen Soldaten vorgeführt, aber sonst passierte nichts. Man hat uns nur lautstark angebrüllt. Fünf gefüllte Benzinkanister habe ich damals von Jeeps weg gestohlen und als Tauschware nach Hause geschleppt ... Der unzerstörte Bahnhof in Bad Cannstatt war in diesen Tagen und Monaten Umschlagplatz für Truppentransporte. Wir stöberten in der Bahnhofshalle herum. Dort standen große blecherne Abfallkübel herum. Was wir suchten? Die Amerikaner hatten Notrations-Packungen (Inhalt: 6 Zigaretten, Hartbrot oder Kekse, ham and eggs in Büchsen, Eipulver für Rührei, genau weiß ich's nicht mehr). Wenn sie etwas brauchten, rissen sie eine Packung auf, entnahmen das Gewünschte und warfen den Rest in den Abfallkübel. Wir machten reichlich Beute.«

Mit den Amerikanern hatte Robert L. (1933) besonderes Glück. Ihr Haus war beschlagnahmt worden, sie durften aber im Keller wohnen bleiben. Er schloss mit einem von einer Kopfverwundung her etwas wunderlich gewordenen Soldaten nach und nach Freundschaft. Johnny brachte ihm auch Englisch bei:

»Am Ende der Lehrstunde fragte er mich dann, was ich bräuchte. Natürlich konnte man alles brauchen, was es in einer Ami-Küche gab. Da gab es den Kaffeesatz. Der Kaffee war sehr grob gemahlen. Nach dem Aufbrühen wurde er in riesige Abfalltonnen geschüttet. Johnny kippte ihn für mich nun in einen wasserdichten Karton. Mutter trocknete den Satz und mahlte ihn nochmals mit dem Wolf. Das war wie Geld gedruckt.«

Er bekam die Enden der Weißbrote, oft mit Rosinen, die fetten Teile von Schinkenballen, verbeulte Dosen mit Erdnussbutter, Orangenmarmelade, Kondensmilch. »Mit diesen gesammelten Schätzen ging es uns einfach gut ... In meiner Familie war ich der ›king‹.«

Gustav B. (1934): »Die Kohlezuteilung reichte nicht. Eine Beschaffungsmöglichkeit war das Ausputzen von Güterwagen, in denen Kohle zum Kraftwerk Marbach befördert worden war. Der Transport verlief auf zwei verschiedenen Gleisanlagen und kreuzte an einer Ausweichstelle der Bottwartalbahn. Die vollen Waggons wurden an der Ausweichstelle auf besonderen Gleisen abgestellt und von einer Lokomotive des Kraftwerks abgeholt. Waren die Waggons geleert, schob sie die Kraftwerkslokomotive vom Neckartal wieder herauf und stellte sie ab. Auf den Abstellgleisen stürzte man sich auf die Waggons und sammelte die Reste der Kohle ein, welche in den Ecken zurückgeblieben waren. Man musste dabei hoffen, dass die Waggons nicht gleich abgeholt wurden. Es gelang, mehr oder weniger Schlammkohle in Säcke zu füllen und zum eigenen kleinen Leiterwagen zu schleppen, auf dem man sie nach Hause fuhr. Sehr oft waren wir dabei nachts mit dürftigen Petroleumlämpchen unterwegs. Ganz Schlaue fuhren auf den vollen Waggons mit zum Kraftwerk und warteten, bis sie geleert waren. Als die Waggons dann nach der Rückfahrt an der Übergabe an die Marbacher Lokomotive ankamen, waren sie unterwegs schon ›gesäubert‹ worden und die Wartenden hatten das Nachsehen. Heute kann ich mir nicht mehr recht vorstellen, wie es uns gelang, in die Waggons zu steigen, und ich wundere mich, dass praktisch nichts passiert ist. Nach dem Krieg setzte man diese Beschaffungsmethoden fort. Sie waren jetzt auch ausdrücklich erlaubt, und ein Aufseher überwachte den Ablauf.«

Hamsterfahrten zu Verwandten aufs Land oder zum Eintauschen von Sachwerten gegen Lebensmittel machten Kinder vielfach ganz selbständig. Sie waren beschwerlich und gefährlich. Sie berichten von Enttäuschungen, Übervorteilungen, aber gelegentlich auch von Entgegenkommen und Hilfsbereitschaft.

Siegfried S. (1936): »Mein Vater stammt von der Weser, da waren sieben Bauernhöfe, alles Verwandte. Dann sind meine größere Schwester und ich, weil die Züge so voll waren, rauf aufs Dach, und auf dem Dach sind wir flach gelegen. Dann in Göttingen hat uns der bekannte Zugführer vorne auf die Lok genommen. Oder auf dem Trittbrett. Mutter hat nur gesagt: ›Aber aufpassen!‹ (*Lachen*). Es ist wenig passiert. Die Züge waren damals auch nicht so schnell, sind vielleicht 50 km/h gefahren.
I: Den Kindern ist auch was zugetraut worden.
S: Ja. Sicher. Die Jugend heute ist da viel, viel weicher.«

Elisabeth D. (1930): »Um die Osterzeit war trotz äußerster Sparsamkeit unser Kartoffelvorrat zu Ende gegangen. Ich machte mich daher ohne viel Hoffnung auf eine neue Hamsterfahrt, um dem verzweifelten Gesichtsausdruck der Mutter aus dem Weg zu gehen. Der Erfolg blieb wirklich aus, und nun war die Verzweiflung an mir, als ich einen letzten Versuch wagte. Die Bäuerin in dem Haus an der Segeberger Chaussee wurde erst zugänglich, als ich von zwei Frottierhandtüchern sprach, die ich gegen Essbares tauschen könnte. Die Mutter hatte sie mir aus ihrer eisernen Reserve für den äußersten Notfall mitgegeben. Auf einmal hatte die Bäuerin etwa 25 Pfund Kartoffeln – zu wenig für den Gegenwert – grapschte nach den Handtüchern und verschloss schnell die Haustür hinter mir. Ich kehrte zwar nach einigen Augenblicken um, um für die geringe Menge wenigstens ein Handtuch zurückzufordern, aber sie öffnete nicht mehr. Zu Hause gewahrte ich angesichts der minderwertigen Kartoffeln, wie sehr ich betrogen worden war … Nachdem ich solchermaßen Lehrgeld bezahlt hatte, ließ ich mir nichts mehr vormachen. Von der nächsten Hamsterfahrt brachte ich zwanzig Pfund Kartoffeln und ein viertel Pfund Butter mit, im Tausch gegen zehn Zigaretten.«[23]

Für Kinder die nichts zu tauschen hatten, waren Hamsterfahrten nichts anderes als *Betteltouren*. Die Demütigungen, die man dabei erlitt, konnte Karl-Heinz R. nicht ertragen, auch andere litten darunter, wenn sie von Erwachsenen mitgenommen oder geschickt wurden, um Mitleid zu erwecken. Vielen Kindern aber blieb nichts anderes übrig.[24]

Ute S. (1937): »Vom Bauern bekamen wir nichts, kaufen konnten wir nicht. In dieser Zeit fand auf besondere Weise meine erste Begegnung mit dem Katholizismus statt. Eine schlesische Flüchtlingsfrau mit ihrem kleinen Sohn litt genau so unter dem Hunger wie wir. So nahmen wir beiden Kinder uns bei der Hand und grasten die umliegenden Dörfer ab. Ich weiß gar nicht, ob die Gegend katholisch war. Der kleine Schuhmann, so wurde der Sohn der Flüchtlingsfrau genannt, hatte immer einen ganz besonderen Gruß, wenn wir ein Haus betraten. Er sagte immer: ›Gelobt sei Jesus Christus.‹ Wenn dann unser Gegenüber sagte: ›Ewigkeit, Amen‹, dann wussten wir, hier bekamen wir ein Stück Brot oder manchmal sogar ein Ei oder etwas Schmalz. Diese Schätze wanderten in unsere Schultornister, die lange, lange geleert waren. Lesen, Schreiben und Rechnen benötigte man schließlich nicht zum Überleben.«

Helmut B. (1934): »In den Herbstmonaten wurde ich von Mutter sehr regelmäßig zum Hamstern geschickt, ein ungeliebter Zeitvertreib für mich und ein mit vielen erlittenen Demütigungen gepflasterter Weg. Diese Betteltouren führten mich weit in dem Dreieck Oberneukirchen – Garching – Unterneukirchen herum. Die Höfe lagen mindestens 500 Meter auseinander, und manches Mal ging ich durch wegloses Gelände, um abzukürzen. An zwei Ereignisse auf solchen Halbtagsreisen erinnere ich mich überdeutlich, weil zwei Empfindungen immer noch als Narben in meiner Seele schmerzen: Hunger und Erniedrigung. An einem solchen Nachmittag, es dämmerte schon, und in mir nagte der Hunger, klopfte ich an einer Haustüre. Dabei sah ich durch das Fenster der Stube. Dort saßen die Bauersleut unter dem traulichen Schein der Lampe um den Tisch beim Vespern. Mit dem Gesicht zum Fenster saß ein alter Mann, der große Brotbrocken auf eine Gabel spießte und eine flache Pfanne mit Bratensoße austunkte. Mich würgte der Hunger beim Zuschauen. Die Bäuerin hörte sich mein Sprüchle an und entgegnete: ›Buberl, mir geb'n nix, mir ham ja selber nix.‹ Ich bettelte weiter: ›Geb'n sie mir a Stück Brot oda oan apf'l, bittschön, i hab noch so weit bis i dahoam bin.‹ Aber die Bäuerin schloss nur mit hartem Blick in ihren Augen die Tür. Also trollte ich mich mit meinem Hungergefühl im Bauch, mir war ganz schlecht, in den beginnenden Abend hinein, heim nach Hause, ohne jeden Erfolg. Die schlimmste und unvergesslichste Demütigung erlitt ich von einer Mitschülerin, die ich heimlich verehrte und die rechts neben mir in der dritten Schulbankreihe saß. Ein bildschönes Mädchen mit flachsblonden Zöpfen, mit samtenen braunen Augen in einem ebenmäßigen Gesicht und einem stolzen, unnahbaren Blick. Ihr schauten alle Buben der 7. und 8. Klasse nach, aber die Maria ließ alle Blicke und alle Anbiederungen an sich abblitzen. An einem Nachmittag, unterwegs in Richtung Oberneukirchen, klopfte ich an einem Hofe an der Türe des Wohnhauses. Maria stand stumm und grußlos in der geöffneten Tür. Meine Sprachlosigkeit ging über in ein fast kindliches Gestammel, es war mir peinlich, gerade bei ›Ihr‹ zu betteln: ›I wollt frag'n, ob's ihr a wenig an Butter oda oan, zwoa Oar (Eier) für mich habts?‹ Ich wurde verlegen, und mir stieg das Blut in die Wangen. Meine Angebetete hob verächtlich die Augenbrauen und zischte: ›Schleich di, du Hamstersau!‹ Und schmiss die Tür zu. Ein Kübel kaltes Wasser über den Kopf hätte mich sicher aufgewärmt im Vergleich zu dem Schimpf aus ›Ihrem‹ Munde. Damals brannte ein ohnmächtiger Bubenhass in mir, und fortan schaute ich durch diese kaltblütige Schönheit einfach hindurch.«

Am *Sammeln* beteiligten sich schon die ganz kleinen Kinder. Wenn von einem Lastwagen etwas herunterfiel, seien es Zuckerrüben oder Kohlen, waren sie zur Stelle. Beeren, Pilze, Ähren, Bucheckern, Kartoffeln, Fallobst, Tannenzapfen, Reisig, Holzstücke wurden zusammen mit den Müttern oder auch alleine in Feld, Wald und Flur gesammelt. Wenn sich die Kinder manchmal dabei auch wie auf »Schatzsuche« fühlten, wie es Gerda K. (1934) ausdrückt, ein reiner Spaß war das nicht, sondern oft sehr anstrengend. Man stelle sich nur das stundenlange Bücken vor, das Herumkrabbeln in matschigen Kartoffeläckern oder das Aufklauben der Bucheckern im nassen Herbstlaub mit klammen Fingern. Kinder kamen auch auf besondere Ideen:

Doris H. (1939): »Wir Kinder gingen ›kokseln‹, das heißt, wir suchten am Bahndamm nach Koks, und wenn ein Zug vorbeifuhr, warf uns oft der Heizer ein paar Schaufeln zu, dann fühlten wir uns ganz groß.«

Annelie B. (1939): »Wir hatten Küken, und meine Großeltern haben ein sogenanntes Kükengitter gebaut, und da muss ich wohl auch schon sehr knitz gewesen sein, denn ich hab das Kükengitter benutzt, um Sperlinge zu fangen. Hab da Körner reingestreut, weil ich ja immer Hunger hatte, hab gewartet, bis ganz viele Sperlinge gekommen waren, und hab dann Mama gerufen. Die hat die dann irgendwie um die Ecke gebracht, hat die gerupft und irgendwie gebraten, und dann haben wir Sperlinge gegessen (*lacht*). Das hört sich jetzt ulkig an.«

Dieter K. (1938): »In Ostfriesland wurde viel Schafzucht betrieben. An den mit Stacheldraht eingezäunten Feldern sind die Schafe manchmal hängen geblieben, und diese Wolle haben wir Kinder gesammelt. Meine Mutter hat sich von unserem Bauern ein Spinnrad geliehen und hat Wolle gesponnen, eine Tätigkeit, die sie in ihrem Leben bis dahin noch nie gemacht hatte. Aus der Wolle hat sie uns Sachen zum Anziehen gestrickt.«

Von der *Arbeit beim Bauern*, in der *Landwirtschaft* oder im Wald und bei der *Brennholzbeschaffung* und -verarbeitung haben ja schon unsere beiden Kronzeugen ausführlich erzählt. Es genügen wenige Ergänzungen. Selbst unter Zehnjährige wurden herangezogen.[25] Lotte V. schreibt in einem Brief vom 16.10.1945 über ihren kleinen Sohn Helmut (1939):

»Der Helmut hat heute drei Wagen Rüben beim Bäcker Daums helfen laden und abladen. Er war ganz begeistert, stand auf dem Wagen und reichte die Dickwurz runter. Zum Kaffee bekam er dann eine Tasse Milch und ein Stück Butterbrot mit Apfelbrei; morgen will er ihnen fertig helfen. Heute taten ihm die Arme weh!«

Annelie B. (1939): »Ich musste viel in der Landwirtschaft helfen. Und ich hatte ganz bestimmte Pflichten, die musste ich jeden Tag erledigen. Das war Hühner und Kaninchen füttern und dann Wasser von der Pumpe zum Stall tragen, das war ein weiter Weg, weil aus der Wasserleitung hat es Wassergeld gekostet. Und auf dem Acker musste ich auch viel helfen, und zwar die Rüben verziehen, dass die wachsen konnten und Disteln rausstechen, also das Unkraut rausholen, Kartoffeln stecken und bei der Getreideernte die Garben zu so Puppen aufstellen, damit die reif werden oder trocknen konnten. Und dann am Dreschtag, da haben sich immer mehrere Bauern zusammengetan, und da gingen wir zu dieser großen Maschine, und da musste ich meiner Mutter immer gegenüber stehen, ich hab also die Garben aufgeschnitten. Und dann an der Heuernte, da musste ich dann das Heu oben in der Tenne reinstopfen, weil ich ja so klein war und so dünn, ich bin ja überall reingekommen. Eigentlich habe ich das gehasst, furchtbar gehasst. Wenn ich dann da raus kam, waren meine Arme, Beine … es war alles verkratzt, verstochen. Und wenn man dann abends in die Badewanne musste, das war so eine blecherne Wanne, hat das so weh getan. Das hat gebrannt auf den zerkratzten Armen.«

Lore H. (1934): »Und dann bin ich noch in den Wald, da war ich dann etwa 14 oder 15 Jahre, weiß ich nicht mehr so genau, und habe dann im Sommer dort gearbeitet für 45 Pfennig die Stunde. Und wenn dann der Sommer vorbei war, dann hat man für das verdiente Geld ein Paar Schuhe und Wolle für eine Weste bekommen. Für einen ganzen Sommer im Wald, und es war auch zum Teil Schwerarbeit.«

Michael F. (1930): »Dann wurden einem für den Ofen zum Heizen Bäume zugeteilt. Dann ging ich in den Wald und hab die Bäume gefällt. Ich war dann eigentlich zuständig dafür. Erst mussten die Bäume ja zersägt werden und dann abgeholt aus dem Wald. Dann hab ich irgend einen Traktor besorgt mit 'nem Wagen, und der hat den steilen Weg nicht geschafft, da muss man mit Pferden kommen. Das hab ich dann alles organisieren müssen. Zu Hause mussten dann die Stämme zersägt und dann gespalten werden. Das war alles meine Arbeit. Dann hat man das natürlich aufgestapelt und hat es eine Weile gelagert.«

Durch diese erfolgreiche Überlebensarbeit avancierten manche, besonders die etwas älteren Jungen, zu *Haupternährern der Familie*, übernahmen zuweilen die Rolle eines *»Mannes im Haus«*, vertraten die Stelle des noch abwesenden oder für immer fehlenden Vaters. Die größeren Mädchen erledigten einen großen Teil der Hausarbeit und übernahmen die Betreuung der kleineren Geschwister, wenn die Mutter arbeiten musste, weil die Witwenrente zu klein war oder der Vater nicht arbeiten konnte oder durfte. Wer eine Funktion in der NSDAP gehabt hatte, wurde aus seinem Beruf entlassen, z. T. interniert oder zu Hilfsarbeiten abkommandiert. So mussten Kinder nicht nur für den nationalsozialistischen Krieg, sondern auch für die nationalsozialistische Vergangenheit der Eltern[26] noch Jahre nach dem Krieg unschuldig bezahlen. Wenn beide Eltern mit dem Aufbau einer neuen Existenz beschäftigt waren, blieben die Kinder sich weithin selbst überlassen und mussten mithelfen. Werner K. (1934), dessen Vater schwer zuckerkrank war, berichtet:

»Die Zeit nach dem Krieg hab ich also sehr mithelfen müssen, ich hab die Rolle eines Mannes im Haus gehabt. Ich hab die Kartoffeln besorgt, ich hab die Kohlen besorgt, hab den Kohlenklau gemacht. Hab gehamstert, musste aufs Land zu Verwandten, auch mit meiner Schwester. Wir hatten zu der Zeit keine Jugend, sondern es war ein harter Job.«

Helga P. (1932), deren Mutter arbeitete: »Im Haushalt musste ich mehr arbeiten als Kinder von Müttern, die nur Hausfrau waren, aber auch das galt als ›normal‹. Ich wurde sehr schnell der ›Mann im Haus‹, kümmerte mich um Reparaturen, bestellte den Kohlenmann, stand Schlange, kaufte und schmückte als Zehnjährige den Weihnachtsbaum mit selbstgebasteltem Schmuck, hackte Brennholz und pflegte meine Mutter, wenn sie krank war.«

Rolf G. (1930), der Vater war vermisst, die Mutter arbeitete beim Bauern, half überall aus, wo es fehlte, z. B. baute er ein überbreites Bett, in dem er und der Großvater zusammen schlafen konnten, besorgte Waldbrandholz, konstruierte aus einem Blechbehälter einen eigenen Herd, machte der Schwester einen Roller aus Holz und sogar ein richtiges Paar Schuhe mit Keilabsätzen, betreute die kleine Schwester, fertigte Fingerringe aus Zehnpfennigstücken, schnitzte Zigarettenspitzen und Tabakspfeifen, pflückte im Herbst das ganze Obst usw. Er sagt: »Wenn man in dieser schwierigen Zeit überleben wollte, musste man alles selbst machen und gut improvisieren können.«

Hans-Peter F. (1934), der Vater war vermisst: »Für uns war das eine bittere Zeit, weil wir vor 1952 keinerlei Pension und nichts kriegten. Das führte dazu, dass ich praktisch ab Herbst 1945 regelmäßig auf einem benachbarten Bauernhof gearbeitet habe, und zwar ganz regelmäßig, von morgens um 7 bis abends um 10, alle möglichen Arbeiten. Es gab eigentlich nichts, was ich nicht tat, einschließlich Melken und, und, und … Das hatte zwei Vorteile: erstens, ich war hervorragend versorgt, ich wurde sehr gut ernährt und kräftigte mich sichtlich, und ich denke, aus dieser Zeit stammen meine gute Kondition und Konstitution. Und zweitens, und das war wichtiger, ich bekam alles an Lebensmitteln von diesen Bauern für meine Mutter und meine Geschwister. Das hab ich immerhin bis Herbst 1947 in dieser Weise ohne Schule durchgehalten, also mehr als ein Jahr, und eine Reichsmark kriegte ich pro Tag, und ernährte damit praktisch meine Mutter und meine Geschwister. Ich litt zum Teil, weil ich Heuschnupfen hatte, entsetzlich. Da musste ich mal oben Heu stapeln, und ich weiß, meine Augen waren schon völlig zu, und es war also grauenhaft, und da kam also ein Moment der Erschöpfung, wo ich dachte: Mensch, jetzt stürzt du dich da runter!«

Susanne S. (1941), die in Heilbronn ausgebombt war und deren Eltern nach dem Krieg das Haus und den Weingärtnerbetrieb wieder aufbauen mussten:

»Wir Kinder mussten auch viel arbeiten, da unsere Mutter auch beim Aufräumen des abgebrannten Hauses half. Das ehemals dreistöckige Haus war ein riesiger Schuttberg. Wir Kinder sortierten noch halbwegs Brauchbares aus dem Schutt. Inzwischen hatten wir um unsere Hütte Hühner, Gänse, ein Schwein, Hasen und Katzen. Futter sammeln, Eicheln lesen, Bucheckern sammeln, Ähren lesen und weite Wege zurücklegen, oft zu Fuß, war unsere Arbeit. Daneben allerhand Hausarbei_ ten erledigen … Wir mussten mit den Lebensmittelmarken das wenige, was wir bekamen, einkaufen, kilometerlange Wege zurücklegen. In der Stadt war noch alles tot. Dort wurde hauptsächlich Schutt abgefahren und Backsteine geputzt, was wir auch taten, denn unser Haus und ein ordentliches Wirtschaftgebäude musste wieder erstellt werden … Die Schule haben wir auch besucht. Die war jedoch nebensächlich. Überwiegend waren wir mit dem Aufbau des Betriebes beschäftigt, weshalb wir oft wochenlang vom Unterricht freigestellt waren. Im Winter gab es sowieso öfter Kohlenferien. Wir mussten weiterhin viel arbeiten, und uns wurde auch schon als Kinder große Verantwortung auferlegt, z. B. Botengänge zum Schmied, Hauen aus gesammelten Granaten machen lassen, Maiszucker für die Zuckerung des Weines kaufen und bezahlen, den Elektriker rufen, wenn die Presse

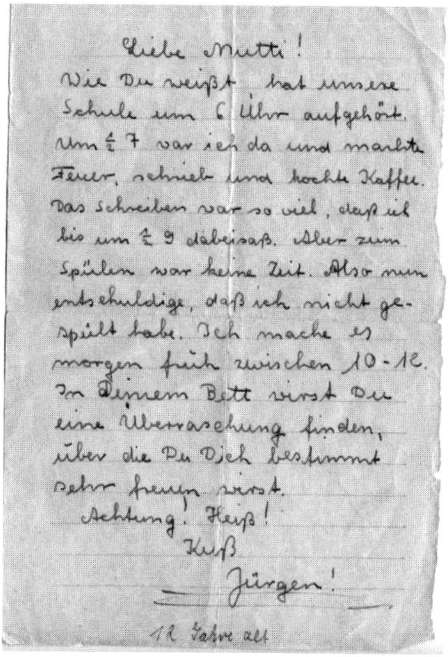

Liebe Mutti!
Wie Du weißt, hat unsere Schule um 6 Uhr aufgehört.
Um ½ 7 war ich da und machte Feuer, schrieb und kochte Kaffee.
Das Schreiben war so viel, daß ich bis um ½ 9 dabeisaß. Aber zum Spülen war keine Zeit. Also nun entschuldige, daß ich nicht gespült habe. Ich mache es morgen früh zwischen 10-12.
In Deinem Bett wirst Du eine Überraschung finden, über die Du Dich bestimmt sehr freuen wirst.
Achtung! Heiß!
Kuß
Jürgen!
12 Jahre alt

4. Diesen Brief schrieb der zwölfjährige Jürgen B. an seine Mutter, die arbeiten musste. Die Überraschung war eine Wärmflasche!

nicht funktionierte, den Flaschner bestellen, weil Leitungen verlegt werden mussten, und vieles mehr. Zum Spielen hatten wir wenig Zeit, allenfalls haben wir im Heu getobt, Verstecken gespielt oder mit einem Ball Treiben gemacht, mit Ziegelbrocken gemalt, in der Zisterne im Weinberg gebadet, an Trauerweiden geschaukelt, unsere Zöpfe mit Maishaar verlängert ... Im Amerikahaus nahmen wir am Chorsingen teil. Neben viel Arbeit im Weinberg und auf den Feldern war immer wieder Fässer putzen und Ställe misten angesagt.«

Mir liegen zwei Dokumente aus der damaligen Zeit (von denen eines hier abgedruckt ist, siehe Abbildung 4) vor, die veranschaulichen, wie der Kontakt zur abwesenden Mutter durch Briefchen und Notizzettel aufrechterhalten wurde. Sie zeigen zugleich, worum sich die Kinder kümmern mussten und was für bescheidene Schreibmaterialien sie hatten. Sie stammen aus den Jahren 1951, hängen aber noch unmittelbar mit dem Krieg zusammen: Die Mutter von Sieglinde D. (1930) war durch die Flucht gesundheitlich sehr angeschlagen und musste öfters ins Krankenhaus. Sieglinde hatte drei jüngere Brüder: »Je älter ich werde, desto mehr fühle ich mich als einziges Mädchen für die Haushaltführung mit verantwortlich – und das fängt spätestens mit zehn Jahren an. Es existieren aus dieser Zeit noch Zettel von Rechnungsblocks, wie sie in den Läden üblich waren. Auf ihnen notiere ich Haushaltsfragen, die ich dann beim Besuch im Krankenhaus mit meiner Mutter durchgehe.« Jürgen B. (1939), dessen Vater vermisst war und dessen Mutter viel arbeiten musste, sagt: »Sie arbeitete Tag und Nacht.« So war er sehr viel allein. Den hier abgebildeten Brief (vorige Seite) schrieb er mit zwölf Jahren.

Manfred H. (1932) half beim Wiederaufbau des väterlichen Betriebs, einer Gärtnerei, in Nordhausen:

»Wir fingen auch im Betrieb sofort an zu enttrümmern. Dabei habe ich einen Blindgänger zwischen den Trümmern entdeckt. Zwei Tage später kamen zwei Herren von Erfurt, haben den Zünder herausgedreht, und dann haben wir die Bombe von fünf Zentnern in die Kiesgrube gefahren und dort abgeladen. Eine andere Möglichkeit gab es damals nicht. Als wir das Kesselhaus wieder aufgebaut haben, mussten wir ja nicht viel ausschachten, im Gegenteil, der Bombentrichter musste erst einen Meter angefüllt und verdichtet werden, ehe wir mit der Bodenbetonierung beginnen konnten. Die Hauptarbeit galt unseren Pflanzen in den Mistbeetkästen. Von den dafür bestimmten achthundert Stück sind nur ganze vier erhalten geblieben ... Mein Vater hatte noch 43, bevor er nach München versetzt wurde, alle 230 Staudensorten mit großen Etiketten versehen mit dem Versprechen, wenn du 90 % der Sorten kennst, bekommst du ein Fahrrad. Ich habe die Stauden gelernt, und es war mein bestes Rüstzeug für den Beruf ... Am Tage, wie gesagt, harte Arbeit, aber trotz aller Mängel waren wir nach Feierabend immer guter Dinge. Wenn das Wetter einigermaßen schön war, sind wir in die Baggerseen zum Baden gegangen.«

Heinz S. (1934) war mit seinem Vater allein geblieben. Mutter und Großeltern waren durch Bomben getötet worden:

»Dann haben wir das Haus ganz allein, mein Vater und ich, aufgebaut. Es war kein so großes. Dann haben wir in Stuttgart Steine holen können, Backsteine, natürlich keine ganzen, sondern mit Dreck dran. Da hab ich tagsüber den Speis weggemacht und die Backsteine saubergemacht, Speis angemacht, bis mein Vater von der Arbeit kam, nebenher in die Schule. Dann haben wir geschafft und geschafft, nicht so wie heut, wo es heißt: ›Die Kinder haben Stress!‹ Die müssen ja nichts mehr arbeiten. Bis 48 hatten wir es aufgebaut. Da war der Rohbau so ziemlich fertig, ein bisschen gegipst. Am Heiligen Abend hat mein Vater gesagt: So, wenn ich heimkomm, dann machen wir eine Türe vorne ran ans Haus, und dann schauen wir nach so einem Kanonenöfele, dass wir ein bissle warm haben. Und dann haben wir das gemacht, und dann hat er einen Hefezopf gebacken. Und dann hat er Weihnachtslieder mit der Mundharmonika gespielt. Heiliger Abend 1948!«

Es verdient besonders hervorgehoben zu werden, mit welcher Energie und Zielstrebigkeit sich gerade Flüchtlingskinder für den Bau eines eigenen Hauses einsetzten und wie hart sie dafür arbeiteten, mit ihren Eltern oder später mit ihren Lebenspartnern. Sie hatten keinen Anspruch auf Lastenausgleich, weil sie in der Heimat noch zu jung waren, um etwas zu besitzen.[27] Alle diese Kinder haben ganz wesentlich zum Wiederaufbau Deutschlands beigetragen. Zu Recht wird heute der »Trümmerfrauen« ehrend gedacht. Ein gleiches Gedenken gebührt den »Trümmerkindern«. Paul K. (1933) sagte: »In Mannheim hat man den Trümmerfrauen ein Denkmal gesetzt – und zwar mit Recht. Ich finde, man hätte auch den Trümmerkindern eins setzen können, wenn man schon Denkmäler setzt.« Ist das allen bewusst? Wenn sie heute auf ihre Rolle in der Nachkriegszeit zurückblicken, sprechen sie mit geteilter Stimme: Sie erzählen mit Genugtuung und Stolz von ihrer Selbständigkeit, ihrer Stärke und Tüchtigkeit, auch mit kritischen Nebentönen über verwöhnte, anspruchsvolle und wenig belastbare Kinder und Jugendliche von heute. Aber sie wissen auch um den Preis der teilweisen Überforderung. Viele von ihnen hatten keine normale Kindheit; sie mussten vor der Zeit erwachsen sein. Trotzdem fanden sie Zeit und Gelegenheit und hatten genug Phantasie zu spielen, zu singen, zu lesen und fröhlich zu sein. Den Heranwachsenden fehlten die Vergnügungen, die in diesem Alter in Friedenszeiten dazugehören. Mädchen sehnten sich nach schönen Kleidern, nach schöner häuslicher Umgebung, nach Tanzen und Leben-Dürfen mit allen Sinnen.[28] Aber Jungen und Mädchen waren nicht verbittert oder frustriert. Sie suchten sich ihre Geselligkeit und ihren Freundeskreis, freuten sich über kleine Dinge, konnten improvisieren, lebten intensiver nach innen, verliebten sich wie alle jungen Men-

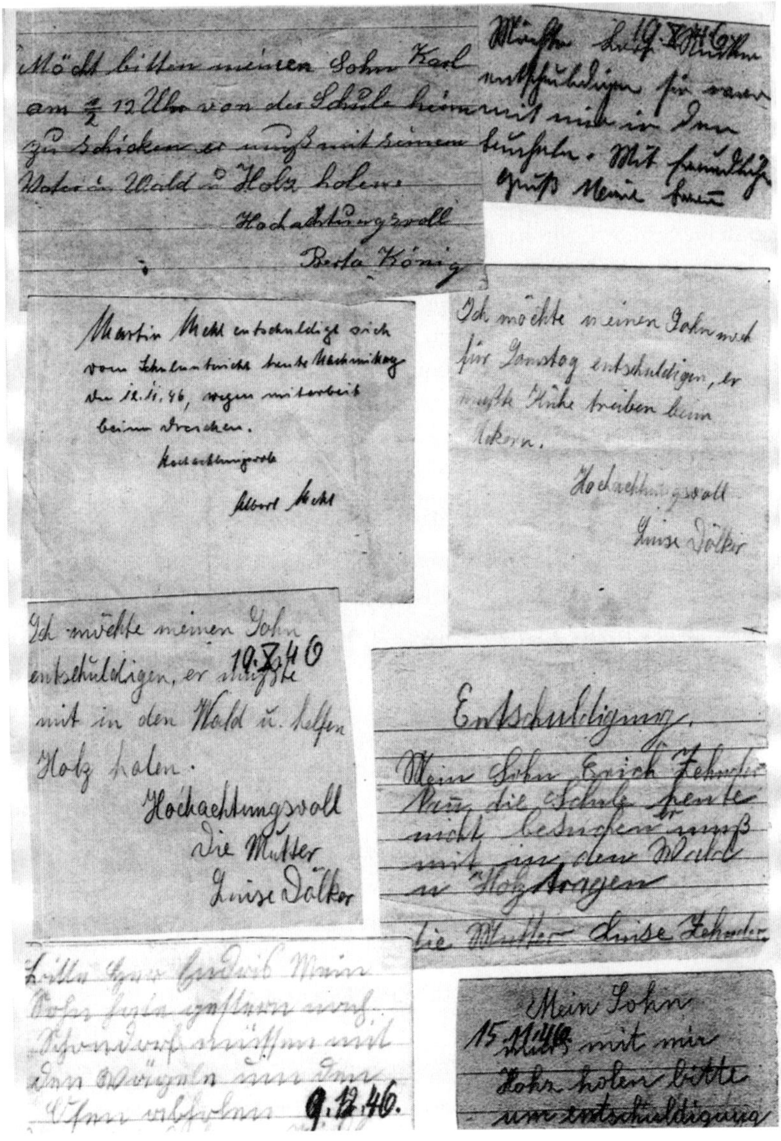
Möcht bitten meinen Sohn Karl am ½ 12 Uhr von der Schule heim zu schicken er muß mit seinem Vater in Wald u. Holz holen. Hochachtungsvoll Berta König

[illegible] 19.X.46 [illegible] entschuldigen für [illegible] mit mir in [illegible] Buchele. Mit freundlichem Gruß Meine Frau [illegible]

Martin Mehl entschuldige sich vom Schulunterricht heute Nachmittag den 12.11.46, wegen mitarbeit beim Dreschen. Hochachtungsvoll Albert Mehl

Ich möchte meinen Sohn noch für Samstag entschuldigen, er mußte Kühe treiben beim Ackern. Hochachtungsvoll Luise Dölker

Ich möchte meinen Sohn entschuldigen, er mußte 19.X.46 mit in den Wald u. helfen Holz holen. Hochachtungsvoll Die Mutter Luise Dölker

Entschuldigung. Mein Sohn Erich Zehender kann die Schule heute nicht besuchen er muß mit in den Wald u. Holz sorgen Die Mutter Luise Zehender

Bitte um Entschuldigung Mein Sohn [illegible] mußte mit dem Wägele um den Ofen abholen 9.12.46.

Mein Sohn 15.11.46 muß mit mir Holz holen bitte um entschuldigung

5. Zeittypische Entschuldigungen. Rose E. fand im Nachlass ihres Vaters, der Lehrer in Urbach war, viele solcher kleiner Zettel (Papierknappheit). Die hier aufgeführten Gründe des Fernbleibens vom Unterricht: Holz holen, Buchele (Bucheckern), Dreschen, Kühe treiben beim Ackern, Ofen abholen

schen zu allen Zeiten.[29] Viele waren sicher zu ernsthaft und zu pflichtbewusst. Und es fehlte die Zeit und meist auch die Begleitung der Erwachsenen, das Erlebte und Erlittene aufzuarbeiten.[30] Das vermissen sie bis heute. Manche sprechen davon, dass sie »seelisch Hunger gelitten« haben.

Bisher haben wir noch kaum beachtet, dass alle diese Kinder noch Schüler waren oder in der Nachkriegszeit eingeschult wurden. Im Allgemeinen begann der Unterricht ab Herbst 1945 wieder. In den schulfreien Monaten stand die Überlebensarbeit im Mittelpunkt, sie musste – neben der **Schule** – bewältigt werden, für manche blieb sie die Hauptsache und die Schule lief nebenher oder wurde überhaupt nicht besucht, wie schon aus einigen Berichten zu entnehmen war und wie auch zeittypische Entschuldigungen zeigen. War unter diesen Umständen eine normale **Ausbildung** überhaupt möglich? Über die äußeren Umstände des Schulbetriebs nach 1945 unterrichten beispielhaft die Erinnerungen eines Schülers anlässlich des 100-jährigen Jubiläums des Carl-Bosch-Gymnasiums in Ludwigshafen, damals Oberrealschule:

Werner K. (1934): »Das Schulhaus war fast ganz zerstört, nur wenige Säle waren notdürftig hergerichtet und mit Kanonenöfen versehen, damit man in der kalten Jahreszeit heizen konnte. ›Jeder Schüler hat pro Tag ein Pfund Kohle mitzubringen!‹ Mit diesem Satz – der nur Heiterkeit erzeugte – wurden wir sozusagen empfangen. Wir hatten selbst nichts zu brennen und besorgten uns Brennmaterial für die häuslichen Herde, indem wir mit den Eltern auf Holzaktion in die Auwälder am Rhein gingen oder Kohlen von den Kohlezügen aus dem Saarland klauten … Der Unterricht war eingeschränkt, denn manche Fächer durften nicht unterrichtet werden, weil es von den Siegern verboten war. Bei uns waren das die Franzosen. So durften wir z. B. keinen Sportunterricht bekommen. Auch Geschichte durfte nur eingeschränkt unterrichtet werden. Im Schulhaus waren alle Sammlungsräume, soweit sie nicht zerstört waren, frei zugänglich. Es gab keine Türen, schon gar nicht solche mit Schlössern. Das forderte unsere Kreativität geradezu heraus. Immerhin waren wir in der Klasse fast 50 Schüler. Muntere Knäblein, denen immer etwas einfiel, Verbotenes – und es war alles verboten – zu umgehen oder daraus einen ›Event‹ zu machen! Es gab auch noch die Parallelklasse mit ebensoviel Schülern. Teilungsgrundlage war die Religion. Klasse 1a evangelisch, Klasse 1b katholisch. Diese munteren Knäblein wurden von reaktivierten Lehrern unterrichtet, da die jungen Lehrer entweder im Krieg gefallen waren oder sich in Kriegsgefangenschaft befanden. Es war klar, dass manches unter diesen Umständen chaotisch war. Soweit ich mich erinnere, hatten die Lehrer uns aber ganz gut im Griff – von Ausnahmen abgesehen! Als der Winter kam – kalt, sehr kalt – bekam das Heizproblem einen sehr hohen Stellenwert. Da nicht immer genügend Kohle vorhanden war, brachten wir Beile mit. Der Dachstuhl war kaputt. Wir machten mittags vor Schulbeginn dort Holzaktion, und verwendeten die zerstörten Reste als Brennmaterial. Das hatte den Vorteil, dass das nasse Holz oftmals für Klassenzimmer sorgte, in denen es nicht sehr warm war, in denen man dafür wenig sehen konnte. Wir halfen dabei nach und steuerten das Ganze – je nach Beliebtheit des Lehrers – durch Zugabe von nasser Dachpappe. Da fielen schon einige Stunden aus, was uns, wie alle Schüler, sehr freute.«

Wie diese und viele andere Schulen aussahen, kann man sich aus vielen Trümmerbildern vorstellen. In der Festschrift der Oberrealschule von Werner K. (1934) in Ludwigshafen ist aus einem Bericht des Elternbeirates aus dem Jahr 1949 zu lesen: »Die besten Schulbänke und Wandtafeln waren verbrannt, die minderwertigen Restbestände reichten zur Not. Die Lehrerbibliothek war fast vollständig vernichtet, ebenso die große physikalische Sammlung und das Anschauungsmaterial für Erdkunde, Geschichte und Biologie. Von der Schülerlesebibliothek waren nur noch minderwertige Restbestände vorhanden … Täglich waren Meldungen von Lehrern, Schülern oder vom Hausmeister zu erwarten: ›II. Stock, 5a: Ein Stück Decke heute Nacht heruntergefallen.‹ ›Im Klassenzimmer 9b fiel heute Nacht ein Stück von mindestens ½ qm Decke herunter = 3 Pfund.‹ ›Am 10. September 1948, in der 4. Unterrichtsstunde, fiel von einem Fensterbogen ein Brocken Verputz (10 Pfund) dicht neben dem Platz des Schülers Mosbach Otto, Klasse 5 b, zu Boden.«[31]

Schwierigkeiten, die von vielen ähnlich erzählt werden, lassen sich stichwortartig benennen und ergänzen, ohne dass nochmals alle Punkte ausführlicher belegt werden müssen: Viele *zerstörte Schulgebäude* mussten erst »enttrümmert« werden, wobei die Schüler oft selbst Hand anlegten. Teilweise waren die Schulen auch belegt, z. B. von Displaced Persons[32], von den Besatzungsmächten, oder sie wurden als Lazarette gebraucht. So hatten manche Schüler Unterricht in verschiedenen Gebäuden und auseinanderliegenden Räumlichkeiten mit Fußmärschen dazwischen. Wegen fehlender Räumlichkeiten musste Schichtunterricht abgehalten werden. Für auswärtige Schüler war es schwer, die höhere Schule in der Stadt zu erreichen, weil die *Verkehrsverbindungen schlecht* waren, oder sie mussten sehr lange Wartezeiten oder weite Wege in Kauf nehmen. Gustav B. (1934), wohnte in Benningen und wollte nach Ludwigsburg ins Gymnasium, damals »Oberschule«:

> »Wie aber sollten wir nach Ludwigsburg kommen? Einen geregelten Omnibus- oder Eisenbahnverkehr gab es nicht, auch weil alle Brücken gesprengt waren. So blieb der Weg zu Fuß (acht Kilometer), Tante Elises Fahrrad, per Anhalter (meist amerikanische Fahrzeuge) oder ein Platz auf dem Anhänger eines PKWs, mit dem das Ehepaar Greiner für seinen Laden Milch von Ludwigsburg holte.«

Die *Kälte* konnte nur unzulänglich bekämpft werden. Wie schon während der Kohleferien im Krieg wurden deshalb oftmals die Schüler nur bestellt, um Hausaufgaben abzuholen und abzugeben. Prüfungen mussten unter unzumutbaren Bedingungen abgelegt werden. Reinhard P. (1927) erinnert sich an seinen Abituraufsatz im Februar 1947, den sie bei 4 Grad Raumtemperatur schreiben mussten. Thema: »Das Beste, was man lernen kann, ist wohl das:

bescheiden zu sein.« Er wählte aber das zweite Thema: »Die Deutschen in der Welt, gestern und morgen.«

Bei den *riesigen* und überfüllten *Klassen*, in denen nicht jedes Kind einen normalen Sitzplatz hatte, sondern sich z. B. drei Kinder eine Zweierbank teilen oder manche auf dem Boden sitzen mussten, war es für die Lehrer schwierig, allein die Disziplin zu halten, geschweige denn, sich um das einzelne Kind zu kümmern. Hinzu kamen noch große Altersunterschiede, weil Flüchtlingskinder oft so viel versäumt hatten, dass sie nicht in eine ihrem Alter entsprechende Klasse aufgenommen werden konnten. Von den Spannungen zwischen einheimischen Schülern und Flüchtlingskindern haben wir schon gehört.[33] Der Kenntnisstand war höchst ungleich, je nachdem, wie viel in der Evakuierung, der Kinderlandverschickung gelernt worden war. In den dörflichen Einklassenschulen konnten die evakuierten Stadtkinder meist nicht sehr gefördert werden. In der Kinderlandverschickung war es Glückssache, welche Fächer von den begleitenden Lehrern unterrichtet werden konnten.[34] Insgesamt waren die Kinder durch häufigen *Unterrichtsausfall* schon während des Krieges durch Fliegeralarme, Tieffliegerangriffe und Kohleferien hinter dem normalen Standard zurückgeblieben. Nach dem Krieg waren die Schulen monatelang geschlossen, danach konnte noch lange kein voller Stundenplan durchgehalten werden, weil es an Räumlichkeiten, Heizung und Lehrern fehlte. So hatte z. B. Gerhard K. (1933) nur zweimal wöchentlich Unterricht. Annelie B. (1939) konnte erst 1947, mit acht Jahren, eingeschult werden.

Es gab fast keine *Unterrichtsmittel:* Schulbibliotheken und Sammlungen waren zum großen Teil zerstört, die alten Schulbücher durften nicht mehr benützt werden, neue gab es nicht. Also musste alles auf- und nachgeschrieben werden. In der Not fristeten aber auch die alten Bücher mit geschwärzten Stellen ihr Leben weiter. Schiefertafeln, Hefte und Schreibmaterial waren Mangelware. Man schrieb auf Zetteln, auf die Rückseiten von Formularen, auf Zeitungsrändern, in selbst zusammengebastelte Hefte, jedes Papierschnitzelchen war kostbar, Farbstifte und Malkasten fast ein Luxus. Dieter E. (1938) erinnert sich, dass er von seiner Mutter zu Weihnachten ein einfaches Holzlineal geschenkt bekam, in das die Zentimeter von 0 bis 10 eingebrannt waren. Auch hier konnte man in den Trümmern fündig werden.

Brigid A. (1934): »Als es wieder Hefte mit grauem, holzhaltigen Papier gab, musste man Altpapier dafür abliefern. Ich ging in die Trümmerhäuser und zog die Tapeten von den Wänden. Der Papierhändler war nicht sehr erfreut, weil zu viel Sand oder Leim am Papier klebte, aber er gab mir genügend Hefte, so dass ich noch andere mitversorgen konnte.«

Doris H. (1939): »Als ich 1946 in die Schule kam, waren wir ca. 45 Kinder in einer Klasse. Die Schulbücher, die wir hatten, waren alte Bücher aus der Nazizeit, nur waren manche Stellen schwarz übermalt. Mein Schulranzen war aus Lederersatz und durfte möglichst nicht nass werden, da er sich sonst verformt hätte. Die Tafel war aus gestrichener Pappe und durfte ebenfalls nicht zu nass gewischt werden. Farbstifte waren Mangelware, und in die Hefte, deren Blätter wie Fließpapier aussahen, konnten wir nur mit Bleistift schreiben, weil sonst alles zusammengeflossen wäre. Im Sommer gingen die meisten Kinder barfuß. Häufig hatten die Mädchen außer einem Schlüpfer nur noch eine Schürze an.«

Nur besonders fähige, ja begnadete *Lehrer* hätten unter diesen Umständen erfolgreich lehren und erziehen können. Aber gerade an solchen fehlte es nach dem Krieg. Der zitierte Schüler aus der Ludwigshafener Oberschule attestiert seinen Lehrern, sie »hätten ihre Schüler ganz gut im Griff gehabt«, dabei erzählt er aber genüsslich von manchen Streichen, die sie den weniger beliebten gespielt haben. Wenn viele keine guten Erinnerungen an ihre »Pauker« aus dieser Zeit haben, so muss man die geschilderten Gegebenheiten in Rechnung stellen. Man muss weiter bedenken, dass viele Lehrer im besten Alter gefallen, noch in Gefangenschaft oder wegen ihrer Parteizugehörigkeit entlassen waren, so dass alte Kollegen wieder aktiv werden mussten oder noch ganz junge, zum Teil pädagogisch gar nicht ausgebildete, an ihre Stelle traten. In der sowjetisch besetzten Zone wurden im Schnellverfahren Neulehrer ausgebildet, denen jede Erfahrung fehlte. So waren viele einfach überfordert und wussten sich nicht anders zu helfen als mit brachialer Gewalt. Im Rückblick bringen die Schüler von damals dafür Verständnis auf, vor allem, wenn sie den Eindruck hatten, dass die Lehrer selber schlimme Kriegserlebnisse hinter sich hatten. Kein Verständnis zeigen sie aber für ausgesprochen sadistisches Verhalten, für charakterlose »Wendehälse« oder für Lehrer, die sich in der Notengebung durch Naturalien bestechen ließen.

Aber Schüler bewahren auch dankbare Erinnerungen an eindrucksvolle Lehrer, die sie unterstützt und ihnen trotz aller Schwierigkeiten viel mitgegeben haben:

Otto-Ludwig F. (1933): »Die Lehrer wurden mit Lebensmitteln bestochen: Wer hat Kaninchen oder Hühner?, der bekam in Biologie eine 2. Wenn Briketts organisiert werden mussten oder eine Hamsterfahrt aufs Land anstand, wurde die Schule geschwänzt. Überleben hieß die Devise, der sich alles unterzuordnen hatte.«

Paul K. (1933): »Es hat mich 45 saumäßig geärgert, saumäßig geärgert, dass die Lehrer … mir war doch klar, was geschieht, mir war doch klar, wie die sich durchs Dritte Reich durchgemogelt haben, mir war doch klar, wie dann alle statt ›Heil Hitler!‹ jetzt

›Hitler runter!‹ gebrüllt haben … Damals hab ich nur gedacht, ihr Schweine, heute denke ich, ihr armen Schweine, aber Schweine halt doch.«

Helmut S. (1928): »Im Herbst – zurück im Realgymnasium Ettlingen – übernahm unsere Lateinlehrerin kostenlos Nachhilfestunden für die halbe Klasse, die als Luftwaffenhelfer tätig gewesen war, während die Resthälfte normalen Unterricht fast bis Kriegsende hatte. Dieses Engagement fanden wir großzügig und gingen für sie ›durchs Feuer‹.«

Sie war nicht die einzige. Viele Lehrer halfen, wo sie konnten. Im Grunde haben die Schüler ihre Nachkriegslehrer nicht anders beurteilt als schon vorher; es sind zeitlose Maßstäbe:

Adrian Schickler (1931): »Wenn ich heute an meine Oberschulzeit zurückdenke, so waren das, im Ganzen gesehen, wichtige und lehrreiche Jahre. Sie haben mir gezeigt, dass ein guter Lehrer Freude und Begeisterung auch an einer Materie hervorzaubern kann, die einem nicht so liegt. Ein schlechter Lehrer dagegen bringt es fertig, einem selbst das Lieblingsfach zu verderben.«[35]

Dass nicht so gelernt werden konnte wie in normalen Zeiten, lag aber nicht nur an den schlechten Rahmenbedingungen, sondern auch an den *Kriegsschicksalen der Kinder*. Wir haben bei den Flüchtlingskindern schon von den verschlungenen, abgeschnittenen und versperrten Schul- und Ausbildungswegen gesprochen.[36] Ähnliches gilt auch für diejenigen, die keine Flüchtlinge waren. Und es sind ähnliche Gründe: häufiger Schulwechsel, keine Mittel, um das Schulgeld und eine weiterführende Ausbildung zu bezahlen als Folge der Kriegsereignisse: Die Witwen- und Waisenrente reichte nicht aus, der Vater konnte nicht arbeiten, weil er krank aus dem Krieg zurückgekehrt oder wegen seiner Parteizugehörigkeit entlassen worden war. So mussten viele Kinder schon neben der Schule mitverdienen, um Schul- und Fahrgeld bezahlen zu können. Dass sie Subsistenzarbeit für die Familie leisteten und schon dadurch zu wenig oder gar keine Zeit für die Schule und die Schularbeit hatten, wurde in diesem Kapitel schon ausgeführt. Manche der älteren nahmen nach dieser erfolgreichen, selbständigen Tätigkeit die Schule nicht mehr ernst und wechselten gleich in die Praxis, d. h. in eine Lehre. Die aus der Gefangenschaft heimkehrenden Kindersoldaten wurden fast oder gänzlich aus der Berufslaufbahn geworfen.[37] Die Kleineren hatten es schwer mit dem Lernen: Man muss sich diese unterernährten, geschwächten, von den Kriegserlebnissen seelisch belasteten Kinder vorstellen, die in kümmerlichen und beengten Behausungen bei Kälte und ohne die nötige Ruhe Schulaufgaben machen sollten. Diese Kinder waren nicht lernunwillig, im Gegenteil, die meisten waren lernbegierig. Wenn die Kleineren sich noch über Unterrichtsausfall freuten, wie der Schüler der Ludwigshafener Oberschule in seiner Erinnerungsrede sagte, so freuten sich die Größeren nicht mehr, sondern beklagen bis heute ihre Wissenslücken. »Ich hätte so gerne gelernt, aber die Zeit war gegen mich«, sagte Willi L. (1932). Was inhaltlich in den einzelnen Fächern vermittelt wurde und was die Schüler davon in ihr Leben mitnahmen, wäre einer besonderen Erforschung wert. Auf ein allgemeines und folgenreiches Defizit soll indessen hingewiesen werden. Da Geschichtsunterricht unmittelbar nach dem Krieg nicht gegeben werden durfte und auch später die jüngste Geschichte nicht im Lehrplan vorgesehen war, fehlte von der Schule her jeglicher Ansatz, sich mit der NS-Vergangenheit auseinander zu setzen. Wie weit und mit welchem Erfolg die Schule »Umerziehung« betrieben hat, wird noch zu fragen sein.[38] In der sowjetisch besetzten Zone, der nachmaligen DDR, stand der Geschichtsunterricht im Dienste der ideologischen Umerziehung.[39]

Mädchen hatten noch ein besonderes Handicap. Es hat mich erstaunt, wie stark sich die alte rollentypische Auffassung, Mädchen bräuchten keine längere Ausbildung, über den Krieg hinaus erhalten hat, obwohl doch gerade die Kriegserfahrung hätte lehren können, wie schnell ein Mädchen ihren »Ernährer« verlieren kann.[40] Immerhin gab es auch Eltern, vor allem Mütter, welche die Ausbildung ihrer Töchter für wichtiger hielten als eine Aussteuer.[41]

Maria M. (1935), die später Lehrerin und im Zweitberuf Stadtführerin wurde: »Die Eltern legten großen Wert auf die Ausbildung ihrer Töchter, weil sie die Erfahrung in zwei Weltkriegen gelehrt hatte, dass das, was man gelernt hat, erhalten bleibt, wenn alles andere verloren geht und dass Erlerntes äußerlich wie innerlich sehr hilfreich sein kann.«

Gisela B. (1939): »Meine Schwester und ich waren auf der Höheren Handelsschule (*entspricht heute der Ausbildung zur Bürokauffrau*). Ich war nach der Schule zwei Jahre bei einer Firma im Büro beschäftigt. Mit 18 Jahren wurde ich ›in den Haushalt‹ geschickt, damit ich das Haushalten lerne, nach 10 Monaten aber nach Hause geholt, um meiner Mutter im Laden und bei der Versorgung der Großeltern zu helfen. Ich habe das selbstverständlich gemacht. Ich kam nicht auf die Idee, dass ich nach meinem eigenen Leben schaue, denn zu arbeiten und zu helfen, wurde mir schon von klein auf beigebracht.«

Elsbeth B. (1940), der Vater war gefallen: »Ich war sehr wissbegierig, machte mit meinem Bruder Hausaufgaben, weinte bitterlich, weil ich mit fünf Jahren nicht in die Schule durfte, und war selig, als es endlich losging. Ich kam in eine Einklassenschule, wo es mir bald langweilig war, weil ich schon so viel konnte. So kam ich nach ein paar Wochen in der 2. Klasse gleich in die 3., was in dieser Schule ganz einfach war. Man setzte sich zwei Bänke weiter nach hinten und war eine Klasse weiter. Mein großer

Wunsch war, zu studieren und Lehrerin zu werden, aber danach fragte niemand. Die Lehrer kamen zwar zu meiner Mutter, um sie zu bewegen, mich auf die Oberschule zu schicken, aber auf mich wartete der Bauernhof. Als wir dann am Ende der 8. Klasse die DDR verließen, entging ich zwar der Landwirtschaft, aber meine Bildungschancen stiegen nicht besonders, denn jetzt musste ich so schnell wie möglich Geld verdienen.«

Heide S. (1940), heute Psychotherapeutin: »Die Chance zur Ausbildung hat ja gefehlt … Es war kein Geld da für eine ordentliche Ausbildung. Ja, das ging einfach nicht. Der Bruder, der mal eine Familie ernähren müsse, der durfte zur Schule, wir Mädchen nicht.
I: Versteh ich das richtig, dass alles, was Sie heute an Ausbildung haben, das haben Sie sich mühsam auf diesem harten nebenberuflichen Weg erwerben müssen?
S: Natürlich. Nach acht Jahren Volksschule muss man das eben auf diese Weise machen.«

Irene R. (1932): »Wir waren finanziell schlecht dran, denn noch musste mein Vater auf dem Bau arbeiten (*er war noch nicht »entnazifiziert«*). Meine Zeugnisse waren immer gut, auch als ich 1947 in die 6. Klasse (*heute 10. Klasse*), also die Abschlussklasse, kam. Weil ja nun für den Gymnasiumsbesuch meines Bruders auch bezahlt werden musste, hieß es plötzlich zuhause, dann müsse eben ich aus der Schule raus, sie könnten es nicht mehr bezahlen und Mädchen heiraten ja doch einmal. Ich wurde angewiesen, mir eine Stelle zu suchen (*die versuchte Intervention des Klassenlehrers half nichts*). Im Sommer war bei der Firma Radio-Barth eine Stelle als Einzelhandelslehrling ausgeschrieben. Als ich dort hinkam, stand bereits eine Reihe von mindestens 10 bis 15 Bewerberinnen vor mir. Alles ältere, gut entwickelte Mädchen, und ich so eine kleine Magere, gekleidet in einen Trachtenmantel, der aus der Uniform meines Vaters geschneidert war, die braunen langen Strümpfe und dazu Schuhe, bei denen die große Zehe ausgeschnitten war, weil die Schuhe zu klein waren. Ich musste wie die anderen einen Bogen ausfüllen und konnte dann wieder gehen. Hoffnung hatte ich überhaupt keine. (*Sie wurde aber genommen*) … weil ich noch so jung sei, zuhause wohnen würde und so gute Noten in Musik und Rechnen hätte. Mit Tränen der Enttäuschung verließ ich dann Anfang November 1948 die Schule und begann am 15. November die Lehre als Einzelhandelskaufmann mit einer Erziehungsbeihilfe (Lehrgeld) von monatlich DM 30,– im ersten Lehrjahr, bis zu monatlich DM 50,– im dritten«.

Sie schaffte es bis zur Leiterin des Spezialhauses »Haus der Schallplatte« mit einem Personalbestand von zeitweise 10 bis15 Personen. Später wechselte sie dann noch ins Hotelfach und in ein Architektenbüro. Abschließend sagt sie: »Die Auf- und Abkurven ziehen sich wie ein roter Faden durch mein Leben, aber es führte immer alles wieder zum Guten hin. Also, trotz alledem ein schönes Leben.«

Die meisten haben vor all den geschilderten Schwierigkeiten nicht kapituliert und resigniert. Auch wenn sie nicht das werden konnten, was sie eigentlich gerne geworden wären und die Mädchen in der Ausbildung immer noch benachteiligt waren, haben es fast alle zu etwas gebracht, wenn auch auf verschlungenen Wegen, und sind mit ihrer Lebensleistung zufrieden. Die oft mühevollen und entbehrungsreichen Ausbildungszeiten nach der Schule gehen über den Rahmen dieser Arbeit hinaus.[42] Die Schwierigkeiten, eine Lehrstelle zu finden, und die harten Lehrzeiten fallen für die älteren noch in die unmittelbare Nachkriegszeit. Deshalb dazu noch einige Beispiele: Manfred J. (1933) war nach dem Krieg auf einem Bauerhof im Allgäu und wäre gerne Landwirt geworden, aber seine Eltern beorderten ihn zurück nach Duisburg.

»Als ich wieder nach Hause kam, wollte ich Automechaniker werden, aber ich bekam keine Lehrstelle. Es gab alles nur auf Protektion, und die hatten wir nicht. Ich bin fast ein Jahr in verschiedenen Baubranchen herumgetingelt, damit ich überhaupt etwas Geld hatte. Bis ich dann schließlich eine Lehrstelle auf der Schachtanlage Duisburg Walsum bekam. Wenn auch kein Traumberuf, so doch entgegen der landläufigen Meinung ein sehr vielseitiger.«

Er kam dann auf die August-Thyssen-Hütte, weil sein Vater dort arbeitete, das ging aber nicht gut. So siedelte er auf ein Angebot hin nach Württemberg um, ließ sich umschulen und war schließlich als Bohrwerksdreher Vorarbeiter in der Kontrolle. Heinz S. (1934), der schon mit zwölf Jahren zusammen mit seinem Vater das Haus wieder aufgebaut hat, Mutter und Großeltern waren umgekommen:

»Nach der Konfirmation hat mein Vater gesagt: ›Was machen wir jetzt? Du kannst weitermachen oder kannst heraus. Wenn du einen gescheiten Beruf hast, hast du auch was.‹ Dann bin ich aus der Schule raus, hatte drei Jahre Oberschule. Eigentlich wollte ich Elektriker werden, das hat dann nicht geklappt. Hab dann eine Schlosserlehre gemacht und die Meisterprüfung im Kesselbau, war schließlich zuständiger Werkleiter für alle Bäder in Baden-Württemberg … So gut wie heute ist es uns noch nie gegangen … Und ich kann auch das Gejammer von den Jungen nicht hören …«

Siegfried S. (1936): »Ich bin dann in die Lehre gegangen als Modellbauer. Bin jeden Tag nach Hildesheim gefahren, um ½6 fuhr der Zug, also um ½5 aufstehen. Und dort musste ich fast eine dreiviertel Stunde laufen. Abends um sechs, sieben war man wieder zu Hause. Das war ganz normal. 51 haben wir angefangen, mein Vater und vom Heimkehrerverband ein paar Freunde, haben wir unsere Häuser gebaut, selbst voll ausgeschachtet. Damals war ich 16 Jahre, habe den ganzen Sommer noch geschafft, bis es dunkel wurde, und bin dann mit dem Fahrrad noch eine weite Strecke nach Hause gefahren. Ich konnte auch mauern und Fliesen legen. Ich hatte nur Volksschule. Als wir dann nach Hildesheim gezogen sind, habe ich noch die Mittlere

Reife gemacht. Und dann war ich Modellbauer, habe gut verdient. Ich wollte nicht mehr auf die Schule, um Ingenieur zu machen. Wollte ursprünglich zur See fahren, hat mein Vater nicht gewollt. Und dann hab ich Englisch-Französisch-Dolmetscher gemacht. Da war von acht bis eins Schule, dann Schularbeiten, abends an der Tankstelle gearbeitet und nachts Musik gemacht in Bars und Geld verdient. Habe jahrelang höchstens fünf, sechs Stunden pro Tag geschlafen.«

Maria R. (1932): »1946 wurde ich aus der Schule entlassen. Lehrstellen gab es nicht. So wurde uns versprochen, eine solche ein Jahr später zu erhalten, wenn man ein freiwilliges Haushaltsjahr absolvieren würde. Ich fand eine Stelle bei einem Ehepaar, die ein Lebensmittel- und Gemüsegeschäft betrieben. Dort wurde ich so ausgenützt, dass meine Mutter nach vier Monaten meine Beschäftigung dort beendete. Die acht Monate danach leistete ich das Pflichtjahr dann auf einem Bauernhof im Oldenburger Land ab. Ich musste als Magd alle Arbeiten verrichten, im Stall, auf dem Feld usw. Diese Arbeit war sehr schwer. Bei der Getreideernte mussten die Garben mit der Hand gebunden werden, und es gab keine technischen Hilfsmittel, wie das heute der Fall ist. Ich kam schnell zu Kräften, da es dort genug zu essen gab, was in dieser Zeit das Wichtigste war. Wieder in Köln, ging ich sofort zum Arbeitsamt. Die einzige Stelle, die man mir anbot, war ›Anlernling zur Weißnäherin‹. Meine Vorstellung, in einem Büro arbeiten zu können, war nicht erfüllbar. So wurde ich in einer Wäschefabrik als Näherin ausgebildet. Das sah so aus, dass an einem Fließband Herrenhemden entstanden. Nach anderthalb Jahren absolvierte ich die Prüfung, doch gefallen hat mir diese Arbeit überhaupt nicht; es gab aber keine andere Möglichkeit.«

Mit 17 Jahren heiratete sie und machte dann zwei Jahre lang Heimarbeit, um ihrem Mann nach der Kriegsgefangenschaft die Beendigung des Ingenieurstudiums zu ermöglichen. Sie bügelte Hemden, das Stück zu 0,50 DM. An manchen Tagen brachte sie es auf 80 Hemden am Tag. Sie lernte selbständig Steno und Schreibmaschine, bekam eine Stelle bei der Stadtverwaltung und war in Freiburg 16 Jahre Chefsekretärin des Direktors für Touristik. Sie schrieb mir im Mai 2003: »Ich vertiefte mein Wissen über Geschichte und Kunstgeschichte und bin seit 11 Jahren freiberuflich als Stadtführerin tätig, was mir große Freude macht.«

Die Kriegskinder hatten – im Gegensatz zu vielen Heranwachsenden heute – die Aussicht auf einen sicheren Arbeitsplatz mit Aufstiegschancen, und sie wuchsen in die längste Friedenszeit der deutschen Geschichte hinein. Das war nicht vorauszusehen, aber zu hoffen. Mit dieser Hoffnung und mit ihrem großen Arbeitswillen haben sie entscheidend dazu beigetragen, dass es eine gute Zukunft wurde.

Kapitel 15

Wer und wo ist mein Vater?

Für die jüngeren Kinder, deren Väter Soldat wurden, war der Vater fast ein fremdes Wesen. Sie hatten keine bewusste persönliche Beziehung zu ihm, waren womöglich noch gar nicht geboren, als er fiel. Sie kannten ihn aus Erzählungen der Mutter, von Fotos, die im Wohnzimmer oder im Kinderzimmer standen oder an der Wand hingen[1], aus Feldpostbriefen, die ihnen die Mutter vorlas. Er war unsichtbare, aber machtvolle Autorität über ihrem Kinderleben. »Wenn das der Vater wüsste«, »Da würde sich aber der Vater freuen«, »Du darfst doch deinem Vater keinen Kummer machen«, solche Sätze hörten sie oft; der Vater rückte ganz nahe heran an den »lieben Gott«; es wurde auch für ihn gebetet. Für die kleinen Jungen war er ein Held, er kämpfte für das Vaterland, ohne dass sie sich vorstellen konnten, was genau das bedeutete. Sie eiferten ihm in ihren Kinderspielen nach.[2] In den Urlaubszeiten war er ein lieber Besuch oder, wie ein kleines Mädchen sagte, ein »fremder Riese«. Mutter freute sich, die Stimmung war hell und festlich. Er unternahm mit den Kindern etwas. Wenn er wieder gehen musste, waren alle traurig. Mutter ging wieder jeden Tag zum Briefkasten oder wartete auf den Postboten. Und wieder gingen und kamen Briefe. Die Kinder lernten allmählich, selbst zu schreiben und erhielten eigene Briefe vom Vater. Sie machten sich Wunsch- und Idealbilder von ihrem Vater, sie spielten auch »Familienleben«. Und dann konnte eines Tages die Nachricht kommen, dass der Vater »gefallen« oder »vermisst« oder in Gefangenschaft geraten war. Wenn er zurückkehrte – manchmal erst nach Jahren – war er oft erst recht ein fremdes Wesen.

18,2 Millionen Männer waren zur Wehrmacht eingezogen, davon sind 5,3 Millionen gefallen.[3] Wie viele Familienväter darunter waren, wird nicht ausgewiesen, wohl aber wissen wir, dass ungefähr jedes vierte bis fünfte Kind ohne Vater aufwachsen musste. Etwa elf Millionen Männer befanden sich 1945 in Gefangenschaft. Viele sind in der Gefangenschaft gestorben. Die letzten kehrten erst 1955 und noch später zurück. 1,4 Millionen blieben vermisst. Wie haben die Kinder die dramatischen Geschichten mit ihren Vätern erlebt? Es geht uns nicht um allgemeine Probleme der Vater-Kind-Beziehung, die in der Psychologie seit Sigmund Freud eine zentrale Rolle spielen, sondern es geht in diesem Kapitel um die spezifische Beziehung der Kriegskinder zu ihren Kriegs-Vätern.

1. Familie Z. vor Einberufung des Vaters

Oskar Z. (1937) hat eine einzigartige Dokumentation über seinen gefallenen Vater erstellt. In drei Leitz-Ordnern hat er alles gesammelt und übersichtlich angeordnet, was er an Dokumenten zusammentragen konnte. Ein Foto von 1940 oder 1941 zeigt die Familie: Vater Oskar (1908), Sattler von Beruf, Mutter Anna (1909) und den kleinen Sohn Oskar, liebevoll »Oskarle« genannt. Auf den 11. Oktober 1940 wurde Oskar Z. einberufen. Der Einberufungsbefehl ist in Oskars Ordner abgeheftet. Aus dem Soldbuch sind Einsatzorte und Verwundungen des Vaters zu entnehmen: Brünn, Frankreich, Russland (Charkow, Wronetsch), Holland, Rückzug durch Frankreich in die Bunkerlinie des Westwalls bei Oberwürzbach. Er wurde 1942 im Osten verwundet und war 1943 wegen Gelbsucht in einem Lazarett in der Heimat.

2. Vater Z. in Urlaub

Briefe gingen hin und her: Vater schrieb seinem Oskarle extra und schickt allerlei bunte Karten, auch Päckchen. Der Siebenjährige schrieb seinem Papa. Auf den Inhalt gehen wir später ein. Der Vater kam auf Urlaub – ein Foto zeigt ihn zu Hause. Der letzte Brief vom Vater vom 15.3.45 stammt aus einem Bunker des Westwalls. Dann hörten sie nichts mehr von ihm.

Nun begannen Jahre der Nachforschungen mit Schreiben an alle Suchdienststellen, an alle

3. Der 18-jährige Oskar findet das Grabkreuz seines Vaters

Bürgermeisterämter in der Umgebung seines letzten Bunkereinsatzes, an Kriegskameraden. Alles vergeblich. Auf Umwegen erhielten Oskar und seine Mutter erst am 19.6.1947 über das Internationale Rote Kreuz die Nachricht, wann und wo der Vater gestorben war. Er wurde am 19. März 1945 bei einem Stoßtruppeinsatz durch Bauchschuss schwer verwundet. Die Deutschen rückten ab, er konnte offenbar nicht mitgenommen werden, am 20. März kamen die Amerikaner. Er blieb also längere Zeit ohne Versorgung liegen und ist am 25. März in einem amerikanischen Lazarett seiner Verwundung erlegen. Er wurde auf einem Militärfriedhof in St. Avold beigesetzt, später nach Andilly umgebetttet. Am 12.1.1948 wurden in zwei Briefumschlägen seine Erkennungsmarke und sein privater Nachlass zurückgeschickt[4]: das Soldbuch, seine Papiere, fünf Briefe, fünf Karten, seine Brieftasche, Nähzeug, 38 Fotos, zwei religiöse Medaillons, vier Münzen, der Betrag von acht Reichsmark. Als Sohn Oskar 18 Jahre alt war und sich ein Motorrad anschaffen konnte, besuchte er als erstes das Grab seines Vaters auf dem Soldatenfriedhof von Andilly. Der Friedhof war noch ein Acker. Er fand das Kreuz mit dem Namen. Später besuchten Mutter und Sohn noch öfter den inzwischen schön angelegten Friedhof mit dem Grabstein. Der Name des Vaters ist einer von 33.000 deutschen Soldaten, die dort bestattet sind. Sie fanden auch Reste des Bunkers, ein

4. Der Vater von Brigitte B. bekam post mortem die Ostmedaille

Stück des Westwalls, bei dessen Verteidigung er verwundet wurde, noch kurz vor Ende des Krieges. Er wurde knapp 37 Jahre alt, der einzige Sohn war gerade acht geworden.

Besonders makaber war es, wenn dem Gefallenen posthum noch Orden verliehen wurden. Der Vater von Christian B., Feldwebel Heinrich Riedinger, ist, wie sein Kompanieführer der Mutter am 22.2.1942 mitteilte, »bei der Abwehr eines russischen Gegenangriffs vor dem Dorf Wolyschowo (19 km südlich von Straraja Russa am Ilmensee) in soldatischer Pflichterfüllung getreu seinem Fahneneid für das Vaterland gefallen.« Es war sein 27. Geburtstag. Dazu schrieb der Sohn:[5]

»Am 30.7.1941 wurde meinem gefallenen Vater, der u. a. schon das Eiserne Kreuz 2. Klasse und das Eiserne Kreuz 1. Klasse erhalten hatte, posthum ›Im Namen des Führers und Obersten Befehlshabers der Wehrmacht‹ auch noch die ›Medaille Winterschlacht im Osten 1941/41 (Ostmedaille)‹ verliehen. Diese wurde uns Hinterbliebenen dann vom Wehrkreiskommando V, Stuttgart, ›zum stolzen Gedenken‹ an den Gefallenen (*mit falsch angegebenem Todesdatum*) mit ›Heil Hitler!‹ zugesandt sowie mit der Ermahnung, diese Auszeichnung sei ein Erinnerungsstück und dürfe von Angehörigen nicht getragen werden.«

Oskar Z. war erst drei Jahre alt, als sein Vater einrücken musste. Er hat so gut wie keine Erinnerung mehr an **die Zeit davor**. Alle diese kleinen Kinder »wussten gar nicht, was ein Vater ist«, schreibt Maria M. (1937). Waren sie schon älter oder wurde der Vater erst später eingezogen, haben sie meist glückliche, wenn auch nur sporadische Erinnerungen an ihn.

Hannelore R. (1938) aus Brieg, der Vater wurde im April 1942 Soldat, erzählt:

»Bis dahin gehörte er einfach selbstverständlich dazu … Der große Vorteil für uns Bäckerskinder lag darin, dass der Vater am Nachmittag nach dem für ihn obligatorischen Mittagsschlaf sich Zeit nehmen konnte für die Kinder, bevor er dann am frühen Abend wieder in der Backstube antreten musste, um die Arbeiten für den nächsten Morgen vorzubereiten. So hat er zum Beispiel im Hof hinter dem Haus mit Hilfe des Lehrlings einen Schneeberg geschaufelt, damit wir Kinder Schlittenfahren konnten. Berge oder Hügel gab es nur weit weg, wir wohnten fast unmittelbar an der Oder. Auch erinnere ich mich, dass er mehrmals mit im Strandbad oder am Oderstrand war. Er baute Sandkasten und Schaukeln, ließ uns bei den Gartenarbeiten ›mithelfen‹ und machte auch größere Ausflüge in die nähere Umgebung mit uns, vor allem Radtouren mit Kindersitz vorn oder hinten auf dem Fahrrad. Vielleicht fanden manche Begebenheiten auch am Sonntagnachmittag statt.«

Einen Eindruck von der glücklichen Großfamilie vermittelt das Weihnachtsbild 1942 mit dem Vater in Zivil. Er hatte wohl Weihnachtsurlaub.

5. Die Großfamilie von Hannelore R. zu Weihnachten: Vater, Mutter mit kleinstem Sohn, Tochter Hannelore mit zwei Puppen, Sohn Reinhard mit Trompete, Oma mit Arno auf dem Schoß, hinter Oma: Tante Elisabeth, Schwester des Vaters, neben Oma: Kindermädchen, hinter Hanna: Pflichtjahrmädchen

Marga N. (1936): »Zwischen meinem Vater und mir bestand eine innige Verbindung. Er liebte seine ›große‹ Tochter sehr. Mich ließ er als Fünf- bis Sechsjährige an seinen Briefmarken teilhaben. Er zeigte mir Briefmarken mit schönen Landschaften, mit Kindern und dann auch die Marken aus Togo und Kamerun mit wunderschönen schwarzen Frauengesichtern. Diese Briefmarken besitze ich heute noch und sie gefallen mir immer noch sehr gut. Mit den Briefmarken wurde ein Teil der weiten Welt in das Leben meines Vaters hereingeholt.«

Der Vater vermittelte auch einfach Sicherheit:

Irmgard B. (1936): »Wenn es schwierige Situationen für uns Kinder gab, war unser Vater derjenige, der einfach auftauchte, sehr ruhig, sehr sachlich die Situation klärte, handelte, uns an die Hand nahm und uns irgendwo dahin brachte, dahin stellte, wo es weiter ging. Eigentlich ohne viel zu reden, sondern mit einer ganz großen Selbstverständlichkeit.«

Nicht alle Väter widmeten sich so intensiv ihren Kindern. Es gab viele, die Haushalt samt Kindern den Frauen überließen, Väter, die sehr beschäftigt waren, wenig gestört werden wollten, einfach keine Zeit für die Kinder hatten, es gab eben auch Rabenväter. Aber das hat nichts mit dem Krieg zu tun und kann außer Betracht bleiben. Die väterlichen Erziehungsgrundsätze haben sich sehr deutlich in ihren Feldpostbriefen niedergeschlagen, auf die wir noch eingehen werden. Sehr selten, wenn überhaupt, haben sie ihre Kinder politisch zu beeinflussen versucht, das Politische, das NS-Regime, war kaum ein Thema, das schien viel zu gefährlich.[6] Ein außergewöhnliches Beispiel, Zeugnis einer besonders engen, vertrauensvollen Vater-Sohn-Beziehung, verdient festgehalten zu werden: Karl-Heinz R. (1935), dessen Vater es fertig brachte, bei Beflaggung keine Hakenkreuzfahne an seinem Haus zu zeigen, war 1943 zum zweiten Mal eingezogen. Sein Sohn konnte ihn in Danzig besuchen:

»Mein Vater führte mich zur Westerplatte, von wo der Zweite Weltkrieg seinen Anfang genommen hatte[7] … Die Geisterfinger der zersplitterten Bäume reckten sich 1943 anklagend in die Luft. Vor dieser Kulisse gab er mir mit: ›Vergiss diesen Anblick nie und sprich nicht über das, was ich dir jetzt sage: So wie dieses Gebiet wird einst Deutschland aussehen!‹ Er zeigte mir auch das polnische Postamt, dessen Verteidiger, die den deutschen Truppen in die Hände fielen, ermordet wurden.« Er konnte sich auf seinen Sohn verlassen, er selbst ist am 30. Januar 1945 gefallen.

Die **Einberufung** und die **Abwesenheit** des Vaters wurden von den kleineren Kindern damals meist nicht so stark und dauerhaft empfunden, wenn die Mutter eine feste Bezugsperson war.[8] Den Größeren fielen Abschied und Trennung schwer, wenn sie vorher eng mit dem Vater verbunden gewesen waren. Es gab aber schon bei den ganz Jungen verzweifelte Reaktionen. Die sorgenvolle Stimmung der Mutter und der Erwachsenen berührte auch die Kinder.

Elisabeth R. (1938) lebte auf einem Bauernhof in Ungarn. Nach der deutschen Besetzung 1941 musste der Vater zum deutschen Militär:

»Als Vater zum Militär eingezogen wurde, war ich mit meinen paar Jahren ganz verzweifelt. Ich konnte mich von Vater einfach nicht verabschieden. Deshalb machte ich einen Rundgang – zum vorderen Tor herein, in den Hof hindurch und zum hinteren Tor hinaus. Ein paar Häuser weiter weg führte ein Weg, den bin ich vor und zurück gegangen, nur nicht am Wohnhaus vorbei. Ich lief so lange hin und her, bis ich todmüde war und mich im Strohschuppen verkroch und dort einschlief. Vater war zwischenzeitlich schon lange fort, als ich endlich gefunden wurde. Die Aufregung war sehr groß.«

Elfi S. (1931): »Es war der erste September 1939, ein sonniger Spätnachmittag im Gartenlokal am Fuße der alten Burg Stolpen. Jemand stellte das Radio, ein ›Volksempfänger‹, lauter. ›Mein Gott, es ist Krieg. Wir sind in Polen einmarschiert!‹ Alle Gesichter wurden ernst, alles Lachen verstummte plötzlich. ›Papa, musst du jetzt auch in den Krieg?‹ fragte ich ängstlich. Ich war gerade mal acht und hatte furchtbare Angst, meinen Vater, den ich über alles liebte, zu verlieren ... Im Sommer 1941, als der Krieg gegen Russland begann, warteten wir täglich mit Angst und Bangen auf den gefürchteten blauen Einschreibebrief mit der Order zur Einberufung in die Wehrmacht. Eines Tages kam dieser Brief tatsächlich, und ich überlegte, ob ich ihn nicht einfach in den Papierkorb werfen sollte.

An einem kühlen Herbstmorgen brachten wir unseren lieben Papa zum Bahnhof. Vor einem ellenlangen Güterzug Richtung Ostfront standen unendlich viele Soldaten mit ihren abschiednehmenden Familien. Die meisten mit ernsten Gesichtern, andere wieder versuchten, sich ein mühsames Lächeln abzuringen, um diese schreckliche Situation etwas abzumildern. Ich schloss die Augen und sah plötzlich meinen lieben Vater auf einem Schlachtfeld liegen, in Russland, tot! Und begann jämmerlich zu weinen. Niemand konnte mich beruhigen. Da nahm mich mein Vater in seine Arme und sagte mir: ›Hör zu, mein Kind: Dein Papa wird nie auf einen Menschen schießen, auch, wenn dieser der Feind ist. Und deshalb wird auch niemand auf deinen Papa schießen. Also, jetzt weißt du, dass ich gesund wiederkomme.‹ Daran glaubte ich jetzt fest.«

Er kam tatsächlich zurück. Ob er sein Versprechen halten konnte, danach hat die Tochter nicht gefragt.

Hannelore R. (1938): »Und dann eines Tages entschwand der Vater aus dem Alltag. Auch die Gesellen und der Lehrling. Vater wurde eingezogen. ›Papa ist bei den Soldaten‹ war die Antwort auf unser tägliches Fragen nach ihm ... Ich durfte in seinem Bett schlafen, und manche Ängste und Ungewissheiten ertrugen sich besser, wenn ich Mutters Hand halten durfte. Fortan erlebten wir Vater nur noch auf Urlaub und in Uniform. Dass Schweres in der Luft lag und die Erwachsenen Sorgen hatten, spürte man auch als Kind. Doch mit dem Älterwerden erweiterte sich der Radius zum Spielen und Toben, so dass man die Sorgen der Erwachsenen nicht ständig im Bewusstsein trug und unbeschwert die Freiheit rund ums Haus genießen konnte.«

Mechthild V. (1936), eines von sechs Geschwistern: »Als der Krieg ausbrach, veränderte sich zunächst nichts in unserer Kinderwelt. Gleich zum Kriegsanfang wurde unser Vater zum Westwall eingezogen. Ich sehe ihn noch in seiner Offiziersuniform vor mir, und besonders gefiel mir der Schleppsäbel mit Korbgriff – sehr elegant! Vermisst habe ich ihn nicht; das Zentrum unserer Welt war die Mutter. Ihre Nähe gab mir das Gefühl der Geborgenheit, wenn sie da war, konnte nichts Schlimmes geschehen.«

Erwin K. (1937): »Ich hab meinen Vater sehr vermisst, sehr vermisst. Er wurde zunächst 1942 zur Flak eingezogen, da war er in Stuttgart, und da war er noch nicht ganz weg, da kam er noch ab und zu. Aber dann, 1943, da wurde er richtig eingezogen, da kam er nach Frankreich ... Als er uns verlassen musste, da wurde das Haus und die Familie auch organisiert. Jetzt waren wir fünf Buben. Da hat er gesagt: der

Älteste, der sorgt jetzt für den Vierten, ich als Zweiter, ich bin der Sorger für den Fünften. Der Dritte, der ist noch in der Mitte, der kann noch nicht sorgen, aber muss auch nicht mehr umsorgt werden, der steht für sich. Das ging hin bis zum Verwindeln oder dass beim Essen gefüttert wird, alle diese kleinen Dinge. Das hat mein Vater eigentlich ganz geschickt gemacht, dass da meine Mutter etwas entlastet war und die Aufgaben schon etwas delegiert waren … Aber meinen Vater, den hab ich immer sehr vermisst.«

Gertrud R. (1928): »Es gibt ein paar Ereignisse in meinem Leben, wo ich mich noch ganz genau an die Stimmung erinnern kann, die *zuvor* herrschte. Es war so, als würde die Natur den Atem anhalten … Ja so war es, als wir – Papa, Hildegardchen und ich – am Nachmittag von einem Spaziergang zurückgingen, wir waren zum Schluss in einem Café eingekehrt. Das gehörte zu Papas Liebhabereien, in ein Café gehen. Und das hat er, trotz seiner Sparsamkeit immer wieder mit uns gemacht. Die großen Sommerferien gingen langsam zu Ende. Renate (*die älteste Schwester*) war noch bei unseren Verwandten in Augsburg. Es war ganz erwartungsvoll still – so ist mir der Rückweg vom Café zu unserem Häusle in Erinnerung. Ich weiß auch noch, welchen Weg wir genommen haben. Es war ganz still und friedlich – ein richtiger Spätsommertag. Nachts um 2 Uhr schellte es Sturm. Vater fuhr aus dem Bett und murmelte: ›O Gott, das ist meine Einberufung!‹ Und so war es.

Ilse wurde geweckt, Papas alter Tornister (aus dem 1. Weltkrieg!) wurde vom Speicher geholt und nach Vorschrift gepackt. Papa sagte zu Ilse: ›Hol morgen früh den Großvater!‹ Dann kam er ans Bett zu Hildegard und mir und sagte: ›Nicht weinen! Seid schön lieb!‹ gab uns einen Kuss und ging weg. Ich stelle immer noch jede Nacht meine Klingel ab und trage das Telefon außer Hörweite. Ich habe die Panik vor dem Nachts-Geweckt-Werden noch immer nicht verloren. Vom nächsten Morgen, als wir allein waren, und den nächsten Tagen weiß ich nicht viel. Jedenfalls weiß ich nicht mehr, wie mir zumute war. Alles war wie ein Schicksal über mich gekommen. Und es blieb mir nichts anderes übrig als zu funktionieren …«

Hildegard B. (1927) war 13, als ihr Vater eingezogen wurde:

»Dann wurde er eingezogen, und das habe ich nicht verkraftet. Ich hab meinen Vater ungemein geliebt, er war meine Seele, so ungefähr … Neulich hat das eine Heilpraktikerin festgestellt. Ich hatte starke Halsschmerzen gehabt, dann sagt die, da steckt was dahinter, und dann hat sie es gefunden und hat gesagt, sie sieht das 13. Lebensjahr. Ja, da kam's raus, da wurde mein Vater eingezogen. Da war er nicht mehr da. Als sie das gesagt hat, da war ich Mitte 70, so lange hat das gebraucht. Und da hab ich geheult und geheult …«[9]

Rosemarie S. (1939): »Wenn ich heute die jungen Väter stolz die Kinderwagen schieben sehe, wenn sie mit ihren Kindern spielen und Sport treiben, wenn die ganze Familie in Urlaub geht, denke ich, und es wird mir schmerzlich bewusst, dass meine Generation ohne Väter aufwachsen musste. Und was mussten die Väter vermissen:

das Aufwachsen der Kinder mitzuerleben; gemeinsame Erlebnisse und gemeinsame Erinnerungen zu haben, das war ihnen durch die jahrelange Trennung verwehrt. Wenn wir mit anderen Kindern von den Vätern sprachen, waren das unsere Wunschbilder von Vätern.«

Die wichtigste Brücke, die es zwischen den Kindern und ihren abwesenden Vätern gab, war die **Feldpost**, an erster Stelle waren es die Briefe, die hin- und hergingen, dazu die Päckchen, die vom Vater kamen oder an ihn geschickt wurden. Aus 800 Briefen einer privaten Sammlung haben Herta Lange und Benedikt Burkhard eine Auswahl zusammengestellt als Begleitbuch zu einer Wanderausstellung des Museums für Kommunikation in Frankfurt am Main.[10] Die weitaus meisten sind Kinderbriefe, aber auch aus den Antwortbriefen der Väter wird zitiert. Es ist die erste Dokumentation von Kinderbriefen aus dem Zweiten Weltkrieg. Die Herausgeber geben einige erläuternde Kommentare. Archive haben bisher keine Kinderbriefe gesammelt, sie erschienen wohl nicht wichtig genug; es fehlt bisher auch eine wissenschaftliche Auswertung dieser in vieler Hinsicht aufschlussreichen und bedeutenden Quelle.[11] Eine solche kann ich hier nicht leisten, sie würde den Rahmen dieser Arbeit sprengen. Es würde dazu auch gehören, in den Briefen, die sich die Eltern geschrieben haben, nach Bezügen zu den Kindern zu suchen. Nicht nur, was zwischen Kindern und Vätern direkt ausgetauscht wurde, ist von Belang, sondern auch, was Vater und Mutter sich gegenseitig über die Kinder schreiben, zumal die kleineren ja selbst noch nicht schreiben konnten. Ich frage in unserem Zusammenhang danach, welche Beziehungen zwischen den Kindern und ihren fernen Vätern sich in den Briefen aussprechen. Grundlage sind mehrere hundert Feldpostbriefe, die mir zur Verfügung gestellt wurden. Ich ziehe die Briefe aus der erwähnten Sammlung vergleichend heran.[12] Nur wenige Proben können zitiert werden.

6. Wehrmachtspostkarte

Eine kleine Auswahl der Briefe und Karten zwischen dem uns bekannten Oskar Z. (1937) und seinem Vater enthält viele wichtige Aussagen. Er adressiert seine Post immer an seine Frau Anne und an Oskarle. Öfters schreibt er ihm ganz persönlich. Zwei Karten vom 30.10. und vom 15.11.41 stammen aus der Sammlung für Wehrmachtskarten: »Heiteres der Front – der Heimat« Die eine zeigt in verharmlosender, verkitschter Form, wie ein lachender Briefträger der ebenfalls lachenden Mutter »die ersehnte Post aus dem Felde« bringt. Die zweite, »Vaters erster Urlaubstag« (siehe Abbildung 6), zeigt die Mutter mit dem Frühstückstablett und die beiden Kinder – den Sohn mit der Uniformmütze des Vaters auf dem Kopf und das kleine Mädchen mit einem Blumenstrauß. Sie bringen dem Vater das Frühstück ans Bett. Alles sieht so aus, als sei der Vater einfach nur eine Weile fort gewesen und habe inzwischen Heldentaten vollbracht, von denen er sich nun erholen müsse. Der Vater war an der Ostfront. Der Text der Urlaubskarte lautet:

»Auch heute sollt Ihr einen Gruss von mir erhalten. Ich hoffe, dass es Euch gut geht! Was ich von mir auch berichten kann. Heute hat der Winter bei uns angefangen. Ganz (*Wort unleserlich*) ist weiss. L. Oskarle! So sollte es sein wie es auf der Karte ist, warte jeden Tag darauf. Es ist ja nicht mehr lang bis Weihnachten bis dorthin werde ich schon kommen. Gruss! Euer Vater.«

Karte zum 4. Geburtstag des Sohnes, 1941 (kein genaues Datum): »Lieber Oskarle! Gratuliere Dir herzlich zu deinem 4ten Geburtstag. Und hoffe, dass Ihr ihn auch feiert, leider kann ich nicht dabei sein was ja schade ist. Ich habe heute von der Komp. (*Kompanie*) Schokolade bekommen, den ich Dir noch schicken werde, in Frankreich bekommt man gar nichts mehr, nicht einmal 1 Geburtstagskarte deshalb schicke ich eine Neujahrskarte. Mit herzlichem Gruss! Vater«

Aus dem Brief vom 17.6.42: »L. Oskarle! Wie mag es auch Dir gehen ich weiss ja gar nichts mehr von Euch. Hoffentlich geht es Euch gut. Du musst auch Mutter helfen arbeiten, wenn Du in Polen wärst[13] müsstest mehr arbeiten da müssen die kleinen Buben morgens um 6 Uhr schon mit ihrer Kuh oder Geisen auf die Weide da habe ich oft an Dich gedacht wie schön Du es hast. Sagst allen Bekannten viele Grüsse von mir und ich könne jetzt Niemand mehr schreiben ausser Euch. Somit Grüsse und Küsse ich Euch herzlich! Euer Vater«

Aus dem Brief vom 23.7.42, Russland: »Die den Krieg anfangen, die sollten das alles selber mitmachen müssen, dann gäbe es keinen, aber die stinken vor Geld und leben nach Wunsch, hoffentlich kommen bald andere Zeiten … Jetzt bin ich weit weg von Grunbach, mindestens 3.000 km da kann man nicht mehr so oft in Urlaub vielleicht geht dieses Jahr auch der Krieg aus in Russland dann dürfen wir wieder heim. Musst du dieses Jahr noch in die Schule oder erst nächstes Jahr. Was machen deine Hasen, leben alle noch? Somit grüsse und küsse ich Euch! Euer Vater.«

Schluss des Briefes vom Vater, 9.8.42: »Nun will ich meinem braven Lausbuben etwas schreiben, obwohl es mir schwer fällt. Wie Mutter schreibt geht es Dir gut was mich sehr freut. Nun möchtest Du wissen ob ich Russen schon gesehen habe, das sehe ich sehr viele aber verschiessen tue ich erst wenn ich muss. Solang sie mir nichts tun mache ich auch nichts. Die RussenSoldaten wollen auch leben die haben auch Mütter und Kinder. Ich gebe den Gefangenen mein übriges Essen. Die haben so Hunger. Das schimmelige Brot, wo ich wegschmeisse geben die Frauen ganz kleine Kinder, so sieht es hier aus. Da geht es Dir gut. Gruss und Kuss Dein lb. Vater«

Brief von Oskarle an den Vater vom 21. Mai 44: »Lieber Vater! Ich war heute wieder mit Onkel Richard im Wald und auf den Feldern. Unser Weg führte am Stallgraben vorbei nach Gundelsbach. Der langersehnte Regen hat uns mächtig eingeseift. Erst um ½ 2 Uhr kamen wir zum Essen. Wir brachten einen schönen Blumenstrauss, nasse Kleider und einen grossen Hunger mit. Der Mutti habe ich zum Muttertag ein Bild gemalt, weil es kein Blumenstöckle gab. Mutter freute sich sehr. Es grüsst Dich Dein lieber Oskarle.«

»Holland, 14.7.44: Lieber Oskarle! Deinen lb. Brief habe ich erhalten, welcher mich sehr gefreut hat. Es geht mir gut, trinke jeden Tag fest Milch, wenn (*du*) nur auch hier wärst. Bei mir gibt es auch Brestling (*Erdbeeren*) und Kirschen auch Träuble, alles wie bei Euch. Habt Ihr auch schon neue Kartoffeln? L. Oskarle! Du schreibst ich soll bald in Urlaub kommen, da muss ich warten bis die Sperre aufgehoben wird und das kann noch lang dauern. Wie ich gelesen habe habt Ihr nicht viel Glück mit den Hasen und Hünern, die Kikeriki müsst Ihr halt metzgern dann habt Ihr was zum essen. Wir sollen diesen Monat noch wegkommen, ob ich dabei bin, weiß ich noch nicht. Schreibe bald wieder. Mutter schreibe ich morgen. Sagst viele Grüße und ich würde fest rauchen. Somit sei recht herzlich gegrüsst und geküsst von Deinem lb. Vater.

Der Brief vom 10.1.45 richtet sich an beide. Es soll daraus zitiert werden, weil er ein Zeugnis der ganz schweren Kämpfe ist, in die der Vater verwickelt wurde:

»Meine lb. Anne und Oskarle! Hab vielen Dank für erhaltene Briefe. Es freut mich, dass es Euch gut geht was die Hauptsache ist. Mir geht es bis jetzt auch noch gut obwohl ich in den letzten 14 Tagen allerhand mitgemacht habe immer in vorderster Linie. Ich selber hätte es nicht gedacht, dass der Mensch so viel aushaltet; bin 8 Tage im Freien gelegen bei grimmiger Kälte und gefrorener Verpflegung. Unsere ganze Kompanie wurde krank so dass nur noch der Oberfeldwebel und 1 Unteroffizier da waren, und wir 20 Mann haben den Einbruch vom Amerikaner aufgehalten, wovon wir die Hälfte verloren haben nach eintägigem Kampf wurden wir 10 Mann abgelöst. So etwas habe ich noch nicht mitgemacht, es hat geheissen wir würden dafür belohnt. Zum Glück ist mir weiter nichts passiert bis auf eine kleine Schürfung am Aug. Jetzt habe ich wieder so einen ehrenvollen Auftrag Spähtrupp, wo einer den andern schnappen will. Am Neujahr war großer Angriffstag da haben wir auch einen Volltreffer bekommen von 1 Panzer und ist nichts passiert. An die Sachen gewöhnt man sich so langsam … L. Anne, brauchst Dir weiter keine Gedanken machen, es kommt sowieso wie es für einen bestimmt ist. Wollte nur einmal berichten wie es bei uns zugeht, damit Du im Bild bist. Nun will ich schließen, damit ich noch ein paar Stunden schlafen kann, es ist mir gerade nicht gut. Somit sei herzlich gegrüßt und geküsst von Eurem lb. Vater.«

»15.1.45: Lieber Oskarle!

Will Dir auch eine Kleinigkeit zukommen lassen. Hoffentlich geht es Dir gut! Was ich auch von mir berichten kann. Habe an Dich gedacht wenn es jetzt Winter ist hast Du jedenfalls auch Zeit zum Malen an dem Du doch eine Freude hast, deshalb schicke ich Dir die Farben zum Zeitvertreib, hoffentlich kommen sie auch gut an. Mit herzlichem Gruß und Kuss Dein Vater«

»Grunbach, 7.2.45, Lieber Vater! Ich danke Dir herzlich für die vielen Päckchen und Puding, welche mir gut schmeckten. Ich habe einen argen Husten, deshalb muss ich im Bett bleiben. Als es noch Schnee hatte bin ich fest Schlitten gefahren. Schi fahren habe ich auch probiert, aber das muss ich erscht lernen. Es freut mich, dass es Dir gut geht und dass Du gesund bist. Viele Grüße von Onkel Richard und Tante Anna. Lieben Gruß und Kuss dein Oskarle«

Am Ende des Briefes vom 10.3.45: »L. Oskarle! Wie geht es Dir? Gehst immer noch in die Schule? Oder habt Ihr Kohlenferien. Wo ich so alt war wie Du war auch so ein Krieg wie jetzt und wir haben auch oft nicht in die Schule dürfen. Nun wirst Du bald 8 Jahre alt, und hoffe, dass Du so langsam auch der Mutter hilfst bei der Arbeit. Du weißt ganz genau wie es ist, hast ja gemerkt wo deine Mutter im Krankenhaus war. Also unterstütze Deine Mutter wo Du kannst und folge ihr. Somit will ich für heute schließen und seid vielmals gegrüßt und geküsst! Euer lb. Vater.«

Aus dem letzten Brief vom 13.3.45: »Soeben habe ich einmal wieder 3 Briefe erhalten mit Zigaretten und die beigelegten Briefe vom Krankenhaus, wofür ich Dir bestens danke. Ich bin ja so froh, dass ich immer noch Post erhalte, wie viele sind da wo überhaupt nichts mehr von ihren Angehörigen wissen. Nun freue ich mich, dass es Dir wieder soweit gut geht, und hoffe, dass bald wieder auf der Höhe bist. Wie oft denke ich zur Zeit an Euch, wenn als so schön Wetter ist, da fallen einem die alten Erinnerungen ein. Ich will auch sehen, ob wir noch einmal in die Lage kommen. Wie schön war es früher, jetzt sieht man es erst ein. Wir hoffen halt das Beste. Soviel ich weiß sollen wir in den nächsten Tagen wieder umziehen, aber nur ein paar km, solang bis man wieder in der Sauerei drin ist … Das Saarland ist sehr schön, so ähnlich wie bei uns viel Berge und Wald, da sollte halt kein Krieg sein, ich glaube, die längste Zeit hat es gedauert … L. Anne! Gib auch acht auf Oskarle, damit er nicht zu arg verwöhnt wird, er soll ruhig an die Arbeit gewöhnt werden, jetzt ist die richtige Zeit, mit 8 Jahren kann man schon etwas verlangen, das kommt alles Dir zugut. Indessen will ich für heute schließen und seid herzlich gegrüßt und geküsst von Eurem lb. tr. (*wohl treuen*) Vater.«

Fünf Tage später wurde er tödlich verwundet.

Alle Briefe haben einen Hauptinhalt: Die gegenseitige herzliche Zuneigung und die Sehnsucht nacheinander, nach dem Wieder-Zusammenkommen, nach dem Ende des Krieges. Immer schwingen die Hoffnung mit und der Wunsch, es möge alles gut gehen, es möge so werden wie früher. Die Post wurde sehnlich erwartet. Die Mutter musste vorlesen, was der Vater schrieb. Die Kinder spürten die Unruhe und die Angst der Mutter. Wenn sich die Kinder um den Vater sorgten, dann oft mehr um der Mutter willen. Die Stimmung der Mutter übertrug sich auch ohne viele Worte auf die Kinder.

Mechtild L. (1901) schreibt am 15.9.40: »Die Buben spielen Briefträger und bringen der Mama immer Post vom Papa. Da freut sich die Mama sehr. Dann muss Wilfried immer den Gaul machen und Hermann reitet.« Am 4.3.43: »Elisabeth (1934) musste ich den Brief vorlesen, und als ich damit fertig war, sagte sie: ›Gell, Mama, jetzt bist froh, dass wieder Post hast, jetzt brauchst keine Angst mehr haben‹, und dann legte sie mir die Arme um den Hals und sagte: ›Jetzt kommen mir grad die Tränen‹. Da war es auch um meine Fassung geschehen. Seh ich doch, dass sich sogar unser Mädchen um den Papa gesorgt hatte. Und dann sagte sie, sie habe immer Angst gehabt, es könne ein Brief mit schwarzem Rand kommen. Dabei habe ich vor den Kindern kaum einmal geklagt.«

Maria M. (1937): »Jeden Tag, und das über Jahre, stand meine Mutter hinter dem großen Remisetor, eine kleine Spalte geöffnet, und ich davor. Wir warteten auf den Postboten. Wenn er vorbei ging, weinte meine Mutter, und ich stand hilflos dabei. Jeder von uns hatte so seine Gedanken. Ich wollte all ihren Schmerz, vor allem die Ungewissheit, ob Vater noch lebte oder wie es ihm ging, mit meinem Unvermögen tragen helfen. Ich wollte eine Stütze sein und wusste nicht wie. Darum hatte ich mir fest vorgenommen, meiner Mutter gegenüber ein Leben lang dankbar zu sein, um ihre schwere Kindheit, von der sie mir oft erzählte, und diese Kriegsjahre besser zu ertragen.«

Die Kinderbriefe erzählen von den kleinen Begebenheiten des Kinderlebens, von Unternehmungen, von Krankheiten, von Haustieren, von dem, was sie erlebt haben, besonders von Spielen und Festen, und sie berichten, was sie schon können und geleistet haben. Die Kümmernisse vertrauten sie lieber der Mutter an; der Vater sollte etwas zu lesen bekommen, was ihn freute. Sicher haben die Mütter zuweilen bei der Abfassung auch etwas mitgeholfen, vielleicht auch Anregungen gegeben. An den folgenden originellen Brief von Brigid A. (1934) schließt die Mutter ihren an und beginnt mit dem Satz: »Ist das nicht ein feiner Brief? Ganz allein geschrieben.« Einige Satzzeichen hat sie aber doch eingefügt. Er stammt vom 9. November 1942 und lautet:

»Lieber Vati. In der Kindergruppe basteln wir jetzt und nächste Woche machen wir Weihnachtsarbeiten. Das Häschen haben wir nun endlich bekommen. Es hat sich

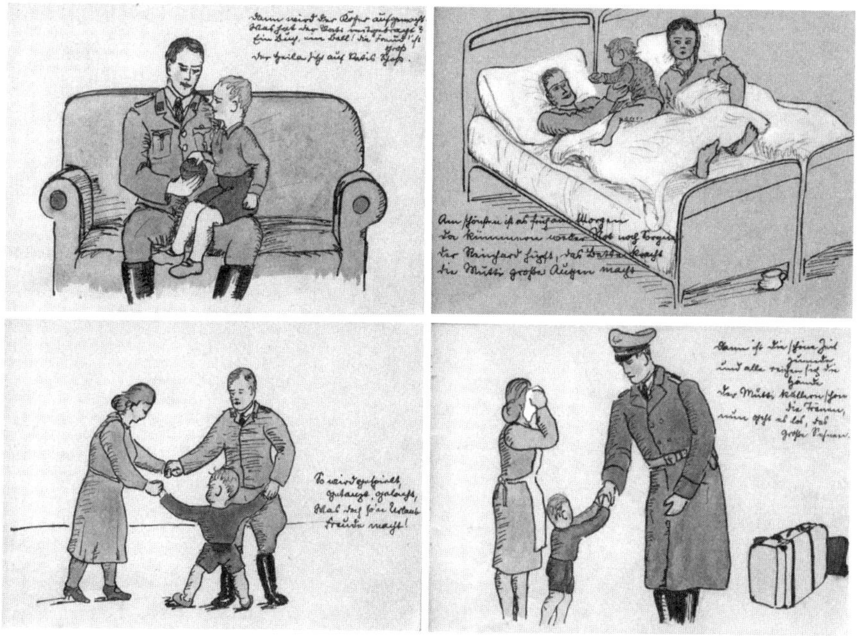

7. Aus dem Bilderbuch, das Vater B. im Feld für seinen Sohn Reinhard anfertigte

schon ganz an mich gewöhnt und frisst mir aus der Hand. Im Teater war der Schutzmann immer umgefallen. Als sie den Schlüssel zur Schatzkiste des Riesen Haulefreß gesucht haben, haben sie das tapfere Schneiderlein, welches aber gar nicht tapfer war, und den Mann mit dem fliegenden Koffer gerufen. Das tapfere Schneiderlein hat der Hexe die Beine zusammengenäht und mit dem fliegenden Koffer sind sie in den Märchenwald geflogen. Mit dem groossen Schatz hat der Hans Damf eine Eisenbahn bauen lassen. Die Mutti macht es jetzt noch schlimmer. Du schimmftest doch immer wenn die Mutti sich Zucker auf den Salat tat, jetzt ist sie sogar Salat mit Birnen. Viele liebe Grüsse von Brigid und Thomas (der etwas krakelig selbst mit seinem Namen unterschrieben hat).«

Die Väter erkundigen sich oft sehr einfühlsam nach Einzelheiten, wie es den Hasen geht oder, bei den Mädchen, was die Puppen machen, wie es in der Schule geht. Sie schicken auch Päckchen mit Süßigkeiten oder denken sich aus, was die Kinder gut gebrauchen und was sie freuen könnte.[14] Manche Väter stellten ganze Bilderbücher her oder zeichneten und bastelten allerlei Hübsches oder Nachdenkliches.

Ein weiterer durchgehender Zug in den Briefen der Väter sind die erzieherischen Ratschläge und Grundsätze: brav und lieb und fleißig sein, der Mutter folgen und helfen, gut lernen. Die Mütter werden immer wieder ermahnt, die Kinder nicht zu verwöhnen, ja sie abzuhärten, sie an Pflichten zu gewöhnen.

8a. Der Vater von Maria M. fertigte diese und andere Zeichnungen für sein »Marerl« an

Alfons L. (1902) am 17.10.1940: »Meine Buben sind immer wohlauf? Lass sie nur viel ins Freie, immer wieder: Abhärtung. Das spürt der Mensch sein Leben lang. Hart gegen sich selbst und auch hart gegen andere sollen sie werden, anders ist ein Dasein nicht mehr viel wert heute.«

Oskar Z. stellt seinem kleinen Sohn vor Augen, wie gut er es doch habe. Dass ab und zu auch eine Tracht Prügel fällig war oder der Kochlöffel eingesetzt wurde, gehörte damals zu den üblichen Erziehungsmethoden. Die meisten Eltern wollten die Kinder nach ihrem Bilde formen, große Freiheiten in der Entwicklung bekamen sie in der Regel nicht. Die Eltern, besonders der Vater, waren absolute Respektspersonen, Auseinandersetzungen mit ihm kamen bei den Größeren sehr selten vor.

Für den Austausch von Gedanken und Problemen waren die meisten Kinder noch zu klein. Von den schlimmsten Dingen, die sie erleben mussten, ist in den Briefen nicht die Rede. Auf der Flucht und am Kriegsende konnte man nicht mehr schreiben. Nach einer totalen Ausbombung auch nicht, da bekam der Vater meist Bombenurlaub. Von der Begegnung mit dem Tod oder der Angst in den Kellern und Bunkern und vor den Tieffliegern steht nichts in den Kinderbriefen. Wenn sie von Schlimmem berichten, dann von anderen, aber seltsam emotionslos, z. B. werden Gefallenenmeldungen fast beiläufig eingestreut zwischen die Alltäglichkeiten; Fliegeralarme und auch kleinere Fliegerschäden sind selbstverständlich. Gerade die Kin-

8b. Holzrabe von Susanne M.'s Vater

derbriefe zeigen die schreckliche Normalität des Krieges für die Kriegskinder. Solange ihre eigene Welt noch einigermaßen intakt war, blieb der Krieg etwas Hinzunehmendes, zum Leben Gehörendes. Das wurde unterstützt durch die Kriegspropaganda. Die von der Wehrmachtsführung genehmigten und propagierten Postkarten präsentieren den Krieg als ein spannendes Abenteuer, auf das hin schon die Kinder programmiert werden sollten. So sind die Briefe an die Väter voll von Beschreibungen der Kriegsspiele.[15] Deshalb kann aus der Lektüre der Kinderbriefe der Eindruck entstehen, der Krieg sei für sie »ein fernes Erdbeben« gewesen. Für viele war er es auch[16]. Die anderen, die seine ganze schreckliche Wucht zu spüren bekamen, schrieben ihren Vätern nicht darüber.

Die Väter haben in ihren Briefen den Krieg nicht verharmlost. Obwohl sie die Gräuel fast nie ausgemalt haben, wird doch zwischen den Zeilen sehr deutlich, in was für eine »Sauerei« (Oskar Z.) sie hineingetrieben wurden. Obwohl er seinem Oskarle auch martialische und kitschige Postkarten schickt, lässt der Vater keinen Zweifel daran, dass Krieg etwas Furchtbares ist. Aber wahrscheinlich gehört dieser einfache Sattler Oskar Z. zu den wenigen, die sich nicht nur selbst Gedanken über ihr »Kriegshandwerk« gemacht haben, sondern der darüber in kindgemäßer Form auch seinem Sohn berichtet, obwohl es ihm – wie er schreibt – sehr schwer fiel. Er will niemand »verschiessen«, wenn er es nicht muss. Aber er musste doch! »Die Russensoldaten wollen auch leben!« Oskar Z. macht Andeutungen über die erbärmlichen Lebensumstände der russischen Frauen, die ihren Kleinkindern von dem verschimmelten Brot geben, das die deutschen Soldaten wegschmeißen. Es ist erschütternd, dass ein Vater seinem sechsjährigen Sohn das schreibt. Er formuliert auch eine deutliche Anklage gegen die, »die den Krieg angefangen haben«, und er lässt keinen Zweifel, dass es nicht die »Feinde« waren. Die meisten Väter allerdings verbreiteten Siegeszuversicht und gaben sich zumindest vor den Kindern systemkonform[17], und genau diese Haltung spiegelt sich in den Kinderbriefen. »Papa, pass schön auf, dass die Russen nicht kommen«, steht in einem Brief. In einem anderen: »Ich freue mich, dass die Russen Dresche kriegen.« Die achtjährige Brigid A. schreibt:

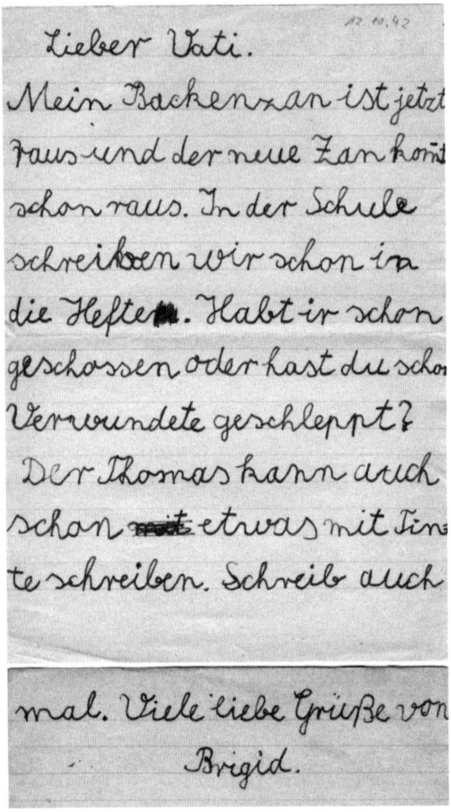

12.10.42

Lieber Vati.
Mein Backenzan ist jetzt raus und der neue Zan komt schon raus. In der Schule schreiben wir schon in die Hefte. Habt ir schon geschossen oder hast du scho[n] Verwundete geschleppt? Der Thomas kann auch schon ~~mit~~ etwas mit Tinte schreiben. Schreib auch mal. Viele liebe Grüße von Brigid.

9. Brief von Brigid A.

»12.10.42: Lieber Vati. Mein Backenzan ist jetzt raus und der neue Zan kommt schon raus. In der Schule schreiben wir schon in die Hefte. Habt ir schon geschossen oder hast du schon Verwundete geschleppt? Der Thomas (*ihr kleiner Bruder*) kann auch schon etwas mit Tinte schreiben. Schreib auch mal. Viele liebe Grüße von Brigid«.

Sehr verhalten sind die Briefe in religiösen Dingen. Die Väter sprechen eher von Schicksal als von Gott. Eine selbstverständliche Frömmigkeit musste nicht beredet werden, und sie wird besonders in den Kindern lebendig gewesen sein. In den meisten Familien wurde für den Vater gebetet. So schrieb der Vater von Maria M. (1937) im August 1942 seiner Tochter zum sechsten Geburtstag; er wusste nicht, dass es sein letzter Brief sein würde. Er schrieb, dass sie diesen Brief erst später verstehen würde:

»Gleich, nachdem dein Vater Soldat geworden war, hat dir deine Mutter eines Abends beim Schlafengehen ein kleines Gebet vorgesprochen, dessen wirst du dich erinnern. Über die ernste Stimmung deiner Mutter hast du nicht nachgedacht, als sie eines Abends deine Händchen zusammenlegte und dir die Worte vorsprach: ›Lieber Gott, behüte unseren Vati und schick ihn bald wieder gesund heim!‹ Du hattest an diesem Sprüchlein bald ein Vergnügen gefunden und freutest dich, es aufzusagen. Du ahntest nicht, wie warm es deine Mutter tröstete, gemeinsam mit dir kleinem Wesen, das gerade das sprechen gelernt hatte, dies vom Schicksal zu erbitten.«

Maria sagte, sie habe diesen Brief später und bis heute niemals mehr lesen wollen und können. Maria M. durfte noch **Urlaube** mit dem Vater erleben, sie spricht von »Glückszeiten«. Das waren sie für fast alle Kinder.[18] In den Erinnerungen an die gefallenen Väter bekommen diese seltenen und letzten Tage mit ihm einen besonderen Glanz.

10. Maria M. im Soldatenrock ihres Vaters

Maria M. (1937): »Alle meine Erinnerungen (*an den Vater*) waren beschränkt auf die wenigen Fronturlaubstage, ganze viermal im Verlaufe von sechs Jahren Krieg, die mein Vater zu Hause verbringen konnte. Der letzte Heimataufenthalt war wegen eines Bombenangriffs auf Berlin auf zwei Tage geschrumpft, da auf den Straßen kein Weiterkommen mehr war ... Mein Vater hatte Urlaub zu Ostern 1942. Ich konnte ihm nicht entgegenlaufen, da mein Bein im Gips war. Meine Mutter erzählte, wie es passiert ist, und ich spürte, dass sie dabei Schuldgefühle hatte. Mein kleiner Fuß kam zwischen die Speichen des Vorderrades, als ich vorne im Körbchen saß ... Das Schienbein war gebrochen, und so bekam ich einen Gipsverband und eine Woche Aufenthalt im Krankenhaus. Meine Mutter blieb den ganzen Tag bei mir und alle hatten den größten Spaß, wenn die Arztvisite um mein Bett stand und ich ein Soldatenlied zum besten gab. Ich hatte das Gefühl, diese Ärzte und Schwestern wollten es auch lernen. Mein Vater hatte im Urlaub zuvor mit Kameraden, die uns dann besuchten, dies Lied gesungen, und für mich gab's nichts Schöneres. So kam aus voller Kinderkehle: ›Der Sperling hat zwei Äugelein, er äugelt hin und her, und wenn er zu dem Weibchen kommt, dann äugelt er noch mehr‹, und im Refrain: ›Annemarie, Annemarie, so schön wie heut warst du noch nie.‹ Da aber mein Vater in dieser Zeit zu Hause im Urlaub war, konnte ich mich von ihm trösten lassen, das war mir der Beinbruch wert. Ich saß dann in einem alten Kinderwagen, und dann ging's ab zum Eiersuchen in den Wald. Das war alles unbeschreiblich schön. Zur Erinnerung wurden dann einige Bilder gemacht: Maria mit Gipsbein, auf einem Bild hatte ich die Uniformjacke meines Vaters angezogen. Es gab für mich keine Steigerung mehr, ich war glücklich ... Im Sommer 1943 hatte mein Vater wieder Urlaub. Einige Kameraden meines Vaters kamen zu uns zu Besuch, und wir gingen gemeinsam nach Weihenstephan ins ›Bräustüberl‹. In der Gaststätte saß ich an der Seite meines Vaters. Ich spürte, dass alle meinen Vater gerne mochten. Es war mir nicht so wichtig, dass ich nicht alles verstand, was sie miteinander redeten. Wie sollte ich auch. Aber ich spürte, dass alle im Kreis meinem Vater Achtung entgegenbrachten, und ich war seine Tochter! Wenn ich es heute noch nachempfinden kann, was mich damals berührt hat, dann ist es das große, unbeschreibliche Geborgenheitsgefühl, dieses Dazugehören, dieses Loslassendürfen von Problemen und Ängsten, dieses Fallenlassen und dieses Aufgefangenwerden. Für ein Kind das größte der Gefühle. Ich spüre es noch heute, weil es so stark und prägend war. Um so mehr Leere und Verlassensein kam danach, als alles vorbei war.

Bei einem weiteren Ausflug erlebten wir ein sehr starkes Gewitter. Aber ich hatte keine Angst, mein Vater war bei mir. Anderntags besichtigten wir die Folgen dieses Unwetters. Viele Bäume lagen entwurzelt kreuz und quer. Ich kann mich aber nicht erinnern, dass mich diese Zerstörung irgendwie beschäftigt hätte. Ich lief ja an der Hand meines Vaters und war überglücklich. In dieser Zeit verloren auch alle jene Jungs, vor denen ich sonst großen Respekt hatte, jegliche Bedeutung. Ich hatte vor ihnen keine Angst mehr, ich fühlte mich beschützt und lief selbstbewusst umher … Meine Mutter las mir die Briefe meines Vaters immer vor. Da stand unter anderem ›sei lieb und brav und folge der Mutti, dass sie ihre Freude mit dir hat.‹ Und so war das wie ein Programm in mir, lieb und brav zu sein und dass sie mit mir ja keine Probleme hatte … Ich wusste auch nicht, wie ein Vater reagiert, wenn man als Kind etwas angestellt hat. Während eines Heimaturlaubs meines Vaters kam ich in so eine Situation, und ich dachte, jetzt werde ich es erfahren. Vaters Füllfederhalter war etwas ganz Besonderes. Ich schraubte an dem Ding herum, und schon war es passiert. Mein Kleid war mit Tinte befleckt und mein Schuldgefühl übergroß. Ich lief in den Hof, versteckte mich hinter einem Holzstoß und machte mich auf das Schlimmste gefasst. Als mein Vater heimkam und mich rief, nahm ich meinen ganzen Mut zusammen und kam hervor. Seine ausgebreiteten Arme und sein Schmunzeln ließen alle meine Angst vergessen. Hätte mir jemand die ganze Welt zu Füßen gelegt, ich hätte sie liegen gelassen, so voll Glück war ich in dieser Stunde … Beim letzten Urlaubsbesuch meines Vaters brachte er mir eine Holzgriffelschachtel aus hellem Holz mit, wahrscheinlich handgemacht, es wurde sein letztes Geschenk. Die Schulanfänger hatten meistens gebrauchte oder genähte Beutel, und so fiel ich mit meiner Griffelschachtel besonders auf, ich war stolz und glücklich. Und doch schaffte es eine Schulfreundin, mir meine Schachtel gegen ihre alte, mit drei Vögeln bemalte Holzschachtel abzutauschen. Der große Jammer kam dann erst später, denn der Verlust war dann um so schmerzlicher, als ich erfuhr, dass mein Vater gefallen ist. Ich wollte sein letztes Geschenk wieder haben, wieder zurücktauschen, aber alles Betteln half nichts und war umsonst. Ich kam mir schäbig vor, das weggegeben zu haben, was jetzt die letzte Erinnerung von meinem Vater war. Ich brach in Tränen der Reue aus, ein Gefühl von Schmerz, das man nicht beschreiben kann. Als ich damals tauschte, konnte ich ja auch nicht wissen, dass es das letzte Geschenk meines Vaters war, ich fühlte mich sehr schuldig. Zu meinem sechsten Geburtstag schrieb er mir einen langen Brief, ich sollte ihn mal lesen, wenn ich erwachsen bin. Ich habe diesen Brief nie lesen können, ich hätte meinen Vater sonst so leibhaftig vor mir gesehen und ihn durch diese Zeilen ganz persönlich erlebt, dass ich glaubte, es nicht verkraften zu können. Dieser Brief liegt bis heute ungelesen bei allen anderen Briefen.

Als ich dann zur Schule ging, konnte ich ihm auch endlich schreiben, ich hatte das Gefühl, dass er sich darüber sehr freute. Ich war glücklich, ihm endlich alles erzählen zu können. Und ich spürte, dass er stolz auf mich war und glücklich darüber, dass es mich gab. Dieses Gefühl hat mich nie losgelassen. Später, in meinen Tagträumen, sah ich mich immer mit meinem Vater auf dem Pferd galoppierend durch den Wald und über die Hügel reiten, beide hatten wir eine große Liebe zu den Pferden. Und ich habe bis heute nicht aufgehört, davon zu träumen, sogar jetzt noch, obwohl ich selbst Kinder und Enkel habe, entschlüpft mir manchmal der Ausruf: ›Opi, Opi, du hast nie meine Kinder gesehen!‹ Und doch fühlte ich, er weiß alles.«

Die Mutter von Helga R. (1936) war an Lungentuberkulose gestorben, drei kleine Mädchen blieben zurück, Helga war beim Großvater und seiner Haushälterin untergekommen:

»Während ich auf meinem Schemelchen saß und der Tante beim Rhabarberschälen zusah, hörte ich kräftige Schritte vom Vorgarten her über den Kiesweg gehen. Soldatenstiefel! Ich sprang auf, rannte nach draußen und fiel meinem Vater jubelnd in die Arme. Er fing mich auf, nahm mich hoch, drückte mich und küsste mich. Doch wie sehr weinte er. Bei all meiner Freude fiel mir sofort unsere Mutti ein. Mit ihm zusammen konnte ich endlich richtig weinen. Nur langsam erholten wir uns. Es war unbeschreiblich … Unser Vati weinte so viel. Die Trauer um unsere Mutti und nun die drei kleinen Mädchen. Was nun werden sollte. Wie konnte ich da noch mit meinen Kümmernissen kommen. Alles war vergessen, was ich hätte sagen wollen. Später, in meinem Kämmerchen, lauschte ich wieder den Gesprächen. Ich hörte einen Satz, als er sagte: ›Die Partisanen, die Banditen.‹ Wie fand ich den Satz toll. Während meiner Spiele sang ich und hüpfte: ›Die Partisanen, die Banditen, die Partisanen, die Banditen.‹ Somit wusste Großvater, dass ich lauschte und nannte mich scherzhaft ›Kachelofen‹.«

Den ganz kleinen Kindern blieb nur der Schatten einer ganz frühen Erinnerung: Sigrid R. (1938): »Die einzige Erinnerung, die ich an meinen Vater habe, ist ein Augenblick in Uniform. Er kam mit einem Büschel Bananen (Seltenheit!) zur Türe herein. Ich sah nur die Bananen und das Käppi. Ich muss damals etwas über zwei Jahre alt gewesen sein.« Monika H. (1939) hat nur einen ganz flüchtigen Eindruck, wie Vater und Mutter sich zusammen über ihr Bett beugen. Sie weiß nur noch, dass Vater wunderbare süße Sachen von Malta mitbrachte und wie die Mutter um den Vater bangte. »Meine Mutter schrieb viele Briefe an meinen Vater ›im Feld‹, legte Vergissmeinnicht 'rein und weinte viel.«

Nicht immer sind die Erinnerungen an die Urlaube überschattet durch das heutige Wissen um die endgültige Trennung. Da sind auch die guten Sachen nicht vergessen, die Vater im Urlaub mitbrachte.[19]

Helmut B. (1934): »Zu Ende des Monats Oktober (*1940*) herrschte eine erwartungsfrohe Stimmung in unserer Familie. Mein Vater bekam Heimaturlaub für 14 Tage. Da war die Freude bei uns allen natürlich groß. Was für ein Spielzeug würde mir Vater diesmal mitbringen? Diese wichtige Frage beschäftigte mich schon tagelang vorher. Auch diesmal wurde ich nicht enttäuscht. Als frischgebackener Besitzer eines Lastkraftwagens mit Anhänger aus schön lackiertem Feinblech, dunkelblau, mit einer weißblauen Rautenverzierung an den Ladeborden, spielte ich stolz im engen Flur unserer Wohnung. In den ersten Urlauben, in denen Vater aus Frankreich nach Hause kam, war er stets mit schwerem Gepäck beladen. Pakete mit englischen Zigaretten aus erbeuteten Beständen der Engländer baumelten an Schnüren über seinen Schultern. Cognac und diverse Liköre kamen da zum Vorschein, diese Spirituosen bekamen die Soldaten damals zu ihrer Verpflegung, ebenfalls aus erbeuteten oder beschlagnahmten Warenlagern der Franzosen. Später, als Vater von der Ostfront in Urlaub kam, sahen die Mitbringsel spärlicher aus; sie bestanden zumeist aus einem ›Führerpaket‹, einer ›Spende Adolf Hitlers‹ – ein Fresspaket für die kämpfenden Truppen der Ostfront.«

Bei jedem Abschied nach einem Urlaub wusste man nicht, ob es nicht ein Abschied für immer sein würde. Den Kindern teilte sich die Stimmung der Eltern unmittelbar mit, und sie spürten die Bewegung des Vaters. Helmut B. (1934) fährt in seiner eben zitierten Erzählung vom Urlaub fort:

»So hoch die Erwartungsfreude zu Beginn eines jeden Heimaturlaubs von Vater auch war, stets wurde sie übertroffen von dem Schmerz und der Trauer über den Abschied … Einmal durfte ich meine Eltern auf den Mannheimer Hauptbahnhof begleiten. Der Urlauberzug fuhr spät am Abend, es war schon dunkel. Auf dem Bahnsteig viele Soldaten mit ihren Angehörigen auf den Zug wartend. Aufgesetzte Fröhlichkeit bei den einen, andere in sich gekehrt, sich nur flüsternd unterhaltend. Mutter und Vater standen schweigend beieinander, ich hielt Vaters Gewehr. Dann fuhr der Zug vor den Perron, aus den Fenstern schauten die Soldaten, welche ihren Abschied schon hinter sich hatten – schon wieder lächelnd. ›Ohne viele Worte, baby‹, sagte mein Vater mit brüchiger Stimme zu Mutter. Er nannte sie Baby, wenn er sich besonders liebevoll ausdrücken wollte, dann riss er sich von ihr los. Mich nahm er kurz in die Arme, drückte mich fest und stieß sich fast barsch von mir ab. Die Empfindungen der Getrennten gingen unter in dem hektischen Geschiebe, dem Verladen des Gepäcks, durch die Fenster teilweise, denn diese Züge waren immer überfüllt. Wer konnte, hatte sich einen Platz am offenen Fenster ergattert, um noch einmal eine Hand zu drücken oder jene belanglosen Floskeln auszutauschen, mit denen die tatsächlichen, aber unausgesprochenen Gefühle unterdrückt und verdrängt wurden. Nach dem Pfiff der Lokomotive war es auf dem Bahnsteig einen Augenblick ganz still, es war jene Sekunde, in der das Band des Zusammenseins zerriss. Dann ruckte der Zug an. Wir winkten mit Tränen in den Augen, unsere Taschentücher schwenkend, bis die rote Schlusslaterne des letzten Wagens in der Nacht verschwand.«

1945 bekam der Vater noch einmal überraschend Heimaturlaub.

»Mein Vater, innerlich und äußerlich erschöpft, gab sich wortkarg, aber es war keine Arroganz, er wollte uns, insbesondere Mutter, nicht beunruhigen über die herrschenden Verhältnisse an der Front, an der er stand. Einzelheiten über die Woche seines Hierseins nahmen mir die Zeit und das Vergessen. An die Zeit danach – die nächsten zwei Wochen – erinnere ich mich doch sehr deutlich. Meine Schwester und ich saßen wie gerupfte Vögel herum, in uns nagte, zum ersten Mal so deutlich empfunden, der Schmerz über den Weggang unseres Vaters. Die kindliche Unbekümmertheit konnte die Trauer nicht mehr überwinden … Wir hielten uns an den Händen mit einem merkwürdigen geschwisterlichen Gefühl, haben oft geweint, rasch und heftig … Erst nach und nach verließ uns die auf uns lastende dumpfe Traurigkeit, sie wurde auch verwischt durch das sich überstürzende Geschehen.«

Sie durften ihren Vater behalten. Er kam im August 1946 aus russischer Gefangenschaft zurück.

Ein ganz kleines Kind, das viele Abschiede vom Vater miterlebt hat, kann sich unter »endgültig« gar nichts vorstellen. Gudrun T. (1940) entnimmt dem Tagebuch ihres Vaters die eigene Reaktion: Der Vater konnte im Zusammenhang mit Dienstreisen seine Familie in der Niederlausitz öfter besuchen, zuletzt (vor der Flucht der Familie) am 11. Oktober 1944.

»Nach seinen Eintragungen zu schließen – und der Kriegsrealität entsprechend – nimmt er dabei im Laufe des Jahres 1944 jedes Mal ›Abschied für immer‹, denn keiner weiß, ob wir überleben. Natürlich teilt sich uns Kindern diese Stimmung mit, und so sage ich, damals vier Jahre und vier Monate alt, beim Abschied am 16.8.44, den er für den letzten hält, in reinem Schlesisch: ›Schade, dass Du nimmer wieder kommst.‹ Und nach einer Pause: ›Vielleicht sehn wir uns aber doch wieder …‹ Ab November 44 wird er als Dolmetscher zum Führungsstab Nordküste nach Hamburg versetzt.«

Die Familie fand sich wieder.

Wie erlebten Kinder die Nachricht vom **Tod** des Vaters? Wie reagierten sie, wenn sie erfuhren, dass der Vater vermisst, verschleppt, gefangen oder umgebracht worden war? Die Kriegskinder sind dem Tod in vielerlei Gestalt begegnet. Viele sind ihm oft ganz nahe gewesen, wurden gleichsam von ihm gestreift, fühlten sich als knapp Entronnene. In jede Familie kamen Nachrichten von Gefallenen aus dem weiteren und engeren Verwandten- und Freundeskreis, aus der Nachbarschaft. Wir haben gesehen, wie sie mitgetrauert haben, aber eher, weil um sie herum getrauert wurde, weil sie die Mutter, die Großmutter weinen sahen. Warum sie »gefallen« waren, und warum es hieß, »im Felde« oder »auf dem Feld der Ehre« oder »für Volk und Vaterland«, konnten sie sich nicht vorstellen. Dass sie nie mehr wiederkommen würden, konnten sie kaum wirklich begreifen. In vielen Familien hat der Krieg grausam gewütet. Wo ganze Familien durch Bomben ausgelöscht wurden, gibt es keine Überlebenden mehr, die berichten könnten. Aus den Familien, in denen Brüder und Väter Soldaten waren, haben wir Zeugnisse:

Jutta M. (1930), sechs Geschwister: »Schon 1942 wurde es in unserem Hause stiller. Wir wagten nicht mehr, fröhliche Kinderlieder zu singen und wild durch das Haus zu toben, wie wir es bis dahin getan hatten. Wir erhielten im April die Nachricht, dass mein zweitältester Bruder Siegfried am 15. März 1942 vor Moskau gefallen war. Im Jahr darauf, im gleichen Monat, wurde mein ältester Bruder Werner für vermisst erklärt. Er soll mit seinem Flugzeug im Mittelmeer abgestürzt sein ... 1943 ist dann auch mein dritter Bruder Gerd Soldat geworden, und einige Monate darauf wurde auch mein Vater einberufen. Unser Haus wurde auf einmal leer. Mutti blieb mit uns drei Kleinen allein.«

Sie mussten dann noch eine schreckliche Flucht antreten. Der Vater ist im Krieg verschollen, von den vier »Soldaten« in der Familie blieb nur der Bruder Gerd übrig.

Edith G. (1932): »Fünf Brüder meiner Mutter, der Mann meiner ältesten Schwester und unser eigener Bruder waren an der Ostfront ... Zwei von Mutters fünf Brüdern sind gefallen. Auch unser Bruder, der in Kurland gekämpft hatte, ist schwer krank im Lazarett gestorben. Die Eltern meiner Mutter wurden beide (*von den Russen*) erschossen, und die Mutter meines Vaters starb auf der Flucht an Schwäche und Hunger.«

Der Vater überlebte; die Mutter war zweieinhalb Jahre verschleppt in Sibirien. Sie kehrte krank zurück.[20]

Maria P. (1927) geht zurück bis zum Ersten Weltkrieg:[21]

»Ein Bruder meiner Mutter fiel im Februar 1915, 23 Jahre alt. Mutters Freund, den sie vermutlich geheiratet hätte, fiel gleich in den ersten Tagen des 1. Weltkriegs. Während des Zweiten Weltkrieges blieb unsere Familie lange verschont vor Verlusten, erst zum Schluss und danach wurden wir davon betroffen: Vaters Bruder Clemens starb am 4.4.45 in Kopenhagen, 73 Jahre alt (verhungert, weil die Schiffe nicht anlegen durften); Vaters Bruder Alois starb am 1.8.45 in einem russischen Lager, 63 Jahre alt, als Zivilist verschleppt; dessen Sohn Alois ist in Russland vermisst, d. h. sicher gestorben, er war 1945 25 Jahre alt; mein Bruder Johannes starb am 22.4.46 in Bad Wildungen an Diphtherie, 23 Jahre alt. Auch den Tod meines Onkels Hans, Bruder meiner Mutter, wird man als Kriegsfolge ansehen können. Als Waldarbeiter in Mecklenburg wurde er im Januar 1947 von einem Baum erschlagen. Der größte Teil unserer Familie hat überlebt, andere hat es viel schwerer getroffen.«

»Andere hat es viel schwerer getroffen«, aber der massenhafte Tod in der Verwandtschaft konnte von den Kindern gar nicht wirklich aufgenommen und verarbeitet werden. Am schwersten traf sie der Tod eines im Alter nahe stehenden Bruders, mit dem sie besonders verbunden waren,[22] und, am folgenreichsten für ihr ganzes Leben, der Tod des Vaters. Wie es war, als diese **Nachricht** kam, haben sie nicht vergessen können, wenn sie auch die Tragweite noch nicht ermessen konnten. Die Kleinen fühlten sich hilflos der trauernden Mutter gegenüber. Die ganz Kleinen, die ihren Vater kaum gekannt haben, geben auch zu, dass sie selbst nicht besonders betrübt waren. Erschreckend, aber kaum verwunderlich, ist, dass schon Kinder völlig systemkonform reagierten.

Doris G. (1937) war in Orsenhausen evakuiert: »Ich habe meinem Vater von Orsenhausen geschrieben, und er hat mir auch eine Karte zurückgeschrieben. Dann habe ich noch mal geschrieben, da kam nichts mehr. Ich habe ein ungutes Gefühl gehabt. Und dann weiß ich noch, wie meine Mutter nach Orsenhausen gekommen ist. Wir sind in der Schule gesessen. Dann hat es geklopft – und da stand Tante Emilie, die war schwarz angezogen. Mein erstes Gefühl: Mit meinem Papa ist was passiert. Es hätte ja auch der Onkel sein können. Und dann weiß ich, dass ich auf dem Heimweg meine Schulkameradinnen angelogen habe, weil ich's nicht wahrhaben wollte. Ich hab noch nicht gewusst, dass mit meinem Vater was passiert ist. Hab ich die angelogen und hab gesagt, die wären gerade von einer Beerdigung gekommen. Ich hab's dann erfahren, wie ich von der Schule heimgekommen bin. Da haben sie mir's gesagt. In dem kleinen Häusle bei der Tante Lene, in ihrem Wohnzimmer. Da stand das Sofa, und da haben sie mich hingesetzt, und da haben sie mir's gesagt, meine Mutter dann.«

Ingrid K. (1938): »Einschneidendes Erlebnis: Oktober 1941 überbrachte meine Großmutter die Nachricht vom Tode meines Vaters. Ich war mit im Raum als Dreijährige. Meine Mutter weinte, ich lief hilflos hinter ihr auf dem Sofa hin und her. Dieses Gehen und das Einsinken meiner Füße in die Polster spüre ich heute noch.«

Elsbeth B. (1940): »Ein gravierendes Erlebnis, an das ich sehr oft denke, war die Nachricht vom Tod meines Vaters (*in russischer Gefangenschaft*). Ich war damals acht Jahre alt und bekam von der Briefträgerin die Karte ausgehändigt. Der Lagerälteste schrieb, dass die Gefangenen während eines Gewitters im Wald arbeiteten und mein Vater von einem umstürzenden Baum getroffen wurde, eine Version, die ich bis heute nicht recht glauben kann. Für wahrscheinlicher halte ich den Hungertod. Ich konnte damals schon gut lesen und habe auf dem Weg zur Scheune, wo meine Mutter arbeitete, den ganzen Text gelesen, aber trotzdem gerufen: ›Mutti, der Vati hat geschrieben.‹ Ich wollte wohl einfach nicht wahrhaben, was da passiert war. Meine Mutter stürzte weinend ins Haus, wo sie sich zusammen mit meiner Oma (der Mutter meines Vaters) ihrem großen Schmerz hingab. Um mich und meinen Kummer kümmerte sich niemand. Ich fühlte mich noch besonders schuldig, weil ich die schlimme Nachricht überbracht hatte. Also setzte ich mich weinend in eine Ecke unseres Hofes, wo mich niemand sah, und malte einen besonders schönen Sarg für meinen Vater. Mit der Erinnerung an diese schlimme Zeit kann ich auch heute noch schwer umgehen.«

Reinhard B. (1940): »Meinen Vater habe ich kaum gekannt. Er wurde 1942 eingezogen. Allerdings erinnere ich mich gut an ihn, als er 1943 zur Taufe meines Bruders kam … Er galt zunächst als vermisst. Ich war nicht sehr traurig, als mir 1947 meine Mutter die Todesnachricht des Suchdienstes zeigte, nur meine Mutter tat mir leid.«

Volker M. (1936): »Am 22. August 1941 erfuhr meine Mutter durch den Burschen von Vater – ein solcher ›Diener‹ stand ihm als Oberleutnant zu – die Nachricht, dass Vater am 29.7.1941 gefallen war … Mutter hatte gerade einen Tag vorher ihren 28. Geburtstag gefeiert. Ich meine mich zu erinnern, den Burschen vom Wohnzimmerfenster aus an unserem Haus vorbeigehen und in den Weg zum Hausgang abbiegen gesehen zu haben. Jedenfalls fing dann das große Weinen und Heulen von Mutter und Großmutter an. Irgendwann wurde es mir zu viel, und ich forderte: ›Höret doch endlich mit dem G'heul uff (*auf*)!‹ Daraufhin bekam ich von der Großmutter Dresche.«

Eleonore H. (1937): »Als meine Mutter die Nachricht vom Tod meines Vaters (gefallen am 12.10.1944) bekam und sehr traurig war, soll ich zu ihr gesagt haben: ›Heul doch nicht, du hast doch noch mich!‹« Den großen Verlust für sich selbst hat sie erst später erkannt.

Roswitha L. (1933): »Gleich im ersten Kriegsjahr in der Schule. Wir saßen nach Leistung, nach Noten. Ganz vorne saßen die Besten, dann der Reihe nach also die Minderbemittelten. Unsere Klassenbeste über lange Zeit war so das deutsche Mädel schlechthin mit strohblonden dicken Zöpfen, roten Backen, blauen Augen … Da kam eines Tages die Lehrerin an und sagte: ›Wir haben eine ganz traurige Mitteilung, der Vater von diesem Mädchen ist gefallen.‹ Das war der erste Vater von dieser Klasse. Wir sind alle ganz furchtbar erschrocken, da waren wir 7 oder 8, und da stand die auf, die hieß Eva, stellte sich ganz stramm hin, die Hände an die Rocknaht, und sagte: ›Unser Vater ist den Heldentod gestorben‹, und setzte sich wieder hin. Da hab ich damals schon gedacht, die ist wahnsinnig. Das war jenseits von allem, was man sich vorstellen konnte.«

Karl-Heinz R. (1935): »Anfang Februar kam der ›Todesherold‹ (Blockbeauftragter der Nationalsozialistischen Volkswohlfahrt NSV). Er brachte die Nachricht, dass mein Vater ›am 30. Januar 1945 mit schweren Verletzungen ins Lazarett gebracht wurde und nach Amputation des linken Beines für Führer, Volk und Vaterland in treuer Pflichterfüllung verstarb. Er wurde mit militärischen Ehren auf dem Garnisonsfriedhof in Glogau beigesetzt. Heil Hitler!‹ Während meine Stiefmutter und meine Großmutter ihrem Schmerz lautstark und anhaltend Ausdruck verliehen, war ich völlig apathisch und wie erstarrt. Ich sprach kaum noch, verweigerte den Schulbesuch, musste zum Essen genötigt werden (und das bei einem sprichwörtlichen Vielfraß), man musste mich oft gewaltsam in den Luftschutzkeller befördern – kurz, ich dämmerte vor mich hin mit ausgefahrenen Stacheln.«

Es gab auch rätselhafte Tode, von denen die Kinder zunächst nichts Genaueres erfuhren, sich aber manches allmählich zurechtlegen konnten. Über diese

»Gefallenen« durch Selbsttötung ist in der Geschichtsschreibung wenig bekannt.[23] Auf welche Weise die in Gefangenschaft Geratenen und Verschleppten umgekommen sind, ob durch Hunger, Erschießung, Folter, werden die Angehörigen niemals erfahren.[24] Die Mütter hat die Ungewissheit gequält, die Kinder sprachen mir gegenüber nicht über ihre Empfindungen darüber. Die »verlorene« Helga R. (1934)[25] weiß bis heute nicht, ob ihr Vater durch einen Unglücksfall gestorben ist, wie ein Kamerad berichtete, oder ob er sich – schwermütig geworden – selbst das Leben nahm, wie ihnen ein anderer Kamerad durch den Suchdienst das Roten Kreuzes mitteilen ließ.

Sieglinde P. (1934): »Ich erinnere mich, dass der Vater einmal auf Urlaub kommen sollte, und ich hab ständig draußen aufgepasst, wann er kommt, und ich hab auch wirklich jemand kommen sehen von weitem. Wir haben einen einzeln stehenden Hof gehabt zwischen zwei Orten, mehr als 3 km von jedem Ort weg, und ich habe also diese Person kommen sehen und bin ihr entgegengerannt, und er war das. Und dann bin ich ihm in die Arme gelaufen und hab gesagt: ›Vater, erklär mir das. Der Lehrer hat gesagt, dass die Russen den Kindern, den deutschen Kindern, die Zunge am Tisch festnageln. Stimmt das oder stimmt das nicht?‹ Und dann hat mein Vater sich auf einen Stein gesetzt und hat schrecklich angefangen zu weinen, und dann hat er gesagt, nach langer Zeit hat er gesagt: ›Die Deutschen machen es auch nicht besser.‹ Und dann war wieder lange Stille, und er hat geweint, und dann hat er gesagt: ›Russland ist ein wunderschönes Land, und es gibt große Sonnenblumenfelder und die Nachtigallen singen und die Frauen sind so schön und die Männer können so gut singen.‹ Und dann sind wir Hand in Hand nach Hause gegangen. Er hat mir auch keine richtige Antwort darauf gegeben, ob die Russen das nun machen oder nicht ... Mein Vater hat sich als Soldat das Leben genommen. Er war in Urlaub gewesen, das ist der Urlaub, von dem ich vorhin schon erzählt habe – und er war wieder weggefahren nach dem Urlaub, und drei Tage später hat er sich dort das Leben genommen. Das haben wir aber damals gar nicht gewusst – meine Mutter wusste das, und meine älteste Schwester wusste das auch ... Aber uns haben sie die Wahrheit nicht gesagt, denn meine Mutter hätte keine Rente bekommen für die sechs Kinder, wenn klar gewesen wäre, dass mein Vater sich das Leben genommen hat, das ist ja eine Form von Desertion gewesen. Wir haben also gehört, dass er den Heldentod gestorben ist ... Ich habe erst die Wahrheit erfahren, als ich ca. 50 Jahre alt war.«

Wie ging für die Kinder das vaterlose Leben weiter? Haben sie den Vater vermisst, um ihn getrauert? Sehr spürbar waren für die Familie die materiellen Einschränkungen, die Witwen- und Waisenrenten waren gering. Und wenn der Vater vermisst war, mussten die Frauen ihn erst für tot erklären lassen, ehe sie überhaupt diese Rente bekamen. Das bedeutete für die Kinder vielfach auch den Verzicht auf eine anspruchsvollere Ausbildung, besonders dann, wenn noch Heimat und Besitz verloren waren. Es bedeutete auch, dass die

Mutter arbeiten musste und die Kinder sich als »Schlüsselkinder« selbst überlassen waren und noch mehr als in den Vollfamilien mithelfen mussten.[26] Kriegswaisen waren keine Ausnahmen, sie wurden in ihrer Umgebung nicht als besonders bedauernswert wahrgenommen, fast jedes vierte bis fünfte Kind musste ohne Vater aufwachsen, das gehörte zur »Normalität« der Nachkriegszeit. Aber wie sah es in den Kindern aus, wenn es vom Vater nur noch Fotos und Erzählungen gab? Wir betrachten zunächst nur die Jahre der Kindheit und des Heranwachsens und fragen erst am Ende des Kapitels, was die Vaterlosigkeit für ihr ganzes späteres Leben bedeutet hat und wie sie sich damit auseinandergesetzt haben.[27]

Schon die ersten Reaktionen auf die Todesnachricht waren unterschiedlich. Ausschlaggebend dafür ist das Alter der Kinder; ein Kind, das seinen Vater kaum gekannt hatte, konnte keine Trauer empfinden. Mit dem Älterwerden konnte sich das ändern, aber nicht bei allen. Auf die Frage, ob sie ihren Vater sehr vermisst hätten, antworten ungefähr ebenso viele mit ›ja‹ wie mit ›nein‹. Aus den Zeugnissen lässt sich ablesen, woran das lag.

Ursula K. (1940): »Meinen Vater habe ich selten, eigentlich nie, vermisst. Ich war manchmal neidisch auf Klassenkameradinnen, die den Vater hatten. Aber es gab so viele, die ohne Vater aufwuchsen – ich war in guter Gesellschaft. Meine Mutter war für mich auch eine Freundin.«

Herta M. (1932): »Soweit ich mich erinnere, habe ich meinen Vater nie vermisst. Habe auch zu meiner Verwunderung nichts aus der Zeit unseres Zusammenlebens mit ihm im Gedächtnis. Vermutlich hat er sich nicht gern mit mir beschäftigt, da er nach meiner Geburt maßlos enttäuscht war, dass ich kein Sohn war.«

Christine D. (1933) berichtet zunächst von den Unternehmungen mit dem Vater an Sonntagen, an denen die Familie hinausgezogen ist in die Natur und zum Picknicken. »Also sonntags war's immer wunderbar. Unter der Woche habe ich meinen Vater so gut wie gar nicht gesehen, weil er von morgens bis abends gearbeitet hat. Und dann im Krieg war er ja auch nicht da. Und für so Kinder, die sind ja völlig pragmatisch. Ja gut, der Vater ist gefallen, aber irgendwie war das für mich nicht so deutlich, gell … Und der Bruder, der sechs Jahre älter war, der war für mich auch wie ein Vater.«

Diesen Bruder hat sie als Luftwaffenhelfer verloren. Das hat sie viel stärker erschüttert als der Tod des Vaters.[28]

Fritz F. (1936): »Dass der Vater tot sein sollte, hat mich nicht so berührt, da ich keine nennenswerten Erinnerungen bis zum vierten Lebensjahr mit dem Vater hatte, als er eingezogen wurde. Erinnern kann ich mich noch an die Trauerfeier in der Kirche, die mit lauter schwarz gekleideten Menschen voll besetzt war. Die Mutter hat zusammen mit der Großmutter und der Schwester meines Vaters den landwirtschaftlichen Betrieb weitergeführt. Später (1942/43?) bekamen wir zur Hilfe einen französischen Kriegsgefangenen, der zu uns Kindern wie ein Vater war und bis Kriegsende bei uns gewesen ist.«

Dieter J. (1933): »Mein Vater war seit 1939 an der Front. Ich bin praktisch ohne Vater aufgewachsen. Meine Mutter war lebensfroh, ging aber allen Schwierigkeiten aus dem Weg. Sie war beim Tod meines Vaters noch sehr jung und hatte glücklicherweise sehr bald wieder einen Partner gefunden, prima Kerl, Onkelehe. Ich hatte alle Freiräume, solange ich ihr keine Probleme machte. Das habe ich, glaube ich, sehr gut genutzt. Ich war sehr früh sehr selbständig, fühlte mich unabhängig, frei, aber auch manchmal sehr einsam. Das konnte ich aber recht gut mit meinem Freundeskreis kompensieren. Für mein späteres Leben war diese frühe Herausforderung sicherlich mit ein Baustein für meinen beruflich erfolgreichen und persönlich glücklichen Lebensweg.«

Sieglinde P. (1934): »Als ich einmal heimkam, war unser Onkel da, der dem Vater so ähnlich gesehen hat, und das hat mich fürchterlich erschreckt. Zuerst hab ich ihn für den Vater gehalten. Ich hatte immer geträumt, dass der Vater irgendwann kommt und mich abholt und ich dann im Mittelpunkt stehe, also so Pubertätsträume ... Ich habe auch nie das Gefühl gehabt, dass der Vater mich nicht leiden könnte, weil ich nur ein Mädchen bin, sondern dass das immer von der Mutter ausging, obwohl die Mutter immer sagte, der Vater wäre so untröstlich gewesen, weil ich nur ein Mädchen war, aber in Wirklichkeit war es wohl eher sie selber, denn ich habe an den Vater nur positive Erinnerungen ... Die Liebe, die habe ich von meinem Vater gehabt ... Ich habe noch Bilder von dem Grab von meinem Vater, die ich mir manchmal anschaue. Ich habe es nicht geschafft, die Tagebücher von meinem Vater zu lesen. Das ist etwas, was wahrscheinlich noch wehtut.«

Maria M. (1937): »Zwei Brüder meiner Mutter fielen im Zweiten Weltkrieg, als sie noch ganz jung waren. Und nun war auch ihr Mann, mein Vater, im Krieg gefallen. Ich wollte daher ganz stark sein, auch ein wenig Ersatz für meinen Vater.«

Je enger und liebevoller die Beziehung zum Vater gewesen war, desto schmerzlicher und anhaltender empfanden die Kinder den Verlust. Das Umgekehrte gilt ebenso. Für eine ganz tiefe menschliche Bindung gab es keinen Ersatz. Wo der Vater nicht oder noch nicht zum festen Bezugspunkt und verlässlichen Partner der eigenen Existenz geworden war, konnten »Ersatzväter« seine Rolle zum Teil übernehmen. Die Mütter oder Großmütter konnten den männlichen Anteil nicht ersetzen, sie mochten noch so gute Mütter und starke Frauen sein. Sie neigten eher dazu, dem Sohn die Rolle des Partnerersatzes zuzumuten und ihn zu eng an sich zu binden.[29] Aber die Kinder gaben sich auch Tagträumen hin, in denen sie sich trösteten und aufgewertet fühlen konnten.

Wenn der Vater als vermisst galt oder überhaupt keine Nachricht mehr kam, begann eine lange, quälende Zeit des Wartens, an dem die Kinder intensiv teilnahmen:

Lieselotte P. (1941): »Als kleines Mädchen schon saßen Mutter und ich (mit ca. sechs bis sieben Jahren) früh um sieben Uhr am Radio. Es wurden täglich die Namen der Heimkehrer durchgegeben, welche jeden Tag im Lager in Friedland eintrafen, und jeden Tag dachten wir, der Name meines Vaters wäre dabei, aber immer wieder waren die Enttäuschungen groß, wenn sein Name nicht dabei war.«

Wie groß war dann die Freude, wenn endlich eine Nachricht aus der **Gefangenschaft** eintraf! Viele Familien haben die Postkarten aufbewahrt. Die Väter haben die Karten oft mit schönen Zeichnungen versehen; die Kinder schrieben weiterhin ihre Briefe, als wäre der Vater nicht Hunderte von Kilometern von ihnen entfernt und als hätte die Trennung nicht schon Jahre gedauert. Sicher haben auch die Mütter in Gesprächen und Erzählungen die Verbindung zum Vater sorgfältig gepflegt, damit ihnen der Vater nicht ganz fremd werden sollte.

Renate K. (1940): »Mein Vater war im 2. Weltkrieg in der Zeit von Herbst 1944 bis Oktober 1949 in russischer Kriegsgefangenschaft. In den ersten Jahren wussten wir nicht, ob mein Vater den Krieg überlebt hatte. Die Meldung, die wir erhielten, hieß ›vermisst‹, und dieses Wort konnte alles bedeuten. Die Ungewissheit war für die ganze Familie am schlimmsten. Wir wohnten zu dieser Zeit schon in Ludwigsburg, und ich kann mich noch, als wäre es gestern passiert, daran erinnern, wie wir die erste Rote-Kreuz-Karte von meinem Vater erhielten. Mein Bruder und ich spielten mit einigen Nachbarskindern in der Osterholzallee, als meine Mutter uns aus dem Fenster zurief, sofort nach oben zu kommen. Mit etwas bangen Herzen gingen wir in unsere winzige Dachwohnung nach oben, denn ein reines Gewissen hatten wir zu dieser Zeit nie. Meine Mutter strahlte über das ganze Gesicht, was für uns Kinder ein ganz seltener Anblick war zu jener Zeit, und sagte: ›Papa lebt – Papa lebt – er ist in Gefangenschaft und wird bestimmt bald zu uns kommen.‹ Schnell wollten wir diese gute Nachricht unserer Verwandtschaft mitteilen und machten uns auf in die Martin-Luther-Straße zu meinem Onkel Hans, dem jüngsten Bruder meines Papas. Dort trafen wir auch meine Oma an, und ich kann mich gut daran erinnern, dass alle weinten und ich es nicht begreifen konnte, warum eine so frohe Nachricht so viel Tränen auslösen konnte. Inzwischen habe ich es gelernt, dass man auch aus Freude weinen kann, das sind dann die sogenannten Freudentränen … Die Rote-Kreuz-Karten kamen sehr unregelmäßig bei uns an. Papa gab sich Mühe, ganz klein zu schreiben, so dass er recht viel mitteilen konnte. Meistens waren es ja nur tröstliche Worte für uns. Er versuchte, uns Mut zu machen, dass bald alles besser werden würde, sobald er wieder zu Hause sei. Bei einigen Karten war auch vorgegeben, wie viele Wörter auf der Karte sein durften. Die Karten habe ich alle aufbewahrt.«

Brigitte H's Vater konnte in der Gefangenschaft im Kaukasus sogar ein Holzkreuz für sie schnitzen. Die Inschrift ist mit einer Glasscherbe durch das Sonnenlicht eingebrannt.

Der Vater von Ingrid A. (1936) war bei Karlsruhe in amerikanischer Gefangenschaft. Durch eine besondere Vergünstigung durfte ihn die Mutter im Gefangenenlager besuchen. Ingrid schrieb am 5.2.46 aus Lübeck:

»Mein süßer lieber Vati! Ach wie gerne würde ich mit Mutti mitfahren und Dich endlich endlich einmal wiedersehen. Und auf deinem Schoß sitzen. Weißt Du noch wie wir vor dem Zug standen in dem Du von uns fortfahren solltest? Und Mutti uns im Regen geknipst hat. Und wie wir alle zusammen in dem Ruderboot gefahren sind? Und wie wir auf den Sternberg geklettert sind und solche große Scheiben Brot gegessen haben! Weißt Du das noch alles? Ach es war doch zu schön, ich darf nicht daran denken sonst muß ich weinen denn ich bin schon nahe dran. Vati, wenn Du mit Mutti mitkämst da würde ich es gar nicht glauben können das Du es bist denn so schnell könnte ich es gar nicht glauben. Ich bin jetzt schon in der vierten Klasse da ist es immer schrecklich aufregent. Ich werde nun schon zehn Jahre alt. Zu meinem Geburtstag musst (*doppelt unterstrichen*) Du noch kommen. Viele 1.000.000 Küßchen von deiner Tochter Ingrid.«

11. Dieses Holzkreuz fertigte der Vater von Brigitte H. in russischer Gefangenschaft für seine Tochter. Die Inschrift brannte er mit Sonnenstrahlen ein.

Kaum eine Szene aus der Nachkriegszeit wird so oft erzählt und ist für die Kinder so von Glück, aber auch von Enttäuschung und Fremdheit erfüllt wie die **Heimkehr** des Vaters aus dem Krieg. Für manche war sie ein Schock.

Otto Sch. (1939): »Auf abenteuerlichen Wegen gelangte mein Vater im August 1945 tatsächlich in die Heimat. Freilich war Kornwestheim französisch besetzt, und man wusste nicht, ob die Franzosen amerikanische Papiere akzeptieren würden. So schlich er sich in das Städtchen hinein – und traf zufällig meine Mutter, der es nach langem Schlangestehen gelungen war, einige Einkäufe zu erledigen. Sie schoben das Fahrrad meiner Mutter, den Rucksack des Vaters auf dem Gepäckträger. Mir blieben Mund und Augen offen, als ich die beiden so die Straße entlang kommen sah. Wie ein junger Hund seinen Herrn anspringt hüpfte ich an meinem Vater hoch. Ein ums andere Mal flog der Rucksack vom Fahrrad, einmal nach links, dann wieder nach rechts. Ein paar Leute, die die Szene beobachtet hatten, eilten herbei, mit Tränen in den Augen, um meinen Vater zu begrüßen. Am Abend sah ich meine Mutter bitterlich weinen. Später fragte ich sie: ›Warum hast du denn so geheult, als Papa heimkam?‹ Die Antwort: ›Er wollte so gerne Bratkartoffeln, aber ich habe doch keine einzige, und kein Brot und keine Butter und überhaupt nichts.‹«

Elfriede B. (1939): »Mir sind in de Kirsche gwe (*wir sind in den Kirschen gewesen*), halt so en Spaziergang g'macht, und a Freundin von der Mutter war au dabei. Und an der Kreuzung, da secht ebber (*sagt einer*): ›Grad eba isch Euer Vadder komma, do vorne steht er am Hirscheck.‹ Und mei Mutter des g'hert (*das gehört*), die isch losg'rennt (*losgerannt*), mir Kinder sen gar nimmer mitkomme, ja un mir alle hentedrei (*hintendrein*). Und na hemmer d' Vadder g'sea (*gesehen*), und i bin am Vadder hohklettert, wie … ›wie so a kleis (*kleines*) Kätzle‹, hat mei Mutter g'sagt, mir hen en schier umg'schmisse (*umgeschmissen*), so hem mer a Freud g'hett (*so haben wir eine Freude gehabt*)!«

Sie hatten Landwirtschaft, und die Mutter wollte dem abgemagerten Mann mit Schweinebraten und Spätzle eine Festmahlzeit bereiten. Er hat sie gar nicht vertragen, weil er das nicht mehr gewöhnt war, und hat wochenlang gebraucht, bis er sich davon erholt hat.

Marga N. (1936): »Am 9. Dezember 1949 bekamen wir ein Telegramm von meinem Vater. Aus russischer Kriegsgefangenschaft entlassen, war er im Auffanglager Friedland angekommen und ärztlich untersucht worden. Er sollte mit dem Zug am 10. Dezember in Lingen ankommen. Am Morgen sagte ich zu meiner Lehrerin: ›Mein Vater kommt heute aus Russland, kann ich wohl um 12 Uhr zum Bahnhof gehen?‹ Er kam dann mit drei anderen Männern abends um 18 Uhr in Lingen am Bahnhof an, gekleidet mit Wattejacke, Russenmütze, Fußlappen und alten Schuhen. Ich war unbeschreiblich glücklich. Nun hatte sich erfüllt, um das ich viele Jahre gebetet und gehofft hatte. Mein Vater war zurückgekehrt.«

Hans G. (1936): »Er schrieb uns eines Tages: ›Mein Sohn, zu Deinem Geburtstag werde ich bei Euch sein, wenn nicht, dann am 17.06. zu Mutters Geburtstag, wenn dann auch nicht, dann am 07.07. zu Margrets Geburtstag, aber wenn alle Stricke reißen, bin ich am 23.08.46 zu meinem Geburtstag bei Euch.‹ Am 24.08.1946 morgens um 6 Uhr klopfte jemand an die Tür, es war der Vater. Das Bild meines kettenrauchenden Vaters bleibt mir vom ersten Tag seiner Rückkehr in bester Erinnerung. Er saß am Tisch im Wohnzimmer, unsere alte Steingutbowle mit Rheinburgen vor sich stehend. Ich hatte diese im Laufe der Zeit randvoll mit Ami-Zigaretten gefüllt.«

Manchmal gab es auch einen großen, fast offiziellen Empfang, vor allem bei Spätheimkehrern. Sieglinde D. (1930) lebte mit Mutter und sieben Geschwistern als Flüchtling in Bayern. Sie selbst war da schon in der Ausbildung:

»Am 8. Januar 1950 kehrte mein Vater aus der russischen Gefangenschaft heim. Ich hatte gerade Weihnachtsferien und war in Dittenheim. Seine Heimkehr war für uns ein dramatisches Erlebnis … Wir hatten während der kurzen Abwesenheit unserer Mutter ein Telegramm von unserem Vater aus Frankfurt/Oder erhalten, in dem er seine Ankunft ankündigte. Wir Geschwister hatten ein großes Freudengeheul angestimmt, weil wir uns vor Freude sonst nicht zu lassen wussten. Pfarrer Schattenmanns kamen gelaufen, um zu erfahren, was der Grund sei …«

Über die Polizeistation konnte er seine genaue Ankunft am Sonntag, dem 8.1. um vier Uhr früh ankündigen. Als die Bauern von seiner bevorstehenden Heimkehr hörten, brachten uns einige von ihnen Mehl, Eier und Butter.

»Unsere Mutter bestimmte, die drei Kleinen hätten zu schlafen, wir Großen gingen zum Zug. War das eine Freude! Nach kurzen Stunden Schlaf gingen wir um 9 Uhr in den Gottesdienst. Unsere Familie war nicht zu übersehen. Die Kirche hat vier Blöcke mit Bänken. Vorn rechts Männer, vorn links Frauen. An der Längsseite daneben war etwas erhöht die ›Loge‹ der Pfarrfamilie. Und dort hatte auch unsere Mutter ihren Platz. Nun saß auch unser Vater dort und wurde von allen angeguckt. Wir Geschwister saßen auf der Bank vor dem hinteren Block und waren auch gut zu beobachten.

Das war ein besonderes Ereignis auch für das Dorf! Außer unserem Vater waren alle Kriegsgefangenen schon vorher heimgekehrt. Am Abend kamen der Posaunenchor, der Kirchenchor und der Männergesangsverein und begrüßten unseren Vater mit Musik. Wir freuten uns sehr, das zeigte uns, dass sie uns inzwischen als zum Dorf gehörig sahen … Der Papa staunte, wie relativ gut wir als Flüchtlinge wohnten, und dass jedes Ding seine Ordnung hatte, dass die Kinder gut aussahen und sich gut benahmen. Ihm fehlten fünf Jahre Nachkriegsgeschichte in Deutschland und in der Familie. Als wir uns zum letzten Mal gesehen hatten, war ich 14 Jahre alt gewesen, jetzt 19. Ich war erwachsen. Reintraut war damals 1 Jahr alt gewesen, jetzt 6½. Alle hatten sich entwickelt: Bernhard war gerade 18 Jahre alt, Arnold fast 17, Gudrun 15½, Hildegund 13 Jahre, Kriemhild 10 und Dietlind fast 8. Alle hatten gelernt, mitzudenken und mitzuhelfen. Die beiden ›Kleinen‹ konnten sich an ihren Vater nicht erinnern. Was war ein Vater?«

Renate K. (1940): »An einem Sonntag im Herbst 1949 spielten wir unten in der Gänsfußallee an der Ecke Mörikestraße mit unseren Spielkameraden. Plötzlich sah ich meinen Onkel Hans die Straße raufkommen. Bei ihm war ein abgerissener Mann. Beide unterhielten sich angeregt, und als sie uns sahen, winkten und lachten sie zu uns rüber. Der abgerissene Mann öffnete die Arme und rief meinen Namen. Ich stand wie erstarrt und machte keinen Schritt vorwärts. Mein Bruder Georg, der vier Jahre älter ist als ich, flog mit ausgebreiteten Armen auf den abgerissenen Mann zu und rief: ›Papa, Papa!‹ Ich war wie angewurzelt: Das sollte mein Papa sein! Ich hatte mir den doch viel hübscher und sauberer vorgestellt. Anstandshalber gab ich ihm die Hand, war aber sehr, sehr reserviert. Meine Mutter freute sich sehr und weinte vor Freude. Nachbarn brachten Obst, und Korns (*ihre Mitbewohner*) spendierten sogar eine Flasche Wein.«

Helmut B. (1934): »An einem Sonntagnachmittag, am 25. August 1946, schaute ein Mannsbild durchs offene Fenster unserer Stube. Schweigend, mit kurzgeschorenem Haar und abgemagertem Gesicht. Meine Mutter saß mit dem Rücken zu diesem Fenster mir gegenüber. ›Schaug amoi, do steht wer am Fensta‹, flüsterte ich meiner Mutter zu, und erst nach dieser Aufforderung erkannte ich den Mann. Als sich Mutter umdrehte, schien für einen Herzschlag die Zeit stillzustehen, dann sprang sie mit einem Aufschrei ans Fenster und umarmte ihren Mann minutenlang – mein Vater war aus russischer Gefangenschaft heimgekehrt … Betroffen von der Fremdheit zwischen meinem Vater und mir, erlebte ich meinen Vater zum ersten Male ganz bewusst.«

Sigrid H. (1939): »Mein Vater kam 1947 aus englischer Gefangenschaft zurück. Er hatte schon vorher mit meiner Mutter in Briefkontakt gestanden … Ich weiß noch genau, wie er den ›Kirchenrangen‹ – eine steile Gasse in Schottenstein herauf kam. Ich schob gerade meinen Puppenwagen vorbei und wollte zu einer Freundin zum Spielen gehen. Da kam ein Mann herauf, und ich sah sofort, dass es mein Vater war. Er sprach mich an und fragte, wo wir wohnten. Ich ging bis zu unserem Haus mit, zeigte ihm die Haustüre, machte kehrt und ging zu meiner Freundin. Von meinem Bruder ist überliefert, dass er nach einigen Tagen fragte: ›Wann geht der Mann wieder?‹ Er hatte ihn vorher noch nie gesehen und wusste nicht, was ein Vater ist.«

Eva-Maria K. (1936): »Und eines Tages klingelt's, und dann schließe ich auf, und da steht ein Mann da, und da hab ich nur aufgemacht, und der Mann wollte zu Frau K. und zu Frau T. Frau T. ist meine Großmutter. Und da hab ich gesagt, meine Großmutter ist da, meine Mami ist nicht da. Aber ich darf fremde Menschen nicht reinlassen. Und da hebt der mich hoch und sagt: ›Ich bin doch dein Papa!‹ Das hab ich geglaubt. Ich hab ihn nicht wieder erkannt, aber ich hab ihm geglaubt.«

Robert L. (1933): »Kurz vor Jahresende kam ein Brief von meinem Vater, dass er im Frühjahr entlassen würde. Eines Tages war es soweit. An einem Abend im frühen

März 1948 gingen wir alle zum Bahnhof, ihn abzuholen. Der Mann der uns da entgegenkam, hatte gar nichts mehr mit dem Bild des Vaters, wie ich es im Gedächtnis hatte, zu tun. Ich hatte ihn ja nur als großen schlanken Mann in Uniform mit viel Silber gesehen. Nun stand er da, mit einem schäbigen Mantel und Hut, ein altes Köfferchen in der Hand. Er wirkte viel dicker und hatte ein aufgedunsenes Gesicht ... Zwei Jahre brauchte mein Vater, um sich zu erholen von den Folgen des Hungers.«

Marlene M. (1935): »Wir kleinen Mädchen schrieben rührende Kinderbriefe an den großen Bruder an der Ostfront und später an den Vater in Gefangenschaft. Er kam 1948 zurück, gealtert, völlig abgemagert und furchtbar enttäuscht. Für uns war es eine große Umstellung, wieder einen Vater zu haben, nachdem wir jahrelang als verschworene Weibergemeinschaft gelebt hatten. Auch mussten wir das wenige Essen mit ihm teilen. Und er kam in völlig veränderte Lebensumstände im Flüchtlingsmilieu.«

Lydia G. (1936): »1956 hab ich geheiratet. Da war ich 20, da musste man ja noch die Genehmigung von den Eltern haben. Mein Vater war ja noch nicht da. Er ist erst 1956 von Sibirien gekommen. Auch zusammengeschlagen (*ihr Bruder kam 1949 aus der Gefangenschaft, hatte eine Nervenlähmung. Die Mutter hat ihn sieben Jahre lang gepflegt, bis er mit 34 Jahren gestorben ist*). Ich hab damals schon hier in Stuttgart gewohnt. Und dann bin ich heimgefahren, als er kam, und habe mir gedacht, das ist mein Vater, und habe ihn umarmt. Er stößt mich weg und sagte: ›Wer sind Sie?‹ Gell, und dann musste ich ihm halt sagen, ich bin deine Tochter. Mit 9 Jahren hat er mich gesehen und dann als verheiratete Frau.«

Manfred M. (1930): »Mein Vater kam 1947 aus der Gefangenschaft, und ich kann mich heute noch daran erinnern, wie es war, als er kam. Er war kriegsversehrt, in der Gefangenschaft auf eine Mine gelaufen, und mit einem Holzstock, einem abgeschnittenen Filzstiefel und einem Holzschuh kam er nach Hause, vollkommen abgerissen. Ich kann mich noch erinnern, meine kleine Schwester war damals fünf Jahre, wir haben vorm Haus gespielt. Die ist dann weinend zur Mutter ins Haus gelaufen und hat gesagt: ›Mama, Mama, der Papa kommt, aber wie der aussieht!‹ Das war damals die Heimkehr von meinem Vater.«

Rosemarie S. (1938): »Wenn wir mit anderen Kindern von den Vätern sprachen, waren das unsere Wunschbilder von Vätern. Meine Mutter schrieb meinem Vater täglich, und der Vater antwortete täglich. Der Vater grüßte in seinen Briefen immer seine ›Goldschätze‹ oder, je nachdem, seine ›Erzstrick‹(*liebevoller Ausdruck für nicht ganz brave Kinder*). Was hat der Vater nicht alles gemalt und gebastelt, sogar einen Adventskalender mit Türchen! ... Aus Frankreich schickte er sogar für mich Parfüm (›ich weiß, sie ist noch zu klein dafür – aber tu ihr jeden Tag einen Tropfen auf das Taschentüchle‹). Ich glaube, er war die ganze freie Zeit , die er hatte, mit diesen Tätigkeiten beschäftigt.

Als dann der ›leibhaftige‹ Vater 1946 aus der Gefangenschaft kam, war es ein ganz anderer als der, den wir uns ›eingebildet‹ hatten. Er war ein fremder Mann, der uns aus dem Ehebett vertrieb, in dem wir bis dahin bei der Mutter schlafen durften. Wir haben ihn als Konkurrenten erlebt, und er wahrscheinlich uns. Mein Verhältnis zu ihm wurde nie ein liebevolles Vater-Tochter-Verhältnis. Ich erinnere mich nicht, dass er mich einmal umarmt oder geküsst hätte … Irgendwie ist er durch die Ereignisse hart geworden. Ich hatte Angst vor seinem strengen Blick. Über seine Gefühle konnte er nicht (mehr) reden. Wenn ich heute seine Briefe lese, denke ich, dass das ein ganz anderer Mensch war als der, den ich später kennen lernte.«

Mit diesen fremd gewordenen, körperlich und seelisch lädierten Vätern musste das **Zusammenleben** in den beengten und mehr als kärglichen Verhältnissen gestaltet und täglich neu geschafft werden.[30] Was der Krieg mit den Männern gemacht hat, kommt kaum irgendwo beklemmender zum Ausdruck als in den Erzählungen der Kinder.

Inge S. (1943), Flüchtling aus Königsberg: »Ich litt keinen Mangel, meine Mutter sparte sich alles vom Munde ab. Wir schliefen in einem Bett. Das war äußerst beruhigend und endete Weihnachten 1949 mit der Ankunft meines Vaters aus der Kriegsgefangenschaft, in der ihn die Russen als Zivilist fünf furchtbare Jahre festgehalten hatten. Mit knapp über 40 kg ›kehrte‹ er ›heim‹ und nahm ›meine‹ Stelle ein. Das Zimmer, in dem wir zuerst zu zweit gewohnt hatten, war etwa 15 qm groß. Nun beherbergte es drei und nach der Geburt meines Bruders Gunar am 1.10.1950 vier Personen. Vorher konnte ich tun und lassen, was ich wollte. Nur die Wirtin, Oma D., hatte ein Auge auf mich gehabt, ohne die Verantwortung für mich kleines Schlüsselkind zu übernehmen.

Nachdem ich mit fast sieben Jahren plötzlich einen Vater hatte, musste ich morgens aufstehen, wann er es anordnete. Er war traumatisiert und dazu noch ein Jahr arbeitslos, während die Nazibonzen, die sich rechtzeitig nach Westen abgeseilt hatten, wieder in Brot und Würden waren. Aber niemand ist mit ihm und seiner Situation richtig umgegangen. Die wenigen Kriegsgeschichten, die ich von ihm weiß, erzählte er meiner Mutter – und mir indirekt – nach seiner Rückkehr. Sie sind mir haften geblieben, weil sie mich grausten. Als Kind mit lebhafter Phantasie war es mir, als wenn ich sie real miterlebte. In den Nächten hat mein Vater im Traum oft geschrien, und ein gelegentlich depressives und pessimistisches Lebensgefühl ist ihm geblieben. Gleichzeitig besaß er aber auch einen starken Überlebenswillen, nicht nur in der Gefangenschaft und in der Folter, sondern auch später bei gefährlichen Krankheiten.«

Marga N. (1936), die sich so unsäglich über die Heimkehr des Vaters gefreut hatte:[31] »Einst ein schlanker kleiner Mann, war er jetzt ein kranker, aufgedunsener Mensch. ›Jetzt wird alles anders‹, sagte er. Welche Hoffnungen hatten ihn getragen in der Gefangenschaft? Was hatte ihn am Leben erhalten? Heimat, Familie, Kinder, Freunde - - - Ein paar Tage später meinte er, er habe immer wieder von den Krapfen geträumt, die seine Mutter gebacken habe. Mit Hilfe meiner Großmutter buk er die Krapfen. Als er sie aß, meinte er, in der Erinnerung hätten sie viel besser geschmeckt.

Nachts konnte er nicht schlafen. Manchmal war es Hunger, sehr oft Schmerzen, Übelkeit, Malaria-Fieber, aber immer wieder schwere Träume. In der Gefangenschaft immer mit vielen Menschen zusammen, lebte er nun in einer großen Familie. Er hätte wohl Ruhe und viel Einsamkeit gebraucht, um all das Vergangene aufzuarbeiten, um sich etwas zu erholen. Es fehlte allen Heimkehrern die seelische Brücke zwischen Vergangenheit und Gegenwart. Was hatte sich bei uns alles ereignet! Der Krieg hatte auch bei uns Spuren hinterlassen. Hunger, Angst, Sorge um den Alltag anderer Art als die der Gefangenen. Mein Vater erzählte ganz wenig aus der Gefangenschaft … Der Vertrauensarzt der Bahn schrieb ihn arbeitsfähig. Mit Mühe ging er morgens zur Arbeit. Seine Kollegen sahen, dass er nicht arbeiten konnte. Sie sagten: ›Setz dich hin, Johann, wir machen das für dich.‹ Unser Hausarzt, ein Verwandter von uns, stellte eine schwere Dystrophie fest und ein starkes Herzleiden, das durch die Wasseransammlung und die Ödeme im Körper noch verstärkt wurde. Dystrophie ist eine durch Mangel- und Fehlernährung hervorgerufene Störung des Organismus … In Ärzteblättern der Nachkriegszeit wurden Berichte über diese Krankheit veröffentlicht. Es ist uns unverständlich, warum Ärzte diese Krankheit nicht diagnostizieren konnten.

Mit so einer schwierigen Situation wurde das Familienleben sehr stark belastet. Der Wunsch ›Jetzt wird alles anders‹, blieb auf der Strecke. Es folgten: Krankenstand, erst nach drei Tagen Krankengeld, verkürzte Einnahmen, noch weniger Geld für die Familie.

Am 27. September 1952 verstarb mein Vater. Seine Leidenszeit war zu Ende. Der Tod wurde als Folge der in der Kriegsgefangenschaft zugezogenen Leiden anerkannt … Mein Großvater stand fassungslos daneben und sagte zu seinem toten Sohn: ›Jan, bist du auch wirklich tot?‹

Im September 1952 war ich 16 ½ Jahre alt. Ich besuchte eine weiterführende Schule, um Mittlere Reife zu machen. In dieser für alle sehr schwierigen Zeit mussten wir ohne ihn weiterleben.«

Annelie B. (1939): »Mein Vater kam ziemlich früh aus französischer Kriegsgefangenschaft zurück. Sehr krank, sehr unterernährt. Und er wurde von der Familie erst mal abgesondert. Er hatte die Füße total aufgelaufen, er musste gepflegt und in Ruhe gelassen werden, und es hat eigentlich nie aufgehört. Mein Vater war immer irgendwie krank … Irgendwie als Kind durfte ich an meinen Vater nicht so ran, er war einfach immer krank, und er hatte mit sich zu tun. Sicher hätte er Diät essen müssen, aber wir hatten ja kaum was zu essen.«

Rita S. (1934): »Wir waren vier Geschwister. Vater hat versucht, aus russischer Gefangenschaft uns täglich einen Brief zu schreiben. Die ganze Gefangenenpost habe ich noch, es sind mehrere Bände. Damit hat er versucht, mit uns in Kontakt zu bleiben. Als er zurückkam, war's nicht möglich. Da hat er immer noch die Kinder, die er verlassen hat, im Kopf gehabt, und wir waren alle pubertierend. Unsere Art der Pubertät stand gegen seine Art der Religiosität. Wir haben das nicht mehr akzeptiert. Unser Haus war voller Flüchtlinge. In diesem ganzen Trubel ist es nicht mehr gelungen, echten Kontakt zum Vater zu finden. Mutter hat kurz vor ihrem Tod noch erzählt: Sie und die Kinder seien eigentlich in der Kriegszeit ganz vergnügt gewesen; die Kriegszeit war eigentlich gar nicht so schlimm. Wir durften viel Freiheit haben. Nun wurde alles zurückgedreht. Die Mutter hat auch gelitten. Sie sagte, es sei die einsamste Zeit ihres Lebens gewesen, als Vater zurückkam. Das hat sie mir unter Tränen erzählt und das haben vielleicht damals viele Kinder nicht gemerkt. Mutter war wieder das kleine, unbedarfte Weible, er hat ihr alles Geschäftliche aus der Hand genommen, alles wieder ganz patriarchalisch geregelt, obwohl sie vorher alles gut gemanaged hatte.«

Helmut B. (1934): »Betroffen von der Fremdheit zwischen meinem Vater und mir, erlebte ich meinen Vater zum ersten Male ganz bewusst. Als er im Herbst 1939 in den Krieg zog, war ich fünf Jahre alt und ein kleines Kind. Bei seiner Rückkehr, sieben Jahre später, traf er auf einen Zwölfjährigen, durch die Umstände und den Lauf der Zeit von besonderer Reife geprägt. Aber für ihn war ich scheinbar immer noch der kleine Bub seiner Vorstellungswelt. Für mich war er nichts als ein Fremder, ein Eindringling in unsere kleine friedliche Mauerberger Welt. Voll Eifersucht bemerkte ich, dass ich bei meiner Mutter nun mit dem zweiten Platz in ihrem Herzen vorlieb nehmen musste. Dies, und die Tatsache, dass meine geschmeidigere und anschmiegsame Schwester nun zum Liebling meines Vaters avancierte, erbitterte mich über die Maßen. Auch äußerliche Veränderungen trugen dazu bei, mich zu ärgern, so musste ich mein Bett an Vater abtreten und zukünftig auf der Couch hinterm Küchentisch schlafen.

Trotz dieser für mich ungünstigen Aspekte freundete ich mich allmählich mit der Anwesenheit meines Vaters an, der mir nicht entgegenkommend schien und von einer merkwürdigen Ungeduld. Ohne jede Widerrede verlangte er, Befohlenes auszuführen, und auch bei Angelegenheiten, bei denen bisher Mutter – die sich moderater verhielt – unsere Meinung durchaus hören wollte, wurden wir halt einfach ausgeschlossen. Von nun an hatten wir widerspruchslos zu parieren. Basta!«

Robert L. (1933): «Leider war das Verhältnis zu meinem Vater nicht mehr von Bewunderung geprägt wie zu Kriegszeiten. Er war praktisch neun Jahre von der Familie abwesend gewesen. Notgedrungen hatte ich als Ältester seine Rolle als Fürsorger der Familie übernehmen müssen. Nach seiner Rückkehr gab es Konflikte. Ich war nicht mehr gewillt, mich unterzuordnen. Er wollte nach den vielen bitteren Erfahrungen wieder das sein, was er zuvor gewesen war, eine selbständige und bestimmende Kraft. Dass ich ihn nicht mehr nach seiner Meinung oder seinem Einverständnis fragte, wenn ich dies oder jenes vorhatte, ärgerte ihn offensichtlich, und er machte mir Vorwürfe, die ich wiederum nicht verstand. Auch bei der Gartenarbeit konnte ich ihm nichts recht machen. So ging ich zu ihm und zur Familie immer stärker auf Distanz und suchte nach anderen Umgebungen und Interessen.«

Hilde R. (1939): »Wir haben dann in einem Backhaus gewohnt, das haben meine Eltern so ein bisschen ausgebaut … Vorher war ich halt bei der Oma, ich konnte spielen gehen, ich brauchte da nicht viel zu helfen, es war halt so ein Frauenhaushalt. Jetzt auf einmal, wenn ich aus der Schule kam, lag ein Zettel da: ›Kaninchenfutter holen, das machen, das machen‹ … Da hab ich mir gedacht, was will der überhaupt von mir … Nein, also ich hab mich an den Mann nicht gewöhnen können, das war schlimm … Da kann ich mich noch dran erinnern, wir haben am Tisch gesessen, da gab's Mohrrüben, die hab ich ja nie gern gegessen als Kind. Und da hat mein Vater gesagt: ›Wenn du die nicht isst, kriegste gar nichts‹, und das war ja früher nicht Mode, da hat die Oma mir halt was anderes gegeben. Und dann bin ich vom Tisch aufgestanden und dann hab ich gesagt: ›Dafür hättest du nicht von Russland zurückkommen brauchen.‹ Wie ich nachher älter war, da habe ich zu meinem Vater gesagt: ›Was hast du dir eigentlich damals gedacht?‹ Da hat er gesagt: ›Ja, ich hab mir gedacht, die isst die Mohrrüben nicht, und was haben wir in Russland gehungert‹ … Wie mein Vater zurückkam aus der Gefangenschaft, da hat er so einen Holzkoffer gehabt und dann diese Klamotten, die sie da gekriegt hatten, mit dieser Pelzmütze, und er hatte noch zwei Stiefel, das waren zwei linke Stiefel. Aber er hatte sie an … und da hat meine Mutter alles, was mein Vater mitgebracht hat, verbrannt und hat gesagt, davon will ich nichts mehr wissen … Und ich hab nie gehört, dass meine Eltern sich darüber unterhalten haben. Erst wie mein Vater nachher alt wurde und meine Mutter nicht mehr gelebt hat, da hat er öfter mal davon gesprochen … Meine Eltern haben das wirklich verdrängt, meine Mutter hauptsächlich: ›Das ist vorbei, jetzt guck ich nicht mehr nach hinten …‹ Die konnten das auch gar nicht so verkraften, dass sie eben die Heimat verloren haben.
I: Sind Sie dann später mit Ihrem Vater warm geworden?
R: Ja, also, ich muss sagen, das hat sich nachher schon gegeben, obwohl, sagen wir mal so, so ein ganz inniges Verhältnis haben wir nie gehabt, das muss ich zugeben.«

Sieglinde D. (1939): »In den ganzen Jahren habe ich eigentlich meinen Vater kaum vermisst. Ich war neun Jahre, als ich meinen Vater richtig kennen gelernt habe. Er war kurz mal im Urlaub da, es waren ganz schwache Erinnerungen. Mein Vater hatte es sehr schwer, als er zurückkam. Wir haben ihn eigentlich nicht respektiert. Wir fragten immer unsere Mutter. Er war eigentlich nicht vorhanden, er musste sich das richtig erkämpfen. Er tut mir heute eigentlich sehr, sehr leid. Er war dann auch sehr wenig zugänglich, mein Vater, und alles, was er gemacht hat, war in unseren Augen nicht richtig. Da habe ich schon manchmal Schuldgefühle. Erst als er dann krank wurde – er starb mit 65 an Darmkrebs – war er offener. Aber es war eine schwierige Zeit. Er war sehr misstrauisch, als er zurückkam, er dachte immer, was hat sich abgespielt in der Zeit, der langen Zeit? Mein Vater hatte einen Oberschenkeldurchschuss und war auf dem Weg in die Heimat im Lazarettzug, den man leider wieder geschnappt hat, und er kam nicht nach Hause, er kam in französische Gefangenschaft. Sein Soldbuch und seine ganzen Papiere wurden zurückgeschickt, und er war über ein Jahr vermisst. Wir wussten nicht, ob er lebt oder ob er nicht lebt … Was ich noch vergessen habe zu sagen: Mein Vater kam mit einer sehr großen Überlebensangst zurück. Er hat damals eine Ziege angeschafft, was uns überhaupt nicht recht war, um Milch zu haben. Niemand wollte die Milch … Er musste sich langsam hocharbeiten. In Fernkursen, am Wochenende immer.«

Wolfgang Schmidbauer ist in seinem Buch *Ich wusste nie, was mit Vater ist* in psychotherapeutischen Fallstudien dem Trauma des Krieges bei den Vätern und den Auswirkungen auf die Familien nachgegangen.[32] Er hatte es mit Patienten zu tun, die mit besonders schweren Belastungen zu ihm kamen. Sie können nicht verallgemeinert werden. Aber in den Grundtendenzen stimmen meine Recherchen mit ihm überein: Alle aus dem Krieg zurückgekehrten Männer waren geschädigt, aber auch die meisten Frauen und Kinder hatten schwer gelitten. Zwar gibt es auch in normalen Zeiten Krankheiten, Familien- und Beziehungsprobleme, aber der Krieg und die lange Trennung haben sie ungemein verschärft. Wenn die damaligen Kinder heute einer Historikerin davon erzählen, tun sie es oft in allgemeinen Wendungen: »es war schwierig«, »Vater musste geschont werden«, »wir fanden keinen Zugang zu ihm«, »er war uns fremd geworden«. Dahinter stehen viele einzelne leidvolle Erfahrungen, die allein ein Buch füllen würden.[33] Die Ehescheidungen nahmen zu, die Kinder standen vielfach verstört und hilflos zwischen Vater und Mutter. Heute als Erwachsene erkennen sie, was ihre Väter damals gebraucht hätten, und sie deuten es in ihren Erzählungen an: Ruhe, Verständnis, Aussprache, bessere ärztliche Betreuung, bessere Versorgung. Das alles gab es nicht für sie; damit waren auch die Familien überfordert, die selbst um das Überleben gekämpft hatten und weiter kämpfen mussten. Unter diesen Umständen war auch das offene Reden über das Erlebte und Erlittene, das Erleichterung hätte bringen können, kaum möglich. Das Grauen des Krieges war ohnehin mit Worten nicht vermittelbar und wäre für die Kinder auch nicht zu verkraften gewesen.[34] Deshalb verwundert es nicht, dass die meisten Kinder sagen, der Vater habe nichts oder wenig vom Krieg und von der Gefangenschaft erzählt, und wenn, dann nur Lustiges, »Merkwürdiges« oder »Abenteuerliches« oder wie er gerade noch davongekommen ist.[35]

Aber die Soldatenväter hatten ja nicht nur selbst unter dem Krieg gelitten, sie hatten auch anderen Leid zugefügt, fast alle hatten getötet. Wie hätten sie davon erzählen sollen, können? Die Kinder haben nicht gefragt, wie hätten sie fragen sollen, können? Seltsamerweise tun das bis heute die wenigsten. Das Töten im Krieg gehört bei den meisten offenbar noch selbstverständlich zum »anständigen Soldatenhandwerk«. Nur eine Frau hat davon gesprochen, dass sie die Wehrmachtausstellung besucht habe und dabei sehr erschrocken sei, weil sie plötzlich an ihren Vater habe denken müssen. Welche Rolle haben die Väter in dem nationalsozialistischen Vernichtungskrieg gespielt? Diese Frage ist bei den Kriegskindern bis heute so etwas wie ein Tabu. Wie die Eltern allgemein zum Nationalsozialismus standen, war Teil meines Fragenkatalogs und wird uns noch beschäftigen. Inzwischen haben sich viele »Täter-Kinder« auf die Suche nach ihren »Täter-Vätern« gemacht und darüber Bücher geschrieben. Die meisten von ihnen sind prominent gewesen, standen an exponierter Stelle in der NS-Hierarchie. Wie sich die vielen gewöhnlichen Soldaten und mittleren Chargen – das waren die allermeisten Väter – verhalten haben, danach haben ihre Kinder nie gefragt, wohl auch aus Selbstschutz. Dass aber ihre Väter allesamt Verbrecher, »Mörder«, gewesen sein sollten, das konnten sie nicht akzeptieren, und sie fühlten sich durch eine solche pauschale Entwertung für ihre Väter und für sich selbst verletzt. Die »Entnazifizierung« wurde von vielen als ungerecht empfunden. Wenn Väter dadurch aus ihrer Berufslaufbahn geworfen wurden, hat sich das auf das Familienleben und auf die Ausbildung der Kinder negativ ausgewirkt. Die Kinder büßten auch hier schuldlos für etwaige Schuld der Väter.

Gab es denn nicht aber auch ein glückliches Wieder-Zusammenfinden nach dem Krieg? Konnte es denn nicht sein, dass der Vater seine Vaterstelle wieder voll ausfüllte, das Trennende durch gemeinsame Bemühung überbrückt wurde und das Zusammenleben sich wieder so gestaltete, wie es vor dem Krieg gewesen war? Auch das gab es, aber eher selten. Doch sollte es nicht übergangen werden. Hannelore R. (1938), die wir schon zitiert haben und deren Familienbild wir kennen (vgl. Abbildung 5, S. 112), berichtet:

»Insgesamt waren es knapp drei Jahre, in denen wir den Vater nur als Soldat auf Urlaub erlebten. Dann kamen die Monate der Flucht aus Schlesien, wo es keine Nachricht von ihm gab. Am 13. Mai 1946 trat Vater wieder in unser Familienleben ein. Auf seiner schwarzen Hose prangte ein dickes ›PW‹ (Prisoner of war). Sein Haus in Schlesien hat er nicht wieder gesehen. Er hat sich nach Ellmendingen entlassen lassen, wo nun unser neues Zuhause war. Zuerst bei der Oma mütterlicherseits, wo auch noch deren Schwiegermutter in der Zweizimmerwohnung als bettlägerige verwirrte alte Frau mit lebte. Nach einigen Monaten in diesen sehr beengten Verhältnissen bekamen wir eine ›Wohnung‹ im Dorf. Das war ein ebenerdiger Raum, der teils als Keller, teils als Waschküche benutzt worden war. Vater bekam Arbeit, erst als Vulkaniseur, dann in seinem Beruf in einer Bäckerei. Die Sonntage genossen wir sehr als Familie, da Vater immer dafür sorgte, dass es einen Familienausflug gab. Um diese Ausflüge beneideten uns die Dorfkinder, mit denen wir uns angefreundet hatten, nicht selten wurde es ein erweiterter Familienausflug mit Kindern aus befreundeten Familien. Die Eltern legten sehr viel Wert auf gute Ausbildung. Sowohl Vater als auch

Mutter kümmerten sich intensiv um unsere Schulangelegenheiten. Mein Bruder musste täglich eine Seite in Schönschrift in ein besonderes Heft schreiben. Wir spielten Gesellschaftsspiele, die uns herausforderten, besonders beliebt waren Bibelquiz- und Quartettspiele.

Vater erzählte auch Erlebnisse aus der Kriegszeit, was uns Kinder sehr beeindruckte. Besonders gern hörten wir die Begebenheit, wie in einem französischen Ort (Rouen oder Metz) das Haus, in dem er Quartier hatte, zerbombt wurde. Als er von seiner Schichtarbeit (als Bäcker in der Feldversorgung tätig) zurückkehrte, war die Nachbarschaft in heller Aufregung, weil sie ihn unter den Trümmern vermuteten. Während er nämlich normalerweise um diese Tageszeit auf seinem Zimmer war, hatte er an diesem Tag länger in der Backstube zu tun gehabt und war so dem Bombardement entgangen. Er betonte dabei immer, dass es gnädige Bewahrung Gottes war, dass er länger bei der Arbeit aufgehalten worden war.

Vater war ein poetischer Mensch trotz seiner äußerst praktischen Veranlagung. Zum Beispiel flickte er Schuhe selber: Nähen, Sohlen, Eisen auf die Absätze nageln, Breitkopfnägel auf die Schuhsohlen. Wir Kinder schauten gerne zu, wenn er die Schuhe über den Dreifuß stülpte und mit Hammer, Nägeln und Stiften hantierte. Aus der Zeit seines Wehrdienstes und der Gefangenschaft sind uns die meisten seiner Gedichte erhalten geblieben. An jedem Geburtstag eines Familienangehörigen, an besonderen Gedenk- und Feiertagen, bei besonderen Vorkommnissen im Lager machte er seinem Herzen Luft, indem er dichtete. Es sind meist schwere, um nicht zu sagen, schwermütige Texte, aber immer mit dem Hintergrund und der Aussage, dass Gott sein und unser aller Leben lenkt. Oft schrieb er in Anlehnung an ein Bibelwort. Alles ist handschriftlich mit Tinte in deutscher Schrift in ein kleines Oktavheft geschrieben, über hundert Seiten. Eine große Anzahl ist seiner lieben Frau Gretel gewidmet.«

Die kleine Renate K. (1940) fährt in ihrem enttäuschten Wiedersehensbericht[36] fort:

»Mein Papa war sehr geduldig mit mir, und schon am Abend saß ich bei ihm auf dem Schoß und freundete mich langsam mit ihm an. Ich hatte in meiner Kindheit und in meiner Jugend, ja bis zu seinem Tod im Jahre 1986 eine sehr enge und innige Verbindung zu ihm. Er gab mir immer das Gefühl, dass mir nichts passieren kann, solange er lebt. Dieses Gefühl war in meiner Kindheit und Jugend sehr wichtig für mich.«

Ein besonderes Verhältnis zu seinem Vater hatte Gerhard W. (1938). Der Vater war im Krieg erblindet. Er machte Bürsten, später sortierte er Schrauben:

»Als ich dann ins ›Lesealter‹ kam, habe ich meinem Vater alles vorgelesen, von Karl May bis Karl Marx. Vielleicht habe ich mehr Bücher vorgelesen, als manche Menschen gelesen haben. Das hat mich auch geprägt. Als wir über Marx diskutierten, erklärte mir mein Vater, dass er die Grundgedanken für gut halte, aber sie seien nicht durchführbar. Den Grundgedanken des Nationalsozialismus sei er als junger Mensch erlegen, die Propaganda sei einfach überwältigend gewesen. Doch in Russland habe er begriffen, dass es so nicht richtig ist. Das machte ihn zu einem Menschen, der bei keiner Wahl fehlte. Er war Sozialdemokrat, was auch mich beeinflusst hat.

Nun habe ich ja geschrieben, dass meine Mutter mich ›mehr tot als lebendig‹ durch den größten Dreck der deutschen Geschichte gebracht hat. Um mich nun weiterzubringen, fühlte sich mein Vater verantwortlich.«

Der kriegsblinde Vater hat es geschafft, ein Haus zu bauen. Er sagte: »Ich will in meinem eigenen Bett unter dem eigenen Dach schlafen.« Der Sohn war inzwischen Elektroinstallateur geworden und hat die Elektroinstallation im Haus gemacht. Wie Gerhard W. empfanden auch andere Kinder Bewunderung und Hochachtung für ihre heimgekehrten Väter, selbst wenn sie einen strengen Erziehungsstil hatten. So Heinz S. (1934), der bei einem Bombenangriff Mutter, Großeltern und Elternhaus verloren und zusammen mit seinem Vater das Haus wieder aufgebaut hatte:

»I: Und als dann der Vater aus dem Krieg kam, wie sind Sie mit ihm hingekommen? Gab's da keine Vater-Sohn-Probleme?

S: Wissen Sie, so wie heute war das nicht mit meinem Vater. Wenn der Vater was gesagt hat, dann ist das geschehen. So war mein Vater sein ganzes Leben. Und wenn der nicht so gewesen wäre, dann hätte er es niemals so geschafft. Er war Hilfsarbeiter, er hatte keinen Beruf gelernt, weil er von armen Verhältnissen gekommen ist. Mein Vater, der hat sein ganzes Leben nur gearbeitet. Er konnte einfach alles. Selbst, als er schon todkrank war, hat er noch geschafft. Und auch wenn man religiös da ein bisschen beeinflusst wird, ist das kein Fehler. Wir leben ja nicht ewig auf dieser Erde, und es geht nachher weiter.«

Der Vater von Sieglinde D. (1930) kam erst 1950 aus russischer Kriegsgefangenschaft zurück zu Frau und acht Kindern. Aus ihrer Beschreibung der Heimkehr haben wir schon zitiert.[37] Sie registriert aber auch sehr genau die Zeit danach:

»Endlich, endlich war der Papa da! Er trug eine schmale wattierte Hose und eine ebensolche Jacke in der unfreundlichen Lehmfarbe russischer Uniformen. Er war sehr elend, hatte schwache Nerven und einen Herzfehler. Um uns, seine Familie, zu unterstützen, hatte er ein Holzköfferchen – von Kameraden im Lager gefertigt – mit Papyrossi-Zigaretten gefüllt, als Tauschobjekt für notwendige Anschaffungen zusammengespart. Unsere Mutter nahm ihm die Erwartung: ›Dafür bekommt man jetzt nichts mehr.‹ Und: ›Zieh die Sachen aus – igitt – und einen Anzug an.‹ Den hatten wir über die ganze Flucht für diesen Augenblick mitgeschleppt. Ich konnte bald nicht mehr ertragen, wie bestimmt unsere Mutter versuchte, ihn in unsere Welt einzupassen, und wie wenig Zeit sie ihm ließ, sich zu orientieren! Der Papa saß im Wohnzimmer, alle um ihn, und erzählte. Diese schrecklichen Geschichten! Die Hoffnungslosigkeit darin! Mir war es, als ob die Bänder um meine Brust gesprungen wären, wie im Märchen vom Froschkönig. Ich ging in die Küche und kochte. Meine Tränen liefen drei Tage lang. Das bemerkte niemand …

Nach dem Tod unserer Mutter im Jahre 1995 erhielt ich folgenden Brief: ›… In meiner Gefangenschaft in der UdSSR vom Februar 45 bis Ende März 1949 war ich mit Ihrem Vater, Herrn Dr. K., eine Zeit – ich glaube, es war 1947 – in einem Gefangenenlager bei Petrosawodsk, den Namen des Ortes habe ich vergessen. Das Lager war zum Aufbau und zur späteren Betreibung einer total verkommenen und zerstörten Ziegelei eingerichtet worden … Ihr Vater war unser Lagerarzt … Ich habe außer meiner Arbeit in der werkseigenen Lehmgrube in meiner Freizeit in der Ambulanz als Sani-Helfer gearbeitet … Dadurch war ich mit Ihrem Vater in dieser Zeit nahezu täglich zusammen und habe ihn besser als viele andere kennen gelernt. Ich kann Ihnen sagen, dass er im Lager sehr beliebt und geachtet war. Es war schon eine besondere Kunst, mit dem, was da an Medikamenten und Hilfsmitteln zur Verfügung stand, den Gefangenen zu helfen und außerdem auch noch außerhalb des Lagers bei der sehr minderbemittelten Bevölkerung – das waren ja Verbannte – ärztliche Dienste zu leisten. Seine humorvolle und auch mitfühlende Art hat bei seinen Patienten oft dort weitergeholfen, wo die Medikamente ihre Grenzen gefunden hatten oder eben diese fehlten. Wegen seiner kameradschaftlichen und väterlich freundlichen Art, seinen Helfern gegenüber, die ihm bei seiner Arbeit mehr oder weniger hilfreich zur Seite standen, habe ich ihn bis heute nicht vergessen, deshalb sah ich es als Verpflichtung an, Ihnen dieses mitzuteilen …‹

Der Brief hat mich sehr gefreut … Dass er unter den schweren und oft aussichtslosen Bedingungen die Kraft zu den Hilfeleistungen aufbrachte, zeigt seine innere Stärke. Ich bewundere ihn sehr! In seinem Bericht schildert er immer wieder seine Naturbeobachtungen: die schöne Landschaft, Sonnenuntergänge, die Pflanzenwelt, das Leben der Menschen in Lagernähe. Wenn es die Gelegenheit gab, hat er sein Wissen in Vorträgen dargeboten. Er ist nicht in Depression gefallen und hat keine Feindschaft gepflegt, sondern hat, wenn es möglich war, auch zu russischen Ärzten freundschaftlichen Kontakt gehalten und z. B. mit ihnen Schach gespielt.

Doch zurück nach Dittenheim in die Tage der Heimkehr. Die nächste Zeit war angefüllt mit Berichten über sein und unser Leben. Die Mutter erzählte vom Leben in Schildertschlag, von der Abgeschiedenheit, der Aussichtslosigkeit und von ihrer Sorge um den Vater. Ich ergänzte: ›Weißt Du noch, wie Du zum Wahrsager gegangen bist?‹ Da weinte sie. Ich hatte den Eindruck, dass sie sich schämte. Der Papa sagte: ›Hast Du Dich so sehr gesorgt?‹ und damit war alles in Ordnung.«

Mit einem solchen Vater ließen sich auch die widrigsten äußeren Umstände meistern, wie der weitere Weg der Familie zeigt. Einen solchen Vater zu verlieren, wäre ein unersetzlicher Verlust gewesen. Aber ist nicht jeder Vaterverlust unersetzlich? Was bedeutete die **Vaterlosigkeit** für die etwa 2,5 Millionen vaterlosen Kinder nach dem Krieg? Wie hat sie ihr weiteres Leben geprägt? Angestoßen durch Hartmut Radebold[38] ist in den letzten Jahren besonders dieser Teilaspekt der Kriegskinderschicksale in den Blickpunkt interdisziplinärer Forschung gerückt, wird auf Tagungen, Seminaren und in den Medien diskutiert.[39] Es kann hier nicht darum gehen, die bisherigen Forschungsergebnisse zu resümieren oder zu kommentieren. Zu bedenken ist, dass eine einigermaßen zutreffende Darstellung der Erfahrungen des Vaterverlustes nur auf der Grundlage sehr breit angelegter Zeitzeugenbefragungen möglich ist, die sich nicht allein auf »Patienten« oder eine bestimmte Bildungsschicht stützt.[40] Deshalb können auch die knappen Ausführungen, die ich im Zusammenhang dieser Arbeit zu diesem Thema machen kann, keine Allgemeingültigkeit beanspruchen, sondern nur weitere Facetten und einige allgemeinere Gesichtspunkte beitragen, die ich aus der großen Zahl der mir vorliegenden Berichte mit einiger Sicherheit ableiten kann. Wie immer können nur wenige Zitate als Beleg dienen. Sie könnten vermehrt werden.

Ohne Frage wird der *Verlust* von vielen bis heute stark empfunden. Manche begleitete der *Schmerz* ihr ganzes Leben, wie schon die Reaktionen auf die Todesnachricht zeigten. Andere wurden sich erst später oder sehr spät dessen bewusst, was sie verloren hatten, fühlten sich in ihrer ganzen Entwicklung dadurch beeinträchtigt.[41]

Erika M. (1931): »Meinen Vater habe ich erst dann richtig vermisst, als wir 1948 in Altenburg waren (*nach der Flucht aus Ostpreußen*). Wenn andere Kinder in der Schule von ihren Eltern sprachen, konnte ich ›nur‹ von meiner Mutti reden. Ja, ich habe später sogar vom Hochzeitsbild meiner Mutter gesprochen, und darauf waren ja nun wirklich die Eltern. Ob man es glaubt oder nicht, auch jetzt im Alter habe ich das Gefühl, durch den Verlust des Vaters immer etwas vermisst zu haben. Wenn jemand erzählte, dass Angehörige aus der Gefangenschaft zurückgekehrt waren, kam mir das wie ein Wunder vor.«

Maria M. (1937): » Über dem Schreibtisch zu Hause hing ein großes Bild meines Vaters, gemalt von einem Kriegskameraden. Das war alles, was mir blieb. Ich redete mit diesem Bild, nicht nur als Kind. Je älter ich wurde, umso mehr hätte ich meinen Vater gebraucht. Warum durfte ich keinen Vater haben? Warum musste überhaupt Krieg sein? Warum, warum, schrie es immer in mir.
Wo durfte ich mich anlehnen,
wo konnte ich mich ausweinen,
mit wem durfte ich lachen und fröhlich sein?
Alle diese Bedürfnisse sperrte ich tief in meiner Seele ein
Und wusste oft nicht mehr, was ich wollte, oder was ich brauchte oder wer ich bin.«

Sieglinde P. (1934): » Aufwachsen ohne Vater. Ich hab immer von ihm geträumt. Ich hab geträumt, dass er irgendwann mal in der Schule auftaucht und ich endlich keine graue Maus mehr bin, sondern eben abgeholt werde, ja irgendwie jemand bin. Ich erinnere mich, dass ich einmal zu den Pfadfindern war und da irgendwie unangenehm aufgefallen bin, und da hab ich gesagt: Ja, mich kann nur niemand leiden, weil ich keinen Vater mehr hab. Natürlich war das Unsinn, aber was macht man nicht alles als pubertärer junger Mensch.«

Gudrun H. (1940): »1941 fiel mein Vater, ich habe also persönlich gar keine Erinnerung an ihn. Nur sein Klavier und andere Möbelstücke aus der Villa, die er extra für unsere kleine Familie gebaut hatte, erinnern mich noch täglich an sein Leben. Er muss ein guter, beliebter Lehrer gewesen sein, hochmusikalisch, mit akkurater Schrift. Sport und Musik waren seine Leidenschaft, und viele Schülerinnen, die ich als ältere Frauen erlebte, schwärmten noch lange von ihm. Kurzum – mein Vater war ein Idol. Der Verlust dieses Mannes hat natürlich alle Lebenspläne meiner Mutter zunichte gemacht, und ich als ihr einziges Kind habe das hautnah miterlebt, ohne es zu begreifen. Erst als ich mal in einem Buch las, dass Kinder auf Verlust mit Schuldgefühlen reagieren können, wurde mir das ganze Elend meiner Kindheit bewusst! Es passierte nämlich häufig, dass meine Mutter, durch irgend etwas an ihren gefallenen Mann erinnert, zu weinen begann und stundenlang in dem unserem Haus gegenüberliegenden Wald verschwand … Wenn sie dann wiederkam, bemühte man sich sehr, so zu tun, als wäre nichts gewesen, denn über den Kummer sprechen – das gab es nicht! Dieses Spiel trieben meine guten Großeltern eisern mit, aber sonst waren sie die Sonne meiner Kindheit. Wenn ich das jetzt so lese – was für ein Krampf und was für Ängste waren das doch! Denn natürlich bemühte auch ich mich ständig, solche Weinanfälle zu vermeiden durch alle möglichen Anstrengungen. Ich liebte ja meine Mutter heiß, meinen toten Vater konnte ich aber nicht lieben, im Gegenteil, er nahm mir ja oft stundenlang die Mutter weg und ließ mich mit den dann ratlosen Großeltern allein, vergiftete unsere Atmosphäre … Ich meine, dass dieser nicht richtig verarbeitete Verlust des Vaters eine zentrale Rolle in meinem Leben gespielt hat.«

12. Vater von Ruth Janzen

Ruth Janzen (1931) schrieb ihrem Vater zu dessen 100. Geburtstag einen fiktiven Brief. Da war sie 60 Jahre alt. Der Vater, Jahrgang 1890, war erst kurz vor Ende des Krieges Soldat geworden und verschollen:

»Lieber Vater, so habe ich Dich nie angeredet, denn wir waren alle noch Kinder, als wir uns am 12. Januar 1945 auf dem Bahnhof Grunau von Dir verabschiedeten, nicht ahnend, dass wir Dich nie wiedersehen würden. Inzwischen sind wir ›drei Großen‹ über Dein eigenes Lebensmaß hinausgewachsen und jeder von uns hat seinen eigenen Lebensweg.

Der Krieg hat uns aus dem warmen Nest, das Du uns gemeinsam mit Mutti gebaut hast, jäh herausgeworfen. Mit Millionen von Menschen teilten wir das Schicksal. Doch Du hattest ein viel schwereres. Wir vermissten Dich schmerzlich, waren aber zusammengeblieben.

Meine Gedanken gehen zurück in die Kindheit, die wir in Göritten erlebten. Mutti beschreibt Dich in ihren Erinnerungen: ›Walter war neben seiner grundehrlichen und nachdenklichen Natur sehr fröhlich, lachte laut und herzlich und war nach Janzenart zu allen Streichen bereit. Oft, wenn die Kinder im Park spielten, tauchte er auf und spielte mit ›blinde Kuh‹ oder ›Wettlaufen.‹ Ja, Du warst ein liebevoller Vater! Unvergesslich ist es für mich, wie Du mir die Angst nach bösen Träumen nahmst, indem ich in dein Bett krabbeln durfte, mich an Dich kuschelte und unendlich geborgen fühlte. Du brachtest mir das Lesen bei, da ich das Zusammenziehen der Buchstaben anfangs nicht begreifen wollte.

Einmal – wir liefen gerade Schlittschuh auf dem Teich – sah ich Dich oben bei Scheidereiter vorübergehen. Im Nu war ich auf der Straße, Dich um ein Dittchen für eine Tüte Bonbons angehend, und ich bettelte nicht vergebens! Einmal – von der Dorfschule heimkehrend, beschwerte ich mich über Martin W., weil er mir eine ›geklebt‹ hatte. Daraufhin machtest Du Dich zu Frau W. auf, um Martin eine Rüge zu erteilen. In späteren Jahren, wenn ich mich ungerecht im Beruf behandelt fühlte, dachte ich: ›Der würde nicht mit mir so umspringen, wenn er meinen Vater kennte.‹ Merkwürdigerweise sind mir diese kleinen Begebenheiten der Kinderjahre im Gedächtnis geblieben. Sicher habe ich mich in den letzten zwei bis drei Jahren der Göritter Zeit mehr meinen Freundinnen zugewandt.

Doch eine Ablösungsphase, in der ich in kritische Distanz zu Dir rückte, hat es für mich nie gegeben. So kenne ich keine Schattenseiten an Dir.

Niemand hat mich in meinem Leben so begleitet wie Du, obwohl Du schon viele Jahre nicht mehr mit uns sein durftest.

Da Du für mich Geborgenheit und Güte verkörpertest, war wohl auch der spätere Schritt, dies auch bei Gott zu finden, vorgegeben, nicht zuletzt auch durch Dein Beispiel. So verdanke ich das, was am dauerhaftesten mein wechselvolles Leben durchzieht – mich an Gott festzuhalten – ein Stück auch dir, lieber Vater!«

Dorothee B. (1944), eine der drei Töchter von Hans N., holte bei meinem Gespräch mit allen drei Töchtern aus ihrer Brieftasche ein kleines abgegriffenes Bildchen des Vaters im offenen Sarg. Er starb in der Gefangenschaft an einer Kriegsverletzung. Sie hat keine Erinnerung an ihn, und ihre Mutter hat alles getan, um ihnen den Vater zu ersetzen, aber sie will nicht, dass

13. Dieses Bild ihres toten Vaters trug Dorothee B. ihr Leben lang in ihrer Brieftasche. Sie ist vor kurzem verstorben.

ihre Kinder ohne Vater aufwachsen.

Die *Trauer* wurde und wird nicht nur verbal artikuliert. Sie äußert sich in verschiedenen Formen: Unsere Eingangsdokumente von Oskar Z. belegen die intensive *Beschäftigung* mit dem toten Vater.[42] Er wollte wissen, wer sein Vater war und er suchte alles, was er über ihn finden konnte, schließlich machte er sein Grab ausfindig. An der *Suche* nach dem Grab des Vaters nahm ich in der Korrespondenz mit Lieselotte P. (1941) teil. Sie hatte ihren Vater als Dreijährige zum letzten Mal gesehen. Als sie 64 Jahre alt war, entdeckte sie 620 Feldpostbriefe ihres Vaters in einem längst vergessenen Karton auf dem Dachboden. Sie las sie abschnittweise und lernte so erst ihren Vater kennen und lieben. Über alle nur möglichen Suchdienste forschte sie nach ihm und weiß jetzt, wo er gefallen ist. Ausgerechnet am Tage ihres 65. Geburtstages wird in Chisinau (russisch Kischinew) in Moldawien der Friedhof für 1.400 namenlose gefallene deutsche Soldaten eingeweiht. Darunter ist auch ihr Vater, sie traut sich die lange Reise nicht zu, aber sollte je die Erkennungsmarke des Vaters noch gefunden werden, würde sie an jeden Ort der Welt fahren, um von ihm Abschied zu nehmen. Beim Suchdienst des Deutschen Roten Kreuzes gehen immer noch zahlreiche Anfragen nach dem Verbleib von Vermissten oder Verschollenen ein.[43] Es sind jetzt schon Enkel, die nach ihren Großvätern suchen.

Einige private Lebenserinnerungen, die ich gelesen habe, sind dem Vater gewidmet.

Von vielen habe ich erfahren, dass sie sich erst spät den Feldpostbriefen der Eltern, besonders des Vaters, zugewendet haben, sie lesen und anfragen, wo sie auf Dauer aufbewahrt werden könnten. Einige schaffen es bis heute nicht, sie zu lesen, weil es sie zu sehr mitnimmt. Es gibt auch noch Tagebücher der Väter, an die sich die Kinder nicht herantrauen. Vielleicht auch, wie mir eine Tochter sagte, weil sie Angst haben vor dem, was sie da entdecken könnten.

Vielleicht haben sie Angst vor den realen Vätern, die nicht dem Bild entsprechen, das sie sich aus den Erinnerungen und in ihrer Sehnsucht zusammengeträumt haben. Es blieb ihnen, wie Ruth Janzen in ihrem fiktiven Brief schreibt, die Auseinandersetzung mit dem Vater erspart, die in der Ablösungsphase unweigerlich hätte stattfinden müssen; es blieb ein Schattenbild ohne Schattenseiten.

14. Letztes Urlaubsbild: Vater, Mutter und Lieselotte P.

Die realen Väter waren dann oft eine herbe Enttäuschung. So hart und herzlos es klingen mag, und die Kinder haben sich gescheut, es so direkt auszudrücken, manche (wie viele?) hätten lieber einen toten Vater gehabt als den, der aus dem Krieg zurückkam. Den liebe- und verständnisvollen Vater, den z. B. Sieglinde D. zeichnet und der in der Erinnerung lebt, hatten bei weitem nicht alle Kinder. Claudia Seifert spricht den Nachkriegsvätern die Fähigkeit zu einer kindgemäßen Erziehung vollständig ab und charakterisiert sie als unnahbare und unerreichbare Tyrannen.[44] Auch wenn dem so pauschal nicht zuzustimmen ist, haben wohl viele Kinder den abwesenden und dann den gefallenen Vater idealisiert, dabei oft bestärkt von der Mutter, und haben dann einem *Idealbild* nachgetrauert. Das konnte unter anderem zur Folge haben, dass die Töchter alle Männer an diesem Idealbild gemessen haben und sich schwer taten, einen Partner zu finden. Oder eine zu starke Mutterbindung verhinderte überhaupt eine Partnerschaft, bei Söhnen wie bei Töchtern.

Das *Vermächtnis* des Vaters konnte aber auch in anderer Weise belastend sein, für Söhne und für Töchter. Sie selbst wollten von der Mutter nicht immer an ihm gemessen werden oder an dem, was sich dieser Vater angeblich von seinen Kindern gewünscht hätte, Forderungen, die sie sich möglicherweise selbst auferlegten, um innerlich vor dem Vater bestehen zu können. Sie bekamen auch Aufgaben aufgebürdet, denen sie noch gar nicht gewachsen sein konnten. Selbst wenn Väter das mehr als Ausdruck des Stolzes und als Anerkennung für ihre »Großen« gemeint haben sollten, trugen die Kinder schwer an der Verantwortung. Die Mütter benutzten die älteren Söhne nicht selten als »Vater- oder Partnerersatz« und überforderten sie damit. Auch den Töchtern konnte diese Rolle zugemutet werden.

Marianne O. (1931): »Im Oktober 1943 wurden wir in Stuttgart total ausgebombt, es gab nichts mehr zu retten. Mein Vater bekam vier Tage Bombenurlaub. Das war sein letzter Urlaub. Als er abfahren musste, gingen wir zum Hauptbahnhof durch das Wagenburgtunnel, damals Luftschutzbunker, weil gerade ein Angriff war. Bei dem tränenreichen Abschied meines Vaters sagte er zu mir: ›Kind, ich komme nicht mehr, sorge Du, so gut es geht, für die Familie.‹ Ich war damals 13 ½ Jahre alt. Am 10. Februar 1945 ist er dann in Holland gefallen. Die Sorge für die Familie steckt noch heute in mir drin, denn meine Mutter war bis zu ihrem Tod 1991 herzkrank.«

Marianne war die älteste von vier Geschwistern.

Der Vater von Hans F. (1934) brachte die Familie zum Zug auf die Flucht, er selbst musste beim Volkssturm bleiben:

»In dem Zug, da nahm mein Vater – ich weiß, dass meine Mutter wahnsinnig bewegt war – seine Uhr vom Arm und gab sie mir mit der Bemerkung: ›Wir sehen uns nicht mehr wieder, und du bist jetzt verantwortlich für die Familie.‹ Ich verstand ihn, aber ich begriff nicht, was das bedeutete. Das war ein Moment, der in meinem Leben wohl sehr prägend war. Von jenem Moment an war dann eben wirklich jedwede Unbeschwertheit aus meinem Leben weg.«

Der Verlust des Vaters hinterließ eine durch nichts anderes zu füllende Lücke, wie der Verlust jedes nahestehenden Menschen.[45] Er brachte zusätzlich Forderungen und Anforderungen mit sich, die nicht leicht zu bewältigen waren. Ob das *Vaterdefizit* zwangsläufig zu psychischen Deformationen und seelischer Krankheit führen musste, möchte ich bezweifeln.[46] Es kam sehr auf die eigene Grundveranlagung und auf die gesamte Familienkonstellation an. Die wesentliche Rolle fiel dabei der Mutter zu. Wir werden uns mit den Müttern aus der Sicht der Kinder noch befassen.[47] Vorweg kann aber schon gesagt werden, dass unter den »Kriegerwitwen« wohl die meisten ihre Erziehungsarbeit gut gemeistert haben und ihre Kinder nicht nur zu tüchtigen, sondern auch zu ausgeglichenen und zufriedenen Menschen erzogen haben.[48] Manche Kinder hatten das Glück, in einem Großvater, Onkel, Paten, Familienfreund oder Jugendleiter eine Identifikationsfigur zu finden, die Vorbild und Ratgeber sein konnte. Wenn Mädchen in einem reinen Frauenhaushalt aufwuchsen, mit der Mutter und vielleicht noch mit der Großmutter, lernten sie als

Kinder nicht aus der Nähe kennen, was ein Mann und was »männlich« ist. Sie hatten es später oft schwer, das nachzuholen.

Viele Kriegskinder haben nicht nur den Vater verloren, sondern oft noch mehr: manchmal die Mutter, manchmal Geschwister, manche gingen selbst verloren. Der Verlust der Heimat, des Elternhauses mag daneben nicht so schwer wiegen, aber viele, die den Wahnsinn des Bombenkrieges über Jahre erdulden mussten und ihm nur knapp entronnen waren, haben ihr Grundvertrauen in die Welt und in das Leben verloren. Kinder, die Sadismus und Brutalität bei der Besetzung, auf der Flucht, in Internierungslagern, bei Verschleppungen am eigenen Leibe erlebten und mit ansehen mussten, haben ihren Glauben an die Güte des Menschen verloren. Der eine Schmerz kann nicht durch einen anderen Schmerz gemindert, der eine Verlust nicht durch einen anderen relativiert werden, aber die Vergegenwärtigung der vielfältigen Verluste kann manche Leiden in die richtigen Dimensionen rücken.

Wer und wo ist mein Vater? Diese Frage trieb und treibt nicht nur die Kinder um, die ihren Vater nie kennen lernen durften oder ihn schon früh für immer verloren haben, weil er in den Krieg ziehen musste und in ihm umgekommen ist. Sie ist auch eine Lebensfrage anderer Kinder dieser Zeit, über die wir sehr wenig oder gar nichts wissen: Kinder, die im Lebensborn geboren sind, Besatzungskinder aus echten Liebesbeziehungen oder Besatzungskinder, deren Vater ein Vergewaltiger war.[49] Möglicherweise war auch der eigene, leibliche Vater ein Vergewaltiger in einem der besetzten Länder, und es gibt Stiefgeschwister etwa in Holland, Frankreich, Norwegen oder in Russland.[50]

Ich habe – trotz vieler Bemühungen – nicht mit solchen Kindern sprechen können. Nur in einem einzigen Fall habe ich mit einer Frau viele Stunden damit verbracht, mit Hilfe von Fotos, Erzählungen und Dokumenten herauszufinden, ob sich ihr Verdacht bestätigen ließ, dass ihr angeheirateter Onkel, ein SS-Mann, ihr wirklicher Vater war und sie im Lebensborn auf die Welt gekommen ist. Ich weiß nicht, ob sie die geplante DNA-Analyse, die ihr Gewissheit gegeben hätte, hat machen lassen. Sie hat ihr ganzes Leben schwer unter den verworrenen, ungeklärten Familienverhältnissen gelitten.

Für die übrigen Gruppen muss ich auf die zum Teil spärliche Literatur verweisen.[51] Die Frage, ob der eigene Vater vergewaltigt hat, muss ebenso offen bleiben wie die Frage, ob und wie er getötet hat und wie tief er in nationalsozialistische Verbrechen verstrickt war. Die Kinder, für die es nach dem Krieg ein intaktes Familienleben gab, getragen von Offenheit, Vertrauen und uneingeschränktem gegenseitigen Respekt, hatten Glück. Für viele – eine Zahl lässt sich nicht nennen – blieb der Vater, der zurückgekehrte oder der tote, ein fremdes Wesen.

Kapitel 16

Von der braunen in die rote Diktatur: Grenzgänger in Deutschland

Zu den unmittelbaren Kriegsfolgen zählt die Teilung Deutschlands. Die Aufteilung in vier Besatzungszonen schuf künstliche Grenzen. Die drei westlichen Besatzungszonen wuchsen allmählich zusammen und entwickelten sich schließlich zu einem demokratischen Gemeinwesen, der Bundesrepublik Deutschland. Die Grenze zur sowjetisch besetzten Zone wurde währenddessen immer undurchlässiger. Es entstand der »eiserne Vorhang«, der Familien trennte und den Übergang zunehmend schwieriger und risikoreicher machte. Diese neue Wirklichkeit der Nachkriegszeit griff in unterschiedlicher Weise in das Leben vieler Kinder ein, besonders, wenn sie in der SBZ lebten. Sie gehört untrennbar zu ihrem Kriegskinderschicksal. Die zwischen 1930 und 1934 Geborenen waren als Pimpfe und Jungmädel in der Hitlerjugend gewesen, die bis 1938 Geborenen in eine vom Nationalsozialismus geprägte Schule gegangen. Jetzt sollten sie im Sinne der neuen Machthaber »antifaschistisch« und »sozialistisch« umerzogen werden. Wie haben sie das erlebt? Wie haben sie ihre Eltern bei diesem Diktaturwechsel erlebt? Wie haben sie die Abgrenzung zum »Westen« erfahren und ihr eigenes Leben im »real existierenden Sozialismus«?

Es gibt noch keine Alltagsgeschichte der DDR, welche die eigene Sicht der dort lebenden Menschen einbezieht.[1] Sie dürfte sich erheblich von dem Bild unterscheiden, das westdeutsche Historiker in ihren Systemvergleichen und Strukturanalysen von diesem »Unrechtsstaat« zeichneten. Es war nicht alles SED und Stasi, vor allem in den Anfangsjahren. Auch ich kann in diesem Kapitel nicht über *die* Erfahrungen *der* Kinder in der »russischen Zone«[2] berichten, dazu reichen meine Unterlagen zu diesem Thema nicht aus, sondern nur mit einigen Streiflichtern unterschiedliche und sicher nicht untypische Lebens- und Verhaltensweisen beleuchten, von denen die Kinder und die mir überlassenen Dokumente hauptsächlich sprechen. Dabei werden die Kindheits- und die Nachkriegsgrenzen etwas gedehnt bis etwa 1955.[3] »Normale Verhältnisse« gab es für manche erst als junge Erwachsene und erst in den 50er Jahren, z. B. für diejenigen, die jahrelang in den Lagern der Sowjets und der

DDR eingesperrt waren, und für diejenigen, die erst dann im Westen eine sichere Bleibe und eine Zukunft fanden. Der erste Teil des Kapitels befasst sich mit der unterschiedlichen Erfahrung des Systemwechsels und des neuen Herrschaftssystems. Dabei ist zu beachten, dass in den Anfangsjahren – und um sie geht es hier – von einer totalen Herrschaft der Kommunisten noch keine Rede sein kann, sondern dass sich der totalitäre Herrschaftsapparat hinter einer »demokratischen« Fassade erst allmählich etablierte. Im zweiten Teil werden die Gründe, die Schwierigkeiten und Auswirkungen des Grenzübergangs und der Flucht in den Westen in teils abenteuerlichen Geschichten erzählt.

Probleme des Mangels in der Versorgung werden kaum als systemimmanent erwähnt. In den ersten Nachkriegsjahren waren sie in ganz Deutschland ähnlich, wenn auch in der SBZ noch größer als in den übrigen Besatzungszonen. Aber die Kinder waren an Hungern und Frieren gewöhnt, sie sahen die Verschlechterung nach 1945 als natürliche Folge der Niederlage und der Reparationen an die Sowjetunion und halfen – wie wir gesehen haben[4] – nach Kräften bei der Überlebensarbeit mit. Erst mit der Währungsreform 1948 und dem Wirtschaftswunder in der Bundesrepublik gewann der »goldene Westen« immer mehr Anziehungskraft gegenüber dem »roten Paradies«. Aber das führt schon über die direkten Folgen des Krieges hinaus und ist kein Teil der Kriegskinderschicksale mehr.

Von der braunen in die rote Diktatur

Angelika Mendau (1943) schrieb nach der Wende ein Feature »Immerbereit«, in dem sie aus der Erinnerung und aus Briefen, offiziellen Verlautbarungen und Zitaten aus Jugendzeitschriften ihre Zeit als »Junger Pionier« authentisch darstellt.[5] Es können nur einige Passagen mit überbrückenden Texten abgedruckt werden, die lediglich die inhaltliche Aussage grob nachzeichnen, nicht aber die künstlerische Qualität in Aufbau, Variation und Verflechtung der Stimmen und Töne, besonders von Liedern und Musik.

1a. Angelika Mendau als junger Pionier, 1955

»Ich bin Jahrgang 43, ein Kriegskind wie viele, lediglich besonders gut vorgeprägt für die neue Zeit und in begünstigende Umstände hineingewachsen. Als mein Vater die neue Zeit aus rus-

1b. Angelika Mendau in der Gruppe junger Pioniere mit Wilhelm Pieck. Sie steht links hinter dem Staatspräsidenten.

sischer Gefangenschaft mit nach Hause brachte[6], war ich bereit, denn von Anfang an war mein Leben abhängig gewesen von zwei wichtigen Männern: Der eine war der liebe Gott, der immer alles sah, was ich tat, der andere war der liebe Papi, dem Mami immer alles schrieb, was ich tat. Und der zufrieden sein sollte mit mir, wenn er eines Tages zurückkehrte, heimkehrte. Zum lieben Gott betete ich, dass er meinen lieben Papi bald nach Hause schickt, und meinem Papi malte ich Brief um Brief. Dann kam er. Ich war viereinhalb. Und ich sagte ihm gleich, dass es gemein war von den bösen Russen, dass sie ihn so lange dabehalten haben. Aber da wurde er sehr ärgerlich, sprach lange zu mir und schimpfte später mit dem Opa.«

1950 zog die Familie nach Berlin, und Angelika wurde eingeschult.

»Mein Vater war beim Außenhandel und oft monatelang im Ausland. Ich trug für meine Mutter (*Demokratischer Frauenbund Deutschlands*) DFD-Einladungen aus oder passte auf meinen Bruder auf, wenn sie Steine klopfen ging. Einmal wöchentlich durfte ich in das Zentralhaus der Jungen Pioniere zum Malen fahren. Am Schuljahresende wurde ich zur Wilhelm-Pieck-Schule Pankow delegiert, um dort von der dritten Klasse an Russisch zu lernen. Mein Vater war richtig stolz auf mich – oder auf sich, denn es war eine besondere Schule, in die ich dann mit Kindern der Partei- und Staatsführung gehen würde … Die neue Zeit hatte Einzug gehalten in diese Schule.«

In den Ferien durfte sie im Juli 1952 mit den Jungen Pionieren ins Ferienlager auf Hiddensee und erlebte dort fröhliche Tage.

»Aus Wilhelm Pieck, Reden und Aufsätze, Band 3: ›Schaut in diese lachenden Kindergesichter, hört ihre Lieder, seht ihre Tänze an. Schaut ihnen zu, wenn sie sich jauchzend im Wasser tummeln, beobachtet sie und sagt dann selbst: Müssen wir nicht alles tun, um das Lachen dieser Kinder, um unser eigenes Glück vor einem neuen Krieg zu schützen? … ‹

Aufruf an die Pioniere der ersten bis vierten Klasse, unterzeichnet von Margot Feist[7], veröffentlicht u. a. in der Kinderzeitschrift ›Die Schulpost‹ Nr. 10, 1951, gekürzt: ›Nach langen schönen Ferientagen hat nun die Schulhausglocke wieder geläutet. Viele von euch hören diesen Ton das erste Mal in ihrem Leben. Das sind unsere Schulanfänger. Mit ihnen müsst ihr sprechen und sie für eure Gemeinschaft gewinnen und ihnen sagen, dass es sich in unserer großen Pioniergemeinschaft fröhlich lernen, spielen und lachen lässt. Alle Menschen unserer Deutschen Demokratischen Republik, die in fleißiger Arbeit die Felder bestellen, Häuser bauen und Maschinen bedienen, freuen sich, wenn ihr fleißig lernt und fröhliche Lieder singt. Unser geliebter Präsident Wilhelm Pieck denkt und arbeitet Tag und Nacht dafür, dass ihr ein glückliches Leben führen könnt. Auch ihr sollt eure ganze Kraft einsetzen, den friedlichen Menschen und unserer Regierung beim Kampf um den Frieden zu helfen. Ihr sollt euren Eltern, euren Bekannten, euren Mitschülern immer wieder sagen: Wir wollen den Frieden, weil wir lernen und froh sein wollen. Helft mit, dass uns der Friede erhalten bleibt. In der Schule sollt ihr fleißig lernen, damit ihr recht viel wisst und eure Lehrer, die Pionierorganisation, unsere Freie Deutsche Jugend und unsere Regierung stolz auf euch sein können. Ihr jungen Pioniere müsst viele Kinderfeste durchführen, Wettspiele und Rollerrennen und anderes mehr …‹

(*Aus den Pionierliedern, die nach schmissigen, mitreißenden Melodien gesungen wurden:*)

Wir sind jung und unsre Kraft / stellen wir bereit.
Ein jeder, der mit am Aufbau schafft / zieht mit in die neue Zeit.
Drum soll die Freude unser sein / denn ein großes Ziel haben wir.
Drum stimmet alle mit uns ein: / Vorwärts, junger Pionier!
Wir marschieren frohen Mutes / hell erklingt ein frisches Lied.
Wir sind junge Pioniere / und die Freude mit uns zieht.
Pionier nütz die Zeit, sei nicht müßig,
Frei und heiter sei stets dein Panier.
Grüß am Morgen die Sonne / grüß sie froh, Pionier,
Grüße froh jeden Morgen die Sonne / Sei der Heimat Pionier!

Nach der Schule hatten wir oft Gruppenratssitzung, Pionierversammlung, wir haben Schrott gesammelt und Unterschriften, und in meinen Heften durfte kein Fehler sein, keine Verbesserung und kein Tintenklecks, deshalb musste ich manchmal heimlich das ganze Heft noch einmal abschreiben. Und pünktlich abends um sieben wurden im Kinderzimmer die Vorhänge zugezogen, weil Schlaf wichtig für unsere Gesundheit war …

›Meine Freundin, die Uhr‹, aus Schulpost Nr. 12, 1955: ›Auch du brauchst einen Plan, einen Tagesplan. Halte die Zeit, die in deinem Plan festgesetzt ist, genau ein, sogar auf die Minute. Lasse die Mutter nicht warten, sie hat ihren Plan genau wie du.

Geh zur festgesetzten Zeit zu Bett, du brauchst den Schlaf, um am nächsten Morgen mit neuen Kräften einen noch schöneren Tag zu beginnen. Vergesst nicht, dass unser Freund und Lehrer Wilhelm Pieck nach einem Plan arbeitet und deshalb eine so große Arbeit für uns alle leisten kann‹ …

Während wir uns in der Heimat mühten, bereiste mein Vater dienstlich die Welt, vorerst den volksdemokratischen Teil. Ich teilte ihm brieflich meine neuesten Erfolge mit, und ich war stolz, nun zwei Streifen am Ärmel tragen zu dürfen und der beste Pionier der Klasse zu sein … Bald spürte ich die Bürde der Verpflichtung, immer Vorbild sein zu müssen. Zu den bisherigen Pflichten kamen neue dazu: weitere Sitzungen, Lernpatenschaften, Melden und positiver Einfluss. Entziehen konnte ich mich schon deshalb nicht, weil ich wegen der gewissenhaften Erfüllung und Einsatzbereitschaft belobigt und ausgezeichnet wurde …«

Vor der versammelten Schule wurde Angelika ausgezeichnet:

»Ich musste nach vorne gehen, wo der Direktor, die Pionierleiterin und die Freundschaftsratsvorsitzende standen, und ich nahm die Urkunde entgegen und alle drei schüttelten mir die Hand. Nach dem Appell kam auch meine Klassenlehrerin und beglückwünschte mich. ›Da wird sich der Vati aber freuen‹, sagte sie … Es war meine erste Auszeichnung, von der Delegierung auf diese Schule abgesehen. Und ich war glücklich. Sagte diese Urkunde doch, dass man gemerkt hatte, wie sehr ich mich angestrengt hatte, und dass ich also, wenn ich mir weiter Mühe geben würde, fähig sein würde, ihren hohen Erwartungen zu entsprechen. Einen seligen Moment lang hatte ich das Gefühl, ganz in Ordnung zu sein und so selbstverständlich auf diese Welt zu gehören wie alle anderen auch.

(*Brief des Vaters zum neunten Geburtstag:*) ›Meine liebe kleine Angelika. Nun gehst du also schon in das 10. Lebensjahr. Und ich kann dir leider diesmal nur durch einen Brief sagen, was ich dir zu diesem Geburtstag sagen möchte. Du bist nun schon ein kleines Menschlein, mit dem man sich unterhalten kann, hast deine Wünsche und auch deinen Willen, machst auch der Mami und dem Papi viel Freude, weil du fleißig lernst in der Schule und auch dem kleinen Bernd ein liebes Schwesterlein bist. Ich wünsche dir für das kommende Lebensjahr recht viel Glück und Freude, wünsche dir vor allem Gesundheit. Du bist nun schon ein großes Mädchen. Ich bitte dich, hilf unserer lieben Mami über die Zeit hinweg, wo sie leider wieder allein sein muss. Denke immer daran, dass unsere Mami auf so manches verzichten muss. Denke daran besonders dann, wenn dir nicht jeder Wunsch in Erfüllung gehen kann. Du hast vielen Kindern einiges voraus. Viele Kinder gibt es, denen es nicht so gut geht wie dir. Du musst immer daran denken, dass auch viel Arbeit dazugehört, um das Geld zu verdienen, das auszugeben du mithilfst. Viel Arbeit gehört auch dazu, um ein solches Pionierhaus zu bauen, wohin du so gern gegangen bist. Viele Menschen mussten auch dafür arbeiten, um den Pionieren die schönen Sommerferien auf Hiddensee zu ermöglichen. Ich hoffe auch, dass du später einmal mit Dankbarkeit an dein Elternhaus wirst zurückdenken können, wo alles getan wurde, um dir eine schöne Kindheit zu ermöglichen. Alles getan wurde und weiterhin getan wird ... Du bist aber nicht nur unsere liebe kleine Tochter, sondern ein Junger Pionier, der anderen Menschen gegenüber viele Pflichten hat, die er sehr ernst nehmen muss. Nimm auch an deinem Geburtstag einmal die Gesetze der Jungen Pioniere in die Hand, lies sie aufmerksam durch und überlege dabei, was du vielleicht im neuen Jahr noch besser tun kannst. Vielleicht solltest du dir einmal vornehmen, Mami zu Hause ein wenig mehr zur Hand zu gehen, vielleicht solltest du dir auch vornehmen, ein klein wenig mehr auf deine Sachen zu achten, sie sauber zu halten und dies und jenes, was du aus Bequemlichkeit jetzt der Mami überlässt. Mit gutem Willen geht vieles. Dir, mein liebstes kleines Töchterlein, noch einmal alles, alles Gute. Behalte uns so lieb, wie wir dich haben, und gehe weiter vorwärts auf dem Wege, den die Menschen dir zeigen, die es gut mit dir meinen. Umarme die liebe Mami und sei weiterhin schön brav und lieb. Ich bin immer ganz für dich da, mein liebes kleines Mädel. Dein Papi.‹

Nie habe ich meinen Vater über seine Vergangenheit sprechen hören. Ein einziges Mal nur, da war er schon todkrank und auch darüber verbittert, dass seine Tochter, ich, vom rechten Wege abgekommen war ...«

Angelika erzählt eine Episode, wie sie an einem Nachmittag beim Nachhilfeunterricht mit dem Mädchen ihrer Lernpatenschaft aus Langeweile und Jux ein Gedicht mit ein paar »unanständigen« Wendungen an die Tafel schrieb. Sie wurde von der Lehrerin ertappt, diese informiert die Eltern, und es ging ein beschämendes Strafgericht auf sie nieder. »Es würde mich unendliche Mühe kosten, meinen guten Willen und meine Dankbarkeit zu beweisen, wieder gutzumachen, was ich ihnen angetan hatte. Ich wusste, was ich zu werden hatte: ein Übermenschenkind.«

Immer öfter wurden die Pioniere zur Wachsamkeit aufgerufen gegenüber »feindlichen Kräften«.

»Walter Ulbricht in der Berliner Zeitung vom 8. März 53: ›Die zweite Parteikonferenz der Sozialistischen Einheitspartei Deutschlands hat aus der Lehre Stalins die Schlussfolgerung gezogen, dass die ständige Stärkung der volksdemokratischen Grundlagen der Deutschen Demokratischen Republik es notwendig macht, die staatlichen Machtorgane zu stärken und den Widerstand der feindlichen Kräfte im Innern zu brechen, Streitkräfte zum Schutz der Heimat zu organisieren. Zugleich wurde beschlossen, die Arbeiterklasse und die ganze werktätige Bevölkerung zu erhöhter Wachsamkeit aufzurufen, um die Nester feindlicher Spione und Banditen aufzuspüren und sie unschädlich zu machen.‹«

Kinder berichten der Schulpost voll Stolz von ihren Anzeigen, Angelika hat keine Anzeigen erstattet.

»Ich erinnere vom 17. Juni[8] nur, dass ich mit Bernd im Kinderzimmer bleiben musste. Meine Mutter war so aufgeregt, wie ich sie noch nie zuvor erlebt hatte. Und mein

Vater kam an diesem Abend nicht nach Hause. Vom Fenster haben wir Rauchwolken sehen können von der Bornholmer Straße. Am nächsten Tag las ich in den Gesichtern meiner Eltern, dass Fragen auch heute, und erst recht heute, unerwünscht waren. Es gab überhaupt immer nur Antworten. Und die heutige war Schweigen …

Kurz vor Schuljahresende passierte noch eine Geschichte, die für mich voller Angst und Schuld war, aber glücklich endete. Wir hatten Treibeball gespielt. Und auf einmal waren die beiden Dreieinhalbjährigen, mein Bruder und sein Freund Rainer, mit ihren Holzrollern spurlos verschwunden. Die Aufregung war groß, ich bekam Bettarrest. Abends brachte ein Mann die beiden wieder. Sie waren hinter der Sektorengrenze gewesen, und Berndi hat einem Schupo gesagt, wo er wohnt. Rainer hatte seine Oma im Westen besuchen wollen, aber die Adresse nicht gewusst. Die Grenze war eine Viertelstunde von unserer Haustür entfernt. Ich aber habe sie erst 37 Jahre später passiert. Ich hatte die Mauer schon damals in mir drin.«

1953 wurde sie ein weiteres Mal ausgezeichnet. Angelika versetzt sich nochmals in das kleine Mädchen hinein, das sie damals war und lässt sie sprechen:

»Mami hat mir ein neues Buch geschenkt und hineingeschrieben: Für das schöne Zeugnis 1953. Auf dem Abschlussappell habe ich das ›Abzeichen für gutes Lernen in der Schule‹ gekriegt. Da wird Papi staunen. Dann habe ich auch schon von unserer Pionierleiterin ein Buch überreicht bekommen: Timur und sein Trupp. Das ist mein Lieblingsbuch. Sie hat mit grüner Tinte in Schönschrift eine Widmung hineingeschrieben.«

Zum Abschluss sagt Angelika:

»Es ist mir nicht leicht gefallen, mich zu erinnern. Die Erinnerungen sträuben sich. Dabei war es doch meine große Zeit, als ich neun war. Denn alles, was danach kam, war eigentlich nichts Neues mehr für mich. Ich wurde dann noch Freundschaftsratsvorsitzende, Mitglied der FDJ-Leitung, der Partei. Irgendwann zog ich die Notbremse. Es war ja auch nie wieder so schön gewesen wie damals, als ich noch ein kleiner Pionier war.«

Die Botschaft ist eindeutig: Ein Kind wächst ganz selbstverständlich in die »neue Zeit« hinein. Es erlebt nur Eltern, Lehrer und Menschen, die voll und ganz mit dem neuen Regime einverstanden sind, und fügt sich in diese Welt ein. Sie ist – wie alle Kinder zu allen Zeiten – angewiesen auf die Liebe der Eltern und auf Anerkennung. Wie sollte sie dem misstrauen, was ihr die Autoritäten als leuchtende Ziele vor Augen stellten? Wie sollte sie die Autoritäten selber in Frage stellen? Wie Faszination und geschickte Indoktrinierung bei den Kindern im »Dritten Reich« funktionierten, haben wir in Kapitel 3 dargestellt. Vieles war jetzt ähnlich, die Parallelen für den, der beides kennt, erschreckend: Aufbruch in »eine neue Zeit«, fröhliche Lieder, Spiele, Ferienlager, Einsätze, Aufgaben für hohe Ziele, all das forderte die Kräfte und begeisterte. Aber anstatt Erziehung zum Kampf wird jetzt Erziehung zum Frieden und zur Völkerfreundschaft gepredigt. Nicht mehr die körperliche Ertüchtigung steht im Vordergrund, sondern Lernen, Wissen, Aufbauarbeit. Dass »Kampf für den Frieden« eigentlich ein Widerspruch in sich selbst ist und die Kinder schon einstimmen soll auf den »Kalten Krieg«, ist für sie kaum zu durchschauen, aber am Kampf gegen »feindliche Banditen«, am »Unschädlichmachen von Schiebern und Spionen« können sich auch schon junge Pioniere durch Wachsamkeit beteiligen. Angelika beteiligte sich daran nicht, aber sie »hatte die Mauer schon damals in sich drin«. Sie war begabt und erfüllte alle Anforderungen vorbildlich, wiewohl sie schon damals die Bürde spürte, immer Vorbild sein zu müssen, und auch schon ahnte, dass sie in Wahrheit nicht nach ihrem eigenen Gesetz leben durfte, sondern nach dem ihrer autoritären Eltern. Sie hat – auch nach der »Wende« – noch einen langen Weg zurückgelegt, um ganz sie selbst zu werden. Die Lieder kann sie immer noch auswendig.[9]

2. Die Junglehrerin Elfriede W. (vorne im hellen Sommerkleid) mit ihrer Klasse

Elfriede W. (1926) führte 1949 als Junglehrerin in Reichenbach/Vogtland ein Klassentagebuch über ihre Schülerinnen. Sie selbst hatte nicht studieren können, weil kein Geld da war. Der Vater, ehemaliger Studienrat, kam erst 1947 aus der Gefangenschaft und war ab Februar 1947 Hilfsarbeiter als ehemaliger Offizier.[10] Das Klassenbild von 1950 zeigt die junge »Neulehrerin«, selber noch ein halbes Kriegskind, inmitten ihrer 34 Schülerinnen (alle Jahrgang 1935/36). Den Kommentar zu den Schülerinnen entnehme ich ihren Angaben: Auffallend sind die großen Unterschiede in der körperlichen Entwicklung trotz nahezu gleichen Alters. Die kleinen, schmächtigen Mädchen sind meist Flüchtlingskinder, geprägt durch Entbehrungen, Hunger und Armut. Elf Schülerinnen, also ein Drittel, sind Flüchtlinge. 15, also fast die Hälfte, hatten keinen Vater mehr, die Väter waren gefallen oder vermisst. Bombengeschädigt war nur ein Mädchen aus Berlin. Über die Berufe der Väter vor und nach 1945 gibt es nur ungenaue Auskünfte, da man als Lehrer danach schon aus Takt nicht fragte. Relativ viele (mindestens fünf) von denen, die nicht mehr im alten Beruf unterkamen, meist Flüchtlinge, aber auch Nazis aus der Verwaltung, gingen zur Wismut, dem Uran-Bergbau. Dort bekamen sie gute Bezahlung, mehr zu essen als »normale Arbeiter« und den Wismut-Schnaps, den sie dann tauschten. Die meisten gingen dorthin aus Not, um ihre Familie zu retten, und viele verdarben sich ihre Gesundheit. In zwölf Familien arbeiteten die Mütter. Nur zwei der Schülerinnen waren bei den Jungen Pionieren, alle evangelischen ließen sich konfirmieren, die katholischen hatten Erstkommunion und Firmung schon hinter sich, etwa zwölf hielten sich danach zur christlichen Jungen Gemeinde. Ein Drittel ging früher oder später in den Westen, meist aus wirtschaftlichen Gründen oder durch Heirat.

Das Sammelheft: »Unsere schönsten Aufsätze im Jahre 1949/50« umfasst neun Aufsätze, die die jeweiligen Verfasserinnen selbst eingetragen haben. Der Inhalt:

1. Was ich mir wünsche (Klassenaufsatz)
2. Wie eine Freundin sein soll
3. 3. November
4. Warum spare ich? (Klassenaufsatz)
5. Als ich noch an den Weihnachtsmann glaubte
6. Streit in der Dunkelheit / Unter vier Augen
7. Der Tod als Freund
8. Machen Kleider Leute?
9. Ich liege im Gras.

Ein Beispiel sei im Wortlaut zitiert:

»Was ich mir wünsche

Ich glaube, jeder Mensch hat Wünsche, große und kleine, für sich selbst und für andere. –

Mein größter Wunsch ist, dass mein seit 4 Jahren vermisster Vater wiederkommt. Ich denke auch dabei an die armen Gefangenen, die immer noch hinter Stacheldraht hocken müssen und sich nicht in der Heimat ein neues Leben aufbauen dürfen. Mögen sie bald, bald zurückkommen und mit ihnen mein lieber Vater!

Es ist wohl jedes Deutschen sehnlichster Wunsch: Nie wieder Krieg! – Nie kann ich die schauerlichen Bombennächte in Berlin vergessen, nie die schreckliche Flucht, auf der wir unsere ganze Habe, vor allem meinen lieben Vater, zurücklassen mussten! Darum wünsche ich mir, dass nie wieder die schreckliche Vernichtung eines 3. Weltkrieges uns das mühsam Aufgebaute zerstört.

Noch ein Wunsch, der uns alle angeht, es ist das Fallen der Zonengrenzen, Verkehr zwischen den beiden Zonen und ein einiges Deutschland!

Der Mensch ist wohl nie restlos zufrieden, immer, immer hat er Wünsche, ist der eine erfüllt, schwupp, hat er einen anderen. Dadurch unterscheiden wir Menschen uns wohl vom Tier. Wir bauen Luftschlösser, Luftschlösser mit den eigenartigsten Ideen und Verlangen. –

Ich habe manchmal Wünsche, Träume sind es schon mehr, von denen ich genau weiß, sie werden nicht erfüllt. Aber es macht mir Vergnügen, sie auszubauen, so wie ein Baumeister seine Häuser. –

Kleine Wünsche habe ich viel, fast zu jeder Stunde. Bald, dass ein schöner Tag sich in die Länge dehnen, bald, dass ein unangenehmer schnell vergehen soll. Manchmal träume ich davon, auf den schnellsten Vogelschwingen weit in die Natur hinauszufliegen, ganz allein, denn allein kann ich auf die Stimmen des Waldes, der weiten Flur, hören. (Das Rauschen der Bäume, die am frühen Morgen jubilierende Lerche oder das Heulen und Säuseln des Windes.)

Wünsche, Wünsche! – Schon die ersten Menschen wünschten sich, von den verbotenen Früchten des Paradieses zu naschen. –

Zukunftsträume sind: Dass ich später einmal auf der Oberschule weiterlernen darf! Ich wünsche mir eine gesicherte, friedliche Zukunft, besser als die vergangenen Kriegsjahre es waren.

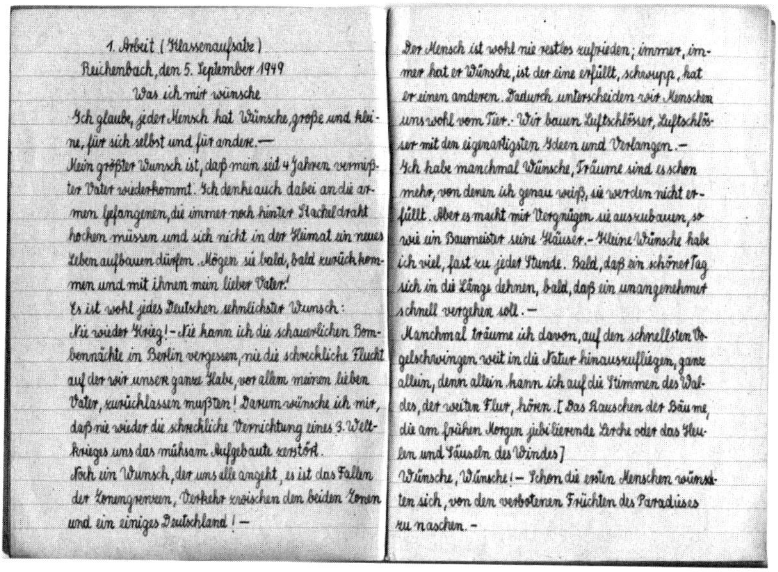

1. Arbeit (Klassenaufsatz)
Reichenbach, den 5. September 1949
Was ich mir wünsche

Ich glaube, jeder Mensch hat Wünsche, große und kleine, für sich selbst und für andere. —
Mein größter Wunsch ist, daß mein seit 4 Jahren vermißter Vater wiederkommt. Ich denke auch dabei an die armen Gefangenen, die immer noch hinter Stacheldraht hocken müssen und sich nicht in der Heimat ein neues Leben aufbauen dürfen. Mögen sie bald, bald zurückkommen und mit ihnen mein lieber Vater!
Es ist wohl jedes Deutschen sehnlichster Wunsch: Nie wieder Krieg! – Nie kann ich die schauerlichen Bombennächte in Berlin vergessen, nie die schreckliche Flucht auf der wir unsere ganze Habe, vor allem meinen lieben Vater, zurücklassen mußten! Darum wünsche ich mir, daß nie wieder die schreckliche Vernichtung eines 3. Weltkrieges uns das mühsam Aufgebaute zerstört.
Noch ein Wunsch, der uns alle angeht, es ist das Fallen der Zonengrenzen, Verkehr zwischen den beiden Zonen und ein einiges Deutschland! –

Der Mensch ist wohl nie restlos zufrieden; immer, immer hat er Wünsche, ist der eine erfüllt, schwupp, hat er einen anderen. Dadurch unterscheiden wir Menschen uns wohl vom Tier. Wir bauen Luftschlösser, Luftschlösser mit den eigenartigsten Ideen und Verlangen. –
Ich habe manchmal Wünsche, Träume sind es schon mehr, von denen ich genau weiß, sie werden nicht erfüllt. Aber es macht mir Vergnügen sie auszubauen, so wie ein Baumeister seine Häuser. – Kleine Wünsche habe ich viel, fast zu jeder Stunde. Bald, daß ein schöner Tag sich in die Länge dehnen, bald, daß ein unangenehmer schnell vergehen soll. –
Manchmal träume ich davon, auf den schnellsten Vogelschwingen weit in die Natur hinauszufliegen, ganz allein, denn allein kann ich auf die Stimmen des Waldes, der weiten Flur, hören. [Das Rauschen der Bäume, die am frühen Morgen jubilierende Lerche oder das Heulen und Säuseln des Windes]
Wünsche, Wünsche! – Schon die ersten Menschen wünschten sich, von den verbotenen Früchten des Paradieses zu naschen. –

3. Aufsatz : »Was ich mir wünsche«

Ich empfinde es als ein Glück, dass nicht alle Wünsche erfüllt werden. Wo bliebe sonst der Reiz der unerfüllten Wünsche? Bruni B.«

4. Karin R. 1946

Wie dieses Beispiel zeigen auch die anderen Aufsätze eine große Reife dieser 13- und 14-jährigen Mädchen. Sie zeugen von einem Unterricht, der auf sorgsamen Umgang mit der Sprache achtete, ihre Phantasie und das eigene Denken anregte. Keine hohlen Phrasen, geschweige denn Politpropaganda. Hier spricht ein Kriegskind, das am eigenen Leibe unter den Schrecken des Krieges gelitten hat und noch leidet. Der Wunsch nach Frieden und nach einem einigen Deutschland kommt aus tiefstem Herzen. Dass sich die Propaganda der DDR genau diesen Wunsch zunutze machte, um dann gegen die »kapitalistischen Kriegstreiber« zu hetzen und gerade die Kriegskinder hinter sich zu bringen, war – neben dem Antifaschismus – ihr stärkster Trumpf.

Karin R.'s (1934) Vater wurde im Herbst 1945 als angeblicher »Kriegsverbrecher« von der Sowjetischen Militäradministration im Lager Berlin-Hohenschönhausen interniert[11] und starb im Mai 1946 an einem Hungerödem an der Schläfe im Lager. Damals war sie zwölf. Zu seinem Tod schreibt sie:

»Die Nachricht machte mich zwar betroffen, aber ich wurde dadurch nicht aus meinem inneren Gleichgewicht geworfen … Im Vordergrund stand das natürliche Erleben des Kindes, das von Schule und Spiel mit Freundinnen in trotz alledem behüteter Umgebung durch die Großfamilie bestimmt wurde.« Nachträglich aber schrieb sie mir:[12] »Im Gegensatz zum dokumentierten und erinnerten Verlustempfinden steht das Geschehen in meinen Träumen, wie mir jetzt einfällt. Anfangs träumte ich sehr oft und lebhaft, all das sei nicht wahr, mein Vater sei doch wiedergekommen. Diese Träume tauchten – allmählich viel seltener, aber weit ins Erwachsenenalter – immer mal wieder auf. Das Unterbewusstsein hatte also seine eigene Meinung dazu.«

Ihr Tagebuch beginnt erst 1949. Darin steht nichts über ihren Vater. Es ist ein typisches Mädchentagebuch einer 14- bis 16-Jährigen mit den üblichen Problemen, Freuden und Verliebtheiten einer Pubertierenden, mit Tanzstunde, Theater- und Opernaufführungen und vor allem ausgefüllt durch eine maßlose, schwärmerische Liebe zu einer Lehrerin, Fräulein Dr. W.-G., die sie in Deutsch und Geschichte unterrichtete. Nur einige wenige Stellen berühren den Alltag und das Klima in der DDR:

»Weimar (*dort war sie bei den Großeltern zu Besuch*), d. 25.8.1949. Heute Vormittag waren wir nun in der Stadt auf Kartoffeljagd. Ich habe mir das in Calbe nie vorstellen können, wie das ist, wenn man keine Kartoffeln hat. Aber hier muss ich es jetzt selbst erleben. Jeden Tag rennen wir los nach Kartoffeln, aber kriegen nie welche ab. Und wenn es dann irgendwo welche gibt, so sind sie für die Gaststätten, für die Fremden, die Weimar in der Goethe-Woche besuchen, aber die Bevölkerung kann hungern. – Es ist sehr schön, dass ich gerade zur Goethe-Woche hierherkommen durfte und dass ich das alles miterleben kann. Aber wiederum ekelt es mich an, wenn ich da sehe, wie alles ins Politische gezogen wird, und man Goethe sogar mit Marx und Engels vergleicht. Pfui Teufel! Überall sieht man nichts weiter als Transparente mit der Aufschrift: Freundschaft mit der Sowjetunion sichert den Weltfrieden, kämpft für den Frieden usw. Die sollten sich schämen! Nicht mal unsere Nationalfarben haben sie uns gelassen, sondern alles in schwarz, rot, gold. Hoffentlich kommen noch einmal andere Zeiten, wo sich das alles rächt, was heute geschieht, denn das ist schlimmer als in den letzten zwölf Jahren. – – –

1.6.50 (*sie war auf einer Freizeit für Kindergottesdiensthelferinnen in Ilsenburg*): … es herrschte überhaupt eine so herrliche Gemeinschaft unter uns allen, man konnte zu jedem so offen sprechen (vor allem politisch), dass wir uns vom ersten Augenblick an wie zu Hause fühlten. Es war wie eine große Familie, was noch dadurch erhöht wurde, dass wir zu Herrn Pfarrern ›Vati‹, zu Fräulein M. ›Mutti‹ und zu Fräulein R., der Abgesandten des Burckhardthauses, ›Tante Marianne‹ sagten. Auch die Bibelarbeit war prima. Sie hat mich sogar so beeindruckt, dass ich Lust bekommen habe, auch Kindergottesdiensthelferin zu werden. Nur, ich weiß nicht, woran das liegt, ich getraue mich über religiöse Dinge nicht mit Mutti zu sprechen … Wunderschön waren die Spaziergänge. O, wie fehlt mir doch hier der Wald! Als wir zurückfahren mussten, waren die anderen so traurig, dass sie hätten weinen mögen. Ich ja auch, aber doch nicht so. Ich dachte mir nämlich: Einmal muss es ja doch zu Ende sein. Und wenn's am schönsten ist, soll man aufhören. Aber ich gab mich nicht dem Schmerz hin, sondern freute mich, dass ich das alles hatte genießen dürfen. – Das Allerschönste war aber doch, mal drei Tage zu leben, ohne was von Politik zu hören und zu sehen.

Calbe, am 31.3.51: ›Wer weiß, wozu es gut ist‹, sagt Mutti. Diese letzten zwei bis drei Tage haben schwerwiegende Entscheidungen für mich mit sich gebracht.

Es fing damit an, dass Mutti die Nachricht bekam, dass sie keine Waisenrente mehr für mich bekommt. Das war der Stein des Anstoßes, der alles ins Rollen brachte. Das Thema, ob es zweckmäßig sei, dass ich das Abitur mache, hat ja Mutti schon oft mit mir besprochen, aber wir sind nie zu einer Einigung gekommen. Nun muss es sein, und ich habe mich dazu durchringen müssen, dass ich mit Ende dieses Schuljahres von der Schule abgehe. Freilich beneide ich diejenigen, die weitergehen können, wenn ich bedenke, was ich in den zwei Jahren Oberschule alles gelernt habe. Aber es muss sein. Erst haben wir lange mit Onkel Kurt darüber beraten, was ich überhaupt für einen Beruf ergreifen bzw. erlernen soll, bis wir schließlich darauf gekommen sind, dass ich erst mal in der Buchbinderei lernen soll, und dann kann ich später immer noch Bibliothekarin oder Buchhändlerin werden. Doch habe ich nicht gedacht, dass sich alles so schnell entwickeln würde. Am nächsten Tag nach unserer Unterredung hat Onkel Kurt schon mit Herrn Braun wegen einer Lehrstelle gesprochen und sagte mir nun gestern, dass ich eine Bewerbung schreiben müsse. Puh, war das 'ne schwere Geburt!«

Karin R. war der letzte Jahrgang, der noch im Frühjahr 1945 als Jungmädel in die Hitlerjugend übernommen wurde. Sie hätte eigentlich schon 1944 eintreten sollen, sagt aber, sie habe sich »gedrückt mit dem Hinweis, dass ich mit meinen Mitschülerinnen, die überwiegend Jahrgang 1935 waren, dieser Pflicht genügen wollte.« Zu den Nachmittagen bei den Jungmädeln bemerkt sie in den Erinnerungen nur knapp: »Volks- und Nazilieder singen auf Kommando – nicht unbedingt mein Fall.« Von ihrem Vater sagt sie, dass er »überzeugter Nazi« gewesen sei, »die Mutter nicht so betont«. Sie erinnert sich, dass das Radio eine wichtige Rolle spielte:

»Mein Vater wollte es möglichst häufig und möglichst überall hören können. Dementsprechend gab es eine ›Goebbelsschnauze‹ (*Volksempfänger*) auch in der Säule, die das Terrassendach trug, unter dem auch bei Regen im Freien gegessen werden konnte. Ich erinnere mich deutlich an den Tonfall der Hitlerreden, an Sondermeldungen und die gängigen Schlager … Es ist zu vermuten, dass mein Vater Hitler manchmal aus der Nähe gesehen hat, aber an einen direkten Umgang mit ihm glaube ich nicht. Das wäre Familiengespräch gewesen. Ich selbst sah ihn nie aus der Nähe. Die ›Anbetung‹ höhergestellter bzw. solcher Führungspersönlichkeiten war wie bei vielen anderen auch in unserer Familie üblich.«

Der Vater konnte auf ihre Entwicklung nach 1945 keinen Einfluss mehr nehmen. Wie sie selbst heute zum Verhältnis ihrer Eltern zum Nationalsozialismus steht, wird später zur Sprache kommen.[13] Aus ihrem Tagebuch spricht eine klare Ablehnung des »neuen Geistes«, sie hasst die Aufmärsche und Parolen. Dennoch ist sie im Frühjahr 1949 in die FDJ, zu den Pionieren, eingetreten, und zwar auf Anraten der von der ganzen Klasse verehrten und geliebten Junglehrerin Lotte M., die selbst 1950 in den Westen ging und ein mütterliches Verhältnis zu vielen der Klasse bis ins hohe Alter aufrechterhielt. Sie begründete ihre Empfehlung damit, »dass uns wohl nichts weiter übrig bliebe«. Die Schülerinnen verstanden sehr genau, was sie meinte. Es wäre besser, das Fähnchen nach dem Wind zu hängen und sich nicht zum Märtyrer zu machen. Aber im gleichen Jahr wurde Karin konfirmiert, und so kam sie zur Jungen Gemeinde.

»Sie spielte eine entscheidende Rolle für meine Entwicklung. Das Ehepaar K. hatte im Rahmen der Kirchengemeinde die Jugendarbeit übernommen. Was ich diesen Menschen an geistigem Reichtum verdanke, habe ich leider nie durch spätere Danksagung an sie laut werden lassen können, da ich sie aus den Augen verloren habe. Sie lebten ein lebendiges Christentum vor und bezogen uns durch die Gestaltung interessanter Jugendstunden sowohl in Diskussionen zu christlichen wie weltlichen Themen als auch mit Spiel und Gesang auf hohem Niveau in die Gemeinde ein … Dazu kam das Singen im Kirchenchor einschließlich einiger Auftritte mit dem Chor in nahegelegenen Städten …

Zum Leben in und mit der ›Jungen Gemeinde‹ kam die Teilnahme an verschiedenen ›Rüstzeiten‹ (oder ›Freizeiten‹).«

Von der Zeit auf Schloss Ilsenburg berichtet sie begeistert in ihrem Tagebuch. Schließlich hat die schwärmerische Liebe zu der Lehrerin »Wi-Gü«, von der das Tagebuch überfließt, sie geprägt, und zwar keineswegs im Sinn des herrschenden Regimes.[14] So steht Karin R. für ein Leben zwischen äußerer Angepasstheit und innerer Orientierung an christlichen und humanistischen Werten, wobei sie durchaus solche auch in der Idee des Sozialismus findet, denn diese entspricht, wie sie sagte, ihrem Gerechtigkeitsempfinden. Ihre Erinnerung an die zwei Großereignisse des Jahres 1951 zeigten ihre innere Ausrichtung noch einmal deutlich: »Juli 1951 Evangelischer Kirchentag in Berlin. Ein unvergessliches Erlebnis …« Von den einzelnen Veranstaltungen hat sie zwar nichts mehr behalten, aber »das Erlebnis des Dresdener Kreuzchores mit dem Solo-Sänger Peter Schreier in einer Kirche in Dahlem … Ebenso die hunderttausend Menschen zum Abschluss-Gottesdienst im Olympiastadion, die in mir weniger die Bedrängnis durch die Masse als das Empfinden des Aufgehobenseins in der Menge Gleichgesonnener zu einem erhebenden Gefühl werden ließen. August 1951 Weltjugendfestspiele in Berlin.[15] Für viele Gleichaltrige ein großes Erlebnis, für andere eine niederschmetternde Erfahrung. Ich habe mich gedrückt, um das nachhaltige Erlebnis des Kirchentages nicht durch den profanen politischen Trubel zu verdrängen.« Aber das geht zeitlich schon über den Berichtszeitraum hinaus.

In den zitierten Eintragungen aus dem Tagebuch berichtet sie noch, dass sie die Oberschule wegen Geldmangels abbrechen musste. Das Abitur und ein Studium konnte die Mutter nicht bezahlen, und staatliche Hilfen gab es nicht. Sie trat also eine Buchbinderlehre an. Dort bekam sie die Folgen ihres mangelnden politischen Enthusiasmus zu spüren: »Aus dem FDJ-Eintritt folgten daraus zunächst keine Aktivitäten. Erst während der Lehrzeit machte man mich zum ›Gruppensekretär‹ unserer Lehrlingsgruppe. Da ich aber nicht viel mehr leistete als die Kassierung der Beiträge, nahm mir das der Werksleiter übel, als es um die Frage meiner weiteren Entwicklung nach der Facharbeiterausbildung ging. Er verhinderte meine Bewerbung an der Ingenieurschule für Polygraphie. Nicht viel später verschwand er gen Westen.« Karin blieb in der DDR und konnte 1957 das Staatsexamen als Bibliothekar für öffentliche Bibliotheken machen. Über ihre politische Haltung schreibt sie: »Ich war immer ein Individualist, der sich am Rande von Gruppen aufhielt. Das galt nur weniger in der Jungen Gemeinde. Aber in den Kollegenkreisen, besonders im sogenannten ›Kollektiv‹, machte ich mit, wenn es mir passte und war gern gesehen, machte aber meine Arbeit oder verfolgte eigene Interessen, wenn es mir nicht passte, und es wurde geduldet.« Am 17.09.1961 wurde sie als Leiterin der Stadt- und Kreisbibliothek entlassen, weil sie nicht an der Kommunalwahl vom 17.09.1961 teilnahm, die als Zustimmungsbekenntnis zum Mauerbau vom 13.08. gewertet wurde. Arbeitslosengeld gab es in der DDR nicht. »Was finanzielle Not ist, weiß ich seitdem sehr genau.«

Der Nachkriegsmangel wird in ihrem Tagebuch ebenfalls angesprochen. Es gibt zum Beispiel in Weimar 1949 keine Kartoffeln, ein Engpass, der in den Westzonen schon lange überwunden war. Auf meine Nachfrage, wie sie diese Einschränkungen erlebt haben, schrieb sie mir in einem Brief vom Dezember 2005: »Es war eben so. Wir hatten uns damit abzufinden und einzurichten, ohne ständig darüber nachzudenken, dass es zu wenig Lebensmittel, Heizung, Kleidung etc. gab und die Vergangenheit viel schöner war … Erst mit dem Erwachsenwerden und dem Beobachten des westlichen Wirtschaftswunders empfanden wir es als beschämend, dass wir mit unserer Arbeit nichts Gleiches erreichen konnten.«

5. Jochen B. nach seiner Entlassung aus Bautzen, 1954

Jochen B. (1927) war 1944 noch vor seinem 17. Geburtstag zur Wehrmacht einberufen worden. Nach Kriegsende schaffte er es, sich mit Kameraden in Gewaltmärschen und trotz vieler Hindernisse nach seiner Heimatstadt Cottbus durchzuschlagen. Er machte 1947 Abitur; der Vater kehrte schwer belastet 1949 aus sowjetischer Kriegsgefangenschaft zurück. Sein älterer Bruder war mit dem U-Boot untergegangen. Hans-Joachim fühlte sich für die Eltern mit verantwortlich. Er machte 1949 seine Gesellenprüfung als Rundfunkmechaniker mit sehr gutem Erfolg. Im November 1949 wurde er durch den KGB (Sowjetischer Staatssicherheitsdienst) inhaftiert und vom SMT (Sowjetisches Militärtribunal) wegen angeblicher Spionage zu 20 Jahren Strafarbeitslager verurteilt. Bis 1954 war er in Bautzen inhaftiert. Von 1954 bis 1959 studierte er in Westberlin.

Einige Abschnitte aus einer Arbeit für das Soziologische Seminar (Prof. Dr. Hans-Joachim Lieber) über das Straflager Bautzen, die er zusammen mit anderen ehemaligen Häftlingen verfasst hat und in die seine eigenen Erfahrungen eingegangen sind, sollen hier zitiert werden. Schon 1955 oder 1956 verfasst, sind die Erinnerungen noch ganz frisch und kommen einem gemeinsamen Tagebuch nahe, wiewohl auf Emotionales und ganz Persönliches verzichtet wird und alles in sachlich-wissenschaftlichem Stil abgefasst ist. Die genauen Zahlenangaben konnten deshalb gemacht werden, weil einige der Verfasser in der Lagerverwaltung beschäftigt gewesen waren.

»Die Strafanstalten in der sowjetisch besetzten Zone Deutschlands (SBZ), Waldheim, Torgau und Brandenburg, nehmen in diesem totalitären Regime einen besonderen Raum ein …

Wie eine selbständige Stadt erhebt sich die Strafanstalt mit riesigen gelben Bauten im Weichbild Bautzens. Diese Anstalt wurde zur Jahrhundertwende als ›Königlich-Sächsische Untersuchungs- und Haftanstalt‹ erbaut. Sofort nach der Besetzung 1945 richtete die sowjetische Besatzungsmacht hier unter der Bezeichnung ›Sonderlager 4‹ ein KZ für ehemalige Angehörige der NSDAP ein. Der Personenkreis der Inhaftierten, Männer und Frauen, zum Teil mit ihren Kindern, wurde als ›Internierte‹ bezeichnet. Diese Definition lässt keineswegs auf eine Rechtsgrundlage schließen, da die Insassen des Lagers weder auf Grund eines offiziellen Internierungsbeschlusses noch durch eine andere gesetzliche Verordnung inhaftiert und jahrelang festgehalten wurden. Die ersten von sowjetischen Militärtribunalen (SMT) verurteilten Deutschen kamen 1946 dazu. Auch hierbei handelte es sich um Männer und Frauen jeder Altersstufe. Die am häufigsten auftretenden Strafdelikte waren u. a. illegaler Grenzübertritt, Waffenbesitz, Spionage und, vor allem bei Jugendlichen, Wehrwolftätigkeit.[16] Das Strafmaß war damals sehr uneinheitlich und schwankte zwischen drei bis 15 Jahren … Es erhöhte sich nach 1947 in der Regel auf 25 Jahre, und nach dem 1.1.1950 wurde häufig die Todesstrafe ausgesprochen. Dabei war es gleichgültig, in welcher Weise das SMT das Strafdelikt formulierte.

Der Platz für die Neuankömmlinge wurde geschaffen durch die hohe Sterblichkeit unter den Internierten. Es waren vorwiegend ältere Leute, die den Strapazen nicht gewachsen waren. Die Höchstbelegung des Lagers dürfte nach 1945 bei ca. 10.000 Gefangenen gelegen haben, wobei zu bedenken ist, dass die Anstalt mit den notwendigen Einrichtungen ursprünglich nur für ca. 1.200 Häftlinge vorgesehen war.

Die anfangs katastrophalen Zustände unter sowjetischer Besatzung besserten sich im Laufe der Jahre bis 1949. Im April 49 durften die Häftlinge erstmalig – viele nach Jahren – einen DIN A 5-Brief an die Angehörigen schreiben. Dies wiederholte sich in Abständen von einem Vierteljahr; die Anschrift lautete ›Berlin, Postschließfach‹ …

Im Frühjahr 1950 übergaben die Sowjets das Lager an die Volkspolizei. Die Neuzugänge nach dieser Zeit waren wegen politischer Vergehen von deutschen Gerichten Verurteilte.[17] … Die Administration ging an die Organe der DDR und ihrer Volkspolizei über.

Durch die immer stärker werdende Ausnutzung der Gefangenen als billige Arbeitskräfte wurde das Lager Bautzen, wie alle anderen Strafanstalten, im Laufe der letzten Jahre zu einem Schwerpunktbetrieb der ›volkseigenen‹ Wirtschaft der DDR …«

Es folgt eine Aufzählung der verschiedenen Werkstätten, ihrer Größe und Einnahmen.

»Durch die jahrelange schlechte Ernährung der Gefangenen war die Sterblichkeit von 1945–50 sehr hoch, und die Tuberkulose war stark verbreitet. Wie viele in den Jahren der russischen Verwaltung verstorben sind, wird sich kaum genau ergründen lassen. Man nimmt an, dass während dieser Zeit etwa 20.000 bis 25.000 Inhaftierte verstorben sind, die auf dem sog. ›Karnickelberg‹, einer kleinen Erhebung unmittelbar neben der Anstalt, an der Spree, in Massengräbern liegen. Die deutsche Verwaltung brachte die Toten nach Görlitz, wo sie verbrannt wurden. Den Angehörigen wurden nicht einmal die Urnen zur Beisetzung freigegeben.

Ende 1953 war die Anstalt mit ungefähr 5.600 Inhaftierten belegt. Darunter waren 500 offene TBC-Fälle, weitere 600 wegen TBC-Erkrankung in Behandlung bzw. Isolierung, und etwa 500 Gefangene standen wegen TBC-Befürchtung unter Beobachtung …

Während der Zeit der sowjetischen Lagerverwaltung bestand für den Strafvollzug kein besonderes Ziel, wie zum Beispiel politische Umerziehung oder Arbeitsleistungssteigerung … Die Hauptaufgabe bestand nur in der absoluten Beherrschung der Sicherheit des Lagers, wofür die Operativabteilung verantwortlich war.«

Die Sowjets setzten als Aufsichtsposten und Spitzel vor allem Berufsverbrecher ein, aber auch ehemalige KP-Genossen, die sich dadurch eine frühere Entlassung erhofften. Die Gefangenen waren wegen völliger Entkräftung zu keiner Gegenwehr fähig. Als die DDR die Lagerverwaltung übernahm, wurde das Ziel der Haft von Ulbricht klar formuliert:

»In einer öffentlichen Rede bedankte er sich bei seinen Auftraggebern in Moskau, dass ›die Störenfriede des Fortschritts und der sozialistischen Wirtschaft, die Schwerverbrecher, denen für immer das Recht versagt werden muss, in einer freien Volksdemokratie zu leben, zur Verbüßung ihrer gerechten Strafe‹ verurteilt wurden … Es gab keinen herkömmlichen Beruf, der nicht vertreten war ... Menschen jeder sozialen Schicht und jeder Altersstufe (14–80 Jahre) waren zusammen. Das Durchschnittsalter lag anfangs bei ca. 40 Jahren und verlagerte sich durch die Neuzugänge meist sehr junger Menschen auf ungefähr 30 Jahre ... Die meisten Gefangenen waren in der SBZ beheimatet ... Es waren politisch denkende Menschen, die das sowjetische System ablehnten. Aber auch viele unpolitische Leute waren vertreten, die durch ein unbedachtes Wort oder wegen einer westlichen Zeitung verurteilt worden waren. Kriminelle Delikte waren verhältnismäßig selten zu finden, ca. 3 %.

Mit der deutschen Verwaltung begann eine neue Epoche. Die ersten Erziehungsmaßnahmen bestanden – trotz großzügiger Versprechungen – im völligen Fortfall der von den Sowjets eingeführten kleinen Vergünstigungen und in der Herabsetzung der Verpflegungssätze, die dann noch unter den Rationen der schlimmsten Jahre lagen.«

Es kam zu einem spontanen Hungerstreik am 13. und 31. März 1950.

»Fast die gesamte Zahl der Bestraften verweigerten an diesen Tagen trotz größten Hungers die Annahme des Essens und machten ihren gequälten Herzen Luft durch ihr Rufen, das weit bis nach Bautzen zu hören war und darüber hinaus von der Ostzone und der Welt gehört worden ist. Mit Bettlaken und Handtüchern winkten die Gefangenen der zusammengeströmten Bevölkerung zu.

Schnell zusammengezogene Einheiten der Volkspolizei riegelten das Lager ab und begannen, systematisch die Inhaftierten zusammenzuschlagen, ohne Rücksicht auf schwer TBC-Kranke, Gebrechliche und Greise. Das Ergebnis: Zehn Tote, achtzig Schwerverletzte.«

Die Anstaltsordnung wurde verschärft:

»Es war den Häftlingen neben dem Schlafen und Essen zu vorgeschriebenen Zeiten kaum eine weitere Betätigungsmöglichkeit gestattet. Selbst lautes Sprechen und Singen waren verboten. Bedrucktes und beschriebenes Papier sowie Schreib- und Nähzeug galten ebenfalls als verbotene Gegenstände. Hierin offenbarte sich ein weiteres Ziel des neuen Strafvollzuges: Völlige Abstumpfung und geistige Erschlaffung.«

Ein ausgeklügeltes Spitzelsystem wurde aufgebaut:

»Gruppenbildungen, besonders unter Studenten und jüngeren Akademikern, versuchte das Operativ mit fast neurotischer Furcht zu überwachen. Die Auswirkungen dieser Maßnahmen zeigten sich bei Gefangenen im Aufkommen eines übergroßen Misstrauens, das sich bis in kleinste Gruppen erstreckte und häufig stärker war als Geselligkeitstrieb und Schutzbedürfnis ...

Während bis zu dieser Zeit die Häftlinge zu einer kaum erträglichen Untätigkeit verurteilt waren, begann die Verwaltung nunmehr damit, sich die brachliegenden Arbeitskräfte nutzbar zu machen. Die meisten Gefangenen betrachteten eine Arbeitsmöglichkeit als Straferleichterung, obwohl die Entlohnung anfangs pro Tag nur zwei Zigaretten betrug ...

Kirchliche und kulturelle Betreuung: In den ersten Jahren nach der Übernahme durch die deutsche Verwaltung war ein Gottesdienst lediglich an den kirchlichen Feiertagen angesetzt. Später gab es monatlichen Gottesdienst. Den musikalischen Rahmen zu den Gottesdiensten und Feierstunden gaben eine fünf- bis sechsköpfige Instrumentalgruppe sowie ein Kirchen- und Jugendchor. Seit Mitte des Jahres 1953 wurden ferner meistens politische Spielfilme gezeigt. Mangels anderer Räumlichkeiten wurde hierzu die Kirche benutzt.

Schon bald nach der Übernahme des Lagers hatten die Verwaltungsstellen festgestellt, dass eine politische Umschulung der Häftlinge in großem Stile ohne Erfolg bleiben würde. Aus diesem Grunde beschränkte man sich auf die Jugendlichen bis zu 23 Jahren, die in einem ›Jugendsaal‹ zusammengelegt worden waren. Durch einen ehemaligen hohen VP-Offizier als Saalältesten versuchte man, diese jungen Menschen zu einer Musterbelegschaft zu erziehen. Kleine Sondervergünstigungen mit politischen Schulungsvorträgen und militärischem Drill wurden als Umerziehungsmethode versucht. Diese Versuche wurden aber bald aufgegeben, da der Erfolg anscheinend ausblieb. Auch alle weiteren pädagogischen Maßnahmen der Verwaltung, wie ›fortschrittliche Literatur‹ zur Umerziehung zum Stalinismus-Leninismus, blieben erfolglos. Die Gegenwirkungen waren Ablehnung dieser Bemühungen und eine sich zunehmend konsolidierende gegensätzliche politische Meinung …

Das schärfste Erziehungsmittel der Verwaltung bestand im Verhängen von Karzerstrafen. Das höchste Strafmaß, das für alle politisch motivierten Verstöße zur Anwendung kam, waren dreimal 21 Tage Karzer mit anschließender Isolationshaft. Diebstähle und sittliche Verstöße wurden weit milder verurteilt.

Die Schwere dieser Strafe lag darin, dass der Gefangene diese Strapazen meist noch mit einer TBC bezahlen musste … Als Karzer wurde eine abgeblendete Einmann-Normalzelle bezeichnet, in der ein Feld von ca. 2x2 Metern durch eiserne Gitter abgeteilt war. Dort hinein kam der Gefangene. Außer einem Topf zur Verrichtung der Notdurft befand sich nichts darin. Die tägliche Verpflegungsration bestand aus 100 g Brot und warmem Wasser. Zum Schlafen wurde seit letzter Zeit abends eine Holzpritsche hineingegeben. An jedem dritten Tag – dem ›guten Tag‹ – bekam der Arrestant normale Verpflegung und eine Schlafdecke zur Nacht. Während der Untersuchungshaft hatte der Gefangene – gleich welchen Geschlechts –, nur mit einem Stück Unterwäsche bekleidet, diese Strafe abzusitzen, ganz unabhängig von der Jahreszeit. Die ganze Härte dieser Strafe kann nur ermessen werden, wenn man den gesundheitlichen und körperlichen Zustand der Häftlinge dabei in Betracht zieht. Trotzdem erlahmte der Widerstandsgeist der Gefangenen in keiner Weise, so nervenaufreibend der Kampf auch war. Schon der geringste Verstoß gegen die Anstaltsordnung wurde mit einer Karzerstrafe geahndet. Die physische und psychische Belastung durch die Ungewissheit über die Dauer dieser Leidenszeit und die ständig drohenden zusätzlichen Strafmaßnahmen können im Rahmen dieser Betrachtung nicht eingehend behandelt werden.«

Weshalb wurde Jochen B. eingesperrt? Dazu sagt er selbst:

»Im Januar 1946 macht sich das Gerücht breit, dass eine Verhaftungswelle bevorstand. Es hieß, ein früherer HJ-Führer sei von den Russen unter Folter genommen worden und ihm seien weitere Namen früherer HJ-Mitglieder entlockt worden. Wir waren ja alle HJ-Mitglieder[18], und so musste jeder damit rechnen, auf so einer Liste genannt zu werden. Infolgedessen bestand Gefahr, auch verhaftet zu werden. Zusammen mit einem Klassenkameraden habe ich mich kurzfristig entschlossen, alles stehen und liegen zu lassen und über Nacht nach Westdeutschland zu fliehen. Wir sind auch ohne große Schwierigkeiten über die Zonengrenze nach Hannover gekommen, wo wir als Brückenkopf die Adresse eines anderen Freundes hatten und uns vier Wochen aufhielten, bis uns die Nachricht übermittelt wurde, die Aktion sei wohl abgeschlossen und es bestehe keine Gefahr mehr. Wir kehrten zurück. Ich musste zurück, denn ich konnte meine Mutter nicht längere Zeit allein lassen. Wovon sollte sie leben? Nach unserer Rückkehr lief das Leben so fort wie zuvor: Ich ging weiter zur Schule und am Nachmittag und Abend reparierte ich Radios. Wir arrangierten uns mit den neuen Gegebenheiten. Es gab Leute, die versuchten, uns zur FDJ zu bekehren, aber die Bereitschaft dazu war nicht sehr groß. Unser jetziger Schulleiter war, wie wir erfuhren, in den letzten Kriegsjahren selbst im KZ, hatte also bei den Nazis Schlimmes erlebt. Er versuchte, uns auch im Unterricht klarzumachen, was wir uns unter einer Staatsform Demokratie vorzustellen hatten. Da waren wir völlig unvorbereitet und bewegten wir uns auf völlig fremdem Gebiet ... Zu den alten Fächern kam ein neues, das eine gesellschaftspolitische Erziehungsaufgabe erfüllen sollte. Wir sollten auf die neue Staatsform vorbereitet werden, auf die Diktatur des Proletariats. Für uns war klar, dass Diktatur etwas war, das grundsätzlich abgelehnt werden sollte, und auf einmal sollten wir uns bekennen zur Diktatur des Proletariats, ein sichtlicher Widerspruch, mit dem wir lange Zeit nicht zurechtkommen konnten ... Nachdem ich mein Abitur erfolgreich abgelegt hatte und sehr froh darüber war, stand ich vor der Frage, wie es weitergehen könnte. Natürlich war früher einmal geplant und gewünscht, ein Studium anzustreben, aber alle Bemühungen dieser Art wurden erst einmal abgelehnt. Ich wandte mich an den für Kulturfragen zuständigen Referenten in Cottbus, einen früheren Klassenlehrer von der Volksschule, der als Kommunist sofort ein hohes Amt einnahm. Von dem wurde mir ganz kaltschnäuzig klargemacht, dass ich mit solchen Wünschen nicht an ihn herantreten dürfte, schließlich sei mein Vater als Offizier im Krieg und früher auch einmal Mitglied der NSDAP gewesen. Insofern sei ich nicht Sohn der Klasse der Werktätigen und Bauern oder wie es auch immer hieß.«

Er fand eine Lehrstelle zum Rundfunkmechaniker. Sein Vater durfte nicht mehr Lehrer sein, man bot ihm an, als Korbmacher zu arbeiten.

»Die Kräfte, die das Leben in der Sowjetzone nun dirigierten, hatten für mich und unsere Familie eine negative Bewertung. Die Tageserlebnisse waren von Korruption, Denunziation und vielen negativen Dingen angefüllt. Es wurden Menschen verhaftet, und das ganze Leben war unsicher. Um so mehr rückten diejenigen zusammen und kamen sich näher, die zueinander Vertrauen hatten, die wussten, dass sie sich aufeinander verlassen konnten … Es war uns klar: Kommunismus bedeutete abermals Diktatur, sogar erklärte Diktatur, und nach den Jahren, die wir nun endlich überwunden hatten, erwarteten wir etwas anderes als eine erneute Diktatur …

Als meine Berufsausbildung vorbei war und ich nun keine weitere Fortbildungsmöglichkeit erkannte und auch eine Zulassung zu einem Studium ausgeschlossen wurde, bewarb ich mich beim Rundfunk, und dank der Unterstützung eines Freundes, dessen Vater auf einmal Kommunist mit Einfluss war, gelang es mir, als Techniker zum Landessender in Cottbus zu kommen. Ich wurde dort eingestellt und hatte zunächst einmal eine berufliche Perspektive, von der ich hoffte, irgendwie voranzukommen. Es dauerte nicht lange, bis bemerkt wurde, dass ich gute Kontakte zu einigen Kollegen und Kolleginnen hatte. Eines Tages wurde ich zur Leitung gerufen und beauftragt, eine Kollegin zu bespitzeln, von ihr herauszubekommen, ob sie Kontakte zum RIAS Berlin habe. Das erschreckte mich furchtbar. Es erschreckte mich deshalb, weil ich plötzlich mit einer Aufgabe belegt war, die ich überhaupt nicht bewältigen konnte. Wie sollte ich mich verhalten? Ich war völlig überfordert. Diese Frau, die ich bespitzeln sollte, war einerseits Funktionärin bei der Gewerkschaft, Mutter von zwei Kindern, andererseits unterstellte man ihr, Kontakte nach Westberlin zu unterhalten. Ich überlegte, ob ich hier wohl nur auf Zuverlässigkeit getestet werden sollte, auch diese Möglichkeit bestand ja. Nach reiflicher Überlegung habe ich die Frau trotzdem im Vertrauen angesprochen und sie auf die mögliche Gefahr einer Verhaftung hingewiesen für den Fall, dass die Unterstellung der Westkontakte zuträfe. Es war wohl auch die richtige Entscheidung, nur nahm sie einen schlechten Ausgang. Wenige Tage später war man dahinter gekommen, dass ich meinen Auftrag nicht weisungsgemäß ausgeführt, sondern die Frau gewarnt hatte. Man verhaftete und beschuldigte mich der Spionage. Die Beschuldigung stand zwar in keinem Zusammenhang mit dem, was sich hier ereignet hatte, aber so etwas war man ja gewöhnt. Wenige Tage später wurde diese Frau ebenfalls verhaftet.«

Wie erlebten die Kriegskinder und Heranwachsenden den Wechsel von der braunen in die rote Diktatur? Zusammenfassend lässt sich zu den Dokumenten sagen: Sie zeigen die Spannweite der Erfahrungen. Diese waren abhängig vom Lebensalter, vor allem aber vom familiären Umfeld, dem Freundeskreis und den Wahrnehmungen. Ein Kind, das die braune Diktatur noch nicht bewusst erlebt hat, kann sich nicht wehren gegen das völlige Eingepasst-Werden in ein System, das seine Eltern billigen und das es auch selbst mit Freude und Stolz erfüllt, obwohl es untergründig die Vergewaltigung schon zu spüren beginnt. Da ist die Lehrerin, die sich in ihren Beruf mit Leib und Seele einbringt, sich in der Hoffnung auf Frieden und Gerechtigkeit dem Dienst an der neuen Sache nicht verweigert und ihre Schülerinnen in diesem Sinn erzieht, sich dabei nichts zuschulden kommen lässt und es auch wagt, nicht immer ganz konform zu sein. Da ist die eigentlich »Unpolitische«, die Individualistin, die sich schon bei den Jungmädeln nicht wohlgefühlt hat und die sich nun äußerlich anpasst, aber die geistige Heimat nicht im »sozialistischen Kollektiv« findet, sondern in der Jungen Gemeinde und, vermittelt durch das Idol einer Lehrerin, in der bürgerlich-humanistischen Kultur. Dass die Herkunft bei Ausbildung und Karriere eine große Rolle spielte, war allen bewusst. Und da ist schließlich der schon junge Erwachsene, der den Krieg noch als Gefolgschaftsführer der Hitlerjugend und als »Kindersoldat« erlebt hat und sich von der neuen »Diktatur des Proletariats« nicht vereinnahmen lässt, weil er schon bald ihre negativen Seiten wahrnimmt und sich nicht zu Spitzeldiensten hergeben will. Er muss das teuer bezahlen und die rote Diktatur von ihrer schwärzesten Seite kennen lernen. Vier Jahre seines jungen Lebens verbringt er in Haft, in einem Lager, das von einem KZ der Nationalsozialisten in ein KZ der Kommunisten umgewandelt worden war. Dass der proklamierte »Antifaschismus« nicht nur schuldige NS-Täter bestrafte, sondern in stalinistischen Willkür-Terror ausarten konnte, erlebten manche bei ihren Vätern. Die Kinder und Heranwachsenden waren allesamt unschuldig. Der deutsche Suchdienst bekam 1990 vom sowjetischen Innenminister die ersten Zahlen: Danach hatte das NKWD zwischen 1945 und 1950 in den von der Roten Armee eroberten Gebieten Deutschlands mehr als 122.000 deutsche Zivilisten interniert. Sie alle wurden auf dem Gebiet der sowjetischen Besatzungszone in eines der zwölf sogenannten Speziallager gesteckt, die man zum Teil auf dem Gelände ehemaliger Konzentrationslager wie Buchenwald und Sachsenhausen eingerichtet hatte. Knapp 43.000 sind verstorben, rund 45.000 wurden entlassen, 14.200 nach Auflösung der Lager an das Innenministerium der DDR übergeben, die anderen in die Sowjetunion gebracht.[19] Wie viele Minderjährige darunter waren, ist unbekannt. In einer während der Abfassung meines Manuskripts noch unveröffentlichten Untersuchung hat Tina Kwiatowski festgestellt, dass von den in Buchenwald inhaftierten überlebenden Jugendlichen 55 Prozent mit einem Dauerschaden leben müssen, 13 Prozent invalide wurden und 6 Prozent als Folge der Internierung starben.[20]

Alle Erzählungen zu diesem Thema lassen sich diesen verschiedenen Erfahrungsweisen zuordnen und fügen ihnen noch weitere charakteristische Facetten hinzu. Angelika Mendau, Elfriede W. und Karin R. blieben – trotz mancher Kritik – in der DDR und schlossen Kompromisse. Von denen, die im Folgenden erzählen, sind die meisten früher oder später in den Westen gegangen, was jeweils vermerkt wird. Bei ihnen sind die Erinnerungen naturgemäß eher negativ gefärbt. Wer, wie Jochen B., die Verfolgung am eigenen Leib erlebt hat, kann kaum etwas Gutes an dem System finden. Besonders interessant sind Entwicklungen von anfänglicher Zustimmung zu Ablehnung und Widerständigkeit oder Verweigerung.

Sieglinde L. (1937): »Ich war nie bei den jungen Pionieren, ich war nie in der FDJ. Unsere Eltern wollten das nicht. Das könnte auch ein Grund dafür gewesen sein, dass ich nicht auf die Oberschule kam. Mein Vater hat immer gesagt, das hat er bei den Nationalsozialisten erlebt und das wollte er nicht nochmals erleben. Die Schwester war schon auf der Oberschule, aber die war auch nicht in der FDJ. Also so groß war offenbar der Zwang noch nicht. Ich weiß, dass ich so in Schulaufsätzen geschrieben habe: ›Auf zu den deutschen Jugendfestspielen‹, ›Für Frieden!‹, das kam immer gut an. Ich habe meine Schulkameraden manchmal beneidet in der FDJ, weil die einfach was unternommen haben.
I: Sie waren auch nicht bei der Jungen Gemeinde?
L: Doch, ich bin konfirmiert worden in Thüringen, und da gab's 'ne große Junge Gemeinde. Bloß – was hat man da gemacht? Man hatte wenig Räume. Irgendwas Jugendgemäßes gab's da nicht. Man hat 'ne Bibelarbeit gemacht und Spiele gemacht und hat gesungen, aber das war's auch schon.«

Gisela T. (1937), eine Schülerin der vorhin zitierten Lehrerin Elfriede W.: »Wir wohnten in Reichenbach im Vogtland. Ich besuchte die Volksschule. Ich bin von meinem Wesen her ein fröhlicher Mensch und konnte mich damit abfinden, den Mädchen, die die Flüchtlingskinder nicht zu nah an sich rankommen ließen, nicht gram zu sein … Später, als ich bei der Post in Plauen lernte, bekam ich Schwierigkeiten. Ich wollte nicht in die ›Gesellschaft für deutsch-sowjetische Freundschaft‹ eintreten, weil ich an meine verlorene Heimat (*Ostpreußen*) dachte. Mir wurde klipp und klar gesagt, dass ich dann nicht zur Prüfung zugelassen werde. Meine Mutter redete mir gut zu, und dann tat ich diesen Schritt doch. Mit 16 Jahren lernte ich meinen jetzigen Mann kennen, und 1955 ging ich nach Ludwigsburg (*in Württemberg*).«

Susanne M. (1939): »Insgesamt habe ich fünf schöne Kinderjahre (von 1947–52) in Berlin-Friedrichshagen (*sowjetischer Sektor*) erlebt. Es gab Schulspeisung, man wurde gegen Läuse ›eingestäubt‹ – zu Hause und auf dem Gesundheitsamt. Im Sommer ging man, wenn irgend möglich, barfuß zur Schule. Ich war stolz, dass ich mit meinen großen Füßen abgetragene Schuhe meiner Tante tragen konnte. Auf wenigen asphaltierten Straßen konnte man Kreisel mit der Peitsche laufen lassen, mit dem Holzroller fahren und mit Kreide eine ›Hopse‹ aufmalen – Autos waren eine Rarität.

Wir waren 50 Mädchen und Buben in der Klasse, haben mit Feder und Tinte geschrieben bis zur sechsten Klasse. ..Ich war die Jüngste in der Klasse. Es gab Kinder, die durch Flucht und Vertreibung bedingt fast drei Jahre älter waren als ich. Eine Klassenkameradin lebte bei Pflegeeltern und kannte ihre Eltern und ihre Herkunft nicht. Auf der Flucht von Ostpreußen wurde sie irgendwo alleine in einem Straßengraben aufgefunden. Nur zwei in der Klasse waren ›Junge Pioniere‹. Manchmal haben wir anderen sie ein wenig beneidet, weil sie oft so tolle Programme hatten.

Wir wussten, man darf nicht darüber reden, dass zu Hause RIAS gehört wurde. In der Schule gab es einmal eine Befragung, warum man nicht zu den Jungen Pionieren gehe. Und wir wussten, dass es keine gute Antwort wäre zu sagen, die Eltern wollen es nicht. Irgendwie hat man gelernt sich herauszureden.

Gelegentlich erschien ein Mitschüler am Montag nicht zum Unterricht und kam auch nie wieder. Der Kamerad oder die Kameradin war mit den Eltern getürmt … Als im Frühjahr 1948 der Vater meines Vaters in Kempten starb, bekam mein Vater keine Erlaubnis, zur Beerdigung zu fahren – ich erinnere mich, er verbrachte damals den Beerdigungstag zu Hause. Mein Vater war sehr ungehalten darüber, dass die mitmenschliche familiäre Ebene so gar nicht zählte bei unserem Anliegen. Dies war *ein* Grund für den Weggang von Berlin Ost … In Berlin konnte man noch kreuz und quer mit S- und U-Bahn, der Straßenbahn oder dem Auto hin und herfahren und ungehindert laufen, auch wenn es nicht gern gesehen wurde …

Mein Vater war ›Wahlberliner‹, der, 1902 in Kempten im Allgäu geboren, 1923 vom Technikum in Nürnberg nach Berlin zur AEG kam, dort gefördert wurde und ziemlich schnell erfolgreich war … Bis ins hohe Alter konnte mein Vater erzählen, wie gut er mit russischen Ingenieuren, d. h. auf der rein fachlichen Ebene zurecht kam – im Gegensatz zu vielfältigen negativen Auswirkungen durch die russische Besatzung. Die beruflichen Perspektiven an sich waren wohl auch nach der Überführung der AEG in Berlin-Oberschönweide in einen VEB (*Volkseigener Betrieb*) nicht schlecht. Im Dezember 1951 erhielt mein Vater in Dresden in Anwesenheit von etwa 100 erwachsenen Kollegen und 100 Studenten auf der Galerie die Ehrendoktorwürde. Es war der erste Ehrendoktor der Fakultät, der nach dem Krieg verliehen wurde … Es war das politische Klima im allgemeinen, zunehmend auch im direkten Bereich der Verantwortung, was im Sommer 1952 zum Entschluss, in den Westen zu gehen, führte. Mein Vater war verantwortlich für Aufträge, die mit dem zur Verfügung gestellten Material absehbar nicht zufriedenstellend ausgeführt werden konnten. Es war eine Zeit, in der vieles, was nicht entsprechend der Anforderung oder Notwendigkeit funktionierte, auf Sabotage zurückgeführt wurde, mit den entsprechenden Konsequenzen für die Verantwortlichen – dass Sabotage etwas ist, für das man bestraft wird, wussten Kinder in meinem Alter. Und dies war wohl der wesentliche Grund für den Weggang unserer Familie von Berlin-Ost.

Einem Brief eines ehemaligen jungen Kollegen meines Vaters vom 21. Mai 1953 entnehme ich: ›Man weiß hier nicht mehr, wem man trauen kann.‹ Er nennt Namen von Mitarbeitern, die in der Zwischenzeit auch getürmt sind. ›Seitdem jetzt alle weg sind, kommt man sich verraten vor. Immer die Schnauze halten usw.‹ Er teilt mit, dass die Bespitzelung groß sei.«

Norbert N. (1929): »Ich weiß, dass mein Vater eine fürchterliche Angst vor den Russen hatte, was u. U. damit zusammenhing, dass er als Direktor der ›Sachsenwerke‹ in Dresden, bzw. einem Vorort von Dresden, von ihnen inhaftiert wurde und sicherlich umgebracht worden wäre, wenn er nicht aus Versehen entlassen worden wäre – mein Vater meinte, sie hätten ihn mit einem anderen verwechselt …

Wer in der Schule gut war, wurde von den Russen herangezogen, um Schüler und Lehrer, ja sein ganzes Umfeld zu bespitzeln. Was meinen Sie, ein wie schlechter Schüler ich da mit einem Mal wurde, das ging von heute auf morgen. Trotzdem konnte ich mich darum nicht ganz drücken. Seitenweise musste ich Berichte abgeben. Wenn Lehrer Äußerungen abgaben, die zu ihrem Nachteil ausgelegt werden konnten, die gegen die russischen Besatzer waren oder für das Dritte Reich sprachen, dann musste ich ganz plötzlich austreten oder mir wurde schlecht und ich musste an die frische Luft – nur nicht das hören, habe ich mir gedacht, denn das hätte ich weitergeben müssen, und damit wäre der Lehrer dran gewesen, d. h. wahrscheinlich für alle Zeit spurlos verschwunden. Aber hören und nicht melden ging auch nicht, denn ich musste annehmen, dass ich nicht der einzige Spitzel war – da saßen auch andere Spitzel, die mich wieder bespitzelten, und vor denen musste ich auf der Hut sein, sonst wäre ich dran gewesen. Da habe ich gelernt zu lügen – bei den Verhören durch die Russen. So wie da habe ich noch nie gelogen in meinem ganzen Leben, auch später nie mehr. Aber man musste ja irgendwie durchkommen, irgendwie überleben. Und was anderes hätte nicht geholfen.«

Brigitte H. (1935) konnte erst 1953 von Oberschlesien in die DDR ausreisen. Sie hatte das polnische Abitur gemacht:

»Also, ich hab dann den deutschen Kommunismus in Leipzig erlebt und den polnischen kannte ich ja auch. Und das waren Unterschiede wie Tag und Nacht. Die Polen haben den Kommunismus nicht ernst genommen und auch nicht so ernsthaft betrieben, denen war ja die Kirche das Wichtigste. Und wie ich dann nach Leipzig kam und gesehen habe, mit welcher Intensität die Deutschen den Kommunismus betreiben, also, da war ich auch entsetzt. Kommunismus heißt ja auch immer gleich antikirchlich. Und wir waren doch so kirchlich geprägt. Und ich vermute, dass sie auch in Leipzig (*beim Studium*) dann meine Freundin auf mich angesetzt haben, weil ich doch in der katholischen Studentengemeinde war in Leipzig. Wie dann die Wende kam, hat meine Freundin, die dann in Leipzig geblieben ist, jeden Kontakt zu mir abgebrochen. Während sie vorher – auch wo ich dann später im Westen war – noch engen Kontakt zu mir hatte. Man hat den Faschismus verurteilt und hat auf die Gräueltaten hingewiesen, nach Buchenwald (*NS-Konzentrationslager*) fahren war Pflicht. Aber wir haben das auch nur halbherzig gemacht, weil uns das alles zu kommunistisch geprägt war. So viel besser waren die, die den Faschismus verurteilt haben, ja dann auch nicht. Also es war eher eine Hetze, eine Aufarbeitung war es nicht. Und daher waren wir auch nie so ganz dabei.«

Konrad S. (1931) war noch Pimpf gewesen, zwar nicht rundum begeistert, aber doch recht angetan von manchen »lebenspraktischen Fertigkeiten«, die er dort gelernt habe und die ihm später von großem Nutzen gewesen seien, »wie die Orientierung in unbekanntem Gelände, die Übermittlung von Nachrichten durch Morse- und Flaggenzeichen, völliges Vertrautsein mit dem

Wasser durch ein ausgiebiges Schwimmtraining und dergleichen Fertigkeiten mehr.« Er machte auch gerne Geländespiele, die vormilitärische Ausbildung war ihm eher lieb als lästig, da diese kleinen Jungen ja hofften, noch für Deutschland in den Krieg ziehen zu dürfen. Zweifel hatten sie noch nicht. Er erlebte dann die antifaschistische Umerziehung:

»1946 entstand in der russischen Zone nach und nach so etwas wie ein öffentliches Leben, an dem ich gern teilnehmen wollte. Es gab verschiedene Freizeitangebote für Jugendliche, von denen ich gern Gebrauch machte: sie reichten von Volkstanz- und Theatergruppen über Chorgesang bis zu Vorträgen über Themen aller Art, wobei die politischen Akzente allmählich immer stärker wurden: zunächst erfuhren wir erstmals etwas über die Verbrechen der Vergangenheit. Wir lernten glaub- und vertrauenswürdige Zeugen kennen, die selbst viel erlitten hatten und uns zu wachsamen Antifaschisten erziehen wollten. Das gelang ihnen wenigstens zum Teil, denn wachsam wurden wir schon, als wir bedenkliche Parallelen in den Erscheinungen des wieder einsetzenden politischen Lebens mit denen des nationalsozialistischen Regimes erkannten. Als an einem Gruppenabend einer der Funktionäre mit der Nachricht aufwartete: ›Wir werden eine Organisation!‹ konnte ich mir die Frage nicht verkneifen: ›Und wann bekommen wir wieder eine Uniform?‹ Diese Frage wurde als vorlaut und unqualifiziert abgetan, ihre Berechtigung sollte sich jedoch schon in naher Zukunft erweisen, denn die sogenannte ›Freie Deutsche Jugend‹ (FDJ) wurde gegründet mit einem gewissen Erich Honecker an der Spitze und blauen Hemden als äußerem Kennzeichen. FDJ übersetzten wir mit ›Früher Deutsches Jungvolk‹, aber davon hatte ich eigentlich genug.

Ich zog mich aus diesen Kreisen zurück, ging lieber ins Kino als in eine politische Schulung und fand in der Musik ein breites Interessengebiet, das ich mit guten Freunden teilte. Bei allen privaten Aktivitäten blieb immer genügend Zeit für die aufmerksame Wahrnehmung der politischen Wirklichkeit und ihrer spürbaren Entwicklung zu einem totalitären Staat, für dessen Merkmale man uns ja gerade sensibilisiert hatte. Wir hörten vom Widerstand gegen den NS-Staat und wären gern Widerstandskämpfer gewesen. Warum sollte man es nicht gegen einen Staat sein, der nur das braune Hemd gegen ein blaues getauscht hatte? Ich hatte durch meinen ersten Aufenthalt im Westen schon eine Ahnung von Demokratie bekommen und wollte deren Ideale gern in meiner Heimat verwirklichen. Die neu entstehenden Parteien versprachen die verschiedenen Möglichkeiten dazu und luden die Jugendlichen zu aktiver Mitarbeit ein. Die Demokratie schien zu siegen, die Vereinigung der KPD mit der SPD zur SED war uns in ihrer Tragweite nicht bewusst, bei halbwegs freien Kommunalwahlen hatte diese Partei keine Chance gegen die bürgerlichen Parteien CDU (*Christlich Demokratische Partei*) und LDP (*Liberaldemokratische Partei*).«

Sein Vater hatte sich aus der britischen Gefangenschaft in seinen Heimatort Wangen im Allgäu versetzen lassen, bekam aber dort keine Arbeit, sodass er die Familie nicht zu sich holen konnte. Konrad gelang es, zweimal den Vater zu besuchen, trotz schwieriger Grenzüberquerungen, er hätte auch gerne in Wangen Abitur gemacht. Aber dort hätte er Französisch nachlernen müssen und das Abitur frühestens 1951 ablegen können. Seine Eltern wollten daher, dass er in Riesa das Abitur nach der 12. Klasse machte. Er verstand das nicht, fügte sich aber.

»Ich kann nicht behaupten, dass wir von vornherein dem neuen Staat feindselig gegenübergestanden hätten, vielmehr wollten wir das Unsere dazu betragen, ihn nach unseren Vorstellungen von Demokratie und Freiheit aufzubauen.

Von der LDP existierte ein Flugblatt mit dem Auszug aus einer Rede ihres Vorsitzenden Wilhelm Külz: ›WIR WOLLEN‹ … war in roter Schrift der Anfang ganz groß geschrieben, dann folgten in Normalschrift die Ziele seiner Partei und das Idealbild des kommenden Deutschlands. Das Blatt endete: ›und wir wissen, dass dieses Deutschland KEIN KOMMUNISTISCHES DEUTSCHLAND IST‹. Letzteres wieder in strahlendem Rot. ›Wir wollen kein kommunistisches Deutschland‹, nein, das wollten wir wirklich nicht, und deshalb verteilte ich dieses Flugblatt nach besten Kräften, aber ich ahnte auch nicht, wie weit die Kommunisten die Macht bereits besaßen. Am eigenen Leibe habe ich das am 14. Januar 1950 erfahren, als ich wenige Wochen vor dem Abitur mit zwei Klassenkameraden von der sowjetischen Besatzungsmacht zu 25 Jahren Freiheitsstrafe verurteilt und zu deren Verbüßung nach Bautzen verbracht wurde … Vier Jahre politische Haft in Bautzen haben mich noch stärker geprägt als die vier Nachkriegsjahre.«

Verurteilt wurde er wegen »Spionage, antisowjetischer Propaganda und illegaler Gruppenbildung« gemäß diversen Paragraphen des sowjetischen Militärstrafgesetzes.

»Begriffen habe ich nichts davon. Dann kamen wir Männer (*es wurden mit ihm noch zwei Klassenkameraden verurteilt*) in eine gemeinsame Zelle, wo wir erst einmal lachten. Ich glaube, keiner von uns hat begriffen, was wir gerade erlebt hatten, aber die Nerven reagierten die ganze Nacht. Wir sangen: ›Fünfundzwanzig! Dwatzat pjatj! (= *russisch: Fünfundzwanzig*) und zählten, wie alt wir bei unserer Entlassung sein würden. Im Augenblick war ich gerade 18. Immerhin: lebenslänglich hatten wir nicht, höchstens regierungslänglich, aber auch das war unvorstellbar. Natürlich kann ich mich nach mehr als 50 Jahren nicht mehr an Einzelheiten erinnern, aber das ist auch nicht wichtig. Geblieben ist die Erinnerung an eine Heiterkeit als natürliche Reaktion auf eine monatelange Stresssituation. Ich habe sie weder damals noch später als Folter empfunden, allenfalls der Entzug von Schlaf und Brille hat mir zu schaffen gemacht, aber das waren eher Schikanen, die eben hinzunehmen und letztendlich nicht unerträglich waren. Später kamen der Hunger und die Untätigkeit hinzu, aber das war erst unter der deutschen Aufsicht. Die Russen waren fair, manchmal unberechenbar, aber nie so zynisch wie viele ihrer deutschen Helfershelfer, deren Volkspolizisten sie uns bald nach der Verurteilung zum Strafvollzug übergaben.«

Er hatte das Glück, in Bautzen für einige Monate mit einem sehr gebildeten, disziplinierten und ermutigenden Mann zusammenzusein, der ihn unter seine Obhut nahm und ihm viel half. Dann kam er in einen Saal mit etwa 400 Insassen aller Altersstufen, aber ohne Gelegenheit zu irgendeiner Arbeit oder Beschäftigung. Schach wurde mit aus Brotresten gekneteten und getrockneten Figuren gespielt. Im Übrigen beschreibt er die Verhältnisse in Bautzen ähnlich wie der uns schon bekannte Jochen B. in seiner Seminararbeit. Er erzählt darüber hinaus von verschiedenen Zirkeln und Arbeitskreisen, die sich bildeten und denen man sich je nach Interessen anschließen konnte; er selbst beteiligte sich an einem Literaturkreis. Als ein spezieller Jugendsaal eingerichtet wurde, versuchten die Jugendlichen, sich gegenseitig zu unterrichten.

»Die größten Schwierigkeiten bereiteten die nicht vorhandenen Schreibmöglichkeiten … Nur ganz selten kam man an ein Stück Schiefer oder sogar mal an ein winziges Stück Bleistiftmine. Mathematische Formeln wurden mit Vorliebe in den Fenstersims eingeritzt, wo sie gewissermaßen einen bleibenden Wert darstellten … Bücher gab es nicht, also musste das Gedächtnis trainiert bzw. eine individuelle Lerntechnik entwickelt werden … So nach und nach gab es ganz leichte Verbesserungen im Alltag: zwar keinerlei Arbeit, aber etwas Spiel: Schachbretter und Figuren, ein Tischfußballspiel und dann sogar Tischtennis. Natürlich war der Andrang groß, aber hin und wieder kam man doch zum einen oder anderen Spiel, und das füllte die Zeit. Jede Abwechslung war willkommen.«

Als es dann Gottesdienste gab und ein Kirchenchor eingerichtet wurde, gelang es Konrad, in den sehr streng nach absoluter Vertrauenswürdigkeit und Fähigkeit vom Chorleiter ausgesuchten Kirchenchor aufgenommen zu werden. »Diese 48 Mann bewohnten eine Zelle von schätzungsweise 65 Quadratmetern und hatten wenigstens eine Beschäftigung: sie durften den ganzen Tag singen!« Dort lernte er Menschen kennen, die ihm für sein ganzes Leben viel mitgegeben haben und mit denen er heute noch freundschaftlich verbunden ist.

»Der Kirchenchor trifft sich jetzt noch alle zwei Jahre. Beim Treffen 2002 war der älteste Teilnehmer 96 Jahre alt – ich mit 70 der jüngste … Der Kirchenchor war also für mich ein Glücksfall, mit dessen Hilfe ich die schwere Zeit glimpflich überstanden habe … Sicher war die gemeinsame Arbeit am Chorgesang eine wichtige Grundlage für unser seelisches Überleben, und die Tatsache, dass wir im Kirchenchor keine Ausfälle durch Krankheiten hatten, ist geradezu ein Beweis für die therapeutische Wirkung der Musik. Immerhin war fast ein Drittel der Lagerbelegschaft TBC-krank und in einem eigenen Bau isoliert – uns schützte die Musik! Leider nicht ganz, denn kurz

6a. Detlev N. 1943

vor Weihnachten 1953 wurde ich zum ersten und einzigen Mal krank: hohes Fieber verhinderte meine Teilnahme am Weihnachtsgottesdienst. Ich war in dieser Zeit oft allein in der Zelle, während der Chor probte oder im Gottesdienst sang. Das war die Zeit, in der ich mich mit meinem Schicksal abfand und nicht mehr für meine Freilassung betete, sondern für die Erkenntnis meiner Möglichkeiten an Ort und Stelle. So erscheint es geradezu paradox, dass ich kaum drei Wochen später buchstäblich über Nacht entlassen wurde.«

1955 machte er in Wangen im Allgäu das Abitur.[21]

Detlev N. (1928), ehemals Hitlerjugendführer und am Ende des Krieges noch eingezogen, war zusammen mit Konrad S. im Kirchenchor in Bautzen. Er war aber zweimal eingesperrt worden, zunächst 1945 bis 1948 im Internierungslager »Fünf Eichen« und nach einer kurzen Freiheitsphase in Rostock erneut bis 1954 in Halle, schließlich die längste Zeit in Bautzen. Er war zu 25 Jahren verurteilt worden wegen »Spionageverdacht und antisowjetischer Propaganda«. Seine Eltern, der Vater war überzeugter Nationalsozialist gewesen, hatten sich vor dem Einmarsch der Russen das Leben genommen. In seinen Lebenserinnerungen, die er mir zur Verfügung gestellt hat, zieht er ein Fazit der Jahre 1945 bis 1954:

»Verlorene Zeit?

Merkwürdig! Beide Haftzeiten und das für mich so wichtige Jahr dazwischen in *einem* Resümee? Gewiss, alle drei Zeiten hatten ihre unterschiedlichen Voraussetzungen und Verhältnisse, doch in ihrer Bedeutung für meine Entwicklung, für meine Loslösung vom Irrglauben einer politischen Idee, die meine Kindheit in fast allen Lebensbereichen bestimmt hatte, für diese Umgestaltung, ja Umerziehung, bildeten ›5 Eichen‹, das Rostocker Jahr *und* Bautzen eine Einheit. In ›5 Eichen‹ war es einmal die Borniertheit alter unverbesserlicher Nazis, die mich zum Nachdenken brachte, auf der anderen Seite der beginnende Einfluss *der* Freunde, die dem Nationalsozialismus kritisch, ja oppositionell gegenüberstanden. In dem Jahr, das ich dann in Rostock verbrachte, erkannte ich erstmalig die Freiheit des Individuums, die Macht des Geistes und die Schönheit und Bedeutung der Kunst. Das klingt *sehr* großspurig, ich weiß, doch all dies wurde mir vorgelebt, von U., von K. und von A. Ein freies Studentenleben in ganz anderen Formen und mit ganz anderen Inhalten, als ich es

6b. Detlev N. 1954, vier Wochen nach seiner Entlassung aus Bautzen

mir je vorgestellt hatte. Und schließlich Bautzen. In dieser Zeit vollendete sich meine Veränderung, meine Erneuerung, dank Walter Kempowski und vieler anderer wichtiger Freunde, dank der großen Erlebnisse und Aufgaben im Chor. In dieser Zeit lernte ich die enorme Bedeutung eines *sinnvollen* Lebens kennen, denn in Bautzen *hatte* mein Leben durchaus einen Sinn.

So kann und will ich diese neun Jahre als die entscheidenden Jahre des Umbruchs, der ›Wende‹ (um ein zeitgemäßes Wort zu benutzen) für mich sehen.

Von verlorenen Jahren zu sprechen, wäre ohne Einsicht gesprochen, wäre sogar undankbar und falsch. Dass diese Perspektive aus heutiger Sicht erscheint, soll diese Aussage nicht relativieren. Erst in den 50er Jahren war ich soweit gekommen, ehrlich zu denken: Wie gut, dass wir den Krieg *nicht* gewonnen haben.«

Karl-Heinz R. (1935), Erfurt, dessen Hauptbeschäftigung in der Nachkriegszeit die erfolgreiche Überlebensarbeit war[22], schildert in seinen Erinnerungen auch seine politische Entwicklung. Aus einem kommunistischen Elternhaus und Verwandtenkreis stammend und den Verfolgungen durch die Nazis ausgesetzt, begrüßte er die Umwälzung nach Kriegsende. Als hellwacher Zehnjähriger registrierte er alles sehr genau.

»Ich trat den Roten Finken[23] im November 1945 bei, und zwar zuerst dem Kinderchor … Die Gliederung nach Altersstruktur in Kindergruppe (bis 14 Jahre) und Jugendgruppe (14–21 Jahre) hatte ihre arbeitsmäßige Berechtigung. Diese Strukturierung war älter als die Nazi-Einheitsjugend, erinnerte aber doch fatal daran. Ebenso die Einheitskleidung (rotes Hemd und schwarze Hose bzw. weiße Bluse und roter Rock). 1946 wurde ich auch Mitglied in der Laienspielgruppe. Die am 7.3.1946 gegründete Freie Deutsche Jugend (FDJ) galt bei uns als ›Bürgerklub‹. Mit der Zwangsehe von SPD und KPD zur Sozialistischen Einheitspartei Deutschlands (SED) wurden die Roten Finken die Jugendgruppe der SED. 1948 nahm man mich in die Politgruppe der RF auf … In der Öffentlichkeit traten vor allem die Chöre in Erscheinung. Wir traten in Krankenhäusern und Flüchtlingslagern, auf größeren Partei- und Gewerkschafts- und öffentlichen Veranstaltungen auf, nahmen an Matineen und Chorwettbewerben der Jugendverbände teil. Das Bekenntnislied ›Wir sind die Jungen, die darum wissen … ‹ war in dieser Zeit für mich mehr als nur ein Gesang – es war ein Glaubensbekenntnis.

›Wir sind die Jungen, die darum wissen,
dass unser Leben Verpflichtung heißt.
Wir sind die Jungen, die aufbauen müssen,
mit neuem Denken, mit neuem Geist.
Wir sind entschlossen, das Schwerste zu wagen
und unverdrossen Brücken zu schlagen,
zu allen Völkern, in Brüderlichkeit –
Wir sind die Jugend der neuen Zeit.‹

Als ›Zoon politikon‹ gierte ich nach allen Nachrichten, die eine Veränderung erkennen ließen. So begrüßte ich damals die Kooptierung eines Stadtbeirates (Ersatz-Verordnetenversammlung). In diesen entsandten am 10.12.1945 KPD, SPD, CDU und LDP je sechs Vertreter. Meine Freude bezog sich aber auf den Umstand, dass erstmals die Jugend einen eigenen Vertreter benennen durfte … Es brauchte einige Zeit, ehe mir klar wurde, dass dieses Konstrukt weniger von einer Wertschätzung für die Jugend bestimmt war, als vielmehr der Mehrheitssicherung für die Arbeiterparteien diente. Persönlich berührte es mich aber weit stärker, als am 16.12.1945 das ehemalige HJ-Heim den Namen meines Großonkels Fritz Noack erhielt und der Jugend (nicht nur einer Gruppe) als Freizeitstätte übergeben wurde …

Am 13.10.1945 sprach Wilhelm Pieck im REWE, dem Betrieb, in dem mein Vater (*er war gefallen*) gearbeitet hatte, auf einer öffentlichen Kundgebung. Thema: ›Die Einflussnahme der Werktätigen auf alle öffentlichen Angelegenheiten‹. Ich wollte unbedingt Wilhelm Pieck sehen und hören. So wandte ich mich an Genossen Kurt, der nach einigen Überlegungen mich auch als Begleiter annahm. Die Thesen dieser Rede rauschten munter an mir vorbei, aber mein Wunsch hatte sich erfüllt. Am Folgetag fand eine KPD-Funktionärs-Versammlung in den Erfurter Reichshallen statt. Hauptredner war wieder Wilhelm Pieck. Er sprach hier im internen Kreis über die ›Herstellung der Einheit der Arbeiterklasse‹. Ich löcherte Genossen Kurt, bis er mir von dieser Versammlung erzählte. Ich konnte aber nicht verstehen, wieso die Vereinigung von KPD und SPD zu einer großen Partei die Einheit der Arbeiterklasse bedeutete. Waren denn alle Arbeiter Mitglieder in der KPD oder SPD? Was war mit den Nazis, die jetzt Aufräumarbeiten leisten mussten? Wenn die Maschinisten und Vorarbeiter bei den Enttrümmerungsarbeiten Arbeiter waren, dann mussten doch die ehemaligen Nazis nun auch Arbeiter sein und einer der beiden Arbeiterparteien angehören. War das wünschenswert? Durfte denn so etwas sein? Kurts Erläuterung, dass die Arbeiterparteien die Avantgarde des Proletariats bilden, dem nur klassenbewusste Arbeiter angehören durften, schuf mir neue Probleme und löste das alte nicht. Wenn nicht alle Arbeiter Parteimitglied werden konnten, wieso sprach man dann von einer Einheit der Klasse … Wie ich viel später erfuhr, widersetzte sich Genosse Kurt auch in der KPD-Leitung der Vereinigungsanweisung. Als ich ihn im Februar 1946 nicht mehr antraf, erhielt ich nach mehreren Anfragen von meiner Großtante die Auskunft, er sei zu einem längeren Lehrgang. Und man kann sagen, es war nicht gelogen: Es dauerte längere Zeit und gelehrt hat es ihn und mich einiges (bei mir kam es etwas später) … .

Brav besuchte ich die Roten Finken. Wir probten unser Programm für die Kundgebung zur Parteienvereinigung. Am 22. März 1946 traten wir dann in der ›Harmonie‹ bei der KPD-Veranstaltung auf … Einen Tag später kam es zur Gründung der Ortsgruppe der Freien Deutschen Jugend (FDJ) im Kino ›Angertheater‹. In den folgenden zwei Wochen nominierten KPD und SPD ihre Delegierten für den Vereinigungsparteitag. Dieser wurde am 7. April 1946 in der Stadthalle Gotha durchgeführt. Im Bahnhof begrüßten wir die Zurückkehrenden mit einem Chorkonzert.

Am nächsten Tag nahm die neue Ortsleitung der Sozialistischen Einheitspartei (SED) ihre Arbeit auf. Wir unterstanden von nun an ihrer Jugendabteilung ... Nach diesen politisch bedingten Auftritten folgten weitere in Krankenhäusern und Altenheimen. Hier standen Frühlingslieder im Vordergrund – schließlich hatten wir Vorosterzeit ...

Am 29.10. erfolgte die Auflösung des Stadtbeirates. An seiner Stelle wurde durch die Parteien eine provisorische Stadtversammlung aus 40 Vertretern ernannt und durch den Oberbürgermeister berufen. Sie hatte beratende Funktion und vor allem die Wahlen für die Stadtversammlung und den Thüringer Landtag vorzubereiten. Mich ärgerte damals daran, dass vor allem wegen Widerspruchs der CDU in die provisorische Stadtversammlung kein Jugendvertreter aufgenommen wurde und auch bei den bevorstehenden Wahlen es keine gesonderte Jugendliste geben durfte. In den Wahlkampf waren auch die Roten Finken mit eingebunden. Neben Chorauftritten galt es vor allem, Plakate zu kleben bzw. zu überkleben (besonders von der ›jugendfeindlichen‹ CDU). Ich beobachtete damals mit heimlicher Freude, dass das Papierkontingent für die bürgerlichen Parteien kleiner war als für ›unsere‹ und dass die Druckaufträge auch schleppender ausgeführt wurden. Diesen Eindruck konnte man aus der Mengenverteilung der Plakate im Stadtbild und aus dem Zeitpunkt der Plakatierung gewinnen.«

Die Roten Finken mussten bei der Auszählung der Stimmen bei den Wahlen zur Stadtverordnetenversammlung und zum Landtag mitwirken. Die SED erlitt eine herbe Wahlniederlage; Karl-Heinz bemerkte Wahlfälschungen und konnte nicht verstehen, wieso dann doch ein SED-Mann Oberbürgermeister wurde.

Unter dem Einfluss verschiedener glaubwürdiger Menschen, die ihm die christliche Botschaft gut vermitteln konnten, ließ er sich taufen. Der Vater, der dagegen gewesen war, lebte ja nicht mehr. Onkel und Großmutter wurden seine Taufpaten. Er wurde dann auch bei den Thüringer Sängerknaben aufgenommen, beschäftigte sich mit russischer Literatur und Geschichte, unternahm mit den Roten Finken Wanderungen und Radtouren. Er hatte sehr viele Interessen, besuchte Theater und Kino und ging mit den Thüringer Sängerknaben auf Tournee. Er begann allmählich und immer stärker an der Politik der SED und ihrem stalinistischen Kurs zu zweifeln, die verdiente Kommunisten ausschloss, weil sie nicht stalintreu waren.

»Kurz nach meinem zwölften Geburtstag (Oktober 1947) kam die Nachricht, dass ich als Opfer des Faschismus (ODF) anerkannt sei[24] und in die Vereinigung der Verfolgten des Naziregimes (VVN) aufgenommen wurde. Die direkte Auswirkung war, dass meine Stiefmutter eine monatliche Erziehungsbeihilfe von 75 RM für mich erhielt. Dies war der materielle Gehalt des Bescheids. Gesellschaftlich bedeutete es so etwas wie ein Ritterschlag.«

Er war empört über die Teilung Deutschlands, die er einseitig Adenauer in die Schuhe schob.

»Bei mir festigte sich die Meinung, dass man kein Gespräch wollte, die Einheit ablehnte und einer kleindeutschen Lösung den Vorzug gab. Dieser Verrat an Deutschland war ein Grund, mich – trotz aller Gegensätze und üblen Erfahrungen – in der späteren DDR zu halten.«

1949 kam Genosse Kurt von seinem »Lehrgang« zurück. Es kam zu einem Gespräch.

»Was ich dann zu hören bekam, das konnte nur eine Geschichte aus dem Tollhaus sein, durfte einfach nicht wahr sein. Die Schulung, die man ihm angedeihen ließ, bestand in einer Inhaftierung im KZ Buchenwald. Er, der über fünf Jahre unter den Nazis hier verbracht und überlebt hatte, wurde wieder hierher verschleppt. Sein Verbrechen: Er hatte sich gegen die Vereinigung von KPD und SPD gewandt und in Vorentscheidungen auch dagegen gestimmt. Zuerst versuchte man, ihn in der KPD-Leitung umzustimmen. Als dies nicht fruchtete, sprach der Politkommissar der Stadtkommandantur deutliche Worte zu ihm. Da auch diese auf fruchtlosen Boden fielen, wurde er kurzerhand interniert. In Buchenwald begegnete er wenigen Genossen, meist von der SPD, vielen belasteten Nazis und einer großen Zahl Personen aller Altersgruppen, die aus unterschiedlichen Gründen und Verdächtigungen hierher gebracht wurden. Die sowjetischen Bewacher sahen auch ruhig zu, dass ein Teil der Nazis ihre Gegner von früher im Lageralltag zu schikanieren versuchte. Unter diesen Bedingungen verbrachte er über drei Jahre … .

Am 12. Oktober 1949 (*zwei Tage nach der offiziellen Gründung der DDR*) übergab Stadtkommandant Major Kutschik die Verwaltungsaufgaben an den Rat der Stadt Erfurt. Am gleichen Tage feierte die Jugend in Erfurt die Gründung der DDR und die Wahl Piecks mit einem Fackelzug und einer Großkundgebung auf dem Domplatz. Das war meine letzte Aktion im Rahmen der Jugendorganisation. Wenige Tage danach wurde ich dann ausgetreten, da ich mich weigerte, den Ausweis der Roten Finken, die sich am 1. Oktober der FDJ angeschlossen hatten, gegen den der FDJ umzutauschen. Den Austritt hatte ich schon vorher erwogen, da ich feststellte, dass mein Onkel Paul, der ehemalige SA-Mann, in der SED-Leitung für Jugendfragen zuständig war. Das war mir doch zu stark.«

Karl-Heinz R. blieb in der DDR, trotz vieler Stolpersteine und beruflicher Benachteiligungen wegen seiner nicht hundertprozentigen Anpassung. Er war aktiv bei den streikenden Arbeitern im Zusammenhang mit dem 17. Juni 1953, wurde mehrere Tage inhaftiert, grausam verhört und zusammengeschlagen. Am 5.11.05 schrieb er mir: »Eine lebenslänglich schwärende Wunde bleibt aber, dass ich nie den Januskopf auf Dauer ablegen konnte. Meine Wut und Trauer richtet sich dabei vor allem gegen jene, denen meine ganze Hoffnung galt, und die mir wieder das Doppelgesicht aufzwangen.« Seinen Traum von Demokratie hat auch die deutsche Wiedervereinigung nicht erfüllt.

Peter R. (1933) lebte in einem Ort bei Berlin. Sein Großvater war bei Goebbels Hausdiener gewesen und hatte den kleinen Peter sogar einmal mitgenommen. Er durfte mit den Goebbels-Kindern im Garten spielen. Er war auch im »Dritten Reich« gerade noch und nicht ungern Pimpf gewesen. In der DDR machte er zunächst politische Karriere:

»Im Mai 1951 (*da war er schon 18 Jahre alt*) bin ich in die FDJ eingetreten. In Cottbus wurde mir die Funktion eines FDJ-Gruppenleiters und später eines Organisations-Leiters übertragen. Auf Grund meines Interesses für Kulturarbeit, hier besonders für Volkstanz, delegierte mich der Betrieb zu einem Lehrgang, den ich mit der Berechtigung, Volkstanzgruppen zu leiten, abschloss. Natürlich war ich auch im FDGB (Freier Deutscher Gewerkschaftsbund) und in der Gesellschaft für Deutsch-Sowjetische Freundschaft … Als der ›große Freund der Deutschen‹, J.W. Stalin, die Augen für immer schloss, musste ich mit einer Betriebsdelegation und Kranz nach Berlin zur Botschaft der UDSSR Unter den Linden fahren und meine Unterschrift in eine Kondolenzliste setzen. Dort müsste sie heute noch stehen … Eines Tages hörte ich, dass man im Ministerium für allgemeinen Maschinenbau in Berlin am Potsdamer Platz bei der Hauptverwaltung R-F-T (*Radio- und Fernmelde-Technik*) Leute suche. Da habe ich mich beworben und wurde ab August 1953 auch auf Grund meiner ›gesellschaftlichen Arbeit‹, inzwischen war ich in Cottbus als stellvertretender BGL (Betriebs-Gewerkschafts-Leiter) und Vorsitzender der ›Kommission für kulturelle Massenarbeit‹ gewählt worden, in der Produktionsleitung eingesetzt. Dort musste ich hauptsächlich Statistiken über die Planerfüllung bzw. Nichterfüllung der uns angeschlossenen Betriebe führen und Ministerberichte fälschen. Fälschen deshalb, weil die Betriebe die Pläne wegen Materialmangels nicht erfüllen konnten. Auf den Ostseewerften wurden Fischlogger als Reparationsleistungen für die Sowjetunion gebaut. Dazu sollten von einigen unserer Betriebe Radar- und Echolotgeräte und Fischlupen geliefert werden. Als ich meinen ›Tatsachen-Bericht‹ dem Produktionsleiter vorlegte, fuhr mich dieser an mit der Bemerkung: ›Das kann man dem Minister nicht vorlegen!‹ Also musste ich meinen Bericht frisieren und lernte dabei das ›offizielle Lügen‹ … In der Hauptverwaltung, während der Arbeitszeit, wurde ich mit zwei Ansinnen konfrontiert, die mir absolut nicht schmeckten. Zunächst versuchte man, mich ›freiwillig‹ zur kasernierten Volkspolizei zu werben. Als ich ablehnte mit der Begründung, dass meine Mutter mich rausschmeißt, wenn ich ein Gewehr anfasse, und ich das Kriegsende noch vor Augen habe, auch den zerbrochenen Karabiner über der Bühne im Gasthaussaal Weber in Lagerwisch mit dem Schild darunter ›Nie wieder Krieg‹, fragte man mich, der ich doch auf dem Lande wohne, was ich mit Leuten machen würde, die sich an unseren Feld- und Gartenfrüchten vergehen würden. ›Wenn ich sie erwischte, bekämen sie eine Latte ins Kreuz‹, war meine Antwort. ›Etwas anderes wollen wir auch nicht. Wir wollen nur unsere Grenzen schützen!‹ war daraufhin die

Antwort des Werbers. Aber ich blieb stur, ich konnte mir ein Leben in Uniform nicht vorstellen.«

Ebenso stur blieb er, als man ihm nahe legen wollte, als Kandidat der SED beizutreten. Er wurde dann aufs berufliche Abstellgleis geschoben.

»Gesellschaftlich versuchte man, mich in den Griff zu bekommen. Freiwillig sang ich im Betriebschor mit und leitete eine Volkstanzgruppe. Auch ›kulturelle Massenarbeit‹ durfte ich weiterhin innerhalb der Betriebs-Gewerkschafts-Leitung betreiben. Man schickte mich sogar auf einen einwöchigen Gewerkschaftslehrgang nach Potsdam, um mich zu trimmen bzw. auf Linie zu bringen. Zufällig sah ich in der Kader-(Personal)Abteilung eines Tages die Beurteilung der Lehrgangsleitung über mich liegen. Zwar mit dem Kopf zu mir, aber ich konnte das ›Dokument‹ trotzdem lesen. Darin stand, dass der Kollege R. noch sehr ›bürgerliche‹ Ansichten habe, und man versuchen sollte, mir diese durch weitere Schulungen auszutreiben. Das bedeutete, dass ich es in dieser Gesellschaft niemals zu etwas bringen würde, außer ich verleugnete meine wahre Einstellung … Das Leben ging weiter. Unser Betriebschor war im Herbst 1956 zu einem gesamtdeutschen Chortreffen in Thüringen. Dort lernte man den ›Volkschor Schwerte/Ruhr‹ kennen. Dieser lud den Betriebschor zu seiner 50-Jahr-Feier im Frühjahr 1957 nach Schwerte ein. Damals herrschte politisch noch etwas Tauwetter … Das MfS (*Ministerium für Staatssicherheit*) interessierte sich für mich. Mir ist heute noch nicht klar, warum man gerade auf mich verfallen war. Eventuell lag es an meiner christlichen Erziehung und Einstellung, und man spekulierte darauf, dass mir Außenstehende keine Stasi-Mitarbeit zutrauten.«

Er leistete die Unterschrift, weil er nach Schwerte fahren wollte. Der Mitarbeit bei der Stasi wollte er sich danach durch Flucht über Westberlin entziehen. Er hatte den Auftrag bekommen, in Westdeutschland für den Staatssicherheitsdienst zu arbeiten. Im Notaufnahmelager Uelzen offenbarte er sich. Der Anfang im Westen war außerordentlich schwer. Er hatte schreckliches Heimweh. Erst nach 16 Jahren durfte er seine Familie wiedersehen.

Peter R. war einer von mehr als drei Millionen Deutschen, die aus der SBZ/DDR illegal in den Westen gingen.[25] Bis 1949 waren unter ihnen allein 400.000 Vertriebene. Für diese war es schon die zweite oder die dritte Flucht. Wie viele Kinder von diesem unsteten und gefährlichen Leben betroffen waren, wissen wir wieder nicht genau. Meist waren die Flüchtlinge ja junge Leute oder Familien mit Kindern. Und die etwas älteren Kinder trugen einen erheblichen Teil Verantwortung bei diesem schwierigen Unterfangen mit. Sie gingen »schwarz über die grüne Grenze aus dem roten Osten in den goldenen Westen«, wie es einer von ihnen formulierte. Die Gründe waren vielfältig. Es gab **Grenzgänger**, die nur zeitweilig die Grenze passierten, um zu tauschen[26], zu schmuggeln oder Besuche zu machen, und solche, die für immer blieben, weil sie sich ein besseres Leben, berufliches Fortkommen versprachen, weil sie z. B. wegen »gesellschaftspolitischer Unzuverlässigkeit« nicht die Erweiterte Oberschule besuchen und studieren durften oder sich bedroht und gefährdet fühlten. Letzteres betraf häufiger auch die Eltern, die für sich keine Zukunftschance in dem neuen Staat sahen. Flüchtlinge aus dem Osten hatten ohnehin nichts zu verlieren, also zogen sie weiter; oft war auch für die verstreuten Familienangehörigen als gemeinsame Anlaufstelle ein Treffpunkt im Westen vereinbart worden. Manche Grenzgänger brachten es fertig, einen Teil ihres Hausrates nach und nach in den Westen zu befördern; viele, viele Pakete wurden geschickt. Oder sie kehrten nochmals in die »Zone« zurück, um noch ein paar Sachen zu holen. Andere retteten nur sich selbst. In den ersten Monaten nach Kriegsende war die Grenze noch nicht unpassierbar; sie wurde erst nach und nach immer stärker befestigt. In der unmittelbaren Nachkriegszeit kam es sehr auf die jeweiligen Grenzsoldaten, zunächst die russischen, später die Volkspolizei, an, wie sich der Übergang gestaltete. Über Berlin konnte man bis zum Mauerbau 1961 relativ gefahrlos die »Ostzone« verlassen und sich in einem Notaufnahmelager registrieren lassen. Eine reguläre Ausreisegenehmigung bekam man in den seltensten Fällen. Das galt als »Republikflucht«. Dass auch die Grenze zwischen der amerikanischen und französischen Zone schwierig zu überqueren war, kann hier außer Betracht bleiben, denn sie löste sich nach kurzer Zeit ganz von selber auf.[27] Die Flüchtlinge aus der SBZ/DDR wurden oft nicht freundlicher behandelt als die zuvor gekommenen aus den Ostgebieten.[28] Oft mussten sie lange Zeit in Flüchtlingslagern recht und schlecht hausen. Kinder wurden – manche zum wiederholten Mal – aus der vertrauten Umgebung herausgerissen, von den Schulkameraden getrennt. »Ich hab› am Anfang hier nur geheult«, sagte eine Betroffene. Diese Flucht von Deutschland nach Deutschland verlängerte die Nachkriegszeit für die Betroffenen. Sie dauerte länger als der ganze Krieg. Viele sagen, dass erst Mitte der 50er Jahre, als die Familie im Westen vereint war und wieder eine Lebensgrundlage gefunden hatte, so etwas wie ein »normales Leben« für sie beginnen konnte.

Sieglinde P. (1934) war mit Mutter und fünf Geschwistern sieben Wochen zu Fuß auf der Flucht aus dem Sudetenland. Vom Flüchtlingslager Bad Segeberg wollten sie nach Winsen an der Luhe zur Schwester ihrer Mutter:

»Wir wussten zwar nicht, ob die noch lebte, aber wir hofften, dass sie da war. Das war die letzte Adresse, die wir wussten. Aber da mussten wir ja über die Grenze zwischen der russischen und der englischen Zone. Diese Grenze war also da, und wir hatten kurz vorher schon Leute zurückkommen sehen von da, die auch da rüber wollten, und die haben gesagt, man kommt nicht rüber. Wir sind also da auf die Grenze zugegangen, und dann haben die Russen unser ganzes Gepäck aufmachen lassen und haben in einem Fotoalbum ein Bild gefunden von einem alten Mann, der bei uns gewohnt hat während des Krieges, und das, haben sie gesagt, wäre eine SS-Uniform, und da durften wir nicht durch, und wir mussten also wieder zurück. Das ist das einzige Mal, dass ich mich erinnere, dass meine Mutter geweint hat, als wir da nicht über die Grenze durften, sie konnte einfach nicht mehr.«

Sie kampierten dann noch ein halbes Jahr in einem ganz primitiven, schiefen Klassenraum in Lübs bei Parchim in Mecklenburg.

»Und dann haben wir gehört, dass in der Nacht ein Zug nach Westen durchgeht, und am nächsten Morgen sind wir also dort gewesen und konnten oben auf einem Kohlenwagen sitzen und sind dann wirklich über die Grenze gekommen in der Nacht … Wir sind dann immer wieder ein Stück gefahren, ein Stück stehen geblieben und wieder gefahren, und irgendwann kamen wir dann von dem Kohlenwagen runter, und da waren wir alle völlig schwarz, aber dann hat uns jemand einen anderen Waggon aufgemacht, und dann sind wir da reingestiegen und waren glücklich, dass wir jetzt in 'nem anderen Waggon waren, aber das war ein Leichenwaggon mit vielen Särgen, und es hat entsetzlich gestunken; die Särge waren zu, das haben wir also nicht gesehen.«

Im Februar 1946 kamen sie bei der Tante an, die tatsächlich in Winsen lebte.

Rudolf G. (1930) war mit der Mutter aus dem Sudetenland vertrieben worden und lebte bis 1949 mit Schwester und Mutter in Sachsen-Anhalt. Er selbst war durch Kinderlähmung schwer gehbehindert:

»1948 wurde mein Vater aus der Gefangenschaft entlassen. Er ging nach Oppenweiler (*Baden-Württemberg*) und bekam Arbeit bei der Gemeinde. Er wollte uns in den Westen holen, hatte aber noch keine Zuzugsgenehmigung. Genau zum Zeitpunkt der Währungsreform besuchte er uns im Osten. Auf dem Weg vom Bahnhof bis zu uns begegnete er seiner Tochter. Beide erkannten sich nicht, denn sie hatten sich schon über drei Jahre nicht mehr gesehen … Ich bekam einen Ausbildungsplatz als Orthopädiemechaniker in Magdeburg. Dort konnte ich in einem Heim wohnen. Nach drei Monaten erhielt Vater die Zuzugsgenehmigung für uns, und ich gab die Stelle auf. Allein wollte ich nicht im Osten bleiben, und wir beantragten bei der russischen Kommandantur die Ausreise. Diese wurde abgelehnt mit der Begründung, dass mein Vater im Osten auch Wohnung und Arbeit bekommen könnte.

Unser Pfarrer vermittelte uns daraufhin heimlich einen Grenzführer in Öbisfelde. Der wohnte in der Nähe des Grenzübergangs und kannte die Russen am Schlagbaum … Es war ein netter alter Mann, und er gab mir einen Termin. Für die Russen sollten wir zwei Flaschen Schnaps mitbringen. Für sich verlange er nichts, stellte uns aber frei, etwas zu geben … Als es soweit war, sondierte unser Grenzführer erst die Lage am Schlagbaum. Es sei alles in Ordnung, und wir gingen los. Kurz vor dem Übergang liefen wir einer Polizeistreife in die Arme. Ich erzählte wahrheitsgemäß, dass wir die

Zuzugsgenehmigung für den Westen hätten und versuchen wollten hinüberzukommen. Dass wir einen Grenzführer dabei haben, sagte ich natürlich nicht.

Die Polizisten waren freundlich und meinten, vielleicht lassen sie euch durch. Wir sollten aber warten, bis das Auto des russischen Kommandanten zurückkommt, der eben zur Kontrolle am Schlagbaum ist. Wir stellten uns hinter ein Haus und warteten, bis das Auto zurückkam. Nun marschierten wir freudestrahlend los. Leider hatten wir Pech, der Wagen war leer zurückgefahren und der Kommandant noch da. Sofort wurden wir festgenommen, und meine große Schwester fiel vor Schreck gleich in Ohnmacht. Mutter war auch verzweifelt und hatte vor Angst schon ganz blaue Lippen. Wir wurden verhört und anschließend, bis auf den Grenzführer, der deutschen Polizei übergeben. Die führten uns mit gezogener Pistole in einen abgeschlossenen Kellerraum. Wir waren die Ersten, über Nacht füllte sich der Raum immer mehr.

Da Mutter so verzweifelt war, versuchte ich, sie zu trösten und sagte, wenn es hier nicht klappt, versuchen wir es woanders, so lang, bis wir drüben sind, obzwar ich selbst auch nicht so ganz überzeugt war. Morgens wurden wir nochmals einzeln von einem Polizeioffizier vernommen. Der war sehr human und sagte, weil wir Zuzugsgenehmigung hätten, würde er uns an einer Stelle, an der keine Russen sind, über die Grenze bringen lassen. Voraussetzung sei aber, dass ich die polizeiliche und auch die Lebensmittelkarten-Abmeldung beibrächte … Drei Tage war ich deshalb unterwegs (*es war ihm gelungen, die Papiere aufzutreiben, weil er den Bürgermeister gut kannte*), und weil Mutter nicht wusste, wann ich zurückkomme, ging sie zu jedem ankommenden Zug … Wir gingen dann gleich zu dem Polizeioffizier, der uns mit einem Grenzpolizisten Richtung Grenze schickte. Wenn er angesprochen wurde, erklärte er, dass er uns festgenommen hätte und uns in das Haus brächte, in dem die Grenzflüchtlinge eingesperrt werden. Bei Dunkelheit schickte er uns los, und in 10 Minuten waren wir im Westen. Das Gefühl der Erleichterung und Befreiung, das wir damals hatten, ist nicht zu beschreiben. Ich dachte mir, wenn ich auch noch so alt werde, da kriegen mich keine zehn Pferde mehr hinüber.«

Im Juni 1949 war die Familie zusammen in Oppenweiler, aber der Anfang im Westen war sehr schwer.

Elsbeth B. (1940) war eine Bauerntochter aus dem Kreis Merseburg. Der Vater starb 1948 in russischer Gefangenschaft:

»Ziel in der DDR war es, die ›Großbauern‹, zu denen auch wir zählten, zu vernichten bzw. zum Eintritt in die LPG (*Landwirtschaftliche Produktionsgenossenschaft*) zu bewegen. Dies erreichte man dadurch, dass die Ablieferungsquoten pro Hektar (Fleisch, Milch, Getreide, Kartoffeln, Sonderkulturen wie Tabak und Mohn) viel höher angesetzt wurden als bei Kleinbauern, obwohl doch erwiesenermaßen bei den Großbauern pro Hektar auch nicht mehr wuchs. So kam meine Mutter mit ihren Pflichten immer mehr in Verzug und auch in große finanzielle Not, weil nur das, was über das Soll hinaus geliefert wurde, einigermaßen Geld brachte. Wenn sie auf die Bank kam, um Geld für die Leute zu holen, wurde ihr eröffnet, es sei kein Geld da. Als sie sich dann auch noch vor dem Rat des Kreises verantworten sollte, weil sie ihren Verpflichtungen nicht nachkam, war für sie das Maß voll. Sie hatte Angst vor dem Gefängnis und wollte uns Kindern ersparen, dass wir ganz ohne Eltern dastanden. So wurde der schwere Entschluss für uns alle gefasst, wir müssen ›abhauen‹. In aller Eile wurden einige unserer Habseligkeiten unter Stroh versteckt, auf einen Wagen geladen und zu zuverlässigen Bekannten und Verwandten gebracht und der Fluchttermin festgesetzt. Weil wir aber alle keine Ahnung hatten, wie so etwas abläuft, wurde für den letzten Sack Zucker ein Fluchthelfer engagiert, der uns über die Grenze bringen sollte. Wir nahmen den Zug von Leipzig nach Berlin, und uns Kindern wurde eine Adresse eingebläut von einem angeblichen Onkel, den wir besuchen wollten. Uns stand die Angst ins Gesicht geschrieben, vor allem als Polizei durch den Zug ging und das Gepäck musterte. Es ging aber alles gut, und wir stiegen in die S-Bahn, die in die Freiheit fuhr. Leider wurde an der letzten Station im Osten unser Fluchthelfer aus der Bahn geholt und mit ihm entschwand meine ganze Kleidung, die er in einer Aktentasche trug.[29] Er konnte noch meinem Bruder zuflüstern: ›An der nächsten Station aussteigen‹, und so standen wir abends gegen 22 Uhr ahnungslos im Westen. Irgendwie schafften wir es, eine Notunterkunft zu finden, um uns am nächsten Tag mit einer großen Schar anderer Flüchtlinge registrieren zu lassen, was fast den ganzen Tag dauerte.«

Nach verschiedenen Lageraufenthalten fanden sie in Baden-Württemberg ein Zuhause, »einem Land, von dem wir so gut wie nichts wussten«, sagt sie abschließend.

Sehr anschaulich beschreibt Christa Dittmann (1931)[30] ihren Entschluss, der Einladung ihrer Tante nach Schwäbisch Hall zu folgen, und ihre zweite Flucht. Sie lebte von 1946 bis 1950 in Plau in Mecklenburg, wohin sie mit ihren Eltern nach der Flucht aus Pommern gelangt waren. Als Flüchtlinge ohne Beziehungen hatten sie es besonders schwer in der »Zone«. So oder ähnlich haben es Unzählige erlebt:

»Diese Jahre waren noch sehr entbehrungsreich, stundenlanges Anstehen bei den Ämtern nach Lebensmittelkarten und Bezugscheinen gehörte zum Leben. Vor allem Bezugscheine waren sehr schwer zu bekommen. Brauchte man ein bestimmtes Kleidungsstück, musste man schriftlich eine eidesstattliche Erklärung abgeben, dass man das betreffende Kleidungsstück nicht schon einmal besitzt. Lächerlich wurde dies bei Unterwäsche …

1948 kam dann die Währungsreform. In der Ostzone änderte sich dadurch nicht viel, etwas besser wurde es ja; es gab doch dies oder jenes immer häufiger und manches schon ohne Marken. Auch Kleidungsstücke bekam man hin und wieder schon ohne Bezugschein, allerdings in miserabler Qualität.

Mit der Währungsreform breitete sich die Nachricht wie ein Lauffeuer aus, dass im Westen über Nacht alle Läden mit den herrlichsten Sachen gefüllt wären. Alles, was man in den langen Jahren der Kriegs- und Nachkriegszeit entbehren musste, sollte im Westen plötzlich da sein. Wir konnten es kaum glauben.

In dieser Zeit, also 1949, fuhr ich für ein paar Tage nach Berlin (*eingeladen von Tante und Onkel in Westberlin*). Dies war für mich natürlich ein ganz großes Erlebnis. Damals konnte man ja ohne weiteres noch mit der S-Bahn, mit der U-Bahn oder Straßenbahn von einem Sektor in den anderen fahren. In Berlin spürte man den Unterschied zwischen Ost und West besonders krass. Die Stadt war furchtbar kaputt. In Westberlin hatte man schon angefangen mit dem Aufräumen und dem Wiederaufbau. In Ostberlin lagen noch überall Trümmer rum, und vom Aufbau war noch nichts zu sehen. In Westberlin waren die Läden mit Waren über und über gefüllt und die Schaufenster schön dekoriert, und überall hing Reklame. In Ostberlin waren die Läden so gut wie leer, die Schaufenster allenfalls mit einem Blumenstrauß geschmückt. Überall hingen Plakate der DDR-Funktionäre mit Aufrufen und Spruchbändern der SED und Stalin-Bilder in überdimensionalen Größen. Im Ostsektor sah alles grau und düster aus. Im Westsektor bunt und lebhaft … Zurückgekehrt nach Plau machte ich mir so einige Gedanken: Im Westen gab es also tatsächlich alles: Lederschuhe, schöne Kleider und vor allem richtige Wolle! Was konnte man daraus alles machen!! Und alles in rauen Mengen. Kein Mensch musste dort mehr anstehen. Von diesen Sachen hatte ich mir von meinem bisschen Geld natürlich nichts leisten können.

Von nun an verging kaum eine Woche, in der sich nicht die Nachricht verbreitete, dass dieser oder jener Bekannte oder ganze Familien heimlich über Nacht mit Sack und Pack verschwanden. Der einfachste Fluchtweg war zu der Zeit über Berlin. Man löste eine Fahrkarte nach einem Ziel über Berlin hinaus und wählte bewusst eine Strecke, die durch Westberliner Gebiet führte. Damals hielten ja noch alle Züge auch an Westberliner Stationen, da war es denkbar einfach, dort auszusteigen und sich als Flüchtling anzumelden. Man musste dann ein paar Wochen in einem Lager warten, bis man an der Reihe war und über die ›Luftbrücke‹ nach Westdeutschland transportiert wurde. In Westdeutschland kamen die Leute nochmals in ein Lager, bis sie eine Zuzugsgenehmigung bekommen hatten und somit Arbeit und Wohnung suchen konnten. Ein anderer Fluchtweg war über die Landesgrenze, die sogenannte ›grüne Grenze‹. Immer mehr Leute wählten diesen oder jenen Fluchtweg. Zum großen Teil waren es Flüchtlinge aus dem Osten, die hier nach dem Krieg hängen geblieben waren und nun weiterzogen. Sie hatten ja nichts mehr zu verlieren. Im Gegenteil, im Westen bekamen sie von staatlicher Seite viele Hilfen zum Aufbau einer neuen Existenz. Doch auch Einheimische flohen und ließen Häuser und Eigentum zurück, die natürlich vom Staat entschädigungslos beschlagnahmt wurden … Auch kam es immer häufiger vor, dass Leute von der Polizei ohne ersichtlichen Grund abgeholt wurden … Es kam selten heraus, warum sie jahrelang eingesperrt wurden. Immer mehr verstärkte sich der Verdacht, dass unter uns Spitzel weilten. In jedem Ort waren welche vom Staat eingesetzt. Keiner traute mehr dem anderen, selbst Nachbarn und Freunde konnten dazugehören … Bei mir verstärkte sich immer mehr der Wille, auch eines Tages abzureisen. Meine Eltern wollten davon natürlich nichts wissen, und damit sie wegen mir keine Schwierigkeiten bekamen, wollte ich warten, bis ich 18 Jahre alt war. Gerade waren die Jugendlichen in der Ostzone schon mit 18 für mündig erklärt worden, und das kam mir sehr gelegen. Ich horchte herum und wartete auf eine Gelegenheit, mich jemandem anschließen zu können.

Im Sommer 1950 schickte mir meine Tante aus Schwäbisch Hall eine Aufenthaltsgenehmigung, und ich ging damit zu den Ämtern und bat um Reiseerlaubnis. Es wurde glatt abgelehnt mit der Begründung, ab sofort dürfe niemand mehr die Ostzone verlassen. Also musste ich es heimlich tun: das war mein fester Entschluss.«

Sie schloss sich einer Bekannten an, außerdem wollte noch eine Frau mit drei Kindern im Alter zwischen neun und zwei Jahren mitgehen … Der Abschied von Eltern und Großeltern war schwer. »Am 18. August 1950 ging es los, wir lösten eine Fahrkarte erst mal nach Magdeburg … In Magdeburg kauften wir uns Fahrkarten nach Oebisfelde. Wir hatten große Angst, der Beamte könnte uns nach dem Grund der Reise fragen. Es war schon riskant, eine Fahrkarte nach einem Grenzort zu lösen. Zum Glück kümmerte er sich nicht weiter als nötig um uns.« Noch eine alte Frau schloss sich ihnen an. Sie waren jetzt schon eine kleine Gruppe von vier Erwachsenen und drei Kindern.

»In Oebisfelde machten wir uns gleich auf den Weg in die Wohnung der Grenzführerinnen (*die Adresse hatte die Bekannte schon vorher besorgt*). Oebisfelde ist eine kleine Stadt. Wir fanden die Straße und das Haus bald. Die Grenzführerinnen, zwei Frauen, erklärten sich bereit, uns gleich in der kommenden Nacht über die Grenze zu führen. Die Zeit war sehr günstig, das Wetter gut, und der Mond schien nicht, nur Sterne leuchteten am Himmel in diesen Tagen, und somit war es nicht zu hell und nicht zu dunkel. Die Kinder durften noch ein paar Stunden bis zum Aufbruch schlafen. Wir anderen berieten das Nötige. Die Frauen verlangten pro Person 30 Ostmark, die Frau mit den Kindern sollte dagegen einen Pauschalpreis zahlen. Um 22.00 Uhr brachen wir auf. Zuerst liefen wir durch die Stadt, und dann ging es auf einem Feldweg der Grenze zu. Wir trugen alle dunkle Kleidung, es war eine schöne, warme Nacht und ein herrlicher Sternenhimmel. Wir konnten unsere Umgebung gut sehen, aber nicht weit – und somit konnte man uns auch nicht von weitem sehen. Das kleinste Kind trugen wir abwechselnd. Die Kinder waren wirklich sehr brav und machten auch keinen Lärm, als wir uns zwischendurch mal in Kartoffelfurchen verstecken mussten. Auf unserem Feldweg war ein Auto erschienen, die Grenzführerinnen sagten, das käme öfter vor, es seien Grenzpolizisten. Wir waren aber doch sehr froh, als sie, ohne anzuhalten, vorbeifuhren. Wir hatten uns rechtzeitig versteckt, aber gezittert haben wir trotzdem.

Nun ging es ohne weitere Zwischenfälle weiter der Grenze zu. Bald sahen wir Lichter in gewissen Abständen quer zu unserem Weg. Die Frauen erklärten uns, dass dies die Straße vor der Grenze sei, auf der die Volkspolizei auf und ab marschiert. Immer zwei Polizisten hatten eine Strecke von ca. einem Kilometer zu bewachen. Wir durften ab jetzt nur noch flüstern, und jedes Geräusch musste vermieden werden. Den Kindern steckten wir immer wieder Süßigkeiten in den Mund und ermahnten sie, still zu sein. Langsam schlichen wir vorwärts. Als wir nahe der Straße waren, mussten wir uns hinter einem Gebüsch verstecken, und die Frauen schlichen vor, um die Lage zu erkunden. Sie empfahlen uns noch, ihren Lohn abgezählt bereitzuhalten, und sagten, ab jetzt müsse alles schnell und im richtigen Moment geschehen. Sie kehrten bald zurück und meldeten, dass die Grenzer sich von uns fort bewegten und sie uns getrennt in zwei Gruppen rüberbringen wollten, das sei sicherer, denn sie wüssten nicht genau, wo die Polizisten umkehrten. Zuerst wollte eine Führerin mit Gisela (*der Bekannten*) und mir rüberschleichen. Wir nahmen der Frau mit den Kindern ihren schweren Rucksack ab, da wir beide eine freie Hand hatten und trugen ihn gemeinsam. Die Mutter hatte an einer Tasche und dem kleinen Kind noch genug zu tragen. Nun galt es, schnell und ohne Geräusch die Straße zu überqueren und dahinter in einem Gebüsch im Straßengraben zu verschwinden. Wir gaben dort schnell der Grenzführerin das bereitgehaltene Geld und bedankten uns, und schon war sie verschwunden. Als sie wieder die Straße überqueren wollte, hörten wir plötzlich die schnellen Schritte der Grenzpolizisten und das Knarren der Gewehre und ›Halt!‹-Rufe. Kurz darauf waren sie bei der zurückgelassenen Gruppe. Wir hörten erregte Worte, Befehle und das Weinen der Kinder. Dies alles geschah kaum 20 m von uns entfernt. Wir hatten schreckliche Angst und meinten, man müsste uns atmen hören und steckten uns Taschentücher in den Mund. Kurz darauf hörten wir, wie unsere Reisegefährten abgeführt wurden: wieder in Richtung Oebisfelde. Nun wussten wir nicht, ob beide Polizisten mitgegangen waren oder ob einer vielleicht Wache hielt. Es waren schreckliche Minuten. Nach langem, bangen Horchen rafften wir uns auf, nahmen unser Gepäck und schlichen gebückt im Straßengraben vorwärts. Der mitgenommene Rucksack behinderte uns dabei sehr, aber wir konnten ihn ja schließlich auch nicht stehen lassen. Als wir dachten, von der Grenzstraße aus weder gesehen noch gehört zu werden, stiegen wir wieder auf den Feldweg und konnten nun wieder nebeneinander laufen, das ging doch einfacher. Kurz darauf trafen wir auf ein Schild, auf dem ›Niemandsland‹ stand. Unsere Führerinnen hatten uns darauf aufmerksam gemacht und erklärt, dass wir bei diesem Schild noch nicht aus der Gefahrenzone seien; erst wenn wir den Ort ›Grafhorst‹, von dem wir in der Ferne Lichter sahen, erreicht hätten, seien wir im ›Westen‹.

So schnell es unser schweres Gepäck erlaubte, liefen wir den Lichtern entgegen. Von unserem Weg konnten wir nur ein paar Meter sehen, ringsum war alles dunkel und still. Plötzlich leuchtete rechts neben uns eine Taschenlampe auf. Wir waren vor Schreck wie gelähmt und dachten nur das eine: ›Jetzt haben sie uns doch erwischt!‹ Nachdem uns die Lampen nicht mehr ins Gesicht leuchteten, sahen wir zwei freundliche Uniformierte, die unsere Ausweise sehen wollten. Sie teilten uns mit, wir seien nun im Westen und hätten nichts mehr zu befürchten. Es waren also Beamte des westdeutschen Grenzschutzes. Erschöpft sanken wir beide ins Gras und mussten uns erst mal beruhigen. Die beiden entschuldigten sich bei uns, vorsichtig sein zu müssen, da es schon vorgekommen sei, dass Volkspolizisten bis hierher vorgedrungen seien. Daraufhin begleiteten sie uns noch in den Ort zu einer Gastwirtschaft und halfen uns sogar noch beim Tragen unseres Gepäcks.

Es war nun schon nach Mitternacht, trotzdem befanden sich in der Gastwirtschaft noch viele Leute. Dies war wohl so eine Sammelstelle für Flüchtlinge, auch Grenzbeamte gingen hier ein und aus. Wir konnten dort bis zum Morgen bleiben und wurden darauf vorbereitet, dass am nächsten Vormittag ein amerikanischer Offizier käme, um mit uns zu sprechen. Im Laufe der Nacht kam noch ein Flüchtling, ein junger Mann, der von Kopf bis Fuß nass war. Er berichtete, er sei zusammen mit seinem Freund durch die Aller geschwommen, die dort ein Stück die Grenze entlangfließt, sie seien von der Volkspolizei bemerkt worden, die auf sie geschossen hatte. Am westdeutschen Ufer hatte er seinen Freund nicht finden können und bat nun um Hilfe. Mehrere Grenzbeamte halfen ihm beim Suchen.

Morgens kam dann der Amerikaner und stellte uns allerlei Fragen. Er wollte wissen, woher wir kamen, wohin wir wollten und den Grund unserer Flucht. Auch wollte er wissen, wie die Grenze bewacht war usw.«

Sie erreichte ihren Bestimmungsort Schwäbisch Hall und erfuhr durch die Bekannte, dass die Frau mit den Kindern und auch die Oma gut an ihren Zielen angelangt waren. In Oebisfelde waren sie drei Tage eingesperrt und dann wieder freigelassen worden. Daraufhin fuhren sie ein paar Stationen weiter und kamen dort gut über die Grenze.[31]

Christa L. (1944) lebte nach dem Krieg mit Eltern und drei Geschwistern in Uder: »Uder lag auf dem Weg in die Westzone und an der Bahnlinie von Heiligenstadt nach Arenshausen, der ›Endstation‹, wo die Grenze dichtgemacht war. Durch das Leinetal führte neben der Landesstraße auch die Bahnlinie. Manfred (*ihr zwei Jahre älterer Bruder*) war besonders stolz und eifrig bei seiner ›Arbeit‹ als ›Flüchtlingshelfer‹. Er fuhr mit seinem Bollerwagen den Flüchtlingen entgegen und half ihnen, über einige Kilometer das Gepäck nicht tragen zu müssen. In dieser Zeit trabte er täglich nachmittags mit seinem Wägelchen gen Heiligenstadt und bot sich als Helfer an. Einmal bekam er einen Silberlöffel dafür. Als die Flüchtlingsströme 1947 vorbei waren, vermietete Onkel Fritz die Räume an die Grenzpolizei. Eine dicke Holztür wurde als Trennung zum übrigen Haus montiert. Jetzt übernachteten hier meist für eine Nacht abgefangene Grenzgänger, die von Ost nach West ›rüber machen‹ wollten. Jeden Nachmittag gegen 17 Uhr wanderten vom Bahnhof die Wilhelmstraße herauf die an der Grenze ›Gescheiterten‹.

Mein Vater kam am 10. Januar 1946 aus der Gefangenschaft und im Februar 1946 zogen wir vom Bauernhof in … eine Vierzimmerwohnung. Onkel Konrad unterhielt ein Fuhrunternehmen. Mein Vater machte den Führerschein 2. Klasse und war mit Onkel Konrad auf dem Lastwagen unterwegs, legal und illegal. Zwischen 1945 und 1948 blühte der Schwarzhandel zwischen der West- und der Ostzone. Es wurden nicht nur Esswaren geschmuggelt, sondern, wie mein Vater schreibt,

›der Transport von Flüchtlingen über die Grenze mit dem Holzvergaser und der Schmuggel über die Grenze bringt uns so manchen Nebenverdienst, besonders durch Muttis Grenzgänge, die auch oft zur Einsperrung führten‹ … Etwas ist mir besonders von den Schmuggeltaten meiner Mutter in Erinnerung. Es war Hefe, die Mutti aus Göttingen in einem Hefeblock, wie ein heutiger Biskin-Block, mitbrachte. Die Hefe mussten wir in kleine Würfel teilen und in Pergamentpapier einwickeln. Mit diesen Hefewürfeln wurden Manfred und ich zu den Bauern über die Dörfer geschickt. Von Uder nach Lenterode, Röhrig, Steinheuterode, Rengelrode, alles zu Fuß, es waren ca. 10–15 km am Tag. Ein Würfel Hefe für ein Ei, so war es ausgemacht. Die Eier mussten wir dann nach Hause schleppen. Sie wurden weiter nach Göttingen verschoben und wieder eingetauscht für was anderes. Ich kann mich erinnern, dass eine Bäuerin mächtig schimpfte, uns Zigeunerpack nannte und mit dem Stock verjagte. Andere wiederum gaben uns was zu essen oder zu trinken und hatten Mitleid mit uns.«

Es wurde auch schwarz geschlachtet, und die Mutter ging mit Speckseiten und Würsten über die Grenze. Dabei wurde sie einige Male geschnappt, eingesperrt und verhört, aber jedes Mal wieder freigelassen. »Wegen dieser Schiebereien waren meine Eltern viel unterwegs, tagelang und auch nachts. Wir hatten keinen Hunger zu leiden, es gab genug zu essen. Fürs leibliche Wohl war zur Genüge gesorgt, aber die dauernde Abwesenheit der Eltern empfand ich als Mangel.« Nach seiner Entnazifizierung bekam der Vater eine Lehrerstelle im Westen, in Kamp-Lintfort bei Duisburg.

»Mein Bruder Manfred kam im Oktober nach Kamp-Lintfort, und meine Mutter blieb mit Rolf (1933), Jürgen (*ihrem Zwillingsbruder*) und mir in Uder. In dieser Zeit verschickte meine Mutter 172 Pakete und Päckchen mit Hausrat und Kleidung nach Kamp-Lintfort. Meine Cousine Maria half mit, den vollen Leiterwagen zur Post zu ziehen. Im Dezember 1949 wurden unsere Möbel nach Berlin transportiert und hier über die Grenze nach Kamp-Lintfort befördert, wo sie am 10. Dezember 1949 eintrafen. Das schöne Herrenzimmer und das Klavier wurden verkauft. Von dessen Erlös und vom Ersparten lebte meine Mutter mit uns in Uder, bis auch wir über die Grenze gingen. Wir Kinder waren ja nicht eingeweiht in alles, was sich da tat. So wurde mir an einem Abend Anfang Januar gesagt, dass ich morgen nach Göttingen komme. Es war noch Nacht, als mich ein Mann abholte, der als Grenzgänger eingetragen war. Ich ›wurde‹ seine kleine Tochter, die er mit nach Göttingen nehmen wollte. Ich musste mich mit meinen sieben Jahren auf dem hinteren Fahrradsitz zusammenducken und ganz klein machen, denn für Kinder bis vier Jahre wurden keine Ausweispapiere verlangt. So ging es an den Grenzsoldaten vorbei in den Westen. Bei meinem Zwillingsbruder Jürgen galt am nächsten Morgen das gleiche Spiel.«

Sie waren bei der Tante untergebracht, bis am 14. Januar 1950 auch die Mutter kam und mit den beiden Kindern mit dem Zug nach Kamp-Lintfort fuhr.

Der Bruder Rolf blieb noch bis zum März 1950, um seine Gärtnerlehre zu beenden. Dann war die Familie wieder vereint.

Robert L. (1933) ging mit seiner Mutter von Viernheim in Hessen im Frühjahr 1946 noch einmal zurück nach dem Heimatdorf der Mutter, Heyerode, wo sie bei der überstürzten Flucht vor den Russen fast alles zurückgelassen hatten. War schon der Grenzübertritt in die Ostzone gefährlich gewesen, so wurde der Rückweg noch dramatischer:

»Wir suchten alles Notwendige zusammen und packten es in die mitgebrachten Säcke. Mutter fand auf dem Dachboden noch einen alten Gürtel vom Großvater. Diesen nähte sie so an meinen Sack, dass er als Schulterriemen tragen half. Gleich am kommenden Morgen um vier Uhr marschierten wir los. Mein Sack war entsetzlich schwer, er reichte mir fast bis in die Kniekehlen. Wir mussten uns nach jedem Kilometer hinsetzen und verschnaufen. Beide trugen wir noch in jeder Hand eine Tasche. Ich gewöhnte mir an, in gebückter Haltung zu gehen, dann drückten Riemen und Seile weniger. Nach dem Sonnenstand dürfte es ca. zehn Uhr gewesen sein, als wir die Umgebung des Grenzdorfes erreichten. Meine Mutter kannte sich ein bisschen in der Geografie aus, weil sie in ihrer Jugend mehrfach Wallfahrten zum Hülfensberg mitgemacht hatte, der ganz in der Nähe lag. Am Mittag ließen wir uns erschöpft am Waldrand, unterhalb des Höhenkammes mit der Zonengrenze, nieder. Bislang waren wir keinem Menschen begegnet, und wir meinten, dass die Leute im Dorf wohl zu schwarz gesehen hätten (*sie hatten erzählt, dass die Russen in den letzten beiden Wochen sieben Grenzgänger erschossen hätten*). Plötzlich tauchte hinter einer Hecke ein russischer Soldat auf und kam direkt auf uns zu. Mutter sagte zu mir: ›Komm, wir beten noch ein Vaterunser, dann sehen wir uns im Himmel wieder.‹ Beim Näherkommen sah ich, dass der Soldat keine Waffe hatte. Er rief uns zu: ›Nicht weglaufen, ich bin deutsch.‹ Es war tatsächlich ein Deutscher, der als Pferdepfleger für die Russen auf dem großen Gutshof im Tal arbeitete. Zu seinem Schutz verpassten ihm die Russen eine Uniform. Er wollte uns helfen.

Es war tatsächlich so, dass die Russen in der letzten Zeit häufig auf Grenzgänger schossen. Er beschrieb uns einen Weg, der in einem tiefen Graben verlief. Dort konnten uns die russischen Patrouillen nicht sehen. Er kannte auch die Zeiten der Wachwechsel. Das half uns jedoch wenig, wir hatten keine Uhr. Aus meinen Indianerspielen hatte ich gelernt, mich ungefähr am Sonnenstand zu orientieren.

Wir fanden den Graben. Er war vier bis fünf Meter tief. Sitzend rutschten wir den Steilhang hinunter. Es war absolut still im Wald, wir getrauten uns kein Wort zu sprechen. Wir mussten oft Rast machen. Auch da verständigten wir uns nur durch Zeichen. Ein paar Mal versuchte ich, ohne Gepäck die Wand zu erklimmen, um Ausschau zu halten. Es gelang nie. Lehm und Laub waren zu glatt, und nirgendwo gab es einen Halt. Ich bekam es mit der Angst zu tun: Was ist, wenn wir hier nicht mehr herauskommen? Es war schon gegen Abend, da hörten wir auf einmal eine Lokomotive pfeifen. Das musste der Ort Wanfried sein. Wir versuchten erneut hochzusteigen.

Zunächst suchten wir herumliegende trockene Äste zusammen. Ich knickte ein paar Stücke ab, es krachte entsetzlich. Ich wollte sie in die Hände nehmen als Kletterhilfe. Wir packten unsere Säcke gegen die Wand, ich kletterte hinauf, Mutter reichte mir die Taschen nach, und so gelangte ich tatsächlich an den Grabenrand. Direkt unten am Fuß des Hügels lag der Bahnhof, von dem aus wir gestartet waren. Mich überkam ein großes Glücksgefühl und ich rief meiner Mutter die frohe Botschaft hinunter. Sie hatte einen langen Ast gefunden mit einer Gabel am Ende. Sie kletterte auf die Säcke und reichte mir den Ast. Dann hängte sie die Taschen ein, und ich zog sie, auf dem Bauch liegend, hoch. Das war schon recht anstrengend. Mutter band die Säcke zusammen, so dass wir sie gemeinsam ziehen konnten. Aber zunächst wollte sie selbst hoch. Mit der rechten Hand hielt sie sich am Ast, in der linken Hand hatte sie einen Stock und versuchte, ihn in den Lehm zu bohren, um Halt zu finden. Mit den Füßen rutschte sie immer wieder ab. Ich schwitzte Blut und Wasser und in der Aufregung betete ich laut, fast schreiend, zur Muttergottes.

Endlich hatte es Mutter geschafft. Wir fielen nebeneinander auf den Boden und mussten eine Viertelstunde lang verschnaufen. Jetzt waren die Säcke dran. Ich legte mich wieder auf den Boden und versuchte, den Haken in die Seile zu bringen. Aber der Ast war zu kurz. Was tun? Ich zog meine Jacke aus, knotete die Ärmel um meine Füße und sagte Mutter, sie solle mich auf dem Bauch liegend langsam hinuntergleiten lassen und mit der Jacke festhalten. Ich hatte schrecklich Angst, meine Mutter könnte mich nicht halten und ich würde kopfüber in den Graben sausen. Nach einigen Versuchen konnte ich glücklicherweise die Seile fassen, und Mutter zog mich hoch, bis die Seile gespannt waren. Für sie war es ein enormer Kraftakt und sie atmete schwer. Nachdem wir uns ausgeruht hatten, ich lag dabei auf dem Bauch und hielt den Ast fest und die Seile gespannt, zogen wir beide die Säcke hoch, was überraschend gut ging, denn die Säcke glitten auf dem feuchten Lehm und Laub.

Total abgekämpft und völlig verdreckt kamen wir auf dem Bahnhof an. In einer Gaststätte mieteten wir ein Zimmer und konnten uns dort reinigen. Die Wirtsleute konnten es fast nicht glauben, was eine Frau und ein knapp dreizehnjähriger Bub an Last über diese Entfernung zu Fuß transportiert hatten.«

Lothar R. (1938), damals in Waren-Müritz, Mecklenburg: »Meine Mutter hat einen ganz schlauen Buben aus mir machen wollen. Und dann hat sie mich eingetragen bei den Jungen Pionieren. Ich wusste gar nichts davon, gell. Aber sie hat gesagt, wenn der auf die Oberschule gehen will, dann muss er da rein. Meine Mutter war ja auch in der SED (*sie war Hebamme*), aber auch bloß auf dem Papier. Und … da geh ich halt zu dieser Versammlung. Da vorne stand immer einer. Man grüßte immer so (*macht den Gruß vor*). Da schrie der da vorne: ›Seid bereit!‹ Und die ganze Meute schrie: ›Immer bereit!‹ Das war der Gruß der Jungen Pioniere. Ich hörte mir also diesen ganzen Senf an … Und da hab ich vermutlich meinen ersten politischen Fehler gemacht. Ich hab mein Pioniertuch abgenommen. Dieser Vortrag fand bei uns in der Klasse statt. Hab also mein Pioniertuch abgenommen und hab vor der ganzen Mannschaft reingerotzt (Entschuldigung, ich muss das grad so sagen), hab's Fenster aufgemacht und hab das ganze Ding rausgeschmissen. Damit war für mich die Sache erledigt. Ich glaube heute, dass das vermutlich der Anfang vom Ende war ... Aber die gingen damals an so Junge wie mich nicht ran[32] ... Ich hab mit dem System noch nie was am Hut gehabt, selbst in dem Alter. Nein, ich war immer der Rebell. Ich hab gesagt, das kann nicht sein, das geht nicht ... Ich hab da diese Kollektivierung gesehen (*diese begann 1952; seine Großeltern, die einen Bauernhof hatten, waren davon betroffen*). Ich hab gesehen, wie sie den Bauern, die ihr Korn, ums Vieh zu füttern, unterm Heuboden versteckt hatten, weggenommen haben. Da kam die NVA (*Nationale Volksarmee*) mit den LKW und haben den Bauern das letzte Korn weggenommen. Die haben schlachten müssen ... (*sehr erregt*). Wir sind dann fortgezogen nach Gielow.«

Er wollte die Schule nicht weiterbesuchen, sondern einen Beruf lernen. Er kam nicht als KFZ-Lehrling unter, so lernte er Orthopädiemechaniker, aber er war in keiner Organisation. »Ich war nirgends drin. Ich hab nur mein bisschen Freizeit genossen. Ich hab Radsport betrieben dann und fertig aus.« Über Umwege bekommen sie von einem guten Bekannten eine Warnung folgenden Inhalts:

»Den R., den werden wir noch klein kriegen. Es wird gut sein, sie verkaufen ihre Möbel ... Und dann hat meine Mutter die Möbel verkauft, aber alles stehen lassen. Das wurde vororganisiert. Man wusste ja nicht, wie es ausgeht. Auf alle Fälle haben wir mal die Ausreise beantragt, ganz offiziell, Besuch in der Heimat bei Verwandten. Das durfte man. Das ging damals noch problemlos. Man musste den Ausweis abgeben, bekam einen Ersatzausweis, konnte sich in den Zug setzen. Von Berlin ging es in den Westen. Da konnte man wechseln ... Und in Berlin sah ich einen Laden mit Fahrrädern. Und die hatten so wunderbar polierte Schutzbleche. Und in der DDR, da hast du ja nicht einmal ein altes Fahrrad, einen Ersatz gekriegt. Und dann hab ich die Bekannte, bei denen wir da übernachtet haben, gefragt: ›Kann man denn die hier kaufen?‹ Da haben die gesagt: ›Das kannst du kaufen.‹ Und dann hab ich mir gesagt, das gibt's doch nicht. Ein paar Kilometer weiter gibt es nichts. Und hier kann ich alles kaufen. Hier stimmt doch was nicht, in diesem Laden stimmt doch was nicht. Und die Fahrräder in diesem Laden haben bewirkt, dass ich mir gesagt habe, so, jetzt wird's Zeit. Damals in Berlin, wir waren gar nicht am Ziel, hab ich gesagt, ich geh nicht mehr zurück. Diese Fahrräder, die haben mich umgekrempelt.
I: Wann war das ungefähr?
R: Das war am 7. August 1954. Weiß ich noch genau, weil am 8. August sind wir in Stuttgart angekommen. Und am Tag vorher war das in Berlin. Werd ich nicht vergessen, dieses Datum bleibt.«

Die Mutter ging nochmals zurück, um den Verkauf der Möbel vollends abzuwickeln; er bekam ein Zeugnis von einem bekannten Arzt, dass er nicht transportfähig sei. Mutter und Sohn schrieben sich Briefe in verschlüsselter Sprache.

»Sie hat dann alles gemacht, was sie sich vorgenommen hatte. Es wurde alles verkauft, aber alles stehen gelassen. Und wo sie fort war, da haben die Käufer den Schlüssel gekriegt, dann sind die gekommen und haben die Wohnung ausgeräumt. Jeder hat seins geholt, was er gekauft hatte. Und dann hat sie auch noch meine ganzen Bücher mitgenommen, den Pelzmantel, den hab ich heute noch. Was die gemacht hat, das hätte sie Bautzen kosten können. Sie ist dann wieder rübergekommen und ist dann auch nicht mehr zurückgegangen, aber sie ist hier nicht mehr glücklich geworden. Und ich hab zu ihr gesagt: ›Du, dir tun sie nichts, wenn du zurückkommst. Die sind froh, wenn du zurückkommst. Fahr zurück, ich komm alleine klar hier.‹ Ich bin damals 16 geworden … Dann begann eine unschöne Zeit. Ich hab dann meine Lehre fertig gemacht, und meine Mutter, die begann zu trinken. Und daran ist sie dann auch irgendwann einmal eingegangen … ja, buchstäblich. Das war ein trauriges Ende, leider.«

Wenn man heute diese Berichte hört, kommt einem die Absurdität dieser Grenze mitten durch Deutschland noch einmal voll zum Bewusstsein. Um von Deutschland nach Deutschland zu kommen, bedurfte es größerer Anstrengungen und mehr Mut als in irgendein entferntes Ausland zu reisen. Und viele mussten fliehen, weil sie nicht von fremden Truppen und den Siegern bedroht waren, sondern von Deutschen! Zwar gab es vor Errichtung der Berliner Mauer 1961 immer noch Schlupflöcher und Möglichkeiten, Verwundete und Todesopfer waren selten, Todesangst aber begründet und real. Und dass Kinder und Jugendliche tagelang eingesperrt und peinlich verhört werden konnten von den eigenen Landsleuten, nur weil sie eine willkürlich gezogene Grenze überschreiten, Verwandte besuchen oder einfach anders und freier leben wollten, hat es wohl in keinem anderen Land gegeben. Eine »Friedensgrenze« war dies jedenfalls nicht. Sie trennte Familien, Mütter von ihren Kindern, mit gravierenden Folgen für beide. Wirklichen Frieden in Deutschland gab es erst, als diese Grenze fiel. Und damit, dass ein Regime nicht anders mit freiheitsliebenden halben Kindern und jungen Menschen umzugehen wusste als mit Kerker und Todesurteilen, hat es über sich selbst von Anfang an das Todesurteil gesprochen.

Kapitel 17

Meine Mutter[1]

In meiner Frauendokumentation[2] kommen die Mütter immer zusammen mit ihren Kindern vor. Die Altersgrenzen sind fließend. Eine Reihe von Mädchen der Jahrgänge 1928 bis 1933 spricht schon mit eigener Stimme. Die etwas Jüngeren und die Kleinen habe ich fast nur mit den Augen ihrer Mütter gesehen; die eigene Sicht der Kinder fehlt.[3] Die Mütter stellen ihren Kindern ein sehr gutes Zeugnis aus: Sie seien vernünftig, brav, verantwortungsvoll gewesen. Damit stellen sich die Mütter zugleich – vielleicht unbewusst – selbst ein gutes Zeugnis aus: Seht her, was habe ich tüchtige Mutter doch für tüchtige und wohlgeratene Kinder! In meiner drei Bände umfassenden Dokumentation über die Kriegs- und Nachkriegserfahrungen der Mütter setze ich ihnen – bei aller Würdigung ihrer Leistung – keine Denkmäler, sondern befrage die Frauen zum Beispiel auch kritisch nach ihrer Einstellung zum Nationalsozialismus und zum Krieg. Wie aber die Kinder ihre Mütter erlebt haben, interessierte mich kaum. Erst die Gespräche mit den Kindern und ihre Lebensgeschichten öffneten mir für diese Lücke den Blick. Wie sahen und sehen die Kinder ihre Mütter? Zum großen Teil leben die Mütter nicht mehr, und in der Rückschau wird dieser Blick zugleich distanzierter, differenzierter und ist von natürlicher Pietät gegenüber der Verstorbenen geprägt.[4] Objektiv kann er nicht sein, dazu steht jedes Kind der Mutter zu nahe. Aber die Fragen: Wer war meine Mutter eigentlich und was hat sie für mein Leben bedeutet?, sind für die Kinder ebenso wichtig wie die Frage nach dem Vater, eher noch wichtiger, denn die Mutter war die zentrale Bezugsperson, sie war im Krieg viel gegenwärtiger als der meist abwesende Vater.

Es kann in diesem Kapitel nicht um psychologische Theorien oder analytische Fallstudien zur hochkomplizierten Mutter-Kind-Beziehung gehen, sondern schlicht um die Erfahrungen, welche die Kinder mit ihren Müttern in der Kriegs- und Nachkriegszeit machten, einer Zeit, die eine besondere Bewährungsprobe für diese Beziehung war. Und wie reflektieren und deuten die ehemaligen Kinder heute diese Erfahrungen?

In vielen vorausgegangenen Kapiteln war schon von den Müttern die Rede. Wir haben davon gehört, wie die Kinder sie in und nach den Bombenangriffen erlebten, wie sie zusammen die Evakuierung, später die Besatzung, Flucht und Vertreibung, das Leben unter Fremdherrschaft und in den Internierungslagern oder in der Verbannung durchstanden, wie sie gemeinsam das Überleben nach dem Krieg schafften, die Sorgen um den Vater und die Trauer um seinen Verlust oder seine Kriegsbeschädigungen teilten. Das soll nicht wiederholt, sondern eine Gesamtbeurteilung durch die Kinder zusammengestellt werden. Eine überwältigende Zahl spricht mit großer Hochachtung von der Lebensleistung ihrer Mütter, gerade in diesen extrem belasteten Zeiten. Diese Leistung bestand nicht nur in dem, was sie für die Kinder getan haben, sondern was die Mütter für sie gewesen sind. Aber es gibt auch nicht wenige Zeugnisse, die darüber sprechen, dass die Mütter manchmal versagt haben, dass sie durch den Krieg beschädigt wurden und dass das Auswirkungen auf das Leben der Kinder hatte. Ebenso wenig wie die Väter gingen die Mütter heil aus den Schrecken und übermäßigen Anforderungen hervor.

Kritisch sprechen manche Kinder über den Erziehungsstil der Mütter, der zwar nicht durch den Krieg verursacht wurde, sondern aus einer überkommenen Familien- und Zeittradition stammte und/oder in ihrer Persönlichkeit angelegt war, aber durch die Zwänge des Krieges noch verstärkt wurde. Wenn es Probleme mit schwierigen oder »schlechten« Müttern gab, sollen sie nur dann berücksichtigt werden, wenn sie eindeutig mit dem Krieg zusammenhängen.

Weil die Mutter so selbstverständlich und nah zum Leben der Kinder im Krieg gehörte, gibt es kaum Tagebucheintragungen über sie. Aus den vielen Briefen aus und in die Evakuierung und die Kinderlandverschickung[5] sprechen zwar eine enge Verbindung und rege Anteilnahme, auch Heimweh, Sehnsucht, gute Vorsätze und viele Wünsche, aber kein Nachdenken darüber, warum man so an der Mutter hängt, was man ihr alles verdankt oder was man an ihr auszusetzen hat.

Beginnen wir mit einer Auswahl aus den **Würdigungen** der Töchter und Söhne. Oft sind es keine allgemeinen Lobeshymnen, sondern Erinnerungen an einzelne Situationen oder Episoden, in denen sich die Persönlichkeit der Mutter enthüllt. Wenn im Folgenden viel mehr Töchter zu Wort kommen als Söhne, so entspricht das der Anzahl der Zeugnisse, die mich erreicht haben. Söhne äußern eher knapp ihre Bewunderung und Dankbarkeit, während die Töchter sich stärker in die Mutterrolle hineindenken und -fühlen, vielleicht, weil sie heute selber zum größten Teil Mütter sind und Mütter eher für Töchter Vor- oder Gegenbilder sind als für Söhne, die ihre wichtigste Identifikationsfigur im Vater suchen.[6]

Dietlind S. (1937) hat mit ihrer Mutter die Flucht aus Breslau nach Unterfranken erlebt. Der Vater kam 1947 aus der Gefangenschaft:

»Der Krieg begann für mich erst mit der Flucht. Vorher ging es uns gut, es gab keine Bombenangriffe, wir hatten genug zu essen und zu heizen, mein Vater war als ›Fachkraft‹ freigestellt und also nicht ›im Krieg‹. Dank meiner resoluten Mutter haben wir die Flucht verhältnismäßig ›zügig‹ hinter uns gebracht und wurden dabei von schlimmen Erlebnissen verschont ... Meine Mutter hat sich nicht an mich ›geklammert‹. Das ging auch gar nicht, weil sie ab Sommer 1945 vom Morgen bis zum Spätnachmittag gearbeitet hat. Ich war auf mich selbst angewiesen, was mir, trotz der vielen ›freien‹ Möglichkeiten, die ich hatte, nicht immer gefallen hat. War sie wieder zu Hause, war sie ganz für mich da, tat alles, um mich zu versorgen und zu erfreuen. Meine Mutter war mein starkes Vorbild. Sie war immer fröhlich, optimistisch und sang zu allen möglichen Gelegenheiten. Ich fühlte mich bei und mit ihr absolut sicher.«

Gertraud M. (1937): »Sie war sehr, sehr konsequent. Ob sie's immer war, ob sie nicht ihre ... Zusammenbrüche hatte ... aber sie hat's uns nicht merken lassen. Nicht dass wir geglaubt haben, unsere Mutter kann alles in Ordnung bringen und retten und uns helfen, das nicht. Aber sie war ruhig und sicher.«

Renate S. (1935): »Ich habe Erinnerungen an meine Mutter, die sehr nachhaltig sind. Zum Beispiel: Bei unserer Flucht mit Pferd und Wagen ins Nordhessische kamen wir einmal in einen Tieffliegerangriff; wir sind also direkt beschossen worden und haben dann so an einer Böschung Schutz gesucht. Und wir lagen da im Dreck, und ich rief: ›Wo ist der Vater?‹ Und Mutter sagte: ›Still, Kopf runter, bet!‹ Und ich muss heute so denken: Was war da für eine Kraft dahinter, dass sie sich in dieser Situation so verhalten konnte! Dass sie das präsent hatte. Also ganz praktisch. ›Still, Kopf runter, bet›!‹ Das war meine Mutter, die dann in der Liebe zu ihrem Mann[7] vieles ertragen hat und uns das ›Ja‹ zum Leben mitgegeben hat.«

Doris H. (1939), Vater gefallen: »Meine Mutter war in meiner Kindheit und Jugend mein Lebensmittelpunkt. Auch für die restliche Familie, die drei verwitweten Schwestern meiner Mutter mit ihren Kindern und meine Großeltern, die bis zu ihrem Tod bei uns wohnten, war meine Mutter eine wichtige Anlaufstelle. Sie stellte, so war mein Eindruck, ihr weiteres Leben ohne meinen Vater ganz in den Dienst der Familie und opferte dadurch ihre Gesundheit. Besonders die Zeit, als ihre älteste Schwester an Krebs erkrankte und nach drei Jahren, 1958, daran starb, war sehr kräftezehrend für sie. Sie hatte nicht nur die Sorge um ihre Schwester, sondern auch die um deren zwei Söhne, von denen der älteste behindert war.

Je älter ich wurde, desto mehr bewunderte ich meine Mutter, und ich fühle mich heute geehrt, wenn mir jemand sagt, ich würde meiner Mutter immer ähnlicher – äußerlich.«

Ingrid A. (1936) floh mit ihrer Mutter von Neustrelitz/Mecklenburg nach Schwerin. Der Vater kam im Herbst 1947 aus amerikanischer Gefangenschaft. Die Mutter war Rotkreuzschwester und konnte in Schwesterntracht fliehen:

»Ich hatte großes Glück, dass ich erstens erst neun Jahre alt war, als wir von zu Hause flüchten mussten, dass die amerikanischen Soldaten die Menschen, die zum Roten Kreuz gehörten, vor den unzähligen Freigelassenen beschützten, und ich sehr selten Angst vor etwas hatte, weil meine Mutter nie Angst zeigte und auch bei schlimmstem Hunger oft sagte: ›Immer, wenn du denkst, es geht nicht mehr, kommt von irgendwo ein Lichtlein her‹, und es kam, man musste es nur erkennen ... Zum zweiten hatte ich das Glück, pflichtbewusst die mir übertragenen Ämter auszuführen, die Lebensmittel, die für den ganzen Tag gedacht waren, einzuteilen als *Kamerad* meiner Mutter, die für uns beide arbeiten ging, und dabei durfte ich immer wieder lachen und Kind sein ... Die Leistungen meiner Mutter in der Nachkriegszeit empfinde ich heute als absolut bewundernswert und vorbildhaft. Je älter ich werde, desto öfter zitiere ich sie oder entdecke Eigenschaften, die ich von ihr habe. Das Nicht-Jammern, Nicht-Beneiden oder die Fröhlichkeit in eigentlich schwierigen Situationen, das hat sie mir so vorbildhaft vorgelebt ... ich bemühe mich, es ihr nachzutun.«

Brigitte R. (1931) war mit der Mutter und zwei Schwestern privat im Schwarzwald evakuiert; der Vater, Diplomchemiker, hatte durch Kinderlähmung ein verkrüppeltes Bein, war kriegsuntauglich und blieb in Stuttgart:

»An meine Mutter denke ich mit großer Dankbarkeit und Liebe und Bewunderung. Sie verdient in dieser Zeit besondere Hochachtung. Sie hatte eine übermäßige Belastung zu tragen: während der Evakuierung die Trennung vom Mann, der alles andere als praktisch, eher hilflos, war, sie alle paar Wochen voll Sehnsucht, Hunger und praktischem Unvermögen in Degerloch erwartete. Im Schwarzwald aber warteten die Kinder auf sie, die Trösterin, die Streitschlichterin, die Frau für einfach alles. Ihre Fahrten waren mit Angst verbunden (Bomben, Tiefflieger ...). Sie war hin- und hergerissen und durfte sich das nie anmerken lassen. Im Gegenteil: sie hörte die Ängste der Frauen im Dorf wegen der Tieffliegerangriffe und beschloss, dass man mit Hilfe der paar alten Männer und großen Buben einen Stollen bauen musste, was auch geschah. Sie blieb die Ruhigste von allen in brenzligen Situationen und war immer das, was man eine ›starke Frau‹ nennt.«

Nach dem Krieg waren im Haushalt vier Männer (ihr Vater, Bruder, ein heimatloser Schwager und ein durch den Krieg verwitweter Onkel) und die beiden Töchter zu versorgen.

»Mutter legte Gärten an, z. T. weit weg, um uns alle zu ernähren, und kam oft spät abends, den Leiterwagen ziehend, erschöpft heim. Sie hielt die Familie zusammen ... Wenn ich nach einer ›großen Wäsche‹ die Hände meiner Mutter sah, aufgeweicht, aufgerieben und blutend, weinte ich vor Mitleid. Meine Mutter hat mich fürs Leben geprägt und mir Leitlinien vorgelebt; sie gab mir durch Worte, Taten, durch Trösten, durch Singen ... die Kraft, mit schwierigen Situationen fertig zu werden.«

Gisela T. (1937) war mit Mutter und Bruder aus Königsberg geflohen. Der älteste Bruder war mit 20 Jahren in Russland gefallen. Der Vater versuchte, in Königsberg das Geschäft weiterzuführen und starb dort an Hungertyphus. Sie lebten in Reichenbach im Vogtland:

»Meine liebe Mutter versuchte, unter Aufopferung ihrer Gesundheit uns Kinder durchzubringen … Da sie Schneiderin war, wurde sie von einer Schneiderin für ein paar Stunden nachmittags angestellt. Vormittags ging sie oft Kartoffeln stoppeln und Ähren lesen. Sie war aufopfernd und weinte oft. Aber wir Kinder verstanden das alles nicht so. Mutter hatte uns, und wir hatten Mutter, das war am wichtigsten. Da war Sicherheit und Geborgenheit trotz allem furchtbaren Hunger täglich. Ich denke dabei an eine Gelegenheit, als wir gar nichts mehr zu essen hatten, dass meine Mutter weinend die Straße herauflief. Ein Fenster im 3. Stock öffnete sich, und eine Frau kam herunter und brachte ihr ein Brot. Es war eine Gebetserhörung, sagte Mutter. Wir glaubten alle an den großen Gott.«

Brigid A. (1934), der Vater war 1944 gefallen: »Meine Mutter war sehr auf uns fixiert, nicht als ›Trost‹, sondern aus Verantwortung. Immer kamen wir zuerst, beim Essen, bei der Kleidung, beim Zudecken, sogar beim Sitzen in der Straßenbahn. Einmal waren wir in Frankfurt im Zoo gewesen und fuhren zurück zum Bahnhof. Da kamen zwei dicke Frauen herein und verlangten, wir sollten für sie aufstehen. Wir waren natürlich müde vom vielen Herumlaufen, und meine Mutter sagte, da würde lieber sie stehen. Ich erinnere mich noch an die fiesen Gesichter und ihr hämisches Grinsen … Meine Mutter starb 1994, mit fast 97 Jahren. Sicher habe ich sie bewundert, ihren Mut den Nazis[8] oder auch den Amerikanern gegenüber, ihren Verzicht auf Essen, damit wir genug hatten. Ihre physische Leistung beim Bäumefällen oder bei der Feldarbeit. Einmal musste sie zum Zahnarzt, 16 km zu Fuß über die böhmische Grenze; jeder glaubte, sie würde dort übernachten, aber sie ging die 16 km zurück noch am gleichen Tag. Auch nachher an der Schule war sie stark eingespannt, und wir waren oft allein, aber ich empfand das als Freiheit. Bei aller Liebe und Bewunderung war sie jedoch nicht mein Vorbild. Dazu waren unsere Temperamente und auch die Interessen zu unterschiedlich … Und sie ließ mir viel Freiheit, weil sie wusste, dass sie sich auf mich verlassen konnte.«

Heinrich S. (1939): »Den Erziehungsstil meiner Mutter erlebte ich als liberal, zur Eigenverantwortung hinführend. Ihre besondere Leistung war, dass sie den Mangel und die Arbeit ehrlich mit uns teilte und ihren Kindern vertraute. Sie ist deshalb Vorbild für mich.«

Dieter K. (1938): »Die Leistungen meiner Mutter während der Kriegs- und Nachkriegszeit schätze ich sehr hoch ein. Sie hat sich buchstäblich für uns aufgeopfert. Ich empfinde große Hochachtung und Dankbarkeit für sie … Sie ist mittlerweile mehr als 90 Jahre alt und seit neuestem ganz in unserer Nähe in einem Altenheim. Sie macht sich noch heute Gedanken darüber, dass wir als Kinder finanziell nicht für sie einstehen sollen, was überhaupt kein Problem für uns ist.«

Renate B. (1929): »Für die Leistung meiner Mutter kann ich heute nur Hochachtung empfinden. Da sie zuerst keine Witwen- und Waisenrente bekam, arbeitete sie gleich nach Kriegsende als Trümmerfrau und später als Putzfrau bei einer französischen Familie im französischen Sektor von Berlin. Ich habe vieles an Pflichtauffassung von ihr übernommen. Bin sehr selbständig geworden. Diese Erziehung zur Selbständigkeit begann aber schon in jungen Jahren. Ihr Wahlspruch war: ›Du kannst das‹, was wiederum auch nicht leicht für mich war, denn manchmal hätte ich vielleicht dieses oder jenes nicht so gerne übernommen, doch war es prägend für mein ganzes späteres Leben. Verantwortung für eigenes Handeln. Sie sah, was zu tun war, und entzog sich dem auch nicht.«

Eleonore K. (1930): »Meine Mutter sorgte für uns, lebte uns gute Verhaltensmuster vor und erzählte uns von den philosophischen oder religiösen Problemen, die sie in ihrem Innern bewegte. Sie sprach viel mit uns darüber, wie man mit Menschen umgeht, dass man höflich und bescheiden zu sein habe, dass man nicht mehr fordern dürfe als einem gegeben wird. Sie erzählte uns aber auch, wie sie darunter litt, dass die Frau in der Gesellschaft so unterdrückt wird. Ich weiß noch, dass sie in Hitlers ›Mein Kampf‹ besonders interessiert die Stellen las, bei denen es um die Rolle der Frau in Deutschland ging. Sie war sehr betroffen und schrieb viele kritische Bemerkungen an den Rand. Leider verbrannte sie dieses Buch bei Kriegsende.«

Dorothea E. (1934), geflüchtet und vertrieben aus Schlesien: »Ich sag es auch noch mal, man muss einmal begreifen, was diese Generation der Mütter damals geleistet hat. Außerdem haben sie ja zwei Weltkriege erlebt. Das sind die Dinge, die einem im Nachhinein, auch jetzt, wenn man älter ist, selbst Mutter ist, eigentlich so richtig zum Bewusstsein kommen. Als Kind hat man wohl was gespürt, man hat Angst gehabt, man hat die Bedrohung gespürt, aber die Mutter war da, die hat geschützt, und das war wichtig.«

Fritz F. (1936): »Die Mutter hat während der Kriegsjahre und lange danach *Bewundernswertes* geleistet. Wenn man bedenkt, dass sie erst 28 Jahre alt war, als sie Witwe wurde, drei Kinder erzogen hat, die heute alle – ich meine sagen zu dürfen – wohlgeordnete Familien und Berufe haben.«

Elisabeth W.s (1937) Vater kam aus der Gefangenschaft heim, konnte aber beruflich nicht mehr richtig Fuß fassen; ihre eigentliche Bezugsperson blieb die Mutter:

»Mitunter überkommt mich ein ganz unvermitteltes Rückerinnern, das heute aber fast immer mit Hochachtung und Fassungslosigkeit gegenüber meiner Mutter verbunden ist, wie sie diese enorme Leistung als alleinstehende Frau mit vier kleinen Kindern überhaupt erbringen konnte … Wegen ständigem Geldmangel musste unsere Mutter immer wieder stundenweise mitarbeiten und hat Tätigkeiten übernommen, die nicht leicht waren und auch nicht ihrer beruflichen Qualifikation entsprachen (*sie war ausgebildete Säuglingsschwester*). In der Vorweihnachtszeit verkaufte sie im Spielwarengeschäft, sie arbeitete in der Werkstatt einer Wachszieherei, und sie nähte Totenwäsche in einem Bestattungsunternehmen … Die Mutter übernahm auch den eigentlichen Erziehungs- und ›Förderungs‹part, Vermittlung in Jugendgruppen (ich war dann viele Jahre bei den Pfadfinderinnen), Singschule. Mutter machte mit uns und einigen Freunden Hausmusik, Leseabende, Theaterspiel. Wir sahen in ihr den Mittelpunkt für alle, unser Vater bewegte sich immer mehr im Hintergrund und am Rande. Die lange Abwesenheit des Vaters durch den Krieg trug sicher auch z. T. zur Entfremdung der Eltern bei. Mutter musste immer stärker werden, war von Natur aus schon ein starker Mensch … Die Leistung meiner Mutter in den Kriegsjahren ist für mich enorm … Ich empfinde vollste Hochachtung, Bewunderung und Dankbarkeit für sie!«

Von den sechs Geschwistern V., aus deren Erinnerungen schon öfters zitiert wurde, wird die Mutter als »Zentrum ihrer Kinderwelt« geschildert, auch in der Evakuierung. Ein besonderes Erlebnis erzählt Helmut (1939):

»Manchmal hatten wir etwas im Unterdorf zu erledigen. Es gehört zu meinen schönsten Kindheitserlebnissen, wenn wir uns in der einbrechenden Abenddämmerung auf den Heimweg ins Oberdorf machten. Auf dem Weg, der über die Wiese führte, sang meine Mutter: ›Der Wald steht schwarz und schweiget, und aus den Wiesen steiget der weiße Nebel wunderbar.‹ Ich sah die schwarzen Tannenwipfel vor mir und tatsächlich auch den Nebel in dünnen Schwaden aufsteigen. Dazu die Stille. Ein tiefer Eindruck von Andacht, Sicherheit und Geborgenheit.«

Ein Dokument, das nicht von einem damaligen Kind stammt, sondern von einem damals Erwachsenen, soll die Reihe der Würdigungen beschließen. Es findet sich im Tagebuch von Hans Deichelmann, der als Arzt bis 1948 in Königsberg ausharrte.[9] Er schreibt über die Frauen dort am 16. Dezember 1946:

»Und nun greift von neuem der Tod nach ihren Kindern. An ihnen selbst liegt ihnen nichts mehr. Aber die Kinder! Der weiße Bundesgenosse des Todes, der Winter, hat Appetit auf Kinderfleisch. Er kann dort viel leichter beißen und wühlen, er öffnet dort leichter schwärende Frostbeulen, und er bahnt dort leichter den Weg für mörderische Bakterien. Die Frauen arbeiten und mühen sich verzweifelt, um ihre Kinder zu retten. Manche hat zwei Arbeitsstellen, eine für den Tag und eine Nachtwächterstelle. Sie sorgt, dass diese weit genug auseinanderliegen, so dass sie nicht befürchten muss, jemand könne sie wegen des doppelten Kartenbezugs (*Lebensmittelkarten*) für sich und ihre Kinder anzeigen. So hat sie noch einen weiten Weg obendrein. In der Zeit, in der sie mit Nachtkontrolle rechnen muss, hält sie sich mit Stricken wach. Strickt Sachen natürlich aus Karstadtgarn, die sie auf dem Markt verkauft, oder sie stopft die alten Sachen ihrer Kinder. Erst, wenn die frühen Morgenstunden anbrechen und die

Miliz ihre Nachtwächterkontrollen einstellt, gönnt sie sich in irgendeinem Winkel ein paar Augen Schlaf. Wer kann trotz all dem Grauen um uns daran zweifeln, dass es eine göttliche Liebe geben muss, wenn selbst noch ein so zerfleischtes, vergrämtes, versteinertes Herz, wie es das Herz einer deutschen Frau in Kaliningrad in diesem Winter des Jahres 46 sein muss, einer solchen Liebe fähig ist.«

Die Hochachtung und Dankbarkeit, von der alle diese Zeugnisse sprechen, gelten zu allererst dem Lebensrettenden, das die Mutter für die Kinder im Krieg bedeutete. Sie beschützte, vermittelte Sicherheit, sie plagte sich für das nackte Überleben bis zur Selbstaufopferung. Darüber hinaus aber könnte man aus den einzelnen Beiträgen das Idealbild einer Mutter zusammenfügen, das zeitlos gilt, in der Kriegs- und Nachkriegszeit jedoch von ganz besonderem Wert war. Eine Mutter vermittelt Liebe, Zuwendung, Geborgenheit. Eine Tochter fand dafür ein schönes Bild: »Mutter war wie ein Schutzmantel.« Sie ist stark, zuversichtlich und fröhlich. Sie hat Zeit für ihre Kinder. Sie fordert, fördert und ermutigt sie. Sie vermittelt Werte, die auch die Kinder als Leitwerte übernehmen können: Verantwortung, Tapferkeit, Hilfsbereitschaft, einen lebendigen Glauben. Das alles predigt sie nicht, sondern lebt es vor. Sie lässt aber den Kindern auch Freiheit, respektiert deren eigenes Leben. Eine solche Mutter kann auch streng sein, selbst drastische Erziehungsmittel anwenden, wenn diese eingebettet sind in Fürsorge und gegenseitige Achtung. In den Augen der von mir befragten Kinder hat die Mehrzahl der Kriegsmütter die Bewährungsprobe bestanden.

Trotz der Überzahl von positiven Urteilen über die Mütter darf nicht verschwiegen werden, dass es auch negative Zeugnisse gibt. Sie interessieren uns hier nur, sofern sie mit dem Krieg zusammenhängen. Es gab zum Beispiel Mütter, welche die Abwesenheit ihrer Männer zu sexueller Freizügigkeit nützten, sich mit deutschen Offizieren, später mit den Besatzern, einließen auf Kosten der Kinder. Bei anderen ging die Ehe durch die Kriegsläufte in die Brüche; auch echte Liebesbeziehungen zu Besatzungsoffizieren hatten selten Bestand. In den Erzählungen solcher Kinder schwingt heute noch die fassungslose Erregung und Trauer darüber, dass sie in dieser Zeit von der Mutter im Stich gelassen wurden. Sie möchten nicht im einzelnen zitiert werden. Die damaligen Kinder versuchen heute aber auch, sich in ihre Mütter hineinzuversetzen und sie zu verstehen. Manche Mütter wollten im Gegenteil gerade in diesen Zeiten immer perfekt erscheinen und sich keine Blöße geben und wirkten dadurch auf die Kinder hart und abweisend.

Eine hochkomplizierte Beziehung zwischen dem Vater, der an einem kriegswichtigen Projekt arbeitete und nicht eingezogen wurde, und der Mutter schildert Ute S. (1937). Die Mutter hatte eine Liebesbeziehung zu einem amerikanischen Offizier, aus der ein Sohn hervorging. Dies war der Scheidungsgrund des Vaters, der selbst keineswegs unschuldig war. Die vier Kinder wurden zuerst zusammen in ein Heim gegeben, dann zwischen den Eltern aufgeteilt. »Der Vater nahm mich als die Älteste und meinen kleinen, damals 3-jährigen Bruder.« Sie kamen in ein Heim:

»Was mag in dieser Zeit in meiner Mutter vorgegangen sein? Man kann sich doch nicht so einfach von den Kindern trennen! Sie hat nie mit mir darüber gesprochen … Was muss es ihr bedeutet haben, sich von diesem einzigen Sohn zu trennen, der schließlich auch noch durch eine besonders schwere Geburt auf die Welt gekommen war mit seinen neun Pfund Geburtsgewicht, was damals mit erheblichen Komplikationen in der Universitätsklinik Greifswald gelungen war …«

Der amerikanische Vater verließ später die Mutter und das Kind aus dieser Beziehung.

»Meine Mutter hatte von dem Schock des Verlassenwordenseins und der damit verbundenen Trauer ein Trauma zurückbehalten. In den letzten zehn Jahren, seitdem ich alleine lebe, habe ich sehr viel darüber nachgedacht. In welchen Einsamkeiten meine Mutter wirklich gelebt hat, das ist mir in seiner ganzen Tragweite erst nach ihrem Tod so recht bewusst geworden. Wie mag einer Frau beispielweise zumute sein, wenn sie als einzige Lösung einer Empfängnisverhütung bis in die Nachtstunden in ihrem Zimmer näht? Ich kann mich noch sehr gut an dieses Damenzimmer, ein helles Verandazimmer, in Peenemünde erinnern. Es war für mich ein besonderes Zimmer gewesen, in dem wir Kinder niemals spielen durften und nur ehrfürchtig herumstanden.«

Marianne U. (1932): »Viele Gedanken habe ich mir gemacht, wie ich die Fragen zu meiner Mutter beantworten soll. Sie war eine sehr stolze, verschlossene, aber alles beherrschen wollende Frau, die nie ihre Gefühle zeigte. Die ihr zur Verfügung stehende Zeit füllte sie mit übertriebenen Putzarbeiten und mit Nähen aus. Wenn man sie nach ihrer Meinung fragte, blockte sie sofort ab. Ihr Wahlspruch lautete: ›Man muss sich so verhalten, dass einem niemand etwas nachsagen kann.‹ Alle in ihrem kleinen ›Freundeskreis‹ redete sie bis zum Tode mit ›Sie‹ an, mit Ausnahme von zwei Schulfreundinnen. Sie hat auch nie gerne Geschenke, Zuwendungen oder Hilfeleistungen von anderen (egal von wem) annehmen wollen. … Alle Dokumente aus der Kriegszeit (Briefe meines Vaters aus Krieg und Gefangenschaft, unsere Kinderbriefe an ihn, Karten vom Roten Kreuz u.a.) haben wir bei Räumung der elterlichen Wohnung 1993 nicht gefunden. Meine Mutter muss sie vernichtet haben aus Angst, dass wir vielleicht etwas erfahren würden, was ihr nicht recht war.«

Auffallend ist, dass die meisten der anerkennenden Zeugnisse von Müttern sprechen, die entweder den Mann im Krieg verloren hatten oder deren Mann durch den Krieg oder von Natur aus eher schwach erscheint und im Hintergrund steht. Es gab eben nur wenige vollständige und intakte Familien, in denen Vater und Mutter eine partnerschaftliche und je eigene vollwertige Rolle spielten. Der Krieg hat solche Idealfamilien noch mehr dezimiert.

Und doch ist die Mutter, selbst wenn ihr alle Anerkennung gezollt wird, selbst wenn sie Kameradin und Freundin war, nicht unbedingt zum Vorbild für das eigene Leben geworden, und zwar dann, wenn Interessen und Temperament verschieden waren oder wenn ein Kind sich in seinen Sorgen und Ängsten nicht ernstgenommen fühlte und keiner sich dem anderen wirklich öffnen konnte.[10] Mütter konnten auch *zu stark* sein:

Sieglinde P. (1934), sechs Geschwister, Flucht: »Meine Mutter hat im Krieg die Spielschar gehabt, so hieß das, diese Kindergruppe, die hat sie beaufsichtigt und Feste organisiert. Sie konnte phantastisch organisieren. Aber sie hat nie begriffen, dass Kinder nicht organisiert, sondern geliebt sein wollen, und wir haben uns oft sehr, sehr einsam gefühlt. Die Liebe hatten wir beim Vater, aber der war ja nicht da, und die Mutter hat uns immer organisiert. Ja, da hat uns viel gefehlt.«

Ursula K. (1940): »Meine Mutter war für mich auch eine Freundin. Ja, ich empfinde Achtung und Dankbarkeit für ihre Lebensleistung. Für mein eigenes Leben ist sie nur bedingt Vorbild gewesen ... Meine Ängste hat niemand wahrgenommen. Nicht bei den Bombenangriffen, während der Flucht nicht, auch in den Jahren danach nicht ... Meine Mutter hat wenig von unserem Vater erzählt. Ich erinnere mich an zwei Zusammenbrüche meiner Mutter, als Nachrichten von ›Kameraden‹ eintrafen. Heute weiß ich, dass sie über ihren Mann nicht sprechen konnte.

Sie war ausgelastet, uns und ihre Eltern am Leben zu erhalten. Sie hat das Leben organisiert und Geld verdient.

Das Verhältnis zu meiner Mutter – je nun – es ist nicht frei von Spannungen, wie es eben zwischen Mutter und Tochter ist. Meine Mutter ist eine starke Frau, und sich von ihr zu befreien, ist ein gehöriges Stück Arbeit.

Sie hat erst jetzt bemerkt, wie tief der Krieg sich mir eingeprägt hat, und war erschrocken, als ich meine Fassung verlor. Auslöser war ein Gespräch über ihre Erinnerungen.

Mein Überleben betrachte ich nicht als ›reines Glück‹, sondern es war die Kraft meiner Mutter, die uns überleben ließ.«

Dass es dieser Aufopferung, dieser Kraft und des leidvollen Lebens der Mutter überhaupt bedurfte, dass es des Krieges zu dieser Bewährung bedurfte und dass die Rolle der Frauen auch in Friedenszeiten immer noch beklagenswert ist, erfüllt wenigstens eine von den Töchtern mit Wut. Die Mütter waren es, die ihre Töchter auf den Weg der Emanzipation brachten – zuweilen gegen den Willen des Vaters –, indem sie ihnen eine Ausbildung ermöglichten, für die sie selbst schwere Arbeit auf sich nahmen.

Elisabeth R. (1936): »Ich erinnere mich daran, als ich in der 7. Klasse war und es die Möglichkeit gab, in die Höhere Handelsschule nach Ludwigsburg gehen zu können. Mutter sagte: ›Wenn eines meiner Kinder den Kopf hat und die Aufnahmeprüfung besteht, darf es diese Schule besuchen.‹ Ich war diejenige, die das durfte. Mutter musste deshalb den ganzen Tag arbeiten, und zwar fuhr sie mit dem Omnibus nach Stuttgart-Feuerbach und arbeitete die ganze Woche als Putzfrau, damit ich, ihre Tochter, lernen konnte. Samstag Nachmittags putzte sie auch noch in einer Metzgerei. Danke, Mutter.«

Esther S. (1934): »Die Mutter – ein Mythos ist sie schon, aber als ›Vorbild‹ kann man das eigentlich nicht bezeichnen, weil ich gerade an ihr auch gelernt habe, wie Mütter besch… und ausgenutzt, mit einem mickrigen Orden (*Mutterkreuz*) abgefertigt werden. Was hat sie nicht für ihre Familie geschafft – und – natürlich – gelitten … Ich habe die Briefe aus ihrem Nachlass gelesen und bin abermals tief erschüttert. Da werde ich dann grenzenlos wütend auf die Verhältnisse und diejenigen, die sie schaffen, und will diesem Bild eher vorbeugen als nachfolgen. Die Mutter und ich hatten in vielen Jahren eine ganz ungewöhnlich tiefe Beziehung gelebt. U.a. deswegen hat sich die Idee entwickelt, dass wir Frauen einen neuen Mythos konstituieren müssen – nicht mehr dieses Zerrbild.«

Gerade die »Aufopferung« für die Familie ist vielen Töchtern fragwürdig geworden. Sie haben sich für ein anderes Frauenbild entschieden, denn sie sehen auch, wie diese heroische Lebensleistung manche Frauen **zu stark belastet**, hart und freudlos gemacht hat. Sie forderten sich selbst und den Kindern zu viel ab, mussten es zumeist tun, um zu überleben, hatten nicht genügend oder kaum Zeit für sie und Aufmerksamkeit für alle. Eine große Kinderzahl kam erschwerend hinzu. »Ich hatte wohl eine Mutter, aber nie eine Mutter für mich«, sagte eine von ihnen.[11] Viele Mütter waren gezwungen, voll oder in Teilzeit zu arbeiten, weil die Witwenrenten nicht ausreichten oder gar nicht bezahlt wurden, wie in der SBZ, oder wenn der Mann vermisst war, die Frau sich nicht entschließen konnte, ihn für tot erklären zu lassen und deshalb keine Rente bekam. Nach dem Krieg zogen sich die Entnazifizierungsverfahren oft lange hin, und die Väter mussten niedere Tätigkeiten bei geringer Bezahlung verrichten. Wie einsam und verlassen die »Schlüsselkinder« sich oft fühlten, wie hart manche mitarbeiten mussten, haben wir schon in Kapitel 14 ausgeführt. Die Mütter haben auch von den Kindern Leistung verlangt. Wenn sie allein geblieben waren, haben sie den Kindern zugemutet, ihre Stütze zu sein, und sie dabei zuweilen überfordert. Vielleicht wollten sie es gar nicht, aber die Kinder haben es so empfunden. Andere sind dankbar für das, was sie aus den Anforderungen ihrer Mütter gelernt haben, wenn diese eingebettet waren in Liebe und Zuneigung.

Sieglinde D. (1930), acht Geschwister, der Vater war in Gefangenschaft. Sie lebten als Flüchtlinge in einem Dorf im Bayerischen Wald:

»Außer beim Singen war es mit dem Aufeinanderhören nicht so gut bestellt. Wer seinen Kummer erkennen ließ, wurde zumeist von Geschwistern gehänselt. Unsere Mutter – völlig überfordert – sagte: ›Hab dich nicht so‹ und ›Als ob ich nicht schon genug Schwierigkeiten hätte.‹ So hielten wir die persönlichen Befindlichkeiten tunlichst zurück. Einmal, an einem düsteren Wintertag, legte ich mich beim Hereinbrechen der Dämmerung auf ein Sofa. Die Tante Frieda kam wortlos und legte mir eine Wolldecke über. Das war ein so hohes Maß an Zuwendung, dass ich noch heute die Freude darüber spüre … Wenn unsere Mutter gefragt wurde, wie es uns gehe, antwortete sie: ›Ich habe große Sorgen. Die Kinder merken aber glücklicherweise nichts davon, sie sind fröhlich.‹ Ich verstand das. Sie drückte damit ihre Beruhigung aus, dass es ihr nach ihrer Meinung gelang, die Kinder die Probleme nicht merken zu lassen. Ich teilte diese Meinung, soweit es ›die Kleinen‹ anging, hätte mir aber so sehr gewünscht, dass sie auch nur einmal gesagt hätte: ›Die Sieglinde versteht die Situation und unterstützt mich.‹«

Annelie B. (1939), ihr Vater kam 1946 sehr krank aus der Gefangenschaft zurück:

»Also mein Bruder wurde 1947 geboren. Und der war dann eigentlich die Hauptperson. Aber wir hatten da ja auch immer sehr wenig zu essen. Ich muss sagen, es ging uns nicht gut. Und da kann man meiner Mutter eigentlich gar keinen Vorwurf machen, sie war eigentlich eine starke Frau, sie war eigentlich der Halt in unserer ganzen Familie. Sie hat gesorgt, dass sie uns am Leben erhielt. Es war schwere Feldarbeit und eine ganz kritische Zeit, als sie ungewollt schwanger war. Das war sicher auch für sie ganz schlimm. Wir hatten also echt nichts zu essen … Und als Kind habe ich darunter gelitten, dass mein Bruder die Hauptperson in der Familie war, aber ich denke, das war er aber notgedrungen, weil er war ein Säugling, und wir hatten ja nichts. Mutter musste halt gucken, dass sie das Kind groß kriegte. Ich war da ja schon acht … und ich hab ihn auch nicht geliebt, weil er immer die Hauptperson war. Und ich hab halt sehr viel helfen müssen. Und wenn sie viel arbeiten mussten, alle viel arbeiten mussten, dann hab ich immer meinen Bruder ans Bein gebunden gekriegt. (*Ganz leise:*) Ich hab ihn gehasst … Und was ich auch gemacht hab, sie hat immer geschlagen, aber sie hat auch keine Zeit gehabt. Wenn ich Dummheiten gemacht hab … zack, hatte ich mal wieder eine Ohrfeige weg. Aber die arme Mutter …«

Peter S. (1933): »Meine Mutter hat nach den Bombennächten das Kriegsverdienstkreuz bekommen wegen vorbildlichem Verhalten. Getragen hat sie es nie. Sie hat sich auch für andere eingesetzt und war, wie mir später Freunde erzählten, für alle der Seelenmülleimer … Sie war eine Macherin. Geht nicht, gab's nicht. Nichts zum Essen? Den einen Flügel verkauft, und schon war Geld da zum Schwarzkaufen, nicht nur für uns. Ich hatte Spielfreunde, die nichts hatten, Flüchtlinge, mit Wolldecken abgeteilte Zimmer für viele Personen. Denen fehlte es an allem. Wir hatten genug, also … Das Verdienstkreuz hat wohl die Richtige bekommen. Waren dazu erst der Krieg bzw. durch den Krieg hervorgerufene Umstände ausschlaggebend? Was haben die Umstände damals bei mir bewirkt? – So richtig mal Mammi drücken jedenfalls nicht.«[12]

Maria M.s (1937) Vater war zunächst vermisst, dann kam die Meldung »gefallen«:

»Ich wollte all ihren Schmerz, vor allem die Ungewissheit, ob Vater noch lebte oder wie es ihm ging, mit meinem Unvermögen tragen helfen. Ich wollte eine Stütze sein und wusste nicht wie. Darum hatte ich mir fest vorgenommen, meiner Mutter gegenüber ein Leben lang dankbar zu sein, um ihre schwere Kindheit, von der sie mir oft erzählte, und diese Kriegsjahre besser zu ertragen.

Aber ich ahnte nicht, dass ich mich dabei selbst vergaß. Ich getraute mich nichts zu tun, was Spaß machte oder nicht zweckmäßig oder nicht sinnvoll war, ich bekam regelrecht Schuldgefühle. Nur im gemeinsamen Spiel mit anderen Kindern konnte ich untertauchen, vielleicht auch deshalb, weil ich dann nicht allein die Verantwortung hatte, wenn ich die Zeit so unnütz verbrachte. Meine Schuldgefühle nahmen solche Ausmaße an, dass ich mich heute wundere, wie ich dies als Kind durchgestanden habe.

Ich ging jeden Samstag zur Beichte, um meine Schuldlast wieder loszuwerden. Ich fühlte mich für alles verantwortlich. Selbst als der Papst damals starb, fühlte ich mich irgendwie mitschuldig, da ich versäumt hatte, für ihn zu beten.

Ich beichtete auch immer, dass ich leichtfertig mein Leben in Gefahr gebracht hatte, zum Beispiel, als ich im Winter auf dem Baggersee Schlittschuh gelaufen bin oder auf einem schmalen Brett über die Moosach hinter unserem Haus hinüber balancierte.«

Melanie M. (1935): »Meine Mutter war eine beherzte, zupackende, lebenskluge Frau, die sich nie hängen ließ wie mitunter andere. Unermüdlich versuchte sie, Geld zu verdienen (45 Pfennig pro Stunde in einem Gärtnereibetrieb), Nahrungsmittel zu beschaffen und Kleidung herzustellen … Mutter hatte Schönheitssinn, Humor und Sinn für Situationskomik … Ist meine Mutter mein Vorbild geworden? In manchen Bereichen wohl. Sie hat Unvorstellbares geleistet und nie den Humor verloren. Erinnerungen an bessere Zeiten und glückliche Jugendjahre haben ihr geholfen. Wir als Kinder haben gelernt, uns nicht allzu wichtig zu nehmen, zuverlässig und gastfrei *(= gastfreundlich)* zu sein, Entbehrungen ertragen zu können, unsere Kinder vor allem zu lieben. Hochachtung, Dankbarkeit und Liebe sind meiner Mutter sicher. Pflichterfüllung ist ein Leitmotiv geworden – Lustgewinn war nicht das Erstrebte. Heute sieht man auch darin Probleme und stößt auf Unverständnis bei Jüngeren.«

Rosemarie S. (1939): »Als Vater im Frühjahr 1946 aus der Gefangenschaft kam, fand er ein florierendes Geschäft (*eine Bäckerei*) vor, in dem Mutter weiterhin das Sagen hatte. Alles und alle mussten sich dem Geschäft unterordnen. Wir Kinder mussten auch viel im Geschäft mithelfen. ›Das Geschäft‹, ›wegen des Geschäfts‹, ›die Kundschaft geht vor‹ – das war die oberste Maxime. Darunter litt ich als Kind sehr, sehnte ich mich doch so sehr nach einem Familienleben. Es gab oft Krach in Backstube und Laden, und nicht nur, weil die Ware nicht rechtzeitig auf den Ladentisch kam. Wahrscheinlich waren die Explosionen die äußeren Zeichen für die Machtkämpfe, die sich zwischen meiner Mutter und meinem Vater abspielten, einer Frau, die am Ende ihrer Kräfte stand, und einem Mann, der noch nicht in der Wirklichkeit Nachkriegsdeutschlands angekommen war.

1947 kam noch ein Brüderchen zur Welt, ein Wunschkind, von dem die Eltern schon in ihren Briefen geträumt hatten. Sie wollten mit ihm einen neuen Anfang machen. Doch die Mutter war zu der Zeit, als 34-Jährige so ausgelaugt und abgeschafft, dass ich – als damals Neunjährige – den kleinen Roland zum großen Teil aufzog; er war meine Puppe und mein Kind zugleich.«

Die Mutter von Rosemarie S. war mit 34 Jahren ausgelaugt. Viele Mütter waren – trotz aller Tapferkeit und Stärke – durch den Krieg **beschädigt** an Leib und Seele. Sie konnten ihren Kindern nicht das sein, was sie in normalen Zeiten gewesen wären. Kinder mussten bisweilen auch den geschwächten Müttern Stütze und Halt sein.[13] Die Kinder litten darunter, aber heute verstehen sie auch, warum ihre Mütter so geworden sind.[14]

Rosemarie S. (1934), Mannheim: »Und dann ist mein Vater fort, und ich hab der Mutter geholfen. Wenn sie Krämpfe hatte, musste ich sie massieren. Manchmal war sie auch zu müde, um runter in den Keller zu gehen. Ich musste meine Mutter manchmal fünf oder sechs Mal wecken, weil sie einfach zu erschöpft war. Meine Schwester ist im November 44 geboren, da hat's eine Nacht gegeben, da saßen wir alle unten im Keller mit Federbetten. Die Großmutter und die Großtante haben gebetet, und ich stellte fest, dass das Baby fehlt. Das Baby war noch oben in der ersten Etage. Und meine Mutter hat sich geweigert, das Baby zu holen, ich kann nicht sagen, warum. Vielleicht war sie zu erschöpft, vielleicht hatte sie Angst. Dann hab ich gesagt: ›Wenn du das Baby nicht holst, dann hol ich es.‹ Und dann ist sie gegangen und hat es geholt.«

Waltraut E. (1932) erzählt die Geschichte von Weihnachten 1944. Ihr Vater war im Herbst gefallen.

»Nachdem wir keinen Vater mehr hatten, musste meine Mutter noch mehr arbeiten und hat deshalb weitere Putzstellen angenommen. Sie war viel außer Haus, und ich war als ältestes Kind und einziges Mädchen Kindermädchen für meine jüngeren Brüder, und auch im Haushalt musste ich viel erledigen. Eine schwere Kriegsfolge war für uns, dass unsere Mutter eine sehr harte Frau geworden ist. Wir mussten unheimlich sparen und bekamen so gut wie gar nichts, weder zum Geburtstag noch zu Ostern oder Weihnachten … Für uns Kinder war es unbegreiflich, dass es in diesem Jahr kein Weihnachten geben soll, wo es doch in den vergangenen Jahren immer so schön war.

Immer wieder mussten wir von Mutter hören, dass es kein Weihnachten gibt. Auch keinen Adventskranz gab es. – Unbegreiflich –

Deshalb mussten wir zur Selbsthilfe greifen. Wir vertrauten uns einer Bekannten unserer Eltern an, die dann mit Mutter darüber sprach. Aber Mutter blieb konsequent.

Wir waren schon traurig darüber, dass Vater nicht mehr am Leben war, aber auch keinen Christbaum mit Kerzen und den bunten Kugeln, Lametta und was sonst noch am Baum hing, ging über unsere Vorstellung.

Heimlich konnten wir einen großen Tannenzweig organisieren, den wir dann in einer Ecke unserer Wohnstube unter großer Mühe in den Christbaumständer und an einem Nagel in der Wand befestigten. Vorher schon hatten wir die Kiste mit dem Christbaumschmuck auf der Bühne inspiziert, was wir alles brauchen konnten. Wir hatten ja auch genügend Zeit, uns einen schönen Weihnachtszweig zurechtzumachen, denn Mutter ging am Heiligen Abend, wie jeden Samstag, mittags in eine Bäckerei zum Putzen und kam meistens nicht vor neun Uhr abends heim.

Beim Schmücken des großen Weißtannenzweiges haben wir uns immer wieder vorgestellt, welches Gesicht unsere Mutter wohl machen werde, wenn sie heimkommt, denn wir waren auf unser Werk sehr stolz.

Aber als sie kam und unser Werk sah, war sie zunächst bitterböse und wendete sich ab und ging ins Schlafzimmer. Natürlich waren wir sehr erschrocken darüber. Nach einer Weile kam sie dann wieder, sagte uns, es sei schon recht, und wir atmeten auf und durften sogar ein paar Weihnachtslieder singen. Und obwohl es keine Geschenke und auch sonst nichts gab, waren wir doch froh über den Ausgang des Heiligen Abends mit unserem Tannenzweig.

Heute verstehen wir unsere Mutter, dass sie so hart und streng war, aber als Kinder von fünf, acht und zwölf Jahren versteht man so etwas nicht.«

Harry S. (1936) aus Bessarabien[15], neun Geschwister: »Meine Mutter wurde 82 Jahre alt. Sie ist nach kurzer Krankheit an Herzversagen gestorben. Von ihrer Art und ihrem Wesen her war sie schon etwas schwierig. Sie war allen Menschen gegenüber sehr misstrauisch, und man konnte ihre Gefühle schlecht einschätzen. Aber ich denke, dass sie durch die ganzen Umstände so geworden ist. Im Grunde war sie eine sorgende Mutter und Oma, aber sie konnte ihre Gefühle nie richtig zeigen. Da hat sie mir oft leid getan, denn dadurch ist ein großes Stück Lebensfreude an ihr vorbeigegangen.«

Rita S. (1938): »Mutter erschien als eine gleichmütige Frau. Sie hat aber dann eine Therapie gemacht. Die Therapeutin stellte an der Schrift fest, dass sie schwer depressiv war, durch die Kriegsereignisse. Sie hat ihre Lebensfreude verloren, total. Mir ist es nie so aufgefallen, weil ich sie gar nicht anders kannte. Für uns Kinder war es schwierig, nicht darunter zu leiden.«

Hilde R. (1939), Flucht aus Ostpreußen, der Vater kam 1949 aus der Gefangenschaft zurück: »Meine Mutter hat 1950 Asthma bekommen, das war der Zusammenbruch. Vorher war sie immer stabil und gesund, und auf einmal war's aus. Das waren die Folgen von dem allen. Sie ist dann mit 59 Jahren gestorben. Mir ist es heute klar, dass das die Folgen waren.«

Reinhard B. (1940): »In den ersten Jahren nach dem Krieg ging es meiner Mutter sehr schlecht. Mehrfach brach sie völlig zusammen und war wochenlang krank. Diagnostiziert wurde Herzasthma. Ich weiß mit Sicherheit zu sagen, dass es die psychischen Folgen des Krieges waren. Mit großer Dankbarkeit denke ich an sie zurück.«

Gerhard W.s (1938) Vater war im Krieg erblindet. Er war mit Mutter und Großmutter allein auf der Flucht. Er hatte gerade eine Lehrstelle angetreten:

»Nun bemerkte ich etwas, was mich zunächst verwirrte. Meine Mutter zog sich immer mehr zurück. Sie erzählte von Stimmen, die sie nachts belästigen und dass sich alle Leute immer nach ihr umdrehen. Sie war krank geworden. Eine Folge der entsetzlichen Kriegserlebnisse. Heute habe ich Verständnis und Mitleid. Wie mein Vater wohl damals alles verarbeitet hat?«

Und wie steht es mit denjenigen, die ihre **Mutter** im Krieg und durch den Krieg **verloren** haben, durch Bomben, auf der Flucht, durch Besatzer, in der Verschleppung oder weil sie selbst verlorengegangen sind?[16] Es war das Allerschlimmste, was einem Kind geschehen konnte, das belegen die Zeugnisse der entsprechenden Kapitel. Auch nur zeitweiliges Getrenntsein konnte ein Alptraum sein. Die vielen mutterlosen Kinder (wie viele? wiederum wissen wir es nicht) sind noch bedauernswerter als die vaterlosen Kinder. Lieselotte M., deren Vater gefallen und deren Mutter Vertreibung und beinahe auch die Verschleppung nach Sibirien durchmachen musste und – auch bedingt durch die schweren Strapazen – schon 1948 starb, sagt: »Noch heute bin ich der Meinung, dass ein Kind ohne Mutter das erbarmungswürdigste Geschöpf auf Gottes Erde ist.«

Die Bande zwischen Müttern und Kindern können nicht ohne Not und Schaden für beide zerschnitten werden. Sie sind lebenswichtig für die Kinder, besonders in lebensfeindlichen Zeiten. Aber sie können auch zu einer einengenden und erstickenden Bindung für die Kinder werden. Manche von denen, die von einer tiefen und innigen Beziehung zu ihrer Mutter sprechen, haben auch die Kehrseite erlebt: eine klammernde und **vereinnahmende Mutterliebe**, die sie in ihrer eigenen Entwicklung behindert hat.[17] Manche Mädchen sprechen davon, dass sie möglichst keine männlichen Partner ins Haus bringen sollten. Oder wenn – dann nur unter der strengen Aufsicht der

Mutter. Auch von inzestuösen Beziehungen zum Sohn wurde mir berichtet, dies aber unter dem strengsten Siegel der Verschwiegenheit. Söhne sollten nicht nur Ersatzväter für die jüngeren Geschwister sein, sondern vielleicht sogar Ersatzgatten. Helmut Kopetzky hat erfahren, dass seine Mutter ihre sexuelle Energie auf das Kind übertragen hat. Für sie war er als erwachsener Mann immer noch »das Schatzele«. Die Schwiegertöchter hatten es schwer. Die Söhne waren zerrissen zwischen der Loyalität gegenüber der Mutter und der Zuwendung zur Partnerin. Kriegskinder haben eine verständliche Scheu, diese schwierigen, intimen Beziehungen zu den Müttern vor einer Historikerin auszubreiten. Psychoanalytiker könnten darüber mehr erfahren. Ich muss hier notgedrungen sehr allgemein bleiben.

Elisabeth B. charakterisiert ihre Mutter als eine ängstliche Frau, die ganz von ihrem Mann abhängig war, auf dessen Heimkunft sie vergeblich wartete. Sie war problemscheu und redete nicht über ihre Empfindungen:

»Sie war Fremden, vor allem Männern gegenüber, eher zurückhaltend. Sie wollte ihrem Mann treu bleiben, das hatten sie sich beide versprochen. In einem seiner Briefe wird das ganz deutlich. Sie hat auch sehr darunter gelitten, dass sie ihn 1970 aus Erbschaftsgründen für tot erklären lassen musste, damit mir die kleine Hinterlassenschaft zukommen konnte. Dass sie so besitzergreifend und ängstlich war, hängt natürlich damit zusammen, dass sie nur das eine Kind hatte, das sie unbedingt behüten musste. Und dieses Kind hätte sie am liebsten bis an ihr Lebensende bei sich gehabt. Und so passte ihr auch meine Heirat nicht. Ich hatte 30 Jahre bei ihr gewohnt – und nun ließ ich sie allein!«

Gerte J. (1940): »Schon früh, nach der Scheidung meiner Eltern (*die auch mit dem Krieg zu tun hatte*) habe ich mich für meine Mutter verantwortlich gefühlt. Ich bin da (aus heutiger Sicht) sehr belastet worden, war aber eben auch sehr stolz, früh die Vertraute meiner Mutter zu sein. Als Erwachsene habe ich sehr um die Abnabelung kämpfen müssen. Mutter hat mit 50 Jahren den ersten Schlaganfall gehabt und bis zu ihrem siebzigsten Lebensjahr immer wieder neue kleinere und größere. Nach ihrem Tod fragte mich ihr Pastor, wie lange ich mich noch für meine Mutter verantwortlich fühlen wollte.«

Trotz der aufgezeigten Gefahren, die eine zu enge Beziehung zur Mutter in sich barg, sollte man die möglichen Fehlentwicklungen nicht für unausweichlich halten. Es gab sehr enge, herzliche, bleibende Beziehungen mit hohen Anforderungen an die Kraft der Kinder, ohne dass sie in Abhängigkeit gerieten. Eine große Geschwisterschar und ein befriedigendes Berufsleben der Mutter verhinderten das Fixiertsein aufeinander. Ein schönes Beispiel ist die Rede, die Clara von Arnim ihrem Sohn Christof Otto (1935) zu seiner Konfirmation 1950 hielt. Der Vater war gefallen. Ein Abschnitt daraus:

»Für dich, mein lieber Junge, hat der Ernst des Lebens schon sehr früh begonnen. Nach glücklichen Kinderjahren zu Hause (*auf einem märkischen Gutshof*) hast du, nachdem deine größeren Brüder im glücklicheren Westen bereits geborgen waren, mir als Ältester damals mit erst zehn Jahren wirklich wie ein Mann zur Seite gestanden. Du hast Flucht und Wanderschaft, Russenschrecken, Hunger und Krankheit schon bewusst miterlebt. Du hast Wache gestanden in Schönlage. Du trugst tags in deiner Hosentasche jenen auf dem Bilde verewigten Schmuck, aus dessen Erlös dies Haus gebaut wurde. Nachts, ehe du dein Strohlager bestiegst, heftete ich dir das kleine Lederbeutelchen an deinen Schlafanzug. Du bist auf jener mühseligen Fahrt vor fast vier Jahren in acht Tagen von Berlin bis zur Zonengrenze, die wir im Viehwagen mit vierzig Personen verbrachten, wenn der Zug hielt, mit den Männern zur Lokomotive gestürzt, um deinen in der Julihitze fiebernden Geschwistern Wasser zu holen. Als wir eines Abends endlich das gelobte Land in Hof erreicht hatten, eine Rotkreuzsuppe uns gestärkt und wir zusammen zum soundsovielten Male entlaust waren, stand ich vor der Wahl, meine todmüden Kleinen in einem Lager in der Nähe unterzubringen, oder die so mühsam bis hierher geretteten zwölf Säcke Gepäck, Bündel und Säcke zu expedieren. Unverdrossen sagtest du: ›Mutti, ich mach's‹ und zogst mit den Kleinen los, den zweijährigen kranken Bürschli auf dem Arm. Als ich endlich, um zwei Uhr nachts, das Gepäck losgeworden war und im dem Lager nach vier elternlosen Kindern fragte, hieß es : ›Ja, Baracke eins, Zimmer vier!‹ Da lagen sie tatsächlich alle vier friedlich schlafend auf den Betten.«[18]

Christof machte seinen Weg als Jurist und hatte keine Probleme, eine glückliche Familie zu gründen. Seiner Mutter blieb er immer tief verbunden.

Die meisten Eltern wollten ihre Kinder nach einem bestimmten Bild formen, nach dem sie selbst schon erzogen worden waren: **Erziehungsziel** und **Erziehungsstil** dieser Jahre waren traditionell vorgegeben und wurden von den allermeisten fraglos akzeptiert. Im Krieg, wenn der Vater fern war oder gar nicht mehr kam, fühlte sich die Mutter besonders dafür verantwortlich, dass die Kinder »ordentliche Menschen« wurden. Dieses Erziehungsideal und den entsprechenden Erziehungsstil müssen wir uns aus der Sicht der Kinder noch genauer ansehen. War das wirklich nur »schwarze Pädagogik«[19], womöglich »NS-Pädagogik«, später »sozialistische Pädagogik«, der die Kinder ausgeliefert waren? Wir haben aus den Feldpostbriefen der Väter schon einige Maximen entnehmen können[20]: Die Kinder sollten der Mutter folgen, ihr helfen, fleißig lernen, brav sein, das heißt der Mutter keinen Kummer machen; die Mutter sollte strafen, wenn nötig. Die Kernpunkte waren: Gehorsam der elterlichen Autorität gegenüber, die »preußischen Tugenden«: Pflichtbewusstsein, Pünktlichkeit, Ordnung, Sauberkeit. Dazu kam noch der Kodex der Zehn Gebote. Wie haben die allein gebliebenen Mütter ihre Kinder erzogen? Und welche Rolle spielten sie in der Erziehung, wenn der Vater auch da war?

Ein längerer Briefauszug der Mutter von Ingrid von A. (1936) an den Vater in Gefangenschaft ist sehr aufschlussreich. Die Mutter war damals Sekretärin bei der englischen Besatzungsmacht. Der Brief wird deshalb so ausführlich zitiert, weil er ein Musterbeispiel für geglückte Erziehung nicht nur in Kriegszeiten ist. Er zeigt aber auch, wie ernst diese Mutter diese Erziehungsaufgabe besonders in diesen schweren Zeiten genommen hat und sich selbst und ihrem Mann in Gefangenschaft eingehend Rechenschaft darüber ablegt, obwohl sie mit Berufstätigkeit und Hausarbeit voll ausgelastet war.

»15.9.46: Ingridlein hat sich jetzt sehr schön in die neue Hausordnung mit meinem Dienst hineingefügt. Es ist zum ersten Mal seit der Flucht wieder eine gewisse Regelmäßigkeit in unser Leben gekommen, eine Gleichmäßigkeit, so dass nicht täglich neue Aufregungen bevorstehen, so dass auch die kleinen Kindernerven zur Ruhe gekommen sind. Sie selbst fühlt sich auch hier im Zimmer nicht mehr so allein, wo ich in der Nähe bin, 2 Stunden Mittagszeit habe und immer nur einige Stunden und nicht hintereinander 10 Stunden weg bin. Sie meinte neulich von selbst, dass sie sich auch an dunklen Winternachmittagen nicht so allein hier vorkommen würde, denn sie hätte so viele Menschen, die ihr helfen würden und es gut mit ihr meinten, wenn einmal irgendwas wäre … (*es sind auch Kinder im Haus, mit denen sie spielen kann*). Abendliche Unterhaltungen von unserem Fenster runter zu Reimers Balkon, wohin Hans noch oft vom Bett aus entwischt, wenn die Großen vorn in der Küche bzw. dem Untersuchungszimmer sind, sind oft sehr drollig. Hans spielt auch viel und sehr nett mit der fünfjährigen Claudia Wiese. Seit sie neulich im Circus waren, liefen sie tagelang mit als Clown angemalten Gesichtern herum. Dazu ist Häsi (*Kosename für Ingrid*) schon zu eitel. Aber ich freute mich neulich, als meine Kolleginnen mir erzählten, sie hätten darüber gesprochen, wie Ingrid trotz ihrer Selbständigkeit und Helfenmüssens doch noch so ganz Kind wäre, im Gegensatz zu dem Kind im gleichen Alter einer anderen Kollegin, das schon so ganz etwas Altkluges hätte. Sie hat jetzt wirklich wieder etwas so kindlich Fröhliches, Ausgeglichenes, Liebes, dass Du Deine Freude an ihr haben wirst. Ich glaube, sie auch jetzt richtig an der Hand zu haben … Sie hat ja wirklich viel entbehrt und ist jetzt so dankbar, dass sie mittags gleich ihre kleinen Schulerlebnisse loswerden und ich ihr Leben mehr miterleben kann. Sie ist sehr liebebedürftig, freut sich über einen kleinen Gruß bzw. ein liebes Wort auf einem Besorgungszettel, den ich ihr manchmal zu ihrem Frühstück hinlege, wenn sie ausschlafen kann, mehr als über ein kleines Geschenk. Und wenn es glückte, dass wir uns vom Bürofenster aus auf ihrem Schulweg zuwinken konnten, dann freut sie sich die ganzen Schulstunden über noch darüber. Sie merkt eben doch unbewusst, dass die Mutti zum Gleichmaß ihres Tages notwendig ist. Früher, als ich den ganzen Tag weg war, fehlte dieser Halt und Ausgleich. Sie versteht jetzt auch schon, dass Zänkischsein und Nicht-an-den-anderen-Denken Ungemütlichkeit mit sich bringt, in der man sich nicht wohlfühlt. Vielleicht schadet ihren Charaktereigenschaften das stundenweise Alleinsein nicht in dem Maße, wie sie durch das enge Zusammenleben und den Dienst lernt, Rücksicht darauf zu nehmen und sich nach dem anderen und den Gegebenheiten zu richten. Vorigen Sommer, bei dem Zusammenleben mit Faulborns konnte sie es noch gar nicht. Bei deren diesjährigem Besuch hatte sie zuletzt schon große Fortschritte gemacht, und ich glaube, seitdem ist sie noch wieder ein ganzes Stück weitergekommen.

Ich bin gespannt, wie es werden wird, wenn Du kommst. Zuerst wird vielleicht durch das Neue ein Rückfall kommen. Eifersuchtsschwierigkeiten können auch auftreten, aber ich beuge schon immer vor, dass sie Dir die halbe Mutti schenken muss, dafür aber einen halben Vati dazubekommt. Außerdem hätten wir es doch jetzt so viel besser gehabt, dass wir zu Zweien zusammen waren, und Du, Armer, immer allein, da müsstest Du erstmal sehr verwöhnt werden. Also ich glaube, das wird kein Problem. Wenn erst mal das Leben mit Dir im täglichen Gleichmaß sein wird, dann wird gerade unser Häsilein so recht in unser harmonisches Leben hineinpassen und es bereichern, ihm erst den rechten Sinn geben. Sie wird froh und dankbar sein, wenn sie noch den Vati hat, zu dem sie mit all ihren Fragen und Nöten kommen kann. Ich kann mich viel zu wenig um die Schularbeiten kümmern, sie macht jetzt alles ganz allein. Im Englischen hatte sie neulich eine 1, dafür aber im Rechnen meist schlechte Nummern. Die Hälfte der Aufgaben sind meist falsch, aber nicht, weil sie es nicht kapiert oder faul ist, sondern weil alles noch nicht fest sitzt, sie zu viel Lücken hat, und keiner mit ihr übt. Sie selbst ist sehr willig und lieb, wenn man mal mit ihr übt, aber ich kann mich nicht damit auch noch belasten, so viel Freude es mir machen würde. Sie ist trotzdem wohl noch Durchschnitt im Rechnen und in den anderen Fächern eine der besten. Singen ist ihre ganze Freude; sie haben jetzt Chorstunde und üben Kanonsingen. Immer, wenn für irgendwelche kleinen Ämter eine Zuverlässige gesucht wird, dann kommt sie meist dran.

Den Strand haben wir abends und sonntags gut genützt, paddelten auch einmal zusammen …«

Es ging alles gut, als der Vater heimkehrte. Sie waren eine glückliche Familie, genau so, wie es die Mutter in dem Brief vorausgesehen hat. Kann man es besser machen in der Erziehung, als es diese Mutter gemacht hat? Leitlinie ist eben nicht fragloser Gehorsam, Autoritätsgläubigkeit, »Bravheit« unter Androhung von Strafen, Unterdrückung der Bedürfnisse des Kindes. Leitlinie ist vielmehr ein gutes Zusammenleben, Rücksicht aufeinander, gegenseitige Hilfe, Einsicht in eigene Fehler, Gespräche über Probleme, Verzeihen und die Gewissheit, geliebt zu werden. So war die Mutter mit der kleinen Ingrid schon auf der Flucht umgegangen, so gestaltete sie mit ihr zusammen das schwierige und kärgliche Nachkriegsleben, so bereitete sie das Kind auf die Rückkehr des Vaters vor. Dieser Brief ist einer von vielen, die sie an den Vater schrieb; die Zeit dazu musste sie sich von ihrem kurzen Feierabend abknapsen, neben der Fürsorge für die kleine Tochter. Der Vater sollte in der Abwesenheit möglichst genau an ihrem Leben teilnehmen können. Für Ingrid ist ihre Mutter Vorbild gewesen und bis zu ihrem Tod geblieben, denn sie hat ihr ein gutes Leben in schwerer Zeit und die richtige Erziehung vorgelebt. Eine Ausnahmemutter? Ganz gewiss nicht, wenn auch so ausführliche Belege über die eigene Erziehungspraxis aus der damaligen Zeit selten sind. Einen »demokratischen« und toleranten Erziehungsstil hat es auch damals gegeben, nicht zufällig öfter dann, wenn die Mütter ihre Kinder ohne Vater aufgezogen haben und sich nicht seinem strengen und autoritären Regiment anpassen mussten, was nicht heißt, dass es nicht auch überstrenge und autoritäre Mütter gab. Sie scheinen mir aber nicht so häufig gewesen zu sein. Immerhin hörten Kinder in den Gesprächen von Frauen untereinander öfter den Satz »Man muss den Kindern den Willen brechen …« und konnten sich wenig darunter vorstellen. Manche sehen darin das Herzstück der »Schwarzen Pädagogik«; die Mütter meinten natürlich den »bösen Eigenwillen«, den »Bock«, wie ihn die kleine Ingrid von A. öfter zeigte. Aber sie meinen natürlich auch, dass die Kinder dem Bild entsprechen sollten, das sie sich von einem »guten« und »lieben« Kind machten. Wo die Mütter die geforderten Tugenden und ihren Glauben selbst vorlebten, waren sie für ihre Kinder glaubwürdig und richtungweisend.

Manfred B. (1939), den es mit Mutter, Großmutter und Bruder als Flüchtlingskind in ein kleines württembergisches Dorf verschlagen hatte, wo sie misstrauisch beäugt wurden, beschließt sein Erinnerungsbuch mit dem Rückblick auf seine Erziehung:

»Der Kern unserer Erziehung war von Korrektheit geprägt – nur nicht ›anecken‹ (*er meint vor allem bei den Einheimischen*), nur nicht auffallen, alles recht machen, also hundertprozentig sein. Dass diese Leitlinie für uns lebenswichtig war, hatten wir Kinder schnell erkannt, denn wir waren ja hier nur die Geduldeten – eben heimatlos. Zu dieser Zeit wollte niemand mit mir tauschen, heute möchte ich mit niemand mehr tauschen! Besonders das 7. Gebot ›Du sollst nicht stehlen‹ und das 8. ›Du sollst kein falsch Zeugnis reden …‹ legte uns unsere Mutter sehr ans Herz. So ist es nicht ausgeblieben, dass gerade diese vorbildliche und positive Lebenseinstellung und Beispielgebung unserer Mutter und auch Oma meine Erziehung und mein späteres Leben geprägt und maßgebend beeinflusst hat.

So fällt es mir heute noch unsagbar schwer, ›halbe Sachen‹ zu machen und nicht für Gerechtigkeit und Wahrheit einzustehen. Aber gerade dieser Pluspol kann leicht seine Grenzen überschreiten und zum Ballast werden. Dieser ausgeprägte Erziehungskodex wird oft unbedacht von mir selbst auf meine Mitmenschen zu übertragen versucht, was ich schon manchmal ›zu spät‹ tief bedauert habe.«

Die Kinder spürten schnell, ob die Frömmigkeit echt war und ob es der Mutter um der Kinder Wohl ging oder nur um ihren guten Ruf vor den Leuten.

Gerade die Kriegerwitwen glaubten, fortwährend beweisen zu müssen, dass sie »gute Mütter« waren, d.h. dass ihre Kinder sich möglichst mustergültig verhielten. Damit vergewaltigten sie ihre Kinder und nahmen ihnen die Möglichkeit, ihr eigenes Selbst zu entwickeln. Auch eine enge Frömmigkeit war für die Kinder bedrückend.

Elisabeth B. (1936): »Ich frage mich oft, wie mein Leben verlaufen wäre, wenn es diesen Krieg nicht gegeben hätte. Mein Vater wäre zwar im Sommer weiterhin oft weg gewesen (*er war Landvermesser gewesen, wurde nach Stalingrad vermisst und kam nicht wieder*), aber die Verantwortung hätte sich auf die Schultern von Vater und Mutter verteilt … Sicher hätte ich mich anders entfalten können. Als Alleinerziehende hatte meine Mutter immer die Angst: Was sagen die Leute, wenn … Alles, was ich tat, musste so sein, dass es über meine Mutter kein Gerede geben konnte: ›Die ist aber auch nicht fähig, ihr Kind zu erziehen.‹ Selbst als ich kurz vor dem Abitur stand, musste ich mir sagen lassen: Fall mir bloß nicht durch, was sagen sonst die Leute! Es ging nicht so sehr um mich, als vielmehr um ihren Ruf. Ich glaube sicher, wenn meine Mutter ihren Mann wieder gehabt hätte, wäre vieles für mich leichter gewesen … Bis zu meiner Heirat musste ich immer für meine Mutter da sein, musste bei ihr wohnen bleiben, musste Rücksicht auf sie nehmen, musste überall mit ihr hingehen, weil sie doch so allein war. Das erwartete nicht nur sie von mir, das erwarteten auch Menschen aus ihrem Umfeld. Selbst als ich heiratete, wurde mir noch von manchen Menschen übelgenommen, dass ich meine Mutter nun alleine ließ!«

Dorothee B. (1944) sprach ich zusammen mit ihren beiden Schwestern.[21] Alle drei äußerten großes Lob für die Mutter. Sie habe sich ungeheure Mühe gegeben mit ihnen, wollte ihnen den Vater ersetzen. Sie hat jeden Tag mit ihnen gesungen. Sie war sehr künstlerisch, hat wunderbare Krippenfiguren gemacht, reizende Kleider für sie genäht. Jeden Tag musste das Losungsbüchle[22] gelesen werden. Dorothee erinnert sich, dass sie es – wie oft – einmal sehr eilig hatte in die Schule. Die Mutter stand mit dem Losungsbüchlein in der Hand und dem Rücken zur Tür und ließ sie nicht hinaus, ehe sie das Losungswort gelesen hatte. In einem Brief vom 21.12. 2004 schrieb sie mir:

»Es lässt sich nicht beschreiben, wie sehr ich mich eigentlich mein ganzes Leben lang nach meinem Vater gesehnt habe. Lange habe ich Mutter sicher unrecht getan, da ich früher natürlich nicht begriff, warum Mutter auf mich so oder so reagierte. Nichts mehr vom Vater zu hören oder zu wissen, ständig so ein quirliges, quäkendes Kind; dann in der Enge und einer Zeit, in der keiner wusste, wie es weitergehen sollte … Anschließend bekam ich Rachitis, sie selbst aß ja sicher fast nichts mehr, um alle Mäuler zu stopfen. Später war es für Mutter nicht verständlich, dass ich nie mit Puppen spielte wie meine Schwestern; dass ich auf Bäume kletterte, was den wenigen Kleidungsstücken nicht so gut bekam. Dass ich die Eisele an den Schuhen zum Funken schlagen missbrauchte und total verdreckt von meinen Ausflügen zurückkam. Das war alles mit Laufereien und Geld verbunden, es gab kaum Waschmittel oder Seife, keinen Hosengummi, Nähzeug und die vielen Kleinigkeiten, die man heute so selbstverständlich benützt. Und ich tat so manche Dinge, die Mutter nicht verstehen konnte. Ich fuhr wahnsinnig gerne auf dem Motorrad mit, ging zu Motorrad-Rennen, die durch die Stadt führten, versuchte durch den Fensterladen zu sehen, als die Traber-Gruppen vom Rathaus zu einer hohen Stange knatterten, unten am Trapez mit Turnern. Die fuhren ca. 10 Meter entfernt an dem Fenster vorbei, an dem mein Bett stand und ich schlafen sollte!!! Da bekam ich ganz ordentlich den Frack voll! Ställe, Hunde, Autos, Motoren, Segelflieger, der Schäfer samt Herde und Hunden – das war immer mein Revier. Dazu in den Kellern der Ruinenhäuser Steine schleppen und sich ein eigenes Plätzchen bauen, das war ganz toll! Ja, Mutter hatte es nicht leicht mit mir.«

Wir haben schon bei den am Anfang zitierten Zeugnissen der Hochachtung und Dankbarkeit festgestellt, dass Strenge durchaus akzeptiert wurde, wenn sie mit Liebe gepaart war, einer Liebe, die das Kind meinte und nicht verkappte Selbstliebe war. Schläge waren damals eine fast selbstverständliche Erziehungsmethode.[23] So sehr wir sie heute verabscheuen, haben Kinder damals gelegentliche Ohrfeigen, Traktieren mit dem Kochlöffel und auch eine Tracht Prügel hingenommen. Sie sagen heute, das habe ihnen nicht geschadet, wenn sie die Strafen als gerecht empfinden konnten. Wenn sie hingegen als brutal oder gar als sadistisch erlebt wurden, haben sie sie tief verletzt. Dafür ein authentisches Zeugnis von damals:

Manfred K. (1932): »Einige Jahre, bevor ich zur Schule gehen musste, fing ich an, mir schriftliche Notizen zu machen, soweit ich überhaupt in der Lage war, schreiben zu können, und das ging los mit meiner Mutter. Da habe ich Notizen gemacht an einem bestimmten Tag: ›Mutti war frech‹ und dann mit Bleistift unterstrichen, und wenn sie besonders frech war, aus meinem Blickwinkel, da habe ich einen Rotstift genommen und ein- oder zwei- oder dreimal, je nach Stärke der ›Frechheit‹, unterstrichen. Ich habe viele Prügel bezogen, und zwar so starke, dass die Schwester meiner Mutter zurückgehalten werden musste, meine Mutter bei der Polizei anzuzeigen.«

Was sehr viele Kinder zutiefst bedauern, ist der Mangel an Zärtlichkeit. Es war auch bei liebevollen Eltern nicht üblich, Gefühle frei zu zeigen und auch körperlich erfahrbar zu machen. Das lag sicher an der übertriebenen Angst vor allem Sexuellen. Dazu passt, dass die meisten Kinder nicht von ihren Eltern aufgeklärt wurden. Das bezeugen fast alle. Deshalb konnten sie auch nicht verstehen, was bei Vergewaltigungen geschah. Sie sahen nur die Erniedrigung und fühlten sich unendlich hilflos. Niemand sprach mit ihnen später darüber. Das hat es nahezu unmöglich gemacht, solche Erfahrungen zu verarbeiten.[24] Damals, so meint eine Gesprächspartnerin, habe man sich Gefühle überhaupt nicht leisten können. Doch gerade damals hätten sie die Kinder am nötigsten gebraucht.

Edith G. (1932): »Mit Schlägen gedroht wurde öfter, aber tatsächlich geschlagen wurde selten, und dann war es oft unser Bruder, der irgendwas angestellt hatte … Es gab einen Gutenachtkuss und sonst keine Zärtlichkeiten von den Eltern. Meine Mutter hatte meistens etwas an unseren Arbeiten zu bemängeln und sagte dann: ›Aus dir wird sowieso nie etwas Gescheites werden!‹ Innerlich war ich oft wütend, wenn ich beim Spielen weggeholt wurde, um, der Meinung meiner Mutter nach, etwas Sinnvolleres tun sollte, im Haushalt helfen.

Als meine Ehe nach 20 Jahren zerbrach, habe ich auch bei meiner lieblosen Erziehung, die nur auf Ordnung gerichtet war und darauf, was andere Leute denken, die Schuld gesucht. Manchmal habe ich es meinen Eltern auch zum Vorwurf gemacht. Sie haben es nicht begriffen, wie sollten sie auch, sie haben es nicht besser gewusst.

Wenn ich heute sehe, wie liebevoll mit meinen Enkelkindern umgegangen wird, bekomme ich noch ein schlechtes Gewissen meinen Söhnen gegenüber. Aber alle drei wissen, dass ich nicht über meinen Schatten springen konnte. Manches gelingt mir heute schon besser.«

Glücklich die Kinder, die in der Kriegs- und Nachkriegszeit noch **Großeltern** hatten, wenigstens eine Großmutter oder einen Großvater. Wenn man alles, was von den Familien erzählt wird, noch einmal im Geist Revue passieren lässt, kommt man an ihnen nicht vorbei. In den meisten vorangegangenen Kapiteln tauchen sie immer wieder auf. Eigentlich gebührte ihnen ein besonderes Kapitel. Wenigstens in einem kurzen Anhang soll ihrer zusammenfassend so gedacht werden, wie die Kriegskinder ihrer gedenken.

Sie waren die *ruhenden Pole* in allen Turbulenzen und Gefahren, zu denen die Kinder immer kommen konnten, die immer Zeit für sie hatten, die gütig alles verstanden und verziehen, die halfen und wieder zurechtbrachten ohne große erzieherische Ambitionen. Die meisten Großeltern leuchten wie helle Fixsterne in der Erinnerung an gute und böse Kinderzeiten. Was Marianne U. (1932) bei ihrer Mutter vermisste[25], fand sie bei ihrer Großmutter:

»Meine Oma, die Mutter meiner Mutter, früh verwitwet, war ganz anders. Ich verbrachte viel Zeit mit ihr. Sie war vielseitig interessiert, dabei neugierig und froh, wenn sie mal dem strengen Regiment der Tochter entfliehen konnte … Die Ausgänge mit Oma waren immer interessant, und es fiel ab und zu auch mal ›ein Zehnerle‹ für Eis oder eine Brezel ab. Ich glaube nicht, dass sie von Hitler begeistert war. Ihre Welt waren eher die Großherzöge und Kurfürsten – sie hatte einige Bilder von ihnen im Wohnzimmer hängen. Sie erzählte mir viele spannende Geschichten und brachte mir den ›Hofknicks‹ und den ›Walzer‹ bei.«

Irmtraud V. (1933): »Ich durfte als Noch-nicht-Schulkind oft für mehrere Tage bei unseren Großeltern in Darmstadt sein. Diese Erinnerungen sind für mich eigentlich die allerschönsten. Ich erlebte dort Gemütlichkeit und Heimeligkeit wie sonst nirgends. Im Winter strömte der große grüne Kachelofen mit dem summenden Wasserkessel gemütliche Wärme aus. Großvater saß oft Zigarren rauchend an seinem Schreibtisch. Der Duft des Zigarrenrauchs gehört für mich auch zu dieser gemütlichen Atmosphäre.

Im Sommer war der Garten mit den mit Buchs eingefassten Blumenbeeten, dem Goldfischteich in der Mitte und dem Gartenhäuschen ganz hinten, in dem uralte altmodische Puppenwagen aufbewahrt wurden, ein wahres Paradies. Noch heute lässt der Duft einer Buchsbaumhecke vor mir das Bild des Gartens in der Hochstraße in Darmstadt erstehen.«

Herta R. (1940) erzählt über den Großangriff auf Dresden im Februar 1945. Sie lebten ganz in der Nähe:

»Als die Sirenen heulten und wir in den Keller mussten, packte Großmutter meine Schwester und mich in einen Wäschekorb mit Federbetten obendrauf. Als dann die Bomben fielen und es wohl ganz furchtbar war, hat sie sich mit ausgebreiteten Armen über uns gelegt. Ich bekam ganz aus der Ferne, wie im Traum mit, dass mein Großvater einige Frauen ohnmächtig schlagen musste, weil sie die Nerven verloren und durchgedreht hatten. Ich weiß nicht mehr, ob ich mitbekam, dass wir durch eine Sprengbombe verschüttet wurden. Hinterher erfuhr ich es. Ich erinnere mich nur an die Großmutter über uns und das Gefühl: Uns kann überhaupt nichts passieren, sie beschützt uns. Das andere konnte nicht an mich heran.«[26]

Sieglinde D. (1939): »Meine Großmutter ist in Ulm ausgebombt worden am 17. Dezember 1944. Dann kam sie zu uns, sie hat eigentlich den Vater ersetzt in der Familie. Sie ging zum Arbeiten in die Landwirtschaft und hat so meine Mutter unterstützt … Sie war eine sehr eindrucksvolle Frau. Ich habe sie heiß geliebt. Sie war resolut, aber nicht gegen uns Kinder. Sie hat überall angepackt, wo es ging. Sie hat sich zum Beispiel mal einen Sack Weizen verdient, und den hat sie dann bei Nacht und Nebel nach Lautern gebracht. Man durfte das ja nicht. Wir hatten Todesängste, bis sie wieder zurück war. So auf den Leiterwagen geladen und zum Müller geführt. Sie ging abends los und hat es für uns gemacht. Als Bezugspersonen hatte ich also meine Mutter, meine Großmutter, meine beiden Schwestern, denen ich sehr verbunden war.«

Karl Frebel (1936) lebte am Ende des Krieges bei seinen Großeltern in einem Vorort von Köln. Die Eltern waren ausgebombt, der Vater in Kriegsgefangenschaft, die Mutter hatte eine Notunterkunft bei einer Freundin gefunden und bemühte sich verzweifelt um eine neue Wohnung:

»Sofort nach Einbruch der Dunkelheit musste ich nach Hause, weil es auf den Straßen dann zu unsicher wurde. Es waren lange Abende, aber sie wurden niemals langweilig. Meine Großmutter bereitete das meist dürftige Abendbrot. Danach saßen wir in der Küche und spielten Karten oder Gesellschaftsspiele. Großvater erzählte Geschichten oder machte Musik; außer Trompete spielte er noch Mandoline, Mundharmonika, und sogar aus einer Okarina (*Blasinstrument*), welche ich in den Trümmern gefunden hatte, konnte er lustige Melodien hervorzaubern. Diese Abende waren sehr schön, und sie haben sich tief in mein Gedächtnis eingeprägt. Es war eine Oase der Ruhe und Zufriedenheit inmitten einer vom Krieg zerstörten Stadt.«[27]

Die Großeltern waren aber auch diejenigen, die am *meisten gelitten* haben unter allen Verlusten, des Heimes, der Habe, der Heimat, weil für sie keine Aussicht mehr bestand, sich das alles wieder aufzubauen. Ihre Generation hatte zwei Weltkriege zu bestehen. Die meisten waren auch nicht mehr in der körperlichen Verfassung, die übermäßigen Anstrengungen durchzuhalten. Von manchen noch jüngeren aber haben wir gehört, wie sie unerschrocken und mit sicherer Hand etwa die Flucht in die Hand nahmen, wie sie hungerten, damit die Kinder genug zu essen hatten, und dabei zuweilen selbst verhungerten. Viele wurden bei der Besetzung durch die Rote Armee umgebracht oder starben an den Folgen des Mangels. Die Kinder haben sie vermisst und betrauert, aber das ganze Ausmaß ihres Leidens kam ihnen erst zum Bewusstsein, als sie selbst erwachsen und alt wurden.

Kehren wir noch einmal zu den Müttern zurück. An das Ende dieses ihnen gewidmeten Kapitels möchte ich einen Brief stellen, den kein Kriegskind geschrieben hat, sondern eine schon erwachsene Frau, Jahrgang 1916. Der fiktive Brief ist an die verstorbene Mutter gerichtet, die schon den Ersten Weltkrieg erlebt hat. Alles, was darin steht, könnte auch von einem 20 Jahre später geborenen, also einem Kind des Zweiten Weltkriegs im Erwachsenenalter geschrieben worden sein. Er fasst zusammen, was wohl die große Mehrheit dieser Kinder empfunden hat: keine blinde Verherrlichung, sondern ehrliche Rechenschaft darüber, was sie der Mutter verdanken und was sie vermisst haben, und das Bemühen, die Grenzen der Mutter aus den Erziehungsgrundsätzen ihrer Zeit heraus zu verstehen. Diese Grundsätze haben sich bis weit über den Krieg hinaus erhalten. Im Krieg und in der Nachkriegszeit traten noch andere Stärken und Schwächen der Mütter hervor, die in diesem Brief naturgemäß nicht vorkommen. Es ist ein undatierter Brief einer Tochter; ein Sohn hätte manches anders gesagt. Der Grundton ist bei den meisten, den Söhnen und Töchtern, derselbe: tiefe Dankbarkeit und Liebe.

Gertie Koch: »Meine liebe Mama!

Mitten im Leben stehend, schreibe ich an Dich, meine Mutter, die Du schon lange verstorben bist. Ein Fremder blickte mich an mit Augen, die wie die Deinen waren, als Du im Sterben lagst, forschend und rätselhaft und unergründlich.

Du wurdest mir dadurch ganz gegenwärtig.

Ich dachte an Dich, über Dein Leben nach. Warum weiß ich so wenig von Dir? Nie hast Du aus Deiner Kindheit, von Deinen Eltern erzählt. Über Gefühle sprachen wir nicht, die waren tabu in unserer Familie. Ich spürte nur Deine Fürsorge und Dein fast gluckenhaftes Behüten-Wollen. Nie erfuhr ich Zärtlichkeiten, kein Liebkosen. Darin musstest Du arm in Deiner Kindheit gewesen sein, sowie auch Dein Mann, mein Vater.

Alles, was Dir an realem Besitz mangelte, wolltest Du mir geben. Ich sollte es besser haben in meinem Leben. Das war Deine Maxime, dein Ziel.

Dir verdanke ich meine bessere Schulbildung, Mama.

Ich durfte bis zur mittleren Reife eine Aufbauschule besuchen. Da mir von meinem Vater das Abitur verwehrt war, hatte ich den Wunsch, einen Beruf zu erlernen. Ich wollte Kindergärtnerin werden. Papa war dagegen, denn die Fachschule kostete damals Schulgeld. Vater war ein kleiner Postbeamter mit einem geringen Gehalt, das nur zur Befriedigung der einfachen Lebensbedürfnisse reichte. Ich sollte bei einer reichen Familie ›den Haushalt erlernen‹. Dann heiraten und Kinder bekommen.

Es gab harte Auseinandersetzungen zwischen Euch. Du setztest dich durch, und ich besuchte das Fröbelseminar. Dafür danke ich Dir heute noch, meine liebe Mama. Du hast mit Deiner Hände Arbeit meine Ausbildung finanziert. Du nähtest in Heimarbeit für eine kleine Firma Berufskittel. Ich sehe Dich noch, oft weit nach Mitternacht, an der Nähmaschine sitzen. Damals schätzte ich das nicht – im Gegenteil. Ich war unwillig, wenn ich abends an zwanzig bis dreißig Kittel Knöpfe nähen musste. Ich war nur von meinen persönlichen Angelegenheiten und Problemen in Anspruch genommen. Sie mit Dir, mit Euch zu besprechen oder Rat zu holen, war unmöglich. Ich erfuhr ja auch nichts von Euren Sorgen.

Ihr ließt mich wohl an langer Leine laufen, doch ich spürte Deine Ängste. Dein Misstrauen, wenn ich mit Mädchen und Jungen übers Wochenende auf Fahrt ging, so hieß das früher, um in der Natur zu wandern, heraus aus dem Steinmeer ›Großstadt‹. Dein erhobener Zeigefinger, ich solle mich nicht mit Jungen einlassen, meine Ehre nicht verlieren und mir kein Kind machen lassen. Das impfte sich wie ein Schreckgespenst ein, und ich wurde ein scheues, verklemmtes Mädchen, das ›rein‹ bleiben wollte.

Durch die linke Jugendbewegung wurde ich aber ein kritisches Menschenkind, das die Welt verbessern wollte. Diesen Weg bin ich ohne Dein Zutun gegangen.

Du warst ein Kind Deiner Zeit und Deiner Verhältnisse und Gegebenheiten. Du hast gegeben, was Du konntest: Deine Liebe. Deine Fürsorge. Deinen guten Willen.

Dafür danke ich Dir, meine Mutter.

Ich bin das geworden, was in mir war und was ich heute bin, trotz großer Widerstände und Bitternisse, durch die ich gehen musste.

Als Frau, als Persönlichkeit habe ich Dich nie kennen gelernt, Du mich ebenfalls nicht. Wir verschlossen uns. Jeder war umgeben von einer Mauer. Erst im Alter erfasste ich die Zusammenhänge.

Als Du im Sterben lagst, blicktest Du mich an, dunkel und rätselhaft. Ich verstand nicht den Ausdruck Deiner Augen.

Mein Herz ist voll Liebe, wenn ich an Dich denke, meine geliebte Mama.

Deine Tochter.«[28]

Wenn die Kriegskinder über die Beziehung zu ihren Müttern nachdenken und darüber, was die Mutter für ihr weiteres Leben bedeutet hat, sprechen sie selten über die politische Ausrichtung, die ihnen die Mütter vorgelebt und mitgegeben haben. Politik spielte wohl in der Erziehung eine ganz untergeordnete Rolle, Reden darüber wurde tunlichst vermieden. Wie die Mütter, die Eltern, in den Augen der Kinder zum nationalsozialistischen Regime standen, ist Thema des folgenden Kapitels.

KAPITEL 18

»Die Nazis – das waren die Anderen«? – »Täter-Kinder«

Wer die Kriegskinder nach der Einstellung ihrer Eltern zum Nationalsozialismus befragt, gerät in eine Landschaft mit dichten Nebelschwaden, zuweilen auch in Niemandsland. Das war für mich zunächst unerwartet. Erwartet hatte ich vielmehr, dass die damaligen Kinder – selbst frei von Schuldverdacht – sich freimütig und wohlinformiert dazu äußern würden. Weder das eine noch das andere war der Fall. Viele wissen bis heute nicht, wie ihre Eltern eigentlich zum »Dritten Reich« standen, oder wollen es gar nicht so genau wissen, viele gaben vage und ausweichende Antworten, sagten, sie seien damals noch zu klein gewesen, lenkten auf ein anderes Thema ab, bevorzugt auf ihre eigenen Kriegserlebnisse, wegen derer sie sich doch zum Gespräch mit mir gemeldet hatten, oder beantworteten spätere, nachfragende Briefe nicht. Ich hatte offensichtlich verkannt, wie sehr diese Kinder sich mit ihren Eltern solidarisch fühlen[1] oder wie wenig der Nationalsozialismus in den Familien überhaupt ein Thema war, weder damals noch nachher. Ich hatte die »68er« vor Augen, die ihre Eltern schonungslos auf die Anklagebank setzten.[2] Sie waren aber Nachgeborene, die den Krieg selbst nicht mehr bewusst zusammen mit ihren Eltern erlebt hatten. Die Kriegskinder sprechen anders. Neigen sie etwa dazu, die Eltern zu »viktimisieren«, das heißt zu bloßen Opfern des nationalsozialistischen Regimes und Krieges zu machen, oder sie zu »heroisieren«, also sie zu Gegnern oder gar Widerstandskämpfern zu stilisieren, wie Harald Welzer auf der Basis von 40 Familieninterviews glaubt nachweisen zu können?[3] Auf der Grundlage des mir vorliegenden mehr als zehnmal so umfangreichen Materials können wir differenzierter beschreiben und urteilen.

Um etwas klarer zu sehen, gliedern wir nach dem Grad der Zustimmung oder Ablehnung, den die Kriegskinder an ihren Eltern beobachtet haben. Was haben sie gehört, gesehen, geschlossen, aus Gesprächen, aus Reaktionen auf bestimmte Ereignisse, aus den späteren Entnazifizierungsverfahren, aus Briefen und Dokumenten, die sie nachträglich gelesen haben? Was wissen sie überhaupt darüber? Was erinnern sie? Man muss dabei bedenken, dass es sich um Kinder handelt. Nur von den etwas älteren kann man Auskünfte aus der Zeit erwarten, die kleineren haben »Politisches« damals noch kaum registriert, wenngleich sie feine Antennen für Situationen und Gehörtes hatten. Zu berücksichtigen ist auch, dass die Väter in der Kriegszeit meist nicht zu Hause waren und deshalb – außer in Briefen – politisch gar nicht in Erscheinung traten. Die Eindrücke konnten also meist nur vor dem Krieg in der Phase der frühen Kindheit gesammelt werden. Später haben die Kinder dann häufig nicht mehr nachgeforscht. Meist war der Vater der Tonangebende – und er war ja lange Zeit weg, »im Krieg«, dessen Legitimität nicht in Frage gestellt wurde; selten wird die Haltung und Meinung der Mutter besonders erwähnt. Der beste Gradmesser für die Einstellung der Eltern wäre die Wahrnehmung der nationalsozialistischen Verbrechen und ihre Haltung gegenüber den Verfolgten. Weil dies aber sehr umfangreiche Themen sind, werden sie in den beiden folgenden Kapiteln für sich betrachtet. In diesem Kapitel sollen sie nur am Rande berücksichtigt werden.

Hören wir nun die Kriegskinder selbst: Da ist zunächst die nicht sehr große, aber immerhin beachtenswerte Gruppe, die bis heute **nicht weiß, wie die eigenen Eltern zum Regime standen,** und sich dafür offenbar auch nach 1945 nicht interessiert hat. Nur indirekt, aus einer nebenbei eingestreuten Bemerkung, kann man eventuell schließen, dass der Vater wohl zumindest Parteigenosse gewesen sein muss. Es heißt dann meist: »Mein Vater war ja dann interniert, und wir mussten sehen, wie wir zurechtkamen …« oder: »Mein Vater hat dann als Hilfsarbeiter schaffen müssen …« oder: »Der Vater war ja dann aus dem Beruf …«. Was der Vater als Parteigenosse gemacht hat, interessiert nicht weiter. Es wurde einfach **nicht darüber gesprochen**.

Dass unter den damaligen Verhältnissen nicht offen über »Politisches« geredet werden konnte, verwundert nicht. Das Klima der Angst beherrschte auch die Familien. Gerade Kindern gegenüber musste man besonders vorsichtig sein, konnten sie doch unwissend und ahnungslos Aufgeschnapptes ausplaudern. Dass Eltern vor Denunziation durch ihre eigenen Kinder Angst haben mussten, wird zwar in der Literatur behauptet, wurde mir aber nicht einmal andeutungsweise von Kindern über sich oder andere Kinder berichtet. Solche Vorsicht allein bedeutete nicht, dass die Eltern grundsätzlich regimefeindlich eingestellt waren, konnte doch selbst bei Linientreuen ein unachtsames Wort oder ein Witz sehr unliebsame Folgen haben. Aber selbstverständlich hatten völlig Begeisterte kaum einen Grund, dies vor ihren Kindern zu verbergen. So ist das Schweigen zumindest ein Indiz für Vorbehalte. Und dieses Schweigen war verbreitet. Wenn Eltern die Begeisterung ihrer Kinder für die Hitlerjugend nicht teilten, sondern sie einfach übergingen, war auch das ein beredtes Schweigen. Die Kinder gerieten dadurch manchmal in einen inneren Zwiespalt.[4]

Reinhard S. (1942), obwohl damals noch sehr klein, hat doch Erinnerungen, wobei er sicher auch die Nachkriegszeit noch mit einbezieht: »Es wurde in meiner Familie nie über Juden hergezogen, es wurden die Gräueltaten der Nazis nie gerechtfertigt – es wurde eben gar nichts dazu gesagt, es wurde eben nie darüber gesprochen.« Doris R. (1935): »Mein Vater war Mitglied in der NSDAP. Zu Hause wurde darüber nicht gesprochen, und es hing auch kein Bild von Hitler in unserer Wohnung. Auch über KZ usw. wurde nicht gesprochen. Ich denke, sie wussten es einfach nicht.«

Manfred Jung (1933): »Mein Vater hat überhaupt nichts erzählt. Der hat nie was erzählt. Mit meinem Vater konnte man sich ja gar nicht unterhalten. Der hat nur seine Arbeit im Kopf gehabt und war froh, wenn er mehr oder weniger zu Hause in Ruhe gelassen wurde.
I: Und wie stand er zur Partei? Er hat's ja immerhin geschafft, nicht in die NSDAP einzutreten. Wie hat er denn das gemacht?
J: Ach, da müsst ich jetzt weit ausholen. Einmal, da kam ich, da hat er mal mit einigen Herren gesprochen von der Partei, die waren auch in Uniform oder was. Wie das Gespräch ausging, weiß ich nicht, ich wurde rausgeschickt. Er hat auch später nie darüber geredet. Also er ist nicht in die Partei gegangen, und ihm ist auch nichts passiert.
I: Wie hat er sich denn über die Nazis ausgelassen, hat er darüber erzählt, geschimpft?
J: Nein, er hat nie geschimpft.
I: Und wie wurde über die Juden geredet bei Ihnen?
J: Ne, über die Juden-Geschichte nie, das hab ich ja erst nach dem Krieg erfahren.«

Marianne U. (1932): »Wie meine Eltern zu Hitler standen, weiß ich bis heute nicht; über Politik wurde bei uns nicht gesprochen, schon gar nicht mit uns Kindern. Ich glaube aber, dass meine Eltern eher ablehnend waren, zumal sie ja auch keiner Partei angehörten. Zum Freundeskreis meines Vaters gehörten einige Heidelberger Pfarrer und Patres vom Stift Neuburg, die uns öfter besuchten. Gespräche mit ihnen habe ich nie mitbekommen, denn wir Kinder mussten nach der Begrüßung in unserem Kinderzimmer bleiben. Alle Dokumente aus der Kriegszeit (Briefe meines Vaters aus Krieg und Gefangenschaft, unsere Kinderbriefe an ihn) haben wir bei Räumung der elterlichen Wohnung 1993 nicht gefunden.«

Selbst Verfolgte haben nicht so genau erzählt, warum sie verfolgt wurden und was sie erlebten.

Gertrud P. (1932): »Mein Vater, der muss ein Kommunist gewesen sein. Der hat damals schon gesagt: ›Wir verlieren den Krieg.‹ Das haben wir als Kinder mitgekriegt.

›Da könnt ihr noch so schwärmen, Jungs‹, hat er gesagt, ›aber wir verlieren den Krieg.‹ (*Drei seiner Söhne waren eingezogen*) … Das ärgert mich heute noch, dass wir die Mutter nicht richtig gefragt haben, was da los war. Auf einmal war mein Vater weg, eingesperrt. Ja jetzt wollten wir immer wissen, warum. Ja warum, das war alles geheim, das durfte keiner im Dorf erfahren, das war was ganz Schlimmes. Wir konnten uns das als Kinder damals nicht vorstellen.«

Später erfuhr sie dann von der Mutter, dass der Vater, der Bursche bei einem deutschen Offizier war, wahrscheinlich einem hungernden russischen Kriegsgefangenen etwas zu essen gegeben hat. Aber ganz genau weiß sie bis heute nicht, was der Grund für seine Inhaftierung war.

Eine ebenso kleine, aber nicht zu vernachlässigende Gruppe bilden die, die den Eltern, insbesonders den Müttern[5], **Gleichgültigkeit gegenüber der Politik** bescheinigen.

Sie erhalten das selbst aufrecht, wenn der Vater in der Partei war und sogar eine Funktion darin ausübte. Dabei verwickeln sich manche in Widersprüche. Andere machen gerade diese politische Gleichgültigkeit den Eltern heute zum Vorwurf oder suchen die Ursache in überkommener Obrigkeitstreue.

Dorothea E. (1934): »Mein Vater, glaube ich, der war in der Partei, jeder musste ja wohl rein (*hier irrt sie sich, hat sich offenbar nicht darüber informiert*). Aber ich habe keine besonderen Aktivitäten bei ihm bemerkt. Er war, konnte wohl sein, Blockleiter oder so was. Meine Mutter, ja, meine Mutter, die war ganz für die Familie da, die hat sich politisch überhaupt nicht engagiert. Mein Vater war ganz sicher nicht in Verbrechen des Regimes verwickelt, das kann ich wohl ziemlich sicher sagen.«

Hans-Peter W. (1935): »Nach dem Krieg wurde in unserer kleinen Schrumpffamilie nicht viel über das Geschehene gesprochen. Nur der Bombenkrieg war das gelegentlich wiederkehrende Thema. Erst später habe ich meine Mutter gezielt über Einzelheiten befragt, z. B. welchen Anteil sie und der Vater am Entstehen des NS-Regimes gehabt hätten. Die Antworten deckten sich mit der noch später gelesenen Korrespondenz aus der Kriegszeit. So hatte ich keinen Anlass, ihnen Vorwürfe zu machen, außer, dass sie mit ihrer Politik-Gleichgültigkeit zu wenig dagegen getan hätten, wie die meisten ihrer Generation, obwohl die demokratische Verfassung nach dem 1. Weltkrieg die Chance dazu gegeben hat.«

Johannes C. (1932): »Ein politisches Bewusstsein hat sich bei den Eltern kaum eingestellt … Die Eltern und Großeltern waren unter der Prämisse religiösen Gehorsams auch einer Obrigkeit gegenüber zu Gehorsam verpflichtet und in diesem Sinne unkritisch. Als wohlsituierte Bürger mit beträchtlichem Bildungshorizont, und das gepaart mit rheinischer Vielseitigkeit einer Grenzbevölkerung, waren sie wenig zu haben für ein preußisches Kaiserreich. Das war die Grundstimmung in allen Familien unseres Clans, und bis sie begriffen, was sich ab 1930 abspielte, war der Staatsterror installiert, und man hoffte irgendwie auf bessere Zeiten und hielt wegen der vielen Kinder den Mund.«

Alice S. (1930): »Meine Eltern waren unpolitisch und gingen ihrer Arbeit nach. Vorwürfe sind ihnen nicht zu machen. Mein Vater war nicht Parteimitglied. Als solches wäre er vielleicht – wie einige seiner Kollegen – eher befördert worden. Von ihm als Beamten wurde wohl ein gewisses parteiliches Mindestengagement erwartet. Nur so kann ich es mir erklären, dass er der NS-Volkswohlfahrt angehörte. Er musste im Hause die Lebensmittelkarten verteilen. Da er im Bahnpostdienst viel unterwegs war, habe ich diese Aufgabe für ihn übernommen.«

Sieglinde D. (1939): »Wir waren von Haus aus alle keine politischen Menschen. Mein Vater war irgendwie (*!*) bei der SA (*er geriet in französische Gefangenschaft*). Als dann die Amerikaner kamen, wurde an meinem Geburtstag das Haus durchsucht. Wir hatten, zum Glück hatten sie es nicht erkannt, ein Bild vom Obersalzberg hängen … Meine Mutter hat Todesängste ausgestanden.«

Dietlind S. (1937): »Mein Vater war ›treuer Untertan‹. So wurde er in einer pietistischen Familie erzogen: sich ein- und unterzuordnen. ›Seid untertan der Obrigkeit.‹ Was immer er geglaubt, gedacht oder geahnt hat – ich weiß es nicht und kann ihn auch nicht mehr fragen. Er hat nach dem Krieg in dieser Beziehung geschwiegen.«

1. Weihnachten bei Familie L. Man beachte das Foto von Hitler an der Wand.

Die größte Gruppe der Kinder charakterisiert die Eltern vorsichtig etwa so: Meine Eltern waren **nicht begeistert, eher ablehnend**, aber sie verweigerten sich nicht völlig. Diese Haltung bedarf der Belege, die auch eingefordert wurden und meist glaubwürdig erbracht werden konnten.

Wenn Eltern ihre Kinder lieber privat evakuierten statt mit der Kinderlandverschickung, dann stand dahinter meist die Besorgnis gegenüber der massiven Indoktrination, der die Kinder dort ausgeliefert sein würden.[6] Auch das Festhalten am Gottesdienstbesuch, an kirchlichen Jugendkreisen, an der Konfirmation waren Gegenkräfte gegen die völlige ideologische Vereinnahmung. »Gottgläubig« nannten sich meist die überzeugten Nationalsozialisten.[7] All dies führen die Kinder an; es braucht nicht besonders belegt zu werden. Noch hatten Christentum und Nationalsozialismus nebeneinander Platz, noch kam es für die meisten nicht zur Zerreißprobe, erforderte also nicht allzu großen Mut. Schon etwas mehr exponierten sich die Eltern, wenn sie es ablehnten, ihre Söhne in eine Nationalpolitische Erziehungsanstalt (Napola) oder in eine Adolf-Hitler-Schule zu schicken, weil es doch an sich eine Ehre war, dafür ausgewählt zu werden. Auch das kam gar nicht selten vor. Oder sie hielten die Kinder ab, Führer oder Führerin in der Hitlerjugend zu werden. Die Hakenkreuzfahne nicht herauszuhängen, wenn Beflaggung angesagt war, zeugte von einer gewissen Aufsässigkeit, wurde aber meist nach Ermahnung durch den Blockwart nicht durchgehalten. Unsicherheit herrscht darüber, ob

In Stuttgart trat der berühmte Komiker Willy Reichert auf. Er war bekannt für seine politischen Anspielungen. So erzählte er gern folgenden Witz: Er steht auf dem Wilhelmsplatz und wartet auf die Straßenbahn Linie 4, die in Stoßzeiten immer zwei Anhänger hatte. Er wartet und wartet, die kommt nicht. Sagt er: »Der Vierer (Führer) mit Anhänger kann mir g'stohle bleibe.« Oder: Er geht im Friedrichsbau (Varieté) umher, da geht das Licht aus. Er geht durch die Reihen, kommt auf die Bühne und sagt: »Am Volk liegt's net, es muss an der Leitung liegen.«

Es gibt drei Dinge: Ehrlich, intelligent, Nazi. Also, wenn einer ehrlich und intelligent ist, kann er nicht Nazi sein. Wenn er intelligent und Nazi ist, kann er nicht ehrlich sein. Wenn er Nazi und ehrlich ist, kann er nicht intelligent sein.

Zehn kleine Meckerlein, die saßen einst beim Wein,
der eine hat 'nen Witz gemacht, da waren's nur noch neun.
Neun kleine Meckerlein, die ham sich was gedacht,
dem einen hat man's angemerkt, da waren's nur noch acht.
Acht kleine Meckerlein, die haben was geschrieben,
bei einem ist es rausgekomm', da waren's nur noch sieben.
Sieben kleine Meckerlein, die fragten mal, wie's schmeckt.
Da sagte einer ›Schlangenfraß‹, da waren's nur noch sechs.
Sechs kleine Meckerlein, die sahen einen Pimpf,
der eine sagte ›Lausejung‹, da waren's nur noch fünf.
Fünf kleine Meckerlein, die spielten gern Klavier,
da spielte einer Mendelssohn, da waren's nur noch vier.
Vier kleine Meckerlein, die sprachen mal vom Ley,
da sprach der eine: ›Immer blau‹. Da waren's nur noch drei.
Drei kleine Meckerlein, die hörten Radio,
da stellte einer London ein, da waren's nur noch zwo.
Zwei kleine Meckerlein, die traten mal in Dreck.
Da sagte einer ›nazibraun‹, da war er auch schon weg.
Ein kleines Meckerlein, das find ich gar nicht schön,
schimpft und kommt nach Dachau hin, da waren's wieder zehn!

2. Einige Beispiele politischer Witze, die damalige Kinder behalten haben

man ein Hitlerbild in der Wohnung aufhängen musste. Man musste es nicht, ebenso wenig wie man in die NSDAP eintreten *musste.* Aber natürlich war es von Vorteil, wenn man es tat. Und das scheint häufig so gewesen zu sein.

Als die Niederlage in den letzten Kriegsjahren abzusehen war, mehrten sich die kritischen Stimmen. Das ist allgemein bekannt und blieb den Kindern nicht verborgen. Witze und hämisch-spöttische Bemerkungen über Parteibonzen und NS-Führungspersonal waren weit verbreitet und können keineswegs als grundsätzliche Anti-Haltung gedeutet werden.[8] Gehörten sie allerdings zum Familienjargon, wie etwa bei Jürgen B. (1929), ließ das nicht auf Regimetreue schließen. Das Verhalten bei Führerreden ließ ebenfalls tief blicken: Es reichte von Rührung und Andacht, Verdonnern der Kinder zu absoluter Stille bis zu lautem Lachen und abfälligen Kommentaren. Väter, die sich auch unter Druck weigerten, in die NSDAP einzutreten und dafür berufliche Nachteile in Kauf nahmen, zeigten damit ihre Reserve gegenüber dem Regime deutlich an. Feindsender zu hören, war verboten, seit Kriegsbeginn sogar unter Todesstrafe. Erstaunlich viele Kinder berichten, dass ihre Eltern dies dennoch getan haben. Keinem von ihnen wäre eingefallen, die Eltern deshalb anzuzeigen, sie hatten eher Angst, dass es herauskommen könnte. Kritische Kommentare im engeren Kreis zu besonderen Anlässen, etwa zum Pogrom gegen die Juden (der sogenannten Reichskristallnacht) am 9./10. November 1938 oder zum Attentat vom 20. Juli 1944, offenbarten eine zumindest teilweise Ablehnung und konnten gefährlich sein.[9]

Vera M. (1933): »Während der Führerreden hat mein Vater andauernd gelacht und ihn einen Dussel genannt. Für mich hörten sich seine Reden wie ein anhaltendes Bellen eines Hundes an.«

Walter D. (1931): »Diesen Bericht möchte ich meinem Vater August D., Christ und Landwirt, widmen. Mein Vater hat sich im Dritten Reich hervorragend und mutig verhalten. Vor dem Dritten Reich war er Vorstand des Bauernvereins, dadurch wurde er dann automatisch, ob er wollte oder nicht, zum Ortsbauernführer gemacht … 1935 oder 36 ist mein Vater von seinem Amt zurückgetreten, was kaum einer sich vorstellen kann, denn wo der Führer einen hingestellt hat, muss man seinen Platz ausfüllen und seine Pflicht tun. Wie wir nach dem Krieg erfahren haben, sind wir deshalb auf eine schwarze Liste gekommen … Erst gegen Kriegsende hat er mehr darüber gesprochen. Als Christ hat mein Vater gesagt, die Juden sind das auserwählte Volk Gottes, und wer seine Hand an sie legt, der wird die Folgen bitter büßen müssen. Wenn die anderen Leute bei den üblichen Anlässen geflaggt hatten, haben wir nur eine kleine Papierfahne in einem Blumenstock vor dem Fenster gehabt. Mir hat das damals nicht gefallen, und ich habe gefragt, warum haben die anderen Leute so schöne große Fahnen und wir nicht? Er sagte, die haben mehr Geld als wir.«

Inge B. (1934): »Das nächste, was in meinem Gedächtnis haften blieb, war – wie sich nachträglich herausstellte – der Morgen nach der Kristallnacht. Mein Vater kam heim vom Nachtdienst, war ziemlich bedrückt und sagte zu Mutter: ›Wenn wir büßen müssen, was sie in der letzten Nacht den Juden angetan haben, wird es uns schlecht gehen.‹ Mutter weinte. Ich hatte nur etwas verstanden wie ›es wird uns schlecht gehen‹ (den Wortlaut hat uns Mutter später immer wieder erzählt), doch war dies der erste Schatten über meinem Kindsein, und ich denke, von dem Zeitpunkt an habe ich angefangen, die Ohren zu spitzen … (*Die Mutter war bei einer jüdischen Familie »in Stellung« gewesen und hatte eine enge Verbindung zu ihr. Die Familie ist schon Anfang der 30er Jahre nach Basel gezogen.*) Wenn Onkel Schorsch und Tante Marie zu Besuch kamen, wurde immer öfter und immer heftiger über Politik geredet. Mutter sagte, seid doch nicht so laut, wenn das andere hören … oder sie sagte zu Vater, er werde eines Tages noch abgeholt. Ich hörte stets gespannt zu, auch wenn Vater nur vom Gefreiten redete, wusste ich bald, wen er meinte. Eines war mir aber auch sehr bald klar, man durfte das, was zu Hause gesprochen wurde, nicht weitererzählen.«

Irene S. (1929): »Meine Schwester und ich waren in der 3. Grundschulklasse. An diesem Novembertag (*Tag nach der»Reichskristallnacht«*) ermahnte uns die Lehrerin, sofort nach Hause zu gehen, keinen Umweg durch die Stadt zu machen. Daheim saßen Mutti, Papa, die Kinder rund um den Tisch. Unsere Mutti erzählte uns von den Gräueltaten, die sie in der Stadt miterlebt hatte. Geschäfte und Privathäuser sind geplündert, Scheiben zerschlagen und jüdische Familien auf die Straße getrieben worden. Die Gesichter der Eltern waren ernst, und wir Kinder weinten. Noch heute höre ich den Satz, der kleinen Kindern das Herz zerbrechen lässt: ›Die jüdischen Kinder konnten noch nicht einmal ihren Pudding fertig essen.‹«

Irene wurde trotzdem begeisterte Jungmädelführerin.[10]

Gerda M. (1931): »Am Tag nach der ›Kristallnacht‹ war Vater in der Hauptstadt unseres Landes (*in Stuttgart*). Total erschüttert kam er zurück; so hatte ich ihn noch nie erlebt. Er konnte und konnte sich nicht fassen über all das, was er in der Stadt gesehen und erlebt hatte: Die Verwüstungen der Ladengeschäfte, die Brutalität gegen Juden. Vater hatte eine hohe Meinung von dem jüdischen Volk … Er konnte sich tagelang nicht beruhigen und sagte immer wieder: ›Das kommt auf unser Volk zurück, und zwar nicht nur auf diejenigen, die das tun, sondern auf alle.‹ Vor dieser ›Kristallnacht‹ anerkannte Vater, dass die Menschen wenigstens Arbeit haben. Jetzt war er endgültig gegen das Hitler-Regime … Er hörte nun regelmäßig den Sender Beromünster. Ganz dicht saß er beim Radio, und mit dem anderen Ohr lauschte er auf das, was draußen vorging. So konnte er sofort ausschalten, wenn er jemand kommen hörte. Wir hatten Angst um Vater, denn wir wussten, dass es gefährlich war und man auch Freunden und Verwandten nicht trauen konnte.«

Jan G. (1939): »Die Einstellung der Eltern zu unserem Land war sicher national, zum nationalsozialistischen Deutschland hingegen, und das nicht erst nach dem Untergang des ›Dritten Reiches‹, wohl sehr distanziert, wenn nicht gar ablehnend. Der Vater schlug – wie ich viele Jahre später erfuhr – das Angebot aus, bei der SS eine führende Position einzunehmen (der an seiner Stelle berufene Amtsinhaber wurde dann später erschossen), und auch eine Mitgliedschaft in der NSDAP war wohl niemals ein Thema, was durch die berufliche Tätigkeit außerhalb des öffentlichen Dienstes und den ideologisch verhältnismäßig neutralen Beruf des Ingenieurs zusätzlich erleichtert wurde. Eines aber ist mir aus der Zeit des NS-Regimes noch in sehr lebendiger Erinnerung: In der Küche, aus damals naheliegenden Gründen oft auch Wohn- und Aufenthaltsraum der Familie, stand auf einem halbhohen Schrank der bekannte rechteckige schwarze ›Volksempfänger‹, der mit seiner in der Mitte angebrachten beigen Pupille auf seine Zuhörer herabschaute. Natürlich war das Gerät auch in unserer Familie oft eingeschaltet, und noch heute höre ich die schrillen, sich oft überschlagenden und schreienden Stimmen eines Adolf Hitlers oder Josef Goebbels …«

Die Inhalte der Reden verstand der Bub damals natürlich nicht, sehr wohl aber blieb ihm die Reaktion der Eltern nachdrücklich im Gedächtnis:

»Der Vater regte sich gewaltig über die verbreiteten Inhalte auf, schimpfte über die Lügen – dieses Wort fiel in der Küche öfter – weil spätestens im Laufe des Jahres 1944 immer weniger Menschen an den ›Endsieg‹ glaubten. Regelmäßig eilte die Mutter in solchen Situationen zum Küchenfenster und auch zur Küchentür, um beide dicht zu schließen.«[11]

Hansjürgen B. (1932), Vater Landwirt auf einem großen Hof: »Mein Vater war nie in der Partei, war auch nicht nationalsozialistisch angehaucht, sicher deutsch-national … An unserem Mittagstisch und abends ergaben sich mit den Besuchern sehr häufig politische Gespräche. Mein Vater hatte die Angewohnheit, wenig ›Blätter vor den Mund zu nehmen‹, d. h. er hat schon losgewettert gegen Adolf und andere. Und wir Kinder mussten bis zum Ende, bis mein Vater die Tafel aufgehoben hatte, immer sitzen bleiben. Das war ja natürlich ›ne herrliche Geschichte, da zuzuhören. Das hat Spaß gemacht. Und dadurch hab ich mir vielleicht auch eine kritische Distanz zu Militärs, zu Ideologien erworben und später auch bewahrt … Eines Tages kam Heinrich D., der Landesbauernführer von Bayreuth, in seiner Parteiuniform, so schön braun-gold-beschnürt und Goldenes Parteiabzeichen … Und die beiden Herren, mein Vater und er, gerieten natürlich in schöne Gespräche, und da war nach Meinung meines Vaters der Krieg schon verloren, und da hat er auch keinen großen Hehl draus gemacht und wurde deutlich. Wir haben als Kinder natürlich dagesessen, und das Gespräch ist dann fortgesetzt worden und wurde sehr laut … Der war aber dann so fair, dass er das nicht zur Anzeige gebracht hat. Denn sonst wäre ein Verfahren eingeleitet worden. Das wäre nicht gut ausgegangen. Und meine Mutter, die saß dann immer wie auf Kohlen bei solchen Gesprächen am Tisch. Und wenn's dann zu arg geworden ist, dann hat sie meinen Vater gebremst: ›Vadding‹, sie sprach ja mecklenburgisch, ›lass man gut sein und reg dich nicht auf, du redest dich hier noch um

Kopf und Kragen!‹ Je mehr meine Mutter da reingeredet hat, umso mehr hat er dann noch vom Leder gezogen.«

Johannes C. (1932): »Die Eltern haben ihre Bedenken, Ängste und auch ihren Zorn gegen das Regime offen am Familientisch besprochen, auch in Anwesenheit der Hausangestellten.« Der Vater riskierte auch sonst viel durch offenes Reden. Daraus aber ableiten zu wollen, dass man damit offenbar nicht viel riskierte, wäre falsch. Es kann nicht deutlich genug betont werden, dass es eben das Unberechenbare war, was den Terror so wirksam machte und die Menschen einschüchterte.[12]

Gerda K. (1934): »Bei einem Besuch (*einem Dorf bei Crailsheim, ihrem privaten Evakuierungsort*) sprach mein Vater unvorsichtigerweise in der Poststelle meiner Tante (an sich war schon geschlossen, und er hatte nicht bemerkt, dass noch ein Mädchen hinter dem Schalter stand), dass der Krieg nicht mehr lang dauern würde. Dieses RAD-Mädchen (*Mädchen aus dem Reichsarbeitsdienst*) zeigte ihn an, und als er am Abend mit dem Zug nach Hause fuhr, holte ihn die Gestapo aus dem Zug, verhaftete ihn. Er verbrachte ein oder zwei Nächte im Gefängnis, dann kam er auf Veranlassung der IG-Farben-Fabrik als kriegswichtiger Mann für die Produktion wieder frei. Nach dem Endsieg, versicherten sie ihm, käme er ins KZ.«

Renate S. (1928): »Es war etwa März 45. Ich sehe meinen Vater abends gebeugt auf einem Stuhl sitzend, den Kopf in die Hände gestützt: ›Wir sind von Verbrechern regiert!‹ Nur Mutter und ich waren zugegen, sonst hätte er so etwas nicht gesagt … 1940 sollte ich Jungmädelführerin werden. Mutter riet, es nicht zu werden, ich hätte für die Schule genug zu tun. So die offizielle Begründung der Ablehnung. Abends beim Gute-Nacht-Kuss flüsterte sie mir ins Ohr: ›Du weißt doch, wir sind nicht dafür.‹ Mein Vetter, Medizinstudent, fragte meinen Vater im Wohnzimmer, wo mehrere Leute es hörten: ›Onkel H., soll ich in die Partei eintreten?‹ Mein Vater: ›Ich wundere mich, dass du mich so etwas fragst.‹ Eine salomonische Antwort.«

Sieglinde P. (1934): »Ich erinnere mich an meine Mutter bei der Geburt vom sechsten Kind (1940) – da kam der BDM und hat ein Lied gesungen: ›Wenn eine Mutter ihr Kindlein tut wiegen …‹ oder so was. Und dann, wie die weg waren, hat meine Mutter das Mutterkreuz auf den Misthaufen geschmissen. Und meine älteste Schwester hat sofort gesagt: ›Was fällt dir ein, Mutter, das ist doch ein Mutterkreuz, das geht doch nicht.‹ Und meine Mutter hat geweint und hat gesagt: ›Die wollen ja nur die Kinder als Kanonenfutter haben.‹ Also meine Mutter muss ja doch sehr große Zweifel gehabt haben.«

Hildegard B. (1927): »Meine Mutter konnte den Mund nicht halten, sie war sehr temperamentvoll, auch cholerisch, das kam halt dann so raus, und das war gefährlich. Mein Vater, der war sehr vorsichtig und still und half hintenherum. Da hab ich es erlebt, das war im Juli 1944. Da waren wir in Bad Gastein, meine Mutter zur Kur, und bei uns waren grad große Ferien, und meine Schwester und ich waren mit. Wir wohnten in einem Hotelchen, das hieß zwar ›Nazihochburg‹, aber da waren zwei rührende österreichische Schwestern, die waren sicher Nazis, die waren aber in keiner Weise gefährlich. Aber da hausten alle Nazis. Wir wohnten da auch, und wir kommen in die Hotelhalle, und da tönt aus dem Radio, dass das Attentat an Hitler vorbeigegangen ist, und da sagt doch meine Mutter: ›Schade, dass es den Kerl nicht getroffen hat.‹ Ich hab gesagt: ›Mama!‹ Aber es hat keiner reagiert. Aber das hätte schief ausgehen können.«

Ulrich L. (1931): »Ich, 13-jährig, komme aus der Schule. Meine Mutter: ›Auf Hitler ging wieder ein Attentat daneben!‹ Ich: ›Und wie?‹ ›Ein Oberst Stauffenberg hat eine Bombe im Führerhauptquartier deponiert. Aber Hitler brach die Zusammenkunft vor Explosion der Bombe ab.[13] So sind nur andere getötet und verwundet worden.‹ Ich: ›Und der Stauffenberg?‹ ›Der ist längst gefangen.‹ Ich: ›Pfui Teufel, wenn ich jemand umbringen will, dann Auge in Auge und nicht feige mit einer liegengelassenen Bombe!‹ Die Mama: ›Wer weiß, was Gottes Wille wäre.‹ Ich: ›Gott hat es doch nicht mit Feiglingen!!‹ Ich stürmte wütend aus dem Zimmer.«

Robert L. (1933): »Im Juli 44 gab es eine Sondermeldung: Der Führer war wie durch ein Wunder einem Attentat entgangen. Die Vorsehung hat ihn uns erhalten, stand in der Zeitung. Meine Mutter sah das anders: ›Der Teufel lässt ihn und uns noch eine Weile zappeln.‹«

Der Übergang zur nächsten, viel kleineren Gruppe, ist fließend. Die Beschreibung durch die Kinder: Meine Eltern **lehnten Hitler völlig ab**, dabei gingen sie bewusst ein Risiko ein. Wie zeigte sich diese radikale Ablehnung vor den Kindern und was waren die für sie erkennbaren Gründe? Die Signale von den Eltern konnten aber auch widersprüchlich sein. Schwer nachzuprüfen ist, wenn die Eltern den Kindern hinterher sagten, sie seien schon immer dagegen gewesen, hätten es nur aus Vorsicht nicht gezeigt. Wir berücksichtigen dahingehende Statements hier nicht.

Lore L. (1937): »Mein Vater, das waren acht Kinder, zwei Mädchen und sechs Jungen, und die Jungen waren alle im Krieg, nur mein Vater nicht, der war damals schon als untauglich ausgeschieden, der war immer krank, auch als Kind. Weil mein Vater sehr ehrgeizig war und nicht für Führer, Volk und Vaterland kämpfen durfte, ist er wohl der Partei beigetreten.

Wogegen meine Mutter, ich kann mir überhaupt nicht denken, dass sie einmal mit erhobenem Arm ›Heil Hitler!‹ gerufen hat, nie.

I: Und woher kam das?

L: Ich denke, weil meine Mutter nicht den Ehrgeiz hatte, da der Masse nachzuschreien, außerdem ist sie in Bad Cannstatt in der Teinacher Straße aufgewachsen unter lauter Juden. Da haben sehr viele Juden gelebt, und das waren ihre besten Freunde. Daher konnte sie das alles gar nicht verstehen, und ich erinnere mich, dass es da sehr oft Krach gab zwischen meinen Eltern, weil im Geschäft (wir hatten eine Bäckerei), da hat mein Vater gesagt: ›Du kannst die Leute doch nicht mit Grüß Gott begrüßen.‹ Gegenüber von uns hat auch was ganz Hohes gewohnt. Und so bin ich aufgewachsen, auf der einen Seite zwischen stramm ›Heil Hitler!‹-Schreien und auf der anderen Seite ›Grüß Gott!‹ Das sagt ja alles. Das war immer so eine ambivalente Geschichte für mich … Ja, und da gab's 1940 noch folgende schöne Geschichte. Da ist mein Bruder geboren. Und mein Vater ist aufs Rathaus gerannt und wollte einen Siegfried Adolf anmelden, und meine Mutter, die ist ihm da aus dem Wochenbett fast ins Gesicht gesprungen und hat gesagt: ›Auf keinen Fall, ich mach dir das Leben zur Hölle.‹ Meine Mutter hat normalerweise nie aufgemuckt, der Vater war der Patriarch, ja. Aber da hat sie aufgemuckt und hat so lange gemacht, bis er aufs Rathaus ist und es wieder streichen ließ und einen Gerhardt angemeldet hat.«

Eva S. (1935): »Ich habe eine sehr strenge, sehr autoritäre Erziehung vor allen Dingen von Seiten meiner Mutter erlebt … Mein Vater war streng praktizierender Katholik, meine Mutter Protestantin. Ich bin katholisch getauft und erzogen worden … Für mich spürbar bezogen meine Eltern ihre Abneigung gegen Hitler und den gesamten Nationalsozialismus in erster Linie aus ihrem Glauben heraus. Beide waren auch nicht Mitglied der Partei.«

Der Vater von Armin S. (1930) war Pfarrer in Laurahütte bei Kattowitz, Oberschlesien:

»Mein Vater war auf Grund der Erfahrungen mit den Polen und ihren Okkupationsplänen begeistert von Hitler und soll sogar für die SS gespendet haben. Sein Vater in Breslau war davon nicht begeistert. Als mein Vater dann aber in Schweidnitz die ›DC‹ (Deutsche Christen, Hitler-treue Pfarrer und auch Gemeindeglieder) kennen lernte, trat er sofort der ›BK‹ (›Bekennende Kirche‹) bei. Meine Schwester und mich ließ er zwar 1936 zu den Großeltern nach Breslau fahren, wo anlässlich eines Teiles der olympischen Spiele ›der Führer‹ anreisen sollte, aber an seiner Anti-Nazi-Haltung hat sich niemals mehr etwas geändert.«

Elisabeth Deter-Labudde (1930): »Unser Vater gehörte der Bekennenden Kirche von Anfang an offen und unerschrocken an. Das trug ihm frühzeitig die Feindschaft der Nazis ein. Von nun an verging kein sonntäglicher Gottesdienst, ohne dass ein Parteispitzel anwesend war, der von allem, was in der Kirche vorging, Notizen und Protokolle niederschrieb.

Der Vater war ein mutiger Bekenner und ließ sich von SA-Männern und Gestapo nicht einschüchtern. Wenn sie aber Sonnabend Nacht zur Hausdurchsuchung heimlich und dennoch geräuschvoll erschienen, mit dem Ziel, ihn in seiner Predigtvorbereitung zu stören, seinen Schreibtisch durchwühlten und alles herauswarfen, dann gehörte auch er zur Schar derer, die um ihres Glaubens willen drangsaliert wurden … Dies alles begann, als ich erst wenige Wochen Schulzeit hinter mir hatte, und es geschah weiterhin, ohne dass wir Kinder viel bemerkten. Um die Zeit, wenn die Schergen erschienen, schliefen wir längst im obersten Stockwerk des Hauses. Auch wurden wir von den Eltern bewusst im Unklaren gelassen, denn unwissende Kinder können nicht ausplaudern, was vielleicht die Familie gefährden würde ... Die Mutter litt unaussprechlich unter der Angst, dass der Vater eines Tages nicht nach Haus käme, weil er verhaftet wurde wie Hunderte von Mitgliedern der Bekennenden Kirche. Andererseits gab es auch unter den Pastoren und Pfarrern viele Gutgläubige, die den Ideen der Nazis anhingen. Es war eine zerrissene Welt, in die wir Kinder hineinwuchsen. Trotzdem gab es keine Zweifel, dass die Naziwelt nicht die unsere war. Zwar ließen die Eltern ihre Sorgen nicht laut werden und waren bemüht, uns eine unbeschwerte Kindheit zu erhalten. Doch ich wusste sehr genau, dass viele Ausdrücke und Wörter, die wir in der Familie und in unseren vier Wänden benutzten, draußen ›tabu‹ waren.«[14]

Das einzige Zeugnis eines damaligen Kindes über die tapfere Haltung seiner Mutter unter Lebensgefahr stammt von Herbert H. (1932):[15]

»Ich möchte Ihnen eine Episode schildern, die ich als Zwölfjähriger im November 1944 erlebt habe. (*Er war von seinem Vater mit seiner Mutter von Koblenz nach Stolberg/Harz verschickt worden. Der Vater blieb an der Ostfront vermisst.*) Meine Mutter machte sich im ›Gasthof Schützenhaus‹ am Rande des kleinen Harzstädtchens als Küchenhilfe und Reinemachefrau nützlich. So konnten wir ein Dachzimmer in dem Gasthaus bewohnen.

Das Geschehen: Der Schank- und Gastraum. Ich stand neben der korpulenten Wirtsfrau hinter dem Tresen und guckte ... Früher Abend. Im Hintergrund ein runder Tisch, der ›Stammtisch‹. Daneben die Garderobe und darüber ein Radiogerät auf einem Wandbrett. Rechts davon saßen an langen Tischen Soldaten: Eine einquartierte Treibstoff-Einheit mit ihrem Offizier. Hinter dem Gastraum, durch eine große gerillte Glastüre getrennt, war der Schlafsaal, der schon kurz vorher Schülern der ›Kinder-Landverschickung‹ diente. –

Meine Mutter stand unter dem Radio, aus dem der ›Wehrmachtsbericht‹ kam. Meine Mutter sagte etwas.-

Der junge Offizier sprang auf, stakte mit hochrotem Kopf auf meine Mutter zu und zog seine Pistole. Deren Lauf auf sie gerichtet, brüllte er: ›Wer meinen Führer beleidigt, den schieße ich nieder!‹ Darauf meine Mutter, relativ gefasst, wie mir damals schien: ›Dann fangen Sie mal bei mir an.‹ Der Offizier schob, sichtlich verblüfft, langsam seine Waffe wieder in die Pistolentasche und ging, diesmal weiß im Gesicht, zu seinem Platz zurück.

Später hätte ich sie fragen können, was sie damals eigentlich gesagt hat, dass dieser arme Mensch wie von einer Tarantel gestochen auf sie zusprang. Aber es war für mich sicher müßig, bei ihrer essentiellen Einstellung, mich da genau kundig zu machen.

Leider war diese Frau, sie starb im März 1981, nicht symptomatisch für die meisten Frauen jener Zeit. An diese Episode, an diese mutige Frau, die meine Mutter war, werde ich mich ganz besonders erinnern. Bis ans Lebensende.«

3a. Zeitkritischer Scherenschnitt »Mythos« des Vaters von Lore R.

Der Vater von Lore R. (1930) fertigte zeitkritische Scherenschnitte an, die seinen Kindern bekannt waren und aus denen sie unschwer seine politische Einstellung erkennen konnten (vgl. Abb. 3a und 3b).

In sozialdemokratischen und kommunistischen Kreisen wurden Lieder gesungen, welche die staatsfeindliche Gesinnung klar zum Ausdruck brachten. Karl-Heinz R. (1935): »Es gab Lieder, die ich zu Hause hörte, die ich aber nicht kennen und nirgends singen durfte. Sie waren nur für den Hausgebrauch bestimmt, und an ihren Text durfte man sich außerhalb der vier Wände nicht erinnern … Hierfür musste ich die Originaltexte büffeln, bis ich sie jederzeit aufsagen bzw. singen konnte.«

Ein noch größeres Risiko gingen diejenigen ein, die **Verfolgten geholfen** haben. Auch wenn dieses nur heimlich geschehen konnte und die Kinder so wenig wie möglich davon mitbekommen sollten, haben sie es bemerkt und behalten oder ihren Eltern diese Taten nach ihrer ganzen Haltung ohne wei-

3b. Scherenschnitt »Verwandlungskünstler« des Vaters von Lore R.

teres glauben können. Aber diese Gruppe ist noch kleiner als die vorhergehende, eigentlich verschwindend klein. Manchmal erzählen sie auch von den tapferen Taten ihrer Verwandten. Wir greifen hier schon vor in das Kapitel 19. Über die häufig erwähnte gute Behandlung von Zwangsarbeitern auf Bauernhöfen und in Privathaushalten und über freundliche Gesten gegenüber Kriegsgefangenen wird ebenfalls im folgenden Kapitel etwas zu sagen sein.

Deutschland, Deutschland ohne alles,
ohne Butter, ohne Speck,
und das bisschen Marmelade
fressen uns die Bonzen weg.
Unsre Schuh' sind ohne Sohlen,
in dem Ofen keine Kohlen.
Deutschland, Deutschland, ohne alles,
wie willst du den Endsieg holen?

Horst-Wessel Lied
Die Preise hoch, die Schnauzen fest geschlossen,
Hunger marschiert in uns'ren Reihen mit
Hitler und Goebbels, unsre Volksgenossen
Hungern im Geist mit uns Proleten mit.

Die Straße stinkt nach braunen Bataillonen,
ein Pöstchen winkt dem Sturmabteilungsmann.
Vielleicht verdient als Bonze er Millionen,
doch das geht uns 'nen braunen Scheißdreck an.

4. Regimefeindliche Textpersiflagen, die Karl Heinz R. zu Hause hörte

Hildegard B. (1927): »Wir sind frei von dieser NS-Politik zuhause groß geworden, sind sehr christlich groß geworden. Meine Eltern waren nachher bei der Bekennenden Kirche. Mein Vater war Logenbruder gewesen, er war Freimaurer. Dadurch hatte er bei den Nazis ganz große Probleme. Er sagte, wenn ich nicht freier Kaufmann gewesen wäre, Beamter hätte ich gar nicht sein dürfen. Aber die hatten uns immer auf dem Kiecker, wie man so schön sagt.

Der Vater wurde dann 1941 eingezogen, noch zum zweiten Mal, obwohl er so schwer verwundet war das erste Mal. Aber er kam dann, weil er eben nicht mehr kriegsverwendungsfähig war, nach Dänemark und hat da einen ziemlich hohen Posten gehabt. Und weil er sehr menschlich und kulant war, hatte er viele Freunde unter den Dänen. Er hat auch vielen Juden helfen können, dass sie nach Schweden fliehen konnten.«

Irmgard B. (1936): »Ich weiß, dass ein Bruder meiner Mutter, der älteste ... da hat sich die Oma immer ziemliche Sorgen gemacht. Der lebte in Berlin und hat in Berlin immer jüdische Familien versteckt, und darüber wurde in der Familie erzählt, in dem Sinn: ›Ich find ja gut, was der Franz macht, aber irgendwann holen sie den Franz auch ab.‹ Aber die Oma war auch konsequent. Ich weiß, dass einmal von Bekannten meiner Eltern, die uns besucht haben, die Tochter, die älteste, reinkam. Die war damals vielleicht so 15, 16 und im BDM. Und die kommt rein und sagt ›Heil Hitler!‹ Und die Oma steht aus ihrem Sessel auf und sagt: ›Das gibt›s nicht hier bei uns, hier wird ›Guten Tag‹ und ›Guten Abend‹ gesagt, aber nicht ›Heil Hitler‹. Ich will das nicht mehr hören.‹ Das hätte auch in die Hose gehen können, denn die Eltern des Mädchens waren auch dabei, beide, und der Vater war in der Partei und der war ein strammer Parteigenosse.«

Irene S. (1929): »Mein Vater war Oberstudienrat an der Höheren Handelsschule in Mainz. Nach dem Frankreichfeldzug war er für etwa zwei Jahre vom Wehrdienst befreit. Der Direktor der Schule war ein extremer Nazi. Die Lehrer mussten sehr vorsichtig sein mit ihren Äußerungen. In der Klasse meines Vaters war ein jüdisches Mädchen, das bei ihrer Tante Schutz gefunden hatte. Mein Vater schützte die Sechzehnjährige, indem er keine entsprechende Meldung machte. Das Mädchen verbrachte viele Wochenenden bei uns in der Familie. Meine Mutter und wir Kinder wussten nicht, dass Ruth eine Jüdin war. Es blieb ein Geheimnis zwischen meinem Vater und seiner Schülerin ... Ruth überlebte das 3. Reich unbeschadet, denn auch die Tante war sehr behutsam.«[16]

Rosemarie S. (1938): »Wir hatten eine Bäckerei ... Gegenüber von unserem Haus, durch eine kleine Grünanlage getrennt, war ein Haus, in dem viele jüdische Menschen ›einquartiert‹ waren. Ich erkannte sie an dem gelben Stern an ihren Jacken. Diese Leute kauften bei uns ihr Brot. Eines Tages kam ein PG (*Parteigenosse*) und stellte meine Eltern zur Rede: ›Warum gebt ihr den Juden Brot?‹ Meine Mutter antwortete: ›Solange ihr diesen Leuten keine besondere Bäckerei zuweist, in der sie ihr Brot kaufen können, solange bekommen sie das Brot bei uns.‹ Diese Äußerung meiner Mutter ist für mich der einzige Hinweis über die Haltung meiner Eltern gegenüber unseren jüdischen Nachbarn.«

Ruth Worzalla und ihre Mutter fuhren »im Auftrag der Kirche« von Berlin nach Schlesien:

»Erst als wir 1948 aus Bayern nach Berlin zurückgekehrt waren, habe ich die Wahrheit erfahren. Die Familie, die bei uns Zuflucht fand, war nicht ausgebombt. Es waren Juden, ein Elternpaar mit einem Sohn, die unser Pfarrer Kusche im Altenheim

Sankt Michael versteckt hatte. Sie wurden gerettet. Unter falschem Namen haben sie in unserem Häuschen den Holocaust überlebt.«[17]

Rose D. (1931): »Mein Vater war damals Pfarrer an der Lutherkirche in Cannstatt. Es war im Oktober 1943, die Stuttgarter Schulen waren seit dem Sommer evakuiert. Wir älteren drei Geschwister waren bei Verwandten in Kirchheim/Teck untergebracht und gingen dort in die Schule. Unsere Eltern erlaubten uns, am Sonntag mit dem Zug heimzukommen, allerdings mussten wir abends wieder zurück, da die Bombenangriffe in der Zeit noch meistens nachts erfolgten. Als wir an einem Oktobersonntag heimkamen, fanden wir zuhause Gäste vor. Vater erklärte uns, das Ehepaar Ackermann (ihr richtiger Name war Krakauer) habe in Berlin alles durch Bomben verloren, sie suchten nun eine neue Unterkunft und Arbeit.

Beide machten sich nützlich, wo sie konnten, Frau Ackermann bei Hausarbeiten, er grub zum Beispiel den Garten um. Unser Pfarrhaus stand neben dem Gemeindehaus, dazwischen war ein Streifen von ca. fünf Meter Garten und Weg. Das Gemeindehaus hatte keinen richtigen Keller, und der Hausmeister kam bei Fliegeralarm herüber ins Pfarrhaus. Er war ein umgänglicher Mann, aber er glaubte fest an den Endsieg und war dem Führer Adolf Hitler treu ergeben. Um der Gefahr vorzubeugen, im Pfarrhauskeller durch Trümmer bei einem Bombentreffer verschüttet zu werden, schlug er vor, einen Gang vom Pfarrhaus zum Gemeindehaus zu graben. Bei dieser Arbeit war Herr Ackermann hoch willkommen, und so schufteten der Nazi und der Jude einträchtig nebeneinander.

Frau Ackermann war da ganz anders. Sie konnte immer wieder an den Mahlzeiten der Familie nicht teilnehmen. Ihr Mann brachte ihr dann das Essen in ihr gemeinsames Zimmer. Man hörte sie dort seufzen und weinen, während ihr Mann sie geduldig zu beruhigen suchte. Schwierig war auch, dass sie eine starke Raucherin war. Damals gab es Rauchwaren so wie Lebensmittel nur auf Marken, und da mein Vater selbst Raucher war, wurde es immer schwieriger, ihr die nötige Portion Zigaretten zu beschaffen.

So kam es, dass wir Kinder die Gäste aus Berlin mit jedem sonntäglichen Heimkommen merkwürdiger fanden. Einmal unterhielten wir uns sogar in der Bahn auf der Rückfahrt nach Kirchheim darüber. Nur mein elfjähriger Bruder begriff, wer da bei den Eltern weilte. Er sagte zu unserem Vater: ›Gell, Vater, das sind Juden?‹ Und Vater antwortete: ›Bub. Das vergisst du am besten schnell wieder.‹

Nach vier Wochen verließ das Ehepaar Ackermann meine Eltern wieder. Man musste damals Gäste nach vier Wochen bei der Polizei anmelden, um Lebensmittelkarten zu bekommen (sicher auch, um eine Art Kontrolle zu haben). Ich erfuhr erst nach dem Krieg die wahre Identität des jüdischen Ehepaars. Sie wurden von August 1943 bis April 1945 von Pfarrhaus zu Pfarrhaus geschleust. Da man weder auf dem Postweg noch per Telefon Verabredungen treffen konnte, waren oft auch Kinder als Boten geheimer Nachrichten unterwegs.«[18]

Die kleinste Gruppe unter den Ablehnenden bilden die, die **das Regime** durch Wort und Tat **aktiv bekämpft haben** und deshalb selbst zu Bedrohten und Verfolgten wurden. Zwar setzten sich die Pfarrer der Bekennenden Kirche schon durch ihre Predigten der Bespitzelung und Drangsalierung aus, wie wir wissen und das Zeugnis von Elisabeth Deter-Labudde noch einmal belegt. Wohl konnte es bei anderen nicht ganz regimekonformen Äußerungen oder entsprechendem Verhalten zu Denunziationen, Vernehmungen und kurzzeitigen Verhaftungen durch die Gestapo kommen, aber längere Haft oder gar Konzentrationslager drohten nur den »politisch Unzuverlässigen«, den aktiven Regimegegnern und denen, die durch das Regime als »Gemeinschaftsfremde« und »Minderwertige« stigmatisiert wurden. Diesen von vornherein Ausgegrenzten wird das 20. Kapitel gewidmet sein.

Hier zitiere ich aus den relativ wenigen Zeugnissen der Kinder über ihre widerständigen Väter und deren Bestrafung. Sie konnte verschiedene Formen annehmen. Immer wieder wird von Verwandten berichtet, die verfolgt und umgebracht wurden. Umgekehrt werden manche Verwandte als besonders fanatische Nazis bezeichnet, von denen sich die eigene Einstellung vorteilhaft abhebt. Es ist schwer zu entscheiden, ob damit nicht nur die eigene Haltung aufgewertet werden soll. Ich verzichte deshalb auf Zeugnisse. Die oppositionelle Haltung der Väter musste auch vor den Kindern geheim gehalten werden, so dass sie erst später davon erfuhren.

Der Vater von Brigid A. (1934) war Heilpädagoge und als Geschäftsführer in einem anthroposophischen Erziehungsheim beschäftigt. Alle diese Heime wurden im Juni 1941 geschlossen, der Vater als damaliger Geschäftsführer wurde verhaftet und saß von Juni 1941 bis März 1942 im Gestapo-Gefängnis in Bielefeld. Die Kinder durften davon möglichst wenig erfahren, spürten aber die Sorge der Mutter:

»Meine Mutter hatte, zum Teil unter den Augen der Gestapo, Bücher von Steiner und Briefe von Freunden in einer Spielzeugkiste, unter Spielzeug verborgen, aus der Wohnung herausgetragen und versteckt. Einmal fand ich solche Briefe in einer Felsspalte im Wald und brachte sie triumphierend nach Haus. Betretenes Schweigen bei den Erwachsenen.

Ein- oder zweimal im Monat konnte meine Mutter den Vater in Bielefeld besuchen. Mit dem Milchwagen konnte sie morgens um 6 Uhr nach Paderborn mitfahren, abends musste sie die sechs Kilometer laufen. Sie erzählte nie etwas davon. Eines Nachts wachte ich auf und hörte sie weinen. Ich fragte, was ist. ›Ach nichts, sagte, sie, schlaf.‹«

Durch ein Wunder kam der Vater nicht ins KZ, sondern wurde entlassen. Aber 1944 ist er an der Ostfront gefallen. »Am 8.5.45 sagte die Mutter zu uns Kindern: ›Jetzt darf ich euch endlich sagen, dass euer Vati im Gefängnis war.‹«

Brigitte E.s (1928) Vater war evangelischer Pfarrer in Forst: »Es wurden bei meinem Vater die Predigten abgehört. Da gab es in der Gemeinde einen Mann, der die Predigten aufschrieb von allen Pfarrern. Und einer der Lehrer vom Gymnasium hat die Konfirmanden beauftragt, genau zuzuhören, ob man nicht irgendetwas finden könnte, was man meinem Vater anhängen konnte. Denn er sollte weg. Er hatte sehr viel Einfluss in der Gemeinde, und man wollte eben nicht, dass er da seine Meinung weiter verbreitet. Mein Vater hat dann immer von falschen Propheten, von dem Satan, der im Schafspelz kommt, gepredigt. Und diejenigen, die wissen wollten, die wussten, was er damit sagen wollte.

Nach dem 20. Juli 44 hatte mein Vater den Gottesdienst zu halten, und er hat mit keinem Wort das Attentat erwähnt. Er hat nur zum Schluss seiner Predigt gesagt: ›Ach Gott, erhöre unsere Bitten und führe diejenigen, die uns leiten, nach Deinem Wort. Lass sie nach Deinem Wort regieren.‹ Ich saß immer in der letzte Reihe der Kirchenbänke. An diesem Tag ging, als die Predigt begann, die Tür auf, und ich hörte hinter mir Stiefel knarren. Ich bemerkte, dass sich hinter mir vier, fünf oder sechs SS-Leute aufbauten, ich weiß nicht mehr genau, wie viele es waren, vier, fünf oder sechs, die standen mit verschränkten Armen da und hörten zu, und als die Predigt zu Ende war, gingen sie fort. Und einige Tage danach, ich wollte irgendwas auf dem Schreibtisch meines Vaters holen, lag da ein Drohbrief, mein Vater hätte eine jämmerliche Predigt gehalten und mit keinem Wort die Gottesfügung, dass der Führer verschont geblieben war, erwähnt. Das sei eine sehr schlimme Sache. Und dann, ich weiß jetzt nicht mehr genau, wann es war, kam mein Vater eines Abends nicht mehr nach Hause. Meine Mutter hat überall gesucht. Hat zuerst in der Gemeinde gesucht, denn mein Vater machte sehr viele Haus-Besuche. Hat dann bei der Polizei angerufen, die drucksten so herum und sagten, ja, mein Vater sei abgeholt worden und in ein Gestapogefängnis, in einen Gestapokeller nach Frankfurt/Oder gebracht worden, sie wüssten auch nicht mehr, und man sollte abwarten. Nach ein paar Tagen beim Frühstück, da saß ein vollkommen fremder Mann am Tisch, bleich wie ein Blatt Papier. Das war mein Vater, man hatte ihn gefoltert. Man hatte ihn Tag und Nacht verhört, dann war er wieder zurückgeschickt worden, weil eben die ganze Gemeinde hinter ihm stand und man es eben doch für problematisch hielt, wenn er nicht zurückkäme.«

Erwin K. (1937): »Mein Vater war Rechtsanwalt, er war 1933 dann zunächst Amtsrichter geworden. Wegen ziemlich offenem Widerstand wurde er im Oktober 1933 fristlos entlassen. Da gab es den sogenannten Volkacher Bund, den hatte mein Vater mit Freunden schon in der Schulzeit gegründet, den gab's bis 1997. Dann wurde der Bund förmlich beendet. Der Volkacher Bund dokumentiert die Geisteshaltung meines Vaters und seiner Freunde. Der wurde im Dritten Reich, im Oktober 33 verboten und mein Vater und andere seiner Freunde wurden aus dem Staatsdienst fristlos entlassen.«[19] Auf meine Nachfrage teilte mir Erwin K. mit: »Der Volkacher Bund betrieb vornehmlich geisteswissenschaftliche Studien und verstand sich als Lebensgemeinschaft, die satzungsgemäß von zwei Merkmalen geprägt war: der Bund war

›christlich bestimmt‹, und seine Mitglieder übten sich im ›Beratungswesen‹. Politisch betätigte er sich nie, doch die betont liberale und rechtsstaatliche Haltung seiner Mitglieder war den NS-Machthabern alsbald suspekt. Die dominierende Persönlichkeit im Volkacher Bund war zeitlebens mein Vater (1907 bis 1989), Rechtsanwalt Dr. Otto Küster in Stuttgart.«[20]

Heike R. (1939): »Mein Vater war als junger Mann zur sozialistischen Arbeiterjugend gekommen (er war von Beruf Metallarbeiter) und setzte sich auch kompromisslos dafür ein. In dem kleinen Dorf war er dafür bekannt, und er war einer der ersten, die 1933 verhaftet wurden. Es gab auch einen Prozess, in dem er verurteilt wurde wegen Vorbereitung zum Hochverrat. Ich weiß nicht, unter welchen Auflagen er nach der Haftstrafe zu leben hatte. Mir ist nur bekannt, dass er in der Nähe von Weil der Stadt im Haus eines Bürgermeisters auf Grund persönlicher Bekanntschaft eine Wohnung bekam, 1938 heiratete und 1939 eingezogen wurde …

Schon in meiner Schulzeit wusste ich von ihm über Verbrechen der Nazizeit Bescheid und darüber, dass Krieg das schlimmste Verbrechen ist und wen es trifft. Auch war jede Menge Literatur darüber vorhanden und zugänglich.«

Der Vater von Gerhard Gruschka (1930) in Gleiwitz wurde nach der »Machtergreifung« entlassen und musste während des Kriegs als sogenannter Zwangsverpflichteter irgendwo in Sachsen arbeiten.

»Ich fand in Vaters Bücherschrank unter verschiedenen Papieren die Erklärung für seine damalige Arbeitslosigkeit. In einem Schreiben der Reichsbahndirektion Oppeln war ihm mitgeteilt worden, dass er ›nach der unblutigen Revolution der nationalsozialistischen Bewegung‹ als Mitarbeiter der Deutschen Reichsbahn nicht mehr tragbar sei. Er habe in der Sozialdemokratischen Partei und im Reichsbanner Schwarz-Rot-Gold gegen den Nationalsozialismus gekämpft und ihn und seine Anhänger auf vielen Versammlungen als Gefahr für den Frieden dargestellt. Deshalb biete er keine Gewähr dafür, dass er sich aktiv am Aufbau eines neuen Reiches beteiligen werde.«[21]

Ingeborg K. (1932): »Mein Vater hat wenig gesprochen. Aber ich habe in guter Erinnerung, als ich ihn fragte, warum Menschen einen gelben Stern haben, ich wusste ja nicht, was Juden waren, da hat er gesagt: ›Das ist eine Auszeichnung. Das ist so wie der Stern auf dem Tannenbaum.‹ Er war Kommunist, und das war eine sehr starke Gruppe in Remscheid. Aber für mich war das schlimm mit dem Kommunist-Sein, weil man nicht darüber sprechen durfte. So dass ich dachte, mein Vater hat irgend etwas angestellt, gestohlen oder so etwas, dass man über ihn am besten gar nicht spricht … Kinder wollen doch immer stolz sein auf ihre Eltern. Also ich hab auf meinen Vater gar nicht stolz sein können, weil ich immer etwas verschweigen musste.«

Kommen wir nun zu den verschiedenen Abstufungen der Zustimmung. Die weitaus größte Gruppe sagt etwa Folgendes: Meine Eltern waren **nominelle**

Nazis, sie (bzw. mein Vater) waren (war) zwar in der Partei oder in einer ihrer Organisationen, haben (hat) sich aber persönlich nichts zuschulden kommen lassen, kritisierte(n) auch manches. Nicht wenige wurden im Verlauf des Krieges skeptischer, nicht nur wegen der drohenden Niederlage, sondern weil sie Dinge erlebten oder erfuhren, die sie nicht gutheißen konnten.[22] In den Spruchkammerverfahren nach dem Krieg wurden sie als »**Mitläufer**« oder als »Entlastete« eingestuft. Man könnte sie auch **Opportunisten** oder **halb gezwungene** Parteimitglieder nennen. Oder sie sind einfach »irgendwie« hineingeraten, ohne dass die Kinder es recht erklären können. Manches bleibt einfach undurchsichtig, und ich hatte bei den Gesprächen oder den Briefen das deutliche Gefühl, dass ich da nicht weiter bohren konnte. Zwar wurde niemand gezwungen, in die Partei einzutreten, aber es wurde oft starker Druck ausgeübt und eine Weigerung konnte erhebliche berufliche Nachteile mit sich bringen. Die Kinder bringen Verständnis dafür auf. Einige, sehr wenige, stellen heute kritische Fragen, die sie zu ihrem eigenen Bedauern den Eltern, als sie noch lebten, nicht gestellt haben.

Günter B. (1934): »Mein Vater war Bankkaufmann, er war arbeitslos, und er hat gesagt: ›Der Hitler hat mir Arbeit gegeben‹. Dann ist mein Vater in die Partei gegangen, ›der Adolf hat mir Brot gegeben.‹ Er war aber auch vom Endsieg überzeugt. Er war PG wie alle oder wie die meisten[23], aber wir sind zu keiner Veranstaltung, also ich kann mich nicht entsinnen, dass meine Eltern da irgendwo hingegangen sind. Gut, mein Vater war ja auch überwiegend im Krieg …«

Waldtraut E. (1932): »Mein Vater war Mitglied bei der SA und bei der freiwilligen Feuerwehr. Mutter war in der Frauenschaft … Ob meine Eltern vom NS-Regime beeindruckt waren, weiß ich nicht. Es war nur so, dass Vater von vielen Leuten geächtet wurde, weil er nicht zum Wehrdienst eingezogen wurde. Dass Vater herzkrank war, wusste natürlich keiner. Er hat sich deshalb zur freiwilligen Feuerwehr gemeldet … Von A. Hitler hing bei uns ein Bild im Wohnzimmer wie überall in den Häusern.«[24]

Gerhard S. (1929): »Mein Vater war Parteigenosse, er war Mitläufer. Er hatte eine Funktion, die niemandem geschadet hat, er war Reiseleiter bei der KdF (*Kraft durch Freude*). Er war immer auf Reisen. Die Partei hat für die Arbeitenden immer wieder Fahrten veranstaltet. Die waren sehr günstig, denn die Leute, die gearbeitet haben, konnten sich keine Luxusreisen leisten. Im Krieg gab es das sowieso nicht mehr. Mein Vater hatte als Reiseleiter immer einen Freiplatz, er konnte seine Frau oder einen Angehörigen mitnehmen. 1938, mit neun Jahren, durfte ich das erste Mal mit, zum Chiemsee. Im Lokal in Übersee waren damals außer unserer Reisegruppe auch eine Gruppe Engländer. Wir saßen alle an einem Tisch. Ein Jahr später hat man aufeinander geschossen.«

Gertrud S. (1935): »Mein Vater war Parteimitglied. Den Grund dafür erfuhr ich viel später. Es gibt ein Zeugnis, welches unser Graf nach dem Krieg für meinen Vater ausstellte. Bei diesem Grafen war der Vater als Sägewerksverwalter angestellt bis Januar 1945. Darin steht, dass der Graf als Hitlergegner fürchten musste, dass sein Betrieb beschlagnahmt würde, wenn nicht die Leiter seiner Betriebe Mitglieder der Partei würden.«

Helga P. (1932): »Meine Eltern standen dem Regime kritisch bis ablehnend gegenüber. Die Bremer waren überhaupt konservativ ... Meine Großeltern kritisierten den Gauleiter als inkompetent. Damals habe ich zum ersten Mal den Ausdruck ›Bock zum Gärtner‹ gehört und mir erklären lassen. 1938 trat mein Vater jedoch in die Partei ein – nicht aus Überzeugung, sondern aus geschäftlichen Gründen. Es ging um einen großen Heeresauftrag für Sprechfunkgeräte, der an einen parteilosen Geschäftsmann nicht vergeben worden wäre ... Meine Mutter war entsetzt. Sie hätte möglicherweise noch einen ›alten Kämpfer‹ respektiert, aber keinen Opportunisten. Da es keinen anerkannten Scheidungsgrund gab, kam es nur zur Trennung.«

Johanna F. (1934): »Mein Vater war ›PG‹, weil sein Chef wegen Steuerhinterziehung nicht aufgenommen wurde. So meldete er meinen Vater an, der Geschäftsführer war, und bezahlte alles für ihn. Später wurde mein Vater als ›Mitläufer‹ eingestuft.

Meine Mutter musste (*?*) ins ›Frauenwerk‹. Da hatte sie die Aufgabe, uneheliche Kinder zu besuchen und zu sehen, ob sie gut versorgt wurden.«

Susanne W. (1932): »Mein Vater stand dem Nationalsozialismus durchaus skeptisch gegenüber. Als Hitler Russland den Krieg erklärte, machte er die Bemerkung (laut): ›Jetzt ist der Krieg verloren.‹ Das hat wohl ein anders Meinender gehört und weitergemeldet, und er bekam Drohungen in Richtung Dachau. Dachau stellte man sich als Arbeitslager vor, wo die Menschen nicht gerade so gut behandelt würden. Es könnte sein, dass Vater aus diesem Grund – aber auch aus seiner geschäftlichen Stellung heraus (*er war Prokurist*) – noch 1942 in die Partei eingetreten ist. Allerdings ohne Verve. Er hat überhaupt nichts gemacht, schon weil er keine Zeit dazu hatte. Den Beitrag für die Nazi-Zeitschrift, die monatlich erschien, habe bis zum Kriegsende allein *ich* einkassiert ... Meine Eltern haben nichts über die Nazis und nichts über den Krieg gesprochen, alles wurde hingenommen wie gottgewollt.«

Richard D. (1927): »Mein Vater war Werkzeugmacher und eigentlich traditioneller SPD-Wähler, ist dann Parteigenosse geworden, weil ein Freund ihn gebeten hat, ihm in seinem Blockwartdasein zu helfen, die Schulungsbriefe der Partei auszutragen oder so was ähnliches. Nationalsozialistisches Gedankengut habe ich daheim nie, auch nicht mit einem einzigen Satz, erfahren, sondern immer dieses kritische Schweigen zu politischen Ereignissen.
I: Aber dennoch hat Ihr Vater dieses Material ausgetragen.
D: Ja, das hat eigentlich gar nicht in seine Biographie gepasst, gar nicht in sein Denken oder in das, was er gewollt hat.

I: Überzeugt Sie das, dass er gesagt hat, er wollte nur dem Blockwart helfen?
D: Er hat gar keine Vorteile von seiner Parteimitgliedschaft gehabt, nicht einen einzigen.
I: Ja, das ist erstaunlich.
D: Ich hab's nie begriffen, und es war mir auch Jahrzehnte lang peinlich, wenn ich über meinen Vater sprach, erzählen zu müssen, der war Parteimitglied.«

Gabriele S. (1931): »Mein Vater war Studienrat und ist 1938 Oberstudiendirektor geworden, und es wurde erzählt, ich habe es auch ein paar Mal mitgekriegt, dass er es nicht hätte werden können, wenn er nicht in die Partei eingetreten wäre. Meine Mutter war nicht in der Partei, auch nicht in der Frauenschaft. Aber irgendwie mitgemacht haben sie schon. Mein Vater hatte sicher innere Widerstände. Heute bin ich so eingestellt, dass ich sage, er hätte es doch sehen müssen. Ich mache ihm Vorwürfe. Wenn ich lese, wer alles klar gesehen hat, dass z. B. Thomas Mann 1933 emigriert ist, dann denke ich, warum haben die es gewusst und mein Vater hat es nicht gewusst? Ich entschuldige es mit dem Herkommen aus Handwerkskreisen. Die kamen in schwere Zeiten. In der Inflation musste die Großmutter nähen, um etwas Geld zu verdienen, und da hieß es auch: ›Die musste für den Juden nähen.‹ Also solch einen Satz finde ich ja schlimm, aber er erklärt vielleicht manches.«

Helmut H. (1937): »Mein Vater war in der Partei. Wohl schon frühzeitig, denn als junger Beamter wäre er wohl ohne Parteimitgliedschaft nicht vorangekommen. Er hat nach seiner Rückkehr aus russischer Gefangenschaft (1954) nicht viel vom Nationalsozialismus gesprochen. Er war mit der Kollegenschaft im ›Braunen Haus‹ tätig, er hatte Steno gelernt und hat Artikel geschrieben oder schreiben wollen. Wie meine Mutter erzählte, hat Vati gesagt, als er einmal aus der Ostfront in Urlaub da war (1943?), dass es schlimm werden wird, wenn wir alles, was in Polen passiert, büßen müssen. Ich hatte nie den Eindruck, dass mein Vater in Verbrechen des NS-Regimes verwickelt sein könnte. Ich glaube bei der Entnazifizierung wurde er als ›nicht schuldig‹[25] eingestuft. Aber suspekt war ihm alles Jüdische und alles, was mit Kommunismus zu tun hatte, bis zum Schluss.«

Viktor R. (1927): »Mein Vater hat an sich eine politische Grundeinstellung als Demokrat gehabt, das kann man sagen. Er war zwar in der SA, weil er als Frontkämpfer vom Ersten Weltkrieg das für richtig angesehen hat, und da waren viele seinesgleichen. Außerdem war er Beamter … hat man das irgendwann erwartet, dass er sich da, heute würde man sagen ›outet‹, und dann ist er halt in die SA gegangen.«

Jürgen B.s (1929) Vater war im Ersten Weltkrieg schwer verwundet worden. Er wurde dann Reichsgerichtsrat in Leipzig:

»Er ist in die Partei gegangen, seinen Kindern zuliebe. Er gehörte zu den sogenannten Märzgefallenen 1933.[26] Und dann haben sie ihn rausgeworfen wegen Inaktivität. Und ein Kollege, ein menschlicher Kollege, der aber Kontakte nach der braunen Seite hatte, hat gesagt: ›Sie müssen da wieder rein, ich will mal schauen, durch die Hintertür.‹« Das gelang dann auch. Später sagt Jürgen B.: »Über das Dritte Reich wurde nachher eigentlich nicht gesprochen, weil niemand in der Familie anders dachte als vorher mit Ausnahme des ältesten Bruders, der aber dann gar nicht richtig heimkehrte … NS-Ideologie wurde von uns eigentlich kaum wahrgenommen, grundsätzlich aber abgelehnt.[27] Wir haben damals auch ganz bewusst Mendelssohn gespielt. Also die NS-Ideologie von minderwertigen Rassen, Untermenschen, so was gab es nicht, das war kein Thema. Dazu war auch gerade bei meinem Vater die Verehrung der russischen, indischen, französischen, amerikanischen Literatur, Musik und Kunst viel zu groß.«

Hildegard R. (1931): »Papa war kein Parteimitglied. Er war 1933 im katholischen Lehrerverein. Dies war von Seiten der Vorgesetzten nicht gern gesehen. Obwohl ihm bereits die Stelle in Ketsch (*bei Schwetzingen*) mündlich zugesichert worden war, wurde diese Zusage in letzter Minute rückgängig gemacht, da ein ›alter Kämpfer‹ sich ebenfalls um die Lehrerstelle in Ketsch beworben hatte. Sie wurde ihm zugewiesen.«

Schließlich wurde ihr Vater nach Epfenbach bei Heidelberg versetzt.

»Da mein Vater nicht in der Partei war, wurde ihm ein jüngerer Lehrer in Epfenbach vorgesetzt, der regelmäßig einen politischen Führungsbericht an die vorgesetzte Dienststelle abgeben musste … Meine Eltern wurden immer mehr durch den Bürgermeister und den Ortsgruppenleiter unter Druck gesetzt. Da die Bauern sich weigerten, neben ihrer Arbeit ein Amt zu übernehmen, sollten die Lehrer einspringen. Auch die Ehefrauen der Lehrer wurden gezwungen ein Amt zu übernehmen. ›Die Bauern haben keine Zeit, dafür sind die Lehrersweiber da.‹ Mama sollte die Frauenschaft übernehmen. Mein Vater musste als Gemeindegruppenführer sechs Gemeinden für den Luftschutz übernehmen. Er war unter diesem Druck sehr unglücklich und dachte ernsthaft daran, seinen Beruf als Lehrer aufzugeben. Doch was sollte er tun? Er hatte ja die Verantwortung für seine Familie.«

Schließlich trat der Vater doch in die Partei ein, weil er in die Stadt wollte wegen der Weiterbildungsmöglichkeiten für seine Kinder.

Helmut S. (1928): »Mein Vater wurde nach dem Krieg als Mitläufer entnazifiziert. Wenn ich seine Biografie überdenke, verstehe ich sein Verhalten im 3. Reich sehr gut. Nach seinen Lehrwanderjahren in den zwanziger Jahren, der Inflation und seiner Heirat 1919 baute er in Mannheim-Freudenheim ein stattliches Dreifamilienhaus mit Hilfe einer kleinen Erbschaft meiner Mutter. Er fand Anstellung in der Volksschule Freudenheim, die als aktiv und modern galt. Er war ein strenger und beliebter Lehrer, der sich auch für Sonderaufgaben engagierte … 1937 legte man ihm dringend nahe, endlich in die NSDAP einzutreten. Er wurde NSV Zellenwart … Ich habe dafür eine große Hochachtung, wie er seine Familie durch die NS-Zeit laviert hat.«

Vom tragischen Schicksal seines Vaters berichtete mir Jobst S. (1935):

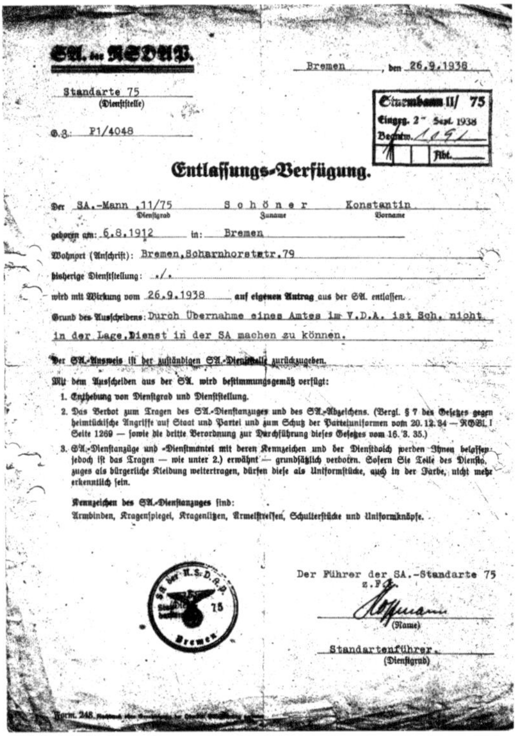

SA. der NSDAP.

Bremen, den 26.9.1938

Standarte 75
(Dienststelle)

G.Z.: P1/4048

Sturmbann II/ 75
Eingeg. 2. Sept. 1938
Begntw. 1091
Abt.

Entlassungs-Verfügung.

Der SA.-Mann ,11/75 (Dienstgrad) Schöner (Zuname) Konstantin (Vorname)

geboren am: 6.8.1912 in: Bremen

Wohnort (Anschrift): Bremen, Scharnhorststr. 79

bisherige Dienststellung: ./.

wird mit Wirkung vom 26.9.1938 auf eigenen Antrag aus der SA. entlassen.

Grund des Ausscheidens: Durch Übernahme eines Amtes im V.D.A. ist Sch. nicht in der Lage, Dienst in der SA machen zu können.

Der SA.-Ausweis ist der zuständigen SA.-Dienststelle zurückzugeben.

Mit dem Ausscheiden aus der SA. wird bestimmungsgemäß verfügt:

1. Enthebung von Dienstgrad und Dienststellung.
2. Das Verbot zum Tragen des SA.-Dienstanzuges und des SA.-Abzeichens. (Vergl. § 7 des Gesetzes gegen heimtückische Angriffe auf Staat und Partei und zum Schutz der Parteiuniformen vom 20.12.34 — RGBl. I Seite 1269 — sowie die dritte Verordnung zur Durchführung dieses Gesetzes vom 16.3.35.)
3. SA.-Dienstanzüge und -Dienstmäntel mit deren Kennzeichen und der Dienstdolch werden Ihnen belassen; jedoch ist das Tragen — wie unter 2.) erwähnt — grundsätzlich verboten. Sofern Sie Teile des Dienstanzuges als bürgerliche Kleidung weitertragen, dürfen diese als Uniformstücke, auch in der Farbe, nicht mehr erkenntlich sein.

Kennzeichen des SA.-Dienstanzuges sind:
Armbinden, Kragenspiegel, Kragenlitzen, Ärmelstreifen, Schulterstücke und Uniformknöpfe.

SA der N.S.D.A.P. Standarte 75 Bremen

Der Führer der SA.-Standarte 75
z.F.
Hoffmann
(Name)
Standartenführer.
(Dienstgrad)

Form. 248.

5. Entlassungsverfügung aus der SA für den Vater von Jobst Schöner

»Eine Stelle als Lehrer bekam mein Vater erst im Juni 1937 nach unserem Umzug nach Bremen. (*Sie lebten dort in sehr ärmlichen Verhältnissen, der Vater machte Gelegenheitsarbeiten.*) Dort kamen einige Male Männer in schwarzen und in senfbraunen Uniformen zu uns ins Haus. Die hatten etwas mit der Partei und der SA zu tun. Wir Kinder mussten dann aus dem Wohnzimmer. Meine Mutter kochte viel Kaffee und war besonders freundlich zu den Männern. Wenn die Männer weg waren, bekamen meine Eltern Streit. Dann durften wir auch nicht in das Wohnzimmer. Was das wirklich zu bedeuten hatte, erfuhr ich erst nach und nach im Laufe der Jahre. Mein Vater wollte nicht in die Partei. Ohne Partei gab es keine Arbeit; schon gar nicht als Lehrer.

Der eine Mann war ein Freund meines Vaters. Der kam dann einmal ohne Uniform und hat lange mit meinem Vater geredet. Von da an hat mein Vater ein Parteiabzeichen getragen und war Parteimitglied und in der SA. Danach bekam mein Vater seine erste Stelle als Hilfslehrer. Das heißt, er musste froh sein, wenn er irgendwo auf dem Land solange aushelfen durfte, wie dort ein Lehrer fehlte. Die guten Stellen bekamen die Lehrer, die etwas freiwilliger in die Partei gegangen waren und sich persönlich engagierten. Zum persönlich Engagieren hatte mein Vater nicht viel Zeit, weil er oft sehr weit von zu Hause eingesetzt wurde und sehr lange mit dem Fahrrad unterwegs war.

Als er wieder einmal zu spät zu einer der vielen Parteiversammlungen kam, wurde er heftig gerügt. Mein Vater soll daraufhin gesagt haben, dass er sich auch noch um die Familie kümmern müsste und sich nicht immer ›den Mist‹ anhören könne. Das war ein Fehler, für den er in den folgenden Jahren beim Militär schwer büßen musste.

Einige der Männer kamen wieder zu Besuch und nahmen die senffarbene Uniform mit. Auch daran kann ich mich erinnern. Mein Vater war dann noch so lange

Lehrer, bis er zum Militär musste. Meine Mutter hat mir später erzählt, dass mein Vater in Wirklichkeit ›wegen parteipolitischer Unzuverlässigkeit‹ aus der SA ausgestoßen worden sei. Das war im September 1938. Ein Freund sorgte dafür, dass auf dem Papier stand ›auf eigenen Antrag‹. Damit er nicht auch noch seinen Posten als Lehrer verlor, hat mein Vater ein Amt beim V.D.A. (*Volksbund für das Deutschtum im Ausland*) angenommen.

Dann musste mein Vater für einige Wochen zu einer sogenannten Schulung. Danach war er wie verwandelt. Er hatte jegliche Fröhlichkeit verloren und spielte kaum noch mit uns Kindern. Er sprach nie darüber. Meine Mutter hat später einmal gesagt, dass er wahrscheinlich aus Angst vor Repressionen nie etwas Näheres erzählt hat. Es muss etwas Furchtbares mit dieser Schulung auf sich gehabt haben. Heute nennt man so etwas Gehirnwäsche.«

1941 wurde der Vater eingezogen und war bis zum Kriegsende an der Ostfront. Am 13.5. ist er nach Amputation des rechten Armes im Lazarett verstorben. Dazu Jobst zusammenfassend: »Weil mein Vater politisch unzuverlässig war, hat er unter schlechtesten Bedingungen den ganzen Krieg vorwärts und zurück mitgemacht. Er wurde erst mehr als drei Jahre nach seinem Tode im Juni 1948 entnazifiziert. Zuvor wurden die Bonzen reingewaschen. Die Rentennachzahlung wurde 10 zu 1 abgewertet auf DM 114,– für mehr als drei Jahre.«

Hildegard B. (1931): »Vater war in den ersten Jahren der NS-Zeit ein begeisterter Mitläufer. Er bekam immer mehr kleine Ämter und war viel unterwegs … Er wurde schon einen Tag vor Kriegsbeginn eingezogen. 1941 wurde er wegen Krankheit entlassen, da er vom Kabelverlegen eine Bleivergiftung bekam und alle Zähne verlor. Als Vater dann vom Militär entlassen wurde, gab er nach und nach alle Ämter auf. Er muss einiges mitbekommen haben, hat aber nie darüber gesprochen. Er war überhaupt sehr schweigsam … Einmal in der Woche sollten wir zum ›Dienst‹. Es wurde irgendwas gebastelt und Lieder gesungen, die bekannten ›Ostwindlieder‹. Dann ließ mich Vater nicht mehr hingehen: ›Du musst zu Hause helfen.‹«

Maria N. (1931): »Ein schwerer ärztlicher Kunstfehler am Brünner Kinderspital machte aus einer an sich einfach behebbaren Hüftfehlbildung ein irreparables Leiden, ich hinke. Als ich einmal die Gaststube betrat, stand ein frisch an die Kreisleitung versetzter Beamter am Billard. Teilnehmend erkundigte er sich nach Details meiner Behinderung und bot sich an, sich für eine optimale und garantiert erfolgreiche Behandlung bei einem berühmten Spezialisten in Hohenlychen einzusetzen. Wir würden von ihm hören. Meine Eltern zerflossen vor Rührung. Doch der Herr meldete sich nicht mehr, mein Vater wurde eingezogen, meine Mutter wollte allein nichts unternehmen. Viel später las ich von Heimen, in denen behinderte Kinder systematisch getötet worden waren. Hohenlychen war darunter. Auf Anfrage bestätigte die Ludwigsburger Zentralstelle für Verfolgung von NS-Verbrechen meine Vermutung und teilte mir mit, dass der Chefarzt wegen vielfachen Mordes hingerichtet worden war. Zweifellos hat die Dienststelle seinerzeit den eifrigen Beamten zurückgepfiffen. Schließlich hatte mein Vater der SA, der Partei und sogar dem Freikorps angehört, sich also um das Tausendjährige Reich verdient gemacht. Ich bin sicher, dass das mein Leben gerettet hat …

Meine Eltern gehörten der Partei an, ohne Funktionen innezuhaben. Noch vor der Machtübernahme war mein Vater heimlich der SA beigetreten, was ihm einen nächtlichen Überfall durch ein halbes Dutzend Linker eintrug. Weil er sich heftig wehrte, floss Blut auf beiden Seiten. Ich wurde Zeuge und hielt ab da zwanzig Jahre lang alle Roten für Gewaltverbrecher.

Niemals hätte mein Vater, ein rechter Draufgänger, sich an einem wehrlosen Menschen vergriffen … In zwei Kriegen hat er sich freiwillig zur Marine gemeldet, der Illusion unterliegend, dort niemanden ›abknallen‹ zu müssen. Nichtsdestoweniger feuerte er aber Torpedos ab. Was und seit wann er von Hitlers Gräueltaten wusste, ist mir nicht bekannt. Beteiligt ist er nie und nimmer gewesen. Er äußerte einmal: ›Wie kann einer denn damit renommieren, dass er einen Schwächeren niedergeschlagen hat? So was ist doch wirklich keine Kunst.‹«

Jochen B. (1936): »Mein Vater war Buchhalter im Johannesstift in Berlin Spandau-West, das ist eine kirchliche Einrichtung mit Krankenhäusern und Anstalten. Es war der evangelischen Kirche angeschlossen … Und 1938 ist er über einen Freund zur SS gekommen, zur Allgemeinen SS und war dort im Wirtschafts- und Verwaltungshauptamt … Er ist als Fachführer eingestellt worden, als Kaufmann, war also gleich Obersturmführer.«

Er wurde dann mehrmals versetzt und war im Mai 1945 mit der Familie (Mutter und drei Kindern) in Brunntal im Ostsudetenland. Von dort trat die ganze Familie die Flucht an. Sie landeten in Mühlhausen in der Nähe von Arolsen.

»Erst 1948 stand plötzlich die Polizei vor der Tür und hat meinen Vater geholt. Dann ist er in ein Lager in Darmstadt gekommen, und nach sechs Wochen war er entnazifiziert und wieder zu Hause und war dann wieder offiziell Kaufmann und hat dann in Kassel bei der Inneren Mission angefangen …
I: Hat Ihr Vater später mit Ihnen über das Dritte Reich und seine Karriere gesprochen?
B: Er von sich aus natürlich gar nicht. Der älteste Bruder, der Klaus, erzählt, er war damals bei der Marine und wollte unbedingt zur SS, und dann habe der Vater gesagt: ›Lass das mal bleiben, bleib du bei deiner Marine.‹ Also er hat da schon was mitgekriegt, er wollte von sich aus wahrscheinlich nicht darüber sprechen, und ich als Kind hatte damals anderes im Kopf. Heute würde ich viel, viel mit ihm darüber reden und fragen. Und als wir 1992, 93 im Johannesstift in Berlin waren, haben wir versucht zu klären, warum ist der Vater, an sich christlich, zur SS gekommen? Wir wurden im

Archiv fündig. Der Vater verdiente nicht allzu viel mit vier Kindern, etwa 360 RM. Über das Bundesarchiv Berlin beschaffte ich mir eine Kopie des Vertrages mit der SS. Da wurde der Vater gleich als Obersturmführer eingestellt mit 1000,– RM. Also das Dreifache, und ist dann aus einer Altbau-Dreizimmerwohnung mit der Familie in ein Häuschen gezogen. Rechtsnational eingestellt war er wohl, auch bei der Partei, aber wer ihn dazu gebracht hat, bei der SS einzutreten – diese Zeugen leben nun alle nicht mehr.«

Sieglinde D. (1930) zitiert aus den Lebenserinnerungen ihres Vaters: »Als Hitler Reichskanzler war, erreichte er schon im Juni 1933 die Auflösung aller Parteien außer seiner eigenen, am 2.5. schon die Aufhebung der Gewerkschaften und Bildung der Deutschen Arbeitsfront. Öffentliche Arbeitsbeschaffung (Autobahnen usw.) führte die Arbeitslosenzahl von 6 auf 4 Millionen zurück. Ein Aufatmen und ein neues Hoffen auf eine neue Zeit mit innerem Frieden, Vollbeschäftigung, Abbau der allgemeinen Verarmung, Lösung aus den Fesseln des Versailler Vertrages ging durch Deutschland. Von den Schattenseiten des neuen Regimes: Konzentrationslagern mit ihren Schrecken, Judenverfolgung hörte man zunächst nichts und später konnte und wollte man es nicht glauben. Dafür fühlte man deutlich, dass auf alle Bürger, die nicht zu den Nazis neigten, ein Druck ausgeübt wurde. Viele Ärzte gehörten schon seit Jahren, einige erst jetzt nach der Machtübernahme, der Partei an. Ich glaubte, einer Isolierung, einer Schädigung meiner Praxis durch die Nazi-Ärzte, die Behörden oder die Bevölkerungsteile, die sich für den ›Führer‹ entschieden hatten, entgehen zu können, wenn ich mich der S.A., der Sturmabteilung der Partei, anschließen würde. Im August 1933 trat ich dieser Parteitruppe bei.

Schon 1932 hatte ich an Kursen der sogenannten Schwarzen Reichswehr teilgenommen, wurde für mein ärztliches Tun im Falle eines Krieges geschult, hatte also wieder Anschluss an meine Soldatenzeit gefunden (*er war im Ersten Weltkrieg Soldat gewesen*) …

In der S.A. habe ich wieder militärische Ausbildung mitgemacht, musste wieder marschieren, scharf schießen, grüßen lernen (mit Hitlergruß), Kriegsspiele und Aufmärsche in Ibg. (*Insterburg*) und den Nachbarstädten mitmachen und Parteiversammlungen besuchen. Man achtete sehr auf mich, dass ich nicht mit dem Hute in der Hand als Zivilist grüßte, nicht mehr wie bisher aus der mir gegenüber liegenden Reichsadler-Apotheke, die dem jüdischen Apotheker Wald gehörte, meine Medikamente bezog, dass ich immer noch meine jüdischen Patienten behandelte und deren Eltern auf der Straße mit dem Hut grüßte. Unser Ärzteführer wurde ein alter Nazi, Dr. Ehleben, Ärztevereinsleiter blieb Dr. Untermann, unser Standartenführer in der S.A. ein Ingenieur Zimmermann, und Kurt Reimann, mein alter Freund, wurde des Sturmbannführers Adjutant. Ich schätzte an der Nazi-Bewegung, dass der Arbeitsdienst die jungen Männer und Mädchen mit körperlicher Arbeit, Hitlerjugend und B.D.M. die Jugend, Jungvolk und Jungmädchen die Kinder erfasste und mit frischem Geist erfüllte.«

Dazu bemerkt Sieglinde D.:

»Ich kann verstehen, dass mein Vater sich von seinen Kollegen benachteiligt fühlte – sicherlich hatte er damit Recht – und dass er einen Weg suchte, um mit seiner Praxis erfolgreich zu sein. Aber: Was hat er sich nur bei all den ungesetzlichen Aktionen der S.A. vor der Machtübernahme und gleich danach gedacht? Fand er es gut, dass es Hitler so schnell ›gelang, die Parteien und Gewerkschaften aufzulösen‹? Hat er es für rechtens gehalten, dass die jüdischen Ärzte nicht mehr praktizieren durften? Hat er sich darüber Gedanken gemacht, was aus ihnen wurde? Er hat seine Erinnerungen in den späten 1970er Jahren geschrieben. Warum hielt er es auch da noch nicht für nötig, seine damaligen Einsichten zu erklären, zu ergänzen oder kritisch zu bedenken?«

Sie erzählt dann noch, wie der Vater alle Menschen mit dem Hute in der Hand höflich grüßte, wie er dafür sorgte, dass russische Gefangene besser verpflegt wurden. Sie bemüht sich, ein Fazit zu ziehen:

»Heute versuche ich, mir aus meinen gegensätzlichen Beobachtungen ein Bild zu machen: Worin war er ein vorbildlicher, verantwortlicher Mensch, wie wir ihn voller Hochachtung schätzten? Welche Ereignisse und Probleme, die für uns heute im Vordergrund stehen, sah er nicht? Warum nicht? Was sah er und nahm darauf keinen Bezug? … Der Papa sorgte für die Ernährung der russischen Gefangenen, was nicht üblich war, wahrscheinlich wagte er sich damit weit vor. Was hielt er aber von dem herrschenden politischen System? Hatte er Kritik an den vielen Entscheidungen, die für viele Menschen Deportation, Folter und Mord bedeuteten, die außerdem ungeheuer viele Kriegsopfer aller beteiligten Staaten zur Folge hatten? Trug er den Anspruch in sich, im humanistischen Sinn auf politische Entscheidungen Einfluss zu nehmen? Ich vermute, nicht. Fühlte er sich in dieser Hinsicht schlicht hilflos? Vielleicht.«

Gudrun T. (1940): »Mein Vater ist Studienrat in Neukölln an der ehemaligen Karl-Marx-Schule, einer linken Reformschule unter Leitung des hochkompetenten Fritz Karsen, der als Jude bereits zu Ostern 1933 von den Nazis abgesetzt wird und sich mit seiner Familie knapp nach den USA, später Südamerika retten kann. Statt ihm wird ein ›110 %iger Nazi‹ Schulleiter (Tagebuch). Auf massiven Druck dieses Schulleiters, aber doch letztlich – als Versailles-Betroffener – von der Anschlusspolitik Hitlers beeindruckt, beantragt mein Vater im März 1940 den Eintritt in die NSDAP – ›mit sehr unguten Gefühlen‹, nachdem er jahrelang in den Tagebüchern Hitlers Auftritt und Reden und die gesamte Regierung aufs heftigste kritisiert hat.[28]

Anfang der 80er Jahre, als er seine in Steno geschriebenen Tagebücher für uns in lateinischer Schrift in Auszügen zusammenfasst, schreibt er dies ehrlich und offensichtlich erregt unter der Überschrift: ›Hört mir bitte gut zu!‹

Bei der 110 %ig orientierten Einstellung meines neuen Schulleiters Kl. … musste ich – vorbelastet durch meine aus freien Stücken übernommene Tätigkeit an der Karl-Marx-Schule – auch jetzt noch damit rechnen, aus dem Staatsdienst ausgeschlossen zu werden, und damit, dass dann sozusagen ›kein Hund mehr ein Stück Brot von einem nahm‹. Als Einzelstehender hätte ich mich wohl durchschlagen können. Als Familienvater, der in Bälde 6 Köpfe (…) zu versorgen hatte, glaubte ich das nicht verantworten zu können. Im übrigen hatte Hitlers Außenpolitik sich in ganz unerwarteter Weise als erfolgreich erwiesen, was in der durch die Bestimmungen des Versailler Vertrages schwer getroffenen (in ihrem Nationalstolz verletzten) Generation des 1. Weltkrieges neue Hoffnung erweckte und die schlimmen Seiten des NS-Regimes in den Hintergrund treten ließ.

Selbst ganz *bewusste* SPD-Parteigänger (…) kapitulierten vor der Summe dieser außenpolitischen Erfolge. Auch mich haben sie, wie Ihr schon gesehen habt, nicht kalt gelassen. (Anmerkung Gudrun T.: mein Vater war in der Weimarer Zeit SPD-Wähler). Könnte es dahin kommen, dass der Versailler Vertrag rückgängig gemacht würde? Fragte man sich. So wurde dem inneren Widerstand die Kraft entzogen; ich holte mir am 4.3. (1940) bei der örtlichen Parteileitstelle die auszufüllenden Fragebögen und gab sie mit dem Antrag auf Aufnahme in die NSDAP 3 Tage später beim Blockleiter ab – mit einem sehr unguten Gefühl.‹

Und ich selbst bin, jedes Mal, wenn ich dies lese, ebenfalls erregt, zornig, hadernd, erschrocken über meine Selbstgerechtigkeit, traurig und zugleich berührt von seiner Aufrichtigkeit. Lange hatte ich gedacht, er sei, wie auch meine Mutter, zumindest innerlich ›auf der richtigen Seite‹ gewesen (die Parteizugehörigkeit war uns bekannt), aber es war eben doch viel komplizierter und zu spät, um noch zu Lebzeiten mit ihm darüber zu sprechen.«

Wesentlich kleiner ist die Gruppe derjenigen, die von ihrem Vater oder ihren Eltern sagen, sie seien **überzeugte, ja begeisterte Nationalsozialisten** gewesen aus »Idealismus« oder auch aus anderen Gründen. Nicht alle verstehen und billigen diese Gründe. Manche können es sich bis heute nicht erklären, warum die Eltern so begeistert waren. Genauer nachgefragt wurde kaum. Sehr wichtig ist für sie alle die Trennung in »gute« und »böse« Nazis; die eigenen Eltern haben in ihren Augen nichts »Unrechtes« getan. Nur ganz wenige erinnern sich an Verhaltensweisen, die diesem Bild widersprechen, sodass sie sich an jüdischem Eigentum bereichert haben. Dass sie auch vom Regime profitiert haben, wird nur am Rande vermerkt, zum Beispiel durch KdF-Fahrten, durch Spenden vom Winterhilfswerk, durch Erholungsaufenthalte für Mütter und Kinder. In ihrer überwiegenden Mehrheit sind sie aus eigenem Erleben der Ansicht, dass man überhaupt »die Nazis« nicht über einen Kamm scheren könne. Es habe unter ihnen viele anständige, eben »idealistische« gegeben. Diese Auffassung ist so allgemein, dass sie nicht eigens durch besondere Zeugnisse belegt zu werden braucht. Von den »150 %igen Nazis und Nazissen« wird hingegen mit deutlicher Distanz und meist abfällig gesprochen, wenn sie nicht zur engeren Verwandtschaft gehörten.

Gerhard R. (1932): »Mein Vater war Parteigenosse, SA-Mann, kleiner Funktionär. So bin ich erzogen worden. Mein Vater und ich haben immer an den Endsieg geglaubt. So wie viele Millionen auch. Die vielen Sondermeldungen, die ich damals schon verstand, V1 und V2-Erfolge, Freude über Siege über Polen, Frankreich, Belgien, Holland, Siege in Russland, in Afrika, so wie es bis 1942 lief. In Stuttgart im Schlosshof waren immer Siegesparaden, da wurden Waffen ausgestellt, da war ich immer dabei.«

Christine S. (1934): »Mein Vater war alter Parteigenosse und als Mensch mit humanistischer Bildung ein Idealist. Ob er Einblicke in Vorgänge hatte, weiß ich nicht – es wurde auch mit uns Kindern nicht über derartige Themen gesprochen. Auch bei späteren Gesprächen konnte ich nicht erkennen, ob er von irgendwelchen Verbrechen gewusst hat.«

Helga W. (1928) aus dem Sudetenland: »Meine Eltern waren von Anfang an streng national eingestellt, waren beide in der Partei. Im Zimmer hing ein großes Ölbild von Hitler, seine Reden wurden natürlich gehört. Eine Wand meines Zimmers war tapeziert mit den Bildern von Ritterkreuz-Trägern. Ob meine Eltern von verschiedenen Verbrechen wussten, weiß ich nicht, da man mit uns Kindern darüber nicht sprach. Außerdem war mein Vater seit 1941 in Russland, und meine Mutter war beim Roten Kreuz tätig. Jeder erfüllte seine Pflicht. Keiner hatte irgendwelche Vorteile. Wir hatten in dieser Zeit alle nur Pflichten und Aufgaben. Das muss ich einmal ehrlich sagen.«

Rudolf G. (1930): »Geboren bin ich in einer deutschen Sprachinsel in der damaligen tschechischen Republik, und wir wohnten direkt an der Sprachgrenze. Unser Verhältnis zur tschechischen Bevölkerung war sehr gut ... Nur von der Regierung wurden wir als deutsche Minderheit kulturell und politisch unterdrückt. Sogar das Hören von deutschen Sendern war verboten. Alle Stellen im öffentlichen Dienst (Gendarmerie, Post usw.) wurden nur mit Tschechen besetzt. Für einen Deutschen war es fast unmöglich, in den Staatsdienst aufgenommen zu werden ... Mein Vater wurde als junger Mann zum Militär eingezogen, ohne ein Wort tschechisch zu sprechen. Nach Abschluss der aktiven Dienstzeit beherrschte er die Sprache in Wort und Schrift. Diese Atmosphäre der Bevormundung und Unterdrückung führte dazu, dass mein Vater sehr deutsch national eingestellt war und in die sudetendeutsche Partei (Henlein-Partei) eintrat. Diese wurde beim Anschluss an das Deutsche Reich (1938) automatisch in die NSDAP übernommen. Als Achtjähriger erlebte ich den Einmarsch der deutschen Soldaten in die Tschechoslowakei ... Wir waren alle sehr begeistert und begrüßten das Militär stürmisch. Jetzt gehörten wir endlich zum Reich und fühlten uns als vollwertige Deutsche. In der tschechischen Republik waren wir ja nur Menschen zweiter Klasse. Deswegen standen wir dem Nationalsozialismus positiv gegenüber.«

Michael F. (1930): »Meine Eltern waren auch, vor allem meine Mutter war immer die fanatischere, im Dritten Reich überzeugt von der Ideologie. Später hat sie sich total umgedreht, wurde ganz fromm und christlich, hat religiöse Bücher geschrieben. In der damaligen Zeit sind sie aus der Kirche ausgetreten … Dann beim Zusammenbruch, als man dann gehört hat, dass der Goebbels sich mit seiner ganzen Familie umgebracht hat, da hat sie gesagt: ›Das müssten wir doch eigentlich auch tun.‹ Also so tief ging das bei ihr. Das war ja für jemand, der so überzeugt war, eine absolute Katastrophe«

Volker M. (1936): »Da ich meinen Vater wegen seines frühen Todes (als ich noch nicht ganz fünf Jahre alt war) kaum kennen lernte, waren nur Mutter und Großmutter die Kindheits- und Jugendbezugspersonen. Ich gehe nicht falsch, wenn ich trotzdem sage, dass natürlich auch Vater vollständig dem Nationalsozialismus anhing und die beiden Damen da halt mitmachten. Vater war im Wandervogel und dann in einer schlagenden Verbindung und in der SA gewesen – die ideellen Voraussetzungen hierzu dürften in seinem Elternhaus gelegt worden sein. Leider enthält die von Großvater M., der von 1898 bis 1932 Hauptlehrer war, hinterlassene Familienchronik über die in seiner Familie gepflegten politischen Ansichten, vor allem in der Zwischenkriegszeit, absolut nichts … Mutter und Großmutter waren überzeugte ›Deutsche Christen‹, so durfte ich nicht in den nahe gelegenen katholischen Kindergarten … Die Eltern und Großmutter hatten die Nazi-Ideologie also auch in dieser Hinsicht voll übernommen … Mutter wollte den schon alten, blinden Religionslehrer Gravmüller ›anzeigen‹, also denunzieren, wenn er, als wir vom Adventslied ›Gott sei Dank durch alle Welt …‹ zunächst den ersten Vers auswendig zu lernen hatten, auch den Vers ›Zions Hilf und Abrams Sohn, Jakobs Heil, der Jungfrau Sohn …‹ aufgeben sollte, was er dann aber von selbst nicht getan hat. Diese jüdischen Namen passten nicht in das Christusbild der Deutschen Christen, die ja auch die Behauptung zu beweisen trachteten, Jesus sei kein Jude, sondern Kind eines römischen Soldaten, also ein Arier, gewesen … Als das Attentat auf Hitler vom 20. Juli 1944 fehlgeschlagen war und diese ›Freudenmeldung‹ ›durchs Radio‹ kam, wie man sagte – es war natürlich der damalige ›Volksempfänger‹ – vergossen Mutter und Großmutter Freudentränen … Nicht nur Vater, sondern auch sie waren auf Hitler so abgefahren – um einen heutigen Begriff zu nehmen – dass sie es nicht anders wussten und konnten … Nach der deutschen Niederlage war von meinen beiden Damen über den Nationalsozialismus höchstens noch zu hören, dass ›beim Hitler doch nicht alles schlecht war‹ und ›mit den Juden hätte man nicht so umgehen dürfen‹. Ja, es wurde sogar unterstellt, dass Hitler von der Judenvernichtung gar nichts gewusst haben kann … In der Familie wurde nichts aufgearbeitet. Man schwieg sich eben aus.«

Anneliese L. (1929): »Am 19. April 1945, dem Vorabend von Hitlers Geburtstag, sprach der Reichspropagandaminister Dr. Goebbels im Rundfunk. Da wir keinen Strom hatten, konnten wir diese Rede nicht verfolgen. Muttel wollte aber. Nachdem Traute und ich kein Interesse gezeigt hatten, schlich Muttel heimlich (wegen der Ausgangssperre ab 18.00) am Feldrand und durch Büsche und Bäume zum nächsten Haus, dort war Abhören mit den Bewohnern vereinbart. Tatsächlich sprach Goebbels in seiner altgewohnten Weise.[29] Muttel kam zurückgeschlichen, war beeindruckt und sagte: ›Ich glaube, wir gewinnen den Krieg doch noch!‹

Traute und ich lachten sie aus. Ich kann es auch jetzt nach 57 Jahren nicht fassen, wie eine so gescheite Frau wie Muttel so beeinflusst werden konnte, so blind war in politischer Hinsicht, so völlig an der Realität vorbei urteilte. Das war ja eben die Masche der Nazis, die Leute blind-gehorsam und blindgläubig zu machen, ohne Übersicht und Einsicht! Nur, wer diese Zeit erlebt hat, kann das überhaupt fassen und begreifen …«

Karin R.s (1934) Vater war als Oberingenieur verantwortlich für die radiotechnische Ausrüstung der Reichskanzlei gewesen und mehrfach zu technischen Sonderaufgaben im Führerhauptquartier eingesetzt worden. Deshalb war er auch u. k. gestellt und nicht eingezogen worden. Er war Mitglied der NSDAP. 1946 wurde er von den Sowjets interniert und ist 1947 im Lager an einem Hungerödem gestorben. Eine Anklageschrift bekam die Familie nicht zu sehen. Karin R. hält ihren Vater für unschuldig an irgendwelchen Verbrechen, sagt aber zusammenfassend über ihre Eltern:

»Sie waren keine Helden. Sie lebten mit der Masse. Mein Vater und mein Onkel wollten sich emporarbeiten und heulten etwas vernehmlicher mit. Wie sie sich verhalten hätten, wenn es um die Vernichtung anderer Menschen durch sie gegangen wäre, wage ich nicht einzuschätzen. Die Behauptung meiner Mutter, mein Vater sei nur deswegen früh in die NS-Partei eingetreten, um nach dreijähriger Arbeitslosigkeit wieder Arbeit zu bekommen, ist in meinen Augen eine Schutzbehauptung … Mein Vater war überzeugter Nazi, meine Mutter nicht so betont.«

Elisabeth H. (1931), das siebte von zehn Kindern[30], schrieb auf dem Personalbogen: »Die Eltern waren beide begeisterte Nazis … Während der Nazizeit war meine Mutter mit den Kindern bei den Deutschen Christen, mein Vater aus der Kirche ausgetreten.« In unserem Gespräch sagte sie:

»Wir haben öfter, wenn wir bei Familienfesten zusammen sind, gefragt, wie konnte das eigentlich sein, dass die da so bedingungslos mitgegangen sind und uns eigentlich auch vermittelt haben, wir müssen dazuhalten. Es ist uns allen nicht richtig klar. Wir denken nur, dass sie so aus der Kaiserzeit kamen und irgendwie auch obrigkeitsgläubig waren und dass sie durch das Versailler Diktat das Gefühl hatten, ihnen war Schmach angetan worden und der Hitler habe sie da befreit. Sie sind beide intelligente Menschen. Der Vater war Arzt, meine Mutter war auch sehr belesen, sie hat sich immer Zeit genommen zum Lesen. Und dass sie nie darüber nachgedacht haben. Interessanterweise ist nämlich Mutters Schwester die Frau von dem Martin Niemöller[31], sie ist auch meine Patentante, die Elsie Niemöller. Meine Eltern haben während des Krieges jeden Kontakt zu denen abgebrochen. Meine Mutter hat ihrer Schwester wohl geschrieben und hat von uns Kleider hingeschickt, die haben auch sieben Kinder gehabt, und sie hat sie unterstützt. Aber sonst haben die nicht miteinander gesprochen. Aber nach dem Krieg war's wieder plötzlich ein sehr freundliches Verhältnis. Sie haben uns oft besucht.«

Gudrun Pausewang (1927) schreibt nach Lektüre der Tagebücher ihres Vaters: »Als junger, unreifer Mensch hatte er dieses Tagebuch geschrieben. Mehr als doppelt so alt war er geworden. In seinem vierundvierzigsten Jahr war er zu Tode gekommen, immer noch rastlos, immer noch Träumer, wenn auch um viele harte Lebenserfahrungen reicher geworden. Aber das Leben hatte ihn nicht gelehrt, Ideologien kritisch zu begegnen. Er verfiel dem Nationalsozialismus mit Leib und Seele.

Habe ich, was diesen Tatbestand betrifft, die moralische Qualifikation, mich über ihn entrüsten zu dürfen? Mir scheint, ich hatte Glück. Denn hätte ich als Erwachsener in seiner Zeit gelebt, hätte mich jener Zeitgeist höchstwahrscheinlich auch zu beeinflussen und zu lenken versucht – in andere Richtungen als die, in die ich heute unterwegs bin. Bekam er mich nicht noch am Zipfel zu packen? Hat sich Hitler während meiner Jugend nicht meiner ehrlichen und arglosen Begeisterungsfähigkeit skrupellos bedient? …

Das Bild dieses Mannes, der mein Vater war, hängt noch jetzt in meinem Wohnzimmer. Obwohl im Lauf der Jahre viel Lack abgeblättert ist, viele goldene Krusten sich gelöst haben, von Verklärung nichts mehr zu spüren ist, kann ich mich nicht entschließen, es aus meinem Leben zu verbannen. Denn obwohl ich genau erkenne, dass Menschen wie er Hitlers Aufstieg und verbrecherisches Wirken überhaupt erst ermöglichten, kann ich doch nicht umhin, ihm in Liebe und Erbarmen zu begegnen – um seiner liebenswerten Eigenschaften willen. Und weil er sich sein Leben nicht leicht gemacht hat.«[32]

Viele Kinder bekamen auch **widersprüchliche Signale** von ihren Eltern, ihrer Familie:

Hans-Peter W. (1935): »Meine Mutter hat mir später gesagt, dass unser Vater zu keiner Zeit Verständnis für die ideologischen ›Brüllochsen gehabt hätte und sich nach außen betont unpolitisch‹ gegeben habe. Als Konstrukteur bei den Hirth-Motorenwerken im benachbarten Zuffenhausen war er mit ›kriegswichtigen‹ Arbeiten betraut. Er hatte sich eine gewisse Freiheit bewahrt und ließ sich nicht leicht einschüchtern. Auch habe ich später aus dem Kreis seiner W.-schen Erbhof-Bauernfamilie (zwei Vettern in der SS) in Holstein erfahren, dass Vater sie mit dem Ausspruch ›Die Nazis sind genau so schlimm wie die Bolschewisten‹ peinlich erschreckte. Das war, als er im Juni 1944 seine Mutter wegen des Total-Bombenschadens ihres Hauses besuchte. Auch machte er in Briefen an seine Mutter defätistische Äußerungen, die leicht als Landesverrat hätten ausgelegt werden können[33] …

Über eine andere Angelegenheit habe ich mich erst nachträglich gewundert, und zwar über die geheimnisvolle Herkunft der teuren, schweren und dunklen Eichen-Möbel in Wohn-, Schlaf- und Herrenzimmer unserer Wohnung. Am Beispiel des

Bücherschranks hatte mir mein Vater einmal das perspektivische Zeichnen vorgemacht. Beim Nachmachen entdeckte ich erst selbst die aufwendige Holzprofilierung des Möbels. Erhalten geblieben ist nach dem Bombenangriff nur der ausgelagert gewesene Kleiderschrank. Als ich meine Mutter nach der Herkunft befragte, erklärte sie mir, dass die Möbel gleich nach dem Einzug 1938 eines Nachts als Vaters ›Überraschung und preisgünstiger Erwerb‹ angeliefert wurden. Er habe sich nicht weiter darüber ausgelassen. So bleibt es offen, ob die Möbel aus dem Notverkauf eines jüdischen Auswanderers stammten.«

Helmut B. (1934): »Wie rücksichtslos Großmutter Friederika im Haushalt regierte, zeigt ein Beispiel: Sie ersteigerte billig, so um 1938, während der rigiden Phase der Verfolgung unserer jüdischen Mitbürger eine ausziehbare Bettcouch. Ein Riesenmöbel, das dem Hollywoodfilm ›Bettgeflüster‹ als Requisit hätte dienen können. Nach mühsamem Eintransport und nach Verabschiedung der verschwitzten Möbelpacker entbrannte zwischen Oma und Opa ein erbitterter Streit um das grandiose Stück, dessen Dimensionen den Rahmen des gesamten Raumes sprengten. Oma obsiegte, das Trumm blieb stehen – einen außerordentlich wütenden Opa und meine fassungslos staunende Mama zurücklassend.«

Esther S. (1932): »Mein Vater war in der Weimarer Republik Sozialdemokrat und Gewerkschafter. Er schien mir aber sehr verbittert und erzählte oft die Geschichte von den Panzerkreuzern und der Kinderspeisung – die SPD hatte wohl einen Wahlkampf geführt mit dem Slogan ›Kinderspeisung gegen Panzerkreuzer‹ – und ist dann später ›umgefallen‹ ... – Die Aussicht auf Existenz und Freiheit von materieller Not waren sicher ein wichtiger Grund für die Zuwendung zur NSDAP. Er war sehr stolz auf seine aufgeweckten Kinder und erträumte für sie ein ›besseres Leben‹. Schutz der Familie, das ist doch Väteraufgabe per se. Das war wohl der Grund, dass der Vater – vermutlich nach Kriegsanfang – in die NSDAP eintrat. Die Mutter sagte, sie habe lange nichts davon erfahren. Im Nachhinein wundert es mich, wie unbefangen er zuhause am Familientisch immer subversive Witze erzählte ... Offensichtlich hatte der Vater keine Bedenken, dass eins der Kinder etwas nach außen trüge. Darüber habe ich auch oft nachgedacht ... Dann aber wurde es plötzlich doch mal eng. Mein jüngerer Bruder äußerte sich in der Schule gegenüber einem Klassenkameraden, der aus der Stadt evakuiert war und bei den Großeltern wohnte, ›mir ist es egal, wenn wir den Krieg verlieren‹ (*das hatte er natürlich zu Hause aufgeschnappt*). Der Großvater (*des Klassenkameraden*) war ein Arbeitskollege, aber nicht gerade ein Freund meines Vaters. So verlebten wir bedrückende Tage. Der Kollege sprach den Vater aber nur privat darauf an, verraten hat er ihn offensichtlich nicht.«

Die Familien, die Verwandtschaft, der Freundeskreis waren durchaus **nicht homogen** in ihrer Einstellung. Auffallend ist, dass sehr viele von irgendeinem aus diesen Kreisen erzählen, die »ganz braun«, oder »fanatische Nazis« oder »150 %ige« waren. Das führte öfter zu Disputen und Streit bei den Zusammenkünften, aber kaum zu dauerhaften Zerwürfnissen. Die Kinder scheinen sich nicht an der politischen Überzeugung gestoßen zu haben; für sie waren sie als Menschen sympathisch oder unsympathisch. Erst in der Rückschau grenzen sie die eigenen Eltern gegen diese ganz Linientreuen ab.

Heike R. (1939), deren Vater als Mitglied der Sozialistischen Arbeiterjugend 1933 inhaftiert wurde:[34] »Auseinandersetzungen innerhalb der Familie fanden statt zwischen den Brüdern meines Vaters und deren Mutter. Ich kann mich an heftige Diskussionen erinnern, die beendet wurden durch das energische Eingreifen meiner Großmutter (geb. 1883), die sinngemäß sagte: ›Ihr seid alle hier zu Besuch, und wir sind als Familie zusammen, politisiert wird nicht.‹ Die Söhne (geb. 1907, 1908, 1912 mein Vater) entsprachen dann auch ihrem Wunsch. Die Großmutter hat aber dennoch ohne Einschränkung zu ihrem Theo (meinem Vater) gehalten, die Zeit der politischen Haft akzeptiert und ihn, so hat man erzählt, mit den Worten ›Er hat nichts gestohlen und niemanden umgebracht, ihr habt keinen Grund, ihn zu verachten‹ Nachbarn und anderen gegenüber verteidigt. Ein weiterer Bruder, 1920 geboren, landete, groß und blond wie er war, bei der SS und war Flieger bis zu seinem ›Heldentod‹ 1944. Vor einigen Monaten tauchte ein von ihm geschriebenes Testament auf, niemand von uns hatte davon eine Ahnung. Es schließt mit den Worten: ‹Es lebe der Führer und mit ihm das Großdeutsche Reich.‹ Aber auch ihm waren Mutter und Brüder trotz der unterschiedlichen Gesinnung wichtig!«

Eleonore K. (1930): »Eine meiner Tanten, die wir sehr liebten, weil sie immer freundlich und lustig war, hatte einen überzeugten Nazi geheiratet, der ein fürchterlicher Angeber war. Seine großspurigen Reden und sein herrisches Auftreten empfand ich schon als Kind als sehr unangenehm. Ich konnte überhaupt nicht verstehen, was meine Lieblingstante an dem Mann fand. Dieser Onkel meldete sich natürlich 1939 ganz schnell zur Kavallerie, er hatte vor dem Krieg in der Groterjahn-Brauerei die Pferde versorgt. Einige deutsche Soldaten ritten ja auch mit Pferden nach Polen. Jedenfalls kam er bald wieder aus Polen zurück, und ich werde nie vergessen, wie dieser Mann zu meinem Geburtstag erschien und stolz erzählte, was sie mit den ›polnischen Weibern‹, wie er sie nannte, alles angestellt hätten. Das war mein neunter Geburtstag, und ich war sexuell überhaupt noch nicht aufgeklärt. Ich verstand also nicht, was sie wirklich gemacht hatten, spürte aber, dass es etwas ganz Schlimmes gewesen sein musste.

Ich fand es vor allem unmöglich, dass meine Eltern und auch meine Tante wortlos am Tisch saßen, sich das anhörten und nicht heftig protestierten.«

Wir kommen zur nächsten Gruppe, den Vätern, die eine **mittlere Funktion** in der Verwaltung oder in der Polizei innehatten oder in der NSDAP »Hoheitsträger« ab Ortsgruppenleiter waren.[35] An die Mitglieder der höheren Ränge kam ich – trotz Bemühens – nicht heran. Immer wieder haben einige meiner Gesprächspartner versucht, zu solchen, die ihnen bekannt waren, Kontakte zu vermitteln, was nicht gelang. Aus der Dauer der Internierung konnte indirekt geschlossen werden, welche Stellung jemand innehatte und was gegen ihn vorlag. Doch ist auch hier auffällig, dass die Angaben der Kinder sehr vage und vielfach undurchsichtig sind. Akten und Dokumente, zum Beispiel aus den Entnazifizierungsverfahren, wurden so gut wie nicht vorgelegt, hingegen wurde auch in dieser Gruppe oft mit Erleichterung betont, der Vater sei als »Mitläufer« eingestuft worden. Die Kinder waren damals meist noch zu jung, um zu verstehen, was da mit ihrem Vater vor sich ging, aber die wenigsten haben sich bemüht, es hinterher herauszufinden. Was sie aber erinnern und kritisieren, ist die Prozedur der Entnazifizierung; sie wurde als lästiger Prozess erlebt, der zu absolvieren war, aber zu keinerlei Auseinandersetzung in den Familien führte. Wir kommen darauf noch zurück. Hier nur zwei Fälle. Ein Musterbeispiel ist mein Gespräch mit Martha D. (1933):

»Mein Vater wurde Ortsgruppenleiter in W., Sauerland. Seit 1930 war er wohl in der Partei ... Er war viel mit dem Bürgermeister und dem Kreisleiter aus A. zusammen. 1943 – im Alter von nicht ganz zehn Jahren – wurde ich zuerst mit der Kinderlandverschickung evakuiert, kam dann zur Großmutter, auch meine beiden anderen Geschwister wurden verschickt ... Später, als ich 40 Jahre alt war, habe ich erfahren, warum man uns Kinder so weit fortgeschickt hat. Meine Mutter erzählte, dass mein Vater mit einem Bein im KZ gestanden hätte, warum, weiß ich nicht. Der Kreisleiter wurde in die Walachei versetzt, und mein Vater verlor seinen Ortsleiterposten und bekam ein Nervenleiden. Wir waren anderthalb Jahre fort. Man hat mich wohl bewusst fortgeschickt, weil ich sehr offene Ohren hatte und viel mitbekam ... Die Amerikaner holten meinen Vater ab. Er blieb zwei Jahre und acht Monate verschwunden. Man wusste nicht, wo er war. Es gab Gerüchte. Der amtierende Ortsgruppenleiter hat den Amerikanern den Tipp gegeben. Alle Nazis wurden damals kassiert. Vater nahm nichts mit, nicht mal einen Mantel, trotz des miesen Aprilwetters. Die Inhaftierten sollten am Bahnhof sein, hieß es. Meine Mutter ging dorthin, traf ihn dort und konnte ihm seinen Lodenmantel geben. Dann hörten wir zwei Jahre nichts von ihm. Mein Vater hatte ein Kohlengeschäft, er versorgte die Bevölkerung mit Brennstoffen. Dieses Geschäft musste ja weitergeführt werden. Ein Bekannter übernahm das Geschäft. Wir hatten also kein Einkommen, das Konto war gesperrt. Unsere Oma, die Mutter meiner Mutter, lebte dann bei uns. Sie war Witwe eines hochrangigen Eisenbahners und hatte daher eine gute Pension: 120 Mark. Davon lebten acht Personen. Großmutter konnte gut stricken. Ich war die Älteste, ich habe auch gestrickt. Socken, Handschuhe usw. Ich habe Ähren, Bucheckern und Hagebutten gesammelt, wie das so üblich war. Meine Mutter hat viel geweint. Aber sie hatte wenigstens ihre Mutter bei sich ... Als es Schulspeisung gab, hieß es, dass Kinder von Nazis nichts bekommen. Dagegen legte meine Klassenlehrerin vehement Einspruch ein. Kinder können nichts für die Taten ihrer Eltern.

Von den Judenverfolgungen habe ich erfahren, als mein Vater zurückkam und wegen seiner Entnazifizierung Persilscheine (*Entlastungszeugnisse*) benötigte. Er schrieb an eine jüdische Familie in Amerika. Deren Geschäft wurde unter einem Geschäftsführer weitergeführt, also nicht ›arisiert‹. Man bescheinigte ihm, dass er dafür gesorgt hätte, dass das Geschäft nicht verloren ging. Mein Vater wurde als Mitläufer eingestuft.

Während der Internierung saß im selben Lager der Herr Krupp, selbstverständlich zu besonderen Konditionen. Der kam auch früher frei. Der Nachfolger meines Vaters als Ortsgruppenleiter, ein Postbeamter, war wieder in Amt und Würden, mit Pensionsanspruch usw. Nur mein Vater stand vor dem Nichts. Das Geschäft war weg. Nachdem die Rationierung aufgehoben war, versuchte er wieder Fuß zu fassen. Er machte eine Briefkampagne an alle Haushalte; die Briefe durfte ich austragen. Aber das Geschäft lief nicht, er hing dann in den Kneipen herum, um über Kontakte dort an Kundschaft zu kommen. Zum Schluss wurde er zum Alkoholiker. Er fühlte sich immer benachteiligt. Sein Nachfolger und der Bürgermeister, beide Beamte, hatten wieder ihre Stellung und sicheres Einkommen.

Aus wirtschaftlichen Gründen konnte ich die Schule nicht weiter besuchen und wurde dann Gärtnerin. Später habe ich mich zur Gartenbau-Ingenieurin weitergebildet.

I: Hatten Sie den Eindruck, dass Ihr Vater nicht seine Vergangenheit als fragwürdig empfand, sondern die spätere Behandlung?

D: Mein Vater hat schon seine Zweifel gehabt. Er soll ja mit einem Bein im KZ gestanden haben, aber das kann ich nicht belegen.

Der Münsteraner Bischof, Graf von Galen, predigte in W. und wurde auch dort wieder ausfällig gegen die Nazis. Mein Vater hat verhindert, dass gegen ihn vorgegangen wurde. Vielleicht hing das damit zusammen. Später erhielt mein Vater einen Persilschein vom Bischof.

Mein Vater war zum Schluss auch nicht mehr so überzeugt, aber er war eben in dem System verankert. Später ist er dann noch der CDU beigetreten.

I: Wie haben Sie sich mit dieser NS-Zeit auseinandergesetzt, wie sind Sie zu Ihrem heutigen Weltbild gekommen?

D: Ich dachte lange Zeit, dass ich vielleicht irgendwelche Sünden abbüßen muss. Das Gefühl kam ganz aus mir heraus, es hat mir niemand vermittelt. Eine Geschichte muss ich noch erzählen. Ich hatte einen Heiratskandidaten, dem habe ich nie erzählt, dass mein Vater Nazi war. Ich habe es ihm aber dann doch erzählt. Es machte ihm nichts aus. Als ich ihm sagte, dass mein Vater trinkt, kratzte er sofort die Kurve. Es handelte sich um einen Rumänien-Deutschen, SS-Angehöriger, der später studierte und als Professor arbeitete. Der zeigte den Kommilitonen stolz seine Tätowierung. Er hat also nichts bereut. Das ist eine Haltung, die man hier in der Gegend öfter findet. In Flein gibt es eine Gastwirtschaft, wo sich die ehemaligen SS-Angehörigen heute noch regelmäßig treffen. Das ist gegenüber den Kindern und Enkeln nicht bearbeitet worden.«

Es lassen sich einige charakteristische Züge aus diesem Gesprächsausschnitt ablesen: Frau D. entschloss sich schwer zu diesem Gespräch. Nach einem

Vortrag, in dem ich bedauerte, so wenige Kinder von aktiven Nazis unter meinen Gesprächspartnern zu haben, kam sie ganz am Ende zu mir und flüsterte mir zu: »Mein Vater war ein Nazi, er war Ortsgruppenleiter.« Sie weiß bis heute nicht genau, was der Vater in seiner Funktion eigentlich gemacht hat, auch nicht, was ihm zur Last gelegt wurde (ein Akt des Widerstandes?) und weshalb er sein Amt verlor. Sie möchte ihn gerne als einen anständigen Menschen sehen mit Entlastungszeugnissen von Juden und des Bischofs von Münster.

Aber sie hatte ein unbestimmtes Schuldgefühl. Selbst schmerzlich erlebt hat sie die in ihren Augen ungerechte Bestrafung des Vaters und ihre Folgen. Wenn überhaupt, war er ein »kleiner« Täter, der vor dem Ruin stand, während die anderen in seinem Umkreis fast ungeschoren davonkamen. Und während der Vater sich doch noch zu einem Demokraten entwickelt hat, rühmen sich andere, die sicher viel Schlimmeres auf dem Kerbholz haben, heute noch ihrer SS-Zugehörigkeit.

Anni S. (1929): »Mein Vater war ein begeisterter Nazi und von 1933 bis 1945 Bürgermeister und Ortsgruppenleiter der NSDAP … Im vorletzten Kriegsjahr kam ein junger Bürger aus meinem Geburtsort in Urlaub zu seinen Eltern und erbat sich ein Gespräch unter vier Augen mit meinem Vater als Bürgermeister. Ab diesem Zeitpunkt war die Begeisterung für Hitler bei meinem Vater so gut wie verschwunden. Dieser junge Mitbürger war nämlich bei der SS im Konzentrationslager Mauthausen und hat offenbar meinem Vater erzählt, was dort vor sich ging. Dieser Martin R. wurde nach dem Krieg lange Zeit steckbrieflich von den Amerikanern gesucht, aber er hatte sich irgendwo im Oberallgäu versteckt und tauchte erst wieder auf, als die Entnazifizierung beendet war. Er war ›nur‹ Aufseher in Mauthausen und selbst entsetzt über die dortigen Gräueltaten. Ein Cousin meiner Mutter aus P. bei Lechbruck war bei der Leibstandarte Adolf Hitler aufgrund seiner Körpergröße von zwei Metern. Er kam jedoch heil aus der Entnazifizierung und war nach dem Krieg jahrelang Bürgermeister der Gemeinde P … Während der letzten Kriegstage bekam mein Vater einen Anruf (von wem, weiß ich nicht mehr), ob er bereit wäre, bei sich oder irgendwo innerhalb des Dorfes entlassene Häftlinge aus dem KZ Dachau auf der Durchfahrt in die Schweiz für eine Nacht aufzunehmen bzw. unterzubringen. Gegen Abend, kurz bevor es dunkel wurde (möglicherweise war es bereits dunkel) kam ein Konvoi, bestehend aus mehreren Lastwagen mit Häftlingen, angefahren. Sie konnten von der Menge her nur auf Heu und Stroh in der Scheune untergebracht und verpflegt werden. Am nächsten Morgen fuhren sie weiter Richtung Schweiz … Die Amerikaner nahmen meinen Vater mit und setzten einen ›Antinazi‹ als kommissarischen Bürgermeister ein. Es verging fast ein ganzes Jahr, bevor wir die erste Nachricht von unserem Vater erhielten. Er war zur Entnazifizierung in den Internierungslagern Ludwigsburg, Garmisch und Moosburg. Im Laufe der drei Jahre wurden die Haftbedingungen gelockert, er durfte schreiben, und die Mutter durfte ihn sowohl in Garmisch als auch in Moosburg besuchen. In dieser Lagerhaft hat Vater Körbe geflochten und Gedichte geschrieben. Auch wurde er in dieser Zeit an der Schilddrüse operiert ... Die Behandlung in den amerikanischen Lagern war human ... Nach der Entlassung aus der Haft war Vater politisch nicht mehr tätig. Er widmete sich seiner Landwirtschaft, und durch den Wegfall der verschiedenen Ämter hatte er auch wieder mehr Zeit für die Familie. Seine Utensilien aus ›Hitlers Reich‹, z. B. die braune Uniform des Ortsgruppenleiters und das Buch ›Mein Kampf‹, wurden bereits während der letzten Kriegstage ins nahegelegene Hochmoor gebracht und in einem der dortigen Wassertümpel entsorgt ... . Während der 12 Jahre des ›Dritten Reiches‹ gab es auf der Ordensburg in Sonthofen einen mehrwöchigen politischen Lehrgang. Das könnte so eine Art ›Umerziehung‹ gewesen sein, denn ab diesem Zeitpunkt hatte mein Vater mit der Amtskirche nichts mehr am Hut und fand seinen Herrgott angeblich in der Natur. Er hatte jedoch nichts dagegen, dass sich die Mutter auch weiter um die religiöse Erziehung der sechs Kinder kümmerte. Als Bürgermeister blieb er nach wie vor der gefragte Ansprechpartner seiner Mitbürger. Natürlich konnte er es nicht allen recht machen, und so gab es einen Rest Abweichler, die nach dem Umsturz darüber beratschlagten, wie man den Bauernhof des verhafteten Bürgermeisters unter der Dorfgemeinschaft wohl am besten aufteilt! Dazu kam es glücklicherweise nicht. Was eine Erklärung der Eltern – die Vergangenheit betreffend – anlangt, muss ich leider passen bzw. vielleicht fand es auch nicht statt. Auf Grund der vielfältigen Geschehnisse war ich schon sehr bald fähig, mir selbst aus allem einen Reim zu machen ... Ich möchte nochmals auf Ihre Frage eingehen, wie wohl die Eltern diese NS-Zeit und ihr eigenes Verhalten beurteilt haben. So viel ich mich erinnere, hatten sie sich nichts vorzuwerfen. Mein Vater hat im Gegensatz zu manch anderem Ortsgruppenleiter niemand denunziert – trotzdem ihm manches zu Ohren kam, was eigentlich nicht zu seiner NS-Zeit gepasst hat. So gesehen hätte es eigentlich keine Entnazifizierung (*für ihn*) geben dürfen, aber die Besatzungsmacht hat alle in einen Topf gesteckt.«

An diesem Bericht ist verschiedenes bemerkenswert: Der Vater wusste von den Gräueltaten im Konzentrationslager Mauthausen aus erster Hand, rückte wohl innerlich vom Nationalsozialismus ab, ohne jedoch sein Amt aufzugeben. Was sich im KZ Dachau abspielte, war auch Anni wohlbekannt. Als das Ende nahte, wurden die »Utensilien« aus »Hitlers Reich« sang- und klanglos im Moor versenkt[36] und damit offenbar die gesamte Verwicklung in seine Geschichte, von der die Tochter wohl keine ganz korrekte Vorstellung überliefert bekam. Sehr dubios ist die Erzählung von der Nächtigung der Häftlinge aus dem KZ Dachau. Auf meine Nachfrage schrieb sie mir am 6.4.2003:

»Zu den Häftlingen aus Dachau weiß ich noch, wie sie aussahen: verhärmt, ausgemergelt, ängstlich, schlecht gekleidet. Es machte mich sehr traurig in der Hoffnung, dass sie gut in der Schweiz ankommen werden!! Was mir jetzt erst so richtig bewusst wird: Dieser Konvoi fuhr ja auf Schleichwegen durch die abgelegenen Dörfer, denn die normale Trasse wäre München, Buchloe, Kaufbeuren, Kempten, Lindau, Schweiz gewesen. Dies geschah wohl auch als Schutz vor den feindlichen Tieffliegern, die in diesen letzten Apriltagen bereits operierten und auf alles losballerten, was sich auf den größeren Straßen noch bewegte. An eine besondere Erklärung dazu seitens der Eltern kann ich mich nicht erinnern – gab es auch nicht. Ich war ja bereits im 16. Lebensjahr und hatte im Laufe der vorausgegangenen Kriegsjahre schon manches ohne große Erklärung mitbekommen. Im Gegensatz zu Mauthausen wusste man schon sehr bald, was Dachau bedeutete. Meine Eltern waren froh, dass sie die Häftlinge so diskret wie möglich auf den großen, fast ausgeräumten Heuböden sowohl Parterre als auch im ersten Stock für eine Nacht unterbringen konnten. Bei der Verteilung von warmer Milch und Brot aus eigener Erzeugung musste ich mithelfen. Die erforderlichen Teller und Tassen waren aus der früheren Gastwirtschaft zum Glück noch vorhanden.«

An diesem Bericht ist manches unklar. Zur Auflösung des Lagers Dachau ist in der Enzyklopädie des Nationalsozialismus nachzulesen:

»Am 26. April 1945 wurden in Dachau 67.665 Gefangene registriert, darunter 22.100 Juden; an diesem Tag wurden über 7.000 von ihnen gezwungen, unter Bewachung der SS nach Süden zu marschieren. Während des Marsches wurden alle erschossen, die nicht mehr weitergehen konnten, viele starben an Hunger, Kälte oder Erschöpfung. Anfang Mai 1945 wurden die einzelnen Marschkolonnen von amerikanischen Truppen übernommen. Nach dem Krieg wurde bekannt, dass es Pläne gegeben hatte, alle Häftlinge durch Bomben und Gas zu ermorden.«[37]

Bei dem angeblichen Transport in die Schweiz handelte es sich also nicht um einen humanitären Akt der deutschen KZ-Verwaltung, sondern um einen ziellosen Todesmarsch »nach Süden«. Anni erinnert sich nicht, wer es war, der angerufen und um Unterbringung angefragt hat. Wahrscheinlich war es die SS; vielleicht (und dafür spräche die Zeitangabe »letzte Kriegstage«) hatten aber schon die Amerikaner diesen Teil der Häftlinge befreit und wollten ihnen noch für eine Nacht ein Quartier beschaffen. Die Eltern haben sich über diese Zusammenhänge ausgeschwiegen, möglicherweise haben sie diese selber nicht voll durchschaut. Dass es nicht ganz mit rechten Dingen zuging, wird aus der Bemühung um Diskretion deutlich. An eine Aufarbeitung kann sich Anni nicht erinnern, eine politische Aufklärung bekam sie nicht im Elternhaus. Sie meint aber, dass die Eltern auch keine gebraucht haben, weil sie sich ihrer Ansicht nach nichts haben zuschulden kommen lassen. Das Amt ihres Vaters lastet sie ihm nicht an. Der Cousin, der bei der Leibstandarte Adolf Hitler war, konnte nahtlos seine Karriere fortsetzen, auch das wird nicht kritisiert.

Dass in der Bevölkerung, besonders in den Familien von Funktionsträgern, vieles von den Untaten des Regimes bekannt war, zeigt die Geschichte von Anni S. Diese Spur werden wir im nächsten Kapitel wieder aufnehmen. Es gibt aber im Verhältnis zu den Eltern, besonders zum Vater, noch andere dunkle, belastende Geheimnisse, die sich aus der Sicht der Kinder so formulieren lassen: »Mein Vater muss **Schlimmes gemacht, mitgemacht oder gesehen** haben, auch als Soldat oder Offizier, das vermute ich, aber ich weiß nichts Genaues darüber. Einiges habe ich auch erst viel später erfahren.« Manche legen sich ihre eigene Version zurecht.

Elisabeth W. (1937): »Mit Fronterlebnissen meines Vaters wurde ich nicht direkt konfrontiert. Unser Vater war ein stiller, introvertierter Mensch, der über persönliche Erlebnisse fast nie gesprochen hat. Aber er muss an der Front in Russland Entsetzliches miterlebt haben, das ihn nach der Rückkehr aus Krieg und Gefangenschaft noch verschlossener werden ließ. Mein jüngerer Bruder hat durch Recherchieren und Stöbern in entsprechenden Archiven in Berlin herausgefunden, dass unser Vater zwangsweise zumindest zum Beobachter und Mitwisser bei der Erschießung Zehntausender in Babij Yar[38] gemacht worden war. Diese unsagbaren Grausamkeiten miterleben zu müssen, konnte nicht ohne wesensverändernde Spuren an ihm vorbeigegangen sein.«

Eine meiner Gesprächspartnerinnen erzählte mir nach Abschalten des Kassettengerätes von einem Gespräch, das ihre Cousine bei einem Besuch zwischen den Eltern der Gesprächspartnerin belauscht hat: Der Vater habe von einem Partisaneneinsatz in den Pripjetsümpfen erzählt, bei dem die ganze Dorfbevölkerung in die Kirche getrieben und die Kirche angezündet wurde. Sie, eine gestandene Frau, weinte, als sie mir das erzählte. Nach der Rolle des Vaters bei diesem Einsatz habe ich nicht mehr gefragt. Wahrscheinlich hat sie auch nichts Genaueres gewusst.

Melanie M. (1935): »Mein Vater ist unmittelbar nach seiner Entlassung aus russischer Gefangenschaft (*nicht Kriegsgefangenschaft!*) auf der Suche nach uns in unserem Berliner Haus von der deutschen Polizei verhaftet worden, ohne uns wiedergesehen zu haben, weil wir Landarbeiter auf Rügen waren. Das war im August 45. Er wurde umgehend den Amerikanern übergeben, war an verschiedenen Orten inhaftiert, u. a. in Nürnberg und 1947/48 im deutschen Lager Ludwigsburg. Er wurde zu 2 ¾ Jahren Arbeitslager verurteilt und die Internierungshaft dabei angerechnet. Ihm wurde zur Last gelegt, durch seine Tätigkeit für den Reichsnährstand (als Reichslandwirtschaftsrat) im Ost-Ministerium des Reichsnährstandes in Kiew (Ukraine) als Zivilist die ›NS-Gewaltherrschaft‹ gefördert zu haben. Ich muss gestehen, dass ich diese Einzelheiten auch erst seit kurzem weiß, seit mein Schwager alte Schriftstücke hergegeben hat, von denen ich nichts wusste! Uns Kindern wurde nichts von Arbeitslager erzählt, sondern erklärt, der Vater sei als Zeuge bei den Nürnberger Prozessen gegen Darré[39] und Backe aufgetreten. Am 3.Oktober 1948 kam er in unser Flüchtlingsmilieu zurück.«

Detlef N. (1928): »Im Mai 1944 verschwand Vater für sechs Wochen : ›Dienstlich unterwegs‹ oder eine ähnliche dubiose Antwort erhielt ich auf meine Fragen, und als er wiederkam, war ich sehr erschrocken ob der Veränderung, die mit ihm vorgegangen war. Schweigsam und ernst ging er durchs Haus und zog sich, wann immer er konnte, in sein Zimmer zurück. Alles Fragen half nichts, eine plausible Erklärung über seine Abwesenheit und sein verändertes Verhalten war nicht zu bekommen. Besonders auffällig waren seine politischen Meinungsäußerungen. War er vor seiner Abwesenheit verbal stets ein Anhänger des NS-Regimes gewesen, so stellte ich jetzt eindeutig eine Distanzierung fest. Nur Schweigen war sein Kommentar zu meinen Treuekundgebungen dem ›Führer‹ gegenüber.

Erst Monate später, kurz vor dem Ende, erfuhr ich die Ursache: Vater war für sechs Wochen als ›Lagerarzt‹ im KZ Sachsenhausen eingesetzt worden und hatte dort Dinge gesehen und erlebt, die seine positive Grundeinstellung zum National-Sozialismus nicht nur ins Wanken brachten, sondern ins Gegenteil verkehrten. Heute kann ich diesen Wandel voll verstehen, liegen mir doch immer noch seine Worte ›Ehrlich, anständig und korrekt‹ zu sein, in den Ohren. Diese Tugenden und dazu die Ausbildung zur Fähigkeit, das Leben zu meistern, tüchtig zu sein, bildeten die Maxime seiner Erziehung.«

Am 10. Mai 1945 nahmen sich die Eltern das Leben.

Heinrich B. (1939) erlebte seinen Vater während der Kriegszeit und in der unmittelbaren Nachkriegszeit immer nur sporadisch. Der Vater war Ungarndeutscher, sein Geburtsort wurde aber nach dem Ersten Weltkrieg jugoslawisch. Er weigerte sich, den jugoslawischen Militärdienst abzuleisten, und kam als Staatenloser nach Wien. Dort studierte er Medizin Er wurde schon im Herbst 1945 von den Russen geschnappt und immer wieder eingesperrt.

»Ich war so um die 10 Jahre alt. Mein Vater, er war Arzt, war immer wieder in Schutzhaft, so sagte man. Wenn er zu Hause war, arbeitete er nicht als Arzt, sondern einmal in einer Schokoladenfabrik, dann wieder als Türabdichter. Er nähte Aktentaschen und fertigte allerlei Gebrauchsgegenstände an. Dass mein Vater mit seiner Vergangenheit seinen Beruf als Arzt nicht mehr ausüben durfte, erfuhr ich erst viel später ... Die Fragen, wer nun der Vater wirklich war, lebten immer wieder auf ... Aber erst als meine Mutter 1996 starb, forschte ich und fand viel heraus ... Vater war in der Studentenverbindung Teutonia. In dieser Zeit baute sich der Nationalsozialismus auf, und die Studentenverbindung Teutonia war dabei in der rechtsradikalen Szene zu finden. Die Arbeitslosigkeit griff um sich. Entsprechend war mein Vater auch bei den politischen Studentenaktionen beteiligt. Dass er viele Mensuren geschlagen hat, war Ehrensache.

Als er sein Studium beendet hatte, bekam er keine Stelle. Dabei spielte seine fehlende Staatsbürgerschaft eine wesentliche Rolle. Man riet ihm, zur Partei zu gehen. Das tat er, und sofort hatte er eine ansehnliche Anstellung als Arzt im Krankenhaus Wiener Neustadt. Nun habe ich da eine dunkle Stelle, die ich mir nur so aus meinen bruchstückhaften Informationen zusammenreime. Er war nicht nur ein einfaches NSDAP-Parteimitglied, er war Arzt bei der SS, was immer das auch heißen mag. Er soll bei (*Menschen*)versuchen mitgewirkt haben oder zumindest davon gewusst haben, hieß es. Das war auch der Grund für die sich immer wiederholenden Verhöre und die Schutzhaften zu späteren Zeiten. Aber auch dafür habe ich keine Belege.«

Er war nach den Gefängnisaufenthalten sehr krank. 1956 nahm er sich das Leben.

Irmtraud T. (1935) schreibt in ihren Erinnerungen: »Im Jahr 1942 wurde mein Vater mit dem I. Polizeibataillon in das besetzte Polen verlegt und im Raum Warschau eingesetzt. Dabei konnte er mit Abscheu die Maßnahmen der SS gegen die Juden im Warschauer Getto beobachten. In seinem Brief vom 7. Dezember 1942 schrieb er uns: ›Wenn ich Euch doch bloß wieder gesprochen hätte, damit ihr wisst, wie es hier zugeht und was hier los ist.« Auf meine Nachfrage schrieb sie mir am 27.11.2001: »Seine Tätigkeit als zum Dienst bei der Polizei Eingezogener in Warschau erstreckte sich auf den Ordnungsbereich außerhalb des von einer hohen Mauer eingegrenzten Gettos, evtl. Kontrollbereiche an den Eingängen. An irgendwelchen Maßnahmen gegen Juden war er glücklicherweise nicht beteiligt.« In dem von ihr erwähnten Brief schreibt der Vater aber: »Die Arbeit im (sic!) Getto soll bis ca. März dauern, wenn nicht noch länger.«

Anneliese M. (1933): »Nach Kriegsende kam Vater wohl schon im Juni aus den Niederlanden heim. Er war schon 1932 in die Partei eingetreten, worauf die Familie lange stolz war. In Bad Lauchstädt war er Blockwart, aber in Berlin Zellenleiter. Jahrzehnte lang mussten wir bei unseren Lebensläufen die kurze Zeit in Berlin fortlassen und verschweigen. Wie bei vielen meiner Klassenkameradinnen verlor Vater nach Kriegsende sofort seine Anstellung. Er fuhr Asche im Ort und wurde daraufhin von vielen nicht mehr gegrüßt. Dann bekam er in einer Gärtnerei eine Anstellung als Arbeiter. Es muss eine schlimme Zeit für die Eltern gewesen sein. Wir mussten aus unserer schönen Wohnung ausziehen und kampierten in Lagerräumen eines Lebensmittelgeschäftes … Von den Niederlanden hatte uns Vater einen Brief geschrieben, in dem er mitteilte, dass er nach seiner Rückkehr aus der Partei austreten würde. Er hätte Schreckliches gehört und gesehen. Aus Angst verbrannte Mutti den Brief im Herd. Ich war dabei … Nach dem Krieg war die Betroffenheit der Bevölkerung sehr groß, als das wahre Geschehen in den KZ bekannt wurde. Von den Qualen und Leichenbergen wusste kaum einer. Irgendwann wurde Vater entnazifiziert, wieder gesellschaftsfähig gemacht, wie es hieß. Unter der Decke blieb die Angst.«

»Die Geheimnistuerei einer ganzen Generation« geht Katrin L. (1941) bis heute nach. Immer noch versucht sie, mehr Licht in das Dunkel zu bringen. Wahrscheinlich, aber das konnte nicht völlig geklärt werden, ist sie in einem Lebensbornheim geboren worden. Ihr leiblicher Vater war wohl ihr angeheirateter Onkel, ein SS-Mann, der Kriegsberichterstatter in Berlin war und sie öfter besuchte, während ihr »Namensvater« im Krieg war. Sie nannte ihren Onkel immer »mein schwarzer Vati« wegen der schwarzen Uniform. Sie hat dann einen zwanzig Jahre älteren Mann geheiratet, der auch in der SS und von seiner ersten Frau geschieden war. Er war grausam zu ihr und den drei Kindern, wurde Alkoholiker und ist schließlich in der Psychiatrie gestorben. Ihre Töchter wussten von einer Halbschwester aus seiner ersten Ehe und haben bei der ersten Frau danach gefragt. Von dieser Frau erfuhren sie, dass dieser SS-Mann, also ihr eigener Vater, bei der Judenvernichtung mitgewirkt hat. Es kommt noch ein ganzes Geflecht von unheilvollen Familienbeziehungen hinzu. Katrin L. versucht, mit Hilfe einer Psychoanalytikerin alles aufzuklären. Sie sagte: »Je mehr ich mich den Tatsachen nähere, umso mehr Befreiung erlebe ich irgendwie doch.«

Mit diesen letzten Berichten haben wir die Grenze zu den **»Täter«-Kindern** bereits überschritten. Wer ist überhaupt ein »Täter«? Man greift zu kurz, wenn man dabei nur an die Exekutoren und Profiteure der Judenverfolgung und -vernichtung denkt. Ist nicht jeder, der nicht Widerstand geleistet hat und irgendwie daran beteiligt war, dass dieses Regime funktionieren konnte, ein Täter? Wie soll man den Lehrer nennen, der die Schüler mit »wissenschaftlicher Autorität« von der Ideologie überzeugte und sie letztlich für den »Heldentod« in diesem Krieg konditionierte? Wie den freundlichen Nachbarn, der seinen Nachbarn denunzierte, weil er »Feindsender« hörte oder sich »defätistisch« äußerte? Wie den Polizisten und den Richter, der solche »Volksfeinde« verhaftete und verurteilte? Wie den Ingenieur und Techniker, der die Waffen für diesen Krieg erfand und konstruierte? Wie den Mediziner, der Sterilisationen an »Geistesschwachen« oder »Asozialen« vornahm? Wie den Betriebsleiter, Handwerker und Bauern, der ganz selbstverständlich Zwangsarbeiter beschäftigte und ausnützte? Wie die Offiziere und Soldaten der Wehrmacht, die den Krieg mit allen Mitteln und bis zum bitteren Ende führten? Dennoch gibt es Grade der Täterschaft und der Verantwortlichkeit. An die Kinder der »großen Täter« bin ich nicht herangekommen.[40] Zwei Beispiele aus der mittleren bis höheren Ebene sollen verdeutlichen, wie verschwommen das Bild ist, das sich aus den Erzählungen der Kinder gewinnen lässt, und wie schwer es auch bei diesen »mittleren Tätern« ist, zu einer eindeutigen Charakterisierung und Beurteilung zu kommen.[41]

Rita W. (1929) schickte mir 2005 ihre erst kurz zuvor abgefasste Biographie. Auf 152 maschinenschriftlichen Seiten ist verstreut und in immer neuen Zusammenhängen die Rede von ihrem Vater. Ich stelle in der Reihenfolge der Erwähnungen zusammen, was wir von ihm erfahren. Längere Passagen fasse ich zusammen:

»Mein Vater war in eine Firma für Elektrogeräte in Hamburg eingestiegen … Er fuhr 1930 noch einmal nach Amerika, um dort die Marktlage zu erkunden. Er brachte ein Patent mit, den Büchsenöffner in Fliegenform, den es heute noch gibt. Meine Erinnerungen aus späteren Erzählungen gehen dahin, dass ihm das Patent auf der Rückfahrt mit dem Schiff gestohlen wurde … Die Firma meines Vaters hatte wohl keine Chance. Sie wurde aufgelöst. Es ging in die schwere Zeit der Arbeitslosigkeit in Deutschland hinein … Meine Eltern gingen 1931 zurück nach Berlin … Ende 1933 begann der Bau der Reichsautobahnen in Stettin. Mein Vater wurde Referent für soziale Betreuung und Unterkunftswesen. Er war ein Organisationstalent der ersten Klasse. Die vor allem soziale Komponente war sein Leben. Es ging aufwärts … Es war eine schöne Gegend in Berlin-Karlshorst, in der wir wohnten. Bald nach den Häusern begann der Wald, genannt die Wuhlheide … Da mein Vater viel auf den Autobahnstellen in Deutschland unterwegs war, kam er oft wochenlang nicht nach Hause … Im Winter 1942 wurde mein Vater nach Riga versetzt. Er sollte dort für das Reichskommissariat Ostland arbeiten. Meine Mutter und wir Kinder gingen mit … Ich erinnere mich an eine lange, lange beschwerliche Autofahrt. Es war alles so fürchterlich fremd. Wenn eine Pause eingelegt wurde, dann war es irgendwie immer unheimlich für uns Kinder. Nach tagelanger Fahrt kamen wir in Riga an …

Es war eine dunkle Zeit in Riga, natürlich auch langweilig für uns Kinder. Als der Sommer kam, wurde alles anders und wunderschön. Es ging ans Meer! Die Sommerresidenzen der betuchten Letten lagen direkt am Meer. Dzintari – so hieß der Badeort, an den wir nun fuhren. Dort hatten wir ein kleines Holzhaus mit großer, verglaster Veranda … Dort waren wir den ganzen Sommer. In meiner Erinnerung waren wir dort total isoliert. Die lettischen Familien mieden jeden Kontakt zu uns. Mein Vater arbeitete in Riga in der deutschen Verwaltung … Er kam abends von Riga mit dem Zug gefahren. Nur dann und gegen Abend durften wir im Meer mit ihm baden gehen. Wir machten endlose, einsame Spaziergänge am Meer, ohne Menschen zu begegnen. Es war eine eigenartige Stimmung oft, die wir Kinder überhaupt nicht deuten konnten, die uns auch oft sehr fremd und unheimlich war.

Als der Sommer dem Ende zuging, fuhren wir wieder nach Riga. Es war wieder die alte Wohnung. Auch da wurde mit Holz geheizt. Sicher hatten wir nicht viel Holz, und meine Eltern erinnerten sich, dass in Dzintari noch Holz war. Mit einem großen Koffer schickten sie uns Kinder (*ihre Schwester und sie*) mit dem Zug zurück nach Dzintari, um das Holz zu holen. Der Weg durch den Wald zum Sommerhaus war ziemlich weit. Das war auch kein Problem mit dem leeren Koffer. Der Weg mit dem schweren, holzgefüllten Koffer zum Bahnhof zurück dagegen eine Katastrophe.

Wir kamen nicht voran. Es wurde dunkel, viele Züge gingen nicht, unsere Angst wuchs, dass wir den Zug verpassen. Wir weinten und waren völlig aufgelöst. Ein paar lettische Leute, die an uns vorbeigingen, kümmerten sich spürbar bewusst nicht um uns. Wir deutschen Kinder waren einfach nicht willkommen.«

Sie kommen dann schließlich doch noch wohlbehalten nach Hause.

»Die Zeit in Lettland war wie eine Verschnaufpause. Keine Fliegerangriffe, keine Not um Lebensmittel, kein Dauerstress mit all den täglichen Dingen, keine schlaflosen Nächte. Nur eben vieles sehr fremd und unheimlich. Irgendetwas muss dann geschehen sein! Ganz plötzlich musste mein Vater wieder zurück nach Berlin. Wir denken, er kam mit den Verhältnissen dort nicht klar. Jedenfalls wurden wir Kinder wieder alleine mit dem Zug nach Berlin zurückgeschickt. Unsere Großeltern holten uns am Bahnhof in Berlin ab … Mit uns Kindern wurde über Krieg und seine Auswirkungen nicht geredet. Wir spürten nur die gravierenden Veränderungen, die wachsende Angst, vor allem bei unserer Mutter.

1945 hat der Vater in Legefeld bei Weimar ein Zentrallager aufgebaut mit allen nötigen Teilen für Holzhäuser. Diese kleinen Häuser konnten in kürzester Zeit in den bombengeschädigten Städten aufgebaut werden. Dort kamen die Menschen unter, die ihr Hab und Gut – ihre Häuser – verloren hatten. Mein Vater tat das natürlich im Auftrag der Regierung. Er beschäftigte viele Leute, auch Weißrussen, die vor den Russen geflüchtet waren.«

Sie schildert dann den Einzug der Amerikaner in Weimar.

»Das Geräusch der Panzerketten ist mir in manchen Lebenssituationen immer wieder präsent … Gleichzeitig sah man, wie vom Berg gegenüber Tausende von Menschen herunterkamen auf Weimar zu in blau-weiß gestreiften Anzügen! Für uns Kinder, die nichts von Buchenwald wussten, ein unheimliches, unfassliches Bild … Unsere ganz private größte Angst galt dem Vater! … Mein Vater wurde etwa eine Woche nach Kriegsende abgeholt, wie viele andere Männer auch! Sie wurden nach Buchenwald gebracht und mussten sich dort die unfasslichen Gräuel anschauen. Sie wurden zu Arbeiten gezwungen, z. B. Leichengruben ausheben! Nie hat mein Vater darüber geredet …«

Ihr Vater und sie versuchten, mit Fahrrädern in den Schwarzwald zu kommen zu Verwandten des Vaters.

»Mein Vater war – in meiner Erinnerung – von großer Nervosität. Er wollte schnell erkunden, wie es im Schwarzwald aussah, um dann zurückzufahren, um meine Mutter und Schwester zu holen … Ein einschneidendes Erlebnis hatten wir! Wir kamen durch eine Stadt – welche, weiß ich leider nicht mehr – und sahen an einer Litfasssäule Bilder, viele Bilder, mit Menschen, die gesucht wurden! Es war der Anfang der Verfolgung der Nazis. Mein Vater war Parteigenosse seit 1927! Sein Bild war auch auf diesem Plakat! Ich glaube, da begriff ich plötzlich, in welcher Situation wir waren! Ich war meinem Vater nie so nah wie damals.«

Der Vater konnte zunächst auf einem Bauernhof im Württembergischen untertauchen. Die Familie gelangte schließlich auch dorthin.

Ausführlich schildert Rita W. ihre Berufslaufbahn bis 1952. »Bei meinen Eltern ging es langsam aufwärts. Mein Vater hatte mit Hilfe eines guten Freundes eine Möglichkeit, eine kleine Firma aufzubauen.« Nach vielen Seiten, auf denen sie ihr privates Leben schildert:

»Dann starb mein Vater im Sommer 1976. Das war für mich der Moment, wo die Uhren stehen blieben … Nie in meinem langen Leben ist mir wieder ein Mann wie mein Vater begegnet. Seine Ausstrahlung, seine Wärme, seine Begeisterungsfähigkeit, seine unglaublich große Lebenserfahrung, seine große Disziplin und sein ›Nieaufgeben‹. Bis ins hohe Alter war er ein aufrechter Mann, es ging ein Strahlen von ihm aus, das nicht nur ich als Tochter, sondern viele Menschen spürten. Es war sein Glaube, der ihn leitete und führte und ihn innerlich ruhig und sicher werden ließ. Das war sehr, sehr spürbar, besonders im Alter.«

Nach mehr als 30 Seiten kommt sie nochmals auf ihren Vater zu sprechen. Sie schildert seine Herkunft aus einem sehr christlichen Elternhaus als achtes Kind von 13 Kindern, seinen Werdegang, seine kaufmännische Ausbildung, seine vielen Reisen. »1914 zog er als Kriegsfreiwilliger im Infanterie-Regiment 121 in den Ersten Weltkrieg. 1916 wurde er schwer verwundet und kam mit mehreren Lungendurchschüssen in ein Heimatlazarett. Nie hat man später von dieser Verwundung mehr etwas gemerkt, er wurde wieder ein kerngesunder Mann.« Er arbeitete dann bei der Reichsbahninspektion. Nach dem Tod seiner ersten Frau bereiste er wieder viele Länder Lateinamerikas, hatte viele Erfolge. »Er war in seinen besten Jahren, Anfang 30, groß, blond mit blauen Augen – ich denke, damals gehörte ihm die Welt.« Er heiratete zum zweiten Mal, nämlich Ritas Mutter. Von seinem Eintritt in die NSDAP und seiner Beschäftigung beim Autobahnbau war schon vorher die Rede. Wir erfahren nun Genaueres:

»Mein Vater hatte das große Glück, von Anfang an dabei zu sein. Er war verantwortlich für die soziale Betreuung von Tausenden von Arbeitern. Es war damals eine große Aufbaustimmung. Die unendlich vielen Arbeitslosen fanden Arbeit und damit wieder Hoffnung für ihre Zukunft … Mein Vater hatte sein Büro mit vielen Angestellten in Berlin in der Friedrichstraße. Es war die Aufgabe seines Lebens – weit entfernt von irgendwelchen politischen Motiven. Er wurde zum Generaldirektor des deutschen Autobahnwesens ernannt. Ein Organisationstalent wie ihn machte die riesengroße Verantwortung, die er hatte, sehr glücklich.

Er hatte damals natürlich viele Kontakte zu den obersten Etagen. Dr. Todt – Vater der Autobahn, wie man ihn nannte, war sein Chef. Er wurde auch sein Freund … Nie war mein Vater ein Mensch, der sich aus allem raushielt, dafür war er auch viel zu aktiv, zu emotionsvoll, zu begeisterungsfähig. Er trat 1931 in die NSDAP ein (*vorher allerdings gab sie 1927 an*). Bis dahin war er ein unpolitischer Mann. Das Glaubenwollen, dass es in Deutschland wieder aufwärts gehen würde, war sicher der Motor. Wenn ich seinen Lebenslauf lese, aus der damaligen Zeit des Dritten Reiches, wird mir schon auch klar, dass er auch in diesen Strudel geriet und sicher in gutem Glauben war und vieles nicht rechtzeitig durchblickte! Bis 1942 war er in der obersten Bauleitung der Reichsautobahnen. Dann baute er den Westwall mit auf, dann ging er als Reichskommissar nach Riga in Lettland. Er war nirgends nur ein ›Mitläufer‹. Er war mit Leib und Seele dabei, so wie es seinem Naturell entsprach. Ich weiß, dass es in diesen Kriegsjahren viel Druck von seinen schwäbischen Geschwistern gab, dass es große Auseinandersetzungen gab, wenn wir im Schwarzwald waren. Es wurde nicht vor uns Kindern ausgetragen – aber man hörte und spürte es. Die Geschwister waren total gegen Hitler und seine Machenschaften.«

Sie schreibt, dass ihr Vater sich 1947 der amerikanischen Besatzungsmacht stellte.

»Er wurde als Nationalsozialist ins Internierungslager nach Ludwigsburg gebracht. Es begann eine schwere Zeit, vor allem auch für meine Mutter. Sie arbeitete im Rathaus in G. als Schreibkraft. Sie bekam keine Unterstützung. Es begann eine Zeit, in der Beweise zu beschaffen waren, dass seine Arbeit im Dritten Reich zwar ein sehr gewichtiger Beitrag war, er aber keine Schuld im Sinne des Völkermordes hatte. Viele Menschen, auch Juden, bezeugten dies alles. Von überall wurde ihm bestätigt, dass er politisch Verfolgten half. Bei einem der Prozesse meines Vaters war ich dabei. Es war für mich als ganz junger Mensch entsetzlich, es mitzuerleben. In einem großen Saal in Ludwigsburg saß mein Vater in der Mitte des Saales auf einem Schemel, um ihn herum Staatsanwälte, Richter usw. Zeugen und Angehörige saßen hinter ihm. Er hatte keine Chance sich zu verteidigen, der Staatsanwalt schrie ihn so nieder, und ich wurde herausgeführt, weil ich mit Heulen nicht aufhören konnte. Es war entsetzlich für mich. Diesen Vater, dem man immer viel Respekt entgegenbrachte, an dem man nie gezweifelt hatte, der der absolute Wegweiser war, so zu sehen, zu erleben, wie er eigentlich hilflos dasaß, ohne jede Chance ...«

Wie es mit den Eltern wieder aufwärts ging, haben wir schon gehört. Ihr Vater erhielt schließlich eine »sehr hohe Pension«, wie sie sagt, mit der er vielen Menschen helfen konnte.

Das Manuskript lässt viele wichtige Fragen offen. In einem Brief, in dem ich mich für die Zusendung bedankte und anerkennende Worte für die Lebensleistung dieser Frau fand, schrieb ich ihr:

»Sie können sich denken, dass mich die Gestalt Ihres Vaters sehr beschäftigt. Sie sind voller Liebe und Hochachtung, er war sicher ein wunderbarer Mensch für Sie, und ich kann und will an Ihrem persönlichen Bild von ihm nicht rütteln. Dennoch ist es für mich rätselhaft, wie jemand so hochanständig und dazu noch gläubig sein und dennoch ein solch überzeugter und hochrangiger Nationalsozialist sein konnte. Sicher wissen Sie, dass Fritz Todt einer der treuesten Paladine Hitlers war, nicht nur beim Autobahnbau, sondern im Krieg bis zu seinem Tod 1942 für die gesamte Kriegswirtschaft zuständig. Es wurden Hunderttausende von Zwangsarbeitern und KZ-Häftlingen durch diese Organisation beschäftigt. Und die Arbeit Ihres Vaters in Riga im Reichskommissariat Ostland musste ihn ja unweigerlich mit den furchtbaren Ausrottungsaktionen dort in Berührung bringen. Hat es Sie nicht auch beschäftigt, wie ein Mensch das aushalten konnte? Ihre Eltern haben das selbstverständlich nicht vor oder gar mit den Kindern besprochen, aber von der Unsicherheit und Unruhe haben Sie etwas mitgekriegt, das schreiben Sie selbst.

Sie waren bei einer Vernehmung Ihres Vaters dabei, und es hat Sie schrecklich mitgenommen, das kann ich mir gut vorstellen. Damals waren Sie doch schon erwachsen. Haben Sie nie weiter nachgefragt: Was wurde ihm konkret zur Last gelegt? Wie lautete das Urteil bzw. wie war seine Einstufung? Was hat er selbst dazu gesagt? …

Es liegt mir ganz fern, Sie mit inquisitorischen Fragen zu belästigen oder gar zu belasten. Aber es liegt mir als Historikerin sehr daran, genau zu sein, vor allem aber, das einfache Raster aufzubrechen: Die Nazis waren alle böse, alle Widerständler waren gut – und dazwischen gibt es nichts. Gerade die sehr komplizierten »Dazwischen«, diese nicht einfach einzuordnenden Menschen und die sehr komplizierten Fragen nach Schuld und Verantwortung, nach persönlicher Anständigkeit und politischer Verquickung in verbrecherische Machenschaften können unser Bild davon, ›wie es wirklich gewesen ist‹, etwas schärfer zeichnen. Wenn Sie mir mit dazu verhelfen könnten, wäre das schön.«

Auf diesen Brief vom 15. September 2005 habe ich bis jetzt keine Antwort bekommen.

Reinhard R. (1932) beschäftigt sich noch heute viel mit seinem Vater. Er schickte mir 2005 einen Ausdruck aus dem *Trierer biographischen Lexikon* (Trier, Wissenschaftlicher Verlag, 2000, S. 375 f.):

»Röder, Alexander, Bibliotheksdirektor – geboren 23. September 1902 in Oppenheim (Rhein), gestorben am 4. November 1979 in Michelstadt (Odenwald) … Nach Besuch des Realgymnasiums in Mainz studierte R. 1921–1926 in Gießen und Erlangen Kunstgeschichte, Geschichte, Philologie und evangelische Theologie. 1926–27 war R. mit der Errichtung des Oppenheimer St. Katharinen-Museums beauftragt; zugleich war er dort bis 1932 (ohne Fachausbildung) städtischer Archivar. 1932 promovierte R. in Erlangen mit einer kunstgeschichtlichen Arbeit. R. war als Student der völkischen Jugendbewegung beigetreten, 1923–1929 Mitglied des Bundes ›Oberland‹, 1924 Beitritt zur deutschen Arbeiterpartei e. V. Nürnberg, die in die Nationalsozialistische Freiheitspartei übergeleitet wurde. 1930 trat R. in die NSDAP ein. Seit

1930 war er als politischer Leiter bis hin zum stellvertretenden Kreisleiter und Gaupresseamtsleiter für Hessen-Darmstadt tätig. Wegen Fortführung der verbotenen hessischen NS-Gauorgane wurde er 1932 zu drei Monaten Gefängnis verurteilt. Nach der ›Machtergreifung‹ machte R. trotzdem keine politische Karriere. 1933 wurde er Schriftleiter der Oberhessischen Tageszeitung (Gießen). Innerlich betroffen von den ungesetzlichen Handlungen beim ›Röhm-Putsch‹ 1934 wurde R. Hilfsbibliothekar an der Universitätsbibliothek Gießen und 1935 … Leiter der Stadtbibliothek und des Stadtarchivs Trier. 1938 wurde er zum Direktor ernannt … 1936 war der Verkauf des unvollständigen 2. Exemplars der Gutenbergbibel zugunsten eines Neubaus der Stadtbibliothek erfolgt. 1939–1940 gab R. ein wissenschaftliches Trierer Jahrbuch unter dem Titel ›Trier und das Reich‹ heraus … Von Januar bis Juni 1938 wurde R. als kommissarischer Gaustudentenführer des Gaues Koblenz-Trier eingesetzt. Nach den Ausschreitungen des Novemberpogroms 1938 war R. verzweifelt; er versteckte die Thorarolle von 1732 aus der Synagoge im Bibliotheksgebäude und ließ sie dann ins Bistumsarchiv bringen. Nach der Besetzung des Großherzogtums Luxemburg wurde R. Referent für das luxemburgische Büchereiwesen beim ›Chef der Civilverwaltung‹ und 1943 zum kommissarischen Leiter der Landesbibliothek Luxemburg (der heutigen Nationalbibliothek) ernannt. Nach der Schließung der Abtei St. Matthias und des Priesterseminargebäudes Rudolfinum erreichte R., dass deren Bibliotheken nicht aus Trier fortgebracht wurden, sondern der Verwaltung der Stadtbibliothek übergeben wurden. – Nach dem Kriege konnte R. wegen seines Auftretens als Nationalsozialist nicht nach Trier zurückkehren (obwohl ihm kein Vergehen zur Last gelegt wurde). Er betreute 1950–1956 die Schlossbibliothek und das Hofarchiv der Grafen von Erbach in Fürstenau bei Michelstadt und war vielseitig für die Geschichte des Odenwaldes tätig, so dass er den Ehrenbrief des Landes Hessen erhielt.«

Woran erinnert sich der Sohn heute, wenn er an seinen Vater und dessen Rolle in der NSDAP zurückdenkt? Ich bat ihn um eine kurze Zusammenfassung:

»Von der politischen Tätigkeit meines Vaters habe ich nicht allzu viel mitbekommen. Ich bin bei der Beurteilung meines Vaters in weitaus überwiegendem Maße auf die Aussagen anderer angewiesen. Er war in politischer Funktion als Gauredner tätig. Seine Aufgabe bestand darin, auf Anweisung des Gauleiters im Gau Moselland an verschiedenen Orten zu einem bestimmten Zeitpunkt Reden über ein bestimmtes Thema zu halten. Das, was er sagte, ist leider nicht überliefert. Mich hat das damals überhaupt nicht interessiert, da ich meine eigenen Probleme in der Schule und später auch beim Jungvolk hatte. Ich war ja stadtbekannt als sportliche ›Niete!‹ Wir lebten von 1935–1944 in Trier, wo mein Vater Direktor der Stadtbibliothek war. Ich bin sicher, dass er im Laufe der Zeit solche Parteiaufträge als immer lästiger werdende Störung empfand. Die Verwaltung einer Bibliothek mit landeskundlicher Ausrichtung auf Trier und das Moselland war für ihn zweifellos interessanter. Sich dazu geäußert hat er sich mir gegenüber auch nach dem Krieg nicht. Wir Kinder (*es waren sie-*

ben Geschwister) haben von seinen politischen Sorgen nicht allzu viel mitbekommen. Er musste ja uns Kindern gegenüber sowieso aus damals strafrechtlichen Gründen schweigen! Im November 1940 war er mal einige Stunden in Untersuchungshaft. Als er nach Hause kam, sagte er zwar ›Der Vater ist wieder frei‹. Meine Mutter aber wimmelte mein Interesse ab und sagte ängstlich: ›Nicht davon reden!‹ Es hätte mich als Achtjährigen vor allem interessiert, wie ein Gefängnis von innen aussah, weniger, warum er eingesperrt war. Sicher hat er sich über eine Parteigröße beschwert, was er aber abbiegen konnte. Mit uns Kindern sprach er kaum über Politik, mit meiner Mutter schon mehr. Meine Mutter erzählte uns einige Tage, nachdem uns die Amerikaner im Odenwald besetzt hatten, dass mein Vater eines Abends nach Hause gekommen war und auf seiner Parteiuniform herumgetrampelt habe und sagte: ›Das mache ich nicht mehr mit, ich trete so bald wie möglich aus der Partei aus, aber so lange Krieg ist, noch nicht. Das kann ich mir aus Gründen der Disziplin, die im Krieg unbedingt erforderlich ist, nicht erlauben!‹ Meine Mutter wagte nicht, nach dem Grund seines Ärgers zu fragen, um ihr Gewissen nicht zu belasten. Unser Vater war sowieso selten zu Hause, aber die damals propagierte politische Linie kannten wir in großen Zügen selbstverständlich.«

In unserem Briefwechsel spricht Reinhard R. noch mehrmals über seinen Vater:

»Ich kann mir nicht vorstellen, dass mein Vater das, was nach 1945 über die NSDAP bekannt geworden ist, billigen konnte. Ich habe ihn nur als völlig normalen Menschen zu seinen Lebzeiten kennen gelernt … Er hat sich als Direktor der Trierer Stadtbibliothek gegen politische Säuberungen der Buchbestände gewehrt und immer wieder betont, dass die Stadtbibliothek in Trier eine anerkannt wissenschaftliche Bibliothek ist. Als die Bibliothek der Abtei St. Matthias und die des Priesterseminars 1941 beschlagnahmt wurden, hat er erreicht, dass die Bestände der Stadtbibliothek Trier zugesprochen wurden und dadurch nach 1945 den rechtmäßigen Besitzern wieder ohne Schwierigkeiten zugestellt werden konnten … Nach Rückkehr aus amerikanischer und französischer Kriegsgefangenschaft im April 1946 stieß er zu uns nach Neustadt im Odenwald. Beruflich war er natürlich suspendiert. Unsere große Familie wurde in der Hauptsache durch meinen Großvater, der Schneider war, notdürftig über Wasser gehalten, bis mein Vater 1950 eine Stelle in der Schlossverwaltung des Grafen von Erbach-Fürstenau im Odenwald gefunden hatte. Zu den heute oft zitierten Nazis, die wieder in hohe Positionen aufgestiegen sind, gehörte mein Vater also nicht. In den Jahren 1947 und 1948 katalogisierte er die Michelstädter Kirchenbibliothek mit 4.100 Bänden mit Literatur bis ins 18. Jahrhundert hinein …

Auf die Juden war er, das muss man schon sagen, nicht gut zu sprechen. Er sagte mir einmal, er hätte nur eine strikte Trennung von Juden und Nichtjuden gewünscht, aber wie soll das in der Praxis aussehen, frage ich mich … frage ich mich natürlich, ob das Judentum wirklich einen Schaden am deutschen Volkskörper angerichtet hat, wie damals steif und fest behauptet wurde …«

Anlässlich des deutschen Bibliothekstages in Trier 1985 erfuhr Reinhard R., der auch Bibliothekar geworden war, von einem Teilnehmer, dass sein Vater der einzige von der deutschen Besatzung in Luxemburg gewesen sei, den die Luxemburger positiv beurteilten.

»Mein Vater hat die Luxemburger aufrichtig geliebt und sich mit ihnen gerne in ihrem Dialekt unterhalten …

Ich weiß, dass mein Vater wohl im Jahre 1943 zur Besichtigung des Konzentrationslagers Hinzert gebracht worden war … Was wird mein Vater dort gesehen haben? … Ich habe mit meinem Vater nie über solche Dinge gesprochen.

Natürlich war er ein ›Nazi‹! freilich muss man dabei berücksichtigen, dass der Begriff ›Nazi‹ viel zu schematisch gesehen wird, als Inkarnation alles Bösen. Es gab da ja im einzelnen sehr viele Übergänge … Natürlich schlug seine sehr nationale Einstellung durch. Er erzählte mir einmal, dass er im 1. Weltkrieg Gespräche mit französischen Kriegsgefangenen hatte, die dem damals 14Jährigen erklärten: ›Si nous vaincrons, nous couperons l'Allemagne en quart!‹ Mein Vater war stolz auf seine frühe Mitgliedschaft in der Partei, wenigstens zu Zeiten des Dritten Reiches und sogar auch stolz auf seine braune Uniform, wenn er auch den späteren ›Goldfasanenschnitt‹ zu überladen fand. Das einfache ›Braunhemd der Kampfzeit‹ war ihm wesentlich sympathischer. Er sah darin ein Symbol des Kampfes um Sauberkeit, Recht und Ordnung. Die negativen Seiten dieses politischen Systems müssen ihm aber allmählich aufgegangen sein, auch dass sich viele ›Hoheitsträger‹ nicht an diese Ideale hielten … Später dürfte seine anfängliche Begeisterung in ein allmähliches ›Durchlavieren‹ übergegangen sein … Ich hätte ihn in seinem Leben noch mehr ausfragen sollen … Er neigte dazu, bei Problemen, mit denen er nicht fertig wurde, zum Alkohol Zuflucht zu nehmen.«

Das führte 1964 zur Trennung der Eltern.

Hier scheint vieles nicht zusammenzupassen. Ein grundgebildeter Mensch, kunstverständig, interessiert an der Lokal- und Regionalgeschichte und darin verdienstvoll tätig, ein Liebhaber und Pfleger von Büchern, liebenswürdig im Umgang mit den besetzten Luxemburgern, hilfreich gegenüber politisch Gefährdeten. Er ist korrekt und empört über die Vorgänge in der »Kristallnacht«, über würdeloses Verhalten von Parteibonzen, wobei er offenbar auch kritische Äußerungen riskiert, trotzdem stolz auf die frühe Mitgliedschaft und die Uniform und trotz seiner Empörung über Missstände bis zum Kriegsende treuer Parteigenosse und Gauredner, der gewiss nur staatstragende Vorträge gehalten hat und die Ideologie verbreiten half. Er rettet die wertvolle Thorarolle und ist trotzdem Antisemit, wenn auch kein »eliminatorischer«. Er ist sehr national eingestellt, schon von der völkischen Jugendbewegung und vom Ersten Weltkrieg her. Reinhard bedauert, dass er ihn nicht intensiver ausgefragt und auch seine Presseartikel bis jetzt nicht ausfindig gemacht und gelesen hat. Sein Vater war »Nazi«, sagt er, aber es gebe da viele Übergänge. Dem muss man zustimmen.

Wie sah die **Auseinandersetzung** mit dem untergegangenen »Dritten Reich« in den Augen der Kinder aus? Diese Frage umschließt zwei Aspekte: Wie haben die Kriegskinder die Auseinandersetzung der Eltern mit ihrer Rolle im Nationalsozialismus erlebt? Und wie beurteilen sie selbst diese Rolle und den späteren Umgang der Eltern damit? Ein weiterer Aspekt lässt sich einfügen: Haben sie selbst gefragt? Gab es ein Familiengespräch darüber? An erster Stelle und in der überwiegenden Mehrzahl wurde die erste Frage mit dem lapidaren Satz beantwortet: Darüber wurde nicht gesprochen – und ich habe auch nicht gefragt. Der »Spuk« war vorüber, jetzt hatte man anderes zu denken und zu tun. Die Kriegskinder bestätigen die »kollektive Amnesie«, die oft festgestellt wurde.[42] Helmut Kopetzky spricht von der »furchtbaren Diskretion« zwischen den Generationen. Ebenso wie ich in meiner Frauendokumentation feststellen musste, dass ohne ausdrückliches Nachfragen die »politische Seite« der eigenen Biographie ausgeklammert wurde, überwiegt auch bei den zahlreichen autobiographischen Erinnerungen, welche die Kriegskinder für ihre Kinder und Enkel aufgeschrieben haben, das rein persönliche Kriegserleben. Mit dem Abstreifen der schrecklichen Kriegserlebnisse werden auch die Verwicklungen in das Regime abgestreift. Dazu passt, dass sich nicht viele mit der Hinterlassenschaft der Eltern befasst haben – und wenn, dann erst spät. Ganze Sammlungen von Feldpostbriefen verstaubten und verstauben noch auf den Dachböden, Tagebücher blieben lange oder bis heute ungelesen[43]; dunkle und rätselhafte Zusammenhänge in der Biographie des Vaters wurden nicht oder nur unzulänglich recherchiert. Man versäumte es, nachzufragen, solange die Eltern am Leben waren. Offenbar brauchte es Jahrzehnte, bis sich die Nachkommen der kleinen und großen Täter an die Lebensgeschichten ihrer Väter und Großväter heranwagten und sie öffentlich machten.[44] In einem Exkurs soll am Ende dieses Kapitels noch ein Wort zu einigen dieser Publikationen gesagt werden.

Was sagen die Kriegskinder selbst heute dazu? Einiges wurde schon in den bisher zitierten Zeugnissen hörbar. Wir wählen noch einige Stimmen von denen aus, die sich intensivere Gedanken darüber gemacht haben. Die verschiedenen Aspekte vermischen sich in den Stellungnahmen. Der Rückblick auf die braune Diktatur schließt bei den Betroffenen auch den Rückblick auf die sich anschließende rote Diktatur ein.

Margarete R. (1938): »Unsere Eltern haben fast nie etwas vom Krieg erzählt. Wenn wir fragten, hieß es immer, die Zeit war zu schlimm, daran will ich mich nicht erinnern. Erst die Jahre vor ihrem Tod hat meine Mutter uns mehr erzählt ... Ich finde aber, dass wir zu spät gefragt haben und dass uns daher vieles verloren ist.«

Roswitha L. (1934):[45] »Keins von uns Kindern hat je gefragt, gewagt zu fragen oder davon selber anzufangen. Ich war beklommen, was da womöglich hervorkäme ... Das musste irgendwie stehen gelassen werden. Drum haben wir auch alle nicht geschafft, mal nachzufragen, auch im höchsten Alter nicht. Das stand wie eine dunkle Wolke, dieses ganze Unheil des Dritten Reiches und dann noch die persönlichen Probleme, die damit verbunden waren.«

Rita M. (1936): »Ich habe meinen Vater erlebt als einen Menschen, der zusammenbrach mit dem Reich, dem tausendjährigen. Er war ein unverbesserlicher Idealist gewesen, hat an das Gute dieser Bewegung geglaubt und dafür gearbeitet. Und hat eigentlich nichts anderes zugelassen in seinem Denken, als dass das richtig ist und gut. Und nun hatten wir ja auch alles verloren, die Existenz verloren, und als dann nach der Währungsreform wieder Arbeit war, da war mein Vater krank. Er hat nie mehr wirklich Fuß gefasst. Und ich bin dann auf die Realschule gegangen, und wir wurden dann ja umerzogen. Und dieses ganze Material an Wissen war zuhause tabu. Das konnte ich meinem Vater nicht zumuten. Ich wollte ihn nicht betrüben.«

Reinhard S. (1942) (im Anschluss an seine Aussage, dass im Elternhaus nie über diese Sachen gesprochen wurde):[46] »Ich hatte das Gefühl, die Eltern haben wirklich nicht mehr getan, als der Druck der Zeit von ihnen abverlangte – den haben sie aufgefasst als Schicksal, gegen das man nicht ankonnte, so wie eine Krankheit oder der Tod Schicksal ist. Ich weiß nur noch, dass meine Mutter mal gesagt hat: ›Ich hatte immer große Angst – wenn ihr beiden Jungs mal groß seid, dass ihr dann zur Hitlerjugend müsst!‹ wobei mir nicht klar wurde, wovor sie eigentlich da genau Angst hatte – vielleicht, dass wir ihrem Einflussbereich entzogen und dieser menschenverachtenden Ideologie des Nazi-Reiches ausgeliefert waren?

Aber nicht zu verstehen ist für mich, ja ganz außerordentlich schwierig zu akzeptieren, dass die Eltern nie ein Urteil über Hitler abgegeben haben, oder dass dieses Urteil so selten gesagt und so wenig eindrücklich gesagt wurde, dass es mir gar nicht mehr in Erinnerung ist – ein Urteil, das hätte gesagt werden müssen, das mir einfach fehlt in meinem Leben.«

Ute W. (37), deren Vater mindestens Mitwisser des Verbrechens von Babij Yar gewesen war: »Soweit ich mich richtig erinnere, blieb das Thema ›Krieg‹ in meinen Jugendjahren erst mal außen vor, nachdem ja alles wieder in ›normalen Bahnen‹ lief. Die eigentliche Auseinandersetzung damit begann viel später, erst als Erwachsene. Je älter ich werde, umso größer wird das Bedürfnis, über Erlebtes zu sprechen und vor allem auch über Einsatz, Leistung und Erleben während dieser Zeit. Sicher werden sich meine Vorstellungen darüber z.T. in Mutmaßungen und vielleicht auch in Wunschdenken bewegen, da ja Befragung nicht mehr möglich ist.

Ich denke, dass meine Eltern nicht ganz unwissend gegenüber den Judenverfolgungen waren, jedoch nicht direkt und persönlich damit konfrontiert wurden (*er war aber in Babij Yar, wie sie zuvor sagte*).

Meine Mutter hatte für uns vier kleine Kinder Verantwortung und Sorge zu tragen, konnte nichts riskieren und verschloss wahrscheinlich aus diesem Grund Augen und Ohren vor mancher grauenvollen Information, anstatt ihrer ehrlichen und gerechten Gesinnung nach zu handeln. Wie gerne würde ich heute noch intensive Gespräche mit meinen Eltern führen – mit jedem einzeln. Sie hatten ja so unterschiedliche ›Stand- und Einsatzorte‹ und dadurch sicher auch sehr unterschiedliche Informationen und Verpflichtungen. Kannte meine Mutter in unserer näheren Umgebung jüdische Familien, hat sie deren Denunzierung oder deren Untertauchen bzw. den Abtransport miterlebt? Hätte sie jemandem helfen können, evtl. durch Verstecken in unserer Familie? Eine diesbezügliche Anklage gegen sie liegt mir fern – ich achte ihre unglaubliche Stärke in der Bewältigung aller Pflichten als Familienmutter in den Kriegsjahren – aber ich würde mich so gerne noch mit ihr über dieses gesamte Thema auseinandersetzen. Es ist nicht mehr möglich, lange, lange ist sie schon tot. Heute frage ich mich selbst vorwurfsvoll, warum mir vor drei, vier Jahrzehnten, als beide Eltern noch lebten, alles andere wichtiger war. Warum holt mich erst jetzt im Alter die Problematik des Kriegsgeschehens so intensiv ein?

Der Soldatenalltag meines Vaters würde mich sehr interessieren. Womit er sich beschäftigen und auseinandersetzen musste – praktisch und mental. Inwieweit er als Soldat zum Gehorsam gezwungen wurde und auf welche Art und Weise er dadurch gegen seine Überzeugung und gegen sein Gewissen handeln musste. Was an miterlebten Grausamkeiten – außer der schon erwähnten Massenerschießung (*sic!*) – ihn so stumm und verschlossen gemacht hat. Ich empfinde Wehmut und ganz großes Mitleid, auch jetzt noch – 32 Jahre nach seinem Tod – wenn ich an meinen Vater denke, weil ihm der Krieg so viel körperliche und seelische Kraft genommen hat, ja, eigentlich die Lebensfreude ausgesogen hat.

In den letzten Jahren wurde in den Medien über Fernsehen und Presse unheimlich viel Rückerinnerung ans Dritte Reich und an den Nationalsozialismus betrieben. Für mein Empfinden schon fast bis zum Unerträglichen. Wissenslücken konnten geschlossen, Informationen überdacht und berichtigt, Urteile erwogen werden. Dies bot sich alles aber nur ›allgemein‹ an. Die ganz persönlichen Fragen – die eigenen Eltern betreffend – blieben dabei dennoch zum großen Teil offen.

Deshalb sind auch jetzt nach so langer Zeit – verstärkt durch die intensive Auseinandersetzung – Wut, Entsetzen und Ohnmachtsgefühle über das wehrlose Ausgeliefertsein meiner Eltern an diese Kriegsmächte deutlich in mir vorhanden.«

Jan G. (1939): »Das Thema NS-Zeit spielte lange Jahre in den Gesprächen der Familie, zumindest in Anwesenheit der Heranwachsenden, keine sonderliche Rolle, übrigens auch in der Schule nicht. Vielfach ›endete‹ die Geschichte bei der Machtergreifung Hitlers, um dann mit der totalen Niederlage – die ja lange Jahre auch nicht zu übersehen war – und der Gründung der Bundesrepublik (die ›DDR‹ existierte eben als ›SBZ‹) und vor allem mit dem Aufbruch in die neue Zeit abgeschlossen zu werden. Nachträglich mag es wohl so scheinen, dass es der damaligen Lehrerschaft eher peinlich war, was sich zwischen 1933 und 1945 ereignet hatte, aber vielleicht war das Geschehen auch einfach noch zu nahe, man muss als ›Nachgeborener‹ vorsichtig mit raschen Urteilen sein, denn auch unsere Nachkommen könnten dereinst vielleicht uns manche zur Verlegenheit führende Fragen stellen.

Die breite Unkenntnis über die tatsächlichen Geschehnisse in Hitlers Machtbereich änderte sich erst mit dem Studium für das Lehramt, das auch das Fach Geschichte umfasste. Und in diese Zeit fielen dann auch wiederholte Gespräche im Elternhaus über die Nazi-Verbrechen. Es gab hier – und auch später nicht – keinen einzigen Versuch irgendeiner Rechtfertigung, sehr wohl aber bei mir die Erkenntnis, wie schwer in einem total überwachten Staat die Möglichkeiten des Widerstands sind. Die Haltung der ›inneren Emigration‹ war deshalb angesichts des persönlich so spürbar empfundenen Gefühls der Ohnmacht vermutlich weiter verbreitet, als man das heute in einem mit so vielen Freiheiten ausgestatteten Staatswesen vermuten mag. Die Grenze zur Verdrängung mag fließend gewesen sein, aber das Elternhaus vermittelte letztlich die Grundhaltung: schuldig nein, verantwortlich ja.«

Ursula P. (1939): »Ich empfand nur die Niedergeschlagenheit der Erwachsenen. Die Mutter geplagt von Ängsten, Entbehrungen und Überforderungen, von Zukunftsängsten, der Vater von Fronterlebnissen, vom verlorenen Krieg, in den sie mit Idealismus gezogen waren. Niedergeschlagenheit darüber, dass alles, wofür sie ihr Leben eingesetzt haben, nun falsch war und dass sie nun als Schuldige, als Kriegsverbrecher sogar angesehen und verurteilt werden.«

Rosemarie K. (1934): »Auch wenn ich damals noch ein Kind war, empfand ich die Ungerechtigkeit und Demütigung, die uns widerfuhr. Der Vater wurde wegen Parteizugehörigkeit aus seinem Beruf entlassen, obgleich er sicher am wenigsten ›belastet‹ war, da er weder Veranstaltungen noch Parteiabende besucht geschweige denn eine unrechte Tat begangen hatte. Im übrigen war er gegen jedermann freundlich und hilfsbereit, was ihm auch nachher von zahlreichen Zeugen bestätigt wurde. Eine Verdrehung des sonst gültigen Rechts lag darin, dass der ›Angeklagte‹ selbst seine Nicht-Schuld nachweisen musste und vorher grundsätzlich als ›belastet‹ galt … Auch dass mein Vater Soldat war, kann ich ohne weiteres ansprechen, da ich keine Probleme damit habe. Das ›Soldaten-sind-Mörder‹-Urteil hat in seiner Pauschalität für mich keine Gültigkeit … Mein Vater hat unter primitivsten Bedingungen im Krieg auf einem Lazarettzug, der von der vordersten Front vom Verbandsplatz zum Feldlazarett fuhr, schwersten Dienst getan.«

Kinder stellen aber auch fest, dass manche »*braunen Relikte*« sich im Denken ihrer Eltern erhalten haben und in sehr seltenen Formulierungen erkennt man deren *Spuren auch bei den Kindern*, während sich die meisten scharf und kritisch davon absetzen.

Ursula H. (1937): »Mein Vater war bis zu seinem Tode im Jahre 1986 der Überzeugung, dass Hitler nur Gutes wollte und dass seine Ideen von anderen missbraucht wurden.«

Ingeborg K. (1932): »Meine Mutter hat auch gesagt, das stimmt nicht mit den Juden, das ist gelogen. Sie hat auch immer gesagt, unter Hitler wäre das nicht gewesen, da hätte eine Frau in der Nacht alleine durch die Straßen gehen können, die wäre sicher gewesen.«

Ingeborg R. (1942): »Mein Vater war bei der Vertreibung immer bei uns. Warum? Er war in einem ›wichtigen Betrieb‹ tätig, wurde uns gesagt. Auf weitere Nachfragen bekamen wir keine Antwort. Die Zeit des Dritten Reiches war bei uns in der Familie sehr tabu und mit uns Kindern (ein älterer Bruder) eher ein Streitthema, das sehr kurz abgehandelt wurde. Für meine Eltern hatte Hitler viele gute Seiten (Ordnung, Arbeitslosigkeit abgeschafft, Heim-ins-Reich-Bewegung, Straßenbau usw.). Konzentrationslager, davon hatten sie nichts gewusst. Dabei blieb es. Mein Vater konnte sehr jähzornig werden, meine Mutter unterwarf sich seiner Meinung.«

Der Vater von Ute S. (1937) war als Ingenieur in Peenemünde bei der Konstruktion der V-Waffen beteiligt, verließ aber die Familie nach dem Krieg. Die Schwester ihrer Mutter, ihre Patentante Agi, hatte ein Verhältnis mit einem SS-Mann im Führerhauptquartier. Sie selbst ist einmal Adolf Hitler auf dem Schoß gesessen. Sie sagt von ihrer Mutter:

»Die Ungeheuerlichkeit des Naziregimes in Bezug auf die Tötung von Menschen in den Konzentrationslagern, die ist ihr allerdings zeitlebens nicht bewusst geworden. Die hat sie schlichtweg einfach verdrängt. Darüber wurde in meiner Jugend nach dem Krieg überhaupt nicht gesprochen.

Und so konnte das Nationalsozialistische Reich auch immer eine gewisse Glorie behalten. Dazu passte dann auch das rechtsradikale politische Denken meiner Mutter im Alter ... Eine wirklich innere Veränderung hatte nicht stattgefunden ... Und wer die Reaktionen von Eltern und Großeltern nicht hinterfragt, übernimmt sie kritiklos und bietet einen hervorragenden Nährboden für Neonazismus und unsere derzeitigen rechtsradikalen Tendenzen, denn es besteht kein Unterschied zwischen brennenden Synagogen und brennenden Asylantenheimen.«

Ein zentraler Punkt der Auseinandersetzung sind Wahrnehmung und Verhalten gegenüber den Verbrechen, die damals von Deutschen verübt wurden. Diese Verbrechen – nicht nur gegenüber Juden – und die Reaktionen der Kinder darauf wurden in diesem Kapitel immer wieder gestreift, müssen aber in einem eigenen Kapitel im Zusammenhang behandelt werden.

Kommen wir zu einer Zusammenfassung: »Die Nazis – das waren die andern.« Trifft dieser Satz die Meinung der Kriegskinder über ihre Eltern? Wir können nur die ins Auge fassen, die sich mit der NS-Vergangenheit ihrer Eltern überhaupt befasst haben, befassen konnten. Der Satz der Überschrift muss präzisiert werden: Wir haben gesehen, dass die Kinder es durchaus zugeben, wenn ihre Eltern in der Partei waren, Funktionen darin ausübten und begeistert waren. Aber sie unterscheiden dabei stillschweigend oder ausdrücklich zwischen »guten«, das heißt anständigen, und »bösen« Nazis, die sie meist als »fanatische« oder »150%ige« bezeichnen. Die Eltern gehörten in ihren Augen zu den Ersteren. Sie heroisieren ihre Eltern nicht. Sicher retuschieren sie manches im Verhalten ihrer Eltern und geben zu, aus Scheu nicht tiefer gebohrt zu haben. Hinter dieser Scheu stand gewiss auch Angst, etwas herausfinden zu können, was das Bild der geliebten Eltern verdunkelt und das eigene Selbstbild beschädigt hätte. Manchmal blockten die Eltern auch ab. Aber das scheint mir nicht entscheidend, denn wohl nicht sehr häufig wären sie dabei auf Verbrecherisches gestoßen, aber man konnte nie sicher sein. Bei der Vielzahl der Verbrechen, die nach und nach ans Tageslicht kamen, wurde es sogar wahrscheinlicher. Das Wichtigste aber ist: Die Kriegskinder haben Verständnis für ihre Eltern, und dies aus mehreren Gründen, erstens: Sie wissen, wie es sich anfühlt, in einer Diktatur zu leben, und dass es aussichtslos war, Widerstand zu leisten, ohne das eigene Leben zu riskieren. Deshalb haben auch Kinder, welche die Nachkriegszeit in der SBZ/DDR erlebten, besonders viel Verständnis. Zweitens: Sie haben mit ihren Eltern die Leiden des Krieges und der Nachkriegszeit geteilt und können darin ein Stück Sühne für etwaige Verfehlungen sehen. Drittens: Sie fragen sich, wie sie sich selbst wohl in der Situation der Eltern verhalten hätten und geben zu, wenn sie ehrlich sind, dass sie nicht viel anders gehandelt hätten. Das unterscheidet die Kriegskinder von den nachgeborenen Generationen, besonders den »68ern«, die von alledem nicht viel mitbekommen haben und deshalb verständnis- und schonungslos mit ihren Eltern ins Gericht gingen.[47] Die Kriegskinder sagen noch »wir«, wenn sie über ihre Eltern und sich selbst im Krieg sprechen, die Nachgeborenen benützen das distanzierende und anklagende »ihr« – »Wie konntet ihr?«

Aber bis auf wenige Ausnahmen viktimisieren die Kriegskinder ihre Eltern auch nicht, sie machen sie nicht zu unschuldigen Opfern, indem sie nur die den Eltern angetanen Leiden sehen und die Entnazifizierung als unangemessene Bestrafung Unschuldiger. Zwar stellen sie krasse Ungerechtigkeiten fest, weil viele der strammen und bösartigen Nazis in ihrem Umkreis glimpflich davonkamen und bald wieder »oben« waren, während der Vater, der niemandem etwas zuleide getan hatte, jahrelang ohne Arbeit blieb oder demütigende Hilfsarbeiten verrichten musste. In vielen Gesprächen bezeichneten die Zeitzeugen diese ganze Prozedur als »Witz«, sie mokieren sich auch darüber, dass ortsbekannte Nazis, z. B. auch unter ihren Lehrern, plötzlich zu Wendehälsen wurden, dass keiner mehr ein Nazi gewesen sein wollte. Die eigentlichen Opfer dabei waren gerade die Kinder, denn in diese Nachkriegsphase fiel ein entscheidender Teil ihrer Schul- und Berufslaufbahn. Sie konnten deshalb oft nicht das werden, was sie gerne geworden wären, oder mussten große Entbehrungen auf sich nehmen. Deshalb spielt diese Zeit in ihren Erzählungen eine bedeutende Rolle; sie reden darüber sachlich und ohne Selbstmitleid.

Die Kriegskinder kritisieren, dass es in der älteren Generation immer noch Spuren der nazistischen Ideologie gibt. Verschwindend wenige von ihnen haben von ihren Eltern noch etwas davon übernommen.[48] Sie haben kein Verständnis für eine einseitige Geschichtsbetrachtung, die alle Deutschen pauschal als Verbrecher und als Schuldige sieht und nicht wahrhaben will, dass diese Deutschen auch Opfer waren und dass Kinder *immer* Opfer sind, gleichgültig, ob sie zu den Siegern oder den Besiegten gehören. Heute bedauern viele das Schweigen zwischen den Generationen, sie bedauern, dass sie nicht rechtzeitig und richtig gefragt haben und dass die Eltern von sich aus wenig gesprächsbereit waren.[49]

So bleibt vieles in der Schwebe, es bleiben »unscharfe Bilder«.[50] Dies gilt besonders für die Täter-Kinder. Was waren das für Menschen, die sich nachweislich schuldig gemacht haben? Die Analyse der beiden Fallbeispiele von »kleinen bis mittleren Tätern« brachte auch keine scharfen Bilder, brachte vor allem die Einsicht, dass es eben gerade nicht ein eindeutig böses Täterprofil gibt, sondern dass sich auch bei diesen Menschen vielerlei Anlagen und Eigenschaften mischen, dass sie insbesondere im privaten Bereich liebevolle und fürsorgliche Familienväter, humanistisch gebildete und kunstbegeisterte Schöngeister sein konnten und andererseits für eine Sache eintraten, mit Worten und Taten, die schlechthin inhuman war.[51] Für die Kinder war und ist das irritierend. Diese Irritation hat sie nicht losgelassen. Immer mehr Kinder, jetzt auch schon Enkel, von großen Tätern machen sich auf die Suche nach ihren Vätern, ihren Eltern und Großeltern. Seit den 80er und 90er Jahren des letzten Jahrhunderts haben sie zahlreiche Biographien verfasst.[52] Die meisten von ihnen haben alle noch verfügbaren Dokumente aufgespürt, nur – die Eltern leben nicht mehr und können sich nicht mehr dazu äußern. Und wenn sie den Krieg überlebten, gab es kaum klärende Gespräche. So bleiben alle Funde und Befunde letztlich vage.

In einem abschließenden Exkurs sollen die wichtigsten Formen der biographischen Annäherung von Söhnen großer Täter beispielhaft skizziert werden.

Exkurs: Späte Formen der biographischen Annäherung der Kinder von großen Tätern in der Zeit des Nationalsozialismus[53]

Niklas Frank (1939) veröffentlichte 1987 das Buch *Der Vater. Eine Abrechnung.*[54] Sein Vater, Hans Frank, war 1939–1945 Generalgouverneur im besetzten Polen, einer der Hauptverantwortlichen für die Gewalttaten der SS und der Polizei im Generalgouvernement. Er wurde 1946 in Nürnberg angeklagt, zum Tode durch Erhängen verurteilt und hingerichtet. Während der Haft schrieb er Memoiren (»Im Schatten des Galgen«) und trat zum Katholizismus über.

Niklas Frank rechnet auf 283 Seiten ab mit einem Monstrum von Vater, indem er seinen Gefühlen des Abscheus, des Ekels und der abgrundtiefen Verachtung in sadomasochistischer Manier freien Lauf lässt. Mit kriminalistischem Spürsinn quält er sich durch Akten, Tagebücher und Prozessberichte, um immer aufs Neue dem Vater seine Gemeinheit und Verlogenheit vorzuhalten, in einem fingierten obszönen und makabren »Dialog«, in der vergeblichen Hoffnung, wenigstens am Ende von seinem Vater ein klares Eingeständnis seiner Schuld zu hören. Stattdessen muss er entsetzt feststellen, dass der nationalsozialistische Ungeist in der Bundesrepublik fortlebt. Zugleich ist auf jeder Seite des Buches der ohnmächtige Versuch zu spüren, sich von diesem Erbe, von diesem Vater zu befreien. Er selbst war noch zu klein, um sich genauer an die Zeit in Krakau, wo sein Vater auf der Burg als Reichsstatthalter residierte, zu erinnern, aber auch er hat einiges mit ansehen und miterleben müssen, über das er nie hinweggekommen ist.

Seine »Abrechnung« ist letztlich die verzweifelte Suche, diesen übermächtigen Vater loszuwerden und sich selbst zu finden: Wer bin ich eigentlich, wenn ich diesen Vater habe?[55] Es bleibt eine sehr persönliche Auseinandersetzung. Zum historischen Verständnis trägt es allerdings nicht viel bei, wenn man das Entstehen und Funktionieren der nationalsozialistischen Gewaltherrschaft allein auf die niederträchtigen Charaktere der leitenden Akteure zurückführt. Die von ihnen verübten Verbrechen und Gemeinheiten sind aber kaum je so schonungslos enthüllt worden; sie machen einen schaudern.

Ganz gegensätzlich dazu Martin Bormann (1930), ältester von zehn Geschwistern, der Sohn des mächtigsten und treuesten Hitler-Paladins,[56] Patensohn Adolf Hitlers. Spät ist er »aus der Deckung« gegangen.[57] 1996 erschien seine Autobiographie[58], in der er auch über seinen Vater schreibt. Dazu ist eine Vorbemerkung über seinen eigenen Werdegang notwendig: Die Familie Bormann lebte von 1936 an auf dem Obersalzberg in der Nachbarschaft Hitlers. 1940 kam Martin auf die Reichsschule nach Feldafing am Starnberger

See und hat seinen Vater von da an nur selten gesehen. Das Weitere ist dem Klappentext des Buches zu entnehmen: »Dort erhielt er eine nationalsozialistische, antikirchliche Erziehung, die ihn den Tod Hitlers und das Kriegsende 1945 als ›das Ende‹ erleben ließ. In den Wirren des Zusammenbruchs verlor er die Verbindung zu seiner Familie und strandete unter falschem Namen bei einer Bergbauernfamilie im Salzburger Land. Die Erfahrung der praktizierten christlichen Nächstenliebe dieser ›einfachen‹ Menschen führte ihn nach und nach zum katholischen Glauben – ein Weg, der mit dem Eintritt in die Ordensgemeinschaft der Herz-Jesu-Missionare und dem Theologiestudium ein vorläufiges Ende fand. Bei seiner Arbeit in der Kongo-Mission (heute Zaire) geriet er zeitweise als Geisel in die Hände der Simba-Rebellen. Zurück in Deutschland ließ er sich 1971 nach einem schweren Autounfall durch päpstlichen Dispens von den Ordensgelübden entbinden und arbeitete bis zu seiner Pensionierung als Religionslehrer. Seit 1987 ist er Mitglied der Gruppe ›Täterkinder – Opferkinder‹ von Prof. Dan Bar-On (Ben-Gurion-Universität).«[59]

Martin Bormann hat es sich nicht erspart, alles, was er über seinen Vater erfahren konnte, zu lesen und anzusehen: Er hat die gesamten Prozessakten von Nürnberg gelesen, alle Filme aus der Zeit angesehen. Er weiß ganz genau, wer dieser Vater war und was ihm zur Last gelegt wird. Er trennt zwischen Vater und Funktionsträger: »Dem Vater bleibe ich – wie jedes Kind – dankbar verpflichtet für mein Leben. Vom Funktionsträger kann und darf ich mich ohne Urteil distanzieren, denn das Urteil steht allein DEM zu, der alle Menschen in ihrem Verwobensein in alle Verflechtungen und Verstrickungen bis auf den Grund kennt, wägt, richtet.«[60]

Auf den ersten Blick scheint dies eine einfache Art der Auseinandersetzung zu sein, ein theologischer Salto mortale ohne historische oder psychologische Begründungen und ohne Folgerungen für das eigene politische Handeln. In Wirklichkeit spricht daraus die tiefe Einsicht in die Begrenztheit aller Erklärungsversuche für ein solches Leben und die Unzulänglichkeit einer menschlichen moralischen Bewertung. Wohl aber folgt aus der seelischen Belastung durch Trauer und Scham der Versuch, es besser zu machen. Sein eigenes Leben ist dafür ein beredtes Zeugnis. Dass er sich jetzt in der Gruppe von Dan Bar-On engagiert, ist eine der Antworten, die er gegen die Schatten seines Vaters stellt, über eine andere spricht er ebenfalls in seiner Autobiographie: Seit seiner Pensionierung als Religionslehrer wird er nicht müde, in Vorträgen, besonders auch vor jungen Menschen und Schülern, aufzudecken, wie es zu diesem schrecklichen Abschnitt deutscher Geschichte kommen konnte, und alles zu tun, damit so etwas nicht wieder geschieht.

Am schwersten macht es sich Kurt Meyer (1945), der Sohn des berühmten »Panzermeyer«, jüngster Generalmajor der Waffen-SS, nach dem Krieg zum Tod verurteilt wegen angeblicher Erschießung kanadischer Gefangener. Da er keinen Befehl dazu gegeben hatte, wurde er zu lebenslanger Freiheitsstrafe begnadigt, saß bis 1952 in Halifax, Kanada in Haft, kam dann in die Strafanstalt Wedel und wurde nach zehnjähriger Haft im September 1954 entlassen. Da war sein Sohn Kurt neun Jahre alt. Er war 17, als der Vater 1961 mit 51 Jahren starb. 1998 erschien das Buch des Sohnes: »Geweint wird, wenn der Kopf ab ist. Annäherungen an meinen Vater.«[61] Er wuchs noch ganz im Banne dieses Vaters auf, der nicht umlernte und seiner eigenen Vergangenheit völlig verhaftet blieb.

In zwölf Kapiteln, in immer neuen Ansätzen und Anläufen, müht er sich auf fast 300 Seiten, diesem Vater näher zu kommen, zu verstehen, wie er wurde, was er war, und sich gleichzeitig von ihm zu lösen und ihm vorzuhalten, was er nicht erkannt hat und erkennen wollte. Es ist ein langes Gespräch, teils an erinnerte Gespräche anknüpfend, teils in der Imagination bis zur Gegenwart fortgeführt. Der Sohn bietet alles auf, was er inzwischen gelesen und gelernt hat – er hat Geschichte, Germanistik und Politik studiert – und er hat alles verschlungen und studiert, was er zu diesem Thema auftreiben konnte, um den starren Denkstrukturen seines Vaters auf den Grund zu kommen. Seine Wesensstruktur beschreibt er als »Gratwanderung zwischen Härte bis zum Fanatismus, gesteigerter, bedingungsloser Einsatzbereitschaft auf der einen Seite und Aufrichtigkeit, Fairness und persönlicher Lauterkeit andererseits« (S. 75). Als Familienvater war er »ein lebensfroher, freundlicher und optimistischer Mensch«. Er gab vor, den Krieg zu hassen, schildert ihn aber als Schicksal und Abenteuer, als »Schauplatz der persönlichen Karriere« mit Begeisterung in seinem Buch »Die Grenadiere« (1957). Er hielt an seinem nationalsozialistischen Weltbild und an seiner »Führertreue« fest, ohne nach dem konkreten Inhalt dieser Treue zu fragen, und verschloss die Augen vor der Wirklichkeit dieses Vernichtungskrieges. Der Sohn ist weit entfernt von pauschaler Verurteilung, er möchte seinem Vater gerecht werden, er schont dabei weder sich noch den Vater und mutet sich jede gedankliche und psychische Anstrengung zu. Und er meint auch nicht, damit je ans Ende kommen zu können. Warum er sich das zugemutet hat? Einmal, um sich von diesem übermächtigen Vater zu lösen, seine eigene Identität zu gewinnen, und auch, weil er diese Auseinandersetzung für die Gegenwart fruchtbar machen will. Er bildet heute Lehrer aus, und er will, dass diese Lehrer und ihre Schüler die Generation ihrer Väter und Großväter weder verteufeln noch verherrlichen, sondern aus ihrer Geschichte lernen.

Kapitel 19

»Volksschädlinge«, Kriegsgefangene, Zwangsarbeiter

»Kinder haben riesengroße Augen und riesengroße Ohren«, sagte eine meiner Gesprächspartnerinnen. Sie haben sehr viel wahrgenommen von der Ausgrenzung, Verfemung und Verfolgung von Menschen, die nicht zur deutschen »Volksgemeinschaft« zählten; sie wurden Augen- und Ohrenzeugen von Verbrechen. Wie verhielten sich diese von der herrschenden Ideologie infizierten Kinder, einer Ideologie, welche die Menschen in »Zugehörige« und »Nicht Zugehörige« einteilte? Was beobachteten sie bei den Erwachsenen, besonders bei ihren Eltern? Was hörten sie? Welche Erklärungen bekamen sie für Unverständliches? Welche eigenen Erfahrungen machten sie mit den »Volksschädlingen«, den Kriegsgefangenen, den Zwangsarbeitern? Um diese Fragen geht es in diesem Kapitel. Im folgenden Kapitel wird die Perspektive umgedreht, und es wird gefragt: Wie erlebten die Verfolgten die zur »deutschen Volksgemeinschaft« zählenden Kinder? Die unmittelbaren Vor- und Nachkriegsjahre werden einbezogen. Aufschlussreich sind dabei die Erklärungen und Reaktionen der Erwachsenen, besonders der Eltern. Sie werfen noch einmal ein Licht auf deren Einstellung zum Regime.[1]

Die weitaus meisten Erzählungen handeln von **Juden.** Das ist einerseits erstaunlich, weil von den 1933 in Deutschland lebenden 500.000 Juden bis zum Krieg mehr als die Hälfte emigriert war, 1939 wohnten 90 Prozent aller verbliebenen Juden in nur 200 Gemeinden, 1941 nahezu die Hälfte von ihnen in Berlin. Jüdische Mitbürger waren also eigentlich relativ selten präsent im normalen Ortsbild. Dennoch erinnern sich sehr viele an Erlebnisse mit Juden oder hatten persönlichen Kontakt mit ihnen. Diese Erinnerungen haben sich gleichsam im Gedächtnis festgehakt, weil sie gerade für Kinder oft etwas Unerklärliches, ja Unheimliches hatten.

Ausgrenzungen in unterschiedlicher Ausprägung registrierten sie mit Befremden, mit Unsicherheit, mit Empörung. Kindern wurde plötzlich verboten, mit Nachbarskindern zu spielen, was ihnen oft völlig unverständlich war. In der Schule fehlten, besonders nach 1938, jüdische Mitschüler. Die meisten haben das wohl bemerkt, aber nicht weiter nachgefragt. Bis auf eine einzige

Ausnahme hat mir niemand erzählt, selbst Juden verspottet und gequält zu haben.[2]

Die Ausnahme ist Margarethe S. (1928) aus Ludwigsburg:

»Es war vermutlich im Sommer 1937 in der 3. Grundschulklasse in L. In unserem Pausenhof gab es einige bevorzugte Mauerplätzchen, auf denen man sitzen konnte, um sein Pausenbrot zu verzehren. Ich hatte mir eines ergattert und ging kurz weg. Als ich zurückkam, war es besetzt von einem zarten Mädchen, der einzigen jüdischen Mitschülerin in unserer Klasse. In meiner Wut ließ ich mich zu etwas Ungewöhnlichem hinreißen: ich gab ihr eine Ohrfeige. Es gab in unseren ersten Schuljahren noch den Rohrstock und vereinzelt auch noch ›Tatzen‹. Aber weder in unseren Elternhäusern noch untereinander wurde geschlagen. Ich hatte aber bei dieser Ohrfeige den Satz im Hinterkopf: ›Juden darf man schlagen!‹

Das war nicht der Geist meines Elternhauses. Er muss mir durch das damalige Propagandaklima zugefallen sein. Deshalb blieb mir diese Ohrfeige mein ganzes erwachsenes Leben lang eine große Belastung. Ich musste mir ja immer wieder sagen: wenn du dich als Acht- oder Neunjährige so hast beeinflussen lassen, wozu wärst du dann als 20-Jährige fähig gewesen?‹«[3]

Karin R. (1934), Berlin: »Im Hause Wirth war ich gern gesehene gleichaltrige Spielgefährtin für den Sohn Heinz und erlebte schöne Stunden dort sowie im Planschbecken des Gartens. Das Haus war nach meinen Begriffen luxuriös ausgestattet, zeugte von Reichtum und Kultur. Frau Wirth sehe ich noch als eine schöne, stattliche Frau mit reichem schwarzen Haar. Ich wunderte mich nur, dass sie nie aus dem Haus ging. Dass sie Jüdin sei, hatte ich gehört, konnte aber damit nichts anfangen. Herr Wirth war Christ. Nach einiger Zeit wurde mir der Umgang mit Heinz Wirth verboten. Welche Begründung dafür gegeben wurde, weiß ich nicht mehr. Auf spätere Fragen an meine Mutter deswegen bekam ich die Antwort, er sei so frech geworden. – Ich spielte mit anderen Kindern.«

Günter B. (1934): »In Köln ist ja immer Rosenmontagszug … Und da kam ein Wagen, und da stand drauf ›Mir ärm Jüde‹, ›Wir armen Juden‹. Das war eigentlich gar nichts – das war ein Wagen, da hatte man einen Tisch draufgestellt, die Beine nach oben und so ein paar Lappen drangehängt, da saß so eine Figur drin, zerlumpt und zerrissen, und da stand das dran: ›Mir ärm Jüde‹.

I: In welcher Zeit war das, noch vor dem Krieg?

B: Das weiß ich nicht mehr, auf jeden Fall hatten sie da schon die Juden auf dem Kieker, denn das ging ja schon vorher los.

I: Und was wollte man mit dem Wagen sagen?

B: Die hat man schon schwer auf die Schippe genommen. Normalerweise macht man das ja nicht, dass man irgendeine Volksgruppe demonstrativ vorführt. ›Mir ärm Jüd‹, eigentlich waren die Juden ja reich, das war ironisch gemeint. Es war also kein Bedauern mit den Juden …

I: Das haben Sie gesehen als Kind, und das hat Sie nicht weiter …
B: Im Gegenteil, ich fand das lustig, ich bin bestimmt kein Antisemit, aber das waren schon Menschen, wo man geguckt hat, das sind Juden.«

Maria N. (1931): »In unserem Dorf lebte kein einziger Jude. Doch in der nahe gelegenen Kleinstadt wohnte Vatis Schneider. Der stille Mann machte von Zeit zu Zeit einen Kundenbesuch in unserem Lokal. Damit bescherte er meinen Eltern eines Tages die Peinlichkeit, ihn stammelnd bitten zu müssen, sie künftig nicht mehr zu beehren. Er verstand und verließ gefasst die Gaststube. In der Küche weinten beide – die Mutter, weil der Mann ihr leid tat, der Vater, weil er sich ob seiner Feigheit schämte. Ich hingegen glaubte, sie hätten richtig gehandelt.«[4]

Roswitha L. (1933) aus Fürstenwalde: »Ich erinnere mich jetzt plötzlich an ein schauerliches Bilderbuch, was auf dem Boden oben in der Gaststube lag, das ich mir mehrmals mit Grausen angeguckt habe. Zwar war das ein reiner Judenhetzer, aber als Kinderbilderbuch gemacht. Da war, das könnt ich noch malen, ich konnte gar nicht glauben, wie scheußlich es war, aber das Entsetzen zieht einen eben auch an. Da war ein Ungeheuer, also heute würde das so comicmäßig gemacht, gezeichnet: ein feuerrotes, zottiges, übermenschlich großes Ding, was aus dem Meer kroch, ein Teufel mit Hörnern, und der fing an, an Land alles kaputt zu machen, und aus dessen Pelz sprangen lauter kleine Flöhe. Das waren dann auf der nächsten Seite die Juden, die man unbedingt mit allen Mitteln ausrotten musste. Das ging dann seitenweise, aber die erste Seite mit diesem Ungeheuer, was da aus dem Meer rausstieg und sich auf alles Lebende stürzte, das werd ich nie vergessen.«

Hermann S. (1932): »Meine erste Begegnung mit dem Judentum ist eine äußerst vage Erinnerung, die eigentlich nur als düsterer Eindruck im Gedächtnis haftet und vermutlich auf das Jahr 1938 oder 1939 zurückgeht. Es kann nicht früher gewesen sein, weil ich weiß, dass es während der Sommerferien war – ich wurde im Jahre 1938 eingeschult. Es war frühmorgens; ich lag noch im Bett und hörte noch ganz verschlafen durch die angelehnte Tür aus der Küche eine Radiosendung, die meine Mutter eingeschaltet hatte. Wir waren stolz auf den kleinen schwarzen Volksempfänger mit dem runden Lautsprecher in der Mitte und unten den drei Knöpfen, und meine Mutter hörte gerne Radio. Im Nachhinein weiß ich, dass es eine Propagandasendung des Dritten Reiches war. Es war von Juden die Rede, und was damals gesagt wurde, blieb mir noch Jahre in Erinnerung und hinterließ in mir einen schrecklichen Eindruck: Der Jude wurde beschrieben – bärtig, dreckig, widerlich, gemein von Charakter – untermalt mit irgendeiner Angst einflößenden Musik. Ich weiß nur noch, dass ich tatsächlich voller Angst im Bett lag und die Mutter mir auf meine Fragen eigentlich keine Antwort gab.

Etwas später stand ein Jude an der Haustüre. ›Der Jud ist da‹, sagte meine Mutter – anscheinend kannte sie ihn, er war ein Hausierer und verkaufte Garn und dergleichen. Sie führte ihn in die Küche, setzte ihn an den Küchentisch und stellte einen Teller Suppe vor ihn hin. Ich beobachtete ihn ängstlich: ich erinnere mich nur noch an den alten Mantel, den er trug, an seine abgetragenen Stiefel; und er war nicht bärtig, aber sein Gesicht war bleich und hager, die Augen ruhelos, voller Angst. Die Mutter sprach mit ihm – worüber weiß ich nicht. ›Das ist ein ganz armer Mann‹, sagte sie, als er ging; deshalb hatte sie ihm die Suppe gegeben, dachte ich; die Mutter half immer gern armen Menschen. Meine Angst vor den Juden aber war geblieben. –

Später begegnete ich wieder einem Juden. Ich ging schon zur Oberschule, also muss es 1942 oder später gewesen sein. Mein Weg führte mich jeden Tag die lange Kastanienallee entlang zur Schule. Ich begegnete ihm eigentlich fast immer an der gleichen Stelle, dem bärtigen, gebückten Mann im heruntergetragenen Mantel und alten Schuhen. Für mich war es ganz selbstverständlich, dass er so aussah, denn man sagte, das sei der Totengräber, und der gehe zum Friedhof zur Arbeit. Eines Tages sagte irgend jemand, er sei Jude. Als ich ihn am nächsten Tag wieder auf meinem Schulweg mir entgegenkommen sah, wollte ich nicht an ihm vorbeigehen und ging auf der anderen Straßenseite weiter, von da an jeden Tag. – Am Ende des Krieges habe ich mehr über ihn erfahren: Der Jude hieß Dr. Fritzmartin Ascher, war Gymnasiallehrer aus Pforzheim; er war mit einer Schweizerin verheiratet und deshalb vor der Deportation verschont geblieben. Nach dem Krieg war er der erste Bürgermeister unserer Stadt.«

Sieglinde D., Insterburg, Ostpreußen (1930): »Einmal, als meine Mutter und ich in die Stadt gingen, fegten vor dem Tunnel einige dazu zwangsverpflichtete jüdische Frauen die Straße. Die Mutti sah nicht hin. Sie sagte zu mir: ›Solch ein Unrecht! Das waren früher unsere Patienten!‹ Sie nannte die Namen einiger Frauen, das ist die Frau Rechtsanwalt Soundso und dort die Frau Sowieso. Die Mutti erzählte oft von Professor Falkenheim, einem Juden, dem Leiter der Universitätskinderklinik zu ihrer Zeit. Er war ein verständnisvoller, vielseitig gebildeter, sehr feiner Mensch gewesen. Auch ihre von ihr hoch verehrte und geliebte Klavierlehrerin war eine Jüdin. Sie hatten ein so nahes Verhältnis zueinander, dass die Klavierlehrerin unsere Mutter sogar zu ihren Geburtstagsfeiern einlud. Für mich war es wichtig, dass die Mutti so anerkennend und persönlich von Juden sprach, die von der Propaganda so verteufelt wurden.«

Roman K. (1929) erlebte den Einmarsch der Deutschen in Wien:

»Mit Widerwillen erlebte ich als Elfjähriger, wie Juden gezwungen wurden, die auf den Gehsteigen gemalten Krukenkreuze des österreichischen Staates (als Zeichen des Widerstandes gegen Hitler) mit Wasser und Bürsten abzuwaschen, und immer wieder von jungen SA-Leuten getreten wurden. Ebenso erlebte ich die Beschmierung der Judengeschäfte und hörte von Selbstmorden einzelner Juden. Dies hat sich so nachhaltig in mein Gedächtnis eingeprägt, dass ich nie zu HJ-Treffen ging und man mich mehrmals zwangsweise von zu Hause abholte, um mich anschließend vor versammelter Truppe zu demütigen, was mich aber nicht daran hinderte, wieder nicht zu diesen HJ-Treffen zu gehen. Dies bewirkte bei meiner Mutter (Vater beim Militär) große Ängste.«

Konrad S. (1931), Riesa, Sachsen: »Gegenüber von dem 1938 zerstörten jüdischen Kaufhaus hing ein Schaukasten, dessen Aufschrift ich mühsam entzifferte: ›Die Juden sind unser Unglück!‹ Ich buchstabierte laut den Satz, den ich so wenig verstand wie die Bemerkung eines älteren Mannes, der hinter mir stand und meinem Leseversuch zugehört hatte: ›Hoffentlich!‹ knurrte er und verschwand … Zu Hause erzählte ich meinen Eltern stolz, was ich da buchstabiert, aber nicht verstanden hatte. Auch das ›Hoffentlich!‹ des Passanten. Ich hatte doch ein Lob für meine Leseleistung erwartet und hätte den ganzen Vorgang längst vergessen, wenn meine Eltern nicht so aufgeregt reagiert hätten. Sie verboten mir, ihn anderen zu erzählen, und mir ist er 1991 (!) ganz plötzlich in Erinnerung gekommen, als ich bei einem Besuch in meiner Heimatstadt an der Stelle stand, an der einst der Schaukasten mit der bekannten Aufschrift gehangen hatte. Er war nicht mehr da, nur noch die Löcher in der Wand, das Bild in meinem Gedächtnis und die Symbolkraft des Vorgangs.«

Von »Arisierungen« und *Bereicherung an jüdischem Eigentum* haben die Kinder nicht so viel bemerkt.[5] Über einige Fälle wurde schon in Kapitel 18 berichtet. Mit welcher Selbstverständlichkeit die kleineren oder größeren »Schnäppchen« von der Bevölkerung angeeignet wurden, zeigen die kurzen Zeugnisse dazu:

Karin R. (1934): »Ein rotes Kindermäntelchen aus Filz stammte aus dem Ausverkauf bei Wertheim oder Tietz. Man sprach darüber nur unter Hinweis auf den billigen Preis und seine lange Nutzung, da es später zu einer Jacke und danach mit unsäglicher Stückelei zu einer hübschen Weste verarbeitet wurde. Es war klar, dass da jüdischer Besitz verschleudert worden war. Aber an bedauernde Äußerungen kann ich mich nicht erinnern.«

Mit größter Selbstverständlichkeit und ohne Kommentar notiert Gisela F. (1928) am 17.7.44 in ihr Tagebuch:

»1. Kriegseinsatz im Kindergarten in Pilsen. Da ist: Tante Leni, die Kindergärtnerin, Tante Frieda, die Köchin, Helga, eine Praktikantin aus Sachsen, und Anni, eine Helferin … 25–30 Kinder sind zu betreuen. Mein Dienst läuft von 8.00–12.00 und 14.00–18.00. Der Kindergarten ist prima eingerichtet in einer ausgeräumten jüdischen Villa. Abends in ›Vetter von Dingsda‹.«

Dazu schrieb sie mir in einem Brief vom 6. September 2006:

»Eines Tages spielte sich folgende Szene ab, die ich damals nicht niederschrieb, aber ich vergaß es nie: Eines Morgens erschienen in der Straße jüdische Straßenkehrer unter Aufsicht von zwei Soldaten. Sie mussten die Straße kehren. Plötzlich sagte die eine Kindergärtnerin, die am Fenster stand: ›Guckt mal *den*!‹ Wir liefen alle zu ihr und sahen, dass einer der Juden vor unserem Haus stand und, auf den Besen gelehnt, das Haus ansah, tieftraurig. Wir vermuteten alle, dass das der ehemalige Besitzer war.

Dann kam der deutsche Aufseher, schimpfte mit ihm und packte ihn am Kragen, und der arme Kerl fegte weiter ... Also irgendwie beschlich mich damals ein ungutes Gefühl, der Mann hatte mir leid getan, aber das durfte man ja nicht sagen.«

Die Geschehnisse im Zusammenhang mit der »*Reichskristallnacht*«, dem Pogrom vom 9./10. November 1938, haben viele der etwas älteren Kinder hautnah und bewusst miterlebt.

Siegfried S. (1930), Breslau: »Als ich morgens zur Schule ging, waren in einer Straße, die ich überqueren musste, SA-Leute dabei, Scheiben in einer Wohnung im ersten Stock eines Hauses mit Steinen einzuwerfen. Ich wusste nicht, warum. In der Schule angekommen, setzte unser Lehrer ›Heimatkunde‹ auf den Stundenplan. Das war mit einem Stadtrundgang verbunden. Sicher wollte er selbst etwas sehen von dem, das wir dann zwangsläufig auch zu sehen bekamen. Wir gingen durch das Zentrum der Stadt. Bei Wertheim, dem größten Kaufhaus von Breslau, waren die Scheiben eingeschlagen. Auch in anderen Geschäften war das so. Alle möglichen Waren lagen auf der Straße zwischen den Glassplittern. Man durfte nichts aufheben. Vor einem Haus in der Nähe vom Hauptbahnhof standen SA-Leute. Ein Mann mit einem Koffer kam herausgestürzt und wurde gleich zusammengeschlagen. Über ein Brückengeländer ließ man einen anderen Mann, vermutlich einen Juden, an einem Strick zur Oder herunter und zog ihn wieder rauf. Dann standen wir vor der großen Synagoge in Breslau, aus deren Kuppel die Flammen schlugen. Ich konnte mir bis dahin gar nicht vorstellen, dass ein steinernes Haus brennen kann.«[6]

Manfred H. (1932) in Nordhausen am Harz: »Als sechsjähriger Bub war ich auf dem Weg in den Kindergarten und kam an der brennenden Synagoge vorbei. Davor SA in Uniform; es wurde nicht gelöscht, und als ich zu meinem Kindergarten in die Osterstraße kam, war er geschlossen. Die Familie Wild war über Nacht abgeholt. Vor der Tür auf der Straße stand weinend unsere Kinderschwester und schickte uns nach Hause. Wilds waren auch Juden, was ich nicht einmal wusste. Meine Mutter klärte mich dann auf. Hier fing für uns Kinder nun der Zwiespalt an, mit dem wir leben mussten. Mein Großvater schimpfte sehr laut über das Unrecht, was die Nazis, wie er sie nannte, den Juden angetan haben. Sein Schwager Albert war bei der NSKK (*Nationalsozialistisches Kraftfahrkorps*) und kam am Abend auch noch in Uniform bei uns vorbei, um seine Frau, die Tante Liesbeth abzuholen. Ich werde dieses Geschrei und die Erregung meines Großvaters nie vergessen. Mir wurde dabei angst und bange.«

Brigitte E. (1928), Forst Lausitz: »Ich kann mich sehr gut erinnern an die so genannte Reichskristallnacht ... Unser Mädchen kam voll Entsetzen vom Einkaufen zurück und sagte, man habe die Villa von Lewis vollkommen verwüstet. Man habe das Eingemachte aus dem Keller herauf geholt und die Blaubeeren in die Betten geschüttet. Das war etwas, was ich als Kind so widersinnig fand, dass ich es überhaupt nicht verstehen konnte. Das, was wir aber verstanden, war, dass man gegen die Juden vorging.

Am 10. November ging ich mit meiner Mutter in ein Delikatessengeschäft einkaufen. Wir gingen in das Geschäft, da saß Frau Lewi mit der Inge, die Inge war meine Schulkameradin, und mit ihrer kleinen Schwester in einer Ecke. Sie saß da und witterte wie ein Tier nach allen Seiten, ob eventuell jemand ihr etwas antun würde, sie saß da, ein Würstchen in der Hand. Und die Inge kam auf meine Mutter zu, machte einen tiefen Knicks und begrüßte sie. Sie hatte das überhaupt nicht begriffen. Und um uns herum entstand ein Kreis von Menschen, die uns anstarrten. Und ich muss sagen, ich habe in dem Moment, also hinterher schäme ich mich dessen, gedacht, um Gottes Willen, hoffentlich, hoffentlich werden wir nicht auch eingesperrt. Man wusste ja schon von Konzentrationslagern. Das lag schon in der Luft. Und ich hatte diese Angst, was passiert jetzt mit uns?«

Marianne U. (1932), Heidelberg: »Meine erste Erinnerung an die nationalsozialistische Zeit habe ich an den Tag, als die Synagoge, die ganz in der Nähe unseres Wohnhauses lag, brannte. Am selben und nächsten Tag konnte ich noch beobachten, wie das Hab und Gut einiger jüdischer Familien in unserer Nachbarschaft und auch in der Weststadt Heidelbergs, wo eine Freundin meiner Oma wohnte, verbrannt, vernichtet oder geplündert wurde. Ich hatte schreckliche Angst, dass diese ›bösen Männer‹ auch zu uns kommen und alles vernichten. Deshalb versteckte ich meine Lieblingspuppen und Stofftiere in meinem Kinderzimmerschrank. Nachdem ich aber merkte, dass dies nicht bei uns passierte und zu Hause auch über dieses schreckliche Geschehen nicht mehr gesprochen wurde, vergaß ich es langsam.«

Helga W. (1928): Im November 1938 habe ich zum ersten Mal mitbekommen, was da mit den Juden geschah. Da brannte die Synagoge in Karlsbad, und die Juden wurden auf Lastwagen durch die Stadt gefahren. Wir hatten in der Volksschule in der Klasse eine Jüdin. Das war die Traudel. Ich war die einzige Evangelische. Immer wenn die katholische Klasse Religionsunterricht hatte, durften wir zwei nach Hause gehen. Die Traudel wohnte auch im Krankenhausviertel, der Vater war Arzt. So sind wir beide immer zusammen nach Hause gegangen. Am 8. November (*sie irrt sich im Datum; es muss wohl der 10. November gewesen sein*) war ich mit Mutti in der Stadt, wir wollten in ein Handarbeitsgeschäft gehen, da sagte ich: ›Was ist denn das, was machen die mit den Leuten?‹ Da sehe ich auf einem Auto die Traudel. Sie hob ganz klein wenig die Hand und winkte mir mit den Fingern zu. Das war das erste Mal, ich war ja erst zehn Jahre alt, dass ich davon etwas gemerkt habe. Es ist nie darüber gesprochen worden.«

Roland E. (1932) Stuttgart: »Als Kind wünschte ich mir immer, einmal ein brennendes Haus zu sehen. Leider ging dieser Wunsch später auf schreckliche Weise in Erfüllung. Als am 9. November1938 die Synagogen brannten, war die Stimmung im Hause gedrückt. Großeltern und Mutter schwiegen, aber ich fühlte, dass etwas anders geworden war, nicht wie sonst. Viele Menschen in der Umgebung wirkten gedrückt und still. Mein Onkel brachte mir das Schachspiel bei und fertigte mit mir zusammen kleine Zeichnungen an in der großelterlichen Stube, die mit ihrem Uhrenschlag und dem gelben Schein der Lampe, der auf den Tisch fiel, die Normalität wiederherstellte.«

Christiane S. (1932) in Lippe: »Die ›Kristallnacht‹, die hab ich sehr bewusst erlebt. Am Morgen danach, da war ich sechs, da sind wir durch die Synagoge gestreunt, die war nicht abgebrannt, die stand. Da sind wir durch die Gebetbücher so gestapft. Lippe war so eine Ackerbürgerstadt. Und da waren sehr viele jüdische Geschäfte. Und die waren alle geplündert. Da waren draußen die Kinderwagen und die Fahrräder. Es war aber in der Bevölkerung ein ziemlicher Judenhass.«[7]

Karl-Heinz Mehler (1929): »Sehr gut erinnere ich mich an die Verbrennung von Büchern vor dem Haus der jüdischen Familie Furchheimer am Neckarauer Marktplatz am 9. November 1938. ›Dort, wo man Bücher verbrennt, verbrennt man am Ende Menschen.‹ Diesen Satz von Heinrich Heine kannte ich damals noch nicht. Er ist auf schlimmste Weise zutreffend geworden. Wahrscheinlich war es ein Zufall, dass ich diese schreckliche Aktion gesehen habe. Ich muss noch spät abends unterwegs gewesen sein und wurde durch heftiges Geschrei auf die Aktion aufmerksam. Mit meinen neun Jahren verstand ich nicht, was da vor sich ging. Die Hetze gegen Juden war mir nicht bewusst. Dass da etwas Außergewöhnliches geschehen ist, habe ich allerdings kapiert.

Meinen Eltern erzählte ich, was ich gesehen hatte. Sie waren Kunden bei den Furchheimers, die ein Textilgeschäft betrieben. Es war eines der größeren Geschäfte in Neckarau und die Furchheimers waren angesehene Neckarauer Bürger. Meine Eltern haben sich sehr abfällig über diese Gewalttat geäußert, die einige Tage lang Gesprächsthema in unserer Familie und auch bei anderen war. Ich selbst verstand von den politischen Hintergründen so gut wie nichts. Das Ereignis wurde von den Erwachsenen wahrscheinlich schnell verdrängt. Wer nicht unmittelbar Betroffener war, der ging bei allem, was an Unrecht geschah, umgehend zur Tagesordnung über. Für ihn war ja die Welt in Ordnung.

Nach der ›Reichskristallnacht‹ wurde in der Presse und im Rundfunk eine ungeheure Judenhetze betrieben, die ich nunmehr auf Grund des Gesehenen und von meinen Eltern Gehörten wahrnahm. Als absolut kritikloser Neunjähriger glaubte ich jedoch zumindest einiges von den Propagandareden. Wie meine Eltern dazu standen, weiß ich leider nicht, denn sie haben mit mir nie darüber gesprochen.«[8]

Die Zeugnisse der Kinder bestätigen den Befund, den Peter Longerich aus zahlreichen anderen Quellen ableitet:[9] Die Bevölkerung stand den Gewaltaktionen weithin ablehnend gegenüber, es herrschte eine bedrückte Stimmung, das spürten auch die Kinder. Die Ablehnung wurde aber fast nur im engsten Familienkreis laut, selbst da wurden die Kinder von den Gesprächen ausgenommen. Sie empfanden ganz instinktiv das Unrecht, auch wenn sie die politischen Hintergründe nicht durchschauten. Sie waren aber auch – wenn die Eltern nicht dagegenhielten – der Judenhetze ausgeliefert, oder sie gerieten in

Verwirrung, wenn Verwandte sich darüber stritten. Abgesehen von dem offenen Antisemitismus, von dem das Kind aus Lippe berichtet, dem Herumstapfen in Gebetbüchern, und von der Erwähnung eines Mädchens, das plündern wollte, erzählte niemand von gemeinen Verhaltensweisen durch Kinder. Es hat sie aber gegeben, Kinder haben Steine geworfen, haben jüdischen Kindern »Judensau« nachgeschrien, haben ihnen nachgestellt und sie verprügelt. Wir werden das im folgenden Kapitel zu beachten haben.

Mit **KZ-Häftlingen und Konzentrationslagern** kamen nicht wenige Kinder in Berührung. Schon daraus wird ersichtlich, wie eng das Netz der Lager spätestens ab Sommer 1944 über Deutschland gespannt war und wie wenig überzeugend die Behauptung vieler Erwachsener ist, sie hätten »davon nichts gewusst«.[10] Dort saßen nicht nur Juden ein, sondern alle »Gemeinschaftsfremden«. Die Kinder konnten keine Unterschiede erkennen, weshalb ihre Beobachtungen hier zusammengenommen werden.

Roswitha L. (1933): »Ich war irgendwann noch in Fürstenwalde mit dem Fahrrad unterwegs, mit irgendwelchen anderen Kindern, und wir waren ein Stück weiter gefahren, als wir das sonst taten. Da waren ja so Kiefernwälder ringsum, die haben ja zwischen Frankfurt/Oder und Berlin unendliche Kiefernwälder. Ich weiß nicht, was wir da vorhatten. Wir fuhren so einen Sandweg entlang, und links war eine Böschung, und auf einmal sahen wir da Stacheldraht, mitten im Wald und wahnsinnig hoch. Da wurde es uns etwas gruselig, der Wald war sowieso etwas düster, und wir sind da noch ein Stückchen langgefahren, da waren wir noch nie. Da sind wir ein Stück weiter, und dieser Zaun hörte und hörte nicht auf. Wir sahen nichts, wir hörten nichts, und dann sind wir fluchtartig wieder zurückgefahren, und am Abend habe ich dann meinen Eltern das geschildert und dann hab ich gefragt, wisst ihr überhaupt, dass da so was ist und wieso ist da ein mannshoher Zaun? Das kann doch gar nicht sein, die Kasernen sind doch auf der anderen Seite. Da sagten die Eltern, vergiss das mal lieber, und das war alles. Das hat mich dann immer weiter noch gewurmt, solange wir in Fürstenwalde waren. Die Eltern hatten schon eine Ahnung von unheimlichen Sachen, die da in der Stadt passierten.«

Christa F. (1928) wohnte mit Mutter und Geschwistern eine zeitlang in einem abgelegenen Haus nördlich von Berlin:

»Das nächste Haus war, glaube ich, eine halbe Stunde zu Fuß zu laufen durch den Wald, das war also nicht weit vom KZ Ravensbrück. Und einer durfte immer Milch holen, bei den Bauern. Ein Schimmel war da auf der Weide, und wir waren herrlich allein. Und so dicke Brombeeren wuchsen da am Weg. Also Waschschüsseln voll haben wir da gepflückt. Zum Abendbrot gab es Brombeeren mit Milch. Und einmal wollte ich auch zum Brombeerpflücken gehen, da kam mir ein Trupp Häftlinge, weibliche Häftlinge, entgegen mit einer Aufseherin, also da kann es einem nur kalt den Rücken runterlaufen. Das war so ein Mannweib mit Stiefeln und Reitpeitsche, und dann so eine Bulldogge, und hinter ihr, die hatten ja alle solche Winkel, das waren politische Gefangene mit roten Winkeln, die grabschten da am Wegesrand die Kräuter. Also fürchterlich. Ich war also froh, als ich da vorbei war. Ich kam da ja entgegen. Ich dachte, wenn die einen Wutanfall kriegt, die schlägt einen noch mit der Peitsche. Ich habe also gar nicht hingeguckt, nur weg. Fürchterlich. Also, ich meine, so Sadisten gibt es ja immer, und die suchen sich dann auch solche Pöstchen aus.«

Eveline F. (1932), Siemensstadt: »Bei uns an der Straße liefen ja immer die Gefangenen vorbei, morgens zur Arbeit und abends in die Baracken. Zuerst waren das russische Kriegsgefangene und dann auch KZ-ler, die sahen noch viel abgemagerter aus und viel verhärmter als die Gefangenen. Und auf dem Rückweg war's immer so, das waren immer so Fünferreihen. Dann haben die immer vielleicht fünf, zehn Leute so mitgeschleift, die nicht mehr laufen konnten vor Schwäche. Vielleicht waren sie auch schon tot, das kann gut sein, sie mussten ja die Anzahl wieder mitbringen. Und die Bewacher, also die deutschen Soldaten, da hab ich nur gesehen, dass sie die drangsaliert haben. Ich habe nichts Positives gesehen. Wird vielleicht auch mal gewesen sein, aber das weiß ich nicht.«

Fritz F. (1936): »In der Nähe von Vaihingen/Enz waren in einem KZ viele Juden inhaftiert. Es war im Herbst 1943 oder 1944. Durch die Einberufung der meisten jungen Familienväter konnte die Kartoffelernte nur schwer eingebracht werden. Deshalb wurden die Häftlinge aus dem KZ Vaihingen bei uns im Ort unter strenger Bewachung durch deutsche Soldaten zur Kartoffelernte eingesetzt. Ich kann mich noch sehr gut erinnern – als wenn es erst gestern gewesen wäre –, wie unmenschlich die Soldaten mit den Gefangenen in Sträflingskleidern umgingen. Auf Lastwagen wurden sie angekarrt und auf einem Sammelplatz unweit unseres Hauses an die einzelnen Familien ›abgegeben‹. Natürlich unter strengster Bewachung. Die Häftlinge haben immer nach Brot geschrien. Einem Häftling fiel die Brille herunter. Als er die Brille aufheben wollte, wurde er von einem Wärter mit der Peitsche geschlagen, sodass er zusammenbrach. Ein Erlebnis, das ich bis zu meinem Lebensende nicht vergessen werde.«

Peter M. (1937): »Von Weimar nach Norden wurde eine Bahn zum Konzentrationslager Buchenwald gebaut. Dort sahen wir beim Gang in die Stadt Buchenwaldhäftlinge bei der Arbeit. Mir wurde erklärt, dass dies Gefangene seien, die etwas ›angestellt‹ hätten. Vermutlich wurde auch gesagt, dass Juden und Kommunisten dabei wären. Da ich dort auch andere Leute, Arbeitsdienstleute, Kriegsgefangene und vermutlich auch deutsche Arbeiter bei der Arbeit sah, ging mir aber der Unterschied nicht richtig auf. Für mich waren das alles Leute, die eben eine Eisenbahn bauten. Einmal musste mein Vater im Schloss Ettersberg irgendetwas abgeben. Er nahm mich auf dem Fahrrad mit dorthin. Unterwegs kamen wir an einer Straßenbaustelle vorbei. Der Lage nach muss das die Straße des Todes gewesen sein. Gegen Ende des Krieges, in der Zeit, als wir die Fliegeralarme in unserem Unterstand im Steinbruch verbrachten, arbeiteten dort auch ›Buchenwälder‹. Dabei sah ich einmal bei der Essensausgabe zu. Es gab nur Brot und rohe Steckrüben (vielleicht waren es auch Runkelrüben). Was mich dabei am meisten wunderte, war, wie unterschiedlich groß die Stücke waren. Einige bekamen Stücke, die etwa 250 Gramm entsprachen, andere abgestuft immer kleinere Stücke, die kleinsten waren etwa so groß wie eine kleine halbe Scheibe Brot. Wie das mit dem Trinken war, weiß ich nicht mehr. Grausamkeiten habe ich keine gesehen. Vermutlich hielten sich die Wachleute zurück, weil so viele Zuschauer da waren.«

Hildegard W. (1934): »Ich glaube, es war im Herbst 1944, als zwei Flüchtlinge aus dem KZ Buchenwald sich bis nach Wildberg durchschlugen und von Landjägern ergriffen wurden, als sie sich unten an der Wertach versteckt hatten. In der Wirtsstube in Wildberg machten die Landjäger Rast, und als sich diese unerhörte Neuigkeit im Dorfe verbreitete, liefen fast alle neugierig dorthin, ich leider auch. In einer Ecke saßen zusammengesunken zwei Männer in der üblichen gestreiften Häftlingskleidung, nass, frierend und mit niedergeschlagenen Augen. Schließlich mussten wir in der Schule auch noch einen Aufsatz darüber schreiben, dessen Wortlaut unsere Lehrerin, wie dort üblich, mehr oder weniger vorschrieb. Bei der Vorstellung, dass vielleicht irgendwo in Bayern dieser Aufsatz mit meiner Unterschrift noch herumliegt, wird mir ganz übel.«

Helmut B. (1934) aus Mannheim, evakuiert in Mühldorf am Inn: »Wir verliefen uns beim Tannenzapfensammeln und gerieten an den Rand einer Großbaustelle mitten im Wald. Die Wege waren als Knüppeldämme ausgebaut, die durch den dunklen, aufgequollenen Morast der Baustelle führten. Auffällig viele Gefangene in blau und weiß gestreiften Drillichanzügen arbeiteten hier. ›Halt!‹ rief uns ein Wachposten an, ein SS-Mann, dem eine MP von der Schulter baumelte. Er verwickelte Mutter in ein Gespräch, in welchem er sich über seinen langweiligen Dienst beklagte. Nach einer Verwundung sei er dem Wachbataillon des KZ Mettenheim zugeteilt worden. Nun müsse er sich täglich mit diesem Lumpeng'sindel abgeben. Alle diese Männer, und seine rechte Hand beschrieb einen imaginären Bogen, seien Zuchthäusler, Zigeuner oder ›Politische‹, meinte er verächtlich. Wir waren also unversehens in das Weichbild einer KZ-Baustelle geraten. Auf dem Knüppeldamm holperte ein Zettelmayer-Kübelwagen heran. Eine Gruppe Häftlinge lud zwei blaue Isoliertonnen und eine Zinkwanne, die mit Brotkanten gefüllt war, ab. Ein Kapo tauchte eine Einliterbüchse, die an einer Dachlatte angenagelt war, in eine völlig durchsichtige, hellgelbe Brühe und schüttete jedem der Männer, die geduldig in einer Schlange standen, einen Schöpfer in ihre Kochgeschirre. Ein weiterer Kapo verteilte das Brot, dreieckige, trocken aussehende Ranken.

Einen dieser Häftlinge hab ich beim Essen beobachtet. Zusammengesunken saß er auf einem Holzstamm und tauchte sein Brot in die Brühe. Ganz vorsichtig sog er die Flüssigkeit aus dem Brotstück und biss dabei ganz kleine Stücke ab. Beim Kauen schlossen sich seine Augen. Nie mehr danach hab ich einen Menschen beobachtet, welcher mit einer solchen Andacht sein Essen verzehrte. Nachdem er bemerkte, dass ich ihm zusah, wandte er sich mit Tränen in den Augen ab. Das Antlitz dieses Mannes konnte ich nie vergessen. Unter schmaler Stirn eingefallene, mit grauen Bartstoppeln verwahrlost überzogene Wangen. Die Nase herausgemeißelt aus dem verhungerten Gesicht. Seine Augen versanken tief in ihren Höhlen, aller Glanz und alle Hoffnung waren aus diesen Augen entwichen.«

Manfred H. (1932), Nordhausen: »Im Herbst 1944 wurde die Kaserne geschlossen und in ein Konzentrationslager umfunktioniert (*es sollte unterirdisch kohlensaurer Kalk gebrochen werden für die Leunawerke zur Stickstoffherstellung. Außerdem wurden im Berg Kohnstein V I und VII-Waffen gebaut*), anfangs wussten wir darüber nur vage Bescheid. In den Berg führten zwei Eingänge, wo die Züge einfahren konnten, und zwei Eingänge waren für LKW und Personal. Die KZ-Häftlinge brauchte man jetzt als weitere Arbeitskräfte. Um das gesamte Kasernengelände wurde ein elektrischer Zaun gezogen, der mit Wachtürmen und einem starken Lampensystem ausgeleuchtet war. Von unserem Haus Luftlinie 1.800 Meter. Es war ein gespenstischer Anblick …«

Nach einem schrecklichen Bombenangriff herrschte ein fürchterliches Chaos. Mit knapper Not konnten sich Manfred und seine Angehörigen retten.

»Die Fabrik von Mauthner brannte. Keiner war da, um zu löschen … Am Rande der Straße sahen wir einige tote KZ-Häftlinge liegen. Sie waren in der Kaserne untergebracht gewesen und versuchten sich ins Freie zu retten, als durch den Stromausfall und die Bomben die Umzäunung zerstört war, wurden aber offenbar im Freien getroffen. Von den 8.000, die im Kohnstein gearbeitet haben, sind nach Zählungen ca. 1.000 durch die beiden Bombenangriffe umgekommen, sie hatten ja keine Luftschutzkeller. Zum Teil schleppten sie sich gegenseitig stützend verwundet heraus. Wir durften ihnen nicht helfen, dies war unter Todesandrohung verboten.«

Auch wenn in diesen über das ganze Land verteilten Konzentrationslagern keine fabrikmäßige Tötung durch Gas stattfand, so war doch die »Vernichtung durch Arbeit und durch Hunger« für alle, die mit den Häftlingen in Berührung kamen, klar erkennbar. Nur – die Kinder konnten sich nicht alleine erklären, warum diese Menschen, die sie sahen, auf solche Weise behandelt und misshandelt wurden. Sie mussten sich mit der Erklärung: Das sind strafwürdige Personen, solche, die »etwas angestellt haben«, zufrieden geben, wenn sie überhaupt eine Erklärung erhielten. Die Eltern schwiegen nicht nur aus Angst, sondern auch aus dem Gefühl der Ohnmacht und vielleicht auch, um alle Verantwortung von sich abzuwälzen.

Nicht übersehen werden konnte **der gelbe Stern**, den ab dem 19.9.1941 alle Juden in Deutschland über sechs Jahre »sichtbar auf der linken Brustseite der Kleidung« und »fest angenäht« tragen mussten. Dies war zugleich der Beginn der planmäßigen Deportation in die Vernichtungslager. Auch wenn

Kinder nur ein einziges Mal einem solchen »Sternträger« begegneten, konnten sie es über die Jahrzehnte nicht vergessen.

Melanie M. (1935): »Ein einziges Mal sah ich am S-Bahnhof beim Einkaufen einen scheuen Jungen in meinem Alter, der einen Judenstern trug. Ich sah ihn mit unverhohlener Neugier an, ahnte, dass etwas Besonderes mit ihm war, wagte nicht zu fragen und wurde von meiner Mutter weggezogen.«

Marga N. (1936): »Ein einschneidendes Erlebnis hatte ich wahrscheinlich im Frühjahr 1942. Auf der Straße kamen mir zwei in meiner Erinnerung alte Frauen entgegen. Sie trugen dunkle Mäntel und hatten jeweils auf der linken Seite einen Stern angesteckt oder aufgenäht (ich weiß es nicht mehr). Ich hatte noch nie Menschen mit diesem Symbol gesehen, so blieb ich stehen und sah die zwei Frauen an. Heute schäme ich mich sehr dafür, doch damals war ich ein sechsjähriges Kind und war nicht informiert worden. Meine Großmutter sagte einmal, als wir an dem Haus Marienstraße 4 vorbeikamen: ›Das ist ein Judenhaus‹. (*Juden waren aus ihren Wohnungen oder Häusern vertrieben worden und bekamen in diesem speziellen Haus ein Zimmer zugewiesen – das weiß sie heute*). Später, lange nach Kriegsende, von ihren Enkeltöchtern befragt, meinte sie, die Juden seien plötzlich weg gewesen, sie seien in ein Umerziehungslager eingewiesen worden. Diese Erklärung war und ist uns unverständlich, da sie als junge Frau einige jüdische Bekannte in Lingen hatte und von ihnen später gerne erzählte.«

Martin E. (1927) schildert in seinen Erinnerungen eine Begegnung zusammen mit seiner Mutter. Er spricht von sich selbst in der dritten Person. Sie gingen zusammen zum Einkaufen:

»›Guten Tag, Herr Doktor‹, sagte seine Mutter und blieb wie angewurzelt vor einem kleineren älteren Herrn mit Glatze stehen, der, um nicht erkannt zu werden oder des Staubes wegen, mit hochgeschlagenem Kragen den Gehweg fegte. Unübersehbar war an seinem Mantel der gelbe Judenstern befestigt.

›Bitte, gnädige Frau, gehen Sie mit Ihrem Sohn weiter. Ein Gespräch mit mir, hier auf offener Straße vor allen Leuten, könnte für Sie sehr nachteilige Folgen haben.‹ Immer, auch in dieser Situation, galt seine Sorge anderen Menschen.

›Man wird doch miteinander reden dürfen‹, antwortete Mutter, ›ich habe keine Angst vor einer Anzeige.‹

›Sie sehen, wie es um mich, um uns Juden steht. Es war sehr freundlich von Ihnen, mich zu begrüßen. Ich danke Ihnen.‹

Der kleine Mann drehte sich abrupt um, widmete sich wieder seinem staubigen Geschäft. In seiner Nähe befanden sich weitere, gelb besternte Männer, die mit Strauchbesen ihrer Straßenkehrerarbeit nachgingen.

›Komm, Jungchen, wir kehren um. Mir ist die Lust zum Einkaufen gründlich vergangen.‹

Auf dem Nachhauseweg sagte Mutter: ›Der alte Mann mit dem kahlen Schädel ist ein Dr. Klein. Er war ein sehr bekannter Kinderarzt in der Stadt. Als ich Kind war, wurde ich schon von ihm behandelt und bin mit dir, wenn du krank warst, ebenfalls in seine Praxis gegangen. Weil er alt und gebrechlich wurde, gab er vor zwei, drei Jahren seinen Beruf auf, durfte als Jude sowieso nicht mehr praktizieren. Es ist eine Schande für unser Land, wie unser Staat mit diesen Menschen umgeht. Sie haben nichts verbrochen, sind Deutsche wie wir – Dr. Klein war im Ersten Weltkrieg Soldat –, sie haben eine andere Religion, erkennen nur das Alte Testament der Bibel an, glauben nicht an Jesus Christus, unseren Herrn, den sie gekreuzigt haben. Unser Herr Jesus war auch ein Jude.‹«

Christa F. (1928): »Ich bin mal ins Olympia-Stadion mit der U-Bahn gefahren in Berlin. Und das war gerade, als die Juden den Stern tragen mussten. Da saß in der U-Bahn eine todschicke blonde Frau, die hatte so einen gelben Stern, und dann ist die irgendwie angepöbelt worden von Leuten und musste aufstehen – von einem Mann natürlich, der wollte den Platz haben. Also das fand ich so empörend! Also an deren Stelle hätte ich den Stern ja nicht getragen. Die sah ja überhaupt nicht aus, wie die Juden immer dargestellt werden.«

Ulrich L. (1932): »Ich komme zum Milchgeschäft und stelle mich an die davor stehende Menschenschlange an. Drei Positionen vor mir sehe ich einen etwa gleichaltrigen Buben, nein Knaben: er trug nämlich einen exakt sitzenden Schneider-Anzug, ich furchtbare Bleyle-Hosen. Einmal drehte er den Kopf nach hinten. Ich sah in zwei sehr bestimmt blickende schwarze Augen. Ich wütete: Der ist mir überlegen … Dann bekam er seine Milch und schritt relativ hoheitsvoll an mir vorbei. Da traf's mich wie ein Blitz: zum ersten Mal in meinem Leben sah ich auf dem Revers dieses Knaben den gelben Stern mit zentraler Inschrift ›Jude‹. Ich war völlig konsterniert. Zwar wusste ich, dass Juden einen gelben Stern tragen mussten, hatte aber noch nie einen gesehen und meinte auch, Juden sollte es halt am besten gar nicht geben …

Ich bekam meine Milch wie in Trance und ging dann zwischen zwei christlichen Institutionen – rechts die katholische Marienkirche und links das Vereinshaus des CVJM, in dem wir wohnten – und merkte plötzlich, dass ich ständig das Gebet des Pharisäers im Tempel vor mich hinsprach: ›Ich danke Dir, dass ich nicht bin wie dieser einer‹, d.h. dass ich kein Judenbube bin, während der Zöllner sagt: ›Gott sei mir Sünder gnädig.‹ Als ich merkte, dass ich mich auf der falschen Seite, nämlich der des Pharisäers befand, war ich tief beschämt – erzählte aber niemandem von meinem Judenbuben-Erlebnis auch nur einen Ton.«

Vera M. (1933): »Ich sah nur einmal eine Jüdin mit dem Judenstern. Nur sie und ich waren auf der Straße. Sie hatte die Arme um ihren Körper gelegt, als ob sie sich selbst umarmte, und sah mich mit ihren großen, sehr dunklen Augen an. Eine enorme Traurigkeit (war es Hoffnungslosigkeit?) lag in ihrem Blick. Diese Augen verfolgen mich noch heute.

Unser Familienarzt war ein junger Jude. Er gab sich viel mit mir ab, so dass ich mit 5 Jahren beschloss, ihn zu heiraten, nur musste ich noch etwas wachsen. Dann, im Krieg, als er nur noch Juden behandeln durfte, ging meine Mutter mit mir und einer Bekannten zu ihm. Meine Mutter (die wohl ein heimliches Leben hatte) hatte erfahren, dass die Juden in seiner Straße abgeholt werden. Die Bekannte kannte jemanden, der die Leute sicher ins Ausland brachte. Der Arzt jedoch lehnte die Hilfe ab und meinte, wo auch immer die Juden sind, wird sicherlich ein Arzt gebraucht. – Er war eine gute Wahl als mein evtl. Ehemann gewesen, meine ich.«

Roland E. (1932): »Dort am Wilhelmsplatz habe ich auch meinen ersten wirklichen Juden mit gelbem Stern auf dem Mantel gesehen. Er war groß, hatte das Alter meines Großvaters, das nahm ich aufgrund seines Aussehens an. Er stand hilflos herum mit einer leeren Einkaufstasche und getraute sich in kein Ladengeschäft. Ich wusste nicht, was ich tun sollte. Ich hätte ihm gerne geholfen, aber ich habe mich nicht getraut. Heute bereue ich es, nicht gehandelt zu haben. Aber ich war damals zehneinhalb Jahre alt und schüchtern.

Ich rannte heim. Bei meiner Mutter schüttete ich mich aus: ›Ich habe einen Juden gesehen, der hat ausgesehen wie der Opa. Warum trägt der ein gelbes Abzeichen auf dem Mantel?‹ Meine Mutter: ›Warum hast Du ihm nicht geholfen?‹ Ich sagte nichts. Ich war trotz aller Infiltration ein Kind. Aber dieser Moment des armen Juden, wie er hilflos stand, hat sich eingebrannt in mich, unvergesslich.«

Die Erlebnisse und Reaktionen der Kinder sind in verschiedener Hinsicht aufschlussreich: Keines der Klischees, die ihnen von der Nazi-Propaganda aufgenötigt werden sollten, passte auf die Menschen, denen sie begegneten. Erst durch den Stern haben sie überhaupt gemerkt, dass es Juden waren.

Das Verhalten der Erwachsenen reicht von Anpöbeleien bis zu furchtloser Kontaktaufnahme und Hilfsbereitschaft. Die Kinder selbst sind hin- und hergerissen zwischen Neugier, Erstaunen und Scham. Sie haben ein ganz untrügliches, spontanes Gefühl dafür, dass da Menschen Unrecht getan wird. Nur wenige werden darin von ihren Eltern bestätigt und bekommen eine ausreichende Erklärung.

Die Stigmatisierung mit dem gelben Stern wies schon hin auf den bevorstehenden letzten Akt der Verfolgung: auf die *Deportation in die Vernichtungslager.*[11] In den bisherigen Erzählungen klang das immer wieder an: Sie sind »fortgekommen«, »in Arbeitslager«, »man hat sie nicht mehr gesehen«, »sie wurden abgeholt.« Wohin und warum? Was haben die Kinder davon mitbekommen?

Arno K. (1934) in Berlin: »Eines Tages, mitten im Spiel, erschienen Polizisten, die uns von der Straße vertrieben und uns nach Hause schickten. Keiner wusste warum. Alle gingen in ihre Häuser bzw. Wohnungen, nur ich tat so als ob und schmulte leicht um die Ecke, da unsere Haustür etwas tiefer lag als die Hauswand. Nach einiger Zeit erschienen zwei blaugraue Lastwagen und hielten vor der ›Glimmer‹ (*einem Gast-*

haus). Es dauerte nicht lange und schwarz-uniformierte Soldaten trieben mit Gewehrkolben Frauen und Männer auf die Lkw. Erschrocken lief ich zu meiner Mutter in die Wohnung und erzählte ihr, was ich gesehen hatte. Mutter meinte, das wären wohl die letzten Juden gewesen, die sie wegbringen. Der Begriff Jude war bei mir durch die Nazi-Schule immer mit bösen Menschen, minderwertigen Subjekten und dem Judenstern verbunden. Trotzdem fühlte ich, dass hier etwas Unrechtes geschehen war.«

Dietlind S. (1937) landete auf der Flucht aus Schlesien in einem kleinen Ort, deren Namen sie nicht nennt. Sie spricht in ihren Erinnerungen von sich in der dritten Person:

»An einem Wintermorgen war sie am Bahnhof ihrer kleinen Stadt vorbeigekommen, die Gleise verliefen parallel zur Straße, und es gab auch zur Straßenseite hin ein Nebengleis.

Und dort hatte er gestanden, der Zug mit den Viehwaggons, und sie hatte ihn zuerst gar nicht beachtet. Es war kalt und noch nicht ganz hell, und sie wollte so schnell wie möglich ihr Ziel erreichen. Aber dann hatte sie Stimmen gehört, laute, flehende Stimmen … ›Bitte!‹ hatte jemand gerufen, und da erst war sie stehen geblieben, hatte hingeschaut zu dem Zug und zu ihrem Entsetzen Menschenköpfe hinter vergitterten kleinen Fenstern erkannt. Und dann sah sie eine Hand, die ein Blechgefäß durch ein auseinander gebogenes Gitter hindurch bugsierte. ›Bitte!‹ sagte die Stimme wieder, ›bitte füllen Sie doch das Gefäß mit Schnee! Wir haben nichts mehr zu trinken.‹

Und ohne etwas zu überlegen, war sie hingerannt zu dem Waggon, hatte das Gefäß genommen und mit Schnee gefüllt. Und schon wurden ihr andere Gefäße entgegengestreckt, und sie füllte sie mit Schnee, reichte sie zurück nach oben, sagte nichts und fragte nichts. Es gab auch nichts zu sagen und zu fragen, denn nun wusste sie, dass alles stimmte, was hinter vorgehaltener Hand so oft gemunkelt worden war: dass durch Groß-Strehlitz immer wieder Züge fahren, die Juden ins Konzentrationslager brachten. Nie vorher hatte sie so einen Zug gesehen, und obwohl sie wusste, dass es Konzentrationslager gab und Juden dorthin gebracht wurden, hätte sie es nicht für möglich gehalten, dass dies unter solch menschenunwürdigen Umständen geschah. Das Mitleid mit dem Elend dieser Menschen war größer als die Furcht, jemand könnte sie sehen und anzeigen.«

Karl-Heinz R. (1935), Erfurt: »In diese Zeit muss eine Episode fallen, die mir nachdrücklich in Erinnerung geblieben ist. Meine Großmutter und ich hatten ihre Tochter in der Wrangelstraße besucht. Ich entzog mich der Heimstatt meines ungeliebten Cousins und blieb auf der Straße. Da sah ich eine Kolonne sehr verängstigt blickender Männer, Frauen und Kinder. Aus den Nebenstraßen wurden weitere hierher getrieben. Die Kolonne wurde von SA und Polizei bewacht. Die SA forderte Kinder nachdrücklich auf, diese zusammengetriebenen Menschen zu beschimpfen und zu bewerfen. Ich kämpfte mit Erziehung und dem neuen Angebot. Also nahm ich einen der von der SA gelieferten Sprüche auf und rief ihn auch. Meine Großmutter bekam dies mit, ging zu mir hin und gab mir ein paar Maulschellen, dass ich die Nationalhymne rückwärts singen konnte. Als der SA-Mann versuchte, sie zur Rede zu stellen, fuhr sie ihn an, ob er sich nicht schäme, Kinder dazu anzuhalten, sich derart unverschämt Erwachsenen gegenüber zu verhalten. Sie wünsche ihm nur, dass seine Erziehung einmal dazu führen möge, dass die gleichen Kinder seine Mutter beschimpfen und bespucken. Sprach's und entschwand mit mir. Zurück blieb eine recht verdutzte Senfjacke. Das war meine erste und einzige Begegnung mit jüdischen Menschen, die mir erinnerlich ist. Vermutlich kamen sie erst in das SA-Lager Feldstraße, ehe sie über den Bahnhof Erfurt-Nord in ein KZ deportiert wurden.«

Horst Schmid (1929): «Ende 1941 wurden über 100 ältere Juden aus einem israelitischen Altersheim in Stuttgart im Eschenauer Schloss einquartiert. Sie lebten dort in räumlicher Enge und hatten Ausgehverbot. Lediglich der jüdische Verwalter und seine Assistentin durften das Haus verlassen und waren in Eschenau bald ortsbekannt und respektiert.

Als ich wieder einmal in Eschenau in den Sommerferien war, wurde mein Großvater in seiner Eigenschaft als Parteigenosse aufgefordert, sich mit Arbeitskleidung und einer Packnadel am anderen Morgen im Schloss einzufinden. Eine solche Nadel benutzte man damals zumeist, um zum Bahnversand kommende Obstkörbe mit einem Stück Rupfen zu verschließen … Als er früh am anderen Morgen im Arbeitsschurz losmarschierte, lud er mich ein, doch später nachzukommen. Dieser Aufforderung leistete ich als aufgeschlossener Dreizehnjähriger gerne Folge.

Im Schloss dann nach dem dienstverpflichteten Großvater suchend, fand ich ihn unter dem Dach eines Schuppens mit einigen Parteikollegen in voller Aktion. Das Altenquartier bereitete sich auf die Abreise vor, und jeder Insasse konnte sich seine dreiteilige Matratze aus dem Dorf in ein Leintuch einnähen lassen. Nach einigen Minuten unentschlossenen Zuguckens erkannte ich, dass das Herbeischleppen der Matratzen für viele der alten Leutchen zu schwer war. So legte ich Hand an und ging bald im Schloss ein und aus. Es war ein jammerwürdiges Bild, das sich mir dort drinnen bot. Es herrschte helle Aufregung, ja bei manchen sogar Panik. Nur wenige waren ruhig und gefasst. Dankbar nahmen sie meine Dienste an, und einige vergaßen auch im herrschenden Trubel nicht, mir heimlich ein paar Groschen zuzustecken. Der eine oder andere bat meinen Großvater, ihm doch bitte auch sein kleines Kopfkissen mit in das große Matratzenpaket hineinzuschmuggeln. Er tat es, wenn nicht gerade ein Aufpasser in der Nähe war.

Diese Reisevorbereitungen dauerten ungefähr zwei Tage. Wie bekannt wurde, mussten die Heimbewohner bei ihrer Abreise die Möbel, die sie aus Stuttgart mitgebracht hatten, und ihre übrige Habe zurücklassen. Lediglich das Bettzeug durfte mit. Die Frage, ob sie dieses überhaupt noch brauchen würden und ob das Verpacken nicht nur eine Beruhigungsaktion war, lag die ganzen Tage wie eine Dunstglocke über dem alten Schloss.

Ich empfand Mitleid mit den meist sympathischen und liebenswerten alten Menschen, und selbst meinem ›braun angehauchten‹ Großvater erging es so. Dann kam die Abreise. Vor dem Schloss fuhr ein Reisebus vor, in den die Leute verfrachtet wurden. Dies geschah in Gruppen, da der Bus natürlich nicht alle aufnehmen konnte. Als Augenzeuge stand ich dabei, wie die gebeugten Gestalten mit trauriger Miene in das Fahrzeug einstiegen. Eine alte Dame, die gehbehindert war und deren Beine in orthopädischen Stützgestellen steckten, bekam beim Einsteigen einen hysterischen Anfall. Sie ließ sich, mit den Händen die Haltegriffe des Busses heruntergleitend, auf den Boden sinken. Ich weiß nicht mehr, was sie alles herausgeheult und -geschrien hat, vermutlich das, was alle ihre Leidensgenossen im Bus dachten und was sie bedrückte. Der Ortspolizist brüllte die am Boden Kauernde nun an, sie solle gefälligst einsteigen. Als sie keine Miene machte, begann er sie mit seinen in ledernen Gamaschenstiefeln steckenden Füßen unbarmherzig zu traktieren, bis sie schließlich nach oben gehievt werden konnte und das unwürdige Schauspiel ein Ende hatte. Obwohl ich ein begeisterter Pimpf war und trotz der massiven antisemitischen Propaganda, der wir täglich ausgesetzt waren, fand ich dieses Verhalten skandalös. Meiner Ansicht nach hatte doch das System so etwas überhaupt nicht nötig. Heute wissen wir, dass diese Auswüchse einiger Subalterner lediglich zur Spitze eines riesigen Eisbergs gehörten.«[12]

Die Insassen dieses Altersheimes wurden zunächst nach Theresienstadt und danach wohl in eines der Vernichtungslager im Osten gebracht.[13]

Ingrid H. (1932): »Wir wohnten in Berlin in der Uhlandstraße 183, einer schönen, ruhigen Seitenstraße des Kurfürstendamms. Es war ein richtig buntes, gemischtes ›Multikulti-Großstadt-Haus‹. Doch meine beste Freundin war Reni, eine Jüdin. Wunderschöne Kinderfeste habe ich dort erlebt. Ich weiß, dass meine Mutter Ärger bekam, dass ich mit diesem Judenmädchen spielen durfte, aber meine Eltern waren gradlinige Menschen, völlig unpolitisch. Meine Mutter träumte von schönen Kleidern und Tanzen, mein Vater war ein Wanderer und Naturmensch. Der erste traurige Einschnitt in meinem Leben war, als Reni mit ihren netten Eltern abgeholt wurde. Wir standen vor der Tür. Ich habe die Szene total in meinem Kopf. Reni hatte meine Negerpuppe auf dem Arm, die sie mit mir getauscht hat gegen eine Puppe mit echten, langen Zöpfen. Sie wurden in einen großen Möbelwagen gestoßen. Die Tür knallte zu. An die Kommentare der Erwachsenen kann ich mich nicht erinnern.«

Ruth Worzalla (1932): »Ich wunderte mich, dass meine Freundin Ruth seit Ende der Ferien in der Schule fehlte, und das war nun schon einige Tage her. Die Lehrerin fragte: ›Weiß jemand, was mit Ruth ist?‹ Sie sah mich an. Sie wusste, wir beide, die Ruth Neumann und ich, die Ruth Schreiber, waren unzertrennliche Freundinnen. Wir wohnten im gleichen Haus, kamen miteinander zur Schule und gingen miteinander nach Hause. Ruth Neumann war Jüdin. Wusste die Lehrerin, dass Ruth Jüdin ist?[14]

Einige Mitschüler wussten es, hatten sie es vergessen? Wir sprachen nicht darüber. Ruth war eine gute Schulkameradin, sie war hilfsbereit, konnte sehr lustig sein und niemals hatte sie andere verpetzt. In den letzten Tagen hatte mir meine Freundin gefehlt. War sie krank?«

Als sie die Freundin am Abend besuchen wollte, hörte sie Schreie:

»Ich war in der Nähe unseres Wohnhauses Berlin-Mitte, Neue Jakobstraße 15, angekommen. Ein Lastwagen stand vor dem Eckhaus. Ich sah viele Menschen, eine Menschenversammlung, das war doch verboten, unmöglich, konnte nicht sein. Wieder Schreie, ich rannte los. Schwitzend, atemlos kam ich an unser Wohnhaus und sah, was geschah. Der Lastwagen war vollgestopft mit Menschen. Die meisten kannte ich nicht. Viele weinten, einige hielten sich umklammert, andere standen stumm und regungslos da. Jetzt sah ich auch Ruths Vater mit dem Judenstern auf der Brust. Daneben stand Ruths Mutter, sie hatte den kleinen Adam auf dem Arm, der sie ängstlich umarmte. Adam war drei Jahre alt. Ruth, wo war Ruth? Dann sah ich sie. Männer mit braunen Hemden und großen blanken Stiefeln trieben sie vor sich her, schrien sie an: ›Mach! Mach schon, steig ein!‹ Ruth zögerte, doch die blankgeputzten Stiefel trafen, trafen, trieben sie. Einer der Männer hob sie hoch und hinein in den Lastwagen. Ruth wehrte sich nicht. Wir standen einander gegenüber, meine Freundin Ruth eingesperrt im Laster, ich auf der Straße, alleingelassen zwischen Menschen. Nur wenige Schritte trennten uns, Schritte, die ich nicht gehen durfte. Konnte Ruth mich sehen, erkennen? Ihre dunklen, sanften Augen, die manchmal so lustig blinzelten, so dass die bernsteinfarbenen Pünktchen darin tanzten, schauten ins Leere. ›Ruth!‹ schrie ich, ›Ruth!‹ Ihre Augen begegneten den meinen ein letztes, ein allerletztes Mal.

Dann setzte sich der Lastwagen in Bewegung. ›Ruth!‹ schrie ich noch immer, ›Ruth! Ruth, Ruth!‹ Doch meine verzweifelten Schreie konnten Ruth längst nicht mehr erreichen. Die ›Braunen‹ hatten uns auseinandergerissen. Der Laster war holpernd auf dem Kopfsteinpflaster unserer Straße weggefahren. Wie leblose Puppen schaukelten die Menschen darin halt- und schutzlos hin und her, her und hin. Er fuhr weiter durch die Straßen Berlins, weiter immer weiter … wohin? Ich wusste es nicht.

›Ruth!‹ schluchzte ich, ›Ruth! Deine Puppe, du hast ja deine Puppe vergessen.‹ ›Halt's Maul!‹ fauchte mich einer an. Jetzt war ich still, und mit meinem Entsetzen, meiner Angst und meinem Schmerz alleine …«[15]

Sieglinde P. (1934): »Ich erinnere mich, dass ich einmal morgens in die Schule kam und mein Freund Otto war nicht da. Und ich habe gefragt, wo ist der Otto, und dann hieß es nur: Still, still, still! Aber ich wusste überhaupt nicht, was los war, und da bin ich weggelaufen, weil es sowieso sehr aufregend in der Schule war, und dann bin ich zu dem Haus gelaufen von dem Otto, und das war ausgeräumt. Er wohnte über einem Laden, und die ganze Treppe runter lagen Sachen. Also jetzt im Nachhinein weiß ich, dass es Juden gewesen sein müssen, vorher war davon nie die Rede gewesen, aber sie waren wohl in der Nacht abtransportiert worden. Und ich bin dann zu meinen Großeltern gelaufen, die nur zwei Häuser weiter wohnten, und hab da weinend gefragt: Wo ist denn der Otto, wo ist der Otto? Und die haben gesagt: Sei still, da darf man nicht darüber reden. Das blieb also offen, und ich habe nie eine Antwort darauf gekriegt, wo der Otto denn war.«

Keiner von den »Abgeholten« kam wieder zurück, und von ihnen kamen auch keine Nachrichten. *Gesehen*, was sich in den Vernichtungslagern abspielte, haben nur die, die ganz in der Nähe lebten, unmittelbar in den »Tötungsfabriken«[16] mitwirkten oder unbezweifelbare Beweise vorgeführt bekamen. Ich habe dafür nur zwei Belege:

Dorothea B. (1931) aus Kattowitz: »Die meisten Freunde meiner Mutter, die jüdischen Freunde, die verschwanden. Kattowitz ist ja sehr nah bei Auschwitz lokalisiert. Wir wussten natürlich, wohin die Leute verschwunden sind. Wir wussten auch, was passiert ist.
I: Gleich von Anfang an?
B: Gleich von Anfang an, ja. Unsere Freunde kamen nicht mehr zurück, meine Mutter bekam eine Nachricht, wo sie sind. Sie ist oft in der Nacht gegangen und hat Lebensmittel dorthin gebracht. Jemand hat dann meine Mutter angezeigt, und sie hat mich zu meiner Stiefschwester nach Neustadt in Oberschlesien gebracht, damit ich das alles nicht mitbekomme.«[17]

Martin Bormann (1929) schildert in einem Interview das »Liebesnest« eines höheren SS-Führers, bei dessen Etablierung sein Vater behilflich gewesen war:

»Es ging um einen Mansardenraum in dem Bauernhaus bei Königsee ... Die Einrichtung dieses Raumes unter dem Dach bestand makabrerweise im wesentlichen aus Verarbeitungen von menschlichen Knochen und gegerbter Menschenhaut zu Kleinmöbeln (ein Tischlein, Hocker, eine Lampe mit Pergamentschirm) und einem Foliantenexemplar von ›Mein Kampf‹, handgeschrieben auf Pergament aus Menschenhaut in einer Dachauer Lagerwerkstatt ... Die Einrichtung dieses Raumes war wohl gedacht als eine Demonstration für die weitere Verwendung noch verwendbarer ›Rohstoffe‹ aus Leichnamen von KZ-Häftlingen für ›nützliche Gegenstände‹ – ein grauenhaftes Zeugnis für die beispiellose Menschenverachtung der Nationalsozialisten ...«

Es wird nicht klar, ob er dieses Zimmer schon vor Kriegsende selbst gesehen hat, aber er fährt fort:

»In den Jahren von 1943 bis 1945 suchte das ›SS-Wirtschafts- und Verwaltungshauptamt‹ bei immer knapper werdenden Rohstoffquellen auch solche ungewöhnlichen wie verstorbene/ermordete KZ-Häftlinge zu nutzen. Das begann mit der Bekleidung der Ermordeten, setzte sich fort mit ausgebrochenem Zahngold und schließlich mit der Nutzung der nutzbaren biologischen Reste (vgl. die sog. RIF-

Seife, produziert ebenfalls in Lagerunternehmen, unter anderem – bloß angeblich? – schon 1944 z. B. in unserer Schule in Feldafing behauptet, ohne negativen Unterton, sondern als ›Selbstverständlichkeit‹, auch aus menschlichem Fett: bissige Deutung: RIF – Ruhe In Frieden.)«[18]

Viele haben gehört, was mit den Häftlingen geschah, Kinder wurden *Ohrenzeugen von schauerlichen Gerüchten.* Auch hier herrschte eigentlich das Schweigegebot, über das sich manche Kinder beklagen, aber einiges drang doch durch. Was in der Reichsschule in Feldafing – laut Martin Bormann – als »Selbstverständlichkeit« ausgesprochen wurde, war auch anderswo Gesprächsthema, ohne dass die Kinder – besonders die kleineren – die Bedeutung richtig erfassen konnten:

Gertraude B. (1931): »Im Schulhof zeigte eine Mitschülerin in der großen Pause ein Stück feines farbiges (Seiden)Papier, das sich in ihrer warmen Handfläche zu meinem Erstaunen etwas wölbte. Sie verkündete, dass dies Judenhaut hieße und dass es Lampenschirme aus Judenhaut gäbe. Solch ein Papier wollte ich nicht haben. Ich wusste auch nicht, was ein Jude zu sein, bedeutet.«

Hans W. (1936): »Da wurde mal was laut, und zwar durch meinen Freund. Der Vater war bei der SA ein bissle oben. Der hat einmal zu mir gesagt: ›Was habt denn ihr für eine Seife daheim?‹ ›Ja, so eine Kernseife, eine feste Seife.‹ ›Ja, aus Juden machen sie Seife‹, sagt der, das steckt heute noch in mir drin. Bin ich heimgekommen und hab gesagt: ›Du, Mama, der E. hat gesagt, aus den Juden machen sie Seife.‹ ›Kein Wort mehr, vergiss das sofort, da wird mit keinem Wort mehr drüber gesprochen, du hast nix gehört und du weißt nix.‹«

Ein Freund der Familie von Dorothea S. (1934) arbeitete bei der Firma Speick, also auch in der Seifenherstellung. Er riet ihnen von einer bestimmten Seife ab: »Nehmt die Seife nicht, wo Menschen drin sind. Nehmt die andere.« Sie hörte auch, wie über Bekannte, die »weggekommen« sind, gesagt wurde: »Hoffentlich sind die nicht vergast worden.« *Augenzeugen erzählten* in Anwesenheit der Kinder von schrecklichen Dingen: Väter oder Soldaten auf Urlaub, Verwandte und gute Bekannte, aber auch Wildfremde. Herta D. erzählt vom September 1939 (damals war sie 15 Jahre alt): »Als ich meinen Bruder zur Bahn gebracht habe, er musste wieder ins Feld. Mit dem gleichen Zug kam ein Bekannter von uns in Urlaub, er kam aus Polen. Er sagte im Reinlaufen zu mir: ›Wir pökeln sie ein, eine Lage Erde, eine Lage Juden.‹«[19] Zuweilen belauschten die Kinder Gespräche, die nicht für ihre Ohren bestimmt waren. Wenn von Vorgängen im Frontgebiet berichtet wird, ist nicht zu trennen zwischen Verbrechen gegen Juden und gegen die Zivilbevölkerung. Auch Feldpostbriefe und andere Post sprechen sehr deutlich von Tötung und Vernichtung. Wir stellen zwei dieser schriftlichen Zeugnisse als zeitgenössische Quellen an den Anfang dieses Abschnitts. Der Vater von Wilfried L. (1936) schrieb im Feldpostbrief vom 22. Juli 1941:

»Wir liegen hier in Lasi an der rumänischen Grenze. Wir liegen in Zelten in einer Vorstadt. Hier gab es viele Juden, von denen viele von den Rumänen umgebracht wurden oder in Eisenbahnzügen verladen und so lange im Lande herumgefahren wurden, bis sie mangels Nahrung und Trank umkamen. Auch eine Methode.«

Es muss dem Schreiber klar gewesen sein, dass das nicht ohne Billigung durch den großen deutschen Bundesgenossen möglich gewesen wäre. Er hat auch Transporte in die Vernichtungslager gesehen. Die Mutter hat die Feldpostbriefe ihren Kindern vorgelesen, allerdings wohl kaum diese Passage. Wilfried war damals ja erst fünf Jahre alt.[20]

Der Großvater von Hans W. (1934) schrieb an dessen Mutter am 12. Dezember 1943 nach ihrer Ausbombung in Chemnitz ziemlich verzweifelt:

»Schreit es nicht zum Himmel, dass wir Kulturmenschen, die wir ein Leben lang nur rechtliches getan und wertvolles geschaffen und uns, am meisten unsere gute Mutter, nimmermüde geschunden und geschuftet haben – dass wir nun am Abend unseres Daseins wie die Bettler unser bissel Habe zusammenpacken und wie die Verbrecher in die Verbannung ziehen müssen ... An allem sind nur die in Deutschland weggebrannten Synagogen schuld. Die ihrer Gotteshäuser beraubten Juden rächen sich jetzt dafür furchtbar am ganzen Volke, was doch nur das Verbrechen einzelner fanatischer Halunken war, die sich für besser halten und die darum später auch noch die Juden gemordet haben! Das alles muss das deutsche Volk, das unschuldig ist an diesen Verbrechen, furchtbar büßen! Lass diese Karte das Peterle nicht lesen, er könnte das alles nicht verstehn.«

Otto S. (1939) hat die Geschichte seines Vaters sicher erst nach Kriegsende richtig begriffen, der Vater habe sie »oft und oft erzählt«. Der Vater arbeitete im Nebenerwerb als Versicherungsagent:

»Eines Tages – es muss etwa 1942 oder 1943 gewesen sein – erschien er bei einem Kunden, der bei der Reichsbahn Lokführer war. Im Volksempfänger trompetete die Erkennungsmusik für die allerneuesten Nachrichten, der pathetische Sprecher zählte wieder die unzähligen Siege und Schiffsversenkungen der deutschen Wehrmacht auf. Der Lokführer sagte: ›Hören Sie sich diese Lügengeschichten, diese Propaganda an!‹ Mein Vater wunderte sich sehr. ›Sie als Nationalsozialist sagen so was ...‹ ›Ja, ich als Nationalsozialist.‹ Der Lokführer berichtete dann, was er mit eigenen Augen gesehen hatte. Er hatte einen langen Güterzug Richtung Polen zu fahren. Nichts Ungewöhnliches. Zunächst. Auf freier Strecke, schon in Polen, habe er den Zug anhalten müssen. Aus den Viehwaggons seien Menschen herausgetrieben worden. Es waren Hunderte von Juden, erkenntlich an den gelben Sternen. Neben den Gleisen, so der Lokführer, sei bereits ein langer, tiefer Graben ausgehoben gewesen. Auf Reih und Glied habe die SS die Menschen zusammengetrieben, einen nach dem anderen erschossen. ›Sie stürzten wie die Fliegen in ihr Grab.‹ Weinend fuhr er fort: Unmittelbar neben ihm habe ein SS-Mann eine schöne, junge, rothaarige Frau erschießen wollen, sie vielleicht nicht richtig getroffen. Die Frau habe versucht, aus dem Graben wieder herauszuklettern. Da habe ihr der SS-Mann mit dem Gewehrkolben den Schädel zertrümmert.«

Rudolf G. (1930): »Mein Vater war als Hufbeschlagschmied bei einer Veterinäreinheit in einem Pferdelazarett und dadurch nicht direkt an der Front. Zur Beerdigung meiner Großmutter kam er im Januar 1945 zum letzten Mal auf Urlaub. Er erzählte mir über Gräueltaten der SS, über die ich vorher nie etwas gehört hatte. Auf dem Rückzug durch Polen hatte er die Niederschlagung des Aufstandes im Warschauer Ghetto erlebt«[21]

Paul K. (1933): »Ein Bruder meiner Mutter war Ingenieur bei IG-Farben, und da habe ich als Zehn- Elfjähriger ein Gespräch belauscht zwischen ihm und meinen Eltern. Er hat geschildert, dass er selbst gesehen hat, wie zwei SS-Leute einem Häftling, einem Juden, einen Hydrantenschlauch in den Mund gesteckt haben und den Hydranten aufgedreht haben, dass der Mann aufgeschwollen sei wie der Frosch und dann eben gestorben ist. Und die Reaktion meines Vaters: ›Julius, halt's Maul, du redest dich um deinen Kopf.‹ Und dann war das Gespräch beendet.«

Maria P. (1927) hatte bei einem Kinobesuch einen Platz neben einem Soldaten, den sie nicht kannte:

»Ehe die Vorstellung begann, plauderten wir ein wenig, und ich fand ihn recht sympathisch. Nach dem Film begleitete er mich heim durch die stockdunklen Straßen. Und plötzlich begann er zu sprechen: ›Diesen Krieg werden wir verlieren. Wir müssen ihn verlieren. Wenn es eine Gerechtigkeit gibt … Es sind zu viele furchtbare Dinge geschehen. Wir haben große Schuld auf uns geladen.‹ Und dann erzählte er mir von den Massenerschießungen an Juden in Russland. Er schilderte sie mir bis in Einzelheiten. Er war sehr erregt und brach in Tränen aus. Die grausamen Bilder verfolgten ihn jede Nacht. Er könne seither nicht mehr schlafen.

Ich war so erschreckt und erschüttert, dass ich zu keinem Wort fähig war. Er bat mich noch, mit niemandem darüber zu sprechen, und ich versprach es ihm. Natürlich konnte auch ich diese Nacht nicht schlafen. Wovon man in Andeutungen hatte munkeln hören, was man ahnte, vermutete, stand mir nun deutlich vor Augen. Es war nicht wegzuschieben.«

Dass die von den Alliierten in Massen abgeworfenen *Flugblätter* die nackte Wahrheit enthielten, mochten die allerwenigsten glauben. Schüler mussten sie auflesen und sofort abliefern. Es war bei Strafe verboten, sie zu lesen oder

1. Flugblatt »Was der Deutsche nicht wissen soll«, gefunden und aufbewahrt von Gerhard S.

aufzubewahren. Dennoch haben Kinder sie gelesen und einige haben sich im Besitz der Kinder erhalten. [22]

Ulrich L. (1931): »1944. Wir spielen im Forst bei Metzingen ›Räuber und Gendarm‹. Wir, das sind meine Schulfreunde, etwa 13 Jahre alt. Ich sehe plötzlich ein Flugblatt. Ich warte, bis K. H., einer, bei dem man aufpassen musste – möglicher Denunziant – wo anders hinsieht, packe das Flugblatt, ein französisches, schieb's unter die Windbluse und rufe: ›Ich muss heim, muss aufs Klo.‹ Die Freunde schreien: ›Gibt's ein besseres Klo als den Wald?‹ und höhnen hinter mir her.

Hocherhitzt komm ich zu Hause an. Meine Mutter: ›Was hast Du unter Deiner Windbluse?‹ Ich: ›Nichts.‹ Doppeleffekt: Erstens eine Ohrfeige und zweitens zieht sie mir das Flugblatt aus der Windjacke. Sie zog sich damit auf den einzigen absperrbaren Ort der provisorischen Wohnung zurück. Wütend, wie ich sie noch nie erlebt habe, kommt sie heraus: ›Das ist ja die Gräuelpropaganda der Belgier aus dem Ersten Weltkrieg. Damals wie heute: Die deutschen Landser hacken den Feind-Säuglingen Hände und Füße ab, damit sie Schweinshaxen in Sauerkraut produzieren und verschlingen können. Stell Dir einmal Deinen Vater, Bruder, Deinen Onkel, Deine Vettern vor (alle damals Kriegsteilnehmer), wie sie Säuglingen die Füße abhacken … Idiotischer geht's doch gar nicht. Und die wollen uns vom Nationalsozialismus befreien?‹

Kurz darauf fand ich – ohne schwierige Begleitumstände – wieder ein Flugblatt, ein amerikanisches. Wir lasen es gemeinsam, meine Mutter und ich. Sie: ›Wie viele Einwohner hat Stuttgart?‹ Ich: ›So um eine halbe Million‹. Sie: ›Hier steht aber ›Millionen von Juden werden vergast. Also ein Viel-, Vielfaches der gesamten Bevölkerung Stuttgarts! Meine Freundin Else W. (Frau eines Pfarrers der Bekennenden Kirche) macht ja oft Andeutungen über Judenausrottungen, aber was in diesem Flugblatt steht, ist doch völlig unvorstellbar.‹ Ich gab meiner hoch verunsicherten Mutter recht.«

Am Ende des Krieges haben viele Kinder *Todesmärsche*[23] gesehen und sind die Bilder nicht mehr losgeworden.[24]

Annelore D. (1934): »Wir waren da noch in Canitz, es war die Zeit vor der Flucht. Wir waren vormittags aus der Schule gekommen, da kamen auf der Dorfstraße KZ-Häftlinge in diesen gestreiften Anzügen mit deutscher Wehrmachtsbewachung … Und wir sind am Straßenrand gestanden und haben geguckt als Kinder, mein Gott, was sind das für Menschen!

I: Was wurde Ihnen dann gesagt von den Erwachsenen?

D: Ich glaub, wir haben gar nicht gefragt, war das irgend ein Tabu oder was, ich weiß es nicht. Und an dem Tag wollte Mutti mit uns in die nächste größere Kirchengemeinde, um Helga zum Konfirmandenunterricht anzumelden. Es war ein stürmischer Tag, und wir sind da die Chaussee gegen den Sturm angelaufen, und auf einmal hat die Mutti geschrien: ›Zurück, zurück, zurück!‹ Und wir haben hingeguckt, und da haben sie einen erschossen und der lag da im Straßengraben, vielleicht, weil er nicht mehr weiter konnte? Wir sind zurück, die Mutti war wie erstarrt, und da kam ein Mann, und die Mutti hat gesagt: ›Können Sie uns da mal vorbeiführen, wir haben so eine Angst.‹ Da hat der Mann gesagt: ›Der tut Ihnen nichts mehr.‹ Dann sind wir vorbeigegangen.

I: Ach, das hat Sie auch ziemlich mitgenommen, warum er erschossen wurde!

D: Ja, ja natürlich, er hat kräftemäßig nicht mehr mitkommen können. Wissen Sie, das ist etwas, das vergisst man nie im Leben, oder?«

Horst R. (1932): »Am Ende des Krieges hatten wir Jungen eine sehr aufregende Zeit und trieben uns meist dort herum, wo es etwas zu sehen gab. So kam es auch, dass ich eines Tages in der Nähe der schwarzen Brücke war, als sich ein langer Zug von Menschen (Männer in zerlumpter Kleidung, kaum Schuhe an den Füßen, in Decken oder Säcke gehüllt) in Richtung Ober-Schreiberhau bewegte. Es müssen mehr als hundert gewesen sein, denn der Zug war endlos lang. Es hatte aufgehört zu schneien, und ein leichter Nieselregen hatte eingesetzt. Der Schnee auf der Straße war Matsch geworden, und ein Fortkommen zu Fuß war ungeheuer schwer. Manche Männer wurden von anderen gestützt und schleppten sich mit äußerster Kraft vorwärts. Daraus konnte man schließen, dass sie schon lange unterwegs sein mussten.

Direkt auf der schwarzen Brücke sah ich, wie sich ein Mann an dem Brückengeländer festhielt und nicht weiterging. Zwei Männer, die ihn unterfassten und mitnehmen wollten, wurden von einem der Soldaten, die den Zug begleiteten, weggeprügelt. Der Soldat, nur an dem Stahlhelm als Soldat zu erkennen, ansonsten trug er einen langen Mantel, stieß den erschöpften Mann nach vorn. Dieser stolperte, fiel auf sein Gesicht und blieb liegen. Daraufhin hob der Soldat seine Pistole und schoss auf den Mann, dann drehte er ihn um, und da er nahe am Brückenrand lag, stieß er ihn mit den Füßen in die Mummel. Der Soldat steckte seine Pistole ein und trieb die anderen zum Weitergehen an, als wäre nichts geschehen. Für mich wohl das grauenhafteste Erlebnis, was ich je hatte. Später sagte man im Dorf, die Soldaten seien SS-Leute gewesen und die Männer sollen aus einem geräumten Konzentrationslager gewesen sein.«

Gerhard Gruschka (1930): »An unserem letzten Schultag (*vor Kriegsende*) begegneten wir auf dem Nachhauseweg Elendskolonnen von verhärmten, verängstigten Menschen in Häftlingskleidern. Wir hatten schon gelegentlich das Schreckwort ›Konzertlager‹ (*Ausdruck für Konzentrationslager im Volksmund*) flüstern hören, wir spürten dann dumpf, dass dort etwas geschah, was weit jenseits unserer Kinderwelt lag. Nun streifte uns jäh und unvorbereitet ein Zug aus einer jener Höllen. Fassungslos standen wir am Straßenrand und versuchten, das Schlimme, das sich vor unseren Augen abspielte, zu begreifen.

Dieser Januartag war eisig kalt, der Schnee hart gefroren, doch die Gefangenen taumelten in dünnen Drillich-Anzügen mit Holzpantinen an den Füßen an uns vorbei. SS-Männer und Kapos schlugen ständig erbarmungslos mit Gummiknüppeln oder Zaunlatten auf die Elendsgestalten ein. Ein Major der Schutzpolizei, der zufällig mit dem Fahrrad vorbeikam und offensichtlich die Wirkung dieses Häftlingszuges auf die am Straßenrand Stehenden erfasste, versuchte mäßigend einzugreifen. Einer der SS-Männer richtete seine Maschinenpistole auf ihn und schrie mit verzerrtem Gesicht: ›Hau ab, du fettes Etappenschwein, sonst jage ich ein Magazin in deinen dicken Bauch!‹ Die Bestürzung, die diese Szene bei den Umstehenden hervorrief, steigerte sich zum Entsetzen, als ein Stück weiter zum Ende der Kolonne hin plötzlich wirklich Schüsse fielen. Dort wurden die Allerschwächsten zum Gehen angetrieben, und einige, die vor Entkräftung hingefallen waren, wurden von den SS-Bewachern kaltblütig erschossen, vor aller Augen, in aller Öffentlichkeit.«[25]

Brigitte H. (1935): »Auschwitz ist ja nicht allzu weit weg von uns gewesen. Und kurz vor dem Russeneinmarsch wurde Auschwitz aufgelöst, also mehr oder weniger aufgelöst. Und dann haben sie die Juden und alle, es waren ja wohl nicht nur Juden, die haben sie dann abgeführt, aber wohin, das haben wir nie erfahren. Aber jedenfalls haben sie sie nicht mit dem Zug weggebracht. Zu Fuß sind die bei uns die Straße, die Schlageterstraße, da haben sie die geführt, und es war Winter, und es war etwa so 15. Januar. Und die hatten ja nur ihre Sträflingskleider an und es war bitterkalt, und die haben sie durch unsere Wohngegend geführt. Und wir standen an der Straße und wollten denen auch was geben, also Kleider oder Essen und vor allem warme Sachen, weil es uns erbarmt hat. Und wir haben an der Straße gestanden, haben geschluchzt und haben geweint, und die Bewacher waren da mit Riesenhunden, die wären beinahe noch auf uns los. Und haben uns dann angeschrien, dass wir mit diesen, das sind doch keine Menschen, und ob wir denn mitwollen. Das sei unverständlich, dass wir mit denen Mitleid hätten.
I: Das waren Deutsche, deutsche Bewacher, bevor die Russen kamen?
H: Das waren Deutsche. Und dann haben sie sie irgendwie ins Feld geführt. Und dann haben wir nachts immer wieder Schüsse gehört. Und am nächsten Morgen haben sie sie dann weitergetrieben. Wohin, das weiß man nicht. Wir wussten, was in Auschwitz war, und mein Großvater hatte sich auch weit vorgewagt. Aber konkrete Kämpfer waren wir nicht. Aber ich weiß, dass ich in die Wohnung gelaufen bin und mich vors Kreuz auf den Boden geschmissen habe, geschrien habe und gebetet habe. Ich weiß, dass ich damals das erste Mal als Kind erlebt habe, wie die Menschen zu Menschen sich unmenschlich verhalten. Das habe ich damals mit neun Jahren überhaupt nicht fassen können. Also ich bin ja sofort mit meiner Strickjacke gerannt und wollte da in die Truppe rein und wollte denen die Strickjacke geben. Und der hat dann fast den Hund auf uns gehetzt und hat uns zurückgepfiffen. Da war nichts zu machen … Das war so ein furchtbarer Anblick, diese Kolonne, das war schon eine große Menge. Fünf Minuten sind sie wohl vorbeigezogen in mehreren Reihen, Vierer-, Fünferreihen. Aber wo sie die hingetrieben haben?«

Dem Kind Brigitte D. (1934) und allen Umstehenden wurde klargemacht, dass das »keine Menschen« seien, die da vorbeigetrieben wurden. Dass es die Übriggebliebenen der Todesmaschinerie waren, die von den Nationalsozialisten in Gang gesetzt worden war, konnten die Kinder nicht wissen, nicht einmal ahnen. Aber alle ihre Zeugnisse belegen, dass es in der Bevölkerung insgesamt ein »unterirdisches Wissen«[26] gab, dass sich da etwas Ungeheuerliches, Nicht-Auszudenkendes abspielte, und die Kinder wurden – wie mit anderen traumatischen Erlebnissen – mit dem Unbegreiflichen allein gelassen.

Nach dem Krieg kam dann die ganze Wahrheit ans Licht. Nicht allein der verlorene Krieg mit allen seinen Folgen, sondern der Zusammenbruch ihres

Glaubens an alles, was ihnen in Hitlerjugend und Schule politisch beigebracht worden war, bedeutete für die Älteren einen tiefen Einschnitt in ihrem jungen Leben. Selbst diejenigen, die durch ihr Elternhaus dem System schon reserviert gegenüberstanden und auf Schlimmes vorbereitet waren, konnten kaum fassen, was sie nun zu sehen und zu hören bekamen. Die Jüngeren, die damit überfallen wurden, konnten das überhaupt nicht verkraften, geschweige denn verarbeiten.

Karl R. (1935): »Einen Tag nach der Besetzung Erfurts durch amerikanische Truppen kamen sie in unsere Häuser, verluden uns auf LKW, und ab ging die Fahrt mit unbestimmtem Ziel. Im KZ Buchenwald wurden wir ausgeladen und durch die Lagerstraßen mit ihren Leichen und zum Skelett abgemagerten noch Lebenden getrieben. An den Verbrennungsöfen lagen noch die Berge von Knochenasche (ich musste mir erst erklären lassen, was ich da sah), in dem Materiallager die fein säuberlich getrennten Bekleidungsberge. Die Hinterlassenschaften konnte ich nicht mit realen Begebenheiten in Verbindung bringen. Daher waren sie mir – ich muss es so sagen – gleichgültig. Der Zustand der Toten und ihre große Zahl – das ging schon eher unter die Haut. Ganz entsetzt war ich – und bis heute verfolgen mich die Bilder aus aktuellem Anlass – von den lallenden und flüsternden Skeletten, die hier überall lagen und saßen.«

Helmut H. (1937): »Als das erste Volksfest nach dem Kriege in Deggendorf stattfand, musste man durch ein großes Zelt gehen und durch Gucklöcher schauen. Es waren Fotos von KZ zu sehen. Ich sah halb verhungerte Menschen in einer erbärmlichen Umgebung, Berge von Leichen, Verbrennungsöfen usw.

Ich war geschockt und hatte anschließend keinerlei Interesse an Karussell, Schiffschaukel, lauter Musik oder ähnlichem und ging nach Hause. Bis heute meide ich am liebsten derartige Massenveranstaltungen, weil automatisch die Kontrastbilder von KZ, Hunger und Elend aufsteigen.«

Otto S. (1939): »1947 zeigte man dann im Gewerkschaftshaus in der Poststraße einen Dokumentarfilm über die Gräueltaten der Nazis. Er hieß ›Nacht und Nebel‹. Mein Vater bestand darauf, dass ich mitgehe. Es war ein düsterer, erschreckender Film in Schwarz-Weiß, den die Amerikaner bei der Befreiung der KZ Buchenwald, Dachau und anderer Lager gedreht hatten. Mich packte die Angst vor so vielen Leichen, die zu Bergen aufgeschichtet waren, die Angst vor den wenigen ausgemergelten Gestalten, die hungernd und frierend in ihren gestreiften KZ-Klamotten mit riesigen Augen in die Kamera blickten, kaum imstande, sich auf den dünnen Beinen zu halten. Ich konnte nächtelang nicht schlafen, träumte immer wieder von diesem Film, sah mich große, traurige, verzweifelte Augen anstarren. Ich habe diese Bilder bis heute nicht vergessen.«

Gisela C. (1931): »Das, was nach dem Krieg herauskam, war schlimmer als der Krieg: Die Konzentrationslager! Am Anfang schrie etwas in mir: ›Nein! Nein! Das ist nicht wahr, das ist nicht vorstellbar!‹ Ich brauchte lange, bis ich die Realität all dieser Leiden, dieser völlig unbegründeten, monströsen Untaten als Tatsachen anerkennen konnte … Erst in der Schweiz, in Zürich, wo ich 1955/56 in der Nachbarschaft von Juden lebte, lösten sich die letzten leisen Illusionen auf … Es waren die düstersten Eindrücke meiner jungen Jahre, bei denen ich nicht direktes physisches Opfer war, die mich aber ganz persönlich betrafen, mein Inneres, meine Seele.«[27]

Karl-Heinz Mehler (1929), damals in französischer Kriegsgefangenschaft: »Aus den im Lager angeschlagenen Zeitungen erfuhren wir nach und nach einiges über die Zustände in Deutschland … Erste Bilder aus den Konzentrationslagern und Berichte über die Gräuel von Oradour vermittelten uns Geschehnisse, die immer noch unvorstellbar waren. Wir hatten jahrelang immer nur eine Seite der Medaille gesehen. Die Propaganda der vergangenen Jahre hatte uns nur über die Gräueltaten der anderen unterrichtet. Was Deutsche während des Krieges in ganz Europa angerichtet hatten, das erfuhren wir erst jetzt in aller Deutlichkeit.

Für mich war es ein schreckliches Erwachen. Ich war lange Zeit sehr deprimiert, und es hat auch lange gedauert, bis ich versuchte, ein neues Weltbild zu finden. Der Idealismus war weg, es galt den Verlust vieler Werte zu verkraften.«[28]

Ein erschütterndes Dokument bekam ich von Lore W. (1931). Sie schickte mir ein Blatt aus dem Familienalbum, auf dem ein Foto einer Frau Bloch abgebildet ist. Daneben ist ein Vermerk in der Schrift der Mutter: »Vergast«. Es handelte sich um eine Nachbarin, die der Familie nahe gestanden haben muss, denn sonst hätte sie das Bild nicht in das Familienalbum aufgenommen.

Angesichts der unfassbaren Verbrechen an den Juden scheint es unangebracht zu erwähnen, dass sich manche Juden nach dem Krieg unangenehm bemerkbar machten. Dennoch wäre es falsch, diese Eindrücke zu unterschlagen, denn sie bestärkten einige in ihrem – trotz allem – noch vorhandenen Antisemitismus. Helmut H. (1937), der auf dem Fest in Deggendorf so entsetzt war über die Bilder von den Konzentrationslagern:

2. Das Foto von Frau Bloch

»Bei uns war ein Internierungslager. Das waren Juden, das waren solche, die auswandern wollten. Die wurden da in dem Lager gesammelt, es müssen größtenteils Überlebende von KZ gewesen sein. Weil das so viele

Leute waren, hat meine Oma damals zwei Männer aufgenommen, zwei Juden aus Polen, die konnten Deutsch, die waren Schneider und haben da gearbeitet. Meine Oma hat die, soweit es ging, versorgt …
I: Sind diese Juden bei Ihrer Oma einquartiert worden, oder hat sie sich bereit erklärt, sie aufzunehmen?
H: Sie hat sich bereit erklärt, weil diese Kaserne total überfüllt war. Jeder musste natürlich aufnehmen, entweder Flüchtlinge oder eben Menschen aus diesem Lager.
I: Und Ihrer Oma war das auch ganz neu, was diese Juden da mitgemacht haben?
H: Den Eindruck hatte ich, jedenfalls nicht, was da in Polen sich abgespielt hat. Es gab ja so viele Lager in Deutschland, natürlich auch bei Deggendorf … Für uns war das so ein Gefühl: Die Juden, das war irgendwie was Negatives. Da war z. B. ein Flüchtlingsmädchen im Haus einquartiert, die hieß Judith. Das war für uns eine Jüdin. Da waren wir doch irgendwie dagegen eingestellt. Die Juden, die da in den Lagern waren, die sind außen an der Mauer gesessen. Wenn wir in die Schule oder in die Stadt gingen, da saßen da ganze Reihen von Leuten, und die waren alle ziemlich dick. Wahrscheinlich waren die alle krank. Wir haben nur gedacht, die sind ganz gut ernährt, und die sind dagesessen und haben auch Geld gehabt. Die haben wahrscheinlich da Hilfe bekommen. Und da kamen unsere Bauern wieder, die haben dann den Juden alles verkauft. Das war dann auch wieder ein Ding für uns, dass die das machen. Wir Jungs, wir haben natürlich unsere Banden gehabt, und in der Kaserne waren auch so Banden, und da haben wir gegen die immer gekämpft. Da war so ein Bach vor der Kaserne, und wir haben uns von der einen Seite und von der anderen Seite mit Steinen beworfen. Wir haben also Krieg gegen die Juden geführt. Da muss irgendeiner getroffen worden sein, weil dann die Polizei kam, die haben uns dann eingefangen oder auch verhört … Die Juden waren natürlich auch ausgehungert, die haben bei uns dann immer die Gärten geplündert.«

Helmut H. hat diesen »Jungen-Judenkrieg« längst abgetan, aber immer wieder wurde mir von andauerndem latentem Antisemitismus bei Eltern, Verwandten oder in bestimmten Kreisen und Orten berichtet. Die Kriegskinder, mit denen ich gesprochen habe, distanzieren sich davon ausdrücklich; wie weit er sich in die nächsten Generationen hinein vererbt hat, kann ich nicht beurteilen. Eine der Wurzeln des heutigen Rechtsextremismus reicht aber mit Sicherheit noch in die Kriegs- und Vorkriegszeit hinein.

Aber Kinder erlebten auch, wenngleich selten, tapferes und *hilfreiches Verhalten*, das sie beeindruckt hat und für ihr ganzes Leben vorbildhaft wurde.[29]

Eveline F. (1932): »Meine Mutter war Halbjüdin, und meine Mutter sah sozusagen jüdisch aus, also bitte, sehr in Anführungsstrichen. Wie sieht man jüdisch aus? Ist doch eigentlich Quatsch. Sie arbeitete bei Hertie als Verkäuferin, und sie muss eine sehr nette Chefin gehabt haben. Also das war eine sehr mutige Frau, das weiß ich. Nett war sie nicht immer, aber sie war sehr mutig. Es wurde nämlich öfter gesagt unter den Verkäuferinnen: ›Was, das Judenweib, das arbeitet hier noch, das verkauft hier?‹ Und dann hat die Chefin sie ins Büro genommen. Dann war sie also wenig im Verkauf. Und das ging dann auch gut.«

Brigitte E. (1928):
»I: Haben Sie irgendwie mitbekommen, dass jüdische Menschen versteckt wurden?
E: Ja, das habe ich mitbekommen. Wir hatten einen hochbegabten jungen Mann, der kurz vor dem Abitur stand, der war Halbjude. Wie der hieß, weiß ich nicht mehr. Dieser junge Mann, der gerne studieren wollte, ist aufgenommen worden in einem Elektrogeschäft. Er wurde in einen blauen Overall gesteckt und wurde dort ausgebildet. Ich erinnere mich, dass er in den Kirchenchor kam und im Kirchenchor mitgesungen hat. So war er geschützt. Die Organistin war eine kleine, zierliche Frau. Da kam irgendjemand mal später, und sie hatte Sorge, dass es jemand von der Partei oder von der SS sein könnte. Sie stand da und hielt ihre Hände vor ihn. Daran erinnere ich mich auch. Ob er den Krieg überlebt hat, weiß ich nicht.«

Johannes C. (1932) fand, nachdem ihr Haus Anfang 1942 durch Bomben teilzerstört war, mit Mutter und sieben Geschwistern Unterschlupf im Kloster der Herz-Jesu-Priester in Stegen bei Freiburg für die Dauer des Krieges:

»Das Kloster füllte sich mehr und mehr mit Menschen, ein ganzes bombenbedrohtes Waisenhaus aus Hagen, gefährdete Journalisten und Schriftsteller, verfolgte Juden, ein französischer Offizier der Résistance, ein italienischer Kollaborateur. Pater Rektor Dr. Heinrich Middendorf nahm ohne Ansehen von Person, Glaube oder politischer Herkunft alle Menschen auf, die seines Schutzes bedurften … Pater Rektor war von morgens bis abends im Tal unterwegs, bis hinauf in den Hochschwarzwald, organisierte Nahrung für seine Schützlinge bei den Bauern, und mein Bruder und ich und auch andere Helfer mussten helfen, diese Nahrungsmittel mit dem Leiterwagen aus den entferntesten Orten herbeizuschaffen … Er ist für mein Leben zum Vorbild an Menschlichkeit geworden, und neben den vielen Menschen, die er vor den Gefahren des Krieges bewahrt hat, konnten durch ihn sieben jüdische Menschen überleben … Pater Rektor Dr. M. wurde in Yad Vashem in Jerusalem als ›Gerechter der Menschheit‹ geehrt.«

Kriegsgefangene haben fast alle Kinder gesehen. Nicht wenige hatten persönlich mit ihnen zu tun. Recht unproblematisch, ja freundlich muss das Verhältnis zu den *französischen* Kriegsgefangenen gewesen sein, von denen Kinder erzählen, die auf einem Bauernhof groß geworden sind oder – zum Beispiel in der Evakuierung – auf dem Lande lebten. In den Lagern ging es ihnen nicht so gut. Auch von Tragödien hörten die Kinder. Marlene I. (1931), die auf der Schwäbischen Alb in der Evakuierung war, berichtet:

»In Burladingen war auch ein Lager von Kriegsgefangenen. Es waren Franzosen in deutscher Kriegsgefangenschaft. Gekleidet waren sie in französischen Uniformen, ohne

Rangabzeichen und Orden … Diese Gefangenen waren in Burladingen beliebt, ja geschätzt. Sie mussten nämlich in der Landwirtschaft arbeiten, denn die deutschen Männer waren ja im Krieg. Es war streng verboten, mit diesen Gefangenen zu reden. Durch die Arbeit kamen sie jedoch mit Deutschen in Kontakt, bekamen auch von ihnen zu essen. Sie brachten das nicht Verzehrte ihren Kameraden, die im Lager waren.«

Robert L. (1933) in Mannheim: »Eines Tages kam ein deutscher Soldat mit umgehängtem Gewehr und brachte zwei französische Kriegsgefangene mit. Sie sollten die Kellerdecke durch einen Stahlträger verstärken und Splitterschutzwände vor die Kellerfenster mauern. Sie hatten olivgrüne Uniformmäntel an, auf die hinten mit weißer Farbe die Buchstaben KG aufgemalt waren. Zu Mittag setzte Mutter sie in die Küche und setzte ihnen Brot und Kartoffelsuppe vor, dasselbe, was wir auch aßen. Nachdem sie wieder weg waren, sagte Mutter: ›Die armen Kerle. Sie haben den Topf und die Teller ausgeleckt. Sie müssen Hunger gehabt haben.‹«

Klaus F. (1931) in der Evakuierung auf einem Bauernhof: »Auf dem Hof wohnte und arbeitete auch Pierre, ein französischer Kriegsgefangener. Wir freundeten uns rasch an. Er versorgte mich mit Schokolade und ›Negermusik‹. Das französische Rote Kreuz lieferte pünktlich.

Einmal in der Woche fand ein Wettessen statt. Meist Klöße. Pierre war nicht zu schlagen. Er schaffte einundzwanzig Kirschklöße, ich nur zwanzig, der Bauer gab bei siebzehn auf. Ich hatte es wirklich gut getroffen.«

Otto F. (1933): »Im November 1941 kam ich mit der KLV nach Ostpreußen, um dem Luftkrieg im Westen zu entgehen. Dort fand ich eine phantastische Familie mit zwei kleineren Töchtern. Meine männliche Bezugsperson war der französische Kriegsgefangene, der wiederum in mir seinen zu Hause weilenden Sohn sah.«

In mehreren Briefen schreibt Lore R. (1930) aus der Kinderlandverschickung über Emil, den französischen Kriegsgefangenen, der auf dem Hof arbeitete.[30] Hier zwei Ausschnitte:

26.3.44: »Emil bringt mir noch ein bisschen das Zeichnen bei. Er hat nämlich so eine Technik. Da geht es viel leichter und es wird schöner. Vergleicht einmal die letzte Nelke und die jetzige.«

20.9.44: »Gestern waren wir ›in den Kartoffeln‹. 4 große Säcke und den Truchenwagen voll brachten wir abends heim. Das ganze Dorf lachte, als wir ankamen. Den Wagen voll Kartoffeln und darauf saßen Tante, Thures und ich. Dann kam der Pflug mit Hedl drauf und zuletzt das Leiterwägele mit Hans und Willi. Emil marschierte pfeifend vor den Kühen her und zog sie am Leitseil nach. Es war die reinste Karawane. Emil erzählte heute, dass sie ihn im Lager gefoppt hätten, weil er als Kolonnenführer vorne draus ging. Wir hatten aber wunderschönes Wetter dazu.«

Fritz F. (1936), der Vater war 1941 gefallen: »Die Mutter hat zusammen mit der Großmutter und der Schwester meines Vaters den landwirtschaftlichen Betrieb weitergeführt. Später (1942/43?) bekamen wir zur Hilfe einen französischen Kriegsgefangenen, der zu uns Kindern wie ein Vater war und bis Kriegsende bei uns gewesen ist … Nach dem Einmarsch der Franzosen wurden die in unserem Ort als landwirtschaftliche Helfer eingesetzten französischen Kriegsgefangenen abgezogen. Bedauerlicherweise war auch unser Robert mit dabei, der uns Kindern so ans Herz gewachsen war und in unserem landwirtschaftlichen Betrieb so treu und zuverlässig mitgearbeitet hatte. Die Mutter hat später noch Briefwechsel über einen längeren Zeitraum mit ihm gepflegt.«

Viel problematischer und belasteter war das Verhältnis zu den *polnischen und sowjetischen* Kriegsgefangenen, wobei nicht immer deutlich unterschieden wird zwischen Kriegsgefangenen und Zwangsarbeitern. Das waren nach nationalsozialistischer Definition ja »Untermenschen«, mit denen zur Herrenrasse gehörende Deutsche möglichst nichts zu tun haben sollten, höchstens ihre Sklavendienste in Anspruch nehmen durften. Aber viele Menschen richteten sich nicht danach, erst recht nicht die meisten Kinder, obwohl sie anfangs beim Anblick dieser elenden Gestalten erschraken und sich abgestoßen fühlten. Sobald sie diese Menschen aber näher kennen lernten, machten sie ihre eigenen Beobachtungen und Erfahrungen, die nichts mit dem Propagandabild vom Untermenschen zu tun hatten. Sie ließen sich auch kaum durch Feldpostbriefe von Vätern und Verwandten, die Soldaten an der Ostfront waren und dieses Bild reproduzierten, beeinflussen.[31] Möglicherweise hatten sie als Kinder davon auch gar keine Kenntnis. Sie hatten Mitleid und hätten spontan viel öfter gerne geholfen. Aber sie mussten auch unmenschliche Behandlung mit ansehen.

Ingeborg B. (1935): »Neben der Tankstelle war eine Wirtschaft. Mittags kamen einige Gruppen Gefangener hierher zum Essen. Hier lernte ich zum ersten Mal, dass es selbst bei Gefangenen noch Ober- und Unterklassen gibt, Differenzierungen der schäbigsten Art: Die französischen Gefangenen durften im beheizten Nebenzimmer essen. Die Russen standen zitternd an einer Steinrampe im Freien und schlürften ihr ›Essen‹, was immer es auch war. Das hat mich sehr wütend und traurig gemacht.«

Siegfried S. (1936): »Bei uns im Ort waren eine ganze Menge Zwangsarbeiter. Die waren überall auf den Bauernhöfen, auch Frauen. Die hatten schon früher auf den großen Höfen polnische Landarbeiter. Die hatten auch so kleine Häuser, die speziell dafür waren. Teilweise kamen sie auch aus der Ukraine oder aus Polen.
I: Und die wurden einigermaßen menschlich behandelt?
S: Ja, die haben ganz normal gelebt. Die haben ihr eigenes Schwein gehabt und einen kleinen Garten. Manchmal kam da auch so ein Goldfasan, ein kleiner, stinkiger Kerl, der hat natürlich die Leute teilweise ganz schön schikaniert. Im Winter mussten die sonntags antreten auf dem Schulhof, sich nackig ausziehen, wahrschein-

lich wollte er nur die Frauen sehen. Den Kerl haben sie hinterher erwischt und ihn aufgehängt.«

Roland E. (1932): »Die ersten russischen Kriegsgefangenen, etwa 25 Mann, sah ich in der Wilhelmstraße zu Canstatt. Uns wurde eingebläut, das seien Untermenschen. Meine Vorstellung von der Bedeutung dieses Begriffs war blass und verschwommen. Die Russen, lauter hochgewachsene Kerle, marschierten im Gleichschritt stolz und hoch erhobenen Hauptes, ohne nach links oder rechts zu sehen, die Straße entlang. Daneben ein müder Bewacher, ein hinkender Reservist.

Zu Hause: ›Mutter, ich habe Untermenschen gesehen!‹ ›Was? Wen?‹ ›Russen.‹ ›Das sind Menschen, Roland.‹ Damit endete das Gespräch.«

Maria P. (1927): »An einem Samstag im Oktober kam ich heim. Ich hatte schon gehört, dass wir polnische Kriegsgefangene zur Arbeit bekommen hätten. Wie sie wohl aussehen? Da stand einer vor dem kleinen Schuppen und hackte Holz. Sollte ich näher gehen? Schließlich hatte er eine Axt in der Hand. Da schaute er auf und lachte ein bisschen. Jetzt ging ich näher hin und machte mich ihm bekannt. Und ich wunderte mich, dass dieser ›Feind‹ genauso aussah wie andere Menschen auch. Mama erzählte nachher, dass sie versucht hatte, die Männer in ihrer Sprache zu begrüßen. Aus ihrer Kinderzeit konnte sie noch ein wenig ›wasserpolnisch‹. Die Polen hatten sich darüber gefreut. – Allzu fleißig waren sie nicht. Aber kann man das ihnen verdenken?

An Weihnachten schenkte mir einer von ihnen eine Halskette aus Strohperlen, die er geflochten hatte. Sie gefiel mir sehr, und ich habe sie getragen, bis sie auseinander fiel.«

Edith G. (1932): »Halbwegs taugliche Männer waren alle eingezogen. Die Arbeiten wurden nun von den vielen Gefangenen, die aus Polen, Frankreich und Russland stammten, verrichtet. Eigentlich waren sie auf dem Nachbargut nicht schlecht untergebracht, aber von einem hohen Drahtzaun umgeben. Der Bewachende war ein Mann aus der Nachbarschaft, und so konnten wir Kleidungsstücke von meinem Vater, die vorher umgefärbt worden waren, über den Zaun werfen. An Kleidung fehlte es diesen Menschen sehr.

Eine Mitschülerin aus dem Kirchdorf, sie war älter als wir, hatte sich mit einem gefangenen Polen eingelassen. Dieser Gefangene wurde öffentlich erhängt, und alle anderen Gefangenen mussten zusehen. Wer nicht hinguckte, wurde von der SA geschlagen. Meine Schwester hat es gesehen. –

Dem Mädchen wurden die Haare geschoren und ein Schild umgehängt, auf dem stand: ›Ich bin ein Polen-Liebchen‹, und so musste sie durchs Dorf gehen.«[32]

Martin E. (1927), Königsberg (spricht von sich als »Martin«): »Im Spätherbst 1941, es war schon kalt, sahen sie andere, nicht-jüdische Straßenkehrer in ihrer Stadt, ausgemergelte Gestalten in abgerissenen, erdfarbenen Uniformen mit Ohrenschützern, deren Klappen und Bänder noch offen getragen wurden und baumelten. Offenbar wehte für die Soldaten aus dem fernen Osten noch ein laues Lüftchen … Königsberg war immer eine saubere Stadt. Grünrot gestrichene Abfallkästen mit Blechdach hingen an Mauern, Zäunen oder standen auf Sockeln. Ihre breiten Einwurfschlitze wurden durch Lamellen aus Blech gesichert.

Eines Tages sah Martin vom Wohnzimmerfenster aus, wie ein Rotarmist seinen Arm lang machte und durch die Lamellen in den Kasten griff. Der Soldat blickte sich laufend um, sicherte nach allen Seiten und wühlte in den Abfällen. Bald kam ein anderer Gefangener aus der Fegekolonne zum Zaun des Pfarrgartens und beschäftigte sich ebenfalls mit dem Inhalt des Blechkastens. Martin berichtete den Vorfall am Mittagstisch. Niemand von ihnen kam darauf, dass die sowjetischen Soldaten hungrig waren und Essbares suchten. Und Mutter schwieg. In Ostpreußen lebten sie 1941 noch fast im Überfluss, zumindest diejenigen, die Beziehungen ins weite bäuerliche Umfeld hatten. Erneut fielen ihnen jetzt Russen bei Abfallkörben auf, immer öfter fischten diese Lebensmittel heraus, sogar fürsorglich in Tüten verpackt. Die Frauen, die die Kästen beschickten, riskierten hohe Bestrafungen. Martin nahm an, dass auch seine Mutter zu diesen Wohltäterinnen gehörte. Gesprochen wurde darüber nicht. Die mildtätige Versorgung der Straßenkehrer lief aus, als der Staat sich wehrte, seine Absichten, Gefangene auszubeuten, unterlaufen sah. Gefangene, aufpassende Landser und die Spendenden wurden hart bestraft. Sogar Todesurteile sollen an den Samariterinnen vollzogen worden sein.«

Ludwig F. (1933): »Russische Kriegsgefangene lebten ganz in unserer Nähe im Wald in Baracken. Sie mussten zum Schutträumen zehn Kilometer in die Innenstadt laufen. Vorher ließen die Wachmannschaften sie aber in unsere Siedlung, wo sie gegen geschnitztes Holzspielzeug Brot erbaten und auch bekamen. Es war riskant, da es Nazibonzen in der Nachbarschaft gab, die das nicht gerne sahen und Drohungen aussprachen.«

Eveline F. (1932): »Unser Wohnhaus war etwas tiefer als die Straße, da war so eine Rasenböschung. Und bei uns liefen ja immer die Gefangenen vorbei, also morgens zur Arbeit und abends in die Baracken. Und ich als Kind, da war ich vielleicht so neun oder zehn, hatte einen Apfel, einen sehr großen, und der war ziemlich sauer und war mir auch zu groß. Und da hab ich so ein Mittelstück, das wollte ich nicht mehr, so in den Rasen geschmissen. Und da kamen zufällig diese Gefangenen, russische Gefangene waren das, vorbei, und da ist ein Mann aus dieser Kolonne rausgerannt, diese Böschung runter, hat dieses dreckige, angebissene Apfelstück geholt und hat es gegessen. Und dafür hat er noch mit dem Gewehr von den Bewachern wirklich was über den Schädel gekriegt, und zwar erheblich. Und ich denke mir, was muss der für einen Hunger gehabt haben, dass der nach diesem angebissenen, dreckigen Stück da runterläuft. Und das war mir damals, ich weiß nicht, ich seh das noch genau vor mir, wie der da runter gerannt ist … Die Sache wollte ich schon lange jemand erzählen, weil es schlimm ist, wenn sich ein Mensch so erniedrigen muss.«

Helmut H. (1937): »Ganz in der Nähe war einmal eine Wiese plötzlich eingezäunt. Sie lag zwischen dem Geleise, einem Heustadel und unserem Garten. Als ich mal vorbeikam, hat mir ein Mann einen geschnitzten Flieger durch den Stacheldraht gezeigt. Der Mann war sehr mager und er wollte Brot oder eine Semmel dafür haben. Er tat mir leid. Meine Mutter sagte, dass man das nicht tun darf. Ich glaube, ich habe ihm eine Semmel gebracht, hineingeworfen. Ob ich das Flugzeug bekommen habe, weiß ich nicht mehr.«

Erika Z. (1931): »Auf der Fellbacher Straße, die beinahe nur noch aus tiefen, mit Wasser gefüllten Bombentrichtern bestand, wurden Kriegsgefangene eingesetzt. Sie baten um Brot. Es war aber gefährlich, mit ihnen zu reden geschweige denn, ihnen etwas zu reichen. Außerdem hatten wir selber ja nichts. So trugen wir in Nachbarschaftshilfe alles mögliche Essbare zusammen, kochten große Töpfe voll Suppe oder dünnen Malzkaffee, was sie gierig verschlangen, denn auf dem langen Anmarschweg von Kornwestheim hatten sie ihre Tagesration bereits verzehrt. Unter ihnen war ein russischer Offizier, der mir bedeutete, er wolle auf Nahrung zugunsten einer Zeitung verzichten. Als der Wachmann sich einmal umdrehte, rannte ich hin, warf ihm das Blatt zu, und er ließ es verschwinden. ›Die wollen halt auch wissen, wie weit der Krieg ist‹, sagte unsere Nachbarin.‹«

Ulrich L. (1931): »Herr Heilemann war unser Bäcker in Metzingen und zugleich der Vorsteher der Altpietistischen Gemeinschaft. Jeden Samstag belud er seinen Leiterwagen mit Brotlaiben und zog diesen Wagen durch ganz Metzingen und dann noch einen Kilometer weiter bis vors Russenlager. Dort wurde er schon – hinter Stacheldraht – erwartet. Obwohl auf der ›Verschleuderung von Volksvermögen‹ (o. ä.) die Todesstrafe stand, wurde Heilemann nie belangt. Es hätte sonst wohl im christ-pietistischen Metzingen einen Volksaufstand gegeben.«

Jobst Schöner (1938): »An einem Tag im letzten Herbst vor Kriegsende 45 kamen russische Kriegsgefangene in endlosen Kolonnen die Straße von Goldberg her. Wir saßen in der Schule und hörten das Schlurfen der vielen Schuhe, die sich mühsam und müde dahinschleppten. Einmal durften wir zum Fenster hinaussehen, dann mussten wir wieder aufpassen. Unser Lehrer, ein sehr strammer Nationalsozialist, erzählte uns etwas von Untermenschen und Endsieg und sonst noch etwas Vaterländisches, was wir begierig aufnahmen und nicht richtig verstanden. Draußen schlurfte es noch immer. Zwischendurch hörten wir deutsche Kommandos.

In den nächsten Tagen kamen immer wieder Kolonnen von Kriegsgefangenen vorbei. Einige machten auf dem Gutshof Mestlin Rast. Das war für uns interessant, aber nicht lustig. Als wir die Gesichter sahen, waren wir fassungslos, wenn man das von Kindern sagen kann. Graugrüne Mäntel mit graugrünen Mützen, unter denen hohlwangige, traurige Gesichter mit Bartstoppeln und eingefallenen Augen hervorguckten. Aus den Ärmeln hingen müde Hände nach unten heraus. Wenn wir Kinder näher kamen, drehten sich die Hände um, und wir sahen in die leeren, bittenden Hände.

Wir stahlen einige Steckrüben, versteckten sie unter unseren Jacken und brachten sie an die Umzäunung, welche aus einer weißen Schnur bestand. Damit es zu keiner Rauferei kam, zerteilten wir die Steckrüben auf Anraten der deutschen Wachsoldaten. Dann warfen wir, wenn es keiner sah, die Steckrüben zu den Russen. Die deutschen Bewacher drehten sich um und sahen für einen Moment weg. Aber das ging nicht lange gut. Irgendjemand, vermutlich der Inspektor, hatte uns beobachtet und an Onkel Bernhard verpfiffen. Onkel Bernhard war wie unser Lehrer ein strammer Nationalsozialist und hatte für russische Gefangene nicht viel übrig … (*Er verbot ihnen das Stehlen und Weitergeben von Steckrüben an die Russen.*) Am nächsten Tag waren wir wieder da mit unserem Schulbrot und noch etwas trockenem Brot. Es waren andere Russen, aber sie sahen genauso aus … Einige Russen hatten von Onkel Bernhards Zaun einige Latten herausgebrochen. Aus diesen Stücken schnitzten sie Spielzeug. Nur wenige Russen hatten ein Messer und konnten Spielzeug schnitzen.[33]

Spielzeug, das waren kleine Flugzeuge, Pferde, Hühner und Enten. Besonders hübsch waren Hühner auf einem Brett, die sich bewegten. Unter dem Brett hing ein kleines Gewicht an Fäden. Wenn man dieses Gewicht pendeln ließ, pickten die Hühner.

Außer dem Schulbrot vertauschte ich noch ein Taschenmesser. Die Hühner sehe ich noch immer in Gedanken picken. Dass es nichts zu picken gab, habe ich damals nicht bemerkt. Die hungrigen Augen der Russen werde ich nicht vergessen können.«[34]

Walter T. (1938): »Im Schreiben wird mir bewusst, wie sehr früh ich schon, noch vor der Einschulung, mit Gewalt, Mord und Tod konfrontiert wurde. Denn ich sah erschossene Russen, und ein Bild ist geblieben, wo das Einschussloch zwischen den Augen lag. Es waren kriegsgefangene Arbeiter auf dem Gut des Dorfes, wo wir wohnten. Die Gründe der Exekution wurden nicht einmal den Erwachsenen mitgeteilt.«

Die Erfahrungen mit **Zwangsarbeitern** sind vielen Kindern immer noch gegenwärtig, schon wegen ihrer großen Zahl. Insgesamt wurden etwa 9,5 Millionen Menschen aus den besetzten Gebieten zum »Reichseinsatz« mehr oder weniger zwangsweise nach Deutschland gebracht. Rechnet man die Kriegsgefangenen hinzu, so war 1944/45 jede vierte Arbeitskraft ein zur Arbeit im »Reich« gezwungener Ausländer, in der Landwirtschaft jede zweite.[35] So konnten Berührungen mit ihnen gar nicht ausbleiben. Betrachten wir zunächst, was die Kinder allgemein zum Umgang mit Zwangsarbeitern beobachtet haben, und anschließend, welche persönlichen Erlebnisse sie mit ihnen hatten und welche Verbindungen sie knüpften, wobei sich die beiden Teilabschnitte nicht scharf trennen lassen.

Beim *Umgang mit den Zwangsarbeitern* unterscheiden sie einmal deutlich zwischen solchen aus westlichen Ländern und jenen aus den Ostgebieten. Die Holländer und Franzosen waren »näher«, sie wurden insgesamt besser behandelt, zumal bei vielen mindestens rudimentäre Sprachkenntnisse vorhanden waren. Die »Ostvölker« waren fremd und nach nationalsozialistischer Lehre mit dem Stigma des »Minderwertigen« behaftet. Auch machte es einen großen Unterschied, ob diese Menschen in der Industrie, in der Landwirtschaft oder in Privathaushalten beschäftigt waren. Am schlechtesten waren die dran, die in den Munitionsfabriken, im Straßenbau, bei Aufräumungsarbeiten nach Bombenangriffen und Ähnlichem eingesetzt waren. Sie waren in Lagern zusammengefasst und hatten so keinen näheren Kontakt zu den Deutschen. Die Schilderungen der Kinder betreffen vor allem die beiden anderen Gruppen und ergeben so möglicherweise ein allzu harmonisches und freundliches Bild.

Wir treffen hier im Übrigen auf eine ähnliche Argumentationsfigur wie im Kapitel »Die Nazis – das waren die anderen«. Es wird immer wieder von schlechter und brutaler Behandlung der Zwangsarbeiter berichtet, aber nicht in der eigenen Familie, sondern bei anderen. Das Verhalten der Zwangsarbeiter selbst wird nicht durchweg positiv gesehen, aber manche der damaligen Kinder versuchen auch, sie zu verstehen.

Helga P. (1932): »Zwangsarbeiter gab es auf den Emder Werften. Ein Onkel hatte dort zwei Gehilfen zugewiesen bekommen, einen Holländer und einen Belgier (Flamen). Das ostfriesische Plattdeutsch ist dem Nordholländischen sehr ähnlich, so kam es zu ersten privaten Kontakten. Meine Tante sprach Hochholländisch und freute sich über die Gelegenheit, es praktisch anzuwenden. Beide Arbeiter kamen an Wochenenden zum Essen und gehörten zur Familie. Ich kannte sie beide. Nach dem Krieg schickte der Belgier ein Paket mit Kaffee und Schokolade, der Holländer ein Fahrrad! Der Pastor der kleinen belgischen Gemeinde bei Ostende schrieb einen herzlichen Brief. Die Kontakte haben bis zum Tod bestanden.«

Roland E. (1932): »Zu jener Zeit baten zwei russische (ukrainische?) Zwangsarbeiter um Hilfe. Sie durften außerhalb ihrer Arbeit in der Stadt umhergehen. Meine Mutter bot ihnen an, Holz zu spalten, eine Tätigkeit, die ich früher ausgeübt hatte, die schwäbische Kehrwoche zu machen usw.

Sie bekamen dafür zwei Laibe Brot (wir hatten ausreichend davon) und einige Teller Kartoffelgemüse-Suppe mit Wurstbrocken darin. Sie aßen stets mehrere Teller davon. Meine Mutter servierte ihnen das auf der Treppe vor der Wohnungstür. Ich sagte zu meiner Mutter: ›Lass sie doch in der Küche am Tisch essen.‹ Nach einer Überlegungspause erfüllte sie meinen Wunsch. Die beiden freuten sich, Augenblicke, die sich unauslöschlich in die Erinnerung eingegraben haben.«

»Da wir genügend Brot hatten, schaffte ich von Zeit zu Zeit einen in eine Tüte eingewickelten Laib außer Haus. Ich ging zum Wilhelmsplatz. Vor dem Kino und der dortigen Passage hielten sich stets hungernde Zwangsarbeiter auf. Ich gab ihnen das Brot. Sie wollten mir 5,– RM für das Kilo geben. Ich habe mich geschämt. Hab mich umgedreht und bin weggegangen, ohne einen Pfennig zu nehmen. Ich habe das mit Einverständnis meiner Mutter getan. Sie sagte: ›Die armen Menschen.‹«

Jürgen P. (1937): »Anton (leider weiß ich nicht seinen richtigen Namen) war als Knecht in unser Haus gekommen, als unser Vater noch das Geschäft führte. In einem Lager für polnische Fremdarbeiter durfte er sich einen aussuchen, da die jungen Deutschen alle zum Militär eingezogen waren. Vater, der etwas Polnisch konnte, sprach einen der zum Appell angetretenen jungen Männer an. Da unterbrach ihn der Wachhabende: ›Den nehmen sie besser nicht, das ist ein notorischer Ausreißer, aber den kriegen wir noch klein.‹ Vater fragte den jungen Mann, warum er denn ausgerissen sei, und erhielt als Antwort: ›Mein Vater ist schwer krank, ich wollte ihn noch einmal sehen.‹ Gegen den Protest der Lagerleitung entschied sich Vater für ›Anton‹ – und noch schlimmer: Vor Arbeitsantritt gab er ihm 14 Tage Urlaub zum Besuch seines kranken Vaters. ›Sie haften persönlich, wenn der Bursche nicht zurückkommt‹, brüllte der Lagerleiter. Vater unterschrieb die Haftung und wurde nicht enttäuscht – pünktlich erschien Anton zum Dienst und wurde uns in der turbulenten Zeit zu einem treuen Gehilfen. Wie oft hob er mich auf eines der Pferde und ließ mich reiten, wenn er mit dem Wagen unterwegs war, und unter seinen Händen wurden Stöcke und Steine zu interessantem Spielzeug.«

Sie gingen mit Anton auf die Flucht.

Christa B. (1931): »1942 waren nahezu alle deutschen Knechte und Männer der Arbeiterfamilien eingezogen und statt diesen wurden den Bauern junge verschleppte Polen als Arbeitskräfte angeboten. Dieser Transport sollte in der Kreisstadt Pyritz ankommen. Unser Vater fuhr auch hin, weil er ja dringend eine Hilfskraft brauchte. Ihm widerstand aber das Gezerfe um die kräftigsten Männer, und er hielt sich zurück. Am Schluss blieb ein schmächtiger Junge von 15 Jahren zurück, und den brachte er mit nach Hause. Er entpuppte sich als intelligenter und fleißiger Junge, der meinem Vater tatkräftig zur Seite stand und auf den er sich verlassen konnte. Das Vertrauen zueinander war gegenseitig, und er wurde bei uns wie ein Familienmitglied behandelt. Wir durften es aber nicht nach außen hin zeigen; es war ja streng verboten, die Polen wie Mitmenschen zu behandeln. Nachdem er langsam der deutschen Sprache mächtig geworden war, erfuhren wir von ihm, dass sein Vater Offizier gewesen und durch die Nazis umgekommen war.«

Sieglinde D. (1930): »Auf dem Lande gab es nun viele polnische Zwangsarbeiter. Viele lernten gut Deutsch zu sprechen. Wir hatten den Eindruck, es gehe ihnen gut. Was sie alles entbehrten, dass sie unfrei und von ihren Familien getrennt waren, was mit ihrem Land Polen geschehen war, dass ihre ganze Existenzgrundlage zerstört war, unter welchen schlechten Bedingungen viele in Deutschland lebten – all das bedachten wir nicht.

Auch in der Stadt gab es polnische Arbeitskräfte. Familie Jahns hatte wiederholt ein polnisches Mädchen als Haushaltshilfe. Immer wieder klagten Jahns über sie, weil sie mit den Gewohnheiten solch eines Haushaltes nicht vertraut war, weil sie nicht bereit war, alles so auszuführen, wie sie sollte, und weil sie Bonbons klaute. Um sie zu überführen, präparierte Herr Jahns einmal Bonbons so, dass sie beim Lutschen den Mund blau färbten. Er ohrfeigte sie auch einmal.«

Über ihren Ernteeinsatz im Sommer 1944 berichtet sie:

»Außer uns Hilfskräften arbeiteten auf dem Hof nur Zwangsarbeiter. Wir waren oft mit einem russischen Fotografen und seiner Tochter Sonja aus Petersburg zusammen. Sonja war jung, 18 Jahre alt, sehr blond, und ich fand sie schön. Mit ihnen beiden haben wir viel gesprochen und auch ein paar Worte Russisch gelernt. Sie hatten aus meiner Sicht fast den Status von Deutschen, eine anerkannte Stellung auf dem Hof und wurden geachtet. Ob sie freiwillig hier waren? Auch wenn sie sich freiwillig gemeldet haben sollten, konnte es unter den Kriegsbedingungen keine freiwillige Situation sein.

Das war bei den vier zwangsverpflichteten Polinnen anders. Das waren junge kräftige Frauen in einheitlichen erdfarbenen Anzügen. Wahrscheinlich aus Mangel an Möglichkeiten wirkten sie ungepflegt. Sie kamen angeblich weit aus dem Osten, was schon allein diskriminierend war, und wir hielten sie für Slawinnen, eine mindere Rasse und dumm. Sie wirkten fremd und niedergeschlagen und konnten wenig Deutsch. Hier arbeiteten sie im Schweinestall. Wie die Polen überall, wohnten sie in der Polenstube, einem Ort, den man lieber mied. Ich habe diese Unterkunft nie besucht, das wäre auch nicht angebracht gewesen. Ich wäre aber auch nicht drauf gekommen, die Unterkunft der Russen sehen zu wollen. Manchmal waren wir gerade in der Küche, wenn die Polinnen kamen, um ihr Essen zu holen. Mit ihnen redeten wir nicht, und der russische Vater mit seiner Tochter auch nicht, sie sprachen vielmehr schlecht über die Polinnen.«

Helmut B. (1934): »Die Mühlhausers (*Bauern, bei denen er evakuiert war*) beschäftigten auf dem Hof zwei Russen, welche die Nazis als Fremdarbeiter nach Deutschland verschleppt hatten. Alex, ein großer, schlanker Weißrusse mit dunklem Haar und einem unsteten Blick, war mir am Anfang nicht ganz geheuer. Seine Ausstrahlung war mir nicht unsympathisch, aber fremdartig … Barri, ein Ukrainer, ein untersetzter gemütvoller Bursche sprach wenige deutsche Worte, er verließ sich auf Gesten, Zurufe oder Gebärden der Mühlhausers. Wenn ich zurückschaue, dann sehe ich die beiden Männer stets mit einem gewissen Fleiß bei der täglichen Arbeit, aber schließlich gaben die Mädchen des Hofes immer das gute Beispiel vor. Alex und Barri wurden von der Familie nicht wie zwei Zwangsarbeiter behandelt, sie genossen die gleichen Rechte wie sie jede Magd und jeder Knecht am Hof besessen hätte. Sie aßen am Tisch der Familie und aßen vom gleichen Brot. Die Patronin sorgte sich um ihre Kleidung und die Wäsche mit der gleichen Sorgfalt wie um ihre eigenen Sachen. Die Stube, welche die beiden Russen bewohnten, direkt neben unserer Stube gelegen, besaß ordentliche Betten und zeigte sich stets in adrettem Zustand. Lohn werden die beiden Männer wohl keinen erhalten haben, aber sicher hin und wieder ein Taschengeld für den Kauf einer Maß Bier.«

Willy B. (1934): »Da gab's schlechte, schlechte Sachen bei den Zwangsarbeitern, die da in der Ziegelei geschafft haben, aber im Dorf ... die mussten ja das gelbe ›P‹ tragen wie die Juden den Stern, und mir erzählt mein Freund R.: ›Unsere Anna ist am Tisch gesessen, und da kommt der Polizist in die Küche rein und sagt, warum hat die ihr ›P‹ nicht an und was tut die bei euch am Tisch? Und hat die Anna einen Tag in den Arrest gesperrt, also Rathaus-Arrest, da war so ein kleiner Käfig. Meine Mutter hat der Anna dann ein Vesperbrot gebracht, und der hat dann geschimpft, dass wir der ein Vesperbrot bringen. Das gab's auch, das gab's auch im Dorf. Aber sonst weiß ich von denen, ich glaub es sind 23 oder 24 Polen und Russen gewesen im Dorf, meist Polen, niemand, der nicht am Tisch gegessen hätte mit den Bauern im Dorf. Die sind in die Familien integriert gewesen.«[36]

Christa F. (1928): »Die Baschja, die bei uns war, war zwei Jahre älter als ich, die war damals 16. Und meine Eltern haben die immer nach Hause fahren lassen, obwohl das nicht erlaubt war, und die ist manchmal ein paar Tage zu spät gekommen. Meine Eltern haben Angst gehabt, dass die ins KZ wandert. Aber dann kam sie wieder, schwer bepackt mit Koffern voller Lebensmittel, Schmalz, Brot, Mehl, alles voller Lebensmittel, was sie da aus ihrer Umgebung für uns erstanden hat ... Die konnte also öfter fahren ... Die war richtig mit Familienanschluss, die hat auch Weihnachten mit uns gefeiert.
I: Sie war gern da?
F: Ja, eigentlich doch. Also meine Mutter hat irgendwie erfahren, dass die Baschja nachher nach Australien gegangen ist nach dem Krieg«

Esther S. (1932): »In einer Baracke waren Russenfrauen untergebracht. Sie bekamen – möglicherweise von der Firma, in der sie dienstverpflichtet (*ein recht beschönigender Ausdruck für Zwangsarbeit*) waren – schöne blaue Kleider mit zartem schwarzen Überkaro, schwingenden Röcken und Puffärmeln, das erregte schon den Neid der Gütenbacherinnen. Eines Sonntags, als ich aus der Kirche kam, traf ich auf zwei wunderschöne Ukrainerinnen in ihrer Tracht, den Kopfschmuck hatten sie aus Krepppapier gebastelt. Manchmal saßen sie vor der Baracke und sangen.«

Über besondere Freundlichkeiten und Hilfeleistungen wird berichtet, so zum Beispiel von Maria H. (1932), deren Vater Postbote war und die Post der polnischen Zwangsarbeiter nicht immer in die Kontrolllisten eintrug, damit diese öfter nach Hause schreiben konnten, oder von Hausbewohnern, die durchsetzten, dass die Russinnen, die in den zerbombten Häusern untergebracht waren, einen Seiteneingang in den Luftschutzstollen bekamen. Es war ihnen im Allgemeinen nicht erlaubt, einen Schutzraum aufzusuchen. Brigitte H. (1935), deren Vater bei der Eisenbahn arbeitete, erzählt:

»Und dann hatten wir auch ein Lager mit Fremdarbeitern, mit Russen. In den Baracken gegenüber, nicht weit von unserem Haus. Und die haben auch bei der Eisenbahn gearbeitet. Und dadurch, dass mein Vater Russisch konnte, ist er mit denen besser bekannt geworden. Die wurden dann ja immer abgeholt und ins Lager zurückgeführt. Und da hat Vater gesagt: ›Wir haben so dringende Arbeiten, ihr könnt sie mir nicht zu Dienstschluss abholen, ich bring sie selber.‹ Und dann hat er sie zu uns in die Wohnung gebracht, bei Dunkelheit. Mutter hat Riesentöpfe mit Essen gekocht. Und sie haben bei uns gebadet in der Wanne. Und mir, ich war damals acht Jahre, hat man gesagt: ›Und wehe, wenn du was sagst, wehe, wenn du zu deinen Freundinnen was sagst, dann landen wir alle in Auschwitz (*sie wohnten nicht weit weg von diesem Lager*)!‹ Und das weiß ich also auch noch, dass ab und zu die Russen kamen und dass es dann tagelang in unserer Wohnung gestunken hat, weil die so Desinfektionsmittel hatten. Und dass die Mutter Riesentöpfe gekocht hat, und dass die sich abends bei uns satt gegessen haben und dass mein Vater sie dann ins Lager geführt hat.«

Eine für seine Familie und für sein weiteres Leben folgenreiche Geschichte erzählt Hans G. (1936). Sein Vater arbeitete als Vorarbeiter in einer Dreherei in Bochum:

»Dank der guten Zusammenarbeit und dem aufgebauten Vertrauensverhältnis zu seinen Zwangsarbeiterkollegen, Franzosen, Polen und Russen, und auf Anraten eines französischen Zwangsarbeiters aus Plainfaing/Vosges mit Namen Maurice Claudepierre, der in St. Kreuz/Elsass Verwandte hatte, beantragte mein Vater die Evakuierung – statt wie üblich nach Ostdeutschland – nach St. Kreuz mit unserem ganzen Mobiliar. Dort bezogen wir eine Wohnung, der Vater blieb weiter in Bochum.«

Ihre Wohnung wurde zur Anlaufstelle für Pakete und Post, welche die Angehörigen der Bochumer Zwangsarbeiter ihnen zukommen lassen wollten. Der Vater nahm diese Sendungen von seinen Besuchen in St. Kreuz zurück nach Bochum.

»Eines Tages erzählte mir mein Vater, wie die Übergabe der Waren erfolgte. Immer bei der Spätschicht deponierte mein Vater das Paket auf der Werkslatrine, der nachfolgende Zwangsarbeiter nahm es auf. Eines abends wurden beide vom Werkschutz erwischt, dieser drohte am Morgen Meldung zu machen. Zu seinem Glück kam der Werkschutzmann beim nächtlichen Bombenangriff ums Leben.«

Der Vater stand aber unter ständiger Beobachtung und Bedrohung, und der deutsche Lehrer schikanierte Hans und seine Schwester in der Schule. Da die Mutter wegen Erkrankung nach Bochum zurückmusste, lebten die Kinder für sechs Monate bei den französischen Verwandten des Zwangsarbeiters und bei einer Bauernfamilie. Sie lernten Französisch. Nach der Befreiung Ende 44 wurden sie nicht mit den anderen fünf oder sechs evakuierten deutschen Familien in ein Lager gesperrt, sondern durften weiterhin in dem Dorf St. Kreuz, das jetzt wieder St. Croix hieß, leben. Französisch wurde die Hauptsprache der Kinder. Deutsch mussten sie nach ihrer Rückkehr 1954 erst wieder lernen. Hans schließt seine Erzählung mit den Worten: »Paradox, ich müsste mich als Kriegsgewinner betrachten, denn ohne den Krieg, ohne die Einstellung meiner Eltern, ohne das Verhalten meiner Begleiter und Erzieher, wäre mein Leben in anderen Bahnen gelaufen ... Ich bin vielleicht mit dem Verstand Deutscher und mit dem Herzen Franzose.« 1946 stellte Maurice Claudepierre Johann G. ein dankbares Leumundszeugnis für seine vielfältige Hilfe aus.

Insgesamt hatten es die ausländischen Frauen in den Familien am besten, wenn sie nicht an ausgesprochen schikanöse Hausfrauen oder überhebliche, fanatische Parteianhängerinnen gerieten. In normalen Familien ergab sich der Familienanschluss fast von selbst. Fotos zeigen, dass die Mädchen ganz selbstverständlich dazugehörten. Die Beziehungen waren oft warm und herzlich. Eine besonders eindrückliche, etwas ausführlichere Erinnerung sei herausgegriffen.[37]

Gisela C. (1931): »Nadja Astachova – Zärtlichkeit und Trauer werden durch diesen Namen in mir wach gerufen! Es ist der Name einer jungen russischen Frau von 18 Jahren, die der Zufall des Krieges für zwei oder drei Jahre in unser Haus gebracht hatte. Sie kam aus Charkow in der Ukraine, wo die Deutschen sie aufgegriffen haben, sie und viele ihrer Landsleute als kostenlose Arbeitskräfte, die immer mehr fehlten. Die Front weitete sich immer mehr aus und die Menschenverluste ebenso. Die besetzten Länder mussten die fehlenden Deutschen ersetzen, so einfach machte man es sich. Man fing sie ein und setzte sie überall dort ein, wo sie gebraucht wurden, ohne sie lange zu fragen. Der größte Teil wurde in Baracken untergebracht und musste in Fabriken arbeiten. Ihre Nahrung war noch schlechter als unsere.

Kinderreiche Familien, solche, die mindestens 4 Kinder hatten, konnten eine Haushalthilfe erhalten. Wir waren dazu berechtigt.«

Zuerst hatten sie eine Belgierin, die »zu nichts nütze« war, dann kam Nadja.

»Sie verließ uns erst nach Ende des Krieges auf Befehl Stalins, aber mit Tränen in den Augen ... Ich sehe sie immer noch vor mir: ihren kräftigen, gesunden Körperbau, ihre lieben und intelligenten Gesichtszüge, ihr reiches kastanienbraunes Haar, das sie im Nacken eingerollt trug. Sie hatte ein warmes Herz. Sie lachte, sang und weinte leicht. Wir haben sie von Anfang an geliebt. Ich kann mich an kein hartes Wort zwischen uns erinnern. Sie war den ganzen Tag tätig, wusste sehr schnell alle Haushaltarbeiten zu verrichten und lernte rasch Deutsch. Sie wollte nicht mit uns am Tisch essen, weil sie während der Zeit in der Küche (diese war hell und freundlich) aß und gleichzeitig das Wörterbuch vor sich hatte und auch schon das Geschirr ab-

3. Familie K. mit Motja, ganz rechts

wusch. So hatte sie mehr Zeit für sich in ihrem Zimmer im zweiten Stock, das auf einen Balkon hinausging, wo bei schönem Wetter die Wäsche zum Trocknen hing.

Zu Weihnachten litt ihre russische Seele, sie trauerte. Aber das dauerte nicht lange, und ihr froher Mut kehrte wieder.

Am Wochenende besuchte sie ihre Freunde in den Baracken nahe der Fabrik Junkers und brachte ihnen alles, was wir an Nahrungsmitteln irgend entbehren konnten. Selbst Heringsköpfe nahmen diesen Weg.

Während der Fliegeralarme und den Bombardements weigerte sich Nadja kategorisch, mit uns den Luftschutzkeller aufzusuchen; sie hatte Angst, darin verschüttet zu werden. In der schrecklichen Bombennacht kauerte sie unter der Treppe, zitternd, schluchzend und Gott anrufend – auf Russisch –, er möge uns beschützen. Sofort nach Ende des Angriffs half sie meiner Mutter und überall in der Nachbarschaft, das Feuer zu löschen.«

In der Zeit des Lebens in Ruinen, bei dem entsetzlichen Mangel an allem, in Hunger und Kälte blieb Nadja eine unentbehrliche Helferin:

»Nadja entwickelte eine heimliche Aktivität, die man ›Diebstahl‹ nennen kann. Die Initiative ging von ihr aus, schließlich akzeptierten es meine Eltern, ohne darüber zu sprechen. Nadja kannte keine Skrupel, man musste schließlich überleben … Sie handelte, ohne jemanden zu fragen und das war uns recht. Sie verschwand z. B. stillschweigend mit unserem kleinen Handleiterwagen und kehrte am Abend mit 50 Kilogramm Zucker zurück von einer Raffinerie am Ufer der Elbe, die aufgegeben worden war. Sie verteilte davon auch an ihre Freunde in den Baracken.

In der Zeit, in der sie bei uns war, ließ Nadja manchmal eine negative Bemerkung über Stalin fallen. Meine Eltern fragten nicht weiter, das hätte ihr schaden können. Sie wollte nicht gehen, so sehr sie sich auch nach ihrer Heimat sehnte. Schließlich vertraute sie meinen Eltern an – und ich hörte zu –, dass sie und alle ihre Kameradinnen große Angst hätten. Es gab Gerüchte, dass sie nicht nach Hause kommen würden. Der Tag kam, an dem sie sich alle versammeln sollten, um in die Sowjetunion zurücktransportiert zu werden. Es gab kein Entrinnen. Wir versprachen, dass wir uns schreiben würden. Der Schmerz des Abschieds ist niemals vergangen, wir wussten schon, dass es ein Abschied ohne Wiederkehr sein würde, dass wir uns für immer verlieren würden. Wir begleiteten sie, und sie schaute sich mehrmals um, die Augen voller Tränen.

Und in diesen Weihnachtstagen, wo ich besonders an die Heimat zurückdenke[38], denke ich auch sehr intensiv an sie: Nach mehr als 50 Jahren seit der Trennung, Nadja, denke ich mit Liebe und Hochachtung an dich, an dein offenes und strahlendes Wesen, dein aufrichtiges Herz, deine Gescheitheit, an deine Schönheit.«

Solche ganz *persönlichen* freundschaftlichen und liebevollen *Beziehungen* von Kindern zu slawischen Zwangsarbeitern waren gar nicht so selten.[39]

Peter M. (1937): »Unsere Ukrainerin war für uns Kinder wie ein weiteres Familienmitglied. Ich habe von ihr einen Teil des kyrillischen Alphabetes gelernt, und durch sie wurde mein Interesse für die slawischen Sprachen geweckt, ich habe später Slawistik studiert … Katja wäre bereit gewesen, mit Hitler-Deutschland gegen die Sowjetunion zu marschieren. Jedenfalls redete sie gelegentlich davon, dass sie als Soldatin an die Front gehen würde … Vor einer Rückkehr in die Sowjetunion hatte sie Angst. Weiter wissen wir nicht, was mit ihr geschah. Vor einigen Jahren habe ich einmal eine Suchmeldung an den Internationalen Suchdienst des Roten Kreuzes in Arolsen geschickt, bisher ohne Erfolg.«

Günther Ballentin (1931): »Meine Mutter hatte für unseren Kleinbauernhof eine Arbeitskraft angefordert, denn mein Vater wurde zu den Soldaten eingezogen. Nun stand ein Serbe da, von meiner Schwester und mir bestaunt. Er hieß Milorad Pashan, war dreiundzwanzig Jahre alt und sprach natürlich kein Wort Deutsch. Und wir alle keine Silbe Serbisch. Das änderte sich im Sommer bei der Tabakernte. Onkel August brachte Milorad die Männerarbeit bei, ich zeigte ihm das Tabakaufziehen.

Wir saßen sechs, acht Stunden in der Waschküche im grünen Blättersegen. Zeit genug, die Gegenstände und Tätigkeiten zu benennen, jedes Wort fünfmal zu sagen und fünfmal nachzusprechen. Tabaknadel – und wie heißt sie auf Serbisch? Duvan igla. Schuppen. Und bei Euch? Supa. Und Gerüst? Skela! Das war für mich ein Sprachspiel, ein Spaß. Ich sollte ein Lied singen. Ich versuchte es mit ›Hänschen klein‹. Milorad schmunzelte. Nun war er an der Reihe. ›Marschirala, marschirala, gorda Petra Garda …‹ Auf Deutsch: ›Es marschiert die stolze Petergarde, sie marschiert …‹ Es war, wie ich verstand, die jugoslawische Nationalhymne. Die Melodie ist mir noch geläufig. Und den Text der ersten Strophe kann ich heute noch auswendig, obwohl ich die serbische Sprache nicht erlernte.«[40]

Jochen B. (1936): »Wir hatten gefangene Serben, und das waren stattliche und pausbäckige Männer, und jeder von uns Kindern hatte einen Freund, meiner hieß Dockschewei (?), also in meinen Augen als Siebenjähriger ein Kerl! Und wenn Erntezeit

4. Der serbische Kriegsgefangene Milorad in der Familie B., Juni 1943. Günter zwischen Pferd und Mutter, daneben ein Onkel und ein Nachbarssohn

war, 1943 dann Kartoffelernte, da war noch viel mit Pferden, da sind die mit dem Gespann rausgeritten. Ja, und dann hat der mich auf das Nebenpferd gesetzt, und da sind wir geritten. Es waren ja Ackergäule, also keine Reitpferde. Und wenn ich an dem Geschirr so langsam schräg runterrutschte, da nahm er mich und setzte mich wieder drauf.«

Am ausführlichsten erzählt Arno K. (1934) aus Berlin-Weißensee von seiner Freundschaft mit einem Ukrainer:

»Ich hatte bemerkt, dass sogenannte Ostarbeiter, Ukrainer und Polen, in der nebenan gelegenen Fabrik ›Glimmer‹ arbeiteten. Neugierig, wie man als Kind halt so ist, versuchte ich, Kontakte zu denen aufzunehmen. In der Nacht hatte eine Bombe die Trennmauer der Fabrik zu unserem Hof zerstört. Ich sah die so genannten Ostarbeiter die Trümmer beseitigen, Steine putzen und schichten. Ich ging zu ihnen und radebrechte mit folgenden Worten: ›Arbeit gut, Bombe kaputt.‹ Sie sahen mich an und nickten, zogen die Schultern hoch und schmunzelten. Ob sie mich verstanden hatten, steht in den Sternen. Ich betrachtete sie mir näher und stellte fest, dass ihre Kleidung ›sehr dürftig‹ war, das Schuhwerk bestand aus Holzsohle mit Kunstleder und war ziemlich verschlissen. Auf dem Kopf hatte einer eine undefinierbare Fellmütze. Unter dieser lugte ein verschmitztes, lustiges Gesicht hervor. Als die ›Ostarbeiter‹ ihr karges Essen auspackten, sah ich nur einfache Stullen mit Marmelade bekratzt. Mich überkam Mitleid, ich ging zu meiner Mutter und bat sie, von unseren bescheidenen Vorräten mir etwas zu geben, damit ich sie den ›Russen‹ überreichen könnte. Mutter war einverstanden und belehrte mich, vorsichtig zu sein, damit die Bewacher nichts bemerkten. Na ja, Berliner Jungs sind pfiffig und so bekamen ›meine Russen‹ ihr Essen. Die Freude bei ihnen war groß, sie genossen es, in Ruhe und ohne großes Aufsehen zu essen. Dankbarkeit sah ich in ihren Augen. Wenn es die Zeit erlaubte, hielt ich mich bei den ›Ostarbeitern‹ auf, lernte einige Brocken Russisch-Ukrainisch, die ich doch recht eigenartig wiedergegeben haben musste, denn ›meine Russen‹ lachten immer wieder, wenn ich mich bemühte, nachzusprechen. Eines Tages saßen wir im ›Hofgarten‹ auf einer Bank und ›Fellmütze‹ fragte: ›Du Name?‹ Ich antwortete ›Arno‹. Er zeigte auf das Haus, in dem ich wohnte, und meinte ›trizettri‹ (ich wohnte in der Lehderstraße Nr. 33). Ich verstand, er hieße ›Miezepri‹. Schon war der Kontakt vorhanden und ›Miezepri‹ mein Freund. Oft brachte ich ›Miezepri‹ und seinen Kameraden etwas zu essen, mit Wissen oder ohne Wissen meiner Mutter, teils auch ein paar Zigaretten. Eines Tages, als ich unser Haus nach Abgabe der Lebensmittel an ›Miezepri‹ durch die Hoftür betrat, stand urplötzlich Ulrich Geyer in HJ-Uniform vor mir, zog mich an den Ohren und zischte mich an: ›Wenn du den Bolschewiken noch mal Essen bringst, bringe ich dich und deine Mutter dort hin, wo ihr hingehört, verstanden?‹ Ich nickte artig und verstört und verschwand wie ein geölter Blitz. Wohin er mich und meine Mutter bringen wollte, war mir nicht klar. Von nun an musste ich meine Lieferungen geschickter anstellen. Ich stellte mich in den Flur zum Hof, öffnete die Tür einen Spalt und gab Zeichen durch Winken. Einige Ostarbeiter arbeiteten nun emsiger, Miezepri konnte von mir alles, ohne dass es jemand anderes gesehen hatte, in Empfang nehmen. Er streichelte mich und drückte mich an sich.«

Arno verlor ihn aus den Augen, sah ihn aber kurz nach dem Einmarsch wieder, bekam Milch, Kartoffeln und grüne, unreife Äpfel von ihm und den anderen Rotarmisten. Danach verabschiedeten sie sich fröhlich, und er sah sie nie wieder.

Ein Maßstab für den Umgang mit den Zwangsarbeitern war das *Kriegsende*. Oft gingen die Zwangsarbeiter mit ihren Brotherren auf die Flucht. Viele wollten nicht mehr zurück, weil sie wussten oder ahnten, was ihnen drohte[41] oder weil ihre Familie im Krieg umgekommen war. Manche blieben auch und heirateten eine deutsche Frau. Auf der einen Seite wird oft erzählt, dass die eigenen Zwangsarbeiter ihre Arbeitgeberfamilien vor den Besatzern geschützt haben, dass die Kontakte weitergepflegt wurden oder dass man sich bedauerlicherweise trennen musste und aus den Augen verloren habe, auf der anderen Seite wird von Racheakten an brutalen Menschenschindern unter den Arbeitgebern und Nazi-Bonzen berichtet. Entsetzliche Verbrechen, die vorher vertuscht worden waren, kamen ans Licht. Unter den Zwangsarbeitern gab es nicht wenige, die plünderten und übel hausten, sich an der Bevölkerung schadlos hielten, wobei es Schuldige und Unschuldige traf. Nicht immer griffen die Besatzungsmächte rechtzeitig ein.

Reinhard R. (1932): »In unserer Umgebung waren über 1.000 russische und polnische Zwangsarbeiter untergebracht, unter denen wir nach dem Einmarsch der Amerikaner sehr zu leiden hatten. Von den Amerikanern bekamen wir bei den Plünderungen sämtlicher Lebensmittelgeschäfte keine Unterstützung. Wir mussten ein Vierteljahr lang zum Einkaufen in Nachbardörfer ausweichen, da sämtliche Lebensmittelgeschäfte völlig demoliert waren. Die Lebensmittelvorräte wurden von den Plünderern nicht mitgenommen, sondern sinnlos zertrampelt. Das habe ich bei Einsetzen des Hungers als besonders boshaft empfunden.«

Die Familie von Christel R. (1936) hatte ihren französischen Kriegsgefangenen ungern gehen lassen.

»Anders war es mit Nadja und Jadwiga (*ihren russischen Zwangsarbeiterinnen*). Sie wurden in den letzten Kriegstagen brutal und aggressiv. Sie bestimmten, was unsere Mutter, Tante Borz und Erna, die uns halfen, zu tun hatten. Und am letzten Abend vor ihrer Abfahrt feierten sie mit anderen männlichen Gefangenen des Ortes ein großes Gelage in der Knechtkammer. Als Mutter und die mitarbeitenden Hausbewohner morgens in den Viehstall kamen, waren sie entsetzt über die Auswirkungen der Orgie. Drei tragende junge Kühe waren durch Einführen von Besenstielen in die Ausscheidungsorgane und Genitalien qualvoll gestorben. Alle waren froh, als sie uns am anderen Tag verließen.«

Erich K. (1935): »In unserer Tischlerei waren u. a. auch zwei kriegsgefangene Russen und ein sogenannter Zivilpole beschäftigt. Als sie uns verlassen mussten, hatte mein Vater in seinem Büro ein Gespräch mit dem einen Russen, das ich noch heute in wörtlicher Erinnerung habe. Der Russe sagte: ›Iwan lieber bei Meister bleiben, Familie kaputt und ich nicht wissen wohin … Meister gut, Frau gut, Kind gut, Hund gut, Katze gut, alles gut und Iwan auch gut.‹ Erst später habe ich die ganze Tragweite dieser Ängste eines armen, durch den Krieg aus seiner Lebensbahn herausgeschleuderten Menschen begreifen gelernt. Ich denke, dass dieses Ereignis mich zum ersten Mal auf das entsetzliche Grauen, das vom deutschen Faschismus und vom Krieg ausgegangen war, aufmerksam gemacht hat.« [42]

Maria R. (1932): »Einzelne Höfe wurden von den dort beschäftigten ›Fremdarbeitern‹ geplündert und sogar in Brand gesteckt. Unsere Leute, Peter und Martin, blieben bei uns, um uns zu beschützen. Sie waren so dankbar, dass sie es so gut gehabt und als Menschen behandelt worden waren. Es war von der Partei vorgeschrieben, dass die Fremdarbeiter nicht am Tisch der Familie zum Essen sitzen durften. Doch das war bei uns nicht der Fall. Wir liebten alle diese netten fleißigen Menschen, und so saßen sie bei uns am Tisch wie Familienangehörige. In der großen Küche stand in der Ecke ein kleiner Tisch, an dem die drei schnell Platz nahmen, wenn sich jemand während der Mahlzeiten dem Hause näherte, der Weg zum Haus war weithin einsehbar. Wie sich später herausstellte, wurden auch nur die Höfe geplündert, wo die Fremdarbeiter nicht gut behandelt worden waren. Nach ein paar Wochen wurden die Menschen, die wir so lieb gewonnen hatten, abgeholt. Sie sollten in ihre Heimat zurückkehren. Es war ein schmerzhafter Abschied. Wir haben viel später von Peter erfahren, dass er unterwegs geflohen war, und seine Kameraden sollen nicht nach Hause, sondern nach Sibirien geschickt worden sein. Er hat dann eine deutsche Frau geheiratet und lebte in der Nähe von Berlin. Von Martin und seiner Frau haben wir nie etwas gehört.«

Neben den Juden, den Kriegsgefangenen und den Zwangsarbeitern gab es weitere »Volksfeinde«, die nach der NS-Ideologie auszumerzen waren: Die **Sinti und Roma,** damals nur als »Zigeuner« bezeichnet, und die **Behinderten**. Die **Bevölkerung in den besetzten Ostgebieten** sollte versklavt und ihrer Führungsschicht beraubt werden. Auch das blieb den Kindern nicht verborgen, obwohl sie auch darüber nichts Genaueres erfuhren.

Ingrid R. (1930): »Ich hatte einen Schulkameraden in Reichenbach, der Arpad, der Sohn des ›Zigeunerbarons‹, war ein netter junger Mann, also noch ein Junge. Plötzlich kam Arpad nicht mehr. Ja, wo ist Arpad? Warum kommt er nicht mehr zur Schule? Da hat unsere Lehrerin gesagt, Frau Hammer, das weiß ich noch (sonst vergesse ich die Namen ja immer) (*spricht mit leiser Stimme*): ›Oh, Kinder‹, hat sie gesagt, ›fragt mich nicht … Da muss was passiert sein heut nacht … ich weiß es nicht … fragt bitte nicht.‹ Und erst allmählich hat man dann gehört, dass man die ganze Familie abgeholt hat.«

Anna B. (1939), Donauschwäbin, die in Kroatien lebte: »In unserem Dorf Ivankovo, da ging es bis etwa so 43 verhältnismäßig friedlich zu. Es kamen deutsche Soldaten, die waren bei uns einquartiert, die wurden beköstigt. Nachher musste man sie ins Gebet abends einschließen. Man war recht fromm. Man ging viel in die Kirche. Und ich kann mich noch an etwas erinnern, das muss aber schon 44 gewesen sein. Da haben sie die Zigeuner aus dem Dorf weggetrieben, also zum Teil auf dem Wagen. Und wir sind sonntags aus der Kirche gekommen, und eine Zigeunerin kommt zu meiner Oma und die wirft sich meiner Oma zu Füßen und umfasst sie so (*macht die Bewegung nach*) und ruft: ›Gastarice, Gastarice (das ist so ungefähr wie Herrin), lass uns nicht gehen, lass uns nicht gehen!‹ Und die Oma sagt: ›Ihr seid die ersten, und wir sind die zweiten … Und ich hab so einen Ziegelstein im Magen, mir ist so schwer.‹ Und ich hab mir das vorgestellt, wie da ein Ziegelstein in ihrem Magen ist. Und die hat halt Angst gehabt.
I: Wer hat die Zigeuner zusammengetrieben, die Soldaten?
B: Nein, das waren wahrscheinlich die Ustase im Auftrag von …
I: den Nazis?
B: Ja.
I: Ustase, was war das?
B: Das waren diese, die den kroatischen Staat hatten.«[43]

Die **sogenannte Euthanasie**, die Ermodung Kranker und Behinderter, scheint den Kindern, wo sie davon erfuhren, nicht sehr nahe gegangen zu sein. »Es starben ja so viele«, sagte ein damaliges Mädchen. Und im allgemeinen Bewusstsein der damaligen Zeit waren Schwerbehinderte keine Menschen mit besonderen Qualitäten, die man fördern konnte. Der »Gnadentod« war, außer in kirchlichen Kreisen, nicht unbedingt als Mord verpönt. Unter meinen Gesprächspartnern waren nur ganz wenige nahe Familienangehörige von dieser Aktion betroffen. Manche Kinder erfuhren die Wahrheit erst viel später.

Marlene I. (1931): »Ein geisteskrankes Nachbarsmädchen – sie zeigte sich immer nackt am Fenster – kam in die Klinik nach Winnenden. Dort verstarb sie nach kurzer Zeit. Über ihren Tod wurde eigentlich nie diskutiert. Es starben ja täglich Menschen bei Luftangriffen und an der Front. Immer waren ihre Namen in langen Spalten in der Zeitung zu lesen.«

Sigrid S. (1940): »Meine Tante aus Hamburg, die hatte ein mongoloides Kind. Sie hat dann die Aufforderung bekommen, nach Göttingen in die Universitätsklinik zu kommen. Und das Kind kam nicht wieder. Ich wusste damals nicht, warum und wieso. Irgendwie fand ich das damals sehr eigenartig.
I: Schon als Kind?
S: Ja, sie kam ja mit zwei Kindern an, mit meiner Cousine, die heute in Hannover lebt, und dem Baby. Und das Baby kam dann nicht mehr. Ich weiß nicht, wie das damals war, ob die Frauen dazu gezwungen waren … Die ganze Stimmung innerhalb der Familie war so gedrückt. Ich kann das eigentlich nur über die Emotion sagen, weil ich den Sachverhalt gar nicht so genau einordnen konnte, weil ich zu klein war.«

Hansjürgen B. (1932) wurde aus Berlin zu schwäbischen Verwandten geschickt:

»Ich war natürlich ein rotzfrecher Berliner Bengel mit absolutem Berliner Slang und bin da bei den gleichaltrigen Kindern und bei meiner Großmutter angeeckt. Und die haben mir immer harte drakonische Maßnahmen angedroht, u.a. eine, die ich damals nicht verstanden habe, aber der Begriff ist mir später sehr wohl bekannt geworden … Irgendwas war mal wieder vorgefallen, und da hat es geheißen: ›Wenn du nicht gut tust, dann tut man dich nach Grafeneck.‹«[44]

Brigitte R. (1931): »Der Bruder meines Vaters hatte Philosophie, Mathematik und alte Sprachen studiert, war Dozent, galt in der Familie als zwar hochbegabt (mein Vater hatte immer Minderwertigkeitskomplexe wegen ihm), aber je älter er wurde, umso auffälliger wurde er im Umgang mit Menschen. Er lebte völlig zurückgezogen und hatte zu niemandem Kontakt außer zu seiner Mutter. Mit uns Kindern sprach er nicht, war sehr scheu und deshalb etwas unheimlich, obwohl er nie etwas Böses getan hätte. Er kam im Krieg nach Zwiefalten, weil er als geistesgestört galt. Von dort kam später eine Todesnachricht (›mit großem Bedauern‹), er sei an einer bekannten Krankheit gestorben. Erst viel später, als mein Mann und ich der Sache nachgingen, erfuhren wir, dass man ihn systematisch verhungern ließ. Er wurde regelmäßig gewogen, wir konnten Einsicht nehmen in alle akribisch festgehaltenen Daten. Das Massengrab wurde uns gezeigt.

Da auch der Großvater meines Mannes vergast wurde (Schizophrenie), sind wir nie über diese Morde in der Familie hinweggekommen und leiden noch heute darunter.«

Herta F. (1930): »Meine Schwester war eine Zangengeburt, da wurde das Gehirn verletzt. Sie war behindert und kam in eine Hilfsschule, in ein Heim. Meinem Vater ist zugetragen worden, er solle seine Tochter holen. Er ist sofort losgefahren, hatte zu der Zeit noch ein Auto und hat sie geholt. Er hat sie nie mehr herausgegeben. Sie ist auch nie mehr zur Schule gegangen. Sie lebt noch, heute könnte man sie fördern. Sie ist dann nach dem Tod des Vaters in eine Behindertenwerkstatt gekommen, da ist sie so gern hin.«

Hannelore Z. (1932): »Ich hatte einen Bruder, der ein Jahr jünger ist als ich. Meine Mutter war vor seiner Geburt auf der Treppe im Krankenhaus gestürzt. Mit einem Jahr wurde erkannt, dass das Kind blind war und dass er auch sonst wahrscheinlich nie richtig auswachsen wird. Als er drei Jahre alt war, da hat der Kinderarzt gesagt, der muss jetzt in klinische Behandlung. Und der kam nach Rastenburg in eine Klinik, und meine Mutter hat ihn nie mehr rausgeholt. Als er sieben Jahre alt war, bekamen wir einen Brief: ›Ihr Sohn ist an Lungenentzündung gestorben.‹ Meine Mutter ist dann sofort hingefahren, es war ja nicht so weit von Königsberg, und wollte das Kind sehen und ihn zur Beerdigung nach Hause holen. Da hat man ihr gesagt, dass alles schon passiert ist.
I: Sie waren da ja noch sehr klein.
Z: Ja, aber da war ich schon 8. Und ich weiß, dass meine Mutter den Brief bekam und furchtbar geweint hat und gesagt hat: ›Der Wilfried ist gestorben.‹«

Barbara M. (1940): »Sehr viel später, da war ich bestimmt schon 15, 16, habe ich mal so eine Unterhaltung mit meiner Mutter gehabt über die KZ und so weiter. Und da hab ich meine Mutter gefragt, ob der Papa davon nichts gewusst hat. Und da hat sie dann eingeräumt: auf der Alb bei uns gab's auch so ein Vernichtungslager für Geisteskranke – Grafeneck – und er war in Urach Arzt. Und da hat man ja die Patienten überwiesen. Da muss er doch wohl auch Bescheid gewusst haben, und da seien bei ihm die ersten großen Zweifel gekommen.«

Über Verbrechen an Juden und der **Zivilbevölkerung in den besetzten Ostgebieten** haben die Kinder fast nur durch Gespräche unter Erwachsenen, die sie – auch ohne deren Wissen – belauschten, etwas erfahren. Nur wenige lebten mit ihrer Familie dort und wurden Augenzeugen. Es ist erstaunlich, wie aufmerksam sie waren und wie viel sie erfahren haben. Auch wenn die Jüngeren es noch gar nicht einordnen konnten, hat es sie tief berührt und verunsichert. Den Satz: »Wenn wir das büßen müssen, was wir dort anrichten, dann Gnade uns Gott!« haben viele von den Fronturlaubern gehört. Manchen erzählten die Mütter erst nach dem Krieg, was sie gewusst haben.

Brigitte E. (1928): »Der Sohn von Freunden ist eingezogen worden, er kam nach Polen. Er berichtete, dass irgendwelche Wehrmachtsangehörige vier Juden an den Bärten zusammengebunden und eine Handgranate in die Mitte hineingeworfen hätten. Diese Gerüchte, die gingen ja um. Die Soldaten, die das gesehen haben, haben das auch zu Hause weitererzählt, so dass man schon sagen kann, man hat, wenn auch nicht die Details, aber generell schon gewusst, was da eigentlich passiert.«

Maria P. (1927): »Im April 1943 kam Rudi auf Heimaturlaub. Ich war sehr stolz, dass dieser schmucke junge Leutnant mein Bruder war.

Im Februar entdeckten deutsche Truppen bei dem russischen Dorf Katyn Massengräber mit über 4.000 Leichen polnischer Offiziere, die im Frühjahr 1940 von den Russen erschossen worden waren. Am nächsten Tag konnten wir den Bericht in der Zeitung lesen, und wir entsetzten uns über die Gräuel der Russen. Rudi las es auch und sagte ganz ruhig: ›Die Gräber, die wir den Polen bereitet haben, liegen dichter als die von Katyn.‹ Ich erschrak furchtbar. Immer wieder in stillen Stunden fiel mir ein, was Rudi gesagt hatte und was es bedeutete.«

Edith Schwister-Rudolph (1929) (sie nennt sich in ihrer Erzählung Lotte): »Sie war eines Tages bei dem kleinen Freund oben in der Wohnung. Auf dem Esszimmertisch lagen einige Fotografien mit der Rückseite nach oben. Die Hausfrau hantierte in der Küche, und Lotte nahm eher gedankenlos die Fotos hoch. Normalerweise hätte sie fragen müssen, ob sie sich die Fotos einmal ansehen dürfe. Sie hatte nur zwei oder drei gesehen, nur kurze Szenen wahrgenommen, dass Männer erhängt waren, als auch schon die Nachbarin aus der Küche kam. Diese war eine rundliche, meistens zum Scherzen aufgelegte Frau, jetzt allerdings war sie ärgerlich. Abrupt riss sie Lotte die Bilder aus der Hand, meinte, ob sie nicht gelernt habe, dass man bei fremden Leuten nicht einfach Sachen vom Tisch nehmen sollte … (*sie erzählt niemandem davon*). Wer waren die Erhängten? Es waren keine Galgen, an denen die Männer hingen, dicke Äste waren dazu ausersehen, die Stricke und die Körper daran zu halten. Neben und unter den Bäumen standen Uniformierte. Waren diese Männer, die da leblos hingen, Verbrecher? … Warum hatte der Vater ihres Spielkameraden solche Fotos an seine Frau geschickt? … War der Vater ihres Spielkameraden aktiv an der Tötung dieser Menschen beteiligt? … Sie war damals ein Kind, und Kindern erzählte man eben nicht alles.«[45]

Josef S. (1935), Donauschwabe, wohnte damals mit seiner Familie in Belgrad:

»Der Widerstand der serbischen Bevölkerung gegen die Besatzung hat sich immer mehr verstärkt. Wenn Widerstandskämpfer in Belgrad gefasst wurden, wurden sie mitten im Zentrum an Straßenlaternen erhängt, und die Zivilbevölkerung wurde aufgefordert, diese zu besichtigen. Da wir im Zentrum in Belgrad unsere Wohnung hatten, war es unausweichlich, dass ich beim Einkaufen mit meiner Mutter diese Erhängten sehen musste. Das war kein schönes Erlebnis. Obwohl meine Mutter bestrebt war, mir das nicht zu zeigen … Aber wissen Sie, einkaufen geht man eben, und Kinder sehen und hören alles.«

Maria N. (1931): »Meine Mutter erzählte mir nach vielen Jahren, dass sie einen auf Urlaub weilenden SS-Mann mit dem Erschießen eines alten Ostjuden auf offener Straße prahlen hörte. Unter vier Augen stellte sie ihn zur Rede: ›Sag mir, dass das nur wieder eine von deinen Aufschneidereien gewesen ist!‹ Er, verblüfft: ›Ich bitt dich – das war doch nur ein Jud!‹ Sie verlor zwar ihre Unbefangenheit ihm gegenüber, doch verraten hat sie ihn nie. Ich glaube, dann hätte man eher sie als ihn geächtet.«

Jobst Schöner (1935): »Meine Mutter erzählte mir später, was sie 1943, beim letzten Urlaub meines Vaters erfahren hatte, wie die Deutschen in Russland gehaust hatten … Er war zu einer Einheit gekommen, die das Hinterland von Partisanen säubern sollte. Wenn diese Einheit in eine Ortschaft kam, wurden alle Leute zusammengetrieben. Die wenigen Männer wurden als Zwangsarbeiter rekrutiert, damit sie nicht als Partisanen tätig werden konnten. Die Frauen und Kinder wurden getrennt. Die Kinder mussten in einen Schützengraben steigen. Die Frauen wurden aufgefordert, mögliche Partisanen zu verraten. Dann mussten die Kinder hin- und herlaufen, während mit Spaten auf sie eingedroschen wurde. Wenn die ersten Kinder tot waren, war man sich sicher, dass die Frauen keine Partisanenverstecke kannten, und die Einheit – die zog weiter zur nächsten Säuberung.

Mein Vater hatte das nicht verkraftet. Er hat es bei dieser Einheit nur wenige Tage ausgehalten. Dann muss er durchgedreht haben. Er bekam vorzeitig Urlaub … Meiner Mutter hat mein Vater im Urlaub 1943 einen russischen Revolver mitgebracht und sie eindringlich gebeten, uns Kinder und sich selbst zu erschießen, wenn wir nicht von Vimfow wegkämen, bevor die Russen kämen.«[46]

Ulrich L. (1931): »1939/40. – Ich fahre mit der Radelrutsch (Roller) im Hof zwischen dem Haus, in dem wir wohnen, und dem dahinter gelegenen Hinterhaus. Da kommen zwei große, ungemein grobknochige Figuren in den Hof. Die eine Figur ist Fräulein Marie, die in unserem Haus arbeitet, und ihr Begleiter war unübersehbar ihr Bruder in Uniform. Und zwar in einer ›richtigen‹. Nicht wie die der eleganten Offizierchen, die wir auf der Königstraße flanieren sahen. Nein, es war ein Frontsoldat mit schwerem Gewehr über der Schulter und mit einem Patronengurt. Das also ist einer – dachte ich – der für uns in Polen sein Leben einsetzt … Fasziniert schleiche ich hinter diesem Paar her, es ging die Treppe im Hinterhaus hinauf, wo Fräulein Marie ihr Zimmer hatte. Da blieb dieser Soldat plötzlich stehen: ›Wenn ihr wüsstet‹, sagte er schluchzend (!) zu seiner Schwester, ›was wir tun müssen …‹ Ich war wie betäubt, schlich mich weg, ohne dass die zwei mich bemerkten. Was mich vor allem entsetzte: Nachdem ja ein deutscher Junge nicht weinte, sondern hart wie Kruppstahl usw. war, empfand ich es als Ungeheuerlichkeit, dass ein echter deutscher Soldat, der von der Front kam, weinte. Was, dachte ich, musste er tun??? Es muss ja etwas Unehrenhaftes sein, und das ist doch bei einem solchen Menschen gar nicht möglich.

Ich ging nach Hause. Der Vater: ›Wo kommst denn du her?‹ Wir warten schon mit dem Abendessen. Obwohl wir eine sehr diskussionsfreudige Familie waren, erzählte ich von meinem Frontsoldaten-Erlebnis nicht einmal der Mama oder einem meiner Geschwister auch nur ein Wort …«

Was lässt sich zusammenfassend zu den Fragestellungen dieses Kapitels sagen? Bestätigt wird durch die Kinder, dass das Wissen um die Judenverfolgung und -vernichtung im deutschen Volk weiter verbreitet war, als die meisten bis heute wahrhaben wollen. Ich bin schon in meiner Frauendokumentation zu diesem Ergebnis gekommen.[47] Es wurde jüngst durch Peter Longerich auf umfassender Quellenbasis erhärtet.[48] Bestätigt werden auch Verbrechen, die von bestimmten Wehrmachtseinheiten an bestimmten Orten und zu bestimmten Zeiten in den besetzten Gebieten verübt wurden.[49] Die Angst vor der Rache der Sieger ist in vielen Äußerungen deutlich spürbar. Widerlegt wird erneut Goldhagens These vom »eliminatorischen Antisemitismus« der Deutschen.[50] Wenn auch Ausgrenzungen geduldet oder sogar gebilligt wurden, die Exzesse der »Kristallnacht« und die Deportationen, die bekannt waren, wurden von der breiten Mehrheit nicht gutgeheißen. Den Kindern allerdings wurden die Zusammenhänge wiederum nicht erklärt: Sie blieben mit ihrem Gefühl des Unheimlichen, Unverständlichen allein.

Auch die Behandlung der Kriegsgefangenen und Zwangsarbeiter muss differenziert gesehen werden. Auf den Bauernhöfen und in den Familien gab es nicht nur Unterdrückung und Quälerei, sondern vielfach anständige und wohlwollende, sogar familiäre Beziehungen. Die Trennung war oft schmerzlich, das Kriegsende war für die Ostarbeiter keineswegs nur eine Befreiung, sondern brachte für sie die Auslieferung an Stalin. Andererseits bekamen die Kinder sehr viel Not, vor allem Hunger und demütigende Situationen und Misshandlungen zu Gesicht. Deshalb und wegen der oft unheilvollen Zustände in den Lagern und bei den Industriearbeitern wurde über dieses Kapitel der deutschen Kriegsgeschichte nach 1945 am liebsten geschwiegen.[51] Kinder haben keinen Grund, das Gesehene und Gehörte geheim zu halten.

Wo sie persönlich mit diesen »Ausländern« zu tun hatten, haben sich oft enge menschliche Beziehungen entwickelt. Sie schlossen Freundschaften, akzeptierten den »Fremdarbeiter« als Vaterersatz oder väterlichen Freund. Obzwar sie propagandistisch massiv gegen diese »Untermenschen« aufgehetzt wurden, bewahrten sich die meisten Kinder ihre Unbefangenheit und ihr natürliches Mitgefühl. Nur die fanatischsten Hitlerjungen und Hitlerjugendführer verhielten sich ideologiekonform feindselig.

Sind die Kinder also nur »unschuldige Zeugen« der Ausgrenzungen und Verbrechen, die damals von Deutschen verübt wurden? In ihrer Selbstdarstellung könnte man diesen Eindruck gewinnen.[52] Wie haben es die Verfolgten, die Opfer erlebt? Danach ist im nächsten Kapitel zu fragen.

Kapitel 20

Verfolgt

Über Verfolgungen und Verfolgte während der Zeit des Nationalsozialismus gibt es eine unübersehbare Literatur. Die Kinder der Verfolgten kommen selten selbst zu Wort. Das Standardwerk von Deborah Dwork *Kinder mit dem gelben Stern*[1] fußt zwar auf Interviews und persönlichen Dokumenten, ist aber europaweit und nach Sachthemen angelegt, und es wird nicht immer klar, an welchen Stellen es sich um Kinder aus Deutschland handelt.[2]

Ich beschränkte mich hier auf Kinder, die in Deutschland lebten, als die Nationalsozialisten an die Macht kamen und ihr Programm in die Tat umsetzten. Es war schwierig für mich, Zeitzeugen ausfindig zu machen, welche die Verfolgungen als Kinder erlitten und überlebt haben und bereit sind, darüber zu sprechen. Persönliche Dokumente haben sich kaum erhalten. Viele Anfragen blieben ohne Erfolg, auch die entsprechenden Organisationen konnten nicht immer weiterhelfen. So muss ich mich – wo keine Erzählungen aus erster Hand greifbar waren – auf Auszüge aus schon publizierten Erinnerungen stützen, für die mir die Verfasser die Erlaubnis des Nachdrucks erteilten. Für jede der Gruppen werden nach Möglichkeit wenige exemplarische Fälle etwas ausführlicher dargestellt und durch weitere Zeugnisse ergänzt.[3]

Die Verfolgten lassen sich in vier große Gruppen gliedern: Juden, Sinti und Roma, damals allgemein »Zigeuner« genannt, Zeugen Jehovas (Bibelforscher) und solche, die aus politischen oder religiösen Gründen verfolgt wurden, vor allem Kommunisten.[4] In den drei ersten Gruppen waren Kinder direkt persönlich betroffen, in allen vier Gruppen die Eltern, worunter immer auch die Kinder zu leiden hatten.

Jüdische Kinder waren von 1933 an Ausgrenzungen und *Diskriminierungen* aller Art ausgesetzt, auch solchen von anderen Kindern. Sie litten gemeinsam mit ihren Eltern unter der fortschreitenden Einengung ihrer Lebensmöglichkeiten.[5] Dazu gehörten unter anderem die Berufsverbote, die den Vätern die Arbeit nahmen, das Verbot, Restaurants zu betreten, mit »arischen« Kindern Umgang zu haben, Ausschluss aus deutschen Schulen,

Besuch eigener »Judenschulen«, die Exzesse der Pogromnacht vom 9./10. November 1938, Verbot des Besuchs von Theatern, Kinos, Konzerten, Schwimmbädern, des Besitzes von Rundfunkgeräten, schließlich aller Kontakte zwischen Juden und »Ariern«, das Tragen des Judensterns ab dem sechsten Lebensjahr. Ab 1942 durften Juden auch keine Haustiere mehr halten, keine Telefone benützen und öffentliche Verkehrsmittel nur dann, wenn genügend Platz vorhanden war; sie mussten alle Pelz- und Wollsachen abliefern, durften Luftschutzräume nur ›abgetrennt‹ von den anderen Bewohnern betreten. Die »Mischlinge« waren vorläufig noch nicht von allen Verboten betroffen und vorerst von der 1942 einsetzenden Deportation ausgenommen, nicht jedoch deren jüdischer Elternteil. Alles das betraf auch die Kinder. Woran sie sich aber besonders erinnern, sind Hass, Häme und Ungerechtigkeit, denen sie ausgeliefert waren. Von fanatisierten Erwachsenen, auch von manchen Lehrern, wurden die »deutschblütigen« Kinder dazu aufgestachelt.

Johnny Blunt (damals Johnny Eichwald, ohne Altersangabe): »Die Lehrer fingen an, mich vor der ganzen Klasse ›Judenjunge‹ zu nennen. Selbst meine Klassenkameraden gewöhnten sich daran – obwohl sie nicht einmal wussten, was es bedeutete. Wir nahmen es einfach hin; ich genauso wie meine Freunde. Dann kam der jährliche Schulsporttag. Schießen gehörte auch zu den Wettkämpfen. In dem Jahr war ich der beste Schütze, aber als die Preise verteilt wurden, war ich plötzlich nur zweiter. Ich hörte, wie einer meiner Schulfreunde zu dem Lehrer sagte: ›Das muss ein Irrtum sein.‹ Und die Antwort war: ›Wir können doch keinen Judenjungen zum Schützenkönig erklären!‹ Ich war sehr unglücklich darüber.« [6]

Peter Prager (ohne Altersangabe), der damals in Berlin zur Schule ging: »Für jüdische Jungen wurde es schwierig. Durch die Teilnahme an den Heimabenden der Hitlerjugend aufgehetzt, weigerten sich viele Schüler, neben Juden zu sitzen. Außerdem waren auch manche Lehrer offene Antisemiten. Unser Sportlehrer, Herr Neumann, ließ gelegentlich die ganze Klasse strafexerzieren, ›weil einer der Judenbengel nicht aufgepasst hat‹. Unser Musiklehrer brachte uns Nazilieder bei, eins hatte den Refrain: ›Wenn's Judenblut vom Messer spritzt, dann geht's noch mal so gut.‹ Freundlicherweise gestand der Lehrer uns jüdischen Jungen zu, den Refrain nicht zu singen.

Im Unterrichtsfach Volkspolitik lautete ein Thema Rassentheorie. Nach Meinung unseres Lehrers, eines Biologieprofessors, war die Welt in verschiedene Rassen aufgeteilt, die sich in ihrer Kopfform voneinander unterschieden. Am höchsten entwickelt sei der germanische Langschädel. Um seine Theorie zu beweisen, ließ der Lehrer die drei jüdischen Kinder aufstehen. Er forderte mich auf, nach vorn zu kommen. Er erklärte, mein Schädel sei einige Zentimeter kürzer als der der anderen; das bedeute, dass ich minderwertig sei. Ich erinnere mich ganz genau an meine Gefühle, während der Lehrer meinen Kopf maß. Zuerst hatte ich schreckliche Angst. Aber dann bekam ich wieder Mut, als der Lehrer mir auf die Schulter klopfte und sagte: ›Du brauchst keine Angst zu haben. Ich tu' dir nichts. Schließlich kannst du ja nichts dafür, dass du minderwertig bist.‹«[7]

Edith Birkenruth (ohne Altersangabe) aus Neustadt bei Bremen: »Ich sollte mit fünf Jahren in den Kindergarten kommen. Aber man wollte mich nicht aufnehmen, und so ging ich in einen katholischen Kloster-Kindergarten. Dort war man sehr nett zu mir. Mit sechs musste ich dann in die richtige Schule gehen. Die Kinder begrüßten mich mit ›schmutzige Jüdin‹ und sagten, ich müsse auf der Toilette essen. Mein Bruder und ich waren die einzigen jüdischen Schüler, und wir mussten beide unsere Butterbrote auf der Toilette essen. Die Lehrer wussten dies, aber sie unternahmen nichts dagegen. Manchmal aß ich meine Brote in der Nähe der Toilette, um schnell verschwinden zu können, wenn einer vorbeikam, um mir auf den Kopf zu hauen. Wir gingen drei Jahre lang in diese Schule, und solche Sachen passierten die ganze Zeit über. Mit dem Unterricht war zuerst alles in Ordnung. Aber dann bekamen wir eine sehr antisemitische Lehrerin, die mich mit der Bemerkung aus dem Klassenzimmer schickte, ich sei eine Jüdin und brauche dieses und jenes nicht zu lernen, nur um mich anschließend wieder hereinzurufen und mir Fragen zu stellen. Dann sagte sie immer zu den anderen:

›Seht ihr, die Juden sind gar nicht so klug.‹ Sie machte sich gern über mich und meinen Bruder lustig. Die Kinder lachten dann und fanden es sehr komisch.«[8]

Wir haben in Kapitel 19 schon von Karl-Heinz R. gehört, der aufgestachelt durch die SA, nach der »Kristallnacht« Juden anpöbelte und dafür von seiner Großmutter eine Ohrfeige bezog[9], und von Margarethe Schmid, die eine Mitschülerin geschlagen hat, weil sie glaubte, das sei jetzt erlaubt und erwünscht.[10] Elfriede W. (1927) beteiligte sich zwar nicht selbst, wurde aber Augenzeugin von Quälereien:

»In meiner frühen Oberschulzeit (ich war in der Quinta, 1937) hatten wir einen Judenjungen, der zu den Appellen keine Uniform trug, in der Aula an der Rückwand mit vor dem Gesicht verschränkten Armen stand, um die Knüffe, Schläge und Speichel abzuwehren; zu solchen Taten forderte ein HJ-Führer an der Aulatür auf. Der Junge tat mir sehr leid; weiter nichts. Er ist von seinem Großvater, dem bekannten Goetheforscher Beutler, rechtzeitig nach Amerika gebracht worden. Der Vater war da wohl schon im KZ.«

Doch sollte beachtet werden, dass längst nicht alle Lehrer und Schüler diese antisemitischen Ausschreitungen mitmachten oder billigten. Es gab viele – und auch davon war schon die Rede – die gar nicht wussten, dass die Mitschüler Juden waren und es erst merkten, als sie plötzlich verschwanden. Bis heute wissen viele nicht, dass sie »halbjüdische« Mitschüler hatten, denn sie fielen nicht auf. Als ein Beispiel diene das Klassenbild, das mir von Ruth B.

1. Ein Klassenbild von 1940. Ruth B. ist das Mädchen im karierten Kleid. Dany W. sitzt vor ihr in einem Kleid mit weißem Bubikragen.

zur Verfügung gestellt wurde. Dany Walcker (1930) stammt aus der berühmten Orgelbaufamilie Walcker, die Mutter war Jüdin. Sie selbst erinnert sich, wie bedrückt ihre Mutter damals war und wie sie kaum noch das Haus verließ. In der Schule hatte sie nicht zu leiden. Ihre Klassenkameradinnen sagen heute, sie hätten keine Ahnung gehabt, dass Dany »Halbjüdin« war. Auf meine Nachfrage, wie sie die Zeit empfunden habe, schrieb sie mir am 20.11.06 aus Kanada, wohin sie mit ihrem Mann 1953 ausgewandert ist:

»Ich kann mir gut vorstellen, dass niemand in der Schule wusste, dass meine Mutter Jüdin war. Meine Eltern hatten es mir erstens nie gesagt aus Angst, dass ich es jemand sagen könnte! Zweitens wurde die Judensache nie in der Familie diskutiert. Man sprach einfach nicht darüber. Erst am Kriegsende habe ich alles erfahren. Mein Vater ist immer zu meiner Mutter gestanden, auch meine Großeltern. Meine Eltern haben beide sehr unter dem Naziregime gelitten. Es gab viele Leute, die keinen Kontakt zu meinen Eltern hielten, und wiederum viele Leute, die immer zu uns gestanden haben, so war es eine 50/50-Sache. Nicht jeder war Nazi, und wir haben immer mit Dankbarkeit an diese Menschen gedacht, die zu uns standen.«

Manchmal gelang es auch »Halbjuden«, in die höhere Schule aufgenommen zu werden, und »Vierteljuden« konnten es sogar in der Hitlerjugend weit bringen. Horst H. (1929), dessen Großmutter Jüdin war und dessen Vater nicht als »wehrwürdig« angesehen war, erzählt:

»Laut Nürnberger Gesetzen aus dem Jahre 1935 durfte ich auf keine höhere Schule, nicht studieren, ja – und man höre und staune – nicht einmal Straßenfeger werden, denn der war städtischer Beamter! Ich wollte aber vorankommen und hatte auch das Zeug dazu. Mein Vater hatte eine Ahnentafel erstellt, alle anderen Familienmitglieder waren ›arisch‹ ... Irgendwie hat er es bei dem Aufnahmefragebogen geschafft, diese heikle Situation so zu umgehen, dass keine Nachfrage kam, und ich wurde Oberschüler ... Mit der Oberschule hatte ja auch der Dienst beim Jungvolk angefangen, und da ich sowohl eine Sportskanone war (z. B. Thüringischer Meister im Schlagballweitwurf mit 71 m) als auch im Ringkampf sehr gut bewandert, schaffte ich es vom Zugführer bis in die höchste Stellung, die es für einen wie mich gab: Ich wurde Jungbannfahnenträger (und das als Vierteljude!). Immer hat man irgendwie eine schützende Hand gehabt und ich selbst nie Nachteile wegen meiner Abstammung.«

Aber er hat dann noch Todesangst ausgestanden wegen der drohenden Deportation seiner jüdischen Großmutter.[11]

Zuweilen bekamen die «Mischlinge« Hilfe von Deutschen, auch von deutschen Schülern, die nicht systemkonform waren. Ein Beispiel dafür ist Gerhard Richter (1928), dessen Vater als Studienrat schon 1933 wegen seiner antinationalsozialistischen Einstellung aus dem Schuldienst entlassen worden war. Die Familie Richter war befreundet mit einer Familie Wolf, in der die Mutter Jüdin war. Der Sohn Hans-Peter (1932) durfte 1942 – trotz bestandener Aufnahmeprüfung – die Höhere Schule nicht besuchen. Dazu schreibt Gerhard Richter in seinen Erinnerungen:

»Mein Vater, der wusste, dass es mit dem NS-Staat in absehbarer Zeit ein böses Ende nehmen würde, schlug den Eltern von Hans-Peter vor, dass sein Sohn Gerhard Hans-Peter regelmäßig Englischunterricht erteilen sollte. Dann könne nach Ende des Krieges Hans-Peter die Oberschule wieder ohne Zeitverlust besuchen. So kam Hans-Peter dreimal in der Woche in die Wohnung der Familie R. zum Unterricht. Dies war eine Angelegenheit, die größte Diskretion erforderte. Mir wurde einmal himmelangst, als mich mein Freund Wolfgang an einem Nachmittag besuchte, als Hans-Peter zum Unterricht erschienen war. Aber Wolfgang hat es gut aufgenommen. Mein Hinweis, dass es ungerecht sei, Hans-Peter den Zugang zur Höheren Schule zu verwehren, wurde akzeptiert. Übrigens war dieser Unterricht erfolgreich. Hans-Peter konnte nach Kriegsende 1945 in die Klasse eintreten, in der sich seine Altersgenossen befanden. Auch im Fach Englisch kam er mühelos mit. Mit ihm bin ich heute noch freundschaftlich verbunden. Er wurde ein erfolgreicher Zahnarzt, der heute in Trier lebt.«[12]

Diese freundlichen Zeugnisse dürfen nicht darüber hinwegtäuschen, dass die große Mehrheit der jüdischen Kinder unter einem großen Druck stand und höchst gefährdet war.[13] Wenn heute mit einer gewissen Erleichterung von Deutschen bemerkt wird, dass es dem und jenem gelungen sei, noch rechtzeitig »auszureisen« oder zu emigrieren, dann darf niemals vergessen werden, was mit dieser »Emigration«, die einer Verbannung aus der Heimat gleichkam, an Härten, Trauer und meist sozialer Deklassierung verbunden war. 1939 hatten 82 Prozent der jüdischen Kinder unter 16 Jahren Deutschland verlassen. Für die Verbleibenden sahen viele Eltern keinen anderen Ausweg, die Kinder vor dem sicheren Tod zu bewahren, als sie herzugeben für einen der Kindertransporte, mit geringer Hoffnung, sie einmal wiederzusehen.

Diese *Kindertransporte* waren ein großartiges Hilfsprojekt, das Tausenden von jüdischen Kindern das Leben gerettet hat. Organisiert wurden sie durch die Palestine Jewish Colonisation Association, die 1925 von Edmond de Rothschild gegründet worden war. Sein Sohn James Armand mit Sitz im Unterhaus wurde der Präsident. Nach der »Kristallnacht« genehmigte die Britische Regierung die Einreise jüdischer Kinder, auch von »Mischlingen«, aus Deutschland, Österreich und Danzig ohne Begleitung durch Eltern oder Verwandte. Die Kinder waren zwischen drei Monate und 16 Jahre alt.[14] Die jüdischen Gemeinden Englands riefen ein »Movement for the Care of Children« ins Leben, das zwischen Dezember 1938 und dem Beginn des Krieges die Immigration arrangierte und für Aufnahme und Unterbringung in Kinderheimen oder in Privatfamilien sorgte.

Als Beispiel wähle ich die Geschichte, die mir Francis D. im Jahr 2003 über sein persönliches Erleben aufgeschrieben hat. Er ist zwar Jahrgang 1926, hat aber als 13-Jähriger den Kindertransport mitgemacht. Er schreibt in englischer Sprache, weil er zwar noch gut Deutsch spricht, sich aber beim Schreiben in Englisch sicherer und freier fühlt.[15] Der Vater war schon 1932 gestorben, die Mutter wurde 1942 in das Vernichtungslager Sobibor deportiert. Ihr Todesdatum ist unbekannt.

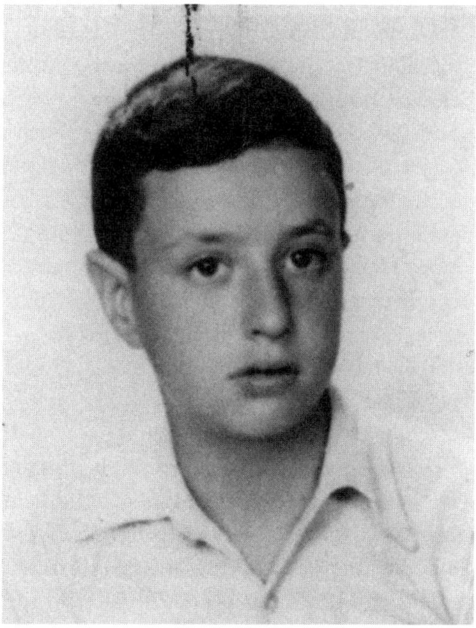

2. Francis D.

»Nach dem »Anschluss Österreichs« gab es zunächst keine Schule. Als sie dann wieder begann, erinnere ich mich schwach an einige neue Lehrer, aber ziemlich genau daran, dass alle jüdischen Jungen ganz hinten im Klassenzimmer sitzen mussten und nicht am Turnunterricht und an Spielen teilnehmen durften. Das letztere führte zu einigen Protesten, weil einige von uns die Klasse bzw. den Jahrgang bei Wettspielen, besonders im Fußball, sehr gut vertreten hatten. Nach einigen Wochen wurden wir alle aus der Schule gewiesen und mussten spezielle jüdische Hauptschulen besuchen. Ich hatte vorher eine Realschule besucht. Diese Schule war überfüllt.

Als ich noch in die deutsche Realschule ging, hatte ich mit zwei Klassenkameraden einen gemeinsamen Heimweg bis zum Ende eines kleinen Parks, wo sich unsere Wege trennten, ich ging nach rechts, sie nach links. Eines Tages fingen sie an, antisemitische Bemerkungen zu machen und mich anzugreifen. Es war nicht besonders schlimm, eine Schuljungenrauferei, und als ich am Boden lag, liefen sie davon. Es war für mich psychisch viel schlimmer als physisch. Es gab dann keine weiteren Attacken.

Die Konsequenzen der ›Kristallnacht‹ waren offensichtlich: Unsere Hauptsynagoge und die Läden im Umkreis waren schwer zerstört. Der Druck nahm zu, man hörte von ausgedehnten Verhaftungen, Zerstörungen und Vandalismus. In unserem Haus gab es vier oder fünf jüdische Familien unter insgesamt etwa 25 Wohnungen. Unser Haus wurde nicht durchsucht. Der Hausmeister war bei der Wiener Polizei und er sagte uns öfters: ›Meine Juden sind ganz ordentlich.‹

Nach der ›Kristallnacht‹ bekam ich eine Blinddarmentzündung. Das jüdische Krankenhaus war total überfüllt. In den langen Gängen, wo Bett neben Bett stand, waren auch psychisch Kranke untergebracht, die fortgesetzt schrien, furchtbar, besonders nachts.

Immer mehr Juden versuchten, das Land zu verlassen.

Ich bin in Österreich geboren, meine Mutter in der Tschechoslowakei. Wir hatten beide die nötigen Papiere für die Einreise in die USA , mussten aber wegen der Einwanderungsquoten getrennt einreisen. So kam ich zunächst nach England, und wir wollten uns im Oktober 1939 in Southampton treffen. Als ich im Juli 1939 Wien verließ, hatten wir schon unsere Überfahrt nach New York gebucht, aber auf einem deutschen Passagierschiff, das nach Beginn des Krieges nicht mehr von einem englischen Hafen auslaufen durfte. Wir konnten zunächst noch über Verwandte in Venedig korrespondieren. Das hörte mit dem Eintritt Italiens in den Krieg auf. Danach waren nur noch Postkarten über das Rote Kreuz mit wenigen Worten möglich, schließlich hörte jede Postverbindung auf, was ich anfangs noch nicht in seiner ganzen Tragweite erfasste.

Ich wurde zunächst bei einem jung verheirateten Methodistenprediger in Bristol einquartiert, wurde als Familienmitglied aufgenommen, unsere freundschaftliche Beziehung, auch zu den Kindern, besteht bis heute. Die einzige Auswirkung des Krieges war, dass er während der schweren Luftangriffe 1940 eine Stelle als Prediger in London annahm. Seine hochschwangere Frau ging zu ihren Eltern aufs Land, und ich verlebte einige Monate bei einer anderen Familie. Im Frühjahr 1942 kam meine Patenfamilie mit mir wieder in London zusammen.

Während der schweren Luftangriffe in Bristol war ich zuerst mit den anderen Kindern im Keller, aber eine Frau fand, dass ich groß genug sei, mit den anderen Männern Feuer zu löschen. Von da ab ging ich nie mehr in den Keller, sondern war stolz, mich mit den Männern als Feuerlöscher zu betätigen; es gab mir das Gefühl des Erwachsenseins. In London half ich dann nach Angriffen dem Pastor bei seinen karitativen Tätigkeiten: bei Krankenhausbesuchen und besonderen Härtefällen, so fanden wir z. B. zwei ältere Leute, die durch Sprengbomben erblindet waren. Sie wurden unsere Nachbarn und ich erlebte ihre Hochzeit. Nach einem anderen schweren Angriff fanden wir einen schwer verletzten Mann, dem wir die erste Hilfe leisteten, bis professionelle Helfer eintrafen. Typisch für mich als Jugendlichen von 15, 16 Jahren war es, dass ich dieses Ereignis nur deshalb erinnere, weil mich mein Pflegevater gleich danach in ein Gasthaus führte und mir einen Schnaps brachte. Er war absoluter Antialkoholiker, und außerdem war für Jugendliche unter 18 Jahren Alkoholgenuss in der Öffentlichkeit verboten!

Für die V-1-Waffen konnte es keine Vorwarnung geben. So war es eine Sache des Stolzes, sich nicht um sie zu kümmern und ein normales Leben zu führen. Wir, meine Freunde und ich, besuchten Theater und Konzerte und genossen nicht nur das künstlerische Erlebnis, sondern auch das Risiko, das damit verbunden war.

Angrenzend an unser Haus befand sich ein deutsches Kriegsgefangenenlager. Dies waren offensichtlich keine Nazis, weil sie außerhalb des Lagers arbeiten durften. Aber ich mied den Kontakt mit ihnen. Niemals wurde ich gefragt, woher ich so gut Deutsch sprach, und ich fragte auch nie einen nach seiner Herkunft. Nur ihr Pfarrer kannte meinen Hintergrund.

Einmal wollte ich das historische Städtchen Andover oder Abingdon (?) besuchen. Dort war ein Lager von höheren deutschen Offizieren. Diese durften sich frei bewegen und ihre eigenen Uniformen und Orden tragen. Der Anblick dieser Männer, die da die Hauptstraße entlangflanierten mit ihren Kragenspiegeln, mit Hakenkreuzen auf der Brust, manche mit Kniehosen und glänzenden schwarzen Reitstiefeln war mir so unangenehm, dass ich sofort den Ort verließ.

Weil wir etwa 10 Kilometer vom Zentrum Londons entfernt lebten, hatte ich keinen Kontakt zu anderen Flüchtlingen, für die es zahlreiche Zirkel und Organisationen im Nordwesten Londons gab.

Es gab, nicht weit von uns entfernt, ein Jiddisches Theater und es gab auch jiddische und hebräische Zeitungen, aber da ich die beiden Sprachen nicht verstand, konnte ich keinen Gebrauch davon machen. Immerhin vermittelten sie mir ein beruhigendes Gefühl …«

Francis D. bekam die britische Staatsangehörigkeit, wurde Kriegsdienstverweigerer und engagierte sich zunächst bei den Quäkern, in der Gruppe »Friends Ambulance Unit, Post War Service«, dann in der von Victor Gollancz initiierten Hilfsaktion »Save Europe Now«, in der es um Sammlung von Kleidung und Lebensmittel für das leidende Europa ging, vor allem für Kinder, DP's[16] und Flüchtlinge. Er wurde in ein Quäkerzentrum in die Niederlande geschickt, um dort jüdischen Kindern, die das KZ überlebt hatten und nach Israel auswandern wollten, zu betreuen. Noch anderthalb Jahre nach dem Krieg waren diese Kinder ganz »verhutzelt«, viel zu klein und untergewichtig. Er blieb der Friedensarbeit treu und arbeitete in verschiedenen Lagern des International Voluntary Service for Peace (auch Service Civil International genannt). Bei dieser Arbeit kam er auch nach Deutschland. Dort kümmerte er sich um deutsche Jugendliche, nicht nur materiell, sondern auch um die geistige und politische Entwicklung. Er hatte in seinen Gruppen keine Probleme, mit Deutschen umzugehen. Nach der Währungsreform 1948 beendete er seine hauptamtliche Tätigkeit im SCI und nahm eine »normale« Berufsausbildung auf. Er wurde Rechtsanwalt.[17] Wie er sich als Jude in einer »fremden« Gesellschaft fühlte, beschreibt er so:

»Ich habe meine englischen Freunde so sehr beneidet und wollte ununterscheidbar von ihnen sein. Ich wusste seit der Universität, dass die Vorstellung von biologischen Rassen ein Mythos ist, der die Ausbeutung anderer erleichtert. So besuchte ich Rhetorikkurse, zog mich so an, wie es alle anderen in meiner Umgebung taten, ich war in meiner Arbeit in der Kommunalpolitik und darüber hinaus aktiv. Einige Jahre lang versuchte ich sogar, ins Parlament zu kommen. Damit ging eine Verleugnung, wenn auch nicht völliges Vergessen meiner Wurzeln und meiner Vergangenheit einher. Ich lehnte es strikt ab, mich als Österreicher oder Deutscher zu bezeichnen und vermied es, über meine Herkunft zu reden. Als das Gesetz zum Verhältnis der Rassen zueinander 1976 in Kraft treten sollte, wurde ich der Leiter der Kommission für rassische Gleichberechtigung und musste Richtlinien für die Erklärung des Begriffs ›ethnische Wurzeln‹ ausarbeiten, die es im englischen Recht bisher nicht gegeben hatte. Das war für mich ein ›Augen-Öffner‹. Ich begriff, dass dieser Begriff nicht allein Sprache und Aussehen umfasste, sondern ebenso kulturelle Identität, Selbsteinschätzung, Geschmack und dass er auch Religion einschließen konnte, aber nicht musste. Die Arbeit machte mir klar, dass ich tatsächlich ein Glied einer ethnischen Gruppe war, die gläubige und nicht gläubige Juden umfasste. Das war eine ungeheure Befreiung für mich. So habe ich seit 1977 langsam eine Wieder-Annäherung zum Judentum vollzogen. Ich gehöre verschiedenen jüdischen Flüchtlingsorganisationen an, lernte die Klezmer-Musik lieben und, wenn auch nicht in gleichem Maße, Ladino und liturgische Musik. Ich habe eine englische Frau geheiratet, die nicht alle meine jüdischen Interessen teilen kann, aber meine Entwicklung akzeptiert, ebenso wie meine beiden Töchter, die Sozialarbeiterinnen geworden sind.

Das Hauptproblem ist der Holocaust. Ich kann darüber nicht ausführlich reden, denn meine eigenen Gedanken und Gefühle darüber habe ich noch nicht genügend analysiert, ich bin damit noch nicht zu einem Ende gekommen. Ich weiß bis heute nicht genau, wie viele Verwandte ich verloren habe. Ganz sicher meine Mutter, zwei Tanten; bei der einen, die nur zwei Gehminuten von uns entfernt lebte, war mein zweites Zuhause. Darüber hinaus noch eine Großtante. Aber viele meiner entfernteren Verwandten, besonders der älteren, sind wahrscheinlich umgekommen. Da ich aber ihre vollständigen Namen und Geburtsdaten nicht kenne, kann ich das nicht nachprüfen. Sie wurden so behandelt, dass ich darüber nicht weiter nachdenken kann und möchte und ich vermeide auch, Filme über die polnischen oder baltischen Ghettos anzusehen. Andererseits habe ich das Bedürfnis zu wissen. Da gibt es also einen Zwiespalt zwischen Verstand und Gefühl. Ich weiß aus meiner Arbeit von Kollegen, dass die meisten Flüchtlinge an Schuldgefühlen leiden, aber bis vor kurzem schien das für mich nicht zuzutreffen. Warum auch? Sich schuldig zu fühlen, weil man überlebte, ist total irrational. Aber, wenn man auf das Thema kommt, kann man sich dem schwer entziehen.«

Erst seine Frau, die das Aufgeschriebene gelesen hat, machte ihn darauf aufmerksam, dass er über den eigentlichen Transport nichts geschrieben habe. So fügte er nachträglich einen Anhang hinzu:

»Die letzte Erinnerung an meine Mutter war am 11. Juni oder 2. Juli 1939. Was ich erinnere ist, dass wir ganz allein auf einem leeren Bahnsteig unter einer sehr hellen Lampe standen. Das muss falsch sein, denn da gab es noch verschiedene Eisenbahnwaggons, die an einen vollen oder halb vollen Wagen von Prag her angeschlossen wurden, und der Bahnsteig muss voll gewesen sein mit Kindern und deren Eltern. Als wir im Zug waren, befanden wir uns in einem Wagen mit Abteilen längs eines Korridors. Wir durften nicht auf dem Korridor stehen. Der Älteste in jedem Abteil war verantwortlich für die anderen, und kurz nachdem wir Wien verlassen hatten, sollten wir uns schlafen legen. Ich erinnere mich, dass ich einigen kleinen Kindern ins Gepäcknetz half, und einige weitere lagen auf dem Fußboden. Ich glaube nicht, dass wir viel geschlafen haben.

Am späten Nachmittag des nächsten Tages erreichte der Zug, der jetzt sehr lang war, von zwei oder drei Lokomotiven gezogen wurde und sehr langsam fuhr, Köln. Statt der Grenzpolizei sahen wir SS-Männer in einige Waggons des Zuges steigen. Sie führten Zoll- und Passkontrollen durch. Wir – besonders die Älteren von uns – hatten schreckliche Angst. Sie sind sicher auch in unser Abteil gekommen, aber ich kann mich nicht daran erinnern. Einige Zeit später hielt der Zug, um sie aussteigen zu lassen. Wenige Minuten danach passierten wir kleine Haltestellen, wo Leute standen, die uns zulächelten und winkten. An der ersten größeren Haltestelle (wahrscheinlich Venlo) waren lange Tische aufgestellt mit weißen Tischtüchern, und eifrige Damen versorgten uns durch die Fenster mit Orangensaft und wohl auch belegten Broten und Kuchen.

In der Abenddämmerung erreichten wir Hoek van Holland und bestiegen eine Fähre. Ich war der Älteste in einer Vierbetten-Kabine mit vielen anderen Kindern. Die Zweitälteste war ein Mädchen aus Danzig, die ich wieder traf, als wir in den späten Fünfzigern zusammenarbeiteten. Wir betteten die Kleinen zu zweit oder dritt auf eine Liegestatt. Ich weiß nicht mehr, was sie und ich machten. Am Morgen waren wir in Harwich. Als ich nach der ersten englischen Person Ausschau hielt, erblickte ich einen großen Polizisten mit langsamen Bewegungen. Er mag gelächelt haben, auf alle Fälle schaute er gutmütig und freundlich auf uns. Nach einer sehr flüchtigen Passkontrolle und keinerlei Zollkontrolle gingen wir zu einem Spielplatz und bekamen wieder Orangensaft und belegte Brote. Am frühen Nachmittag wurden diejenigen von uns, die schon Menschen hatten, die sich um sie kümmern wollten, zum Bahnhof und in eine große Halle hinter Liverpool Street Station gebracht. Direkt außerhalb des Bahnhofs rief uns ein Mann an und machte den Hitlergruß. In der Nähe stand ein Polizist, der uns zunickte. Die Halle war voll von Menschen. Wir wurden auf die Bühne gebracht, wo wir uns setzen durften. Dann wurden Namen aufgerufen, um die Kinder und ihre Pflegepersonen zusammenzuführen. Das war nervenaufreibend, besonders am Ende, als nur zwei von uns übrig waren und es keine Sponsoren mehr gab. Erst als sie anfingen, die Lichter zu löschen, eilten ein Mann und eine junge Frau herbei und fragten nach uns. Es stellte sich heraus, dass der Mann nicht mein Sponsor war, sondern sein Bruder, und dass ich den Rest der Woche bei ihm verbringen sollte. Ich sprach kein Wort Englisch, und weder er noch seine Frau verstanden Deutsch. Aber ich wusste, dass mein eigentlicher Pflegevater Deutsch verstand. Trotzdem war er so herzlich und warm, dass ich es bedauerte, ihn am nächsten Montag verlassen und nach Bristol reisen zu müssen. Aber ich war stolz, dass man es mir zutraute, die Reise von London nach Bristol allein zu unternehmen.«

In diesem relativ knappen Bericht kommt vieles zur Sprache, was die anderen Kinder ähnlich erlebt haben:[18] Zunächst kam die Zeit der Ausgrenzung und Verfolgung mit zunehmendem Druck und der Angst vor der Zukunft. Dann der schwere Entschluss zur gemeinsamen Emigration zusammen mit den Eltern, der hier – wie so oft – noch in letzter Minute vereitelt wurde. Schließlich die schwere Trennung, von der viele hofften, dass sie nicht endgültig sein würde; meist war sie es dann doch. Die Leere, die Francis D. auf dem Bahnsteig empfand, obwohl er überfüllt war, drückt etwas aus vom Ausgesetzt- und Verlassensein, dem er als »großer Junge« nicht weiter nachgeben durfte. Viele Eltern mochten den Kindern die Wahrheit nicht zumuten, sondern machten ihnen vor, dass es sich nur um eine kurze Trennung, eine Art Ferienreise handelte. Trotzdem lebte in diesen Kindern die Urangst jedes Kindes, von den Eltern verlassen zu werden. Welche Verantwortung für sich selbst und andere mussten die Kinder auf dem Transport tragen![19] Nie wussten sie, ob ihnen nicht von den Deutschen etwas Schreckliches zugefügt werden würde (die panische Angst vor der SS!), und dann kam das erste freundliche Lächeln jenseits der deutschen Grenze, das so wohltuend war, dass niemand es je vergessen konnte. Aber noch hing über allen die fast unerträgliche Spannung, wohin es einen wohl verschlagen würde, ob man in ein Heim oder Internat kommen oder von Pflegeeltern aufgenommen werden würde. Und wie würden diese sein? Es war doch die Fremde, in der die Kinder zunächst »taub« und »stumm« waren, weil sie die Sprache nicht verstanden und sich nicht verständlich machen konnten. Francis musste bis zuletzt auf jemand warten, der ihn abholte. Aber dann ist ihm das Einleben nicht allzu schwer gefallen; er verzehrte sich nicht nach Nachrichten von daheim und von der Mutter, konnte sich auch ihr Schicksal – zu seinem Glück – zunächst nicht vorstellen. Viele andere Kinder litten schrecklich unter Heimweh, haben es – trotz guten Willens der meisten Pflegeeltern – nicht so gut getroffen. Francis lernte schnell, sich anzupassen und tat alles, um seine Herkunft zu vergessen und so zu sein wie seine englischen Freunde. Er distanzierte sich von den deutschen Kriegsgefangenen und war schockiert, als er zufällig deutschen Offizieren in ihren Uniformen begegnete. Er wollte ganz und gar Engländer sein. Aber seine Vergangenheit und sein Judentum holten ihn wieder ein, und er empfand es als Befreiung und als Bereicherung, sich wieder zu seinen Wurzeln bekennen und sie pflegen zu können. Sehr reflektiert skizziert er seinen Werdegang, der ihn – sicher auch unter dem positiven Einfluss der Methodistenfamilie – zur Friedensarbeit bei den Quäkern und zum SCI führte.[20] So konnte er auch wieder ohne Berührungsängste mit deutschen Jugendlichen arbeiten. Nicht alle Kinder hatten ähnlich erfolg- und segensreiche Karrieren. Er betrachtet heute seine Jugend, die ihm viel Freiheit und Verantwortung bescherte, aber auch zumutete, als eine glückliche Zeit. Doch Turner hat herausgefunden, dass jeder Zehnte eines Kindertransports psychischen oder physischen Schaden davongetragen hat.[21] In den wenigen Fällen, wo sich Kinder und Eltern oder ein Elternteil nach dem Krieg wiederfanden, waren sie einander fremd geworden, hatten die Eltern sich nach ihrer Leidenszeit im Konzentrationslager erschreckend verändert, kam es zu Konflikten mit den Pflegeeltern. Manche wanderten aus, nach Amerika oder Palästina. Was aber der Mutter von Francis D. und unzähligen anderen in den Lagern widerfahren ist, verweigert sich bis heute und wohl für immer dem menschlichen Begreifen.

Wir wissen heute, dass etwa 10.000 bis 12.000 Juden in Deutschland untertauchten. Nur etwa ein Drittel von ihnen *überlebte* die Schreckenszeit und den Krieg *im Untergrund*. Wie viele Kinder darunter waren, ist unbekannt. Sie fanden Helfer, die sie versteckten und mit Lebensmitteln versorgten. Die Geschichte dieser stillen Helfer ist noch nicht geschrieben, Beiträge dazu aus persönlicher Sicht finden sich in autobiographischen Zeugnissen der Geretteten.[22] Der verstorbene Vorsitzende des Zentralrats der Juden in Deutschland, Paul Spiegel, und die jetzige Vorsitzende Charlotte Knobloch überlebten auf diese Weise.[23]

Wenn auch in den Erinnerungen, die Erwachsene aufgeschrieben haben, die Kinder nicht selbst zu Wort kommen, zeigen doch die Schilderungen, wie sehr die Kinder davon betroffen waren und welche Gefahr gerade die »unwissenden Kinder« für die Versteckten und für ihre Helfer waren. Dazu Marga Spiegel, die mit ihrem Mann und ihrer kleinen Tochter Karin (1938) im Jahre 1943 untertauchte und öfter den Wohnsitz wechseln musste, meist getrennt von Mann und Vater:

»Ich wurde als Frau Krone ausgegeben, wir seien ausgebombt, mein Mann sei Soldat, und das diente als Grund meines Aufenthaltes ... Einige Monate später saß ich an der Nähmaschine. Frau Aschoff (*die Quartiergeberin*) strickte im gleichen Raum. Da kam Karin herein: ›Mutti, was ist mein Papi?‹ Ich fragte sie entsetzt, wer sie das gefragt habe. Da ich ihr immer wieder empfohlen hatte, sie solle mir sofort Bescheid geben, wenn jemand irgend etwas von uns wissen wolle, sagte unser fünfjähriges Mädelchen prompt: ›Mutti, reg dich nicht auf, ich sage schon, wenn etwas ist. Mich hat nur das Nachbarmädel gefragt. Als ich ihr sagte, Papa sei Soldat, hat sie geantwortet, ein Papa müsse noch etwas anderes sein.‹ Erleichtert merkten wir, dass sie nach dem Beruf meines Mannes gefragt hatte, und verabredungsgemäß sagten wir: ›Sag, dein Papa ist Ingenieur!‹ Zwei Minuten später kam sie zurück und sagte: ›Mutti, können wir nicht etwas anderes sagen, was Papa sein soll? Das Wort kann ich nicht behalten.‹

Ich erwähne das deshalb, weil darin eine unsagbare Tragik liegt. Schon ein Kind weiß und fühlt, ob etwas wahr ist oder ob etwas vertuscht werden muss. Und wie leid tat sie mir immer, die Kleine! Wohl spielte sie mit anderen Kindern, lachte und scherzte mit ihnen. Aber wenn sie mich an jedem Abend immer wieder bat, sogar innig flehte, mit ihr zu Bett zu gehen, wusste ich zutiefst, dass es mehr war, als wenn ein Kind nicht allein schlafen will.

Sie hat genau die ganze Angst gefühlt, sie wusste – wenn auch im Unterbewusstsein – durch das mit uns Erlebte, das Sterntragen, das Versteckthalten, dass sie mehr in Gefahr war als nur durch den Krieg und die Bomben.«

Einige Zeit später sind sie zusammen mit dem Vater bei einer anderen Familie; der Vater darf aber sein Zimmer nicht verlassen und Karin darf nichts von seiner Anwesenheit wissen.

»Damals fragte mich Karin immer wieder, wann denn ihr Vater als Soldat einmal Urlaub bekäme, wie andere Väter auch. Um ihrem Wunsch zu entsprechen und auch, um meinem Mann Gelegenheit zu geben, mit seinem Kind zu sprechen, beschlossen wir, ihr einen solchen Urlaub ›vorzuspielen‹. Wir erzählten ihr, der Vater käme für ein paar Stunden von seiner Truppe fort, und weil er wisse, dass wir nicht mehr in Dortmund seien, käme er zu Pentrops. Natürlich war alles reichlich unglaubhaft – aber was kann man einem kleinen Mädchen von fünf Jahren nicht alles vormachen!

Es war ein trüber Tag im November 1943. Karin und ich weilten damals einige Wochen bei Pentrops. Karin ahnte nichts von dem Versteck, in dem ich meinen

Mann heimlich besuchte. Wir wählten eine Zeit am frühen Abend, als die anderen Kinder schon zu Bett lagen und das Personal auf den Zimmern war. Karin durfte als einzige aufbleiben, da ja ihr Vater ›auf Urlaub käme‹. Sie konnte es kaum erwarten und hatte die Vorstellung, nach ihren Fragen zu urteilen, die sie in diesen Monaten immer wieder gestellt hatte, ihren Vater selbstredend in Uniform zu sehen.

Aber woher die Uniform nehmen? Mein Mann lieh sich von Herrn Pentrop eine Feuerwehrjacke und -mütze. Das Ganze sah irgendwie nach Uniform aus. Diese ›Verkleidung‹ war uns allen bekannt. Was aber tat mein Mann? Als Freiwilliger des Ersten Weltkriegs wusste er, dass zu einer Uniform auch meistens ein Orden gehört. Als er aus Dortmund weg musste, hatte er – vielleicht, dass es ihm noch einmal Glück bringen möchte – sein Eisernes Kreuz mitgenommen. Er trug es immer bei sich. Nun, wo er als ›Soldat‹ zu seiner Tochter kommen sollte und keine Nadel fand, sich das Kreuz anzustecken, band er es sich kurz entschlossen mit einem Band um den Hals.

So trat er zu Karins größter Freude ins Zimmer und begrüßte uns auch formell. Als er dann sein Töchterchen zu sich auf den Schoß hob, himmelte Karin ihn an und rief, das Eiserne Kreuz in der Hand, ganz erfreut aus: ›Papi, du hast ja das Ritterkreuz!‹ Es entstand eine heikle Situation. Frau Pentrop verließ rasch das Zimmer, weil sie sich des Lachens nicht erwehren konnte.

Und doch war es eine makabre Szene: Ein Mann, der Schulter an Schulter mit seinen Kameraden kämpfte und eine ›Auszeichnung für Verdienste vor dem Feind‹ erhielt, musste sich verborgen halten, verstecken vor den gleichen Kameraden, mit denen er für die gleiche Sache gestritten hatte: für Deutschland.«

Michael Degen (1932) überlebte mit seiner Mutter im Untergrund in Berlin. Freunde und völlig Fremde gewährten ihnen Unterschlupf. Sie waren ständig auf der Flucht, in steigender Todesangst vor dem Entdecktwerden, weil der Kreis derer, die ihnen Hilfe gewähren konnten, immer enger wurde. Immer mehr von ihnen wurden selbst verhaftet. Michaels Vater war im Konzentrationslager umgekommen. Ein kleiner Abschnitt aus seiner dramatischen Geschichte zeigt ein Grundgefühl dieser Kindheit:

»Ich hatte mich noch nie so ausgegrenzt und so alt, so verbraucht gefühlt. Ich war noch keine dreizehn Jahre alt und kam mir unendlich überflüssig vor. Mutter würde es doch ohne mich als Anhängsel viel einfacher haben. Lona (*Freundin der Eltern*) würde sie wahrscheinlich viel leichter unterbringen können. Und war ich überhaupt so scharf darauf, diesen Krieg zu überleben? Was, wenn die Nazis den Krieg doch gewannen? Wenn sie ihre Wunderwaffe aus dem Ärmel zauberten? Was konnte dann denn noch so Erstrebenswertes am Leben sein? Wie lange konnte man es überhaupt im Untergrund aushalten? Mit diesen albernen Frauen? In dieser Kälte?«[24]

Furchtbar waren die Luftangriffe in Berlin, bei denen die Untergetauchten ja nicht in den Luftschutzkeller durften:

»Es heißt, man gewöhnt sich an alles. Aber ich habe mich nicht daran gewöhnt. Das metallisch hallende Geräusch der Flakabwehr, das Einschlagen der Bomben, das Pfeifen der Luftminen. Dann die plötzlich einsetzende Stille, in der man das Brummen der ›fliegenden Festungen‹ hören konnte, und das erneut einsetzende Abwehrfeuer, die Explosionsgeräusche, die sich zur höllischen Hysterie steigerten. Nein, daran konnte ich mich nie gewöhnen. Ich versuchte, ruhig zu bleiben, in unserem Zimmerchen, mich zusammenzureißen, und das ist mir wohl äußerlich auch gelungen. Meine Mutter machte jedenfalls keinerlei Anstalten, mich in den Arm zu nehmen und zu trösten. Aber dieses innere Zittern, diese Auskältung, steigerte sich und hielt noch Stunden nach dem Angriff an.«[25]

Systematisch haben erstmals Kerstin Muth und Birgit Schreiber Schicksale der versteckten Kinder untersucht. Aus ihrer Dissertation[26] hat Kerstin Muth ein Jahr später ein Buch gemacht mit dem Titel: »Versteckte Kinder. Trauma und Überleben der ›Hidden Children‹ im Nationalsozialismus.«[27] Darin schildert sie ihre Mühe, Interviewpartner zu finden, ihre mehrmaligen Reisen nach Israel. Sie stellt neun Lebensgeschichten vor, fünf davon spielen in Polen. Nur eine handelt von einem deutschen Jungen, der in Deutschland bei einem Schausteller untertauchen konnte. Sie erzählt die Interviews nach und zitiert immer wieder die Gesprächspartner. In ihrem Epilog fasst sie zusammen, was dazu beigetragen hat, dass diese Kinder überlebten: ihr erstaunlicher Mut, selbst in aussichtslos scheinenden Situationen und selbst wenn sie ganz allein waren, niemals aufzugeben und sich in entscheidenden Augenblicken instinktsicher richtig zu verhalten. Dazu kam das Verantwortungsgefühl, das sie für noch jüngere Kinder oder Geschwister aufbrachten und sie dazu trieb, mit allen Mitteln für sie am Leben zu bleiben. Entscheidend war, Helfer zu finden, denen sie vertrauen konnten und die ihrerseits das Lebensrisiko nicht scheuten, den Kindern beizustehen und sie zu verstecken. Entscheidend war dabei nicht der soziale Status oder irgend eine privilegierte Stellung, entscheidend war vielmehr das schlichte menschliche Mitgefühl, das sich häufig gerade bei »einfachen« Menschen fand, oder der christliche Glaube, der sie zur Nächstenliebe verpflichtete. So fanden viele Kinder Zuflucht in Klöstern. Das alles hätte nicht ausgereicht, wenn sie nicht Glück gehabt hätten. Wunderbare Zufälle retteten sie oft im letzten Augenblick. Manche nennen diese Zufälle auch Wunder oder Schutzengel. Den Glauben an Gott konnten nicht alle bewahren. Alle haben tiefe, fast unheilbare Wunden davongetragen.

»Mischlingskinder« mussten es erleben, dass der *jüdische Elternteil oder nahe Verwandte deportiert* wurden. So erging es den fünf Kindern der jüdischen Ärztin Lilli Jahn. Martin Doerry hat ihre Lebensgeschichte aufgeschrieben.[28] Ihr »arischer« Ehemann (Arzt) hat sich von ihr getrennt und eine

»arische« Frau geheiratet, zu der die Kinder kein gutes Verhältnis hatten. So waren sie im Wesentlichen auf sich selbst gestellt, als die Mutter im August 1943 verhaftet wurde, und mussten auch die Ausbombung im Oktober 1943 allein durchstehen. Damals war Gerhard 16, Ilse 14, Johanna 13, Eva zehn und Dorothea zwei Jahre alt. Die Mutter kam zunächst in ein von der Gestapo eingerichtetes »Arbeitserziehungslager« in Breitenau südlich von Kassel, am 17. März wurde sie nach Auschwitz deportiert und starb dort am 17. oder 19. Juni 1944. Das Besondere ist, dass der Briefwechsel zwischen den Kindern mit ihrer Mutter zum großen Teil erhalten ist. Mit freundlicher Erlaubnis des Verfassers zitiere ich aus zwei Kinderbriefen, aus denen die ganze Sehnsucht und Angst um die Mutter, aber auch die große Tapferkeit dieser Kinder spricht. Aus dem Brief von Johanna, 17. Dezember 1943 (noch nach Breitenau), sie legte eine Madonnen-Karte bei:

»Liebes gutes Muttischätzlein! Einen kleinen Weihnachtsgruß schicke ich Dir in Form dieser Karte. Vielleicht ist sie dann Weihnachten bei Dir und sagt Dir, dass wir alle tapfer sind und nicht weinen, sondern auf den lieben Gott hoffen und vertrauen, dass wir nicht so traurig sind und uns recht tapfer halten. Dorle und Eva kommen schon leichter darüber weg, aber Ille und ich … Ich kann schon sagen, jede Stunde, ja bald jede Minute denken wir an Dich. Aber Muttilein, wir sind tapfer, und denke bitte Du auch nicht so traurig nach. Ach Muttilein, es ist sehr, sehr schwer für uns alle. Sei Du innigst gegrüßt und geküsst, Dein Hannelekind.«[29]

Aus dem Brief von Ilse (*Ille genannt*), die sich neben der Schule noch abmüht, den Kleinen die Mutter zu ersetzen, von Sonntag, dem 20. Februar 1944:

»Liebes, bestes Mutterle! Nun sind wieder zwei Tage verstrichen. Von Tag zu Tag sehne ich mich mehr zu Dir. Manchmal denke ich, ich könnte es wirklich nicht mehr aushalten. Aber ich finde doch immer wieder neue Kraft.

Gerhard ist auf Urlaub gekommen.[30] Das ist immer sehr schön. In der Schule war es gestern auch sehr nett. Ein Junge hat so 'ne witzige Antwort gegeben in Deutsch, dass wir beinahe eine ganze Stunde gelacht hätten.

Unser Zug hatte mittags eine ganze Stunde Verspätung. Deine Züge (*mit denen sie aus dem Arbeitslager zur Arbeit fahren musste*) haben sicher auch Tag für Tag Verspätung. Jetzt musst Du, liebes Muttchen, sicher jeden Morgen bitter frieren! Du gutes, liebes Lieblingchen! Wie lange noch musst Du das aushalten? Hoffentlich wirst Du bald erlöst!

Heute früh waren wir wieder in der Kirche …

Heute nachmittag habe ich uns einige Haferplätzchen gebacken. Hannele, Eva und Gertrud haben Gerda im Krankenhaus besucht … Nach dem Kaffee habe ich noch genäht und auch Gerhards blauen Pullover wieder repariert. Wir haben die 5. von Beethoven gehört. Es war aber bloß halber Genuß, weil das Kleinzeug dabei war.

Gestern und heute hatte ich eine Menge Post …
Heute Nacht war wieder ein Angriff auf Leipzig. 83 sind abgeschossen worden.
Nun gute Nacht, tausend Grüßchen und Küsschen von Deiner Ilsemaus.«[31]

Das ist der letzte überlieferte Kinderbrief an Lilli. Bis heute wissen die Kinder nicht, wie ihre Mutter gestorben ist.

Horst H. (1929): »Es war in einer Novembernacht auf den 9. zu, als meine Eltern, in deren Schlafzimmer ich noch schlief, ein ganz leises, aber ernstes Gespräch führten. Und dabei konnte ich es hören: Meine Oma sei eine Jüdin und sie würde sicherlich in Kürze weggebracht, weit weg! Mein Liebstes, mein Bestes, mein Höchstes, meine Oma sollte mir weggenommen werden. Eine Jüdin – ja, was ist denn das so Schreckliches, dass sie fort musste? … Sie wohnte bei uns gleich um die Ecke herum, und ich besuchte sie fast jeden Tag. Da gab es immer etwas zum Schlecken, und lieb konnte die Oma sein, einen Buben richtig herzen und kosen … Und so eine liebe, gütige und sich aufopfernde Frau wollte man deportieren, so hieß das wohl. Was hatte sie getan? Ihre Anschauungen über Gott und die Welt stimmten mit den meinen überein, dann sollte man mich doch gleich mitnehmen. Ich habe diese Nacht nie vergessen, noch heute wirkt sie nach. Erst wenn der 9. November vorbei ist, geht es mir wieder besser. Immer noch überfallen mich vorher wüste Träume, ich erschrecke und weiß heute nicht, warum. Es ist in mir, nicht zu bändigen. Allein wenn ich darüber schreiben oder sprechen soll, ist alles in mir fast wie gelähmt, ich bekomme schlecht Luft, aber es vergeht, Gott sei Dank, wieder. Wie durch ein Wunder wurde sie als Volljüdin nicht deportiert, wir alle wissen bis heute nicht, warum. Neben meinen Großeltern wohnten hohe Nazigrößen, hatten die ihre Hände schützend über sie gehalten?«

Von den 566.000 bei Hitlers Machtantritt in Deutschland lebenden Juden (nach der nationalsozialistischen »Rassendefinition«) starben bis 1945 nach Schätzungen 193.500 bis 200.000. Darunter befinden sich auch diejenigen, die aus Angst vor der »Endlösung« in andere europäische Länder emigriert waren und dort von der deutschen Besatzung aufgegriffen wurden.[32] Wiederum wissen wir nicht, wie viele Kinder darunter waren und wie viele den Massenmord überlebt haben. Nach Schätzungen von Yad Vashem in Jerusalem[33] wurden insgesamt 1,8 Millionen jüdische Kinder von den Nationalsozialisten getötet, das ist knapp ein Drittel der insgesamt zwischen 5,6 und 5,8 Millionen zu Tode gekommenen Juden. So lässt sich schließen, dass auch Zehntausende von Kindern deutscher Juden dem Holocaust zum Opfer fielen. Sie sind für immer verstummt. Und diejenigen, welche den Vernichtungslagern entkommen sind, haben zumeist geschwiegen. Eine bekannte und berühmte Ausnahme ist Ruth Klüger, 1931 in Wien geboren, deren Autobiographie zu einem Klassiker geworden ist.[34] Ruth Klüger ist in mehr als einer Hinsicht eine Ausnahme. Ihr Vater, ein Frauenarzt, floh 1938 allein nach Frankreich; er selbst war gefährdet, glaubte aber nicht, dass Frauen und Kinder ebenfalls in Gefahr waren.[35] Höchstwahrscheinlich starb er in einem Lager in Riga. Auch der Bruder ist umgekommen. Sie selbst hätte mit einem Kindertransport nach England gehen können, aber die Mutter wollte sich nicht von ihr trennen. 1942 wurden sie zusammen nach Theresienstadt gebracht, dann nach Auschwitz. Sie ist wohl eines der ganz wenigen Kinder, die in Auschwitz nicht umgebracht wurden. Dass sie nicht »ins Gas« geschickt wurde wie alle nicht Arbeitsfähigen, verdankt sie ihrer Mutter, die sie in eine zweite Schlange schickte, nachdem sie in der ersten schon für den Tod bestimmt war. Bei diesem zweiten Versuch entging sie der Selektion durch eine Häftlingsfrau, Sekretärin des selektierenden SS-Mannes, die auf sie zukam und ihr zuflüsterte, sie solle als Alter nicht zwölf Jahre angeben, sondern 15.

»Die ist aber noch sehr klein«, bemerkte der Herr über Leben und Tod, nicht unfreundlich, eher wie man Kühe und Kälber besichtigt. Und sie, im gleichen Ton die Ware bewertend: ›Aber kräftig gebaut ist sie. Die hat Muskeln in den Beinen, die kann arbeiten. Schaun Sie nur.‹

Da war eine, die arbeitete für diese Verwaltung und strengte sich an für mich, ohne mich überhaupt zu kennen. Dem Mann war sie vielleicht ein wenig weniger gleichgültig als ich es ihm war, und er gab nach. Sie schrieb meine Nummer auf, ich hatte eine Lebensverlängerung gewonnen.«

Bis heute kann Ruth Klüger darüber nur staunen. So kam sie mit ihrer Mutter bis zum Kriegsende ins Arbeitslager Christianstadt bei Groß-Rosen. Sie ist wohl auch darin eine Ausnahme, dass sie die stundenlangen quälenden Appelle in praller Sonne überstand, indem sie sich selbst Schiller-Balladen aufsagte. Die hatte sie in Wien, als sie tagelang im finsteren Zimmer sitzen musste, gelesen und auswendig gelernt. »Ich kann die Schiller-Balladen immer noch auswendig«, sagt die über 70-Jährige. »›Was habt ihr Kinder in Auschwitz gemacht?‹ hat mich neulich jemand gefragt. ›Habt ihr gespielt?‹ Gespielt! Appell gestanden sind wir. In Birkenau bin ich Appell gestanden und hab Durst und Todesangst gehabt. Das war alles, das war es schon.« Das ist einer der Sätze, mit denen sie mit der Scharfsicht des damaligen Kindes und dem Scharfsinn der heutigen Autorin die unausdenkbare Wirklichkeit für jeden, der zu lesen versteht, wirklich werden lässt.

Und schließlich: Sie verfasste auch im Lager selbst Gedichte. Aufgeschrieben hat sie diese erst 1945, nach dem Krieg, als sie wieder Stift und Papier hatte. Ein Gedicht über Auschwitz? Von einer Zwölfjährigen? Eine Strophe daraus:

»Täglich hinterm Stacheldraht

Steigt die Sonne purpurn auf,
Doch ihr Licht wirkt öd und fad,
Bricht die andre Flamme auf.
Denn das warme Lebenslicht
Gilt in Auschwitz längst schon nicht.
Blick zur roten Flamme hin:
Einzig wahr ist der Kamin.
Auschwitz liegt in seiner Hand,
Alles, alles wird verbrannt.«

Und sie sagt dazu: »Es sind Kindergedichte, die in ihrer Regelmäßigkeit ein Gegengewicht zum Chaos stiften wollten, ein poetischer und therapeutischer Versuch, diesem sinnlosen und destruktiven Zirkus, in dem wir untergingen, ein sprachlich Ganzes, Gereimtes entgegenzuhalten; also eigentlich das älteste ästhetische Anliegen.« Über dieses Kind kann man nur staunen.

Die drei Jahre jüngere Inge Auerbacher (1934), geboren in einem kleinen württembergischen Dorf am Fuße des Schwarzwalds, war »nur« in Theresienstadt, im Alter von sieben bis zehn Jahren. Was sie in ihrem vor allem für Kinder geschriebenen Buch *Ich bin ein Stern*[36] schreibt, mag sogar harmlos klingen, wenn man nicht wüsste, dass sie das einzige jüdische Kind aus Württemberg war, das dort überlebt hat. Sie schreibt: »Von 15.000 Kindern, die zwischen 1941 und 1945 im Konzentrationslager Theresienstadt in der Tsche-

3. Inge Auerbacher ist das Kind mit der gestreiften Mütze. Sie überlebte als einziges von diesen Kindern das KZ.

choslowakei eingesperrt waren, haben ungefähr 100 überlebt. Ich bin eines von ihnen.«[37] Ich zitiere ebenfalls mit freundlicher Erlaubnis der Verfasserin.

»Ich konnte glücklicherweise bei meinen Eltern im Quartier der Kriegsversehrten aus dem letzten Krieg bleiben (*ihr Vater war Weltkriegsteilnehmer gewesen, war schwer verwundet und mit dem Eisernen Kreuz ausgezeichnet worden*). Besonders für Kinder war das Leben extrem hart und fremd. Wir schliefen auf dem Fußboden oder, wenn wir Glück hatten, auf Strohsäcken, eng zusammengepfercht auf zwei- oder dreistöckigen Pritschen. Die Luft in den Räumen war schlecht und stickig im Sommer und eiskalt im Winter.

Wir wurden schnell erwachsen und selbständig. Die wichtigsten Wörter in unserem Sprachschatz waren: Brot, Kartoffeln und Suppe. Das ganze Leben drehte sich ums Essen ... Wir spielten, wer sich die üppigste Mahlzeit ausdenken konnte, die wir essen würden, wenn all das vorbei war. Berge von süßer Schlagsahne gab es da, gigantische Kuchen mit riesigen Erdbeeren. Und wir würden den ganzen Tag Schokolade und andere Süßigkeiten essen.

Unser Spielplatz war ein faulig riechender Abfallhaufen. Hier wühlten wir stundenlang herum, wateten knietief durch die weggeworfenen Sachen und hofften, einen Schatz zu finden. Manchmal hatten wir Glück und entdeckten ein Stück Schnur oder eine halb verfaulte Rübe, bei der man die verdorbenen Teile abschneiden und noch einen kleinen essbaren Schnitz übrig behalten konnte.

Ständig wurden Menschen nach dem Osten deportiert, auch viele Kinder ...

Wenn wir an einem Leichenhaufen vorbeikamen, wandten wir uns ab, sangen ein Lied und versuchten, so zu tun, als wäre das alles nur ein Alptraum.«

Nacheinander bekam Inge Scharlach, an dem sie fast starb, die Masern, Mumps und eine doppelseitige Mittelohrentzündung, wurde von Würmern geplagt, und ihr Körper war mit Eiterbeulen bedeckt. Sie musste mit ansehen, wie ihre Mutter mit Gewehrkolben geschlagen und ihre beste Freundin deportiert wurde, denn Theresienstadt war, wie sie schreibt, »das Vorzimmer von Auschwitz«.[38] Als sie nach der Befreiung nach Göppingen kamen, wurden sie vom Bürgermeister empfangen. Der große Orientteppich in seinem Amtszimmer war ihrer gewesen, auch die Standuhr hatte ihnen gehört. 1946 wanderte die Familie nach Amerika aus. Inge Auerbacher wollte leben und hatte keinen größeren Wunsch als so zu sein wie die anderen.

Den Langzeitwirkungen dieser einschneidenden, fast tödlichen Erfahrungen auf die verfolgten jüdischen Kinder aus Deutschland oder dem deutschen Sprachraum müsste in einer gesonderten Untersuchung nachgegangen werden. Die bisherigen Arbeiten beschäftigen sich fast nur mit Kindern von Überlebenden des Holocaust, die erst nach dieser Zeit geboren wurden. Die selbst betroffenen Kinder sind inzwischen in alle Welt zerstreut. Ich kann deshalb nur wenige Anmerkungen dazu machen. Deborah Dwork beklagt ganz allgemein, dass sich alle europäischen Nationen so gut wie nicht um die Geschichte gekümmert haben, die auf diesen Kindern lastet: »Die Kinder konnten ihre Geschichte natürlich nicht vergessen, und dass man ihnen verbot, darüber zu sprechen, hieß nicht, dass sie sich nicht erinnerten. In jedem jüdischen Kind, das den Krieg überlebte, blieb die Vergangenheit unangetastet und unbewältigt erhalten. Sie wurde zu einer unausgesprochenen und nicht integrierten persönlichen Geschichte, ein ungeöffnetes Bündel der Seele. Das Schweigen hielt an. Die jetzt erwachsenen ehemaligen Kinder, die überlebt hatten, haben ihre Geschichte weder ihren Ehepartnern noch ihren Kindern erzählt.«[39] Immer noch spüren die Überlebenden einen latenten oder offenen Antisemitismus, nicht nur in Deutschland, so wenn Saul Friedländer, der 1932 im deutsch-jüdischen Milieu Prags geboren wurde und bis 1939 im Sudetenland gelebt hat[40], in einem Gespräch mit Martin Doerry sagt: »Der Judenhass steckte (*und Doerry formuliert zu Recht in der Überschrift zu diesem Gespräch die Gegenwartsform »steckt«*) tiefer als man denkt.«[41] Und für Ruth Klüger »schreit Wien nach Antisemitismus«[42], eigentlich immer noch. Über das Kriegsende sagt sie am Ende des Interviews: »Für mich war der Krieg im April (*1945*) zu Ende. Wir sind nach Straubing gekommen, und die Amerikaner waren schon da. Plötzlich sehen wir einen Militärpolizisten an der Ecke, der den Verkehr regelte. Und meine Mutter ging auf ihn zu und sagte, dass wir aus einem KZ entkommen wären. Und der hat sich nur umgedreht und die Hände an die Ohren getan und so was gesagt wie: ›Schon wieder welche. Ich habe doch schon genug von denen.‹«[43] Dass viele der deutschen Täter, ebenso wie Ritter und Justin[44], unbehelligt blieben, ist inzwischen in der Forschung allgemein bekannt.

Ob die Erinnerung befreien oder gar erlösen kann, möchte ich dahingestellt sein lassen und darauf wieder mit Saul Friedländer antworten: »Auf der Ebene des Individuums scheint … ein erlösender Schlussstrich unmöglich, wie wünschenswert auch immer er sein mag. Die Shoah trägt einen Exzess in sich.«[45] Und doch bleibt es Aufgabe des Historikers, diese persönliche Erinnerung wach zu halten.

Die große *Enzyklopädie des Holocaust*[46] trägt den Untertitel: »Die Verfolgung und Ermordung der europäischen Juden«. Der Begriff »Holocaust« stammt aus dem Griechischen und bedeutet »völlig verbrannt«. Er wird auch allgemein für Massenvernichtung menschlichen Lebens angewendet. Die Juden haben ein eigenes hebräisches Wort für den NS-Massenmord an ihrem Volk: »Shoah«. Wenn man den Begriff Holocaust nur für die Juden gelten lässt, könnte man vergessen, dass auch eine andere Volksgruppe »mit Stumpf und Stiel ausgerottet« werden sollte: Die **Sinti und Roma**, im deutschen

Sprachgebrauch abwertend als »Zigeuner« tituliert. In den Nürnberger Gesetzen von 1935 wurden sie ebenso wie die Juden als »fremdrassig« bzw. »artfremden Blutes« definiert und damit denselben Verfolgungen und Bedrohungen ausgesetzt.[47] Auch sie wurden schließlich in die Vernichtungslager deportiert. »Mischlinge« lebten in großer Gefahr. Von der deutschen Bevölkerung wurde davon wenig wahrgenommen und noch viel weniger beklagt, galten doch »die Zigeuner« als »fahrendes Volk« mit allerlei unrühmlichen Eigenschaften, vor denen man sich in acht nehmen musste. Überdies machten sie damals nur etwa 0,05 Prozent der deutschen Bevölkerung aus. Dass viele Sinti und Roma über Jahrhunderte als normale Mitbürger in Deutschland gelebt hatten und zumeist fromme Katholiken waren, war und ist vielen unbekannt; Vorurteile waren und sind immer noch weit verbreitet.

Auf der Suche nach überlebenden Kindern der Sinti und Roma war das Dokumentations- und Kulturzentrum deutscher Sinti und Roma in Heidelberg sehr hilfreich; allerdings gelang es nicht, einen persönlichen Kontakt zu den ganz wenigen Kindern herzustellen, die diese Zeit durchlebt haben. So muss ich auf die Literatur zurückgreifen.[48] Die Geschichte der Sinti- und Roma-Kinder im Nationalsozialismus ist noch nicht geschrieben.[49] Ein knapper Überblick über die Phasen der Verfolgung sei vorausgeschickt; sie verlaufen parallel zur Verfolgung der Juden.[50] Die erste Phase setzte nach den Nürnberger Gesetzen 1935 ein: Die Kinder lebten jahrelang in einem Klima der gesellschaftlichen Ausgrenzung mit allen Demütigungen und aller Angst vor dauernden Repressionen. Als nächstes folgte der Ausschluss aus einem regulären Bildungsweg, vielfach Ausstoßung aus den Schulen, weil sie angeblich für »arische« Kinder eine Gefahr darstellten. Es wurden auch kommunale Konzentrationslager eingerichtet, etwa in Frankfurt oder Berlin, wo selbst die Kinder schon Zwangsarbeit leisten mussten. Die dritte Phase wurde durch den sogenannten »Festschreibungserlass« Himmlers vom 17. Oktober 1939 eingeleitet: Darin wird allen noch nicht internierten Sinti und Roma unter Androhung von KZ-Haft verboten, ihre Heimatorte zu verlassen. Als vierte und letzte Phase kam die Deportation, die in Schüben durchgeführt wurde, in Deutschland aus großen »Sammellagern« in Hamburg, Köln und Hohenasperg bei Stuttgart. Die Qualen, denen die Kinder bis zu ihrer Tötung ausgesetzt waren, sind unbeschreiblich. Die Ärztin Lucie Adelsberger, die von Deutschland nach Auschwitz-Birkenau verschleppt worden war und im sogenannten »Kinderblock« als Häftlingsärztin arbeiten musste, berichtet:

»Die Kinder waren wie die Erwachsenen nur noch Haut und Knochen ohne Muskeln und Fett, und dünne pergamentartige Haut scheuerte sich über den harten Kanten des Skeletts überall durch ... Aber die Not dieser Würmer schnitt noch mehr ins Herz. Vielleicht, weil die Gesichter alles Kindliche eingebüßt hatten und mit greisenhaften Zügen aus hohlen Augen guckten ... Krätze bedeckte den unterernährten Körper von oben bis unten und entzog ihm die letzte Kraft. Der Mund war von Noma-Geschwüren zerfressen, die sich in die Tiefe bohrten, die Kiefer aushöhlten und krebsartig die Wangen durchlöcherten ... Vor Hunger und Durst, Kälte und Schmerzen kamen die Kinder auch nachts nicht zur Ruhe. Ihr Stöhnen schwoll orkanartig an und hallte im ganzen Block wider.« [51]

Die Sinti- und Roma-Kinder wurden – ebenso wie die jüdischen – Opfer von sadistischen Menschenversuchen, Heranwachsende, aber auch schon Minderjährige, von brutalen Zwangssterilisationen. Kinder, die zunächst, nachdem ihre Eltern in Konzentrationslager verschleppt worden waren, in Heime eingewiesen wurden, bekamen nur eine kurze »Schonfrist«. Berüchtigt sind Untersuchungen Eva Justins, die für ihre Doktorarbeit bei dem Rassenbiologen Dr. Ritter, dem Leiter der »Rassehygienischen und Erbbiologischen Forschungsstelle des Reichsgesundheitsamtes« mit pseudowissenschaftlichen Experimenten die »rassische Minderwertigkeit« der »Zigeunerkinder« nachweisen zu können glaubte.[52] Es gibt, außer für Theresienstadt, keine statistischen Angaben über die Anzahl der Kinder, die in die Lager verschleppt wurden und dort umkamen.

Mit Erlaubnis der Befrager zitiere ich den Bericht von Herbert Birkenfelder (1929). Dieser Bericht scheint eher sachlich, ja spröde, ohne die bekannten KZ-Gräuel. Herbert Birkenfelder und seine Verwandten konnten sich der Deportation entziehen, aber um welchen Preis! Auch das wird nicht in allen bedrückenden Einzelheiten ausgemalt, aber ich schließe mich der Meinung der Interviewer Ilona und Reinhold Langreve, die selbst Kinder von Überlebenden sind, an, wenn sie sagen, dass sie nicht das »Recht hatten, erlittene und beschämende Ereignisse, die diese Menschen uns erzählen, so darzustellen, dass Unrecht und Beschämung sich noch einmal wiederholen«.[53]

»Unsere Familie lebte damals in Heidelberg, in der Altstadt. Wir hatten unser Auskommen, denn zu der Zeit betrieb mein Vater einen Stoffhandel, er belieferte hauptsächlich Damen- und Herrenschneider und verdiente damit unseren Lebensunterhalt. Ich bin in Heidelberg 1936 noch eingeschult worden, in die Schule in der Sandgasse. Wir wohnten damals in der Kleinen Mantelgasse. Die meisten Sintifamilien wohnten damals in der Heidelberger Altstadt, viele Familien lebten schon seit Jahrzehnten oder gar Generationen dort. Aber nachdem die Nationalsozialisten an die Macht gekommen waren, wurde es für uns immer schlechter. In den Jahren 1936 und 1937 mussten die Sintifamilien Heidelberg verlassen, wir waren unerwünschte Bürger in Heidelberg geworden.

Wir zogen danach zuerst nach Rastatt zu meinem Onkel, dort starb unsere Mutter. Unser Vater ging dann mit uns nach Ludwigshafen, wo einige unserer Verwandten lebten, die auch Heidelberg hatten verlassen müssen. Kurze Zeit später musste unser Vater seinen Stoffhandel einstellen und wurde zwangsverpflichtet. Er arbeitete als Kraftfahrer in einer Metzgerei.

Anfang 1940 wurde unser Vater zur Wehrmacht eingezogen. Und noch während seiner Ausbildung bei der Wehrmacht wurden alle unsere Verwandten in Ludwigshafen verhaftet, das war am 16. Mai 1940. Zuerst brachten sie die Sinti nach Asperg, von dort hat man sie am 22. Mai 1940 nach Polen in die verschiedenen Ghettos und Konzentrationslager deportiert. Dort wurden die meisten von ihnen ermordet. Nur wenige überlebten die Lager und kehrten nach 1945 wieder nach Heidelberg zurück.

Mein Vater wurde nach Abschluss seiner Ausbildung bei der Wehrmacht nach Norwegen versetzt. Von da kam er nach Russland, wo er im September 1941 an dem Feldzug gegen Russland teilnahm, aber schon ein paar Tage danach, am 5. September 1941, fiel Vater in Russland. Das war für mich und meine Schwester Gisela furchtbar, nun hatten wir keine Eltern mehr.

Als Vater damals zum Militär eingezogen wurde, nahm uns Kinder unser Onkel in Rastatt zu sich. Er selbst war damals auch Soldat, aber er wurde 1942 aus der Wehrmacht entlassen, wie viele von uns, weil sie Sinti waren. Es hieß damals ›aus rassischen Gründen‹. Genauso gab es das Schulverbot für uns Kinder, die damals in die Schule gingen, da wurden wir aus der Schule ausgeschlossen. Es war für uns Sinti verboten, für uns galt damals das gleiche wie für die Juden, man wurde aus dem öffentlichen Leben einfach ausgeschlossen.

Als mein Onkel damals 1942 aus der Wehrmacht entlassen wurde, haben sie ihn gleich anschließend mit seinen zwei Töchtern und seinem Sohn, der war damals doch erst zwölf Jahre alt, zwangssterilisiert. Damit wir nicht auch sterilisiert werden, schickte uns unser Onkel zusammen mit einer Tochter, der Rosine Birkenfelder, im Sommer 1942 nach Mühlhausen, zu Verwandten nach Frankreich. So konnten wir der Zwangssterilisation entgehen.

Aber dort in Frankreich waren wir auf Dauer auch nicht sicher, und so flüchteten wir mit unseren Verwandten von Mühlhausen nach Belfort und versteckten uns in den umliegenden Wäldern von Ballon d'Alsace. Da das Gebiet in der Nähe der Schweiz lag, wurden dort immer wieder Kontrollen durchgeführt. Deshalb flüchteten wir weiter ins Innere von Frankreich, in die Gegend von Lyon, wo wir uns über den Winter 1942/43 versteckten.

Unsere Verwandten und wir mussten uns in dieser Zeit oft in Notunterkünften verstecken. Im Frühjahr ging es weiter in die Wälder von Clermont-Ferrand. Wir waren immer auf der Flucht. Am schlimmsten war für uns Kinder der Hunger. Es gab kaum etwas zu essen, und manchmal hatten wir tagelang gar nichts zu essen. Da wir jedem Wetter ausgesetzt waren, wurden wir oft sehr krank. Medikamente hatten wir nicht, und zu einem Arzt zu gehen, wagten wir auch nicht. Wir hatten

Angst, dass uns jemand verrät. Wir hatten Angst vor der Deportation in ein Konzentrationslager. Es gab auch in Frankreich ein weitverzweigtes Netz von KZ-Lagern.

Alle machten Jagd auf uns. Wir mussten oft in der Nacht unsere Verstecke wechseln, um nicht verhaftet zu werden. Wir Kinder wurden immer öfter krank, wir hatten fast immer schlimme Erkältungen und hohes Fieber. Wir waren immer hungrig. Es war einfach furchtbar, was wir da alles mitgemacht haben. Unter all diesen Entbehrungen litten wir Kinder besonders schwer.

Im Winter 1943 waren wir in Toulouse, und wir vergaßen Zeit und Raum. Wir schliefen manchmal unter Brücken, in alten leeren Häusern und in Unterständen in den Wäldern, die oft feucht und nass waren. Wir versteckten uns überall, nur damit sie uns nicht finden konnten. Und immer die Angst, Tag und Nacht, bei jedem kleinen Geräusch entdeckt zu werden.

Das kann sich kein Mensch vorstellen. Ich habe heute immer noch diese Angstzustände und diese Alpträume. Ich wache in der Nacht auf und bin schweißgebadet. Und auch heute noch, wenn ich große Hunde sehe, bekomme ich Angstzustände. Auch heute noch nach all den vielen Jahren, denn die Suchtrupps hatten immer solche großen Hunde dabei, um uns aufzuspüren.

Das Kriegsende erlebten wir in der Gegend von Metz. Danach sind wir dann wieder nach Hause gegangen, nach Rastatt. Dort haben wir dann erfahren, dass siebenundzwanzig Personen aus unserer Familie nicht überlebt haben, sie wurden von den Nazis ermordet, man hat sie erschossen oder sie sind verhungert.

Nicht mehr verfolgt zu werden, nicht bei jedem Geräusch zu erschrecken, das dauerte eine Zeit. Nur langsam habe ich mich wieder an das normale Leben gewöhnt. Ich wurde dann Kaufmann, heiratete und habe zwei Kinder. Heute bin ich Großvater von drei Enkelkindern. Die Kinder und Enkelkinder sind für mich Grund dafür, dass sich eine solche Entmenschlichung nie mehr wiederholen darf. Das wünsche ich mir von ganzem Herzen, und dafür kämpfe ich heute.

Die Entschädigung damals, das war eine menschenunwürdige Angelegenheit. In den Behörden waren meist noch die gleichen Beamten, die viele unserer Angehörigen in die Konzentrationslager eingeliefert haben. Es ist ein Skandal, wie die einzelnen Behörden mit den Menschen, die die Lager überlebt haben, umgegangen sind. Man hat ja damals immer noch den Völkermord an unserer Minderheit geleugnet.

Ich selbst habe erst 1982 die fünftausend Mark aus dem Härtefonds bekommen, das war alles, was ich je an Entschädigung bekommen habe.

Erst als dann Ende der Siebziger Jahre die Bürgerrechtsbewegung der deutschen Sinti entstand, ich war da von Anfang an mit dabei, und erst als wir in der Öffentlichkeit protestierten, kam Bewegung in die Sache. Nach vielen Protesten, nach dem Hungerstreik in Dachau wurde 1981 dann durch den damaligen Bundeskanzler Helmut Schmidt der Völkermord aus rassischen Gründen an den Sinti und Roma von der Bundesregierung anerkannt.«[54]

Heute ist Herbert Birkenfelder im Vorstand des Zentralrats deutscher Sinti und Roma in Heidelberg und seit 1990 als leitender Referent in der Bundesberatungsstelle tätig.

Am Ende dieses Abschnitts soll ein Zeugnis stehen, das für die Kinder spricht, die selbst nicht mehr sprechen können. Es steht im Bericht von Ernst Schnabel über Anne Frank.[55] Er hat Menschen befragt, die bis zuletzt mit Anne zusammen waren. Eine von ihnen ist Frau de Wiek. Sie berichtet über die Zeit in Bergen-Belsen, wo alle schon ganz abgestumpft waren gegenüber dem tagtäglichen Elend und dem Sterben:

»Wir sahen und hörten das alles kaum noch. Irgend etwas behütete uns, es zu sehen. Aber Anne war ohne Schutz, bis zuletzt. Ich sehe sie noch an der Tür stehen und auf die Lagerstraße schauen, als sie eine Herde nackter Zigeunermädchen vorbeitrieben, zum Krematorium, und Anne sah ihnen nach und weinte. Und sie weinte auch, als wir an den ungarischen Kindern vorbeimarschierten, die schon einen halben Tag im Regen vor den Gaskammern warteten, weil sie noch nicht an der Reihe waren. Und Anne stieß mich an und sagte: Sieh doch. Die Augen …

Sie weinte. Und Sie können nicht wissen, wie früh schon die meisten von uns mit ihren Tränen am Ende waren.«

1933 gab es 25.000 **Zeugen Jehovas** in Deutschland.[56] Es ist die einzige Gruppe, die sich konsequent und von Anfang bis Ende den Rassegesetzen des Staates, dem Treueschwur auf Adolf Hitler, dem »deutschen Gruß Heil Hitler« und der Pflicht, Waffen zu tragen oder bei der Herstellung militärischer Güter mitzuwirken, kompromisslos widersetzt hat. Dabei hätte es nur einer Unterschrift unter eine Erklärung bedurft, dass sie sich von ihrer Glaubensgemeinschaft lossagen, und sie wären frei und unbehelligt geblieben. Sie waren nicht bereit, diese Unterschrift zu leisten, und sie waren bereit, dafür alle

1. Ich habe erkannt, dass die internationale Bibelforschervereinigung eine Irrlehre verbreitet und unter dem Deckmantel religiöser Betätigung lediglich staatsfeindliche Ziele verfolgt.
2. Ich habe mich deshalb voll und ganz von dieser Organisation abgewandt, und mich auch innerlich von dieser Sekte freigemacht.
3. Ich versichere hiermit, dass ich mich nie wieder für die Internationale Bibelforschervereinigung betätigen werde. Personen, die für die Irrlehre der Bibelforscher an mich werbend herantreten oder in anderer Weise ihre Einstellung als Bibelforscher bekunden, werde ich unverzüglich zur Anzeige bringen. Sollten mir Bibelforscherschriften zugesandt werden, so werde ich diese umgehend bei der nächsten Polizeidienststelle abgeben.
4. Ich will künftig die Gesetze des Staates achten, insbesondere im Falle eines Krieges mein Vaterland mit der Waffe in der Hand verteidigen und mich voll und ganz in die Volksgemeinschaft eingliedern.
5. Mir ist eröffnet worden, dass ich mit meiner erneuten Inschutzhaftnahme zu rechnen habe, wenn ich meiner heute abgegebenen Erklärung zuwiderhandle.

4. Erklärung, die inhaftierten Zeugen Jehovas zur Unterschrift vorgelegt wurde

5. Familie J. Das jüngste Kind ist Erich (1938). Der Vater war zu dieser Zeit im Gefängnis in Freiburg, anschließend im KZ Neuengamme bei Hamburg.

Verfolgungen und Leiden auf sich zu nehmen. Die Glaubensgemeinschaft wurde schon 1933 verboten, etwa die Hälfte der Mitglieder setzte im Untergrund den »Verkündigungsdienst« fort und verfasste Flugblätter gegen das NS-Regime. Fast 10.000 Zeugen Jehovas wurden eingesperrt, mindestens 2.000 in NS-Konzentrationslager. Von diesen wurden 1.200 ermordet, 250 durch Hinrichtung. Die Kinder dieser tapferen Menschen waren durch die Inhaftierung der Eltern schwer getroffen. Das bezeugt ein knapper Lebensbericht, den mir Erich J. zusandte:

»Am 12 Januar 1933 wurde ich, Erich J., in Karlsruhe als dritter Sohn von Will und Elise J. geboren. Meine Eltern waren zu dieser Zeit bereits Zeugen Jehovas.

Schon als Kinder erlebten meine Brüder und ich viele Demütigungen aufgrund unseres Glaubens. So musste ich bereits mit vier Jahren miterleben, wie meine Eltern und wir Kinder aus unserem Haus ausgewiesen wurden, weil meine Eltern sich nicht an der Wahl beteiligten.

Als ich etwa fünf Jahre alt war, wurde mir mein Vater durch Verhaftung weggenommen. Nach der Verhaftung unseres Vaters wurde meine Mutter zu einem Dr. Neu, der für Jugend und Familie zuständig war, vorgeladen. Das geschah mit der Absicht, meine Mutter auf ihren Geisteszustand zu untersuchen, um ihr gegebenenfalls ihre Söhne wegzunehmen. Durch ein gerechtes Gutachten von Dr. Neu wurde dies allerdings verworfen. Dennoch bekamen wir Söhne einen Vormund, der sich jeden Monat zweimal in der Schule, bei der Lehrstelle sowie in der Nachbarschaft nach unserem Verhalten und Betragen erkundigte.

Da wir dem Jungvolk und der Hitlerjugend nicht beitraten sowie beim Hissen der Fahne in der Schule nicht mitmachten, wurden wir von Seiten der Lehrer und Mitschüler wie Ausgestoßene betrachtet. Man beschimpfte uns als ›Barackler‹ und als ›Söhne eines Zuchthäuslers‹. Unser Schulrektor Friedrich sagte bei Anlass einer Schulfeierlichkeit zu den versammelten Schulklassen ›Spuckt ihnen ins Gesicht, denn sie sind nicht würdig, Deutsche genannt zu werden.‹

Im Jahre 1944 wurde meine Mutter aufgrund eines Fotos, das bei einer Glaubensschwester bei einer Hausdurchsuchung gefunden wurde und auf dem mehrere Zeugen Jehovas abgebildet waren, verhaftet und sieben Monate in Untersuchungshaft im Gefängnis in Karlsruhe festgehalten. Eine Schwester meiner Mutter nahm mich zu sich in ihr Haus auf. So entging ich der Einweisung in ein Erziehungsheim.

Am 27.09.1944 gingen die Baracken bei einem Bombenangriff in Flammen auf, und so verloren wir alles, was wir hatten.

Ungefähr 18 Monate hatten wir kein Lebenszeichen meines Vaters. Wie erleichtert waren meine Mutter und ich, als uns ein Bekannter einige Wochen nach Kriegsende die Nachricht überbrachte, dass durch das Radio Überlebende des Konzentrationslagers Neuengamme bekannt gegeben wurden, unter denen auch der Name meines Vaters war.«

Von seinem Vater erfuhr Erich J. von den schrecklichen Folterungen im KZ und von dessen Befreiung:

»Eine der grausamsten Misshandlungen, die man sich vor allem für Zeugen Jehovas erdacht hatte, wurde in Neuengamme praktiziert. Hierzu musste jeder Neuankömmling zu einem Verhör. Schwor er seinem Glauben nicht ab, wurde er auf einen Bock gebunden und bekam dreimal 25 Schläge mit einer Stahlrute, welche in Leder eingearbeitet war. So erging es auch meinem Vater sowie sechs weiteren Zeugen Jehovas bei ihrer Ankunft …

Als sich der Zusammenbruch des Deutschen Reiches abzeichnete, wurden alle Häftlinge von Neuengamme auf ein Schiff in der Ostsee gebracht mit dem Ziel, das Schiff zu versenken, um so sämtliche Spuren zu verwischen. Das Schiff, auf dem sich mein Vater befand, lief auf einer Sandbank auf und war so nicht mehr steuerungsfähig. Die Wachmannschaften und die Waffen-SS verließen das Schiff mit Schlauchbooten, um sich vor der englischen Besatzungsmacht zu retten. Einige Tage später wurde das Schiff von der englischen Besatzungsmacht wieder in Gang gebracht und lief in Flensburg ein, wo mein Vater seine Freiheit wieder erhielt …

(*Über die spätere Zeit schreibt Erich J.:*) Nach dem Krieg wollten die Behörden als Wiedergutmachung meinem Vater sein ehemaliges Haus zurückgeben. In diesem Haus wohnte derzeit jedoch schon seit neun Jahren eine Familie mit acht Kindern. Hätte mein Vater sein Recht geltend gemacht, wäre die Familie aus dem Haus gewiesen worden und auf der Straße gelandet. Mein Vater verzichtete auf sein Recht und handelte nach dem göttlichen Grundsatz von Römer 12,17, wo es heißt: ›Du sollst nicht Unrecht mit Unrecht vergelten.‹ Daraufhin wurde ihm eine geringe Abfindung von der Stadt Karlsruhe erstattet … Mein Vater verstarb bereits im Jahre 1962 im Alter von 64 Jahren an den Spätfolgen seiner fast neunjährigen Inhaftierung.«

Erich J. entging dem Erziehungsheim, und er durfte seinen Vater behalten. Zwar war der Vater schwer angeschlagen, aber ohne Rachegefühle. Er trug

6. Familie E. – Hermann ist der Junge links neben der Mutter.

sein Schicksal mit nobler Haltung, die für seinen Sohn vorbildhaft wurde. Er und einer seiner Brüder ließen sich 1947 bei den Zeugen Jehovas taufen.

Wie ein Kind seine Mutter für immer verlor, erzählt Hermann E. (1930). Er hatte noch fünf Geschwister. Aus seinem Bericht:

»Meine Eltern besuchten 1936 einen Kongress der in Deutschland verbotenen Bibelforscher in Zürich. Dabei kamen sie ins Fadenkreuz der Gestapo. Ihr Fall wurde vor einem Sondergericht in Mannheim verhandelt.

In jene Zeit, vor der Festnahme meines Vaters, fällt eines der traumatischsten Erlebnisse meiner Kindheit. Nachdem ich die Masern überstanden hatte, musste meine Mutter mich in ein Erholungsheim am Rande der Stadt zurückbringen. Ich hatte die Furcht meiner Eltern vor Verhaftung im Krankenbett mitbekommen und hatte nun auf dem ganzen Weg in das Heim furchtbare Angst. Hinter jeder Hausecke vermutete ich einen Polizisten, der mir meine Mutter wegnehmen würde. Diese Angst währte den ganzen restlichen Aufenthalt in diesem Heim, so dass ich kaum etwas essen konnte und statt zuzunehmen noch an Gewicht verlor. Auf dem Heimweg landete ich aus Versehen auch noch auf einer Polizeiwache. Die Polizisten allerdings waren sehr nett zu mir. Ich weiß jedenfalls, dass geahnte Gefahr für ein Kind furchtbar sein kann.

Mein Vater wurde zu acht Monaten Gefängnis verurteilt. Nach mehreren Gesuchen um Aufschub der Strafe, zuletzt weil meine Mutter schwanger war, entschloss er sich 1938, in den Untergrund zu gehen.

Bei seinem Abschied versuchte er, uns Mut zu machen, indem er uns die biblische Geschichte von Elia erzählte, wie dieser seinen Diener ermutigte, indem er ihm den

Himmel voll göttlicher Kriegswagen zeigte und ihm erklärte, derer, die mit uns sind, sind mehr als derer, die gegen uns sind. Dieses Bild hat uns dann immer wieder vor Augen gestanden. Er war für seine Glaubensgemeinschaft im Untergrund kurzzeitig aktiv, wurde jedoch in Dresden verhaftet, in Berlin verhört und nach Freiburg ins Gefängnis verbracht.

Ich erinnere mich noch, wie ich ihn des öfteren in Häftlingskleidung in der Stadt gesehen habe und mir dabei dachte, ich brauche mich seiner nicht zu schämen, da er für eine gerechte Sache eingesperrt wurde. Einmal konnte ich ihm einen Zettel von meiner Mutter durch einen Zaun in der Sautierstraße zustecken. Ein andermal habe ich ihn mit meiner Mutter nach einem Vierstundenmarsch bergauf auf dem Kandel besucht, wo er als Holzfäller arbeiten musste …

Als Vater seine Gefängnisstrafe abgesessen hatte, wurde er in ein Konzentrationslager verbracht. Er war für die SS als Baufachmann und geschickter Handwerker nützlich, und das hat ihm auf seiner Odyssee durch viele KZ, wie Dachau, Buchenwald, Mauthausen, Sachsenhausen, Flossenbürg u. a. wohl das Leben gerettet. Er kam 1945 relativ unversehrt und voller Elan wieder zurück …

Unser Onkel führte das Gipsergeschäft meines Vaters noch eine Zeit weiter und konnte so unsere Mutter finanziell unterstützen. Auch ein Glaubensbruder gab ihr ab und zu zwanzig Reichsmark, damit wir über die Runden kamen. Es ging indes schon sehr arm her. Trotzdem war meine Mutter, bis sie abgeholt wurde, immer guten Mutes und sang, oft mit meinen Schwestern, Moritaten und fromme Lieder. Dass so eine fröhliche, allseits beliebte Mutter von sechs Kindern, weggeholt wurde, löste schon ein gewisses Raunen aus …«

Er erzählt, dass seine Mutter unter den Einfluss einer älteren Glaubensschwester geriet, die ihr die extreme Haltung einredete. Sie war die einzige Bibelforscherin in Freiburg, die ins KZ kam, die anderen verhielten sich vorsichtiger. Eine Funktionärin der NS-Frauenschaft zeigte die Mutter als unverbesserliche Bibelforscherin an.

»Nicht lange darauf, an meinem zehnten Geburtstag, dem 29.1.1940, kam ein Kriminalpolizist namens Schäfer, der meine Eltern von früher kannte, und legte Mutter einen Schrieb vor. Er deckte den Text mit der Hand ab und sagte: ›Unterschreiben Sie bitte hier, dann kann ich wieder gehen.‹ Sie bestand aber darauf, zu lesen, was sie unterschreiben sollte. Es handelte sich um den bekannten Revers, mit dem die Bibelforscher ihrem Glauben abschwören sollten (vgl. Abb. 4 auf S. 377). Sie konnte das nicht unterschreiben, und so musste der Kripo-Mann sie mitnehmen.

Sie kam in Freiburg für ca. vier Wochen ins Gefängnis, von wo sie uns auch schreiben durfte, und wurde dann nach Ravensbrück ins Frauenkonzentrationslager verbracht. Wir größeren Kinder wurden kurz danach auf eine Dienststelle einbestellt und in die Hitlerjugend gezwungen. Man kleidete uns mit Braunhemd, schwarzer Hose, Halstuch, Gürtel mit Schulterriemen und Fahrtenmesser ein und sagte uns, wo wir uns jeden Mittwoch zum Dienst zu melden hätten.

Wir E.-Kinder hatten, wie ich meine, unvorstellbares Glück, dass wir nicht auseinandergerissen wurden. Dabei könnte, wie wir später erfuhren, die Fürsprache von Frau Heidegger, Ehefrau des bekannten Philosophen, hilfreich gewesen sein. Frau Heidegger lud in jener Zeit einmal mich und meine Schwester ein, in ihrem Garten Aprikosen zu ernten, was mir als ›Waisenkind‹ sehr wohlgetan hat.«

Sie hat es offenbar erreicht, dass alle sechs Kinder bei der Großmutter bleiben durften. Die Kinder wurden zu allen Hausarbeiten herangezogen und halfen fleißig mit. Sie erlebten wunderbarerweise keine Diskriminierungen von Lehrern und Mitschülern, ja es war sogar ein Parteigenosse mit goldenem Parteiabzeichen, der seiner Großmutter zu einer Unterstützung von monatlich 90,– Reichsmark verhalf. Ein »abgefallener« Glaubensbruder, der in die SA eingetreten war, wollte Hermann wegen seiner guten schulischen Leistungen sogar in eine Adolf-Hitler-Schule schicken. Später übernahmen dann der Onkel und die Tante zu ihren eigenen vier Kindern noch die sechs Pflegekinder. Der Onkel sorgte gut für alle, obwohl er sehr jähzornig sein konnte. Hermann E. beendet seinen Bericht scheinbar sachlich:

»Was uns sonst in den Kriegswirren zustieß, unterscheidet sich wohl kaum vom Schicksal aller übrigen Kinder in jener Zeit bis auf die Tatsache, dass eines Tages eine Postkarte aus Ravensbrück kam, auf der stand, dass unsere Mutter an Gürtelrose verstorben sei. Alles weinte, nur ich stand tränenlos dabei. Doch die Verletzung schleppe ich bis heute mit mir herum. Auf der Karte stand auch, dass man die Asche der Verstorbenen für 70,– RM zugeschickt bekäme. Unser Onkel sagte nur, für eine Urne voll Asche von einem großen Haufen bezahle er keine 70,– RM.«

Später erfuhren sie, dass seine Mutter unter dem Einfluss einer besonders fanatischen Glaubensschwester in diese völlig ausweglose Lage gekommen sei. Sie gehörte zu einer Gruppe von etwa 100 Frauen, die jegliche Arbeit, die nur entfernt mit dem Krieg zu tun hatte, verweigerte, so zum Beispiel das Füttern von Hasen, aus deren Wolle Handschuhe für Soldaten und Fliegerwesten hergestellt werden konnten. Und weil sie in ihren Briefen viele Bibelworte anführte, wurde ihr das Recht, nach Hause zu schreiben, bis auf wenige Zeilen verboten. Ein kleiner Brief hat sich erhalten.[57]

»Die Gruppe bekam nur noch die halbe Kost, was im KZ den Tod durch Verhungern bedeutete. Sie soll, wie uns berichtet wurde, zuletzt in einem erbärmlichen Zustand gewesen sein. Mit noch einigen anderen verschwand sie eines Tages aus dem Lager. Wie sie genau ums Leben kam, weiß niemand.«

Hermann E. konnte dieses Ende nicht verwinden. In seinem Begleitbrief schrieb er kritisch:

»Wir E.-Kinder sind relativ glimpflich davongekommen, doch auch solche Beispiele gehören zum Gesamtbild jener Zeit. Was mit unserer Mutter geschah, war dagegen unbegreiflich grausam. Sie wurde zerrieben zwischen dem Terror der Nazis und der geistigen Rigidität einer Sekte.«

7. Simone Arnold als Elfjährige

Die Kinder der Familie E. durften bei ihren Verwandten bleiben; in die Hitlerjugend wurden sie hineingezwungen. Viele Kinder wollte man aber völlig dem verderblichen Einfluss ihrer Glaubensgemeinschaft entziehen und »behandelte« sie besonders, weil man sie noch für »erziehungsfähig« hielt. Über 500 Minderjährige wurden nach formellen Gerichtsverfahren ihren Eltern entrissen und in Erziehungsheime gesteckt. Kinder wurden aber auch als Kuriere und Austräger von heimlich hergestelltem Schrifttum eingesetzt. Ein erstaunliches Beispiel, wie ein kleines Mädchen dem Regime widerstanden hat, ist Simone Arnold Liebster. Sie hat ihre Autobiographie nach ihrer Auswanderung in die USA in sehr lebendiger Weise aufgeschrieben. Die deutsche Fassung erschien 2002[58] und umfasst mehr als 400 Seiten. Wir müssen zusammenfassen und können nur einige Stellen wörtlich zitieren.[59] Simone wurde 1930 im Elsass als Katholikin geboren. Mit ihren Eltern wuchs sie zunächst glücklich und geborgen heran. Der Vater war künstlerischer Gestalter in einer weltberühmten Stoffdruckerei in Mühlhausen; die Großeltern hatten einen Bauernhof in herrlicher Landschaft. Zuerst fühlte sich die Mutter von einer Zeugin Jehovas angesprochen. Sie las viel, und auch Simone fing an, in der Bibel zu lesen und ließ sich von den Schriften überzeugen. Schließlich folgte auch der Vater, der anfangs ganz ablehnend gewesen war. 1938 konvertierten alle, und Simone wurde 1941 durch Taufe in diese Gemeinschaft aufgenommen. Schon Mitte Oktober 1939 wurden Jehovas Zeugen in Frankreich, das heißt auch im Elsass, verboten. Der Vater wurde am 4. September 41 festgenommen und durchlief ein Martyrium in den Konzentrationslagern Schirmeck, Dachau, Mauthausen. Sie wurden aus der Dorfgemeinschaft ausgestoßen, vor allem der katholische Priester hetzte gegen sie. Nur der Großvater mütterlicherseits hielt zu ihr. In der Schule konnte sie nur mit Mühe den Hitlergruß vermeiden, denn das hätte für sie bedeutet, Hitler als Retter anzuerkennen. Sie konnte auch das Deutschlandlied nicht singen (»über alles in der Welt«!) und die Rassenlehre nicht gutheißen. Ihr Konto wurde aufgelöst, die Mutter bekam keine Arbeitskarte, durfte also nicht arbeiten. Die kleine Gemeinde traf sich in einem Schrebergartenhäuschen; sie schrumpfte immer mehr. Die Angst vor fortgesetzten Verhaftungen trieb sie um:

»Unsere Nächte konnten wir nicht mehr in Frieden genießen. Gestapo und Polizei verhafteten heimlich Leute – in der Stille der Nacht schlugen sie zu. Mutter war vorbereitet. Sie hatte sich einen Leibgurt mit einem Geheimfach genäht … Tagsüber trug Mutter das Mieder und steckte sich eine kleine Bibel in die Geheimtasche. Nachts behielt sie es neben sich im Bett. Wir blieben immer wachsam; jedes Geräusch riss uns aus dem Schlaf. Die Ränder unter unseren Augen wurden immer tiefer und dunkler. Tag und Nach litten wir unter der Bedrohung einer unausweichlichen Festnahme – wir schlichen umher wie verlorene, kraftlose Schatten. Ohne gesunden Schlaf und in einem Abgrund von Verzweiflung und drohten zu zerbrechen. Wir kamen uns entwurzelt vor und ermutigten einander durch gemeinsame Gebete und Bibellesen.«[60]

Fast unerträglich ist für das Kind die Angst um die Mutter. Sie selbst musste unerhörte Mutproben bestehen. Es war zum Schulrat vorgedrungen, dass es eine Schülerin in der Klasse gab, die den Hitlergruß verweigerte. Es wäre für sie so etwas wie Götzendienst gewesen. Der Schulrat erschien in Simones Klasse, zwei Lehrer mit ihm, und hielt eine lange Rede:

»Diese Schule kann keine Schülerin dulden, die kein Teil der Volksgemeinschaft sein will und sich weigert, unseren Führer, Adolf Hitler, zu ehren. Der Hitlergruß ist Pflicht. Niemand, der ihn verweigert, entgeht der Strafe. Eine solche Schülerin muss ausgestoßen werden! Gibt sich die Schülerin als diejenige zu erkennen, die den Gruß verweigert?« Der Lehrer, ihr wohlgesonnen, weil sie eine sehr gute Schülerin war, hatte sie vorher zu einem Kompromiss ermutigt, sie möge doch »klug sein wie die Schlangen« und den Gruß nur ein einziges Mal entbieten.

»Das Herz pochte mir in den Schläfen. ›Wenn die Schülerin sich weigert, Heil Hitler! zu sagen, soll sie sich jetzt zu erkennen geben und aufstehen.‹ Ich stellte mich aufrecht und sah ihm direkt in die Augen. Die Klasse war in Aufruhr … Die Augen des Schulrats verfinsterten sich; er sah genauso aus wie Hitler, dessen Bild über unserer Tafel hing. Er brüllte: ›Simone Arnold, komm sofort nach vorne!‹ Er stand auf und schob mich zur Tafel. ›Stell dich vor die Klasse!‹ Ich drehte mich zur Klasse. ›Dreh dich zu mir!‹ Ich drehte mich zu ihm um. Ich kam mir vor wie ein Hampelmann. Ich war verwirrt und in meinem Kopf dröhnte es. Seine Stimme klang seltsam weit weg und zischend. Wie aus der Ferne hörte ich ihn davon sprechen, dass man mich als Ausgestoßene betrachten würde, als jemanden, den man nicht beachtet. Und dass es um meine Zukunft ginge. ›Du verbaust dir willentlich dein Leben, und du allein bist dafür verantwortlich‹, schrie er. ›Wenn du nicht richtig grüßt, sind hier deine Papiere, deine Entlassung. Da es sich aber um einen Schritt handelt, der dein ganzes weiteres

Leben bestimmt, möchte ich dir noch einmal eine allerletzte Gelegenheit gewähren, dich richtig zu verhalten. Ich gebe dir noch fünf Minuten.‹ Er hob den Arm, zog seinen Ärmel zurück und stierte auf seine Uhr und befahl mir: ›Innerhalb der nächsten fünf Minuten sagst du entweder ›Heil Hitler!‹ vor dem Bild des Führers oder du nimmst deine Entlassungspapiere und verschwindest!‹

Die fünf Minuten dauerten eine halbe Ewigkeit! Beklemmende Stille lag über der Klasse. Sie war unerträglich. Seine Drohung schnürte mir den Hals zu. Schlimmer noch war das kollektive ›Riesenauge‹, das sich aus den 90 einzelnen Augen zusammensetzte, die mich umgaben – den stechenden Augen des Schulrats und den flehenden Augen beider Lehrer zu meiner Linken. Vor mir starrten über 40 Schüler, in einigen Augen spiegelte sich Neugier oder Angst, in anderen jedoch Hohn oder sogar Hass wider. Und die schaurigen Augen Hitlers, die mich jetzt direkt aus dem Rahmen anzustarren schienen …

Die dünkelhafte Genugtuung, die ich auf manchen Gesichtern wahrnahm, versetzte mich in immer größere Anspannung. Ein Schleier legte sich über meine Augen. Ich hatte das Gefühl, der Kopf würde mir gleich zerspringen. Er schien immer größer zu werden, meine Füße immer kleiner. Rasende Schmerzen saugten mir jeden Gedanken aus dem Gehirn; alles an mir wurde taub. Es beherrschte nur noch ein Impuls meinen Sinn und erhob sich zur immer lauter werdenden Stimme, die mir befahl: ›Du musst die Papiere nehmen – die Papiere willst du – die Papiere, die Papiere.‹

Die Augen des Schulrats lösten sich von seiner Uhr. Sein terrorisierender Blick und die schrille Stimme ließen die beiden anderen Lehrer zusammenfahren. Die ganze Klasse reagierte augenblicklich und geschlossen, verstärkte wie mit einer Stimme den gellenden Schrei. Es schallte und prasselte wie Hagelschlag auf mich nieder, durchbohrte mein Herz. Ich hielt den Atem an. Spürte, wie das Blut, das mir ins Gesicht geschossen war, jetzt plötzlich wieder abfloss. Im nächsten Moment entlud sich die extreme Hochspannung, die mich gebannt hielt. Ich schnellte vor wie eine Sprungfeder und noch ehe die Zeremonie beendet war, schnappte ich die Papiere, hielt sie mir fest ans Herz gedrückt und rannte, so schnell ich konnte, aus der Klasse.«[61]

Draußen überkam sie ein tiefes inneres Glücksgefühl, dass sie standgehalten hatte. Sie musste aus der Mittelschule wieder in die Volksschule zurück. Dort wurde sie gequält und gemieden. Die Lehrerin ließ sie auf Anweisung des Direktors links liegen und gab ihr keine Bücher.

Sie wurde als Zwölfjährige einem gemeinen Gestapoverhör unterworfen, auf dessen Fangfragen sie aber nichts preisgab, was ihrer Gemeinde hätte schaden können. Schließlich wurde sie zum Gericht vorgeladen, als »Opfer der Bibelforscher« bezeichnet. Die Eltern wurden dafür verantwortlich gemacht. Sie musste eine Verurteilung unterschreiben, einer verbotenen Organisation anzugehören. Sie sollte in ein NS-Erziehungsheim eingewiesen werden.

Immer wieder wurde sie in der Schule gedemütigt. Der sadistische Direktor der Volksschule schlug sie so, dass ihre erste Menstruation daraufhin einsetzte. Achtmal widerstand sie öffentlich dem Hitlergruß, zuletzt vor versammelter Schulgemeinde unter den bösartigen Drohungen des Direktors, die sie schon auswendig kannte:

»Die Stimme von Herrn Ehrlich wurde immer lauter und sein Hals lief wieder bläulichrot an. Seine Drohungen dröhnten: ›Wer ist ein Verräter?‹ Mit geballter Faust hämmerte er in die Luft und brüllte: ›Weg! Fort mit ihm! Hiermit soll ein für alle Mal deutlich erklärt werden, dass niemand gegen den deutschen Strom schwimmen kann. Wer sich nicht beugt, muss zerbrechen! Einem solchen muss Schwerstarbeit auferlegt werden, damit er lernt, dass Arbeit frei macht … An unserer Schule gibt es eine solche Rebellin. Sie macht sich mutwillig zur Ausgestoßenen. Sie allein trägt die Verantwortung für ihre Lage. Heute wird an beiden Schulen ein Exempel statuiert, um zu zeigen, wie die Deutschen mit Ungeziefer verfahren. Gemeinsam werden wir jedem Feind unseres Staates widerstehen. Schützt die Volksgemeinschaft! Sieg Heil! Sieg Heil! Sieg Heil!‹

Mit letzter Kraft und mühselig schleppte ich mich im Schneckentempo nach Hause. Ich war nicht physisch angetastet worden, doch ich fühlte mich zerschlagen – als hätte man mich niedergeprügelt. Mein Hirn war ausgehöhlt und ich war zu keinem Gedanken fähig … Wie eine Betrunkene taumelte ich nach Hause.«[62]

Kurz darauf wurde sie in die Wessenbergsche Erziehungsanstalt für Mädchen in Konstanz eingewiesen. Sie hatte sich nicht einmal richtig von ihrer Mutter und den ihr nächsten Menschen verabschieden dürfen. Die Zustände dort waren teuflisch und unerträglich. Ein kleiner Ausschnitt:

»Mutterseelenallein der Kälte einer grausamen Welt ausgeliefert, packte mich eine unbeschreibliche würgende Furcht vor dem Unbekannten. Die Tränen flossen unaufhörlich und tiefste Verbitterung und Groll übermannten mein Herz … Hier richtete niemand irgendein Wort an mich, außer Mathilde und Annemarie (*zwei Aufsichtspersonen*), die sowieso nur Befehle erteilten. Ich durfte nirgendwo hingehen, nicht einmal auf die Toilette, ohne vorher laut um Erlaubnis zu fragen. Überall wurde man von einer Aufsichtsperson begleitet, auch aufs Klo, falls es Fehlverhalten zu melden gab.

Außer dem Nähkästchen, das ich von Mama bekommen hatte, durfte ich nichts Eigenes haben. Es war in einen verschlossenen Schrank gesteckt worden. Den Schrank öffnete Annemarie nur zu den Nähzeiten. Mein Bett mit der Kleiematratze und einem kleinen Nachtschränkchen, das als Hocker fungierte, das mir zugewiesene Pult in der letzten Reihe des Klassenzimmers und der Platz Nr. 6 am Tisch Nummer 1 waren meine einzigen Zufluchtspunkte. Ich besaß nichts, absolut gar nichts, nicht einmal eine Privatsphäre.

Das Einzige, was mir gehörte, war eine Nummer, die mir am Morgen zugewiesen worden war: die Nummer eins, und sie musste auf alle zugeteilte Kleidung aufgenäht werden.«[63]

Auch hier wurde sie verspottet wegen ihres Glaubens. Während die anderen am Sonntag in die Kirche gingen, musste sie Schwerstarbeit in der Küche verrichten. Bei der geringsten Verfehlung oder was man dafür hielt, wurden die Kinder brutal bestraft. Da Simone in allem sehr zuverlässig und korrekt war, durfte sie das Privatzimmer einer Aufseherin putzen. Dort verkroch sie sich unter dem Bett, um in der Bibel zu lesen. Von der Mutter bekam sie immer wieder Briefe, was ihr Heimweh noch schmerzlicher werden ließ. 1943 erfuhr sie, dass auch die Mutter ins Konzentrationslager Schirmeck verbracht worden war. Kurz darauf bekam sie noch eine schreckliche Nachricht. Sie betraf ihren besten brüderlichern Freund Marcel, der zur Wehrmacht eingezogen werden sollte. Die Art, wie ihr die Nachricht mitgeteilt wurde, enthüllt nochmals die ganze Grausamkeit dieses Heims. Die Vorsteherin kam, als sie gerade das Büro putzte, was als die ehrenhafteste Arbeit des Hauses galt:

»›Maria (*diesen Namen musste sie im Heim tragen*), ich habe eine besondere Nachricht für dich‹, tönte sie mit sichtlichem Genuss. Ich stellte mich auf und sah ihr ins Gesicht. ›Der Freund deiner Mutter, Marcel, ist enthauptet worden.‹ Jedes Wort betonend wiederholte sie: ›Ja, dem Geliebten deiner Mutter (*!! – davon konnte überhaupt nicht die Rede sein*) hat man den Kopf abgeschlagen – mit der Axt!‹ Aus stahlgrauen Augen verband sich ihr eisiger Blick mit dem meinen, und ich hielt ihm stand. Gebannt wartete sie die Wirkung ihrer Nachricht auf mich ab. Ihr frohlockendes Grinsen gefror jedoch abrupt, sie drehte sich um und ging. Was hatte sie in meinem Gesicht entdeckt? Meine Gefühle waren gemischt. Das Herz pochte mir. Marcel, mein Bruder, hatte den Sieg errungen. Ich war stolz auf ihn. Marcel, mein Freund, mein Lehrer, war mein Vorbild. Er war treu geblieben bis in den Tod. Er hatte bewiesen, dass man unter schwerster Prüfung loyal bleiben kann. Die Gunst Gottes, ebenso wie die Auferstehung, waren ihm sicher. Ich weinte nicht einmal. Mein Herz war voller Bewunderung für ihn, weil er sich Hitlers Kriegsmaschine verweigert hatte. Meine Liebe zu ihm wuchs.«[64]

Im April 1945 erschien plötzlich ihre Mutter im Heim, um ihr Kind abzuholen. Aber was war das für ein Wiedersehen!

»Diese fremde Frau konnte doch niemals meine Mama sein! Ihre herrlichen saphirblauen Augen waren völlig abgestumpft und in dunklen Höhlen versunken. Ihre verwundete linke Augenbraue, die Nase, Lippen und das Kinn waren mit einer roten Lösung und etwas schwarzem Pulver behandelt worden. Schnittwunden wurden von kleinen rosa Streifchen zugehalten. Sie hatte einen leblosen Gesichtsausdruck und hatte nicht die geringste Ähnlichkeit mit meiner schönen, heiteren Mama.«[65]

Auch der Vater kehrte heim; er war nur noch ein Schatten seiner selbst. Vater und Mutter waren in den Lagern unmenschlich gequält worden. Es dauerte fast drei Jahre, bis sie wieder eine »normale« Familie wurden. Keiner von ihnen dachte je an Rache an ihren Peinigern. Simone ging nach Amerika, besuchte dort die Wachtturm-Bibelschule Gilead in New York und heiratete 1956 einen Juden, der den Holocaust überlebt hatte. Sie sagt dazu:

»Über die vielen Jahre entwickelte sich eine starke Bindung. Ohne jemals unsere privaten ›Fensterläden‹ vollständig öffnen zu müssen, halfen wir uns gegenseitig – und tun es immer noch – gelegentliche angstvolle Momente zu überwinden. Wenn es galt, eine neue Situation zu meistern, kam es schon einmal vor, dass er oder ich in Panik geriet. Im tiefsten Innern stiegen dann Gefühle auf, die uns suggerieren wollten, dass wir wertlos, unfähig und schwach seien. Nur jemand, der zutiefst gedemütigt worden ist, der erniedrigenden Druck und extreme, entwürdigende Behandlung erfahren hat, ist in der Lage nachzuempfinden, wie tief die Brandmale sitzen, die die untersten Schichten des Bewusstseins mit Narben verunstalten.«[66]

Von Beginn der nationalsozialistischen Herrschaft an wurden Andersdenkende verfolgt. Von kurzzeitiger Inhaftierung oder Amtsenthebung haben wir schon gehört.[67] Unter den **politisch Verfolgten** waren zunächst vor allem Kommunisten und Sozialdemokraten.[68] Aktive Widerstandskämpfer aus dem bürgerlichen Lager waren unter den Vätern meiner Gesprächspartner nicht vertreten. Über Geistliche der Bekennenden Kirche wurde schon in Kapitel 18 berichtet. Von den Verfolgten aus SPD und KPD war in den beiden vorhergehenden Kapiteln immer wieder die Rede. Wie hart die Verfolgung die Familien traf, sei an wenigen Fällen verdeutlicht:

8. Helga T. mit ihren Eltern

Gerhard Gruschkas (1930) Vater wurde 1933 entlassen, weil er Sozialdemokrat war und dem Reichsbanner Schwarz-Rot-Gold angehört hatte.[69] Sie mussten aus der geräumigen und hellen Wohnung der Reichsbahn-Genossenschaft ausziehen:

»Dann waren wir im Hüttenviertel und standen vor dem Haus 21 in der Kanalstraße, einer rußigen Mietskaserne mit elf Mietparteien in vier Stockwerken. Im ersten Stock war eine Wohnung mit Stube und Küche frei geworden, mit Blick in einen düsteren Hinterhof und auf die eintönigen Rückfronten anderer Mietskasernen, eine Wohnung, in die sich nie ein Sonnenstrahl verirrte, eine winzige Wohnung für fünf Personen, von denen sich die drei Kinder nach dem Wunsch der neuen Reichsführung zu strammen Hitlerjungen entwickeln sollten.«[70]

Damit war sein Kinderparadies zerstört.

Helga T. (1934): »Mein Vater wurde als Kommunist nach der ›Machtergreifung‹ für drei Jahre eingesperrt. Dann kam er ins Strafbataillon 999, schließlich mit der Organisation Todt nach Frankreich. Dort ist er im Juli 44 gefallen. Ich habe so gut wie keine Erinnerungen an ihn, habe ihn aber doch sehr vermisst.«

Karl-Heinz R. (1935): »Im August 1940 erreichte uns eine offizielle Karte, dass meine Mutter am 3.8.1940 in das KZ-Ravensbrück eingeliefert worden war. Ich hatte die unterschiedlichsten Eindrücke von meinem Vater gewinnen können, aber nie für möglich gehalten, dass auch seine Augen einmal Hochwasser aufweisen könnten. Auf mein erstauntes Fragen hin erklärte er mir, dass Mutter damit etwas sehr Schlimmes zugestoßen sei und dass ich davon zu niemand sprechen dürfe. ›Ist KZ so etwas wie Zuchthaus?‹ ›Nein, viel, viel schlimmer!‹ Was konnte schlimmer sein? Die Holzschnitt-Illustrationen zu Soldan-Heppes ›Hexenprozesse‹, die in dem kleinen Buchbestand meines Vaters standen, gaben der kindlichen Phantasie reichlich Nahrung. In der Folge dieser Ereignisse bildete sich eine Steigerungshierarchie staatlicher Gewalt mit diffusen Abgrenzungen heraus: Gefängnis – Zuchthaus – KZ.

Erkundigungen, die von der Familie eingeholt wurden, ergaben folgendes Ereignisbild: In der Fabrik machte der Vorarbeiter der Mutter, der SA-Mann Teichmann, ihr einen eindeutigen Antrag. Sie soll danach, laut Gerichtsakte, zu ihm gesagt haben: ›Ehe ich mit dir Bonzen ins Bett gehe, gehe ich lieber auf den Strich.‹ Dies reichte aus, sie ›im Namen des Volkes‹ zu einer Hure zu erklären, die es ablehnt, mit völkischen Volksgenossen zu schlafen.«

Sie war natürlich als Kommunistin schon »vorbelastet«. Die Mutter überlebte das KZ nicht.

Als ausführlicheres Beispiel wähle ich Heinz H. (1932), den Sohn eines Kommunisten, der seinen Widerstand mit dem Leben bezahlte. Wir hatten ein langes Gespräch im Beisein seiner Frau.[71] Das Gespräch sei auszugsweise wiedergegeben:

»Ich bin am 19. April 1932 geboren, also noch in der Weimarer Republik. Und meine Eltern waren sehr arm. Mein Vater hat nicht immer Arbeit gehabt, meine Mutter war sehr jung, und von meiner Jugend weiß ich nur, dass wir in einer Dachwohnung, praktisch in einem besseren Bretterverschlag, gewohnt haben. Ich hatte noch eine kleine Schwester damals, und meine Eltern gingen abwechslungsweise zur Arbeit bei der Firma Bosch. Wir gingen morgens in den Kindergarten, mittags, wenn ich nach Hause kam, war noch der Elternteil da, der die Spätschicht hatte. Dann gab es Mittag-

9. Heinz H. mit seinem Vater, 1941

essen. Und dann ging der andere Elternteil zur Arbeit, und wenn wir wieder nach Hause kamen vom Nachmittagskindergarten, da war dann wieder ein Elternteil da. So war unser Lebensrhythmus eingeteilt, und von den politischen Umständen habe ich in dem Alter 1935/36 noch nicht so viel mitgekriegt.

Den Kriegsbeginn habe ich dann schon in einer neuen Wohnung erlebt, da waren wir dann auch schon zu fünft, denn ich habe noch eine kleine Schwester bekommen, und ich war dann in der Zwischenzeit schon in der Schule, in der ersten Klasse.

I: In Stuttgart?

H: In Stuttgart-West, und ich ging damals in die Schwabschule. Wir hatten eine Wohnung in einem Mietshaus, aber das war gegenüber vorher schon ein gewaltiger Fortschritt.

Was Krieg war, wusste ich zu dem damaligen Zeitpunkt nicht, ich hab nur aus den Reaktionen der Erwachsenen gemerkt, dass das etwas Schlimmes sein muss. Das wurde aber überdeckt durch das Radio und dass da natürlich immer die Erfolgsmeldungen kamen.

I: An die Reaktionen Ihrer Eltern bei Kriegsbeginn können Sie sich nicht erinnern?

H: Ja, also ich sag mal, verhalten, für mich nicht besonders aufregend. Was ich festgestellt habe, war, dass meine Eltern, besonders mein Vater sehr viele Freunde hatte, mit denen er am Wochenende, aber damals arbeitete man ja noch samstags, dass die dort am Sonntag miteinander wandern gingen. Aber nicht etwa so wie heute, dass man da Kilometer weit fährt, sondern das war alles in der näheren Umgebung. Und da wurde gesungen, Lieder wurden gesungen, die so aus der Wanderbewegung kamen.

I: Waren das Naturfreunde?

H: Die waren auch bei den Naturfreunden, aber das war nicht das Bestimmende. Später hab ich das besser begriffen, was ich in der damaligen Situation noch nicht so recht deuten konnte. Also ich weiß, dass damals schon die Freunde meines Vaters politische Freunde waren aus der Zeit von vor 1933, und dass die Treffen, wie diese Wanderungen, natürlich auch dem Gedankenaustausch gedient haben. Und aufmerksam wurde ich, dass es mit dem Krieg schlimm sein muss dadurch, dass 1941 die Deutschen dann die Sowjetunion überfielen. Das war für meinen Vater und seine Freunde etwas ganz Besonderes, denn sie waren ja ehemalige Mitglieder der Kommunistischen Partei. Und da stieg auch die Spannung bei den verschiedenen Meldungen.

I: Ihr Vater war Jahrgang?

H: Mein Vater war Jahrgang 1908.

I: Er musste nicht mehr einrücken?

H: Mein Vater war von der Firma Bosch u.k. gestellt. Es kamen dann auch Leute aus Berlin, und es gab Diskussionen. Die Spannung wurde langsam größer. Ich war in der Schule kein schlechter Schüler, wusste was von Geographie und habe verfolgt, was da auf der Welt so vor sich ging. Da kam die Schlacht um Stalingrad, da war ich gerade zehn Jahre alt. Ich wurde dann ›eingezogen‹ zu den Pimpfen. Ich bekam von meinen Eltern keine Uniform. Ich musste also zum sogenannten Dienst in meiner normalen Kleidung. Da gab's dann auch schon Druck, warum ich keine Uniform habe. Mein Vater wurde dann im Jahre 1942 dienstverpflichtet von der Firma Bosch nach Hildesheim in einen Rüstungsbetrieb. Und so war mein Vater ab 1942 nicht mehr bei uns zu Hause, aber er kam dann einmal im Vierteljahr auf Urlaub.

I: Ihre Mutter hat nicht mehr gearbeitet?

H: Doch. Meine Mutter hat dann in dieser Zeit auch wieder gearbeitet, zwischendurch nicht, aber dann wieder. Also dann, als die Sache war mit der Hitlerjugend und der Uniform, da war ich dann schon aufmerksam, dass offensichtlich meine Eltern, insbesondere aber mein Vater, das abgelehnt haben, und heute weiß ich, dass ich bestimmt viele Dinge nicht erfahren habe, einfach deshalb, weil die Gefahr war, dass Kinder ein Risiko gewesen wären, wenn sie zuviel gewusst hätten. Dann kamen die ersten Luftangriffe in Stuttgart. Ich hab also alle Fliegerangriffe hier in Stuttgart erlebt mit In-den-Keller-Rennen. Das steigerte sich dann aber, das war dann so, dass wir schon gewisse Strategien entwickelt hatten, wie man in den Keller geht und was man da alles mitnimmt. Und vor allen Dingen, man fühlte sich auch als Zehnjähriger schon groß. Wir wussten, wie man eine Brandbombe löscht und wie man die Feuerpatsche betätigt und was es da so alles gibt. Und dann – der erste wichtige Einschnitt war, dass es im September 1943 plötzlich morgens bei uns an der Haustür geklingelt hat und die Gestapo kam. Und die haben eine Hausdurchsuchung durchgeführt. Meine Mutter wurde ohnmächtig. Dann, ich war gerade dabei mich zu richten in die Schule zu gehen. Da lag meine Mutter, der Gestapomann stieg über sie hinweg und fragte mich: ›Hat sie das öfters?‹ Also für mich war das …, ich hab sie vorher so gar nicht gekannt! Wir erfuhren dann, dass mein Vater in Hildesheim verhaftet worden sei und dass auch sein Freund, der in der gleichen Straße wie wir in Stuttgart-West wohnte, hier in Stuttgart verhaftet worden ist. Und mit seiner Frau, die kannten wir, aber das war gar nicht irgendwie so ein besonderes Verhältnis, mit der hatten wir

dann Kontakt. Und wenige Wochen später wurden wir bei einem Fliegerangriff total ausgebombt in diesem Haus. Das war dann der nächste Schlag, und es war wirklich so, dass wir die Zeit praktisch nur mit Hilfe von Verwandten und vor allen Dingen Freunden, die sich teilweise aber auch nicht zu erkennen gaben, unterstützt wurden. In unserem Briefkasten war manchmal ein kleines Briefchen mit Geld drin, von dem wir bis zur heutigen Zeit überhaupt nicht wissen, von wem's genau ist. Bei einigen hat man's dann nach dem Krieg erfahren.
I: Die Verwandten standen auch zu Ihnen?
H: Nur die Verwandten meiner Mutter, aber nur persönlich, nicht politisch. Die Verwandten meines Vaters, ich sag's einfach so, die waren bigottisch-katholisch. Die hatten sich distanziert … Die Umstände haben mich natürlich hellhörig gemacht. Der Vater kam von Hildesheim nach Stuttgart ins Gefängnis, und wir konnten ihn dort besuchen. Ich war für meine Mutter als Elfjähriger der einzige Mann im Haus. Ich war nicht Vaterersatz, meine Mutter hat wirklich Großes geleistet, wie sie Dinge bewältigt hat, aber ich war immer der, mit dem sie sich beraten hat. Ich habe sie also auch begleitet ins Gefängnis hier in Stuttgart, in der Weimarer Straße war er dort eingesperrt … Und dann erfuhr man immer wieder, da haben sie einen eingesperrt nach Dachau, und den haben sie nach …, ich hab dann von den Berlinern gewusst, dass es ein KZ in Sachsenhausen gibt, und so wurde meine Einstellung logischerweise gegen das Nazi-Regime geprägt.
I: Was war in der Schule? Hat der Lehrer gewusst, dass Ihr Vater …
H: Das war so, dass damals die Kinder evakuiert wurden. Das war Ende 43, und ich war zu der Zeit krank und wurde also nicht mitgeschickt. Wir wohnten eine zeitlang in einem Zimmer bei meinem Onkel und meiner Tante. Ich musste dann in eine Notschule hier in Stuttgart, das war praktisch ein Gymnasium. Wie weit es den Lehrern bekannt war mit meinem Vater, weiß ich nicht, aber ich habe das nicht in auffälliger Weise gespürt. Es gab auch Beispiele, dass ein Schulkamerad, der auch nicht mit in die Evakuierung kam und mit mir dann in die gleiche Klasse ging, dass dessen Mutter sich um uns gekümmert hat. Sie waren etwas reicher als wir. Und die Frau Schm., so hießen diese Leute, die hat sogar meiner Mutter Arbeit gegeben, so als Putzstelle, so dass sie sich ein bisschen hat verdienen können. Und die wussten das auch mit meinem Vater. Nach den schweren Angriffen 1944 war dann keine Schule mehr. Wir hatten inzwischen zwei Zimmer als Wohnung. Im Sommer 1944 wurde mein Vater wieder nach Brandenburg bei Berlin ins Gefängnis verlagert, und da gab es dann auch einen Prozess. Meine Mutter fuhr mit Hilfe von Geldern, die sie irgendwie als Unterstützung erhalten hatte, insgesamt zweimal nach Brandenburg. Und dann erfuhren wir, dass der Volksgerichtshof meinen Vater zum Tode verurteilt hat, und als meine Mutter das zweite Mal hinfuhr, erhielt sie nur noch die Mitteilung, dass das Urteil bereits vollstreckt sei. Von diesem Moment an war es bei uns so, dass wir nur noch eines hofften: Dieser Krieg muss aus sein, und diejenigen, die das getan und das zu verantworten haben, müssen dafür zur Verantwortung gezogen werden.
I: Welche Begründung hatte das Urteil?

H. Die offizielle Begründung lautete stereotyp damals: Vorbereitung zum Hochverrat. Was mein Vater konkret getan hat, das haben wir alles rekonstruiert. Der hat mit seiner Gruppe Radiosender abgehört, also ›Feindsender‹, hat diese Mitteilungen auch verbreitet. Er hat auch mit seiner Gruppe bestimmte Aufträge ausgeführt, natürlich in der Meinung, sie wären sicher. Zum Beispiel haben sie den russischen Zwangsarbeiterinnen, wo es ging, geholfen oder einen jüdischen Arzt in die Schweiz hinübergeschleust. Das hat ein Spitzel verraten. So flog die Gruppe auf. Meinem Vater konnte die Mitarbeit in der Widerstandsgruppe nicht nachgewiesen werden, und er hat auch keinen verraten. Was sie machten, taten sie im Prinzip aus politischer Überzeugung, aber es waren ganz normale humane Taten, die dann als ›Vorbereitung zum Hochverrat‹ gewertet wurden. Und das Rigorose, mit dem diese Dinge bestraft wurden, das macht mich jedes Mal schaudern.

Mein Vater war tot, und wir mussten überleben. Und bei mir war's so. So sehr ich wünschte, dass dieses Regime zu Ende ging, so sehr war ich empört über die Art und Weise, wie man uns, die Zivilbevölkerung angegriffen hat … Ich selbst hab am letzten Tag, bevor die Franzosen Stuttgart besetzt haben, noch Zeitungen ausgetragen, und auch dort konnte ich mich gerade noch vor einem Tieffliegerangriff retten, nur um ein Beispiel zu nennen. Mir ging's total anders als diesem Sänger Wolf Biermann, der vom Schicksal seines Vaters her in einer ähnlichen Situation war. Ich hab mich in Bombenkellern nicht gefreut, dass Bomben fallen. Ich habe die gehasst, die bombardiert haben, und wo ich später erfahren habe, dass die auch Konzentrationslager und Schiffe mit KZ-Häftlingen bombardiert haben, wahllos, dann glaube ich dass meine Reaktion die normalere war. Wir haben also nur darauf gehofft, dass dieser Krieg zu Ende sein muss. Natürlich war das begleitet von Phantasien: Der Papa ist wieder da. Ich hab das nicht einfach so akzeptieren können für mich, dass er umgebracht wurde, weil er nur eine andere Meinung hatte und weil er da Gutes getan hat.«

Heinz H. erzählt dann von den Einsätzen, die er im Bombenkrieg leisten musste und die weit über die physische und psychische Kraft eines Zwölfjährigen hinausgingen.[72] Sie selbst wurden auch nochmals teilgeschädigt.

»Ich hab da also Dinge erlebt, von denen ich heute weiß, dass mich viele Psychologen als traumatisiert betrachten müssten. Ich hab das aber selber so nie empfunden. Ich war in diese Vorgänge so einbezogen, dass ich immer nur gelebt hab in der Auseinandersetzung mit dem, was da um mich herum geschah.

Und dann war also der Krieg aus. Jetzt wird alles anders. Und im Verlauf dieser Jahre wusste ich ja, dass mein Vater aus politischer Überzeugung gehandelt hatte, und ich sagte, dann kann das nichts Schlechtes sein, obwohl ich ja auch dieser Propaganda über die jüdisch-bolschewistischen Untermenschen ausgesetzt war.«

Sie mussten sich mühsam durchschlagen. Hilfe für Verfolgte gab es zunächst nicht. Er bekam eine Lehrstelle als Werkzeugmacher bei der AEG in Cannstatt. Er schloss sich den »Roten Falken« an. »Da hatten wir einen Gruppenabend in Botnang. Ich ging dann nach Haus immer mit einem Lied: ›Nie, nie wollen wir Waffen tragen, nie wollen wir wieder Krieg, lass die hohen Herren sich alleine schlagen, wir machen einfach nicht mehr mit.‹ Das hat mich dann auch ganz stark geprägt.« Er wurde Gewerkschaftsmitglied und brachte es bis zum Betriebsratsvorsitzenden. »Aber was mich am meisten schlaucht, ist, dass es da immer welche gibt, die Kriege anzetteln, um ihrer Interessen und ihrer Macht und ihrer Herrschaftsansprüche willen, dass sich das wiederholt, das ist so was Unwahrscheinliches und unvorstellbar.«

Welche Konsequenzen er aus seinem Erleben gezogen hat, werden wir im folgenden Kapitel zu beachten haben.

Im Juli 2001 besuchten Heinz H. und seine Frau zum ersten Mal Brandenburg-Görden, wo sein Vater hingerichtet worden war. Darüber hat er einen Zeitungsartikel geschrieben, aus dem ich zitiere.[73] Die Gedenkräume befanden sich im inneren Sicherungsbereich einer noch belegten Justizvollzugsanstalt:

»Es war ein bedrückendes Gefühl an eine Stätte in einem ›im Betrieb befindlichen‹ Zuchthaus zu gehen, wo fast zweitausend Antifaschisten, darunter mein Vater, auf dem Schafott starben … Herr Görlitz (*ihr Führer*) machte uns auf die dicht nebeneinander liegenden winzig kleinen Fenster der Todeszellen aufmerksam, in denen die Todeskandidaten der Faschisten manchmal jahrelang auf die Urteilsvollstreckung warten mussten … In einem bis 1940 als Garage benutzten Raum steht das Fallbeil und sind Vorrichtungen zum Erhängen angebracht. An bestimmten festen Hinrichtungstagen, an denen bis zu 42 Tötungen vorgenommen wurden, stapelte man die entsprechende Anzahl kleiner Holzkisten im Freien vor das Garagentor.

Die Todeskandidaten wurden etwa eine Stunde vor der Hinrichtung aus den Todeszellen geholt, aller Kleidung entledigt, bis auf die gürtellose Hose, die sie mit auf den Rücken gefesselten Händen halten mussten, in einen Gang vor dem Hinrichtungsraum gebracht, wo sie warten mussten, bis sie an der Reihe waren, geköpft oder erhängt zu werden. Wenn sie dann von zwei Henkersknechten in die Tötungsgarage gebracht wurden, verlas ein Richter bei jedem den stereotypen Satz: ›Sie sind verurteilt vom Volksgerichtshof wegen Vorbereitung zum Hochverrat und gehen dafür in den Tod. Scharfrichter, walten sie ihres Amtes.‹ Ein schwarzer Vorhang wurde aufgezogen, das Opfer auf eine schmale Pritsche geworfen, der Kopf über einer Auffangwanne in einer Holzöffnung festgespannt. Während einer das Fallbeil löste und der vom Körper getrennte Kopf in die Blechwanne fiel, zogen andere Henkersknechte die Hose aus, der kopflose Körper wurde in eine kleine bereitgestellte Kiste gepackt, der Kopf zwischen die Beine gelegt und der Nächste aufgerufen.

Ab 1943 wurde das ausströmende Blut in Gläsern aufgefangen und einem Lazarett als Blutkonserven zur Verfügung gestellt. Die Holzkisten mit den Leichen wurden im Krematorium der Stadt Brandenburg eingeäschert und die Urnen in Massengräbern verscharrt.«

»Die Schilderungen des Gedenkstättenleiters waren fast unerträglich deutlich«, schreibt der fast 70-jährige Heinz H. Dem folgt die Bemerkung:

»Und dann erfahren wir, dass von den Richtern und Henkersknechten nach 1945 nur die Verurteilung eines Henkers zu einer geringen Gefängnisstrafe bekannt ist. Seine Verurteilung nach heutiger Rechtsprechung ist nur deshalb erfolgt, weil ihm nachgewiesen wurde, dass er seinen Beruf besonders sadistisch ausübte …«

Frau H. fügte unserem Gespräch noch hinzu: »So viel hat er noch nie von sich erzählt. Aber er weicht immer aus aufs Allgemeine. Dass Wäsche aus dem Gefängnis blutbefleckt war, das hat er nicht erzählt. Auch wie es der Tochter seiner Schwester im Gymnasium erging. Die Kinder wurden gefragt, ob ihre Großväter im Krieg waren, und die Enkelin hat gesagt, der wurde hingerichtet. Und dann hat ein anderes Kind gesagt, meine Eltern haben gesagt, dein Opa muss ein Verbrecher gewesen sein. Das hat das Kind weinend seiner Mutter erzählt …«

»I: Sie haben einen Vater gehabt, der im Grunde, wenn ich's jetzt äußerlich sehe, die Familie ins Unglück gestürzt hat. Dennoch, wenn Sie an Ihren Vater zurückdenken, würden Sie sagen, er hat richtig gehandelt?
H: Ja.
I: Ihr Vater ist also Ihr großes Vorbild? Als aufrechter Mann.
H: Ja.«

Hans Coppi wurde 1942 im Frauengefängnis in Berlin geboren. Auf meine Anfrage nach den genaueren Umständen schickte er mir einen Artikel aus der *Berliner Zeitung* vom 5.8.2003, aus dem ich einige Passagen zitiere:

»Vor 60 Jahren starb meine Mutter im Alter von 34 Jahren in der Hinrichtungsstätte Plötzensee. Ihr Tod war ein Justiz-Mord, gefasst in ein Urteil ›wegen Vorbereitung zum Hochverrat in Tateinheit mit Feindbegünstigung, Spionage und Rundfunkverbrechen.‹ Die Begründung ihres Urteils ist nicht erhalten.

Immer wieder habe ich nach Menschen gesucht, die meine Mutter kannten und nach Zeugnissen ihres kurzen Lebens geforscht … In der ›Kartei Hinrichtungen Barnimstraße‹ im Bundesarchiv Berlin-Lichterfelde fand ich einen Eintrag von unbekannter Hand auf einer kleinen Karteikarte: ›Hilde Coppi, Hochverrat und Landesverrat, Schulze-Boysen-Kreis, zart, fein, tapfer, ganz selbstlos. Gebar am 27.1.42 ihr Kind. Hinrichtung ihres Mannes durfte ihr nicht mitgeteilt werden, ließ darum ihren Schmerz nicht laut werden. Kind wurde von ihrer Mutter erst in der Woche der Hinrichtung geholt. Stolz, beherrscht und lieb. Kein Hass. Eine rührende Persönlichkeit. Rechnete nie mit Gnade der Menschen. Nie bereut.‹«

Am 5. August wurde an ihr und 13 anderen Frauen, von denen mehrere auch kleine Kinder hatten, und drei Männern die Hinrichtung vollstreckt.

»Der größte Teil der verhafteten Frauen und Männer gehörte Berliner Freundes- und Widerstandskreisen um den Oberregierungsrat im Wirtschaftsministerium Arvid

Harnack und um den Oberleutnant Harro Schulze-Boysen aus dem Luftwaffenministerium an. Sie hatten sich an Diskussionen und an einzelnen kleinen Aktionen gegen das NS-Regime seit Anfang 1942 beteiligt, entwarfen und verteilten Flugblätter, dokumentierten NS-Verbrechen, halfen Verfolgten, knüpften Verbindungen zu weiteren Nazi-Gegnern. Harnack und Schulze-Boysen informierten die sowjetische Botschaft über den bevorstehenden Einfall deutscher Truppen in die Sowjetunion. Stalin verwarf diese Warnungen als Desinformationen. Ein vorgesehener Funkkontakt, an dem mein Vater mitwirkte, kam nicht zu Stande … Meine Mutter hatte Flugblätter verteilt, Nachrichten aus dem Moskauer Rundfunk abgehört, die Angehörigen von deutschen Kriegsgefangenen wissen lassen, dass ihre Väter oder Söhne lebten. Manchmal hatte sie meinem Vater geholfen, das nicht funktionierende Funkgerät bei Freunden unterzustellen.

Der 5. August gehört zu den schwierigen Tagen in meinem Leben. Manchmal habe ich ihn verdrängt. Oft hatte ich das Gefühl, mich zu diesem Tag nicht richtig verhalten zu können. Meine Mutter hat sich am 2. August endgültig von mir verabschieden müssen. Ihre Mutter nahm mich in Empfang. Ohne es zu merken, hatte ich das Frauengefängnis verlassen. Ein Ort, in dem ich über acht Monate vielleicht die beste und behütetste Zeit meines Lebens verbracht hatte. Erst viel später habe ich begriffen, was da mit ihr und mit mir passiert war. Geblieben ist eine sehnsuchtsvolle Zwiesprache und eine offene Wunde, eine Trauer, für die es wohl keinen Trost gibt.«[74]

So hat das nationalsozialistische Regime nicht nur gegen andere Völker und ihre Kinder Krieg geführt. In seinem Wahn, bestimmen zu können, wer »Volksgenosse« sein darf und wer nicht, hat es gleichzeitig noch einen zweiten Krieg geführt: gegen seine eigenen Kinder. Dabei hat es sich der Unterstützung vieler »Volksgenossen« bedienen können.

Kapitel 21

Rückschau nach 60 Jahren

Alles, was die damaligen Kinder aus ihrem Leben in Kriegs- und Nachkriegszeit erzählt oder aufgeschrieben haben, war Rückschau auf eine lange vergangene Zeit. Dieses Kapitel fragt zusammenfassend, was diese Zeit aus den Kindern gemacht, wie der Krieg in ihrem Leben weitergewirkt hat.

Der große Abstand hat manche Erinnerung verblassen lassen oder ausgelöscht, aber die prägenden Erfahrungen werden erst aus dem Abstand klarer. »Der Krieg hat uns geprägt«, haben fast alle gesagt; deshalb ist dieser Satz der Titel des Buches geworden. Wie sah diese Prägung aus? Darauf geben die Kriegskinder ganz verschiedene Antworten. Manche ziehen dabei ein Resümee ihres Lebens. Ich hatte es mit reifen Menschen zu tun, die mich an ihrer Lebenserfahrung und Lebensphilosophie haben teilhaben lassen. Der Abschnitt V des Fragebriefes fragte ausdrücklich nach der Verarbeitung der Kriegserfahrungen im persönlichen Leben, in den Beziehungen der Generationen, in der politischen Einstellung.[1] Die Arbeit mit Zeitzeugen bietet ja die in der historischen Forschung sonst nicht gegebene Möglichkeit, diesen Langzeitfolgen nachzugehen und ihre Bedeutung für das gegenwärtige Geschichts- und Weltbild aufzuspüren. Nicht alle sind auf die Fragen eingegangen, sondern blieben beim »naiven« Erzählen ihrer Erlebnisse stehen, sei es, weil sie selbst darüber nicht nachgedacht haben, sei es, dass sie darüber nichts mitteilen wollten.

Viele der Kriegskinder haben inzwischen Kinder und Enkel. Die dritte Generation nach dem Krieg ist schon herangewachsen, die vierte wächst gerade heran. Die Kriegskinder geraten zunehmend selbst ins Visier der nachwachsenden Generationen und geben ihre bewältigten und unbewältigten Erfahrungen an sie weiter. Diese intergenerationellen Beziehungen müssten berücksichtigt werden, was im Rahmen dieser Arbeit nicht möglich ist.[2] Sicher ist auch für den Historiker, dass die Folgen des Nationalsozialismus und des Zweiten Weltkriegs über Generationen wirksam sind.

Schon in der Einleitung wurde das seit den 1980er Jahren einsetzende zunehmende Interesse der Psychotherapie an den Kriegskindern angesprochen. Die Folgen der schrecklichen Erfahrungen traten mehr und mehr zutage und wurden ernst genommen oder überhaupt erst entdeckt: »Traumatisierung« wurde zu einem Modebegriff.[3] Was sagen die Kriegskinder selbst dazu?

Über die Nachwirkungen des Luftkrieges haben sie sich in Kapitel 5 schon ausführlich geäußert. Sie waren gravierend, aber aufs Ganze gesehen nicht zerstörerisch für ihr weiteres Leben. Für viele kamen jedoch kumulativ grauenhafte Erlebnisse bei Flucht und Vertreibung, in Internierungs- und Gefangenenlagern, bei der Besetzung durch die alliierten Truppen hinzu. Es folgten Jahre des Hungerns, des Mangels, der Schwerstarbeit und des Kampfes um eine adäquate Schul- und Berufsausbildung. Das Leben spielte sich oft in bedrückender Enge ab, zum Teil mit kriegsgeschädigten Vätern, oder die Mütter mussten sich als Kriegerwitwen allein durchschlagen. Viele Kinder hatten keine Väter, manche keine Eltern mehr. Man muss sich alles, was in diesen 20 Kapiteln ausgebreitet wurde, vor Augen halten, um dann die Frage zu stellen: Haben der Krieg und seine Folgen die Kindheit dieser Kinder zerstört, fühlen sie sich um ihre Kindheit betrogen? Stimmt die naheliegende Annahme, dass diejenigen, die am schwersten gelitten haben, am meisten geschädigt wurden? Hören wir sie selbst. Wieder kann ich aus der großen Zahl der Zeugnisse nur wenige auswählen, aber die große Zahl bietet die Möglichkeit für eine differenzierte und repräsentative Auswahl.

Negative Auswirkungen werden sehr häufig beschrieben: Ängstlichkeit, unnormale Schreckhaftigkeit, Panikattacken, Alpträume, gesundheitliche Schäden ähneln denen, die schon der Bombenkrieg ausgelöst hat. Öfter geschah es, dass die Zeitzeugen, alt gewordene Männer und Frauen, mit den Tränen kämpfen mussten oder nicht weitersprechen konnten, weil sie weinen mussten, wenn die Erinnerungen sie überwältigten. Niemand aber wollte das Gespräch abbrechen; es war allen wichtig, darüber zu reden. »Die Angst ist in mir steckengeblieben«, sagte Manfred B. (1939), der ein tüchtiger und lebensbejahender Mensch geworden ist; Ingrid Kroner (1932) spricht von »Vernichtungsängsten«, andere von »Verlustängsten«. Viele sind – auch durch Therapien – zu der Erkenntnis gekommen: »Der Körper vergisst nichts; er sagt immer die Wahrheit; er sorgt auch für sich.« Das heißt aber auch, er meldet sich mit Krankheiten, von denen manche offenkundig mit den Kriegsschädigungen zusammenhängen, während bei anderen der Zusammenhang keineswegs so klar ist. So wurden ständige Rückenschmerzen verursacht durch eine verkrümmte Wirbelsäule und kaputte Bandscheiben infolge zu schwerer Arbeit. Gisela F. (1928) konnte durch Unterkühlung auf der Flucht keine Kinder bekommen. Ihr größter Wunschtraum blieb unerfüllt. Bei Mädchen konnte die Menstruation zeitweilig oder ganz aussetzen. Eine Frau, die als 13-Jährige vergewaltigt wurde, hat nicht geheiratet, weil ihr alles Sexuelle zuwider war. Zu Josef S. (1935), einem donauschwäbischen Jungen, sagte einmal der Arzt: »Der ganzen Generation sieht man die Unterernährung von damals an.« Er leidet zudem an unregelmäßigem Herzklopfen ohne organische Ursachen. Eine Frau erzählte, dass sie häufig nachts aufstehen müsse, um zu essen. Viele berichten von Schlafstörungen und Depressionen, die sie immer wieder heimsuchen. Dass Unbewusstes und Nicht-Verarbeitetes Folgen hat, ist eine psychologische Binsenwahrheit. Ebenso die Tatsache, dass frühkindliche Beeinträchtigungen sich noch viel später, zuweilen erst im Alter, auswirken können.[4] Dabei stoßen die Betroffenen immer noch auf ärztliches Unverständnis.

Hannelore Z. (1932): »Es geht mir nahe, wenn ich zum ersten Mal zu einer Ärztin komme, und die fragt mich: ›Was haben Sie für Krankheiten gehabt? Ach, du lieber Gott, zwei Herzoperationen, drei Operationen. Da haben Sie aber auf Ihren Körper nicht aufgepasst.‹ Da habe ich gesagt: ›Ich habe als vierzehnjähriges Mädchen dreißig Eimer Wasser pro Tag geschleppt, bin im Frost barfuß gegangen, bin von den Russen vergewaltigt, von den Polen misshandelt worden.‹ ›Ach, du lieber Gott, das ist doch fünfundfünfzig Jahre her!‹ Zu der bin ich nie mehr gegangen.«

Außenstehenden und Nachgeborenen »absonderlich« erscheinende Angewohnheiten und Aversionen sind für Kriegskinder absolut normal und keineswegs negativ zu bewerten. Sie können schlecht etwas wegwerfen, was irgendwie noch brauchbar sein könnte, vor allem keine Lebensmittel:

Dagmar E. (1931): »Stichwort Essen. Ja nichts wegwerfen, ja nichts verderben lassen. Reste werden verarbeitet. Ich bin ansonsten sehr tolerant, aber nicht, was das Essen angeht. Ich kann es nicht vertragen, wenn jemand auch nur ein Stückchen Brot wegschmeißt. Man kann das noch mahlen und als Mehl verwenden, man kann Suppe draus machen, Hackbraten, egal was. Ich sammle Rezepte und auch Rezepte für Reste. Und wenn wirklich mal was alt wird und wir's nicht mehr essen mögen, dann pack ich es in eine Plastiktüte und häng's runter an die Parkbank, und es ist immer weg. Und das sind nicht die Straßenkehrer. Das Essen ist immer weg, immer.«

Maria N. (1931): »Ich kann die Zeit des Mangels nicht so einfach hinter mir lassen. Das äußert sich in banalsten Dingen. Ich bitte den lieben Gott laut, damit er mich auch hört, um Verzeihung dafür, dass ich Brot habe verschimmeln lassen. An meinem 15. Geburtstag war meine Ration aufgegessen, und ich weinte an Großmamis Schulter: ›Ach, werden wir denn immer Hunger haben, so lang wir leben?‹ ›Ach Kindele, es wird schon wieder werden. Schau her!‹ Und sie reichte mir einen vertrockneten Brotanschnitt, den sie sich vom Munde abgespart hatte.

Zum Wegwerfen eines Marmeladenglases bedarf es stets einer gewissen Überwindung. Was hätten wir im Lager (*Flüchtlingslager*) für so eine Rarität mit Schraubverschluss gegeben? An alten Blechdosen hämmerten wir die Ränder glatt, um Gefäße zu erhalten. Aufgezogene Wolle wurde bis zum letzten Fusselchen verwertet, aus zwei alten Kleidern ein neues genäht. Die Scheu vor der Sünde der Wertevernichtung sitzt in uns Alten für immer fest.

Irmgard H. (1928): »Gutes Schuhwerk brauche ich für meinen festen Schritt, in dem ich auch zur Not ›flüchten‹ kann. – Ein spähender Blick, wenn ich ein Haus betrete, ob's auch einen zweiten Ausgang hat. Kein rotes Inlett für unsere Betten, nur blau, weil die Russen die roten Betten aufschlitzten und das Stofftuch für Fahnen gebrauchten. Eine feine Nase für ›Abgestorbenes‹ in Wald und Feld, da ich ja so viele Leichen aufstöbern und begraben musste.«

Die Kriegskinder sind sehr sparsam, malen sich schwierige Situationen aus, wie sie sie schon durchlebt hatten, und treffen Vorsorge dafür. »Was packe ich, was mache ich, wenn ich noch mal fliehen muss?, dieser Gedanke bleibt immer in mir drin«, sagt Dietlind S. (1937). Und Peter B. (1931) war bei Kriegsgefahr immer auf dem Sprung:

»Zum Beispiel beim Koreakrieg.[5] Da habe ich einen Koffer gepackt, das war der ›Koreakoffer‹, natürlich jetzt mit etwas mehr Wissen (*als im Krieg*), was man braucht, und ich wollte mir dann einen Jeep klauen und dann nach Spanien fahren. Und als die Russen in die Tschechei einmarschierten (*1968*), habe ich jeden Tag getankt, also immer das bisschen, was fehlt, war immer voll getankt; im Handschuhfach lag die Fluchtlinie.
I: Wo wollten Sie hin?
B: Nach Südfrankreich … Und im Büro lief den ganzen Tag das Radio. Und wenn die gesagt hätten, die (*die Feinde*) überschreiten irgendwo die Grenze, dann hätte ich auch keine Kündigung mehr geschrieben, wäre zu meinem Auto gegangen und weggefahren.«

Auf die Erfahrung des Verlustes konnte in der späteren Lebensführung ganz unterschiedlich geantwortet werden: Die einen entwickelten eine Neigung zum Horten und Vorräte-Anlegen, andere wollten sich möglichst wenig mit Besitz belasten, der so unzuverlässig war. Geistige Dinge sind ihnen wichtiger als materieller Besitz. Eine »unterirdische« Unsicherheit gegenüber der Zukunft ist geblieben, die ständige Gefährdung und die Endlichkeit des Lebens wurden ihnen in jungen Jahren bewusst.

Rita F. (1933): »Was mir geblieben ist aus dieser Zeit: Beziehungen sind ganz schnell weg. Die Bombe fiel, und ich hatte keine Freundin mehr. Die Bombe fiel, und ich musste ein Dorfkind sein (*sie verloren ihr Haus und wurden evakuiert*), nicht mehr die Städterin, die feine Dame … Ich war in diesem Jahr in Elberfeld, um mich dieses Tages zu erinnern, und bin auf den Schulhof gegangen, wo von meinem Schulhof nur noch eine Mauer steht. Und ein Hausmeister fragte mich: ›Was wollen Sie?‹ ›Ich bin da mal in die Schule gegangen.‹ Hat er mich von oben bis unten angeguckt: ›Das ist ja schon 'ne Weile her!‹ (*lacht*)«

Helmut V. (1939): »Mir ist bewusst, wie gut wir das Ganze damals überstanden haben, dass es aber manchmal nur ein kleiner Schritt ist, um den Boden unter den Füßen und das Dach über dem Kopf zu verlieren. Diese Erfahrung lässt Begriffe, die mit ›Haben‹ oder ›Besitz‹ verbunden sind, als sehr relativ und verletzlich erscheinen.«

Heinrich S. (1939): »Der Verlust der Wohnung mit allem Besitz hat mir klargemacht, was mir die Älteren immer gesagt haben: ›Lerne! Nur, was du im Kopf hast, kann dir niemand nehmen.‹ So wurde mir der Blick nach vorne geöffnet.«

Manche Verhaltensweisen konnten merkwürdige oder sogar krankhafte Formen annehmen. Der Schreck über das Klingeln der Glocke, das ihrem Vater in der ersten Kriegsnacht den Gestellungsbefehl brachte, sitzt Gertrud R. (1928) noch immer so in den Knochen, dass sie jede Nacht ihre Glocke abstellt, damit sie niemand wecken kann. Gegen brennende Kerzen und offene Feuer jeder Art haben viele Kriegskinder eine Abneigung. Dass sie alles, was irgendwie an den Krieg erinnert, zutiefst ablehnen, gehört zu den stärksten, keineswegs negativen Prägungen und wird uns noch beschäftigen.

Hannelore Z. (1932) kam mit ihrer Familie nach einer strapaziösen, lebensgefährlichen Flucht in Frankfurt an. Dort mussten sie auf den Zug zur Weiterfahrt warten:

»Da standen wir auf dem Bahnhof, zerlumpt, zerrissen, barfuß. Da ging ein Mann an mir vorbei und sagte: ›Mädche, willst mei Schlabbe?‹ Ich habe mich so geschämt. Ich wäre am liebsten in den Boden versunken und habe mir geschworen: ich möchte nie, nie, nie wieder Mangel an Schuhen haben. – Ich habe dann all die Jahre einen Schuhfimmel gehabt, ich musste immer Schuhe kaufen.«

Maria H. (1932) erzählt von ihrer Schwester Erika, 1942 geboren, also bei der Flucht drei Jahre alt:

»Unsere Erika konnte das alles nie verarbeiten. Sie hat natürlich keinerlei Erinnerungen an Ostpreußen. In ihrer ganzen Kindheit hat sie sich immer versteckt, wenn sich Besuch verabschieden wollte. Auch als Heranwachsende und noch als Erwachsene hat sie sich nach Möglichkeit vor dem Abschied gedrückt. Von ihrem Sohn Christian kann sie sich nicht lösen, das heißt, sie kann nicht gut loslassen. Ob das etwas mit dem Flüchtlingsschicksal zu tun hat, weiß ich natürlich nicht. Jedenfalls hat keines unserer Geschwister sonst dies Problem.«

Der Zusammenhang scheint auf der Hand zu liegen, aber wir müssen Aussagen wie diese beachten. Zum einen stellt sich die Frage, wie sicher man in der Konstruktion eines Nexus zwischen Kriegserfahrung und Folgeschäden sein kann, und zum anderen ist die Tatsache zu beachten, dass offenbar Kinder, die dasselbe erlebten, ganz unterschiedlich reagierten. Wir werden darauf zurückkommen.

Zu den negativen Auswirkungen gehören gewiss auch die Benachteiligungen im Bildungs- und Ausbildungsgang durch die Kriegseinwirkungen. Die Kinder von Flüchtlingen und Vertriebenen waren besonders davon betroffen. Darauf wurde schon im Kapitel 14 »Trümmerkinder und Überlebenshelfer« eingegangen. Alle hatten es ungleich schwerer voranzukommen als Kinder in Friedenszeiten, Mädchen noch schwerer als Jungen. Darauf machte Gisela H. (1930) aufmerksam: »Mädchen waren dreifach benachteiligt gegenüber den Jungen, erstens bei den Studienplätzen, zweitens auf dem Heiratsmarkt, drittens in der Berufskarriere. Die mittleren Männerjahrgänge waren zum großen Teil gefallen. So konnten die Jungen schneller aufrücken.« Das Flüchtlingskind Eva F. (1934) war elfeinhalb Jahre alt, als sie auf einem Bauernhof als Kleinmagd arbeiten musste. Die Arbeit war viel zu schwer für sie: »›Du bist nichts! Du kannst nichts!‹, das wurde mir ständig vorgehalten. Wir hatten keinerlei Möglichkeit, auf eine höhere Schule zu gehen.«

Viele erzählten, dass die Folgen sie erst in späteren Jahren eingeholt haben, bei manchen wird die Belastung im Alter immer schlimmer.[6] Walter K. (1927) geriet mit 17 Jahren in sowjetische Gefangenschaft und wurde erst 1950 entlassen:

»Das hab ich heut noch nicht verarbeitet, das ist eine schwere Last … Das hab ich lange verdrängt. Und so nach 1961 fing es an. Da wusste man aber zunächst gar nicht, was das überhaupt ist.
I: Wie hat sich das zunächst geäußert?
K: Todesangst. Und dann war ich lange Zeit sehr krank. War ein halbes Jahr damals in einer psychosomatischen Klinik …
I: Und hat sich das wieder stabilisiert?
K: Ich war noch ein paar Mal. Bin heute noch in Behandlung … Im Moment geht es. Nur, ich kann in keinen geschlossenen Räumen leben, z. B. kann ich deswegen auch nicht mit der Bahn fahren oder fliegen, alles, wo das Unterbewusstsein sagt: du kannst nicht raus, wenn du willst.
I: Gibt es in Ihrer Familie auch diese Neigung?
K: Nein, überhaupt nicht. Aber das wird ja nicht anerkannt. Es gibt ja nichts zu beweisen … Und damals, als ich heimkam von der Psychiatrie, da ging ich einmal zu einem Arzt, das war ein Spezialist für innere Krankheiten. Der wusste überhaupt nichts mit mir anzufangen. Der sagte zu mir: das sind Herzrhythmusstörungen oder so etwas, weil sich die Beschwerden ja auch in Herzbeschwerden äußern.
I: Haben Sie in der psychosomatischen Klinik Ärzte getroffen, die Sie auf Ihre früheren Erlebnisse angesprochen haben?

K: Habe ich, ja. Aber die sind auch wieder mehr auf die Kindheit zurückgekommen … Ich habe eine gute Kindheit gehabt … Und letztes Jahr war ich zur Kur, da hab ich eine Psychotherapeutin in Anspruch genommen und habe der alles erzählt, und da sagte sie zu mir: eigentlich haben Sie aus Ihrem Leben sehr viel gemacht.«

Jobst Schöner (1935), der ein öfter zitiertes Erinnerungsbuch geschrieben hat[7], schreibt in einem Brief vom 18.04.2003:

«Die Geschehnisse sind in einem drin wie eingebrannt. Man versucht, die Narben nicht anzuschauen … Im Alter fangen die jeweiligen Narben zeitweise an zu schmerzen. Man fühlt sich genötigt, gelegentlich davon zu sprechen. Sonderbarerweise bekomme ich auch jetzt im Alter, dort wo ich angeschossen wurde, einen Grind auf dem Kopf, wenn ich bei Kälte keine Mütze aufsetze. So verhält es sich mit psychischen Verletzungen offensichtlich wie mit physischen Verletzungen.«

Johannes C. (1932): »Es ist heute üblich, bei jedem tiefgreifenden, schreckensvollen Ereignis von traumatischer Wirkung auf die Betroffenen zu sprechen. Damals waren solche Begriffe unbekannt, aber dennoch hat der Krieg in vielfältiger Weise mein ganzes Leben beeinflusst, mein Wesen und meine Gefühlswelt entscheidend geprägt und wird wohl nie aufhören, in der Erinnerung immer wieder Schatten auf mein Gemüt zu werfen – und aus vielen Gesprächen weiß ich, dass es unzähligen Altersgefährten ebenso ergeht.«

»Schatten auf dem Gemüt«, »schmerzende Narben«, das sind Bilder, mit dem die Kriegskinder auszudrücken versuchen, was sie empfinden. Ein anderes Bild ist das einer »unbestimmten Sehnsucht nach Heimat und Geborgenheit«, oder sie klagen über den Verlust des »Urvertrauens« – ein Wort, das ihnen von der Psychologie in den Mund gelegt wird –, über einen tiefen Zweifel an den Erwachsenen, die einen nicht schützen können und auch nicht das Richtige sagen. Ihnen sei frühzeitig das Lachen vergangen, meint Ingeborg B. (1935). Schockartige Kriegserlebnisse konnten von der Kinderseele ins Unterbewusste abgedrängt werden, um dann viel später eine unheilvolle Wirkung zu entfalten. Das erlebte Ute S. (1937), ohne die konkreten Umstände mitzuteilen. Manche verloren ihren Glauben an Gott, wie Anna B. (1939), die durch die jugoslawischen Todeslager gegangen ist:

»Ich hab Gott dermaßen erpresst die ganze Zeit als Kind. Ich bin immer beten gegangen, aber unter dem Himmel, dass er mich auch hört. Und die haben immer gesagt: komm doch rein, hör doch auf damit … Und nachhher hab ich's gewusst, warum der mich nicht verstanden hat. Er spricht nämlich Latein (*langes bitteres Lachen*). Und meine Oma, die hat sozusagen einen Pakt mit Gott gehabt, ja. Sie hilft den Armen, sie befolgt seine Gebote, sie bittet um Schutz für den Opa. Und die hat ihres gehalten, und Gott hat seines nicht gehalten (*weint*).«

Einen klaren Zusammenhang zwischen ihren frühkindlichen Kriegserlebnissen, die sie als traumatisch bezeichnet, und ihrem Lebensgefühl sieht Inge S. (1943):

»Meine Verlassenheitsgefühle, meine Anhänglichkeit, mein Bemühen um Bestätigung, meine Verlustängste, meine starke Mutterbindung, meine Unfähigkeit zu heiraten (wenn man sich doch eines Tages wieder verlässt), mein fehlendes Gottvertrauen, meine Entwurzelung, meine Depressionen und Ängste, die immer wieder aufbrechen, wenn Situationen an meine frühkindlichen Traumata erinnern. Psychisch und gesundheitlich gibt es tiefsitzende Probleme … Angst als (Früh-)Warnsystem ist sinnvoll, aber panische Angst oder Angst vor der Angst macht das Leben zur Hölle. Ich kann nicht gut umgehen mit Angst, die von Traumata herrührt. Außer vor Lebensbedrohlichem bin ich sonst nicht ängstlich. Vielleicht ist die Panik wie ein Tier, das nur, wenn es schläft, einen in Ruhe lässt. Wo schläft es? In meinem Unterbewusstsein wie in einer dunklen Höhle, wie an einem Abgrund, in das es mich nach dem Aufwachen zu zerren sucht. Jedenfalls habe ich die Befürchtung, dass es sich bei meiner immer wiederkehrenden Angst um Todesangst handelt, die mich seit meiner Geburt geprägt und mit einer lebensbedrohlichen Erkrankung (1984) eingeholt hat – nicht dass ich ein ständig verdüstertes Lebensgefühl gehabt hätte …«

Reinhard S. (1942) erlebt bei sich selbst und bei anderen auch eine Art »Zweigleisigkeit« der Gefühle, das Nebeneinander von ganz normalem Verhalten und dem plötzlichen Aufwachen des Unheimlichen aus dem Abgrund:

»Vor kurzem hörte ich in einem Ort hier in der Nähe plötzlich sehr lautes Gedröhn von niedrig fliegenden Hubschraubern. Sofort packte mich die alte Angst – ich hatte den starken Drang, mich unsichtbar zu machen, mich zu verstecken, weil andernfalls die Flugzeuge mich sehen und angreifen würden. Das Nächstliegende war ein etwas vorstehendes Garagendach. Da stellte ich mich drunter und lehnte mich an die Wand – ich muss wohl ziemlich fertig ausgesehen haben, denn eine vorbeikommende ältere Dame bot mir ihre Hilfe an. Wir kamen dann ins Gespräch, und es ergab sich, dass es ihr ähnlich gehe in solchen Situationen und dass auch sie in einer Stadt Bombenangriffe miterlebt habe, unter deren Eindruck sie noch leide … Ein Bekannter, Herr M., erzählte mir, dass die ganze Familie den Bombenagriff auf Dresden recht gefasst aufgenommen hätte, weil die Eltern recht nüchterne Menschen gewesen seien. Nun aber hörte ich von einer gemeinsamen Bekannten, sie habe Herrn M. von einem Treffen nach Hause begleitet. Er sei plötzlich weinend zusammengebrochen. Auf ihr mehrmaliges Nachfragen habe er dann schließlich geantwortet: es sei der 50. Jahrestag des Angriffes auf Dresden heute – und es sei ihr dann kaum gelungen, ihn zu beruhigen.«

Gertrud P. (1932) träumt immer noch von ihrem kleinen Bruder, den die Russen erschossen haben:

»Ach, es wird immer schlimmer, wird immer schlimmer … Und dann redet er mit mir, gell, dann redet er mit mir, aber ich kann nicht aufstehen … Und jetzt in letzter Zeit auch von den fünf, die da gestanden haben und erschossen worden sind, und ich sage Ihnen, ich schreie auch heute noch selber, und von meinem Schreien wache ich selber auf … Es ist schwer, es ist schwer, weil ich das nicht verstehen kann, warum belastet mich das jetzt im Alter mehr wie früher, wo die Kinder klein waren. Da hatten wir auch die Zeit nicht gehabt, nicht? Da bist du gar nicht so zur Besinnung gekommen.«

Hätte eine gute und rechtzeitige Therapie helfen können? Ich weiß es nicht. Eine meiner Gesprächspartnerinnen, Helga R. (1936), ist durch viele Therapien gegangen. Am 8. September 2006 schickte sie mir ein selbst verfasstes Gedicht:

»Die Sonne scheint zur Herbsteszeit,
was gibt es da zu klagen?
Wie es mir dabei zu ergehen hat,
das kann die Freundin, die Nachbarin
viel besser für mich sagen.

Wie schön alles ist,
wie gut ich es habe,
wie dankbar ich sein sollte
für alle Tage.

Was willst du, mein Herbstherz?
Frisch auf, – nicht verzage!
Wieviel hast du noch
Von den Herbstsonnentagen?

Wer weiß denn schon von den langen Nächten,
in denen mich die Vergangenheit plagt.
Vielleicht wäre alles ganz anders geworden,
hätte ich eine Heimat gehabt.
Eine Mutter, die mich gewollt und geliebt,
einen Vater, der mir nur für kurze Zeit blieb.

Ja, ich weiß schon, jetzt kommen die klugen Sprüche.
Ich bin wohl leider ein Pessimist,
der einmal mir etwas Angetanes
so selten – oder niemals vergisst.

Doch jeder muss auf seine Weise
Glücklich oder traurig sein.

So schaue ich in die Herbstessonne
Und weine still in mich hinein.«

Unheilbare Schmerzen eines Kriegskindes. Sie ist nicht die einzige, die wohl bis zu ihrem Lebensende daran zu tragen hat. Muss man deshalb von einem zerstörten Leben sprechen? Unter denen, die mir begegnet sind, ist nur ein einziger, der das von sich sagt, Dieter Forte: »Ich bin 1935 geboren, 1939 begann der Krieg, sechs Jahre Krieg als Kind, und drei Jahre Nachkriegszeit. Also ich empfinde mein Leben als zerstört. Ich bin ein Kriegskind und durch den Krieg geprägt, in jeder Weise.«[8] Kriegskinder erzählten mir aber von anderen, die zerbrochen sind:

Gabi Köpp (1930) berichtet von dem kleinen Christian, der mit ihr auf der Flucht war[9] und den sie nach Jahren wieder getroffen hat, er sei »buchstäblich durch die Kriegsereignisse zerbrochen.« Heide S. (1940): »In der Pubertät gab es in meinem Freundeskreis kaum jemand, der keinen Selbstmordversuch machte.« Irmgard B. (1927) schrieb mir in einem Brief vom 6.6.04:

> »Mein Eindruck ist, dass gerade der Jahrgang 28/29 besonders betroffen ist. Mein eigener Vetter zerbrach seelisch an den Erlebnissen. Zwei Klassenkameraden meiner Schwester gleichfalls. Ein junges Mädchen aus unserer Nachbarschaft nahm sich das Leben aus diesen Gründen. Auch der Schwiegervater meiner Nichte hat ein ganzes Leben seelisch diese Zeit nicht verarbeiten können. Das sind nur die Menschen aus meiner direkten Umgebung.«

Es gibt sicher weitere Beispiele, wie viele es sind, wird man nie wissen. Unter den von mir Befragten sagen sehr viele, sie seien durch den Krieg beeinträchtigt, beschädigt, vielleicht sogar traumatisiert worden, der Krieg habe ihnen ihre Kindheit oder ein gutes Stück Kindheit geraubt, weil sie vor der Zeit erwachsen werden mussten, aber sie fühlen sich nicht zerbrochen oder zerstört. Sie hätten ja sonst kein sinnvolles Leben führen können. Das aber nehmen die allermeisten[10] Kriegskinder für sich in Anspruch, auch so schwer getroffene wie Walter K. und Helga R. – und wer wollte ihnen diesen Anspruch streitig machen? Auch dass sie ihr ganzes erwachsenes Leben nur »funktioniert« und nicht richtig gelebt hätten, was ihnen von manchen Psychotherapeuten unterstellt wird, würden die meisten nicht gelten lassen, allenfalls, dass ihnen eine gewisse »Leichtigkeit des Seins« fehlte und sie »zu ernsthaft« geworden seien. Oder sie haben das Gefühl, dass sie die Erlebnisse von damals immer noch nicht ganz verarbeitet haben. Andere sind sogar betroffen, dass sie das Geschehen nicht stärker mitgenommen hat, und finden eine Erklärung darin, dass der Krieg eben so »normal« gewesen war, dass Kinder zusammen mit den Erwachsenen von selbst gewisse Schutzmechanismen entwickelten.

Es wäre verkehrt, wollte man alle psychosomatischen Altersbeschwerden dieser Jahrgänge auf den Krieg zurückführen. Monokausale Erklärungen sind dem Historiker immer suspekt. Wenn man sich die Biografien genau betrachtet – und deshalb muss man immer die ganze Lebensgeschichte kennen und nicht nur die Kriegsjahre – lassen sich in vielen Fällen verschiedene Ursachen dafür finden, zum Beispiel schwierige Familienkonstellationen (jemand fühlte sich immer als ungeliebtes Kind, oder die eigenen Kinder machten Kummer), unglückliche Partnerbeziehungen, Misserfolge oder fehlende Anerkennung im Berufsleben, spätere schwere Verluste oder Krankheiten und vieles mehr. So wichtig es ist, die Kriegserlebnisse als mögliche Ursachen zu erkennen, so falsch wäre es, alles auf den Krieg zu schieben. »Ich weiß nicht, wie ich ohne den Krieg geworden wäre«, schrieb mir Francis Deutsch, der als Jude mit dem Kindertransport nach England kam[11], »deshalb kann ich über die Auswirkungen des Krieges auf mein Leben keine harten Aussagen machen.« Und andere sagten, «manches, was ich später erleben musste, hat mich mehr belastet.« Auch die plausibel erscheinende Schlussfolgerung, dass es offenbar von der Schwere der Kriegseinwirkungen und vom Lebensalter abhing, wie beschädigt oder wie heil ein Kind daraus hervorging, hält einer genaueren Nachprüfung nicht stand. Das beweisen die höchst unterschiedlichen Reaktionen von Geschwistern, die gemeinsam dasselbe durchgemacht haben. Unabhängig vom Alter haben sie das Schreckliche ganz unterschiedlich verkraftet. Dafür nur ein Beispiel: Jobst Schöner (1935), der mit Mutter und vier Geschwistern das Kriegsende und die sowjetische Besatzung von ihrer grausamsten Seite erleben musste und diese Erfahrungen in einem Erinnerungsbuch festgehalten hat, schreibt:[12]

»Von uns fünf Kindern könnten sich altersbedingt vier noch an den Krieg erinnern, wenn sie wollten. Meine Schwester, die Nummer drei in der Familie, weiß nichts mehr. Sie will auch gar nichts wissen. Sie hat alles verdrängt. Sie vergisst auch alles, was einmal war … Ist Vergessen bei ihr Prinzip? Mein jüngster Bruder hat sich als Held profiliert. Er war Leutnant bei der Luftwaffe. Er hat gleich zwei weitere Exemplare meiner Erinnerungen bestellt, um sie zu verbreiten. Ansonsten interessiert ihn das Ganze recht wenig, obwohl er noch einiges weiß und früher einmal seiner Frau erzählt hat. Aber seine Haltung: ›Komm, hör damit auf. Das ist vorbei.‹ Der andere hat sich interessiert und an vieles erinnert, vor allem an die Streiche und Lausbubereien … Über die schlimmen Sachen, die passiert sind, mag er nicht reden … Was auf Wunden zutrifft, trifft auch auf schmerzhafte Erinnerungen zu. Bei einigen verheilt alles wunderbar, bei einem anderen bleiben ständig schmerzende Narben. Wer an seinen Narben herumkratzt, der pflegt damit auch seine Schmerzen … Die Fähigkeit zu vergessen ist für vom Unheil Betroffene heilsam. Für mich ist sie erschreckend zugleich.«

Viele ähnliche Beispiele von Geschwistern, die mir berichtet wurden, könnten hinzugefügt werden. Es sind wohl die Sensibelsten, die am schwersten über die schmerzhaften Erinnerungen hinweggekommen sind. Sicher spielt die genetische Grundausstattung eines Menschen eine wichtige Rolle. Eine angeborene Robustheit, Lebenskraft und optimistische Lebenseinstellung, vielleicht eine Art seelische Hornhaut oder ein besonders effektives psychisches Immunsystem, machten einige offenbar fast unverwundbar. Ich habe mit Menschen gesprochen, die heute ausgeglichen, zufrieden und dankbar sind, obwohl sie als Kinder im Krieg durch die Hölle gegangen sind. **Was ihnen** – neben der eigenen psychischen Stärke – dabei **geholfen hat** oder den Traumatisierten **hätte helfen können**, müssen wir nun betrachten.

Spiegelbildlich zu den vorhin erwähnten verstörenden und krankmachenden Faktoren, die eine Verarbeitung traumatischer Kriegserfahrungen erschwerten oder unmöglich machten, kann man schützende und heilende Erfahrungen und Einflüsse[13] ausfindig machen, welche die Kriegskinder in der Rückschau selbst nennen: An erster Stelle steht die Familie im weitesten Sinn, einschließlich Partner, Großeltern, Kindern und Enkelkindern. Weniger explizit und in handliche Formulierungen gefasst gehört dazu ein erfolgreiches Berufsleben. Der Stolz auf die eigene Leistung zieht sich bei vielen Männern durch die gesamte Erzählung: Sie erzählen ihre Geschichte gerne als Erfolgsgeschichte, die der Krieg zwar bei manchen behinderte, aber nicht vereiteln konnte. Ein lebendiger Glaube hat manchen geholfen[14], andere sind hingegen am »lieben Gott« irre geworden.[15] Sehr viele finden, dass das **Gespräch** über das Erlebte sehr wichtig war oder wichtig gewesen wäre.

Gerhard R. (1932):
»I: Würden Sie sagen, der Krieg hat mein Leben zerstört?
R: Schwer zu sagen, mindestens sehr, sehr negativ verändert.
I: Nach dem, was Sie erlebt haben, könnte man annehmen, dass Sie ein verbitterter Einzelgänger geworden wären. Wie kommt es, dass Sie es nicht geworden sind?
R: Daran ist meine Frau schuld. Wir hatten beide nichts, als wir heirateten. Als der Sohn geboren wurde, ist meine Frau nicht mehr arbeiten gegangen; wir haben den Sohn zusammen aufgezogen. Was wir besitzen, haben wir uns alles allein erarbeitet. Inzwischen sind wir schon 52 Jahre verheiratet.«

Werner Z. (1931): »Trotz aller Erfahrungen in den ›schlechten‹ Zeiten schaue ich heute auf ein durchaus zufriedenstellendes, erfolgreiches Leben zurück, in dem mir oft das Glück beistand und in dem ich einen Ehepartner fand, der nicht unerheblich dazu beitrug, dieses Ziel der Zufriedenheit im Alter zu erreichen und zu genießen.«

Elisabeth W. (1937): »Trotz mancher dramatischer und bedrückender Erlebnisse kann ich bei mir persönlich nicht von einer Traumatisierung sprechen. Die schützende Geborgenheit in der Familie hat mit Sicherheit manches erlebte Geschehen abgemildert in der Kinderseele und die Verarbeitung erleichtert.«

Harry S. (1934) aus Bessarabien: »Die Angst hat noch sehr lange nachgewirkt. Vor allem in nächtlichen Träumen. Die Träume waren fast immer gleich. Ich wollte vor etwas wegrennen und kam nicht vom Fleck, oder ich bin von einer großen Höhe heruntergefallen. Es waren nie angenehme Träume, immer wurde ich verfolgt. Ich wachte dann fix und fertig auf. Als ich dann meine Familie hatte, wurde es besser. Dann haben die Kinder geheiratet, und jetzt habe ich vier Enkel, da sind die Alpträume vollends ganz verschwunden. Wenn ich heute zurückblicke, verblassen die schlimmen Dinge immer mehr, und die schönen Dinge im Leben treten in den Vordergrund, und das ist gut so.«

Ingrid R. (1936): »Also ich denke, ich habe es trotz allen Kriegserfahrungen gut gehabt in meinem Leben, wirklich gut gehabt, das kam durch die Großfamilie im Hintergrund, vor allem die Großeltern … Und so hab ich immer, während des ganzen Krieges immer so schöne Dinge erlebt (*trotz Flucht und Vertreibung*) und deshalb hab ich eigentlich bis vor drei, vier Jahren überhaupt nicht gewusst, was ich eigentlich im Krieg so alles erlebt hab. Das kam mir erst, wo ich älter geworden bin. Aber irgendwie ging das immer gut aus. Die Großmutter war so eine tolle Frau.«

Ingeborg N. (1937): »Ich hab aufgehört ein Kind zu sein mit der Flucht. Ich konnte nicht mehr spielen. Jetzt habe ich zwei Enkel, einer ist sechs. Seit er zwei ist, sind wir ›Kamerädle‹. Wir können wunderbare Sachen miteinander machen, auch mit der Phantasie … So bin ich doch noch zum Spielen gekommen.«

Lieselotte M. (1938) schickte mir am 19.12. 2004 den Text der Bachkantate zum Sonntag Septuagesima: »Ich bin vergnügt mit meinem Glücke« und schrieb dazu: »Das ist mein Lieblingsgebet. Es hat verhindert, dass ich eine verbitterte alte Frau geworden bin.« Darin hat sie die Zeile unterstrichen: »Es ist genug für mich, dass ich nicht hungrig brauch zu Bette gehen.« Die letzte Strophe lautet:

»Ich leb indes in dir vergnüget
und sterb ohn alle Kümmernis,
mir gnüget, wie es mein Gott füget,
ich gläub und bin es ganz gewiss:
Durch deine Gnad und Christi Blut
Machst du's mit meinem Ende gut.«

Maria R. (1932): »Die seelischen Schäden, die durch Angst und Schrecken entstanden, sind wohl niemals ganz zu heilen, furchtbare Alpträume quälen mich heute noch … Heute weiß ich, dass ein tiefer Glaube und das Vertrauen auf Gott – unser aller Vater – uns geholfen hat, all das Erlebte durchzustehen.«

Gerhard Gruschka (1930) in einem Brief vom 30.11.2005: »Wenn ich meine Erfahrungen auf dem Weg der Aufarbeitung beschreiben soll, so meine ich, dass es auf diesem Weg verschiedene Stationen gegeben hat. Wahrscheinlich ist die erste dieser

Stationen bereits im Lager selbst anzusiedeln (*er war völlig unschuldig in einem polnischen Internierungslager*[16]). Damals hat mich sehr abgestoßen, wie unter bestimmten Mitgefangenen Rachepläne für die Zeit ›danach‹ geschmiedet worden sind. Nach meiner Entlassung bin ich dann von dem Mitgefühl und der Liebe meiner guten und sehr gläubigen Mutter aufgefangen worden, die mit mir bei unseren Spaziergängen manches wichtige Gespräch geführt hat. Für sehr wesentlich halte ich im Rückblick auch die Beschäftigung während der Studentenzeit mit dem, was in der ersten Phase der Konzentrationslager bis 1945 geschehen ist. Dadurch bekam das eigene Leid einen in gewisser Weise heilsamen Blickwinkel. Entscheidendes hat anschließend auch meine sehr verständnisvolle Frau bewirkt, mit der ich praktisch zu jeder Zeit über bestimmte Erlebnisse sprechen konnte. Dieses Sprechen kann durchaus eine heilende Wirkung haben. Für besonders wichtig halte ich bei der Bewältigung schlimmer Erlebnisse, dass man dem Hass keine Chance gibt. Solange einen Hass- und Vergeltungsgedanken beherrschen (ebenso ein ständiges Beharren darauf, dass einem einst großes Unrecht angetan worden ist), so lange werden meiner Meinung nach auch die Traumata beherrschend bleiben … Für viele, wenn nicht für alle von uns Ehemaligen, dürfte gelten, dass man nach einer längeren Phase täglicher Begegnung mit Unmenschlichkeiten verschiedenster Ausprägung zumindest das verloren hat, was die Psychologen das Urvertrauen nennen. Obwohl mir eigentlich von meinen Eltern als Erbe ein vorbehaltloses Zugehen auf Mitmenschen mitgegeben worden ist, bedeutete das ›Reparieren‹ dieses gebrochenen Verhältnisses zu Mitmenschen wahrscheinlich den schwersten (und letztlich nicht ganz erfolgreichen) Teil meiner Bewältigungsarbeit.«[17]

Für besonders bemerkens- und noch bedenkenswert erscheint mir der festgestellte Zusammenhang zwischen Trauma und Hass.

Gerhard Gruschka und andere haben reden können, mit ihrer Mutter, mit ihrer Partnerin. Das hat entscheidend geholfen. Viele, wenn nicht die meisten der tief verletzten Kinder, konnten gerade das nicht. Rückblickend erscheint dieses Schweigen zwischen den Generationen tragisch. Die Mütter haben beklagt, dass die Kinder sich nicht für das interessierten, was sie im Krieg durchstehen und meistern mussten, allerdings betraf das mehr die nach dem Krieg geborenen[18], und die Kinder beklagen heute, dass die Eltern auf ihre Schmerzen und ihre Angst während und nach dieser schweren Zeit kaum oder gar nicht eingegangen sind, ihnen nichts erklärt und sie nicht ernst genommen haben. Allzu schnell waren sie bei der Hand mit Sätzen wie: »Du hast überlebt, vergiss das« oder »Du warst damals noch viel zu klein, du hast das alles noch gar nicht so mitbekommen.«[19] Dabei wollten sie oft wirklich die Kinder und sich selbst nur schonen und verkannten, dass gerade die ganz kleinen Kinder am gefährdetsten waren und Zuwendung gebraucht hätten, wie man heute weiß. Lieber weinten die Mütter still in sich hinein, als ihre Kinder mit ihrem Kummer zu belasten. Wenn sie selbst die Traumata nicht überwinden konnten, war es ihnen unmöglich, im Gespräch an diese Schrecken zu rühren. Von sich aus trauten die Kinder sich nicht, nachzufragen. Auch die Kinder wollten die Eltern schonen und ihnen keine zusätzlichen Sorgen machen. Heute bedauern das viele. Sie haben nicht gefragt, und jetzt ist es dafür zu spät.[20]

Melanie M. (1935): »Eines der Erziehungsideale meiner 1891 bzw. 1896 geborenen Eltern war, die Kinder möglichst zu schonen und sie die ganze Härte der Realität nicht erfahren zu lassen. Alle Entscheidungen wurden ohne uns gefällt, die Sorgen möglichst nicht in unserer Gegenwart artikuliert. Die negative Wirkung dieser Schonung war nicht die erwünschte kindliche Geborgenheit, sondern eine große Verunsicherung.«

Manfred B. (1939), der bei der Vertreibung schon sehr viel mitbekam: »Später sagte mir die Mutter immer wieder im Gespräch, wenn ich das gewusst hätte, dass du alles so mitkriegst, hätte ich viel mehr mit dir gesprochen und du wärst viel beruhigter gewesen.«

Reinhard S. (1942) in einem Brief zum 23. Geburtstag seines Sohnes: »Manchmal habe ich das Gefühl, dass ich dir zu wenig erzählt habe von dem, was ich erlebt habe, von dem, was bereits so lange zurück liegt, dass es bereits zur ›Geschichte‹ geworden ist. In meinem Leben gab es aber nun Dinge, die ich zwar mitgemacht habe, aber die ich gar nicht richtig erfahren habe, sie sind über mich hereingebrochen, ich konnte sie aber gar nicht richtig innerlich nachvollziehen, einmal, weil ich noch viel zu klein war, zum anderen, weil in meinem Elternhaus nie weiter darüber gesprochen worden ist – Dinge, die so schrecklich waren, dass sie mit einem ›Gesprächsverbot‹, mit einem Tabu, belegt worden sind. War das Widerfahrnis schon sehr schlimm, so war dieses Tabu fast noch schlimmer, denn es hat verhindert, dass ich es in meine Persönlichkeit integrieren konnte und hat bewirkt, dass ich es verdrängt habe. Du hast sicher schon längst erraten, was ich meine: den Krieg, genauer, die Zerstörung Dresdens, die Bombennacht, Faschingsdienstag 1945.«[21]

Heide S. (1940): »Wir sind nebenher mitgelaufen, wir sind im Stich gelassen worden im Grunde genommen bei allen traumatischen Dingen, die wir zu verarbeiten hatten. Vor allem, wenn es um die wirklich traumatischen Dinge ging wie verkohlte Leichen oder später dann die Tiefflieger, da waren die Erwachsenen überfordert. Also so etwas wie Trost, da entsinne ich mich nicht, dass es das in meiner Kindheit gab. Das war gar nicht möglich. Es war immer gut, dass man es überhaupt überstanden hatte.«

Ursula K. (1943): »Während meiner Jugendjahre habe ich immer wieder versucht, Antworten auf meine Fragen zu bekommen, was da im Krieg passiert sei. In der Schule, im Konfirmandenunterricht und in meiner eigenen Familie bekam ich sie erst recht nicht. Einer hat mich zum anderen geschoben, abgeblockt, und ich war ein neugieriges und aufgewecktes Kind … ›Lies deine Schulbücher‹ oder, ›Das erfährst du in der Schule‹, so hat meine Mutter abgeblockt. Meinen Vater traute ich mich dann schon gar nicht mehr zu fragen. Wenn wir Besuch bekamen, die das gleiche wie meine Eltern erlebt hatten, dann wurde in meiner Gegenwart geflüstert oder ich wurde wieder rausgeschickt. Meine Tante sagte nur, als ich mir vorgenommen hatte, für die Mittelschule eine Abschlussarbeit über Ostpreußen zu gestalten, sie hätte das Kapitel Ostpreußen abgeschlossen und wollte darüber nicht mehr reden.«

Von heute aus gesehen ist überaus erstaunlich und unverständlich, dass dieses Schweigen nicht nur zwischen Eltern und Kindern herrschte, sondern auch zwischen Geschwistern, Schulkameraden, Freunden und Freundinnen, Lehrern und Schülern. Dabei wurde es nicht einmal als Tabu empfunden. Das Bedürfnis war zunächst nicht da. Man hatte überlebt, man hatte eine Zukunft vor sich, musste weiter um diese Zukunft kämpfen, wozu sich an Überstandenes, das schrecklich war, erinnern? Wer es erlebt hatte, wusste, wie es gewesen war. Die befreiende und heilende Wirkung der Erinnerung und der gemeinsamen und mitgeteilten Erinnerung war noch nicht entdeckt, Martin Bubers Erkenntnis: »Erinnerung ist das Geheimnis der Erlösung«, noch unbekannt.

Psychotherapeutische Behandlung in Anspruch zu nehmen, lag unmittelbar nach dem Krieg außerhalb des Vorstellungsvermögens und der realen Möglichkeiten. Edith G. (1932): »Eine ganze Generation nimmt die nie bewältigten oder aufgearbeiteten Kriegserlebnisse mit ins Grab, denn uns haben damals keine Traumatologen zur Seite gestanden.« In späteren Jahren, oft spät, viel zu spät, wie sie heute erkennen, haben manche diese Hilfe gesucht und dabei ganz unterschiedliche Erfahrungen gemacht.

Hans Peter F. (1933): »Vor gar nicht langer Zeit hatte ich durch glückliche Umstände mal etwas therapeutische Kontakte, und da kamen eine Reihe von Träumen in mir hoch und ich habe über Monate hinweg geträumt – das habe ich aber schon früher geträumt, aber da noch mal ganz besonders intensiv – dass ich immer mit einem riesigen, viel zu schweren Rucksack Müllberge oder auch nicht Müllberge, aber meistens durch Müll gewatet bin und Berge erstiegen habe. Und es ergibt sich wohl ganz eindeutig, dass ich da diese Überforderung des Kindes mit mir herumgeschleppt habe. Und dadurch bin ich jetzt, jetzt, seit einem Jahr, von diesem Rucksack befreit. Und jetzt träume ich von diesem Rucksack nie mehr.«

Norbert H. (1942): »Ich besuchte bei vier Therapeuten ambulante Sitzungen für die Dauer von wenigen Wochen bis zu einem Jahr. Dabei wurde die spezielle Kriegskindproblematik nie auch nur mit einem Wort angesprochen. Mir selbst werden die Zusammenhänge erst seit vier Jahren immer klarer.«[22]

Erika K. (1936), die allein mit zwei kleinen Brüdern in Ostpreußen hauste und mit ansehen musste, wie die Brüder neben ihr verhungerten:[23]

»Ich wurde krank. Ständig eine andere Krankheit, Atembeschwerden, Husten, Kur in Sankt Peter Ording, Juckreiz, Bluthochdruck, Verdacht auf Herzinfarkt, Bandscheibenvorfall, Angst, Unruhe, Bauch- und Kopfschmerzen. Da bin ich vor zwei Jahren (*2001*) freiwillig in eine psychiatrische Klinik gegangen. Nach sechs Wochen war ich wieder zu Hause. Bekam starke Medikamente, die nach einem Jahr wieder abgesetzt wurden. Ich war mit meinem Mann in Therapie, das brachte nichts für uns. Mein Mann versteht mich nicht, wieso es mir schlecht geht, trotz vieler Gespräche zwischen mir und ihm. Der Therapeut, bei dem ich ein Jahr war, sagte mir, als ich vom Krieg erzählte und mich schuldig fühle wegen meinen kleinen Brüdern: Es ist ganz normal, dass man so fühlt. Auch die Juden, die überlebt haben, fühlen sich schuldig, weil sie überlebt haben. Man solle nach vorne schauen. Leider kann ich immer noch nicht vergessen. Bin bei einer Heilpraktikerin. Diese überwies mich an einen anderen Therapeuten. Ich war in dieser Woche die erste Stunde dort.«

Sie erzählt auch, dass sie das erste Mal mit ihrer Schwiegertochter darüber reden konnte. Da habe sie auch das erste Mal darüber weinen können. Elisabeth B.(1929), die auf der Flucht vergewaltigt wurde und durch Verletzung erblindet ist:

»Ich hab mich im Laufe der Jahre gefangen. Ich bin auch hier zum Arzt gegangen. Aber es war nicht das Richtige. Der hat mich auf ganz andere Gleise schieben wollen. Da habe ich ihn ausgelacht. Bei dem einen Arzt, da hatte ich so fünf oder sechs Sitzungen. Er hat mich immer dasselbe gefragt. Und das Allergemeinste war: ›Sind Sie 'ne normale Geburt?‹ Da habe ich gelacht. Ich sagte: ›Wie bitte, ich war dabei, aber ob es normal war?‹ (*sie lacht*) Dann musste ich zum Professor, ich musste ja ein Gutachten haben. Da haben sie mir Bauklötzchen hingelegt. Was sollte ich denn damit? Und dann musste ich zum Professor rein. Und wie ich reinkomm, da macht er: ›Ei, ei, wer kommt denn da?‹ und klatscht in die Hände (*sie macht das nach und lacht laut*). Da hab ich nur gedacht: Der ist doch kränker als ich. Also ich hab wirklich nachher gesagt, nein, das musst du selbst aus dir rauskriegen. Du darfst keine Angst mehr haben. Für mich waren die Männer alle, alle schlecht, sogar mein eigener Vater, obwohl mein Vater immer gut zu mir war. Aber bis ich das alles überwunden habe. Aber das ist mit Ärzten manchmal nicht zu erreichen. Unser Hausarzt in Stuttgart, der hat gleich gesagt,: ›Gehen Sie doch da nicht hin (sie lacht), ich hab's Ihnen doch gesagt. Sie schaffen das von alleine.‹ Und da hat er recht.«

Frau B. hat 1977 einen beinamputierten Mann geheiratet und ist heute ausgeglichen und seelisch stabil. Gabi Köpp, die als Kind die Flucht allein durchstehen musste,[24] hatte viele, teils hilfreiche, teils enttäuschende Erlebnisse mit Psychotherapeuten hinter sich, bis sie den richtigen fand, der sie bis heute wie ein Freund begleitet. »Ich glaubte, über harter Arbeit vergessen zu können, was mich meine tief eingebrannte Erinnerung an das Kriegsende nicht vergessen lassen wollte.« Sie »glaubte, sich durch einen anspruchsvollen Beruf (*sie habilitierte sich in theoretischer Physik*) betäuben zu müssen«. »Zeit meines Lebens wünschte ich mir einen älteren Bruder, mit dem ich mich hätte aussprechen können.« [25]

Helga R. (1936): »Die Nachwirkungen der Kriegserlebnisse holten mich ständig wieder ein …« Durch die Unterernährung bekam sie eine Tbc, die immer wieder aufbrach (sie verbrachte fünf Jahre ihres Lebens in Krankenhäusern und Heilstätten), dadurch gingen ihre erste Verlobung und die erste Ehe auseinander. In zweiter Ehe ist sie glücklich verheiratet, sie hat auch einen wohlgeratenen Sohn, litt aber immer wieder an Depressionen. »Endlich, vor zwei Jahren habe ich Hilfe durch eine Psychologin bekommen … Die Wunden sind wohl verheilt, aber die Narben tun immer noch weh. Ich soll sie zulassen, sagt die Ärztin. Ob ich das wohl schaffe?« Ihr Gedicht[26] drückt aus, wie schwer es immer noch für sie ist.

Jobst Schöner (1935) schrieb aus einer langen Therapieerfahrung:[27]

»Das wichtigste ist Zuhören und versuchen zu verstehen, wenn der Patient seine Gefühlskiste aufräumt. Die Therapie vollzieht zu 90 % der Patient selbst, wenn er erst einmal redet. Gelegentlich muss man nachfassen. Man muss nicht unbedingt ein Therapeut sein, um zuhören zu können. Aber man muss verstehen lernen. Das ist im Prinzip alles. Therapeuten können oft auch nicht mehr ausrichten als geduldige Mitmenschen. Man muss viel Glück haben, wenn man an einen guten Therapeuten gerät … Die heutige Teilnahmslosigkeit und Sprachlosigkeit der Menschen untereinander macht erst aus, dass man auf Therapeuten nicht mehr verzichten kann.«

Manchen hat der Besuch von Seminaren und Gruppenarbeit weitergeholfen. Ute S. (1937) besuchte 1991 mit ihrem Mann und ihrer Tochter Peenemünde, wo sie als Siebenjährige den furchtbaren Luftangriff mitgemacht hatte:

»Ich konnte auch die Stelle des Bunkers wiederfinden, denn der inzwischen bewaldete Hügel mitten im flachen Gelände hatte noch die sichtbare Form des Bunkers in seiner L-Form. Ich stand ganz alleine davor, eigentlich fassungslos, über die Stille um mich herum, während mir all die Bilder des Schreckens wieder hochkamen. Als ich dann aus dem Wald trat, wo meine Tochter und ihr Vater auf der Straße auf mich warteten, hatte ich das Gefühl, alleine auf einem fremden Stern zu gehen, während fröhliche Badegäste zum nahen Strand vorbeischlenderten. Ich wollte und konnte mich niemandem mitteilen, schon gar nicht meinem Ehemann, der mir als narzisstischer Egoist ohnehin nicht als adäquates Gegenüber für solche Emotionen in Frage gekommen wäre.

An jenem Sommertag 1991 wurde mir plötzlich bewusst, in jener Nacht des 23. August 1943 hatte meine Kindheit aufgehört. Ich hatte vor dem Grab meiner Kindheit gestanden, und ich wusste in diesem Moment, dass ich mich eines Tages an meine Biographiearbeit setzen würde, hatte allerdings keine Ahnung, welch schmerzlicher Weg mir bis dahin noch bevorstehen würde, ganz abgesehen davon, dass ich keine Ahnung hatte, dass ich eine solche Arbeit nur mit einem fachlichen Gegenüber durchstehen würde. So gerne hätte ich an diesem Sommertag meinen Schmerz herausgeschrien, aber das tat ich dann erst in den Jahren 95 und 96 in mehreren Selbsterfahrungsseminaren über Trauerarbeit in der evangelischen Akademie in Hofgeismar.«[28]

Erna S. (1936), die als »Wolfskind« in Litauen war:[29] »Ich hab kürzlich (*2003*) in Bad Boll ein Seminar besucht, ›Nimm Abschied Herz und gesunde‹. Es ging um Trauerarbeit, und das war wirklich sehr interessant. Da ging es darum, wo steht man sich selbst im Weg, wo hat man seine Stolpersteine, was lässt mich immer wieder an derselben Stelle vor die Mauer laufen usw. Es war wirklich ein sehr tiefes Seminar für dreieinhalb Tage. Sie werden es nicht glauben, da kam wieder dieses Kriegstrauma hoch. Es war wieder da, und dann haben wir Rituale gemacht, Abschiedsrituale, es wurde ein Fest gefeiert usw. Es war wirklich ein wunderbar heilsames Seminar. Einer anderen Frau, sie war ein Jahr jünger, der ging's ganz genau so wie mir, ganz genauso.«

Psychotherapeuten müssen vor allem gute Zuhörer sein, sagt Jobst Schöner, und um sich von der Last des Kriegserbes zu befreien und gesund zu werden, bedarf es in jedem Fall und bei dem besten Arzt der eigenen Anstrengung. Diese Aufgabe haben sich von Anfang an viele selbst gestellt. Längst nicht alle Kriegskinder haben professionelle Hilfe gebraucht oder gewünscht. Sie nahmen ihr weiteres Lebensschicksal selbst in die Hand und fanden **eigene Mittel und Wege**, die schädigenden Nachwirkungen zu überwinden. Viele begannen das befreiende Gespräch einfach selbst, indem sie ihre Erinnerungen aufschrieben, auch in der Hoffnung, dass ihre Kinder und Enkel sie lesen werden.[30] Das war eine oft mit Tränen und Schmerzen verbundene Aufgabe, an der sie sich tapfer abarbeiteten. Einige scheiterten schon bei dem Versuch.

Anna B. (1939): »Eigentlich will ich selber alles aufschreiben, weil ich das alles mein Leben lang nicht losgeworden bin, aber ich gerate ins Weinen. Dann mach ich den Fernseher an und Schwamm drüber! Besonders seit ich in Rente bin und der tägliche Arbeitsstress nachgelassen hat, kommt mir so vieles wie gestern vor, und man fragt sich, wie konnte man das überleben?«

Allerdings gehen die Meinungen, ob Schreiben befreiend sein kann oder nicht, weit auseinander: »Schreiben befreit nicht«, sagten die einen kategorisch, »Schreiben hilft der Aufarbeitung«, meinten die anderen. Wenn man sich selbst Rechenschaft ablegt, kann das dazu beitragen, dass die Erinnerungen nicht mehr so bedrängend sind. »Man schaut gleichsam mehr von oben auf sie herunter«, sagte eine Frau. Für manche waren die Aufzeichnungen der Beginn des Gesprächs mit mir als Historikerin. Viele äußerten, wie dankbar sie für diese Möglichkeit waren und wie froh, dass auf diese Weise ihr Schicksal nicht vergessen, sondern festgehalten und dokumentiert werden kann. Einige begrüßten ausdrücklich den Fragebrief, weil dadurch verschüttete Erinnerungen erst wachgerufen wurden, und brachten nach dem Gespräch zum Ausdruck, dass es eine therapeutische Wirkung für sie gehabt habe.

Ob selbständig oder mit professioneller Hilfe, letztlich kam es darauf an, mit dem Belastenden fertig zu werden, zur Einsicht zu gelangen, dass jeder Mensch »die Verantwortung für sich selbst trägt«, wie es mehrere meiner Gesprächspartner formulierten. Einem, dem das gelungen ist und der anderen Menschen bei ihren psychischen Problemen beisteht, sagte: »Es gibt genügend Leute, die den Krieg als fürchterliche gestohlene Jahre sehen. Ich sage immer, wie schön, dass er vorbei ist. Und diese veränderte Bewertung, die lässt das alles in einem anderen Licht erscheinen ... Aus traurigen Menschen fröhliche zu machen. Das ist das Gegenteil von Krieg.« Das mag manchem zu billig erscheinen und für manchen schwer Traumatisierten ein schwacher und schlechter Trost sein, abgesehen davon, dass »positives Denken« nicht immer erstrebenswert ist und nicht verordnet werden kann wie eine Medizin, zeigt es doch eine Möglichkeit der Überwindung von negativen Erfahrungen. Und es erscheint auch nicht abwegig, wenn ein anderer meinte, er habe bei allem Fürchterlichen immer noch eine komische Seite sehen können. Aus solchen Beispielen erhellt noch einmal die große Bedeutung der genetischen Ausstattung eines Menschen.

Aber die Aufzeichnungen und Erzählungen sind ja keineswegs nur Versuche der Selbsttherapie, sondern gleichzeitig und bei den meisten noch viel mehr, Zeugnisse eines – trotz allem – geglückten Lebens. Die Kriegskinder wehren sich mit Recht dagegen, dass dieses ihr Leben durch irgendjemand entwertet wird oder dass ihnen Traumata eingeredet werden, die sie nicht haben. Sie sind stolz auf das, was sie geleistet und geschafft haben und wollen sich diese Leistung durch niemanden streitig machen lassen, als hätten sie nur »funktioniert« und nicht wirklich gelebt. Sie lassen nicht gelten, dass ihre Tüchtigkeit und ihr Erfolg nur eine brüchige Fassade sein soll, hinter der sich ein von der Kriegs- und Nazizeit »unerlöstes«, bedauernswertes Ich verbirgt. So sagt Maria H. (1932) im Nachwort zum Fluchtbericht ihrer Mutter:

»So haben wir alle (*es waren 12 Geschwister!*) Flucht, Missachtung und Hunger überlebt, sind nie gefragt worden, ob wir psychische Probleme haben und haben aus dem Beispiel unserer Eltern gelernt: Wichtig ist das Überleben – was man aus seinem Leben macht, liegt in der eigenen Verantwortung.«[31]

Deshalb sprechen viele, die meisten von denen, die mir berichtet haben, nicht nur von den Beeinträchtigungen und Leiden, die ihnen der Krieg zugefügt hat, sondern sehen auch **positive Nachwirkungen**, die freilich den Krieg nicht rechtfertigen sollen. Dass sie den Krieg aus tiefster Seele verabscheuen und ihre Berichte auch Manifestationen gegen den Krieg sein sollen, werden wir noch sehen. Positiv schätzen sie vor allem ein, dass sie frühzeitig sehr selbständig geworden sind und Aufgaben übernommen und gemeistert haben, die man Kindern normalerweise nicht zutraut. Besonders das Kapitel 14, »Trümmerkinder und Überlebenshelfer« legt davon Zeugnis ab. Pflicht- und Verantwortungsgefühl haben sie früh entwickelt, und es ist ihnen geblieben. Daran sind sie gewachsen, wenn auch die Grenze zur Überforderung nicht selten überschritten wurde. Auch die Grenzen zwischen Stärke und Härte, fehlender Wehleidigkeit und Mitleidlosigkeit sich selbst und anderen gegenüber sind nicht leicht zu ziehen. Ganze Gespräche kreisten um das Problem, dass Kinder immer stark sein mussten und diese Haltung auch später von ihnen erwartet wurde. Dabei haben sie sich selbst vergewaltigt. So sind diese Nachwirkungen häufig ambivalent. Jürgen B. (1929) erzählt, was er alles alleine machen musste und wie er sich schon mit 16 auf eigene Füße gestellt hat:

»Also für mich gibt es eigentlich persönlich nur eine positive Auswirkung der Kriegserfahrung. Aber der Preis für diese Erfahrung war entschieden zu hoch. Ich hatte auch lange Zeit Angstträume, die Träume kommen ja aus dem Unbewussten. Die Angstträume kreisten immer um Luftangriffe und um das Gefühl des hilflosen Ausgeliefertseins, wenn ich in der russischen Zone unterwegs sein musste.«

Reinhard P. (1927): »Bei Kriegsausbruch war ich zwölf Jahre, und da hat mir manches nicht gepasst, und später war alles auch nicht so einfach. Aber ob mir das gefallen hat oder nicht gefallen hat, da musste ich durch. Man musste da auch hart sein gegen sich selbst. ›Da musst du durch‹, das ist das Kennzeichen dieser Generation.«

Werner P. (1934): »Im ganzen bin ich aus dem Krieg gestärkt hervorgegangen. Ich bin nicht leicht aus dem Gleichgewicht zu bringen. Ich kann Verluste, Enttäuschungen und Misshelligkeiten verschiedener Art ertragen, ohne zu verzweifeln, einschließlich meiner jetzigen Krankheit, die mir die Sprache genommen und meine berufliche Laufbahn vor der Zeit beendet hat. In diesem Zusammenhang werde ich oft gefragt, ob ich nicht unter Depressionen leide. Das kann ich verneinen, nicht nur, weil die

Vernunft mir sagt, dass dergleichen die Dinge nicht besser, sondern schlechter macht, und auch nicht, weil es für einen Christen Depression überhaupt nicht gibt[32], sondern eben auch deswegen, weil ich, nachdem ich den Krieg überlebt habe, die Dinge und Ereignisse aus einer anderen Perspektive sehe.«

Eva S. (1930): »Wir erlebten alles als einen ziemlichen Kampf, den wir aber tapfer durchfochten. Dadurch waren wir gegen uns selber hart geworden – Zimperlichkeit und Selbstmitleid konnten wir uns nicht leisten! Aber wir lernten auch, für jeden Lichtblick in unserem Leben Gott sehr dankbar zu sein! … Allerdings beurteile ich andere, die wehleidig sind und sich gehen lassen, vielleicht etwas zu streng.«

Hannelore Z. (1932):
»I: Dass Sie das durchgehalten haben!
Z: Das ist unbegreiflich. Man kann! Während meines ganzen Lebens ist das mein Motto gewesen, man kann, wenn man muss! Ich habe immer meinen Kindern gesagt, es geht.

(*Sie musste aber dann erleben, dass ihre jüngste Tochter sich mit 25 Jahren das Leben genommen hat. Auch ihr hatte sie gesagt: ›Beiß die Zähne zusammen!‹*)
Z (*mit brechender Stimme*): Ich seh das jetzt anders. Bei mir muss nicht mehr alles durch.«

Ingrid R. (1930) erzählt von ihren vier Kindern, die sie groß gezogen hat und die heute gute Positionen bekleiden: »Ich glaube, wenn ich so lasch im Krieg angefasst worden wäre, wenn mir alle Schwierigkeiten aus dem Weg geräumt worden wären, hätte ich das nicht geschafft. Ich hab mich immer durchbeißen müssen … Ich bin eigentlich stolz auf mein Leben.« Brigid A. (1934): »Eine grundsätzliche Erfahrung war ›selbst ist die Frau‹ … Das Wichtigste für mich ist Selbständigkeit und Freiheit.« Die Fähigkeit zur Improvisation, die damals häufig gefordert war, war ihnen weiterhin von Nutzen. Sie waren oft gezwungen, aus »nichts etwas zu machen«. Sie mussten wendig sein im Erfassen und Lösen schwieriger Probleme. Das können sie noch heute.

Positiv sehen sie auch ihre Anspruchslosigkeit, Sparsamkeit und Dankbarkeit. Sie haben gelernt, mit wenigem auszukommen und können sich über kleine Dinge und über normalerweise Selbstverständliches freuen: ein Dach über dem Kopf, ein warmes Zimmer, ein gutes Bett, aus dem man nicht durch Bombenalarm aufgeschreckt wird, und dass man jeden Tag satt wird. Dies ist manchmal gepaart mit Kritik an der »Verwöhntheit« und dem Anspruchsdenken der Kinder und Enkel. Aber manche haben auch den Fleiß und die Sparsamkeit an die Kinder weitergegeben.

Herta R. (1931): »Das, was wir nicht hatten gegenüber heute, machte mir keinen Kummer, da es den anderen auch so ging. Ich konnte mich an Kleinigkeiten freuen. So wünschte ich mir einmal von Vater einen grünen Farbstift. Meiner war abgemalt durch viele Wiesen- und Blumenbilder. Vater trieb einen ›Stabilo‹ auf, und ich war glücklich mit diesem Weihnachtsgeschenk. Ein Paar neue, glänzende Schuhe (auf Bezugschein) nahm ich ins Bett als größten Schatz.«

Maria N. (1931): »Ich bin fast übertrieben anspruchslos. Ich halte es mit einem Weisen: ›Der sicherste Reichtum ist die Armut an Bedürfnissen‹ … Es macht mich glücklich, dass es meinen Nachkommen besser geht. Keinesfalls wünsche ich ihnen Erfahrungen wie meine. Aber ein bisschen Dankbarkeit für ihr doch weitgehend abgesichertes Leben sollten sie schon empfinden.«

Werner P. (1934): »Ich habe wenig Geduld mit Menschen, die sich über Kleinigkeiten beklagen: ich verachte die, die über Übergewicht klagen.

Mich fasst ein Grauen bei dem Gedanken, dass diejenigen, die in die Zeit des Überflusses, in der wir jetzt leben, hineingeboren wurden, sich irgendwann auf Mangel werden umstellen müssen. Anders als wir und anders schon gar als unsere Eltern, die Überfluss nie kannten, ist die Mehrzahl der jetzt Lebenden für solchen Fall nicht gerüstet. Da wird es Traumata geben, nicht nur psychische, sondern, ich fürchte, auch physische Gewalt.«

Eva Maria S. (1935): »Ich weiß ein gutes Auskommen zu schätzen, habe aber nicht vergessen, dass man weiterleben kann, wenn man plötzlich gar nichts mehr hat. Ich gebe zu, dass mich manchmal eine starke Aversion gegen konsumorientierte und fordernde Haltung der Jugend überkommt … Ich würde ihnen so gerne vermitteln, dass es mehr Glück bedeutet, in Frieden leben zu dürfen als sich alles leisten zu können.«

Die Bereitschaft zu sozialem Engagement ist bei der Kriegsgeneration ausgeprägt.[33] Sie haben gelernt, dass sie in den Turbulenzen und Schwierigkeiten des Krieges auf die Solidarität ihrer Umgebung angewiesen waren. Wenn auch die »Volksgemeinschaft« vor allem ein propagandistisches Konstrukt war, etwas war doch dran. Man half einander, damit man selbst auf Hilfe rechnen konnte. Das taten nicht nur die Erwachsenen, sondern schon die Kinder. Manche beklagen, dass die Mitmenschlichkeit heute verloren gegangen sei, andere haben sie nach dem Krieg nicht verlernt, sondern praktizieren sie weiter.

Ingeborg B. (1935): »Im Krieg haben wir zwangsläufig schnell gelernt und täglich gelebt vor allem die Nähe zu den Mitmenschen, nicht nur zur Familie. Im Haus, in der Nachbarschaft, in der Straße, im ganzen Wohnviertel: Jeder hat jeden gekannt, hat mit jedem gesprochen, sich um ihn gekümmert, hat Anteil genommen und hat dem Nächsten geholfen. Nicht, weil wir besonders gute Kinder und Menschen gewesen wären, aber wir waren Schicksalsgemeinschaften. Der Krieg, die Not, das gleiche Erleben haben uns zu Mitfühlenden, Mitleidenden, zu echten Mitmenschen gemacht, haben Reaktionen und menschliche ›Tugenden‹ in uns geweckt und provoziert, die uns heute weitgehend abhanden gekommen sind. Wir leben anonym nebeneinander her, schirmen uns und unser Privatleben ab, wollen ›unsere Ruhe‹ haben

… auf Wesentliches achten, das war das Positive des Krieges – vor allem für unsere Entwicklung als Kinder … Alles Unwichtige fällt weg, alles Wichtige hat Bedeutung … Heute sind wir zu einer Anspruchsgesellschaft und einer Wegschaugesellschaft geworden.«

Sieglinde P. (1934) leitet ein großes Projekt in Peru mit 34 Mitarbeitern, bei dem sie schwangeren Frauen und auch Kindern hilft. Unter anderem erzählt sie ein Erlebnis:

»In Peru fragte mich ein Mann: ›Warum machst du das hier? Du bist doch noch nicht einmal katholisch.‹ Darauf habe sie geantwortet: ›Ich weiß, wie das ist, wenn man nichts hat. Nach dem Krieg war ich selber ein Bettelkind.‹«[34]

Wenn sich Kriegskinder in dieser Weise vergewissern, was sie durch ihre Erfahrungen gelernt haben, können sie diesen Erfahrungen einen Sinn abgewinnen und sogar sagen, sie möchten diese Zeit nicht missen.

Stefanie A. (1933): »Diese Kindheit gehört zu meinem Leben. Ich sollte die verschiedenen lebensbedrohlichen, durch den Krieg verursachten Situationen überleben, und so sehe ich in meinem Überleben dankbar einen Sinn.«

Gabriele S. (1931): »Das sind auch Herausforderungen, an denen man wächst. Also wir haben später in der Familie oft darüber gesprochen und sind uns völlig klar darüber, dass wir die Zeit nicht missen möchten. Als wir da in dem kleinen Ort als Flüchtlinge gelebt haben, sehr eingeschränkt, das war emotional eine ganz dichte Zeit. Es gab zum Beispiel keinen Strom. Wir hatten eine Stehlampe mit einem gedrechselten Fuß, und dann hat mein Vater diese Stehlampe so über die Beine gelegt, das war sein Bass, und wir haben gesungen *(Lachen)*, Volkslieder, endlos, in der Zeit, wo es dunkel war. Das würde man nie in einer Überflussgesellschaft wie heute machen. Da sind auch Ressourcen, und die sind genutzt worden, die heute gar nicht genutzt werden. Also insofern kann es nicht sein, dass man immer den Blick auf das richtet, was nicht war, es war auch sehr viel. Ich könnte viele Details erzählen, die ganz stark und prägend waren. Ich sehe mich Säcke flicken. Da sitzt man im Kreis unter einem Baum und flickt Säcke, weil es keine neuen Säcke gab. Und dabei haben wir ganz viel erzählt, wie die Bauern früher beim Hecheln Geschichten erzählt haben … Und als wir dann in Osterode gelebt haben, sehr kümmerlich, nur in Dachkämmerchen, mit einer einzigen Kochplatte, auch im Zimmer. Und da hat mein Vater vorgelesen, ich glaub es war der Doktor Faustus von Thomas Mann. Das sind einfach sehr starke Ressourcen, die man in einer Konsum- und Habengesellschaft nicht kennt.«

Erwin K. (1937): »Ich war kein unglückliches Kind, habe nie dieses Gefühl gehabt, mir geht es schlecht. Krieg und Luftkrieg und Bombenkrieg, das war damals etwas Selbstverständliches … Es gehört dazu, und es wäre auch unsinnig, wenn ich mir nachträglich wünschen würde, ich hätte es damals anders gehabt. Ich habe auch so einen gewissen Stolz, dass ich das auch miterlebt habe, dass es mir nicht immer nur leicht ging … Ich will es für mich persönlich nicht missen, aber ich wünsche es keinem anderen.«

Karl Heinz Mehler (1929), der als 16-Jähriger noch in französische Kriegsgefangenschaft geraten war:

»Neben meiner Ernsthaftigkeit verspürte ich … auch immer ein großes Glücksgefühl, dass … alles gut verlaufen war, dass ich die harten und auch schwierigen Zeiten einer extremen Fremdbestimmung gut überstanden hatte, dass ich wieder zu Hause war und dass ich unter Bedingungen lebte, die für die damalige Zeit mehr als nur gut waren. So empfand ich es. ›Was sollte mir denn jetzt noch Schlimmes passieren können?‹, das habe ich immer wieder gedacht … Das hat auch schon früh zu einer gewissen Gelassenheit geführt, die in meinem späteren Leben bei Prüfungen und Extremsituationen bestimmt positive Auswirkungen hatte.«[35]

Edith G. (1932): »Nun sind wir schon die letzten, die noch über Not und Elend aus der Kriegszeit berichten können. Diese Erfahrungen von damals ließen den Wunsch in mir hochkommen, einen helfenden Beruf zu ergreifen. In einem Diakonissenhaus bekam ich eine gute, fundierte Ausbildung, deren Grundsätze mich mein Leben hindurch begleitet haben.

An meinem Lebensweg möchte ich nichts geändert wissen. Es war ein guter Weg, wenn auch nicht immer leichten Fußes zu begehen. Manchmal gestolpert, manchmal gefallen, aber immer wieder aufgestanden und weitergegangen.

Auf diesem Weg bin ich das geworden, was ich heute bin, und das macht mich dankbar, aber auch stolz.«

So schauten die meisten Kriegskinder mit Mut und mit dem Gefühl »Wir sind noch einmal davongekommen und wir haben noch eine Aufgabe« in die Zukunft. Sie sollte ihnen die längste Friedenszeit in Freiheit und einen nie geahnten Aufschwung der deutschen Geschichte bescheren. Nicht wenig haben sie selbst dazu beigetragen. Dass aus dem Kriegserleben eine Chance und eine Verpflichtung erwuchsen, ist ihnen bewusst. Als Zeuge in heute prominenter Stellung sei unser gegenwärtiger Bundespräsident Horst Köhler (1943) in einem Gespräch mit Hugo Müller-Vogg zitiert:

»Ich habe vieles von dem erlebt, was deutsche und europäische Geschichte in den letzten sechzig Jahren ausgemacht hat. Dazu gehörte auch das ständige wirtschaftliche Auf und Ab, gehörten mehrfach Flucht und Neubeginn. Wenn Sie da zurückschauen, empfinden Sie etwas mehr Demut gegenüber dem heutigen Wohlstand … Ich habe das Glück gehabt, dass mein Lebenslauf mit all seinen Schwierigkeiten am Ende ein Aufstieg war, ein Weg der materiellen Verbesserungen, des Friedens und auch des familiären Glücks. Dafür bin ich dankbar und fühle mich verpflichtet, dem Land davon etwas zurückzugeben.«[36]

Aber gerade dieses Fixiertsein auf die Gegenwart und das Vorankommen wird der Kriegsgeneration zum Vorwurf gemacht. Es habe sie davon abgehalten, sich mit der nationalsozialistischen Vergangenheit auseinander zu setzen. Der Schuldvorwurf kann die Kinder nicht treffen, wohl aber ihre Eltern. Kinder sind unschuldig, aber sie tragen an einer etwaigen Schuld ihrer Eltern bewusst oder unbewusst[37] mit. Die älteren unter ihnen, die noch in der Hitlerjugend gewesen waren, erlebten den totalen Bankrott von Idealen, an die sie geglaubt hatten. Wie sind sie damit zurechtgekommen, und wie stellten sich die Familien zu ihrer Teilhabe am Nationalsozialismus und dem durch diesen verursachten Krieg? Schon in Kapitel 18 wurde festgestellt, dass das »große Schweigen« in den Familien nach dem Krieg weiterging[38], obwohl Reden jetzt nicht mehr lebensgefährlich gewesen wäre; wohl aber hätte es entlarvend und kompromittierend sein können. Dass die Väter über ihre wahren Kriegserlebnisse fast nie erzählten, wissen wir aus Kapitel 15. Warum die Väter von den Alliierten aus dem Beruf entlassen oder interniert wurden, erfuhren die Kinder auch nie genau. Manche haben durch mühsame Recherchen viele Jahre später oder sogar erst vor kurzem einiges darüber herausfinden können. Heute verstehen es viele nicht mehr, warum sie nicht rechtzeitig gefragt haben.

Elisabeth W. (1937): »Wie gerne würde ich heute noch intensive Gespräche mit meinen Eltern führen – mit jedem einzeln. Sie hatten ja so unterschiedliche ›Stand- und Einsatzorte‹ und dadurch sicher auch sehr unterschiedliche Informationen und Verpflichtungen. Kannte meine Mutter in unserer näheren Umgebung jüdische Familien, hat sie deren Denunzierung oder deren Untertauchen bzw. den Abtransport miterlebt? Hätte sie jemandem helfen können, evtl. durch Verstecken in unserer Familie?

Eine diesbezügliche Anklage gegen sie liegt mir fern – ich achte ihre unglaubliche Stärke in der Bewältigung aller Pflichten als Familienmutter in den Kriegsjahren – aber ich würde mich so gerne noch mit ihr über dieses gesamte Thema auseinandersetzen. Es ist nicht mehr möglich, lange, lange ist sie schon tot. Heute frage ich mich selbst vorwurfsvoll, warum mir vor drei, vier Jahrzehnten, als beide Eltern noch lebten, alles andere wichtiger war. Warum holt mich erst jetzt im Alter die Problematik des Kriegsgeschehens so intensiv ein?

Der Soldatenalltag meines Vaters würde mich sehr interessieren. Womit er sich beschäftigen und auseinandersetzen musste – praktisch und mental. In wie weit er als Soldat zum Gehorsam gezwungen wurde und auf welche Art und Weise, und dadurch gegen seine Überzeugung und gegen sein Gewissen handeln musste. Was an miterlebten Grausamkeiten – außer der schon erwähnten Massenerschießung[39] – ihn so stumm und verschlossen gemacht hat?«

Erna T. (1934): »Schmerzlich und nicht zu akzeptieren bleibt … für mich, dass sie (*die Eltern*) es nicht vermocht haben, Jahre nach dem Krieg und der Notzeit uns gegenüber auszudrücken, wie grauenvoll sie finden, was das Nazi-Regime und der Krieg unter ihren Augen angerichtet haben. Welche Verbrechen zu einem Teil mit ihrem Wissen (denn die Hetze gegen Juden und andere Menschengruppen und deren Verfolgung war absolut öffentlich), aber ohne viel äußere Handlungsmöglichkeit (außer bei Existenzgefährdung oder Lebensgefahr) begangen wurden.

Und mir selbst fehlte zu ihren Lebzeiten die innere Möglichkeit, der Mut und die Unbefangenheit, um detaillierter fragen und das Tabu angehen zu können, obwohl es mehrfach Gesprächsansätze dazu mit meiner Mutter gab.«

Jetzt bleiben ihnen nur vage Vermutungen, die manche gar nicht anstellen mögen. Damals waren sie von den Verlusten, den finanziellen Einschränkungen und der Bedrücktheit und Sorge der Mütter betroffen, die ihr eigenes Leben und ihre Ausbildung behinderten. Sie erlebten ihre lädierten und enttäuschten Väter. Sie konnten sich mit Recht als Opfer von Verhältnissen fühlen, die sie nicht zu verantworten hatten. Von sich aus eine Aussprache herbeizuführen, dazu fühlten sich Kinder damals im Allgemeinen nicht befugt. Die Eltern offen zur Rede zu stellen oder zu kritisieren, hielten sie nicht für statthaft. Viele wollten es auch gar nicht so genau wissen, weil sie Angst hatten, das Bild der geliebten Eltern und damit ihr Selbstbild zu beschädigen. Das hat sie in ihrer eigenen Entwicklung sicher behindert. Und wo sie dennoch fragten, erhielten sie meist keine Antwort. Es wäre aber falsch anzunehmen, dass nur die Eltern, die etwas zu verbergen hatten, konsequent schwiegen. Auch solche, die sich nichts vorzuwerfen hatten, mochten nicht mehr darüber sprechen, weil alles so schwer gewesen war.

Rita F. (1934): »Warum Kinder nicht darüber reden können? Ich hab die Erfahrung gemacht, dass es darauf ankommt, welche Persönlichkeit Kinder entwickeln können oder selbst entwickelt haben. Und dass eine Bindung an einen Vater, auf den man stolz sein möchte und der etwas getan hat, wofür man sich als Kind auch schämt, dass einen das so bindet, dass man selber seine Persönlichkeit nicht weiter entwickeln kann und deshalb auch diese Sache entweder verdrängt oder wegschiebt oder auch einfach nicht mehr angucken will. Ich hab selber im Bekanntenkreis so jemanden, die sogar aus der Kirche ausgetreten ist aus diesem Grund. Sie hat es nicht ertragen, dass bei der Frage von Aufarbeitung von Nazi-Verbrechen auch ihr Vater mit im Gespräch war, aber auf eine sehr sensible und vorsichtige Art, aber sie konnte es nicht ertragen. Sie konnte nicht eine selbständige, erwachsene Persönlichkeit entwickeln.«

Gisela B. (1939): »Ich weiß noch sehr gut, dass wir Kinder auf unsere Fragen nach der Nazizeit keine Antwort bekamen. Mein Vater sagte immer: ›Ich will nichts mehr wissen darüber.‹ Und wenn wir dann nicht locker ließen, sagte er betont: ›Schluss jetzt!‹«

Wie für die Eltern, so war auch für alle Kinder gleich nach dem Krieg anderes vordringlicher, denn sie mussten alle Kräfte anspannen, um zu überleben und voranzukommen. Wer wollte es ihnen verdenken, dass auch für sie der Blick nach vorn wichtiger war als der Blick zurück? Die kleineren hatten politisch nichts »aufzuarbeiten«. Viele ältere, von der Hitlerjugend begeisterte Kinder, waren zunächst wie gelähmt. Sie konnten sich nicht befreit fühlen, weil sie sich vorher alles andere als bedrückt gefühlt hatten. Sie waren entsetzt über alles, was sie nun von den Verbrechen erfuhren, konnten es mit dem bisher Geglaubten nicht zusammenbringen, schoben es einfach von sich und suchten neue Orientierungen. Erstaunlich ist aber auch, wie leicht einige über die »Ent-Täuschung« hinwegkamen.

Hermann S. (1932) über das Kriegsende: »Mir wurde die Fahne übergeben, mit der ich spät nachts heimkam. Ich habe sie gleich daheim in meiner Kommode, ganz unten unter meiner Wäsche, versteckt. Meine Mutter wusste nichts davon. Ein paar Tage später, kurz vor dem Einrücken der Franzosen, schaute ich nochmals nach ›meiner‹ Fahne. Sie war nicht mehr da. Ich fragte meine Mutter danach, denn nur sie konnte sie gefunden haben. Und sie sagte: ›Die habe ich vor ein paar Tagen im Waschkessel verbrannt. Niemand darf die finden.‹ Für mich brach damals eine ganze Welt zusammen. Ich weiß nur noch, dass ich den ganzen Tag geheult habe – hatte ich doch ›unsere Fahne‹ im Stich gelassen, Verrat begangen. ›Denn die Fahne ist mehr als der Tod‹.«

Ulrich L. (1931): »Im Frühsommer 1945 beriefen die amerikanischen Besatzer eine Art Volksversammlung in der Turnhalle ein. Ich glaube, es war Pflicht zu erscheinen. Es sprach ein Herr Fischer, in M. ›Fischerle‹ genannt, der einzige mir bekannte Kommunist M.s; er hatte das KZ überlebt.

Mit sich überschlagender Agitatorenstimme beschrie Fischer die KZ-Erlebnisse. Wir 13- bis 15jährigen lehnten mit dem Rücken an der Wand der vollbesetzten Turnhalle und lachten lauthals! Wir dachten: nach der beschissenen Nazi-Propaganda kommt jetzt die genau so beschissene Gegenpropaganda. Wir glaubten dem armen Mann kein Wort.

Keiner der Erwachsenen gebot uns Einhalt …«

Prot K. (1930):
»I: Wann haben Sie sich endgültig von der NS-Ideologie gelöst?
K: Sie werden es kaum glauben, aber das erfolgte eigentlich recht schnell. Nachdem ich mit meinem Schulfreund unsere HJ-Fahrtenmesser hinter der Scheune eines Bauernhofs im Bayerischen Wald vergraben hatte und am nächsten Tag die Amerikaner in das Dorf einzogen, war für mich das ›Tausendjährige Reich‹ passée. Es galt jetzt, mit der für uns völlig veränderten Position fertig zu werden. Doch was unter diesem ›Dritten Reich‹ für Gräueltaten geschahen, das erfuhren wir erst im Laufe des Herbstes 1945. Man war noch zu sehr mit sich selbst und seinen Problemen beschäftigt.«

Ruth B. (1930): »NS-Prägungen sind nach Kriegsende glücklicherweise schnell zerronnen. Höchstens Enttäuschung darüber, dass diese Vergangenheit nicht gut war – eine Täuschung eben. Man hat das abgelegt und versucht, in der Gegenwart einen neuen Standort zu finden. Man hat sich bemüht, eine Ausbildung zu bekommen, etwas zu werden, hatte den glühenden Wunsch, die Welt, die wir bis dahin nicht kannten, kennen zu lernen.«

Karl Burkhof (1929), der als 16-jähriger »Kriegsgefangener« in einem tschechischen Lager eingesperrt war:

»Als uns die Tschechen 1945 beschimpften, begriff ich nichts. Dann verstand ich einige Worte, die ich nicht glauben wollte. Wir, die Deutschen, die edle Rasse, hatten Konzentrationslager gebaut und alle Juden und Zigeuner darin eingesperrt und ermordet. Ich habe zwei Jahre gebraucht, um einzusehen, dass es sich um keine Verleumdungen, sondern um die Wahrheit handelte.

Ich war in meiner Jugend so stolz auf mein Volk und mein Vaterland gewesen, dass ich nicht fassen konnte, dass die Deutschen Verbrechen begangen hatten wie noch nie ein Volk in der Geschichte zuvor. Für mich brach eine Welt zusammen, und ich brauchte lange Zeit, um darüber hinwegzukommen. Ich verstand meine Mutter, als sie am Tag des Kriegsbeginnes ausrief: ›Hat es dieser Verbrecher endlich geschafft!‹ Ich verstand auch meinen Vater, weshalb er nicht Mitglied der Partei geworden war und dass er mit mir dummem Jungen, nicht über Politik gesprochen hat.«[40]

Eva W. (1931): »Die Ernüchterung kam mit Kriegsende. Man hat aber mit mir nicht darüber gesprochen, obwohl ich die Beschämung und die Reue über so viel Verblendung bei meinen Eltern sehr wohl spürte. Für mich kam die ›Wende‹ und Einsicht durch den Religionsunterricht und den sehr jungen Priester, der selbst zur Jugendbewegung – Bund Neudeutschland – gehörte und uns drei katholischen Mädchen in der Klasse riet, uns dem Heliandbund für Mädchen anzuschließen. Wir gründeten eine kleine Gruppe, die Führerin kam extra aus Stuttgart einmal in der Woche zur Gruppenstunde, und wir haben mit Begeisterung durch entsprechende Geistliche unseren katholischen Glauben auf neue Weise sehen gelernt und fühlten uns als ›studierende Jugend‹ am Gymnasium und später als junge Christen verstanden.«

Viele haben lange, sehr lange gebraucht, sich mit ihrer eigenen Geschichte während dieser Zeit politisch zu befassen, viele haben es bis heute nicht getan. Die Eltern konnten ihnen dabei meist nicht helfen. Die Lehrer ebenso wenig, denn der Geschichtsunterricht endete meist mit dem Ersten Weltkrieg oder noch früher.[41] Es ist auch verwunderlich, wenn auch erklärlich, dass die Lehrer von sich aus nicht danach fragten, was ihre Schüler im Krieg erlebt hatten, waren sie doch selbst zu stark involviert. Seltsamerweise unterhielten sich auch die Klassenkameraden kaum über das Zurückliegende, und bei Klassentreffen wurde das Thema, wenn überhaupt, lange nicht angesprochen. Johanna F. (1934) in einem Brief vom 18.3.2004: »Mit den ... Klassenkameradinnen treffen wir uns nur alle paar Jahre einmal, eigentlich wurde bei keinem Treffen über unsere Kriegserlebnisse gesprochen. Ich denke auch nicht, dass es im April anders sein wird. Nur wenige sind an der Vergangenheit interessiert.« Allerdings schreibt sie weiter von einem anderen Klassentreffen aus einer anderen Schule, wo in den letzten Jahren mehr über diese Zeit gesprochen wurde.

Dies scheint im Widerspruch zu stehen zu dem großen Erzählbedürfnis, das in den vielen Zuschriften zu meinem Projekt und den zahlreichen autobiographischen Zeugnissen zum Ausdruck kommt. Man geht wohl nicht fehl in der Annahme, dass dieses Bedürfnis bei der Mehrheit der Kriegskinder nicht besteht. Deshalb ist es fragwürdig, in allgemeinen Publikationen, einschließlich meiner eigenen, von *den* Kriegskindern zu sprechen. Auch bei der großen Zahl meiner Gesprächspartner handelt es sich – gemessen an der Gesamtbevölkerung – nur um einen relativ kleinen Ausschnitt, nämlich um die Kinder, denen diese Erfahrungen besonders nachgegangen und denen sie wichtig sind. Genauer gesagt: Für die Erlebnisse selbst ist dieser Ausschnitt hinlänglich repräsentativ, für den reflektierten Umgang damit nur für eine Minderheit. Auch das ist ein wichtiger Befund: Die große Mehrheit der Kriegskinder hat sich auf keine tiefergehende gedankliche Auseinandersetzung mit ihren Kriegserfahrungen eingelassen. Sie hat auch kein Verständnis, warum man sich auf diese »alten Geschichten« überhaupt einlassen soll. Bei manchen wurde das Interesse mit den Jahren größer.

Die Interessierten, auch unter den Jüngeren, haben sich ihr Geschichtsbild selbst erarbeitet oder zusammengesucht. Für sie wurden Lektüre von Büchern und Zeitschriften, Medien, Gespräche mit dem Ehepartner, mit guten Freunden oder in Jugendkreisen hilfreich. Die amerikanische Besatzungsmacht bot ein Umerziehungsprogramm im Rahmen von »German Youth Activities« an, das aber nicht viele erreichte.[42] Dagegen fanden die Amerikahäuser regen Zuspruch. Ob diese Generation bei ihrer Auseinandersetzung mit der Vergangenheit von der Geschichtswissenschaft – trotz deren beeindruckender Forschungsleistung – hinreichend unterstützt wurde, muss bezweifelt werden, denn in den wissenschaftlichen Werken fanden sie sich selbst kaum wieder, die meisten wissenschaftlichen Publikationen gingen über die Köpfe der »einfachen« Menschen hinweg. Hervorgehoben wird aber das Buch von Eugen Kogon: *Der SS-Staat,* das »aufrüttelnd« gewesen sei. Auch Wolfgang Borchert, Heinrich Böll und Günter Grass beeindruckten die Heranwachsenden. Erst ziemlich spät erreichten Fernsehsendungen eine breitere Öffentlichkeit. Der Prozess der Aufarbeitung dauerte oft sehr lange.[43] Die Jüngeren wuchsen ganz selbstverständlich in die Demokratie hinein, die Älteren blieben zum Teil skeptisch, dennoch gehören sie nicht zur »skeptischen Generation«, die Helmut Schelsky gezeichnet hat und die hauptsächlich die jungen Kriegsteilnehmer umfasst.

Alinde B. (1937): »Im Nachhinein wurde ganz wenig über diese Ära gesprochen, muss ich sagen. Das war kein Tischgespräch. Da hat man nicht drüber diskutiert, jedenfalls nicht im Beisein von uns Kindern.
I: Und die Kinder haben auch nicht gewagt zu fragen?
B: Haben wir nicht gewagt, nein, nein. Deshalb ist auch mein Nachholbedarf ganz groß gewesen, etwas über die Zeit zu erfahren. Habe zum Beispiel im ›Spiegel‹ nachgelesen und sehe auch heut noch die ganzen Dokumentationen von dem Guido Knopp. Ich guck sehr viel bei Phoenix oder hab mich auch kundig gemacht über den Hitler. Das war ja auch so eine Figur, über die die Eltern wenig gesprochen haben.«

Elisabeth W. (1937): »In den letzten Jahren wurde in den Medien über Fernsehen und Presse unheimlich viel Rückerinnerung ans Dritte Reich betrieben. Für mein Empfinden schon fast bis zum Unerträglichen. Wissenslücken konnten geschlossen, Informationen überdacht und berichtigt, Urteile erwogen werden. Dies bot sich alles aber nur ›allgemein‹ an. Die ganz persönlichen Fragen – die eigenen Eltern betreffend – blieben dabei dennoch zum großen Teil offen.«

Gisela B. (1939): »Ich habe keine genaue Erinnerung daran, wie ich als junges Mädchen mit diesem Thema umgegangen bin. Wir haben nur über die Medien einiges erfahren, und das sehr spärlich. Erschüttert hat mich damals die Ausstrahlung der Holocaust-Filme, und erst da ist mir aufgegangen, wie dieses Thema die ganzen Jahre in der Öffentlichkeit und im Privaten ausgeklammert wurde.«

Brigitte R. (1932): »Die Eltern und Verwandten sprachen mit großer Bestürzung und Scham von dem, was sie nach dem Krieg erfuhren. Scham auch den Völkern gegenüber, die unter Hitler leiden mussten. Als wir im Studium (acht Jahre nach Kriegsende!) einen Film über KZ ansahen, war ich fassungslos. Die Bilder werde ich nie vergessen oder verarbeiten können. Ich habe letztes Jahr Auschwitz und Birkenau besichtigt, und als ich die Kinderschuhe sah, weinte ich und war hilflos. Mein Urteil über das ganze Geschehen wuchs allmählich, durch Zeitzeugen, eigene Erlebnisse und Medien.«

Horst T. (1934): »Ein politisches Interesse meinerseits gab es lange Zeit nicht. Erst als ich in den ›Bund der katholischen Jugend‹ eintrat und dort als Leiter der Spielschar und Gruppenleiter etliche ›Führerschulungen‹ miterlebte, wurde ich wachgerüttelt. Im sogenannten ›Stefanuskreis‹ (Rednerschulung, politische Aufklärung) gab es teilweise heftige Debatten über Gegenwart und Vergangenheit. Ich entdeckte, dass mehr dahinter steckte, als ich in den Kriegsjahren selbst erlebte. Vor allem die ›Judenfrage‹ weckte mein Interesse. Ich nahm an Exkursionen teil, die mich v.a. auch nach Dachau führten. Sehr viel entnahm ich auch diversen Büchern, und so wurde mein Blick geschärft. In späteren Jahren besuchte ich noch mehrere Gedenkstätten (z. B. Bergen-Belsen, Flossenbürg). Fernsehen und Rundfunk wie auch die Tagespresse lieferten weitere Beiträge, die mein Bild über die Vergangenheit abrundeten.«

Ingrid K. (1932): »Ich hab doch das Begabtenabitur gemacht, und in Geschichte durfte ich ein Schwerpunktthema auswählen. Und da wollte ich das Dritte Reich nehmen. Das war erst 1967, also kann ich so lange vorher das Bedürfnis noch gar nicht gehabt haben, es aufzuarbeiten, vielleicht nur punktuell. Da dachte ich, das ist die Gelegenheit, du lässt dich darin prüfen und vertiefst alles, was du nur in Wochenschauen, in Blättern, in »Mein Kampf« und was so erschienen war, gehört und gelesen hast. Da hat man mir im Kultusministerium gesagt, sie würden mir abraten. Noch 1967 haben sie das gesagt! Wenn sie mir einen Rat geben dürften, sollte ich die Bismarckzeit nehmen.« (*Lachen*)

Dietrich J. (1933): »Wie bin ich zu meinem Urteil über diese Zeit gekommen? Lesen, Denken, Fragen, Lesen und nochmals Denken. Das war ein jahrelanger Prozess, bis ich die Faszination einerseits und die Ungeheuerlichkeit andererseits begriffen habe.«

Peter C. (1936): »Die Themen blieben lange unbearbeitet … Ich habe das Gefühl, erst jetzt kommt das so alles hoch, aber das ist nicht gut ausgedrückt, es wird jetzt erst endlich richtig be- und verarbeitet, und zwar nicht in der Schwarz-Weiß-Version, wie es nach dem Krieg manchmal war, sondern die Grauzonen, die Grauzonen, die durch die ganzen Familien gehen.«

Wie sieht nun das **Geschichtsbild** der Kriegskinder aus, das sie sich zumeist durch eigene Nachforschungen angeeignet haben? Das lässt sich nicht summarisch beantworten und auch nicht durch die Aneinanderreihung von allgemeinen Ausführungen dazu. Vielmehr wollen wir es durch gezielte Fragestellungen auf den Prüfstand stellen. Es geht dabei um politisch heikle Probleme, die gerade in der Zeit meiner Recherchen besonders brisant waren. Es sind auch keine akademischen, abstrakten, nur auf die Vergangenheit bezogenen Fragen, sondern sie bestimmen konkret die Politik der Gegenwart und Zukunft mit, das heißt sie offenbaren die Verschränkung von historischem Bewusstsein mit **gegenwärtigen politischen Einstellungen**. Es geht um folgende besonders bedeutsame Aspekte:

Worin fühlen sich die Kriegskinder selbst – angesichts ihres Kriegsschicksals – ungerecht behandelt? Wie sollte man sich an die Verbrechen der Nazizeit erinnern und mit ihnen umgehen? Wie stehen sie zu Russen, Polen, Tschechen und Jugoslawen, die ihren Familien und ihnen selbst Leid angetan haben? Sehen sie den Zusammenhang mit der Vorgeschichte?[44] Was möchten sie ihren Kindern und Enkeln aus ihren Erfahrungen weitergeben? Die einzelnen Gesichtspunkte lassen sich nicht scharf trennen.

Die Antworten gehen weit auseinander: Man kann durchaus nicht von einer einheitlichen Meinung *der* Kriegskinder sprechen. Vermutlich käme es zu heftigen Diskussionen und Kontroversen, könnte man sie alle zu einem Kongress einladen. Es lässt sich daran auch ablesen, wie weit Deutschland noch von einer gemeinsamen oder verträglichen Bewertung dieser Zeit entfernt ist. Eine Quantifizierung wäre gerade hier wünschenswert, ist aber nicht möglich. Doch sind die zitierten Stellen keine Einzelmeinungen, sondern sie sprechen jeweils für eine ganze Gruppe. Sie reden unverblümt und ohne Rücksicht auf »political correctness«. In manchen, wenn auch nicht in vielen Aussagen stecken unverkennbar und – teils erschreckend – noch Relikte der »braunen Ideologie«, alter Vorurteile und Denkweisen der Eltern.[45] Es wäre unehrlich, diese Aussagen zu unterschlagen.

Ungerechte Behandlung: Dieser Gesichtspunkt betrifft nicht nur die persönliche Biographie, sondern auch die Kritik an einseitiger Berichterstattung und Schuldzuweisung. Er überschneidet sich mit dem nächsten, der Erinnerung an die Verbrechen. Die Kriegskinder möchten, dass ihr eigenes Leid und das Unrecht, das ihnen angetan wurde, öffentlich gewürdigt wird. Zwar ist ihnen bewusst, dass ihr Schicksal eine Folge des von Deutschen angezettelten Krieges war, aber als Kinder konnten sie nichts dafür, erst recht nicht ihre eigenen Kinder und Enkel. Schließlich möchten sie, dass die ganze Wahrheit gesagt wird und auch das Unrecht der anderen beim Namen genannt wird. Damit reden sie nicht einer Relativierung der deutschen Verbrechen das Wort, aber sie fordern, dass auch die anderen ihre Untaten eingestehen.

Manfred K. (1932): »Mir geht es in erster Linie um die volle *Wahrheit.*[46] Dies betrifft Deutschland und die anderen Nationen. Trotzdem kann ich mir nicht vorstellen, dass vor dem Buckingham Palast, dem Weißen Haus und dem Kreml Mahnmale entstehen könnten, welche an Verbrechen erinnern, die gegenüber ›den Deutschen‹ und ›den Japanern‹ begangen wurden … Es tut weh, wie man mit uns umgeht. Und dass Forderungen und Anklagen mit Zustimmung gewählter Politiker nicht aufhören, trotz schmerzender Wiedergutmachungen, die weltweit einmalig sind.«

Helma T. (1938): »Die Wiedergutmachungsforderungen der ehemaligen Zwangsarbeiter finde ich durchaus gerechtfertigt. Das waren schließlich überwiegend junge zivile Personen, die aus ihrer Heimat verschleppt wurden, um in irgendwelchen deutschen Industrieunternehmen schwer bis zum Umfallen zu arbeiten, und die zum Teil schwere Schäden davongetragen haben. Sie mussten die Arbeit übernehmen, die deutsche Männer nicht tun konnten, weil sie an der Front waren.«

Eva S. (1930): »Wiedergutmachung für das entsetzliche Unrecht, das an den Juden begangen wurde, ist für mich eine Selbstverständlichkeit. Ich habe in London drei Jahre in einer jüdischen Firma gearbeitet, die von Emigranten aus Deutschland geleitet wurde, hatte auch eine jüdische Kollegin, mit der ich mich sehr gut verstand, und wohnte im jüdischen Stadtviertel Londons, Golders Green, bei einer Emigrantin aus Ostpreußen, deren Mann an den Misshandlungen, die er in Deutschland erlitten hatte, in London gestorben war. Somit habe ich viele Schicksale kennen gelernt von Menschen, die 1933 noch aus Deutschland herauskamen.«

Susanne M. (1939): »Für meine und nachfolgende Generationen ist fast 60 Jahre nach Kriegsende Wiedergutmachung weniger auf materieller Ebene als vielmehr in den menschlichen Bezügen wichtig. Vergangenes darf benannt und muss in Erinnerung behalten werden. Die Bemühungen müssen anhalten, den anderen nicht nur zu tolerieren, sondern in seiner Andersartigkeit anzuerkennen. Dazu gehört auch, sich mit unterschiedlichen Lebensstilen, Sitten und Gebräuchen auseinander zu setzen.«

Aber manche Kriegskinder fühlten sich auch von der eigenen Regierung und von den Mitbürgern im Stich gelassen, wenn es um die Wiedergutmachung persönlich erlittenen Unrechts ging, etwa beim Lastenausgleich oder durch die Weigerung, den in die Sowjetunion verschleppten Deutschen, besonders den Frauen und Kindern, eine Entschädigung zu gewähren. Sie fühlen sich beleidigt, wenn ihr Leid einfach als »allgemeines Kriesgfolgenschicksal« abgetan wird. Auch für Rentenkürzungen gerade bei dieser Generation haben sie kein Verständnis.

Maria N. (1931): »Besonders enttäuschte mich das Verhalten ansonsten durchaus liebenswürdiger Leute, die im Krieg keinen Dachziegel einbüßen mussten. Als sie plötzlich zu Abgaben gemäß dem Lastenausgleichsgesetz gezwungen wurden – die Beträge reichten im Einzelfall nicht einmal für eine schlichte Kücheneinrichtung aus – verbargen sie ihren Zorn (über mich und meinesgleichen) nicht vor mir. Ich war tief verletzt.«

Erinnerung an die Verbrechen: Viele plädieren für einen »Schlussstrich« – dabei schlagen manche heftige Töne an – oder zumindest für eine andere Art der Auseinandersetzung.[47] Sie nehmen für sich das Recht auf einen gesunden Nationalstolz in Anspruch.

Lucie Z. (1931): »Wiedergutmachungsforderungen und Verurteilung von Nazis *nach über 50 Jahren*[48], auch *heutige* Errichtung von Mahnmalen halte ich für verspätet. Was können unsere Kinder dafür? Es sollte endlich ein Schlussstrich gemacht werden. Kein Land in Europa würde sich so sehr demütigen lassen wie wir Deutschen und immer noch bezahlen, bezahlen.«

Irmgard B. (1927): »Ich habe einen Vortrag von Viktor Frankl[49] gehört, und er sagte, es gibt keine Kollektivschuld, es gibt nur die Schuld des Einzelnen, und das fand ich so toll, und damit war für mich, für unsere Generation die Belastung wegen der Judenverbrennung erledigt. Wenn man das von solch einem Menschen hört, der durch so viel Not und Elend gegangen ist, dann finde ich, kann man das glauben ... Wenn man sich heute immer so ducken muss, weil man so böse war als Deutscher gegen die Juden, das hat mich immer gestört.«

Heinz S. (1934): »Das mit den Juden war nicht richtig, aber jetzt nach 60 Jahren sollte man sagen, jetzt ist Schluss. Kein Deutscher darf bis jetzt laut sagen, was tatsächlich die Wahrheit ist. Immer noch müssen wir kuschen. Ich habe einmal ein Buch von einem Juden gelesen, der selbst im KZ war. Der sagt: Solange die Juden das nicht begreifen, dass sie auch keine Engel sind – der hat bestimmt viel Leid erlebt, aber er sagt: jetzt ist die Zeit so weit fortgeschritten, und man kann nicht immer nur auf den Deutschen rumhacken, man muss auch mal einsehen, dass man selbst auch mal Fehler macht. Solange man das nicht begreift, wird nie Ruhe und Frieden werden. Das hat der gesagt als Jude.«

Andere wissen zwar, dass sie persönlich dafür keine Schuld trifft, fühlen sich aber immer noch davon belastet und zu besonderem Engagement verpflichtet.

Erna T. (1934): »Rückblickend empfinde ich deutlich die immense Anstrengung und die existentiellen Ängste dieser ganzen Jahre. Später kommt hinzu eine Art ›innerer Auftrag‹, Verantwortung für die Folgerungen aus der Nazi-Zeit zu übernehmen, wie das auch viele andere meiner Generation kennen. Erst in den achtziger Jahren kann ich das biografisch-politisch bewusst herzuleiten beginnen.

Nie werde ich das Gefühl von Scham und Verzweiflung über die deutschen Verbrechen überwinden. Es entwickelt sich untergründig, wird mir dann aber mit zunehmendem Alter und mehr Informationen, als ich sie als Jugendliche hatte, sehr bewusst. Und es gehört zu den äußeren Ruinen und Trümmern im Land und zu dem Unvermögen so vieler Älterer, mit den moralischen und geistigen ›Trümmern‹ nach Kriegsende fertig zu werden und selbst Verantwortung zu übernehmen ... All dies gab mir für längere Zeit das Gefühl, dass ich keine Ansprüche an ein normales Leben zu stellen hätte, vielmehr meine Generation ganz viel ›wettmachen‹ müsste.«

Brigitte R. (1932): »Die Wiedergutmachungsforderungen finde ich schon angebracht, im Falle Israel allerdings geht es oft übers Ziel hinaus, da sie schon sehr viel bekommen haben ... Auch finde ich die Relation zwischen den verschiedenen Leidtragenden durch das Dritte Reich nicht richtig verteilt: Geisteskranke, Krüppel, Homosexuelle, Zigeuner ... werden weniger bedacht mit Geld, Denkmälern und Medienaufmerksamkeit als Juden (ich möchte nichts gegen Juden sagen, sie sind mir so lieb wie alle Menschen, aber ihre Regierung und die im Hintergrund wirkenden Amerikaner tun Unrecht).«

Hans Peter F. (1933): »Ich war selber kurze Zeit als Regierungsassessor in der Oberfinanzdirektion Berlin mit Wiedergutmachungsfragen beschäftigt und hab da auch eine riesige Aufräumarbeit mit großer Energie zu Ende gebracht ... Ich finde diese Wiedergutmachung korrekt, richtig und in Ordnung. Ich habe da ein tiefes Interesse dafür, wie konnte das kommen und wie kann man so was verhindern? Und da bin ich eben mehr für Aufklärung, wie kam es dazu, als für Mahnmale und Stelen und so Geschichten … Was mich zutiefst beunruhigt, ist diese Mentalität, diese Erpressung des deutschen Volkes heute mit dieser nazistischen Vergangenheit, sie immer wieder in die Verantwortung nehmen, die deutsche Geschichte zu reduzieren auf das nationalsozialistische Regime und diese schrecklichen Dinge, die da passiert sind. Das ganze Volk dafür in Sippenhaft zu nehmen, das revoltiert in mir. Und wenn das immer weiter geht, diese psychische Drangsalierung, da habe ich die ganz große Sorge, dass das in Deutschland am Ende nur zu neuem Antisemitismus führt … Und ich habe diese Fragen auch frühzeitig offen bei Juden angesprochen, und da habe ich bei den vernünftigen Leuten, und das waren sie mit einer Ausnahme alle, volle Zustimmung gefunden. Das heißt, dass es wieder einmal Funktionäre der Organisationen sind, die hier Mist machen, und ihrer Sache aber mehr schaden als nutzen am Ende.«

Jürgen B. (1934): »Ich bin bestimmt kein Antisemit, aber man hat es einem so beigebracht, Juden sind was, was man nicht so mag. Wenn man einem das beibringt, dann macht man es sich gewissermaßen zu eigen. Ich finde es schlimm, dass man so mit ihnen umgegangen ist, obwohl ich ehrlich sagen muss – man muss ja vorsichtig sein – sie sind nirgendwo beliebt, sagen wir mal so. Oder wer mag die Juden? Wo sie sind, ist Exodus, überall werden sie doch irgendwie vertrieben …«

Martha D. (1933), deren Vater Ortsgruppenleiter gewesen war: »Ich dachte lange Zeit, dass ich vielleicht irgendwelche Sünden abbüßen muss. Das Gefühl hat mir niemand vermittelt … Ich hatte dann einen Heiratskandidaten; dem habe ich zunächst nicht erzählt, dass mein Vater Nazi war. Ich habe es ihm aber dann doch erzählt. Es machte ihm nichts aus. Als ich ihm sagte, dass mein Vater trinkt, kratzte er sofort die Kurve. Es handelte sich um einen Rumäniendeutschen, SS-Angehöriger, der später studierte und als Professor arbeitete. Der zeigte den Kommilitonen stolz seine Tätowierung. Er hat also nichts bereut. Das ist eine Haltung, die man hier in der Gegend öfter findet. In F. gibt es eine Gastwirtschaft, wo sich die ehemaligen SS-Angehörigen heute noch regelmäßig treffen. Da ist gegenüber den Kindern und Enkeln nichts bearbeitet worden.«

Ingrid K. (1932) erzählt von Treffen ehemaliger Napola-Schüler aus der Klasse ihres Mannes, zu denen sie beide als Klassenkameraden auch eingeladen werden:

»Die sparen ›die alten Geschichten‹ nicht aus, sondern beleben das wieder. Die sprechen *nur* davon, so dass die Frauen sich am Gespräch überhaupt nicht beteiligen können … Alle sagen, wenn ich das kurz fasse: ›Der Führer hat schon gewusst, wer zur Elite zählt.‹ Mein Mann beteiligt sich an all dem nicht, und er sagt: ›Wir gehen da nicht mehr hin‹, und wir finden fast keine Ausrede, weil die eigentlich nett sind.«

Die interessanteste Begegnung mit Vertretern der ehemaligen Nazi-Elite schildert Roland E. (1932). Sein leiblicher Vater war hochdekorierter SS-Offizier gewesen, Freund von Sepp Dietrich.[50] Die Eltern wurden geschieden, als Armin-Roland zwei Jahre alt war. Er wuchs bei der Mutter und den Großeltern mütterlicherseits auf. Sein Stiefvater wurde als Freimaurer von der Gestapo überwacht. Er traf seinen Vater später öfter, 1956 zusammen mit Sepp Dietrich und einem Elsässer in einem Münchener Restaurant:

»Es war schrecklich. Mein Vater: ›Was, Du rauchst, Du trinkst Bier Roland?‹ Ich habe mich beinahe verschluckt. Ich habe meinen Vater auch nicht gefragt: ›Was denn, hast Du gemordet, getötet oder sonstige Schweinereien begangen?‹ Ich hütete mich seinerzeit, so etwas zu sagen, weil ich wusste, wie sehr mein Vater noch in seinem Nazi-Denken verwurzelt gewesen ist ... Sepp Dietrich: ›Euch hätte man viel strenger behandeln sollen. Euch hätte man an die Kandare nehmen sollen, euch hat man geschont‹ ... .und so ging es weiter ... Mit Sepp und meinem Vater bin ich dann später noch durch M. gezogen. (*In der Nähe des Sendlinger Torplatzes läuten sie die Wirtin eines geschlossenen Restaurants heraus:*) ›Ja der Sepp und der Eugen!‹ Sie öffnet. 20 Paar Weißwürste, Bier in Strömen. An die freudigen Erinnerungen, die über die Anfangszeit der ›Stadt der Bewegung‹ ausgetauscht worden sind, erinnere ich mich nicht mehr. – Ich zog mich zurück (allein), und Sepp und mein Vater suchten wohl (Tipps erhielten sie von der Wirtin) einen Puff auf. – Ich wohnte in der Türkenstraße und wurde dort abgesetzt. Ging noch in eine offene Kneipe, trank Rotwein und überlegte, wie solche Menschen mit ihrer Schuld umgehen und wie sie mit ihr leben können. Und warum kommen sie denn immer wieder auf die Beine?«

Aus manchen Erzählungen spricht noch jetzt nostalgische Erinnerung an die »schönen Zeiten«, welche die Eltern und man selbst als Kind »damals«, vor allem vor 1939, erlebt hat, weil man sich mit dem Regime gut arrangiert hatte. Die Meinung, dass »nicht alles schlecht war« im Nationalsozialismus blieb, wie schon bei ihren Eltern, bei vielen erhalten.[51] Auch die Auffassung, der Zweite Weltkrieg sei »international angezettelt worden«, kann man noch finden. Wenn man immer wieder auf solche Haltungen stößt, weiß man, wo der heutige Rechtsextremismus eine seiner Wurzeln hat.[52]

Wie wir in Kapitel 18 feststellen konnten, haben die Kriegskinder im Allgemeinen Verständnis für das Verhalten ihrer Eltern im Dritten Reich. Aber diejenigen, die sich intensiv mit dieser Geschichte beschäftigt haben, sind traurig darüber und enttäuscht, dass manche Eltern dem NS-Gedankengut, mindestens teilweise, noch anhingen und sich von ihnen auch nicht belehren lassen wollten.

Helga S. (1939): »Meine Mutter hat bis zum Ende ihres Lebens immer gesagt: ›Ja, wenn der Krieg nicht gekommen wäre ... der Krieg hätte nicht kommen dürfen.‹ Ich weiß doch, dass der Hitler den Krieg angefangen hat, aber das haben die Eltern nie gesagt, für sie haben ja die anderen den Krieg angefangen. Wenn man mal mit der Mutter alleine war, dann hat man gemerkt, dass ihr das schon klar gewesen ist, dass der Hitler den Krieg angefangen hat. Aber sie konnte das nicht zugeben, wie wenn sie damit zugegeben hätte, dass sie selbst die Schuld haben, dass es so weit gekommen ist. Sie sind ja so dahinter gestanden … Und in unserer Familie haben auch alle gesagt, dass sie nichts gewusst haben … Ich glaube, dass sie nicht wussten, was in Auschwitz passiert ist. Aber dass die Juden gehasst wurden, dass sie verfolgt wurden, das kann ich mir nicht vorstellen, dass sie das nicht wussten. Das wurde von Anfang an verdrängt und nach dem Krieg weiter verdrängt, dann wird es nicht mehr zugegeben. Ich habe das gemerkt, und ich hab das über viele Jahre meinen Eltern ganz unheimlich übel genommen. Ich hab zu meiner Mutter dann gesagt: ›Ich weiß, ich hätte genauso gehandelt, ich weiß, ihr konntet nichts machen dagegen, ihr konntet das nicht verhindern, ihr wart kleine Räder in diesem System und ihr konntet es nicht verhindern. Aber ihr könnt doch um Gottes Willen heut uns gegenüber zugeben. Ihr könnt doch sagen, wir sind dem nachgelaufen und waren verblendet und haben's geglaubt, und wir sind verraten worden. Aber das konnten sie nicht, das war nicht so, sie konnten es nicht zugeben. Nein, das war nicht so, und ich glaube das und das nicht, und das kann gar nicht sein, und wenn das nicht gewesen wäre und das nicht, dann wäre ja alles anders, aber eigentlich war das System ja recht und gut, aber, aber, aber. Mein Vater kam dann immer: ›Ja, wär› dieser Friedensvertrag nach dem Ersten Weltkrieg nicht so schlecht gewesen und hätte man die Deutschen nach dem Ersten Weltkrieg nicht so schlecht behandelt, dann wäre der Hitler gar nicht an die Macht gekommen. Alle waren schuld, nur, nur … sie nicht.«

Sieglinde P. (1934): »Wir haben später, als meine Mutter wieder einen Privatkindergarten hatte, nach dem Krieg einige Judenkinder im Kindergarten gehabt, und meine Mutter konnte mit diesen Kindern überhaupt nicht zurechtkommen, wenn sie wusste, dass das Judenkinder waren. Wir haben immer wieder Juden, junge Leute, mit nach Hause gebracht, und wenn sie der Mutter gefallen haben, dann haben wir gesagt, das ist aber ein Jude, weil wir die Mutter eben verunsichern wollten: da haben wir alle zusammengehalten (*es waren sechs Geschwister*). Die Mutter hat immer gesagt, das kann kein Jude sein, das würde ich sofort erkennen. Oder wenn die Mutter gesagt hat, ja, das war aber ein netter Kerl, dann haben wir gesagt, das ist ein Jude, oder wenn die Mutter gesagt hat, das muss ein Jude sein, haben wir gesagt, nein, rein arisch, obwohl wir das gar nicht wussten und nicht wissen konnten, aber da haben wir zusammengestanden gegen diese blöde, ja gemeine Haltung von der Mutter gegen Juden.«

Die Verfolgten, die unter dem Regime zu leiden hatten, können nicht begreifen, dass »nachher alle auf einmal auch dagegen gewesen sein wollten«, dass die »braunen Bonzen« wieder oben waren, oder sie sind wütend darüber, dass so viele Täter gar nicht bestraft wurden.

Brigitte E. (1928): »Ich hab nicht einen Menschen getroffen, der sich dazu bekannt hat, Nationalsozialist gewesen zu sein. Es waren alle, alle waren Hitlergegner, alle haben irgendetwas getan, entweder ein Lächeln an einen Juden vergeudet oder was weiß ich. Und das war etwas, was mich sehr, sehr böse gemacht hat.«

Heinz H. (1932): »Das Paradoxe ist, dass Leute, die denunziert haben, im Nachkriegs-Deutschland wegen der Denunziation bestraft wurden. Auch derjenige, der meinen Vater denunziert hat. Aber von denen, die an den Gerichtsurteilen mitgewirkt haben, wurde kein einziger vor einem deutschen Gericht belangt. Wobei die Nazi-Juristen Zehntausende von Todesurteilen auf dem Gewissen haben … Die deutsche Justiz macht mir zu schaffen. Diese nicht aufgearbeitete faschistische Nazi-Vergangenheit der deutschen Justiz ist bis heute spürbar.«

Wir wissen wenig darüber, wie die geretteten jüdischen Kinder heute zu Deutschland und den Deutschen stehen. Aus der autobiographischen Literatur[53] spricht eine große Spannweite, selbstverständlich auch abhängig von dem erlittenen Schicksal. Die ambivalenten Haltungen können hier nicht im Einzelnen oder gar mit dem Anspruch auf Repräsentativität dargestellt werden. Gemeinsam ist allen, dass sie nicht vergessen können und wollen. Den Tätern können sie auch nicht vergeben. Aber viele meinen, dass bei aller Wachsamkeit gegenüber erneut auflebendem Antisemitismus die heutigen deutschen Kinder keine Schuld mehr trifft und alles darauf ankomme, jetzt in Frieden miteinander zu leben.[54]

Verhältnis zu den Nationen, von denen sie nach dem Krieg drangsaliert und verfolgt wurden: Es geht um die Russen als Besatzer und neue Herren in der »Ostzone« und im nördlichen Ostpreußen und Russen in Russland, welche die Russlanddeutschen verfolgten, um die Polen und Tschechen, die Racheakte an Deutschen verübten, viele in Internierungslager steckten und sie schließlich vertrieben, und um Jugoslawen und Ungarn, die ebenfalls Deutsche einsperrten und dann auswiesen. Wie stehen die damaligen Kinder zu denjenigen, unter denen sie gelitten haben?[55]

Erstaunlich ist, dass es so gut wie keine Hassgefühle mehr gibt. Und dies nicht nur, weil die Erinnerung verblasst ist und das Alter versöhnlicher stimmt, sondern weil es Einsicht in die Zusammenhänge gibt und auch bei den ehemaligen Feinden eine neue Generation herangewachsen ist, die ebenso unschuldig ist wie sie selber. Sie machen Unterschiede nicht zwischen Nationen, sondern zwischen den Menschen. Eva Maria S. (1935) spricht vielen Kriegskindern aus dem Herzen: »Ich bin der Meinung, dass Russen und Polen Opfer und Täter gewesen sind, und zu berücksichtigen ist, dass wir Deutsche Täter und Opfer waren.« Die Reihenfolge muss beachtet werden.

Bei den Polen berücksichtigen viele, dass diese selbst vertrieben worden waren.[56] Manche aber kommen über die grausigen Erinnerungen bis heute nicht hinweg. Damit kein allzu harmonisches Bild entsteht, sei ein Beispiel herausgegriffen:

Johannes S. (1929): »Durch diese Ereignisse, die ich erlebt habe, vor allem in der Tschechei und in Polen, habe ich nach wie vor eine starke Abneigung gegen diese Völker. Ich würde z. B. nicht wieder diese Länder betreten. Habe da zu grausige Dinge erlebt. Was mich am meisten dort gestört hat, dass nicht nur tschechische Erwachsene, Bürger – die Soldateska, wie man sie nannte, oder Partisanen – auf die deutschen Menschen einprügelten, sondern es waren Kinder von 12 bis 14 Jahren, Jungen, die sich rühmten, so und so viele Deutsche schon mit Stangen erschlagen zu haben.«

Insgesamt bestehen die deutschen Kriegskinder auf der Anerkennung der historischen Wahrheit und der Respektierung des Völkerrechts, auch auf der anderen Seite, so verlangen sie z. B. von der Tschechei die Aufhebung der Beneš-Dekrete.[57] Viele sind zu einer sehr differenzierten Sicht gekommen. Gewisse nationalistische Stereotypen sind allerdings immer noch anzutreffen: *die* Polen, *die* Tschechen, *die* Russen mit angeblich angeborenem »Volkscharakter«. Reserve und Misstrauen gegenüber den östlichen Nachbarn konnten manchmal durch Reisen und besseres Kennenlernen abgebaut werden. Nicht alle haben eine ausreichende Kenntnis der langen und wechselvollen Geschichte des Zusammenlebens der verschiedenen Nationalitäten im Völkermischgebiet Ostmittel- und Südosteuropas, bei dem es zu vielen Konflikten und prekären Beziehungen spätestens mit dem Beginn nationalstaatlichen Denkens seit der Mitte des 19. Jahrhunderts kam, für die man keiner der Volksgruppen die alleinige Schuld zuschieben kann. Revanchistische Vorstellungen und Forderungen habe ich von fast niemandem gehört.[58] Klaus B. (1929) spricht im Sinne vieler Kriegskinder, wenn er sagt: »Den Schmerz über den Verlust weiter Teile unseres Landes werde ich, ohne ihn weitergeben zu wollen, mit ins Grab nehmen.« Das Verhältnis zu den Nachbarstaaten können sie sich nur als friedlich und ohne Feindbilder vorstellen. Sie begrüßen das Zusammenwachsen Europas. Die vielen Besuche in der alten Heimat[59] haben keine Ressentiments gegen die jetzt dort lebenden Menschen aufkommen lassen, im Gegenteil, sie bauten Brücken. Wie viele ganz persönlich an solchen Brücken bauen, werden wir im abschließenden Kapitel betrachten.

Ilse S. (1933): »Die Beneš-Dekrete, die Mord, Enteignung und Vertreibung gefordert und legitimiert haben, sind heute noch Bestandteil der tschechischen Rechtsordnung. Leider sieht die Bundesrepublik Deutschland keinen Grund, dass dies ein Hindernis für den Beitritt in die EU darstellt. Wie ist es nur möglich, dass so ein Staat in die Wertegemeinschaft aufgenommen werden kann? Meines Erachtens sollte unbedingt darauf bestanden werden, dass dieser Teil der Dekrete aufgehoben wird.«

Maria N. (1931): »Bei den Tschechen muss man Regierung und Volk getrennt betrachten. Beneš, ein von unbegreiflichem Hass getriebener Mann, forderte offen die Ausrottung der Deutschen. Morde an ihnen sollten nicht gerichtlich geahndet werden. Damit stellte er dem Mob einen in den Städten genutzten Freibrief aus … Jedoch gehört mein Mitgefühl denen, die an Ausschreitungen und Raub unbeteiligt geblieben sind, selbst enteignet worden und im Elend gestorben sind. Unsere Helfer zählten dazu. Es gab viele Situationen, in denen Tschechen uns unter eigener Gefahr beigestanden haben. Ich denke mit großer Dankbarkeit an sie, immer und immer wieder.«

Helma T. (1938): »Meine Einstellung zu Russen und Polen ist heute die, dass ich mir sage, das waren damals die Polen und die Russen und das sind heute andere. Ich hatte geschäftlich mit Russen und Polen zu tun und habe gemerkt, dass ich ihnen nicht voreingenommen begegnet bin. Heute weiß ich, nach den vielen Dokumentationen, die ich gesehen habe, warum die Russen und Polen so oder so zu uns waren.«

Was möchten sie aus ihren Erfahrungen weitergeben an die Nachwachsenden? Ihre Antworten auf diese meine Frage leitete eine ganze Reihe heutiger Eltern und Großeltern, auch Lehrer, ein mit der Bemerkung, dass sie grundsätzlich skeptisch sind, die Kinder könnten aus diesen Erfahrungen lernen. Manche stellen bedauernd fest, dass ihre Kinder sich gar nicht oder kaum dafür interessieren. Trotzdem haben sie selbst ja bestimmte Erziehungsgrundsätze praktiziert und den Kindern vorgelebt, was kaum ohne Wirkung geblieben sein dürfte. Was also war und ist ihnen politisch wichtig?

Man kann die Antworten in mehrere, immer wiederkehrende, sich gegenseitig bedingende und überschneidende Hauptanliegen zusammenfassen. Aus der großen Zahl von Äußerungen seien jeweils einige wenige, charakteristische herausgegriffen. Selbstverständlich werden nicht alle von allen vertreten. Kritik an der aktuellen Politik soll dabei nicht berücksichtigt werden.

1. Sich intensiv mit der Frage befassen, wie es zu dieser NS-Diktatur in Deutschland kommen konnte und sich auf die guten Werte in der deutschen Tradition besinnen.

Hans-Peter F. (1934): »Tut viel mehr in Richtung Aufklärung. Wie geschieht so etwas? … Wie konnten die eigentlich guten Tugenden, wie Gehorsam, Disziplin usw. so gnadenlos ausgenutzt werden für Ziele, die wir nicht durchschaut haben? Wie konnten vor allem intelligente Menschen, die führende Schicht Deutschlands in Kultur, Politik, Wirtschaft, ja sogar in den Hochschulen, so mitmachen?«

Ingrid H. (1932): »Die nachwachsende Generation sollte mehr und intensiv und anschaulich unterrichtet werden, wie unser Deutschland 1945 aussah und wie es dazu kam … Sie sollte etwas bescheidener sein, nicht nur an Bequemlichkeit und Selbstverwirklichung denken.«

2. Den Kindern die eigene Rolle und die Rolle der Eltern während der Zeit nicht verschweigen und ihnen wahrheitsgemäß das Erlebte erzählen, auch die Schandtaten, die von eigenen Leuten verübt wurden und die man womöglich als Kind mit angesehen hat. Dabei muss man aber achtsam sein, kleine Kinder psychisch nicht zu überfordern.

Sieglinde P. (1934) : »Ich erinnere mich, dass meine Tochter … aus der Schule heimkam nach langer Zeit, in der sie über das 3. Reich gesprochen hatten im Geschichtsunterricht, und sie hat gesagt: ›Gott sei Dank, endlich fertig mit dem Thema, ich kann es nicht mehr hören.‹ Und dann hab ich sie eingeladen zu einem Eis und bin mit ihr in Kassel auf den Bahnhof gegangen und habe ihr den Bahnsteig 3 gezeigt und gesagt: ›Hier schau mal, das ist der Bahnsteig, von dem die Juden abgeholt worden sind. Und sie hat gesagt: ›Da musst du dich irren, das kann so nicht sein.‹ Und ich sag, warum? ›Ja, da hätten doch die anderen Leute das gesehen und hätten das doch nicht zugelassen.‹ Und ich hab viel Mühe gehabt, ihr klarzumachen, dass die anderen Leute das gesehen haben und es zugelassen haben, zum Teil wohl aus Angst, zum Teil, weil sie einverstanden waren, und dass es wirklich so ist. Und hab ihr dann wieder Bücher vorgelesen, weil sie selber nicht lesen wollte, um ihr das klarzumachen. Und ich glaube, ich hab damit mehr erreicht als ein halbes Jahr Geschichtsunterricht in der Schule zu diesem Thema.«

Ingrid A. (1936): »Ich möchte, dass mein Enkel über den Holocaust Bescheid weiß. In Berlin-Wilmersdorf werde ich ihm eines Tages die vielen Aufzeichnungen auf den Straßen zeigen, wo Juden einmal ein Geschäft hatten oder wohnten und abgeholt oder dort erschossen wurden. Ich werde ihn mit zu einem der Kriegsgräber nehmen und ihm auch von früher erzählen. Das andere besorgt der inzwischen sehr ausgewogene Geschichtsunterricht, wo ihnen altersgemäß über die Zeit berichtet wird.«

Walter K. (1927): »An meinem Beispiel würde ich den Schülern in der Schule gerne vermitteln, wie leicht verführbar die Jugend ist.«

3. Politisch interessiert und wachsam sein.

Karin R. (1934): »Wir haben versucht, unseren Kindern zu vermitteln, dass es wichtig ist, politisch interessiert zu sein und sich wenigstens tagesaktuell zu informieren, um über den eigenen Tellerrand zu gucken, am eigenen Platz im Rahmen des Möglichen Widerstand zu leisten, wenn das nötig ist. Die eigene Existenz zu gefährden, kann ich nicht verlangen.«

Helga P. (1932): »Weitergeben möchte ich einiges, aber junge Leute wollen das ebenso wenig hören wie wir die Steckrübengeschichten aus dem 1. Weltkrieg. Raten möchte ich aber jedem, sein Wahlrecht auszuüben und nicht auf Ideologien hereinzufallen.«

4. Selbständig und kritisch denken, sich nicht manipulieren lassen.

Renate F. (1937): »Was mir noch geblieben ist, ist Widerstand und Misstrauen gegen jede Art von Autorität. Ich hinterfrage alles immer, zweifle an und versuche noch anderes herauszukriegen. Ob denn das stimmt, was da steht, ob es da nicht noch eine andere Bestimmung gibt, ob man das anders auslegen kann usw.«

Alice S. (1930): »Anregung für nachfolgende Generationen: Kritische Prüfung, bevor man sich für eine Sache gewinnen lässt und sich dafür einsetzt. Misstrauen gegenüber Ideologien, Weltverbesserern und Demagogen.«

Melanie M. (1935): »Ich habe einen Horror vor Diktaturen und dem Missbrauch von Idealismus. Ich bewundere Menschen, die politische Situationen durchschauen und Konsequenzen ziehen gegen die allgemeine Strömung … Meine Söhne habe ich beschworen, nie mit der Menge ›Hosianna!‹ oder ›Kreuzige!‹ zu rufen.«

5. Bereit sein, soziale und bürgerschaftliche Aufgaben zu übernehmen. Viele sind heute ehrenamtlich aktiv.

Walter K. (1927): »Ich bin noch im Bürgerbüro ehrenamtlich aktiv. Das hilft Menschen. Ich geb z. B. etwas Deutschunterricht für Ausländer. Und da gibt's so 15 Aktive, die so verschiedene Sachen machen, also Stadtführungen oder Neubürgerbegrüßungen … Ich kenne hier in R. fast jeden durch meine Tätigkeit.«

Erna T. (1940): »Nach den langen Zeiten der Ohnmächtigkeit und des Ausgeliefertseins in diesen Jahren wird es im Laufe meine Lebens umso wichtiger, Einfluss zu nehmen und Prozesse selbst gestalten zu können.«

Helmut H. (1937): »Ich möchte mit gutem Beispiel zusammen mit Kindern und Enkeln für eine bessere Zukunft arbeiten. Sie sollen aus den Erfahrungen einen guten Blick für die Geschichte und die aktuelle Politik bekommen und erkennen, was wichtig ist in schwierigen Zeiten: Friede, Freiheit, eine gewisse Bescheidenheit und Achtung vor Gott und der Natur.«

Aus alledem geht klar und eindeutig hervor, dass die Kriegskinder überzeugte Demokraten geworden sind und dass die deutsche Demokratie bei ihnen in guten Händen ist, solange sie noch ein Wort mitzureden haben. Sie kennen aber auch die Gefährdung dieser Regierungsform und registrieren sie sehr aufmerksam.

Was sie aber vor allem weitergeben wollen, was einen aus allen Erzählungen und Aufzeichnungen förmlich anspringt und worin sie sich alle einig

1a. Werner D. als Junge. Er überlebte als einziger einer sechsköpfigen Familie den Angriff vom 4. Dezember 1944 auf Heilbronn.

1b. Werner D. heute

sind, ist die vehemente **Ablehnung des Krieges.** In die Zeit der Gespräche fiel der zweite Golfkrieg, der nahezu einhellig verurteilt wurde.

Anstelle einer Aneinanderreihung vieler leidenschaftlicher Plädoyers gegen den Krieg und für den Frieden möchte ich Auszüge aus einem Schriftstück und zwei Reden zitieren, die Kriegskinder, von deren Schicksalen diese Dokumentation berichtet, aus aktuellen Anlässen gehalten oder verfasst und mir zugesandt haben. Es sind Menschen aus verschiedenen politischen Lagern.

Manfred B. (1939): »Diese Rückschau habe ich am 13. Februar 2005 gehalten und zu Papier gebracht. Sie ist als ›Denkschrift‹ im Album meiner Enkel eingelegt.
Wie vor 60 Jahren
Es gibt immer noch Kriege!
Es war Krieg, als ich noch Kind war. Was ich sah, hörte und erlebte, war nur Not, Tod, Hass und Leid. Ich hatte Angst um alles Leben und großen Hunger an all den Tagen. Krieg war und Krieg wird es immer geben. Der Mensch ist unmenschlich und tierisch in seiner Natur, im Krieg, und wir Kinder dazwischen drin. Ist das fassbar? … Neid, Intoleranz, Ideologie und Habgier als Auslöser lassen Menschen Kriege vom Zaun brechen, und immer sind die Kinder dazwischen, unschuldig.
Krieg ist entsetzlich
Krieg ist erniedrigend
Krieg ist angsteinflößend
Krieg ist gemein
Krieg ist unfassbar
Krieg ist unberechenbar

Krieg ist menschenfeindlich
Denn: Krieg ist *kein* Mittel …
Haltet in Euren Familien Frieden, und ich glaube fest daran, dann kann auch der Frieden in der Welt irgendwann die Oberhand gewinnen, den Krieg in eine Ecke drängen und uns Menschen zur Vernunft und Einsicht bringen.«[60]

Werner Dierlamm (1927) ist heute Pfarrer. Aus seinem Grußwort zum Festgottesdienst am 12. November 2006 zum Kirchenjubiläum 50 Jahre Kreuzkirche in Kirchheim/Teck:

»Was mag uns in dieser Stunde besonders bewegen? Ich denke daran, dass die erwachsenen Menschen, die sich damals zur Einweihung in der neuen Kirche versammelten, alle den Zweiten Weltkrieg überlebt haben, der elf Jahre zuvor zu Ende gegangen war.

Die Vertriebenen, die unter Lebensgefahr fliehen mussten, haben für immer ihre Heimat und auch oft Angehörige verloren. Kaum eine Familie hatte keinen Gefallenen zu beklagen. Wie viele sind verletzt an Leib und Seele dem Krieg entronnen. So musste zum Beispiel unsere Organistin und Kantorin ihre drei Kinder allein aufziehen. Ich selbst, der damalige erste Pfarrer an der neu errichteten Pfarrstelle, habe als Einziger unserer sechsköpfigen Familie den Krieg überlebt.

In dem festlichen Gottesdienst vor fünfzig Jahren ist sicher wenig von dem schrecklichen Krieg die Rede gewesen. Die Menschen hatten wieder Zukunft vor sich. Sie waren glücklich über die neue Kirche und die entstehende Gemeinde. Sie hatten viele Pläne. Sie wollten die schmerzlichen Ereignisse und Erinnerungen hinter sich lassen.

Aber sie holen uns wieder ein. Mich selbst hat dies Thema Krieg und Frieden nie losgelassen. Auch meinen Nachfolger Hans Hermann nicht, dessen schwere Krankheit durch den Krieg verursacht war. Wir haben Kriegsdienstverweigerer beraten und uns zeitlebens für die drei großen Ziele Gerechtigkeit, Frieden und Bewahrung der Schöpfung eingesetzt …«[61]

2. Schnitzarbeit von Siegfried S. gegen Kriege weltweit

Heinz H. (1932):[62] Aus seiner Rede zum Volkstrauertag in Welzheim für

3. Demonstration gegen den Irak-Krieg von Renate B. Das Plakat zeigt ihre Mutter und jüngere Schwester vor dem durch Bomben vernichteten Haus, in dem ihre behinderte Tante verbrannte.

die Vereinigung der Verfolgten des Naziregimes/Bund der Antifaschisten am 13. November 2005 in Welzheim: »Warum Volkstrauertag? Trauert unser ganzes Volk um die Opfer der Kriege? Oder sind es nur die immer weniger werdenden Menschen, welche durch den II. Weltkrieg und die Nazibarbarei nahe Menschen verloren haben, deren Lebensweg hart und bitter durch diesen Krieg geworden ist, bei denen der Krieg die Natürlichkeit des Todes außer Kraft gesetzt hat, weil er junges Leben zerstörte, Müttern die Kinder, Frauen den Mann, Kindern den Vater genommen hat?

Es steht uns gut an, uns immer wieder der Menschen zu erinnern, die eines widernatürlichen Todes sterben mussten, jener, deren Tod von menschlichen Taten, oder besser gesagt, von menschlichen Untaten verursacht wurde. Leider auch hier in Ihrer idyllischen Stadt.

Dieser Volkstrauertag behält seine wichtige Bedeutung, so lange noch Waffen für Kriege gefertigt werden, so lange Krieg noch als Mittel der Politik in Erwägung gezogen wird …

Fast immer, wenn von Kriegen die Rede ist, heißt es, sie seien ausgebrochen. Aber Kriege gleichen keinem überraschenden Vulkanausbruch, sie werden vorbereitet und gemacht – von Politikern und Militärs, werden geschürt von wirtschaftlichen oder pseudoreligiösen Interessen … Werden das Ausmaß des Verbrechens, einen Krieg vom Zaune zu brechen, wird der Grad der Unmenschlichkeit, Andersdenkende, Andersrassige, Andersgläubige einfach zu vernichten, in unserer heutigen Gesellschaft noch in ihrem vollen Umfang begriffen? Wird unserer Jugend in der Schule, in den Elternhäusern dieses ausreichend vermittelt? … Die Trauer um die Opfer des Naziregimes und um die Toten aller Kriege verpflichtet auch uns, die Nachfolgegeneration, zu Konsequenzen: Nie wieder Faschismus – nie wieder Krieg!«[63]

Nicht alle Kriegskinder oder deren Kinder sind Kriegsdienstverweigerer geworden[64], aber viele haben ihre Söhne in diesem Sinn erzogen. Einem dieser Söhne genügte als Begründung ein einziger Satz: »Ich sehe die Wunden am Körper meiner Mutter und möchte niemals dazu beitragen, dass andere Mütter so etwas erleben müssen.« Nicht alle haben sich aktiv in die Friedensbewegung eingebracht, sich an Demonstrationen beteiligt oder Ausstellungen zur Friedenserziehung mitgestaltet. Es gibt auch Stimmen der Resignation und der Ohnmachtsgefühle angesichts der vielen Kriege überall in der Welt, aber sie treten in dem großen Chor kaum hervor. Manche haben ihren ganz individuellen Weg der Auseinandersetzung und des Protests gefunden. Dafür noch einige Beispiele: Siegfried S. (1936) fertigte für sich und die Familie Schnitzarbeiten mit Anti-Kriegsthematik an. Renate B.(1936) protestierte gegen den Irakkrieg mit einem gut einen Meter hohen und etwa 80 Zentimeter breiten Bild ihres nach dem Fliegerangriff vom 13. September 1944 zerstörten Elternhauses. mit der roten Aufschrift: »Nie wieder Krieg. Nie wieder Kriegskinder«. Viele Leserbriefe wurden und werden geschrieben.

Aber nicht nur in persönlichen Äußerungen oder durch Demonstrationen treten Kriegskinder für Versöhnung ein, sondern sie *leben* Versöhnung ganz praktisch. Diesem besonders bedeutsamen und mutmachenden Engagement soll das Schlusskapitel gewidmet sein.

Kriegskinder haben das ihnen Mögliche getan, ihre Kinder zu Friedfertigkeit zu erziehen. Werden ihre Stimmen noch genug Kraft haben, wenn sie nicht mehr sind? Werden die Kinder und Enkel ihre in dieser Dokumentation aufbewahrten Stimmen hören?

Kapitel 22

Gelebte Versöhnung

»Versöhnung« ist ein viel gebrauchtes und oft missbrauchtes Wort. Wer kann sich mit wem versöhnen? Wenn Kriegskinder in ihre alte Heimat reisen, aus der sie vertrieben worden sind, oder wenn ihre Väter in Russland die alten Kriegsschauplätze aufsuchen und sich mit ehemaligen Kriegsgegnern treffen, ist das noch lange kein Zeichen der Versöhnung. Versöhnung anbieten kann nur der, dem zuvor Unrecht und Leid angetan wurde; der Täter kann nur um Verzeihung bitten. Nur wenn das Opfer verzeiht, kann Versöhnung stattfinden. Und das bedeutet, dass ein Neuanfang gewagt wird. Es bedeutet nicht einfach »Schwamm drüber« und »Vergeben und Vergessen«, sondern das Geschehene wird in seiner ganzen Dimension bekannt und anerkannt, es wird auch nicht vergessen – dabei würde man sich etwas vormachen –, aber es soll die gegenseitigen Beziehungen nicht mehr belasten dürfen.

Was besagt diese Vorbemerkung in unserem Zusammenhang? Kinder haben ja keine Schuld auf sich geladen – das haben wir immer wieder betont, aber wir haben auch gesehen, dass die Last und die Schatten der Vergangenheit mit dem Generationswechsel nicht einfach gebannt sind, sondern dass sie die Gegenwart und Zukunft weiter belasten und verdunkeln. Die Kriegskinder können aus der Verantwortung für die deutsche Geschichte nicht aussteigen, aber viele von ihnen haben sich dieser Verantwortung gestellt. Viele bekennen sich zu dem von ihrer Elterngeneration den Verfolgten und Kriegsgegnern angetanen Unrecht und bitten für sie um Verzeihung. Aber auch viele alt gewordene Kinder der ehemaligen Feinde und deren Nachkommen sehen die »Rache« ihrer Elterngeneration an Deutschen als Unrecht, entschuldigen sich dafür und bieten die Hand zu einem Neuanfang. Kinder der Opfer und Kinder der Täter machen sich gemeinsam auf, die Schatten der Vergangenheit zu vertreiben und Brücken zu bauen. Beide Seiten verzichten auf jede Art von Entschädigung; sie verzichten darauf, das Rad der Geschichte zurückzudrehen. Wenn das alles keine hohlen Phrasen sein sollen, nur »politisch korrektes Gesäusel« (Peter Glotz), so muss die so zustande gekommene Versöhnung einen sichtbaren Ausdruck finden, sie muss praktische Konsequenzen haben, sie muss *gelebt* werden.

Man könnte viele offizielle Initiativen aufzählen, die nach Kriegsende gestartet wurden, von Städtepartnerschaften bis zum Schüleraustausch, von Politikertreffen auf allen Ebenen, wissenschaftlichen Kongressen, kirchlichen Veranstaltungen über die Grenzen hinweg, Hilfeleistungen verschiedener Institutionen, bis zum Bau des Vereinten Europa. Überall spielen Kriegskinder eine überragende Rolle, denn vor allem ihre Generation hat das alles getragen und geschaffen.

In diesem Kapitel können wir nur ausschnitthaft Beispiele von Aktivitäten zusammenstellen, an denen meine Gesprächspartner beteiligt waren und sind und von denen sie mir berichtet haben. Sie reichen von Organisationen und Vereinen, offiziellen und gemeinschaftlichen Unternehmungen bis zu ganz privaten und persönlichen Verbindungen. Ich habe nicht eigens danach gefragt, und so ist das mir Zugetragene eher zufällig und deckt gewiss nicht das ganze Spektrum ab. Mit ihrem Einverständnis treten die ausführlicher zitierten Zeugen aus der Anonymität heraus, werden in diesem Kapitel mit ihrem vollen Namen genannt und mit einem Foto aus der Kinderzeit und aus neuerer Zeit vorgestellt.

Schon am Ende des letzten Kapitels wurde das Engagement vieler Kriegskinder für den Frieden angesprochen. Die dort Zitierten (Walter Dierlamm[1] und Heinz Hummler[2]) haben sich zeit ihres Lebens für Frieden eingesetzt, der auf wahrhaftige Versöhnung gegründet sein muss. Viele andere haben sich der aktiven Friedensarbeit verschrieben und berichten darüber.

Fridburg Thiele (1940): »Nach den langen Zeiten des Ausgeliefertseins in den Kindheitsjahren wurde es für mich umso wichtiger, Einfluss nehmen und Prozesse selbst gestalten zu können, in beruflicher und persönlicher Hinsicht. In der Gruppe ›Frauen für den Frieden‹ fand ich ab 1982 eine Art politischer Heimat, konnte mit diesen Frauen meiner Generation wie auch Älteren und Jüngeren meine Einschätzungen, Gefühle und Ängste bezüglich der atomaren Bedrohung und der Raketenstationierung in West und Ost teilen und anstehende Fragen diskutieren. Unserem bis dahin von etlichen von uns so verachteten Land versuchten wir, ein konstruktiveres Bild mit anderen Formen demokratisch-kritischen Verhaltens und mit vielfältigen friedlichen, humorvollen und kreativen Aktionen entgegenzusetzen. Ein Beispiel von vielen: Die erste Frauenkette (mit 6.000 Frauen) zwischen dem amerikanischen Konsulat und der sowjetischen Militärmission in Berlin-Dahlem am 8. März 1983, dem Internationalen Frauentag. Dabei überbrachten jeweils drei Frauen unserer Gruppe Friedens-Grußbotschaften an die Frauen dieser Länder in beide Behörden.«

Was eine einzelne Frau bewirken kann, zeigt das Beispiel von Marianne Levacher (1931):

1. Gisela Frei. Neben ihr ihre kleine Schwester »Spatz«, die sie während der Flucht streckenweise auf dem Rücken getragen hat. Für ein Kinderfoto siehe Band 1, Abbildung 2 in Kapitel 3 auf S. 70.

»Ich habe mich nach dem Tode meiner Eltern als Ruheständlerin mit meinen Kriegserfahrungen beschäftigt. Ich bin seit 1950 Mitglied in der Pax Christi Bewegung. Ich stamme aus dem Saarland und war dort schon als Schülerin in der deutsch-französischen Versöhnung tätig. Aus meinen Erfahrungen heraus habe ich 2002 eine Stiftung ›Frieden lernen – Frieden schaffen‹ gegründet. Wir versuchen, mit den Geldern der Stiftung – der Betrag des Stiftungskapitals ist noch klein – Projekte zu fördern, die jungen Menschen die Gelegenheit geben, sich mit dem Frieden auseinander zu setzen, z. B. Friedenslauf in Aachen, deutsch-polnischer Jugendaustausch bei Horizont …«[3]

Von einem späten Friedensschluss innerhalb einer gemischtnationalen Familie erzählt Gisela Frei, geb. Ott (1928):[4] Die Mutter war Tschechin aus Blovice, hatte einen Deutschen geheiratet, lebte in Berlin, hatte aber vor den Bomben mit ihren beiden Mädchen bei ihrer tschechischen Familie Zuflucht gesucht. Sie wurde nach 1945 behandelt wie eine Deutsche und vertrieben. Das hatte den Bruch mit ihrer Verwandtschaft zur Folge:

»Mir ließ es jahrelang keine Ruhe, dass meine Mutter mit ihrer Heimat und ihren Geschwistern – außer Vašek, dem jüngsten Bruder – gebrochen hatte. Ich ahnte, wie alle litten.(*Sie bat ihren Mann inständig, mit ihr nach Tschechien zu fahren*). Am 14. Oktober 1968 fuhr ich nach Blovice! … Die Freude war riesig! Ich wohnte bei Onkel Vašek. Wie ein Lauffeuer breitete sich die Nachricht aus in meiner Sippe, dass Giselka da wäre. Alle kamen, es gab erschütternde Szenen, besonders durch die Frau meines Onkels Jenda, dem Lieblingsbruder meiner Muter, der im Februar verstorben war. Wie glücklich wäre er gewesen, wenn er das noch erlebt hätte! Als ich nach einer Woche heimfuhr, musste ich ein Telegramm an meinen Mann aufgeben: ›Hole mich in Frankfurt ab, habe viel Gepäck.‹ Mein Koffer war voll durch Fotoalben, mein Tagebuch 42/43, zwei kleine Ölgemälde mit Rahmen. Meine Tanten gaben mir Gänsebraten, Knödel und Kraut mit, eine Cousine kam mit einer Standvase aus böhmischem

Glas, die ich aber unmöglich mitnehmen konnte … Sie brachten Blumensträuße zum Zug, so dass die Passagiere glaubten, eine Filmdiva würde von Fans verabschiedet. Und immer wieder hörte ich die flehende Bitte. ›Bitte, bitte, Gisela, bringe uns die Pepička!‹ (Name meiner Mutter). Das geschah erst 1971! Es gab eine große Versöhnung, herzzerreißende Szenen spielten sich ab. Alle waren glücklich! Auch bei Mutti glaubte ich, dass nun der Eisring, der sich um ihr Herz gebildet hatte, endlich geschmolzen war. Mein Gott, war ich froh! Endlich Friede! Heute zähle ich über 80 Verwandte in Böhmen. Mit den meisten stehe ich in herzlicher Verbindung.«

2a. Brigid Ammerschlaeger als Kind

Damit endet ihr Tagebuch.

Zu den internationalen Jugendorganisationen, die sich seit Kriegsende besonders intensiv um Verständigung und gegenseitige Hilfe bemühen, gehört der SCI, Service Civil International, Internationaler Zivildienst. Einige meiner Gesprächspartner sind Mitglieder. Brigid Ammerschlaeger (1934) kam eher durch Zufall zu dieser Organisation, eigentlich aus Geldmangel. Als Studentin konnte sie einen für die Prüfung erwünschten Auslandsaufenthalt in Frankreich nicht bezahlen, erfuhr beim Asta (*Allgemeiner Studentenausschuss*) von der Möglichkeit, dies über ein Lager des SCI zu verwirklichen. Das war 1955, und sie blieb bis 1971 dabei. In diesen 16 Jahren hat sie an vielen internationalen Projekten mitgearbeitet, die überall praktische Hilfe leisteten, wo sie gebraucht wurde, ohne Rücksicht auf politische Lager, Religion oder Weltanschauung. Die knappe Aufzählung ihrer vielfältigen Tätigkeiten vermittelt einen Eindruck:

2b. Brigid Ammerschlaeger heute

»Handlangerarbeiten beim Häuserbau von Siedlern (Worms), Setzen eines Zauns um ein Kinderheim (Lüttich), Streichen von Räumen beim Umbau eines Klosters (Lyon), Wegebau

(Nizza), Wiederaufbau nach Erdbeben (Agadir/Marokko), Brunnenbau (Indien), Renovieren von Wohnungen für Alte und Bedürftige (Paris), archäologische Ausgrabungen (Dordogne), Alphabetisierungs- und Französisch-Kurse für Migranten (Algerier, Portugiesen in Paris).«

Nach dem Krieg musste auch schwere körperliche Aufbauarbeit geleistet werden, so gleich im ersten Lager in Worms:

»Dort war ich etwa zwei Wochen. Wir waren 20 bis 30 Freiwillige, schliefen in zwei großen Sälen, kochten für uns und halfen einer Siedlungsgenossenschaft beim Bau ihrer Eigenheime. Wir klopften Ziegelsteine aus dem Schutt ab, zogen Nägel aus noch verwertbaren Brettern, siebten Sand und mischten Beton. Einen Betonmischer gab es immerhin, in den wir Sand, Kies und Zement schaufelten und Wasser hineingossen. Der fertige Beton wurde in Schubkarren geleert und zu den Fundamenten gefahren, wo er von Hand festgestampft wurde. Es waren also sehr viele Handlanger nötig, ein älterer Handwerker beaufsichtigte uns, und abends nach Feierabend kamen die Siedler und mauerten selbst ihre Häuser hoch. Wir dagegen hatten abends unsere house meetings, hörten von der Begründung des SCI durch den Schweizer Pierre Cérésole[5], außerdem sangen wir viel, und die Teilnehmer erzählten von ihren jeweiligen Ländern.«

Sie ist dabei geblieben, weil sie dort eine Gemeinschaft fand, die sie nach dem Krieg eigentlich unbewusst gesucht hatte, und Menschen, die sich nach dem Motto »Nicht Worte, sondern Taten«, für andere einsetzten. Die Themen Gewaltlosigkeit, Kriegsdienstverweigerung und gerechte Entwicklung prägten ihr politisches Weltbild, das sich heute unter dem Wort »Zivilgesellschaft« zusammenfassen lässt. »Gelebte Toleranz« war auch eine wichtige Erfahrung. Dass ein Berufssoldat und ein Kriegsdienstverweigerer aus den USA gemeinsam in Europa an einem Friedensdienst teilnahmen, beeindruckte mich. Und das Bemühen, sich trotz verschiedenster Muttersprachen zu verstehen, entsprach völlig meinem Berufsziel als ›Über-Setzer‹ oder ›Brückenbauer zwischen den Völkern‹. Ermutigt durch die Erfahrungen in ihren Erwachsenenkursen wurde sie mit 40 Jahren Waldorflehrerin. Über das Weiterwirken von SCI berichtet sie: »Eine letzte Erfahrung aus dem Jahr 2006: Ich durfte an einem Workcamp in Tübingen teilnehmen und aus der Anfangszeit des SCI berichten. Die jungen Menschen – meist 50 Jahre jünger als ich – zeigten das größte Interesse daran, und schon am ersten Abend fühlten wir uns freundschaftlich verbunden. Ein Generationenkonflikt kann überhaupt nicht auftreten, wenn die Interessen und Ideale die gleichen sind.«[6]

Eine ganze Reihe meiner Gesprächspartner war und ist an Städtepartnerschaften beteiligt. Solche Partnerschaften wachsen meist aus Kontakten, die einzelne Menschen knüpfen, und sie werden getragen von der Gastfreundschaft, dem Interesse und der Mithilfe vieler Beteiligter. Susanne W. (1932) leitete von 1974 bis 1984 die Kreisgeschäftsstelle der SPD in Singen:

»Da mein Mann gleichfalls 25 Jahre Gemeinderat unserer Stadt Singen war, hatte er Gelegenheit, bei der Wahl der Partnerstädte mitzuwirken. Singen ist eine sehr ausländerfreundliche Stadt. Wir haben vier Partnerstädte, davon eine in der Ukraine. Ein Hobby-Historiker hat herausgefunden, dass aus der Stadt Kobeljaki sich die meisten Zwangsarbeiter in Singen aufhielten. Dies war das Fundament der Städtefreundschaft. Da dringend nötig, erhält Kobeljaki von uns die größte Unterstützung. Mit ihnen gibt es auch die vielfältigsten persönlichen Beziehungen. Sie werden privat eingeladen, alles wird privat finanziert.«

Susanne M. (1939), heute Erste Vorsitzende des Gesamtkirchengemeinderats von Schwäbisch Hall:

»Vor vier Jahren begann ich polnische Menschen, das Land Polen und die polnische Geschichte über die Städtepartnerschaft zwischen Schwäbisch Hall und Zamosc im Südosten Polens kennen zu lernen. Freundschaften, die hier möglich sind, erlebe ich als Deutsche als ein Geschenk. Ich habe nicht nur Buchenwald, sondern auch Majdanek auf mich wirken lassen.

Für meine und nachfolgende Generationen ist fast 60 Jahre nach Kriegsende Wiedergutmachung weniger auf materieller Ebene als vielmehr in den menschlichen Bezügen wichtig. Die Bemühungen müssen anhalten. Dazu gehört auch, sich mit unterschiedlichen Lebensstilen, Sitten und Gebräuchen auseinander zu setzen.«

3a. Sigrid Hörsch als Kind (1944). Das Bild wurde in ein Album aufgenommen, das zum ersten Liegnitzer Treffen angefertigt wurde.

Erst in den letzten Jahren finden auch »Heimattreffen« der besonderen Art statt. Heute polnische Städte laden die ehemaligen deutschen Bewohner zu gemeinsamen Tagen ein. Über eine solche Veranstaltung verfasste Sigrid Hörsch (1939) einen ausführlichen Reisebericht, den sie mir zusandte. Ich zitiere einige Abschnitte daraus: »Die Stadt Legnica hatte zum ›Ersten großen Treffen der Lieg-

3b. Sigrid Hörsch in der Zeit des Liegnitzer Treffens

nitzer‹ vom 4. bis 6. Juni 2004 in Liegnitz eingeladen. Die Einladung war auch im ›Liegnitzer Heimatbrief‹ veröffentlicht worden …« Am Tag der Ankunft wurde nachmittags ein Theaterstück in polnischer Sprache aufgeführt. Es gelang den deutschen Liegnitzern einigermaßen, der Handlung zu folgen.

»Das Stück stellte die Geschichte des Stadttheaters Liegnitz im Dritten Reich, am Kriegsende und in der polnischen Zeit, auch während der russischen Besatzung dar, exemplarisch ein Stück Liegnitzer Stadtgeschichte. Die historischen Hintergründe – Personen und Vorgänge – waren sauber recherchiert. Im Foyer waren die Bilder mit kurzen biografischen Hinweisen des Vorkriegs- und Kriegsensembles, alte Programmhefte usw. ausgestellt … Der Autor versuchte, die Vorgänge sachlich und emotional treffend zu schildern … Es wird nichts beschönigt, aber auch nichts übertrieben. Wir fanden das Stück und die Art der Darstellung gut; auch die übrigen deutschen Liegnitzer hatten nichts einzuwenden.

Anschließend fand auf dem Ring vor dem Rathaus die offizielle Begrüßung durch den Bürgermeister der Stadt und den Intendanten des Theaters statt. Ein Lied zum ›Ersten großen Treffen der Liegnitzer‹ wurde uraufgeführt. Zur Erinnerung an die Mongolenschlacht von Wahlstatt hatte sich eine Gruppe von Studenten als Mongolen verkleidet und ›raubten‹ die Zuschauer aus. Die Gastronomen der Stadt hatten auf dem Platz Stände mit polnischen Spezialitäten aufgebaut. Der Tag endete mit einem Feuerwerk.«

Allerdings schmerzte sie und die anderen deutschen Liegnitzer, dass alle Reden auf Polnisch gehalten und nur ins Englische übersetzt wurden. Am nächsten Vormittag fand ein Podiumsgespräch statt, von dem ihr besonders das Statement eines etwa 35–40-jährigen Polen imponierte:

»Er erzählte, dass er in seiner Jugend nie etwas über die Geschichte von Liegnitz gehört, aber auch gar nicht danach gefragt habe. Erst als Erwachsener begann er zu fragen, musste aber alle Antworten selbst suchen. Aus ihm sprach das auch von uns schon beobachtete Interesse der jüngeren Generation an der Geschichte, die offenbar von der älteren Generation fast geheim gehalten worden war … Durch diese Veranstaltung wurde mir noch einmal klar, was ich eigentlich schon wusste, was aber immer wieder neu akzeptiert werden muss: Liegnitz ist eine polnische Stadt mit Einwohnern, die diese Stadt mit Fug und Recht ihre Heimatstadt nennen. Großartig ist, dass sie dies auch den deutschen vertriebenen Liegnitzern zugestehen und gewissermaßen die Stadt mit ihnen teilen … Es wäre schön, wenn man polnisch sprechen und verstehen könnte, das würde noch mehr Gemeinsamkeiten mit den jetzigen Bewohnern ermöglichen … Es bleibt immer noch Trauer, denn es war ein zu einschneidendes Erlebnis, auch für mich als Kind. Die Trauer über die zurück gelassene Puppe und das Märchenbuch bleibt immer noch.«

4a. Familie Schwob. Stefan als 17-Jähriger. Mit diesem Familienfoto von 1947 haben sich die Schwobs bei ihren Verwandten in Nord- und Südamerika für die Pakete bedankt, die diese ihnen nach dem Überleben der Hungerlager schickten. Stefan: »Das war mein erster Nachkriegsanzug mit Weste, das weiße Hemd kam aus Amerika. Alles, was Vater, Bruder und die zwei Schwestern anhaben, ist aus Amerika oder Argentinien. Mutter hat ihre Festtagstracht von einer Nachbarin wiederbekommen.«

Es gibt Vereine von Bewohnern ehemaliger deutscher Orte in Polen, die ganz bewusst freundschaftliche Beziehungen zu den jetzt dort Lebenden aufbauen und pflegen, wohl wissend, dass diese Menschen selber Vertriebene waren. Außerdem gibt es in letzter Zeit zunehmend Einladungen und Treffen zur Errichtung gemeinsamer Gedenksteine und Denkmäler für erlittenes Unrecht.

Der donauschwäbische Junge Stephan Schwob (1930) beginnt seine Erinnerungen mit den Worten:

»In Mrzovic im Kreis Djakovo in Kroatien bin ich am 8. November 1930 geboren. Mindestens fünfmal war ich in akuter Lebensgefahr: Als eine Hundertschaft Partisanen drei junge kroatische Heimwehrsoldaten erschossen; als ich als Deutscher in die Vernichtungslager nach dem Zweiten Weltkrieg gebracht wurde und durch Hunger sterben sollte; als ich mit anderen Buben im Vernichtungslager Krndija an die Wand gestellt wurde, um erschossen zu werden; als mein Cousin und ich nach einer Betteltour ins Lager Krndija zurückschleichen wollten und die Posten in unsere Richtung schossen; als

4b. Stefan Schwob heute

5. Einweihung des Mahnmals in Valpovo. Unter dem Mahnmal befindet sich eine Gruft, in der die Gebeine der ums Leben gekommenen Donauschwaben, die sich am unteren Teil des Friedhofs befinden, zur letzten Ruhe gebettet wurden.

mich ein Partisanenkämpfer durch ein Küchenfenster erschießen wollte, welches eine mutige Kroatin verhinderte.«

Am 4. Oktober 2003 nahm er an der Einweihung der Gedenkstätte für die Toten der Donauschwaben auf dem Friedhof von Walpach/Valpovo in Kroatien teil, wo sich auch ein Todeslager befunden hatte. Er hatte selbst dafür gespendet und auch unter Landsleuten um Spenden geworben. Es wurden viele Reden gehalten, von Kroaten und von Deutschen. Aus der Rede des Bürgermeisters von Valpovo, Tomislav Ivic:

»Eine besonders große Schande ist es, dass Tausende Menschen hier gestorben sind und Zehntausende andere Opfer der kommunistischen Diktatur geworden sind. Niemand kam dafür vor Gericht, und die Gerechtigkeit hat sie nicht erreicht. Diese schreckliche Schande ist einer der dunkelsten Punkte dieser Stadt. Das war nicht der Wunsch der Einwohner von Valpovo, und aus der Geschichte der alten Menschen von Valpovo und auch von Lagerinsassen erfahren wir, dass Menschen aus Valpovo in diesen schrecklichen Zeiten anderen Menschen geholfen haben, wo immer es ging.[7] Valpovo ist für dieses Lager nicht verantwortlich, aber ich möchte Ihnen im Namen der Stadt meine Trauer und mein Mitgefühl ausdrücken.«[8]

Es waren auch kroatische Parlamentarier anwesend, die überlebenden Lagerinsassen die Hand reichten; ein kontinuierlicher Dialog sollte nun folgen. Der Präsident des Weltdachverbandes der Donauschwaben dankte in seiner

Rede der kroatischen Öffentlichkeit, dass sie den damaligen »Völkermord an der deutschen Bevölkerung« als schweres Verbrechen anerkennt und fügte hinzu: »Nur in einem friedlichen Zusammenleben der Völker kann eine neue gedeihliche Zukunft entstehen.«[9]

Aber nicht nur gemeinsame Mahnmale entstehen, sondern es wird auch gemeinsame Aufbauarbeit geleistet. Ilse Schulz (1933) aus dem sudetendeutschen Städtchen Bennisch, erlebte Schreckliches unter den sowjetischen Besatzern und den Tschechen: der Vater zur Zwangsarbeit verschleppt, an deren Folgen er 1947 starb, die Familie in Internierungslagern, 1946 vertrieben.[10] Sie fanden in Tailfingen in Württemberg eine neue Heimat: »In unserer Stadt lebten Deutsche und Tschechen immer friedlich zusammen. Auch während des Krieges. Aber danach regierte plötzlich der Mob.« Sie hat seither ihre alte Heimat öfter besucht. In der Bennischer Kirche nahm sie an einem deutsch-tschechischen Versöhnungsgottesdienst teil. Ein Gedenkstein wurde gesetzt. Sie schickte zu ihrem Lebensbericht eine Erklärung der sudetendeutschen Priester zum deutsch-tschechischen Verhältnis mit:

»Nach der ›samtenen Revolution‹ 1989 haben viele Vertriebene ihre Heimat besucht. Sie haben die Verwüstung gesehen: Die Zerstörung vieler Ortschaften, die Schändung von Kirchen und Friedhöfen, weil man deutsche Aufschriften beseitigen wollte, um zu dokumentieren, dass hier schon immer tschechisches Land gewesen sei. Spontan haben die Vertriebenen mit dem Restaurieren begonnen. Im Kontakt mit den Bischöfen, Bürgermeistern, Denkmal- und Genehmigungsämtern haben sie zusammen mit tschechischen Bauarbeitern, die mit sudetendeutschen Spenden bezahlt wurden, die Aufbauarbeit begonnen. Im Böhmerwald und Egerland, wo es wegen der Grenznähe zur Bundesrepublik Deutschland zu besonders verheerenden Verwüstungen gekommen war, wurden weit über 50 Kirchen wiederhergestellt … In diesen erneuerten Kirchen treffen sich fast jedes Jahr die Pfarrgemeinschaften der Vertriebenen. In den Gottesdiensten, zusammen mit den jetzt dort ansässigen Tschechen, entstanden Vertrauen, ja Freundschaften zwischen Deutschen und Tschechen.«[11]

Zur Versöhnungsarbeit gehört als wichtige Voraussetzung die gemeinsame Aufarbeitung der Vergangenheit vor und nach 1945. Intensiv widmet sich Gerhard Gruschka (1931) dieser Arbeit auf vielfältige Weise. Er selbst war als 14-Jähriger aus Gleiwitz unter falschen Anschuldigungen in das polnische Internierungslager Zgoda, ein ehemaliges Nebenlager von Auschwitz, eingesperrt worden.[12] Er wurde Opfer des grausamen Vergeltungsdranges von Tätern, die im Hitlerkrieg selbst Opfer gewesen waren. In seinem Buch *Zgoda. Ein Ort des Schreckens*, aus dem wir zitiert haben, schildert er wahrheitsgetreu und ungeschminkt seine Erlebnisse, aber nicht um anzuklagen, sondern um den Teufelskreis von Hass und Gewalt zu durchbrechen. Das Buch wurde ins

6a. Gerhard Gruschka als Kind

Polnische übersetzt. Trotz vieler für Polen unbequemer Passagen fand das dokumentarische Werk in Polen ein positives Echo in Fernsehen, Funk, Presseartikeln und beim Leser. Gerhard Gruschka will zeigen, dass dieser Krieg und alle Kriege stets auf beiden Seiten zu Grausamkeiten und Schuld führen, und er findet, dass Aufrichtigkeit die Erinnerung heilt und so zur Versöhnung führen kann, nach dem Motto des Erzbischofs von Oppeln, Alfons Nossol: »Versöhnung ist geheilte Erinnerung«. 2005 kam es zu einer denkwürdigen Jubiläumsfeier. Dazu schreibt Gerhard Gruschka:

»Zehn Jahre nach Errichtung der ersten Gedenkstätte vor dem Lager Schwientochlowitz/Zgoda nur für die Opfer der Zeit vor 1945 hat die Stadt die geplante Umgestaltung des ehemaligen Lagertores zu einer Gedenkstätte für beide Lagerphasen (1943-1945 Nebenlager KZ Auschwitz, 1945 Lager des polnischen Sicherheitsdienstes UB) vorgenommen. Die Einweihung dieser Gedenkstätte fand in Verbindung mit unserer Gedenkfeier statt, was durchaus als eine deutliche Geste der Versöhnung verstanden werden durfte und noch vor wenigen Jahren undenkbar gewesen wäre. Eine weitere, mich persönlich sehr anrührende Geste dieser Art war das Eingehen auf unsere Bitte, den Gedenkstein von 1994, der zwischenzeitlich um eine schmiedeeiserne Verzierung ergänzt worden war, im linken Torpfeiler zu belassen. Ursprünglich wollte man das Tor ganz in seinen Originalzustand zurückversetzen.«[13]

6b. Gerhard Gruschka heute

Schon in dem oben zitierten Bericht von Sigrid Hörsch klang an, dass sich viele junge Polen für die jüngere Geschichte ihrer Heimatstadt, von der sie bisher nichts wussten, zu interessieren begannen. Das Interesse wächst auch unter polnischen Historikern, wobei es keine Scheuklappen gibt. Auch das verfolgt Gerhard Gruschka mit Interesse und mit Genugtuung.[14] »Für mich als Betroffener ist diese Aufmerksamkeit bis vor wenigen Jahren noch unvorstellbar gewesen.«

7a. Gustav Bekker als Kind

Gustav Bekker (1936) hat eine »Initiativgruppe Zentrales Arbeitslager Potulice e.V.« ins Leben gerufen, die wohl einzigartig sein dürfte. Seine Geschichte hörte ich anlässlich einer Tagung des Frauenverbandes im Bund der Vertriebenen im Frühjahr 2001.[15] Hier eine knappe Zusammenfassung:[16] Gustav Bekker stammt aus einem kleinen Dorf in Mittelpolen, dem Gau Wartheland in deutscher Besatzungszeit. Am 18. Januar 1945 begaben sich alle Dorfbewohner vor der anrückenden russischen Front auf die Flucht. Doch der Flüchtlingstreck wurde durch die russischen Panzerverbände schnell überholt und zur Umkehr gezwungen. Bekkers waren sich gegenüber der polnischen Bevölkerung keiner Schuld bewusst und kehrten in die Heimat zurück. Hier traf auch der Vater von Gustav Bekker ein, der in den letzten Kriegstagen zum Volkssturm eingezogen worden war. Doch nach wenigen Tagen wurde er verhaftet und in Alexandrow Kujawski erschossen. Mutter und Geschwister landeten schließlich im Lager Potulice bei Bromberg. Gustav Bekker kam allein in Baracke 28. Dieses Lager war 1941 für Polen erbaut worden, später dem KZ Stutthof unterstellt, 1945 von den Polen als Lager für Deutsche übernommen. 1948, also mit knapp zwölf Jahren, wurde die Familie in die sowjetische Besatzungszone entlassen. Gustav wurde Arzt in Elsterwerda in Südbrandenburg.

7b. Gustav Bekker (rechts) mit Andrzej Nawrocki, Bürgermeister von Nieszawa

1997 fuhr er mit seiner Lebensgefährtin nach Potulice. Sie hatten zwei Ziele:

1. Ehrendes Gedenken an Tausende deutscher Lageropfer
2. Versöhnung mit den einst in Potulice internierten Polen

Mit großer Anstrengung konnten Gustav Bekker und seine Lebensgefährtin 1998 die Errichtung eines Denkmals für die deutschen Opfer erreichen. Es wurde in einem ökumenischen Gottesdienst, gehalten von einem deutschen und einem polnischen Geistlichen, eingeweiht. Zahlreiche Persönlichkeiten des öffentlichen Lebens und geistliche Würdenträger aus Polen und Deutschland waren zugegen. Zu Beginn seiner Verhandlungen mit der polnischen Seite hatte Bekker Stanislaw Gapinski kennen gelernt, den Regionalvorsitzenden der Vereinigung der politischen Gefangenen, der Gefangenen des Hitlerregimes und der Konzentrationslager. Es stellte sich heraus, dass sie in derselben Baracke 28 eingesperrt gewesen waren, Gapinski vor 1945, Gustav Bekker nach 1945. Sie schlossen Freundschaft. Am 2. September 2000 konnte auf einem weiteren Gräberfeld ein zweites Denkmal für deutsche Lageropfer eingeweiht werden. Diesmal errichtet von der Stadt Naklo n. Not. Es waren polnische Bürger, die deutschen Lageropfern ein Denkmal setzten.

Potulice wurde so zum Symbol deutsch-polnischer Versöhnungsbegegnung. Jedes Jahr im September findet dort am deutschen und polnischen Denkmal eine deutsch-polnische Versöhnungsbegegnung statt. Mit dieser Begegnung sind zahlreiche weitere Aktivitäten verbunden, z. B. Städtepartnerschaften, Schüleraustausch (am Oberstufenzentrum des Elsterschloss-Gymnasiums wurde Polnisch gelehrt; im September 2006 wurden in Potulice und Naklo n. Not. Schulpartnerschaften abgeschlossen), Jugendprojekte, historische Aufarbeitung der Geschichte. Gustav Bekker nennt das alles »tätige Versöhnung«. In einem Brief vom Januar 2007 teilte er mir noch mit:

»Beim Einzug der Wehrmacht 1939 waren in Nieszawa (zu deutsch Nassau), einer kleinen Kreisstadt an der Weichsel in Mittelpolen, polnische Zivilisten erschossen, und im Winter/Frühjahr waren hier deutsche Frauen und Kinder erschossen bzw. in der Weichsel ertränkt worden. Ich wusste von diesen Ereignissen, da wir nur 7 km entfernt in einer Schule interniert waren. Nach den Erfolgen in Potulice trug ich den Versöhnungsgedanken nach Nieszawa, und hier gelang mir mit dem dortigen Pfarrer Wojciech Sowa, dem Bürgermeister Andrzej Nawrocki und den Abgeordneten mit ihrem Vorsitzenden Roman Chmielewski etwas, das ich als vollendete Versöhnung bezeichnen möchte. Wir errichteten am 29. August 2004 den polnischen und deutschen Opfern am Weichselboulevard ein Denkmal. Wir gedenken auf *einer* Tafel sowohl der polnischen als auch der deutschen Opfer! Wo gibt es solch ein Denkmal noch einmal in Polen? ›Wir vergeben und bitten um Vergebung‹, Worte polnischer Bischöfe aus dem Jahre 1965 an die deutsche Bischofskonferenz zieren den Stein.«[17]

An einem oder mehreren dieser Treffen nahm auch Martha Kent (1940) teil, die die ersten bewussten Jahre ihrer Kindheit im Lager verbracht hatte und dieses Lager als ihre » Heimat« betrachten musste, weil sie gar keine andere kannte. Erst Anfang Juli 1949 wurde sie entlassen.[18] 1953 wanderte die Familie nach Kanada aus. Sie wurde nach dem Studium der deutschen Literatur und der Psychologie Neuropsychologin in Arizona. Aus einem Vortrag, den sie für mich aus dem Englischen übersetzte und mir 2001 zuschickte:

»Während des Jahres 1998 kehrte ich nach Potulice und Polen zurück, um an einer Veranstaltung zur Versöhnung mit der geschichtlichen Vergangenheit teilzunehmen. Vor Jahren schon hatte man dort ein Denkmal für polnische Opfer der deutschen Besatzungszeit errichtet. Jetzt haben überlebende Deutsche eine Initiative gebildet. Ihr Ziel war es, eines der Massengräber für die dort umgekommenen deutschen Gefangenen zu kennzeichnen und auch eine Versöhnung zwischen polnischen und deutschen Überlebenden einzuleiten. Ich schloss mich der Gruppe an, um diesen Versöhnungsprozess zu unterstützen und auch zum ersten Mal Menschen aus der Gefangenschaft wieder zu treffen. Seit 1949 hatte ich kein Wort über Potulice gehört. Auch war ich nicht einem einzigen Menschen aus der Gefangenschaft begegnet. Vor allem wollte ich die außerordentliche Nächstenliebe, die ich in der Gefangenschaft erlebt hatte, feiern: die des russischen Soldaten, der uns eine Bibel hinhielt und uns bat, für ihn zu beten, als er uns versteckt fand, die der polnischen Arbeiterin, die uns nicht verlassen wollte, die meiner Mutter, die eine Jacke für das Leben meines Vaters eintauschte; die meines Vaters, der für uns Kinder bettelte und Schläge erhielt, um uns am Leben zu erhalten …

Am Tage unserer Feier versammelten wir uns auf dem Friedhof von Potulice. Wir waren erstaunt, als sich hier eine große Menschenmenge versammelte. Es könnten tausend Menschen gewesen sein, weit mehr als wir erwarteten. Der Gemeindepriester von Potulice, Stanislaw Zymula, und der evangelische Pastor Klaus Zimmermann hielten einen ökumenischen Gottesdienst ab, und anschließend las Propst Zymula die Messe. Mehrere Leute hielten Ansprachen, darunter Gustav Bekker, unser Organisator … Dann sprach auch Stanislaw Gapinski. Danach las ich den dreiundzwanzigsten Psalm für die Kinder von Potulice, die die Freiheit nicht kannten, und denen etwas Liebe so wichtig war wie ein Stückchen Brot, für die polnische Arbeiterin und für den russischen Soldaten.«[19]

Ob der Lebensbericht von Martha Kent *Eine Porzellanscherbe im Graben* inzwischen ins Polnische übersetzt ist, vermag ich nicht zu sagen. Von einigen meiner Gesprächspartner, die auch Bücher über ihre Kindheit geschrieben haben, weiß ich von Übersetzungen, so etwa von Gerhard Gruschkas Buch über Zgoda. Solche Übersetzungen von Büchern sind ein deutliches Zeichen für die Bereitschaft, die Sicht der jeweils anderen Seite nicht nur zur Kenntnis zu nehmen, sondern zu achten. Joachim Otto (1941) hat sei-

8a. Joachim Otto, der Jüngste in der Familie

nem Buch *Meine Wurzeln in deiner Heimat* einen Titel gegeben, der an die polnische Seite appelliert, die 700-jährige deutsche Geschichte im Osten anzuerkennen. Andererseits appelliert er damit auch an die Deutschen, anzuerkennen, dass dieses Land inzwischen die Heimat von polnischen Menschen geworden ist. Er erzählt, wie er dazu kam, dieses Buch zu schreiben. Als 44-Jähriger besuchte er seine Geburtsstadt Lauban in Niederschlesien, zum ersten Mal. Dort hatten seine Vorfahren seit zwei Generationen als erfolgreiche Textilfabrikanten gewirkt.

»Das Gefühl, erstmals meine Heimat gesehen zu haben, lässt sich kaum beschreiben. Ohne meine Mutter und die Tanten hätte ich nichts vorgefunden als eine glanzlose, in sich versunkene, verrußte Kleinstadt, zu 70 Prozent zerbombt, zerschlagen und wieder notdürftig von den Polen zum Leben erweckt, aus Schutt und Trümmern bewohnbar gemacht … Das Thema Flucht und Vertreibung hatte mich bei meinem ersten Besuch berührt. Erschüttert hat mich der Gedanke, wie wir mit dem letzten Zug quai rausgejagt wurden, auch wenn ich keine deutliche Erinnerung in mir verspürte, ich war ja noch sehr klein. Aber schmerzhaft wurde die Erinnerung, als wir das Grab meines Großvaters fanden.

Danach war ich wieder mit meinem Alltag und Beruf in Ludwigsburg beschäftigt. Aber ich wurde immer hellhöriger, wenn ich die Schlesier klagen und bei ihren Heimattreffen ›Schlesien ist unser!‹ fordern hörte. Also sagte ich: Schluss damit! Es war meine Heimat, und es ist jetzt die Heimat der Polen … Wenn ich meine Geburtsstadt besuche, bin ich nicht mehr daheim, aber meinen Vorfahren sehr nahe. Und diese niederschlesischen Polen, wie sie sich selbst nennen, versuchen, die deutsche Vergangenheit mehr und mehr zu ergründen und auch

8b. Joachim Otto mit Tochter Aniela

beim Bauen zu berücksichtigen. Sie sehen jetzt das Riesengebirge mit der Schneekoppe und das Isergebirge, wie es meine Vorfahren auch gesehen haben.«

Das Buch enthält Schilderungen aus der Familien- und Kindheitsgeschichte und verschiedene Redebeiträge, unter anderem von Richard von Weizsäcker. Gegen Ende zitiert er Werner Richter: »Ein Pole sagte mir in Luban einmal: ›Wissen Sie, in unserem Dorfe lebten wir Polen, Deutsche, Ukrainer und Juden friedlich zusammen. Jeder respektierte den anderen; ging ich in das Haus von einem Deutschen, sprach ich Deutsch, kam ein Deutscher in das Haus eines Polen, dann sprach er Polnisch.‹ Joachim Otto schließt daran den Wunsch: »Sollten wir das nicht auch versuchen?«[20]

Er möchte nicht in seine alte Heimat kommen, um irgendwelche Ansprüche zu stellen, sondern sagt: »Ich will nur Frieden, möglicherweise Freund werden, als Freund kommen – nicht mehr als der ›ewige Heimatvertriebene‹ und Flüchtling wie vor über 60 Jahren … Unserer Tochter haben wir den Vornamen Aniela gegeben, das heißt im Polnischen Engel. Engel für eine friedvolle Zukunft beider Nationen.«

Inzwischen war er in den Jahren 2005 und 2006 wieder in seiner Geburtsstadt, hat in Görlitz sein Buch im Biblischen Haus vorgestellt, hat den polnischen Bürgermeister von Luban besucht, wurde freundlich empfangen und bewirtet. Er durfte im Archiv von Luban das Standesamtbuch seines Jahrgangs einsehen und erhielt eine Kopie seiner Geburtsurkunde überreicht. Weitere Zusammenkünfte werden folgen. Aber es wird nicht bei gelegentlichen Besuchen bleiben. Er wird mit seiner Familie nach Görlitz an den historischen Grenzfluss Neiße ziehen, nicht nur wegen seiner wiedergefundenen Wurzeln, sondern auch wegen ihrer Schönheit und Kultur, ihrer großen Vergangenheit und ihrem neuen Leben. Er sagt: »Und dann werde ich wie alltäglich über die Friedensbrücke gehen, um in Zgorzelec Polnisch zu lernen oder einkaufen zu gehen. Oder über die Stadtbrücke Johannes-Paul II. fahren, um nach 24 Kilometern Lubaner zu treffen. Bei meinen ersten Fahrten nach Luban trug ich immer das Leinentäschchen mit drei Adressen darin um den Hals, das mir meine Mutter als Vierjährigen auf der Flucht um den Hals gehängt hatte.« Die Fluchtkindheit bleibt – trotz allem – »in seine Seele gemeißelt wie in Stein.«[21]

Auch ins Tschechische wurden Bücher von deutschen Kriegskindern, die dort gelebt hatten, übersetzt. Ein Beispiel ist Eleonore Schwella (1934) aus Jägerndorf im Ostsudetenland. Ihr Tatsachenbericht, wie sie ihn nennt: »Mutti, sind Deutsche schlechter als andere Menschen?« erschien 2003 schon in 5. Auflage im Selbstverlag. Die Übersetzerin, Frau Ludmila Čajanová aus Jägerndorf/Krnov, schreibt in der tschechischen Einleitung:

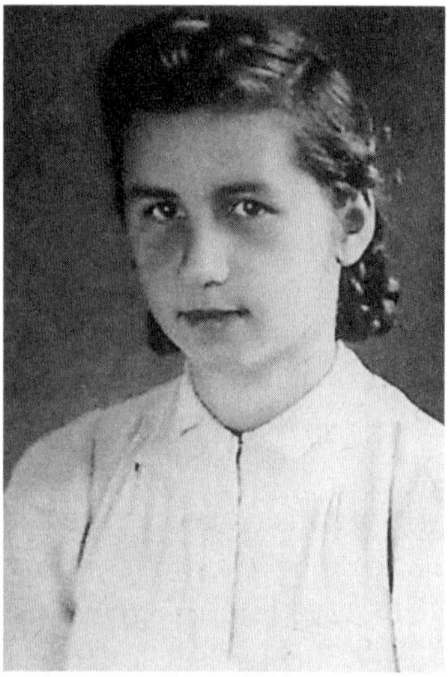

9a. Eleonora Schwella als junges Mädchen

»Die sudetendeutsche Frage ist in Tschechien ein brennendes Problem. Die über vierzig Jahre andauernde offizielle kommunistische Propaganda, die unsererseits jedes Schuldgefühl abgelehnt hatte, schlug tiefe Wurzeln. Die Vertreibung von Sudetendeutschen verbinden wir oft nur mit Vermögensverlust; über Folterungen und Morde an unschuldigen Menschen wusste man die ganzen Jahre eigentlich nichts.

Für manchen tschechischen Leser wird deswegen dieses Buch persönlicher Erinnerungen eine große Überraschung sein. In der Überzeugung über den ›Lammcharakter‹ unseres Volkes erzogen, die uns lange eingeflößt wurde, werden wir nur schweren Herzens Mut finden, in diesen Spiegel zu schauen, der jedoch nichts anderes bestätigt als die Wahrheit darüber, dass das Böse und der Hass nicht mit der Nationalität des Menschen, sondern mit dem Charakter jedes Einzelnen verbunden sind …

Aus den Erlebnissen eines elfjährigen Mädchens werden die genauen Taten bestimmter Bürger, die mit ihr quasi Tür an Tür gelebt haben, ersichtlich. Diese Schilderungen wurden bisher nicht publiziert. Es ist die erste Zeugenaussage über Konzentrationslager in der Nachkriegs-Tschechoslowakei. Ihre Emotionen konnte die Autorin beim Erzählen verständlicherweise nicht unterdrücken. Der empfindsame Leser wird jedoch ihre Offenheit und Aufrichtigkeit zu schätzen wissen, mit denen sie ihm in die geheimen Ecken ihres Inneren Einblick gewährt, ohne sich oder ihre Umgebung dabei zu schonen …

9b. Eleonora Schwella heute

Sicher können wir endlos darüber polemisieren, wer begann, wer wem größeres Leid angetan hat, wer daran schuldig ist. Auf diese Weise würden wir jedoch keinen Ausweg aus dem Kreis gegenseitiger Anschuldigungen finden. Es ist nötig, das Übel beim Namen zu nennen, Zeugenschaft von ihm zu geben und aus ihm zu lernen. Nur so kann die Geschichte unsere wahre ›Lebenslehrerin‹ werden. Und das ist der Sinn dieser Publikation.«[22]

Ein besonders bemerkenswertes Beispiel gemeinsamen Erinnerns erhielt ich von Arno Surminski (1934). In einem schmalen Band werden das Dorf Jäglack und sein

Umland vorgestellt, so wie es der Schriftsteller in seinem autobiographischen Roman *Jokehnen*[23] als Kind erlebt hat und wie es andere ehemalige Dorfbewohner in Fotos, Postkarten, Karten, Zeichnungen und Übersichten von damals und heute in ihrer Erinnerung aufbewahren.[24] Arno Surminski schreibt:

»Zu diesem Buch:
Es ist für die früheren Bewohner des Dorfes Jäglack und deren Kinder bestimmt, soll aber auch den heutigen polnischen Einwohnern von Jegławki zeigen, was ihr Dorf einmal war und welche Erinnerungen sich mit seinen Häusern, Wegen und Gewässern verbinden. Alle früheren und heutigen Bewohner des Dorfes erhalten, soweit Name und Adresse bekannt sind, das Buch kostenlos zugeschickt. Weitere Exemplare werden zum Selbstkostenpreis abgegeben.«

Auf Seite 49 findet sich ein Foto des Schweinemeisters Friedrich Nehrenheim. Dazu die Erklärung: »Nehrenheim wurde 1945 nach Russland verschleppt. Er gehörte zu den wenigen Männern, die wiederkehrten.« Dem schließt sich eine schlichte Notiz an:

»Verschleppt wurden von den Jäglacker Einwohnern folgende Personen:
Krugwirt Otto Volkmann
Bauer Franz Kretschmann
Bauer Bernhard Wittke
Gutsmaurer Gustav Platz
Schweinemeister Friedrich Nehrenheim
Schneidermeister Max Surminski
Erna Surminski
Lenchen Barz
Edeltraud Platz
Gertrud Schönfeldt
Regina Link.
Zurückgekehrt sind:
Lenchen Barz
Gertrud Schönfeldt
Friedrich Nehrenheim.«

Der Schneidermeister Max Surminski und seine Frau Erna waren die Eltern von Arno Surminski.

Über die zahlreichen Besuche Vertriebener in der alten Heimat haben viele Kriegskinder schon in Kapitel 12 erzählt. Sie versuchten, sich darüber klar zu werden, was heute Heimat für sie bedeutet. Anspruch auf die Kinderheimat erhebt unter ihnen inzwischen so gut wie niemand mehr. Fast immer erfuhren sie bei ihren Besuchen von den jetzt dort lebenden Menschen nach anfänglichem Misstrauen auf beiden Seiten Gastfreundschaft und Freundlichkeit. Nicht wenige knüpften nicht nur lose Kontakte zu den dortigen Bewohnern, schickten Päckchen und Geld, sondern schlossen engere Beziehungen oder sogar Freundschaften mit ihnen, die sich über die Jahre erhalten haben. Oder sie konnten sich ganz einfach über die Vergangenheit offen aussprechen, ohne erneut Hass und Zwietracht zu säen. Doch soll nicht verschwiegen werden, dass nicht immer die erhoffte Resonanz kam. Maria H. (1932) aus Migehnen in Ostpreußen; sie hatte elf Geschwister:

»›Wir Kinder‹ waren zum großen Teil mehrfach dort und konnten zu den ganz lieben Leuten, die in unserem Haus leben, und anderen Familien im Dorf gute Beziehungen aufbauen. Jan (inzwischen verstorben), Katarina und Mariska, es sind ganz liebe, herzensgute Menschen. Unsere Mutter hat ihnen in der für Polen ärmsten Zeit Pakete geschickt, und wir konnten ihnen allen viel helfen.«

Sieglinde P. (1934): »Ich bin mit meiner Schwester Freya vor zwei Jahren (*2001*) in unserem alten Haus in der Tschechoslowakei gewesen, und die Leute, die das Haus übernommen haben, sind unsere Freunde. Wir können jederzeit hinkommen, und auch meine anderen Geschwister waren schon dort. Es ist eine Familie, mit der wir wirklich Freund geworden sind. Sie haben auch uns schon besucht, und das tut nicht mehr weh.«[25]

Hildegard B. (1931) aus dem polnischen Teil Ostpreußens: »Das erste Mal besuchten wir die polnischen Nachfolger auf unserem Hof 1992, meine jüngste Schwester, zwei ihrer Töchter und ich. Wir fuhren mit dem Auto hin, keiner konnte ein Wort Polnisch. Ich hatte ein altes Schwarz-Weiß- Foto vom Hof mit, und Frau Kosakowski wusste sofort, wer wir waren. Damals lebte unsere alte Nachbarin noch, die dort geblieben war. Sie wurde geholt, und so klappte die Verständigung besser. Wir wurden ganz toll bewirtet. Kosakowskis sind schon die dritte Generation auf dem Hof. Sie haben drei Kinder.

Bei meinem jetzigen Besuch (*2003*) war ich angenehm überrascht. Das Dach vom Wohnhaus ist neu gedeckt. Sie haben auch ein großes Stück Land dazugekauft, haben jetzt 15 Kühe (wir hatten damals nur 5), einen zweiten Fischteich angelegt (unserer war im Sommer immer ausgetrocknet), und auf dem Dachboden ist eine Ferienwohnung in Arbeit. Man merkt, dass die Unsicherheit, ob es ihnen jetzt endgültig gehört, so langsam weicht. Wir würden es sowieso nicht wiederhaben wollen. Ich hoffe, dass es ihnen gelingt, in der EU richtig Fuß zu fassen.«

Die vorhin zitierte Eleonore Schwella, deren Buch ins Tschechische übersetzt wurde, hat in das Buch einen Brief aufgenommen, den sie der Tochter von Herrn Slovaček 1993 geschrieben hat. Dieser Mann hatte die Familie Schwella aus dem Troppauer Internierungslager herausgeholt und den Vater in seinem Betrieb beschäftigt:

»Sehr geehrte Frau Dr. K ...,

dank der Hilfe des jungen Journalisten Pavel S. aus Jägerndorf habe ich endlich Ihre Anschrift erfahren.

Pavel teilte mir mit, dass Ihr Mann gut Deutsch spricht, so dass es sicher keine Probleme mit der Verständigung geben wird. Er sagte mir auch, dass er Ihnen die tschechische Übersetzung meines Büchleins ›50 Jahre nach der Vertreibung‹ übersandt hat ...

Doch nicht mein Büchlein ist der Grund dafür, dass ich mit Ihnen in Kontakt treten wollte. Es ist mir ein Anliegen, einfach ›danke‹ zu sagen für all das, was Ihr Vater für uns getan hat ... Leider ist es nicht mehr möglich, meinen Dank Ihrem Vater gegenüber persönlich auszusprechen (*beide Elternpaare waren inzwischen verstorben*).

Sie sind etwa so alt wie ich und erinnern sich vielleicht nicht mehr an Ihre Kinderzeit in Jägerndorf. Ihren Bruder Jiři, geboren 1941, habe ich nur ein- oder zweimal gesehen. Sie selbst besuchten uns jedoch in der Wohnung des Hauses Masarykplatz, in dem Ihr Vater das Elektrogeschäft besaß. Ihr Besuch bei uns ist mir gut in Erinnerung geblieben. Ich besaß ein großes Puppenhaus mit mehreren Zimmern. Mein Vater, der Elektriker, hatte in alle Zimmer dieses Puppenhauses kleine Lampen gehängt. In der Dunkelheit konnte man durch die Fensterchen des Puppenhauses die beleuchteten Puppen-Zimmer sehen. Während ich von anderen Kindern immer geschlagen wurde, haben Sie – und Sie sind ja auch Tschechin – mit mir gespielt. Das war für mich etwas Besonderes: Ein tschechisches Mädchen spielt mit mir!

Ihr Vater hat sich unserer Familie gegenüber immer sehr aufgeschlossen gezeigt. Wenn meine Eltern Sorgen hatten, gleich welcher Art, konnten sie zu Ihrem Vater gehen. Er hat immer geholfen, was in der damaligen Zeit keine Selbstverständlichkeit war ... Vielleicht hatte er deshalb so viel Verständnis für uns, weil er selbst zwei Kinder hatte und sich in die Lage von Eltern versetzen konnte, die nicht wussten, wie sie ihre Kinder sattbekommen sollten ... .

Ich hoffe sehr, dass Sie mir nicht böse sind, dass ich Ihre Familie in meinem Büchlein erwähnt habe. Alles, woran ich mich erinnerte, habe ich in diesem Bericht niedergeschrieben. Leider sind meine Erinnerungen überwiegend negativer Art mit Ausnahme der Zeit, in der mein Vater bei Ihrem Vater arbeitete. Deshalb wollte ich auch diesen für uns positiven Zeitraum mit erwähnen.

Mit allen guten Wünschen für Sie und Ihre Familie verbleibe ich mit freundlichen Grüßen ...«

Leider erhielt sie bis heute keine Antwort. »Das enttäuschte mich sehr. Will oder darf Frau K., die Tochter Slovačeks, heute Juristin, keinen Kontakt mit Deutschen haben? Schämt sie sich der deutschfreundlichen Haltung ihres Vaters? Die Gründe für dieses Verhalten werde ich niemals erfahren.«[26]

Anna B. (1939) aus dem ehemaligen Jugoslawien, die nach 1945 mehrere Todeslager knapp überlebte und die es immer noch in ihre Heimat zieht, hatte in der Zeit des Interviews eine 28-jährige arbeitslose kroatische Lehrerin bei sich zu Gast. Sie hatte deren Mutter bei einem Urlaub in Kroatien kennen gelernt. Die Familie hatte durch den Krieg 1991/92 alles verloren, der Vater ist vermisst. Über den Besuch sagte sie:

»Das Mädchen hat wenig von ihrer Jugend gehabt, im Ausland war sie auch noch nie. So habe ich ihr eine Fahrkarte geschickt, und sie hat jetzt schon zweimal hier Urlaub gemacht. Sie ist so glücklich hier, es ist alles toll und neu, und wie oft hat man schon die Chance, jemand glücklich zu machen? Es ging auch um Kleidung. Die beiden hatten gerade genug zum Essen, fürs Anziehen langte es nicht. Meine Kolleginnen im Kaufhof sind sehr eitle Damen und haben schöne, kaum getragene Sachen. So konnte ich auch dem abhelfen. Jetzt ist Tatjana die bestangezogene Lehrerin von Vukovar.«

Ihr Heimweh ist Anna B. nie losgeworden.[27]

Martin Eisenblätter (1927) besuchte mit seiner Familie und Freunden 1993 seine Geburtsstadt Königsberg: Für Anatol hatten sie Pakete von Martins Vetter aus Böblingen, der seine Heimatstadt ein Jahr zuvor besucht hatte, abzugeben. So lernten sie den Russen auf dem internationalen Flugplatz Königsberg kennen. Er führte sie durch seine Stadt. Im Juli 1993 schrieb Martin ihm einen Brief. Hier ein Auszug:

»Lieber Anatoly,

Es tut mir leid, dass unsere Wanderung durch Königsberg, Ihr Kaliningrad, auf der Parkbank vor dem Nordbahnhof in Moll endete. Ihre Frage, wie mir die Stadt gefallen hätte, war Anlass für diese Stimmung. Ich wollte Sie nicht wieder wie beim gemeinsamen Mittagessen belügen. Der Rundgang zwischen Nordbahnhof und Hauptbahnhof hat mich niedergedrückt. Ich trauerte. Sofort spürte ich, wie Sie sich innerlich von uns abwandten, zurückzogen von Menschen, die Ihre Stadt, die Sie für die beste aller russischen Städte hielten, völlig anders ansahen und negativ belegten.

Anatoly! Wir haben beide, trotz unterschiedlicher Ansichten, recht. Nachdem wir noch einmal mit Taxen durch die Stadt gefahren waren, auch den Hafen besucht hatten, kann ich Ihre Sicht besser verstehen.

Anatoly! Sie können sich nicht vorstellen, wie hier vormals ein Leben blühte, wie hier gearbeitet, gelernt, gelacht und promeniert wurde … Leere und Öde statt Leben und Urbanität kennzeichnen die heutige Situation.

Wir wissen beide, dass nichts in der Geschichte zurückgedreht werden kann. Vielleicht können Sie erahnen, was mich bewegt, wenn ich durch Ihre Stadt Kaliningrad gehe und eine ganz andere im Gedächtnis habe. Ich freue mich über die Menschen in Ihrer Stadt, die sicher nicht zu den noch immer linientreuen, vom heilbringenden Kommunismus Überzeugten gehören, die den Frevel der Ideologen erkannt haben und versuchen, die teilweise noch vorhandenen Relikte zu bewahren und dem Vandalismus nicht das Wort reden. Dass Sie sich zu diesen zählen, entnahm ich Ihrer Aufgeschlossenheit gegenüber der Geschichte, Ihrem realen Sinn für Tatsachen. Sie wissen um die Stadtgründung durch den Deutschen Ritterorden, der Oberteich und Schlossteich anlegen ließ, der grausam dazu beitrug, ein wildes Land zu befrieden und urbar zu machen. Auch Sie verspüren, dass mit Königsberg, der preußischen Krönungsstadt, eine bedeutende wirtschaftliche und kulturelle Metropole des Ostens untergegangen ist. Im Rahmen einer Freihandelszone, von der Sie und Ihre Kollegen nur träumen können, kann erneut Prosperität entstehen. Aber der eisfreie Hafen von Baltisk, dem früheren Pillau, mit dem Sitz der baltischen Flotte steht diesen Wünschen entgegen.

Anatoly! Wir danken Ihnen für Ihre hervorragenden Deutschkenntnisse, für Ihre Bereitwilligkeit, uns Ihren Sonntag zu opfern, für Ihre Führung durch die Stadt vom Haberberg bis Juditten.

Herzlichst Ihr Martin Eisenblätter mit Familie.«

10a. Martin Eisenblätter als junger Flakhelfer

Anatoly ist wohl Jahrgang 1950, weiß also nichts mehr vom Krieg, arbeitet vermutlich als Angestellter bei einer Behörde und verdient sich durch Stadtführungen der »Heimwehtouristen« ein schönes Zubrot. Er hat auf diesen Brief nicht geantwortet, aber die Verbindung blieb bestehen. Der Vetter von Martin lud ihn und seine Frau ein; bei einer Geburtstagsfeier traf Martin ihn wieder. Zusammen mit dem Vetter wurde ein Skiurlaub organisiert. Dieser Brief ist ein Beispiel dafür, dass das ungeschminkte Aussprechen der Wahrheit und der Enttäuschung eine freundschaftliche Verbindung nicht zu zerstören braucht. Diese Geschichte zeigt auch, dass die Einwohner des heutigen Kaliningrad sich mehr und mehr als Königsberger fühlen, sich mit der Geschichte der Stadt beschäftigen und sich bemühen, ihre alte Schönheit wiederherzustellen. Sie wollen stolz auf ihre Stadt sein, auch auf ihre deutschen Wurzeln. Von Animosität zwischen den damaligen und heutigen Bewohnern kann kaum noch die Rede sein.

10b. Martin Eisenblätter heute

11. Gabi Köpp mit Kristof. Für ein Kinderfoto siehe Band 1, Abbildung 2 in Kapitel 9 auf S. 348.

Auf einer Tagung des Frauenverbandes im Bund der Vertriebenen hielt Gabi Köpp (1930) einen Vortrag unter dem Thema: »Warum musste ich überleben?« Sie hatte als 15-Jährige ganz allein die Flucht aus ihrer Heimatstadt Schneidemühl, jetzt Pila in Westpreußen, durchstehen müssen; wir haben aus ihrem Fluchttagebuch zitiert.[28] Am Ende ihres Referats gab sie die Antwort auf ihre Themafrage: Einmal war es das große Vertrauen, das ihre Studenten der Professorin für theoretische Physik entgegenbrachten, zum andern die Freundschaft mit dem jungen Polen Kristof. Ich bat sie, mir diese Geschichte aufzuschreiben, indem sie ihre genauen Erinnerungen noch an ihrem Reisetagebuch überprüfte, und ich darf daraus zitieren:

»Als der Eiserne Vorhang vorsichtig zu rosten begann, als ebenso vorsichtig westdeutsche Touristen im westlichen Polen willkommen waren, vermochte auch ich nicht mehr, die Sehnsucht nach meinem einstigen Zuhause in mir zu überhören. 42 Jahre waren inzwischen vergangen, seit ich … in überstürzter Flucht mein Elternhaus verließ – nicht ahnend, dass dies ein Abschied für immer vom Hort meiner Kinder- und Jugendzeit war.

Mein Elternhaus – nein, das gab es nicht mehr. Doch mein Zuhause bestand aus weit mehr – bestand aus den weiten Feldern und Wäldern, aus den zahlreichen Seen und dem Sandboden sowie verstreuten Dörfern und kleinen Städten, die glücklicherweise nicht alle eine Beute der grausamen Endkriegszeit wurden. Noch einmal wollte ich – ohne große Erwartungen – in dieses Land eintauchen, aus dem ich ohne Abschied floh.«

Zusammen mit einer guten Freundin fuhren sie in einem alten Golf am 25. Juli 1987 los. Im überfüllten Hotel, in dem sie gerne noch einen heimatlichen Begrüßungsschluck nehmen wollte, konnte sie sich dem Hotelbesitzer auf keine Art und Weise verständlich machen. Der holte schließlich einen jungen Mann zu Hilfe:

»Hochgewachsen und sehr jung ist er, begrüßt mich freundlich lächelnd in gutem Englisch, stellt sich als Kristof – in deutscher Sprechweise! – vor und fragt nach meinem Wunsch. Kaum habe ich ihn ausgesprochen, wird mir ein Glas Wein gereicht – der Beginn einer langen intensiven Unterhaltung im kleinen Foyer dieses Hotels. Unser Gespräch ist eine Steh-Party, denn alle im Foyer verfügbaren Sitzgelegenheiten dienen in dieser langen Nacht der Disco-Jugend im Restaurant. So fällt mein Blick auf einen neuen Stadtplan von Pila, der großformatig an der Wand neben uns befestigt ist. Ein total fremdes Stadtbild zeigt sich mir auf diesem Plan. Doch zunächst dient dieser mir als Aufhänger für unser weiteres Gespräch. Da ich mir meiner Gastespflicht in dieser nun polnischen Stadt bewusst bin, gebe ich mich dem offensichtlich interessierten jungen Polen als Schneidemühlerin zu erkennen, sage aber bewusst auf Englisch, dass ich in ›Pila‹ geboren sei. ›Ah – in Schneidemühl‹, erhalte ich freundlich als Antwort. Und dann möchte der junge Mann noch viel von mir wissen. Wo in Schneidemühl ich einst wohnte, in welche Schule ich ging, was meine Familie macht, was ich sehen möchte. – Und von ihm erfahre ich, dass er Student der Volkswirtschaft in Posen ist, zur Zeit während der Semesterferien bei seiner Mutter in Pila wohnt, einen kleinen Polski-Fiat fährt und mir am nächsten Tage gerne alles zeigen wolle, was ich sehen möchte. Als wir uns spät in der Nacht trennen, halte ich einen kleinen Zettel in der Hand. Auf diesem notiert: Kristofs Namen und Telefon-Nummer. Da ich diesen kleinen Zettel als Talisman und Dokument einer spontan beginnenden Freundschaft verwahrte, lese ich ab: 220 25 JACEK KRISTOF … Erst Jahre später erfuhr ich, dass ›Krysztof‹ zwar Kristofs erster Vorname war, Jacek aber sein Rufname. Und noch länger dauerte es, bis Kristof mir die korrekte polnische Schreibweise und Aussprache seines Namens verriet. Er mag aber nicht, wenn ich seinen Namen ihm gegenüber polnisch ausspreche. Für mich sei und bleibe er Kristof, belehrte er mich – ich richte mich gerne danach … Kristof zeigte mir teils zu Fuß, teils mit seinem Polski-Fiat alles, wonach ich in Schneidemühl/Pila fragte – und noch mehr. Erkannte er die Erinnerung in meinen Augen, freute er sich – und fragte sogleich: ›And what now?‹ Mein Erstaunen über seine Stadtkenntnisse bis zurück in meine Schneidemühler Zeit war groß. War doch Kristof gebürtig aus Krakau und erst später aus beruflichen Gründen der Mutter nach Pila gekommen. Es war sein zeitgeschichtliches Interesse, das ihn über alle versuchten Geschichtslügen hinweg nach der wahren Geschichte suchen ließ. Am späteren Nachmittag brachte mich Kristof zurück in unser Hotel … Am Spätnachmittag erschien Kristof noch einmal im Hotel: Etwas abgehetzt überreichte er mir einen Bildband. Dieses dreisprachige Werk – Polnisch, Englisch und Deutsch – sei leider vergriffen, so schenke er mir gerne sein eigenes Buch, ließ er mich wissen. Diese Geste berührte mich tief.«

Gabi lud ihn zu sich nach Aachen ein.

»Bereits ein halbes Jahr danach – zu Beginn der Karnevalstage 1988 – erwartete ich an einem frühen Nachmittag Kristof am Kölner Flughafen. Ich begann schon unruhig zu werden, als ich endlich diesen hochgewachsenen jungen Mann als einen der letzten Fluggäste ganz gemächlich den langen Gang des Terminals herunterkommen sah. Es war der Beginn eines achtwöchigen Besuches, der uns nicht alleine eine tiefe gegenseitige Freundschaft aufbauen ließ, sondern es gelang mir glücklicherweise auch, über junge Nachbarn Kristof einen lukrativen Job zu verschaffen …«

Er wohnte bei Gabi und lernte Deutsch.

»Als Kristofs Heimreise bevorstand, weinten wir beide … Als ich mich am Tor zum Terminal von ihm verabschiedete und ihm ein kleines Fläschchen Wodka in die Hand drückte, sagte er – nun in Deutsch – zu mir: ›Nicht weinen, Gabi, wir sehen uns wieder.‹ Wir sahen uns wieder. Das nächste Mal bei Kristofs Hochzeit noch im selben Jahr. Ich hatte es versprochen. Und wenn ich auch heutzutage noch in meine Heimat fahre, so tue ich dies vor allem meiner jungen polnischen Freunde wegen, die mich schon längst in ihren Familien- und Freundeskreis einführten. Und hin und wieder darf ich mich auf einen Gegenbesuch freuen. Unsere Freundschaft feiert demnächst ihr 20-jähriges Bestehen. Ihre Festigkeit möge noch ein Beispiel beleuchten. Es führt in die Zeit kurz vor Ratifizierung der Ost-West-Verträge zwischen Polen und Deutschland zurück. Damals bangten manche Polen nahe zur deutschen Ostgrenze um ihre Heimat, die vielen von ihnen als ebenfalls Vertriebenen aus einstigen ostpolnischen Gebieten als neue Bleibe zugewiesen wurde. Damals schrieb mir Kristof eines Tages: ›Ich weiß gar nicht, wovor so viele Polen Angst haben. Sie brauchen es doch nur zu machen wie wir: Für uns gibt es keine Grenze.‹«

Zu ehemaligen Kriegsgefangenen und Zwangsarbeitern konnten zuweilen Verbindungen hergestellt werden, allerdings habe ich darüber keine persönlichen Zeugnisse. Öfter wurde berichtet, dass man sich ungern trennte, dass die Trennung schmerzlich war und dass viele vergebliche Versuche unternommen wurden, die Adressen ausfindig zu machen. Die Entschädigung an die Zwangsarbeiter halten die meisten meiner Befragten für gerechtfertigt. Allerdings machen sie geltend, dass auch die Verschleppung von Deutschen in die Sowjetunion nicht einfach als Kriegsfolge des von Deutschland verursachten Krieges abgetan werden sollte. Sie verlangen keine materielle Entschädigung, aber eine Anerkennung des Unrechts.

Eine außergewöhnliche Geschichte über mehrere Generationen mit einem französischen Kriegsgefangenen erzählte Lore R. (1930), deren Mann dreieinhalb Jahre in französischer Kriegsgefangenschaft gewesen war. Nach dem Krieg hatten sie in einem Landhaus in der Provence Urlaub gemacht. Dort trafen sie auch einen Franzosen, der anfangs kein Wort Deutsch sprechen und mit den Deutschen keinerlei Kontakt haben wollte. Dieser Mann war in deutscher Kriegsgefangenschaft gewesen und hatte offenbar sehr schlechte Erfahrungen mit den Deutschen gemacht. Seine Frau war aber Berlinerin. Als der Franzose von der Gefangenschaft dieses deutschen Urlaubers erfuhr, war das Eis gebrochen. Sie freundeten sich an und sind zehn Jahre dorthin in Urlaub gefahren.

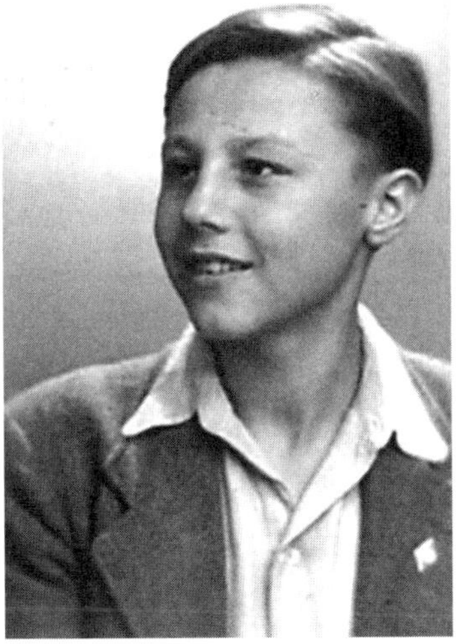

12a. Karl Heinz Mehler als Junge

»Schließlich sind auch deren Kinder zu uns in Ferien gekommen, dazu noch ein Freund von dem einen Sohn. Besonders Jean Louis haben wir ins Herz geschlossen. Er brachte schließlich auch seine jeweiligen Freundinnen mit und dann seine junge Frau und seine Söhne. Einer der Söhne hat ein Jahr hier das Gymnasium besucht und bei uns gewohnt. Als ich ihn in die Schule gebracht habe, fragte mich eine Lehrerin: ›Wie kommen Sie zu dem Jungen?‹ Da sagte ich: ›Das ist eine Kriegsfolge.‹ Da hat mein Mann sich aufgeregt, weil die Leute dann immer was anderes dachten. Als mein Mann vor zwei Jahren gestorben ist, hat Jean-Louis zu mir gesagt: ›Ihr wart immer meine deutschen Eltern.‹ Das Ergebnis war, dass der Maximilian, also der Sohn von Jean-Louis, gar nicht mehr heimwollte. Wir waren seine Großeltern.«

Wie aus der Kriegsgefangenschaft eine deutsch-französische Freundschaft wuchs und über einen Film in die Öffentlichkeit hineinwirkt, erzählt Karl Heinz Mehler (1929), der als 16-Jähriger direkt aus der Kinderlandverschickung in das Panzervernichtungsregiment Hitlerjugend eingezogen wurde und mit anderen Kameraden in französische Kriegsgefangenschaft geriet:[29]

12b. Karl Heinz Mehler heute

»Zur Versöhnung zwischen ehemaligen Kriegsgefangenen und den vormaligen Feinden bedarf es mitunter nur eines kleinen Anstoßes, wobei die ersten Kontakte nicht nur von Deutschen, sondern auch von denen ausgehen können, bei denen sie in der Gefangenschaft gearbeitet haben. In meinem Fall war es der Sohn meines ehemaligen Patrons, der mich in Mannheim besuchte. Es entstand daraus eine Freundschaft zwischen unseren Familien mit vielen gegenseitigen Besuchen und letztendlich auch ein Film, der zu einem Dokument deutsch-französischer Freundschaft wurde … Zusammen mit zwei meiner Mitschüler war ich 2005 mit einem Team des SWR im Elsass, im Schwarzwald und in Frankreich unterwegs, um über die damalige

13. Dany Walcker mit ihren beiden Söhnen in der neuen Heimat Kanada, September 2006. Für ein Kinderbild siehe Abbildung 1 in Kapitel 20 auf S. 355

Zeit, aber auch über die daraus entstandenen Kontakte und die schon lange bestehende Freundschaft zu berichten.

Die Aussagen von uns ehemaligen Gefangenen beginnen mit der Kinderlandverschickung und enden im Gefangenenlager in Tulle/Corrèze sowie in dem Ort Pompadour, wo wir im Arbeitseinsatz waren. Der Sohn eines Franzosen berichtet über seine Erfahrungen mit den Deutschen. Sein Vater war im Zusammenhang mit einer schrecklichen Vergeltungsaktion der SS auf eine Aktion französischer Widerstandskämpfer hin verhaftet worden und in einem deutschen Konzentrationslager gestorben. Der Film war für ihn der Anlass, um erstmals mit Deutschen über das Schicksal seines Vaters zu sprechen. Andere Zeitzeugen aus Tulle erzählen von dem Massaker, das damals in ihrer unmittelbaren Nähe geschah und darüber, wie sie dann nach Kriegsende ihre Wut an den deutschen Kriegsgefangenen ausließen, als diese durch ihren Ort gefahren wurden. Unter diesen Kriegsgefangenen war auch Karl-Heinz gewesen.[30] So konnten mit diesem Film die alten Feindschaften ausgesprochen und begraben werden.«

Die besonders belasteten Beziehungen zwischen Deutschen und Juden blieben in der ersten Generation gestört. Einige wenige berichteten von Kontakten zu emigrierten Freunden, die nach dem Krieg den Eltern wieder schrieben, ihnen Entlastungszeugnisse für die Entnazifizierung ausstellten und sogar Hilfsgüter schickten. Die Kriegskinder selbst hatten die Verbindung zu ihren ehemaligen Spiel- und Klassenkameraden fast immer verloren. Seit einiger Zeit organisieren Städte und Gemeinden Einladungen an ehemalige jüdische Mitbürger, die von vielen gerne angenommen werden Auch daran sind die deutschen Kriegskinder, selbst schon im Großelternalter, und deren Kinder maßgeblich beteiligt. Sie möchten damit etwas gutmachen, obwohl sie persönlich keine Schuld trifft. Diejenigen, die die Einladung annehmen, zeigen damit, dass sie verzeihen wollen. Diese Besuche sind daher ein deutliches Signal für einen Neuanfang.

Unter den Gästen in Deutschland waren auch Dany Walcker (1930) und Inge Auerbacher (1934).[31] Ich zitiere aus dem Briefwechsel mit ihnen:

14. Inge Auerbacher als Erwachsene in Amerika. Für ein Kinderfoto siehe Abbildung 3 in Kapitel 20 auf S. 370.

Dany Walcker: »Kanada ist seit über 50 Jahren unsere Heimat, und es geht uns gut hier. Unsere beiden Söhne sind Kanadier, und es geht uns allen gut hier. Meine Gefühle gegenüber Deutschland sind gut, es war unsere Heimat und wird es immer bleiben. Ich trage niemand etwas nach. Erstens ist es alles zu lange her. Man muss doch irgend einmal einen Strich unter die ganze Sache ziehen. Hassgefühle kenne ich nicht. Für alles, das schlecht war, kam später viel Gutes nach … Für mich ist sehr wichtig, was heute ist, und so lasse ich die Vergangenheit ruhen.«[32]

Inge Auerbacher macht einen Unterschied zwischen den Tätern und der nächsten Generation. Bei der Vorstellung ihres Buches *Ich bin ein Stern* im Heidelberger Deutsch-Amerikanischen Institut sagte sie: »Ich kann nie vergeben, ich hasse die Leute, die das getan haben, die Täter. Wie kann man dem Teufel vergeben?« Junge Deutsche dürfe man hingegen nicht beschuldigen.[33] In ihrem Brief vom 23.1.06 zitiert sie selbst aus ihrem Nachfolgebuch:

»Versöhnung als innigster Wunsch.
Menschenhass ist etwas Schreckliches.
Wir sind alle als Brüder und Schwestern geboren.
Mein innigster Wunsch ist die Versöhnung aller Menschen.
Entzünde heute eine Kerze zur Erinnerung an die ermordeten unschuldigen Kinder, Frauen und Männer.
Entzünde eine Kerze für das Leben und halte die Dunkelheit zurück.
Sei Hüter deiner Schwestern und Brüder, dann wird dein Glück immer blühen.
Wir sind alle als Kinder Gottes geboren.
Für Einigkeit und Frieden öffnen sich die Tore.
Die Vergangenheit darf nie vergessen werden.
Zusammen wollen wir beten für Einigkeit auf Erden.
Lasst uns gemeinsam einen neuen Morgen sehen.
Dieser Traum soll nie wieder verloren gehen.«[34]

Margarethe Schmid (1928) begegnete ihrer jüdischen Mitschülerin, die sie als Grundschülerin geschlagen hatte[35], »durch Zufall« mehr als 60 Jahre später:

15a. Die Schulklasse von Margarethe Schmid. Die jüdische Mitschülerin, die sich jetzt Mirjam Weiss nennt, ist in der zweiten Reihe von oben ganz rechts zu sehen.

15b. Die Theologin Margarethe Schmid schickte statt eines Erwachsenenbildes diesen Ausschnitt aus dem Deckengemälde von Zillis aus der Mitte des 12. Jahrhunderts, das die Versöhnung von Ecclesia (christl. Kirche) und Synagoge (jüdische Gemeinde) versinnbildlicht.

»Diese Skrupel über meine Tat habe ich nicht für mich behalten, sondern sie hin und wieder auch ausgesprochen, so auch einmal bei einem Klassentreffen etwa 60 Jahre nach diesem Vorfall auf dem Schulhof. Und siehe da, eine andere Mitschülerin wusste noch den Namen: Inge Marx, den ich längst vergessen hatte. Natürlich dachte ich auch, sie sei längst umgekommen.

Dann aber erfuhr ich durch eine Kette von sogenannten ›Zufällen‹, dass die Familie Marx nach Israel ausgewandert sei, und auf einem Zeitungsbild sah ich sogar Inge Marx mit ihrem Mann abgebildet; sie hieß jetzt Mirjam Weiss. Nur für einige Monate war Pfarrer Joachim Hahn einem Museumsprojekt zugeteilt, an dem ich im Ruhestand mitarbeitete. Er hatte über die Juden in Esslingen und Ludwigsburg gearbeitet. Auch ihm erzählte ich meine Geschichte. Und er sagte mir: ›Ich wohne bei meinen Besuchen in Israel meist in dem Hotel, in dem Mirjams Mann arbeitet. Ich kenne auch sie. In 14 Tagen fliege ich nach Israel, Sie können mir einen Brief an sie mitgeben.‹ Natürlich schrieb ich einen Brief und hielt ihn zunächst noch etwas allgemein.

Dann kam Joachim Hahn zurück und berichtete mir: ›Ich rief Mirjam Weiss vom Hotel aus an und sagte ihr, dass ich einen Brief von einer Margret Schmid mitgebracht habe. Der Name sage ihr nichts, hätte sie geantwortet. Ich ging dann gleich zu ihr. Es ist nur ein kurzer Weg vom Hotel bis zu ihrem Haus. Sie hat mich mit den Worten empfangen: ›So hat sie mich geschlagen‹, und den Satz mit der entsprechenden Bewegung begleitet.

Wir waren beide höchstens neun Jahre alt gewesen, aber das ›Juden darf man schlagen!‹, was in meiner Ohrfeige mitschwang, war uns beiden im Bewusstsein geblieben. Ich verschob meine Bitte um Verzeihung natürlich nicht mehr; sie war ursprünglich für ein persönliches Treffen gedacht. Den entsprechenden Brief schrieb ich dann gleich.

Persönlich haben wir uns dann doch getroffen, als Mirjam mit ihrem Mann von der Stadt Ludwigsburg eingeladen war. Seitdem schreiben wir uns regelmäßig zum Neuen Jahr, und ich habe noch ein Vermächtnis von ihr übernommen, das ich noch auszuführen habe: eine würdigere Gestaltung des Ortes, an dem einst in Ludwigsburg das Gotteshaus der Juden stand.«[36]

Viele Kriegskinder waren und sind Mitglieder in Kreisen, Begegnungsstätten, nahmen und nehmen teil an Tagungen, Seminaren, Workshops zwischen Deutschen und Juden, die dem besseren Kennenlernen und der Aussöhnung dienen sollen. Sie können nicht aufgezählt werden. Eine der ersten Initiativen verdient es, besonders hervorgehoben zu werden: die von dem jüdischen Professor, Psychologen und Psychotherapeuten Dan Bar-On Ende der 80er Jahre gegründete Gruppe »Kinder der Opfer – Kinder der Täter.«[37] Zu ihr gehört Martin Bormann junior, der Sohn jenes Martin Bormann, der der Leiter von Hitlers Parteikanzlei und sein persönlicher Sekretär gewesen war. Martin Bormann berichtet in seiner Autobiographie vom ersten Treffen in Israel:

16a. Martin Bormann als Junge

»Wir hatten uns schon zweimal vorher in der Universität Wuppertal getroffen und ein wenig kennen gelernt. Dieses Treffen in Israel war dennoch für alle zunächst vorbelastet. Die einen kamen mit einem gewissen Misstrauen, in banger Erwartung, auch mit einer gewissen Angst, wir ›Täterkinder‹; andere vielleicht noch mit einem gewissen Ressentiment, trotz der beiden vorangegangenen Treffen. Aber alles war einfacher, weil die Schwierigkeiten der ersten Begegnungen, das Sich-Vorstellen, ja im wesentlichen schon hinter uns lagen.

Die Geschichte unseres jeweiligen ganz persönlichen ›Exodus‹[38] kann nur jeder für seinen Part darstellen, keiner für einen anderen. Aber: Die Angst, das Misstrauen wichen, vor allem auch durch das Zusammensein außerhalb der Sitzungen, beim Essen, Spazierengehen, Feiern. Das bereite Zuhören, Offensein für die anderen förderte das gegenseitige Verständnis. Wir wurden Freunde und fanden zu einer neuen Freiheit …

Unser gemeinsames Ziel in unserer neuen Freiheit: Konsequent eintreten für die Menschenrechte aller Menschen und dafür, dass diese Menschenrechte aller Menschen von allen Menschen wirklich anerkannt werden. Und da sind wir erst am Anfang eines neuen Exodus, der der Menschheit nottut: Heraus aus allem Hass und aller Angst der Nationalismen, Gruppenegoismen, Fundamentalismen, Rechthabereien aller Art, aus dem ›Sklavenhaus‹ der eingefahrenen Dominanzen, Herrschaftsformen und Knechtschaftsformen zu der Gemeinschaft der Kinder des einen Vaters im Himmel.«[39]

16b. Martin Bormann mit Dan Bar-On

Dies alles sind größere oder kleinere Steine, aus denen Brücken gebaut werden können, die tragfähig sind. Das Fundament dieser Brücken aber sind die leidvollen Erfahrungen, die diese Kinder im Krieg und in der Nachkriegszeit machen mussten und die sie tief geprägt haben.

Anmerkungen zu Band 2

Kapitel 13: Donauschwaben, Russlanddeutsche

1 Hier muss eine kurze Anmerkung genügen: Die Deutschen in Rumänien wurden nach dem Krieg zwar auch verfolgt, aber sie wurden nicht ausgetrieben und systematisch in Vernichtungslager gesperrt. Wohl aber wurden 70.000 in die Sowjetunion zur Zwangsarbeit verschleppt. Von ihnen kamen 15% um. Über die heutige Lage der deutschen Minderheit zusammenfassend: Konrad Gündisch: Deutsche Migrationsbewegungen in Südosteuropa, in: Stiftung Haus der Geschichte der Bundesrepublik Deutschland: *Flucht, Vertreibung, Integration*, S. 80f.

2 So bei den Siebenbürger Sachsen.

3 Es gibt eine Reihe von autobiographischen Zeugnissen, z.B. Gerescher: *Maisbrot und Peitsche*; Niklos-Nyar: *Nachruf auf verlorene Jahre*; Frach-Fischler: *Ich hatte viele Engel*; Hammerstiel: *Von Ikonen und Ratten*; Stilling: *Aus dem Nest gefallen*. Den Lebensschicksalen von Auslandsdeutschen aus verschiedenen Gebieten geht Helga Hirsch nach: *Schweres Gepäck*.

4 Die umfassendste und genaueste Darstellung der donauschwäbischen Geschichte findet sich in den vier Bänden der Dokumentationsreihe: *Leidensweg der Deutschen im kommunistischen Jugoslawien*, hrsg. von der Donauschwäbischen Kulturstiftung München. München/Sindelfingen 1991–1995. Für alle einschlägigen Fragen: Haus der Donauschwaben in Sindelfingen und das Institut für donauschwäbische Geschichte und Landeskunde in Tübingen unter der Leitung von Dr. Mathias Beer.

5 Dass sie dabei auch bei NS-Vernichtungsaktionen unwillentlich oder auch willentlich beteiligt waren, steht außer Frage. Die Donauschwaben sollten also nicht ausschließlich als Opfer gesehen werden. Dennoch wäre es abwegig, Frauen oder gar Kinder dafür haftbar zu machen. Vgl. Casagrande, *Die volksdeutsche SS-Division »Prinz Eugen«*.

6 Die Umsiedlungen betrafen aber vor allem die Deutschen in den Gebieten, die durch den Hitler-Stalin-Pakt vom August 1939 in den sowjetischen Einflussbereich geraten waren: die Deutschen aus Bessarabien, der Bukowina und der Dobrudscha. Unter den Deutschen aus Bessarabien war die Familie des heutigen Bundespräsidenten Horst Köhler, der am 22.2.1943 geboren wurde. Vgl. Urban, *Der Verlust*, S. 73.

7 Mauritz: *Vom Balkan nach Baden-Württemberg*, S. 27–29. Sie spricht von sich in der dritten Person.

8 Es gab 1.100 Lager, nach Mittermaier: *»Vermisst wird ...«*, S. 93. Noch immer sind 100.000 Schicksale, darunter auch Soldatenschicksale, im ehemaligen Jugoslawien ungeklärt. Dito, S. 94. Die berüchtigtesten Lager waren Jarek, Gakowa, Kruschiwl, Rudolfsgnad. Entleerte deutsche Dörfer wurden zu Lagern umfunktioniert. Von den rund 45.000 internierten Kindern sind mindestens 6.000, also 13%, gestorben, zumeist verhungert.

9 Ungarn hatte – obwohl es zu den Verlierern des Zweiten Weltkriegs gehörte – im Potsdamer

Abkommen die Vertreibung der Deutschen erreicht. Es wurden insgesamt etwa 150.000 Ungarndeutsche in die amerikanische Zone, 1948 noch einmal 40.000 bis 50.000 in die sowjetische Besatzungszone abgeschoben. An die 200.000 Ungarndeutsche blieben zurück. In der Zeit von Ende 1944 bis Sommer 1945 wurden etwa 65.000 Ungarndeutsche in die Sowjetunion verschleppt. Die Todesrate betrug schätzungsweise etwa 20 %. Die ungarische Bevölkerung selbst war im Vergleich zu den Serben relativ deutschfreundlich. Ungarn ist bisher das einzige Land, das am 18.06.06 in Budaörs bei Budapest eine zentrale Gedenkstätte und ein Denkmal für die deutschen Vertriebenen eingeweiht hat. Parlamentspräsidentin Szili nannte die damaligen Regierungsdekrete, die die Vertreibunng und Enteignung der deutschen Bevölkerung in Ungarn zum Gegenstand hatten, »Dokumente der Schande«. Sie waren nach der Wende von 1989 vom ungarischen Verfassungsgericht außer Kraft gesetzt worden.

10 Mit freundlicher Genehmigung der Herausgeber der Dokumentation: *Leidenswege der Deutschen im kommunistischen Jugoslawien*, S. 599–609, leicht gekürzt.

11 Als Originalbericht in Band III der Dokumentation: *Leidensweg der Deutschen im kommunistischen Jugoslawien*, S. 582–595, gekürzt. Zitiert mit freundlicher Genehmigung des Verfassers.

12 Mit freundlicher Erlaubnis des Verfassers entnehme ich die Zeichnungen und Texte aus dem Buch von Robert Hammerstiel: *Von Ikonen und Ratten*, S. 184, 216 u. 259.

13 Enteignung selbständiger Bauern und deren Zwangskollektivierung.

14 Dabei dienten nicht wenige Russlanddeutsche in der Roten Armee, so auch der Lieblingsonkel von Johannes Herber. Er ist verschollen. Schon einer seiner Großväter hatte im Ersten Weltkrieg in der russischen Armee gedient und war verschollen.

15 Hier folge ich der anschaulichen Darstellung über das Schicksal der Russlanddeutschen in den Jahren des Zweiten Weltkriegs und in der Nachkriegszeit, die auch zahlreiche Zeitzeugenberichte einbezieht: Wolter: *Die Zone der totalen Ruhe*. Bis 1987 war dieses Thema in der Sowjetunion absolut tabu. Es gibt eine Reihe von Erinnerungsbüchern, z. B. Nelli Däs: *Wölfe und Sonnenblumen* und *Der Schlittschuhclown*. Beide im Selbstverlag; Richard-Wagnerstr. 36, 71332 Waiblingen. Gotzes: *»Das haben wir alles überlebt«*. Walger: *Mein Lächeln für Sibirien*.
Vgl. auch Lachauer: *Ritas Leute*. Sie zeichnet u. a. das Schicksal des 1941 geborenen Heinrich Pauls nach. Neuerdings das Buch von Richard H. Walth: *»... dass du dich nun bewähren musst«*.

16 Laut Erlass des Obersten Sowjets der UdSSR vom 28. August 1941. Dieser betraf zunächst nur die Wolgadeutschen. Aber deren Austreibung war nur der erste Teil der Vertreibung aller Russlanddeutschen aus den westlichen Gebieten. 1946 befanden sich in den neuen Siedlungsgebieten der Deutschen etwa 350.000 Kinder, nach Wolter: *Die Zone der totalen Ruhe*, S. 314.

17 1943 wurde das Einberufungsalter für Jungen auf 14 und für Mädchen ab 15 herabgesetzt.

18 Dazu schreibt Wolter: *Die Zone der totalen Ruhe*, S. 191: »Die Lage der Deutschen in den Lagern der ›Arbeitsarmee‹ war bei weitem schwerer als die der Strafgefangenen, und zwar sowohl in physischer als auch besonders in moralischer Hinsicht. Man hängte uns nicht auf, man vergiftete uns nicht in Gaskammern. Man brachte uns durch einen qualvollen Hungertod um. Sadistisch langsam, raffiniert. Doch vorher verwandelte man uns in verworfene Ausgestoßene der Gesellschaft, in recht- und gesetzlose, verachtete Parias.«

19 Dazu schrieb mir die Schwarzmeerdeutsche Maria Schumm im Dezember 2003: »Unsere Leute hatten keine Ahnung, dass es zwischen Wehrmacht und Waffen-SS einen beträchtlichen Unterschied gab. Sie dachten, der Unterschied bestände nur in den verschiedenen Waffengattungen wie Infanterie, Artillerie oder Luftwaffe. Aber schon bald nach der Rekrutierung merkten sie, dass sie zu der ›Elitetruppe Hitlers‹ gesteckt wurden. Als einige junge Männer zum ersten Mal in ihren schwarzen Uniformen mit dem Totenkopf auf der Mütze auf Urlaub kamen, erschraken die Mütter und sie begannen zu fragen. Eine Nachbarin erzählte uns, dass ihr 18jähriger Sohn bei der Verabschiedung in Tränen ausbrach und nicht mehr an seinen Standort zurückkehren

wollte mit den Worten: ›Wir sind doch gar keine richtigen Soldaten, man hat uns Nummern unter die Arme eingebrannt, und wenn wir ausgehen, fürchten sich die Leute vor uns.‹ Das Schicksal ihrer Mutter Marianne Groß habe ich in Band II meiner Dokumentation *»Wer die Zeit nicht miterlebt hat ...«*, S. 531–535, aufgezeichnet.

20 Es war ihnen versprochen worden, sie würden in ihre Heimat zurückgeführt, es würde ihnen nichts geschehen.

21 So auch Erika K., die nach Schwäbisch Gmünd kam, aber für Jahrzehnte von ihren Verwandten, v.a. von ihrem geliebten jüngeren Bruder, getrennt blieb.

22 Wolter: *Die Zone der totalen Ruhe*, S. 304f. Die genauen Zahlen ließen sich erst aus den russischen Archiven ermitteln, die für diese Nachforschungen immer noch verschlossen sind.

23 Kossko: *Die geraubte Kindheit*; *Am anderen Ende der Welt*. Ich zitiere mit freundlicher Erlaubnis der Verfasserin. Die Monatszeitung *Heimat*, Zeitungsverlag Heimat, Postfach 2024, 71010 Böblingen, zeigt regelmäßig Erinnerungsbücher von Russlanddeutschen an, die teils in deutscher, teils in russischer Sprache geschrieben sind, meist im Selbstverlag gedruckt wurden und bei den Verfassern zu beziehen sind.

24 Auf dem Klappentext des Buches: Nach der Ausreise nahm Nelli Kossko eine Tätigkeit als Redakteurin im »Russischen Dienst« des Auslandssenders Deutsche Welle in Köln auf. Nach 18 Berufsjahren ging Nelli Kossko dann in den Ruhestand. Doch da sie sich dem Thema ›Russlanddeutsche‹ verschrieben hatte und die Zahl der Aussiedler rasant zu steigen begann, gründete sie mit Gleichgesinnten die Aussiedlerzeitung *Ost-Express* und leitete das Blatt als Herausgeberin und Chefredakteurin erfolgreich sechs Jahre lang.

25 Insgesamt wurden aus der Wolgarepublik 60.000 «Kulaken« nach Sibirien, Mittelasien und in den hohen Norden deportiert.

26 Ihre Kindheitserinnerungen hat sie veröffentlicht: Mein Lächeln für Sibirien.

27 Wolter: *Die Zone der totalen Ruhe*, S. 294f.

28 Ebd., S. 295f.

29 Zitiert nach ebd., S. 305. Das Original ist in fehlerhafter russischer Sprache abgefasst. Wolter schätzt, dass sie etwa zwölf Jahre alt gewesen sein muss. Wahrscheinlich hat sich das Kind in der ersten Jahreszahl geirrt. Es muss 1941 gewesen sein, denn da begann die Einberufung der Männer in die Trudarmee.

Kapitel 14: Trümmerkinder und Überlebenshelfer

1 Vgl. Kapitel 1.

2 Z.B. sehr anschaulich Weber: *Geschichte der Bundesrepublik Deutschland*. Eine ganz knappe Zusammenfassung bieten die *Informationen zur politischen Bildung* 224, Neudruck 1991, S. 2. Dort auch eine Karte über den Zerstörungsgrad deutscher Städte. 131 deutsche Städte waren von den gezielten Angriffen betroffen.

3 In den meisten Orten begann die Schule erst im Herbst 1945, zuweilen aber auch schon früher.

4 Ein sehr anschauliches Bild des Kinderlebens zwischen Trümmern zeichnet Heinz Monheim in seinem Buch: *Trümmerblumen*.

5 Schöner: *»Und dann kamen die Russen«*, S. 97.

6 Die Schulen begannen aber erst wieder nach Monaten.

7 Vom 17.10.2000.

8 Genaueres darüber in meiner Frauendokumentation, Band I, Kapitel 1.

9 Vgl. Kapitel 12, »Ankommen – ›Flüchtlingskind‹ – Heimat«. Hierzu noch eine Ergänzung von Eva S. (1930): »Es folgten (*nach der Vertreibung aus dem Sudetenland*) in der Ostzone, in Schönebeck an der Elbe, drei Jahre Elend und bitterste Not – wir haben dort schrecklich gehungert

– bekamen ja nur die Lebensmittelkarte Nr. 5 für Hausfrauen und Schüler – so dass uns einmal übermütige Lausejungen auf der Straße nachriefen: ›Ihr wandelnden Kleiderbügel!‹«

10 Dortselbst.

11 Vgl. dazu Kapitel 17, »Meine Mutter«.

12 Vgl. Kapitel 12.

13 Vgl. ihre Tagebuchaufzeichnung über den Angriff in Kapitel 4, Bd. 1, S. 122 ff.

14 Genaueres dazu Margarete Dörr: »*Wer die Zeit nicht miterlebt hat ...*«, Band II, S. 71 ff.

15 Abkürzung für Cooperative for American Remittances to Europe«, eine 1946 gegründete Vereinigung zur Organisation von Hilfssendungen für europäische Länder zur Linderung von Hunger und Not. Über die Organisation und ihre segensreiche Tätigkeit gerade für die Kinder der ehemaligen Feinde unterrichtet sehr anschaulich Werner: *Unschuldige Zeugen*, S. 243–265.

16 Eine besondere Aktion: Kurz nach dem Krieg haben Familien aus der Schweiz immer wieder sonntags vom Krieg ausgezehrte Kinder aus Oberschwaben und aus dem Allgäu einen Tag zu sich eingeladen und aufgepäppelt, insgesamt etwa 6.000 Kinder. Nach *Stuttgarter Zeitung*, 14.12.04.

17 Einen Eindruck von solchen Grenzgängen werden wir in Kapitel 16, »Von der braunen in die rote Diktatur. Grenzgänger in Deutschland« bekommen.

18 Karl-Heinz R. besitzt zu seinem Bedauern kein Foto von sich aus der damaligen Zeit. Aber er gibt eine bildhafte Beschreibung von der »reisenden Vogelscheuche«, wie er sich selbst bezeichnet: »Mein Winter-Outfit (wie es wohl in Neudeutsch heißt) lässt sich so darstellen: Der Kopf verschwand in einer russischen Tschapka, die schon ohne Gebrauch der Ohrenklappen die Ohren bedeckte. Eine Militärjacke umschloss einen Lumpenberg, von dem ein dunkelblauer Rollkragenpullover (einem Marinepullover sehr ähnlich) sichtbar war. Die Ärmel von Pullover und Jacke hatten die notwendige Länge, um gleichzeitig als Handschuhe zu dienen. Unter dem fast knielangen Uniformteil konnte man dann ein Stückchen Militärhose erkennen, deren durch Hängefalten bestimmter Gesäßteil durch die Milde der langen Jacke verdeckt bleibt. Die Füße steckten in ›Knobelbechern‹(Militärstiefel), die immer etwas in Knautschlage gehalten werden mussten, weil sie sonst in den Kniekehlen drückten. Auf Anraten erfahrener ›Sandlatscher‹ (Infanteristen) trug ich nur schon gut eingetragene Wollsocken und darüber Fußlappen. So war das Fußteil ausgefüllt und konnte nicht scheuern und keine Blasen bilden. Hose und Hemden ersetzten durch ihre Weite einen größeren Rucksack.
Meine Sommer-Erscheinung war nicht weniger eindrucksvoll. Hier trug ich ein weites kariertes Hemd meines Vaters (wenn man einen Hering in einen Einkaufsbeutel hängt, entspricht das so ungefähr den erzielten Proportionen) unter einer dunklen HJ-Windbluse (Uniformteil der Hitler-Jugend), die leider die ›Trauerfalten‹, die meines Vaters Knickerbocker warf, nicht versteckte. Dafür war aber der Überfall der Beine lang genug, um den größten Teil der bloßen Unterschenkel den Blicken zu entziehen. Die von Söckchen bekleideten Füße steckten bei schlechtem Wetter in HJ-Halbschuhen, bei gutem Wetter und beim Grenzgang in selbstgebastelten ›Sandalen‹. Diese bestanden aus einem Stück Flugzeugreifen (von den Wracks am Militärflugplatz Bindersleben ausgesägt) und Tornisterriemen zur Befestigung der Zeltplanen.«

19 Allerdings haben wir schon von dem achtjährigen Theodor W. über seinen Schacher mit Orden gehört. Vgl. Kapitel 8, Bd. 1, S. 289. Mit Tabak betrieb Konrad S. (1931) drei Jahre lang Schwarzhandel. Seine Verwandten, die eine Großgärtnerei hatten, bauten die Pflanzen an und trockneten sie. Er übernahm den Transport und den Umtausch. Vom Tabak-Auffädeln berichteten manche. Die meisten Kinder aber begnügten sich mit dem Aufsammeln von Zigarettenkippen, aus denen sie dann den Tabak herauslösten und als Tauschmittel verwendeten.

20 »Das war ja teilweise ein sehr kriminelles Milieu. Es gab kein Gesetz mehr. Erziehung und Schulunterricht gab es auch nicht. Damals fingen die Kinder an zu rauchen und Schnaps zu trinken, selbstgebrannten, offen auf der Straße. Und es wagte keiner, es ihnen zu verbieten. Es

war ein totaler Zivilisationsbruch. Sie waren schon mit zehn kleine Erwachsene, und sie benahmen sich auch alle recht erwachsen. Und es wagte keiner, etwas zu sagen. Der hätte Prügel bekommen.« Forte: *Schweigen oder sprechen*, S. 62.

21 Vgl. Beispiele in Kapitel 8, »Kriegsende und Besatzer«.

22 Eine ganze Serie von einträglichen, aufregenden und amüsanten Tauschgeschäften mit Amerikanern erzählt der damals 14-jährige Schickler: *Kindheit und Jugend unterm Hellenstein*, S. 93 ff.

23 Deter-Labudde: »*Solang du einen Vati hast ...*«, S. 230, 31.

24 Bemerkenswert ist ein Eintrag von Max Frisch in sein Tagebuch vom März 1947: »Kinder an den Bahndämmen, besonders wo die Züge wegen Zerstörungen etwas langsamer fahren; sie warten, dass wir etwas Essbares hinauswerfen. Das Peinliche, es zu tun, wenn andere es sehen. Warum eigentlich? Auch Frauen, die an einer Barriere stehen oder auf freiem Feld: ohne Gebärde, stumm, graublass und hager. Die Verlumpung erreicht einen Grad, den ich bisher nur in Serbien gesehen habe.« Max Frisch: *Tagebuch 1946–1949*, Frankfurt am Main 1985, S. 148.

25 Aber nicht nur die hungrigen Stadtkinder arbeiteten auf den Bauernhöfen. Wenn Bauern nicht mehr aus dem Krieg zurückkehrten und als die Zwangsarbeiter wegfielen, mussten schon kleine Bauernkinder schwer schuften. Das schrieb mir Fritz F. (1936) von sich und seinen 1945 sieben- und fünfjährigen Brüdern. Seine Mutter war mit 28 Jahren Kriegerwitwe geworden.

26 Dazu vgl. auch Kapitel 18, »Die Nazis – das waren die anderen«? – »Täter-Kinder«.

27 Als ein Beispiel: Theresia M. (1934) von der wir schon in Kapitel 13 gehört haben, vgl. *Vom Balkan bis Baden-Württemberg*, 92 ff.

28 In ihrem autobiographischen Roman betont Draginja Dorpat diesen Zwang zur Einschränkung und zum Verzicht sehr stark und beklagt, dass sie fast keine Jugendzeit hatte. Darin ist sie sicher nicht repräsentativ für die jungen Mädchen von damals. *»Und zu Küssen kam es kaum«*.

29 Ich möchte der Meinung widersprechen, diese Kinder und Jugendlichen hätten keine »Pubertät« gehabt. Sie konnten sie nur nicht so ausleben wie in »normalen Zeiten«. Die Beweise dafür finden sich in zahlreichen Tagebüchern. Auffallend oft wurde mir auch erzählt, dass schon 1946 Tanzstunden veranstaltet wurden.

30 Vgl. dazu Kapitel 21.

31 Zitiert nach der Festschrift: *100 Jahre Carl-Bosch-Gymnasium*, Ludwigshafen, S. 53, 57.

32 Personen nichtdeutscher Staatsangehörigkeit, v.a. Zwangsarbeiter, die von den deutschen Besatzungsbehörden in das Deutsche Reich verschleppt worden oder dorthin geflüchtet waren.

33 Vgl. Kapitel 12.

34 Vgl. Kapitel 6.

35 Schickler: *Kindheit und Jugend unterm Hellenstein*, S. 124.

36 Vgl. Kapitel 12.

37 Vgl. dazu Kapitel 7, »Kindersoldaten«.

38 Vgl. Kapitel 21.

39 Vgl. Kapitel 16, »Von der braunen in die rote Diktatur: Grenzgänger in Deutschland«.

40 In meiner Frauendokumentation habe ich hervorgehoben, wie sehr die Mütter auf eine qualifizierte Berufsausbildung ihrer Töchter drängten, vgl. Band III, S. 189. Die Perspektive der Mütter muss aus der Sicht der Töchter etwas relativiert werden. Claudia Seifert konstatiert: »Von den Frauen, die um 1930 herum geboren waren, hat mehr als die Hälfte überhaupt keine Ausbildung. Eine schlechte Ausbildung zog jedoch unattraktive und mies bezahlte Arbeitsplätze nach sich und das prägte sich langfristig im allgemeinen Bewusstsein ein.« In: *»Wenn du lächelst, bist du schöner!« Kindheit in den 50er und 60er Jahren*. München, 7. Aufl. 2005 (zuerst 2004), S. 151.

41 Vgl. Kapitel 17, »Meine Mutter«.

42 Die Benachteiligung der Kinder von »Kapitalisten« oder ideologisch unzuverlässigen Eltern in der SBZ, später DDR, wird in Kapitel 16, »Von der braunen in die rote Diktatur. Grenzgänger in Deutschland« berücksichtigt.

Kapitel 15: Wer und wo ist mein Vater?

1 Vgl. Kapitel 2, »Kriegsspiele – Kriegshelden«, Bd. 1, Abbildung 7, S. 61.
2 Vgl. Kapitel 2, »Kriegsspiele – Kriegshelden«.
3 Overmans: *Deutsche militärische Verluste*, S. 316.
4 Und zwar von der Deutschen Dienststelle für die Benachrichtigung der nächsten Angehörigen von Gefallenen der ehemaligen Deutschen Wehrmacht in Berlin-Dahlem, Nachlass Nr. Z 130.
5 Brief vom Dezember 2006.
6 Darüber ausführlicher in Kapitel 18, »Die Nazis – das waren die anderen«? – »Täter-Kinder«.
7 Das im Danziger Hafen seit Ende August 1939 zu einem ›Freundschaftsbesuch‹ liegende Linienschiff ›Schleswig-Holstein‹ hatte am 1.9.1939 mit dem Beschuss begonnen. Am 9.9.1939 war das Gelände mit seinen 200 polnischen Verteidigern völlig umgepflügt.
8 Vgl. auch Kapitel 1, »Der Krieg – ein fernes Erdbeben?« Auch andere Männer im nahen Umfeld der Kinder konnten wichtigere Bezugspersonen werden als der ferne Vater. So bei Wilfried L., der den Onkel immer um sich hatte und in einem Schulaufsatz den Onkel als seinen Vater ausgab.
9 Hildegard B. ist keine Frau, die zu Weinerlichkeit und Selbstmitleid neigt, sie ist ungemein tüchtig und patent, Großmutter von zwölf Enkeln, von denen fünf bei ihr im Haus leben und mit denen sie sich prächtig versteht.
10 Lange/Burkart: *»Abends wenn wir essen fehlt uns immer einer«*
11 Es könnten daraus nicht nur wertvolle Aufschlüsse über das Alltagsleben an der »Heimatfront« gewonnen werden, sondern viel für die Sozialisation der Kriegskindergeneration, für die Beziehung zwischen Vätern, Eltern und Kindern, für politische Stimmungslagen u.v.a. Es scheint mir bezeichnend und bedauerlich, dass es zwar zwei umfängliche Dissertationen über Feldpostbriefe von Männern aus dem Zweiten Weltkrieg gibt, von Klaus Latzel und Martin Humburg, aber keine über die von Frauen und Kindern. Für eine gründliche Interpretation der Post von Männern sind die Einbeziehung der Adressaten und deren Reaktionen unerlässlich.
12 Aufschlussreich auch Lipp: *Kindheit und Krieg.*
13 Warum er von Polen schreibt, ist nicht klar. Aus dem Brief geht hervor, dass er in der Ukraine ist.
14 Alfons L. schickte ca. 120 Päckchen aus Frankreich und noch einmal etwa 50 aus Russland und Rumänien, vor allem Lebensmittel und Kleidung, aber z. B. auch Kupfergeschirr für die Puppenküche seiner Tochter und eine Halskette für sie. Für die beiden Jungen einen englischen Stahlhelm und eine französische Soldatenmütze, vgl. Kapitel 2, »Kriegsspiele – Kriegshelden«, Bd. 1, S. 47. Diese Zahlen und eine Reihe von Anregungen zur Feldpost verdanke ich Christa L., der Schwiegertochter von Alfons L., die den gesamten Briefwechsel zwischen Alfons und Mechtild abgeschrieben, nach Sachgruppen geordnet und gebunden hat. Sie hat mir die 707 Briefe zur Verfügung gestellt. Leider sind die Briefe des kleinen Wilfried (1937) an den Vater nicht erhalten.
15 Vgl. Kapitel 2.
16 Vgl. Kapitel 1.
17 Ob sie es alle wirklich waren, wird noch zu untersuchen sein. Vgl. Kapitel 18, »Die Nazis – das waren die anderen«.
18 Es gibt Ausnahmen, aber dann hat es dort schon vor dem Krieg kein gutes Familienleben gegeben. Oder es waren Mädchen, die der Vater spüren ließ, dass sie »nur« Mädchen waren.
19 Dass vieles davon, was die Soldaten in den besetzten Gebieten »kauften« oder zugeteilt bekamen, auf die Ausbeutung dieser Länder hinauslief, war weder diesen noch ihren Familienangehörigen, erst recht nicht den Kindern, bewusst.
20 Über das Fluchtschicksal der Familie vgl. Kapitel 9, Bd. 1, S. 382.

21 Antwort auf meine Fragen im Brief vom 31.05.04
22 Vgl. dazu Kapitel 4, Bd. 1, S. 140f., Dorothea D.
23 Das ganze Thema der Traumatisierung von Soldaten wurde lange nicht beachtet. Es durfte sie nicht geben. Erst die große Zahl geschädigter Veteranen aus dem Vietnamkrieg machte eine breitere Öffentlichkeit auf dieses Problem aufmerksam. Jetzt laufen Forschungen über die Kriegsauswirkungen auf die Teilnehmer des Ersten Weltkriegs. Dem besonderen Schicksal ihres Großvaters geht Barbara D. nach. In einem Telefongespräch am 27.05.2004 erzählte sie mir, dass ihr Großvater durch die schrecklichen Erlebnisse als Soldat im Ersten Weltkrieg schizophren und dadurch später ein Opfer der NS-Euthanasie wurde. Sie will das Schicksal der etwa 100 Toten der Anstalt, in der ihr Großvater war, aufklären.
24 Dass auch der »normale« Soldatentod kaum je ein gnädiger und schneller gewesen ist, habe ich in meiner Frauendokumentation dargelegt. Vgl. Dörr: *»Wer die Zeit nicht miterlebt hat …«*, Band II, Kapitel 4.
25 Vgl. Kapitel 11, Bd. 1, S. 452–458.
26 Vgl. Kapitel 14, »Trümmerkinder und Überlebenshelfer.«
27 Nicht immer lässt sich das sauber trennen.
28 Vgl. Kapitel 7, »Kindersoldaten«.
29 Darüber mehr im Kapitel 17, »Meine Mutter«.
30 Über Fälle, dass Mütter inzwischen eine andere Beziehung eingegangen waren, wurde mir nicht erzählt. In der Literatur werden solche tragischen Verwicklungen thematisiert, besonders eindringlich in Wolfgang Borcherts Drama: »Draußen vor der Tür«. Allerdings konnten andere Bezugspersonen die Rolle des Vaters in seiner Abwesenheit übernehmen. So bei Magdalena R. (1942), die mit Mutter und Großmutter die Flucht aus einem jugoslawischen Vernichtungslager gewagt und fast den ganzen Weg von einem ebenfalls aus einem Gefangenenlager geflohenen abgeschossenen deutschen Flieger begleitet und betreut wurden (vgl. Kapitel 13, S. 13f.). Er vertrat für sie die Vaterstelle. Als der leibliche Vater aus der Gefangenschaft kam, nahm sie ihn nicht an. Die Beziehung blieb gestört.
31 Vgl. S. 138.
32 Reinbek bei Hamburg 1998.
33 Ingeborg Bruns hat 23 Töchter befragt und die Geschichten aufgeschrieben: *»Als Vater aus dem Krieg heimkehrte«. Töchter erinnern sich.* Frankfurt 1991. Fischer Taschenbuch 10300. Sie kommt zu dem Fazit, dass die »guten« Väter keine »Nazis« gewesen waren, was nicht verallgemeinert werden kann.
34 Vgl. oben den Bericht von Inge S.
35 Dazu auch Dörr: *»Wer die Zeit nicht miterlebt hat …«*, Band III, Teil A, S. 45ff.
36 Vgl. S. 140.
37 Vgl. S. 139.
38 Vor allem durch sein Buch: *Abwesende Väter*; ders. (Hrsg.): *Kindheit im II. Weltkrieg und ihre Folgen. Psychosozial*, 26. Jg., Nr. 92, 2003, Heft II.
39 Über die Arbeit interdisziplinärer Forschungsteams unterrichten u.a. die Internet-Adressen www.kriegskind.de (Evangelische Akademie Bad Boll) und www.weltkrieg2kindheiten.de (Radebold).
40 Heranzuziehen und systematisch auszuwerten wären auch die zahlreichen Autobiographien, vgl. Literaturverzeichnis, Sparte IV. In allen Büchern spielt die Gestalt des Vaters eine große, wenn nicht die zentrale Rolle. Es fehlt bislang auch eine fundierte Untersuchung über die Auswirkungen der Vaterlosigkeit auf Politik und Gesellschaft der Bundesrepublik, in der viele führende Politiker ohne Vater aufwuchsen.
41 Für die Söhne facettenreich das Buch: Schulz/Radebold/Reulecke: *Söhne ohne Väter*. Auch Kinder und Ehepartner der vaterlosen Söhne kommen zu Wort.

42 Zu keinem Kapitel wurden mir so viele Dokumente zur Verfügung gestellt wie zu diesem.
43 DRK-Suchdienst, Chiemgaustraße 109, 81549 München: www.drk.org.
44 Seifert: »*Wenn du lächelst, bist du schöner!*«, S. 163 f.
45 Ein schwerer Schlag war für viele auch der Verlust eines geliebten Bruders oder eines Freundes. Vgl. dazu Kapitel 4, »Keller, Bunker, Bomben« und Kapitel 7, »Kindersoldaten«. Für die heranwachsenden Mädchen konnte es die erste scheue Jugendliebe sein, um die sie tief trauerten, wie ihre Tagebücher zeigen. Sie waren keine Kinder mehr, deshalb muss ich auf die Dokumentation dieser Zeugnisse verzichten. Nicht wenige verloren Vater und Brüder.
46 Damit möchte ich nicht bezweifeln, dass es viele (wie viele?) gab und gibt, die psychotherapeutische Hilfe benötigten und benötigen.
47 Vgl. Kapitel 17, »Meine Mutter«.
48 Vgl. dazu auch Kapitel 17: »Meine Mutter«. Ebenso: Dörr, »*Wer die Zeit nicht miterlebt hat …*«, Band III, S. 163 ff. Wer wollte heute den alleinerziehenden Müttern die Fähigkeit, allein zu erziehen, absprechen?
49 Die Zahl der Kinder deutscher Mütter, die von Soldaten der westlichen Besatzungsmächte abstammen, wird auf 70.000 geschätzt. Von Soldaten und Offizieren der Roten Armee wurden schätzungsweise 1,9 Millionen Frauen und Mädchen vergewaltigt, davon in der sowjetischen Besatzungszone 500.000, in Berlin allein 10.000. Etwa 20 Prozent der Frauen seien schwanger geworden, neun von zehn hätten abgetrieben, blieben also immer noch 40.000–50.000 Geburten, so die Schätzung. Vgl. Mittermeier: *Vermisst wird …*, S. 71 f. Ein Einzelschicksal: Schubert: *mundtot*.
50 Zahlen dazu bei Mittermeier: *Vermisst wird …*, S. 68: »Sehr viel häufiger als später zugegeben wurde, nahmen deutsche Soldaten in den von der Wehrmacht besetzten Gebieten sexuelle Beziehungen zu einheimischen Frauen auf.« Mittermeier nennt S. 68 und 69 folgende Zahlen der vermutlich gezeugten Kinder: Frankreich: 85.000–100.000, Niederlande: 50.000, Belgien: 40.000, Norwegen: 10.000. Unbekannt ist die Zahl der Kinder, die während der Ostfeldzüge von deutschen Soldaten hinterlassen wurden. Einige Schätzungen reichen bis zu einer Million, was allerdings übertrieben erscheint. Von Drolshagen: *Wehrmachtskinder*.
51 Zum Lebensborn: Lilienthal: *Der »Lebensborn e.V.«*; Heidenreich: *Das endlose Jahr*; Bauer: *Im Federhaus der Zeit*. Zu den Kindern deutscher Besatzer: Olsen: *Vater: Deutscher* (norwegische Originalausgabe 1998).

Kapitel 16: Von der braunen in die rote Diktatur. Grenzgänger in Deutschland

1 Eine Ausnahme ist das Oral-History-Projekt von Lutz Niethammer, Alexander von Plato, Dorothee Wierling: Die volkseigene Erfahrung.
2 So sagte man damals.
3 Von der Berliner Blockade muss ich allerdings absehen, weil ich dafür kaum Zeugnisse habe.
4 Vgl. Kapitel 14, »Trümmerkinder und Überlebenshelfer«.
5 Das Feature wurde am 28.05.1990 im Deutschlandsender Kultur gesendet, am 3.10.90 im Bayerischen Rundfunk.
6 Der Vater war aus einem gläubigen Nationalsozialisten zu einem ebenso gläubigen Kommunisten umerzogen worden.
7 Damals die Vorsitzende der Pionierorganisation »Ernst Thälmann«, später als Margot Honecker Volksbildungs-Ministerin.
8 1953, Volksaufstand in der DDR.
9 Das Flüchtlingskind Sigrid Grabner (1942) schildert sehr eindrücklich ihre Entwicklung vom

begeisterten jungen Pionier (gegen den Willen des Vaters) über spätere Zweifel und innere Auseinandersetzungen als Parteimitglied der SED in ihrer Autobiographie: *Jahrgang 42.*

10 Er war von 1947 bis 1953 Etikettenkleber in einer Schnapsfabrik, bis er 1953 als Dozent für Mathematik an der Ingenieurschule Köthen wieder eingestellt wurde.

11 Er war als Oberingenieur bei Telefunken in Berlin uk (unabkömmlich für den Kriegsdienst) gestellt. Eine seiner Aufgaben war die Verantwortung für die radiotechnische Ausrüstung der Reichskanzlei. Über seine Tätigkeit und die Auseinandersetzung von Karin R. mit den Eltern vgl. Kapitel 18, »Die Nazis – das waren die anderen«? – »Täter-Kinder«. Persönlich hat er sich nichts zuschulden kommen lassen. Eine Begründung für die Internierung erhielten sie nie.

12 Am 09.07.06.

13 Vgl. Kapitel 18, »Die Nazis – das waren die anderen«? »Täter-Kinder«.

14 Auf meine briefliche Nachfrage schrieb mir Karin R. am 21.06.06, dass sie sich nicht an ausdrückliche politische Einlassungen dieser Lehrerin im Unterricht oder privat erinnern könne. Ihre bürgerliche Herkunft (Vater Beamter) verband sie mit den Schülerinnen. Sie vermittelte vor allem Begeisterung für die Literatur. Nach den zwei Jahren in Calbe ging sie nach Naumburg an das »Kirchliche Oberseminar«, wo sie lange wirkte.

15 Das Festival wurde von der FDJ im Rahmen der internationalen kommunistischen Jugendverbände organisiert.

16 Dabei ist zu berücksichtigen, dass die Urteilsbegründungen in den meisten Fällen nur vorgeschoben und nicht stichhaltig waren. So war z. B. die Wehrwolftätigkeit ein sowjetisches Angstphantom. Die NS-Propaganda hatte zwar am Kriegsende besonders die Hitlerjugend zu Sabotageakten hinter der Front aufgerufen, aber nahezu wirkungslos. Es wird berichtet, dass manchen Schülern unter Folter die Unterschrift unter ein ihnen nicht verständliches russisches Protokoll abgepresst wurde, das sie zu »Wehrwölfen« stempelte. Auch »Spionage« war ein höchst dehnbarer Begriff und konnte schon bei Westkontakten angewendet werden. Vgl. dazu besonders Moeller: *»... sie waren noch Schüler«.* Zu den von Jochen B. schon angegebenen Gründen für die Ablehnung des neuen Regimes nennt Peter Moeller noch die Erfahrungen, die diese jungen Menschen bei der sowjetischen Besatzung gemacht hatten. Sie konnten nicht an diese »Befreier« als Hort des wahren Humanismus glauben. S. 11 f.: »Uns gerade erst 14-Jährige formten diese Ereignisse bis ins tiefste Mark. Spontan wurden wir erwachsen zwischen Mord und Selbstmord, zwischen Raub und Vergewaltigung.« Die Verfolgung Güstrower Schüler, auch der Angehörigen der Jungen Gemeinde, hat Uwe Johnson in seinem Erstlingswerk literarisch gestaltet: Ingrid Babendererde. *Reifeprüfung 1953.* Frankfurt am Main 1985. Was sich in Güstrow und Rostock abspielte, geschah auch in vielen anderen Städten. Über Altenburg berichtete mir Klaus B. (1929): »In unserer Schule bildete sich aus Schülern der Jahrgänge 1928/29 eine Widerstandstruppe, die einen Störsender baute, der von der Sowjetischen Militäradministration entdeckt wurde. Drei meiner Mitschüler wurden in der Lubjanka in Moskau hingerichtet, davon einer meiner früheren Spielkameraden. Der Mitteldeutsche Rundfunk strahlte am 29.01.2000 darüber ein Feature aus: »Mit lebenslänglich hatten wir gerechnet.« Der Jugendwiderstand, besonders der Arbeiterjugend, in den Anfangsjahren der SBZ/DDR ist noch nicht umfassend untersucht.

17 Die Gerichtsverfahren waren alles andere als rechtsstaatlich.

18 Er selbst war Gefolgschaftsführer bei der Nachrichten-HJ gewesen, weil er Freude an der Radio- und Funktechnik hatte. Dazu sagt er: »Innerhalb des HJ-Dienstes war die Bedeutung des Nationalsozialismus keine Hauptsache. Wir trafen uns in diesem Freundeskreis eigentlich nur, um Kenntnisse, die sich der eine oder andere erwerben konnte, weiterzureichen, und so war die Mitgliedschaft in dieser Nachrichten-HJ gekennzeichnet von Gesprächen unter Bastlern.« Dabei hat er zusammen mit einem Freund regelmäßig BBC und »Stimme Amerikas« abgehört, was bei Todesstrafe verboten war. Über den Inhalt dieser Sendungen wurde nie gesprochen. Er schien den beiden Freunden »völlig fremd und kaum zu glauben.«

19 Mittermaier: »*Vermisst wird* ...«, S. 105. Auf S. 102–104 ist ein Brief abgedruckt, in dem der Absender das Schicksal seines Bruders Klaus, Jg. 1920, schildert. Siehe auch Finn: *Die politischen Häftlinge*.
20 Kwiatowksi: *Nach Buchenwald*.
21 Es gibt inzwischen einige Literatur über diese unschuldig inhaftierten Schüler, z. B. Zander: *Jugend hinter Stacheldraht*. Darin auch authentische Zeugnisse und wichtige Informationen. Insgesamt aber werden die Geschehnisse zu einer Geschichte montiert mit den fiktiven Gestalten Peter, Günter, Siegfried. In der Reihe Bautzen-Forum, hrsg. von der Friedrich-Ebert-Stiftung Büro Leipzig, bes. VIII: *Zivilcourage und Demokratie. Vergangenheitsbewältigung ist Zukunftsgestaltung*. Dokumentation, 30. und 31. Mai 1997. Hier berichten die früheren Schüler und Studenten Thomas Ammer, Achim Beyer, Peter Moeller von ihrem Widerstand und ihrer Haft. Hantsche: *Diktaturwechsel und seine Folgen*. Hantsche (1929) hat eine Regionalstudie vorgelegt über 115 Leidensgenossen, die zwischen 1945 und 1949 verurteilt wurden. Er selbst war von 1946 bis 1950 inhaftiert. Unter den Verurteilten waren viele Minderjährige. S. 9: »Niemand war sich einer Schuld bewusst, aber alle waren nach der Heimkehr für das weitere Leben gezeichnet und unzählige Leben waren zerstört.« Latotzky: *Kindheit hinter Stacheldraht*.
22 Vgl. Kapitel 14, »Trümmerkinder und Überlebenshelfer«, S. 79–84.
23 Es ließ sich für ihn nicht klären, ob diese Organisation eine Gründung der KPD oder der SPD war, er vermutete eher das letztere.
24 Seine leibliche Mutter war als Kommunistin im KZ Ravensbrück umgekommen.
25 Nach *DDR-Handbuch*, hrsg. vom Bundesministerium für innerdeutsche Beziehungen. Köln 1985, S. 418 ff. Genaue Statistiken gibt es nicht. Einen Anhaltspunkt bieten die Zahlen der Antragsteller im Notaufnahmeverfahren, die mit 2.686.949 Personen angegeben werden. Aber es gab viele, welche die Notaufnahmelager nicht passierten.
26 Vgl. dazu schon die Unternehmungen des zehnjährigen Karl-Heinz R., der von Erfurt mehrmals in die britische und amerikanische Zone ging, um Orden gegen Zigaretten zu tauschen. Kapitel 14, »Trümmerkinder und Überlebenshelfer«, S. 79–84. Für ihn waren die Grenzgänge »eine Art von Räuber- und Gendarm-Spiel«.
27 Beispiele dafür, in denen auch Kinder vorkommen, in meiner Frauendokumentation. Dörr: »*Wer die Zeit nicht miterlebt hat* ...«, Band III , Teil A, Kapitel 1. Nicht näher ausführen kann ich die kaum überwindbaren Schwierigkeiten, die Familie in den polnisch besetzten Ostgebieten zu besuchen. Auch davon wurde mir berichtet.
28 Vgl. dazu Kapitel 12, »Ankommen – ›Flüchtlingskind‹ – Heimat«
29 Es gab unter den »Grenzhelfern« auch Diebe und Banditen, die ihren Opfern das Gepäck abnahmen und sie niederschlugen. Auch davon wurde mir berichtet.
30 Vgl. ihr Foto in Kapitel 10, Abbildung 1.
31 Dittmann: *Meine Erinnerungen an Pommern*, S. 49–62, gekürzt.
32 Hier irrt Lothar R., vgl. oben. Schon Dreizehnjährige konnten eingesperrt werden.

Kapitel 17: Meine Mutter

1 In diesem einzigen Kapitel wird auf Dokumente und Fotos verzichtet. Die Mütter sind in fast allen anderen Kapiteln in Familienaufnahmen präsent.
2 Dörr: »*Wer die Zeit nicht miterlebt hat* ...«.
3 Dieses Defizit war mir schon damals bewusst; ich vermerke es an mehreren Stellen. Es war einer der Anstöße zu diesem Fortsetzungsprojekt.
4 Eine schrieb mir lapidar: »Es gehört sich nicht, Eltern zu analysieren.«
5 Vgl. Kapitel 6, »Verschickt«.

6 Vgl. Kapitel 15, »Wer und wo ist mein Vater?«

7 Vom Vater sagt sie: »Ich habe meinen Vater erlebt als einen Menschen, der zusammenbrach mit dem Reich, dem tausendjährigen ... Er hat nie mehr wirklich Fuß gefasst.«

8 Das werden wir in Kapitel 18, »Die Nazis – das waren die anderen«? – Täter-Kinder« aufgreifen.

9 Deichelmann: *Ich sah Königsberg sterben*, S. 142.

10 Darüber mehr in Kapitel 21, »Rückschau nach 60 Jahren«.

11 Es waren acht Geschwister.

12 Einen ähnlichen Frauentyp zeichnet Christoph Meckel in seinem Buch: *Suchbild.*

13 Für den Rollentausch zwischen Mutter und Tochter vgl. auch Dorothea B. in Kapitel 10.

14 Eine anrührende Geschichte von drei Töchtern einer entwurzelten Mutter erzählt Hirsch: *Schweres Gepäck*, S. 10–52.

15 Zum Schicksal dieser russlanddeutschen Volksgruppe siehe Kapitel 13.

16 Vgl. Kapitel 11.

17 Vgl. dazu schon das Zeugnis von Ursula K., S. 215. Auch das anregende und aufschlussreiche Feature von Helmut Kopetzky: »Söhne im Mutterland«. Zur Entwicklungspsychologie der zu engen Bindung zwischen den allein gebliebenen Müttern und ihren Söhnen wichtig: Hartmut Radebold, in: Schulz/ Radebold/ Reulecke: *Söhne ohne Väter*, S. 132–135.

18 Clara und Bettina von Arnim: *Das bunte Band des Lebens*, S. 166, 67.

19 Der Begriff wurde von Katharina Rutschky geprägt in dem von ihr herausgegebenen Band: *Quellen zur Naturgeschichte der bürgerlichen Erziehung.* Frankfurt/M., Berlin, Wien 1977. Wichtig dazu auch Alice Miller: *Am Anfang war Erziehung.* Frankfurt/M. 1983 und Michel Foucault: *Überwachen und Strafen. Die Geburt des Gefängnisses*, Frankfurt/M., 11. Aufl., 1995.

20 Vgl. Kapitel 15, S. 121f.

21 Es fand am 17.05.04 statt. Ich zitiere nach Gesprächsnotizen.

22 Die täglichen Losungen und Lehrtexte der Brüdergemeinde, herausgegeben von der Evangelischen Brüder-Unität, Herrnhut und Bad Boll.

23 Körperliche Züchtigung durch die Eltern wurde erst in de 1970er Jahren verboten.

24 Vgl. dazu ausführlich Kapitel 21, »Rückschau nach 60 Jahren«.

25 Siehe S. 214.

26 Bruns: *Als Vater aus dem Krieg heimkehrte*, S. 78, 79.

27 Monheim: *Trümmerblumen*, S. 121, zitiert mit freundlicher Genehmigung des Verfassers.

28 *Großmutter – Mutter – Tochter. Eine Spurensuche.* Herausgeberin: Stadt Lauenburg/Elbe. Die Gleichstellungsbeauftragte. Lauenburg 2002, S. 21, 22. Zitiert mit freundlicher Erlaubnis der Verfasserin.

Kapitel 18: »Die Nazis – das waren die anderen«? – »Täter-Kinder«

1 In diesem Punkt stimme ich Harald Welzer zu, der von »Loyalitätsbindungen an geliebte Menschen« spricht. Welzer/Moller/Tschuggnall: »Opa war kein Nazi«, S. 64.

2 Dies führte zu den Gesprächsblockaden, die ich in Band III, Kapitel 11 meiner Frauendokumentation dargestellt habe.

3 Von 150 angesprochenen Familien wurden 40 ausgewählt, weil bei den anderen ein Mitglied dabei war, das nicht bereit war zu sprechen. Aber gerade diese 110 ausgesparten wären interessant gewesen. Die Ausgewählten hatten offenbar schon ein solidarisches, gutes Verhältnis zueinander, sie fühlten sich einander zugehörig und wollten eine »heile Familiensaga«, die anderen vermutlich nicht. Das aber sind doch fast zwei Drittel!

4 Vgl. dazu schon Kapitel 3, »Fasziniert, indoktriniert. Im Zwiespalt?«

5 Das entspricht meinen Befunden in meiner Frauendokumentation. Vgl. Band III, Teil B, Kapitel 3, »Ich war ganz unpolitisch«.
6 Vgl. dazu Kapitel 6, »Verschickt«.
7 Allerdings wurde ich darauf aufmerksam gemacht, dass im Schulzeugnis auch »gottgläubig« stehen konnte, wenn die Religion, der ein Kind angehörte, verboten war, so z. B. Anthroposophen oder Zeugen Jehovas.
8 Immerhin ist es erstaunlich, dass Kinder viele von diesen Witzen über die Zeit hin behalten haben. Sie wurden wahrscheinlich im Familienkreis immer wieder erzählt, auch als Beweis für die Subversivität damals. Eine kleine Sammlung ist in Dokument 2 zusammengestellt.
9 Über die Reaktionen zu den Judenverfolgungen siehe ausführlicher Kapitel 19, »›Volksschädlinge‹, Kriegsgefangene, Zwangsarbeiter«.
10 Vgl. ihr Schaftberichtsbuch in Kapitel 3, S. 78.
11 Bezeichnenderweise fährt er fort: »eine Situation, an die ich mich viele Jahre später in Weimar zu DDR-Zeiten wieder erinnerte, als sich bei Gesprächen mit guten Bekannten über die ›sozialistischen Errungenschaften‹ und die Teilung Deutschlands punktgenau das gleiche entwürdigende Schauspiel wiederholte: Türen und Fenster schließen, bevor entsprechende Äußerungen fielen, denn irgendein Schnüffler saß und stand mit großer Wahrscheinlichkeit in unmittelbarer Nähe. Kann sich Geschichte, wenn auch mit anderen Vorzeichen, nicht doch wiederholen?«
12 Vgl. dazu meine Ausführungen in meiner Frauendokumentation, Band III, Teil B, Kapitel 5: »Man hat gelernt, den Mund zu halten«.
13 Hier trügt die Erinnerung oder die Mutter hatte es nicht richtig mitbekommen. Die Bombe explodierte, aber Hitler wurde nur leicht verletzt.
14 Deter-Labudde: *»Solang' du einen Vati hast ...«*, S. 52, 68.
15 Er schrieb es mir kurz nach Erscheinen meiner Frauendokumentation spontan am 02.02.99. Von den Frauen habe ich damals noch viele weitere Beispiele nicht konformen Verhaltens berichtet bekommen. Vgl. Dörr: *»Wer die Zeit nicht miterlebt hat ...«*, Band III, Teil B, Kapitel 6.
16 Es muss sich wohl um eine sog. Halbjüdin gehandelt haben, denn die Tante war offenbar »Arierin«. Diese »Halbjuden« waren noch geschützt vor der Deportation, aber sie hätte eine höhere Schule nicht besuchen dürfen.
17 Worzalla: *» ... es fehlte die Puppe«*, S. 152, Anmerkung.
18 Brief vom 29.08.06. Max Krakauer hat diese Erlebnisse später in einem Büchlein festgehalten: *Lichter im Dunkel.*
19 Nachdem der Volkacher Bund 1933 verboten worden war, wurde er als Interimsbund verborgen weitergeführt, im September 1946 wieder eröffnet und im September 1997, nach 75 Jahren, förmlich geschlossen, da der Versuch, ihn in die nächste Generation zu tragen, nur unvollkommen gelungen war.
20 Briefliche Mitteilung vom 24. August 2006 durch den Sohn Erwin.
21 Gruschka: *Zgoda, ein Ort des Schreckens*, S. 14 f.
22 Dazu ausführlicher im folgenden Kapitel.
23 Die Partei umfasste als Höchstzahl 8,5 Millionen Mitglieder, das waren keineswegs die meisten.
24 Das Hitlerbild hing nicht in allen Häusern; es war kein Zwang.
25 Die fünf Kategorien, in die man in den sogenannten Spruchkammerverfahren eingestuft werden konnte, waren: Hauptschuldige, Belastete, Minderbelastete, Mitläufer und Entlastete.
26 So wurden diejenigen bezeichnet, die sich nach der Machtübernahme am 30. Januar 1933 beeilten, in die NSDAP einzutreten.
27 Vgl. oben, S. 240.
28 Das bezeugen die mir zur Verfügung gestellten Tagebuchauszüge. Die Tagebücher sind ursprünglich in Steno abgefasst. Ende der 70er, Anfang der 80er Jahre verfasste er handschriftliche Auszüge und versah sie mit Bemerkungen. Er nimmt scharf Stellung gegen die antisemitische

Hetze, nennt sie eine »Kulturschande«, gegen die Angriffe auf die Bekennende Kirche, gegen das kulturlose und eitle Gehabe der Parteibonzen. Er berichtet am 15. August 1939 über seine Einbestellung beim stellvertretenden Ortsgruppenleiter, weil seine Frau bei Juden gekauft hat.

29 Aus der erwähnten Rede: »Der Krieg neigt sich seinem Ende zu. Der Wahnsinn, den die Feindmächte über die Menschheit gebracht haben, hat seinen Höhepunkt bereits überschritten … Gott wird Luzifer, wie so oft schon, wenn er vor den Toren der Macht über alle Völker stand, wieder in den Abgrund zurückschleudern, aus dem er gekommen ist.« Zitiert nach Overesch: *Das III. Reich*, S. 605.

30 Vgl. Kapitel 3, Bd. 1, Abbildung 10, S. 95.

31 Pastor Martin Niemöller war einer der führenden Köpfe der Bekennenden Kirche und im Widerstand zur Kirchenpolitik des Dritten Reiches. Er war von 1937–45 in den KZ Dachau und Sachsenhausen.

32 Pausewang: *Geliebte Rosinkawiese*, S. 105, 06.

33 So z. B. im Brief vom 16.6.44, nach der Invasion: »Es ist doch lieb von den Feinden, dass sie jetzt endlich nach vielen Einladungen noch in Frankreich gelandet sind und so sicher dazu beitragen, dass der Krieg bald zu Ende geht. Ich erhoffe es bis spätestens im Herbst 45. Der Russe soll schon ca. 25 Millionen Verluste gehabt haben im ganzen. Die Möglichkeit einer weiteren Landung auch in Schleswig-Holstein halte ich für denkbar.« Der Vater kommt am 28. Januar bei einem Luftangriff ums Leben. Die Frau und die beiden kleinen Söhne überleben im Stollen. Der Vater wird im Luftschutzkeller verschüttet und kommt mit schweren inneren und äußeren Verletzungen ins Krankenhaus, wo er am 4. Februar stirbt.

34 Siehe S. 253.

35 Die Hoheitsträger standen an der Spitze eines Hoheitsgebietes: Block, Zelle, Ortsgruppe, Kreis, Gau, Reich. Zur organisatorischen Gliederung der NSDAP informieren knapp Benz/Graml/Weiß: *Enzyklopädie des Nationalsozialismus*, Stichwort »Nationalsozialistische Deutsche Arbeiterpartei (NSDAP)«.

36 Die Vernichtung aller verdächtigen Spuren ging so weit, dass in Fotoalben die Hakenkreuze wegretuschiert wurden. Ich habe das mehrfach vorgeführt bekommen.

37 Jäckel/Longerich/Schoeps: *Enzyklopädie des Holocaust*. Band I, Stichwort »Dachau«, S. 303 f.

38 Babij Yar ist eine Schlucht in der Ukraine, nördlich von Kiew, in der im September 1941 mehr als 33.000 Juden von einem Sonderkommando der deutschen Einsatztruppen ermordet wurden.

39 1931–1938 Leiter des SS-Rasse- und Siedlungs-Hauptamtes, 1933 Reichsminister für Ernährung und Landwirtschaft. 1934 »Reichsbauernführer«. 1942 kaltgestellt.

40 Hier machte ich eine ähnliche Erfahrung wie Claude Lanzmann, der in einem Interview mit Heike Hurst so formuliert: »Die jungen Deutschen … sehen ihre eigene Geschichte nicht. Hundertmal im Verlauf meiner Nachforschungen habe ich erlebt, dass alte Nazis, die ich interviewte, von ihren Kindern abgeschirmt wurden. Es gab da ein stillschweigendes Einverständnis. Man wollte nichts wissen.« Claude Lanzmann: Shoah. München 1988, S. 270, zitiert nach Meyer: *»Geweint wird …«*, S. 214. Allerdings gilt das nicht für alle jungen Deutschen, sondern nur für die, die Schwerwiegendes zu verbergen hatten, etwa als Mitbeteiligte an der Shoah, und das Lanzmann gegenüber natürlich nicht preisgeben wollten.

41 Wie groß der Kreis derer war, die man als »Täter« bezeichnen kann, ist aus meiner Stichprobe nicht zu ermitteln. Dazu ist sie immer noch zu klein und nicht repräsentativ. Einige Zahlen: Goldhagen schätzt die Zahl derer, die direkt mit der Vollstreckung des Holocaust zu tun hatten, auf mehr als 100.000. Hinzu kämen Tausende unbekannter Deutscher, die in den verschiedenen Bereichen der Verwaltung zum Genozid beitrugen: Bahnbeamte, Wehrmachtssoldaten, Angehörige der Polizei und anderer Sicherheitskräfte. Daniel Jonah Goldhagen: *Hitlers willige Vollstrecker. Ganz gewöhnliche Deutsche und der Holocaust*. Deutsche Ausgabe Berlin 1996, S. 204. Die Gestapo hatte bei

Kriegsbeginn 7.000 Mitglieder, und die Zahl blieb während des Krieges konstant. Nach Gellately: *Hingeschaut und weggesehen* (zuerst: *Backing Hitler. Consent and Coercion in Nazi Germany*. Oxford University Press 2001), S. 105. Man verließ sich mit Erfolg auf die Denunzianten unter den «Volksgenossen.« Nach 1945 sperrten die Alliierten etwa ¼ Million Deutsche ein, die sie für »Nazis« hielten. Jeder Beamte, der der NSDAP vor 1937 beigetreten war, wurde entlassen.

42 Vgl. Dörr: *»Wer die Zeit nicht miterlebt hat ...«*, Band III, Teil B, Kapitel 11. Dort weiterführende Literaturangaben.

43 Ich wurde öfter gefragt, wo man denn diese Dokumente, die man selbst gar nicht kannte, zur Aufbewahrung abgeben könne. Man wolle sie doch nicht wegwerfen. Eine der rühmlichen Ausnahmen verdient besonders hervorgehoben zu werden. Christa Lieb, selbst ein Kriegskind des Jahrgangs 1942, hat auf meine Anregung in den letzten Jahren nicht nur den gesamten Briefwechsel ihrer Schwiegereltern abgeschrieben und nach Sachgebieten geordnet und gebunden, sondern beschäftigt sich weiterhin mit Feldpostbriefen, aus denen sich das gesamte Alltagsleben der Kriegsjahre erschließen lässt, einschließlich der Wirkung der Ideologie.

44 Ein anerkennenswertes Beispiel ist Volker Issmer, der erst in den 90er Jahren die Memoiren seines Vaters gelesen und sie herausgegeben hat: *»Als ›Mitläufer‹ (Kategorie IV) entnazifiziert.«* At Edition Grevener Str. 179, 48159 Münster. 2001. Als typischer 68er hat er seinen Vater verachtet, weil dieser NS-Funktionär gewesen war (verantwortlich für die NSV im Landkreis Grafschaft Glatz). Er wandelte sich in seiner Beurteilung des Vaters und bedauert zutiefst, dass er erst posthum dem Vater Gerechtigkeit hat widerfahren lassen. .

45 Die Nichte des Schriftstellers Johannes Linke.

46 Siehe S. 236.

47 Die Erfahrungen mit diesen bilden den Hintergrund für das letzte Kapitel meiner Frauendokumentation, »Das Gespräch zwischen den Generationen.«

48 Dazu noch genauer Kapitel 21, »Rückschau nach 60 Jahren«.

49 Vgl. auch Ralph Giordano: *Die zweite Schuld. Von der Last Deutscher zu sein.* Hamburg 1987. Ich teile jedoch nicht Giordanos pauschale Verurteilung der Eltern.

50 So der Titel des Romans von Ulla Hahn, München o.J., in dem sich die Tochter Katja auf die Suche nach ihrem Vater macht, den sie in die Verbrechen der Wehrmacht verwickelt glaubt.

51 Darauf ist immer wieder hingewiesen worden. Besonders eindringlich und schon früh von Martin Broszat in den von ihm besorgten und eingeleiteten autobiographischen Aufzeichnungen von Rudolf Höß: *Kommandant in Auschwitz.* Für Dan Bar-On (siehe Anmerkung 52) ist das die Zentralfrage in seinen Gesprächen mit 14 »Täter«-Kindern. Eine seiner wichtigsten Aussagen auf S. 5 der englischen Ausgabe: »I sense that another process is beginning, a movement toward a deeper understandig of the Holocaust as a human possibility.«

52 Siehe Literaturverzeichnis, Sparte III. Hervorzuheben, neben den im Exkurs besprochenen: Herrad Schenk (1948): *Wie in einem uferlosen Strom. Das Leben meiner Eltern.* München 2002. Erfahrungen von Psychotherapeuten mit Täter-Kindern: Bar-On: *Die Last des Schweigens.* (zuerst: *Legacy of Silence. Encounters with Children of the Third Reich.* Harvard 1989); Moser: *Dämonische Figuren*; ders.: *Dabei war ich doch sein liebstes Kind.*

53 Vgl. dazu Norbert und Stephan Lebert: *»Denn du trägst meinen Namen«*, sowie Sichrovsky: *Schuldig geboren.* Beide Publikationen fußen auf Interviews, die aber nicht in wörtlicher Fassung wiedergegeben, sondern von den Autoren bearbeitet sind. Sichrovsky hat nur solche befragt, die kurz vor Kriegsende oder bald danach geboren wurden, also keine Kriegskinder, die mit den Eltern das Dritte Reich erlebt haben. Westernhagen: *Die Kinder der Täter.* Besonders eindringlich das 48stündige Interview von Matthias Kessler mit Monika Goeth, der Tochter von Amon Goeth, der von Februar 1943 bis September 1944 das KZ Plaszow bei Krakau leitete. Kessler: *»Ich muss doch meinen Vater lieben, oder?«*

54 München (Bertelsmann).

55 Dazu zitiere ich zustimmend Meyer: *»Geweint wird, wenn der Kopf ab ist«*, S. 115f.: »Niklas Frank sucht mit einem Fernsehteam die Stätten seiner Kindheit auf. Krakau, Generalgouvernement. Auf die Frage des Reporters ›Lieben Sie Ihren Vater?‹ kommt die deutliche Antwort: ›Ja‹. Nach seiner hasserfüllten, beinahe orgiastischen Abrechnung mit seinem Vater für die meisten Zuhörer eine überraschende und unglaubwürdige Antwort. Für mich nicht. Ich habe in seinem Buch »Der Vater« niemals etwas anderes gesehen als diesen Schrei nach Liebe, ein verzweifeltes Suchen nach Identität. Wenn da diese tiefe Beziehung zu seinem Vater nicht wäre, hätte er dies alles so nicht schreiben können.«

56 In der *Enzyklopädie des Nationalsozialismus*, hrsg. von Wolfgang Benz, Hermann Graml und Hermann Weiß, heißt es über ihn: »Praktisch Chef des Parteibüros. Fanatischer Vollstrecker des nationalsozialistischen Rassenprogramms. Hitler bedingungslos ergeben. 1941 nach Heß' Schottlandflug dessen Nachfolger mit dem Titel Leiter der Parteikanzlei, 1943 ›Sekretär des Führers‹. Nach dem Krieg galt B. Jahrzehnte als verschollen. 1946 in Nürnberg in Abwesenheit zum Tode verurteilt. Seine Leiche wurde am 7./8.1972 zweifelsfrei identifiziert. Er ist am 2.5.1945 in Berlin gestorben.«

57 So der Titel eines Fernsehfeatures des Bayerischen Rundfunks 2003 über ihn.

58 Bormann: *Leben gegen Schatten.*

59 Bar-On: *Die Last des Schweigens.*

60 Bormann: *Leben gegen Schatten*, S. 217.

61 Freiburg (Herder spektrum).

Kapitel 19: »Volksschädlinge«, Kriegsgefangene, Zwangsarbeiter

1 Überschneidungen mit Kapitel 18 und Kapitel 20 lassen sich nicht vermeiden.

2 Dass sie oftmals geschlagen und gequält wurden, ist oft bezeugt und wird im folgenden Kapitel noch dargestellt werden.

3 Nach mündlicher Erzählung von ihr aufgeschrieben im Herbst 2006. Die Geschichte hat eine wunderbare Fortsetzung, vgl. Kapitel 22, »Gelebte Versöhnung«, S. 471ff.

4 Gegen die Legende, die Juden seien allesamt reich gewesen, steht ein weiteres Zeugnis von Maria N.: »Der ärmste Mann im Heimatdorf meiner Mutter war ein kinderreicher jüdischer Flickschuster, den die Bevölkerung mit milden Gaben am Leben erhielt.«

5 Beispielhaft für eine lokalgeschichtliche Studie: Brucher-Lembach: *»... wie Hunde auf ein Stück Brot«*. Von der Entrechtung, Enteignung und Ermordung der jüdischen Bürgerinnen und Bürger profitierten viele Deutsche direkt und indirekt: So wurden z.B. jüdische Firmen zu Schleuderpreisen »arisiert«, das Eigentum der jüdischen Gemeinden mit ihren Sozialeinrichtungen für die »Volksgemeinschaft« verwendet. Wertgegenstände der Vertriebenen und Deportierten ließ der Staat über den Handel verkaufen, ihre Wohnungseinrichtungen auf Auktionen versteigern usw. 1994 wurde die Stiftung Zurückgeben gegründet, die Künstlerinnen und Wissenschaftlerinnen jüdischer Herkunft oder jüdischen Glaubens fördert. Die Stiftung versteht sich als eine Möglichkeit, unabhängig von Gesetzen etwas symbolisch zurückzugeben. Näheres dazu im Internet unter *www.Stiftung* Zurückgeben.de. Vgl. auch die Ausstellung: Deutsche verwerten jüdische Nachbarn, die vom 25.Januar bis 23. Februar 2002 im Gewerkschaftshaus Stuttgart stattfand. Anfragen bei AlgdV c/o BAZ-Kulturzentrum, Ludwigstr. 110a, 70197 Stuttgart.

6 Der Achtjährige konnte sich noch gar nicht erklären, was er da zu sehen bekam. Aber schon zwei Jahre später, als Pimpf in der Hitlerjugend, wurde er auf die judenfeindliche Ideologie eingeschworen, obwohl er darin von seiner Familie keine Unterstützung bekam.

7 Sie erzählt von einer Familie, die es noch rechtzeitig geschafft hatte, auszuwandern und die 1969

ihre Heimatstadt wieder besucht hat. «Die haben sich aber nicht getraut, sich bei Tage sehen zu lassen. Eine Großtante von mir haben sie dann bei Nacht und Nebel besucht.«

8 Mehler: *Davongekommen*, S. 101.

9 Longerich: *»Davon haben wir nichts gewusst!«*, S. 123–146.

10 Dazu aus der Sicht der Frauen genauer: Dörr: *»Wer die Zeit nicht miterlebt hat ...«*, Band III B, Kapitel 4.
Vgl. dazu auch Forte: *Schweigen oder sprechen*, S. 50: »In der Stadt (Düsseldorf) gab es über 100 Lager, Kriegsgefangenenlager, Fremdarbeiterlager, Straflager, dazu die Außenlager der KZ ... Man wohnte fast Wand an Wand mit ihnen.«

11 Kurz nach Ausbruch des Krieges gab es in Deutschland noch 190.000 Juden. In drei Deportationswellen wurden mehr als 100.000 Juden deportiert. Trotz großen Drucks gab es Ende 1942 noch 16.760 Mischehen. Nach Gellately, *Hingeschaut und weggesehen*, S. 201.

12 Schmid: *Jahrgang '29*, S. 99f.

13 Horst Schmid hatte einen Onkel, der Gestapomann war, den er aber nur selten sah. Als er einmal nach Eschenau kam, befragte ihn Horst wegen dieser Vorgänge: »Ich sah ihn bei dieser Gelegenheit zum ersten und zum letzten Mal in seiner Uniform mit dem Ärmelstreifen ›Sicherheitsdienst‹(SD) ... Er verurteilte solche Auswüchse als nicht akzeptabel und unwürdig ... Das beruhigte mich einigermaßen, denn mein Glauben an den Staat war bereits dabei, erhebliche Risse zu bekommen.« Schmid, *Jahrgang '29*, S. 155f.

14 In einer Fußnote bemerkt Ruth Worzalla: »Es war nicht mehr erlaubt, dass jüdische Kinder öffentliche deutsche Schulen besuchen konnten. Doch es gab Ausnahmen auch an anderen Schulen. Ob der Rektor und die Lehrerschaft Ruth schweigend duldeten, ich weiß es nicht. Ruth durfte als Jüdin nicht auffallen. Sie musste natürlich ›Heil Hitler‹ grüßen und die Nazilieder mitsingen.«

15 Worzalla: *... es fehlte die Puppe*, S. 14–17. Zitiert mit freundlicher Genehmigung der Verfasserin.

16 Die eigentlichen Vernichtungslager, eingerichtet seit Ende 1941, lagen im Generalgouvernement (Belzec, Sobibor, Treblinka, Chelmno, Majdanek), ausgenommen Auschwitz in Oberschlesien. Dazu die *Enzyklopädie des Nationalsozialismus*, hrsg. von Benz u.a., S. 780: »Zwischen 2,5 und 3 Millionen Menschen, überwiegend Juden, fanden in den Vernichtungslagern den Tod ... Es fällt allerdings schwer, die Vernichtungslager klar gegenüber anderen, in ihrer tödlichen Effizienz nicht minder schrecklichen Schauplätzen institutionalisierten Mordens wie den Erschießungsstätten der Einsatzgruppen, den Ghettos oder Zwangsarbeitslagern in Osteuropa, den Vergasungsanstalten der ›Euthanasie‹ oder bei Kriegsende im Rahmen der Todesmärsche faktisch in ›mobile Vernichtungslager‹ umgewandelten Konzentrationslagern abzugrenzen.«

17 Aber selbst Luftwaffenhelfer, die direkt neben dem Lager in Auschwitz stationiert waren, haben nicht voll realisiert, was sich innerhalb des Lagers abspielte. Dazu: Dörr: *»Wer die Zeit nicht miterlebt hat ...«*, Band I, S. 294f.

18 Bormann: *Leben gegen Schatten*, S. 275f.

19 Lieb: *Feldpostbriefe aus Bietigheim.*

20 In den Feldpostbriefen könnte man viele weitere Beispiele finden, wie allein aus der eben zitierten Sammlung von Christa Lieb hervorgeht. Zahlreiche Belege dafür auch bei Friedländer: *Das Dritte Reich und die Juden*, Band 2: *Die Jahre der Vernichtung*. Allerdings ist kaum anzunehmen, dass den Kindern diese Briefstellen vorgelesen wurden oder dass sie solche zu lesen bekamen. Später haben sie sich dann kaum mehr dafür interessiert.

21 Der Aufstand brach am 19.4.43 aus, als die letzten 60.000 Juden in die Vernichtungslager abtransportiert werden sollten und endete mit der völligen Vernichtung des Ghettos Mitte Mai. Von den knapp 500.000 Juden im Warschauer Ghetto überlebten nur einige Tausend.

22 Hier handelt es sich ganz allgemein um Gräueltaten der deutschen Wehrmacht und der SS in den besetzten Gebieten. Es gab aber auch Flugblätter, die speziell die Judenvernichtung anprangern, wie aus dem Beitrag von Ulrich L. hervorgeht.

23 Die Häftlinge einer Reihe von KZ wurden evakuiert und mussten unter unerträglichen Bedingungen bei brutaler Behandlung über weite Entfernungen marschieren. Ein Evakuierungsplan bestand nicht.

24 Das Massaker von Palmnicken 1945 schildert Martin Bergau aus der Sicht des damals 16-jährigen: *Der Junge von der Bernsteinküste*. Es handelte sich um die Überlebenden des Lagers und der Nebenlager von Stutthof. Von den etwa 7.000 Häftlingen, sämtlich Juden, wurden schon während des Marsches 2.000 ermordet. In der Nacht vom 31.1. auf den 1.2. trieben die Wachen alle Überlebenden bei Palmnicken ins Meer und schossen sie mit Maschinengewehren nieder.

25 Gruschka: *Zgoda. Ein Ort des Schreckens*, S. 25 f.

26 So habe ich es in meiner Frauendokumentation genannt, Band III B, S. 265. Ich befinde mich damit in Übereinstimmung mit Peter Longerich, der von einem »öffentlichen Geheimnis« spricht. *»Davon haben wir nichts gewusst«*, S. 201.Wenn er den Erwachsenen eine »Flucht in die Unwissenheit« unterstellt, um sich jeder Verantwortung vorbeugend zu entziehen, so trifft diese Haltung natürlich nicht die Kinder. Diese konnten die verstörenden Eindrücke, denen sie ausgesetzt waren, gar nicht einordnen. Manche wurden in ihrem aufoktroyierten nazistischen Weltbild zumindest unsicher.

27 Gisela C., mit einem Franzosen verheiratet, hat ihre Erinnerungen für ihre Familie in französischer Sprache aufgeschrieben. Übersetzung durch die Verf.

28 Mehler: *Davongekommen*, S. 214.

29 Vgl. dazu auch Kapitel 18 und 20.

30 Vgl. dazu schon Kapitel 6, »Verschickt«, S. 201.

31 Aus Feldpostbriefen, die das Bild vom »Untermenschen« nachzeichnen: Helmut V. (1939) schreibt zunächst über ein frühes Bild, das in seiner Erinnerung auftaucht: »Mein Vetter in Wehrmachtsuniform lässt mich auf seinen Knien reiten, wirft mich hoch, fängt mich auf. Ich mag ihn. Ich erfahre, dass er tot ist. Er war als Soldat in Russland im Einsatz. Seine Einheit stand kurz vor Moskau, das er mit dem Fernglas sehen konnte. Ein Scharfschütze hätte ihn, als er auf vorgeschobenem Posten Erkundungen einzog, von einem Dach herunter erschossen. Damals begreife ich noch nicht richtig, warum er nicht wiederkommt, um mit mir zu spielen. Ich vermisse ihn. – Viele Jahre später legt sich ein Schatten auf dieses Bild. Ich halte einen Brief in der Hand, vergilbt, mit Bleistift geschrieben, Feldpost. Er schreibt: ›... zogen wohl über tausend russische Gefangene an uns vorbei – meist rohe, abgestumpfte Gesichter, verdrecktes, zerlumptes Gesindel – dazwischen Mongolen, Tartaren und andere komische Gesichter. Was wäre wohl geworden, wenn diese Horden in unsere heimatlichen Städte und Dörfer eingebrochen wären? Wenn man sich darüber Gedanken macht, weiß man, wofür man kämpft, weiß man, warum es so kommen musste.« Er war in einem aufgeklärten, christlich geprägten Elternhaus aufgewachsen.

32 Die abschreckende Wirkung wurde nicht erzielt. »Schon im Januar 1942 hatten nach Schätzungen der Nationalsozialisten Fremdarbeiter ›mindestens 20.000‹ uneheliche Kinder gezeugt.« Gellately: *Hingeschaut und weggesehen*, S. 283.

33 Günter U. (1928) erzählt, dass ihm einer einmal einen Vogel mit einer Glasscherbe geschnitzt hat aus Dank für ein paar Kartoffeln und Mohrrüben.

34 Schöner: *»... Und dann kamen die Russen«*, S. 64, 65.

35 Vgl. dazu Herbert: *Europa und der »Reichseinsatz«*. Essen 1991.

36 Viele hielten sich nicht an das Verbot der Tischgemeinschaft, andere (wie viele, wird nicht zu klären sein) befolgten es aus Angst, wiewohl sie im übrigen ihre Zwangsarbeiter nicht schlecht behandelten.

37 Es darf nicht verschwiegen werden, dass viele auch freiwillig nach Deutschland kamen, aber zu fragen ist doch, ob sie ohne den Krieg, der Zerstörung und noch mehr Not über ihre Heimat gebracht hatte, gekommen wären.
38 Gisela C. ist in Frankreich verheiratet. Sie schrieb ihre Erinnerungen für ihre Kinder in Französisch. Übersetzung von M.D.
39 Vgl. auch den Roman von Hermann Schulz: *Flucht durch den Winter*.
40 Ballentin: *Gleich hinter Schwedt*, S. 39. Zitiert mit freundlicher Genehmigung des Verfassers.
41 Stalin ließ sie zumeist als »Kollaborateure« einsperren oder in den Lagern des Archipel Gulag »verschwinden«.
42 *Schleswig im Nationalsozialismus*. Zeitzeugenberichte 2. Hrsg. vom Gesprächskreis Erzählte Geschichte Schleswig 1998, S. 161.
43 Die Ustascha war ursprünglich eine separatistische und faschistische Bewegung, welche die Loslösung von Jugoslawien und einen unabhängigen kroatischen Staat anstrebte. Nach der Besetzung Jugoslawiens durch die Deutschen 1941 wurde dieser Staat ausgerufen, und die Ustascha übernahm die Regierungsgewalt in enger Anlehnung an die Nationalsozialisten. Sie betrieb deren Rassenpolitik.
44 Grafeneck im Kreis Münsingen in Württemberg war die erste Tötungsanstalt für Behinderte. 1940 wurden dort mindestens 10.500 Menschen durch Gas ermordet.
45 Schwister-Rudolph: *Wenn die Sirenen schweigen*, S. 179f.
46 Schöner: *Und dann kamen die Russen*, S. 126.
47 Dörr: *Wer die Zeit nicht miterlebt hat …*, bes. Band III, Kapitel 4.
48 Longerich: *»Davon haben wir nichts gewusst«*.
49 In der umstrittenen Wehrmachtsausstellung ging es ja keinesfalls um *die* Verbrechen *der* Wehrmacht.
50 Daniel Jonah Goldhagen: *Hitlers willige Vollstrecker. Ganz gewöhnliche Deutsche und der Holocaust*. Berlin 1996. Unverständlicherweise wurde von keinem Kritiker Goldhagens beachtet, dass er auf S. 68 empfiehlt, »ganz gewöhnliche Meinungsumfragen durchzuführen«, d. h. selbst zugibt, die Einstellungen der großen Mehrheit der Deutschen eigentlich gar nicht zu kennen.
51 Geschichtswerkstätten und lokale Untersuchungen haben sich oft in mühevoller Kleinarbeit an dieses Thema herangearbeitet.
52 Abgesehen von der Ausnahme, die auf S. 298 zitiert wird.

Kapitel 20: Verfolgt

1 Dwork: Kinder mit dem gelben Stern.
2 Es gibt eine Reihe von Autobiographien jüdischer Kinder, die aber nicht in Deutschland oder Österreich geboren sind, z. B. Rabinovici: *Dank meiner Mutter*. (Die Originalausgabe erschien 1991 im Verlag der Gedenkstätte Yad Vashem, Jerusalem). Sie ist 1932 in Paris geboren, kehrte aber 1937 mit ihren Eltern ins heimatliche Wilna zurück; Ligocka: *Das Mädchen im roten Mantel*; Breznitz: *Vergiss niemals, wer du bist* (zuerst: *Memory Field. The Legacy of a Wartime Childhood in Czechoslovakia*. New York 1993). Weitere Titel siehe Literaturverzeichnis, Sparte V.
3 Zu spät wurde ich mit den Forschungen von Gabriele Glasenapp bekannt, die am 21. Juni 2006 in der Johann-Wolfgang Goethe-Universität in Frankfurt im Rahmen eines Forschungskolloquiums des Fritz Bauer Instituts einen Vortrag zum Thema hielt: »Jüdische Kindheit und Jugend in Deutschland während des Dritten Reiches. Autobiographische Zeugnisse.« Dieses Projekt stützt sich auf Zeitzeugenberichte und -dokumente, ist allerdings auf den Zeitraum 1933 bis 1942 begrenzt. Ebenfalls zu spät erfuhr ich – ebenfalls über das Fritz Bauer Institut – von den Arbei-

ten von Angelika Rieber, die seit mehr als 20 Jahren mit Zeitzeugen des Holocaust aus Frankfurt arbeitet und Fortbildungsveranstaltungen und Schulbesuche organisiert.

4 Nicht berücksichtigen kann ich den jugendlichen Widerstand verschiedener Gruppen, weil diese schon über das Kindesalter hinaus waren. Wichtig wären auch die Kinder, die aus der Verbindung deutscher Mädchen mit Zwangsarbeitern hervorgegangen sind und keinerlei Wiedergutmachungsleistungen erhalten haben. Über einen Fall wurde ich unterrichtet. Er ist im Internet von Herbert Leis dokumentiert: *www.santo-maslyk.com* und *www.santo-maslyk.de* nachzulesen.

5 Vgl. dazu systematisch und zugleich persönlich: Hecht: *Als unsichtbare Mauern wuchsen*. Ingeborg Hecht ist »Mischling« und 1921 geboren. In der Kriegszeit war sie schon eine junge Erwachsene, fällt also aus meinem zeitlichen Rahmen heraus, weshalb ich sie nicht persönlich zitiere. Doch ist aus dem Buch viel für das Leben auch der jüngeren Kinder zu entnehmen.

6 Zitiert nach Turner: *Kindertransport*. (zuerst 1990 by Central British Fund for World Jewish Relief), S. 27. Wichtig auch: Helga Krohn: *Vor den Nazis gerettet*.

7 Ebenda, S. 28 f.

8 Ebenda, S. 28.

9 Vgl. Kapitel 19, S. 312 f.

10 Vgl. Kapitel 19, S. 298.

11 Vgl. S. 368.

12 Richter: *Bericht über Kindheit und Jugend*, Manuskript, S. 50 f. Ich konnte mich mit Hans-Peter Wolf persönlich über diesen Freundschaftsdienst unterhalten.

13 In sehr anschaulicher und eindringlicher Weise schildert Inge Barth-Grözinger das Schicksal einer jüdischen Familie aus Ellwangen bis zu ihrer erzwungenen Emigration 1938. Der ältere Sohn Erich war damals schon über das Kindesalter hinaus, der jüngere Max wurde mit einem Kindertransport nach England geschickt. *»Etwas bleibt«*. Stuttgart/Wien 2004.
Auch den fünf Kindern der jüdischen Mutter Lilli Jahn »wurde gegen Ende des Krieges mit einer bevorstehenden Deportation gedroht; sie durften Immenhausen nicht verlassen. Am 13.11.44 entließ man den ältesten Sohn Gerhard aus dem Arbeitsdienst. Da die Nationalsozialisten ihn für ›wehrunwürdig‹ erklärt hatten, wurde er auch nicht mehr zur Wehrmacht eingezogen. Nur die fortwährenden Luftangriffe und das Chaos der letzten Kriegstage, so notierte er später, hatten seine bereits geplante Verhaftung durch die Gestapo verhindert. Doerry: *»Mein verwundetes Herz«*, S. 335.

14 Darüber hinaus hat ein Herr Nicholas Winton privat einen Transport von 669 tschechischen jüdischen Kindern gesponsert. Er wurde dafür in den letzten Jahren in den Adelsstand erhoben.

15 Übersetzung, Kürzung und teilweise Umstellung durch die Verfasserin.

16 Displaced Persons: Menschen, die infolge des Zweiten Weltkriegs staatenlos geworden sind, meist ehemalige Zwangsarbeiter.

17 Ausnahmsweise wird sein Nachkriegsschicksal schon in diesem Kapitel dargestellt, nicht erst in Kapitel 21, »Rückschau nach 60 Jahren«.

18 Vgl. dazu Turner: *Kindertransport*.

19 Turner beschreibt eine Szene: »Eine verzweifelte Mutter warf ihr Baby in die Arme eines Dreizehnjährigen, den sie an einem offenen Fenster erspäht hatte. Der Junge kümmerte sich die ganze Reise über um das kleine Mädchen, so dass jeder, einschließlich der Gestapo-Wachen, annahm, es sei seine kleine Schwester. Er behielt seinen Schützling bis zur Ankunft in Harwich bei sich. Noch heute würde er gern erfahren, was aus der Kleinen geworden ist.« Ebd., S. 97.

20 SCI gibt es bis heute mit 35 Mitgliedsorganisationen überall in der Welt. Der Dienst organisiert internationale Hilfsprojekte und Lager, in denen Menschen verschiedener Nationalität zusammenarbeiten. Einen persönlichen Bericht darüber gibt Brigid Ammerschlaeger in Kapitel 22, S. 447 f.

21 Turner: *Kindertransport*, S. 67; Meierhof/Schütz: *»Aus Kindern wurden Briefe«*; Salewsky: *»Der olle Hitler soll sterben«*; Leverton/Lowenson: *»I came alone«*.

22 Spiegel: *Retter in der Nacht*. Lotte Paepcke geht in ihrem Buch *Unter einem fremden Stern*, das schon 1952 erschienen ist, nicht eigens auf ihren kleinen Sohn Peter ein, der mit ihr zusammen in der Illegalität überlebte, zuletzt in dem kleinen Kloster Stegen in der Nähe von Freiburg. Siehe zu dem Thema auch Birgit Schreiber: *Versteckt*. Ein so authentisches Zeugnis eines versteckten Kindes wie das Tagebuch der Anne Frank dürfte einmalig sein.

23 Sie wurde auf einem fränkischen Bauernhof versteckt. Leider konnte ich von ihr darüber keine näheren Auskünfte erhalten.

24 Degen: *Nicht alle waren Mörder*, S. 85. Die Menschen, die sie schützten, gehörten nicht zur »feinen Gesellschaft«: Da ist die adlige russische Emigrantin, die »Kindersex« mit dem Jungen machte, eine »Puff-Mutter«, die ihre drei Töchter auf den Strich schickte, ein Kommunist, der im KZ Buchenwald war, und Lona, die Schlüsselfigur, dreimal verheiratet. Der dritte Mann war tief ins Schwarzmarktgeschäft verwickelt. Sogar eine »Nazi-Frau« war darunter.

25 Ebd., S. 43.

26 *Das Geheimnis der Erlösung ist Erinnerung: Traumatisierung und Sinnkonstruktionen der ›Hidden Children‹*. Dissertation an der Ludwig-Maximilians-Universität München 2003. Veröffentlicht unter dem Titel *Versteckte Kinder*.

27 Haland & Wirth im Psychosozial-Verlag 2004.

28 Doerry: *»Mein verwundetes Herz«*.

29 Ebd., S. 280 f.

30 Er war im Februar 1943 als Luftwaffenhelfer eingezogen worden.

31 Doerry: *»Mein verwundetes Herz«*, S. 318 f.

32 Nach Benz u. a., *Enzyklopädie des Holocaust*, S. 1.738.

33 Nationale Gedenkstätte in Israel zur Erinnerung an Verfolgung und Ermordung der Juden durch die Nationalsozialisten.

34 Ruth Klüger: *weiter leben*. Sie hat das Buch selbst für ihren Sohn ins Englische übersetzt. Daran arbeitete sie 10 Jahre.

35 Ich stütze mich bei diesen Aussagen auf das Interview von Martin Doerry in seinem Buch: *»Nirgendwo und überall zu Haus«*, S. 98–108.

36 Auerbacher: *»Ich bin ein Stern«* (zuerst *I am a Star* bei Simon & Schuster, New York 1986).

37 Ebd., S. 9. Bei einem Besuch, zu dem die Stadt Stuttgart ehemalige jüdische Mitbürger eingeladen hatte, traf sie Garry (Gerhard) Fabian, der als Kind ebenfalls in Theresienstadt war und überlebte. Er spricht von 150 Kindern, die davonkamen. Er wurde so etwas wie ein »Adoptivbruder« für Inge Auerbacher. Seine Erinnerungen hat er 2002 festgehalten: *A Look Back Over My Shoulder*, by Makor Jewish Communitiy Library in Victoria, Australien. Die deutsche Übersetzung kam 2006 in Stuttgart heraus, gefördert vom Kulturamt Stuttgart und der Stiftung Geißstraße 7, Stuttgart. Sie trägt den Titel: *Blick zurück. Wie ein Stuttgarter Junge das KZ Theresienstadt überlebt hat.*

38 Sehr eindrücklich über Kinder in Theresienstadt die Sammlung von Zeichnungen und Gedichten: Hier fliegen keine Schmetterlinge.

39 Dwork: *Kinder mit dem gelben Stern*, S. 273 f.

40 Seine Eltern flohen mit ihm 1939 nach Frankreich. Sie wurden dort von den Nazis ergriffen und in Auschwitz getötet; er selbst war in einem Kinderheim versteckt worden. Nach Doerry: *»Nirgendwo und überall zu Haus«*.

41 Ebd., S. 230.

42 Ebd., S. 100.

43 Ebd., S. 108.

44 Siehe S. 374 sowie Anm. 52 auf der folgenden Seite.

45 Zitiert von Mark Freeman in Welzer: *Das soziale Gedächtnis*, S. 26f.
46 Hrsg. von Israel Gutmann. Herausgeber der deutschen Ausgabe: Eberhard Jäckel, Peter Longerich, Julius H. Schoeps, München/Zürich.
47 Die dritte Menschengruppe, denen die Nationalsozialisten auf Grund des »minderwertigen Erbgutes« das Lebensrecht absprachen, waren die Behinderten.
48 Hervorzuheben: Rose: *»Den Rauch hatten wir täglich vor Augen«*; Strauß (Hrsg.): *»... weggekommen«*; Bamberger/Ehmann: *Kinder und Jugendliche als Opfer*. Es handelt sich um die Dokumentation einer Internationalen Tagung in der Gedenkstätte Haus der Wannseekonferenz, 12. – 14. Dezember 1994, auf der verschiedene Forscher vortrugen. Es gibt eine größere Anzahl von lokalen und regionalen Studien über die Verfolgung der Sinti und Roma, vgl. Literaturverzeichnis, Sparte V. Krausnick: *»Auf Wiedersehen im Himmel«*. Auch in dem Buch von Hilke Lorenz: *»Weiterleben als sei nichts gewesen?«* führt sie ein Interview mit einem Sinto, S. 222–240. Franz Rosenbach ist allerdings Jahrgang 1927. Es gab lange wenige schriftliche Zeitzeugenberichte von Sinti- und Roma-Kindern. Von seinem Erleben im KZ Buchenwald berichtet ein Rom, der als Kind inhaftiert wurde: Stojka: *»Auf der ganzen Welt zu Hause«*. Erst in den letzten Jahren haben sich einige Kinder der Sinti und Roma entschlossen, ihre Geschichte zu erzählen: z.B. Anja Tuckermann und Hugo Höllenreiner: *»Denk nicht wir bleiben hier«. Der Lebensweg des Sinto Hugo Höllenreiner.* München 2005. Hugo ist Jahrgang 1934; Krimhilde Malinowski (Jg. 1930): *Das Schweigen wird gebrochen: Erinnerungen einer Sintezza an den Nationalsozialismus.* Bayreuth 2003; Anna Mettbach (1926): *»Wer wird der nächste sein?« Die Leidensgeschichte einer Sintezza, die Auschwitz überlebte.* Frankfurt 1999; Rosenbach, Franz (1927): *»Der Tod war mein ständiger Begleiter«. Das Leben, das Überleben und das Weiterleben des Sinto Franz Rosenbach.* München 2005; Otto Rosenberg (1927): *Das Brennglas.* Aufgez. von Ulrich Enzensberger. Frankfurt 1998; Daweli Reinhardt (1932): *Hundert Jahre Musik der Reinhardts. Daweli erzählt sein Leben.* Koblenz 2003.
49 Bamberger in: Bamberger/Ehmann, *Kinder und Jugendliche als Opfer*, S. 70.
50 Nach Bamberger in: Bamberger/Ehmann, *Kinder und Jugendliche als Opfer*, S. 70–91.
51 H. Langbein: *Menschen in Auschwitz.* Wien 1987, S. 271. Zitiert nach Bamberger, a.a.O., S. 80f.
52 Ritter und Justin konnten im Nachkriegsdeutschland ihre Karriere fortsetzen. Ritter wurde 1947 zum Leiter der Fürsorgestelle für Gemüts- und Nervenkranke und der Jugendpsychiatrie in Frankfurt am Main. Eva Justin wurde dort 1948 Kriminalpsychologin.
53 Strauß: *»... weggekommen«*, S. 19.
54 Strauß: *»... weggekommen«*, S. 32–36.
55 *Anne Frank. Spur eines Kindes.* Ein Bericht von Ernst Schnabel. Fischer Taschenbuch 1986 (zuerst München 1958), S. 138.
56 Zahlenangaben nach Benz u.a.: *Enzyklopädie des Nationalsozialismus*, S. 449 f. Grundlegend: Garbe: *Zwischen Widerstand und Martyrium.* Über Kinder und Jugendliche: Hack: *Bibelforscher-Kinder.* Wichtige Hinweise zum Thema verdanke ich Herrn Johannes Wrobel von der Wachtturmgesellschaft, Geschichtsarchive der Zeugen Jehovas.
57 Er ist aber fast unleserlich, weshalb er nicht abgedruckt wird.
58 Die Originalausgabe trägt den Titel: *Facing the Lion: Memoirs of a Young Girl in Nazi Europe.* Grammaton Press, New Orleans. Die Übersetzung erfolgte aus der 2. englischen Ausgabe und wurde von der Autorin überarbeitet. *»Allein vor dem Löwen«. Ein kleines Mädchen widersteht dem NS-Regime.* Esch-sur Alzette (Gr.-Duché de Luxembourg) 2002. Der »Löwe« wurde bei den Zeugen Jehovas damals als Tarnname für die Gestapo benützt, im Anklang an die biblische Erzählung von »Daniel in der Löwengrube«, der in die Löwengrube geworfen wurde, weil er dem Verbot des Königs Darius, zu seinem Gott zu beten, nicht folgte. Er überlebte. (Vgl. Daniel 6).
59 Mit freundlicher Erlaubnis der Verfasserin.

60 S. 177f.
61 S. 201–203.
62 S. 247f.
63 S. 256
64 S. 297f.
65 S. 344. Die Mutter sollte nach Ravensbrück gebracht werden. Auf dem Weg dorthin hatte man die Gefangenen in den Keller eines Bauernhofes eingesperrt, die SS war einfach geflohen. Der Ausbruch gelang. Sie war unterwegs gestürzt, daher die Gesichtswunden.
66 S. 384f.
67 Vgl. Kapitel 18, »Die Nazis – das waren die anderen«? – »Täter-Kinder«.
68 Vgl. dazu Dertinger: *Heldentöchter.* Sie porträtiert in diesem Buch zwölf Töchter von Widerstandskämpfern, die fast alle aus dem »linken Lager«, aus SPD, KPD und christlicher Arbeiterbewegung kamen. Allerdings sind darunter nur zwei vom Jahrgang 1930 und jünger: Renate Reichwein (1934) und Barbara Gehrts (1930). Das Schicksal ihrer Familie hat Barbara Gehrts in einem Jugendbuch dargestellt: *Nie wieder ein Wort davon?* München, 20. Aufl. 2003 (zuerst München 1975).
69 Kapitel 18, S. 253.
70 Gruschka: *Zgoda. Ein Ort des Schreckens,* S. 16.
71 Am 8. November 2003 in seiner Wohnung in Stuttgart.
72 Vgl. Kapitel 5, »Tiefflieger, Einsatz unter Bomben und Beschuss, Nachwirkungen des Luftkrieges«.
73 Erschienen in *Unsere Zeit,* 10. August 2001, S. 3.
74 Hans Coppi hat mit Geertje Andresen das Buch *Dieser Tod passt zu mir. Harro Schulze-Boysen Grenzgänger im Widerstand* im Aufbau-Verlag veröffentlicht. Es ist 2002 als Taschenbuch erschienen.

Kapitel 21: Rückschau nach 60 Jahren

1 Vgl. Fragebrief im Anhang.
2 Die Psychologie nimmt sich schon seit einiger Zeit des Themas an, die Psychotherapeuten mit dem Fokus auf psychische Belastungen dieser Folgegenerationen. Vgl. dazu Dori Laub, in: Welzer: *Das soziale Gedächtnis,* S. 326, mit Hinweisen auf weitere Literatur. Die Sozialpsychologie, vgl. z.B. die Arbeiten von Harald Welzer, untersucht die Problematik der Erinnerungstradierung in den Familien. Eine gründliche historische Untersuchung aus dem Blickwinkel der Kinder und Enkel und damit eine bessere Kenntnis historischer Langzeitwirkungen auf das Leben der Menschen steht noch aus. Dem relativ begrenzten Material, das ich bekommen habe, lassen sich sowohl negative als auch positive Auswirkungen entnehmen. Es lassen sich auch solche verfolgen, die noch vom Ersten Weltkrieg herrühren.
Die Prägung der Eltern durch den Krieg ist für die Kinder deutlich spürbar; unbewusste Prägungen entziehen sich der historischen Analyse.
3 In der Sendung des ZDF »Frontal« am 29.03.05 wurde die Behauptung aufgestellt, dass von den 15 Millionen, die zwischen 1930 und 1945 geboren wurden, fast jedes fünfte Kind traumatisiert sei. Einen Beleg für diese Behauptung gibt es nicht. Vgl. dazu auch Radebold: *Die dunklen Schatten unserer Vergangenheit.* Auch er spricht sich gegen einen inflationären Gebrauch des Begriffs »Trauma« aus. In der wissenschaftlichen Terminologie bezeichnet Trauma eine physische oder psychische Verletzung, die nicht verarbeitet und in die Persönlichkeit integriert werden kann und sich deshalb früher oder später in psychischen oder physischen Störungen bemerkbar macht.

4 Diese Zusammenhänge aufgedeckt zu haben, ist das Verdienst der Psychotherapie, die seit den 80er Jahren in Publikationen, Kongressen, Forschungsprojekten an die Öffentlichkeit getreten ist. Ich nenne nur Hartmut Radebold, Helga Spranger, Lilli Reddemann und die im Literaturverzeichnis, Sparte V, aufgeführten Projekte.

5 25. Juni 1950, als nordkoreanische Infanterie- und Panzerkräfte den 38. Breitengrad überschritten und damit eine Konfrontation zwischen westlichen und kommunistischen Streitkräften drohte.

6 Über die Spätfolgen bei Kindern und Jugendlichen, die nach 1945 in den sowjetischen und DDR-Straflagern einsaßen, gibt es eine Reihe von Untersuchungen und medizinischen Gutachten, vgl. Zander: *Jugend hinter Stacheldraht*, bes. S. 163f., 165, 171f.

7 Schöner: *Und dann kamen die Russen.*

8 Forte: *Schweigen oder Sprechen*, S. 57. Ähnlich nochmals in Hage: *Zeugen der Zerstörung*, S. 163. S. 166: »Die Traumaforschung weiß heute, dass man vierzig, fünfzig Jahre braucht, um sich dem Schrecken zu stellen, Worte der Erinnerung zu finden, das Entsetzen zu schildern, das unter dem Vergessen liegt. Es ist doch eine fast körperliche Vernichtung der eigenen Identität. Man ist ja nicht unbeschädigt. Man ist nur zufällig dem Tod entgangen. Das wusste man auch als Kind, dass man nur zufällig überlebt hat.«

9 Vgl. Kapitel 9, »Auf der Flucht«, S. 350ff.

10 Es sei nochmals betont: wenn ich ungefähre quantitative Angaben mache, dann beziehen sich diese selbstverständlich nur auf den von mir befragten Kreis von Menschen. Alle Schätzungen über Anzahl und Art von Traumata und reparablen oder irreparablen Schädigungen an Kriegskindern, die auf wesentlich geringerer empirischer Basis beruhen, können nur Spekulationen sein.

11 Vgl. Kapitel 20, »Verfolgt«, S. 357–362.

12 Brief vom 23.09.2003. Das mehrfach zitierte Erinnerungsbuch: »*Und dann kamen die Russen*«. Über das Schicksal von Mutter und Kindern vgl. besonders Kapitel 8. »Kriegsende und Besatzer«, Bd. 1, S. 333ff.

13 Die Psychotherapie spricht von »protektiven Faktoren«.

14 Vgl. schon Kapitel 5, bei Nachwirkungen des Luftkrieges.

15 Vgl. Anna B. (1939), S. 403.

16 Vgl. Kapitel 10, »Als Fremde in der Heimat, in Internierungslagern«, Bd. 1, S. 432–436.

17 Gerhard Gruschka engagiert sich heute in der Versöhnungsarbeit zwischen Deutschen und Polen. Dazu mehr in Kapitel 22, »Gelebte Versöhnung«.

18 Dörr: »*Wer die Zeit nicht miterlebt hat …*«, Band III B, Kapitel 11.

19 Bitter, allzu bitter, registriert Jürgen Lodemann (1936): »… die Kinder wahrnehmen? Woher sollten das die Eltern wissen und können? … Auch zweihundert Jahre nach Karl Philipp Moritzens ›Anton Reiser‹ ist die Wirklichkeit der Kinder öffentlich weithin unbekannt und weiterhin unwichtig. Kinder sind im bürgerlich besten Fall, im Fall von Familienharmonie, niedlich, brav, herzeigbare goldige Reproduktionen der eigenen Figur, oder sind Objekte für die Projektionen der eigenen Überbau- und Wunschvorstellungen … Was schwierig ist, wird nicht beredet.« Lodemann: *Der Solljunge*, S. 90, 117).

20 Vgl. dazu auch Kapitel 18.

21 Zur Nachwirkung dieses Verdrängten siehe Kapitel 5, »Tiefflieger, Einsatz unter Bomben und Beschuss, Nachwirkungen des Luftkriegs«.

22 Brief vom 1. August 2003.

23 Vgl. Kapitel 11, »Verwaist – verloren – verschleppt – vertrieben«, Bd. 1, S. 458f.

24 Vgl. Kapitel 9, »Auf der Flucht«, Bd. 1, S. 348–357.

25 Gabi Köpp: *Zwischen Flucht und Ziel. Mein Weg zur Physik unter den langen Schatten des Krieges.* Unveröffentlichtes Manuskript, S.5 16, 21.

26 S. 405.
27 Brief vom 17.08.03.
28 Das Seminar stand unter der von ihr als hervorragend bezeichneten Begleitung und Fürsorge der Traueragoginnen Brigitte Festgrasser und Cornelia Brack-Fleer.
29 Vgl. Kapitel 11. »Verwaist – verloren – verschleppt – vertrieben«, Bd. 1, S. 459–465.
30 Das Bedürfnis, gehört zu werden, zeigt sich auch in der Fülle der Bücher, die im Selbstverlag oder über Agenturen wie »Books on Demand« in den letzten Jahren erschienen sind, vgl. Literaturverzeichnis.
31 Wir haben aber gesehen, S. 401, dass das nicht alle Geschwister gleich gut geschafft haben.
32 Hier irrt er, wie viele Ärzte ihn belehren könnten.
33 Das konstatiert Emmy E. Werner in ihrem Buch für die Kriegskinder generell: »Die auffälligste Eigenschaft, die ich feststellte, war das tätige Mitleid mit Menschen in Not.« *Unschuldige Zeugen*, S. 285.
34 Sie erzählte aber weiter, dass sie auf entsetztes Schweigen unter ihren Mitarbeiterinnen stieß. Man durfte niemals sagen, dass man betteln musste. Dieses »Unter den Teppich kehren« und Sich-Fügen in alles bereiten ihr bei der Arbeit große Schwierigkeiten. Die Frauen dürften niemals zugeben, wenn es ihnen schlecht ging.
35 Mehler: *Davongekommen*, S. 269. Allerdings spricht er auch – trotz des beschriebenen positiven Lebensgefühls von einem »Pessimismus, der wahrscheinlich aus der Erfahrung über das Verhalten von Menschen in den erlebten Situationen und aus der Suche nach neuen Idealen resultierte.« Ebda.
36 Köhler: *»Offen will ich sein«*, S. 44 f.
37 Den unbewussten Loyalitäten, Wiederholungszwängen, Delegationen nachzugehen, überschreitet die Kompetenz des Historikers. Psychotherapeuten, Sozialpsychologen und Psychoanalytiker haben solche nachweisen können, allerdings nur an einer sehr begrenzten Patientengruppe. Vgl. Müller-Hohagen: *Geschichte in uns*; ders.: *Verleugnet, verdrängt, verschwiegen*. Eine meiner Gesprächspartnerinnen, Erna T. (1934), hat in ihrer sozialpädagogischen und familientherapeutischen Arbeit ähnliche Erfahrungen gemacht. Für Nachwirkungen bei der Opfergruppe der jüdischen Kinder vgl. Epstein: *Die Kinder des Holocaust* (zuerst: *Children of the Holocaust*. New York 1979).
38 Dieter Forte spricht von einer »kollektiven Amnesie«, die für ihn erschreckend ist, in: *Schweigen oder Sprechen*, S. 57.
39 Vgl. Kapitel 18, S. 273.
40 Burkhof: *Erinnerungen eines Hitler-Jungen*, S. 91 f.
41 Die Militärregierung hatte Unterricht über die jüngste Vergangenheit verboten; neue Schulbücher gab es nicht. Als nach Jahren wieder neueste Geschichte auf dem Lehrplan stand, kamen die Lehrer meist mit dem Stoff nicht so weit oder sie »drückten« sich einfach um diese Zeit. Rühmliche Ausnahmen hat es gegeben.
42 Davon berichtet Horst Schmid: *Jahrgang '29*, S. 198: »Wir bekamen amerikanische Lehrbücher und Rechenschieber aus Armybeständen geschenkt und wurden zu sonntäglichen Ausfahrten auf den großen offenen Armeelastwagen eingeladen.«
43 Wie namhafte »Kriegskinder«, 1945 sieben bis 17 Jahre alt, den Zusammenbruch aller bisher geltenden Maßstäbe erlebten, ist in einer Anthologie zusammengestellt: Heinrich Böll: *Niemands Land. Kindheitserinnerungen an die Jahre 1945 bis 1949*. München, 2. Aufl. 1988 (zuerst 1987).
44 Für Polen eine sehr ausgewogene Darstellung, die beiden Seiten gerecht wird: Urban: *Der Verlust*. Für Böhmen: Glotz: *Die Vertreibung*. Wichtig auch: Hirsch: *Flucht und Vertreibung. Kollektive Erinnerung im Wandel*. Aus Politik und Zeitgeschichte B 40–41/2003, S. 14–26.
45 Vgl. Kapitel 18.

46 Im Brief fett gedruckt.
47 Welche Art der Auseinandersetzung mit der NS-Vergangenheit in der DDR betrieben und den Kindern in der Schule und in den Jugendorganisationen beigebracht wurde, muss außer Betracht bleiben. Die braune Ideologie wurde durch die rote ersetzt, wie in Kapitel 16 dargestellt wurde. Heute beklagen sie, dass sie zwar viel über den »Faschismus« gehört haben, aber doch in einer sehr verzerrten Form, und dass über die Gräueltaten der Sowjetarmee und die Vertreibung überhaupt nicht gesprochen werden durfte. Flüchtlinge und Vertriebene wurden verharmlosend »Umsiedler« genannt.
48 Im Manuskript dick unterstrichen.
49 Österreichischer Psychiater und Psychotherapeut (1905–1997), der selbst das KZ überlebte, Begründer der Existenzanalyse und der Logotherapie. Als Juden wurden er, seine Frau und seine Eltern im Herbst 1942 nach Theresienstadt deportiert. Sein Vater starb dort 1943, seine Mutter wurde in Auschwitz ermordet, seine Frau starb im KZ Bergen-Belsen. Er selbst wurde 1944 von Auschwitz in das KZ VI (Türkheim) des KZ-Kommandos Kaufering/Landsberg transportiert. Dort wurde er am 27. April 1945 von der US-Armee befreit.
50 1933 Kommandeur der Leibstandarte-SS »Adolf Hitler« bis Juli 1943. Danach Kommandierender General des I. SS-Panzerkorps und Oberbefehlshaber der 6. Panzerarmee. 25 Jahre Haft für Massaker an US-Kriegsgefangenen während der Ardennenoffensive. 1955 begnadigt. 1966 gestorben und mit Ehren in Ludwigsburg beigesetzt.
51 Vgl. dazu Dörr: »*Wer die Zeit nicht miterlebt hat …*«, Band III B, Kapitel 7.
52 Mit einigen habe ich darüber korrespondiert.
53 Vgl. Literaturverzeichnis Sparte IV
54 Wie die von uns zitierte Inge Auerbacher, Überlebende des KZ Theresienstadt, sich dieser Aufgabe in der Praxis stellt, werden wir in Kapitel 22, »Gelebte Versöhnung« sehen.
In vorbildlicher Weise hat die Geschichtswerkstatt der Lessing- Realschule Freiburg das Schicksal der jüdischen Mitschüler bis in die Gegenwart aufgearbeitet unter dem Titel: »Zwangsschule für jüdische Kinder in Freiburg 1936–1940. Was geschah mit den Kindern? Was geschah mit den Lehrern?« Es entstand ein Ausstellungskatalog, eine Dokumentation auf CD und eine DVD-Kassette: »Rückkehr in die vergessene Schule«. Die Projektleiterin ist Rosita Dienst-Demuth.
55 Vgl. dazu auch schon die Kapitel 8, »Kriegsende und Besatzer«, und 10, »Als Fremde in der Heimat in Internierungslagern«.
56 Ich habe nicht nach Zahlen gefragt, aber es erscheint mir doch zweifelhaft, ob sich alle über die Dimension der Verfolgungen in Polen im Klaren sind: Etwa 3 – 4,3 Millionen Polen mussten fliehen oder sind vertrieben worden. In den an die Sowjetunion abgetretenen Gebieten verloren 1,5 Millionen Polen ihre Heimat und wurden nach Westen vertrieben in die neu erworbenen Gebiete. Nach Petersen: Anm. 57, S. 68. Insgesamt wurden durch den Zweiten Weltkrieg 5,5 – 6 Millionen Polen getötet bei einer Einwohnerzahl von 35 Millionen. Nach Urban: *Der Verlust*, S. 67.
57 Der tschechoslowakische Staatspräsident Edvard Beneš erließ 1945 und 1946 verschiedene Dekrete und Verordnungen, die eine politische Justiz außerhalb geltenden Rechts ermöglichten. Am folgenreichsten das »Amnestiegesetz«: »Eine Handlung, die in der Zeit vom 30. September 1938 bis zum 18. Oktober 1945 vorgenommen wurde, und deren Zweck es war, einen Beitrag zum Kampf um die Wiedergewinnung der Freiheit der Tschechen und Slowaken zu leisten, oder die eine gerechte Vergeltung für Taten der Okkupanten oder ihrer Helfershelfer zum Ziel hatte, ist auch dann nicht widerrechtlich, wenn sie sonst nach den geltenden Vorschriften strafbar gewesen wäre.« Zitiert nach Glotz: *Die Vertreibung*, S. 197.
Dazu bemerkt Jiri Pesek: »Die Debatte um die Beneš-Dekrete hätte eigentlich sehr früh ein Ende finden können. Das Parlament der noch ungeteilten tschechoslowakischen Föderation nahm 1991 das Verfassungsgesetz Nr. 20/91 an, mit dem die UN-Charta der Menschenrechte

mit allen nachfolgenden gesetzlichen Normen in die tschechoslowakische Verfassung integriert wurde. Alle Gesetze, die dieser Charta zuwiderliefen und nicht novelliert wurden, verloren zum 31. Dezember 1991 ihre Gültigkeit. Das betraf auch die Beneš-Dekrete ... Diese Lösung wurde aber kaum zur Kenntnis genommen.« Jiri Pesek: Vertreibung als Thema in Tschechien, in: Haus der Geschichte: *Flucht, Vertreibung, Integration*, S. 168.

58 Allerdings kann man in den Heimatzeitschriften, die mir (teils anonym) zur Verfügung gestellt wurden, solche Töne hören. Vereinzelt schlagen sie auch bei den Kindern durch, so z. B. wenn einer sagt: »Es kann auf Dauer nur ein deutsches Schlesien geben. Alles andere ist Unrecht und Verbrechen gegen die Menschlichkeit.« Und sicher sind auch Kriegskinder unter denen, die bei der Preußischen Treuhand Besitzansprüche in Polen beim Europäischen Gerichtshof für Menschenrechte einklagen wollen. Sie sind mir persönlich nicht begegnet.

59 Vgl. Kapitel 12, »Ankommen – ›Flüchtlingskind‹ – Heimat«.

60 Mir zugesandt am 04.11.2006 und von mir archiviert.

61 Mir zugesandt am 19.12.2006 und von mir archiviert.

62 Sein Vater wurde als Kommunist von einem nationalsozialistischen Volksgerichtshof hingerichtet. Siehe Kapitel 20, »Verfolgt«, S. 390–395.

63 Mir zugesandt am 30.10.2006 und von mir archiviert.

64 Wer vor Juli 1937 geboren wurde, gehörte zu den »weißen Jahrgängen«, d. h. er wurde bei der Wiederbewaffnung Deutschlands 1955 nicht zum Wehrdienst einberufen. Die wenigen Kriegskinder, die zur Bundeswehr gingen, fühlten sich damit selbstverständlich der Sicherung des Friedens verpflichtet.

Kapitel 22: Gelebte Versöhnung

1 Vgl. Kapitel 21, »Rückschau nach 60 Jahren, S. 441 und Abb. 1a + b, S. 440.

2 Vgl. Kapitel 21, S. 441 f.

3 E-Mail vom 14.06.2005. Marianne Levacher ist Diplom-Sozialarbeiterin und war bis 1993 30 Jahre als lehrende Sozialarbeiterin tätig, zuletzt seit 1972 an der Katholischen Fachhochschule NRW, Abt. Aachen. Genaueres über die Stiftung vgl. www.friedenlernen.de.

4 Aus ihrem Tagebuch und ihrem Vertreibungsbericht wurde mehrfach zitiert, vgl. Kapitel 3, »Fasziniert, indoktriniert. Im Zwiespalt?«, S. 70 f., 78, 101 und Kapitel 11, »Verwaist – verloren – verschleppt – vertrieben«, S. 478–481.

5 Der Schweizer Pierre Cérésole, im Ersten Weltkrieg als Kriegsdienstverweigerer im Gefängnis, begründete 1920 den »Service Civil International« als angestrebte Alternative zum Service Militaire. Das erste Lager in Deutschland fand im Winter 1945/46 in Friedland (bei Göttingen) statt, wo die Flüchtlingsströme aus dem Osten kanalisiert wurden und unbeschreibliches Elend herrschte. Die Gründung als »Internationaler Zivildienst, deutscher Zweig« erfolgte im Oktober 1946. Als in der BRD der Ersatz- oder Zivildienst eingeführt wurde, kehrte man zum ursprünglichen französischen Namen SCI zurück. Sitz ist in Bonn, Blücherstr. 14, *www.sci-d.de.*

6 Brief vom 03.01.07,

7 Dass Kroaten nur geholfen haben, wird allerdings von Stephan Schwob nicht bestätigt. Auch unter ihnen gab es solche, die sich an unrechtem Gut bereichert haben.

8 Zitiert nach »Der Donauschwabe«. Mitteilungen, 49. Jahrgang, Nr. 11, 15. November 2003,

9 Ebenda.

10 Zu diesem ganzen Themenkomplex vgl. Kapitel 10, »Als Fremde in der Heimat, in Internierungslagern.«

11 Allerdings wird in dem Schreiben auch beklagt, dass zwar viele Tschechen die Schuld ihres Volkes anerkennen, dass aber heute noch mehr als zwei Drittel der tschechischen Bevölkerung

die Vertreibung für rechtens hält, obwohl inzwischen das Ausmaß des Unrechts mehr und mehr bekannt wird.

12 Vgl. Kapitel 10, »Als Fremde in der Heimat, in Internierungslagern«

13 Brief vom 30.11.2005

14 U. a. nannte er mir die Internetadresse »TRANSODRA – Polnische Beschäftigung mit Lagern für Deutsche.« Und er schrieb dazu im Brief vom 4. Juni 2003: »So hat beispielsweise das Instytut pamieci norodowej (Institut des nationalen Gedenkens) – vergleichbar in etwa mit unserer Gauck/Birthlerbehörde) in den letzten Jahren drei wissenschaftlich fundierte Bücher zu meinem Lager herausgegeben. Und wenn ich meine Unterlagen zu Zgoda durchgehe, so ist zu diesem Thema der polnische Anteil in den Medien besonders groß.«

15 Die Tagung stand unter dem Thema: »Kinder der Täter – Kinder der Opfer« und fand in Travemünde statt.

16 Neben dem Referat in Travemünde beziehe ich mich auf ein Statement von Gustav Bekker in der Evangelischen Akademie Bad Boll im Mai 2003, abgedruckt im Tagungsbericht »Kriegsbeschädigte Biographien und öffentliche Vergangenheitsbeschweigung«, S. 199–216.

17 Über diese Feier gibt es eine in Polnisch und Deutsch abgefasste Broschüre, erarbeitet von Wanda Wasicka auf der Grundlage der Monografie *Geschichte Nieszawas*, Torun 2004 sowie gesammelter Aussagen. Herausgeber: Rat der Stadt Nieszawa und Organisationskomitee des Denkmalbaus zur polnisch-deutschen Versöhnung.

18 Vgl. Kapitel 10, »Als Fremde in der Heimat, in Internierungslagern«, S. 439.

19 2003 erschien ihr Lebensbericht: *Eine Porzellanscherbe im Graben.*

20 Otto: *Meine Wurzeln in deiner Heimat*, S. 154.

21 Vgl. Kapitel 12, S. 517f.

22 Schwella, *»Mutti, sind Deutsche schlechter als andere Menschen?«*, S. 8–11 (in Auszügen), zitiert mit freundlicher Genehmigung der Verfasserin.

23 Surminski: *Jokehnen.* Mit Genehmigung des Verfassers habe ich mehrfach daraus zitiert,

24 Surminski: *Ein Dorf in Ostpreußen.*

25 Es handelt sich um die Rosinkawiese, Thema mehrerer Bücher von Gudrun Pausewang, Schwester von Sieglinde. Die geschilderte Freundschaft ist literarisch gestaltet in *Geliebte Rosinkawiese.*

26 Schwella: *»Mutti, sind Deutsche schlechter als andere Menschen?«*, S. 133–136, etwas gekürzt.

27 Vgl. Kapitel 12, »Ankommen – ›Flüchtlingskind‹ – Heimat.«

28 Vgl. Kapitel 9, »Auf der Flucht«, S. 348–357.

29 Vgl. Kapitel 7, »Kindersoldaten«, S. 258ff. und S. 280ff.

30 Vgl. Kapitel 7, S. 280ff.

31 Siehe Kapitel 20, »Verfolgt«, S. 370f. und S. 355.

32 Brief vom 20.11.06,

33 Zitiert nach Lehrerbegleitheft zu Petri: *Das Tagebuch des Dawid Rubinowicz*; Auerbacher: *Ich bin ein Stern*, S. 48.

34 *Jenseits des gelben Sterns*, Konstanz … ., S. 140 (zuerst: *Beyond the Yellow Star to America*).

35 Vgl. Kapitel 19, S. 298.

36 Nach mündlicher Erzählung aufgeschrieben, Oktober 2006.

37 Den Anstoß dazu gab das Buch von Dan Bar-On: *The Legacy of Silence*, das 1989 erschien (Deutsch 1993: *Die Last des Schweigens*) und auf Interviews mit Kindern von Opfern und Tätern fußt.

38 Er meint damit den Ausgang, das Herausfinden aus dem belasteten und belastenden Schweigen.

39 Bormann: *Leben gegen Schatten*, S. 226.

Literaturverzeichnis

I. Allgemeine Literatur, Dichtung

Assmann, Aleida und Frevert, Ute: *Geschichtsvergessenheit – Geschichtsversessenheit. Vom Umgang mit deutschen Vergangenheiten nach 1945.* Stuttgart 1999.

Bänsch, Dieter (Hrsg.): *Die fünfziger Jahre. Beiträge zur Politik und Kultur.* Tübingen 1985.

Benz, Wolfgang/Graml, Hermann/Weiß, Hermann (Hrsg.): *Enzyklopädie des Nationalsozialismus.* 2. Aufl. München, 1998.

Bernhard, Thomas: *Die Ursache. Eine Andeutung.* München 1988.

Boberach, Heinz (Hrsg.): *Meldungen aus dem Reich. Die geheimen Lageberichte des Sicherheitsdienstes der SS 1938–1945,* Bd. 1–17. Berlin 1984.

Böll, Heinrich: *»Wanderer kommst Du nach Spa …« Kurzgeschichten.* Köln 1950.

Böll, Heinrich: *Und sagte kein einziges Wort.* Köln 1953.

Böll, Heinrich: *Haus ohne Hüter.* Köln 1954.

Böll, Heinrich: *Als der Krieg ausbrach.* Köln 1962.

Böll, Heinrich: *Als der Krieg zu Ende war.* Köln 1962.

Borchert, Wolfgang: *Das Gesamtwerk.* Hamburg 1949.

Bormann, Martin: *Nie wieder! Analysen zur Sprache des Dritten Reiches.* Loccum 1995.

Browning, Christopher: *Ganz normale Männer. Das Reservebataillon 101 und die »Endlösung« in Polen.* Reinbek 1999. (zuerst: *Ordinary men. Reserve Police Battalion 101 and the Final Solution in Poland.* New York 1993.)

Behnken, Klaus (Hrsg.): *Deutschland-Berichte der Sozialdemokratischen Partei Deutschlands (SOPADE) 1934–1940,* 7 Bände. Frankfurt 1980.

Casagrande, Thomas: *Die volksdeutshe SS-Division »Prinz Eugen«. Die Banater Schwaben und die nationalsozialistischen Kriegsverbrechen,* Frankfurt 2003.

Die Vertreibung der Deutschen aus Ost-Mitteleuropa. Hrsg. v. Bundesministerium für Vertriebene. Bearb. v. Theodor Schieder, 5 Bde. Bonn 1954 (Reprint München 1984).

Echternkamp, Jörg (Hrsg.): *Die deutsche Kriegsgesellschaft 1939–1945,* 2 Bände. München 2004/05.

Frei, Norbert: *Hitlers Eliten nach 1945.* Frankfurt 2004.

Frei, Norbert: *1945 und wir. Das Dritte Reich im Bewusstsein der Deutschen.* München 2005.

Frevert, Ute (Hrsg.): *Militär und Gesellschaft im 19. und 20. Jahrhundert.* Stuttgart 1997.

Gellately, Robert: *Hingeschaut und weggesehen. Hitler und sein Volk.* München 2004. (zuerst: *Backing Hitler. Consent and Coercion in Nazi Germany.* Oxford University Press 2001).

Grass, Günter: *Die Blechtrommel.* Göttingen 1959.

Grass, Günter: *Mein Jahrhundert.* Göttingen 1999.

Grass, Günter: *Im Krebsgang.* Göttingen 2002.

Hage, Volker: *Zeugen der Zerstörung. Die Literatur und der Luftkrieg.* Frankfurt 2003.

Hamburger Institut für Sozialforschung (Hrsg.): *Verbrechen der Wehrmacht. Dimensionen des Vernichtungskrieges 1941–1944.* Ausstellungskatalog.

Jäckel, Eberhard/Longerich, Peter/Schoeps, Julius H.: *Enzyklopädie des Holocaust. Die Verfolgung und Ermordung der europäischen Juden.* (Hauptherausgeber: Israel Gutman). 4 Bände. Serie Piper 2121–2124.

Johnson, Uwe: *Ingrid Babendererde. Reifeprüfung 1953.* Frankfurt/Main 1985.

Kettenacker, Lothar (Hrsg.): *Ein Volk von Opfern? Die neue Debatte um den Bombenkrieg.* Berlin 2003.

Klee, Ernst/Dreßen, Willi (Hrsg.): *»Gott mit uns.« Der deutsche Vernichtungskrieg im Osten 1939–1945.* Frankfurt a. M. 1989.

Klee, Ernst: *Das Kulturlexikon zum Dritten Reich. Wer war was vor und nach 1945.* Frankfurt am Main 2007.

Klönne, Arno: *Jugend im Dritten Reich. Die Hitlerjugend und ihre Gegner.* Köln 2003.

Longerich, Peter: *»Davon haben wir nichts gewusst!« Die Deutschen und die Judenverfolgung 1933–1945.* München 2006.

Overesch, Manfred unter Mitarbeit von Wolfgang Herda und York Artelt: *Das III. Reich 1939–1945. Eine Tageschronik der Politik, Wirtschaft, Kultur.* Düsseldorf 1983.

Rüsen, Jörn: *Zerbrechende Zeit. Über den Sinn der Geschichte.* Köln, Weimar, Wien 2001.

Schelsky, Helmut: *Die skeptische Generation. Eine Soziologie der deutschen Jugend.* Düsseldorf 1957.

Schildt, Axel/Sywottek, Arnold (Hrsg.): *Modernisierung im Wiederaufbau. Die westdeutsche Gesellschaft der 50er Jahre.* Bonn 1998.

Schildt, Axel: *Ankunft im Westen. Ein Essay zur Erfolgsgeschichte der Bundesrepublik.* Frankfurt/M. 1999.

Schwan, Gesine: *Politik und Schuld. Die zerstörerische Macht des Schweigens.* Frankfurt/M. 1997.

Thamer, Hans Ulrich: *Verführung und Gewalt. Deutschland 1933–45.* Berlin 1986.

Walser, Martin: *Die Verteidigung der Kindheit.* Frankfurt/M. 1991.

Wendt, Bernd Jürgen: *Deutschland 1933–1945. Das Dritte Reich. Handbuch zur Geschichte.* Hannover 1995.

Wolf, Christa: *Kindheitsmuster.* Berlin, Weimar 1976.

Wolf, Christa: *Gesammelte Erzählungen.* Darmstadt, Neuwied 1980.

II. Allgemeine Darstellungen und einzelne Aspekte (z. T. auf Interviews fußend und literarisch bearbeitet)

Arbeitsgruppe Pädagogisches Museum (Hrsg.): *Heil Hitler, Herr Lehrer. Volksschule 1933–1945. Das Beispiel Berlin.* Hamburg 1983.

Autze, Rajan: *Treibgut des Krieges. Flüchtlinge und Vertriebene in Berlin 1945.* München 2001.

Ballentin, Günther/Deckert, Inge/Jackisch, Waltraud: *... angeordnet Schweigen. Das Ende einer Mädchenklasse.* o. Jg.

Ballentin, Günther: *Die Zerstörung der Stadt Schwedt/Oder 1945.* Eigenverlag, 2. Aufl. 2006.

Bauer, Birgit: *Im Federhaus der Zeit.* München 2003.

Bautzen-Forum (VIII) der Friedrich-Ebert-Stiftung, Büro Leipzig, 30. und 31. Mai 1997: *Zivilcourage und Demokratie. Vergangenheitsbewältigung ist Zukunftsgestaltung. Dokumentation.*

Behrenbeck, Sabine: *Der Kult um die toten Helden. Nationalsozialistische Mythen, Riten und Symbole.* Vierow bei Greifswald 1996.

Benz, Wolfgang/Benz, Ute (Hrsg.): *Sozialisation und Traumatisierung. Kinder in der Zeit des Nationalsozialismus.* Frankfurt/M. 1998.

Berg, Christa/Ellger-Rüttgardt, Sieglind (Hrsg.): *»Du bist nichts, dein Volk ist alles«. Forschungen zum Verhältnis von Pädagogik und Nationalsozialismus.* Weinheim 1991.

Bergmann, Werner/Erb, Rainer: *Antisemitismus in der Bundesrepublik Deutschland. Ergebnisse der empirischen Forschung von 1946–1989.* Opladen 1991.

Blumenwitz, Dieter: *Rechtsgutachten über die Verbrechen an den Deutschen in Jugoslawien 1944–1948.* München 2002.
Blumenwitz, Dieter: *Recht auf die Heimat im zusammenwachsenden Europa. Ein Grundrecht für nationale Minderheiten und Volksgruppen.* Frankfurt/M. 1995.
Bode, Sabine: *Die vergessene Generation. Die Kriegskinder brechen ihr Schweigen.* Stuttgart 2004.
Borsdorf, Ulrich/Jamin, Mathilde (Hrsg.): *Überleben im Krieg. Kriegserfahrungen in einer Industrieregion 1939–1945.* Hamburg 1983.
Brauburger, Lucia: *Abschied von Lübchen. Bilder einer Flucht aus Schlesien.* Berlin 2004.
Braumann, Georg: *Evangelische Kirche und Erweiterte Kinderlandverschickung.* Bochum/Freiburg 2004.
Brendler, Konrad/Rexilius, Günter (Hrsg.): *Drei Generationen im Schatten der NS-Vergangenheit.* Wuppertaler sozialwissenschaftliche Studien Band 4/1991.
Bude Heinz : *Das Altern einer Generation. Die Jahrgänge 1938–1948.* Frankfurt/M. 1995.
Carstens, Uwe: *Leben im Flüchtlingslager. Ein Kapitel deutscher Nachkriegsgeschichte.* Husum 1994.
Dörr, Margarete: *»Wer die Zeit nicht miterlebt hat ...« Frauenerfahrungen im Zweiten Weltkrieg und in den Jahren danach.* Frankfurt/New York 1998.
Donauschwäbische Kulturstiftung (Hrsg.): *Leidensweg der Deutschen im kommunistischen Jugoslawien.* Band III. *Erschießungen – Vernichtungslager – Kinderschicksale in der Zeit von 1944–1948.* München/Sindelfingen 1995.
Drolshagen, Ebba von: *Wehrmachtskinder. Auf der Suche nach dem nie gekannten Vater.* München 2005.
Evangelische Akademie Bad Boll (Hrsg.): *Kriegskinder gestern und heute. Tagungsbericht der Tagung vom 17.–19. April 2000.*
Evangelische Akademie Bad Boll (Hrsg.): *Kriegsbeschädigte Biographien und öffentliche Vergangenheitsbeschweigung.* Tagungsbericht der Tagung vom 19.–21. November 2001.
Friedrich, Jörg: *Der Brand. Deutschland im Bombenkrieg 1940–1945.* 11. Aufl. Minden, 2002.
Friedrich, Jörg: *Brandstätten. Der Anblick des Bombenkriegs.* München 2003.
Gamm, Hans-Jochen: *Führung und Verführung. Pädagogik des Nationalsozialismus.* Frankfurt 1984.
Gamm, Hans-Jochen: *Der Flüsterwitz im Dritten Reich.* München 1993.
Gies, Horst: *Geschichtsunterricht unter der Diktatur Hitlers.* Köln 1992.
Glotz, Peter: *Die Vertreibung. Böhmen als Lehrstück.* Berlin 2004.
Goebel, Klaus (Hrsg.): *Hakenkreuz und Bombenhagel. Die Irreführung einer Generation in Beispielen und Augenzeugenberichten aus Wuppertal.* Wuppertal 1989.
Gronefeld, Gerhard: *Kinder nach dem Krieg. Das Foto-Taschenbuch.* Berlin 1985.
Grün, Max von der: *Wie war das eigentlich? Kindheit und Jugend im Dritten Reich.* Darmstadt und Neuwied 1979.
Hantsche, Hans-Joachim: *Diktaturwechsel und seine Folgen im Kreis Querfurt und Umgebung.* Hrsg. von der Landesgruppe Sachsen-Anhalt der Vereinigung der Opfer des Stalinismus. Magdeburg 2003.
Haus der Geschichte der Bundesrepublik Deutschland (Hrsg.): *Flucht, Vertreibung, Integration.* Bielefeld 2005.
Heer, Hannes/Naumann, Klaus (Hrsg.): *Vernichtungskrieg. Verbrechen der Wehrmacht 1941–1944.* Hamburg 1995.
Heldmann, Werner: *Musisches Gymnasium Frankfurt am Main 1939–1945.* Frankfurt 2004.
Henry, Clarissa/Hillel, Marc: *Children of the SS.* Hutchinson 1976.
Hirsch, Helga: Flucht und Vertreibung, in: *Aus Politik und Zeitgeschichte* B 40–41/2003, S. 14–26.
Hirsch, Helga: *Die Rache der Opfer. Deutsche in polnischen Lagern.* Berlin 1998.
Hirsch, Helga: *Schweres Gepäck. Flucht und Vertreibung als Lebensthema.* Hamburg 2004.

Hoffmann, Gisela: *Zwischen Ablehnung und Zustimmung. Die Kinderlandverschickung Oberhausener Kinder von 1940 bis 1945.* Oberhausen 2001.

Horchem, Hans Josef: *Kinder im Krieg. Kindheit und Jugend im Dritten Reich.* Hamburg, Berlin, Bonn 2000.

Howest, Gisela: *Kindliche Lebenswelt im Ruhrgebiet. Versuch einer soziologischen Ausarbeitung von Kinderfotos.* Münster 1995.

Jahnke, Karl-Heinz/Buddrus, Michael: *Deutsche Jugend 1933–1945. Eine Dokumentation.* Hamburg 1933 – 1945.

Jahnke, Karl-Heinz: Hitlers letztes Aufgebot. Deutsche Jugend im sechsten Kriegsjahr 1944/45.

Jamin, Mathilde/Kerner, Frank: *»Maikäfer flieg ...« Kindheitserfahrungen 1940–1960.* Bottrop – Essen 2001.

Kibelka, Ruth: *Wolfskinder. Grenzgänger an der Memel.* 4. Aufl. Berlin 2003.

Kinder und Krieg. Aus »Abenteuer« wurde bitterer Ernst. Internationale Begegnungstagung des Frauenverbandes im BdV vom 22.–24. April 2005 in der Ostsee-Akademie in Lübeck-Travemünde.

Kinderlandverschickung 1940–1945. »Wen der Führer verschickt, den bringt er auch wieder gut zurück.« Eine Ausstellung des Kunstamtes Steglitz in Zusammenarbeit mit dem Arbeitskreis »Nationalsozialismus in Steglitz«. Begleitbroschüre zur Ausstellung vom 6. Dezember 1995–26. Januar 1996.

Kjendsli, Veslemøy: *Kinder der Schande.* Berlin 1988.

Klee, Katja: *Im »Luftschutzkeller des Reiches«. Evakuierte in Bayern 1939–1953: Politik, Soziale Lage, Erfahrungen.* München 1999.

Knopp, Guido: *Hitlers Kinder.* München 2000.

Kock, Gerhard: *»Der Führer sorgt für unsere Kinder ...« Die Kinderlandverschickung im Zweiten Weltkrieg.* Paderborn. München. Wien. Zürich 1997.

Köster-Hetzendorf, Maren: *Ich hab dich so gesucht. Der Krieg und seine verlorenen Kinder.* Augsburg 1995.

Krause, Michael: *Flucht vor dem Bombenkrieg. »Umquartierung« im Zweiten Weltkrieg und die Wiedereingliederung der Evakuierten in Deutschland 1943–1963.* Düsseldorf 1997.

Krockow, Christian von: *Heimat. Erfahrungen mit einem deutschen Thema.* Stuttgart 1989.

Kulturstiftung der deutschen Vertriebenen: *Vertreibung und Vertreibungsverbrechen 1945–1948.* Bonn 1989.

Larass, Petra (Hrsg.): *Kindsein kein Kinderspiel. Das Jahrhundert des Kindes (1900–1995).* Halle 2000.

Larney, Barbara Elden: *Children of World War II in Germany. A Life Course Analysis.* Dissertation, Arizona State University 1994.

Ledig, Gert: *Vergeltung.* Frankfurt 2001 (zuerst 1956).

Lehmann, Albrecht: *Im Fremden ungewollt zuhaus. Flüchtlinge und Vertriebene in Westdeutschland 1945–1950.* München 1991.

Lemke Muniz de Faria, Yara-Colette: *Zwischen Fürsorge und Ausgrenzung. Afrodeutsche »Besatzungskinder« im Nachkriegsdeutschland.* Berlin 2002.

Lessing, Hellmut (Hrsg.): *Kriegskinder.* Frankfurt a. M. 1984.

Lewis, Brenda Ralph: *Die Geschichte der Hitlerjugend 1922–1945. Die verlorene Kindheit.* Wien 2003 (zuerst: Amber Books Ltd. London 2000).

Lilienthal, Georg: *Der »Lebensborn e.V.« Ein Instrument nationalsozialistischer Rassenpolitik.* Frankfurt/M. 1993.

Lorenz, Hilke: *Kriegskinder. Das Schicksal einer Generation.* München 2003.

Lorenz, Hilke: *Weiterleben, als sei nichts gewesen? Deutsche Schicksale zwischen Hakenkreuz und Bundesadler.* München 2005.

Luschnat, Gerhild: *Die Lage der Deutschen im Königsberger Gebiet 1945–1948.* Frankfurt/M. 1996.
Matthes, Eckhard (Hrsg.): *Als Russe in Ostpreußen. Sowjetische Umsiedler über ihren Neubeginn in Königsberg/Kaliningrad nach 1945.* 2. Aufl. Bietigheim-Bissingen 2002.
Maylahn, Erich: *Auflistung der KLV-Lager.* Bochum/Freiburg 2004.
Mehler, Karl Heinz: *Die Mittelschule in Mannheim 1939–1947. Eine zeitgeschichtliche Dokumentation.* Selbstverlag 1995.
Meier-Ude, Klaus: *Kindheit in der Stadt in den 50er Jahren.* 3. Aufl. Darmstadt 1996.
Mendel, Annekatrein: *Zwangsarbeit im Kinderzimmer: »Ostarbeiterinnen« in deutschen Familien von 1939 bis 1945. Gespräche mit Polinnen und Deutschen.* Frankfurt/M. 1994.
Menze, Renate/Peter, Rita: *Das Mädchen, das im Krieg verloren ging.* München 2005.
Meyer, Sibylle/Schulze, Eva: *Auswirkungen des II. Weltkrieges auf Familien. Zum Wandel der Familien in Deutschland.* Berlin 1989.
Missalla, Heinrich: *Wie der Krieg zur Schule Gottes wurde. Hitlers Feldbischof Rarkowski. Eine notwendige Erinnerung.* Oberursel 1997.
Mittag, Detlef: *Kindheit und Jugend um 1945. Kriegskinder. Zehn Überlebensgeschichten.* Berlin 1995.
Mittermaier, Klaus: *Vermisst wird ... Die Arbeit des deutschen Suchdienstes.* Berlin 2002.
Naimark, Norman M.: *Die Russen in Deutschland. Die Sowjetische Besatzungszone 1945–1949.* Berlin 1999. (zuerst: *The Russians in Germany. A History of the Soviet Zone of Occupation 1945–1949.* Cambridge/Mass./London 1995).
Nawratil, Heinz: *Schwarzbuch der Vertreibung 1945–1948. Das letzte Kapitel unbewältigter Vergangenheit.* 11. Aufl. München 2003. (Zuerst: *Vertreibungsverbrechen an Deutschen. Tatbestand – Motive – Bewältigung.* München 1982).
Nossack, Hans Erich: *Der Untergang.* Hamburg 1947.
Olsen, Kåre: *Vater: Deutscher. Das Schicksal der norwegischen Lebensbornkinder und ihrer Mütter von 1940 bis heute.* Frankfurt/M. 2002.
Overmans, Rüdiger: *Deutsche militärische Verluste im Zweiten Weltkrieg.* München 1999.
Pausewang, Gudrun: *Fern von der Rosinkawiese. Die Geschichte einer Flucht.* Ravensburg 1989.
Pausewang, Gudrun: *Geliebte Rosinkawiese. Die Geschichte einer Freundschaft über die Grenzen.* München 1995 (zuerst: 1993).
Pausewang, Gudrun: *Wie es den Leuten von der Rosinkawiese nach dem Krieg erging.* Frankfurt/M. 1996.
Petersen, Thomas: *Flucht und Vertreibung aus Sicht der deutschen, polnischen und tschechischen Bevölkerung.* Herausgeber: Stiftung Haus der Geschichte der Bundesrepublik Deutschland. 2. überarbeitete Aufl. Bonn 2005.
Peukert, Detlev: *Volksgenossen und Gemeinschaftsfremde. Anpassung, Ausmerze und Aufbegehren unter dem Nationalsozialismus.* Köln 1982.
Peukert, Detlev/Reulecke, Jürgen (Hrsg.): *Die Reihen fast geschlossen.* Beiträge zur Geschichte des Alltags unterm Nationalsozialismus. Wuppertal 1981.
Picaper, Jean-Paul/Norz, Ludwig: *enfants maudits.* Editions des Syrtes. Paris 2004.
Platner, Geert/Schüler der Gerhart-Hauptmann-Schule in Kassel (Hrsg.): *Schule im Dritten Reich – Erziehung zum Tod?* München 1983.
Plato, Alexander von: Fremde Heimat. Zur Integration von Flüchtlingen und Einheimischen in die Neue Zeit, in: Lutz Niethammer/Alexander von Plato: *»Wir kriegen jetzt andere Zeiten.« Suche nach der Erfahrung des Volkes in nachfaschistischen Ländern. Lebensgeschichte und Sozialkultur im Ruhrgebiet 1930 bis 1960,* Bd. 3. Berlin 1985, S. 172–219.
Plieninger, Konrad: *»Erzählt es Euren Enkeln!« Ludwigsburger Oberschüler im Zweiten Weltkrieg (1939 bis 1949).* Kornwestheim 2001.
Posener, Julius: *In Deutschland 1945 bis 1946.* Berlin 2001.

Preuss-Lausitz, Ulf u. a.: *Kriegskinder, Konsumkinder, Krisenkinder. Zur Sozialisationsgeschichte seit dem Zweiten Weltkrieg.* 4. Aufl. Weinheim und Basel 1995.

Priamus, Heinz-Jürgen: *Die Ruinenkinder.* Düsseldorf 1985.

Roberts, Ulla (Hrsg): *Starke Mütter – ferne Väter. Töchter reflektieren über ihre Kindheit im Nationalsozialismus und in der Nachkriegszeit.* Fischer Taschenbuch Bd. 11.075.

Rolff, Günther/Zimmermann, Peter: *Kindheit im Wandel. Eine Einführung in die Sozialisation im Kindesalter.* 5. Aufl. Weinheim und Basel 1997.

Ruhl, Klaus-Jörg: *Deutschland 1945. Alltag zwischen Krieg und Frieden in Berichten, Dokumenten und Bildern.* Darmstadt und Neuwied 1984.

Rüther, Martin (Hrsg.): *»Zu Hause könnten sie es nicht schöner haben!« – Kinderlandverschickung aus Köln und Umgebung.* Köln 2000.

Sauter, Eugen: *Kindheit auf dem Lande in den 50er Jahren.* 7. Aufl. Darmstadt 1998.

Schellbach, Hans: *»Du deutsch? Raus!« Roman über die Vertreibung der Deutschen zwischen Oder und Neiße.* Dülmen 1989.

Schmitz-Köster, Dorothee: *»Deutsche Mutter, bist Du bereit …« Alltag im Lebensborn.* Berlin 1997.

Schöfer, Erasmus: *Flieg Vogel stirb. Erzählungen.* Köln 1987.

Schulmuseum Berlin: *Die Unschuldigen. Kinder und der 2. Weltkrieg.* Sonderausstellung des Schulmuseums Berlin, 23. Juni – 24. November 1995. Berlin 1995.

Schwarz, Peter/Winterling/Martin (Hrsg.): *1945. Leid, Zerstörung, Neuanfang: Das Kriegsende an Rems und Murr.* Zeitungsverlag Waiblingen 2005.

Seifert, Claudia: *Wenn du lächelst, bist du schöner! Kindheit in den 50er und 60er Jahren.* 7. Aufl. München 2005. (zuerst: 2004)

Sollbach, Gerhard E.: *Heimat ade! – Die Durchführung der Erweiterten Kinderlandverschickung in der Stadt Hagen während des Zweiten Weltkrieges.* Hagen 1998.

Sollbach, Gerhard E.: *Flucht vor Bomben. Kinderlandverschickung aus dem östlichen Ruhrgebiet im 2. Weltkrieg.* Hagen 2002.

Stargardt, Nicholas: *»Maikäfer flieg!« Hitlers Krieg und die Kinder.* München 2006.

Taege, Herbert: *Die Hitler-Jugend. Geschichte einer betrogenen Generation.* Graz 2002.

Thies, Heinrich: *Weit ist der Weg nach Zicherie. Die Geschichte eines geteilten Dorfes an der deutsch-deutschen Grenze.* Hamburg 2005.

Urban, Andreas: *Kinderkram. Kindheit in Hannover 1800 bis heute.* Begleitheft zur gleichnamigen Ausstellung des Historischen Museums. Hannover 1999.

Urban, Thomas: *Der Verlust. Die Vertreibung der Deutschen und Polen im 20. Jahrhundert.* München 2004.

Völklein, Ulrich: *»Mitleid war von niemand zu erwarten.« Das Schicksal der deutschen Vertriebenen.* München 2005.

Vonjahr, Heinz: *Kinderlandverschickung. Kasseler Schulen 1943 – 1945.* Kassel 2004.

Weber, Hildegard (Hrsg.): *Aufgehoben – aufbewahrt. Bilder und Dokumente aus Deutschland 1933 – 1948.* Fischer Taschenbuch 1995.

Werner, Emmy E.: *Unschuldige Zeugen. Der Zweite Weltkrieg in den Augen von Kindern.* Hamburg/Wien 2001. (zuerst: *Through the Eyes of Innocents. Children Witness World War II.* Westview Press, A Member of the Perseus Books Group).

Westdeutsche Allgemeine Zeitung: »Nacht über Wanne-Eickel«. 162 Folgen, 1962.

Wette, Wolfram (Hrsg.): *Schule der Gewalt. Militarismus in Deutschland 1871 – 1945.* Berlin 2005.

Wierling, Dorothee: *Heimat finden. Lebenswege von Deutschen, die aus Russland kommen.* Hamburg 2004.

Wiese, Rolf (Hrsg.): *Kinderträume. Zur Geschichte der Kindheit von der Nachkriegszeit bis zur antiautoritären Erziehung (1945 – 1970).* Ehestorf 1992.

Wolter, Gerhard: *Die Zone der totalen Ruhe. Die Russlanddeutschen in den Kriegs- und Nachkriegsjahren.* 2. Aufl. Augsburg 2004 (zuerst 2003).
Zander, Ernst: *Jugend hinter Stacheldraht und danach …* 2. verb. u. erw. Aufl. München und Mering 2001.
Ziegler, Armin: *Crailsheim – eine Stadt im totalen Krieg. Ein zeitgeschichtlicher Beitrag.* Schönaich 2002.
Züchner, Christian: *Über Zeiten und Räume.* Emden 1997.

III. Biographien, Familiengeschichten (z.T. literarisch bearbeitet)

Bruhns, Wibke: *Meines Vaters Land. Geschichte einer deutschen Familie.* München 2004.
Clough, Patricia: *Hannelore Kohl. Zwei Leben.* Stuttgart/München 2002.
Doerry, Martin: *»Mein verwundetes Herz«. Das Leben der Lilli Jahn 1900–1944.* Stuttgart/München 2002.
Dückers, Tanja: *himmelskörper.* Berlin 2003.
Frank, Niklas: *Der Vater. Eine Abrechnung.* München 1987.
Härtling, Peter: *Nachgetragene Liebe.* Darmstadt 1980.
Hahn, Ulla: *Unscharfe Bilder.* Roman. München o. J.
Hellfeld, Matthias G. von: *Davongekommen. Erwachsenwerden im Holocaust.* Frankfurt 1990.
Himmler, Katrin: *Die Brüder Himmler. Eine deutsche Familiengeschichte.* Frankfurt 2002.
Issmer, Volker: *Als »Mitläufer« (Kategorie IV) entnazifiziert.* Münster 2001
Kempowski, Walter: *Tadellöser & Wolff.* München 1971.
Kujacinski, Dona/Kohl, Peter: *Hannelore Kohl. Ihr Leben.* München 2002.
Lachauer, Ulla: *Ritas Leute. Eine deutsch-russische Familiengeschichte.* 2. Aufl. Reinbek bei Hamburg 2004.
Lebert, Norbert und Stephan: *Denn Du trägst meinen Namen. Das schwere Erbe der prominenten Nazi-Kinder.* München 2000.
Leupold, Dagmar: *Nach den Kriegen. Roman eines Lebens.* München 2004.
Meckel, Christoph: *Suchbild. Über meinen Vater.* Düsseldorf 2002.
Meckel, Christoph: *Meine Mutter.* München, Wien 2002.
Meyer, Kurt: *Geweint wird, wenn der Kopf ab ist. Annäherungen an meinen Vater »Panzermeyer«, Generalmajor der Waffen SS.* Freiburg 1998.
Noack, Hans-Georg: *Die Webers. Eine deutsche Familie 1932–45.* Ravensburg 1980 (zuerst 1962 unter dem Titel »Stern über der Mauer«).
Pollack, Martin: *Der Tote im Bunker. Bericht über meinen Vater.* Wien 2004.
Rehmann, Ruth: *Der Mann auf der Kanzel. Fragen an einen Vater.* München 1979.
Schenk, Herrad: *Wie in einem uferlosen Strom. Das Leben meiner Eltern.* München 2002.
Scheub, Ute: *Das falsche Leben. Eine Vatersuche.* München 2006.
Schirach, Richard von: *Der Schatten meines Vaters.* München/Wien 2005.
Terpitz, Werner: *Wege aus dem Osten. Flucht und Vertreibung einer ostpreußischen Pfarrersfamilie.* München 1997.
Timm, Uwe: *Am Beispiel meines Bruders.* Köln 2003.
Vesper, Bernward: *Die Reise.* 5. Aufl. Berlin 2000 (zuerst 1977).
Westernhagen, Dörte: *Die Kinder der Täter. Das Dritte Reich und die Generation danach.* München 1991 (zuerst 1987).

IV. Autobiographien und autobiographische Zeugnisse (siehe auch V.: Verfolgte)

Abels, Kurt: *Ein Held war ich nicht. Als Kind und Jugendlicher in Hitlers Krieg.* Köln/Weimar/Wien 1998.

Adler, Bruni: *Begegnungen mit der Kriegsgeneration.* Tübingen 2004.

Akademie für Ältere (Hrsg.): *Von Reichenbach bis Buenos Aires. Erinnerungen an das 20. Jahrhundert.* Band 1 und 2. Frankfurt/M. und Heidelberg 1996.

Anderson, C. LeRoy/Anderson, Joanne/Ohkura, Yunosuke (Hrsg.): *No Longer Silent: World-Wide Memories of the Children of World War II.* Pictorial Histories, Missoula 1995.

Arendt, Dorothea und Elisabeth: *Wir haben es erlebt. Erinnerungen und Erlebnisse einer ostpreußischen Familie, die aus ihrer ostpreußischen Heimat vertrieben wurde.* Paderborn o. J.

Arnim, Clara und Bettina von: *Das bunte Band des Lebens. Die märkische Heimat und der Neubeginn im Kupferhaus.* Knaur Taschenbuch 60.807, 2000 (zuerst Bern/München/Wien 1998).

Baer, Frank: *Die Magermilchbande. Mai 1945: Fünf Kinder auf der Flucht nach Hause.* Fischer Taschenbuch 5.167, 1987 (zuerst Hamburg 1979).

Bake, Rita: *»aber wir müssen zusammenbleiben«. Mütter und Kinder im Bombenkrieg 1943–1993.* Hamburg 1993.

Ballentin, Günther: *Gleich hinter Schwedt. Uckermärkische Skizzen.* Selbstverlag 2001.

Ballentin, Günther: *Bloßig, sind wir noch Kinder? Eine Erzählung nach Tatsachen.* Selbstverlag 2002.

Balz, Irmtraut: *Für einen Augenblick wachsen uns Flügel. Eine Kindheit 1933–1945.* 2. Aufl. Köln 2004 (zuerst 2002).

Bandur, Renate: *Meine KLV-Lagerzeit 1941. Briefe und Dokumente.* Bochum/Freiburg 2004.

Bandur, Renate: *Von Berlin in das Sudetenland. Meine KLV-Lagerzeit von 1944–1945.* Bochum/Freiburg 2006.

Bayr, Anton: *Vergessene Schicksale. Überlebenskampf in sowjetischen Lagern – ein Kriegsgefangener erinnert sich.* Augsburg 2005.

Bechtold, Gretel: *Ein deutsches Kindertagebuch in Bildern 1933–1945.* Freiburg 1997.

Beck, Günter: *Die getrennte Klasse. Ehemalige einer Schulklasse aus Gotha berichten 1945–1989.* Selbstverlag o. J.

Beck, Werner: *Bilder einer Kindheit.* Selbstverlag 2000.

Behr, Hans-Georg: *Fast eine Kindheit.* Frankfurt a. M. 2002.

Bentheim, Heinrich von: *… und die Angst bleibt. Die verlorenen Kinder Schlesiens.* Gelnhausen 1998.

Böll, Heinrich (Hrsg.): *Niemands Land. Kindheitserinnerungen an die Jahre 1945 bis 1949.* 2. Aufl. (dtv 10.787) 1988 (zuerst: Bornheim-Merten 1985).

Boge, Volker: *Bunkerleben und Kinderlandverschickung.* Hamburg 1992.

Bollacher, Wolfgang: *Nestinspektion. Mundelsheimer Jahre 1943–1951.* Backnang o. J.

Borkowski, Dieter: *Wer weiß, ob wir uns wiedersehen.* Berlin 1990.

Bormann, Martin: *Leben gegen Schatten. Gelebte Zeit – geschenkte Zeit. Begegnungen – Erfahrungen – Folgerungen.* 8. Aufl. Paderborn 2002 (zuerst: 1996).

Bosetzky, Horst: *Brennholz für Kartoffelschalen.* München 1995.

Brahl, Helmut (Hrsg.): *Kindheit im Ruhrgebiet. Nachkriegserleben und Wiederaufbauzeit.* Bonn 1952.

Breloer, Heinrich: *Mein Tagebuch. Geschichten vom Überleben 1939–1947.* Köln 1984.

Brinkmann, Rolf Dieter: *Erkundungen für die Präzisierung des Gefühls für einen Aufstand.* Reinbek 1987.

Bruckner, Winfried/Nöstlinger, Christine/Welsh, Renate u. a.: *Damals war ich vierzehn.* Ravensburger Taschenbuch 8.073, 1998 (zuerst: Wien 1978).

Bruns, Ingeborg: *Als Vater aus dem Krieg heimkehrte. Töchter erinnern sich.* Fischer Taschenbuch 10.300, Frankfurt a.M. 1991.

de Bruyn, Günter: *Zwischenbilanz. Eine Jugend in Berlin.* Frankfurt/M. 1992.

Buchbender, Ortwin/Sterz, Reinhold: *Das andere Gesicht des Krieges. Deutsche Feldpostbriefe 1939–1945.* München 1982.

Buchheit, Monika/Nägele, Lioba: *Erinnerungen an das vergangene Jahrhundert. Böblingerinnen und Böblinger erzählen.* Böblingen 2002.

Burkhof, Karl A.: *Erinnerungen eines Hitler-Jungen.* Books on Demand, Norderstedt 2003.

Casdorff, Claus Hinrich (Hrsg.): *Weihnachten 1945. Ein Buch der Erinnerungen.* Frankfurt/Main 1989 (zuerst: Königstein/Ts. 1981).

Crome, Peter: *Köln im Krieg. Bürger erinnern sich.* Köln 1998.

Czoppelt, Alexander L.: *Wo bleibt Hitler, Mathilda? Geschichte und Dokumentation einer Flucht.* Egelsbach/Frankfurt a. M./München/New York 2000.

Däs, Nelly: *Wölfe und Sonnenblumen.* Selbstverlag Waiblingen o. J.

Däs, Nelly (Hrsg.): *Alle Spuren sind verweht. Russlanddeutsche Frauen in der Verbannung.* O. J.

Däs, Nelly: *Der Schlittschuhclown.* Selbstverlag Waiblingen o. J.

Degen, Michael: *Nicht alle waren Mörder. Eine Kindheit in Berlin.* 3. Aufl. München 2001 (zuerst: München 1999).

Deichelmann, Hans: *Ich sah Königsberg sterben. Aus dem Tagebuch eines Arztes.* Schnellbach 2000.

Dertinger, Antje: *Heldentöchter.* Bonn 1997.

Deter-Labudde, Elisabeth: *»Solang du einen Vati hast …« Aufzeichnungen einer Hamburger Pastorentochter aus Kindheit und Jugend 1930–1950.* Herstellung: Mein Buch. Hamburg 2003.

Diedenhofen, Maria: *Erinnerte Bilder. Gedichte einer Kindheit 1939–1945.* Kleve 2002.

Diener, Manfred: *Sieg oder Sibirien. Ein Bericht von fünf Jahren Kriegsgefangenschaft in der Sowjetunion.* Selbstverlag 1999.

Dittgen, Willy: *Der Kinderkäfig von Attichy: Ein Erlebnisbericht.* Rheinberg 1957.

Dittmann, Christa: *Meine Erinnerungen an Pommern.* Selbstverlag 1997.

Dollinger, Hans (Hrsg.): *Kain, wo ist dein Bruder? Was der Mensch im 2. Weltkrieg erleiden musste – dokumentiert in Tagebüchern und Briefen.* 3. Aufl. Frankfurt/M. 1991.

Dorpat, Draginja: *Und zu Küssen kam es kaum. Roman einer Jugend.* Tübingen 2004.

Emmerich, Elsbeth: *My Childhood in Nazi-Germany.* Bookwright Press, New York 1991.

Enzensberger, Hans Magnus: *Aussichten auf den Bürgerkrieg.* Frankfurt a. M. 1993.

Eppler, Erhard: *Als Wahrheit verordnet wurde. Briefe an meine Enkelin.* Suhrkamp taschenbuch 2.706 (zuerst Frankfurt und Leipzig 1994).

Everwyn, Klas Ewert: *Jetzt wird alles besser. Eine Jugend zwischen Krieg und Nachkriegszeit.* Würzburg 1989.

Fabian, Helene: *Rückkehr ohne Heimkehr.* Books on Demand, Norderstedt o. J.

Fährmann, Willi: *Das Jahr der Wölfe. Die Geschichte einer Flucht.* Würzburg 1978 (zuerst 1962).

Foreman, Michael: *Kriegskinder. Erinnerungen.* Frankfurt a. M. 1989.

Forte, Dieter: *Der Junge mit den blutigen Schuhen.* Frankfurt/M. 1995.

Forte, Dieter: *In der Erinnerung.* Frankfurt/M. 1998.

Forte, Dieter: *Schweigen oder sprechen.* Frankfurt/M. 2002

Frach-Fischler, Eva: *Ein weiter Weg. Lebenserinnerungen einer Donauschwäbin.* Selbstverlag 1991 (zuerst: 1953).

Frach-Fischler, Eva: *Ich hatte viele Engel. Eine Kindheit in Donauschwaben.* Metzingen 2003.

Gauch, Siegfried: *Vaterspuren.* Frankfurt a. M. 1996.

Gehrts, Barbara: *Nie wieder ein Wort davon?* 20. Aufl. München 2003 (zuerst: München 1978).

Gesprächskreis Erzählte Geschichte (Hrsg.): Band 1: *Schleswig in der Nachkriegszeit,* Band 2: *Schleswig im Nationalsozialismus.* Stadtarchiv Schleswig o. J.

Gießmann, Thomas/Marciniak, Rudolf: *»Fast sämtliche Kinder sind jetzt weg.« Quellen und Zeitzeugenberichte zur Kinderlandverschickung aus Rheine 1942– 1945.* Münster/New York/München/Berlin 2001.

Göhringer, Gerlinde: *Wölfe heulen durch die Nacht. Die Bessarabien-Story.* Münster und Laichingen 2000.

Gotzes, Andrea: *»Das haben wir alles überlebt.« Russlanddeutsche Erinnerungen 1930–1990.* Erfurt 2001.

Grabner, Sigrid: *Jahrgang '42. Mein Leben zwischen den Zeiten.* Leipzig 2003.

Granzow, Klaus: *Tagebuch eines Hitlerjungen. Kriegsjugend in Pommern 1943–45.* Bremen 1986.

Greiffenhagen, Martin: *Jahrgang 1928. Aus einem unruhigen Leben.* München 1988.

Gregor, Manfred (Gregor Dorfmeister): *Die Brücke.* München 1958.

Gröhl, Vera: *Bibbeleskäs und Schleck. Erinnerungen eines Stadtkindes an seine Evakuierung.* Selbstverlag 1996.

Gröper, Reinhard: *Erhoffter Jubel über den Endsieg. Tagebuch eines Hitlerjungen.* Stuttgart 2000.

Gruschka, Gerhard: *Zgoda. Ein Ort des Schreckens. Als Vierzehnjähriger in einem polnischen Nachkriegskonzentrationslager.* Neuried 1997.

Härtling, Peter: *Leben lernen. Erinnerungen.* Köln 2003.

Häusser, Erne: *Zeitgenossen – Zeitzeugen.* Sersheim o. J.

Häusser, Erne: *Zeitenwende. Zwischen Stromberg und Zabergäu.* Sersheim o. J.

Haffner, Sebastian: *Geschichte eines Deutschen. Die Erinnerungen 1914–1933.* 9. Aufl. Stuttgart/München 2001 (zuerst 2000).

Hagener, Edith: *Es lief sich so sicher an Deinem Arm.* Weinheim 1986.

Hammer, Ingrid/zur Nieden, Susanne (Hrsg.): *Sehr selten habe ich geweint. Briefe und Tagebücher aus dem Zweiten Weltkrieg von Menschen aus Berlin.* Zürich 1992.

Hammerstiel, Robert: *Von Ikonen und Ratten. Eine Banater Kindheit 1939–1949.* Wien/München o. J.

Hardegen, Wolfgang: *Gefangen in Bautzen: Ein Jugendlicher überlebt acht Jahre Haft im »Gelben Elend«.* Berlin 2000.

Harig, Ludwig: *Wehe dem, der aus der Reihe tanzt.* München 1990.

Hartig, Monika: *Ein Fremder saß am Tisch.* Würzburg 1991.

Hauer, Nadine/Welsh, Renate (Hrsg.): *Damals war ich vierzehn. Berichte und Erinnerungen.* Wien/München 1978.

Heer, Hannes (Hrsg.): *Als ich 9 Jahre alt war, kam der Krieg. Schüleraufsätze 1946.* Köln 1980.

Heidenreich, Gisela: *Das endlose Jahr. Die langsame Entdeckung der eigenen Biographie – ein Lebensbornschicksal.* 3. Aufl. Bonn, München, Wien 2002.

Helbig, Ludwig: *»Und sie werden nicht mehr frei, ihr ganzes Leben!« Eine kleinbürgerliche Kindheit und Jugend im Dritten Reich.* Weinheim/Basel 1982.

Hermand, Jost: *Als Pimpf in Polen. Erweiterte Kinderlandverschickung 1940–1945.* Frankfurt/M. 1993.

Hirschfeld, Gerhard/Renz, Irina: *»Vormittags die ersten Amerikaner«. Stimmen und Bilder vom Kriegsende 1945.* Stuttgart 2005.

Hochhut, Maili: *Schulzeit auf dem Lande 1933–1945.* Kassel 1985.

Hörburger, Irene/Sandig, Margit/Voß, Gerhard: *»Das soll nicht vergessen werden …«* Esslingen 2006.

Höß, Rudolf: *Kommandant in Auschwitz. Autobiographische Aufzeichnungen von Rudolf Höß.* Eingeleitet und kommentiert von Martin Broszat. Stuttgart 1958.

Hornbostel, Lloyd: *War Kids, 1941–1945. World War II Through the Eyes of Children.* Lakeville 1996.

Hornstein, Erika von: *Die deutsche Not. Flüchtlinge berichten.* Köln/Berlin 1960.

Horst, Ingrid: *Born Under Hitler. A German Childhood Connected with History.* Perspective Publishers International. Boston 1988.

Humburg, Martin: *Das Gesicht des Krieges. Feldpostbriefe von Wehrmachtssoldaten aus der Sowjetunion 1941 – 1944.* Opladen 1998.

Janzen, Ruth: *Ostpreußen – Mecklenburg – Württemberg. Ein Leben.* Books on Demand, Norderstedt 2004.

Jülich, Jean: *Kohldampf, Knast, Kamelle.* Köln 2003.

Junkherr, Anneliese: *Unvergessliche Erlebnisse. Kindheitserinnerungen von 1937–1945.* Hottenbach 2000.

Keller-Dommasch, Inge: *Wir aber mussten es erleben. Erinnerungen an Ostpreußen bis zur Vertreibung 1947.* Frankfurt/München/London/Miami/New York 2002.

Kempowski, Walter: Echolot. *Ein kollektives Tagebuch Januar und Februar 1943,* 4. Bände. München 1994.

Kempowski, Walter: *Fuga furiosa (Echolot II) 12. Januar bis 14. Februar 1945.* Hamburg 1999.

Kent, Martha: *Eine Porzellanscherbe im Graben. Eine deutsche Flüchtlingskindheit.* Berlin 2003.

Kessler, Matthias: *»Ich muss doch meinen Vater lieben, oder?« Die Lebensgeschichte von Monika Göth, Tochter des KZ-Kommandanten aus »Schindlers Liste«.* Frankfurt 2002.

Killius, Rosemarie: *»Sei still, Kind, Adolf spricht.« Gespräche mit Zeitzeuginnen.* Leipzig 2000.

Kirstein, Emma: *»Aus schwerer Zeit«. Tagebuch – Ostpreußen 1945.* 3. Aufl. Bonn 1997.

Kleindienst, Jürgen: *Nachkriegskinder. Kindheit in Deutschland 1945–1950. 67 Geschichten und Berichte von Zeitzeugen.* Berlin 1998.

Kleindienst, Jürgen (Hrsg.): *Wir wollten leben. Jugend in Deutschland 1939–1945. 40 Geschichten und Berichte von Zeitzeugen.* Berlin 1998.

Kleindienst, Jürgen (Hrsg.): *Schlüssel-Kinder. Kindheit in Deutschland 1950–1960. 46 Geschichten und Berichte von Zeitzeugen.* 2. Aufl. Berlin 2001.

Kleindienst, Jürgen: *Hungern und Hoffen. Jugend in Deutschland 1945–1950. 48 Geschichten und Berichte von Zeitzeugen.* Berlin 2000.

Kleindienst, Jürgen (Hrsg.): *Lebertran und Chewing Gum. Kindheit in Deutschland 1945–1950. 55 Geschichten und Berichte von Zeitzeugen.* 2. Aufl. Berlin 2001.

Kleindienst, Jürgen (Hrsg.): *Wir sollten Helden sein. Jugend in Deutschland 1939–1945. 38 Geschichten und Berichte von Zeitzeugen.* Berlin 2001.

Kleindienst, Jürgen (Hrsg.): *Heil Hitler, Herr Lehrer! Kindheit in Deutschland 1933–39. 50 Geschichte und Berichte von Zeitzeugen.* Berlin 2002.

Kleindienst, Jürgen (Hrsg.): *Pimpfe, Mädels & andere Kinder. Kindheit in Deutschland 1933–1939. 55 Geschichten und Berichte von Zeitzeugen.* 2. Aufl. Berlin 2002.

Kleindienst, Jürgen (Hrsg.): *Von hier nach drüben. Grenzgänge, Reisen und Fluchten 1945–1961. 38 Geschichten und Berichte von Zeitzeugen.* Berlin 2002.

Kleindienst, Jürgen (Hrsg.): *Und weiter geht es doch. Deutschland 1945–1950. 45 Geschichten und Berichte von Zeitzeugen.* Berlin 2002.

Kleindienst, Jürgen (Hrsg.): *Täglich Krieg. Deutschland 1939–1945. 41 Geschichten und Berichte von Zeitzeugen.* Berlin 2002.

Kleindienst, Jürgen (Hrsg.): *Nichts führt zurück. Flucht und Vertreibung 1944–1948. Zeitzeugen – Erinnerungen.* Berlin 2002.

Kleindienst, Jürgen (Hrsg.): *Gebrannte Kinder. Kindheit in Deutschland 1939–1945. 61 Geschichten und Berichte von Zeitzeugen.* 5. verb. Aufl. Berlin 2002.

Kleindienst, Jürgen (Hrsg.): *Gebrannte Kinder. Zweiter Teil. Kindheit in Deutschland 1939–1945. 36 Geschichten und Berichte von Zeitzeugen.* Berlin 2002.

Klemperer, Victor: *»Ich will Zeugnis ablegen bis zum letzten.« Tagebücher.* Band 1: 1933–1941, Band 2: 1942–1945. Berlin 1995.

Klug, Erna: *Erndel, Sterndel, Zuckerkerndel. Eine Kindheit im Krieg, auf der Flucht und in der Nachkriegszeit.* Stuttgart 2004.
Kluge, Alexander: Der Luftangriff auf Halberstadt am 8. April 1945, in: ders. *Neue Geschichten Heft 1–18.* Frankfurt a.M. 1977, S. 33–106.
Köpp, Gabi: *Meine Geschichte; Bericht über eine 1945 erlebte Flucht aus der Grenzmark Posen-Westpreußen.* Aachen 1992.
Körber, Hilda: *Kindheit und Jugend 1941–1947. Briefe und Aufzeichnungen junger Menschen.* Berlin 1948.
Kontakte – контакты e.V.: *»Ich werde es nie vergessen«. Briefe sowjetischer Kriegsgefangener 2004–2006.* Berlin 2007.
Kossko, Nelli: *Die geraubte Kindheit.* Selbstverlag, 2. Aufl. 2003.
Kossko, Nelli: *Am anderen Ende der Welt.* Selbstverlag 2004.
Koster-Hetzendorf, Maren (Hrsg.): *Ich habe dich so gesucht. – Der Krieg und seine verlorenen Kinder.* Augsburg 1995.
Krag, Helen Liesl: *Unsere Schulklasse. Erwachsen werden nach dem Krieg.* Wien 2005.
Krohmer, Fritz: *Verwischte Spuren. Erinnerungen eines Kriegskindes 1933–45.* Erdmannhausen 1992.
Kühne, Hans-Jörg (Hrsg.): *Wir Kriegskinder. Zeitzeugen aus Ostfalen-Lippe erinnern sich.* Bielefeld 2004.
Kuhn, Annette: *Ich trage einen goldenen Stern. Ein Frauenleben in Deutschland.* Berlin 2003.
Küppers, Waltraud: *Mädchentagebücher der Nachkriegszeit.* Stuttgart 1964.
Landenberger, Annemarie: *Als Hamburger Lehrerin in der Kinderlandverschickung. Tagebuch 1943.* Hamburg 1992.
Landeszentrale für politische Bildung Baden-Württemberg: *50 Jahre danach: Was hat das Kriegsende bedeutet? Ein Lesebuch.* Ausgewählte Beiträge eines Wettbewerbs. Stuttgart 1995.
Lange, Herta/Burkard, Benedikt (Hrsg.): *Abends wenn wir essen fehlt uns immer einer. Kinder schreiben an die Väter 1939–1945.* Reinbek bei Hamburg 2000.
Latzel, Klaus: *Deutsche Soldaten – nationalsozialistischer Krieg? Kriegserlebnis – Kriegserfahrung 1939 – 1945.* Paderborn 1998.
Stadt Lauenburg/Elbe. Die Gleichstellungsbeauftragte (Hrsg.): *Großmutter – Mutter – Tochter. Eine Spurensuche.* Lauenburg 2002.
Leeb, Johannes: *Wir waren Hitlers Eliteschüler. Ehemalige Zöglinge der NS-Eliteschulen brechen ihr Schweigen.* Hamburg 1998.
Leipprand, Eva: *Woher alles kommt. Erzählung.* Tübingen 2002.
Lenz, Johannes: *Erinnern für die Zukunft.* Stuttgart 2002.
Lieb, Christa (Hrsg.), *Feldpost von und nach Bietigheim* (Schriftenreihe der Stadt Bietigheim-Bissingen), erscheint November 2007.
Liedtke, Max (Hrsg.): *Für Hitler erzogen? Briefe und Notizen des Edgar Winzen aus der Kinderlandverschickung Leutenberg/Thüringen 1944/45.* Münster 1999.
Lipp, Christine (Hrsg.): *Kindheit und Krieg.* Frankfurt 1992.
Lodemann, Jürgen: *Der Solljunge. Autobiographischer Roman.* Göttingen 1997.
Manoschek, Walter (Hrsg.): *»Es gibt nur eines für das Judentum: Vernichtung!« Das Judentum in deutschen Soldatenbriefen 1939–1944.* Hamburg 1995.
Mauritz, Theresia: *Vom Balkan bis Baden-Württemberg.* Selbstverlag o.J.
Mehler, Karl Heinz: *Davongekommen. Jugendzeit eines Mannheimers 1929–1950.* Mannheim 1999.
Meinhof, Renate: *Das Tagebuch der Maria Meinhof April 1945 bis März 1946 in Pommern – eine Spurensuche.* Hamburg 2005.
Monheim, Heinz: *Trümmerblumen oder »Frebels Karl«.* Köln 1995.
Morgenstern, Erika: *Überleben war schwerer als sterben. Ostpreußen 1944–1948.* München 2004.
Müller-Vogg, Hugo: *Horst Köhler. Ein Gespräch mit Müller-Vogg.* Hamburg 2004.

Nemitz, Werner: *Kriegsende eines HJ-Volkssturmsoldaten 1945–48. Erlebnisbericht und Recherche.* Selbstverlag 2000.

Nemitz, Werner: *Hitlers allerletzte Reserve. Hitlerjungen als »Werwölfe«. Erlebnisbericht und Recherche am Fallbeispiel des Stettiner HJ-Alarmbataillons Murswick.* Kassel 2004.

Neumann, Vera: *Nicht der Rede wert. Die Privatisierung der Kriegsfolgen in der frühen Bundesrepublik. Lebensgeschichtliche Erinnerungen.* Münster 1999.

Niethammer, Lutz: *Ego-Histoire? und andere Erinnerungsversuche.* Wien/Köln/Weimar 2002.

Niklos-Nyari, Anna: *Nachruf auf verlorene Jahre.* Karlsruhe 1991.

Nöstlinger, Christine; *Maikäfer flieg.* München 1973.

Nöstlinger, Christine (1981): *Zwei Wochen im Mai: mein Vater, der Rudi, der Hansi und ich.* Weinheim/Basel 1981.

Norbisrath, Gudrun (Hrsg.): *Gestohlene Jugend. Der Zweite Weltkrieg in Erinnerungen.* Essen 2000.

Obermeier, Siegfried: *Verlorene Kindheit. Erinnerungen aus der Kriegszeit.* Rosenheim 2006.

Otto, Joachim: *Maiandacht. Eine Kindseligkeit in Niederbayern. Erlebt und erzählt von Joachim Otto.* Offenburg 1996.

Otto, Joachim: *Meine Wurzeln in deiner Heimat.* Berlin/Bonn 2006.

Panzer, Anneliese: *Ich war fünf und hatte das Leben noch vor mir. Erinnerungen an eine Flucht.* Brendow 1999.

Peikert, Paul: *»Festung Breslau« in den Berichten eines Pfarrers 22. Januar bis 6. Mai 1945*, herausgegeben von Karol Jonca und Alfred Konieczny. Warschau/Krakau 2004. (Zuerst: *Chronik über die Belagerung Breslaus 1945 und Bericht über die Festungszeit in Breslau von Januar bis Juni 1945*).

Pörtner, Rudolf (Hrsg.): *Heimat in der Fremde. Deutsche aus Russland erinnern sich.* 2. Aufl. Düsseldorf/Wien/New York/Moskau 1992.

Pöschl, Erich (1991): *Lucy und der Feind im Licht. Erzählung aus der Zeit des zweiten Weltkriegs und den ersten Jahren danach.* Ober Ramstadt 1991.

Prenzlauer Berg Museum, Annett Gröschner (Hrsg.): *»Ich schlug meiner Mutter die brennenden Funken ab.« Schulaufsätze aus dem Jahr 1946.* Reinbek bei Hamburg 2001.

Probst-Speidel, Lieselotte: *Spuren meines Lebens.* txt redaktion & agentur, Lünen o. J.

Recheis, Käthe: *Geh heim und vergiss alles.* München 1988 (Zuerst: 1964 unter dem Titel »Das Schattennetz«).

Rechlin, Eva: *Wollweberstraße Nr. 2. Eine Jugend in Deutschland.* Bayreuth 1981.

Renz, Marga: *Das ewige Immer. Überraschungen im Leben von Ute.* Selbstverlag o. J.

Richter, Hans Peter: *Damals war es Friedrich.* 49. Aufl. (dtv-junior) München 2003 (zuerst: München 1974).

Richter, Hans Peter: *Wir waren dabei.* Würzburg 1982 (zuerst 1962).

Richter, Hans Peter: *Die Zeit der jungen Soldaten.* Stuttgart 1980.

Riegler, Irene/Stockinger, Heide: *Generationen erzählen. Geschichten aus Wien und Linz.* Wien/Köln/Weimar 2005.

Rohr, Barbara: Kinder helfen siegen. Aus Feldpostbriefen meines Vaters an seine Töchter. In: *Dialektik.* Beiträge zu Philosophie und Wissenschaft 7, S. 199–206.

Rüdersdorf, Seniorenbeirat: *Zeitzeugen berichten.* O. J.

Scheel, Irma: *Wer hat meine Seele zum Altar getragen. Eine Kindheit zwischen Böhmen und Nachkriegsdeutschland.* Berlin 1999.

Schickler, Adrian G.: *Kindheit und Jugend unterm Hellenstein. Erinnerungen 1931–1952.* Selbstverlag 2003.

Schmid, Horst: *Jahrgang '29. Jugendzeit in drei Epochen.* Stuttgart 1994.

Schmidt, Eva-Maria: *Ein kleines Lächeln.* Reutlingen 1983.

Schöner, Jobst: *»… und dann kamen die Russen. Leben und Überleben in Mecklenburg und Bremen.* Selbstverlag 2002.

Schönfeld, Sybil (Hrsg.): *Der Krieg ist aus – und nun? Sommer 45. Berichte, Erfahrungen, Bekenntnisse.* München 1985.

Schubert, Anny: *»Anny drömmel nich' ...!« Kindheitserlebnisse im 2. Weltkrieg. Evakuierung, Flucht und Heimkehr zwischen 1943 und 1945.* Münster 1998.

Schubert, Jürgen: *»Mundtot«.* Frankfurt/M. 1999.

Schüddekopf, Charles: *Krieg. Erzählungen aus dem Schweigen. Deutsche Soldaten über den Zweiten Weltkrieg.* Reinbek 1997.

Schulz, Hermann: *Sonnennebel.* München 2002 (zuerst: Hamburg 2000).

Schulz, Hermann: *Flucht durch den Winter.* München 2004 (zuerst Hamburg 2002).

Schulz, Hermann/Radebold, Hartmut/Reulecke, Jürgen: *Söhne ohne Väter. Erfahrungen der Kriegsgeneration.* Berlin 2004.

Schunck, Peter: *Davongekommen!* Stuttgart 2000.

Schuster-Schmah, Sigrid: *Wir sehen uns bestimmt wieder.* Hamburg 1999.

Schwarz, Annelies: *Wir werden uns wiederfinden. Die Vertreibung einer Familie.* München 1981.

Schwarz, Annelies: *Die Grenze – ich habe sie gespürt! Eine Kindheit in Deutschland-Ost und in Deutschland-West 1945–1950.* München 1984.

Schwarz, Irene: *Ohne Namen, ohne Eltern, ohne Heimat. Eine wahre Geschichte aus Ostpreußen.* Selbstverlag o. J.

Schwella, Eleonora: *»Mutti, sind Deutsche schlechter als andere Menschen?« 50 Jahre nach der Vertreibung. Tatsachenbericht.* 5. Aufl., Selbstverlag 2003.

Schwenke, Regina: *Und es wird immer wieder Tag. Kindheitserinnerungen an Berlins dunkelste Tage.* Berlin 1983.

Schwister-Rudolph, Edith L.: *Wenn die Sirene schweigt ... Erinnerungen an eine Kindheit in dunkler Zeit. Erzählung.* Books on Demand, Norderstedt o. J.

Seiwert, Irene: *Die Türme stehen noch. Schulzeit, Kinderlandverschickung und Familienschicksal. 1940–1945.* Kassel 2005.

Sester, Hans: *Als Junge im sogenannten Dritten Reich.* Frankfurt/M. 1987.

Siebenschön, Leona: *Niemandskind.* Frankfurt/M. 1987.

Sichrowsky: *Schuldig geboren. Kinder aus Nazifamilien.* Köln 1987.

Sindelfingen, Literaturwerkstatt: *Und die Welt lächelt zurück. Froh-sinniges aus der Literaturwerkstatt Stuttgart – Böblingen – Sindelfingen.* Selbstverlag Stuttgart o. J.

Sindelfingen, Literaturwerkstatt: *Und das Leben geht weiter. Denk-würdiges aus der Literaturwerkstatt.* Selbstverlag Sindelfingen 2001.

Sittig, Gerhardt: *Rückblick. Erinnerungen oder Der Versuch, ein Leben nachzuzeichnen.* Überarbeitete Kurzfassung. Aufgezeichnet in den Jahren 2001–2003. Selbstverlag o. J.

Slembeck-Aldinger: *Carepaket mit Erdnussbutter. Eine schwäbische Jugend in den Vierzigerjahren.* Tübingen 2001.

Stahl, Erna: *Jugend im Schatten von gestern: Aufsätze Jugendlicher zur Zeit.* Hamburg 1948.

Stahl, Ursula: *»Geh aus, mein Herz, und suche Freud!« Erinnerungen an eine Kindheit und Jugend.* Aachen 2002.

Sternheim-Peters, Eva: *Habe ich denn allein gejubelt? Eine Jugend im Nationalsozialismus.* Köln 2000.

Surminski, Arno: *Jokehnen oder Wie lange fährt man von Ostpreußen nach Deutschland?* Roman. 2. Aufl, München 2001 (zuerst 2000).

Surminski, Arno: *Vaterland ohne Väter.* Roman. München 2004.

Teuber, Susanne: *Church Bells, Bombs and Lilac Trees. Growing Up in War-Torn-Germany.* Copyright Susanne Teuber, Christmas 2001.

Tetzner, Lisa: *Die Kinder aus Nr. 67,* Bd. 7 und 8. München 1990 (zuerst Dresden 1949).

Thurnwald, Hilde: *Gegenwartsprobleme Berliner Familien.* Berlin 1948.

Tollmien, Cordula: *Fundevogel oder Was war, hört nicht einfach auf.* Weinheim/Basel 1990.

Trampe, Gustav (Hrsg.): *Die Stunde Null. Erinnerungen an Kriegsende und Neuanfang.* Stuttgart 1995.
Treichel, Hans-Urlich: *Der Verlorene.* Frankfurt a.M. 1998.
Volksbund Deutsche Kriegsgräberfürsorge (Hrsg.): *Menschen wie wir.* Kassel o.J.
Volksbund Deutsche Kriegsgräberfürsorge (Hrsg.): *»Krieg ist nicht an einem Tag vorbei«.* Kassel o.J.
Volksbund Deutsche Kriegsgräberfürsorge. *Erzählen ist Erinnern.* Kassel 1999.
Vondung, Heidrun: *Das große Himmelsweh. Kindheitstage, Mädchenträume.* Nürtingen/Frickenhausen 2001.
Wachter, Eva: *Briefe aus der Kinderlandverschickung in den Kriegsjahren 1943–1945.* Selbstverlag o.J.
Wagnerová, Alena: *1945 waren sie Kinder. Flucht und Vertreibung im Leben einer Generation.* Köln 1990.
Walger, Ilona: *Aljoschas Träne. Sibirisch westfälische Begegnungen.* Emsdetten 2000.
Walger, Ilona: *Mein Lächeln für Sibirien.* 3. Aufl. Emsdetten 1998 (zuerst: 1996).
Wels, Waltraud: *Glückskind im Chaos. Odyssee einer Ostpreußin.* Books on Demand, Norderstedt 2004.
Wette, Wolfram (Hrsg.): *Der Krieg des kleinen Mannes. Eine Militärgeschichte von unten.* München/Zürich 1992.
Wiesner, Heinrich: *Der Riese am Tisch.* Basel 1979.
Wischnewski, Waltraud: *Hinter Stacheldraht. Hunger – Sterben – Überleben.* Selbstverlag o.J.
Wojak, Andreas (Hrsg.): *»Wir werden auch weiterhin unsere Pflicht tun...« Kriegsbriefe einer Familie in Deutschland 1940–1945.* Bremen 1996.
Worzalla, Ruth: *... es fehlte die Puppe. Meine Kindheitserlebnisse in Nazideutschland.* Selbstverlag o.J.
Würmlin, Gerhard: *Meine Erinnerungen an den Krieg 1939–1945.* Selbstverlag o.J.
Zitelmann, Arnulf: *Paule Pizolka oder Eine Flucht durch Deutschland.* Weinheim/Basel 1991.
Zwicker-Emmel, Erika: *Liebenswerte Erinnerungen an eine böse Zeit 1939–1945. Eine Zeitdokumentation in Briefen 1939–1945.* Selbstverlag 1992.

V. Verfolgte

Arnold Liebster, Simone: *Allein vor dem Löwen. Ein kleines Mädchen widersteht dem NS-Regime.* Esch-sur-Alzette (Gr.-Duché de Luxembourg) 2002 (zuerst: *Facing the Lion. Memoirs of a Young Girl in Nazi Europe.* Grammaton Press, New Orleans).
Auerbacher, Inge: *Ich bin ein Stern.* Weinheim/Basel 1992 (zuerst: *I am a Star.* New York 1986).
Awosuri, Anita/Pflock, Andreas: *Sinti und Roma im KZ Natzweiler-Struthof. Anregungen für einen Gedenkstättenbesuch.* Dokumentations- und Kulturzentrum Deutsche Sinti und Roma. Heidelberg 2006.
Ayaß, Wolfgang: *»Asoziale« im Nationalsozialismus.* Stuttgart 1995.
Bamberger, Edgar/Ehmann, Annegret (Hrsg.): *Kinder und Jugendliche als Opfer des Holocaust.* Dokumentation einer Internationalen Tagung in der Gedenkstätte Haus der Wannseekonferenz 12.–14. Dezember 1994. 2. Aufl. 1997.
Barth-Grözinger, Inge: *etwas bleibt.* Roman. Stuttgart/Wien 2004.
Benz, Wolfgang/Curio, Claudia/Hammel, Andrea (Hrsg.): *Die Kindertransporte 1938/39. Rettung und Integration.* Frankfurt 2003.
Böhringer-Bruns, Ingeborg: *Kein Gras drüber. Töchter jüdischer Überlebender.* Tübingen 1995.
Breznitz, Shlomo: *Vergiss niemals, wer du bist. Erinnerungsfelder meiner Kindheit.* Gerlingen 1995 (zuerst: *Memory Field. The Legacy of a Wartime Childhood in Czechoslovakia.* New York 1993).
Bundesarchiv – Außenstelle Ludwigsburg (Hrsg.): *Ruth »Sara« Lax, 5 Jahre alt, deportiert nach Riga. Deportation und Vernichtung badischer und württembergischer Juden.* Katalog zur Ausstellung. Ludwigsburg 2002.

David, Janina: *Ein Stück Himmel. Erinnerungen an eine Kindheit.* München 1981.
David, Janina: *Ein Stück Erde. Das Ende einer Kindheit.* München 1982.
Deutschkron, Inge: *Ich trug den gelben Stern.* Köln 1979.
Dietz, Edith: *Den Nazis entronnen. Die Flucht eines jüdischen Mädchens in die Schweiz.* Autobiographischer Bericht. Frankfurt 2005.
Dwork, Deborah: *Kinder mit dem gelben Stern. Europa 1933–1945.* München 1994 (zuerst: *Children with a Star. Jewish Youth in Nazi Europe.* Yale University Press. New Haven and London 1991).
Edvardson, Cordelia: *Gebranntes Kind sucht das Feuer.* München 1986.
Eisenberg, Azriel: *The Lost Generation. Children in the Holocaust.* New York 1982.
Epstein, Helen: *Die Kinder des Holocaust. Gespräche mit Söhnen und Töchtern von Überlebenden.* München 1987 (zuerst: Helen Epstein: *Children of the Holocaust.* G. P. Putnam Sons, New York 1979).
Fabian, Garry (Gerhard): *Blick zurück. Wie ein Stuttgarter Junge das KZ Theresienstadt überlebt hat.* Haigerloch 2006 (zuerst: *A Look Back over my Shoulder.* 2002 bei Makor Jewish Community Library in Victoria, Australien).
Friedländer, Saul: *Das Dritte Reich und die Juden*, Band 1: Die Jahre der Verfolgung 1933–1939. Aus dem Englischen von Martin Pfeiffer, 2. durchges. Aufl. München 2002.
Friedländer, Saul: *Das Dritte Reich und die Juden*, Band 2: Die Jahre der Vernichtung 1939–1945. Aus dem Englischen von Martin Pfeiffer. München 2006.
Geschichtswerkstatt der Lessing-Realschule Freiburg. Ausstellung: *Zwangsschule für jüdische Kinder in Freiburg 1936–1940. Was geschah mit den Kindern? Was geschah mit den Lehrern?* Freiburg 2005.
Gevescher, Konrad: *Maisbrot und Peitsche. Erlebnisbericht aus einem Vernichtungslager.* Han. Münden/Scheden 1974.
Göpfert, Rebekka: *Der jüdische Kindertransport von Deutschland nach England 1938/39. Geschichte und Erinnerung.* Frankfurt 1999.
Günther, Wolfgang: *»Ach Schwester, ich kann nicht mehr tanzen ...« Sinti und Roma im KZ Bergen-Belsen.* Hannover 1990.
Hardtmann, Gertrud (Hrsg.): *Spuren der Verfolgung. Seelische Auswirkungen des Holocaust auf die Opfer und ihre Kinder.* Gerlingen 1992.
»Hier fliegen keine Schmetterlinge«. Kinderzeichnungen und Gedichte aus Theresienstadt 1942–1944. Wuppertal 1962.
Jüdisches Museum Hohenems: *So einfach war das. Jüdische Kindheiten und Jugend seit 1945 in Österreich, der Schweiz und Deutschland.* Eine Ausstellung des jüdischen Museums Hohenems in Zusammenarbeit mit dem jüdischen Museum Berlin. Hohenems, 21. März bis 23. März 2004.
Kaiser, Reinhard/Holzmann, Margarete (Hrsg.): *»Das Kind soll leben« Die Aufzeichnungen der Helene Holzmann 1941–1944.* Frankfurt 2000.
Kaplan, Marion: *Der Mut zum Überleben. Jüdische Frauen und ihre Familien in Nazideutschland.* Berlin 2001.
Klüger, Ruth: *Weiter leben. Eine Jugend.* Göttingen 1992.
Krausnick, Michail: *»Auf Wiedersehen im Himmel.« Die Geschichte der Angela Reinhardt.* München 2001.
Krohn, Helga: *Vor den Nazis gerettet. Eine Hilfsaktion für Frankfurter Kinder 1939/40.* Schriftenreihe des Jüdischen Museums Frankfurt/Sigmaringen 1995.
Kwiatowski; Tina: *Nach Buchenwald. Die Beeinflussung Jugendlicher durch ihre Internierung im Speziallager Nr. 2 Buchenwald.* München 2002.
Latotzky, Alexander: *Kindheit hinter Stacheldraht. Mütter mit Kindern in sowjetischen Speziallagern und DDR-Haft.* Leipzig 2001.
Leverton, Bertha/Lowenson, Shmuel: *»I came alone.«* The Book Guild Ltd. 1990.

Levoy, Myron: *Der gelbe Vogel.* 23. Aufl., München 2003 (zuerst: Alan and Naomi. New York 1977).

Ligocka, Roma: *Das Mädchen im roten Mantel.* München 2002.

Maierhof, Gudrun/Schütz, Clara/Simon, Hermann: *Aus Kindern wurden Briefe. Die Rettung jüdischer Kinder aus Nazi-Deutschland.* Berlin 2004.

Marks, Jane: *Die versteckten Kinder.* Augsburg 1994.

Mironenko, Sergej/Niethammer, Lutz/Plato, Alexander von, in Verbindung mit Volkhard Knigge und Günter Morsch (Hrsg.): *Sowjetische Speziallager in Deutschland 1945–1950.* Erste Studien und Berichte. Berlin 1998.

Moeller, Peter: *... sie waren noch Schüler. Repressalien – Widerstand – Verfolgung an der John-Brinckmann-Schule in Güstrow 1945–1955.* 2. erw. Aufl., VERS 2000 (zuerst: 1999).

Muth, Kerstin: *Versteckte Kinder. Trauma und Überleben der »Hidden Children« im Nationalsozialismus.* Gießen 2004.

Nussbaum, Noa Barbara: *Für uns kein Ausweg. Jüdische Kinder und Jugendliche in ihren Schrift- und Bildzeugnissen aus der Zeit der Shoah.* Heidelberg 2004.

Ortmeyer, Benjamin (Hrsg.): *Berichte gegen Vergessen und Verdrängen von 100 überlebenden jüdischen Schülerinnen und Schülern über die NS-Zeit in Frankfurt am Main.* Alfter 1994.

Paepke, Lotte: *Unter einem fremden Stern.* Freiburg 1979 (auch unter dem Titel »Ich wurde vergessen«).

Rabinovici, Schoschana: *Dank meiner Mutter.* Tel Aviv und Wien 1991.

Reif-Spirek, Peter/Ritscher, Bodo (Hrsg.): *Speziallager in der SBZ. Gedenkstätten mit »doppelter Vergangenheit«.* Berlin 1999.

Reiss, Johanna: *Und im Fenster der Himmel.* 22. Aufl., München 2005 (zuerst: *The Upstairs Room.* New York 1972. Deutsch: Würzburg 1975).

Ruder, Gardy-Käthe: *Holocaust im Gedächtnis einer Puppe. Unterwegs auf Lebensspuren von und mit Inge Auerbacher.* Baden-Baden 2006.

Salewsky, Anja: *»Der olle Hitler soll sterben.« Erinnerungen an den jüdischen Kindertransport nach England.* München 2001.

Scherer, Klaus: *»Asozial« im Dritten Reich. Die vergessenen Verfolgten.* Münster 1990.

Spiegel, Marga: *Retter in der Nacht. Wie eine jüdische Familie in einem münsterländischen Versteck überlebte.* Münster 1999.

Turner, Barry: *Kindertransport. Eine beispiellose Rettungsaktion.* Berlin 1991 (zuerst: ... *»and the Policeman smiled«.* Bloomsbury Publishing Limited. London 1990).

Wade, Silvia: *Baracke 7.* Berlin/Bonn 1985.

Zimmermann, Michael: *Rassenutopie und Genozid. Die nationalsozialistische »Lösung der Zigeunerfrage«.* Hamburg 1996.

VI. Psychologie, Gerontologie, Soziologie

Ackermann, Volker: Das Schweigen der Flüchtlingskinder – Psychische Folgen von Krieg, Flucht und Vertreibung bei den Deutschen nach 1945, in: *Geschichte und Gesellschaft*, Heft 3/2004.

Bar-On, Dan u. a. (Hrsg.): *Der Holocaust. Familiale und gesellschaftliche Folgen. Aufarbeitung in Wissenschaft und Erziehung?* Ergebnisse eines Internationalen Forschungs-Kolloquiums an der Bergischen Universität/Gesamthochschule Wuppertal. Wuppertal 1988.

Bar-On, Dan: *Die Last des Schweigens. Gespräche mit Kindern von NS-Tätern.* Reinbek 1996 (zuerst: *Legacy of Silence. Encounters with Children of the Third Reich.* Harvard University Press, Cambridge/Mass. 1989).

Bergmann, Martin S./Jucory, Milton E./Kestenberg, Judith S. (Hrsg.): *Kinder der Opfer, Kinder der Täter. Psychoanalyse und Holocaust.* Frankfurt/Main 1995.

Eckstaedt, Anita: *Nationalsozialismus in der »zweiten Generation«. Psychoanalyse von Hörigkeitsverhältnissen.* Frankfurt a. M. 1989.

Fischer, Gottfried/Riedesser, Peter: *Lehrbuch der Psychotraumatologie.* Stuttgart 2003 (zuerst 1998).

Friesen, Astrid von: *»Der lange Abschied«.* Gießen 2000.

Heimannsberg, Barbara/Schmidt, Christof J.: *Das kollektive Schweigen. Nationalsozialistische Vergangenheit und gebrochene Identität in der Psychotherapie.* 2. Aufl. Köln 1992.

Heinl, Peter: *»Maikäfer flieg, dein Vater ist im Krieg …« Seelische Wunden aus der Kriegskindheit.* München 1994.

Massing, Allmuth/Beushausen, Ulrich.: Bis ins dritte und vierte Glied. Auswirkungen des Nationalsozialismus in den Familien. In: *Psychosozial* 28, S. 27–42.

Moser, Tilman: Die Unfähigkeit zu trauern: Hält die Diagnose einer Überprüfung stand? Zur psychischen Verarbeitung des Holocaust in der Bundesrepublik. In: *Psyche* 5/1992. Stuttgart 1992.

Moser, Tilman: *Dabei war ich doch sein liebstes Kind. Eine Psychotherapie mit der Tochter eines SS-Mannes.* München 1997.

Moser, Tilman: *Dämonische Figuren. Die Wiederkehr des Dritten Reiches in der Psychotherapie.* Frankfurt/M. 1996.

Moser, Tilman: Übertragung und Inszenierung – Der therapeutische Zugang zu geschichtlichen Katastrophen. In: Bell, K./Höhfeld, K. (Hrsg.): *Psychoanalyse im Wandel.* Gießen 1995, S. 56–68.

Müller-Hohagen, Jürgen: *Verleugnet, verdrängt, verschwiegen. Seelische Nachwirkungen der NS-Zeit und Wege zu ihrer Überwindung.* München 2005.

Müller-Hohagen, Jürgen: *Geschichte in uns. Seelische Auswirkungen bei den Nachkommen von NS-Tätern und Mitläufern*, 2. Aufl. Dachau 2002 (zuerst München 1994).

Osherson, Samuel: *Männer entdecken ihre Väter.* Freiburg 1993.

Petri, Horst: *Guter Vater – Böser Vater. Psychologie der männlichen Identität.* Bern/München/Wien 1997.

Radebold, Hartmut: *Abwesende Väter.* Göttingen 2000.

Radebold, Hartmut (Hrsg.): Kindheit im II. Weltkrieg und ihre Folgen. In: *Psychosozial* 26. Jahrgang, Nr. 92, Heft II, 2003.

Radebold, Hartmut: *Die dunklen Schatten unserer Vergangenheit. Ältere Menschen in Beratung, Psychotherapie, Seelsorge und Pflege.* Stuttgart 2005.

Reddemann, Luise: *Imagination als heilsame Kraft. Zur Behandlung von Traumafolgen mit ressourcenorientierten Verfahren.* Stuttgart 2001.

Reddemann, Luise, unter Mitarbeit von Peter Abilgaard: *Überlebenskunst. Was uns stärker macht.* Stuttgart 2006.

Roberts, Ulla: *Spuren der NS-Zeit im Leben der Kinder und Enkel. Drei Generationen im Gespräch.* München 1998.

Rosenthal, Gabriele (Hrsg.): *Die Hitlerjugend-Generation. Biographische Thematisierung als Vergangenheitsbewältigung.* Essen 1986.

Rosenthal, Gabriele: *Der Holocaust im Leben von drei Generationen. Familien von Überlebenden der Shoah und von Nazi-Tätern.* 2. korr. Aufl. Gießen 1994.

Rottgardt, Elke: *Elternhörigkeit. Nationalsozialismus in der Generation danach.* Hamburg 1993.

Schmidbauer, Wolfgang: *Einsame Freiheit. Therapiegespräche mit Frauen.* Reinbek bei Hamburg 1995.

Schmidbauer, Wolfgang: *»Ich wusste nie, was mit Vater ist.« Das Trauma des Krieges.* Hamburg 1998.

Schmidbauer, Wolfgang: *Psychotherapie im Alter.* Stuttgart 2005.

Sehrig, Jürgen/Marks, Stephan/Nickolai, Werner/Steinebeck, Christoph (Hrsg.): »Mit alten Menschen über den Nationalsozialismus sprechen.« KFH (Katholische Fachhochschule Freiburg) *Focus* 12/2002.

Teegen, Frauke/Meister, Verena: Traumatische Erfahrungen deutscher Flüchtlinge am Ende des II. Weltkrieges und heutige Belastungsstörungen. In: *ZfGP* 13, S. 112–124.
Wirsching, Michael/Stierlin, Helm: *Krankheit und Familie. Konzepte – Forschungsergebnisse – Therapie.* Stuttgart 1982.

VII. Oral History, Biographie- und Gedächtnisforschung

Agazzi, Elena: *Erinnerte und rekonstruierte Geschichte. Drei Generationen deutscher Schriftsteller und die Fragen der Vergangenheit.* Göttingen 2005.
Delvo, Matthias: *Der Lügendetektor im Strafprozess der U.S.A.* Königstein/Ts. 1981.
Domansky, Elisabeth/Welzer, Harald (Hrsg.): *Eine offene Geschichte. Zur kommunikativen Tradierung der nationalsozialistischen Vergangenheit.* Tübingen 1999.
Fischer, Ernst Peter: *Neue Horizonte 97/98. Gedächtnis und Erinnerung.* München 1998.
Fried, Johannes: *Der Schleier der Erinnerung. Grundzüge einer historischen Memorik.* München 2004.
Göpfert, Rebekka: Oral History: Über die Zusammensetzung individueller Erinnerung im Interview. In: Wischermann, Clemens (Hrsg.): *Die Legitimität der Erinnerung und die Geschichtswissenschaft.* Stuttgart 1996.
Halbwachs, Maurice: *Das kollektive Gedächtnis.* Fischer Taschenbuch. Frankfurt 1991.
Hausmann, Christopher: Heranwachsen im »Dritten Reich«. Möglichkeiten und Besonderheiten jugendlicher Sozialisation im Spiegel autobiographischer Zeugnisse. In: *GWU* 41 (1990), S. 607–618.
Heinritz, Charlotte: Schlüsselszenen in Autobiographien der 1929–1940 Geborenen. In: Fischer, A., Fuchs, W., Zinnecker, J. (Hrsg.): *Jugendliche und Erwachsene '85. Generationen im Vergleich.* Opladen 1985.
Henningsen, Jürgen: Vielleicht bin ich heute noch ein Nazi. In: *Verführung, Distanzierung, Ernüchterung. Kindheit und Jugend im Nationalsozialismus. Autobiographisches aus erziehungswissenschaftlicher Sicht*, hrsg. v. Wolfgang Klafki. Weinheim und Basel 1988.
Horn, Klaus/Jeggle, Utz: *Verblassende Erinnerung. Nagold und seine Landschaft im Schatten des Hakenkreuzes.* Ein Lesebuch. Stuttgart 2002.
Jarausch, Konrad H./Sabrow, Martin (Hrsg.): *Verletztes Gedächtnis. Erinnerungskultur und Zeitgeschichte im Konflikt.* Frankfurt/New York 2002.
Jureit, Ulrike: *Erinnerungsmuster. Zur Methodik lebensgeschichtlicher Interviews mit Überlebenden der Konzentrations- und Vernichtungslager.* Hamburg 1999.
Markowitsch, Hans-Joachim: *Dem Gedächtnis auf der Spur. Vom Erinnern und Vergessen.* Darmstadt 2002.
Osborn, Carolina/Schweitzer, Pam/Trilling, Angelika: *Erinnern. Eine Anleitung zur Biographiearbeit mit alten Menschen.* Freiburg 1997.
Patzel-Mattern: *Geschichte im Zeichen der Erinnerung. Subjektivität und kulturwissenschaftliche Theoriebildung.* Stuttgart 2002.
Peukert, Detlev: Das Dritte Reich aus der Alltags-Perspektive. In: *Archiv für Sozialgeschichte* 26 (1986), S. 533–556.
Schacter, Daniel L.: *Wir sind Erinnerung. Gedächtnis und Persönlichkeit.* Reinbek 1999.
Schacter, Daniel L.: *The seven sins of memory. How the mind forgets and remembers.* Houghton Mifflin Company, Boston/New York 2001.
Schaser, Angelika (Hrsg.): *Erinnerungskartelle. Zur Konstruktion von Autobiographien nach 1945.* Stuttgart 2003.
Schreiber, Birgit: *Versteckt: Jüdische Kinder im nationalsozialistischen Deutschland und ihr Leben danach. Interpretationen biographischer Interviews.* Frankfurt 2005.

Welzer, Harald: *Das soziale Gedächtnis. Geschichte, Erinnerung, Tradierung.* Hamburg 2001.
Welzer, Harald/Montau, Robert/Plaß, Christine: »*Was wir für böse Menschen sind!*« *Der Nationalsozialismus im Gespräch zwischen den Generationen.* Tübingen 1997.
Welzer, Harald/Moller, Sabine/Tschuggnall, Karoline: »*Opa war kein Nazi.*« *Nationalsozialismus und Holocaust im Familiengedächtnis.* 3. Aufl. Frankfurt 2002.
Welzer, Harald: Täter. *Wie aus ganz normalen Menschen Massenmörder werden.* Frankfurt 2005.

Wortlaut des Fragebriefes an die Zeitzeugen

Liebe …,

für Ihre Bereitschaft, an meinem Forschungsvorhaben »Kriegskinder« mitzuarbeiten, danke ich Ihnen herzlich. Wie Ihnen wohl bekannt ist, habe ich in den Jahren 1988–1998 über Frauenerfahrungen im Zweiten Weltkrieg und in den Jahren danach geforscht. Das dreibändige Werk (vgl. beiliegenden Prospekt für die, die das Buch möglicherweise nicht kennen) hat bei Wissenschaftlern und Laien ein sehr positives Echo gefunden. Ich wurde dafür vom Deutschen Staatsbürgerinnenverband zur »Frau des Jahres 2000« gewählt und im Mai 2001 mit der Verdienstmedaille des Landes ausgezeichnet. In der Einleitung zu diesem Buch berichte ich ausführlich über meine Methode und über Erfahrungen bei meinen Recherchen.

Mit ähnlichen Methoden möchte ich mich jetzt mit den »Kriegskindern« befassen, d. h. mit den ab etwa 1930 geborenen damaligen Jungen und Mädchen. Bisher konnte ich sie meist nur mit den Augen ihrer Mütter sehen. Mich interessiert, was der Krieg mit und aus diesen Kindern gemacht hat. Das wissen nur die Betroffenen selbst, und deshalb wende ich mich an Sie. Soweit möglich möchte ich persönlich mit Ihnen ins Gespräch kommen. Es gibt aber auch die Alternative, etwas aufzuschreiben oder auf Tonkassetten zu sprechen (gerne schicke ich Ihnen die gewünschten Kassetten). Es kommt dabei gar nicht auf »druckreifes« Formulieren an; Sie können auch ruhig im gewohnten Dialekt sprechen. Das Material wird zu keinem anderen als zu meinem Forschungszweck verwendet und selbstverständlich anonymisiert.

Erschrecken Sie nicht über die Länge des »Fragebogens«. Er soll Sie weder gängeln noch einengen. Er ist auch nicht zum »Ausfüllen« gedacht, sondern soll lediglich einige Anstöße für die Erinnerungsarbeit geben, vielleicht auch manche Erinnerung wecken. Dazu dienen auch die Stichworte in Klammern; keinesfalls sind diese als Auswahlantworten gedacht. Wenn Sie ganz anderes erzählen wollen, ist das genauso willkommen. Auch wenn Sie nur wenige Erinnerungs»fetzen«, Bruckstücke, Bilder, punktuelle Eindrücke im Kopf ha-

ben, sind diese mitteilungswürdig, denn auch Art und Stärke des Erinnerns interessieren mich. Meine Liste ist durchaus nicht vollständig, die Einteilung vorläufig. Ihre Beiträge werden und sollen sie ergänzen. Nur in gemeinsamer Bemühung möglichst vieler »Kriegskinder« kann ein Gesamtbild entstehen, für das aber jedes Mosaiksteinchen von Bedeutung ist.[1]
Zunächst aber bitte ich um einige **Angaben zu Ihrer Person**:

Name, Anschrift, Telefon, evtl. E-mail-Adresse
Geburtsort und Geburtsdatum
Beruf des Vaters, evtl. der Mutter
Wohnort (Wohnorte)
Wichtige Stationen während des Krieges und in der Nachkriegszeit
Ausbildung und Beruf
Familienstand, Kinder evtl. Enkel
Konfession. Fühlten Sie sich damals, fühlen Sie sich heute kirchlich gebunden?
- Dokumente aus der damaligen Zeit: Diese sind für mich besonders wichtig, weil es ganz authentische Quellen sind: z. B. Briefe (bes. Feldpostbriefe an und vom Vater), Poesiealben, Spruchbücher (in die Sie Zitate, Buchexzerpte usw. eingetragen haben), HJ-Auszeichnungen, Liederbücher u. ä. Besitzen Sie noch Gegenstände aus der damaligen Zeit, die für Sie von besonderer Bedeutung waren u. noch sind?

I. Die Erinnerung an den Krieg:

- Wie lebendig ist die Erinnerung an den Krieg?
- Wie oft und bei welchen Gelegenheiten denken Sie daran?
- Woran denken Sie besonders? Versuchen Sie sich darüber Rechenschaft abzulegen, bevor Sie die weiteren Fragen lesen. An Schreckliches? An Verhalten von Menschen? An Witziges und Amüsantes, Bewundernswertes? Abstoßendes, Verstörendes?

II. Der Krieg:

- Können Sie Ihr allgemeines Lebensgefühl während dieser Zeit beschreiben (z. B. wenig vom Krieg tangiert, normale Kindheit, Krieg »ein kaum wahrnehmbares Erdbeben«, nur punktuell berührt, Schreckliches erlebt, der Krieg hat mein ganzes Leben verändert)?
- Ab wann und woran merkten Sie, dass Krieg war? Hunger, Mangel, Fliegeralarm und Fliegerangriffe (wie sah der Luftschutzkeller aus? Tätigkeiten im Luftschutzkeller?), Bomben, Tote, Verletzte nach Angriffen, Ausge-

bombtsein, Leben und Spielen in Trümmern, Angst um die Väter und Angehörigen an der Front, Warten auf Feldpost, Verhalten der Erwachsenen, der Mutter, Evakuierung, Kinderlandverschickung? Tiefflieger, noch zur »Verteidigung« eingezogen, Erlebnisse mit den Besatzern, Flucht, Verschleppung, Vertreibung?

- Welche Kriegserlebnisse haben sich Ihnen besonders eingeprägt? Als Bilder, als Vorgänge, einzelne Szenen, Gespräche und/oder Verhalten von Erwachsenen?
- Wie stark wurden Sie beansprucht? Z.B. zur Hilfe herangezogen, Ausbessern von Kriegsschäden, Anstehen für Lebensmittel, Beschaffung von Lebensmitteln? Hilfe im Haushalt?
- Hatten Sie traumatische Erlebnisse, d.h. solche, die Sie in Ihrer Identität nachhaltig geschädigt haben und schwer oder gar nicht überwunden werden konnten? Z.B. plötzlicher Verlust von Familienangehörigen durch Trennung, durch (gewaltsamen) Tod, Beschuss oder Bombardierung, Menschen sterben sehen, Verwundung anderer miterleben, Geräusche schwer Leidender/Sterbender hören, Miterleben von Vergewaltigung, Anblick verstümmelter, misshandelter Toter, Bedrohung/Überfall, Miterleben von Hinrichtungen, Gefangennahme/Verschleppung, Vergewaltigung, Hunger?
- Wie erlebten Sie die Reaktionen von Erwachsenen, Angehörigen auf die Kriegsereignisse, besonders auf schwierige Situationen, z.B. bei Bombenangriffen, auf der Flucht, gegenüber den Besatzern? Wie verhielten sich Erwachsene gegenüber Ihren eigenen Ängsten?
- Erinnern Sie sich an das Leben in Flüchtlingslagern? An das Verhalten von Einheimischen, von Lehrern, Pfarrern, Mitschülern?
- Welche Rolle spielten die abwesenden Männer, v.a. die Väter? Haben Sie sie sehr vermisst, ihnen geschrieben, von ihnen Post bekommen? Wie erlebten Sie die Urlaubszeiten?
- Wie haben sich die Mütter mit dem Alleinsein »eingerichtet«? Waren stark auf die Kinder fixiert, Kinder als Trost, haben die Kinder zu stark beansprucht, vernachlässigt? Verhältnis zu anderen Männern. »Treue?«
- Welche Menschen waren in der Zeit für Ihre Entwicklung besonders bedeutsam? Vater, Mutter, Großeltern, Verwandte, Lehrer, HJ-Führer, Pfarrer oder andere Vertreter der Kirchen?

III. Das Verhältnis zum Nationalsozialismus und zum Krieg:

- Welche Erinnerungen haben Sie an den HJ-Dienst bzw. an Parteiveranstaltungen?

- Wie standen Ihre Eltern zum NS-Regime und zum Krieg? Parteifunktionen? Hatten Sie den Eindruck, den Verdacht, dass Ihr Vater in irgendwelche Verbrechen des Regimes verwickelt war oder davon gewusst hat?
- Erinnern Sie sich an Radiosendungen, z. B. Wunschkonzert (einzelne Lieder bzw. Schlager), Sondermeldungen, Führerreden, Wochenschauen? Sammelten Sie Postkarten von Ritterkreuzträgern oder anderen Kriegshelden?
- Welche Rolle spielte Adolf Hitler, der »Führer« in Ihrem Leben (Bild von ihm aufgehängt, Begegnungen)?
- Haben Sie selbst etwas von den Verbrechen des Regimes gesehen, gehört, z. B. Menschen mit Judenstern, Plakate oder Aufschriften gegen Juden, KZ-Häftlinge, Kriegsgefangene, Zwangsarbeiter? Was haben Sie dabei gedacht, empfunden? Wurde darüber gesprochen? Welches Verhalten von Erwachsenen (etwa der Eltern) zu diesen Ausgegrenzten haben Sie selbst erlebt (Angst, Misstrauen, Hilfsbereitschaft, Wegsehen)? Wie erlebten Sie den Ausschluß von jüdischen Klassenkameraden? Haben Sie Beschimpfungen und Tätlichkeiten gegenüber jüdischen Kindern miterlebt, selbst daran teilgenommen? Haben Sie gesehen und erlebt, wie Deutsche (Eltern, Verwandte, Bekannte) sich an jüdischem Eigentum bereichert haben? Wurden in Ihrem Umkreis Juden, jüdische Kinder versteckt?
- Welche Repressionen/Verfolgungen durch das Regime mussten Sie erdulden?
- Wie erlebten Sie das Verhalten der »Volksgenossen« und »Volksgenossinnen«?
- Haben Sie bzw. Ihre Eltern durch die Partei Vorteile gehabt, z. B. durch das Winterhilfswerk, Erholungsaufenthalte, Förderung in der Schule, in der Ausbildung, im Sport?
- Haben Sie Briefe an »unbekannte Soldaten« geschrieben, für die Front gebastelt, Kriegseinsätze gemacht (z. B. Sammeln, Lazarettsingen, Ernteeinsatz)?

IV. Die Kriegsfolgen:

- Wie waren die Unterrichts- und Ausbildungsbedingungen für Sie nach dem Krieg?
- Wie haben Sie das Leben als Flüchtlingskind erlebt (Baracken und Lager, Verhältnis zu den Einheimischen)?
- Wie lange dauerten für Sie bzw. Ihre Familie die »kriegsmäßigen« Zustände (z. B. Mangel, Einschränkungen, Warten), wann wurden die Lebensumstände wieder »normal«?

- Wie erlebten Sie die Heimkehr Ihres Vaters, der Brüder (Entfremdung, Vater krank, geschädigt, schwierig, Reibungen, Rollenverteilung zwischen den Eltern)? Bedeutung des Vaters für Ihre weitere Entwicklung?
- Wie erlebten Sie das Aufwachsen ohne Vater, als Halbwaise oder Waise (Vater sehr vermisst, gar nicht vermisst), wie den Erziehungsstil Ihrer Mutter?
- Wie beurteilen Sie die Leistungen Ihrer Mutter in der Nachkriegszeit (opferte sich für die Kinder und die Familie auf, übermäßige Belastung, empfinde große Hochachtung und Dankbarkeit)? Ist die Mutter für Ihr eigenes Leben Vorbild (geworden)?
- Stellen Sie bei sich auch positive Auswirkungen der Kriegserfahrungen fest, z. B. diese Erfahrungen haben mich stark gemacht, »abgehärtet«, »reifer« gemacht, anspruchsloser und dankbarer, widerstandsfähig, vermittelte befriedigendes Gefühl des »Gebraucht-Werdens«. Oder sehen Sie in manchen dieser Eigenschaften etwas Fragwürdiges, z. B. Härte gegen andere, übertriebenes Pflichtgefühl?

V. Die Verarbeitung der Kriegserfahrungen:

- Welche Nachwirkungen der Kriegserlebnisse haben Sie an sich beobachtet: gesundheitlich, psychisch (Angst, Schreckhaftigkeit, Gefühl des »Zu-Kurz-Gekommen-Seins«, des Betrogenseins um die eigene Kindheit)?
- Wer oder was hat Ihnen bei der Überwindung schwerer Kriegsfolgen und Kriegstraumata geholfen?
- Was haben die Eltern, der Vater, die Mutter vom Krieg erzählt, der Vater bes. von seinen Fronterlebnissen? Stimmen die erzählten Erinnerungen mit Ihren eigenen überein?
- Wie wurde in Ihrem Elternhaus nach dem Krieg über den Nationalsozialismus gesprochen?
- Welche Einstellung haben Sie heute zu Russen, Tschechen, Polen, die Ihrer Familie Leid angetan haben?
- Wie wurde diese Zeit in der Schule, der Universität behandelt?
- Auf welcher Grundlage und in welcher Zeit haben Sie sich Ihr eigenes Urteil über Krieg und Nationalsozialismus gebildet (schon damals, erst ganz allmählich, immer noch nicht abschließend)? Durch Gespräche mit den Eltern, mit Erwachsenen, durch die Schule, Studium, Lektüre, Medien?
- Wie beurteilen Sie das Verhalten der Eltern und Großeltern damals?
- Wie stehen Sie zu Wiedergutmachungsforderungen der damals Verfolgten und Geschädigten?

- Was würden Sie Ihre Eltern bzw. Großeltern gerne noch fragen?
- Was möchten Sie aus Ihrer Erfahrung dieses Krieges und seiner Folgen an Ihre Kinder und Enkel, an die nachwachsenden Generationen weitergeben?

Es ist Ihnen beim Lesen der Fragen sicher aufgefallen, dass die Erinnerung an den Krieg eingebettet ist in die Erinnerung an Ihr ganzes Leben. Ohne diese Gesamtrückschau lassen sich die Kriegserfahrungen nicht einordnen. Wenn Ihnen manche Fragen zu persönlich erscheinen, brauchen Sie sie selbstverständlich nicht zu beachten. Wichtig wäre mir aber zu erfahren, wo die Erinnerung Sie ganz im Stich lässt.

Lassen Sie sich bei der Beschäftigung mit Ihrer Vergangenheit Zeit. Vieles ist ja auch nicht spontan abrufbar, sondern kommt erst nach und nach »aus der Versenkung« wieder herauf. Für eine gelegentliche Rückmeldung über die gewählte Form Ihres Beitrags (schriftlich, mündlich auf Tonkassette oder im Gespräch mit mir) wäre ich dankbar. Wenn Sie andere »Kriegskinder« kennen, die sich an der Arbeit beteiligen möchten, teilen Sie mir bitte die Adressen mit. Ich verschicke gern weitere »Fragebriefe«.

Hoffen Sie nicht auf ein schnelles Ergebnis. Ich muss Sie um sehr viel Geduld bitten. Nur sehr gründliches Recherchieren und Auswerten kann zu einem wissenschaftlich und persönlich befriedigenden Ergebnis führen.

In diesem Sinne grüße ich Sie herzlich,

Anmerkung

1 Die Fragen betreffen Sie, je nach Alter und Lebensumständen, unterschiedlich. Überall wo »Eltern« steht, sind auch die Großeltern mit gemeint.